Diogenes Taschenbuch 215/1

de
te
be

WÖRTERBUCH

DER

PHILOSOPHIE

NEUE BEITRÄGE ZU EINER KRITIK
DER SPRACHE

VON

FRITZ MAUTHNER

ERSTER BAND

A – INTUITION

DIOGENES

Der vorliegende Nachdruck
folgt der Erstausgabe von 1910/11

100/80/28/I
ISBN 3 257 20828 7

MEINEM BRUDER

ERNST MAUTHNER

ZUGEEIGNET

EINLEITUNG

Lieber Ernst,

ich möchte Dir dieses Buch widmen.

Ich habe mich oft meines treuen und dankbaren Gedächtnisses gerühmt. Darf ich Dich heute an ein Erlebnis erinnern, das etwas mehr als 50 Jahre zurückliegt? Alt genug für solche Erinnerungsfeste sind wir ja geworden.

Ich war etwa 8 Jahre alt, Du 13. In unserem Kinderzimmer saßen wir fünf Brüder eines Abends, ein jeder an seinem kleinen Tischchen bei einer Talgkerze, mit unseren Schularbeiten beschäftigt. Ich hatte für den Prüfungstag, für den morgenden Tag also, in ein Heft die Gedichte abzuschreiben, die wir im Laufe des Semesters auswendig gelernt hatten. Eben hatte ich den letzten Vers abgeschrieben, als ich so ungeschickt war, das Tintenfaß anstatt der Streusandbüchse zu ergreifen und es über das Heft auszuleeren. Ich heulte jämmerlich; ich war wohl wehleidig. Der Schaden war freilich kaum wieder gut zu machen, weil meine Schreibfertigkeit damals noch kaum ausreichte, 32 Seiten in einer Nacht zu leisten. Für den Spott brauchte ich nicht zu sorgen. Du aber kamst an mich heran, überblicktest das Unheil prüfend und sagtest dann: „Leg' dich nur ruhig schlafen; ich werde dir die paar Seiten abschreiben." Ich tröstete mich schnell, schlief wirklich bald ein, und des Morgens fand ich das dumme Heft in Deiner schönen Handschrift auf meinem Tischchen, neben der herabgebrannten Kerze.

Die Menschen ändern sich nicht. Ich habe noch mehr als einmal vom Tintenfasse unratsamen Gebrauch gemacht; und Du hast noch mehr als einmal gearbeitet, und mich schlafen geschickt. Ich weiß, ich stehe nicht allein mit solchen Erinnerungen an Deinen Charakter.

Mit treuem und dankbarem Gedächtnis möchte ich Dir dieses Buch widmen; die Ruhe, die mir eine Bedingung für meine Arbeit war, verdanke ich Dir und den beiden andern, die Du kennst. Man könnte die Stille, welche Bedingung und Ziel zugleich einer solchen Arbeit ist, noch mit andern Namen rufen: ich verdanke Euch meine Unabhängigkeit, meine Frei-

heit. Die äußere Freiheit, die innere zu suchen. Man könnte anstatt von Freiheit auch von Lebensmöglichkeit sprechen. Aber wir beide lieben die überlauten Worte nicht, nicht wahr?

Ich möchte Dir noch etwas sagen. Man spricht darüber nicht jeden Tag. Als ich vor kurzem 60 Jahre alt wurde, brachte mir die Post allerlei Zeitungsblätter ins Haus, in denen meiner ganzen Tätigkeit mit Achtung und Liebe gedacht war. Auch sonst kommt das mitunter vor. Dann hat mir immer etwas gefehlt: daß ich solche Zeichen guter Meinung nicht mehr unserer Mutter vorlegen kann. Ihr unbestechliches Urteil hätte sich durch keinen Zeitungskram irre machen lassen; aber es wäre ihr doch lieb gewesen, auch von diesem Kinde etwas Freundliches zu hören.

Ich glaube fast, mir ist nicht ganz klar, was ich Dir damit eigentlich noch sagen wollte. So ungefähr: ich gedenke auch der Mutter, wenn ich just Dir dieses ungefüge Buch widme.

Meersburg a. Bodensee, im Mai 1910.

Dein

Fritz.

I.

„*Das Wörterbuch der Philosophie*“, so sollte dieses Buch nach meinem Wunsche heißen. *Das* Wörterbuch. Freunde, zu deren Charakter nicht eben Ängstlichkeit gehört, rieten ab. Ich sollte den bestimmten Artikel weglassen; ich sollte den Schein der Eitelkeit vermeiden, als lebte ich in dem Glauben, das einzig richtige, das einzig wertvolle Wörterbuch der philosophischen Begriffe gegeben zu haben. Der bestimmte Artikel in der Überschrift meines Buches hatte aber einen ganz andern Sinn: Resignation, ein Bescheiden sollte das Wörtchen wie ein Auftakt ausdrücken. Diese wenigen hundert Wörter, deren Bedeutung im Laufe der Zeiten gewechselt hat, an Kraft und Inhalt bald zugenommen, bald nachgelassen hat, nicht selten in ihr Gegenteil umgeschlagen ist, über deren Bedeutung nicht einmal die Philosophen der Gegenwart einig sind, diese paar hundert Wörter, mit deren Hilfe wir eine Erkenntnis der Wirklichkeit noch weniger fassen und erreichen können als mit Hilfe minder abstrakter Wörter: *das* ist das Wörterbuch unserer Philosophie.

Ich fügte mich; nicht um dem Vorwurfe der Eitelkeit zu entgehen, sondern nur deshalb, weil ein stilgerechter Titel zu verlangen scheint, daß ein wissenschaftliches Buch die persönliche Note des Verfassers nicht schon in der Überschrift anklingen lasse, weil ich vom Leser nicht verlangen kann, daß er den schlichten Titel oder gar sein erstes Wörtchen schon als eine melancholische Äußerung verstehe. Ich muß schon zufrieden sein, wenn mein guter Leser mir auf allen schwierigen Wegen und Seitenwegen dieser Untersuchungen gefolgt ist, und dann mit der stolzen Enttäuschung einer erworbenen docta ignorantia ausruft: „Das also ist das Wörterbuch der Philosophie.“

Und werde froh sein, wenn ein ganz guter Leser am Ende des Weges sich sagen muß: die skeptische Resignation, die Einsicht in die Unerkennbarkeit der Wirklichkeitswelt, ist keine bloße Negation, ist unser bestes Wissen; die Philosophie ist Erkenntnistheorie, Erkenntnistheorie ist Sprachkritik; Sprachkritik aber ist die Arbeit an dem befreienden Gedanken, daß die Menschen mit den Wörtern ihrer Sprachen und mit den Worten ihrer Philosophien niemals über eine bildliche Darstellung der Welt hinaus gelangen können.

So sind diese Wortgeschichten und Begriffskritiken neue Beiträge zu einer *Kritik der Sprache* geworden.

Nicht nur darum, weil ich so in diesem Wörterbuche die Ideen meiner *Kritik der Sprache* weiter ausbaue, und weil ich die leitenden Sätze des grundlegenden Werkes öfters zitieren mußte, da ich sie doch als bekannt voraussetzen nicht konnte und nicht wollte, — nicht darum ist dieses Wörterbuch ein persönliches Unternehmen geworden, persönlicher, als sonst Wörterbücher sein dürfen. Persönlich ist die Auswahl der Wörter oder Begriffe geworden, deren Geschichte und Kritik ich vorlege; auf annähernde Vollständigkeit, auf dieses Ideal eines Nachschlagebuchs und Fremdwörterbuchs der Philosophie, mußte ich ja von vornherein verzichten, wenn ich mein Alter und die nachlassende Kraft erwog und dennoch herausbringen wollte, was mir für die Vorschule einer sprachkritischen Erkenntnistheorie wichtig schien; da konnte es nicht ausbleiben, daß unter den Abstraktionen der philosophischen Disziplinen mich die einen zu einer genaueren Behandlung anregten als die andern. Persönlich ist hoffentlich auch die Weltanschauung, wenn ich mich einer solchen rühmen darf, oder meinetwegen die Seelensituation, die mich seit so vielen Jahren einen Kampf zweier Fronten führen läßt: einen Kampf gegen jede Form des Aberglaubens und Dogmatismus, der mich immer wieder in die Nachbarschaft der Aufklärer bringt; nur daß ich die schlimmste Form des Aberglaubens, den Wortaberglauben, den Wortfetischismus, auch dort finde, wo die Schlagworte von religiöser und politischer Freiheit geprägt worden sind. Den andern Kampf also gegen den metaphysischen Materialismus, der nur ein antikirchlicher Dogmatismus ist, übrigens aber geistloser, ärmer als der Dogmatismus der alten Scholastik. Persönlich, ein subjektives Bedürfnis war mir durch Jahre die Tätigkeit an diesem Buche; ich bin aber nicht so skeptisch zu meinen, daß darum Methode und Ergebnisse der Untersuchungen nur einen subjektiven Wert haben. Ich lebe des Glaubens und dem Glauben, daß der skeptische Nominalismus, mit welchem ich die Unzulänglichkeit der menschlichen Sprache überhaupt aufgezeigt habe, ganz besonders die philosophischen Begriffe trifft, und unter ihnen am stärksten die allgemeinsten Begriffe.

Ich habe an den Stücken meiner Arbeit zwischen der Geschichte der Worte und der Kritik der Begriffe unterschieden; da habe ich mich aber noch der gebräuchlichen Terminologie bedient und mit verzeihlicher Schwachheit zwischen dem Äußern und dem Innern eines einzigen Gedankendings eine Scheidewand gesehen, die es im Leben der Sprache nicht gibt. Ich hätte ebenso gut von einer Geschichte der Begriffe und von einer Kritik der Worte reden können.

Für die Methode meiner Untersuchungen ist diese bewußte und einseitige Gleichsetzung von Wort und Begriff, wie sonst meine Gleichsetzung von Sprechen und Denken, von entscheidender Bedeutung. Der gegenwärtige Inhalt eines Begriffs oder Worts, sein ungefährer und unbestimmt flimmernder Inhalt ist ja gar nichts anderes als der Niederschlag der Wort- oder Begriffsgeschichte; wer vergessene Ereignisse einer Wortgeschichte besser kennen lernt, versteht auch die Nüancen des gegenwärtigen Gebrauchs besser; die Geschichte ist die wahre Kritik jedes Worts. So ist die wirkliche Erdrinde mit allen ihren ausgestorbenen Lebewesen und allen lebenden Pflanzen und Tieren der Niederschlag der Erdgeschichte. So ist die Gestalt und der Bau eines heute lebenden Tieres (wenn die Entwicklungslehre recht hat) das Ergebnis einer besondern Artgeschichte: und die Vergleichungsmöglichkeit zwischen einem Tiere und einem Worte wird noch größer, wenn wir anstatt an den morphologischen Bau an die biologische Zweckmäßigkeit der Organe denken; auch da üben wir etwas wie Kritik, vom beschränkten Menschenstandpunkte aus, und die Dogmatiker des Darwinismus sind geneigt, nützlich zu finden, was ist, d. h. was sie sehen. Hier aber hört die Vergleichungsmöglichkeit zwischen Tiergeschichte und Wortgeschichte doch am Ende auf, und nur etwa eine ähnliche Aufgabe bleibt übrig: da und dort uns von dogmatischem Wortaberglauben zu befreien.

Diese Befreiung habe ich in der Wortgeschichte und in der Begriffskritik in zwei Richtungen angebahnt; über beide Richtungslinien möchte ich in dieser Einleitung einige Rechenschaft geben. Das kann in bezug auf die Begriffskritik mit wenigen Worten geschehen, weil ich da nur den naiven Glauben bekämpfe: es müsse ein scheinbar lebendes Wort auch einen philosophischen Nutzen haben, es müsse ein Begriff bei den Worten sein. In bezug auf die Wortgeschichte muß ich aber meine Prinzipien ausführlich darlegen, weil sie in Widerspruch stehen zu der herrschenden Lehre, die immer noch, trotz der Mahnungen der besten Forscher, im Banne der vergleichenden Sprachwissenschaft eine immanente Bedeutung an den Wörtern sucht und so eine gemütliche Freude daran hat, wandernden Fremdlingen allzu gefällig ein Heimatsrecht zu gewähren. *Entlehnung* und *Lehnübersetzung* ist schon früher häufig genug herangezogen worden, um die Herkunft einzelner philosophischer Begriffe zu erklären. Aber das Dogma der vergleichenden Sprachwissenschaft hat gerade die führenden Fachleute bis heute verhindert, zu erkennen, eine wie beherrschende Rolle Entlehnung und Lehnübersetzung in der Geistesgeschichte der Menschheit gespielt haben. Ich habe auf diese beiden Mächte schon (Kr. d. Spr. II, 621ff. und „Die Sprache", S. 45ff.) hingewiesen; ich möchte hier meine Überzeugung so überzeugend wie möglich darstellen; beinahe jeder Artikel dieses Wörterbuchs wird zu einer Stütze dieser Überzeugung dienen können.[1])

[1]) Für die Leser dieses Wörterbuchs noch, ohne eine Bitte um Entschuldigung, die kurze Erklärung, daß nur ein Teil der philosophischen Ausdrücke in besondern

II.

Man wird sich daran gewöhnen müssen, in jeder Wortgeschichte eine Monographie zur Kulturgeschichte der Menschheit zu erblicken.

Sprachgeschichte, Wortgeschichte ist immer Kulturgeschichte, wenn wir den Stoff betrachten; eine besondere Sprach- oder Wortgeschichte gibt es nur für die Form. Ich will in den folgenden neuen Beiträgen zu meiner Kritik der Sprache die Form nur herbeiziehen, wo sie den Stoff deutlicher macht, den Körper der Worte nur befragen, wo der Geist ihn bauen geholfen hat. Und bemerke gleich, daß in diesem Satze Form und Körper einander entsprechen, Körper wiederum und Geist. Es gehört zu den Reizen und zu den Gefahren sprachkritischer Untersuchungen, daß so gut wie jeder Satz ein Beispiel oder ein Probierstein der Lehre werden kann und werden möchte.

Die Geschichte einer Anzahl wichtiger oder wertgeschätzter Wörter will ich bieten, ihre äußere und innere Geschichte und so ein Stück geistiger Kulturgeschichte. Bescheidener geworden will ich nur einige Bruchstücke bieten und bin dabei doch treu geblieben dem alten verwogenen Plane, eine Revision (nicht Restauration) der Grundbegriffe aller Wissenschaften zu vollbringen. Denn Sprachkritik oder Denkkritik oder Erkenntniskritik wäre nicht die Wissenschaft der Wissenschaften oder das Wissen vom Wissen, wenn sie die Resignation, die sie allen Wissenschaften auflegt, nicht auch von sich selbst verlangen würde.

Wieder komme ich auf das Verhältnis von Denken und Sprechen, das ich so oft in der „Kritik der Sprache" behandelt und gestreift habe, zu frei und zu ehrlich für die Gegner. Und ich werde von diesem Verhältnis nicht loskommen, wenn ich nicht etwa auf Denken oder Sprechen verzichten will.

Denken oder Sprechen habe ich das Gedächtnis der Menschheit genannt. Denken und Gedächtnis ist in der deutschen Sprache schon in den Wortzeichen nahe aneinander gerückt; nichts ist im Denken, dessen nicht gedacht werden kann, dessen die Menschen (Menschheit ist bislang ein Wortschall für die Menschen) sich nicht erinnern. Und die Worte der menschlichen Sprachen sind die Erinnerungszeichen oder die Namen für die namenlos vielen, ohne Worte zu vielen und namenlosen, menschlichen Erfahrungen. Was nun die Erinnerungszeichen der Menschen zu einer Einheit bindet oder zu einer scheinbaren Einheit, das ist — weil es in

---

Artikeln behandelt worden ist; ganze Gruppen naher Begriffe werden oft im Zusammenhange unter dem wichtigsten Schlagworte erörtert. Diese Schlagwörter sind im Index durch **fetten** Druck ausgezeichnet; Wörter, von denen nur die Wortgeschichte erwähnt worden ist, sind im Index *kursiv* gedruckt.

der Wirklichkeitswelt nur Individualsprachen gibt und weil die Individuen erst wieder durch das rätselhafte Gedächtnis zu der Täuschung des Ichgefühls kommen — die Übertragung oder Nachahmung oder Entlehnung der Worte und Zeichen zwischen den Genossen einer Familie, eines Stammes, eines Volkes. Und was die Geschichte der Menschen allein zu einer Einheit binden konnte, das ist die Übertragung oder Nachahmung oder Entlehnung von stofflichen und geistigen Werten, für welche *Kultur* der einigende Wortschall ist, zwischen den Menschengruppen, die man Völker und Staaten nennt. Man sollte öfter von Wert- und Wortwanderungen reden als von Völkerwanderungen. Und das ist der Fluch, der bisher auf der Wort- und Sprachgeschichte gelastet hat, daß bald beschränkter Chauvinismus, bald verstiegener Kosmopolitismus (der erste uralt mit seinem Barbarenbegriff, der zweite durch die hübsche christliche Vorstellung von der gemeinsamen Gotteskindschaft in die Welt gesetzt) die einfache Tatsache der unnennbar vielen Nachahmungen und Entlehnungen in den Sprachen nicht Wort haben wollte. Der Kosmopolitismus, oder wie man es nennen will, führt nicht zu Geschichte oder Sprachgeschichte, weil alle historischen Undinge in ihm begründet sind, wie: Abstammung von Adam und Eva, die eben so fabelhafte philosophische Grammatik und die Universalsprache der Zukunft. Wenn Kosmopolitismus anders als etwa in christlichem Sinne ein Ideal wäre, so wäre er für Vergangenheit und Zukunft ein zutiefst unwahres Ideal. Der Chauvinismus aber in Geschichte und Sprachgeschichte ist gerade seit 100 Jahren, seit dem Aufkommen der Nationalitätsidee als Gegensatz gegen den geträumten Kosmopolitismus von Napoleons Weltmonarchie, wirklich und mächtig geworden, doch zum Schaden der Wissenschaft; denn chauvinistisch ist im Grunde auch die Tendenz der genau ebenso alten modernen Sprachwissenschaft, welche die Ursprünglichkeit z. B. der deutschen Sprache dadurch zu retten sucht, daß sie Sprach- und Völkerverwandtschaft annimmt, wo Wanderungen von Wortwerten vorliegen, daß sie den Entlehnungen von Worten wie Diebstählen in der Familie einen gemütlichen Charakter gibt. Chauvinistisch ist ihrem Ursprunge nach die Annahme eines arischen Volksstammes; kein Wunder, daß die Hypothese chauvinistische Folgen hatte.

Daß die Nationalitätsidee der politischen Phantasie Napoleons selbst entsprungen war und von seinen Todfeinden seinem Ideenvorrat entlehnt wurde, ist nur ein Beispiel für geschichtliches Geschehen und widerspricht dem Gesagten nicht.

Da wir es nun bei wortgeschichtlichen Untersuchungen mit einem historischen Probleme zu tun haben, so gilt hier alles, was ich an anderer Stelle über das unwissenschaftliche Wesen der Geschichte, über den Unbegriff „historische *Gesetze*" und über den Zufall in der Geschichte gesagt habe. Doch in einem einzigen Punkte könnte man, und nicht ganz im

Scherze, in der Geschichte den Dualismus entdecken, den der Welt aufzudrücken menschliches Denken seit Jahrtausenden versucht hat. Der Dualismus, der am deutlichsten in der Doppelung Objekt-Subjekt auftritt, der immer wieder zweimal setzt, was nur einmal ist, der Kant verleitete, das überflüssige Ding-an-sich wirkend hinter das Ding zu stellen, dieser Dualismus versteckt sich ganz einfach in dem Begriffe *Geschichte*. Geschichte als Wirklichkeit ist, was geschehen ist und was noch geschieht; Geschichte als Erkenntnis ist unser Wissen von der geschehenen Wirklichkeit. Prähistorisch nennen wir darum mit Recht die Geschichte im ersten Sinne, von der wir im zweiten Sinne nichts wissen. Was gegenwärtig geschieht, nennen wir mit Auswahl historisch, wenn es Aussicht hat, später einmal noch gewußt zu werden. Weil die Eitelkeit diese Auswahl trifft, darum wird soviel für historisch, für einen „Markstein" erklärt, wird soviel photographiert und phonographiert, was doch der Vergessenheit geweiht ist.

Beide Tatsachen, die Existenz eines interessanten Geschehens und die Existenz eines Wissens vom Geschehenen, haben nun gemeinsam eine Eigentümlichkeit, die besonders für Sprach- und Wortgeschichte bedeutungsvoll ist: Nachahmung, Entlehnung von Stoffen und Formen, von Worten und Werten, ist alltäglich in der wirklichen Geschichte wie in der Geschichtsschreibung. Weil diese ganze Untersuchung der internationalen Wortentlehnung gewidmet ist, will ich hier nur wenige Beispiele für die beiden Arten der eigentlichen Geschichtsentlehnung geben. Der Ruhm Alexanders hat mehr als einmal zur Nachahmung gereizt. Die Tat des Kolumbus hat eine Periode verwegener Seefahrten eingeleitet. Ältere Tyrannenmörder waren Vorbilder für neuere. Die englische Revolution war ein Vorbild für die französische. Und gar die Taten und Erfolge Cäsars sind für den so ganz anders gearteten Napoleon zum Vorbilde geworden, wobei nicht zu übersehen, daß der Enthusiasmus für römische Tugend, Tapferkeit usw. dem neuen Cäsar die Wege gewiesen hatte. Das Empire ist in Wort, in Geschmack, in Politik und nach Möglichkeit im Kriege eine Übersetzung des römischen Imperiums; es ist bezeichnend für die Schwäche und untüchtige Nachahmung des dritten Napoleon, daß er nur ein Buch über Julius Cäsar zustande brachte. Denn das versteht sich am Rande, daß Worte fast von jedermann, Taten nur von Helden nachgeahmt werden können. (Vgl. Art. *Geschichte*.)

„Das Beste, was wir von der Geschichte haben, ist der Enthusiasmus, den sie erregt" (Goethe). In historischen Charakteren wird Enthusiasmus zur Nachahmung oder Entlehnung.

Auch wer in der Geschichte nur Erlebnisse und Taten der Masse sieht, frei von Heldenverehrung, der müßte auf die Nachahmung achten; denn unausdenkbar groß ist bei der Volksmasse, außer dem Reize und dem Bewußtsein ihrer Massenhaftigkeit, die Gewalt der unbewußten Nachahmungsform, die wir Suggestion zu nennen pflegen. Ohne Nachahmung oder Entlehnung von Werten und Worten keine Völkerpsychologie, kein soziales Interesse in der Geschichte.

Die Entlehnung in der Geschichtsschreibung durch Anpassung von Sagen, Anekdoten, geflügelten Worten, biographischen Einzelheiten und biographischen Porträts, die Anpassung alter Züge auf neue Bilder geschieht heute nicht mehr so naiv wie im Altertum und im Mittelalter, weil die Forscher exakt sind, größtenteils nur Material sammeln und erst zum Zwecke künstlerischer Darstellung kopieren.

Das Mittelalter war die Blütezeit ahnungsloser Geschichtsfälschungen durch Entlehnung fremder Züge. Der Grund lag zunächst in der allgemeinen Gläubigkeit und Kritiklosigkeit; sodann aber fehlte dem Mittelalter und wohl allen Zeiten vor dem Aufkommen des Historismus jeder Sinn für das, was man historisches Kostüm nennt. Noch im 17. Jahrhundert spielte man zu Paris Römertragödien im Kostüm, das just Mode war. Es machte mittelalterlichen Stammbaumfabrikanten kein Unbehagen, etwa die Welfen, weil man den Namen mit catuli übersetzen konnte, auf die Familie der Catonen zurückzuführen. Geschichte und Geschichtsschreibung werden kopiert, wenn Karl d. Gr. die Fiktion, römischer Kaiser zu sein, sein Handeln beeinflussen läßt, und wenn dann Einhard in seiner Biographie Karls Suetons Biographie des Augustus zum Muster nimmt. Es werden also Porträts entlehnt; aber sogar Selbstbiographien können durch Nachbildung eines entlehnten Ideals gefälscht werden.

Es gibt ein türkisches Volksbuch, die Schwänke Nassr Eddins, der etwas wie ein Hofnarr Timurlenks oder eines anderen Sultans um 1400 gewesen sein mag. Köhler (Kl. Schr. I, 481f.) hat gezeigt, wie diesem Nassr Eddin ältere Schwänke angedichtet wurden und wie diese Streiche dann wieder abendländischen Fürstenhöfen zugeschoben wurden. Nicht nur der internationale Scherz vom Abschneiden des Astes, auf dem man sitzt, geht auf Nassr Eddin zurück. Zur Charakterisierung der Zeit von Timurlenk hat man das Buch benützt und da vielleicht uralte Züge auf die Zeit von Timurlenk übertragen. Und wieder einer von Nassr Eddins Schwänken wird in Mecklenburg von Wallenstein erzählt.

Goethe, der im Westöstlichen Diwan Timur auftreten läßt und die Absicht andeutet, die Gestalt der Gottesgeißel, nicht ohne Anspielungen auf Napoleon, breit auszuführen, wobei die Tragödie erheitert werden könnte, „wenn man des fürchterlichen Weltverwüsters Zug- und Zeltgefährten Nassreddin Chodcha von Zeit zu Zeit auftreten zu lassen sich entschlösse“ — Goethe hat erstaunlicherweise schon den Charakter dieser Wandersagen durchschaut. Er ließ sich die starken Geschichten von einem frommen Prälaten übersetzen: „woraus dann abermals hervorging, daß gar manche verfängliche Märchen, welche die Westländer nach ihrer Weise behandelt, sich vom Orient herschreiben, jedoch die eigentliche Farbe, den wahren, angenommenen Ton bei der Umbildung meistenteils verloren".

Das Mittelalter ist durch seine naive Unexaktheit am besten geeignet, uns die tausendfachen Entlehnungen in Geschichte und Geschichtsschreibung nachzuweisen. Es mag kein Zufall (und darum in meinem Ausdrucke kein Wortspiel) sein, daß vor der Herrschaft des historischen Sinnes es kein Verständnis gab für das Eigentümliche in Kostüm, Sprache, Charakter einer bestimmten Zeit, und daß zur selben Frist auch der Begriff des geistigen Eigentums, der heute bis zur Karrikatur ausgebildet ist, nicht vorhanden war. Und noch eins: das Mittelalter konnte in Kunst und Leben Stil haben, weil es alle Motive unbewußt nachahmte und entlehnte; unsere Zeit hat keinen Stil, weil ihrem fürchterlichen Wissen jede Nachahmung und Entlehnung sofort zum Bewußtsein kommt.

Ob wir es aber wissen oder nicht, die zahllosen Wogen- und Wellenkreuzungen der Nachahmung und Entlehnung tragen uns dennoch. „Alles Gescheite ist schon gedacht worden; man muß nur versuchen, es noch einmal zu denken." So steht es an der Spitze von Goethes Sprüchen in Prosa, die sich selbst „Eigenes und Angeeignetes" im Untertitel nennen, und deren Herausgeber schwerlich ahnte, daß auch das Eigene selbst eines Goethe am letzten Ende aller Enden ein Angeeignetes ist, wenn man von der Nüance absieht, die die große Persönlichkeit etwa hinzufügt.

So wenig die Wogen- und Wellenkreuzungen des Meeres zu überschauen sind, die nie aus sich selbst entstehen, immer von irgendwoher kommen, sich verstärken und abschwächen, und zusammen das Meer heißen, ebensowenig kann ein Mensch die zahllosen Wogen- und Wellenkreuzungen der Entlehnung überschauen, die zusammen die Kultur heißen. Worte und Gedanken, Motive der Architektur und des Handelns, Hausrat und Heilige, Titel und Novellenstoffe, Waffen und Liebesschwüre, die ganze unentwirrbare Buntheit unserer Welt setzt sich für solche Betrachtung aus einigen, wenigen farbigen Steinchen zusammen, die im Kaleidoskop bald so bald so durcheinander geordnet werden und dem armen menschlichen Auge, weil der Mensch kaleidoskopisch sehen will und muß, den schönen Anblick des bunten Weltalls bieten. Was immer wir herausgreifen, um es so zu betrachten, verwandelt sich in seiner ganzen Geschichte zu ein paar bunten Steinchen im Kaleidoskop, das eine Generation der andern zuschiebt.

Vor Jahrtausenden gab es, über unbekannte Jahrtausende hinweg, die Lampe; jedes Geschlecht glaubte einen anderen Geschmack zu haben und hatte anderes Brennmaterial und jedes Geschlecht entlehnte die Lampenform vom früheren, bosselte da und besserte dort, formte den Docht um, goß (in meiner Jugend) in die Öllampe Petroleum hinein, behielt lange Jahre das Petroleumbecken für die Gaskronen bei, und zog die Drähte des elektrischen Lichts an Gasarmen entlang. Jetzt freilich ist man sich bewußt, daß das stofflose Leuchtmaterial neuer Stilformen bedarf; und bewußt sind Architekten daran gegangen, den neuen Stil zu erfinden. Und in der prunkvollen Vorhalle der Kaiserloge des Wiener Burgtheaters steht als Lichtträger eine griechische Statue, die Elektra heißt.

Die Architekten, die den neuen Stil erfinden sollen, arbeiten seit Jahrtausenden mit einem Dutzend von Motiven, die eine Zeit der andern entlehnt und es nur bis zu unserer Zeit nicht gewußt hat. Wenn unrecht Gut da nicht gediehe, wenn nachgemachte Motive nicht stehen bleiben könnten, alle Fassaden aller Gebäude der Welt müßten zusammenstürzen.

Der Einsicht, daß es um die Geschichte wissenschaftlicher oder gar philosophischer Begriffe nicht anders stehe, als um die Geschichte von Waffen und Hausgeräten, von Architektur- und Märchenmotiven, stand nun seit jeher der menschliche Geisteshochmut im Wege, der das, was ihn vom Tiere unterschied, die Sprache nämlich, durch die tausend Jahre des Christentums für ein göttliches Gnadengeschenk an den Menschen hielt, nachher immer noch unter christlichem Einflusse für etwas Übermenschliches, Übernatürliches; man wagte nicht zu glauben, daß nichts in den Worten der Sprache enthalten wäre, was nicht Menschen (immer haben nur einzelne Menschen *gesprochen*, nicht Völker) in die Worte hineingelegt hätten. Man redete von den Wundern der Sprache, nicht nur in rhetorischer Übertreibung. Und etwas von dem Glauben an ein übernatürliches Wunder, ein heimlichchristelnder Wortaberglaube, steckt auch noch in dem Dogma von der vergleichenden Sprachwissenschaft, das die ungeheure Bedeutung der Entlehnung und Nachahmung für die Geistesgeschichte, insbesondere für die Wortgeschichten der Sprache nicht zugeben will. Die Zurückschiebung der Sprachentstehung, die Erklärung der Ähnlichkeiten aus Sprachmischung und Entlehnung, das Bekenntnis, von der Urschöpfung einer Ursprache ganz und gar nichts zu wissen, scheint irgendwie gegen irgend eine übertrieben hohe Meinung von der Sprache zu verstoßen; überläßt man auch die alte Legende von der gemeinsamen Abstammung *aller* Sprachen einigen Pastoren und einem Scheinphilologen wie Trombetti, so wird doch die neuere Legende von der gemeinsamen Ursprache der sog. indo-germanischen Sprachen mühsam aufrecht erhalten. Selbst der ausgezeichnete Forscher Johannes Schmidt, der auf dem Gebiete der vergleichenden Sprachwissenschaft die Vorstellungen von einer Verwandtschaft und von einem Stammbaume meisterlich kritisiert hat, der die indogermanische Ursprache tapfer eine wissenschaftliche Fiktion genannt hat, macht vor dieser Ursprache doch wieder („Die Verwandtschaftsverhältnisse der indo-germanischen Sprachen“, S. 29) eine verlegene Verbeugung: „Daß eine einheitliche indo-germanische Ursprache einmal vorhanden gewesen sei, ist höchst wahrscheinlich, ja ganz sicher, *wenn* sich erweisen läßt, daß das Menschengeschlecht von einigen wenigen Individuen seinen Anfang genommen hat.“ Sollte dieses *wenn* ironisch gemeint sein? Wenn die Abstammung von einem einzigen Menschenpaare erweisbar wäre, dann wäre die Autorität der jüdischen Bibel und des Christentums wieder einmal ein bißchen gefestigt, und die Abstammung aller Sprachen von einer einzigen wäre a priori bewiesen.

Die Vorstellung, daß das Sanskrit die Mutter oder die Großmutter aller sogenannten arischen Sprachen sei, ist freilich nur ein unklares Gerede. Als wissenschaftliche Hypothese ist diese Vorstellung bald nach Friedrich Schlegel aufgegeben worden. Schon Bopp ließ diese Orthodoxie fallen, und schon in seiner Erstlingsschrift. Man half sich mit einer anderen scheinbar viel gründlicheren Vorstellung: allen arischen Sprachen liege eine gemeinschaftliche Ursprache zugrunde, die man zwar ebensowenig kannte wie das Urvolk, die man aber in ihrem Wortschatz und in ihrer Grammatik zu rekonstruieren hoffte. Ein Deutscher, Schleicher, war der erste, der die ideale Forderung einer Ursprache aufstellte, wenn er auch von der historischen Realität der Ursprache nicht ganz überzeugt war. Ihm war (ich zitiere hier und im Folgenden Paul Kretschmers vorzügliche Einleitung in die Geschichte der griechischen Sprache) die Aufstellung von Urformen nur ein bequemes Mittel, die jeweiligen Ansichten der Sprachwissenschaft von dem ältesten Zustande auf die kürzeste Formel zu bringen. Seitdem hat man seine Vorsicht außer acht gelassen, wie der pedantische deutsche Darwinismus bei seinen Konstruktionen und Rekonstruktionen die Vorsicht Darwins außer acht gelassen hat. Müßte man der offiziellen deutschen Wissenschaft glauben, so besäßen wir von der Ursprache, vom Urvolk und seiner Urheimat, seiner Urkultur und seiner Urmythologie so sichere Kenntnisse wie etwa von der Sprache, der Kultur, der Topographie und der Religion Roms. Nur daß die gelehrten Arbeiten über die Ursprache, die Urheimat und die Urkultur das gleiche Schicksal haben: jeder geistreiche und fleißige Gelehrte auf diesem Gebiete wird vom nächsten geistreichen und fleißigen Gelehrten widerlegt; in der Zwischenzeit sprechen die Fachmänner, die nicht geistreich und gelehrt sind, die noch nicht widerlegten Behauptungen nach, die langsamen Herren wohl auch die schon widerlegten Ansichten. Nach dem Trägheitsgesetze.

Niemand kann sagen, ob die Ursprache, wenn sie überhaupt historische Wahrheit ist, einheitlich war oder in Dialekte zerfiel, ob diese Dialektunterschiede groß oder klein waren, ob das Urvolk dieser Ursprache in Asien oder in Europa zu Hause war, auf einer russischen Steppe oder auf dem beliebten Hindukusch, ob das Volk klein oder groß war, ob seine wieder so beliebten Wanderungen besonders nach Osten oder besonders nach Westen gerichtet waren. Niemand kann sagen, ob dieses Urvolk seine Ursprache einige tausend Jahre früher oder später irgendwo gesprochen habe. Kretschmer macht sehr gut darauf aufmerksam, daß im Begriffe *ur*indogermanisch nicht weniger als drei verschiedene Begriffe zusammenfallen: gemein-indogermanisch, altindogermanisch und ursprachlich; das ließe sich so ausdrücken, daß die Wissenschaft für die Übereinstimmungen drei mögliche Ursachen unklar zusammenwerfe, übrigens einige andere Möglichkeiten übersehe. Die Anwendung des Wahrscheinlichkeitsbegriffs auf solche Fragen gebe ich in anderem Zusammenhang.

Die Zeitbestimmung bei den Vorstellungen Ursprache und Urvolk enthält eine neue Unklarheit, eigentlich eine Sinnlosigkeit. Jeder einzelne Forscher nagelt sich selbst und seine Assoziationen auf eine völlig unbestimmte Zeit fest, von der nur eins gewiß ist, daß sie nämlich unbestimmt ist. Die einzelnen arischen Sprachen kann man zurückverfolgen bis zu Zeiten, die gegen 2000 Jahre auseinanderliegen. Die slawische Ursprache, die germanische Ursprache, die griechische Ursprache sind lauter unwahrscheinliche Konstruktionen. Die Tendenz gegenwärtiger Wissenschaft würde sogar dahin zielen, keine besonderen Ursprachen, sondern ein Gewimmel von Mundarten an den Anfang zu setzen, d. h. in jede vorhistorische Zeit. Und da redet man von einer gemeinsamen arischen Ursprache.

Ebenso steht es um die Konstruktion des Urvolks. Es hätte eine gemeinsame arische Ursprache gegeben haben können ohne ein ethnologisch einheitliches Urvolk, oder ein einheitliches Urvolk ohne eine gemeinsame Ursprache. Man wird sich bequemen müssen, Wortgleichungen in den arischen Sprachen auch in vorhistorischer Zeit öfter und öfter durch Entlehnung zu erklären. Die vorhistorische Ausbreitung der Gleichung *Joch* kann ebenso auf Entlehnung beruhen wie die Ausbreitung der Gleichung *Pfeffer*, die sich historisch vom 4. Jahrhundert v. Chr. an aus Indien *(pippeli)* über Griechenland (*πεπερι*), Rom *(piper)* zu den Germanen, Slawen und Lithauern vollzogen hat. „Nur die verhängnisvolle Neigung, Prähistorisches mit anderen Augen anzusehen als Historisches kann zwischen den beiden Vorgängen einen grundsätzlichen Unterschied erkennen wollen . . . es ist aber von Wichtigkeit festzuhalten, daß auch die sog. urverwandten Wörter nur auf dem Wege der Entlehnung gemein-indogermanisch geworden sind, denn in anderer Weise verbreiten sich Sprachneuerungen überhaupt nicht, als daß sie von einer oder wenigen Personen ausgehend, von Individuum zu Individuum, von Volk zu Volk weitergegeben werden“ (S. 21 bis 23). Kretschmer leugnet auch nicht die Möglichkeit, daß Sprachneuerungen von nicht rein lexikalischer Art sich in ähnlicher Weise verbreiten. „Etwas anders.“ Hat man aber erst die Bedeutung der Entlehnungsmöglichkeit für die partiellen Sprachgleichungen eingesehen, dann ist für so alte Zeiten die Frage nach einem einheitlichen Urvolke wirklich kindisch geworden. Auch die bekannte Tatsache, daß die Sprachwissenschaft in keinem einzigen Falle im Zweifel darüber scheint, ob eine Sprache arisch sei oder nicht, scheint mir der Skepsis nicht zu widersprechen. Das ist eine Frage der Klassifikation, also menschlicher Übereinkunft. Denken wir an ein jüngeres Sprachengeschlecht, das besser bekannt ist. Das Zünglein an der Wage schwankte, ob Spanisch, ob Französisch eine romanische oder germanische Sprache werden *sollte;* Deutsch hätte leicht eine Mischsprache werden können wie Englisch. Die Klassifikation schwankt nicht, Spanisch eine romanische, Englisch eine germanische Sprache zu nennen. Es wäre gut, diese Lehre auf den *Stammbaum* der arischen Sprachen und der arischen Völker, auf die Hypothese von der Ursprache und von dem Urvolke anzuwenden.

Und dabei bietet die Sprachwissenschaft für solche prähistorische Fragen wenn keine Ergebnisse, so doch Ausgangspunkte und daraus Belustigungen des Verstandes und des Witzes. Was die Anthropologie durch Schädelmessungen, durch Beachtung der beobachteten und der vermuteten Haarfarbe hinzugebracht hat, das ist nach jahrzehntelangen endlosen Untersuchungen wohl doch endlich der Posse preiszugeben. Von der Einteilung in Dolichokephalen und Brachykephalen ist wirklich weiter nichts übrig geblieben, als die Übereinkunft über die Grundlage von Schädelmessungen, eine Grundlage, die ganz willkürlich und unnatürlich ist, dafür aber auch nicht das kleinste Ergebnis für die Ethnologie geliefert hat. Retzius hat das Maß der Schädellänge in 100 Einheiten geteilt, wie sein Landsmann Celsius den Abschnitt des Quecksilberfadens in 100 Grade; nur daß beim Thermometer die besseren Forscher nicht vergessen, daß es sich um eine Konvention handelt. Die Unnatürlichkeit der Grundlage hat dann zu natürlicheren Einteilungen geführt, die das menschliche Gesicht zu messen unternahmen; man teilte ein in Prognaten und Orthognaten, in Leptoprosopen und Chamäprosopen, man verlangte größere Präzision und schrieb endlich für jede einzelne Schädelmessung Tausende von Daten vor. Die Disziplin schuf Bücher über Bücher, aber das menschheitliche Wissen ist nicht um einen Punkt vermehrt worden, die menschliche Erkenntnis nicht einmal um eine Hypothese. Geistreiche Gelehrte, die freilich auf dem Gebiete der Kraniologie „Dilettanten" waren, Ihering und Virchow, hatten zuerst erkannt, daß all die Schädelmesserei nur bequeme Schlagwörter bot zum Zwecke einer vorläufigen Orientierung. Und seitdem gar die Stabilität der Schädelmerkmale mit guten Gründen bezweifelt worden ist, fällt vollends jede Möglichkeit fort, ethnologische Verwandtschaft auf Schädelmessungen aufzubauen. Wenn schon zu einer Eiszeit in Europa Dolichokephalen und Brachykephalen durcheinandergemischt waren, dann darf man jetzt fragen, ob Länge und Breite des Schädels überhaupt irgendwelche Beachtung verdient hatten. Der Versuch, die Stammtafel der Völker nach heller und dunkler Haarfarbe aufzustellen, hat noch rascher Fiasko gemacht.

Nun sind Hypothesen über die Ursprache und das Urvolk die Prämissen, auf deren Grund wieder eine andere Gruppe von Forschern zu Schlüssen auf die gemeinsame Urkultur jenes legendaren Urvolkes gekommen ist. Daher die absolute Wertlosigkeit aller dieser Schlüsse. Ich leugne ja nicht den Reiz, den solche Untersuchungen gewähren, wenn sie so gut geschrieben sind wie das berühmte Buch von Hehn. Aber es kommt wirklich nichts dabei heraus, was man ein Recht hätte, der Kulturgeschichte als festen Besitz einzufügen. So oft ein Zusammenhang historisch belegt ist oder doch vernünftigerweise vermutet werden kann, handelt es sich um Entlehnung (got. *alēv*, lat. *oleum*); wo die Sprachwissenschaft allein den Zusammenhang erschlossen hat, da wird das Steckenpferd der Urverwandtschaft geritten. Denn die Macht der Entlehnung anzuerkennen, davor haben alle diese Disziplinen eine rätselhafte Scheu; es gibt bereits neben den lokaleren Chauvinismen noch einen neuen arischen Chauvinismus, der es als Schande empfindet, von nicht-arischen Völkern Sachen oder Worte entlehnt zu haben. Fast wie manche Ansteckung zunächst als Schande empfunden wird. Wüßte man mehr von der Geschichte uralter Handelsbeziehungen, so könnte man manches über die Entlehnung von Sachen und Worten daraus folgern; wüßte man mehr von den alten Wegen der Worte, man könnte mancherlei über die alten Handelswege erfahren. Wir wissen aber so gut wie nichts und müssen uns mit amüsanter Polyhistorie begnügen.

Ebenso falsch wie die falschen Schlüsse aus falschen Prämissen auf die Urkultur mußten die falschen Schlüsse auf die Urheimat des Urvolkes ausfallen. Ich bedaure, bei Abfassung meiner Kritik dieser Begriffe (Kr. d. Spr. II, S. 632 f.) Kretschmers Buch noch nicht gekannt zu haben; ich hatte den Skeptiker, trotzdem er Fachmann ist. nicht zitiert gefunden. Kretschmer sagt (S. 59): „Wer die Schwierigkeiten ermißt, auch nur die *Urheimat* der Einzelvölker zu bestimmen, wird vorläufig davon Abstand nehmen, die Heimat des hypothetischen Urvolkes feststellen zu wollen.“ Es ist mir versagt, die allerliebsten Verstandesübungen, die die verschiedenen arischen Worte für *Salz*, für *Meer* untersuchen und so zu einer geographischen Bestimmung der Urheimat gelangen, nach jahrelanger Beschäftigung noch ernst zu nehmen. Selbst der strenge Kretschmer hat über solchen Arbeiten das Lachen gelernt; er sagt (S. 67): „Wenn man aus dem Fehlen seines westindogermanischen Namens bei den Indoiraniern schließen wollte, daß diese das Salz nicht gekannt haben, dann müßte man auch aus dem Fehlen einer gemein-indogermanischen Bezeichnung der *Milch* folgern, daß die alten Indogermanen nicht mit Muttermilch gesäugt wurden.“

Die Hypothese einer gemeinsamen Urreligion — ich will es nur gestehen — möchte ich gern aufrecht gehalten wissen, weil die Disziplin der vergleichenden Mythologie sich doch so oder so auch gegen die Ausschließlichkeit der neueren Mythologien richtet, die noch Religionen heißen. Aber es geht nicht an. Die vergleichende Religionswissenschaft ist ebenso kurzlebig wie die Hypothese vom Urvolk. Wo die Übereinstimmung auf der Hand liegt wie bei der Verwandlung des griechischen *Ἡρακλης* in den italischen *Hercules*, da weiß alle Welt, daß es sich um Entlehnung handelt; ebenso beim Übergang des Christentums ins Abendland, beim Übergang des Buddhismus in den Fohismus. Wo aber vedische Götternamen an griechische oder germanische anklingen, da fabelt man zuversichtlich von einem gemeinsamen Ursprung, trotz Pischel, der den Veden ihr nationales Recht gegeben hat, und trotz Bremer, der die heilige Identität von *Ziu* und *Ζευς* bestritten hat. Nicht einmal die Gleichung *Dyaus, Ζευς, Jovis* scheint zu stimmen, weil *dyaus* in den Veden noch *Himmel, Tag* heißt und nur poetisch, metaphorisch als Personifikation des Himmels gebraucht wird. Einige religiöse Ausdrücke, die heute etymologisch verbunden werden (*Brahman* = *flamen*, *victima* = got. *veihs*) werden wohl nicht immer etymologisch verbunden bleiben. Wären aber auch die Namensgleichungen sicherer als sie es sind, so wäre damit nichts bewiesen für die Identität der Göttergestalten. Man wird sich daran gewöhnen müssen, Gleichungen wie die der Paare *Perseus* — *Andromeda* und *Siegfried* — *Brunhild* etwa so aufzufassen, wie den Übergang von Märchenmotiven, deren Wanderungen durch Zeit und Raum man ja genugsam studiert hat. Hat man erst Entlehnungen von Märchenprinzen und von Halbgöttern zugegeben, so wird man auch Entlehnungen von Göttern leichter begreifen lernen. „Wanderungen von Kulten und Sagen brauchten sich nicht auf das indogermanische Gebiet zu beschränken, sie konnten auch über die Sprachgrenze hinweggreifen" (Kretschmer S. 89). Wie bei der Urheimat: man will eine arische Urreligion konstruieren und kennt doch nicht einmal eine gemeingermanische oder gemeingriechische Religion.

Ganz abgesehen davon, daß Furcht vor der Nacht, Furcht vor Donner und Blitz, Furcht vor der Sintflut den armen Menschen wohl gemeinsam war und die ähnliche Furcht wohl ähnliche Götter bilden konnte.

Linguistisch, ethnologisch, geographisch und mythologisch hat die Lehre von der Urverwandtschaft Fiasko gemacht. Selbst wie eine alte Religion schleppt diese Lehre ihr Dasein nur noch bei der niederen Gelehrsamkeit fort; sie ist wie einst das Heidentum auf die Dörfer gegangen, will sagen in die Kompendien, in populäre Vorlesungen und auf die Gymnasien. Trotzdem schon vor mehr als 30 Jahren Schuchardt den Stammbaum der romanischen Sprachen, Johannes Schmidt den Stammbaum der arischen Sprachen zu Falle gebracht hat. Und war das Bild vom Stammbaum falsch, so ist das Bild von einer Verwandtschaft nicht aufrecht zu erhalten; nur daß den älteren Sprachwissenschaftlern immer noch nicht ganz klar geworden ist, daß Verwandtschaft der Sprachen bestenfalls ein bildlicher Ausdruck sei. Niemand wird behaupten wollen, daß die Ähnlichkeiten der romanischen Sprachen, von deren Entwicklung man so viel weiß, die gleiche Geschichte gehabt haben wie die Ähnlichkeiten der arischen Sprachen, von deren Entwicklung man wenig weiß. Aber als Beispiel, wie es einmal wenigstens passiert ist, und wie es ungefähr auch anderswo passieren konnte, ist das Verhältnis der romanischen Sprachen, das die Vorstellung von einem Stammbaum ausschließt, unschätzbar. Der große Kritiker der Verwandtschaftslehre war Johannes Schmidt, auch wenn von seiner Wellentheorie oder seiner Stufentheorie einst nicht viel übrig bleiben sollte; er hat dem verstiegenen Gerede von einer Art physiologischer Sprachspaltung ein Ende gemacht und der langsamen Anerkennung der Sprachmischung den Boden bereitet. Man glaubt kaum mehr an die partiellen Einheiten benachbarter Sprachen, noch weniger etwa an eine einstige italo-keltische Spracheinheit, die von einer Zufallsstatistik aufgestellt wurde, weil Keltisch und Italisch einige Gleichungen mehr aufzuweisen schien als z. B. Germanisch und Slawisch. Und wieder: man hat trotz Mommsen und den beiden Curtius seit Johannes Schmidt kein Recht mehr, eine einstige greko-italische Spracheinheit zu behaupten, da man doch weder eine griechische noch eine italische Einheit konstruieren konnte. Vielleicht findet es einmal ein Forscher der Mühe wert, die Fälle greko-italischer Spracheinheit daraufhin zu untersuchen, was auf Entlehnung, was auf Lehnübersetzung (*senatus* = *γερουσια*) zurückzuführen sei.

Kretschmer kommt zu dem ketzerischen Schlusse, daß nicht einmal eine gemeingriechische Ursprache zu rekonstruieren sei, daß sie nach Analogie nicht einmal als einstens vorhanden angenommen werden könne. „Die Spracheinheit liegt nicht am Anfang der Dialektentwicklung, sondern an ihrem Ende" (S. 410). So war es auch bei unserer hochdeutschen Sprache. Und da liegt der Grundirrtum bei den Versuchen, eine arische Ursprache zu erschließen: „Man hält alle sprachlichen Übereinstimmungen für alt, alle Differenzen für jung" (S. 413). So würden Germanisten, wenn zwischen ihnen und ihrem Stoffe eine verschüttete Kultur von Jahrtausenden läge, vielleicht dazu kommen, die Sprache Goethes sehr nahe an eine gemeingermanische Ursprache heranzurücken, und Gotisch, Angelsächsisch, Althochdeutsch, Altnordisch historisch aus der Sprache Goethes hervorgehen zu lassen.

III.

Ich will in dieser Einleitung die entscheidende Rolle durch zahlreiche Beispiele belegen, die die Entlehnung oder die Nachahmung bei der Einführung der Begriffe aus allen Kulturgebieten, aus allen Geisteswissenschaften gespielt hat. Ich will die Wanderungen insbesondere der philosophischen Begriffe aufzeigen und habe darum keinen Raum, auf die Wichtigkeit der Nachahmung für das soziale Leben einzugehen. Ich verweise dafür auf G. Tarde's „Les Lois de l'imitation", wo (S. 12) gesagt wird: „que l'être social, en tant que social, est imitateur par essence, et que l'imitation joue dans les sociétés un rôle analogue à celui de l'hérédité dans les organismes ou de l'ondulation dans les corps bruts." Ich werde selbst vielleicht später einmal noch weiter ausholen und die Bedeutung klar zu legen suchen, welche die Nachahmung (die Nachahmung von Sprachbewegungen, nicht die Klangnachahmung) bei der Entstehung der Sprache gespielt haben muß. Den leitenden Gedanken will ich gleich hier mitteilen.

Das Sprechen gehört zu den Bewegungen der Menschen; es ist trotz der äußersten Kompliziertheit eine so leichte Bewegung, daß es (wenn man von den Berufssprechern absieht) gar nicht als eine Anstrengung empfunden wird. Es ist leicht wie eine Reflexbewegung oder wie eine Instinkthandlung. Es kann aber doch nicht eine bewußte, jedesmal neugewollte Bewegung sein. Bewußte, neukoordinierte Bewegungen sind immer schwer oder anstrengend. Nun weiß man aber, daß auch schwierige Bewegungen durch häufige Einübung beinahe zu Reflexbewegungen werden können. Ein Klaviervirtuose kann die eingeübte Sonate im halben Schlafe noch zu Ende spielen. Nun sind neue Worte, heute wie in Urzeiten, gewiß erst durch den Willen einzelner Sprachgenies erfunden, geprägt, gebaut und koordiniert worden; Freiheit des Willens der Sprache gegenüber — wenn man überhaupt von einer solchen relativen Willensfreiheit reden darf — ist immer nur bei Sprachgenies gewesen. Die große Masse, die ihre Muttersprache nur so eben weiter redet, wie sie ihr vorgeredet worden ist, mit ganz leisen und allmählichen Änderungen, hat keinen freien Willen beim Sprechen. Jeder Mensch ist im Gebrauche seiner Muttersprache ein kleiner Virtuose, dem die komplizierten Bewegungen seiner Sprachwerkzeuge zu Reflexbewegungen geworden sind, zu Instinkthandlungen, wenn man lieber will. Das muß schon ebenso gewesen sein, in wie alte Zeit immer man die Entstehung der Sprache zurückversetzen mag. Und da achte man auf einen entscheidenden Umstand: auch in jener Urzeit konnten die Zeichen der Mitteilung unter den Menschen erst dann unserem Begriffe Sprache entsprechen, als sie durch *Nachahmung* der neuerfundenen Zeichen und durch Einübung, durch gemeinsame Einübung einer Familie oder eines Stammes, beinahe zu Reflexbewegungen dieser kleineren oder größeren Gruppe geworden waren. Wie wir uns die Ähnlichkeit unzähliger Kulturworte nicht ohne Entlehnung erklären können, so können wir uns, wie man jetzt einsehen wird, auch die Entstehung irgendeiner noch so primitiven Sprache der Urwelt gar nicht ohne Nachahmung und Einübung vorstellen. Nachahmung oder Entlehnung ist also durchaus nicht irgendein seltenes Vorkommnis unter den Kultursprachen, sondern gehört urzeitlich dem Wesen der Sprache an.

Ich habe in diesem Zusammenhange das Wort *Nachahmung* gebraucht, und werde dann wieder, wo von der Herleitung einzelner Wörter die Rede ist, von *Entlehnung* und *Lehnübersetzung* reden; das ist aber wirklich kein Wechseln mit den Begriffen. Nachahmung ist nur der allgemeinere Begriff, den man gern auf die Wiederholung von Kunstprodukten und von Bewegungen jeder Art verwendet; für die Wiederholung oder Nachahmung derjenigen Bewegungen, die das Sprechen ausmachen, ist nur die Bezeichnung *Entlehnung* schon eingebürgert, als terminus technicus, wahrscheinlich darum, weil die Sprachwissenschaft Wert darauf legte, das Entlehnen oder Ausborgen als eine unschickliche, tadelnswerte, der Würde einer Hauptsprache nicht geziemende Handlung darzustellen. Man muß sich aber, wenn man von Entlehnungen spricht, womöglich immer bewußt bleiben, daß man einen bildlichen Ausdruck gebraucht hat; *die* Sprache ist nicht arm und nicht reich, hat keine Bedürfnisse und keinen Überfluß, leiht nicht aus und entlehnt nicht. Auch gibt es nur Individualpsychologie; und in der psychologischen Wirklichkeit gibt es nur sprechende Individuen, die nachahmen, nicht Sprachen und Völker, die entlehnen. Das Bild vom armen Manne, der beim reichen Nachbar ein Werkzeug borgt, paßt höchstens auf den Erfinder oder Entdecker, der eine neue Sache bei seinen Volksgenossen einführen will, und nun die Idee oder eine einzelne Form, die Sache oder ihren Namen von dort herübernimmt, wo Idee oder Form, Sache oder Name zu finden war.

Die Geschichte kennt den Begriff der Völkerwanderung; man hat ihn auf die Volksbewegungen eines verhältnismäßig kleinen Zeitraums eingeschränkt. Wir werden uns daran gewöhnen müssen, daß die Wanderung von Sachen und von Namen für die Kulturgeschichte von ungleich größerer Bedeutung war als die Völkerwanderung, die ein Historiker dem anderen nachschreibt, und von der wir uns heute fast ebenso phantastische Vorstellungen machen, wie die Bilder phantastisch sind, mit denen der alte Wolfgang Lazius seine Bücher De Gentium Aliquot Migrationibus geschmückt hat, — daß die Wanderung von Gebrauchsgegenständen und ihren Namen, von Kenntnissen und ihren Begriffen, von Formen und Motiven der Kunst und der Poesie, von Spruchweisheit und von Philosophie zu allen Zeiten das materielle und geistige Leben der Völker in beinahe unerforschlich mächtiger Weise beeinflußt hat.

IV.

Für die Wanderungen von *realen Dingen* würden die Forschungen der neueren Kulturgeschichte Beispiele genug bieten, um ein ganzes Buch mit ihnen zu füllen. Nahrungsmittel und Kleidungsstücke, Krankheiten und Heilungsmittel, Pflanzen und Tiere, Waffen und Spielgeräte sind oft über die halbe und über die ganze Erde gewandert. Diese Wanderungen bilden den Untergrund für die Wanderungen von Worten. Ich werde mich auf einige der bekanntesten Gebrauchsgegenstände beschränken und nur am Ende einen kurzen Hinweis wagen auf die Fälle, in denen nicht nur handgreifliche Realien aus der substantivischen Welt, sondern sogar scheinbar unabweisliche Wahrnehmungen aus der adjektivischen Welt von einem Volke zu dem anderen hinüberwanderten. Ich fürchte aber, das Wandern der Realien wird zwar weniger überraschen, aber doch mehr überzeugen.

Man könnte unter dieser Gruppe die Neuigkeiten verstehen, die Handel und Verkehr von einem Volke zum andern trugen und die in den allermeisten Fällen, zu Beginn der Einführung wenigstens, mitsamt der fremden Bezeichnung in ihre neue Heimat kamen. Ein Auszug aus der Kulturgeschichte gäbe eine endlose Beispielsammlung. Man kann auch wohl sagen, daß das Tempo dieser Einführungen sich mit dem Tempo der Verkehrsmöglichkeiten gesteigert hat. Heute kommt wohl jedes Jahr einigemal ein neues bisher unbekanntes Ding mit dem neuen Namen in unseren Bereich, um zu bleiben oder um wieder zu verschwinden, und wenn es bleibt, bald nur als technischer Ausdruck eines bestimmten Arbeitsgebiets, bald als ein neues Wort der Gemeinsprache. Früher waren solche Entdeckungen und Erfindungen natürlich seltener; aber *Pataten*, *Gummi*, *Kaffee*, *Tee* sind fast Teile einer Universalsprache geworden. Die Forschung wird dadurch erschwert, daß die Wortgeschichte auf Kenntnis der Kulturgeschichte beruht und die Kulturgeschichte wieder durch Wortgeschichte begründet wird. Trotz aller Unsicherheit lassen sich in Sprachen, deren Ursprünglichkeit einst für ein Evangelium galt, im Griechischen und Hebräischen, viele Dingentlehnungen mit Bestimmtheit annehmen.

Ich denke bei den entlehnten Realien aber auch an die endlose Zahl von Fällen, wo nicht ein bisher unbekanntes Kunst- oder Naturprodukt aus der Fremde herübergenommen wurde, sondern irgendein Ding, eine Tätigkeit oder auch nur eine Farbe oder sonst eine Eigenschaft, mitsamt einer neuen Vorstellung, die in der Fremde an das Ding, die Tätigkeit oder die Eigenschaft geknüpft war. Es ist dann für unseren Gesichtspunkt fast gleichgültig, ob das Neue mit dem Fremdwort, mit einer Lehnübersetzung oder mit einer Umschreibung bezeichnet wurde. *Kaffee* ist Lehnwort oder eigentlich Fremdwort geblieben; im Deutschen wenigstens ist weder Schreibung noch Aussprache einheitlich geworden. *Patate* ist im Englischen Lehnwort aus irgendeiner Indianersprache, in *Kartoffel* haben wir entweder Lehnübersetzung oder bastardierten Bedeutungswandel, in *Erdapfel* und *Grum-*, *Bodebirn* liegt Umschreibung oder Beschreibung vor. Die Römer übernahmen von den Griechen die Sitte, dem Sieger beim Wettkampf oder beim Gelage eine *corona*, d. h. einen *Kranz* aufzusetzen. Blumenkränze wand man auch wohl anderswo. Aber erst durch die Renaissance wurde Substantiv und Verbum wieder eingeführt, es gab Dichterkronen und *gekrönte* Dichter, wo dann Krone wie im Lateinischen Kranz bedeutete. Ja sogar die Pflanzenart, die bei den Griechen einheimisch war, wenigstens in historischer Zeit, wurde sprachlich und real importiert, der *Lorbeer* (eigentlich doch der *laurus* und nicht die *Beere*; der *baccalaureus* gehörte dann wieder als Symbol zu einem bestimmten Titel, zum Baccalaureat, franz. *bachelier*, um im englischen *bachelor* sich zu einer wieder neuen Bedeutung zu wandeln) wurde nach Speidels witzigem Wort das Gemüse des Ruhms, und der gekrönte Dichter hieß von Petrarca bis auf Tennyson poeta *laureatus*. Der wohlfeile Lorbeer brauchte keinen Ersatz. Der *Myrthen*kranz, der irgendwo im Orient nach irgendeiner falschen Beobachtung oder nach einer noch falscheren Volksetymologie zum Symbol des Geschlechtslebens und sodann just der Keuschheit wurde, war in Deutschland als Kraut leichter zu beschaffen denn als Blüte, und so gehen unsere deutschen Bräute unter einem Kranze oder einer Krone von echten Blättern und falschen Blüten. Ganz allgemein wird bei uns zur Osterzeit die *Palme* durch das einzig Grüne der Jahreszeit, das Weidenkätzchen, ersetzt; und weil Palme, im Orient der natürliche Pflanzenschmuck, in den Worten Palmsonntag, Palmwoche usw. zu einem Präfix geworden ist, welches gerade diese Festzeit bezeichnet, so werden die ersetzenden grünen Weidenzweige *Palm*zweige, *Palm*kätzchen genannt.

Unerschöpflich für solche Realentlehnungen, auch für Verben ist der Übergang des Christentums zu den abendländischen Völkern. Man mag die Wanderung der Realien des christlichen Kultus und die Wanderung der christlichen Gedankendinge im Buche selbst nachlesen (Vgl. Art. *Christentum*).

Etwas genauer muß man hinhören, um auch die Realentlehnung von Eigenschaftswörtern zu erkennen. Es ist zwar längst bemerkt worden, daß die Bezeichnungen für unsere Farbenskala in den homerischen Schriften, in der Bibel und auch in den heiligen Schriften der Inder zum größeren Teile noch fehlten, daß insbesondere die Farben grün, blau, violett, grau und schwarz sprachlich nicht genau unterschieden wurden; man hatte zunächst den Schluß gezogen, daß der Farbensinn der Menschen sich zum Wahrnehmen der sogenannten sieben Regenbogenfarben erst allmählich entwickelt hätte; neuere Untersuchungen nun haben gelehrt, daß die noch heute lebenden Naturvölker zwar keine Namen für alle uns bekannten Farben haben, die Farben selbst jedoch sehr gut zu unterscheiden vermögen. Wir brauchen den Verfassern der Ilias, der Bibel und der Veden kaum einen geringeren Farbensinn zuzuschreiben, als den heutigen Wilden. Die Wahrheit wird wohl sein, daß Homeros nicht farbenblind war, daß er den Himmel doch wohl blau und die Wiese grün gesehen hat, wenn seine Aufmerksamkeit auf den Unterschied gelenkt wurde. Noch im Mittelalter nannte man den Regenbogen dreifarbig; und für seine siebente Farbennuance fehlt heute noch ein den anderen Farben gleichwertiges Farbenwort, weil doch *violett*, veilchenfarben, offenbar ganz neu die Farbenempfindung durch den Hinweis auf ein besonders gefärbtes Objekt bezeichnet. Wie wir denn auch für die Modefarben unserer Putzgeschäfte fast ausnahmslos solche gegenständliche Bezeichnungen haben wie *fraise-écrasée*, taubengrau, crêmefarben usw.; weshalb auch eine Modedame im Gebrauche solcher Worte jeden Philologen übertrifft und mir Beispiele aus den Erfahrungen der letzten Saison schenken könnte.

Wir können annehmen, daß die Entwicklung des Farbensinns in alter Zeit keine anderen Wege einschlug als heute. Wanderten da die Realien nicht unmittelbar von Volk zu Volk, so wanderte doch die Regung der Aufmerksamkeit auf ihre Eigenschaften; so wie heute die Modedame in Berlin und Petersburg auf die besondere Farbe des Erdbeersaftes aufmerksam geworden ist und ihn benennen kann, nachdem die Nuance in Paris bemerkt und benannt worden ist.

V.

Bei den Wanderungen der *Spiele* mischen sich Entlehnungen oder Nachahmungen von Sachen, Worten und Bewegungen. Man denke nur an das *Ballspiel* und seine vielen Formen, man erinnere sich, wie Spielgeräte, bestimmte Bewegungen und außer dem Namen des Spiels auch die herkömmlichen Zurufe während des Spiels aus der Fremde eingewandert sind, oft genug die Zurufe unverändert in französischer oder englischer Sprache. Man denke an die *Tänze*, die vielleicht ursprünglich in Polen (*Polka*, nicht von *polacca*, sondern wahrscheinlich soviel wie *pulka*, Halbschritt) oder Ungarn (*Csardas*, soviel wie *Kneipen*tanz) zuhause waren, dann aber mit französischen Regeln ihren Eroberungszug um die Welt antraten.

Von Volk zu Volk wandern die Reize des Spiels und mit ihnen sogar die symbolischen Deutungen der Spielmöglichkeiten; die Spielregeln wandern von Volk zu Volk und mit ihnen die Namen der Spielgeräte und der spielerischen Tätigkeiten, in Entlehnungen oder Lehnübersetzungen. Das berühmteste Beispiel einer solchen Wanderung bietet die Geschichte des *Schach*spiels, aus der ich noch einige Beispiele gebe. (Nach der Dissertation „Die mittelalterliche Schachterminologie des Deutschen" von Ewald Eiserhardt und anderen allgemeinern Darstellungen.)

Die Erfindung des Schachspiels läßt sich bis nach dem alten Indien zurückverfolgen; ich kann nicht glauben, daß der indische Name *Tscha-*

turanga, das Vierteilige, wirklich auf die 4 Waffen des indischen Heeres und auf die nach ihnen genannten 4 Figuren (Fußsoldat, Pferd, Wagen und Elefant) sich bezogen habe; eine Beziehung auf die Vierecke des Feldes würde mir mehr einleuchten. Der indische Name ging als *Tschatrang* zu den Persern, als *Shatrandsch* zu den Arabern über. Unser Name *Schach* ist persisch, nach der Hauptfigur, dem König. Die Spielausdrücke wurden von den Persern, den Arabern, dann über Spanien oder Italien von den abendländischen Völkern bald als Lehnworte übernommen, bald übersetzt.

Shah heißt im Persischen König. Alle abendländischen Sprachen übersetzten den Namen der Hauptfigur in ihrer Weise, so daß das ursprüngliche Wort (*Schach*, sp. *xaque*, frz. *échec*, it. *scacco*) für alle Figuren verwendbar wurde und das ganze Spiel neulateinisch *ludus scachorum* heißen konnte, das *Schachspiel*.

Nicht so einfach liegt die Sache bei der *Königin*, die ja in ältester Zeit viel geringere Bewegungsfreiheit hatte, für die Spieler also nicht die gleiche Wichtigkeit wie heute. Im Persischen hieß die Figur *fersan*, der Ratgeber, Feldherr, Wessir. Die Araber übernahmen das Lehnwort, und die Spanier sagten, mit Beibehaltung des semitischen Artikels: *alferza*. Daß dieses Fremdwort, wie man behauptet hat, über *fierge* zu franz. *vierge* geworden, nun weibliches Geschlecht angenommen habe, als die *Königin*, ist eine hübsche Hypothese.

Unser *Läufer* bietet in seiner Wortgeschichte ein wunderliches Gemisch von Volksetymologien und Lehnübersetzungen. Die Figur hieß auf Neupersisch *pil*, der Elefant, auf Arabisch danach *alfil*, das in neulat. *alphilus*, sp. *alfil*, it. *alfino*, altfrz. *aufin* wiederzufinden ist. Durch Mißverständnis oder durch einen witzigen Einfall (oder durch beides) kam es zu it. *delfino*, frz. *dauphin;* der Kronprinz schien ja der Nächste beim Könige und der Königin. Später hieß unser Läufer franz. *fou;* Littré scheint zu glauben, daß dieser Name frei verliehen wurde, weil der Narr dem Könige nahe stände; er zitiert aus Regnier (Sat. 14): „Elle (la fortune) avance un chacun sans raison et sans choix, les *fous* sont aux échecs les plus proches des rois". Wahrscheinlicher ist wohl, daß vom sp. *alfil* die erste Silbe, der Artikel, fortfiel und aus *fil* (vielleicht nicht ohne Bewußtsein des Scherzes) *fou* wurde; Littré bemerkt trotz seiner Ablehnung der Möglichkeit eines solchen Vokalwandels, daß auch aus *filix fougère* (Farn) geworden sei. Jedenfalls ist die andere Erklärung, die beiden *Elefantenzähne*, die die Figur in der Zeichnung darstellten, hätten an eine Narrenkappe erinnert, nicht ganz so gewagt, wie die, die gleiche Zeichnung hätte in England an eine Bischofsmütze erinnert und so zu der englischen Bezeichnung *bishop* für diese Schachfigur geführt. Sollte wirklich der frühere deutsche Name für diesen schwächsten aller Schach-Offiziere umgekehrt so entstanden sein, daß unsere Form von alfil, *altvil*, die zweite Silbe eingebüßt hätte? Schwer glaublich. Aber der Läufer hieß lange Zeit der *Alte;* und im Scherze wenigstens steht dafür (Carmina Burana 246) die lateinische Lehnübersetzung *senex*.

Ganz einfach liegt die Sache bei unserem *Rössel;* im Persischen (und Arabischen) hieß die Figur *faras*, das Pferd; die abendländischen Sprachen, anthropomorphischer, nahmen für das Pferd einen Reiter und sagten lat. *eques* (oder *miles*), frz. *chevalier*, it. *cavaliere*, deutsch: *Ritter* (einst gleichbedeutend mit Reiter); nur die Spanier hätten wörtlich cavallo übersetzt, sagt die Dissertation. (Das stimmt nicht; erstens heißt das Wort *caballo;* und zweitens nennt der Spanier auch den Reiter *caballo*, in militärischer Sprache: c. coraza heißt Kürassier, c. ligero heißt soviel wie chevauléger.)

Für den vierten Offizier, den *roch*, ist die persische Etymologie nicht mit Sicherheit erschlossen; daß *rokh* ein mit Bogenschützen besetztes Kamel bedeutet habe und so zum Namen der Figur geworden sei, muß ich auf die Autorität von Diez hersetzen. War aber dieser Glaube zu der Zeit der neuen Namengebung schon vorhanden, so konnte die geschnitzte Spielfigur gar wohl für einen von Schützen besetzten Turm gehalten werden; wir haben jetzt den Namen engl. *tower*, frz. *tour*, deutsch: *Turm*; zwei davon sind jedenfalls Lehnübersetzungen desjenigen von den drei Worten, das zuerst aufkam.

Interessant ist, daß der unschuldige *roch* zu einem Fluchworte werden konnte. Wie der Ruf *Schach* mißverständlich zu einer Warnung geworden war (worauf gleich zurückzukommen), so gab es auch den Warnruf *Schachroch*, sobald der Turm, früher der wichtigste Offizier, bedroht war. (Die Deutung, daß es „Schach dem König durch den Turm" bedeutete, ist offenbar falsch; auch die Deutung, gleichzeitige Bedrohung des Königs und Turmes, scheint mir sprachwidrig; als ich Schach spielen lernte, vor 50 Jahren, wurde ich noch gelehrt: Schach dem König, Schach der Königin, Schach dem Turm zu sagen.) Es scheint wirklich, als ob der Ruf *schachroch* zu *roch* verkürzt, ein Fluchwort geworden wäre; anders lassen sich Stellen wie „das unschuldige Blut Jhesu des Herrn wirt aber nun roch rufen ewiglich" (Passionsspiel vom Ende des 14. Jahrh.) schwer deuten, man wollte sie denn sehr einfach von *Rache* herleiten. (Das D. W. notiert für „Rache" die Änderung a in o.)

Was wir heute *Bauer*, etwas altmodisch *Pion*, nennen, das kommt durch Lehnübersetzung aus dem Persischen; dort heißt die Figur zum Unterschied von den hochtrabenden Offizieren *baidak*, Fußsoldat; dies ist genau übersetzt im lat. *pedes*, im sp. und frz. *peon*, im it. *pedona* und im mittelalterlich Deutschen *vende*, Fußsoldat, Kerl; woraus dann, weil man das alte Wort nicht mehr verstand, durch Übersetzung unser *Bauer* geworden ist. Häufig ist in jener Zeit die Redensart „ein roch um ein venden“ geben (der Wolf gar gibt beim Schachzabel, d. i. beim Schachspiel „beidiu roch umb einen venden“, da er ein Lamm zerreißen will) im Sinne von „einen schlechten Tausch machen“.

Bei *vende* darf noch erwähnt werden, daß diese „kleinen Steine“ das gemeine Volk, populares, das *Povelî*, einst (bei dem Schachgelehrten Cessoles vom Ende des 13. Jahrh.) verschiedene Namen hatten, jeder Bauer — wie vielfach noch heute — nach seiner Stellung vor seinem Offizier; so hieß der Bauer vor dem rechten Turm *agricola*, was dann mit *Ackermann* oder Baumann übersetzt wurde. Nur die Hypothese, daß von diesem rechten Eckbauern der Name auf die andern Bauern überging, ist überflüssig (trotz v. d. Linde), weil — wie gesagt — die Lehnübersetzung aus dem persischen *baidak* zur Erklärung vollkommen genügt.

Unübersetzt blieb in allen abendländischen Sprachen der Name des Spiels selbst und sein Ziel: den König, den Schah, matt zu setzen. Beide Worte sind international, *Schach* mit nationalen Umformungen, *matt* ganz unverändert. Es ist schon bemerkt worden, daß *Schach*, der Name der Hauptfigur, nachdem er mit *König* usw. übersetzt wurde, für die Bezeichnung aller Steine frei wurde; *scacchi* hießen die Schachfiguren; das Brett, worauf gespielt wurde, hieß deutsch *Schachzabel* (*tabula*), wohl auch verdorben zu *Schafzabel*. (*Zabel* bedeutet überhaupt das Spielbrett, wie *Wurfzabel* das ausruhsame und doch leidenschaftlich getriebene Trictrac; daß *Zabel* außerdem, wohl unter slawischem Einfluß, auch eine der vielen Formen des Wortes *diabolus* war, kommt dabei doch höchstens für Predigerwortspiele in Betracht.) International ist *Schach* auch geblieben als Warnungsruf dessen, der den König bedroht, wobei just der alte Sinn des Wortes, König, offenbar völlig vergessen war, da man auch Schach der Königin, dem Turm zu „tun, sagen, sprechen“ sich gewöhnte. Unklar ist der Zusammenhang mit einem angeblich alten deutschen Worte *Schach*.[1])

Unklar ist es auch (mir wenigstens), ob das Wort *matt* direkt aus dem Persischen oder indirekt aus dem Arabischen stamme. Einerlei, das Wort

---

[1]) *Schach* bedeutete Kriegs-, Diebsbeute; davon wohl gewiß das biblische *Schächer*; vielleicht auch *schachern*, mit gestohlenem Gut handeln, *hehlen*. Die Römer besaßen einen ludus latrunculorum, ein Räuberspiel, das mindestens manche Ähnlichkeit mit unserem Schachspiel aufwies: zwei Farben (schwarz und weiß oder rot und weiß) für die Parteien, Felder, die gerade und schräge liefen, Steine, von denen die obersten *dux* und *imperator*, die andern *milites*, *latrones*, *latrunculi* (gr. κυνες) hießen. Ein Beispiel der spielerischen Etymologie früherer Zeiten mag die Herleitung des Wortes *scachus* aus diesem Spiel der Römer bieten. Die beiden Könige dieses Spiels seien Hercules und Cacus gewesen, die beiden Viehdiebe, der *abactor* und der *abigeus*: *scacco matto* heiße nichts anderes als *Cacus mactus* est. Das *s* hätten die Italiener nur vorgesetzt, weil *cacco* gar zu häßlich klang. Die Fehler der gegenwärtig üblichen Etymologie sind freilich anderer Art.

hat Glück gehabt. Bei der Beliebtheit des Schachspiels wurde es ein ganz geläufiges Bild, vom *Mattmachen* des Gegners zu reden; noch bei Luther finden wir die Redensart so gebraucht, daß die Beziehung auf das Schachspiel mehr oder weniger deutlich mit verstanden wurde; als die Anschaulichkeit des Bildes verblaßte, vielleicht weil das Schachspiel weniger gepflegt wurde, blieb das Wort, schon im 16. Jahrhundert, für *geschlagene* Krieger, und heute hört das feinste Sprachgehör nicht mehr, wenn Menschen und Tiere, ja Pflanzen und Kräfte *matt* genannt werden, ein Lehnwort aus dem Persischen oder Arabischen, oder gar eine Metapher aus den Redensarten der Schachspieler heraus. Der Ruf *mât* aus *Schach mât* (der König ist tot) ist ebenso in alle romanischen Sprachen übergegangen, wobei freilich da und dort noch andere Einflüsse mitgewirkt haben mögen; so hat man versucht, das ital. *matto,* das außer *schachmatt* auch unser *matt* (z. B. *oro matto, mattes* Gold) bedeuten kann, das aber im Sinne von *töricht, verrückt* am gebräuchlichsten ist, auf *madidus* (naß, betrunken) zurückzuführen.

Ich kann es mir nicht versagen, aus der Dissertation von Eiserhardt noch eine Stelle anzuführen. Der fleißige Verfasser unterscheidet ganz gut zwischen Übersetzungen und Entlehnungen; aber so fremd ist ihm und seinen Lehrern die Bedeutung der *Lehnübersetzung* für die Sprachgeschichte, daß er (S. 40) ausdrücklich erklärt: „nur die Entlehnungen haben eigene Bedeutung für unsere Sprache."

VI.

Man könnte die unveränderliche Übernahme *technischer* Erfindungen und ihre Anpassung an den Geschmack oder das Bedürfnis recht gut mit Entlehnung und Lehnübersetzung der Bezeichnungen vergleichen, weniger höflich mit Diebstahl und Hehlerei. Und da ist es zu beachten, daß die Kulturgeschichte mit der Zeit ehrlich geworden ist und jetzt ohne Rücksicht auf Nationaleitelkeit dem wahren Erfinder sein Recht zu geben sucht, daß aber die Sprachwissenschaft in unzähligen Fällen sich gegen die Erkenntnis sträubt, mit der Sache sei auch der Name entlehnt oder angepaßt worden. Nur wo die Wortgeschichte ein Ausweichen nicht gestattet, wird Entlehnung oder Lehnübersetzung zugestanden. Und doch ist der Vorgang, den wir heutzutage unaufhörlich beobachten können, keine Eigentümlichkeit unseres Zeitalters der Technik und des Verkehrs; zu allen Zeiten muß es so gewesen sein, ist es so gewesen. Ich gebe ein paar Beispiele aus den verschiedensten Gebieten der technischen Künste.

Die *Architektur* gebraucht fast ausschließlich Worte, die entlehnt sind: aus dem Lateinischen, dem Griechischen, dem Italienischen, dem Französischen, dem Arabischen. Sonst unerklärliche Wörter verraten ihre Herkunft, wenn man den Begriff der Lehnübersetzung zu Hilfe nimmt. Unser altes *Kemenate* kommt vom Spätlateinischen *caminata* und bedeutete (nach *caminus,* Feuerstätte, *cheminée*) ein geheiztes Zimmer; davon ist *Stube* (ital. *stufa,* Badestube) offenbar eine Lehnübersetzung; überraschenderweise hat franz. *poêle* eine parallele Wortgeschichte: es bezeichnete ursprünglich einen heizbaren Raum, wahrscheinlich von lat. *pensile.*

Die *Küche* hat eine große Menge ihrer gegenwärtigen Namen (für *gute* Küche) aus dem verdorbenen Latein der mittelalterlichen Klöster, aus dem *Küchen*latein. Ich setze die Unzahl von Entlehnungen als bekannt voraus und erinnere nur an wenige Übersetzungen. Aus ital. *cavolifiori,* franz. *choux-fleur* (süddeutsch *Karfiol*) wurde *Blumenkohl,* das dem Österreicher fremd und geziert erscheint. Ganz eingedeutscht ist *Rührei,* doch aber Übersetzung von lat. *ova misculata,* franz. *omelette.* Was die Franzosen *pets de nonne* nennen, heißt am benachbarten Rhein *Nonnenfürzchen.* Ich möchte zwei Vermutungen hinzufügen. Das schwed. *sexa* wird häufig als die *Sechs*uhrmahlzeit erklärt; daß die Zeit nicht stimmt, würde allerdings nicht stören, da sich die Namen der Mahlzeiten, die von der Zeit hergenommen sind, leicht verrücken. Könnte aber *sexa* nicht eine schlechte Aussprache von russ. *zakuska* (*Imbiß*) sein, dieses wieder eine Lehnübersetzung von franz. *goûter*? Sehr wahrscheinlich ist es, daß franz. *assiette* (von lat. *situs*) ursprünglich das bedeutete, was wir jetzt für eine schwer zu erklärende abgeleitete Bedeutung halten: die Lage; sodann die Lage, den Platz bei Tische; als es auf Umwegen, die noch nicht ganz aufgeklärt sind, zu der Bedeutung *Teller* kam, wurde für den Platz bei Tische das neue Wort *couvert* herangezogen, für den gedeckten Platz mit allem Zubehör; und dieses couvert haben wir peinlich genau mit *Gedeck* übersetzt.

Die Wortgeschichte des *Kriegs*wesens erzählt von unzähligen Entlehnungen, denen man die Geschichte des Kriegswesens selbst ablesen oder abhören kann. Die Namen der Waffen (*fusil* und *Flinte, couleuvrine* und *Feldschlange*), die Namen der Rangtitel (*Kapitän* und *Hauptmann*), die Namen der Befestigungen (*forteresse* und *Festung*, *parapet*, ital. *parapetto* und *Brustwehr*) deuten gut darauf hin, welche Nation zur Zeit der Entlehnung oder Übersetzung gerade die besten Heereseinrichtungen hatte. Besonders interessant ist das Wort *laden* in seiner militärischen Bedeutung. Man kann nach dem Sprachgebrauche die Ware laden (Steine, Säcke), aber auch das Gerüste, das zur Fortbewegung der Ware bestimmt ist (den Wagen, das Schiff). Das Gefäß, der Behälter wird gefüllt beim *Laden:* der Raum der Kelter, des Hochofens, des Schmelztigels, der Kanone. Das Füllen der Waffe, das zunächst bei den Geschützen von großem *Kaliber* (Lehnwort aus dem Arabischen, *qalib* = *Modell*) ein wirkliches Beladen war, machte die Waffe schußbereit; und diesen Sinn hat auch ital. *caricare,* franz. *charger.* Man achte darauf, daß die kriegerischen Italiener schon vor Einführung der Feuerwaffen sagten: caricare la balestra, l'arco, den Bogen *spannen*; das alte technische Wort der Soldaten ging unverändert oder in Übersetzung auf die neue Waffe über. (Man vergleiche für einen ähnlichen Übergang des militärischen *intendere* auf die Feuerwaffe den Art. *Absicht*.) Vielleicht besteht zwischen *caricare* und *laden* eine noch viel ältere Beziehung. Wenn eine Last auf ein Vehikel *geladen* wird, so denkt man immer an den Zweck der Fortbewegung; nun könnte *laden* mit *leiden*, ursprünglich soviel wie *leiten, reisen* oder reisen machen zusammenhängen, wenn auch nicht so eng wie *caricare* mit *carrus*.

Von den Worten der *Landwirtschaft* sei nur eines angeführt, das vielleicht noch althochdeutsche Lehnübersetzung ist: *Getreide*; trotzdem das Wort im heutigen Sinne zur Lutherzeit noch so neu war, daß oberdeutsche Bibelglossare Luthers *Getreide* durch Korn, Frucht (lat. *fructus*) erklären zu müssen glaubten. *Getreide* wird allgemein als das aufgefaßt, was der Boden getragen hat, der *Ertrag*. Die häufige Anwendbarkeit des Begriffs der Lehnübersetzung läßt mich nun vermuten, daß alle andern Erklärungsversuche für franz. *blé*, altfr. *bled*, verfehlt waren, daß Diez vollkommen im Rechte war, als er franz. *blé*, ital. *biada* von spätlat. *ablatum* oder dem Plural *ablata* herleitete; es wäre dann *blé* eine unverständlich gewordene Verstümmlung, *Getreide* eine heute noch verständliche Übersetzung des lateinischen Wortes.

Ich darf wohl, ohne Widerspruch zu befürchten, auch die *Medizin* unter die technischen Künste rechnen; wem das nicht gefällt, der mag die Beispiele unter eine vornehmere Rubrik einordnen. Und ich will mich mit der Aufzählung von Übersetzungen aus dem Arabischen begnügen, weil es dafür eine übersichtliche Vorarbeit gibt, die von Hyrtl.

Seitdem Hyrtl, der berühmte Anatom und gewissenhafte Philologe, seine wortgeschichtlichen Untersuchungen veröffentlicht hat, kennt man im einzelnen den Einfluß der arabischen Ärzte auf das Medizinerlatein des spätern Mittelalters. Für Hyrtl, dem ich natürlich nur folgen kann, waren fast nur die latinisierten arabischen Ausdrücke von Interesse und nur gelegentlich erfahren wir von Lehnübersetzungen aus dem Arabischen oder dem Hebräischen. Er gibt (S. 43 d. Einleitung) überdies eine ganze Reihe deutscher Ausdrücke aus dem 16. Jahrh., die wieder Lehnübersetzungen der lateinischen Lehnübersetzungen aus dem Arabischen waren.

Ich setze aus dieser Sammlung deutscher Übersetzungen, von denen viele heute noch üblich sind, vorläufig einiges her: Hirn*schale* und Hirn*kasten*, nach *testa*, *theca* oder *olla* cerebri (prov. noch *oulle*), *Mandeln*, Magen*mund*, Speise*röhre*, *Pfeilnaht* (*suttura sagittalis*), *Herzgrube* (*scrobiculus cordis*), *Herzbeutel* (*marsupium cordis*), Hoden*sack* (*bursa*), Blasen*hals*, Mutter*mund* (*os vulvae*), Nasen*flügel*, *Zahnfleisch* (*caro dentium*), *Gaumenvorhang* (*velum* palati, jetzt genauer Segel), Kehl*deckel* (*coperculum* laryngis), Stimm*ritze* (*rima* glottidis), *Schamspalte* (rima pudendi), Hirn*balken* (*trabs*) usw.

Wäre nun auch ein Teil der Wortgeschichten Hyrtls durch die Forschungen der neuesten Arabisten korrigiert worden, so bliebe doch die Invasion dieser semitischen Ausdrücke und Vorstellungen ein unvergleichliches Beispiel für die internationale Entlehnung ganzer Disziplinen. Besäßen wir nicht so genau die Brücken, die da zu den lateinschreibenden Ärzten des Abendlandes herüberführen, so wäre uns ein großer Teil ihrer Sprache ebenso unerklärlich, wie uns altgriechische Ausdrücke für Tiere, Pflanzen usw. unerklärlich sind, deren Wortbrücken nach Asien vor der historischen Zeit zerstört worden sind. Und wiederum: wenn in der Seeschlacht von Lepanto die Türken gesiegt hätten und dann vielleicht Europa nach Gottes Ratschluß türkisch geworden wäre, so wären heute vielleicht die Brücken nach Griechenland zerstört, unsere naturwissenschaftliche Literatur würde arabisch gedeutet und kaum eine dunkle Sage wüßte von einer Anlehnung an ein altes Volk der Griechen zu erzählen.

Ich will an Bekanntes nur kurz erinnern. Die arabischen Ärzte des 12. und 13. Jahrh. (die in der Geschichte der Philosophie ebenso philosophische Zwischenhändler waren) lasen die klassischen Schriften der griechischen Ärzte nicht in den Originalen, auch ihren vergötterten Galenos nicht; sie mußten sich bei dem Zufallsgange ihrer Kultur an Übersetzungen halten, die von syrischen und alexandrinischen Juden und von nestorianischen Christen hergestellt worden waren und die dann erst auf Befehl bildungsfroher Kalifen ins Arabische übersetzt wurden. Als nun die arabischen Schriften in die Gelehrtensprache des Abendlandes übersetzt wurden, verstanden die Übersetzer gewöhnlich kein Griechisch, das Arabische nicht immer gut und schrieben ein barbarisches Latein. Dazu kommt, daß in Spanien und dann zu Anfang des 13. Jahrh. in Montpellier jüdische Ärzte die Vermittlung übernahmen, und daß die Folgezeit also manches für arabisch hielt, was hebräisch war. Aus diesen historischen Tatsachen ergibt sich die Verhunzung so vieler technischer Ausdrücke, über welche zu klagen Hyrtl nicht müde wird. Für meine Absicht sind die oft abenteuerlichen Wortverstümmlungen ganz unwesentlich. Dagegen möchte ich noch auf zwei Tatsachen hinweisen, die in unserer Sprache an die Zeit gemahnen, da Araber die Lehrmeister des christlichen Abendlandes waren. Materiell ist nicht nur die spanische Sprache, sondern auch die deutsche voll von arabischen Worten aus jener Zeit. Besonders Astronomie, Botanik und Chemie: Zucker, Zibeben, Sirup, Ambra, Elixier, Amalgam, Naphta, Kampfer, Ingwer, Bezoar, Tarif, Alchemie, Alkohol, Alkali, Almagest, Admiral, Algebra, Almanach, Aldebaran, Azimuth, Zenith und Nadir (?), Alambic usw. Geistig ist viel von der eigentümlichen Phantastik der Araber wie versteinert zu uns herübergekommen. Die

Araber bildeten gern neue Begriffe mit Hilfe der Vorstellungen von Vater (*ab*), Mutter (*mum*) und Sohn (*ibn*): der Ehemann hieß *Vater der Frau*, der Hahn *Vater des Wachens*, die Nacht *Mutter der Sterne*, der Pfeil *Sohn des Bogens*, so werden wir weiter finden Fieber als *Mutter der Wärme*, Pupille als *Tochter des Auges* und Hirnhaut als *Mutter des Gehirns*. Und nun einige beachtenswerte Worte aus der Fülle, die Hyrtl bietet.

Schon bei den Römern hieß die *Haube*, mit der Kinder bei rasch verlaufenden Kopfgeburten mitunter auf die Welt kommen: *galea*, bei Mädchen *vitta*. Aus dem Orient stammt diesmal nicht das Wort, wohl aber der Aberglaube an diese Glückshaube oder das *Wunschhütel*. Ein *caput galeatum* war ein Glückskind; heute noch im Französischen: *né coiffé*.

Die Namen der *Schädelnähte* sind Übersetzungen bald aus dem Griechischen, bald aus dem Arabischen. Sogar der Name des griechischen Buchstaben *Lambda* hat sich in der *Lambdanaht* erhalten, wurde aber von Unkundigen wohl auch *suttura lande* genannt.

Anus heißt lateinisch sowohl *After* als *altes Weib*; auf den möglichen Zusammenhang möchte ich nicht eingehen. Es fanden sich dann barbarische Lateiner, welche *vetula* für *anus* setzten und auch das *os ani* die *vetula* nannten.

Retina ist kein lateinisches Wort, sondern von dem lateinischen Arabisten Gerardus, dem Übersetzer des Canon Avicennae, für den Teil des Sehnervs eingeführt worden, der den Glaskörper wie ein *Netz* umschließt; und wir haben es mit *Netzhaut* übersetzt. Auch die *Linse* (des Auges), die jetzt aus der Anatomie in die Optik übergegangen ist, ist kein sehr altes Wort. Sie wurde im Altertum oft recht poetisch: Seele des Auges, von Galenos auch das Göttliche des Auges genannt, noch bei Vesal, dann humor glacialis oder auch *grando*, das *Hagelkorn*. Am häufigsten wurde sie gutta genannt, der Tropfen; der graue Staar hieß *gutta opaca*, der schwarze Staar, bei dem die Linse ungetrübt bleibt, *gutta serena*. *Linse* (*φακος*, *φακωδης*), im Deutschen eher Lehnwort als Lehnübersetzung nach dem lateinischen *lens*, findet sich schon im Griechischen; ist aber noch bei Hippokrates die Bezeichnung für Sommersprossen. Die Frucht *Linse* ist also lateinisches Lehnwort; die Übertragung auf die Augenlinse Lehnübersetzung. (Die Bezeichnungen für die Teile des Gehörgangs sind Lehnübersetzungen aus dem Griechischen.)

Für die Achselvene, wie für die empfindliche, unter einer feinen Haut gelegene Hüftvene haben die Arabisten Ausdrücke wie vena *titillaris*, *titillicum*; vom *Kitzeln* heißt die Achselgrube jetzt noch im Französischen *chatouilloire*.

Der Ausdruck *Röhre* kommt bei den Alten nicht vor. Die Araber nannten die beiden Stücke des Vorderarms Röhrenknochen, al*said* oder *asseyd*; die ältern Arabisten übersetzten Ulna und Radius mit *Canna* oder

Arundo major und *Canna* oder *Arundo minor*. Canna ist wohl gewiß ein semitisches Wort, hebräisch *qanch*; was nicht hinderte, daß *canna* in den abendländischen Sprachen eine reiche Wortfamilie gründete. (Kanehl, Kanone.) Auch die Knochen des Unterschenkels haben im Hebräischen und im lateinischen Avicenna die Namen großes Rohr (Schienbein) und kleines Rohr (Wadenbein); aber doch schon griechisch (wann?) *αὐλος*, Flöte, für Röhrenknochen, so *αὐλοι ποδων* für Schien- und Wadenbein.

Wahre und falsche Rippen ist neuere Lehnübersetzung. Hippokrates nannte die sieben obern Rippen, die sich ans Brustbein anschließen, *συναπτας*; Galenos erst nennt sie *γνησιας*, für *γενεσιας*, von *γενος*, was dann durch *ἀληϑης*, *ψευδης* ersetzt und mit *wahr*, *falsch* übersetzt wurde, mittelalterlich costæ *verae*, *perfectae*, *completae*, *legitimae*, *germanae*, und non veræ, imperfectæ, spuriæ, illegitimæ, adulterinæ, nothæ, mendosæ (eigentlich imperfectæ, fehlerhafte, dann wohl mit mendaces verwechselt).

Auf *dura* und *pia mater*, als von der arabischen Metapherart herstammend, ist schon hingewiesen; die Hirnhaut wurde *Mutter* des Gehirns genannt. Noch merkwürdiger ist *pia* mater. Man kannte zur Zeit des Galenos nur zwei Hirnhäute, die *μηνιγξ σκληϱα* oder *παχεια* (dura, crassa) und die innere zartere *μηνιγξ ληπτη* (*tenuis*). Arabisch heißt tenuis *raqiq*. Der Mönch, der den Haly Abbas übersetzte, fand im Wörterbuch für *raqiq* die mönchisch bequemere Erklärung *fromm*, *milde* und so stand und steht für *μηνιγξ λεπτη* über das Arabische hinweg die falsche Lehnübersetzung *pia mater*. Wie denn überhaupt die seltsamen Namen der organisch auch heute noch nicht deutbaren Formen der Gehirnteile, gleich den Namen der zufällig sich dem Auge aufdrängenden Sternbilder, alte Lehnübersetzungen sind. Ein altes *vermis* (im Gehirn) ist lateinische Übersetzung von *dudah*; Hirn- wie Herzkammern wurden *thalami* genannt; die Sehhügel wurden bald nach den Hoden, bald nach den Hinterbacken benannt. Als nun die Sehhügel ihren alten Namen *thalami* wiedererlangten und den Schimpfnamen *nates* an das vordere Vierhügelpaar abgaben, lag *auf* ihnen die Zirbeldrüse, von den Testes aus gerechnet, die *glandula* oder der *penis* cerebri. Mit drolligem Purismus, weil ihm das Aufliegen des Penis auf den Nates unziemlich schien, hat Vesal die Teile umgetauft. Nicht für immer.

Die Alten nannten die helleren Teile des Gekröses *lactes*, auch die Hoden der Fische; wir sprechen da noch heute von *Milch*.

Schlüsselbein ist eine unverständlich gewordene Lehnübersetzung von *κλῃις*, was ursprünglich *Querbalken*, Riegel hieß, und nicht Schlüssel, mit dem ja das Schlüsselbein auch verzweifelt wenig Ähnlichkeit besitzt. Wir haben das Wort auf dem Umwege über Araber und lateinische Arabisten: *clavicula*.

Der Darm wurde von den Arabern in die bekannten sechs Abteilungen geschieden; die Anatomen des 14. Jahrh. zählten aber, nach dem Vorgange von Hippokrates, von unten an; wie eben schon Hippokrates den Mastdarm ἀρχος, principium intestinorum genannt hatte; woher vielleicht *Arsch*. Gut lateinisch ist für das *rectum* der Name longanon, von Schylhans mit Arsdarm und Schlechtdarm (glatter Darm) übersetzt; dieses Stück des Schweinsdarms diente schon bei den Römern zum Wurstmachen; heute noch ist im Spanischen *longaniza* (Wurst) erhalten.

Das Stück des Duodenums, das *jejunum* heißt, hat seinen Namen (angeblich) davon, daß es nunquam continet, quod accipit, also immer fastet; ist aber schon richtige oder falsche Lehnübersetzung von νηστις, was von νη ἐσθιειν hergeleitet wird. Auch das Duodenum selbst übersetzt das griechische δωδεκαδακτυλος, womit freilich früher etwas anderes bezeichnet worden war. Erst Galenos stellte im Pylorus genau die Grenze zwischen Magen und Darm fest, von πυλη und ὡρεω; es wurde von den Neulateinern und den Italienern mit *portanarius* und ähnlich wiedergegeben, woher unser *Pförtner*.

Der Ringknorpel hatte bis auf Galenos keinen Namen, und das fiel so auf, daß er *cartilago innominata* (ἀνωνυμος), der anonyme Knorpel genannt wurde. Galenos Benennung κρικοειδης (von κρικος oder κιρκος) ist die Unterlage für die Lehnübersetzung *Ring*knorpel. Die Araber, die eine sehr ungenaue Kenntnis des Kehlkopfs hatten, übersetzten ἀνωνυμος mit lā isma lahon, was nach F. Müllers Vermutung (des orientalistischen Helfers von Hyrtl) zu *Galsamach* verhunzt wurde, welches Wort viele Teile der Larynxgegend vom Gaumensegel bis zum Ringknorpel bedeutete.

Bekannt ist, daß der Adamsapfel seinen Namen von der hebräischen Legende hat, ein Stück vom verbotenen Apfel sei dem ersten Menschen vor Schreck stecken geblieben und als der sog. Adamsapfel zur Erinnerung und zum Zeichen des Sündenfalls zu sehen. Die Griechen nannten das Ding nach dem Vogelkropf, bei Haly Abbas findet sich der Ausdruck *pomum granatum*. Der hebräische Ausdruck tappuach ha-adam, *pomum viri* rührt daher, daß der Vorsprung beim Manne viel stärker wahrnehmbar ist. Nach Hyrtls ansprechender Vermutung erklärt sich die eben erwähnte Legende daraus, daß *adam Mann* bedeutet, aber zugleich den Namen des ersten Menschen.

Die alten Namen der Zähne haben wir aus dem Arabischen: die Schneidezähne, die Lachzähne (*risorii*, γελασινοι), die Weisheitszähne. Allerdings kannten schon die Alten die letzte Bezeichnung: σωφρονιστηρες, dentes sapientiae (die übrigen Zähne im Gegensatz dazu recht albern dentes stultitiae); aber die arabische Lehnübersetzung erhielt sich in der arabischen Form Neguegil oder ähnlich lange bei den lateinischen Arabisten.

Im Mittelalter unterschied man *venae pulsatiles* und *quietae* für Arterien und Venen; die Aorta, als die Haupt-*Schlagader* (Lehnüb. für v. *pulsatilis*) hieß auch vena *elevabilis*, womit eine Lehnübersetzung von *ἀορτα* (*ἀειρειν*, *erheben*) versucht worden war.

Die *Carotiden* haben ihren griechischen Namen von *καρος*, *sopor*, tiefer Schlaf; die Araber übersetzten *sopor* oder das gleichbedeutende hebräische *tardemah* mit *subat*; die Arabisten nannten also die Carotiden arteriae oder venae *subethales*; Vesal, in seiner Weise ein Purist, d. h. ein Gegner des barbarischen Arabisten-Latein führte die Bezeichnung *soporalis* ein. Sehr wahrscheinlich nun, daß von dieser alten Bezeichnung her der Zweig der Arteria soporalis, dessen Pulsschlag in regione temporali besonders leicht fühlbar und sichtbar wird, oder die Gegend den deutschen Namen *Schlaf* oder *Schläfe* erhielt; denn an die schlafbringende Wirkung einer Kompression der Carotiden glaubte man fest, eine schmerzstillende kennt man noch immer. In einer lateinischen Übersetzung des Averroës heißen sie geradezu arteriae *somni*. Die Bezeichnung *subethales* ist wieder verschwunden, aber doch nicht ganz; in der Provence nennt man eine Kinderkrankheit, die rasch zu völliger Bewußtlosigkeit führt, *subé* oder *subeth* puerorum, wohl von der Sarazenenzeit her.

Brust*korb* scheint Lehnübersetzung eines *crates* oder cratis costarum (zuerst bei Lactantius); *crates* war ein Weidengeflecht, ein Korb; die Wortgeschichte ist unsicher, weil die Ähnlichkeit mit einem Korbgeflecht doch wohl erst beim Anblick eines Skeletts erscheint.

Im Deutschen, Französischen, Englischen und Niederländischen finden wir ein entsprechendes Wort (*Rute*, *verge*, *roede*) für das männliche Glied, die germanischen Worte Lehnübersetzungen von *virga*, das im Altlateinischen nur Zweig heißt und erst als Lehnübersetzung des arabischen al-kamarah Penis bedeutete, aber in diesem Sinne selbst in die modernen Sprachen nicht überging. *Schamteile* usw. ist natürlich Lehnübersetzung des bereits homerischen *αἰδως* (*τα αἰδοια*). Unzählige Spitznamen für den Penis gehen in Lehnübersetzungen, Falschübersetzungen und lasziven Späßen von Volk zu Volk. *Veretrum*, doch wohl von *vereri*, also Schamteil; bei lateinischen Spaßmachern finden wir dafür *veru*, *Bratspieß*.

So wanderten richtige und falsche Beobachtungen der Anatomen und Mediziner auf dem zufälligen Umwege über die Araber zu uns, wissenschaftliche Kenntnis und Aberglaube durcheinander; wir werden noch erfahren, daß *Wahrheit* und *Glaube* (Vgl. Art. *Wahrheit*) eigentlich gar nicht widersprechende Begriffe sind, wir werden also sagen können: die Gegenstände des Glaubens sind es, die mit ihren Namen von Volk zu Volk wandern.

Ich könnte nicht enden mit solchen Belegen, wenn ich nun auch die Wanderungen und besonders die Lehnübersetzungen von Wörtern der Mythologie und Religion, der Mathematik und der Astronomie, also nur der wichtigsten Gebiete des Glaubens und des Wissens aufzählen wollte, wenn ich gar die Entlehnungen und Lehnübersetzungen der Naturgeschichte (wo die Beispiele von Tier- und Pflanzennamen nicht zu zählen sind) sammeln wollte. Mir ist es ja besonders darum zu tun, die Macht der Entlehnung in den Nationalsprachen überhaupt nachzuweisen, besonders aber die Macht der Entlehnung bei den Ausdrücken der Geisteswissenschaften, vor allem die Bedeutung der Entlehnung für die philosophischen Begriffe. Vorher sei noch der Fälle gedacht, wo nicht einzelne Wörter, sondern gleich ganze Wortfolgen entlehnt wurden, Kunstprodukte der Sprache: politische Schlagworte, Sprichwörter, Scherze, Anekdoten, Novellen usw. Es handelt sich um die unabsehbare Reihe von wandernden Motiven.

VII.

Reinhold Köhlers unermüdliche Sammelarbeit hat uns eine Fülle von wandernden Märchen, Sagen, Fabeln, Novellen und auch Redensarten geboten. Man könnte einen stattlichen Band aus den Arbeiten Köhlers ausschreiben. Die Wanderlust von Sagen und geflügelten Worten ließe aufs neue an der Zuverlässigkeit geschichtlicher Überlieferung zweifeln; hier aber, wo uns die Internationalität der Kulturgeschichte, das endlose Entlehnen von Sachen und Worten allein interessiert, sollen nur einige allgemeine Gesichtspunkte und wenige frappante Beispiele aus dem Lebenswerke des prächtigen Köhler entlehnt werden, der wie kein anderer die junge Wissenschaft des Folklore gefördert hat, diese schrecklich gelehrte Bezeichnung für Volkskunde aber ablehnte.

Die allgemeinen Sätze nehme ich aus einer der seltenen Niederschriften Köhlers, in denen dieser bescheidene Forscher einmal das Mikroskop beiseite legte und den Blick in die Weite schweifen ließ: aus der Abhandlung „Über die europäischen Volksmärchen". Man werde bald gewahr, „daß die Märchen, die nur in Einem Lande, bei Einem Volke vorkommen, verhältnismäßig selten sind, daß dagegen Märchen in weit voneinander gelegenen Räumen in wesentlich gleicher Gestalt sich finden, vielleicht eines in Schottland und in Siebenbürgen, ein anderes in Littauen und in Neapel ..... die Zahl der nur an zwei oder drei weit entlegenen Punkten gefundenen gleichen Märchen ist verhältnismäßig gering und würde noch weit geringer sein, wenn überall gleich eifrig gesammelt wäre. Bei weitem die Mehrzahl aber der bisher gesammelten Märchen sind solche, die in den meisten, ja zuweilen in allen Ländern, woher wir Sammlungen haben, sich finden."

Man habe, sonst kluge Leute haben es getan, die Übereinstimmung entweder Folge der Einheit des Menschengeistes oder des Zufalls sein lassen. „Aber diese Annahme ist in den meisten Fällen unmöglich, da die Gleichheiten meist so eigentümlicher Art sind und in einem so eigentümlichen

Zusammenhange, in einer so eigentümlichen Mischung wiederkehren, daß man mit Bestimmtheit sagen kann, daß sie schon an und für sich nicht, am wenigsten aber in dem Zusammenhang, in dem sie regelmäßig erscheinen, zwei oder mehrere Male unabhängig voneinander sich gestalten konnten; sie können vielmehr nur einmal an Einem Ort und zu Einer Zeit erfunden und müssen das andere oder die andern Male durch Überlieferung oder Übertragung fortgepflanzt sein." Besonders wichtig ist die nachgewiesene Wanderung indischer Märchen nach dem Abendlande. Schon vor der Zeit des Islam wurde eine Bearbeitung der Buddhalegende zu einem weitverbreiteten christlichen Volksroman; die eigentlichen Märchen kamen zu uns durch persische und arabische Übersetzungen. Die Zukunft wird vielleicht die meisten abendländischen Märchen auf eine indische Grundlage zurückführen. „Diese Resultate sind abzuwarten, jedenfalls sind aber schon jetzt soviele Märchen auf indische Quellen sicher zurückgeführt, daß wir auch bei den übrigen sehr vorsichtig mit der Annahme sein müssen, sie seien autochthonischen Ursprungs. Ganz besonders aber wird man sich hüten müssen, in jedem deutschen Märchen einen verblaßten und entstellten uralten heidnischen Mythus zu suchen und natürlich auch zu finden, wie dies bisher von vielen deutschen Mythologen nur zu gern geschah." Ich berufe mich auf diese Ketzereien Köhlers um so lieber, als es doch Freiheit gibt, wenn so z. B. eins der schönsten deutschen Märchen, das vom treuen Johannes, in Böhmen, im neuen Griechenland, in Italien, in Katalonien und endlich auch in Indien nachgewiesen wird. Es ist dem Chauvinismus gar gesund, zu erfahren, daß die tiefsinnigsten und nationalsten Geschichten eher eingeheimst als heimisch sind. Eine süddeutsche Form der Geschichte von Griseldis gibt gar eine Volksetymologie des Namens: sie heißt Griseldis, von dem griselten (graulichen) Kittel, den sie als armes Maidli trug; da sie verstoßen wird, sagt der Vater zu ihr:

Leg nur an das griselte Kittele
Und iß mit mir ein Überschüttele.

Die Matrone von Ephesus, ein wahrer Globetrotter unter den Novellen, ist jüdisch, russisch, italienisch und sonst fast überall naturalisiert worden.

Selbst eine so einfache Redeformel wie „und wenn der Himmel wär Papier" ist von Köhler über den Talmud und Arabien zu den Neugriechen, den Serben, den Italienern, den Franzosen, Deutschen und Engländern begleitet worden; die Originalstelle im Talmud heißt: „Wenn alle Meere Tinte und alle Binsen Schreibfedern und der ganze Himmel Pergament und alle Söhne der Menschen Schreiber wären, sie reichten nicht aus zu beschreiben usw."

Die Wendung gegen den kulturwissenschaftlichen Chauvinismus findet sich schon bei Köhler (Kleinere Schriften III. 355): „Ohne irgendwie Gewicht auf meine eigene Ansicht legen zu wollen, nach der allerdings verschiedene Nationen, deren Volkslieder ich einigermaßen zu kennen glaube, uns darin ebenbürtig sind, möchte ich nur fragen, ob der Herausgeber, ob überhaupt irgendjemand die Volkslieder *aller* anderen Nationen genau genug kennt, um sich erlauben zu dürfen, so kurzweg über alle zugunsten von uns Deutschen abzuurteilen."

Auch die alte Weisheit, daß der Charakter eines Volkes aus seinen *Sprichwörtern* erkannt werden könne, ist nicht mehr wahr. Aus zwei Gründen nicht. Erstens weil Sprichwörter ebensowenig wie Volkssagen vom Volke geschaffen worden sind; zweitens weil Sprichwörter fast immer international sind, von einem Volk zum andern wandern und, richtig oder unrichtig, wie andere Wissenschaft um so gläubiger nachgesprochen werden, je bekannter sie sind. Es wäre übrigens nicht übel, gehört aber nicht zu meiner Absicht, an ein paar hundert der beliebtesten Sprichwörter nachzuweisen, daß ihre Weisheit der Erfahrung schnurstracks widerspricht.

Daß Sprichwörter und sprichwörtliche Redensarten, daß also geformte Weisheit ebenso Kunstprodukte sind wie die sog. Volksepen, demnach nur von individuellen Wortkünstlern in die Welt gesetzt werden können, dafür braucht ein Beweis nicht erst erbracht zu werden; die ganze Rederei über die künstlerische Tätigkeit von Volkseinheiten entstand nach Rousseau und Herder vor etwa 100 Jahren, als der Begriff des Volkstums entdeckt worden war und mit natürlicher Entdeckerfreude maßlos überschätzt wurde. Nicht die vaterlose Entstehung im Volke ist für das Sprichwort wesentlich, sondern die Adoption durch das Volk, durch die Vielen. Der Einzelne spricht den Satz aus, selten aus eigener Kraft, gewöhnlich als Nachsprecher, als Plagiator oder als Übersetzer; und weil die Vielen den Satz gemeinsam hören und so gemeinsam erfahren, wie stark der Eindruck durch Prägnanz oder Reim oder durch ein keckes Bild auf alle war, darum können sie von jetzt ab den Satz einander wie andere Worte zuwerfen. Diese gemeinsame und gleichzeitige Adoption war immer eine Bedingung für die Verbreitung von Sprichwörtern. Ich erinnere daran, daß für das 16. Jahrhundert, wo das Sprichwörtersammeln bei uns begann, populäre Predigten eine Hauptquelle sind; wir können bei dem Zustande der mittelalterlichen Kultur annehmen, daß die christlichen Prediger überall Verbreiter von Sprichwörtern waren. Man achte ferner darauf, daß es den Geistlichen darauf ankam, für die alte Spruchweisheit, die in dem großen Sammelbecken der lateinischen Sprache vereinigt war, eine hübsche Form in der Muttersprache oder in der Mundart zu finden, während es den ersten, humanistischen Sprichwortgelehrten, wie Erasmus und Bebel, umgekehrt darum zu tun war, die mundartlichen Sprichwörter, deren Herkunft sie selten kannten oder mit deren mönchslateinischer Fassung sie nicht zufrieden waren, in klassisches Latein zurückzuübersetzen.

Neben den Predigern waren natürlich Spielleute und Theaterdichter Verbreiter von Sprichwörtern, meinetwegen auch deren Schöpfer. Und man achte darauf, wie heute noch, trotzdem so unendlich mehr gelesen wird als früher, Spruchweisheit so viel häufiger aus einem Theaterstück ins Volk dringt als aus einem Buche. Goethes köstliche „Sprüche in Prosa" werden nur von Gelehrten zitiert; der „Faust" hat hundert geflügelte Worte geschaffen. Die momentane gemeinsame Seelensituation, das gemeinsame Erlebnis eines starken Eindrucks durch ein gehörtes Wort ist in der Kirche und im Theater vorhanden; selbst in Volksversammlungen können neue sprichwörtliche Redensarten geprägt werden, wenn in erregten Zeiten anstatt der gewerbsmäßigen Schwätzer Redner aus neuen Schichten zu Worte kommen. Ich brauche nicht erst zu sagen, daß die Begriffe *Sprichwort* und *Redensart* nicht scharf zu trennen sind.

Der zweite Grund dafür, daß Sprichwörter den Charakter eines Volkes nicht erkennen lassen, der Wandertrieb der Sprichwörter, ist allen denen längst bekannt, die sich mit diesem Gegenstand ernstlich beschäftigt haben. Ich will diesen Wandertrieb, die internationale Entlehnung von sprichwörtlichen Redensarten hier nur an einigen Beispielen nachweisen, die auch ohne die Versicherung überzeugen dürften, daß sich die Zahl leicht verhundertfachen ließe. Zunächst einige Parallelen aus der deutschen und französischen Sprache (Sprichwörter gehören zum Sprachschatz); der Leser wird bei vielen an uralte Geschichtsanekdoten oder Fabeln erinnert werden, von denen sie herstammen; von der *Bibel* als gemeinsamer Sprichwortquelle gar nicht erst zu reden: durch seine Abwesenheit glänzen (briller par son absence); über die Achsel ansehen (regarder par dessus l'épaule); ein Stein des Anstoßes sein (être une pierre d'achoppement); teuer wie eine Apothekerrechnung (compte d'apothicaire); Ariadne-Faden; attisches Salz; die Augen größer als der Magen (les yeux plus grand que le ventre); Splitter und Balken (paille et poutre); mit dem linken Beine aufstehen (se lever du pied gauche); der Berg hat eine Maus geboren; er trinkt wie ein Loch (il boit comme un trou); Damokles-Schwert; Danaiden-Arbeit; dumm wie eine Gans (bête comme une oie); Ei des Columbus; geschwätzig wie eine Elster; das ist das Ende vom Lied (c'est la fin de la chanson); Esel in der Löwenhaut; den Faden verlieren; die letzte Feile (le dernier coup de lime); Öl ins Feuer gießen; mein kleiner Finger hat es mir gesagt; das fünfte Rad am Wagen; wie Hund und Katze leben; den Mond anbellen; der Punkt auf dem I; die Kastanien aus dem Feuer holen; sieht doch die Katze den Kaiser an (un chat regarde bien un evêque); der liebe Gott spielt Kegel (le bon Dieu joue aux boules); auf glühenden Kohlen sitzen; den Kopf verlieren, waschen, zerbrechen; Krokodilstränen weinen; Löwenanteil; gute Miene zum bösen Spiel machen; die Nase in alles stecken (fourrer son nez partout); aus der Not eine Tugend machen; die Ochsen hinter den Pflug spannen; nach der Palme ringen; eine Pferdearbeit; naß bis auf die Knochen; er hat das Pulver nicht erfunden; Ritter ohne Furcht und Tadel (chevalier sans peur et sans réproche); der Sandmann kommt (le marchand de sable qui passe); er folgt ihm wie sein Schatten; Schwanengesang; einen Stein auf jemand werfen; Tantalusqualen; von der Tarantel gestochen werden; etwas wie seine Tasche kennen; der Teufel soll dich holen; ein armer Teufel; die Trauben hängen zu hoch; unter zwei Übeln das kleinste; frei wie der Vogel; die nackte Wahrheit; die Wände haben Ohren; alle Wege führen nach Rom; der Wolf in der Fabel; mit den Wölfen heulen; aus den Wolken fallen; das letzte Wort haben; der Zahn der Zeit; zwischen den Zeilen; Zeitungsente (c'est un canard).

Ich habe unter diese Stichproben sehr viele Redensarten aufgenommen, weil es mir scheinen will, als ob Redensarten sehr häufig abgekürzte Sprichwörter wären. Man schämt sich etwa, sehr bekannte Sprichwörter oder besonders Fabeln vollständig herzusagen und erinnert an die Weisheit durch ein Schlagwort, das dann durch diese Gewohnheit prägnant wird. So gewinnt schon bei den Griechen (*ὀνος λυρας*) der Esel die Bedeutung eines amusischen Menschen, der Fuchs international die Bedeutung eines Schlaukopfs; „die Brücke kommt" heißt soviel wie: du lügst. Redensarten sind oft abgekürzte Sprichwörter, Sprichwörter oft abgekürzte Fabeln.

Die Männer, die am Ausgang des 15. und am Anfang des 16. Jahrh. Sprichwörter sammelten, verfolgten, wie gesagt, philologische Absichten, altphilologische. Was aus dem Altertum an Spruchweisheit mundartliche Form angenommen hatte, sollte den Gelehrten und den Schülern wieder in mustergültigem Latein, in anständiger Sprache also, zur Verfügung gestellt werden. Ein solches Schulbuch waren die zu Ende des 15. Jahrh. oft aufgelegten *Proverbia Communia*, aus denen Heinrich Bebel schöpfte, als er 1509 die *Proverbia Germanica* rein-lateinisch herausgab. Aus Bebels Buche (Ausgb. von Suringar) will ich nun einige Proben geben, ohne die Herkunft weiter zurückzuverfolgen; gründliche Belehrung findet man ja leicht in Wanders großem deutschen Sprichwörter-Lexikon.

Mir ist es hier besonders darum zu tun, auf die individuell-künstlerische oder auch nur künstliche Form hinzuweisen, in welcher ein und dasselbe Sprichwort da und dort erscheint. Die Wortform in den französischen und deutschen Zitaten habe ich oft modernisiert, weil es mir auf die Orthographie nicht ankommt. Die niederländische Gestalt, die in unserer Ausgabe fast niemals fehlt, werde ich nur selten abschreiben.

(2.) *Wer viel redt, der lügt viel.* Dyon. Cato: exigua his tribuenda fides, qui multa loquuntur. Beda: in multiloquio non deerit peccatum. Brant: viel schwätzen ist selten ohn' Sünd. Ferner: die Zunge, die man schwatzhaft fand, oft auch in Lügen ist gewandt usw.

(12.) *Jedem Narren* gefällt seine Kappe; cuilibet fatuo placet sua clava; Boner: die bischaft sî geseit dem Toren, der sin Kolben treit, der im ist lieber denn ein Rîch; Brant: kein Gut dem Narren in der Welt baß denn sein Kolb und Pfiff gefällt; Locherus: nil magis usque placet fatuo, nil dulce videtur quam baculus crispus, quam rustica fistula stulto.

(16.) *Wenn der Schimpf* (Spaß) am besten ist, soll man aufhören; il fait bon laisser le jeu quand il est beau; wann am besten gehet das Spiel, ist aufzuhören das rechte Ziel; wann das Spiel am lustigsten ist, alsdann ist aufzuhören das best; ebenso vielfach mit wechselnden Reimen niederländisch.

(19.) *Man soll das Eisen schmieden solang es heiß ist;* dum ferrum ignitum, cudendum est; Boner: dieweil das Eisen Hitz ist voll, vielbald man es dann schmieden soll; Reinardus: tundatur ferrum, dum novus ignis inest; ferner: wenn heiß das Eisen muß man es schweißen; quand le fer est chaud on le doit battre; wann das Eisen gluhet sehr, so bringt der Schmied den Hammer her; ebenso oft niederdeutsch und niederländisch.

(27.) *Der Krug geht so lange zum Brunnen bis er bricht;* hydria tam diu ad fontem portatur, donec vel tandem frangatur; haurit aquas olla, sed frangit denique colla; zu Wasser ging so lang der Krug, bis daß er sich den Kopf zerschlug; tant va le pot à l'eau, qu'il brise; so lange gaet te water die cruuc dat si breect ende valt aen sticken (niederl. Reinaert de Vos); der Krug als lang zum Wasser geht, bis er zerbricht und nicht mehr steht usw.

(36.) International die Sprichwörter, nach denen lange Leute selten weise, rothaarige nicht ehrlich sind; der durch Volksweisheit festgehaltene, durch die bildende Kunst (Judas) gepflegte Aberglaube von der Schlechtigkeit der Rothaarigen wurde meines Wissens erst durch die rothaarige Heldin eines Romans von Sue vernichtet; rotes Haar wurde Trumpf.

(44.) *Ein schlechter Vogel, der das eigene Nest beschmutzt;* Werdea: Nemo suae patriae confingat scandala, nidum defoedans proprium, pessima fertur avis; welcher sein eigen Nest bescheißt, billig ein böser Vogel heißt; Klosterspiegel: es ist ein böser Vogel, der in sein Nest hofiert, und doch tragen's die Mönche nicht aus dem Kloster.

(51.) *Sage mir, mit wem du umgehst, und ich will dir sagen, wer du bist;* Reimar: wir haben gehört viellange wohl, daß man den Mann bei seinen Gesellen dicke erkennen soll; kannst du einen nicht erraten, schau auf seinen Kameraden; willst du wissen, wer sei ein Mann, so siehe nur seine Gesellschaft an; dites-moi avec qui vous hantez, et je saurai comme vous vivez; niederl.: Seght ons met wie dat gy verkeert, So heb ik uwen aert geleert; Noscitur ex socio qui non cognoscitur ex se.

(55.) *Besser einen Sperling in der Haud als eine Taube auf dem Dache;* Reinardus: Una avis in laqueo plus valet octo vagis; Est avis in dextra melior quam quatuor extra; besser ein Vöglein in der Hand, als vier die fliegen über Land; usw.

(66.) *Man soll den Dreck ungerührt lassen;* jemehr man den Dreck rührt, je fester er stinkt; qui plus remue la merde plus puit; Stercus olet foetidum, quo plus vertendo movetur; ein Dreck je mehr er wird geschürt, je mehr er eim die Nasen rührt; und so häufig niederländisch.

(71.) *Fällt der Himmel ein, so bleibt nirgends kein Topf ganz;* die Redensart „wenn der Himmel einfällt" uralt; neu: wenn der Himmel einfällt, kriegen wir alle blaue Nachtmützen.

(82.) *Alter schützt vor Torheit nicht;* Menander: *Ουχ αἱ τριχες ποιουσιν αἱ λευκαι φρονειν*; Alter hilft für Torheit nicht; die alten Toren die besten als man spricht.

(85.) *Das Gras wachsen hören;* surgentem auscultare avenam; écouter les aveines lever; ita sapiens quod gramina audit crescere; er hört das Gras wachsen, den Klee besonders.

(91.) *Des Herrn Auge macht das Pferd fett (feist);* Werdea: Aristoteles fragt nicht ohn Sache (chose-cause), was ein Pferd sehr oder mehr fett mache. Er spricht: das Aug des Herrn, darumb seh der Herr selbst zu saim Pferde; Aristot. Oecon. L. I. c. 6.: *Και το του Περσου ἀποφθεγμα εὐ ἀν ἐχοι. ὁ μεν γαρ ἐρωτηθεις τι μαλιστα ἱππον πιαινει, Ὁ του δεσποτου ὀφθαλμος, ἐφη*; ex visu domini fit pulchritudo caballi; Ein Herr seh selber auf sein Pferd, Will er daß es wol gefüttert werd; später aufs Rindvieh übertragen.

(133.) *Das Alter ist auch eine Krankheit;* findet sich bei Menander, Apollodoros, Terentius; schon bei Seneca sprichwörtlich: senectus insanabilis morbus est; Werdea: Pluribus ac variis morbis subjecta senectus cernitur, ac per se morbus et ipsa manet; Mancherlei und viel Krankheit dem Alter ist bereit, auch wird es nicht ohn Sach selber für ein Krankheit geacht; auch niederländisch.

(140.) *Wer's Glück hat führt die Braut heim;* bei Luther und Melanchthon; Cui fortuna favet sponsa petita manet; Cui sors arridet, sponsae concumbit amicae; Dempt gelucke gunt, de geyt myt des bruyt to bedde.

(146.) *Es ist bös, einem Hunde sein Bett zu machen* (weil er sich, sagte die Magd, vor dem Niederlegen einigemal umdreht und man nicht weiß, wo der Kopf und wo der Schwanz liegen wird); Difficile est cani lectum sternere; Il est difficile de faire le lit d'un chien.

(194.) Macht geht vor Recht; bei Menander: *ὁπου βια παρεστιν, οὐδεν ἰσχυει νομος* (oder ähnlich); Werdea: Juri ac justitiae praefertur saepe potestas; Gewalt geht oft für Recht; Gewalt geht vor Recht, das klagt manch armer Knecht.

(200.) *Langes Haar, kurzer Sinn;* die Frauen haben langes Haar und kurz Gemüte, das ist wahr; Renner: Kurzen Mut und langes Haar haben die Maide sonderbar; Werdea: Vestibus oblongis et sensibus abbreviatis Uti pro libitu femina quaeque solet; Kurze Sinn und lange Kleide tragen die Frauen und die Maide; Ist auch lang der Weiber Schurz, ist doch ihr Sinn und Treiben kurz.

(202.) *Hunger ist der beste Koch;* Werdea: Esuries stomachi fertur cocus optimus esse; der Hunger ist der best Koch geacht, dann von ihm wird kein Speis voracht; auch öfter niederländisch.

(206.) *Armut sucht neue Wege;* schon oft bei Griechen und Römern; Petronius: Mirabile quidem paupertatis ingenium, singularumque rerum quasdam artes fames edocuit; Neu Fünd kommen von armen Leuten; De tout s'avise à qui pain faut; Noid maect nauwe listen, usw.

(222.) *Wenn man den Bogen zu hoch (straff) spannt, so bricht er;* schon sprichwörtlich bei Lukianos und Phaidros; Durch Spannen allzu verwogen sprengt man den besten Bogen; Redditur invalidus, nimium si tenditur, arcus; Spannst du den Bogen zu straff, wird er allmählich ganz schlaff; L'arc toujours tendu se gâte.

(226.) *Unter Blinden ist der Einäugige König;* Borgne est roy entre aveugles; Strabus regnat inter cœcos; schon: *'Εν τοις τοποις των τυφλων ὁ λαμων βασιλευει.*

(233.) *Durch Schaden wird man klug;* Werdea: Damna solent homines data reddere providiores; Quae nocent docent; Après dommage chacun est sage; öfter niederländisch.

(241.) *Stolpert doch ein Pferd mit vier Füßen;* Wenn stolpert ein Vierbein mitunter, ist Fallen von Zweibein kein Wunder; Quadrupes in plano quandoque cadit pede sano; Un cheval a quatre pieds et si chet bien.

(252.) *Wer gern tanzt, mag man leicht pfeifen;* Sat facit indoctus fidicen saltare volenti; Ce qu'on faict de bon cœur, ne grève pas à l'heure; auch niederländisch.

(274.) *Es kommt selten was Besseres nach;* sehr alt; Tout va pis que devant.

(275.) *Mit den Wölfen heulen;* Franck: Wer bei den Wolfen sein will, der muß mit ihnen heulen; Consonus esto lupis, cum quibus esse cupis; Qui est avec les loups, il fault hurler; Willst du bei den Wölfen sein, stimm' in ihr Geheul mit ein.

(282.) *Den Mantel nach dem Winde hängen;* seit Plautus bis auf die Gegenwart überall sehr häufig variiert; eine niederträchtige Weisheit.

(286.) *Das Hemd ist näher als der Rock;* La chemise est plus près que le pourpoinct; auch niederländisch.

(296.) *Es flog ein Gans über den Rhein und kam als Gänserich wieder heim;* die Tierspezies und Geographie wechseln; Bos bos dicetur, terris ubicunque videtur; Man treibt ein Farren gen Mompelier, kommt doch herwieder nur ein Stier; Führ noch so weit den Ochs herum, immer bleibt er Ochs und dumm; altfranzösisch: Qui chael vet à Rome, chin se revint; It catulus versus Romam, canis inde reversus; Parisios stolidum si quis transmittit asellum, si fuit hic asinus, non ibi fiet equus; Ein Esel schick wohin du wilt, kein Hengst wird draus, der etwas gilt; Schick den Esel nach Oxford, nimmer wird ein Pferd er dort; Gaet sent een esel naer Parijs, Gy krijght hem weder even wijs.

(302.) *Sich selbst eine Rute binden;* Reinardus: Saepe sui dorsum caesoris virga cecidit; Mancher bindet selbs ein Rut, die seinem Ars bald schaden tut; Viele binden von euch, lieben Kindern, selber sich die Rute auf den Hintern; Saepe suis manibus virgam puer ipse paravit, postea quae natibus sit toleranda suis; Franck: Die Rut hat er ihm selbs auf sein Ars gemacht.

(308.) *Wer zu viel auf einmal will, erhält gar nichts* (gewöhnlich französisch zitiert: Qui trop embrasse mal étreint); Qui tot concite tot pert; Amittit totum qui mittit ad omnia votum; Wer alles will gewinnen, dem alles wird entrinnen; auch niederländisch.

(312.) *Jeder Hund auf seinem Mist für ander drei geherzer ist;* sehr alt, erst vom Hahn, dann vom Hunde; Dessus son fumier se tient le chien fier; In terra domini furit acrior ira catelli; auch dänisch und niederländisch.

(317.) *Gelegenheit macht Diebe;* schon auf Menander zurückzuführen; Freidank: State machet manegen diep; Boner: Stund und Statt viel Diebe macht; altfranzösisch: Grant bandon (Gestaltung) fait grant larron; Zeit, Ort und Gelegenheit Diebstahl fördern allezeit.

(323). *Ein Narr macht viel Narren;* sehr verbreitet.

(324). *Es ist nicht alles Gold, was glänzt* (früher: was da gleißt); Alanus ab Jns.: Non teneas aurum totum, quod splendet ut aurum; Pf. Konrad: iz enist nicht alles gold, das da glizzit; Ce n'est pas or quant que reluit; Gar im Leben du erkennst, es ist nicht alles Gold, was glänzt; auch dänisch und niederländisch.

(333.) *Es weiß keiner, wo den andern der Schuh drückt;* Franck: Ein jeder weiß, wo ihn der Schuh druckt; schon bei Hieronymus, nach Plutarchos: Et hic soccus quem videtis, videtur vobis novus et elegans, sed nemo scit praeter me ubi me premat; auch bei Luther; Quanam parte premat me calceus, indue, disces; Wer den Schuch trägt, der weiß sein Tuck, wo er ihn am ärgesten druck; Wo mich zwickt und zwackt der Schuh, selber ich doch wissen tu.

(341.) *Wer bauet an die Straßen, muß die Leute reden lassen;* bei

Luther und sonst sehr häufig: Wer an der Gassen bauet, der hat viel Meister; schon Sachsenspiegel: ich zimmere, so man säget, bei dem Wege, des muß ich manegen Meister han; Qui édifie en grand place, faict maison trop haute ou trop basse; Frischlin: Wenn einer an ein Straß bauen will, hat er der Widersacher viel; De Brune: Die aen den weghe bouwt of sticht, dic wert van yder een bericht.

(347.) *Wer Pech angreift, der besudelt sich* (Jes. Sir. 13, 1); Franck: Wer mit Pech oder Kohlen umgeht, der bescheißt leicht die Händ; Pix dum palpatur, palpando manus maculatur; Wer in dem Peche gern umprudelt, klag nicht, so er die Händ besudelt; Cats: Handelt gy't peck, Gy krijght een vleck; Van het peck, blijft een vleck.

(348.) *Wem nicht zu raten ist, dem ist auch nicht zu helfen*; schon bei Cicero, aber noch nicht sprichwörtlich; Melanchthon: Wem nicht stehet zu sagen, dem stehet nicht zu helfen; Eim Mann, dem nicht zu raten ist, wird geholfen zu keiner Frist.

(360.) *Die Natur zieht stärker denn sieben Ochsen* (sprach der Abt, als er mit der Ursel allein war); Plus tire nature que cent chevaux; niederl.: Natuyr treckt meer dan seven paerden.

(363.) *Wie gewonnen so zerronnen*; Plautus: Male partum, male disperit; bei Cicero schon sprichwörtlich: Male parta, male dilabuntur; Übel gewunnen, übel verschlungen; Quod male lucratur, male perditur et nihilatur; Merke das und fasse es zu Ohren, übel gewonnen, übel verloren; Conquest à gripes et à grapes s'en va à bifes et à bafes; oft niederl.

(367.) *Unkraut vergeht nicht*; ähnlich Erasmus: Malum vas non frangitur (nach: *κακον ἀγγος οὐ κλαται*); Unkraut siehst du selten verderben, da sonst viel guter Kräuter ersterben; Oncruyt en vergaet niet lichtelick; Mauvaise herbe croist soudain; Freidank: Unkraut wächst ohne Saat.

(373.) *Ein Unglück kommt selten allein*; schon Syrus: Fortuna obesse nulli contenta est semel; Burkhart Waldis und Luther: Ein Unglück will nicht allein sein; Nulla calamitas sola; Un mal ne vient pas seul; Après perdre, on perd bien; De Brune: Gheen ongheluck en komt alleen, het wilt gezelschap, groot of kleen.

(380.) *Soviel Köpfe, soviel Sinne*; Franck: Wieviel Köpf, soviel Kröpf; bei Terentius, Persius, Quintilianus: Quot homines, tot sententiae; Tant de gens, tant de sens; De Brune: Zoo veel hoofden, zoo veel zinnen, ist niet buyten, 't is van binnen.

(382.) *Qui cito dat, bis dat*; wird bei uns immer lateinisch zitiert, wenn auch Kirchhofer anführt: Wer bald gibt, gibt doppelt; bei den Römern schon sprichwörtlich: Gratia quae tarda est, ingrata est, gratia namque Quum fieri properat gratia grata magis (Ausonius); nach dem Epigramm: *'Ωκειαι χαριτες γλυκερωτεραι· ἢν δε βραδυνῃ, πασα χαρις κενεη, μηδε λεγοιτο χαρις;* Freidank: Die Gabe ist zweier Gaben wert, der schiere gibt, eh man ihr gehrt; Qui tost donne, deux fois donne.

(390.) *Eine Krähe hackt der andern kein Auge aus*; bei Horatius, Seneca, Juvenalis als Gemeinplatz, noch nicht als Sprichwort; das Tier wechselt, früher häufig der Wolf: Quod lupus est lupulum, numquam prius est mihi visum; Es ist nie kommen in mein Wissen, daß ein Wolf den andern het gebissen; Daß ein Wolf das Wölflein frißt, nie gesehen worden ist; Kein Wolf vor einem Wolf erschrickt, kein Kräh der andern Aug auspickt; schwäbisch: Fürwahr ein seltsam Zeitung ist, wann ein Wolf den andern frißt.

(395.) *Aus den Augen, aus dem Sinn*, uralter Erfahrungssatz: Non sunt amici, amici qui degunt procul; genau nach: *Τηλου φιλοι ναιοντες ουκ εισιν φιλοι* (Athen.); Longue demeurée fait changer amy.

(428.) *Die kleinen Diebe hängt man, die großen läßt man laufen*; uralter Erfahrungssatz, sonst noch schärfer gefaßt; schon bei Valer. Max. der Vergleich (nicht Sprichwort) der Gesetze mit einem Spinnennetz: die kleinen Tiere werden gefangen, die starken hindurchgelassen; geht auf Anacharsis zurück; auch bei Juvenalis und Seneca; Brant: Man henkt die kleinen Dieb allein, ein Brems nit in dem Spinnweb klebt, die kleinen Mücklein es behebt; Ce que truye forfaict, les pourceaux le comparent; Gros larron faict le petit prendre (pendre?); Kleine Diebe henkt man, vor großen zieht man den Hut ab! sagte der Bauer, als er vor dem Prälat das Kreuz machte.

(453.) *Eigner Herd ist Goldes wert*; schon bei den Griechen die Redensart: *οικος φιλος, οικος αριστος*; Privata domus valet aurum.

(458.) *Es fällt kein Baum auf den ersten Streich*; früher: Beim ersten Streiche fällt keine Eiche; aber „Eiche" steht schon, ohne Reimnot, in der ältesten griechischen Fassung: *Πολλαισι πληγαις δρυς στερα δαμαζεται;* Au premier cop ne chiet pas l'arbre; On n' abat pas un chesne tout du premier coup; De Eyck, die vast ghewortelt staat, de eerste slagh niet neer en slaet.

(463.) *Rom war nicht in einem Tage gebaut*; Sancta die sola non ipsa Colonia facta; Rome ne fut pas faicte en un jour; Rom ward in einem Jahre nicht erbauet.

(475.) *Ende gut, Alles gut*; Freidank: Ich schelte nicht was jemand tut, und machet er das Ende gut; La fin fait tout; Finis palmam habet; Si finis bonus est, totum laudabile tunc est; Totum laudatur, si finis laude beatur; La fin loue l'œuvre; überall häufig.

(480.) *Es jagen nicht Alle Hasen, die Hörner blasen*; von Erasmus auf Varro und direkt auf Seneca zurückgeführt, der sagt, noch nicht sprichwörtlich: Personam malle quam faciem; Non est venator, quivis per cornua flator; Wer das Jagdhorn blasen kann, ist drum noch kein Jägersmann.

(485.) *Gleich und gleich gesellt sich gern*; so schon bei Franck; altgriech. Sprichwort; Jesus Sir. 13, 19; Cicero: Pares cum paribus veteri proverbio facillime congregantur; Macrobius: Similibus similia gaudent; Es ist nichts so gering und klein, es will bei seines gleichen sein; Gleich und gleich gesellt sich gern, sprach der Teufel zum Benediktiner.

(491.) *Ein gut Wort findet eine gute Statt*; Pred. Salom. 15. 1; 25, 15; Bonne parole, bon lieu tient; Beda: Responsio mollis frangit iram; auch niederl. und skandinavisch; Gratum qui dat Ave, responsum ferto suave; Comme saluerez, resalué serez.

(515.) *Geschenktem Gaul* (Franck: Roß, Pferd) *schau nicht ins Maul*; A cheval donné, ne faut point regarder en la gueule.

(540.) *Viel Hunde sind des Hasen Tod*; Burkh. Waldis: Zwen Hund sein stets des Hasen Tod.

(543.) *Den Stall zumachen*, wenn die Kuh heraus ist; Juvenalis 13, 129: Quandoquidem accepto claudenda est janua damno; Atart est luis clos, quant li chival en est hors; Fermer l'estable quand les chevaux sont sortis; Wenn schon gestohlen ist das Roß, flickt man zu spät am Stall das Schloß.

(551.) *Messer* (*Scheere, Gabel, Licht*) *sollen Kinder haben nicht*; schon bei den Griechen die Redensart: *Μη παιδι την μαχαιραν*; Ne puero gladium; Werdea: E manibus pueri cultrum sapiens pater aufert; A l'enfant, au fol, au vilain oste le cousteau de la main.

(552.) *Im Wein ist Wahrheit*; schon griechisch: *τον οἰνον οὐκ ἐχειν πηδαλια*; sodann häufig: *ἐν οἰνῳ ἀληθεια* oder ähnlich; In vino veritas; Trunkener Mund redt aus Herzensgrund.

(566.) *Verbrennt Kind fürchtet das Feuer*; Laesus ab igne puer timet illum postea semper; Immer scheut das Feuer die Katze, hat sie sich einst verbrannt die Tatze.

(580.) *Die Gänse gehen überall barfuß*; Brant: Wer sorget ob die Gäns gehn blos, der hat kein Fried, Ruh, überall zu viel Sorg; Il est bien fol, qui veut les oyes ferrer; de Brune: Die zich met alle dingh wilt moeyen, die mach de gansen wel goen schoeyen.

(587.) *Zwischen zwei Stühlen niedersitzen*; dänisch: Mellom two Sthoolae faller Artz paa Jordhe; Entre deux selles le cul à terre; Saepe inter geminas podex petit ima cathedras; niederl.: Tusschen twee stoelen in d'asschen.

Ich brauche nicht noch einmal zu versichern, daß ich diese Liste, wollte ich Wanders „Deutsches Sprichwörter-Lexikon" zugrunde legen, ohne weitere Mühe verhundertfachen könnte.

Auch Anekdoten, Sentenzen, historische Scherzworte wandern von Volk zu Volk, von Jahrhundert zu Jahrhundert; man könnte fast von Seelenwanderung sprechen. Dem bekannten Buche von Hertslet („Treppenwitz der Weltgeschichte", 7. Aufl.) entnehme ich einige Beispiele.

Die Sage von Romulus, die schon Plutarchos verdächtig vorkam, weil sie sich so gut für die Bühne eigne, ist der von Kyros nachgebildet; daß Heroen von Tieren gesäugt worden sind, wird oft erzählt. Der Bericht von den drei Horatiern und Curiatiern ist ganz und gar einer griechischen Legende nacherzählt. (Die Fabel des Menenius Agrippa, die vom Magen und den Gliedern, ist wie so viele Fabeln altindisch, gehört also nicht in die historische Gruppe.) Die Geschichte von Curtius, den die Erde verschlang, stammt aus Phrygien. Die Kuhhaut der Königin Dido ist da und dort zu finden. Ebenso die Hirschkuh oder der Hirsch, der eine berühmte Quelle oder Furt gewiesen hat; man vergleiche die Gründung von Frankfurt a. M. durch Karl den Großen. Die Weiber von Weinsberg, das Rosenwunder der h. Elisabeth, der Graf von Gleichen, der Hund des Ritters Aubry de Montdidier, — lauter Wandersagen. Man erzählt von Heinrich IV., er habe zu einem Manne, der ihm zum Verwechseln ähnlich sah, boshaft bemerkt: „Eh, compère, votre mère est-elle donc allée dans le Béarn?" (Wo Heinrichs Vater zu Hause war.) Der Mann habe geantwortet: „Non, Sire, c'est mon père qui y demeura." Die überaus witzige Antwort wurde lange vorher (nach Macrobius) dem Kaiser Augustus schon gegeben; und lange nachher wieder dem Herzog Karl August. Ebenso wird die sarkastische Bemerkung von Talleyrands Ende („Je souffre comme un damné!" worauf Einer erwidert „Déjà?") von verschiedenen Kardinälen erzählt.

Der Scherz vom Ei des Kolumbus wurde vorher dem Baumeister Brunellesco nacherzählt. Der Eroberer, der beim Betreten des Landes strauchelt und es so deutet, daß er den Boden ergriffen habe (Cäsar: „Teneo te, Africa!"), wandert durch die Jahrhunderte der Geschichte; durch die Jahrhunderte der Kunstgeschichte: der Maler oder Bildhauer, der einen Mord begeht, um ein Modell für den Gekreuzigten zu erhalten. Endlich ist sogar das kühne Pamphlet, das von Moses, Christus und Mohamed als de tribus impostoribus redet, ein Wanderschlagwort, das vielleicht von Averrhoes herstammt.

Sprichwörter und sprichwörtliche Redensarten, Anekdoten, Fabeln und Legenden sind kleine Kunstformen der Sprache, deren Summe auch in unsern Kulturländern den einzigen geistigen Besitz der meisten Menschen ausmacht. Und diese kleinen Kunstformen wandern in ungleich größern Mengen als diese wenigen Stichproben erkennen lassen, seit Urzeiten von Volk zu Volk. Gibt es doch sogar Ammenlieder, deren Wortlaut sich in hohes Altertum und in alte Sprachen zurückverfolgen läßt. Dabei habe ich die Hauptquelle der Redensarten, die den abendländischen Völkern durch Übersetzung gemeinsam ist und die für Religion und schlagfertige Weisheit eine gemeinsame Seelensituation hergestellt hat, gar nicht erwähnt oder doch nur ganz wenige Proben mitschlüpfen lassen: die *Bibel.*

Wie die christliche Religion, so ist auch die Spruchweisheit der Bibel das ungeheuerste Beispiel einer Wanderung von Wortfolgen durch Lehnübersetzung. Dabei ist das Ansehen der Bibel so groß, ihre Wortfolgen werden so allgemein gleich dem Sonnenlicht für Gemeingut gehalten, daß gerade in diesem Falle die Entlehnung dem Gläubigen gar nicht zum Bewußtsein kommt; Gottes Wort war ja nach Gottes Absicht auch für ihn bestimmt gewesen. Die Evangelisten hätten von ihren Übersetzern niemals eine Tantième verlangt.

Die berufsethische Frage, in welchem Maße Kunstprodukte der Sprache, geformte Wortfolgen entlehnt werden dürfen, bekümmert uns hier auch ganz und gar nicht; auch in dieser Frage haben die Moden gewechselt, die wieder Nachahmungen waren wie alle Moden. Neuerdings herrscht die Sucht, Plagiate aufzuspüren, wieder sehr stark, was mit der Übertreibung des Begriffs vom geistigen Eigentum zusammenhängt. Frühere Zeiten dachten so unbefangen wie Molière: „Je prends mon bien où je le trouve"; der weise Goethe, der niemals zu schüchtern zum Entlehnen war, ließ an die Spitze einiger von ihm selbst noch herausgegebenen Maximen den Satz stellen: „Alles Gescheite ist schon gedacht worden; man muß nur versuchen, es noch einmal zu denken." Und sogar dieser, schon erwähnte Satz ist nur eine Verfeinerung eines Zitates aus Terentius: „Nullum est jam dictum, quod non dictum sit prius." Goethe lehnt darum (Sprüche in Prosa Nr. 538) das alte Räuberwort des schlechten Gewissens ab: „Pereant, qui ante nos nostra dixerunt;" er fügt hinzu: „So wunderlich könnte nur Derjenige sprechen, der sich einbildete, ein Autochthon zu sein."

VIII.

Redensarten und Sprichwörter, Anekdoten und selbst historische Lebensläufe, Fabeln und Legenden, Volkslieder und Novellen, Religionen und Wissenschaften, unser gesamtes geistiges Eigentum ist nicht autochthon, ist nicht national, wandert durch die Jahrhunderte und die Jahrtausende von Volk zu Volk. Nur die *Sprache* eines Volkes, die doch nichts weiter ist als die Vorratskammer der wandernden Erbweisheit, soll national, soll autochthon sein. Ausnahmsweise, wenn Entlehnung oder Lehnübersetzung gar nicht zu übersehen ist, wird die Tatsache zugegeben; sonst aber redet die Wissenschaft, blind und taub, von einer Verwandtschaft, wo nur immer eine Ähnlichkeit vorliegt oder vorzuliegen scheint. Und doch würden in allen Wörtern einer Sprache, wenn man sie nur weit genug zurückverfolgen könnte, Niederschläge von Redensarten und Sprichwörtern, von Fabeln und Anekdoten nachzuweisen sein, und wo das nicht der Fall wäre, zum mindesten Rückstände von alten Kenntnissen und alten Religionen, von altem Glauben also. Und doch ist eine Sprache in der psychologischen

Wirklichkeit des allein sprechenden Individuums nichts weiter als das bereite Gedächtnis für die zugewanderten Erfahrungen der Menschheit.

Wie wandernde Menschen entweder ihr heimatliches Kleid in der Fremde beibehalten oder das fremde Kleid anlegen, so geht es auch den wandernden Worten; sie kommen in großen Scharen bald als Entlehnungen bald als Lehnübersetzungen von einem Volke zum andern. Die Entlehnungen lassen sich in drei Klassen einteilen; die erste Klasse umfaßt die Wörter, die zu der Wirtsprache ganz und gar übergegangen sind, so daß nur gelehrte Forschung die Herkunft noch erraten kann, übrigens, wie gesagt, lieber von Verwandtschaft redet als Entlehnung zugibt; als Lehnwörter anerkannt sind bei uns aus dieser Klasse z. B.: *Kirsche, Pech, Ziegel.* Der zweiten Klasse gehören die Worte an, die ganz volkstümlich geworden sind, aber irgendwie die ausländische Herkunft erkennen lassen, wie z. B.: *Form, Chaussee, Sauce.* Der dritten Klasse gehört die stattliche Zahl der technischen Ausdrücke an, die aus den Sprachen der Wissenschaften und Künste noch nicht in die Gemeinsprache übergegangen sind; die meisten philosophischen Lehnwörter gehören hierher. Überall gibt es Übergänge zwischen diesen drei Klassen; auch die Begriffe *Fremdwort* und *Lehnwort* sind nicht scharf zu unterscheiden. Wäre es mir um klassifikatorische Arbeit zu tun, so könnte ich auch unter den *Lehnübersetzungen* viele Gruppen unterscheiden, je nachdem das Modellwort Silbe für Silbe übersetzt worden ist oder mit geringerer, mit größerer Freiheit; es wäre nicht schwer, die Lehnübersetzungen der Philosophie zu solchen Gruppen zu ordnen.

Mir aber handelt es sich darum, im bewußten Gegensatze zu der gegenwärtigen Sprachwissenschaft, die ungeheure Menge des Lehngutes vor Augen zu führen, und darum will ich jetzt daran gehen, eine kleine und beinahe flüchtige Sammlung von *Lehnübersetzungen* aus den beiden Kultursprachen vorzuführen, mit denen wir es in den Wortgeschichten der Philosophie zumeist zu tun haben werden: aus dem Lateinischen und aus dem Deutschen. Eine Aufzählung von Fremd- und Lehnwörtern beider Sprachen ist ja wohl nicht nötig; für die deutsche Sprache geben die Fremdwörterbücher eine genügende Vorstellung von der Masse des Lehngutes; und für die lateinische Sprache hat nach den Vorarbeiten von Curtius, Corssen und Saalfeld der fleißige Weise (in seiner Preisschrift „Die griechischen Wörter im Latein") Fremd- und Lehnwörter gesammelt. Zu den Entlehnungen gehören aber auch die Lehnübersetzungen, und von diesen ist viel zu wenig die Rede; auch von ihnen jedoch gilt das Wort Hehns: „Viel entlehnt, viel gelernt." Meine eigenen beiden kleinen Sammlungen sollen natürlich nur anregen, die Untersuchung weiter zu führen.

Für das Latein soll auch hier der Satz des Horatius nicht fehlen, der immer zitiert wird, wenn von Entlehnungen die Rede ist: Graecia capta ferum victorem cepit et artes intulit agresti Latio. Weise hat, trotzdem auch er natürlich sehr viele Ähnlichkeiten aus Urverwandtschaft erklärt, gegen 4000 griechische Fremd- und Lehnwörter im Latein gefunden. Von der erstaunlichen Menge der Lehnübersetzungen wird man sich nun eine Vorstellung machen können, wenn ich mich nur auf den Buchstaben A beschränke, um von der Menge der Lehnübersetzungen aus dem Griechischen eine Probe zu geben; die methodische Arbeit eines Fachmannes würde kaum weniger als 4000 Lehnübersetzungen aus dem Griechischen nachweisen können. Bei einigen Beispielen habe ich gleich angedeutet, daß das entsprechende deutsche Wort wieder eine Lehnübersetzung aus dem Lateinischen ist. Hier meine Probe:

abactio = *ἐξελασις*, *ἀπελασις* (*abactor*, der Viehdieb, auch *abigeus* = *ἀπελατης*); *abigere*, partum = deutsch: *abtreiben*;

abjunctum = *(λεξις) διαλελυμενη*, die knappe Redeweise;

abludere = *ἀπᾳδειν*, nicht stimmen;

abnormitas = *ἀῤῥυθμια*, das Unverhältnismäßige;

abnuere = *ἀπονευειν*, *abwinken*;

abscondere = *ἀποκρυπτειν*, in der Schiffersprache: aus dem Gesichte verlieren;

abstractio = *ἀφαιρεσις* (Cicero macht, ad. Att. 6. 1, den Scherz: Cato *ἐξ ἀφαιρεσεως* provinciam curavit, C. behandelte die Provinz mit abstrakter Nahrung);

abundantia = *πλησμονη* (Überfüllung des Magens);

abusio = *καταχρησις* = *Mißbrauch*, term. techn. der Rhetorik;

accentus = *προσῳδια* (= Betonung) von accinere; auch das Zeichen der Betonung;

acceptio = *ὑποληψις*, term. t. der Rhetorik: Annahme eines Satzes;

accidens, frei nach *συμβαινειν* (aber beeinflußt von *προςπιπτειν*) = *το συμβεβηκος;* Zufall; sodann genau = *συμπτωμα*, franz. accident, der Unfall, im 18. Jahrh. der *Zufall*;

acclamatio, als term. techn. der Rhetorik, dann wohl auch gemeinsprachlich = *ἐπιφωνημα;*

accubitum = *ἀνακλιντηριον*, Ruhebank, Lehnstuhl;

accusativus, casus = *ἡ αἰτιατικη*, scil. *πτωσις*, falsch oder volksetym. übersetzt;

acer, metaphorisch oft als Übersetzung von *ὀξυς*;

acervalis (von acervus) genau = *σωρειτης* (von *σωρος*), der Häufelschluß in der Logik, ein Trugschluß;

acetabulum, frei nach *ὀξυβαφον*, die Sauciere (ein Essignäpfchen, zum Eintauchen der Bissen); sodann Lehnübersetzung 1. für ein Hohlmaß, 2. für ein Musikinstrument;

acredula (von acer-cris) = *ὀλολυγων*, ein Tier mit einer scharfen Stimme; Käuzchen oder Grille?

acroterium, Lehnwort aus *ἀκρωτηριον*, in der Bedeutung Vorgebirge des Hafens, Landspitze, durch *promunturium* übersetzt (eig. von *prominere*, wovon engl. *prominent*), das wieder an *mons* angelehnt zu *promontorium* wurde (franz. *promontoire*), deutsche Lehnübersetzung *Vorgebirge*;

acupedius, = *ὀξυπους*, schnellfüßig; *acutiangulum* = *ὀξυγωνίον*, spitzer Winkel; überhaupt *acutus* oft für *ὀξυς*;

acyrologia, Fremdwort *(ἀκυρολογια);* aber puristisch durch *improprium* (dictio impropria) wiedergegeben; die Genauigkeit der Übersetzung ergibt sich aus *κυριως* = *proprie*, *ὀνομα κυρίον* = *nomen proprium* = *Eigenname*;

addubitatio frei = *διαπορησις*;

adductor = *προςαγωγευς*, Kuppler, Zuführer;

adiuventio = *παρευρεσις*, die Erfindung einer Notlüge, einer Ausflucht;

adunatio = *ἑνωσις*;

adurere, besonders von Frostschaden = *ἀποκαιειν*;

aequabilis (von aequare), im Sinne von gerecht, leutselig = griech. *κοινος* (deutsch mundartl. *gemein*), *aequiclinatum* = *ὁμοιο-*

πτωτον, in der Rhetor. Anwendung d. gleichen casus; *aequidici* (versus) = *ἰσολεκτοι; aequilibritas* = *ἰσονομια* = *Gleichgewicht*; *aequinoctium* frei nach *ἰσημερια; ὁ ἰσημερινος* = *aequator; aequipollens* = *ἰσοδυναμος*;

aerarius, lapis = *(λιθος) χαλκιτις; aeripes* = *χαλκιπους; aesculator*, frei nach *χαλκολογος*, der Geldeinnehmer;

aetiologia *(αἰτιολογια)*, von Puristen mit causarum *inquisitio* übersetzt;

affaber = *ἐντεχνος*, kunstreich;

affabulatio = *ἐπιμυθιον*, die Nutzanwendung oder Moral einer Fabel;

agere, in der Redensart *ferre et agere* = dem uralten *φερειν και ἀγειν*, fortschaffen, bes. ausplündern;

agglutinatio = *προςκολλησις*, die Anhänglichkeit;

agnasci = *ἐπιγιγνεσθαι*, geboren werden, nachdem schon ein Erbe da ist; davon *agnatus* = *ἐπιγονος*, sowohl Nachgeborener als Agnat; *Epigone* (despektierlich) nur deutsch seit Immermann;

agnominatio = *παρονομασια*, jetzt ein Wortspiel, bei den Alten eine geachtete rhetor. Figur;

aleatorium = *κυβευτηριον*, Spielhaus;

algificus, genau = *ψυχροποιος* (vom Schrecken);

alimenta = *τροφεια* oder *θρεπτηρια*, der Lohn der Amme für Nahrung und Auferziehung; der Bedeutungswandel ist lehrreich, nach dem jetzt die Amme den Vater des eigenen Kindes *auf Alimente* verklagt; *alitudo* = *τροφη*;

aliquis, wie griech. *τις* für einen ungefähren und dann wieder für einen sehr hohen Wert (auch franz. il est *quelqu'un*);

allocutio = *παραμυθια, Zuspruch*;

almities (von *almus*) frei = *εὐπρεπεια*, Holdseligkeit;

alternatio = *ἐπαλληλοτης*, term. techn. der Rhetorik, Häufung gleicher Buchstaben; dann = *παραλληλοτης*, Häufung gleicher Ausdrücke;

altitudo (animi) frei = *βαθυτης*, etwa doch unser *Hochmut*;

amarus = *πικρος*, von der reizbaren Gemütsart, *bitter; amaritudo* = *πικρια*, von widrigen Tönen;

ambidexter = *ἀμφιδεξιος*, der beide Hände wie die Rechte geschickt brauchen kann (wobei *ambi* Lehnwort); *ambifarius* = *διφασιος*, *doppelsinnig; ambiguitas* = *ἀμφιβολια*;

ambitus = *περιοδος*, in der Rhetorik;

amicire = *περιβαλλεσθαι*, Umwerfen des Obergewandes; *amictorium* = *περιβολαιον*, Umhang;

amittere = *ἀποβαλλειν*, wegwerfen, verschleudern;

amnenses = *περιποταμιοι*, die an Flüssen liegenden Städte;

amare, *φιλειν*, lieben, in vielen Nuancen parallel; auch *Ἐρως* wurde mit *Amor* übersetzt;

amplexatio, *amplexio*, mehrfach für *ἐπιπλοκη*;

amplitudo, frei nach *πλατυτης*;

anastrophe = *ἀναστροφη*, die Umkehrung, wofür Puristen *reversio* sagten;

Anguifer oder *Anguitenens* = *Ὀφιουχος*, der Schlangenträger der Astronomie;

angulus, in vielen Doppelworten der Geometrie Übersetzung von *γωνια*;

anhelatio, frei nach *ἀσθμα; davon anhelator* = *ἀσθματικος*, der Asthmatiker;

animitus = *ψυχοθεν; animula* = *ψυχαριον*, mein liebes Herz, *Herzchen*;

annihilatio usw. = *ἐξουθενισμος*;

anomalia, Fremdwort *(ἀνωμαλια)*, übersetzt mit *inaequalitas*;

ante-canem, Versuch den Namen, *Προκυων*, des Vorläufers des großen Hundes, zu übersetzen;

ante häufig Übersetzung auch vor Adjektiven gebrauchten griech. *πριν*; *anticipatio, antecepta* (informatio) = *προληψις*; *antelogium* = *προλογος; anteloquium*, Vorwort, *Vorrede; ante-passio* = *προπαθεια*, das Vorleiden, die Voranzeige einer Krankheit; ante-occupatio = *προκαταληψις*, rhet. term. techn.;

antidotum, Lehnwort; von dem gleichbedeutenden Lehnwort *antipharmacon* *(ἀντιφαρμακον)* wurde die Lehnübersetzung *remedium* gebildet; deutsch *Gegengift* scheint mir uralte Lehnübersetzung von *antidotum*;

antonomasia *(ἀντονομασια)*, puristisch *pronominatio*;

aparctias *(ἀπαρκτιας)*, der Nordwind,

übersetzt mit *septentrio; apeliotes* (*ἀπηλιωτης*), Ostwind, puristisch *subsolanus*;

apophasis (*ἀποφασις*), *cataphasis* (*καταφασις*), Fremdworte, rein lateinisch *negatio* und *affirmatio*;

aposiopesis (*ἀποσιωπησις*) rhet. term. techn., puristisch: *reticentia*;

apparatorium, *ἐξαρτιστηριον*, Zurüstungsanstalt für Leichenmahle;

apparitio, *ἐπιφανεια*, die *Erscheinung* Christi;

appetitio, *appetitus*, quae est *ὁρμη* graece (Cic.); noch Galilei quält sich vergebens nach einem wissenschaftlich brauchbaren Ausdruck für den Begriff Antrieb; und wir haben immer noch keinen;

appositum = *ἐπιθετον*;

apprehensio, übersetzt *καταληψις*, im Sinne von Krankheitsanfall, bes. Bewußtlosigkeit;

aquam terramque petere = *γην και ὑδωρ αἰτειν;* die Redensart kam mit der Sitte, Unterwerfung zu fordern, aus Persien nach Griechenland; *Aquarius*, *Ὑδροχοος*, der *Wassermann; aquiducus*, *ὑδραγωγος*, wasserziehend; *aquifuga*, *ὑδροφοβος wasserscheu; aquilex*, frei nach *ὑδρογνωμων*, der Wasserfinder; schon im Altertum ein Rutengänger, Rhabdomant;

armatura (die Waffengattung), *armicustos* (Waffenträger), *armidoctor* (Fechtmeister), *armifactor* (Waffenschmied), militärische Ausdrücke nach *ὁπλισις*, *ὁπλοφυλαξ*, *-διδασκαλος*, *-ποιος*;

arsis (*ἀρσις*) in der Metrik; Übersetzungsversuche: *sublatio, elatio, elevatio;* wir haben uns auf *Hebung* geeinigt;

articulus, Lehnwort aus *ἀρθρον*, Knoten, Glied, sodann Lehn-Doublette für den grammat. Begriff;

arti-, *ars* häufig = *τεχνη*, Geschicklichkeit, z. B. *arti*ficialis = *ἐντεχνος*;

asinus, die Eselschelte in sprichwörtlichen Redensarten schon von den Römern aus griech. Fabeln entlehnt;

assimilis, *προσομοιος; assimile* = *παρομοιον*;

assumentum, frei nach *ἐπιῤῥαμμα*;

asteïsmus, das Fremdwort *ἀστεϊσμος*, von *ἀστυ*, die Stadt, besonders Athen, davon *ἀστειος*, fein, *höflich;* genau entsprechend *urbanitas, urbanus*;

atramentarium, *μελανδοχειον*, Sache und Name wohl aus dem Orient herübergekommen; Tintenfaß ist frei übersetzt; ital. *calamajo* (slaw. kalamar) von dem Schreibwerkzeug;

atriensis, *διαιταριος*, *διαιταρχης*, Haushofmeister;

attonitus, *βλητος*, vom Schlage gerührt; aber schon *attonare*, *ἐμβροντᾶν*, betäuben;

auctio, ursprünglich = *αὐξησις*;

audientia = *ἀκροασις*, das Anhören; *auditorium* = *ἀκροατηριον;* vielfach in der Schulsprache;

augurium, *auspicium* (von *avi-*) = *οἰωνιστηριον*, *οἰωνοσκοπειον*;

aurifodina = *χρυσωρυχια*, *Goldgrube; aurilegulus* = *χρυσεκλεκτης*.

Zu den ungefähr 8000 Lehnwörtern und Lehnübersetzungen rechne man noch die Wörter, deren Entlehnung in altrömische Zeit zurückreicht und deren Herkunft darum nicht mit Sicherheit nachgewiesen werden kann; dann wird man ein Bild haben von dem ziffermäßigen Verhältnisse des Lehngutes in der lateinischen Sprache; wird sich ein Bild machen können von der Entlehnung der Dinge und der Gedankendinge, die den Römern aus Griechenland gekommen waren; kein Gebiet der Kultur und der Sprache ist ohne diese Entlehnungen: Familienleben, Staatswesen, Religion und Kriegskunst, Kenntnis des Tier-, Pflanzen- und Mineralreichs, Wohnung, Kleidung und Nahrung, Handel und Verkehr, Wissenschaften und Künste, Spiele und Schulbetrieb, — die Bedeutung der Entlehnungen an Sachen und Worten ist immer unterschätzt worden, ist nicht zu überschätzen. Nicht ganz so eindeutig ist die innere Beziehung der lateinisch redenden Menschen zu der griechischen Sprache zu bestimmen. Eine kümmerliche Sprachwissenschaft und eine lächerlic Etymologie verhinderten auch nur eine klare Fragestellung; doch gab es schon im alten Rom zwei Parteien, von denen die eine die lateinische Sprache beinahe für eine griechische Mundart erklärte, von denen die andere wie mit modernem Nationalstolz alte Entlehnungen leugnete, neue Entlehnungen bekämpfte. Aus dieser zweiten Partei gingen die lateinischen Puristen hervor, deren bewußter Arbeit wir die meisten Lehnübersetzungen aus dem Griechischen verdanken.

Diese puristischen Neigungen sind nicht zu allen Zeiten der Römer gleich stark gewesen. Wir werden gut daran tun, wenn wir die innere Beziehung des Römers zu der griechischen Gastsprache deuten wollen, uns nicht an eine einzige Parallele aus der neueren Zeit zu halten. Das Verhältnis des Latein zum Griechischen erinnert bald an die feindliche Invasion französischer Wörter in die deutsche und holländische Sprache, besonders im 17. Jahrhundert, bald doch wieder an die friedlichere, organischere Art, in der die englische Sprache (ihrem Wortschatze nach) halb französiert wurde. Ja sogar an das Verhältnis der altfranzösischen Sprache zum Vulgärlatein und dann wieder an das Verhältnis der neufranzösischen Sprache zum Gelehrten-Latein müßte erinnert werden.

Diese psychologischen Beziehungen der Menschen, welche eine bestimmte Muttersprache reden, zu der Sprache eines anderen Volkes, aus der sie Sachen und Wörter entlehnen, sind den gegenwärtigen Sprachforschern ebenso bekannt wie mir, vielfach besser als mir, wo es sich gar z. B. um Entlehnungen des Neupersischen und Spanischen aus dem Arabischen, des Russischen aus dem Türkischen handelt. Aber niemand hat bisher aus diesen Beziehungen die Lehre gezogen, die grundstürzend wirken müßte auf unsere Auffassung vom Leben und von der Geschichte der Sprache. Man hat die Sprache einen Organismus genannt, und bildlich wenigstens hält man an dem Vergleiche mit einem Organismus fest; überall da, wo man immer noch von einer Verwandtschaft der Sprachen fabelt. Es gibt keine Verwandtschaft von Sprachen. Die Sprache ist kein Organismus. Wenn man vom Leben der Sprache spricht, soll man das Bewußtsein von der Kühnheit dieser Metapher nicht verlieren. Sprache ist eine Bewegung, die zum Zwecke der Mitteilung Zeichen hervorbringt. Die Teile der Sprache, die Wörter, gehören nur der psychologischen Wirklichkeit an, nicht der körperlichen. Nur bildlich darf man sagen, daß Wörter sich verbinden, daß ein Wort das andere erzeuge. Alle Wörter sind Bewegungen; man ahmt nur die Bewegungen der Volksgenossen lieber und leichter nach, als die Bewegungen der Fremden. Wörter sind keine Körper; weil aber die Wörter Zeichen für Sachen oder Sinneseindrücke sein sollen, darum sind die Menschen trotz ihres Widerwillens gegen die fremden Bewegungen, der sich *Purismus* nennt, immer wieder gezwungen gewesen, ihre Sprache durch Entlehnungen zu bereichern. Wie die Sprache nur *zwischen* den Menschen entstanden ist und besteht, so sind die Sprachen *zwischen* den Völkern entstanden. Es gibt keine autochthonen Sprachen.

Die schöne Freude an dem blühenden Leben der eigenen Muttersprache, die nationale Selbsttäuschung hat seit alter Zeit zu den puristischen Bestrebungen geführt, die die eigene Sprache liebevoll wie ein Kind oder wie eine Blume vor schädlichen Einflüssen schützen wollen. In Rom gab es Puristen (Cäsar, Cicero) wie in dem Deutschland des dreißigjährigen Krieges. Die Puristen kämpften mitunter, wenn sie Politiker waren, auch gegen die Entlehnung fremder Sachen und fremder Sitten; zumeist aber wandte sich ihr Zorn gegen die fremden Wörter, und sie mühten sich ab, die fremden Sachen und Sitten und Gedanken wenigstens mit den Zeichen der Muttersprache auszudrücken. So entstanden zu allen Zeiten die Lehnübersetzungen, deren Bedeutung für die Wortgeschichte uns hier beschäftigt. Wer die Sprache ernstlich und wörtlich für einen Organismus hält, der mag bei den Lehnübersetzungen (alle Übersetzungen sind am letzten Ende Lehnübersetzungen) vielleicht gar an die Erscheinung des mimicry denken oder an den älteren Aberglauben, daß schwangere Frauen sich an fremden Männern *versehen* können.

IX.

Alle Völker haben in Zeiten schwerer Bedrängnis ihren Patriotismus zunächst und am bequemsten dadurch zu beweisen gesucht, daß sie die zudringlichen Fremden aus ihrer Muttersprache hinauswarfen; so befreiten sich die Neugriechen von türkischen, die Rumänen von slawischen, die Tschechen von deutschen Eindringlingen. In Deutschland war die puristische Bewegung niemals stärker als in den Zeiten der schwersten Not: um 1640 und um 1810. Die Bewegung zur Zeit des dreißigjährigen Krieges war übrigens selbst wieder eine Entlehnung; die Führer des damaligen deutschen Purismus hatten sich die Anregung aus den Niederlanden geholt; so Schottel und Harsdörffer, von denen manche kühne Neubildung herstammt (z. B. *Anmerkung*, *Rechtschreibung*, *Umschreibung*), die heute der vertrautesten Gemeinsprache angehört. Vom Standpunkte des Nationalgefühls kann die Tätigkeit dieser Männer nicht genug gerühmt werden; und die Liebe zur Muttersprache wird vielleicht die jetzt herrschende Nationalitätsidee noch überdauern. Auch die Bedeutung des Purismus für das, was unsere Liebe als Schönheit unserer Sprache empfindet und was der Sprache vielleicht immanent ist, soll nicht unterschätzt werden.

Geschmacklose Übertreibungen des Purismus (Zesen im 17. Jahrhundert, Campe um 1800) haben dann mitunter unsere besten Männer und Schriftsteller gegen die Sprachreiniger aufgebracht. Ich nenne nur die beiden, deren Verdienst um die Reinheit und Schönheit der deutschen Sprache groß genug ist. Goethe hat einmal ärgerlich gemeint, Reinigung ohne Bereicherung sei oft geistlos; und der deutscheste Germanist, Jacob Grimm, wetterte einmal los (Klein. Schrift. I. 347)): „Deutschland pflegt einen Schwarm von Puristen zu erzeugen, die sich gleich Fliegen an den Rand unserer Sprache setzen und mit dünnen Fühlhörnern sie betasten. Ginge es ihnen nach, die nichts von der Sprache gelernt haben und am wenigsten die Kraft und Keuschheit ihrer alten Ableitung kennen, so würde unsere Rede bald von schauderhaften Zusammensetzungen für einfache und natürliche fremde Wörter wimmeln."

Man würde aber irren mit dem Glauben, daß eine so klare Einsicht in die Gefahren eines übertriebenen Purismus erst nach dem glückhaften Gelingen einer deutschen Nationalliteratur möglich war, daß in den schlimmen Zeiten, da der deutschen Sprache, die wir lieben, Romanisierung oder Vernichtung drohte, nur in unbedingter Reinheit eine Rettung zu liegen schien. An der Wende des 17. und 18. Jahrhunderts, als das Literatendeutsch fast noch unschöner war als während des dreißigjährigen Krieges, sah Leibniz ebenso klar, was not tat, wie hundert Jahre später Goethe und Grimm. Leibniz hat in seinen „Unvorgreiflichen Gedanken" schöner als irgend jemand vor ihm die Bestrebungen der Fruchtbringenden Gesellschaft verteidigt; aber auch er ist ein Gegner des konsequenten Purismus. Er ist der Meinung nicht, „daß man in der Sprach zum Puritaner werde und mit einer abergläubischen Furcht ein fremdes aber bequemes Wort als eine Todsünde vermeide, dadurch sich selbst entkräfte, und seiner Rede den Nachdruck nehme; denn solche allzu große Scheinreinigkeit ist einer durchbrochenen Arbeit zu vergleichen, daran der Meister so lange feilet und bessert, bis er sie endlich gar verschwächt, welches denen geschieht, die an der Perfectie-Krankheit, wie es die Holländer nennen, darniederliegen." Und er zitiert ein hübsches Wort der Pflegetochter von Montaigne: „Was diese Leute (die Rein-Dünkler) schrieben, wäre eine Suppe von klarem Wasser, un bouillon d'eau claire, nämlich ohne Unreinigkeit und ohne Kraft!"

Bei allen Kämpfen für und wider den Purismus ist von den Fremdwörtern die Rede; bezüglich der eingebürgerten Lehnwörter besteht unter den besonnenen Streitern eine Art Waffenstillstand; die Lehnübersetzungen werden, wenn sie gelungen sind oder Glück gehabt haben, gar nicht als fremdes Lehngut betrachtet. Für die Wanderung der Begriffe sind aber die Lehnübersetzungen noch bedeutungsvoller als die Fremd- und Lehnwörter. Die wissenschaftlichen und besonders die philosophischen Begriffe werden um so schwerer als Scheinbegriffe erkannt, wenn sie in der Kleidung unseres Landes und unserer Zeit auftreten. Das Elend oder die Fremdheit der wissenschaftlichen, besonders der philosophischen Terminologie wird durch den äußeren Schein verhüllt; aber darüber soll nicht vergessen werden, daß unzählige brauchbare Begriffe erst durch die Übersetzung vertraut geworden sind, daß jedes Volk bei dem andern tief verschuldet ist. Auch für Deutschlands Verhältnis zu anderen Ländern, namentlich zu Rom und Frankreich, gilt das schon erwähnte Wort, das der Römer auf Griechenland geprägt hat: capta ferum victorem cepit. Die folgende Sammlung könnte gewiß leicht vielfach so groß gemacht werden; sie gibt noch keine genügende Vorstellung von dem durch Übersetzung eingewanderten Lehngut. Aber auch wenn ich bei einigen Wörtern, bei denen ich Lehnübersetzung annahm, geirrt haben sollte, von meinem leitenden Gedanken verführt, so bliebe noch genug übrig, um die Sprachwissenschaft zu zwingen, ihre Vorstellungen von den Prinzipien der Wortgeschichte zu revidieren. Im Wörterbuche selbst werde ich den Einfluß der Lehnübersetzung bei sehr vielen philosophischen Begriffen nachzuweisen suchen; die folgende Liste behandelt Wörter aus allen Gebieten der Sprache. (Vgl. Paul, Deutsches Wörterbuch.[2])

X.

A b c; die Namen der Buchstaben dürfen in einer solchen Liste nicht fehlen; entlehnt ist bei vielen Buchstaben der Name, bei allen die äußere Form, und oft hat die Entlehnung der Form auf die Aussprache nachgewirkt (man denke besonders an *u*, *v* und *w*); entlehnt ist natürlich auch die Reihenfolge wie die Zahl der Buchstaben, entlehnt die Bezeichnung Alphabet;

abberufen, in der ältern Rechtssprache = *appellieren*; wie heute noch allg. üblich *Berufung*;

Abend, angelehnt an das spätlat. *vigilia* = Vorabend, weil bei den Juden der Festtag mit dem Sternenaufgang des Vorabends begann, daher Weihnachtsabend, heiliger Abend, nordd. das abscheuliche Sonnabend; *Abendland* frei nach *Okzident* (Gegensatz zu *Morgenland* = *Orient*);

abgerissen = *abrupte*;

Abgeschmack, früher = dégout;

Abgott, heute etwa soviel wie Götze, einst als *Abgötter* und schon im got. in Form und Bedeutung Übersetzung von *ἄθεος*;

abkürzen = *abbreviare*;

ablehnen = *decliner*, une invitation;

Abmessung, von Lessing und Kant für *Dimension* gebraucht;

abordnen, genau = deputare;

Abrede (in *Abrede* stellen) = dédire;

abschätzig = déprécié;

Abschlag = rabat;

abstimmen, bei Goethe zuweilen ein Gegensatz zu beistimmen, nach dem untergegangenen *déchanter*;

Absud, nach decoctum;

Abteil, offiziell für *coupé* eingeführt, aber nicht durchgedrungen;

abtreiben = *abigere* (fructum);

abtun = *défaire*;

abziehen, im 18. Jahrh. häufig für *abstrahieren*;

Abzucht, Umdeutschung von *aquaeductus*, wobei vielleicht einiges Mißverständnis mitsprach;

Adamsapfel, in vielen christlichen Sprachen nach gemeinsamer Legende der bekannte Teil des Kehlkopfs;

albern, sicher aus *al* und *wâr*, ganz aufrichtig, schon mhd. = *einfältig*, das wieder vollkommen = *simple*;

allmächtig = *omnipotens*, und viele andere Zusammensetzungen mit *all*;

anbeißen, noch bei Luther im Sinne von *einen Imbiß nehmen*, ist in die slaw. Sprachen übersetzt worden, z. B. russ. *zakuska* (sollte das so schwer erklärliche schwed. *sexa* nicht dieses slaw. Wort sein?);

anbeten, *adorer*;

ander, im 18. Jahrh. häufig dem franz. *nous autres* nachgebildet, z. B. uns *andere* Laien; *ändern*, frei nach *alterare*;

angehen, *es geht an*, wohl = *ça va*;

Angelstern, früher, noch bei Schiller, Übersetzung von *Polarstern*;

anhängig, vom Prozeß schon altlat.: judicio, causa *pendente*, reus *pendet*;

Anhang = *appendix*;

Anmerkung genau = *adnotatio*;

Anpassung = *adaptatio*;

anschauen usw. = *intueri* usw.;

Ansicht, zuerst mhd. *anesiht*, dann im 18. Jahrh. wieder nach *inspectio*, *inspicium* gebildet;

anspielen, *Anspielung* = *allusio*;

Ansprache, *Anspruch*, wohl aus einer juristischen Bedeutung von *indictio*;

Anstalt = *institutio*, *institutum*;

Antlitz, doch wohl nicht ohne Anklang an *πρόσωπον*;

antworten, von Leibniz und dann auch von Goethe im Sinne von *entsprechen* wie *répondre*;

anwünschen, Versuch einer Übersetzung von *adoptieren*;

anzeigen, vielfach im Sinne von *indizieren:* das ist nicht indiziert = es empfiehlt sich nicht;

Anzeige, im 18. Jahrh. frei nach *indicium*, wofür jetzt aber *Anzeichen*;

anziehend = franz. *attirant*, man vergleiche *attrait*;

Apfelsine = *pomme de Sine*;

Armutszeugnis = *testimonium paupertatis*;

ärschlings, schon bei Hans Sachs, woher es Goethe übernahm; auch *ärschen* entsprechend franz. *à recule*, *reculer;* auch die durch Goethes Götz literarisch gewordene, sonst überaus gröbliche Aufforderung schon altfranz. je li ferai mon cul baisier;

artig = *gentil*, von *gentilis* = von eben der *Art*;

auffassen geht auf *capere* zurück;

aufheben, in der Redensart: *die Tafel aufheben* wie in andern modernen Sprachen aus der Zeit, wo die Tischplatte wirklich nach dem Essen weggeräumt wurde.

aufklären, mit seiner ganzen kleinen aber einflußreichen Sippe, entspricht dem franz. éclairer; *la raison éclairée* = *Aufklärung;* die deutsche Überschätzung des Wortes führte dann nur bei uns zu dem Hohnworte *Aufkläricht*;

auflegen, veraltet *steuern*, eine Schuld auflegen; *Auflage* = *impôt*, russ. *nalog*; *aufgelegt* frei nach *disponiert*;

Auflösung, von Sterbenden nach *dissolutio* = Abspannung der Seele;

Aufnahme, im Sinne von Gedeihen doch wohl = *inceptio*, wobei der Gegensatz *Abnahme* mitwirkte;

aufziehen, (eine Uhr) nach *rémonter*, aus der Zeit, wo noch Gewichte wieder hinaufgezogen wurden;

Auge, vielfach international für Augen des Würfels, der Pflanzen, auch Fettaugen der Suppe;

Ausbruch = *eruptio*;

Ausdruck, früher noch genauer *Ausdrückung* = *expressio*, ebenso *Eindruck* = *impressio*;

Ausflucht = *effugium*;

aushalten = *entretenir*;

auslegen, genau = *exponere*;

ausnehmend, genau = *eximie*;

ausschließen = *excludere*;

außerordentlich, genau = *extraordinarius*;

Ausstellung = *expositio*, slaw. *wystawka*;

Auswicklung, noch bei Kant für *Entwicklung* = *evolutio*;

Auswurf = *ejectamentum*;

Auszug, wie vieles in der Lotterie aus dem Italienischen = *estratto*; früher auch Verdeutschung für *Extrakt* im Sinne von Quintessenz: „du Auszug aller tötlich feinen Kräfte“;

Bahn, im Sinne eines breiten Tuch- oder Zeugstreifens (franz. *pan*, aus dem Dtsch.), wohl Übersetzung von *Tapet:*

auf die *Bahn* bringen = auf das *Tapet* bringen;

Bankbruch, *bankbrüchig* (das Adjektiv schon im 16. Jahrh., das Substantiv neuerdings zuerst von Campe vorgeschlagen) = ital. *bancorotto*;

barmherzig, dessen erster Teil höchstwahrscheinlich auf *biarmen* zurückgeht, *barmen* = *miserere* (*arm* = miser); jedenfalls gibt es schon ein got. *armahairts*, das genaue Übersetzung von *misericors* ist;

Barte, neu über das ndl. = franz. les *barbes* de baleines, oder dtsch. und franz. aus dem Ndl.; ebenso *Bart* des Schlüssels = franz. *barbe*;

befinden, sich = *se trouver*;

befriedigen, eigentlich *pacare* = *pagare*;

begehen, von kleinern Tieren, nach *coire* gebildet;

begeistern, früher *begeisten* = *inspirare*;

beglaubigen, früher *beglauben* von *accredere*, franz. *accrediter*;

begnadigen, früher *begnaden* = *gracier*;

begnügt, bei Goethe = *satisfait; Genugtuung* noch genauere Übersetzung von *satisfactio*;

begreifen, seit Wolf eingebürgerte Übersetzung von *concipere*, mit der ganzen Sippe; *Begriff* = *conceptus*;

begründen, häufig dem Sinne von *fundare* nachgebildet;

Beichte, ursprünglich *bijiht*, aus *be (bi)* und *jehen*, behaupten, bekennen, also Übersetzung von *confessio*;

Beischläferin = *concubina*;

beiseite = *aparte*;

Beisitzer = *assessor*;

belieben, in der Redensart *wenn's beliebt* u. dergl. = *plaît-il*;

bequem, eigentlich = *kömmlich, bekömmlich* entspricht genau dem lat. *conveniens*;

Beruf = *vocatio*;

beschaulich übersetzt genau die vita *contemplativa*;

Bescheid, früher jedes gerichtliche Urteil = *resolutio*;

Beschluß = *conclusio*;

Besitz = *possessio;* im 18. Jahrh. gern *sich besitzen* im Sinne von *sich beherrschen*, nach *se posséder*;

besitzen wird zwar mit großem Scharfsinn für ein nationales Wort erklärt, ist aber doch wohl alte Lehnübersetzung von *possidere, bisizzan* schon in der ahd. Urkundensprache;

beschränkt = *borné*;

Besuch, im 18. Jahrh. *einen Besuch geben* nach früherem *donner une visite*;

betagen, bis ins 18. Jahrh. = *ajourner*;

beträchtlich, früher mit einer ganzen Sippe nach *respectabilis*;

Beugung = *flexio*;

bewegen, früher sehr häufig in der übertragenen Bedeutung von *movere; Beweggrund* = *Motiv;* man beachte auch in der Mechanik die Proportion: *κινησις, motus, Bewegung*;

bewußt = *conscius*, dazu die Sippe;

bißchen, von Bissen, franz. *morceau* vom spätlat. *morsellus* (*morsellus terrae* = un *morceau* de terre);

Blatt, in der Übertragung auf Papier u. dergl. dem lat. *folium* nachgebildet;

blau, in mancherlei Bedeutung (blaues Wunder, auch wohl die blaue Blume der Romantik) dem franz. Gebrauche *(contes bleues)* nachgebildet; *Blaustrumpf, basbleu, blue stocking* ist international;

Blumenkohl = *cavoli-fiori* = *chouxfleurs* steht hier nur als Beispiel unzähliger Übersetzungen küchenlateinischer Neubildungen;

Blumenlese = *florilegium* = *ἀνθολογια*;

Blut, die ganze Sippe aus der Humoralpathologie wie warmes, kaltes, leichtes, schweres, böses Blut ist aus dem Galenos übersetzt;

Bock, noch bei Luther Übersetzung für lat. *aries*, wofür jetzt etwa Sturm*bock; Ramme* geht auf älteres *Ramm* (Schafbock) zurück;

Bohemerweib bei Schiller für Zigeunerin = *bohémienne*;

Brauch = *usus*;

brennende Frage = *question brûlante*;

Brief, bekanntlich eine kurze Urkunde, aus lat. *breve;* in der Bedeutung *epistola* herrschte lange die angelehnte Übersetzung *Sendbrief, Sendschreiben*;

Bruch, in vielen Bedeutungen, bes. medizinisch Übersetzung von *fractura*: aber *Bruchstück* nach *fragmentum*;

Bruder, nach der Mönchsanrede *frater* Titelübersetzung; von den Mönchsorden weiter und weiter auf Verbindungen ausgedehnt wie Freimaurer, Geistliche (*Amtsbruder),* Soldaten *(Waffenbruder),* Studenten *(Saufbruder, Korpsbruder)*;

brüsten, sich = *se rengorger*;

Bube, im Kartenspiel die gleichen Bezeichnungen: franz. *valet*, engl. *knight; Bube = Knecht;* seltsamerweise die Bedeutung Schurke ähnl. im engl. *knave*;

Bürger macht als Übersetzung von *civis* alle Wandlungen des politischen Begriffs durch, von *civis romanus* bis *citoyen*; die ganze Sippe ist reich an Lehnübersetzungen: *bürgerliches* Recht = jus *civile, Bürger*krieg bellum *civile* usw.;

Busen, in Meerbusen wohl an das lat. *sinus* angelehnt; *Busen* hängt wohl enge mit Bausch zusammen;

Credo; das Anfangswort des Bekenntnisses ist zu einem Substantiv für das Bekenntnis geworden und als Fremdwort von uns übernommen wie andere substantivierte Anfangsworte: *Dies irae, doremi, Stabat mater, Paternoster (Vaterunser)*;

darlegen, *darsetzen* = *exponere*;

Darre (Rückenmarks-), ital. *seccatojo*, lat. *tabes*;

Dasein, seit Wolf für *existentia*, *το τι εἶναι;*

Ding; die Proportion *Ding* (eigentlich Verhandlung): *Sache* = *causa: chose* ist offenbar; sehr merkwürdig die Ähnlichkeit von *Dingsda* und *chose*;

Doppellaut = *diphthongus*;

Dreieck, und ähnlich sehr viele andre Ausdrücke der Geometrie („*Erdmessung*" ist aber ganz was andres geworden) aus *triangulum* (früher *Dreiangel*), das wieder *τριγωνον* übersetzt;

Durchmesser = *Diameter* (*διαμετρος* sc. *γραμμη*);

echt (von *ehe* = Gesetz) war ursprünglich eine genaue Übersetzung von *legitimus*, z. B. ein echter Sohn;

Einbildung = *imaginatio*;

Einfluß usw. = *influxus* usw.;

einführen, einleiten = *introducere*;

einhellig = *consonans*;

Einherrschaft, von Goethe für *Monarchie* versucht;

einscheiden, im 18. Jahrh. für *engainer*, „wieder in die Scheide stecken" gewagt; *rengainer* sagen die Franzosen bildlich für: ein Wort, das schon auf der Zungenspitze sitzt, unterdrücken;

Eisenbahn = *chemin de fer* = *ferrovia*;

Elend, sehr schön eigentlich *die Fremde*; und *elend* könnte recht gut eine uralte Übersetzung von *captivus* sein, das zu *chétif* genau den gleichen Bedeutungswandel durchgemacht hätte; aber *captivus* hat bei späteren Autoren schon die Bedeutung *verkrüppelt, schlecht*;

empfangen für die Befruchtung des Weibes genau nach *concipere* gebildet;

empfehlen = *commendare* von mandare, anvertrauen, *befehlen*;

empfindsam, findet sich schon früher; ist aber zuerst mit Bewußtsein von Lessing für Bode's Übersetzung des Sterneschen *sentimental* (journey) vorgeschlagen und so eingebürgert;

endlich hat mit *Ende* die Übertragungen des Begriffs vom Raume auf die Zeit (nicht umgekehrt) mitgemacht, übersetzt im 18. Jahrh. das Adjektiv *finitum, fini (unendlich = infinitum); endlich = enfin*;

Endursache = causa *finalis*;

entarten = *degenerare*, schon vor Darwin völlig in unserem Sinne;

entdecken = *découvrir*;

entfalten = *explicare*;

entgegnen, von Goethe gern, wie sonst *begegnen*, nach franz. *rencontrer*, im Sinne von *entgegengehen* gebraucht;

enthaupten = *décapiter*;

entscheiden, von Goethe einmal für franz. *dégaîner* gewagt;

entsetzen = *destituere*;

entsprechen, uns ganz geläufig; aber Wieland wird von Lessing (im 14. Literaturbriefe) belobt, weil er diese schweizerische Übersetzung für *respondere, répondre* gebraucht (das *spondere*, in respondere, empfanden schon die Lateiner als *sprechen*, trotzdem die Ähnlichkeit mit *versprechen* natürlich nur deutsch ist; man beachte eine Stelle in den Briefen des Seneca: tibi non *rescribam*, sed *respondeam*, ich werde nicht schriftlich, sondern mündlich antworten);

entstirnt, von Klopstock nach *effronté* gewagt, ohne Erfolg; eiserne *Stirn*;

entwerfen, nach *projicere (projeter)* über *projectare* erst gebildet, als das Wort in der Geometrie den Sinn von *projizieren* angenommen hatte;

entwickeln = *evolvere*;

erfahren, nach *experiri* (natürlich nicht von *perire*, sondern aus dem griech. *πειρα* entstanden) in sehr alter Zeit gebildet, als *fahren* noch die allgemeine Bedeutung *sich bewegen* hatte;

Erfindung = *inventio* (seit Opitz);

Erfolg, doch wohl Übersetzung von *successus*, das schon lat. die zeitliche Aufeinander*folge* und den *guten* Fortgang bedeuten konnte;

erhaben, erst im 18. Jahrh. nach *excelsus* gebildet, obgleich *celsus* den gleichen Sinn hatte; aber *erheblich, unerheblich* in der Kanzleisprache nach *relevant, irrelevant* übersetzt;

erhören, unerhört = *inauditum*;

erkennen, 1. im Sinne von *beischlafen* nach dem Hebräischen, 2. im Sinne von *dankbar anerkennen*, auch *erkenntlich* nach dem franz. *reconnaître*;

erobern, man denke an *superare* und beachte die Gleichung *ober* = *super*;

erörtern, hängt jedenfalls mit *τοπος* zusammen;

Errungenschaft, ein 1848er Wort, nach *acquisition;* schon im Lat. bezeichnete *acquirere* besonders ein mühevolles Erwerben;

erscheinen usw. = *apparere*;

erschöpfen, in wirklichem wie in figürlichem Sinne = *exhaurire, épuiser*;

unerschütterlich = *inébranlable*;

erst; man beachte, daß es von *eins* ebensowenig eine Ordnungszahl gibt als von *unus;* daß *erst* ebenso eine Art Superlativ von *ehe* ist, wie *primus* von einem alten Adverb *pris;* dann wird die Vorstellung nicht mehr befremden, daß *erst* eine sehr frühe Übersetzung von *primus* sein könnte; dazu halte man noch die Sippe: *Fürst* und *princeps*, *Erstling* und *primitiae* (engl. *firstling*), *Erstgeborener* und *primogenitus* usw.;

erstrecken, sich = *porrigere, extendere, s'étendre;*

ersuchen = *requirere*, engl. *to request*;

erteilen = *impertire*, von *in-pars*, engl. noch *to impart*;

erübrigen = *reliquum* habere, facere;

erwägen = *perpendere*; die ganze weit verzweigte Sippe ist in Erwägung zu ziehen: lat. *pensare*, wovon franz. *penser*, *ponderare*, wovon engl. *to ponder;* auch *deliberare*;

erweichen, nach *mollire, molliare* (*mouillé*), besonders: *Weichtier* für *molluscum*;

erzählen, entspricht dem ital. *raccontare*, franz. *raconter*, dessen *conter* von *computare*, zusammenzählen (*putare* in *putzen* als Lehnwort erhalten), nur im Franz. als *compter* und *conter* getrennt, nicht in der Aussprache; man halte dazu *zurechnen* = *imputare*;

erziehen = *educare*, von *ducere, ziehen*, wie auch Herzog = *dux* usw.;

Eselsbrücke = *pons asini*, *pont aux ânes*, zu der Eselsschelte des mittelalterlichen Schulunterrichts gehörig; wenn wirklich zuerst ein Buch Buridans so genannt wurde, wäre es eine Bosheit der rückständigen Wortrealisten gegen den kühnen Schüler des Nominalisten Occam gewesen;

Fall, als Übersetzung von *casus* in der Grammatik;

Falte; *vervielfältigen* = *multiplicare; einfältig* = *simplex*;

Feder, international für Stahlfeder: *plume, pen*;

Fegefeuer, *purgatorium; fegen* = reinigen, läutern;

feien, erst vor etwa 100 Jahren gebildet nach it. *fatare*, franz. *féer*;

Feige zeigen (man denke an Ohr*feige*), nach *faire la figue;* bekannter ist ital. *far la fica*;

fein, im neueren Sprachgebrauch von franz. *fin*. ital. *fino* beeinflußt;

fern, in Zusammensetzungen für tele-;

Finsterling = *Obscurant*;

Fliegengott = dem *Baalsebub* der Septuaginta;

Flügel, als Seitenteil eines Gebäudes, eines Heeres durch Übersetzungen von *ala* international;

Fluß, früher als Übersetzung von *rheuma* sehr verbreitet; jetzt noch in den sinnlos gewordenen Zusammensetzungen wie Schlag*fluß*;

folgen, in vielen logischen Anwendungsweisen (*Folgesatz, folglich, folgerecht* für *konsequent, folgern*) nach lat. *sequi*;

Frau, vielfach angelehnt an *dame, domina,* weil das Wort ursprünglich den Sinn *Herrin* hatte; alte Übersetzung z. B. *unsere* (liebe) *Frau* = *nôtre Dame*;

fromme Wünsche = *pia* desideria; Goethe gibt einmal *pietas* oder *Pietät* mit *Frömmigkeit* wieder;

Fronleichnam genau = *corpus Domini*;

Fruchtnießung, *Nießbrauch* = *ususfructus*;

Füllhorn = *cornu copiae*;

Fürwort = *pronomen*;

schwarz**gallig** = *melancholisch;* früher auch substantivisch: Schwarze *Galle*;

gebrechlich; schon im Adjektiv mischen sich wenig bewußt die Bedeutungen: 1. *zerbrechlich* von *brechen, fragilis,* 2. *mangelhaft, kränklich, unvollkommen,* von *Gebrechen. Gebrechlichkeit, fragilitas,* zumeist im Sinne von *Unvollkommenheit,* schon bei Eckhart und Kaisersberg. Kant: *gebrechliche* Erkenntnis (der Menschen von der Gottheit), *Gebrechlichkeit* der menschlichen Natur. Wohl nach ihm Kleist: „um der gebrechlichen Einrichtung der Welt willen“. Rückert: „unserer Sprache Gebrechlichkeit machte gar oft mich stutzen“. Frailty, thy name is woman (Schlegel: Schwachheit, dein Nam' ist Weib), hatte Wieland übersetzt: *Gebrechlichkeit,* usw.;

Gedeck = *couvert*;

Gefahr laufen, nach *courir risque* gebildet;

ist's **gefällig**? = *plaît*-il?

Gefühl, in ganzen Gruppen nach *sentiment* gebildet;

Gegend, wohl eher nach dem älteren *contrada,* als nach dem jüngeren *contrée; Gegenfüßler* = *Antipode; Gegen*satz, in der Musik ursprünglich = *Anti*strophe; *Gegenstand,* nach vielen besseren Versuchen (*Gegenwurf* = *objectum*) Übersetzung eines *obstantia; Gegner,* ursprünglich im Prozeß, = *adversarius*; *Gegenüber,* unter dem Einfluß von franz. *vis-à-vis,* substantivisch gebraucht, auch grammatisch verändert;

Gehör geben = *Audienz* geben;

Geist; der Sprachgebrauch übersetzt nacheinander hebr. *ruach,* griech. *πνευμα,* lat. *spiritus,* franz. *esprit; libre penseur* wird zu *Freigeist, bel-esprit* zu *Schöngeist;* in Salmiak*geist* usw. wieder spätlat. *spiritus* im Sinne von *Essenz*;

geläufig = *couremment*;

Gelegenheit, ursprünglich = *situation;* dann, neuerdings, Übersetzung von franz. *occasion* im Sinne von Gelegenheitskauf;

gemein, wohl nicht *verwandt* mit *communis,* sondern daraus entlehnt; später vielfach wieder als Übersetzung benutzt: *gemein machen* = veröffentlichen *(publizieren)* = *communizieren*; *Gemeinwesen* = *res publica; Gemeingeist* = engl. *public spirit; Gemeinspruch* (früher Gemein*ort*) = *locus communis*;

geneigt = *inclinatus, penché*;

Genugtuung = *satisfaction*;

Geschichte, die Einzahl unter dem Einfluß von *historia;* besonders aber Natur*geschichte,* jetzt sinnlos geworden, nach *historia naturalis*;

Geschlecht, oft Übersetzung von *genus*;

Geschmack, als term. techn. der Ästhetik Übersetzung von franz. *goût*;

Geselle, wer mit dem andern den *Saal* (eigentlich: den Flur) teilt, also genaue Übersetzung von ital. *camerata,* franz. *camarade,* engl. *comrade;* es ist also von seinem Modellwort *Kamerad* verdrängt worden;

Gesicht, vielfach mit *vue* übereinstimmend (*en vue*); zweites Gesicht übersetzt *second sight*;

Gesinde (von mhd. *sint* = Weg) hat eine überraschende Proportion zu *comitatus; comes* (der desselben Weges geht) hatte schon im Altertum (*comites*) den Sinn, den wir durch die Lehnübersetzung *suite, Gefolge* hervorheben; daß der Bedeutungswandel *comes* zu *comte*, Graf, gemacht hat, stimmt gar nicht übel zum vornehmen Gebrauch der Lateiner: die *comites* sind das Gesinde der Könige;

Gestirnung, Versuch einer Übersetzung von *constellatio*;

Getreide, doch wohl Übersetzung eines alten *ablata, Ertrag,* wovon franz. *blé* herkommt;

Gevatter = *compater* (*compère*);

geviert = *quadratus*;

Gewalt, höhere = *vis major* = *force majeure*;

Gewerbe, wohl in sehr alter Zeit gebildete Übersetzung von *industria; gewerbig* südwd. heute noch = *betriebsam, industrieux; industrius,* eigentlich *indu-starius, inständig;*

Gewicht, schon im lat. *pondus* auch figürlich, wonach unser *ein Mann von Gewicht; unwägbar* = *imponderabilis;* für die Gewichtseinheit und (engl.) Münzeinheit direkt als Lehnwort übernommen: *Pfund, pound;* dann wieder *Zehnpfünder* = *tenpounder;* auf einem andern Wege engl. wie franz. *livre*;

gewiß, früher auch *sicher* als Übersetzung von *certus,* franz. *certain,* eigentlich einer, dessen Identität mir nicht gewiß ist;

Gewissen (mhd. *diu gewizzene*) nach lat. *conscientia* gebildet;

es **gibt** = *datur*;

glauben, ursprünglich = *credere, kreditieren;* in religiösem Sinne dann vielleicht an *credo* angelehnt;

gleichgültig, eigentlich = *aequivalent*;

gleitende Reime (z. B. fliehenden, ziehenden) = *versi sdruccioli,* aus der italienischen Poetik übersetzt;

Glück, bei guten und schlechten Dichtern sehr oft zur Übersetzung der personifizierten *Fortuna* geworden;

Gnadenstoß = *coup de grace*;

gotisch; bemerkenswerter Fall, daß ein deutsches Wort als Lehnwort in die romanischen Sprachen überging, um viel später als französisches Lehnwort ins Deutsche zurückzukehren; oder vielmehr: der deutsche Volksname erlitt im Romanischen einen Bedeutungswandel, der dann als bastardierter Bedeutungswandel zurückkehrte; die Goten waren dem italienischen Mittelalter die Zerstörer Roms; *Gotico* war *barbarisch, roh;* zur Renaissancezeit empfand man in Italien insbesondere den Spitzbogenstil, den man für deutsch hielt, als roh und barbarisch, gekünstelt, abgeschmackt, veraltet (im Gegensatz zur damals ganz *modernen* Nachahmung der *Antike*), und nannte ihn den *gotischen* Stil; die Frakturschrift, die eckige Mönchsschrift, die noch vor kurzem die Modeschrift des ganzen gelehrten Abendlandes gewesen war, hieß jetzt, nach Wiederaufnahme der Antiqua, die *gotische* Schrift, wohl gemerkt, ursprünglich nur bei den Romanen; Fischart beweist in seiner Bearbeitung des Gargantua, da er (1575) die Worte Rabelais „il lui apprenait à écrire *gothiquement*" mit „man habe ihn *gothisch* schreiben gelehrt" übersetzt, daß er unter *gotisch* ganz ehrlich die gotischen Schriftzeichen des Ulfilas versteht. In dieser tadelnden Bedeutung von *barbarisch* oder *abgeschmackt* war das Wort in der französischen und englischen Literatur üblich und Übersetzungen führten es so bis weit ins 18. Jahrhundert der deutschen Sprache zu; so wurde langsam im Deutschen der Name der Altvordern zum Schimpf; trotzdem bestand die Wortverbindung *gotische Baukunst* weiter fort, und wenn auch der Sinn ursprünglich: *barbarische, geschmacklose* Baukunst war, so kam der Bezeichnung doch allmählich die Änderung des Kunstideals zugute. Der junge Herder, unter dem Einflusse von Rousseau, empfand schon 1769 das *gotische Große.* Um dieselbe Zeit bewundert auch Möser das Kühne und Prächtige der *gotischen* Stücke. Und bald darauf schreibt der junge Goethe (1772) in Straßburg den flamboyanten Aufsatz: „Von *deutscher* Baukunst". Zu beachten: Das Wort *gotisch* war durch den Bedeutungswandel so schimpflich geworden, daß Goethe den Terminus *gotische Baukunst* nicht glaubte brauchen zu können. Er ist sich dessen bewußt: „Unter die Rubrik *gotisch,* gleich dem Artikel eines Wörterbuchs, häufte ich alle synonymischen Mißverständnisse, die mir von Unbestimmtem, Ungeordnetem, Unnatürlichem, Zusammengestoppeltem, Aufgeflicktem, Überladenem jemals durch den Kopf gezogen waren. Nicht gescheiter als ein Volk, das die ganze fremde Welt barbarisch nennt, hieß alles *gotisch*, was nicht in mein System paßte.“ Also dürfe das Werk des hl. Erwin nicht *gotisch* heißen: „Das ist Deutsche Baukunst, unsere Baukunst, da der Italiener sich keiner eigenen rühmen darf, viel weniger der Franzos.“ So übersetzt Goethe mit *deutsch* das doppelt falsch gebrauchte *gotisch*, um seinen Sinn ins Gegenteil zu verkehren.

Gott; ich glaube es überzeugend nachgewiesen zu haben, daß nicht *Götze* von *Gott* herkommt, sondern *Gott* ursprünglich den Sinn von *Götze* gehabt hat, welches Lehnübersetzung des biblischen conflatile, *χωνευτον*, hebr. *pesel*, das gegossene Bild ist (vgl. Art. *Gott*);

groß, wo es einen mächtigen Eroberer fast wie ein Titel bezeichnet, eine Übersetzung des Brauchs, der im Abendlande bei Alexander dem *Großen* beginnt; Karl der *Große* ist genau nach Alexander *Magnus* gebildet, franz. *Charlemagne* wird zum Eigennamen; Alexander selbst erhielt den Eigennamen offenbar in Nachahmung orientalischer Sprache nach dem Titel des Perserkönigs, der griech. *μεγας βασιλευς* hieß; *großherzig* = *magnanimus*; *großsprecherisch* = *magniloquens*;

Grund, vielfach an *fundus* angelehnt; *gründen* = *fundare*; *von Grund aus* = *funditus*; *Großgrundbesitz* = *Latifundienbesitz*; *zugrunde gehen* = *andar a fondo*;

Grünspan = *viride Hispanicum*;

Sauregurkenzeit, nach niederländ. *komkommertijd*;

gut, im einzelnen schwer zu erkennen, in welcher Sprache das Modell zu suchen; *bon* (im Bankwesen), *abonner*, *vergüten*, *Guthaben*; *Gutsele*, *bonbon*; aber *höchstes Gut* = *summum bonum*;

Haar, *auf ein Haar* = *to a hair*, *to a pile*; *Haarspalterei* = *hair-splitting*; *Haarstern* = *κομητης* = *stella crinita*;

haben; die Verwendung von *haben* und *sein* als sog. Hilfsverben, fast gleichmäßig in den romanischen und germanischen Sprachen muß ein gemeinsames Modell haben;

halb, in vielen Zusammensetzungen = *ἡμι* = *semi* = *demi*;

Halle, neuerdings unter englischem Einfluß für einen geschlossenen Saal;

Hals über Kopf, nicht ganz = *head over heels*; *Halsberge* = *necklace*;

Hand, international für Handschrift; *kurzerhand* = *brevi manu*; *Handstreich* = *coup de main*; *Handschrift* = *manuscriptum* (seit Zesen);

Hang = *inclinatio* = *penchant*; *κλιμα*, die Neigung des Himmels zur Erde, im Lat. ebenfalls durch *inclinatio* wiedergegeben;

harmlos, Nachbildung von engl. *harmless*;

Haupt, wohl Lehnwort, nicht mit *caput verwandt*; Zählen nach *Kopfzahl* überall; *Hauptgut* = *Kapital*; *Hauptstadt* = *Kapitale*; *Hauptort* = *chef-lieu*; *Hauptstück* = *Kapitel*; *Hauptstück* (oberstes Stück der Säule) = *Kapitell*;

Haus, von vornehmen Familien international; *Oberhaus*, *Unterhaus*, frei nach englischem Modell, mit der Sache der Name;

heben, aus der Taufe, Entlehnung aus alter Zeit, wo noch untergetaucht und gehoben wurde;

Heide, ursprüngl. adj. *heiden*, wohl trotz aller Einreden Lehnübersetzung von *paganus*, dies wieder vom hebr. *am haerez*; bezeichnete im späteren Mittelalter besonders die Mohammedaner; daher *Heidekorn* (früher *Heidenkorn*), Buchweizen = *blé sarrazin*;

Heiland, uralt für *salvator* = *σωτηϱ*; *Heiltum* für *Sanktuarium*, Reliquie, versucht;

Heim, als Substantivum dem engl. *home* nachgebildet;

Heischesatz, im 18. Jahrh. für *Postulat* üblich;

es **heißt**, nicht alt für *on dit*, *si dice*;

Heißsporn = *Hotspur*;

Held, eines Romans, erst seit dem 18. Jahrh, nach dem Sprachgebrauch der französischen Poetik, die natürlich zunächst an die *Heroen* des Epos dachte;

helldunkel, techn. Ausdruck der Maler = *clair-obscur* = *chiaroscuro*;

Herkunft usw. = *Provenienz*;

Herr, verrät sich durch alten Komparativ als Übersetzung von *senior, seigneur;* in Titulaturen vielfach entlehnt; *herrjemine,* wohl aus *Herr Je(su Do)mine,* wobei irgendein Scherz vergessen oder verloren ist;

Herz, die Vorstellung, daß es der Sitz des Mutes ist, international entlehnt, wer weiß woher; Farbe im Kartenspiel = franz. *cœur*; *cor meum* (schon bei Plautus) = *mein Herz;* im Sinne des Innersten (*Herz* der Salatstaude, des Salat*kopfes*) auch franz. (*cœur* d'un choux = die *Herz*blätter) und engl. *core; Herz* übrigens wohl Lehnwort;

heute, *hiu tagu* = *hodie, hoc die;* vgl. auch *heuer, hiu jâru*;

Himmel, aus der antiken Vorstellung die völlig sinnlos gewordenen Redensarten vom dritten, vom siebenten *Himmel* entlehnt; *himmelweit* = *toto coelo; himmelan* = *in coelum* (meinetwegen cælum);

in **Hinsicht** = *au regard* = *in riguardo;*

Hintere = *le derrière*; *Hinterwäldler* = *backwoodsman*; *Hintergedanke* = *arrière-pensée*;

Hirnschale = *testa, theka cerebri;* und so sind fast alle deutschen Wörter der Anatomie Lehnübersetzungen aus dem Lateinischen, das einst aus dem Griechischen, später aus dem Arabischen übersetzt hatte (vgl. *Einleitung* S. XXXVII f.);

hirnverbrannt, neu für *cerveau brûlé*;

hoch, international und uralt für die Lage der Töne; neu international der Titel *Hoheit, Altesse, Highness*;

Hof, mit der ganzen Sippe nach *cour* geformt: *Hof halten, machen;* Gerichts*hof; höflich* = *courtois* = ital. *cortese,* einst der Lieblingsausdruck der feinen Welt (aus *höfisch* wurde *hübsch*); *Hofmann* = *courtisan,* zu *Höfling* und im Femininum noch weiter heruntergekommen; *hofieren* (im Sinne: seine Notdurft verrichten) wohl ein derber deutscher Spaß: *zu Hofe gehen*;

Hölle, da das Wort älter ist als das Christentum der Germanen, doch wohl eine Lehnübersetzung von *infernum*;

Honigmonat = *lune de miel*; beides nach engl. *honeymoon*;

hören; offenbar *Hörensagen* = *hear-say* = *oui-dire*; *hört* eine läppische Entlehnung des *hear* im englischen Parlament; *hörig* = *cliens,* im Lat. Lehnwort aus griech. *κλυειν*;

Humor, Lehnwort aus dem Lat.; aber Betonung aus dem Franz., Bedeutung aus dem Engl. entlehnt;

Hunds(stern)**tage** = *dies caniculares*; eine ganze Menge von Wörtern, die aus der Sternkunde in die Gemeinsprache eingedrungen sind (*Wagen, Bär, Tierkreis*), sind ebensolche Übersetzungen;

Hure; *merere* entspricht so gut dem nd. *heuren,* um Sold dienen, daß *Hure* recht gut eine Übersetzung von *meretrix* sein könnte;

Ich, *Ichheit* von den Mystikern und dann von Fichte für den erkenntnistheoretischen *Egoismus* gebraucht; *Ichsucht* von Jean Paul für den moralischen;

ihr als Anrede; die gegenwärtige Höflichkeitsmode verlangt, daß die angeredete Person in der Mehrzahl anstatt in der Einzahl und in der dritten Person anstatt in der zweiten gedacht werde; die Anwendung der Mehrzahl ging im Deutschen, geht noch in andern modernen Sprachen auf einen spätlateinischen Gebrauch zurück, auf den Plural der Majestät, der vielleicht (weil mitunter mehrere Kaiser zugleich regierten) ursprünglich ein Plural der Bescheidenheit war und sich erst später zum byzantinischen Plural ausbildete; zwischen Privatpersonen kam die Mode erst viel später auf, das *Ihrzen* des Geistlichen z. B. läßt sich aus Beichtformeln erst im 12. Jahrhundert nachweisen; hinter der Anrede in der dritten Person steckt wohl das Mitverstehen eines Titels, wie im Italienischen; Fürstlichkeiten anzureden, ohne die Syntax gröblich zu verletzen, ist im Deutschen eine Kunst, die schwer zu lernen ist;

inständig = *instans*; früher ebenso *instehend* im Sinne von bevorstehend;

Irrsterne (bei Luther *irrige Sterne*), jetzt auch *Wandelsterne* = *Planeten*; *irren* hieß ursprünglich, man denke auch an franz. *Juif errant,* unstet umherschweifen;

Kammer, franz. der Gebrauch: *Zimmer* eines Fürsten und fürstliche Angelegenheiten: *Kammermusik, Kammerherr* usw.; franz. auch *Kammer* (erste und zweite) für das engl. Ober- und Unterhaus; *Dunkelkammer* neuerdings für *camera obscura*;

keck, früher lebhaft, *lebendig*; *Quecksilber* (früher *Kecksilber*) = *vivum argentum*, franz. *vif-argent*; Lessing empfiehlt für *Quecksilber* die Neuerung *Triebsilber*, nach dem Muster von *quick-sand* = *Triebsand*;

Kegel, ziemlich spät als Übersetzung von *conus* eingeführt;

Kelch, Lehnwort aus lat. *calix*, aber im Sinne von *Blütenkelch* nach dem griech. Original *καλυξ* gewandelt;

Kern, noch im 18. Jahrh. in Büchertiteln für *compendium* = *nux*;

klein; *meine Kleine* = *ma petite; Kleinigkeiten*, im 18. Jahrh. = *petite poésie* als Buchtitel beliebt; zur selben Zeit *Kleinmeister* = *petit-maître*;

Klemmer oder (süddeutsch) Zwicker, nordd. *Kneifer* oder *Nasenquetscher*, Übersetzungen zur Auswahl für *pince-nez*;

Klinggedicht, im 17. Jahrh. eingeführt für *Sonette*;

Knie; auf die Knie jemands legen, von Goethe genau nach Homeros gewagt, im Sinne: von jemand abhängig machen;

Knüttelvers; nach der Bedeutung undenkbar, daß es Übersetzung von *versus rhopalicus* sei; ich glaube nachgewiesen zu haben, daß es vielmehr Übersetzung des *maccaronischen Verses* ist (vgl. Art. *Poesie*);

Kohl; *Blumenkohl* = *cavolo fiore*, wofür man in Österreich und auch vielfach südwestdeutsch Karfiol sagt;

kosten, bekanntlich zwei ganz verschiedene Worte von *gustare* und *constare*, *goûter* und *coûter; cela coûte* im 18. Jahrh. häufig übersetzt *das kostet*, ohne Preisangabe; zur selben Zeit *kostbar* = *précieux*, im Sinne von affektiert;

Kranz, international für den Siegespreis mit der Sitte entlehnt; ähnlich das Lehn- und Modellwort *Krone*;

Krebs, die Übertragung auf das Sternbild und auf die Krankheit aus dem Lat. übernommen;

Kreis, im Sinne einer geschlossenen Gesellschaft als Übersetzung wie als Lehnwort *(Zirkel)* nach franz. *cercle; Zirkelschluß* frei nach *circulus vitiosus; Wendekreis* = *circulus tropicus*;

Kuckuck; wenn man sich von der Suggestion nicht täuschen läßt, daß der Vogel diesen Ruf wirklich ausstoße, wirklich diese beiden Silben artikuliere, so entdeckt man, daß da sogar eine Klangnachahmung entlehnt worden ist;

Kunde, nach den holl. Puristen für *scientia* ins Deutsche aufgenommen;

laden, ein Geschütz laden, später ohne Objekt, nach *charger, caricare* übersetzt;

Langmut = *longanimitas*;

läßlich, frei übersetzt nach *venialis, péché véniel*;

Laune, beruht auf Entlehnung des Aberglaubens oder der geheimnisvollen Lehre, daß der *Mond* die Stimmung beeinflusse; *unter dem Monde* = *sublunarisch*;

Läuterung, im 18. Jahrh. als Übersetzung von *Katharsis* versucht;

Lebensbeschreibung = *Biographie*;

Leber, in vielen volkstümlichen Wendungen (über die Leber kriechen) von der uralten Vorstellung entlehnt, die Leber sei der Sitz der Leidenschaft;

leiden, vielfach direkt und indirekt Übersetzung von *pati;* der *Leidende* = der *Patient; Leidenschaft* = *passion; Mitleid* = *compassion; leidlich* = *passable*;

Leiter, übertragen Tonleiter = *scala*;

lesen, für das Lesen einer Schrift doch wohl keck nach *legere* übersetzt; der Abc-Schütz bei den Alten *las* wohl die Lettern wie gute Erbsen zusammen;

Liebhaber, früher Übersetzung von *amateur, Dilettant*;

Linie, im Militärwesen und in der Genealogie nach franz. *ligne;*

links, jetzt *linkisch* = franz. *gauche*;

Linse, Lehnwort nach *lens*, dann aber für die *Linse* im Auge, für die *Wasserlinse*, für die optischen Gläser doch wieder Lehnübersetzung;

Gottlob = *laus deo*;

lösen, wirklich und figürlich einen Knoten auflösen, international nach *solvere;* dazu *lösende* Mittel = *solventia*;

Löwenanteil = *pars leonina* (ebenso societas *leonina, contrat-léonien*) nach der international gewordenen Fabel des Aisopos; *Löwenherz* = engl. *lionhearted*;

Löwenzahn = *leontodon;* in der populären Botanik unzählige Übersetzungen der offiziellen Pflanzennamen;

Luchs, sein scharfes Gesicht international sprichwörtlich;

Luder, ebenso wie *Aas*, internationales Schimpfwort *(charogne, Chaib);* vielleicht hatte auch *Aas* wie *Luder* zuerst die Bedeutung Lockspeise;

Luft, *freie Luft* wohl = *air libre; lüften* = *aërer*;

machen, Geld *machen* = *make money*; *Mache,* neue Bildung nach *Façon*; *Macher* = *faiseur*; *gemachter Mann* = (aber nicht ganz) *homme fait*;

Macht, im politischen Sinne = *puissance*;

malerisch = *pittoresco*;

man, doch wohl wie franz. *on (Mann* = *homo* = *homme* = *on*); *Männin* im Sinne von Weibchen bei Luther, nach dem *virago* der Vulgata gebildet;

Maß, in vielfacher Verwendung = *modus, moderare, moderation*;

Maus, als Bezeichnung des starken *Muskels* der Hand Neuübersetzung aus *mus*;

Mehrzahl, freie Übersetzung von *pluralis*, *Mehrheit* von *Majorität*;

Meister, Parallelbildung zu *maître* von *magister*, aber dann wieder für den Begriff der Meisterschaft. teils dem ital. *maestro*, teils dem franz. *maître* nachgebildet; *meisterhaft* = franz. *magistral*; *maîtriser* = meistern;

Milchstraße = *via lactea*;

minderjährig = *minorenn*;

Mißbündnis, öfter für Mißheirat = *mesalliance*; *mißhellig* = *dissonans* wie *mitlautend* = *consonans*;

mitt, wohl Lehnwort nach *medius*; schon ahd. *mittemo himile* = *in medio coelo*; häufig für Zeitbezeichnungen, z. B. *Mittag*, eigentl. *mittemtage*, wie *meridies* eigentl. *medidies*; *Mitte* und *Mittel* häufig im Sinne von Zwischenstufe, Zwischenglied wie *milieu (medius locus)*; Mittel (zum Zweck) = *remedium*; moyen, *mittelmäßig* = *mediocris*; *mittelländisch* = (hie und da) für *binnenländisch*, wie lat. *mediterraneus*, wogegen *mediterraneum mare* bei uns (außer *mittelländisches*) auch *Mittelmeer* heißt; *Mittelzeit*, jetzt *Mittelalter* = *medium aevum*;

Mutter, durch bastardierten Bedeutungswandel häufiger Ersatz für *mater:* Schrauben*mutter*, Gebär*mutter*, *matrix*;

Nabel, von Voss als Übersetzung des homerischen ὀμφαλος geradezu für Schildbuckel gebraucht;

nach, im Sinne *unmittelbar hinter*, in vielen Sprachen entsprechend: *Nachgeschmack* = *arrière-goût, after-taste*; *arrière-faix* = *afterbirth* = *Nachgeburt*; *Nachsaison* = *arrière-saison*; oft durch *hinter* ersetzt: *Hintergedanke* = *arrière-pensée*;

Nachtschatten = engl. *night-shade*;

nackt, international etwa für *nackte Wahrheit*;

Name, ursprünglich Lehnwort, dann Lehnübersetzung in besondern Bedeutungen: für ein Volk (*nomen Romanum* = was Römer heißt), für den berühmten Namen (einen *Namen machen, haben* = *nomen habere*);

Nase, in figürlicher Verwendung (*Nase hoch tragen* usw.) international;

Natur, als Lehnwort anerkannt, weil es, durch undeutsche Betonung, Fremdwort geblieben ist; trotzdem nachher vielfach an lat. und franz. Redensarten wieder neu angelehnt: Gegensatz von Kultur; *nach der Natur* zeichnen; *Mutter Natur*; *natürlich* als Adverbium international; *natürlich* = *illegitim (natürlicher Sohn)* nach franz.; man könnte auch *natürliche Ehe* sagen;

nehmen, eine Mahlzeit, ein Glas Wein, wohl nach franz. *prendre*;

nervös, jetzt Fremdwort; in der alten Bedeutung *(sehnig, kräftig)* wurde *nerveux* durch *nervig, nervicht* wiedergegeben;

Nestel; einem die *Nestel knüpfen* = *nouer l'aiguillette*, einen zeugungsunfähig machen, nach entlehntem Aberglauben;

neu, vielfach international: Testament, Zeit, in Büchertiteln *(nouvelle Héloïse)*, auch: ein *neuer* Horaz usw.; *Neuerer* = *novator; neugierig* = niederländ. *nieuwsbegeerig; Neuheit* = *nouveauté; Neuling* = *homo novus*;

Neustadt, ursprünglich ein Appellativum, das dann bei vielen Wörtern zum übersetzten Eigennamen wird; *Neapolis; Novohrad* über Neuenburg aus Neufchâtel;

nichts; die Übereinstimmung zwischen *nicht (nie wicht), nihil* (ne filum) und *ne pas* (passum) ist so groß, daß man geneigt wird, an eine freie Lehnübersetzung zu denken;

Niederlande = *pays-bas*;

Nonnenfürzchen = *pets-de-nonne*;

Nordsee, früher *Nordersee;* vom niederländischen Gesichtspunkte gesehen und so herübergekommen; Gegensatz: *Zuidersee*, Südsee; deutsch war: *Westersee*, Gegensatz: *Ostersee*, Ostsee;

Nuß, Wissenschaft in einer *Nuß* = *in nuce*;

Ochsenauge, landschaftlich für Dachfenster = *œil-de-bœuf*;

Offensünder; τελωναι, uns durch Luthers Übersetzung als *Zöllner* in der Bibelsprache so vertraut, war schon in der Itala, dann auch in der Vulgata durch *publicani* falsch wiedergegeben worden; die deutschen Theologen des Mittelalters sahen aus dem Zusammenhange, daß Sünder gemeint wären, beachteten außerdem das offenbar zugrunde liegende Wort *publicus* und kamen so für *publicani* zu der grausamen Lehnübersetzung *offensuntari*, die sich in der Form *Offensünder* noch in der anonymen deutschen Bibel findet, die unmittelbar vor dem Erscheinen von Luthers Übersetzung wieder neu aufgelegt wurde;

öffentlich, in vielen Verbindungen langsam zu einer Lehnübersetzung von *publicus* geworden;

oh mag eine gemeinmenschliche Interjektion sein, die Verbindung mit dem Genetiv („oh des armen Papiers, das ich verschwenden muß", Lessing) aber sicherlich gelehrte Lehnübersetzung aus dem Lateinischen;

Orden, ursprünglich Lehnwort, dann zur Lehnübersetzung verwandt für die ganze Gruppe von *ordo, ordre:* Kloster-, aber auch Ritter-, Sprachverbesserer- *(Palmen-)*. Freimaurer-Orden;

Ort, eigentlich Spitze, später (jetzt längst nicht mehr) vielfach Übersetzung von τοπος, in Logik und Rhetorik; jetzt nur noch etwa in der Astronomie;

Pforte, die hohe, für den Hof des Sultans internationale Übersetzung aus dem Türk. (Arab.);

Plan, im Sinne von Entwurf erst im 18. Jahrhundert aus dem Französischen übernommen, wo *plan* auch einen Grundriß (zur künftigen Ausführung) bedeutete; wird vom Sprachgefühl nicht als Fremdgut, sondern als Übersetzung empfunden, vielleicht wegen des Nasals im Franz.;

Platz, ebenso Lehnwort aus franz. *place*, dann in vielen Bedeutungen wegen der ungleichen Aussprache und Länge als Übersetzung empfunden;

Preis, zuerst aus franz. *prix* aufgenommen für *ausgesetzten Preis*, Lohn, Lob *(preisen)*; dann erst, seit dem 17. Jahrh. noch einmal und zwar jetzt als Übersetzung aufgenommen im üblichen Sinn der Prosa: Geldwert; ein hübscher Fall von *Lehn-Doublette*;

Presse, ebenso eine *Lehn-Doublette;* wie lat. *pressura* (von *premere*) bedeutete franz. *presse* die Tätigkeit und das Ergebnis des Drückens, auch die Maschine, also Gedränge, Kelter; nachher besonders die Buchdruckmaschine, ihr Erzeugnis als Ganzes, die Presse als achte Großmacht; und wurde so in Deutschland rezipiert;

Puls, international fast gleiche Übernahme des Bedeutungswandels von der Erscheinung des Blutschlages *(pulsare* von *pellere)* zu der Körperstelle, an der sie leicht zu beobachten ist;

Punkt, Lehnwort mit nachfolgender Anlehnung an besondere Redensarten: *springender Punkt* = *punctum saliens;* schon altlat. *punctum* (eigentlich: Stich) soviel wie Abschnitt, daher *Punkt für Punkt*;

Puppe, mit seiner ganzen großen Sippe noch nicht klargestellt; nicht, wie es mit *puer*, wie mit *pupa* (Brustwarze) zusammenhängt; die Anwendung auf den Übergangszustand der Insekten aus franz. *poupée;* die Metapher *Pupille* (weil man in der *Pupille* des andern sich selbst wie ein *Püppchen* sieht) ist schon lateinisch, *pupula* eine Lehnübersetzung von *κορη*;

Quartier; im Franz. geht der Weg des Bedeutungswandels ganz genau nachweisbar von *Viertel* über *Stadtviertel* zu *Wohnung, Unterkunft;* wer in der Schlacht den Besiegten nicht erschlug, mußte ihm natürlich, als einem Gefangenen, *Unterkunft* bieten, daher *donner quartier* = das Leben schenken, Pardon geben *(Sans-Quartier = erbarmungslos);* davon unser *Quartier geben, um Quartier bitten* halbe Lehnübersetzung, die unser Sprachgefühl, im Vergleiche mit *Pardon*, als eine ganze empfindet;

am **Rande,** sich verstehen; irgend eine alte Redensart der Kanzleisprache nannte *in margine* solche Erledigungen, die kurz am Rande der Eingabe mit zwei Worten notiert werden konnten;

Rat, als Bezeichnung eines Kollegiums, das ratschlagt, und eines Titels aus lat. und franz. *consilium* (griech. *βουλη*), *conseiller* entlehnt;

rauchen, wohl Übersetzung von *fumare*, da es zuerst hieß: *Tabak trinken*;

Raum; es ist doch wohl auch Lehnübersetzung, wenn das deutsche Wort, das irgendetwas Unausgefülltes bedeutete (engl. *room*), am Ende herangezogen wurde, um den von Philosophen und Mathematikern seit tausend Jahren durchgearbeiteten Begriff *spatium*, franz. *espace* in allen Anwendungen wiederzugeben;

Rechnung, seine Rechnung wobei finden = *trouver son compte*;

recht, zuerst Entlehnung, dann aber wieder vielfach Übersetzung von *rectus* = *ὀρθος*: *rechter* Winkel, Glaube; *Recht-*Schreibung; = *jus* (Doktor *beider Rechte* = *utriusque juris*);

rein, 1. Übersetzung von hebr. *koscher* = fehlerfrei, also: zum Opfer, zur Speise geeignet; 2. nach lat. *purus* = nur (aus *reiner*, aus *purer* Bosheit); *reiner* Gewinn = *gain pur*;

Ringelgedicht, Versuch einer Übersetzung von franz. *rondeau*, engl. *roundel*;

rinnen, von der Zeit, aus der Technik der Wasser- und Sanduhr entlehnt;

Roche *(Turm)* vgl. Art. *Schach*;

Rolle, Lehnwort aus *rotula;* nachher im Sinne von Register und in der Theatersprache als Doublette an franz. *rôle* angelehnt;

romantisch, hat eine fast unentwirrbar verwickelte Geschichte; lehnt sich in der Bedeutung zunächst an den franz. Gebrauch (*romanhaft*, und doch wieder *volkstümlich*), dann (*romantische* Landschaft) an den englischen; den literarischen Begriff *Romantik* entlehnen später die Franzosen wieder von uns;

Rose, in der Übertragung auf Architektur und auf die *Windrose* international;

rot, in vielen Zusammensetzungen von Tiernamen international; die parallelen Zusammensetzungen mit deutsch *rot*, engl. *red*, franz. *rouge* könnten einen Bogen füllen;

ruchbar wohl = *famosus*, *ruchlos* = *infamis*, und zwar alte Lehnübersetzungen; niederd. *rucht* = mhd. *ruoft* = *fama*; Voss sagt *ruchtbare* für berühmte Völker; jetzt noch *Ruf* = Ansehen = *fama*; weil unverständlich geworden, durch *gut* erklärt: er hat einen guten Ruf, früher: er hat *Ruf*;

rühren, Grundbedeutung: in Bewegung setzen; es scheint sehr alte Übersetzung von *movere*, das schon altlat. ergreifen, *rühren* heißen konnte;

Rückzug = *ritirata* (dies auch Euphemismus für *Abort*);

rund, schon lat. ein Wort der Rhetorik, *rotundus* = wohl abgerundet, glatt; aber im Sinne einer ungefähren, bequemen Zahl (*runde* Summe) und wieder im Sinne von sittlicher Offenheit (*runde* Erklärung) dem Franz. nachgebildet: *chiffre ronde*, il est tout *rond*; auch der militärische Ausdruck *Runde* franz.;

Rüsttag = *παρασκευη*;

Sache, sehr auffallend, daß die Bedeutung sich aus der ursprünglichen: *gerichtlicher Streit* parallel entwickelte mit franz.

chose aus lat. *causa*, zuerst *Ursache*, dann *Rechtsfall*;

sozusagen = *pour ainsi dire*;

Salz, im Sinne geistiger Würze nach dem Lat. (*urbani sales*, humanitatis *sal*, Cic.), wo es schon Lehndoublette aus griech. *ἅλς* ist;

sauer, in vielen botanischen Namen, Zusammensetzungen, international z. B. *Sauerklee*; *Sauer*ampfer = rumex *acetosa*;

Schamteile, uralter Euphemismus, schon bei Homeros *αἰδοῖα*;

scharf, vielfach an *acutus* angelehnt;

Schatten, im Sinne von Erscheinungen der Toten einfach gelehrte Übersetzung einer antiken Vorstellung;

Schatz, im Sinne von Liebchen wohl aus ital. *tesoro*; Schiller übersetzt Diderots obszönes *bijou* mit *Schätzchen*; *Sprachschatz* = *thesaurus*; Anlehnung der altfriesischen Bedeutung *Vieh (schet)* schwerlich an *pecunia* angelehnt;

Scheide, *vagina*, Schwert*scheide* und *cunnus*; nur daß lat. die Beziehung auf das weibliche Glied offenbar eine grob scherzhafte Metapher;

scheinbar, früher = *sichtbar*, dann, im 18. Jahrh. im Sinne von *wahrscheinlich* = *verisimilis*;

scheitelrecht = *vertikal*; vom gleichen *vertex* lat. (über *vertebra*) *vertebrata* = *Wirbel*tiere;

Schiff, international die Übersetzungen von *navis* für Schiff der Kirche; *Schiffchen* (des Webstuhls) = franz. *navette*; *Schiffbruch* = *naufragium*;

schildern, nach niederl. *malen*, daraus: mit Worten beschreiben;

Schlafwandel = *Somnambulismus*; *Schläfe* nach venae *soporales*;

Schlag, häufig an franz. *coup* angelehnt, aber gewöhnlich frei übersetzt; so *Schlagfluß* nicht genau *coup de sang*; *Schlaglicht* = coup de *jour*, de *lumière*; Gegensatz: *Schlagschatten*;

Schlange, ihre Falschheit internationales Bild, bei uns wohl biblisch;

Schleier, nehmen, für Nonne werden, international;

schließen, sehr oft an *claudere*, *cludere* angelehnt: besonders *concludere* usw. *schließen* in der Logik; *excludere* = ausschließen usw.; wohl auch *Schlüssel*, alte Übersetzung von *clavis*; dazu auch *Schloß*; Luft*schlösser*, früher auch *spanische Schlösser* = *châteaux en Espagne*; in der Musik *Schlüssel* = ital. *chiave* das Zeichen für die Tonart;

Ohren**schmaus,** internation. Geschmacklosigkeit;

Schmeißfliege = ital. *smerdajuolo* (ursprünglich *schmeißen* = *scheißen*);

schmelzen, im 18. Jahrh. bei Dichtern sehr häufig für *gerührt sein* = franz. *fondre* (en larmes);

schmerzhaft, früher = *dolorosus* (mater);

schmieren, im Sinne von bestechen = *graisser* (la patte);

Schnecke = *helix* für viele Schraubenlinien, besonders für Wendeltreppen;

Scholle, an die Scholle gebunden = *glebae ascriptus*, *attaché* à la *glèbe*;

schon, ursprünglich wohl Lehnübersetzung von lat. *belle*, hübsch; als Partikel gewann es einige Verwendungen von *jam (es ist gut)*, *sofort* und durch spätere Lehnübersetzung das ganze Bedeutungsgebiet;

schön, sehr oft an franz. *beau* angelehnt: die *schöne Welt* = *beau monde*; eine *Schöne* = une *belle*; die *schönen Künste* = *beaux arts*; *schöne Wissenschaften* = *belles lettres*; *Schöngeist* = *bel-esprit*; *schöne Seele* (mit seiner Modesippe) = *belle âme*; eine *Schönheit* (schöne Frau) = une *beauté*; zu Hunden: *mach' schön* = *fais le beau*;

Schopf; die Gelegenheit beim Schopfe fassen (bei den Vorderhaaren), international;

Schoß, metaphorisch: Schoß der Erde, wohl an lat. *gremium* angelehnt;

Schrift, internationales Lehnwort, dann Übersetzung nach *scribere*, *γραφειν*; mit ungeheurer Sippe; Entscheidung zwischen Entlehnung und Übersetzung oft schwer zu treffen: *écrivailleur* und *Skribler (?)*; *heilige Schrift* = *Sainte Ecriture*; *Handschrift* = *manuscriptum*; *umschreiben* = *circumscribere*; *Aufschrift* = *ἐπιγραμμα (inscriptio)*; *Vorschrift* = *praescriptum*; *unterschreiben* = *subscribere*; schon gotisch *bokareis* frei = *Schriftgelehrter*;

Schuld, von *sollen*; Bedeutungsentwicklung parallel mit *faute (falloir = sollen); anschuldigen = inculpare; entschuldigen = exculpare; meine Schuld = mea culpa;* deutsch die Vorstellung der Ursache, so daß mhd. von minen Schulden heißen kann *durch mein Verdienst;*

Schule, natürlich Lehnwort, nachher Übersetzung von Bezeichnungen für Systeme oder Richtungen der Philosophie, Kunst, Literatur; auch *hohe Schule* usw. der Reitkunst nach franz. *haute, basse école;*

Schwanengesang, international, nach antikem Glauben;

Schwanz, erst von *schwänzen* („mit Schlepp und Steiß", Goethe) abgeleitet, ursprüngl. Übersetzung von *queue,* Schleppe; erst spätmhd. = *cauda, Schweif;* gemeinsam in vielen sprichwörtlichen Redensarten: das Pferd beim *Schwanze* zäumen = brider son cheval par la *queue,* le venin est à la *queue* = das Gift sitzt im *Schwanze* usw.; in vielen naturhistorischen Namen: *Rotschwänzchen = rouge-queue, queue de renard = Fuchsschwanz* usw.;

Schwarzwald = *forêt noire;* natürlich zuerst deutsch, weil es früher jeden Tannenwald bezeichnete; schon früh in *silva nigra* übersetzt; also: Übersetzung *aus* dem Deutschen; ebenso: die *schwarzen Berge = cerna gora = Montenegro;*

in der **Schwebe** = in suspenso;

Schwester, in übertragener Bedeutung internationale Lehnübersetzung: Nonne, Diakonissin;

schwimmen, in der Theatersprache: seine Rolle nicht auswendig wissen = franz. *nager,* unsicher sein;

Schwindel, im Sinne von: Betrug, keine Übersetzung, sondern das eingedeutschte engl. *swindle;* aber doch wohl Zusammenhang mit mhd. *schwinden* = ohnmächtig werden, *tabescere;* daher *Schwindsucht = tabes;*

Geschworener usw., mit der Sache aus engl. *juror, jury* entlehnt; franz. *juré;*

Schwulst, sachlich wie figürlich = *enflure,* Geschwulst;

Seele, international nach *anima* in vielen nähern und weitern figürlichen Bedeutungen: seit Luther allgemein für älteres *Mut* oder *Herz;* Mittelpunkt eines Unternehmens *(âme);* Einwohnerzahl (biblisch); *Seele* einer *Kanone* usw. = *âme du canon,* ital. *anima* della *canna; Seelenverkäufer* = nl. *zielverkooper;*

sein, im Existenzialurteil (Gott *ist*) eine Lehnübersetzung aus lat. *esse;*

Seite, in vielfacher Verwendung = franz. *côté;*

selbst, in vielen gekoppelten Übersetzungen für αὐτος: Selbstbildung nach *Autodidakt; Selbstquäler = Heautontimorumenos;* Selbstherrscher = *Autokrat; Selbstlauter,* im Gegensatz zu *consonans* gebildet;

setzen, mit seiner weitverzweigten Sippe an die Sippe von *ponere* angelehnt: *composer, compose* im Franz. und Engl. = setzen der Musiker und Buchdrucker; *compositio* = Zusammen*setzung; exponere* usw. = *aus-, auseinandersetzen; opponere* = entgegen*setzen; postponere = nachsetzen; praepositus (prévôt) = Vorgesetzter; propositus (Propst)* dasselbe; *ad propositum = à propos; transponere = umsetzen* usw.; in philosoph. Sprache bloß *ponere* = (den Fall) *setzen,* behaupten, z. B. *posito* = gesetzt den Fall; wird später als Übersetzung von franz. *mettre* empfunden und zu neuen Lehnübersetzungen verwandt; auch sitzen, Sitz = *seoir; sied bien = sitzt gut;*

sicher, wie *gewiß* = franz. *certain;* früher Lehnwort aus lat. *securus,* dann wieder Sicherheit (kaufmännisch) nach ital. *sicurtà* gebildet;

sichtbar (für Besuch) nach franz. *visible;* auf *Sicht* (kaufm.) = ital. *a vista; Rücksicht = respectus;*

sieben, nicht nur biblisch die abergläubischen Vorstellungen, die sich an die Siebenzahl knüpfen; lat. *septem miracula;* griech. *οἱ ἑπτα,* die 7 Weisen; formelhaft: die *sieben* Sachen; ein *Sieben*schläfer, wegen der Formelhaftigkeit der Zahl vergessen, daß es ursprünglich 7 Jünglinge waren; so wagt Goethe: *ein heil. Dreikönig mehr;* dann: ein Buch mit *sieben* Siegeln, nach Off. 5. 1;

Sinngrün, eigentlich *Singrün* (wie *Sinflut,* immerwährende, allgemeine Flut) = *Immergrün = semperflorium* oder *sempervivum;* dies puristisch für *aizoon* = ἀειζωον;

Sinn, nicht mit *sensus* verwandt, sondern davon entlehnt; nachher oft zur Übersetzung von *sensus* und franz. *sens* benützt; also Lehn-Doublette;

sittlich, langsam zum Ersatz von *moralis* geworden; früher Plural die *Sitten* = *mores*;

sonder, neuerdings häufige Übersetzung von *extra* in Doppelworten: *Sonder*zug, *Sonder*druck;

Sonntag, mit der ganzen Gruppe der Wochentage altheidnische Lehnübersetzungen aus dem Lateinischen, gegen die das Christentum nicht aufkommen konnte; *Pfinztag* (Donnerstag) Lehnwort nach dem griech. *πεμπτη*, wohl aus gotischer Zeit; *Samstag* Lehnwort aus dem Hebräischen;

Sonnenwende in der Astronomie frei nach *solstitium*; in der Botanik genau = *ἡλιοτροπιον*;

Spannkraft, neue, freie Übersetzung von *vis elastica*, welches schlechte Wort von *ἐλαυνειν*, *ἐλατης*, Antreiber, *anspannen*;

Speckstein = *pierre de lard*;

Spiegel, Lehnwort aus lat. *speculum*; nachher zur Übersetzung von *speculum* in Büchertiteln benützt: Sachsen*spiegel*, Fürsten*spiegel*, Dilettanten*spiegel*;

Spiel, in *Schauspiel* usw. häufig als Übersetzung von *ludus* verwandt; *spielen* (nachahmen) = *jouer*; *Wortspiel* = *jeu de mots*; *Spiel*raum, erklärende Übersetzung von *jeu*; *Spiel*mann, wohl Übersetzung vom Lehnwort *Gaukler* = *joculator* = *jongleur* = engl. *juggler*;

Spilling, eine Art gelber Pflaumen; da *spenel*, ahd. *spënala* (österr. *Spennadel*, Stecknadel) wohl ursprünglich Dorn hieß, ist *Spilling* Lehnübersetzung von (prunus) *spinosa*; wenn's nicht einfach Lehnwort ist, wie tschech. *špendlik* für die gleiche Frucht aus dem Deutschen oder dem Lateinischen;

spinnen, *spinnen* der Parzen internationale Entlehnung; vom behaglichen Schnurren der Katze auch ital. *filare*;

Spitze, für *dentelle* frei übersetzt; für dasselbe *dentelle* in Architektur, auch *dentelure* (*dentelle* im Buchdruck), genauer *Zahn*schnitt; *spitziger* Winkel = angle *aigu*; *spitzige* Nase = nez *pointu*; *spitzige* Worte = paroles *piquantes*; *Spitz* (leichter Rausch) wie franz. être en *point* de vin;

Sporn, allgemeine Entlehnung aus den Gebräuchen der Ritterzeit: den *Sporn* geben, donner de *l'éperon*; *gestiefelt* und *gespornt* = *botté* et *éperonné*; auch vom Hahn und von Pflanzen international;

Sprache, in allen wissenschaftlichen Bedeutungen international; *Sprecher*, mit der Sache aus dem engl. Parlamentarismus übernommen (*speaker*);

Sprung, metaphor. parallel entwickelt: Gedanken*sprung*; natura non facit *saltus*;

Staat, natürlich das lat. *status*; nachher wieder von den parallel entwickelten ndl. und franz. Worten stark beeinflußt: die *Staaten* = die *Stände*; der *Staat*: *état*; *conseil d'état* = *Staatsrat*, *homme d'état* = *Staatsmann*, *coup d'état* = *Staatsstreich*; aber *états généraux* = *Generalstaaten*; im 18. Jahrh. noch *Staat machen auf* jemand = *faire état de* quelqu'un; den alten *Staat und* die alten *Stände* übersetzt das Lehnwort *Staat* und hat die Stände-Verfassung doch in mancher modernen Bedeutung überlebt: der *dritte Stand* = *tiers état*; wieder anders in *Standpunkt* = engl. *standpoint*; etwas anders franz. *point de vue*, das wir genau durch *Gesichtspunkt* wiedergeben;

Stangenrecht, mundartlich soviel wie Gantrecht; schon Adelung vermutete eine wörtliche Übersetzung nach lat. *jus subhastationis*, von der alten Art, etwas bei einem aufgesteckten Spieße, *sub hasta*, zu versteigern; das D. W. ist wieder so ängstlich, nur eine Beeinflussung zuzugeben;

Statt, eigentlich die bestimmte Stelle; *statthaben* = *avoir lieu*, *stattgeben*, schon lat. *locum dare*, wie *locum habere*; *Statthalter* = *lieutenant* = *locum tenens* (*lieutenant du roi*, *Königsleutnant*); *anstatt* = *au lieu*;

stechen, im Kartenspiel, in der Kupferstecherei manche Übersetzungen von *pointer*; man denke auch an *Stich*probe;

Steg, an der Geige = ital. *ponticello*;

stehen, vielfach an ital. *stare* angelehnt: *stehen lassen* = *lasciare stare*; es *steht* mir zu = *sta* a me; bei jmd. *stehen* = *stare* con; wohl auch im Sinne von: zu verkaufen sein, jetzt noch: teuer zu *stehen* kommen;

Steinöl = *Petroleum*;

Stelldichein = *rendez-vous*, mit grammatischem Ersatz der Mehrzahl der Anrede durch die Einzahl;

Stelle, die man aus einem Buche zitiert, schon lat. *locus*, wobei die *loci communes* der alten Rhetorik vorschwebten, die *τοποι*;

Stern, im Sinne von Glück und Unglück internationale Entlehnung aus uraltem Sternaberglauben; franz. *étoile* im Sinne von Glanzpunkt der Gesellschaft geben wir durch engl. *star* wieder;

Stil, in allen Übertragungen aus lat. *stilus* (Lehnwort aus dem Griech., Schreibgriffel) international;

Stimme, im Sinne der einzelnen Meinungsäußerung bei Majoritätsbeschlüssen, internationale Lehnübersetzung; *vox populi, vox Dei*;

Stoff, seit Aufkommen des Materialismus deutscher Ersatz für *Materie*, aber auch für *Material*; *Materie* bedeutete immer *Material*, wie denn auch in diesem Falle das Adjektiv *(materialis)* einen verständlicheren Sinn gibt als das Substantiv;

Strahl, Grundbedeutung: *Pfeil* (in den slawischen Sprachen noch das Verbum *streliti*, schießen, wovon *Strelitzen*, vielleicht Lehnübersetzung von *sagittarii*); nach antiker Vorstellung sandte der Donner, die Sonne Pfeile aus, davon Wetter*strahl*, Donner*strahl*, Blitz*strahl*, die in Emblemen unserer Elektrizitätsgesellschaften immer noch als *Pfeile* dargestellt werden; Luther empfand das entlehnte Bild noch, wenn er übersetzte: er schoß seine *Strahlen* (Vulg.: *sagittas*):

Streich, neben Schlag Übersetzung von *coup*: *Handstreich* = *coup de main*, *Staatsstreich* = *coup d'état*;

Stube, hängt natürlich aufs engste zusammen mit engl. *stove*, ital. *stufa* Ofen; eigentlich *geheizte Stube*, vielleicht *Badestube*, also wohl Lehnübersetzung von *Kemenate*, der Raum mit einem *Kamin*, franz. *cheminée*, was den Raum um den Herd bedeutete, wo man sich wärmen konnte;

Stück, in Theater*stück*, Musik*stück*, und dgl. an franz. *pièce* angelehnt;

Stuhl, in der metaphorischen Anwendung: *heiliger Stuhl*, *Lehrstuhl*, neben *Sitz* (Bischofssitz) nach franz. *siège*; Gerichts*stuhl* oder Land*stuhl* für Gerichtshof ist veraltet; vielleicht *Gesäß* Übersetzung eines veralteten *siège*, der Hintere;

stumpf, Winkel = *obtusi*-angulus; auch *stumpf* in metaphorischer Bedeutung = *obtus*, Gegensatz zu *aigu*;

Tafel, natürlich Entlehnung aus lat. *tabula*, aber nachher doch Lehnübersetzung nach franz. *table*, im Sinne von *Eßtisch*, Mahlzeit usw., also: Lehn-Doublette;

Tag, ursprünglich nur die helle Hälfte der Periode einer Erdumdrehung, so noch im Gegensatz zur Nacht wie natürlich überall; aber Ausdehnung auf die ganze Periode von 24 Stunden wohl gelehrte Anlehnung an *dies*; *Tag* im Sinne von Gegenwart (*Tages*gespräch, Held des *Tages*, *Tages*befehl) Anlehnung an den entsprechenden Gebrauch von franz. *jour*;

Tapet, *Tapete*, Entlehnung aus lat. *tapetum*, *tapete* (griech. *ταπης*, wer weiß aus welchem Orient), Belag des Bodens, der Wand, des Tisches; aufs *Tapet* bringen, kommen, Lehn-Doublette nach franz. sur le *tapis*, wobei die Beibehaltung des Geschlechts (gegen *die* Tapete) zu beachten;

Taugenichts = *vaurien*;

tausend, international, schon lat., für unzählig: *Tausendfuß* = *mille-pied*; *millefeuille* = *millefolium* (Schafgarbe);

Teil, häufig zur Übersetzung von *pars* (Anteil) und *parti* (Partei) benutzt; *teilnehmen* = *participare*; franz. *prendre part*;

Tier, ursprünglich: vierfüßiges wildes Tier wie engl. *deer*; dann langsam Übersetzung von *animal*;

Tinte, Lehnwort nach mlat. *tincta* von *tingere*, nachher als Terminus der Maler Lehn-Doublette für franz. *teinte*, it. *tinta*;

tot, metaphorisch: *totes* Kapital nach ital. denaro *morto*; er ist ein *toter* Mann (dem Tode sicher verfallen) = c'est un homme *mort*; international: *tote* Sprachen;

Trabant; hat eine schwer entwirrbare Geschichte; kommt zuerst im 15. Jahrhundert vor, als Bezeichnung für arge Söldner aus Böhmen; ich glaube, es liegt ein verwickeltes Gemisch von einer slawischen Lehnübersetzung und einer vermeintlichen Entlehnung aus dem Deutschen vor; *tráva*, Gras, bezeichnet im Polnischen (*strava*) Viehfutter, in russischen Mundarten alles Eßbare; *travanti* konnte also in Böhmen recht gut die *fouragierenden*, verwüstenden Soldaten bedeuten; die Endsilbe *ant* mögen die Böhmen für deutsch gehalten haben, sie bildeten *parchant* nach *Bankert*, wie wir *Marktfierant*, Lieferant sagen; die weitere Geschichte von Trabant ist bekannt;

getragen, technischer Ausdruck des musikalischen Vortrags, Lehnübersetzung von ital. *portato*; ich gebe bei dieser Gelegenheit das Beispiel einer Lehnübersetzung des Ital. aus dem Franz.: *portafasci* = *porte-faix*; *portafoglio* = *portefeuille*: *portamonete* = *portemonnaie*; *portasigari* = *porte-cigares*; *portastendardo* = *porte-étandard* (Fahnenjunker); *portavoce* = *porte-voix* usw. usw.;

traurige Gestalt, Ritter von der, international, literarisch nach Cervantes;

treu, metaphorisch seit dem 18. Jahrh., häufig nach franz. *fidèle*, aber memoria *fidelis* (festes, *treues* Gedächtnis) schon lat.; un miroir, une copie, une traduction *fidèle*;

Trieb, wohl Lehnübersetzung von *instinctus*;

Trommel, nach zufälliger Ähnlichkeit häufig Anlehnung an lat. *tympanum* (dessen wilden Bedeutungswandel bis zu *timbre* es nicht mitmacht) und franz. *tambour*: *Trommel*fell = *tympan* oder *tambour*; *Tympanitis* = *Trommel*sucht;

Trotz, für mein Sprachgefühl identisch mit *Trost*, das schon gotisch und dann bei Luther als Übersetzung von *fiducia* und *expectatio* zu finden; wir könnten es mit dem nordd. *die Traute* verjüngen, womit das Vertrauen und mundartlich auch die Kühnheit (*sich getrauen*) ausgedrückt werden kann;

Tugend, lehnt sich an *virtus* nicht so genau an wie *virtus* an ἀρετη (wobei Ableitung von ἀρην, Ἄρης, ἀῤῥην doch wohl gelehrte Volksetymologie; Zusammenhang mit ἀρειν, *rüsten*, viel ansprechender); aber wenn lat. *virtus* eine falsche Lehnübersetzung war, so stammt die Bedeutung *Kraft* doch schon aus dem Lat. und ging im franz. *vertu* zu der weiten Bedeutung *Eigenschaft* über; les *vertus* des plantes, la *vertu* magnétique, wurde im 16. Jahrhundert durch *die Tugenden* wiedergegeben, so noch altertümelnd Goethe;

tun, *Tat*; bei dem Alter und der Ausbreitung des Begriffs ist es sehr schwer, Anlehnung glaubhaft nachzuweisen; aber: *in der Tat* klingt eher mlat. oder franz. (*de fait*) als deutsch; *Tat*sache ist so neu, daß es recht gut nach dem Modewort *factum* gebildet sein könnte; man vergleiche auch die Übersetzungen mit *machen*;

Übeltat, genaue Übersetzung von *malefactum*; dazu die entsprechenden Übersetzungen von *malefacere, malefactor* und die von *benefacere, beneficium* usw.; man achte darauf, daß *Wohltat* ebensowenig ein reiner Gegensatz zu *Übeltat* ist, wie *beneficium* zu *malefactum*;

über, ist in Lehnübersetzungen leicht zu übersehen, weil nicht immer *super* zugrunde liegt oder *trans*; wir werden es auch als Übersetzung von griech. ἐπι, lat. *per* und *circum*, finden, und von allen wieder andere deutsche Übersetzungen; *überflüssig* usw. = *superfluus*; *übergehen* oft = *transire*; *Oberfläche* frei nach *superficies*; *überschreiten* = *supergrediri*; *Übertreibung* frei nach *superlatio* = ὑπερβολη; *überzählig* = *supernumerarius*; *übrig sein* = *super esse*; sehr häufig sind im Lat. Zusammensetzungen mit *super* Lehnübersetzungen griech. Idiotismen, z. B. *superquartus, superquintus* = ἐπιτεταρτος, ἐπιπεμπτος, d. h. $1^1/_4$, $1^1/_5$; *übertragen* = *traducere*; *übersetzen* = *transferre*; *Umformung* = *transfiguratio*; *Überläufer* = *transfuga*; *Übergang* = *transitio*; *Übersendung* = *transmissio*; *Übersiedelung* = *transportatio*; *überrheinisch* usw. = *transrhenanus* usw.; *surcharger* = *überladen*; *surcroît* = *Zuwachs*; *surmesure* = *Übermaß*; *surveiller* = *überwachen*; *Überschrift* = *superscriptio* = ἐπιγραμμα;

Umstand, genaue Übersetzung des spätlat. *circumstantia* (franz. *circonstance*) = griech. *περιστασις*;

Unbill, doch wohl nur im neuen Sprachgefühl an *billig* angelehnt, in Wirklichkeit Negation von *Bild* und mhd. oft im Sinne von *ungeheuer, unerhört* (Wolfram, Parzival IX, 176), also doch wohl alte genaue Lehnübersetzung von *informis*; übrigens würden die deutschen Lehnübersetzungen mit *un-* ein ganzes Buch füllen;

usw., früher *u. dg.*; bei Harsdörfer wird ausdrücklich erwähnt, es seien die Anfangsbuchstaben von *und dergleichen*, „ist gesetzet anstatt des *etc.*"; also selbst der Gebrauch der Anfangsbuchstaben wird entlehnt; *et cetera* ist wieder eine Lehnübersetzung von *και τα λοιπα*; ebenso viele andere Abkürzungen durch Anfangsbuchstaben; *d. i.* gleich *i. e.*; *a. a. O.* gleich *l. c.*; *w. S. g. u.* gleich *t. s. v. p.* usw.;

unterbrechen = *interrumpere*; *unterhalten,* in bestimmtem Sinne = *entretenir*; *unterliegen* = *succumbere*; *unternehmen* = *entreprendre* (erst seit dem 18. Jahrh.); *untersagen* = *interdicere*; *unterwerfen* = *subicere* (die eigenen Wege des Bedeutungswandels von *subjectum* und *sujet* an anderer Stelle);

Urständ, alte Lehnübersetzung von *ἀναστασις*, die, als sie der Gemeinsprache unverständlich geworden war, durch *Auferstehung* verjüngt wurde;

Urteil, ursprünglich nur der Richterspruch; wurde später zur Übersetzung aller Bedeutungen von *judicium* mitverwandt; Etymologie nicht sicher und nicht klar; mir kommt es gar sehr wie eine uralte Übersetzung von *διακρισις* vor, nur daß mir (trotz *discernere, unterscheiden*) das beweisende lat. Zwischenglied fehlt;

Vater, in sehr vielen Verwendungen an lat. *pater* und *patria* angelehnt: *Erzväter* = *Patriarchen*; *Stadtväter*, wohl eine scherzhafte Übersetzung, oder ursprünglich eine schulmeisterlich ernste, von *patres* (*conscripti*); *Vaterland* frei nach *patria*; *Vaterunser*, buchstäblich erhalten = *paternoster*; *Vater* für *Gott* international abendländisch;

verbinden usw. = franz. *obliger* usw.;

verbrechen, doch wohl an lat. *corrumpere, corruptor* angelehnt;

Verfall, kaufmännisch = ital. *scadenza*;

vergegenwärtigen, genau gleich lat. *representare*;

vergleichen, sowohl im Sinne von *begleichen* als gegeneinander *abwägen*, dann = lat. *comparare* (*par* = *gleich*);

verkennen = *méconnaître*;

einverleiben, Lehnübersetzung von spätlat. *incorporare*; Lehn-Doublette von dem alten Lehnwort *Körper: verkörpern*;

verlieren, in vielen Redensarten an franz. *perdre* angelehnt, wenn nicht manchmal umgekehrt: den Kopf, Zeit, eine Wette, einen Prozeß, eine Schlacht *verlieren*; im Spiele *verlieren* schon lat.; ebenso *verloren* = *perdu* = *perditus*;

vergehen = *perire*;

Vertauschung = *permutatio*;

verfolgen, vielfach = *persequi*;

vergeben = *pardonner*;

viel; *vervielfältigen* genau nach *multiplicare*; Lessing tritt für das ältere *vervielen* ein: „Wasser vermehrt sich; alle Blumen vervielen sich; einige Blumen vervielfältigen sich";

vier, in manchen Anwendungen, die freilich auch ohne Entlehnung erklärt werden können, internationale Redensart: alle *Viere* von sich strecken, unter *vier* Augen, zwischen seinen *vier* Wänden; *Vierfürst* = griech. *τετραρχης*; *Vierung*, Versuch einer Übersetzung von *Quadrat*; mehr Glück hatte *Geviert*;

Volk, doch wohl Lehnwort aus *vulgus*; während aber das Fremdwort (*vulgär*) mehr und mehr die große Menge, den *Pöbel*, bezeichnete, wandelte *Volk* seine Bedeutung, ursprünglich *Kriegerschar*, zu der von *populus*, einer durch gemeinsame Sprache oder politischen Verband geeinigten Nation; so haben sich die beiden lateinischen Worte im Wandel gekreuzt: *vulgus* wird in *Volk* aus *Pöbel* zu einem hohen Begriff, der gerade jetzt fast ein Ideal ausdrückt; *populus* wird in *Pöbel*, was einst *vulgus* war;

voll, Lehnübersetzung in Doppelworten: *Vollmond* = *plenilunium*; *Vollmacht* = mlat. *plenipotentia*;

vor, sehr oft Übersetzung des lat. *prae: Vorhaut,* erst von Luther frei gebildet, nach lat. *praeputium* (er wußte, daß es ein lat. *putium* oder *putis* nicht gab, daß griech. ποσθιον schon Vorhaut hieß, Demin. von ποσθη = *penis*); die figürliche Anwendung auf moralische Unreinlichkeit (arges Wippchen: *praeputium cordis vestri*) ist nur biblisch; *Vorsitz* = *praesidium*; *Vorsehung* = *providentia*; *Vorschritt*, im 18. Jahrh, öfter für unser *Fortschritt* = *progressus*; *vornehm, ausnehmend* = *eximius*; *Vorwurf*, alter Versuch, *objectum* zu übersetzen; *unvorgreiflich*, direkt nach dem griech. ἀπρολήπτος, vom term. techn. προληψις;

wahrscheinlich, seit dem 17. Jahrh. dem lat. *verisimilis* nachgebildet; übrigens wahrscheinlich *ähnlich* über *einlich* Lehnübersetzung von *similis*;

Wald, seit dem 17. Jahrh. gern als Buchtitel (Poetische, kritische *Wälder*) dem mlat. *silva* nachgebildet;

wälzen, rollen machen; *Umwälzung* = *Revolution*;

Wandelstern = *planetes*;

Wasser, in Verbindungen wie gebranntes *Wasser*, kölnisch *Wasser* dem lat. *aqua*, dem franz. *eau* entsprechend; *Wasserleitung* = *aquae ductus*;

Wechsel, kaufmännisch = ital. *cambio*;

Welt, uralt, dann vom Christentum als Zeitlichkeit herabgesetzt; aber in den Redensarten ein Mann von *Welt*, große *Welt*, viel *Welt* haben, Übersetzung des franz. Modeworts *monde*; *Weltbürger*, im 18. Jahrh. Modewort = *Kosmopolit*;

Weltweisheit, ist vielleicht erst später als die *sieben Weltweisen* entstanden: die sieben *Weltweisen* vielleicht Parallelbildung zu die *sieben Weltwunder* = *septem miracula mundi*;

Wendung; ich habe keinen Beleg, aber gewiß direkte Übersetzung aus dem griech. τροπος, im Sinne des lat. *tropus*, Redefigur;

Wenigkeit, im Zeitalter der deutschen Nachahmungen des roi soleil erst häufig aufgekommene Lehnübersetzung (meine Wenigkeit) des spätröm. *mea parvitas*;

werfen, häufig lat. *jacere*, franz. *jetter* nachgebildet: *jetter* à la tête fast gleich: an den Hals *werfen*; einst *jeter* le faucon, den Falken *werfen*; *jeter* une draperie, Falten *werfen*; *verworfen* = *abjectus*; *Gegenwurf*, von Meister Eckhart für *objectum* gebraucht; *Auswurf* = *ejectio*; *Entwurf* muß irgendwie mit *Gegenwurf (objectum)* und dann wieder mit *projectum* (lat. oft = *objectum*) zusammenhängen;

Wesen, noch auffallender *Wesenheit*, gelehrter und trotzdem geglückter Versuch (von Schottel), griech. οὐσια, lat. *essentia* durch den alten Infinitiv von *sein* wiederzugeben; *wesentlich* = *essentialis*, die Sache, im Gegensatze zu ihren zufälligen Eigenschaften; *Wesen* erhält so, parallel mit dem franz. *un être*, die Bedeutung einer Sache, eines Dings und kann nun zur Übersetzung von *res* benützt werden: das *gemeine Wesen* (heute: das *Gemeinwesen*) = *res publica*;

wider, *für* und *wider* = *pro* und *contra* = *le pour et le contre; wieder*, das gleiche Wort: auf *Wiedersehen* = au *revoir*; *Widerchrist*, bei Luther für *Antichrist*; *Widerspruch* = *contradiction*; *Widerpart*, im Franz. nur Terminus der Musik *contrepartie, Gegenstimme; widerrufen* = *revozieren; Widerschlag*, nicht (nach Paul) Übersetzung von Reflex, sondern von *contrecoup; Widersinn* = *contre-sens; widerstehen* = *resistere*;

wissen; die Proportion *wissen — gesehen haben* könnte an eine vorhistorische Lehnübersetzung oder Lehndoublette denken lassen; die franz. Redensart: *je ne sais quoi* scheint zweimal ins Deutsche übersetzt worden zu sein, einmal vor 700 Jahren mit *neizwer (ni weiz wer)*, dann neuerdings mit *ich weiß nicht wer, was*;

Wiss-Künstler, ein erfolgloser Versuch von Leibniz, das Wort *Mathematiker* genau zu übersetzen, nach der Holländer Beispiel; schon Schottel hatte (1663) *weiskünstlich* für mathematice vorgeschlagen;

Witz; früher die *Witze* = *scientia;* erst im 18. Jahrh. wird *Witz* zur Übersetzung von franz. *esprit* benützt, um gegenwärtig sich zu einer Äußerung des esprit zu spezialisieren, wohl über *witzig* hinweg;

wohl, häufig für *bene, bien,* z. B. *wohlgemerkt = nota bene;*

wohlwollend = *benevolens,* aber *böswillig, malevolus,* beides buchstabengetreu;

Wort; international für das gegebene Wort: *Wort halten, geben, Ehrenwort (tenir parole, donner, parole d'honneur);*

Würde = *dignitas; würdigen,* ursprünglich soviel wie *werten,* im 18. Jahrh. gern intransitiv gebraucht = franz. *daigner; herabwürdigen* mitunter = *dédaigner;*

Wurzel, übersetzt in der Anatomie, in der Mathematik, neuerdings auch in der Sprachwissenschaft lat. *radix;*

Zacke; *Dreizack = tridens;*

Zankapfel = *Apfel der Eris;*

Zauber, wahrscheinlich zuerst *Geheimschrift;* sicherer die Entsprechung franz. *charme (carmen)* und ital. *incanto;* in allen drei Sprachen die Bedeutung von übernatürlicher Beschwörung zu natürlichem *Reiz* gewandelt;

zeichnen, häufig gibt es *signare* wieder; *zeichnen* kaufmännisch = *signer; ausgezeichnet* frei nach *insignis;*

Zeit, als abstrakter Begriff wie Raum der internationalen Philosophensprache angehörig; *Zeit = Welt* als Gegensatz zur seligen *Ewigkeit* ist christlich; *Zeit* (z. B. mitteleuropäische) als Zeitmaßstab modern astronomisch; international auch durch Übersetzung der Gebrauch in der Grammatik;

Zelle, internationale Bezeichnung für das kleinste noch organische Gebilde;

zerstreut = *distrait;*

Zerknirschung = *contritio;*

anzetteln, genau = *tramer;*

Ziffer, bekanntlich die arabische Bezeichnung für *Null,* woraus dann Bezeichnung für die arabischen Zahlzeichen wurde; im Franz. wurde die Form mehr geändert, die Bedeutung beibehalten (*zéro*); im 18. Jahrh. wurde versucht, *zéro* mit *Ziffer* zu übersetzen, ein besonders komplizierter Fall einer Lehn-Doublette;

Zirkel, Lehnwort aus lat. *circulus,* früher allgemein für *Kreis,* wie jetzt noch in *Zirkelschluß;* nur der vornehmste Kreis von Personen um den Fürsten herum, bei Hoffestlichkeiten, verlangt das Fremdwort *cercle;*

Zufall, von Paul nicht ganz richtig auf *casus* zurückgeführt; zugrunde liegt offenbar das scholastische *accidens* (dem Sinne nach ganz genau, der Form nach etwas frei nach *συμβεβηκος*) von *accidere* (*vorfallen,* zustoßen), eigentlich: was an einer Sache nicht notwendig, nicht wesentlich ist; ganz scharf: eine Abschwächung des Existenzbegriffs; im 18. Jahrhundert häufig (durch Lehnübersetzung von franz. *accident*) im Sinne von *Unfall;* seltsam die Reihe: *per accidens, par accident, perhaps* (von *happen = accidere*), *per Zufall;*

Zwieback = *biscuit.*

XI.

Die großen Beispiele von *Übersetzungen* ganzer Kulturen, von der Völkerwanderung der Kulturen, bieten Gelegenheit genug, den Vorgang zu studieren; aber die Wissenschaft hat gegenüber dem Vorgang immer wieder die Augen geschlossen, hat auch in neuer Zeit entweder Kulturgeschichte getrieben und sich dann zu wenig um die Wanderung der Begriffe gekümmert, oder hat Sprachwissenschaft getrieben und sich dann mit einseitiger Entdeckerfreude auf den Lautwandel in der Wortgeschichte geworfen. Wie aber, oft genug bis ins kleinste nachweisbar, die Begriffe übernommen werden, bald in der Form von Fremdwörtern, bald in der

Form von Lehnübersetzungen, das wurde von den Einen gar nicht gesehen, von den Andern aber zu wenig beachtet.[1])

Zwei Arten solcher Kulturwanderungen gilt es besonders zu unterscheiden: die Wanderung von Realbegriffen und die Wanderung von ganz abstrakten, religiösen oder philosophischen, Vorstellungen. Für die erste Art bietet die Aufnahme des antiken Naturwissens durch die Araber ein frappantes Beispiel.

Das größte Beispiel der zweiten Art von Wanderung ist die Aufnahme der christlichen Lehren und der aristotelischen Philosophie durch das Abendland.

Man stelle sich nur lebhaft die Seelensituation des Bischofs Ulfilas vor, da er seinen Goten die Kulturmasse des Christentums in ihrer Sprache zu übermitteln beschlossen hatte. Ihm war beides geläufig: die griechische Sprache des Neuen Testaments und die Mundart seines Volkes, die wir ja erst durch ihn und nur durch ihn als eine Schriftsprache kennen gelernt haben. Wenn wir heute eine wahre oder erfundene Erzählung, etwa aus dem Französischen, ins Deutsche übersetzen wollen, so ist die Aufgabe einfach die: die geläufigen Vorstellungen aus der einen Sprache so wiederzugeben, daß durch die deutschen Worte beim Leser die genau entsprechenden Vorstellungen wieder erweckt werden; und das ist möglich, ja leicht, weil die beiden Gemeinsprachen durch Herkunft aus gemeinsamen Kulturquellen, durch ein Jahrtausend lange gegenseitige Beeinflussung allmählich bei den gleich gebildeten Individuen beider Völker fast die

[1]) Der breite Betrieb der vergleichenden Sprachwissenschaft hat sich, trotz eindringlicher Warnungen, mit fast mechanischer Methode auf das Studium des Lautwandels festgelegt, und schwört heute noch darauf, daß es Gesetze dieses Lautwandels gebe; das Studium des ungleich wichtigeren Bedeutungswandels galt in den letzten Jahrzehnten nicht für streng wissenschaftlich. Die Vernachlässigung dieses entscheidenden Teils der Sprachgeschichte war eine der Hauptursachen für die sonst rätselhafte Erscheinung, daß so gründliche Forscher die Macht der Lehnübersetzungen übersehen konnten. Vor kurzem hat R. M. Meyer, der eine Deutsche Bedeutungslehre vorbereitet, eine sehr anregende Studie über *Bedeutungssysteme* (Zeitschr. f. vgl. Sprachf. 43. S. 352 f.) veröffentlicht und da die *Übersetzung* fremder Ausdrücke in der Wortgeschichte „noch lange nicht genügend gewürdigt“ genannt; er hat nur wenige Hinweise auf die Rolle der Lehnübersetzungen zu buchen gehabt: außer meiner Schrift „Die Sprache“ nur noch zwei kleine Aufsätze aus Kluges Zeitschrift und eine nur ganz gelegentliche Äußerung von Heinzel (Stil der altgermanischen Poesie S. 1).

Unter den Männern, die tapfer den Kampf gegen das Dogma vom allein seligmachenden Lautwandel aufgenommen und die großen Gesichtspunkte von Curtius, Brugmann und Delbrück festgehalten haben, sind besonders die Brüder E. und W. Meyer zu nennen. Nur schade, daß in einer so rein historischen Disziplin immer wieder nach Gesetzen geforscht wird.

Über die Prioritätsfrage, wer zuerst auf die Macht der Lehnübersetzungen hingewiesen habe, möchte ich mich nicht einmal lachend äußern.

gleiche Seelensituation hervorgerufen haben. Das französische Original und die deutsche Nachbildung unterscheiden sich am Ende nur durch die sprachliche Form, fast gar nicht durch den Vorstellungsinhalt; kennt der deutsche Leser überdies auch noch z. B. das Pariser Leben, in dessen Milieu die Erzählung spielt, so kann er aus der Übersetzung die Vorstellungen des Originals fast ohne Rest aufnehmen. So war das Verhältnis zwischen dem gotischen Bischof und der Bibel nicht. Schon die einfache Erzählung der historischen Vorgänge verschob sich absichtslos, weil der gotische Barbar eine andere Seelensituation hatte als der jüdische Barbar, und weil beide den Hintergrund der römischen Kultur, vor dem in der Provinz Judäa die Ereignisse des N. T. sich abspielten, anders sahen. Es ist bekannt, wie noch viel später im Heliand Jesus zu einem deutschen Lehnsherrn, einem ritterlichen, umgeformt wurde. Immerhin konnte Ulfilas bei der Wiedergabe der Erzählungen in unserem Sinne zu übersetzen glauben. Handelte es sich aber um Wiedergabe eigentlicher Glaubenssätze, selbst in der wenig dogmatischen Form der Evangelien, so fand Ulfilas in seiner gotischen Mundart die entsprechende Seelensituation nicht vor und war gezwungen, Wort mit Wort, Silbe mit Silbe wiederzugeben. Genau so wie hundert Jahre später das Christentum den Franken und Alemannen in Lehnübersetzungen gepredigt wurde. Ich brauche die Bibel nur aufzuschlagen. Jesus spricht zu Martha (Ev. Joh. 11, 25): *Εγω ειμι ἡ ἀναστασις και ἡ ζωη, ὁ πιστευων εἰς ἐμε, κἀν ἀποθανῃ, ζησεται.* (Ich bin die Auferstehung und das Leben. Wer an mich gläubet, der wird leben, ob er gleich stürbe.)

Auferstehung, Leben, Glauben wird *übersetzt.* Die Vorstellung *Auferstehung* war aber ganz gewiß nicht in der Seele eines Goten, bevor die Lehnübersetzung us-stass *(Urständ)* für *ἀναστασις* nicht gebildet und den Goten gepredigt worden war.

Zur Karrikatur wird ganz gewiß die Lehnübersetzung religiöser Formeln da, wo neuerdings Missionare das Vaterunser und das Glaubensbekenntnis in Sprachen übersetzen, die der Originalsprache noch ferner stehen als die gotische Mundart der griechischen Sprache stand; wo diese Missionare mit ein paar Brocken der betreffenden „Wildensprache“ die Lehnübersetzung der abstrusesten Vorstellungen vornehmen. Adelung hat in seinem Mithridates gegen 500 solcher Lehnübersetzungen des Vaterunsers gesammelt; man hat seitdem tapfer weiter darauf los übersetzt. Ich zweifele nicht daran, daß nur wenige Missionare die erforderlichen Sprachkenntnisse hatten, und daß eine Kritik dieser Übersetzungen Greuel zutage fördern würde. Einerlei: verknüpften die „Wilden“ mit den gepredigten Formeln ungefähr die hergebrachten Vorstellungen, so war ja das Christentum bei ihnen eingeführt.

Nicht viel anders konnte es um die Übersetzung philosophischer Sätze stehen, wie sie um das Jahr Tausend herum Notker Labeo, der gelehrte Benediktiner von St. Gallen, versuchte. Zwar die Übersetzung eines feinen Traktätleins, wie es die fünf Bücher des Boëthius De consolatione philosophiae darstellen, ließe sich noch mit den erzählenden Stücken der Evangelien vergleichen; es ist nicht die gleiche Seelensituation bei dem Minister aus dem 5. und bei dem Mönch aus dem 10. Jahrh., aber doch die Möglichkeit, mit den entsprechenden Worten ähnliche moralische Vorstellungen zu verbinden. Und gleiche Menschlichkeiten. Wie aber eine unüberbrückbare Kluft zwischen der, wenn ich so sagen darf, geistigen Grundstellung der gotischen Sprache und der Seelensituation im Denken und Sprechen der Evangelisten war, so auch zwischen der althochdeutschen Sprache des Notker und der geistigen Grundstellung des Metaphysikers Aristoteles. Notker Labeo muß ein genialer Übersetzer gewesen sein; ich erwähne nur *skidunga* für *differentia*, *selbwaltigi* für *liberum arbitrium*, *geskiht* für *casus* (*wehsal* für den grammatischen *casus*), *anderlichi* für *alteratio*, *machunga* für *causa*, *unspaltig* für *individuum*, *widerwartig* (noch bei Goethe *widerwärtig* in diesem Sinne), *widarchetig*, *gagenstalt* für *contrarium* und *oppositum*, *wist* für *substantia* (*οὐσια*), daz *kemeina* für *genus*, daz *sunderiga* für *species*, *stupf* für *punctum*. Gelangt er aber in seiner Übersetzung der Kategorienlehre zu Abstrusitäten, die seit zweitausend Jahren bis heute noch niemand eigentlich verstanden hat, so ist die althochdeutsche Sprache wohl ebenso hilflos, wie es die gotische gegenüber den Dogmen war.

Ich wähle zur Illustration eine Stelle aus dem 2. Kap. der Kategorien: eorum quae sunt, alia de subjecto quodam dicuntur, in subjecto vero nullo sunt. Ut homo de subjecto quidem aliquo homine dicitur, in subjecto vero nullo est. (Nach Kirchmann: „Von dem Seienden wird manches *von* einem Unterliegenden ausgesagt, aber ohne daß es *in* einem Unterliegenden ist; so wird z. B. der Mensch *von* einem unterliegenden einzelnen Menschen ausgesagt, aber er ist *in* keinem unterliegenden Menschen.“) Notker, der ja den lateinischen Aristoteles vor sich hatte, übersetzt silbengetreu: Sunelichin dero wesenton dingo werdent kesprochen fone demo underin, tiu doh ne sint an demo underin, noh in demo underin. Also mennisko gesprochen wirdit fone demo underin, etelichemo menniskin, an demo er doh ne ist.

Zwölfhundert Jahre nach Ulfilas geht Luther daran, dem deutschen Volke eine deutsche Bibel zu schenken. Sehen wir einmal ab von der unvergleichlichen Bedeutung, die seine Arbeit für die Sprache und das Leben der Deutschen gewann; betrachten wir einmal nur die Seelensituation des Übersetzers Luther bei seiner Arbeit. Die christlichen Begriffe waren dem Volke durch eine Einübung von tausend Jahren geläufig geworden, auch die Scheinbegriffe. Verstanden oder unverstanden, als Fremdwörter, als Lehnwörter oder als Lehnübersetzungen gehörten die

Begriffe der deutschen Sprache an. Luther konnte glauben aus dem Hebräischen und dem Griechischen übersetzen zu können, wie man etwa heute ein wertvolles französisches Buch ins Deutsche übersetzt. Und weil er mit seiner Arbeit eine Tendenz verknüpfte, den Kampf gegen die alten und oft fälschenden Übersetzungen im lateinischen Texte, so konnte er an entscheidenden Stellen die Übersetzungsworte so wählen, wie es seiner Tendenz entsprach. Sehen wir auch davon ab, daß seine Übersetzung so mitunter ein heimlicher Kommentar wurde, eine Paraphrase anstatt einer Metaphrase. Im ganzen und großen wurde seine Bibelübersetzung eine *traductio,* während die Übersetzung des Ulfilas eine *versio* gewesen war. Wir werden gleich sehen, warum auch zwischen diesen beiden Begriffen nur ein relativer Unterschied besteht. Uns genüge es für jetzt, bemerkt zu haben, daß Ulfilas neue Begriffe durch Lehnübersetzung einführen mußte, seine Sprachkraft für die Prägung neuer Wörter einsetzen, daß Luther seine Sprachkraft viel freier der Verbindung eingedeutschter, bereiter Wörter zuwenden konnte.

Ganz ähnlich dürfte das Verhältnis sein zwischen einem Notker, der die philosophischen Begriffe der Antike mühsam und silbengetreu in eine Barbarensprache übersetzte, und den Männern, welche, wieder gegen 800 Jahre später, eine deutsche Terminologie für die Philosophie schufen: etwa Thomasius und Wolf. Wieder waren die Begriffe der Philosophie durch tausendjährige Einübung Gemeingut wenigstens der Gelehrten geworden, in der lateinischen Gelehrtensprache, verstanden oder unverstanden, auch die Scheinbegriffe; und für viele der lateinischen Ausdrücke hatte die Technik des gelehrten Unterrichts langsam deutsche Ersatzwörter gefunden; man erklärte, schon zur Zeit des lateinischen Vortrags, den jungen Leuten schwierige Termini durch Wörter der Muttersprache, man verdeutlichte oder verdeutschte sie ihnen, — wie nachher Wolf und noch Kant die deutschen Ausdrücke häufig durch Beifügung der lateinischen verdeutlichten, fast hätte ich gesagt: verdeutschten. Namentlich Wolfs Tätigkeit ist sehr beachtenswert.

Die ganze Bedeutung Wolfs für die Wortgeschichte in der deutschen Philosophie zu erkennen, hindert uns der Umstand, daß die Wörterbücher zumeist nur die Gemeinsprache im Auge haben und sich namentlich um die Lehnübersetzungen der alten technischen Ausdrücke früher nur wenig gekümmert haben. Dazu kam, daß Wolf, dessen Ansehen in der ersten Hälfte des 18. Jahrhunderts kaum seinesgleichen hatte, zur Zeit der Abfassung unserer großen Wörterbücher nicht mehr für voll angesehen wurde; trotz seiner häufigen Anstrengungen, sich Leibniz gegenüber als einen selbständigen Philosophen durchzusetzen, galt er allgemein, und im ganzen mit Recht, für einen unfreien Schüler von Leibniz. Wie groß sein Einfluß auf die deutschen Popularphilosophen und dann auf Kant gewesen war, das wurde übersehen. Noch Jacob Grimm mußte sich den Vorwurf gefallen lassen, daß er in den von ihm selbst noch herausgegebenen Bänden des D. W. den Mann kaum zitiert hatte, dem die wissenschaftliche Sprache der Deutschen mehr verdankte als irgend einem andern; im ersten Quellenverzeichnisse fehlt der Name Wolf völlig, im zweiten findet sich nur eine der kleineren deutschen Schriften. Erst die Nachfolger Grimms haben mit so ungleichem Erfolge, wie sie ungleich waren an Fähigkeiten, den Versuch gemacht, das Hinüber und Herüber der philosophischen Begriffe, die schwankenden Beziehungen zwischen der Gemeinsprache und der Philosophensprache mitunter an Wolf anzuknüpfen. Und Wolf selbst, der doch selbstbewußt genug auch von den sprachlichen Vorzügen seiner Bücher spricht, glaubt noch, fast hundert Jahre nach den französischen Schriften des Descartes, den Gebrauch der deutschen Sprache in der Weltweisheit fast entschuldigen zu müssen.

Für sein bewußtes Verhältnis zu der ältern Terminologie gibt die wichtigsten Aufschlüsse seine „Ausführliche Nachricht von seinen eigenen Schriften, die er in deutscher Sprache herausgegeben" (1726). In der Vorrede verspricht er viel. „Man findet z. E. die Ursachen, warum ich Deutsch, und zwar rein Deutsch, geschrieben; man findet die Regeln, nach welchen ich mich in den deutschen Kunst-Wörtern geachtet; man findet erwiesen, daß ich dadurch meine Schriften nicht dunkel gemacht, noch auch den Wörtern eine andere, als die gewöhnliche, obwohl eine abgemessene Bedeutung beigeleget." Die Erwartungen des heutigen Lesers werden so gespannt, aber nicht ganz befriedigt; daß seine Feinde ihren Schülern nur *lac ignorantiae* gespendet hätten, er aber die wahre Weisheit, das mag gern geglaubt werden; aber die Prinzipien seiner Übersetzungskunst werden nicht deutlich vorgetragen, weil sie ihm selbst nicht deutlich sein konnten.

Er habe von der Weltweisheit in deutscher Sprache geschrieben, weil auf seiner Universität auch der Vortrag in den Collegiis in deutscher Sprache geschah; weil die Studenten, was lateinisch vorgetragen wird, nicht so wohl verstehen, als wenn es ihnen in ihrer Muttersprache vorgetragen würde; diejenigen müßten auch berücksichtigt werden, die das Unglück gehabt „in ihren Schuljahren in der Latinität versäumet zu werden" (S. 25); auch Unstudierte sollten sich aus diesen deutschen Schriften erbauen können. Wolf wollte reines Deutsch schreiben. „Ich habe mich nicht allein von ausländischen Wörtern enthalten, die man heute zu Tage in unsere deutsche Sprache häufig mit einzumengen pfleget, sondern auch alle Redensarten vermieden, die unserer deutschen Mundart nicht gemäß und bloß Übersetzungen von Redensarten sind, die man aus fremden Sprachen entlehnet." Unsere deutsche Sprache sei nicht arm. „Ich habe gefunden, daß unsere Sprache zu Wissenschaften sich viel besser schickt als die lateinische, und daß man in der reinen deutschen Sprache vortragen kann, was im Lateinischen sehr barbarisch klinget" (S. 27). Er habe zum ersten Male deutsche Kunstwörter in die Philosophie eingeführt, aber die ältern Kunstwörter, wo sie zufällig vorhanden waren, habe er beibehalten. So *gedenken* für *concipere*. Er habe nicht aus dem Lateinischen übersetzt, sondern die Worte gebraucht, als ob es gar keine lateinischen Kunstwörter gegeben hätte. Die *Ontologie* nenne er nicht die *Dinger-Lehre*, sondern die Grund-Wissenschaft; die *propositio identica* nenne er einen *leeren Satz*. Besondern Wert habe er auf die Gleichförmigkeit im Gebrauche der Wörter gelegt.

Es ist auch Wolf nicht erspart geblieben, daß er der idealen Forderung, seine Kunstwörter immer nur im Sinne seiner eigenen Definition zu gebrauchen, nicht treu geblieben ist; in seinen lateinischen wie in seinen deutschen Schriften gebraucht er manche Ausdrücke recht ungenau. Aber sein Bestreben, keine buchstäblichen Lehnübersetzungen zu bieten, also frei zu übersetzen, sind doch sehr merkwürdig und müssen auffallen, wenn man erst durch seine eigene Regel auf die Mühe aufmerksam geworden ist, die er sich gegeben hat. Für *definitio* sagt er *Erklärung*, für *analysis Zergliederung*, für *principium Quelle*.

Vom Standpunkte des Patriotismus und der Sprachästhetik können die deutschen Schriften Wolfs kaum hoch genug eingeschätzt werden; wem es eine Notwendigkeit war, philosophisch zu denken und dabei deutsch zu denken, der konnte es in der ersten Hälfte des 18. Jahrhunderts erst von Wolf lernen. Aber Wolfs Arbeiten in deutscher Sprache sind nur die praktische Ausführung eines viel weiter gehenden Programms, welches sein ungleich größerer Lehrer Leibniz als ein Arbeitsprogramm für die zu begründende Berliner Akademie der Wissenschaften (wahrscheinlich zu Beginn des Jahres 1698 oder Ende 1697) rasch hingeworfen hatte, welches erst nach Leibnizens Tode als die erste seiner deutschen Schriften veröffentlicht wurde, zuerst von Gottsched, der ein ebenso wackerer magister Germaniae war wie Wolf, nach Gebühr gewürdigt; natürlich meine ich die schon erwähnte Schrift: „*Unvorgreifliche Gedanken*, betreffend die Ausübung und Verbesserung der teutschen Sprache". In einem Briefe nennt Leibniz diese Schrift viel hübscher: Dissertatiuncula extemporanea *de Linguae Germanicae cura*. Ich halte mich nun lieber an Leibniz als an Wolf, um, mit bewußter Außerachtlassung des patriotischen und des ästhetischen Standpunktes, einmal an die Frage heranzutreten, ob das philosophische Denken durch Übersetzung der Wörter in die Muttersprache wirklich soviel gewinne, wie seit einigen hundert Jahren geglaubt wird. Um die Frage zu untersuchen: worin besteht das Wesen der Übersetzung, insbesondere der Übersetzung philosophischer Ausdrücke?

In den Paragraphen 10 und 11 behauptet Leibniz, daß die deutsche

Sprache für die *Ausdrückung* der psychologischen, ethischen, politischen, logischen und metaphysischen Begriffe sich mindestens so gut eigne wie die lateinische; „weil alles, was der gemeine Mann treibet, wohl in Teutsch gegeben, so ist kein Zweifel, daß dasjenige, so vornehmen und gelehrten Leuten mehr fürkommt von diesen, wenn sie gewollt, auch sehr wohl, wo nicht besser in reinem Teutsch gegeben werden können. Nun wäre zwar dieser Mangel bei denen logischen und metaphysischen Kunstwörtern noch in etwas zu verschmerzen, ja ich habe es zu Zeiten unser ansehnlichen Haupt-Sprache zum Lobe angezogen, daß sie nichts als rechtschaffene Dinge sage, und ungegründete Grillen nicht einmal nenne (ignorat inepta). Daher ich bei denen Italienern und Franzosen zu rühmen gepfleget: Wir Teutschen hätten einen sonderbaren Probierstein der Gedanken, der andern unbekannt; und wann sie denn begierig gewesen etwas davon zu wissen, so habe ich ihnen bedeutet, daß es unsere Sprache selbst sei; denn was sich darin ohne entlehnte und ungebräuchliche Worte vernehmlich sagen lasse, das seie würklich was Rechtschaffenes; aber leere Worte, da nichts hinter, und gleichsam nur ein leichter Schaum müssiger Gedanken, nehme die reine teutsche Sprache nicht an." Es wäre Sache einer besonderen Untersuchung, die Stimmung zu ergründen, aus der heraus der internationale Mann die prächtige Schrift schrieb; hier handelt es sich nur darum, die Richtigkeit des Glaubens zu prüfen, daß die modernen Nationalsprachen für die Behandlung philosophischer Gegenstände geeigneter seien, als die lateinische Gelehrtensprache es war. Es versteht sich von selbst, daß uns der Gebrauch der Muttersprache auch für die Wissenschaften als der einzig mögliche erscheint; eine Unzahl von Dingen und Gedankendingen läßt sich ja in klassischem Latein gar nicht ohne Paraphrase oder Umschreibung bezeichnen. Und noch einmal: der patriotische und der ästhetische Standpunkt bekümmert uns hier nicht. Aber just die Begriffe der Philosophie scheinen mir um nichts *rechtschaffener* zu werden dadurch, daß wir sie aus dem Lateinischen ins Deutsche übersetzen, wie die Lateiner sie aus dem Griechischen übersetzt hatten. Die Franzosen haben in ihrer Sprache den alten Begriffsunterschied von *version* und *traduction* beibehalten (Vgl. den lesenswerten Artikel *Traduction* der „Encyclopédie"); *version* bezeichnet die silbengetreue Wiedergabe eines Textes, die authentische Übersetzung einer heiligen Schrift so gut wie eine Schulübersetzung, die auf Schönheit keinen Anspruch macht; *traduction* soll ein fremdes Literaturprodukt zwar genau, aber im Geiste der Muttersprache wiedergeben. Im Deutschen haben wir diesen Begriffsunterschied kaum (es ist nicht üblich, zwischen *Übersetzung* und *Übertragung* zu scheiden); auch beschäftigen sich die Schriften über Übersetzungskunst fast ausschließlich mit ästhetischen Fragen und solchen der Poetik; kaum daß Schopenhauer (Parerga II. S. 602) auf die Ungleichheit der Assoziationssphären als auf den Grund der Mangelhaftigkeit aller Übersetzungen hingewiesen hat, die nach ihm nur wie Kopien eines Gemäldes wirken, nach einem strengeren Urteile wie die Rückseite einer Stickerei. Ich möchte aber zeigen, daß die Lehnübersetzungen philosophischer Begriffe immer nur Versionen sind, niemals Traduktionen sein können, daß also diese Lehnübersetzungen ihren Erfindern selbst nur durch die Modellwörter verständlich sind, den Schülern und der Nachwelt jedoch durch häufige Einübung zwar geläufiger werden können als die Modellwörter, aber um nichts verständlicher.

Die Lehnübersetzung gehörte entweder schon vorher der Gemeinsprache an, oder sie wurde aus Wörtern der Gemeinsprache neu zusammengesetzt; auf diese beiden Möglichkeiten (Ausnahmen sind äußerst selten) lassen sich auch die Fälle zurückführen, in denen die Übersetzung mehr eine Erklärung, eine Umschreibung, eine Interpretation ist, wie die Übersetzungsarbeit von Wolf nach seiner eigenen Meinung. Ist das Wort neu gebildet worden (z. B. *Gegenstand*), so ist das Wort doch offenbar nur durch sein Modellwort zu erklären; die Einübung kann es zu einem Worte der Gemeinsprache machen, aber niemals kann dieses Wort nur darum vorstellbar werden, weil seine Silben schon vorher der Gemeinsprache angehörten. Ist aber ein sinnfälliges Wort der Gemeinsprache zur Übersetzung benützt worden (z. B. *Zweck*), so muß sich der philosophische Schriftsteller, der es technisch gebraucht, zu den alten Bedeutungen des Worts die neue bildliche Bedeutung hinzumerken, und muß sich wohl hüten, das Bild für eine Definition zu halten, aus einer Metapher Schlüsse zu ziehen. Auch der Begriff der Gemeinsprache ist ja relativ. Es gibt keine Sprache, die zwischen *allen* Menschen eines Volkes geläufig wäre; und Sprache ist ja nur *zwischen* den Menschen. Die philosophischen Begriffe gar nicht einmal immer zwischen allen philosophierenden Menschen, sie sind oft nur zwischen den Philosophen einer bestimmten Schule.

So glaube ich in Kürze angedeutet zu haben, warum die Lehnübersetzungen der philosophischen Begriffe der Erkenntnis weniger nützlich waren als sonst die Einführung der modernen Nationalsprachen in die Wissenschaften. Durch den Gebrauch von Lehnübersetzungen wurden die schwierigen Begriffe nicht leichter, die verschwommenen nicht schärfer, die Scheinbegriffe erhielten keinen Wirklichkeitswert. Nur eins wurde gewonnen: Sprachkritik konnte einer lebenden Sprache gegenüber erfolgreicher einsetzen als einer toten Sprache gegenüber. Und Sprachkritik konnte es endlich zum Bewußtsein bringen, daß wir immer noch ahnungslos scholastisch sind, wenn wir die überlieferten Termini, einerlei ob im Original oder in Übersetzungen, im Vertrauen darauf gebrauchen, daß immer ein Begriff bei dem Worte sein müsse, bei einem Worte der Philosophie erst recht.

XII.

So viel über die Prinzipien, die bei der Wortgeschichte überhaupt und besonders bei der Geschichte philosophischer Begriffe eingehalten werden müssen. Wäre die Geschichte eines philosophischen Begriffs in jeder seiner Anwendungen, im Sprachgebrauch jedes philosophischen Schriftstellers, genau zu übersehen, von den ältesten Zeiten bis auf die Gegenwart, so wäre die Kritik des gegenwärtigen Wortinhalts in der Geschichte des Begriffs schon mitenthalten. Eine solche vollständige Wortgeschichte müßte natürlich außer den sichtbaren Erscheinungen des Laut- und Bedeutungswandels auch bei jedem Schriftsteller den bewußten Willen im Gebrauche des Wortes buchen können. Wir werden aber (vgl. Artikel *Geschichte*) erfahren, daß die Ergebnisse der Disziplin, welche sich Geschichtswissenschaft nennt, um so unsicherer, ja unwahrscheinlicher werden, je mehr sich der Bericht von einer bloßen Chronik äußerer Veränderungen entfernt, je mehr der Bericht sich einem Verständnisse der Helden der Geschichte, einem Eindringen in ihren psychologischen Willen zu nähern sucht; selbst wenn Eroberer oder Staatslenker ihre Motive einmal ausdrücklich ausgesprochen haben, ist dieser Äußerung nicht zu trauen, weil Lüge oder Fälschung gar wohl zu ihren Motiven oder Handlungen gehören konnte. Bei den Helden der Philosophiegeschichte läge die Sache an sich günstiger, weil Lüge oder Fälschung wohl der Beherrschung der Menschen dienen kann, niemals aber dem eigenen Fortschreiten in der Erkenntnis. Der psychologische Wille beim Wortgebrauch der großen Philosophen ist also in den Fällen mit einiger Wahrscheinlichkeit zu erschließen, wo der Schriftsteller den Gebrauch eines bestimmten Wortes mit Bewußtsein geändert und seine Motive klar und bestimmt angegeben hat. Diese Fälle sind aber seltener, als man zu glauben geneigt ist. Ein scharfsinniger Universalkopf wie Leibniz konnte die Begriffe vieler Wissenschaften untersuchen, weil seine wertvolle Lebensarbeit gerade in der höheren Kritik der Vorstellungen und Begriffe bestand, die zu seiner Zeit Geltung hatten; der Begründer aller Sprachkritik, Locke, konnte grundsätzlich die Grenzen der Wortmacht aufzeigen, weil er als Engländer vom Nominalismus herkam und die Psychologie der Sprache zum Mittelpunkte seiner Lebensarbeit gemacht hatte. Horne Tooke, der Tapfere, dem von Einigen sogar die Autorschaft der Junius-Briefe zugeschrieben wurde, hat nicht mit Unrecht gesagt, Locke hätte seinen Essay on human Understanding besser nennen können: A Grammatical Essay or a Treatise on Words, on Language. Aber die eigentlichen großen Philosophen, die den Menschen ein neues Weltbild schenkten, indem sie ihre ganze Geisteskraft einer besonderen Gruppe von Erscheinungen oder Begriffen zuwandten, ihr ganzes inneres Licht in diesem einen Brennpunkte sammelten, — diese außerordentlichen

Männer hatten gar keine Zeit, den Stall des Augias zu reinigen, den gesamten Wortvorrat der Sprache, in der sie schrieben, vorher auf seine Brauchbarkeit zu prüfen. Sie nahmen das Erbteil ihres Volkes und der Menschheit, die Sprache, einfach cum beneficio inventarii an und bestritten die Kosten ihres Denkens von diesem Erbe, ohne sich viel um die Herkunft und um die Prägung und um die Schönheit der Wortmünzen zu bekümmern. Spinoza, Hume, Kant waren keine Historiker der Sprache; keine menschliche Geisteskraft ist groß genug, um zugleich die Architektur eines neuen Weltsystems zu schaffen und daneben die Kleinarbeit der Wortkritik zu leisten. Erwin von Steinbach hat die Steine für sein Münster nicht selbst behauen können. Ich weiß, was man mir entgegenhalten kann.

So haben uns gerade die stärksten Philosophen, die Helden der Gedankengeschichte, der Mühe nicht enthoben, die Begriffe zu untersuchen, die sie unbesehen in ihren Sprachgebrauch aufgenommen und dem gegenwärtigen Sprachgebrauch überliefert haben. Die Arbeit muß immer wieder aufgenommen werden: zwischen brauchbaren Begriffen und Scheinbegriffen zu unterscheiden.

Was ist das: ein *Scheinbegriff?* Dieses Wörterbuch wird viele Begriffe, die in allgemeinem Ansehen stehen, als Scheinbegriffe denunzieren. An Beispielen fehlt es mir also nicht. Dennoch ist es nicht leicht, allgemein auszusprechen, wodurch sich ein brauchbarer Begriff von einem Scheinbegriffe, ein richtiger Begriff von einem falschen, ein lebendiger Begriff von einem toten unterscheide. Mit diesen Gegensatzpaaren habe ich schon einige Gründe der Schwierigkeit genannt. Der bloße Schein der Brauchbarkeit ist eben nicht immer aus der gleichen Ursache zu erklären. Und auch die Falschheit oder der Tod eines Begriffs ist jedesmal nicht so einfach festzustellen. Die Falschheit kann dem Begriffe von Anfang an angehaftet haben, kann aber auch im Verlaufe der Wortgeschichte entstanden sein, braucht nicht erst von einem wissenschaftlich und kritisch fortgeschrittenen Geschlechte erkannt worden sein; ein Begriff kann tot gewesen sein von Anfang, der Tod kann aber auch nach kürzerem oder längerem Leben des Wortes eingetreten sein, unbemerkt für den Sprachgebrauch. Ganz scharf sind die Grenzen nicht zu ziehen, weil alle diese Begriffe relativ sind. Die Begriffe *absolut* und *Phlogiston* waren von Anfang falsch, weil eine genaue Aufmerksamkeit den Widerspruch mit den Tatsachen der Erfahrung von jeher hätte aufdecken können. Der Begriff *Hexe* wurde erst falsch, als der Begriff *Teufel* gestorben war; mit dem Scheinbegriff Teufel konnte das gottlose Weib keine fleischliche Verbindung mehr eingehen. Der Begriff *Teufel* wiederum war lange genug lebendig und starb erst, als die menschliche Erkenntnis sich überzeugt hatte, daß weder ein Teufel noch irgendwelche seiner Wirkungen in der Wirklichkeitswelt zu beobachten wären. Dem Tode verfallen sind aber noch ganz andere Begriffe als so ein Fabelwesen mit Hörnern und Klauen; die obersten Begriffe der Physik sind gezeichnet wie Bäume im Wald, die dem Beile des Holzhauers verfallen sind. Ein totgeborener Begriff scheint mir der der Imponderabilien gewesen zu sein.

Man hüte sich davor, Abstraktionen, besonders die dünnen Abstraktionen im Verdachte zu haben, daß sie Scheinbegriffe seien. Dieser Versuchung unterliegen nicht nur Banausen; selbst Leibniz hat in der nominalistischen Stimmung, in der er die berühmte Vorrede zu seinem Nizolius schrieb, allzu schnell scholastische und abstrakte Worte zugleich verurteilt. „Ein Philosoph nehme selten andere Dinge wahr als die übrigen Menschen; man solle beim genauen Philosophieren lieber konkrete Wörter gebrauchen als abstrakte; nur im exoterischen Vortrage haben abstrakte Wörter ihren Nutzen. Metaphysische Kunstwörter muß man wie Schlangen und Ottern fliehen. Lieber Popular- als Kunstworte! Sie sind wie das Rotwelsch." Ich glaube, daß Leibniz wohl nur die bildkräftige Sprache empfehlen und vor den verblaßten Metaphern der philosophischen Kunstsprache warnen wollte. Der verblaßteste und leerste aller philosophischen Begriffe, der Begriff des *Seins*, ist darum noch lange kein Scheinbegriff.

Ich muß nun aber den Hinweis etwas korrigieren, der besonders tote und falsche Begriffe für Scheinbegriffe erklärte. Es bedarf keines Wortes um klar zu machen, daß der Tod oder das Sterben von Begriffen ein bildlicher Ausdruck sei, hergenommen von der Vorstellung, die Sprache sei ein Organismus; es ist eigentlich ein schlechtes Bild, ganz schlecht die Anwendung auf die philosophischen Begriffe; auch darum schlecht, weil Begriffe (wie *Teufel*) für die Wissenschaft und für die gebildeten Kreise schon tot sein können, die in der Sprache weiter Volkskreise, die in der Gemeinsprache noch lustig fortleben; Begriffe gar wie *Stoff* und *Ursache* leben noch in der Sprache der Wissenschaft fort und tragen das Zeichen des Todes erst für kleine Denkergruppen. Und was nun die falschen Begriffe anbelangt, so werden wir lernen (vgl. Art. *falsch*), daß die Sprache mit feiner Unterscheidung nur Urteile gern falsch nennt, Begriffe also nur darum falsch nennen kann, weil in allen Begriffen Urteile versteckt sind; daß die Sprache dagegen das Wort *Schein* am liebsten auf täuschende Sinnesempfindungen anwendet. Deshalb hatte Herbart ganz recht, da er einmal sagte: „Dieser Schein, als Schein, hat Wahrheit; das Scheinen ist wahr. Nun liegt es im Begriff des Scheins, daß er nicht in Wahrheit *das* sei, *was* er scheint." Man muß sich schon bewußt werden, daß auch Wörter und Worte nur Zeichen sein sollen, wie Sinnesempfindungen Zeichen von etwas Seiendem sind, um jetzt zu verstehen, daß Begriffe nur falsch genannt werden, insofern sie ein unrichtiges Urteil mitenthalten, daß aber diese Begriffe Scheinbegriffe sind, falsche Vorstellungen erwecken, aber bei alledem doch *sind*.

Wenn nun der Ausdruck *tote Begriffe* bildlich ist und die Unbrauchbarkeit solcher Wörter im sogenannten Organismus der Sprache bedeutet, wenn also alle *toten Begriffe* im Grunde falsche Begriffe sind, wenn man den Ausdruck *Schein* gut nur auf Sinnesempfindungen anwendet, wenn die adjektivische Welt die Welt der ehrlichen, d. h. nur normal täuschenden Sinneseindrücke ist, wenn wir diese normalen Täuschungen (wie das Wahrnehmen von Tönen und Farben) niemals einen bloßen Schein zu nennen berechtigt sind: so gelangen wir auf diesem Gedankenwege zu einer neuen Auffassung der Scheinbegriffe. Wir werden erfahren und es oft einprägen müssen, in immer neuer Form, daß unsere allezeit materialistische Sprache nur eine adjektivische Welt kennt, daß die substantivische Welt der Dinge eigentlich ganz und gar auf Hypothesen aufgebaut ist. Wir können diese dinglichen Hypothesen vorläufig, solange wir unsere Sprache sprechen, gar nicht entbehren; wir nennen die Realbegriffe, deren Individuen uns mit ihren adjektivischen Wirkungen umgeben, deren Individuen unsere Sinne wahrzunehmen scheinen, niemals Scheinbegriffe. Der Artbegriff *Pferd* läßt sich so wenig verifizieren wie der Artbegriff oder der Individualbegriff *Teufel*; doch die Wirkungen des angenommenen Dings *Pferd*, ja sogar die Wirkungen des Artbegriffs *Pferd* lassen sich verifizieren. Und so gehen auch von den höheren Begriffen, die darum keine Scheinbegriffe sind (Säugetier, Tier, Organismus, Körper), Wirkungen auf die unserer Sprache allein zugängliche adjektivische Welt aus. Scheinbegriffe sind also substantivische Begriffe, von denen irgendwelche adjektivische Wirkungen nicht ausgehen.

Unsere Begriffskritik wird nachzuweisen haben, daß viele unserer philosophischen Begriffe solche Scheinbegriffe sind. Substantivische Begriffe also, denen in der Wirklichkeit nichts entspricht, (um es richtiger auszudrücken): wovon adjektivische Wirkungen nicht ausgehen; denn das ist ja eben die Gefahr der Scheinbegriffe, daß sie von keiner Realität abstrahiert sind, und dennoch *sind*, in der Sprache oder im Denken der Menschen sind, als Vorstellungen, und so, als Vorstellungen, Motive des Handelns werden können, sehr häufig zu Mord und Totschlag geführt haben (Religionskriege, Hexenverbrennungen), mitunter auch zu erfreulichen und nützlichen Handlungen. Die Zerstörung von Scheinbegriffen, die Aufdeckung ihrer Falschheit ist also nicht nur ein theoretisches Bedürfnis für die menschliche Erkenntnis, sondern in sehr vielen Fällen auch ein praktischer Vorteil, weshalb der Sprachkritiker es sich gefallen lassen muß und mag, zu den Aufklärern gerechnet zu werden. Bei seinem großen Geschäfte, das die Erlösung von dem Glauben an die Sprache heißen kann, ist die Befreiung vom Aberglauben an die Scheinbegriffe immerhin ein guter Nebenerfolg.

Schopenhauer hat den Begriff der Scholastik auf die ganze Zeit von Augustinus bis Kant ausgedehnt wissen wollen (W. a. W. u. V. I. S. 500);

wobei er freilich die antischolastischen Engländer rein vergessen hat. Seine Ausdehnung der scholastischen Zeit ist aber sonst nicht unberechtigt, wenn man alle Philosophie, die sich zur Theologie in das Verhältnis einer Magd stellt, Scholastik nennen will. Sieht man jedoch das Wesen der Scholastik in ihrer Knechtschaft unter den Worten des Aristoteles, in ihrem Wortaberglauben, der allen Scharfsinn ihrer besten Männer zu einer unfruchtbaren Begriffsspalterei verurteilte, der zwischen den höchsten Ideen, den abstraktesten Begriffen und Scheinbegriffen keinen eigentlichen Wertunterschied wahrnehmen ließ, — dann gibt es heute noch, auch unter den materialistischen Naturforschern und unter ihren energetischen Gegnern, lebendige Scholastiker, dann gibt es heute noch scholastische Begriffe (*Stoff*, *Atom*, *Energie*, *Kraft*, *Form*, *Ursache* usw.); und die Sprachkritik darf nicht müde werden, immer wieder die neuesten Scheinbegriffe zu bekämpfen, denen in der Wirklichkeitswelt nichts entspricht, von denen adjektivische Wirkungen nicht ausgehen, die aber trotzdem auf die psychologische Wirklichkeit des Denkens Einfluß haben. Die Sprachkritik darf nicht ermüden, trotzdem sie erkannt hat, daß die psychologische Macht der Scheinbegriffe nicht nur möglich, sondern notwendig ist durch das Wesen der Sprache: daß die Begriffe der Philosophie — weil die Philosophie dort anfängt, wo das Erfahrungswissen aufhört — in den höchsten Regionen oft schwanken müssen zwischen der Gefahr des Scheins und der Gefahr der Mystik.

A.

A = A. — Der Buchstabe A ist, weil die Alphabete aller in Betracht kommenden Sprachen mit ihm anfangen, zu der Ehre gelangt, Symbol für jeden Gegenstand des Denkens zu werden. Der allgemeinste Satz nun, der allergemeinste, lautet in dieser symbolischen Darstellungsweise: A = A. Der Satz gilt für so unzweifelhaft wahr, daß er von der formalen Logik gern zum Ausgangspunkte genommen wird, wie er denn auch in der alphabetischen Ordnung an der Spitze steht, weil er ein Produkt des traditionellen Alphabets ist. Und weil er so unbedingt gewiß scheint, darum muß auch jede Philosophie gewiß sein, die logisch aus ihm herausgesponnen wird. Wie denn Fichte seine Wissenschaftslehre aus ihm herauszuspinnen versuchte.

Nur daß sich nichts aus ihm herausspinnen läßt. Es sind nämlich zwei Fälle dieser identischen Gleichung möglich; in dem einen Falle, in dem der vollständigen Tautologie, ist der Satz wirklich richtig, aber so leer, daß er außerhalb der Logik schon den Verdacht des Blödsinns erregen müßte; in dem andern Falle, wo auf den beiden Seiten des Gleichheitszeichens nur gleiche Werte stehen, wo zwei Werte gleich genannt werden, weil für das menschliche Interesse ein Unterschied nicht besteht oder nicht nachzuweisen ist, da ist durch Berufung auf A = A dem Betruge oder der Selbsttäuschung Tür und Tor geöffnet. Wer dem Indianer Messing für Gold gibt, weil Gold ein gelbes Metall sei, wer die Gleichheit aller Menschen verkündet, weil der Australneger auch ein Mensch sei, der zieht die praktische Konsequenz aus dem Satze A = A. Jeder Fälscher zieht diese Konsequenz. Der Fabrikant von künstlichem Mineralwasser, sein bezahlter Sachverständiger und das zahlende Publikum, sie alle schließen: das künstliche Wasser enthält genau die gleichen Bestandteile wie das natürliche, die beiden Flüssigkeiten sind also gleichwertig, nach dem Satze A = A. Ich habe aber schon einmal (Krit. d. Sprache III. S. 282) gelehrt, daß auch der Satz A = A — b wahr sein könne; wenn wir entscheiden wollen, ob eine totgeborene Menschenfrucht ohne Kopf, ob das (noch nicht gefundene) Zwischenglied zwischen Affe und Mensch ein *Mensch* sei, so hängt unsere Entscheidung nicht von der Wortbedeutung ab, sondern die neue Bedeutung von unserer Entscheidung.

In der Natur gibt es nicht einmal Identität der identischen Dinge, sobald Zeit und Raum mit zur leibhaften Natur gerechnet werden. Wir Menschen nur sehen, wie von Zeit und Raum, von kleinen Ungleichheiten ab, und reden von Gleichheit oder gar von Identität.

In der Wirklichkeit gibt es keine Gleichheit; in der lebendigen Natur gibt es Identität nicht. Der Satz A = A ist so wahr, daß er in der ganzen Welt auf nichts paßt als auf sich selber. Er ist das principium identitatis absolutae, das Prinzip ist aber auch nur auf ihn selbst anwendbar. Überall sonst gibt es nur eine identitas relativa. So ist dieser Kardinalsatz ein schönes Symbol für die Tauglichkeit der menschlichen Sprache, die Natur sprachlich zu erkennen. Die Schlange, die sich in den Schwanz beißt, das Symbol der ewigen Wahrheiten oder der Tautologien.

Ab esse ad posse valet, a posse ad esse non valet consequentia. — Eine Binsenweisheit, die genau genommen nicht einmal wahr ist. Doch warum sollte man nicht auch einmal uralte Binsensätze genau nehmen.

Der Sinn ist: was existiert, muß auch möglich gewesen sein; was möglich ist, muß nicht immer zur Existenz gelangen. So gefaßt, ist der pedantische Satz eine Banalität, ja eine versteckte Tautologie, weil er nur die Menschenbegriffe Wirklichkeit und Möglichkeit umschreibt. So banal der Satz ist, ist er aber doch nur im Kreise des Physischen richtig, wenn man Mathematik mit zum Physischen rechnet. Nicht alle Permutationen und Kombinationen des Würfelspiels und der Mischung der Elemente werden durch Zufall wirklich, weil sie möglich sind. Wissenschaft und List der Menschen erfährt durch das Experiment, was in Wirklichkeit möglich ist. Schon da hört ein geschultes Ohr, daß Möglichkeit gar kein ontologischer Begriff ist, sondern nur ein logischer. Der Kreis des Möglichen ist größer als der Kreis des Wirklichen. Da das Mögliche aber Gradunterschiede hat, Grade der Wahrscheinlichkeit, die Wahrscheinlichkeit aber weder in der Logik, noch in der Ontologie steckt, sondern in der psychologischen Erwartung des Menschen, so ist der Wert des Satzes ab esse etc. auch im Physischen nicht erheblich. Ein Luftschiff war noch vor wenigen Jahren möglich, d. h. denkbar, aber bis zur Grenze der Unmöglichkeit unwahrscheinlich; jetzt ist es wirklich.

Der Grundfehler des Satzes ab esse usw. liegt in dem Worte consequentia. Es handelt sich gar nicht um einen logischen Schluß. Es gibt keine logische Brücke zwischen dem Sein oder der Wirklichkeit und der Psychologie der Erwartung oder der Wahrscheinlichkeit. Die Algebra der Logik, welche die Wahrscheinlichkeit mit in Betracht ziehen will, löst die alte Logik in Atome auf.

Und völlig unrichtig ist der Satz in seiner entscheidenden zweiten Hälfte, wenn man ihn auf menschliches Handeln anwenden will. Wahrhaftig, a posse ad esse geht der Weg. Ja, sogar die consequentia. Der Sportsmann, der Virtuose, der geniale Erfinder erreicht sogar Ziele, *weil* sie unmöglich scheinen. „Den lieb' ich, der Unmögliches begehrt." Hat nun ein Genie die Möglichkeit eines neuen Weges durch ein unerhörtes Beispiel bewiesen, so findet er Nachahmer in der gewöhnlichen Umgebung. Die Besteigung des Montblanc wird alltäglich, *weil* sie möglich ist. Es hat sich als möglich erwiesen, daß ein Napoleone Buonaparte sich zum Kaiser machte; der kleine Louis Napoléon wird auch Kaiser. Für das menschliche Handeln ebnet das posse dem esse den Weg.

Abhängigkeit. — Das Wort „abhängen" (schon Grimm beklagt, daß der Sprachgebrauch sich gegen die richtige Form *abhangen* entschieden habe; übrigens werden auch dependēre, herabhangen, und dependĕre, abwägen, bezahlen, miteinander verwechselt) hat in der gewöhnlichen Anwendung seiner Ableitungen *abhängig* und *Abhängigkeit* eine schielende Bedeutung bekommen. Wir haben uns nur so sehr daran gewöhnt, dependēre mit abhängen wiederzugeben, daß wir glauben, uns etwas dabei zu denken. Und doch ist uns sogar im Lateinischen das Bild ganz unanschaulich, das die Zurückführung eines Dinges oder Ereignisses auf ein anderes durch dependēre ausdrückt. Eine alte Metapher davon scheint *sprachliche Abstammung* zu sein, so wenn Ovidius sagt: augurium dependet origine verbi hujus (augustus), Augurium stamme von augustus ab. Auch an das Herabhangen eines Kettenteiles könnte man denken, da die Römer schon die concatenatio kannten, Augustinus schon die concatenatio causarum.

Im Französischen, wo es zwei ganz verschiedene dépendre gibt, das eine von dependēre, das andere von dependĕre gebildet, hat sich der Bedeutungswandel sehr reich entwickelt; dépendance hat oft den Sinn einer Nebensache, les dépendances sind für den Juristen Nebenkosten oder Nebenumstände, für den Schweizer das Nebenhaus; vor allem aber bedeutet dépendance die Abhängigkeit, die Unselbständigkeit einer Person. Und dies ist ein Teil des Begriffs, den dependentia in der nachscholastischen Zeit ausgebildet hat; sehen wir genauer zu, so ist die dependentia, ob sie nun cognoscitiva oder objectiva ist, ob sie relativa oder effectiva ist (die dependentia effectiva umfaßt übrigens in ihren Unterabteilungen noch einmal alle Arten der Abhängigkeit) nur ein anderer und matterer Ausdruck für das Verhältnis einer notwendigen Wirkung zu ihrer Ursache. Die ganze Zeit, in der der Begriff sich entwickelte und blühte, glaubten nur einzelne kühne Geister wie Spinoza an eine allgemeine concatenatio oder Bedingtheit oder Notwendigkeit; man sprach zwar davon, daß alles dependent sei, mit alleiniger Ausnahme des independenten Gottes, merkte aber gar nicht, daß ein Atheist oder Pantheist die unbedingte Notwendigkeit alles Geschehens ebenso ausdrücken konnte. Unter Abhängigkeit gewöhnte man sich eben etwas zu verstehen, was von etwas Anderem beeinflußt wurde; dem Begriffe der Notwendigkeit wich man schielend aus. Man sah noch nicht die gleiche Stärke der vier Wurzeln des zureichenden Grundes; man war geneigt, ganz besonders die Notwendigkeit des menschlichen Handelns zu leugnen, stellte die Lehre vom freien Willen auf, und da man die Beeinflussung des menschlichen Handelns doch nicht ganz leugnen konnte, so beliebte man für dessen relative Unfreiheit den schwächeren Begriff Abhängigkeit. *Abhängig* mochte der Mensch sein, aber beileibe nicht unfrei, nicht *determinirt*. Die Landesreligion brauchte den freien Willen, das liberum arbitrium indifferentiae, für ihre Lehre vom Sündenfall, der Zurechnung usw.

So kam Schleiermacher, ein christlicher Theologe, aber an Spinoza geschult, dazu, seine berühmt gewordene Definition aufzustellen: Religion sei „das schlechthinnige Abhängigkeitsgefühl.“ Ein Widersinn, wenn er gesagt hätte: Religion sei das Bewußtsein oder *Wissen* von einer schlechthinnigen Abhängigkeit oder einer unbedingten Notwendigkeit. Denn just diese Lehre der allgemeinen Verkettung von Ursache und Wirkung macht dem Wunderglauben der Religion ein Ende; ein Gott, der von Anfang an durch die Kausalität alles Geschehens gebunden war, mag noch ein Gott für Philosophen sein, ist aber kein Gott mehr für das christliche Volk. Klare Einsicht in die Kausalität führt geradenwegs zum Atheismus, der sich auch Pantheismus nennen mag. Das unklare *Gefühl* aber einer schlechthinnigen oder unbedingten Abhängigkeit ist, wenn es nicht das frohe Gefühl eines resignierten Zuschauers ist, allerdings ein Gefühl der Hilflosigkeit, dem Angstgefühl nahe verwandt, das nach dem alten Worte: primus in orbe Deos fecit timor (nach Petronius) die Religion und ihre Götter gemacht hat.

Nur ein Zufall ist es, daß schon ein guter Römer die Dependenz an den Gottbegriff geknüpft hat; Seneca sagt einmal (de ben. IV, 7), Gott sei nichts anderes als das Fatum, dieses nichts anderes quam series implexa causarum, Gott selbst aber prima omnium causa, ex qua ceterae pendent. Die Stelle (die übrigens natürlich nur griechische Sätze wiedergibt) fängt übrigens ganz Spinozistisch mit einer Gleichsetzung von Gott und Natur an. Quid enim aliud est natura quam Deus?

Absicht. — Es war zu erwarten, daß ein so abstrakter Begriff wie *Absicht* Entlehnung von dem gleichbedeutenden *intentio* oder doch Anlehnung aufweisen würde; trotzdem kann der Zusammenhang überraschen.

Tendere entspricht in seiner ganzen Bedeutungsgruppe unserem *spannen;* intendere heißt schon bei den Lateinern *zielen:* tela; die Geschütze bedienen: tormenta intendere; den Pfeil nach dem Ziele abschießen: sagittam intendere; dann metaphorisch: seine Aufmerksamkeit, seinen Geist auf etwas richten, anstrengen, anspannen, überhaupt etwas vorhaben, als Ziel vor sich haben, beabsichtigen; intentio ist die gespannte Aufmerksamkeit, der Eifer, das Vorhaben, die Absicht. Ich will das Wort in seinen romanischen Verzweigungen nicht verfolgen, so interessant die Geschichte mancher Formen (intendant, entendre, entente, intensiv) auch wäre.

Spannen hatte ursprünglich die Bedeutung *befestigen*, anbinden, anknüpfen (das Schicksal an einen Stern); Zugtiere wurden an den Wagen gespannt, gefesselt; auch auf ein Folterwerkzeug wurde man gespannt; so wurde intendere arcum schon ahd. mit *spannen* übersetzt; es wurde militärtechnischer Ausdruck und nach Erfindung des Pulvers auf die neuen Schußwaffen übertragen: eine Büchse spannen. Nicht mit Unrecht: die Auslösung der Energie erfolgt dort nach dem Spannen der Sehne, hier nach dem Spannen des Hahns. Eine Bildervermischung war es, als Schiller sagte: „Alle Augen, alle Pfeile des Spottes sind auf mich gespannt." Übersetzte so *spannen* das soldatische tendere und intendere, so nahm es auch die metaphorischen Bedeutungen von intendere an: die erhöhte Tätigkeit einzelner Teile, die Anstrengung leiblicher und geistiger Kräfte, der Aufmerksamkeit, des Willens; die Verstärkung der Energie machte einen sachlichen Bedeutungswandel durch: eine Feder spannen, das Wasser spannen (durch Stauung), die Dämpfe spannen (im Kessel durch Überhitzung). Endlich wurde das lateinische intentus, intente durch *gespannt* übersetzt; auch bildete sich mundartlich die Redensart *auf etwas spannen*, etwa: verlangend lauschen, also: etwas beobachten mit der Absicht es zu besitzen. Für das Fremdwort Intention aber gab es bis ins 18. Jahrhundert hinein kein deutsches Wort. Das Verbum *absehen* hatte jedoch inzwischen für die neue Feuerwaffe die Bedeutung von intendere gewonnen: richten, zielen. Es kam darauf an, daß ein einzelner Mann die schwere Hackenbüchse tragen, *absehen* und abschießen konnte. Ja, das Metallstückchen, wonach man sich beim Zielen richten, wonach man den Gewehrlauf richten konnte, das Visier (der Diopter bei Meßinstrumenten) hieß das Absehen, noch bei Goethe, und nun bedeutete *das Absehen*, wie intentio die Bemühung nach einem Endzwecke. Aus diesem substantivischen Verbum bildete sich erst im Anfang des 18. Jahrhunderts, wie gesagt, die neue Wortgestalt *Absicht*, sowohl für das Visier der Büchse als für den Endzweck einer Handlung. Der gelehrte Sprachgebrauch jener Zeit wird am deutlichsten durch einen Satz von Walch (1740) belegt: „Wenn man gleich das lateinische Wort finis auch im Teutschen durch Absichte zu geben pfleget, auch finis und intentio, so eigentlich durch das teutsche Wort Absicht ausgedruckt wird, vor einerley gebraucht werden; so ist doch in der Sache selbst ein Unterscheid, indem der finis gleichsam das Objectum in der Intention ist."

Ich setze als bekannt voraus, daß lat. tendere, intendere, intente, intentio Lehnübersetzungen oder Anlehnungen an griech. *τεινειν, ἐπιτεινειν, ἐπιτεταμενως, ἐπιτασις* (*τονος*) sind; doch ist es wohl nur Zufall, wenn die deutsche Bezeichnung *Absicht* im griech. *σκοπος*, Intendant und Ziel (von *σκεπτεσθαι*, umherblicken) sein Original zu haben scheint.

Nach dieser flüchtigen Wortgeschichte schon kann es nicht überraschen, wenn *Absicht*, als es das scholastisch bearbeitete Wort *intentio* übersetzte, alle Unklarheiten und Schiefheiten des Modellbegriffs mit übernahm. Die eigentlich scholastischen Distinktionen (vergl. Art. *Intention*) gingen freilich auf das deutsche Wort nicht über, weil sie im 18. Jahrhundert kaum mehr lebendig waren; aber der theologische Begriff der intentio, wie ihn Augustinus und Thomas gefaßt haben, steckt immer noch in dem ganz vulgären Worte *Absicht:* es ist der Endzweck, der bewußt gewollt wird, im Gegensatze zu den Mitteln, die zu dem Endzwecke führen. Chr. Wolf gebraucht das Begriffspaar „Absicht und Mittel", wo wir „Zweck und Mittel" sagen würden (Vernünft. Ged. § 910). Nun liegt es auf der Hand, daß es allein von der Richtung unserer Aufmerksamkeit, der gespannten, abhängt, ob wir ein Mittel zum Zwecke als Absicht empfinden, oder gar eine Absicht nur als ein Mittel. Am Ende kann jede Absicht zu einem Mittel werden, vor einer höheren Absicht. Die letzten Absichten stammen aus dem Wollen oder dem Charakter des Individuums; und die Theologen zerbrachen sich ihre Köpfe nicht wenig, um die Zurechnung, die doch auf die letzte Absicht des Täters geht, mit der Gerechtigkeit Gottes, dessen Allmacht diesen Charakter so gewollt hatte, in Einklang zu bringen.

Es wäre gut gewesen, wenn das Strafrecht, das mit dem Absichtsbegriffe alltäglich operiert, mehr von diesen theologischen Subtilitäten gelernt hätte. Als ob die *Absicht* einer *strafbaren* Handlung leichter zu definieren wäre als die Absicht des Sünders. Soll eine Beleidigung z. B. bestraft werden, so muß der Richter den animus injuriandi, die Absicht zu beleidigen, beim Schuldigen vorgefunden haben. Worauf aber ging der bewußte Wille des Täters? Auf einen Zweck oder auf ein Mittel zum Zweck? Und war der Zweck oder das Mittel wirklich im Momente der Tat dem Bewußtsein des Täters gegenwärtig? Ich fürchte, unter den unzähligen Beleidigungen, die vorkommen, wird der Fall, daß der Täter als einzigen und bewußten Zweck seiner Worte oder Handlungen, als Absicht, die Beleidigung des andern im Sinne hat, ein seltener Ausnahmefall sein.

absolut. — Vor hundert Jahren war das Wort „absolut" so frech geworden, daß es die grobe Züchtigung durch Schopenhauer auf sich zog. Unbekümmert um Kant, der ein absolut-notwendiges Wesen auch nur zu denken schwierig fand, der beim Begriff des Unbedingtnotwendigen eigentlich gar nichts denken konnte, hatten Fichte, Schelling und Hegel, jeder auf seine Art, das Wort „absolut“ wirklich schnöde mißbraucht: Fichte sah in seinem absoluten Ich den Gott der ordo ordinans; Schelling nannte seine Identität von Subjekt und Objekt das Absolute und war unverschämt genug, am Ende sogar das Dogma der Trinität durch die „drei Angesichte“ (wörtlich nach dem griech. *προσωπον*) des Absoluten stützen zu wollen; nach Hegel führt sein dialektischer Prozeß zum Selbstbewußtsein des Absoluten oder der Weltvernunft, Gott manifestiert sich in der absoluten Religion als absoluter Geist. Darauf konnte nur der Grobianismus Schopenhauers antworten. Das Absolutum sei der neumodische Titel für den lieben Gott, sei der kosmologische Beweis in nuce. „Wer zuerst den Pfiff gebraucht habe, unter diesem alleinigen Wort Absolutum den explodierten und proskribierten kosmologischen Beweis incognito einzuschwärzen, weiß ich nicht mehr anzugeben: aber der Pfiff war den Fähigkeiten des Publikums richtig angemessen; denn bis auf den heutigen Tag kursiert Absolutum als bare Münze.“ Schopenhauer wird nicht müde, das Gerede vom Absolutum auf einen verschämten und daher verlarvten kosmologischen Beweis zurückzuführen. „Was bedeutet nämlich das Absolutum? Etwas das nun einmal ist, und davon man (bei Strafe) nicht weiter fragen darf, woher und warum es ist. Ein Kabinettstück für Philosophieprofessoren!“ Schopenhauer hat das Wort nicht vernichtet, wie denn Worte fast immer eines natürlichen Todes sterben und nicht leicht totzuschlagen sind, weil sie zwischen den Menschen leben; auch hat Schopenhauer selbst einmal (halb ironisch freilich) die Materie zum neuen Absolutum gemacht und ganz im Ernste seinen „Willen“ gerade dorthin gesetzt, wo vorher Hegels Absolutum saß. Das Wort ist, banal gesagt, aus der Mode gekommen. Man könnte ihm die Worte zurufen, die in Schillers tiefsinnig kolportagehaftem „Geisterseher“ der Armenier zu dem Magier spricht: „Taschenspieler, du wirst keinen Geist mehr rufen.“ Darum nur wenige Erinnerungen, um die Geschichte des Wortes und den Grund seiner Leerheit und Überflüssigkeit aufzuzeigen. Das Adjektiv *absolutus* hat seltsamerweise schon im klassischen Latein die beiden Bedeutungen *vollkommen* und *unbedingt*. Ich wüßte nicht zu sagen, wie diese Gabelung entstand. Eine Lehnübersetzung aus dem Griechischen ist es nicht. Absolvere im juristischen Sinne der Freisprechung hat sich in der christlichen, besonders katholischen Absolution erhalten. Der grammatische Terminus eines nomen absolutum d. h. eines Nomens, das an sich einen vollständigen Sinn gibt, wird schon von Priscianus mit dem Beispiele Deus belegt. Und Cicero verbindet öfter die beiden Synonyma absolutus et perfectus.

Da haben wir schon einige Gegensatzpaare beisammen, aus denen so ein Unbegriff noch am besten verstanden werden kann. Bis zu der Zeit von Wolf wird dem Adverbium absolute bald comparate (lat. hieß, was man jetzt Positiv nennt, das adjectivum absolutum oder der gradus absolutus im Gegensatz zum Komparativ) entgegengestellt, bald respective, bald hypothetice. „Denn wo ein gewisser Respect ist, da ist gleichsam eine sonderliche Bedingung,“ sagt der fleißige Walch. Fehlt noch der Gegensatz *relative*, der in unserm Sprachgebrauch noch den besten Sinn zu geben scheint. Dieses Gegensatzpaar ist nun offenbar aus dem Sprachgebrauch des Platon hergenommen, wo die Begriffe entweder *καϑ' αὐτο* oder *προς τι* ausgesagt werden. An sich, an und für sich bedeutet das erste, relativ bedeutet das zweite. So hat schon Platon und nach ihm Aristoteles die Gottheit definiert als *αὐτο καϑ' αὐτο μεϑ' αὐτο*. Die große Frage war schon dem erkenntnistheoretisch unklaren antiken Denken der regressus in infinitum; die Gottheit war die ursachlose Ursache, sie wirkt gesetzmäßig (*καϑ' εἱμαρμενην*), ist prima omnium causa, ea qua ceterae pendent.

Im Neuplatonismus und dann im Christentum wird Gott zum absolut Großen, zum absolut Seienden. Die Superlative für die Gottheit kommen auf: summum bonum, summa essentia, ens realissimum. Die Superlative steigern sich zu einem Wortrausch bei Augustinus und Minucius Felix und nun, da die Scholastik den griechischen Begriff des *καϑ' αὐτο* mit der christlichen Lehre verknüpft, entsteht der Terminus Absolutum, indem *καϑ' αὐτο* durch per se ipsum oder ens per se (Anselmus) übersetzt wird und dieser scholastische Ausdruck durch den lateinischen Absolutum verdeutlicht. Die docta ignorantia der Mystiker sucht den Ausdruck lebendig zu halten; für Ekkhart, dem Gott zugleich ichts und nichts ist, ist Gott ein „insitzen in sich selber“, und Cusanus (Gott ist quodlibet in quolibet) ist das Absolute vielleicht seine coincidentia oppositorum. Tolle deum a creatura et remanet nihil. Spinozas pantheistischer Gottesbegriff ist da schon vorgebildet: die causa sui, das ens absolute infinitum, das necessario existit, und alle Widersprüche, die aus diesem notwendigen und doch unbedingten Wesen kommen müssen. Die nüchterne docta ignorantia der Dogmatiker treibt das Leben aus dem Begriffe wieder hinaus. „Absolut“ wird zu einer Art Superlativ, was freilich wieder ein Gegensatz zum Komparativ scheinen kann. Für Descartes ist Gott der Inbegriff der Allweisheit, Allmacht und Allgüte (Vico: posse, nosci, velle), also der Inbegriff absoluter Eigenschaften. Leibniz gar vergleicht ihn mit dem absoluten Monarchen, er sei chef de toutes les personnes ou substances intellectuelles, comme le monarque absolu de la plus parfaite cité ou république. (Auch im Staatsrecht ist *absolut* ein leerer Begriff, weil der Monarch auch ohne verantwortlichen Minister niemals unbeschränkt ist, niemals unbedingt oder unabhängig, vielmehr immer bedingt durch die gut oder schlecht gewählten Personen seines Umgangs).

Das Wort absolut hat auf seinem Altenteil noch neue Kraft gewinnen wollen und sich so erst recht in seiner ganzen Ohnmacht gezeigt. Man redet vom absolut Wahren, wie man sogar vom absolut Schönen und absolut Guten redet. Wenn man gar kein sprachliches Gewissen mehr hat, zuletzt von absoluten Werten. Das Schöne und das Gute sind ohnedies Wertbegriffe. Und wer nicht begreift, daß jeder Wert nur eine Relation ist, daß also ein relativer Wert niemals absolut sein kann, dem ist nicht zu helfen.

Ich werde zu zeigen versuchen, daß auch der Wahrheitsbegriff wie alle menschlichen Begriffe nur Relation sein kann. Wäre das aber auch nicht der Fall, so wäre doch zwischen den Bezeichnungen „absolut wahr" und „wahr" kein irgend wie greifbarer Unterschied zu finden. Der erste Ausdruck ist nur lebhafter als der zweite. Wie denn Worte wie absolut („absolut" oder „unbedingt zuverlässig"), faktisch, fabelhaft usw. zu Verstärkungspartikeln geworden sind als Ersatz für die pöbelhaft gewordenen Schwüre. Berthold Auerbach, wenn er mir oder andern, gütigerweise, gebeten oder ungebeten, einen Rat erteilte, pflegte ihn mit den Worten einzuleiten: „Ich werde Ihnen das Absolute sagen". Absolut ist im Gebiete des Denkens so überflüssig und hohl geworden wie ein Fluch.

So ist in der ganzen Wirklichkeitswelt des Seins und des Denkens freilich nur ein Begriff übrig geblieben, auf den *absolut* sinnvoll angewandt werden könnte: der Begriff Gott. „Absolut" ist wirklich eine Eigenschaft Gottes. Und wenn Gott existierte, so müßten wir das Wort beibehalten, das als Adjektivum so gut zum Substantivum paßt.

Abstraktion. — Cicero hat in einem seiner Briefe (an Atticus VI, 1), die er mit griechischen Modeworten spickte und würzte wie unsere Urgroßväter ihre Briefe mit französischen, den Scherz gemacht: sein Vorgänger quum provinciam curavit ἐξ ἀφαιρεσεως, sanguinem miserit, quidquid potuit detraxerit, habe das Land in einen blutleeren Zustand gebracht, den Cicero nur durch roborierende, aufpäppelnde Mittel heilen konnte. Das Wort ἀφαιρεσις, das Cicero da mit detractio übersetzt, und das Aristoteles, der immerhin sein Griechisch als seine Muttersprache redete, abstrakt metaphorisch für die logische *Beraubung* der wirklichen Anschauungen, also für die Bildung von Begriffen gebraucht, wird erst sehr spät, von Boëthius durch die neue Lehnübersetzung abstractio (von abstrahere, fortschleppen, rauben) zu dem technischen Ausdruck, den unsere Schüler heute noch lernen müssen und, weil sie ihn gelernt haben, zu verstehen glauben. Bis in die Gesellschaftsspiele unserer höheren Jugend ist die Beschäftigung mit diesem Terminus eingedrungen. Die jungen Leute sollen ein Wort erraten durch Fragen, auf die nie anders als mit ja oder nein geantwortet werden darf. Und keine Verlegenheit ist bei diesem Spiele häufiger als die: die Frage zu beantworten, ob das aufgegebene Wort konkret oder abstrakt sei. (Konkret ist eine nachbarliche Lehnübersetzung von συμφυσις = προσθεσις.) Meine Spielgenossen konnten sich oft nicht einigen: ist Engel, Farbe konkret oder abstrakt?

Schopenhauer, der in Deutschland wohl zuerst die feinen Untersuchungen der Engländer über diese Frage weiterführte, erkannte den psychologischen Charakter des ganzen Vorgangs sehr gut und sah auch, daß zwischen konkreten und abstrakten Begriffen nur ein Gradunterschied bestehe. Auch die sog. konkreten Begriffe sind immer noch abstrakt und keineswegs anschauliche Vorstellungen: Man könnte die concreta treffend das Erdgeschoß, die abstracta die oberen Stockwerke des Gebäudes der Reflexion nennen, „wenn es nicht ein etwas zu bildliches und dadurch ins Scherzhafte fallendes Gleichnis wäre.“

Ich will mich mit der wirklich unfruchtbaren sprachphilosophischen Unterscheidung nicht weiter beschäftigen; aber die Aufmerksamkeit lenken möchte ich darauf, daß wirklich konkret nur die Wirklichkeit selber ist, daß abstrakt völlig gleichbedeutend ist mit begrifflich, daß ein Begriff (für die Sprachkritik vom Wort nicht besser zu unterscheiden als Denken vom Sprechen), daß also ein Wort oder ein Begriff darum niemals eigentlich konkret sein kann. Und weil die begriffliche, abstrakte, aus Worten bestehende Sprache ihrem Wesen nach gezwungen ist, die Wirklichkeiten zu berauben, von Sinneseindrücken der unmittelbaren Anschauung zu abstrahieren oder abzusehen, daraus allein wird es schon verständlich, daß die menschliche Sprache ein untaugliches Werkzeug zur Erkenntnis der Wirklichkeit ist. Auch in den Naturwissenschaften, selbst den exaktesten, wird immer von irgend etwas abstrahiert, was dann bestenfalls durch nachträgliche Korrektur in Rechnung gebracht werden kann. Die Geometrie nennt Linien eindimensional, und abstrahiert von der Dicke der wirklichen Linie; die Physik abstrahiert vom Eigengewicht des Hebels; die Physiologie abstrahiert bei ihren Kalorienmessungen von der Arbeitsleistung, die mit Wärmeverlust verbunden ist; die Logik abstrahiert davon, daß das Denken rein logisch, ohne eine letzte Verbindung mit der Anschauung gar nicht vor sich geht. Die ganze stolze Entwicklung unserer Naturbeherrschung durch Maschinen wäre durch rein sprachliches oder abstraktes Wissen nicht möglich gewesen, wäre nicht möglich gewesen, wenn die glücklichen Erfinder sich nicht gehütet hätten, bloß zu abstrahieren, wenn sie nicht viel mehr immer wieder das Irrationale, eben die wirkliche Natur, das Rationale hätten korrigieren lassen.

Es versteht sich von selbst, daß Hegel das wahre Verhältnis umzukehren suchte und Natur und Geist gleicherweise konkret fand: „das abstrahierende Denken ist nicht als bloßes Auf-die-Seite-stellen des sinnlichen Stoffes zu betrachten, welcher dadurch in seiner Realität keinen Eintrag leidet, sondern es ist vielmehr das Aufheben und die Reduktion desselben als bloße Erscheinung auf das Wesentliche, welches nur im Begriff sich manifestiert". Das Wirkliche ist also vernünftig.

Kant hat in seiner Logik einseitig richtig den sprachlichen Ausdruck zu verbessern gesucht: „Wir müssen nicht sagen *etwas abstrahieren* (abstrahere aliquid) sondern *von etwas abstrahieren* (abstrahere ab aliquo). Abstrakte Begriffe sollte man daher abstrahierende (conceptus abstrahentes) nennen". Ganz richtig von Begriffen wie Mensch, Pferd, also von allen eigentlich konkreten Gattungsbegriffen, bei denen weiter und weiter hinauf vom Individuellen abstrahiert wird; nicht richtig für Begriffe wie Farbigkeit, Tugend usw., die keine Gattungsbegriffe sind.

Verstehe ich unter Verstand (mit Schopenhauer etwa) die Orientierung oder meinetwegen das Orientierungsvermögen in der Wirklichkeitswelt, wo denn die Tiere sehr viel Verstand haben, verstehe ich unter Vernunft die Orientierung in der Begriffswelt oder der Sprache, wo denn die Tiere sehr wenig Vernunft haben, so kann ich sagen, daß der Verstand allein die konkrete Welt kennt (*begreift* erinnert zu sehr an Begriff oder Wort), daß die Vernunft allein in Abstraktionen zu Hause ist, und daß darum auch die höchste Vernunft sich in der Welt nicht auskennen würde, ließe sie sich nicht glücklicherweise instinktiv vom Verstande leiten. Instinkte sind niemals abstrakt, niemals begrifflich. (Vgl. Art. *Instinkt.*)

abstrus — heißt ganz einfach, was versteckt oder verborgen ist, von abstrudere. Das Wort wird seit mehr als 100 Jahren ungefähr im Sinne von sinnlos gebraucht. Der Rationalismus mit seinem Hasse gegen jeden Tiefsinn und gegen jede Mystik hatte sich gewöhnt, tiefsinniges Denken abstrus zu nennen, wenn er eine solche Denkrichtung tadeln wollte. Aber ich meine doch, daß halbgebildete Schreiber, wenn sie das Wort abstrus in so verächtlichem Sinne anwenden, wie im Schlafe von absurd beeinflußt worden sind.

absurd — heißt schon im Lateinischen wie heute: widrig, abgeschmackt, sinnlos. Eigentlich sagt es, mit etwas stärkerer Betonung des unangenehmen Gefühls, dasselbe wie das Wort paradox: was gegen den Schein ist, gegen den Augenschein; so absurdus: was die Ohren beleidigt. Die Wahrheit kann paradox sein, kann einem Individuum, einem Volke, einer Zeit absurd erscheinen. Ein Glaube ist dem Ungläubigen immer absurd. Wer einen Gegner ad absurdum führt d. h. ihn zu dem Eingeständnisse zwingt, daß die Konsequenz irgend einer Behauptung ein absurder, ein unangenehmer Satz wäre, der beruft sich im Grunde immer auf ein Vor-urteil.

accidens — (Übersetzung vom griechischen *συμβεβηκος*) hat seit der Prägung des Wortes zwei Bedeutungen, die durchaus nicht zusammenfallen: *zufällig* und *unwesentlich.* Als Probe von der Lehnübersetzung ganzer Sätze gebe ich hier die Definition des Porphyrios: *συμβεβηκος δε ἐστιν,* *ὁ γινεται και ἀπογινεται χωρις της του ὑποκειμενου φθορας*; und dazu die entsprechende Stelle bei Boëthius: Accidens vero est, quod adest et abest præter subjecti corruptionem. Übrigens findet man die Zusammenhänge im Artikel *Zufall.*

Achtung — gehört zu den *Wertgefühlen*, mit denen sich die selbstbewußt aufstrebende neue Disziplin der *Axiologie* beschäftigt. Aber Achtung ist immer das Gefühl eines Wertes, den wir Personen oder doch menschlichen Äußerungen beilegen, also nicht nach einem objektiven Maßstabe, wie wir etwa ökonomische Werte messen. *Achtung* ist also ein Rückstand des alten, in der Idee längst aufgegebenen, in der Sprache und in der Moral nie aufgegebenen anthropozentrischen Standpunktes. Kant scheint diese Antinomie erkannt zu haben, als er (Metaphys. d. Sitten) sagte: „Der Gegenstand der Achtung ist lediglich das Gesetz und zwar dasjenige, das wir uns selbst und doch als an sich notwendig auferlegen. Als Gesetz (sic) sind wir ihm unterworfen, ohne die Selbstliebe zu befragen; als uns von uns selbst auferlegt, ist es doch eine Folge unseres Willens und hat in der ersten Rücksicht Analogie mit Furcht, in der zweiten mit Neigung." Unmittelbar vorher sagt Kant freilich selbst: „Man könnte mir vorwerfen, als suchte ich hinter dem Worte *Achtung* nur Zuflucht in einem dunkelen Gefühle, anstatt durch einen Begriff der Vernunft deutliche Auskunft zu geben". Sein höchstes allzu abstraktes Moralprinzip verrät sich an dieser Stelle wie überall. (Siehe Art.: *Wertgefühle.*)

adjektivische Welt. — Der grammatikalische Terminus *adjectivum* ist bekanntlich eine Übersetzung des griech. *ἐπιθετον*; bekannt ist auch, daß Aristoteles, der allerdings kein Grammatiker war, noch keine Ahnung hatte von der Kategorie des Adjektivs, daß bei ihm *ἐπιθετον* auf den Spezialfall des dichterischen epitheton ornans hinauslief. Die spätern Grammatiker der Griechen dachten bei *ἐπιθετον* immer noch zunächst an Lob und Tadel, fügten aber langsam zu den Eigenschaften der Seele und des Körpers noch andere Eigenschaftswörter hinzu.

Als Begründer der Logik hätte Aristoteles allerdings auch auf die grammatikalische Bedeutung des Adjektivs aufmerksam werden müssen, wenn den Griechen überhaupt erkenntnistheoretische Untersuchungen eigen gewesen wären.

Ich habe in meiner Kr. d. Spr. (II. 94 f.) zu zeigen gesucht, daß das Adjektiv in der Geschichte der Grammatik der jüngste Redeteil sei, in der Geschichte des Verstandes aber der älteste. Was ein Ding ist, das sagen mir seine Eigenschaften, was es außer seinen Eigenschaften noch sei, das ist eine metaphysische Frage. „Der Aufbau der Körperlichkeit aus den Eigenschaften vollzieht sich vorsprachlich; auch der Affe, wenn er einen Apfel frißt, stellt sich wahrscheinlich aus den Eigenschaften glatt, süß, rot, schwer usw. die Hypothese Apfelding zusammen." Die adjektivische Welt ist die uns allein zugängliche Welt der Sinneseindrücke; die substantivische Welt ist dieselbe Welt nocheinmal, unter der Hypothese der Dinglichkeit begriffen.

Ich glaube nicht die Neigung zu haben, meine Bemerkungen in ein System zu zwingen. Aber die Anwendung einer Weltanschauung, die uns noch oft beschäftigen wird, auf den Apperzeptionsbegriff lockt mich doch aus der nominalistischen Vereinzelung hinaus. Die Menschensprache, die also durch Apperzeption entsteht und aus Apperzeptionen besteht, hat seit jeher drei Kategorien ausgebildet, mit deren Hilfe sie die Welt zu verstehen suchte: das Adjektiv, das Verbum und das Substantiv. Mir dämmert nun die Möglichkeit auf, den innern Vorgang der Apperzeptionen, die in ihrer Masse das Denken ausmachen, wieder einmal und anders als bisher auf diese drei Kategorien zu verteilen.

Es gibt eine adjektivische Welt, die einzige Welt, von der wir unmittelbar durch unsere Sinne erfahren; alle unsere Empfindungen, alle unsere Sinnesdaten sind adjektivisch; adjektivisch sind übrigens auch alle unsere seelischen Empfindungen, unsere Werturteile, alles was wir recht, gut, schön usw. nennen. Diese adjektivische Welt zerfällt in Einzeleindrücke, gestaltet sich nicht zu Einheiten, man könnte sie pointilliert nennen.

Wollen wir die Punkte zu Einheiten verbinden, wollen wir die Aufmerksamkeit auf Einheiten richten (wobei nicht zu vergessen ist, daß die Aufmerksamkeit durch geheimnisvolle Einheiten oder Formen in den Dingen gereizt wird), so müssen wir handeln, d. h. denken d. h. die Fähigkeit der Apperzeption auf die Sinneseindrücke wenden. Die Bindung der Empfindungen zu Einheiten durch die Tätigkeit des Gedächtnisses könnte man (etwas kühner als vorhin der Ausdruck adjektivische Welt war) die verbale Welt nennen. Oder mit einer verwegenen Gleichsetzung von Tätigkeit und Wirksamkeit: die kausale Welt. Die pointillierte Welt der passiven Sinneseindrücke verwandelt sich durch die tätige Apperzeption in die werdende Welt, in das Gewebe der Welt, das Fließende.

Die Masse der Apperzeptionen oder das Denken kommt aber nicht zur Ruhe, bevor das Denken nicht zu Worte gekommen ist. Wir haben Worte für die adjektivische Welt (blau, laut, süß, hart, recht, schön), aber alle diese Worte spießen den Eindruck mit der Stecknadelspitze des Moments und lassen uns nicht die Einheiten, das sogenannte Ganze erblicken oder gar beschreiben. Die adjektivische Welt ist die Welt des Tieres. Die verbale Welt tritt hinzu und hat Bezeichnungen für Werden und Vergehen, für Genießen und Leiden, für Verändern und Bleiben, für Bewirken und Gehorchen. Die verbale Welt läßt sich beschreiben. Doch das freche Menschenwort möchte sie auch erklären. Möchte einen Ausdruck finden, nicht nur für die Empfindungen des Moments und für die Veränderungen im Raume, sondern auch für das Seiende, für das Dauernde in der Zeit, für die Substanzen. Und das freche Wort schafft sich (nur sich, das Wort dem Worte) die substantivische Welt, die Welt der Dinge und der Kräfte, die Welt der Götter und der Geister, eine Welt, von der das Gedächtnis der Menschheit nichts wußte, bevor es sich das Wort angeschafft hatte. Und weil die substantivische Welt zugleich beim Volke im höchsten Ansehen steht und seit jeher bei den „Stummen des Himmels", bei den tiefsten Denkern oder den Mystikern, die Welt der Sehnsucht war, so hätte ich nichts dagegen, wollte man die ganz unwirkliche, substantivische Welt nennen: die mystische Welt.

Affinität. — Das Wort bezeichnete im Lateinischen deutlich die Nachbarschaft, sodann in der juristischen Gemeinsprache die Verwandtschaft durch Heirat, also Verschwägerung im Gegensatze zur Blutsverwandtschaft, cognatio. Die ältere Logik, welche einen Grund für die Assoziierbarkeit der Begriffe suchte, fand ihn in den Worten cognatio und affinitas und merkte nicht, daß sie mit der Erklärung nicht weiter gekommen war. Cognate Begriffe waren solche, die sich unter einen gemeinsamen Oberbegriff fassen ließen, besonders organische Gebilde, die denn auch seit der Herrschaft der Deszendenztheorie als blutsverwandt in irgend einem Grade betrachtet werden; affine Begriffe vereinigten Vorstellungen durch ein zufällig gemeinsames Merkmal z. B. die Röte der Scham und der Rose. Da aber die Assoziation von Begriffen gar sehr von subjektiven Umständen abhängt, von der Nachbarschaft im sog. Selbstbewußtsein, also von der Individualgeschichte der Begriffe in der Seele des assoziierenden Menschen, so ist die nähere oder weitere Verwandtschaft nicht der Realgrund, sondern der hinzugefügte Erkenntnisgrund der Assoziation.

Dazu kommt, daß *Verwandtschaft* immer ein metaphysischer Begriff ist, wenn es sich nicht um Blutsverwandtschaft handelt. Ein Bild ist es schon, die Verschwägerung Verwandtschaft zu nennen; selbst Mann und Frau sind nicht verwandt, nur benachbart. Von Wortverwandtschaft könnte man mit einem guten Bilde sprechen, wenn das eine Wort aus dem andern hervorgegangen ist; Sprachverwandtschaft gibt schon immer ein schiefes Bild, abgesehen von dem Mißbrauch der gegenwärtigen Sprachwissenschaft, die jede alte Adoption für Abstammung erklären möchte. Wieder ganz anders falsch ist das Bild von der chemischen Verwandtschaft oder gar Wahlverwandtschaft, wo das altgriechische Bild von der Liebe und dem Haß besser gewesen wäre.

Wie dem immer sei: für die Logik bilden Sprachwissenschaft und chemische Verwandtschaft nur Spezialfälle der Affinität von Begriffen, seitdem die Unterscheidung zwischen logischer Affinität und logischer Cognation praktisch längst fallen gelassen worden ist. Es ist aber nicht zu übersehen, daß die Assoziation der Begriffe auch dann durch die Affinität begründet werden kann, wenn die Verwandtschaft mit einem durchaus falschen Bilde ausgesprochen worden ist. Der wahre Grund ist: daß Gewohnheit und Einübung ebenso gut wie leibliche oder bildliche Nachbarschaft Assoziationen erzeugen und daß falsche Theorien von den Schülern nicht weniger fleißig geübt werden als richtige. Dem Fachmann für Sprachwissenschaft fallen zunächst die Wortbeziehungen auf, die er eingeübt hat, und er hält eine natürliche Affinität für den Grund der leichten Assoziation.

Agnostizismus. — So uralt das Wort anklingt, ist es doch erst vor wenigen Jahrzehnten aus England herübergekommen, wo die freiesten Menschen sich Agnostiker nennen, um das unschickliche Wort Atheist zu vermeiden. Die altchristlichen Agnoëten hießen so nicht, weil sie sich selbst zur Agnosie, zum Nichtwissen bekannten, sondern aus rein theologischen Gründen; sie gehörten zu der im Orient weitverbreiteten, zeitweise herrschenden Sekte der Monophysiten, sprachen dem Sohne Gottes nur eine Natur zu, die menschliche, und glaubten darum nicht an seine Allwissenheit. Und 1500 Jahre später führen Spencer und Huxley zur Schonung der respectability, das Schlagwort Agnostiker ein, um damit auszusagen (was doch schon in der Blütezeit der Scholastik immer gelehrt worden war): daß es eine doppelte Wahrheit gebe, daß Glauben und Wissen nicht vereinbar seien, daß der Mensch, das endliche Wesen, keinen Begriff habe von Gott, dem unendlichen Wesen. In Deutschland war der protestantische Theologe Ritschl (das Christentum Bismarcks soll Ritschlianismus gewesen sein) zu einem ähnlichen Standpunkte gelangt, da er lehrte, daß die Menschen nur Erscheinungen, Phaenomena erkennen könnten, den Gott aber nicht, weil Gott kein Phaenomenon wäre. Dieser Agnostizismus störte den ehrlichen Ritschl nicht in seiner Zuversicht auf Jesus, die korrekten Engländer nicht im Kirchenbesuch; wie denn dieser religiöse Agnostizismus eine um Jahrhunderte verspätete Höflichkeit gegen Gott zu sein scheint.

Ernsthaften Agnostizismus würde nur Sprachkritik lehren, wenn sie die Begriffe *Gott*, *absolut* als Scheinbegriffe erkannt und die Begriffe *unendlich*, *Wissen* in ihrem historischen Wandel untersucht hat; nur daß diese skeptische Weisheit, die von Sokrates in die hübsche Formel gebracht worden war: „Ich weiß, daß ich nichts weiß“, doch wohl nicht gut zur Grundlage eines Systems, irgend eines —ismus gemacht werden kann.

Ähnlichkeit. — Das junge Wort *ähnlich* ist etymologisch nicht mit Sicherheit zu erklären. Die Herleitung aus analogon, die Anlehnung an Ahn (*ähneln* ist aber eine neuere Bildung) befriedigen nicht recht. Eine Lehnübersetzung von similis (*einlich*, wie es im 16. Jahrhundert hieß, verhält sich zu similis wie einmal zu semel) anzunehmen mutet mich sehr an, mag aber befremden.

Ich habe (Kr. d. Spr. I 434 f.) auf die Bedeutung der Ähnlichkeit für unser Denken hingewiesen: Ähnlichkeit empfinden nennen wir erkennen, nennen es irrtümlich so. Die Begriffe unserer Sprache beruhen auf Klassifikation, die Klassifikation aber auf Ähnlichkeit, nicht auf Gleichheit, wie denn noch in frühneuhochdeutscher Zeit *gleich* die Bedeutung von *ähnlich* hatte. Nicht mathematisch gleiche, sondern nur ähnliche Vorstellungen überdecken sich solange, bis wir einen fest umrissenen Begriff zu haben glauben. Die exakten Wissenschaften trachten der Gleichheit durch immer kleinere Maßeinheiten näher und näher zu kommen; aber auch sie müssen sich, trotz aller Präzisionsmechanik, mit Ähnlichkeiten begnügen, wie die Menschensprache seit jeher ihren Wortvorrat nach Ähnlichkeiten geordnet hat. Wären die menschlichen Sinne miskroskopisch scharf gewesen, wir hätten zu unserer Sprache gar nicht kommen können. Es wäre wunderbar, daß unsere Präzisionsinstrumente trotz aller Ungleichheit doch funktionieren, daß unsere so viel gröbere Sprache im ganzen und großen doch auf die Wirklichkeitswelt paßt, — es wäre wunderbar, wenn es in der Wirklichkeit außer der Ähnlichkeit noch eine besondere Gleichheit gäbe, wenn Gleichheit nicht ein künstlicher Begriff wäre. Darum allein schon ist die Logik eine unfruchtbare Disziplin, weil sie innerhalb der Begriffe, mit denen allein sie praktisch arbeiten kann, eine Gleichheit voraussetzt, die es nicht gibt. Nicht Gleichheit, sondern Ähnlichkeit der Vorstellungen erzeugt das Erinnern oder die Gedächtnisarbeit, und Sprache ist wiederum nur Gedächtnis. Die wissenschaftliehen Disziplinen müssen sich darauf beschränken, die zufälligen und die ererbten Ähnlichkeiten auseinander zu halten, die wichtigen und die unwichtigen Ähnlichkeiten in der alten Gemeinsprache für wissenschaftliche Zwecke besser zu ordnen. „So wenig ein fest umschriebenes Erbrecht sich auf das lustige Spiel von Ähnlichkeiten gründen ließe, wonach dann diejenigen die Erben eines Mannes würden, die ihm nach dem Urteile des Stadtklatsches ähnlich sehen, ebensowenig kann also aus der volkstümlichen Sprache eine richtige Naturanschauung, eine natürliche Entwicklungsgeschichte herausgezogen werden.“ (Kr. d. Spr. I. 436.)

Ich habe auch schon auf Sanskrit-Worte hingewiesen, in denen die berühmte Göttin Maya als Endsilbe erscheint, genau wie englisch *like*, dem bekanntlich unser *-lich*, *gleich* entspricht. Maya gaukelt uns die Gleichheit vor.

Algebra der Logik. — Auf englischem Boden erwachsen ist diese Disziplin der vorläufig letzte Versuch, die formale Logik auf ihrem abschüssigen Lebenswege aufzuhalten; dem englischen Geiste gemäß ist dieser Versuch zugleich radikal und konservativ ausgefallen. Radikal macht er ein Ende mit dem Glauben an die Unübertrefflichkeit des logischen Lehrgebäudes, wie es neben dem geometrischen Lehrgebäude des Euklides und in gleichem Ansehen ungefähr zwei Jahrtausende bestanden hat. Konservativ hält er an dem Glauben fest, daß durch logische Schlüsse im Denken weiter zu kommen sei. Ungefähr zu gleicher Zeit mit der Algebra der Logik kam, aber in Deutschland und in den von Deutschland abhängigen östlichen Ländern, die nichteuklidische Geometrie auf, die die Alleinherrschaft des Euklides ebenso erschütterte. Man darf aber die Bedeutung dieser beiden neuen Disziplinen durchaus nicht gleichsetzen, trotzdem sie beide unfruchtbar sind. Unfruchtbar ist die nichteuklidische Geometrie nur darum, weil — trotzdem sie bewiesen hat, daß unsere dreidimensionale Geometrie nur ein Spezialfall unter dreien oder unzähligen Geometrien ist, — dieser Spezialfall doch der einzige ist, mit dem wir klare Raumvorstellungen verbinden können; so ist diese Lehre praktisch unfruchtbar, aber im Sinne ihrer ganz vorurteilslosen Begründer dennoch eine Bereicherung der Wissensmöglichkeiten. Die Algebra der Logik jedoch, die ernstlich darauf ausging und ausgeht, besser als die hergebrachte Logik das Denkgeschäft zu lehren, ist ein einziger großer Irrtum, indem sie die Tautologien der alten Schlußfiguren durch die Tautologien der neuen Symbole ersetzt.

Der gute Einfall, der schon seit dem Anfange des 9. Jahrhunderts in vielen englischen Köpfen rumorte, war: die Quantität der Urteile am Prädikate deutlicher auszudrücken, besser als es seit Aristoteles durch die Kategorien der Einheit, Vielheit und Allheit möglich war. Das neue Wissen nun, das sich in den Wissensgruppen Wahrscheinlichkeitsrechnung und Statistik angesammelt hatte und von dem man bis in die neueste Zeit keinen Begriff hatte, sollte den logischen Formeln zugänglich gemacht werden. Die hergebrachte Logik hatte sich mit einigen wenigen mathematischen Zeichen begnügt: mit den Buchstaben des Alphabets, die wie in der Mathematik abstrakt für die Gegenstände der Denkoperationen eintraten, mit einigen mathematischen Zeichen und mit den Kreisbildern, die den Umfang der Begriffe darstellen sollten. Es steckt nun viel Witz und noch mehr Fleiß in den Arbeiten Booles und seiner Schüler, die für die genauere und genaueste Quantifizierung der Begriffe und Urteile neue Zeichen erfanden, die ihre gesamte Disziplin im Laufe weniger Jahrzehnte ausbauten und der Welt ein kostbares Werkzeug geschenkt zu haben glaubten. Das Werkzeug wäre ein wahres Perpetuum mobile, wenn es nur funktionieren wollte. Aber zum Unglück der neuen Disziplin brach sich gerade zur selben Zeit die Überzeugung Bahn, ebenfalls unter dem Einflusse englischen Geistes, daß Logik auf Induktion zu begründen sei und Induktion auf Psychologie. Damit war jede Wirkungsmöglichkeit der formalen Logik gerade zu der Zeit abgeschnitten worden, als die Algebra der Logik die formale Logik reformieren wollte. Ich wiederhole, was ich darüber

(Kr. d. Spr. III, 453) gesagt habe: Lotze hatte seine Logik mit dem Wunsche geschlossen, die deutsche Philosophie möge versuchen, den Weltlauf zu verstehen und ihn nicht nur zu berechnen. Schröder, der deutsche Kalkulator der Logik, antwortet darauf: Könnten wir ihn nur erst berechnen, dann würden wir gewiß ihn auch verstehen, „soweit überhaupt ein Verständnis auf Erden erzielbar“. Der letzte Nebensatz klingt für einen Mathematiker der Logik bescheiden genug. Worin besteht aber hier der Gegensatz zwischen Lotze und Schröder? Doch nur darin, daß Lotze die abstrakten Worte der Philosophie, daß Schröder die außerhalb der Gemeinsprache liegenden mathematischen Zeichen für geeigneter hält, sich und andern den Weltlauf klar zu machen. Es sagt also Lotze eigentlich: die Begriffe der philosophischen Sprache sind klarer als die mathematischen Begriffe; man kommt mit mathematischen Abstraktionen über die Einsichten nicht hinaus, welche durch Sprache erreichbar sind. Und Schröder antwortet eigentlich: die mathematischen Abstraktionen sind klarer als die Abstraktionen der Sprache.

Klarer, jawohl, weil sie formal sind und so lange sie formal bleiben; aber eigentlich leer, weil die menschliche Sprache nicht mathematisch ist.

Altruismus — ist eines von den Trutzwörtern, die erst im Gegensatze zu einem ganz andern Worte aufkommen konnten; A. Comte hat es in schlechtem Latein, aber aus edlem Herzen geschaffen und an den Gegensatz von *ego* und *alter* gedacht. Es hat in der Sprache der Philosophie mehr Glück gehabt als in der lebendigen Wirklichkeit des menschlichen Handelns. Paul Rée hat den Altruismus sogar unter den Oberbegriff der Instinkte zu bringen gewagt. (Siehe Artikel: *Egoismus.*)

Analogie. — Die Lehre von der Analogie und selbst die von den sogenannten Analogieschlüssen gehört in die Psychologie und nicht in die Logik, d. h. sie würde zweckmäßiger oder gehöriger im Zusammenhange mit psychologischen Untersuchungen abgehandelt als mit logischen. Wie denn überhaupt die Philosophie oder Erkenntsnistheorie sich endlose Irrwege erspart hätte, wenn ernsthafte Psychologie getrieben worden wäre, bevor die formale Logik fertig war, welche doch nur eine Abstraktion vom wirklichen, psychologischen Denken ist.

Der griechische Ausdruck *ἀναλογια* besagte, was wir *Verhältnis* nennen. Die Konfusion fing damit an, daß Cicero das Wort mit zwei durchaus nicht synonymen lateinischen Worten übersetzte, mit *proportio* und mit *comparatio*. Ich bemerke gleich, daß unsere gebildete Gemeinsprache *Analogie* fast allgemein im Sinne von comparatio gebraucht. Die Scholastiker unterschieden tausend Jahre lang sehr genau zwischen ähnlichen Dingen und zwischen analogen, übersahen übrigens nicht, daß man auch zwischen analogen Dingen vergleichen könne. Ähnlich hießen z. B. die Flügel verschiedener Vögel, analog ein Flügel und eine Fischflosse. Man kannte mit scharfer Distinktion analoga inaequalitatis, attributionis und proportionalitatis. Alle diese Unterschiede sind durch die neuere Naturwissenschaft durcheinander oder gar über den Haufen geworfen worden. Außer diesen Distinktionen findet man noch andere, „so aber dunkel sind – sagt sogar der trefflich geschulte Walch —, daß man über deren Verstand fast den Kopf zerbrechen möchte".

Die Verwechslung der psychologischen Vergleichung und der mathematischen Proportion war schuld daran, daß die Analogie einem logischen Schlusse ihren Namen gab. Die mathematische Proportion führt zu einer Rechnungsweise, die bestimmten Gesetzen gehorcht. Die Vergleichung von Ähnlichkeiten gibt keinen logischen Schluß. Der sog. Analogieschluß besteht, kurz gesagt, in dem logischen Fehler: wenn zwei Dinge in vielen bekannten Eigenschaften übereinstimmen, so werden sie wohl auch noch in den unbekannten Eigenschaften übereinstimmen. Drückt man diesen Denkprozeß so logisch aus, springt der Unsinn in die Augen. Wer so schließt, begeht den Fehler des Generalisierens. Etwas ganz anderes ist es, wenn man die psychologische Wirklichkeit betrachtet; als die Menschen ihre Sprachworte bildeten, ihre Artbegriffe, da konnten sie gar nicht anders, als unaufhörlich Analogieschlüsse ziehen, als unaufhörlich generalisieren; sie schufen den Begriff Tier, lange bevor eine vergleichende Anatomie die analogen Organe als ähnliche Organe auffaßte; alle wissenschaftlichen Begriffe sind in der Sprache zuerst durch unbewußte Analogie gebildet worden, und erst nachher kam die Prüfung der richtigen Proportionen. Das ganze ungeheure Anwendungsgebiet der Induktion beruht auf unbewußten Analogieschlüssen, wie denn eben auch die Induktion nur künstlich und spät der fertigen Logik aufgepfropft worden ist, in Wahrheit aber der Psychologie des Denkens angehört.

Auf der unentrinnbaren psychologischen Tätigkeit des Analogisierens beruht unsere gesamte Sprache, wie sie vom Volke und dann von der Wissenschaft gestaltet worden ist. Nur eine Nebenerscheinung ist es dabei, daß der Bau der Sprache aus Bequemlichkeitsgründen immer analogischer geworden ist, daß die anomalischen Bildungen zuerst in der Kindersprache, dann in der Gemeinsprache immer mehr von den analogischen verdrängt werden, daß die sogenannten Suppletivbildungen (sum, eram, fui) nur in den eingeübtesten Worten erhalten geblieben sind. Über diese Spracherscheinungen vergleiche man meine Kritik der Sprache II, 133 f., wo ich besonders darauf aufmerksam gemacht habe, daß ohne diese Analogie des Sprachbaus kein Mensch sich in den Hunderttausenden von Wortformen zurechtfinden könnte, die doch nur infolge der analogischen Deklinations- und Konjugationsformen nicht alle als selbständige Wörter empfunden werden.

Hier aber soll nicht weiter von der Analogie im Sinne der Sprachwissenschaft die Rede sein. Hier will ich nur noch auf eine besondere Wirkungsart des allgemeinverbreiteten Analogieschlusses hinweisen, die noch mächtiger als in der Naturwissenschaft all unser Denken oder Sprechen beherrscht, die alle Unsicherheit in die Begriffe unserer Geisteswissenschaft gebracht hat: ich meine die unbewußten Analogieschlüsse, die unserer Natur gemäß von unserem äußeren Erleben auf unser Innenleben gehen. Wir ziehen da freilich nicht immer den barbarischen Schluß: „Weil zwei Dinge in ihren bekannten Eigenschaften ähnlich sind, darum müssen sie auch in ihren unbekannten Eigenschaften ähnlich sein;“ wir wissen bei der Vergleichung des Innenlebens und des äußeren Erlebens anfangs immer ganz gut, daß wir nur bildlich oder metaphorisch gesprochen haben und daß aus einem Bilde ebensowenig ein Schluß zu ziehen sei, wie es einem Menschen schaden könnte, wenn man seinem Porträt das Herz durchsticht. Aber da wehrt man sich umsonst gegen den Wortaberglauben, der unserer durch und durch metaphorischen Sprache wesentlich ist. Auch den Scholastikern half ihre Distinktion zwischen analogen und ähnlichen Dingen nicht weit. Das Bild wird bald nicht mehr als Bild empfunden; und was ursprünglich nur ein Spiel des Witzes war und nicht einmal das Empfinden einer Ähnlichkeit, das wird am Ende um der Wortgleichheit willen für gleich gehalten. Man gebe sich nur einmal die Mühe, in einem so kümmerlichen Schulsatze, wie „die Seele ist unsterblich“ das zwingende Walten der metaphorischen und der sprachbildenden Analogie zu verfolgen, die da in gleich zweien Anthropomorphismen versteckt ist.

Und noch eins. Während unser Innenleben durch Bilder ausgedrückt wird, die den äußeren Sinneseindrücken entnommen sind und so für unser gesamtes Innenleben eine metaphorische, uneigentliche, unwissenschaftliche Sprache entsteht, können wir umgekehrt nicht anders, als diese unwissenschaftliche Sprache des Innenlebens jedesmal da auf die Erkenntnis der Außenwelt anzuwenden, wo wir ins Innere der Natur dringen, wo wir die Natur erklären wollen. Man denke an den Kraftbegriff. Daher allein schon kommt es, daß nicht nur Religion und Kunst durchaus anthropomorphisch sind, als Werke der Phantasie, sondern daß auch unsere Naturerkenntnis durchaus anthropomorphisch geworden ist. In meiner Sprache könnte ich diesen Gedanken kurz auch so ausdrücken: die adjektivische Welt, die Welt des Sensualismus, ist uns aufgezwungen durch die Bedingungen unserer Sinne und unseres Verstandes, ist also anthropomorphisch im ersten Grade; die substantivische Welt mit ihren hypostasierten Ursachen und Kräften ist uns aufgezwungen durch die Sprache und ist anthropomorphisch im zweiten Grade.

angeboren — ist ein natürlicher Begriff, der nur jahrhundertelang von Theologen und Moralisten so arg mißbraucht wurde, bis er dadurch den Zorn Locke's weckte. Der Sinn deckte sich ursprünglich mit dem Zeichen. Mit innatus hatte Cicero das griechische *ἔμφυτος*, eingepflanzt, ganz gut übersetzt; Griechen und Römer waren nicht Erkenntnistheoretiker genug, um sich den Kopf darüber zu zerbrechen, ob nur die Anlage zu allgemeinen Vorstellungen oder ob diese Vorstellungen selbst angeboren wären. Selbst Aristoteles war nicht Rationalist genug, um die Bedeutung der Empirie zu leugnen. Erst in der christlichen Scholastik wurde die Lehre von den angeborenen Ideen der Psychologie gefährlich; angeboren, d. h. dem menschlichen Verstande anerschaffen sollten auch die moralischen Vorstellungen sein und dazu, gegen alle Erfahrung, die Erkenntnis Gottes; und da der menschliche Verstand ein von Gott geschaffenes Erkenntniswerkzeug war, so konnte dieser Verstand nichts Dummes vorstellen. Diese echt mittelalterliche Lehre war im Grunde schon von Bacon gestürzt worden, da er unter den Idolen oder Gespenstern des Denkens auch diejenigen anführte, die inhaerent naturae ipsius intellectus. Mit der ganzen Wucht seiner schon auf Sprachkritik gerichteten Überzeugung hat dann Locke dem Gerede von den angeborenen Ideen ein Ende gemacht.

Nicht ganz mit Recht und nicht für immer. Schon Leibniz kehrte in seiner kritischen Paraphrase Lockes sofort zu dem Empirismus des Aristoteles zurück: dans ce sens on doit dire que toute l'arithmétique et toute la géometrie sont innées et sont en nous d'une manière virtuelle (Arist. hatte gesagt *δυναμει*), en sorte qu'on les y peut trouver en considérant attentivement et rangeant ce qu'on a déjà dans l'esprit. Und Hume suchte klar zwischen den angeborenen Sinneseindrücken und den nichtangeborenen Begriffen zu unterscheiden.

Locke beseitigte das Wort so wenig, daß just das 18. Jahrhundert, und just auf dem unbestrittenen Gebiete der Konvention, der Jurisprudenz, den Begriff der angeborenen Rechte ausbildete, die dann in der Zeit der großen Revolution als Menschenrechte besonders wirksam wurden.

Seit Spencer ist es nun geläufig, von *ererbten*, anstatt von angeborenen Ideen zu sprechen. Vererbung oder Entwicklung ist an die Stelle eines Schöpfers getreten. Man könnte auch von *entwickelten* Ideen reden. Die Erfahrung aller Vorfahren hat unsere Ideen geschaffen, nicht mit Allweisheit, aber doch mit soviel Weisheit, daß unsere ererbten Ideen vom Guten weise genug sind. Und niemand hat noch daran gedacht, an der psychologischen Vererbung die gleiche Kritik zu üben, die Locke an die *angeborenen Ideen* wenden mußte. „Was du ererbt von deinen Vätern hast, erwirb es, um es zu besitzen.“ Und niemand scheint noch zu wissen, daß den Ideen gegenüber Ererben,

Erwerben und Besitzen fast dasselbe sagen will.

Und niemand scheint noch die Lehre beherzigt zu haben, daß Kant mit seiner tiefen Deutung, alle Formen oder Gestaltungen unserer Erfahrung seien apriorisch, alle Kategorien der Erfahrung wieder für angeboren oder ererbt erklärt hat, daß *angeboren* und *apriorisch* synonyme Begriffe sind (für die menschlichen Anlagen), daß wir also wenig Aussicht haben, die angeborenen Ideen, die totgesagten, los zu werden.

Anpassung — ist, wenn man Haeckel fragt, eine allgemeine physiologische Funktion der Organismen. Haeckel weiß das ganz genau und weiß wahrscheinlich auch zu sagen, was eine Funktion sei. Mach aber hat uns gelehrt, daß die logische oder vielmehr die psychologische Anpassung der Gedanken an die Tatsachen eine Beobachtung sei, die *Anpassung der Gedanken aneinander* eine Theorie. Theorie ist aber nicht nur der gequälte Satz Haeckels, sondern auch die zugrunde liegende Lehre Darwins, die Haeckel nur in seiner Art wiedergibt, allgemeiner und unvorsichtiger. Darwin hat die Anpassungstheorie von Lamarck übernommen und sie nur seinem größeren Systeme der natürlichen Zuchtwahl eingefügt. Was aber da geschieht, wenn ein Organismus sich seinem Milieu anpaßt, seine Organe oder ihre Funktionen verändert, darüber weiß bis zur Stunde niemand etwas; und über die entscheidende Frage, was an den erworbenen Eigenschaften erblich sei, währt bis heute der Streit unter den Darwinisten selbst. Schärfen wir aber unser Ohr für den Ausdruck *anpassen*, der eine schlecht angepaßte Übersetzung von *adaptare* ist, so hören wir einen Nebenton heraus, der erklärt, warum das Wort solches Glück gehabt hat. Das Grundwort von adaptare ist (um die Etymologie nicht weiter zu bemühen) *aptus*, eigentlich soviel wie *gefügt*, nach dem lat. Sprachgebrauch: gehörig, in guter Ordnung gefügt, geschickt, wohl angebracht, zweckdienlich. Der zudringliche Zweckbegriff steckt also heimlich in dem Begriffe verborgen, der nach dem Willen der Lamarckisten und der Darwinisten erst die auf die Anpassung folgende Zweckmäßigkeit erklären sollte. Und so steht es um alle Begriffe, welche mit der Entwicklungslehre zusammenhängen. Unter Entwicklung selbst stellen wir uns die Tendenz nach einem Ziel vor, eine Zielstrebigkeit. Es ist eben die Entwicklungslehre bislang eine Sehnsucht, wohl sicher richtig in ihrer Negation gegen den biblischen Schöpfungsgedanken, in ihrem positiven Gehalte eine versteckte Tautologie. „Der Mensch begreift niemals, wie anthropomorphisch er ist.“

Anschauung. — Ich habe (Kr. d. Spr. III. 280) vorgeschlagen, *Anschauung* nur für solche Wahrnehmungen zu sagen, die noch nicht Begriffe sind, die noch unter keinen Begriff subsumiert werden können, weil sie zum ersten Male da sind. Für solche unmittelbare Wahrnehmungen, wie wenn ein ohne Schulunterricht aufgewachsenes Kind zum ersten Male einen Löwen sähe, wirklich sähe, in einer Jahrmarktsbude. Oder wenn ein Neger zum ersten Male Eis sähe. Liegt keine unmittelbare Wahrnehmung eines konkreten Gegenstandes vor, so reden wir ja nicht von *Anschauung;* auch dann nicht, wenn die Subsumierung darum nicht möglich ist, weil der Gegenstand einzig in seiner Art ist. Die Peterskirche in Rom ist einzig; aber ihre Anschauung *erlebe* ich erst durch wirkliche unmittelbare Wahrnehmung, nicht durch begriffliche, sprachliche Beschreibung. Eine Doktorfrage wäre es, ob eine gute Zeichnung, ein Bild, Anschauung vermitteln könne.

Nach diesem Vorschlage wäre endlich eine sachliche Scheidung möglich zwischen der vorsprachlichen und der sprachlichen Erfassung der Welt; denn sowie eine Wahrnehmung an eine frühere ähnliche (*gleiche* sagt man oft) angegliedert wird, Gedächtnis, Klassifikation, Sprache, Wissenschaft in Tätigkeit versetzt, ist sie keine reine Anschauung mehr, ist sie schon ein Denkakt. Hierin sehe ich den tieferen Grund für den Gegensatz zwischen Kant und Schopenhauer; Kant hatte in seiner Habilitationsschrift behauptet: intuitus mentis nostrae semper est passivus; Kant, der doch die Aktivität der Seele später in den Mittelpunkt stellte und Raum und Zeit geradezu zu Anschauungsformen machte, Anschauungen also von der Mitarbeit der Vernunft abhängig machte. Schopenhauer behauptete dem ersten Kant gegenüber die Intellektualität aller Anschauung; er geht so weit, der Anschauung die Praeexistenz des Kausalitätsbegriffs zugrunde zu legen und aus dieser Zeitfolge den logischen Schluß zu ziehen, daß — Hume mit seiner Herleitung der Kausalität (oder was man so nennt) aus der Erfahrung unrecht gehabt habe.

Mein Vorschlag würde dem Sprachgebrauche ein Ende machen, der unter *Anschauung* alle möglichen Akte mitversteht, die häufig oder gewöhnlich mit der Wahrnehmung verbunden sind. Kants hübscher Satz ist berühmt geworden, wenn Ruhm anders im kleinen Kreise philosophierender Schriftsteller möglich ist: „Gedanken ohne Inhalt sind leer, Anschauungen ohne Begriffe sind blind.“ Ganz richtig, wenn da unter *Gedanken* Begriffe, unter Anschauungen eben die vorbegrifflichen Wahrnehmungen gemeint sind; wenn z. B. der eine von Unendlichkeit reden hört, ohne sich etwas dabei denken zu können, wenn der andre den hellen Stern am Himmel sieht, was man so sehen nennt, aber keine astronomischen Daten mit dieser blinden Anschauung verbindet. Wobei noch zu beachten, daß Kant die Metapher *blind* offenbar darum gewählt hat, weil die Metapher *Anschauung* von Gesichtseindrücken hergenommen ist; wie gut das Bild ist, mag mancher erst erkennen, wenn er etwa akustische *Anschauungen* (sit venia verbo) *taub* nennen wollte.

Die Herbartianer nennen eine Wahrnehmung erst dann Anschauung, wenn Aufmerksamkeit auf ihren Gegenstand gerichtet ist; ich fürchte, daß da der gewöhnliche Sprachgebrauch direkt umgekehrt wird. Auch Riehls Behauptung, *Impressionen* würden erst dadurch zu Anschauungen, daß sie als Teile von Zeit und Raum erscheinen, scheint mir die gleiche Willkür zu enthalten; Raum und Zeit werden erst bei Aufmerksamkeit zu *Formen* jeder Anschauung, erst, wenn die Aufmerksamkeit auf Raum *oder* auf Zeit gerichtet ist. Dann freilich ist eine Anschauung ohne Beziehung zu Raum und Zeit nicht möglich. Aber vor der Einstellung der Aufmerksamkeit auf die beiden Anschauungsformen (ich gebrauche das Unwort mit Widerstreben; Anschauungs*dingsda* hätte ungefähr den gleichen Bedeutungswert; man vergleiche dazu Artikel: *Form*) hat die Anschauung keine Beziehung zu Raum oder Zeit. Denn die Anschauung ist eine psychische Tätigkeit. Etwas anderes ist es, daß der Gegenstand der Anschauung, weil konkret, jedesmal nach Raum und Zeit bestimmt werden *könnte*.

Daß Anschauung ihrem Wesen nach intellektual sei, d. h. daß die physiologischen Notierungen der Sinne erst vom Verstande gedeutet werden müssen, um zu Wahrnehmungen zu führen, das ist seit Kants Vernunftkritik allmählich Gemeingut der Psychologen und am Ende auch der Physiker geworden. Prädikativ gebraucht hat so das Adjektiv *intellektual* einen guten Sinn. Als artbildendes Attribut hat es aber den Begriff *intellektuale Anschauung* geschaffen, mit dem von Philosophen und Okkultisten so viel Unfug getrieben worden war, daß Schopenhauers Zorn gegen dieses Wort nur Recht hatte.

an sich — ist nichts, das wir wüßten, das wir Menschen wissen könnten; *an sich* ist, genau betrachtet, eine Negation; die kühne Behauptung, daß Etwas da sei, was dennoch nicht *auf uns* gewirkt habe. Nur der naive Realismus glaubt zu wissen, was die Dinge an sich, an und für sich seien. Die Formel *an sich* ist eine alte und genaue Übersetzung des griech. *καϑ' αὐτο,* einer Redensart, welche wohl dem griechischen Sprachgeiste oder wenigstens den Gewohnheiten der griechischen Schulsprache angepaßt war; außer uns Deutschen hat keine moderne Kultursprache den Terminus dauernd übernommen. Im Deutschen hat Hegel sogar, dialektisch und unlogisch, den Dreitakt *an sich — für sich — an und für sich* in die Terminologie eingeführt und hat durch seinen vorübergehenden Erfolg die Sprachmode so stark beeinflußt, daß der letzte Ausdruck, der als Synthese des schwer begreiflichen *an sich* und des wirklich sinnverwirrenden *für sich* völlig unverständlich ist, daß — sage ich — der Ausdruck *an und für sich* in die deutsche Gemeinsprache der Bildungsphilister übergegangen ist.

Denn das griech. *καϑ' αὐτο* ist

nur die Negation einer Wirkung; ein Ding kann eine Wirkung haben *προς τι,* auf ein anderes Ding, oder *προς ἥμας,* auf uns, auf die menschliche Erkenntnis. Von den Beziehungen und Wirkungen der Dinge auf uns geben unsre Zufallssinne uns einige Nachricht; von den Wirkungen der Dinge aufeinander verschaffen wir uns durch List und Experiment, oft auch nur durch Analogieschlüsse, einige Kenntnis. Wobei wir übrigens niemals erfahren, wie ein Ding auf das andere direkt wirke; sondern höchstens, wie sich das andere Ding durch die Wirkung des ersten *für uns* verändert habe. Nur eine metaphysische Hypothese ist es (allerdings die älteste Hypothese des Menschen), daß die Dinge außer diesen Wirkungen noch etwas sind, *καϑ' αὐτο,* an sich. Wie sie aber *außer* diesen Wirkungen (aufeinander und auf uns) noch etwas *für sich* sein können, das verstehe, wer mag. (Wer als Übersetzung von *καϑ' αὐτο für sich* vorzieht wird wiederum den Terminus *an sich* tilgen müssen.)

Die Frage nach dem *An-sich* der Dinge ist dem menschlichen Denken von der uralten Hypothese des naiven Realismus gestellt worden; die Antwort wurde nie gefunden, wenn nicht in Sprachverrenkungen, wie in dem *το τι ἧν εἰναι* des Aristoteles und in dem fremdartigen Ding-an-sich Kants oder in neuen deutlichen oder heimlichen Negationen wie: das Absolute, the unknowable.

Auch die Sprachkritik sucht sich mit diesen historischen Formeln abzufinden, und ich mache von den Worten, mit denen ich die dreifache Beziehung wiedergebe, häufig Gebrauch. Die Dinge *προς ἥμας* bilden für uns die adjektivische Welt, die allein greifbare und begreifliche Welt des Sensualismus; die Dinge *προς τι* bilden die verbale oder kausale Welt, deren Beziehungen zueinander die Wissenschaft aufzuklären sich bestrebt; die Dinge an sich bilden die Welt noch einmal, die schöne überflüssige Welt, die substantivische Welt, — die in Feierstunden notwendige Welt der Mystik. (Vgl. Art. *substantivische Welt* und *verbale Welt.*)

anthropomorphisch — ist das Erleben und das Denken, das Wissen und das Phantasieren des Menschen. Natürlich. Der vorchristlichen Zeit war diese Einsicht ganz geläufig und namentlich der Satz, daß die Götter nach dem Bilde des Menschen geschaffen seien, ist uralt, stammt schon von dem Eleaten Xenophanes. Aber Feuerbach errang anthropomorphischen Ruhm, als er den Satz wiederholte und ihn der biblischen Lehre gegenüberstellte: Gott (der anthropomorphische) habe den Menschen nach seinem Bilde geschaffen. Goethes Wort „Der Mensch begreift niemals wie anthropomorphisch er ist“ ist bekannt genug; weniger beachtet das andere Aphorisma aus den „Sprüchen in Prosa“ (Nr. 803 nach der alten Zählung): „Dadurch (durch Fall und Stoß) die Bewegung der Weltkörper erklären zu wollen, ist eigentlich ein versteckter Anthropomorphismus: es ist des Wanderers Gang übers Feld, der aufgehobene

Fuß sinkt nieder, der zurückgebliebene strebt vorwärts und fällt, und immer so fort, vom Ausgehen bis zum Ankommen".

Man kann vom Philosophen verlangen, daß er sich dieses unentrinnbaren Anthropomorphismus in jedem Augenblicke bewußt sei oder bewußt werde; der Philosoph kann diese Pflicht anerkennen, kann ihr aber nur nebenher nachkommen, wenn er beim Denken sich selbst über die Schulter sieht. Beim Denken ist er anthropomorphisch wie die Phantasie jedes Kindes, beim Denken erst recht anthropomorphisch, weil er in Sprache denkt und die Sprache anthropomorphisch ist in zweiter Potenz. In der Sprache ist aufbewahrt, was Menschensinne wahrgenommen haben, was menschliches Interesse erregt hat und was innerhalb eines Volkes das Menschengedächtnis behalten hat. Wäre ein Mensch frei oder absolut genug, sich vom Anthropomorphismus los zu lösen, so wäre er doch nicht stark genug, sich von dem anthropomorphischen *Gebräuche* der Sprache zu befreien.

ἀποκαταστασις —, restitutio, allgemeine Wiederherstellung, Wiederkunft des Gleichen, oder wie immer man das griechische Wort übersetzen will, — der Begriff würde dem philosophischen Wörterbuche der Gegenwart kaum mehr angehören, wenn der Ruhm Nietzsches nicht auch einigen Schrullen und unklaren Gedanken zur Popularität verholfen hätte, den ohnehin aphoristischen Gedanken in der unverantwortlichen Form, die den Herausgebern des Nachlasses aus dem Vorrat auszuwählen beliebt. Nun aber sprechen die Jünger und Leser Nietzsches von der *ewigen Wiederkunft* so geläufig, als ob diese Lehre mehr wäre als ein uraltes Wandermärchen. Der Philologe Nietzsche wußte ganz gut, daß schon Herakleitos (vielleicht auch Pythagoras) das Märchen erzählt hatte, das uns indisch anklingt, und daß bereits die Stoiker die fast realistischen Züge hinzugefügt hatten, die Wiederkehr der genau gleichen Ereignisse und Personen nach jeder Götterdämmerung, nach jedem Weltbrande (ἐκπυρωσις); der Pfarrersohn Nietzsche wußte wahrscheinlich, daß die Apostelgeschichte (III, 21) von der ἀποκαταστασις παντων (vulgata: restitutio omnium) spricht, daß Origenes diesen Glauben, der vielleicht nur Auferstehung des Fleisches bedeutete, mehr im Sinne der Stoiker ausbildete, und daß dieser Glaube an eine restitutio universalis in langen Zwischenräumen immer wieder gläubige Sekten fand, zuletzt in Amerika gegen Ende des 18. Jahrhunderts unter dem Namen des Universalismus. Ein Glaube, so brutal materialistisch, daß dagegen Mohammeds allzu irdischer Himmel fast idealistisch erscheint.

Nietzsche hat seine Phantasie von der ewigen Wiederkunft so wenig und so schlecht begründet, daß eine Widerlegung überflüssig erscheint. Nur ein paar Worte. Sein Bild von der Sanduhr ist verkehrt. „Mensch! dein ganzes Leben wird wie eine Sanduhr immer wieder umgedreht werden und immer wieder auslaufen, — eine große Minute Zeit dazwischen, bis alle Bedingungen, aus denen du geworden bist, im Kreislaufe der Welt wieder zusammenkommen". Nietzsche hat vergessen, daß gerade nur die Zeit, die doch nicht wiederkehrt, an der Sanduhr gemessen werden kann, daß aber just die Bedingungen des individuellen Lebens und die Abläufe des physischen und psychischen Lebens sich durchaus nicht umkehren lassen. Das wäre nur ein falsches Bild. Aber Nietzsche vergißt auch, wenn er die Notwendigkeit der Wiederkehr gleicher Zustände aus der Unendlichkeit der Zeit und der Endlichkeit der Zahl der Atomkombinationen berechnet, daß 1) bei der Winzigkeit der Atome und Moleküle schon die Atomkombinationen eines einzigen Menschenleibes eine Zahl ausmachen würden, die keine Menschenvorstellung von der Menschenvorstellung *unendlich* unterscheiden könnte, daß 2) Moleküle und Atome Rechenpfennige der höheren Chemie sind, Grenzbegriffe, mit deren realen Werten zu operieren jeder Philosoph sich scheuen sollte, der Moralphilosoph erst recht, daß 3) die Berufung auf die unendliche Länge der bereits abgelaufenen Zeit (die also alle Kombinationen erschöpft oder durch Entropie den vorhergesagten Gleichgewichtszustand erreicht haben müßte) durch die weitere Fortdauer der Zeit so einfach korrigiert wird, wie die sophistische Negierung des Bewegungsbegriffs durch das Fortlaufen des Diogenes. Zu der moralischen Ausdeutung der ewigen Wiederkunft zu einer Religion der freiesten, heitersten und erhabensten Seelen habe ich schon (Kr. d. Spr. I, 365) die Bemerkung gemacht: „Wenn Nietzsche der moralischen Regel Kants die verstiegene Maxime entgegenstellt: lebe so, wie du bei der Wiederkehr des Gleichen unzähligemal leben willst! so vergißt er völlig, daß da gerade das Schwergewicht seiner Idee und ihr Einfluß auf die Handlungen der Menschen die Wiederkehr des Gleichen einfach wieder aufheben müßte". Ich glaube, deutlich gewesen zu sein. Wenn der Glaube an die ewige Wiederkehr moralisch d. h. praktisch werden könnte, wenn durch diesen Glauben auch nur ein Atemzug anders ausfallen könnte als ohne diesen Glauben, dann wäre die genaue Wiederkehr des Gleichen zerstört, der Gegenstand des Glaubens durch den Glauben vernichtet, — wie das ja wohl zu Zeiten kommen mag.

In dem wildgroßen Gedichte seines Zarathustra hat Nietzsche der alten Phantasie von der ewigen Wiederkunft einen neuen poetischen Ausdruck gegeben, und dagegen dürfte nur ein Philister etwas einwenden. Im Reiche der Poesie hat auch diese Vorstellung ihren Platz. Auch im Reiche eines religiösen Mystizismus. Im Denken nur, im Denken mit leidlich klaren Menschenworten ist sie nicht unterzubringen, ein uraltes Märchen ist sie, aber kein schönes Märchen. Ein schönes Märchen ist die Vorstellung von einer Unsterblichkeit der Seele, so schön, daß ein Goethe mit dem Bilde gern spielte, vielleicht ernsthaft in Stunden der Mystik an die Unsterblichkeit bevorzugter aristokratischer Seelen, seiner eigenen Seele z. B., glaubte. Die Vorstellung von einer ewigen Wiederkehr ist die greulichste Karrikatur des Determinismus, die ausgedacht werden kann. Man denke es nur aus: eine große Minute Zeit dazwischen und Nietzsche geht noch einmal auf die Schule und Universität, wird noch einmal Professor, leidet noch einmal unsägliche Kopf- und Seelenschmerzen, zermartert sich sein Gehirn noch einmal am Aphorismenschleifen, verfällt noch einmal in Wahnsinn und aus seinem Nachlaß bringt die Schwester, die auch noch einmal lebt, noch einmal die Fetzen von der ewigen Wiederkunft ans Licht. Und die philologischen Herausgeber geraten einander noch einmal in die Haare. Es wäre zum Pessimistischwerden.

Apperzeption.

I.

Für den Begriff, aus welchem Leibniz den strengern Begriff Apperzeption gebildet hat, für den Begriff, den die Franzosen und Engländer, mit ungleicher Aussprache, perception nennen (ital. percezione), haben wir Deutsche etwa seit der Mitte des 18. Jahrh. das uralte und sehr merkwürdige Wort *Wahrnehmung* eingeführt. Das deutsche Wort war sehr glücklich gewählt; wir werden erfahren, daß es schon in seiner ältern und ältesten Bedeutung ziemlich genau das ausdrückt, was die Psychologie unter Perzeption verstanden wissen will. Ich kann aber nicht umhin, gleich hier zu melden, daß recht berühmte Sprachforscher und Philosophen das deutsche Wort in seiner Herkunft arg mißverstanden haben. Es ist nicht gebildet aus wahr = verus, sondern aus einem alten Substantiv *War* (ich schreibe es zur Unterscheidung ohne Dehnungs-h, willkürlich genug, aber so schreiben noch Luther und Hans Sachs) ahd. wara, das auch in verwandten Sprachen (engl. aware) Aufmerksamkeit, Acht bedeutete; in unserer Sprache ist es noch in *gewar* erhalten, zwar fast ausschließlich in gewar werden, *war* außer in warnehmen noch selten genug in War haben (veraltet, davon vielleicht irrtümlich das norddeutsche *Wort haben*), War halten (im Sinne von Wacht halten: „ach freilich wird uns stets des Todes Netz umgeben, das noch viel schärfer War als eine Spinne hält“, aus einem geistl. Gedichte von 1686); *wahrnehmen* hat eine sehr reiche Geschichte, schwankt lange zwischen den Bedeutungen, „auf etwas acht geben“ und „etwas bemerken“, bis es im 18. Jahrh., jedenfalls schon bei Kant, aber noch nicht bei Adelung zur Übersetzung des Terminus percipere benützt wird. Aber Campe hat mit strafbarer Etymologie *wahrnehmen* definiert: „mit den Sinnen das, was von selbst schon in dieselben fällt und von denselben erkannt werden kann, gleichsam wahr d. h. als wirklich nehmen, als wirklich empfinden.“ Mit scheinbarem Tiefsinn ist Hegel auf diese Etymologie hereingefallen: „während das bloß sinnliche Bewußtsein die Dinge uns weist, d. h. bloß in ihrer Unmittelbarkeit zeigt, erfaßt dagegen das Wahrnehmen den Zusammenhang der Dinge, tut dar, daß, wenn diese Umstände vorhanden sind, dieses darauf folgt, und beginnt so, die Dinge als wahr zu erweisen.“ (Werke 7, 2. 262). Des gleichen Schnitzers hat sich auch der gute Krug, der tapfere kleine Gegner Hegels, schuldig gemacht: „wir sagen ... daß wir es wahr-nehmen, weil es sich uns unmittelbar darstellt als etwas Wahrhaftes oder Wirkliches.“ Und den gleichen Schnitzer finde ich bei Wundt, der doch Philosoph und Sprachforscher in einer Person ist. Verdächtig war schon in seiner physiologischen Psychologie (Bd. II, S. 1) die Äußerung: „Bei dem Ausdruck Wahrnehmung haben wir die Auffassung des Gegenstandes nach seiner wirklichen Beschaffenheit im Auge.“ Aber in seiner „Logik“ (2. Aufl. I. 423) ist klipp und klar zu lesen: „Die Wahrnehmung ist, wie es der Name andeutet, das als wahr Angenommene.“

Ich will nun vor allem zu zeigen suchen, daß der internationale Terminus Perception und der deutsche Terminus Wahrnehmung genau den gleichen Gegenstand bedeuten und daß man sich durch den Zufall, der zwei Worte zur Verfügung stellt, nicht verleiten lassen solle, das Eine vom Andern zu unterscheiden. Auch ich möchte an das Wort *Wahrnehmung* anknüpfen, nicht aber an den Bestandteil *wahr* sondern an *nehmen*. Ich kann es nur nicht belegen, daß dieses *nehmen* eine Übersetzung des in percipere enthaltenen *capere* ist; aber die Analogie spräche dafür, und weil mir in spätern Artikeln oft genug Zeit und Raum fehlen wird, solche Übersichten über ganze Wortfamilien zu geben, will ich hier einmal reichlichere Beispiele sammeln.

Capere übersetzen wir mit: nehmen, fassen, greifen, fangen. Während nun in den romanischen Sprachen der tollste Bedeutungswandel stattgefunden hat, und so entlegene Begriffe wie: chétif (captivus, gefangen, elend; englisch: caitiff = Lump), catafalco (doch wahrscheinlich von catar, captare, schauen, und balko, Balken, Gerüst, also Schaugerüst, davon échafaud, Schafott usw.); chasse (von captiare, cacciare); caisse (von capsa, mit der ganzen Sippe: bis zu châssis, châton); acheter (aus accaptare) usw. kreuz und quer in der Wirklichkeitswelt umherführen, hat die wissenschaftliche Sprache der Deutschen eine ganze Menge genauer Lehnübersetzungen von Kompositionen mit capere (— cipere, frz. — cevoir) gebildet; freilich auch oft das romanische Wort daneben behalten, wie wir für auffassen, begreifen auch capieren sagen: acceptare usw. = emp*fangen*, auceps = Vogel*fänger*, concevoir = *begreifen*, aber conception auf einer ältern Sprachstufe = Emp*fängnis*, exceptio = Aus*nahme*, incipere = an*fangen*, praecipuus, vor*nehm*lich, recipere usw. = auf*nehmen* (receptio wurde mit Auf*nahme* übersetzt und hatte früher weite Verbreitung: Aufnahme des römischen Rechts, der Wissenschaften), suscipere = unter*nehmen* und übernehmen, occupare = er*greifen*, präokkupiert = vorein*genommen*. Zu dieser Gruppe gehören nun percipere, percevoir, (auch: Steuern einnehmen), to perceive, einnehmen, aufnehmen, *wahrnehmen;* appercipere, apercevoir (davon weiter gebildet *aperçu*), mit besonderer Aufmerksamkeit wahrnehmen.

Mir ist es nun darum zu tun, daß in appercipere, in wahrnehmen, ein aktives Verbum steckt; nicht die *Wahrheit* ist das Wesentliche an der Wahrnehmung, sondern die Tätigkeit des Aufnehmens.

Die Überzeugung, daß der Vorgang der Wahrnehmung aus zwei Teilen bestehe, einem passiven und einem aktiven, daß — wie ich es ausdrücken möchte — eine Wahrnehmung nicht zustande kommen kann, ohne daß zwei Veränderungen stattfinden, die eine am Objekt, die andere am Subjekt, diese Überzeugung ist ungefähr so alt wie die Psychologie. Wir müssen nur nicht, um diese Überzeugung noch älter zu datieren, die schlecht überlieferten und noch schlechter verstandenen psychologischen Erklärungen der alten vorpsychologischen griechischen Philosophen, wie es ja vorkommt, umdeuten wollen; die Ausflüsse (*ἀποῤῥοαι*), mit deren Hilfe Empedokles das Eindringen in unsere Sinneswerkzeuge erklären wollte, die Bilderchen (*εἴδωλα*) des Demokritos, die sich von den Außendingen loslösen und in die Seele drängen, der Satz des Aristoteles, daß Gleiches nur von Gleichem wahrgenommen werde (Goethe: wär' nicht das Auge sonnenhaft usw.), all das kindische Zeug (Goethes Mystik in Ehren) war ja noch nicht Psychologie. Die Annahme einer Aktivität unserer Seele steht am Anfang der ernsthaften Seelenlehre. Augustinus lehrt schon, daß die Seele beim Wahrnehmen tätig sei; Campanella weiß gar schon, daß mit der Wahrnehmung ein Urteilsakt verbunden ist; Descartes gar hat das erkenntnistheoretische Problem begriffen, daß wir nur Bewegungen empfinden, wenn wir eine Fackel zu sehen, eine Glocke zu hören glauben, die Wirkungen von Bewegungen auf unsere Nerven und auf unser Gehirn, daß wir diese Empfindungen auf äußere Objekte als ihre Ursachen beziehen, daß also (was er freilich nicht ausdrücklich sagt) Wahrnehmung Verstandesarbeit sei.

Daß eine Wahrnehmung, die den Alten so einfach ein Bildchen zu sein schien, eine unendlich zusammengesetzte Sache sei, das wurde seit Descartes immer deutlicher eingesehen oder wahrgenommen. Nur waren die Denker nicht einig darüber, welches von den vielen geistigen *Vermögen* die Wahrnehmung erst zur Wahrnehmung mache. Es konnte ganz allgemein der Verstand sein, wie es unter allen Männern aus der Zeit der Vernunftkritik Aenesidemus-Schulze, trotzdem er ein Gegner Kants war, der scharfsinnigste und der ebenbürtigste übrigens, am einfachsten ausgedrückt hat in seiner klaren, deutschen, undogmatischen Sprache: „Zum Anschauen und Wahrnehmen ist schon viel Mitwirksamkeit des Verstandes erforderlich.“ Kant selbst, der da mit Recht Perzeption und Apperzeption zusammenwarf, will eine Erscheinung, wenn sie mit Bewußtsein verbunden ist, Wahrnehmung genannt wissen. Erasmus Darwin sieht in der Aufmerksamkeit das, was die idea erst zur perception macht. Andere haben wieder die Auffassung eines Mannigfaltigen unter der Form der Einheit zur Bedingung des Zustandekommens einer Wahrnehmung gemacht.

Namentlich die Engländer hatten sich seit Locke bemüht, das Verhältnis zwischen sensation und perception klarzustellen; ihrer Weisheit letzter Schluß war wohl: daß der Unterschied sich nicht scharf bestimmen lasse, daß nur ein Gradunterschied vorhanden sei. Was doch wieder nicht ganz richtig ist. Hat man nämlich nur den Terminus im Sinn, abstrakt, dann ist die Empfindung oder der Sinneseindruck wirklich etwas anderes als die bewußte Wahrnehmung, die den Sinneseindruck auf seine Ursache projiziert. Nur daß im wirklichen Seelenleben ein Sinneseindruck ohne Wahrnehmung nicht beobachtet werden kann. Wie der Teilnehmer am Telephonnetz für mich nicht existiert, solange er mich nicht durch das verabredete Zeichen gerufen oder geweckt hat, ebenso existiert die Wirkung der Außenwelt auf meine Sinne nicht, solange mein Bewußtsein nicht, durch Überschreiten der Reizschwelle, geweckt worden ist. Ich will auf die seltenen Fälle nicht eingehen, wo denn doch Erinnerung ohne Wahrnehmung möglich ist. Ich will hier nur festhalten, daß die seelische *Tätigkeit*, die Reaktion gegen die physische Aktion der Außenwelt, am häufigsten und besten (neuerdings wieder von Spencer und von Ziehen) als Aufmerksamkeit bestimmt worden ist. *Verstand*, *Bewußtsein*, *Form der Einheit*, und was sonst herangezogen worden ist, ist für uns als eine Gedächtnisarbeit der Aufmerksamkeit nahe verwandt. Ich kann für die vielseitigen Beziehungen zwischen Aufmerksamkeit und Gedächtnis hier besonders auf ein Kapitel meiner Kr. d. Spr. (I.[2] S. 547—570) verweisen. „Aufmerksamkeit ist die Anpassungsarbeit des Gedächtnisses“. Alles Wahrnehmen ist Bereicherung unsres Gedächtnisses, ist niemals ohne das Gefühl der Gedächtnisarbeit, niemals ohne das Gefühl der Aufmerksamkeit. Wir merken uns etwas, nachdem wir darauf aufmerksam geworden sind. Die alten Deutschen waren also gar nicht so dumm, als sie percipere mit war nehmen, gewar werden, aufmerksam werden übersetzten.

II.

Die Wahrnehmung ist begrifflich von dem *einfachen* Sinneseindruck zu unterscheiden, ist aber in der psychologischen Wirklichkeitswelt nur dem Grade nach von ihm verschieden. Die Wahrnehmung oder Perzeption ist vom bloßen Eindrucke nur zu unterscheiden durch das Gefühl der Aufmerksamkeit, durch diese Arbeitsleistung des Gedächtnisses. Weiter habe ich nun zu untersuchen, wodurch sich die sogenannte Apperzeption von der Perzeption unterscheide. Das, was die wissenschaftliche Psychologie so nennt. Denn: in der französischen Gemeinsprache bedeutet apercevoir, für das Gebiet der Gesichtseindrücke, gerade den geringeren Grad von Aufmerksamkeit (vgl. Kr. d. Spr. III, S. 335); bei Sachs-Villatte finde ich die Notiz: „voir", c'est recevoir d'une manière distincte les images des objets; „apercevoir", c'est voir d'une manière imparfaite, rapide, confuse; „remarquer", c'est voir avec attention.

Da ist es denn erwähnenswert, und dennoch meines Wissens bisher nicht erwähnt worden, daß der Mann, welcher den Terminus apperception in die Psychologie einführte, der deutsche Philosoph war, der in französischer Sprache schrieb: Leibniz. Er beherrschte die französische Sprache genug, um das verbe apercevoir nach dem Sprachgebrauche anzuwenden, aber er war Gelehrter und Lateiner genug, um besser als die Franzosen zu wissen, daß das Wort von ad-percipere herkam.[1]) Er konnte also einen Sinn heraushören und darum hineinlegen, der dem französischen Sprachgebrauche widersprach. Ad-percipere fügte dem percipere etwas hinzu, also mußte apperception mehr sein als bloße perception. So eignete sich der neu gebildete Terminus, den ein geborener Franzose kaum erfunden hätte, zur Unterscheidung der höchsten Rangstufe unter den Monaden von den niedrigeren Monaden, die nur einer perception fähig sind. Die erstklassigen Monaden sind die Geister, die animae rationales, die zu dem Sinneseindrucke und seiner Perzeption noch die Apperzeption hinzufügen und so zum Selbstbewußtsein gelangen. Es läßt sich nicht leugnen, daß Leibniz eine klare Unterscheidung zwischen Perzeption und Apperzeption nicht durchgeführt hat, so wenig wie eine zwischen den Monaden zweiter und dritter Rangklasse. Der scharfsinnige Anreger, der in so vielen Disziplinen die Arbeiten seiner nächsten Vorgänger kritisiert und überboten hat, hatte auch in diesem Falle das Problem des Selbstbewußtseins, das bei Locke langsam heraufzudämmern begann, klar gefaßt und dem Probleme seine richtige Stellung angewiesen: in der Frage nach der Einheit oder der Vereinigung unserer Wahrnehmungen. Wir werden gleich sehen, wie Herbart diese Bedeutung der Apperzeption erfaßt hat.

Kant erwähne ich nur, weil ich bestimmt glaube, daß er mit seinem schwierigen Begriff der transzendentalen Apperzeption gerade an Leibniz angeknüpft hat. Die empirische Apperzeption interessierte ihn nicht; aber das Ichgefühl, die Bedingung der Einheit alles Denkens und Vorstellens, die Einheit des Selbstbe-

---

[1]) Der französischen Gemeinsprache ist die Herkunft des Wortes so fremd geworden, daß die Konstruktion „s'apercevoir de" möglich und am Ende Regel wurde. Auch die Schreibung mit einem einzigen p nach dem Wörterbuch der Akademie half das Verständnis verwischen; Littré macht auf die Inkonsequenz der Akademie aufmerksam, apercevoir, apaiser, aber appauvrir zu schreiben.

wußtseins, das sollte durch die transzendentale oder erkenntnistheoretische Apperzeption erklärt werden. Nach Kants Sprachgebrauch sagt es ein und dasselbe: „die Einheit des Selbstbewußtseins ist transzendental“ und „aus der Einheit des Selbstbewußtseins ist Erkenntnis a priori möglich“. Ich habe (Kr. d. Spr. III, S. 204 f. u. 339 f.) den Versuch gemacht, die alten Termini a priori und a posteriori umzudenken und in jedem Wahrnehmungsakte, in jeder Apperzeption die aktive Rolle des a priori der Sprache zuzuweisen. Ich weiß, daß ich dabei von Steinthal, dem Schüler Herbarts, abhängig war.

Herbart verdient Dank dafür, daß wir den Vorgang der Apperzeption besser begreifen gelernt haben. Die älteren Vorstellungsmassen unseres Bewußtseins lassen neue Vorstellungen mit sich verschmelzen. Von seinem Schwellenbilde ausgehend, sagt er: „Anstatt daß die apperzipierten Vorstellungen sich nach ihren eigenen Gesetzen zu heben und zu senken im Begriff sind, werden sie in ihren Bewegungen durch die mächtigeren Massen unterbrochen, welche das ihnen Entgegengesetzte zurück treiben, obschon es steigen möchte, und das ihnen Gleichartige, wenngleich es sinken sollte, anhalten und mit sich verschmelzen.“ (Lehrb. d. Psych. 32.)

Apperzeption ist eine Tätigkeit, der auf deutsch der Name Zueignung gegeben wird. Fast immer sind es die älteren Vorstellungsmassen, die sich die neue Vorstellung zueignen. Die alten Vorstellungsmassen sind für die Tätigkeit der Apperzeption als Kategorien der Sprache vorgebildet, als allgemeine Begriffe.

Herbart interessierte sich wieder für die empirische Apperzeption. An der transzendentalen Apperzeption Kants ging er so gleichgültig vorüber, daß er sich über die Frage der Einheit des Selbstbewußtseins nicht deutlich aussprach. Der Vorgang der Apperzeption scheint etwas wie eine Selbstbewegung der Vorstellungen zu sein (nicht zu verwechseln mit Hegels Selbstbewegung der Begriffe), der die sogenannte Seele interessiert, aber unfrei zusieht. Herbarts Gefahr, daß er bei seinem Schwellenbegriff das Bewußtsein und überhaupt alle psychischen Vorgänge und Empfindungen (also: verbale und adjektivische Vorstellungen) zu substantivieren und dadurch zu vergröbern geneigt war, kann uns nicht mehr schrecken; die *Selbstbewegung der Vorstellungen* führte ja doch ein wenig über Kants Psychologie heraus.

Da habe ich aber freilich schon die Lehren im Sinne, zu denen Steinthal (Lazarus kopierte, wie so häufig, nur die Sätze seines Schwagers und verzierte sie mit Filigranarbeit) die Gedanken Herbarts erweitert hat. Ihm ist Apperzeption ein weit umfassender Begriff: die Summe aller Aneignungen, durch welche das Individuum das Weltbild in sich aufnimmt. Die Aufnahme einer neuen Vorstellung durch eine ältere Vorstellungsmasse. Da sonach zu jeder Erkenntnis oder ihrer Apperzeption eine ältere Vorstellungsmasse erfordert wird, so ist es klar, daß Erkenntnis nicht möglich ist ohne vorausgegangene Erkenntnis. Der Anfang der Kulturgeschichte, ja der Vernunft überhaupt wird so in ähnlicher Weise zurückgeschoben, wie etwa der Anfang des organischen Lebens auf Erden. Steinthal hätte sagen können: „omnis apperceptio ex apperceptione“ nach dem Muster von: „omnis cellula ex cellula“.

Bei aller Hochachtung für die Geistesarbeit Steinthals kann ich ein sonderbares Kleben am Worte bei ihm nicht übersehen. So gelangt er zum Begriffe des Selbstbewußtseins durch die Fiktion, daß eine Apperzeption erst durch Apperzeption bewußt werde. Was der Teufel verstehen mag. Sodann sieht er zwar sehr gut ein, daß es eine Wahrnehmung ohne Apperzeption nicht gebe; anstatt nun aber den Begriff der simpeln Perzeption aus dem Wortschatze der Psychologie hinauszuweisen, füllt er den alten Schlauch mit einem neuen Inhalte und nennt gegen jeden Sprachgebrauch das bewußte geistige Erfassen: Perzeption. Dagegen muß anerkannt werden, daß Steinthal in diesen Untersuchungen für die Eliminierung des Seelenbegriffs sehr viel getan hat.

Auf demselben Boden wie Herbart steht auch, trotzdem er es nicht Wort haben will, Wundt. Als Voluntarist freilich schreibt er dem Willen beim Vorgang der Apperzeption eine höchst aktive Rolle zu[1]) und lehrt so etwas wie Einheit der Seele. Das ist aber nur Aufputz. Er ist Herbartianer und hat den Vorzug, Herbarts Mathematik doch oft durch gute Beobachtungen ersetzen zu können. Sehr gut ist Wundts optisches Bild: der Eintritt einer Vorstellung in das Blickfeld sei der Perzeption zu vergleichen, der Eintritt in den Blickpunkt, in den Fleck des deutlichsten Sehens, der Apperzeption. Die Versuche, den persönlichen Fehler beim Apperzipieren (was die Astronomen die physiologische Zeit genannt haben) durch Experimente über die Apperzeptionsdauer genauer zu bestimmen, waren verdienstvoll, wenn auch die ganze physiologische Psychologie nicht halten konnte, was sie versprach.

III.

Wundt hat die Apperzeption also die Erfassung einer Vorstellung durch die Aufmerksamkeit genannt, und auf derselben Seite den Eintritt einer Vorstellung in den Blickpunkt des inneren Blickfeldes (Physiol. Psychol.[3] II, 236). Das ist fast mehr als ein bildlicher Ausdruck, es ist ein Beispiel. Und ich erinnere daran, daß die Einstellung auf den Fleck des deutlichsten Sehens nicht ohne Muskelarbeit vor sich gehen kann. Ich bilde mir nicht ein, das

[1]) In einem sonst recht guten Aufsatze von Otto Staude findet sich ein Satz, den ich höher hängen möchte. Es ist von einer Richtung die Rede, „welche unabhängig voneinander Kant und . . . Wundt eingeschlagen haben“. Daß Kant von Wundt unabhängig war, ist wahrscheinlich; daß Wundt von Kant unabhängig sei, ist kein Lob. Und der Aufsatz muß doch wohl von Wundt gebilligt worden sein, da er in seine „Philosophischen Studien“ (I, 149) aufgenommen worden ist.

Rätsel der Apperzeption gelöst zu haben, aber ich glaube doch, einige psychologische Begriffe einander anzunähern, wenn ich jetzt die Apperzeption, die ein Gefühl ist, auf das Gefühl der geleisteten Muskelarbeit zurückzuführen suche.

Wir haben für alle Sinneseindrücke verschiedene Sprachbezeichnungen, je nachdem der Eindruck mehr passiv ist oder mehr mit aktiver Aufmerksamkeit verbunden. Die verschiedenen Worte sind in der Gemeinsprache nicht gleichmäßig scharf geschieden. Man wird mir aber gleich zugeben müssen, daß die aufmerksamere Wahrnehmung jedesmal durch ein Wort bezeichnet wird, das eine Muskeltätigkeit mit ausdrückt. Bei den höheren Sinnen gerade ist die Sprache freilich nicht so malend; wir haben für die Muskelbewegungen des Schützenauges beim Zielen kein anderes zusammenfassendes Verbum als eben das Zweckverbum zielen; wir haben keinen besonderen Ausdruck dafür, wie der Schütze das unbenützte Auge schließt, das benützte abschattet und Augapfel und (unbewußt) auch die Linse in die richtige Raumstellung bringt. Für aufmerksames Hören haben wir nur *horchen*, mundartlich aber doch *spannen;* unsere Physiologen wissen immer noch nichts von aktiven Bewegungen im inneren Gehörorgan; aber wir wissen von vielen Tieren, daß sie das äußere Gehörorgan durch Muskelbewegungen *(spitzen)* verbessern; und auch der Mensch verbessert seine Ohrmuschel grob durch Anfügen der Handwölbung und fein durch eben das, was man mundartlich spannen nennt. Sehr malend sind oft die Worte der niederen Sinne. Wir *schmecken* die Nahrungsmittel, ohne uns gewöhnlich der Muskelbewegungen bewußt zu werden; beim aufmerksamen Schmecken, Kosten, Gustieren setzen wir aber Zunge und Lippen bewußt in Bewegung, *schmatzen* wir. Wir riechen *(schmecken)* angenehme und unangenehme Gerüche passiv, sind wir aber aufmerksam geworden, so *schnobern* und *wittern* wir, wenn auch nicht mit so lebhaften Muskelbewegungen wie der Hund oder das Pferd. Wir *fühlen* passiv die Oberfläche eines Dinges, bei erhöhter Aufmerksamkeit *tasten* wir sie ab.

Dieser Umstand allein könnte erklären, warum Apperzeption so anstrengend, so ermüdend ist. Ein stundenlanger Spaziergang, bei welchem wir unaufhörlich sehen, tut den Augen wohl; ein ebenso langer Gang durch eine Galerie erschöpft aufs äußerste, weil wir jedes Bild und jedes mit einer anderen Einstellung der Augen apperzipieren müssen. Der unbewußte Gebrauch unserer Sinnesorgane d. h. die Perzeption mit geringer Aufmerksamkeit kann schon darum nicht ermüden, weil nur die eingeübtesten Funktionen der Organe wiederholt werden, weil man nichts Neues wahrzunehmen hat. Das Neue allein erfordert Arbeit, Apperzeption.

Nun habe ich (Kr. d. Spr. I² S. 466 u. 472) schon darauf hingewiesen, daß das Bewußtsein, nur von einem anderen Gesichtspunkte, wieder das Gedächtnis ist, daß Gedächtnis aktiv ist, eine Arbeit, daß jede Erinnerung eine

Aktion ist. Und da scheinen sich mir die Begriffe so leicht und wie von selbst aneinanderzufügen, daß ich fast an den Wert dieser Begriffe oder Worte glauben könnte. Herbarts Lehre, daß die alten Vorstellungsmassen sich die neue Vorstellung durch die Arbeit der Apperzeption aneignen, wird unversehens zu einer Beschreibung oder, wenn man will, zu einer Erklärung des Gedächtnisses. Jeder einzelne Gedächtnisakt ist subjektiv genommen Aufmerksamkeit, objektiv eine Apperzeption. Die ganze geistige Lebensarbeit des Individuums, sein geistiges Wachstum ist Gedächtnisarbeit. Das Gedächtnis kann wie ein Sinnesorgan, fast unbewußt, seine Kenntnisse einüben durch die identifizierende Apperzeption (Wiedererkennen), durch die subsumierende Apperzeption (dieser Baum ist eine Eiche, beim Bauer auch nur ein Wiedererkennen, auf der Schule schon eine Anstrengung); es kann aber auch wie ein Sinnesorgan durch Anstrengung des Gehirns, dessen physiologische Bewegungen wir nur nicht kennen, Neues aufnehmen, sich bewußt üben, sich stärken, mit gespannter Aufmerksamkeit die Vorstellungen oder gar die Begriffe auf den Fleck des deutlichsten inneren Sehens bringen. Auf die Vermutung Wundts, daß die Stirnregion des Großhirns da Apperzeptionszentrum sein könnte, will ich wirklich nicht eingehen; denn erstens haben wir eben erfahren, daß die Aufmerksamkeit oder Apperzeption sich an Muskelbewegungen verrät (oder an Bewegungsgefühlen wie wir gleich sehen werden), also doch wohl mit dem motorischen Zentrum mehr zu tun haben müßte; zweitens aber sollten wir nicht einen Augenblick vergessen, daß nur unsere gespannte Aufmerksamkeit die Apperzeption als ein Zwischenglied des Denkprozesses künstlich ausgelöst und präpariert hat, daß es einen selbständigen und runden Vorgang Apperzeption nicht gibt und daß man für so etwas ein Zentrum nicht zu suchen braucht.

Die Vorstellung nun, daß die Apperzeption, von der wir so wenig wissen, doch gewiß ein Gedächtnisakt ist, also eine Arbeitsleistung, eine von der Aufmerksamkeit motivierte Arbeit, — diese Vorstellung führt uns noch weiter, wenn wir uns wieder an den Zusammenhang der beiden Begriffe Gedächtnis und Sprache erinnern. Sprache ist das Gedächtnis der Menschheit, Volkssprache ist dazu das Gedächnis eines Volkes, Individualsprache ist dazu das Gedächtnis des Einzelnen. Wenn wir sprechen, so machen wir Bewegungen. Aber auch wenn wir hören, d. h. ein Wort verstehen, es apperzipieren, so ist das Wesentliche nicht die Erinnerung an einen Schall, sondern die Erinnerung an die Bewegung unserer Sprachorgane. (Kr. d. Sp. I² 512ff.). Ich gehe in eifrigem Gespräch einen Bergabhang hinunter. Eine Krähe krächzt. Vielleicht überschreitet der Ton, weil ich gerade intensiv an etwas anderes denke, gar nicht die Schwelle meines Bewußtseins. Vielleicht höre ich den Ton ohne ihn zu beachten, zu bemerken. Vielleicht bemerke ich ihn, ohne ihn auch nur für die Dauer von wenigen Sekunden zu apperzipieren, d. h. ohne ihn im Gedächtnisse zu verarbeiten. Will ich ihn im Gedächtnisse verarbeiten, ihn aufnehmen und geistig verdauen, ihn apperzipieren, so gibt es dafür nur ein einziges Mittel: ich muß still oder hörbar denken oder sprechen, muß „Krähe" denken oder sprechen. Apperzipieren heißt: einen Sinneseindruck zu Worte kommen lassen; und weil Gedächtnis und Sprache ja ein und dasselbe ist, so habe ich damit nichts anderes gesagt, als daß die Apperzeption ein Gedächtnisakt ist. Nur daß ich meine Aufmerksamkeit auf den Begriff Apperzeption gelenkt und ein Wort dafür gefunden habe.

a priori — gehört trotz den einfältigen Anfängen und dann wieder den abgründigen Schwierigkeiten seiner Anwendung zu den Begriffen, von denen sich nur schwer sagen läßt, ob sie zu den Scheinbegriffen gehören: die eine Geschichte haben, aber *nur* eine Geschichte, eine Wortgeschichte, keinen Inhalt. Wie es in alten Familien allerlei Hausrat gibt, der gar keinen Wert hat, weder Nutzwert noch ästhetischen Wert, der aber von Zeit zu Zeit wieder gründlich gesäubert und an einen bevorzugten Platz gestellt wird.

A priori hat, als Adverbium und als Substantivum eine sehr reiche Geschichte, die zur Füllung eines Buches hinreichen würde und mehr als einmal hingereicht hat. Ich möchte nur die wichtigsten Ereignisse aus der alten, der mittlern und der neuen Wortgeschichte kurz hervorheben.

Als die Griechen ihrer Gemeinsprache, ihrer Muttersprache die Ausdrücke *προτερον φυσει, προτερον προς ἡμας* entnahmen, waren ihnen unsere erkenntnis-theoretischen Sorgen noch fremd. Aristoteles hatte bei diesen Korrelatbegriffen nur ungefähr die richtige Vorstellung, daß unser diskursives Denken nicht immer vorausnimmt, was in der Natur vorausgeht, und umgekehrt; Boëthius übersetzt den Gedanken so: non est idem natura prius et ad nos prius. Auch die Araber, durch die ja Aristoteles dem späteren Mittelalter wieder bekannter wurde, gebrauchten für die Psychologie des Denkens gern die Begriffe prior und posterior. Ebenso bescheiden hat noch Luther (in seinen Tischreden) die beiden Worte übersetzt mit *von vornen her* und *von dem, was hernach folget.* Aber schon bei den Griechen hatte sich in die unfertige Psychologie eine ganz unreife Erkenntnistheorie hineingemischt, da ein Lieblingsgegensatz der Griechen, der des Allgemeinen und des Besondern, mit dem des psychologisch Frühern und Spätern verquickt wurde. Und diese Verquickung allein führte bei den Scholastikern zu dem verstiegenen und fast substantivischen Gebrauche des *Apriori.* Nicht mehr auf das Verhältnis unserer Sinneseindrücke und Erkenntnisse wurde das Wortpaar angewandt, sondern auf die Art der logischen Beweisführung. Der Wortrealismus der Scholastik ging ja von der Annahme aus, daß die Universalien d. h. die Allgemeinbegriffe früher waren als die wirklichen Einzeldinge; da nun die fanatisch geglaubte Logik des Aristoteles erst recht deduktiv war, die allgemeinen Urteile den besonderen vorausgehen ließ, so bildete sich allmählich der Glaube heraus, daß die frühern Urteile wertvoller wären, als die spätern, in jeder Hinsicht, in ontologischer wie in logischer Hinsicht. Von Psychologie war keine Rede mehr. Nur der Nominalismus hätte diesem Unfug ein Ende machen können. Gleich beim ersten Auftreten der Formel *a priori* scheint diese hohe Wertung der apriorischen Urteile schon festzustehen. Es heißt da (bei Albert von Sachsen): Demonstratio quaedam est procedens ex causis ad affectum et vocatur demonstratio a priori et demonstratio propter quid et potissima — alia est demonstratio procedens ab effectibus ad causas et talis vocatur demonstratio a posteriori et demonstratio quia et demonstratio non potissima.

Die Verquickung von Logik und Psychologie fällt bei der Anwendung dieser Begriffe nur besonders auf, durchzieht aber die ganze Gedankenwelt des christlichen Mittelalters. Aller logische Scharfsinn jener Männer versagte vor psychologischen Fragen, weil die Anfangsgründe aller Psychologie nicht vorhanden waren (denn Aristoteles hatte von der Tätigkeit der Sinnesorgane kindliche Vorstellungen) und weil das Endziel aller Psychologie damals mit dem Endziel aller Philosophie zusammenfiel: Vereinigung der Seele mit Gott. Eine einheitliche Weltanschauung gab es freilich und sie war nicht schwer herzustellen, ist nicht schwer zu rekonstruieren. Alle Psychologie führte *zu* Gott; alle Erkenntnis kam *von* der Logik und die Logik kam *von* Gott. Denn die Logik des Aristoteles war die Logik Gottes. Es lief also auf ein und dasselbe hinaus, ob man die wertvollsten Erkenntnisse die obersten oder die allgemeinsten oder die frühern, die apriorischen nannte.

Langsam und schwer entwickelte sich in England aus dem Nominalismus die neue Weltanschauung, die unsere Erkenntnis auf unsere Erfahrung zurückführte, die unter dem Namen des Sensualismus das Abendland eroberte und im Begriffe war, die Formel *a priori* aus der Philosophie hinauszuwerfen, mitsamt den angeborenen Ideen, die sich nicht allzusehr von den apriorischen Ideen unterschieden. Da kam der deutsche Philosoph, nahm das Prunkstück aus Urvätershausrat vor, säuberte es und stellte es auf einen Ehrenplatz. Und wieder ist es schwer zu sagen, ob der Tiefsinn Kants durch Prägung eines neuen Wortes uns nicht deutlicher geworden wäre als durch Wiederbelebung des alten *a priori*. Kants Begriff des Apriori ist gewiß nicht logisch wie der scholastische; er will auch nicht psychologisch sein; will rein erkenntnis-theoretisch sein, transzendental. Und da ist es merkwürdig oder auch nicht, daß Kant die Bedeutung des griechischen Modellwortes umgewandelt oder von seiner Höhe aus übersehen hat. Apriorisch heißt bei Kant nicht mehr, was früher da ist, was zeitlich der Erfahrung vorausgeht; vielmehr: was erkenntnis-theoretisch die Erfahrung möglich macht. Was der menschlichen Erfahrung ihre Gestalt gibt, ihre Form. Das Formale an der Erfahrung. Wir werden (vgl. Art: *Form*) sehen, wie gänzlich leer der Formbegriff inzwischen geworden war. Aber Kant konnte den Formbegriff gut brauchen, weil er unter seinem Apriori bald die apriorischen Urteile, bald die großen Abstrakta aller unserer Anschauungen (Zeit und Raum), bald die Anlage des Menschengeistes zur Erkenntnis verstand. Die kühne und neue Frage der Vernunftkritik: „Wie sind synthetische Urteile a priori möglich?" — kann jetzt schroff damit beantwortet werden, daß synthetische Urteile a priori nicht möglich sind. Dadurch verliert Kants Fragestellung und seine unerhört tiefbohrende Beantwortung nicht ihren Wert. Kant ging nicht auf Subjektivismus in der praktischen Philosophie aus, wahrlich nicht; aber sein unumstößlicher Nachweis des apriorischen Einschlags oder vielmehr Grundgewebes in *aller* Erkenntnis hat den Subjektivismus und also die Freiheit unserer Weltanschauung mehr gefördert als der oberflächlich revolutionäre Sensualismus der Engländer (den ganz freien Hume ausgenommen) und der Franzosen. Freilich so unpsychologisch, wie Kant glaubte, war seine Lehre vom Apriori nicht. Und es ist schon vielfach darauf aufmerksam gemacht worden, daß Kants Apriori die angeborenen Ideen, gereinigt und verfeinert, wieder in die philosophische Psychologie zurückgeführt hat; Locke hätte keinen Grund gehabt, gegen das dem Menschenverstande angeborene Apriori Kants zu kämpfen; um so mehr Grund, Kants angeborene oder apriorische Moralideen bis in ihre letzten Schlupfwinkel zu verfolgen. Die bedeutenden Naturforscher unserer Zeit, Johannes Müller und Helmholz, haben denn auch, ohne metaphysische Neigungen, Kants psychologische Lehre in ihrer Neubegründung der Kenntnis von den Sinnesorganen übernommen. Die spezifischen Sinnesenergien sind, genau genommen, nur ein anderer Ausdruck für: apriorische Anschauungsformen. Und schon Schopenhauer hat die Geistestat Kants auf diesem Felde vorzüglich charakterisiert mit den Worten: Lockes Philosophie sei die Kritik der Sinnesfunktionen gewesen, Kant aber habe die Kritik der Gehirnfunktionen geliefert. (W. a. W. u. V. II. S. 13.)

Nur mit einem flüchtigen Winke kann ich darauf hinweisen, daß für eine Vereinigung der scheinbar veralteten angeborenen Ideen und der apriorischen Anschauungsformen die Zeit gekommen sein mag, seitdem die neuerdings aufstrebende Völkerpsychologie und Soziologie, im Anschluß an die Entwicklungslehre, uns die Herkunft des Gemeinsamen begreifen gelehrt hat. Unabhängig von einander haben Spencer und Steinthal gelehrt, daß der Gegensatz von *a priori* und *a posteriori* ausgeglichen werden könne; jede Erkenntnis sei zugleich apriorisch und aposteriorisch, synthetisch und analytisch (Steinthal Einl. i. Psych. S. 10), die Erkenntnisformen seien apriorisch für das Individuum, aber aposteriorisch für die ganze Reihe von Individuen, in der jenes nur das letzte Glied bildet (Spencer, Psychol. II. § 332). Man denke nur an die menschliche Sprache, ihre *angeborene* Anlage und ihren erworbenen Gebrauch, ihre aposteriorische Entstehung und ihren apriorischen Einfluß auf die Weltanschauung.

Auf Steinthals Sprachphilosophie geht gewiß zurück, was ich von der Möglichkeit vorgetragen habe, das Begriffspaar *a priori* und *a posteriori* wieder ganz psychologisch zu fassen und in seiner Bedeutung, scheinbar wenigstens, umzukehren. In ganz andrem Sinne ist dieser Vorschlag schon einmal gemacht worden, von Gassendi in seinen Exercitationes paradoxicae adversus Aristoteleos, wo er (I. 1.), selbst mehr Philologe als Philosoph, schmerzlich ausruft: nostra quae erat philosophia facta philologia est. Gassendi wendet sich noch gegen den scholastischen Sprachgebrauch: Demonstrationem, quae est a priori, facere solent certiorem manifestatioremque demonstratione a posteriori; . . . demonstratio a priori est ex causis et universalibus, demonstratio a posteriori ab effectis et minus universalibus; at nonne effectus sunt notiores causis . . . Quocirca non immerito quispiam existimaverit, cum omnis notitia . . . quae dicitur a priori pendeat ac petatur ab ea, quæ haberi dicitur a posteriori, necessarium esse hanc semper haberi et evidentiorem et certiorem illa.

Ich habe nun die Bemerkung Steinthals, daß jeder Denkakt die Kombinierung eines apriorischen und eines aposteriorischen Momentes sei, daß das Subjekt jedes Urteils das aposteriorische, das Prädikat das apriorische Moment darstelle und daß darum unser Denken sich immer in der Form von Urteilen weiter bewege, — ich habe diese Bemerkung zu Ende zu denken gewagt, was man so *zu Ende denken* nennt. „Das Urteil ist die sprachliche Form des Denkens; das erklärende Urteil ist aber nichts als die Einreihung eines neuen Eindrucks in das Magazin des Gedächtnisses, es ist also nicht selbst eine Bereicherung des Denkens, sondern nur die Quittung über den Zuwachs, es ist also wertlos, wie das Denken selbst . . . Unser Denken oder Sprechen ist nur die Oberrechnungskammer, die selbst keinen Pfennig besitzt." (Kr. d. Spr. III. 341.) Die apriorischen oder erklärenden Urteile stehen an Wert noch unter den erzählenden, aposteriorischen Urteilen, die einfache Tautologien sind; nun ist aber fast jeder Begriff nur der Treffpunkt des apriorischen und des aposteriorischen Weges. Die Ellipse als Form der Planetenbahn mußte zugleich erfunden und entdeckt, Amerika mußte von Columbus zugleich entdeckt und erfunden werden. Ich habe ferner (an Wegener angelehnt) ausgeführt, wie das aposteriorische Subjekt eines Urteils die jedesmalige Exposition eines Gedankenganges, eines Gesprächs, einer Erzählung darstelle, wie jedes neue Moment das Prädikat, das apriorische, sei, wie in der Weiterführung des Gesprächs oder der Erzählung das eben erst Neue, das Prädikat, zum psychologischen Subjekte werde, das Apriori zum Aposteriori, wie sich die Technik des Romans und der Biographie auf diesen Wandel in der Seelensituation zurückführen lasse. Und wie im Romane oder in der Biographie, so findet im eigenen Erleben ein unaufhörlicher Wandel des psychologischen Prädikats ins psychologische Subjekt, des Apriori ins Aposteriori statt.

Kurz: die Schule lehrt (heute wie vor tausend Jahren), das wahre Wissen sei apriorisch, die Erfahrung sei aposteriorisch; ich sage, daß (wenn man beide Worte nicht überhaupt beurlauben will) immer zunächst apriorisch sei, was wir erfahren, im Augenblicke des Erfahrens oder der Erfahrung, daß all unser Wissen, das was in unser Gedächtnis oder unsere Sprache eingegangen ist, immer aposteriorisch sei.

äquivok — wird in den modernen Kultursprachen fast ausschließlich von Obszönitäten gesagt, für die wir im Deutschen außerdem die Lehnübersetzung *Zweideutigkeiten* haben. Das Altertum war im Gebrauche von obszönen Worten so eindeutig, daß es den Euphemismus in unserem Gebrauche von äquivok kaum verstanden hätte. Lat. aequivocus war eine genaue Übersetzung von *ὁμώνυμος* und bedeutete in der Disziplin, die die Alten Grammatik nannten, ganz einfach den häufigen Fall, daß der gleiche Name verschiedene Dinge bezeichnet. Die Beschäftigung mit solchen Rätseln der Sprache ist in den Homonymen unserer Familienzeitschriften zum Kinderspiel hinabgesunken. Die schlechtere Scholastik aber quälte sich viel mit dem Begriffe der aequivocatio; sie distinguierte zwischen aequivoca aequivocantia und aequivoca aequivocata, sprach entsetzlich pleonastisch von einer aequivoca vox und gelangte zu dem gar zu banalen Lehrsatz: aequivoca antequam distinguuntur nec sunt in praedicamento nec dividi nec definiri possunt. Die Scholastik hatte zu so kleinlichen Untersuchungen allen Grund, weil die voces in ihrer Logik eine große Rolle spielten, insbesondere die quinque voces, welche nichts anderes waren als die Allgemeinheiten der sprachlichen Aussage. Alle diese scholastischen Untersuchungen hängen, oft unmerklich, mit dem Gegensatze zusammen zwischen dem orthodoxen Wortrealismus des Mittelalters und dem ketzerischen Nominalismus, mit der Frage also, ob die Universalien oder die Allgemeinbegriffe ante rem oder post rem existierten. Aus diesem mittelalterlichen Sprachgebrauche ist uns die generatio aequivoca erhalten geblieben; der Ursprung dieser Bezeichnung ist aber so völlig vergessen worden, daß die Forscher unter uns, die sich auf ihre Modernität am meisten einbilden, sich nicht scheuen, die Bezeichnung generatio aequivoca auf den ganz neuen und ganz andern Begriff *Urzeugung* anzuwenden. Das Mittelalter hatte von Aristoteles auch den Aberglauben übernommen, daß viele niedere Tiere unmittelbar aus Schmutz oder aus faulenden Substanzen entstehen. Da lag es nun nahe, zu den vielen anderen Distinktionen der generatio (deren Begriff übrigens wie alles damals durch die Bedürfnisse der Theologie heillos verwirrt wurde) die Unterscheidung in generatio univoca (*μονωνυμος*) und aequivoca (*ὁμωνυμος*) hinzuzufügen; es handelte sich wirklich um den Namen: das Löwenjunge hieß wie sein Vater ein Löwe; der Wurm aber, dessen Vater der Schmutz war, hieß nicht nach dem Vater. Die ganze Zeit, welche an eine generatio aequivoca glaubte, konnte die Frage nach der Urzeugung noch gar nicht stellen, weil niemand sich noch über das Entstehen der Organismen wunderte. Die jetzt populären Fanatiker der Deszendenzlehre haben aber kein Recht, sich um den Namen der Arten zu bekümmern; sie wissen ja ganz genau zu erzählen, daß aus anorganischen Nitrokarbonaten einmal die ersten Organismen entstanden sind, die Moneren, und daß nachher alle die unzähligen Arten, die wir mit unzähligen Namen benennen, durch regelrechte Zeugung hervorgegangen sind. Sie können also diese regelmäßige Deszendenz nicht generatio univoca nennen; die Urzeugung sollte aber auch nicht generatio aequivoca heißen, weil das Wort ohne seinen Korrelatbegriff keinen Sinn mehr hat.

Auch die ältere Medizin unterschied univoke und aequivoke Symptome, je nachdem das Symptom eindeutig auf eine bestimmte Krankheit hinwies oder mehrdeutig war; *eindeutig* ist eine neuere Übersetzung von univocus; das Wort scheint aus der Mathematik, wo es seinen guten Sinn hat, in die gelehrte Gemeinsprache übergehen zu wollen.

Art. — Ich bin wieder geneigt, das deutsche Wort (die Schwierigkeit seiner Geschichte hat schon Jacob Grimm betont) *etymologisch* durch das Prinzip der Lehnübersetzung zu erklären; die Herleitungen aus *arare* und aus *ars* befriedigen wohl niemand, auch die Gelehrten nicht, die solche Verlegenheits-Etymologien buchen. Grimm hat bereits an das slawische *rod* erinnert, das von *roditi* (gignere) herkommt; ich möchte nun — ohne Beweis — vermuten daß das slawische *rod* entweder (wie robot von Arbeit) eine Entlehnung des deutschen Wortes Art ist, oder daß sowohl *Art* als *rod* sehr alte Übersetzungen des lat. *genus* sind. Es kann dabei nicht überraschen, daß *Art* in der Bedeutung, die uns hier allein interessiert, vielmehr ein Ersatz für den Terminus species ist als für den terminus genus; denn die Termini genus und species werden in den Gemeinsprachen nicht scharf unterschieden; erst künstliche Klassifikationen haben, und erst seit Ray, die logischen Unterschiede von *Gattung* und *Art* auch auf die Gruppen der Botanik und Zoologie übertragen. Ich bemerke also nur nebenbei, daß der mittelhochdeutsche und der frühneuhochdeutsche Sprachgebrauch Art für

Adel, Geschlecht, Abkunft, Natur setzt und daß unser *artig*, wie es besonders gern im 18. Jahrh. gebraucht wurde, offenbar an franz. gentil angelehnt worden ist. *Art* im Sinne von *Art und Weise* hat seinen Weg von der Bedeutung genommen, die der von *Natur* entspricht.

Das Begriffspaar *γενος* und *εἰδος* bildete sich bei den Griechen, aber erst nach Platon, zu einer strengen Scheidung zwischen dem inhaltsärmern und dem inhaltsreicheren Begriffe aus; die Logik des Aristoteles arbeitete unaufhörlich mit diesem Schema und die ganze Lehre von der Definition wurde darauf gegründet, daß der Artunterschied zur Gattung hinzuzutreten habe, um die species zu bestimmen. Die Römer nahmen *γενος* und *εἰδος* in vielfältiger Anwendung unter die Worte ihrer Gemeinsprache auf, *genus* als Lehnwort, *species* als Lehnübersetzung von *εἰδος*. Auch in der Logik, die man einfach herübernahm, wurde das lat. Begriffspaar verwendet; genus bedeutete das Allgemeine, species das Besondere; nicht ganz klar wurde erkannt, daß beide Begriffe ihrem Wesen nach relativ waren, eigentlich korrelativ, und daß sie sofort konventionell wurden, willkürlich gesetzt, sobald man das abstrakte Gebiet der Logik verließ und bestimmte Naturgruppen Gattungen, engere Gruppen Arten nannte. Im Verhältnis der beiden Gruppen zueinander behielt das Begriffspaar seinen guten alten relativen Sinn; nannte man aber eine Gruppe genügend ähnlicher Individuen eine *Art* an sich, so hatte man die logische Terminologie verlassen und mußte eine neue Definition für den neuen Artbegriff suchen. Man suchte mehrere Jahrhunderte lang, immer vergebens, weil die Gemeinsprachen niemals darauf ausgegangen waren, eine ordentliche Klassifikation der Tiere und Pflanzen vorzunehmen, und weil, als in der ersten Hälfte des 18. Jahrh. das System der Natur klassifikatorisch in Angriff genommen wurde, besonders durch Linné, die doppelte Namengebung zwar der Ordnungsliebe zu Hilfe kam, eine natürliche Methode aber fehlte, die artunterscheidenden Merkmale zu bestimmen. Mit einem Worte: man gelangte eingestandenermaßen nur zu einem künstlichen Systeme der Natur. Das galt für das ganze System der Gattungen, Ordnungen, Familien, und Arten. Diese künstlichen Systeme sollen in ihrem Werte für die Orientierung nicht unterschätzt werden; ein ordentliches Register gehört zu jeder wissenschaftlichen Tätigkeit, erst recht zu wissenschaftlicher Zusammenarbeit. Es giebt keine Sprache der Welt, die für alle (mehr als 100000) Insektenarten besondere Namen hätte, keine, die auch nur alle 2000 Arten der Säugetiere besonders nennen könnte. Wie wir keine Sprache hätten, wenn unsere Sinne mikroskopisch genau arbeiteten und unser Gedächtnis jeden Eindruck genau buchte, auf jeden mikroskopischen Unterschied achtete: ebenso hätten wir keine Orientierung ohne ein Register der Natur. Darum besitzt auch der Spezialforscher so selten ein lebendiges Wissen von seiner Wissenschaft; im besten Falle ist er ihr lebendiges Register, d. h. er selbst ist lebendig, das Register führt aber auch er in einer toten Sprache.

Was nun aber die Arten insbesondere betrifft, so stand man, wie gesagt, vor der Schwierigkeit, den Artbegriff so zu definieren, daß er nicht mehr relativ war, daß er nicht auf Varietäten mitbezogen werden konnte. Man ging von der Gemeinsprache aus. Die nannte den Pudel einen Hund, das Windspiel einen Hund, hatte dagegen für Pferd und Esel besondere Artnamen, trotzdem — das Beispiel ist von Buffon entlehnt und nicht von einem Laien gewählt — Pferd und Esel einander ähnlicher sind als Pudel und Windspiel. Zu der Zeit vor Darwin einigte man sich endlich darauf, den Artbegriff nur auf Organismen anzuwenden (die Krystalle schloß und schließt man aus) und alle solche und nur solche Individuen unter einer Art (man sagte auch *gute Art*) zu verstehen, die einander ähnlich waren und sich untereinander fortpflanzen konnten. Die entschiedenen Sätze Buffons — (Hist. nat. IV, 784) wird man heute mit Staunen lesen: L'espèce est un mot abstrait et général dont la chose n'existe qu'en considérant la nature dans la succession des temps, et dans la destruction constante et le rénouvellement tout aussi constant des êtres . , . on pourrait même dire que ces intervalles entre les espèces sont les plus égaux et les moins variables de tous, puisqu'on peut toujours tirer une ligne de séparation entre deux espèces . . . Ce point est le plus fixe que nous ayons en histoire naturelle."

Was hat sich nun an unsrem Artbegriffe dadurch geändert, daß Darwin 1859 in seinem Buche Origin of Species lehrte, die Entstehung der Arten sei besser als durch die biblische Schöpfungsgeschichte zu erklären durch die Variabilität der Arten, die Anpassung (die schon Lamarck gelehrt hatte), durch den Kampf ums Dasein und die natürliche Zuchtwahl? Ich glaube, es hat sich an unsrem Artbegriffe nichts verändert, trotzdem ich die wahrhaft grundstürzende Bedeutung des Darwinismus für unsere Weltanschauung, namentlich für die Vorstellung von der Zweckmäßigkeit der Organismen, nicht verkenne. Wenn es freilich nach Haeckel ginge und nach den kleinern Bezirksrednern des Darwinismus, dann wäre der Stammbaum vom Menschen bis zu der Monere hinauf hergestellt, dann wäre der Artbegriff durch Darwin aufgehoben, dann bildete eine endlose Reihe unmerklicher Übergänge die Familie Monere-Mensch, dann wären die Intervalle zwischen den Arten verschwunden und man könnte von diesem Weltbilde, wie in der Musik von einer endlosen Tonleiter ohne Intervalle, sagen: der Wolf heult. Aber dem ist nicht so. Und just die freiesten Naturforscher — von den bibelgläubigen Gegnern rede ich nicht — zweifeln schon lange an der Wahrheit des Darwinismus, nicht an der Großartigkeit von Darwins Hypothese.

Die Frage, warum der Artbegriff

in gewissem Sinne berechtigt sei, warum uns das Bild der Art überall wieder entgegentritt, nicht aber eine Unendlichkeit von Einzelformen, die nach allen Richtungen hin miteinander zusammenhängen, hat ein so getreuer, freilich aber auch durchaus ehrlicher Darwinist wie Weismann (Deszendenztheorie [2] II, 256) stellen zu müssen geglaubt; und er hat sie nicht ausreichend beantwortet, wenn auch die neuere Hypothese vom Kampfe der Teile im Organismus, der Intraselektion, die korrelativen Abänderungen erklären hilft und die Vorstellung befestigt, daß bestimmte Summen von Variationen in einem einzigen Organismus lebensfähig sind, andre nicht. Es steckt aber offenbar noch etwas andres dahinter, daß es Arten gibt, daß winzige Änderungen, von denen keine einzige zweckdienlich ist, sich zu zweckmäßigen Organbildungen summieren, daß es Leben auf der Erde gibt. Wir kennen die Lösung des Rätsels wirklich nicht; nicht nach Darwin und nicht einmal nach Haeckel. Nägeli's *Entwicklungskraft* ist nur ein Wort mehr, und noch dazu ein veraltetes, das nicht mehr hätte gewagt werden dürfen in einer Zeit, die in dem Worte Gravitation nicht mehr eine Erklärung des Newton'schen Weltgesetzes sieht, sondern nur noch einen willkürlichen Namen. Was ist nun das Richtige, das auch diesem Gedanken — so fragt Weismann (S. 258) — zugrunde liegt? Dem Gedanken, daß die *Art* trotz ihres zufälligen Entstehens ein innerlich Bedingtes sei?

De Vries hat außer prachtvollen Beobachtungen (an Pflanzen, weshalb die Zoologen mit ihrer etwas andern Sprache ihn nicht ganz verstehen) auch ein neues Wort zur Verfügung: nicht allmähliche Variation, sondern sprunghafte Mutation schafft die Arten; und die Mutationen haben die *Tendenz*, gute Arten zu züchten. Der Vorstoß, den de Vries gegen den dogmatisch gewordenen Darwinismus unternahm (nicht gegen Darwins Forschungsmethode), ist ernst zu nehmen. „Arten entstehen nicht durch den Kampf ums Dasein, sondern sie vergehen durch ihn." Und durch Variationen, durch die Auslese werden höchstens *Rassen* gezüchtet, die immer wieder nach ihrer Stammart zurückzuschlagen trachten, nicht konstante Arten. Wieder hat Weismann ganz recht, wenn er der strengen Scheidung zwischen Variationen und Mutationen entgegenhält, daß diese begriffliche Distinktion für den Entdecker der neuen Tatsachen nützlich und notwendig gewesen sei, daß wir aber auch Summierungen von Anpassungen kennen. Und sehr hübsch ist Weismanns Abweisung der Forderung, daß auch künstliche Züchtung zu konstanten Arten führen sollte, durch die Frage, ob den Arten nützlich sei, was den züchtenden Menschen nützlich scheine. „Was nützt es der Zuckerrübe, daß ihr Zuckergehalt aufs Doppelte wächst, oder dem Anderbecker Hafer, daß er von dem Menschen hochgeschätzt wird?" (S. 273).

Die Frage aber, was sich seit der

Herrschaft des Darwinismus an unserem Artbegriffe geändert habe, die Frage, warum uns die Arten trotz dem Glauben an ihr zufälliges Entstehen nach wie vor als etwas innerlich Bedingtes erscheinen, diese Frage der Weltanschauung wäre auch dann nicht gelöst, wenn zwischen der Variation von Darwin und der Mutation von de Vries bereits eine Entscheidung getroffen wäre. Der Unterschied dieser beiden Anschauungen läuft nur darauf hinaus, daß die Evolutionisten den Grundsatz aufgestellt haben: natura non facit saltus; daß de Vries (sicherlich mit Recht) diesen Grundsatz nicht durchaus zugeben will; die Evolution kam von der Geologie her, die endlich gelernt hatte, die biblische Katastrophenlehre zu korrigieren, aber doch nicht leugnen wird, daß es neben der allmählichen Änderung der Erdrinde auch Katastrophen gibt.

Es ist etwas ganz anderes, ob man nach der *Ent*stehung der Arten fragt oder nach ihrem *Be*stehen. Darin liegt der Widerspruch, und der Widerspruch steckt wie immer in der Sprache, in den Worten. Hätte Darwin seinen unbestechlichen Scharfblick auf diese Gedankenreihe richten können, so hätte er den Widerspruch im Titel seines grundlegenden Werkes erkennen müssen. *Origin of Species;* die Tendenz des ganzen Buches ist darauf gerichtet, den Artbegriff zu vernichten, und wenn er ein konsequenter deutscher Darwinist gewesen wäre und lärmende Büchertitel geliebt hätte, so hätte er den Titel wählen können: Das Ende der Arten; er fand aber die Arten mit ihren Intervallen in der Wirklichkeit vor wie jeder unbeirrte Blick und wollte mit seiner Lebensarbeit die Einheit der Typen, gewisse Ähnlichkeiten von Klassen und Familien aus der Blutsverwandtschaft der Arten erklären. Er hätte pedantisch sagen müssen: Ursprung der Ähnlichkeit der Arten.

Ganz pedantisch scheint mir dieser Hinweis denn doch nicht. Ich wiederhole, daß die Termini Gattung und Art vom Anfange des 18. Jahrhunderts an erst konsequent auf die Klassifikation von Tieren und Pflanzen angewandt worden sind. Man hat sich durch die Herkunft aus der Logik täuschen lassen und geglaubt, der biologische Artbegriff sei ebenso fest definiert wie der logische. Das war falsch. Der logische Begriff species ist seinem Wesen nach relativ; die Arten der Zoologie und Botanik wurden dadurch nicht relativ, daß der Glaube an ihre Konstanz nicht mehr aufrecht erhalten werden konnte. Nur in seiner logischen Verwendung ist der Artbegriff der Tiere und Pflanzen relativ, insofern man ihn den höheren Begriffen Klasse, Familie usw. unterordnen, den Begriffen Abart, Individuum überordnen muß. Hier hat die logische Regel vom *Inhalt* der Begriffe ihre strenge Anwendung. Sieht man aber auf den *Umfang* einer Art, so verlassen wir die Logik, und gerade die Untersuchungen der Darwinisten haben dazu beigetragen, die Definition der Art ins Schwanken zu bringen.

Nicht aber so eindeutig zu ändern,

daß nun eine neue und bessere Definition zustande gekommen wäre. Es gibt Arten, die in erstaunlicher Weise variieren, wie Tauben und Hunde, es gibt andere fast konstante Arten. Schon Lange (Gesch. des Materialismus[5] II, 253) hat bemerkt, daß der Speciesbegriff sich als ein Produkt derjenigen Zeiten enthüllt, in welchen die Aufmerksamkeit des Menschen vorwiegend auf die großen und höher organisierten Geschöpfe gerichtet war und in welchen man das Mikroskop noch nicht kannte. „Heutzutage paßt dies ganze Netz nur noch am oberen Ende der Tierreihe, und je mehr man nach unten steigt, desto mehr wird der Forscher in Verlegenheit gesetzt. . . . Hätte der Mensch sein Studium der Naturwesen mit den niederen Tieren begonnen, so würde der von manchen so heilig gehaltene Begriff der species wohl niemals entstanden sein.“ Mit den Worten *höher organisiert* hat Lange sich wohl verhauen; wir wissen nicht, wie hoch, d. h. wie komplex die Insekten, die Schnecken, die früher sogenannten Infusionstierchen organisiert sind. Aber in der Sache hat er schon recht. Wir haben für die ähnlichen Gruppen von Tier- und Pflanzenindividuen aus uralter Zeit Namen überkommen, und diesen Namen hat man sich gewöhnt, den Artcharakter beizulegen; Forschung ohne unmittelbaren Nutzen und die Ordnungsliebe der Klassifikation haben unzählige neue Namen hinzugefügt, die nicht der Gemeinsprache angehören, die aber vermeintlich ebenso den Artcharakter trugen. Man hatte eine feste Definition der Art. Als nun der Generationswechsel beobachtet wurde, und die Variation bis zur Unähnlichkeit, als gar die Deszendenzlehre, also die Blutsverwandtschaft aller Organismen, als Dogma auftrat, da konnte man die alten und die neuen Namen für den praktischen Überblick beibehalten, aber die Namen hatten ihren Artcharakter verloren, weil man die Art nicht mehr definieren konnte. Kein Merkmal paßte mehr auf alle Arten. Die artvernichtende Deszendenzlehre und die artbildende Sprache, die ordentliche Logik und die unordentliche Natur deckten einander nicht mehr. Die Deszendenzlehre ist nur eine logische Forderung, sonst nichts. Die Logik ist immer sauber und nett; die Sprache ist (man verstehe nur richtig) unsauber wie die Natur. Nur daß Sauberkeit, wenn man nicht an die des eigenen Körpers denkt, ein freches Menschenwort ist. Und Sprache ist immer wie Religion ein veraltendes oder veraltetes Wissen; die besten und kühnsten wissenschaftlichen Hypothesen sind Sehnsüchte nach einem kommenden Wissen; darum paßt die Sprache niemals zu den Einsichten oder Ahnungen der bahnbrechenden Forscher.

So etwas mag Goethe vorgeschwebt haben, da er, über 80 Jahre alt, zu dem Streite zwischen Cuvier und Geoffroy de Saint-Hilaire in einem ergreifend schönen Aufsatze Stellung nahm, den Ausdruck *unité du plan* durch den besseren *unité du type* ersetzt wissen wollte und kurz vorher den Umstand bescheidentlich aufzuklären sucht, wie ein bedenklicher Wortgebrauch bei französischen Vorträgen zu bedeutenden Irrungen Veranlassung gibt, den Streit unklar und verworren macht. „Man glaubt in reiner Prosa zu reden und man spricht schon tropisch; den Tropus wendet einer anders an als der andere, führt ihn in verwandtem Sinne weiter, und es wird der Streit unendlich und das Rätsel unauflöslich.“ (Hempel-Ausg. 34, 169.)

Wenn ich es wagen dürfte, über diese Kritik des Artbegriffs hinauszugehen, über den Nachweis, daß die Arten etwas ganz anderes seien in der Wirklichkeit als in der Sprache, anders in der Natur als in der Logik, so müßte ich vorerst daran erinnern, was ich (Kr. d. Spr. I, 519f.) über die Fehler des Gedächtnisses als über eine wesentliche Eigenschaft des Gedächtnisses gesagt habe. Auch die biologische Vererbung kann aufgefaßt werden als das Gedächtnis der Organismen. Wenn nun die Mangelhaftigkeit eine wesentliche Eigenschaft auch des biologischen Gedächtnisses wäre, dann wäre vielleicht die eine Hälfte des Wunders erklärt, daß nämlich die Kinder den Eltern niemals völlig gleichen, daß die Arten variieren. Und weil das psychologische Gedächtnis mit ebenso wesentlicher Mangelhaftigkeit Ähnliches gleich findet, Variationen unter einem einzigen Namen merkt, darum ist es begreiflich, daß die Arten der Sprache und die Arten der Natur wieder à peu près zusammenstimmen.

Könnten wir unabhängig von Zeit und Raum, unabhängig also vom principium individuationis, alle die unzähligen Pflanzengebilde, die nach der Deszendenzlehre aus einem Keime entstanden sein sollen, auch in einer einzigen Pflanze zusammensehen, in einem Weltenstammbaume (fast unmöglich läßt sich die Phantasie für das Tierreich durchführen), dann wären möglicherweise an diesem Märchenbaume alle niedersten und alle höchsten, alle ältesten und alle jüngsten Moose und Flechten und Gräser und Sträucher zugleich zu betrachten und nachbarlich so geordnet, daß leise Übergänge zu den abenteuerlichsten Gegensätzen führten. (Oder man könnte sich auch anstatt *eines* Weltenstammbaumes, wenn mehrere Ursprünge beliebt würden, um das Verschwinden paläontologischer Arten und die Existenz primitiver Arten zu erklären, gleich einen Wald von niederen und hohen, von lebendigen und von versteinerten Stammbäumen vorstellen, wie es Strasburger einmal vorschlug.) Ich fürchte aber, unser wesentlich falsches Gedächtnis würde auch an diesem einzigen Weltenstammbaume immer noch Arten unterscheiden, um sich zurechtfinden zu können. Die Vögel und Insekten würden die Zweige nach Arten wählen. Und wer weiß, ob nicht auch die Säfte des Weltenbaumes den einzelnen Teilen so zufließen würden, als ob es Arten gäbe und Intervalle zwischen ihnen.

Assoziationsgesetze. — Dem allwissenden Haeckel ist, wie so ziemlich jedes mögliche Vergreifen auf philosophischem Gebiete, auch das vorbehalten gewesen, den Begriff Assoziation gerade in dem Augenblicke in seinen besondern Schutz zu nehmen, da die neue Aktionspsychologie bereit ist, die Bedeutung der Assoziation fallen zu lassen. Haeckel, der auf seine alten Tage eine Wortfabrik angelegt hat, möchte die Lautgruppe Assoziation dadurch populärer und anheimelnder machen, daß er ihr zwei Silben abknapst und *Associon* sagt. Als ob die allerdings unbequeme Aussprache das Schlimmste an diesem Begriffe wäre.

Wir haben auf dem Kontinent die Assoziationspsychologie, deren erste Beobachtungen allerdings schon in die Griechenzeit zurückgehen, von Locke und Hume übernommen und besonders in Deutschland, wo neuerdings die Namen Wundt, Ziehen, Münsterberg, Hellpach und Jerusalem zu nennen sind, die sogenannten Assoziationsgesetze äußerst gründlich geordnet, wieder umgestellt und sie immer wieder in Paragraphen gebracht. Es fragt sich nur, ob diese Assoziationsgesetze in der Wirklichkeit des menschlichen Innenlebens existieren.

Es gibt keine Assoziationsgesetze. Ich darf nicht müde werden zu wiederholen, daß Notwendigkeit und Gesetzmäßigkeit nicht synonyme Begriffe sind. Selbst auf die erkannten und gut beschriebenen Notwendigkeiten der Physik wird der Begriff *Gesetz* nur mit einem gewagten und unaufhörlich irreführenden Bilde angewandt; ich zweifle nicht an der Notwendigkeit auch unserer Denkakte und nicht daran, daß sich Gleichmäßigkeiten in der Verkettung der Vorstellungen nachweisen lassen; aber diese Notwendigkeiten Gesetze zu nennen, das konnte nur einer deistischen Zeit beifallen, die irgendwo über dem menschlichen Verstande einen vergotteten Überverstand sah, der dem einfachen, aber dennoch allmächtigen Menschenverstande Gesetze gegeben hatte.

Aber in den allermeisten Fällen der Denkakte, allgemein im abstrakten Denken sind die Assoziationen von Ideen nur schlichte Assoziationen von Worten. Worte einer bestimmten Sprache haben, wie Liebmann es ausgedrückt hat, ihre eigenen Assoziationssphären. Wie es nun in jeder Sprache andere *δμωνυμα* oder aequivoca gibt, weshalb die beliebten Rätselspielereien sich nicht aus einer Sprache in die andere übersetzen lassen, wie zeitlich und räumlich weitentfernte Sprachen in ihren Worten weit entfernte Assoziationssphären enthalten, so würden die Assoziationsgesetze schon von Volk zu Volk wechseln und der Forderung der Allgemeingültigkeit nicht entsprechen. Denn die Zurückführung dieser Gesetze auf ganz vage Nachbarschaften (Zeit und Raum) und Kategorieen (Ursache und Wirkung) auf logische Sätze (Kontrast) ist nur eine Aufzählung der Einteilungsgründe, gut für die Klassifikation; an die komplexen Realgründe der lebendigen Assoziationen reicht die Klassifikation nicht heran. Besinnen wir uns nun gar darauf, daß es in der Wirklichkeit des geistigen Lebens auch Volkssprachen nicht gibt, daß jede

Landschaft ihre Mundart und so weiter herunter schließlich jeder Mensch nur seine Individualsprache aktiv eingeübt hat, und daß nur die aktive Einübung der Realgrund der lebendigen Assoziationssphären ist, so wird die Gesetzmäßigkeit oder Allgemeingültigkeit der Assoziationsfolgen in Frage gestellt und der Subjektivismus des menschlichen Denkens auf seinen Ursprung zurückgeführt. Aktive Einübung in den Nervenbahnen, die allein (und tautologisch genug) das Zustandekommen von Assoziationen erklären kann, ist anders als individuell nicht vorstellbar. Auf den äußern Assoziationen beruht die Wortbildung, der Wortgebrauch führt zu den innern Assoziationen.

Es wäre natürlich unsinnig, das Vorhandensein von unzähligen Gleichmäßigkeiten bei der Assoziationsbildung leugnen zu wollen; der Sprachgebrauch ist, wie die Sprache selbst etwas zwischen den Menschen; und à peu près, so ungefähr, wie Menschen einander verstehen, mag man von Gleichmäßigkeiten der Assoziationen reden; nur grade die Assoziationen gehen nicht zwischen den Menschen vor sich, sondern in den Bahnen des Individualhirns. Zwischen den Menschen gibt es auch Eisenbahnen, nach deren Fahrplan sich das Individuum richten muß, wenn es so schnell wie möglich die Reise nach Rom antreten will; aber *Rom* erregt nicht bei zwei Menschen die gleichen Assoziationen. Und wenn die Eisenbahnstrecke Berlin—Rom und Rom—Berlin auch die gleiche sein sollte und die Verbindung gleich gut, so liegt der Fall bei den Bahnen der Assoziationen durchaus nicht ebenso. Das Alphabet ist uns nach rückwärts nicht so geläufig wie nach vorwärts. Die Einübung ist für beide Richtungen nicht die gleiche gewesen. Die Assoziationssphäre eines Wortes ist auch nicht die gleiche bei den verschiedenen Berufsständen. *Rom* hat eine andere beim Dichter, beim Redner und beim Gelehrten, und wieder eine andere bei den einzelnen Gelehrten, je nach ihrem Fache.

Die neue Aktionstheorie, die sich von der Apperzeptionspsychologie nicht gerade wesentlich unterscheidet, hat an den Assoziationsgesetzen ernsthafte Kritik geübt; ich fürchte nur, daß diese Theorie, auch in der Form, die James ihr gegeben hat, dem Willen so viel Einfluß auf die Assoziationen zugesteht, daß darüber nicht nur die mythologischen Assoziations-*Gesetze*, sondern auch die gar nicht mythologische Notwendigkeit der assoziativen Verbindungen um alle Geltung gebracht werden. Etwas Gutes und Wichtiges hat die Psychologie von James gelernt oder zu lernen: „Nicht die Vorstellungen, sondern die Objekte werden assoziiert."

Äther. — Ein leer gewordenes hübsches Gefäß aus der Griechenzeit, in welches Chemie und Physik neuerdings neuen Inhalt zu gießen wetteifern. Die Bezeichnung *Äther* für Alkoholderivate stammt aus einer Zeit, da die Chemie ihre neue Universalsprache noch nicht ausgebildet hatte; wohl um der Flüchtigkeit des Stoffes willen wurde das Bild gewählt, und ist nach den in der Chemiesprache geltenden Gesetzen zu Ester weiter gebildet worden. Nicht viel älter ist die gleiche Bezeichnung *Äther* für den Träger der Licht-, Wärme- und Elektrizitätserscheinungen. Hier lag doch etwas wie eine Entwicklung des griechischen Wortes *αἰϑηρ* vor. Dies *αἰϑηρ* bezeichnete (außer einer unkontrollierbaren, blutschänderischen Figur aus der niedern Mythologie, dem Sohne und dem Bruder des Erebos und der Nacht, einem Enkel des Chaos) etwa die obere strahlende Luftschicht, im Gegensatze zu *αἠρ*, der Atmosphäre; wohl auch poetisch den Himmelsglanz. Da war es kein großer Schritt, den ungeheuern Weltraum mit Äther zu füllen, als man um der Wellentheorie des Lichtes willen einen Wellenträger im Weltenraum brauchte. Und als jüngst die Lichtwellen mit den elektrischen und magnetischen Wellen gleich gefunden wurden, wurde dieser Äther zum Träger aller dieser Erscheinungen und der Wärme dazu. Er trat allein an Stelle der alten Fluiden oder Imponderabilien. Das war, wie jede Zusammenfassung verschiedener Hypothesen auf eine, ein Fortschritt in der Physik.

Nur sollte die Physik als die Lehre von dem Stofflichen, eine Antwort haben auf die Frage: was ist der Äther? Ist er ein Stoff oder nicht? Der starke Newton konnte noch mit dem Stolze des überlegenen Nichtwissens sagen: iste aether quid sit non definio. Heute weiß man vom Äther so viel zu erzählen, daß man einer Definition kaum mehr ausweichen darf. Man beschreibt alle andern Stoffe als undurchdringlich, der Äther ist durchdringlich. Der Äther ist ferner unwägbar, kann also schon darum nicht in der Reihe der Elemente aufgeführt werden. Weiter soll der Äther absolut unbeweglich sein, während die *starren* Körper mehr und mehr als Tanzfiguren ihrer Moleküle und Atome vorgestellt werden; wobei dann der Äther wieder fast gleichbedeutend wird mit dem unkörperlichen Raume, in welchem die Körper oder Raumnetze sich befinden. So wird ein und derselbe Äther zu der unendlichen Brücke zwischen den Weltkörpern und zugleich zum Kitt oder Mörtel zwischen den unendlich nahen Molekülen der Körper. Zu den neuen Hilfshypothesen gehört es außerdem, daß dieser gefällige Äther inkompressibel, ohne Reibung, aber rotationell elastisch sei. Am Ende sind nicht die Körper, aber auch nicht ihre Atome warm, hell, elektrisch, magnetisch; der Äther ist das alles. Man hätte sagen können: wie nicht die Muskeln weh tun, sondern die an ihnen befestigten Nerven. Was ist nun dieser Äther? Ist er ein Stoff, so muß die gesamte Elementarphysik umlernen, so darf die *Physik des Äthers* von der übrigen Physik nicht mehr getrennt werden. Ist der Äther aber kein Stoff, dann wirkt es nur verwirrend, daß man ihm einen substantivischen

Namen gegeben hat, daß man von ihm als einem Träger *adjektivischer* und *verbaler* Erscheinungen spricht.

Ostwald, der Erneuerer der Naturphilosophie, der energetischen, hat denn auch die Ätherhypothese aus dem Tempel hinausgewiesen. „Alle Versuche, die Eigenschaften des Äthers nach Analogie der bekannten Eigenschaften der Materie gesetzmäßig zu formulieren, haben zu unlösbaren Widersprüchen geführt. So schleppt sich die Annahme von der Existenz des Äthers durch die Wissenschaft, nicht weil sie eine befriedigende Darstellung der Tatsachen gewährt, sondern vielmehr, weil man nichts Besseres an ihre Stelle zu setzen versucht oder weiß" (Vorl. über Naturphilosophie² S. 151); „in der Tat handelt es sich hierbei nur um einen Rückstand der Scholastik" (S. 239). Ostwald will eine trägerlose Energie (?) an Stelle der Ätherhypothese setzen. Haeckel, das enfant terrible und oft leider der lustige Rat des materialistischen Monismus, spricht dagegen den Ätheratomen sogar Empfindung zu; als ob es schon ausgemacht wäre, daß Äther existiert und daß er aus Atomen besteht und daß Atome etwas wie Empfindung haben können.

Es wäre noch lustiger, wenn der Äther *wissenschaftlich* wieder in seinen alten Stand eingesetzt würde, sein Atomgewicht gemessen, und er dann, wie einst bei Aristoteles, wieder zum *πεμπτον στοιχειον*, zur quinta essentia würde. Nur die Zählung wäre anders. Die Quintessenz der Physik ist er ja doch geworden, ohne daß man erfahren hätte, ob oder was er sei.

Atom. — Die Physiker vergessen bei Anwendung der Differenzialrechnung auf die kinetische Gastheorie, ferner auf das Molekulargewicht und überhaupt auf die Lehre von dem Aufbau der Elemente, daß das Atom selbst ein Grenzbegriff ist, also eine Vergleichsmöglichkeit fehlt, um über die Größenordnung der sog. Atome etwas aussagen zu können. Erkenntnistheoretisch geschulte Köpfe wie Schopenhauer und Fechner haben das immer eingesehen, weil sie nicht genug oder nicht zu sehr mathematisch dachten. Die ältern Physiker sahen da wirklich klarer als die neuern. Vollends die Sichtbarmacher der Molekularbewegung gebrauchen den Begriff der Moleküle ganz willkürlich, weil kein Grund vorhanden ist, die sichtbar gewordenen Teilchen z. B. der Brownschen Beobachtungen für unterste Atomverbindungen auszugeben. Dasselbe gilt für die Beobachtungen durch das Ultramikroskop. Die Herren haben kein Recht, auf das Neue, das sie gesehen haben und durch einen Begriff *begreifen* möchten, das uralte Wortgepenst *Atom* oder das neuere Wort Molekül anzuwenden.

An solchen naturwissenschaftlichen Begriffen läßt sich noch besser als an den abstrakt philosophischen die Gespensterhaftigkeit der Wortgeschichten nachweisen. So ein Wort wandert von Volk zu Volk, von Jahrhundert zu Jahrhundert, in seiner Bedeutung ebbend und flutend, wird aber die mit ihm verbundenen Bilder im Wechsel der Zeiten nicht los. Wenn Boltzmann von Atomen redet und dabei an die kinetische Gastheorie denkt, so unterscheidet sich seine Atomistik von der der Griechen wie ein moderner Eisenbahnzug von einem antiken Karren; wie aber die Waggons unserer Eisenbahnen nicht so aussehen würden, wie sie aussehen, wenn die Formgeschichte des Karrens sich nicht in ihnen fortgesetzt hätte, so wird auch ein Boltzmann das Bild des griechischen Atoms nicht ganz los.

Die Griechen hatten in ihrer bildsamen Muttersprache das Wort *ἡ ἀτομος* gebildet, worunter dann die Naturphilosophen das unteilbare letzte Stückchen Stoff verstanden. Die Römer nahmen das Wort herüber, mit Haut und Haar; atomus (fem.) war das Atom, atomum der Augenblick (in atomo = *ἐν ἀτομῳ*); sie übersetzten das Fremdwort aber auch durch *indivisibilis*, spätlat. und ungebräuchlich, sowie durch *individuum*, nur daß individuum, bei Cicero noch gleichbedeutend mit atomus, mit der Zeit einen Sinn bekam, der dem des Atoms stracks entgegengesetzt ist: das organische Ganze. (Für *in atomo*, *ἐν ἀτομῳ*, sagen wir jetzt im Moment, wo *momentum*, von movere, die Bewegung, die Bewegungsstrecke, die Bewegungsdauer, *das* Moment, den umgekehrten Bedeutungswandel durchgemacht hat; wir sagen unterscheidend: *der* Moment.)

Auf den Gegensatz im Bedeutungswandel des griech. Wortes *Atom* und seiner lat. Lehnübersetzung *Individuum* hat schon Virchow hingewiesen in einem Vortrage von 1859: Atome und Individuen. Er meint mit einem hübschen Philologenscherze: Atom heißt ein Ding, welches weder die Hand noch der Geist *anatomisch* weiter zu zerlegen vermag. Und er bezeichnet auch den Unterschied, der sich herausgebildet hat, ganz treffend: „Das Atom ist die unteilbare Einheit, die man selbst in Gedanken nicht weiter zu teilen *vermag;* das Individuum diejenige, die man nicht weiter teilen *darf;* wird sie geteilt, so wird sie eben auch vernichtet." Das Atom sei eine bloß gedachte Einheit, das Individuum die wirkliche. Es ist bekannt, daß Virchow, der Begründer der Zellularpathologie, in seinen Zellen diese wirklichen Einheiten sah und die Organismen gern als Gesellschaften betrachtete; dabei gab er sich redliche Mühe, immer wieder Fäden zu knüpfen zwischen solchen Verwegenheiten und der vom Liberalismus für humanistisch erklärten Weltanschauung der griechischen Philosophie.

Nun waren aber die Griechen, von den Römern gar nicht zu reden, unsern letzten Fragen gegenüber im Stande der Unschuld oder Kindheit; ich habe das an dem immerhin imponierend großen Beispiele des Aristoteles nachzuweisen gesucht. (Vgl. Art. *Griechisches Denken: Aristoteles.*) Wie Kinder ihre Spielsachen in Stücke schlagen, und guter Wille darin eine Äußerung ihres Wissensdurstes gesehen hat, so kamen die Griechen da sie mit den Begriffen der Unzählbarkeit der räumlichen Teile und denen der Größenmaße spielten, auf das Bild von den Atomen. Ob das Bild ihnen von der indischen Naturphilosophie übermittelt werden konnte oder gar übermittelt wurde, vermag ich nicht zu untersuchen. Wie Kinder und wie alle Philosophen wollten die Griechen erfahren, was hinter den Dingen stecke, das Ansich der Dinge begreifen; ihre Idealisten fanden Ideen oder Worte dahinter, ihre Materialisten ganz, ganz kleine Stückchen Stoff, die die Dinge-an-sich waren; dabei beruhigten sich Leukippos, Demokritos, Epikuros, das brachte Lucretius in seine erstaunlich schönen Hexameter. Was sonst erzählt wurde, von der Größe, der Gestalt, der Lage der Atome, von der Herstellung der Seele (und der Götter) aus den feinsten Atomen, das gehört nur zu den Äußerungen griechischer Mythenbildung und sollte aufhören, ein Inventarstück der Philosophiegeschichte zu bilden; denn auch nicht der leiseste Versuch wurde gemacht, die Wahrheit dieser Erzählungen zu beweisen oder gar das Bild Atom annäherungsweise durch Experimente zu verbessern, der Wirklichkeit ähnlicher zu machen.

Diese griechische Atomistik, an welche ganz eng der vornehm-lebenskluge Sensualismus des Epikuros geknüpft war, verfiel mit der Zeit unter dem Schelten der Schulphilosophen und unter den Verdammungsworten der Kirchenväter der Infamie; infam war, ein Schwein war, wer sich einen Epikuräer zu nennen wagte. Es macht den ganzen und einzigen Ruhm von Pierre Gassendi aus, daß er, selbst ein kleiner Kirchenfürst und in allen Glaubenssachen der Kirche gehorsam, das System des Epikuros wieder auf den Plan brachte. Gassendi war kein Bahnbrecher. Mit Skeptikern befreundet, in geistigem Verkehr mit Mersenne, Hobbes, Descartes und Galilei, sprach er alleinig endlich aus, was in der Luft lag: daß die Atomistik die Welt eher erklären könnte als der Rationalismus der Aristoteliker seit damals 2000 Jahren es vermocht hatte. Er spricht es Hobbes nach, daß unser Weltbild von der Phantasie geschaffen sei, er spricht es Campanella nach, daß wir nur Qualitäten wahrnehmen, nicht Substanzen. (Was ich die adjektivische Welt nenne.) Nihil praeter qualitates a sensibus percipitur. Man sagt, das Auge sehe nicht nur eine Farbe, sondern auch einen farbigen Körper; aber eben dieses farbige Etwas ist Qualität; was wir daran Substanz nennen, schieben wir bereits der Qualität durch einen Verstandesschluß unter. Die Substanz, die substantivische Welt, bleibt uns immer verhüllt. Er glaubte, die Atomistik der Griechen wieder zu beleben, weil er in den Atomen die Substanzen zu sehen glaubte, das Ding-an-sich der Erscheinungen. Aber in Wahrheit war eine andere Welt schon zu Worte gekommen, als Gassendi den verrufenen Terminus wieder aufnahm. Bacon und Hobbes hatten in dieser Zeit, die doch der langsam werdenden Erfindung der Infinitesimalrechnung fast unmittelbar voraus-ging, schon darauf gedrungen, die Natur durch Erforschung ihrer kleinsten Teile zu erklären. Es lag nahe, den Begriff der Monaden einzuführen, als Rechnungsgrößen, und die Physik wie die Mathematik auf Differentialrechnung zurückzuführen. Nun war aber Gassendi unglücklicherweise vor allem Philologe („unter den Philologen der größte Philosoph, unter den Philosophen der größte Philologe," hat etwas boshaft Pierre Bayle von ihm gesagt), und so übernahm er aus dem Altertum den Atombegriff mit allem, was drum und dran hing, und suchte den neuen Wein in alte Schläuche zu bringen. Den Griechen wurde mancherlei von der neuaufdämmernden Infinitesimalrechnung untergelegt und wiederum dem neuen Monadenbegriff, weil das Wort Atom sich eingestellt hatte, wie durch eine Zwangsvorstellung die Eigenschaft der Unteilbarkeit zugesprochen. Die Griechen waren zu dem Worte durch ein kindliches Spiel mit dem Begriffe der Teilbarkeit gekommen; irgend einmal mußte man mit dem Zerkleinern der Körper aufhören, in der Phantasie, und dann sagte man *ἄτομος* zu den ganz, ganz kleinen Stückchen. Im 17. Jahrh. war man nicht mehr so naiv. Einheiten, Monaden, einheitliche Rechnungsgrößen nur noch wurden gesucht; ihre Teilbarkeit oder Unteilbarkeit kam eigentlich gar nicht mehr in Frage; mühsam wurde die etymologische Wortbedeutung von *Atom* dadurch gerettet, daß man sagte: auch das Atom besteht aus unterscheidbaren Teilen, weil sie aber praktisch nicht mehr losgespalten werden können, darum dürfen wir es Atom nennen: non ut vulgo putant quod partibus careat sed quod ita solida et, ut ita dicam, dura compactaque sit, ut divisioni, sectionive et plagae nullum locum faciat, seu quod nulla vis in natura sit, quae dividere illam possit. Und weil einmal die Terminologie des Epikuros wieder eingeführt werden sollte, behielten dessen Atome auch die Eigenschaft bei, schwer zu sein. Vielleicht interessierte den Klosterpropst Gassendi die physikalische Atomistik des Epikuros gar nicht in erster Linie; vielleicht war ihm die Physik nur ein Vehikel, die verrufene Moral seines Meisters zu lehren, sie — doch wohl ein wenig heuchlerisch, da sein offiziöser Christenglaube nicht gar fest gesessen haben kann — scheinbar mit dem Katechismus in Einklang zu bringen. Auch Gassendi predigte einen vornehmen Sensualismus, der doch mit der Prinzipienlehre der Physik nichts zu tun hatte: Tranquillitas animi et indolentia corporis; status, quo melior appeti non potest. So schlichte, ja resignierte Lebensweisheit verträgt sich mit jedem Glauben.

Die dogmatischen Materialisten, deren es doch auch heute noch gibt, rühmen der Atomistik des 17. Jahrhs. nach, daß unter ihrer Herrschaft, besonders seitdem Dalton die Theorie der Chemie auf sie gegründet hatte, der ungeheure Aufschwung der theoretischen Chemie und des Handels mit Chemikalien möglich wurde. Ich möchte ganz höflich einwenden, daß begabte Chemiker auch unter der Herrschaft des Phlogismus gute Entdeckungen machten, daß ganz brauchbare Kalender angefertigt wurden, während man noch allgemein die Richtigkeit des Ptolemäischen Planetensystems annahm. Man darf bei solchen Untersuchungen nicht die Kirchhoffsche Unterscheidung zwischen Erklärung und Beschreibung außer acht lassen. Das menschliche Wissen dringt nicht bis zu Erklärungen vor. Erklärungen sind immer Bilder, mehr oder weniger falsche Bilder. Das Phlogiston gab ein besonders falsches Bild vom Verbrennungsvorgang; die Ptolemäischen Epizyklen gaben ein gar nicht übles Bild des Planetenumlaufs; es wäre für die Atomistik recht günstig, wenn der Richtigkeitswert ihres Bildes so ungefähr zwischen dem des Phlogiston und dem der Epizyklen gefunden würde. Ganz anders steht es um die Beschreibung einer Naturerscheinung. Die kann, wenn der Beobachter nur methodisch oder instinktiv von jedem Erklärungsversuche absieht, unter jeder Erklärungshypothese, unter der Herrschaft jedes Bildes gut ausfallen. Und auch eine falsche Hypothese, wenn sie nur die Phantasie anregt, kann den begabten Chemiker zu immer neuen Versuchen führen, bei denen etwas gelernt wird. Die Hypothese der letzten Zusammensetzung ist beinahe so gleichgültig wie die Namen der Stoffe. Es tut nichts, daß man das merkwürdige flüssige Metall quickes Silber nannte, vivum Argentum, seine Eigenschaften konnte man dennoch beobachten.

Worin aber die Atomistik seit Gassendi der Chemie wirklich zu Hilfe kam, das war: die steigende Möglichkeit, die Rechnung und endlich auch die höhere Analysis den Untersuchungen chemischer Verwandlungen zugrunde zu legen. Dieses Atom war aber — wie gesagt — gar nicht mehr das kleine Stückchen Stoff der Griechen, sondern eine Art Monade, nicht meßbar, eine Rechnungsgröße, ein Grenzbegriff, der wie das Differential der Mathematiker aus dem Resultate der Rechnung wieder eliminiert werden muß, wenn das Resultat einen Sinn haben soll.

Während aber die Physik, insbesondere die Chemie, unter der Anregung atomistischer Vorstellungen sofort Fortschritte machte, wandelte sich die Vorstellung vom Atom abermals, ohne daß das alte Wort fallen gelassen worden wäre. Gassendi hatte als erster bei den Körperchen, aus welchen die Dinge bestehen, zwischen Atomen und Molekülen unterschieden; da die Moleküle untereinander ungleich sind, bleibt nur übrig, die Atome als gleich anzusprechen. Es mußte sofort die Frage entstehen, durch welche geheimnisvolle Kraft diese gleichen Atome dazu gebracht werden, sich zu den verschiedenen Molekülen zu ordnen. Schon Gassendi selbst hat einen Wink gegeben, in der Ordnung ohne weiteres den Grund zu suchen. Die Buchstaben A und N können je nach ihrer Anordnung die Silben an oder na bilden; die Buchstaben N und Z sind gar nur der Lage nach verschieden; aus N wird Z, wenn man es umlegt. Der mitlebende und mitstrebende Forscher Robert Boyle, der dem albernen Gerede von den vier Elementen des Aristoteles ein Ende machte und unsern jetzigen provisorischen Begriff vom Elemente aufstellte, hat Gassendis Atomistik in seine Weltanschauung aufgenommen, dazu die wichtigsten scholastischen Begriffe von den Qualitäten und Formen so lange umgedeutet, bis sie auf die neue Atomistik paßten.

Auf solche Vorstellungen war die neue Chemie begründet, die ja bekanntlich Erfolge zu verzeichnen hatte, von denen sich Altertum und Mittelalter nichts träumen ließen; praktische Erfolge. Diese neue Chemie nennt sich mit Stolz atomistisch; sehen wir zu, was von dem alten Atombegriff in ihr übriggeblieben ist.

Wir haben erfahren, daß schon Gassendi Sophismen zu Hilfe nehmen mußte, um den Namen *Atom* als den der unteilbaren letzten Stückchen beibehalten zu dürfen. Mehr und mehr wurde im 18. und 19. Jahrhundert das Atom zu einer bloßen Rechnungsgröße. Nun aber handelt die Chemie von den Verwandlungen der Stoffe; die Rechnungsgröße der Verwandlungen war aber inzwischen das Molekül geworden, das aus irgendwie geordneten Atomen bestand. Die Chemie hatte immer nur mit veränderlichen Molekülen zu tun, die Chemie war also gar nicht atomistisch; nur die Rechnungsgröße der intensiv unteilbaren Elemente nannte man noch Atome (die alten Atome waren extensiv unteilbar gewesen), und diese Atome wurden ein Begriff der theoretischen Physik. Nur die Unveränderlichkeit dieser Elementaratome erinnerte noch ungenau an die Starrheit der Atome der Griechen und schien die Beibehaltung des Wortes zu entschuldigen. Was aber in den letzten Dezennien über diese Atome ausgemacht worden ist, das reißt die letzten Fäden entzwei zwischen der gegenwärtigen und der alten Atomistik. Die Atome unserer theoretischen Physik sind ja weder unteilbar noch unwandelbar. Wenn die neue Vorstellung von den radioaktiven Elementen richtig ist, so explodieren die Atome dieser Körper und verwandeln sich dabei in Atome höherer Ordnung eines neuen Elements. Der Wunsch der Theoretiker, die uralte Wortbedeutung auch nach solchen Entdeckungen noch zu retten, hat dazu geführt, neue Unterscheidungen zwischen Molekularumwandlungen und Atomumwandlungen aufzustellen: das Atom soll nicht durch äußere Einflüsse, sondern nur durch innere Vorgänge gespalten werden können; als ob man etwas darüber wüßte. Dazu kommt, daß die neuerdings fest angenommene Periodizität der Elemente, ferner die Kompliziertheit der Spektren einiger Metallatome darauf schließen läßt, daß unsere provisorische Elementenreihe nicht mehr lange wird aufrecht erhalten werden können, daß man einmal Atome des einen Elements aus Atomen des andern zusammensetzen wird.

Bliebe noch die Kleinheit der Atome. Sie sind freilich immer kleiner geworden, je schärfer die Mikroskope wurden. Aber mit der unendlichen Kleinheit ist es nichts mehr, seitdem die theoretische Physik gewagt hat, die positive Größe eines Wasserstoffatoms zu berechnen. Auch wenn der berechnete Wert ($\frac{1}{10^{21}}$ eines Milligramms), also ein Milligramm dividiert durch eine Zahl, die man mit 22 Ziffern schreiben müßte, nicht genau stimmen sollte. Der gewonnene Wert ist vielleicht nicht einmal nach der Größenordnung richtig; aber die Rechnungsmöglichkeit beweist, daß die neue Physik im Atom nicht mehr ein Differential sieht, sondern einen Körper. Damit scheint mir die Formatomistik Gassendis und Boyles aufgegeben; und von einer Rückkehr zu den Vorstellungen der Griechen wird man wohl nicht im Ernste reden wollen. Was wußten die Griechen davon, daß der Sonnentau noch auf $^1/_3$ Millionstel eines Milligramms Sauerstoff reagiert, manche Bakterien auf noch geringere *Mengen*, die sich schon der oben angegebenen Größenordnung eines Atoms nähern? Was wußten sie von Probien, den ersten Produkten einer Urzeugung, von Wesen, die man sich (nach Nägäli und Strasburger) in Atomengröße vorzustellen hat.

Der Versuch, diese reale Größe von Atomen zu berechnen, führt mich endlich darauf, was das Atom eigentlich sei, wenn man nur an die psychologische Entstehung des Begriffes denkt. Ich glaube: eine Verwechslung zwischen Raum und Stoff, eine Verwechslung zwischen den gedachten kleinsten Teilen des Raums und den undenkbaren letzten Teilen des Stoffs. Daß der Raumbegriff sich erst an der Körperwelt entwickeln konnte, ist ja so gut wie anerkannt. Raum und Körper werden vom naiven Realismus immer verwechselt. Die naiven Griechen nun hatten Phantasie genug, das Continuum des Raumes in ihrer Phantasie weiter und weiter zu teilen, bis das Teilen — wieder in der Phantasie — ein Ende nahm, um zur Ruhe zu kommen. Es war kinderleicht, diese Teilung des Raums auf die Körper zu übertragen. Leicht, aber falsch, weil wir nicht wissen, ob ganz winzige Stückchen Stoff sich ebenso verhalten wie große Stücke. Atome sind für Menschenorgane nicht mehr wirksam; aber auch die für Menschenorgane noch sichtbaren sogenannten Sonnenstäubchen sind für das Erdenorgan, das Gravitationsfeld, nicht mehr so wirksam, wie es ein Apfel noch ist; es scheint, daß der Stoff z. B. bei Ölhäuten in der Dicke von weniger als 100 $\mu\mu$ nicht mehr die gleichen Eigenschaften habe wie das Öl in größeren Quantitäten. Das falsche Atom-Bild der Griechen wurde doppelt korrigiert, als die Infinitesimalrechnung ihren Kalkül auf das Atom anwandte: erstens mußte das Experiment immer zeigen, ob die Anwendung des Grenzbegriffs auf den Stoff möglich war, und zweitens brauchte das Differential des Raums nach der neuen Vorstellung kein Ausruhen mehr; es konnte ins Unendliche weitergeteilt werden, der Begriff ἄτομος war überflüssig geworden. Aber auch noch die neueste theoretische Physik ist die Verwechslung zwischen Raum und Substanz nicht ganz losgeworden, erst recht nicht. Der unendliche Raum zwischen den Fixsternen, den man so lange ein Vakuum genannt hatte, weil er keine nachweisbaren bekannten Stoffe enthielt, mußte als eine Substanz aufgefaßt werden, als sich Wirkungen dieses Vakuums auf das Thermometer und die photographische Platte nicht mehr ableugnen ließen. Es gehört nicht hierher, daß dem Substanzbegriff bei dieser Ausdehnung wieder einmal Gewalt angetan werden mußte. Das alte Vakuum wurde mit etwas gefüllt, dem man den uralten mythologischen Namen Äther beilegte. Der Weltäther machte im Großen den Raum zu einem Gegenstande der Physik und wurde im unendlich Kleinen der Mörtel, mit dessen Hilfe aus den physikalischen Atomen die chemischen Moleküle sich aufbauten. Da hatte man ein einfaches Weltbild: es gab nichts mehr als Atome und Weltäther. Da man sich aber im Geiste der Zeit auch vom Äther ein mechanisches Modell machen mußte, so zerlegte man innerhalb der Phantasie auch den Äther in Atome, wodurch das Weltbild für die Menschensprache noch einheitlicher wurde. Nur daß dabei auch noch die letzte Qualität des alten Atoms, die Schwere, mit der die theoretische Physik so erfolgreich gearbeitet hatte (Atomgewicht), verloren ging; denn der Weltäther und seine Atome waren und blieben unwägbar. (Vgl. Art. *Äther*.)

Nach dieser hoffentlich überzeugenden Untersuchung der psychologischen Entstehung und der historischen Wandlung des Atombegriffs kann es nicht wundern, wenn wir erfahren, daß die ersten Physiker unserer Zeit ihn nur mit schlechtem Gewissen gebrauchen oder ihn gar mit skeptischem Lächeln ablehnen. W. Thomson-Kelvin sagt unter dem Beifalle von Helmholtz: „Die Annahme von Atomen kann keine Eigenschaft der Körper erklären, die man nicht vorher den Atomen selbst beigelegt hat.“ Und Helmholtz warnt davor, die hypothetischen Atome mit den kontinuierlichen und gleichartigen Volumelementen zu verwechseln. (Rede zum Gedächtnis an Gustav Magnus.) Ernst Mach sagt: „Mögen die Atomtheorien immerhin geeignet sein, eine Reihe von Tatsachen darzustellen; die Naturforscher, welche Newtons Regeln des Philosophierens sich zu Herzen genommen haben, werden diese Theorien nur als *provisorische* Hilfsmittel gelten lassen und einen Ersatz durch eine natürlichere Anschauung anstreben.“ (Mechanik[3], 482.) Boltzmann, der geniale Schüler Machs, hat in einer schwer zugänglichen Abhandlung „Über die Unentbehrlichkeit der Atomistik in der Naturwissenschaft“ (Populäre Schriften S. 141) sich gegen die Energetik gewandt und die Auffassung der Atome als materieller Punkte und der Kräfte als der Funktionen ihrer Entfernung selbst nur provisorisch gelten lassen, in der Schlußbemerkung jedoch mit fast tragischer Verzweiflung oder mit Humor vorgeschlagen, diese Elementarkörperchen z. B. *Etwase* zu nennen.

Weiter kann die docta ignorantia in der wissenschaftlichen Resignation nicht mehr gehen. Ich bemerke noch, daß der Spezialist für Geschichte der Atomistik, Kurt Lasswitz, in seinem geistreichen Buche „Atomistik und Kritizismus“ zwar den Nachweis geführt hat, daß die kinetische Atomistik notwendig aus den Prinzipien des Kritizismus der Neu-Kantianer hervorgehe; er hat aber nicht nachgewiesen, daß diese Prinzipien richtig seien, und scheint mir überdies die Phänomenalität der konkreten Atome mit der abstrakten Vorstellung von ihnen verwechselt zu haben.

Das Atom gehört zu den Begriffen, mit deren Hilfe der arme Menschengeist versucht, sich von den letzten Fragen durch Zurückschieben zu befreien. Den Griechen gelang das beinahe, weil sie in ihrer erkenntnistheoretischen Unschuld kein Arg darin sahen, während dieses Zurückschiebens beim Worte *unteilbar* plötzlich Halt zu machen und auszuruhen. Wir können mit gutem Gewissen nicht einmal bei den unwägbaren Atomen des Weltäthers ausruhen. Für uns hätte das alte Wortgespenst Atom nur dann einen beruhigenden Sinn, wenn wir sagen könnten, was die Substanz oder die Materie ist; aber über die Substanz oder die Materie können wir nichts aussagen, bevor wir wissen, was das Atom ist.

Als ob wir verpflichtet wären, nach dem Sinne alter leerer Worte zu fragen.

Aufgabe. — Ich kann nicht sagen, wer zuerst diese Substantivform von *aufgeben* im Sinne einer auferlegten Arbeit gebraucht hat; angelehnt ist das Wort offenbar an *thema* (franz. thème = Schulaufgabe), welches wie griech. *θεμα* den Satz bedeutete, über den der Rhetor schwatzte. Wolf übersetzt mit *Aufgabe* den schielenden Begriff Problema, unterscheidet die Aufgabe aber nicht klar von Lehrsatz (theorema). Man achte darauf, wie *auf* in *aufgeben* zu ganz verschiedenen Bedeutungen führt, je nachdem es *offen* oder *oben* ausdrückt: eine Festung aufgeben (Luther), seine Sache aufgeben, ein aufgegebener Mann; dagegen: ein Rätsel, eine Frage, ein ungelöstes Problem aufgeben. Wohl aus dem Schulbetriebe der Logik kam der Begriff in die Gemeinsprache, wo er immer noch (schwere Aufgabe) an die Schülersprache erinnert.

Eine Aufgabe stellen, eine Last aufbürden kann eigentlich nur ein Mensch dem andern; doch hat es noch einen guten Sinn: sich selbst eine Aufgabe stellen, sich selbst eine Last aufbürden, nur sollten unsere historischen Schriftsteller endlich die Gewohnheit aufgeben, von *Aufgaben* geschichtlicher Ereignisse, Personen und Zeiten zu reden. „Die Juden hatten die Aufgabe, das Christentum vorzubereiten. — Die Römer hatten die Aufgabe, durch Schaffung eines Weltreichs der christlichen Lehre von der Gotteskindschaft aller Menschen die Wege zu ebnen.“ Julius Cäsar, Karl der Große, Napoleon hatten für so unbewußt theologische Historiker Aufgaben, wohlgemerkt: nicht selbst gestellte, sondern von der Vorsehung gesetzte Aufgaben. Die alte Theologie scheint sich in diese Redensart geflüchtet zu haben; wie man denn früher sagte: „Tiere und Pflanzen haben die Aufgabe, den Menschen zur Nahrung zu dienen.“

An diese Redensart erinnert der Wortstreit darüber, ob die Gegenstände der Erkenntnis *gegeben* oder *gesetzt* seien. Ich meine, es sei ganz willkürlich, ob man mehr bei *geben* oder bei *setzen* an den Einfluß eines Geistigen denken wolle, im Gegensatze zur Natur; die Gegenstände sind gegeben oder gesetzt von der äußeren Natur *und* von unserer Sinnlichkeit, die mit dazugehört. Nach Kant (Kr. d. r. V. 528) sind die *bedingten* Gegenstände *gegeben*, die Regresse zu den *Bedingungen* aber sind *aufgegeben*, also Aufgaben; Aufgaben sind in diesem Sinne niemals die Gegenstände, sondern immer erst die Fragen, die wir an die Gegenstände stellen.

aufmerken — ist ein Begriff, mit dem die Psychologie immerhin etwas mehr anzufangen weiß als mit der substantivischen, also personifizierten Aufmerksamkeit. Wobei ich nur schwer meine alte Klage unterdrücken kann, daß es um die Sprache der Psychologie fast noch schlimmer bestellt ist als um andere wissenschaftliche Terminologien, daß ganz besonders in der Psychologie die Sprache zugleich Objekt und Werkzeug der Forschung ist, daß eine saubere Sprache in der Psychologie nicht möglich ist, wenn nicht eine reinigende Psychologie und Kritik der Sprache vorausgegangen ist.

Ich verweise zunächst auf das Kapitel *Aufmerksamkeit und Gedächtnis* in meiner Kr. d. Spr. (I, 541 f.); noch schärfer als dort möchte ich das Abstractum *Aufmerksamkeit* eliminieren und das Verbum *aufmerken* allein betrachten. An dem Substantiv Aufmerksamkeit mußten alle Definitionsversuche scheitern, weil niemand zu sagen vermochte, ob es ein Zustand oder eine Tätigkeit, ein Gefühl oder eine Leistung sei; weil nicht einmal der Oberbegriff feststand, unter dem man etwa diese Tätigkeit hätte einordnen können. Der Lehrer, der dem Schüler eine Zensur über den Grad seiner gewohnten Aufmerksamkeit erteilt, hat natürlich von diesen Schwierigkeiten keine Ahnung; der Lehrer weiß nicht, daß Aufmerksamkeit und Zerstreutheit die subjektive und die objektive Seite des gleichen Zustandes sind, daß man aus lauter Aufmerksamkeit für seine besonderen Interessen zerstreut sein kann für die allgemeinen Schulinteressen, daß Talent Aufmerksamkeit ist, aber nicht immer Aufmerksamkeit für die geforderten Interessen. Und fast ebenso, wie es dem Lehrer erging, wenn er leichtfertig die Zensur *Aufmerksamkeit* ausfüllte (wie es in meiner Jugend üblich war), so geht es auch den Psychologen, wenn sie das *Vermögen* Aufmerksamkeit in passive und aktive, in subjektive und objektive Aufmerksamkeit zerlegen wollen. Es gibt in der Wirklichkeitswelt keine Seele, und schon darum allein kann es keine Seelenvermögen geben; es gibt in der Wirklichkeitswelt überhaupt keine —heiten und —keiten, auch keine Aufmerksamkeit. Es gibt in der psychologischen Wirklichkeit nur eine besondere Arbeitsleistung, die wir nach mangelhafter Selbstbeobachtung *aufmerken* nennen; das ganz unklare Gefühl, das diese Arbeit zu begleiten pflegt, wird gewöhnlich unter dem Substantiv Aufmerksamkeit verstanden; wenn dieses Gefühl ausbleibt und wir dennoch aus den Folgen darauf schließen, daß wir aufgemerkt haben, daß wir ohne Aufmerksamkeit aufmerksam gewesen sind, dann redet die Wissenschaft von passiver Aufmerksamkeit.

Aufmerken ist so gewiß eine Arbeitsleistung, wie Sicherinnern eine ist; beide Tätigkeiten sind wirklich, insofern Verben überhaupt wirklich sind. Die begriffliche Schwierigkeit besteht nur darin, die Beziehungen aufzuhellen, die zwischen dem Aufmerken und dem Gedächtnisse, dem Willen und dem sogenannten Bewußtsein bestehen. Das Bewußtsein wird von der wissenschaftlichen wie von der populären Psychologie erst hinterher in die Arbeit des Aufmerkens hineingelegt wie in das Gefühl des Wollens; die Menschen haben seit Urzeiten aufgemerkt und gewollt, ohne jemals den spätgeprägten Scheinbegriff *Bewußtsein* nötig gehabt zu haben. Nicht so schlimm steht es um den Willensbegriff, wenn man nur den sogenannten freien Willen beiseite läßt. Aufmerken und Wollen sind Begleiterscheinungen von Arbeitsleistungen, wirkliche, schlecht zu beobachtende Empfindungen, die sehr leicht ineinander übergehen. Ich möchte eine früher gegebene physiologische Definition etwas verbessern: wenn ein Gegenstand der Umwelt mein Interesse erregt hat, so kann sich meine Arbeitsleistung darauf beschränken, ihn zu apperzipieren, ihn zu begreifen, oder ich kann den Willen empfinden, ihn zu ergreifen. Man denke z. B. daran, wie die Muskeln und Nerven des Sehapparates fein zusammenarbeiten müssen, damit das Kind einen Schmetterling auf den Fleck des deutlichsten Sehens bringen, ihn genau wahrnehmen, ihn als die gesuchte seltene Species erkennen, ihn *begreifen* könne; wie nachher die Muskeln und Nerven der Beine und Arme arbeiten müssen, will das Kind den Schmetterling als Beute *ergreifen*. Unser *Aufmerken* geht also auf die Gegenwart, Wollen auf die Zukunft; da aber auch das Aufmerken ebenfalls eine Tätigkeit ist, so werde ich dennoch sagen dürfen, daß die Anpassungsarbeit unseres Gedächtnisses in beiden Fällen mit einer Empfindung beginnt, welche wir Willen nennen, wenn diese Arbeit größere Muskelgruppen bewegen wird, die wir Aufmerksamkeit nennen, wenn diese Arbeit entweder nur kleinere Muskelgruppen bewegt oder gar nur vasomotorisch, vielleicht nur in den Nerven tätig ist. Unbewußt, wenn es nur eine unbewußte Aufmerksamkeit gäbe. Es läge nahe, aufmerken und wollen nach der bekannten Scheidung in sensorische und motorische Nerven zu trennen; aufmerken wäre dann die Überwindung des toten Punktes bei der Arbeitsleistung in den sensorischen Nervenbahnen, wollen wäre die Überwindung des toten Punktes in den motorischen Nervenbahnen. Ich bin auch mit dieser Erklärung nicht zufrieden; denn die Natur spottet der begrifflichen Scheidung; der Wille kann die *Aufmerksamkeit* steigern und die Aufmerksamkeit (auf die Moral, auf das Strafgesetz) kann den Willen beeinflussen.

Für die Beziehungen zwischen *aufmerken* und *apperzipieren* vergleiche man noch den Artikel *Apperzeption*, für die Beziehungen zwischen Aufmerksamkeit und Gedächtnis den Artikel *Gedächtnis.* Hier nur noch die sprachliche Notiz, daß in den romanischen Sprachen diese letzte Beziehung durch die Ähnlichkeit der Worte attentio und intentio sich verrät; im deutschen findet sich etwas Ähnliches in der Gemeinsprache: *merken* heißt so viel wie: eben fühlbar apperzipieren, aber auch: dem Gedächtnisse einverleiben.

Autodidakt. — Das hätte sich der alte Homeros nicht träumen lassen, als er (Od. 22, 347) das Wort *αὐτοδιδακτος* prägte: daß dieses Wort eine Geschichte haben würde. Der Sinn bei Homeros ist für uns übrigens nicht ganz klar. Odysseus vollzieht die wilde Rache an den sogenannten Freiern; auch an ihren Hofbedienten. Nur der Kollege des Homeros, der Harfenskalde, „entrann dem schwarzen Verhängnis". Er fleht um sein Leben mit der Dichterbegründung: Odysseus würde es später bereuen, einen Mann erschlagen zu haben, der ebenso gut Odysseus wie irgend einen Gott zu besingen vermöchte (oder ihnen vorzusingen). *Αὐτοδιδακτος δ' εἰμι.* „Mich hat niemand gelehrt; ein Gott hat die mancherlei Lieder mir in die Seele gepflanzt." In seiner Todesangst will der Harfner wohl nur auf die gewissermaßen ungeschlechtliche Herkunft seiner Kunst verweisen, will sagen: Dichtkunst kann nicht übertragen, nicht gelernt werden.

Das Wort *αὐτοδιδακτος* wurde nachher aber kaum wieder auf die Poesie angewandt, desto häufiger auf die Wissenschaft. Und merkwürdig ist es, daß je nach der Zeitstimmung es ein Lob oder ein Tadel schien, wenn jemand ein Autodidakt genannt wurde. Nur zwei Beispiele. Der gute Krug sagt (im ersten Drittel des 19. Jahrh.) in seinem Handwörterbuch der philosophischen Wissenschaften: „Unter den Philosophen hat es von jeher viele gegeben, die sich für Autodidakten erklärten. Es liegt aber dieser Erklärung nur Einbildung und Eitelkeit zum Grunde ... man wird in der Regel finden, daß solche Autodidakten sich nicht gut mitteilen können, weil die Lebendigkeit des mündlichen Vortrags nicht auf ihren Geist eingewirkt ... hat. So war Heraklit, der sich ebenfalls einen Autodidakten nannte, auch ein so dunkler Schriftsteller, daß er selbst davon den Beinamen des Dunkeln bekam." Hundert Jahre früher urteilt Walch, ebenfalls Professor, in seinem philosophischen Lexikon viel vernünftiger. Es gebe dreierlei Autodidakten: 1. in einem ganz weiten Sinne sei jeder ein Autodidakt, der seine durch Unterricht und Lesen erworbenen, also auf Gedächtnis beruhenden Kenntnisse durch Ingenium und Judicium erweitert hat; 2. kann der ein Autodidakt heißen, der ohne Unterricht und ohne Lesen ans Ziel gekommen ist, wie die ersten Erfinder der Wissenschaften und die Staatsmänner; für systematische Wissenschaften „dürften gewiß die Exempel solcher Autodidactorum sehr dünne gesät sein“; 3. die eigentlichen Autodidacti, Selbstgelehrte oder Selbstlehrlinge, die „nur blos aus Büchern, ohne einige mündliche Unterrichtung gelehrt und geschickt zu sein vermeinet.“ Von vielen sei die Frage aufs Tapet gekommen, was von diesen eigentlichen Autodidactis zu halten sei. Es dürfe aber diese Art, gelehrt zu werden, nicht schlechterdings, nicht bei allen Ingeniis und in allen Wissenschaften verworfen werden. Besonders in der Historie und der Philosophie wäre die Methode ganz gut anwendbar. Ernster sei die andere Frage: „wenn diese Methode zu studieren zu tadeln ist, *warum* solches geschehe?“ Diese Frage gehöre nicht zu den Regeln der Gerechtigkeit, sondern zu den Lehren der Klugheit. „Dahero wir diejenigen Gründe, womit man wider die Autodidactos streitet, weil diese Art einen abgeschmackten Hochmut, eine Begierde zu Neuerungen, einen Abscheu für (vor) menschlicher Gesellschaft, einen Eigensinn und dergl. bei sich führt, — auch ein solcher Mensch, der nur aus den Büchern klug werden wolle, sich erstlich an seinem Gott, der den Lehrstand eingesetzt habe, hernach an seinem Nächsten, weil er einem ehrlich erfahrenen Mann das gebührende Vertrauen nicht zuwenden und sich seines Rats bedienen wolle, versündigt, für sehr schwach halten.“ Der vortreffliche Walch schreibt ein entsetzliches Deutsch; aber die vorgetragene Ansicht (die im Grunde immer noch die Ansicht des von Gott heute eingesetzten Lehrstandes ist) widerlegt er recht gut. Eine Versündigung gegen Gott und den Nächsten liege beim Autodidakten nicht vor; es könne aus keinen philosophischen Gründen dargethan noch bewiesen werden, daß der Mensch nach dem natürlichen Rechte zur mündlichen Unterweisung verbunden sei; die Versündigung am Nächsten (weil man zu ihm kein Vertrauen habe) sei nicht zu behaupten, „angesehen allezeit erst auszumachen ist, ob der Mann in solchen Umständen steht, daß man zu ihm ein Vertrauen haben kann“.

Ich habe schon gesagt, daß die Meinung der Herren des von Gott gesetzten Lehrstandes heute noch die gleiche ist, wie die, die Walchius bekämpfen zu müssen glaubte. Wenn auch die Sprache, in welcher unsere Autodidakten in unsern gelehrten Zeitschriften von vornherein abgelehnt werden, für uns weniger zopfig klingt. Für uns, weil wir alle zu wenig autodidaktisch sind.

Wir könnten weit besser und leichter als in irgend einer früheren Zeit ohne mündliche Unterweisung wissenschaftlich vorwärts kommen, weil das massenhafte Wissen unsrer Zeit sorgfältiger als je zuvor geordnet vorliegt in Handbüchern aller Wissenschaften, ja sogar im vielgeschmähten und doch unentbehrlich gewordenen Konversationslexikon, weil bei der Unübersehbarkeit unseres modernen Spezialwissens, das in keinen einzelnen Universalkopf mehr hineingeht, eine gute Handbibliothek alle Fragen des Schülers sicherer beantwortet als der von Gott oder dem Unterrichtsminister gesetzte Professor sie beantworten könnte. Ich spreche nur von wissenschaftlichem Streben, weil die Fälle, in denen die persönliche Unterweisung notwendig scheint, im ganzen und großen dem Gebiete der Technik angehören. Der Techniker im engsten Sinne, aber auch der Künstler, der Mediziner, der Chemiker usw. muß wohl oder übel bei einem Meister in die Lehre gehen, jahrelang ein Lehrling bleiben, um abgerichtet zu werden, pour être rompu à la besogne, um mit seiner Arbeit genau da fortfahren zu können, wo der Meister stehen geblieben ist.

Nicht ganz auf dieses Gebiet gehört aber der Zwang für Biologen, Psychologen, Astronomen usw., sich auf reich ausgestatteten Instituten auszubilden. Das ist eine Geldfrage. Wer reich genug wäre, sich die kostbaren Apparate, Materialien und Hilfskräfte selbst zu bezahlen und dazu die Arbeitskraft eines Großen hätte, und die Ziele eines Großen, der würde wohl gern auf die staatlichen Einrichtungen verzichten. Denn dem Nutzen all dieser Institute und Laboratorien steht ein fühlbarer moralischer Schaden gegenüber. In den technischen Künsten (Maschinenbau, Hochbau, Medizin, Chemie) mag der Nutzen den Nachteil überwiegen. Aber schon in der eigentlichen Kunst, bei den Kunstmalern und Bildhauern, die doch wirklich für ihre Kunstübung eine tüchtige Technik brauchen, ist bekanntlich die gute Wirkung der Akademien eine minimale. Stümper werden gezüchtet, Genies sind Selbstlehrlinge. In dem wissenschaftlichen Betriebe nun gar hat das jurare in verba magistri eine Form angenommen, die den besten wissenschaftlichen Geist zu vernichten droht. Auf der Pflanzschule der Gelehrten, auf den Gymnasien fällt der Schüler durch, der nicht gegen seine erwachende Überzeugung in Geschichte und deutschem Aufsatz, in Literatur und gar in Religion jurat in verba magistri. Bessere Köpfe unter den Schülern müssen schon auf dem Gymnasium kleine Diplomaten sein, heucheln und sich ducken. Auf der Hochschule hat der Student wieder auf die Worte des ihm von Gott oder dem Zufall gesetzten Lehrherrn zu schwören. Er fällt im Doktorexamen durch, wenn er der Lehrmeinung seines zufälligen Examinators nicht folgt. Vor den Doktortitel haben die Götter nicht nur den Schweiß gesetzt, sondern oft auch etwas Heuchelei und Kriecherei. Manch ein besserer Kopf unterwirft sich in der Hoffnung, nachher als Privatdozent und a. o. Professor frei zu werden, endlich *αυτοδιδακτος* sein zu können. Aber 7 Jahre und länger muß er um die ordentliche Professur werben, mit kleinlichen Kompromissen, mit Rücksichten gegen die vom Minister ihm Vorgesetzten. Man blicke doch einmal in die wissenschaftliche Literatur, die von Nichtautodidakten hergestellt wird. Cynischer Visitenkartenaustausch. Eine Hand wäscht die andere. Auch gute Bücher, gute Aufsätze werden entstellt durch „Berücksichtigungen" hochmögender und gefälliger Kollegen. Wie die Lehrzeit eines andern Lehrlings zum großen Teile ausgefüllt wird mit häuslichen Diensten, mit Diensten für die Meisterin. Die Hälfte unserer wissenschaftlichen Literatur ist labor improbus von Lehrlingen, die Meister werden wollen, um ihre Lehrlinge wieder hart zu behandeln. Und wenn der Lehrling nach 7 und mehr Jahren es erreicht hat, ordentlicher Professor ist, Meister, sein eigener Herr, dann muß er schon eine seltene Elastizität besitzen, um endlich, endlich die Lehrlingsknechtschaft und ihre Schmach abzuschütteln und als Autodidakt seine Wissenschaft ein Stück vorwärts zu bringen. Die solche Kraft nicht besitzen, die buchstäblich nur der Tradition dienen, der Weitergabe des Wissens, die sind freilich keine Autodidakten. Von den Inhabern der Lehrstühle, von den besoldeten Professoren und solchen, die besoldete Professoren werden möchten, werden Leute ohne Besoldung mit einem leisen Nebenton von Verachtung Privatgelehrte genannt. Ein Privatgelehrter ist also ein Mann, der sich dem Studium einer Wissenschaft ohne Nebenzwecke widmet, der — nach Schopenhauers Wortspiel — mehr Einsichten als Absichten fördern möchte. Dem Mangel an Absicht, dem ewigen Trieb zu lernen gilt der verächtliche Nebenton in der Bezeichnung Privatgelehrter. So kann man im Kreise von Weibern, welche aus ihrer schönen Erscheinung irgendwie Profession machen, so kann man im Kreise von Professionistinnen der Weiblichkeit häufig das Wort Privatdame auf Frauen angewandt hören, die ihre Schönheit nicht verwerten, oder die es nur einmal getan haben, am Tage ihrer Verheiratung.

Es mehren sich die Zeichen dafür, daß die Übelstände in der Welt, die einst die Gelehrten-Republik hieß, auch dort empfunden werden, wo noch vor wenigen Jahrzehnten eitel Überhebung die Regel war. Auf den deutschen Hochschultagen sind endlich, nach langer Herrschaft gelehrter Geschäftsleute, auch die tapfern jungen Idealisten zu Worte gekommen. Man hat, unter Kaiser Wilhelm II., zu sagen gewagt, daß die deutschen Universitäten nicht mehr an der Spitze der abendländischen Gelehrsamkeit marschieren; man hofft sogar, die weiter und weiter ausgedehnte Bevormundung der Universitäten durch die Regierungen wieder abzuschütteln. Die Frage ist aber nicht gestellt worden, ob unsere Universitäten, seitdem sie Drillanstalten für Beamte aller Art geworden sind, als solche (abgesehen nämlich von einzelnen großen Forschern, denen das Vorlesungdreschen schwer genug fällt) noch der reinen Erkenntnis dienen.

Ich kann diese oratio pro domo (das sind wohl meine Worte unbewußt und nebenbei geworden) nicht schließen, ohne auf die Gegenseite aufmerksam zu machen. Wer der reinen Erkenntnis an irgend einer Stelle dienen will, soll und muß nach Möglichkeit Autodidakt sein. Nach Möglichkeit. Genau genommen ist niemand Autodidakt, auch wenn man von der lächerlichen Pedanterie absieht, die einen Unterschied macht zwischen der Belehrung durch Bücher und der Belehrung durch Vorträge. Nicht das kleinste Urteil, geschweige denn eine wertvolle Bereicherung der Wissenschaft fällt vom Monde herunter. Was wir wissen oder meinen, ist uns immer von der belehrenden Umwelt zugeführt worden. Selbst das kleine Aperçu, das ein außerordentlicher Geist der Weltanschauung seiner Zeit hinzugefügt hat und um dessenwillen er ein Genie genannt wird, ist nur eine Folge seiner Seelensituation. Und seine Seelensituation ist nicht autodidaktisch, ist erzeugt von hundert nichtakademischen Lehrern: von der Amme, den Eltern, den Schulkameraden und den Straßenjungen, den Reisebekanntschaften und den Zeitungen, von der ewigen Natur gar nicht zu reden.

Deshalb ist es auch so töricht, wenn liberale Politiker verlangen, der konstitutionelle König dürfe sich bei seinen Entscheidungen nur von den verantwortlichen Ministern beeinflussen lassen. Als ob er tabula rasa wäre. Als ob die Seelensituation des Königs nicht ebenso von hundert Zufallslehrern gebildet worden wäre. Und auch der absolute Monarch, der Selbstherrscher entscheidet nur, wie er es von all diesen unverantwortlichen Lehrern gelernt hat. In diesem Sinne bildet sich nur der Narr ein, ein Autodidakt zu sein.

Und vor unser aller Herrin, vor der Sprache, ist niemand Autodidakt. Nicht einmal der Narr.

Axiome — (dignitates) heißen in der Logik diejenigen wahren Urteile, die nach der allgemeinen Meinung, also ohne Berufung auf ein *logisches* Axiom, keines Beweises bedürfen, oder die allgemein für wahr gehalten werden, trotzdem sie nicht bewiesen werden können. Einer der ersten und stärksten Gegner der Aristoteles-Logik, der unglückliche Ramus, der denn auch dafür und für andere Ketzereien in der Bartholomäusnacht umgebracht wurde (von einem wissenschaftlichen Gegner ermordet, erzählte man damals), hat das Wort in einem weiteren Sinne gebraucht: für *alle* Urteile, die man für wahr hält, denen man Glauben schenkt, nicht nur für die glaubenswerten. Dieser gelehrte Sprachgebrauch der Ramisten deckt sich mit der ursprünglichen Bedeutung des griechischen Wortes; *ειναι εν αξιωματι υπο τινος* hieß nichts anderes als: bei jemand in Achtung stehen. Es war also ein Wertbegriff und gehörte ordentlich in die Disziplin der Axiologie. Wir werden gegen das Ende unseres vom Alphabete gelenkten Weges (vgl. Art. *Wahrheit*) genauer erfahren, daß die Begriffe *Wahrheit* und *Glaube* einander viel näher stehen, als unsere glaubensfeindliche Wissenschaft zuzugeben geneigt ist. Wir werden uns dann nicht mehr darüber wundern, daß die Axiome, auf welche unsere wissenschaftlichen Wahrheiten nach dem immer noch herrschenden Sprachgebrauch als auf ihre letzten Prinzipien zurückgeführt werden, in Wahrheit Sätze des Glaubens sind.

Es scheint nach einer Stelle (Met. IV, 3), daß Aristoteles den Terminus Axiom von den Mathematikern übernommen und in ihrem Sinne in die Philosophie eingeführt habe. Und die mathematischen Axiome müssen doch, hoch über allem Glauben, absolute Wahrheiten sein. Nun hat aber die nicht-euklidische Geometrie dieses Eine nachgewiesen, daß man an der Wahrheit euklidischer Axiome zweifeln und dennoch, in der Theorie wenigstens, ganz logisch zu einer andern Art von Geometrie gelangen könne. Hören wir, was Poincaré in seiner gar lesenswerten Schrift „La Science et l'Hypothèse" darüber sagt (S. 64 f.): Wären die geometrischen Axiome (um die arithmetischen soll es anders stehen) synthetische Urteile a priori, wie Kant sich ausdrückte, so müßten sie sich uns mit solcher Gewalt aufzwingen, daß wir ihren Gegensatz gar nicht begreifen und auf ihm kein theoretisches Gebäude errichten könnten. Es gäbe gar keine nicht-euklidische Geometrie. Wäre aber die Geometrie eine Erfahrungswissenschaft, dann wäre sie keine exakte Wissenschaft, dann wäre sie einer unaufhörlichen Revision unterworfen. Vielmehr wäre sie schon heute eines Irrtums überführt, weil wir wissen, daß es, im strengsten Sinne, unveränderlich starre Körper nicht gibt. Die geometrischen Axiome sind also weder synthetische Urteile a priori, noch Erfahrungstatsachen. Sie sind *Konventionen*. Anders ausgedrückt, die geometrischen Axiome sind nur verkleidete Definitionen. Die Frage nach der Wahrheit der euklidischen Geometrie hat also gar keinen Sinn. Ebenso gut könnte man fragen, ob das Metersystem wahr sei und die alten Maße falsch seien. Eine Geometrie kann nicht wahrer sein als die andere; sie kann nur bequemer sein. Die euklidische Geometrie ist nun die bequemste und wird es bleiben, weil sie die einfachste ist, und weil sie recht gut zu den Eigenschaften der Körper stimmt, die wir tasten und sehen, und aus denen wir unsere Maßinstrumente verfertigen.

Soweit Poincaré. Ich halte seinen Ausdruck définitions ou conventions déguisées, die er vorher (S. 3) l'œuvre de la libre activité de notre esprit genannt hat, nicht für glücklich gewählt, trotzdem er damit nicht sagen wollte, sie wären willkürlich; denn sie wären in diesem Falle, fügt er selbst hinzu, unfruchtbar. Warum also die Bezeichnung Konvention?

Auch wenn man statt Konventionen *Gewohnheiten* sagen würde, so wäre damit für die Begreiflichkeit des nicht ganz unwesentlichen Umstandes nicht viel gewonnen, daß die auf Grund solcher Gewohnheiten berechneten Maschinen funktionieren, daß die geometrischen Gesetze, seitdem die Welt steht, noch niemals Lügen gestraft worden sind. *Innerhalb der Fehlergrenze*, sagen die Vertreter der nicht-euklidischen Geometrie, die es mit Gauss für möglich halten, daß die Winkelsumme eines ebenen Dreiecks am Ende doch nicht ganz gleich 2 R sei.

Mir scheint, daß die Sachlage doch ein wenig anders ist, als Poincaré sie darstellt. Die geometrischen Beziehungen sind, absolut oder nur innerhalb der Fehlergrenze, so fest und so genau berechenbar, daß man wohl alle Regeln dieser Beziehungen denknotwendig nennen kann. Aber diese Beziehungen sind wechselseitig. Schopenhauer hat die Beziehungen der Seiten und der Winkel eines Dreiecks zum Beispiel dieser Wechselseitigkeit gewählt; ich möchte ein viel allgemeineres Beispiel vorschlagen: die Beziehungen des Kreises zu dem rechtwinkligen Dreieck, und berufe mich darauf, daß Lobatschefskij (Pangeometrie § 2) mit der Kugel und dem Kreise beginnt, anstatt wie hergebracht mit der Ebene und der geraden Linie. Würde unsere ganze Geometrie, was für Köpfe von guter Raumvorstellung recht gut möglich wäre, auf den Kreis begründet, so daß ein Kreis von einem Radius unendlicher Dimension erst zur Annahme einer Geraden, eine entsprechende Kugel zur Annahme einer Ebene führen könnte (wie denn unsere empirischen Ebenen wirklich solche Flächen mit verschwindend kleinem Krümmungsmaß sind), — dann würde sich das Verhältnis von Axiom und Lehrsatz umkehren, dann wäre die Definition des Kreises, d. h. eine Nominaldefinition oder Tautologie, das oberste Axiom der Geometrie. Schopenhauer, der darin Hamilton zum Vorgänger hatte, hält wenig von den Schulbeweisen der Geometrie und möchte jeden Lehrsatz aus reiner Intuition begriffen wissen. Das wäre unpraktisch und unbequem für den Schulbetrieb, für die Mitteilung mathematischer Wahrheiten, vielleicht auch für ihre Auffindung; richtig wäre es für den erkenntnistheoretischen Standpunkt, weil die Wechselseitigkeit der Beziehungen es gleichgültig erscheinen läßt, von welchem der Sätze man ausgeht. Worauf ich hinaus will: nicht der Inhalt der geometrischen Axiome ist konventionell und richtet sich nach der Bequemlichkeit, sondern nur die Stellung, die man dem einen Satze dem andern Satze gegenüber anweist, dadurch, daß man in der Darstellung lieber von ihm als vom andern ausgeht. Der berühmte Streit um die Beweisbarkeit des elften euklidischen Axioms, welcher Streit dann noch zu Schopenhauers Lebzeiten, von ihm unbemerkt, zur Aufstellung, Entdeckung oder Erfindung, der nicht-euklidischen Geometrie führte, hätte gar nicht entbrennen können, wenn der Parallelensatz sich erst am Ende des Weges aus dem Kreisaxiom ergeben hätte.

Das geometrische Axiom ist also ein relativer Begriff, nicht im Sinne des Subjektivismus, sondern in dem Sinne, daß das diskursive menschliche Denken sich beim Begreifen der Raum*gesetze* an den Relationen oder Beziehungen weitertastet, so wie es diese Beziehungen irgendwo zuerst zu fassen kriegt. Es gibt keine absoluten geometrischen Axiome.

Sind nun die geometrischen Axiome nur Definitionen, brauchbare Tautologien, so sind die logischen Axiome oder die obersten Denkgesetze unbrauchbare Tautologien. Ich habe das für die drei Sätze von der Identität, vom Widerspruch und vom ausgeschlossenen Dritten (Kr. d. Spr. III, S. 350f.) ausführlich nachgewiesen. Logische Axiome oder unbeweisbare oberste Gesetze waren übrigens nur so lange ein Bedürfnis, als alle Logik deduktive Logik war und darum wie die Mathematik jeden Satz beweisen wollte. Ausgangspunkt mußte bei dieser Methode der allgemeinste Begriffe sein, der allgemeinste Satz. Kein Wunder, wenn diese Übungen des Scharfsinns unfruchtbar blieben, einerlei, ob für diesen allgemeinsten Begriff das Seiende oder das Nichtseiende, das Ich oder das Bewußtsein gehalten wurde. Es waren Begriffe ohne Anschauung, also leer; und wenn von diesen Begriffen etwas ausgesagt wurde, so kamen leere Axiome heraus. Seitdem bemüht sich die Logik mehr und mehr, induktiv zu werden, also psychologisch; in der psychologischen Wirklichkeit aber, in dem unendlich feinen Gewebe von Assoziationen, das jeden Augenblick zur Orientierung in unserer Weltanschauung von unserem Gedächtnisse oder unserer Sprache bereit gehalten wird, tasten wir uns erst recht von dem Faden ab weiter, den wir gerade erst zu fassen gekriegt haben, noch viel abhängiger von unserem diskursiven Denken, als wir es in der Mathematik sind. Die Anfänge des induktiven Verfahrens sind, wenn man da schon von Anfängen reden will, die unmittelbaren *Gegenstände* der Sinneseindrücke, die allerdings unbeweisbar und dennoch gewiß sind, auf die aber die Bezeichnung Axiome nun einmal durchaus nicht passen will. Die induktive Methode hat den logischen Axiombegriff überflüssig gemacht.

Das gilt natürlich in noch höherem Maße von der angewandten Logik und Mathematik, von der Physik nämlich und den Naturwissenschaften überhaupt. Auch da hat es früher Axiome oder ewige Wahrheiten gegeben, die nach längerer oder kürzerer Herrschaft sich als vergänglich herausstellten. Das hat schon Mill, der beste Verteidiger der induktiven Logik, erkannt, und Sigwart (Log.² I, 415) hat den Gedanken in die klaren Worte gefaßt: „Das Kriterium des *Nicht-anders-denken-könnens* ist immer wieder von der psychologischen Unmöglichkeit infolge der Gewohnheit, statt von der logischen Notwendigkeit verstanden worden.“ Sigwart führt u. a. den horror vacui und die Unmöglichkeit der Wirkung in die Ferne als Beispiele an. Wir stehen aber jetzt inmitten solcher Revolutionen des Denkens, die noch mehr ewige Wahrheiten vergehen lassen. Ich erinnere nur an das physikalische Axiom von der Erhaltung der Energie, das durch die Entdeckung des Radiums und seiner Eigenschaften ins Wanken geraten ist, und an das biologische Axiom Natura non facit saltus, das nicht aufrechterhalten werden kann, wenn die Mutationslehre von de Vries mit ihrer Korrektur des Darwinismus recht hat.

Die moralischen Axiome will ich nur kurz erwähnen, um nicht ins Spotten zu geraten. Die mathematischen Axiome und im gehörigen Abstande auch die logischen Axiome sind Lehrsätze, die kraft ihrer tautologischen Wahrheit geglaubt werden und um ihrer Stellung oder Anordnung im System des diskursiven Denkens oder der Darstellung zum Range von Prinzipien oder Obersätzen gelangt sind. Die naturwissenschaftlichen Axiome werden so lange geglaubt, bis sie nicht mehr geglaubt werden; bei ihnen deckt sich der Begriff Glaube mit dem des Axioms. Bei allen diesen Arten des Axiombegriffs läßt sich mit scheinbarem Sinne darüber streiten, ob diese obersten Grundsätze synthetische Urteile a priori seien oder nicht, ob sie (so ist Kants Ausdruck zu verstehen) Erfahrungsurteile vor aller Erfahrung seien oder nicht. Nüchtern und klar hat schon Reid die Entscheidung gefällt: Experience informs us only of what is, or has been, not of what *must* be (On the intel. powers of man); nur der ordnungsliebende Menschenverstand bringt die Trennung in Axiome und Folgesätze in die Erfahrungsergebnisse hinein. Unser Glaube an die Axiome beruft sich immer auf Erfahrung, und wenn's nur eine vermeintliche Erfahrung wäre. Aber die moralischen Axiome haben nicht einmal eine vermeintliche Erfahrung hinter sich; es sollen Axiome (man sagt in solchen Fällen lieber *Maximen*) des menschlichen Handelns sein, aber alle Welt ist darüber einig, daß die Menschen *nicht* nach solchen Grundsätzen handeln. Diese moralischen Grundsätze, die von der Kanzel bis zum Ekel, auf der Schule bis zur Rebellion des Schülers gepredigt werden, stehen zu den einzelnen Handlungen der Menschen nicht in dem Verhältnisse der Wechselseitigkeit; die Handlungen, die wir erleben, lassen sich nicht aus ihnen deduzieren, sie werden überhaupt nicht geglaubt, weder für ewige, noch für irgend dauernde, nicht einmal für gegenwärtige Wahrheiten gehalten; sie haben keine Begriffsähnlichkeit mit den mathematischen, logischen und naturwissenschaftlichen Axiomen und tun darum ganz recht daran, sich eben nicht gern Axiome zu nennen.

Und beinahe im Ernste möchte ich behaupten, daß die Maximen der Moral wirklich synthetische Urteile a priori seien, die einzigen synthetischen Urteile a priori, die es gibt: keine Erfahrung geht ihnen voraus; leider folgt ihnen auch keine Erfahrung. Kants oberste Maxime: handle so, daß die Maxime deines Willens jederzeit zugleich als Prinzip einer allgemeinen Gesetzgebung gelten könne, — dieses oberste Sittengesetz ist das köstlichste Beispiel von synthetischen Urteilen a priori; es spricht die gestellte Aufgabe so eindringlich aus, mit solcher Überzeugung von seiner ewigen Wahrheit, daß es die Formel der Aufgabe für ihre Lösung hält.

Die Einschränkung der Bezeichnung Maxime auf Grundsätze des Handelns ist neueren Ursprungs. Boëthius hat das Wort geprägt (maximae propositiones), das aber noch lange, auch als Substantivum, allgemein logische Axiome ausdrückte. Die wichtigsten und darum unbeweisbaren, die man darum glauben mußte (magnus = wichtig, insbesondere gefahrvoll, maxima tempora nach *μαγιστοι καιροι*, Zeiten der dringendsten Gefahr; Goethe prägte danach: Du sprichst ein großes Wort usw.). Bei den Franzosen bildete sich im 17. Jahrhundert der Gebrauch aus, maximes, das früher mit axiomes gleichbedeutend war, für kurze, witzige Lebensregeln anzuwenden. Die Maximes et Réflexions von La Rochefoucauld, das berühmteste Beispiel, enthalten aber wahrhaftig nicht erdachte Sittengesetze eines Idealisten, sondern bittere Erfahrungssätze. Aber auch von den sittlichen Normen a priori galt immer das Wort Pascals: Toutes les bonnes maximes sont dans le monde; on ne manque qu'à les appliquer.

B.

Babel. — Unter dem Fabelworte vom Babylonischen Turmbau möchte ich kurz und respektlos die Fabel von der einstigen Einheit aller Menschensprachen erledigen. In der Kindheit aller Sprachwissenschaft war diese Fabel betitelt: Herkunft aller Sprachen aus der Nationalsprache des lieben Gottes, dem Hebräischen; sie schien dann durch mehr als hundert Jahre für alle ernsthaften Menschen abgetan, bis sie in diesen letzten Jahren, nicht zur Ehre der deutschen Sprachwissenschaft, wieder und mit großem Trara auf den Plan treten durfte. Der jüngste Nacherzähler der alten Fabel ist der Italiener Trombetti, den ich wahrhaftig nicht darum geringschätze, weil er ein Autodidakt ist. Trombetti hat (1905) ein Buch herausgegeben, L'unità d'origine del linguaggio, das mit den Lautgesetzen der deutschen Sprachwissenschaft nur so herumwirft, das auf jeder Seite die Berühmtheiten des Faches zitiert und das (hoffentlich nicht zum Lohne dafür) von der deutschen Kritik nicht nur ernst genommen wurde, sondern auch *epochemachend* genannt worden ist. Ein deutscher Gelehrter hat sich nicht entblödet, in einem schnellfertigen Zeitungsaufsatze (Tag 27. 9. 1905) einen beschämenden Satz zu bilden. „Trombetti hat den Erfolg bereits auf seiner Seite: er ist Professor der Universität zu Bologna geworden.“ Die niedrige Komik der Logik, die aus diesem kleinen Kolon spricht, ist nur ein Gelächter wert.

Aber für die Einheit von Denken und Sprechen, die ich nicht müde werde zu betonen, klingt die Fabel von der Einheit des Sprachursprungs so verführerisch, daß ich gerade darum entgegentreten möchte: mehr der sinnlosen Frage, als ihrer törichten neuesten Beantwortung. Die uralte

Frage ist von Friedrich Müller (Grundriß I, 1, S. 50f.) so formuliert worden: „Sind sämtliche Sprachen oder vielmehr Sprachstämme, auf welche die moderne Wissenschaft die Sprachen zurückzuführen bisher imstande gewesen ist, Abkömmlinge einer einzigen in ihnen aufgegangenen Ursprache, oder haben wir vielmehr mehrere miteinander nicht näher verwandte Ursprachen anzunehmen?“ Die Frage scheint auf den ersten Blick mit der doch wohl veralteten Frage zusammenzufallen: ob alle Menschen von einem einzigen Paare abstammen oder nicht; moderner ausgedrückt: ob die jetzt unterschiedenen Rassen oder Varietäten der Spezies Mensch ursprünglich eine einzige Rasse bildeten. Die beiden Fragen aber fallen nicht zusammen. Stammen wir alle von Adam und Eva ab und haben Adam und Eva hebräisch gesprochen, dann spricht allerdings einige Wahrscheinlichkeit dafür, daß alle Sprachen der Erde Tochter- oder Urenkelsprachen des Hebräischen sind. Wären aber die verschiedenen Menschenrassen von ihren Nationalgöttern jede für sich geschaffen worden, oder hätten sich (wie man das jetzt ausdrückt) zugleich an verschiedenen Punkten der Erde fortpflanzungsfähige Menschenpaare aus dem Pithekanthropos alalus entwickelt, dann wäre doch noch die historische Möglichkeit vorhanden, daß die Sprache von einer dieser Rassen allein erfunden worden wäre und sich nachher über die andern Rassen ausgebreitet hätte. Es ist über solche akademische Fragen wirklich nichts Bestimmtes auszumachen. Müller ist der Meinung, daß die Sprache sich erst nach Vollzug der Rassendifferenzierung gebildet habe; Darwin behauptet, wahrscheinlich aus ebenso zwingenden Gründen, daß die erste Sprachbildung älter sein müßte als die Spaltung in Rassen. Der Klassifikator der Sprachen hatte aus dem Interesse seiner Aufgabe das Vorurteil gewonnen, die verschiedenen Sprachstämme sauber getrennt zu halten; aus dem Interesse seiner großen Lebensaufgabe, der Begründung der Deszendenzlehre, hatte Darwin das andere Vorurteil geschöpft, die Entwicklung der Sprachen womöglich aus Einer Ursprache zu verstehen. Auf solchen Gebieten, wo Affektionswerte die Erkenntnis beeinflussen, ist auf Autoritäten noch weniger zu schwören als sonst. Dennoch hat Darwin einmal mit seinem unbeirrten Blicke gesehen, daß man seine Deszendenzlehre nicht einfach auf die Entstehung der Sprachen übertragen dürfe, was dann trotzdem geschehen ist, im ersten Rausche durch Schleicher, jetzt post festum durch Trombetti. Darwin warnt davor (Abst. d. M., Reclam, I, 222), das natürliche System, das ein genealogisches sein müsse, in der Geschichte der Sprachen gleichwirksam zu erblicken wie in der Geschichte der Organismen; er irrt darin, daß er die Genealogie der Sprache für leichter beweisbar hält; aber er sieht doch den Unterschied.

Fr. Müller sucht den Beweis zu führen, daß die menschliche Sprache sich erst nach der Zerspaltung in

Rassen gebildet habe; er kommt aus Gründen, die er aus der Entwicklungsgeschichte des Menschen und aus der Sprachgeschichte holt, zu der Behauptung, daß es in der Urzeit noch viel mehr Sprachen gegeben habe als gegenwärtig. Wir werden noch sehen, daß Müller da mit dem Begriffe *Ursprache* ein wenig gespielt hat; aber er richtet sein Augenmerk doch ganz klar auf irgendeine Urzeit, in welcher Menschensprache von Tiersprache sich nicht wesentlich unterschied, und erkennt (S. 55) sehr vorsichtig, daß von einer *ersten* Sprache des Urmenschen eigentlich nicht die Rede sein könne. Trombetti dagegen läßt die Psychologie des Urmenschen ganz außer acht; er verwendet die historischen Gesetze der jetzt herrschenden Sprachwissenschaft leichtfertig auf eine Vorzeit, für die sie nicht nachgewiesen sind (weil es in Urzeiten keine Völker gab, also keine Volkssprachen und noch weniger Schriftsprachen geben konnte), macht sich von der Seelensituation des sprachbildenden Vorzeitmenschen kein Bild und hat darum kein Recht, sich auf die Sprachgeschichte der letzten zwei Jahrtausende zu berufen. Aus dem Instinkte eines schlechten Gewissens dürfte es also stammen, daß Trombetti öfter eine Scheu vor den großen Zeiträumen der Deszendenzlehre verrät; wenn sich nicht dahinter doch eine kirchlich orthodoxe Absicht versteckt.

Dabei wäre gegen die Logik seiner Beweisführung nicht viel einzuwenden, wenn nur die Grundbegriffe seiner Prämissen und Schlüsse nicht grundfalsch wären. Er sagt ganz logisch (S. 13): Wenn jeder der sieben oder acht bisher auseinander gehaltenen Sprachstämme auch nur mit einem andern verwandt ist, so sind sie alle miteinander verwandt, so ist ihr Ursprung identisch. Und nun sammelt er aus den Vergleichungen, die von ehrgeizigen Forschern vor ihm zwischen entlegenen Sprachstämmen gezogen worden sind, einige mögliche oder wahrscheinliche Ergebnisse und gelangt auf Grund unzulänglichster Proben dazu, Verwandtschaften nicht nur zwischen den (ich möchte überall *sogenannt* hinzufügen) arischen und altaischen, semitischen und hamitischen Mundarten, die immerhin durchforscht sind, herzustellen, sondern auch zwischen den polynesischen und australischen, zwischen südasiatischen und afrikanischen, zwischen altaischen und dravidischen, endlich zwischen nordasiatischen und indianischen Sprachen.

Ich bin der letzte, die Grundzüge dieses kühn und mit scheinbarer Gelehrsamkeit entworfenen Stammbaums um deswillen zu verwerfen, weil kein Mensch Kenntnis von allen Sprachen der Erde haben kann; die Virtuosen des Sprachtalents waren niemals Sprachforscher oder Sprachphilosophen. Schon etwas mehr Gewicht möchte ich darauf legen, daß eine solche Genealogie, die mit der Geographie der Erde so leicht umspringt, wie etwa ein Kind einen kleinen Globus dreht, das Beste unbeachtet läßt, was die neueste Sprachwissenschaft ergeben hat, die Wellen oder Stufentheorie von Johannes

Schmidt, die die Affinität der Sprachen — vielleicht ohne der Urbedeutung des Wortes zu gedenken — aus der Nachbarschaft erklärte. Einer noch ernsteren Überlegung möchte ich anheimstellen: ob bei den vielen und kleinen Wahrscheinlichkeiten, mit denen die Verwandtschaften der einzelnen Sprachstämme aufgestellt werden konnten, nicht die schließliche Wahrscheinlichkeit des Gesamtproduktes, der Zurückführung aller Sprachen auf einen einzigen Ursprung, gleich wäre der äußersten Unwahrscheinlichkeit,

Entscheidend für meine Ablehnung des Trombettischen Stammbaumversuchs ist jedoch die Unmöglichkeit, mit den Begriffen Sprachverwandtschaft und Ursprache irgendeinen brauchbaren Sinn zu verbinden. Bezüglich der Verwandtschaft habe ich (Kr. d. Spr. II, 110f.) ausführlich dargelegt, daß es nur ein bildlicher Ausdruck ist, ein schlechtes Bild noch dazu; und aus schlechten Bildern lassen sich nur elende Analogieschlüsse ziehen. Johannes Schmidt, der zu früh verstorbene Meister der Kritik, hat schon gelehrt: „Wir müssen die Idee der Stammbäume gänzlich aufgeben." Auch für den Begriff Ursprache halte ich aufrecht, was ich (Kr. d. Spr. II, 389f. u. 436f.) gesagt habe: „Ein schematischer Begriff ist das Urvolk, ein schematischer Begriff ist auch die Ursprache und wird es trotz der Bemühungen der Linguisten auch bleiben müssen." Nicht nur die gemeinsame Ursprache eines Sprachstammes ist eine Fiktion, wie z. B. die indogermanische Ursprache, nicht nur die Sprachwurzeln sind Fiktionen: vor allem sind die Urvölker selbst Fiktionen und auch die Zeiten, in welche man das Leben der Urvölker zurückversetzt. Es gibt keine Ursprachen, keine vorstellbaren, der Sprachstämme, es kann noch weniger eine Ursprache des ganzen Menschengeschlechts vorgestellt werden. Fr. Müller scheint (S. 56) den Gedanken an die Ursprachen der einzelnen Sprachstämme nicht abzulehnen, oder vielmehr: der Gedanke stört ihn an dieser Stelle nicht weiter. Um so energischer hat er ausgesprochen, daß das, was man etwa die erste Sprache des Urmenschen nennen möchte, „nicht höher gestanden haben könne als jene Sprache, mittelst deren sich die Tiere, welche in Gesellschaften leben, miteinander verständigen". Gegen die Annahme einer solchen Ursprache oder solcher Ursprachen habe ich freilich nichts einzuwenden. Und ich würde den Scharfsinn des Historikers bewundern, dem es gelänge, die Sprachen unserer Wilden und unserer Kulturvölker genealogisch bis zu den unartikulierten Schreien der ersten Menschen zurückzuführen und überdies noch zu entscheiden, ob in der fingierten Urzeit alle Menschen die gleichen Schreie ausstießen oder ob verschiedene Menschenfamilien sich verschiedene Schreie für den Ausdruck ihrer Freuden und Leiden angewöhnt hatten.

Bacon's Gespensterlehre. — Boisserée berichtet gewissenhaft, wie Goethe ihm einmal, am 3. Oktober 1805, Beiträge zur Geschichte seiner philosophischen Entwicklung gegeben habe: „Philosophisches Denken; ohne eigentliches philosophisches System. Spinoza hat zuerst großen und immer bleibenden Einfluß auf ihn geübt. Dann Bacos kleines Traktätchen (?) de Idolis; Εἰδωλεις (?), von den Trugbildern und *Gespenstern*. Aller Irrtum in der Welt komme von solchen Εἰδωλεις[1]) (ich glaube, er nimmt deren 12 (?) hauptsächliche an). Diese Ansicht half Goethe sehr, sagte ihm ganz besonders zu. Überall suchte er nun nach dem Eidolon, wenn er irgend Widersprüche fand, oder Verstockung der Menschen gegen die Wahrheit, und immer war ein Eidol da. War ihm etwas widerwärtig, stieß man gegen die allgemeine Meinung, so dachte er bald, das wird wieder ein Eidol sein, und kümmerte sich nicht weiter. So reiste er nach Italien; da besonders wurde er immer von philosophischen Gedanken verfolgt und kam auf die Idee der Metamorphose. Als er nachher Schiller in Jena sah, teilte er ihm diese Ansicht der Dinge mit; da rief Schiller gleich: Ei, das ist eine Idee! Goethe mit seiner naiven Sinnlichkeit sagte immer: Ich weiß nicht, was eine Idee ist, ich sehe es wirklich in allen Pflanzen usw. Nun wollte er sich doch auch mit der Sprache und dem System dieser Männer bekannt machen; so kam er durch Schiller an die Kantische Philosophie, die er sich von Reinhold in Privatstunden vortragen ließ usw." Goethe dachte da natürlich zunächst an die Paragraphen 38 bis 68 des ersten Buches von Bacons Novum organon.

Ich hatte einmal dieses merkwürdige Stück kurz in meine Sprache übersetzt, oft recht frei in den Worten, doch getreu in der Sache, um die Übereinstimmung Bacons mit der Skepsis der Sprachkritik hervorzuheben. *Idole* hatte ich, ein Nachkömmling von Stirner und Ibsen, durch *Gespenster* übersetzt. Es war mir doch eine freudige Überraschung, daß ich mich bei dieser Freiheit auf Goethe hätte berufen können. Ich gebe meine Paraphrase hier als selbständigen Traktat; sie kann vielleicht bequemer als das Studium des dunkeln Novum organon in den Geist von Bacons Erkenntnistheorie einführen. Auf die oft überraschenden sprachkritischen Ergebnisse brauche ich nicht besonders hinzuweisen.

Die Natur wird nur durch Unterwerfung besiegt. Der Mensch kann nichts tun, als daß er die Dinge, die auf seine Sinne wirken, einander so nahe bringt, daß sie aufeinander wirken, oder daß er sie bis zur Unwirksamkeit voneinander entfernt. Die alleinige Ursache und Wurzel fast alles wissenschaftlichen Unheils liegt darin, daß man die Kräfte der menschlichen Vernunft oder Sprache fälschlich bewundert und erhebt; die Feinheit der Natur übertrifft bedeutend die Feinheit der Sinne und der Vernunft. Sowie die scholastischen Wissenschaften nutzlos sind für die

[1]) Vielleicht sagte Goethe εἰδώλοις und Boisserée verstand ein bischen falsch; zu notieren für eine Doktorarbeit: „Über die Wirkung von Goethes phonetisch mangelhafter Aussprache auf die Überlieferung seiner Schriften und Gespräche."

Kultur, so die bisherige Logik für die Entwicklung von Wissenschaften. Die Logik dient mehr dazu, die in den sprachlichen Begriffen steckenden Irrtümer zu befestigen, als die Wahrheit zu entdecken. Der Syllogismus bindet die Zustimmung, aber nicht die Sache; er besteht aus Sätzen, die Sätze bestehen aus Worten, die Worte sind Merkzeichen der Begriffe; sind daher die Begriffe verworren und voreilig abstrahiert, so kann der Bau auf solcher Grundlage keine Festigkeit haben. Es ist ein großer Unterschied zwischen den Idolen und den Ideen, zwischen den Gespenstern der menschlichen Sprache und den Beziehungen in der Natur. Die menschliche Auffassung, die man gemeinhin von der Natur hat, pflege ich Vorausnahmen aus der Natur zu nennen, Antizipationen. Diese Antizipationen sind recht gut für die Übereinstimmung unter den Menschen; da ja selbst, wenn die Menschen gleicherweise und gleichmäßig toll wären, sie dabei ganz wohl einig oder einstimmig sein könnten. (27.) Die Übereinstimmung in den Antizipationen gründet sich auf die Sprache. Auch wenn die geistvollsten Männer aller Zeiten sich verbänden, gemeinsam arbeiteten und alles sich mitteilten, würde durch die Vorausnahmen kein großer Fortschritt in den Wissenschaften erlangt werden, weil die radikalen, gleich bei dem Beginn der Arbeit einfließenden Irrtümer durch die Vortrefflichkeit der späteren Arbeiten und Hilfsmittel nicht wieder gut gemacht werden können. (30.) Die Gespenster der menschlichen Sprache halten die Vernunft so gefangen, daß die Wahrheit nur schwer Zutritt findet; würde aber dieser Zutritt dennoch gewährt und bewilligt, so würden bei der Erneuerung der Wissenschaften diese Gespenster immer wiederkehren und belästigen. (38.) Es gibt vier Arten von Gespenstern, die die menschliche Vernunft gefangen halten: die der Horde, die der Höhle, die des Marktes und die des Theaters. (39.)

Die Gespenster der *Horde* haben ihren Grund in der menschlichen Natur selbst, in der Art und Weise des Menschengeschlechts. Es ist unrichtig zu sagen, daß der menschliche Verstand das Maß der Dinge sei; die Angaben des Verstandes oder der Sinne geschehen freilich nach der Natur der Menschen, aber eben nicht nach der Natur der Natur. Die menschliche Vernunft gleicht einem Spiegel mit unebenen Flächen; er entstellt die Natur. (41.)

Die Gespenster der *Höhle* sind die Gespenster der einzelnen Menschen. Denn jeder Einzelne hat außer den Verirrungen der allgemeinen Menschennatur noch seine besondere Höhle oder Grotte, welche das natürliche Licht bricht und fälscht. Das ist eine Folge der besonderen Natur der Individuen, eine Folge der Erziehung und des Verkehrs, eine Folge der Bücher, die der Einzelne gelesen, der Autoritäten, die er verehrt hat; dazu kommen Unterschiede des Charakters, der Stimmung und dergleichen mehr. Die menschliche Vernunft ist also auch individuell ein veränderliches, sehr unruhiges und fast zufälliges Ding. (42.)

Es entstehen auch Gespenster durch die gegenseitige Berührung und Gemeinschaft der Menschen; diese nenne ich wegen des verbindenden Verkehrs die Gespenster des *Marktes.* Denn die Menschen verkehren miteinander vermittelst der Sprache; die Worte aber sind zwischen den Menschen nach der Auffassung der Menge entstanden; daher behindert die schlechte und dumme Namengebung die Vernunft in merkwürdiger Weise. Die Definitionen, mit deren Hilfe die Gelehrten sich gegen die Sprache zu schützen pflegen, bessern die Sache keineswegs. Denn die Worte der Sprache vergewaltigen die Vernunft. (43.)

Es gibt endlich Gespenster, welche erst aus philosophischen Systemen und aus der Logik in die Seele des Menschen eingedrungen sind und die ich die Gespenster des *Theaters* nenne; denn soviele philosophische Systeme erfunden und angenommen worden sind, ebenso viele Fabeln sind damit erfunden und aufgeführt worden. Die Philosophen haben aus der Welt eine Dichtung und eine Schaubühne gemacht. Ich meine nicht bloß die Welterklärungen der alten und neuen philosophischen Sekten, nicht bloß die Wortgebäude, die man gewöhnlich zur Philosophie rechnet; ich meine auch manche Prinzipien der Naturwissenschaften, die durch Nachsprechen, Leichtgläubigkeit und Schlendrian Geltung erlangt haben. (44.) Denn die menschliche Vernunft setzt nach der Natur der Sprache eine größere Regelmäßigkeit oder Gesetzlichkeit in den Dingen voraus, als man nachher in ihnen findet. Und obgleich in der Natur vieles nur einmal vorkommt oder voller Ungleichheiten ist, so legt die Sprache doch den Dingen viel Gleichlaufendes, Übereinstimmendes und Beziehungen bei, die es nicht gibt. Solch eitles Spiel wird nicht bloß mit Urteilen getrieben, sondern auch mit einfachen Begriffen. (45.)

Die menschliche Sprache oder Vernunft hat eine Menge von Begriffen für richtig angenommen, weil sie von altersher gelten oder geglaubt werden oder weil sie gefallen; alles andere wird diesen Begriffen angepaßt, um sie zu stützen. Entgegengesetzte Instanzen werden nicht genug beachtet. Einem Cyniker wurden einmal in einem antiken Tempel die aufgehangenen Votivtafeln gezeigt, welche in der Gefahr gelobt und nach Errettung aus dem Schiffbruch geweiht worden waren; er sollte daraus das Walten der Götter erkennen. Der Cyniker fragte mit Recht: aber wo sind denn die Votivtafeln der anderen, die trotz ihrer Gelübde untergegangen sind? — So verhält es sich natürlich mit jedem Aberglauben. Man freut sich der eingetroffenen Fälle und merkt sie sich; die viel zahlreichern Gegeninstanzen werden übergangen. Aber in viel feinerer Weise kriecht dieser Denkfehler in der Philosophie und in den Naturwissenschaften umher; was einmal den Beifall der Menge gehabt hat, steckt alles Übrige an und unterwirft es sich. Selbst wenn dabei nicht die Freude und die Eitelkeit mitgewirkt haben, wie bei der vermeintlichen Erhörung durch die Götter, haftet der menschlichen Vernunft doch der eigentümliche Fehler an: sie neigt durch die Natur der Sprache mehr der Bejahung zu als der Verneinung, mehr der Gleichmachung als der Unterscheidung, während sie sich doch gegen beide gleich verhalten sollte. (46.)

Der menschliche Geist wird nun zumeist von dem ergriffen, was ihn plötzlich packt und erschüttert; damit erfüllt sich die Phantasie, daran erhitzt sie sich; alles andere soll sich in unbegreiflicher Weise ebenso verhalten wie das Wenige, was plötzlich eingedrungen ist. Der menschliche Geist ist das Maß seiner selbst, nicht das Maß der Natur. Daher unser Unvermögen, einerseits das unendlich Große, anderseits das unendlich Kleine vorzustellen. Noch verderblicher zeigt sich die Ohnmacht der menschlichen Vernunft bei der Auffassung der Kausalität. Alle diese Begriffe gehören zu den Gespenstern der Menschenhorde. Dazu kommt die Trübung des Intellekts durch den Willen. Die menschliche Vernunft ist kein reines Licht, sondern sie wird beeinflußt von Gefühlen, von Interessen. Auf unzähligen Wegen und oft unmerklich drängen sich die Gefühle in das Denken und ändern es ab.

Das allergrößte Hemmnis kommt aber in dem Menschen zustande von der Natur seiner Sinne. Was auf die Sinne wirkt, wird über all das gestellt, was die Sinne nicht unmittelbar angeht, wenn auch dieses Andere das Mächtigere sein sollte. So wurde bisher die unsichtbare Natur gegenüber der sichtbaren vernachlässigt. Auch die Veränderungen in den materiellen Dingen (Veränderungen, die minimale Bewegungen sind) sind uns in ähnlicher Weise verhüllt. Werkzeuge zur Erweiterung und Verschärfung der Sinne helfen nicht viel; die wahre Einsicht in das Wesen der Natur kann nur von besondern Fällen und geeigneten Versuchen kommen; die Sinne entscheiden dann über den Versuch, der Versuch aber über das Wesen der Sache. (50.)

Die Vernunft oder die Sprache wird ihrer Natur gemäß zur Abstraktion gedrängt, zum Begriff; und der Begriff nimmt das Fließende für ein Beharrendes. Es ist aber wertvoller, alles in seine Bestandteile zu zerlegen, die Natur zu zerschneiden, zu analysieren als von ihr Abstrakta zu bilden. Die Atomistiker sind immerhin tiefer in die Natur eingedrungen als die Begriffsphilosophen. Es ist äußerst wichtig, die Gestaltungen und Umgestaltungen des Stoffes als Tätigkeiten oder Bewegungen kennen zu lernen und die sogenannten Gesetze dieser Bewegungen; die *Formen* sind Erdichtungen der menschlichen Vernunft. Man müßte denn jene sogenannten Gesetze als das erkennen, was sie sind, als verbale Formen. Als Substantive sind sie Erdichtungen. (51.)

So sind die Gespenster der Horde. Sie entspringen entweder aus dem überall gleichen Wesen der Menschenvernunft, aus ihrer Beschränktheit oder aus ihren Vorurteilen oder aus ihrer Unruhe oder aus dem Einfluß der Gefühle oder aus der Unzulänglichkeit der Sinne oder aus den Beziehungen zwischen den Sinnen und der Wirklichkeit.

Die Gespenster der Höhle entstehen aus der besondern geistigen und körperlichen Natur der Individuen; auch, wie gesagt, aus der Erziehung, den Gewohnheiten und den Zufälligkeiten des Lebens. Die Fälle dieser Gattung sind zahlreich und mannigfaltig; ich will nur einige erwähnen, welche die meiste Vorsicht erfordern und besonders die Reinheit der menschlichen Einsicht schädigen. Es lieben nämlich die Menschen Spezialuntersuchungen, weil sie darin etwas geleistet haben oder auch nur, weil sie sich daran abgeplagt oder gewöhnt haben. Wenn solche Menschen dann zu allgemeinen Gedanken übergehen, so verdrehen und verderben sie sie durch ihre frühern Einbildungen. Dieses zeigt sich besonders deutlich bei Aristoteles, der seine Naturphilosophie zur Sklavin seiner Logik machte. Auch die Chemiker generalisieren leicht und schaffen aus einigen Laboratoriumsversuchen eine phantastische Philosophie. (54.)

Alles wurzelt darin, daß manche besser auf die Unterschiede in den Dingen achten, manche auf die Ähnlichkeiten. Beide Neigungen geraten leicht ins Extrem. Es sind die feinsten und die überlegenen Geister, die die zartesten Ähnlichkeiten entdecken und verbinden, während konsequent scharfsinnige Geister leicht bei den Unterschieden stehen bleiben. Die einen greifen in die Luft nach Distinktionen, die sie nicht in Worten ausdrücken können, die andern greifen nach Worten oder Schatten. (55.)

Manche Geister gehen auf im Studium der hergebrachten Ansichten, andere in leidenschaftlicher Hingabe an das Neueste. Nur selten finden sich Köpfe, die weder das Alte noch das Neue grundsätzlich verachten. Dieser Hang ist den Wissenschaften sehr schädlich; er führt zum Alexandrinismus hier und dort, niemals zu freien Urteilen. Die Wahrheit ist nicht an den Glanz einer bestimmten Zeit gebunden, dessen Leuchtkraft ja wechselt; Wahrheit wohnt im Lichte der Natur und der Erfahrung, dem ewigen Lichte. (56.)

Die Gespenster des Marktes sind die lästigsten von allen; sie haben sich durch ein Bündnis der Worte und ihrer Bedeutungen im Geiste festgesetzt. Es glauben nämlich die Menschen, ihre Vernunft herrsche über die Sprache; aber die Worte haben wiederum Macht über die Vernunft; und davon ist die Philosophie sophistisch und unwirksam geworden. Die Worte entstehen nach vulgärer Weltauffassung und teilen die Weltdinge brutal nach den Zielen, welche dem vulgären Verstande einleuchten. Wenn dann schärferer Verstand oder genauere Beobachtung die Definitionen der Begriffe mit der Natur mehr in Übereinstimmung bringen möchte, so schreien die Worte dagegen. Darum endigen gelehrte Kämpfe so oft in Wortstreitigkeiten; es wäre besser, nach der klugen Art der Mathematiker zuerst die Worte und ihre Bedeutungen in Ordnung zu bringen. Aber in den Naturwissenschaften würde das nicht viel helfen; denn die Definitionen selbst würden aus Worten bestehen, und Worte zeugen Worte. (59.)

Die Gespenster des Marktes oder der Sprache sind zweierlei Art: bald sind es Namen von Dingen, die es nicht gibt (denn so wie manche wirkliche Dinge aus Achtlosigkeit keinen Namen erhalten haben, namenlose Dinge, so gibt es dinglose Namen, von der Phantasie Gnade), bald sind es Namen von existierenden Dingen, aber konfus, schlecht definiert, voreilig und unordentlich abstrahiert. Zu den dinglosen Namen gehören Worte wie: Glück, Anfang der Bewegung, Planetensphäre, das Element des Feuers und ähnliche Hirngespinste. Es sind Theorien und Begriffe, an die eigentlich niemand glaubt, und die eines Tages gegen neue dinglose Begriffe umgetauscht werden.

Die zweite Art entspringt aus schlechten und unvorsichtigen Abstraktionen, ist darum verwickelter und wurzelt tiefer. Das erste das beste Wort giebt ein gutes Beispiel. (Bacon's Beispiel vom *Feuchten* ist in der heutigen Sprache nicht gut wiederzugeben; *warm* wäre das entsprechende Wort, auch noch nach den Untersuchungen von Mach).

In den Worten gibt es gewisse Stufen der Elendigkeit und Fehlerhaftigkeit. Weniger falsch sind die Namen für Stoffe, besonders für die untersten Arten. Kreide, Ton sind gute Begriffe; Erde ist schon ein schlechter Begriff. Schlimmer steht es um Tätigkeitsworte wie: erzeugen, verderben, verändern. Am schlimmsten um die Eigenschaften (abgesehen von den unmittelbaren Sinneseindrücken) wie: schwer, leicht, dünn, dicht usw. Wobei natürlich immer die Begriffe besser oder schlechter ausfallen, je nachdem sie direkt auf Sinneseindrücke zurückgehen oder nicht. (60.)

Die Gespenster des Theaters sind dem Hordengeist der Menschen nicht angeboren und haben sich auch nicht heimlich und zufällig in die Individualgehirne der Menschen eingeschlichen; sie sind vielmehr aus den Fabeln der Philosopheme und aus den verkehrten Regeln der Logik entstanden. Es wäre da müßig widerlegen zu wollen; denn wo weder in den Grundsätzen noch im Gedankengange Übereinstimmung herrscht, da hört jede Möglichkeit des Verständnisses auf. So bleibt glücklicherweise das Ansehen der alten Philosophen gerettet. Ein Lahmer auf dem richtigen Wege kommt schneller vorwärts als ein verirrter Schnelläufer.

Die Gespenster des Theaters oder der philosophischen Systeme sind zahlreich; sie wären noch zahlreicher, wenn die letzten Jahrhunderte nicht dem Errichten neuer Systeme hinderlich gewesen wären. Die besten Köpfe haben sich einseitig mit Religion und Theologie abgegeben; auch waren die Behörden, besonders in monarchischen Staaten, allen Neuerungen feindlich, selbst neuen Gedanken; so setzten sich die Neuerer der Gefahr aus, an Gut und Blut Schaden zu leiden, während die Konservatoren der alten Weisheiten Titel und Mittel als Lohn erhielten. Sonst hätten wir zu unserer Zeit so viele philosophische Sekten aufblühen sehen wie nur im alten Griechenland. Die Ähnlichkeit zwischen den philosophischen Systemen und den abendfüllenden Theaterunterhaltungen ist wirklich sehr groß; auch die historischen Dramen sind abgerundeter, eleganter und mehr nach dem Geschmack des Publikums als die Daten, auf denen sie beruhen. (62.)

Die Erfinder dieser philosophischen Theatergespenster sind häufig Sophisten; ein Beispiel bietet Aristoteles, der seine Naturwissenschaft durch Dialektik verderbte, weil er die Welt aus seinen Kategorien herauskonstruierte, der ein schlechter Psychologe und ein ebenso schlechter Physiker war. Es war ihm überall mehr darum zu tun, daß man im Disput recht behielte und daß in Worten etwas herauskäme, was in seiner Sprache positiv klang; um die innere Wahrheit kümmerte er sich nicht. Man lasse sich nicht dadurch täuschen, daß er in manchen seiner Traktate von Experimenten redet. Denn er machte seine Experimente erst, wenn er seine Sätze willkürlich dekretiert hatte; erst hinterher mußte sich die Erfahrung, und mit wie verrenkten Gliedern, an seine Lehrsätze heranschleppen lassen. (63.)

Die philosophischen Theatergespenster der entgegengesetzten Art, die der empirischen Wissenschaften nämlich, bringen noch ungeschlachtere und ungeheuerlichere Theorien hervor. Die Begriffssysteme der Sophisten gehen doch wenigstens von den allgemein geglaubten Sprachkategorien aus; die Empiriker aber generalisieren, was ihnen in kleinen und unerklärten Versuchen entgegengetreten ist (sie erklären und beschränken sich nicht darauf zu beschreiben). Vorsicht ist geboten. Denn ich sehe und sage voraus: wenn einst die Menschen meinen Rat befolgen und die Wissenschaften empirisch betreiben werden, dann wird der menschliche Geist wiederum vorschnell und in Gedankensprüngen Generalideen und Gesetze aufstellen, und die Systeme des Materialismus werden um nichts besser sein als die Systeme der Scholastik. (64.)

Die Korruption der philosophischen Systeme durch Aberglauben und Theologie — ein weites Feld. Die Vernunft ist der Phantasie nicht weniger verfallen als den Einflüssen der Gemeinsprache. Die streitbare Scholastik erwürgt den Geist, die Phantasie mit ihrem dichterischen Schwulst bringt ihn weniger gewaltsam um. Denn die Menschen, besonders die bedeutenden, haben neben ihrem Willensehrgeiz auch einen intellektuellen Ehrgeiz. Daher stammen die gefährlichen Vergötterungen der Irrtümer. Die Pietät für eitle Gehirngespinste ist die Pest des Verstandes. Hat man doch bis in die jüngste Zeit Naturphilosophie auf Angaben der Bibel gründen wollen. Man hat das Lebendige unter dem Toten gesucht. Dabei leidet sowohl die Wissenschaft als die Religion. Man gebe doch nüchtern dem Glauben nur, was des Glaubens ist. (65.)

Der menschliche Geist hat sich vor

zwei Extremen zu hüten, welche Gespenster schaffen und ihre Macht zu verewigen suchen: dem Dogmatismus und dem Skeptizismus. Das eine Extrem ist schnell fertig mit dem Wort und lehrt Professorenweisheit; das andere predigt die sogenannte Akatalepsie, die Zurückhaltung jeglichen Urteils, und führt anstatt zum Kritizismus zu einer starr gewordenen Skepsis. So hat bis zur Gegenwart die Philosophie des Aristoteles zunächst die Schwesterschulen niedergeschlagen (wie die Türkensultane ihre Brüder ermorden), dann über jeden einzelnen Punkt ex cathedra ihren Ausspruch gefällt, Fragen und Antworten fertig gestellt, gegen alle Konkurrenz auf den Markt gebracht. Dagegen haben die Enkelschüler des Sokrates die ironische Zurückhaltung eingeführt, die Akatalepsie, zuerst Spaßes halber gegen die alten Sophisten, die alles zu wissen behaupteten. Daraus entstand eine neue Schule, welche wiederum die Akatalepsie, das Zurückhalten mit der Zustimmung, zum Dogma erhob und an deren leeren Sätzen so professionsmäßig festhielt wie die Peripatetiker an den ihren. Selbstverständlich ist die skeptische Lehre des Pyrrhon mit ihrem Verstummen anständiger als die scholastische Frechheit im Aufstellen von Lehrsätzen; sie leugnet die Möglichkeit, das Wahre zu finden, und hält sich an das Wahrscheinliche. Es läßt sich aber nicht leugnen, daß die Menschen, wenn man sie an der Möglichkeit der Wahrheit erst verzweifeln lehrt, schlaff und dekadent werden. So endet der große Zug der Skepsis leicht in einem Spiele mit skeptischen Gedanken; anstatt die hohe Skepsis strenge auf Erkenntnistheorie oder Sprachkritik zu konzentrieren, wird ein skeptisches Geschwätz beliebt, eine geistreiche Bummelphilosophie. Für die praktische Orientierung in der Welt sind Sinne und Verstand ganz nützlich; da kann und mag viel zur Nachhilfe geschehen. Nur muß deren Schwäche für alle Erkenntniszwecke erkannt werden. (67.)

Also muß den Gespenstern aller Art mit einem festen und feierlichen Entschlusse aufgesagt und aufgekündigt werden. Die menschliche Vernunft oder Sprache muß von diesen Gespenstern gründlich befreit und gesäubert werden. Und wenn die Kinderseele nicht schon bei der Geburt belastet wäre mit ererbten Gespenstern, eben den Gespenstern der Horde, so möchte ich sagen: der menschliche Geist sei vorurteilslos wie die Seele des neugeborenen Kindes, der Zutritt zum Erdenreich, welches auf das Wissen gegründet ist, sei nicht leichter als der zum Himmelreich, in das niemand kommen wird als die Kinder. (68.)

Die schlechten Beweisarten der bisherigen Logik sind gleichsam Bollwerke und Hilfstruppen all dieser Gespenster; alle Dialektik geht darauf aus, die Wirklichkeitswelt da draußen dem menschlichen Denken zu unterwerfen, und das Denken wiederum den Worten. Man bedenkt nicht genug, daß die Daten unserer Sinne mangelhaft sind, daß darum unsere Begriffe verworren sind, nicht bestimmt und wohldefiniert genug, und daß vorschnelles Generalisieren uns so zu obersten Leitsätzen führt, nach denen sich nachher die entscheidenden Schlüsse zu richten haben. Die wissenschaftliche Sprache ist immer geneigt, bei der einfachen Beschreibung des Versuchs nicht stehen zu bleiben. Ist ein Horoskop einmal zufällig richtig gestellt worden und hält man diesen Zufall für eine Erfahrung, so kann man allerdings versucht werden, die Bewegung der Gestirne für Anzeichen menschlicher Schicksale zu halten; erst ein Einblick in eine Ursächlichkeit würde das Wunderbare aufheben.

Unsere Wissenschaften haben wir immer noch von den Griechen; wenig und unwichtig ist, was die Römer, die Araber und die Modernen hinzugefügt haben; aber die Zunftsprache und die Disputierkunst der Griechen war der Erforschung der Wahrheit nicht günstig. Nicht nur Protagoras und Gorgias, sondern auch Platon und Aristoteles waren Sophisten. Beide Gruppen waren, sonst verschieden an Vornehmheit und Anstand, dem Zunftgeist ergeben und hatten es auf Wortgefechte abgesehen. Dionysios von Syrakus hatte nicht unrecht, als er zu Platon sagte: Was du sagst, ist Greisengeschwätz. Die Werke der ernsteren und tieferen Philosophen aus der älteren Zeit sind von der leichteren Gattung verdrängt worden; denn die Zeit ist wie ein Strom, führt uns das Leichte und Aufgeblasene zu und läßt das Schwere und Feste untersinken. Schon ein ägyptischer Priester hat von den Griechen gesagt: „Sie bleiben ewig Kinder, haben weder das Alter der Wissenschaft, noch die Wissenschaft der Alten"; wahrlich, wie die Knaben sind die Griechen: allzeit bereit zum Schwätzen und nicht fähig zu zeugen. (71.)

Die Griechen waren nicht einmal auf der kleinen Erde zu Hause. Nicht über ein Jahrtausend erstreckte sich ihre Geschichtskenntnis, und die bestand aus Sagen und Fabeln. Räumlich waren ihre Kenntnisse nicht besser; alle nördlichen Völker nannten sie Skythen, alle westlichen Kelten. (72.)

Schon der Arzt Celsus hat das Urteil der Empiriker zitiert: niemals sei ein Arzneimittel durch wissenschaftliches Denken gefunden worden. Die weisen Ägypter, welche Erfindern göttliche Ehren erweisen wollten, taten ganz recht daran, mehr Götzenbilder von unvernünftigen Tieren als von Menschen aufzurichten; denn die Tiere haben durch ihre Instinkte mehr Entdeckungen veranlaßt als die Menschen mit ihren Reden und Schlüssen. An ihren Früchten sollt ihr sie erkennen; die Dialektik hat anstatt Weintrauben und Feigen nur die Disteln und Dornen der Disputation hervorgebracht. (73.)

Die Natur wächst und vermehrt sich; was aus dem Denken der Menschen hervorgeht, verändert sich nur, ohne zu wachsen und ohne sich zu vermehren. Unsere Wissenschaften sind vom Stamme losgerissene Reiser; darum nehmen wir an ihnen seit 2000 Jahren kein Blühen mehr wahr. (74.)

Die gegenwärtigen Naturforscher

haben schon eine Ahnung von diesem Sachverhalt; sie klagen genug über die Feinheit der Natur und über die Stumpfheit des menschlichen Geistes. Auch diese Klagen verallgemeinern sie wieder, anstatt die bisherige Methode der Forschung anzuklagen. Sie wollen die Unwissenheit verewigen. So lehren sie z. B., daß die Wirkungen der Sonne und des irdischen Feuers nicht nur dem Grade nach, sondern auch der Art nach verschieden seien, nur damit nicht durch künstliche Wärme mit der Naturwärme um die Wette Arbeit geleistet würde. (75.)

Es ist nicht wahr, daß Aristoteles alle früheren Systeme überwunden habe; nur durch den Zufall der Barbaren-Invasion und des allgemeinen Schiffbruchs sind eben die leichteren Tafeln des Platon und Aristoteles oben geblieben. Auch ist es nicht wahr, daß die Übereinstimmung aller Scholastiker etwas für Aristoteles beweise. Die meisten Aristoteliker haben sich ihrem Meister auf Autorität hin, aus Vorurteil, sklavisch unterworfen, so daß man eher von Nachbeterei und blinder Sektiererei sprechen sollte, als von Übereinstimmung. Und selbst wenn Übereinstimmung geherrscht hätte, so spräche das eher gegen als für Aristoteles. Denn in geistigen Dingen ist der Schluß aus dem allgemeinen Beifall ein elender Schluß; Angelegenheiten der Religion und des Staates natürlich ausgenommen, wo der consensus omnium — für die Regierenden — sehr angenehm sein mag. Phokion lehrte sehr weise: „Wenn man die Zustimmung der Menge erhielte, müßte man sogleich untersuchen, wo man da eine Dummheit gemacht hätte." Diese Regel läßt sich aus der Welt des Handelns auch auf die des Erkennens übertragen. (77.)

Nachdem ich so den leidigen Zustand unserer Erkenntnis dargelegt habe, müßte ich noch die Ursachen dieses Stillstandes aufzeigen. Es ist fast wunderbar, daß ich in dieses Dickicht hineinzuleuchten vermag; eigentlich aber ist es nicht mein Verdienst, sondern es ist eine Geburt der Zeit, die mit diesen Gedanken schwanger war. (78.)

Als nach der kurzen Blüte der Wissenschaften (bei den Griechen) und einigen Bestrebungen der Römer und Araber das Christentum im Abendlande sich siegreich ausgebreitet hatte, gab es nur für Theologen Schulen und Pfründen, und so wandten sich die besten Kräfte der Theologie zu. So kam es, daß nur selten ein Mönch oder ein vornehmer Herr Naturforschung um ihrer selbst willen trieb. (79.)

Die große Mutter aller Wissenschaften wurde zur Magd erniedrigt, sollte bei unwissenden Ärzten Handlangerdienste tun, unreifen Buben die Rotznase wischen; Naturwissen sollte wie ein Aperitiv genommen werden, damit nachher das theologische System desto besser wirken könnte. (80.)

Damit in einigem Zusammenhange steht, daß die Wissenschaften auch wegen des fehlenden Ziels nicht vorwärts kommen konnten. Die Bereicherung des Menschengeschlechts mit neuen Kräften und Erfindungen ist das wahre Ziel. Der große Haufe aber arbeitete handwerksmäßig um des täglichen Brotes willen; wenn aber einmal ein einzelner die Naturwissenschaft um ihrer selbst willen liebte, so lag ihm das Aufsuchen der Naturgesetze mehr am Herzen als ihre Anwendung auf das Menschenglück, denn das sollte ja auf der Erde überhaupt nicht gesucht werden. (81.)

Doch auch die Einsicht in den wahren Zweck alles Naturwissens hätte nichts helfen können, solange kein Sterblicher danach trachtete, dem menschlichen Geiste von den Sinnen und der Erfahrung aus einen Weg zu bahnen, solange alles dem Dunkel der Überlieferung, dem bodenlosen Strudel der Logik, den Wellen des Zufalls, kurz einer wüsten und rohen Erfahrung überlassen blieb. Insbesondere die Logik oder Dialektik, die anstatt von der Beobachtung immer von den überlieferten Begriffen ausgeht, entdeckt nichts, führt vielmehr immer wieder zu Tautologien. (82.)

Die schon erwähnte Einstimmigkeit in der Pietät für Aristoteles und für die Griechen überhaupt, die Überschätzung des Altertums, hat uns behext. Noch einmal: die Weisheit des Greisenalters ist bei uns, das sogenannte Altertum war die Jugendzeit. Man hat jetzt den Horizont auf der Erdkugel unendlich ausgedehnt, will aber den geistigen Horizont immer noch nach den alten Autoren richten; will nicht einsehen, daß der Autor aller Autoren für uns spricht: die Zeit. (84.)

Ebenso verkehrt ist die Ehrfurcht vor den Bücherschätzen unserer Bibliotheken. Wer erst bemerkt hat, daß die Wiederholungen kein Ende nehmen, daß die Gelehrten immer dasselbe treiben und reden, der wird nicht mehr über den Reichtum, sondern über die Dürftigkeit des menschlichen Wissens staunen. Die wahre und letzte Ursache der Armut ist die Meinung, reich zu sein. Zwischen den Leuten, welche auf scholastischen Wegen den Stein der Weisen suchten, und denen, die nach meiner Methode arbeiten werden, ist der gleiche Unterschied wie zwischen den Helden der Romane, wie Amadis von Gallien (und König Arthur) einerseits und den wirklichen Helden Alexander und Cäsar andererseits. Wir wissen nicht, ob wir über solche Helden von der traurigen Gestalt lachen oder weinen sollen. (85—87.)

Nicht soll vergessen werden, daß noch weit öfter bei uns als bei den Griechen der Ruchlosigkeit gegen die Götter beschuldigt wurde, wer den Menschen die natürlichen Ursachen des Geschehens aufdecken wollte. Aberglaube und Religionseifer haben sich gegen jede Neuerung erklärt. Besonders seitdem die scholastische Theologie, zur Erhöhung der Kirchenmacht, mit der streitsüchtigen und dornigen Philosophie des Aristoteles zu einem festen System verbunden worden ist. In diesen Mischmasch von Theologie und Philosophie wird nichts Neues hineingelassen, auch wenn es das Bessere ist. Man hat ein böses Gewissen: die Erforschung der Natur könnte Wahrheiten ans Licht bringen, die sich mit Glaubenssätzen nicht vertrügen; so will man Gott mit Lügen dienen. Auch unsere Schulen, die eben auch von Theologen gestiftet worden sind, halten am Alten fest. (89.)

Auch der Lohn fehlt den Erneuerern der Naturforschung. Der Betrieb der Wissenschaften und ihre Belohnung ist nicht beisammen. Wachsen kann das Wissen nur durch hervorragende Geister; staatliche Belohnungen stehen beim Pöbel (der öffentlichen Meinung) und bei den Fürsten und ihren Ministern. (91.)

Die bisherigen Philosophen nannten sich entweder Empiriker oder Rationalisten; sie gebrauchten aber eine schlechte Erfahrung, eine schlechte Vernunft. Die Empiriker schleppten zusammen wie Ameisen; die Rationalisten zogen ihr Gewebe aus sich selber heraus wie Spinnen; wir sollten das Verfahren der Bienen nachahmen, die den Stoff von überall her sammeln, ihn aber nachher durch eigene Kraft bearbeiten. (92—96.)

Wenn ich meine eigene Wegweisung mit der Leistung Alexanders d. Gr. vergleiche, wird man das eitel nennen. Ich meine es aber nicht anders als so: Livius fand Alexanders Größe in seiner Tapferkeit, die hohle Eitelkeit der Perser zu verachten. So möge man einst von mir sagen: Er hat nichts Großes geleistet; aber er hat die Kleinheit dessen eingesehen, was man zu seiner Zeit groß nannte. (97.)

Was man bis jetzt Erfahrung genannt hat, war keine wirkliche Erfahrung. Man hat es im Naturwissen bisher so gehalten, wie wenn ein Staatslenker nicht die Berichte glaubwürdiger Gesandter, sondern Straßengeschwätz und Stadtklatsch zur Grundlage seiner Entschlüsse machen wollte. Künstliche Versuche, Experimente hat man überhaupt niemals angestellt. Wie die Denkungsart eines Menschen und seine geheimen Neigungen erst unter dem Einflusse von Leidenschaften sichtbar werden, so offenbaren sich die Geheimnisse der Natur unter dem Drängen und Pressen künstlicher Veranstaltungen besser, als wenn Alles seinen Gang geht. Die lichtbringenden Experimente sind noch wertvoller als die fruchtbringenden. (98—99.)

Die Teilung der Arbeit im wissenschaftlichen Betriebe muß in ihren schädlichen Wirkungen aufgehoben werden: durch Sammlung, Ordnung aller Erfahrungen, durch Erfindungstafeln, vor allem aber durch eine Revolution der bisherigen Logik; mit äußerster Geistesanstrengung muß an Stelle der bisherigen Syllogistik eine neue Induktion treten, um mit ihrer Hilfe nicht gleich neue Prinzipien, sondern erst klare Begriffe zu erhalten. Auf einer Kritik unserer Begriffe beruht unsere größte Hoffnung. (100—107.)

Es ist unabsehbar, was man alles zum Nutzen der Menschheit erfinden könnte, wenn der menschliche Verstand seine Vorurteile und seine Gespenster los würde. Es mag zugegeben werden, daß zur Erfindung des Schießpulvers oder des Kompasses irgendein Zufall mithelfen mußte; aber die Buchdruckerkunst hätte doch mit einigem Verstand schon viel früher erfunden werden müssen. (110.)

Ich habe diese Fortschritte gewiesen, überhäuft mit Geschäften, nicht mit der besten Gesundheit ausgestattet, als Erster bei diesem Unternehmen, ganz allein, ohne Möglichkeit, mit einem andern Menschen mich zu verstehen; und ich weiß, daß geschäftefreie Menschen in gemeinsamer Arbeit, im Laufe der Zeit auf meiner Bahn Großes erreichen werden. Und wäre ich dessen nicht so sicher, wehte der Wind von den Küsten einer neuen Welt nicht so stark und unverkennbar herüber, wir müßten dennoch den Versuch machen, aus der Stagnation unseres elenden Naturwissens hinauszukommen. (113. 114.)

Es kann sich mir gar nicht darum handeln, den vielen philosophischen Systemen ein neues System hinzufügen zu wollen; nur die Macht der Menschen über die Natur möchte ich auf festeren Grund bauen helfen. Ich werde die Vollendung meiner eigenen Gedankenwelt nicht erleben; ich werde nicht selbst die praktischen Konsequenzen ziehen; aber ich weiß, daß ich den Weg gewiesen habe. (116.)

Es kommt gar nicht darauf an, ob ich im Einzelnen geirrt habe. Irrtümer sind im Beginn eines solchen Unternehmens unvermeidlich. Sie haben nicht mehr Bedeutung als Schreib- oder Druckfehler. (118.)

Ich möchte den alten Scherz auf mich anwenden: Wassertrinker und Weintrinker können einander nicht verstehen. Die vor mir waren, die Alten und die Modernen haben Wasser getrunken. Quellwasser wenigstens die Alten, durch dialektische Maschinen gehobenes Grundwasser die Neueren. Ich aber trinke und halte feil einen Wein aus reifen und ausgelesenen Trauben, aus unzähligen, die ich gekeltert habe, die sich geklärt haben oder noch klären werden. Mit den Wassertrinkern kann ich nicht streiten. (123.)

Natürlich wird man mir einwenden, daß ich durch mein Ziel, das der Nutzen der Menschheit ist, von der Würde und Hoheit der Philosophie herabgestiegen sei; die Betrachtung der Wahrheit sei erhabener als alle Nützlichkeit. Gewiß. Das ist auch meine Meinung. Nur daß ich zu einem Nutzen für die Menschheit gar nicht gelangen kann, wenn ich nicht auf meinem neuen Wege ein wahrheitsgetreues Bild von der Welt erlange. Und um dieses Bild zu ermöglichen, müssen vorher die Affenbilder der Welt zerstört, die Gespenster hinausgejagt sein. Was nicht wahr ist, kann nicht nützlich verwandt werden. So wird der Nutzen meiner Ideen zu einem Probierstein für ihren Wert. (124.)

Ich bilde mir nicht ein, alles zu wissen, wie die Scholastiker es sich eingebildet haben. Ich bescheide mich, ohne Skeptiker zu sein. Die Zeit wird kommen, wo man meine Naturanschauung auch auf die Logik, auf das Staatsleben und sogar auf die Moral anwenden wird. (126.)

So Bacon von Verulam, im Jahre 1620.

Bedeutung. — Der Aufmerksamkeit der Grammatiker konnte es nicht entgehen, daß die Worte ihrer Disziplin, daß sogar die Worte der ganz gewöhnlichen Sprache einen Inhalt haben, einen Sinn, eine Bedeutung; der Aufmerksamkeit der Logiker konnte es wieder nicht entgehen, daß die Inhalte ihrer Begriffe und die Bedeutungen ihrer Sätze an menschliche Sprache geknüpft sind. Die Folge der einen wie der andern Aufmerksamkeit war, daß recht früh zwischen dem Worte (dem Satze) und seiner Bedeutung unterschieden wurde. Wie zwischen dem Sprechen und dem Denken. Das war eine tote Unterscheidung, ein anatomisches Verfahren, solange man nicht ausdrücklich bemerkte, daß auch das lebendige Wort eine Bedeutung habe.

Tote Worte gibt es nur auf den Seziertischen der Etymologen und in den Wörterbüchern. Dann auch noch in schlechten Büchern. In der lebendigen Sprache ist das Wort von seiner Bedeutung so wenig zu trennen, wie ein lebender Organismus von seiner Seele zu trennen ist; wer erst weiß, daß es eine besondere Seele gar nicht gibt außerhalb der Sprache, der möchte geneigt sein, die Bedeutung *die Seele des Wortes* zu nennen.

Ein Wort, das keine Bedeutung hätte, wäre also noch kein Sprachwort, wie denn die meisten Worte eines Papageien noch keine Sprachworte sind.

Jedem besonnenen Leser von Wörterbüchern muß es nun auffallen, daß man in einem größeren Artikel eines ernsthaften Wörterbuches viele Bedeutungen des Wortes findet, historisch oder logisch geordnet, gut oder schlecht geordnet, aber niemals *die* Bedeutung; je kleiner und elender so ein Wörterbuch ist, desto falscher und irreführender begnügt es sich damit, eine einzige Übersetzung anzuführen, *die* Bedeutung. Was nun in den kümmerlichsten Hilfsmitteln zur Erlernung oder zum praktischen Gebrauche einer fremden Sprache offenbare Armut ist, was bei Reisen in fremden Ländern die Quelle unendlicher und oft spaßhafter Verwechselungen wird, das Bestreben nämlich, jedes Wort der einen Sprache mit *einem* Worte der andern Sprache wiederzugeben, — das war bis vor kurzer Zeit das Ideal philosophischer Lexika und des philosophischen Wortgebrauchs überhaupt. Der Adept der Philosophie stieß während seiner Reise in das fremde Land des abstrakten Denkens bei jedem Schritte auf Fremdworte, deren Erklärung er sich zunächst aus seinem philosophischen Fremdwörterbuche holte; da erfuhr er schnell und zuverlässig *die* Bedeutung aller philosophischen Termini technici. Je älter der Adept wurde, je fleißiger er Geschichte der Philosophie trieb, d. h. die Originalwerke der bedeutendsten Denker aller Zeiten las, desto deutlicher mußte ihm werden, daß die Termini technici der Philosophie (nebst ihren Übersetzungen und Ersetzungen) eine einzig wahre, eine unveränderliche Bedeutung nicht haben, daß es *die* Bedeutung neben den Bedeutungen gar nicht gibt. Die neuesten philosophischen Wörterbücher, das deutsche von Eisler und das englische von Baldwin, an die beide ich auch an dieser Stelle den Dank für unzählige Literaturangaben abstatten möchte, haben begriffen, daß die Bedeutung eines Terminus nur aus der Geschichte des Terminus kennen zu lernen ist, und bringen zu dieser Geschichte von überall her reichlich Materialien bei; freilich bemühen sich beide Lexika allzu häufig, überdies noch *die* Bedeutung festzustellen, als ob irgend ein Begriff außer in seiner Geschichte noch einmal da wäre. Was man für die gegenwärtige Bedeutung des Wortes ansehen mag, ist doch auch nur à peu près zu bestimmen, wenn man zwischen den einander bekämpfenden Richtungen der Gegenwart eine Resultierende zieht und sich entschließt, diese Resultierende für die Weltanschauung der Gegenwart oder gar für die endgültige Weltanschauung zu halten; auch die gegenwärtige Bedeutung jedes Wortes ist historisch *geworden.* Das *Wörterbuch der Philosophie,* das sich ein *philosophisches Wörterbuch* nicht zu nennen wagte, kann jedem Versuch einer Wortgeschichte noch eine Kritik der augenblicklichen Bedeutung oder der streitenden Bedeutungen hinzufügen.

Man sieht daraus, was man davon zu halten habe, wenn in ganz modernen Darstellungen der Logik von einer *Bedeutung an sich,* von einer objektiv-idealen Bedeutung (Husserl) die Rede ist. Obgleich auch da ein Unterschied zugrunde liegt, der, wenn klar festgehalten, das unfruchtbare Suchen nach *der* Bedeutung hätte beenden müssen. Ich meine den Unterschied zwischen Begriff und Bedeutung.

Man kann von einem Worte sagen, daß es eine Bedeutung *habe;* wie man von einem Dinge sagen kann, daß es Eigenschaften habe, obwohl das Ding nichts ist außer und neben seinen Eigenschaften. So ist auch das Wort kein möglicher Bestandteil der Sprache mehr, wenn man seine Bedeutung wegdenkt. Die Bedeutung mag richtig oder falsch sein, klar oder unklar, usuell oder okkasionell, allgemein angenommen oder auf einen kleineren Kreis beschränkt, mag der Gemeinsprache oder der Zunftsprache angehören: immer gehört die Bedeutung unablöslich zum Worte und ist in der wirklichen Psychologie des Denkens nicht von ihm zu trennen. Die Bedeutung ist ein rein psychologischer Begriff.

Der Begriff hat nur in der Logik eine Bedeutung. Man kann nicht gut sagen: das Wort *hat* einen Begriff. Der Begriff ist nicht eine Eigenschaft des Wortes, sondern das Wort selbst, insofern man mit ihm logische Operationen vornehmen will. (Vgl. Art. *Begriff.*)

Ich wüßte nicht zu sagen, *wer* zuerst das deutsche Wort *Bedeutung* in diesem psychologischen Sinne geprägt hat; wenn man davon spricht, daß etwas Unwirkliches, ein Traum z. B. etwas Wirkliches bedeute, so muß man den Traum erst *deuten,* übersetzen, damit er einen Sinn gebe; so wird *bedeuten* noch und wurde in älterer Zeit sehr häufig für interpretieren gebraucht. Für *Auslegen* von Worten der eigenen Sprache im Verhältnis zu fremden oder dunkeln oder mehrdeutigen Worten. Aus diesem Grunde wäre es sehr verlockend, das Grundwort *deuten* wie das Wort *deutsch* von mhd. *diet* (Volk) herzuleiten, so daß *deuten* hieße: populär, verständlich machen. Es ist nur zu besorgen, daß diese reizvolle Etymologie falsch sei. Hält man aber die jetzige Bedeutung von deuten für die ursprüngliche, nämlich: weisen, ein Zeichen geben, *δεικνυναι*, so könnte (ich kann es nicht belegen) Bedeutung eine alte Übersetzung von connotatio sein, welches Wort im Mittelalter gebräuchlich war und neuerdings durch Mill wieder zum englischen Terminus geworden ist. Es ist nicht richtig engl. connotation mit Mitbezeichnung oder Nebenbedeutung zu übersetzen; die Vorsilbe *be* (ahd. *bi* = nhd. *bei*) in Bezeichnung, Bedeutung ersetzt schon genügend die lat. Vorsilbe con und hat sie wohl übersetzt; connotation will im Sinne von Mill eben nur den Bedeutungsinhalt eines Wortes ausdrücken, freilich auch daneben den Inhalt im Gegensatze zum logischen Umfang; was connotatio im Sprachgebrauche des Scholastikers mit ängstlicher Unterscheidung ausdrückte, das braucht uns nicht mehr zu kümmern.

Über den Bedeutungswandel habe ich (K. d. Sprache II, S. 257 ff.) ausführlich gesprochen; zu vergleichen wären Pauls *Prinzipien der Sprachgeschichte* (3. Aufl. S. 67) und Bréals *Essai de Sémantique*. Beide Forscher waren es offenbar müde geworden, dem Lautwandel weiter nach vermeintlichen Gesetzen nachzuspüren; Bréal drückt dieses Gefühl in der einleitenden Idée de ce travail sehr hübsch aus: Si l'on se borne aux changements des voyelles et des consonnes, ont réduit cette étude aux proportions d'une branche secondaire de l'acoustique et de la physiologie; si l'on se contente d'énumérer les pertes subies par le mécanisme grammatical, on donne l'illusion d'un édifice qui tombe en ruines. Der strengere Paul, der kein minder feines Ohr für die *innere Sprachform* besitzt als der Franzose, nimmt auf den Zusammenhang mit der geltenden Sprachwissenschaft mehr Rücksicht, begnügt sich auch mit der herkömmlichen Bezeichnung Bedeutungswandel; ob die neue Disziplin nicht besser als Semantik vielleicht Semasiologie hieße, wage ich nicht zu entscheiden; unter jedem Namen könnte sie, fruchtbringender als die Lehre vom Lautwandel, die wertvollsten Beiträge zur Geschichte des menschlichen Denkens geben, — wie dieses Wörterbuch hoffentlich auf einigen Seiten.

Die englische Bedeutungslehre (significs) steht einer Kritik der Sprache nicht gar fern. Sie unterscheidet genau zwischen der usuellen Bedeutung (dem herrschenden Sprachgebrauche), der individuellen Bedeutung (der Absicht des Redners oder Schriftstellers beim Gebrauche eines Wortes) und der Wertbedeutung einer Vorstellung. In diesem letzten Sinne ist *bedeutend* ein Lieblingswort des alternden Goethe gewesen; schon Jacob Grimm hat diesen individuellen

Sprachgebrauch liebevoll und fast zärtlich gebucht: „Goethe führt das Wort zu oft im Munde, als daß es nicht aus der lebhafteren Vorstellung des Andeutenden, ahnen Lassenden unvermerkt, obwohl unverschwendet in die abgezogenere des Wichtigen, Entscheidenden, Ausgezeichneten, Großen, übergegangen wäre;" und Grimm bemerkt auch schon, daß in der Gemeinsprache *unbedeutend* (= *insignifiant*) früher da war als dieses *bedeutend* (= *significans*).

Bedingung. — Das Wort *bedingen* und der kleine Kreis seiner Ableitungen (Bedingung, bedingt, unbedingt) nimmt in den philosophischen Untersuchungen einen viel zu kleinen Raum ein im Verhältnisse zu dem des Ursachbegriffs oder der Kausalität, zu dem es doch in engster Beziehung steht. Lat. *conditio*, das in die romanischen und in die romanisierten Sprachen übergegangen ist, hat einen andern Weg genommen; offenbar über die Jurisprudenz, wo conditio die näheren Bestimmungen eines Rechtsgeschäftes bedeutete. Unser Bedingung jedoch kommt von *Ding* her, genau so wie Ursache von *Sache;* wobei nur zu beachten ist, daß Ding sowohl wie Sache ursprünglich von einem Rechtshandel gesagt wurde, von einer causa, und daß der seltsamerweise ganz gleiche Bedeutungswandel sich in der franz. Doublette cause und chose wiederholt. Merkwürdig ist dabei nur, daß *Bedingung* bei solchem Altertum seiner Herkunft ein junges Wort ist, von Adelung fast nur in seiner rechtlichen Bedeutung gebucht, von Grimm dazu noch etwa in der Bedeutung Einschränkung. An der Neuheit des Wortes liegt es wohl, daß Schelling mit auf den Kopf gestellter Etymologie *bedingen* als das erklärte, wodurch etwas zum Ding wird, *bedingt* als das, was zum Ding gemacht ist. Zur Erklärung dieser krausen Wortgeschichte mag die Annahme etwas beitragen, daß *Ding* und *Sache* in sehr alter Zeit an den Juristenbegriff *causa* angelehnt wurden; *conditio* wiederum mag eine freie Übersetzung von griech. *κατασιασις* gewesen sein und bedeutete ursprünglich das, was wir gut deutsch die *Lage* nennen, mit einem Modeworte das *milieu.* Wir werden nun bald erfahren, wie *Bedingung* nach zweitausendjährigem Grübeln wieder zu dem Begriff der Lage, der Sachlage, zurückgeführt worden ist. Es ist nicht meine Schuld, sondern die der Sprache, wenn in der folgenden Darstellung bald weit entlegene, bald sich nahe berührende Begriffe miteinander zu spielen scheinen.

Auf Ähnlichkeiten und Unterschiede der beiden Worte *Ursache* und *Bedingung* ist seit einigen Jahrzehnten die Aufmerksamkeit gelenkt worden; noch nicht aber auf die Beziehungen zwischen der *Bedingung* und dem Oberbegriff der Ursache: dem *Grunde.* Ich setze als bekannt voraus, daß Schopenhauer sehr scharfsinnig den Sprachgebrauch zerlegt hat, der vier Arten des Grundes kennt. Den Grund des Werdens (besser: des Geschehens), den Grund des Erkennens, den Grund des Seins und den Grund des Wollens. Das Wollen hat schon Schopenhauer selbst für eine bloße Unterabteilung des Werdens erklärt, so daß der zureichende Grund des Werdens, die notwendige Verkettung von Ursache und Wirkung auch für das Wollen gilt; auch hat Schopenhauer schon in seiner Abhandlung (§ 48) darauf hingewiesen, daß der Satz vom zureichenden Grunde in jeder seiner Bedeutungen ein hypothetisches Urteil begründen könne. Nur fallen die Gründe des Seins (auf denen z. B. die geometrischen Sätze beruhen) aus dem Schema heraus, weil die geometrischen Beziehungen fast überall wechselseitig sind und darum in der Geometrie viel kategorischer geschlossen werden kann als die unglücklichen hypothetischen Schlußformen der Logik zulassen würden. Es bleiben also von den vier Arten des zureichenden Grundes nur zwei übrig, deren Beziehungen zum Bedingungsbegriff oder zum hypothetischen Urteile uns noch kümmern: der Erkenntnisgrund und der Grund des Geschehens. Und ich glaube, daß die Unsicherheit, ja Konfusion im Gebrauche der beiden termini Ursache und Bedingung daher rührt, daß die Sprache, unklar genug, die Bedingung seit jeher auf den Erkenntnisgrund bezog und erst in neuester Zeit (seit Hume) die Sorge um den — mit machtlosen Worten — zu Tode verurteilten Ursachbegriff dazu trieb, den angegriffenen Realbegriff der Ursache durch den scheinbar unangreifbaren logischen Begriff der Bedingung zu retten.

Der Erkenntnisgrund ist eigentlich immer hypothetisch; die Prämissen im Erkenntnisgrunde sind auch buchstäblich die Unterlage, die ὑποθεσις zur θεσις. Aber auch in unserer allgemein üblichen Muttersprache können wir ohne Zwang sagen, daß wir keinen Satz für wahr halten als unter der Bedingung, einen Erkenntnisgrund für ihn zu haben. Wenn meine Behauptung, daß Wahrheit und Glaube im letzten Kern den gleichen psychologischen Begriff enthalte, richtig ist, so könnte das auf die sprachliche Form der hypothetischen Urteile ein neues Licht werfen. Unter der Bedingung, daß ein Erkenntnisgrund uns dazu berechtigt, glauben wir an das Urteil, das wir erschlossen haben und richten sogar unsere Handlungen danach ein. Das Steigen des Quecksilberfadens im Thermometer vor dem Fenster ist die Bedingung unseres Glaubens: draußen ist warm; und wir lassen den Überzieher zu Hause. Wo die Logik das Recht zu einem Urteil aufstellt und von einem Erkenntnisgrunde spricht, da wäre fast immer der bescheidenere Ausdruck *Bedingung des Fürwahrhaltens* besser am Platze. Unabsichtlich habe ich da von der Berechtigung und wieder vom Rechte zu einem Glauben gesprochen; die Herkunft der Bezeichnungen *conditio* und *Bedingung* aus dem juristischen Sprachgebrauche wird dadurch einigermaßen aufgeklärt, daß die alte Logik in der Beweisführung überhaupt, wie schon der Name besagt, einen Gedankenprozeß zwischen zwei streitenden Parteien sah; das philosophische Lexikon von Walch (1740) führt unter dem Schlagworte *Bedingung* einzig und allein die juristischen Bedeutungen auf.

Wenn es nun wahr ist, daß die Sprache die rechtliche Bedingung und den Grund zu einem Glauben miteinander vermengte oder einander gleichsetzte, so daß *Bedingung* am Ende die allgemeine Bedeutung von Erkenntnisgrund gewann, so tritt jetzt die weit schwierigere Frage an uns heran: wie die Sprache dazu gekommen sein möge, mit dem gleichen Worte *Grund* zwei so durchaus ungleiche Begriffe zu bezeichnen, wie es die Bedingung eines Glaubens und die Notwendigkeit einer Wirkung sind. Denn die Notwendigkeit einer Wirkung ist es allein, was einer Ursache oder dem Grunde des Werdens (Geschehens) zugeschrieben wird. Der Begriff der Bedingung wird wenigstens den Sinn dieser Frage erläutern, wenn ich auch nicht versprechen kann, die Frage beantworten zu können.

Ich schicke zwei Bemerkungen voraus, die beide die Überraschung darüber mindern sollen, daß die metaphysische Frage *κατ' ἐξοχην*, die Frage nach dem Ursachbegriff, hier als eine sprachliche Frage aufgefaßt wird. Die erste Bemerkung ist für den Leser meiner Kritik der Sprache fast überflüssig: weil die Sprache kein geeignetes Werkzeug zur Welterkenntnis ist, müssen wir einigen besonders tiefen Begriffen gegenüber schon froh sein, uns durch ihre Wortgeschichte ihrem ungefähren Verständnis nähern zu können und müssen nicht glauben, daß so ein Terminus außer den geschichtlich nachweisbaren Bedeutungen noch eine absolute und ewige Bedeutung habe, jenseits der Sprache; wenn die Sprache und das Denken in unmittelbarer Anwendung auf die konkrete Welt noch irgendwie unterschieden werden könnten, so sind sie doch auf den Höhen der Abstraktion wirklich ein und dasselbe. Und ich kann in diesem Zusammenhange wieder einmal nur mit warnendem Gewissen das Abstraktum *die* Sprache gebrauchen, weil die Untersuchung der einzelsprachlichen Verhältnisse auf diesem Gebiete ein ganzes Buch ergeben würde, welches ein Anderer besser schreiben mag und wird, und weil die sprachlichen Verhältnisse in den zu philosophischem Gebrauche eingerenkten Kultursprachen, infolge gegenseitiger Beeinflussung, ganz ähnlich sind. (Vgl. Art. *Bedeutung*.)

Die zweite vorläufige Bemerkung geht dahin, daß der Ursachbegriff jetzt allgemein neben den Bedingungsbegriff gestellt wird, nachdem er Jahrhunderte lang obdachlos war, zwischen der Unterkunft unter den Substanzbegriffen und unter den Formbegriffen schwanken mußte; ich werde zu zeigen versuchen (man vgl. den Art. *causalitas*), daß der Gegensatz zwischen Hume und Kant in bezug auf den Ursachbegriff nicht so unüberbrückbar war, wie das gewöhnlich dargestellt wird, daß man vielmehr sagen kann: beide Männer haben, jeder in seiner Weise und in seiner Sprache, den Ursachbegriff für die Ontologie vernichtet, um ihn für die Psychologie zu erobern. Daß Hume den Ursachbegriff mit dem der Zeitfolge beinahe gleichsetzte, ist nicht so wichtig, wie daß er ihn eine Gewohnheit unseres Denkens nannte; daß Kant die Kausalität eine Kategorie des Denkens nannte, ist nicht so wichtig, wie daß er in ihr eine Bedingung der Sinnlichkeit sah, eine Erfahrungsform. Beidemal hatte die Psychologie den gleichen Vorteil. Meine Bemühung, an die Stelle jeder anderen philosophischen Propädeutik eine Kritik der Sprache zu setzen, und meine Überzeugung, daß das Gedächtnis des Menschen, also sein gesamtes psychisches Leben, so ungefähr identisch sei mit der Sprache, müssen mich natürlich dazu führen, die alten metaphysischen Fragen für sprachliche Fragen zu halten.

Die Frage nun, wie die Sprache dazu gekommen sein mag, die beinahe disparaten Begriffe Ursache (Notwendigkeit einer Wirkung) und Erkenntnisgrund (Bedingung eines Glaubens) durch den gemeinsamen Oberbegriff Grund so nahe zusammenzurücken, erhält einiges Licht durch zwei Beobachtungen, die man an den sogenannten Konditionalsätzen anstellen kann und auf die ich nur ganz kurz hinweisen will.

1. Alle unsere Kultursprachen (die griechische etwa ausgenommen) sind in Verlegenheit, wenn sie den Bedingungssatz durch bestimmte Verbalformen ausdrücken wollen. In der Grammatik herrscht darüber vollkommene Konfusion. Die Konjunktion der Bedingung ist bei uns zufällig das Adverbium *wenn*, die früher mit der zeitlichen Partikel *wann* dasselbe Wort war. (Ein Hinweis auf die einst räumliche und zeitliche Bedeutung des noch nicht genügend aufgeklärten franz. *si* würde zu weit führen.) Aber eine Verbalform für den Bedingungssatz haben wir nicht. Feine Logiker unter den Grammatikern, wie K. F. Becker, haben erkannt, daß die Bedingungskategorie ein besonderer Modus des Verbums zu werden verdiente; nur daß die Sprachen diesen Modus nicht ausgebildet haben. Wir z. B. behelfen uns mit den Zeitformen des Konjunktivs oder mit ihren Umschreibungen (täte, würde). Aber diese Zeitformen drücken im Bedingungssatze die geforderte Zeit gar nicht aus. „Wenn ich reich wäre, würde ich mir eine große Bibliothek kaufen" — geht auf die Gegenwart oder auf die Zukunft, hat aber die Zeitform der Vergangenheit; will ich die Vergangenheit bezeichnen, muß ich die Zeitform des Plusquamperfektums gebrauchen. „Wenn ich reich gewesen wäre, hätte ich mir eine Bibliothek gekauft." Mit solchen Bedingungssätzen behilft sich die Sprache besonders, wenn die psychologische Ursache oder das Motiv durch einen abhängigen Satz ausgedrückt werden soll.

2. In dem Konditionalsatze ist außerdem fast immer eine Negation versteckt. Der eben zum Beispiel gegebene Satz besagt für jeden einfachen Hörer: ich habe mir keine große Bibliothek gekauft, weil ich nicht reich bin. Der Reichtum war eine Bedingung des Ankaufs, eine conditio sine qua non.

Der Sprachgebrauch scheint also die Meinung Humes zu unterstützen, daß das Wesentliche des Ursachbegriffs im zeitlichen Vorausgehen liege; und der Sprachgebrauch schließt sich durch die Hervorhebung der Negation der besonders von Sigwart vertretenen Anschauung an, daß die Ursache einer Wirkung nichts weiteres sei als die Gesamtheit ihrer Bedingungen, und daß (wie man hinzufügen müßte) die Aufmerksamkeit der Sprache ganz besonders auf die eine ausgezeichnete Bedingung gelenkt wird, die nicht ausbleiben darf. Diese Bedingung ist die Veränderung der vorhergegangenen Lage, ihr Eintreffen oder Nichteintreffen entscheidet über die Wirkung.

Diese Richtung der Aufmerksamkeit scheint mir das Einzige zu sein, was die von Sigwart unterschiedenen Bedingungen eines bestimmten Erfolges (Logik[2] S. 487) und die Bedingungen der Wirkungsfähigkeit konstanter Kräfte (S. 157) unterscheidet: die Umstände und die Veränderung eines Umstandes. Sigwart sagt ja ganz mit Recht, daß Substanzen und Kräfte, die früher und nacheinander für die eigentlichen Ursachen gehalten wurden, als unveränderlich nicht den Grund wechselnden Verhaltens abgeben können; „veränderlich sind nur die Relationen der Dinge, vor allem die räumlichen; in diesen also muß es liegen, daß die Kräfte in veränderlicher Weise wirksam werden; diese Relationen enthalten die Bedingungen der Wirkungsfähigkeit konstanter Kräfte, dasjenige, wovon es abhängt, ob und welche Veränderungen aus den im Begriffe der Kraft gedachten wesentlichen Beziehungen der Dinge folgen.“ Es wäre also ein ganz guter Sprachgebrauch, unter *Ursache* fernerhin die Gesamtheit aller Bedingungen einer Wirkung zu verstehen und nur diejenige Veränderung, deren Eintreten die Wirkung *auslöst*, etwa die unmittelbare Ursache zu nennen; wie man seit Urzeiten die Gesamtheit psychischer Erlebnisse *Seele*, wie man die Gesamtheit aller Dinge die *Welt* nennt, ohne daß es eine Welt neben den Dingen, eine Seele neben den Erlebnissen, eine Ursache neben den Änderungen gäbe.

Die ausgezeichnete Bedingung oder die unmittelbare Ursache ist der Umstand, der die Wirkung *auslöst*, für unsere Aufmerksamkeit auslöst; denn auch die übrigen Umstände sind nicht unveränderlich. Das Pulver verändert unaufhörlich seine chemische Zusammensetzung; die Feder des Schlosses verrostet unaufhörlich, wenn auch langsam; dennoch nenne ich, wenn ich das Pistol abdrücke, meinen leisen Fingerdruck die unmittelbare Ursache, die andern, nicht ganz unveränderlichen Umstände (daß die Feder nicht versagt, daß das Pulver nicht naß oder zersetzt ist) nenne ich Bedingungen. Bedingungen sind also aus der Gesamtheit, die uns als die Sachlage vor einer Veränderung bekannt ist, diejenigen Umstände, die zwar auch der Wirkung zeitlich vorausgehen, deren Existenz zum Zustandekommen der Wirkung notwendig ist, an denen aber eine *auslösende* Veränderung nicht wahrgenommen worden ist. (Bei Selbstentzündung des neuen Pulvers wird eine solche nicht beachtete Veränderung schließlich zur Ursache; ebenso die Molekularveränderungen im Eisen die Ursache des Brückeneinsturzes.)

Ich glaube mit dem Sprachgebrauche einig zu sein, wenn ich den Begriff der Ursache an den einer auslösenden Änderung knüpfe. Ein Beispiel. Wenn ich eine Bohne in die Erde lege und aus ihr eine Bohnenpflanze erwachsen sehe, so nenne ich Bedingungen: die Keimfähigkeit der Bohne, den Nahrungsinhalt des Humus, seine Feuchtigkeit, die Sonnenwärme. Andere Umstände wie: genauere geographische Lage, Nachbarpflanzen, Name der Ortschaft und unzählige mehr, nenne ich nicht Bedingungen. Negative Bedingungen: daß z. B. kein Tier die keimende Bohne vernichtet, — kommen erst dann in Betracht, wenn die Aufmerksamkeit auf sie gelenkt wird. Lenke ich aber die Aufmerksamkeit besonders auf das *Vermögen* des Samens, eine Pflanze wie seine Mutterpflanze aus sich zu entwickeln, auf die Fortpflanzungsfähigkeit oder wie man diese Kraft sonst nennen mag, dann bleiben Humus, Feuchtigkeit, Wärme als *Bedingungen* des Wachstums bestehen und die Keimfähigkeit allein wird zur *Ursache* erhoben. Die Keimfähigkeit, auf die doch wieder die Bezeichnung Auslösung ohne Zwang anwendbar wäre.

Ich glaube also sagen zu dürfen: alle Bedingungen einer Wirkung zusammen, der Kollektivbegriff, ist das, was man früher die Ursache genannt hat; Ursache *κατ' ἐξοχην* ist unter den Bedingungen die auslösende Veränderung einer der bedingenden Umstände. Gerade die Auslösung ist aber diejenige Art von Kausalität (siehe diesen Artikel), auf welchen die so erbittert geführten Streitigkeiten um den Ursachbegriff nicht mehr passen. Wir müssen den Streit von vorne anfangen.

Begriff. — Ich habe (Kr. d. Spr. III, 265 ff.) ausführlich darzulegen versucht, wie verkehrt die Rangordnung ist, in welche der Begriff der formalen Logik herkömmlich eingereiht wird. Riehl hat diese Umwertung am kürzesten ausgesprochen durch den Satz: „Begriffe sind potentielle Urteile", d. h. alle Urteile, nicht nur die analytischen, sind in ihrem Subjektsbegriffe schon enthalten. Ich habe gezeigt, daß die Begriffe oder Worte der Gemeinsprache aus ihren Umfängen entstanden sind, nicht aus ihren Inhalten, daß die Begriffsumfänge in den verschiedenen Individualsprachen und nun gar in den verschiedenen Volkssprachen verschieden sind, daß also die Logik gar nicht in der Lage war, mit ihren Begriffen als wie mit konventionellen und darum eindeutigen mathematischen Zeichen sicher zu operieren. Die mathematischen Zeichen sind ihrem Wesen nach univok, die Worte der Gemeinsprache sind immer äquivok. Ich habe darauf hingewiesen, daß der scholastische Mißbrauch der Logik, die Verwechslung der Möglichkeiten sprachlicher Darstellung mit den Möglichkeiten der mathematischen, welche Verwechslung sich dann noch an der Form von Spinozas Lebenswerke so ärgerlich rächte, bis in die Neuzeit hinein durch den ausschließlichen Gebrauch einer toten Sprache unterstützt wurde, daß die tote Sprache und bald darauf die formale Logik preisgegeben werden mußten, weil mit der Erforschung der Wirklichkeitswelt oder mit der Naturwissenschaft Ernst gemacht wurde. Ich habe an den Artbegriffen zu erklären versucht, warum unsere Worte den Idealbegriffen der Logik nicht entsprechen und niemals entsprechen können. Ich möchte nun etwas über die psychologische Tätigkeit hinzufügen, die wir *begreifen* nennen. Freilich können wir Menschen dadurch, daß wir eine Naturerscheinung auf einen Begriff bringen, über den Sinneseindruck hinaus zum Ding-an-sich der Erscheinung nicht vordringen, wie so ungefähr von der Mehrzahl der Philosophen geglaubt worden ist. Der psychologische Vorgang erscheint aber doch viel einfacher, wenn man ihn mit einfachen Worten darzustellen wagt. Als Gegensatz denke man an den selbstbewußten Lambert, der meinte: eine Sache begreifen heißt, sich selbige so vorstellen, daß man die Sache für das ansieht, was sie ist. Die griech. *καταληψις*, die lat. conceptio (genauer übersetzt comprehensio; wovon franz. comprendre) besagte wie die deutsche Übersetzung *begreifen* immer nur das Aneignen einer Sache, bildlich das geistige Aneignen einer Vorstellung. Wir eignen uns nun so etwas wie eine Vorstellung dadurch an, wir ordnen sie unserem schon gesammelten geistigen Eigentum dadurch ein, daß wir die neue Vorstellung, den neuen Fall mit einer ähnlichen Vorstellung, mit einem ähnlichen Falle vergleichen. Der Mensch ist das fragende Tier. Aber so unbescheiden der Mensch fragt, so bescheiden gibt er sich mit der ersten, der besten Antwort zufrieden. Er hat die Erscheinungen der Welt nach Ähnlichkeiten benannt, unter Worte oder Begriffe gebracht; kann er nun eine neue Erscheinung, eine unbekannte, unter ein Wort oder unter einen Begriff bringen, so nennt er das: begreifen.

Man hört oder liest über diesen einfachen letzten Satz wie über eine Selbstverständlichkeit hinweg, bis man vielleicht auf das Beziehungswörtchen *unter* aufmerksam gemacht worden ist. Man braucht die Beziehungen im Gedanken nur umzukehren und sich vorzustellen, daß das Bekannte, Wort oder Begriff, *über* der neuen Wahrnehmung stehe, um sofort zu erkennen — was ja zu erwarten war — daß es sich nur um einen bildlichen Ausdruck handle. Weder im Sinne der Raumlehre noch im Sinne der Höhenenergie steht z. B. der Artbegriff höher als das Individuum. Das Bild ist natürlich von der alten Subsumptionslogik hergenommen, wo das Beziehungswörtchen *sub* den ganzen Vorstellungskreis beherrscht. Genau genommen gehören zu dieser Art des Begreifens nur die Benennungsurteile, die dann freilich in ihrem wissenschaftlichen Werte zwischen den allerkindlichsten analytischen Urteilen („dieses Tier ist ein Wau-Wau“) und den scharfsinnigsten synthetischen Urteilen („die Bewegung des Mondes ist ein Fallen“) schwanken können. Bringen wir eine bisher unerklärte Erfahrung unter ein substantiviertes Verbum, dann haben wir aber den Kreis der bloßen Benennungsurteile schon verlassen und sind geneigt, diese Art des Begreifens ein Erklären zu nennen. Bringen wir einen neuen Eindruck dagegen unter ein adjektivisches Wort („dieses Licht ist rot“, „dieses Schaf ist schwarz“), so liegt eine sehr schlichte Art des Begreifens vor, die wir gewöhnlich wahrnehmen nennen. Die Grenzen zwischen diesen drei Arten des Begreifens sind in der psychologischen Wirklichkeit nicht so scharf gezogen, wie das in der herkömmlichen Psychologie herauskommt, die sich von der Begriffslehre der Subsumptionslogik nicht befreien konnte. Es hängt vom Grade und von der Richtung der Aufmerksamkeit ab, ob das Erblicken eines roten Lichtes ein Sinneseindruck, eine Wahrnehmung oder ein Urteil genannt zu werden verdient; es hängt von der aufgewandten Geistesarbeit ab, ob ein Benennungsurteil nur ein solches ist oder eine Bereicherung unseres Wissens, ob endlich das Begreifen zu einem Erklären wird. Der Satz „die Erde ist ein Planet“ ist für die Auffassung unserer Schulbuben ein Benennungsurteil; als Kopernikus die gleiche Vorstellung anschaulich faßte, das Einzelding Erde unter den Planetenbegriff subsumierte, war das eine synthetische Geistestat ersten Ranges, und ganz gewiß war er sich dabei einer *Sub*sumption am wenigsten bewußt. Auch geben *con, ad* (*con*cipere, *ad*percipere) doch ein besseres Bild der psychologischen Wirklichkeit, als das logische *sub*.

Ich habe in diesem Zusammenhange öfter *Wort* gesagt, wo der Schulgebrauch *Begriff* gefordert hätte. Ich weiß nämlich nicht, was der *Begriff* eigentlich außer dem Worte noch ist, in der psychologischen Wirklichkeit ist, wenn man es einmal wagt, von seiner Bedeutung für die Subsumptionslogik abzusehen. Wir begreifen, wenn wir eine neue Vorstellung mit älteren Vorstellungen vergleichen, und bei dieser Vergleichung zu dem Glauben an einen logischen oder ursächlichen Zusammenhang kommen. Dieser Zusammenhang wird von uns, durch eine Art Induktionsschluß aus der Wirklichkeit, aus der Unzahl aller möglichen Assoziationen herausgeholt, die sich an die neue Vorstellung knüpfen können. Umhergetrieben von den unendlich vielen Wellen dieses Meeres von Assoziationen müssen wir etwas Festes haben, um (es ist schwer zu sagen) uns festhalten zu können oder die brauchbare Vorstellung festzuhalten; dieses Feste ist das Wort. Wie in unserer Erkenntnis der realen Wirklichkeitswelt die sogenannten festen Körper die Mittelpunkte der (von uns allein wahrgenommenen) Eigenschaften sind; so sind in unserem geistigen Leben die Worte die relativ festen Mittelpunkte von Assoziationen und Vor-Urteilen, die Menschen vor uns gebildet haben. Die Worte sind die Hilfen oder die Ruhepunkte bei dem schwierigen psychologischen Geschäfte des Begreifens. Und wenden wir nun dieses Geschäft reflektorisch auf den Vorgang des Begreifens selber an, so bilden wir eben aus dem Worte Begreifen das neue Verlegenheitswort *Begriff* und haben eine neue Hilfe, einen neuen Ruhepunkt für unsere Reflexion. Erst bei dieser Rückwendung des begreifenden Denkens auf den Vorgang des Begreifens, gewinnt so das Wort Begriff einen leidlichen Sinn; sonst ist es ein leerer Schall, außer und neben dem Vorgang des Begreifens, und paßt einzig und allein auf die logischen, tautologischen, subsumierenden Urteile. Man hört das vielleicht unmittelbar heraus, wenn man bei J. Grimm der Schreibung Begrif, bei Logau der Schreibung Begrief begegnet.

Ich komme zum Schlusse: *Begriff* ist von dem psychologisch-verbalen Vorgang *begreifen* erst abgeleitet und als psychologisches Substantivum schon verdächtig; ist eine Abstraktion, die dadurch entsteht, daß man bei den Wörtern von ihrer lebendigen, fließenden Bedeutung absieht, ohne die sie weder Wörter sind noch als Worte gebraucht werden können; ist ein Bild, von dem Bilde *begreifen* abgeleitet, und darum außerhalb der formalen Logik unfaßbar.

Noch eins: bis zum Begreifen im Sinne der stolzen Wissenschaft gelangen wir nie; nicht bei den einfachsten Fragen; immer ist es nur ein Begreifenwollen, bestenfalls eine Annäherung an das gesteckte Ziel der Erkenntnis. Die kleinen Hilfen bei diesem Tappen, die Worte, werden nicht zu Mitteilungen einer ewigen Weisheit dadurch, daß wir sie zu dem höheren Range von Begriff erheben; die Merkzeichen auf dem Wege zu dem unerreichbaren Ziele des Begreifens, eben wieder die Worte, werden nicht zu erreichten Zielen dadurch, daß wir sie Begriffe nennen. Man wird und man mag aber weiterhin ein Wort einen Begriff nennen, sobald einem daran liegt, Inhalt und Umfang des Wortes genauer zu untersuchen, das Wort auf seine Berechtigung hin zu prüfen; hat der Begriff die Prüfung bestanden, so wird er wieder zum Worte, zum brauchbaren Worte der wissenschaftlichen Sprache. (Vgl. Art. *Art.*)

Beschreibung. — Kirchhoff hat den im engsten Kreise der Erkenntnistheoretiker berühmt gewordenen Satz gewagt, es sei Aufgabe der Mechanik „die in der Natur vor sich gehenden Bewegungen vollständig und auf die einfachste Weise zu beschreiben.“ Der Satz wird oft wiederholt, trotzdem Kirchhoff selbst unter „vollständig und auf die einfachste Weise“ die schwer zugänglichen Formeln der mathematischen Physik verstand und sich kaum mit jeder Berufung auf sein Wort einverstanden erklärt hätte. Immerhin war es gewiß seine Meinung, daß Natur sich nur beschreiben, nicht erklären lasse, daß Erklärung und Beschreibung mitunter recht ungleiche Begriffe seien.

Erklärung hat zwei verschiedene Bedeutungen; einmal fällt es mit dem Begriffe Definition zusammen, das andere Mal besagt es die Zurückführung einer Erscheinung auf ein Gesetz. Man kann das *was* und das *warum* einer Erscheinung oder einer

Vorstellung erklären wollen. Beide Bedeutungen lassen sich etwa mit *begreifen* wiedergeben, wenn man unter begreifen das eine Mal die Subsumption unter einen substantivischen Allgemeinbegriff versteht, das andere Mal das Aufweisen des Zusammenhangs zwischen einem unbekannten neuen Vorgang und dem durch ein Verbum ausgedrückten bekannten Vorgang. Für gute Ohren liegt in dem Worte *erklären* überdies noch ein Nebenton. Man erklärt ein Wort oder einen Vorgang für andere, für Schüler oder für die Nachwelt; dies gilt allgemein für die Erklärung im Sinne von Definition; aber auch der Entdecker eines bisher unbekannten Naturzusammenhanges erklärt erst andern, was er für sich mühsam gefunden hat.

Beschreibung steht nun zunächst im Gegensatze zur definierenden Erklärung. Die Definition hält sich streng an den Oberbegriff und das unterscheidende Merkmal, einerlei ob sie Wort- oder Sacherklärung ist. Die Beschreibung fügt hinzu, was vom Standpunkte der Logik überflüssig ist. Die definierende Erklärung ist mit ihren zwei Begriffen das knappste Erinnerungszeichen für den Sachkenner und darum für den Neuling nur der Form nach verständlich; die Beschreibung ist eine weitläufige Erklärung und soll dem Neuling die Anschauung ersetzen, was wieder nicht eigentlich möglich ist, es verstünde denn ein Dichter durch eine lebhafte Beschreibung die eigene Seelensituation dem Leser mitzuteilen. Die einflußreiche Logik von Port-Royal, Arnaulds „Art de penser", sagt (in der lateinischen Ausgabe) von der Beschreibung: sie sei eine minus accurata definitio, quae rem facit notam per accidentia; sie determiniere ein Ding so, daß wir uns davon eine Idee formieren können, die es von jedem andern Dinge unterscheidet.

Im Gegensatze zu der Erklärung im zweiten Sinne, zum Begreifen des Warum, hat nun die Beschreibung, wie Kirchhoff sie verstand, keine Ähnlichkeit mit der weitläufigen erzählenden Beschreibung; „vollständig und auf die einfachste Weise" soll sie geschehen, in der mathematischen Physik also einzig durch mathematische Formeln, ohne überflüssige Worte. Die Sachlage dürfte also etwa folgendermaßen zu beschreiben sein: der große Entdecker findet den neuen Zusammenhang oder das neue Gesetz intuitiv, sprachlos; er bringt sich selbst die eigene Entdeckung zum *Bewußtsein* durch die Formeln, zu denen er nachträglich über seinen Rechnungen gelangt; soll die Mit- und Nachwelt etwas von seiner Entdeckung haben, so muß er den umgekehrten Weg einschlagen, muß die Rechnungen mitteilen und seine Entdeckung als Fazit ans Ende setzen; so wird, was beim großen Entdecker (Kepler, Newton) eine überflüssige und weitläufige Erklärung für den Meister war, durch die Mitteilung zu einer Beschreibung für den Schüler. Also sind auch so einfache und ungleiche Begriffe wie Beschreibung und Erklärung nicht ganz streng auseinander zu halten.

Bestimmung. — Das Wort hat für uns beinahe nur noch sprachliches Interesse. Büchertitel wie *die Bestimmung des Menschen* dürften heute nicht mehr den Erfolg herbeiführen wie vor hundert und einigen Jahren, da Schiller das Epigramm schrieb: „Nichts ist der Menschheit so wichtig, als ihre Bestimmung zu kennen. Um zwölf Groschen Courant wird sie bei mir jetzt verkauft.“

Bestimmung hatte einen ausgesprochen theologischen Sinn; wir sind so frei geworden, daß wir an einen göttlichen Plan bei der Menschenschöpfung nicht mehr glauben, oder auch nur an einen Plan in der Weltgeschichte; nur daß wir von der *Aufgabe* der einzelnen Kulturvölker und ihrer hervorragenden Führer reden und dabei, unklar und mit schlechtem Gewissen, dasselbe vorstellen wie unsere Urgroßeltern, wenn sie *Bestimmung* sagten. „Es ist bestimmt in Gottes Rat“ wird noch gesungen, bei Begräbnissen, gehört aber nicht mehr in die Gemeinsprache der heutigen Seelensituation. Merkwürdig ist nur, daß das deutsche Wort (ohne genaue Entsprechung in den romanisierten Sprachen) zu den beiden Bedeutungen auseinandergegangen ist, die sich am deutlichsten durch Determination und Determinismus ausdrücken lassen. Die Determination ist ein logisches Wort und bezeichnet kurz die geistige Tätigkeit, durch die ein weiterer Begriff durch Hinzufügung eines Merkmals zu einem engeren gemacht wird, eingeschränkt wird. Wobei man überall beachte, mit wie wenigen Grundworten die Sprachen spielen: diese logische Determination ist eine Definition; *finis* ist ungefähr gleich *terminus*, nur daß terminus das Zeichen der Grenze, die Schranke, mitbedeutet, weshalb wir determiniert in diesem Sinne mit eingeschränkt übersetzt haben; und daß Determination und Determinismus mit den beiden Bedeutungen von *Bestimmung* übereinstimmen, brauche ich wohl nicht hervorzuheben.

Determinismus nun ist die von Spinoza ruhig und groß, von Schopenhauer scharfsinnig und erbittert gepredigte Lehre, daß der sogenannte Wille des Menschen unfrei sei, d. h. durch ebenso zwingende Ursachen bestimmt wie die mechanischen Vorgänge. Daß dieser psychologische oder meinetwegen metaphysische Begriff fast mit den gleichen Lauten ausgedrückt wird wie die logische Determination, scheint mir aber nur daraus erklärlich, daß in beiden Fällen das Bild von der Einschränkung oder Einzwängung vorschwebte; wird ein logischer Begriff determiniert, so werden die einschränkenden Merkmale enger und enger gezogen, so, daß der sogenannte Umfang, der sich sofort als falsches Bild erweist, kleiner und kleiner wird; wird der Wille des Menschen determiniert, so werden dem freien Willen, den man sich wie ein wildes Füllen vorstellt, engere und engere Schranken gezogen, bis er sich auf dem kleinsten Raume nicht mehr frei bewegen kann.

Das deutsche Wort ist in seiner Geschichte nicht genügend aufgeklärt; als eine unsichere Vermutung möchte ich daran erinnern, daß Bestimmung (des Menschen) einerseits sich mit dem Determinismus nahe berührt, andererseits mit Berufung, vocatio *(vox = Stimme);* ferner daran, daß wir die logische Tätigkeit der Determination heute noch ausüben, wenn wir z. B. eine unbekannte Pflanze nach den Merkmalen eines künstlichen Systems *bestimmen*, d. h. den Kreis, dem sie angehören kann, durch immer neue Merkmale einengen, bis wir sie bei ihrem Artnamen benennen können. Eine Lehnübersetzung von vocatio kann aber *Bestimmung* nicht gut sein, weil *vocatio* in der logischen Bedeutung nicht gebraucht wurde. Vielleicht ist aber doch ein Einfluß der scholastischen voces, der höchsten Allgemeinbegriffe, einmal vorhanden gewesen. Zu beachten ist jedenfalls, daß ahd. *stimmen* an unseren musikalischen Terminus *stimmen* erinnert, und daß noch Weckherlin sagen konnte: „Des Herren Hand bestimmet meinen Mund", d.h. macht meinen Mund sprachbegabt, sangbegabt.

Bewußtsein. — Das Substantiv Bewußtsein drückt gar nichts anderes aus, als die Summe derjenigen inneren Tätigkeiten, die wir mit einem andern Worte als unser geistiges Leben zusammenfassen. Es gibt Summenworte, wie eben *Leben*, die eine Existenzberechtigung in der wissenschaftlichen Sprache haben; zu diesen brauchbaren Worten gehört *Bewußtsein* nicht, und ich werde noch zu zeigen suchen, durch welche Mängel sich der Begriff Bewußtsein vom Begriff Leben unterscheidet. Das Wort Bewußtsein ist nun darum noch unbrauchbarer als andere substantivische Summenworte seiner Art, weil sein Inhalt völlig mit dem anderer Worte zusammenfällt, von denen es dann wieder der Wortaberglaube der Psychologen trennen möchte. So ist es ganz einleuchtend, daß in der Gemeinsprache seit etwa hundert Jahren *Geist, geistig* gesagt wird, wo die Wissenschaft von Äußerungen des Bewußtseins spricht. Weniger einleuchtend ist es leider, daß auch die Begriffe Ich, Gedächtnis, Sprache nur Synonyme von Bewußtsein sind. Wenn aber das Ichgefühl eine Täuschung ist, wenn das Ichgefühl nur das erlebte Gefühl ist, Erinnerungen zu haben, die wir individuell nennen, weil es andere Erinnerungen nicht gibt, wenn — anders ausgedrückt — das Rätsel der Persönlichkeit eins ist mit dem Rätsel des Gedächtnisses; wenn ferner unser, sagen wir, tierisches Leben, unser ererbter Leib und seine Funktionen, eins ist mit dem Gedächtnisse der Organismen; wenn endlich unser geistiges Leben oder unsere Sprache eins ist mit den ererbten Erinnerungen unseres Volkes und wieder der Menschheit: so ist damit die Gleichsetzung von Bewußtsein mit Gedächtnis, Persönlichkeit und Sprache zwar nicht logisch bewiesen, aber der ungewohnte Gedanke wird doch dem Fassen nahe gebracht.

Auch ohne Zurückführung des Bewußtseins auf die Tätigkeit des Gedächtnisses ist das Wort *Bewußtsein* nach mehr als zweitausendjährigem Dienst (seine Geschichte reicht, wie

Kr. d. Spr. I, 631 nachzulesen ist, von den Neuplatonikern bis über Wolf hinaus, der den deutschen Terminus prägte) im Begriffe ausrangiert zu werden; die neuere Psychologie liebt es nicht und findet zwischen *bewußt* und *psychisch* kaum einen Unterschied mehr; nur die Herbartianer, und zu den Herbartianern gehört auch Wundt, schleppen sich noch weiter mit dem überflüssig gewordenen Worte und geben sich alle Mühe, die alte Wortform mit neuen Vorstellungen zu füllen. So zurechtgemacht steht es in der Sammlung ausgedienter philosophischer Begriffe wie ein ausgestopftes Tier: Häcksel in dem hübschen Balg.

Man könnte mir entgegenhalten: wenn Bewußtsein dasselbe besagt wie geistiges oder psychisches Leben, und wenn dieses Innenleben, oder wie man es nennen will, auch eine Wirklichkeit ist, ja sogar die gewisseste und vielleicht die einzige Wirklichkeit, so käme es auf den Ausdruck nicht an und man könnte das alte Wort, von scholastischem Staube gesäubert, bestehen lassen. Aber *geistiges Leben* ist ja offensichtlich ein bildlicher Ausdruck und gibt von der Vorstellung ein falsches Bild. Die Unwahrheit freilich, die in allen solchen abstrakten Substantiven steckt, ist den Begriffen Leben und Bewußtsein gemeinsam: es gibt nicht ein Leben, noch einmal, neben den Lebensäußerungen; es gibt nicht ein Bewußtsein, noch einmal, neben den Akten des Bewußtseins. Alle abstrakten Substantiva muten den Sprachkritiker an, wie übrig gebliebene Arten einer dem Aussterben verfallenen Fauna; und ich sehne mich nach dem Sprachkritiker, der jung und stark genug wäre, in einer großen Reformation der Sprache die abstrakten Substantiva mit eisernem Besen hinauszufegen. Die konkreten Substantiva werden wir schon behalten müssen, so lange wir uns den mystischen Glauben an die Wirklichkeit der lieben Welt bewahren wollen.

Innerhalb des noch nicht reformierten Sprachgebrauchs hat aber *Leben* seinen guten Sinn, wenn der Begriff auch nicht so einfach zu definieren ist, wie naive Biologen glauben mögen. Es existiert keine jenseitige Gottheit, das Leben, neben und außer den kleinen irdischen Lebensäußerungen; *Leben* ist jedoch ein ziemlich gut zu beschreibender Korrelatbegriff zu dem, was wir unorganische Materie nennen; man stoße sich nicht an der Negation *unorganisch;* man könnte die reale Welt ebenso gut einteilen in die mechanischen und in die nicht-bloß-mechanischen Dinge; bei Korrelatbegriffen der Wirklichkeitswelt kann man das Negationszeichen immer willkürlich auf die eine oder die andere Seite bringen, weil es oft nur am sprachlichen Ausdrucke liegt, welchen von den beiden Begriffen *(gerade, ungerade,* aber *schwer, unschwer)* wir als die Negation ansehen wollen. Einen solchen Korrelatbegriff zum Bewußtsein können wir nicht bilden; das *Unbewußte* ist, mag es auch ein Modewort geworden sein, ein Scheinbegriff, weil unserem psychischen Leben nur diejenigen Erinnerungen angehören, die bewußt geworden sind, weil das Unbewußte eine richtige Negation ist. Was ich über den Unterschied der Begriffe Leben und Bewußtsein vorbringen will, wird deutlicher werden, wenn ich das Schlagwort der jüngsten Weltanschauung zur Verständigung bemühe: *Energie.*

Man hat das Leben in die Reihe der *Energie*formen aufgenommen. Ganz mit Recht. (Vgl. Art. *Energie.*) Wir kennen Äußerungen der Raumenergie, der kinetischen Energie, der chemischen Energie, der Elektrizität und des Lebens gleich gut; wir kennen diese Energien selbst gleich schlecht; wir wissen ebensowenig, was eine Bewegung sei, was die Elektrizität sei, wie wir wissen, was das Leben sei. Nahrungsaufnahme und Reizwirkungen aber sind Änderungen am lebendigen Organismus, wie sie bei den Metamorphosen der andern Energien niemals zu beobachten sind. Ganz leise lacht die Sprachkritik dazwischen und meint, mit dem veralteten Worte *Vermögen* hätte sich ebensogut auskommen lassen; und nur die Verkehrtheit des Materialismus, der in seinem Hasse gegen die Scholastik das Leben durchaus aus mechanischen Ursachen erklären wollte, habe uns so lange verhindert, das Leben als eine Erscheinung besonderer Art anzusehen. Aber der Energiebegriff war dennoch ein kleiner Fortschritt, weil er die Kräfte der wägbaren Massen und die der Imponderabilien, der ehemaligen Fluiden, unter einen gemeinsamen Oberbegriff brachte und so die Sprache daran gewöhnte, das scheinbar so bekannte Leben als eine neue Energieart neben Gravitation, Chemismus und Elektrizität zu stellen.

Die Energetiker erfreuten sich an dem jungen Worte wie an jungem Weine; im ersten Rausche wurde nun das Bewußtsein ebenfalls für eine Energieform erklärt, für energetisch. Dagegen ließe sich nun gar nichts sagen, wenn *Energie* nichts als der neue Ausdruck wäre für das uralte Begriffspaar Ursache und Wirkung; die Bewußtseinsvorgänge sind ja da und werden also eine Ursache haben. Mehr kann man nicht damit ausdrücken wollen, wenn man die Bewußtseins*vorgänge* für energetisch erklärt. Doch Ostwald ist weiter gegangen. Vorsichtig-unvorsichtig sagt er (Naturphilosophie [2] S. 399): „Hiernach schlage ich Ihnen vor, das Bewußtsein als eine Eigenschaft einer besonderen Art der Nervenenergie aufzufassen, nämlich der, welche im Zentralorgan betätigt wird." Warum das Substantiv Bewußtsein, wenn es eine Eigenschaft ist? Und was bedeutet *Nervenenergie?* Habe ich recht mit der Gleichstellung des Summenworts Bewußtsein mit dem Summenworte Gedächtnis, so ist, weil das Gedächtnis unweigerlich zur Lebensenergie gehört, als Ursache oder als Wirkung, als Tätigkeit oder als Eigenschaft, wie die Sprache da herankommen will, das Gedächtnis zum Oberbegriff geworden und die alte Frage nach dem Entstehen des Bewußtseins wird ein wenig verschoben zu der Frage: was ist das psychische Leben oder das bewußte Gedächtnis außer dem, daß es dem organischen Gedächtnis ähnlich ist? Oder vielmehr: was bedeutet das Wort, wenn wir uns trotz aller Bedenken vom Sprachgebrauche verführen lassen, es für die Summe unserer geistigen Erlebnisse oder für das geistige *Vermögen* anzuwenden?

Da hat es die Bildung des deutschen Wortes hübsch eingerichtet, daß wir bei *Bewußtsein* sofort gemahnt werden: es ist das Sein oder der Zustand einer besonderen Art von Wissen. Bei der Prägung des deutschen Wortes war es offenbar bestimmend, daß die ältere Übersetzung von *conscientia* (das allen romanisierten Sprachen angehört), das Wort *Gewissen* längst für ein ganz anderes Sich-über-die-Achsel-gucken des Geistes üblich geworden war: für das moralische Werturteil der eigenen gewollten oder vollzogenen Handlung. Nur im Vorübergehen möchte ich der Beachtung empfehlen, daß der doppelte Sinn von conscientia (Gewissen und Bewußtsein) für die scholastischen Vorstellungen ganz natürlich war; auch für die Moral war die conscientia die *Be*sinnung, die die Handlung begleiten mußte, sollte die Handlung überhaupt bewertet werden können. Abaelard drückt das so aus: non est peccatum nisi contra conscientiam. Sah man doch seit jeher in der Tugend ein Wissen, wie schon die Schlange der Bibel lehrte: eritis sicut Deus, scientes bonum et malum.

Da nun die moralische Bedeutung von conscientia durch Gewissen schon okkupiert war (mhd. diu gewizzen(e), ursprünglich das Wissen von etwas, noch bei Luther: sie kommen mit dem Gewissen ihrer Sünden), mußte für die rein psychologische Bedeutung eine neue Wortform gefunden werden; sie wurde gebildet aus *bewußt*, welches von einem alten *sich bewissen* herkam, sibi conscire. Ich kann nicht sagen, ob Wolf *Bewußtsein* so zusammengeschrieben schon vorfand, als er, der ja die Philosophie in deutscher Gemeinsprache reden lehrte, auch dieses Wort einführte.

Jenes *sich bewissen* ist offenbar, wie schon angedeutet, eine Lehnübersetzung von sibi conscire; es hat die analogische Form eines reflexiven Verbums, unterscheidet sich aber von Wissen nur durch den Nebenton des Auf-sich-selber-achtens, durch den Nebenton der Selbstbesinnung, ähnlich wie mhd. *diu gewizzene;* das hört man vielleicht noch aus dem Partizip bewußt heraus, welches nach dieser Untersuchung der einzige Inhalt von *Bewustsein* ist. *Bewußtsein* ist der Zustand (= sein), in welchem wir mit Besonnenheit etwas wissen. Zwischen *bewußt* und *wissend* ist im Sprachgebrauche nur dieser eine, oft unmerkliche Unterschied, daß das Wissen eigentlich immer auf äußere Gegenstände geht und auf das, was sich aus ihren Eindrücken ableiten läßt; daß das *Sich-bewissen*, wie mein Sprachgefühl mir auch direkt verrät, sich nur auf das Innenleben bezieht, auf wahrnehmen, denken und wollen und darum naturgemäß zugleich seine Vorstellung und das vorstellende Ich umfaßt. Das Bewußt-sein ist in der natürlichsten Psychologie des Menschen die Apperzeption eines geistigen Erlebnisses, — wenn nur nicht *appercipere* schon für das *Erfassen* der Außenwelt, *conscire* für das *Wissen* oder *Gesehen-haben*, beides bei besonderer Aufmerksamkeit, spezialisiert worden wäre, so daß für Bewußt-sein eigentlich nur das aufmerksame Erfassen des Innenlebens als Inhalt übrig blieb.

Bewußt-sein ist also ein sogenannter Zustand, nicht ein Vorgang des Bewußt-werdens; wir können diese Kopulation nicht in flagranti ertappen, offenbar deshalb nicht, weil die Aufmerksamkeit auf das psychische Erleben immer nachhinkt, immer zu spät kommt, immer erst registrieren kann. Dieser Zustand wird charakterisiert durch eine Empfindung des inneren Sinnes, die wir nicht anders als mit dem Adjektiv *bewußt* bezeichnen können. Die Sprache der Psychologie hat mich da gezwungen, in lauter Bildern zu sprechen, die leider nicht von jedermann als bloße Bilder aufgefaßt werden.

Ich habe eben schon kurz darauf hingewiesen, daß das Bewußt-sein die Vorstellung zugleich mit dem vorstellenden Ich zu umfassen scheint; aus diesem Schein haben, auf Grund von Kants Kritik, Reinhold und dann verwegener Fichte die ganze Innen- und Außenwelt herausholen wollen, aus dem Bewußtsein oder aus dem Ich; sie haben nichts herausgeholt, als was sie vorher hineingeschoben hatten. Wir wissen jetzt, daß von dem Substantiv Bewußt-sein nicht einmal ein verbaler Vorgang übrig bleibt, sondern nur die adjektivische Empfindung: *bewußt*.

Und auch dieses Wort wird im besonnenen Sprachgebrauche so verschieden benützt, daß es schwerlich klar zu umschreiben ist, abgesehen davon, daß auch Empfindungen der Außenwelt (rot, warm) kaum mit Begriffen zu definieren sind. Ich möchte dreierlei Gruppen des Sprachgebrauchs auseinandergehalten wissen; und werde, weil die Sprache ungefällig ist, bei der Darstellung wieder zu dem eben von mir verpönten Substantiv *Bewußtsein* zurückgreifen.

Der ersten Gruppe gehört das Bewußtsein an, wenn wir von einem Ohnmächtigen sagen: er erhole sich, das Bewußtsein kehre ihm wieder zurück. Eigentlich meinen wir nur: der Gebrauch der Sinne kehre zurück. Aber es ist doch mehr. Die Kontinuation des Gedächtnisses, die Anknüpfung an das geistige Leben vor der Ohnmacht wird wieder hergestellt; diese Kontinuation nennen wir sonst unser Ich und in diesem Sinne ist das Bewußtsein unser Ichgefühl. Alle Menschen erleben dieses Bewußtwerden täglich, wenn sie aus dem Schlafe erwachen, wenn sie *wach* werden. Ganz gewiß haben die *höheren* Tiere dieses Bewußtsein bis zu einem gewissen Grade auch; aber es gibt da unendlich viele Stufen zwischen der Pflanze etwa, die im Menschensinne niemals wach wird, bis zu unseren intelligentesten Haustieren, die sogar Selbstbewußtsein im Sinne von Stolz haben, von denen wir aber trotzdem nicht sagen können, wie weit und wie intensiv die Kontinuation des Gedächtnisses sei.

Einer zweiten Gruppe scheint Bewußtsein im Sinne von Aufmerksamkeit anzugehören; wir nennen da das Handeln, das Denken, ja selbst den Charakter eines Menschen *bewußt*, wenn er mit nicht gewöhnlicher Besonnenheit handelt oder denkt. Man sieht, daß in dieser Gruppe Bewußtsein und Gewissen wieder ineinanderfließen, wie man denn auch eine sorgsame geistige Arbeit *gewissenhaft* nennt. Bezeichnet man einen Charakter als bewußt, so wird leicht die Vorstellung mitverstanden, daß der Träger dieses Charakters die Kontinuation des Gedächtnisses sehr stark empfinde, sich auch des Ziels seiner Handlungen jederzeit lebhaft erinnere. Der *bewußte Mensch* kann ein sehr gewissenhafter Mensch sein; aber er reflektiert, d. h. er denkt an sein Ich und wird darum getadelt; im Grunde aber läßt er sich nur weniger als der Triebmensch vom Augenblick lenken, weil sein Gedächtnis stärker ist. Diese Art des Bewußtseins haben bekanntlich nicht alle Menschen. (Vgl. Art. *Charakter*.)

Eine dritte kleine Gruppe bilden endlich diejenigen Gebrauchsformen der Philosophensprache, in denen der Glaube ausgedrückt oder der Schein festgehalten wird, daß der denkende Mensch, indem er seine eigene Gehirntätigkeit in den Blickpunkt seiner Aufmerksamkeit rückt, an dem inneren Vorgange zwei Gegenstände zugleich betrachten könne: das Subjekt und das Objekt, das Ich und die Vorstellung. Es liegt auf der Hand, daß nur sehr wenige Menschen Geistesturner genug sind, um eine solche Operation vorzunehmen, d. h. sich eine solche Operation vorzustellen. Es ist dabei der Begriff der Reflexion nicht zu umgehen, einer Zurückbiegung des Geistes, die man unhöflich sogar als Verrenkung bezeichnen könnte. Wie wir uns nämlich auch drehen und wenden mögen, wir finden keinen Standpunkt, von dem aus das Ich zu erblicken wäre. Natürlich nicht, weil das Ich die Kontinuation des Gedächtnisses ist und niemals mit der Stecknadelspitze des gegenwärtigen Momentes aufzuspießen. Das Ich ist immer nur die Anknüpfung der individuellen Vergangenheit an die augenblickliche Gegenwart, ist also immer ein Phantasieprodukt; man sagt darum mit Recht: wir haben keine Distanz zu uns selber. Daher die unglücklichen Versuche, dieses Bewußtsein (im engsten Sinne) zu erklären als: Wissen vom Wissen, Empfindung der Empfindung; der Begriff *Selbstbewußtsein* gehört selbst in die Reihe dieser Sprachverrenkungen.

Der Versuch, das innere Auge für ein Doppeltsehen des Subjekts und des Objekts zu akkommodieren, ist nicht ohne Gefahr für das innere Auge; wie die Erscheinung des Doppeltsehens von unseren Augenärzten als ein schlimmes Symptom betrachtet wird. Der Wahnsinn lauert auf der Schwelle dieses Bewußtseins. Eine andere Gefahr wird leichter zu tragen sein. Die Philosophen halten sich für die klügsten Menschen, weil sie die bewußtesten sind; aber wie die gewissenhaften Menschen beim Handeln zögern, so sind auch die bewußtesten Menschen keine Helden der Tat. Auch da noch ist das Bewußtsein dem Leben entgegengesetzt. Denn das Bewußtsein ist Gedächtnis und lebt in der Vergangenheit, das Leben ist die Gegenwart. Goethe hat es wieder einmal am schönsten gesagt: „Der Handelnde ist immer gewissenlos; es hat niemand Gewissen als der Betrachtende." (Sprüche in Prosa Nr. 162.)

C.

causalitas. — Ich führe das Wort zunächst in seiner lateinischen Schreibung ein, weil ich auf seinen eigentlichen Sinn hinweisen möchte, der durch den neueren philosophischen Sprachgebrauch — seit Kant und Schopenhauer — verdunkelt worden ist. An den unzähligen Stellen, wo Schopenhauer, scheinbar in strenger Anlehnung an Kant, das Wort *Kausalität* gebraucht, meint er immer das Kausalitätsgesetz, also eine Regel des Naturgeschehens, die notwendig, unbedingt herrscht, bei der es in der Praxis am Ende gleichgültig ist, ob man sie als ein empirisches oder als ein apriorisches Gesetz auffassen will; wie denn der ungeheure Erfolg Schopenhauers (und nachher die schnelleren Erfolge von E. v. Hartmann und Nietzsche) mit daraus zu erklären sein mag, daß er die relativen Ergebnisse der forschenden Materialisten in sein Denken aufnahm, die einseitige Berechtigung der mechanistischen Welterklärung in meisterlicher Sprache, und ganz frei von der Kirche, lehrte, und dem Leser seine Metaphysik als Zuwage schenkte, mit der jedermann machen konnte, was er wollte. Kant aber hatte die Kausalität in seiner Kategorientafel aufgeführt als eine Relation, als die Beziehung zwischen Kausalität und Dependenz, zwischen Ursache und Wirkung. Eine *Relation* oder Beziehung ist ein viel weiterer Begriff als ein *Gesetz*.

Die Scholastiker nun dachten bei ihrem Worte causalitas weder an eine allgemeine Relation noch an ein Gesetz; sie kamen zu dem Worte durch die lateinischen Übersetzungen der Araber; da gab es bekanntlich -tates in Hülle und Fülle: universalitas, specialitas, substantialitas, individualitas, quidditas usw. Man glaubte ganz genau zu wissen, was eine causa sei, eine Ur-sache; mit wilder Analogiebildung schuf man aus dem fast für dinglich gehaltenen Substantiv causa das Adjektiv causalis, daraus wieder das abstrakte Adjektiv-Substantiv *causalitas*. Wir brauchen nur aufmerksam Silbe für Silbe zu verstehen (ähnlich bei Ur-sach-lich-keit) um nachzuempfinden, was so ein ganz tiefer Scholastiker bei causalitas zu denken glaubte: Gott war z. B. causa aller Dinge; causalis zu sein, gehörte also als ein Merkmal zu seinem Wesen, als einer causa; dieses Merkmal Gottes, causalis sein zu können, wurde, wenn man es als eine Kraft-an-sich erkannt hatte, von selbst zu einer Energieart, eben der causalitas. Wir werden noch sehen, wie die neueste Naturphilosophie ungefähr wieder da hält, wo vor anderthalb Jahrtausenden die arabisch-scholastische Denkart angelangt war.

Wenn ich nicht irre, so beruht der Unterschied zwischen der mittelalterlichen causalitas und der modernen Kausalität darauf, daß der Begriff damals auf einem theologischen Untergrunde stand, jetzt auf einem psychologischen steht (ich lehne die Schikane ab, daß auch die Theologie zuletzt psychologisch sei); das Urbild für die Verursachung eines neuen Ereignisses war damals Gott, die Ur-sache aller Ur-sachen; das Urbild unseres Ursachbegriffs scheint, wie oft ausgesprochen worden ist, der eigene Wille zu sein, der so unlogisch dem Satze widerspricht, daß Geistiges auf Körperliches nicht wirken könne; die causalitas war theomorphisch, die Kausalität ist anthropomorphisch. Nur daß das Mittelalter den Theomorphismus (Schikane: indirekter Anthropomorphismus) seiner Begriffe nicht durchschaute; die Gegenwart jedoch, durch Erkenntnistheorie gewitzigt, ihre eigenen Anthropomorphismen durchschaut und eben seit Kant die Ursache als einen Korrelatbegriff (Ursache und Wirkung) erkannt hat, das Wort Kausalität gut nur noch für die Beziehung *zwischen* beiden Begriffen anwendet. Da es also für diese Anschauungsweise eine für sich bestehende *causa* nicht mehr geben kann, kein konkretes Substantiv, hat es wenig Sinn mehr, von diesem ein unklares Adjektiv *causalis*, von diesem wieder ein ganz ungeheuerliches Gespenster-Substantiv *causalitas* zu bilden. Ferner: da Ursache und Wirkung untrennbare Korrelatbegriffe sind, könnte man die Relation zwischen ihnen beiden ebenso gut oder noch besser a potiori bilden und sie *effectualitas* oder *dependentialitas* nennen; denn wir sehen ja nicht mehr, wie die Scholastiker, in der causa ein Ding, une chose, eine Ur-Sache, in der die Wirkungsmöglichkeit als eine Eigenschaft drinnen steckt. Ja, wenn ich scherzen wollte, könnte ich für den modernen Kausalitätsbegriff (weil ganz allgemein jede Wirkung eine Funktion, eine Abhängige der Ursache ist) das neue Wort *Funktionalität* vorschlagen.

Ich werde ernsthafter nachzuweisen suchen, daß das, was uns die neue Physik als Ursache aller Naturereignisse ansprechen lehrt, was unter dem Begriffe der Energie zusammengefaßt wird, fast genau mit dem Kantschen Kausalitätsbegriffe zusammenfällt; *Energie* ist nicht Ursache allein, ist eine Ursache, die in der Wirkung verschwindet, ist die ewige Metamorphose von Ursache und Wirkung, also doch wohl wieder (auf einem naturwissenschaftlich höheren Standpunkte) die Relation von Ursache und Wirkung. Und das meinte ich vorhin mit der Warnung vor einem Rückfall in scholastischen

Wortgebrauch: wir waren glücklich so weit, z. B. die Wärme, insofern sie keine Körperempfindung, sondern eine Ursache (von Ausdehnung usw.) ist, als eine bloße *Veränderung* aufzufassen, als Bewegung; da kommt die neue Lehre, nennt sie eine Art Energie, d. h. die Möglichkeit einer Arbeitsleistung, und so gelangt die wohlbekannte Wärme auf einmal zu zwei so entgegengesetzten Oberbegriffen: sie wird zu einer Möglichkeit und zu einem fast dinglichen Etwas. Und wie von causa die Worte causalis und causalitas gebildet worden sind, so formen wir die Ableitungen: energetisch und Energetik. (Vgl. Art. *Energie.*)

Charakter. — Charakterologie macht Ansätze dazu, eine Wissenschaft zu heißen. Eine ganz neue Disziplin, die nur selbst noch nicht weiß, ob sie sich als Individualpsychologie der Völkerpsychologie gegenüberstellen soll, oder als Typenpsychologie der Individualpsychologie. Noch ungünstiger scheint es für die neue Disziplin, daß ihr Gegenstand, der Charakter, keine Realität besitzt, daß also, wie die Psychologie ohne Psyche mit den alten Worten weiter arbeitet, auch die Charakterologie eine gleichberechtigte Wissenschaft werden will, uns aber niemals verraten wird, was denn Charakter eigentlich sei.

Die äußere Wortgeschichte soll uns diesmal nicht aufhalten. Alle abendländischen Kultursprachen (nur die Slawen haben früher und später Lehnübersetzungen gemacht und einander entliehen) haben über das Lateinische hinweg das griech. Wort *χαρακτηρ* (das mit *χαραξ*, zugespitzter Pfahl, zusammenhängt) einfach übernommen, dazu den alten Bedeutungswandel: die Eingravierung (von *χαρασσειν*, zuspitzen, einkerben, einprägen), das Gepräge, das Kennzeichen, auch schon den charakteristischen (*χαρακτηριστικος*) Stil eines Schriftstellers; für die uns geläufige Bedeutung, die Summe der Wesenszüge eines Menschen, ist der Wandel in den romanischen Sprachen entscheidend geworden, wahrscheinlich durch die Theatersprache in der frz. *caractère*, ital. *carattere* den Typus bezeichnete, in welchem nach uralter Praxis eine Rolle zu halten war. Die berühmten Caractères von la Bruyère, trotzdem sie eine Neubearbeitung eines griechischen Buches von des Aristoteles Schüler Theophrastos waren, schildern nur Typen oder Rollen, ich möchte sagen: Theaterfächer; haben aber die jetzige Bedeutung von Charakter sicherlich mit beeinflußt.

Einen Seitenweg des romanischen Bedeutungswandels, der von dem noch jetzt geläufigen Sinne Letter, Buchstabe ausging und vielleicht parallel zu frz. *charme*. ital. *incanto*, deutsch: Zauber, das ursprünglich vielleicht die rot gefärbten Zauber*buchstaben* bedeutet haben kann, zu frz. *charoy* führte (so meint Littré; Diez erwähnt die Möglichkeit einer Herkunft von caracter gar nicht), mag ich nicht betreten.

Uns interessiert nur die moralisebe Bedeutung des Wortes. Die Charaktertypen des Theaters entwickelten sich sehr langsam zu den Individualitäten, die wir jetzt allein noch von Dramatikern und von Schauspielern dargestellt sehen mögen. Die Charaktere des vorbildlichen italienischen Theaters sind durch Jahrhunderte Masken gewesen, Theaterfiguren in traditioneller Tracht und mit starren, traditionellen Gesichtszügen, wie noch die Marionetten unseres Kasperltheaters. Molière, der vom Théâtre italien herkam, hat diese Kunstübung nur selten verlassen. Sein Geiziger hat eigentlich keinen Eigennamen; *Harpagon* ist einem lateinischen Schimpfworte des Plautus entlehnt (von *ἅρπαξ*, räuberisch), bedeutet wieder selbst einen geldgierigen Menschen. Wir empfinden es als eine erstaunliche Größe Shakespeares, daß er (nicht immer) die Typendarstellung des Theaters überwunden hat und mit genialer Zeichnung Individuen hinstellt. Und auf Shakespeare geht zurück und beruft sich die dramaturgische Tendenz unserer Zeit, lebendige Menschen auf die Bühne zu stellen, Individuen. Nur daß wir, besonders seit Otto Ludwig, diese Individualisierung der Zeichnung gern Charakterisierung nennen: wir verlangen auf der Bühne Individuen zu sehen, anstatt der alten stereotypen Masken, die Charaktere hießen, aber wir nennen das neue Drama, weil es auf die alten *caratteri* verzichtet, Charakterdrama.

Dieser Bedeutungswandel auf dem kleinen Gebiete des Theaters ist nun nicht ohne jeden Zusammenhang mit der Entwicklung der Philosophie. Wir glauben längst nicht mehr an die Herrschaft der Begriffe über die Einzeldinge, an die Realität der Universalien. Als in der Philosophie die Überzeugung durchdrang, daß ein Individuum nicht auf geheimnisvolle Weise von dem Gattungsbegriffe abhänge, da lag es sehr nahe, in der praktischen Philosophie anzuerkennen: der Mensch handelt nicht nach dem Charakter seiner näheren oder weiteren Gattung, er handelt vielmehr nach seinem individuellen Charakter. Nach seinem empirischen Charakter, sagte Kant, um den Typus-Charakter, den intelligibeln Charakter des freien und guten Menschen zu retten.

Die Untersuchung des Begriffs führt mich immer wieder zu den Dramatikern zurück; so ist es kein Zufall, daß die hier geübte Kritik an den Worten *Charakter, Individualität, Persönlichkeit* zeitlich auf die neueste Wandlung der Theatertechnik folgt, auf Ibsens Dramaturgie, die die alten Theaterfächer nicht mehr kennt und an die alte Psychologie nicht mehr glauben läßt. Sieht man genauer zu, so ist der Charakterbegriff auf ganz anderem Gebiete schon von der Mode des Darwinismus ausgetilgt worden, der vor 50 Jahren die charakteristischen Merkmale der Arten und damit den Artbegriff aufzuheben suchte. Ich brauche nur an den ewigen Streit über den *erworbenen* und den *angeborenen* (Lehnübersetzung von *aquisitus* und *congenitalis*, ital. *congenito*, frz. *inné*) Charakter zu erinnern, um auf die Bedeutung des Darwinismus für unseren Begriff hinzuweisen; gibt es nämlich eine Vererbung erworbener Eigenschaften, was Darwin lehrte und erst Weismann leugnete, so gibt es nur noch erworbene Eigenschaften oder Merkmale, so gibt es keine echten Arten mehr. Die Arten sind nur noch Menschenworte, Erkenntnis- oder Klassifikationshilfen, nicht reale Unterscheidungsadjektive.

Und ebenso steht es um die Charaktere, wenn man darunter, wie gewöhnlich, die (man merke die Worte) eigentümliche Natur handelnder Wesen versteht.

Man blicke nach dieser glatten Definition auf den eben beschriebenen Bedeutungswandel zurück. Neu ist, wie gesagt, die Einschränkung auf *handelnde* Wesen, auf menschliche Charaktere; bei den Alten war Charakter das unterscheidende Merkmal überhaupt, unterscheidend aber doch nur für das menschliche Unterscheidungsvermögen, für das menschliche Denken oder das Sprachbedürfnis. Die Natur oder die Wirklichkeit kennt solche Charaktere oder unterscheidende Merkmale nicht; denn die Natur oder die Wirklichkeit schafft die Zeichnung der Schmetterlingsflügel, sieht sie aber nicht, läßt sie höchstens von Intelligenzen sehen. Die gegebene Definition ist darum auch nach guter logischer Sitte eine Häufung von Tautologien: *eigentümlich, Natur* und *Wesen* sagt im Grunde genau dasselbe aus: was uns an einer Erscheinung als besonders wichtig auffällt. An dem, was uns aufgefallen ist, was wir daran gesehen haben oder wissen, erkennen wir die Dinge wieder, belebte und unbelebte, an ihren charakteristischen Merkmalen; aber nur Kinder halten noch das Merkmal für den Realgrund des Dinges: die Zeichnung des Flügels für den Realgrund des Schmetterlinges, es wäre denn, daß z.B. das Atomgewicht des Goldes wirklich der Realgrund seiner übrigen Merkmale wäre.

Ganz kindlich aber will man die neue Wissenschaft der Charakterologie darauf aufbauen, daß bei handelnden Menschen der sog. Charakter der Realgrund ihrer Lebensäußerungen sei, obgleich schon die Schrift sagt: an ihren Früchten sollt ihr sie erkennen. Nicht: an ihrem Charakter, an einem Merkmal sollt ihr sie erkennen. Leider hat auch die Schrift nur eine Tautologie gesagt: den handelnden Menschen sollt ihr aus seinen Handlungen erkennen. Der Charakter ist keine Realität und kann darum kein Realgrund sein. Ist nur ein Erkenntnisgrund, eigentlich eine Erkenntnishilfe für den menschlichen Ordnungssinn. Das haben Ribot und Simmel wohl gemeint; Ribot, da er den Charakter mit einer Resultierenden verglich, Simmel, da er sagte: „Das einzige, was gegeben ist, sind die einzelnen Handlungen des Menschen; gewisse innere oder in den Beziehungen zu anderen sich herausstellende Eigenschaften derselben fassen wir zu dem Begriffe des Charakters dieses Menschen zusammen; allein das ist ein allgemeiner Begriff, gezogen aus der Summe seiner Lebenselemente, aber nicht die hervorbringende Ursache dieser.“ (Einleit. in d. Moralwiss. I, 268.)

Ist der Begriff Charakter dergestalt atomisiert und also der neuen Wissenschaft der Charakterologie ihr Gegenstand entzogen, so muß ich doch wieder die eigene Macht der Worte anerkennen und zugeben, daß der Begriff Charakter, so schlecht er zu definieren ist, doch in seiner unklaren Metaphorik auf das menschliche Handeln einwirkt. Aber, so seltsam es klingen mag, nicht der individuelle Charakter, der keine Realität hat, ist der Realgrund manches bewußten individuellen Handelns, sondern vielmehr der Wortaberglaube an die Wirklichkeit des Charakters und an seine Unveränderlichkeit. Das hat die Sprache zuwege gebracht, indem sie die individuelle Gewohnheit oder Anlage, Entschlüsse in einer bestimmten Tendenz zu fassen, mit dem Gefühlstone von etwas Löblichem versah, so daß am Ende das Urteil „dieser Mensch hat Charakter", d. h. „seine Handlungen haben ein Merkmal" zu einem Werturteile wurde, zu einem Lobe. Nur ein gemeiner Lump ist charakterlos. Ein verbrecherischer Schuft kann Charakter haben. Und so bildet sich beim erwachsenen Menschen, bewußt oder unbewußt, der Lebensstil heraus, in dem wirren Komplexe seiner Neigungen und Anlagen einige zu unterdrücken, andere hervorzuheben, seiner Persönlichkeit (vgl. Art. *Persönlichkeit*) mehr und mehr den Charakter einer Rolle zu geben oder die Rolle eines Charakters vorzuschreiben. Auch bei handelnden Menschen ersten Ranges fehlt dieser künstlerische Hang, die eigene Nase zu formen, fast niemals völlig (Napoleon, Bismarck). Und so hat ein Wort, dessen landläufige Bedeutung uns in der Theatersprache geprägt worden ist, dazu beigetragen, Männer, die Besseres zu tun hatten, ein bißchen schauspielern zu lassen. A posse ad esse valet consequentia, in der Welt des Handelns.

Die Herkunft aus dem Theaterjargon scheint sich auch darin zu verraten, daß ein grübelnder Dichter und halber Philosoph, Hebbel, der gegenwärtig für den Schöpfer des Charakterdramas gilt, in den unzähligen Bemerkungen seiner Tagebücher, die den Charakter betreffen, fast jedesmal nach der Technik des Dramatikers oder des Novellisten hinüberschielt. Hebbel, der, auch da ein Vorläufer Ibsens, die alten Rollenfächer zerschlug und komplexe Menschen anstatt der alten Typen darstellen wollte. „Eigensinn ist das wohlfeilste Surrogat für Charakter." (Nr. 1074.) „Daß poetische Charaktere zugleich individuell und allgemein sein sollen: was ist's denn weiter, als die Aufgabe, die die Natur alle Tage und in jedem Menschen löst." (2260.) „Falstaff ist ein komischer Charakter. Warum? Weil er ein Bewußtsein seiner Unabhängigkeit von den Natureinflüssen hat, denen er sich hingibt." (2730.) „Jeder Charakter ist ein Irrtum." (4717.) „Dein Charakter ist das Wort, das du der ganzen Welt gibst. Wirst du also deinem Charakter ungetreu, so brichst du der ganzen Welt dein Wort." (5225.) Aber auch: „Es stählt den Charakter mehr jemand totzuschlagen, als ihm die Hühneraugen zu schneiden." (6329.)

Sublimes und schwitzender Witz durcheinander. Bei Gelegenheit eines Sehnsuchtsseufzers nach guten Shakespeare-Studien (2414, aus dem Jahre 1841): „Im dramatischen Katechismus, wie ihn die kritischen Jungen auswendig lernen, stehen bis auf den heutigen Tag Artikel, die zu vertilgen ein größeres Verdienst sein möchte, als neue Dramen zu schaffen. Welche Dummheiten z. B. werden fortwährend über Charaktere, über ihre Treue, ihre Übereinstimmung mit der Geschichte usw. abgeleiert." Aber „der nächste Nachbar des echten Dichters" (das von Hebbel auf Lessing geprägte Wort paßt auf Hebbel selbst noch besser als auf Lessing) war doch Menschenkenner genug, um, was eben von der Macht des Wortes Charakter gesagt ist, auf Werturteile überhaupt auszudehnen: „wie groß die Macht der Worte ist, wird selten recht bedacht. Ich bin überzeugt, ein Mensch kann dadurch schlecht werden, daß man ihn schlecht nennt. Und wie viele mögen sich nur deswegen auf dem rechten Pfade erhalten, weil die ganze Welt sagt, daß sie ihn wandeln. Ein Verdammungsgrund mehr gegen die Verleumdung." (997.) So gelangt Hebbel durch seine dramaturgischen Grübeleien zu der gleichen Auffassung von der Macht der Worte, wie ich durch meine sprachkritischen Grübeleien.

Ich glaube fast, der individuelle Charakter ist ein Mittel der öffentlichen Meinung, das Individuum nach ihrem dummen Willen zu lenken; wie der verliehene *Charakter* ein Mittel ist, Charaktere zu brechen; frei ist nur, wem diese beiden Charaktere gleichgültig sind, der den Galeotto in beiderlei Gestalt verachtet.

Unter *Verleihung eines Charakters* versteht man etwa die Gnadenäußerung des Fürsten, der einem Beamten einen leeren Titel ohne dazu gehöriges Amt verleiht. Wenn z. B. einem Lehrer der *Charakter* eines Professors verliehen wird, d. h. ihm ausdrücklich erlaubt wird, eine Rolle zu spielen, eine Maske zu tragen, so mag man an die Herkunft des Wortes Charakter aus der Komödie erinnert werden.

Aber auch der Ersatz des Wortes durch das beliebte *Persönlichkeit* mahnt wieder, wenn auch anders, an die Theaterwelt; man weiß, daß *persona* (Etymologie und Geschichte des Wortes unter dem Art. *Persönlichkeit*) ursprünglich eine Theatermaske bezeichnete, dann genau das, was der frz. Theaterausdruck *caractère* besagen wollte.

Es wird der neuen Charakterologie schwer fallen, das vieldeutige Wort zum festen Mittelpunkte einer moralischen Gedankenwelt zu machen. Sie mag ja mit scheinbarem Radikalismus darauf ausgehen, die alte kategorische Moral dadurch zu ersetzen, daß sie den *Soll*begriff ausschaltet und das Handeln des Menschen von seinem Charakter allein bestimmt sein läßt. Sehr schön. Individualismus. Der Mensch handle, wie er will, wenn er nur die Nase seines Charakters im Gesichte behält; doch in diesem *wenn er nur* scheint mir der alte Sollbegriff wieder versteckt zu sein: der Mensch *soll* gar nichts mehr, nur Charakter *soll* er haben. Eine Individualität soll er sein, eine Persönlichkeit. Ist er's nicht, so wird er getadelt; wie er früher getadelt worden ist, wenn er sich von *persönlichen* Motiven leiten ließ.

Christentum.

I.

Die pietistisch Frommen und die fanatischen Bilderstürmer mögen sich beide wundern, wenn sie erfahren, daß das *Christentum* in einem *Wörter*buche der Philosophie behandelt worden ist; die Frommen, weil ihnen ihr schöner Glaube kein bloßes Wort ist, sondern ein heiliges Erlebnis, die Gottlosen, weil ihnen das historische Christentum kein lebendiges Wort mehr ist, keine Lebensmacht mehr. Mit den Frommen kann ich mich nicht verständigen; auch kämpfen Neid und inniger Besitz mit gar zu ungleichen Waffen, und der Neid wäre auf meiner Seite. Den Gottlosen sage ich: ihr irrt, wenn ihr das Christen*tum* für ein totes Wort haltet; die Christen*heit*, der die ganze bewohnte Erde umspannende Verein christlicher Menschen, ist wohl zu einer Heuchelei geworden, seitdem es mehrere große, streitende christliche Kirchen gibt, seitdem die weltliche, zeitliche Nationalitätsidee in den Mitgliedern der Volksvereine stärker geworden ist, als der internationale Begriff Christenheit; auch ist das offizielle Christentum, unter dessen Namen die abendländischen Volksvereine meist regiert, die nicht christlichen Völker aber ausgeplündert werden, zu einer noch ärgeren Heuchelei der regierenden Menschen geworden; der alte Glaube im Herzen der Gläubigen wird arg mißbraucht von den schlauen Ungläubigen, die das arme gläubige Volk nur um so leichter regieren; aber der Glaube im Herzen der Gläubigen ist noch vorhanden und ist vielleicht doch nicht wertloser als manche andere Wahrheit, an die geglaubt wird.

Gäbe es aber auch nicht mehr diesen lebendigen Glauben, so verdiente dennoch das Christentum als Weltanschauung oder als Weltgefühl seinen Platz neben den wichtigsten —ismen oder Weltanschauungen der Philosophiegeschichte; hat es doch selbst unter dem Namen des Thomismus die Ontologie und die Psychologie vieler Jahrhunderte beherrscht und den meisten Begriffen, mit denen wir uns zu beschäftigen haben, irgend ein unvertilgbares Merkmal aufgeprägt. Strauß hatte fast recht: *wir* sind keine Christen mehr. Aber das Christentum lebt dennoch unter uns weiter, und lebt in uns, weil wir die Erben des Christentums sind. Wie nun aber jede Weltanschauung nur Sprache ist, nur in Worten besteht, so auch das Christentum, das in uns und unter uns lebt. Worte aber leben nur so lange, als Bedeutungswandel ihren Inhalt zu ändern vermag. Darum sind die starren Worte, die so gut wie unverändert auf uns gekommen sind, für uns so tot; darum ist das gewandelte Wesen des Christentums heute vielleicht lebendiger, als etwa im rationalistischen 18. Jahrhundert, wo viel mehr vom Christentum die Rede war. Daß der Katholizismus nur widerstrebend und fast immer zu spät den leisen Bedeutungswandlungen des Christentums nachgab, daß Luther, der Präger des Satzes „das Wort sie sollen lassen stahn", gar nicht wußte, wie sehr er den Bedeutungswandel seines Glaubens förderte, das tut nichts zur Sache.

Der größte Bedeutungswandel vollzieht sich unter unsern Augen, da das Christentum zum neuen Weltgefühl des Sozialismus zu werden sich anschickt. Der als Lehre international ist, nicht als Gefühl, wo er oft in noch engeren Grenzen als den nationalen wirksam wird. Der nicht zu verwechseln ist mit der sozialdemokratischen Partei, deren Hauptwaffe (außer der Not des Volkes) der Religionshaß ist und die heuchelt, wie man eben überall im politischen Leben heuchelt, wenn sie verkündigen läßt, Religion sei Privatsache. Das beglückende Gefühl eines Glaubens ist ein Gemeingefühl zwischen den Menschen und kann gar nicht Privatsache sein.

Die Berufung des Sozialismus auf das Evangelium Jesu Christi, wie wir ihr in Lehrbüchern, in agitatorischen Reden und in Dichtungen begegnen, brauchte darum nicht historisch begründet zu sein; der Bedeutungswandel geht oft seine eigenen Wege. Es ist das Schicksal umwälzender Weltanschauungen, daß in der Folge sich extreme Parteien auf sie berufen; auf Sokrates beriefen sich die streitenden Schulen Griechenlands, auf Hegel beriefen sich Stahl und Strauß; auf die Evangelien glaubten sich alle christlichen Sekten berufen zu dürfen, die ketzerischen wie die orthodoxen. Wir haben von Harnack (Wesen des Christentums, fünfte und sechste Vorlesung) gelernt, wie die Auffassung von Jesus, als dem sozialen Reformator, zu verstehen sei; vielleicht „weil wir ihn nur so verstehen können, ist er so gewesen." Die Prediger der prinzipiellen Verarmung, der Bettelei, berufen sich zu Unrecht auf Jesus; dennoch bleibt dieses Mißverständnis des Franziskus ein historisches Ereignis. Die *Armen*, zu deren Anwalte sich Jesus so oft gemacht hat, sind in seiner Sprache die Armen am Geiste gewesen, die nicht teil hatten an der satten *Gerechtigkeit* und Selbstgerechtigkeit der herrschenden Klassen, der Pharisäer und der Priester; natürlich waren diese Armen auch notleidend, gedrückt und elend, aber vor allem waren sie zu arm, um auch nur die geringste Segnung des Kultus kaufen zu können. „So waren sie aufgeschlossen und empfänglich für Gott, und in manchen Psalmen und der ihnen verwandten späteren jüdischen Literatur ist das Wort *die Armen* geradezu eine Bezeichnung für die Empfänglichen, die auf den Trost Israels warteten. Diesen Sprachgebrauch fand Jesus vor und hat sich ihm angeschlossen." Ein wirtschaftlich soziales Programm hat Jesus nicht aufgestellt; aber die Brüderlichkeit unter den Menschen und den Zusammenschluß zu einer geistigen Gemeinschaft hat er gelehrt mit seinem Leben und mit seinen Gleichnissen. Darum ist der Bedeutungswandel, der aus Jesus Christus den ersten Lehrer des sozialen Gefühls gemacht hat, soviel historischer und darum ehrlicher als der entgegengesetzte, der sich bei der Polizeilehre einer von Gott gesetzten Obrigkeit auf die Evangelien berufen wollte und will.

II.

Mit einiger Zurückhaltung möchte ich die Frage berühren, ob die Persönlichkeit Jesu mit zu den Entlehnungen, Wundersagen oder gar Lehnübersetzungen zu zählen sei. Diese Zurückhaltung ist nicht Vorsicht oder Feigheit. Hätte die protestantische Christologie etwas Sicheres oder Wahrscheinliches darüber ausgemacht, so sähe ich keinen Grund den Stifter des Christentums wissenschaftlich anders zu behandeln als die römischen Könige, als die bergentrückten Helden, als die griechischen Götter. Die christologischen Untersuchungen haben aber eine Entscheidung nicht herbeigeführt, und unter solchen Umständen verlangt allerdings die Ehrfurcht vor einem der heiligsten Namen, nicht leichtsinnig mit der Hypothese der Nichtexistenz zu spielen.

Die mythologischen Forschungen, die von Brückner ordentlich zusammengestellt worden sind, haben nun Eins ergeben: die Legende vom getöteten und wieder auferstandenen Gottheiland findet sich in den orientalischen Religionen häufiger, als man früher angenommen hatte. Ob diese Götter als Sonnengötter oder als Vegetationsgötter (Frühlingsgötter) aufzufassen seien, das gehört auf ein anderes Feld. Es scheint, daß in Babylonien Tammuz, der Sohn der Muttergöttin Istar, ein solcher Vegetationsgott war, und daß sogar noch das jüdische Karnevalsfest Purim, das die Erlöserin Esther feiert, auf diese babylonischen Geschichten zurückgeht. Es scheint, daß die Feier des phönizischen Adonis, bei der am Tage nach der Totenfeier die Auferstehung des Adonis mit den Jubelrufen „wir fanden ihn, wir freuen uns“ begrüßt wurde, eine solche Vegetationsreligion war; die künstlerischen Darstellungen der um Adonis trauernden Aphrodite (bei den Griechen) sollen Vorbilder von Pietà-Bildwerken gewesen sein; Hieronymus, der Kirchenvater, berichtet seltsamerweise von einem Kult-Ort des Adonis zu Bethlehem. In Phrygien wurde Attis, der von einer Jungfrau Geborene, ähnlich gefeiert, wie anderswo Adonis; der Kult wanderte in der Mitte des ersten Jahrhunderts nach Rom. Zur Zeit des Frühjahrs-Äquinoktiums, am 24. März wurde der Trauertag, der dies sanguinis, mit wilder Furchtbarkeit begangen (Begeisterte sollen Selbstentmannung vollführt haben), am 25. wurde die Auferstehung verkündet, und die ausgelassenste Freude brach aus. Anderwärts wurde Attis begraben und zur Auferstehung das Grab geöffnet; die rituellen Worte waren: „Da der Gott gerettet ist, so wird auch euch aus Nöten Rettung werden.“ Mit dem Attis-Kult verband sich, unter der Protektion von Julianus Apostata, der Mithras-Dienst, der nach dem Wunsche des Kaisers das Christentum überwinden sollte. Ich bemerke dazu, daß man einen psychologischen Punkt nicht übersehen dürfte; Julianus haßte das Christentum, und darum wird es niemals auszumachen sein, ob wirklich die Christologie aus der Mithras-Legende geschöpft habe oder ob Julianus dem Mithras christliche Züge geschenkt habe. Merkwürdig bleibt viel: der Geburtstag des Mithras ist der Tag der Winter-Sonnenwende, der 25. Dezember; Mithras ist in einer Höhle geboren worden, wie Jesus nach einer alten Überlieferung; Mithras ist der Felsgeborene, und man kennt die Beziehungen des Felsens zu Kephas-Petrus, der übrigens die Attribute der Sonnenanbetung besitzt, den Hahn und den Schlüssel; Mithras ist von einer Jungfrau geboren, ist fleischgewordener Gott, wird Ahriman (Angramainin), den Fürsten der Bosheit, überwinden, er ist der Mittler zwischen Ormuzd (Ahura-mazda) und Ahriman, ist von den Zwölfen, den Göttern des Zodiakalkreises, umgeben und seine Geweihten, die sich Brüder nennen, teilen sich in sieben Grade. Tertullianus selber nennt diese Weihen Sakramente und vergleicht die Stirnsalbung mit der Konfirmation der Christen. Augustinus sagt einmal, Mithras oder Attis (Pileatus, d. h. der mit der phrygischen Mütze; es war eine Art Tiara und ihr Träger hieß Papas) christianus est. Brückner kommt zu dem Urteil: „Der Attis-Kult (er meint den im Mithras-Kult aufgegangenen Attis-Kult) ist von der christlichen Kirche weniger verdrängt als aufgesogen worden.“ Osiris in Ägypten war auch so ein Vegetationsgott; er ist identisch mit Serapis, Osiris-Apis; sein zerstückelter Leichnam wurde, in leinene Binden gewickelt, begraben, doch Osiris wurde wieder belebt und richtet die Toten in der andern Welt; auch die Ägypter glaubten: „So sicher als Osiris nicht vernichtet wird, soll ich auch nicht vernichtet werden“.

Dazu halte man fest, daß das neue Testament selbst sich für den Messias-Gedanken immer wieder auf das alte Testament beruft, also auf einen schon vorhandenen Volksglauben, daß besonders der eigentliche Stifter Paulus sein Christusbild nach Möglichkeit unabhängig macht von der Person Jesu. Daß Paulus erst den Gebrauch aufbrachte, den Erlöser auch bei seinem Amtsnamen zu nennen, daß erst seit Paulus der Doppelname *Jesus Christus* üblich ist.

Auf die möglichen Beziehungen will ich mich nicht einlassen. Daß die drei Tage im Grabe, die der Auferstehung Jesu ebenso vorangehen, wie der Wiederbelebung von Osiris und Attis, mit der dreitägigen Unsichtbarkeit des Mondes zur Zeit des Osterfestes zusammenhängen, mag richtig sein; daß der Tempel Salomonis nach dem des Melkart zu Tyrus erbaut war, daß vor ihm Sonnensäulen standen, die dann bei der kleinen Reformation von Hiskia abgeschafft wurden, ist gewiß richtig und mag wie die Legenden von Simson, Elias (Sonnenwagen), Henoch (lebte 365 Jahre und starb nachher nicht), Josua (der hebräische Jesusname; auch er hatte zwölf Helfer) auf schlecht verdaute Reste eines alten Sonnenkultus im jüdischen Monotheismus hinweisen. Einerlei, unsere Seelensituation, die Seelensituation eines guten Mitteleuropäers ist so beschaffen, daß es uns völlig kalt läßt, ob die alten Juden mehr oder weniger Legenden von ihren Nachbarstämmen entlehnt haben, daß es aber für Millionen mehr als eine Lebensfrage ist, eine Frage nach der Seligkeit im ewigen Leben, daß es auch für die Ungläubigen inmitten der Christenheit vom höchsten Interesse ist, welche Schlüsse man aus den Beziehungen zwischen Jesus und den Vegetationskulten, besonders aus den Beziehungen zwischen dem Auferstehungsfest und der alten Attisfeier (die sich namentlich in der Osterfeier der griechischen Kirche seltsam wiederholt) ziehen will. Ob man nämlich an die Existenz des Helden der Evangelien, eines historischen Jesus Christus, glauben will oder nicht glauben *will.* Denn auf das Wollen kommt es beim Schließen mehr an, als die formale Logik zugeben wird.

Dreierlei Schlüsse sind gezogen worden. Die katholische Kirche schiebt alle Andeutungen auf einen Gott-Heiland, von einer Jungfrau geboren, gekreuzigt und auferstanden, einem Protevangelium unter, das den Erzvätern vermöge ihrer intimeren Beziehungen zu Gott geworden ist, und glaubt so Wissenschaft und Dogma zu versöhnen. Ein äußerst radikaler Herr aus der Religionswissenschaft hat dagegen die Gilgamesch-Theorie aufgestellt, die mich leider an die Bacon-Theorie einer wahnsinnig gewordenen Shakespeare-Wissenschaft erinnert: Jesus Christus habe mit dem Christentum so wenig zu schaffen wie Shakespeare mit den Shakespeare-Dramen; der babylonische Gilgamesch, über den ein in jeder Beziehung sagenhaftes Epos berichtet, sei das Urbild der evangelischen Geschichten. Zwischen diesen beiden extremen Anschauungen, zwischen dem Jesus des katholischen Dogmas und dem Gilgamesch, liegt ein sehr breites Feld für die Vorstellungen, die einen historischen Jesus annehmen und dennoch seinen Messianismus, seine Auferstehung und sein Richteramt am jüngsten Tage als Entlehnungen aus alten orientalischen Kulten auffassen, aus Sonnenkulten oder Vegetationskulten. Keine historische Wissenschaft wird über so entlegene Vorgänge mehr als ein bischen Wahrscheinlichkeit erreichen können; viel Wahrscheinlichkeit spricht dafür, daß die Weltanschauung des Christentums, insofern sie Religion ist, eine Entlehnung ist, natürlich auch Lehnübersetzung. Das Vaterunser, die Bergpredigt und die köstlichen Gleichnisreden werden wohl für immer persönlich bei Jesu bleiben. Sie sind zu schön, um weniger zu sein als Erlebnis, persönlich erlebte Weisheit eines Heiligen, dessen gleichen wir vergebens suchen.

III.

Ich will hier vom Christentum, wie es als Schöpfung der germanischen und germanisch-romanischen Völker geworden ist und die abendländische Kultur durch Formen, Worte und Rücksichten vorläufig noch beherrscht, gar nichts weiter sagen und nachweisen als das Eine: daß das gesamte Christentum die ungeheuerste Lehnübersetzung oder Kette von Lehnübersetzungen darstellt, die wir im Lichte der Geschichte beobachten können.

Die größte Schwierigkeit bei dieser Untersuchung ist ein Umstand, den die Fachgelehrten auf allen Teilgebieten niemals zugeben werden: daß wir nämlich von dem wirklichen Glauben, von den wirklich motivierend wirkenden Religionen der Völker so gut wie gar nichts wissen, auch da nicht, wo die Gelehrten alles zu wissen glauben. Wir wissen so gut wie nichts von der Religion der Griechen, wenn wir nicht mythologische Notizen für Glauben halten wollen, nichts oder wenig vom wirklichen Urchristentum, wenig oder nichts vom wirklichen Glauben der Germanen vor dem christlichen Einfluß. Wir wissen ja nicht einmal, was wir auf die Frage antworten sollen, was etwa heute der wirkliche, motivierend wirkende Glaube der christlichen Völker sei. Nur wer Worte für Wirklichkeiten hält, wird sich vermessen zu wissen oder zu lehren, was das ist, das Katholizismus heißt, was das ist, das Protestantismus heißt, oder gar, was das ist, das man so gern als Christentum zusammenhalten oder zusammenfassen möchte. Ein paar Dutzend Worte aus dem Kreise des jüdischen Messiasglaubens sind vor etwa 1900 Jahren zur Grundlage gemacht worden, verbunden mit einem lebendigen Glauben an den Messias Jesus, ein paar Dutzend Worte sind aus der Volksprache der damaligen Juden in die damalige und lokale griechische Gemeinsprache des neuen Testaments übersetzt worden; diese paar Dutzend Worte sind etwa 400 Jahre später in das von Hieronymus und Augustinus umgeschaffene christliche Latein übersetzt worden, und diese paar Worte sind über die Alpen gekommen und haben mit der Kraft von einem Dutzend Aposteln den Germanen die neue Lehre verkündet. Man soll mir nicht einmal entgegenhalten, daß diese Worte durch das geistige Band eines höheren Begriffs, eben durch das Christentum, geeint und vergeistigt worden wären. Nein, das Christentum hatte und war zunächst nichts als diese Worte. Es ist selbst nur eines dieser Worte, und so will ich gleich vorwegnehmen, durch welche Kette von Lehnübersetzungen der Name herübergekommen ist.

Daß *Christus* eine Lehnübersetzung des alten *Messias*begriffs sei, sagt ganz schlicht schon das Ev. Johannis (1, 42): *Ευρηκαμεν τον Μεσσιαν* (*ὁ ἐστι μεθερμηνευομενον ὁ Χριστος*); *nachübersetzt* heißt *μεθερμηνευομενον*; im folgenden Verse, wo das Wortspiel steht, Simon werde fortan Petrus heißen (*Κηφας ὁ ἑρμηνευεται Πετρος*), heißt es einfacher: *übersetzt.*

Jesus aus Nazareth hieß als der Stifter der neuen Religion Jesus *Christus*, genau so wie Gautama der *Buddha* genannt wurde. Christus, Buddha sind die Appellative des übernommenen Amtes. *Maschiach* hieß im alten Testament der Gesalbte, der dem winzigen Judenvolke die verkündete Weltherrschaft bringen sollte. Im neuen Testament wird Maschiach bald in der aramäischen Form Messias als Fremdwort beibehalten, bald mit *ὁ χριστος* übersetzt. Dabei wird von Jesus selbst schon der altjüdische politische Messiasglaube fallen gelassen; bei der Ankunft in Germanien wird versucht zu übersetzen, appellativisch: unser herro der kewihte haltare (dominus noster Jesus Christus), weil sich der Germane bei den sonst beibehaltenen Lautgruppen Messias, Krist wohl gar nichts denken konnte. Doch die Unterordnung unter Rom ließ die Übersetzung von Christus nicht lange dauern; und so war das Christentum und sein Name gerettet.

So fremd war Alles den neuen Völkern, daß auch der Eigenname Jesus oft als ein Appellativum behandelt wurde. Jesus ist der hebräische Name Jeschua, dessen Deutung, wie natürlich bei Eigennamen, nicht so ganz fest steht. Ist Jeschua, wie jetzt vielfach angenommen wird, eine verkürzte Form von Jehoschua, Josua, Gotthilf, dann beruht das Folgende überdies auf einer falschen Übersetzung. Jeschua, Jesus, wurde erklärt als eine Verbalform, die den Retter, den Erlöser, den Siegschenker bedeutete. Im neuen Testament steht unzählige Mal der Eigenname Jesus, aber auch die Lehnübersetzung *σωτηρ*; das christliche Latein übersetzte dieses *σωτηρ* mit dem nicht ganz klassischen, aber folgenreichen salvator; die gelehrtere Übersetzung servator[1]) hatte kein Glück. Die Apostel der Deutschen schwankten nun und nahmen bald Jesus als Eigennamen herüber, bald hielten sie die Lautgruppe für einen Amtsnamen, und übersetzten durch heilant, sowohl wo der lateinische Text *Jesus*, als auch wo er salvator hatte. *Heilan* entsprach dem lateinischen salvare nur ungefähr; und was in den deutschen Worten heil, heilsam, heilen noch heute an *sanus* und sanare erinnert, das ging mit der Lehnübersetzung Heiland wohl zu den germanischen Völkern mit über, in manchen Zug von Kunst und Poesie. Wurde doch sogar das liturgische Wort hosannah (erlöse uns) ebenfalls durch *heil si* wiedergegeben. Andere Lehnübersetzungen des Eigennamens Jesus wie das schon erwähnte *haltare* und *neriendo* (das mit genesen zusammenhängt) setzten sich nicht durch.

So fremd also war sogar den Lehrern der neuen Lehre der neue Gedankenkreis, daß sie nicht einmal

[1]) Ich finde das Wort noch in Hobbes Elementa Philosophica de Cive. Ausg. v. 1668, 18. Kap., VI. S. 168. Mit der merkwürdigen Marginalbemerkung: Unicum articulum „Jesum esse Christum" necessarium esse ad salutem, probatur ex scopo evangelistarum. Es heißt dann von dem Zweck der Evangelisten: Erat per descriptionem vitae Servatoris nostri illum unum articulum stabilire.

die weltüberwindende Kraft des Namens Jesus Christus voraussahen, keinen Sinn dafür hatten, daß sie die Wortfolge dominus noster Jesus Christus so übersetzten, als ob da gestanden hätte: dominus noster unctus salvator.

IV.

Ich habe die Lehnübersetzungen des Eigennamens vorausgeschickt, um damit zu begründen, daß auch der Oberbegriff Christentum nur als ein Wort, meinetwegen als das wichtigste Wort zu den Germanen gekommen ist. Wäre Jesus Christus konsequent mit geweihter oder gesalbter Heiland wiedergegeben worden, wäre der jüdische Eigenname und der griechische aus dem Hebräischen übersetzte Amtsname nicht mit nach Germanien herübergekommen, so hätten wir in Deutschland und dessen Filialländern, weiter in Frankreich und in Spanien das Christentum nicht. Ich meine nicht nur den Lautklang. Man stelle sich vor, heutige Missionare wollten ihre Lehre auf eine Südseeinsel oder nach Japan bringen, ließen aber die Sprachkette mit Rom dadurch zerreißen, daß sie anstatt Jesus Christus *unctus salvator* ins Japanische oder in die Sprache der Südseeinsel übersetzten. Ich möchte wohl wissen, was dann nach einigen hundert Jahren noch ans Christentum erinnerte.

Ich glaube nicht, daß der Vergleich falsch oder gar für die germanische Welt despektierlich ist. Wie immer sich der Christusglaube in seiner Heimat von innen heraus entwickelt haben mag, die Grundbegriffe oder Grundworte der neuen Religion kamen den Griechen von außen, über die Griechen den Römern von außen. Aber die innere Bewegung hörte in den ersten Jahrhunderten nicht auf, solange nicht, bis die Worte sich zu einem System zusammenschlossen, und dieses System an einer fast staatlichen Organisation, der römischen Kirche, seinen Halt gefunden hatte. Völlig von außen, noch viel äußerlicher, kam nun dieses geschlossene Wortsystem mitsamt der Organisation zu den hochdeutschen Stämmen, um die es sich mir hier handelt. Als ein System von Fremdworten. Andere deutsche Stämme, die Goten, die Franken, die Angelsachsen hatten dieses System von Fremdworten schon vor den hochdeutschen Stämmen importiert. Wir wissen nicht, wie weit die Hochdeutschen durch nachbarlichen Verkehr mit Stammesgenossen und mit Römern auf die neuen Begriffe vorbereitet waren, wie gut oder wie schlecht. Wir wissen ja fast nichts von der deutschen Weltanschauung der vorchristlichen Zeit. Wir können uns nur nicht vorstellen, daß diese Menschen etwa in ihrer Sprache den ethischen Begriff Demut oder den mythologischen Begriff heiliger Geist schon vorgebildet hatten. Und dennoch kam den christlichen Lehrern alles darauf an, für die Worte des Glaubensbekenntnisses, für die Worte des Vaterunsers Übersetzungen, Lehnübersetzungen zu finden, welche den neu zu gewinnenden Deutschen irgendwie verständlich waren. Man mache sich doch den Unterschied gegen eine spätere Zeit einmal klar. Als Luther sein grandioses Werk schuf, die Bibel ins Deutsche übersetzte, da übersetzte er schon in ein christliches Deutsch; die deutsche Sprache war in rund tausend Jahren christlich geworden, so christlich, daß es fast unmöglich ist, uns von dem vorchristlichen Deutsch und seiner inneren Sprachform noch eine Vorstellung zu machen. Die Worte der kirchlichen Organisation, Titel wie Bischof, Priester usw. mußten als Fremdworte herübergenommen werden, um der Einheit der Kirche willen. Die Worte der christlichen Stimmung entstanden durch Bedeutungswandel der Lehnübersetzungen. Die Vulgata übersetzt *ἀγαπη* mit caritas (oder dilectio), niemals mit amor. Das wäre shocking gewesen. Die althochdeutsche Sprache war nicht so prüde. Sie übersetzte caritas durch minna (amor). Und als später *minne* durch *Liebe* verdrängt wurde, war die Bedeutung schon christlich geworden.

Man vergleiche die Invasion der römisch-christlichen Worte mit der späteren Invasion des römischen Rechts, die gewiß eine Hauptschuld trug an der Fremdwörterei im Deutschen, welche wir nicht anders denn als Verhunzung empfinden können. Der Stand der Juristen befand sich wohl dabei. Auch der geistliche Stand hätte sich wohlbefunden, noch wohler die römische Organisation, wenn die christlichen Worte in der vermeintlichen Originalsprache (wenig wußte man zu jener Zeit vom Hebräischen und Griechischen) den hochdeutschen Stämmen hätten aufgedrängt werden können. Denn diesen Hauptpunkt für die Geschichte der Sprache und des Christentums oder für die Geschichte des christlichen Deutsch sollte man nicht übersehen, sollte man bei solcher Betrachtung fest im Auge behalten: die Neubekehrten mußten das apostolische Symbolum und das Vaterunser auswendig hersagen können; auswendig und hersagen, wie heute noch; und nach dem Wunsche der Organisation in lateinischer Sprache auswendig hersagen; das Horrendum wurde gelehrt und geglaubt: zu dem neuen Gotte könnte mit Aussicht auf Erfolg nur gebetet werden in einer der drei Sprachen, in denen die Inschrift des Crucifixus abgefaßt war, auf Hebräisch, Griechisch oder Lateinisch. Hebräisch und Griechisch ging schon gar nicht, also Lateinisch. Aber auch das ging nicht. Das Volk weigerte sich. Kein Geringerer als Karl der Große mußte noch 794 verkünden, Gott dürfe in jeder Sprache angebetet werden, d. h. auch in der deutschen Muttersprache. Aber noch das Mainzer Konzil von 813 stellte das Auswendiglernen des lateinischen Credo und Paternoster als die Regel hin, das deutsche Aufsagen als die Ausnahme. „Et qui aliter non poterit, vel in sua lingua hoc discat." Damit hängen die Bibelverbote, d. h. die Ächtung aller Bibelübersetzungen (mit Ausnahme der Vulgata) eng zusammen, die von Gregor VII. bis in die neueste Zeit wiederkehrten.

Also: nach dem Wunsche der römischen Organisatoren das Christentum ein System von fremden Worten, die nachher bestenfalls zu Lehnworten geworden wären; das System von Lehnübersetzungen schon eine Konzession an den Volkswillen, der an dem großen Frankenkönig eine Stütze fand. Ohne diese Konzession vielleicht die ganze Entwicklung nicht, die von den deutschen Mystikern über Luther zu uns führt, und die immer wieder an die deutsch-christlichen Lehnübersetzungen anknüpft. Es kam nicht dazu, daß die hochdeutsche Sprache durch einen romanischen Dialekt verdrängt wurde.

Das Glaubensbekenntnis und das Vaterunser wurden übersetzt. Wie viel wurde damit gewonnen? Wir wissen nichts. Wir können nur vermuten, daß mit der Übersetzung des Vaterunsers sehr viel, mit der Lehnübersetzung des Credo sehr wenig gewonnen wurde. Auf die deutschen Stämme konnte der inbrünstige Aufschrei der Kreatur im Vaterunser, die Sehnsucht nach dem gemeinsamen Vater im Himmel nicht ganz so wirken, wie auf die Sklaven der griechisch-römischen Kulturwelt; sie verstanden wahrscheinlich die *Schuld* nicht oder anders, die vergeben werden sollte; aber von der Innigkeit dieses Gebets fiel doch mancherlei auch für den deutschen Beter ab. Christliche Stimmung konnte durch Übersetzung vermittelt werden. Das Credo aber war auch in der Lehnübersetzung nur auswendig zu lernen.

Wenn wir heute zurückblicken und Geschichte schreiben vom Standpunkte der Gegenwart (wie eben Geschichte geschrieben wird), so dürfen wir freilich sagen, daß die Annahme des Christentums durch die germanischen Völker eins der wichtigsten Ereignisse der abendländischen Geschichte war, meinetwegen der Weltgeschichte. Die Ursachen aber dieser Annahme und Aufnahme sind eitel Konstruktionen. Nicht einmal der Boden der Wortgeschichte ist immer fest. Was nun gar über den Charakter und über die Seelensituation der damals neu auftretenden Völker behauptet wird, das wäre auch dann nicht zu beweisen, wenn wir irgend einen alten Bericht besäßen. Die einfachen Grundwahrheiten des Christentums sollen dem unverdorbenen Volke sympathisch gewesen sein; aber wir wissen nicht, was da einfach und unverdorben sagen soll. Wir kennen durchaus nicht das Auf und Ab des Kriegsglücks und der politischen Intriguen, die doch ganz gewiß bald das östliche, bald das westliche Dogma, bald das Heidentum in Germanien begünstigten. Gäbe es historische Gesetze, so hätten auch die unverdorbenen Mexikaner die einfachen Grundwahrheiten der spanischen Eroberer inbrünstig annehmen müssen. Was vollends L. Tobler (Das germanische Heidentum und das Christentum) über die prästabilierte Ähnlichkeit zwischen germanischem Heidentum und christlichen Glaubenslehren vorträgt, das ist doch offenbar Historismus, ist vergleichende Religionsgeschichte aus dem 19. Jahrhundert. Jetzt erst, nachträglich spürt man eine Dreieinigkeit aus der deutschen Mythologie heraus; jetzt erst entdeckt man Ähnlichkeiten zwischen Jesus und dem sanften Balder, (mag auch der Satan wirklich altdeutsche Züge erhalten haben); jetzt erst entdeckt man die Linien des Kreuzes in Thors Hammer. Hätten die Germanen eine so nahe Verwandtschaft zwischen ihrem Glauben und dem neuen Christentum gesehen, sie hätten eher Grund gehabt, ihre Mythologie beizubehalten.

In Wahrheit war der Religionswandel nur ein Sprachwandel. Für unseren fehlerhaften Rückblick mehr organisch, d. h. langsam, bei den Romanen, mehr unorganisch, d. h. sprunghaft, bei Germanen und Slawen. Fremdworte und Lehnübersetzungen taten der Sprache Gewalt an. Wollte die alte Sprache sich dieser Gewalt nicht fügen, oder konnte sie nicht, so wurde die Sprache mitsamt dem Volke noch gewaltsamer ausgerottet. So übrigens wurde das Christentum nach Amerika gebracht.

V.

Bevor ich die wichtigsten Worte in ihrem Übersetzungswandel von Palästina bis zu ihrer Festsetzung zwischen Alpen, Rhein und Donau geordnet hersetze, möchte ich die Etappen der Wanderung noch einmal ganz kurz im Zusammenhange darstellen. Ich werde dabei in diesem ganzen Abschnitt später wesentlich nur dem ausgezeichneten Buche R. v. Raumers folgen „Die Einwirkung des Christentums auf die althochdeutsche Sprache“. (Aus dem Jahre 1845 und doch nicht sehr veraltet.) Raumer ist gläubig und hat ganz andere Ziele als meine sprachkritische Arbeit; und dennoch finde ich bei ihm (S. 158) die in ihrer Naivität merkwürdige Kapitelüberschrift: „Die Übersetzung des Christentums in die lateinische Sprache“. Wir werden noch sehen, wie das auf Augustinus zurückführt.

Die Christuslehre knüpft an Worte an, an ein Buch, an das neue Testament. Ob es hebräische oder aramäische Urevangelien gegeben hat, das wissen wir nicht. Von dem lebendigen Einfluß Jesu Christi, in seiner lebendigen Muttersprache, auf seine Jünger wissen wir fast nichts. Sehr viel aber wissen wir von dem Einfluß des Hebräisch-Aramäischen auf die Sprache des neuen Testaments, die nicht klassisches Griechisch, aber auch nicht reines hellenistisches Griechisch ist. Ich folge hier Winers „Grammatik des neutestamentlichen Sprachidioms“ (6. Aufl.). Die griechische Gemeinsprache bei den Juden der Diaspora war schon durch den Text der Septuaginta stark beeinflußt worden, der übrigens von Übersetzungsfehlern wimmelt; dazu kamen Worte und Wortformen aus allen griechischen Dialekten. Die Diktion des neuen Testaments wurde durch Hebräismen und Aramäismen, durch Ausdehnung von Bedeutungen, durch Lehnübersetzung von Redensarten und von speziell jüdischen Begriffen stark genug geändert, um den besseren Hellenisten gelegentlich verächtlich zu werden. Selbst Schulausdrücke des Rabbinismus schlichen sich ein. Worte wie *scandalum* für Anstoß, *anathema* für das zu Verfluchende und viele andere sind historisch nur zu verstehen, wenn man auf hebräische Texte zurückgeht. Endlich bilden sich die neuen termini technici des neuen Glaubens aus, die griechisch klingen, aber den alten Griechen völlig unverständlich gewesen wären, wie Apostel, Evangelium, Baptisma, Agape. Auf die eigentlich grammatischen Änderungen, wie den jüdische Gebrauch von Präpositionen, lasse ich mich nicht ein. Die Einsicht in den Verderb der neutestamentlichen Diktion durch die Judensprache ist nicht etwa ein Ergebnis der neuen Philologie; schon Erasmus wußte, daß die Sprache der Apostel unsauber war und von Solözismen wimmelte. Nur über die Schönheit oder Unschönheit dieser Diktion herrschte Streit zwischen den gelehrten Puristen und den frommen Hebräisten; und mag weiter herrschen.

Als das Christentum sich in den Ländern, die man wohl jetzt noch unter dem Ausdruck Levante zusammenfaßt, ausbreitete, schloß es sich der dortigen Verkehrssprache an, die durch Alexander fast eine Weltsprache geworden war. Auch die römischen Herren verhandelten ja dort mit den Eingeborenen in der gemeingriechischen Sprache. Dort entstanden die Schriften des neuen Testaments, die die christlichen Begriffe schon in griechischer Lehnübersetzung aufnahmen. Als das Christentum weiter nach Westen drang, fand es im Latein eine fast noch mächtigere Gemeinsprache vor, zu seinem Heil. Die Septuaginta und das neue Testament wurden unter Hieronymus ins Lateinische übersetzt. Die Vulgata war da.

VI.

Hieronymus war der Mann, der den größten Einfluß gewann auf die Form des christlichen Latein und dann durch die Vulgata auf die Sprachen der christlichen Völker, auf die romanischen wie die germanischen Sprachen. Wer die bildlichen Darstellungen des Hieronymus als eines Wüstenheiligen vor Augen hat, macht sich von diesem Manne eine grundfalsche Vorstellung. Er war kein Römer, war irgendwo an der Grenze zwischen der Steiermark und Ungarn geboren, nahm aber die römische Rhetorenbildung der Zeit ganz in sich auf. Dazu studierte er Griechisch und für seine Lebensaufgabe, trotz eines gewissen Widerwillens, auch Hebräisch. Leidenschaftlich in Sinnlichkeit und Rechthaberei, war und blieb er fern von Askese, vor und nach einigen Versuchen zur Weltflucht. Immer wieder spielen Frauen in sein Leben hinein. Wie in das Leben eines Dichters. Den Rhetor, den Menschen mit der wilden Jugendzeit mag man mit Augustinus vergleichen. Weiter geht die Ähnlichkeit nicht. Augustinus drückte selbstherrlich dem Geiste des Christentums sein Siegel auf und kann mit der Inbrunst seiner Gottseligkeit heute noch einen Atheisten entzücken. Als ein Poet wider Willen. Hieronymus, der unlesbare Heiligenromane schrieb, für das heutige Geschlecht unlesbare, der den großen dogmatischen Geheimnissen gegenüber versagte, hat als ein Beauftragter des römischen Bischofs nur der Sprache der Kirche sein Siegel aufgedrückt.

Auch mit dem Lebenswerke Luthers hat man das Lebenswerk des Hieronymus verglichen. Die Wirkung der Vulgata war vielleicht größer als die der deutschen Bibel, weil Luther nur die neue deutsche Sprache umschuf, Hieronymus aber alle Sprachen des Abendlandes direkt oder indirekt beeinflußt hat. Nur daß Luther mit ungeheurer Sprachkraft und mit eisernem Fleiße etwas Neues formte, Hieronymus dagegen — wie immer wiederholt werden muß — sich auf eine Revision beschränkte, auf die Form keinen Wert legte und mitunter etwas liederliche Arbeit eingestehen mußte. Ein Beispiel nur. Luther erzählt: „und ist uns wohl oft begegnet, daß wir vierzehn Tage, drei, vier Wochen haben ein einziges Wort gesucht und gefragt; habens dennoch zuweilen nicht funden". Hieronymus hat nach seinem eigenen Bericht einmal, um nach langer Krankheit doch mit etwas herauszukommen, die drei Salomonischen Bücher in drei Tagen übersetzt. Daher vielleicht die zahlreichen Inkonsequenzen der Vulgata: bald wird dem Sinne nach übersetzt, bald dem Buchstaben nach; bald werden Lehnübersetzungen selbst von Eigennamen gegeben (paradisus voluptatis für ein Garten in Eden), bald werden, beinahe wie später von den Humanisten, Ausdrücke der klassischen Mythologie (Sirenen, Faunen, Lamien) für biblische Begriffe gesetzt: bald folgt er seiner Neigung zu einem eleganten, rhetorischem Latein, bald folgt er in Worten und Konstruktionen schlechtem Vulgärlatein. Nur im Schimpfen auf seine Gegner hält er einen Vergleich mit Luther aus; seltsam genug stehen solche Stellen in den zahlreichen Vorworten der Vulgata.

Der Begriff der Kirche als Heilseinrichtung wurde sehr früh in die Synagoge hineininterpretiert; weil ein unseliger Zufall der Religionsgeschichte die Schriften des alten Bundes zu Bestandteilen der heiligen Schrift der Christen gemacht hatte. Für viele Judenchristen, natürlich aber erst recht für alle Heidenchristen, die weder Hebräisch noch Chaldäisch verstanden, war das alte Testament nur in der Septuaginta vorhanden. Die vielfach falsche Übersetzung der Septuaginta wurde aber allgemein als inspiriert angesehen. Augustinus z. B. wußte recht gut, daß manches in der hebräischen Bibel steht, was in der Septuaginta nicht zu finden ist und umgekehrt; der heilige Geist habe damit zeigen wollen utrosque fuisse prophetas. Damit werden die 70 Dolmetscher zu Propheten gemacht. Origenes verglich die Septuaginta mit dem hebräischen Original, aber (wenn er da ehrlich war) nur um durch Feststellung der Abweichungen den Text der Septuaginta rein halten zu helfen; nebenbei auch um für die Polemik gegen die Juden Material zu liefern. Die inspiratorische Herstellung der Septuaginta wurde nicht dogmatisch ausgesprochen; aber sie ist die geltende Meinung der vorlateinischen Zeit; und in der orientalischen Kirche ist die Septuaginta heute noch der authentische Text des alten Testaments.

Daran, daß auch der hebräische

Text, den wir jetzt den massoretischen nennen, seine menschliche Zufallsgeschichte gehabt habe, dachte niemand in der alten Zeit. Wo die Septuaginta mit dem Judentexte nicht übereinstimmte, da sollten die Juden aus Bosheit Fälschungen vorgenommen haben. Jetzt weiß man, daß die Septuaginta an ein- bis zweitausend Stellen besser mit einem alten samaritanischen Pentateuch stimmt, auch mit der Peschito, der vorchristlichen syrischen Übersetzung, als mit dem heute üblichen Judentexte.

Von der Zufalls-Umgestaltung des hebräischen Textes hatte auch Hieronymus keine Ahnung, als er (wie Origenes) der Polemik gegen die Juden Waffen liefern wollte, aber (moderner als Origenes) bei seiner Übersetzung des A. T. auf den hebräischen Urtext zurückging, den er oft genug die hebraica veritas nannte.

Gegen tausend Jahre lang kümmerte sich dann die römische Kirche in ihrer Weltstellung, getrennt von der morgenländischen, nicht um die griechische und die hebräische Sprache, nicht um die beiden Urtexte ihres Gotteswortes. Und wir können es nur einen Zufall nennen, daß fast zu gleicher Zeit im 14. Jahrhundert die Beschäftigung mit dem griechischen wie mit dem hebräischen Original wieder einsetzte. Das Interesse für die griechische Sprache wurde durch die Kreuzzüge, durch die Beziehungen zum lateinischen Kaisertum und endlich durch die philologische Seite der Renaissancebewegung wachgerufen. Das Interesse für die hebräische Sprache galt wieder einer Polemik mit den Juden, die damals in Spanien etwas wie eine national-jüdische Philosophie und Literatur zu schaffen anfingen. Von da schien eine Gefahr zu drohen. Der Papst verordnete im Jahre 1311, daß die Universitäten, die natürlich alle katholisch und von Theologen geleitet waren, Lehrstühle für das Hebräische, das Arabische und das Chaldäische errichteten. Erst im 15. Jahrhundert änderte sich die Anschauung der neuen Gelehrsamkeit derart, daß nicht mehr Übereinstimmung mit dem Original, sondern ein ciceronianisches Latein vom Gotteswort verlangt wurde. Um solcher Ketzerei willen hatte Laurentius Valla zu leiden.

In anderem Zusammenhange habe ich nachzuweisen versucht, in wie ungeheurer Menge hebräische Gedanken und Wortfolgen durch Lehnübersetzungen in die griechische Septuaginta, von da in die lateinische Vulgata und von der Vulgata in die neuen Sprachen der christlichen Völker übergegangen sind. Hier will ich nur darauf hinweisen, daß schon die Septuaginta (neben vielen Stellen einer freien oder auch falschen Übersetzung) sich oft sklavisch an den hebräischen Buchstaben klammert und so häufig eine Lehnübersetzung zustande bringt, die gar nicht mehr griechisch ist, für Platon ebenso schwer verständlich, wie etwa die Vulgata für Cicero gewesen wäre: daß ihre Sprache ein Jargon ist. Judengriechisch, ganz genau verständlich nur dem, der die neuen Worte für neue Vorstellungen nahm. Natürlich wurden die Worte des neuen

Jargons mit etwas gefüllt: mit Stimmung, mit Gefühl; es wird aber schwer auszumachen sein, wieviel echte, mystische, religiöse Stimmung mit den Worten verbunden wurde und wieviel tote Echolalie.

Die 70 Dolmetscher *mußten* Juden sein. Aber auch die lateinische Übersetzung der Bibel, die vor der Vulgata-Revision durch Hieronymus in der Kirche üblich war, die Itala, scheint von einem Juden hergestellt, der hebräisch und die hellenistische Gemeinsprache gut verstand, lateinisch reden aber nur beim Pöbel gelernt hatte. Mir ist es bei all diesen Notizen wahrhaftig nicht darum zu tun, den Juden ein besonderes Verdienst um die Verbreitung des Christentums zuerkennen zu wollen. Nur das möchte ich wiederholen: nicht nur *durch* Worte und Wortfolgen, nein, *als* eine Gruppe von Worten und Wortfolgen ist das Christentum zu den abendländischen Völkern gelangt, hat es entscheidenden Einfluß auf die moderne Kultur gewonnen; und diese Worte und Wortfolgen, welche die romanischen, germanischen und slawischen Sprachgebäude in Struktur und Schmuck einander ähnlich machen, waren hebräisch, waren judengriechisch, waren Judenlatein, bevor sie national französisch, national deutsch werden konnten. Und wie nach meiner Lehre Religion überhaupt alterndes oder veraltetes Wissen ist, veraltetes Denken oder Sprechen, so hat in unseren Nationalsprachen der Bibeljargon, soweit er als Bibeljargon noch gefühlt wird, einen archaïstischen Charakter, heute wie von jeher; so mag schon das Vulgärlatein, das Pöbellatein der Itala, das dem oder den jüdischen Übersetzern allein geläufig war, bereits archaïstisch geklungen haben, gegenüber dem feinen Latein der höheren Stände in Rom und in den Provinzen, gegenüber der urbanitas. Als Hieronymus die Revision der Itala vornahm, hat er den verbreiteten Text der Itala bewußt geschont; aber er hätte auch gar nicht anders vorgehen können, weil die neue Weltanschauung sich eben gar nicht anders aussprechen ließ als durch die Worte und Wortfolgen des alten Vulgärlateins, das neues Judenlatein geworden war.

Tausend Jahre ungefähr brauchten von der Zeit des Hieronymus an die neuen Nationalsprachen, um sich geschmeidig genug zu fühlen für eine wissenschaftliche Behandlung der letzten Fragen, d. h. theologischer und philosophischer Vorstellungen. Je unähnlicher die Sprachen dem Vulgärlatein waren, desto länger dauerte der Prozeß; in Frankreich 200 Jahre länger als in Italien, in dem pedantischen Deutschland 200 Jahre länger als in Frankreich; in manchen slawischen Ländern 200 Jahre länger als in Deutschland. Nationale Poesie, soweit sie sich im Gegensatz befand zu der Sprache der Gelehrten, entwickelte sich ganz anders: je ähnlicher die Sprache dem alten Vulgärlatein war, desto später wurde sie als Poeten-Sprache entdeckt.

Und noch eins: in den Ländern des Vulgärlatein, in Hispanien, Gallien und Italien, hing das Volk wortabergläubisch an den traditionellen, archaïstischen Worten und Wortfolgen der neuen Lehre, empörte sich sogar gegen jeden Versuch, die Lehre in besserem Latein vorgetragen zu bekommen. Hieronymus wußte davon zu erzählen. Da scheint es mir denn kein Zufall, daß bei den germanischen Völkern, wo eine solche Andacht zum traditionellen Wort nicht bestehen konnte, der Wunsch nach neuen und guten Übersetzungen stärker war, daß also in diesen Ländern die Bewegung der Renaissance oder des Humanismus zu einem pietätslosen Studium des Gottesworts führte, zur Reformation.

VII.

An anderer Stelle (vgl. Art. *Gotteswort*) erzähle ich die Geschichte der Vulgata und wie durch Jahrhunderte der hebräische und der griechische Urtext vom Horizonte der Theologie verschwand. Es war seltene Liebhaberei, wenn einmal ein Lehrer noch Hebräisch oder Griechisch trieb. Für die organisierte Kirche wurde die Vulgata der Urtext. Es war ein neues Latein. Es hatte die neuen Begriffe der christlichen Stimmung und der christlichen Mythologie, ja jetzt im vierten und fünften Jahrhundert schon die des Dogmas aufgenommen, durch Lehnübersetzungen aus zweiter Hand.

Die größte Bedeutung sowohl für Stimmung und Dogma als für das christliche Latein hat Augustinus. Man hat auch ihn, wie den h. Hieronymus, oft und richtig mit Luther in Parallele gesetzt, dachte dabei aber fast nur an ihr Verhältnis zum Dogma, zum paulinischen Christentum. Aber beiden gemeinsam ist auch eine gewisse Verachtung der Schullogik. Und wenn man davon absieht, daß Augustinus nach dem Zeitgeschmack ein Rhetor war und blieb, so ist ihr Einfluß auf die christliche Sprache fast überraschend ähnlich. Von Luther weiß alle Welt, daß er durch seine Bibelübersetzung und durch seine übrigen Schriften der neuen christlich-deutschen Sprache und der neuhochdeutschen Sprache überhaupt feste Form gegeben hat. Fast ebenso schuf Augustinus, wenn auch nicht er allein, die klassische Römersprache zum christ-lateinischen Idiom des Mittelalters um. Für tausend Jahre. Ich habe anderswo schon gesagt, daß dieses scholastische Latein eine lebendige Sprache war; Latein erst dann zu einer toten Sprache wurde, seine Rolle auszuspielen begann, als die Humanisten die Mode aufbrachten, klassisches Latein zu schreiben. Bis zur Zeit des Augustinus empfanden gelehrte Männer die neue christ-lateinische Sprache als barbarisch; jetzt kam es durch die Macht der Gewohnheit so weit, daß die, die mit den heiligen Schriften genährt und erzogen worden waren (quodam modo nutriti educatique), sich mehr über gutes Latein wunderten. (De doctrina christiana II, 15.) Der Rhetor Augustinus war als Prediger nicht gar weit von dem sprachlichen Naturalismus Luthers entfernt.

Als Schriftsteller hätte er gern mit den Dichtern klassischen Lateins gewetteifert, als Prediger wünschte auch er dem Volke aufs Maul zu sehen. Die Armen am Geiste sollten ja das

Evangelium bekommen und in der Provinz scheint der Einfluß des Vulgärlatein noch stärker gewesen zu sein. Dazu kam noch Unwissenheit in Etymologie, die freilich dem ganzen Altertum gemeinsam war; es ist noch nicht der schlimmste Fall, wenn *haereticus* mit *erraticus* erklärt und verwechselt wurde. *Salvator* scheint lange vulgär gewesen zu sein, bevor es von der offiziellen Kirchensprache offiziell angenommen wurde. Gerade bei Augustinus können wir dieselbe Beobachtung machen wie an der heutigen Kanzelsprache: wo der Redner recht langweilig und orthodox ist, da verfällt er in eine übertriebene Schriftsprache — Schrift in beiderlei Sinne — und wird im Wortgebrauch archaïstisch; Kanzelberedsamkeit ist ihrem Wesen nach archaïstisch; große Wirkungen aber haben die Berthold von Regensburg, die Abraham a Santa Clara usw. immer mit vulgären Worten und Gedanken erreicht. Auch Augustinus greift zu Solözismen, wo es sich um das Heil der unsterblichen Seele handelt. Die Vulgata, die lateinische Bibel, ist allerdings, wie gesagt, von Hieronymus redigiert. Aber der Schöpfer der christlateinischen Predigtsprache ist vor allen andern Augustinus.

Er hat die Übersetzung des Christentums ins Lateinische vollendet. Mit klarem und wissenschaftlichem Bewußtsein. Er forderte, daß die lateinischen Lehrer Kenntnis der hebräischen und griechischen Sprache erlangten; er hebt ausdrücklich die unübersetzbaren Lehnworte wie Amen, Halleluja, Racha, Hosannah hervor. Aber die Kenntnis der beiden Ursprachen sei nicht wegen solcher Kleinigkeiten notwendig, sondern um zwischen verschiedenen Übersetzungen entscheiden zu können. Denn die Übersetzer aus dem Hebräischen ins Griechische (er meint die Siebzig) wären zu zählen gewesen, die Übersetzer ins Lateinische nicht. Wie Einem in den ersten Zeiten ein griechischer Kodex in die Hand fiel und nur ein klein wenig Gewandtheit in beiden Sprachen vorhanden schien, da wurde darauflos übersetzt. (De doctr. christ. II, 11.) Und Augustinus weiß auch schon, daß es Lehnübersetzungen nicht nur von Worten, sondern auch von Redensarten gibt; locutiones saepe transferuntur, quae omnino in latinae linguae usum, si quis consuetudinem veterum, qui latine locuti sunt, tenere voluerit, transire non possunt. Und er verteidigt den neuen Sprachgebrauch gegen das klassische Latein wie nur ein modernster Sprachwissenschaftler. Quid est ergo integritas locutionis, nisi alienae consuetudinis conservatio loquentium veterum auctoritate firmatae? (De doctr. christ. II, 14.)

Wie ähnlich aber die Lehnübersetzung des Christentums aus dem Griechischen ins Lateinische seiner Lehnübersetzung aus dem Lateinischen ins Germanische war, das ist aus hundert Beispielen zu ersehen in Koffmanes „Geschichte des Kirchenlateins". Natürlich hinkt auch an dieser Vergleichung etwas: als das Kirchenchristentum zu den Deutschen kam, war es im wesentlichen fertig, die deutsche Sprache dagegen (*jung* gäbe ein falsches Bild) unverbraucht, noch geil in ihrer Schoßkraft; als das Christentum zu den Römern kam, war es noch ganz und gar nicht fertig, war dagegen die Römersprache nach langer Treibhauskultur reif zum Zerfall. Wäre nicht leider selbst die abgegrenzte Untersuchung der Geschichte des Kirchenlateins unter verschiedene Fächer gebracht, man hätte längst beachten müssen, wie im Lautwandel und Bedeutungswandel die beiden Bewegungen zusammentreffen: der Zerfall der lateinischen Vulgärsprache in die neuen romanischen Sprachen, und der Versuch, die untergehende lateinische Sprache für den Kirchengebrauch zu erhalten. Bekannte Eigenheiten der romanischen Sprachen finden wir schon bei den ersten lateinischen Kirchenschriftstellern: Gebrauch von Kasus, die die Grammatik falsch nennt, Ersatz der Kasus durch Präpositionen, Anwendung falscher oder falsch verdoppelter Konjunktionen. So hört z. B. das Verständnis für den Ablativ auf; er verschwindet und wird durch *super*, *in*, *ab*, *ex* ersetzt. Nachlässige Schreibart und Aussprache ließ im Singular Ablativ und Akkusativ gleich klingen; Präpositionen, die heute fast die ganze Deklination der romanischen Sprachen bezeichnen, traten schon damals ein, und weil sie darüber ihre Bedeutung verloren, mußten ihnen andere zu Hilfe kommen, barbarische Wendungen wie *ab ante* (jetzt frz. avant) und Bildungen mit einer Doppelpräposition wie adagnoscere. Dabei muß man sich hüten, die Entwicklung als eine einheitliche aufzufassen. Es gab lange Zeit kein Hochkirchenlatein oder wie man es nennen will. Es gab, wie später wieder, den Unterschied zwischen den Büchern, die nach Schriftlatein strebten, und den Predigten, die in allen guten Zeiten der Kirche volkstümlich waren. In Afrika und in Gallien wurde schon frühzeitig das Evangelium gepredigt, wieder in einer etwas anderen Sprache als in Italien. Und aus Afrika kam doch Augustinus.

Aber wie in Deutschland sträubte sich auch in Rom das Nationalgefühl und die Innigkeit des neuen Glaubens dagegen, die neuen Begriffe mit ausländischen Worten auszudrücken. Im 3. und 4. Jahrhundert z. B. wollte Byzanz Italien gegenüber ungefähr so sein Vorrecht wahren, wie später Rom Germanien gegenüber. Und so sehen wir, oft bei den gleichen Worten, die Römer glückliche und unglückliche Versuche machen, die griechischen Fremdworte in ihre Literatursprache oder ihre Vulgärsprache zu übersetzen. Kataklysmus wird zu diluvium, angelus sucht man vergebens durch nuntius oder minister zu ersetzen, diabolus durch malignus, malus oder criminator; evangelizare wollte man mit bene nuntiare oder annuntiare ersetzen. Ekstasis mit amentia, agape durch dilectio, pentekoste durch quinquagesima; die Übersetzung exomologesis wurde noch zur Zeit von Tertullian so gebraucht, magis graeco vocabulo, dann glückte die Lehnübersetzung confessio ebenso wie confiteri für exomologesin facere. So gibt es im Lateinischen wie im Deutschen sehr viele geglückte, noch mehr mißglückte Lehnübersetzungen, besser gesagt: solche die Glück hatten und die kein Glück hatten. Vergessen sind die zahlreichen Übersetzungen der Ketzernamen wie Millenarii für Chiliastae, Serpentini für Ophistae, auch *abstinens* für Apostata; apparitio ist gegen epiphanias, misericordia gegen elemosyne nicht aufgekommen (Werke der Barmherzigkeit tun hieß einige Zeit *operari*,[1]) wovon pratiquer wohl Lehnübersetzung mit starkem Bedeutungswandel); fast anstößig wäre uns heute fabrica für Genesis.

Zu den geglückten Lehnübersetzungen gehört consilium für synodus, Trinität für Trias, missa (sehr alt, offenbar anstatt missio, Entlassung, vielleicht ein Kinderausdruck der Katechumenen); communio gleich communicatio für *κοινον* bei der Abendmahlsgemeinschaft; sacramentum für alles Heilige neben anderen Modeworten auf mentum; dominicum für *κυριακη* hat sich wohl in Dom erhalten; aedificare, aus dem neuen Testament übersetzt, besteht noch in unserem erbaulich; ähnlich consummatio = *συντελεια* in unserem *vollenden* = *sterben*; offendiculum blieb nicht siegreich gegen das geläufigere *scandalum*, lebt aber in unserem *Anstoß* fort.

Bei dem Zustande der Quellen wissen wir nur viel mehr von den Entlehnungen des lateinischen Christentums als von denen des deutschen Christentums. Aus dem so hoch entwickelten römischen Recht kamen Begriffe ins Christlatein wie advocatus, mediator, instrumentum und testamentum, aus dem militärischen Leben etwa disciplina, tiro, rebellis, auch wohl signare im Sinne von taufen. Auf Volksetymologien, d. h. auf gelehrte Volksetymologien in meinem Sinne, die schließlich doch auch puristischen Wünschen entsprachen, habe ich schon hingewiesen; *pascha* wurde, trotzdem man das hebräische Wort kannte, willkürlich vom griechischen *πασχειν* oder vom lateinischen *passio* hergeleitet. Zu einem noch gröberen Wortunsinne führte Unkenntnis eines einheimischen Wortes; metallum bedeutet auf griechisch, was unterirdisch erforscht wird, auf lateinisch besonders Gold und Silber, dann überhaupt Produkte des Bergbaues; das führte zu der Redensart condemnare ad metallum, wie etwa heute in Rußland zu Sibirien verurteilt wird; ein Fragment hat nun metallum ignis aeterni für den Strafort des ewigen Feuers.

Um endlich die *Bilder* aufzuzählen, unter denen das Christentum in Italien populär wurde und über Italien nach Deutschland kam, müßte man die gesamte Bibelübersetzung mitsamt den erhaltenen Predigten der ersten Jahrhunderte ausschreiben. Und wenn wir uns gegenwärtig halten, daß Sprachentstehung und Bedeutungswandel immer metaphorisch sind, so gewinnen die Bilder der lateinischen Kirchensprache eine erhöhte Bedeutung für den neuen Glauben, für die

[1]) operari, vulgär oprare, offenbar nicht ohne Contamination mit offerre hat sich aber deutsch als *opfern* erhalten; Tertull. wagte noch *immolare* zu sagen, wofür got. und nord. blotan.

neue Weltanschauung. Bei: Schiff der Kirche, Christus am Steuer, dem Meere der Weltlichkeit, der Taube, der Mutter, der Giftschlange, der Herde, dem Hirten und dem Wolfe, den Fallstricken (aus dem Vulgärlatein kam dafür muscipulum auf, die Mausefalle), dem Heilweg, der Pilgerfahrt usw. usw. mochte das Bildbewußtsein noch bestehen bleiben. „Es gibt Vorstellungen, die sich leichter im Bilde als mit strengem Denken vollziehen lassen.“ (Koffmane 149.) Bei allen Vorstellungen, die um das Dogma der Trinität drum und dran hängen, mußte das Bildbewußtsein schwinden, und die Worte, die Bilder waren und für Begriffe gehalten wurden, wanderten in genauen Übersetzungen von Volk zu Volk.

Ich möchte diesen kurzen Auszug und Exkurs nicht schließen, ohne darauf hingewiesen zu haben, daß auch in der poetischen Sprache diese Frühzeit durcheinander Anlehnungen bald an die Klassiker, bald an die Vulgärsprache suchte und daß beide Anlehnungen fortgewirkt haben. Es ist bekannt wie etwa ein großes Gedicht, welches die Geschichte von der Schöpfung bis zur Himmelfahrt Christi darstellte, aus Virgilianischen Versen zusammengestoppelt wurde. Selbst antike Mythologie fehlte nicht ganz; aber noch ohne den antichristlichen Zug, den ähnliche Arbeiten in der Zeit der Renaissance hatten. Einmal wurde der Engel, der zu Maria kommt, nach Mercurius geschildert. Aber die frommen Dichter verstanden die klassische Prosodie nicht mehr. Sie machten unaufhörlich Donatschnitzer, schmückten dafür ihre Verse mit Alliterationen und Assonanzen aus und erfanden endlich die neue poetische Form, den Reim, dem wir schon bei Ambrosius begegnen.

Humanisten und Oberlehrer mögen sich über den Versbau dieser altchristlichen Lyrik entsetzen. Wir vernehmen die neue Form eines neuen Geistes. Das einzige, was das lateinische Christentum nicht abgeschrieben oder übersetzt, was es der Welt für bisher anderthalb Jahrtausende als eigene Erfindung neu geschenkt hat, das ist die neue Form, der neue Rhythmus der abendländischen Poesie, die neue Bindung, der Knüttelvers, der bei uns erst seit Opitz allgemein die Bezeichnung Reim (wohl doch von rhythmus) erhalten hat.

VIII.

Lateinisch war der sacrosancte Text, lateinisch sollten nach dem Willen Roms alle Formeln der Sakramente sein, lateinisch das Gebet und die Lehre, lateinisch die Predigt. So wurde schon um der Sprache des heiligen Textes willen die Bildung eines besonderen lateinischen Lehrstandes für die Kirche zu einer Notwendigkeit. Der Klerus mußte lateinisch verstehen, nicht nur in den romanischen Ländern, sondern auch unter den deutschen Stämmen. Die Wirkung der Sakramente, wie der Buße und des Abendmahls ist nicht an das Verständnis der Gemeinde geknüpft, sondern an die Macht oder den Zauber der von einem Priester gesprochenen lateinischen Worte. Die Messe wurde lateinisch gehalten, daran hat auch Karl der Große nichts zu ändern versucht. Auch die Predigt, in der Zeit der Bekehrung wenigstens, wo sie zwischen die missa catechumenorum und die missa fidelium zu stehen kam, war ursprünglich lateinisch. Aber schon früh mußte Gott den Aposteln der Alemannen, der Hessen und der Thüringer die Gnade schenken, außer in der lateinischen auch in der barbarischen Sprache predigen zu können. Noch die Synode von Tours, 813, trifft ausdrücklich die Bestimmung: „Und daß jeder diese Homilien deutlich zu übersetzen strebe in die romanische Bauernsprache oder ins Deutsche, damit alle um so leichter verstehen können, was gesagt wird.“ Winfried, den man den heiligen Bonifacius nennt, predigte in deutscher Sprache. Man tut der Tapferkeit und der Bedeutung dieses Mannes keinen Abbruch, wenn man hervorhebt, daß Winfried, der nach seiner zweiten Romfahrt bereits unter dem Namen Bonifacius Bischof geworden war, nach seiner dritten Romfahrt im Auftrage Roms der gefügige Organisator der kirchlichen Provinz Deutschland wurde, der kirchlichen Kolonie Deutschland, wenn man will. Er war nicht der einzige Angelsachse, der an der Christianisierung der hochdeutschen Stämme beteiligt war. Die gesprochene Mundart dieser Angeln mag wunderlich genug geklungen haben. Und einige wenige Spuren der althochdeutsch christlichen termini lassen angelsächsischen Einfluß erkennen.

Diese wortgeschichtlichen Details sollen uns nicht kümmern. Wir wollen ja nur im weitesten Umriß erkennen, wie der Wunsch, diesen Barbaren etwas von der christlichen Lehre und ein klein wenig von der christlichen Stimmung verständlich mitzuteilen, zu Lehnübersetzungen aus dem neuen Latein in die althochdeutsche Volkssprache führte. Nicht die starke Einwirkung dieses Latein auf deutsche Grammatik und Syntax darf uns aufhalten, nicht einmal die tiefergehende Frage, wie die Verbreitung von Schreiben und Lesen gewirkt haben mag, nur mit der Umgestaltung des Wortschatzes haben wir es zu tun, die so gründlich war, daß die hochdeutsche Sprache, der um das Jahr 700 herum noch mühsam Lehnübersetzungen des Credo und des Paternoster abgerungen werden mußten, zu Anfang des 12. Jahrhunderts bereits durch und durch verchristlicht war, so sehr, daß später nur noch gelehrte Forschung versuchen konnte, Trümmer des vorchristlichen Sprachstandes wiederherzustellen.

Aus der alten Zeit der Lehnübersetzungen besitzen wir viele kleinere und größere Stücke, die sogenannten Glossen, Wörterbücher oder Schulhefte, wie man will, die alle die einzige Absicht verraten, dem Lehrer oder Prediger für die lateinischen termini die neuen deutschen termini zur Verfügung zu stellen. Es sind eher lateinisch-deutsche als deutsch-lateinische Wörterbücher. Den Lehrern war die christ-lateinische Sprache geläufiger als die christ-deutsche; natürlich, denn die christ-deutsche war erst im Entstehen begriffen.

Schlimm genug für die deutsche

Sprache, daß die Weltgeschichte bei der Übersetzung des Christentums ins Deutsche den Umweg über Rom machte. Etwas Bastardierendes war bei der Paarung jüdischen und griechischen Geistes herausgekommen. Etwas Bastardartiges, das bis heute noch nicht ganz verschwunden ist, hat der lateinische Einfluß auf deutsche Syntax, Grammatik und den deutschen Wortschatz hervorgebracht. Es sollte nicht sein, daß das Christentum unmittelbar aus der geistverwandten griechischen Sprache zu den hochdeutschen Stämmen kam. Nur wenige Reste einer unmittelbaren Lehnübersetzung aus dem Griechischen werden wir neben griechischen Lehnworten in der nun folgenden Sammlung zu verzeichnen haben.

Neuerdings hat Kluge (Braunes Beiträge 1909 erstes Heft) die ältern und seine eigenen Untersuchungen über die Worte des gotischen Christentums übersichtlich zusammengestellt. Über *Kirche*, *Pfaffe*, *Heide* macht er viel genauere Angaben, als die Zeit von Raumer sie bieten konnte. Kluge rückt auch *Taufe*, *Hölle*, *Teufel*, *Engel*, ferner die deutschen Namen einiger Wochentage (*Samstag*, Pfinztag) in gotische Zeit zurück; weist auch sehr scharfsinnig gotischen Einfluß auf *barmherzig*, *Demut*, *Maut* nach, ebenso auf die Lautform *Christ* und *Jude*. Für Kluge handelt es sich bei diesen Forschungen hauptsächlich darum, das Alter der sogenannten hochdeutschen Lautverschiebung genauer als bisher zu bestimmen; das Kulturproblem interessiert ihn nur wenig, welches hinter der Tatsache steckt, daß der Arianismus im 4. Jahrhundert auch zu deutschen Stämmen gelangte und später, wie überall im Westen, von der katholischen Kirche unterdrückt wurde. Die Wortforschung hätte da nur die kleine Aufgabe, einige Spuren lateinischen Einflusses auf christliche Worte der Goten zu beachten. Die Geschichtsphilosophie könnte sich mit der Phantasiefrage beschäftigen: wie anders hätte sich das geistige Leben des Abendlandes entwickeln können, wenn anstatt der dogmatischen Lehre von der Wesensgleichheit des göttlichen Vaters und des göttlichen Sohnes eine rationalistische Lehre (der Sohn nur ein Geschöpf Gottes) siegreich geblieben wäre. Für unsern Überblick über die große Übersetzung des Christentums ins Deutsche liefert der gotische Einfluß nur einige Zugaben. Genug daran, zu wissen, daß schon im 4. Jahrhundert einige deutsche Stämme aufhörten, nach christlicher Vorstellung Heiden zu sein.

Der Gegensatz von Christen und *Heiden* ist gleich ein Musterbeispiel der Wortgeschichte, auf die es mir ankommt. Für die Ungläubigen hat schon das alte Testament den Ausdruck, mit dem das heutige Judendeutsch die Christen beschimpft: *Gojim.* Im neuen Testament buchstäblich übersetzt: *ἔθνη*, in der Vulgata: gentes. Als das Christentum im Römerreiche Staatsreligion geworden war, und die Ungläubigen nur noch auf Dörfern lebten (in pagis), entstand der Ausdruck *paganus* (vom selben Worte auf einem anderen Wege pays, paysan). Beide Bezeichnungen für die Ungläubigen hat das Althochdeutsche, und vorher schon das Gotische, durch Lehnübersetzung übernommen: *diota* übersetzt *gentes* und ist wieder verschwunden: *heidane* (von heida, campus) übersetzt paganus, war auch zunächst Adjektiv, und ist geblieben. Der Nachweis von Raumer und Kluge, daß das bei Ulfilas einmal vorkommende *heithnō* (die heidnische Frau) das deutsche Wort bereits geprägt habe, ist fast überzeugend; freilich wäre die nochmalige *Übersetzung* von *paganus* nicht so wunderbar wie eine nochmalige Neubildung, und ein volksetymologischer Anklang an *ἐθνη* wäre vielleicht nicht ganz auszuschließen.

Ich kann die Vermutung nicht unterdrücken, daß auch paganus auf ein hebräisches Wort zurückgeht; es gibt im Judendeutsch der östlichen Länder heute noch ein sehr beliebtes Schimpfwort, amhorez, das auf den talmudischen Schulausdruck am haërez zurückgeht, wörtlich den Landmann, den Bauer bedeutet, übertragen einen ungebildeten Menschen, einen Idioten (*ἰδιοτης*, eigentlich Privatmann, wohl Laie). Es spielt in den Judenschulen, wie es scheint, eine ähnliche Rolle, wie asinus in der Polemik des Mittelalters. Die Übereinstimmnng mit paganus ist da. Nur fehlte mir das griechische Brückenwort, da eine unmittelbare Übersetzung aus dem Hebräischen kaum anzunehmen war. Aber *ἀγροικος* bäurisch, grob, ungebildet kommt doch schon bei den alten Lexikographen in dem Sinne von rusticus, paganus vor, im Gegensatz zur *ἀστειοσυνη*, der Feinheit, der Urbanität (ich kann mir nicht helfen, ich höre aus *urbs* eine Lehnübersetzung von *ἀστυ*, *die* Stadt heraus). Es wäre zu untersuchen, ob *ἀγροικος* in Alexandrien etwa auch die Bedeutung eines in der neuen Lehre Unwissenden erhielt. Dann wäre die Brücke zu am haërez geschlagen.

Nur noch eins, da ich einmal abgeschweift bin. Diota für *gentes* ist — wie gesagt — verloren gegangen; aber in einem recht geläufigen neuen Worte, in dem diota drin steckt, ist wohl doch etwas von der alten Bedeutung erhalten geblieben: in dem Worte *deutsch*. Schon gotisch heißt thiuda Volk; und thiudisks ist bei Ulfilas heidnisch. J. Grimm sagt (Gramm. *3. Aufl.* I, 12): „Der Sinn des Wortes ist gentilis, gentilitius, popularis, vulgaris . . . aber auch den Nebensinn von heidnisch, barbarisch, den thiudisks wie *ἐθνικος* . . . im Sinne geistlicher Schriftsteller an sich tragen, darf man nicht abweisen.“ Dazu Geiger (Ursprung und Entwicklung I, 451 f.): „So sagt Paulus an jener Stelle, Gal. 2, 14, wo das Wort *deutsch* in seiner gotischen Form und Bedeutung zum erstenmal auftritt, zu Petrus, der *μετα των ἐθνων*, mith thiudom, gegessen hatte: *Ει συ Ἰουδαῖος ὑπαρχων ἐθνικως ζῃς και οὐχ’ ἰουδαϊκως, τι τα ἐθνη ἀναγκαζεις ἰουδαϊζειν*; was Ulfilas übersetzt: jabai thu Judaius visands thiudisko libais jah ni judaivisko, hvaiva thiudos baideis iudaiviskon? Auch das althochdeutsche diot (Volk) wird, wie Graff bemerkt,

‚oft als Heiden den Juden entgegengestellt, besonders im Plural.‘ Man sieht, daß wir es hier bei dem gotischen Plural thiudos mit einem Hebräismus zu tun haben (einer Lehnübersetzung, sage ich); deutsch bedeutet also nichtjüdisch, heidenchristlich ... In der Folge verband sich damit der Nebenbegriff vulgo, vulgaris, von der Sprache.“ Luther übersetzt die Stelle: „aber da ich sahe, daß sie nicht richtig wandelten, nach der Wahrheit des Evangelii, sprach ich zu Petro vor allen öffentlich: so du, der du ein Jüde bist, heydnisch lebest, und nicht jüdisch, warum zwingest du denn die Heyden jüdisch zu leben?“ Ich glaube nun den alten Sinn von *deutsch*, den Sinn „volksgemäß, bäurisch, grob“ und darum heidnisch herauszuhören aus der sehr alten Redensart ein deutscher Michel, was Grimm mit „ein biederer, gutmütiger, aber unbeholfener, unwissender, geistig beschränkter Mensch“ erklärt, schon Stieler aber gar mit „idiota, indoctus“. Diese Bedeutung von *deutsch* steht freilich im Gegensatz zu der patriotischen (deutsche Treue usw.), die auch bis in die Lutherzeit zurückreicht und der sich selbst Goethe (deutsche Baukunst, der deutsche Baum, das ist die Eiche) nicht völlig entschlug.

Sehr merkwürdig ist, daß auch die alten Worte *deutschen*, *verdeutschen* usw. im Sinne von verständlich machen, offenbar auf den ursprünglichen Sinn zurückgehen: volkstümlich ausdrücken, in der Muttersprache. Luther sagt einmal: „wer mit solchem Verstand zum Sakrament gehet, daß er die Wort deutsch oder deutlich im Herzen hat.“ Denn auch *deuten* geht wohl auf dieselbe Vorstellung zurück. Und die bekannte Wortfolge *deutsch reden*, die schon bei Brant, Eyrer und Sachs vorkommt, heißt zugleich: deutlich und grob reden, im Grunde: ehrlich reden, nur daß die Lateiner und die Franzosen ebenso patriotisch mit gleicher Selbstgerechtigkeit latine loqui und parler à la françoise zu sagen pflegten. Was, wenn übernommen, eine sehr seltsame Lehnübersetzung wäre.

Nicht so einfach ging es bei Übernahme des Begriffs *Kirche* zu. *Kahal*, congregatio hominum wurde ins Christlich-griechische übersetzt mit ἐκκλησια oder mit συναγωγη. Die christlich-lateinische Sprache nahm das griechische Fremdwort ecclesia allein auf und verwendete es in den drei Bedeutungen: Gemeinschaft der Gläubigen, Zusammenkunft zum Gottesdienst und gottesdienstliches Gebäude. Die Goten hatten das griechische Fremdwort ἐκκλησια übernommen; das hochdeutsche *Kirche* kommt, wie man seit dem 9. Jahrhundert fast widerspruchslos lehrt, von κυριακη, domus domini. Die deutschen Lehnübersetzungen, die wir noch kurz erwähnen werden, haben sich nicht durchgesetzt. Wir haben schon erfahren, daß das internationale Fremdwort den Sieg davontrug, so oft es sich um Organisation der Kirche handelte.

Um nun die Hauptbegriffe dieser übersetzten Christenkirche durchzunehmen, müssen wir natürlich zuerst prüfen, wie die christliche Gottheit in die deutsche Sprache kam. Hätte das Christentum den angeblich reinen Monotheismus der Juden übernommen, oder noch gründlicher gereinigt, so wäre das uralte Wort Gott, das zur Übersetzung von deus, θεος, elohim (ein Plural) benützt wurde, eine echte Lehnübersetzung, und Schopenhauer hätte recht gehabt, da er, besonders in Briefen, diesen Gott oft den alten Juden nannte. (Über die Etymologie von *Gott* vergleiche den Artikel: *Gott.*) Ich übergehe Nebenbezeichnungen, die entweder Fremdwörter waren, wie Jehovah, Zebaoth, oder Lehnübersetzungen, wie das bald verschwundene truhtin für dominus, κυριος, adonai, und das erhalten gebliebene *herro* für denselben Amtstitel Gottes; ich übergehe das verschwundene der queke Gott und das gebliebene der lebendige Gott für deus vivus, θεος ξων (hebr. *el chaj*) und viele Lehnübersetzungen der Eigenschaften Gottes.

Der neue Gott war eben doch nicht bloß der alte Jude, weil der Monotheismus vorher, definitiv im 4. Jahrhundert, durch die *Trinitäts*lehre beschränkt oder erweitert worden war, wie man will. Diese ganze Dogmengeschichte spricht sich kurz in dem Umstande aus, daß die drei Personen der Dreieinigkeit, jede für sich, auf Vorstellungen des alten Testaments zurückgehen, daß aber die Dreieinigkeitslehre selbst weder sprachlich noch sachlich eine altjüdische Unterlage hat. Abstruse Spielereien einer mystagogischen Literatur, die sich noch Philosophie und noch griechisch nannte, waren die Quellen. Der Obertitel trinitas, τριας, war leicht zu übersetzen; auch die Einheit, die noch immer gewahrt werden sollte. Der Tragelaph, der beide Begriffe verband, *Dreieinheit* und Dreieinigkeit, entstand erst später. Man erinnere sich aber, welche Kämpfe um die Geheimnisse dieses Begriffs hundert Jahre lang geführt werden mußten, um die Begriffe *Person, ὑποστασις,* substantia, natura, *ὀυσια.* Dafür reichten die Köpfe der althochdeutschen Übersetzer nicht aus. Einen Meister Eckart gab es damals nicht. Die Glossatoren begnügten sich mit Lehnübersetzungen, die die Silben wiedergaben. Die Personen der Trinität wurden mit *Heiten* wiedergegeben, eigentlich Beschaffenheiten, in dessen Endsilben die alten Heiten noch stecken; natura wurde, vielleicht schon mit Ahnung des etymologischen Zusammenhangs, mit kunat wiedergegeben (Kero), oder mit Zugrundelegung von esse mit wesan (Otfried und Notker); oder in wirklicher Lehnübersetzung mit gaburt. Von einer Beschäftigung mit den dogmatischen Haarspaltereien finden sich nur geringe Spuren. Aber die drei Personen der Trinität mußten wohl oder übel übersetzt werden, weil sie einen wesentlichen Teil des Glaubensbekenntnisses ausmachten. (Vgl. Art. *Persönlichkeit.*)

Die Wiedergabe des *Gottvaters* durch Vater, wie sie sich aus vielen althochdeutschen Übersetzungen in den Anfangsworten des Vaterunsers erhalten hat, scheint oberflächlich eine echte Übersetzung zu sein und keine Lehnübersetzung in meinem Sinne; denn den Begriff Vater hat es jawohl in jeder Sprache gegeben. Auch den eines zeugenden Vaters der Götter und Menschen wie *Ζευς πατηρ*, wovon Jupiter wohl Lehnübersetzung ist. Aber den althochdeutschen Übersetzern schwebte weder *Ζευς πατηρ* noch der vorchristlich germanische Walvater, Heervater vor, sondern doch wohl der jüdische Vater im Himmel, pater coelestis, *πατηρ ὁ ὀυρανιος*.

In anderem Zusammenhange werde ich darüber zu berichten haben, wie die dritte Person der Trinität, der *heilige Geist*, die sklavische Übersetzung von spiritus sanctus, auf das Psalmistenwort ruach kadesch Jehovah zurückgeht. (Vgl. Art. *Geist*.)

Ganz selbstverständlich war Erscheinung und Wandel Jesu Christi und sein Leiden und Tod für Verbreitung der neuen Religion unendlich wichtiger als die abstrusen dogmatischen Streitigkeiten um das Verhältnis und um die Verhältnisse der Personen in der Dreieinheit, selbstverständlich nicht nur vor Beginn des Dogmenstreits. Auch darum war es unfruchtbar, die Namen Jesus Christus mit salvator unctus übersetzen zu wollen; man empfand bald sogar den Amtsnamen Christus als einen zweiten Eigennamen; die Eigennamen siegten, nachdem die Geschichte des Trägers erst gefaßt und geglaubt wurde, und nur ein geschärftes Sprachgefühl wird heute noch heraushören, daß Jesus mehr die Person vorstellig macht, wie bei allen pietistischen Sekten und in der Poesie, Christus mehr den Religionsstifter mit den Geheimnissen seines Amtes.

In der Wiedergabe der Christologie müßte man wieder genauer unterscheiden zwischen der Erzählung der eigentlichen Vorgänge und zwischen den Glaubensgeheimnissen. Die schöne und einprägsame Erzählung konnte, wie jede andere, durch Übersetzung herübergenommen werden, auch noch jedes grobe Wunder; die religiösen Geheimnisse erst durch Lehnübersetzung. Geblieben ist die Lehnübersetzung *Auferstehung: resurrectio, ἀναστασις* (Paulus in Kor. I, 15 scheint den Ausdruck *ἀναστασις* von der Auferstehung der Toten vorzuziehen, *ἐγειρειν*, sonst *ἐγερσις*, von der Erweckung Jesu); ursprünglich hieß es arstandan, ufstandan, ufarstandan, archaïstisch noch erhalten von diesen Verben: Urständ; Urrist, wohl unter angelsächsischem Einfluß von risan, ist wieder verschwunden.

Beim Worte *Auferstehung* wird es besonders deutlich, wie vorstellungsreich die übersetzte Erzählung der persönlichen Wundergeschichte, der Auferstehung Jesu, und wie vorstellungsarm, wie sehr nur ein bloßes Wort die resurrectio mortuorum war. Die Auferstehung Jesu, trotzdem nachher die Evangelienkritik gerade an diesem Punkte scharf einsetzen konnte, durfte nacherzählt werden wie irgend ein anderer historischer Bericht. Für die *resurrectio mortuorum* aber, deren Begriffsentwicklung in den Köpfen der Apostel uns hier nichts angeht, gab es weder bei Juden, noch bei Griechen, noch bei Germanen einen gleichwertigen Glauben. Die Apostel selbst besaßen das Gesicht, die Erscheinung für den Glauben an die Auferstehung Jesu; für die Auferstehung aller Menschen hatten nicht einmal die Apostel mehr als das Wort. Und dieses Wort, zu den Germanen gebracht, stürzte erst die alte Weltanschauung, baute erst alle Furcht und Hoffnung des Jenseits auf, trotzdem alle menschliche Logik an den Versuchen scheiterte, einst den Zustand im Fegefeuer, jetzt den Übergang der Körpermoleküle durch Würmer, Humus, Pflanzen in andere Menschen mit der Auferstehung des Fleisches zusammenzureimen. Die Auferstehung Jesu war eine Göttergeschichte, war Mythologie; die Auferstehung des Fleisches und das folgende Weltgericht war die allerwichtigste Menschenangelegenheit, und war doch nur ein übersetztes Wort.

Für die Jünger Jesu Christi setzte sich die Lehnübersetzung *Bote* (ἀποστολος) auf die Länge nicht durch. Auch nicht die Lehnübersetzung *Meister* (eigentlich Lehnwort nach magister) für διδασκαλος, Rabbi. Die Lehnübersetzung von *Erlösung, redemptio,* λυτρωσις (das Wort Urkauf nämlich und das Verbum arkaufan) machte der freiern Übersetzung Losunga Platz, wenn losan damals nicht doch richtig loskaufen bedeutete, wie lösen an vielen Bibelstellen „durch Opfer an Geld oder Gut loskaufen“ (D. W. VI, 1190), und heute noch „ein Billet lösen.“

Eine andere geheimnisreiche Trinität, die von Welt, Engel und Teufel, ist der erhaltenen althochdeutschen Sprache so geläufig, daß es größerer Aufmerksamkeit bedarf, um zu erkennen, wie es nicht nur äußerlich, sondern auch innerlich fremdes Sprachgut ist. Die Welt, im spätern Mittelalter *Frau Welt,* ist der Gottheit, von der sie abgefallen ist, entgegengesetzt, feindlich; davon war in der antiken Welt gar keine Rede, schwerlich irgendwie bei den vorchristlichen Germanen. Von den griechischen Ausdrücken scheint *αἰων* (saeculum) auf jüdische Vorstellungen zurückzugehen, *κοσμος* (mundus) auf griechische Philosophie, auf Pythagoras. Die beiden lateinischen Worte sind gute Lehnübersetzungen aus dem Griechischen; *mundus*, gutes Latein, entspricht in jeder Bedeutung dem *κοσμος*, Schmuck und Ordnung; *saeculum*, erst im Kirchenlatein, dem *αιων*, Generation, Menschenalter. Hier ist eine strenge Lehnübersetzung ins Althochdeutsche nicht gelungen. Mittilgart, aus dem altheidnischen Midgart, bezeichnet zwar mehr den räumlichen mundus, den *κοσμος*, das bewohnte Stück Erde mitten im Chaos; kann aber gelegentlich auch das zeitliche saeculum, *αιων*, meinen, das ganz besonders an die Feindschaft gegen Gott erinnert. *Mittilgart* ist trotz seiner sprachlichen Schönheit verschwunden. Fairhwus, womit Ulfilas (Marcus 8, 36) *κοσμος* übersetzt, ist in keinem germanischen Dialekte geblieben; Schmuckhaus, fairhouse hätte christlicher Anschauung besser für den mundus intelligibilis als für den mundus sensibilis gepaßt. *Weralt* (genau hominum aetas, also *αιων*, besonders im verächtlichen Sinne), ist im englischen *world* und im deutschen Welt erhalten geblieben. Aber die eigentlich christliche Nebenbedeutung von *Frau Welt*, dem reizenden, nichtswürdigen irdischen Leben des Menschen, des Madensacks, ist doch wieder verloren gegangen. Welt ist aus *αἰων* wieder *κοσμος* geworden.

Der Bedeutungswandel der christlichen Lehnübersetzungen für *κοσμος* führte zu neuen Lehnübersetzungen. Als die Pythagoräer das Weltganze einen Schmuck oder eine Ordnung nannten, dachten sie wahrscheinlich an die Harmonie des Planetensystems, an diese unsere Welt; als die Lateiner das Wort mit mundus, schmuck, sauber, reinlich übersetzten, dachten sie wahrscheinlich gar nichts selbständig, sie redeten nur nach. Das Christentum erst schuf den Widerspruch zwischen dem Glauben an die Allweisheit und Allgüte des Schöpfers, also dem Optimismus, und der Überzeugung von der Elendigkeit der Welt, dem Pessimismus, der doch auch christlich war. Wäre der Sinn für die Herkunft des Wortes monde, mundus erhalten geblieben, so hätte man zur Zeit Voltaires etwa le monde immonde erfinden können, um den Widerspruch schlagend zu zeigen. Ich möchte auch vermuten, ohne einen Beleg zu besitzen, daß das deutsche Wort Weltgeistlicher ursprünglich einen kleinen Widerspruch enthielt und spöttisch gemeint war; der *geistliche* Mann gehörte nicht in die Welt.

Unchristlich war der Bedeutungswandel, den *Welt*, monde usw. im Abendlande erfuhr, seitdem der Gegensatz der sinnlichen und übersinnlichen Welt nicht mehr in Betracht kam. Räumlich oder geographisch gab es eine alte und eine neue Welt; ebenso zeitlich eine neue und eine alte Welt. Die bewohnte Erde hieß die Welt, danach auch die Gesamtheit der Menschen. Weiter die große Masse der Menschen und endlich besondere Gruppen von Menschen. Die Einschränkung auf niedere Klassen (tout mon monde = meine Dienerschaft) scheint über Frankreich nicht weit hinaus gedrungen zu sein. Ganz anders die Einschränkung auf höhere Klassen. Le monde hieß eine Zeitlang etwa soviel wie la cour oder auch la cour et la ville, die Gesellschaft, schließlich auch der Ton, die höflichen Sitten dieser geschlossenen Gesellschaft. Bouhours findet die Redensart avoir du monde, im Sinne von: feinen Schliff haben, verdächtig, will sie verbieten; sie setzte sich aber nicht nur durch, sondern kam mit dem Gebrauche von *Welt* für gute Gesellschaft auch zu uns. Adelung verzeichnet den Gebrauch und weiß auch schon, daß es eine Übersetzung ist: „praktische Kenntnis der feineren Welt und ihrer Sitten, als ein Abstraktum und ohne Plural und Artikel; eine der neuesten, nach dem französischen monde geformte Bedeutung. Er hat Welt, gute Lebensart. Wenn sie nur mehr Welt hätte."

Bei dieser Gelegenheit möchte ich aber nicht verfehlen, auf die etymologische Unschuld Adelungs hinzuweisen. Die Übersetzung aus dem Französischen, die er miterlebt, überhört er nicht; den Gleichklang zwischen mundus Welt und mundus rein, zwischen *κοσμος* Welt und *κοσμος* Schmuck hält er für zufällig, stellt mundus mit *gemein* und Menge zusammen und tadelt Ulfilas wegen seiner schönen Übersetzung fairhwus. Die oben gegebene Etymologie von weralt (schon bei Wachter) nennt er sehr gezwungen. Leibniz wagte die Herleitung von wiren, gyrare, wirbel, also von der Umdrehung der Erde und der Gestirne. Und noch der vortreffliche W. T. Krug, der sich glücklicherweise selten genug auf Etymologie einläßt, denkt bei Welt an walten, verwalten. Ich kehre zu der Trinität von Welt, Engel und Teufel zurück.

Das alte Testament kannte übermenschliche Geister, die von Gott zu Botendiensten gebraucht wurden; auf der Universität wurde mir noch von einem Ordinarius der Logik die Einteilung der Geister in Gott, *Engel* und Menschen vorgetragen. So ein Bote hieß im alten Testament einfach malach oder malach Jehovah. Die genaue Lehnübersetzung ins Griechische lautete *ἀγγελος (legatus, nuntius)*. Diese griechische Form blieb im Christlateinischen und in allen neueren Sprachen als Lehnwort erhalten. Althochdeutsche Lehnübersetzungen hielten sich nicht. Der *Teufel* ging als Lehnwort in die Volkssprache über, ist aber auch als Lehnübersetzung namentlich in poetischer Sprache und in der Kanzelsprache lebendig. Der hebräische *Satan* war nämlich bald als Fremdwort (*ὁ σατανας*), bald als Lehnübersetzung (*ὁ διαβολος*) in die Sprache des neuen Testaments übergegangen; dazu war das Fremdwort Beelzebub nach dem mundartlichen baalzebul (deus stercoris), eigentlich baalsebuw (deus muscarum) gekommen. Wir sprechen noch heute vom Satan, von Belzebub, ganz alltäglich in kräftigen Flüchen vom Teufel, *διαβολος*. Aber auch an Lehnübersetzungen fehlt es nicht: der *διαβολος*, schon in der Vulgata *inimicus*, wird mit *fiant*, altfiant wiedergegeben, was als Feind, alter Feind im Kirchenliede blieb. Auch Höllenhund (inferni canis), der alte Wurm (*ὁ ὀφις ὁ ἀρχαιος*) wird noch verstanden. *Tentator*, *ὁ πειραζων* wird jetzt in der Übersetzung *Versucher* gut verstanden; die althochdeutsche Übersetzung *kostari* von kosten, versuchen (selbst ein Lehnwort nach gustare) hätte für uns einen komischen Nebengeschmack. Zur Festhaltung des Begriffs Lehnübersetzung bemerke ich hier, daß in dieser ganzen Reihe von Übergängen die Hölle sich überall vorfand, keine Lehnübersetzung brauchte, auf echter Übersetzung ruhte. Die Juden hatten scheol, die Griechen den Hades, die Römer ihr infernum, die vorchristlichen Germanen ihre Hölle.

Dagegen war allerdings diese Unterwelt als grausame Strafanstalt eine jüdische Vorstellung; in den Hades, in die inferna, wahrscheinlich auch zu hel mußte jeder hinab; in den scheol, in die Hölle, nur wer eine Sünde, eine Schuld zu büßen hatte. Sünde, Schuld, Buße, lauter erzjüdische Begriffe, für die sich in der antiken Welt kaum Näherungswerte finden. Das Begriffspaar *Schuld* und

Buße war ursprünglich rechtlicher Natur. *Schuld* die eingegangene Verpflichtung, von Sollen; die Richtung auf die Zukunft hat sich in der englischen Konjugation, der Geldcharakter in der Buchführung *(Soll)* unserer Kaufleute erhalten. Ebenso ging Buße zunächst auf Vergütung durch Geld; *Buße* ist verwandt mit Besserung, Gutmachung; süddeutsch noch heute Altbüßer = Flicker, wovon noch die Redensarten Lücken büßen = ausbessern, seine Lust büßen = sein Verlangen wie einen Gläubiger befriedigen. Also bedeutete *Buße* eigentlich einen Schadenersatz. Die vorchristlichen Germanen machten Mord und Totschlag durch Geldbuße wieder gut. Erst das Christentum sah in der Schuld eine unbezahlte Verpflichtung gegen Gott, eine moralische Forderung Gottes, in der Buße die Bezahlung an Gott. Die Kette von Lehnübersetzungen: *ὀφειλημα*, debitum, Schuld, satisfactio, Buße (*μετανοια* wird genauer durch *Reue*, Gram, übersetzt, was das rechtliche Bild ganz verläßt) hat allein das Verhältnis des Menschen zu Gott im Auge. Die Zahlungsmittel sind natürlich von der gleichen Güterordnung wie die Schuld: *Glaube* (*fides, πιστις*) eigentlich doch wieder das Gutsagen, das dem Gutschreiben sich nähert und keine reine Lehnübersetzung ist; die *Bekehrung*, reine Lehnübersetzung des hebräischen schuw, *ἐπιστρεφειν*, converti; endlich auch die *Beichte* schon ein christliches Zahlungsmittel, ursprünglich *bijiht*, die Bejahung vielleicht, sicher die Beredung, frei übersetzt nach *confessio*, das aber für *ἐξομολογησις* (Aussagung) steht. Dem entarteten Katholizismus und seinem Ablaßkram war es vorbehalten, Schuld und Buße wieder in das alte Geldverhältnis zurückzuverwandeln. Wer über solche Dinge lachen will, mag sich erinnern, daß in den Hauptbüchern unserer Kaufleute dem uralten Worte für die Schuld, dem Soll, Debet, als Zahlungsmittel das klassische Wort für den Glauben gegenübersteht: *Kredit*. Geldwerte wurden zu Worten, Worte zu Geldwerten.

IX.

So sind wir über die letzten und tiefsten Stimmungen und Begriffe der neuen Weltanschauung wieder in die Welt zurückgekehrt, zu der auf der Erde organisierten Kirche. Ich habe schon gesagt, daß der Organisation viel daran liegen mußte, in ihrer reichen Kolonie Deutschland zu behuf der Kultivierung oder Ausbeutung die Sprache der römischen Herren einzuführen. Ließen sich die lateinischen Worte des Glaubens, des Gebetes und des Gottesdienstes nicht durchsetzen, weil die Germanen ihre Muttersprache liebten, so drangen doch die Worte des weltlichen Dienstes ein. Sie sind kaum zu zählen: *Abt, Altar, Bezirk, Bischof, Dechant, Feier, Gruft, Kanzel, Kapelle, Kelch, Kloster, Kreuz, Küster, Laie, Marter, Messe, Mönch, Münster, Nonne, Orden, Papst, Pfründe, Pilger, predigen, Priester, verdammen, Vesper* und viele andere. Aber der Purismus der deutschen Lehrer sorgte doch für eine große Zahl weiterer Lehnübersetzungen; ich erinnere daran, daß z. B.

der *Zehnte* im Griechischen, Lateinischen und Deutschen eine echte Übersetzung ist. Ich erinnere ferner, daß die Wochentage (auf die ich in anderem Zusammenhang zurückkomme) unkirchliche Lehnübersetzungen aus dem Lateinischen waren, und daß die großen Feste *Weihnachten* und *Ostern* ganz frei aus der vorchristlichen Zeit herübergenommen, also eigentlich nicht übersetzt wurden.

Von den Lehnübersetzungen der Gebete konnte sich das *Vaterunser* erhalten; *Morgenlob* und *Abendlob* für matutinae (jetzt Mette) und Vesper gingen wieder verloren; ebenso prächtige Lehnübersetzungen für *sacramentum*, *μυστηριον*; *βαπτισμα*, das im Lateinischen als das Lehnwort baptisma beibehalten worden war, wurde mit Taufe direkt übersetzt, wahrscheinlich schon vor der althochdeutschen Zeit. Compater wurde genau durch *Gevatter* wiedergegeben; *coena* ebenso genau durch Abendmahl, das heute nur noch die kirchliche Bedeutung hat und in der banalen durch Nachtmahl (norddeutsch auch kirchlich), Nachtessen, Abendbrot übersetzt worden ist; das hübsche Nachtmuos ist leider verloren gegangen. Es ist bekannt, daß die große Flut, das *diluvium*, genau durch *Sintflut* wiedergegeben wurde, um später mit christlicher Volksetymologie in Sündflut gewandelt zu werden.

Wir sind bei diesem kurzen Überblick schon vielen Lehnübersetzungen begegnet, die entweder verunglückte Versuche einzelner Glossatoren waren, oder nach kurzem Gebrauch wieder verschwanden. Diese Reihe abgestorbener oder totgeborener Übersetzungen ließe sich bedeutend vermehren. *Halla* und Saal für templum oder Gotteshaus, kejihtare für confessor im Sinne von martyr, *Frontag* und *truhtinlich tag* für dies dominicus, *gottspellan* für praedicare, vorasago für propheta und voraspel für prophetia, *quadchundida* für evangelium, *furstboto* für archangelus, *gaventan* für converti, *wunnigarto* für Paradies, ja sogar *wist* und *eowist* für substantia und substantia aeterna kommen und gehen. Und das darf man nicht übersehen, wenn man den Wert dieser sprachlichen Untersuchung recht verstehen will: wohl kommen und gehen, bald schneller, bald langsamer die Ausdrücke, weil bald der römische Herr, bald der deutsche Purismus sieghaft ist; aber auch die religiösen Begriffe selbst kommen und gehen, und die Vorstellung von einer ewigen Unveränderlichkeit des Katholizismus ist wirklich unhaltbar. Kurz vor der Übersetzung des Christentums ins Gotische erstehen dogmatisch die Personen der Dreieinigkeit, später kommt (wenigstens in der Mythologie des Volkes) die vierte Person hinzu, die Mutter Gottes. An die tausend Jahre bleiben sie, bis die Freidenker in England, die esprits forts in Frankreich und die Rationalisten in Deutschland die Worte und Begriffe fallen lassen.

Die Rezeption der christlichen Glaubensworte in die deutsche Sprache ist gerade darum so lehrreich, weil in dem jahrhundertelangen Kampfe zwischen den römischen Einheitsbestrebungen und dem deutschen Sprach- oder Volksgeiste dieser siegreich blieb. Nur in verzweifelten Zeiten, wie besonders im 30jährigen Kriege, kam dem Volksgeiste der gelehrte und bewußte Purismus zu Hilfe, der in besseren Zeiten, wie z. B. in der Gegenwart, den Geschmack oft verwirrt hat. Will man aber die ganze Bedeutung eines solchen Kampfes um die Sprache in einem einzigen Bilde, wie durch ein Teleskop, zusammenfassen, so denke man einmal an die Möglichkeit, daß auch die Bevölkerung des Frankenreichs, das jetzt la France heißt, leicht oder zufällig eine deutsche Mundart oder Sprache hätte behalten können, wenn die politischen, historischen und kirchlichen Verhältnisse anders gewesen wären. Die französische Sprache enthält unzählige Worte germanischer Abkunft, ist aber trotzdem ganz gewiß eine romanische Sprache, eine Tochtersprache des Latein geworden, wie man sagt. Als das entschieden war, konnten die gelehrten Schreiber eine Unmasse lateinischer Worte den romanischen Formen der Vulgärsprache hinzufügen, ohne daß jemals ein neufranzösischer Purismus gegen die altlateinische Invasion recht wirksam werden konnte. Höchstens, daß ein echter Dichter wie Molière das ungelehrte Französisch an dem gelehrten mitunter rächte, und so schon im 17. Jahrhundert für das Volkslied gegen die Schreibtischpoesie auftrat.

Eine der wichtigsten sog. Ursachen einer romanischen Frankensprache ist der Sieg des römischen Katholizismus über die Bevölkerung des Frankenreichs, ein Sieg, dessen Folgen selbst in diesen Tagen der Trennung von Kirche und Staat wirksam geblieben sind. Und da ist es wortgeschichtlich sehr beachtenswert (ich entnehme den Hinweis und die folgenden Beispiele H. Lehmanns Buche „Der Bedeutungswandel im Französischen“), daß die lateinischen Worte ihre alte Bedeutung sehr oft in ihrer fränkischen Verunstaltung beibehielten, für die neue kirchliche Bedeutung aber die alte lateinische Form von gelehrten Klerikern wieder hervorgeholt wurde. Der Sieg des römischen Katholizismus war da erst vollendet; vielleicht läßt sich das Äußerliche der französischen Frömmigkeit, das sich so köstlich und naiv in dem Worte *pratiquer* verrät, zum größten Teil auf die formale Klassizität der französischen Glaubens- und Kirchensprache zurückführen. Nun einige Beispiele für den Bedeutungswandel im christlichen Französisch und für die Bildung von eigentlichen Doppelformen.

Arche (arca) hatte in alten Mundarten den Sinn von Kasten, wurde dann ein Kirchenwort für die Arche Noahs, für die Bundeslade, das Allerheiligste, die Kirche selbst (être hors de l'arche = aus der Kirche ausgestoßen sein), das Unaussprechliche; dann freilich ironisch für die französische académie.

Assomption (assumptio) hatte früher allgemein den alten Sinn der Annahme, Aufnahme, z. B. des Minor im logischen Schluß, heute ist es der Terminus für Mariä Himmelfahrt, für die bildliche Darstellung des Ereignisses und für seinen Kalendertag.

Calice (calix) bedeutet, außer einem seltenen Gebrauch in der Botanik und in bestimmten Techniken, nur noch den Abendmahlskelch.

Cène (*coena*), einst Nachtmahl überhaupt, jetzt nur noch, wie das deutsche Abendmahl, die christliche Feier des heiligen Abendmahls; bei Protestanten auch die Konfirmation, auch eine bildliche Darstellung des heiligen Abendmahls; auf einem Seitenwege kam das Wort zu der Bedeutung: Fußwaschung.

Chapelet (dim. von chapeau, chapel, chape, cappa, ml. capa), zunächst Kopfschmuck (bailler le chapelet à une fille = unter die Haube bringen), eigentlich schon früh der Blumenkranz als Kopfschmuck, später der Blumenkranz, der Rosenkranz der Jungfrau Maria, endlich jetzt fast nur noch Rosenkranz zum Abzählen der Gebete, pater noster, und danach, wie im Deutschen, ein Ausdruck für die technischen Paternosterwerke.

Ciboire (ciborium), ehemals etwa Altardach oder kleiner Altar, jetzt nur noch das Gefäß für die geweihte Hostie.

Conversion (conversio) Umkehrung, Konvertierung, zumeist aber Bekehrung, insbesondere Glaubensänderung.

Couvent (conventus), jede Vereinigung, aber schon früh die von Mönchen, Kloster.

Guimpe (ahd. wimpel = Fähnlein, Kopfputz) im Altfranzösischen noch allgemein Kopfbedeckung von Männern und Frauen, jetzt besonders Brustschleier der Nonnen.

Lavement (lavamentum) in der Medizin bekanntlich Klystier; metaphorisch: was man im Deutschen ein Brechmittel nennt, ein unangenehmer, lästiger Mensch, in der Kirchensprache Waschung, besonders Fußwaschung.

Merci (merces) im Sinne von Dank (Lohn, unverdienter Lohn, Gnade, trifft nicht ganz zu, aber die Erklärung von merces als der Gnade Gottes für den Opfertod Christi scheint mir auf das Gleiche hinauszulaufen) fast international geworden; im Sinne von Gnade nur noch in bestimmten Redensarten vorhanden, im Sinne von Barmherzigkeit fast veraltet (ein Gebet: aie merci de nous).

Mestier (jetzt métier von ministerium) hat im Altfranzösischen oft den Sinn Gottesdienst, wie ministre noch vielfach den von Priester.

Rançon (redemptio) heißt nur noch Lösegeld; für den kirchlichen Begriff der Erlösung ist redemption wieder eingeführt.

Verbe (verbum) ist außerhalb der Grammatik aus der Sprache verschwunden (einzelne Redensarten wie le verbe haut abgerechnet), weil le Verbe als Lehnübersetzung von Logos der Terminus für die zweite Person der Trinität geworden war; parole (parabola) trat dafür ein. Ebenso verschwand *vesper* aus der unkirchlichen Volkssprache, weil *vêpres* für den Vorabend-Gottesdienst eines Festes und für das Vesperläuten in Anspruch genommen war; *soir* (serus) trat dafür ein.

Die Beispiele könnte man zu mancherlei Lehren ausdeuten. Mir handelt es sich aber hauptsächlich darum, auf den Unterschied hinzuweisen zwischen der Art, wie das Wortgebäude des Christentums nach Frankreich und wie das Wortgebäude des Christentums nach Deutschland kam. Oft schon, auch wohl übertreibend, ist die Tendenz der Worte bemerkt worden, ihren Sinn zu verschlechtern: der pessimistische Zug der Wortgeschichte. Kein Dogma, keine gebotene Unveränderlichkeit kann die Glaubensworte vor diesem allgemeinen Zuge in peius schützen. Man denke nur an *blasphemare*, das zu dem geringen *blâmer* wurde; aus *honestus* wurde nach vielen Umwegen *honnête*, was jetzt fast nur noch einen unbestraften Menschen bedeutet; *villain*, ursprünglich im Gegensatz zu höfisch ein Dörfler, Bauersmann, heißt jetzt gemein oder häßlich; die vielen Bezeichnungen für dumm kommen wie *simple, einfältig* (zum Teil durch Lehnübersetzung) von ehrenden Worten her; *albern*, mhd. alvaere, hieß im Althochdeutschen noch gütig. Es liegt auf der Hand, daß die althochdeutschen Lehnübersetzungen der christlichen Glaubensworte, weil sie oft Neubildungen waren, lebenskräftiger sein konnten, als die verschlissenen lateinischen Worte, die von Rom der romanischen Vulgärsprache der Franken aufgepropft wurden. Ganz ohne Purismus in diesem Sinne sind die Franzosen, wie gesagt, nicht gewesen; auch ihnen war roman reden lange Zeit soviel wie unser deutsch reden.

(Freilich konnten auch romanisierte Worte herunterkommen; benoît, scheinheilig, und benêt, Dummkopf, gehen auf *benedictus* zurück, das (hebr. *baruch*) von Maria und Christus ausgesagt wurde; béat von beatus wurde zu scheinheili, wie engl. silly, vom altengl. saelig, zu der Bedeutung töricht kam und im Sinne von glücklich veraltet ist.)

Diese Peiorisierung im Bedeutungswandel, die ich lieber Amortisation der Worte nennen möchte, erscheint uns nur auf dem Gebiete des Glaubens besonders groß, weil wir als Kinder angehalten worden sind, gerade diesen Wortschällen Ewigkeitswerte zuzugestehen. Qui pratique, wer ohne Innerlichkeit die Vorschriften der Kirche fleißig übt, der bringt seine Glaubensvorstellungen herunter, wie er die Worte des Gebetes abschleift und wohl auch verschluckt, wenn er oft und schnell den Rosenkranz betet. Ich habe schon erwähnt, weshalb parabole und parabolare zu parole und parler verschlissen wurde. Und nun das Wort, das wie kein anderes den abschüssigen Weg der Glaubensworte beleuchtet, wenn anders die Etymologie Génins richtig ist. Er führt *crétin* auf chrétien zurück; sei es nun daß christianus den ehrenden Sinn von simplex bekam, und wie simplex und ähnlich innocent den Einfältigen bezeichnete, sei es daß crétin, was nicht nachzuweisen, schon in heidnischer Zeit aufkam und wirklich beschimpfend die Christen meinte. Jedesfalls ist der Einfall von Littré, crétin wegen der angeblich blassen Farbe der Idioten auf das angeblich deutsche Wort Kreidling von Kreide, zurückzuführen, ein arger Schnitzer des Meisters; *Kreidling* hatte Campe, der oft geschmacklose Purist, frei erfunden, um es anklingend für crétin vorzuschlagen.

X.

Auf andern geographischen Wegen als nach Deutschland kam das Wortgebäude des Christentums, und nicht das ganz gleiche Wortgebäude, nach Rußland. Aber wie in Deutschland wurden die eingeführten Begriffe in eine frische Sprache übersetzt. Ich füge darum einige Bemerkungen über das Christentum der Slawen hinzu, das wir natürlich ebenso als eine ungeheure Lehnübersetzung auffassen können und müssen. Ich folge da der sprachgeschichtlichen Untersuchung von Miklosich, „Die christliche Terminologie der slawischen Sprachen", die ich nur in wenigen Fällen erweitern konnte.

Über die Seelensituation der Slawen vor Einführung des Christentums wissen wir womöglich noch weniger, als über die der Germanen. Glücklicherweise haben wir uns mit der Umgestaltung der slawischen Grammatik und Syntax durch die neuen Lehrer nicht zu befassen, nur mit der Neubildung von Begriffen durch die neue Lehre. Die Abhandlung von Miklosich (1875) steht auf dem Boden des bisher von mir ausgebeuteten Werkes von R. v. Raumer; Miklosich hat darum auch schon eine Vorahnung von der Bedeutung dessen, was ich Lehnübersetzung genannt habe. „Da die Begriffe des christlichen Glaubens kein angeborenes Gemeingut aller Menschen, sondern eine ganz bestimmte, vom hebräischen Volke ausgegangene Lehre sind, so sind die christlichen Begriffe etwas den slawischen Völkern von außen Mitgeteiltes und die sie bezeichnenden Worte entweder fremd oder, wenn einheimisch, entsprechend umgedeutet" (S. 2). Die Hauptmasse der Begriffe kam aus dem Griechischen, weil die Brüderapostel Konstantin-Cyrillus und Methodius Griechen waren; aber ihre Helfer und Schüler, die das Christentum unter dem Einflusse deutscher Bischöfe in Pannonien und Mähren lehrten, brachten deutsche und vor allem lateinische Elemente mit. Für spätere Zeiten sind polnische Schriften als Vermittler von Fremdworten und Lehnübersetzungen sonst nicht zu übersehen; die Sprache der Verwaltung, des Militärs, des Handels, der Kunst und der Wissenschaft steht im 17. Jahrhundert unter polnischem Einfluß, nicht die Sprache der Kirche. Aber konservativ, wie alles Kirchliche, bewahrt das slawische Christentum, besonders die Liturgie, heute noch von der Adria bis ins nördliche Sibirien Sprachformen, die vor tausend Jahren in Pannonien entstanden sind. Ich beschränke mich auf wenige Hinweise, die kursorisch auf die bunte Zufallsgeschichte der slawischen Etymologien aufmerksam machen können. Aus den vielen slawischen Sprachen will ich zu Beispielen immer diejenige auswählen, die mir entweder am bekanntesten ist, oder die das Verständnis erleichtert.

Heide wurde aus dem lateinischen paganus übernommen: *pohan;* merkwürdig, daß auch das deutsche haid vorkommt, und daß unser Haidekorn auf Kleinrussisch *pohanka* heißt. Sollte das Lehnübersetzung aus dem Deutschen sein?

Worte für *Christ*, christlich usw. behielten, wie überall, die griechische Form, nur daß die Slawen gemütlich den Glaubensgenossen, den einfachen Landmann, die Dienstmagd so nannten; hrišćanluk (serb.) hat aber das türkische Suffix lyk.

Besonders hochmütig klingt ein slawischer Ausdruck für *Priester:* tschechisch: kněz, ähnlich polnisch, russisch, serbisch und preußisch. Preuß. und lit. Formen lassen vermuten, daß kněz aus dem ahd. kuning stammt und Herr bedeutete. Heute noch heißt im Tschechischen kněz Priester, kniže Fürst. Aus dem Slawischen ist das magy. kenéz entstanden.

Mönch aus *μοναχος* von *μονος*, unus; slawische Lehnübersetzung (altslowenisch und russisch) inokъ.

Der Name für das Kirchengebäude, nicht für die Organisation der Kirche, ist im Slawischen bald Entlehnung aus dem deutschen Kirche (wie wir sahen, selbst ein Lehnwort): církev (tschech.), bald aus dem lateinischen castellum: *kostel* (tschechisch, ähnlich auch polnisch) oder Lehnübersetzungen für Gebäude (chrám), Bethaus.

Die Einführung des christlichen Kalenders bietet ein weites Feld. Er wurde zuerst bei den Slowenen wohl zur Gotenzeit eingeführt. Die Zählung der Wochentage, vom Montag beginnend, ist wohl griechisch (Dienstag der zweite, Donnerstag der vierte, Freitag der fünfte Tag), aber die Lehnübersetzung Mittwoch in středa (von střed Mitte) scheint wieder auf deutsche Zählung zurückzugehen. (Doch ist umgekehrt wieder das bayerisch-österreichische Pfinztag für Donnerstag, von *πεμπτη*, griechischen Ursprungs mit deutscher Zählung.) Sonntag, neděle (tschechisch) heißt Ruhetag und mag Übersetzung für *ἀπρακτοι ἡμεραι* sein.

Feiertag wird mit prazdný den (tschechisch) und ähnlich, leerer Tag, übersetzt.

Unter den Bezeichnungen für *Weihnachten* gibt es einige Kuriosa. Altslaw. koleda heißt es nur noch bei den Bulgaren; alle nationalen Etymologien scheinen falsch zu sein; Herkunft vom römischen calendae oder griechischen *καλανδαι* wahrscheinlich, aber die Beziehung auf das Weihnachtsfest wohl nicht nachweisbar. Die heutige Bedeutung, die Miklosich angibt „am Christabend von Haus zu Haus gehend Weihnachtslieder singen" ist mir aus meiner Kindheit nicht bekannt. Uns war koleda, wenn meine Erinnerung mich nicht täuscht: herumgehen und singen zu Epiphanias, die Hauptsache das Einsammeln von kleinen Gaben; und ich werde, ohne die Etymologie vorzuschlagen, die Erinnerung an die deutschen Kurrendejungen nicht los. *Vánoce*, die tschechische und ähnlich die slowakische Bezeichnung für Weihnachten, sind offenbar sogenanntes Kuchelböhmisch, gelehrt ausgedrückt eine vox hybrida: die zweite Silbe von Weihnacht übersetzt, die erste übernommen. Versuche tschechischer Gelehrten, vánoce ganz slawisch zu erklären, „glaubt man vielleicht heutzutage nicht mehr". Sie stehen auf der Höhe des klassischen ἀλωπηξ = Fuchs.

Predigen *(praedicare)* ging vielfach zu slawischen und Nachbarvölkern über, wurde aber schon früh mit kazati, befehlen, umschrieben. Mit der Zurückführung des altslawischen Gottesnamens *bog* auf Sanskritworte, gebe ich mich nicht ab. Vestigia terrent. Nur wieder zwei Kuriosa. Ein serbisches Volkslied nennt den lieben Gott *stari krvnik*, den alten Blutvergießer. Und *bogatъ*, von bog, heißt auch reich, der Gegensatz ubohý, nebohý (tschechisch) arm, bedauernswert. Sollte das vielumstrittene Mauschelwort *nebbich*, das man schon vom Slawischen (ne boha) wie vom Hebräischen und vom Deutschen (Nie bei euch) herleiten wollte, nicht von *nebohý* stammen? Sinn und Laut decken sich gut.

Die östliche wie die westliche, die griechische wie die römische Kirche nennen sich bekanntlich die katholische, d. h. die allgemeine Kirche. Ebenso halten beide an der Vorstellung fest, daß jede von ihnen allein den rechten Glauben besitze. Der rechte Glaube ist die Orthodoxie, wovon *pravověra* eine rechte Lehnübersetzung, während *pravoslavnъ* eine falsche von *ὀρθοδοξος*. Beide Kirchen halten aber auch die Fiktion aufrecht, daß sie den Glauben aller Menschen der bewohnten Welt, der *οἰκουμενη* darstellen; rѣseljenaja übersetzt *οἰκουμενη*.

Wort und Begriff *Engel* ist wie im Deutschen als Lehnwort aufgenommen worden anъgelъ, *anděl;* aber auch wie im Deutschen (Bote) findet sich die Lehnübersetzung *sel.*

Und mit der ewigen Selbstgerechtigkeit, die den eigenen Glauben für den rechten, den fremden für den falschen ansieht, haben sich die Slawen (Tschechen und Serben) Begriff und Wort Aberglaube durch die Lehnübersetzung *pověra* aus dem Deutschen geholt.

XI.

Die Übersetzung des römischen Christentums ins Deutsche, die Übersetzung des griechischen Christentums ins Slawische gibt aber ein falsches Bild, wenn man nicht hier und dort in Betracht zieht, wie die Organisation der Zentrale bestrebt war, Glauben und Lehre an unverstandene Worte allein zu knüpfen und den Zusammenhang mit der immerhin verständlichen Gemeinsprache zu zerreißen. Wir haben gesehen, wie Rom es bei den Deutschen lange Zeit durchsetzen wollte, daß selbst das Vaterunser und das Credo in lateinischer Sprache aufgesagt würden. Nicht auf das Verständnis sollte es ankommen, sondern auf die Zauberkraft unverstandener Wortfolgen. Das ist keine vereinzelte christliche Erscheinung. Noch heute sträuben sich orthodoxe Juden dagegen, ihre hebräischen Gebetformeln durch Übersetzungen in die Landessprache unwirksam oder matt zu machen. Im 16. Jahrhundert wurde in deutschen und slawischen Gebieten der Gruß „Gelobt sei Jesus Christus" zum Schiboleth, wer den Gruß aussprach, dem sicherten Päpste Ablaß vom Fegefeuer für fünfzig, für hundert Jahre, eventuell für zweitausend Jahre; die Salzburger Protestanten, die den Gruß verweigerten, wurden blutig verfolgt. „Im Ganzen haltet euch an Worte." Und ganz konsequent hielt die abendländische Kirche am Latein, die östliche Kirche an der altslawischen Sprache fest. Es klingt paradox und ist doch so: die neue Lehre mußte übersetzt werden, damit das Volk irgend etwas in sein Sprachgedächtnis aufnehmen konnte, aber sie mußte schön unverständlich übersetzt werden. Was wohl zum Wesen der Sprache und der Lehnübersetzung gehört.

Auch wenn das Prinzip der Unverständlichkeit den Organisatoren bewußt gewesen wäre, was gewiß nicht der Fall war, auch dann hätten beide Kirchen von ihrem Standpunkt aus recht gehabt. Beide waren sie rechtgläubige, ökumenische, katholische Kirchen, die einander gegenseitig verfluchten, zu Konstantinopel in der Hagia Sophia, die denn auch bald zu einer türkischen Moschee wurde, ein Wahrzeichen dafür, daß wahrscheinlich der römische Fluch noch kräftiger war als der griechische. Beide Kirchen wären klug gewesen, wenn sie die Zauberei und Unverständlichkeit noch unerbittlicher durchgeführt hätten. Im Abendlande hängt die Übersetzung der heiligen Schriften aufs engste mit dem Protestantismus, also mit der Selbstzersetzung des Christentums zusammen. Im Osten wurde der Versuch, sich der westlichen Reformation anzuschließen, sofort erdrosselt. Und die russische Kirche schuf einen Caesaropapismus, um den sie von Rom beneidet wird. Aber auch in Rußland veröffentlicht Tolstoi Schriften in der Muttersprache, und wenn es so weiter geht, so könnte das Christentum am Ende auch den Russen verständlich gemacht werden.

XII.

Man mag Anstoß daran nehmen, daß ich so in der ungeheuren Erscheinung des Christentums nur eine Gruppe von Worten, von Lehnworten und Lehnübersetzungen sehe. Mag man. Und dazu halten, wie niedrig ich Worte überhaupt einschätze. Ich weiß recht gut, daß hinter allen Worten, die etwas Wirkliches aussprechen, noch etwas anderes steckt, etwas Unaussprechliches. Also auch hinter den Worten des Christentums, soweit es eine Stimmung, ein Gefühl, ein Erlebnis ist, also auch etwas Wirkliches. Man muß unterscheiden zwischen dem objektiven Christentum der Christenheit, von dem gewöhnlich allein die Rede ist, und dem subjektiven Christentum der einzelnen Gläubigen, die gewöhnlich Ketzer sind, wenn ihnen ihr Glaube ein Erlebnis gewesen ist. Das objektive Christentum ist wirklich nur eine Gruppe von Worten, die nicht einmal vor dem Rationalismus standhalten konnten, und die seit Feuerbach mit andern Religionsworten als eine Selbsttäuschung der Menschheit veralten, die durch die neue Disziplin der vergleichenden Religionswissenschaft zu einem neuen Tummelplatz historischer Kleinforschung und folkloristischer Spielereien geworden sind. Das ketzerische christliche Erlebnis ist in Deutschland für den einzelnen Gläubigen durch Hamann und Herder, Hemsterhuis und Jacobi, durch Schleiermacher gegen Leute vom Schlage Lessings und Kants verteidigt worden; diese beiden waren im Herzen keine Rationalisten, aber eine andere als eine rationalistische Sprache beherrschten sie nicht. So steht es um das religiöse Bewußtsein überhaupt. Religion ist objektiv das Verhältnis einer Gemeinschaft, eines Volkes zu Gott; nur daß wir andern an diesen Gott nicht glauben. Subjektiv ist Religion das Verhältnis zu *seinem* Gott, an den der Einzelne, der der Einzige ist, etwa glaubt. Den er erlebt hat.

Man könnte den Gegensatz von objektivem und subjektivem Christentum, man könnte die Stellung des Wortes zum Christentum ohne jede Konstruktion zurückverfolgen bis zur Zeit, da der Held und Märtyrer auf Erden wandelte. Gewiß doch, gewisser als jemals wieder war sein subjektives Christentum ein Erlebnis, jenseits der Sprachworte. Was aber als Keim des späteren und so ganz andern Christentums um seine Person sich zu regen begann, die objektive neue Lehre derer, die in ihm den Christus sahen, war schon aus Erlebnissen und aus seinen Worten gemischt. Seine Worte, echt, verändert oder gefälscht, gingen durch die Schrift weiter; aber auch der Zauber seiner Persönlichkeit konnte schon auf die weitere Gruppe von Gläubigen, konnte schon auf die nächste Generation nur durch Worte übertragen werden. Der Logos wirkte allein. Und der Logos bemächtigte sich auch seines bittern Leidens, um das furchtbare Erlebnis sowohl zur eindringlichsten Erzählung zu machen, als auch um es dogmatisch zu deuten.

Als der Christenglaube seinen Siegeszug antrat, da erlebten die Gläubigen die beiden einander widersprechenden Lehren: Jesus ist der Messias, Jesus ist bitterlich am Kreuze gestorben. Aus dem Widerspruch der Messiasherrlichkeit und dem Kreuzesjammer gingen logisch die Worte des Dogmas hervor. Logisch, also zufällig. Es gibt ketzerische Sekten, die ein völlig anderes Christentum über die Welt gebracht hätten, wenn sie zufällig siegreich gewesen wären. Es hätte zum Beispiel zu einer Logologie kommen können, anstatt zu einer Christologie. Schöner wäre die neue Lehre dadurch nicht geworden.

Der Rationalismus mißverstand die Religion ethisch; wir sind geneigt, sie ästhetisch mißzuverstehen. Auch das Christentum ist nur eine Gruppe von Worten. Ich habe gelehrt, daß die Sprache ein ganz untaugliches Werkzeug der Erkenntnis sei, aber ein ganz ausgezeichnetes Werkzeug der Kunst. Ich wüßte kein poetisches Werk zu nennen, das es an Schönheit mit der Architektur des christlichen Glaubensbaus aufnehmen könnte. Nur daß die religiösen Worte just seit Organisation der christlichen Kirche wortwörtlich geglaubt, für bare Münze genommen werden wollen. Nur daß die 500 Millionen Christen, welche neben 1000 Millionen Nichtchristen auf der geduldigen Erde leben, in ihrer großen Masse mehr Verständnis haben für bare Münze als für Poesie.

Wollten wir noch einen Blick werfen auf die Versuche der Gegenwart, christliche Organisationen neue Eroberungen machen zu lassen, in Afrika, in China oder wo sonst eine Neuorganisation zu lohnen scheint, so würde uns überall ein schreiendes Mißverhältnis zwischen den großen aufgewendeten Mitteln und den beschämend kleinen Erfolgen entgegentreten. Übereinstimmend berichten die Kenner, und unabhängig voneinander, daß in Afrika, wie in China nur ein kleiner Haufe von Lumpen bekehrt wird. Es ist beinahe so wie im östlichen Europa der Erfolg der Juden-Mission, nur daß da oft reinlichere und auch reine Motive, wie nationaler Sinn, Ehrgeiz usw. mitspielen mögen. Der Vergleich mit den getauften Juden Europas mag die Erscheinung erklären helfen, für die die Scheidung von objektivem und subjektivem Christentum nicht ausreicht.

Auch für gebildete deutsche oder französische Juden ist das objektive, dogmatische, organisierte Christentum eine Lehnübersetzung, noch dazu in leeren Wortschällen. Nur daß der gebildete deutsche oder französische Jude allmählich sehr viel von dem ethischen Christentum des Rationalismus und von dem ästhetischen Christentum der neuesten Zeit in seine Weltanschauung oder in seine Seelensituation aufgenommen hat, oft in wirrem Gemisch. Diese vorbereitete Seelensituation, der vorbereitete Nährboden, fehlt durchaus dem Neger und dem Chinesen; der Neger versteht Ethik und Ästhetik der Christen nicht, man sagt: noch nicht; der Chinese fühlt sich dieser Ethik und Ästhetik überlegen, man sagt: er verstehe sie nicht mehr. Die Missionare kommen den Leuten nun weder mit dem subjektiven Christentum des Erlebnisses, noch auch mit dem objektiven Christentum des heutigen Europa, sondern mit schlechten Lehnübersetzungen eines Christentums vom Jahre 325 oder vom Jahre 1530. Das sind Lehnübersetzungen aus einer toten Sprache. Keine lebendige Sprache läßt sie sich aufdrängen.

Und doch scheint in ganz anderer Form das Christentum einen neuen Eroberungszug zu beginnen und sogar schon nach dem Orient auszudehnen. Es nennt sich nur anders. Unter dem Einfluß der echten Jesuslehre von der gleichen Kindschaft aller Menschen, dann unter dem Einfluß der monarchomachischen Thesen, die doch auch ein Gottesreich herstellen wollten, unter dem Einfluß des ethischen, rationalistischen Deismus, der sich selbst für christlich hielt, ist im Abendlande ein politisches Christentum erstanden, das sich Sozialismus nennt und das wie jeder neue Glaube durch Lehnübersetzung von Volk zu Volk wandert, durch gegenseitige Lehnübersetzung (natürlich unter Beihilfe tieferer, unsprachlicher Triebe) zu einer Organisation erwachsen ist, die heute unter uns die Organisation der großen Kirchen an Macht schon übertreffen würde, fehlte dem Glauben nicht so oft noch die Schönheit.

Und dieser Sozialismus, dieses politische Christentum, schickt sich an, Indien und Japan zu erobern. Es klingt nicht ganz gleich „wir sind alle Kinder Gottes" und „blutige Rache den Unterdrückern"; es dürfte aber doch das gleiche politische Christentum sein, das nach Sibirien von Tolstoi, nach den holländischen Kolonien von Multatuli getragen wird, das unter die Ärmsten von Indien und Japan durch weniger literarische Kanäle gebracht worden ist.

XIII.

Ich bin mir bewußt, in dieser ganzen Darstellung einseitig nur die einzelnen Worte des christlichen Glaubens betrachtet zu haben, unbekümmert um die Wortfolgen oder Sätze, gleichgültig gegen die Stimmung oder die Seelensituation des Bauwerks. Seine Steine habe ich betrachtet. Man mag mir entgegenhalten, daß nach meiner eigenen Lehre der Satz den Worten vorausgehe, der Zeit nach, wie dem Werte nach. Das alles will ich gern zugeben und mehr noch. Das Christentum ist immer noch kein totes Wort, es hätte sonst den Bedeutungswandel zum Sozialismus nicht erfahren können. In einem lebendigen Worte aber steckt immer außer dem Wortschall noch eine Fülle von Obertönen, die begrifflich und wortgeschichtlich kaum zu fassen sind. Also gewiß: ich habe durch Einseitigkeit gesündigt; ich habe einen richtigen Gedanken auf die Spitze getrieben. Es ist mir nur verdächtig, daß das Gefühl der Reue sich nicht einstellen will.

Strauß hat mit aller Bestimmtheit gesagt, daß *wir* keine Christen mehr sind; bei der Antwort auf die weitere Frage, ob *wir* noch Religion haben, hat er geschwankt. Ich meine, daß das wahre Bekenntnis, beiden Fragen gegenüber, umgekehrt werden müßte. Ganz bestimmt: wir haben keine Religion mehr. Zögernd: ein bißchen und gewissermaßen sind wir noch Christen. Wir haben das Christentum mit dem Bedeutungswandel. Und weil wir noch Christen sind, wir alle, darum scheuen wir die Vorstellung, daß das Christentum nur aus Worten bestehe.

circulus vitiosus. — Allen unseren Kultursprachen ist noch heute der Ausdruck geläufig, lateinisch oder in genauen Übersetzungen (frz. cercle vicieux, engl. vicious circle), der einen bekannten Schulschnitzer bezeichnen soll: die Wahrheit des Schlußsatzes wird aus der einer Prämisse bewiesen, die Wahrheit der Prämisse kann aber nur aus der des Schlußsatzes bewiesen werden. Das Denken dreht sich dabei im Kreise herum; die Griechen hatten für diesen Fehler einen weniger einprägsamen Namen, *τροπος διαλληλος*: A wird durch B bewiesen, B durch A; in älteren Schriften findet man noch den Terminus Diallele. Beispiele sind überflüssig. Der Kuriosität wegen will ich nur das anführen, das der gute Walch zum besten gibt, weil er den Zirkelschluß als Sophisterei noch bekämpfen zu müssen glaubt. „Wenn man fragte: warum Carl Stuart in Engelland wäre enthauptet worden? so könnte freilich mit den damaligen Malcontenten gesagt werden, er hätte sich an den Fundamental-Gesetzen versündigt: wenn man aber weiter fragte, woher man glaubte, daß er sich versündigt hätte? so wäre die Anwort läppisch, wenn man keine Ursach wüßte, als man glaubte es darum, weil er deswegen wäre enthauptet worden.“

Die Schulbücher der Logik fügten einst ihrer Warnung vor dem Zirkelschluß noch besondere Unterscheidungen hinzu; es gab den Zirkelbeweis (orbis in demonstrando) und die Zirkelerklärung (orbis in definiendo); namentlich bei der fehlerhaften Erklärung konnte der Fehler unmittelbar oder mittelbar begangen werden, d. h. der Fehler konnte offensichtlich oder er konnte versteckt sein. Ich will nun zu zeigen suchen, daß dieser Denkfehler — ganz abgesehen von den gröblichsten Fällen, die die Sprache zu vermeiden vermag, — tief im Wesen der menschlichen Sprache begründet und in seinen mittelbaren Folgen unvermeidlich sei.

Daß jeder Schluß der formalen Logik nur zu einer Tautologie führe, ist der gegenwärtigen Anschauung nicht mehr fremd; ich habe es (Kr. d. Sp. III 379 ff.) nachgewiesen. Tautologie ist aber nur ein anderer Ausdruck für Zirkelerklärung. Wenn der Schlußsatz eines Beweises psychologisch den Prämissen vorausgeht, und wenn das Prädikat jeder Prämisse psychologisch schon in ihrem Subjekte versteckt ist, so kann ein Beweis gar nichts anderes sein als ein Zirkelbeweis, der bewiesene Satz nichts anderes als eine Zirkelerklärung. Bei den abgedroschenen Schulbeispielen leuchtet das auf der Stelle ein: alle Menschen sind sterblich, A ist ein Mensch, also ist A sterblich. Auch wertvollere analytische Urteile werden so bewiesen, nur daß die Aufweisung des versteckten circulus vitiosus oft feinere Arbeit kosten würde als der Beweis selbst. Alle analytischen Urteile gehören hierher. Die synthetischen Urteile (z. B. die der Geometrie) wage ich in solcher Kürze nicht zu behandeln; nur darauf möchte ich hinweisen, daß der Satz, der dem diskursiv lernenden Schüler synthetisch erscheinen muß, dem erfindenden Meister analytisch gewesen sein kann oder gar aus einer genialischen, gewissermaßen vorsprachlichen Anschauung aufgegangen. Er *sah*, daß die Winkel eines Dreiecks = 2 R sind. Und das versteht sich am Rande (en marge), daß die Wirklichkeit, daß die Natur nicht aus Tautologien besteht. Nur die Sprache. Darum ist es nur die Wirklichkeit, nur die Natur, die uns etwas zu sagen hat.

Zirkelbeweise führen zu Zirkelerklärungen. Zirkelerklärungen sind aber fast allgemein auch diejenigen axiomatischen Definitionen wiederum, auf denen als auf ihren Prinzipien die Wissenschaften ihre Schlüsse bauen. Die Modernen wissen niemals wie scholastisch sie sind, Das erste, das beste Beispiel.

„Die Wärme ist eine Energieform.“ Zunächst das Verlegenheitswort *Form*:

Man will sagen die Vorstellungsgruppe, welche wir unter dem Namen Wärme zusammenfassen, gehört zu den mancherlei Vorstellungsgruppen, deren jede eine Energie heißt. Man hätte also, etwas weniger präzis oder etwas weniger pedantisch, sagen können: die Wärme ist eine Energie. Unter *Wärme* versteht man aber in diesem Zusammenhang weder die Wärme als Empfindung, noch den Wärmegrad, noch irgend eine bildliche Bedeutung des Wortes, sondern einzig und allein die Möglichkeit der Arbeitsleistung durch Wärme. Unter *Energie* versteht man bekanntlich gar nichts anderes als die Möglichkeit einer Arbeitsleistung Unser Satz würde also in einer gründlichen Paraphrase lauten: die Arbeitsleistung, die durch Wärme ermöglicht wird, ist eine der vielen Möglichkeiten von Arbeitsleistung.

Es gehört auf ein anderes Brett, daß die genialen Erfinder des Oberbegriffs Energie bei der Durchforschung so verschiedenartiger Erscheinungen doch etwas mehr gesehen haben als eine Tautologie, etwas mehr erdacht haben als eine Zirkelerklärung. (Vgl. Art. *Energie.*)

Cogito ergo sum.

I.

Descartes führt in der Philosophiegeschichte den Beinamen eines Vaters der neueren Philosophie. Um seine Lehre wurde lange gekämpft, wie sonst nur um kühne Neuerungen bahnbrechender Geister. Der ganz große Spinoza ist in der mathematischen Form seines Systems, wie in den grundlegenden Axiomen, von Descartes abhängig; die englische Erkenntniskritik des 18. Jahrhunderts, von der wir eben erst über Kant herkommen, ist eine einzige, große Auseinandersetzung mit Descartes. Woher dieser außerordentliche historische Erfolg des Mannes, der um die Physik und Geometrie sehr bedeutende Verdienste hatte, auf dem Gebiete der Philosophie jedoch ängstlich, unentschieden, verworren war? Und durchaus nicht originell. Was er unter den klaren und bestimmten Ideen verstehe, denen man allein vertrauen könne, hat er niemals klar und bestimmt gesagt; dies Vertrauen begründet er überdies mit der Wahrhaftigkeit Gottes, der uns die angeborenen Ideen anerschaffen habe, wobei denn die Philosophie und Theologie, die Descartes doch getrennt haben wollte, wieder durcheinander geworfen werden. Er ist ein Mitbegründer des Rationalismus und wendet sich trotzdem gegen den mittelalterlichen Wortrealismus. Er hat dem Sensualismus mächtigen Vorschub geleistet, den Satz aber, nichts sei im Verstande, was nicht vorher in den Sinnen gewesen wäre, öfter angegriffen. Er hat die Unveränderlichkeit der Bewegungsenergie schon gelehrt, aber diese Behauptung theologisch begründet und die Wunder nicht geleugnet.

Dieser Mangel an Entschiedenheit, diese Resignation, die weit ab von dem Agnostizismus eines Sokrates sich etwa damit beschied: „Andere wissen auch nicht mehr als ich!“ — diese Schüchternheit gegen die Ansprüche der Theologie, machten ihn gerade seiner Zeit plausibel. Descartes war im innersten Herzensgrunde geneigt, die ganze Natur mechanistisch zu erklären, so wie er die mathematische Erklärung der Physik sehr gefördert hat; er nennt nicht nur, was wir wie ein Verbrechen empfinden, die Tiere Maschinen, sondern möchte auch gern die Physiologie des Menschen als eine Maschinerie auffassen; damit wäre er wirklich der Vater des modernen Materialismus geworden, der sich jetzt Monismus nennt, nur daß Descartes in noch viel stärkerem Maße für den Dualismus eingetreten ist, für die Lehre von der grundsätzlichen Verschiedenheit der Seele und des Leibes. Ich glaube nun, daß gerade diese Schwäche des Standpunktes entscheidend war für seinen Erfolg. Die Naturwissenschaftler führten seine Untersuchungen weiter bis zum konsequenten Materialismus; und fanden es in einer Zeit, in der die Kirche immer noch ein bißchen das Verbrennen der Ketzer besorgen durfte, ganz bequem, mit dieser Kirche nicht anzubinden und die letzten Fragen, die Welträtsel, mit einer höflichen Verbeugung der Theologie zuzuschieben; es war einzig und allein eine Frage der Gewissensfreiheit, war also nur von der politischen Entwicklung abhängig, wie weit sich diese Cartesianer in der Richtung des Materialismus vorwagten. Die Scholastiker wiederum, deren Geschlecht ja bis zur Stunde nicht ausgestorben ist, die Schulphilosophen, die vom Verstande ausgingen, turnten über hundert Jahre lang lustig auf dem Seile herum, das Descartes zwischen Seele und Leib ausgespannt zu haben schien, ohne daß jemand wußte, woran eigentlich die beiden Enden befestigt waren.

Vom Ruhme des Descartes ist wie von dem Ruhme manches tieferen Denkers, eigentlich nicht viel mehr übrig geblieben in dem Wortschatze der stadtläufigen Bildung als ein geflügeltes Wort: Cogito ergo sum. Ich möchte zeigen, daß dieser Satz, das Axiom des Descartes, eine noch leerere Tautologie war als von den Kritikern dieser drei Worte schon längst behauptet worden ist; ich möchte aber auch mit der Anerkennung nicht zurückhalten, daß nur ein Mann von wahrhaft faustischem Wahrheitsdrang, den Descartes bei aller Scheu vor der Kirche doch wohl besaß, in dem Axiom den Mittelpunkt einer ganz neuen Weltanschauung erblicken durfte.

II.

Descartes ging bekanntlich vom Zweifel an aller Gewißheit aus; der große Zweifel, der tötlich fruchtbare der ganz freien Geister, war seine Sache nicht; daß aber die Wirklichkeit unerkennbar sei, die Lehre von der Welt als Vorstellung, die heutzutage nach Berkeley, Kant und Schopenhauer zum ABC der Erkenntnistheorie gehört, diese Lehre dämmerte dem Vater der neueren Philosophie zum erstenmale in ihrer abgründigen Bedeutung auf: Die Wirklichkeitswelt wurde von uns nur mittelbar erkannt, war ungewiß; irgendeine Seelentätigkeit in uns war unmittelbar gewiß. Descartes, der so elegant vom Zweifel ausging, zweifelte dennoch nicht daran, daß der wahrhaftige Gott uns mit der Sehnsucht nach Wissen nicht gefoppt haben könnte; Descartes suchte nun nach einem Schwungbrett, mit dessen Hilfe man aus dem Zweifel in das Wissen hinüberspringen könnte. Und fast triumphierend fand er dieses Schwungbrett in der armen Tautologie: Cogito ergo sum. Man höre sein jubelndes Heureka: Sic autem rejicientes illa omnia, de quibus aliquo modo possumus dubitare, ac etiam falsa esse fingentes; facile quidem supponimus nullum esse Deum, nullum coelum, nulla corpora; nosque etiam ipsos non habere manus, nec pedes, nec denique ullum corpus; non autem ideo nos qui talia cogitamus nihil esse: repugnat enim, ut putemus id quod cogitat, eo ipso tempore quo cogitat, non existere. Ac proinde haec cognitio, ego cogito, ergo sum, est omnium prima et certissima, quae cuilibet ordine philosophanti occurrat.

Unzählige Male sind dem Satze seit seiner Aufstellung die beiden Vorwürfe gemacht worden, daß er uralt sei und daß er einen falschen Schluß enthalte. Die beiden Vorwürfe widersprechen einander durchaus nicht. Falsche Beweise sind mehr als einmal durch die Jahrhunderte gegangen; der ontologische Beweis für das Dasein Gottes — ich komme gleich auf ihn zurück — hat eine sehr ehrwürdige Geschichte. Es hat also nichts mit dem Werte des Satzes zu tun, daß er sich bereits, weniger hübsch ausgedrückt, bei Campanella findet, vorher beim hl. Thomas, vorher beim hl. Augustinus und wahrscheinlich lange vorher in den allerheiligsten Schriften der Inder. Der logische Fehler soll nun darin bestehen, daß die Existenz aus der Tätigkeit des Denkens allein erschlossen wird, aber aus jeder anderen Tätigkeit, der höchsten wie der niedersten, ebensogut erschlossen werden könnte. Der Ichbegriff steckt bereits in der Verbalform *cogito*, einerlei ob *ich* der Verbalform ausdrücklich vorangestellt wird oder nicht; nach der Lehre der vergleichenden Sprachwissenschaft steckt ein uraltes Wort für *ich* sogar noch materiell in jeder Verbalendung der ersten Person der Einzahl. Es ist darum ganz gleichgültig, ob das Sein des Ich aus cogito, aus volo oder meinetwegen aus mingo erschlossen wird; immer wird nur die Existenz des Subjekts, das in dem kurzen Satze *cogito* schon enthalten war, ausdrücklich bestätigt. Dieser Fehler ist zum erstenmale von Lichtenberg bemerkt worden, und er hat bei diesem Anlaß gleich den ganzen Abgrund beleuchtet. „Wir kennen nur allein die Existenz unserer Empfindungen, Vorstellungen und Gedanken. *Es denkt*, sollte man sagen, so wie man sagt *es blitzt*. Zu sagen *cogito* ist schon zuviel, sobald man es durch *ich denke* übersetzt." (Verm. Schriften I, 99.) Wobei Lichtenberg allerdings übersehen hat, daß Descartes selbst an der entscheidenden Stelle *ego cogito* gesagt hat.

Alle diese Einwürfe wären gegenstandslos gewesen, wenn Descartes nicht seinem Satze, so kurz er war, durch das unglückliche *ergo* die Form eines Beweises gegeben hätte. Tantum ergo! Aber schon der erste und weitaus größte Erklärer Descartes', Spinoza nämlich, hat, und gleich in der Einleitung seiner Darstellung der Cartesianischen Philosophie (Opera III 116), energisch darauf hingewiesen, daß dieser Fundamentalsatz kein logischer Schluß sei: „Bezüglich dieser Grundlage ist besonders zu bemerken, daß der Satz *dubito, cogito ergo sum* kein Syllogismus sei, in welchem etwa der Obersatz fortgeblieben wäre. Denn wenn er ein Syllogismus wäre, müßten die Prämissen klarer und bekannter sein als die Folgerung *ergo sum*; ja sogar die Vorstellung *ego sum* wäre nicht mehr die erste Grundlage aller Erkenntnis, abgesehen davon, daß sie keine sichere Folgerung wäre; denn ihre Wahrheit würde von allgemeinen Prämissen abhängen, welche von unserem Verfasser längst angezweifelt worden waren. Also ist *cogito ergo sum* ein einziger Satz, gleichbedeutend mit dem Satze *ego sum cogitans.*"

III.

Wenn Spinoza mit dieser Aufklärung recht hat, wenn das *ergo* in dem Fundamentalsatze nur eine Folge der allgemeinen Schulfuchserei der Zeit war, die ohne logische Redensarten (*ergoter* nennen es die Franzosen noch heute) wissenschaftlich nicht denken zu dürfen glaubten, so heißt der Ausgangsgedanke des Descartes nur: wir müssen die Begründung der Philosophie von vorn anfangen, wir müssen von dem einzig Gewissen ausgehen, von unserem Selbstbewußtsein. Und zieht man in Betracht, daß Psychologie in unserem Sinne zu Anfang des 17. Jahrhunderts noch gar nicht existierte, daß die offizielle Philosophie des ganzen Mittelalters nicht von inneren Erlebnissen herkam, sondern immer nur von logischen Bearbeitungen bereiter Begriffe, so wird man den faustischen Drang des Mannes nicht verkennen, der wirklich zum erstenmale das innere Erlebnis — das er als Selbstbewußtsein empfand — zum Ausgangspunkte machen wollte und alles sonst dem Zweifel preisgab. Sokrates hatte gesagt: Ich weiß, daß ich nichts weiß! Jetzt rief Descartes: Ich weiß doch etwas! *Ich weiß mich*!

Damit war wenig geschehen, aber doch eins: die Aufforderung an die philosophierende Menschheit, Psychologie zu treiben, bevor sie Metaphysik trieb. Die Sehnsucht nach den Leistungen eines Locke, Hume und Kant war ausgesprochen. Nur die Sehnsucht. An sich ist auch der Satz *ego sum cogitans*, ohne *ergo* also, inhaltlos.

Ich denke oder *ich spreche* heißt doch für uns nichts anderes als: ich habe in den lokalisierten Bewegungserinnerungen der Artikulation Merkzeichen für die Wiederkehr von Sinneseindrücken, oder — auf die kürzeste Form gebracht —: ich habe Erinnerungen. (Ich mache darauf aufmerksam, daß auch dieser Satz, wie alles eben, wieder eine Tautologie enthält; denn *ich* heißt ja wieder selbst nichts als ein Etwas, das Erinnerungen hat.) Vielleicht ist die Erinnerung nur eine Voraussetzung des sogenannten Denkens, vielleicht ist sie das Denken selbst; jedenfalls aber ist derjenige Satz, welcher das *cogito* am besten wiedergibt: *ich habe Bewußtsein* — nur ein Synonym für: *ich erinnere mich.* Es will also der Vordersatz *ich denke* nichts weiter besagen als: ich habe in diesem Augenblick *Bewußtsein,* d. h. ich verknüpfe den Sinneseindruck dieses in diesem Augenblick vollzogenen Federstrichs mit der Erinnerung an frühere Federstriche, überhaupt an Früheres; ich habe das Bewußtsein meiner Dauer. Ich muß noch einmal unterstreichen, daß Denken für mich niemals etwas anderes ist.

Ich bin oder *ich existiere* heißt nun zunächst gar nichts. Der Begriff *sein* bleibt übrig, wenn man der Wirklichkeitswelt Stück für Stück alles nimmt, was begriffen werden kann. Das Sein als oberste Kategorie ist ein Jongleurkunststück. Das Wort *sein* ist auch deshalb bis zu dem schmachvollen Dienste einer Copula, zum Kuppeldienste, herabgesunken und darum auch ganz tonlos. Neben diesem ganz unbetonten *sein* gibt es das gleiche Wort noch einmal in ganz anderer Aussprache; es wird betont und heißt so viel wie existieren. Viel heißt das nun freilich auch nicht; es bezeichnet höchstens den Gegensatz des Nichtvorhandenseins, es ist eine Art Kopfnicken oder Bejahen, das auf die stille Frage: „Gibts denn das eigentlich?“ mit *Ja* antwortet. Wenn ich nun diese Existenz von irgend einem Körper der Wirklichkeitswelt aussage, so meine ich damit, daß er meine Sinnesorgane so und so beeinflußt, daß ich aus diesen so und so kombinierten oder kombinierenden Empfindungen den Schluß auf einen Körper als ihre Ursache ziehe. Ich versetze diese Ursache dann irgendwohin in den Raum der Wirklichkeitswelt und wende die Gesetze des Raumes auf sie an, wie die anderen sogenannten Naturgesetze.

Wenn ich aber von mir selbst aussage, daß ich existiere, so kann ich damit nur sagen wollen: ich sei in diesem Augenblicke im Besitze eines Gefühls, einer Empfindung, einer Stimmung, kurz eines Bewußtseinsinhalts, ich habe aber dabei die Erinnerung eines vorhergegangenen Bewußtseinsinhalts. (Nebenbei: es ist aber wieder das Bewußtsein mit seinem wechselnden Inhalt doch eben nur die Erinnerung oder das Ich; „das Bewußtsein hat Inhalt“ heißt also „ich habe Erinnerungen“ und ist wieder eine Tautologie.) Wäre meine Existenz auf diesen Augenblick beschränkt, ich würde sie ebenso wenig Existenz nennen, wie ich etwa den Moment, oder den Punkt, oder die Grenzlinie zwischen einem Körper und der umgebenden Luft existierend nenne. *Ich bin* heißt also wieder nur (ebenso wie *ich denke*): mein Bewußtsein ist kein Augenblicksbewußtsein, ich habe die Erinnerung meiner selbst, ich habe das Bewußtsein meiner Dauer. Der Satz des Descartes lautet also: ich daure, also daure ich. Oder etwas feiner, ja vielleicht für manchen Leser so fein, daß er die tautologische Leerheit wieder entfernt glaubt: Cogito ergo sum; ich habe Erinnerungen, also habe ich Erinnerung.

IV.

Habe ich den Satz *cogito ergo sum* bisher für sich allein betrachtet, zunächst seine logische Form preisgegeben und dann seinen inneren Gehalt erkannt als diese schlichte Tatsache des Selbstbewußtseins, des bloßen Bewußtseins meiner Existenz, so möchte ich jetzt noch einige Fäden verfolgen, die von dem Satze zu einigen letzten Fragen der Ontologie leiten. Es ist nach dem Gesagten klar, daß ich anstatt des ganzen Satzes ebenso gut bloß das erste Glied *cogito* oder bloß das zweite Glied *sum* zum Ausgang nehmen könnte; ja sogar das gewöhnlich unterdrückte Subjekt der beiden Satzglieder, *ego*, würde dazu genügen; in diesen Abstraktionen des Denkens haben alle diese drei Worte *cogito, sum* und *ego* nur einen einzigen und darum den gleichen Inhalt.

Ich behaupte nun, daß der Denkfehler, der aus dem berühmten Satze *cogito ergo sum* den Angelpunkt einer antiskeptischen Philosophie zu machen wagte, identisch ist mit dem radikalen Denkfehler aller Ontologie oder aller Metaphysik vom Sein. Mit der verhängnisvollen Neigung des grüblerischen Menschengeistes, doppelt zu sehen, zweimal zu setzen, einmal als Begriff und einmal als Existenz zu setzen, was auch nur einmal genau zu sehen, was mit bestimmter Akkommodation zu fixieren über die Kräfte des Menschengeistes geht. Die Irrenärzte wissen, ein wie gefährliches Sympton das Doppeltsehen realer Gegenstände ist; das Doppeltsehen der Philosophen ist nicht ganz so gefährlich, weil die Krankheit vielleicht nur an der philosophischen Sprache haftet. Die Sprache sieht doppelt und setzt doppelt, wenn sie ein Wort *ego* hat, außer und neben dem Worte *sum*, wenn sie von einem Gotte redet, der neben und außer der Welt sei, wenn sie außer und neben den Worten für die adjektivische Welt noch eine Fülle anderer Worte für die substantivische Welt hat. Mit den Fragen, an die ich hier streife, hat sich wortabergläubisch, bevor nämlich Sprachkritik mit Locke ihren Anfang nahm, derjenige Teil der Metaphysik beschäftigt, der Ontologie hieß (vgl. Art. *Ontologie*).

Es ist kein Zufall, daß unmittelbar nach Descartes, durch Clauberg, der Name Ontologie erst gebildet wurde, als ein notwendiger Korrelatbegriff zu dem viel geläufigeren Worte Theologie. Nicht mehr und nicht weniger sollte in dieser Disziplin ausgemacht werden als die wahre Beziehung zwischen *Begriff* und *Existenz;* noch Kant hat gelegentlich seine eigene Transzendentalphilosophie nur als einen neuen Namen für diese alte Ontologie bezeichnet. Es fällt unserer nüchternen Zeit nur schwer, so abgründige Grübeleien unter dem Namen Ontologie zusammenzufassen; wir haben uns durch Häckels Terminologie, die von einem Gegensatz der *Ontogenese* und Phylogenese redet, daran gewöhnt, in dem ersten Wortbestandteil (natürlich das griech. *ὄν*) das Einzelwesen ausgedrückt zu sehen, den individuellen Organismus im Gegensatze zu seiner Stammesgeschichte, das gegebene Einzelding; wir können diese Gewohnheit nur schwer wieder ablegen, nur schwer in dem Gegebenen die *Aufgabe* erblicken, in dem *ὄν* die Frage.

Es ist auch kein Zufall, daß derselbe Descartes, der den Satz *cogito ergo sum* so triumphierend ausrief, der Adoptivvater desjenigen Beweises für das Dasein Gottes war, der den Namen des ontologischen Beweises führt. So unsäglich albern, wie ich diesen Beweis noch als Schüler vortragen hörte und wie ich ihn auswendig lernen sollte (Gott ist das allervollkommenste Wesen; zur Vollkommenheit gehört auch das Dasein: also existiert Gott) ist die Fassung nicht gewesen, die ihm seine Väter gaben, weder die ältere und sehr feine Fassung bei Anselm von Canterbury noch die neuere Fassung bei Descartes; sonst hätte Kant zu seiner prachtvollen Widerlegung dieses ontologischen (Cartesianischen) Beweises nicht seinen ganzen Scharfsinn aufzuwenden brauchen. Der große Gegensatz zwischen dem mittelalterlichen Nominalismus und dem Wortrealismus steckt hinter dem Kampfe um den Beweis. War der mittelalterliche Realismus berechtigt, so war die Schlußfolgerung des Anselm unwiderleglich, die Schlußfolgerung von der Existenz eines Begriffs auf seine reale Existenz. Und täuschte den Descartes seine innere Stimme nicht, die Berufung auf das Selbstbewußtsein, so war auch seine psychologische Deutung des ontologischen Beweises unwiderleglich.

Mir ist es aber hier nur darum zu tun, kurz darauf hinzuweisen, daß der Denkfehler im *cogito ergo sum* der gleiche ist wie im ontologischen Beweise. Und zwar steckt in dem Satze, wenn man ihn als Syllogismus nimmt, der ontologische Beweis des Anselmus, wenn man ihn aber (mit Spinoza) als Tatsache des Selbstbewußtseins nimmt, der ontologische Beweis des Descartes. Wenn da geschlossen wird, wird wirklich ganz kindisch aus der Existenz eines Begriffes oder Wortes auf die Realität der Sache geschlossen, die bei dem Worte gedacht worden ist. Es macht dabei nicht viel aus, daß *ego cogito* nicht heißt *ich bin ein Begriff*, sondern ich habe Begriffe; die Begrifflichkeit, das Begriffsein ist von *cogitare* nicht zu trennen. Wird aber nicht geschlossen, wird nur *ego sum cogitans* als eine Tatsache des Selbstbewußtseins empfunden, dann wird das Ichgefühl genau ebenso aus der Tiefe des Gemüts geschöpft, wie in dem modernisierten, cartesianischen ontologischen Beweise der Glaube an Gott (nicht das Dasein Gottes) aus der vermeintlichen Unmöglichkeit, Gottes Dasein von seinen Eigenschaften wegzudenken. Das *cogito ergo sum* ist der ontologische Beweis für das eigene liebe Ich.

Und noch eins. Spinoza glaubte so fest an dieses ontologische cogito ergo sum, wie er es deutete, daß er es lapidar an die Spitze seiner Ethik stellte; es ist die erste von den unseligen Definitionen, mit denen Spinoza sein Werk einleitet, und die so abschreckend leer sind, so scholastisch, daß manch ein guter Leser über sie nicht zu den Herrlichkeiten des eigentlichen Buches weiter gedrungen sein mag. Causa sui ist, dessen essentia involvit existentiam. Auf seinem Wege fortschreitend ist Spinoza zu den Definitionen des Anfangs kaum wieder zurückgekommen; aber die causa sui und die essentia melden sich häufig zum Worte und enthüllen sich als Gott oder die Natur. Auch Spinoza konnte der Neigung nicht widerstehen, zweimal zu nennen, was nur einmal existiert; die Größe seiner Lehre in diesem Punkte besteht darin, daß er nicht zweimal setzt, was er doppelt benannt hat: Deus *sive* Natura.

Die Kritik des ontologischen Beweises mag man bei Kant selbst (Kr. d. r. V. 620—630) nachlesen. Sie ist eins seiner annihilierenden Meisterstücke: Die Logik abstrahiert von allem Inhalte; *sein* ist kein reales Prädikat; hundert wirkliche Taler enthalten nicht das mindeste mehr, als hundert mögliche; das analytische Urteil, daß ein Ding existiere, ist nichts als eine elende Tautologie. „Es ist also an dem so berühmten ontologischen, (cartesianischen) Beweise vom Dasein eines höchsten Wesens aus Begriffen alle Mühe und Arbeit verloren, und ein Mensch möchte wohl ebenso wenig aus bloßen Ideen an Einsichten reicher werden, als ein Kaufmann an Vermögen, wenn er, um seinen Zustand zu verbessern, seinem Kassenbestande einige Nullen anhängen wollte."

Und dieser Kant fand nachher, in der praktischen Vernunft, dasselbe höchste Wesen als Tatsache des eigenen Selbstbewußtseins. Darüber ist nicht zu rechten; ob man das Ideal seiner Persönlichkeit im Ich gefunden hat oder das Ideal der Welt in Gott, einerlei, ein inneres Bedürfnis hat sich ausgesprochen. Cogito ergo sum; cogito ergo est.

Kant wie Descartes hatten sich nicht über die Sprache erhoben wie Lichtenberg mit seinem: *es denkt*, wie man sagt *es blitzt*. Aus dem unpersönlichen *es denkt* könnte nicht einmal die Sprache den Schluß ziehen: *Ich* denke *Gott*. Das Subjekt des Satzes wäre ein *Etwas*, und über das Objekt dürfte man nicht einmal dieses Minimum aussagen.

D.

Dämon. — Ein belehrendes Beispiel für die Zähigkeit von Scheinbegriffen; seit Homeros ist das Wort Dichtern wie Philosophen geläufig. Freilich wissen die Wortphilologen nicht, wie sie *δαιμων* ableiten sollen (die Platonische Etymologie, von *δαημων*, *kundig*, ist doch wohl unsinnig; eine Entlehnung, nicht Verwandtschaft, aus dem Indischen oder Zend eher einleuchtend: aus der sogenannten Sanskritwurzel *div*, wenn es eine solche gab, kam vielleicht in der Zendsprache *daêva* = Dämon); die Sachphilologen wissen nur zu sagen, daß *δαιμων* bei Homeros noch kein

Mittelglied zwischen Gott und Mensch bedeutete, sondern geradezu etwas Göttliches; der Anruf *δαιμονιε* freilich hatte alle Schattierungen von *Du Göttlicher* bis *Du Narr*. Erst später wurde das Wort zu einer Bezeichnung für die Mittelwesen, die guten wie die bösen Genien; im Neuen Testamente allein für die bösen, für die Teufel. Die Literatur über das Scherzwort des Sokrates, über sein *δαιμονιον*, möchte ich doch nicht vermehren. Von den Neuplatonikern wurde die Dämonologie in ein förmliches System gebracht, wovon einige Bruchstücke in unseren Schulen noch gelehrt werden, z. B. die Lehre von den Engeln. Das Mittelalter sah die Welt voll von Dämonen; bis tief ins 18. Jahrhundert spukten sie. Wir glauben nicht mehr an solche Geister, weder an gute noch an böse, aber unter uns wird das Wort *dämonisch* wieder häufig gebraucht. Was man aber, etwa seit der Zeit von Lord Byron, in unseren Kultursprachen mit einer gewissen unklaren Gleichmäßigkeit unter *dämonisch* versteht, das ist so ziemlich das Gegenteil von dem, was Altertum und Mittelalter bei dem entsprechenden Worte dachten. Einst bezeichnete es einen Menschen, der ungewöhnliche Handlungen oder Werke ausführt, unter dem zwingenden Einflusse einer ihm fremden Zaubergewalt, einer großen oder kleinen Gottheit; heute bezeichnet es einen Menschen, der ungewöhnliche Taten oder Werke vollbringt, ohne jeden fremden Einfluß, nur von einer unwiderstehlichen Neigung getrieben, von seiner eigensten Persönlichkeit. Es gibt eine ganze Gruppe solcher Worte, in denen wortgeschichtlich noch eine theologische Zeit steckt, die aber individualistische Bedeutung gewonnen haben. Ganz nahe zu *dämonisch* ist *genial* zu stellen *(genius = daemon)*. Nur daß die so beliebte Zusammenstellung von Genie und Wahnsinn wieder auf uralte theologische Vorstellungen zurückgeht. Früher glaubte man ernstlich, der Wahnsinnige sei *besessen*, vom Teufel oder von einem Dämon besessen; jetzt sagt man von einem genialen Menschen, er sei besessen, er habe den Teufel im Leibe, er sei dämonisch, und kann sich wirklich nichts dabei denken. Höchstens etwa: er ist ein ungewöhnlicher Mensch.

Es ist eine der vielen sprachkritischen Wohltaten Ibsens, daß er sich über das Modewort nach Gebühr lustig gemacht hat. Relling gesteht (Wildente 5. Akt), daß er auch bei dem versoffenen Molvik das stimulierende Prinzip der Lebenslüge konserviert habe. „Den hab' ich *dämonisch* gemacht. Das ist die Fontanelle, die ich ihm in den Nacken setzen mußte... Was zum Donnerwetter heißt denn *dämonisch*? Das ist doch bloß ein Quatsch, den ich erfunden habe, um den Mann am Leben zu erhalten".

Man vergleiche mit diesem Hohne Ibsens den Greisenstil Goethes, der nicht viel mehr als ein Menschenalter zurückliegt. Der alternde Goethe liebte die Worte *Dämonen* und *dämonisch;* besonders in Briefen und Gesprächen äußert sich überaus häufig die schmeichelhafte Vorstellung, daß ein höherer gestaltender Wille über seinem eigenen Leben gewaltet habe. Wer nicht durch Pietät zu einem Schönfärber geworden ist, muß bei diesem Sprachgebrauch Goethes zwei ganz verschiedene Gedanken unterscheiden; der eine ist rein und groß und lehrt in immer neuen Wendungen: „Dir kannst du nicht entfliehen" oder (wie es in der Erklärung zu den herrlichen *Urworten* heißt): „Der Dämon bedeutet hier die notwendige, bei der Geburt unmittelbar ausgesprochene, begrenzte Individualität der Person, das Charakteristische, wodurch sich der Einzelne von jedem Andern bei noch so großer Ähnlichkeit unterscheidet ... deshalb spricht diese Strophe die Unveränderlichkeit des Individuums mit wiederholter Beteuerung aus"; der andere Gedanke ist klein, eitel und abergläubisch; mit diesem menschlichen Zuge Goethes steht sein Unsterblichkeitsglaube in Zusammenhang, mit dem er im Alter so gern spielte und der am Ende auch die *Urworte* ein wenig verwirrt. (Vgl. Art. *Unsterblichkeit.*) Namentlich in den Gesprächen mit Eckermann und in den Briefen an Boisserée äußert sich der Aberglaube an freundlich gesinnte Dämonen, die Goethe durch alle Fährlichkeiten des Lebens geführt haben, gern und oft redselig: je höher ein Mensch, desto mehr stehe er unter dem Einfluß der Dämonen; Raphael, Mozart, Napoléon, auch Lord Byron, werden dämonisch genannt; das Dämonische werfe sich gern an bedeutende Figuren, in einer klaren prosaischen Stadt, wie Berlin, fände es kaum Gelegenheit sich zu manifestieren (1831). Sehr drollig ist es, wenn die subalternen Freunde mit einer Art von Echolalie Goethes Greisenworte wiederholen, und z. B. Eckermann eine kleine Abhandlung über das Dämonische zum besten gibt. Goethe selbst war denn doch noch größer als sein menschliches Haften am Dämonen- und Unsterblichkeitsglauben; immer wieder ist, wenn er sich vertraulich so hat gehen lassen, etwas wie Ironie herauszuhören. Der Dichter spielt mit solchem Glauben. Bald wird ihm das Dämonische zum Unbewußten, bald sieht er in dem retardierenden Treiben, namentlich der kleinen Dämonen, die z. B. die Achse seines Wagens brechen lassen, oder die seine frigide Schwester vor einem Balle regelmäßig mit einem Ausschlage heimsuchen, etwa das, was Vischer die Tücke des Objekts genannt hat. Goethe war trotz seines gelegentlichen Hasses gegen die Sprache zu sehr Dichter, um die Worte zu überwinden wie Ibsen.

Dauer. — Das Wort ist ein konfuser und nicht unbedenklicher Begriff geworden, seitdem es nicht allein von den Dingen, sondern von der Zeit selbst ausgesagt wird. *Dauern* ist ein Lehnwort, das lat. *durare,* wie in den romanischen Sprachen; es hat sich im Deutschen lange nicht durchgesetzt, trotzdem es mhd., bei Wolfram und sonst, öfter zu finden ist, wohl noch als Fremdwort empfunden, im Sinne von *ausharren*; Luther kennt es nicht; erst im 17. Jahrhundert wird es von der Gemeinsprache aufgenommen und zwar wird es jetzt gleich sowohl von den Dingen als von der Zeit selbst gebraucht. Der lateinische Sprachgebrauch war ursprünglich ein ganz sinnlicher; transitiv bedeutete *durare: hartmachen*, intransitiv: *hart werden*, sodann bildlich, aber immer noch sinnlich genug: das Fortbestehen einer Sache, die durch die Zeit keinen Schaden erlitten hat. Wäre die Aufmerksamkeit ausdrücklich auf das Verhältnis von Zeit und Dauer gelenkt worden, so hätte man sich vorgestellt: die Zeit fließe dahin wie ein Strom und mitten im Strome daure ein Ding, unverändert wie ein Felsen. In diesem Sinne ist die Dauer oft definiert worden, als etwas an den Dingen, so von Spinoza und von Wolf; auch von Kant: „Durch das *Beharrliche* allein bekommt das *Dasein* in verschiedenen Teilen der Zeitreihe nacheinander eine *Größe*, die man *Dauer* nennt." (Kr. d. r. V. S. 226.) Seit Locke aber begann man die Dauer auch psychologisch zu verstehen; das Ich empfindet sich als identisch in der Zeit, das Ich wird zu dem Dinge, welches dauert. Dagegen wäre gar nichts einzuwenden gewesen; so unmerklich wie die Dinge, ändert sich ja auch das Ich. Aber nun wurde die psychologische Dauer, die Empfindung der Dauer, auf die Zeit selbst übertragen, als ein Maß der Zeit, als ein Größenmaß also; und das war falsch, weil die Zeit gar nicht unmittelbar ausgemessen werden kann, am wenigsten durch eine Empfindung. Eine kurze Dauer sollte sich zur Zeit verhalten wie eine kurze Strecke zum Raume. Der Raum aber kann wirklich nach Strecken gemessen werden, wenn man nur die unschwere Hypothese der Übertragbarkeit annimmt; die Zeit aber kann bekanntlich wieder nur durch Raumgrößen gemessen werden, der Strom der Zeit nur durch Bewegungsgrößen. Man müßte also *Dauer* sehr genau als eine Funktion der Zeit definieren, um das Wort in der Physik und in der Psychologie anständigerweise gebrauchen zu können; was nicht gehindert hat, daß das Unwort *Zeitdauer* ganz alltäglich geworden ist.

Es ist ganz richtig, daß wir uns eine gegenwärtige Dauer eigentlich gar nicht vorstellen können; die Gegenwart hat keine Dauer, ist nur der mathematische Punkt zwischen Vergangenheit und Zukunft; diese Bemerkung betrifft aber nicht die Zeit allein; wir können uns auch die kleinsten Teile der Dinge, die Atome, nicht vorstellen. Immer müssen wir den gegenwärtigen Moment mit einer Handvoll Nachbarmomente zusammenfassen, wenn wir auch nur den Moment haschen wollen. Die experimentelle Psychologie hat nachzuweisen gesucht, daß die kürzeste Zeitdauer, die wir noch unterscheiden können, $^1/_{500}$ Sekunde sei. Ich glaube, daß solche Untersuchungen sehr wenig Nutzen haben für die Physiologie der Sinnesorgane, für die Psychologie eigentlich keinen Sinn.

Definition. — Wer der formalen Logik die Bedeutung abspricht, die man ihr etwa von Aristoteles bis Bacon zugestanden hat, der wird auch den Wert der Definitionen für das menschliche Denken geringer einschätzen als die Lehrbücher der Logik es tun. Dabei hat die Logik von ihrem Standpunkte aus ganz recht; und wir werden gleich sehen, welche Rolle der Standpunkt oder das Interesse dessen, der eine Definition aufstellt, bei der entscheidenden Wahl des unterscheidenden Merkmals spielt. Soll die Logik nach Art der Mathematik zu sicheren Schlüssen führen, so muß sie allerdings mit streng definierten Begriffen arbeiten. Die von Aristoteles abhängige Scholastik glaubte wirklich, in ihren sauberen Definitionen einen Weltkatalog des *Wesentlichen* zu besitzen. „Eine vollständige Sammlung aller möglichen Definitionen wäre für Aristoteles eine Realenzyklopädie aller Wissenschaften gewesen; für uns nur ein tötlich langweiliges Wörterbuch, nebst Angaben des nächst höheren Artbegriffes und des determinierenden Merkmals. Dabei kann sich gewöhnlich nur der etwas denken, der es schon weiß. So ist die Definition immer nur entweder eine Worterklärung, wie der Artikel eines Fremdwörterbuchs (nämlich für jeden Schüler), oder sie ist eine Aufforderung an sich selbst, sich an die Grenzen des Begriffs zu erinnern und keine Dummheiten zu reden. Einen Fortschritt im eigenen Denken erzeugt sie so wenig, als eine Speisenkarte dadurch den Hunger stillt, daß ihre französischen Namen gegenüber deutsch übersetzt stehen.“ (Kr. d. Spr. I. 310.)

Wir wollen uns darum auf die ewig wiederholten Warnungen vor Definitionsfehlern nicht näher einlassen; um so weniger, als das Nötigste in anderem Zusammenhange besser vorgebracht und geordnet wird. (Vgl. Art. *Beschreibung*, *circulus* und *Tautologie.)* Wir wollen nur zwei Punkte hervorheben: die alte Einteilung in Real- und Nominaldefinitionen und den hergebrachten Anspruch der Definition darauf, das Wesen des definierten Dinges oder Gedankendinges anzugeben.

Was die uralte Unterscheidung in Real- und Nominaldefinitionen betrifft, so ist diese scholastische Distinktion in den letzten Jahrzehnten allgemach, wenn auch nicht immer ausdrücklich, preisgegeben worden. Eigentlich hatte schon Reid den Unterschied fallen gelassen: „A definition is nothing else but an explication of the meaning of a word.“

Was ich selbst über diese Distinktion zu sagen hätte, habe ich bereits in der sprachkritischen Logik (Kr. d. Spr. III. 308) ausgeführt:

„Weil wir die Welt nicht verstehen, darum gibt es keine andere Art der Definition als die Worterklärung. Die alte Einteilung in Nominal- und Realdefinitionen hat gar keinen logischen Sinn, weil wir doch die Dinge selbst nicht erklären können und kaum erklären wollen. Ich habe schon angedeutet, daß es wohl einen Unterschied zwischen Wort- und Sacherklärung geben könnte, wenn wir die logischen Spitzfindigkeiten vergessen und dagegen festhalten wollten, daß wir es nur mit psychologischen Vorgängen zu tun haben. Man könnte es wohl ganz besonders eine Nominaldefinition, eine Worterklärung nennen, wenn ich einem noch unwissenderen Menschen, als ich es bin, ein bisher fremdes oder bisher inhaltleeres Wort weitergebe und es dazu definiere, das heißt dazu sage, an welche Vorstellungen das Wort mich erinnert. Man könnte im Gegensatz dazu es eine Realdefinition nennen, wenn ich durch eine neue Beobachtung oder eine neue Erfindung einen Begriff erweitere, dadurch seine Definition verändere und mich selbst auf diese Änderung oder Bereicherung meiner Sprache besinne. Ein großer Überblick würde dann lehren, oder zu sagen gestatten, daß die menschliche Sprache von bahnbrechenden Geistern durch Realdefinitionen höher geführt worden ist, daß das menschliche Denken also durch Realdefinitionen gewachsen ist, daß aber der normale Mensch seine Sprache oder seine Weltanschauung von der Geburt bis zum Tode nicht anders lernt als durch Nominaldefinitionen. Unser gesamtes Denken oder Sprechen bewegt sich in Nominaldefinitionen oder Tautologien; einer Realdefinition kann sich nur das Genie vermessen — oder der Wahnsinn. Wer mir aufmerksam gefolgt ist, wird hier erkennen, daß dieser anheimgegebene Gegensatz von Nominal- und Realdefinition für mich zusammenfällt mit dem Gegensatz der Erkenntnisse a priori und a posteriori. Der Wertschätzung nach werden dabei freilich die Kantschen Begriffe auf den Kopf gestellt; es war aber a priori zu vermuten, daß die Sätze der reinen Vernunft, die Sätze vor aller Erfahrung nicht viel wert sein würden, nicht mehr als eine Erbschaft, die Gemeingut ist, als ein Recht auf das Licht der Sonne.“

Ich möchte zu dieser Auffassung, die freilich Definition und Denken, Sprechen und Wissen unter einem ganz bestimmten Lichte zusammensieht, jetzt noch eine Bemerkung machen, die vielleicht unversehens zu dem zweiten Punkte hinüberführen wird, den ich betrachten wollte.

Wenn es keine anderen Dinge gibt als Gedankendinge, wenn auch die sogenannten Körper nur unsere Vorstellungen sind (vgl. Art. *Ding*), wenn wir andererseits alle diese Dinge und Gedankendinge gar nicht anders vorstellen können als durch Begriffe oder Worte, so liegt es auf der Hand, daß all unser Definieren nichts weiter ist als ein Sichbesinnen auf die übliche Bedeutung der Begriffe oder auf den allgemeinen Sprachgebrauch. Es gibt knappe und weitschweifige Definitionen, es gibt Besinnungen des Meisters und Erklärungen für den Schüler, es gibt aber nicht Dingerklärungen außer und neben den Begriffserklärungen der gleichen Dinge. Auch hier also begegnen wir der Neigung des philosophierenden Menschen, die eine und einzige Welt zweimal zu setzen.

Die psychologische Unterscheidung, die ich an die veralteten Worte Real- und Nominaldefinition zu knüpfen suchte (durch den Zauber der alten Worte verführt), ließe sich noch ein wenig verallgemeinern. Wir wollen von dem seltenen Falle absehen, daß ein Genie durch eine wichtige Neubeobachtung den Inhalt eines alten Begriffes wesentlich ändert. Auch sonst ist es für die psychologische Wirklichkeit nicht dasselbe, ob ein Schüler des Fachs die Fachausdrücke oder die leitenden Begriffe so kennen lernt, wie sie von den Fachleuten allgemein gebraucht und verstanden werden; oder ob ein Meister des Fachs sich erlaubt, den Sprachgebrauch der Kollegen zu verlassen, für den eigenen Gebrauch der Begriffe eine besondere Regel aufstellt, die er nachher freilich unweigerlich zu befolgen haben wird. Selbstverständlich gilt das ebenso gut bis hinauf zu den Fachausdrücken der Philosophie und bis herunter zu allen Worten der Gemeinsprache. Es gibt also wirklich zwei Arten der Definition, je nach dem ob man sich auf den allgemeinen Sprachgebrauch besinnt, auf die Bedeutung, die der Begriff *zwischen den Menschen* hat, oder ob man sich auf seinen eigenen Sprachgebrauch besinnt, auf die Bedeutung, die man selbst dem Begriffe beizulegen pflegt oder beilegen will. Man könnte diese beiden Arten der Definition ganz wissenschaftlich unterscheiden: die provisorische und die definitive Definition, die völkerpsychologische und die einfach psychologische Definition. Ich mache keinen dieser Vorschläge im Ernste. Die Ungleichheit der beiden Definitionen läßt mich nur darauf schließen, daß die mathematisch sichere Definition der Logik, die Definition für die totsicheren Schlüsse, in der psychologischen Wirklichkeit gar nicht vorhanden ist, daß sie ein Ideal ist, an dem weder die Begriffe der Gemeinsprache noch die der Individualsprache gemessen werden dürfen. Der weiseste Grieche, Sokrates, ist auch der Mann, dem in der Geschichte der Philosophie die Sehnsucht nach Idealdefinitionen zugeschrieben wird. Er war der erste Lehrer, der von seinen Schülern saubere Definitionen verlangte, das heißt doch wohl einen sauberen Gebrauch ihrer Muttersprache. Ob Sokrates wohl in seiner docta ignorantia wirklich geglaubt hat, durch Definitionen das Wesentliche der Begriffe zu erfassen? Jedesfalls hütete er sich, entweder der Gemeinsprache oder der Individualsprache allein zu vertrauen. Mit seiner Umgebung plaudernd suchte er die wahren Definitionen, so berichtet der getreue Xenophon (*σκοπων συν τοις συνουσι, τι ἑκαστον εἰη των ὀντων, οὐδεπωποτ᾽ ἐληγεν*). Aber es lag dem griechichen Geiste nahe, an die Erkennbarkeit des Wesens der Dinge zu glauben.

Zweitausend Jahre mußten vergehen, bevor die Denkarbeit ganzer Generationen von Philosophen langsam auch das Denken als einen psychologischen Vorgang betrachten lernte, ernsthaft Erkenntnistheorie zu treiben begann und so u. a. auch zu der Überzeugung gelangte, daß man von keinem Merkmal eines Dings sagen dürfe, dieses Merkmal sei dem Dinge *wesentlich*, daß man darum eine absolute Definition gar nicht aufstellen dürfe. Jedes Ding der Wirklichkeitswelt steht in irgend einem Zusammenhang mit der gesamten übrigen Wirklichkeitswelt, jede

Vorstellung mit der gesamten übrigen inneren Welt; im Leben hängt es von unserem Interesse ab, im Denken von unserem Standpunkte, welche dieser Beziehungen, welches von diesen Merkmalen wir als das wesentliche ansehen wollen. Wir dürfen nicht glauben, jemals das wesentliche Merkmal zu finden, durch dessen Hinzufügung an das genus proximum so bequem die richtige Definition — nach der Schulmeinung — entstehen soll. Es gibt keine absolut richtige Definition, wie es übrigens auch keinen absolut richtigen Sprachgebrauch gibt. Was freilich auf dasselbe hinausläuft. Ich glaube fast, mich bei dieser skeptischen Ansicht sogar auf Kant berufen zu dürfen, der einmal (er war nicht immer so vorsichtig) gesagt hat, die Definition sei „ein zureichend deutlicher und abgemessener Begriff".

Deïsmus. — Ich habe nicht erfahren können, wer zuerst das Wort geprägt hat, wer zuerst auch nur die Männer *Deïsten* genannt hat, die in ihren Vorstellungen vom orthodoxen Glauben abwichen. Die Bezeichnungen treten im 16. Jahrhundert auf, scheinen da aber schon den streitenden Theologen geläufig zu sein.

Mir klingen die Worte so, als ob sie von Feinden gebildet wären, von frommen Leuten, welche die Deïsten etwa so denunzieren wollten: Ein Deïst sei ein Humanist, der selbstverständlich an Gott glaube, aber nicht an den Gott der Christen, sondern nur an den Deus der Heiden. So konnte es kommen, daß man unter deïsta noch im 18. Jahrhundert bald einen Atheïsten verstand, bald einen Gegner des Atheïsmus.

Über den Zufall, daß die beiden Worte Deïsmus und Theïsmus fast nur wie zwei verschiedene Schreibarten nebeneinander bestehen und daß eine Negation, wie eben Atheïsmus, von Deïsmus nicht gebildet wurde, wären eigentlich nicht viele Worte zu verlieren; die griechischen Worte *ἀϑεος* und *ἀϑεοτης* sind zwar uralt und wurden zu Fremdwörtern im Lateinischen, und Atheïsmus als wissenschaftlicher Terminus für eine fast unvorstellbare Gottesleugnung findet sich schon in früher christlicher Zeit; aber seinen Schrecken verlor das Wort doch erst, ohne Bekreuzigung wurde von Atheïsten erst geredet, als die griechische Sprache allgemein in die Schulen eingeführt worden war und griechische Worte ausschließlich als technische Ausdrücke für philosophische Richtungen, Krankheiten und neue Erfindungen benützt oder ad hoc neu zusammengesetzt wurden. Dazu kam wohl noch die frappierende Ähnlichkeit der Wortklänge Deïsmus und Theïsmus. Es ist bekannt, daß der Gleichklang von deus und *ϑεος* auch naïve Philologen (wenn es deren gibt) zu der Ketzerei verführt hat, entgegen den heiligen Lautgesetzen, *deus* und *ϑεος* für urverwandt zu erklären; wofür sie denn von Curtius (Etymologie[5] 513) gehörig zurechtgewiesen worden sind.

Ich habe auf diese beinahe nur orthographische Frage aber deshalb hinweisen zu müssen geglaubt, weil kein Geringerer als Kant zwischen Deïsmus und Theïsmus einen Unterschied setzen wollte, und das zu einer Zeit, als die englischen Deïsten oder Theïsten, die sich auch freethinkers nannten, bereits den Kontinent mit ihrer Ketzerei angesteckt hatten. Wobei es den Philosophen von Beruf nicht eben zur Ehre gereicht, daß sie eigentlich ohne Ausnahme, wenn man den einzigen Spinoza, den Fürsten der Atheïsten, nicht zu ihnen rechnet, nicht ehrlich Farbe bekannten, daß sie einen Konflikt mit der Kirche scheuten. Die Vertreter des Deïsmus waren die großen englischen, französischen und zuletzt auch deutschen Schriftsteller: Shaftesbury, Voltaire, Rousseau, Reimarus, Lessing. Durch diese Männer war der unkirchliche Glaube an einen rein begrifflichen Gott schon zum Gemeingut des gebildeten Abendlandes geworden, als Kant, in diesem Falle doch wohl nur mit scheinbarem Tiefsinn, zwischen Deïsmus und Theïsmus distinguirte. Beide Begriffe haben es nur mit Theologie aus bloßer Vernunft zu tun und stehen außerhalb der offenbarten Theologie. Die Theologie aus bloßer Vernunft „denkt sich nun ihren Gegenstand entweder bloß durch reine Vernunft vermittels lauter transzendentaler Begriffe (ens originarium, realissimum, ens entium) und heißt die *transzendentale* Theologie, — oder durch einen Begriff, den sie aus der Natur (unserer Seele) entlehnt, als die höchste Intelligenz und müßte die *natürliche* Theologie heißen. Der, so allein eine transzendentale Theologie einräumt, wird *Deïst*, der, so auch eine natürliche Theologie annimmt, *Theïst* genannt." Der Unterschied soll besagen, daß der Deïsmus vom Wesen Gottes nichts wisse, wohl aber der Theïsmus, der dem Welturheber Verstand und Freiheit zuschreibe. „So könnte man nach der Strenge dem *Deïsten* allen Glauben an Gott absprechen und ihm lediglich die Behauptung eines Urwesens oder obersten Ursache übrig lassen. Indessen da niemand darum, weil er etwas sich nicht zu behaupten getraut, beschuldigt werden darf, er wolle es gar leugnen, so ist es gelinder und billiger, zu sagen: der *Deïst* glaube einen *Gott*, der *Theïst* aber einen *lebendigen Gott* (summam intelligentiam)." (Kr. d. r. V., S. 659 bis 661.)

Kants Gedanken werden auch in diesem Falle deutlicher erklärt in den Prolegomenen (S. 173). Er will einen Mittelweg finden zwischen dem Dogmatismus, den er überall bekämpft und wirklich mit unwiderstehlichen Waffen vernichtet hat, und dem Skeptizismus, gegen welchen der fromme Sinn Kants einen starken Widerwillen hatte. Der ganze Abschnitt ist gegen den Skeptiker Hume gerichtet und gegen dessen (von unserem Standpunkte) nicht genug zu rühmende „Dialoge über die natürliche Religion", Kant benützt den Zufall, daß die beiden Worte Deïsmus und Theïsmus zur Verfügung stehen, zu einem Versuche, den Glauben an Gott gegen Hume zu verteidigen. Die Einwürfe Humes gegen den Theïsmus seien sehr stark und in einem gewissen Sinne unwiderleglich; also doch wohl die Einwürfe Humes gegen den Glauben an einen lebendigen Gott. Kant hat sehr gut erkannt, daß Humes Einwürfe sich gegen den Anthropomorphismus der Gottesvorstellung richten; er weiß, daß es schon anthropomorphisch ist, wenn der Theïsmus seinem Gotte Verstand und Freiheit (Willen) beilegt; er erfindet also, um sich selbst trotz der unwiderleglichen Einwürfe Humes einen Theïsten nennen zu dürfen, ein sehr hübsch klingendes Wort: „einen *symbolischen Anthropomorphismus,* der in der Tat nur die Sprache und nicht das Objekt selbst angeht". Das soll wohl heißen, daß die Begriffe Verstand und Freiheit nur bildlich auf den Gottesbegriff übertragen werden sollen; etwas anderes meint aber auch der Vorwurf des ganz gewöhnlichen Anthropomorphismus nicht. Was Kant hinzufügt, um seinen Gott zur vernünftigen Ursache seiner Welt zu machen, das ist wahrlich nicht stark genug, um zu überzeugen. 1. Kommt Kant zu solcher Erkenntnis „nach der Analogie, welche nicht etwa, wie man das Wort gemeiniglich nimmt, eine unvollkommene Ähnlichkeit zweener Dinge, sondern eine vollkommene Ähnlichkeit zweener Verhältnisse zwischen ganz unähnlichen Dingen bedeutet"; Kant meint, die Welt *verhalte* sich zu ihrem Urheber ganz gewiß so wie eine Uhr zu dem Uhrmacher; er macht also zwei Fehler, indem er aus einer falschen Prämisse einen bloßen Analogieschluß zieht (vgl. Art. *Analogie*); 2. Sobald zugegeben wird, daß der angeblich bewiesenen Ursache der Welt eine Vernunft (in der Kr. d. r. V. hatte Kant das Wort Verstand gebraucht) nur bildlich beizulegen sei, symbolisch, müßte auch zugegeben werden, daß dieser Weg nur zum Deïsmus führe und nicht zum Theïsmus; 3. gesteht Kant (S. 178) zu, „daß uns das höchste Wesen nach demjenigen, was es an sich selbst sei, gänzlich unerforschlich und *auf bestimmte Weise* sogar undenkbar sei;" auf ein unerforschliches oder gar undenkbares Wesen aber auch nur den Begriff der Kausalität anzuwenden, diesem Wesen also Wirksamkeit zuzusprechen, das geht nicht an; Kant machte da den gleichen schweren logischen Fehler wie damals, da er die Dinge-an-sich zu Ursachen unserer Vorstellungen von den Dingen machte, trotzdem der Kausalitätsbegriff an die Dinge-an-sich nicht heranreicht.

Der Weisheit letzter Schluß kommt bei Kant wieder (man nehme das Wort nicht krumm) allerliebst heraus: „Der unseren schwachen Begriffen angemessene Ausdruck wird sein, daß wir uns die Welt so denken, *als ob* sie von einer höchsten Vernunft ihrem Dasein und inneren Bestimmung nach abstamme." Durch dieses köstliche *als ob* scheint Kant sich dennoch mehr den Deïsten als den Theïsten zuzuneigen; und es war vielleicht doch das schlechte Gewissen, das ihn veranlaßte, gelinder und billiger über diese Sekte zu urteilen. An Humes klare und feste Darstellung (vgl. Art. *Religion*) reicht Kants Vermittlungsvorschlag nicht heran. Über Humes Religionskritik sind auch wir nicht hinausgekommen, oder doch etwa nur in dem einen Punkte, daß wir Orthodoxie und philosophischen Deïsmus historisch vergleichen und verstehen gelernt haben, daß wir darum mit unserem ruhigen kopfschüttelnden Atheïsmus (vgl. Art. *Gott*) im Grunde keinen Pfaffenhaß mehr verbinden, geschweige denn Religionshaß.

denken — ist kein Wort der philosophischen Terminologie allein; in allen Kultursprachen, wohl gewiß auch in allen Sprachen der sogen. Wilden finden wir ein Wort, das unserm ungenauen Begriff *denken* ungefähr entspricht. Darum ist das Wort in den Kultursprachen nicht international geworden, weder durch Entlehnung noch durch Lehnübersetzung. Im Griechischen steht *νοειν* unerklärt da, neben den abgeleiteten *ἐπινοειν* und *διανοεισϑαι*; vielleicht steht es wirklich in uraltem Zusammenhange mit dem sogen. Stamme *γεν*, *zeugen*, so daß man mit Recht an unser *kennen* und *können* erinnern mag; im Lateinischen mag *cogitare* wirklich aus co-agitare zusammengezogen worden sein und ursprünglich *im Geiste zusammenstellen* bedeutet haben; *pensare* (von *pendere*, *wägen*) wurde schon im alten Latein bildlich für *abwägen*, *vergleichen* gebraucht, gewann aber erst in den romanischen Vulgärsprachen (*penser*; *panser*, *verbinden*, ist trotz der ungleichen Schreibung das gleiche Wort; Littré: pour *panser* quelqu'un ou quelque chose il faut d'abord y *penser*) die bekannte Bedeutung, im franz., ital., span., port., provenç. usw.; *denken* endlich, nach Grimm mit *danken* und *dünken* zu verbinden, wird ursprünglich den Sinn *sich erinnern* gehabt haben.

Denken ist also ein Wort der Gemeinsprache und ist der philosophischen Terminologie recht spät angegliedert worden, gelegentlich, wie von selbst, ohne daß es vorher zu diesem besondern Zwecke definiert worden wäre. Es ging damit wie mit dem Wörtchen *ich*, welches ebenfalls auch noch in der primitivsten Sprache zu finden ist und nachher dennoch einer der wichtigsten Gegenstände des philosophischen Denkens werden konnte. Noch ein drittes Wort, das alleralltäglichste, hat das gleiche Schicksal gehabt: das Hilfsverbum *sein*, das entweder als leere Copula oder als Formsilbe bei der Konjugation der Zeitwörter kaum in einem Satze fehlt, und das daneben schon seit der griechischen Philosophie zum Range des meist kritisierten Begriffes erhoben worden ist. Man kann ohne Übertreibung sagen, daß diese drei Zufallswörtchen der Gemeinsprache diejenigen Begriffe bezeichnen, um welche sich alle großen Fragen der Erkenntnistheorie, der Psychologie und der Logik drehen. Beziehen wir gar je zwei dieser problematischen Wörtchen aufeinander, was bekanntlich auf sechserlei Weise geschehen kann, so ergeben sich sechs Probleme, die ich nur kurz angeben will, weil ich das Spielerische einer solchen Problemtafel zu durchschauen glaube.
1. Setzt das Denken ein Ich voraus?

2. Gehört das Denken der Wirklichkeitswelt an? 3. Setzt das Ich ein Denken voraus? 4. Hat das Ich eine Existenz? 5. Ist die Wirklichkeit ein Produkt des Denkens? 6. Ist das Ichgefühl nicht die Wirklichkeit noch einmal? Einige dieser Probleme werden wir aber streifen müssen.

So möchte ich mich gleich, bevor ich weitergehe, gegen den uralten Wahn wenden, daß das Denken ein Ichgefühl voraussetze. Dieser Wahn ist so tief eingewurzelt, daß er niemals widerlegt und eigentlich gar nicht erst besonders und formelhaft ausgesprochen worden ist. Die Logik schiebt ihn der Psychologie zu, die Psychologie verweist auf die Erkenntnistheorie, und die Erkenntnistheorie möchte mit psychologischen Fragen am liebsten verschont werden. Sie beschäftigt sich ja mit dem Erkennen, also mit dem richtigen Denken, nicht aber mit dem Denken überhaupt; und sie beschäftigt sich mit dem Ich nur als mit einem Gegenstande des Erkennens, nicht als mit dem Subjekte des Erkennens. Ich weiß aber, daß das Ichgefühl mit dem Denken nichts zu tun hat, daß es beim Denken ausgeschaltet ist. Ein Beispiel anstatt einer Untersuchung. Man kann es wohl *denken* nennen, wenn ich in diesen Minuten das Verhältnis des Ichgefühls und der Denkhandlung mit allem Scharfsinn prüfe, dessen ich fähig bin. Dabei ist mein Blick so fest auf diesen einen Punkt gerichtet, daß sogar die nächst andern Fragen, die das Wort *denken* bei mir angeregt hat, zwar in Bereitschaft stehen, aber nicht auf den Fleck des deutlichsten Sehens mehr fallen. Ausgeschaltet ist ferner die Vorstellung, daß das Stück, das ich jetzt in die Feder diktiere, nur einen Teil eines größeren Ganzen bilden soll. Ausgeschaltet ist aber vor allem vollständig jede Erinnerung an Freud und Leid, an das, was das individuelle Leben ausmacht. Das Ich ist ein Gegenstand des Denkens wie andere Gegenstände auch. Ich kann das Ich mit anderen Gegenständen assoziieren, also auch mit dem Begriffe *denken*, wenn er ein Gegenstand des Denkens geworden ist. Für gewöhnlich aber habe ich beim Denken kein Ichgefühl. Die Enge des Bewußtseins läßt das schon nicht zu. Hält ein anderer Gegenstand den Blickpunkt besetzt, so ist dort kein Platz für das breite Ichgefühl.

Man halte mit dieser Einsicht zusammen, daß der berühmte Satz *Cogito ergo sum* aus dem Ichgefühl beim Denken die neue Weltanschauung herausspinnen wollte (einerlei ob das Sein als logische Folgerung oder als unmittelbare Überzeugung aus dem ego cogito hervorging), und daß Descartes um dieses Satzes willen der Vater der neuen Philosophie hieß und heißt; doch man weiß, quantilla prudentia nicht nur die Welt regiert, sondern auch Philosophiegeschichte geschrieben wird. (Vgl. Art. *Cogito ergo sum.*)

Das zweite der sechs Probleme, ob nämlich das Denken der Wirklichkeitswelt angehöre (und nicht etwa die Wirklichkeitswelt dem Denken), läßt mich nun auf die Klage zurückkommen, daß *denken* ein Wort der Gemeinsprache ist und darum von Hause aus noch schlechter definiert als die meisten Begriffe der philosophischen Terminologie. Der Begriff *denken* bewegt sich unbehindert auf einem weiten Gebiete, dessen Grenzen nicht ganz klar abgesteckt werden können. Das eine Extrem wird wohl am besten durch das nomen agentis bezeichnet: der *Denker*; bei diesem Worte denkt man nicht an einen Menschen, der an irgend etwas denkt, sondern man hat einen durch Kenntnisse und Scharfsinn ausgezeichneten Menschen im Sinne, der sich die Förderung der eigenen Welterkenntnis zur Lebensaufgabe gemacht hat, und der wirklich die objektive Welterkenntnis durch angestrengte Bearbeitung der Erfahrungsbegriffe oder auch nur der Sprachbegriffe nach der Meinung der Leute gefördert hat. Er heißt also ein Denker, weil er ein Virtuose der Denktechnik ist; und die Denktechnik besteht wohl darin, daß die Erfahrung selbst und ihre begrifflichen Fixierungen (oder andere Begriffe) recht genau untersucht werden. Insofern der Denker nebenbei an die Befriedigung seiner Bedürfnisse denkt, heißt er nicht Denker; sein Denken ist par excellence die Arbeit in und mit den schwierigsten und abstraktesten Worten oder Begriffen. Man achte nun darauf, daß auch dieses obere Extrem des Wortgebrauchs keine scharf gezogene Grenze kennt; sonst würde, weil doch das Denken in diesem Sinne richtiges Denken sein soll, nicht jeder Virtuose des Denkgeschäfts ein Denker heißen, sonst hätte die Geschichte der Philosophie nicht Hunderte von kleinen Denkern anzuführen, die einst für große Denker galten, sonst müßte der Ehrentitel Denker für den Mann vorbehalten werden, der noch nicht geboren ist.

Noch unbestimmter ist die Grenze des untern Extrems. Mann und Frau sind still beisammen. Der Mann hat das Buch beiseite gelegt und blickt in die Landschaft hinaus. Die Frau fragt nach einer Weile: „Woran denkst du?" Solange er las, dachte er ja gewiß an das, was er las. Da fragte sie nicht erst. Jetzt war er mit seinen Gedanken vielleicht bei der Lösung eines philosophischen Problems, oder bei einer praktischen Schwierigkeit seines Berufs, oder bei einer alten Erinnerung aus seinem früheren Leben; vielleicht war diese Erinnerung aber gar kein klarer Gedanke, sondern nur eine flüchtig ausgelöste Assoziation, an die sich regellos und eigentlich gedankenlos andere und andere Assoziationen knüpften. Und alle diese Möglichkeiten meinte die Frau bei ihrer Frage mit dem Worte *denken:* Vernunftarbeit, Verstandesarbeit, ein Erinnerungsbild, ja sogar die bloße Flucht von Assoziationen faßte die Frau und faßt die Sprache unter *denken* zusammen. In diesem Sinne gehört zum Denken jedes innere Erlebnis. L'âme pense toujours (Malebranche); so unbestimmt sind die Grenzen bei diesem Extrem des Wortgebrauchs, daß nichts im Wege steht, auch von einem Denken im Traum zu sprechen. Und so unbestimmt sind diese Grenzen, daß der Mann, wenn er ein Pedant ist, antworten kann: „Ich habe an gar nichts gedacht.“ Weil er vielleicht meint, ein Erinnerungsbild verdiene nicht die Bezeichnung *denken*. Aber die Sprache ist nicht so pedantisch; sie läßt uns sagen *denk dir* anstatt *stelle dir vor*, oder oft gar nur anstatt *hör mal*, sie läßt uns sagen *ich will dir denken helfen* im Sinne von: die Erinnerung schärfen; sie läßt uns *denken* im Sinne von *vorhaben* gebrauchen; in der Bedeutung von sich erinnern findet sich bei uns auch häufig: es denkt, mir denkt, mich denkt (Logau, Schiller, Lessing).

Die Zugehörigkeit des Wortes *denken* zur Gemeinsprache oder (als Folge davon) die Unbestimmtheit des Begriffs *denken* hat es so schwer gemacht, die These zu beweisen, daß Denken und Sprechen der gleiche Vorgang sei. Ich habe diesen Beweis in meiner Kritik der Sprache (I^2 S. 176—232) ausführlich genug zu geben versucht. Natürlich hätte die entgegengesetzte Meinung, daß nämlich die Sprache nur ein Kleid des Denkens sei (oder wie man das sonst ausdrücken will), nicht immer wieder ausgesprochen werden können, wenn der Sprachgebrauch nicht willfährig gewesen wäre. Dehnt man den Begriff Denken weit genug aus, um die Orientierung eines Säuglings in seiner Umgebung, um die verständigen Handlungen der Tiere *denken* zu nennen, dehnt man den Begriff Denken (allgemein gesprochen) auf die Tätigkeit des Verstandes aus, d. h. auf die seelische Bearbeitung der bloßen Sinneseindrücke, dann gibt es allerdings ein Denken ohne Sprache. Dehnt man den Begriff Sprache weit genug aus, um die Zeichensprache auch der wild aufgewachsenen Taubstummen noch Sprache zu nennen, so gibt es wiederum ein Denken ohne Lautsprache. Ich habe nie ein Hehl daraus gemacht, daß der Satz *Denken ist Sprechen* cum grano salis zu verstehen sei. Aber ich bleibe dabei: ein Wort als bloßer Klang, ein Wort ohne seinen Sinn gehört nicht der Sprache an; ein Satz, der keinen Gedanken ausdrückt, gehört nicht der Sprache an. Es gibt über dem Menschendenken nicht ein höheres, absolutes Denken, an dem das Menschendenken gemessen werden könnte. Es gibt über den einzelnen Menschensprachen keine absolute Sprache, keine vollkommene Sprache. Wir können nur denken, was wir sprachlich ausdrücken können; wir können nur aussprechen, was wir gedacht haben. Und weil der Sprachgebrauch fälschlich so zwischen Denken und Sprechen unterscheidet, darum habe ich in den beiden letzten Sätzen ebenfalls unterscheiden können und müssen. Um aber nun die Identität von Denken und Sprechen ganz klar zu machen, will ich ein Beispiel, welches ich (Krt. d. Spr. I^2 S. 232) beigebracht habe, genauer untersuchen.

Beide Verben bezeichnen bestimmte Bewegungen, *denken* und *sprechen;* daß Sprache nur eine Bewegung der Sprachorgane sei, daß auch das Auffassen oder Verstehen der gehörten Worte eng an Bewegungserinnerungen gebunden sei, das setze ich als bekannt voraus. Man kann die Bewegung der Sprachorgane bei lautlosem, aber distinktem Denken mit den tastenden Fingern am Kehlkopf fühlen (I² 512—514). Wollte ich daraus allein den Schluß ziehen, daß das Denken Sprache sei, also Bewegung, so wäre das ein Zirkelschluß. Ist aber das Denken überhaupt, wie wir doch alle glauben, ein Vorgang im Gehirn, so kann dieser Vorgang gar nicht anders gedeutet werden als durch Bewegungen. Durch noch völlig unaufgeklärte Bewegungen der noch sehr wenig bekannten mikroskopischen Zellen des Organs. Denken und Sprechen sind Bewegungen; ich habe nur zu zeigen, daß sie die gleichen Bewegungen sind, von zwei verschiedenen Standpunkten gesehen.

Ich hätte anstatt Bewegungen auch sagen können: *Handlungen*. Bewegung ist nur ein wissenschaftlicherer Begriff. Bei einer Handlung wird gern ein Subjekt mitgedacht, ein handelnder Mensch. Ich aber wüßte nicht zu sagen, wer das Subjekt der Denkhandlung sei. Die Sprache weigert sich fast, Lichtenbergs *es denkt* (wie *es blitzt*) auszusprechen. Wer gar sagen wollte *es spricht*, der würde vom gesunden Menschenverstande oder von der Gemeinsprache ausgelacht werden. Sonst aber hätte uns die Bezeichnung *Handlungen* einen kleinen Schritt weiter geführt. Erwähnen will ich nur noch, daß das Sprechen ganz selbstverständlich unter den Begriff der menschlichen Handlungen fällt; und daß Kant (Kr. d. r. V. S. 94 und S. 304) ganz beiläufig und wie etwas Selbstverständliches das Denken eine Handlung nennt, eine Handlung des Verstandes übrigens, so daß für Kant der Verstand (an dieser Stelle) zum Subjekte des Denkens wird. „Das Denken ist die Handlung, gegebene Anschauung auf einen Gegenstand zu beziehen.“

Die beiden Verben denken und sprechen bedeuten also nicht nur Bewegungen überhaupt, sondern insbesondere zweckdienliche willkürliche Menschenhandlungen; ich brauche also nicht erst meine Lehre vorauszusetzen, daß es außer der adjektivischen Welt eine ganz andere unwirkliche verbale Welt gibt, daß nur die Differenzialteile einer Handlung oder Bewegung wirklich sind, daß erst ein vorgestellter Zweck jedesmal die Differenzialbewegungen zu einer verbalen Vorstellung verbindet. Man mag an: graben, stricken, schreiben, gehen, denken oder sprechen dabei erinnert werden. Wirklich, in der Kette von Ursache und Wirkung wirksam, sind da immer nur die Minimalbewegungen unserer Muskeln.

Übrigens wird aus einer solchen Auffassung der Verbalbegriffe auch klar, weshalb diese Begriffe sich noch weniger genau definieren lassen als substantivische Begriffe; die Substantive lassen sich definieren aus den adjektivischen Sinneseindrücken, die zwar selbst undefinierbar, aber dafür unmittelbar gegeben sind; die Minimalbewegungen der Verbalvorstellungen sind nicht unmittelbar gegeben, sind nur erschlossen, haben darum manche Ähnlichkeit mit den Atomen, aus denen man die Körper aufgebaut hat. Wenn wir sprechen, so können wir wenigstens die makroskopischen Bewegungen dabei wahrnehmen; beim Denken ist überhaupt nichts mehr äußerlich wahrnehmbar, und die mikroskopischen Bewegungen, die das Denken ausmachen, sind gar nur eine Hypothese der Gehirnphysiologen. Die Gemeinsprache weiß nichts von alledem; die Wissenschaft hat aber, trotzdem oder weil sie das alles weiß, das Denken ebensowenig definieren können, wie die Gemeinsprache es vermochte.

Wie weit oder wie eng man den Begriff aber fassen mag, unter allen Umständen bezeichnet er eine Handlung, also eine Zweckvorstellung, eine Summe von Änderungen, an der nicht die Summe wirklich ist, sondern nur die Änderungen. Von diesen Bewegungsänderungen ist aber nicht die kleinste, nicht ein Atom, anders beim Denken als beim Sprechen. Nur die veränderte Richtung der Aufmerksamkeit dessen ist verschieden, der das eine Mal mehr auf das Ziel achtet, das andere Mal mehr auf den Weg. Und jetzt wird auch das Beispiel vom Jagen und Laufen des Hundes deutlicher werden. Auch *laufen* und *jagen* sind Verbalvorstellungen, an denen nur Minimalbewegungen wirklich sind. Vereinigt werden die Minimalbewegungen zu den Verbalvorstellungen durch eine Einheit des Zweckes; es würde zu weit führen, wollte ich hier darlegen, daß der Zweckbegriff, der bei *jagen* so deutlich ist, auch bei *laufen* das Verbum bilden hilft.

Nicht die kleinste der Bewegungsänderungen des Hundes, der einen Hasen verfolgt, wird dadurch anders, daß ich das eine Mal sage *der Hund läuft*, daß ich das andere Mal sage *der Hund jagt*. Ich achte einmal auf die Ortsveränderung, das andere Mal auf das bewegte Ziel. Genau so ist nicht ein Atom der Wirklichkeitswelt dadurch anders geworden, daß ich bald *ich spreche*, bald *ich denke* sage. Die Absicht, den Hasen zu kriegen, die Absicht, unter den unzähligen Assoziationen die richtige zu treffen, kann beim Jagen und beim Denken stärker oder schwächer sein; die Anstrengung beim Laufen oder bei der Wahl der Worte darum größer oder geringer; aber dieser Unterschied liegt noch innerhalb der beiden Begriffe, ist kein Unterschied zwischen Denken und Sprechen, zwischen Jagen und Laufen. Es ist die gleiche ,Wirklichkeit, einmal von außen, einmal von innen gesehen; wie man die gleiche Kreislinie, je nach dem Standpunkt, konkav oder konvex sehen kann.

Denkmaschinen. — In England sind von 1869—1882 nicht weniger als drei neue Denkmaschinen erfunden worden, jede von der anderen verschieden, jede bei ihrer Entstehung schon verurteilt, als Kuriosität in irgend einem Museum zu verstauben. Jevons, Venn und Marquand, angesehene Logiker unserer Zeit, waren die Erfinder. Das Wiederauftauchen solcher Bestrebungen beweist wenigstens eins: daß die *Lullische Kunst*, nachdem sie vom 13. Jahrhundert an bis auf Leibniz viele der besten Köpfe beschäftigt hatte und dann endlich, zusammen mit den letzten Resten der Scholastik, endgiltig überwunden schien, immer noch ihr Gespensterleben weiterführt. Das ist nicht gar so verwunderlich. Unsere Gelehrtenschulen haben dafür gesorgt, daß die Scholastik in der formalen Logik und in den wissenschaftlichen Begriffen heimlich fortwuchere; und gerade die großen philosophischen Systeme hatten und haben die Neigung, aus dem konsequentesten aller Systeme, dem scholastischen, ihr terminologisches Rüstzeug zu holen. Der ängstliche Descartes sowohl als Spinoza, Kant und Schopenhauer, die freiern Befreier, haben da und dort der Scholastik und ihrer formalen Logik gehuldigt. Einzig und allein kritischer Skeptizismus darf sich rühmen, bewußt nicht mehr scholastisch zu sein. Die Lullische Kunst aber war, will man gerecht sein, der Gipfel oder die Blüte scholastischen Denkens; wäre dieses Denken lebendig gewesen, hätte die formale Logik unsere Welterkenntnis wirklich fördern können, dann hätte die Lullische Kunst oder die Ars magna nicht so absurd ausfallen müssen, wie sie ausgefallen ist.

Es geht den Erfindern von Denkmaschinen ebenso wie den ihnen gleichgesinnten Erfindern eines Perpetuum mobile; man mag ihnen die Unmöglichkeit, daß die Maschine funktionieren könne, noch so strenge beweisen, sie kehren dennoch wieder zu ihrer unlösbaren Aufgabe zurück. Ein gründlicher Beweis dafür, daß eine Denkmaschine nicht den allergeringsten Nutzen haben könne, wäre trotzdem auch heute noch ein verdienstliches Werk; ich will mich aber auf die Hervorhebung einzelner Gesichtspunkte beschränken. Wer sich für die Geschichte der Lullischen Kunst interessiert, der findet eine Menge Literaturangaben, die von Raymundus Lullius bis auf Leibniz reichen, in dem „Polyhistor" des alten Morhof, im 5. Kapitel des 2. Buches (im 1. Bande).

Ich habe mir selbst einmal in jungen Jahren eine solche Denkmaschine nach dem Muster der Lullischen ersonnen; ich kann darum vielleicht über ihren Nutzen mitsprechen, weil ich glaube, daß das von mir gewählte Prinzip nicht dümmer war als das der anderen Erfinder. Lullius hatte zur Kombinierung der Begriffe drehbare Kreise benutzt; die Engländer unserer Zeit wählten Lineale, Gitterwerke oder Ellipsen. Ich war aus einem Grunde, den ich gleich angeben will, darauf verfallen, mir das Selbstdenken durch Würfel abnehmen zu lassen. Und zwar so: Der erste Würfel hatte zwölf Flächen, jede mit einem Buchstaben bezeichnet, jeder Buchstabe vertrat eine der zwölf Kategorien Kants; der zweite Würfel war von acht Flächen begrenzt, die wieder mit Buchstaben die acht möglichen Verhältnisse von Bejahung und Verneinung bedeuteten; der dritte Würfel mußte fünf Flächen haben, um die fünf Prädikamente darzustellen (durch die Vokale bezeichnet); der vierte Würfel endlich machte seinem Namen Ehre, indem er wirklich ein Würfel war, sechs Flächen hatte, denen ich — ich will es nur gestehen — die drei Dimensionen des Raumes je in den beiden Richtungen der Zeit, Vergangenheit und Zukunft, (2×3 also) als Bedeutungen beilegte und mathematische Zeichen gab. Ich sagte mir nämlich, wohl nicht mit Unrecht, daß die ganze Tätigkeit der Maschine im Kombinieren von Begriffen bestehen werde, und daß die unzählbaren Möglichkeiten der Kombinationsrechnung durch Würfelspiel besser, weil zufälliger, herauskämen, als durch das Rücken von Lineal oder Zirkel, wobei doch der Wille oder die Absicht des Experimentators nicht auszuschalten ist.

Ich wußte damals noch nicht, daß die Entwicklung der Wahrscheinlichkeitsrechnung der Lullischen Kunst erst nach Ablauf vieler Jahrhunderte folgte, und daß die Ars combinatoria mit beiden Bestrebungen zusammenfiel.

Meine Würfel, die sehr dilettantisch und sehr mangelhaft hergestellt waren, und die ich nicht nur darum vor aller Augen verbarg, dienten nun einem närrischen Spiele. Daß es ein Spiel war, das war mir recht gut bewußt; vielleicht kam aber doch etwas dabei heraus, ein Treffer, wie beim Lotteriespiel. Ich weiß noch ganz gut, daß ich mein Gehirn gewissermaßen den fünften Würfel sein ließ; ich behielt einen bestimmten Begriff im Sinne; ich suchte diesen Begriff mit einem zweiten, scheinbar ganz disparaten Begriffe durch das Würfelspiel in Zusammenhang zu bringen. Der erste Versuch galt (mein geistlicher Lehrer der Logik war schuld daran) den Begriffen *Gott* und *wägbar*. Die Würfel sollten und mußten, wenn nur oft genug geworfen wurde, einen logischen Zusammenhang zwischen beiden Begriffen herstellen. Man mag sich vorstellen, was für ein Hexeneinmaleins bei diesem leidenschaftlich getriebenen, einsamen Würfelspiel herauskam. Aber ich wußte damals doch nicht, wie blödsinnig die ganze Beschäftigung war; manche gläubigen Vertreter der Lullischen Kunst sahen die Wertlosigkeit ihrer Spielerei ebensowenig ein. Von den Charlatanen der Ars magna gar nicht zu reden.

Um die gleiche Zeit hatte ich von einem ehrgeizigen Schulfreunde, einem Tschechen, erfahren, daß er mit Hilfe eines Reimlexikons dichtete. Ich dichtete natürlich auch, und versuchte es jetzt einmal mit einem solchen deutschen Reimlexikon, das mir gern geliehen wurde. Da kam mir eine Erleuchtung, die ich der Mitteilung jetzt noch für wert halte.

1. Der Wert einer Denkmaschine steht noch tief unter dem eines Reimlexikons; aber beider Bedeutung für die Psychologie des Schaffens ist sehr ähnlich. Wer mathematisch veranlagt ist, der kann wirklich die Entstehung eines Gedichtes, wie die Entstehung einer neuen wissenschaftlichen Wahrheit, als eine unter den

unzähligen Kombinationen von Worten einer Sprache auffassen. Nur daß — nach dem uralten Bilde — die Ilias nicht durch zufälliges Ausschütten von Buchstaben entstanden ist. Wer dichtet, wer die Formel einer neuen Wahrheit sucht, der kombiniert allerdings Worte; aber niemals darf er sich vom Zufall leiten lassen. Hier waltet aber ein Unterschied, der immerhin noch zugunsten des Reimlexikons spricht, zu Ungunsten der Denkmaschine. Dichter und Denker wählen bei ihrer geistigen Arbeit, blitzschnell und unbewußt, unter allen möglichen Assoziationen aus. Beim Dichter nun ist für die Wahl der Assoziation der Wortklang nicht gleichgiltig; als man noch nicht reimte, spielte der Rhythmus des Wortes eine ähnliche Rolle; der Dichter hat in seinem Kopfe etwas wie ein ungeschriebenes, ideales Reimlexikon, dessen Gleichklänge seine Arbeit beeinflussen, mag er wollen oder nicht. Es ließe sich das aus den Manuskripten ganz bedeutender Dichter (Schiller, Heine) recht gut belegen; mit einem Worte, der sprachgeschichtliche Zufall der Gleichklänge spielt in das Entstehen von Gedichten hinein. Der Zufall dichtet mit; selbst ein Reimlexikon kann einmal dem Zufall nachhelfen. *Denken* aber heißt: aus der Unzahl der möglichen Assoziationen oder Wortkombinationen die *richtige* auswählen, die einzige, die sachlich gegeben ist. Der Scharfsinn des Denkers besteht darin, den Endbegriff einer Gedankenreihe mit sicherem Instinkte vorauszusehen und dann diejenigen Assoziationen zu finden, die sachgemäß vom Ausgangsbegriff zum Endbegriff führen. Der Endbegriff, das Ziel, kann dem Denker oder Forscher durch einen Zufall geboten worden sein, durch ein aperçu, d. h. durch scharfsinnige Beobachtung eines zufälligen Ereignisses. Auf dem *Wege* des Denkers ist der Zufall ausgeschlossen; oder: ein Reimlexikon könnte den Denker ebenso zufällig auf die richtige Assoziation führen wie eine Denkmaschine. Die Wahrscheinlichkeitsrechnung lehrt, daß bei der Unzahl der Kombinationen die richtige Kombination (bei meinen Würfeln oder bei den Lullischen Kreisen) ein fast unmöglicher Einzelfall unter unendlich vielen anderen wäre. Und das wäre ein elender Kopf, dessen Gehirn nicht schneller und besser arbeitete als die Maschine, die den Scharfsinn überflüssig machen soll.

2. Mein Schulfreund dichtete mit Hilfe eines tschechischen Reimlexikons; ich hatte mir ein deutsches ausgeliehen. Offenbar gab es nun in beiden Sprachen ganz verschiedene Gleichklänge, also ganz verschiedene Assoziationen. War das beim Denken etwa anders? Entsprachen sich denn die philosophischen Begriffe zweier Sprachen genau? Hatten die Begriffe nicht eine Geschichte? War nicht Kants Kategorientafel eine ganz andere als die des Aristoteles? Dann war es auch unmöglich, eine Denkmaschine zu erfinden, die auf das menschliche Denken überhaupt paßte, ohne Rücksicht auf die Verschiedenheit der Sprachen.

Dieser zweite Umstand berührt sich mit einer merkwürdigen Tatsache. Schon Lullius selbst hatte die Buchstaben des Alphabetes für seine große Kunst benützt und so das Hexeneinmaleins seiner Ergebnisse jedesmal mit den einfachsten Mitteln darstellen können; die späteren Charlatane des Lullismus versprachen oft, auf Grund solcher Buchstabenzusammenstellungen eine neue Universalsprache zu schaffen. Ich mahne daran, daß der großartigste Versuch einer solchen internationalen Zeichensprache, wie er unübertroffen in des Bischof Wilkins „Essay towards a real character and a philosophical language (von 1668) vorliegt, gar nichts anderes ist als ein Versuch, die Denkmaschine des Lullius in einen Weltkatalog umzuwandeln; und es ist kein Zufall, daß Leibniz, der geniale Aneigner, sich von seiner Jugend bis ins Alter hinein gelegentlich mit beiden Problemen, einer Denkmaschine und einer Universalsprache, beschäftigt hat.

Ich kehre zum Anfang zurück. Ein solcher Weltkatalog, ein logischer, ist nicht möglich, weil die Natur nicht logisch ist; nur der Mensch hat für die Ökonomie seines Denkens die Logik erfunden und sie lange für nützlich gehalten. Wäre Welt und Natur logisch und besäßen wir einen zuverlässigen Weltkatalog, dann ließe sich vielleicht über die Möglichkeit oder Nützlichkeit von Denkmaschinen reden. So aber müssen wir nur darüber staunen, daß nicht nur ein schwärmerischer Denker wie Giordano Bruno, sondern auch der allerscharfsinnigste Leibniz günstig von einem Instrument urteilen konnte, das den Scharfsinn wertlos machen, den Leiermann an der Kurbel der Denkmaschine zu einem Philosophen umschaffen wollte.

Die Engländer, welche sich mit der Erfindung neuer Denkmaschinen abquälten, hätten Scharfsinn und Fleiß vielleicht erspart, wenn sie die harten Worte beachtet hätten, mit denen Bacon schon vor 300 Jahren an dem Urbilde aller Denkmaschinen Kritik geübt hatte. (De dignitate et augmentis scientiarum VI, 2.) „Ich darf nicht unerwähnt lassen, daß einige Männer, mehr aufgeblasen als kenntnisreich, über einer gewissen Methode geschwitzt haben, die den ehrlichen Namen einer Methode kaum verdient, da sie eher die Methode des Schwindels ist (methodus imposturae); die aber ohne Zweifel den geschäftigen Müssiggängern (ardelionibus) sehr genehm war. Diese Methode sprengt so einige Wissenstropfen um sich her, daß ein Halbgebildeter (sciolus) mit diesem Scheine einiger Gelehrsamkeit getäuscht werden kann. Von solcher Art war die Lullische Kunst, von solcher Art die von Einigen konzipierten Typokosmien; sie waren nichts anderes als eine Masse oder ein Haufe von Worten über jederlei Kunst, auf daß, wem die Kunstworte nur geläufig sind (in promptu), glauben machen könne, er habe die Künste selbst durchaus studiert (perdidicisse). Solche Sammelsurien erinnern an eine

Flickwerkstatt, wo man viel Abfall findet, aber nichts Wertvolles."

Den Kernpunkt, daß nämlich die Denkmaschinen so wie die entsetzliche Teildisziplin der alten Logik, die sog. Topik, einen einzigen Nutzen haben, den nämlich, daß der Benützer dieses Instruments über ein gegebenes Thema endlos schwatzen könne, — diesen Punkt hat der alte ordentliche Brucker, den noch Schopenhauer mit Recht über viel modernere Historiker der Philosophie stellt, noch besser getroffen als Bacon. Brucker sagt von Lullius (Auszug aus den Kurtzen Fragen S. 399): „daß er ein feuriges, aber phantastisches Ingenium gehabt, zeigt die beruffene ars Lulliana, welche in einer besondern Erfindung bestehet, von allerley Materien, die man auch nicht versteht, ex tempore vieles Wort-Gewäsche machen zu können, woraus zu ersehen, daß sie gar nicht in die Philosophie und zur Logic, sondern zur Oratorie gehört, welche übel zu verderben sie im Stand ist." Man vergleiche damit, wessen sich einer der späteren Lullisten rühmte: er besitze die Geheimkunst, quomodo de quacunque re proposita statim librum concipere et in capita dividere, de quacunque re ex tempore disserere, ... de quocunque themate orationem formare, orationem mentalem per horam, dies et septimanas protrahere ... possimus (Morhof 358).

Descartes' Naturphilosophie. — Das Weltbild des Descartes ist nicht mit Poetenaugen gesehen, wie das von Giordano Bruno, ist nüchtern, fast logisch, aber darum nicht minder grandios und einheitlich. Mir ist es hier darum zu tun, nur einen einzigen Zug dieses Weltbildes herauszuheben, die Darstellung der Entstehung des Planetensystems; weil mir dieser eine Zug ein vortreffliches Beispiel zu sein scheint für die Art, wie ein freier Geist von der Kirche zu heuchlerischen Umwegen, um nicht zu sagen: zur Lüge, gedrängt wurde. Wobei der Kirche wiederum zu gute kommen mag, daß Descartes eine ängstliche Natur war und vielleicht doch auch innerlich zwischen Skeptizismus und irgend einem Glauben schwankte.

Für uns ist es besonders interessant, Descartes' Mißtrauen gegen die Sprache an seiner dominierenden Neigung, die die Welt mechanistisch erklären wollte, zu prüfen; seine tiefsten Überzeugungen wurzeln da, ohne daß er den Widerspruch zwischen Sprachkritik und Materialismus fühlte.

Für Descartes' feinen Sprachinstinkt würde es schon sprechen, daß er (fünfzig Jahre vor Thomasius, der durch die Einführung deutscher Vorlesungen berühmt blieb) einige seiner Werke in französischer Sprache schrieb, anstatt in dem hergebrachten Latein. Er machte sich auch nichts aus der gelehrten Erziehung, die sein Vater ihm hatte werden lassen; er hätte sonst eben — meinte er — alle seine Werke französisch geschrieben.

Sind solche Äußerungen nur überliefert, so sagt Descartes selbst am Ende seines „Discours de la méthode"

(Œuvres I.): „Si j'écris en français, qui est la langue de mon pays, plustôt qu'en latin, qui est celle de mes précepteurs, c'est à cause que j'espère que ceux qui ne se servent que de leur raison naturelle toute pure jugeront mieux de mes opinions que ceux qui ne croient qu'aux livres anciens; et pour ceux qui joignent le bon sens avec l'étude, lesquels seuls je souhaite pour mes juges, il ne seront point, je m'assure, si partiaux pour le latin, qu'ils réfusent d'entendre mes raisons pour ce que je les explique en langue vulgaire."

Ein geistreicher Vergleich (in einem Brief an Chanut, den französischen Botschafter in Stockholm, der ihm bei der Königin von Schweden nützen sollte), läßt noch besser erraten, wie modern Descartes über den Wert der Sprache zu denken imstande war. Er schreibt: „Ich habe niemals den Ehrgeiz besessen, die Bekanntschaft hochgestellter Personen zu machen" (er lügt), „und wäre ich so klug gewesen, wie nach dem Glauben von Wilden die Affen sind, so würde kein Mensch wissen, daß ich Bücher schreibe. Die Wilden nämlich — sagt man — glauben, die Affen könnten sprechen, wenn sie wollten, sie täten es aber absichtlich nicht, um nicht zum Arbeiten gezwungen werden zu können. Ich bin nicht so klug gewesen, das Schreiben zu unterlassen; darum habe ich nicht so viel Ruhe, als ich durch Schweigen erhalten hätte."

Tiefer in das Wesen dringt Descartes, wenn auch völlig unbewußt, mit gelegentlichen Äußerungen über Dinge, die alle Sprachgebiete berühren.

Über die landläufige Logik denkt er völlig frei; sie (die Dialektik) sei zur Erforschung der Wahrheit unnützlich, sie könne nur zur Mitteilung dienen, ihr gebühre darum ein Platz nicht in der Philosophie, sondern in der Rhetorik.

Er ist noch nicht so reif wie Spinoza, der den Zweckbegriff, die Teleologie, in der Natur einfach leugnet, Descartes zieht noch Schlüsse aus der Unerforschlichkeit Gottes; aber auch so kommt er dazu, die Zweckbegriffe für unerkennbar, also für unanwendbar zu erklären; und die philosophische Sprache von einer ganzen Rumpelkammer toter Symbole zu befreien. Er hält in der Physik die Berufung auf besondere Kräfte (was wir jetzt noch sehr wortabergläubisch Kohäsionskraft und Schwerkraft nennen) für scholastisch und sagt einmal, er, Descartes, der Erfinder der analytischen Geometrie: „ich habe niemals das Unendliche behandelt, es sei denn, um mich ihm unterzuordnen; und habe nie zu bestimmen versucht, was es sei und was es nicht sei."

So wirkte Descartes wie ein echter Philosoph, sprachreinigend da und dort und näherte sich darum mitunter dem erlösenden Gedanken, daß die Irrtümer der Menschen (ich würde sagen: die Unmöglichkeit der Erkenntnis) den Mängeln der Sprache zuzuschreiben seien. Ja, Descartes hatte das bewußte Streben, die Wortfetische auszumerzen, die anthropomorphische Belebung der toten Materie zu tadeln. Am ausführlichsten hat er sich über den Unwert der Sprache in seinen „Prinzipien“ geäußert; nachdem er als die drei Hauptquellen unserer Irrtümer bezeichnet hat: die Vorurteile, die uns in der Jugend eingeflößt worden sind, unsere Unfähigkeit, die Vorurteile später zu vergessen, die Gewohnheit, selbst die den Sinnen vorliegenden Gegenstände nach vorgefaßten Meinungen zu beurteilen, — fährt er (I. 74) damit fort, es die vierte Quelle zu nennen, daß wir unsere Vorstellungen in Worten festhalten, die den Dingen nicht genau entsprechen: „Et denique propter loquelae usum, conceptus omnes nostros verbis, quibus eos exprimimus, alligamus, nec eos nisi simul cum istis verbis memoriae mandamus; cumque facilius postea verborum quam rerum recordemur, vix unquam ullius rei conceptum habemus tam distinctum, ut illum ab omni verborum conceptu separemus: cogitationesque hominum fere omnium, circa verba magis, quam circa res versantur; adeo ut persaepe vocibus non intellectis praebeant assensum, quia putant se illas olim intellexisse, vel ab aliis qui eas recte intelligebant accepisse. Quae omnia, quamvis accurate hic tradi non possint, quia natura humani corporis nondum fuit exposita necdum probatum est ullum corpus existere videntur tamen satis posse intelligi, ut juvent ad claros et distinctos conceptus ab obscuris et confusis dignoscendos.“

Und dieser kühne Geist unterwirft sich überall den Aussprüchen der Kirche, in fast übertriebener Weise, wie schon Bossuet, wie mir scheint, hervorheben wollte. Die Wahrhaftigkeit, die Allmacht, die Weisheit Gottes muß da und dort in das mechanistische System hinein; und es ist kaum zu glauben, daß Descartes auch diesen Widerspruch nicht als solchen empfunden haben sollte. Er scheut nicht nur den Feuertod, den Vanini noch 1619, Bruno zwanzig Jahre früher zu leiden hatten, er scheut auch — das Wort ist von Goethe — das „Halbmartyrium“ Galileis.

Wie er sich windet und den Begriffen der Sprache Gewalt antut, um den Forderungen der Kirche entsprechen und dennoch seine Ideen vortragen zu können, das hätte sich auch an seiner berüchtigten Lehre, die Tiere seien Maschinen, aufzeigen lassen. Die äußerste Konsequenz seines mechanischen Systems hätte ja dazu führen müssen, schon hundert Jahre vor Lamettrie auch die Menschen für Maschinen zu erklären. Ich bin immer der Meinung gewesen, daß er das eigentlich sagen wollte, nicht zu sagen wagte und darum wenigstens die Tiere Maschinen nannte. Was uns dabei empört, ist nicht die Anwendung des Wortes *Maschine* auf die Physiologie und auf die (von Descartes gut beobachteten) Reflexbewegungen, sondern die ganz theologische Unterscheidung zwischen Mensch und Tier, der anthropozentrische Standpunkt. Wer aber könnte mit Sicherheit sagen, ob Descartes nicht doch in einem Winkel seines Herzens an das göttliche Wesen der Menschenseele glaubte.

Viel deutlicher kommt die Rücksicht auf die Kirche bei seiner einst berühmten Wirbeltheorie heraus, mit der er die Entstehung unseres Planetensystems erklärte. Nur daß wieder niemand sagen könnte, wie weit Descartes sich dabei bewußt war, der dummen Kirche eine leere Worthülse zum Spielen hinzuwerfen.

Um es nur kurz anzudeuten: Descartes wußte schon ganz gut, daß die Lehren des Kopernikus die Wahrheit sagten. Er geht (im dritten Buche seiner Prinzipien) über die alte *Hypothese* des Ptolemäos verächtlich hinweg, nennt darauf freilich auch die Lehre des Kopernikus ebenfalls eine Hypothese, aber schwerlich aus Mißtrauen, sondern um sich eine Hintertür offen zu lassen; der Papst hatte ja dem Galilei zuerst nur befohlen, die Lehre des Kopernikus nicht als Wissenschaft, sondern als Möglichkeit vorzutragen; das tat nun Descartes ungeheißen. Nur leider tat er mit seinen *Wirbeln* noch mehr.

Die Sachlage war für ihn klar genug. Bis zu seiner Zeit hatte man angenommen, die Erde mit ihren Menschen sei Zweck und Angelpunkt der Welt, der Himmel mit seinen Sternen (auch der Sonne) *bewege* sich um die Erde. Nur die Planetenbewegungen machten Schwierigkeiten, weil sie scheinbar so kraus waren; alles andre stimmte anscheinend. Nun hatte Kopernikus sachte diese uralte Weltanschauung umgeworfen. Die Sonne sollte den Angel- und Mittelpunkt abgeben und die Erde sich (wie die anderen Planeten auch) nach festen Gesetzen um die Sonne bewegen. Sofort ahnten weitblickende Männer, daß durch diesen neuen Weltenplan die Götter obdachlos gemacht würden. Auch Descartes zog wohl diesen Schluß. Nicht umsonst leitet er seine Darstellung (Princ. III. 3) damit ein, daß er sagt: „es wäre lächerlich und albern (ridiculum et ineptum), in den natürlichen Dingen vorauszusetzen, sie seien um des Menschen willen geschaffen."

Das widersprach dem Bibelwort; aber so fein hört die Kirche nicht hin. Die Kirche nahm nur Ärgernis an der äußerlichen Lehre von der Bewegung der Erde. Die Astronomen sollten ihr zu Liebe ein Kompromiß eingehen, die neuen Berechnungen des Kopernikus teilweise gelten, aber die Erde dennoch stille stehen lassen. Tycho de Brahe beugte sich unter diesem Joch. Er trägt heuchlerisch — es kann ihm, dem Meister der Beobachtung, der schon seiner nährenden Astrologie skeptisch gegenüberstand (dem *närrischen Töchterlin* der Astronomie, wie Kepler sie nannte) und von den Horoskopen sagte, daß sie korrigierbar wären, nicht ganz ernst gewesen sein — eine verwirrte Lehre vor, nach der zwar alle andern Planeten sich kopernikanisch um die Sonne bewegten, aber dann *mit* der Sonne um die Erde, eine gäozentrisch-anthropozentrische Lehre. So schamlos war Descartes nicht. Er bog nicht die Beobachtungen krumm, sondern die Worte; Brahe hatte das Wertvolle gefälscht, der Kirche zu Gefallen, Descartes fälschte das Wertlose, das

Wort. Nur daß er — wäre seine Sprache durchgedrungen — die Erkenntnis noch mehr als Brahe verwirrt hätte.

Descartes tiftelte an dem Worte Bewegung so lange herum, bis er das Abracadabra sagen konnte, Kopernikus habe recht, aber die Erde *bewege* sich dennoch nicht. Ich glaube nicht, daß dieser Mißbrauch der Sprache schon an den Pranger gestellt worden ist. Er sagt (III. 28): Da alle Bewegung etwas Relatives sei, „so könne man sagen, dieselbe Sache sei zugleich bewegt und unbewegt, je nachdem man ihren Ort verschieden bestimme. Daraus folge, daß weder die Erde noch die *andern* Planeten (er nennt die Erde also einen Planeten) eigentlich (proprie dictum) Bewegung habe, *weil sie nicht aus der Nachbarschaft des ihnen unmittelbar anstoßenden Himmelsraumes fortbewegt würden.*" Nach diesem Sophisma fährt er fort: „Nach dem Sprachgebrauch (juxta usum vulgi) kann man nicht sagen, die Erde bewege sich gleich den übrigen Planeten. Denn wir sind gewohnt, nach den festen Punkten der Erde die Örter der Sterne zu bestimmen ... Wenn aber ein Philosoph, der die Erde als eine Kugel in ihrem flüssigen" (d. h. wohl gasförmigen) „und *bewegten Himmelsraume* voraussetzt, von der Sonne und den Fixsternen (die zueinander immer die gleiche Lage bewahren) als von unbewegten Körpern spricht, um durch sie die Lage der Erde bestimmen zu können, und dann von der Erde sagt, daß sie sich bewege, so spricht er Unsinn. Denn wissenschaftlich darf der Ort" (der astronomische Ort natürlich) „nicht durch sehr entfernte Körper bestimmt werden, wie doch die Fixsterne sind, sondern durch die Nachbargegenstände desjenigen Körpers, den man bewegt nennt".

So weit konnte sich der Begründer der analytischen Geometrie vergessen aus Angst vor der Kirche. Er erfand die Wirbelbewegungen des die Planeten umgebenden Himmelsraumes und glaubte dann sagen zu können, daß sich wohl diese Wirbel bewegten, nicht aber die Planeten in ihnen. So könnte jedes Kind die Sprache fälschen und sophistisch sagen, es komme von Hamburg nach New-York, ohne daß es sich bewege; nur das Schiff bewege sich. Nimmt man aber den umgebenden Himmelsraum, die Atmosphäre, als zur Erde gehörig an, was dann?

Der Vorwurf also, der gegen Descartes zu erheben ist, betrifft nicht die Aufstellung der verzweifelten Wirbeltheorie, sondern vielmehr die Inkonsequenz in der Behandlung der Erde und der übrigen Planeten. Der große Zug an Descartes war, sehr wohl vereinbar mit seinem faustischen Zweifel an aller Philosophie, der Wunsch oder das Kraftgefühl, ein einheitliches mechanistisches Weltbild zu erfinden; ein kleinlicher Zug an ihm, sehr wohl vereinbar mit seiner Scheu vor der Kirche, war eine gewisse Originalitätsucht. So konnte der Mann, der bereits die Konstanz der Materie und die Konstanz der Bewegungsenergie gegen die herrschenden Aristoteliker lehrte — natürlich in der Sprache seiner Zeit —, der bereits Wärme und Licht als Wirkungen der Bewegung auffaßte, der Wärme- und Lichtsubstanzen leugnete, gar wohl dazu kommen, die Entstehung des Planetensystems durch die Wirbel zu erklären. Im Grunde ist die apriorische Physik des Himmels, wie Descartes sie lehrte, von der Theorie des Himmels, die heute noch beinahe wie von Kant vorgetragen wird, nicht gar so verschieden; nur daß Kant auf Newton weiterbauen konnte und daß Newton sowohl als Mathematiker wie als Philosoph den Descartes überragte. Trotz alledem wäre das mechanistische Weltbild des Descartes ein historisches Denkmal von imponierender Größe, wenn er die Konsequenz nicht selbst zerstört, wenn er nicht die Bewegung der Erde in seiner Darstellung sozusagen umgebogen hätte. Der christgläubige Newton war freier als der Zweifler Descartes. Descartes steckte mit seinen Gefühlen noch tief im Mittelalter; er war lange nicht so frei oder lange nicht so ehrlich, wie Kuno Fischer uns glauben machen will; die kleine Skizze, die Goethe (Geschichte der Farbenlehre) von Descartes entworfen hat, gibt ein richtigeres Bild als das Buch Kuno Fischers.

Ding. — Wir haben erkennen gelernt, daß die Gesamtheit aller Dinge, die man etwa die Materie genannt hat oder auch Stoff, eine Vorstellung sei, wofür man freilich auch Gedankending zu sagen pflegt. „Was wir Materie nennen, ist ein gewisser gesetzmäßiger Zusammenhang der Empfindungen“ (Mach.) Nicht so einfach ist es einzusehen, daß diese Kritik des allgemeinen Stoffbegriffs auch zutrifft auf das, was ganz populär ein *Ding* genannt wird, ein Einzelding, ein Gegenstand, eine Sache. Wir werden noch genauer erfahren, daß *Ding* und *Sache* zwei Lehnübersetzungen aus dem juristischen Sprachgebrauche der Lateiner sind und ursprünglich das Streitobjekt eines Rechtshandels bedeuteten, daß dagegen *Gegenstand* eine Lehnübersetzung von *obstantia* (objectum) ist, aus der Philosophie herkommt und in seiner Bedeutung schon unklar an erkenntnistheoretische Fragen streifte: Gegenstand ist, was dem Ich gegenübersteht, dessen Vorstellung zugleich durch etwas außerhalb der menschlichen Vernunft und durch Anwendung der Vernunft entsteht. Alle diese Ausdrücke werden aber in der Gemeinsprache ohne besondere Unterscheidung gebraucht für die Einzelheiten der Wirklichkeit, für die großen und kleinen Realitäten, für welche der naïve Realismus gar nicht erst nach einer Erklärung sucht, die aber gar sehr einer Erklärung bedürfen. Denn alle diese Dinge sind ja nicht wirklich, sind vielmehr nur die Ursachen der einen Hälfte unserer Wirklichkeitswelt, der äußeren. Ein Apfel ist nichts als die Ursache der Empfindungen: rund, rot, süß usw.; er ist nicht zum zweiten Male neben den Empfindungen, deren Ursache er ist; er ist nicht noch einmal da. In diesem Sinne sind alle Dinge nur Gedankendinge, nur Vorstellungen. Und man hüte sich, hier die Begriffe *Vorstellung* und *Erscheinung* zu verwechseln. Erscheinungen (im Sinne von Berkeley und Kant) sind auch die unmittelbar gegebenen adjektivischen Empfindungen; diese sind aber keine Gedankendinge, keine Vorstellungen; sie sind wohl schon irgend wie von dem Zentralapparat unseres Gehirns bearbeitet, wenn sie uns zum Bewußtsein kommen; aber die Empfindungen sind noch nicht von der Vernunft oder der Sprache bearbeitet, sie sind noch nicht Gedankendinge oder Vorstellungen, wie die Dinge es sind. Mehr als dieses Eine, daß nämlich alle Dinge nur Gedankendinge sind, wissen wir von den Dingen nicht zu sagen. Die Erkenntnistheorie, welche den Satz Machs auf die Dinge anwendet und sagt: „Was wir ein Ding nennen, ist ein gewisser gesetzmäßiger Zusammenhang von zusammengehörigen Empfindungen" unterscheidet sich von dem naïven Realismus, der die Dinge selbst sinnlich wahrzunehmen glaubt, nur durch eine Kleinigkeit, nur dadurch: daß sie da ein Problem sieht, wo der sogenannte gesunde Menschenverstand nichts sieht und nichts sucht. Alle Rätsel der Begriffe: Ursache, Substanz, Gesetz, Einheit verbergen sich dahinter, daß man einen gewissen gesetzmäßigen Zusammenhang anzunehmen gezwungen ist, den uns die Sinne nicht verraten und der darum über den verführerischen Sensualismus hinausführt.

Kant, und noch viel offensichtlicher die Neukantianer, haben das Verhältnis der Empfindungen und ihrer Ursachen untersucht, das Verhältnis zwischen der adjektivischen Welt und der kausalen oder verbalen Welt; die Neukantianer haben Kants Terminologie beibehalten und nennen ganz mit Unrecht die Ursachen der adjektivischen Empfindung Dinge-an-sich; neuerdings glauben sie, in den Energien die wahren Dinge-an-sich erkannt zu haben. (Vgl. Art. *Energie.*) Energien sind aber wohl keine Dinge, auch nicht so recht Gedankendinge, wenn auch Gegenstände des Denkens. Die Dinge gehören der substantivischen Welt an, auch wenn sie alle nur Gedankendinge sind. Es scheint mir nun — und darauf wollte ich hinauskommen — für diese Weltanschauung gar keinen Sinn mehr zu haben, wenn einer nach den Dingen-an-sich der Gedankendinge fragt; es wäre denn, daß man — paradox genug — just die adjektivischen Empfindungen als relative Dinge-an-sich der substantivischen Gedankendinge zu bezeichnen sich entschließen wollte.

Selbstverständlich verstehe ich unter den Gedankendingen nicht Scheinbegriffe; denn diese *(Hexe, Wunder)* zeichnen sich eben dadurch aus, daß ihnen in der sinnlichen Welt nichts entspricht. An die Vorstellung, daß alle Dinge nur Gedankendinge seien, gewöhnt man sich am besten bei Begriffen wie: *Schatten*, *Flamme*, *Wind*, *Donner*. Der Donner ist nicht ein zweites Mal da, substantivisch neben unseren Empfindungen vom

Donner; die Flamme ist nicht noch ein zweites Mal da, außer und neben den Wirkungen, als deren Ursache wir sie projizieren, hypostasieren oder wie man will; genau so ist der Apfel nicht zweimal da, einmal in der adjektivischen und einmal in der substantivischen Welt. Wir lächeln überlegen über das Kind, dem eine Reise versprochen worden war, das fern von der Heimat neue Berge und Seen und Wälder gesehen hatte, und das dann fragte: „Ja — aber wo ist die Reise?" Wir sind ebenso kindlich, wenn wir den Physiker fragen: „Ja — aber wo ist die Flamme, der Donner?" Wenn wir den Erkentnistheoretiker fragen: „Ja — aber wo ist denn der Apfel, der Apfel selbst, der Apfel neben und außer seinen Eigenschaften?" Wir verlangen den Apfel zweimal, den uns die Natur trotz ihrer Allmacht nur einmal geben kann.

So gelange ich zu einem neuen Paradoxon, das aber nur dem naiven Realismus etwas sonderbar erscheinen wird, nicht aber der Weltanschauung, die von Hume etwas gelernt hat: Unsere Vorstellungen von einem Gedankending (einem ens rationis) sind viel klarer als unsere Vorstellungen von einem körperlichen Ding. Ich habe vorhin gesagt, daß unsere Sinneseindrücke die relativen Dinge-an-sich sind, daß es keinen Sinn hat, hinter den wirklichen Dingen, an deren Existenz wir glauben müssen, noch einmal und extra Dinge-an-sich zu suchen. *Relative* Dinge-an-sich habe ich die Empfindungen genannt; etwas Absolutes gibt es nicht. Alle diese körperlichen Dinge oder Körper sind eben schon Vorstellungen. Nur daß uns die Gedankendinge gar nicht erst verführen, hinter ihnen eine zweite Existenz zu suchen, daß aber die Körper zu diesem Doppelsehen immer wieder Veranlassung geben, sobald wir uns beim Sensualismus nicht beruhigen wollen. Und das können wir nicht, weil die Annahme einer Wirklichkeitswelt hinter den Sinneseindrücken ein Instinkt des menschlichen Verstandes ist.

Es ist die gleiche Schwierigkeit wie beim Ichgefühl, das neben und außer der kontinuierlichen Kette unserer Erlebnisse noch ein besonderes Ich glaubt, welches diese Kette zusammenhält. Ganz die gleiche Schwierigkeit. Dauer ist uns das Kennzeichen des Ich, Dauer ist uns das Kennzeichen der Dinge. Unbewußt, von einem Instinkte getrieben, legen wir irgend ein Ich in die Dinge hinein; *Introjektion* hat man das genannt; die Erkenntnis davon war vorhanden, schon bei Hume, lange bevor Avenarius das ungeschickte Wort prägte. Der Gedanke ist am besten von Mach ausgedrückt worden (Erkenntnis und Irrtum[2] S. 15); er nennt *Ding* und *Ich* Scheinprobleme: „Es ergibt sich aber, daß ein *isoliertes* Ding, genau genommen, nicht existiert. Nur die vorzugsweise Berücksichtigung auffallender, stärkerer Abhängigkeiten und die Nichtbeachtung weniger merklicher, schwächerer Abhängigkeiten erlaubt uns bei einer ersten vorläufigen Untersuchung die Fiktion isolierter Dinge.

Auf demselben graduellen Unterschiede der Abhängigkeiten beruht auch der Gegensatz der Welt und des Ich. Ein *isoliertes* Ich gibt es ebenso wenig als ein isoliertes Ding. *Ding* und *Ich* sind provisorische Fiktionen gleicher Art.“

Dualismus. — Ich glaubte den Streit zwischen der scheinbar einheitlichen und der scheinbar zweiteiligen Weltanschauung besser unter dem Schlagwort *Monismus* (vgl. Art. *Monismus*) darzustellen, weil die Monisten heutzutage in der öffentlichen Meinung obenauf sind und fast nur noch einige katholische Philosophen sich Dualisten zu nennen wagen. Um so kürzer kann ich mich jetzt fassen, kann mich auf einige Notizen zur Wortgeschichte des Dualismus beschränken.

Die äußere Wortgeschichte ist durch Eucken (Terminologie S. 99 und 195) genügend aufgeklärt worden; Thomas Hyde, der im 17. Jahrhundert über die Religion der Perser schrieb, prägte für den bekannten Glauben, die Welt werde von einem guten und von einem bösen Gotte gemeinsam regiert, den ganz treffenden Ausdruck Dualismus; wenigstens nennt er die Bekenner dieses Glaubens *Dualistae*; er scheint den Ausdruck aus dem Altpersischen oder Arabischen übersetzt zu haben. Man zankte lange darüber, ob auch im Abendlande dualistische Sekten zu finden wären, und einigte sich darauf, die Manichäer als Vertreter des religiösen Dualismus anzuerkennen; als ob der lebendige Glaube an Gott und den Teufel, wie er unter christlichen Völkern allgemein herrscht, nicht der gleiche Dualismus wäre.

Bayle (in dem Art. *Zoroastre* seines Wörterbuchs) und Leibniz haben das Wort für den Glauben an ein doppeltes Prinzip der Weltregierung weiter verbreitet; erst Wolf wandte das Wort auf diejenigen Metaphysiker an, welche zwei verschiedene Substanzen als Unterlagen der Welt annahmen, eine materielle und eine immaterielle Substanz. Das Wort nur in dieser Anwendung war neu; nicht die Vorstellung. Seitdem es Menschen auf der Erde gibt, waren sie durch einen unentrinnbaren Instinkt genötigt, irgendwie zwischen der Außenwelt und ihrer eigenen Innenwelt zu unterscheiden; ihr körperliches Ich mochten sie immerhin noch zu der Außenwelt rechnen, zu den Dingen, zu den materiellen Substanzen; aber auch ihr Wahrnehmen, Denken und Wollen war Gegenstand ihres Bewußtseins, war erlebt, war wirklich, doch nirgends mit den Sinnen zu fassen. Der naivste Mensch ist also bereits ein Anhänger des metaphysischen Dualismus, wenn er diese Bezeichnung auch schwerlich verstehen würde und für die beiden Seiten seines Lebens nicht die Bezeichnung Substanzen kennt. In der knappsten Form enthalten alle Sprachen diese gleiche Philosophie, da sie alle ein Wort für den Ichbegriff besitzen, für das Ichgefühl. Die *Seele*, das Summenwort für die gesamten Lebensäußerungen und Lebenserfahrungen eines Individuums, ist nur dieses gleiche *Ich*, als Substantiv gesehen, von der allezeit materialistischen Sprache festgehalten. Wenn man bedenkt, daß der Seelenbegriff zu der Gespensterlehre gehört, die man höflicher Animismus nenen mag, so entbehrt dieser Begriff nicht eines gewissen Humors: man nimmt neben und außer der Außenwelt, der materiellen, eine besondere Innenwelt an, nennt diese Innenwelt ausdrücklich immateriell, nennt sie aber zu gleicher Zeit *Seele*, worunter man sich, man mag sich drehen und wenwie man will, immer wieder nur entweder etwas Abstraktes oder etwas Materielles vorstellen kann. Neuerdings hat man eine solche Seele auch den Tieren und gar den Pflanzen zugeschrieben; ja der Panpsychismus schenkt eine Seele auch aller unbelebten Natur, am liebsten auf griechisch, man sagt aber auch schon Allbeseelung. Es ist das wirklich nur eine Frage des Sprachgebrauchs; das Wort *Seele* ist ursprünglich ganz gewiß nur für das Innenleben des Menschen gebildet worden und läßt sich auf das Innenleben der Tiere und Pflanzen nicht ohne einen Bedeutungswandel übertragen, auf das Innenleben der unbelebten Stoffe nur durch ein weiteres Fortschreiten des Bedeutungswandels; ich habe (Kr. d. Spr. I^2 S. 264 ff.) gezeigt, daß ich gegen eine solche Ausdehnung des Seelenbegriffs gar nichts einzuwenden habe, unter der Voraussetzung, daß man sich der fortschreitenden Bildlichkeit des neuen Wortgebrauchs nur bewußt bleibe. Es könnte ja etwa eingewandt werden: vielleicht ist der ganze Gegensatz von Innen und Außen nur Menschenwerk, nur von der Menschensprache hervorgebracht im Dienste des Menscheninstinktes, der sich in der Welt auf seine Weise orientieren will und sich zu diesem Zwecke die beiden Ordinaten, Innen und Außen gezogen hat; vielleicht besitzen die Pflanzen einen besseren Instinkt, der sie in einer ungedoppelten, einfachen Welt orientiert; dann wäre es im höchsten Grade anthropomorphisch, dann wäre es auch im Bilde falsch, den Seelenbegriff auf die Pflanzen und auf die unbelebten Stoffe auszudehnen. Sollten aber z. B. die Pflanzen irgend ein Korrelat zu unserem Innenleben, zu unserem Ichgefühl besitzen, dann wäre freilich nicht daran zu zweifeln, daß sie ebenso wie die Tiere, naiv, vorsprachlich, auf dem Boden des metaphysischen Dualismus stehen.

Sie wissen es nur nicht, wie die Philosophen unter den Menschen es nicht wußten, bevor ihnen nicht bestimmte Worte zur Verfügung standen für den Gegensatz von Innen und Außen, von Seele und Leib, von res cogitans und res extensa. Dieses letzte Begriffspar ist für den uralten Gegensatz erst von Descartes gebraucht worden; er wäre aber um dieser beiden Worte willen, die gar nichts Neues sagen, nicht zu dem zweifelhaften Ruhme gelangt, den metaphysischen Dualismus begründet zu haben, wenn er nicht mit besonderer Strenge die beiden Seiten unseres Lebens auseinandergehalten und sie zwei Substanzen genannt hätte.

Aus diesem unseligen Worte entspann sich der unendliche Kampf im Bereiche des Dualismus selbst, die Grübeleien darüber, wie eine Wechselwirkung zwischen den beiden ungleichen Substanzen möglich wäre. Wie gleichgiltig der Substanzbegriff für diese naturwissenschaftliche oder zuletzt sprachkritische Frage sei, mag man am besten daraus ersehen, daß es ein Schüler von Descartes war, der die Wechselwirkung durch den Occasionalismus erklärte, die ganze Maschinerie einer ununterbrochenen Tätigkeit des lieben Gottes zuschrieb und so wieder zu einem theologischen Monismus zurückkehrte; daß wiederum die Materialisten des 18. Jahrhunderts, die die ganze Maschinerie einheitlich aus der res extensa erklärten, sich ebenso gut auf Descartes berufen konnten. Noch mehr: Spinoza, den unsere Monisten zu ihrem Philosophen machen möchten und der sicherlich kein Dualist war, stand doch im ganzen und großen auf dem Boden der metaphysischen Prinzipien von Descartes; er nannte nur die beiden Seiten des menschlichen Erlebens nicht mehr zwei Substanzen, sondern zwei von den Attributen der einzigen Substanz; und schuf sich mit dieser kleinen Änderung die Freiheit für sein ganz anderes Weltbild.

Wir werden bei Behandlung des Begriffes Monismus näher zusehen, wie der Substanzbegriff oder der Seinsbegriff dazu kam, auf das Innenleben angewandt zu werden. Descartes schloß aus dem Ichgefühl auf die Existenz des Ich; er hätte natürlich mit dem gleichen Rechte aus dem Ichgefühl auf die Existenz der Außenwelt schließen können; und beide Schlüsse hätte er nicht ziehen können, wenn die alte Sprache ihm nicht das Wort *sein* dargeboten hätte. Aber der Umweg, den Descartes zu dem naiven Dualismus aller Menschen machte, ist bemerkenswert. Er zweifelt gegen alle Menschengewohnheit an der Außenwelt und erklärt die Innenwelt, die doch nur aus Erinnerungen und Bearbeitungen der Außenwelt besteht, für das einzig Gewisse. Das Fundament des Hauses scheint dem Philosophen zu wanken, das oberste Stockwerk hält er für sicher; er fürchtet im Keller, das Dach werde einstürzen; auf dem flachen Dache aber geht er mit dem Gefühle der Sicherheit spazieren.

E.

Egoismus. — Der natürliche und unausrottbare egozentrische Standpunkt des Durchschnittsmenschen ist als berechtigt hingestellt worden von dem edlen Spinoza in dem monumentalen Satze (Ethik IV prop. 24)): „Ex virtute absolute agere nihil aliud in nobis est, quam ex ductu Rationis agere, vivere, *suum esse conservare* (haec tria idem significant) ex fundamento proprium utile quaerendi."

Der *Altruismus*, daß nämlich vernünftig egoistische Menschen die Mitmenschen nicht vergessen, versteht sich am Rande (Prop. 18 scolium). Man glaubt gewöhnlich, der verstiegene, konsequente, theoretische, eigentlich unwiderlegbare und doch wahnsinnige Egoismus, den man *Solipsismus* nennt, sei in der erkenntnistheoretischen Anlage von Berkeley, in seinem praktischen Anarchismus von Stirner erst erfunden worden Aber das Wort *Egoismus* hat sich erst zu der banalen Bedeutung einer Handlungsweise, die das Interesse des Handelnden wahrnimmt, verflachen müssen. Diese Gruppe moralisch-philosophischer Ausdrücke bezeichnet sehr oft gerade bei der ersten Prägung die allerschärfste Fassung des Gedankens.

Christian Wolf gibt in der neuen Ausgabe seiner „Vernünftigen Gedanken von Gott" Nachricht von „der allerseltsamsten Sekte der Egoisten, die vor weniger Zeit in Paris entstanden". Wolf unterscheidet unter den Weltweisen die Scepticos und die Dogmaticos, die er mit *Lehrreiche* übersetzt. Unter den Lehrreichen gäbe es, je nachdem sie nur eine Art von Dingen oder zweierlei Arten annehmen, Monisten und Dualisten. Die Monisten sind abermals von zweierlei Gattung, entweder Idealisten oder Materialisten. „Endlich die Idealisten geben entweder mehr als ein Wesen zu, oder halten sich für das einige würkliche Wesen. Jene werden *Pluralisten*, diese hingegen *Egoisten* genennet." Über diese Wolfischen Definitionen hat ein Tübinger Professor, C. M. Pfaffius, 1722, eine Rede gehalten und drucken lassen, die uns heute spaßig genug anmutet, die aber für die Wortgeschichte wichtig ist, weil sie die Neuheit der Worte *Egoismus* und *Egoista* belegt. Die „Oratio de Egoismo, nova philosophica haeresi" setzt gleich mit einer Bitte um Entschuldigung dafür ein, daß sie seine Zuhörer mit einem so barbarischen Wort belästige. De novo quodam spectro philosophico, de *Egoismo* nudius tertius in Gallia, Anglia et Hybernia nata (nova haeresi) ubi hodie ad vos verba facturus sum, ... nolite mirari aut frontem corrugare ad vocem barbaram, inconditam atque in hisce aris, in hoc auditorio hactenus inauditam, qua primus egomet jamjam auras vestras pulso. Die Egoisten praeter se nullum alium spiritum, nullum aliud ens creatum in rerum natura esse arbitrantur. Solche Menschen wären nicht etwa Erfindungen einer spielerischen Phantasie, sondern es gäbe Bücher von ihnen, es gäbe re vera ejusmodi monstra hominum, qui ita delirarent ... qui somniant nihil extra se dari, se solos esse unicum illud ens creatum quod existat. Natürlich wird Spinoza neben Hobbes als ein solches Monstrum an den Pranger gestellt. Pierre Bayle heißt scepticorum huius saeculi infelix primas. Pfaffius kennt Malebranche und zitiert nach den Memoires de Trevoux einen Malebranchisten, der noch weiter gegangen wäre als Berkeley, der in einer langen Disputation ganz ernsthaft behauptet hätte, qu'il est très probable qu'il soit le seul être créé qui existe, et que non seulement il n'y ait point de corps, mais qu'il n'y ait point d'autre esprit créé que lui. Pfaffius schließt mit dem bekannten Worte Ciceros: nihil tam absurdum esse quod non dictum fuerit ab aliquo philosophorum. Die Kürze der Zeit hat es verschuldet, daß Pfaffius das Versprechen seines Eingangs nicht ganz erfüllt: veniam mihi dabitis, Auditores, si haec aenigmata paucis vobis solvero et, quid sub barbaris istis vocabulis lateat, clariore paulisper dictione enucleavero, atque curiosam hanc historiae Philosophicae recentioris partem primis, quod ajunt, labiis vobis jam degustandam dedero.

Wie sehr nun der Egoismus sowohl im metaphysischen, wie im moralischen Sinne nur ein leerer Wortschall sei, außerhalb der Menschensprache nichts zu schaffen habe, das hoffe ich klar zu machen durch das Gedanken-Experiment, das den Begriff z. B. auf einen Baum anzuwenden wagt.

Der Baum ist, wenn wir ihm erst etwas Gedankenähnliches zuschreiben, ganz gewiß ein radikaler Denker, denn er ist frei von jeder Rücksicht auf den gegenwärtigen Stand der Philosophie und ihrer Parteien. Die Kiefer könnte sich also ganz gut zum metaphysischen Egoismus bekennen. Sie ist der Einzige und die Welt ihr Eigentum. Nur daß eben diese Kiefer, wenn sie relativ allein aufwächst, ein Solitär wird, vom Boden an eine wohlgefällige, runde Baumkrone erzeugt und sogar für Menschen den Eindruck eines Einzigen macht. Im Walde aber verliert die Kiefer bis hoch hinauf alle ihre Äste, zeugt einen geraden Stamm und ist froh, einen kleinen grünen Wipfel in Luft und Sonne zu strecken. So steht sie in Reih und Glied und muß die Existenz anderer Kiefern anerkennen. Was sie, wenn sie irgend sprechen könnte, ihre Disziplin oder ihre Moral nennen dürfte.

Weil sie aber nirgend sprechen kann, darum kann sie den moralischen Egoismus absolut nicht begreifen, weder als ein berechtigtes Prinzip, noch als einen Tadel. Nichts ist für sie auf der Welt als was ihre Wurzeln und ihre Nadeln angeht. Das ist ihre Welt. Die Nachbarkiefer hat ihre andere Welt. Und wenn die Menschen nicht sprechen gelernt hätten, so würden sie sich ebenso wissen, würden den moralischen Egoismus weder als Prinzip, noch als Tadel kennen. Wie tausend Zuschauer über den gleichen Regenbogen zu sprechen glauben, weil sie sprechen, jeder von ihnen aber seinen anderen Regenbogen mit seinen Augen sieht und schafft, eigentlich mit jedem seiner beiden Augen einen anderen Regenbogen, die sich vertragen lernen müssen.

Ehre.

I.

Wir haben gelernt, daß die Ideenlehre Platons vom christlichen Mittelalter vielfach nur um der Platonischen Staatslehre willen bevorzugt wurde, die doch mit Platons Erkenntnistheorie herzlich wenig zu tun hatte; und *moralisch*, im christlichen Sinne, war die Ideenlehre ebensowenig wie die Staatslehre. In dieser Konfusion ist schon der Anfang enthalten zu den beiden Bedeutungen, in welchen das Wort *Idealismus* heutzutage gebraucht wird, indem es bald eine einseitige Erkenntnistheorie bezeichnet, bald die besondre Charaktereigenschaft von Menschen, die weniger als andere auf ihren gemeinen Vorteil bedacht sind. Der *Wortrealismus* des Mittelalters war die orthodoxe Lehre der Kirche; der von ihm herstammende metaphysische Idealismus Hegels konnte noch in unsern Tagen die Form des offiziellen Protestantismus annehmen; bei allen trivialen Köpfen steht so die Mischvorstellung von einem theoretischen und praktischen *Idealismus* im höchsten moralischen Ansehen. Umgekehrt ist von jeher der philosophische Materialismus von allen Philistern mit einer nichtswürdigen moralischen Gesinnung zusammengeworfen worden, so sehr, daß der Vergleich mit Epikuros, der den philosophischen Materialismus im Altertum beinahe zu Ende dachte, durch die Jahrhunderte zu einer Beschimpfung geworden war. Eine mehr scherzhafte Anspielung auf diese moralische Diskreditierung ist es freilich, wenn Horatius sich ein Schwein aus der Herde des Epikuros nennt. Aber bis in die Neuzeit hinein, bis Gassendi die Ehrenrettung des Epikuros vollzog, blieb die Bezeichnung Epikureer als Schimpfwort bestehen; selbst im Talmud versteht der pfäffische Monotheismus darunter einen Materialisten und grundschlechten Menschen. Und der Materialist hieß zu jener Zeit Nominalist. Die heutigen Materialisten glauben sich auf alle bahnbrechenden Denker der Neuzeit berufen zu können; nicht ganz mit Unrecht, weil fast alle diese Denker *Nominalisten* waren (im Sinne des Mittelalters) und weil sie die einseitige Bedeutung einer mechanistischen Weltanschauung für die Erfahrung nicht bestritten haben.

An einer Stelle, wo man es kaum vermuten würde, ist diese Verbindung von äußerster Gemeinheit und Nominalismus zu beobachten. Shakespeare, der zum mindesten die philosophischen Schlagworte seiner Zeit sehr gut kannte, und vielleicht gleich Goethe ein ganzer Philosoph — ohne System — war, legt im letzten Akte des ersten Teiles von Heinrich IV. dem ausbündigen Schuft Falstaff einen Gedankengang in den Mund, der den Nominalisten vom frommen Anselm von Canterbury mit Recht oder Unrecht zugesprochen wurde. Nach Anselm soll Roscelin, der Scholastiker des 11. Jahrhunderts, also gelehrt haben: Begriffe seien nur Worte, Worte nur Luftausstoßungen der Menschenstimme (flatus vocis). Etwas anderes sagt auch der hundsföttische Falstaff nicht in seinem berühmten Monologe. „Kann Ehre ein Bein ansetzen? Nein . . . Ehre versteht sich also nicht auf Chirurgie? Nein. Was ist Ehre? Ein Wort. Was ist dieses Wort *Ehre*? Luft.“ Schlegel bemerkte nicht, daß dieser

Gedankengang ganz schulgerecht ist, und übersetzte um eine Nuance unrichtig: „What is that word, honour?" Für den Nominalismus, der damit karrikiert werden sollte, ist ein Wort wirklich Luft. Schlegel übersetzt zu umständlich und darum falsch: „Was steckt in dem Wort Ehre? Was ist diese Ehre?" Die Stelle hätte gebessert werden sollen.

In diesem Punkte erscheint Shakespeare einmal ganz als Engländer; die Engländer haben sich seit Jahrhunderten eine bequeme Lebensphilosophie zurechtgelegt, mit deren Hilfe sie freie Naturforschung treiben und dennoch ihr Pfaffentum respektieren können. Unmittelbar nach Shakespeare wurde der nominalistische Materialismus durch einen echten Engländer, durch Hobbes, in ein System gebracht, welches schon im Keime die beiden Eigentümlichkeiten enthält, durch die sich das englische Denken noch heute von dem kontinentalen Denken unterscheidet. Erstens löste sich die Philosophie durch ihr Aufgehen in Nationalökonomie selber auf, so daß seitdem *philosophy* oft nicht mehr heißt als Physik. Zweitens wurde die Omnipotenz des Staates in der Weise über die Kirche ausgedehnt, daß der staatlich anerkannte Aberglaube als ein nützliches Mittel der Regierung erschien. Man lese nur einmal vorurteilslos in des Hobbes oft bismarckischem Leviathan das zehnte Kapitel des ersten Teils, man lasse die grimmige Menschenverachtung dieser Bemerkungen *De Potentia, Dignitate et Honore* auf sich wirken, und man wird besser verstehen, warum ich just bei der Untersuchung des Ehrbegriffs den englischen Nominalismus bemühe. Des Gefühls der Ehre wird gar nicht gedacht; für Hobbes geht Macht vor Ehre, so wie nach dem Hobbesschüler Spinoza (Bismarck hat das Wort für sich abgeläugnet) Macht vor Recht geht. Opem poscere, *honorare* est; quia *potentiam* agnoscimus. — Amoris vel metus indicia patefacere *honorare* est; in utroque enim est confessio *potentiae*. Der Einfluß von Hobbes auf die großen Menschenverächter, auf Swift und Schopenhauer, sollte einmal genauer untersucht werden.

Seit Hobbes herrscht in England die Verquickung von Materialismus und Orthodoxie, die uns oft mit Unrecht so widerwärtig erscheint. Die Grenze zwischen Heuchelei und gleichgültiger Gewohnheit ist schwer aufzufinden; wir erfahren, daß Newton und Boyle kirchlich fromme Leute waren. Es scheint den Engländern unser kontinentaler Haß zu fehlen gegen das lustig weiterblühende Religionsgeschäft der Pfaffen.

Es überrascht trotzdem, diesen Zug schon bei Shakespeare zu finden; der gemeine Genußmensch Falstaff wird zum Nominalisten gestempelt, zu einem Unchristen, und wird vielleicht dadurch so geistreich und liebenswürdig. Halten wir das fest: das allerliebenswürdigste Schwein aus der Herde des Epikuros, Falstaff, der den Ehrbegriff nicht anerkennt, ist ein Nominalist. Falstaff weiß nichts von einem inneren Ehrgefühl. Er kennt nur den Scheinbegriff der äußeren Ehre, nur diesen. „Was ist dieses Wort Ehre? Luft.“

II.

Falstaff hat den Ehrbegriff für sich aus der Welt geschafft. Auch Ehre nur ein flatus vocis. Man hat wegen dieser Stelle den Schuft Falstaff nur noch tiefer verachtet.

Dann zog siegreich wachsend der Materialismus von England und Frankreich über Europa, unterwarf sich Psychologie und Ethik, und als dann alle Dogmen in Staat und Kirche gestürzt waren, kam die Zeit Schopenhauers, der den Ehrbegriff für die Welt aus der Welt schaffte, die Ruhmsucht nicht für sich. Und in hundert Romanen und Dramen wird seitdem der Ehrbegriff mit Füßen getreten, als ob er auch so ein mittelalterlicher Glaubensbegriff wäre. Die Welt sollte ehrlos gemacht werden, damit sie behaglicher werde für gefühllose, ehrgefühllose Menschen. Wir leben lustig, jenseits von Gut und Böse, jenseits von Ehre und Schande.

Aber es gibt trotzdem Gefühle, die nur durch diese beiden Begriffe schlecht genug ausgedrückt werden. Wirkliche, wirkende Gefühle. Ich selbst verstehe den Begriff des Sollens nicht; ich verstehe die Sätze nicht: du sollst gut sein, du sollst nicht ehrlos sein. Nur die Wirklichkeit ist nicht abzuschaffen: es gibt gute und böse Menschen, auch noch nach Spinoza und nach Nietzsche; es gibt ehrlose und ehrliebende Menschen, auch nach Schopenhauer. Nur daß die beiden Begriffspaare disparat sind. Man kann gut und ehrlos sein, böse und ehrliebend. *Gut* und *böse* gehören wie alle ethischen Begriffe ins soziale Gebiet, zwischen die Menschen; nichts damit hat *Ehre* zu tun, sie gehört dem Einzigen, der Persönlichkeit, ist vielleicht die Persönlichkeit selbst, das Ichgefühl. Und was Schopenhauer aus der Welt geschafft hat, ist nur die Afterehre der Eitelkeit, ist nicht die eigene Ehre des Stolzes.

Ganz scharf werden in der Seele Eitelkeit und Stolz nie zu scheiden sein. Fremde Meinung und eigene Meinung beeinflussen einander. Zu der Afterehre der Eitelkeit gehören alle die an den Pranger gestellten Standes- und Berufsehren. Wer kein Sklave ist, hat die Ehre seines Standes oder Berufs. Berufs- und Standesehre ist sozial, also ethisch, also sprachlich. Hat man aber seinen Beruf oder Stand selbst gewählt, ja hat man ihn nur bewußt festgehalten, so gehört er mit zur Persönlichkeit und hört auf, bloß sozial zu sein.

So einfache Dinge, wohlbekannte Gefühle, und dennoch von der Sprache kaum bestimmt auseinander zu halten. Die Ehre der Eitelkeit und die Ehre des Stolzes, beide sind Gefühle; wollten wir aber nun definieren, was *Eitelkeit* und was *Stolz* sei, so würden wir bald zu elenden Zirkelerklärungen gelangen. Vielleicht geht es besser, wenn wir uns an weniger ethische Begriffe halten, wenn wir Verstandesbegriffe zu Hilfe nehmen: das andre Begriffspaar *Schein* und *Illusion* stellt sich ein. Auch da unterscheidet die Gemeinsprache nicht immer und nicht scharf; aber die

Sprache erlaubt uns doch, für unsern Gedankengang unter *Schein* besonders die Scheinbegriffe zu verstehen, mit denen die Menschen einander *betrügen;* unter *Illusionen* die Gefühle, mit denen die Menschen sich selber *täuschen.* Der Schein ist eine Fälschung, die Illusion ist ein Irrtum. Wir werden nachher den Ehrbegriff der Eitelkeit als eine Fälschung, den Ehrbegriff des Stolzes als einen Irrtum erkennen.

Man denke bei *Illusion* an zwei Fälle und man wird mir zugeben, daß man solche Selbsttäuschungen von den Begriffsfälschungen des Denkens nicht streng genug scheiden könne. Bei allen künstlerischen Illusionen (bei denen die Sprache allerdings auch von einem schönen Scheine zu reden gestattet) unterwerfen wir uns einer Gefühlstäuschung; aber unser ganzes inneres Leben würde verarmen, wollten wir nüchtern auf diese Täuschung verzichten. Der zweite Fall geht auf einen noch wichtigeren Gegenstand. Man hat längst nüchtern erkannt, daß der Mensch keinen freien Willen habe; der *freie Wille* ist eine Selbsttäuschung; aber das Gefühl des freien Willens ist dennoch wirklich, ist biologisch notwendig, weil wir ohne dieses Gefühl verhungern würden wie Buridans Esel. Ich könnte noch eine Stufe höher steigen und daran erinnern, daß nach der gegenwärtigen Erkenntnistheorie alle unsere Sinnesempfindungen Illusionen sind, notwendige Selbsttäuschungen, daß unsere sogenannten spezifischen Sinnesenergien Molekularschwingungen in ganz andere Qualitäten umsetzen. Bei all diesen Illusionen betrügen wir nicht und werden wir nicht betrogen; wir tauschen nur und täuschen uns.

Zu diesen Illusionen des innern Lebens gehört nun zuerst und vorallem das *Ichgefühl;* ich habe es oft eine Täuschung genannt, aber es ist so wenig eine Lüge, wie die Übersetzung bestimmter Ätherschwingungen in die Empfindung *rot* eine Lüge ist. Es ist eine Selbsttäuschung, eine Illusion, wie andere Empfindungen Illusionen sind. Die echte Ehre scheint mir nun nichts anderes zu sein als dieses Ichgefühl, unter dem Gesichtspunkte des Stolzes. Die äußere, die unechte Ehre ist die Fälschung dieses Gefühls, die Unterwerfung der Eitelkeit unter die Meinung der andern Leute. Freiheit ist die echte Ehre, Unfreiheit die falsche Ehre.

Die begriffliche Trennung der beiden Gebiete ist nun aber so schwer zu vollziehen, weil der Mensch mit hundert Fäden an die Gesellschaft gebunden ist und sich gar nicht als ganz freies Individuum empfinden kann. Er kann seine Menschenehre gar nicht vollständig losknüpfen von seiner Standes- oder Berufsehre; und wenn er das könnte, so gehörte er immer noch entweder zum weiblichen oder zum männlichen Geschlechte und besäße jenachdem die eine oder die andere Geschlechtsehre, bei der wieder die Unterscheidung zwischen Betrug und Selbsttäuschung nicht ganz leicht wäre. Ich denke zunächst an den Mann.

Wer das geheime Hahnreitum ertragen könnte, nicht aber das Gerede der Leute, der hätte sich eitel dem sozialen Ehrencodex unterworfen; wer es aber für sich ganz allein nicht ertragen könnte, daß seine männliche Geschlechtsehre verletzt worden ist, der hat individuelles Ehrgefühl, soweit da nicht die Täuschung übersprachlicher Triebe mitspielt. Die sind schwerlich pathologisch, weil auch monogame Tiere, wenn sie Kraft genug haben, auf Leben und Tod um das eigene Weibchen kämpfen.

Dieser Gegensatz, der selten ein reiner Gegensatz ist, zwischen sozialer Afterehre und echter individueller Ehre, wäre an allen Arten der Standes- oder Berufsehre nachzuweisen. Es gibt schuftige Advokaten, welche allen Anforderungen der sozialen Anwaltskammern entsprechen und dennoch Handel treiben mit dem, was zu verkaufen die Ehre des ehrenhaften Advokaten verbieten müßte. Es gibt schuftige Ärzte, angesehen vor den Ärztekammern; und es gibt ausgestoßene Ärzte, die ausgestoßen worden sind, weil sie in einem Konflikte ihrem individuellen Ehrbegriff folgten, ihrer Überzeugung. Auch für Könige gibt es eine soziale Afterehre ihres Standes: die Eitelkeit, sich unter ihren Standesgenossen durch Zahl, Uniformen oder Körperlänge ihrer Soldaten, durch Prunk, ja lächerlicherweise sogar durch Titel auszuzeichnen; es gibt aber auch echte Standesehre für Könige. In Friedrich dem Großen z. B. mischten sich beide fast unentwirrbar.

Kraft deckt sich leicht mit Ehre, Schwäche ebenso leicht mit Schande. Aber nur die Wirkungen sind zu vergleichen, nicht die Gefühle. Der bankerotte Kaufmann, der sich eine Kugel vor den Kopf schießt, hat nicht immer eigene Ehre im Leib; wäre er Dienstmann oder Kellner geworden, so lebte er ja in Schande, so wäre er degradiert. Hätte er aber das Kraftgefühl, sich wieder emporarbeiten zu können, dann wäre seine Kraft größer als seine eitle Ehre, aber ehrlos bliebe er doch, wie Gabriel Borkmann, so lange, bis die Kraft die Ehre wiederhergestellt hätte. Der schuftige Journalist, der mit seiner Überzeugung seine Ehre verkauft, ist vor sich ehrlos, einerlei, ob er sich aus Kraft für eine Million verkauft hat oder aus Schwäche für ein Nachtessen.

Wie ist es nun möglich, daß das Gefühl der Individualehre in vorbildlichen Menschen ein so mächtiges Motiv ist? Stärker als selbst der mächtigste Trieb des Menschen, der Lebensdrang. Niemandem kann die Antwort schwerer fallen, als dem, der gelehrt hat und lehrt: Unser Ichgefühl ist eine Selbsttäuschung; die Persönlichkeit, die Individualität ist eine Vorspiegelung, wirklich ein Reflex des Gedächtnisses. Bleibe ich logisch diesem Gedanken treu, so wird (ganz abgesehen von der sozialen Afterehre) auch das große individuelle Ehrgefühl, ohne welches das Menschenleben zu einem warmen, behaglichen Dreckhaufen zusammensinkt, so wird das stolzeste Gefühl der stolzesten Menschen zu einer Täuschung in zweiter Potenz, zu einer Pietät gegen die eigne Vergangenheit, zu einer knechtischen Unterwerfung unter das eigne Gedächtnis, das uns als unser Ich erscheint. Dann müßte ich logisch wie Falstaff und Schopenhauer schließen. Und wirklich gibt es unzählige Fälle individuell ehrenhaften Handelns, in denen der Ehrenmann heute untergeht, weil er seiner gestrigen Überzeugung folgt; was er für Treue gegen seine Überzeugung hält, war nur allzu große, allzu langsame Treue des Gedächtnisses.

Aber das alles ist ja eben nicht ganz wahr. In noch unnahbarerer Tiefe als der wirkliche Lebensdrang des täuschenden Ichgefühls steht oder ruht, schreit oder schlummert das Ehrgefühl und kann in extremen Fällen den Lebensdrang selbst unterkriegen. Selbstmord aus verletztem Ehrgefühl ist auch dann noch häufig, wenn man die Fälle der verletzten Eitelkeit abzieht. Offiziere, Könige und Kaufleute sind an der echten Berufsehre gestorben. Die andere Täuschung, die eines freien Willens, spielt hinein. Die echte eigene Ehre leidet unter der doppelten Selbsttäuschung, daß das eigene Ich anders, als es geschehen ist, hätte wollen und handeln können. Sogar Dummheit, für die doch der Wille gewiß nicht verantwortlich ist, wird an dem Träger des Ich- und Willensgefühls unter Umständen mit dem Freitode bestraft.

Die Erklärung des echten Ehrgefühls aus den beiden Selbsttäuschungen des Ichgefühls und des Freiheitsgefühls führt mich wieder zu dem Beispiel der Geschlechtsehre zurück. Natürlich wirkt auch da, beim Weibe und beim Manne, gewöhnlich die Eitelkeit mit, die Rücksicht auf die Meinung anderer Leute. Oder die Eitelkeit kompliziert sich auch wohl mit Kämpfen, die unter das Motiv des Hungers fallen. Zahllose Selbstmorde von Mädchen, die ihre Ehre verloren haben, die in *Schande* geraten sind, sind bei uns aus dem falschen Ehrbegriffe herzuleiten; es gibt Völker genug und unter uns Bevölkerungsschichten, die diesen Ehrbegriff gar nicht kennen. Daß solche Selbstmorde wegen verletzter Geschlechtsehre bei den Männern seltener vorkommen, liegt an natürlichen und historisch gewordenen Verhältnissen, die das *entehrte* Mädchen so viel schlechter stellen als den an seiner Geschlechtsehre verletzten Mann; man beachte aber, daß der Selbstmord wieder um vieles häufiger ist bei Männern, wenn sie syphilitisch angesteckt worden sind; auch hier ist das Motiv des Selbstmordes sehr kompliziert, aber es spricht mit, daß sie diese Krankheit als eine Schande empfinden. Schon Schopenhauer hat, in einen ganz andern Gedankengang freilich, den falschen Ehrbegriff und die Lues in Zusammenhang gebracht (Par. I, 414).

Wer aber, Weib oder Mann, in den Tod geht, nicht getrieben von Hunger oder Eitelkeit, ganz allein umhergejagt von dem Gefühle der Ehrlosigkeit, die auf diesem Geschlechtsgebiete *Eifersucht* heißt, also von einem Ehrgefühl, das sich nicht mehr völlig mit dem Ichgefühl deckt, der scheint mir nur einer gesteigerten Täuschung unterlegen zu sein, die doch eine nahe Beziehung hat zur Täuschung des Ichgefühls. Mord aus Eifersucht, Mord am Nebenbuhler mag auf ein vermeintliches Besitzrecht zurückgeführt werden. Selbstmord aus reiner Eifersucht, aus verletzter Geschlechtsehre, ist nur zu erklären daraus, daß der Selbstmörder sich mit seinem Weibe, die Selbstmörderin sich mit ihrem Manne, als Eins fühlte, als ein lebendiges Ganze, und daß diese schöne Illusion eine Verletzung nicht vertragen hat. Die Verletzung der Symbiose. Wie auch richtige Individuen an einer seelischen Verletzung ebenso zugrunde gehen können, wie an einer leiblichen.

Zum zweitenmale habe ich da schon die *Geschlechtsehre* als Beispiel herangezogen: das Einemal wollte ich auch bei der Geschlechtsehre die echte Ehre von ihrem Surrogate unterscheiden; diesmal auch die echte Geschlechtsehre mit der Selbstachtung, mit dem Persönlichkeitsgefühle in Zusammenhang halten. Ich habe aber noch gar nicht die Vorfrage gestellt, was die Geschlechtsehre eigentlich sei. Schopenhauer, der die Weiber zu hassen glaubte und gern beschimpfte, weil er sie nicht entbehren konnte, scheint die Geschlechtsehre in die Gruppe der Standes- oder Berufsehren einreihen zu wollen. Das geht aber nicht an. Stände und Berufe sind menschliche Einrichtungen; der Geschlechtsunterschied aber ist ja doch wohl nicht erst von der menschlichen Sprache in die Natur hineingetragen worden. Männchen und Weibchen sind keine Korrelatbegriffe, sind keine relativen Begriffe. (Vgl. Art. *Geschlecht*.) Es ist ein Unterschied von ganz eigentümlicher und unvergleichlicher Art. Der Mensch, der von seiner Männlichkeit oder Weiblichkeit Profession macht, mag so etwas, wie die Berufsehre seines Geschlechts besitzen. Damit hat die Geschlechtsehre nichts zu tun, von der ich hier rede; nicht beim Manne und nicht beim Weibe. Die ideale Eifersucht, dieser seltene Fall eines verletzten Persönlichkeitsgefühls bei der Symbiose, ist unabhängig von der sozialen Stellung des Mannes und der Frau, ist bei Mann und Frau ein gleichmächtiges Gefühl. Das Märchen Platons, daß ein Liebespaar die zusammengehörenden Hälften eines einzigen Individuums darstelle, ist da beinahe Wirklichkeit geworden. Die Verletzung der einen Hälfte schmerzt die andere Hälfte. Schopenhauer hat einmal darüber gelacht, daß die ritterliche Ehre auf der Backe des Gegners sitze; es ist kein Zynismus, wenn ich jetzt diesen Scherz auf die echte Geschlechtsehre anwende und sage: Die Geschlechtsehre sitzt in den Genitalien der andern Hälfte. Und solange beide Hälften nur eine Persönlichkeit ausmachen, erkrankt die eine Seelenhälfte durch Verletzung der andern.

Was wissen wir von dem, was man immer noch die Seele nennt. Hat ein körperlicher Schaden, den man Krankheit nennt, den organischen Zusammenhang des Individuums gestört, so bemühen sich alle Gedächtnisse aller sogenannten Zellen, das Gesamtgedächtnis wieder herzustellen. War der Schaden zu arg, so tritt der Tod des Individuums ein. Ist das täuschende Ichgefühl, die Achtung vor dem eigenen Gedächtnis, die man dann Ehre nennt, verletzt, beschädigt worden, so mag ja auch, wie jeder aus Erfahrung weiß, der Ehre im Leib hat, eine Störung der Leibeszellen folgen. Darüber hinaus krankt aber der tiefste Kern des Individuums, und hilft ihm die Kraft nicht, die dann stärker sein muß, als die Schande, so stirbt der Körper des Individuums an der inneren Verletzung der Ehre, d. h. an der Schande, und Falstaff und Schopenhauer können sagen, dieser Mensch sei an einem Worte gestorben.

III.

Dieses Wort, das Macht zu töten hat, wollen wir uns nun einfach ansehen und die Frage zu beantworten suchen, wie es zu dieser Macht gekommen sein möchte. Durch die Verwechslung zweier Bedeutungen. Ich will im Folgenden allen Tiefen aus dem Wege gehen und mich an die wohlbekannte Psychologie der beiden Ehrbegriffe halten. Ich habe öfter davor warnen müssen, jedesmal eine einzige Urbedeutung aufspüren zu wollen, wenn ein Wort im Sprachgebrauche ungleiche Vorstellungen bezeichnet; dieses Aufspüren einer gemeinsamen Urbedeutung kann mitunter sehr nützlich werden, um den etymologischen Zusammenhang deutlich zu machen; die wirkliche Wortgeschichte geht aber oft nicht den nächsten, den etymologisch oder gar logisch nächsten Weg.

Lat. *honos*, deutsch *Ehre* sind nach ihrer Herkunft gleicherweise unaufgeklärt geblieben; die Herleitung des deutschen Wortes von lat. *aestumare*, die nach Kluge feststeht, nach Paul vielleicht möglich wäre, scheint mir eine Verirrung der Germanisten. Es kommt aber darauf nicht an, weil *Ehre* zu uns nicht als Kunstausdruck irgend einer Wissenschaft gekommen ist, sondern sehr früh der Gemeinsprache angehört, zuerst als *Gottes Êhre*, schon im Althochdeutschen. Viel wichtiger wären in diesem Falle die Beziehungen des deutschen Wortes zu den entsprechenden Begriffen, die in den romanischen Sprachen fast gleichlautend (it. *onore*, prov. *onors*, franz. *honneur*, sp. *honra*) aus dem lat. honos übernommen worden sind. In Spanien und Frankreich bildete sich unter Kultureinflüssen, denen nachzugehen viel zu weit führen würde, unter den Einflüssen des alten Rittertums und der neuen starken Monarchie, unter den Einflüssen des Nationalcharakters, und doch wieder nicht unbeeinflußt von den Berührungen mit den Arabern, der point d'honneur aus, als ein Kastenbegriff des Adels. Dieser Kastenbegriff ist dann international geworden, und weil unser *Ehre* einmal zur Übersetzung von lat. *honos* geworden war, so blieb es auch die Übersetzung von franz. *honneur*, für die ernste Bedeutung des Wortes wie für die leersten Redensarten der Höflichkeit (Ich habe die Ehre —

j'ai l'honneur). So ist die doppelte Bedeutung des Wortes, um die es sich mir hier handelt, ebenfalls international geworden. Was ich also über das deutsche Wort zu sagen habe, gilt mit geringen Änderungen von allen modernen Kultursprachen.

Ehre hat zwei ganz verschiedene Bedeutungen, die nicht durch eine gemeinsame Urbedeutung logisch zu erklären, sondern höchstens durch kulturhistorische Tatsachen zu verbinden sind. Ich werde gut daran tun, zwei verschiedene Worte — die sich aber mit den zwei Bedeutungen von *Ehre* nicht genau decken — vorläufig zu gebrauchen, damit die Untersuchung nicht verwirre, damit die Gleichheit des Wortes nicht über die Ungleichheit der Gedankendinge täusche. Etwa: Selbstachtung und Abhängigkeit von der Meinung anderer. Paradox ausgedrückt: Unabhängigkeit und Abhängigkeit. Sein und Schein. Im letzten Begriffspaar verrät sich aber schon der Grund, aus welchem die Gemeinsprache zwei entgegengesetzte Begriffe mit dem gleichen Worte bezeichnen konnte; die Ehre, die in der guten Meinung der anderen besteht, ist für die meisten Menschen ein Surrogat für die innere Ehre, welche Selbstachtung ist. Es ist aber eine ganz bekannte Erscheinung, es ist eine der dümmsten Äußerungen des menschlichen Wortaberglaubens, daß Surrogate gern mit dem gleichen Worte bezeichnet werden wie die eigentliche Sache und daß dann das Surrogat und die eigentliche Sache so behandelt werden, als ob sie derselben Art angehörten. Man denke nur an den Kaffee ohne Spur von Kaffeebohnen, den unzählige Menschen im Abendlande als Kaffee trinken. Gewohnheit und schlechter Geschmack bringen es dahin, daß das Surrogat am Ende nicht einmal mehr als minderwertig empfunden wird; die Armen wissen es nicht besser. Gewohnheit und schlechter Geschmack haben es dahin gebracht, daß die von der Meinung abhängige Ehre ein vollwertiger Ersatz für die Selbstachtung zu sein scheint; die Armen an Ehre wissen es nicht besser. Man könnte bei allen solchen Surrogaten viel strenger von Fälschungen reden; nur daß der Begriff Fälschung juristisch geworden ist und auf Dinge beschränkt wird, deren Echtheit dem Käufer wichtig ist. Die Abhängigkeitsehre ist eine Fälschung der echten Ehre, wie der Malzkaffee eine Fälschung des echten Kaffees. Was liegt aber dem stumpfen Menschen am Ehrgefühl? An der Empfindung des Kaffeegeschmacks? Sie benennen das Echte und die Fälschung mit einem Worte; und sie schlürfen die falsche Ehre begierig hinunter, weil sie einen so schönen Namen hat.

Ich warne davor, diese Darstellung des Verhältnisses der beiden Ehrbegriffe etwa bloß für ein Bild zu nehmen oder gar für einen Scherz; sie trifft vielmehr ernsthaft den traurigen Sachverhalt. Die stumpfen Menschen haben keine Empfindung für den Unterschied zwischen der echten und der gefälschten Ehre; darum kommen sie mit dem einzigen Worte aus. Man vergleiche einmal, um meine Darstellung besser zu verstehen, andere Homonymen mit dem zweifachen Sprachgebrauch von *Ehre*. Wir haben z. B. das Wort *Bauer;* wir wenden es in genau der gleichen Lautform für den Landmann an, für den Vogelbauer und etwa noch in Zusammensetzungen wie Orgelbauer; in diesem dreifachen Gebrauche hat *Bauer* ganz gewiß die gleiche Etymologie; der Fall liegt nicht so wie bei *kosten*, dessen beide Bedeutungen auf so verschiedene Worte zurückgehen wie *gustare* und *constare*. Unser Sprachgefühl aber empfindet trotz der gleichen Etymologie Bauer (Käfig) und Bauer (Landwirt) gar nicht als das gleiche Wort; kommt die Gleichheit überhaupt zum Bewußtsein, so hält man sie für einen Zufall und spielt mit dem Zufall. Wir haben ferner das Wort *Maler;* wir bezeichnen damit je nach unserer Seelensituation bald einen Anstreicher, bald einen Künstler. Da aber sowohl der Anstreicher als der Künstler Farben und Pinsel als Handwerkszeug braucht, fühlt sich die Polizei und die Gemeinsprache von dem Gleichklang belästigt, und man hat auch (in München) die abscheuliche Bezeichnung *Kunstmaler* gebildet. Beide Male hat der Gleichklang nicht zu einer Verwechslung geführt. Zwischen der echten und der gefälschten Ehre, zwischen der hohen Ehre der Unabhängigkeit und der niederen Ehre der Abhängigkeit haben die stumpfen Menschen so wenig unterschieden, daß es nachher, wie man sieht, der Sprache schwer fällt, die Begriffe zu trennen. Wir haben beim Gebrauche des Wortes *Ehre* in seiner zweifachen Bedeutung weder eine deutlich geschiedene innere Wortempfindung (wie bei *Bauer*), noch haben wir eine künstliche Rangerhöhung und Auszeichnung des einen Begriffs für notwendig gehalten (wie bei *Maler* und *Kunstmaler*). Offenbar schmeckt uns der Malzkaffee.

Die gefälschte Ehre hat naturgemäß häufiger zur Kritik gereizt als die echte Ehre; ja, man kann sagen, der falsche Ehrbegriff ist von denjenigen Philosophen, die Menschenkenner waren, fast ausschließlich behandelt worden. Der alte Walch beginnt seine Predigt geradezu mit der Definition: „Ehre bestehet in einer Opinion anderer Leute“. Die geistreichen Bosheiten von Larochefoucauld richten sich gegen den Scheinbegriff, gegen die falsche Ehre. Und die glänzende Satire Schopenhauers, von der ich oben ausgegangen bin (Parerga I, S. 372—429), verrät schon durch die Überschrift des 3. Kapitels, daß nur die Scheinehre gemeint ist. „Aphorismen zur Lebensweisheit“ heißt das ganze, gar lesenswerte Buch; die einzelnen Kapitel aber tragen die Untertitel: 1. „Von Dem, was Einer ist“, 2. „Von Dem, was Einer hat“, 3. „Von Dem, was Einer vorstellt“. Die echte Ehre jedoch, die innere Ehre, gehört dem Sein an und nicht dem Schein; gehört nicht zu dem, was Einer vorstellt, sondern zu dem, was Einer ist, wie die leibliche Gesundheit. Und wie diese nur ein Korrelatbegriff zu Krankheit ist, wie Gesundheit eigentlich von selbst gar nicht zum Bewußtsein kommt, so auch nicht die Integrität der inneren Ehre, solange man an eine Verletzung der Ehre nicht denkt. Wer Ehre im Leib hat, der weiß das gar nicht, solange kein Verlust droht; wogegen die falschen Ehren (nur die falsche Ehre hat eine Mehrzahl) nicht nur mit ihren Titeln und Orden recht positive Dinge sind. Ein Maler, der auf Briefadressen *Kunstmaler* genannt werden will, der den Professortitel anstrebt (nicht bloß um höhere Honorare verlangen zu dürfen), der seinen Namen in den Zeitungen sucht, der ist abhängig von der Opinion anderer Leute; der Maler, der lieber hungert, als daß er der Eitelkeit eines zahlenden Modells schmeichelte, ist unabhängig, hat Ehre im Leib, seine Berufsehre. Wenn man mir nur eine kleine Hilfskonstruktion gestatten würde, so könnte ich die drei Gebiete von Schopenhauers Einteilung in nahen Zusammenhang bringen zu den einzigen drei Motiven menschlichen Handelns: Hunger, Liebe und Eitelkeit. Was Einer hat, kann seinen Hunger befriedigen; was Einer ist, kann sein Liebesbedürfnis befriedigen; was Einer vorstellt, befriedigt seine Eitelkeit. Den ersten und den dritten Satz wird man mir gern zugeben; den zweiten nicht so gern, weil man es nicht hören mag, daß das Gefühl der Persönlichkeit, der leiblichen wie der inneren Persönlichkeit, dieses stärkste Gefühl mit allen seinen Illusionen, biologisch der Erhaltung dieser Persönlichkeit dient und durch eine neue Illusion, die Liebe, der Erhaltung der Art. So verstanden wächst freilich das Motiv der Liebe über die beiden anderen Motive hinaus und berührt sich ganz wunderlich mit dem Begriffe der echten Ehre, mit dem Behaupten der eigenen Persönlichkeit. Liebe und Ehre werden in dieser mystischen Welt, die aber der schlichteste Mensch kennen kann, zu nahverwandten Begriffen. Und da wäre es weniger wunderlich, daß unter den verschiedenen menschlichen Arten der Ehre die Geschlechtsehre eine so ernste Rolle spielt. Beim Manne wie beim Weibe. Die Geschlechtsehre des Weibes mag ein Weib genau untersuchen; an mystische Dinge kann man mit Worten nicht von außen heran. Auch die Geschlechtsehre des Mannes kann gar wohl dem Schein wie dem Sein gehören. Die gemeine Eifersucht des Mannes kämpft, dumm genug, um das, was er hat; die gemeine Angst des Mannes vor dem Gerede der Leute kämpft nur allzu oft um das, was er vorstellt. Darüber hinaus gibt es noch eine Geschlechtsehre, die Liebe ist, und diese kämpft um das, was Einer ist.

IV.

Schopenhauer ist in seiner Predigt gegen den Ehrbegriff so weit gegangen, das Prinzip der ritterlichen Ehre und die Syphilis als die beiden Gifte hinzustellen, die die moderne Gesellschaft um so viel elender gemacht haben, als es die antike Welt war; Schopenhauer schließt seine Diatribe mit einer Verhöhnung des Duells, die jedenfalls glänzender geschrieben ist als alles, was seitdem von friedliebenden Männern und Frauen gegen das Duell und gegen den Krieg vorgebracht worden ist. Wenn *duellum* und *bellum*, wie man annimmt, ursprünglich das gleiche Wort war, so ist es um so weniger zu verwundern, daß unsere Friedensfreunde auch Gegner des Duells sind; und seitdem man sich bei der moralischen Beurteilung dieser Einrichtungen nicht mehr auf das alte Testament zu berufen pflegt, ist auch eine Verdammung des Duells und des Kriegs viel leichter geworden als früher. Der gesunde Menschenverstand ist ganz gewiß gegen das Duell und gegen den Krieg; der gesunde Menschenverstand ist immer ein Philister gewesen, und die Philister haben seit den Zeiten des Goliath etwas gegen die Duelle.

Auch mein gesunder Menschenverstand hält die Institution des Duells für ebenso sinnlos und antiquirt wie z. B. die Institution des Eides (vgl. Art. *Eid*); beide Institutionen gehen auf die alten Ordalien zurück, sind eine Art Wetten geworden und nehmen sich in unserm christlich geordneten Staate wunderlich genug aus. Woher es denn auch kommt, daß in unsern Parlamenten die Vertreter des ersten, des dritten und des vierten Standes (die Geistlichen, die Kapitalisten und Professoren, die Arbeiter) einträchtiglich gegen das Duell Reden halten. Ich glaube nur nicht, daß die Einrichtung des Duells durch Reden oder durch Philosophie aus der Welt geschafft werden kann. Ich glaube aber wohl, daß diese Einrichtung in der weitaus größten Zahl der Fälle der Verteidigung oder der ungerechten Behauptung der falschen Ehre dient, daß das Gefühl der echten Ehre in den äußersten Fällen, wo der Tod des Ehrverletzers allein befriedigen kann, nach Mord verlangt und nicht nach einem Duell.[1]) Wer in seinem echten Ehrgefühl, in dem Gefühle seiner Persönlichkeit, tötlich verletzt worden ist, der lügt schon, der ist schon klug, sobald er die Formen der Duelleinrichtung zur Wiederherstellung seiner Persönlichkeit wählt. Wer in seinem Heiligsten getroffen worden ist, für den ist der alte Urstand der Natur wiedergekehrt, der das regelreiche Duell nicht kannte. Immerhin ist in so verzweifelten Fällen die

[1]) Schopenhauer hat schon darauf hingewiesen, daß Rousseau (*Emile*, 4. Buch, Anmerkung x) die Ermordung des Beleidigers einem Duell vorzuziehen scheint. Rousseau sagt: „Il ne faut point que l'honneur des citoyens ni leur vie soit à la merci d'un brutal, d'un ivrogne ou d'un brave coquin, et l'on ne peut pas plus se préserver d'un pareil accident que de la chûte d'une tuile . . . Un soufflet et un démenti reçu et enduré ont des effets civils . . . dont nul tribunal ne peut venger l'offensé . . . Il est alors seul Magistrat, seul Juge entre l'offenseur et lui . . . Il se doit justice et peut seul se la rendre . . . Je ne dis pas qu'ils doivent s'aller battre . . . Il ne dépend pas de l'homme le plus ferme d'empêcher qu'on ne l'insulte, mais il dépend de lui d'empêcher qu'on ne se vante longtems de l'avoir insulté." — Ich bin bescheidener als Rousseau: ich rate nicht, ich erkläre den Mord nicht für ein Naturrecht des beleidigten Ehrenmannes, ich versuche nur die Psychologie des beleidigten Ehrgefühls darzulegen.

Existenz des Duells ein Rudiment, das nicht ganz zwecklos ist.

Aber die meisten Duelle unter unsern Offizieren, Studenten und alten Herren der Studentenverbindungen erfolgen um der falschen Ehre willen, aus Rücksicht auf die Opinion der andern Leute. Zugegeben. Ich weiß auch, wie grotesk das Duell der Fassade unserer christlichen Zivilisation widerspricht. Wie der Krieg. Ich weiß, daß die Einrichtung des Duells für eine Anzahl von Virtuosen des Degens oder der Pistole zur Waffe des Erpressers geworden ist, daß ein kluger Erpresser mit seiner ewigen Duelldrohung sich gar lange in der feigen besten Gesellschaft halten kann. Daß der Ehrbegiff der besten Gesellschaft, die von dem Duell nicht lassen will, gar oft nur eine Kriegslist ist, die andre Gesellschaft fern zu halten; man schlägt sich untereinander viel seltener, als man sich mit den Parvenus schlägt. Das Duell ist für die satisfaktionsfähigen Stände ein letztes, außergesetzliches Mittel, gesellschaftliche Vorrechte zu erpressen. Ich weiß das alles. Und ich verstehe es nicht, daß der Fleck auf der Ehre eines Leutnants und eines Referendars nur mit Blut abgewaschen werden kann, daß aber der Fleck auf der Ehre eines regierenden Fürsten durch das Urteil eines Richters getilgt wird.

Trotzdem kann ich dem gesunden Menschenverstande nicht beistimmen, wenn er just die Einrichtung des Duells unter allen veralteten Einrichtungen besonders abscheulich findet. Der gesunde Menschenverstand ist ja sonst nicht so christlich; es wäre denn, daß diese seine Feigheit christlich wäre. Und Feigheit, erbärmliche, unbewußte persönliche Feigheit predigt beim dritten Stande oft gegen das Duell; der vierte Stand ist ehrlicher, weil er den Begriff der Satisfaktion nicht nötig hat. Wenn aber Tapferkeit zu den sogenannten Tugenden gehört, wenn die Behauptung der eigenen Persönlichkeit ein Recht der Persönlichkeit ist, dann sollte man sich, gerade in unserer Zeit, hüten, die alte Einrichtung zu bekämpfen. Unsere Zeit ist so feige geworden, daß der Fürst, der Geistliche, der Adlige und der Bürger die Tapferkeit den Polizeisoldaten in Entreprise gegeben hat, sich vor körperlichen Überfällen von bezahlten Landsknechten schützen läßt; der moderne Mensch, der zivilisierte Großstädter, weiß ja gar nicht mehr, daß und wie er sich seiner Haut wehren soll. Da ist es so übel nicht, daß die Notwehr gegen moralische Überfälle in einer alten Sitte noch geübt wird. Wird die Sitte von Erpressern mißbraucht, so schaffe man sich die Erpresser vom Leibe, wenn man dafür nicht zu feige ist.

Wirkungsvoller als alle Reden gegen das Duell wäre es vielleicht, wenn der dritte und der vierte Stand sich die Satisfaktionsfähigkeit erzwingen würden. Dann würde die unechte Ehre, die Rücksicht auf die Opinion andrer Leute, wieder zu einem Gemeingut, d. h. ebenso wertlos, wie Papiergeld nach dem Siege des Kommunismus werden müßte. Dann besäßen endlich alle Menschen gleich viel oder gleich wenig von der Scheinehre, wie im kommunistischen Staate jeder Bürger gleich viel oder gleich wenig Scheingeld hätte. Die echte Ehre freilich kann weder verweigert noch errungen, weder gemehrt noch gemindert werden.

Eid.

I.

Luther hat einmal die *schlechten* Handlungen der Menschen, die er Sünden nennt, in zwei große Gruppen eingeteilt: „wenn man alle Sünden auf einen Haufen fasset, so teilen sie sich in die zwei Stücke, welche sind des Teufels eigen Werk, nämlich *Lügen* und Mord.“ Es ist etwas daran: Unrecht kann begangen werden entweder durch einen realen Eingriff in die Sphäre des Mitmenschen oder durch bloße Worte.

Das Tier im Naturzustand lügt nicht, oder höchstens in der Notwehr, für welchen Fall der strenge Schopenhauer auch dem Menschen die Lüge gestattet. Alle Welt entschuldigt die Notlüge. Aber das Tier lügt nur durch symbolische Handlungen. Der Mensch lügt unendlich häufiger, weil er spricht. Der redende Mensch lügt fast unaufhörlich; er lügt im Ernste zu seinem Vorteil, er lügt aus Eitelkeit, er lügt auch wohl aus Freude an seiner Phantasie. Er lügt als ein Betrüger und als ein Dichter. Die dichterische und die eitle Lüge gehören nicht in das Gebiet des Rechts, kaum in das Gebiet der Moral.

Die betrügerische Lüge gehört ins Rechtsgebiet, weil die Definition des Betrugs die Behauptung falscher Tatsachen zu einer Prämisse der Strafbarkeit macht. Außer diesem Falle wird die Wahrheit nur geschützt, wird die Lüge nur strafbar, wenn im Strafprozeß oder im Zivilprozeß ein Zeuge falsche Tatsachen behauptet und diese Behauptung durch eine altertümliche Feierlichkeit bekräftigt, den Eid. Im Zivilprozeß dürfen die Parteien straflos lügen, daß die Balken sich biegen, solange sie nicht unter dem Eide stehen. Im Strafprozeß darf jetzt der Angeklagte, weil er nicht vereidigt wird, straflos lügen, soviel er mag. Der Gesetzgeber nimmt an, daß der Angeklagte auch unter dem Eide lügen würde.

Der Eid schützt das Recht nicht mehr. Die Geschichte der Institution wird erklären, wie wir in diesen Zustand hineingeraten konnten. Einige Züge der Sach- und Wortgeschichte mögen vorausgehen. (Man findet viel über den Eid der Griechen bei Rudolf Hirzel: „Der Eid“; über den christlichen Eid bei B. Bauer: „Der Eid“.)

Da der Eidschwur unsres Rechts, das jus jurandum, durchaus mit religiösen Vorstellungen verquickt ist, gehört der jüdischen Bibel der Vortritt. Das hebräische Wort für Schwur und schwören wird hergeleitet von dem hebräischen Wort für die Zahl sieben; schwören heißt also eigentlich *sich besiebnen*, bei sieben Opfern beteuern. Ein zweiter Ausdruck heißt: Verwünschung oder Fluch. Und bei der Strafandrohung für die Ehebrecherin (Numeri V, 21) werden beide Ausdrücke zu einem Fluchschwur verbunden. Geschworen wird von Gott bei sich selbst und von den Menschen bei Gott. Begleitende Handlungen fehlen nicht: Emporheben der Hand oder beider Hände, Aufrichtung von Steinen oder andern Gedächtniszeichen, Anlegen der Hand des Schwörenden an die Genitalien des Schwurabnehmers. Mit der Zeit wurde im Schwure der Gott Israels aufgefordert, den Meineid zu rächen. Vom Gesetz wurde der Meineid als solcher nicht bestraft; er hatte nur zivilrechtliche Folgen. Der Verlaß auf das persönliche Eingreifen Gottes schien aber auch damals nicht groß zu sein, denn schon Jesaias und Jeremias klagen über Überhandnehmen des Meineids. Da bei den alten Juden der Eid nur selten ein Rechtsmittel war, gelten die Warnungen (Sirach und Prediger) vor vielem Schwören wohl weniger dem Eide als dem Fluchschwören der Umgangssprache. Die Sekte der Essäer, die den Eid verwarf, gehört dem alten Judentum nicht mehr an. Daß die Juden später in den Ruf besonderer Lügenhaftigkeit kamen (schon bei Martialis), ist unwesentlich; was allgemein menschlich ist und dennoch von der internationalen Heuchelei als Laster verschrieen wird, wie Lüge, Geldgier, Sinnlichkeit, das wird immer von einem Volke dem andern nachgesagt.

Sprichwörtlich gewordene Stellen aus dem Neuen Testament verbieten den Eid, streng auf dem Standpunkt der Essäer. „Eure Rede sei ja ja, nein nein, was darüber ist, ist vom Übel oder vom Teufel.“ (Matt. 5. 37.) Fast wörtlich (Jakobus 5. 12): „Schwöret weder beim Himmel noch bei der Erde, noch irgend einen andern Schwur; es sei euch das Ja ja und das Nein nein, auf daß ihr nicht in Heuchelei fallet.“ (Auch achte man hier auf die beiden Lesarten *ὑπο κρισιν* und *εἰς ὑποκρισιν*.) Man hat versucht, diese unzweideutige Verurteilung jedes Eidschwures abzuschwächen. Man war zu diesem Versuche genötigt durch die menschliche Inkonsequenz des Neuen Testaments. Nicht nur der böse Herodes schwört, auch der gute Petrus schwört. Noch dazu, da er den Heiland verleugnet. Selbst Paulus schwört, und oft. In der Epistel an die Hebräer (6. 13—16) scheint der Eid sogar ausdrücklich gebilligt zu werden: Gott habe dem Abraham bei sich selbst geschworen, weil er bei keinem Größeren zu schwören hatte; die Menschen aber schwören bei einem Größern, denn sie sind, und der Eid macht ein Ende alles Haders.

Unser *Eidschwur* wie unser *Fluchen* hat Inhalt und Form sowohl aus beiden Teilen der Bibel als aus den Sprachgewohnheiten der Griechen und Römer herübergenommen. Es ist nur schwer zu sagen, ob man überall Lehnübersetzung annehmen soll, wo eine besondere Übereinstimmung überrascht. So hatten schon die späteren Griechen den elliptischen Schwur *ναι μα τον*, wie wir schwören oder fluchen: soll mich *dieser oder jener* holen. Übereinstimmend ist aber besonders bei allen Schwüren der Charakter der Selbstverfluchung, die gläubige Annahme, der Schwurgott werde den Meineid auf der Stelle rächen. Ganz unsicher ist die Etymologie des griechischen *ὁρκος*, unsicher auch die Beziehungen des *ὁρκος* und des römischen Orcus, unsicher ist es, ob die Griechen und selbst die Römer schon zwischen dem assertorischen und dem promissorischen Eide deutlich unterschieden. Hingegen mit den Graden des Eides wissen wir nicht mehr viel anzufangen, trotzdem wir etwas Entsprechendes haben, in halbem Scherz: das große und das kleine Ehrenwort. Der größte Schwur der Griechen, der Schwur bei der Styx, beim stygischen Gewässer, geht offenbar auf irgend eine uralte reale Vorstellung zurück, von der wir nichts mehr wissen. Selbst die lateinische Bezeichnung *jus jurandum* ist uns nicht ganz verständlich; es scheint eine Satzung gemeint zu sein, ein Gesetz zwischen zwei Kontrahenten, wie denn in so alter Zeit zwischen Gesetz und Privatabmachung kein Unterschied gemacht wurde, *lex* sowohl Gesetz sein konnte, wie die Bedingung eines Vertrages. Eine Bindung, ein Vertrag zwischen dem Schwörenden und dem Schwurgott war ja auch wohl der *ὅρκος*. Das deutsche Wort *Eid* ist unerklärt, wenn man sich nicht mit Belustigungen des Verstandes und des Witzes begnügen will. Das alte Wort *schwören* (*Schwur* gehört erst der neueren Sprache an) scheint mit dem altnordischen *svar*, Antwort *(answer)* zusammenzuhängen, aber erklärt wird mit dieser Vermutung nichts. Sprachwissenschaft, Philologie und Kulturgeschichte haben sich redliche Mühe gegeben, Vernunft und Logik zu bringen in die Vorstellungen vom Eide. Es bleibt aber dabei, daß der Eidschwur in alter und neuer Zeit war und ist eine Selbstverfluchung des Schwörenden, eine Selbstverfluchung, die den Menschen der Rache des Schwurgottes auslieferte, die in uralter Zeit auch den Gott sich selbst verfluchen ließ, weil doch ein Größerer über dem Heidengotte war. Es war eigentlich ganz konsequent vom Christentum, daß es den Schöpfer Himmels und der Erden, den einigen Gott, über dem nichts Größeres war, keine Selbstverfluchung mehr ausstoßen ließ. Zeus hatte so etwas Größeres über sich, das Schicksal, die Styx, den Tartaros oder was immer. Wenn Jehovah bei sich selber schwört, der doch nichts Größeres über sich anerkennt, so klingt es uns wie ein Fluch, wie eine orientalische Redensart, oder gar grotesk wie der drollige Fluch Mephistos im Faust: „Ich möcht' mich gleich dem Teufel übergeben, wenn ich nur selbst kein Teufel wär!"

Auf die Formen des Eides will ich nicht mehr zurückkommen. Es ist nicht zu übersehen, daß die Form des Eides in alter und neuer Zeit der Mode unterworfen war. Die römischen Kaiser Trajanus und Julianus schwuren pathetisch und rhetorisch bei den Siegen der Römer, die heutigen Italiener schwören *corpo di bacco*. Hume erzählt, König Johann habe besonders gern geschworen bei *God's teeth;* und die Verdrehungen des Gottesnamens aus Scheu vor dem offiziellen Namen *(sacrebleu, Potzblaufeuer)* sind bekannt. Man kann im allgemeinen sagen, daß die archaistische Form, die Anrufung des Schwurgottes, festgehalten wird, wo der Schwörende Ernst macht mit seiner Selbstverfluchung oder wo er diesen

Ernst im Prozeßverfahren heuchelt, daß aber die alte Form mit einem Rest von Glauben oder Aberglauben („Vielleicht doch!") absichtlich verändert und im Sprachgebrauch verstümmelt wird, oft zur leeren Interjektion hinabsinkt, wo der Sinn der Selbstverfluchung nicht mehr gefühlt wird. Was echte Selbstverfluchung ist, heißt ein Eidschwur; was diesen Sinn nicht mehr hat, heißt ein Fluch. Das hat Hobbes schon erkannt (Leviathan I, 14): nur die Berufung auf Gott ist ein Schwur, swearing as men do in common discourse is not swearing, but an impious custom, gotten by too much vehemence of talking. Ohne Selbstverfluchung liegt kein richtiger Eid vor. Wenn neuere Rechtsphilosophen den Eid auf einen geläuterten Gottesbegriff zurückführen, eine Behauptung nur so allgemein durch Hinweis auf eine übersinnliche Welt bekräftigt wissen wollen, so fehlt dem Eide das, was sein Wesen ausmacht. Bei Homeros und in den homerischen Hymnen schwören die Götter mitunter bei körperlichen Dingen, die ihnen lieb sind, die subjektiven Wert haben, ein pretium affectionis. Hera bei ihrem Ehebett und Apollon bei seinem Speere; da mag schon ein Modefluch mitklingen, aber die Vorstellung „so mag der größere Gott mein Lieblingsgeräte vernichten, wenn ich lüge" liegt doch zugrunde. Götter und Menschen schwören bei dem, was ihnen teuer ist. Furcht vor einer unmittelbaren Strafe sichert die Wahrheit. Die Römer schufen dafür eine sehr unsinnige, aber sehr eindringliche Etymologie: das jus jurandum wurde als Jovis jurandum erklärt.

War der Eid ein durchaus religiöser Akt (Cicero, de off. III, 29: est enim jus jurandum affirmatio religiosa), eine Äußerung der Furcht und des Aberglaubens, so mußte er mit der Religion zugrunde gehen. Weil es aber eine gradlinige Entwicklung der Menschheit nicht gibt, weil heute wie immer abergläubische, halbfreie und einige freie Menschen nebeneinander wohnen, darum findet der moderne Mensch keine Stellung zum Eide. In Deutschland ist es vorgekommen, daß einem gläubigen Protestanten verweigert wurde der offiziellen Formel der Selbstverfluchung: „so wahr mir Gott helfe" die verdeutlichenden Worte beizufügen: „durch Jesum Christum zur ewigen Seligkeit". Der moderne Staat will den Eid beibehalten, will aber seine religiöse Bedeutung vernichten oder ignorieren. Der Schwörende soll sich bei der Formel „so wahr mir Gott helfe" gar nichts denken. Worin, wozu soll Gott helfen? Wer das nach seinem Glauben hinzufügen will, wird gröblich angeschrien. Und der Code Napoléon hat denn auch mit echt französischem Radikalismus den religiösen Eid durch die völlig ausgeblasene Phrase ersetzt: je le jure.

Selbst aus den symbolischen Handlungen bei der Eidesleistung sucht der moderne Staat jeden religiösen Sinn auszutreiben. Einst hatte der Schwörende sich selbst symbolisch zum Opfer zu bringen, später wohl auch das Evangelienbuch, das Kreuz, das Schwert, einen Reliquienkasten, oder sonst ein Symbol der höheren Macht zu berühren, also einen körperlichen Eid (ὁρκος σωματικος) zu leisten. Noch vor kurzem war der Zeugeneid vor Gericht mit vielen Feierlichkeiten verbunden: Verdunklung des Gerichtssaales, Aufstellung eines Stillebens von Kruzifix, Kerzen und Totenkopf, Vermahnung durch den Geistlichen. Jetzt werden unzählige Eide vor Gericht heruntergeleiert, wie Gebete von einer Gebetmaschine. Kaum daß das Aufheben der Hand (keine ewige Einrichtung: man hob bald die ganze Hand und dann wieder drei oder einen Finger) noch beibehalten ist; fromme Leute glauben, das bedeute die Dreieinigkeit (die zwei Schwurfinger der Lutherzeit bedeuteten wiederum die zwei Zeugen), aber gelehrte Männer haben diese letzte religiöse Vorstellung für den lächerlichen Irrtum von Bauernpastoren erklärt.

Bei den Juden, bei den Griechen, bei den Römern, überall im christlichen Abendlande war der Eid also ein religiöser Akt. Hatte nur für die religiöse Vorstellung einen Sinn. Von Zeit zu Zeit, wenn der Glaube an ein persönliches Einschreiten der beleidigten Gottheit wieder einmal versagte, wurden Versuche gemacht, den Eid mit den Begriffen des Rechts in Übereinstimmung zu bringen. Der Eid sollte eine Art Vertrag sein oder eine Art Bürgschaft oder eine Art Wette. Es ist aber einfach nicht wahr, daß sich irgend eine Entwicklung nachweisen ließe von dem religiösen zum juristischen Charakter des Eides. Immer war es ein unklares Durcheinander von religiösen und juristischen Begriffen: im heidnischen Altertum, im christlichen Mittelalter wie in der gottlosen Gegenwart.

II.

Als *Vertrag* wurde der Eid oft und gern von Griechen und Römern aufgefaßt. Wie bei einem Vertrage brauchte ein beschworenes Versprechen nicht gehalten zu werden, wenn vis major dazwischen trat. (Lehnübersetzung: *force majeure*, höhere Gewalt.) Eine Bürgschaft ist der Eid dadurch, daß ein Gott oder viele Götter zu Zeugen oder Eideshelfern einer Behauptung aufgerufen werden. Vorsichtig ist es, wenn der Schwörende anstatt „Gott sei mein Zeuge" sagt „Gott ist mein Zeuge" (Hirzel l. c. 26). Juristisch ist der angerufene Gott ein Bürge. Der gläubig Schwörende hat aber daneben mit dem Gotte einen Vertrag geschlossen: habe ich von dir ein falsches Zeugnis verlangt, so magst du an dich nehmen, was ich dir als Pfand bestellt habe, mein Leben, das Leben meiner Kinder, mein Haus usw. Daraus ergab sich sogar eine neue Schwurformel: bei dem bestellten, subjektiv oder objektiv wertvollen Pfande: Hera schwört bei ihrem Ehebett, die Römerin des Martialis bei ihren Perlen, Griechen und Juden beim Haupte ihrer Lieben, christliche Deutsche bei ihrer Seligkeit. Selbst der moderne Pfandschwur „bei meiner Ehre" ist den Griechen nicht ganz fremd: Miltiades schwört (in einem Drama) bei seiner Schlacht von Marathon und Odysseus bei der Ehre, der Vater des

Telemachos zu sein. Am schärfsten hat diese Auffassung vom Eide Augustinus ausgesprochen, wörtlich: quando dicit per filios meos, oppignerat Deo filios suos, ut hoc veniat in caput eorum, quod exit de ore ipsius. Weniger überraschend ist es, daß der gottfreie Spinoza den Eid ebenso auffaßte: „die Eide sind verschieden nur nach der Verschiedenheit der Pfänder, die eingesetzt werden.“ Der Einsatz eines Gutes für die Wahrheit eines Eides erscheint ganz unhistorisch als das Bedeutsamste am Eide, sobald der Glaube an göttliches Einschreiten, an das Wunder, geschwunden ist.

Unreligiös, juristisch ist der Eid auch den Griechen der unfrommen Zeit; nur weil das römische Vertragsrecht bei ihnen noch nicht so formell ausgebildet war, wird der Eid mehr Zeugenanrufung oder Bürgschaftstellung. Beides ein Prozeßweg zur Erforschung der Wahrheit. Mythologie wirkt mit, wenn bei Helios geschworen wird. Noch Schiller hat dieses tote Symbol bemüht: „nur Helios vermag's zu sagen, der alles Irdische bescheint“, und Heine, der bei Grimm in die Schule gegangen ist, belebt das Symbol: „Sonne, du klagende Flamme.“

Natürlich ist immer ein wenig Angst dabei, wenn ein Gott als Zeuge oder Bürge angerufen wird; aber eigentlich fürchtet niemand mehr das augenblickliche Einschreiten eines rächenden, wunderwirkenden Gottes. So sinkt der lebensgefährdende Schwur durch den Unglauben zum Fluche herab, der die Luft nur stärker erschüttert als ein anderes Wort. Bei den Griechen wie bei uns wird schließlich ein wohlfeiles ideales Gut, anstatt eines realen und kostbaren zum Pfande gesetzt. Ich habe schon erwähnt, daß bei den Griechen wie bei uns die Ehre als Pfand bestellt werden konnte. Der Apostel Paulus ging noch weiter, wenn die Stelle (1. Kor. 15, 31) richtig überliefert ist: *νη την ὑμετεϱαν καυχησιν*, bei eurem Prahlen oder Rühmen, bei eurer angemaßten Ehre.

Die heutige Christenlehre behauptet ungefähr, daß Gott, nach der *geläuterten* Vorstellung, auch ungerufen die Wahrheit schütze, die Lüge strafe. Diese Lehre ist dem alten wie dem neuen Testamente, wie dem ganzen Altertume noch fremd. Für Gläubige, wie für Zweifler kommt es beim Eide wie bei andern Rechtsgeschäften auf den Buchstaben an, auf die Form. Unser Bauer, der beim Aufheben der Schwurhand die andere Hand nach der Erde streckt, um die Strafe wie einen elektrischen Blitz nach der Erde abzulenken, ist nur ungebildeter als die Sophisten, die seit 2000 Jahren durch Buchstabenverdrehung den Folgen des Meineides zu entgehen suchen. Im Grunde ist diese Kunst, die Lüge durch einen geschickten Eid zu bekräftigen, noch viel älter. Autolykos ist schon bei Homeros der Meisterlügner; und Zeus, der nach dem uralten Sprichwort der Eide der Verliebten spottet, lachte auch schon über den schlauen Meineid des eben geborenen Hermes. Der schlaue Meineid wurde von jungen und alten Göttern geübt, und wenn

Menschen sich seiner bedienten, fröhlich belacht. Die *reservatio mentalis* ist also keine Erfindung der Jesuiten. Die Kriegsgeschichte ist voll von schlauen Meineiden. Wie Zeus, lächelte einmal ein christlicher Bischof über den sophistischen Schwur, nach welchem seine Partei einen Waffenstillstand für einige *Tage* abschließen und die *Nächte* im Geiste ausnehmen wollte. Auch die Geschichte der Philosophie kennt eine solche „feierlichste Erklärung“ mit einer reservatio mentalis; kein Geringerer als Kant, trotz seines kategorischen Imperativs, versicherte seinen Gehorsam „als Euer königl. Majestät getreuer Untertan“ mit dem Hintergedanken, nur so lange gebunden zu sein, als der König lebte. Herder hatte mit seinem Tadel in diesem Punkte nicht unrecht. Ein historischer Ladenhüter ist die Geschichte von den gefangenen Römern, welche nach Rom zurückkehren durften, nachdem sie geschworen hatten, wieder zu Hannibal zurückzukommen. Sie kehrten bei ihrer Ausreise noch einmal zu den Karthagern zurück, und glaubten damit ihren Eid erfüllt zu haben. Aber der römische Rechtssinn tadelte diese perverse Klugheit. Das Christentum dachte freier; den Juden,[1]) den Ketzern, dem Teufel brauchte man sein Wort nicht zu halten.

Wer an das Wunder, an die göttliche Strafe nicht glaubte, der benutzte den Meineid, wie jede andere Lüge, als Waffe im Kampfe ums Dasein. Der Zweck heiligt die Mittel. Auch diesen Satz haben die Jesuiten nicht erfunden. Schon die Griechen zitierten gern einen Vers des Euripides: *ἡ γλωσσ' ὀμωμαχ', ἡ δε φρην ἀνωμοτος*. Und so wie Euripides haben die Rationalisten aller Zeiten den Eid, der für sie keinen religiösen Charakter mehr hatte, kritisiert, den Geist über den Buchstaben gestellt, den sittlichen Zweck über die veraltete Form. In allen diesen Nachmittagspredigten der praktischen Philosophie kehrt der banale Gedanke wieder, daß der Eid keine neue Verbindlichkeit schaffe, sondern nur die vorhandene Verbindlichkeit verstärke. An die Verstärkung durch die sakralen Worte glauben alle diese Popularphilosophen. Herodes hatte der Tochter der Herodias einen Schwur geleistet; also konnte der arme Mann nicht gut anders. Das Gelächter über gebrochene Noteide war mehr griechisch als christlich. Schon Sophokles lachte über die Frauen, die unter den Schmerzen der Wehen schwören, sich niemals mehr von ihrer Sehnsucht besiegen zu lassen. (Erst Arnim wagte den Scherz wieder aufznehmen: „die Gräfin sagte leise, sie würde um keinen Preis der Welt je wieder in die Wochen kommen; doch die andern Frauen erklärten gleich, daß diese Redensart eben nicht im strengen Sinne zu nehmen, vielmehr als ein Eid anzusehen sei, den die Gefahr erpreßte; der also gerichtlich ungültig werde.“ Derselbe Arnim spottet einmal frech genug

---

[1]) Schon Vespasianus wurde belehrt *μηδεν κατα Ιουδαιων ἀσεβες εἰναι* (Joseph, d. bell. Iud. III. 10, 10).

über den Eid der Menschen. Die alte Zigeunerin fürchtet [„Isabella von Ägypten“, Ausg. v. Jacobs IV, 45], der tot-lebendige Bärenhäuter werde sein Versprechen nicht halten. Der Alraun antwortet: „Wie kann er denn? Es ist ja eben seine große Not, daß er als ein Geist sein Wort halten muß; ihr Menschen braucht das nicht, wenn ihr euch nicht eurer Seele wegen nach dem Tode fürchtet.“) Und daß der Meineid in der Griechenzeit ebenso häufig war wie heute, ebenso zu guten und schlechten Witzen Veranlassung gab wie heute, das beweist allein schon ein Vers des Komikers Diphilos, der als Fragment auf uns gekommen ist:

ὁρκος δ' ἑταιρας ταὐτο και δημηγογου·
ἑκατερος αὐτων ὀμνυει προς ὁν λαλει.

Und in der frommen Elektra des Sophokles gibt Orestes Anweisung, wie die falsche Nachricht von seinem eigenen Tode durch einen Meineid zu bekräftigen sei.

In alter und neuer Zeit wurden Meineide von schlauen Menschen geschworen, die den Aberglauben der Unschlauen zu großen und kleinen eigenen Zwecken benützten. Aber in alter und neuer Zeit bildete sich auch eine Schulmeinung oder gar Volksmeinung, die an die Götter und an die Zuverlässigkeit der Gottesurteile nicht mehr glaubte und darum mit dem Eide nichts mehr anzufangen wußte. Auf die Eidschwüre des Rhadamanthys *beim Hunde, bei der Gans* usw. will ich mich nicht berufen, weil *νη τον χηνα* gut an *νη τον Ζηνα* anklingen kann, wie unser Potzwetter an Gottswetter, weil der Schwur beim Hunde vielleicht Erbgut aus dem nahen Ägypten war. Aber auch Platon setzt voraus (Gesetze XII), daß der Eid im Streite mit der Gewinnsucht unterliegen müsse. So entstand eine Seelensituation, die den alten Eid zu einer leeren Redensart machte, so wurde aus dem Eide — wie gesagt — der *Fluch.* Für das redensartliche Fluchen hatten schon die Griechen ein besonderes Wort: *ὁρκιλλεσθαι*, etwa: schwöreln. Der schon mehrfach erwähnte Schwur „bei meiner Ehre“, der je nach dem Charakter des Schwörenden etwas Wertvolles oder Wertloses zum Pfande setzte, war in skeptischen Zeiten eine banale Redensart; Falstaff, der bei seiner Ehre schwört, verpfändet einen Lufthauch; und schon Griechen und Römer schwuren bei der Treue, der *πιστις*, die doch dem Eide erst einen Sinn gegeben hätte. 2000 Jahre später, wieder in rationalistischer Zeit, nennt selbst der dünne Witz Rabeners den Eid „das gewöhnliche Sprüchwort eines gewissen Narren, welcher gar zu gern aussehen möchte wie ein Freigeist.“ Und ferner: „einen Eid ablegen, ist bei Leuten, die etwas weiter denken als der gemeine Pöbel, gemeiniglich nichts anderes, als eine gewisse Zeremonie, da man aufrecht steht, die Finger in die Höhe reckt, den Hut unter dem Arme hält und etwas verspricht oder beteuert, das man nicht länger hält, als bis man den Hut wieder aufsetzt. Mit einem Worte, es ist ein Kompliment, das man Gott macht.“

Oder dem Teufel, möchte ich hinzufügen dürfen. Dem Fluchgotte, der von je der Schwurgott war, bei Heiden, Juden und Christen. Wollte die Kirche oder der Staat den alten Eid zu neuen Ehren kommen lassen, es gäbe dafür keine bessere Formel als feierlich und laut die Worte sprechen zu lassen: „Der Teufel soll mich holen, wenn ich gelogen habe!" Gar mancher Gottesleugner fürchtet noch den Teufel.

III.

Als der Eid seinen Sinn verloren hatte, kamen die Bestrebungen auf, den Eid abzuschaffen. Bei Griechen und Christen schien der Eid bald der Heiligkeit des Gottes, bald der Heiligkeit des Menschen zu widersprechen. Für und wider den Eid hätte man sich auf heilige Schriften beziehen können: auf die Dichter, auf die Bibel. Man entschied sich wider den Eid, als die öffentlichen Zustände die Häufigkeit des Meineids offenbar machten. Erst dann, als der Eid nicht mehr für die Wahrheit bürgte, also nachträglich und zu spät, kam man bei Griechen und Christen zu der ethischen Lehre, daß ein Handschlag sieben Eide wert sei, daß man einen Ehrenmann mit der Forderung eines Eides beleidige. Es ist kein moderner Witzblattwitz, sondern ein altes Wort des Isokrates: wer schwört, ist verdächtig.

Mit Berufung auf das Ja ja, Nein nein, verwarfen den Eid fast alle christlichen Ketzer: die Katharer, die Albigenser, die Waldenser, die Baptisten, die Mennoniten, die Quäker. Ein ganzer Orden, die Benediktiner, nahm das Recht in Anspruch, nur einmal zu schwören, bei der Aufnahme in den Orden, und nachher nie wieder.

Aber inzwischen hatte der *Staat*, von Hause aus gottlos, den Eid unter seine Institutionen aufgenommen, und was vorher als ein religiöser Akt immerhin bei Gläubigen wenigstens einen gewissen Schauer erregte, wurde jetzt durch Alltäglichkeit profaniert, auch an ehrlichen Eiden. Das Christentum war Staatsreligion geworden und der Staat mißbrauchte den religiösen Eid zu seinen Zwecken. Die Kirche segnete diesen Eid. Thomas von Aquino nahm ihn in sein System auf.[1]) Und die protestantische Theologie blieb nicht zurück; sie akzeptierte den Gerichtseid, den Untertaneneid, den Fahneneid. Doch schon bald nach Luther sagt ein Jurist über die neue Eidesgewohnheit: „vor Zei-

[1]) Aus dem Compendium Summae Theologicae:

Es giebt zwei Arten zu schwören, per simplicem dei contestationem vel per exsecrationem i. e. cum jurans ad poenam se obligat.

Schwören ist erlaubt cum debitis circumstantiis, in re gravi cum necessitate.

Auch bei Creaturen darf man schwören.

Ein Gelübde verpflichtet stärker als ein Eid.

Da die Kirche von einem Gelübde entbinden kann, kann sie auch vom Eide, als der geringeren Pflicht entbinden . . , ist es zweifelhaft, ob der Eid auf eine erlaubte Leistung gieng oder nicht, kann der Bischof entbinden; von einem tadellosen Eide kann nur der Papst entbinden.

Ich gehe auf diese besonders katholische Eidesmoral nicht näher ein; ganz so unchristlich waren die Heiden denn doch nicht.

ten, wenn ein Eid sollt geschworen werden, da stunden einem die Haar zu Berg, im Fall einer gleich mit gutem Gewissen hätte schwören können. Jetzt spricht man anders. Schwöre nur! frissest mit dem selben Maul und Finger gleichwohl Kraut."

Der Staat hat den Eid in seinen Prozeß, d. h. in die Psychologie seiner Rechtsfindung aufgenommen, aber der Eid mußte ein religiöser Akt bleiben oder verschwinden. Man hat in England einem Erwählten des Volkes den Eintritt ins Parlament verweigert und behauptet, ein Agnostiker könne den vorgeschriebenen Eid nicht leisten. In Deutschland hat sich ein christlicher Zeuge geweigert, einem jüdischen Richter den Eid zu leisten. In Italien hat ein liberaler Minister, Mancini, die französische, interkonfessionelle Eidesformel verteidigt und nicht bemerkt, daß auch die Redensart: je le jure, keinen Sinn mehr hat, wenn man ihr den Sinn der Selbstverfluchung nimmt. Der Abgeordnete Windthorst hat einmal höhnen wollen, als er den Vorschlag machte, den religiösen Eid für Gottesleugner durch die Formel zu ersetzen: „ich versichere bei Strafe des Zuchthauses"; in Wirklichkeit denkt der Richter, wenn er nicht zufällig und ausnahmsweise ein gläubiger Mann ist, genau so über den Eid, wie der Hohn Windthorsts es ausdrückte. „Was man unter einem Eide versteht, das wissen Sie!" So beginnt der Richter gewöhnlich seine Vermahnung. Der Richter und der Schwurpflichtige tun, als wüßten sie das wirklich. Diese Frivolität des Staates nun hat es erreicht, daß der Eid die Stütze des Unrechts geworden ist, Meineide täglich und stündlich abgeleistet werden. Kein waches Auge kann das übersehen. Die Statistik der durch neue Prozesse konstatierten Meineide reicht nicht aus. Freilich wäre auch ein Hinweis auf besonders krasse Fälle (eine Meineidbande in Berlin, deren einzelne Mitglieder 20 und mehr Meineide geschworen hatten; Talleyrand, dem ein Historiker mehr als 40 feierliche Meineide nachgewiesen hat) nicht überzeugend; fabrikmäßige Stellung von Meineiden dürfte immerhin nicht alltäglich sein. Sieht man sich aber im Leben um, verfolgt man nicht bloß die großen Sensationsprozesse, bei denen die Öffentlichkeit den Zeugen auf die Schwurfinger sieht, achtet man auf die unzähligen Bagatellprozesse um Mein und Dein, und um kleinere Vergehen, dann wird man zu der Überzeugung kommen, daß unzählige falsche Zeugeneide, Manifestationseide geleistet werden. Das öffentliche Gewissen mißtraut ganzen Kategorien von Eiden, wie z. B. den Eiden der sog. Sachverständigen, ebenso den Eiden von unteren Polizeiorganen, wenn es sich um die sog. Ehre der Polizei handelt, d. h. um ihre Macht. Im Interesse des Dienstes, im Interesse des Standes werden Meineide geleistet. In der hohen Politik wird mehr ohne Eid gelogen, weil die internationale Sitte fortgeschritten genug ist, den Eid nicht mehr zu dulden.

Jeder erfahrene Richter weiß, und nur der Gesetzgeber will es nicht wissen, daß von den Parteien im Zivilprozeß, von den Zeugen im Kriminalprozeß in allen Ländern unzählige Meineide geschworen werden um großer Vorteile und Interessen willen, aber auch für ein Trinkgeld oder gar aus Bequemlichkeit, einer flüchtigen Bekanntschaft zuliebe.

So ist der Eid wie die verwandte Institution der alten Ordalien zu einer gemeinen Waffe geworden gegen das Recht, gegen die Wahrheit. Der altgläubige Bauer mag sogar vor einem wahren Eide zurückscheuen, mag so aus Gottesfurcht dem Gegner den Gegenstand des Streites freiwillig überlassen. Der gerissene Städter und auch schon der skrupellose Dörfler weiß den Eid anders zu benützen. Wirklich wie der Räuber seine Waffe benützt. Genau so wie ein guter Schütze oder Fechter als berufsmäßiger Duellant die Institution des Duells, des alten Ordals, zu seinem Vorteil ausnutzt, gegen das gute Recht. Gewiß, es gibt Lagen, wo zwei Menschen das starke Gefühl haben, daß einer von ihnen aus der Welt hinaus müsse. Das gegen die prinzipiellen Duellgegner. Aber das Duell als Institution ist, und aus den gleichen Gründen, eine Räuberwaffe geworden, wie der Eid. Ganz abgesehen von den alltäglichen Fällen, wo der Eid wie das Duell von den schlauesten Kennern der Menschen und der Zeit zum Bluff gegen das klare Recht mißbraucht wird. (Vgl. Art. *Ehre IV.*)

Man glaube ja nicht, so ketzerische Gedanken über Eid und Gottesurteil seien gar neu. Nur ein Beispiel, ein durch einen blasphemischen Übermut besonders starkes. Im recht weltlichen Gedichte des Meisters Gottfried von Straßburg, der ja eben nicht von Adel war, soll Isolde sich von dem Verdachte reinigen, Tristans Geliebte, ihrem seelenguten Marke ungetreu zu sein. Sie wagt die Probe des glühenden Eisens auf den Eid: nie habe ein Mann bei ihr gelegen als Marke und der Pilger, der (es war Tristan, verkleidet, und das Ganze eine abgekartete Sache) eben vor den Augen aller mit ihr hingefallen war und ein Weilchen neben ihr gelegen hatte. Beim Gottesgericht entscheidet Gott für diesen hinterlistigen, innerlich unwahren Eid. Und der Dichter sagt:

Da wart wol geoffenbäret
unde al der Werlt bewäret,
daz der vil tugenthafte Krist
wintschaffen als ein Armel ist:
er füget unde suchet an,
do man'z an in gesuchen kan,
als gefüge und alse wol,
als er von allem Rechte soll.
Er ist allen Herzen bereit,
ze durnehte (Wahrheit) unt ze trugeheit.
Ist es Ernest ist es Spiel,
er ist je, wie man will.

Und diese List erfand Isolde nach Gebet und Fasten mit Hilfe des lieben Gottes:

Im stillen Herzen hoffte sie
Getrost auf Gottes Courtoisie.

Blasphemisch habe ich die Worte genannt; Gottfried ist ein Weltkind, aber eine Stelle fand ich, wo er gottlos-mystisch wird, fast wie Angelus Silesius (Hertz S. 124), bei der Abfahrt zum Kampfe mit Morolt:

Ja, Gott muß wahrlich mit mir siegen,
Oder sieglos mit erliegen.

Man wird also in künftigen Zeiten von unserm Eide als einem Helfer bei der Rechtsfindung kaum anders urteilen, als heutzutage etwa von der Wasserprobe bei Hexenprozessen geschieht. Ich wollte versuchen, dieses Urteil jetzt schon auszusprechen.

Jeder Richter weiß, daß wahr ist, was ich über die Häufigkeit des Meineides gesagt habe. Jeder verständige Richter weiß, daß der alte Sinn des Eides, die Besinnung auf die Gottheit, bei der Ablegung des Eides ebenso selten geworden ist wie echte Religiosität, und daß heutzutage nur noch die strenge Strafandrohung, aus der theologischen Zeit übrig geblieben, bei der Mehrzahl der Schwörenden als Hemmung von Einfluß ist. Gesetzgeber und Richter sollten wissen, daß dieser Gegensatz zwischen dem religiösen Institut des Eides und der irreligiösen Gegenwart den Richter wie den Schwurpflichtigen zu Komödianten macht. Man höre nur mit scharfem Ohre, wie der leitende Richter gewöhnlich tonlos und mit schlechtem Gewissen bei seiner Vermahnung einige Worte von den jenseitigen Folgen eines Meineides brabbelt, wie er dann scharf und bestimmt auf die diesseitigen Strafandrohungen hinweist. Man mag als Monarchist bedauern, daß die abendländischen Völker den Glauben an die göttliche Einsetzung der Obrigkeiten so gut wie verloren haben; man mag als Menschenfreund noch mehr bedauern, daß der einzelne Bauer und Arbeiter den letzten Halt seiner inneren Ruhe, das letzte Asyl in der Angst vor dem schweren Lebensrätsel eingebüßt hat: über die Tatsache sollte man nicht hinwegsehen. Dieser Tatsache widerspricht die Festhaltung an der alten Eidesform, die unter allen Lügen unsres Zeitalters sowohl die alltäglichste als die feierlichste ist.

IV.

Mir handelt es sich besonders um zwei Punkte, welche beide den Eid mit der Erkenntnistheorie in Verbindung bringen. Erstens soll der Zeugeneid die objektive Wahrheit herausbringen helfen, und wir sind wohl darüber einig, daß der Zeuge bestenfalls nur etwas über seinen subjektiven Eindruck aussagen könnte. Zweitens gilt der Zeugeneid allgemein für ein Beweismittel, und die neuere Psychologie weiß, daß Feierlichkeit den Wert von Zeugenaussagen nicht erhöht. Wer je die Seelensituation eines Zeugen an sich selbst oder an andern aufmerksam beobachtet hat, wird mir darin beistimmen, daß gerade der gewissenhafte Zeuge im stillen Kämmerlein sich auf alle Umstände noch so sorgsam erinnert haben mag, vor dem Apparat des Gerichtssaals aber fast regelmäßig in einen Zustand der Hypnose gerät, in dem er spricht, was irgend gewünscht wird, in dem unbewußten Bestreben, nur aus diesem Saale wieder hinaus zu kommen.

Der erste Punkt ist aber darum so wichtig, weil der Begriff des Falscheides, des fahrlässigen, der kein bewußter Meineid ist, strafrechtlich und logisch ganz und gar sinnlos ist, wenn ein Abweichen von der objektiven Wahrheit, auch ohne Bewußtsein, zu moralischem Verschulden des Schwurpflichtigen gemacht wird. Die deutsche Gerichtspraxis leidet an einer Art Strafsucht. Man will den armen Teufel, der dem Gerichte durch eine objektiv unwahre Zeugenaussage Unbequemlichkeiten gemacht hat, dafür wenigstens einige Monate Gefängnis zudiktieren, für den sogen. Falscheid. Er hätte sein Gedächtnis schärfen sollen, durch Anrufung der Gottheit. Das schlechte Gedächtnis wird da bestraft. Ein andermal vielleicht Kurzsichtigkeit oder Schwerhörigkeit.

Die furchtbar harten Strafen für den Meineid, vieljährige Zuchthausstrafen, die die Existenz vernichten, hatten ihren guten Sinn, als der Eid noch etwas wie ein Gottesurteil war und der Richter die Rache Gottes an dem Schuldigen vollstreckte. Für den gottlosen Staat ist der Meineid wirklich nur noch eine „Versicherung bei Strafe des Zuchthauses". Die entsetzliche Strafe wird ausgesprochen und vollzogen, weil sie in der ungeschriebenen Definition mitenthalten ist. Durch Tradition ererbt aus der Zeit, da der Eid noch eine Selbstverfluchung war. Meineid ist eine Lüge wie eine andere. Eine Lüge wird sonst nicht bestraft, außer an Kindern, aus Erziehungsgründen (wobei nicht zu vergessen, daß bei den Spartanern Lügen und Stehlen zur guten Erziehung gehörte — und sich nicht ertappen lassen). Lügen vor Gericht könnte behandelt werden wie jede andere Ungebühr vor Gericht; die Höhe der Strafe könnte wie bei Eigentumsdelikten immerhin von der Höhe des Schadens abhängig gemacht werden. Jetzt wird der Meineid, ohne daß der Staat es eingesteht, sinnlos wie andere Gotteslästerungen überhart bestraft. Die Weltanschauung von uns Erwachsenen ist mit durch das Ausbleiben göttlicher Wunder, durch das Ausbleiben göttlicher Strafen dazu geführt worden, an der Existenz des alten persönlichen Gottes zu zweifeln. Der an sich gottlose Staat weiß offiziell nichts von dieser Weltanschauung; er hält die Fahne des Meineides hoch und straft an Stelle dessen, den er nicht glaubt. Nur Abschaffung des Eides und Vernichtung des religiösen Meineidbegriffs kann helfen. Gegenwärtig prostituiert der Staat das Rechtsgefühl, indem er, der den Aberglauben überall zu bekämpfen vorgibt, den uralten Aberglauben der Selbstverfluchung und des Gottesurteils verewigen hilft. Eine Wage hat er zum Symbol des Rechts gemacht. Jawohl, eine Wage, wie der homerische Zeus das Geschick Hektors vom Ausfall der Wage abhängig macht; was man heute weniger klassisch und poetisch „an den Knöpfen abzählen" nennen könnte. Und die Kirche prostituiert sich selbst und den Namen ihres Gottes, wo immer sie schweigt zu dem Mißbrauche des Eides. Wenn es eine Naturreligion gäbe, so könnte sie die Abschaffung des Eides nicht schöner verlangen, als die offenbarte christliche Religion es an entscheidender Stelle tut, in der Bergpredigt. Wenn wir ein Naturrecht besäßen, ein Recht, das mit uns geboren ward, so hätte längst der Eidbegriff des historischen, allzuhistorischen geschriebenen Rechts abgeschafft werden müssen. Gottesfeinde und fromme Priester haben diese Abschaffung oft verlangt. Ich aber suche meine Eideshelfer gegen den Eid bei stärkern Geistern.

Demosthenes sagt, Leben und Charakter des Schwörenden sei entscheidend, nicht der Eid; wer nicht schwöre oder ungern schwöre, sei glaubwürdiger, als wer den fürchterlichsten Eid schwöre. Lichtenberg wagt den schönen Satz: „Ein Gelübde zu tun ist eine größere Sünde als es zu brechen."

Und nun gar der tiefreligiöse und scharfsinnige Kant. Im Jahre 1793 schrieb er, politisch aufgeregt, ein aufgeklärter Mystiker „Die Religion innerhalb der Grenzen der bloßen Vernunft." Vom Dienst und Afterdienst, von Religion und Pfaffentum hatte er eben gesprochen; die Religion fordere selbst vom Dasein Gottes kein Wissen; die geoffenbarte Religion würde eigentlich aus der Welt verschwinden, wenn nicht eine von Zeit zu Zeit öffentlich wiederholte (man merkt doch die Ironie) oder in jedem Menschen innerlich eine kontinuierlich fortdauernde übernatürliche Offenbarung zu Hilfe käme. Jesus Christus, der Stifter, nicht der reinen Religion, sondern nur der ersten wahren Kirche, habe auch den Eid verurteilt. Der Eid tue der Achtung für die Wahrheit selbst Abbruch, sei im Punkte der Wahrhaftigkeit das bürgerliche Erpressungsmittel. „Es ist nicht wohl einzusehen, warum dieses klare Verbot wider das auf bloßen Aberglauben, nicht auf Gewissenhaftigkeit gegründete Zwangsmittel, zum Bekenntnisse vor einem bürgerlichen Gerichtshofe von Religionslehrern für so unbedeutend gehalten wird. Denn daß es Aberglauben sei, auf dessen Wirkung man hier am meisten rechnet, ist daran zu erkennen: daß von einem Menschen, dem man nicht zutrauet, er werde in einer feierlichen Aussage ... die Wahrheit sagen, doch geglaubt wird, er werde durch eine Formel dazu bewogen werden, die über jene Aussage nichts weiter enthält, als daß er die göttlichen Strafen ... über sich aufruft, gleich als ob es auf ihn ankomme, vor diesem höchsten Gericht Rechenschaft zu geben oder nicht." Und in der sehr spät herausgegebenen, aber viel früher vorbereiteten „Metaphysik der Sitten" wendet sich Kant noch schärfer gegen dieses Erpressungsmittel. „Man kann keinen andern Grund angeben, der rechtlich Menschen verbinden könnte, zu *glauben* und zu bekennen, daß es Götter gebe, als den, damit sie einen Eid schwören und durch die Furcht ... genötigt werden könnten, wahrhaft im Aussagen und treu im Versprechen zu sein." Man rechne dabei auf einen blinden Aberglauben, bloße Märchen machen den Bewegungsgrund aus. Kant beruft sich auf Schwurgebräuche wilder Völkerschaften. Ein solcher Glaube, dessen Name Religion ist, sollte eigentlich Superstition heißen. Es kann kein Zweifel sein, daß Kant seine Beispiele nur darum von Sumatra und Guinea geholt hatte, um den dem Eide zugrunde liegenden Glauben nachher behaglich einen Aberglauben nennen zu können. Besonders diese zweite Stelle hat einen frommen Tübinger Gelehrten zu zwei Traktätlein veranlaßt, die in politischer Beziehung (man hört schon Schlagworte aus der französischen Republik) nicht uninteressant sind, und die Kant dennoch mißbilligend wie einen revolutionären Sprudelkopf behandeln. Wichtig ist es nur, wie der gar nicht dumme Verfasser, ein Anonymus, schon ganz klar sieht, daß ein atheistischer Staat den Eid wirklich abschaffen müßte, daß er also, um den Eid zu retten, gegen Kant die These aufstellt: ein erklärter Gottesleugner dürfe im Staate nicht geduldet werden.

Aber ich muß ehrlich hinzufügen, daß Kant nach so vernichtenden Worten in einem sehr gewundenen Satze doch diesen Geisteszwang (tortura spiritualis), als ein behenderes und dem abergläubischen Hange der Menschen angemesseneres Mittel der Aufdeckung des Verborgenen, für berechtigt hält.

Kein zünftiger Philosoph und kein berühmter Mann, aber ein Menschen- und Rechtskenner war der jüngst verstorbene James Mathew, Ire, Lord Justice of the Court of Appeal, also ein erfahrener Richter; er sagte einmal: „Die Kraft der Wahrheit ist so groß, daß sie sogar bei einem Schwure herauskommen kann.“ Also trotzdem

daß der viel tugendhafte Christ
Windschaffen wie ein Ärmel ist.

Eigenschaft. — Ich habe für die Darstellung der Lehre, daß menschliche Erkenntnis einzig und allein auf die adjektivische Welt geht, daß die verbale Welt und die substantivische Welt uns für alle Zeiten so unbekannt bleiben müssen wie die Kräfte-an-sich und wie die Dinge-an-sich, — ich habe bei dieser Darstellung überall an die internationale Bezeichnung für das Eigenschaftswort angeknüpft, weil dieser überaus wichtige Gegenstand zuerst bei Gelegenheit einer Kritik der grammatischen Kategorien behandelt wurde. (Vgl. Kr. d. Spr. III 94 ff.) Das Wort *Eigenschaft* hätte den Zugang zu dem Gedanken noch mehr erschwert als das Wort *Adjektiv*, weil in *Eigenschaft* schon ein höherer Grad von Abstraktion versteckt ist, weil man allzu lange unter Eigenschaften etwas wie Gedankendinge verstanden hatte und so dieser Begriff in die substantivische Welt hineinragte; *Adjektiv* bezeichnete dagegen immer nur eine Wortgattung und war darum für meinen Sprachgebrauch bequemer. Ich verweise also für alle erkenntnistheoretischen Fragen auf den Artikel *adjektivische Welt* und will hier nur einige wortgeschichtliche Notizen hinzufügen.

Zufällig und für eine endgiltige Begriffsbestimmung ungenügend ist die Geschichte beider Worte. Ich habe schon erwähnt, daß lat. *adjectivum* ursprünglich eine Lehnübersetzung von griech. ἐπιϑετον war, und daß dieses ἐπιϑετον zunächst der Rhetorik angehörte, dann lange Zeit noch ausschließlich moralische Eigenschaften bezeichnete, bis es endlich der Terminus für die grammatische Kategorie der Beiwörter oder der Eigenschaftswörter wurde.

So gradlinig verläuft die Geschichte des Wortes *Eigenschaft* nicht. Es gibt da im Lateinischen zwei verschiedene Modellworte: *qualitas* (ποιοτης) und *proprietas* (ἰδιοτης); wir hätten etwa übersetzen können: *Wieheit* und *Eigenheit.* Unser Wort *Eigenschaft* ist (ebenso wie *Eigenheit*) nun offenbar eine Lehnübersetzung von *proprietas,* in seiner Bedeutung hat es sich aber sehr fest an *qualitas* angelehnt. Man darf da nicht vergessen, daß *proprietas* ein Wort übersetzte, das von einem ganz geläufigen Worte der griechischen Gemeinsprache herkam (*ἴδιος = eigen),* das also mit allen Unklarheiten gemeinsprachlicher Ausdrücke behaftet war; daß hingegen *qualitas,* wie sein griechisches Modellwort, so recht für das Bedürfnis der philosophischen Terminologie gebildet war. Die Scholastik distinguierte sehr scharf, und von ihrem Standpunkte sogar fein, zwischen proprietas und qualitas. Ich erinnere nur kurz daran, daß die Qualität zu den Kategorien gehörte, das *proprium* zu den fünf Prädikabilien; ich wüßte freilich nicht zu sagen, nicht in der Sprache unserer Tage zu sagen, wodurch sich Kategorien und Prädikabilien unterscheiden, die Scholastiker aber wußten das ganz gut, in ihrer Sprache. Die Scholastiker kannten vier Arten des *proprium;* sie hatten in ihrem Ungeschmack diese vier Arten zu einem ihrer Gedächtnisverse vereinigt, dem lieblichen Hexameter: Est medicus, bipes, canescens, denique ridens. *Proprietas* war in der Logik gar nichts anderes als dieses *proprium* der Metaphysik. War nun durch *Eigenschaft* schon in alter Zeit, bereits bei Notker, der metaphysisch-logische Begriff *proprium* übersetzt worden, und gab man diesen Begriff der proprietas nachher auf, so blieb das gefällige Wort *Eigenschaft* zur Verfügung, um allgemein als Verdeutschung von *qualitas* benützt zu werden.

Nicht genau. Man kann sagen, ohne die philosophische Terminologie zu verletzen: die Eigenschaften der Dinge sind entweder Qualitäten oder Quantitäten oder Energiewirkungen; man hätte sich ebenso gut auf den Ausdruck einigen können: die Qualitäten der Dinge sind entweder Eigenschaften oder Größenverhältnisse oder Wirkungen aufeinander. (Vgl. Art. *Relation.*) Es ist Sache des gelehrten Sprachgebrauchs, ob er da Qualität oder Eigenschaft zum Oberbegriff machen will. Daß eine solche willkürliche Einigung nötig war und eigentlich noch nötig ist, das scheint mir damit zusammenzuhängen, daß alle tiefsten Fragen der Weltanschauung eben an so gemeine, alltäglich gewordene Worte geknüpft sind. Wir können gar nicht wissen, was qualitas, was proprietas, was Eigenschaft bedeute, bevor wir nicht eine befriedigende Antwort gefunden haben auf die Frage, was die Dinge noch sein mögen außer den Summen der von ihnen (wie wir sagen) bewirkten Sinneseindrücke, was ferner die Relationen der Dinge untereinander sein mögen. Ich glaube nämlich, daß mein Satz, die adjektivische Welt allein sei wirklich, gar nichts Neues lehrt, sondern nur Kants Lehre wiederholt: Erfahrung gehe nur auf Erscheinungen, nicht auf die Dinge-an-sich; der Gedanke ist auch schon von Rosenkranz sehr knapp und sprachlich verwegen gefaßt worden: „Das Ding ist seine Eigenschaften.“

Fragt man nun nach dem Werte des Ausdrucks *proprietas* für solche Fragen, (und davon ist, wie gesagt, *Eigenschaft* nur eine genaue Übersetzung, weil es auf die leergewordenen Endsilben —schaft und —heit wirklich nicht ankommt, kaum auf die alten Substantive, die zu diesen Endsilben verblaßt sind), so zeigt sich an ihm die ganze Verwirrung unsres Denkens oder unsrer Sprache gegenüber den Urproblemen der Erkenntnis. *Proprius, ἴδιος, eigen* geben einen ganz einfachen und klaren Sinn, sobald man darunter etwas versteht, was einzig und allein Menschen angeht; was einem Menschen zu eigen gehört; nur einem Menschen kann ein Ding zu eigen gehören. Zur Not kann man auch die Wortfolge bilden, daß etwas einem intelligenten Tiere gehöre, einem Hunde z. B. sein Napf, sein Lager, seine Hütte; da versteht man aber zweierlei darunter: die Vorstellung des Herrn, daß dieses Gerät für den Hund bestimmt sei, und die Vorstellung des Hundes, daß er dieses Gerät gegen Einbrecher verteidigen müsse. Die Vorstellung des Hundes, auf die es hier allein ankommt, setzt beim Hunde einen Besitzwillen voraus, und auf den juristischen Unterschied zwischen Eigentum und Besitz legt die Gemeinsprache wenig Gewicht. Ich habe aber nichts dagegen, daß gesagt werde: nur einem lebendigen, wollenden Wesen kann ein Ding zu eigen gehören. Und dieser Begriff des Eigenseins, meine ich, ist so einfach, daß wohl auch intelligente Tiere ihn fassen können.

Wir werden gleich erfahren, daß freilich auch der Begriff *Eigentum* gar nicht so einfach ist, wenn man ihn und den Rechtsbegriff dazu erst kritisch untersucht. Von vorn herein ist es nun klar, daß dieser Menschenbegriff nur bildlich auf die Natur und auf die Dinge angewandt werden konnte; man bemerkt den Anthropomorphismus nur nicht leicht. Keinem Dinge kann etwas zu eigen gehören. Dennoch nennen wir die Beschaffenheiten der Dinge, ihre Qualitäten, Quantitäten und Wirkungen, dennoch nennen wir alle diese Relationen der Dinge seit Jahrtausenden ihre Eigenschaften, ihre Eigenheiten, ihre Eigentume. (Noch Gryphius und Logau sagten *Eigentum*, wo wir Eigenheit sagen müßten.) Ich glaube beinahe, daß die Redensart, ein Ding *habe* diese oder jene Eigenschaft, eben davon herrührt, daß *Eigenschaft* (Eigenheit, Eigentum) so lange als Übersetzung von *proprietas* gefühlt wurde; das Bild vom wollenden Besitzer wurde durchgeführt: das Ding besaß seine Eigenschaft, wie ein Mensch sein Eigentum; man achte auf die andre Sprachform: das Ding *ist* von dieser oder jener Qualität. Weil die Scholastiker dieses Verhältnis zwischen der Eigenschaft und ihrem Träger doch nicht übersehen konnten, darum hatten sie den Satz im Gebrauche: Proprium non potest separari a subjecto.

Ich muß an mich halten, um diesen knifflichen Sprachfragen nicht weiter nachzugehen; viel ernsthafter scheint mir das Ergebnis dieses kleinen Abrisses einer Wortgeschichte. Als die Scholastiker das, was wir jetzt bestimmte Relationen der Dinge nennen, ihre *proprietates* nannten, hatten sie ein schlechtes Bild vor Augen, aber immerhin ein Bild: die Eigenheit gehörte dem Ding, wie ein Stück Eigentum dem Menschen gehört. Mehr als ein Bild war nicht an dem Worte. In der Übersetzung *Eigenschaft* war das Bild wahrscheinlich vor tausend Jahren noch zu erkennen. Seitdem hat es seine Bildkraft völlig eingebüßt; es hätte gar keinen Sinn, aber auch gar keinen mehr, wenn wir heute sagen wollten, eine Relation sei einem Dinge *eigen;* übrigens: welchem Dinge von beiden, zwischen denen eine Relation besteht, sollte die Eigenschaft zugeschrieben werden? Gehört die Schwere des Goldes dem Golde zu oder der ganzen Erde? Gehört die Farbe des Goldes dem Golde zu oder dem Auge? (Vgl. Art. *Relation.*)

Eigentum ist Diebstahl. — Anstatt einer historischen oder rechtsphilosophischen Untersuchung über den Eigentumsbegriff nur eine Bemerkung über den berühmten Satz des edlen Proudhon. Es ist bekannt, daß der rebellische Gedanke schon zwei Menschenalter vor Proudhon ausgesprochen worden ist, von Brissot, dem Naturrechtler, Negerbefreier und Girondisten, der den Begriff Diebstahl gleich in den Titel seiner Schrift (1780) aufnahm: „Recherches philosophiques sur le droit de propriété et sur le vol considéré dans sa nature.“ Naturrechtlich ist die ganze Untersuchung, naturrechtlich ist auch die Formel: „La propriété exclusive est un vol dans sa nature.“ Ich werde gleich darauf zurückkommen, daß die Formulierung Brissots viel richtiger war, und eben darum schlechter und unwirksamer, als die Formulierung Proudhons.

Es ist weniger bekannt, daß das Eigentum schon einmal vor anderthalb Jahrtausenden Diebstahl genannt wurde, von einem Kirchenvater, von dem h. Basilios: *κλοπη γαρ ἡ ἰδιαζουσα κτησις*, „Diebstahl ist der eigentümliche Erwerb.“ (Büchmann 20. A. 315.) An dieser Fassung müssen uns zwei Umstände interessieren: die Tendenz und das Wort *ἰδιαζουσα*.

Die Tendenz des heiligen Mannes ging beileibe nicht auf Revolutionierung der Gesellschaft; vom Naturrechte hatte man im 4. Jahrhundert noch keine Vorstellung. Man wollte denn die Mönchsklöster, die damals eben aufgekommen waren, mit der Rückkehr zur Natur in einen sehr gewagten Zusammenhang bringen. In den Klöstern sollte Kommunismus herrschen. Der Satz des h. Basilios richtete sich mit seiner ganzen Schärfe gegen das Privateigentum der Mönche. Ein Mönch, das verlangt die katholische Kirche noch heute, soll kein Privateigentum besitzen. Man hielt das für christlich, wie man die Einrichtung der Kirche und der geweihten Priester für christlich hielt. Es ist ein weiter Weg von diesem lokalen Kommunismus ausbeuterischer Klöster, die in jeder Beziehung antisozial geworden sind, zu dem Sozialismus, der sich auf Proudhon als auf einen seiner besten Herzen berufen kann, und der, wieder seit zwei Menschenaltern etwa, langsam und stetig bemüht ist, mit Überwindung rein politischer Bestrebungen das Christentum zu einer sozialistischen Heilslehre umzudeuten. (Vgl. Art. *Christentum* S. 117.) Wer den Staat und das Recht im Staate nur umgestalten will, um einen anderen Staat und ein anderes Recht an die Stelle zu setzen, der kann nur mit einer groben Inkonsequenz den Eigentumsbegriff abschaffen wollen; wer aber den Staat nicht anerkennt, das Recht im Staate nicht anerkennt, der Anarchist im eigentlichen Wortsinne, der weiß auch nichts vom Eigentum, der darf vom Eigentum gar nichts aussagen, nicht einmal, daß es Diebstahl sei. Auch der Satz: „La propriété c'est le vol" ist darum eine Zirkelerklärung. Wenn er nämlich überhaupt eine Erklärung ist, eine Definition, und nicht vielmehr der temperamentvolle Ausruf eines Mannes, der mit glühendem Zorn die reichen Leute haßt und nach dem schlimmsten Worte sucht, mit dem er den antisozialen Reichtum beschimpfen könnte. Der berühmte Satz ist keine Definition, sondern ein Schimpfwort großen Stils. Mich dünkt, daß dieses Schimpfwort christlicher sei als die Mönche und ihr Gelübde der Armut.

Daß alle diese Urteile über das Eigentum nur Zirkelerklärungen sind, verrät sich aufmerksamen Augen in der Formel des h. Basilios an dem Worte *ἰδιαζουσα;* ich habe mit Recht übersetzt *eigentümlicher Erwerb*, weil *Eigentum* nach *proprietas* gebildet ist, *proprietas* nach *ἰδιοτης*, von *ἰδιος*; Basilios meint: Für den Mönch ist *eigenes Eigentum* ein Diebstahl am Kloster; daß die Vorstellung *eigen* in seinem Satze noch ein drittes Mal versteckt ist, im Diebstahlbegriff nämlich, das ist dem Kirchenvater, den wir nun weiterhin in Frieden ruhen lassen wollen, gewiß nicht eingefallen. Brissot und Proudhon aber hätten diesen Punkt strenger ins Auge fassen müssen.

Man hat mir mit Recht entgegengehalten, daß Proudhon (Brissot hatte so klare Vorstellungen vom Wesen der Nationalökonomie noch nicht) bei seinem Paradoxon eben nur den Begriff Diebstahl auch auf das ausdehnen wollte, was die alte Gesellschaftsordnung mit besonderem Nachdrucke Eigentum nennt; und daß der Franzose unter *propriété* besonders Eigentum an Grund und Boden versteht, demnach der Satz im Französischen einen anderen und besseren Sinn hat, als in der deutschen Übersetzung, die aber doch auch ein geflügeltes Wort geworden ist. Ich müßte also zunächst zugeben, daß meine Kritik des Satzes nicht so sehr Proudhon trifft, der das starke

Wort geprägt hat, als vielmehr die Franzosen und die Deutschen, die es gedankenlos nachsprechen. Denn daran ist nicht zu zweifeln, daß die Schlagkraft des Wortes, besonders in Deutschland, der unklaren Vorstellung zuzuschreiben ist, die ohne Unterschied unbewegliches und bewegliches Eigentum mit dem Schimpfworte belegt. Gemeint ist: berechtigt ist nur der Besitz, der durch Arbeit oder im Austausch gegen Arbeit erworben worden ist; die natürlichen Güter dieser Welt, soweit sie nicht umsonst zu haben sind oder zu haben sein werden, dürfen nur, direkt oder indirekt, für Arbeit eingetauscht werden.

Ich füge mich gern der bessern Einsicht, und kann nicht leugnen, daß der Satz anders klingt, wenn man mit ihm den Gemeinbesitz an Grund und Boden allein verteidigen will. Der Vorwurf der Zirkelerklärung trifft wirklich die deutsche Fassung unmittelbarer als die französische. Aber ich muß doch bemerken, daß das Wort propriété, auch im Französischen, nicht nur den Grundbesitz bedeutet, sondern auch das juristische Eigentumsrecht überhaupt; daß darum auch Proudhon selbst dem Widerspruche nicht entgangen ist, der — wie wir gleich sehen werden — in der metaphorischen Übertragung der Rechtsbegriffe aus der gegenwärtigen Gesellschaftsordnung und ihrer Sprache auf ein Naturrecht der Zukunft verborgen ist. Ich werde Proudhon und solche seltene Menschen mit den Poeten vergleichen müssen. Solange solche Poeten aber keinen Erfolg haben, widmen sie sich, wie andere Poeten, einer kritischen Tätigkeit. Kritiker und Poeten in einer Person sprechen sie eine andere Sprache als die Wirklichkeit; sie dürfen den Pedanten verhöhnen, der ihnen Widersprüche nachweist; die Sprachkritik wollte aber nicht tadeln, sondern nur wieder einmal zeigen, daß die Sprache der Gegenwart auf die Verhältnisse der Zukunft nicht paßt, so wie sonst überall die Sprache der Vergangenheit, die Gemeinsprache, auf die Gegenwart nicht paßt.

Der Satz: La propriété c'est le vol — will den Eigentumsbegriff aus der Welt schaffen, will das, was man bisher Eigentum nannte, unter den Oberbegriff Diebstahl bringen: Eigentum ist nichts, als daß es Diebstahl ist. Wenn nun aber der Diebstahlsbegriff den Eigentumsbegriff schon voraussetzt, so bietet der Satz ein Musterbeispiel einer Zirkeldefinition· Eigentum ist Diebstahl, der Aneignung fremden Eigentums ist. Gäbe es kein Eigentum auf der Welt, so könnte es auch keinen Diebstahl geben. Diese Definition des Diebstahls ist aber natürlich nicht ad hoc mühsam erfunden, sondern findet sich so oder ähnlich in dem Strafrechte jedes Staates. Das deutsche Strafgesetzbuch besagt in Paragraph 242: „Wer eine fremde bewegliche Sache einem Andern (dem Eigentümer oder dem Besitzer) in der Absicht wegnimmt, dieselbe sich rechtswidrig *zuzueignen* (als sein Eigentum zu behandeln), wird wegen Diebstahls mit Gefängnis bestraft.“ Ich habe mit meinen Zwischenbemerkungen darauf hinweisen wollen, daß der Paragraph über den Diebstahl gleich zweimal den Eigentumsbegriff voraussetzt, einmal direkt, einmal indirekt. Der Eigentumsbegriff ist die begriffliche Voraussetzung aller Eigentumsdelikte (das Wort sagt es), wie er die Voraussetzung aller dinglichen Rechte ist. Wer den Eigentumsbegriff aus der Welt geschafft hat, der hat auch den Diebstahlsbegriff aus der Welt geschafft und darf logisch nicht mehr das Eigentum für Diebstahl erklären. Man wende mir nicht ein, daß auf dem Boden der gegenwärtigen Gesellschaftsordnung und in der Sprache dieser Gesellschaftsordnung die Definition logisch möglich sei. Es ist nicht möglich, einen verständlichen Satz zu bilden, in welchem das Subjekt der Gegenwartssprache angehört, das Prädikat aber einer Zukunftssprache. Unser Satz müßte, in gewissenhafter Sprachform, folgendermaßen lauten: Wir wollen fortan den Begriff Eigentum, der unter die Rechtsbegriffe gehörte, mit einem Namen belegen, der bisher eine Art des unrechtmäßigen Besitzes bedeutete, und der künftighin gar keinen Sinn mehr haben soll. Oder kürzer: Wir sprechen dem Eigentum jeden Rechtscharakter ab, die rechtliche Herkunft und die rechtlichen Folgen. Nur daß es dann eben nicht mehr Diebstahl heißen kann.

Der tiefere Fehler unseres Satzes steckt ja schon in der Anwendung des Begriffes *Recht* auf das sogenannte Naturrecht. (Vergl. Art. *Naturrecht.*) Alle Naturrechtler und Weltverbesserer waren Poeten; auch siegreiche Revolutionäre, die ein Stück Welt verändern konnten, waren und sind Poeten. Ein poetisches Bild oder eine Metapher ist es nun, das Wort *Recht*, das als objektives Recht die Summe der wirklich geltenden und historisch bisher gewordenen Rechtssatzungen in wirklich bestehenden Staaten bezeichnet, anzuwenden auf Vorschläge oder Träume, nach denen das Rechtsleben in künftigen Zeiten und künftigen Staaten geordnet werden soll. Die *lex lata* leitet das Eigentum vom objektiven Rechte her, und leitet vom Eigentum wieder weitere Rechte ab; es ist ein ganzes System, dessen Mittelpunkt der Eigentumsbegriff ist. Die lex lata des Strafrechts leitet wieder den Diebstahl vom Eigentumsbegriffe ab. Auch die *lex ferenda* des Naturrechts wird, solange sie irgend einen Staat und irgend ein Recht anerkennt, dem Eigentum, z. B. dem durch eigne Arbeit erworbenen Eigentum, einen rechtlichen Charakter zuerkennen, und dieses Eigentum vom Diebstahl unterscheiden.

Ich bemerke dazu noch, daß Proudhon, der Revolutionär und Autodidakt, sich frühzeitig mit Sprachphilosophie befaßte, insbesondere mit den Bestrebungen, eine allgemeine und philosophische Grammatik zu schaffen. Als Schriftsetzer schrieb er (1837) eine Abhandlung, sein erstes Büchlein: Essay de grammaire générale. Ich habe mir die Arbeit nicht verschaffen können. Die Schlußworte, die jeden meiner Leser auf Proudhons Ideen so begierig machen werden wie mich selber, kann ich anführen: Puisque les mots sont les signes des idées, l'histoire du langage doit être l'histoire de toute philosophie; et l'origine du langage, une fois expliquée, doit donner le principe des connaissances humaines.

einfach. — Unser deutsches Wort ist eine späte Lehnübersetzung von lat. *simplex.* In älterer Zeit hatte man die noch genauere Übersetzung *einfalt* gebildet, die im Gotischen, Angelsächsischen, Althochdeutschen und Mittelhochdeutschen vorkommt; die Ableitung *einfältig*, früher im Sinne von *einfach* und *schlicht* üblich, bedeutet uns jetzt gewöhnlich soviel wie *albern.* Grimm hat sich der ursprünglichen Form *einfalt* angenommen: „Das alte, edle Wort sollte, gegen die schleppende Ableitung, wieder aufgenommen werden, zumal das analoge *manigfalt* fortdauert." (D. W. III. 172.) Erst nach Luther, als die üble Nebenbedeutung von *einfältig* schon häufig geworden war, wurde *simplex* zum zweiten Male übersetzt mit *einfach*; *Fach* hatte inzwischen in vielen Bedeutungen (von Samenkapseln, Kleidungsstücken, Möbeln) den technischen Sinn *Abteilung* gewonnen und deckte sich vielfach, namentlich in der Anwendung auf den innern Herzensschrein, mit *Falte.* Auf den Zusammenhang zwischen lat. *simplex* und griech. ἁπλοος möchte ich nicht eingehen, trotzdem es reizvoll wäre, nicht ganz leicht freilich, *simplex* für ein uraltes Lehnwort zu erklären.

Unter den vielen Bedeutungen von *einfach* ist die bildliche der Gemeinsprache uns jetzt die geläufigste: schlicht, ungezwungen, ohne Umschweife; auch im moralischen Sinne nennen wir einen unkomplizierten Menschen neuerdings gern einen einfachen Menschen, d. h. wir stellen uns vor, daß seine Handlungen aus *einem* Charakterzuge zu deuten seien; ganz verblaßt ist der Begriff in Redensarten wie: die Sache ist *einfach* die usw.

Aber das Wort wird auch immer noch in der strengen Bedeutung der Unteilbarkeit oder Einzigkeit gebraucht und so auf das Größte und auf das Kleinste angewendet. Hat es nun in der bildlichen Bedeutung einen guten, ausgesprochen relativen Sinn (ein Satz, eine Maschine, ein Organismus wird einfach genannt, relativ einfach, im Verhältnisse zu komplizierten Sätzen usw.), so bietet der absolute Sinn der Einzigkeit oder Unteilbarkeit mannigfache Schwierigkeiten. Auf die andern Schwierigkeiten des zugrunde liegenden Begriffes *Einheit*, auf die Unvereinbarkeit der zahlenmäßigen und der psychologischen Einheit, werde ich noch hinzuweisen haben. (Vgl. Art. *Einheit.*)

Im Sinne der Einzigkeit gebrauche ich das Wort sehr häufig, um immer wieder die Lehre einzuprägen, daß die gegebene Wirklichkeitswelt nur einmal da sei, einfach, nicht zweifach. Die Sprache ist es allein, die uns die Wirklichkeit spalten oder verdoppeln läßt in die adjektivische und in die substantivische Welt, die uns von Dingen außer und neben ihren Eigenschaften reden läßt; die Denken und Sprechen unterscheidet: die innerhalb der verbalen Welt der Veränderungen Ursache und Wirkung auseinanderhält. Wenn ich aber so die schlichte Überzeugung von der Einfachheit des gegebenen Wirklichen wieder einmal kurz formuliert habe, so kommt mir der Verdacht, daß *einfach* in dieser Anwendung nur ein negativer Begriff sei, nur die Ablehnung einer falschen Zählung, eines sinnlosen Dualismus der Sprache.

Zu dem andern Extrem führt die Anwendung des Wortes auf die kleinsten Teile der Wirklichkeit, auf die Monaden oder Atome, wo das eine Mal die Einheit, das andre Mal die Unteilbarkeit schon im Namen läge. Eine mehr als zweitausendjährige Entwicklungsgeschichte des Atombegriffs hat nichts daran geändert, daß wir uns die hypothetischen Atome durchaus als einfache Körper vorstellen sollen; nur daß die Verlegenheiten der theoretischen Physik neuerdings dazu geführt haben, als Grundbestandteile aller Stoffe, sogar der Elemente, zusammengesetzte Moleküle anzunehmen. Trotzdem ist von den einfachen Atomen als von Bausteinen dieser Moleküle weiter die Rede. Wenn mir nur jemand sagen könnte, was das heißen soll: ein Atom ist einfach. Kant hat die Unfaßbarkeit dieses Begriffs Einfachheit schon dargetan in der merkwürdigen Schrift „Über eine Entdeckung, nach der alle neue Kritik der reinen Vernunft durch eine ältere entbehrlich gemacht werden soll.“ (1790) Die *ältere* Kritik ist das System von Leibniz; Kant richtet aber seine seltene Polemik nur indirekt gegen Leibniz, direkt gegen den inzwischen längst vergessenen Prediger Eberhard, der den Dogmatismus gegen Kant hatte verteidigen wollen. Kant beweist nun, nachdem er seinen kleinen Gegner nach allen Regeln zerzaust hat, „daß, wenn unsre Sinne auch ins Unendliche geschärft würden, es doch für sie gänzlich unmöglich bleiben müßte, dem Einfachen auch nur näher zu kommen, viel weniger endlich darauf zu stoßen, weil es in ihnen gar nicht angetroffen wird.“ Was wir die körperlichen Dinge nennen, sei nichts als die Erscheinung von irgend etwas, dem Ding-an-sich, das für uns gänzlich unerkennbar bleibt; dieses Unerkennbare allein *könne* das Einfache enthalten; ob dieses Unerkennbare, Übersinnliche zusammengesetzt oder einfach, davon könne niemand zum mindesten etwas wissen. Man sieht, die Polemik zielt über Eberhard hinaus auf Leibniz und die Monadenlehre.

Wenn wir also den Begriff der Einfachheit, Einmaligkeit auf das Weltganze anwenden, lehnen wir nur etwas Unvorstellbares ab; wenn wir die allerkleinsten Teile des Weltganzen aber einfach, unzusammengesetzt nennen, behaupten wir positiv etwas Unvorstellbares.

Einfluß. — Beinahe wie *Abhängigkeit*, die, von Anfang an ein schiefes Bild, das Verhältnis von Ursache und Wirkung ausdrücken sollte, Notwendigkeit also, am Ende aber zu dem vagen Begriff verblaßte, den wir kennen (Vgl. Art. *Abhängigkeit*), ist auch *Einfluß* bis an die Grenze der ursprünglichen Bedeutung herunter gekommen. *Ein Mann von Einfluß* ist ein Mann, der einem irgendwie nützen kann dadurch, daß andre, kleinere, aber immer noch einflußreiche Leute von ihm abhängig sind. Auch andre Dinge haben *Einfluß* auf den Menschen: das *Milieu.* Man spricht von *Einfluß,* wenn man eine ursächliche Verbindung annimmt, aber die Wirkung nicht genau berechnen kann; die Hauptbedingung wird *Ursache* genannt, die Nebenumstände *haben Einfluß:* z. B. der Nutzwert einer Wasserleitung hängt von der Höhe des Drucks ab; dessen Ursache ist die Erhöhung des Reservoirs über dem Ausfluß; aber Länge der Leitung und lichte Weite der Röhren haben *Einfluß* auf den Druck.

Und dieses Wort hat eine große Geschichte des Kampfes hinter sich. Das Bild vom *Einfließen* ist jetzt so verschwommen, daß wir allgemein sagen: Einfluß *auf* etwas nehmen oder haben; noch im 18. Jahrhundert allgemein: *in* etwas. Lessing zuerst konstruiert mit *auf,* wohl in Nachahmung der Franzosen, deren akademisches Wörterbuch *influencer* erst 1835 buchte; Voltaire sagte noch: influer z. B. tout ce que nous entoure influe sur nous en physique, en morale ... une idée influe sur une idée, chose non moins compréhensible.

Es ist mir nicht bekannt, wer das Bild vom Einfließen zum erstenmal auf psychische Vorgänge angewandt hat; nicht einmal, wer das Bild vom Hineinfließen einer Flüssigkeit zuerst auf physikalische Wirkungen übertragen hat. Für den Einfluß der Gestirne hatten freilich schon die Lateiner den Ausdruck *influxus stellarum;* man wäre versucht, an die Gezeiten zu denken, wenn *flux* et *réflux (mare refluum)* bereits im Altertum als Wirkungen des Mondes erkannt worden wären. Jedenfalls ist *influxio* und *influxus* eine Lehnübersetzung von ἀποῤῥοια (*influxio* = καταῤῥοια oder -οη, uns in Katarrh erhalten), worunter Empedokles die Kraftausflüsse der Körper versteht, die von den πoροι aufgenommen wurden und so physische und psychische Wirkungen erzeugten; die Lateiner übersetzten das Wort durch *effluvia,* und *influxus* scheint mir der notwendige Korrelatbegriff zu diesen Effluvien. Von großer Bedeutung wurde das Bild vom Einfließen aber erst, als die Verlegenheit der Naturforscher die Lehre vom *Fluidum* erfand; nicht nur die Wärme, das Licht, die Elektrizität waren Fluida, sondern auch der Nervengeist; und da hatte man eine Elementarbewegung (die Fluida waren Elemente), die das alte Rätsel der Wechselwirkung von Seele und Leib endlich zu erklären schien. Noch die Encyklopädisten trugen die Lehrmeinung vom Nervenfluidum vor. Die vorausgegangene Nervenhypothese, nach der die Nerven so etwas wie elastische Stricke waren, in eine ebenfalls elastische dura mater gebettet, und auf ein Klingelzeichen der Außenwelt z. B. in Schwingungen gerieten wie die Luft, widersprach der Anatomie doch gar zu gröblich. Eine Flüssigkeit schien die Kraftübertragung besser zu erklären: Hydrodynamik war neuer als Akustik. Und so nannte man die alten animalischen Geister jetzt Nervenfluidum. Eine physiologische Deutung versuchte man gar nicht. Erzeugt wurde das Nervenfluidum durch die aufgenommene Nahrung; was nachher daraus wurde, das wußte man nicht zu sagen. Die beiden andern, einander heftig bekämpfenden Erklärungen, die im 18. Jahrhundert ihre Rolle noch lange nicht ausgespielt hatten, der Occasionalismus von Geulincx und die prästabilierte Harmonie von Leibniz, waren voneinander gar nicht so verschieden, wie der Zank ihrer Vertreter vermuten läßt; nach beiden Lehren wurde der liebe Gott ganz persönlich bemüht, um das berühmte *commercium animi et corporis* herzustellen; nach Leibniz war Gott immerhin ein geschickter Uhrmacher, und Petrus kam heraus, wenn es 12 Uhr schlug; nach Geulincx mußte Gott, wenn es 12 schlug, den Zeiger auf 12 stellen und Petrus noch extra mit seinem Finger vorschieben. Für die menschliche Vorstellung scheint die prästabilierte Harmonie nicht ganz so lächerlich zu sein, wie die eines Deus ex machina; unsinnige Erklärungsversuche sind beide Lehren für unser Bewußtsein von der Unwirklichkeit des Seelenbegriffs. Damals aber galt die Seele für ein wirkliches Ding, und da mußte die Lehre vom *influxus physicus* als Rettung vor einer verrückt gewordenen Theologie erscheinen. Im Grunde war die Lehre uralter populärer Materialismus, war nur ein hilfloser Ausdruck für die alltägliche Beobachtung, daß der Körper auf die Seele wirke, die Seele auf den Körper. Wissenschaftlich erschien daran nur die Annahme, daß Fluida dabei tätig waren: das Nervenfluidum floß ein, wirkte auf das Muskelfluidum, und umgekehrt.

Wer sich über das System des *influxus physicus* unterrichten will, der findet in schlechtem Latein eine schon recht kritische Darstellung in Wolf's Psychologia rationalis (Ausgb. von 1740, § 558 u. ff.); nur daß die zugrunde liegende Vorstellung eines Fluidums an dieser Stelle nicht hervorgehoben wird, dafür aber die Realität dessen, was überfließt, gleich im ersten Satze behauptet wird. Wer dieses System verteidigt, wird *Influxionist* genannt; wer zugibt, die Art des Influxus nicht zu kennen, dürfe so nicht genannt werden. Und Wolf erklärt (§ 573): influxus physici nullam habemus notionem; er könne auf eine verständliche Weise nicht erklärt werden; man könne ihn nicht widerlegen, aber auch weder a priori noch a posteriori beweisen. Wenn es einen influxus physicus gäbe, so gälte im Weltall nicht immer das Gesetz der Erhaltung der lebendigen Kräfte (§ 580). Wolf hilft sich mit der qualitas occulta; darin sähe der influxus physicus der magnetischen Anziehungskraft ähnlich wie ein Ei dem andern (§ 582). Und so gelangt Wolf dazu, an diesem Begriffe Sprachkritik zu üben und ihn (§ 583) für ein leeres Wort zu erklären, einen *terminus inanis.* Non tamen negari potest tamdiu terminum esse sine mente sonum, quamdiu nobis notio nulla fuerit. Sane hoc pacto omnes termini inanes in philosophiam recipere liceret: quo facto magno veluti agmine in philosophiam postliminio (durch das Rückkehrrecht) ruerent adeo feliciter a recentioribus ex eadem eliminati inanes termini, qui scientiarum progressum tantopere impediverunt. Unbeachtet, aber sehr merkwürdig für die Geschichte der Naturwissenschaften, sind die Beispiele solcher leeren termini oder Worthülsen (furfur), welche Wolf in der Anmerkung gibt: Haß und Liebe der unbelebten Dinge, den Strick der Anziehung, aber auch den von Van Helmont kurz vorher eingeführten und so populär gewordenen Begriff Gas.

Noch deutlicher wird der Agnostizismus Wolfs in den „Vernünftigen Gedanken von Gott" (II. Ausgb. v. 1733). Die Frage sei nicht, ob, sondern wie ein influxus möglich sei, wie die Bewegungen des Körpers von der Seele dependieren oder determinieret werden und umgekehrt. Die subtile flüssige Materie, die Einige spiritus animales, andere fluidum nervosum nennen, hat einen natürlichen Einfluß: der Seele in den Leib und des Leibes in die Seele; die subtile flüssige Materie im Gehirn bewerkstelliget durch ihren Einfluß in die Musceln oder Mäuslein die Bewegungen im Leibe. Die ganze Vorstellung sei metaphorisch zu verstehen, wenn man nicht eine überfließende Realität annimmt (§ 273). Wir würden sagen: solange die Physiologie nichts über die Wechselwirkung von Seele und Leib auszusagen vermag, solange sind alle diese Begriffe leere Worte. Da nun aber die Erfahrung an einer solchen Wechselwirkung nicht zweifeln läßt, da wir auch ohne physiologische Kenntnis der intimsten Vorgänge handeln müssen, solange wir leben wollen, so können wir die Lösung des Rätsels nicht abwarten. Der handelnde Mensch ist (nach Goethes Wort) immer gewissenlos; der handelnde Mensch kümmert sich auch nicht um die physiologischen Gründe seines Handelns. Wir könnten nicht leben, wenn wir darin nicht Instinktwesen wären. Das etwa meint Wolf, wenn er (§ 172) fast ironisch lehrt, man könne in der Moral den influxum physicum annehmen. „Es gewinnet die Moral nicht das allergeringste dadurch, ob die Frage ausgemacht ist oder nicht, wie die Seele in dem Leibe würcke oder die Bewegungen in dem Leibe deteriminieret . . . ja ich nehme es auch selbst in der Moral als einen Grund an, daß die Seele die ihrem Willen unterworfene Bewegungen im Leibe hervorbringet, weil es den moralischen Wahrheiten nicht den geringsten Eintrag tut, wenn es sich gleich auch anders verhielte, indem wir, wie ich schon gesaget, blos darauf sehen, daß die Bewegungen gleich da sind, wenn es die Seele verlanget, nicht aber, wie solches zugehet." Ebenso irrelevant sei die physiologische Frage im Strafrecht. „Weil man der Seele nicht beikommen kann, so greift man den Leib an, wenn man ihren Willen mit Macht lenken will.“ Aus allen diesen Gründen will Wolf die Hypothesen über die Wechselwirkung von Seele und Leib *vernünftig und bescheiden* beurteilt wissen.

Als nun später, besonders durch Euler, das *Fluidum* an Ansehen verlor, verblaßte das Bild des Influxus und der Begriff *Einfluß*, den einst Meister Ekkhart als Einfluß Gottes oder der Gnade wohl ganz materiell gefaßt hatte, blieb als die leere Hülse übrig, die wir einander im Gespräche und in Büchern als beliebtes Wort zuwerfen. „Wir stehen alle unter dem Einfluß des Milieus“. Wir haben es ja so herrlich weit gebracht. Vor 50 Jahren sagte man Kraft und Stoff, heute sagen wir Energie und anstatt *influxus* sagen wir *Einwirkung*. Und die *Einwirkung* der *Energie* (niemand lacht über die Tautologie) erklärt heute das commercium animi et corporis. Hätte die Wissenschaft das Lachen nicht überhaupt verlernt, so hätte sie längst bemerken müssen, daß ein guter Scherz, den Schopenhauer einmal (Par. I S. 7) über die prästabilierte Harmonie macht, ganz allgemein auf den influxus animi et corporis passe, ja sogar weiter auf die neueste Formulierung des alten Rätsels, auf die Art, wie sich die eine Energieform in die andere verwandelt. Schopenhauer vergleicht die prästabilierte Harmonie mit den Bühnenwirkungen, „als woselbst sehr oft der influxus physicus nur scheinbar vorhanden ist, indem Ursach und Wirkung bloß mittelst einer vom Regisseur prästabilierten Harmonie zusammenhängen, z. B. wann der Eine schießt und der Andere a tempo fällt“. Auch wann der Schauspieler das Pistol abdrückt und der Inspizient hinter den Coulissen knallt. Man denke daran, daß Bacon alle Systeme Gespenster des Theaters genannt hat. Alle theistischen Systeme suchen einen Regisseur hinter den Erscheinungen der Natur.

Einheit. — In meiner Sprachkritik (III, 142 ff) habe ich schon kurz auf die Schwierigkeiten des Einheitsbegriffs hingewiesen. Weder die Einheiten, mit denen der Schulknabe heute rechnen zu dürfen glaubt, noch die logische Einheit zwischen dem subsumierenden und dem subsumierten Begriffe, noch endlich die psychologische Einheit des sogenannten Selbstbewußtseins sind so einfach zu definieren, wie Schulknaben, Logiker und Psychologen glauben; und untereinander lassen sich diese Wortanwendungen noch weniger klar in einem einheitlichen Einheitsbegriffe fassen. (Ohne Interesse für die Wortgeschichte hat schon C. L. Reinhold in seiner kleinen Schrift „Rüge einer merkwürdigen Sprachverwirrung unter den Weltweisen“ (1809) auf die Verwechslung von *Einheit* und *Zusammenhang* bei den Epigonen Kants, in seiner unsicher tastenden Weise, aufmerksam gemacht.)

Einheit hat sich im Deutschen, so überraschend das klingen mag, erst im 18. Jahrhundert eingebürgert. Adelung noch behandelt es wie eine ganz ungewohnte Neubildung: „Die Eigenschaft, da ein Ding eins ist; die Eigenschaft, da ein Ding unter gewissen Umständen einerlei bleibt; die Eigenschaft, da mehrere Dinge . . . nur ein und eben dasselbe Wesen ausmachen" (Dreieinigkeit); „die Eigenschaft, da ein Ding unteilbar ist" (monas). Also wohlgemerkt, was unserm Sprachgefühl inzwischen verloren gegangen ist: eine Eigenschaft; nur im Rechnen bezeichnet Einheit nach Adelung das Ding selbst, sofern es eins ist; hat dann einen Plural, als Ding. Denn Pluraleinheiten, z. B. im Drama die Einheiten des Orts u. s. w., kennt Adelung noch nicht. „Einheit, ein von dem Zahlworte eins gemachtes Hauptwort der neueren Weltweisen, das lateinische unitas auszudrücken." Adelung hörte also aus Einheit noch die Lehnübersetzung nach *unitas* heraus. Von den älteren Versuchen, diese *unitas* durch deutschen Stamm und Endung wiederzugeben, ist der Sprache nur noch *Einigkeit* erhalten, nicht aber in dem Sinne von Einstimmigkeit, sondern in dem technischen Ausdruck Dreieinigkeit. Wie denn die konservative Glaubenssprache für Einen oder den einzigen Gott heute noch der *einige* Gott sagen kann.

Einigkeit war ein Umweg, eigentlich Lehnübersetzung eines nicht mehr vorhandenen *unicitas*; denn Einigkeit knüpft die Formsilbe keit (aus heit entstanden) an das zum Adjektiv *einig* umgeformte *ein*, so daß übrigens der k-Laut zweimal aus der Endsilbe -ig stammt. Adelungs neuere Weltweise waren Leibniz und Wolf. Leibniz war es, der zuerst bewußt für *unité* Einheit sagte und dann für seine Einheiten das Wort Monaden. Aus dem Deutschen ist die Neubildung Einheit in leiser Umformung ins Holländische, Schwedische und Dänische übergegangen und wird wenigstens im Holländischen noch als Germanismus empfunden.

Daß Einheit Lehnübersetzung für unitas sei, brauche ich für meine Leser nicht erst zu behaupten, kaum zu beweisen. Daß das lateinische unitas eine Lehnübersetzung des griechischen *μονας* war, wird schon fremder anklingen, und doch ist dem lateinischen und dem griechischen, wie ursprünglich dem deutschen Wort wesentlich, daß es die Eigenschaft des Einsseins bedeutet; es kann nicht auffallen, daß unitas schon metaphorisch für Einigkeit gebraucht wurde, *μονας* noch nicht; daß *μονας* noch die Einheit auf dem Würfel bezeichnete, unitas nicht mehr. Ein Satz wie mundi, quae nunc partes sunt, aliquando unitas fuit (Justin. II, I, 14) spricht in lateinischen Worten griechische Seelensituation aus. Ich wage mich beinah zu weit vor, wenn ich weiter frage, wie die Griechen wohl zu ihrem Abstraktum *μονας* ohne Lehnübersetzung gekommen sein sollten. Ich gebe nur einiges zu erwägen: *μονος* heißt im Griechischen nicht eins (*εἱς*), sondern einzig; allerdings gehen beide Worte ineinander über; Platon sagt bald *μονας* bald *ἑνας*. Auf die spätern Neuplatoniker darf ich mich nicht beziehen. Die alte Bedeutung von *μονος*, einsam, allein, die merkwürdigerweise in Kaisersbergs Gebrauch von *Einigkeit* wiederkehrt, hat einer ganzen Wortfamilie (z. B. *μοναστηριον*) das Leben geschenkt. In andern griechischen Bildungen bedeutet *μονος* immer *einsam* oder *einzig*. Solange man mir nun nicht die Stelle nachweist, an der von diesem *μονος* mit der Endsilbe *-ας* der Begriff der mathematischen oder der logischen Einheit von einem griechischen Denker selbständig und bewußt gebildet wurde, solange glaube ich an eine Lehnübersetzung des griechischen Wortes aus orientalischen oder ägyptischen Quellen.

Bevor ich weitergehe oder zurückgehe, möchte ich darauf hinweisen, wie bei der Internationalität, ja Intertemporalität unserer Wissenschaften ein gewisses polyhistorisches Sprachgefühl mitarbeitet. Es gibt ein philosophisches System, das Monadenlehre heißt, weil es alles Zusammengesetzte am Ende der Teilbarkeit auf einfache Teile zurückführt, und diese Monaden nennt. Im Mittelalter hätte man recht gut Unitäten oder Unicitäten sagen können. Hätte Leibniz aber anstatt Monaden Einheiten gesagt (was absolut das Gleiche gewesen wäre), so wäre wohl die Lehre, daß die Einheiten einfach seien, schwerlich zur Weltberühmtheit gelangt.

Littré gibt zwölf Bedeutungsgruppen des Wortes unité, aber selbst sein positivistischer Scharfsinn scheitert an der Aufgabe, diese Gruppen logisch zu verbinden. 1. Die Einheit als Element der Zahl, 2. die Einheit, welche der Vergleichung physikalischer Größen willkürlich zugrunde gelegt ist, die Maßeinheit, 3. die einfachen Monaden oder Substanzen von Leibniz, 4. die Atome und Moleküle der Chemie, 5. die Eigenschaft der Ungeteiltheit, wo er die Einheit Gottes und die Einheit z. B. einer Tierart zusammenwirft, 6. die Einheit des Individuums, 7. die Einheit des Charakters, 8. die sogenannten drei Einheiten des Aristoteles (die Einheiten der Handlung, des Ortes und der Zeit, die ja so lange als Schlagworte über das französische Drama herrschten, daß der Plural „die drei Einheiten" beinahe wie unser „zehn Gebote" zu einem einheitlichen Begriffe wurde; Voltaire spricht oft von den drei Einheiten); 9. die Einheit des Typus in der vergleichenden Anatomie; 10. die Einheit der Materie, die dem modernen Materialismus zugrunde liegt; 11. die Einheit der Krankheit oder des Krankheitsbildes in der Pathologie; 12. die sogenannten taktischen Einheiten der Kriegskunst, das Bataillon, die Schwadron und die Batterie. Es hieße seine Zeit verlieren, die logische Unordnung dieser Anordnung erst noch zu kritisieren. Aber die Beispiele zur ersten Abteilung zeigen, wie die uralte richtige Einsicht des Euklides, daß nämlich die Einheit oder die *Eins* nur die Grundlage des Zählens sei, nicht aber selbst eine Zahl, wieder verloren gehen konnte. Kein geringerer Denker und Mathematiker als Pascal sagt (Geom. I): „Der einzige Grund dafür, daß die Einheit nicht zu den Zahlen gerechnet wird, ist der: Euklides und die ersten Schriftsteller der Arithmetik hatten mehrere Eigenschaften zu geben, die allen Zahlen außer der Einheit eigentümlich waren; um nun nicht immer wieder sagen zu müssen, daß die und die Bedingung von jeder Zahl außer der Einheit erfüllt werde, schlossen sie lieber die Einheit aus dem Zahlbegriff aus, mit der Freiheit, die jeder hat, Definitionen zu machen."

Der Grund der Unordnung fast in jeder Betrachtung des Einheitsbegriffs liegt darin, daß der Begriff Einheit gleich aus zwei miteinander unverträglichen Wissenschaften in den allgemeinen oder doch in den halbgebildeten Sprachgebrauch überging. Und es ist doch etwas ganz anderes, ob der metaphorische Gebrauch des Einheitsbegriffs von der numerischen Einheit der Mathematik ausgeht, oder von der sogenannten Einheit des Selbstbewußtseins, also von einer Psychologie, die das sogenannte Ich zum Ausgangspunkte und zur Quelle aller andern Einheitsbegriffe machen möchte. Kommt nun noch die formale Logik dazu, welche die arithmetischen Einheiten, also von Fall zu Fall willkürlich gesetzte Maßeinheiten, und die organischen Einheiten, also durch irgend ein noch so abgeblaßtes individuelles Ich gebundenen Einheiten, unter einen Begriff bringen möchte, welche überdies vor der Schwierigkeit steht, die Worte oder Begriffe *Einheit* und *Einfachheit* auseinander zu halten, dann ist dem Sprachgebrauche ordentlich nicht beizukommen.

Außer wir stellen in unserm Sprachgebrauch oder der innern Sprachform wieder her, was seit Adelung verloren gegangen ist: die Eigenschaftlichkeit der logischen, begrifflichen Einheit und die Nichteigenschaftlichkeit der numerischen Einheit. Und da entdecken wir, vielleicht zu unserer Überraschung, daß der abstrakte Einheitsbegriff, der einer der allerallgemeinsten und schwierigsten Begriffe zu sein scheint, leichter faßbar und definierbar ist, unklar wohl sogar den Tieren faßbarer, als der scheinbar so kinderleichte numerische Einheitsbegriff, die Eins.

Der abstrakte Einheitsbegriff, der den Dingbegriff im Substantiv, der den Zweckbegriff im Verbum, der in der Mechanik die Verbindung von Ursache und Wirkung erst herstellt, ist so allgemeiner Ausdehnung fähig, daß er, der Einheitsbegriff, sogar auf jede größere Zahl und Zahlengruppe ausgedehnt werden kann. Das heutige Datum, der 4. XII. 1907 läßt sich als Einheit auffassen; 2, 3 usw. sind in diesem Sinne Einheiten. Solche Einheitsbegriffe besitzt mein Hund natürlich nicht. Aber die Einheit des Dingbegriffs muß ihm faßbar sein, weil er sonst einzelne Menschen und einzelne Dinge nicht erkennen würde. Er kann nicht diskursiv und scholastisch mit Leibniz denken oder schreiben „ce qui n'est pas véritablement *un* être, n'est pas non plus véritablement un *être*;" aber ich bin meinem Hunde doch auch erst ein *Mensch*, weil ich *ein* Mensch bin. Meine abstrakte Einheit muß er perzipiert haben, meine numerische Einheit kann er nicht zählen.

Ich muß da die Behauptung, daß

die Einheit noch keine Zahl, daß zwei die erste Zahl sei, ein wenig korrigieren. Nur die abstrakte Einheit, die allem Zählen, ja allem Denken oder Sprechen vorausgegangen sein muß, die ist noch keine Zahl; eine Zahl wird aber natürlich die numerische Einheit, weil sie zum Zahlensystem gehört, aber erst, nachdem ein Zahlensystem fertig geworden war. Sonst könnten wir mit der Eins nicht rechnen. Rechnen können wir freilich auch mit der Null und mit dem Differential; aber Null und Differential verschwinden, müssen wieder verschwinden, bevor wir das richtige Resultat aussprechen; die Eins bleibt richtig im Resultat. $1 + 1$ ist richtig 2 ($1 + 1 = 2$), $1^2 = 1$. Die abstrakte Einheit kommt erst in der Benennung zum Ausdruck. Habe ich bei der letzten Gleichung 1 cm im Sinne gehabt, so ist das Resultat 1 □cm; setze ich dafür 10 mm, so muß ich $1^2 = 10^2 = 100$ berechnen und 1 □cm = 100 □mm. An einem womöglich noch elementareren Beispiele will ich zeigen, wie sich der abstrakte und der numerische Einheitsbegriff unterscheiden. Wenn ich bei Nacht die Turmuhr eins oder fünf schlagen höre, so war die Kulturentwicklung von Jahrtausenden nötig, damit ich imstande bin, an die Zahl der Schläge den Begriff dieser Zahl zu knüpfen, und was sonst mit dem Schlage eins und mit dem Schlage fünf zusammenhängt; das Zahlensystem mußte erst so mechanisch eingeübt sein, wie es selbst den kleinen Kindern der Kulturvölker eingeübt ist und wird, damit ich den ersten Schlag nach Mitternacht als eins zähle und die entsprechenden Vorstellungen mit ihm verbinde, wobei nicht zu vergessen, daß die Einteilung der Tagesdauer in 24 Stunden, sodann die zweimalige Zählung von eins bis zwölf, eine willkürliche neuere Einrichtung ist. Ein Hund, ein Pferd kann abgerichtet werden, die Schläge von eins bis zwölf zu unterscheiden; aber unser Zahlensystem haben die Tiere nicht, sie wissen nicht, daß man so immer weiter zählen kann, sie haben die numerische Einheit nicht; ganz abgesehen davon, daß ihnen die Gedankenassoziationen unserer Uhrvergleichung schwerlich beizubringen wären, daß sie acht Uhr früh und acht Uhr abends schwerlich unterscheiden könnten. Die abstrakte Einheit des einen Schlages jedoch muß der Hund perzipieren, weil er sonst den einen Schlag nicht als individuellen Klang, der ihn zum Beispiel zum Bellen reizt, wahrgenommen hätte. Ich könnte das auch so ausdrücken: der Weg zur numerischen Einheit führt von der höheren Zahl hinunter; der Weg der abstrakten Einheit führt zum Zahlensystem hinauf. Der Hund besitzt unser Zahlensystem nicht und kann darum niemals zur numerischen Einheit gelangen, zur Eins; aber der Hund besitzt den abstrakten Einheitsbegriff, die Dingeinheit und gelangt nur darum nicht zum Zahlensystem, weil er immerhin weniger geistige Anlagen hat als der Mensch. Und weil es doch in Urzeiten ein ungeheurer Schritt war, von der Dingeinheit zum Zählen der Dinge überzugehen. Mit einem

Worte: wenn wir die numerische Einheit setzen, so treiben wir (weit entfernt davon, den einfachsten Denkakt zu vollziehen) schon eine Kunst, die angewandte Wissenschaft der Arithmetik, deren Übung uns beim Zählen wie seit etwa 600 Jahren beim Einmaleins so geläufig geworden ist, daß wir die angewandte Wissenschaft für Anwendung der einfachsten Begriffe halten.

Dem ist aber nicht so. Und nun werden wir am Ende gar verstehen, warum Zahlen überhaupt nicht Worte sind wie andre Worte, warum Zahlen eigentlich aus der Architektur der Grammatik herausfallen. Zahlen knüpfen sich in der Rede an Substantive, als ob sie ihre Adjektive wären; sie haben aber auf der Welt mit Eigenschaftswörtern, wie wir doch im Deutschen die Kategorie der Adjektive wiedergeben, nichts zu tun. In der grammatischen Form und auch in der metaphorischen Anwendung fallen grammatikalisch die besitzanzeigenden Fürwörter und die Ordnungszahlen unter die Adjektive. *Mein zweiter Bruder* fügt zu dem Namen Bruder zwei Adjektive hinzu, die ein Individuum eindeutig bestimmen helfen. Subjektiv ist *mein* ebenso ein Adjektiv wie *gut;* noch subjektiver eigentlich die Determination *der zweite*. Sage ich aber *ich habe vier Brüder*, so kommt wie unmittelbar aus der Wirklichkeitswelt, beinahe deiktisch, zu meinem Urteil ein Novum hinzu, das ebenso wichtig ist wie irgend ein Substantiv, Verbum oder Adjektiv, aber trotzdem in grammatischem Sinne formlos geblieben ist. In den meisten Sprachen. Nur die ersten drei Zahlen haben häufig, im Deutschen bis vor etwa 150 Jahren, Deklination des Nomens; im Nominativ und Akkusativ (früher auch im Genitiv und Dativ) wurden sogar die drei Geschlechter unterschieden: zween, zwo und zwei; erst seit Adelung ist die Neutralform durchgedrungen, nachdem selbst Goethe und Schiller die Formen verwechselt hatten. Ich möchte vermuten, daß dieser adjektivische Charakter der ersten Zahlen nicht bloß daher kommt, daß sie besonders häufig gebraucht wurden; vielleicht wirkte die Analogiebildung der Kindersprache mit, vielleicht der tiefer liegende Umstand, daß man die ganz kleinen Zahlen mit einem Blicke, mit einem Griffe perzipieren kann, ohne zu zählen, daß also die ganz kleinen Zahlen ohne Anwendung arithmetischer Wissenschaft wirklich etwa wie Adjektive oder wie unmittelbare Sinneseindrücke erfaßt werden können.

So reißt die grammatikalische Analyse unbarmherzig den abstrakten Einheitsbegriff und was an logischen, psychologischen und metaphysischen Anwendungen aus ihm folgt, vom numerischen Einheitsbegriffe los, und nach einer solchen Betrachtung kann es wie ein Zufall erscheinen, daß allerlei höchste Wesenheiten und die niedrigste Zahl durch das gleiche Wort ausgedrückt werden. Aber beide Begriffe nähern sich wieder, wenn wir versuchen, über die Kategorie der Grammatik hinauszudringen. Ich habe gelehrt (vgl. bes. Kr. der Spr. III 94 ff.) und ich halte es für eines der fruchtbarsten Ergebnisse der Sprachkritik, daß das Adjektiv, das Aristoteles noch nicht bezeichnen konnte, der uranfängliche Redeteil ist, wenn wir schon die Sprache in Redeteile zerspalten müssen, daß alle Daten unserer Sinnesorgane, also die Grundlage alles dessen, was in unserm Verstande also in unserm Denken ist, eigentlich und ganz eigen Eigenschaftsnatur trägt, adjektivisch ist. Die Naturwirklichkeit kümmert sich ja nicht um Menschensprache oder gar um grammatikalische Redeteile; könnten wir aber die Naturwirklichkeit unmittelbar, sprachlos erfassen, besäßen wir geeignete Zangen für dieses Erfassen, so müßten es adjektivische Zangen sein. Anderseits bemüht sich der Menschenverstand seit Jahrtausenden, die Naturwirklichkeit dort, wo die Beschreibung aufhört, durch die Hypothese unendlich kleiner, gleicher oder ungleicher Einheiten zu erklären. Zur Einheit gehört es schon bei den Scholastikern, daß sie unteilbar sei, mechanisch oder gedanklich unteilbar. Es ist mir nun für diesen äußersten Standpunkt vollkommen gleichgültig, ob man sich diese Einheiten als blind oder sehend, mit oder ohne Fenster, als Monaden oder als Atome vorstellen will; in der Geschichte der Philosophie kämpfen eigentlich seit Jahrtausenden Monadenlehre und Atomenlehre, ohne daß jemals ein Denker zu sagen gewußt hätte, was Monaden, was Atome seien, außer daß sie *Einheiten* sind. Heute stecken wir trotz Leibniz, Fechner und Hartmann bis über die Ohren und über die Augen in der Atomistik; morgen wird eine neue Monadologie modern sein. Eine Vereinigung beider Hypothesen wäre erst möglich, wenn der Gegensatz vorher geschlichtet wäre, auf den ich hingewiesen habe. In allen qualifizierten Monaden (Gott als *monas monadum* findet sich schon mehr als tausend Jahre vor Leibniz, bei Synesios, dem christlichen Freunde der Hypatia) steckt mehr die Eigenschaftlichkeit der abstrakten Einheit, in den unqualifizierbaren Atomen mehr die Eigenschaftslosigkeit der numerischen Einheit. Wäre es mehr als ein relativer Zufall der Wortgeschichte, der beide so fernen Einheitsbegriffe unter das gleiche Wort bannt, könnten wir die Eigenschaftlichkeit der numerischen Einheit, der Eins, begreifen und damit die Eigenschaft der Zahlen überhaupt, dann hätten wir das Rätsel der Welt gelöst. Wieder einmal. Bis zur nächsten und bessern Fragestellung. Ich fürchte aber, der Einheitsbegriff, der numerische wie der abstrakte, entspricht nur menschlicher Notdurft, der Notdurft der armen Menschensprache, ist nicht in der Natur; und wenn es uns einmal gelingen sollte, dieses Welträtsel zu lösen und den abstrakten Einheitsbegriff mit dem numerischen Einheitsbegriff zu vereinigen, so gäbe es wieder einmal nur eine neue Philosophie, die man eine neue Welterklärung nennen würde, gäbe es wieder einmal nur ein neues Buch mit neuen Wortfolgen. Und die Natur, weil sogar das Lachen nur menschlich ist, könnte dazu nicht einmal lachen.

Der Einheitsbegriff ist in allen Kultursprachen ein Zahlbegriff, ist die numerische Einheit. Nicht wortgeschichtlich, wohl aber psychologisch mag er aus der Einheit des Selbstbewußtseins hervorgewachsen sein, aus der Tat des individuellen Gedächtnisses, die uns das Urphänomen der Einheit vorspiegelt, das menschliche Ichgefühl. Übertragen wurde dann dieser psychische Einheitsbegriff auf organische Wesen, auf Arten, auf zufällige oder historische Einheiten, wie wir das bei der Untersuchung des *Form*begriffs besser sehen werden. Sehen: daß es die Sprache ist, welche die Wirklichkeitswelt und die innere Welt nicht anders begreifen kann, als daß sie nach Einheiten, Formen oder Begriffen zu ordnen sucht, was entweder das Artgedächtnis schon wirklich geordnet hat, oder was das menschliche Interesse ordnen wollte, um es benennen zu können. (Vgl. Art. *Form.*)

Da traf es sich sehr gut, daß die Eins oder die Einheit unter den unzähligen Zahlen die einzige ist, die ein Begriff ist, ein Wort wie andere Worte.

Eitelkeit.

I.

Der Gemeinsprache gehören die Worte *eitel* und *Eitelkeit* an, haben aber in ihrer Definition ebenso große Schwierigkeiten wie in ihrer Herleitung. Schon imLateinischen muß das Nebeneinander zweier Bedeutungen auffallen, die nicht so leicht zu vermitteln sind, wie die gleichen Doppelbedeutungen in neueren Sprachen uns zu glauben verführen. Lateinisch *vanus* bedeutete zunächst so viel wie *leer*, *taub* (von Früchten), sodann schon bildlich *gehaltlos*, *unbedeutend*, *erfolglos;* von Menschen bildlich gebraucht bedeutete es etwa: *lügenhaft*, *windig*, aber auch schon (wie unser *eitel*): eine hohe Selbsteinschätzung, die in Mißverhältnis steht zu dem innern Gehalte. So wird zwischen *leer*, *gehaltlos* und unberechtigtem Stolze (bei innerer Gehaltlosigkeit) scheinbar eine Brücke hergestellt; wir nennen aber auch solche Menschen *eitel*, die sehr gehaltvoll, sehr wertvoll sind, wenn sie nur an diesem ihrem Werte oder an ihren Erfolgen Freude haben oder gar Freude äußern. Man könnte wohlwollend unterscheiden: Stolz ist das Bewußtsein des eigenen Wertes, Eitelkeit ist die Freude daran. Jedenfalls geht es nicht an, den Begriff, den wir heute fast ausschließlich mit Eitelkeit verbinden, unmittelbar als eine Metapher von *Leerheit* aufzufassen; die romanischen Sprachen, die lateinisch *vanitas* für beide Bedeutungen beibehalten haben, scheinen den Widerspruch nicht zu empfinden. Der Franzose sagt z. B. *vanité* sowohl (biblisch) für die Nichtigkeit der irdischen Dinge als für die kleine Schwäche eines sonst bedeutenden Mannes; sprichwörtlich: une once de vanité gâte un quintal de mérite.

Wir haben im Deutschen, um einen eitlen Menschen zu bezeichnen, noch zwei Worte, deren Bildung ein Pedant beidemal tadeln müßte: *eingebildet* und *selbstgefällig;* wer sich selbst allzu sehr gefällt, der ist eitel, mag er seinen Wert überschätzen oder richtig einschätzen; bei *eingebildet* denkt man schon eher daran, daß der Stolz unberechtigt ist. Aber die Nüancen gehen ineinander über.

Das gebräuchlichste Wort ist *eitel;* es ist in sehr alter Zeit im Sinne von *leer*, unfruchtbar, eine Übersetzung von lateinisch *vanus* gewesen; auch die Zusammenstellung *eitel und wan* kommt vor. Ein gradliniger Bedeutungswandel führte zu dem Sprachgebrauche: *bloß* (das Brot eitel essen gleich merum panem), *rein* (eitel Wein), wofür wir jetzt lieber *lauter* sagen. Frühzeitig, schon mhd., wurde als Übersetzung von *vanitas*, im Sinne einer menschlichen Charaktereigenschaft das Wort Eitelkeit gebildet, wobei zu beachten, daß noch der populäre Geiler v. Kaisersberg das Fremdwort *Wanheit* vorzieht; erst nhd. folgte das Adjektiv *eitel* in dieser Bedeutung nach. Die Herkunft dieses Wortes, wie die von lat. *vanus*, ist unaufgeklärt, wie gesagt. Ohne jedes historische Recht hat man, weil *eitel* schon ahd. für *vanus* eintrat, auch für das deutsche Wort die Grundbedeutung *leer* angenommen; sprachwissenschaftlich besser begründet, aber immer noch schlecht begründet, ist Grimms Vermutung, *eitel* sei auf eine Wurzel zurückzuführen, welche *flammen*, glänzen, scheinen bedeutete. Mich reizt die Vorstellung, daß *eitel* und *vanus* miteinander verbunden werden könnten, lautlich und begrifflich, durch *Wind* (von *wehen*), wie wir denn noch heute einen *homo vanus* einen windigen Menschen nennen können, einen Windbeutel; aber ich werde mich hüten, meine Etymologie vorzuschlagen, solange mir noch ein Glied der Kette selbst verdächtig ist.

Bevor ich dazu übergehe zu sagen, weshalb dem Begriffe Eitelkeit eine Stelle in dem Wörterbuche der Philosophie gebührt, möchte ich Goethe über den Begriff sprechen lassen. Weil ein Wort von Goethe immer ein Buchschmuck ist, weil Goethes Weisheit unerschöpflich ist und weil Goethe da zufällig die Herleitung von *Leerheit* berührt, wofür er denn auch von Grimm (D. W. III S. 387) ehrfurchtsvoll getadelt wurde. Goethe redet (Dichtung und Wahrheit 15. Buch) von dem Arzt-Philosophen Zimmermann, dessen Umgang der wünschenswerteste war, wenn man ihm nachsehen konnte, daß er sich, seine Persönlichkeit, seine Verdienste sehr lebhaft vorempfand. „Da mich nun überhaupt das, was man Eitelkeit nennt, niemals verletzte und ich mir dagegen auch wieder eitel zu sein erlaubte, das heißt, dasjenige unbedenklich hervorkehrte, was mir an mir selbst Freude machte, so kam ich mit ihm gar wohl überein; wir ließen uns wechselsweise gelten und schalten, und weil er sich durchaus offen und mitteilend erwies, so lernte ich in kurzer Zeit sehr viel von ihm. Beurteil' ich nun aber einen solchen Mann dankbar, wohlwollend und gründlich, so darf ich nicht einmal sagen, daß er eitel gewesen. Wir Deutschen mißbrauchen das Wort eitel nur allzu oft; denn eigentlich führt es den Begriff von Leerheit mit sich, und man bezeichnet damit billigerweise nur Einen, der die Freude an seinem Nichts, die Zufriedenheit mit einer hohlen Existenz nicht verbergen kann.... Wer sich aber an seinen Naturgaben nicht im Stillen erfreuen kann, wer sich bei Ausübung derselben nicht selbst seinen Lohn dahinnimmt, sondern erst darauf wartet und hofft, daß Andere das Geleistete anerkennen und es gehörig würdigen sollen, der findet sich in einer übeln Lage, weil es nur allzu bekannt ist, daß die Menschen den Beifall sehr spärlich austeilen, daß sie das Lob verkümmern, ja, wenn es nur einigermaßen tunlich ist, in Tadel verwandeln... Was einer nicht schon mitbringt, kann er nicht erhalten."

Ähnlich urteilt Goethe an andern Stellen seiner Lebensbeschreibung über die kleinen Eitelkeiten von Herder und Klopstock, stets der eigenen Schwäche eingedenk. Mit dieser abgeklärten und entsagenden Weisheit des Dichters vergleiche man die Heftigkeit des Philosophen Schopenhauer, der nicht müde wird, die Eitelkeit als die ärgste Torheit der Menschen an den Pranger zu stellen. Und auch Schopenhauer, dem die Nichtigkeit des Daseins überhaupt sehr gut in die pessimistische Weltanschauung hineinpaßte, beruft sich darauf, „daß in fast allen Sprachen Eitelkeit, vanitas, ursprünglich Leerheit und Nichtigkeit bedeutet." (W. a. W. u. V. I 384.)

II.

Ich will also meine Vermutung, daß die ursprüngliche Bedeutung von *vanus* und eitel irgendwie mit *Wind* zusammenhing (noch Luther sagt für Eitelkeit gern *das Eitel;* man glaubt einen Dingbegriff wie etwa *die Spreu* herauszuhören) nicht weiter benützen, will auch keinen Wert darauf legen, daß Eitelkeit im Sinne von Leerheit eine reine Negation ausdrückt; immerhin bleibt *Eitelkeit* ein leeres Wort, ein flatus vocis, wie die Nominalisten gesagt haben sollen, und die Frage drängt sich auf: Ist es möglich, daß ein bloßer Lufthauch die gleiche Macht über die Handlungen der Menschen haben sollte wie die stärksten Gefühle, die man Hunger und Liebe nennt, die die Selbsterhaltung des Leibes und die leibliche Erhaltung der Art erzwingen? Da ist nun zunächst zu bemerken, daß die Bezeichnungen für die drei einzigen Motive menschlichen Handelns Summenworte sind, daß nicht die Begriffe oder Worte Hunger, Liebe und Eitelkeit wirksam sind, sondern jedesmal ein augenblickliches Bedürfnis. Da ist weiter zu bemerken, daß Hunger und Liebe vorsprachliche Gefühle sind, die ganze organische Natur beherrschen, daß dagegen die augenblicklichen Bedürfnisse der Eitelkeit in der Stufenreihe der Organismen eigentlich erst über den redenden Menschen Macht gewinnen. Bei Tieren läßt sich Eitelkeit nur selten nachweisen, am ehesten noch bei den Genossen des Menschen, bei Pferd und Hund, die ein wenig von der Sprache angesteckt worden sind. Wilde Tiere kann man reizen, aber nicht beleidigen; wilde Tiere haben keine Ehre im Leib. Ich habe schon dargelegt, daß man das Gefühl der Ehre, der echten wie der falschen, anstatt der Eitelkeit zum Range des dritten Motivs erheben könnte, und daß mystische Beziehungen zwischen der Ehre und der Liebe bestehen. (Vgl. Art. *Ehre* S. 204.) Nur daß die Liebe ein vorsprachliches Gefühl ist und daß das Gefühl der Ehre, des Stolzes oder der Eitelkeit, aufs engste mit der Sprache zusammenhängt. Wie die Sprache, auch wenn wir sie ganz streng nur in den momentanen Äußerungen der Individualsprache auffassen, nicht anders wirklich sein kann als *zwischen den Menschen*, so ist auch Ehre und Eitelkeit nur zwischen den Menschen möglich und wirksam, als eine soziale Erscheinung. Der alte Walch und Schopenhauer behalten recht: Diese Gefühle bestehen in der Opinion anderer Leute, und die Opinion äußert sich in Worten. Die Frage, wie die Eitelkeit eine so mächtige Ursache menschlicher Handlungen sein könne, fällt also unter die allgemeinere Frage nach der Möglichkeit einer Macht der Worte, der Frage, die ich (Kr. d. Sp. I² S. 151 ff.) zu beantworten gesucht habe. Ich möchte jetzt noch hinzufügen, daß unsere bessere Einsicht in das Wesen des Ursachbegriffs (Vergl. Art. *causalitas*) die Frage vereinfacht. Wir nennen unter den Veränderungen, welche eine besonders interessante Veränderung bedingen, diejenige die Ursache, der wir eine auslösende Wirkung zuschreiben. Warum sollte ein zwischen den Menschen eingeübtes Wort nicht ebenso gut auslösende Kraft besitzen wie ein anderer eingeübter Sinneseindruck? Der Anblick einer Beute veranlaßt das Tier zu Handlungen, die das Hungerbedürfnis befriedigen. Der Anblick eines zweckentsprechenden Weibchens, der Anblick eines Eis, eines zum Nestbau tauglichen Fäserchens veranlaßt das Tier zu Handlungen, die der Erhaltung der Art dienen. Das eingeübte Kommandowort löst bei einer disziplinierten Truppe instinktartige Handlungen aus, die sich schlecht mit der bewußten Einsicht des Einzelnen vertragen; auf den Ruf „Feuer!“ erschießt der Soldat seinen Kameraden. Auch die Eitelkeit zwischen den Menschen verfügt über solche eingeübte Kommandowörter. Das Vernehmen eines eingeübten Wortes veranlaßt den redenden Menschen zu Handlungen, die irgendwie, groß oder klein, verständig oder töricht, der Behauptung seiner sozialen Stellung dienen. Zwischen den Menschen. Im Anfang war die Tat, sagt Goethe-Faust, der Verächter der Sprache. Im Anfang war das Wort, sagt der Evangelist Johannes und meint es im Sinne des Neuplatonismus so fremdartig-tiefsinnig, daß wir den Gedanken kaum mehr mitdenken können. Jedenfalls dachte er am wenigsten an die spätere Umdeutung des Christentums in den Sozialismus unserer Zeit, als dessen bisher einzig sicher erreichtes Ziel wir die gemeine menschliche Sprache erkannt haben. (Vgl. Kr. d. Spr. I² S. 24—42.) In diesem Sinne könnten wir freilich sagen: Im Anfang war das Wort. Es ist alles zwischen den Menschen. Es ist alles eitel. Wie schon der weise Salomo gewußt hat, der kein Neuplatoniker war: Vanitas vanitatum, et omnia vanitas.

Element.[1]) — Wir haben das lateinische Fremdwort Element zu fast gleicher Verwendung in allen unseren Kultursprachen. Wir schwören *beim Element*, wir nennen das Wasser (ein Hauptelement) das Element der Fische, wir nennen die Anfangsgründe einer Wissenschaft, d. h. nicht so sehr ihre Gründe und ihre Prinzipien, als ihre Anfänge, die Elemente dieser Wissenschaft; wir zählen vor allem in der Physik eine brutale Ziffer von Elementen auf, unter welchem Wort man, d. h. unsere gegenwärtige Sprache, die vorläufig nicht weiter analysierbaren Urbestandteile aller Stoffe versteht. Und nur selten wird ein Physiker darauf achten, daß die Urbestandteile der Stoffe ganz logisch mit dem gleichen Worte bezeichnet werden, das für die Anfangsgründe der Wissenschaften gebraucht wird. Diels hat vor Jahren in einer meisterlichen kleinen Monographie die Geschichte des Wortes *elementum* gegeben, als einen Musterartikel für den großen lateinischen Thesaurus. Ich entnehme ihm einige Kleinigkeiten, die ich hier brauche.

[1]) Dieses Stück ist meinem Programme eines *Wörterbuchs der Philosophie* entnommen, das unter dem Titel *„die Sprache“* als Band IX der Sammlung *„die Gesellschaft“* (herausgegeben von Martin Buber) erschienen ist.

Im Griechischen gab es bekanntlich vier Elemente, was ganz nach griechischem Geschmack war: falsch, aber sauber. Diese Elemente werden metaphorisch *στοιχεια* genannt; *στοιχεια* von *στοιχος*, was der Reihe nach aufgestellt ist: Soldaten oder Buchstaben. Besonders Buchstaben. Und weil Buchstaben nicht nur der Reihe nach stehen, sondern auch die Urbestandteile der Worte sind, so ist es eine ganz gute Metapher gewesen, die Urbestandteile aller Körper *στοιχεια* zu nennen. Dabei wird natürlich das Bild von der Reihe, nach dem die Buchstaben *στοιχεια* hießen, aus dem Bewußtsein schwinden; für den griechischen Naturphilosophen ist die Lautgruppe *στοιχεια* mit der falschen sauberen Vorstellung der Urbestandteile assoziiert.

Einige hundert Jahre später stehen die Römer vor der Aufgabe, mit der ganzen griechischen Weltanschauung auch den Begriff Urbestandteil in ihre Sprache hinüberzunehmen. *Στοιχεια* fügte sich wohl nicht recht in den lateinischen Rhetorenstil. Auch war man in der Öffentlichkeit schon stark puristisch, während man in Privatbriefen oder für die künstliche Briefform griechische Worte mit griechischen Buchstaben sehr gern hatte. Aber die Lehnübersetzung ins Lateinische war ja schon gelungen, dem gewaltigen Importeur Lucretius. Cicero brauchte des Lucretius *elementa* nur anzunehmen, und sie wurden klassisch — bis zum heutigen Tag.

Nun ist *elementum* im Lateinischen ganz sicher ein Lehnwort. Nach Diels aus *elepantum* von *ἐλεφας*, weil wohl den Kindern auch elfenbeinerne Buchstaben zum spielerischen Unterricht in die Hand gegeben wurden. Wobei zu beachten, daß das griechische ἐλεφας wohl gewiß Lehnwort aus irgend einer Barbarensprache ist.

Der Fall liegt so: In der lateinischen Sprache findet sich für die Buchstaben des Alphabets das Wort *elementum*, ein griechisches Lehnwort, dessen Urbestandteil ἐλεφας wieder Lehnwort aus einer unbekannten Sprache ist. Im Griechischen gibt es nun die gründlich falsche Vorstellung von den vier Elementen, die metaphorisch als Buchstaben bezeichnet wurden. Um dieses Bild puristisch in ihre Sprache zu übersetzen, greifen die Römer zu der Lehnübersetzung *elementa* und wissen nicht, daß sie ein Lehnwort gebraucht haben. Das lateinische Wort *elementum* nun widersteht dem Sturm der Jahrhunderte. Die Alchimisten des Mittelalters rütteln an der alten Einteilung, die Chemie kommt auf, von der antiken Vorstellung bleibt nichts als eine Redensart übrig, die von den *vier Elementen (Feuer, Wasser, Luft und Erde).* Die Chemie stellt eine Reihe von ungefähr achtzig unvergleichbaren Grundstoffen auf; endlich wird auch die Unvergleichbarkeit überwunden, die Urstoffe werden in periodische Reihen gebracht, und auf Grund der Periodizität wird wirklich ein neuer Urstoff vorausgesagt und entdeckt. Nichts bleibt bestehen in diesen Revolutionen der physikalischen Wissenschaft als eins: die Lautgruppe *Element.* Alle Versuche, eine Lehnübersetzung aus dem Lateinischen heraus herzustellen, sind gescheitert. Schüler der Kabbala haben von den Elementen als von den *Müttern* oder Gebärmüttern gesprochen. Goethe hat das Wort im zweiten Faust uns neu eingeprägt. Umsonst, die lateinische Lehnübersetzung des griechischen (oder indischen) Begriffs ist geblieben.

In den letzten Jahren haben die am Radium beobachteten Erscheinungen dem Begriffe Element abermals einen Stoß gegeben. Wenn wirklich die sog. Emanation radioaktiver Substanzen ein Gas ist (was man sicherlich nicht ohne Änderung des sehr veränderlichen Gasbegriffs behaupten kann), wenn dieses Gas sich wirklich nach wenigen Tagen in ein neues Element verwandelt, das sog. Helium, wenn es wirklich eine ganze Reihe von Metabolen des Radiums gibt, Umwandlungsprodukten, die als ebensoviele neue Elemente angesprochen werden, dann steht unserer Chemie eine ebenso radikale Revolution bevor, wie die war, welche unsere zirka achtzig Elemente an Stelle von Feuer, Wasser, Luft und Erde setzte.

Da ich die vier Elemente des Aristoteles oder meinetwegen des Empedokles noch einmal erwähnt habe, will ich auch noch einmal darauf hinweisen, in wie verkehrter Weise selbst Forscher, die so frei sind, daß sie durch Anzweiflung des Gottesbegriffs den Staub der Hörsäle aufwirbeln lassen, an anderen Lautgruppen oder Worten festhalten, z. B. an dem Worte Element. Auch ich kann es glauben, daß die Griechen bei Feuer, Wasser, Luft und Erde an irgendwelche allgemeinere Eigenschaften der Körper dachten und nicht geradezu an das wirkliche Feuer, das als Lichterscheinung auf eine chemische Verbindung folgt, an das wirkliche Wasser, das eine Verbindung, an die wirkliche Luft, die ein Gemengsel ist, und an das äußerst ungleiche Mischmasch in der Rinde unseres Planeten, das man vorwissenschaftlich Erde genannt hat. Die Griechen wußten nichts von chemischen Verbindungen; aber einen so offensichtlichen und so groben Mischmasch wie die Erde haben sie doch wohl nicht für einen Urstoff gehalten. Die Griechen phantasierten sich gewiß bei ihren vier Elementen allerlei über die Eigenschaften warm und kalt, trocken und feucht zusammen. Es geht aber zu weit, wenn Ladenburg (Naturw. Vortr. S. 131) dem ahnungslosen Aristoteles ganz moderne Vorstellungen unterschiebt; danach bedeuteten Luft, Wasser und Erde die drei Aggregatzustände der Stoffe, trotzdem die Griechen es sich nicht träumen ließen, wie viele feste Stoffe man heute zu verflüssigen und zu verdampfen imstande ist; und das vierte Element, das Feuer, sollte gar (schon bei Herakleitos) die Wärme bedeutet haben, „die Wärme als Bewegung gefaßt", die alle Änderungen des Aggregatzustandes verursacht.

Die Herren wissen ganz gut, daß Aristoteles (und das ist ihm gar nicht anzukreiden) von unserer Chemie nicht die allerleiseste Vorstellung hatte; wenn sie den Griechen dennoch so moderne Ideen unterschieben, so kann das nur aus einer kindlichen Freude an alten Eigennamen und an alten Begriffen erklärt werden. Die Elemente der heutigen Physik haben mit den vier Elementen der Griechen noch weniger gemein, als etwa die Atome unserer theoretischen Physik mit den extensiv unteilbaren Atomen des Demokritos. Man redet aber weiter von Atomen, trotzdem das uralte Bild unvorstellbar geworden ist; und man redet weiter von Elementen, trotzdem die Wissenschaft anerkennt, daß die intensive Unteilbarkeit der jetzt aufgestellten ungefähr achtzig Elemente nur vorläufig gilt, daß jeder Tag die Entdeckung bringen kann, die die periodische Reihe der bisher angenommenen Elemente aus einem einzigen Urstoffe aufbauen lehrt; und man wird wahrscheinlich, wenn dieser Urstoff entdeckt werden sollte, ihn sogar höchst unlogisch *das* Element, das Urelement nennen.

Dazu kommt, daß die Entdeckung der sog. Edelgase (Helium, Neon, Argon, Krypton und Xenon) der Vermutung Raum gibt: wir hätten von den Stoffen selbst nicht viel mehr gewußt, als die groben Menschensinne uns seit den naivsten Zeiten kennen lehrten; wir stünden im Beginne neuer Überraschungen. Auch das sollte uns davor warnen, vorschnell den vorläufigen Begriff *Element* auszudehnen.

Aber es scheint, daß die alte lateinische Lehnübersetzung der griechischen *στοιχεια* (man wird hoffentlich dem griechischen Worte nicht auch noch den Begriff der periodischen *Reihe* unterschieben) auch den neuesten Vorstellungswandel überdauern will, den wir Mendelejeff verdanken. Es wäre denn, unsere Physiker wollten sich entschließen, von der Sprachkritik etwas zu lernen: daß der Begriff Urstoff nicht geschaffen werden sollte von Menschen, die nicht einmal den Begriff Stoff verstehen, daß bei der Entdeckung der radioaktiven Erscheinungen ein neuer Stoff, ein neues Element gar nicht nachgewiesen worden ist, daß wieder einmal vielleicht (wie bei der Gravitation, der Trägheit, der Kraft) nur substantivisch ausgedrückt worden ist, was adjektivisch war für die Zufallssinne des Forschers, ein Verbum für seinen Forschungszweck. Mit dem gleichen Rechte, mit dem man das Radium trotz seiner Metamorphosen als ein Element anspricht, hätte man im Magneteisenstein, als man seine ganz unerhörten Wirkungen erkannt hatte, und am Ende auch im Bernstein, neue Elemente, Träger der neuen Kräfte, suchen müssen.

Encyklopädie.

I.

Ordnung ist ein Menschenbegriff. In der wirklichen Natur gibt es weder Ordnung noch den Wunsch nach Ordnung. Auch im Menschenhirn, weil es wirkliche Natur ist, gibt es keine Ordnung; wohl gibt es aber da einen Ordnungssinn, eine Sehnsucht, zuerst das Wissen um eine bestimmte Disziplin, dann alles Wissen überhaupt methodisch zu ordnen, in einem System beisammen zu haben, das ganze Wissensgebäude der kommenden Generation in einer Encyklopädie zu übergeben. Man achte darauf, wie menschliche Bilder in allen diesen Begriffen stecken. *Methode, μεθοδος,* ist der Weg, den man beim Verfolgen einer Idee einschlägt; Wege gibt es nicht in der Natur. *System, συστημα,* war ursprünglich wohl eine taktische Einheit im Heere, eine Zusammenstellung von Soldaten, dann ein aus mehreren Teilen zusammengesetztes Ganze, insbesondere das organische Ganze einer Wissenschaft; wenn die Vorstellung eines Organismus dabei mehr wäre als ein Bild, so könnte man sich darauf berufen, daß in der Natur Einheiten, aus Teilen bestehende Ganze, Organismen, vorhanden seien, obgleich eine schärfere Aufmerksamkeit lehrt, daß wir auch die Begriffe Einheit, Teil und Ganzes erst in die Natur hineingetragen haben; sicherlich ist es aber nur ein bildlicher Ausdruck, wenn wir ein geordnetes Wissen mit einem lebendigen Organismus vergleichen; unser Wissen ordnen wir wirklich nach Rücksichten der Zweckmäßigkeit, in die lebendigen Organismen ist die Vorstellung der Zweckmäßigkeit erst künstlich hineingetragen worden. (Vergl. Art. *Endursachen.*) Besonders zweckmäßig mußte das Wissen für den Schulunterricht angeordnet werden; der Haufe eines solchen, je nach dem Zeitgeschmack allgemein verlangten Wissens hieß bei den Griechen die *Encyklopädie, ἡ ἐγκυκλιος παιδεια,* der *gewöhnliche* Unterricht, die *triviale* Erziehung, wobei die Etymologie von *ἐγκυκλιος,* was im Kreise herumgeht, was sich in den Schwanz beißt, vielleicht mitgewirkt haben mag. Das Mittelalter nannte später diese Encyklopädie für die Knaben der besseren Stände die artes liberales, was wir heute noch ganz buchstäblich und schlecht mit *freie Künste* zu übersetzen pflegen; es bedeutete eigentlich: anständige Kenntnisse. Als die Schulmeister diese sieben freien Künste in zwei Gruppen teilten, das *quadrivium* (Arithmetik, Geometrie, Musik und Astronomie) und das *trivium* (Grammatik, Rhetorik und Dialektik), da ergab sich die spaßige Zweideutigkeit, daß *trivialis* sich sowohl auf den dreifach geteilten Schulunterricht der höheren Jugend als auf die Gemeinheit (im übeln Sinne) beziehen konnte; aber *trivialis* hatte diesen Doppelsinn schon im klassischen Latein. Und in meiner Jugend sprachen meine geistlichen Gymnasiallehrer noch verächtlich von den Volksschulen oder Klippschulen als von Trivialschulen und dachten dabei gewiß nicht an das Trivium des Mittelalters.

Erst mit dem Aufblühen der Wissenschaften, der sogenannten Renaissance, entwickelten sich, über das theologische und praktische Bedürfnis hinaus, die Gelehrtenanstalten, an denen alles Wissen der Zeit vorgetragen wurde, und sie wurden mit einem billigen Summenworte *universitates* genannt; jede von ihnen ein Inbegriff, der das Ganze des menschlichen Wissens umfassen sollte. Schon vorher hießen die Bücher, aus denen man jedes Wissen über Gott und die Welt schöpfen konnte: *summae*. Die Mode der Renaissance nahm das griechische Wort wieder auf und hielt wohl eine encyclopaedia für vornehmer und für wissenschaftlicher als eine summa.

Ich möchte an dieser Stelle, wo von dem Bedeutungswandel der obersten Schulmeisterausdrücke die Rede ist, die Vermutung wiederholen, daß der berühmte Satz des Pythagoras: *μηδεις αγεωμετρητος εισιτω*, niemand dürfe ohne Kenntnis der Geometrie sein Schüler werden, vielleicht doch nicht, wie man das jetzt auffaßt, eine besondere Hochschätzung der mathematischen Wissenschaft verriet; die Encyklopädie wurde bei den Griechen auch *τα ἐγκυκλια μαθηματα* genannt, und unter diesen *μαθηματα* wurde allerdings die Geometrie für besonders nützlich gehalten; vielleicht hieß der Satz nicht viel mehr als unsere viel umstrittene Bestimmung: Niemand darf die Universität ohne Abiturientenexamen besuchen.

Als nun seit Bacon das theologische und logische Wissen der summae an Ansehen sank und eine Menge wirklicher Kenntnisse gesammelt wurde, fiel es immer schwerer, an die Ganzheit, die Rundheit, an ein inneres System aller Wissenschaften zu glauben. Bescheidenere Gelehrte, wie unser Morhof, verzichteten darauf, ihren Lesern eine Encyklopädie zu bieten und standen dieser Bezeichnung skeptisch gegenüber; sie versprachen nur einen großen Haufen von wissenswerten Kenntnissen: Polymathie, Polyhistorie. Natürlich waren solche Bücher möglichst systematisch geordnet; wer sich aber aus ihnen Belehrung holen wollte, der mußte den gesuchten Gegenstand erst im Index nachschlagen; und der Index war alphabetisch geordnet. Da lag es nahe, was freilich schon früher hie und da in kleinerem Umfange versucht worden war, alles zugängliche Wissen gleich von vorn herein alphabetisch nach Schlagworten aneinanderzufügen und für die Darstellung auf jede Systematik zu verzichten. Die moderne Encyklopädie war erfunden.

Die Wirkung auf die Zeitgenossen war durch den Mangel eines Systems nicht geringer; die beiden großen Encyklopädien, die des 17. und die des 18. Jahrhunderts, haben welthistorische Bedeutung und lassen sich in ihrer Wirkung recht gut mit der Summa von Thomas vergleichen.

Das historische und kritische Wörterbuch von Pierre Bayle war und blieb durch mehr als ein Jahrhundert das Konversationslexikon aller skeptischen Geister. Trotz seiner unhandlichen Ausgabe in riesigen Foliobänden legt man es nicht gern aus der Hand; ich wenigstens konnte oft stundenlang nicht wieder loskommen, wenn ich es einmal geöffnet hatte. Pierre Bayle liest sich bald wie Voltaire oder Lessing, bald (namentlich in den gepfefferten Anmerkungen zu manchen nüchternen Artikeln aus dem Gebiete der Mythologie und Theologie) wie ein altmodischer Heinrich Heine. Der Dictionnaire Historique et Critique ist die einheitliche Schöpfung einer starken Persönlichkeit, eines eminent kritischen Geistes. Aber Pierre Bayle steckte doch wieder in der Scholastik, was den Umfang seines Wissens betrifft. Daß Mathematik und Naturwissenschaften zur allgemeinen Bildung gehörten, zu einer Encyklopädie, war ihm noch ein fremder Gedanke. Man wird den Namen Newton vergebens suchen, trotzdem dessen Hauptwerk zehn Jahre vorher erschienen war. Die Gesamtheit des Wissens bestand für Bayle in dem Erbe des Mittelalters: in der antiken Weltanschauung oder der klassischen Gelehrsamkeit und in der christlichen Spekulation, mit welcher die scholastische Philosophie unlösbar verquickt war. Mit bewunderungswertem Scharfsinn und Witz hat Pierre Bayle die Summe dieser Kenntnisse gezogen und jeden einzelnen Posten kritisch analysiert.

Die Wirkung seines Wörterbuchs war gewaltig; sie ist vielleicht bis heute nicht ganz ermessen und nicht ganz erschöpft. Es war kein kleines Verdienst von Gottsched, ein Verdienst um Deutschland, daß er dieses freie Werk in sein ledernes Deutsch zu übersetzen wagte. Lessing und Goethe haben sich entscheidende Anregungen aus dem Bayle geholt. Ich glaube, daß die folgenreichen Beziehungen von Goethe zu Spinoza mit der Lektüre von Bayle anfingen, trotzdem gerade der Artikel *Spinoza* nicht gerade ein Ruhmestitel des großen Wörterbuches ist.

Womöglich noch größer war der Einfluß, welchen das Wörterbuch des 18. Jahrhunderts ausgeübt hat, das Werk, welches man par excellence die *Encyklopädie* zu nennen pflegt und dessen Mitarbeiter die Encyklopädisten heißen. Ich werde auf das System, das Diderot seinem Unternehmen bewußt zugrunde legte, noch zurückkommen; hier handelt es sich mir darum, auf den Umfang des damals anständigen Wissens hinzuweisen. Die Encyklopädie behandelt auch staatswissenschaftliche Fragen und ist dadurch eine Mitursache der großen französischen Revolution geworden. Nach einem englischen Vorbilde war sie entstanden; englische Staatslehre wurde gelehrt, aber auch der Sinn der Engländer für die Nützlichkeit des Wissens war vorbildlich. Französisch war das rücksichtslose Vorgehen gegen die Autorität der Kirche und überhaupt die logische Konsequenz. In etwa 40 großen Bänden wurden außer allen Geisteswissenschaften auch Mathematik, Naturwissenschaft und Technologie mit einer ganz neuen Tendenz behandelt. Die Encyklopädie ist das Konversationslexikon der Aufklärung. Die Aufklärung war nicht skeptisch, am wenigsten in Frankreich; an den Dogmen der Kirche zu zweifeln, das war nicht mehr Skeptizismus. Die Aufklärung hatte ein neues Dogma: den Glauben an die Allmacht der menschlichen Vernunft. Religion und Staat, Kunst und Sprache erschienen und wurden dargestellt als Fabrikate des bewußten Menschengeistes. Es ist vollkommen im Sinne der Encyklopädie, wenn die Revolution eine ungeheuerliche Komödie in Szene setzte: das Fest der Göttin Vernunft. Hegel hat einmal einen unübertrefflichen Witz gemacht: die französische Revolution habe alles auf den Kopf gestellt, also auf den Gedanken (wie er selbst, möcht' man sprechen). Die Andacht zur Vernunft und zum Raisonnieren spricht sich schon im Titel des Werkes aus: Encyclopédie ou Dictionnaire raisonné des sciences, des arts et des métiers.

Der Umfang des anständigen Wissens, der Umfang einer Encyklopädie war so angewachsen, daß der merkwürdige Fall eintrat: nur das bißchen Menschenwissen sollte gesammelt werden, und nur für die Benützung bescheidener Menschen geordnet, und dennoch konnte diese Arbeit nicht mehr von einem Einzelnen bewältigt werden; das gesamte Menschenwissen war in keinem Individuum mehr vereinigt. Diderot, der Meister der Wirklichkeitsbeobachtungen, hatte sich mit dem ausgezeichneten Mathematiker d'Alembert verbunden; sie hatten mehr als 30 Fachgelehrte und Schriftsteller als Mitarbeiter gewonnen, unter ihnen bekanntlich Rousseau und Voltaire. Keinem von ihnen schwebte das künftige Ziel so deutlich vor wie dem gelehrten d'Alembert, dessen glänzende Vorrede heute noch an der Spitze einer Encyklopädie stehen könnte, eines Konversationslexikons; das Ziel: alle wissenswerten Kenntnisse der Zeit in einem einzigen Buche schnell zugänglich zu machen.

Nur darin unterscheidet sich das moderne Konversationslexikon von den alten Encyklopädien, daß sie nicht mehr die Lebensarbeit eines einzigen Mannes sind, aber auch nicht mehr die gemeinsam gerichtete Arbeit einer geschlossenen Gruppe. Die großen deutschen Realwörterbücher von Brockhaus und Meyer brauchen hier nicht gelobt zu werden; sie sind wirklich unentbehrlich geworden. Aber Brockhaus und Meyer sind so wenig Kulturkämpfer, daß Fachleute aus allen Wissenschaften (freilich keine Forscher und keine glänzenden Schriftsteller) Mitarbeiter sein können, unbekümmert um die Tendenz des Unternehmens. Höchstens, daß Theologie auf einen kleinen Raum beschränkt wird, und daß, wie in Deutschland natürlich, solche Fragen etwa vom Standpunkte eines höflichen Protestantismus behandelt werden; freilich genügte dieser kleine Rest einer aufklärerischen Tendenz, um eine katholische Gegenencyklopädie, die von Herder, ins Leben zu rufen. Abgesehen von der leise protestantischen Färbung wird man in jenen Werken nichts von Skepsis oder Aufklärung finden. Die Organisationstätigkeit der Unternehmer beschränkt sich darauf, den Artikeln die Länge vorzuschreiben, dafür zu sorgen, daß nichts übersehen und alles womöglich auf den Stand der Stunde der Drucklegung fortgeführt werde; sonst überläßt es die Organisation dem Zeitgeiste, für die geistige Einheit unter den ungleichen Mitarbeitern zu sorgen. Dieser Zeitgeist aber ist nicht kulturkämpferisch; er verlangt nach einem objektiven Nachschlagebuch, in welchem jedermann finden kann, was an wissenswerter Kenntnis auf der Welt vorhanden ist. Vorhanden nur noch in solchen Büchern, nicht mehr in einem einzelnen Gelehrtenkopfe. Der Zeitgeist ist nicht skeptisch und verschwendet seine höchsten Geisteskräfte nicht mehr gern an die Besiegung mittelalterlicher Gespenster; der Zeitgeist glaubt auch nicht mehr, mit Hilfe seiner Vernunft die Nâtur umschaffen zu können. Eine ungeheure Detailarbeit ist an die Stelle von Skepsis und Aufklärung getreten. Oft eine geistlose Detailarbeit. Die Freude am Detail und philosophische Resignation sind charakteristisch für das Konversationslexikon der Gegenwart. Es ist realistisch geworden. Und weil das Detailwissen von einem einzelnen Kopfe nicht mehr zu beherrschen ist, weil bei der oft beklagten Arbeitsteilung auch der beste Fachmann gewöhnlich die Forschungen des Nachbargebietes nicht mehr übersehen kann, darum sind diese Bücher nötig geworden, die — ganz ernsthaft — wissen, was kein Mensch weiß. Die gelehrter sind als irgend ein Gelehrter, und die den geschmacklosen Namen *Konversationslexikon* beibehalten haben. Sie sind an Polyhistorie allen Polyhistoren aller Zeiten überlegen, halten für ihre Besitzer unendliches Wissen bereit (es ist natürlich nicht wahr, daß sie selbst etwas wissen) und verdanken diesen Vorzug der Klugheit, mit der sie auf systematische Ordnung verzichtet und das kindlichste aller Ordnungsprinzipien, das Alphabet, angenommen haben.

II.

Sollten die großen Encyklopädien den Dienst von Nachschlagebüchern bieten und gut leisten, so mußte ihrer äußeren alphabetischen Anordnung ein *System* zugrunde gelegt werden, welches verhinderte, daß wichtige Materien völlig übersehen wurden. Ein solches System konnte vorläufig ein künstliches sein; handelt es sich nur um das *Bestimmen* eines Insekts oder einer Pflanze, so ist ein künstliches System sogar dem natürlichen überlegen, aus dem bescheidenen Grunde, weil ein künstliches System nach dem jeweiligen Grade des Wissens immer möglich ist, das natürliche System aber noch nicht gefunden wurde. Nicht einmal auf den beschränkten Gebieten der einzelnen Naturwissenschaften, bei denen der Gegensatz seit Jahrhunderten deutlich gefühlt wird. Daß auch die streng mathematische oder systematische Darstellung der reinen Mathematik auf einem künstlichen System beruhe, wird noch heute nicht allgemein zugegeben werden; es ließe sich aber z. B. die euklidische Geometrie ebenso gut oder besser so vortragen, daß man vom Kreise ausginge anstatt von der Geraden, weil doch die schwierigsten geometrischen Begriffe (Gleichheit, Deckung, Unendlichkeit) am Kreise viel leichter anschaulich zu machen sind als an der Geraden.

Weit über die Forderung einer methodischen Darstellung der Einzelwissenschaften hinaus geht aber just bei den Verfassern von Encyklopädien der Wunsch, das velle scire, ein einheitliches System aller Wissenschaften zu schaffen, einen globus intellectualis. Der Erste, der sich einer solchen architektonischen Gedankenarbeit vermaß, war meines Wissens Bacon, der alle menschliche Erkenntnis und alles menschliche Schaffen dazu unter drei Rubriken brachte: Gedächtnis, Phantasie und Vernunft. Auf Bacon geht der fast pedantische Versuch Diderots zurück, die ungeheure Arbeit der Encyklopädie durch Zugrundelegung einer Art von Stammbaum aller Erkenntnis zu organisieren. In seinem Prospectus de l'Encyclopédie nennt er als Vorgänger Chambers, den er unmittelbar nachahmte, Leibniz, der eine solche Organisation plante, und vor allem Bacon, der zuerst den Gedanken gefaßt hatte, durch Sammlung und Ordnung alles Wissens zu erfahren, wo unser Wissen lückenhaft wäre, wo das Experiment nachzuhelfen hätte. Diderot sieht die ungeheuren Schwierigkeiten, die zu bewältigen sind, einerlei ob man nun den Stammbaum oder vielmehr das System nach den Stoffen oder nach den Methoden ordnen will. „Si nous en sommes sortis avec succès, nous en aurons principalement obligation au chancélier Bacon, qui jettait le plan d'un dictionnaire universel des sciences et des arts en un temps où il n'y avait, pour ainsi dire, ni sciences ni arts. Ce génie extraordinaire, dans l'impossibilité de faire l'histoire de ce qu'on savait, faisait celle de ce qu'il fallait apprendre.“ Der Unterschied zwischen Bacon und Diderot verrät sich hier deutlich; Bacon skizziert den Grundriß zu einem Zukunftsbau, Diderot bringt unter Dach, was hauptsächlich unter dem Einflusse Bacons an Erkenntnissen in den letzten beiden Jahrhunderten gesammelt worden war. Und wieder einmal glaubte ein Mensch am letzten Ziele angelangt zu sein, wieder einmal hatte es die Erkenntnis herrlich weit gebracht. Diderot hofft que l'Encyclopédie devienne un sanctuaire où les connaissances des hommes soient à l'abri des temps et des révolutions. Aber er leugnet doch weitere Fortschritte nicht, tant nous sommes persuadés que la perfection dernière d'une Encyclopédie est l'ouvrage des siècles. Il a fallu des siècles pour commencer; il en faudra pour finir: mais à la postérité et à l'être qui ne meurt point.

Diderots tabellarisches Système des Connaissances Humaines folgt genau der Anregung Bacons. Alles menschliche Wissen, als welches in der Encyclopédie zum Nachschlagen bereit liegen soll, läßt sich einteilen in Geschichte, Philosophie und Poesie; die Geschichte ressortiert vom Gedächtnis, die Philosophie von der Vernunft, die Poesie von der Einbildungskraft. Man würde heute Kunstgeschichte, Poetik usw. unter den menschlichen Kenntnissen aufzählen, schwerlich aber die Künste selbst; man würde heute Zauberei und Wahrsagekunst, Aberglauben und auch Religion größtenteils zur Geschichte rechnen (geringerenteils zur Psychologie oder Psychiatrie) und nicht zur Philosophie, man würde ebenso das große Gebiet der Sprachwissenschaft zur Geschichte rechnen; man würde vor allem die Naturwissenschaften prinzipiell von der Geschichte loslösen und den technischen Künsten unter dem Namen Kulturwissenschaft eine besondere Abteilung gönnen. Die ganze Tafel von Diderot könnte vor der logischen Schärfe der jetzigen Encyklopädiologie (ich mußte das Wort erfinden, aber die Sache existiert) nicht bestehen bleiben; aber zu Diderots Absicht, für sich und seine Leute eine Art Netz mit feinen Maschen zu verfertigen, das keine wichtige Kenntnis durchschlüpfen ließ, war diese provisorische Tafel ganz brauchbar. Und Diderot erkannte die Künstlichkeit oder die Willkür in seiner Tafel. Soviel Köpfe es gibt, soviel Systeme der Wissenschaft seien möglich. Er entschuldigt sogar am Ende seines Prospectus die alphabetische Anordnung des eigentlichen Buches, durch welche das System wieder aufgelöst werde. Ich werde auf den ganz unersetzlichen Wert der alphabetischen Anordnung bald zurückkommen. Selbst Diderot flüchtet zu dem asylum ignorantiae, da er das einzig wahre System aller Wissenschaften, das natürliche System, dem göttlichen Verstande zuschiebt, d'où l'arbitraire soit exclus.

Es hat seit Diderot an encyklopädischen Köpfen nicht gefehlt, die wenigstens eine geordnete Übersicht über alles Menschenwissen anstrebten, weil die Beherrschung alles Menschenwissens für den Einzelnen ganz unmöglich geworden ist, weil die ganze Fülle von Tatsachen nur noch in Büchern zu finden ist und die weise Benützung dieser Schatzbücher davon abhängt, ob der Leser die Tatsachen einem lebendigen eigenen Wissen angliedern könne oder nicht. Die Übersicht über alles Menschenwissen oder die Einteilung der Wissenschaften ist so oft neu versucht worden, als ein Schriftsteller von ungewöhnlicher Kapazität des Geistes das Bedürfnis einer solchen Orientierung fühlte. Es mag hart klingen, wenn ich dieses Bedürfnis in den allermeisten Fällen, auch bei ganz hervorragenden Männern, ein äußeres Bedürfnis nenne, ein architektonisches Bedürfnis, wenn man lieber will. Ich denke da zunächst an Comte und Spencer, die sich beide die Riesenaufgabe gestellt hatten, etwa das Leben zwischen den Menschen und alle Aufgaben der Soziologie aus der Biologie und der Psychologie des Menschen zu erklären, und die Natur des Menschen wieder aus der Physik, die beide die Riesenaufgabe nicht lösen zu können meinten, wenn sie nicht vorher eine Hierarchie der Wissenschaften erfunden hätten, die mit der Architektonik ihrer Aufgabe zusammenfiel. Es waren Einteilungen zum persönlichen Gebrauche, ideale Einteilungsgründe für einen Zettelkasten, der die Welt umfassen sollte. Die Wissenschaften bildeten eine Hierarchie, weil jede folgende die vorausgehende zur Voraussetzung hatte und ihr Wert oder ihre Würdigkeit darum höher schien; Mathematik, Mechanik, Physik, Chemie, Biologie, Soziologie bildeten eine Stufenreihe und diese Aufwärtsbewegung, die sogar der historischen Entwicklung entsprechen sollte, machte auf den Leser einen ästhetischen Eindruck.

Etwas weniger erfreulich sind die Einteilungsversuche, die besonders von deutschen Professoren ausgegangen sind, und die dem äußerlichen Bedürfnisse entsprochen haben, den großen wissenschaftlichen Betrieb, in dessen Mittelpunkte der Einteiler sich fühlte, zu organisieren. Ökonomische Arbeitsteilung war das Ziel; wie denn auch bei Gelegenheit von Gelehrten-Kongressen hie und da (besonders gut von Münsterberg) der Versuch unternommen worden ist, im vorhinein eine reinliche Scheidung der Arbeitsgebiete vorzunehmen. Zu diesen praktischen Einteilungen der Wissenschaften scheint mir auch die vielgerühmte Übersicht Wundts zu gehören. Man könnte auf Grund seiner Einteilung (Philosoph. Stud. V) einen ganz vorzüglichen Realkatalog einer großen Universitätsbibliothek herstellen; und es wäre eine schöne Sache um einen Realkatalog, der den alphabetischen Katalog erst recht gut benützbar machte. Auch in den Kultusministerien sollte diese Einteilung Wundts fleißig gelesen werden, damit bei der notwendigen Reformation der deutschen Universitäten die Fakultäten und die ordentlichen Professuren vernünftiger als bisher über die einzelnen Disziplinen verteilt würden.

Viel ernster zu nehmen ist die erkenntniskritische Art, in welcher Stumpf seine „Einteilung der Wissenschaften" (man vergleiche damit seine ein Jahr früher gelesene, aber auch erst 1907 herausgekommene Abhandlung „Erscheinungen und psychische Funktionen") versucht hat. Zu bedauern wäre nur, daß Stumpf zu rücksichtsvoll ist und den Hammer seiner Kritik oft nur drohend erhebt, nicht aber kräftig genug niederfallen läßt. Gegen die praktischen

Einteilungsversuche richtet sich sein Wort (S. 25): „Fakultäten sind bloße Arbeitsgemeinschaften und in ihrer Zusammensetzung und Abgrenzung durch praktische Rücksichten mitbedingt.“ Stumpf weiß, daß die jeweiligen Übersichten über alles Menschenwissen vom Stande dieses Menschenwissens abhängen, und daß wir erst erkannt haben müssen, was Wissen heiße, bevor wir an eine Ordnung unserer Wissenschaften gehen können; er läßt sich darum gar nicht darauf ein, die Ordnung der Hypothesen, auf denen die Wissenschaften aufgebaut sind, nach einem logischen Schema zu erzwingen, er fabriziert keine Tabelle der Wissenschaften; er hält sich nicht an einen einzigen Einteilungsgrund, sieht vielmehr die Notwendigkeit ein, mehrere sich durchkreuzende Einteilungsgründe zu benützen. „Das Scheuklappenrezept versagt überall“ (S. 34). Die Unterscheidung in Natur- und Geisteswissenschaften lehnt er nicht ab, erkennt aber ihre Unvollständigkeit und vertieft die Bedeutung beider Gruppen durch seine feine Erkenntnistheorie; die Naturwissenschaften sind nicht die Wissenschaften von den *Erscheinungen*, sondern von den Trägern, die aus den Erscheinungen erschlossen werden; die Geisteswissenschaften dagegen sind unmittelbar die Wissenschaften von den psychischen Funktionen, ohne welche die Erscheinungen ebenso wenig möglich wären wie ohne die Erscheinungsträger. Die Erscheinungen selbst werden in Wirklichkeit von allen möglichen Wissenschaften behandelt, müßten aber einer besonderen Abteilung zugewiesen werden, der Phänomenologie. „Aber die Trennung bedeutet auch nur eine Trennung der Aufgaben, nicht der Arbeit. Es gibt eine Phänomenologie, aber keinen Phänomenologen“ (S. 32). Logik und Erkenntnistheorie faßt er, mit einer Verbeugung vor Platon, als Eidologie zusammen. Ferner gibt es eine große Wissenschaft der Verhältnislehre, die eng mit der Eidologie zusammenhängt. Auf die Fragen nach dem Ursachbegriff gründet sich die wichtige Unterscheidung in Tatsachen- und Gesetzeswissenschaften, die berufen sein könnte, dem seichten Gerede über die Bildung naturwissenschaftlicher und historischer Begriffe ein Ende zu machen. Es gibt Gesetze der Natur, es gibt nur Tatsachen der Geschichte. Ein drastisches Wort Carlyles wird zitiert: „Der Historiker spricht: nur die Tatsache hat Bedeutung; Johann ohne Land ist hier vorbeigegangen — das ist bemerkenswert, das ist eine tatsächliche Wahrheit, für die ich alle Theorien der Welt hergeben würde. Der Physiker dagegen: Johann ohne Land ist hier vorbeigegangen — das ist mir sehr gleichgiltig, da er nicht wieder vorbeikommt.“ Stumpf weist ferner der Mathematik ihre Stelle unter den Wissenschaften zu und knüpft an die Untersuchung der Aufgaben von Arithmetik und Geometrie eine psychologische Kritik des Zeitbegriffs und des Raumbegriffs, die ihn bei den deutschen Metaphysikern leicht in den Verdacht des Psychologismus bringen könnte.

Niemals ist vorher die Einteilung der Wissenschaften so ganz ohne Schablone vorgenommen worden; darum wird auch das Ergebnis die Freunde von Schablonen nicht befriedigen. Stumpf geht von dem Gedanken aus, daß jede Einteilung der Wissenschaften eine jeweilige, eine vorläufige sein müsse; und schließt mit dem Gedanken, daß eine Einteilung von logischer Sauberkeit nicht möglich sei. „Die Gegenstände der Wissenschaften liegen nicht wie konzentrische Kreise um einen einzigen Mittelpunkt, sondern bilden mehrere Wellensysteme, die von selbständigen Mittelpunkten ausgehend sich schneiden" (S. 88). Ich glaube die letzte Absicht nicht falsch zu verstehen, wenn ich sie für skeptisch halte und sie so ausdrücke: weder durch Dichotomien noch durch kompliziertere Schablonen läßt sich eine brauchbare Tabelle der Wissenschaften herstellen; das wissenschaftliche Denken und Arbeiten hält sich nicht an die Methode einer einzigen Wissenschaft; nicht einmal die Philosophie, als die Wissenschaft der allgemeinsten Gegenstände, kann auf Anleihen bei den Wissenschaften der nichtallgemeinsten Gegenstände verzichten. Die Resignation Stumpfs scheint sich schon in dem ernsthaften Scherze zu verraten, daß man anstatt Metaphysik ebenso gut sagen könnte: Metapsychik. Und eine Bemerkung, die Stumpf an eine Polemik gegen die Psychologisten knüpft, läßt mich hoffen, daß er dem Standpunkte der Sprachkritik gar nicht so fern steht. Zwar bemerkt er nicht, daß die letzten Fragen (Kausalität, Zweck, Unendlichkeit, Realität) sprachkritische Fragen sind, aber er weiß doch, daß die Gemeinsprache, in der alle Wissenschaften zuletzt vorgetragen werden müssen, durchsetzt ist mit unvorstellbaren, metaphorischen Begriffen, daß darum allein schon eine reinliche Scheidung eines in Menschensprache allein faßbaren Wissens nicht möglich ist. So wenigstens übersetze ich mir Stumpfs skeptischen Satz (S. 46): „Daß gemeinhin bloß Natur- und Geisteswissenschaften und über ihnen noch allenfalls Metaphysik unterschieden werden, beweist nur wieder, daß eben auch das allgemeine Denken (ich würde sagen: die Gemeinsprache) genug metaphysische Voraussetzungen mit sich führt, um die Erscheinungen ohne weiteres der Seele oder den Körpern und damit die Phänomenologie der Psychologie oder der Naturwissenschaft einzufügen." Die Spezialforscher haben ja meist keine Ahnung davon, wie metaphysisch, wie unklar, wie wortabergläubisch just die Grundbegriffe ihrer Spezialwissenschaften sind.

Der letzte Versuch, Ordnung in alles mögliche Menschenwissen zu bringen, endet also mit einer Resignation. Es fragt sich nun, ob ein solches System aller Wissenschaften, dessen Nützlichkeit für die Ordnung im Gelehrtenkopfe und für die Anordnung von Nachschlagebüchern ich nicht in Abrede stellen will, jemals ein natürliches sein kann. Es fragt sich, und in dieser Form der Frage liegt auch die Antwort, ob unserer *dispositio* einer Welterkenntnis ein *ordo* der Welt vorausgegangen sei. Die Ordnung ist ein Zweckbegriff. (Vergl. in der alphabetischen Anordnung den Artikel *Ordnung.*) Solange man an einen allweisen Gott als an einen zweckvollen Schöpfer der Welt glaubte, war es gar nicht ungereimt, an eine tiefverborgene Ordnung der Welt zu glauben; der Gott hatte die Welt nach einem Schema geschaffen, nur pantheistische Ketzer konnten sich eine planlose, unbewußte Schöpfung vorstellen, und das letzte Ziel der menschlichen Erkenntnis mußte sein, sich dem Verständnis jenes Planes zu nähern. Das System der Wissenschaften hatte die recta ratio scibilium aufzuspüren; *recta ratio* war bei Cicero wie bei Thomas eine Lehnübersetzung des *ὀρϑος λογος*, der richtigen Vernunft, die nebenbei auch die sittliche Vernunft war. Das Adjektiv *recta*, *ὀρϑος*, *richtig*, verrät schon, daß es sich um eine Vernunft handelt, die nicht rein ist, die etwas soll, der von der Religion aufgetragen worden ist, den göttlichen Plan aus dem Weltlauf herauszufinden. Seitdem die Wissenschaft nicht mehr eine Magd der Theologie ist, seitdem die Theologie nur einen kleinen Raum unter den anthropologischen Wissenschaften beanspruchen darf, mußte die Vorstellung aufgegeben werden, daß der dispositio der Welterkenntnis ein ordo der Welt zugrunde liege, daß ein System der Wissenschaften einem System der Welt entspräche. Alle Erfinder von Wissenschaftssystemen, von Bacon bis Stumpf, hätten sich also an der Schwelle ihres Unternehmens sagen müssen, daß sie eine unverhältnismäßige geistige Anstrengung auf die Errichtung eines künstlichen Systems verschwendeten.

Sie sagten sich's nicht. Die biologische Nützlichkeit des Irrtums bewährte sich an diesen Männern, die all ihren Scharfsinn in den Dienst einer verlorenen Sache stellten, weil es *ihnen* ein persönliches Bedürfnis war, in dem weiter und weiter sich ausbreitenden Wissen etwas zweckdienliche Ordnung zu schaffen. Bacon, Diderot, Ampère, Comte, Stumpf — um nur die bedeutendsten Wissenssystematiker anzuführen — schufen kein natürliches System der menschlichen Erkenntnis; aber das tief in ihnen wirkende Bedürfnis nach Erkenntnisordnung half uns andern, in dem Wuste von wissenschaftlicher Kärrner- und Sammlerarbeit, in der unübersehbaren Masse dessen, was unsere Bibliotheken füllt, ein Kriterium zu finden für Wert und Unwert der Leistungen. Wer vor 150 Jahren Diderots Prospekt in sich aufgenommen hatte, wer heute Stumpfs wirklich philosophischen Versuch einer Neuordnung der Wissenschaften gründlich nachgedacht hat, der konnte und kann von jedem einzelnen Forschungsergebnis mit einiger Wahrscheinlichkeit sagen, ob es an einer Stelle die Spezialwissenschaft fördere, ob es also überhaupt indirekt den Schatz der Menschheit, die Erkenntnis, mehre.

Ein solches Kriterium ist zu keiner Zeit so wünschenswert gewesen wie in der unsern, wo die Staatsunterstützung, die Einrichtung der Hochschulen, die nichtswürdige Protektionswirtschaft in den Volks- und Mittelschulen, (die leichter das Söhnchen der *besseren* Stände als das intelligenteste Arbeiterkind durch die Schule und auf die Universität bringt) einen wissenschaftlichen Scheinbetrieb züchtet, so breit, wie ihn noch keine Vorzeit gekannt hat. Der Engländer Bacon hat den guten Rat gegeben, alle Erkenntnis auf Beobachtung zu basieren; und seitdem hält sich jeder sammelnde Engländer, und wenn er Hosenknöpfe sammelte, für einen Beobachter und für einen Schüler Bacons. Der große deutsche Philosoph hat mit erstaunlicher Geisteskraft architektonisch, in geschlossener Form aufgebaut, was er über das Verhältnis von Erscheinung und Wirklichkeit Neues zu sagen hatte; seitdem hält sich jeder deutsche Philosophieprofessor, und wenn er sein System aus eitel Luftsteinen baute, für einen Architekten und einen Schüler Kants. Der erste französische Philosoph hat, zentralistisch als echter Franzose, all sein Wissen auf ein Prinzip basiert; seitdem glauben Franzosen und andere Mitteleuropäer gute Cartesianer zu sein, auch wenn sie nur konsequent auf einem Prinzip oder gar auf einer petitio principii herumreiten.

Diese Züchtung eines extensiven Betriebs aller Wissenschaften, dieser neue Alexandrinismus, hat allerdings eine Fülle von Material für Geistes- und Naturwissenschaften zutage gefördert, eine unübersehbare Fülle, und der Sammeleifer hat eine Unzahl von Disziplinen und Disziplinchen neu erstehen lassen, weil doch jeder Sammler das Recht hat, seine Sammlung, wenn er sie erst geordnet hat, eine Disziplin zu nennen. Diese berüchtigte Spezialisierung der Wissenschaften hat der Technik, der gewerblichen wie der wissenschaftlichen Technik, ohne Frage viel Vorteil gebracht; die Einheit des menschlichen Wissens ist darüber aber so völlig verloren gegangen, daß es gegenwärtig einen Beherrscher des menschlichen Wissens nicht gibt und nicht geben kann. Die Summa menschlichen Wissens steckt in den Bibliotheken; gute Auszüge stecken in den Encyklopädien, nicht einmal der Inhalt einer guten Encyklopädie steckt in irgend einem menschlichen Kopfe. Aus dieser Verlegenheit sind neuerdings eben die vielen Versuche hervorgegangen, wieder ein System der Wissenschaften herzustellen, einen übersichtlichen Weltkatalog zu ordnen. Immer in der Hoffnung, nachher die Ordnung des Katalogs in der Welt wiederzufinden.

III.

Ich war geneigt, mit einem neuen System der Erkenntnisse aufzuwarten. Den Grundgedanken der Einteilung nur will ich hier angeben, weil er den Keim seiner Selbstzersetzung in sich trug und mich so mißtrauisch machte gegen alle derlei Systeme, wie denn die Kritik am schärfsten ist gegen die eigenen Gedanken.

Ich wollte nämlich alle menschliche Erkenntnis in solche einteilen, deren Glieder durch Gesetze, Regelmäßigkeiten, wißbare Ursächlichkeiten verbunden sind, und solche Tatsachen unserer Erkenntnis, die vereinzelte Tatsachen bleiben. Diese Einteilung ließe sich ganz gut unter die schon übliche der Gesetzeswissenschaften und der historischen Wissenschaften bringen; nur daß ich genötigt wäre, den Begriff Gesetz einzuschränken, den Begriff Historie auszudehnen. Alle klassifikatorischen Wissenschaften — die der drei Naturreiche z. B. — würden unter die historischen Tatsachensammlungen fallen; ja eigentlich wären die Tatsachensammlungen nicht Wissenschaften zu nennen, sondern etwa nur Wissen; Wissenschaften wären nur diejenigen Wissenssysteme, die eine bestimmte oder wahrscheinliche Vorhersage gestatten.

Man sieht gleich, daß bei dieser Einteilung der Stoff des Wissens für die Einteilung nebensächlich würde. Man sieht ferner, daß jedes derartige Wissenssystem immer dem augenblicklichen Stande der Forschung entspräche und selbst wieder, weil es fließend ist, historisch wäre. Und so kam ich zu der Überzeugung: es kann ein objektives System des Wissens nicht geben, auch diese äußerste Besinnung muß subjektives Menschenwerk bleiben.

Es ist nämlich der Einteilungsgrund von Bacon und Diderot logisch nicht zu halten. Gedächtnis, Vernunft und Phantasie sind nicht koordinierte Begriffe. Vernunft und Phantasie sind dem Gedächtnis subordiniert. Wir wissen nichts, wir denken nichts, wir schaffen nichts, als was wir aus dem Gedächtnisse wissen, denken, schaffen. Gedächtnis ist auch die Sprache, in welcher wir wissen und denken. Freilich sprechen wir auch der Natur ein Gedächtnis zu, doch nur metaphorisch; das unbewußte Naturgedächtnis ist etwas ganz anderes als das bewußte, sprachliche Menschengedächtnis. Die *dispositio* des menschlichen Wissens, auch wo sie sich zu richtigen Wissenschaften konzentrieren konnte, ist etwas ganz anderes als der *ordo* der Natur. Wir haben nur unser Wissen von der Natur merken können mit Hilfe von Assoziationen, denen — was immer man sagen mag — menschliches Interesse zugrunde liegt; wir sind näher und näher an die Natur herangekommen mit unserem Wissen oder unserer Sprache, weil Herrschaft über die Natur in unserem Interesse liegt. Niemals aber deckt sich unsere Sprache mit der Natur, auch dort nicht, wo wirklich oder beinahe Gesetze gefunden worden sind: in der Mathematik, in der Mechanik. Die Relationen der Natur sind nicht Assoziationen, am wenigsten menschliche Assoziationen. Wir assoziieren z. B. Feuer und Wärmegefühl und wissen heute nach unerhörten Anstrengungen der Physiker, hundert und mehr Jahre nach der Entdeckung des Sauerstoffs, immer noch nicht, was das Feuer sei. Und wissen nicht was Wärme sei. Trotzdem assoziieren wir Feuer und Wärme. Die Natur weiß auch nicht was Feuer, was Wärme ist, aber sie braucht es auch nicht zu wissen, weil sie nichts darüber sagt, weil sie an Feuer und Wärme kein Interesse hat, kein menschliches, kein wissenschaftliches. Und wenn die Natur lachen könnte, wie Menschen lachen, so könnte sie ihren Spaß daran haben, wie Feuer und Wärme von den armen Menschen in der Religionsgeschichte, in der Kunst und der Technik, in der Psychologie und in der Kriegsgeschichte, in der Astronomie und in der Zoologie, der Botanik und der Mineralogie, in der Medizin und der Chemie usw. usw. immer wieder von einem andern Gesichtspunkte aus betrachtet werden müssen, wie alle anderen Erscheinungen der Natur ebenso auf alle Wissensgebiete oder Wissenschaften sich verteilen, wie also dem Stoffe nach ein Wissenschaftssystem ein Unding ist, wie die Methoden immer nur dem augenblicklichen Vorteile gehorchend einander ablösen, von Wissensgebiet zu Wissensgebiet und von Generation zu Generation.

Wir haben gelernt, daß die anstrengenden Versuche, das unübersehbare Detailwissen in ein System zu bringen, außer dem Zweck, die Sehnsucht besonders veranlagter Geister zu befriedigen, noch den allgemeinen Zweck hatte, ein Kriterium zu schaffen für den Wert, den das Einzelwissen gegenüber dem Ganzen zu beanspruchen hatte, dem Ganzen, das ein Ganzes nur in der Sehnsucht ist. Auch mag systematisches Wissen den einzelnen Kopf besser befähigen, sein Wissen in Bereitschaft zu haben, wenn auch die Raschheit der Assoziationen im einzelnen Gehirn wohl häufiger auf einem instinktiven praktischen Systeme beruhen wird, als auf einem logischen. Die großen Encyklopädien nun, von denen wir ausgegangen sind, haben mit einer brutalen Einfachheit etwas geschaffen, was ganz gewiß himmelfern ist von dem ordo der Natur, was ganz gewiß mit der dispositio eines Wissenschaftssystems nichts zu schaffen hat, was aber in geradezu unübertrefflicher Weise fast präsentes Wissen ermöglicht, die Assoziationen vom Interesse unabhängig macht und von jedem Punkte zu jedem Punkte Verbindungen herstellt. Die Aufgabe war: auf dem notorisch unübersehbaren Felde jeden Wissenspunkt sofort auffindbar zu machen. Durch eine zuverlässige und schnelle Registratur auffindbar zu machen. Dieser unbedingt zuverlässige, just in seiner Dummheit unfehlbare Registrator ist das jedem Kinde eingebläute Alphabet. Und ich stehe nicht an zu behaupten, daß diese kindlich großartige Erfindung, omnia scibilia alphabetisch zu ordnen, ungefähr der Sehnsucht des Phantasten Lullius und des Wissenschaftsorganisators Leibniz entspricht, die beide, Leibniz nicht unabhängig von Lullius, eine Art Denkmaschine erfanden oder erfunden haben wollten. Unsere Encyklopädien sind ja all in ihrer brutalen Systemlosigkeit gerade die ars magna, die lullische Kunst oder die ars combinatoria. Freilich hatten Lullius und Leibniz noch gehofft, aus ihrer Denkmaschine mechanisch neue Gedanken hervorgehen zu sehen; die Denkmaschine hätte aber bestenfalls nicht mehr leisten können als das logische Denken selbst, und wir haben gelernt, daß auch logische Schlüsse nicht zu neuen Sätzen führen.

Was Leibniz betrifft, so sei erwähnt, daß er zwar öfter in Briefen und sogar an einer wichtigen Stelle seiner Nouveaux Essays (IV, 3, § 18) über den unrechtmäßigen Nachdruck (die sog. zweite Auflage der Ars combinatoria) klagte, der Schrift also immerhin Bedeutung zusprach, daß er aber gerade an der zitierten Stelle bedauert, daß man ihn selbst für fähig halten könnte, eine Frucht seiner frühesten Jünglingszeit im vorgerückten Alter noch einmal zu veröffentlichen; „denn obgleich darin Gedanken von einiger Wichtigkeit sind, die ich noch billige, so gab es darin gleichwohl auch solche, die nur einem jungen Anfänger anstehen konnten."

Was aber den tollen Raimundus Lullius betrifft, der sich doch vermessen hatte, die durch den Einfluß der Araber ins Wanken geratene scholastische Philosophie neu und frei aufzubauen, so scheint mir seine ars magna allerdings in der Theorie eine Denkmaschine, in der Praxis eine mechanische Logik gewesen zu sein.

Daß die zur Maschine gehörigen Definitionen durchaus abstoßend tautologisch waren, ist ihm gar nicht so sehr zum Vorwurfe zu machen; in der *Denkmaschine* mußte eben der natürliche Fehler aller Logik, aus Tautologien zu Tautologien zu führen, besonders deutlich werden. Genau genommen, worauf schon Ritter (Bd. VIII, S. 492) hingewiesen hat, laufen ja auch die berüchtigten Logikverslein Barbara, Celarent usw. auf eine Denkmaschine hinaus; wir können keinen Gebrauch mehr von ihnen machen, weil wir den Glauben an den Wert der Logik verloren haben, weil wir von einer neuen Topik noch weniger erwarten, endlich weil wir in der Anwendung der geheimnisvollen Worte Barbara usw. keine Übung mehr haben. Lullius hatte in ganz ähnlicher Weise die logischen Operationen an die Buchstaben des Alphabets geknüpft, hatte es auch zur Pflicht gemacht, die Buchstaben und ihre Bedeutungen auswendig zu lernen. Schon bei Lullius nähert sich die Anwendung der Zeichen B C D E F G H I K einem Systeme, das zwischen einer mechanischen Logik und einer Universalzeichenschrift in der Mitte steht. Die gewählten 9 Buchstaben konnten in dem einen Hilfskreise die willkürlichen 9 Kategorien (Zahl und Einteilung ist gleich sinnlos), in dem zweiten Hilfskreise 9 ebenso willkürlich gewählte Eigenschaften ausdrücken. Trafen nun bei der Drehung der Hilfskreise zwei solche Buchstaben zusammen, so ergaben sie eine Art Wort, welches symbolisch irgend einen Satz von äußerster Banalität ausdrückte, z. B. „die Güte ist eine große Übereinstimmung oder ein großer Unterschied, sei es zwischen Gott und dem sinnlichen Menschen, sei es zwischen den sinnlichen Menschen untereinander." Wobei natürlich die geschwollenen Abstraktionen erst in eine Menschensprache übersetzt werden mußten, wenn auch nur eine tautologische

Banalität herauskommen sollte. Bei 3 konzentrischen Hilfskreisen konnten symbolische Worte von 3 Buchstaben erscheinen, deren Auflösung bei gleicher Banalität noch viel komplizierter war.

In dieser ganz schematischen Darstellung habe ich hier (vergl. Art. *Denkmaschine*) absichtlich den Hinweis darauf unterlassen, daß jeder Buchstabe in jedem Hilfskreise überdies alle seine Bedeutungen auf fünferlei Art haben konnte, daß also die Möglichkeiten der Auflösung schließlich, nach den Regeln der Kombinationslehre, unzählige waren. Der tolle Lullius witterte darin eben die Konstruktion einer Denkmaschine; Leibniz, der Mathematiker, führte die Kombinationslehre durch und hoffte lange Zeit, die Denkmaschine zu erfinden. Beide bemerkten nicht, daß eine Maschine, in deren Zeichenmaterial nur vergangene Erinnerungen hineingesteckt worden waren, nicht neue zukünftige Ideen von sich geben konnte. Noch einmal: entspräche der menschlichen dispositio ein natürlicher ordo, könnten wir in einer künstlichen Universalsprache einen natürlichen Weltkatalog schaffen, dann wäre so etwas wie eine Denkmaschine möglich. Dann wäre auch ein System der Wissenschaften möglich. Wir besitzen aber nicht einmal auf den beschränkten Gebieten der Zoologie, der Botanik, der Kristallographie einen natürlichen Katalog, wir haben noch weniger einen natürlichen Weltkatalog, wir haben nur nach menschlichen Assoziationen und Interessen geordnete Sammlungen menschlichen Wissens und müssen zufrieden sein, wenn wir uns in der Unmasse dieses Wissens mit Hilfe der brutalen alphabetischen Assoziationen orientieren können. Notabene: aus einem Buche, mit den Schriftzeichen des Alphabetes. Die Kapazität so eines Buches ist größer, als die irgend eines Kopfes sein kann.

Nicht nur Leibniz, auch Agrippa von Nettesheim, auch Bruno, auch Kircher, der gelehrte Jesuit, sind auf die Lullische Kunst hineingefallen. Und sie wird vielleicht noch öfter wieder entdeckt werden, wie die Quadratur des Zirkels immer wieder versucht wird, auch nach ihrer Abfertigung. Die drei neuen englischen Denkmaschinen werden nicht die letzten sein. Wir aber haben die Tollheit erkannt und haben kein Interesse mehr an der Untersuchung, ob der heilige Abenteurer Lullius seine ars magna wirklich unmittelbar von Jesus Christus geschenkt bekommen, oder ob er sie von einem Araber oder einem Kabbalisten abgeschrieben habe; kein Interesse daran, ob seine Kondemnation oder seine Heiligsprechung (1419) bessere Gründe gehabt habe. Auch Lullius hat, 300 Jahre vor Bacon, etwas wie einen Stammbaum der Wissenschaften zu entwerfen versucht; sein Einteilungsschema (Maria, Engel, Apostel; Papst, Kardinäle, Bischöfe; die sieben Sakramente) mutet uns aber nicht mehr an.

Endursachen. — Die Widersprüche, welche der Begriff der Zweckmäßigkeit darbietet, sobald wir ihn, der einzig und allein Motive des bewußten Handelns bedeutet, auf die Organe der Lebewesen anwenden, — die Widersprüche des Begriffs und einiges aus seiner Wortgeschichte suche man in den Artikeln *Organismus* und *Zweck*. Hier möchte ich insbesondere einen dem Zwecke benachbarten Begriff betrachten, den Scheinbegriff der *Endursachen*. Das deutsche Wort, natürlich eine Lehnübersetzung von *causae finales*, mag wohl der Arbeit der fruchtbringenden Gesellschaft sein Dasein verdanken; es findet sich zu Ende des 17. Jahrhunderts schon in dem Wörterbuche von Stieler. Wenn mein Sprachgefühl mich nicht täuscht, so hört man aus der silbengetreuen Übersetzung *Endursache* die Sinnlosigkeit der Koppelung viel deutlicher heraus, als aus dem uralten Fremdwort causa finalis oder aus den Umschreibungen *Zweckmäßigkeit*, *Zielstrebigkeit*. Bei Aristoteles, der mit leidenschaftlichem Eifer Teleologie predigt, aber den Unbegriff einer Endursache nicht geradezu aufstellt, wird nur immer behauptet, daß die Natur Gründe habe, weshalb (οὗ ἑνεκα) sie ihre Werke hervorbringe. Ἡ φυσις ἑνεκα του ποιει παντα; deutlich wird da der Anthropomorphismus ausgesprochen, daß die Natur nach einer vorgefaßten Absicht handle. Im Altertum konnte diese metaphysische Teleologie von den Materialisten oder Atomisten einfach geleugnet werden. Als aber die Scholastik den Aristoteles ins Christliche übersetzt, die Zweckmäßigkeit der Organismen aus der Allweisheit Gottes, deren Nützlichkeit für den Menschen aus der Allgüte Gottes erklärt hatte, wurde es gefährlich, die causae finales in der Natur zu leugnen. Wer dem christlichen Gotte bei der Schöpfung der Pflanzen und Tiere die rein menschlichen Fähigkeiten des Voraussehens und des Handelns absprach, der war ein Atheist. So konnte selbst Bacon sich entschließen, seiner Verwerfung der Teleologie einige Höflichkeiten gegen Gott hinzuzufügen; denn die alte Teleologie war durch die Scholastik, besonders durch Thomas, theologisch geworden. Erst der freie Spinoza wagte es (Eth. I prop. 36) rücksichtslos und allgemein auszusprechen: omnes causas finales nihil nisi humana esse figmenta. Dabei hätte es sein Bewenden haben können; und es ist traurig zu lesen, wie Schopenhauer (W. a. W. II 372 ff.) sich abmüht, die Existenz von Endursachen zu beweisen, nur aus dem Grunde, weil er den *Willen* zur metaphysischen Ursache der Welt gemacht hat, und weil die Endursachen wirklich zu keinem Systeme ungezwungener zu passen scheinen als zu einem, das die organische Welt — und sogar die unorganische — wie aus einem bewußten Wollen hervorgegangen darstellt; nur daß dieser berühmte *Wille* Schopenhauers ein unbewußter Wille ist, der keine Absichten haben kann.

Dieser grundlegende Fehler Schopenhauers, daß er den spezifisch menschlichen Willensbegriff zu einem metaphysischen Begriffe erweitert, und nachher dennoch mit einem solchen x als wie mit einer bekannten Größe rechnet, hat nun in der Frage der Endursachen dazu geführt, daß Schopenhauer, der leidenschaftliche Atheist, zu einem Gegner Spinozas und zu einem Anwalte scholastischer Lehren wurde. An den feinsten psychologischen Bemerkungen fehlt es freilich dennoch nicht: wir ärgern uns, wenn die Physiologie von einem Organ nicht sagen kann, welchen *Zweck* es habe, wie wir uns ärgern, wenn die Physik von einer Erscheinung nicht sagen kann, welche *Ursache* sie habe; dieser Ärger ist aber doch wohl nur ein psychologischer Anreiz für die Forschung, nicht ein philosophischer Standpunkt. Schopenhauer durchschaut auch in diesem Zusammenhange ganz gut die Willkürlichkeit seines metaphysischen Willensbegriffs; er nennt es selbst (S. 378) einen Widerspruch und eine Kühnheit, wenn er zu der Definition gelangt: „Die Endursache ist ein Motiv, welches auf ein Wesen wirkt, von welchem es nicht erkannt wird."

Die Schwierigkeit der Untersuchung scheint mir wirklich darin zu liegen, daß die Endursachen Motive sind; zu lösen aber ist die Schwierigkeit nicht durch den metaphysischen Willen in der Natur (vgl. Art. *Schopenhauers Wille*), sondern durch das Eingeständnis, daß in der Philosophie sehr oft Zwecke mit Ursachen verwechselt worden sind aus dem einfachen Grunde, weil in einem einzigen Falle, dem menschlichen Handeln nämlich, Zwecke zu Ursachen werden können. Ich hoffe das deutlich zu machen.

Einerlei, ob Hume mit seiner Gleichsetzung von Ursache und Zeitfolge ganz im Rechte war oder nicht, ist doch sicher etwas daran, daß die Ursache der Wirkung vorausgehe, daß die bewirkende Veränderung vor der bewirkten Veränderung existiere. Ebenso sicher ist es, daß die Endursache oder das Ziel einer menschlichen Handlung, sobald man seine Aufmerksamkeit auf das wirklich erreichte Ziel richtet, der Zeit nach auf die Handlung folgt, die von diesem Ziele motiviert wird. Also läge ein Widerspruch darin, das Motiv einer menschlichen Handlung ihre Ursache zu nennen. In der psychologischen Wirklichkeit ist aber das Motiv eine ganz richtige, vorausgehende Ursache; wir dürfen uns nur durch den Doppelsinn der Begriffe Zweck, Ziel oder Absicht nicht täuschen lassen. Nicht das erreichte, nachfolgende Ziel ist das Motiv, sondern das vorgestellte, vorausgehende Ziel. Das vorgestellte Haus ist dem Bauherrn das Motiv für den Auftrag an den Architekten; das vorgestellte Haus ist für den Architekten das Motiv für seinen Bauplan; das Bild des Plans wird für die Maurer das Motiv ihrer Handlungen. Das Bild geht der Ausführung regelmäßig voran, wie jede Ursache ihrer Wirkung. Das vorgestellte Bild eines Ziels ist das Motiv; das erreichte Ziel kann kein Motiv sein. Das Bild ist die Ursache. Wie beim Bau eines Hauses so bei jeder menschlichen Handlung. Im Französischen hat denn auch der beabsichtigte Zweck oder der Vorsatz und der Entwurf oder

Abriß zu einem Bilde die gleiche Bezeichnung: dessin; der Billardspieler z. B. führt seinen Stoß nach einem dessin aus. Die Motive sind also ganz richtige, vorausgehende Ursachen der menschlichen Handlungen. Wollte man nun deshalb die menschlichen Motive allein Endursachen nennen, d. h. Ursachen, bei denen verständige Voraussicht des Endes mitspielt, so wäre gegen einen solchen Ausdruck höchstens der Einwand zu erheben, daß er geschmacklos sei. Halten wir aber fest daran, daß *Motive* und *Endursachen* völlig synonyme Begriffe sind, und legen wir also den Organismen, weil wir ihre Lebensfähigkeit anstaunen und nicht begreifen können, bei der Einrichtung ihrer Organe *Motive* unter, so wird der Anthropomorphismus des Ausdrucks über allen Zweifel klar. Und da *Endursachen* gar nichts anderes bedeuten können als diese *Motive*, so müssen wir eingestehen: wir können uns bei diesem scholastischen Worte nichts, aber auch gar nichts denken. Außer wir wären Poeten, und liehen der Natur Augen, Ohren und ein Gehirn.

Die abgründige Schwierigkeit steckt ganz wo anders als in dem Worte *Endursache*. Daß die Endursache der Handlung zeitlich vorausgehe, wie jede Ursache ihrer Wirkung, das wußte wahrscheinlich schon Thomas; denn er lehrte: Finis est prior in intentione, sed est posterior in executione. Und daß die intentio ein Bild sei, meinetwegen eine Idee, vom künftigen Ziele, das war den Scholastikern eine gar geläufige Vorstellung. Dachten sie sich doch die Begriffe, mit deren Hilfe das Denken etwas Künftiges vorwegnehmen kann, als Bilder oder Ideen. Wir aber wollen uns nicht mehr mit solchen Bildern von Bildern begnügen und stehen vor der wirklich abgründigen Frage: wie ist es möglich, daß wir uns (beim Bau eines Hauses wie bei den einfachsten Handlungen) ein brauchbares Abbild machen können von einem noch nicht erreichten Ziele, machen können in Worten oder Vorstellungen, die nur Rückstände von Erinnerungen an Vergangenes sind? Nicht in der Wiederkehr der gleichen Erfahrung, nicht in der sogenannten Gesetzmäßigkeit der Natur liegt die Schwierigkeit; sondern nur in der Fähigkeit des Menschen, mit Hilfe seines Gedächtnisses, das allein von der Vergangenheit lebt, die Vergangenheit zu überwinden und zukünftige Gestaltungen zu Motiven zu machen. Wieder steigt das Rätselhaupt aus der dunkeln Tiefe auf, wohlbekannt und unerkennbar.

Man halte sich, um den Abgrund dieser Gedanken achten und scheuen zu lernen, nur ein einziges Beispiel vor Augen. Wenn der Mensch handelt, nach ursächlichen Motiven handelt, verläßt er sich auf die Gesetzmäßigkeit der Natur, auf die regelmäßige Folge von Ursache und Wirkung. Nur dann heißt sein Handeln zweckmäßig. Wir nennen auch die Einrichtung der Organismen zweckmäßig, weil die einzelnen Teile so ineinander greifen, *als ob* ein menschenähnlicher Verstand die Naturgesetze gekannt und alles geordnet hätte. Das menschliche Auge wurde so Anlaß, die Weisheit seines Schöpfers zu bewundern. Da kam der Darwinismus und lehrte uns, die Zweckmäßigkeit des Auges lasse sich aus Ursachen erklären, ohne Endursachen, ohne Motive. Gut. Seid umschlungen, Millionen! Wieder einmal waren alle Rätsel gelöst. Wie aber? Auch das Gehirn ist so ein Organ, das aus natürlichen Ursachen entstanden ist, sich entwickelt hat, ohne Motive einer Intelligenz. Also fangen die Endursachen oder die Motive erst bei den Wesen zu wirken an, die ein Gehirn haben, die sich Bilder von der Zukunft machen können. Sehr gut; beinahe architektonisch schön. Wie aber, wenn es auch Ursachen erst im menschlichen Gehirn gibt, wenn es in der Natur vorher keine Ursachen gab? Wie können dann Ursachen das Gehirn gebildet haben? Können wir dann noch einen wesentlichen Unterschied festhalten zwischen dem, was die Sprache der Naturwissenschaft *Ursachen*, und dem, was die Sprache der Theologie *Endursachen* nennt? Ist auch *Ursache* nur ein Scheinbegriff? Ich vermesse mich nicht, für diese Frage eine Antwort auch nur zu suchen.

Energie.

I.

Unsere Zeit gleitet langsam auf die Bahn der Naturphilosophie zurück. Wir haben die Angst vor der verpönten Naturphilosophie verlernt. Sie kann auch nicht mehr so gefährlich werden, wie sie der Wissenschaft in Deutschland vor hundert Jahren wurde. Damals versuchten es geistreiche Männer, das ganz unscholastische Ziel einer Naturerkenntnis auf scholastischem Wege zu erreichen; als ob Bacon nie gelebt hätte, als ob Mathematik und Physik, Chemie und Physiologie nicht der exakten Forschung einen überraschenden Aufschwung bereits zu danken gehabt hätten, gingen die deutschen Naturphilosophen darauf aus, durch logische Schlüsse ins Innere der Natur zu dringen, positive Kenntnisse aus der Tiefe des Gemüts zu schöpfen, aus der Tiefe des Gemüts die Anatomie des Kamels, aus der Tiefe des Gemüts die Zahl der Planeten. Wie tausend Jahre vorher sollte das Denken wieder die Erfahrung und das Experiment (die schlaue Erfahrung) ersetzen. Die Lage der Wissenschaften ist heute eine ganz andere. Unbekümmert um die alte Naturphilosophie, mit steigender Verachtung gegen alle Philosophie, hatte die exakte Wissenschaft in allen Kulturländern zugleich daran gearbeitet, naturgeschichtliche Tatsachen zu sammeln, vorurteilslos, fast gedankenlos, möchte man sagen, oder doch ideenlos, unermüdlich, oft genug geistlos oder alexandrinisch. Die Kärrner bildeten natürlich die Mehrzahl unter den Forschern. Das Ergebnis war ein so unübersehbarer Haufe von Einzeltatsachen, daß in genialen und auch in ordnungsliebenden Köpfen der Wunsch sich regen mußte, sich einmal darauf zu besinnen, ob die neuen Ergebnisse der exakten Forschung geeignet wären, uns die Natur anders und besser begreifen zu lehren als bisher. Ohnehin war die Philosophie überhaupt dadurch wieder zu Ehren gekommen, daß die bedeutendsten Physiologen und Physiker eingestehen mußten: die Psychologie Lockes und die Erkenntnistheorie Kants stimmen sehr gut zu den neuesten Untersuchungen über die Natur der menschlichen Sinne. Man scheute das Wort Philosophie nicht mehr und wagte es wieder, die Natur philosophisch zu betrachten. Hatte man vor hundert Jahren den romantischen Einfall gehabt, ein aus der Tiefe des Gemüts geschöpftes System den Tatsachen aufzuzwingen, so will man jetzt eigentlich nur die massenhaften Tatsachen systematisch ordnen. Im Grunde ist es nicht der deutsche Begriff Philosophie, sondern der englische Begriff philosophy, der da auf das Naturerkennen angewandt wird. Der lebhafteste und beste Vertreter der wieder zu Ehren gekommenen Naturphilosophie, Ostwald, lehrt in jedem seiner Bücher: die Natur wäre besser als bisher dadurch zu begreifen, daß man in den verschiedenen Energien die einzigen Ursachen des Weltgeschehens erblickte. Die neue Naturphilosophie ist *Energetik*.

Ich stehe nicht an es auszusprechen, daß ich die heutige Gewohnheit, überall da von *Energie* zu reden, wo man noch vor zwei Generationen mit *Kraft* auskam, für eine Sprachmode halte. Es war allerdings unbequem, die potentiellen Kräfte unter dem so aktiv klingenden Kraftbegriffe unterzubringen; das Wort *Energie* bot aber zunächst die gleiche Schwierigkeit; und am Ende sind die beiden Hauptsätze der Energetik, der durch seine Gewißheit fast banal gewordene erste Satz und der immer noch problematische zweite Satz der mechanischen Wärmetheorie — am Ende, sage ich, sind die Hauptgedanken der Energetik ausgesprochen worden, bevor der Begriff Energie üblich war. Übrigens kommt es auf die Worte nicht an. Die Naturphilosophen hätten nur die Pflicht, die Begriffe *Kraft* und *Energie* so zu definieren oder zu beschreiben, daß eine saubere Scheidung möglich würde. (Vgl. Art. *Kraft.*)

Zu uns ist das alte Wort Energie auf seiner langen Wanderung über England gekommen, aus dem Lande also, wo das Dogma vom klassischen Altertum noch in ungetrübtem Ansehen steht, wo Ästheten und Forscher noch nicht zu wissen scheinen, daß das Ende der schönen und preisenswerten Renaissance hereingebrochen ist, daß wir uns von der Herrschaft der Griechen so gewiß befreien müssen, wie es vor fünfhundert Jahren nötig war, uns ihrer Führung anzuvertrauen. Drollig ist es, daß bei dieser Vorliebe der Engländer für griechisches Denken, oft nur für griechische Wörter, politische Sympathien aus der Zeit des Philhellenismus eine entscheidende Rolle spielten, also ein höchst unwissenschaftliches Gemisch von dichterischem Idealismus und geschäftlicher Heuchelei.

Der Physiker Young führte das Wort *energy* zuerst vor etwa hundert Jahren für den Kraftbegriff ein, und Thomson gebrauchte es dann zuerst in der neuen Bedeutung: Energie ist die Fähigkeit, Arbeit zu leisten. Man sieht, die alten *Vermögen* sind unter einem neuen Namen wieder auf dem Plan. Aber die Vorstellungen, die man an die Arbeitsleistungsfähigkeiten knüpfte, waren doch viel klarer und genauer als das, was man sich einst bei dem Begriffe Vermögen vorstellte; und auch die Bezeichnung Energie war nicht schlecht gewählt. Das Wort *ἐνεργεια* bedeutete im Griechischen soviel wie *πραξις*, eine Tätigkeit, eine Wirksamkeit; es eignete sich also sehr gut dafür (wie wir gleich sehen werden), die Beziehung zwischen Ursache und Wirkung auszudrücken. Freilich wurde *ἐνεργεια* von Aristoteles gern in einem Gegensatze zu *ἕξις* gebraucht, und *ἕξις* sollte, gegenüber der aktiven Energie, einen passiven Zustand oder eine Beschaffenheit ausdrücken; ich habe schon kurz darauf hingewiesen, daß darum *potentielle Energie* eben so schlecht zu kopulieren war wie *potentielle Kraft*. Aber bei einem Fremdworte hört man nicht so genau.

II.

Die Naturphilosophie, welche sich selbst Energetik nennt, ist insofern wirklich eine Abart deutscher Philosophie, als sie darauf ausgeht, den Substanzbegriff aus der Welt zu schaffen, durch den Energiebegriff zu ersetzen, und so, wenn das Wort gestattet ist, etwas wie einen empirischen Idealismus zu lehren. Auf eine solche Konsequenzmacherei wäre englische philosophy kaum verfallen. Die gegebene Aufgabe war, die so durchaus verschieden wirkenden Kräfte (Bewegung, Wärme, Gravitation, chemische Affinität, Elektrizität, Magnetismus) unter dem Oberbegiff Energie einheitlich zu definieren und, nachdem die Verwandlungsmöglichkeit der verschiedenen Energien ineinander erkannt worden war, mehr Einheit als bisher in das Weltgeschehen hineinzudenken. Diesen Dienst hat die Energetik binnen ungefähr 50 Jahren der Naturwissenschaft geleistet. Man achte einmal auf eine kleine sprachliche Absonderlichkeit, um mit einem Blicke übersehen zu können, welche Verwirrung in unsern Vorstellungen von den verschieden wirkenden Kräften bis dahin geherrscht hatte; es ist am bequemsten dabei auf die romanischen Ausdrücke zu achten: mouvement, gravitation, chaleur, affinité, magnétisme. Im Lateinischen waren diese Ausdrücke mit Hilfe der so ungleichen Endsilben -mentum, -atio, -or, -tas, -ismus gebildet worden. Eine ganze Welt von mythologischen Begriffen verbirgt sich hinter den Zusammensetzungen mit diesen Endsilben; eine intime Wortgeschichte aller dieser Kraftbegriffe würde lehren, daß jedesmal dominierende Nebenvorstellungen die Wahl der Endsilbe herbeiführten. Der Fall liegt nicht ganz so schlimm, wie bei den vier Elementen Feuer, Wasser, Luft und Erde, die bis ins 18. Jahrhundert hinein einer einheitlichen Erkenntnis der chemischen Verbindungen im Wege standen; aber Sachkenner werden mir zugeben, daß die inkohärenten Namen der Kräfte doch auch dazu beitrugen, die Einsicht in die mögliche Einheit alles Naturgeschehens zu hemmen. Die Bezeichnung *Energie* war neu, war noch nicht kompromittiert, eignete sich also sehr gut dazu, als Oberbegriff für all diese schlecht benannten Kräfte zu dienen; war nur der Energiebegriff gut definiert, so brauchte man die Namen der einzelnen Energien nicht in einheitlichem Sinne abzuändern (was ein gewagtes und undankbares Geschäft gewesen wäre) und konnte stillschweigend die Definition der Energie auf ihre einzelnen Erscheinungen anwenden, unbekümmert um die alten Vorstellungen, die sich irgendwie unbewußt noch an die verschiedenen Endsilben knüpften.

Welches aber ist die Definition oder Erklärung des neuen Energiebegriffs? Ich will es nur gleich sagen, daß ich den Wert des neuen Begriffs, im Gegensatze zu den Synonymen Vermögen und Kraft, in der Möglichkeit finde, *Energie* an Stelle der alten *Kausalität* zu setzen und so ein schwerfälliges Wort der Scholastik, das durch einen hundertjährigen Streit unersetzliche Verluste erlitten hat, durch einen neuen, noch bildsamen, eine Fülle naturwissenschaftlicher Tatsachen assoziierenden Begriff zu ersetzen.

Ich habe schon darauf hingewiesen, daß der Gegensatz von Hume und Kant in bezug auf den Kausalitätsbegriff nicht unüberbrückbar sei. (Vgl. Art. *causalitas* S. 110 und Art. *Bedingung* S. 94.) Hume und Kant hatten beide den Ursachbegriff aus der Ontologie hinausgeschafft und in die Psychologie verwiesen; wir wenigstens dürfen das so ausdrücken. Hume hatte die Ursache eine Gewohnheit des Denkens genannt; viel schärfer, und in diesem Punkte ein Überwinder Humes, faßte Kant die beiden Korrelatbegriffe *Ursache* und *Wirkung* unter *Kausalität* zusammen, nannte sie selbst eine Kategorie des Denkens, sah in ihr eine Bedingung aller Erfahrung: die Relation zwischen Ursache und Wirkung. Dem Kantischen Kausalitätsbegriffe nun, nicht dem Ursachbegriffe allein, möchte ich den neuen Energiebegriff gleichgesetzt wissen.

Wir haben seit zwei Menschenaltern gelernt, daß sich z. B. Bewegung in Wärme, Wärme in Elektrizität *verwandelt*, streng gesetzmäßig, wenn wir nämlich berechtigt sind, die Erhaltung der nach bestimmten Einheiten gemessenen Quantitäten ein Gesetz zu nennen. Die untereinander unvergleichbaren Erscheinungen der Bewegung, der Wärme, der Elektrizität nannte man früher Ursachen oder Kräfte, ohne sich der anthropomorphischen Herkunft dieser Vorstellungen klar bewußt zu werden; Bewegung, Wärme, Elektrizität waren Kräfte, die irgend etwas anderes, fremdes verursachen konnten, wie der Mensch durch seine Körperkraft einen Stein werfen, seinem Mitmenschen einen Schmerz zufügen kann. Innerhalb der Dynamik war es längst bekannt, daß die Kräfte erhalten bleiben und nur ihre Richtungen wechseln. Durch den Satz von der Erhaltung der Energie kam etwas ganz Neues hinzu. Man erfuhr jetzt, daß die sonst unvergleichbaren Energieformen sich ineinander verwandeln können, bei Erhaltung der gemessenen Quantitäten. Diese Verwandlung oder Metamorphose der Energieformen scheint mir nun die vorläufig letzte Fassung des Rätsels zu sein, das als Kausalität sowohl Hume als Kant beschäftigte. Hume verzweifelte daran, den Ursachbegriff im Denken überhaupt vorzufinden; Kant gab die Schwierigkeit zu, da die Vernunft auf keine Weise einsehen könne, wie die Beziehung des Daseins eines Dinges auf das Dasein von irgend etwas anderem möglich sei, was durch jenes unbedingt gesetzt werde (Proleg. § 27 S. 97); und Kant, dem sein erster Kritiker Änesidemus-Schulze nicht mit Unrecht vorwarf, sein System könnte den Namen des Formalismus verdienen, half sich damit, daß er die Kausalität eine Form des Denkens nannte, die aller Erfahrung vorausging. Er leugnete nicht eine Beziehung zwischen Ursache und Wirkung; er nannte nur diese Beziehung eine Relation, von deren Realität wir nichts aussagen können. All das trifft auf die Verwandlungen oder Metamorphosen der Energieformen zu. Bewegung verwandelt sich in Wärme, Wärme verwandelt sich in Bewegung; es hängt allein von der Anordnung des Versuchs ab, welche von den beiden Erscheinungen Ursache und welche Wirkung *heißen* solle. Auch eine Kreisverwandlung läßt sich leicht konstruieren, bei der dann die Wirkung wieder zur Ursache wird. In der Natur freilich gibt es keine Kreisverwandlungen, weil die Zeit, nach welcher allein wir Ursache und Wirkung in unserer Sprache unterscheiden können, nicht umkehrbar ist, nur einmal da ist. Ursache aber und Wirkung sind Energie; und sind auch nur ein und dieselbe Energie unter verschiedenen Verkleidungen. Denn das allein kann doch der Grundgedanke der neuen Naturphilosophie sein, die als Energetik die Erhaltung *der* Energie lehrt: daß es über allen Energieformen nur *eine* Energie gibt. Die bleibt erhalten, während ihre Erscheinung als Bewegung, Wärme, Elektrizität usw. wechselt. Nun ist es ganz gewiß ein ungenauer, ein bildlicher Ausdruck, wenn man sagt, Energie sei zu gleicher Zeit Ursache und Wirkung. Die Ursache verschwindet, die Wirkung erscheint. Die Höhenlage des aufgestauten Wassers verschwindet; aber jetzt dreht sich das Rad; dann verschwindet die Drehung des Rades oder der Turbine, und im metallischen Drahte zeigen sich elektrische Erscheinungen; endlich verschwindet die Elektrizität und das Licht ist da. Die Ursache ist zugunsten der Wirkung verbraucht worden. Wenn wir trotzdem an der Formel, die Energie bleibe erhalten, keinen Anstoß nehmen, wenn wir also die Energie der Ursache und die Energie der Wirkung gleich setzen, so verstehen wir unter Energie nicht Ursache *oder* Wirkung, auch nicht Ursache *und* Wirkung, sondern die Beziehung zwischen Ursache und Wirkung, eben die Relation, die Kant unter Kausalität verstanden hat. Darin allein scheint mir der entschiedene Wert des Energiebegriffs zu liegen. Bis auf Hume und Kant hatte die Scholastik nachgewirkt, die in ihrem Wortrealismus der *causa* fast einen dinglichen Charakter beigelegt hatte; Hume und Kant verwiesen, wie gesagt, den Begriff in die Psychologie, doch so, daß Hume ihn für einen Scheinbegriff hielt, Kant aber die Relation zwischen Ursache und Wirkung in ihrer Bedeutung für unser Denken erkannte, und nur über ihr Wesen nichts auszusagen vermochte. Die neuere Physik hat nun über das Wesen dieser Relation doch etwas sehr Wichtiges ermittelt, daß es nämlich in der Metamorphose einer ihrer Quantität nach vergleichbaren Kraft bestehe, besser: in der Metamorphose von Kräften; die alten Worte für diese Kräfte (Kräfte, Vermögen, Ursachen) bezogen sich aber anthropomorphisch immer auf die der Zeit nach vorangehenden Lagen oder Veränderungen oder Bewegungen; es war also ein Bedürfnis der wissenschaftlichen Sprache, für die Umwandlung selbst, für die Metamorphose, die aus der Ursache eine Wirkung machte, einen neuen Ausdruck zu finden. Und diesem Bedürfnis entsprach recht gut das unverbrauchte Wort *Energie.* Es scheint mir vorzüglich der Kantischen Erkenntnistheorie zu entsprechen, wenn wir unter Energie einzig und allein die Kategorie der Kausalität verstehen, die Relation zwischen Ursache und Wirkung. Nur zwei Punkte habe ich bei diesem Vorschlage noch deutlicher zu machen: ich muß den Begriff der Ursache noch einmal prüfen, und ich muß die Frage nach der Realität der Energie zu beantworten suchen.

Ich habe aus der Summe der Bedingungen, von welchen eine notwendige Wirkung abhängt, diejenige Bedingung die *Ursache* genannt, der wir eine auslösende Kraft beilegen. Ich habe da schon den Begriff der *Auslösung* etwas erweitert, und sogar die Lebenskraft im Keime eines Samens eine auslösende Kraft genannt. (Vgl. Art. *Bedingung* S. 97.) Aber die neuere Physik, insbesondere die mechanische Wärmetheorie, scheint mir den Begriff der Auslösung noch viel mehr erweitert zu haben. Der alte scholastische Satz *causa aequat effectum* hat seine Giltigkeit verloren. Wir wissen seit Carnot und Clausius, daß bei der Umwandlung von Wärme in Arbeitsenergie ein beträchtlicher Teil der Wärme fruchtlos ausgegeben wird, nicht in diejenige Wirkung verwandelt wird, die wir als Wirkung gewollt haben. Läßt sich dieses Gesetz verallgemeinern, so bleibt der theoretische Satz von der Erhaltung der Energie zwar bestehen, aber die Ursache ist der Wirkung (der uns interessierenden Wirkung) nicht mehr gleich, die Ursache wird in zwei Kräfte zerlegt, von denen die eine eine Wirkung auslöst, die andere nutzlos verschwindet. Man stoße sich nicht daran, daß ich da den alten Ursachbegriff, mit bewußter Übertreibung seines anthropomorphischen Charakters, an das menschliche Interesse geknüpft habe; es scheint mir aber wirklich dem Sprachgeiste zu entsprechen, daß nur ein interessiertes Auge Ursache und Wirkung beobachten kann. Was die interesselose, uneigennützige Forschung am Naturvorgange sieht, dafür passen die alten Worte nicht mehr recht. Das neue Wort ist voraussetzungsloser. Und so nähert sich der Energiebegriff, unbekümmert um Menschenzwecke, den wirklichen Beziehungen zwischen causa und effectus viel genauer, als der anthropomorphische Ursachbegriff es zu tun vermochte. Also führt auch diese Erwägung dazu, die Einführung des Energiebegriffs für einen Fortschritt der Physik zu halten.

Was nun die Realität des Energiebegriffes betrifft, so hat Kant (a.a. O.) zwar gegen Hume erklärt, daß er die Notwendigkeit der Kausalität durchaus nicht für bloßen Schein halte, daß aber die Vernunft diese Beziehung gar nicht fassen könne, daß er also (das ist wohl der Sinn) über die Realität des Kausalbegriffes nichts aussagen könne. Wenn nun (nach Ostwald) der Energie Realität zugeschrieben werden muß, so kann Energie entweder nicht identisch sein mit dem Kantischen Kausalitätsbegriffe, mit der Relation zwischen Ursache und Wirkung, oder Ostwald hat die letzten Fragen viel gründlicher beantwortet als Kant. Was ja möglich wäre; Wundt hat es ja seinem Mitarbeiter an der „Kultur der Gegenwart" (Systematische Philosophie S. 127) schwarz auf weiß zugesichert, daß Ostwald ein Metaphysiker sei. Ostwald hat nun (a. a. O. S. 162) zugestanden, daß der Allgemeinbegriff der Energie abstrakt sei; „die einzelnen Energieen dagegen sind durchaus real." Er folgert das daraus, daß die verschiedenen Energieen Gegenstände des Handels seien. Man kaufe Elektrizitätsenergie und verwende sie nach Bedarf zur Beleuchtung, zur Arbeit oder zur Elektrolyse. An einer Wasserkraft werde das fallende Wasser bezahlt; das verbrauchte Wasser lasse man als wertlos abfließen. Ganz richtig. Damit scheint mir allerdings bewiesen, daß nicht das reale Wasser bezahlt werde, sondern nur die Höhenenergie des von Naturkräften emporgehobenen Wassers. Bewiesen ist, daß solche Relationen (die höhere Lage, die höhere Temperatur, die höhere Spannung) einen höheren wirtschaftlichen Wert besitzen; die Realität einer Erscheinung wird nicht dadurch bewiesen, daß es Leute gibt, die Geld für diese Erscheinung ausgeben. Es gibt Leute, die für Ablaß, für *Besprechung* von Krankheiten, die für den Kommerzienratstitel oder für Geistererscheinungen Geld ausgeben; das wäre mir eine schöne Metaphysik, die daraus schließen wollte, Ablaß, Besprechungen, Kommerzienratstitel und Geistererscheinungen hätten Realität. „Aber die Pächter von Wasserkräften machen doch gute Geschäfte?" Jawohl; und die Leute, die sich über die Realität des Raumes den Kopf zerbrechen, machen keine guten Geschäfte.

Die gewiß unbewußte Absicht, die Ostwald zu einer solchen Logik führte, war wohl die Tendenz, seinen dominierenden Gedanken wieder einmal zum Ausgangspunkt eines Systems zu machen, eine neue Philosophie aufzustellen, eben die Energetik. Die letzte Gestalt des Materialismus war die mechanistische Weltanschauung gewesen, die den alten Gegensatz von Geist und Körper durch die Begriffe Kraft und Stoff zu überwinden hoffte. Das war wieder ein Dualismus gewesen und hatte abgewirtschaftet. Das neue Schlagwort hieß: Monismus. Bedurfte die Energie eines Trägers, an der sie haftete, einer Substanz, so lief die neue Energetik wieder auf die Lehre von Kraft und Stoff hinaus; man besaß dann nur zwei neue Worte und einige bessere Beobachtungen; war die Energie nur die Relation zwischen Ursache und Wirkung, so blieben alle Rätsel des Substanzbegriffes ungelöst weiter bestehen und es war zu fürchten, daß die Erklärung des Geisteslebens durch Substanz und Energie ebenso scheitern würde, wie die Erklärung durch Kraft und Stoff elend gescheitert war. Der Monismus mußte helfen. War die Energie nicht nur in allen ihren Formen eine Beziehung (zwischen Substanzen oder Veränderungen, wie man will), war die Energie das *eigentlich Reale* (Ostwald: Die Energie S. 5), dann verlangte es die Einheit des Systems, daß man den Energiebegriff über die Physik hinaus auf die Realitäten der Biologie und der Psychologie anwandte und die langgesuchte monistische Welterklärung war endlich fertig. Die Erweiterung des Energiebegriffes über die Mechanik hinaus auf alle Erscheinungen der Physik hatte sich vor Ostwald vollzogen, als die mechanische Wärmetheorie einen Oberbegriff für die verschiedenen Arbeitsleistungen gebraucht hatte, die sich gesetzmäßig ineinander verwandelten; die fernere Erweiterung des Begriffes auf die Erscheinungen des Lebens und des Geistes sind Ostwalds persönliches Werk. Wir haben noch zu fragen, was durch diese neue Erweiterung des Energiebegriffes etwa erreicht worden ist.

III.

Ich habe schon flüchtig erwähnt, daß die Bezeichnung *Energie* zuerst auf eine Erscheinung der Mechanik angewandt wurde; man hatte für das, was außer dem Namen *lebendige Kraft* vorher viele andere Namen aus der Gemeinsprache, übrigens auch verschiedene Definitionen und verschiedene mathematische Formeln, gehabt hatte, nach einem wissenschaftlichen Ausdruck gesucht, und die Engländer fanden, wie gesagt, für diese mechanische Gewalt oder den Impetus das Fremdwort Energie. Die Konstanz der lebendigen Kraft war seit Descartes ein Glaubensartikel der Physik. Als nun Robert Mayer diese Lehre ausdehnte, die Konstanz der nicht bloß mechanischen Kräfte lehrte, insbesondere das mechanische Wärmeäquivalent fand, da war es ökonomisch und darum wissenschaftlich richtig, den Energiebegriff auf die Chemie und auf die Imponderabilien auszudehnen und von einer *Erhaltung der Energie* zu sprechen. Das Gebiet der Physik wurde dabei nicht verlassen. Die Naturwissenschaft wußte nur von physikalischen Energieen; erst die neue Naturphilosophie versuchte es, getreu ihrem Streben, das Unsichere durch Verallgemeinerung des Gesicherten zu erraten, den Energiebegriff über die Physik hinaus auszudehnen. In einem zweifachen Sinne. Die neue Energetik wollte die Energie an die Stelle des Substanzbegriffes setzen, wobei freilich immer nur ältere Worte durch neuere Worte ersetzt wurden, ohne daß das wissenschaftliche Bild von der Welt irgendwie verändert worden wäre. Aber die Energetik wollte auch das Leben und den Geist für Energieformen ausgeben, und dabei ging es ohne Gewaltsamkeiten nicht ab. Ich bemerke, daß Ostwald in seinen ganz eigenen Büchern diesen Bedeutungswandel des Energiebegriffes sehr energisch betont, daß er aber in dem kleinen Abriß der Naturphilosophie, der in den Sammelband Systematische Philosophie („Kultur der Gegenwart", Teil I Abt. VI.) aufgenommen worden ist, auf seine Kollegen Rücksicht nimmt, und namentlich an einer energetischen Erklärung des Geisteslebens verschämt vorübergeht, „da die hier auftretenden Fragen in den anderen Abteilungen dieses Werkes behandelt werden."

Ostwald hat gut gesehen, daß die Lebenserscheinungen rein mechanistisch nicht zu erklären sind. Zwischen einer Flamme und dem Leben eines Organismus gibt es viele Ähnlichkeiten, die ja oft genug von Poeten und Rhetoren in Worten behandelt worden sind; aber das Leben ist doch noch etwas anderes, als daß es der Flamme ähnlich ist. Die Erhaltung der Flamme und die Fortpflanzung der Flamme ist rein mechanisch zu erklären; Erhaltung und Fortpflanzung eines Organismus nicht. Nimmt man die Energieform der Chemie zu Hilfe, so wird vielleicht einmal der gesamte Stoffwechsel der Organismen materialistisch erklärt werden, und man wird das dann (weil doch die Energie an Stelle der Materie getreten ist) eine energetische Erklärung nennen dürfen. Nur das Rätsel des Gedächtnisses wird gewiß auch dann nicht aufhören, Schwierigkeiten zu machen.

Es ist keine Willkür der menschlichen Sprache, zwischen Lebewesen und unorganischen Körpern zu unterscheiden, wenn auch — wie ich öfter zu behaupten gewagt habe — die Kristalle eine Brücke zwischen beiden Gruppen bilden dürften. (Otto Lehmanns anregende Ausführungen über *flüssige Kristalle* machen die merkwürdigen Bildungen nicht zu lebendigen Wesen; aber sie schlagen doch auch eine Brücke von den anorganischen zu den organischen *Formen.*) Die Energiesysteme, die wir lebendig nennen, weisen deutlich andere Eigenschaften auf als die Energiesysteme, die wir unorganische Stoffe nennen. Für die menschliche Betrachtung unterscheidet sich das Leben von der unorganischen Welt durch die Zweckmäßigkeit, zu welcher die Teile eines Organismus geordnet sind. Der Zweckbegriff aber hat meines Erachtens unter keinen Umständen einen Platz unter den Energieformen. Der Zweck, die Endabsicht einer Intelligenz, setzt die Existenz von Energieen und einige Kenntnis der Energiegesetze schon voraus; die Intelligenz benutzt die ihr bekannten Energieen als Mittel für ihre Zwecke. Die Zweckmäßigkeit ist keine neue Energie; die causa finalis ist keine causa. Man könnte das auch so ausdrücken: da nach der Anschauung der gegenwärtigen Biologie sämtliche Energieen des Stoffwechsels im organischen Körper verbraucht werden, bleibt keine Energie übrig, die für eine Umwandlung in eine besondere Lebensenergie oder eine besondere Lebenskraft nötig wäre. Die Reizerscheinungen, die doch nur an Organismen zu beobachten sind, lassen sich demnach so analysieren, daß die Reiz*bewegungen* jetzt oder dermaleinst aus Energieen zu erklären sind, daß die Reiz*empfindungen* aber schon psychische Begleiterscheinungen sind, für deren Zweckmäßigkeit wir keine Erklärung, keine Relation von Ursache und Wirkung, keine Energie kennen.

Nun ist freilich durch Darwins Hypothese der große und kühne Versuch gemacht worden, den Zweckbegriff aus der Geschichte der organischen Natur hinauszuschaffen; und der Kampf um den Darwinismus wird und kann sich nicht beruhigen, bevor über den Zweckbegriff nicht volle Klarheit geschaffen ist. Einstweilen ist es uns durch Hering geläufig geworden, die Zweckmäßigkeit der Organismen durch etwas wie ein unbewußtes Gedächtnis des organischen Stoffes zu erklären. Ich lasse die Frage, ob *unbewußtes Gedächtnis* nicht eine contradictio in adjecto sei, hier beiseite; offenbar ist es eine bildliche Erweiterung des Begriffes, wieder ein Anthropomorphismus, wenn wir einem Organismus ohne Gehirn und ohne Bewußtsein etwas wie das menschliche Gedächtnis zusprechen. Aber wir kommen ohne dieses Bild nicht mehr aus. Biologie und Psychologie werden so durch den dominierenden Begriff Gedächtnis zu einer einzigen Gruppe vereinigt, und anstatt einzeln zu fragen, ob das Leben eine besondere Energieform sei, ob der Geist eine besondere Energieform sei, haben wir nur noch die einzige Frage zu beantworten: ist das Gedächtnis eine Energieform? Oder besser: kommen wir in der Erkenntnis weiter, wenn wir das Gedächtnis eine Energieform nennen?

Da muß zunächst gesagt werden, daß gegen die Ausdehnung einer Wortvorstellung an sich nicht viel einzuwenden sein wird, gegen die Ausdehnung des Energiebegriffes auf den Geist oder auf das Gedächtnis weniger, als gegen seine Ausdehnung auf das Leben. Im Stoffwechsel scheinen alle chemischen und physikalischen Energieen des Organismus restlos verbraucht zu werden; die Reizempfindungen konnte man noch als innere Begleiterscheinungen auffassen. Muskelarbeit konnte noch als eine, bisher ungelöste, Aufgabe der mechanistischen Physiologie betrachtet werden. Nicht ganz so die Geistesarbeit, die immer auf Gedächtnisarbeit zurückgeht. Wir fühlen diese durchaus innere Gedächtnisarbeit als eine Anstrengung; und wir glauben zu wissen, daß es ohne Stoffverbrauch nicht abgeht, wir dürfen also sagen, daß da bei der Gedächtnisarbeit wieder einmal Energieen verwandelt worden sind. In Arbeit sogar. Das mag der richtige Ausgangspunkt von Ostwald gewesen sein.

Was gewinnen wir aber, wenn wir die Geistestätigkeit eine Energie nennen? Als wir diese Tätigkeit eben *Arbeit* nannten, haben wir ja schon ahnungslos einen bildlichen Ausdruck gebraucht. Dem ungebildeten Arbeiter oder gar dem Naturmenschen fällt es gar nicht ein, das Nachdenken eine Arbeit zu nennen. *Arbeit* im Sinne der Nationalökonomie oder gar im noch strengern Sinne der Energetik, der aus der Nationalökonomie stammt. Und wir spielen mit Worten, wenn wir zuerst die ihrer Quantität nach meßbaren Kraftwirkungen unter dem Oberbegriff Arbeitsenergie zusammenfassen und dann die Geistesarbeit, um des Wortes *Arbeit* willen, eine Energieform nennen. Das ist der springende Punkt. Der Energiebegriff hat nur insofern einen Sinn oder einen wissenschaftlichen Nutzen, als er es uns ermöglicht, die Umwandlungen der verschiedenen Relationen zwischen Ursache und Wirkung mit einem einheitlichen Maße zu messen. Ein gemeinsames Maß zwischen mechanischen Energieen und der Geistesarbeit gibt es nicht und kann es nach dem Wesen der menschlichen Sprache nicht geben, weil alle mechanischen Maße zuletzt auf Raumgrößen zurückgehen, und weil das geistige Leben keine Relation zum Raume hat. Die Ausdehnung des Energiebegriffs auf das geistige Leben oder auf das Gedächtnis hat also keinen Sinn und keinen wissenschaftlichen Nutzen. Sie ist ein Phantasiegebilde, das man nur ästhetisch bewerten sollte.

Ich möchte noch ein wenig tiefer bohren, um eine ganz winzige Strecke. Ist meine Definition richtig, ist die Energie nur die Kausalität, wie Kant sie verstanden hat, ist die Energie nur die Relation zwischen Ursache und Wirkung, so bezieht sich der Energiebegriff nur auf Erscheinungen, ist nur eine Menschenvorstellung, sagt gar nichts aus über die wirkliche Natur. Weil wir es bei unseren Werkzeugen und Maschinen, bei unseren chemischen Fabriken und bei elektrischen Zentralen, beim Kalendermachen und bei Wetterprognosen einzig und allein mit Erscheinungen zu tun haben, darum kommen wir auf allen diesen Gebieten mit dem Energiebegriff und der Lehre von der Erhaltung der Energie recht gut aus. Nach dem Ding-an-sich der Naturerscheinungen fragen die Naturforscher und die Techniker nicht. Nur heimlich meinen sie, durch den Energiebegriff ins Innere der Natur gedrungen zu sein. Wenn wir aber diesen Begriff auf das geistige Leben anwenden, das uns unmittelbar so viel besser bekannt vorkommt als die Naturerscheinungen, so begehen wir den groben Doppelfehler, daß wir die Menschenvorstellung der Relation für eine Erklärung der wirklichen Natur halten, und daß wir darum wieder einmal das Ding-an-sich entdeckt zu haben glauben, wenn wir es eine Energieform nennen.

IV.

Mit dem warnenden Gefühle, einen gefährlichen Boden zu betreten, möchte ich nun noch einen Begriff zuhilfe rufen, der eine Brücke schlagen könnte von *Energie* zu *Gedächtnis*. Ich weiß, daß die Brücke brechen wird. Mag man mir wieder Hyperkritik vorwerfen; als ob es ein Fehler des Mikroskopes wäre, wenn es bisher verborgene Risse und Sprünge aufzeigt.

Der Hilfsbegriff ist die *Einübung* (vgl. Kr. d. Sp. I² 486). Wenn das Gedächtnis das Lösungswort für das Rätsel unseres ganzen psychischen Lebens ist, insbesondere für das unseres Denkens oder Sprechens, so wäre wirklich eine mechanistische Erklärung des Gedächtnisses zugleich eine energetische Erklärung unseres Geisteslebens. Ist nun unser gesamtes Geistesleben die Summe unserer Wort-Assoziationen und erklären sich diese Assoziationen aus Einübung oder Wiederholung der Sprachworte, so scheint auf den ersten Blick die Möglichkeit gegeben, aus den hinterlassenen Spuren in den Nervenbahnen die leichtere Befahrbarkeit der alten Gleise zu erklären und so irgendeine Energieverwandlung anzunehmen, bei der aus dem Stoffwechsel Gedächtnis entstünde wie Ausdehnung aus der Wärme. Wir haben aber (S. 158) den schlichten Satz, daß Wärme eine Energie sei, schon als eine Tautologie oder einen circulus vitiosus erkennen gelernt; und ich fürchte, die Inanspruchnahme der *Einübung* führt zu einer gleichen Zirkelerklärung. Die Einübung der Worte ermöglicht beim Kinde erst die Assoziationen, die den Gebrauch der Sprache ausmachen; und wieder beim Schüler und beim Erwachsenen erleichtern und ermöglichen erst die Assoziationen das Lernen und die Einübung des Gelernten. Ist das kein Zirkel der Sprache, so ist es der schlimmere Zirkel der psychologischen Wirklichkeit.

Da erwacht die lachend quälende Sorge, ob nicht allein die Anwendung des Energiebegriffs auf das Geistesleben einen verbotenen Zirkel beschreiben möchte, sondern jede Erklärung des Energiebegriffs überhaupt. Und welch eine tollgewordene Kurve könnte den Begriff einer Energie der Lebenskraft oder gar den einer psychischen Energie darstellen, wenn schon jede Definition der physikalischen Energie ein circulus vitiosus wäre! Soll ich den Scherz wagen: eine Cykloïde?

Wir halten uns für diese letzten Fragen der Energetik besser an die mechanistische Energetik, wie sie Helmholtz gelehrt hat und wie sie auch bei der Elektronen-Hypothese eigentlich wieder gelehrt wird; die qualitative Energetik, die nicht materialistisch ist (R. Mayer ist denn doch von Begriffen ausgegangen, wenn dem genialen Manne auch die Anregung aus einem aperçu kam, und Joule, der Engländer, spricht gar von Kräften, die Gott der Materie verliehen hat und die darum nicht zerstört werden können) und die am schönsten von Mach vorgetragen wird, ist weniger falsch, weniger konsequent, aber auch weniger begriffseinheitlich; auch hat uns Mach belehrt (Prinz. d. Wärmelehre² S. 317), daß jene mechanistischen Vorstellungen sich zur bildlichen *Darstellung* physikalischer Vorgänge gut eignen.

Mach hat auch schon sehr fein darauf hingewiesen (a. a. O. 318f.), daß es nur ein historischer Zufall war (er denkt an das Interesse Sidi Carnots für die neue Bedeutung der Dampfmaschine), wenn die Aufstellung des Energieprinzips an die mechanische Wärmetheorie geknüpft wurde und nicht etwa an die Theorie der später praktisch gewordenen Elektrizität. Bei der Wärme konnten die Philosophen der Energie *Menge* und *Arbeit* gleichsetzen, bei der Elektrizität nicht; der Arbeitsbegriff, auf dem doch der Energiebegriff ruht, wäre also ganz anders vorgestellt worden, wenn Energetik zufällig erst nach der Ausbreitung der Dynamomaschine ausgebildet worden wäre.

Die Grundbegriffe *Arbeit* und *Energie* sind also durchaus *relative* Begriffe, alle ihre Meßbarkeit ist relativ und darum allein schon sind sie nicht physikalisch definierbar; das Bild, mit welchem z. B. Stärke und Spannung der Elektrizität durch die Lagenenergie (Menge und Höhe) eines gestauten Wassers dargestellt wird (ähnlich der sprachliche Ausdruck für andere Energien), nimmt in irgendeiner Weise immer ein *oberes* und *unteres* an und diese Bezeichnungen verraten die Relativität der Vorstellungen. Dabei hätte es keinen Sinn, bei der Gravitation *oben* und *unten* etwa auf den Mittelpunkt der Erde zu beziehen, bei der Wärme etwa auf den absoluten Nullpunkt. Damit wüßte der Ingenieur nichts anzufangen; und der Naturphilosoph erst recht nichts. (Naturwissensch. Wochenschrift 1909, Nr. 43; „Die Energie" von B. Weiß.)

Man wende nicht ein, daß da nur das Maß der Energie sich als relativ herausgestellt habe, nicht das Wesen der Energie. Mach hat (a.a.O. S. 324), wenn ich die merkwürdige Stelle ganz recht verstehe, den Substanzbegriff als abhängig von dem historisch, also zufällig gewählten Maße dargetan; weil wir das Wasser, dessen Höhenenergie Arbeit leistet, nebenbei auch mit der Wage messen, darum ist es uns ein Stoff; Sauerstoff war so lange kein Stoff, als er nicht gewogen werden konnte. Die Stofflichkeit der Wärme, der Elektrizität hängt davon ab, woran wir diese Energien messen.

Wenn nun nicht nur die Höhe der Energien, sondern ihr Wesen selbst relativ ist, wenn wir sogar zu dem Urphänomen der Energetik, dem mechanischen Wärme-Äquivalent, nur durch die historisch zufällige Annahme *passend gezählter* (Mach a. a. O. 319) Einheiten gekommen sind, bleiben dann noch die beiden Sätze der mechanischen Wärmetheorie, diese beiden Dogmen der gegenwärtigen Weltanschauung, ewige Wahrheiten? Ich höre zu wissen auf und fange zu fragen an. Die beiden Sätze sollen — wie das Axiom von der Unmöglichkeit eines Perpetuum mobile — nur für geschlossene Systeme gelten. Wo aber in aller Welt gibt es ein geschlossenes System? Müssen wir nicht bei den einfachsten Erscheinungen der Mechanik, beim Fallen der Körper wie beim Spielen mit Billardkugeln von bekannten und von unbekannten Nebenerscheinungen absehen, um das, was etwa gerade die Aufmerksamkeit des Rechners erregt, ein geschlossenes System zu nennen? Wäre unser Sonnensystem ein geschlossenes System, auch wenn alle Planeten und ihre Trabanten noch besser beobachtet worden wären als bisher? Wo in aller Welt gibt es ein geschlossenes System außer dem ganzen Weltall selbst? Und was soll die Wortfolge, das Weltall sei ein geschlossenes System, eigentlich heißen? Ist es nicht ein Zirkel ungeheuerlichster Art, wenn wir erst aus einem unentrinnbaren Einheits- und Ruhebedürfnis heraus irdische Gesetze auf die fernsten Erscheinungen anwenden, z. B. die Spektralanalyse zur Beobachtung von Nebelflecken dienlich erklären, und dann die gemachten Beobachtungen trotz des geringen Grades ihrer Wahrscheinlichkeit zu Aussprüchen über die Entstehung unendlich ferner Welten verbinden? Haben wir uns da nicht von dem Axiome „die Energie des Weltalls ist konstant" zu dem gleichen Poetenrausche hinreißen lassen, wie Giordano Bruno sich vor dreihundert Jahren von der ungleich sichereren Lehre des Kopernikus berauschen ließ? Enthält die Menschenvorstellung *Weltall* nicht bereits die Eigenschaft der Einheit in sich und damit den Charakter eines geschlossenen Systems? Haben wir also ein Recht, die Energetik ein Erfahrungswissen zu nennen, wenn ihre beiden Sätze nur in einem geschlossenen Systeme gültig sind, wir irgend ein geschlossenes System nicht kennen, die beiden Sätze also aus der Erfahrung gar nicht gewonnen sein können?

Ich fürchte, der Energiebegriff ist wieder nur einer jener Grenzbegriffe, zu denen die arme Menschheit gelangt ist in ihrer Sehnsucht nach einem Ruhepunkte. Es klingt so ganz verschieden: *Gott* und *Energie*. Oder: Kausalität. Worte der Sehnsucht, Schlafmittel, zu denen wir a priori gelangt sind. Die wirksam sind, die uns Ruhe schenken, weil und solange wir zu ihnen Vertrauen haben. Wir haben jedesmal zu dem letzten Worte der Sehnsucht ein so blindes Vertrauen, daß wir seinen Inhalt für apriorisch halten. Und wir wollen nicht hören, daß die Sprache bei diesem neuesten Worte der Sehnsucht ihr altes Spiel mit uns treibt. Nichts hören von dem alten Widerspruche in dem neuen Worte. Nichts hören davon, daß der zweite Satz der mechanischen Wärmetheorie den ersten eigentlich aufhebt: daß also der erste Hauptsatz der Energetik zugleich ein Axiom und zugleich — als ein richtiger Grenzbegriff — niemals genau anwendbar ist.

Entwicklung. Wer sein Ohr für die wissenschaftlichen Schlagworte geschärft hat wie für die Worte der Gemeinsprache, der hört den Kampf zwischen Zweck und Zufall auch aus dem allerklärenden Begriffe des Darwinismus heraus: aus dem Worte *Entwicklung*, das noch im D. W. ohne jede Bemerkung nur gebucht ist, und das dann seit noch nicht fünfzig Jahren eine unübersehbare Literatur zur Entwicklung oder Entfaltung gebracht hat. *Entwicklung* ist eine Übersetzung von *evolutio*, aber keine ganz buchstäbliche Übersetzung. Zunächst spielt das andere Wort *explicatio* hinein, *Entfaltung*. Ein Bild von der Knospe. Die Knospe faltet sich in der vollen Blüte auseinander; sie entfaltet, was in ihr zusammengefaltet war. Man dachte sich nach diesem Bilde den späteren Baum, das spätere Tier im Keime zusammengefaltet. Evolutio verläßt dieses anschauliche Bild; die Organismen wickeln sich auf, wie ein Knäuel aufgewickelt wird, wie (nach Nikolaus Cusanus) die Linie aus dem Punkte entsteht; Linea est puncti evolutio — Quomodo intelligis lineam puncti evolutionem? — Evolutionem id est explicationem. Goethe liebte es sehr, das Wort entwickeln in diesem Sinne zu gebrauchen, selbst vom Lösen der Scharaden. Ja, er sagt noch gegenständlicher: „Einen alten verworrenen Zustand zu entwickeln und die Fäden auf einen Knäuel zu winden." Er wickelt das Entwickelte also wieder zu. Man sagte früher (Jakob Böhme) *Aus*wickelung, ganz genau nach evolutio; da mag sich aber wirklich allzu kraß die Vorstellung eingeschlichen haben, daß eine richtige Vorsehung das hineingewickelt hätte, was die Zeit nachher auswickelte. Wirklich wie ein Kind im Wunderknäuel findet, was der gütige Fabrikant hineingeheimnißt hat. Die Vorsilbe *ent*, die schon ursprünglich ein Entgegenstehen (*Ant*litz, *Ant*wort) ausdrückte, war bereit, die Gegenbewegung auszudrücken wie im: Entdecken, Enthüllen, Entrollen des Gedeckten, Verhüllten, Zusammengerollten; man entfaltete das Gefaltete; man entwickelte das Gewickelte. Die Vorsilbe *aus* hätte vielleicht an den unklaren Gegensatz von Zufall und *U*rsache (ur = *heraus aus*) erinnert, wäre nicht mystisch genug gewesen. Die Vorsilbe *ent* stellte sich für den womöglich noch unklareren Gegensatz von Zufall und Zweck ein; man achte darauf, daß zunächst unsichtbar war, im Dunkel, unbekannt, was nachher *ent*deckt, *ent*hüllt, *ent*bunden, *ent*rollt, *ent*wirrt, *ent*faltet, *ent*wickelt wird. Alle Wissenschaft kann und alle Sprache will das Dunkel nicht erhellen, aus dem die Zweckmäßigkeiten hervorgegangen sind, die der Gottgläubige und der materialistische Philosoph mit ganz ähnlichen Worten an den Organismen bewundern. Ich fürchte, an dem Dilemma, sich einseitig zwischen Zufall und Zweck zu entscheiden, wird auch die Kritik der Sprache versagen. Weil der Lachende entsagen muß, nicht mit Worten überzeugen kann. Daß Raum, Zeit und Kausalität nur menschliche, also nur sprachliche Anschauungsformen und Denkformen sind, daß also die Wirklichkeitswelt gar kein Verhältnis zu diesen Anschauungsformen hat, das konnte ein Kant denken, also aussprechen, wenn auch sogar er mit diesem Gedanken dem Ding-an-sich gegenüber versagte. Das ist jetzt in einigen Menschenköpfen. Daß aber Zufallsbegriff und Zweckbegriff, beide zugleich, ebensolche menschliche Anschauungsformen sind, und daß man mit blitzschneller Vertauschung des Standpunktes, mit gleichem Recht und Unrecht, bald in das Dunkel des Zufalls, bald in das Dunkel des Zwecks hinab- oder hinaufsteigen muß, um jedesmal erschreckt den entgegengesetzten Standpunkt für den des Lichts zu halten, mit gleichem Recht und gleichem Unrecht, das ist nicht zu sagen, weil die Menschensprache versagt.

Wir ordnen die uns bekannte Welt nach menschlichen Ordnungszeichen, die den Relationen der natürlichen Wirklichkeit fremd sind, ihnen aber auch nicht widersprechen dürfen; unsere gewordenen Sinnesorgane ordnen die adjektivische Welt nach den Sinneseindrücken; unsere gewordenen klassifikatorischen Wissenschaften ordnen die substantivische Welt nach Arten und Gattungen; und unsere gewordene Naturwissenschaft ordnet die verbale oder kausale Welt womöglich nach den Energieen oder den Relationen von Ursachen und Wirkungen. Daß die Wissenschaften geworden sind oder sich entwickelt haben, das war von jeher nicht zu übersehen. Daß aber auch die Einteilungsgründe der Weltordnung geworden sind, sich entwickelt haben, das ist die neue Anschauung, um die der Entwicklungsgedanke die menschliche Sprache bereichert hat. Auf die Arten und dann auf die Gattungen hat der Darwinismus den Gedanken zunächst angewandt; es lag nahe, den Gedanken auch auf die Teile der Organismen anzuwenden, auf die Sinnesorgane und ihre Funktionen; ganz zuletzt wagte es eine neue Naturphilosophie, sogar nach der Entwicklung der Energieen zu fragen. Niemand wird leugnen wollen, daß die Hypothese Darwins so unsere Weltanschauung um eine Fülle schöner Phantasien bereichert hat; aber durch das Gefühl der Achtung für Darwin wird die Frage nach der Wahrheit des Darwinismus nicht beantwortet. Während auf der einen Seite Hunderte von Forschern auf Darwin schwören und unzählige Beobachtungen zusammentragen, die seine Lehre von der Entstehung der Arten besser und besser beweisen sollen, die aber in Wirklichkeit die viel allgemeinere Annahme irgend einer Verwandtschaft (*Verwandtschaft* ist ein bildlicher Begriff) zwischen den Organismen beweisen, während also der Darwinismus scheinbar seinen Siegeslauf vollendet, — prüfen auf der anderen Seite philosophischere Forscher die Grundbegriffe des Darwinismus und gelangen zum Zweifel an der Wirklichkeit der Kräfte, die von solchen Begriffen bezeichnet werden; neuerdings hat auch ein Mann der landwirtschaftlichen Praxis (Graf Arnim-Schlagenthin: „Der Kampf ums Dasein und züchterische Erfahrung") dem Darwinismus, von dessen Siege man ja auch einen unerhörten Aufschwung der Vieh- und Pflanzenzüchtung erwartet hatte, den Satz gegenübergestellt: „Die Majorität der Nachkommen wird immer eine Tendenz zur Mittelmäßigkeit haben."

Auch wenn ich die nötigen Kenntnisse besäße, so wäre hier nicht der Ort, zu den einzelnen Punkten im Streite um den Darwinismus Stellung zu nehmen. Nur über einige der Begriffe, die von den Darwinisten mitgedacht werden, möchte ich kurz wiederholen, was ich schon einmal (Kr. d. Spr. III 601 ff.) ausgeführt habe. Die Grundbegriffe des Darwinismus werden übrigens in den Artikeln: *Geschichte*, *Natur*, *Organismus*, *Vererbung*, *Zweck* behandelt; und auch sonst habe ich keine Gelegenheit ungenützt gelassen, mich mit der Hypothese Darwins auseinanderzusetzen. (Vgl. *Index.*)

Der menschliche und eigentlich moralische, axiologische Begriff des *Fortschritts* hat sich in die Vorstellung von einer Evolution der Organismen eingeschlichen. Scheinbar aus Naturursachen, heimlich aus Endursachen wird eine Entwicklung zum Höheren *hinauf*, ein Fortschreiten gelehrt. „Das ist ja eben die Inkonsequenz aller materialistischen Theorieen, daß sie den Gegensatz von Natur und Geist zwar leugnen, aber keine Sophistik verschmähen, um der Natur den Adel des Geistes zu verleihen... Es ist eine frevelhaft menschliche Auffassung, die seit Spinoza nicht hätte zu Worte kommen sollen, daß die Evolution der Organismen zum Menschen, die Naturgeschichte also, eine Fortbewegung nach aufwärts, nach oben, nach dem Himmel zu sei. Das ist ebenso frevelhaft menschlich, wie die alte Lehre es war, unsere Menschenerde sei der Mittelpunkt des Weltalls und die Sonne drehe sich um uns." Nehmen wir aber dem Worte Evolution den moralischen Zweckbegriff des Fortschritts, so verliert es alle Bildkraft und jeden Sinn.

Nun hat Spencer, der mit seinem Lebenswerke den systematischen Bau des deutschen und des internationalen Darwinismus weit stärker beeinflußt hat als Darwin selbst, den Entwicklungsgedanken unter einem noch allgemeineren Bilde ausgesprochen: unter dem der *Integration*. „Entwicklung ist Integration des Stoffes und damit verbundene Zerstreuung der Bewegung, während welcher der Stoff aus einer unbestimmten, unzusammenhängenden Gleichartigkeit in bestimmte, zusammenhängende Ungleichartigkeit übergeht, und während welcher die zurückgehaltene Bewegung eine entsprechende Umformung erhält." Diese ein wenig scholastische Definition hatte den unleugbaren Vorteil, daß sie sofort gestattete, die Vorstellungen des Darwinismus über die Entwicklung der Organismen hinaus auf die unorganische Welt auszudehnen; und weiter gestattete, die sozialen Erscheinungen unter den gleichen Gesichtspunkt zu bringen. Man hätte eigentlich schon vor Darwin von einem Kampf ums Dasein am Himmel sprechen können, wie es nachher du Prel getan hat; man hätte schon vor Darwin die Geschichte der Sprache und die ökonomische Völkergeschichte darwinistisch erklären können. Mit Hilfe des Wortes *Integration.* Aber Spencers Definition ist eine Selbsttäuschung, wie sie sogar auf der Höhe des Denkens dann eintritt, wenn ein Logiker ein verbrauchtes Fremdwort durch ein unverbrauchtes Fremdwort erklären will. Der Menschenbegriff des Fortschritts, der Wertbegriff, der uns den umschreibenden Begriff Evolution verdächtig gemacht hat, steckt bereits in dem allgemeineren Begriffe *Integration.* Schon im Lateinischen geht die *integritas* auf die Unverletztheit eines Ganzen, welches ein Ganzes heißt, weil es unverletzt ist; körperlich und moralisch liegt dem Begriffe eines Ganzen da ein Werturteil zugrunde;

offensichtlich bei der moralischen Integrität, heimlich auch bei der körperlichen. Besäßen wir die Allwissenheit, die von der theologischen Sprache ihrem Gotte nachgesagt wird; könnten wir alle Beziehungen aller Dinge zueinander übersehen oder auch nur fassen, so würden wir wahrscheinlich den Begriff eines Ganzen, den Begriff von Einheiten aufgeben müssen, uns damit begnügen müssen, reichere und ärmere, wichtigere und unwichtigere, nähere und fernere (ich finde das Wort nicht, weil ich nichts weiß) Beziehungen als das zu erkennen, was wir jetzt Einheiten nennen. Wenn wir im Besitze einer solchen Allwissenheit überhaupt noch eine Neigung haben könnten, etwas zu sagen, Worte zu gebrauchen, so würden wir doch wohl von Einheiten, von einem Streben zum Ganzen, von einer Integration kaum mehr sprechen, wüßten also, als allwissende Götter, von der Evolution nicht einmal so viel, als Spencer von ihr wußte. Denn daß hinter jeder Einheit, hinter jedem Ganzen eine kleine Gottheit stecke, das würde sich in der Sprache der Allweisheit doch gar zu kraus ausnehmen. (Vgl. Art. *Einheit.*)

Nüchtern ausgedrückt: die Gesetzmäßigkeiten in der Natur können wir aussprechen, in menschlicher Sprache formulieren, weil alle Gesetzmäßigkeit auf die Menschenvorstellung von quantitativen oder qualitativen Einheiten zurückgeht, und weil die Naturgesetze menschliche Vorstellungen sind; die Notwendigkeit in der Natur können wir nicht in Worte fassen, weil die Notwendigkeit wirklich ist und wir für das Wirkliche keine Bezeichnung haben. Das ist der Unterschied zwischen Gesetz und Notwendigkeit, auf deren begriffliche Trennung ich immer wieder dringen muß. Also ist es buchstäblich zu nehmen: Allwissenheit wäre sprachlos. Gott ist stumm. Fatum est ineffabile. (Vgl. Art. *Fatalismus.*)

Haben sich uns so zwei ganz geläufige Begriffe, die dem Entwicklungsgedanken zugrunde liegen, als Scheinbegriffe erwiesen, Fortschritt nämlich und Einheit, so möchte ich jetzt auch noch ein Bedenken äußern gegen den Begriff, den man allgemein, und schon vor Darwin, mit dem Worte *Entwicklung* verbunden hat. Namentlich Goethe, als Schüler der französischen Naturforscher, empfand etwas wie Haß gegen den Glauben an Katastrophen in der Natur, und liebte das beruhigende Bild von einer stetigen Entwicklung, von einem stillen Fortschreiten auf einem emporführenden Wege. Doch erst durch Darwins Theorien von der Anpassung und Vererbung, durch die der Geologie entlehnten unendlichen Zeiträume für eine solche stetige Entwicklung, ist diese Anschauungsweise zur Herrschaft gelangt. Die freiesten Menschen empfanden es wie ein geistiges Glück, als die Botschaft zu ihnen kam: auch die Zweckmäßigkeit der Organismen ist nicht die plötzliche Schöpfung eines Erfinders, sondern Folge einer unendlich langsamen Entwicklung. Die Bewunderung für den Bau der menschlichen Sinnesorgane wurde ersetzt durch ein noch reizvolleres Staunen z. B. über die

Entwicklung des Auges vom Licht empfindenden Pigmentfleck bis zu seiner jetzigen Vollkommenheit. Eine unendliche Zahl nützlicher Anpassungen summierten sich am Ende zu dem Scheine einer gewollten Zweckmäßigkeit. Nicht sprunghaft, nicht plötzlich, stetig sollten die Organismen entstanden sein. Ihre Zweckmäßigkeit wurde nicht geleugnet, aber *natürlich* erklärt. Wie aber, wenn auf dem Wege der Entwicklung unzählige Formen lagen, die nicht nützlich, nicht zweckmäßig waren, Veränderungen, deren Summierung keine Zweckmäßigkeit herstellen konnte? Wie, wenn z. B. die Organismen zwischen Reptil und Vogel gar nicht lebensfähig gewesen wären? Der Archäopteryx allein genügt nicht; wir müßten Hunderte von Zwischengliedern haben, um diese Entwicklung zu begreifen. Und ernsthafte Gegner Darwins haben viele Unnützlichkeiten nachgewiesen, die selbst bei lebensfähigen Organismen vorhanden sind. So kam es, daß die Mutationstheorie von De Vries als eine Korrektur des Darwinismus freudig begrüßt wurde. Die Wahrheit des alten Satzes: Natura non facit saltus wurde also nach Darwin wieder angezweifelt. Nahm man aber dem Entwicklungsgedanken oder der Evolutionstheorie die Nebenvorstellung der Stetigkeit, so nahm man ihr auch den eigentlichen Sinn: sie konnte das Wunder der Zweckmäßigkeit nicht mehr erklären, wenigstens nicht besser als die ehemalige Physiko-Theologie, und wirklich benützen theologische Schriftsteller bereits diese Schwäche des Darwinismus, um die alte Schöpfungslegende der Bibel aus diesem Anlaß wieder bestens zu empfehlen.

Erfahrung.

I.

Die Wortgeschichte bietet wenig Interessantes; es wäre denn, daß man gerade an diesem einfachen Beispiel die Unklarheit der Sprachwissenschaft und die Trägheit in der Vererbung der Begriffe aufzeigen wollte.

Das griechiche Wort *ἐμπειρια* gehörte wohl der Gemeinsprache an (es fehlt auch bei Xenophon nicht), bevor es als *ἐμπειρια μεϑοδικη* in den Gebrauch der Philosophen überging; *πειρα* bedeutete, was wir durch die Worte *Erfahrung* und *Experiment* auseinanderhalten. Das lateinische Wort *experimentum* wird nun mit vieler Mühe mit dem griechischen in ein sogenanntes Verwandtschaftsverhältnis gebracht. Ich fürchte, ich werde bei den Fachleuten kein Glück haben mit dem einfachen Gedanken, daß der lateinische Ausdruck aus dem Griechischen halb entlehnt und halb übersetzt wurde, und daß nachher *peritus* durch eine falsche Volksethymologie an *ire* angeknüpft wurde; so würde sich unser deutsches *erfahren* einfach als die Lehnübersetzung eines falsch verstandenen peritus erklären, da ahd. *faran* jede Bewegung ausdrückt, auch die des Gehens und Laufens. Zu bemerken wäre noch, daß die lateinischen Worte *experimentum* und *experientia* noch nicht zwei deutlich unterschiedene Begriffe bezeichnen, beide sowohl für die Erfahrung als für einen Versuch oder eine Probe gebraucht werden. Diese Unterscheidung, die unsere wissenschaftliche Sprache für notwendig hält, scheint aber doch kein strenges Bedürfnis zu sein, da die Franzosen für beide Begriffe mit dem einzigen Worte expérience auskommen, trotzdem sie das andere Wort expériment ebenfalls besitzen, es freilich ausschließlich für gewagte oder doch neue Versuche in der Medizin anwenden. Im Grunde ist auch eine genaue Grenze nicht zu ziehen zwischen den *Erfahrungen*, die wir durch bloße Anwendung der Aufmerksamkeit mit der Natur machen, und den *Versuchen* oder *Experimenten*, die wir listig *gegen* die Natur anstellen. Man spricht auch häufig von Experimenten der Natur; das Laboratorium der Natur ist nur zu groß für die kleinen Menschen. Im Regenbogen z. B. hat die Natur das Experiment, wie Sonnenlicht in Farben gebrochen wird, so prachtvoll ausgeführt, daß es auch in Urzeiten nicht zu übersehen war; die Menschen haben das schöne Experiment nur nicht verstanden.

Für die Trägheit, mit der Begriffe und deren Vorstellungen sich von Geschlecht zu Geschlecht und von Volk zu Volk vererben, ist nun der Erfahrungsbegriff auf seinem weiten Wege wieder ein gutes Beispiel. Der Begriff muß seit Urzeiten den Gemeinsprachen angehört haben; alte Leute waren *erfahrene* Leute; Erfahrungen wurden übermittelt, ohne Erfahrung sollte niemand ein Handwerk ausüben oder ein Staatsamt übernehmen. Solange die Menschen ungestört Erfahrungen machen, ihre Erfahrung erweitern konnten, solange gab es, was man einen Fortschritt in der Kultur nennt; wenn dann Kriegsläufte oder furchtbare Naturereignisse den Faden der Erfahrung abrissen, so sanken ganze Völker, ja ganze Weltteile in die alte Barbarei zurück. Es war also *die Erfahrung* ein Summenwort für Einzelerfahrungen. Niemand aber stellte die Frage, ob denn Erfahrung noch etwas anderes wäre als das Gedächtnis eines Menschen, einer Berufsklasse, eines Volkes. Und niemand wagte gar die viel schwierigere Frage zu stellen, wie denn eigentlich Erfahrung (durch die allein der Mensch, das erfahrene Tier, sich von der übrigen Natur unterscheidet) möglich sei. Niemand bis auf Kant. Und doch mußte es für die ganze Weltanschauung von entscheidender Wichtigkeit sein, zu *erfahren*, wie wir zu einer Erfahrung kommen; denn der ungeheure Gegensatz, der in wechselnder Ausdrucksweise das Denken von Jahrhunderten und Jahrtausenden unterscheidet, der Gegensatz zwischen *Sensualismus* und *Rationalismus*, läuft ja doch wohl auf die Frage hinaus, ob wir der äußern oder der innern Erfahrung mehr vertrauen dürfen; und diese Frage läßt sich sicherlich nicht beantworten, bevor nicht die Vorfrage entschieden ist: wie ist Erfahrung möglich? Wie kommt Erfahrung zustande? Die Vorfrage ist: gibt es eine Erkenntnistheorie? Eine solche Disziplin hatte es in den zwei Jahrtausenden der Philosophiegeschichte nicht gegeben; man trieb Philosophie, man trieb Metaphysik, ohne vorher die Möglichkeit oder die Grenzen menschlicher Erkenntnis überlegt zu haben. Es gab keine Psychologie, es gab also auch keine Anwendung der Psychologie auf die letzten Fragen der Erfahrung. Die Disziplin der psychologischen Erkenntnistheorie wurde zuerst, unsicher genug, von Leibniz gefordert, als er Lockes sensualistischem Satze „nihil est in intellectu, quod non prius fuerit in sensu“ den berühmten Nachsatz hinzufügte „nisi intellectus ipse.“ Das war recht scholastisch ausgedrückt; aber die Bahn war gebrochen und Kant konnte weiterschreiten. Es ist jedoch eine ganze Welt zwischen *Erfahrung* im Sinne Kants und *Erfahrung* im Sinne der Gemeinsprache.

II.

In der deutschen Redensart „Probieren geht über Studieren“ ist ungefähr enthalten, was der gemeine Sprachgebrauch mit *Erfahrung* sagen will. Erfahrung ist ein relativer Begriff. Der Fabrikant wird an die Spitze seines Unternehmens nicht leicht einen gewöhnlichen Arbeiter stellen, der zwar eine große *Erfahrung*, aber gar keine wissenschaftlichen Kenntnisse in dem Fach besitzt; er wird aber auch einen gelehrten Techniker nicht gern anstellen, der frisch von der Schule ohne jede *Erfahrung* ist. Antwortet ihm dieser junge Techniker, sein ganzer wissenschaftlicher Unterricht sei auf Experimente gegründet gewesen, so wird ihm der Fabrikant gewiß erwidern: *Experimente* seien kein Ersatz für *Erfahrung*. Und wenn sich diese Unterhaltung zufällig in Frankreich abspielt, so könnte Experiment und Erfahrung mit einem und demselben Worte, *expérience* nämlich, wiedergegeben werden.

Etwas leichtsinniger als mit den Maschinen und den Rohstoffen ihrer Fabriken gehen viele Menschen mit dem eigenen Körper um. Auch diesen wird man am häufigsten einem gelehrten Arzt voll reicher Erfahrung anvertrauen, und sehr ungern nur einem jungen Mann ohne Erfahrung, dessen ganze Weisheit aus wissenschaftlichen Vorlesungen und physiologischen Experimenten geschöpft ist. Das Jahr Einübung am corpus vile der armen Spitalkranken erzieht auch noch keinen erfahrenen Arzt. Man weiß aber, daß unzählige Kranke ihr Heil bei sogenannten Naturärzten suchen, d. h. bei Leuten ohne jede Theorie, bei ungebildeten Schäfern und alten Weibern, welche nur etwas Erfahrung für sich haben.

Was ist das für eine Erfahrung, die man den alten Weibern und Schäfern zuschreibt? Glaubt man an eine natürliche Begabung, mit der sie das Wesen der Krankheiten ohne Schulunterricht durch unmittelbare Beobachtung erkannt hätten? Nur in seltenen Fällen wird eine solche Erfahrung gemeint sein. Gewöhnlich wird der vertrauensvolle Kranke glauben, daß die alte Hexe oder der Schäfer durch Erbschaft zum geheimen Wissen eines Mittels gelangt sei, das die gelehrte Medizin wieder verloren oder nie erkannt hat. Wenn der Kranke also dem Heilmittel des Schäfers mehr vertraut als dem des Arztes, so setzt er nur die vorausgesetzte ältere Erfahrung über die jüngere Erfahrung.

Ein ähnlicher relativer Gegensatz wird sich ergeben, wenn wir den ersten Fall, nämlich die Wahl eines Fabrikleiters, genauer betrachten. Wenn der Fabriksherr den erfahrenen Techniker dem unerfahrenen vorzieht, so meint er doch nur, daß die praktischen Experimente des älteren Mannes ihm nützlicher sein werden als die theoretischen Experimente des jungen Technikers. Denn auch in der deutschen Sprache ist jede Einzelerfahrung ein *Experiment;* man muß den Begriff Experiment nur etwas weiter fassen. Da nun der Schulunterricht z. B. des Chemikers oder Mechanikers nur darin besteht, daß den jungen Leuten alle *Erfahrungen* vergangener Zeiten möglichst übersichtlich und vollständig mitgeteilt werden, so läßt sich der Gegensatz zwischen Praxis und Theorie, zwischen einer richtigen Praxis und einer richtigen Theorie zurückführen auf den Gegensatz zwischen *eigener* Erfahrung und *fremder* Erfahrung. Die fremde Erfahrung aber kann im Gedächtnis des Schülers gar nicht haften, wenn sie nicht durch eigene Beobachtung und sinnfällige Experimente wieder zu seiner eigenen Erfahrung geworden ist. Man sieht: Erfahrung und Wissen, im gewöhnlichen Gebrauch so viel wie Praxis und Theorie, sind wirklich nur relative Begriffe, Begriffe, die ineinander überfließen, die durchaus keinen wirklichen Gegensatz darstellen.

Ein wirklicher Gegensatz scheint erst zu entstehen, wenn das höhere Denken sich des Begriffes *Erfahrung* bemächtigt. Sie wird dann gern *Empirie* genannt, von stolzen Philosophen wohl auch *rohe Empirie,* und dieser rohen Empirie steht dann wohl etwas sehr Feines gegenüber, das Denken selbst. Das dürfte ungefähr der Standpunkt des Altertums und des ganzen Mittelalters gewesen sein. Nun kam aber seit Bacon die Erfahrung oder das Experiment zu hohen Ehren. Es wurde allmählich anerkannt, daß ein Fortschritt in der Erkenntnis der Wirklichkeitswelt ohne Erfahrung nicht möglich sei und — von hier aus betrachtet — läßt sich die große geistige Tat Kants so formulieren, daß wir über die Erfahrung hinaus nichts wissen können, weil die Erfahrung unser apriorisches Wissen mit enthält. Kant selbst war freilich nicht konsequent, sondern wußte vielmehr über die Formen unserer Erkenntnis, über das Sittengesetz, also über Natur und Geist, noch mancherlei zu erzählen, was über die Erfahrung hinausgeht. Aber die Entwicklung ist über diese Inkonsequenz hinweggeschritten, und gegenwärtig ist man geneigt, Kantischer als Kant selbst, all unser Wissen von der Welt, also all unser Denken nur auf Erfahrung zu gründen. Der Begriff Erfahrung hat sogar gerade durch die Kantische Schule unter den Naturforschern eine größere Tiefe bekommen. Niemand zweifelt heute mehr daran, daß wir von der Wirklichkeitswelt absolut nichts anderes kennen können als unsere Sinneseindrücke von ihr, als die Summe unserer subjektiven Erfahrungen.

Es steht also über der relativen Erfahrung des gewöhnlichen Sprachgebrauchs (der jüngeren und älteren Erfahrung, der eigenen und der fremden Erfahrung) ein neuer philosophischer Begriff, in welchem Erfahrung die Grundlage alles Wissens oder Denkens bezeichnet.

Wir selbst sind natürlich geneigt, jeden Satz unseres Denkens auf Begriffe zurückgehen zu lassen und als richtige, brauchbare, ehrliche Begriffe nur solche anzuerkennen, welche Erinnerungen an Sinneseindrücke, welche Erfahrungen sind. Für uns fällt Erfahrung wieder zusammen mit der rätselhaften Tatsache eines Gedächtnisses, auf welche all unser Denken oder Sprechen ohnehin reduziert worden ist. All unsere Welterkenntnis ist nichts anderes als Physik, das Wort im weitesten Sinne genommen, als Naturerfahrung, d. h. das Gedächtnis des Menschengeschlechts, die Zusammenfassung aller Erinnerungen an die Sinneseindrücke der Menschheit. Wir sind also geneigt, alles abzuweisen, was über die Physik hinausgeht, wie wir die obdachlos gewordenen Götter aus unserem Denken hinausweisen. Zweitausend Jahre lang hat sich die Menschheit den Buchbinderwitz gefallen lassen, mit dem bekanntlich die eigentliche Philosophie des Aristoteles Metaphysik genannt worden ist und mit dem das entsprechende System von Wortarabesken noch heute Metaphysik genannt wird, weil in einer gewissen Abschrift der Schriften des Aristoteles jenes philosophische Buch *hinter* die Physik (*μετα τα φυσικα*, erst seit dem 13. Jahrhundert in einem Worte geschrieben) zu stehen kam. Der hintere Teil hat den Sinn des oberen Teils bekommen, wie das wohl zu Zeiten kommen mag. Man glaubte aus der Metaphysik gewissermaßen das Hintere zu erfahren, das was hinter dem physischen Denken steckt.

Aber diese unsere Naturforscher, die das Wesen der Erfahrung so klug erkannt zu haben glauben, hören dabei nicht auf, von der rohen Empirie als von einem Gegensatze der wissenschaftlichen Erfahrung zu sprechen. Einst stand dem *apriorischen Denken* die Erfahrung als eine Rohheit gegenüber; jetzt will man auf das apriorische Denken verzichten, begründet alle wissenschaftlichen Sätze, also den sprachlichen Ausdruck unserer Welterkenntnis, auf Erfahrung, und redet immer noch von der rohen Empirie, als ob Empirie auf der weiten Welt irgend etwas anderes besagen wollte als wieder Erfahrung. Abermals blicken wir in das Fließen der Begriffe hinein und sehen, daß aus der alten *Praxis* die moderne Empirie geworden ist, aus der alten *Theorie*, die der Erfahrung feindlich gegenüberstand, die moderne wissenschaftliche Erfahrung.

Diese ganze Betrachtung wäre nur ein unwesentlicher Beitrag zu unserer Lehre von der Elendigkeit der menschlichen Sprache, wenn wir uns nicht erinnerten, daß Erfahrung sich eben erwiesen hat als gleichbedeutend mit Gedächtnis, also mit dem *Seelenvermögen*, welches in seiner bewußten Erscheinung das Denken oder die

Sprache heißt. Auf den ersten Blick scheint diese Behauptung eine vollständige Verwirrung anzurichten. Nach dem alten Gebrauch stehen sich ja Erfahrung und Denken feindlich gegenüber; wir wollen die Erfahrung mit dem Denken oder Sprechen identifizieren. Nach dem neuen Sprachgebrauch nun gar steht der wissenschaftlichen Erfahrung (welche man mir nun vielleicht schon als ein anderes Wort für Denken oder Sprechen zugeben wird) die ganz rohe Empirie gegenüber, die ich aber eben auch mit der Erfahrung, also mit dem Gedächtnis oder der Sprache gleich gesetzt habe.

All unser Wissen ist eine Summe von Begriffen, die nur Erfahrungen zusammenfassen. Und all unser Fortschreiten im Wissen ist ja nichts als ein Neuschaffen von Begriffen a posteriori, der psychologische Vorgang, wie ein Einzelner durch neue Beobachtungen neue Begriffe bildet und sie durch Mitteilung der Menschheit zum Geschenke macht. Und unter diesem Gesichtspunkte ist die sog. rohe Empirie nichts weiter als die Erfahrung des schwächern, langsamern, gedächtnisärmern Kopfes, der sich an die Einzelerscheinungen nicht durch ein gemeinsames Zeichen zu erinnern vermag; wissenschaftliche Erfahrung aber ist die Erfahrung des stärkern Kopfes, der die Sprache bereichert.

So greifen unsere neuen Lehren wieder einmal aufmunternd ineinander. Wir haben im Gegensatz zur Vergangenheit gesehen, daß die apriorischen Sätze wertlose Tautologien sind, daß nur die aposteriorischen Sätze einigen Erkenntniswert haben. Der alte Sprachgebrauch kam daher, daß die Logiker seit Aristoteles in den allgemeinern höheren Begriffen das allein Wertvolle, das in der Wirklichkeit Vorangehende sahen; die obern Begriffe, die platonischen Ideen waren die Mütter der Dinge, waren a priori. Die Mutterhenne war früher als das Ei. A priori hieß also, was logisch aus dem logischen Grunde hervorging. Und wenn der neuere Gebrauch bei Leibniz und Kant dasjenige a priori nannte, was vor aller Erfahrung aus unserer bloßen Vernunft hervorging, so war das von dem mittelalterlichen Gebrauch nicht so sehr verschieden. Man nahm eben an, daß die alleroberster Begriffe und die obersten Denkgesetze der Vernunft angeboren seien; in dieser Bedeutung, in der des Angeborenseins, ist nun der Begriff a priori in allerneuester Zeit in die Naturwissenschaften übergegangen, die sich von der Kantischen Lehre, wie wir sie verstehen gelernt haben, nicht wesentlich unterscheiden; der Darwinismus will nur erklären, was Kant als unerklärliche Tatsache hinstellte.

Für uns also ist der Begriff a priori überflüssig geworden, weil er bestenfalls diejenige Erfahrung oder dasjenige Gedächtnis oder diejenigen Sätze bezeichnet, die uns durch Erbschaft von den Vorfahren (auch die Sinnesenergien sind ererbt) zur instinktiven Gewohnheit geworden sind, also — wie in den ersten Beispielen dieser Betrachtung — die ältere, die fremdere Erfahrung gegenüber unserer eigenen. Auch dieser Unterschied ist also nur relativ. Und Gewißheit erlangen wir über diese instinktiven Sprachgewohnheiten doch wieder nur durch Überprüfung, durch eigene Erfahrung. Es wird also wohl dabei bleiben, daß nur der aposteriorische Satz, die eigene Erfahrung, ehrliches Wissen verleiht, wenn wir es nicht vorziehen, die beiden alten lateinischen Worte, und den Begriff Erfahrung dazu, aus unserm Wörterbuche zu streichen und von unserm Wissen zu schweigen.

III.

Das Wesentliche, das wir durch diesen Überblick über den gemeinen, und über den gelehrten Sprachgebrauch etwa gelernt haben, ist eine kleine Selbstverständlichkeit: daß der Unterschied zwischen der rohen oder gemeinen Empirie und dem allein auf Erfahrung gegründeten wissenschaftlichen Denken relativ sei, nur ein Gradunterschied. Das war nicht eben überraschend nach der geringen Meinung, die wir uns von dem Worte *absolut* gebildet haben; es gibt kein Ding, auch kein Gedankending, worauf der Scheinbegriff *absolut* angewandt werden könnte; wir leben in einer Welt von Relationen und wissen von nichts als von Relationen; da ist es kein Wunder, wenn uns alles relativ erscheint.

Nun haben wir uns schon einige Male der Vorstellung genähert, daß das Rätsel der Erkenntnistheorie, wie Erfahrung überhaupt möglich sei, und wie Erfahrung zustande komme, zusammenfällt mit dem Rätsel aller Rätsel, mit dem Rätsel des *Gedächtnisses.* Und das menschliche Gedächtnis, das gemeinsame Organ besonders der Völker, ist uns längst aufgegangen als das, was uns sonst als *Sprache* so vertraut ist. Durch solche Erwägungen wird der eine oder der andere Begriff überflüssig, ohne daß wir dadurch mit der Erklärung der Welt weiter gekommen wären. Wir glauben mit Mach, daß all unser Wissen nur ökonomisch geordnete Erfahrung sei, wir glauben mit Kant, daß die Erfahrung uns nur Tatsachen gebe, aber nicht Begriffe und Gesetze; wir glauben mit den Darwinisten, daß die angeborenen Bedingungen der Erfahrung ererbte Erinnerungen des Menschengeschlechtes seien. Wir verbinden alle diese Gedanken mit dem Satze, daß Gedächtnis oder Erfahrung nur Sprache sei. Aber wir gelangen mit allen diesen Neuerungen nur so weit, daß wir Kants Theorie der Erfahrung etwas einfacher auszudrücken versuchen dürfen.

Ich weiß nicht, ob Kant oder Reid die Priorität in Anspruch nehmen darf für einen Satz, den sie beide fast gleichzeitig und fast mit den gleichen Worten ausgesprochen haben: „Erfahrung lehrt zwar, was da sei und wie es sei, niemals aber, daß es notwendigerweise so und nicht anders sein müsse.“ Anders ausgedrückt: die Begriffe und die Gesetze legt erst das menschliche Denken in die Erfahrung hinein. Wenn aber das menschliche Denken wieder nur, wie die Erfahrung, *Sprache* ist? Wie können wir den Kantischen Satz dann ausdrücken? Riehl hat (Kultur der Gegenwart I. Abt. 6 S. 94) sehr fein und richtig gesagt: „Kants Theorie der Erfahrung ist noch nicht geschichtlich geworden. Ihre tiefgehenden und trotz der scholastischen Verkleidung im Grunde auch einfachen Gedanken greifen bestimmend in die erkenntnistheoretische Forschung der Gegenwart ein." Ich möchte es versuchen, den einfachen Gedanken Kants in der gegenwärtigen Sprache auszudrücken, die uns nicht mehr scholastisch erscheint, weil sie die gegenwärtige ist.

All unser Wissen oder das Gedächtnis der Menschheit ist ein unaufhörliches Bestreben, die ererbte Erfahrung und die erworbene Erfahrung in Übereinstimmung zu bringen; aus der ererbten Erfahrung oder der Sprache entnehmen wir die Begriffe des Denkens, mit denen wir jede neuerworbene Erfahrung fassen oder aufnehmen. Und die Notwendigkeiten, welche in der Erfahrung allein nicht liegen, welche wir aber *vor*finden müssen, nicht *er*finden dürfen, stecken weder in der Erfahrung, noch (weil es dasselbe ist) in unserem Denken oder Sprechen; sie stecken in der geheimnisvollen Wirklichkeit, und wir müssen froh sein, sie aus unsrer neuerworbenen Erfahrung auszulesen, herauszulesen, und sie dem Schatze der ererbten Erfahrung zuzulegen.

Und sollten uns immer gegenwärtig halten, daß Erfahrung und Denken, beides, nur Gedankendinge sind, an einem und demselbem psychischen Vorgange von zwei verschiedenen Seiten gesehen, nicht zweierlei Tätigkeiten, nicht zweierlei Vorgänge, so wenig voneinander verschieden, wie Form und Inhalt eines Kunstwerkes. Ich kann da Wundt nur zustimmen, der (Syst. d. Phil.[2] S. 209) gesagt hat: „So wenig es ein logisches Denken gibt, das nicht Denken von Gegenständen, also an einen empirischen Inhalt gebunden wäre, gerade so wenig gibt es einen empirischen Inhalt, der nicht schon irgendwie durch das Denken verarbeitet wäre. *Reine Erfahrung* und *reines Denken* sind daher begriffliche Fiktionen, die in der wirklichen Erfahrung und im wirklichen Denken nicht vorkommen. Sie sind Grenzbegriffe."

Erkenntnistheorie. — Wenn Erkenntnistheorie überhaupt eine wissenschaftliche Disziplin ist, so ist sie unter den philosophischen Disziplinen die jüngste und die vornehmste. Die jüngste, weil die Philosophie durch Jahrtausende die schwersten Probleme der Metaphysik schon behandelt hatte, bevor sie sich darauf besann, nach der *Möglichkeit* und nach den *Grenzen* der menschlichen *Erkenntnis* zu fragen. Griechisches Denken und modernes Denken ist durch keinen Umstand so sehr geschieden als durch diesen: daß Locke, Hume und Kant uns eben gelehrt haben, die Vorfrage nach dem Anfang und dem Ende unserer Erkenntnis zu stellen. Wenn man von dem einzigen Hegel absieht, der eine Voruntersuchung des Erkenntnisvermögens durch das Erkenntnisvermögen bekanntlich für ebenso ungereimt hielt wie etwa die Absicht, schwimmen lernen zu wollen ohne ins Wasser zu gehen, — und der denn auch in der Selbstbewegung der Begriffe ertrank —, abgesehen von Hegel, haben alle neueren Philosophen die Notwendigkeit begriffen, den verkehrten Weg der antiken Welt zu verlassen und in der Erkenntnis der Wahrheit mit der Untersuchung oder der Kritik der Erkenntnis anzufangen. Man kann sogar sagen, daß Kants Lebenswerk die Erkenntnistheorie an die Stelle der alten Metaphysik gesetzt habe; es gereicht der Erkenntnistheorie nicht zur Unehre, daß sie auf diesem Gebiete zu lauter Negationen geführt hat, daß sie (noch über Kant hinaus) uns gelehrt hat: die ewigen Fragen der alten Metaphysik gehen über die Grenzen der menschlichen Erkenntnis hinaus. Und von einer andern als einer menschlichen Erkenntnis wissen wir ja nichts mehr. Aber auch für die andern Bearbeiter solcher Gedankenwelten ist die junge Disziplin der Erkenntnistheorie die vornehmste Disziplin geworden. Diese Männer teilen sich freilich in zwei Lager, je nachdem sie die Erkenntnistheorie unter dem Gesichtspunkte der *Logik* oder unter dem der *Psychologie* betrachten. Die Kämpfer in beiden Lagern werfen einander grimmige Worte zu, um so grimmigere, je näher die Kämpfer dem Range der gemeinen Soldaten stehen; die Führer der beiden Lager wissen schon besser, daß die beiden Häuser der Logik und der Psychologie nur vorläufige Notbauten für wissenschaftliche Sammlungen sind, und daß man diese Sammlungen einmal anders ordnen und besser unterbringen werde. Vorläufig haben unsere besten *Logiker* die alte formale Logik preisgegeben, halten die Logik nicht mehr für ein Werkzeug des Denkens und sind nicht mehr weit davon entfernt, eine einseitige Erkenntnistheorie vorzutragen mit all dem, was sie über Begriff und Urteil und über die Methoden des Wissens zu sagen haben; sie wollen es nur freilich nicht zugeben, daß ihre Logik, da sie nicht mehr formal sein wollte, psychologisch werden mußte. Abseits stehen nur die scharfsinnigen Grübler, die ein neues System der formalen Logik erfinden wollen, ihren Witz an der symbolischen Logik oder der *Algebra der Logik* üben, ein Präzionswerkzeug des Denkens erträumen, eine neue Denkmaschine, und mit ihrer bewundernswerten mathematischen Klarheit dennoch in die Fehler der formalen Logik zurückfallen.

Die modernen Psychologen, die von ihren Gegnern dafür wie zum Schimpfe *Psychologisten* genannt werden, haben die Logik, welche nur noch Erkenntnistheorie des Urteils und der Methoden ist, als ein Gebiet der Psychologie anschauen gelernt; Psychologie ist ihnen die Vorschule nicht nur aller Geisteswissenschaften, sondern auch aller empirischen Wissenschaften; es gibt keine Erfahrung ohne ein Urteil, und das

Urteil ist ein psychischer Akt. Für die Architektur einer noch ungeschriebenen allumfassenden Psychologie des Psychologismus wäre es nur bedenklich, daß Erkenntnistheorie dem ersten Worte eines solchen Lehrbuchs vorauszugehen hätte und doch wieder erst nach Durcharbeitung des ganzen Feldes verständlich wäre. Der gleiche Stein müßte Fundament und Krönung des Gebäudes werden. Die Unmöglickeit, solchen idealen Forderungen zu genügen, mag aber aus dem Wesen der Sprache zu erklären sein, die ja niemals voraussetzungslos ist, während Erkenntnistheorie noch voraussetzungsloser sein müßte als andere Wissenschaften.

Die einfache Wahrheit, daß die ganze Untersuchungsweise, die jetzt *Erkenntnistheorie* heißt, nur das vornehmste Kapitel der Psychologie sei (das mit der bald gegenstandslos gewordenen Bezeichnung *Logik* überschrieben werden könnte), diese Wahrheit wird verdunkelt durch die allgemeine Beliebtheit des Titels *Erkenntnistheorie*. Ich glaube aber, daß dieser Terminus des gelehrten Sprachgebrauchs schlecht und unsauber gebildet ist, was ja nicht zu verhindern braucht, daß er in Deutschland noch eine Weile in Ansehen bleiben wird. Es ist ein ausschließlich deutscher Ausdruck, von Reinhold dem Sohne (nach Eisler) geprägt, aber erst durch Zeller zu seiner jetzigen akademischen Würde promoviert. Das Ausland ist lange Zeit ohne den Begriff Erkenntnistheorie ausgekommen und erst neuerdings haben die Engländer es für nützlich gehalten, die neue Disziplin, die doch von ihnen ausgegangen war, mit dem überaus gelehrten Worte *epistemology* zu benennen. Das Wort ist pedantisch, übersetzt aber ganz ordentlich *Lehre vom Wissen*, während unser *Erkenntnistheorie* ein schlechter Name ist. Das Wort *epistemology*, in den reichen Schatz der englischen Fremdwörter von Ferrier vor etwas mehr als fünfzig Jahren eingeführt (aus *ἐπιστημη* und *λογος* zusammengesetzt), hat immerhin die Endung *-logie*, mit der wir international unsere Lehrgebäude bezeichnen, beibehalten. Unter *Theorie* verstehen wir international etwas ganz anderes als ein Lehrgebäude; wird *Theorie* der *Praxis* entgegengestellt, dann ist der Bedeutung des Wortes in unserer empiristischen Zeit ein gewisser Tadel beigesellt, wir denken zunächst an ein Begriffsgebilde, dem keine Wirklichkeit entspricht, oder das wenigstens unbewiesen als vorläufige Hypothese in der Luft schwebt; sonst aber verstehen wir unter Theorie gern eine Annahme oder eine unbewiesene Behauptung, die der Erklärung eines Sachverhalts oder auch einem ganzen Lehrgebäude zugrunde liegt. In einer saubern Philosophensprache durfte man also von verschiedenen Theorien der Erkenntnis sprechen, von der Erkenntnistheorie eines bestimmten Philosophen, nicht aber von *der* Erkenntnistheorie überhaupt, als von einer besondern Disziplin. Man konnte sagen: Kant hat durch seinen kritischen Idealismus eine *Wissenschaftslehre*, eine

Epistemologie erst geschaffen, trotzdem seine eigene Theorie der Erkenntnis nicht allgemein und nicht in allen Stücken anerkannt werden konnte. Der Fall liegt ähnlich bei dem unsaubern Sprachgebrauche, der Kants System durch Jahrzehnte die *kritische* Philosophie nannte, weil die Hauptwerke Kants das Wort *Kritik* im Titel führten, und der noch heute *Kritizismus* als technischen Ausdruck beibehalten hat, trotzdem es in der ganzen Geschichte der Philosophie kaum einen hervorragenden Mann gegeben hat, der nicht an den Vorstellungen und Begriffen seiner Zeit oder seiner Vorgänger Kritik geübt hätte, und trotzdem es einen bewußten *Dogmatismus* kaum mehr gibt, gegen den der Kantsche Kritizismus auszuspielen wäre.

Die Aufgabe der neuen Disziplin, Möglichkeit und Grenzen des menschlichen Wissens von der Welt zu bestimmen, läuft wirklich auf eine gründliche Analyse der Begriffe hinaus und dürfte darum der wesentlichste Teil unserer Kritik der Sprache sein, die also ein Beitrag zur Erkenntnistheorie ist. Oder zur *Logologie*, wenn man vor dem häßlichen Worte nicht zurückschreckt. Herbart, der der Erkenntnistheorie die Bearbeitung der Begriffe zuwies, Lotze und der Engländer Ward haben sich schon der Anschauung genähert, die in einer Sprachkritik das vorläufige Hauptgeschäft der Philosophie sieht: nicht eine neue Wissenschaftslehre, aber eine neue Lehre vom Wissen ist unser Hauptgeschäft.

Erpressung. — Nur einige flüchtige Richtlinien kann ich ziehen und hoffen, daß sie genügen werden, wenigstens die Frage zu beantworten, weshalb dieser Rechtsbegriff in einem Wörterbuch der Philosophie behandelt wird. Zu einer gründlichen historischen Behandlung wären Vorarbeiten nötig gewesen, die es nicht gibt: über die Geschichte des Begriffs und über die Geschichte der Sache. Zur Begriffsgeschichte nur die eine Bemerkung, daß das Verbrechen der Erpressung erst seit wenigen Jahrzehnten allgemein vom Strafrechte besonders aufgeführt wird und daß darum die Bezeichnung nicht international ist. Unser deutsches Wort ist ein hübsches Bild von der Kelter, in welcher den Trauben Wein erpreßt wird; auch an das Auspressen eines Geständnisses durch Folterwerkzeuge mag man erinnert werden; *extorquere* hieß schon im Lateinischen foltern, aber die Vorsilbe *ex* scheint mehr auf die körperlichen Gliedmaßen als auf das Extrahieren einer bestimmten Aussage gegangen zu sein. Die Franzosen entnahmen ihre Bezeichnungen *faire chanter* und *chantage* ihrer Gaunersprache, deren technische Ausdrücke sich seltsam genug in der Rechtssprache ausnehmen.

Zur Sache selbst wäre zu bemerken, daß die Erpressung in ihrer schlichtesten Form wohl so alt ist wie die menschliche Gesellschaft. Der *Raub* ist die naïvste Form der Erpressung, wenn man nur die Erpressung als ein Verbrechen gegen die sogenannte Willensfreiheit auffassen gelernt hat; wobei es klar wird, daß die Möglichkeit eines Verbrechens gegen die Willensfreiheit Beweis genug ist gegen die Existenz der Willensfreiheit. Räuber und Erpresser rechnen darauf, daß sie den Willen ihres Opfers entscheidend beeinflussen werden; und sie verrechnen sich nicht, wenn sie nicht einen besonders starken Charakter (oder sollte Stärke Freiheit sein?) bedroht haben. Das Verbrechen der Erpressung im engeren Sinne konnte und mußte häufiger werden, als die Staaten zivilisierter und die Menschen gebildeter wurden; eine Bedrohung der Scheinehre wurde so wirkungsvoll wie früher eine Bedrohung an Leib und Leben, und, da die Verbreitung der Feigheit mit der Verbreitung der Zivilisation gleichen Schritt hielt, traten in der neuen Zeit die Erpresserbanden an die Stelle der alten Räuberbanden.

Alle Versuche, auch den Rechtsbegriff der Erpressung an das römische Recht anzuknüpfen, leiden an einer inneren Unwahrheit. Die *concussio* des römischen Rechts ist ein privatrechtlicher Begriff, geht höchstens auf Erpressung durch Beamte und Juristen; die Psychologie, welche Raub und Erpressung gemeinsam als gegen die Willensfreiheit gerichtet ansieht, war den Römern fremd. Und bis in die neueste Zeit spielte die Erpressung von *Geständnissen* und *Versprechungen*, die dann beide eben durch die Tatsache einer Erpressung ungültig gemacht wurden, in das Privatrecht und in die Moral hinein.

Wir haben schon bei der Behandlung des Ehrbegriffs (S. 210) den Mißbrauch des Duells durch Meister des Degens und der Pistole als eine Art der Erpressung kennen gelernt. Das deutsche Strafgesetzbuch, das (§§ 253 bis 256) schüchtern die gröblichste Erpressung dem Raube gleichstellt, sieht das Verbrechen der Erpressung nur da, wo das Ziel der Handlung auf Verschaffung eines widerrechtlichen Vermögensvorteils geht; widerrechtliche Befriedigung von Bedürfnissen der Liebe und der Eitelkeit fallen also gar nicht unter dieses Verbrechen gegen die menschliche Willensfreiheit. Das Strafgesetz, das jeden Mundraub an einer Semmel mit sinnloser Härte vergilt, hält sich an den alten Begriff vom *Raube*, der doch ein romantischer, naïver Gewaltakt sein konnte; der alte Räuber brauchte nicht so gemein und so feige zu sein wie der moderne Erpresser, der bei seinem Angriff heimtückische, vergiftete Waffen wählt. Das Strafgesetz kann von der alten juristischen Definition nicht loskommen. Dehnt man aber den Begriff der Erpressung auf jeden Raub aus, der mit psychologischen Mitteln ausgeübt wird, einerlei ob der Räuber Hunger, Liebe oder Eitelkeit widerrechtlich befriedigen will, so erkennt man vielleicht die Bedeutung der Erpressung für unsere gegenwärtige Gesellschaft. Und ahnt, daß das Recht, das mit uns geboren ward, dieses Verbrechen in sein System noch nicht untergebracht hat.

Die Erpressung ist das Verbrechen der feigen und zivilisierten Menschheit. Und weil die stärkste Waffe des „Räubers mit psychologischen

Mitteln" die Drohung mit Veröffentlichung von Geheimnissen ist, so konnte die Erpressung erst seit Aufkommen des öffentlichen Lebens die heutigen Dimensionen annehmen. Man denkt da zunächst an die Revolverpresse und beachtet auch da nicht genug, daß unsere Zeitungen unaufhörlich und oft in gutem Glauben Erpressungen begehen, wo sie mit leisen Abstufungen Lob und Tadel verteilen, je nachdem ihnen (von Ministern, von Behörden, von vielgenannten Privatpersonen) Mitteilungen zugehen oder nicht. Die Erpressung der Freundschaft wird von ganz gutartigen Redakteuren in die Räuberformel gebracht: die Freunde unseres Blattes werden gelobt. Und in den freiesten Ländern, wo die Öffentlichkeit stark und schamlos genug geworden ist, wie in Amerika, in Frankreich, beherrscht diese Räuberformel auch schon das öffentliche Leben der Politik. Es tut mir leid, es sagen zu müssen: je moderner ein Staat ist, desto enger sind seine öffentlichen Charaktere in die allgemeine Einrichtung der Erpressung verstrickt. Was man so oft, höhnisch oder bedauernd, die Korruption der republikanischen Verhältnisse genannt hat, ist zum größten Teile nur eine Folge des Prinzips der Öffentlichkeit, deren Waffe die Erpressung ist.

Man spricht von einer Zeit des *Faustrechts*, in welcher organisierte Banden von Mutigen und Starken die Feigen und Schwachen mit dem Scheine des Rechts ausplünderten, weil das geschriebene Recht dem lebendigen Unrecht nicht gewachsen war. Man wird unsere Zeit vielleicht einmal die Zeit des Erpresserrechts nennen, weil der Erpressungsbegriff unserer Strafrechte dem Raube mit psychologischen Waffen, eben der Erpressung, durchaus nicht gewachsen ist. Und in unseren Republiken, besonders in Frankreich, sehnt sich mancher Mann nach einer starken Monarchie oder nach einem starken Diktator, nach einer unbedrohbaren Macht also, die der herrschenden Korruption ein Ende machen könnte, das Netz der Erpressung zerreißen könnte.

Nur daß die reale Waffe in den Händen dieser Macht wieder die Polizei ist, idealiter das Werkzeug der Zivilisation, realiter eine Einrichtung, die das Verbrechen gegen die menschliche Willensfreiheit oder die Erpressung zu begehen nur zu leicht geneigt wird. Der untergeordnete Beamte, der eine Voruntersuchung anzustellen hat, wird leicht geneigt, eine Erpressung zu begehen, die sich von der alten Tortur nur durch die psychologische Art der Mittel unterscheidet.

Es ist Sache der wissenschaftlichen Psychologie, die furchtbare Macht der Erpressung zu erkennen; aber die Wissenschaft der Psychologie kann die psychologische Wirklichkeit oder das Menschenherz nicht ändern und weiß darum kein Mittel gegen die Alltäglichkeit dieses Verbrechens.

Erscheinung. — Das Wort gehört unserer philosophischen Sprache dauernd erst seit Kant an, der damit das griech. *φαινομενον* übersetzte, die idealistische Vorstellung von Berkeley entlehnend, das deutsche Wort von Baumgarten; vorher dachte man bei *Erscheinung* zunächst an ungewöhnliche Wahrnehmungen, wie denn ein *Phänomen* heute noch in allen unseren Kultursprachen auch ungewöhnliche Erscheinungen, vom Genie bis zum Monstrum, bedeuten kann. Noch Walch (1740) versteht unter Erscheinungen im engeren Sinne die Erscheinung von Geistern; mit protestantischer Selbstgerechtigkeit verhöhnt er die heidnischen Poeten und die päbstlichen Skribenten: derjenige müßte seine Vernunft ganz an den Nagel gehängt haben, der solche Geschichten glaubte; aber kein vernünftiger Mensch dürfte an den Erscheinungen der guten Engel zweifeln, wenn er der Heil. Schrift nicht offenbar widersprechen wollte; und auch den sichtbaren Erscheinungen der Teufel stünde nichts im Wege.

Nur wenige Jahre trennen ein so wüstes theologisches Gewäsch eines ganz ordentlichen Kopfes von der Grundanschauung Kants, nach der unsere gesamte Sinnenwelt eine Welt von Erscheinungen ist. Erscheinungen wovon? Gibt es nichts als die Erscheinungen, gibt es keine Dinge-ansich hinter der Sinnenwelt, dann hat der metaphysische Idealismus recht und die neue Frage meldet sich, wie sich Erscheinung von *Schein* unterscheiden möge. Stimmen aber die Erscheinungen mit den Dingen-ansich überein, dann hat der krasseste Realismus recht, und wir setzen die Welt nur törichterweise zweimal, sobald wir von Dingen-an-sich und von ihren Erscheinungen reden. Krasser Idealismus und krasser Realismus würden also, was uns nicht überraschen darf, eigentlich zu dem gleichen Ergebnisse führen: für den metaphysischen Idealismus wird die Erscheinung zu einem leeren Schein, für den metaphysischen Realismus zu einem leeren Wort. So erscheint der Sprachkritik das Verhältnis zwischen Erscheinung und Wirklichkeit; darum muß vor allem andern die Frage beantwortet werden, *wovon*, von welcher Wirklichkeit Etwas (die gegebene Wahrnehmung) Erscheinung sei.

Ich glaube darum, daß es keine glückliche Wahl war, als Kant den griechischen Begriff *φαινομενον* in Baumgartens Lehnübersetzung wieder in die Philosophie einführte. Die Griechen dachten eben bei ihrem Worte zumeist an den bloßen Schein; wenigstens die alten Sophisten (Protagoras) und die eigensinnigen griechischen Skeptiker lehrten immer wieder, daß wir an der Wirklichkeit nur den Schein erkennen: *μονα τα παθη καταληπτα*. Und gerade darum blieb der antike Skeptizismus so oft in spielerischen Paradoxien stecken, weil das eine griechische Wort ungetrennt ausdrückte, was wir durch Erscheinung und Schein mühsam auseinander zu halten versuchen, darum erhob sich der antike Skeptizismus nur selten zu einem kritischen oder sprachkritischen Skeptizismus.

Man wird mir einwenden. daß Kant über das Verhältnis zwischen Wirklichkeit und Erscheinung gar nichts habe aussagen wollen; daß der Fortschritt seines kritischen Idealismus gerade in der neuen Fragestellung bestehe: was ist an unserer Erscheinungswelt, d. h. an unserer sinnlichen Welt der noch hinzukommende geistige, subjektive Faktor? Gewiß ist, daß nur durch diese Frage aus dem Sensualismus herauszukommen war, ohne in den instinktwidrigen Phänomenalismus zu verfallen; aber man kann doch nicht leugnen, daß das Subjektive, das Geistige, das Kant an den Erscheinungen erkannte, ohne die Korrelatbegriffe des Objektiven, des Körperlichen, nicht zu denken und nicht auszusprechen war, daß darum die Frage nach dem Verhältnisse zwischen Wirklichkeit und Erscheinung, die Kant zu beantworten abgelehnt hatte, sich immerfort wider Willen an die Stelle seiner eigentlichen Frage einschlich. Allzu oft ist Kant, und nicht ganz ohne seine Schuld, so mißverstanden worden, als ob er Phänomenalismus gelehrt hätte.

Durch Kant ist Schopenhauer verführt worden, Erscheinung und Vorstellung für gleichbedeutende Begriffe zu erklären. Sein Hauptwerk, das im ersten Buche nur Kants Anschauung von der Welt als Ding-an-sich und als Erscheinung vortragen will, nennt sich: Die Welt als Wille und Vorstellung; *Wille* ist das Wort, das das Rätsel des Ding-an-sich lösen soll; *Vorstellung* soll nur ein Synonym für Erscheinung sein. Wir werden noch sehen, wie arg Schopenhauer mit seinem Willensbegriff die Sprache mißbraucht hat (vgl. Art. *Schopenhauers Wille*); als er aber *Erscheinung* durch *Vorstellung* ersetzte, handelte er mit fast ebensolcher Willkür. Das eben war ja die neue Frage gewesen, was an einer Wahrnehmung gegebene Erscheinung sei und was hinzutretende psychische Tätigkeit; war Erscheinung mit der Vorstellung identisch, war die Wahrnehmung (nicht der Wahrnehmungsakt allein) *nur* psychische Tätigkeit, dann predigte ja Schopenhauer unverfälschten Phänomenalismus. Und ein moderner Psychologe hätte ihm überdies entgegenhalten können, daß auch der Wille (das Summenwort für alle Willensakte) zu den Erscheinungen gehöre. Wir können heute den Unterschied im Sprachgebrauche Kants und Schopenhauers etwa so ausdrücken: Kant lehrte eine Mittätigkeit des menschlichen Gehirns, der Zentrale, bei jedem Erscheinungsakte, aber diese Mittätigkeit war in allen Fällen der unmittelbaren Sinneswahrnehmungen unbewußt, eigentlich noch physiologisch, weshalb denn auch die Neukantianer unter unseren Physiologen sich Kants Lehre vom Ding-an-sich und seiner Erscheinung aneignen konnten; als nun Schopenhauer diese Erscheinungswelt zu einer Welt der Vorstellung machte, wurde fälschlich das bewußte Denken zur Bedingung der Sinnenwelt gemacht. Recht konsequent, da bei Schopenhauer überhaupt das Ding-an-sich, der Wille also, im Denken sich objektivierte. Aber das war nicht mehr Kants Lehre.

Stumpf hat einmal („Erscheinungen und psychische Funktionen" S. 13) auf die Analogie hingewiesen, die zwischen dem Verhältnisse von Erscheinung und Seelentätigkeit einerseits und dem Verhältnisse von Farbe und Ausdehnung anderseits besteht; nur durch Abstraktion können die beiden Glieder auseinandergehalten werden. Und Stumpf hat schon darauf hingewiesen, wie richtig Spinoza sah, als er lehrte, daß jedes der beiden Attribute der einen Substanz (Ausdehnung und Denken) für sich erfaßt werden müßte. Auch Spinoza hat da den Begriff Denken ungebührlich ausgedehnt, auf alle psychischen Funktionen; aber in der allzu logischen Darstellung Spinozas stört die Erweiterung des Begriffs lange nicht so, wie wenn Schopenhauer in seiner realistischen Sprache die Erscheinungswelt mit der Vorstellungswelt gleichsetzt.

Die arge Schwierigkeit, mit Kant den Sensualismus ganz zu überwinden, und dennoch nicht dem Phänomenalismus zu verfallen, wird vielleicht klarer gemacht, wenn wir uns jetzt noch einmal der Wortgeschichte erinnern. Die Tat Kants, der an der Erscheinung die Analyse vornahm, die unmittelbare Leistung der Sinne und die Leistung der Zentrale unterschied, überwand zum erstenmale den sensualistischen Instinkt des Menschen, der von jeher adjektivische Empfindungen, einzeln oder vereinigt, als Dinge in eine substantivische Welt hinausprojiziert hatte. Wahrscheinlich aber ist diese Doppelsetzung der Welt weniger ein Instinkt des Menschen als eine Gewohnheit der Sprache, insbesondere der griechischen Sprache, deren Ausdrücke unser philosophisches Denken entscheidend beeinflußt haben. Es ist eine griechische Eigentümlichkeit, von Adjektiven und von Verben sehr leicht Substantive zu bilden. Auch das griech. *φαινομενον* ist so ein substantiviertes Adjektivum; es bedeutet, je nach der Richtung unserer Aufmerksamkeit: *was* mir erscheint, was *mir* erscheint, was mir *erscheint*. Die deutsche Übersetzung hat nun die Eigentümlichkeit, daß die Endsilbe *ung*, nach Analogie ähnlicher Wörter, fast ununterscheidbar den Erscheinungsakt und das Agens der Erscheinung bezeichnet, den Wahrnehmungsakt und das Objekt der Wahrnehmung. Und — wie man deutlich hören kann — bei der Erscheinung mehr eine Tätigkeit des unbekannten und unerforschlichen Agens, bei der Wahrnehmung mehr eine Tätigkeit des Subjekts. Es ist also recht gut möglich, daß die Sprache nur ihr Spiel mit uns treibt, auch mit einem Kant, wenn wir, die wir unmittelbar nur von einer adjektivischen Welt Nachrichten erhalten, uns unsägliche Mühe geben, die sprachlichen Hypothesen einer substantivischen und einer verbalen Welt in der Wirklichkeit wiederzufinden.

esoterisch — sei hier gebucht, weil das Wort anfängt, mißverstanden zu werden; wirklich wie ein Fremdwort, das von Halbgebildeten einfach falsch gebraucht wird. Nach den unzuverlässigen Notizen der griechischen und lateinischen Anekdotensammler unterschied Aristoteles seine Vorträge, vielleicht auch seine Schriften in *esoterische* und in *exoterische:*

dem engeren Kreise seiner Schüler soll er auf der Morgenpromenade (*ἑωθινον περιπατον*) seine tiefsten Gedanken mitgeteilt haben, einem weiteren Kreise auf der Abendpromenade (*δειλινον περιπατον*) eine populäre Darstellung. Exoterisch behielt ungefähr die Bedeutung *populär*. *Esoterisch* aber, das man mit *intim*, *streng wissenschaftlich*, oft aber auch mit *ehrlich* hätte übersetzen können, wurde neuerdings in England auf die Schwierigkeit und Dunkelheit einer Frage bezogen, und die sogenannten Okkultisten (vgl. Art. *Okkultismus*) behaupteten von sich, sie besäßen für ihre Adepten ein esoterisches Wissen, welches für Laien oder Uneingeweihte nicht mitteilbar wäre. So wurde *esoteric* im Englischen beinahe zu einem Synoym für *mystic;* und in einem solchen Sinne habe ich *esoterisch* schon in deutschem Gebrauche vorgefunden.

Wenn die Anekdoten über den engeren und weiteren Schülerkreis von Aristoteles, wie es scheint, nur Entlehnungen aus den hübschen Legenden über die Schule der Pythagoräer gewesen sein sollten (die Novizen sollen da *ἐξωτερικοι* geheißen haben, weil sie den Meister nicht sehen durften, hinter einem Vorhang standen), dann würde am Ende der Bedeutungswandel von *ἐσωτερικος* jetzt bei den Engländern zu seinem Ursprunge zurückgekehrt sein; denn Pythagoras hatte wohl seine Weisheit aus Ägypten geholt, woher für uns auch der Okkultismus stammt.

ewige Wahrheiten. — Nicht nur die schönen Sentenzen Schillers werden ewige Wahrheiten genannt, in der Sprache unserer Schulaufsätze. Auch in der Philosophie werden seit Jahrtausenden nicht nur die Axiome gern ewige Wahrheiten genannt, sondern auch die personifizierte Wahrheit selbst bekommt bisweilen das Epitheton *ewig*, *zeitlos*, trotzdem solche Epitheta einer Person am wenigsten zustehen. Inbrünstig ist dieser Gedanke, der sich den christlichen Gott als die *summa veritas* vorstellt, von Augustinus ausgedrückt worden in einem Satze, der an Schiller erinnert: „Erit veritas, etiamsi mundus intereat.“ Descartes, Spinoza, Leibniz, Kant sprechen, mehr oder weniger kritisch, von ewigen Wahrheiten. Aber auch in unsern Tagen, wo doch der Wahrheitsbegriff psychologisch untersucht und als ein relativer Begriff erkannt worden ist, wo der Pragmatismus auf der einen Seite, Nietzsche auf der anderen Seite die einfache Vorstellung Goethes in die Philosophie eingeführt haben — daß nämlich von uns das biologisch Nützliche wahr genannt werde — hört das Gerede von den ewigen Wahrheiten nicht auf; besonders die Logiker wiederholen gern die logische Tautologie, daß die Wahrheit eines Urteils keine Beziehung zur Zeit habe, überzeitlich sei, also ewig.

Wir werden noch erfahren, daß *Wahrheit* und *Glaube* gar nicht so sehr voneinander verschieden sind, wie die Gemeinsprache unserer Gelehrten glaubt oder für wahr hält. (Vgl. Art. *Wahrheit*.) Wer nun nicht lehren mag, daß ein Glaube ewige

Dauer habe, nicht historisch aus- und umgebildet werde, der sollte auch nicht von ewigen Wahrheiten reden. Die Wahrheit ist nirgends in der Welt außer in den Menschenköpfen, wo sie auch nichts weiter ist als eine besondere Aufmerksamkeit, eine Bejahung von Urteilen und Vorurteilen, die auch ohne diese Aufmerksamkeit oder Bejahung für wahr gehalten worden sind. Das gilt von den banalsten *ewigen* Wahrheiten („Vergehen müssen bestraft werden") bis zu dem obersten Grundsatz der neuen Weltanschauung („Die Energie ist konstant"). Die Wahrheiten sind nicht in der Wirklichkeit, sind nur in den Menschenköpfen (Descartes: Aeternae veritates nullam existentiam extra cogitationem nostram habent; Princ. phil. I. 48), sind eigentlich nur in der Menschensprache, die sich aus- und umbildet von Volk zu Volk, von Geschlecht zu Geschlecht. Es kann also ebenso wenig ewige Wahrheiten geben, als es irgendwo eine ewige Sprache gibt. Auch der Satz von der Erhaltung oder Konstanz der Energie wird (in dieser Form) nicht ewig dauern; und ich meine nicht die Form seiner Worte, sondern die seiner Begriffe.

F.

falsch. — In einer systematischen Darstellung der vorgetragenen Weltanschauung müßte die Untersuchung des Wahrheitsbegriffs eine der ersten Stellen einnehmen; im Alphabet ist der spät erfundene Buchstabe *W*, urprünglich ein Halbvokal, hinter das lateinische *U* zu stehen gekommen, obgleich er nach der jetzigen Aussprache besser dem *B* hätte angegliedert werden können. So werden wir, gezwungen von der Zufallsgeschichte des Alphabets, erst gegen das Ende unseres Weges (vgl. Art. *Wahrheit*) erfahren, wie es um diesen Begriff stehe: daß der Gegensatz zwischen Glaube und Wahrheit, auf den unsere ungläubige Zeit so stolz ist, in unserm Denken gar nicht vorhanden sei, daß *glauben* und *für wahr halten* in Beziehung auf unsere Urteile ungefähr das Gleiche ausdrücke. Ich habe schon in meiner Sprachkritik (I^2 S. 693 ff.) darauf hingewiesen, daß das Bewußtsein von der Wahrheit eines Urteils nur eine ausdrückliche Bejahung sei, die zu der stillschweigenden Bejahung hinzukommt, eine Besinnung, ein Akt der Aufmerksamkeit. Und ich bin da zu dem traurigen Satzgebilde gelangt: „Wahrheit ist eine Art von Übereinstimmung unseres Innenlebens mit der Wirklichkeit, und Wirklichkeit ist eine Art von Übereinstimmung von etwas Unbekanntem mit unserm Innenleben. Anstatt Innenleben können wir jedesmal Sprache setzen" (S. 696). Wir wissen nicht, was Wahrheit sei; also wissen wir noch weniger, was die Negation der Wahrheit sei, die Unwahrheit oder die Falschheit; es wäre denn, daß wir den Begriff *falsch* mit dem Begriffe *nein* identifizieren wollten, womit nicht viel gewonnen wäre.

R. Richter hat („Skeptizismus in der Philosophie" II. 176; die Stelle ist gegen das berühmte Wort von Spinoza gerichtet: Sicut lux se ipsum et tenebras manifestat, sic veritas norma sui et falsi est) dadurch Klarheit zu schaffen gesucht, daß er *Falschheit* eine logische Kategorie nannte, *Irrtum* eine psychologische; und für den Sprachgebrauch, der ja immer die jeweilige objektive Wahrheit darstellt, ist diese Unterscheidung gut oder nützlich. Sie wird aber doch wohl nur etwas Relatives bezeichnen, die Beziehung eines Individuums zu einem Urteil. Wenn A behauptet oder glaubt oder für wahr hält, daß die Erde still stehe, so glaubt er nach dem *Wissen* von B etwas Falsches, so befindet er sich psychologisch im Stande des Irrtums; was aber diesen Glauben des A für objektiv falsch erklärt, das ist doch nicht die abstrakte Logik, sondern nur das reichere Wissen von B, der besser begründete Glaube von B. Es gibt kein rein logisches, kein unpsychologisches Wissen; und es gibt schon darum allein keine ewigen Wahrheiten.

Ich will aber die erkenntnistheoretische Untersuchung des Begriffspaares für das immerhin positivere Wort *Wahrheit* aufsparen, und möchte hier nur wieder einmal ein Beispiel dafür geben, wie sich die Hauptkategorien der grammatischen Redeteile für erkenntnistheoretische Fragen benützen lassen.

Unser Begriffspaar gehört eigentlich nur der *verbalen* Welt an; freilich einer so sublimierten Verbalwelt, daß vom Zwecke, den wir als das bildende Prinzip des Verbalbegriffs erkannt haben, nicht mehr viel übrig geblieben ist. Immerhin bedeuten die Vorstellungen etwas *für wahr* halten, etwas *glauben* für uns noch so viel wie den Akt der Bejahung (oder der auf die Bejahung gerichteten Aufmerksamkeit); geschieht das *Bejahen* durch das Aussprechen von Worten oder durch eine zustimmende Gebärde, so ist offenbar noch ein Verbum vorhanden *(sprechen, nicken)*, das dadurch entsteht, daß eine Anzahl mikroskopischer Bewegungen (wie bei *graben, stricken*) durch einen menschlichen Zweck zu einem Ganzen, eben dem Verbum, geordnet werden. Für das Gegenteil der Zustimmung, für das Nichtglauben, Nicht-für-wahrhalten, haben wir bezeichnenderweise, außer diesen offenbaren Negationen, nur wieder andere Negationen. Bei primitiven Menschen, in einer primitiven Sprache besteht ja gar kein Unterschied zwischen: *urteilen* und dem Inhalt des Urteils *bejahen.* Man sagt: diese Leute glauben alles, was sie wahrnehmen, was sie denken oder hören. Die Verneinung ist ja erst die Antwort auf eine Frage: ob das ausgesprochene Urteil denn auch die Probe der besonders darauf gerichteten Aufmerksamkeit bestehe. Je höher die Geisteskultur, desto leichter spielt sich Frage und Antwort in dem gleichen Gehirn ab; die Aufmerksamkeit wird reger, die Leichtgläubigkeit geringer; aber wie gesagt, die Leugnung eines Urteils, die Verneinung, ist nicht ein Sieg der logischen Kategorie über die psychologische, sondern der Sieg des besser unterrichteten psychologischen Denkens über das schlechtere psychologische Denken. Das Urteil bekommt durch unser Begriffspaar ein positives oder ein negatives Vorzeichen; wird die Aufmerksamkeit, die Besinnung gar nicht auf die Frage: Ja oder nein? — gerichtet, so wird dennoch tapfer darauf los bejaht und verneint, unbewußt nämlich, in den allermeisten Fällen, wenn Menschen sprechen oder denken. Und wie in der elementaren Arithmetik, wie Kinder sie lernen und wie wir sie täglich anwenden, das positive Vorzeichen als selbstverständlich vorausgesetzt wird, so setzen einfache Menschen die Bejahung bei allen Urteilen voraus, die sie eingeübt haben und gedankenlos nachsprechen. Vorurteile sind Urteile *vor* der Aufmerksamkeit, die zwischen Bejahung und Verneinung erst zu entscheiden hätte; in dieser Aufmerksamkeit besteht die Anstrengung, die zweckmäßige Tätigkeit, das Verbum des Bejahens oder Verneinens.

Der substantivischen Welt gehört das Begriffspaar *Wahrheit* und *Falschheit* eigentlich gar nicht an, wenn auch diese beiden Worte nach der Analogie von Substantiven gebildet sind; durch die Bejahung kommt zu einem richtigen Urteile nichts hinzu, durch die Verneinung wird das Urteil annihiliert. Beim verbalen Für-wahrhalten kommt, sobald wir unser Glauben besonders betonen wollen, nichts weiter hinzu, als etwa bei der Bekräftigung einer Aussage durch den Schwur oder den Fluch; wir drücken das meist ohne eine besondere Versicherung durch einen bestimmten Ton der Stimme aus; das primitivere Judendeutsch liebt es, ein *Ja* wie einen Schwur hinzuzufügen. „Du hast es mir *ja* versprochen,“ das wohl zu unterscheiden ist von dem gut deutschen: „Du hast es mir ja *versprochen*.“ Wahrheit und Falschheit sind aber nur Ersetzungen für diesen pathetischen Tonfall, für ja und nein, ein überflüssiges und ein leeres Substantiv, beide von den Adjektiven *wahr* und *falsch* durch die bekannte Endsilbe *heit* gebildet, die sich ja gern zu den Scheingestalten so blasser Abstraktionen hergibt. Für mein Sprachgefühl ist es weniger seltsam, daß der Araber das nomen agentis *Lügner* mit *Vater der Lüge* umschreibt, als daß wir die Betonung des Nichtglaubens durch die substantivische Bildung *Falschheit* (Zustand des Falsches) verdinglichen.

Die beiden Adjektive *wahr* und *falsch* nun, die uns so geläufig sind, haben für die psychologische Wirklichkeitswelt weniger Bedeutung als die verbalen Worte, die doch immerhin bei der Verarbeitung der Empfindungen die letzte Appretur ausdrücken, ja sie bedeuten noch weniger als das überflüssige und das leere Substantiv. Die Worte *wahr* und *falsch* lassen sich überhaupt auf die äußere Wirklichkeit gar nicht anwenden; sie gehören der psychologischen oder innern Wirklichkeit genau genommen nur als mißverstandene Verbalformen an. Deutlich ist das bei *falsch*, dem Lehnworte aus lat. *falsus*: was unser

Glauben getäuscht hat; falsus kommt von *fallere* her. Wir nennen aber unsere Sinneseindrücke, wenn wir getäuscht worden sind, nach einem recht philosophischen Sprachgebrauche, gar nicht *falsch*; wir reden vielmehr von Wirklichkeit und Schein. Nur unsere *Urteile* über die Existenz von Wirklichkeiten und ihren Relationen, unterscheiden wir danach in wahre und falsche, je nachdem diese Urteile eine prüfende Aufmerksamkeit aushalten oder nicht. Wir können uns eine Sprache, der der Begriff *glauben* fehlte, kaum vorstellen; wohl aber wäre eine Sprache der höchsten Weisheit möglich, die keine Worte mehr hätte für *wahr* und *falsch*, für *ja* und *nein;* daß es sich in den wirklichen Sprachen eher umgekehrt verhält, mag uns ahnen lassen, wie viele primitive Vorstellungen immer noch in unsern Sprachen verborgen sind.

Die Worte *wahr* und *falsch* hätten uns nicht so vertraut werden können, wenn sie nicht in den Gemeinsprachen neben ihrer blassen logischen Bedeutung noch ganz robuste adjektivische Bedeutungen angenommen hätten, wo denn freilich bei *falsch* immer eine Negation mitverstanden wird. *Falsch* kann in dieser echt adjektivischen Bedeutung auf Dinge wie auf Personen gehen; bei Dingen, die man falsch nennt, denkt man theoretisch an ihre Unechtheit, praktisch an ihre Wertlosigkeit: falsches Geld, falsche Perlen, auch falsche Haare; das Adjektiv ist ein echtes Adjektiv, weil der Kenner den Dingen ansehen kann, ob sie echt oder falsch sind. Bei Personen versteht man unter *falsch* einen häßlichen, unaufrichtigen, unwahren Charakter; mundartlich gebraucht man wohl auch *falsch* im Sinne von zornig, böse; war *wahr* zur Bezeichnung einer guten Eigenschaft geworden, so konnte *falsch* die entgegengesetzte Eigenschaft bedeuten.

Fatalismus. — Als Karl Moor den Entschluß gefaßt hatte, Räuberhauptmann zu werden, feuerte er den Mut der jungen Räuberdilettanten mit folgenden Worten an: „Fürchtet euch nicht vor Tod und Gefahr, denn über uns waltet ein unbeugsames Fatum! Jeden erreicht endlich sein Tag, es sei auf dem weichen Kissen von Flaum, oder im rauhen Gewühl des Gefechts, oder auf offenem Galgen und Rad! Eins davon ist unser Schicksal!" Es ist bekannt, daß Mohamed den Mut in der Schlacht bei seinen Gläubigen durch die gleiche Vorstellung zu heben verstand: es sei einerlei, ob der Mensch sich in Gefahr begibt oder nicht, sein Ende ist ja doch vorher bestimmt. Aus vielen Stellen, in denen der Koran den Fatalismus oder das Kismet lehrt, wähle ich nur eine (III, 139): „Die lebendige Seele stirbt nicht außer der Zulassung Gottes, nach dem ewigen Buche, welches das Ziel des Lebens geordnet hat." Der Türke, den ein solcher Glaube furchtlos macht, hat sich wohl niemals die kniffliche Frage vorgelegt, wie sich seine Willensfreiheit mit dem Glauben an das ewige Buch vertrage: das Schicksal soll völlig unabhängig sein von dem menschlichen Willen, aber der Gläubige soll dennoch seine ganze Willensstärke aufwenden, um einen günstigen Ausgang der Schlacht herbeizuführen. Man muß schon in die Blütezeit der arabischen Philosophie zurückgreifen, bis ins 12. Jahrhundert, wenn man freiern Vorstellungen über Gott und die menschliche Willensfreiheit begegnen will. Der tapfere Satz des Averroës: Deus non cognoscit singularia — verträgt sich schlecht mit dem ewigen Buch und der Prädestination. Seit dem 13. Jahrhundert wurden eigentlich philosophische Untersuchungen im Islam nicht mehr geduldet, die Theologen siegten, und heute ist der Fatalismus Dogma und Volksglaube bei den Mohamedanern.

Ich wüßte nicht, wie man sich diesem Fatalismus entziehen soll, wenn man an einen allmächtigen und allwissenden Gott glaubt. Ja, der Glaube an Allwissenheit ohne Allmacht allein müßte zum Fatalismus führen. Der allmächtige Gott unterscheidet sich nämlich von dem Gotte der Deisten, von dem Gotte der natürlichen Religion nur dadurch, daß er die Kette von Ursachen und Wirkungen durch Wunder zerreißen kann; weiß er aber nur alle Ursachen und Wirkungen, so kennt er auch die Schicksale aller Menschen, sieht sie vorher, und darum allein müssen sie vorher bestimmt sein; denn Gott kann unmöglich falsch vorhergesehen haben. Das naiv kaufmännische Bild (auch in der jüdischen und in der christlichen Glaubensvorstellung) von einem großen Hauptbuche, in dem alle Schicksale verzeichnet sind, könnte höchstens auf ein schlechtes Gedächtnis Gottes schließen lassen; aber es wäre ja möglich, daß die Allwissenheit nicht mit sehr präsentem Wissen gepaart ist. Scherz beiseite. Hinter dem Begriffe des Fatalismus stecken zwei Fragen, die scharf zu unterscheiden sind: die theologische und die philosophische. Die theologische Frage hat sich darum gekümmert, ob irgendwo ein Buch oder ein Gehirn vorhanden sei, in welchem alle Schicksale aller Menschen von Ewigkeit vorhergesehen sind; wir können uns von einem solchen Menschenbuche oder einem solchen Menschengehirn keine Vorstellung mehr machen und stellen die theologische Frage nicht mehr. Wir fragen nicht mehr, wie die Vorsehung mit der menschlichen Willensfreiheit zu vereinigen sei. Wir sollten also auf die Ausdrücke verzichten, die (wie wir noch sehen werden) ein Vorsehen, ein Vorwissen mitbezeichnen. Nicht so einfach zu beantworten ist die philosophische Frage: wie sich die Notwendigkeit alles Naturgeschehens mit der Willensfreiheit vertrage, ja auch nur mit dem Scheine einer menschlichen Willensfreiheit. Denn die Sache liegt so: wir sind einerseits durchdrungen von der Überzeugung, daß das Naturgeschehen, das menschliche Handeln mit inbegriffen, eine undurchbrechliche Kette von Ursachen und Wirkungen darstelle; wir können uns anderseits, mögen wir noch so logisch denken, von dem Gefühle nicht befreien, einen Willen zu haben, der sich bei der Vorstellung einer Handlung pro oder contra entscheiden kann. Ist unser Handeln notwendig, wie das Eintreten einer physikalischen Wirkung, dann scheint der Fatalismus (allerdings ohne Gott und ohne Buch) die einzig berechtigte Vorstellung zu sein, und der menschliche Wille mitsamt dem Scheine seiner Freiheit ist eine Illusion. Ich will zu zeigen versuchen, daß diese philosophische Frage auf einer optischen Täuschung beruht, daß der Fatalismus oder die unbedingte Notwendigkeit der Menschenschicksale ein Unbegriff ist, wenn man nicht Vorher*bestimmung* oder so etwas Ähnliches mitdenkt. Ich will zu zeigen versuchen, daß der Fatalismus oder der Glaube an eine göttliche Vorsehung unbewußt immer zugrunde gelegt wird, sobald wir die Notwendigkeit alles menschlichen Handelns als eine Vorherbestimmung oder nur als eine vorgestellte Notwendigkeit auffassen. Um zu verstehen, was ich sagen will, braucht man nicht anders zu denken, als wir alle denken, muß sich aber recht gründlich vom Wortaberglauben befreien, vom Glauben an eine personifizierte *Naturnotwendigkeit*, an einen personifizierten Willen.

Wir, mein guter Leser und ich, haben die Willensfreiheit längst als eine Illusion erkannt, als eine Illusion, die biologisch wichtig ist und aufs innigste verknüpft mit der Illusion des Ichgefühls. Wollen wir uns die objektive Notwendigkeit alles Geschehens, des physikalischen wie des praktischen, unter einem einfachen Bilde vorstellen, so tun wir vielleicht gut daran, an das Fallen der Flocken bei einem Schneegestöber zu denken. Notwendig, unentrinnbar notwendig ist nach Ort und Zeit die Bildung jedes einzelnen der Milliarden von Schneekristallen, ebenso notwendig ist die Anhäufung der Flocken, ebenso notwendig der Weg jeder Flocke von der Schneewolke bis zur Erdoberfläche. Dichtigkeit und Wärme der Luftschichten, der Wind und möglicherweise noch andere Energien bestimmen den Weg. Jede Schneeflocke *muß* zuletzt auf den Zweig niedersinken, auf dem sie liegen bleibt. Nicht anders notwendig sind die Handlungen der Menschen, die vom Willen ausgelöst werden. Aber beim Schneegestöber wie bei den Menschenschicksalen ist diese Notwendigkeit unvorstellbar; wir haben den Begriff Notwendigkeit, aber wir wissen nicht, was das ist. Wir machen uns das deutlicher, wenn wir für ein Weilchen (oder für immer) auf den Willensbegriff verzichten, dessen Negation die Notwendigkeit gewöhnlich ist. Fassen wir unsere Wollungen als Bilder oder Entwürfe von künftigen Handlungen auf, als Entwürfe, die später ausgeführt werden können oder auch nicht, so bleibt zwar das Rätsel ungelöst, wie unser Bewußtsein oder unser Gedächtnis, das aus der Vergangenheit herkommt, die Zukunft irgendwie vorwegnehmen kann, — aber wir erkennen dann, daß es in der Kette von Ursachen und Wirkungen eines besondern Willens gar nicht bedarf. Ob unsere Bilder oder Entwürfe von der Zukunft Wirklichkeit werden oder nicht, hängt von äußern Umständen ab; und die Entwürfe selbst sind Folgen unserer ererbten und erworbenen Erinnerungen: unserer Natur, unserer Erziehung und wieder der äußern Umstände unseres Lebenslaufes. *Nachträglich* dürfen wir sagen, daß alles Geschehen notwendig gewesen sei; *vorher* ist kein Auge da, die Notwendigkeit zu sehen, weder ein göttliches noch ein menschliches Auge. Die Vergangenheit hatte kein Auge für die Gegenwart, die Gegenwart hat kein Auge für die Zukunft. Wir dürfen ruhig mit dem Panpsychismus jedem einzelnen Schneekristall etwas wie eine menschliche Seele und einen menschlichen Willen zuschreiben; am Fall der Flocken wird dadurch nichts geändert. Wie am Verlaufe der Menschenschicksale dadurch nichts geändert wird, daß wir die Illusion der Willensfreiheit haben. Was muß, geschieht. Wer deshalb glaubte, sein eigenes Leben für vorherbestimmt halten zu müssen, der wäre ebenso töricht wie eine Schneeflocke, die ihren Weg abändern wollte, weil ein Menschenwort sie mit einem Willen begabte. Wir personifizieren die Notwendigkeit, wir leihen ihr ein Menschenauge, wenn wir von der Zukunft etwas anderes aussagen wollen, als daß sie kommen wird. Der Glaube an eine Vorherbestimmtheit des Geschehens ist nicht minder kindlich, als der Glaube an eine Vorsehung und an deren Hauptbuch. Der theologische Fatalismus ist nicht unsinniger als der philosophische. Der Glaube an die Notwendigkeit ist so richtig, entspricht so sehr einer erkenntnistheoretischen Wahrheit, als Menschen nur irgend Wahrheit finden können; wenn wir uns aber diese Notwendigkeit vorstellen, unter dem Bilde einer Vorherbestimmtheit vorstellen, dann unterliegen wir, wie gesagt, einer optischen Täuschung, einer doppelten optischen Täuschung: wir stellen uns ein Auge vor, das die Kette von Ursache und Wirkung sieht; und wir bilden uns ein, daß die Zukunft gewußt werden könne. Die Gegenwart ist in unsern Sinnen; die Vergangenheit allein ist in unserem Wissen; oder in unserem Gesehenhaben; die Zukunft ist nirgends, bevor sie Gegenwart geworden ist.

Aber so anthropomorphisch sind wir, daß wir uns nicht einmal den richtigen Begriff der Notwendigkeit ohne fälschende Personifikationen vorstellen können. Wir schaffen den Begriff nach unserem Ebenbilde und leihen ihm ein Auge, das sieht. Wir sprechen von einer *Vorsehung*. Und wenn wir die Kette von Ursachen und Wirkungen nicht kennen oder nicht sehen wollen, dann sprechen wir von einem Zufall, und personifizieren ihn wieder, wenn wir ihn einen *blinden* Zufall nennen.

Alle die verschiedenen Ausdrücke für den Schicksalsbegriff sind an eine Personifikation geknüpft. *Fatum* kommt wahrscheinlich von *fari*, sagen, und setzt ein sprachbegabtes Wesen voraus, das sagen kann, was sein Auge gesehen; *destin, destinée* von lat. *destinare*, bestimmen, setzt einen Willen voraus; *Geschick, Schickung,*

Schicksal mag eine Lehnübersetzung sein aus einer Zeit, da *schicken* noch soviel bedeutete wie *destinare, zurechtmachen, anordnen.* (Das Wort *schicken* haben wir erst seit dem 12. Jahrhundert; im Sinne von *senden* ist es noch viel jünger, heißt ursprünglich: für den Versand zurechtmachen.) Die Zusammenhänge zwischen *Destination, Determination* und *Bestimmung* sind historisch durchaus nicht aufgeklärt. (Vgl. Art. *Bestimmung.*)

Weniger kühn und anthropomorphisch ist das Bild der Griechen für den Schicksalsbegriff: *εἱμαρμενη,* aus der Poetensprache hergenommen, bedeutet den Anteil, der einem zugefallen ist, etwa durch das Los; und ich möchte vermuten, daß das türkische *Kismet* (eigentlich Anteil) eine alte arabische Lehnübersetzung des griechischen Wortes ist, trotzdem *die Verteilerin* genau *kasimet* lauten müßte.

Fichtes Ich.

I.

Die Schule oder die neue Scholastik ist historisch geworden und nennt ihre Sekten wieder einmal nach historisch gewordenen Philosophen; wir haben neben der großen und mächtigen Gruppe der Neukantianer auch schon die *Neufichteaner*, die Neuschellingianer, die Neuhegelianer, dazu die Neuthomisten, die Anhänger von Fries und von Herbart, ganz abgesehen von den nicht ganz schulgemäßen Hartmannianern und Nietzscheanern.

Diese Erscheinung ist nicht ganz neu. Die Entwicklung der Philosophie, wie sie sich in der schulgerechten Geschichte der Philosophie darstellt, bewegt sich wirklich in der Spirallinie, die man so oft der Kulturgeschichte zugrunde legen wollte. Das Bild findet sich schon bei Leibniz und bei Goethe: ein langsamer Aufstieg bei endlosen Umwegen über verlassene Standpunkte. So haben die Araber nicht, wie vielfach geglaubt wird, bloß dem Aristoteles nachgeredet, die Philosophen der Renaissance sind nicht einfach zu Platon zurückgekehrt; beide Male wurde der ganze Kursus der griechischen Philosophie durchschmarutzt.

Seit ungefähr 50 Jahren nun repetiert man bei uns die vermeintlich klassische deutsche Philosophie in ähnlicher Weise, wie man vor 800 und vor 500 Jahren die vermeintlich klassische Philosophie der Griechen repetiert hat oder auch wohl nur repetieren ließ. Der Ruf „zurück zu Kant“ wurde angestimmt, von Haym 1857, von Zeller 1862, am wirkungsvollsten von Liebmann 1865; der Ruf hallte als Echo aus den Hörsälen der deutschen Universitäten zurück, und erst ganz neuerdings wagen es einige unverbesserliche Skeptiker, mit dem Gegenrufe „zurück zu Hume“ zu widersprechen. Die Rückkehr zu Kant war natürlich nicht ganz wörtlich gemeint gewesen; nur die philologische Beschäftigung mit Kant war, im Sinne des modernen Historismus, eine eigentliche Rückkehr, und hat denn auch für die niedere und für die höhere Textkritik sehr gute Ergebnisse geliefert. Eigentlich meinte man eine Weiterführung von Kants Erkenntnistheorie, eine Wiederanknüpfung an die Kritik der Erfahrung, die durch die romantischen Epigonen Kants mehr unterbrochen als gefördert worden war. Wenn die Geschichte der Philosophie, d. h. die Entwicklung der Ideen, von einer vernünftigen Leitidee beherrscht würde, wenn es in der Geschichte der Philosophie wie in der Geschichte überhaupt Gesetze gäbe, dann wäre die Wiedergewinnung der alten Aussichtsstellen auf einem höheren Standpunkte allerdings der Wanderung auf einer Spirallinie ähnlich, und man könnte gar nichts Besseres tun, als oberhalb der Straße in gleicher Richtung einen neuen Weg zu verfolgen. So logisch hat sich aber die Entwicklung nach Kant nicht vollzogen. In Kant hatte sich alles Denken des 18. Jahrhunderts wie in einem ungeheuren Sammelbecken zusammengefaßt und geordnet: Rationalismus, Idealismus, Skeptizismus und auch schon die Sehnsucht, die mystische, über diese -ismen hinaus; das ungeheure Becken bot aber den Nachfolgern oft nur Wasser für ihre Mühlen. Die Neuhegelianer, die Neuschellingianer benützten gar ihre vorbildlichen Philosophen als kleinere Becken für ihre viel kleineren Gebetmühlen. Ich möchte nun flüchtig zu zeigen versuchen, daß gerade Fichte am wenigsten geeignet war, für die Aufgaben unserer gegenwärtigen philosophischen Pflicht, für die Erkenntnistheorie, wiederbelebt zu werden. Wobei mir nichts ferner liegt, als mir die Beschimpfungen Schopenhauers gegen Fichte zu eigen zu machen; Schopenhauer, der doch gerade das Talent, also den Intellekt, von Fichte hoch über die Fähigkeiten von Hegel stellte, hat besonders den Charakter Fichtes in den Schmutz gezogen; und just der herrliche Charakter Fichtes würde uns ein Zurückgehen auf ihn noch am ehesten verständlich machen. Menschlichkeiten waren auch dem wahrhaft tragischen Leben dieses Mannes nicht fremd geblieben; aber menschlich stand Fichte mit seiner opfermutigen Tapferkeit denn doch über Schopenhauer; und der ergreifende Brief, den Fichte am 2. September 1791 an Kant schrieb, und der in jeder Geschichte der deutschen Philosophie abgedruckt werden sollte, stellt Fichte menschlich auch über Kant. Ich werde auf die Persönlichkeit Fichtes noch mit einem Worte zurückkommen.

Aber für die Erkenntnistheorie ist die Lebensarbeit Fichtes nicht so bedeutend gewesen, daß wir eine Pflicht hätten, auch zu ihm zurückzukehren. Eigentlich sind es, im Verhältnisse zu den Neukantianern, nur ganz kleine Leute gewesen, die sich gern Neufichteaner nennen ließen; ich müßte schwer beweisbare Vermutungen über die Psychologie des deutschen Philosophieprofessors vorausschicken, wenn ich erklären wollte, wie es dennoch zu einer neuen Schule kommen konnte, die sich nach Fichte nannte. Ich widerstehe der Versuchung und will nur einiges Unpersönliche vorbringen.

Man könnte das Werk Kants kurz so charakterisieren, daß er — er zuerst — die Grenzen zwischen dem Ich und dem Ding-an-sich abgesteckt hat; die Frage beschäftigt ihn zumeist, was alles in unserem Weltbilde dem Ich angehöre. Bescheidentlich weiß Kant über beide Glieder der Relation, über das Ding-an-sich und über das Ich, nichts auszusagen; die Relation selbst aber durchschaut er; er will nicht nur kein Dogmatiker sein, er ist auch viel weniger Systematiker, als die großen Linien der Architektur seines Werkes und die noch größeren Linien seines Gesamtplanes vermuten lassen. Die Epigonen Fichte, Schelling und Hegel sind bei aller Verschiedenheit darin ähnlich, daß sie unbescheiden genug sind, Systematiker sein zu wollen. Alle drei, die törichterweise, ebenso auch eben von mir, immer zusammen genannt werden, waren starke philosophische Schriftsteller, alle drei fähig, sich selbst den Architektentraum eines Systems zu erfüllen, aber einen festen Grundstein, einen einheitlichen Grundgedanken, hat keiner von ihnen besessen. Nur einen Grundriß.

Darum konnte auf ihren Systemen nicht weiter gebaut werden, wie doch auf dem Grundsteine, den Kant fest gefügt hatte. Kant ist nur mit seinem einst populärsten Versuche, Freiheit und Moral auf ein übermenschliches, überindividuelles Prinzip zu begründen, historisch geworden, also tot. Seine Erkenntnistheorie ist lebendig, weil sie, bei aller Abgründigkeit und Schwierigkeit der Untersuchung, doch das individuelle Ich nicht verläßt; so durfte und konnte die neue Psychologie, ja sogar die Physiologie der Sinnesorgane zu Kant zurückkehren und sich der Übereinstimmung mit dem fast legendarisch groß gewordenen Meister freuen. Alle guten Kräfte des Rationalismus hatten sich in Kant vereinigt; über den Rationalismus war auch er mit seiner tiefsten Sehnsucht hinausgelangt, — etwa wie Lessing mit dem letzten, was wir ihm danken, über die Aufklärung. In der Poesie vollendete Goethe die Ahnungen des zu früh geborenen Lessing; in der Philosophie haben wir einen solchen Vollender Kants nicht erhalten. Seine Epigonen waren keine Rationalisten, freilich nicht; aber in ihrem stürmischen, romantischen Verlangen nach einer Einheit der Weltkultur fanden sie nur öde Worte, die nach kurzem Erfolge ein Mißtrauen gegen alle Philosophie zurückließen: das Absolute, die intellektuale Anschauung, eine irrationale Weltvernunft, das Über-Ich; so oder ähnlich müssen wir ihre unklaren Vorstellungen ausdrücken.

Zu Hegel, dem stärksten unter den drei Epigonen, dem Riesenhirn, das die abstraktesten Begriffe mischte und legte wie ein müßig geistreiches Fräulein seine Patiencekarten, mag *zurückkehren*, wer die irrationale Weltvernunft in den Gesetzen der Weltgeschichte glaubt, an geschichtliche Gesetze überhaupt glaubt; zu Schelling, dem totesten unter den dreien, der allein unter ihnen die Verachtung Schopenhauers verdient zu haben scheint, mag *zurückkehren*, wer theosophisch veranlagt ist, wer sich für seine Vorstellung von einem lieben Gotte nicht mit dem Gotte des Rationalismus, nicht mit der Fiktion einer historischen Gesetzmäßigkeit z. B., begnügen will; und wer es nicht vorzieht, lieber zu den wirklichen Philosophen zurückzukehren, die von Schelling abgeschrieben oder umgedeutet worden sind. Wo aber führt ein Weg zu Fichte zurück?

Man hat Stirner auf Fichte zurückzuführen versucht; ich kenne keine gröbere Verirrung der philologischen Methode. Vielleicht hat sich Stirner von einigen Schlagworten oder Stichworten Fichtes wirklich beeinflussen lassen; mag sein. Aber es gibt keine Brücke zwischen Stirners individuellem, einzigem Ich, das sich *seine* Welt aufbaut; und Fichtes absolutem Ich, das sich selbst und die Welt setzt. Es geht wirklich nicht an, den Fanatiker der Anarchie und den Fanatiker der Pflicht auf die gleiche Formel zu bringen, weil sie beide vom groß geschriebenen Ich ausgehen.

Wo führt ein Weg zu Fichte zurück? Allerdings, Fichte hat den berühmt gewordenen Fehler Kants vermieden: die kausale Einwirkung der Dinge-an-sich auf das Denken, das doch die Kausalität erst geschaffen hat. Fichte glaubte zuerst, Kant richtig verstanden und ausgelegt zu haben, als er nicht nur die *Form*, sondern auch den *Stoff* der Welt vom Ich setzen ließ, durch eine Tathandlung setzen; als Kant dann seinen Schüler (nicht sehr löblich) von sich abschüttelte (Goethe konnte sich bei seiner Abkehr von dem denunzierten Atheisten Fichte wenigstens auf seine Ministerpflicht gegenüber dem disziplinlosen, übermäßig schroffen Professorbeamten berufen; Kant hatte eine solche Entschuldigung nicht), da nannte Fichte den Meister einen *Dreiviertelskopf* und blieb bei seiner These, jetzt als seiner ganz eigenen Wahrheit. Was war durch diese Vermeidung des Kantschen Fehlers gewonnen?

Kants Fehler störte die Naturwissenschaft nicht. Es war inkonsequent gewesen, ein Widerspruch, von dem Dinge-an-sich nichts aussagen zu wollen, die Kausalität einzig und allein der Erscheinungswelt zuzuweisen, und dann dennoch zu lehren, das Ding-an-sich verursache die Erscheinungen mit, biete der Sinnlichkeit ihren Stoff. Aber Kant hätte erwiedern können, daß er die Sprache nicht geschaffen habe, daß der Widerspruch in der Sprache liege, daß eine Antinomie am Ende noch kein Denkfehler sei. Fichte war nicht inkonsequent, Fichte (wie nachher Hegel) schuf sich seine eigene konsequente Sprache, und in den schlecht definierten Begriffen dieser Sprache baute er ein Weltbild auf, die Wissenschaftslehre, mit dem die Wissenschaft niemals etwas hat anfangen können. Schelling übernahm von Fichte die Identität von Ich und Welt; Hegel übernahm von Fichte die Methode (Thesis — Antithesis — Synthesis); weder Naturwissenschaft noch Logik sind gefördert worden. Und die Antinomie Kants, der klaffende Widerspruch zwischen dem Ich und dem Ding-an-sich, war nicht einmal verschwunden. Das Ich, welches sich selbst setzte als beschränkt durch das Nicht-Ich, und welches wieder das Nicht-Ich setzte als beschränkt durch das Ich, verlegte nur das alte und ungelöste Rätsel in den neuen Begriff der Schranken; ein Rätselwort mehr war neu hinzugekommen, sonst nichts. Ein Wort, an welchem der Spott der Zeit sich schadlos halten konnte.

Die besten Köpfe, die sich nun trotz der Abstrusität der Wissenschaftslehre (die Vermeidung des Kantschen Fehlers war übrigens schon von Aenesidemus-Schulze verlangt worden und war Reinhold fast gelungen) Fichte wieder zugewandt haben, haben sich dann auch, beinahe instinktiv, an den Ethiker Fichte gehalten, an den, trotz menschlicher Schwächen, prachtvollen Charakter des Mannes, an dessen Atheismusstreit und an dessen Reden an die deutsche Nation man nur zu erinnern braucht, um der schriftstellerischen Persönlichkeit wieder froh zu werden. Bei Eucken wird sogar Fichtes Versuch wieder aufgenommen, die Religion mit dem Denken zu versöhnen; aber Fichtes Aktualität, was sein Arzt Hufeland seine *Überkraft* genannt hat und seinen Grundcharakter, dieses moralische Kraftgefühl, das ihn die Welt zu einer Tathandlung des Ich machen ließ, klingt noch einmal an schon in dem Titel des vielgerühmten und sehr schwer lesbaren Hauptwerkes von Eucken: „Die Einheit des Geisteslebens in Bewußtsein und Tat der Menschheit." Rein ethisch ist der Neufichteanismus bei Münsterberg, der nicht mehr dem Verdachte ausgesetzt ist, die Religion mit dem Denken versöhnen zu wollen; seine „Philosophie der Werte" mahnt an Fichte (und indirekt an das herrliche Wort Lessings vom Streben nach der Wahrheit) durch die Bedeutung, die dem Wollen zugeschrieben wird; der Tat, nicht dem Erreichten. „Der Wert liegt in der Steigerung des Wollens, aber der Wert selber wird dadurch nicht gesteigert." Nur der Übergang von der niedern Stufe zu der höhern ist wertvoller, nicht die höhere Stufe selbst. Mir fällt der tragische Bettelbrief wieder ein, von dem schon die Rede war; Fichte redet Kant an als den Mann, „dem ich alle meine Überzeugungen und Grundsätze, dem ich meinen Charakter bis auf das Bestreben, einen haben zu wollen, verdanke."

II.

Die Kritik eines berühmten Zeitgenossen über Fichte möchte ich hinzufügen, damit sie von meinen Lesern gelesen werde. An einer Stelle, wo die Geschichtschreiber der Philosophie nicht gerne suchen, im Komischen Anhange zu Jean Pauls allumfassendem Romane „Titan", ist (im Jahre 1800) diese Kritik Fichtes gegeben worden, die darum nicht weniger gründlich ausgefallen ist, weil Form und Einkleidung durch groteske Einfälle fast abstoßen. Es ist die „Clavis Fichtiana seu Leibgeberiana." Als Verfasser und als begeisterter Fichteaner tritt Leibgeber auf, die einst sehr bekannte Romanfigur Jean Pauls; es ist wohl ernsthaft gemeint, daß ursprünglich beabsichtigt war, ein Wörterbuch der philosophischen Sprache Fichtes herauszugeben. Wir werden gleich sehen, daß Jean Paul den Gedanken einer philosophischen Sprachkritik so deutlich gefaßt hatte, als die Sprunghaftigkeit seines Denkens und Arbeitens das Erfassen und Festhalten eines Gedankens überhaupt zuließ. Das große Lachen des Jean Paulschen Humors stand einer Kritik der Sprache sicherlich nicht im Wege.

Der humoristische Hauptwitz der Clavis lag nun darin, daß Jean Paul-Leibgeber sich anstellte, als ob nicht Fichte, sondern er selbst im Jahre 1794 die Wissenschaftslehre herausgegeben hätte; er nennt das System darum Leibgeberianismus. Fichtes Gleichsetzung von Ich und Nicht-Ich wird so schon durch die Einkleidung glänzend parodiert; und diese Parodie wird ohne jede Pedanterie durchgeführt. „Diese (die Aseïtas) und absolutes oder reines Ich und unbedingte Realität und immanentes Noumenon sind Synonymen der Gottheit. Der Himmel — welches Ich bin — gebe, daß ich faßlich werde.“ ... Fichte hat Himmel und Erde und alles geschaffen, damit er etwas anzusehen habe, aber auch Fichten als Beschauer, und mit jenen verginge auch dieser; „was übrig bleibet, ist sein reines Ich, bei dem ja aber, wie er aus der von mir oder ihm erfundenen Wissenschaftslehre recht gut weiß, weder von Dauer noch von Sein die Rede sein kann.“ Leibgeber überblickt einmal flüchtig, während eines Fußbades sein System, und sieht bedeutend auf die Fußzehen, deren Nägel man ihm eben beschneidet; und er spricht zu sich: „Es frappiert mich selber, daß ich das All und Universum bin; mehr kann man nicht werden in der Welt als die Welt selber und Gott und die Geisterwelt dazu. Nur so lange Zeit — die wieder mein Werk ist — hätt ich nicht versitzen sollen, ohne darauf zu kommen ... Welch ein Wesen ... mein absolutes Alles gebärendes, fohlendes, lammendes, heckendes, brechendes, werfendes, setzendes Ich.“ Alles hat er geschaffen, „und mithin auch die paar Bände, die Fichte geschrieben, weil ich ihn erst setzen und machen muß, eh' er eintunken kann — denn es kommt auf meine moralische Politesse an, ob ich ihn leben lassen will, ... weil wir beide ... nie unsere Ichs behorchen können, sondern jeder selber das erfinden muß, was er vom andern lieset, er meinen Clavis, ich seine Drucksachen. Daher nenn' ich die Wissenschaftslehre keck mein Werk und den Leibgeberianismus, *gesetzt* auch, Fichte wäre und hegte ähnliche Gedanken.“ Gott ist *aseïtas*, also *ameïtas*.

„Ich leugne nicht, ich komme mir seit meiner Leibgeberei, so oft ich edle oder große Aufopferungen für andere mit vielen äußerlichen Anstalten mache — was doch kürzer abzutun wäre, da bloß mein Ich moralisch voltigieren soll — fast wie jener Handelsmann im Montaigne vor, der, um ein lavement zu nehmen, die Werkzeuge und alle Ingredienzien auf den Tisch vor sich hinlegen ließ und alles dann ein wenig besah, worauf sogleich, ohne daß man ihm das Klystier wirklich setzte, die Sedes kamen, die nur einmal ausblieben, als gerade die Frau aus Geiz wohlfeilere Spezies aufgetragen hatte."

„Ich lasse zu, der Verstand ist bewunderungswürdig und unendlich und kein menschlicher, den ich (als absolutes Wesen) bewies in der ganzen Einrichtung des Weltalls (Nicht-Ichs); aber ich weiß nicht, was ich dachte, daß ich meinen eigenen subjektiven Verstand so stiefmütterlich und schmal beißen ließ, daß er nun meinen objektiven Verstand selber nicht kapiert. . . . Ich hätte der größte Kopf werden sollen, ein Universalgenie für ein solches Universum. So aber fasset mein gedachtes Ich von einem Objekte, das doch nur seinetwegen zum vorstellen hingesetzt wurde, im Grunde soviel wie nichts."

„Existiert niemand als ich armer Hund, dem gerade das Los fallen mußte, so stand es wohl noch mit niemand so schlecht als mit mir . . . Rund um mich eine weite versteinerte Menschheit . . . Ich so ganz allein, nirgends ein Pulsschlag, kein Leben, nichts um mich und ohne mich Nichts als Nichts. Mir nur bewußt meines höheren Nichtbewußtseins. In mir den stumm, blind, verhüllt fortarbeitenden Dämogorgon (gemeint ist der Erdgeist), und ich bin er selber. So komm ich aus der Ewigkeit, so geh ich in die Ewigkeit. — Und wer hört die Klage und kennt mich jetzt? Ich. — Wer hört sie und wer kennt mich nach der Ewigkeit? Ich. —"

Diese fast tragische Parodie über den Versuch Fichtes, die Welt aus dem Ich heraus- oder hinauszuspinnen, wird noch ernsthafter durch die Einleitung Jean Pauls, in der völlige Skepsis gegen eine systematische Philosophie und gegen die philosophische Sprache überhaupt sich stark äußert. „Gegen Philosophie und die Nymphe Echo behält niemand das letzte Wort. . . . Da wir jahrelang mit *vollen* Worten uns erinnern und phantasieren, so merken wir es nicht sogleich, wenn wir mit *leeren* denken; etwann wie Darwin (gemeint ist der Großvater von Charles Darwin, Erasmus Darwin, den J. Paul der Alleswisser auch sonst genannt hat) behauptet, daß einer, der lange die gefüllte Pfeife im Munde gehabt, es im Dunkeln nicht sogleich würde inne werden, daß er sie ausgeraucht." Jean Paul wendet dann den Hohn über die leeren Worthülsen, nicht ganz mit Unrecht, gegen Fichte und die höchste Höhe der Reflexion. „Hier wird die Höhe so schwindelnd und dünnluftig, daß keine Begriffe mehr zu- und nachreichen, sondern wir müssen mit und an der bloßen Sprache ohne jene, weiter hinauf zu kommen suchen. Wer nun mit mir der bloßen von Begriff und Anschauung freien Sprache mächtig ist, der kläret sich dadurch zwei Ewigkeiten auf . . . Und ohne diese Sprache der höchsten Reflexion ist auch das Setzen eines Nicht-Ichs und Ichs oder das eigenhändige Einschränken des Absoluten um nichts begreiflicher als die so oft getadelte Schöpfung aus nichts. Diese absolute Freiheit . . . liegt nicht mehr in unserm Denk-, sondern bloß in unserm Sprachvermögen."

Jean Paul, dem es nicht vergessen werden soll, daß er als der erste deutsche Schriftsteller (1826) Schopenhauer würdigte, hätte seine Kritik mit noch mehr Strenge gegen Schelling und Hegel richten können, als gegen Fichte. Er der seine Vorschule der Ästhetik gegen die *Kantischen Formschneider* zu verteidigen hatte, der früher als die zünftige Literaturgeschichte die Identität des romantischen und des christlichen Ideals durchschaute, der mit der Sprache solange als ein Virtuose spielte, bis er ihren metaphorischen Charakter aufdecken konnte, wieder als der erste, — Jean Paul hatte allen Grund der romantisch-christlichen Sprache des Naturphilosophen und des Naturkorrektors zu mißtrauen. Aber Jean Paul, dem Schelling und Hegel nicht viel zu sagen hatten, war im Grunde schon vor Fichte ein eingefleischter Fichteaner gewesen. Schelling und Hegel standen seiner Freiheit ferner; von Fichte mußte sich der Romantiker Jean Paul erst befreien, und die Clavis ist wohl diese Befreiungstat. Jean Paul hat den Fichteschen Einschlag in den philosophierenden Schriften der Romantiker wohl erkannt; er, der als Dichter die Bilderjagd nicht lassen kann, verwirft die Ertötung des Stoffes durch die Form, „die Jakob-Böhmische Bilderphilosophie, z. B. in den Werken der Herren Schlegel, deren partiale Verfinsterung mehr aus dem eingemischten Leibgeberianismus entspringt und weniger aus der chemisch-metaphysich-metaphorischen Sprache."

Die Bewegung in der Geschichte der Poesie geht nicht mit so erschreckender Regelmäßigkeit in Spirallinien vor sich wie die Bewegung der Philosophie; aber eine Spirallinie hat doch wohl zu der gegenwärtigen Mode der Neuromantik geführt; und unsere philosophierenden Neufichteaner sind nicht bloß zufällig Zeitgenossen der Neuromantiker. Da war es vielleicht gut, an Jean Pauls Selbstbefreiung, an diese Parodie aus Liebe zu erinnern.

Form.

I.

Form ist entschieden ein Wort der internationalen Sprache; ich möchte nur gleich bemerken, daß der Purismus der slawischen Sprachen Lehnübersetzungen geschaffen hat, im Russischen und im Tschechischen (die ältere Kultur der polnischen Sprache bewahrt daneben die beiden Lehnworte *forma* und *ksztalt*), daß aber das Lehnwort *forma* volkstümlich geblieben ist; ganz ähnlich liegt die Sache im Deutschen, wo die alte Lehnübersetzung *Gestalt* in der Schriftsprache wie in der Gemeinsprache gesiegt hat, wo aber der einfache Mann heute noch lieber *Form eines Baumes* u. dgl. sagt. Der Sprachgebrauch im Deutschen unterscheidet zwischen *Form*, *Gestalt* und *Figur*:

streng ordnen ließe sich dieser Sprachgebrauch nicht, weil zu viele alte und neue Sprachen und ferne Jahrhunderte auf die einzelnen Redensarten eingewirkt haben.

Hier gilt es, aus der fast unübersehbaren Wortfamilie diejenigen Wortformen und Wortinhalte herauszufinden, die eine Beziehung haben zu dem Begriffspaar *Stoff und Form*, das in der Geschichte der Philosophie eine Rolle zu spielen nicht aufgehört hat, und die allein in einem Wörterbuche der Philosophie einen Platz verlangen. Nur um auf den Reichtum der Bildungen hinzuweisen und um den Einfluß erraten zu lassen, den ein solches Lieblingswort der Philosophie auf unsere modernen Sprachen nehmen konnte, will ich vorher eine kleine Auswahl solcher Ableitungen zusammenstellen.

Im Lateinischen war *forma* (einerlei ob das Wort wirklich eine Verhunzung von *μορφη* war oder, wie Jak. Grimm annahm, eine Ableitung von *ferre*, „das mit sich Getragene"; meine Empfindung gegen Jak. Grimm möchte ich etwa zärtliche Ehrfurcht nennen, aber seine Proportion forma : fero = norma : Nero ist doch ein wenig toll), abgesehen davon, daß es in der philosophischen Sprache als Übersetzung von *ειδος* diente, schon in den meisten modernen Bedeutungen vorhanden: Gestalt, Figur, Antlitz, Schönheit, Staatsform, Charakter, Ausdrucksweise, Beschaffenheit, Ordnung, Abbildung, Entwurf, Spezies, Modell (Schuhleisten, Käseform, Münzstempel), Rahmen, Einfassung. Aus *formalis*, *formell*,[1]) im Gegensatze zu dem Wesentlichen einer Sache (Stoff und Form) entstanden in unseren Sprachen alle die Ausdrücke, die fast verächtlich von *Formalitäten*, von *Förmlichkeiten* reden, die in Berufsarten, welche auf Formeln angewiesen sind, wieder wichtig genommen werden; aber *se formaliser* heißt beinahe sich ärgern, weil der andere zu *formell* geworden ist. *Formosus* hieß schon im Lateinischen und dann im ältern Englisch (*formous*) *schön*, in bonam partem während das griechische *ἀμορφος* (lat. *informis*) *häßlich* bedeutete, im Gegensatze zu *εὐμορφος* = *schön*. Aus der Käseform (formis buxeis caseum exprimere) wurden über formaticum die romanischen Worte *formaggio* und *fromage*. *Formula* hieß schon im Lateinischen (außer Schuhleisten und wieder geformter Käse), was es jetzt heißt: Schema, Regel; aber die Franzosen erfanden die Neuerung *formule* = Rezept, *formuler* = Re-

[1]) Das Wort *formal* hat, in Abhängigkeit vom Wechsel der Anschauungen in letzten philosophischen Fragen, seinen Sinn ins Gegenteil verkehrt. Noch Walch erklärt (1740), das Wort zeige diejenige Beschaffenheit einer Sache an, sofern sie die Sache ist, die sie sein soll; es bedeute das eigentliche Wesen eines Dinges; das *Formale eines Hundes ist, daß er bellt.* Von etlichen Brettern könne man sagen, hier wäre ein Tisch *materialiter*, aber noch nicht *formaliter*; noch nicht das Wesen, das zu einem Tisch erfordert wird. Einen andern Gegensatz bildete damals *virtualiter*; z. B.: der Fürst kann nicht überall formaliter zugegen sein, in seiner Wirklichkeit oder Wesenheit, sondern nur virtualiter, durch seine *Bedienten.*

zepte schreiben; *formularium* wurde zu einer Sammlung von Formeln, die jetzt *Formulare* heißen, und *formularius* hieß auch wohl ein Jurist. Überaus zahlreich sind die Zusammensetzungen. *Conformis, gleichförmig*, konform, wurde besonders im Englischen fruchtbar, *conformist* bezeichnete den Angehörigen der Kirche, die durch die Uniformitätsakte eine Liturgie eingeführt hatte, im Gegensatz zu dissenter oder *non-conformist*. *Informare*, schon lat. heranbilden, auch durch Unterricht, ließ sich zu *Informator* umbilden, wie noch in meiner Jugend der Hauslehrer hieß; aber *s'informer* und *information* bezogen sich auf eine Auskunft. *Performare*, schon im Lateinischen: die Ausbildung vollenden, nahm im Englischen die Richtung auf das Virtuosentum; *performance* ist besonders eine theatralische oder musikalische Aufführung. *Reformare* ist uns besonders durch das Schlagwort Reformation der Kirche geläufig; die Forderung der *Reform* war aber schon lange vor Luther vorhanden, die Kirche oder einen Orden *reformieren* bedeutete, die alte Zucht wiederherstellen, also bessern, läutern, den Prunk einschränken; und davon kam über Frankreich auch in das Preußen Friedrichs der Ausdruck officier *reformé* für einen abgedankten Offizier, wie denn reformer des troupes hieß: die Zahl der Truppen vermindern. *Transformare* ist in der bekannten Bedeutung ein altes Wort; ganz neu ist *Transformator* (fast gleich im Französischen und Englischen) für den Apparat zur Umwandlung hochgespannter elektrischer Ströme. *Uniformis, einförmig* wurde einerseits (*uniformism*) zu der Lehre von der Entstehung der Erdkruste durch gleichförmige Kräfte, anderseits, international, für den gleichförmigen Dienstanzug der Soldaten und dann auch der Beamten.

Recht nahe an unser Interesse, an das Begriffspaar Stoff und Form, treten einige ganz internationale Redensarten: *pro forma, pour la forme, for forme*, das wir in lateinischer Form zu gebrauchen pflegen; *in optima forma, en bonne forme, in due form, in bester Form*, sind dem Sinne nach und beinahe auch in der Form identisch, nur daß die englische Sportsprache uns die Ausdrücke *in (good) form*, in guter Verfassung, *in Form* geschenkt hat, wo ein feines Ohr noch den altlateinischen Sinn *Beschaffenheit* mit der philosophischen Nuance des Vorübergehens, des Nichtbleibens heraushören kann. In die theologische Wortgeschichte gehört das für Nichtchristen dereinst unerklärliche, sub utraque *forma* oder specie, das die *Arten*, die beiden Elemente im Sakrament des Abendmahls bezeichnete und von Luther übersetzt wurde: Christus hat das Sakrament beider *Gestalt* eingesetzt. Brentano kannte die Wortgeschichte schlecht, als er dichtete:

„Brot und Wein, die zwei Gestalten,
Sind nur Zeichen, sie enthalten
Gottes volle Wesenheit.“

Nein, Gestalt übersetzt forma, und forma kann als Wesenheit nur in der Theologie eine Mehrzahl dulden, nicht in der Poesie. (Daß aus dem hilflosen utraque das Wort *Utraquist* werden konnte, wo dann *que*, die unbedeutendste aller Silben, in den Wortstamm hineingeriet, ist eine Keckheit der Wortbildung, wie sie doch nur auf dem Gebiete der Gottesgelahrtheit möglich war und ist.)

In irgendeiner Weise mögen wohl die Menschen seit der Urzeit die räumliche Erscheinung eines Dinges von den sog. sekundären Eigenschaften, z. B. von der Farbe, unterschieden haben. In dieser Bedeutung haben alle unsere Gemeinsprachen den Formbegriff. Als aber das Wort *forma* im Lateinischen aufkam, war es selbst nach Form und Inhalt zu unterscheiden; lautlich wenigstens erinnerte es bis zur möglichen Verwechslung an das griechische *μορφη*, die Gestalt, die äußere Leibesbildung, die *Kontur*; es war aber inhaltlich die Lehnübersetzung eines ganz andern griechischen Wortes, *εἰδος*, das ursprünglich ebenfalls die sichtbare Gestalt bedeutet hatte, dann aber durch Platon in die Ideenlehre hineingeriet, in die es etymologisch hineingehörte (*ἰδεα* = die äußere Erscheinung), dort wie *ἰδεα* für ein Bild gebraucht wurde, für die Art, auch im Sinne von Spezies, im Gegensatze zum genus oder *γενος*; Aristoteles aber, der überhaupt Platons Ideenlehre aller ihrer poetischen Reize entkleidet hat, brachte es zustande, das Wort *εἰδος* seiner Muttersprache, das ausdrücklich und nach seiner Herkunft nichts bedeutete als die sichtbare, äußere *Gestalt*, zu einem Terminus für das Gegenteil zu verkehren, zu der Bezeichnung für einen *Begriff*, der ebenso sehr gegen den naiven Realismus der Gemeinsprache wie gegen den Idealismus Platons gerichtet war.

Außer dieser immerwährenden Polemik gegen Platon ist dem Formbegriff des Aristoteles noch ein Umstand verhängnisvoll geworden: systematischer als ein anderer Grieche, aber ebenso wortabergläubisch wie die meisten Griechen, hat Aristoteles Ontologie getrieben, mit allen abstrakten Worten immer nur Ontologie, und die Ahnung von unserer Erkenntnistheorie noch nicht besessen, noch nicht nach der Herkunft und Berechtigung der Begriffe gefragt. Es kam ihm noch nicht in den Sinn, den Wissensbegriff zu untersuchen.

Platon gegenüber mochte er eine instinktive Antipathie in bezug auf dessen konsequenten Idealismus haben. Die Einzeldinge, deren Sein Platon mit phantastischer Größe leugnete, waren dem „baumeisterlichen“ Aristoteles im Grunde doch das einzig Wirkliche, wie dem naiven Realismus der Gemeinsprache; da aber mit den philosophischen Begriffen des Platonismus alles bewiesen werden konnte, so bewies Aristoteles den naiven Realismus mit den abstraktesten Worten. Die Materie, die *ὑλη*, ist unerkennbar, unwahrnehmbar, ist nur die erschlossene Ursache dessen, was wir Materie nennen. Das Einzelding aber wird erst wahrnehmbar durch seine *Form*. Die Beispiele zeigen, daß er unter der Form ursprünglich ganz naiv die äußere Gestalt versteht, etwa die Bildsäule im Verhältnis zu ihrem Erze. Wie Aristoteles überhaupt den am festesten eingewurzelten Irrtümern der Menschheit ihre Wortform geprägt hat, so hat er auch den ihm so vertrauten Begriff des *Zweckes* oder der Endursache mit seinem Formbegriff verknüpft: *Stoff* und *Form* verhalten sich zueinander wie Ursache und Endursache, wie Realgrund und Motiv. Zweck und Form werden zu Synonymen. Wie der Bildhauer seine Statue absichtsvoll formt, so ist in den lebendigen Dingen ein formendes Prinzip, das man auch die Seele nennen kann. Ja sogar auch die Moral wurde aus der Form hergeleitet, weil doch das Gute und das Schöne in den Traktätlein der Zeit und in dem Modewort *καλοκαγαθια* eng verbunden war. Physik also, Biologie, Ästhetik, Moral wurden aus einem Prinzip geholt, das dem naiven Realismus durch der Augen Schein, dem Kunstfreunde durch die Statuen dargeboten war. So wurde Platons Lehre auf den Kopf gestellt: für Platon war das Einzelding unwirklich, wirklich nur die Gattung oder die Idee; in der Sprache des Aristoteles, die „oftmals etwas mehr sagt als er meint“ (Ritter III. 134), entstand das Einzelding durch die Gattung und einen Unterschied; und nun war auf einmal die Gattung oder die Materie unwirklich, der *Unterschied* oder die *Form* das einzig Wirkliche. (Es gibt freilich wieder andere Bedeutungen von Stoff und Form, bei Aristoteles, die miteinander vertauscht werden können; aber ich will den Aristoteles ja nicht kritisieren, noch weniger retten, ich will hier nur die Gedankengänge herausheben, die für die Wortgeschichte wichtig geworden sind.)

Wir werden bei der Untersuchung des Begriffes *Veränderung* auf die Schwierigkeiten zurückkommen müssen, die alten und neuen Denkern die Frage nach dem unsichtbaren Subjektträger (der allein sichtbaren Veränderungen) gemacht hat; auch da hat Aristoteles den unheilvollen Gegensatz von *δυναμις* und *ἐνεργεια*, von *potentia* und *actus*, für zwei Jahrtausende geprägt; die Form ist ihm nun weder *δυναμις* noch *ἐνεργεια*, sondern ein drittes Prinzip, das die *δυναμις* zur *ἐνεργεια* umschafft, das die Existenz des Einzeldings verursacht. Eigentlich ist die Form so etwas wie Gott (*forma prima* sagten nachher die Scholastiker von *Gott*); die höchste, die reinste Form, frei von der Materie — als ob der alte Grieche die Materie schon für sündhaft gehalten hätte. *Ewig* sind die Formen auch. Und Aristoteles, der ahnungslose Materialist, gelangt zu der Lehre: die Form sei die erste *Wesenheit*, sei das Wesentliche am Weltall. Damit schien sein Lehrer Platon besiegt. In schlichtem Deutsch liegt das Rätsel und seine Lösung etwa so: die Menschen kennen von ihrer Welt nur das *Wie* und fragen nach dem *Was*, nach dem Was der toten und lebendigen Dinge, nach dem Was der ästhetischen und moralischen Begriffe; da antwortet nun Aristoteles nicht wie ein Skeptiker, daß wir uns mit dem *Wie* begnügen müssen und vom *Was* niemals etwas erfahren werden, sondern er entscheidet dogmatisch, daß das Wie das Was sei. Und weil Aristoteles auch nicht ein schlichtes Griechisch schrieb, so erfand er für die Form, als die Wesenheit aller Dinge, den ungeheuerlichen Ausdruck *το τι ἦν εἶναι*[1]).

Die Scholastik ist das ungeheure und formell gewiß bewunderungswürdige Virtuosenstück, die christliche Theologie und ihre Magd, die christliche Philosophie, in das Wortsystem des vergötterten Aristoteles (Aristotelis logica ipsius Dei logica est) hineinzupressen oder die christliche Lehre aus den alten Worten herauszupressen, auszudrücken. Genauer: aus den neuen lateinischen Worten, mit denen Cicero, Augustinus und endlich die Scholastiker selbst die griechischen Termini bald sklavisch, bald frei übersetzt, bald weitergebildet hatten. Mir scheint das Wort *forma* den eigentlichen Mittelpunkt des scholastischen Denkens auszumachen. Gott ist die *forma prima,* die erste Ursache. Die verlegene Vorstellung des Aristoteles, daß die Form teils das Wesentliche am Einzelding, teils die Ursache des Wesentlichen sei, führt zu dem scholastischen Leitmotiv: *forma dat esse rei.* Alle obersten Begriffe der Scholastik sind im Grunde Synonyme von forma; die Wirrnis liegt in der Sache: *essentia, species, actus, quidditas,* es ist immer ein und dasselbe. Die Scholastiker, die ihren Aristoteles so lange nur auf dem Umwege über die Araber und die lateinischen Übersetzungen der Araber studiert hatten, fanden beim Averroës eine Definition der Form: actus et quidditas rei; ich sehe in dem barbarischen quidditas einen Versuch, das talmudische *το τι ἦν εἶναι* wiederzugeben. Die Ideen oder Begriffe oder Universalien heißen *formae secundae*, weil die forma prima dem Herrgott vorbehalten war. Und der große Kampf zwischen Nominalismus und Realis-

---

[1]) Der Terminus *το τι ἦν εἶναι* hat den Geschichtschreibern der Philosophie viel Kopfzerbrechen gekostet. Mit der Pennälerübersetzung „das Was-war-sein" ist nichts anzufangen. Der Ausdruck ist zur Not zu verstehen, dem Sinne nach, aber weder zu übersetzen noch grammatikalisch in eine andere Sprache umzudeuten. Wenn Überweg-Heinze (I.^{9} 251) das *τι ἦν* für einen possessiven Dativ erklärt, so verstehe ich das weder mit deutschem noch mit griechischem Sprachgefühl. Cohen erinnert (Logik, S. 27) mit Recht an die Sokratische Frageform und nimmt an, daß *was war* an Stelle von *was ist* tritt, weil der Grund des Seins jenseits der Gegenwart gelegt werde; das ist eine Deutung, aber keine grammatische Erklärung. Wenn ich mich in die Sprache des Aristoteles einzufühlen suche, glaube ich dem Terminus doch etwas näher zu kommen. Mit Hilfe des (Goethe nennt es so, Sprüche in Prosa 563) pathetischen Judendeutsch, an dessen Rabulisterei die Philosophensprache der Griechen oft genug erinnert. Man denke an das mauschelnde: „er ist gekommen zu gehen". Nach diesem Muster könnte man *το τι ἦν εἶναι* ziemlich genau wiedergeben mit: *was da ist gewesen zu sein.* Wobei philologisch streng daran zu erinnern wäre, daß die griechische Sprache so ein pleonastisches *εἶναι* gar wohl besitzt, z. B. *το ἐπ' ἐμοι εἶναι, soviel an mir liegt.* Ich will damit die alte Legende, Aristoteles sei ein Jude gewesen, wahrlich nicht verteidigen.

mus, der ahnungslose Kampf um die Sprachkritik, die mit Recht nominalistisch genannt worden ist, weil sie nichts ist als kritischer Nominalismus, weil sie den falschen Weg des alten Nominalismus zum dogmatischen Materialismus verlassen hat — der Kampf zwischen Nominalismus und Realismus knüpft schon bei Albertus Magnus an den Formbegriff an. Nicht von den Universalien, sondern von den formae sagt er (Summa Theol. I Qu. 50), daß sie drei Gattungen haben: *ante rem, in re, post rem*; er sagt: ante rem, in materia, quod abstrahente intellectu separatur a rebus.

Die Synonymität führt zu verwickelten Tautologien; so wenn Albertus sagt, die forma substantialis sei die essentia, cuius actus est esse. Wir haben Mühe zu glauben, daß der Mann sich bei diesem Hexeneinmaleins etwas gedacht habe; aber wir dürfen nicht vergessen, daß jede Zeit unter der Hypnose ihrer Zeitsprache steht. *Forma substantialis* ist eine Lehnübersetzung von *ειδος ουσιωδης* und hat ihren Gegensatz in der forma *accidentalis*; die letzte schafft das Einzelding in seinem quale vel quantum, und die erste — ja, was schafft sie? Was vom Einzelding übrig bleibt, wenn man das quale vel quantum abzieht. Nichts, glauben wir. Die Scholastiker aber dachten etwas dabei, und vielleicht etwas ganz Tiefes. „Was da ist gewesen zu sein", was über das Wahrnehmbare hinaus ein Grund ist, warum das Einzelding so ist, wie es ist. Wir sagen dafür *Kraft*, und eine künftige Zeit wird über unsere *Kräfte* (die Neuesten sagen schon *Energien*) ebenso lächeln, vielleicht milder, wie wir über die formae substantiales lächeln, die identisch waren mit den berüchtigten *qualitates occultae*.

Ein Beispiel für die weitreichende Bedeutung dieser scholastischen Schlagwörter: die formae substantiales galten nicht allein für die Physik, sondern auch für die Psychologie. (Die Moral hatte ihre formae *intentionales*.) Die Seele war die forma substantialis des Menschen; das war allgemein anerkannt, man dachte sich etwas dabei, etwas Hübsches sogar, und sagt noch heute (es ist wirklich nur eine Übersetzung des alten Schlagwortes forma substantialis), daß die Seele sich den Körper baue. Wie aber steht es dann um die Tierseele? Undenkbar für jene Zeit die Vorstellung, daß *Seele* eine leere Worthülse sei. Die Seele, auch eine Tierseele muß entweder materiell oder immateriell sein. Ist sie immateriell wie die Seele des Menschen, so muß sie auch unsterblich sein, was dem Dogma widerspricht, als dessen Magd allein die Philosophie zu schließen hat. Die Philosophie tut, was ihr aufgetragen ist. Die Seele ist zugleich materiell und immateriell, ist substantiell ohne Materie, ist eine forma substantialis. Und weil die Tierseele offenbar Empfindung hat, weil es der Gerechtigkeit des allgütigen Gottes widerspräche, wenn seine Geschöpfe ohne Erbsünde litten, so muß die Philosophie auch noch diesen Konflikt aus der Welt schaffen; ohne Sinn für die Qual der Kreatur hat denn kein Geringerer als Descartes (um seine eigentlich mechanistische Seelentheorie — wie ich schon angedeutet — vor der Kirche zu verhüllen) die infame Behauptung aufgestellt, daß die Tiere nicht empfinden, nicht leiden, daß die Tiere Maschinen seien; erst Schopenhauer hat dieser äußersten Frechheit des Menschen völlig ein Ende gemacht, weil er die Qual der Kreatur verstand und sie zur Begründung seines Pessimismus brauchte. Die Seele als eine forma substantialis war längst ein kirchliches Dogma geworden; das erste Kanon des Konzils von Vienne (1312) erklärte die Behauptung für ketzerisch, daß die vernünftige Seele nicht ihrem Wesen nach die forma substantialis des menschlichen Körpers sei. Der Barfüßermönch Pierre Jean d'Oliva war dieser Ketzerei angeklagt worden. Da ich keinen Beruf in mir fühle, mich über das Dogma von der Unfehlbarkeit des Papstes zu entrüsten, will ich nur kurz hinzufügen, daß Johannes XXII. (1325) die Verurteilung bestätigte, den inzwischen verstorbenen Mönch ausgraben und seine Knochen verbrennen ließ; daß Sixtus IV. auf eine Reklamation der Franziskaner den Prozeß wieder vornehmen ließ und das Andenken des Mönches von jedem Vorwurf reinigte; daß endlich Leo X. auf dem lateranischen Konzil die Lehre des d'Oliva, die Seele sei nicht die forma substantialis, endgültig verdammen ließ.

Ich mag auf die Rolle, die der Formbegriff der Scholastik in der Sakramentenlehre der Kirche spielte, nicht näher eingehen; ich zitiere nur ein Dekret des Papstes Eugen IV.: omnia sacramenta tribus perficiuntur videlicet: rebus tanquam materia, verbis tanquam forma, et persona ministri conferentis sacramentum. Man glaube nicht, daß da unter forma allein die Formel verstanden war, die Beschwörungsformel; wenn auch selbst diese Formeln wieder theologisch unterschieden wurden, je nachdem der Indikativ oder der bittende Imperativ vorgeschrieben war. (Die Katholiken hören: ego te absolvo; die Griechen etwa: Domine dimitte peccata usw.) Nein, die Worte des Priesters waren die forma substantialis, die das Wunder schuf, *in* der Materie, *durch* den Priester so wie die forma substantialis im Menschen das Wunder seiner Existenz schuf.

Es wäre zwecklos und ziellos, alle Haarspaltereien aufzuführen, durch die die Scholastiker ihren Formbegriff besser zu verstehen glaubten. Wieder nur ein Beispiel: es gab eine *forma informans*, die wesentliche Form, die etwa als Seele den Menschen, den *präformierten*, hervorbringt, die im Menschen das Erkennen bewirkt, energiert, informiert (davon auf Umwegen unser Informator); es gab im Gegensatze dazu eine *forma assistens*, die ebenfalls regierte, aber nicht zum Wesen des Regierten gehörte, wie etwa der Steuermann die forma assistens seines Schiffes war, was wir heute noch in Ausdrücken, wie *er ist die Seele des Geschäfts*, wiederfinden.

Aus der scholastischen Zeit stammen, außer dem schon zitierten forma dat esse rei, eine Menge canones oder Regeln, die bis tief in unsere Zeit hinein nachgewirkt haben, weshalb es doch vielleicht nicht überflüssig ist, von Zeit zu Zeit an der Scholastik und ihrem Aristoteles Kritik zu üben. Alle diese canones und Schlagwörter laufen auf den Gedanken hinaus, der den Kegel auf den Kopf stellt: die Form, die wir Menschen aus der Wirklichkeit doch erst abstrahiert haben, sei der Schöpfer der Wirklichkeit, — wie wir denn den Gott, den unsere Sprache geschaffen hat, nach unserem Bilde, zum Schöpfer des Menschen gemacht haben. Man lehrte: forma est principium activum, materia est principium passivum; und daraus ging mit scholastischer Evidenz hervor: *forma materiā est nobilior.*

Nicht Descartes, nicht die großen deutschen Denker, die bei aller Kühnheit vom peripatetisch-scholastischen Worte nicht loskommen konnten, haben das Abendland von dieser worthypnotischen Weltanschauung befreit, sondern die Engländer mit ihren Untersuchungen über den menschlichen Verstand, mit ihrer neuen Disziplin der Erkenntnistheorie. Aus Frankreich wäre freilich der große Gegner aller Pedanterie zu nennen, dessen Name in der Geschichte der Philosophie kaum genannt zu werden pflegt. Wieder einmal zitiere ich Molière. Die ganze kleine Burleske „Le mariage forcé" (von 1664) ist, außerdem daß sie ein Klagelied auf die Hahnreischaft der Männer ist, eine köstliche Parodie auf die Scholastik und auf Aristoteles, die beide damals noch mächtig genug waren, um Strafmandate gegen die Neuerer möglich zu machen. In einer Szene, in der tiefste Weisheit mit Clownscherzen vorgetragen wird, will der gelehrte Aristoteliker die Klagen von Sganarelle gar nicht anhören, weil er außer sich ist über eine proposition épouvantable, effroyable, exécrable. Der Satz, der ihn verrückt macht, betrifft just den Formbegriff. N'est-ce pas une chose horrible, une chose qui crie vengeance au ciel, que d'endurer qu'on dise publiquement la *forme d'un chapeau?* ... Je soutiens qu'il faut dire la *figure d'un chapeau*, et non pas la forme; d'autant qu'il y a cette différence entre la forme et la figure, que la forme est la disposition extérieure des corps qui sont animés; et la figure la disposition extérieure des corps qui sont inanimés: et puisque le chapeau est un corps inanimé, il faut dire la figure d'un chapeau, et non pas la forme. Oui, ignorant que vous êtes, c'est comme il faut parler, et ce sont les termes exprès d'Aristote dans le chapitre de la qualité. Den nennt der Pedant le philosophe des philosophes. Doch am Ende der Szene ruft Sganarelle-Molière (der Dichter spielte die Rolle selbst) die Worte, die ich wohl schon einmal zitiert habe: on me l'avait bien dit, que son maître Aristote n'était rien qu'un bavard.

Wie frei der philosophische outsider Molière da von der Zeitsprache war, erhellt deutlich, wenn man solche sprachkritische Gassenbübereien gegen die kühnsten philosophischen Schriften der Zeit hält; Gassendi, der Wiedererwecker des materialistischen Atomismus (er lehrte ihn vorsichtig, indem er ihn zu bekämpfen schien), kann von den scholastischen Distinktionen (Animadversiones I, 209) nicht loskommen, schlägt sich mit den formae substantiales herum, trotzdem er schon die gute Bemerkung macht, daß Aristoteles seine Beispiele von Kunstprodukten hergenommen habe.

II.

Auf die entscheidende Kritik der Engländer will ich sofort zurückkommen, wenn ich die Scholastik bei Kant und Schopenhauer erst erledigt habe. Denn in der Philosophie verläuft der Weg der Geschichte gern in Spirallinien, und das erschwert eine chronologische Darstellung. Ich weiß nicht, ist es letzte religiöse Tiefe oder unbewußte Unterwürfigkeit bei uns Deutschen: immer, bei Luther, bei Leibniz, bei Kant werden die kühnsten Anregungen des Auslandes ergriffen, energisch weitergeführt, aber endlich nach der Seite einer Metaphysik umgebogen, die von Theologie nur schwer zu unterscheiden ist.

Locke und Hume hatten an dem Formbegriff der Scholastik eine vernichtende Kritik geübt; unserem Kant war es vorbehalten, diese Kritik zu der Forderung einer ganz neuen Philosophie auszugestalten, zu der Forderung der Erkenntnistheorie. Der englischen Negation: die Substanz kennen wir nicht und die Form ist ein sinnloses Wort — wollte er die deutsche Position gegenüberstellen: die Substanz, die wir nicht kennen und die doch existiert, ist das Ding-an-sich; dessen Erscheinung, die wir allein kennen, geht in unser Sinnenleben ein durch die Formen, die apriorisch sind. Solche *Formen* sind Raum, Zeit und auch Kausalität; und auch die sittliche Welt hat apriorische Formen des Willens. Aber alle strengen Kantianer haben betont, daß diese Formen kein leeres Fachwerk im Gemüte seien (Krug), nicht ein paar unendliche leere Gefäße (Cohen). Mir ist bange: die Formen der Sinnlichkeit und des Willens, die nicht bloße Abstraktionen sein sollen, stammen in Form und Inhalt am Ende doch von den scholastischen formae substantiales ab. Kant selbst hat in seiner Vernunftkritik (1781, S. 266) die Verbindung mit der Scholastik hergestellt. Schulze-Aenesidemus hatte so unrecht nicht, da er (S. 387) diese Erkenntnistheorie *Formalismus* nannte; nur muß man bei dem Worte nicht an den Formalismus unserer Behörden denken, sondern an die Lehre der *Formalisten:* daß zwischen den Universalien und den Einzeldingen keine andere Unterscheidung bestehe als die distinctio formalis.

Schopenhauer, der Schüler von Kant und G. E. Schulze, glaubte gewiß den christlichen Geist der Scholastik und ihre wortabergläubische Sprache abgelegt zu haben. Er sieht sehr klar die Identität des Formbegriffs und des Veränderungsbegriffs. „Der allein richtige Ausdruck für das Gesetz der Kausalität ist dieser: jede Veränderung hat ihre Ursache in einer andern, ihr unmittelbar vorhergängigen (Dinge sind Zustände der Materie) . . . nur auf Zustände bezieht sich die Veränderung und die Kausalität. Diese Zustände sind es, welche man unter Form, im weiteren Sinne, versteht: und nur die Formen wechseln; die Materie beharrt.“ (W. a. W. u. V. II. 49.) Aber diese Zustände verwandeln sich doch unversehens in die alten formae substantiales. Mit arger Etymologie läßt Schopenhauer die *Materie* Alles aus ihrem Schoße gebären, „weshalb ihr Name aus mater rerum entstanden scheint“ (327); und die Form wird gar zum Vater der Dinge gemacht. „Wir können Form ohne Materie vorstellen; aber nicht umgekehrt: weil die Materie, von der Form entblößt, der Wille selbst wäre, dieser aber nur durch Eingehen in die Anschauungsweise unseres Intellekts, und daher nur mittels Annahme der Form, objektiv wird“ (350). Alles ganz schön und scheinbar modern, kantisch. Aber die *Formen* hören doch eigentlich auf, bloß *Zustände* der *Dinge* zu sein, wenn sie *Objektivationen* des *Willens* sind (wie bei Kant: apriorische Erscheinungsformen des Ding-an-sich); und Schopenhauer wird wirklich scholastisch, wenn er die Formen aus der Materie *hervorbrechen* läßt: die Formen, Gestalten oder Spezies haben einen zeitlichen *Ursprung;* aus der Materie „müssen sie einst hervorgebrochen sein; eben weil solche die bloße Sichtbarkeit des Willens ist, welcher das Wesen an sich aller Erscheinungen ausmacht. Indem er zur Erscheinung wird, d. h. dem Intellekt sich objektiv darstellt, nimmt die Materie, als seine Sichtbarkeit, mittels der Funktionen des Intellekts, die Form an. Daher sagen die Scholastiker: materia appetit formam“ (352). Schopenhauer bietet selbst ein Beispiel, wie unheilvoll Scholastik noch heute der Naturwissenschaft werden kann. Das Hervorbrechen der Formen oder Spezies, die einzig wahre generatio aequivoca, sei immer noch tätig, neben der Vererbung der Formen durch Fortzeugung. Die Frage sei zwar allein durch Erfahrung zu entscheiden; aber Schopenhauer erklärt die generatio aequivoca „der neuesten Einwendungen dagegen ungeachtet“, für höchst wahrscheinlich, „auf sehr niedrigen Stufen“. „Oder will man lieber, daß auch die Eier der Epizoen stets hoffnungsvoll in der Luft schweben? (Schrecklich zu denken!)“ Wir haben uns an diese schreckliche Vorstellung gewöhnen gelernt.

Ich habe nur die beiden stärksten deutschen Philosophen zum Beweise der Nachwirkung von Scholastik in Deutschland anführen wollen. Es widersteht mir, scholastische Äußerungen kleinerer Geister zu sammeln. Nur einige Sätze des Novalis möchte ich noch als abschreckendes Beispiel hersetzen. Sie sind sämtlich den „Fragmenten“ entnommen und im III. Bande der Ausgabe von Minor zu finden. „Die reinste Form ist also der Stoff der Form. Der reinste Stoff ist die Form des Stoffes (dies ist nur witzig ausgedrückt) . . .“ (138). „Der

Geist überhaupt ist der reine und empirische Geist. Der reine Geist hat doppelten Stoff und Form“ (140). „In Beziehung auf die Materie ist der Geist Form, in Beziehung auf den Geist ist die Materie Stoff, oder vielmehr, beide sind sich Form und Stoff, es kommt nur an, auf welches von beiden man reflektiert, welches man zum Subjekt oder Prädikat macht“ (141). „Das Prädikat des Prädikats ist das mittelbare Prädikat, so ist die Form der Form: Stoff; der Stoff des Stoffes: Form“ (142). Meine Ablehnung solcher Stellen geht nicht gegen Novalis, eher gegen den herrschenden Alexandrinismus, der sich in Ausgaben von Papierschnitzeln nicht genug tun kann. Der von Novalis selbst herausgegebene „Blütenstaub“ hatte schon die Rosinen aus dem Mischmasch herausgelesen; und bot trotzdem so unfertige Gedanken, daß Novalis urteilen durfte: „Als Fragment erscheint das Unvollkommene noch am erträglichsten.“ Auf das Meiste, was später hinzugekommen ist, paßt des Novalis anderes Wort über die durchstrichenen Stellen seiner Studienhefte, denen alle diese Fragmente entnommen sind: „Manches ist ganz falsch, manches unbedeutend, manches schielend.“

Doch zurück zu den Engländern, die das scholastische Wortgebäude eingerissen haben, sowie einst ein Engländer dem Wortrealismus des Mittelalters zuerst den notwendig gewordenen Nominalismus entgegenstellte.

Mit vollem Bewußtsein und mit einfacher Kraft hatte schon Locke die Scholastik bekämpft, in dem sprachkritischen dritten Buche seines Essay concerning human understanding, besonders in dem sechsten Kapitel „Über die Namen von Substanzen“. Da stellt er (§ 2) den Begriff des Wortwesens (nominal essence) auf. „So ist z. B. das Wortwesen des *Goldes* die zusammengesetzte Vorstellung, welche dieses Wort bezeichnet, und es könnte z. B. ein gelber Körper von einer bestimmten Schwere sein, der hämmerbar, schmelzbar und fest wäre. Dagegen ist das wirkliche Wesen des Goldes die Konstitution seiner nicht mehr wahrnehmbaren Teile, von denen diese und alle anderen Eigenschaften des Goldes abhängen.“ Das wirkliche Wesen der Dinge ist unerkennbar, das Wortwesen fällt mit den Artbegriffen zusammen. Wir haben die Welt nach den Wortwesen klassifiziert, nicht nach dem wirklichen Wesen, das wir ja nicht kennen. „Unsere Geistesfähigkeiten bringen uns in der Kenntnis und Unterscheidung der Substanzen nur bis zur Zusammenfassung der an ihnen wahrgenommenen Vorstellungen; und wenn wir dabei auch die möglichste Sorgfalt und Genauigkeit anwenden, so bleiben wir doch von der wahren inneren Konstitution, aus der diese Eigenschaften fließen, weiter entfernt, als die Vorstellung des Bauers vor der berühmten Uhr im Straßburger Münster von dem Erfassen ihres inneren Mechanismus entfernt ist, da er doch nur die äußere Gestalt und die Bewegungen sieht“ (§ 9). Das verächtlichste Geschöpf, Pflanze oder Tier, bringe den überlegensten Verstand in Verwirrung; die Gewohnheit nehme uns allmählig die Verwunderung, heile aber nicht unsere Unwissenheit.

Ebenso wenig können die Artbegriffe durch die *substantiellen Formen* bestimmt werden, weil man doch diese noch weniger kennt als das wirkliche Wesen der Dinge. „Man hat gelehrt, daß die verschiedenen Substanzarten ihre bestimmten innerlichen substantiellen Formen haben, und daß in diesen Formen die Unterscheidung der Substanzen nach den rechten Gattungen und Arten stecke; die das gelernt hatten, wurden noch mehr irregeführt, denn sie suchten vergeblich nach diesen völlig unfaßbaren substantiellen Formen, von denen wir kaum, und ganz im allgemeinen, etwas wie eine dunkle und konfuse Vorstellung haben" (§ 10). In diesem Zusammenhange findet Locke das sprachkritische Leitwort (§ 19): so hard is it to show the various meaning and imperfection of words, when we have nothing else but words to do it by.

Um diese Befreiung von dem scholastischen Formbegriff ganz würdigen zu können, vergleiche man mit dieser freien Ausdrucksweise die Abhängigkeit, in der noch kurz vorher Bacon der hergebrachten Terminologie gegenüber stand. (Nov. Organon, II, 2—4.) Der Begründer des Empirismus nennt die Naturgesetze, deren Erforschung er als die wichtigste Aufgabe hinstellt, *Formen;* er nennt sie so, „weil dies Wort Geltung erlangt hat und gebräuchlich geworden ist ... wer die Formen kennt, der erfaßt die Einheit der Natur in den allerverschiedensten Stoffen ... deshalb folgt aus der Entdeckung der Formen die richtige Vorstellung und die unbeschränkte Macht ... die Form eines Wesens ist so beschaffen, daß auf ihre Setzung unfehlbar das gegebene Wesen folgt (forma naturae alicuius talis est, ut ea posita natura data infallibiliter sequatur)." So schwer war es, sich aus der scholastischen Worthypnose herauszureißen.

Wir werden unsere eigene Hilflosigkeit, unser eigenes Schwanken im Gebrauche einer ewig veraltenden Terminologie (Atom, Energie, Kraft usw.) geduldiger hinnehmen, wenn wir die gleiche Macht der Hypnose oder Suggestion in allen Perioden wirksam finden. Da waren unter den Zeitgenossen und Nachfolgern Bacons die beiden großen Physiker Gilbert und Boyle; Gilbert, der Leibarzt der Elisabeth, der, um 1600, den Erdmagnetismus entdeckt und beschrieben hat; Boyle, der um 1660 schon die Regelmäßigkeiten entdeckte, die man das Mariottesche Gesetz nennt. Und diese beiden bedeutenden Männer schlugen sich Zeit ihres Lebens mit dem Formbegriff herum, den sie in der Philosophie vorgefunden hatten; für Gilbert war das magnetische Feld, das er schon kannte, wegen der Fernwirkung eine *forma prima radicalis et astralis;* Boyle mühte sich endlos, den Begriff der *forma naturalis* von der organischen Welt auf die unorganische hinüberzudeuten. Und beide Männer machten ihre Entdeckungen der scholastischen Sprache zum Trotz. Wie wir die Natur zu beherrschen weiter und weiter lernen, trotzdem wir unter der Hypnose der neuscholastischen Begriffe unserer Zeit stehen.

Das Losringen vom scholastischen Formbegriff ist besonders gut bei Boyle zu beobachten, weil dieser berühmte Physiker und Experimentator sich mit metaphysischen Begriffen herumschlug und (1688) eine Schrift herausgab: De origine formarum et qualitatum. Es ist längst nachgewiesen worden, daß nicht nur Boyles Korpuskulartheorie, sondern auch seine Bewegungslehre und seine ganze Weltanschauung von Gassendis Atomistik abhängig war. Auch die durch Lockes Psychologie so wichtig gewordene Unterscheidung der Qualitäten in primäre und sekundäre findet sich schon bei Gassendi wie bei Boyle. Boyle besonders weiß schon, daß die sekundären Qualitäten erst durch die menschlichen Sinnesorgane zustandekommen. „Die Ansicht, als ob sie objektive Realität besäßen, verdankt ihre Entstehung der Gewohnheit des Menschen, alles, selbst Privationen wie Blindheit und Tod, zu verdinglichen.“ Boyle kämpft gegen die scholastischen Versuche, die Accidenzen zu Substanzen umzudeuten; besonders widerwärtig erscheint ihm in diesem Zusammenhange die Lehre von den substantiellen Formen, die ja nach der Angabe einsichtsvoller Peripatetiker kaum zu begreifen war. Die Scholastiker hatten gelehrt, daß die Materie die Form aus ihrer Potenz educiere und dann in sich aufnehme. Wenn z. B. erwärmtes Wasser wieder erkalte, so sei die Kälte so eine educierte Form, das kalte Wasser eine andere Substanz als das warme. Auf diesem Gebiete der Physik hat Boyle die Scholastik völlig überwunden und nachgewiesen, daß die Wissenschaft von dem Gerede über substantielle Formen gar keinen Vorteil habe. Aber Boyle versagt ebenso wie die Scholastiker bei der Erklärung der organischen Formen, wie denn die Atomistik eigentlich nie einen ernsthaften Versuch gemacht hat, den Bau der Organismen zu erklären. Da waren doch die *formae subsistentes* und die *formae informantes* wenigstens feine scholastische Distinktionen. Auch die Aufstellung von *untergeordneten Formen*, d. h. der Formen einzelner Organe und Körperteile, war eine solche gute Distinktion; die Korpuskulartheorie Boyles war ihr gegenüber ganz hilflos; er kann den Formbegriff nicht ganz aufgeben, versteht unter ihm aber bald die drei verschiedenen Seelen der Scholastiker, bald die Lagerung der Atome, aber ohne Organisches und Unorganisches zu unterscheiden.

Die Halbheit von Boyle wird verständlich, wenn man sich erinnert, daß er, der ein Atomistiker sein wollte, den Gottesbegriff nicht aufgeben konnte oder wollte. Und er wußte doch wohl, daß die scholastische Lehre von den substantiellen Formen hauptsächlich durch die Rücksicht auf die Kirchenlehre, auf den Vorgang bei der Eucharistie, beeinflußt war. Wenn Brot und Wein in Fleisch und Blut verwandelt wurde, so mußten substantielle Formen mithelfen, um es faßbar zu machen, daß aus Accidentien Substanzen wurden. Ohne Wunder konnte es dabei nicht abgehen; und Boyle scheint sich gegen das katholische Dogma zu wenden, wenn er die Erschaffung der Formen nicht dem lieben Gotte zuweist, der damit doch allzuviel zu tun hätte. Die Lieblingsbilder Boyles können uns zeigen, daß dieser Atomistiker trotz seiner bedeutenden Leistungen im Grunde nicht über das Weltbild des Aristoteles hinausgekommen war, das immer einen deus ex machina in Bereitschaft hatte und darum dem christlichen Mittelalter so unentbehrlich geworden war. Hinter allen diesen Bildern steckt ein ordnender Verstand. Wie die Buchstaben nach ihrer Anordnung einen verschiedenen Sinn geben, z. B. N A etwas anderes besagt als A N, so wirken auch die Atome verschieden nach ihrer Anordnung. Eine Uhr wird fertig, wenn die Teile zusammengestellt werden und Bewegung hinzukommt; zertrümmert man die Uhr mit einem Steine, so wird nicht Substanz zerstört, sondern nur Form. (Aristoteles hatte für Substanz und Form ebenso oft das Bild vom Marmorblock und der Statue hergenommen.)

Halbheit kann man dem großen Skeptiker nicht vorwerfen, der Locke fortsetzte. Hume, den der ängstliche Mendelssohn mit noch besserem Rechte als seinen Kant den Alleszermalmer hätte nennen dürfen, zerschmetterte denn auch den Formbegriff mitsamt vielen anderen Überbleibseln griechischer Metaphysik. In dem 3. Abschnitt des 4. Teils seines Traktats über die menschliche Natur, welcher Abschnitt überschrieben ist „Von der alten Philosophie". Zu allerlei nützlichen Entdeckungen könne man gelangen, wenn man die Wahnvorstellungen der alten Philosophie wie Träume behandle und an deren Lehren von den Substanzen, den *substantiellen Formen*, den Accidentien, den verborgenen Qualitäten, Kritik übe. Hume weiß schon, daß die Vorstellung eines Körpers nichts ist als eine collection, formed by the mind; er weiß auch schon, daß diese vom Menschenverstand geschaffene Einheit Subjektträger der allein wahrnehmbaren Veränderung ist. „Die Einbildung ist geneigt, etwas Unbekanntes und Unsichtbares zu erdichten, von dem sie annimmt, daß es in allen Veränderungen sich gleich bleibe; dieses unfaßbare Etwas nennt sie Substanz oder originale, erste Materie." Dieses Produkt der Einbildung hat es leicht, in allen Körpern die gleiche Substanz zu sein; da die Körper aber offenbar verschieden sind, so muß irgend eine Ursache der Verschiedenheit da sein: die *substantiellen Formen*. Ich glaube Hume nichts unterzulegen, wenn ich aus seinen Worten ein Lachen heraushöre: die Phantasie legt zuerst in alle die verschiedenen Dinge der Wirklichkeit eine gemeinsame Substanz hinein, und dann muß dieselbe Phantasie sich wieder mit Hilfe der substantiellen Formen anstrengen, die Wirklichkeit aus der gemeinsamen Substanz herauszuziehen. Hume hat die Kühnheit, diese Art, Substanzen, substantielle Formen und ferner Accidentien zu erfinden und zu sehen, eine Gewohnheit zu nennen, „wie die Gewohnheit, die dem Gedanken der ursächlichen Verknüpfung zugrunde liegt." Unfaßbare Chimären nennt er diese Begriffe und dazu die qualitates occultae. (Von einem *ens Chimärae* hatte Spinoza gesprochen.) Nur die Scholastiker und Peripatetiker forschen nach dem Inhalt solcher Begriffe, in einem geistigen Zustande, „von dem uns die Dichter in ihren Beschreibungen der Bestrafung des Sisyphus und Tantalus nur einen schwachen Begriff gegeben haben." Die gute Natur ist nicht erbarmungslos gegen diese Philosophen; sie hat ihnen, wie den andern Geschöpfen, ein Trostmittel gegeben, das große Trostmittel der Erfindung von Wörtern. „Es geschieht häufig, daß wir nach öfterem Gebrauch sinnvoller und verständlicher Wörter sie verwenden, ohne die zugehörige Vorstellung damit zu verbinden. . . . Es geschieht aber auch, und zwar ganz naturgemäß, daß wir nach dem häufigen Gebrauche von Worten, die gänzlich nichtssagend und unverständlich sind, wähnen, es verhalte sich bei ihnen ebenso wie bei jenen sinnvollen Worten, daß wir ihnen demnach gleichfalls einen verborgenen Sinn zuschreiben, den wir durch Nachdenken meinen entdecken zu können." Ein anderes Beispiel ist der *horror vacui.* Der menschliche Geist hat die Neigung, äußern Gegenständen menschliche Gefühlserregungen beizulegen. „Diese Neigung wird freilich durch ein wenig Nachdenken unterdrückt; sie besteht aber noch bei Kindern, bei Dichtern und bei den alten Philosophen."

III.

Hume hat also das alte Gespenst der substantiellen Formen gebannt. Wir brauchen diese Wortleiche in dem Organismus unserer Sprache nicht weiter mitzutragen; wir können sie begraben. Haben wir es darum wirklich so herrlich weit gebracht, wie es aus Rektoratsreden uns heute entgegenklingt? Verstehen wir den Begriff *Form*, der unserer gemeinen und wissenschaftlichen Sprache nach wie vor angehört, so viel besser als die Scholastiker, die wir verlachen, ihn verstanden haben? Ich will nur kurz zu zeigen versuchen, daß auch unsere Sprache diesen Begriff weder los werden noch meistern kann.

Zwar die Gemeinsprache verbindet mit dem Begriff eine ganz plane Vorstellung. Ich habe schon bemerkt, daß im Deutschen das alte Fremdwort jetzt fast volkstümlicher geworden ist als die schriftdeutsche Übersetzung *Gestalt*, die kaum 400 Jahre alt ist.[1])

[1]) Das Adjektiv *gestalt* ist sehr alt im Sinne von *bestellt*, bestimmt; der Substantiv *Gestalt* im Sinne von Art, Beschaffenheit ist ebenso alt; neuer schon die Übertragung auf jede äußere Erscheinung eines Dings, selbst auf die Farbe, ferner auf den äußeren Schein, wo das Wort im Sinne von *Bild* als Übersetzung von *imago* auftritt. Der jetzige Gebrauch, der alle Bedeutungen von *Form* durch Gestalt wiedergeben kann, wird erst seit der Lutherzeit allgemein.

Beide Worte gehen auf die räumlichen Beziehungen der Dinge, doch (nach meinem Sprachgefühl) so, daß nicht die dreidimensionale Ausdehnung, sondern vielmehr das zweidimensionale Bild gemeint ist, durch welches unser Malerauge (das Auge ist immer ein Maler) die Körper wahrnimmt. So daß die wortgeschichtliche Verbindung mit *εἶδος, εἴδωλον* wieder hergestellt ist. Aber in der wissenschaftlichen Sprache muß diese plane Vorstellung sich manche metaphorische Änderung gefallen lassen. Wir sprechen von *Formen* in der Geometrie, in der Ästhetik und in der organischen Naturwissenschaft; und in allen drei Disziplinen reicht die räumliche Vorstellung der Gemeinsprache nicht aus.

Die geometrischen *Formen* scheinen, ob nun ein-, zwei- oder dreidimensional, dem gemeinsprachlichen Begriffe am nächsten zu kommen. Eine Gerade, ein Quadrat, ein Würfel werden auf den Raum bezogen. Aber die einfachsten wie die schwierigsten geometrischen Formen führen mit sich Folgerungen ihrer Form, Korrelate ihres Seinsgrundes, die sich weit erheben über die Gestalt, die das malende Auge an ihnen wahrnimmt. Die Entdeckungen, die man immer wieder an diesen Formen gemacht hat, diese untrüglichsten aller Naturgesetze, diese reizenden und oft verblüffenden *Formgesetze*, konnten bei ihren Entdeckern, von Pythagoras bis auf die Gegenwart, einen Freudenrausch erzeugen, der dem Rausch über ästhetische Formen, der dem Rausch über die teleologischen Formen der Tier- und Pflanzenwelt nichts nachgibt. Nun sind allein die *Beweise* für diese Naturgesetze der geometrischen Formen Menschenwerk, subjektiv, Verstandesarbeit; die Gesetze selbst sind objektiv, haben vor dem Auftreten des Menschen in der Gestaltung der Himmelskörper und ihrer Bahnen, in der Kristallbildung usw. gewirkt. Die Gesetze stecken in den Formen, die Formen haben es in sich. Und so müßten wir, wenn die Mode nicht veraltet wäre, die geometrischen Formen, weil in ihnen Gesetze stecken, *formae substantiales* nennen. Und die Sprache versagt, wenn wir, ernsthaft und unscholastisch, an den räumlichen Erscheinungen der Geometrie Form und Inhalt trennen wollen.

Die *ästhetische Form* entfernt sich schon etwas weiter von dem Formbegriff der Gemeinsprache. Zwar ist in dem bildenden Künstler die Form dem nahe verwandt, was das malende Auge des einfachsten Menschen an den Dingen als Form erblickt; und wenn man in der Musik von Form redet, so ist das eine geläufige Metapher, wie denn alle Zeitbegriffe sich nur durch Raumbegriffe ausdrücken lassen. Neu, und über den Reiz der geometrischen Gesetze hinausgehend, ist es, daß die Formen, von denen wir als Ästhetiker reden, uns schön erscheinen können. Und die Ästhetik soll die Lehre sein von den *schönen Formen.* Ich habe es als Student (bei Volkmann, der ein Schüler Herbarts war) nicht anders gelernt: die Ästhetik, und die Ethik dazu, ist eine formale Wissenschaft und beruht auf Werturteilen, die (was ich nicht verstanden habe) nur der Form gelten. Eine *Ästhetik von oben*, der Fechner mit geistreichem Spotte eine *Ästhetik von unten* gegenübergestellt wissen wollte. Auf die Spitze getrieben, sagt diese Lehre: die Form allein ist schön, jede Form ist schön (*formosus* = *schön; ungestalt*, was nicht gestaltet ist, keine Gestalt hat = unschön). Was formlos ist, das gehört nicht in die Ästhetik, noch nicht; denn *formlos* ist ja nur ein relativer Begriff, wie der Marmorblock, als Würfel z. B. oder als Parallelepipedon, nur in Beziehung auf die herauszuhauende Statue formlos heißt.

Herauszuhauen. Man hört doch das Zukünftige, die gestellte Aufgabe aus der Wortbildung heraus? Und unzählige Male haben Bildhauer, Heraushauer im formlosen Block die geformte Statue zu erblicken geglaubt, die darin steckte; viele plastische Werke lassen sich aus dem vermeintlich Formlosen, d. h. aus der Zufallsform des rohen Blocks erklären, lange vor Rodin; auch Erzbilder müssen ihre Gestalt gewinnen nach den Gesetzen, also nach den Formen des flüssigen und des erstarrten Erzes.

Aber es gibt eine Kunstform, in der Form und Inhalt noch enger aneinander geknüpft sind: die Poesie oder Wortkunst. An der scheint mir die formale Ästhetik noch gründlicher zu versagen, als an den bildenden Künsten und an der Musik. Die Formalisten auf diesem Gebiete, die sich neuerdings Ästheten nennen, verzichten auf Inhalt und haben es fast so weit gebracht wie die Dichterlinge des 17. Jahrhunderts, die Verse in Eiform oder ähnlich drucken ließen. Goethe, der doch etwas von der Sache verstand und der viel über das Verhältnis von Inhalt und Form gedacht hat, sagt (Spr. i. Prosa 119): „Es werden jetzt Produktionen möglich, die null sind, ohne schlecht zu sein; null, weil sie keinen Gehalt haben; nicht schlecht, weil eine allgemeine Form guter Muster den Verfassern vorschwebt.“ Und (723): „Die Form will so gut verdaut sein als der Stoff; ja, sie verdaut sich viel schwerer.“ Und („Über den sog. Dilettantismus“): „Man kann ganze Bücher lesen, die schön stilisiert sind und gar nichts enthalten.“

Die formale Ästhetik und der Ästhetizismus haben es so weit gebracht, daß allen Ernstes die Frage aufgeworfen werden konnte, ob das Porträt, dieses Urphänomen der bildenden Kunst, ähnlich sein müsse oder nicht. Ein genialischer Maler, dessen neueste Porträtleistung ich unähnlich gefunden hatte, antwortete mir gereizt: „Woher wissen Sie denn, daß Rembrandts Bildnisse ähnlich waren?“ Der junge Mann ahnte sicherlich nicht, daß er da formale Ästhetik trieb, die Form vom Gehalt oder Inhalt löste, und sich mit der leeren Form begnügen wollte. Denn der Ausdruck, der Gesichtsausdruck, setzt sich ja für das malende Auge des Botokuden wie des Künstlers aus Formen zusammen, und es ist sinnlos, etwas ein Porträt zu nennen, das den Gehalt ohne die Form geben will. Die Form des Gesichtsausdrucks hat den Charakter, die Persönlichkeit in sich. Oder umgekehrt. Die Form des Gedichts, des Dramas, der Sonate hat den geistigen, stofflichen, seelischen (wie man will) Inhalt ihres Kunstwerks in sich. Oder umgekehrt. Die Sprache versagt, wenn wir an den Werken der schönen Künste Form und Inhalt trennen wollen. Und wieder müßten wir, wenn die innere Sprachform oder der Sprachgebrauch nicht gewechselt hätte, die ästhetische Form, weil sie das Kunstwerk beherrscht, eine *forma substantialis* nennen.

Nur daß das ästhetische Gesetz nicht ewig ist, wie das geometrische, nur daß der Begriff der Schönheit dem unterworfen ist, was man in diesem Zusammenhang nicht gern Mode nennt. Der Begriff der Schönheit wie der der Sitte. *Gute Formen* hat, wer das gegenwärtige Benehmen der guten Gesellschaft kennt und übt; *schöne Formen* sind die Verhältnisse, die jetzt gefallen.

Nicht anders steht es um die Anwendung des *Formbegriffs* in der Naturwissenschaft von den Organismen, wobei freilich durch das Fremdwort *Morphologie* die Gleichheit des gemeinsprachlichen Ausgangspunktes verschleiert wird. In systematischen Büchern werden freilich Morphologie und Biologie hübsch auseinandergehalten; die ganze Arbeit der letzten Jahrzehnte behandelt aber die Frage, ob Morphologie auf Genealogie zurückzuführen sei. *Formähnlichkeit* auf Blutsverwandtschaft. (Haeckel sagt natürlich Form*verwandtschaft*, was erstens ein Unsinn ist und zweitens die Antwort vorwegnimmt.) Für den Standpunkt der Sprachkritik ist selbstverständlich die Opposition der Kirche gegen Darwin sinnlos. Damit soll der Darwinismus aber noch nicht für ein Dogma erklärt werden. Er war nur ein großzügiger Versuch, ein mißglückter Versuch, den anthropomorphischen Zweckbegriff aus der Erklärung der Organismen zu entfernen. Die Aufgabe ist gestellt, gelöst ist sie nicht. Wir können nicht umhin, die Einheiten, die wir Organismen nennen, nach wie vor zweckmäßig zu finden in ihrem Bau. Wir wissen, wovon die Metapher *Bau* hergenommen ist; wir wissen eigentlich nicht, wovon die Metapher Zweck hergenommen ist. Homologe Bildungen, wie die Vorderfüße der Säugetiere und die Flügel der Vögel, analoge Bildungen, wie die Flügel der Vögel und der Schmetterlinge, sind beide zweckmäßig gebaut; Vererbung will die Homologie erklären, Anpassung die Analogie. Immer aber nimmt das organische Wesen eine zweckmäßige *Form* an, und die Form macht die Art. Genau so haben es die Scholastiker ausgedrückt, als ihre *forma substantialis* noch die Art schuf. Und wieder versagt die Sprache, wenn wir an den Organismen Form und Wesen trennen wollen.

Man mache sich doch klar, daß die unablässigen Bemühungen der Forschung, die alten und künstlichen Klassifikationen der organischen Welt durch neue und natürliche Klassifikationen zu ersetzen, über eine Ordnung der Formen niemals hinausgelangen können. „Daraus ergibt sich mit Notwendigkeit der provisorische Charakter jeder klassifikatorischen Begriffsbildung.“ (Sigwart, Logik[2] II. 232.) Die Gemeinsprache hat die ersten rohen Klassifikationen geschaffen; es ist ein weiter Weg von der gemeinsprachlichen Bezeichnung der bekanntesten Pflanzen und Tiere bis zu dem System, das heute Pflanzen- oder Tierformen ordnet; aber auf diesem weiten Wege ist man ja niemals über Beschreibung und Vergleichung von Formen hinausgelangt. „Ins Innre der Natur dringt kein erschaffner Geist.“ Wir verlassen uns darauf, daß den biologischen Formen Gesetze zugrunde liegen, sehr viel strengere Gesetze als der Ästhetik, minder strenge als der Geometrie; aber alle Arbeit der letzten Jahrhunderte, alle Hilfsarbeit der Chemie und des Mikroskops, konnte doch nur gehen auf Formen, auf makroskopische und mikroskopische Formen, auf Organe, auf Gewebe, auf kaum mehr sichtbare Eiweißkörperchen, niemals auf das, was den ganzen Organismus ausmacht. Niemals auf die organischen Einheiten.

Und da habe ich das Wort gebraucht (*Einheit*), das das Rätsel der Beziehung zwischen Stoff und Form mir lösen müßte, wenn ich so glücklich wäre, an die Hilfe von Worten zu glauben. Eine kleine Befreiung von dem alten Gegensatze steckt aber doch vielleicht in dem Einheitsbegriff.

Wir nennen ja Stoff, was an sich ohne eigene Einheit ist, was nur an fremden Einheiten gemessen werden kann. (Ich weiß, daß ich da *Einheit* in zwei verschiedenen Bedeutungen gebraucht habe; die Sprache will es so.) Form nennen wir, was eine eigene Einheit hat, in sich selbst oder in der Auffassung des Beobachters, objektiv oder subjektiv. Wo wir an unorganischen oder organischen Dingen (die Idee geht also über die organische Welt hinaus) Formen wahrzunehmen glauben, von Formen sprechen oder Formen empfinden, da empfinden oder sehen wir Einheiten; und die Einheiten der organischen Welt sind nicht menschliche Erfindungen, sind wirklich Einheiten. Einheit des Organismus sagt gar nichts anderes als: *Einheit der Form.* Und Einheit ist es auch allein, was uns in der Geometrie und in der Ästhetik von Formen reden läßt; in der Geometrie heißt diese Einheit Gesetz, in der Ästhetik heißt sie Harmonie.

Noch einen Schritt weiter möchte ich zu gehen wagen, weil ich doch weiß, daß das lösende Wort Einheit selbst ein neues Rätsel ist. Aber ich kenne ja die Ursache jeder Einheit, der Ureinheit im menschlichen Ich und der Einheit in den Organismen. Die Ursache, die gemeinsame, ist das Gedächtnis. Ich habe gelehrt: das Ichgefühl ist eine Selbsttäuschung; das Ichgefühl oder die Einheit des Selbstbewußtseins wird erzeugt durch das individuelle Gedächtnis, das Sinneseindruck nach Sinneseindruck auf einen Faden reiht, bis der Faden abreißt, und ich wüßte nur nicht zu sagen, ob der Faden etwas anderes sei als die Tätigkeit selbst des Aufreihens, als das innere Leben selbst, das seine Erlebnisse doch nur einmal hat und nicht noch ein zweitesmal, — als die Einheit des Ichs. Dieses einigende Gedächtnis ordnet die erlebten Eindrücke in der Zeit und schafft so außer der Einheit des Selbstbewußtseins auch die Einheiten oder Formen des innern Lebens, die psychischen Formen.

Und wir wissen, daß es wieder das Gedächtnis ist, das ererbte Gedächtnis der Art, das mit wunderbarer Gleichmäßigkeit die Einheiten oder Formen schafft, die wir Organismen nennen. Da ordnet das Gedächtnis im Raume, äußerlich. Ich bin nur bange, weil die Zeit und der Raum ohne auffallenden Widerspruch selbst wieder die Formen des innern und des äußern Sinnes genannt worden sind. Was kann das sein, was diese Formen geschaffen hat, wenn sie wirklich Formen genannt werden dürfen? Und ich bin bange, weil ich nicht sagen kann, was für eine Art Ursache, was für eine Kraft, kurz, was überhaupt dieses allmächtige Gedächtnis eigentlich ist. Und weil die Sprache außer von der Einheit des Selbstbewußtseins und von den organischen Einheiten sehr häufig, ja die Gemeinsprache fast ausschließlich, von numerischen Einheiten redet, von dem Prinzip alles Zählens, von einer Einheit also, die nicht objektiv ist, die von den Menschen in die Wirklichkeitswelt hineingelegt ist, aber willkürlich, zufällig. (Vgl. Art. *Einheit.*) Wo man dann einem Atom, dem Weltall, einem Steinhaufen, einem Baume, einem Walde, einem Rudel Tiere, einer Herde, einem Volke, einem Staate usw. den Einheitsbegriff beilegt. Historisch könnte man diese Einheiten nennen, die des Steinhaufens, die der Herde und die des Staates. Es will mir aber scheinen, als ob der Mensch auch diese historischen Einheiten nur begreife, indem er ihnen metaphorisch den Charakter innerer oder äußerer Formen verleiht. Woher es kommen mag, daß man hinter diesen historischen oder zufälligen Formen oder Einheiten Gesetze gesucht und natürlich auch gefunden hat: „ein Steinhaufen ist unten breiter als oben“; „auf die Revolution folgt Militärdespotie“.

Die Sprache *muß*, wenn sie von den Dingen der Wirklichkeitswelt sprechen will, diese Dinge, auch die innern Erlebnisse und die zufälligen, unorganischen Anhäufungen, ordnen, begrifflich ordnen, nach Analogie der organischen Formen oder Einheiten, die vom Artgedächtnis *zweckmäßig* geschaffen worden sind. Die Sprache könnte sich ohne natürliche oder künstliche Formen in der Welt nicht orientieren. Und Orientierung ist der einzige Zweck der Sprache, ungefähre Orientierung. Die Sprache hat den Formbegriff sogar auf sich selbst angewendet und nennt die orientierenden Analogien *Sprachformen.* Wer die Weisheit oder die Bescheidenheit der Sprache zu bewundern geneigt wäre, der könnte übrigens daran erinnern, daß die Sprache außer von Sprachformen auch von einer *Sprache der Formen* redet, von einer stummen Sprache der organischen Formen, die uns nach dem Glauben frommer Menschen die Geheimnisse der Natur verrät. Es ist nicht wahr. Und spräche die Natur, spräche sie nicht unsere Sprache.

Spräche die Natur, so würde sie am Ende sich selbst, wie wir es mit ihr tun, in Stoff und Form zerspalten. Wir aber sind jetzt doch weit genug gekommen, am Ende dieser Untersuchung, die Unfaßbarkeit des uralten Begriffspaars *Stoff und Form* einzusehen. All unser Denken oder Sprechen kann an die Wirklichkeit nur heran, indem wir sie nach Begriffen oder Einheiten oder Formen ordnen. Wie sollen wir nun an den Stoff heran, den ungeformten, wenn Formen das alleinige Mittel der Sprache sind? Wirklich, es geht nicht. Alle Versuche, sich in der Welt zu orientieren, lassen sich in zwei Gruppen zerlegen: man ordnet die Welt entweder in Formen oder in Atome. Die Atome allein entsprechen dem Stoff, und die Atomenhypothese wird darum mit Recht die materialistische Weltanschauung genannt. Das Atom ist aber (vgl. Art. *Atom*) unvorstellbar, ein Scheinbegriff, wenn nicht ein Formbegriff mitverstanden wird. „O vis superba formae“, so endet Johannes Secundus sein achtes Basium; und Goethe hat den verliebten Ausruf als „ein schönes Wort“ in seine Sprüche eingetragen.

Fortschritt. — Der Fortschritt der Menschheit zu höheren und immer höheren Kulturstufen, die Perfektibilität der Menschheit, und nur der Menschheit, ist etwa seit Herder so sehr zum Dogma geworden, daß der Begriff *Humanismus*, d. h. Menschlichkeit, geradezu das Ziel dieses Fortschritts bezeichnet. Den Namen Herder habe ich da natürlich nur vom deutschen Standpunkte aus zuerst genannt; für Europa war Shaftesbury, der als weltmännischer Lehrer der Humanität auf Diderot und Lessing, sogar schon auf Leibniz Einfluß hatte, von ungleich größerer Bedeutung; Herder selbst hat ihn („Briefe z. B. d. Hum.“ 33) einen *Virtuoso der Humanität* genannt. (Für unsere Ohren klingt *Humanität* ein wenig altmodisch, *Humanismus* wieder hat einen Anklang nach dem philologischen Begriffe hin.) Mit einer sprachlichen Inkonsequenz, deren Grund wir bald einsehen werden, bezeichnet Humanismus aber nicht nur das Ziel, sondern auch den Weg, nicht nur den Zweck, sondern auch das Mittel. Und genau so bezeichnet für eine große politische Partei, deren Dogma eigentlich auch von der Sozialdemokratie geglaubt wird, *Fortschritt* zugleich Ziel und Methode des richtigen politischen Lebens. Schon darum wäre der Redner in einer fortschrittlichen Versammlung in einige Verlegenheit gebracht, wenn er plötzlich die Frage beantworten sollte, wie der Zentralbegriff seiner Ausführungen, eben das Schlagwort Fortschritt zu definieren wäre, und er wäre überrascht zu hören, daß auch dieses Wort, wie so viele dogmatische Wörter, jünger ist als es aussieht. Noch Herder, für uns Deutsche der Begründer des Dogmas, sagt lieber *Fortgang* als Fortschritt; und bis zu Ende des 18. Jahrhunderts sagten unsere Schriftsteller gern *Fortschreitung.* Es sind Übersetzungen von lat. *progressio* und *progressus.* Die lateinischen Wörter sind wieder freie Übersetzungen des von den Stoikern geschaffenen Ausdrucks *προκοπη.* Für die Verbreitung der lateinischen Wörter ist es vielleicht nicht gleichgültig, daß *progressus* und *regressus (Rückschritt)* technische Ausdrücke des Militärs für den Vormarsch und den Rückzug waren.

Die Relativität des Begriffs, die eben deutlich an der unklaren Beziehung auf den Weg und das Ziel sich verrät, liegt schon in der Vorsilbe *pro,* deren zwecksetzende Tendenz unbewußt und gedankenlos mitübersetzt worden ist; es kommt zum *Schreiten* doch durchaus nichts Neues hinzu, wenn wir es ein *Fortschreiten* nennen; wir stellen uns nur bei *fort, weiter* sofort eine Bewegung in einer Richtung vor, die wir, um eines uns unbekannten Zieles willen, die Richtung nach dem Höheren, dem Besseren, dem Vollkommeneren nennen, und die wir deshalb höher bewerten als die entgegengesetzte Richtung oder als den Stillstand. Um zu erfahren, was dieser Fortschritt als Ziel oder als Richtung eigentlich sei, müßten wir vorher wissen, was das Gute ist, was das Vollkommene ist. Und das wissen wir wirklich nicht. Es sind Ideale, die wir nicht kennen, von denen wir aber die Richtung zu kennen glauben, in der sie liegen.

Der Begriff einer fortschreitenden Geschichte der Menschheit oder (wie Lessing es nannte) einer Erziehung des Menschengeschlechtes ist also um etwa 100 Jahre älter als der klare Begriff von einer Entwicklung der Organismen, der Evolution, die seit Darwin zum Dogma der Biologie geworden ist. Dennoch besteht ein Zusammenhang zwischen beiden Vorstellungen oder Dogmen.

Das christliche Mittelalter, das in der Menschenseele ein geschaffenes reales Wesen sah, stellte sich diese Seele ganz natürlich so vor, als ob sie unveränderlich wäre wie die von Gott geschaffenen Arten der Tiere. Die Menschenseelen bildeten eben eine besondere Art unter den Geschöpfen; es war darum für die Scholastiker eine wohlaufzuwerfende Frage, ob und wie die Seele der ihr von Gott gesetzten Aufgabe entsprechen, wie die Seele sich der Vollkommenheit nähern könnte. Die Frage war die nach der *Perfektibilität* des Menschen. Die einseitige Betonung der religiösen Vervollkommnung tut nichts zur Sache; immer handelt es sich darum, den Widerspruch aufzulösen, daß die Seele von Gott unveränderlich geschaffen war, und dennoch ihre sündige Art ändern mußte, um an der Vollkommenheit Gottes Teil zu haben, also an der Glückseligkeit. Wir werden (vgl. Art. *Vollkommenheit*) den Begriff der Vollkommenheit als eine Wortleiche kennen lernen, mit der wir uns wie mit so vielen andern Leichen und Gespenstern zu unserer Qual herumschleppen. Als man den Begriff der Perfektibilität noch ernsthaft behandelte, wußte man das noch nicht, wußte man noch nicht, daß mit der *perfectio* ein Scheinbegriff von ganz ungewöhnlicher Unfaßbarkeit geschaffen worden war: ein Ideal, von dem man die Realität behauptete; durchschaute man den Scheinbegriff nicht, so wurde er dadurch dennoch nicht faßlicher, und so war die Scholastik außerstande, den Widerspruch zu lösen. Die Scholastik konnte sich freilich nicht mit der Resignation begnügen: die Vollkommenheit ist nur eine Sehnsucht, eine Richtung des Blicks; wir müssen schon befriedigt sein, wenn die Richtung des Blicks und die Richtung des Weges die gleiche scheint; eine wirkliche Übereinstimmung zwischen Blick und Weg kann niemals behauptet werden, geschweige denn zwischen Ziel und Weg; denn das Ziel, dem Vollkommenheit beigelegt wird, kennen wir nicht.

Ist es nun zu gewagt, wenn ich einen Zusammenhang sehe zwischen dem alten Streite um die scholastische Perfektibilität und dem neuen Streite über Darwins Evolutionslehre? Wenn ich gar in diesem Zusammenhange scholastische Rudimente im Darwinismus erkennen will? Der Widerspruch aber, der uns bei dem Begriffe Fortschritt Ziel und Weg verwechseln ließ, der den Vollkommenheitsbegriff unfaßbar machte, steckt doch auch im Evolutionsbegriff. *Zielstrebigkeit* hat man neuerdings die Entwicklung zu zweckmäßigeren Formen genannt und mit dem neuen Worte den Widerspruch zu beseitigen geglaubt, der den Zweckbegriff eliminieren wollte und die lebensfähigen Formen dennoch zweckmäßig nannte. Und wenn man auf das Wort Zielstrebigkeit, das doch nur die alte Teleologie wiederbringt, auch wieder verzichten wollte, wenn man sich mit dem Worte *Richtung* begnügen wollte, so wäre der Widerspruch nicht beseitigt; ob man dabei an eine gewiesene Richtung denkt oder eine selbstgesetzte, immer müßte ein Auge, ein sehendes, dazu gedacht werden, und dieses Bild verträgt sich schlecht mit der Vorstellung von einer blinden Notwendigkeit des Naturgeschehens. (Vgl. Art. *Richtung*.)

Der Zusammenhang zwischen der vermeintlich so streng wissenschaftlichen und gar nicht scholastischen Entwicklungslehre und dem theologischen Streite um die Perfektibilität wird noch deutlicher, wenn wir versuchen, an dem Begriffe, der so gemeinverständlich *Fortschritt* heißt, die psychologische und die kulturelle Seite auseinanderzuhalten. Daß die Kultur der Menschheit fortschreite, d. h. daß wir komfortabler oder auch raffinierter unsere Lebensbedürfnisse befriedigen, als die Vorfahren es taten, daran hat im Ernste niemals ein Mensch gezweifelt; man denke nur an die Fortschritte im Beleuchtungswesen und im Reiseverkehr. Die Phantasie, welche ein goldenes Zeitalter in die Vergangenheit versetzte, war ein poetischer Traum; irgendwo mußte es doch einmal *ganz* schön gewesen sein. Der neue Poetentraum, der ein goldenes Zeitalter in die Zukunft setzt, ist nicht ganz klar und oft nicht ganz ehrlich. Die Utopisten mit ihrem „alles oder nichts“ haben ja trotzdem das nicht geringe Verdienst, durch ihren Glauben an die Realität des Ideals den Aktivismus der Menschen immer neu anzuregen; ihre Gefolgschaften sind gewöhnlich bescheidener, nehmen Abschlagzahlungen an und würden mit einem silbernen Zeitalter ganz zufrieden sein. Ein Doppelantlitz zeigt derjenige Dichter, der unter den neuern am wirksamsten den Fortschritt geleugnet, das goldene Zeitalter in die Vergangenheit verlegt und Rückkehr zur Natur gepredigt hat: Rousseau. Die große Revolution, die von Rousseau und seinen Fortsetzern aufgepeitscht worden ist, hätte ja keinen Sinn gehabt, wäre ja ein ruchloses Unternehmen gewesen, wenn die Völker nicht durch den Sieg der Vernunft hätten zu einem ganz schönen Leben kommen können. Kein Rebell, und Rousseau war ein Rebell, ist ein Pessimist; Rousseau, der Pädagoge der Jugend und der alten Menschheit, war ein Optimist und glaubte an den Fortschritt. Mit seiner Rückkehr zur Natur wollte er ja nicht leugnen, daß man zu seiner Zeit die Lebensbedürfnisse komfortabler oder raffinierter befriedigte als in Urzeiten, wollte er den Kulturfortschritt nicht leugnen; er wollte nur sagen (und alle unsere Dichter haben es ihm nachgesprochen): die Menschen der Urzeit waren glücklicher und besser als wir.

Gerade über diese Relation läßt sich aber gar nichts Sicheres aussagen, abgesehen davon, daß auch die Positive *glücklich* und *gut* nur relative Menschenbegriffe sind; der Komparativ vollends, der die Relation von Bedürfnissen und Befriedigungen durch das Wort *glücklicher* ausdrückt, entzieht sich einer objektiven Maßbestimmung. (Vgl. Art. *Glück*.)

Wenn also zweierlei zugegeben werden kann, erstens, daß ein goldenes Zeitalter nicht hinter uns in der Vergangenheit liegt, zweitens, daß wir die Bedürfnisse komfortabler und raffinierter befriedigen als die Vorfahren, so ist damit für das Verständnis des Begriffes Fortschritt nicht viel gewonnen. Höchstens vom Kulturfortschritt können wir unter der Herrschaft der herrschenden sozialen Ideen sagen, daß unter den Kulturvölkern die große Mehrzahl der Menschen reicher geworden ist als früher, reicher an Verbrauchsgegenständen, reicher auch an Genußmöglichkeiten. Man denke nur daran, daß die Freude an der Natur in solcher Weise, wie der moderne Kulturmensch sie genießen kann, den alten Völkern unbekannt war und sich ganz gewiß zu der sentimentalen Stärke, die sie jetzt anzunehmen vermag, erst seit etwa zwei Jahrhunderten entwickelt hat. Wir sind also wirklich reicher geworden an Brotfrucht und an Genüssen, die wir zu den ästhetischen rechnen. Ist damit bewiesen, daß die Entwicklung der Menschheit eine Richtung nach aufwärts hat? Ich glaube: nein.

Wieder wird Ziel und Weg miteinander verwechselt. Wenn wir einen hohen Berg besteigen und in Spirallinien oder auf Serpentinen dem Gipfel zustreben, so genießen wir allerdings die verheißene Aussicht mit einem immer weitern Horizonte von einem höheren und höheren Punkte aus; und nur ein ganz intimer Freund der Natur wird einwenden, daß der Weg ebenso schön war wie das Ziel, daß unterwegs mancher Stein und Busch und Nebel selbst ebenso entzückte, wie die gepriesene Aussicht. Das Ziel aber, der Berggipfel, war doch nur ein Ziel für diesen Tag. Es ist dafür gesorgt, daß Bäume und Berge nicht in den Himmel wachsen. Nach einer Stunde kommt der Abstieg; jetzt ist das Tal das Ziel und der Weg kann ebenso reizvoll sein wie der Aufstieg.

Wir können aus diesem Bilde mancherlei lernen. Auch die Bergfahrt der Menschheit scheint ja nicht in Ewigkeit fortzugehen; es ist dafür gesorgt, daß die Menschheit nicht in den Himmel wachse, daß der Turmbau von Babel nicht gelinge. Auch in historischer Zeit sind auf Zeiten hoher Kultur Zeiten der sogenannten Barbarei gefolgt. Ich hätte es mir bequemer machen und darauf verweisen können (vgl. Art. *Geschichte*), daß es keine historischen Gesetze gibt und daß die Annahme eines stetigen Fortschritts die Annahme eines historischen Gesetzes in sich schließen würde. Gäbe es aber einen solchen Fortschritt, so wäre eben die Leugnung aller historischen Gesetze unmöglich. Umgekehrt, wenn der Rückfall in Barbarei regelmäßig auf eine hohe Kultur folgen müßte, so wäre das wieder ein historisches Gesetz. Man denke an die periodischen Eiszeiten, die nach einer gut begründeten Hypothese den grünen Kulturgürtel der Erde im Wechsel von etwa 10000 Jahren heimsuchen und die armen Menschen zwingen, anstatt Kunst und Wissenschaft zu treiben, den brutalen Kampf gegen Eis und Eisbären wieder wie in Urzeiten aufzunehmen und wohl jedesmal mit den Elementen der Kultur wieder anzufangen. Was da aber regelmäßig ist, das geht nur auf Naturgesetze zurück, nicht auf historische Gesetze. Wie sich unsere Enkel der nächsten Eiszeit gegenüber verhalten werden, darüber wissen wir nicht mehr als darüber, wie die angekündigte dereinstige Erkaltung der Sonne oder auch nur wie die Erschöpfung der irdischen Kohlenlager auf die Kultur der Menschheit wirken werde. Das sind Fragen der Psychologie, der Individualpsychologie. Schon auf dem Gebiete des Kulturfortschritts und seiner Segnungen wird mit den Summenworten *Volk* und *Staat* viel Mißbrauch getrieben; der wachsende Reichtum an Brotfrucht läßt sich noch objektiv und statistisch betrachten, aber schon die Benützung des Reichtums für die Befriedigung von Bedürfnissen ist individuell verschieden; und gar die Genußfähigkeit des Einzelnen, das Maß des Glücksgefühls, die Relation von Bedürfnis und Befriedigung gehört ganz in das Gebiet der Psychologie. Es ist einzig und allein eine psychologische Frage, ob diese Relation in der Richtung nach aufwärts fortschreite, ob wir wirklich glücklicher, besser, weiser geworden sind, weil wir reicher geworden sind an Brotfrucht, an Gefühlsbedürfnissen und — an Erfahrungen. So wird Fortschritt und Perfektibilität zu einer psychologischen Frage, die bei unsern Darwinisten die Form angenommen hat: gibt es eine Vererbung erworbener Eigenschaften? Ich glaube, auch diese Frage ist wieder einmal nur mit vorläufigen Worten gestellt, also falsch gestellt. Ich glaube, über den Kern der Frage wird man einig werden und sie dann bejahen müssen. Die Disposition zu einer größern Kompliziertheit des Nervenlebens wird vererbt; die Gehirnleistung und das Gefühlsbedürfnis steigert sich im Durchschnitt von Generation zu Generation. Ich glaube aber nicht, daß damit auch nur für die Fortschrittsmöglichkeit, für die Entwicklung zu einem glücklicheren Dasein, irgend etwas ausgemacht sei. Die Korrelaterscheinungen zu der Kompliziertheit unseres Nervenlebens, die wir heute unter dem Modeworte Entartung zusammenfassen, steigern zugleich unser Glücksgefühl und seine Hemmungen, sie raffinieren unsere Lust- wie unsere Unlustgefühle. Und ich fürchte, der intimste Menschenkenner wird, wie der intimste Naturfreund auf seiner Bergwanderung, mit lächelnder Resignation den Weg höher schätzen als das Ziel, das Schreiten für wertvoller halten als den Fortschritt. Wenn er nicht gar, wie ich gar sehr geneigt bin, lehrt: es gibt nur ein Leben, für den Einzelnen wie für die Menschheit; die Richtung denken wir uns dazu. Wir leben so dahin; aber wir wissen nicht, wohin wir leben. Es wäre denn, daß unser Glaube an ein Wohin, an ein Ziel, eine Richtung, einen Fortschritt unser Glücksgefühl steigerte. Dann wäre dieser Glaube ja sogar eine Wahrheit nach den Grundsätzen der neuesten Psychologie des Pragmatismus, der freilich dem Utilitarismus ähnlich zu werden in Gefahr ist. Und ich fürchte, es liegt auf dem Wege der Entwicklung, daß wir den Glauben an den Fortschritt im Fortschritte des Denkens einbüßen werden.

Freiheit. — Schopenhauers Abhandlung „Über die Freiheit des menschlichen Willens" ist ein Meisterstück geworden, weil er da, aus Rücksichten auf die Bedingungen einer akademischen Preisaufgabe, „strenges Inkognito" wahren mußte, sich auf sein eigenes Hauptwerk nicht beziehen durfte, seine These also ganz von vorne zu beweisen hatte, was man a posteriori nennt. In unübertrefflicher Darstellung hat Schopenhauer bewiesen, was vor ihm besonders kraftvoll Hobbes und Spinoza ausgesprochen hatten: daß der Wille des Menschen nicht frei sei, daß die Handlungen des Menschen so notwendig von ihrem zureichenden Grunde abhängen, wie irgendein physikalisches Geschehen von seinem zureichenden Grunde. Wie dann Schopenhauer am Ende in den Wortaberglauben seines Systems zurückfällt, wie er den Weltwillen als Ding an sich für metaphysisch frei erklärt und so Schuld, Zurechnung, Moral, eigentlich nicht viel anders als Kant seinen Gott, mit der Feierlichkeit eines Oberzeremonienmeisters in die schlechte Welt wieder zurückführt, das soll in der Kritik seines Willensbegriffs dargestellt werden. (Vgl. Art. *Schopenhauers Wille.*) Was er ohne Rücksicht auf sein System über die Unfreiheit des Willens vorträgt, wird in seiner Meisterschaft von solcher Metaphysik nicht getrübt. Hier will ich seine Schrift als bekannt voraussetzen und nur den *Freiheits*begriff untersuchen.

Schopenhauer beginnt gleich mit der wichtigen Bestimmung: „Dieser Begriff ist, genau betrachtet, ein negativer.“ Wir besitzen viele solche negative Begriffe in positiver Form: blind, taub ist, wer sein Gesichtsorgan, sein Gehörorgan nicht gebrauchen kann, es nicht oder nicht normal besitzt. Ganz so negativ ist der Begriff der Freiheit nicht, selbst wenn man *frei* durch das negative Wort *ungebunden* erklären und ersetzen will. *Ελευθερος* und *δουλιος*, *liber* und *servus*, *frei* und *eigen* (*leibeigen*) sind eigentlich Korrelatbegriffe; und es hängt von der Seelensituation des Sprechers oder seiner Sprachgruppe ab, welcher von beiden Begriffen als der negative empfunden werden mag. Ich kann mir recht gut denken, daß der freie Grieche, daß der freie Germane den Sklaven als beraubt betrachtete, die eigene Freiheit als etwas Positives empfand, gewiß wie ein höchstes Gut. Mit Etymologie ist dieser Frage nicht beizukommen, weil alle diese Worte, wie Grimm von *frei* sagt, in hohes Alter reichen. Wortgeschichtliche Zusammenhänge wie *frei* und *freien*, *liber* und *lubere* (dtsch.: lieb, slaw.: ljubiti) sind hübsch und anregend, beweisen aber im Grunde nichts. Im D. W. mag man nachlesen, wie *frei* als Gegensatz von unfrei oder Knecht, von gefangen, von verheiratet oder auch nur verliebt, von geschlossen (freier Hals, freies Feld), von gehindert, von der Sitte gemäß (frei soviel wie frech, libertin) sich entwickelt hat, wie es sich, schon im Mittelalter, in Verbindungen wie *frank und frei*, *frank und froh* zu der Vorstellung des Anmutigen, Heiteren umbog.

Die physische Freiheit, im Sprachgebrauch die häufigste und natürlichste Anwendung, ist für den Menschen nun wirklich ein ganz negativer Begriff. Nicht ganz so, wenn wir Tiere in Freiheit setzen, in Freiheit vorführen oder frei herumlaufen lassen. Obwohl auch da der Käfig, die Kette das körperlich Positive ist. Der Mensch ist physisch frei, wenn kein äußeres Hindernis ihm verbietet, zu tun, was er will.

Die *politische Freiheit* ist eine begriffliche Erweiterung der physischen Freiheit. Politische Freiheit ist ein Schlagwort geworden, das niemand ungestraft verlachen darf. „Freiheit und Gleichheit hört man schallen“ (Schiller). Unter dem Schlagwort *liberté, égalité et fraternité* (seit 1791; eine Zeit lang trugen alle Häuser die Inschrift mit dem Zusatz *ou la mort*) herrschten Robespierre und der erste Konsul; und noch die französische Verfassung von 1848 nahm die Phrase unter ihre ersten Artikel auf. Die politische Freiheit ist ein logisch wohl gebildeter Begriff. Wie der einzelne Mensch physisch frei ist, wenn er äußerlich unbehindert tun kann, was er will, so ist ein ganzes Volk politisch frei, wenn es tun kann, was es will, d. h. wenn es sich seine Schranken oder Gesetze selber aufrichten kann. *Res publica* hieß früher jeder Staat. Was jetzt

Republik heißt, der *Freistaat*, ist also ein Staat, dessen Bürger politisch frei sind. Nur daß von alters her oder nach irgendeinem neuen Aberglauben bestimmt wird, wie die Gesetze zustande kommen sollen: durch Beschlüsse der Reichsten, der Ältesten, der am längsten Eingesessenen oder gar überhaupt der Mehrheit. Nirgends findet sich ausdrücklich die Bestimmung: politische Freiheit besteht darin, daß die Dummen die Gesetze machen, denen alle zu gehorchen haben. Erreicht wird die politische Freiheit regelmäßig durch eine Revolution, also durch eine Negierung der gesetzlichen Schranken. Da eine Negierung eine Utopie ist (wie Landauer in seinem Buche „Die Revolution" großzügig gezeigt hat), so ist es die erste Arbeit der neuen Gesellschaftsordnung, die Negierung zu negieren und neue Schranken aufzurichten, welche dann auch wieder Freiheit heißen. Es gibt auch nur ein einziges Ideal völliger physisch-politischer Freiheit: die *Anarchie*, die unbeschränkte Gesetzlosigkeit. Und ein anarchischer Staat — nein, ein Staat könnte es ja nicht sein —, ein anarchisches Dasein wäre auch mein Ideal, weil alle Menschen vorher so etwas wie Engel geworden sein müßten. Und so habe ich doch über den Begriff der politischen Freiheit zu lachen gewagt.

Für das Interesse der hier behandelten Wortgeschichten ist der Begriff der *Willensfreiheit* viel bedeutender. Unter den Vorgängern Schopenhauers (Hobbes und Spinoza habe ich schon genannt, Priestley war noch zu nennen) war der größte kein anderer als Hume, und auf diesen will ich jetzt zurückgreifen, weil er das entscheidende Wort allein ausgesprochen hat und als Skeptiker so viel freier war. Die Sprache Schopenhauers ist freilich jünger, moderner, prägnanter, mehr unsere Sprache; Humes Sprache scheint oft unsicher zu tappen; meine Leser wird es nicht wundern, daß die tastende Sprache Humes mir der unfaßbaren Wahrheit näher zu kommen scheint.

Hume, dessen erschrecklichste Geistestat die Kritik des alten Begriffes *Ursache* war, bringt seine Gedanken über Freiheit und Notwendigkeit mit seinem Ursachbegriff in Verbindung. Der Streit werde um Worte geführt. Sonst wären alle Menschen seit jeher darüber eines Sinnes gewesen. Die Gewohnheit, eine regelmäßige Zeitfolge zweier Erscheinungen als Relation von Ursache und Wirkung aufzufassen, werde in der Praxis von aller Welt auch auf die menschlichen Handlungen übertragen. Wer die menschlichen Leidenschaften (Ehrsucht, Geiz, Egoismus, Eitelkeit, Haß, Edelmut, Patriotismus) so genau kennen würde, wie man die Eigenschaften der Naturdinge zu kennen glaubt, der würde die Handlungen der Menschen mit der gleichen Sicherheit im voraus erwarten, wie man die Folgen von Fall und Stoß voraus weiß. Auch die Meteorologie hat Hume schon zum Vergleich herangezogen: man nimmt da feste Gesetze an, die sich nur der genauen Beobachtung entziehen. Nicht nur Staatsmänner rechnen mit der Notwendigkeit menschlicher Handlungen. „Ein Fabrikant rechnet auf die Arbeit seiner Leute für die Fertigung seiner Waren ebenso sicher wie auf die Wirksamkeit der Werkzeuge, welche er dabei benützt.“ Kritik einer Dichtung hätte keinen Sinn, wenn man nicht annähme, daß ein bestimmter Charakter in einer bestimmten Weise handeln müßte. Ein Verurteilter, der kein Geld und keinen Einfluß hat, erwartet seine Hinrichtung mit gleicher Sicherheit von den Beamten wie vom Beil; „bei allen Freiheitsversuchen arbeitet er noch eher gegen Stein und Eisen, als gegen die unbeugsame Natur der ersteren“. So glaubt jedermann an die Unfreiheit der andern Menschen, scheut sich aber, so etwas theoretisch in Worten ausdrücklich auszusprechen, weil er die Notwendigkeit in seinem Selbstbewußtsein nicht findet. (Ich möchte hinzufügen, daß er die Notwendigkeit auch bei den Wirkungen der Natur nirgends findet; er legt sie hinein; und wir werden noch sehen, warum er sie in sein Selbstbewußtsein nicht hineinlegt.)

Ob nun im Naturlauf der menschliche Begriff Ursache richtig gebildet sei oder nicht, jedenfalls folge (zeitlich oder ursächlich) die Handlung auf das Motiv mit der gleichen Notwendigkeit, wie die Wirkung auf die Ursache. „Die Freiheit (abgesehen von der physischen Freiheit) ist dasselbe wie Zufall, von dem man allgemein anerkennt, daß er nicht besteht.“ Der Zufall ist ein negativer Begriff, hat kein Dasein in der Natur, hat nicht den Charakter einer Kraft. Ich werde bei der Untersuchung des Wahrheitsbegriffs zu sagen haben, daß die Bezeichnung *wahr* ein überflüssiger Zusatz zu den Urteilen ist, die man aufzustellen oder zu bejahen Grund hat; die Bezeichnung *notwendig* scheint mir für uns, die wir die unzerreißbare Kette des Weltgeschehens begriffen haben, ebenso ein überflüssiger Zusatz zu dem, was irgend geschieht. Wie es Menschen gibt, die die Redensart *ich weiß* in ihrer Gewohnheit haben. Ein Beispiel für die Notwendigkeit: „Ich weiß, die Sonne wird morgen aufgehen.“ Ein Beispiel für die Wahrheit: „Ich weiß, die Sonne scheint.“ Wer sich bei dem Begriffe der Notwendigkeit oder dem Wissen „nichts geschieht ohne Grund“ nicht beruhigen mag, der strebt darnach, die regelmäßige Notwendigkeit unter Gesetze zu bringen; und weil ihm das nicht gelingen will, greift er zur Freiheit zurück, wie ein Spieler zum Zufall.

Hume hat im 2. Abschnitt seines Essays den Versuch gemacht, seine Lehre gegen die Einwürfe religiöser und moralischer Menschen zu verteidigen, halb ernsthaft, halb mit einer bösen Ironie, die in ihrer Vorsicht nicht weit von Verleugnung entfernt ist. Wir sollen aber keinen Stein werfen; denn es ist kein persönliches Verdienst, wenn wir uns heute um die Kirche und um den Gottesbegriff weniger zu kümmern brauchen. Hume legt dar, es klingt fast wie Übermut, daß bei Annahme der Freiheit oder des Zufalls menschlicher Handlungen sie gar nicht Gegenstand einer Strafe oder Rache werden könnten. Noch weniger ernst zu nehmen scheint mir, was er aus seiner Lehre für die Allwissenheit und Allgüte Gottes und für den verschrieenen Begriff des Fatalismus folgert.

Es gibt Leute, die sich dem Gedanken einer unabwendbaren Notwendigkeit des Weltlaufs, also auch aller menschlichen Handlungen, nicht verschließen, und die dennoch sich weigern, eine Vorherbestimmung zu glauben. Diese Leute scheinen mir ganz recht zu haben, nur nicht aus dem Grunde, den Hume vorbringt. Hinter der Vorstellung einer Vorherbestimmung, eines irgendwie faßbaren Fatums liegt nämlich, bei Calvin wie bei Mohamed, im Märchen wie im Schicksalsdrama, unweigerlich die andere Vorstellung von einer Persönlichkeit, die das Wissen besitzt, die das künftige Ereignis vorherbestimmt hat oder es doch weiß, es ausgesprochen hat. (Vgl. Art. *Fatalismus.*) Richte ich meine Aufmerksamkeit scharf auf diesen Punkt, so erkenne ich auch hier den unheilvollen Doppelsinn, das Doppelsehen des menschlichen Denkens, das im naiven Realismus des gemeinen Mannes und in der verstiegensten Philosophie gleicherweise zu finden ist, und das uns noch oft beschäftigen wird; und ich wüßte nicht zu sagen, ob dieses gefährliche Verdoppeln aus dem Instinkt in die Philosophie kam oder umgekehrt, wenn es nicht etwa tief im Wesen der menschlichen Sprache begründet ist. Wieder einmal möchte ich es einprägen: die Welt ist da, einmal nur; und wir zerspalten sie in Erscheinung und Wirklichkeit. Jedes einzelne Geschehen zerspalten wir in Wirkung und Ursache. Zu jeder Wirkung denken wir ihre Notwendigkeit hinzu. Die Notwendigkeit steckt nur in unserem Wissen von ihr, und darum wird die Kette aller Ursachen und Wirkungen Allwissenheit genannt. Wir zerspalten, was nur einmal ist, in eine Welt und in einen Gott. Und das ist vielleicht das Beste, was wir für uns aus Humes Kritik des Ursachbegriffs lernen können: Jede Ursache wäre, wenn wir Kenntnis von ihr hätten, eine Erklärung ihrer Wirkung; wir haben aber selbst von den bekanntesten Erscheinungen der Physik nur Beschreibungen und nicht Erklärungen; wir kennen keine Ursachen, und scheuen uns, die Motive menschlicher Handlungen Ursachen zu nennen, weil wir Handlungen als Wirkungen nicht einmal schlecht beschreiben können.

Für die Scheu vor der Anerkennung der Willensunfreiheit hat der unerbittliche Hume die Eitelkeit mit verantwortlich gemacht. „Wir fühlen, daß unsere Handlungen in der Regel von unserm Willen abhängen, und meinen zu fühlen, daß der Wille selbst von nichts abhängt; denn wenn dieses bestritten wird, wird man bei einem Versuch bemerken, daß der Wille (oder doch eine *Velleität*, wie die Schule sagt) nach jeder Richtung hinneigt, selbst in der Richtung, zu der er sich nicht entschließt. Nun meint man, daß diese Velleïtät in diesem Augenblicke gewollt und ausgeführt werden konnte, weil es, wenn bestritten, im Augenblicke eines zweiten Versuches geschehen kann. Man bedenkt nicht, daß der phantastische Wunsch, unsere Freiheit zu beweisen, dann der Beweggrund des Handelns ist.“

Wollte man nun den fast unsterblichen, weil instinktiven Irrtum, der von der menschlichen Willensfreiheit fabelt, zu den Unwahrheiten rechnen, die einen „biologischen Nutzen“ haben, die zum Glücke der Menschen beitragen, so würde sich herausstellen, daß unter den drei alleinigen Motiven menschlichen Wollens oder Handelns, also menschlicher Lust- oder Unlustgefühle (Hunger, Liebe und Eitelkeit) die Phantasie der Willensfreiheit einzig und allein der Eitelkeit schmeichelt und wohltut. „Ich kann, was ich will.“ Es ist wie das Behagen des Größenwahns. Die Lehre, daß der Mensch unfrei ist, wie der ruhende oder fallende Stein, schmeichelt nicht und macht nicht glücklich. „Ich will, was ich kann“; unter Umständen gar „ich will, was ich muß“, ist eine klügere, eine resignierte Lehre. Über diese stolze Resignation hinaus gelangt nur die fast unmenschliche Besinnung: der Wille ist eine überflüssige, wertlose, zusätzliche Bejahung oder Verneinung zur Tat. „Ich tu's oder ich tu's nicht, der Teufel hol den Willen und hang philosophy.“ Bismarck zitierte das englische Wort gern. Er wollte schwerlich immer, wie er handeln mußte. Aber er wollte nur, was er konnte. Napoleon wollte mehr, als er konnte. Es wäre ein Aufsatzthema für Primaner, zu untersuchen, ob Bismarck oder Napoleon glücklicher war.

Wenn ich mich zu Humes Lehre von der Unfreiheit des Willens bekannt habe und darum die *Willensfreiheit* für einen Scheinbegriff halte, den Schein der Freiheit für einen Instinkt des Menschen, so ist mir diese Ablehnung des Begriffs noch nicht genug. Selbst der Versuch nur, die beiden Begriffe *Wille* und *Freiheit* in einem Urteile zusammenzubringen, scheint mir so absurd, wie etwa hölzernes Eisen oder die Quadratur des Zirkels. Man braucht kein Nominalist zu sein, um zu begreifen, daß der sog. Wille zur Welt der Wirklichkeit gar nicht gehört. Wenn nun von diesem Scheinbegriff die Negation *frei* prädiziert wird, so wird eine Frage beantwortet, die mir wirklich in logischer Beziehung so sinnvoll scheint, wie die Frage wäre: sind Gespenster einäugig? Oder: sind Engel geschlechtslos? Man wird über die Willensfreiheit einmal zu schreiben aufhören, wie wir über die Geschlechtslosigkeit der Engel zu schreiben aufgehört haben.

Solche Streitigkeiten wurden gern und werden am besten in scholastischem Latein geführt: estne velleitas hominis absoluta? *Velleitas* heißt freilich (franz.: *velléité*) nur ein halbes Wollen, ein schwaches, unvollkommenes Wollen, das bei Thomas von Aquino just dem tatlustigen

Wollen, der *voluntas absoluta*, gegenübersteht. In dieser Sprache wäre aber die Frage, ob der Wille frei sei, doch am besten durch die ganz abstrakten Bezeichnungen auszudrücken gewesen, durch velleitas und absolutum, und die Frage: num velleitas absoluta sit, hätte den prächtigen Sinn: ist ein schwacher Wille zugleich ein fester Wille?

fringe. — Das englische Wort ist meines Wissens von William James zuerst in die Psychologie eingeführt worden; es sollte besagen, daß die Lehre von der Klarheit und Distinktheit unserer Vorstellungen unhaltbar sei, daß jede unserer Vorstellungen im Strome des Bewußtseins von ihren Relationen gefärbt werde. Die amerikanischen Psychologen haben mit ihrem Pragmatismus wohl nur ein neues Wort für eine alte und populäre Weltanschauung gebildet (vgl. Art. *Pragmatismus*). Aber um die Psychologie haben sie ein Verdienst, das unser Kontinent, das alte, nur ungern zugesteht: sie haben scholastische Rückstände in den elementarsten Begriffen unserer Psychologie nachgewiesen und so, ohne es ausdrücklich zu sagen, Sprachkritik getrieben. Das Bild vom *fringe* gehört eng zu ihrer Kritik des Bewußtseinsbegriffs.

Ich gebrauche hier das englische Wort, weil die deutsche Übersetzung *Franse* oder *Franje* (Psychologie von William James, übersetzt von Dr. Marie Dürr, S. 161) nicht ganz deutsch ist. Und ein Beispiel dazu für die *fringes* der vermeintlich gleichbedeutenden Worte verschiedener Sprachen. *Fringe* bedeutet im Englischen wohl Franse; idiot fringes ist ganz genau mit Simpelfransen oder Trottelfransen in Nord- und Süddeutschland zu übersetzen gewesen; aber *fringe* wurde im Englischen auch schon als technischer Ausdruck der Optik für den Hof heller und dunkler Streifen gebraucht, der durch Interferenz des Lichtes erzeugt wird; so konnte James den Bedeutungswandel noch weiter ausdehnen und eben den Hof von Relationen, der jede Vorstellung im Bewußtsein umgibt, die *fringe* dieser Vorstellung nennen; an der entscheidenden Stelle (S. 164) wird James übrigens wieder unsicher und nennt diesen Hof von Relationen mit einem akustischen Bilde den psychischen Oberton der Vorstellung. Vielleicht wäre das zur Erklärung herbeigezogene Wort *Hof* besser gewesen; wir sprechen nicht nur von einem Hofe um die Sonne und den Mond, sondern auch von einem Hofe um die Augen, von einem Hofe um die Brustwarze; immer meinen wir die Umgebung, welche eine scharfe Begrenzung verhindert; und etwas anderes meinte auch James mit *fringe* nicht. In diesen *fringes* der Vorstellungen finden die sonst unnennbaren Relationen ihre psychische Vertretung. „Was zugegeben werden muß, ist, daß die *bestimmten* Bilder der traditionellen Psychologie nur den kleinsten Teil unseres tatsächlichen Seelenlebens ausmachen. Die Ansicht der traditionellen Psychologie gleicht derjenigen, wonach ein Fluß lediglich aus so und soviel Löffeln, Krügen, Eimern, Fässern oder sonstigen Gefäßen voll Wasser bestünde. Auch wenn die betreffenden Gefäße alle tatsächlich in dem Strom ständen, würde das freie Wasser doch fortfahren, zwischen ihnen hindurch zu fließen. Gerade dasjenige, was diesem freien Wasser im Bewußtsein entspricht, ist es, was die Psychologen so standhaft übersehen. Jedes bestimmte Bild in unserm Geist wird von dem freien Wasser, das es umspült, benetzt und gefärbt."

Ich habe das Bild vom *fringe* übernommen, weil es mir sehr gut die Unbestimmtheit oder das Schweben aller unserer Begriffe oder Worte zu veranschaulichen scheint. Die Unbestimmtheit, die die Worte der Sprache zu so schlechten Werkzeugen der Welterkenntnis machte, und zu so guten Mitteln der Poesie oder Wortkunst. (Vgl. Kr. d. Spr. I² 97 ff. und Art. *Poesie.*) Und James selbst scheint bei seinen Ausführungen, die an dieser Stelle besonders fein sind, mehr die Worte als unbenannte Vorstellungen im Sinne zu haben. Er nimmt sein bestes Beispiel von dem Zustande, in dem wir uns auf einen vergessenen Namen zu besinnen suchen. Es ist eine Leere vorhanden; aber keine bloße Leere. Will sich uns ein falscher Name aufdrängen, so paßt er in die ganz eigenartig bestimmte Leere nicht hinein und wird verworfen. „Die Leere, die dem Suchen des einen Wortes entspricht, macht uns nicht denselben Eindruck, wie diejenige, welche einem andern Worte zugehört, so inhaltslos auch die beiden notwendig erscheinen müssen, wenn man sie einfach als Lücken bezeichnet." So kann das Bewußtsein in jedem Momente von etwas gefärbt werden, was noch gar nicht da ist. „Man kann annehmen, daß ein gutes Drittel unseres psychischen Lebens aus diesen flüchtigen, kritisch wirksamen Überblicken noch nicht formulierter Gedankenreihen besteht." Daraus glaubt James es erklären zu können, daß man beim Vorlesen eines unbekannten Buches richtig betont; die Form wenigstens des kommenden Satzes ist schon im Bewußtsein. Man kann sogar richtig betonen, ohne den Sinn des Buches zu verstehn. James versucht diese Theorie durch die drei Gehirnwellen dreier aufeinander folgenden Eindrücke deutlich zu machen: die Welle des ersten Eindrucks ist noch nicht abgelaufen, die Welle des dritten Eindrucks hat schon begonnen, wenn die Welle des zweiten Eindrucks ihren höchsten oder stärksten Punkt erreicht hat. James hält das Bild vom *fringe*, vom *Hof*, vom *Saum*, oder wie immer man es nennen will, für eine genau entsprechende Darstellung auch des physiologischen Gehirnvorgangs. „Wie das verklingende Wissen des Woher, das Bewußtsein des Ausgangspunktes eines geistigen Verlaufs wahrscheinlich beruht auf dem Verzittern der Erregungsprozesse, die nur einen Augenblick vorher in voller Lebendigkeit vorhanden waren, so muß das Bewußtsein des Wohin, die Vorahnung des Endziels, bedingt sein durch die anklingende Erregung von Nervenfasern oder Prozessen, deren psychisches Korrelat einen Augenblick später die lebendige Gegenwart unseres Bewußtseins bildet."

Ich glaube, die von James gezeichnete Kurve ist nur ein Bild des Vorgangs, ein ganz schematisches Bild, weil der Vorgang in der psychologischen Wirklichkeit immer viel verwickelter sein wird. Aber das Bild ist anschaulich und brauchbar und läßt sich auf die Unbestimmtheit der Wortbedeutungen übertragen. Gerade in den wichtigsten und reichsten Worten der Sprache gibt es einen ewigen Strom des Bedeutungswandels; die vergangenen Bedeutungen zittern nach, die künftige Bedeutung klingt an, und nur eine fest umrissene gegenwärtige Bedeutung gibt es nicht. Und darum ist der Poet dem Philosophen so überlegen in der Handhabung der Sprache. Diese Wellentheorie ließe sich recht gut verbinden mit der ganz anders entstandenen und vorgestellten Wellentheorie, die Johannes Schmidt erfunden hat, um den Verlegenheiten der angeblichen Sprachverwandtschaft zu entgehen; auch Volksprachen befinden sich in einem ewigen Flusse, und in ihren Wortgruppen zittert die Herkunft nach und klingt der neue nationale Geist an, lange bevor die neue Volksprache ein geschlossenes Ganze geworden ist.

Doch es würde sich vielleicht empfehlen, die Wellentheorie der *fringes* noch viel weiter auszudehnen: auf die Art, wie aus den Schwingungen der Wirklichkeitswelt die so ganz andern, qualitativ bestimmten Sinneseindrücke entstehen. Wie sich Luftschwingungen zu Tonempfindungen wandeln, die sogenannten Ätherschwingungen zu Farbenempfindungen. Wir haben keine Möglichkeit, den Übergang von den vorausgesetzten mechanischen Schwingungen zu den wahrgenommenen Empfindungen zu begreifen; wir könnten aber einstweilen sagen, daß unsere Sinnesorgane dazu eingerichtet sind, nicht die einzelnen Schwingungsstöße zu fassen, sondern nur die *Höfe* oder *fringes* dieser Schwingungsstöße, die über den Schwingungsmomenten schweben wie der dauernde Regenbogen über den fallenden und wechselnden Wassertropfen. Mehr als diese Anregung zu einem Gedanken wage ich nicht.

Funktion. — Eine Wortgeschichte, für welche es übrigens genügende Vorarbeiten nicht gibt, würde den jüngsten Bedeutungswandel, der das alte Wort erst zu einem philosophischen Begriffe gemacht hat, kaum aufklären helfen. Lat. *functio* bedeutete (wie *fungi*) jede *Verrichtung*, insbesondere die Verrichtung von Dienstgeschäften, sodann die Möglichkeit, eine Ware nach Qualität und Quantität zu *vertreten*, wonach dann die Sachen in *fungible* und individuell bestimmte geschieden werden konnten. Im Französischen sind die verschiedenen Bedeutungen von *fonction* besonders gut auseinander zu halten; fonction bezeichnet (nach Littré) 1. die jedem Amte eigentümliche Tätigkeit, auch die Vertretung eines Dienstes (faire fonction de . . .); 2. das Amt selbst, wovon die Ableitung *fonctionnaire*; 3. die Verrichtungen der einzelnen Körperorgane; 4. besonders in der Physiologie die genauer bekannten und untersuchten mikroskopischen Arbeiten der Organe, wie die des Verdauungsorgans, des Atmungsorgans; bei den Sinnesorganen spricht man lieber von spezifischen Sinnesenergien; 5. in der Mathematik nennt man eine veränderliche Größe, deren Veränderung von einer andern veränderlichen Größe x *abhängig* ist, deren Funktion. Littré hat noch weitere technische Bedeutungen gebucht, die uns hier nicht interessieren; ebensowenig wie der seltsame Bedeutungswandel, der dem lat. *defunctus* (franz. *défunt*) den Sinn von *verstorben* gegeben hat.

Wie *functio* zu der Bedeutung der quantitativen Abhängigkeit gekommen ist, das gehört in die Geschichte der Mathematik; es ist bekannt, daß functio bei den ersten Analytikern der Geometrie nur eine besonders ausgezeichnete Art der Abhängigkeit bezeichnete, die verschiedenen Potenzen der gleichen Zahl, so daß bei den einfachsten Aufgaben die Fläche des Quadrats und der Inhalt des Würfels als Funktionen einer Seite erschienen; die großen Mathematiker dehnten den Funktionsbegriff dann weiter aus, bis er in der zweiten Hälfte des 19. Jahrhunderts zu einer Grundlage werden konnte, auf der die Arithmetisierung aller mathematischen Disziplinen mit unerhörter Strenge aufgebaut werden konnte. Ich möchte aus diesen mir nur schwer zugänglichen Gebieten das Eine erwähnen, daß auch diese mathematische Abhängigkeit noch ein unbestimmter Ausdruck ist, weil die Formel $y = f(x)$ auch dann gebraucht werden darf, wenn die Relation zwischen y und x nicht eindeutig bestimmt werden kann.

In diesem Sinne einer unklaren, unkontrollierbaren Abhängigkeit wurde der Begriff Funktion von zwei deutschen Denkern gebraucht, die auch darin voneinander verschieden waren, daß der eine mathematische Formeln liebte, der andere nicht: von Schleiermacher und Herbart. Beide aber waren Gegner des verstiegenen Idealismus, der von Kant abgefallen war oder ihn mit Fichte mißverstanden hatte, des Idealismus, der am liebsten völlige Unabhängigkeit der Philosophie von der realen Welt, des Denkens von seinem Gegenstande, der Form vom Stoffe gelehrt hätte; beide, Schleiermacher und Herbart, strebten auf ganz verschiedenen Wegen zu der freundlichen Annahme einer realen Welt zurück, beide gaben die Abhängigkeit des Ichs von der realen Welt zu und beide gebrauchten für diese Abhängigkeit den gefälligen Ausdruck Funktion. Schleiermacher unterscheidet mit Kant Stoff und Form an unserer Erkenntnis; der Stoff wird durch die organische Funktion als Sinnesempfindung gegeben, die Form wird von der intellektuellen Funktion oder dem Denken erzeugt. Er hätte statt Funktion sagen können: die von etwas Gegebenem abhängige Tätigkeit, die Verarbeitung, die Arbeit. Viel komplizierter und scheinbar mathematischer war das Weltbild Herbarts; bei ihm waren die Vorstellungen Funktionen der realen Substanzen, aber Abhängigkeit der Vorstellungen von den Substanzen und Abhängigkeit der Vorstellungen untereinander war wohl nicht anders gemeint als bei Schleiermacher. Wir haben die Abhängigkeit als einen verschwommenen Ersatz für den Begriff der Notwendigkeit kennen gelernt; diese Verschwommenheit, die nun auch dem Funktionsbegriff anhaftete, kam den Gegnern des Idealismus wohl nie ins Bewußtsein. Nun ist aber die Verschwommenheit des Begriffs gerade für die Mathematik und die reine Physik nicht so zu verstehen, als ob der Wert der Funktion, die Relation zwischen der abhängigen und der unabhängigen Veränderlichen unbestimmt oder unklar sein müßte; nur der Begriff *Abhängigkeit* selbst ist ungenau, solange man ihn nicht mit dem Begriffe der Notwendigkeit identifiziert. (Vgl. Art. *Abhängigkeit.*)

Und diesen Schritt just hat Mach gewagt (nicht ganz so entschieden und eindeutig auch Avenarius), da er vorschlug, das *Funktion* zu nennen, was seit jeher *Ursache*, *causa* geheißen hatte. Ich brauche wohl nicht hervorzuheben, daß es auf das Wort nicht ankommt; verstünde Mach unter *Funktion* nichts anderes als was vorher unter *Ursache* verstanden worden war, so hätte er, der mit seiner Lehre von der Wissenschaft als einer Ökonomie des Denkens der Sprache kritisch genug gegenübersteht, seinen verwegenen Vorschlag kaum für nötig gehalten. Mach hat seine Idee zuerst in einem Vortrage über die Erhaltung der Arbeit (1872) ausgesprochen, sodann noch schärfer (in der „Analyse der Empfindungen[3]" S. 71 f.). Er versteht unter dem Funktionsbegriff, den er an die Stelle des alten Kausalitätsbegriffs setzen möchte, „Abhängigkeit der Erscheinungen voneinander, genauer Abhängigkeit der Merkmale der Erscheinungen voneinander." Die Gegenseitigkeit der Abhängigkeiten ist das Neue. Wie die Abhängigkeiten der Lagen gegenseitig sind. „Eine gegenseitige Abhängigkeit läßt *Veränderung* nur zu, wenn irgend eine Gruppe der in Beziehung stehenden Stücke als *unabhängig* variabel betrachtet werden kann. Deshalb ist es zwar möglich, das Weltbild in wissenschaftlich bestimmter Weise im Einzelnen zu ergänzen, wenn ein ausreichender Teil desselben gegeben ist, wo aber die ganze Welt hinaus will, kann wissenschaftlich nicht ermittelt werden . . . Darin liegt für mich der Vorzug des Funktionsbegriffs vor dem Ursachenbegriff, daß ersterer zur Schärfe drängt, und daß demselben die Unvollständigkeit, Unbestimmtheit und Einseitigkeit des letztern nicht anhaftet. Der Begriff Ursache ist in der Tat ein primitiver vorläufiger Notbehelf."

In einer Anmerkung (S. 71), in der sich Mach kurz und freundlich mit Cossmans Versuch einer Rettung der Teleologie auseinandersetzt, sagt Mach, er habe den alten Kausalitätsbegriff durch den Funktionsbegriff ersetzt; im Texte selbst nennt er den Ursachbegriff, den er durch den mathematischen Funktionsbegriff ersetzen wollte. Das ist nicht genau das Gleiche. Bei Ursache dachte man durch Jahrtausende nicht an eine Gegenseitigkeit der Relation; wenn man die Wärme zur Ursache der Ausdehnung des Quecksilberfadens im Thermometer macht, so denkt niemand an eine Gegenseitigkeit zwischen Ursache und Wirkung. Kausalität aber drückt, wie Kant gegen Hume erkannt hat, eben die Relation zwischen Ursache und Wirkung aus, und ist darum ein viel reicherer Begriff als der der Ursache; wir haben gelernt, daß die neue Physik sogar unter ihrem Lieblingsbegriffe, der Energie, gar nichts anderes versteht, als diese Kantische Kategorie der Kausalität. (Vgl. Art. *causalitas* und *Energie.*) Wie nun diese gegenseitige Abhängigkeit physikalischer Erscheinungen recht gut durch den mathematischen Begriff der Funktion bezeichnet werden könne, das hoffe ich durch das einfachste Beispiel fast anschaulich machen zu können.

Die analytische Formel für die Ellipse besagt, daß y eine bestimmte Funktion von x sei; oder umgekehrt. Wenn nun ein Gärtner ein elliptisches Beet im Garten ausführen will, so beschreibt er die Ellipse nach einer Methode, die die gegenseitige Abhängigkeit sehr sinnfällig macht. Er nimmt eine Leine, deren Länge der Summe der beiden Vektoren entspricht, befestigt beide Enden dort, wo die beiden Brennpunkte stehen sollen, und fährt nun mit einem Stabe der straff gespannten Leine entlang. In jedem Augenblicke ist die Formel dieser Ellipse erfüllt, in jedem Augenblicke ist die Ordinate die gleiche Funktion der Abszisse; oder umgekehrt. Die Gegenseitigkeit der Abhängigkeit ist nicht zu verkennen; der eine Vektor kann nicht um die kleinste Strecke länger werden, ohne daß der andere Vektor um ebensoviel kürzer würde. Diese Gegenseitigkeit ist auf dem Gebiete der Geometrie längst anerkannt. Was Schopenhauer unter den vier Wurzeln des zureichenden Grundes den *Seinsgrund* genannt hat, das ist der Grund geometrischer Raumverhältnisse; die Beziehungen sind gegenseitig, aber man spricht da nicht leicht von einer Wechselwirkung, weil der Seinsgrund nicht Ursache zu einer Wirkung ist, wie der Grund des *Werdens.* Die Kühnheit Machs scheint mir nun darin zu bestehen, daß er den Funktionsbegriff, der die gegenseitige Abhängigkeit des Seins im Raume ausdrückt, auf die gegenseitige Abhängigkeit von Ursache und Wirkung in der Zeit ausdehnen will. Die Schwierigkeiten dieses Bedeutungswandels sind nicht zu übersehen; man kann z. B. die Bewegungen in einem Planetensystem als Funktionen der Zeit darstellen, aber die Zeit ist nicht umkehrbar und dennoch kann an einer Wechselwirkung der sogenannten Gravitation kein Zweifel sein. Und gerade darum könnte die Ersetzung des Kausalitätsbegriffs durch den Funktionsbegriff noch sehr fruchtbar werden; man hat die Kausalität allzu lange für ein Gesetz gehalten, es für alleingiltig gehalten, weil es als allgiltig erfahren wurde (Cossman hat diesen Gegensatz geprägt); der Funktionsbegriff drängt sich nicht in solcher Weise als ein Gesetz auf, er will nur eine Beschreibung sein und tut namentlich den Erscheinungen der Biologie keine Gewalt an, die sich nun einmal der alleingiltigen Kausalität nicht fügen wollen. Bevor ich aber wage, den Funktionsbegriff mit schwer sichtbar zu machenden Spinnenfäden an den geheimnisvollen Zweckbegriff zu knüpfen, möchte ich wieder einmal vor den Gefahren sprachlicher Verlockungen warnen. Mich und den Leser.

Auch Mach kann auf die alten Bezeichnungen *Ursache* und *Wirkung*, trotzdem er sie für vulgär und überflüssig erklärt, nicht ganz verzichten; er spottet mit gutem Humor („Erkenntnis und Irrtum"[2] S. 279) über den Vorwurf, daß er einen erbitterten Kampf gegen den Begriff Ursache führe; aber der Sprachgebrauch ist tyrannisch und zwingt auch den Widerwilligen *vorläufig*, zwei Veränderungen, von denen die eine unmittelbar auf die andere und aus der andern folgt, als Ursache und Wirkung auseinander zu halten. Mach wird mir recht geben müssen, wenn ich diese Zwangsvorstellung der Sprache bei der doch notwendigen Unterscheidung zwischen dem Energiebegriff und dem Funktionsbegriff wirksam finde.

Beide Begriffe bezeichnen die Abhängigkeit zweier Veränderungen voneinander, beide Begriffe beziehen sich auf die Arbeit, die für die Veränderung notwendig war. Nun denke man noch einmal an das Gebiet, dem der mathematische Funktionsbegriff entlehnt worden ist: beim Seinsgrund der Geometrie, bei der Ellipse z. B. ist es ganz konventionell oder willkürlich, ob wir x oder y zur unabhängigen Veränderlichen machen wollen, ob wir $y = f(x)$ oder $x = f(y)$ schreiben wollen. Die Sprache weigert sich auch, da der Funktion eine Energie gegenüberzustellen; die Sprache würde sich ja auch weigern, auf die Entstehung der Kurve den Begriff Arbeit anzuwenden. Veränderungen, die nur Relationen des Raumes sind, nur Funktionen des Raumes, haben nichts mit Ursache und Wirkung zu tun; dieses Begriffspaar ist eine Funktion der Zeit, und Hume scheint recht zu behalten. Denken wir aber an den Grund des Werdens, an die physikalische Wirklichkeit, dann ist es — meinetwegen nur vorläufig — nicht konventionell, nicht willkürlich, ob wir die Ausdehnung von der Wärme abhängig nennen oder umgekehrt. Wohl aber können wir schon heute, allerdings nur mit einiger Anstrengung, die Vorstellung fassen: es liegt in unserer Willkür, vom Zeitmomente abzusehen und dann wie zeitlos unsere Aufmerksamkeit bald auf die Wärme, bald auf die Ausdehnung als zwei gegenseitig Abhängige zu richten. Oder (was weniger Anstrengung erfordern würde): bald auf die Anziehung der Sonne, bald auf die der Erde. Auch dann noch aber zwingt uns die Sprache vorläufig, zwischen Ursache und Wirkung zu unterscheiden, selbst wenn wir in der Ausdehnung nur eine andere Erscheinungsform der Wärme erblicken. Man kann nun sagen: fassen wir die Abhängigkeit der beiden Erscheinungen als eine Funktion der nicht umkehrbaren Zeit, so nennen wir die vorausgehende Erscheinung oder die Möglichkeit der Arbeitsleistung, die potentielle Arbeit, *Energie*, und denken dabei unklar an den Ursachbegriff mit; so nennen wir die nachfolgende Erscheinung, die geleistete, aktuelle Arbeit, *Funktion*, und denken den Wirkungsbegriff mit. Ob wir wollen oder nicht; vorläufig, wie gesagt. Die Umkehrbarkeit der Zeit hat Mach allerdings vorstellbar gemacht, in einer schönen Phantasie: man braucht die Bilder eines Kinematographen nur rückwärts vorzuführen.

Ich kehre zu dem Problem zurück, den Funktionsbegriff auf die biologische Zweckvorstellung anzuwenden. Der biologische Funktionsbegriff steht dem mathematischen Funktionsbegriff darum so fern, weil immer ein Zweck mitgedacht wird, wenn von der Funktion eines Organs die Rede ist. Genau betrachtet, steckt der Zweckbegriff noch tiefer in der Funktionsvorstellung verborgen. Übersetzen wir Funktion mit *Ver*richtung, *Aus*führung, *Voll*führung, so liegt in diesen drei Vorsilben jedesmal schon etwas wie Befriedigung über die Erreichung eines menschlichen Endzwecks. Alte Definitionen, die meinem Gedankengange fernstehen, haben von den verschiedensten Standpunkten aus solche Bestimmungen aufgenommen; der fromme Dictionnaire universel de Trévoux definiert: l'action de l'agent qui fait la chose à laquelle il est *destiné* ou obligé; und die freie Encyklopädie Diderots erklärt: on appelle fonctions ces actions, comme étant faites pour s'acquitter d'un *devoir* auquel leur structure et leur position les *engagent*. Wenn wir von der Funktion des Darms, der Lunge, des Gehirns reden, wenn wir das Gedächtnis für eine Funktion der organisierten Materie erklären, so denken wir wie bei den spezifischen Sinnesenergien an einen Dienst, zu welchem alle diese Organe *bestimmt* sind, einerlei von wem, so denken wir an richtig ausgeführte Verrichtungen. Auch Maschinen, auch Beamte funktionieren nach einem vorgedachten Zwecke. Nach einem Plane, der zu dem menschlichen Begriffe Endursache Veranlassung gegeben hat.

Nur der mathematische Funktionsbegriff hat mit allen diesen Vorstellungen nichts zu tun, weil er, wie gesagt, zeitlos ist. Wollen wir nun mit Mach diesen mathematischen Funktionsbegriff auf die physikalische Wirklichkeit anwenden, dann müssen wir nach wie vor je zwei abhängige Erscheinungen in Ursache und Wirkung zerfällen, aber nur, solange wir von der Zeit nicht frei geworden sind, solange wir die Ursache als eine Funktion der Zeit ansehen. Können wir uns aber von der Zeit befreien, können wir zeitlos die beiden abhängigen Erscheinungen als gegenseitig abhängig erkennen, dann wird der Grund des Werdens zeitlos wie der Seinsgrund. Es bleibt dann gewissermaßen eine poetische Lizenz, ob wir die abhängige Erscheinung, welche im Banne der Zeitvorstellung als die nachfolgende aufgefaßt worden ist, *Wirkung* oder *Endursache* nennen wollen.

G.

ganz — ist uns ein so geläufiges Wort, seine Bedeutung scheint uns in allen Sprachen ein so vertrauter Begriff; und dennoch ist der Sinn, den wir mit dem alltäglichen Worte verbinden, so unbestimmt geblieben, wie die Herkunft von *ganz* (auch von *totus*) unaufgeklärt geblieben ist. Und weil das Wort der Gemeinsprache angehört, darum liegt der Fall noch verwickelter als bei den technischen Ausdrücken der Philosophie, die sich doch häufig in den alten und neuen Sprachen genau entsprechen. *Ganz* aber kann im Sprachgebrauche für vier recht verschiedene lateinische Worte eintreten: für *totus*, für *cunctus*, für *integer* und auch für *omnis*; es kann im Sinne von *totus* für zwei griechische Worte eintreten, für *ὅλος* und für *παν*, die doch wenigstens von den Stoikern sehr fein unterschieden worden sind.

Im substantivischen Gebrauche bezeichnet das *Ganze* ungefähr soviel wie die Einheit, mit dem Nebengedanken, daß keine der Einheiten fehlen darf, der Teile, die das Ganze ausmachen; das Ganze ist also eine Vielheit von Dingen, die wir, entweder aus irgendeinem menschlichen Interesse oder durch eine sachliche Verknüpfung gezwungen, als eine Einheit auffassen. Man hört den Widerspruch deutlich; je nach der Richtung unserer Aufmerksamkeit wird nur das Ganze zu einer Einheit oder werden die Teile des Ganzen zu Einheiten. Das *Ganze* und ein *Teil* sind Korrelatbegriffe; keiner dieser beiden Begriffe hat einen Sinn, sobald er vom andern losgelöst wird. Dabei bietet die Sprache (nicht nur den Deutschen) noch die besondere Schwierigkeit, daß der eine Korrelatbegriff, der *Teil*, ein ganz geläufiges Wort der Gemeinsprache ist, der andere jedoch, das *Ganze*, selbst in der wissenschaftlichen Sprache noch nicht recht fest geworden ist; wir schwanken zwischen: das *Ganze* (Opitz sagte noch *die* Ganze), die *Gaenze*, die *Ganzheit*, früher wohl auch Gaenzigkeit und Gaenzlichkeit.

Für die Anwendung der Kategorie der Ganzheit auf die Dinge wäre es nun wertvoll gewesen, wenn die Sprachen zwischen dem Falle unterschieden hätten, wo wir die Verknüpfung der Teile zu einem Ganzen erst der Wirklichkeit aufgedrängt haben, und dem Falle, wo die Natur uns eine solche Vorstellung der Verknüpfung aufzwingt: wenn die Sprachen zwischen unorganischen und organischen Ganzen unterschieden hätten. Das unorganische Ganze ist eine künstliche Einheit; die ästhetische Einheit, die wir von jedem Kunstwerke verlangen, die künstlerische Einheit also, ist eine bildliche Übertragung des organischen Begriffs der Ganzheit. Ich glaube nun, daß die Unmöglichkeit, die verschiedenen Bedeutungen von *ganz* logisch zu ordnen, von einer gewissen Armut unserer Kultursprachen herrührt; es gibt Sprachen (bei den sog. Wilden), in denen der Unterschied zwischen belebten und unbelebten Wesen durch verschiedene Formen des Nomens und des Verbums ausgedrückt wird. Wir besitzen ein so feines sprachliches Unterscheidungsvermögen fast gar nicht mehr; mir scheint aber *ganz* ein solches Rudiment zu sein; unser Sprachgebrauch neigt immer noch dazu, die Substantivform des Wortes nur auf organische Ganze anzuwenden und auf solche Ganze, die metaphorisch mit einem Organismus verglichen werden. Für die Totalität von Dingen haben wir das ältere Wort *all.* Aber der Sprachgebrauch ist, namentlich in der adjektivischen Verwendung, durchaus nicht konsequent. Zwar wird man substantivisch nur von einem lebendigen Ochsen sagen, daß er ein *Ganzes* bilde; aber adjektivisch sagt man: der Großschlächter handle nur mit *ganzen* Ochsen; doch auch: man habe ein *ganzes* Pfund gekauft. Die Quantität ist beim ganzen Ochsen noch an die Natur geknüpft; beim ganzen Pfund hat nur menschliche Willkür das Maß bestimmt.

Die deutsche Wortgeschichte (auf die Etymologie von lat. *totus, integer,* griech. *ὁλος, παν* lasse ich mich nicht ein) belehrt uns darüber, daß *ganz* ursprünglich nur von lebenden Wesen gesagt wurde; im Rolandslied heißt *ein ganzer Mann* noch soviel wie unverwundet, in voller Kraft; noch Schiller gebraucht *mit ganzer Haut* (wie norddeutsch allgemein *mit heiler Haut*) im Sinne von unverwundet. Die übertragenen Anwendungen von *ganz* gleich *heil* waren sehr häufig. Übertragen war schon die Anwendung auf Freisein von Krankheit, noch mehr auf geistige Gesundheit. Übertragen der Ausdruck *ganze Jungfrau,* was recht anatomisch gemeint war; von männlichen Tieren gebraucht (ganzer Ochse, ganz Schwein, ganzer Bock) hieß *ganz* soviel wie unverschnitten; ein *Ganzer* kommt wohl auch im Sinne von *Hengst* vor. (Der Zusammenhang mit Gänserich, *Ganser*, früher auch *Ganzer*, bleibt unaufgeklärt, weil *Gans* das ältere Wort ist.) Die Belege für diese ursprüngliche Bedeutung von *ganz* sind so zahlreich, daß ich die zweifelhafte Unterstützung durch eine gewagte Etymologie entbehren kann; ich muß aber doch sagen, daß ich den Versuch unserer Sprachwissenschaftler, *ganz* von griech. *χανδανειν* herzuleiten, für ebenso töricht halte als des alten Wachter Herleitung von lat. *cunctus.* Diese Einschränkung des Begriffes Ganzheit auf eine den lebenden Wesen innewohnende Einheit und auf die Dinge, denen menschliches Interesse eine Einheit zuschreibt, trennt in unserm Sprachgebrauche die Worte *ganz* und *all*; ohne Zwang lassen sich auch *ὁλος* (*συνολος*) und *πας* (*ἁπας*) so unterscheiden. Sagt man „wir haben alles Brot aufgegessen", so denkt man ohne die Vorstellung der Einheit an alles vorhandene Brot; sagt man „das ganze Brot", so versteht der Hörer darunter die Einheit eines Brotlaibes. (J. H. Schmidt: „Synonymik der griechischen Sprache" IV 540.) Schließt also der Begriff der Ganzheit den der Einheit in sich ein, bedeutet er Integrität oder unverletzte Einheit, so wird seine alltägliche Anwendung auf unorganische Dinge wieder einmal zum Bilde von einem Bilde. Ein zerbrochener Topf gibt Scherben, gewiß; aber es hängt doch nur von unserer Aufmerksamkeit ab, ob wir die einzelne Scherbe als ein Ganzes betrachten wollen oder nicht. So wie wir jedoch eine Scherbe, einen Brotlaib, einen Berg, einen Acker, ein Haus, weiter ein Volk, eine Wissenschaft usw. ein Ganzes nennen, beleben wir, personifizieren wir das Ding oder das Gedankending, sprechen wir im Bilde, auch ohne daran zu denken. Nun ist aber auch die biologische Einheit eine tief verhüllte Metapher, hergenommen sicherlich (nach einem uralten Instinkte) von dem menschlichen Ichgefühl, das wir in die Erscheinungen der belebten Natur hineinlegen. Darum durfte ich den Begriff der Ganzheit ein Bild von einem Bilde nennen.

So hilft auch das plane Wörtchen *ganz*, dunkle Wörter der Philosophie eigentümlich zu beleuchten. Wir haben (vgl. Art. *Entwicklung*) den Spencerschen Hilfsbegriff der Integration abgelehnt, weil wir doch eigentlich in der Wirklichkeitswelt (wenn wir uns von der Sprache zu befreien wagen) nicht Einheiten vorfinden oder Ganze, sondern nur Relationen, reichere und ärmere, nähere und fernere, wichtigere und unwichtigere Beziehungen. Integration schien aber gerade das Streben zum Ganzen zu bezeichnen, und wir wußten nicht zu sagen, was ein Streben wäre und was ein Ganzes. Nun aber erfahren wir plötzlich, daß *Integration* für den Sprachgebrauch der Biologie und Physik ganz falsch gebildet worden sei; die *Integrität* setzt die Einheit schon voraus, legt Wert auf die unverletzte Einheit; ein Streben nach der unverletzten Einheit oder einem integren Ganzen mag zur Not in der Moral oder sonst einer Wertlehre einen Sinn haben, nicht aber in der Naturwissenschaft. Natürlich hat Spencer bei der Wahl des Wortes Integration nicht an die Bedeutungsübergänge gedacht, die zu Integrität hinüberführen; er dehnte vielmehr den Begriff der mathematischen Integration auf das Naturgeschehen aus. In der Mathematik jedoch sind Integrale und ganze Zahlen durch eine Welt geschieden; im Naturgeschehen kann Integration gar nichts anderes heißen als das Streben nach der Einheit. Im Unterbewußtsein von Spencer mag da die so häufige Verwechslung von numerischer Einheit und natürlicher, logischer Einheit sich vollzogen haben, vor der ich (vgl. Art. *Einheit*) nicht nur Spencer-Anhänger gewarnt habe.

Auch an das Begriffspaar *Stoff* und *Form* erinnert uns der Begriff der Ganzheit. Wir haben gelernt (vgl. Art. *Form*), daß wir mit einer dumpfen Erinnerung an die formae substantiales der Scholastiker heute noch von geometrischen, biologischen und ästhetischen Formen reden; daß wir im Gegensatze zu einer Form das *Stoff* nennen, was ohne eigne Einheit ist. Auch dieser Gedanke sollte uns abhalten, den Begriff der Ganzheit auf ungeformten Stoff anzuwenden, oder auf einen Stoff, dessen Form wir nicht kennen. Nichts hindert uns, den Weltenraum und den sog. Äther und alle sichtbaren Sterne und die unsichtbaren dazu mit dem Worte *Weltall* zusammenzufassen. Es bedeutet genau soviel wie *Welt*. Nennen wir aber diese gleiche Vorstellung das *Weltganze*, so suggeriert uns die Sprache den Glauben, daß wir dieses Weltall als einen Organismus begriffen haben.

„Wenn sich der Mensch, die kleine Narrenwelt,
Gewöhnlich für ein Ganzes hält;
Ich bin ein Teil des Teils, der anfangs Alles war.“

Wir sind zu dieser Bescheidenheit Mephistos über den bescheidenen Gedanken gelangt, daß das Ganze und der Teil Korrelatbegriffe seien, menschliche Korrelatbegriffe, die eigentlich auf den unerforschlichen Begriff der organischen Einheit zurückgehen. Wir wissen nichts mehr anzufangen mit dem scheinbaren Tiefsinn der scholastischen Ontologie, welche vier Arten des Gedankenganzen unterschied, und auch das *eigentliche totum* wieder in mehrere Gruppen einteilte; höchstens ist es für die Wortgeschichte zu bemerken, daß man schon sehr früh zwischen dem *totum integrum* und dem *totum integrale* ganz fein distinguierte. Ein *totum mysticum*, worunter freilich die Scholastiker nur einige Geheimnisse der Heilslehre verstanden, ist uns der Begriff der Ganzheit überhaupt geworden.

Gedächtnis. — Ich habe keine Neigung, mit andern Worten noch einmal vorzutragen, was ich (Kr. d. Spr. I² S. 448—541 und dann wieder 541—608) über die Rätsel des Gedächtnisses gesagt habe. Ich habe die Rätsel nicht lösen können; ich glaube, daß der richtigen Lösung wieder einmal die Frage im Wege steht, die sich in dem Worte versteckt hat, das wir erklären wollen. Die Philosophie weiß niemals, wie scholastisch ihre Sprache immer ist. Ich will nur einige Punkte noch einmal kurz hervorheben, in denen ich versucht habe, den Sprachgebrauch der Psychologie ein wenig genauer zu bestimmen; und habe nur wenig hinzuzufügen.

Von dem Gedächtnisse als von einer besonderen Seelenkraft zu reden, wäre doppelt scholastisch, weil da sowohl der *Seele* als der *Kraft* etwas wie Dinglichkeit unterschoben würde. Hat man das Gedächtnis als eine Eigenschaft erkannt, als eine Eigenschaft, die jeder Wahrnehmung und jeder Vorstellung anhaftet, so droht die andere scholastische Gefahr, das Gedächtnis, das dann sehr unglücklich mit einem Substantiv bezeichnet wird, der adjektivischen Wirklichkeitswelt zuzusprechen. Hat man endlich eingesehen, daß Gedächtnis immer aktiv ist, immer eine Tätigkeit, und nichts außer und neben dieser Tätigkeit, so droht die dritte scholastische Gefahr, die Erscheinung durch ihren verbalen Charakter für besser erklärt zu halten. Ich kann die sprachliche Form der Lösungsversuche nicht für entscheidend halten, trotzdem die geleistete Arbeit bei diesem Wechseln des

Standpunktes nicht gering war; ob ich sage: „das Gedächtnis ist in der psychischen Welt eine Energie wie die Trägheit in der physischen Welt“, oder: „die Wahrnehmungen und Vorstellungen besitzen die Eigenschaft, mit langsamer Abschwächung konstant zu bleiben“, oder: „wir wissen nur, daß es ein Erinnern gibt, wie es ein Leben gibt“, ob ich also dem Rätsel des Gedächtnisses durch ein substantivisches, ein adjektivisches oder ein verbales Lösungswort beizukommen suche, ich dringe über die scholastische Sprache nicht hinaus, d. h. über eine Sprache, die lieber mit historischen anstatt mit verständlichen Begriffen arbeitet.

Nun ist aber das Gedächtnis eins mit der Sprache und wiederum eins mit dem Bewußtsein; es ist also kein Wunder, wenn ich weder in meinem Bewußtsein noch in meiner Sprache eine Möglichkeit finde, das Gedächtnis zu erklären; ich müßte denn an die Existenz einer Übersprache, eines Überbewußtseins, eines Übergedächtnisses glauben. Dem einheitlichen Bilde der gegenwärtig mächtigsten Weltanschauung, die die physische Welt durch den Arbeitsbegriff zu verstehen, und die innere Welt durch den gleichen Begriff dem Verständnisse näher zu bringen glaubt, würde freilich die verbale Benennung des immer aktiven Gedächtnisses am besten entsprechen. Die längst bekannten Verbindungen des Gedächtnisses mit den sog. Assoziationsgesetzen, mit der Zeitvorstellung, mit der Hörbarkeit unserer Lautsprache würden sich unter dem Begriff des Erinnerns systematischer ordnen lassen. Insbesondere die Lehre, daß sowohl das Sprechen als das Verstehen auf Bewegungserinnerungen beruhe, könnte ein Licht werfen auf den physiologischen Vorgang, den wir so unfaßbar unter dem Worte Gedächtnis zusammenfassen. Die Lehre würde sich recht gut dem Weltbilde der Pragmatisten einfügen lassen; und Bergson, der feine Metaphysiker des Pragmatismus oder des Aktivismus (es ist nicht leicht, zwischen diesen beiden -ismen zu unterscheiden), denkt zwar nicht an eine Gleichsetzung von Sprache und Gedächtnis, weiß aber doch schon, daß Erinnerung eine Art Bewegung sei. Er drückt das wunderlich genug aus, wenn er („Materie und Gedächtnis“ S. 140) sagt: „Meine Gegenwart ist ihrem Wesen nach sensorisch-motorischer Art.“ Man muß daneben halten, daß Bergson den psychischen Zustand, den er *meine Gegenwart* nennt, ohne Mitwirkung der Erinnerung gar nicht zustande kommen läßt. Genau genommen, wäre die Ursache unserer gegenwärtigen Bewegungen immer in der Vergangenheit, d. h. in der Erinnerung zu suchen.

Ich fürchte nur, weder in der Sprache der Gegenwart noch in der Sprache der Vergangenheit (eine Sprache der Zukunft gibt es leider nicht in der Gegenwart) verständlich ausdrücken zu können, was ich jetzt über die Proportionen Gedächtnis und Sprache, Vergangenheit und Gegenwart, hinzufügen möchte. Wir haben immer nur ein Wort, und es bedeutet doch nicht dasselbe. *Die Sprache,* die meine gegenwärtige Tätigkeit ist, mein gegenwärtiges Hervorbringen von Worten, ist unweigerlich gebunden, in jedem Laute abhängig von *der Sprache,* die nichts ist als Erinnerung, die Erinnerung des Menschengeschlechts und besonders meines Volkes. Darum läßt es sich in keiner Weise sagen, ob die Gegenwart oder die Vergangenheit die Bewegungen leite, die je nach der Richtung unserer Aufmerksamkeit als Arbeitsleistung unseres Gedächtnisses oder unserer Sprache aufgefaßt werden. Die Sache wird nur scheinbar und nur für einen Augenblick dadurch besser, daß wir für die substantivischen Begriffe die verbalen Ausdrücke Erinnern und Sprechen eintreten lassen. Es tritt da nur noch das neue Rätsel hinzu: wie wir es möglich machen, mit Materialien aus der Vergangenheit Bewegungen auszuführen, die einem künftigen Zwecke dienen; denn ohne den Zweckbegriff haben die verbalen Ausdrücke, wie wir gelernt haben, keinen Sinn.

Ist aber das Gedächtnis eine Arbeitsform, eine Bewegung, ist das Gedächtnis eine Tätigkeit der Vorstellung, so wie die Sprache eine Arbeit, eine Bewegung, eine Tätigkeit ist, so fällt ein neues Licht auf die paradoxe Behauptung, daß auch das *Vergessen* keine Negation sei, sondern eine andere und sehr wichtige Tätigkeit des Gehirns. Ich habe (Kr. d. Spr. I² 532) an ein Wort von Jakob Böhme erinnert, der die absolvierte Schuld mit dem Holzscheite im Kamin vergleicht, weil beide unser Wohlsein steigern, indem sie zerstört und verzehrt werden. „Auch das Verbrennen des Holzscheits ist dem sprachlichen Ausdruck nach eine Negation; wir wissen aber seit hundert Jahren, daß das Verbrennen ein positiver Vorgang ist, an welchem sich die Erhaltung der Energie am allerbesten nachweisen läßt. Gäbe es ein Vergessen als reine Negation, so wäre das Gesetz der Erhaltung der Energie für unser geistiges Leben nicht vorhanden.“

Nun habe ich (a. a. O. 519 f.) gelehrt, daß es nicht etwa ein Fehler, sondern vielmehr eine wesentliche Eigenschaft des menschlichen Gedächtnisses ist, alle Erfahrungen zu merken, die einer vorgefaßten Meinung, einem Glauben, also der vermeintlichen Wahrheit entsprechen, alle Erfahrungen hingegen zu vergessen, die dem Vorurteile widersprechen. Woher es denn auch kommt, daß unsere Sprache immer im Besitze der Wahrheit zu sein glaubt; woher es kommt, daß die Unwissenheit und Dummheit der Menschen so unsäglich schwer auszurotten sind. Aber ich habe schon (a. a. O. S. 526) von ferne auf die Möglichkeit aufmerksam gemacht, die Grundeigenschaft des Gedächtnisses, daß es nämlich ein wesentlich falsches Gedächtnis sei, biologisch zu deuten. Die Erblichkeit der organischen Formen ist ja immer nur ein Schema, wie ein absolut treues Gedächtnis nur ein schematisches Ideal ist; innerhalb von typischen Grenzen, die freilich das unaufgeklärte Geheimnis der Erblichkeit bleiben werden, assimiliert der neue Organismus die neuen Eindrücke zu Änderungen, wie das Gedächtnis neue Erfahrungen seinen Begriffen assimiliert; bei den Organismen sprechen wir von einer Anpassung, erklären aus ihr die Entwicklung, und bedenken nicht, daß sie das Leben überhaupt erst möglich macht; überall aber, wo wir, gemeinsprachlich oder neu, das Gedächtnis wirksam sein lassen, bei der biologischen Anpassung, bei den Instinkthandlungen der Tiere wie bei der Bildung der sprachlichen Begriffe und ihrer Anwendung, — überall kann die mikroskopische Beobachtung die wesentliche Eigenschaft des Gedächtnisses feststellen: *Ähnlichkeit* wird fälschlich für Gleichheit gehalten. Es gibt keine gleichen Fälle in der Wirklichkeit. Wir hätten keine Begriffe bilden können, wenn wir in Urzeiten Ähnlichkeit nicht für Gleichheit genommen hätten; und wir könnten die Begriffe nicht anwenden, wenn wir nicht ähnliche Wahrnehmungen für gleiche Wahrnehmungen halten würden. Das à-peu-près beherrscht unser Denken, wie übrigens das à-peu-près auch in unsern Maschinen herrscht, welche bis zu einer gewissen Fehlergrenze funktionieren, trotzdem sie nicht auf ein Mikron genau abgemessen sind und bleiben. Wobei freilich nicht zu übersehen, daß der *Zweck* des Abstrahierens, Begriffsbildens, Denkens schon erfüllt wird, wenn wir natürliche Arten, ähnliche Werkzeuge und Gedankendinge so behandeln, *als ob* sie gleich, *als ob* sie Einheiten wären.

Wenn ich nun zu der Annahme neige, daß die von mir selbst vorgetragene Ausdehnung des Gedächtnisbegriffs von der Psychologie auf die Biologie eine sprachliche Willkür enthält, wenn ich vermute, daß das unbewußte Gedächtnis der organisierten Materie doch anders arbeitet als das bewußte Gehirngedächtnis, wenn ich einen Oberbegriff suche für diese beiden verschiedenen Tätigkeiten, so glaube ich diesen Oberbegriff jetzt ungefähr gefunden zu haben in der *Anpassung*. Das unbewußte Gedächtnis mit seiner Grundeigenschaft der Falschheit paßt sich an (bei der Entwicklung wie bei den Instinkthandlungen) der Umgebung; das bewußte Gedächtnis paßt, was es als Erinnerungen bereit hat, der Gegenwart an oder der Umgebung; und der Zeitbegriff, der in diese Erklärung hineinspielt, mag dafür sorgen, daß diese Erklärung nicht für mechanistisch gehalten werde. Worträtsel können durch Worte gelöst werden, nicht die Rätsel der Natur.

Es sind nicht meine schlechtesten Leser, die einmal plötzlich mit der Frage unterbrechen, was denn solche sprachkritische Analyse oder Philosophie überhaupt für einen biologischen Nutzen habe; und der Pragmatismus, den ich eben für mich in Anspruch genommen habe, müßte diese Frage erst recht an sich selber stellen. Welchen Nutzen kann die Untersuchung darüber haben, ob das wohlbekannte Gedächtnis potentielle Kraft sei oder aktuelle Arbeit? Vielleicht doch einen recht großen. Wenn man nämlich aus der Lehre, daß

Gedächtnis einzig und allein Tätigkeit ist, die Konsequenzen zöge für die Schule, deren Einrichtungen für die Jugenderziehung so veraltet sind wie der Inquisitionsprozeß mit seiner Tortur. Ich gehe nicht so weit wie James (Psychologie S. 297 f.), der jede Verbesserung des Gedächtnisses für unmöglich hält; es wäre nicht unmöglich, daß die Organe der Gedächtnisarbeit durch Einübung leistungsfähiger würden, wie sich das von den Organen der Muskelarbeit nachweisen läßt. Jedesfalls liegt der Schulpsychologie, die das Gedächtnis der jungen Leute durch sinnlose Übungen zu stärken glaubt, die alte Assoziationspsychologie zugrunde, die im Gedächtnisse das Gedankending Kraft sieht, und in den Vorstellungen andere Gedankendinge, mit denen diese Kraft spielen lernt. Ist aber das Gedächtnis nichts außer und neben seiner Tätigkeit, wie die Seele nichts ist außer und neben ihren Erlebnissen, so bleibt kein Gedankending übrig, das gestärkt werden könnte; der eiserne Wille, der sich selbst ein Vergessen brauchbarer Kenntnisse nicht durchgehen läßt, der sich mit Anstrengung erinnert, wo es ohne Anstrengung nicht geht, der ist Charaktersache; und in diesem Sinne ist das Gedächtnis eines Individuums allerdings unveränderlich wie der Charakter. Ganz abgesehen davon aber sind die sinnlosen Einübungen unserer Schule zum mindesten so nutzlos, wie es die Einübung falscher Muskeln für den erwünschten Gebrauch der Glieder wäre. Wer in seiner Jugend nichts weiter gelernt hat als auf seinen Händen zu gehen, kann nachher keinen Gebrauch davon machen, er wollte denn im Zirkus auftreten.

Auf den Händen gehen, mit dem Kopfe abwärts, das ist die Hauptsache, worin unsere jungen Leute geübt werden. Bibelsprüche (in der Volksschule), sämtliche Nebenflüsse eines fremden Stromes (in der Mittelschule), Tabellen und fachmännische, in Nachschlagebüchern bereite Details (auf der Universität), das sind die Gedächtnisübungen, die mit der angeblichen Stärkung des Gedächtnisses verteidigt werden. Bei meiner rechtshistorischen Staatsprüfung sollte und mußte ich die dreizehn Vorrechte eines Kardinals aufzählen, nach der gottgesetzten Reihe, auch das Vorrecht auf ein Pallium durfte ich nicht vergessen, das von bestimmten Nonnen in einem bestimmten Kloster gewebt wird.

Und die Schule sollte sich doch darauf beschränken, den Charakter des Schülers zu üben, den Charakter an die Arbeit zu gewöhnen, die nächsten oder die bequemsten oder die besten Wege zu finden zwischen brauchbaren Vorstellungen von der Wirklichkeitswelt.

Gegenstand[1]) — ist offenbar keine ganz glückliche Lehnübersetzung des alten philosophischen Ausdrucks *Objekt.* Heute, nach einem Leben von

[1]) Dieses Stück ist fast vollständig meinem Essay „die Sprache“ entnommen, der als IX. Band der „Gesellschaft“ (herausgegeben von Martin Buber) erschienen ist.

mehr als 150 Jahren, hat das Wort für ganz feine Ohren noch störende Nebentöne, in der Kunstsprache wie in der Gemeinsprache. Ich will das durch zwei extreme Beispiele zu beweisen suchen. In der philosophischen Sprache sind wir, worauf schon das D. W. hinweist, neuerdings wieder geneigt, uns *Gegenstand* durch den Begriff *Objekt* zu *verdeutlichen* oder doch wohl auch *Objekt* zu sagen. In der poetischen Sprache ist trotz Goethe und Schiller der Gebrauch des Wortes nicht recht nach der Natur der deutschen Sprache. Mein Ohr wird durch *Gegenstand* vorkantisch angemutet, wie denn auch Gottsched sich des Wortes leidenschaftlich annahm. In den berüchtigten Versen von Friederike Kempner:

„rechts am Ende, links am Ende
lauter Frühlingsgegenstände."

ist das Wort Gegenstand von besonderer Komik.

Diese leise Fremdheit des Wortes kann nach so langem Gebrauche kaum mehr aus dem Sprachgefühl stammen, das einst (noch bei Adelung) die Etymologie heraushörte und sich dagegen sträubte, jedes Ding der Wirklichkeitswelt einen *Stand* zu nennen. Uns ist das Wort recht geläufig geworden. Freilich, wie ich deutlich zu hören glaube, nur in zwei Bedeutungen: einmal in der Schulsprache für das Objekt der Aufmerksamkeit (Gegenstand eines Vortrages), zweitens für das Objekt im weitesten Sinne, das Ding, die Sache, aber eigentlich doch nur die Sache mit Ausschluß der organischen Dinge. Ein Veilchen nennen wir nie *Gegenstand*.

Die Geschichte des Wortes hebt an mit dem technischen Gebrauche des griechischen Wortes *ὑποκειμενον*. Das hieß nun seltsamerweise früher geradesoviel wie jetzt unser Gegenstand: der einer aufmerksamen Untersuchung *vorliegende Gegenstand*, der Gegenstand einer Untersuchung, *argumentum*. Aristoteles verwendet es dann häufig in der Bedeutung von dem, was zugrunde liegt.

Die lateinische Lehnübersetzung des griechischen Wortes lautete im Mittelalter *subjectum*. Im Mittelalter. Die alten Lateiner verstanden unter subjectum, abgesehen von der ursprünglichen Bedeutung des Adj. *subjectus* (wovon das franz. *sujet; untertan* wieder, wie *unterworfen*, eine Lehnübersetzung), nur den grammatischen Begriff. Augustinus bezeugt überdies ausdrücklich, daß zu seiner Zeit die lateinischen Lehnübersetzungen aus dem Griechischen hier und da weniger gebräuchlich waren, als die griechischen Worte selbst. Über die lateinischen Lehnübersetzungen herrschte Streit, über die griechischen Originalworte nicht; genau so, wie wir uns heute *gegenständlich* durch *objektiv* zu verdeutlichen glauben.

Im Griechischen selbst waren die Worte *οὐσια* und *ὑποκειμενον* begrifflich sehr nahe gerückt. Das erste wurde schulgerecht mit *essentia* übersetzt, das zweite bald ebenso schulgerecht mit *subjectum*, bald (von wem zuerst?) mit *substantia*. Augustinus fühlte da einen Unterschied heraus und wollte Gott aus feinen

Gründen seines Sprachgefühls nur eine Essenz genannt wissen, nicht eine Substanz.

Man sieht also, daß der mittelalterliche Sprachgebrauch ziemlich genau das *subjektiv* nannte, was wir jetzt *objektiv* nennen. Wie so oft, wie besonders bei Aristoteles, wurde auch hier offenbar Metaphysik von Grammatik beeinflußt. Subjektiv war, was zum Subjekte gehörte; *Subjekt* bezeichnete bald das, wovon etwas prädiziert wurde, also sehr oft einen konkreten Gegenstand, bald das *Wesentliche* des Gegenstandes, die *ουσια*, das *ὑποκειμενον*. *Objektiv* war dagegen, nach der damaligen Psychologie und dem lateinischen Wortlaut, was an den Vorstellungen von ihrem Vorsteller verursacht war, was wir also heute *subjektiv* nennen. Erst an der Wende des siebzehnten und achtzehnten Jahrhunderts vollzieht sich der Umtausch der beiden Begriffe langsam, und zwar just in Deutschland. *Objektiv* und *real* werden fast gleichbedeutend. Und in der Sprache Kants ist das scholastische subjectum bereits so völlig verloren gegangen, daß er es an der Stelle nicht verwendet, wo es einzig an seiner Stelle gewesen wäre. Die Welt ist objektiv geworden. Doch unter dieser objektiven Welt der Gegenstände liegt noch etwas, eben das *ὑποκειμενον*, das subjectum. Und das nennt Kant das Ding-an-sich, den Gegenstand an sich. Hätte Kant die alten scholastischen Ausdrücke beibehalten können, sein Ding-an-sich das Subjekt-an-sich nennen können, dem großen Manne wäre der tiefste Fehler seines Systems erspart geblieben, daß nämlich erst von der menschlichen Vernunft verursacht werde, was alle Vorstellungen des Menschen verursacht: die Ausdehnung des Kausalitätsbegriffs auf das Ding-an-sich. Oder vielmehr: Kant wäre dann in Gefahr gewesen, in die geistreiche Konsequenz seines Schülers Fichte zu verfallen.

Aus der Vertauschung der beiden Begriffe subjektiv und objektiv kam aber auch die Schwierigkeit, ein gutes deutsches Wort für die Sache zu erfinden. Die älteren Lehnübersetzungen hatten ja *subjectum* vor sich, die neueren *Objekt*. Objekt wird buchstäblich mit *Gegenwurf* oder *Widerwurf* (Eckhart), *Subjekt* mit *Unterwurf* wiedergegeben. Daneben findet sich bei Eckhart schon *stehende* oder *selbstehende Wesen* für Substanzen. Von diesen Lehnübersetzungsversuchen hat sich ein einziger, halb veraltet, bis in unsere Tage gerettet: *Vorwurf*. Wir verstehen noch, wenn wir bei Lessing oder Schiller *Vorwurf* im Sinne von Gegenstand, Objekt einer Abhandlung, einer Schilderung lesen. *Gegenwurf* aber, in der Sprache der Mystiker und Theologen durch Jahrhunderte ein ganz geläufiges Wort, ist der heutigen Gemeinsprache völlig unverständlich geworden. So unverständlich, daß man es leicht mißverstehen kann, wo man es bei älteren Schriftstellern (noch bei Hagedorn) findet. Wirklich veraltete das Wort gerade um die Zeit, da die Vertauschung der Begriffe subjektiv und objektiv in Deutschland erfolgte. Man nahm es allmählich, wieder ein Fall von gelehrter Volksetymologie, als Übersetzung von *objection* (anstatt von objet), von *ἀντικειμενον* anstatt von *ὑποκειμενον*, und weil da die Worte *Einwurf* oder *Widerspruch* schon zur Verfügung standen, so mußte das Wort Gegenwurf sterben.

In die Übergangszeit fällt der Bedeutungswandel des Wortes Gegenstand, nicht die Neuschöpfung des Wortes. In dem Sinne nämlich von Widerstand oder Gegensatz (es ist ein *Entgegenstehen*) wird es seit dem sechzehnten Jahrhundert gebraucht. So noch von Haller, der den *Gegenstand von Gründlichkeit und Tugend* am Ende seines Lebens in einen *Gegensatz* umänderte. Auch im Sinne der astronomischen *Opposition* wurde sehr gut Gegenstand gesagt. Doch wäre auch dieses Wort, ebenso wie *Gegenschein* und *Widerschein*, gestorben, wenn es nicht dadurch, daß Christian Wolf es in seiner Schulsprache für Objekt gebrauchte, eine Auferstehung gehabt hätte.

Ich kann es nicht aus Quellen belegen, aber Gegenstand muß einmal die mechanische Lehnübersetzung von einem Worte *obstantia* gewesen sein. Obstantia muß einmal der geläufigere Schulausdruck gewesen sein, in dem ungefähr die Bedeutungen von substantia, von Subjekt und Objekt zusammenflossen. In dem Sinne, wie obstantia durch Gegenstand wiedergegeben wurde, würden wir heute verständlicher *Gegenwirkung* sagen. So wurde Gegenstand ein technischer Ausdruck der Erkenntnistheorie, ging durch populäre Schriften in die Gemeinsprache über und wurde da zu einem überflüssigen und immer noch falsch tönenden Synonym von Ding oder Sache. Verzeichnet wird die Lehnübersetzung *Gegenstand* zuerst von Stieler (1691), gebildet war das Wort wahrscheinlich in der Fruchtbringenden Gesellschaft worden; aber noch Thomasius will es nur zögernd zulassen.

In der deutschen Gemeinsprache sind die Worte Ding und Sache weit lebendiger und fruchtbarer geworden als *Gegenstand*. Redensarten wie *ein liebes Ding* (für Mädchen), *Dinger* (mit verändertem Plural) für Kleinigkeiten oder *mach keine Sachen* haben sich aus *Gegenstand* nicht entwickelt. Dennoch darf man annehmen, daß sowohl *Ding* als *Sache* ihre gegenwärtige Bedeutung durch bewußte oder unbewußte Lehnübersetzung erworben haben. Das mittellateinische causa (*cause* und *chose*) liegt zugrunde. Bei *Ding* muß dieser Gebrauch schon in sehr alte Zeit zurückgehen; Grimm nimmt die juristische Bedeutung *litigium* für die ursprüngliche. Bei Sache liegt die alte Bedeutung Rechtshandel (lis) noch klarer zutage, auch wenn man die bedenkliche Etymologie ganz beiseite läßt. (Sogar die Gleichung Dingsda und chose ist Lehnübersetzung.) Merkwürdig, daß auch chose wie Gegenstand (nach Littré) nur tout ce qui est inanimé bezeichnet.

Springen wir in den gegenwärtigen Gebrauch dieser Begriffe hinein, so läßt sich die letzte Frage der Erkenntnistheorie wieder scheinbar scholastisch (tiefster Spekulation wird von Banausen gar oft der Vorwurf der Scholastik gemacht werden) auf die Form bringen: werden die Objekte von uns Subjekten erzeugt? (Eigentlich richtig nur in der Einzahl: von mir, dem einzigen Subjekt.) Oder werden wir Subjekte von den Objekten erzeugt? Sprachkritik allein durchschaut das Spiel dieser Antinomie. Sprachkritik allein faßt unsere Sinne als Zufallssinne und sieht die absolute Notwendigkeit, mit der uns die Objekte zu unseren Vorstellungen von ihnen zwingen, als eine historische Notwendigkeit, also wie alle Historie als einen Zufall. Verwechseln wir diese objektive Notwendigkeit mit objektiver Gesetzmäßigkeit, so verfallen wir dem naiven Realismus der Büchner und Haeckel. Ahnen wir die Unvorstellbarkeit der Objekte und halten wir dabei unsere armen fünf Sinne für die vortrefflichen Werkzeuge einer vortrefflichen Vernunft, so verfallen wir dem theologischen oder am Ende spiritistischen Realismus des skeptischen Idealisten Berkeley. Der sagt: „The ideas imprinted on the senses by the author of nature are called real things.“ (Princ. 33.)

Der sprachlichen Ordnung, um nicht zu sagen Lösung der Antinomie sind am nächsten gekommen der Sprachforscher Steinthal und der bis zu Sprachkritik witzige Physiker Lichtenberg. Steinthal meint einmal: Ein Objekt begreifen, ein Ding anschauen sei der Bedeutung nach eine ähnliche Wortverbindung wie einen Brief schreiben, ein Haus bauen. Ich würde *eine Grube graben, einen Bau bauen, ein Spiel spielen* für noch bessere Beispiele halten. Man vergleiche, was ich (Krit. d. Sprache III 59 f.) über die Unwirklichkeit der Verben der Arbeit gelehrt habe. Da haben wir ja wieder das intentionale Objekt der Scholastiker, die Absicht, welche erst die unzähligen Differentiale einer Handlung integriert, je nach der Richtung der Aufmerksamkeit zu einem Objekt (Substantiv) oder zu einer Tätigkeit des Subjekts (Verbum). Die ewig tautologische Sprache ist willig, solche Sätze zu bilden: *ich grabe eine Grube, ich sehe eine Farbe,* und in diesen Abgrund hat Lichtenberg schon hineingeleuchtet mit einigen seiner blitzartigen Bemerkungen. „Was ist außen? Was sind Gegenstände praeter nos? Was will die Präposition praeter sagen? Es ist eine bloß menschliche Erfindung.... Äußere Gegenstände zu erkennen ist ein Widerspruch; es ist dem Menschen unmöglich, aus sich herauszugehen.... Man sollte sagen praeter nos, aber dem praeter substituieren wir die Präposition extra, die etwas ganz anderes ist.... Ist es nicht sonderbar, daß der Mensch absolut etwas zweimal haben will, wo er an einem genug hätte und notwendig genug haben muß, weil es von unseren Vorstellungen zu den Ursachen keine Brücke gibt?“

Weiter braucht auch der Sprachkritiker nicht zu gehen. Die Sprache ist es, die die Welt in den Beobachter und in dessen Gegenstand zerfällt: in Dinge an und für sich und in Dinge für mich. Die Welt aber ist nicht zweimal da. Die Welt ist nur einmal da. Ich bin nichts, wenn ich nicht ein Gegenstand *bin*. Aber ich *habe* keinen Gegenstand. Der Gegenstand ist nichts, wenn er nicht in mir ist. Der Gegenstand ist nicht außer mir. Der *Gegenstand*, scheinbar das Handgreiflichste auf der Welt, ist mit Recht die Lehnübersetzung eines schwierigen philosophischen Begriffs, Gegenstand ist unbegriffen, das Objekt ist subjektiv.

Mit sehr behaglichem Lächeln entdecke ich aber, daß der Sprachgebrauch der letzten 100 Jahre — ahnungslos freilich — die sprachkritische Resignation dieses Begriffes *Gegenstand* vorweggenommen hat. Für das Wesentliche, das dem forschenden Subjekt objektiv gegenübersteht, *gegensteht*, für das eigentliche *ὑποκειμενον* oder die *οὐσια*, die essentia, hat man so lange eine Antwort gesucht, bis man hilflos die Antwort in dem Worte *Frage* fand. Schiller würde heute wohl gewiß anstatt *der Menschheit große Gegenstände* sagen *der Menschheit große Fragen* (zweimal im Prolog des Wallenstein). Schlegel würde den Satz „wahrhaft groß sein, heißt, nicht ohne großen Gegenstand sich regen“ (not to stir without great argument) heute etwa übersetzen müssen „nur dann sich regen, wenn eine große Frage ruft“. Und das D. W. kennt bereits diese Bedeutung von *Frage*. In Band IV 1, 1 (noch von J. Grimm und Hildebrand bearbeitet) heißt es, unter Zitierung des berühmten That is the question: „Frage, das, worauf es ankommt, das *Wesentliche*“; und ferner bei den Zusammensetzungen wie Lebensfrage usw.: *von Gegenständen, welche die allgemeine Aufmerksamkeit beschäftigen.* Am Ende des mühsamen Weges finden wir, wie so oft, anstatt einer Antwort nur eine Frage. Hier gar anstatt einer Definition von *Gegenstand* das Wort *Frage.*

Gegenwart. — Ich hätte für eine Wortgeschichte nur das D. W. auszuschreiben, den Artikel *Gegenwart* aus dem unvergleichlich besten Bande des Wörterbuchs. Man hat in historischer Zeit und bis heute die Entstehung des Wortes nicht erklären können, und daraus sind wohl viele unorganische alte Formen zu erklären. In seiner ältesten Gestalt scheint das Wort nur eine Verstärkung von *gegen* gewesen zu sein: was gegenüber steht; *der Gegenwart* wie *der Widerwart* (in diesem Sinne *widerwärtig* noch bei Goethe), das dem Sprachgefühl an *Widerpart* anzuklingen schien, bedeutete den Gegner. Für *praesentia* finden sich in alter Zeit die merkwürdigen Formen Gegenwurt (falsche Analogie nach Gegenwurf = Objekt?), Gegenwürt, endlich Gegenwärtigkeit und erst im 17. Jahrhunderte unser *Gegenwart*, das seltsamerweise zuerst im Rechtsleben aufgekommen zu sein scheint. *Gegenwart* und *Beisein* werden gewichtig miteinander verknüpft und *Gegenwart* scheint eine aktivere Beziehung zu bezeichnen, als das bloße Beisein; in so feierlicher Weise wird besondes von der

Gegenwart des Richters, des Fürsten, des Gottes geredet. Eine Nachwirkung dieses Gebrauchs, der uns noch bei Goethe und Schiller mitunter den eigentlichen Sinn eines Satzes verfehlen läßt, ist in der Definition gebucht, die Adelung von dem Begriffe gibt: „Der Zustand, da man durch seine eigene Substanz ohne moralische Mittelursachen, ja ohne alle Werkzeuge an einem Orte wirken kann, die Anwesenheit.“ Zweierlei ist an diesen schulmeisterlichen Worten sehr beachtenswert: daß *Gegenwart* vor nicht viel mehr als hundert Jahren zunächst noch gar nicht als Zeitbegriff empfunden wurde, und daß man bei *Gegenwart* noch unmittelbar an eine Wirksamkeit, an eine Wirksamkeit im Raume dachte. Beide Vorstellungen scheinen dem Sprachgebrauche der Gegenwart, für die das Wort ganz besonders ein grammatischer Zeitbegriff geworden ist, zu widersprechen; und dennoch lassen sich beide Vorstellungen sehr gut mit den Tendenzen der gegenwärtigen Psychologie vereinigen.

Der Bedeutungswandel von der räumlich wirksamen Anwesenheit zum bloßen Zeitbegriff vollzog sich wohl so, daß das Adjektiv *gegenwärtig*, das schon früh zu einer Übersetzung von lat. *praesens (jetzig)* verwandt worden war, nun auch wie im Lateinischen mit dem Zeitbegriff verbunden wurde: in gegenwärtiger Zeit, in Gegenwart = in praesenti sc. tempore. Es fällt uns schwer, uns in eine Zeit zurückzuversetzen, in welcher die Gegenwart, d. h. die bedeutungsvolle Anwesenheit, nur bildlich auf die Zeit angewandt wurde. Es fällt uns schwer, weil wir ganz vulgär just mit der Gegenwart den Begriff der uns bekanntesten Zeitstrecke zu verbinden pflegen. Wir stellen uns das so vor, als ob von den drei Teilen der Zeit die unendliche Vergangenheit verblaßt und unwirklich nur in unserer Erinnerung lebte, die unendliche Zukunft nur in unserer Phantasie, die leibhaftige Gegenwart aber greifbar die eben erlebte Zeit wäre, wenn auch vielleicht nur der gegenwärtige Augenblick. Daß die Gegenwart also ein relativer Begriff sei, das wird jedermann zugeben; wir denken bei Gegenwart je nach dem Zusammenhange der Rede bald an die letzten Jahrhunderte, bald an die letzten Jahrzehnte, an die letzten Tage, an die letzten Minuten, an den letzten Augenblick. Und wir müssen schon darauf aufmerksam gemacht werden, daß wir da immer von einer verflossenen Zeit geredet haben, also nicht mehr von der Gegenwart. Ein Pedant könnte verlangen, daß solche Sätze nicht durch das Präsens, sondern durch das Präteritum ausgedrückt würden. „In der Gegenwart, d. h. seit einigen hundert Jahren, hat es bei den Kulturvölkern keine Sklaven gegeben.“ Die Anwendung des Gegenwartbegriffs auf verflossene Zeitstrecken ist ein ganz ungenauer Sprachgebrauch. Streng genommen, ist die Gegenwart keine Zeitstrecke, sondern nur der gegenwärtige Moment, der freilich, da ich ihn denke, schon wieder verflossen ist. Die Gegenwart ist ein unvorstellbarer Grenzbegriff. So unvorstellbar, daß wir ihn, der ganz sicher keine Zeitstrecke ist, nur als eine Zeitstrecke vorstellen können. Das meinten die Engländer, da sie (der Ausdruck findet sich zuerst bei Clay) von einer *scheinbaren* Gegenwart (specious present) sprachen; das meinte James, da er die Gegenwart lieber mit einem breiten Sattelsitz (saddleback) als mit einer Messerschneide verglichen wissen wollte („Psychologie" S. 280). Er hätte sein Bild von dem *fringe*, dem Saume, der allen unsern Begriffen anhaftet, sehr gut auf die Gegenwart übertragen können. Wir können uns die Gegenwart gar nicht anders vorstellen als indem wir ein Stückchen Vergangenheit mit vorstellen. Wenn Zeit Dauer ist, so ist Gegenwart gar kein Teil der Zeit, so ist Zeit nur in der Erinnerung oder in der vorgestellten Vergangenheit. (Vgl. Art. *Zeit.*)

Sagen wir aber, daß es Wirklichkeit nur in einer Gegenwart gebe, so fassen wir allerdings, wie ich glaube, die Gegenwart beinahe zeitlos, im alten Sinne der räumlichen Koexistenz. Diese Auffassung der Wirklichkeit als einer zeitlosen Gegenwart scheint mir recht gut mit der Philosophie von Bergson zu stimmen, der die Gegenwart das nennt, was den Menschen interessiert, was ihm lebendig ist, kurz das, was ihn zur Tätigkeit anreizt. (Materie und Gedächtnis S. 139.) Da scheint mir die Gegenwart wieder zum *Umstand*, zur Umgebung geworden zu sein; das alte Wort *Gegenwurt* und sein Anklang an *Gegenwurf* (Objekt) fällt mir wieder ein. Wir sagen so: man lebt nur in der Gegenwart; man lebt aber nur, weil man ein Handelnder ist; und man handelt *aus* der Vergangenheit *in* der Gegenwart *für* die Zukunft. So blicken wir in jedem Momente nach vorn und nach rückwärts in die unendliche Zeit, leben aber dennoch zeitlos, weil wir handeln.

Geist.

I.

Ich halte mich natürlich an den Artikel *Geist* im D. W., den Rudolf Hildebrand zu einer meisterlichen Monographie gestaltet hat. Besäße die Wortgeschichte viele solcher Vorarbeiten, so wäre es eine leichte Aufgabe, auch die internationale Wortgeschichte herauszuholen; denn Hildebrand hat bei dieser Arbeit mit erstaunlichem Wissen und mit einem Sprachgeist, der aus der Schule J. Grimms kam und doch noch für die neuere Zeit über J. Grimm hinausging, hundert Beziehungen aufgedeckt und aufgehellt. Und daß Hildebrand (besonders Sp. 2695 ff.) sich zu einem resignierten Agnostizismus bekennt, kann mir wenigstens den herrlichen Artikel, der ein kleines Buch geworden ist, nur noch lieber machen.

Vorausschicken möchte ich aber gerade bei diesem Worte, was Hildebrand entweder voraussetzt, oder sich doch in seiner ganzen Tragweite nicht zum Bewußtsein gebracht hat: daß das gesamte Christentum mit all seinen geistigen und geistlichen Begriffen, so wie es uns in den Schriften des Neuen Testamentes vorliegt, eine ungeheure Lehnübersetzung aus der jüdischen Weltanschauung der Jesuszeit war, daß die Propaganda des Evangeliums unter den Küstenvölkern des Ostens und dann weiter die Eroberung Rußlands Hand in Hand ging mit einer Umformung der griechischen Sprache und einer Umformung der slawischen, daß die Propaganda des Christentums in Italien und die Eroberung der jungen romanischen Völker erst möglich wurde, als das klassische Latein durch Lehnübersetzung aus dem Griechischen (Hieronymus, Augustinus) zu einem neuen christlichen Idiom geworden war, lebendig genug, um dem Katholizismus durch volle tausend Jahre, ohne Rückschau auf die hebräische und griechische Urform, zur Grundlage zu dienen, daß endlich die welthistorische Stellung des Katholizismus erst möglich wurde, als die Organisatoren der hochdeutschen Völker, die man gewöhnlich die Apostel der Deutschen nennt, die heidnische althochdeutsche Sprache brachen, bis sie zu einer Lehnübersetzung der lateinischen Christenlehre geworden war, (Vgl. Art. *Christentum*).

Kaum ein anderes Wort zeigt dieses Verhältnis so anschaulich, wie die mythische Person des *heiligen Geistes.* Er findet sich als Metapher schon in den Psalmen als *ruach kadesch Jehovah* (רוּחַ קֹדֶשׁ יְהֹוָה), in den Evangelien einmal wie zufällig (Ev. Joh. I. 33) *πνευμα ἁγιον* und getreulich in der Vulgata als *spiritus sanctus;* der theologische Begriff des heiligen Geistes ist im Evangelium Johannis noch nicht mitverstanden, wohl aber schon in der Vulgata des Hieronymus. Die Lehnübersetzungen sind offensichtlich. *Ruach* als Verbum heißt hauchen, wehen, atmen; dann in einer andern Verbalform einatmen, an etwas riechen, etwas genießen, auch geistig, empfinden; als Substantiv der *Hauch*, auch das Schnauben der Nase, metaphorisch der Stolz und das *Eitle* am Wissen, am Worte (divre ruach eitle Worte, daäs ruach eitles Wissen), in kühnerer Metapher das belebende Element, der *Lebensgeist*, die *Seele* in Tier und Mensch, das *Leben* überhaupt, der Schöpfer des Lebens, der göttliche Geist; auch schon der Geist Gottes im Sinne von Geist der Weissagung; endlich in vielen Zusammensetzungen im Sinne von *Sinn*, wie jetzt engl. *spirit*, franz. *esprit*, *Geist*. Das griechische Verbum *πνειν* heißt nun ganz ordentlich bloß *wehen*, *hauchen*, *blasen*, dann ebenso wie im Hebräischen riechen und duften und kann metaphorisch mit Worten für Stolz und *Eitelkeit* verbunden werden; das Substantiv *πνευμα* wieder nur *Hauch*, Wind, Luft, Atem, aber erst im Neuen Testament die Wendung: das *πνευμα* aufgeben für *sterben;* und die Einführung für das Lebensprinzip als Übersetzung von *ruach*. Kirchenschriftsteller gebrauchen dann auch *πνευματικος* (eigentlich blähend, voll von Winden) im Sinne von beseelt, *geistig*. Von welchem Grammatiker ist zuerst das Hauchzeichen, der *spiritus*, *πνευμα* genannt worden? Auch im Lateinischen hieß das Verbum *spirare* ganz sinnfällig, aber doch ein bißchen anders als das griechische *πνειν*, wehen, hauchen, schnauben, schäumen, gären (eigentlich branden), atmen, leben (spirantia exta, die noch warmen Eingeweide), duften, aber auch klingen; das Substantiv *spiritus* Lufthauch, das Atmen und der Atem selbst, das Atemgeräusch wie seufzen, zischen, klingen, später personifiziert die *ψυχη* (ursprünglich ebenfalls Hauch, Atem, Seele, also auch in diesem Sinne Lehnübersetzung, und *ψυειν* hängt ja wohl mit *πνειν* zusammen) und endlich für den heiligen Geist; aber spiritus im Sinne von Weissagegeist (allerdings unkirchlich), Dichtergeist findet sich schon vor Eindringen des Christentums.

Die Übersetzer der Christenworte ins Althochdeutsche schwankten lange bei beiden Begriffen des heiligen Geistes. Es scheint, daß sie zuerst die deutschen Stämme (wenn sie deutsch sind) *Weihe* und *Atem* benutzen wollten; *wiho atum* heißt spiritus sanctus. Wiho wurde von heilag abgelöst und aus heilag die Übersetzungen der ganzen Wortgruppe *sanctus*, sanctitas, sanctuarium, sanctificare hergenommen und einige seitdem verlorene Begriffe dazu; *wiho* blieb nur in wenigen, besonders Sachbegriffen erhalten. Ebenso wurde atum (dieses besonders bei Kero) von Geist abgelöst, das schon von anderswoher eingeführt worden sein mag: denn es wird gelegentlich in den Glossen zur bessern Erklärung von atum hinzugefügt, scheint also der Gemeinde oder den jungen allemannischen Klosterschülern im Sinne unseres *Geist* (damals Keist) schon vertraut gewesen zu sein.

Bevor ich die reiche Sammlung Hildebrands für meine Zwecke durchsuche, noch eine allgemeine Bemerkung. Die Vorstellung von dem kreuz und quer der internationalen historischen Einflüsse kann klar und bestimmt erst das Ergebnis aller Wortgeschichten sein, geht ihnen aber unbestimmt doch wieder voran. Und es geht dabei über die Kraft eines einzelnen Forschers, erst recht über die Kraft einer Gesellschaft von Gelehrten, alle Beziehungen einer tausendjährigen Wortgeschichte zu durchschauen. Ein Wort wie *Geist* hängt überall mit theologischen und philosophischen Lehren zusammen, und man müßte in jedem einzelnen Falle wissen und nachweisen können, ob die leitende Weltanschauung der Zeit von Spanien oder Italien, von Frankreich oder England oder endlich von Deutschland herkam. Eine leitende Tatsache ist aber niemals aus dem Auge zu verlieren: daß der christliche Begriff Geist tausend Jahre lang sich nur an das lateinische *spiritus* knüpfte, daß im Mittelalter eine gelegentliche Beschäftigung mit griechischer oder hebräischer Sprache fast gar keinen Einfluß auf den deutschen Bedeutungswandel hatte, daß erst Luthers Bibelübersetzung und dessen Rückkehr zu den Originaltexten den ganzen Reichtum des hebräischen *ruach* in den Begriff Geist hineinbrachte.

Als nun *spiritus* endgültig durch *Geist* übersetzt wurde, muß (Sp. 2623) ein Verbum für hauchen, blasen aber auch branden, schäumen, gären (woraus dann soviel später das Wort *Gas* gebildet wurde; der Erfinder des

Wortes, van Helmont, wird selbst — aber erst *nach* der Erfindung, an *Chaos* erinnert, woran *Gas* in holländischer Aussprache stark anklingt; aber hergeleitet hat er es wohl von *gären, gäscht;* Adelung noch bekämpfte das Wort *Gas;* Campe schlug *Luftgeist* vor) mitempfunden worden sein. Legt man den Begriff Atem, Hauch des Mundes zugrunde, so ergibt sich leicht die biblische Vorstellung von Gottes Geist als seinem Atem. Dieser belebende Atem wird nach der Bibelsprache ganz hylozoistisch vorgestellt, und für jeden Gebrauch von Geist, Atem im Sinne von frischer Lebenskraft finden sich Vorlagen in der Vulgata und in den griechischen und hebräischen Texten. Auf diese Lehnübersetzungen gehen dann, eigentlich einer Mode folgend, die Stürmer und Dränger und vor hundert Jahren die Naturphilosophen zurück, wenn sie den *Geist Gottes* in allem Lebendigen und sogar in der Luft des freien Feldes spüren. Die Redensart *den Geist aufgeben* für sterben haben wir erst seit der Bibelübersetzung; älter ganz ähnlich aber anders: den Geist, die Seele Gott *übergeben, reddere* animam, *rendre* l'âme. Pleonastisch und fast schwülstig: den Geist *aushauchen*. In allen diesen Verbindungen berührt sich Geist mit Seele, obgleich da der Sprachgebrauch seltsam unterscheidet: die unsterblichen geistigen Bestandteile in ihrer richtigen Wohnung, im Fegfeuer z. B. heißen mehr *Seelen;* schweifen sie aber unordentlich auf der Oberwelt umher, so spricht man eher von *Geistern* (Doppelgänger). Sobald die *verstorbenen Seelen* erscheinen dürfen (Geistererscheinungen) heißen sie Geister. In einem Schauspiel der englischen Komödianten klagt ein Geist sogar: „Dadurch kam ich um Leib und Leben, ja auch um meine arme Seele." Auch Geistererscheinungen auf der Bühne werden in Wort und Sache aus dem Englischen übernommen, sofort in Deutschland, spät und widerwillig in Frankreich. Aber der Begriff Geist für Geistererscheinung ist doch schon in den Evangelien, wo die Vulgata *spiritus*, der Text *πνευμα* hat. (Luc. 24. 39.) Natürlich mischen sich da abergläubische Vorstellungen auch anderer Zeiten und Völker hinein. Aus der sinkenden Zeit des Altertums die Geister- und Totenbeschwörer, die *Nekromanten*, italienisch durch Volksetymologie zu *Nigromanten* geworden (mittelalterlich Kramanzen), woraus durch falsche Lehnübersetzung *Schwarzkünstler* und daraus wieder durch Volksetymologie *Schwatzkünstler;* die blassen Geister, die Schatten gehen wieder auf uralte, schon homerische Vorstellungen zurück.

Nicht auf die abgeschiedenen Geister, sondern auf die *Engel* als körperlose und dennoch wirkende Wesen scheint mir die Vorstellung der guten und bösen Geister zurückzugehen, die sich aktiv in Menschenangelegenheiten mischen; hier wird ein wichtiger Begriff, der *spiritus familiaris*, der dienstbare Hausgeist (Kobold, Heimteufel mag auf deutsches Altertum hinweisen) in seine deutsch-heidnischen und jüdisch-kabbalistischen Bestandteile schwer aufzulösen sein. Und wieder mischt sich im *Schutzgeist* der jüdisch-christliche Engel und der römische *Genius;* was wir jetzt Genius nennen, wird bis auf Goethe oft mit Geist bezeichnet. Und alle Nachbarbedeutungen des hebräischen *ruach* scheinen durcheinander zu wirken, wenn dieser geniale Geist dem armen Menschengeiste bei der geistigen Arbeit hilft. „Ich muß es anders übersetzen, wenn ich vom Geiste recht erleuchtet bin.“ Etwas wie ein heiliger Geist besorgt da das Eingeben, das Zuhauchen, Zuflüstern (Goethe: „Als ihr schon der Geist zuflüsterte“), Einblasen, Inspirieren. Genialität ist *Inspiration.* Die Unterscheidung aber der dienenden Geister in gute und böse ist teils direkte Übersetzung, teils ein letzter Versuch, alten Volksglauben vor dem Christentum zu retten; ein guter Geist ist der Eudämon, der *bonus genius*, die Engel sind gewöhnlich gute Geister; ein böser Geist ist der *spiritus malignus,* der Teufel, der böse Engel, der auch als Krankheit, als Geisteskrankheit in Mensch und Tier fahren kann; böse Geister sind aber auch die guten Geister des deutschen Heidentums geworden, wofür Heine das kokette Wort *Götter im Exil* geprägt hat. Es braucht keines besonderen Nachweises, daß das Reich der Geister mit seinem ausgebildeten infernalischen Hofstaat, dazu Allegorien wie Hochmuts*geist*, Zank*geist*, Kriegs*geist*, wofür man jetzt lieber Hochmuts*teufel* usw. sagt (aber immer noch Mord*geist*), Übersetzungen mittellateinischer Begriffe sind (Spiritus ambitionis usw.). Der böse Geist insbesondere ist der Teufel, dessen deutsche Namen teils Lehnworte (Satan, Teufel), teils Übersetzungen sind wie: der böse Feind.

Für das Verhältnis des Geistes zum Menschen muß man genau zwischen alten Entlehnungen und neuen Metaphern unterscheiden. Der böse und der gute Geist konnten nach jüdischer Vorstellung im Menschen wohnen, ihn besitzen. *Besessen* war Saul vom bösen Geist, aber auch David vom Geiste Gottes. Besessenheit durch den bösen Geist insbesondere wurde so sinnfällig vorgestellt, daß gewiß die Redensart „den reitet der Teufel“, wohl auch die andere „den Schalk im Nacken haben“ davon übrig geblieben ist. Die Sinnfälligkeit der biblischen Vorstellung äußert sich sprachlich auch darin, daß der Geist immer von oben kommt, *auf* dem Menschen ist, *ἐπι,* was dann freilich immer öfter mit *bei* übersetzt wurde. *Gott sei bei uns.*

Die Bezeichnung Gottes als Geist ist nicht so reich ausgebildet, wie man erwarten sollte und wie einige Scholastiker es versuchten. Gott ist der Geist der Geister wie er die *monas monadum* ist. Aber alle diese Begriffe, wie unendlicher Geist, ewiger, vollkommener Geist, Urgeist, Allgeist sind mehr philosophisch als religiös. Ich bin nicht einmal gewiß, ob der Geist Schöpfer, *spiritus creator, esprit créateur* Gott selbst ist; denn auf dem Gebiete des Glaubens hat ihm die dritte Person, der heilige Geist, eine lebhafte Konkurrenz gemacht. Es sind doch mehr die Dichter, die den Gott Vater selbst, den Weltenschöpfer, etwas unordentlich und ketzerisch den heiligen Geist nennen;

wie denn auch die zweite Person, der Sohn, in alter und neuer Zeit als Geist angesungen wird. Die Wortfamilie, die aus dem *heiligen Geiste* entstanden ist, ist fast unübersehbar. Ich habe schon erwähnt, daß die Übersetzung von *spiritus sanctus* auf ganz verschiedene Art versucht wurde; noch nicht, daß zwar weder das lateinische noch das griechische Wort, wohl aber das hebräische ruach als Lehnwort eingeführt werden sollte: *heiliger ruha*. Wort und Begriff waren so eingebürgert, daß bald heilig geist für das Ohr in ein Wort zusammenschmolz *heiligeist* (Eckhart), so wie man heute in Norddeutschland *Heiligabend* für Weihnachten spricht und empfindet; sodann umgekehrt wird heilig fortgelassen und es heißt fast vertraulich nur: *der Geist*. Fischart: „Welches ihm (dem Petrus) nicht hat das Blut und Fleisch — geoffenbart sonder der Geist." (Der Reim lehrt, daß also hier Geist ganz dialektisch Geischt oder Geisch gesprochen wurde.) Häufig so Gasthöfe *zum Geist*, wie auch noch häufiger Frauenkirche anstatt Kirche unsrer lieben Frauen.

Man muß da beachten, eine wie große Bedeutung die Lehre vom heiligen Geist bei der Aufnahme des Christentums durch die germanischen Völker gewonnen hat. Das Leben und Leiden Jesu Christi war ein Novum, aber ein sinnfälliges, durch Mitleiden das Gemüt aufwühlendes. Die Gnadenmittel waren ein Novum, aber für die Sehnsucht der Gläubigen faßlich. Die Lehre vom heiligen Geist war nur ein Wort, das um so endloser variiert wurde, als dieses Novum in die Erkenntnissphäre übergriff und den Sinnen sowohl wie dem Gemüte unfaßbar blieb. So steckt heimlich der heilige Geist fast jedes Mal hinter dem Begriffe Geist, wenn der Geist in der Erkenntnis des Menschen wirkt. Weisheit, Wahrheit werden zu Gaben des Geistes; in der späteren Zeit der deutschen Mystiker bilden sich Sekten, die sich nach dem neuen Geiste, ja sogar schon nach dem freien Geiste nennen *(de novo spiritu)*. Diese freien und neuen Geister sind doch auch die Vorläufer der Reformation, und so wenig wußte man auch noch zur Lutherzeit, welcher Geist eigentlich der heilige wäre, daß in Luthers bösem Kampfe gegen die Bauernführer, die Schwarmgeister, darüber disputiert werden mußte. Luther erklärte diesen freien Geist für einen hochmütigen, stolzen heiligen Geist. Und selbst dieses streng umschriebene historische Verhältnis geht in Wort und Begriff auf die Evangelien zurück (1. Joh. 4, 1) „Glaubet nicht einem jeglichen Geist, sondern prüfet die Geister (τα πνευματα), ob sie von Gott sind, denn es sind viel falscher Propheten ausgegangen in die Welt." Luther selbst schwankt, da er den Schwarmgeistern den wahren Geist abspricht, sich selbst aber auch; er habe nicht den Weltfressergeist, aber auch nicht den heiligen Geist; sein blöder und armer Geist habe müssen frei stehen wie eine Feldblume. So stammt der Sprachgebrauch schon von Luther her, wenn der Geist, trotzdem der heilige Geist immer dahinter steht, unkirchlich wird, fast nur noch Begabung bedeutet und schließlich in der Geniezeit sich mit dem andern *Geiste*, der Genius übersetzte, mischt und in den Begriff Genie übergeht. Soweit sind wir aber noch nicht. Wir sind in der Zeit der Renaissance, wo viele rein christliche Begriffe ihren christlichen Inhalt verloren und, weil die Worte nun einmal da waren, zur Darstellung wissenschaftlicher Vorstellungen verwandt wurden, also zunächst zur Darstellung der geltenden, d. h. der aus der Antike übernommenen Naturanschauung. Hier mag man die Begriffsgeschichte der romanischen Worte *spirito* und *esprit* einfügen.

II.

Das Weltganze ist beseelt oder durchgeistet, nicht erst seit Fechners Panpsychismus oder seit Schellings Weltseele oder seit Paracelsus, dessen *Archeus* schon die alte *anima mundi*, der alte *spiritus mundi* war, das *principium vitale*, der *ruach* als Lebensprinzip. Geister der Gestirne finden sich nicht nur bei Jakob Böhme, sondern auch bei Kepler. Siderische Geister, Astralgeister, in allen Sprachen, wobei natürlich der Einfluß der uralten Astrologie nicht zu verkennen ist. Auch die Elemente, wie man sie damals verstand, hatten ihre Geister. „Der elementische Geist ist von dem Sternengeist entschieden und doch nicht absonderlich; sie wohnen ineinander wie Leib und Seele.“ (Böhme.) Diese Elementargeister, uns am bekanntesten aus Goethes Faust, finden sich in der wissenschaftlichen Chemie bis ins XVII. Jahrh. hinein als spiritus *ignei*, *aërei*. Zu ihnen gehört auch der *Erdgeist*. Weiter kennt Paracelsus *Geiste der Kräuter*; es gibt Pflanzengeister, Blumengeister, bei welch letztem Wort ich aber nicht sicher bin, ob der neuere Gebrauch nicht schon an Düfte und Essenzen denkt. Seltsamerweise und aus kirchlichen Gründen wird den Tieren der Geist, den die Pflanzen besitzen sollen, abgesprochen. Das ist wegen der berühmten Unsterblichkeit der Seele; und an einen bewußt metaphorischen Gebrauch dachte man auch bei Pflanzenseele nicht. Freidank sagt:

> vische, würme, vogele, tier
> diu hânt niht geistes alse wir.
> ir geist hât des tôdes namen,
> lîp u. geist sterbent samen.

So fest hatten sich die Elementargeister in der allgemeinen Anschauung erhalten, daß noch Wolf in seiner Psychologia rationalis einen Paragraphen (644) dem Beweise widmen mußte für den Satz: elementa rerum materialium spiritus non sunt; wobei er allerdings Leibnizens Monadenlehre, noch mehr aber seine eigene Darstellung gegen den Verdacht verteidigen wollte, die Materie wäre aus geistigen Teilen zusammengesetzt. Die Monaden hätten zwar perceptionem et appetitum, aber keine Apperzeption, wären also (nach Wolfs Definition) ohne Intellekt und ohne freien Willen, also keine Geister.

Naturwissenschaft will immer materialistisch sein wie die Sprache. Heute redet man von Atomen und Molekeln und glaubt auch schon ernsthaft, wenigstens die Molekel durch das Ultramikroskop sinnfällig gemacht zu haben. Die alte Chemie sprach von den Geistern der Elemente und der Pflanzen als von deren *Essenzen* und *Quintessenzen* (*ουσια* und *πεμπτη ουσια*) und suchte natürlich diese Geiste darzustellen. Der Stein der Weisen (lapis philosophorum) gab die Herrschaft über die Geister, d. h. die verstorbenen Seelen, wie über die Elementargeister. Daraus entwickelte sich eine große Wortgruppe, in der Geist sehr reale Dinge bedeutete. Bloß die eine Arbeit des Laboratoriums, die den subtilen Geist aus dem Wein abzieht, hat in allen modernen Sprachen das Fremdwort *Spiritus* (*esprit*, *Sprit*, auch *Spiritus* mit deutscher Aussprache) beibehalten. Doch auch hier haben wir daneben die Lehnübersetzung Weingeist. In älterer Sprache Lavendelgeist *(spiritus lavandulae)* usw., überhaupt flüchtige Geister (spiritus volatiles, wo man jetzt von flüchtigen Ölen spricht).

Bis in unsere Zeit hinein gab es auch feste Geister von Mineralien, *spiritus fixi*, wie Salzgeist, Salpetergeist; und sehr merkwürdig, daß der Erfinder des Wortes *Gas* (die brausende, gärende Luftart) von einem *spiritus silvestris* spricht. Der Plural *Geiste* anstatt Geister löste im deutschen Sprachgebrauch diese Gruppe von allen alten Geistern los. Gar keinen Plural hat dasselbe Geist in der metaphorischen Verwendung von der Quintessenz, dem Extrakt aus geistigen Wesen: Geist eines Schriftstellers, eines Buches, sehr häufig in Titeln, wieder nach *esprit*, wobei *Auszug* als Lehnübersetzung von Extrakt sich oft einstellt.

Noch älter als diese Geiste der mittelalterlichen Naturwissenschaft sind, aber doch wieder stark von ihnen beeinflußt, die *Lebensgeister* der Physiologie. Ciceros spiritus vitalis und des Plinius spiritus animalis wurden an biblische Begriffe angelehnt, und zwar nicht zur Beschreibung, da niemand sie gesehen hatte, wohl aber zur Erklärung der Lebensfunktionen herangezogen. Sie füllen die Vorstellungen von Descartes, sie gehen in die Monadenlehre von Leibniz über und werden seitdem in der jüngern Medizin zu Nervengeistern. Wie sich der naive Realismus des Volks seine Geister oder Gespenster doch nicht ganz körperlos dachte, sondern aus einem unendlich feinen Stoff bestehend, so durch Jahrhunderte die Lebensgeister und Nervengeister als spiritus subtiles, esprits subtiles. Wie im Französischen wurde in diesem Sinne auch Geister allein gebraucht, genau wie wir heute Nerven sagen; *seine Geister erholen* für: *sich* oder *seine Nerven erholen;* keine Geister mehr haben für: erschöpft sein, keine Nerven mehr haben. Noch oft bei Schiller und selbst bei Kleist. Ganz individuell ist der Sprachgebrauch Goethes, der seine eigenen Gedanken, Stimmungen und Gesichte gern als Geister aus sich hinausprojiziert, von ihnen wie von selbständigen Wesen spricht und das Adjektiv *geisterreich* neu erfindet oder nachspricht (der geisterreiche Drang, daß mir ein Traum den Teufel vorgelogen), das doch etwas anderes ist als unser banales geistreich. Wohl sagt aber schon Brockes „die geisterreichen Sehnen", d. h. die Muskeln voll Lebenskraft, wie Klopstock den Quell der Dichtkunst die geistervolle Flut nennt.

Die heutige Physiologie glaubt etwas zu wissen und zu lehren und lehrt wirklich Einzelheiten besser als Paracelsus, wenn sie eine Mehrzahl von Nerven, Nervenfasern, Nervenbahnen usw. und daneben eine Einheit des Zentralnervensystems in jedem tierischen Organismus beobachtet und studiert. Ich glaube, daß in der Sprache die unauflösbare Konfusion von Geist und Seele ungefähr auf den Plural Nerven und den Singular Nervensystem zurückzuführen ist. Aber der Sprachgebrauch im allgemeinen ist noch unhaltbarer als der der Physiologie. Die Lebensgeister oder Geister waren ursprünglich die spiritus vitales der kleinsten Teile, seit Jahrhunderten aber wird immer wieder unklar und schöngeistig Geist für Seele gesagt; und umgekehrt war Seele zuerst das, was einheitlich und unkörperlich den Körper beherrschen soll oder kann, aber immer wieder wurden die Monaden, oder wie man die Dinger sonst nannte, beseelt. Der Gegensatz von Geist und Körper bildete sich heraus für den biblischen Gegensatz von Geist und Fleisch (Mens sana in corpore sano). Die scharfe Scheidung zwischen der christlichen und unserer Weltanschauung wäre da aufzuzeigen. Luthers Bibelstandpunkt war noch: „So ist der Leib zwar tot, der Geist aber ist das Leben." Diese christliche Verachtung des Körpers schlug dann fanatisch in ihr Gegenteil um (Emanzipation des Fleisches, nämlich vom Geiste, in Frankreich und Deutschland).

III.

Geist wird immer mehr zum Menschengeist. Aber der alte Sprachgebrauch wird noch immer mitempfunden. Geist ist nicht das denkende Prinzip im Menschen, sondern das belebende, der alte Odem Gottes, der dem Menschen belebend eingeblasen wurde. *Το πνευμα ἐστι το ζωοποιουν* sagt das Neue Testament, und die Scholastiker nannten den Geist, die biblische Vorstellung verquickend mit des Aristoteles *πρωτον κινουν*, *primum movens*, auch *motor*. Der Geist baute sich seinen Körper so lange, bis die neuere Seele dasselbe tun wollte. Geist und Seele wurden im Mittelalter oft unklar und unbewußt zusammengeworfen, trotzdem schon das Neue Testament scheinbar scharf zwischen *ψυχη* und *πνευμα* scheidet; scheinbar, denn *ψυχη* und *πνευμα* (Luc. 1, 46, 47) ist wohl nur hebräischer Parallelismus. Zu einer begrifflichen Scheidung kam es nicht, trotzdem besonders die deutschen Mystiker sich viel damit abquälten. „Die Seele ist ein Geist und ist nach Gotte gebildet" (Eckhart). Den alten Sprachgebrauch fixiert Luther in der Auslegung jener Bibelstelle: „Die Seele ist ebenderselbe Geist nach der Natur .... indem, als er den Leib lebendig macht und durch ihn wirket, und wird oft in der Schrift für das Leben genommen; denn der

Geist mag wohl ohn den Leib leben, aber der Leib lebet nicht ohn den Geist." Soll ich ausdrücklich sagen, daß solche Sätze für uns stumm geworden sind? Die besten Köpfe finden aus der Wirrnis nicht mehr heraus. Herder sagt „Geist mit Herz und Seele". Sogar Goethe, der doch die christelnde Verachtung des Leibes schöner und stolzer als unsere Gegenwart überwunden hatte, sagt (Wanderjahre 1, 7): „Worin für den ganzen Menschen, für Leib, Seele und Geist möglichst gesorgt ward". Geist und Seele wurden verglichen, und niemand hätte sagen können, welches von beiden der Oberbegriff oder welches für beide der Oberbegriff gewesen wäre. Da hilft sich Jakob Böhme einfacher, indem er koppelnd von einem *Seelengeiste* spricht.

Weil dem Geiste im Gegensatz zur Vernunft eigentlich stets der Leben gebärende *ruach* zugrunde lag, darum wurde nun Geist am liebsten mit demjenigen Seelenvermögen verknüpft, das in der Seele nach Ausscheidung der Vernunft übrig zu bleiben schien, das sozusagen mitfühlende Seelenvermögen, das man bald den Sinn, bald das Herz, bald das Gemüt nannte. *Sinn* steht ursprünglich dem diskursiven Verstande am nächsten; *sinnreich* heißt bis ins 18. Jahrhundert hinein soviel wie unser geistreich, span. *ingenioso*, der sinnreiche Junker, wie im Titel des Don Quijote. Auch *Herz* war einst die Werkstatt der Gedanken; Notker übersetzt *mens* mit *herza*, wie mens später und sonst wieder mit Sinn, Vernunft und Geist übersetzt worden ist. Man mag daraus sehen, wie in solchen Koppelungen wie Geist und Herz, Kopf und Herz, Herz und Hirn die innere Sprachform eigentlich keinen richtigen Gegensatz aussprechen will, sondern eher eine Harmonie, die Totalität des Menschen. Ganz ähnlich scheint es mir mit der Koppelung von Geist und *Gemüt* zu liegen. Gemüt ist jetzt ein gemütlich sehr differenziertes Wort geworden. *Mut* stand ursprünglich dem allgemeinen Seelenbegriff viel näher; mhd. gibt es Verbindungen wie Leib und Mut, und *min muot* im Sinne von *mein Sinn*, mein Geist; italienisch *cuore*, französ. *cœur* umfaßt unsere Begriffe: Herz, Mut und Sinn (doch sagen wir auch *beherzt*). So fließen die Begriffe durcheinander. Die Stelle (Eph. 4, 23) *τῳ πνευματι του νοος ὑμων* hat man einst übersetzt: *im Geist eures Gemüts;* es tut mir leid, aber *im Gemüte eures Geistes* wäre unserm Sprachgefühl ebenso vertraut oder nicht weniger fremd.

Verstand und Vernunft sind von zufließendem Wissen abhängig, wechseln also; Sinn, Herz, Gemüt, also der innere Geist, ist eher der angeborene und unzerstörbare Charakter eines Menschen; der Mensch ist, welches Geistes Kind er ist; aber diese Redensart ist nur eine Lehnübersetzung von *οἱου πνευματος* (Luc. 9, 55), das *Kind* ist aus sprachlichem Mißverständnis schon von Luther hinzugefügt.

Wir werden nachher sehen, wie Geist erst vor etwa hundertfünfzig

Jahren seinen Zusammenhang mit Sinn, Herz und Gemüt verlor, als Übersetzung von *esprit* (namentlich durch Herder) Nachbarbegriffe verdrängte und endlich (durch Hegels mächtigen Einfluß) zum dominierenden Worte für das erkennende Prinzip wurde, für das bewußte Denken. Gelegentliche Anwendungen in diesem Geiste gehen in der Bibelsprache und bei Dichtern freilich weit zurück; aber man hört oft genug eine gewisse Verlegenheit im Wortgebrauch heraus; oder unmittelbare Anlehnung an die Sprache des Neuen Testaments, bald an *νους*, bald an *πνευμα*. Die neue Anwendung auf das denkende Prinzip bucht zuerst Adelung; aber noch 1798 schreibt Klopstock „da die Schönheit entstand, war die Empfindung die Braut, Bräutigam war der Geist", läßt sich also offenbar noch von phonetischen und grammatischen Zufälligkeiten leiten. Aber der Siegeszug des neuen Hegelschen Gebrauchs, den man für die letzte geistige Höhe hielt, den man nicht als eine neue Bildersprache erkannte, war nicht mehr aufzuhalten. Alle Mitläufer übertrieben die neue Bildersprache; Bettine spricht von einem Geiste des Geistes, als wollte sie das Salz salzen; Bettine, Schiller und Theodor Körner sprechen von einem *reinen Geiste*, als ob Kants reine Vernunft auch nur Schwefelei und nicht ein sehr prägnanter Begriff gewesen wäre.

Ich versage es mir, die bildlichen Redensarten, in denen vom Wohnen, vom Wachsen, von Gesundheit und Krankheit des Geistes, von seinem Blühen und Früchtetragen, von seinem Schlafen und Wachen, von seinem Bilden (davon das entsetzliche Wort *Bildung*) gesprochen wird, in jedem Falle auf Lehnübersetzungen aus ältern Kultursprachen zurückzuführen. Nur einige Proben. Der Geist kann seine Wohnung verlassen und so noch gegenwärtig sein, ohne den Leib: (1. Kor. 5, 4) *παρων τῳ πνευματι*, *praesens spiritu*. Man ist dann entrückt, entzückt, verzückt *(ekstasis)*. Der Geist verläßt den Körper in der Richtung nach oben, daher schon vorher die Stimmung *exaltiert*, *gehoben* oder *deprimiert*, *gedrückt* sein kann. Eine neuere Metapher erst läßt den Geist wieder in die Tiefe dringen, so daß *zu hoch* und *zu tief* synonym werden. Die räumliche Bewegung des Geistes führt zu räumlichen Bildern; der Geist dehnt sich aus (Hölderlin), schwillt zu göttlichen Gesängen (Schiller); schließlich wird das biblische *τῳ πνευματι* mit der Redensart *im Geiste* übersetzt, wo man die räumliche Entfernung, die Abwesenheit ausdrücken will. „Ich drücke dir im Geiste die Hand." Auch die Bilder vom Lichte, vom Feuer, von der Wärme, von der Helligkeit und Heiterkeit des Geistes gehen auf lateinische Quellen zurück. Auf französische direkt, indirekt wieder auf lateinische die Bilder, die den Geist mit menschlicher Leiblichkeit versehen, die Geister einander berühren, sich nähern, fassen, aufeinanderplatzen lassen, die Vorstellungen von Waffen und Kämpfen des Geistes.

Der neuern Geistesart, ja eigentlich der Revolution der Geister gehören Ausdrücke an wie: *freie, starke*, sodann *schöne* Geister; es sind Lehnübersetzungen von esprit *libre*, *free* thinker, esprit *fort*, *bel* esprit; die Engländer übersetzten *bel esprit* mit *fine spirit* (*belles lettres* hatte artes liberales wiedergegeben). Diese Einschränkung des Geistes auf die schönen Wissenschaften hat wieder zur Folge gehabt, daß der Geist, auch wo nicht an *geistreich* gedacht wurde, mehr an literarische Beschäftigung geknüpft blieb. Man nennt Bismarck einen großen Mann, Kant oder Goethe einen großen Geist; nicht so leicht umgekehrt. Der große, universelle, schöpferische Geist war jetzt das *Genie*, lange Zeit das dichterische Genie, mit Anlehnung an den französischen Sprachgebrauch; aber der schöpferische Geist erinnerte doch wieder an den creator spiritus und klang eine Zeitlang blasphemisch; Zachariae im Renommist parodiert den Begriff „Ich will dir den Le Grand zu deinen Diensten senden, und der frisiere dich mit schöpferischen Händen.“ Diese Blasphemie im Geniewesen findet sich aber schon in des Ovidius est deus in nobis, und das steckt wieder in dem Worte Enthusiasmus (von ἔνθεος). Kant zuerst vermeidet die Blasphemie durch die rasch durchgedrungene Übersetzung *produktiv*. Aber wir haben erst vor wenigen Jahren den Streit erlebt zwischen den Dichtern und Theaterstücklieferanten, die sich die *Schaffenden* nannten, und den gelehrten oder kritisierenden Literaten, denen solche Göttlichkeit nicht zustand. Die Schaffenden vermieden das Wort Genie.

In der Gegend des Geniebegriffs wird der deutsche Gebrauch des Wortes Geist besonders wirr. Geist entspricht dem Genie vollständig weder qualitativ noch quantitativ, dann aber rückt Geist oft plötzlich über Genie hinaus, als etwas Objektives. Zwar objektiv wird Geist schon vorgestellt, wenn ein Mensch an diesem Besitze reich oder arm genannt wird. Dieses *reich an Geist* (wohl zu unterscheiden von geistreich) wird wohl keine Übersetzung von *beaucoup d'esprit* sein, sondern eine überall selbständig gebildete Antithese zu den Armen am Geiste oder des Geistes oder geistlich Armen (Luther), *pauperes spiritu*, *οἱ πτωχοι τῳ πνευματι* — aus der Bergpredigt.

An den französischen Gebrauch von génie und esprit knüpft dann die Bedeutung einer besondern Geistesrichtung, fast einer Beschränkung: *esprit de commerce*, Handels*geist*, esprit d'entreprise, Unternehmungsgeist, ebenso Kriegergeist, Rittergeist, Krämergeist usw. (besonders bei Herder). Es blieb nicht aus, daß auch dieser Geist personifiziert wurde: Geist der Liebe, Volksgeist, Sprachgeist, Geist der Gesetze, *esprit des lois* mit seiner reichen Nachkommenschaft. Der Geist eines Volkes, etwas früher das Nationalgenie, äußerte sich natürlich im Sprachgeiste, das uns so modern klingt, das aber schon bei Schottelius vorkommt: „Saft, Kraft und Geist aus dieser reinen uralten Hauptsprache der Teutschen.“

Auch auf diesem Wege schränkt sich Geist gern auf Literatur, Wissenschaft, Philosophie ein; da aber gerade tritt der Gegensatz von Geist und Buchstabe auf, bekanntlich Lehnübersetzung nach γϱαμμα und πνευμα; „der Buchstabe tötet, aber der Geist macht lebendig" (2. Kor. 3, 6). Jeder Rebell seit 1900 Jahren hat diesen Gegensatz für sich in Anspruch genommen; wir neigen jetzt dazu, im *Buchstaben* die Wissenschaft, im *Geiste* ein Gemüts- oder Gefühlsmoment zu sehen, so daß Geist da wieder zu der ältesten Vorstellung zurückkehrt. Und ich neige zu der Annahme, daß auch die Vorstellung eines objektiven allgemeinen, alle sog. Menschenbrüder umfassenden Geistes nicht ganz verständlich bleibt, wenn man nicht auf die Wortgeschichte des *heiligen Geistes* und darüber hinaus auf den orientalischen *ruach* zurückgeht. Aber die Vorstellung eines allgemeinen *menschlichen Weltgeistes* ist dennoch neu. Wolf hatte sie (Gesellschaft der Geister) von Leibniz übernommen. (Ein Kuriosum: Die Lustigen von Weimar nannten das Kneiplokal, in welchem Karl-August mit seinen Genossen bei reichen Getränken ernste Gespräche führte, ihre *Weltgeisterei*, sich selbst *Weltgeister*.)

Es geht da eine Brücke von der Harmonie der Sphären zur prästabilierten Harmonie, zu Wolfs Gesellschaft der Geister, zu Hölderlins Harmonie der Geister (die — nach Hölderlins großer Phantasie — der Anfang einer neuen Weltgeschichte sein wird), zu Fichtes Bestimmung des Menschen, zu Gutzkows Orden der Ritter vom Geiste. Leider eine Brücke von Worten nur.

Wirklich, wirksam erscheint der allgemeine Geist nur in den bekannten kleinern Gruppen. Als Familiengeist, als Geist eines geschlossenen Kreises oder Korpsgeist *(esprit de corps)*, als Volksgeist, von dem schon die Rede war, aber auch als öffentlicher Geist *(esprit public)*; als Geist eines Volkes in einer bestimmten Zeit, einem bestimmten Jahrhundert, als Geist des Jahrhunderts *(esprit du siècle)*, allgemeiner als Geist der Zeit oder als Zeitgeist, den schon Faust als der Herren eigenen Geist erkannt hat; natürlich auch als Geist des Altertums, des Mittelalters und der Neuzeit. Man vergißt dabei zu leicht, daß der Geist der jeweiligen Gegenwart sich mit Recht immer für modern halten durfte, weil das Moderne immer das Jeweilige, das Heutige war und ist.

Über Geist der Zeit hinaus war die Sprache gefällig genug, auch Koppelungen zu dulden wie Geist der Welt, des Alls, der Ewigkeit. Auch *Weltseele* stellte sich neben dem Weltgeist ein, „als die wirkende Ursache aller Veränderungen in der Welt" (Adelung). Wenn uns bei diesen Begriffen zwar nicht der Atem, aber doch das πνευμα ausgeht, so sei daran erinnert, daß die Schwierigkeit des Begriffes Geist sich nicht erst auf dieser armen Höhe einstellt. Schon Hildebrand (D. W. IV, 1, II Sp. 2740) sagt: „Diese und andere Klippen, die dem Begriff auf dieser Höhe am Ende seines Weges entgegentreten und ihm mit Scheitern drohen, begleiten ihn doch in Wahrheit schon auf dem ganzen Wege dahin, ja von seinem Ausgang an.“

IV.

Wenn es mir gelungen ist, am Bedeutungswandel der Lautgruppe *Geist* zu zeigen, daß ein Wort im Wandel der Zeiten, hinüber und herüber, über Länder und Völker die ausgelösten Vorstellungen wechseln kann, wirklich wie die Deutungen, die wir in das wechselnde Bild einer Wolke am Himmel hineinlegen, — wenn mir das gelungen ist, so bleibt mir noch übrig, aus der heutigen Gemeinsprache den Gebrauch von Geist herauszuheben, der durch vulgäre Ausdehnung alle andern Anwendungen übertrifft; es bleibt weiter übrig, diesen modernen Sprachgebrauch womöglich historisch zu erklären.

Wenn nämlich mein Sprachohr mich nicht täuscht, so ist *Geist* in der Gemeinsprache langsam an die Stelle des jämmerlich heruntergekommenen Wortes *Witz* getreten. Witz, mhd. die witze, zu wissen gehörig, bedeutet bis in Lessings Zeiten hinein so viel wie *Verstand* und bleibt noch vornehm, auch da es als Lehnübersetzung des französischen *esprit* einen lebhaften, einen munteren Verstand bedeutet, wie in Zeitschriftentiteln: Belustigungen des Verstandes und Witzes, wo Verstand und Witz noch lange keinen Gegensatz ausdrücken, sondern leise Abstufungen. Denn esprit ist bis heute nicht so tief gesunken wie unser Witz. Den Übergang machte wohl die Studentensprache, die zuerst unter Witz nicht mehr die geistige Begabung, sondern eine einzelne Äußerung, einen Spaß verstand. Jetzt machte man Witze, die Witzblätter entstanden und schufen den nicht immer verständigen oder gar besonnenen Witzblattwitz, der ursprünglich gewiß ohne den alten Mutterwitz nicht möglich war und jetzt oft genug den alten Aberwitz und den alten Vorwitz in den Dienst gewitzter Verleger stellt. Aus dem studentischen Witz wurde das Adjektiv *witzig* (wie pfiffig aus Pfiff), und die jüngste Sprache drückt ihre Verachtung schon durch das Verbum witzeln aus, worin von *wissen* nicht mehr viel zu spüren ist.

Die hübsche Vorstellung des französischen *esprit* für einen lebhaften, munteren Verstand wäre auf das Fremdwort beschränkt geblieben, wenn sich nicht Geist als neue Übersetzung eingestellt hätte. Schon bei Gottsched, natürlich auf den Spuren von Wolf. Die Herkunft war, wie wir gesehen haben, eine ganz andere. Witz (von Wissen) stand mit dem denkenden Prinzip in Zusammenhang. Geist war von jeher das belebende Prinzip. Und es ist nur eben hundert Jahre her, daß der Begriffsvirtuose Hegel das Wort so lange für seine höchsten Begriffsbewegungen zurechtknetete, bis es in der Gemeinsprache des Salons und des Feuilletons esprit ersetzen konnte. Geist ist vorläufig noch vornehmer als der heruntergekommene Witz. Man macht Witze, man hat Geist. Das abgeleitete *geistreich* scheint mir aber schon wieder auf abschüssigem Wege, unter esprit, während

Geist im deutschen Gebrauch sich vielfach über esprit erhob.

Für diese Begriffsgeschichte zur Zeit der Romantiker kommt eine vorzügliche Abhandlung von Hans Dreyer „Der Begriff Geist in der deutschen Philosophie von Kant bis Hegel" (Kantstudien, Ergänzungshefte 7) just zur rechten Zeit. Ich will das Wesentliche zu nutzen suchen, vielleicht auch einiges hinzufügen.

Die Terminologie der Wolfschen Schule, die Kant in jüngeren Jahren noch selbst anwandte, gewiß oft cum reservatione mentali, übersetzte mit *Geistern*, d. h. mit denkenden Substanzen, die Personen oder Intelligenzen oder *spiritus*. „Wer keine andern Substanzen außer Geistern in dieser Welt behauptet, ist ein Idealiste" (Baumgarten, Metaphysik § 290). Der jüngere Kant hat dieses Werk Baumgartens noch seinen Vorlesungen zugrunde gelegt. Dann kam die tiefgründige Parodie „Träume eines Geistersehers", worin Kant für sich die Vorstellung von Geistern, d. h. Gespenstern, so kritisch überwunden hat wie später andere „hyperbolische Objekte" einer pneumatischen Hyperphysik. „Nunmehr lege ich die ganze Materie von Geistern, ein weitläufiges Stück der Metaphysik, als abgemacht und vollendet beiseite. Sie geht mich nichts mehr an." Es scheint, daß Kant aus dieser Beschäftigung mit den Geistern, d. h. Gespenstern, eine Antipathie gegen den Begriff Geist gefaßt habe, hinter dem er vielleicht ahnungsvoll immer ein Gespenst hervorlugen sah. Geist ist ihm in der Krit. d. r. Vernunft (1. Aufl.) ein a priori erdachter Begriff, ohne Erfahrung, *bei* Erfahrung erdacht mit Hinweglassung einer Bedingung, der Undurchdringlichkeit, die sonst zu jeder Erfahrung gehört. Das Apriori ist hier offenbar nicht in strengem Sinne gemeint, sonst könnte sich Kant nicht so ablehnend gegen den Geistbegriff verhalten. „Wollte ich auch nur fragen, ob die Seele nicht an sich geistiger Natur sei, so hätte diese Frage gar keinen Sinn" (S. 712). Denn Kant ging ganz gewiß von Naturwissenschaften aus, und was in der Natur vor der Erfahrung nicht besteht, hat keinen Sinn, d. h. doch wohl: ist nicht für die Sinne. „Unwissende Pfuscher in der Metaphysik denken sich die Materie so fein, so überfein, daß sie selbst darüber schwindlig werden möchten, und glauben dann auf diese Weise sich ein geistiges und doch ausgedehntes Wesen erdacht zu haben" (Krit. d. prakt. Vernunft. S. 43). Diese Stelle ist wichtig dafür, wie lange Kants lachender Zorn gegen die Gespenstergeister nachwirkte. Nur daraus ist es zu erklären, daß in seiner Kritik der reinen Vernunft der Begriff Geist so gut wie nicht vorkommt. Weder als metaphysischer Geist noch etwa als Geist der Geschichte oder dgl. Nur halb spielerisch, offenbar mit Anlehnung an esprit, génie, im Sinne von Geschmack, indem er das zugrunde liegende Genius mit Geist übersetzt, wird in der Kritik der Urteilskraft, die dann auf Schiller und die Romantiker, also auch auf Hegel, mächtig wirkte, Geist häufig gebraucht. Und merkwürdig genug vor Kenntnis der Wortgeschichte vorwiegend als *das belebende Prinzip im Menschen* (§ 55). „Geist, in ästhetischer Bedeutung, heißt das belebende Prinzip im Gemüte." Dabei wußte Kant recht gut, daß unter Gemüt nicht ein scharf definierbares Seelenvermögen zu verstehen wäre, sondern ein Hilfsbegriff für eine Zusammenfassung des Subjektiven, für ein je ne sais quoi, das dem Genie des damaligen Sprachgebrauchs verwandt war. Nur daß Kant gegen Genie mitunter eine ebensolche Antipathie hatte wie gegen Geist sein Leben lang. Wobei nicht zu vergessen, daß *Gemüt* damals noch mehr die voluntaristische Seele war als das sentimentale Gefühl, das angeblich der deutschen Sprache allein angehört. Für dieses belebende Prinzip der voluntaristischen Seele zog nun Kant den Begriff Gemüt vor. Was dann später bei Hegel als *absoluter Geist*, als Gott von Hegels Gnaden, auf den Thron gesetzt wurde, das scheint mir Kant schon in seinem intellectus archetypus als Möglichkeit logisch hingestellt und mit unerhörtem Tiefblick doch wieder als Anthropomorphismus, als einen zufälligen Verstandesbegriff, abgelehnt zu haben. Denn Kant, der im hohen Alter sich selbst im Dienste des eigenen Systems wie versteinerte, war in seinen größten Jahren frei dem eigenen System gegenüber und wollte nicht eine bestimmte Philosophie lehren; sondern, stolz bescheiden, das Philosophieren.

Gegenüber der Erkenntniskritik Kants und ihrem fast übermenschlichen Ringen ist der Sprachgebrauch auch der besten gleichzeitigen Schriftsteller fast nur populäres Feuilleton. Schiller, der sich aus Kant so viele Worte holte und die Form für den eigenen ethischen Schwung dazu, und Herder, den wieder einmal menschlicher Neid und geistlicher Hochmut zu unversöhnlicher Feindschaft führten, haben beide den Geist in die deutsche Bildungssprache philosophierend eingeführt. Beide ahnungslos unter dem Einfluß des alten christlichen Gegensatzes von Geist und Fleisch, den man schon damals für den Dualismus des Descartes hielt, der sich eben als Gegensatz von Geist und Natur in neue Wortbedeutungen zu retten suchte und den nur Goethe, der herrliche Sprachverächter, durch den Menschenbegriff überwunden hatte. „Nenn's wie du willst." Aus Schillers trunkenen Versen:

„Freudlos war der große Weltenmeister, fühlte Mangel, darum schuf er Geister, sel'ge Spiegel seiner Seligkeit" und aus seiner ebenso dithyrambischen Prosa einen eigenen und klaren Begriff *Geist* herauszudestillieren, wäre ohne Konstruktion nicht möglich. Herder mit seinem reichen theologischen und historischen Wissen, mit seinem genialischen Aneignungsvermögen, wußte den Geistbegriff besser zu brauchen. Oft ist ihm *Geist* so viel wie *esprit* im Sinne Montesquieus: der Extract („Geist der hebräischen Poesie"); aber er kennt und deutet die Wortgeschichte schon. Mit Siebenmeilenstiefeln folgt er dem Wege von Geist (ruach, *πνευμα*) bis zu der eigenen Zeit, fragt nach dem Geiste der Zeit, nach dem Geiste der Menschheit und identifiziert den Geist der Menschheit mit der Humanität und weiß nicht, daß er die leerste Tautologie ausspricht, wenn er die Essenz der Menschheit *Humanität* nennt. Wir werden noch sehen, wie nur Goethe, der Feind aller Wortschälle, sich von dieser Tautologie nicht immer imponieren ließ. Sonst beugte sich die Zeit vor dem neuen Worte, vor dem Geiste der Zeit. Der Geist der Menschheit war der Geist. Alle besseren Menschen riefen der Menschheit zu: „Menschheit, du bist Geist; werde was du bist.“ Kaum daß Wilh. v. Humboldt, der Sprachphilosoph, in dem der neue Geist der Menschheit und ein ganz realer nationaler Sinn miteinander stritten, einmal zur Besinnung kam, den Geist der Menschheit für den vorläufigen Namen eines noch unbekannten Etwas erklärte, weil dieser Name oder das Etwas „in der Tat dasjenige ist, wodurch die achtungswürdigsten Individuen auch als die besten und höchsten Menschen erscheinen“.

In das Auf- und Absteigen dieses Herderschen Geistbegriffs Ordnung zu bringen für die Zeit zwischen Kant und Hegel, das ist wohl ein aussichtsloses Unternehmen. Jacobi, Fichte und Schelling schwanken zwischen ältester und neuester Mode des Sprachgebrauchs. Ein Kuriosum: Salomon Maimon, der talmudische Schüler Kants — einen tollen Christen möchte man ihn fast nennen — gibt 1791 ein Philosophisches Wörterbuch heraus, in welchem ein Artikel *Geist* noch nicht zu finden ist.

Vor Hegel war es noch möglich, das Wort zu umgehen. Auch nach Fichte noch. Die Romantiker trieben Schindluder mit manchen Fichteschen Begriffen, auch mit dem Geiste. Bettina sagt: „Laß den Körper liegen, setz dich mit dem Geiste drauf und laß den seine eignen Wege gehn.“ Und Pamphilius antwortet gar noch: „Glücklich, wer so sagen kann“ (Ilius Pamphilius, 2. Aufl. I. 224). Der Mann, der das Wort Geist in die heutige Bildungssprache hineinprägte, war Hegel, wie gesagt, und es ist erst seit kurzem philologisch nachgewiesen, daß Hegel, der doch natürlich mindestens einer der stärksten Wortkünstler der Philosophie war und seinen Wortvorrat aus jeder Quelle zu bereichern suchte, in jungen Jahren den Geistbegriff von Herder übernommen hat.

Schopenhauer hat das gefährliche Beispiel gegeben, über Hegel verächtlich, ja mit Schimpfworten, zu reden; der Mißbrauch des Geistbegriffs ist es vor allem, was da eine plumpe Unverschämtheit der Hegelianer genannt wird. Schopenhauer wäre im Unrecht, auch wenn ihm nicht ein ähnlicher Mißbrauch des Willensbegriffs vorgeworfen werden könnte. Zwei philosophische Schriftsteller, die beide von Kant nicht gelernt hatten, das Philosophieren zu lehren anstatt einer Philosophie. Beide wollten eine ungeheure und geometrisch einfache Weltanschauung wie eine Riesenpyramide aufbauen, diese Pyramide aber sodann nicht breit und sicher mit ihrer Basis auf die feste Erde stellen, sondern mit ihrer Spitze, mit einer Idee oder einem spitzigen Begriffe, also mit einem Worte. Diese Pyramidenspitze war für Schopenhauer der Wille, für Hegel der Geist.

Es wäre ein gelehrter Spaß furchtbarer Art, Hegels „Encyklopädie der philosophischen Wissenschaften“ in ihrem dritten Teile abzuschreiben, jedesmal anstelle des Wortes Geist das Wort Wille zu setzen und so nachzuweisen, daß die beiden Antipoden sich unter ihren so verschiedenen Worten für das Ding-an-sich ein und dasselbe vorstellten. Hätte doch Schopenhauer recht gut sein Hauptwerk anstatt „Welt als Wille und Vorstellung“ betiteln können: „Phänomenologie des Willens“. Hegel hat wirklich Momente, in denen er glaubt und lehrt, Gott oder der absolute Geist sei in Hegel allererst zu sich gekommen, nachdem er vorher an sich und außer sich gewesen war, wohl außer Hegel.

„*Das Absolute* (Encyklop. d. phil. Wissensch. 2. Aufl. § 384) *ist der Geist;* dies ist die höchste Definition des Absoluten. — Diese Definition zu finden und ihren Sinn und Inhalt zu begreifen, dies, kann man sagen, war die absolute Tendenz aller Bildung und Philosophie, auf diesen Punkt hat sich alle Religion und Wissenschaft gedrängt; aus diesem Drang allein ist die Weltgeschichte zu begreifen. (Hier in der ersten Auflage der Zwischensatz: Aber das Wesen des *Geistes* ist der *Begriff.*) Das Wort und die *Vorstellung* des Geistes ist früh gefunden, und der Inhalt der christlichen Religion ist, Gott als Geist zu erkennen zu geben“ (1. Aufl.: zu offenbaren).

Für Schopenhauer und gegen Hegel spricht es, daß Schopenhauer das halbe Leben daran wandte, seine höchste Idee, den Willen, in den Objektivationen der Natur wiederzufinden; daß Hegel wie ein Schulknabe mit der Natur böse wurde, weil sie seiner höchsten Idee nicht ganz entsprach: dem Geiste. Wieder der Gegensatz zwischen Geist und Natur; Hegel war ein Schüler des Christentums, Schopenhauer ein Schüler Goethes. Ich weiß nicht gleich, ob der Scherz mehr als ein Scherz ist, der oft erzählt wird. Jemand habe behauptet, die Natur stimme nicht ganz mit Hegels Naturphilosophie zusammen; Hegel habe geantwortet: „Desto schlimmer für die Natur.“ In Hegels Encyklopädie finden sich Stellen, die eigentlich noch schlimmer sind. „Dies ist die *Ohnmacht* der Natur (2. Aufl. § 250), den Begriffsbestimmungen nicht getreu zu bleiben und ihnen gemäß ihre Gebilde zu bestimmen und zu erhalten. . . . Jene Ohnmacht der Natur setzt der Philosophie Grenzen, und das Abgeschmackteste ist, von dem Begriffe zu verlangen, er solle dergleichen Zufälligkeiten begreifen. . . . Die Natur vermischt allenthalben die wesentlichen Grenzen durch mittlere und schlechte Gebilde.“ Dabei macht Hegel einen boshaften Ausfall gegen den trefflichen Krug, der die Naturphilosophie herausgefordert hatte, einmal Krugs Schreibfeder zu *deduzieren.* Womöglich noch toller heißt es (1. Aufl. § 193): „Die Natur ist nach ihrer bestimmten Existenz, wodurch sie eben Natur ist, nicht zu vergöttern, noch sind Sonne, Mond, Tiere, Pflanzen usw.

vorzugsweise vor menschlichen Taten und Begebenheiten als Werke Gottes zu betrachten und anzuführen. — Die Natur ist *an sich*, in der Idee, göttlich, aber in dieser ist ihre bestimmte Art und Weise, wodurch sie Natur ist, aufgehoben. Wie sie ist, entspricht ihr Sein ihrem Begriffe nicht; ihre existierende Wirklichkeit hat daher keine *Wahrheit*". Man sieht, Hegel murrt gegen die Natur; gegen Gott oder seinen eigenen Geist hat er nie gemurrt.

Dreyer beschließt seine Untersuchung mit der historischen Einsicht, daß *Geist* die verschiedenen Bedeutungen mehr neben- als nacheinander gehabt habe und mit der skeptischen Absicht, „den Geist von der Philosophie und die Philosophie vom Geist zu befreien". Er hat erkannt, daß der dualistische und der monistische Geistbegriff schwer voneinander zu scheiden sind, daß anderseits Vernunft und Geist eine haardünne und im einzelnen oft verschwimmende Grenze haben.

Es gibt nur einen Weg, den Geistbegriff von der Philosophie und die Philosophie vom Geistbegriffe zu befreien: Kritik der Sprache. Und diesen Weg hat zwischen Kant und Hegel der Mann eingeschlagen, der an Kraft und Freiheit des Denkens den weisesten Denkern ebenbürtig, an Kraft, Freiheit und Schönheit der Sprache allen überlegen war und der dennoch in den Darstellungen einer Geschichte der Philosophie gar nicht oder nur schüchtern genannt wird, als ob er nicht dazu gehörte: Goethe. „Kein Wort steht still (Max. u. Reflex. 983), sondern es rückt immer durch den Gebrauch von seinem anfänglichen Platz eher hinab als hinauf, eher ins Schlechtere als ins Bessere, ins Engere als ins Weitere, und an der Wandelbarkeit des Worts läßt sich die Wandelbarkeit der Begriffe erkennen." Das war eine andere Bewegung der Begriffe, als Hegel sie lehrte. Goethe konnte den Geist nicht überschätzen, weil ihm nichts ging über die Anschauung der Natur. Goethe wird sich seiner Gabe der Anschauung immer bewußter, nachdem das berühmte Wort von seinem *gegenständlichen Denken* ausgesprochen worden ist. „Denken ist interessanter als wissen, aber nicht als anschauen." Und wie Goethe sich von einem zweitausendjährigen Irren der Philosophie oder der Sprache, die einen Gegensatz zwischen Natur und Mensch geschaffen hatten, nicht verwirren ließ, wie er den Menschen in der Natur und als Natur schaute, so kann er auch den Gegensatz von Natur und Geist nur lächelnd hinnehmen. Nicht einmal das Wort Geist hat er nötig; ohne Feierlichkeit ist ihm das Unaussprechliche in der Mutter Natur ebenso wie im Menschengeiste ein Irgendetwas, ein surplus. „In der Natur ist alles, was im Subjekt ist, und etwas darüber. Im Subjekt ist alles, was in der Natur ist, und etwas darüber." (An Schlosser 5. 5. 1815.) Und klingt es nicht wie ein leiser Spott mit, wenn er (Künstlers Apotheose) ruft:

„Die Natur ist aller Meister Meister.
Sie zeigt uns erst den Geist der Geister,
Läßt uns den Geist der Körper seh'n,
Lehrt jedes Geheimnis uns versteh'n."

Es wäre die Aufgabe für eine niedliche Doktorarbeit, Goethes ganz eigenen Geistbegriff im Zusammenhange darzustellen mit Goethes Vorstellung von der Periodizität zwischen Sammlung und Zerstreuung, *συστολη* und *διαστολη*, Denken und Tun, oder wie er sonst dieses periodische Verhältnis im eigenen Leben beobachtet und darum als Menschenschicksal ausgesprochen hat. Es würde sich dabei vielleicht herausstellen, daß Goethe in seinen produktivsten Zeiten geneigt war, den Geist, den schweifenden, zu tadeln und das sich beschränkende Tun zu loben. Es ließe sich dazu halten, daß ihm der handelnde, also der bessere Mensch immer gewissenlos erschien; der denkende Mensch, der schlechtere, also doch wohl gewissenhaft. Und Mephistopheles könnte einwenden, daß Goethe immerhin seine gesammelte denkende Periode hatte, wenn er solche Dinge niederschrieb. In seinen stärksten Dichtungen finden sich deutliche Züge dafür, daß er das Tun über das Denken setzte, daß er den Geist für das *Dumpfe* hielt, das vom hellen Tun zu überwinden war. Die Nennung des Faust genügt. Und Leute, welche ihr Leben damit verbracht haben, die Füße des Tausendfußes zu zählen, haben Goethe einen Philister genannt.

Der Gegensatz zwischen Goethe und Hegel im Gebrauche des Geistbegriffs und — weil die heutige Mode nach hundert Jahren noch unter dem Einflusse Hegels steht — der Gegensatz zwischen Goethe und dem heutigen Bildungsdeutsch läßt sich auf eine noch einfachere Formel bringen, auf eine logische. Je kleiner und dünner der Inhalt eines Begriffes wird, desto größer und reicher wird bekanntlich der Umfang des Begriffs. Bekanntlich und scheinbar. Der allumfassende Begriff mit seinem unendlichen Umfang wird schließlich arm und leer wie sein logischer Inhalt. So ist es den Griechen mit dem Seinsbegriff gegangen, den christlichen Theologen mit dem Gottbegriff, Hegel mit dem Geistbegriff. Der Allumfasser hört auf faßbar zu sein. Das gegenständliche Denken Goethes faßte das Sein, faßte den Gott, faßte den Geist anschauend wie es die Natur faßte. (Vgl. Art. *Goethes Weisheit.*)

Es wäre der alte Irrtum des Sprachaberglaubens, hätte ich bei einer solchen wortgeschichtlichen Untersuchung geglaubt oder glauben lassen, es müßte aus der Geschichte des Begriffs eine neue und tiefe Einsicht in das Wesen des Begriffs herauskommen, es müßte hinter dem ordnungslosen, unfaßbaren Sprachgebrauch ein ordentlicher guter faßbarer philosophischer Begriff stecken. Nein, die Sprache tappt im Nebel wie das Denken, weil das Denken nichts ist als Sprache. Ich wüßte dafür kein besseres Beispiel als den Gebrauch, der das Ich dem Geiste gleichsetzt. *Ich denke* = mein *Geist* denkt. Da hätten wir also den Geistbegriff ganz konkret. Und ich kann von der Sprache nicht verlangen, daß sie meine Lehre von der Unwirklichkeit des Ichs, vom Ichgefühl als einer Täuschung, vorweggenommen habe. Aber die Sprache treibt es noch weiter, besonders im Kirchenlied. Da setzt sich das Ich dem Geiste als einem Nicht-Ich gegenüber. „Erhebe dich, ermuntere dich, mein schwacher Geist." Das erinnert mich an das entzückende Lied, das Bach komponiert hat. „Komm, süßer Tod", sagt der Sterbende; und spricht am Ende als Toter weiter: „Es ist nunmehr vollbracht ... mein' Augen sind schon zu."

Genie. — Das Wort und die Vorstellung, die wir heute damit verbinden, sind so neu, daß wir mit den entsprechenden Redensarten von Platon, von Aristoteles, oder gar von Cicero wirklich nichts mehr anzufangen wissen, und die Alten darum für diesmal ruhen lassen wollen; aber so neu dieses Wort zu historischer Zeit in Frankreich entstanden und dann zu uns herübergekommen ist, so wenig ist seine Herkunft aufgeklärt. Wir können immer noch nicht mit Sicherheit sagen, ob *génie* aus lat. *ingenium* (die angeborne Art, von *ingignere*, der Charakter, die intelektuelle Anlage) oder aus lat. *Genius* (der lebenzeugende Schutzgeist, ebenfalls von *gignere*) entstanden ist. Sehr wahrscheinlich ist die Vermutung, daß das sogenannte Geschlecht im deutschen Gebrauche des Wortes, *das* Genie, auf den Einfluß von *ingenium* zurückgeht; Wieland sagte noch, ganz französisch, *der* Genie; und auch bei Lessing, Goethe und Schiller findet sich gelegentlich das Maskulinum. Die Vermutung wird von der Autorität des D. W. unterstützt, ist aber schon von Adelung („Über den Deutschen Styl", 1789, II S. 360) ausgesprochen worden, in einer Anmerkung, die Beachtung verdient. „Genie ist ein in den neuern Zeiten aus dem Französischen entlehntes Wort, und gemeiniglich glaubt man, daß es in dieser Bedeutung von dem lat. Genius herstamme, und ist durch diesen Irrtum oft zu den prächtigen und schwülstigen Beschreibungen verleitet worden, welche man in manchen Lehrbüchern von dem Genie macht. Allein es läßt sich sehr bestimmt erweisen, daß das Wort in dieser Bedeutung ganz von dem lat. *ingenium* abstammet, welches schon in dem mittlern Lateine in *genium*, noch mehr aber im Französischen in *génie* verkürzt wurde." Die französische Beziehung auf künstliche und sinnreiche Werkzeuge, besonders Kriegswerkzeuge (auch wir sagen heute noch *Genietruppe*) lasse sich nicht ohne den äußersten Zwang von *Genius* ableiten. „Wahr ist es indessen, daß sowohl in dem franz. *génie*, als in dem engl. *genius* die lat. *Genius* und *ingenium* zusammengeflossen sind, welches man der Unwissenheit derjenigen Jahrhunderte, in welchen diese Sprachen entstanden sind, zugute halten kann. ... Als man dieses Wort im Deutschen aufzunehmen nötig fand, war man sich dieser Abstammung von *ingenium* wenigstens dunkel bewußt, daher man ihm auch das sächliche Geschlecht beilegte, *das Genie*, so oft es Fähigkeit des Geistes bedeuten soll; dagegen man es in der Bedeutung eines Schutzgeistes mit dem männlichen Geschlechte in der lateinisierten Gestalt behielt, *der Genius*." Wir empfinden heute *Genie* (auch *genial*) und *Genius* als zwei durchaus verschiedene Worte.

Zur deutschen Wortgeschichte möchte ich noch zwei Notizen hinzufügen, beide fast aus der gleichen Zeit, die eine negativen, die andere positiven Inhalts. Der alte Walch hat in seinem Philosophischen Lexikon (1740) recht artige Ausführungen über das *Ingenium* im weitern und im engern Sinne, kennt sogar bereits den *Genius der Zeit (genium seculi)* ganz gut, führt das Wort *Genie* aber noch nicht an. Aber der junge Lessing kennt es schon. In seiner Übersetzung der einst weltberühmten Schrift von Huarte „Examen de ingenios para las sciencias“ gibt er zwar das Wort des Titels *ingenios* mit dem altmodischen *Köpfe* wieder, gegen welchen puristischen Ausdruck sich dann Adelung (S. 362) sehr lebhaft gewandt hat, leider vornehmlich aus seiner fixen Idee heraus, daß *Kopf* ein *niedriges* Wort sei, zu unedel für die anständigere Schreibart. Der junge Lessing übersetzt den langen Titel, man glaubt Gotsched zu hören, wie folgt: „Johann Huarts Prüfung der Köpfe zu den Wissenschaften. Worinne er die verschiedenen Fähigkeiten die in den Menschen liegen zeigt Einer jeden den Theil der Gelehrsamkeit bestimmt der für sie eigentlich gehöret Und endlich den Aeltern Anschläge ertheilt wie sie fähige und zu den Wissenschaften aufgelegte Söhne erhalten können.“ Aber im Verlaufe der Übersetzung sagt er (besonders S. 79—90) neumodisch Genie, wo man noch kurz vorher *Ingenium* oder *Witz* gesagt hätte.

Sehr drollig wirkt auf uns Huartes Berufung auf Aristoteles und Galenos, und der Versuch die Verschiedenheiten des Genius aus den Graden der Wärme, der Feuchtigkeit und der Trockenheit physiologisch zu erklären; aber schon Huarte findet die höchste Stufe des Genies da, wo die Natur gewisse Köpfe „so vollkommen macht, daß sie gar keinen Lehrmeister brauchen, der ihnen wie sie philosophieren sollten sagen müßte; . . . diesen letztern allein ist es erlaubt Bücher zu schreiben, den andern aber nicht.“

An dieser Stelle eines Buches aus dem 16. Jahrhundert klingen also schon die beiden Vorstellungen an, die man gewöhnlich für besondere Kennzeichen des deutschen Geniewesens anzusehen pflegt: die Originalitätssucht und die Einschränkung des Genienamens auf literarische Talente. Wie wenig die Gleichsetzung von *original* und *genial* original-deutsch war, das mag man im D. W. (IV Sp. 3419f.) nachlesen: wie Frankreich und England auf die deutschen Literaten einwirkten, und wie noch vor der Geniezeit die neue Ästhetik und die Popularphilosophie das neue Wort liebkosend untersuchten. Mendelssohn sagt (im 92. Literaturbriefe von 1760): „Ich glaube nicht daß die Alten ein Wort gehabt haben, das auszudrücken, was wir itzt Genie nennen; ihre Schriftsteller schweigen gänzlich von dieser Eigenschaft des Geistes, die unsere Kunstrichter beständig im Munde führen und unsere Weltweisen nun auch endlich zu untersuchen anfangen.“ Schon meldet sich, mit einer Terminologie aus der Wolfischen Schule, der Gegensatz von Verstand und Empfindung; das Genie vereinigt beide im höchsten Grade. Klopstock und Herder fangen das Wort zu lieben an, vor der eigentlichen Geniezeit. Aber Goethe, der Führer und dann der Überwinder des regelfeindlichen Sturms und Drangs, hat doch nicht unrecht, wenn er die Aufnahme des Worts in den allgemeinen Sprachgebrauch für die Zeit jener Literaturbewegung ansetzt. Natürlich verlief auch da die Wortgeschichte nicht ganz gradlinig; auch die Einschränkung auf die Poesie ließen tatkräftige Genies, wie Klinger, nicht gern gelten, und bald war auch von politischen, militärischen und kaufmännischen Genies die Rede.

Goethe, der von der genialen Mutter die Originalität und vom pedantischen Vater des Lebens ernstes Führen geerbt hatte, spricht in seiner Lebensbeschreibung spöttisch genug von den Geniegenossen seiner Jugendzeit. Aber das Wort *Genie* gab er darum nicht preis; er glaubte in Kants „Kritik der Urteilskraft" die lang gesuchte Rechtfertigung des Geniebegriffs gefunden zu haben und hat in seinem hohen Alter an das Genie geglaubt als an das Talent, welches der Kunst die Regel gibt. An der entscheidenden Stelle von „Dichtung und Wahrheit" (19. Buch) wird Kant nicht ausdrücklich genannt. Goethe sagt: „Das Wort Genie ward eine allgemeine Losung, und weil man es so oft aussprechen hörte, so dachte man auch, das, was es bedeuten sollte, sei gewöhnlich vorhanden. Da nun aber jedermann Genie von andern zu fordern berechtigt war, so glaubte er es auch endlich selbst besitzen zu müssen. Es war noch lange hin bis zu der Zeit, wo ausgesprochen werden konnte: daß Genie diejenige Kraft des Menschen sei, welche durch handeln und tun Gesetz und Regel gibt ... Und so hätten sich die Deutschen, bei denen überhaupt das Gemeine weit mehr überhand zu nehmen Gelegenheit findet als bei andern Nationen, um die schönste Blüte der Sprache, um das nur scheinbar fremde, aber allen Völkern gleich angehörige Wort vielleicht gebracht, wenn nicht der durch eine tiefere Philosophie wieder neu gegründete Sinn fürs Höchste und Beste sich wieder glücklich hergestellt hätte."

Ich habe auf die Internationalität dieser Wortgeschichte in anderm Zusammenhange (vgl. Art. *Idealmenschen*) ausführlicher hingewiesen; an dieser Stelle sei noch die Bemerkung gestattet, daß selbst Goethe an Worten hängen konnte, und so an dem Worte *Genie* auch dann noch festhielt, als es für ihn seinen Sinn, vermeintlich unter dem Einflusse Kants, in sein Gegenteil verkehrt hatte: einst war es das Schlagwort für Regelwidrigkeit gewesen, jetzt sollte es die Kraft bezeichnen, welche allem Handeln, nicht nur der Tätigkeit des Dichters, Gesetz und Regel gibt. Wir werden gleich den dünnen Faden kennen lernen, der die beiden Begriffsinhalte immer noch miteinander verband.

Die Ansicht Kants, die Goethe da nach dem Gedächtnisse falsch zitiert hatte, nach dem Wortlaut und nach dem Sinne falsch, findet sich in der „Kritik der Urteilskraft“ (1790), aus der sich Goethe in seiner Weise auch viel für seine Naturphilosophie herausholte. Kant wendet sich in seinen Ausführungen (§§ 46—50) einmal sehr boshaft gegen den Sprachgebrauch der Geniezeit, gegen die seichten Köpfe, die nichts als regellose Originalität kennen; er nimmt den Sprachgebrauch der Zeit von Gottsched bis Lessing wieder auf, stellt von da aus seine Definitionen auf und macht über die Künste Bemerkungen, in denen Kunstfremdheit und ein erstaunlicher Sinn für die Zukunft der Kunst miteinander abwechseln. Wie denn auch die „Kritik der Urteilskraft“ trotz der Schiefheit ihrer Architektur überaus fruchtbar geworden ist.

Kant tastet auf diesem ihm fremden Boden etwas unsicher nach der richtigen Definition des Genies. „Genie ist das Talent (Naturgabe), welches der Kunst die Regel gibt. Da das Talent als angeborenes produktives Vermögen des Künstlers selbst zur Natur gehört, so könnte man sich auch so ausdrücken: Genie ist die angeborne Gemütsanlage (ingenium), *durch welche* die Natur der Kunst die Regel gibt.“

Aber Kant leitet *Genie* trotzdem von *genius* ab.

Dann heißt es wieder, Genie „sei ein Talent, dasjenige, wozu sich keine bestimmte Regel geben läßt, hervorzubringen: nicht Geschicklichkeitsanlage zu dem, was nach irgend einer Regel gelernt werden kann ... Darin ist jedermann einig, daß Genie dem Nachahmungsgeiste gänzlich entgegen zu setzen sei.“ Endlich definiert er die eigentümliche Bedeutung des Wortes (§ 48) ganz kurz: Genie ist das Talent zur schönen Kunst.

Ich habe es vermieden, auf den gefährlichen Einfall Kants, den Zweckbegriff in die Untersuchungen über Natur und Kunst einzuführen, einzugehen; nur darum war es mir hier zu tun, zu zeigen, wie Kants Ästhetik auch in seinem Geniebegriffe sich trotz mancher Rückfälle über die Zeit erhob, die in Kants Jugend allgemein die Kunst eine Nachahmung der Natur genannt hatte. Das meist verbreitete Lehrbuch dieser Epoche, das von Batteux, war ganz auf diese Phrase aufgebaut. Kant nun unterschied sehr scharf zwischen der produktiven und der bloß reproduktiven Einbildungskraft; produktive Einbildungskraft war Sache des Genies. Wir haben gesehen (vgl. Art. *Geist*), wie da in den Geniebegriff ein alter Bedeutungswandel der Vorstellung vom *heiligen Geiste*, dem *esprit créateur*, hineinspielte. Auch der alte Goethe liebte es, das Genie *produktiv* zu nennen, und er legte in dieses Wort seine Meinung vom Magischen, Dämonischen im künstlerischen Schaffen mit hinein. Neuerdings haben ähnliche Menschen wie die, die sich zur Zeit von Goethes Jugend Genies nannten, im Gefühle ihrer Gottähnlichkeit sich als die *Schaffenden* von den nachahmenden Herdentieren unterscheiden wollen. *Produktiv* hätte am Ende an die Produkte des Marktes erinnern können; der Schaffende erinnerte an den Schöpfer, wie Genie an Genius.

So wirkt Kants Geniebegriff noch heute nach, und darum ist hier wohl der richtige Platz, endlich zu fragen, in der Sprache unserer Zeit zu fragen, wodurch sich eigentlich die Schöpferkraft des Genies von der nachahmenden Tätigkeit geringerer Leute unterscheide.

Wir dürfen uns nicht dadurch irre machen lassen, daß wir an das Dogma von der *Nachahmung der Natur* durch die Künste nicht mehr glauben. Die Kunstschreiber jener Zeit waren ja nicht so dumm, wie uns ihre veraltete Sprache heute erscheint. Auch sie wollten ja im Grunde nicht mehr sagen, als daß die Phantasie des Künstlers nichts aus dem Nichts schaffe, daß sie immer nur gegebene Motive verarbeite. Wir drücken das heute nur präziser aus. Kein Künstler kann etwas darstellen, was er in seinen Teilen nicht vorher gesehen, gehört, erlebt hat; die tollste Malerphantasie vermag kein neues Motiv ganz neu zu erfinden. Anders ausgedrückt: Was aus der Phantasie eines Künstlers herauskommt, muß vorher in seinem Gedächtnisse gewesen sein; zum Künstler wird er durch die Gabe, die Motive neu zu ordnen, so daß sie den Schein des Lebens oder der Natur erhalten. Von Gottähnlichkeit, von Schöpferallmacht ist da keine Rede mehr. Das Wort *Nachahmung* ist wieder zu Ehren gekommen, die moderne Psychologie weiß es nur besser zu deuten als die alte Ästhetik. Der genialste Künstler ahmt unbewußt die von der Natur gegebenen Motive nach; das kleine Talent macht, mehr oder weniger bewußt, die von den Meistern geformten Motive nach. Da aber jede Kunst ihre Technik hat, die wieder unweigerlich gelernt werden muß, so hat auch jeder Meister Vorbilder in ältern Meistern. So wird das Talent zu einem relativen Begriff, und so groß der Abstand sein mag zwischen Goethes Faust und einem Unterhaltungsdrama, so gibt es doch keinen Artunterschied zwischen dem Hervorbringen des einen und des andern Werks. Wenigstens nicht einen solchen Artunterschied wie zwischen der Schöpfung aus dem Nichts und irgendeinem Menschenwerk. So kunstfremd scheinen diese Ergebnisse der Psychologie; und das Genie behält höchstens den Trost übrig, daß sein Wesen (wie das des Verbrechers) mit dem des Wahnsinns verglichen werden kann, nicht das Wesen des Kunstfabrikanten.

Daß Genie und Talent relative Begriffe seien, das wird leicht zugegeben werden. Daß es aber keinen Artunterschied gebe zwischen dem Künstler und dem Fabrikanten von Unterhaltungskunst, dagegen sträubt sich unser Sprachgefühl heute fast noch mehr, als das Sprachgefühl der Geniezeit es tat. Damals wurde jeder Arbeiter auf einem der freien Kunstgebiete ein Genie genannt, insbesondere jeder Worthändler; Kant, der doch der Geniesucht feindlich gegenüberstand, denkt bei Genie doch zumeist an Literaten, Maler und solche Leute. Wir verstehen unter Genies außerordentliche Menschen jeder Betätigung; ich möchte jetzt noch einmal hervorheben, daß Goethe die

Worte Kants sehr frei wiedergegeben hat; Kant sagt: das Genie gibt der *Kunst* die Regel; Goethe läßt ihn sagen: Es gibt durch Handeln und Tun Gesetz und Regel. Goethe, der nicht nur die Worthändler, sondern auch das Wort verachtete („Im Anfang war die Tat."), der einen Napoleon wie einen Halbgott bewunderte, ist vielleicht für diesen neuesten Bedeutungswandel des Geniebegriffs verantwortlich zu machen. Der größte Dichter war kein Schönheitler, kein Ästhet. Das Leben ist wichtiger als die Kunst. Dämonisch, genial ist die große handelnde Persönlichkeit. Das Genie vermag über die Menschen alles durch *Charakter* und Geist. (Dichtung und Wahrheit, 14. Buch, am Schlusse.) Und Goethe sagt einmal geradezu (Sprüche in Prosa 547): „Das Erste und Letzte, was vom Genie gefordert wird, ist Wahrheitsliebe."

Ich finde da schon den Gedanken vorbereitet, den Grillparzer so schön ausgesprochen hat, und just an der Stelle seiner Selbstbiographie (15. Band S. 152), wo er über seinen Besuch bei Goethe berichtet und tief ergriffen dennoch darüber raunzt, daß ihm Goethe nicht gerecht geworden sei, „insofern ich mich nämlich denn doch, trotz allem Abstande, für den Besten halte, der nach ihm und Schiller gekommen ist." Die Worte über unser Thema aber lauten: „Nur aus der Verbindung eines Charakters mit einem Talente geht Das hervor, was man Genie nennt." Ich fürchte, der Sklave meiner eigenen Worterklärungen zu werden, wenn ich in diesem Zusammenhange wieder daran erinnern wollte, daß die Begriffe Charakter und Persönlichkeit aufs engste mit dem Ichgefühl zusammenhängen, und daß die Selbsttäuschung, welche wir unser Ichgefühl nennen, doch nur eine andere Bezeichnung für unser Gedächtnis ist, eine neue Erscheinungsform des Proteus Gedächtnis. (Vgl. Art. *Charakter* und *Persönlichkeit.*)

Aber selbst diese Neutönung, die unsere individualistische Zeit im Genie nur noch die Persönlichkeit bewundern läßt, die uns mit einer akustischen Täuschung *Persönlichkeit* als ein deutscheres Wort empfinden läßt gegenüber dem Fremdworte *Genie*, geht über den alten Goethe hinaus fast in die Geniezeit selbst zurück. Klinger nennt einmal die Tugend ein Genie, Stilling nennt den vortrefflichen Lerse ein edles Genie, und selbst Herder, der Gelehrte des Geniewesens, der freilich durch seine Heftigkeit ein unsicherer Kantonist wurde, bald das Genie als ein Wort der Pöbelsprache verächtlich machte, bald dasselbe Wort (diesen *Allemanismus*) gegen den Mißbrauch und zugleich gegen Kant in Schutz nahm, selbst Herder stellt gelegentlich Genie und Charakter zusammen als Bezeichnung für die eigene gute Art eines Menschen, für seine Individualität.

Wenn wir so zwischen dem heutigen Sprachgebrauche und dem der eigentlichen Geniezeit einen deutlichen Unterschied bemerken, so dürfen wir doch nicht übersehen, daß auch damals, als das Wort eine lächerliche

Mode geworden war, der Sprachgebrauch ebenso schwankend war wie heute. Nur zwei Beispiele: Jean Paul, der in seiner „Vorschule der Ästhetik" wertvolle Bemerkungen über das Wesen des Genies sammelte, machte doch wieder über die Geniemänner den Spaß: „Sie schrieben bloß in abgerissenen Gedanken und in abgerissenen Hosen" (Palingenesien). Und Lichtenberg, der doch das *große* Genie, das technische Genie schon, fast in der Sprache unserer Zeit, zu würdigen verstand, findet in seinem prachtvollen Kampfe gegen Lavaters Physiognomik immer neue geniale Bosheiten gegen die Halbköpfigen (leider einmal auch gegen den Frankfurter Rezensenten, also gegen Goethe); keine dieser Bosheiten ist tiefsinniger als die folgende Stelle, die in etwas anderer Form schon in seiner Polemik gegen Zimmermann zu finden ist („Tausende erwerben sich den Namen eines schönen Geistes. Am Ende ist's bloßes Kellereselsglück usw."), und die ich dem Nachdenken meiner Leser empfehle: „Ich kann nicht leugnen, mein Mißtrauen gegen den Geschmack unserer Zeit ist bei mir vielleicht zu einer tadelnswürdigen Höhe gestiegen. Täglich zu sehen, wie Leute zum Namen Genie kommen, wie die Kelleresel zum Namen Tausendfuß, nicht weil sie soviel Füße haben, sondern weil die meisten nicht bis auf 14 zählen wollen, hat gemacht, daß ich keinem mehr ohne Prüfung glaube." (I 255). Daß Lichtenberg selbst die Füße des Tausendfußes da nicht ganz gut gezählt hat, schadet der Weisheit seines Satzes nicht.

Geschichte.

I.

Mit einem Strome ist oft die Geschichte eines Menschen verglichen worden; nie schöner als von Goethe in „Mahomets Gesang":

Und so trägt er seine Brüder,
Seine Schätze, seine Kinder
Dem erwartenden Erzeuger
Freudebrausend an das Herz.

Und im „Gesang der Geister über den Wassern":

Seele des Menschen,
Wie gleichst du dem Wasser!
Schicksal des Menschen,
Wie gleichst du dem Wind!

Und auch mit der allmächtigen Zeit ist der Strom verglichen worden. Hat man es schon bemerkt, daß — schulmeisterlich gesprochen — das tertium comparationis in beiden Fällen ein ganz andres ist?

Vergleicht einer den Strom mit der Zeit, so sitzt er am Ufer, sieht die Wasser in ewigem Einerlei vorüberfließen, macht keinen Unterschied zwischen den Wassertropfen, empfindet selbst das Schwellen und Abschwellen im Flußbette nur wie einen Stimmungswechsel, bei dem ja auch die Zeit zu schwellen und abzuschwellen scheint.

Vergleicht einer den Strom mit einem Menschenleben, so versetzt er sich mitten ins Wasser, an den Ursprung, und fließt mit dem Wasser hinab über Klippen und Kiesel, durch Sand und Blumen, vorbei an Wäldern und Städten dem Ozean zu.

Wer nun den Strom mit der Geschichte der Menschheit vergleichen wollte, mit der *Geschichte*, der müßte beide Standpunkte zugleich einnehmen können. Am Gegenwartsufer sitzend die ganze erfüllte Zeit betrachten; die mit allen Ereignissen der Vergangenheit erfüllte Zeit. Und da würde sich herausstellen, daß der Strom ein schlechtes Bild der Geschichte ist, weil er selbst all in seiner Größe nur ein winziger Bruchteil der Geschichte ist; eine Geschichte hat, eine geologische, ja — was wissen wir? — vielleicht eine elementare Urgeschichte aus der Vorzeit, da Wasser wurde. Will ich Geschichte erfahren und sitze betrachtend am Gegenwartsufer, so fließt alles unterschiedslos an mir vorüber und ich erlebe nicht Geschichte, nur die Zeit. Schwimme ich aber mit meinem Wassermilieu von der Quelle bis zum Ozean, so erlebe ich nur mich; erlebe mich von der Geburt bis zum Tode, erfahre aber nichts von der Zeit, nichts von dem Gewässer vor und hinter mir. Wollte ich Geschichte erfahren, so müßte ich zugleich am Gegenwartsufer sitzen und allgegenwärtig, in jedem Tropfen zugleich, den Strom hinunterfahren bis in den Ozean, wieder hinaufschweben zu den Wolken und wieder hinunterprasseln auf die Marmorfelsen, allgegenwärtig und ewig. Das wäre etwa das Ideal: die Geschichte als eine Wissenschaft.

II.

Die Sprache ist das Gedächtnis der Menschen oder ihre Vernunft, das Gedächtnis kleinerer oder größerer Menschengruppen, das Gedächtnis für alles, was Aufmerksamkeit oder Interesse erregt hat. Geschichte ist so ungefähr der Teil des Gedächtnisses, der sich auf Dinge bezieht, die geschehen sind. Die Auswahl wird wieder vom Interesse getroffen, ein Werturteil also entscheidet über die Merk*würdigkeit.* Am Ende wird auch in der Geschichte nicht alles erzählt, was je geschehen ist; nur was bald diesem, bald jenem würdig scheint, durch das Gedächtnis der Vergangenheit entrissen, gemerkt zu werden. *Merkwürdigkeiten* ist aber nur eine alte Lehnübersetzung von *memorabilia* (die feinere Übersetzung *Denkwürdigkeiten* faßt *denken* als *sich erinnern*), und Memorabilien übersetzt ebenso getreu den griechischen Büchertitel *ἀπομνημονευματα.*

Die deutsche Sprache hat allein unter den modernen Kultursprachen ein eigenes puristisches Wort für diese Seite des Menschengedächtnisses geschaffen. Cicero definiert: historia est res gesta, sed ab aetatis nostrae memoria remota. Über 1000 Jahre lang waren *res gestae* oder kurz *gesta* beliebte Büchertitel für Sammlungen solcher Geschichten, für Geschichtenbücher. Dieses res gesta wurde schon früh im Mittelalter (bei Notker) mit *diu gaskiht* wiedergegeben. Ein Vokabular von 1482 erklärt noch: „geschicht oder geschehen ding, historia, res gesta“. Noch unterschied man zwischen den Geschichten, d. i. den berichteten Ereignissen, und dem Berichte, der Historie nicht. Seb. Franck sagt einmal geradezu (1538): die historie der geschicht der Apostel. Die Geschichten waren also immer in der Mehrzahl; und Johannes Müller, der archäistischen Stil liebte, nannte, wie Macchiavelli seine Istorie fiorentine (um ein bekanntes Beispiel aus vielen hervorzuheben), noch 1786 sein berühmtes Geschichtswerk „*Geschichten* schweizerischer Eidgenossenschaft". Auch gab es damals noch den Titel: professor historiarum. Damals hatte sich aber Form- und Bedeutungswandel schon vollzogen. Der Singular hatte häufig (man vergleiche das D.W.) die Form *das Geschicht* angenommen, der Plural hieß *die Geschichte*, und nun vertauschte die innere Sprachform oder der Sprachgebrauch den Plural des Neutrums mit dem Singular des Femininums, besonders wenn die Geschichten zusammengehörten, wenn die Geschichten die Denkwürdigkeiten einer Stadt, eines Volkes oder gar des Menschengeschlechtes erzählten. Erst in der Mitte des 17. Jahrhunderts kam das auf, und die erste Buchung, die mir bekannt ist (1634), hat noch sehr charakteristisch die Wortfolge „die historische Geschichte" („Das Wort Geschichte und seine Zusammensetzungen" von Paul E. Geiger). Im 18. Jahrhundert werden bei uns die Worte Historie und Geschichte immer mehr gleichbedeutend, und heute ist Historie von Geschichte fast völlig verdrängt, während die Adjektive *historisch*, unhistorisch immer noch eine gelehrte Nuance vor geschichtlich voraushaben und das geschichtsgelehrte Mitglied der philosophischen Fakultät, das oder der es nicht zum Geschichtsschreiber gebracht hat, sich getrost einen Historiker nennen darf. Ich habe die Wortgeschichte (auch Wortgeschichte ist schon eine Disziplin geworden) des deutschen Wortes Geschichte hervorgehoben, weil sie besser als die internationale Bezeichnung lehrt: Geschichte sei mehr ein Büchertitel als eine Wissenschaft. Es ist nicht alles Wissenschaft, was eine Disziplin ist.

Die Überschätzung der Geschichte als Wissenschaft hat eine kurze Geschichte von ungefähr 100 Jahren hinter sich. Am Ende des 18. Jahrhunderts setzte mit Kant die Sehnsucht ein nach einer künftigen *Universalgeschichte* oder Weltgeschichte der Menschheit; Schiller popularisierte den Gedanken mit seiner glänzenden Rhetorik, und flinke Federn hielten sich bald für berufen, den Zukunftstraum auszuführen und Weltgeschichten zu schreiben. Ewiger Friede und Kosmopolitismus oder Weltbürgertum war das Ideal dieser Weltgeschichtschreibung.

Schiller war so viel kleiner als Kant und doch zugleich um vieles freier. Bei Kant geht der Riß, der durch sein ganzes Denken geht, auch durch die Geschichtsauffassung. Man sollte es doch aufgeben, den Riß überkleistern zu wollen. Der größte Architekt des Denkens, der je gelebt hat, und dennoch anhänglich, nein, treu seinem Kinderglauben. Daß solche Gegensätze in einer imponierenden Persönlichkeit möglich seien, hätte man vor Kant leugnen dürfen; die Möglichkeit zu leugnen, nachdem diese Persönlichkeit gelebt und gebaut hat, ist doch gar zu töricht.

Was Leibniz geplant hatte, diplomatisch und gefällig, die Vereinigung von Rationalismus und ein bißchen

Glauben, das war in Kant unerhörter Ernst geworden. Kants starke Tat war kritische Reinigung des Rationalismus. Aber niemals verzichtete er, der alle Teile seines Systems für gleichwertig hielt, auf den Begriff des Sollens. Normen stellte er auf auf allen Gebieten. Und vielleicht unterstreiche ich und übertreibe ich damit, was Kant nicht gern scharf unterschieden hätte, wenn ich hier die Notiz über seine Lebensarbeit (aus dem Briefe an Stäudlin von 1793) wiedergebe: „mein ... Plan ... ging auf die Auflösung der drei Aufgaben: 1. was *kann* ich wissen (Metaphysik), 2. was *soll* ich tun (Moral), 3. was *darf* ich hoffen? (Religion); welcher zuletzt die 4. folgen soll: was *ist* der Mensch (Anthropologie)." Geschichte war für Kant ganz logisch ein Anhängsel der Anthropologie. Der einzelne Mensch interessierte ihn psychologisch; erst die Gattung Mensch konnte eine Geschichte haben, weil sie eine „Bestimmung" hatte. Eng scheint mir diese Betrachtungsweise mit der Frage nach Kants Stellung zu Optimismus und Pessimismus zusammenzuhängen. Über den einzelnen Menschen urteilt er hart, oft grimmig genug; aber der Mensch als Gattung muß gut sein, weil er sonst seine Bestimmung nicht erfüllen könnte. Kant ringt mit seinem Gott um die Menschheit; aber sein metaphysisches Bedürfnis ist bedeutend stärker als sein historisches. Am liebsten möchte er sein System allein vollenden, alles allein machen, seinen Nachfolgern nichts zu tun übrig lassen. Aber er hat keine Zeit mehr, eine neue historische Methode zu ersinnen, und ohne Methode kann Kant nicht bauen, darum nur gelegentliche Beschäftigung mit den Problemen der Geschichte, darum ein Riß, der nicht einmal aus dem großen Topfe von Kuno Fischer zu überkleistern war. Kant sieht mit seiner ganzen Klarheit und Schärfe das Individuelle, Zufällige, Irrationale in allen einzelnen geschichtlichen Tatsachen, dennoch hat die Geschichte als Ganzes für ihn einen sittlichen Endzweck, er sieht eine *Idee* in der Geschichte, und wie vor ihm schon freier Voltaire und Lessing, bemüht er sich dann und wann, die einzelnen Tatsachen in der Geschichte über den Kamm des sittlichen Endzwecks zu scheren, über den Kamm der Idee. Nur war er und blieb er immer Kant genug, um die Möglichkeit einer Einsicht in diese Geheimnisse zu leugnen; da war die kausale Notwendigkeit alles Geschehens, da war der sittliche Endzweck; wir müssen uns damit begnügen, die Geschichte so zu betrachten, *als ob* sie der Verwirklichung des ethischen Vernunftzweckes diene. (Vgl. Art. *Bestimmung*.)

Man sollte freilich niemals vergessen, aus welcher Zeit Kants Gedanken über irgendeinen Gegenstand stammen. Sein Ringen mit Gott um die Menschen als Ganzes fällt schon in die Greisenjahre, deren furchtbaren natürlichen Einfluß auf seine Geisteskraft niemand deutlicher gesehen hat als Kant selbst. Er tröstet den leidenden Garve; sein (Kants) Los sei doch noch schmerzhafter; „nemlich für

Geistesarbeiten bei sonst ziemlichem körperlichen Wohlsein wie gelähmt zu sein: den völligen Abschluß meiner Rechnung in Sachen, welche das Ganze der Philosophie betreffen, vor sich liegen und noch immer nicht vollendet zu sehen, ... ein tantalischer Schmerz". (21. IX. 1798; vgl. dazu E. Tröltsch: „Das Historische in Kants Religionsphilosophie.") Was der Mensch kann und soll, das hatte Kant nach eigener Meinung gleich gut ausgeführt; was der Mensch drüben hoffen darf, was er ist und war, das war noch nicht erledigt, wohl auch durch äußere Umstände zurückgedrängt. Und der alte Schüler Wolfs, der im Grunde seines Lehrers Meinung teilte („da die historischen Schriften bloß erzählen, was geschehen ist, so braucht es nicht viel Verstand und Nachdenken, dieselben zu lesen"), verfaßte nun doch im Hinblick auf die liebe Menschheit als Ganzes seine „Idee zu einer allgemeinen Geschichte in weltbürgerlicher Absicht".

Schillers Paraphrase dieser Kantischen Schrift ist um ihres rhetorischen Schwungs willen gewiß lobenswert. Eigentlich aber ist es eine entsetzliche Zumutung, daß wir dieses abgequälte „Instrument zu besserer Versorgung" offiziös behandeln und ernst nehmen sollen. Nur im ersten Teil der Rede über Universalgeschichte, allgemeine Geschichte, allgemeine Weltgeschichte (auch in den Namen möchte Schiller Kant gerne übertrumpfen) kommt Schillers liebenswerte Persönlichkeit heraus. „Anders ist der Studierplan, den sich der Brotgelehrte, anders derjenige, den der philosophische Kopf sich vorzeichnet." Den Brotgelehrten beunruhige jede Erweiterung seiner Brotwissenschaft; er sondere seine Wissenschaft von allen übrigen ab; aber nur der abstrahierende Verstand habe die Wissenschaften voneinander geschieden. Schiller fühlte sich der philosophische Kopf; der Brotgelehrte hätte er nicht sein können, auch wenn er gewollt hätte. Ich habe den jungen Professor der Geschichte im Verdacht, damals nicht einmal Cäsar und Tacitus, die er anführt, genau gelesen zu haben. Die Rede sinkt fast zu einem glänzenden Primaneraufsatz hinunter, wenn sie auf ihr eigentliches Thema übergeht, von Kant ganz abhängig, gar einen Unterschied macht zwischen dem Gange der Welt und dem Gange der Weltgeschichte. Der menschliche Verstand bringe einen vernünftigen Zweck in den Gang der Welt und ein teleologisches Prinzip in die Weltgeschichte. Und auch der „höchste Geist" fehlt nicht, dem der menschliche Verstand in seiner schönsten Wirkung begegnet, um das Problem der Weltordnung aufzulösen. Schließlich darf auch Kants Traum vom ewigen Frieden bei Schiller nicht fehlen: „Die europäische Staatengesellschaft scheint in eine große Familie verwandelt. Die Hausgenossen können einander anfeinden, aber hoffentlich nicht mehr zerfleischen."

Unmittelbar darauf — Schiller hielt seine berühmte Antrittsvorlesung am 26. Mai 1789 — folgten Geschichten von ganz besonderer Merkwürdigkeit: die große Revolution und die res gestae Napoleons, neue gesta Dei per Francos. Fast 25 Jahre lang wurden die Einheiten und die Elemente der europäischen Geschichte, die Staaten, durcheinandergeworfen und umgebaut wie die Steine eines Kinderbaukastens. Die ungeheuere Willenskraft Napoleons zwang Fürsten und Völker nieder. Der Traum einer kosmopolitischen Welt war fast Wirklichkeit geworden, ganz anders als ihn Kant geträumt hatte. Ewiger Krieg statt des ewigen Friedens, Unfreiheit, von Worten politischer Freiheit begleitet. Eine Reaktion im psychologischen Sinne war die Folge; und als diese Reaktion unter dem Namen der Freiheitskriege Napoleon niedergeworfen hatte, vereinigten sich die geretteten Fürsten wortbrecherisch und dumm zu der großen politischen Reaktion, die heute noch oben das Ideal ist. Klügere Staatsmänner umgaben diese Reaktion wieder mit Worten oder Begriffen, die den Besten aus dem Volke in der Zeit nationaler Erniedrigung lieb geworden waren. Um Legitimismus war es den Fürsten zu tun, um ruhigen *geschichtlichen* Gang, gegenüber dem ganz *unhistorischen*, also revolutionären Napoleon, den geistigen Führern des Volks, besonders in Deutschland. Die Nationalitätsidee, die Napoleon mit toller Historik da und dort wie ein Reiterregiment für seine Zwecke geschaffen und ins Feld gestellt hatte, war in Spanien und Deutschland gegen ihn mächtig geworden. Die wirkliche Vergangenheit des eigenen Volkes, die geschichtliche Vergangenheit seiner Sprache, seines Rechts, seiner Sitten, seiner Religion und Kultur sollte bewußt werden, nicht mehr dilettantisch studiert werden, sondern streng wissenschaftlich. Nichts mutwillig ändern, das war der andächtige Gedanke eines Savigny und seines größten Schülers Jakob Grimm. Nur erst arbeiten, forschen, das eigene Volk historisch verstehen und lieben lernen. Sprachgeschichte, Rechtsgeschichte setzten 1816 erobernd ein, Sittengeschichte und Religionsgeschichte folgten, und die wortbrüchigen Fürsten wußten die stille Gelehrtenarbeit der herrlichen Männer zu nützen. Unmerklich verschob sich das Ziel. Was der geistigen Befreiung der Völker dienen sollte, wurde zur Ausrede für kleinliche Knebelungspolitik. Überhaupt nichts ändern, das war die fürstliche Losung. Und aus dem Versenken in die lebendige Geschichte des Volkes wurde überall, in Wissenschaft und in der Poesie der jüngeren Romantik, ein Umkehren zu den Bildern des Mittelalters, zu den schönen Bildern nur, die neuere Geschichtsforschung den häßlichen Bildern aus der Aufklärungszeit gegenübergestellt hatte. Sprache, Recht, Glaube, Sitte, Kultur (alles, alles doch wieder Sprache, deren historische Betrachtung auch voranging) waren ja doch andere geworden. Jahrzehnte vergingen, bevor ein Mann wie Jakob Grimm klar erkannte, wie seine und seiner Genossen Andacht zur Geschichte von politischen Geschäftsleuten wucherisch ausgenützt worden war.

So hatte es mit dem *Historismus* angefangen, in Deutschland. In Frankreich und in Italien kennt man das Wort nicht. In Deutschland aber wurde der Historismus zum System erhoben, beinahe zur offiziellen Religion, durch die Herrschaft, die Hegel (seit 1818 in Berlin) 20 Jahre und länger, noch über seinen Tod hinaus, über die Weltanschauung der deutschen Universitäten ausübte. Die preußische Regierung stützte sein Ansehen und wußte warum. Sie hatte kaum etwas dagegen, wenn man seinen alten Freund, Lehrer und Vorläufer Schelling mit Johannes, Hegel selbst mit Christus verglich. Wir wissen heute, daß Schopenhauers Schimpfmeisterstücke gegen Hegel, die das Urteil der jetzigen Generation beeinflußt haben, starker Korrektur bedürfen: Schopenhauer schimpfte nicht nur aus Gründen der Einsicht, und Hegel war ein überaus geistreicher Kopf von unerhörter Abstraktionskraft. Aber Hegels sprichwörtlich gewordene Lehre (Philosophie des Rechts 1821): „was vernünftig ist, das ist wirklich; und was wirklich ist, das ist vernünftig" hat dem politischen Historismus eine unverschämte Form gegeben. Die Aufklärung hatte Vernunft erst in das Wirkliche hineinbringen wollen; Kant gar hatte die Vernunft als die bloß menschliche Anschauungsweise erkannt, durch die wir uns das unnahbar Wirkliche eben nur vorstellen; Hegel verstand unter dem Wirklichen mit dem Historismus seiner Zeit das Gewordene, und alles Gewordene erklärte er ex cathedra für vernünftig geworden. Ein ruchloser Optimismus und ein schlechtes Gewissen stecken dahinter. Denn sein Ausgangspunkt, daß nämlich Sein und Denken identisch wären, kann einen Sinn nur haben, wenn man das Denken (die Vernunft in allem Wirklichen) vergottet. So, mit doppelter Front gegen die Aufklärung und gegen Kant, haben Hegel und die Hegelianer mit doppelt eiserner Stirn die Zeit aus dem jämmerlichen Sein heraus auf eine transzendente Welt vertröstet, nicht wie das Mittelalter auf ein greifbares, wohlschmeckendes Jenseits, sondern auf ein öde begriffliches, unvorstellbares Denken, jenseits des mit ihm identischen Seins.

Ich weiß wohl, daß die luftleeren Abstraktionen Hegels Worthülsen boten, in die auch rebellische Gedanken hineingesteckt werden konnten, daß es die linksstehenden Jung-Hegelianer waren, die später, an Hegels Denkvirtuosität geübt, Atheisten (oft vorsichtige) und radikale Anarchisten wurden. Dadurch wird aber die Tatsache nicht aus der Welt geschafft, daß Hegel durch seine Philosophie der Geschichte, durch seine Lehre von der Selbstbewegung der Begriffe, durch seine wie mechanisch arbeitende Dialektik den Historismus auf alle Begriffe anwenden gelehrt hatte, mit denen deutsche Professoren sich beschäftigen durften, auf die Begriffe der Geisteswissenschaften, und daß die Staatsmänner diese Tendenz benützten, um die letzten praktischen Ziele der Aufklärung bekämpfen zu können. Man sagt sonst: das Bessere sei der Feind des Guten; in Hegels Historismus und heimlichem Optimismus (alles Wirkliche ist vernünftig) wurde das Gegenteil gelehrt: wenn alles gut ist, wie es geworden ist, können und sollen wir kein Besseres anstreben, keinen Fortschritt.

III.

Auf ganz andern Wegen und Gedankengängen kam nun aber von England (1859) eine Ausdehnung des Historismus, an die in Deutschland kein Professor der Philosophie gedacht hatte. Nur etwa Goethe. Die englischen Philosophen, deren Bedeutung für abendländische Geistesbefreiung immer noch nicht genug gewürdigt ist, und gar nicht überschätzt werden kann, waren keine Professoren, waren übrigens auch keine Philosophen im Sinne des deutschen Fachausdrucks. Bacon, Hobbes, Locke und Hume waren Gentlemen, gelegentlich Geschichtsschreiber und Staatsmänner. Bewußt oder unbewußt Erben des alten englischen Nominalismus. Zum Begriffspalten nur geneigt, wo es ihnen um das Zerstören klotziger Begriffe zu tun war. Keine Systematiker, gute Schriftsteller, gewohnt, Geschichte zu machen, oder doch machen zu helfen und darum geneigt, den neuen Historismus auf das wichtigste Objekt des menschlichen Denkens anzuwenden: auf den Menschen selbst. So kurz das Datum des Ereignisses hinter uns liegt, wir können uns heute kaum mehr lebhaft genug vorstellen, wie plötzlich und umstürzlerisch die stille, eigensinnige, vorsichtig-tapfere, scheinbar unwiderlegliche Gedankenarbeit Darwins bei den oberen Zehntausend des geistigen Europa einschlug. Zum erstenmale, seitdem Menschen dachten, schien der Begriff des Werdens, der *Historismus*, auf die Objekte der lebenden Natur angewandt. Zum erstenmale nach der induktiven Methode Bacons; die phantastischen Vorläufer der Lehre im Orient und in Griechenland, auch die jüngsten Vorläufer in Deutschland und Frankreich waren ohne Wirkung geblieben, weil sie mit dem Gedanken nur gespielt hatten. Darwin hatte, genial und fleißig, den Bau allein angefangen und vollendet. Für die Ewigkeit, wie man glaubte. Eine tiefe Rührung überwältigte die zerstreute Gemeinde der freien Menschen von Europa. Die Arten waren nicht geschaffen, waren *geworden*. Der Begriffsklotz Art war zerspalten. Ohne schlechtes Gewissen konnte man endlich Atheist sein; denn die Zweckmäßigkeit der Natur war jetzt ohne die zweckvolle Absicht eines Schöpfers erklärt. Es waren keine schlimmen Menschen, die glaubten, den endlichen Sieg des Menschengeistes erlebt zu haben. Wieder einmal. Ich sehe noch den lieben Lehrer der Naturgeschichte vor mir, der uns Prager Gymnasiasten die Lehre von der Veränderlichkeit der Arten am Beispiele der Haustauben vortrug (1866) und der dabei einmal bis zum Schluchzen ergriffen wurde. Wir verstanden nichts davon; es war schon viel, daß wir nicht lachten. Auch war er wenige Wochen später entlassen.

Die Welt hatte also endlich das neue Schlagwort, nach dem sie seit der Reaktion der Freiheitskriege gestrebt hatte. Und seltsam: gerade der Begriff, der dem ersten Streben zugrunde lag, entwickelte sich jetzt aus der Anwendung des Historismus auf die organische Natur, auf den Menschen. Auch der Mensch mit allen seinen Gefühlen und Gedanken, mit seinen Gemütsbewegungen und ihrem Ausdruck, ist nicht geschaffen, ist geworden. *Evolution*, nicht *Revolution*. Evolution war das neue Wort. Entwicklung. Mit fast deutscher Gründlichkeit und Systematik wurde das Wort von Herbert Spencer erfaßt, ja unsicher schon vor 1859, auf alles Menschliche angewandt: auf Biologie, Psychologie und Soziologie. Dem neuen Zeichen konnte der Sieg nicht fehlen.

Ich habe an dieser Stelle nicht darüber zu berichten, was gegen den Darwinismus von klugen und freien Menschen seitdem vorgebracht worden ist, nicht zu prüfen, was grundsätzlich gegen die neue und kühne Fragestellung eingewendet werden kann. Ursache und Wirkung treten an die Stelle eines Gottes, aber Ursache und Wirkung sind vielleicht nicht weniger anthropomorphisch als der Gott. Die zweckvolle Absicht eines Schöpfers war aus der Welt geschafft, aber nicht der Zweckbegriff aus den Menschengehirnen. *Zielstrebigkeit* sagt man jetzt und niemand lacht. Das Wort Entwicklung oder Evolution wird vergehen, wie andere Schlagworte gekommen und gegangen sind. Darwin darf darum nicht verkleinert werden. Er hat die Menschen eine Vorstellung fassen lassen, die befreiend aufatmen ließ und nachwirken wird, auch wenn sich der Ausgangspunkt als falsch erweisen sollte. Auch wenn einmal wieder als falsch erkannt würde der alte Satz: natura non facit saltus. Nicht *wie* Darwin die Teleologie vernichtet hat, wird bleiben; aber *daß* er ohne Teleologie die Natur begreifen wollte, der Erste, das kann nicht vergessen werden. *Daß* die Organismen geworden sind, das wird nachwirken; *wie* sie geworden sind, das hat auch Darwin kaum für zwei Menschenalter überzeugend gewußt. Genug, wir können die Vorstellung fassen und aushalten: der Mensch und die andern Organismen sind, *als ob* sie geworden wären.

IV.

Dem ersten Drittel des Jahrhunderts gehörte der Sieg des Historismus in den Geisteswissenschaften, dem zweiten Drittel der Sieg des Historismus in der Naturwissenschaft; im letzten Drittel vereinigten sich diese beiden Historismen zu einem Überfall über alles, was den Menschen lieb geworden war, Moral und soziale Tradition, und wir stecken alle noch mitten inne in dieser Selbstbewegung der Begriffe und fangen zu merken an, daß sie uns genarrt haben. Ein so starker politischer Revolutionär wie Carl Marx schien berufen, die ungezählten Arbeiterbataillone gegen die Staatenordnung zu führen; aber sein Historismus, den er materialistische Geschichtsauffassung nannte, ließ sogar ihn lehren: Evolution, nicht Revolution, nur das Gewordene besteht, die neue Gemeinschaft farà da se. Und die Sozialdemokratie arbeitet sich ab im Parlamentarismus und Meliorismus; sie entwickelt sich, sieht zu, wartet ab, ist historisch und läßt aus ihrer Mitte den unhistorischen Anarchismus entstehen. Der alte Gegensatz, der so lange in der Geologie spielte, ob nämlich die Erdkruste mit ihren Gebirgen sich geruhig durch Wassergewalt oder wild durch Feuergewalt gebildet hätte, wurde auf die sozialen Gebilde übertragen. Das letzte Wort hätte heute der Plutonismus, wenn er nicht selbst wieder historisch kränkelte.

Der Historismus, der sich ganz natürlich an den Geisteswissenschaften entwickelt hatte, war also binnen weniger Jahrzehnte auf Naturwissenschaft und auf Soziologie übergesprungen. Nur ein Schritt war noch zu tun, damit der Historismus seinen sozialen Kreislauf vollende: Anwendung des Historismus auf die ewigen Wahrheiten der Moral, auf den kategorischen Imperativ. Noch Schopenhauer hatte in seinem glänzenden Nachweise, daß Geschichte nicht nur tief unter Philosophie und Kunst stehe, sondern überhaupt als Lehre vom Individuellen gar nicht Wissenschaft sei, noch Schopenhauer hatte gegen den Wert der Geschichte (Welt a. W. u. V. II. 506) besonders den Einwand gemacht, daß „die Konstruktionsgeschichten (er meint Hegel), von plattem Optimismus geleitet, zuletzt immer auf einen behaglichen, nahrhaften, fetten Staat, mit wohlgeregelter Konstitution, guter Justiz und Polizei, Technik und Industrie und höchstens auf intellektuelle Vervollkommnung hinauslaufen; weil diese in der Tat die allein mögliche ist, *da das Moralische im wesentlichen unverändert bleibt.*“ Sein System spielte ihm diesen Streich; im Moralischen steckte ja der tiefste Sinn des Willens, und der Wille war unveränderlich. Die Schüler Schopenhauers jedoch, nicht mehr gebunden an sein System, setzten die Zertrümmerung theologischer Vorstellungen im Geiste Schopenhauers fort. War für ihn die geschmähte Geschichte am Ende doch die Vernunft oder das Bewußtsein des Menschengeschlechts, so konnte oder mußte auch das moralische Bewußtsein ein Stoff der Geschichte werden. Es wird schwer auszumachen sein, wer diesen verwegenen Gedanken zuerst gefaßt und ausgesprochen hat, wer zuerst den Historismus, die Lehre vom Werden, auf die ewigen Wahrheiten der Moral übertragen hat. Vor Nietzsche hat Paul Rée unbarmherzig und trocken die Entstehung des Gewissens gelehrt; dann Nietzsche mit der ganzen Glut seiner Seele in dem Buche, das wieder einmal die schärfste Ausprägung des Gedankens im Titel trug: „Genealogie der Moral“. Aber schon der junge Nietzsche der unzeitgemäßen Betrachtungen hatte von dem leidenschaftlichen Tatmenschen lange vor der Umwertung aller Werte gesagt: „alle Wertschätzungen sind verändert und entwertet.“ Nietzsche stand noch unselbständig unter dem Einflusse Schopenhauers, als er das zweite unzeitgemäße Stück schrieb. Von Schopenhauer nahm er die wissenschaftliche, die philosophische Verachtung der Geschichte herüber. Schopenhauer starb eben, bevor der Historismus auf dem Gebiete der Naturwissenschaft und der Soziologie die

Zeit zu beherrschen begann. Die Nichtanwendbarkeit des Historismus auf die Moral stand für Schopenhauer fest. Seine Ablehnung der Geschichte ist noch fast ruhig, etwas Zorn und Leidenschaft mischt nur sein Verhältnis zu Hegel bei. Für Nietzsche war das alles verändert. Er war der hungrige Frager, der alle neuesten Antworten gierig hinunterschlang: es mußte doch etwas Wahres sein an dem naturwissenschaftlichen Historismus, an dem soziologischen Historismus und gar an dem letzten, dem moralischen Historismus, der damals noch chaotisch in Nietzsche wühlte. Aber Nietzsche kannte die Befriedigung des Systematikers nicht. Ekel ohne Sättigung, das war immer der Ausgang. Ausspeien, was er hinuntergeschlungen hatte, das war die Erleichterung. Und so schrieb der junge Nietzsche, in dem der Historismus des 19. Jahrhunderts als moralischer Historismus seinen Höhepunkt erreichte, die Schrift, die den Historismus totschlagen sollte. Und für uns Studenten von damals totschlug: „Vom Nutzen und Nachteil der Historie für das Leben."

Diese Schrift, die erste Nietzsches, die ich kennen lernte, und die mir vielleicht darum heute noch als seine beste erscheint, hat mit ihrer Stimmung noch stärker gewirkt als mit ihrer Darlegung. Auch ist das Vorwort heftiger als die Abhandlung selbst. Die Abhandlung ist größtenteils abwägend geschrieben, gar sehr noch in offenbarer Nachahmung Schopenhauerscher Sprache; noch fehlt die spätere Sucht, jedesmal das Äußerste zu sagen und sich am Worte bis zum Gegenworte zu berauschen. Nur im Vorwort meldet sich schon der künftige Nietzsche: „Ich glaube, daß wir alle an einem verzehrenden historischen Fieber leiden und mindestens erkennen sollten, daß wir daran leiden." Und vorher: „Ich habe mich bestrebt, eine Empfindung zu schildern, die mich oft genug gequält hat; ich räche mich an ihr, indem ich sie der Öffentlichkeit preisgebe." Dann aber kommt oft genug der Professor der Philologie zum Worte. Das Übermaß an Historie, nur das Übermaß schadet dem Lebendigen, sei es nun ein Mensch, ein Volk oder eine Kultur. „Ein Mensch, der durch und durch nur historisch empfinden wollte, wäre dem ähnlich, der sich des Schlafens zu enthalten gezwungen würde, oder dem Tiere, das nur vom Wiederkäuen und immer wiederholten Wiederkäuen leben sollte." Dem Lebendigen gehöre die Historie in dreifacher Beziehung, als monumentalische, als antiquarische und als kritische Historie.

Bei dem letzten Ausdruck hat es Nietzsche versehen, da er im Texte nicht kritische Geschichtsschreibung, sondern Aburteilung der Geschichte verlangt: „Jede Vergangenheit aber ist wert, verurteilt zu werden." Direkt von Schopenhauer hat Nietzsche den Gedanken, daß alles Historische individuell ist, daß, was einmal möglich war, „nie wieder bei dem Würfelspiele der Zukunft und des Zufalls herauskommen könne" (S. 24). Was sich die merken mögen, die Nietzsches letzte Gedankenflucht, die eine Wiederkehr des Gleichen fassen und lehren wollte, durchaus zum Höhepunkte von Nietzsches Wirken machen wollen.

Schopenhauer hat aus seinem Aperçu den logischen Schluß gezogen, daß Geschichte überhaupt keine Wissenschaft sei. Nietzsche, der den Fluch des Historismus viel leidenschaftlicher empfand, kam dennoch zu einer so scharfen Schlußfolgerung nicht; er sah nur deutlicher als irgend jemand seit hundert Jahren, und mit den Blicken des Hasses, einen Gegensatz zwischen Leben und Historie, zwischen Tatmenschen und Philologen, zwischen einem Bismarck und einem jungen Himmelsstürmer, der in Basel die Jungens philologisch abrichten mußte. Nur aus dem gelehrten Betriebe sehnt er sich heraus, wie Faust, und nur so persönlich möchte er der Geschichte den Charakter der Wissenschaftlichkeit absprechen. „Die Historie, sofern sie im Dienste des Lebens steht, steht im Dienste einer unhistorischen Macht und wird deshalb nie in dieser Unterordnung, reine Wissenschaft, etwa wie die Mathematik es ist, werden können und sollen“ (S. 18). Man achte auf die Verklausulierung: „in dieser Unterordnung“, „*reine* Wissenschaft“, „wie die Mathematik“; Schopenhauer hatte klipp und klar gelehrt, daß Kenntnis von individuellen Vorgängen niemals zu Begriffen, niemals zu einer Wissenschaft führen könne.

V.

Wenn es nun so etwas wie eine Logik der Geschichte, eine Philosophie oder auch nur eine Geschichte der Geschichte gäbe, so wäre der Historismus oder die Überschätzung der Geschichte am Ende des 19. Jahrhunderts, ungefähr im 100. Jahre seines Alters fertig und begraben gewesen. Aber so ist die Wirklichkeit nicht. Wie von unsern Tieren und Pflanzen ihrer Geburt nach die einen den jüngsten Erdepochen angehören mögen, die andern den ältesten, wie Elefanten und Schachtelhalme noch existieren, trotzdem sie durch die Entwicklung überholt sind, so leben auch Begriffe weiter, die seit mehr denn einem Menschenalter totgesagt worden sind. Eine Vergleichung philosophischer Wörterbücher oder gar der philosophischen Sprache wird ganz augenscheinlich ergeben, wie lange scheinlebendige Begriffe noch als Gespenster umherwandeln können. Die Schule von Leibniz arbeitete mit den Worten des überwundenen Descartes, Kant arbeitete mit den Worten der überwundenen Leibniz-Wolfschen Schule; und heute arbeiten die Überwinder Kants, die in ihrer geschlossenen Reihe (Lange, Helmholtz, Mach usw.) schon neben ihn zu stellen sind, mit Kantischen Worten; da darf man sich nicht wundern, wenn der kleine Begriff Geschichte so kurz nach seinem Absterben noch für lebendig gehalten wird.

Noch eine Menschlichkeit kommt dazu. Der Historismus hat in den 100 Jahren seiner Herrschaft so unabsehbare Kleinarbeit gefördert und immerhin einige künstlerisch schaffende Männer zu so ansehnlichen historischen Werken veranlaßt, daß im gelehrten Klein- und Großbetrieb die Geschichte eine sehr respektable Disziplin geworden ist. Wer darf noch wagen, der Geschichte den Charakter einer Wissenschaft abzusprechen, wenn in Deutschland allein 100 ordentliche Professoren diesen Zweig menschlichen Wissens pflegen? Wer die Geschichte gering achten in einer Zeit, da der deutsche Kaiser eben die historische Weltanschauung aufs äußerste treibt, die genau vor 100 Jahren, etwa in den Reden Fichtes, zu Berlin die wirkliche Forderung der Zeit war? So sehr vergessen ist Schopenhauers unwiderlegliche Ablehnung der Geschichte, so unwirksam ist selbst in diesen Tagen des Nietzsche-Einflusses Nietzsches Haß gegen die Geschichte, daß die führenden Philosophen — auch die dümmsten Zeiten haben führende Philosophen — ganz naiv der Geschichte ihren Platz in dem System der Wissenschaften angewiesen haben. Es hat jede Zeit, auch die dümmste, ihr eigenes System der Wissenschaften. Wer ein feines Lachen liebt, der lese in Wundts System der Philosophie das Kapitel „Gliederung der Einzelwissenschaften". Jeder Sammler, der sich fest auf einen ordentlichen Lehrstuhl niedersetzen darf, wird zum Vertreter einer Wissenschaft. Wahrhaftig, wenn der Zufall der Universitätsgeschichte es gefügt hätte, daß der Reitlehrer der Studenten eine ordentliche Professur innehätte, ein Systematiker wie Wundt würde die Reitkunst für eine Wissenschaft erklären. Ich glaube nicht zu übertreiben, denn Wundt bringt es sogar fertig, die Theologie, „da sie" (abgesehen von ihrer historischen Seite) „über die allgemeine religiöse und ethische Bedeutung der besonderen Glaubensanschauung, der sie dient, Rechenschaft geben will," zur Philosophie in nahe Beziehung zu bringen. Wundt mag sich nichts Schlimmes dabei denken; denn die Bedeutung der Geschichte ist ihm ein Axiom. „Die Frage, ob der Geschichte der Menschheit überhaupt eine allgemeine Bedeutung zukomme oder nicht, scheint durch die bloße Existenz einer Wissenschaft der Geschichte schon beantwortet zu sein" (635). Er glaubt an eine der Geschichte immanente Entwicklung (642); denn „das Leben ist die wirksamste Schule der Sittlichkeit, . . . der Erwerb der geschichtlichen Kultur ist das allerwesentlichste Mittel der gesamten geistigen Entwicklung des Einzelnen, insbesondere also seiner sittlichen, religiösen und ästhetischen Vervollkommnung, indem er ihm überall reichere Mittel des Erkennens und des Handelns zur Verfügung stellt" (643). So Wundt, von eines Verlegers Gnaden ein Klassiker der Philosophie.

Aber etwas feiner haben Sigwart und Windelband das gleiche Garn gesponnen: die Geschichte mit ihrem unabsehbaren Betrieb, mit ihren „Hilfswissenschaften" soll und muß, logisch und psychologisch, sich als Wissenschaft behaupten. Ich möchte demgegenüber nur noch, und strenger als bisher, zu zeigen suchen, daß die Tatsachen der Geschichte sich nicht zu Gesetzen zusammenfassen lassen, daß übrigens die Tatsachen der Geschichte nicht gewiß sind, immer nur einen Grad der Wahrscheinlichkeit für sich haben, daß also schon aus diesen beiden Gründen allein Geschichte nicht das ist, was wir sonst Wissenschaft nennen. Und weil mir lebhaft zum Bewußtsein gekommen ist, daß ich dabei allzusehr unter dem Banne eines Aberglaubens stehe, den Begriff Wissenschaft für einen Augenblick zu feierlich genommen habe, muß ich mich jetzt mit dem internationalen Worte Historie auseinandersetzen, nachdem ich vorher die Wortgeschichte von *Geschichte* gab. Der älteste, wie der neueste Sprachgebrauch ist mir günstig; nur gerade die 100 Jahre des ablaufenden Historismus überschätzen den Begriff. Im Griechischen bedeutet *ἱστορια* (von *ἱστωϱ* kundig, Zeuge) das Betrachten, die Nachforschung, jede Kunde, auch die Kunde von Geschehenem; in dem gleichen Sinne erscheint *historia* zunächst lateinisch, erst langsam wird historia (fast immer in der Mehrzahl) der technische Ausdruck für die Erzählung irgend welcher Begebenheiten; Fabeln, Stadtklatsch und wichtige Begebenheiten sind Historien, werden volkstümlich heute noch mit dem gleichen Worte benannt wie die wissenschaftliche Geschichte oder Historie. 2000 Jahre lang fällt auch die große Geschichte, die Völker- und Universalgeschichte, nicht unter den technischen Begriff *scientia*, *science*, *Wissenschaft*, wie er sich besonders seit der Scholastik auszubilden begann; wenn Thomas die Wissenschaft nennt recta ratio scibilium, so schließt er eigentlich die individuellen, irrationalen *Geschichten* aus. Bacon unterscheidet sehr genau die historia, poesis und philosophia nach den drei Geistesfakultäten: memoria, phantasia und ratio; philosophia allein umfaßt die Wissenschaften. Fast noch schärfer trennt Hobbes die Geschichte als die Erkenntnis von Tatsachen und die eigentliche Wissenschaft als die Erkenntnis von Folgerungen: altera cognitio (im Gegensatz zur Geschichte) est consequentiarum vocaturque scientia. Alle Denker aller Zeiten verlangen von einer Wissenschaft irgendeinen systematischen Zusammenhang. Kant lehrt (man achte auf das seltsame *soll*): „eine jede Lehre, wenn sie ein System, d. i. ein nach Prinzipien geordnetes Ganzes der Erkenntnis sein soll, heißt Wissenschaft.“ (Met. Anfangsg. der Naturw., Vorr.)

Einer der neuesten Systematiker aller Wissenschaften ist schon bescheidener und hilft uns vielleicht weiter; Spencer sieht die Unmöglichkeit des wissenschaftlichen Ideals und definiert science als partially-unified knowledge (First principles § 37).

Und nun darf ich auf einen Sprachgebrauch hinweisen, der in allen Kultursprachen fast der gleiche ist und der ganz unbewußt zwischen *Geschichte* und *Wissenschaft* unterscheidet. Wir nennen die alte Übersicht über die vorhandenen Gruppen von natürlichen Dingen Natur*geschichte;* Pflanzen und Tiere, die man beschrieben hat und auch wohl künstlich geordnet, gehören der Naturgeschichte an; eine Übersicht über die Gestirne nennt man Natur*geschichte* des Himmels. Zu Naturwissenschaften werden Kenntnisse auf allen diesen Gebieten erst durch einigen Einblick in die sogenannten *Gesetze* des Werdens; dann erst spricht man von Astronomie, Physiologie, Biologie usw. Wir wissen ja niemals soviel von den Dingen, wie die Wissenschaften glauben, aber alle Wissenschaften sind Sehnsuchten, Ideale, menschliche Annäherungen an Erklärung eines Wissensgebietes. Was wir Wissenschaft nennen, ist immer die gemeinsame, meinetwegen illusionäre Arbeit auf dem Wege zu einem solchen Erkenntnisideal. Geschichtliches Wissen jedoch kann, wenn der Forscher Besinnung und Kritik hat, diese Illusion niemals haben. Auch das Ideal der Geschichte wäre noch nicht Wissenschaft. Ideale Befriedigung aller Neugier würde der Wißbegier, der naturwissenschaftlichen, nichts bieten. Man wollte sich denn in das asylum ignorantiae hineinträumen, in die Allwissenheit Gottes, wo es dann keinen Unterschied mehr gäbe zwischen Natur und Geist, zwischen Wissenschaft und Geschichte, aber auch keinen mehr zwischen Wissen und Nichtwissen! Denn allwissend könnte nur sein, in törichter Menschensprache gesagt, wer zugleich Gott wäre und zugleich Natur. Der also alles wäre, gar nichts wüßte. Und wenn ich schon phantasiere, so will ich nur gestehen, daß ich mir einen noch umfassenderen Geist als den allwissenden alten Juden-Gott fast vorstellen kann: einen überzeitlichen Geist, vor dem Sein und Werden nur eins ist, weil er überall immer ist, nicht nur immer war; für den also sein Erleben oder Erwissen zugleich Welt und Geschichte ist. Kehren wir aber nach einem solchen Fluge zu der Erde zurück und zu ihren Professoren, so ist Geschichte doch keine richtige Wissenschaft.

Der Hauptgrund Schopenhauers gegen die wissenschaftliche Qualität der Historie, daß nämlich ihr Inhalt, die europäischen Katzbalgereien, immer individuell bleibe, nicht zu einem Begriff erhoben werden könne, dieser Hauptgrund ist wichtig genug, wäre mir aber noch nicht der letzte. Mein letzter Grund für die wissenschaftliche Wertlosigkeit der Geschichte ist der Satz, den ich schon in mancherlei Umformung ausgesprochen habe, den ich für das wichtigste Ergebnis der Sprachkritik halte und den ich noch niemals, auch nur zu meiner eigenen Befriedigung, ganz seiner Wichtigkeit gemäß in Worten ausdrücken konnte: daß die arme Menschheit immer wieder Notwendigkeit und Gesetzmäßigkeit miteinander verwechsle. Notwendigkeit findet sich immer und überall, aber wir sind es, die sie in die Welt hineinlegen; Gesetzmäßigkeit suchen wir in der Welt, wollen sie aus der Natur herausholen. Wissenschaft ist uns jede Gruppe von Annäherungen an Gesetzlichkeit, die hundert Generationen der besten Forscher aus der Natur herausgeholt haben. Was geschieht, was Menschen tun, sei es wertvoll oder wertlos, ist notwendig, leitet aber nicht zu Gesetzen. Daß Napoleon sich übernahm und auch noch nach Rußland marschierte, daß ich in dieser Stunde eine Zigarre mehr rauchte als sonst, sind zwei wirklich geschehene Tatsachen, beide notwendig, beide —

was man für die größten und für die lächerlich kleinsten Tatsachen der Geschichte mit Recht fordert — nicht ohne Folgen. Ich werde gut daran tun, weiter nur von dem einen der beiden Beispiele zu reden. Humoristische Psychologen mögen sich das zweite Beispiel mit vorstellen.

Gerade an der Geschichte Napoleons sind eine große Zahl sogenannter historischer Gesetze nachgewiesen worden. Nach einem solchen Gesetze wurde er Kaiser: auf die Revolution folgt Despotismus. Gesetzmäßig schlug er Preußen nieder: die Überhebung der preußischen Offiziere führte zur Nachlässigkeit. Gesetzmäßig strebte er nach dem Unmöglichen: ein Eroberer kann sich nur durch weitere Eroberungen halten usw. usw. Und auch die Gesetzmäßigkeiten der Natur fehlen im Bilde nicht: der Winter in Rußland ist kalt usw. Zieht man nun von allen diesen historischen Gesetzen ab, was theologisches (Napoleon und der Papst), was moralisches und was Geschwätz an sich ist, so kommt die alte Verwechslung von Notwendigkeit und Gesetzmäßigkeit zum Vorschein. Notwendig, also zufällig ist die heroische Laufbahn Napoleons so sicher, wie das Niederfallen dieses Regentröpfchens in diesem Augenblicke auf dieses Blatt meiner Glycine notwendig ist, also zufällig. Aus dem Ereignis des Regentropfens läßt sich allerlei Gesetzliches herausholen: für die Fallgesetze der Mechanik, für die Wärmelehre, für die Biologie der Pflanzen, minimal aber wissenschaftlich; aus dem Ereignisse Napoleon, der doch auch mir interessanter ist als mein Regentropfen oder meine Zigarre, läßt sich durchaus nichts Gesetzliches für irgendeine Wissenschaft herausholen.

Dabei ist es einerlei, ob man in der Geschichte der Menschheit Ideen verkörpert sieht oder die materialistische Geschichtsauffassung teilt. Ob man auf die great-men-Theorie schwört oder auf die Milieutheorie. Auch für den Einwand des individuellen Geschehens, für den Einwand Schopenhauers, ist es einerlei, weil auch die Wirkungen der Helden wie die Wirkungen der Umwelt sich genau niemals wiederholen können. Daß aber für die Lehre, das Weltgeschehen sei nicht gesetzlich, sondern notwendig, also zufällig, die Frage nach der Geistigkeit oder Stofflichkeit der Ursachen gleichgültig sei, darauf möchte ich doch mit einem Worte hinweisen. Aus Ideen und Psychologie erklären die einen die ganze Geschichte, aus materiellen Bedürfnissen und Nationalökonomie die andern; und die besten Künstler unter den Geschichtsschreibern brauen sich ein Gemisch von Psychologie und Nationalökonomie zusammen, d. h. sie wenden auf die Erklärung der Geschichte den sog. gesunden Menschenverstand an. Man nennt dies auch pragmatische Geschichtsschreibung. Nun sind Psychologie und Nationalökonomie immerhin auf dem Wege nach wissenschaftlichen Zielen. Anspruchslose Leute dürfen sogar von psychologischen, von nationalökonomischen Gesetzen reden. Weil nun die Notwendigkeiten des geschichtlichen Geschehens ihren Ursachen nach unter die Gebiete der Psychologie und der Nationalökonomie fallen, d. h. bald zu den Ereignissen des Menscheninnern gehören, bald zu der Statistik, darum täuschen die unausrottbaren Philosophen der Geschichte sich und andern vor, die Gesetzmäßigkeiten, die von Spezialisten der Psychologie und der Nationalökonomie behauptet werden, wären auch in der Geschichte zu finden. Schon da wird mit dem Begriffe Gesetzmäßigkeit Unfug getrieben; was sich im Innenleben der handelnden Helden der Geschichte ewig wiederholt, das sind natürlich psychologische Vorgänge, die unter die paar psychologischen Gesetze fallen, welche bei der Selbstbeobachtung der Menschen herausgekommen sind; daraufhin spricht man getrost von Gesetzen in der Geschichte, von *historischen Gesetzen*, und konstruiert ein Weltbild, dem keine Wirklichkeit entspricht, das schlecht über die Vergangenheit und gar nicht über die Zukunft belehrt. Was doch historische Gesetze gut leisten müßten.

Solche Erkenntnis brach sich klar oder unklar Bahn, als das Jahrhundert des Historismus abzulaufen begann. Da war auch die Zeit gekommen, daß diejenigen Kollegen aus den philosophischen Fakultäten, die sich insbesondere Philosophen nennen, den Historikern beisprangen und bewiesen: die Geschichte ist und bleibt eine Wissenschaft. Seit 20 Jahren ist das oft geschehen. Ein feinerer Kopf, Windelband, fühlte zuerst das Bedürfnis, schärfer zwischen Normen und Naturgesetzen, zwischen Geschichte und Naturwissenschaft zu unterscheiden. Er legte den Finger auf Mängel der alten Logik, die eigentlich nur klassifikatorisch war, die für die Gesetzeswissenschaften (Mechanik usw.) umgestaltet werden mußte und für die Ereigniswissenschaften gänzlich versagte. Ich glaube freilich, daß aus Windelbands Darlegungen die Unwissenschaftlichkeit der Geschichte erst recht hervorgeht und daß seine neuen Bezeichnungen *(idiographisch* und *nomothetisch)* kein Glück haben werden. Nicht minder anregend waren Simmels „Probleme der Geschichtsphilosophie", die die Wirklichkeitswissenschaft der Geschichte noch energischer den Gesetzeswissenschaften gegenüberstellte.

Ich muß noch ein Buch erwähnen, das die Gedanken Windelbands mit viel Wasser verlängert und verbreitert hat, H. Rickerts „Die Grenzen der naturwissenschaftlichen Begriffsbildung"; eins von den Büchern des Philosophiebetriebes, von denen dreizehn auf ein Dutzend gehen. Es muß erwähnt werden, nicht weil es bei dem geltenden Höflichkeitsaustausch der Professoren oft „berücksichtigt" worden ist, sondern weil seine Problemstellung dilettantisch ist, erkenntnistheoretisch im Stande der Unschuld, und weil die gefoppten Leser von einem berufenen Professor nach grundfalschen Darlegungen mit einem schlecht posierten triumphierenden Heureka entlassen werden: „das in der Einleitung dieser Schrift gestellte Problem der Wissenschaftslehre ist jetzt gelöst" (704).

Das Problem wird schon im Titel

des Buches verschleiert. Daß die logische Begriffsbildung der Naturwissenschaften nicht einwandfrei sei, das wußte man längst, ganz bestimmt seit Sigwart. Rickert will etwas ganz anderes behaupten und beweisen: daß es eine ganz andere Art von Begriffen gebe als die naturwissenschaftlichen, die historischen Begriffe, und daß diese angeblichen historischen Begriffe nach einer ganz andern Methode zustande kommen, die von guten Historikern praktisch geübt, von Rickert aber erst dem Arsenal der Methoden theoretisch hinzugefügt worden sei. Wenn ich nur unter den 20000 Worten oder Begriffen einer Kultursprache ein einziges Wort entdecken könnte, einen einzigen Begriff, der auf die Bezeichnung *historischer Begriff* Anspruch machen könnte. Das, woraus Rickert sein Problem gemacht hat, gibt es gar nicht. Es gibt eine besondere Übung für die Benützung historischer Quellen, eine philologische Kritik, die den gelehrten Scharfsinn in besonderer Art spezialisiert hat. Aber Rickert weiß denn doch und sagt es auch, daß diese Tätigkeit mit seinem Problem nichts zu schaffen habe. In Auffassung und Darstellung der Geschichte, in der Geschichtsschreibung also sollen die historischen Begriffe allein zu finden sein. Geschichtsschreibung ist aber Erzählung wie jede andere Erzählung; Herodotos und Livius, Gibbon und Taine, Ranke und Mommsen unterscheiden sich von einem großen dichtenden Erzähler nur durch die Stoffbildung, durch die Wahrheit der Geschichten (wenn nicht auch dieser Unterschied ein relativer wäre), nicht durch das gemeinsame Ausdrucksmittel der Sprache, nicht durch die Begriffe. Es wäre denn, daß der Historiker Ideen und Gesetze gäbe anstatt Tatsachen, Unwahrheit anstatt Wahrheit, so daß er nicht mehr ein guter Erzähler, sondern ein schlechter Dichter zu heißen verdiente.

Ein paar Beispiele sollen mir helfen, über den Widersinn der Bezeichnung *historische Begriffe* aufzuklären. In der unabsehbaren Masse der organischen und unorganischen Naturdinge haben sich die Menschen so viel ordentlicher und zweckmäßiger zurechtgefunden als die Tiere, weil sie seit Menschengedenken (seitdem es Sprache gibt nämlich) ähnliche Dinge unter Worten oder Begriffen zusammengefaßt haben. Und so immer höher hinauf wieder die ähnlichen Begriffe, bis in unsern Naturwissenschaften eine recht bequeme, meinetwegen bewunderungswürdige Übersicht möglich wurde. Die Aufmerksamkeit der Menschen ist immer vom Interesse gelenkt und die Sprache ist immer materialistisch. Da war es denn nicht gleichgültig, ob die naturwissenschaftliche Begriffsbildung am Interesse haften blieb oder nicht, interesselos, d. h. wissenschaftlich wurde oder nicht. Es gab etwas wie Botanik auch damals schon, als man unter den Kräutern absonderlich die Gruppen der offizinellen Kräuter und der Küchenkräuter heraushob; aber die Botanik ist doch etwas wissenschaftlicher geworden, seitdem man die Pflanzen ohne das Interesse an der Heilkraft und an ihrem Wohlgeschmack nach Familien ordnet. Ebenso ist die Mineralogie wissenschaftlicher geworden, seitdem sie nicht mehr allein dem Interesse des Bergmanns dient; die Astronomie, seitdem ihr Nutzen für die Kalendermacher nur noch nebenbei abfällt und Astrologie nicht mehr geglaubt wird. Ob die Einteilungsgründe der naturwissenschaftlichen Gruppen übrigens natürlich oder künstlich sind, das gehört auf ein anderes Feld. Die Sehnsucht und damit die Annäherung an ein natürliches System macht unser Naturwissen nach unserm Sprachgebrauch zu Wissenschaft.

Durch die naturwissenschaftliche Begriffsbildung, die auch die natürliche Begriffsbildung der Sprache ist, ist die unabsehbare Masse der Naturdinge übersehbar geworden. Das springt noch deutlicher in die Augen, seitdem die Einführung des Mikroskops und dann die Einführung des Infinitesimalen in die Theorie die Zahl der Dinge für Naturgeschichte und Physik fast grotesk gesteigert hat. Denn die Zahl der Elemente oder Arten oder Begriffe ist nur ganz unverhältnismäßig wenig gewachsen. Es gibt eben in der Natur Milliarden von Dingen, die die Wissenschaft mit Recht als identisch ansieht, die die Sprache mit Recht unter einem Worte oder Begriffe zusammenfaßt.

Auch die historische Forschung ist im 19. Jahrhundert mikroskopisch geworden. Man hat nicht nur viele Archive ausgeschüttet und unendliche Sammelwerke von Inschriften in bekannten und unbekannten Sprachen angelegt, man hat gesammelt und sammelt weiter, was irgend über oder unter der Erde einmal war und vielleicht einmal für irgendein noch nicht vorhandenes historisches Thema benützt werden könnte. Aber diese unabsehbare Masse historischer Beobachtungen ist nicht begrifflich klassifizierbar, ist nicht zu ordnen, weil es da kaum einmal Ähnlichkeiten gibt, niemals Identitäten. Das Notizenmaterial für die Schlacht von Sedan ist ungeheuer groß, weil jeder Befehlszettel jedes Offiziers aufbewahrt worden ist; aber auch das Notizenmaterial der Schlacht von Marathon ist sehr groß geworden, wenn man alle philologischen Untersuchungen über die paar Zeilen der Quellen von Herodotos bis Suidas hinzunimmt, dann die unendliche Fülle der Ausgrabungen bis herunter zu der mikroskopischen Untersuchung der Aschenlage des Grabhügels auf dem Schlachtfelde. Und dieses ganze Material setzt den Geschichtsschreiber doch nur instand, den Verlauf der Schlacht von Marathon, den Verlauf der Schlacht von Sedan wahrheitsgetreuer zu erzählen, in zehn Zeilen oder in einem Bande von 1000 Druckseiten. Zu einem *wissenschaftlichen* Schlusse berechtigen diese Erzählungen nicht, die immer wieder nur einen einzigen Fall berichten. Eine einzige mikroskopische Untersuchung einer Fliege von einer bestimmten Art läßt darauf schließen, alle richtig beobachteten Tatsachen bei tausend andern Fliegen der gleichen Art wieder zu finden; die genaueste Betrachtung von tausend Schlachten läßt den Ausgang keiner einzigen vorhersagen. Noch einmal: „Das Beste, was wir von der Geschichte haben, ist der Enthusiasmus, den sie erregt“; der nachwirkende Enthusiasmus der Schlacht von Marathon ist wieder eine sog. historische Tatsache, die nicht anders wird dadurch, daß die neuen Forschungen die Aufschneidereien der Athener enthüllt und die Völkerschlacht zu einem kleinen Arrièregardengefecht zurechtgerückt haben. *Fliege* ist ein naturwissenschaftlicher Begriff, der methodisch verbessert werden konnte; *Schlacht* ist ein nachlässiger Begriff der Gemeinsprache, der durch keine Methode verbessert werden kann. Es gibt keine historischen Begriffe.

Aus dem unabsehbaren Nebeneinander der Naturdinge vollzieht zuerst grob die Gemeinsprache und dann immer feiner die Wissenschaft die Auswahl der ordnenden Begriffe, die eine Übersicht ermöglichen. Die Auswahl der Einteilungsgründe, wohlgemerkt; so interesselos, uneigennützig, wie die Sprache und nachher die Wissenschaft gelernt hat, Farben und Töne zu ordnen und das Fallen eines Steines mit dem Lauf der Gestirne uneigennützig unter einen Begriff zu bringen. Auch die bessere Geschichtsschreibung trifft eine Auswahl: sie bewertet die Schlachten Napoleons höher als seine Weibergeschichten. Aber die Werturteile der Geschichte können gar nicht interesselos sein, sie sind wesentlich vom Interesse gerichtet, selbst dann, wenn der Geschichtsschreiber einzig und allein der Kausalkette bis zur Gegenwart nachgehen wollte. Das Interesse an der jeweiligen Gegenwart, besser: ein gegenwärtiges Interesse trifft die Auswahl aus der Vergangenheit. In unsern Schulen wird die Geschichte Roms, Griechenlands und Israels ausführlich behandelt; in Japan kümmert man sich wenig um Rom, Hellas und Israel. Anders trifft ein Franzose die Auswahl, anders ein Deutscher. Die alte Forderung, der pragmatische Historiker solle keinen Glauben und kein Vaterland haben, ist unerfüllbar. Auf die Folgen für die Wahrheit der Geschichtsschreibung will ich noch zurückkommen.

Durch die Beziehung auf die jeweilige Gegenwart ist die beste Geschichtsschreibung immer journalistisch im höchsten Sinne. Tacitus, Macchiavelli, aber auch Gervinus und Mommsen wollten auf ihre Zeitgenossen wirken. Mit tendenziösen Darstellungen. Mit bewußten oder unbewußten Fälschungen, die man ja auch Satiren nennen kann. Seit Gustav Freytag bis auf den heutigen Tag ist der Cäsarenwahnsinn Neros ein beliebtes Thema solcher Satire. Ob Nero so war, wie er dargestellt wird, bleibe unentschieden. Was aber kann die Geschichte mit dem Begriffe Cäsarenwahnsinn anfangen? Wahnsinn ist ein allgemeiner, ungenauer Begriff der Gemeinsprache, ein nur wenig gesäuberter Begriff der Naturwissenschaft, die in diesem Falle physiologische Psychologie heißt. Einen historischen Begriff Cäsarenwahnsinn gibt es nicht, man müßte denn darunter die Predigerbanalität verstehen, daß übergroße Macht zu Ausschreitungen verführt.

Nun könnte man mir entgegenhalten, daß die Neuzeit eine ganze Reihe von Wissenschaften aufgebaut hat, die zugleich naturwissenschaftlich und historisch sind. Wir haben oder glauben zu haben außer der bloß gelehrten Geschichte der einzelnen Naturwissenschaften auch etwas viel Größeres: eine Geschichte der Naturdinge. Wir reden seit Kant von einer natürlichen Entstehung unseres Planetensystems, der Natur*geschichte* des Himmels, wir könnten seit Mendelejeff von einer Geschichte der Elemente reden, und die Geschichte des Erdkörpers ist uns ein so vertrauter Begriff geworden, daß man das bißchen Weltgeschichte recht gut als Nachtrag zu einer Geologie auffassen könnte. Könnte man nun von diesen Geschichten der Naturdinge als von historischen Begriffen reden? Nein.

Diese Geschichten werden immer weniger Wissenschaft und immer mehr Historie, je mehr Leben oder gar Psychologie in ihren Objekten steckt. Am ehesten könnte man und ganz verwegen von einer Geschichte der Naturdinge bei den sog. chemischen Elementen sprechen, wenn diese — wie man jetzt anzunehmen beginnt — aus einem Urelement hervorgegangen wären. Diese Entwicklung bleibt aber eine Hypothese, bis ein Versuch im Laboratorium den Nachweis erbracht hat; dann aber kann die Verwandlung der Elemente wiederholt werden, gehört der Naturwissenschaft an, und die erstmalige Verwandlung der Urelemente in andere Elemente ist nur noch ein Spezialfall eines Naturgesetzes.

Die Entstehung unseres Planetensystems wäre wiederum — die Richtigkeit des Kant-Laplaceschen Systems vorausgesetzt — nur von unserem Sonnensystemstandpunkte aus Geschichte, ein Spezialfall; für den Kosmos, wenn wirklich am Himmel ähnliche Systeme im Sinne der Laplaceschen Theorie entstehen und vergehen, wären ungezählte Wiederholungen vorhanden; die verifizierte Hypothese wäre ein Naturgesetz. Nur unser Einzelfall wäre Geschichte, wie ihr eigenes Leben auch für die Fliege ihre Geschichte ist.

Dasselbe gilt für die Geologie. Wüßten wir auch alles Erforschbare über die Entstehung der festen Erdkruste, wäre eine ähnliche feste Kruste auf den andern Planeten eine verifizierte Hypothese und würde der gegenwärtige Aggregatzustand der Sonne und der Fixsterne einem uralten Zustande der Planeten sicher entsprechen, so hätten wir gesetzliche Wiederholungen, von denen unsere Geologie nur ein Spezialfall der Astrogonie wäre. Die Geschichte all dieser Naturdinge wäre also etwas ganz anderes, wäre nach dem Sprachgebrauch weit mehr Wissenschaft als die Menschengeschichte, die sog. Weltgeschichte auf der Erdkruste, weil doch keine ernsthafte Hypothese von menschenähnlichen Wesen auf irgendeinem Himmelskörper zu sprechen berechtigt. Die Weltgeschichte also ist auch von diesem Gesichtspunkte aus eine ganz einzige und individuelle Erscheinung, ist kein Spezialfall wiederholter Regelmäßigkeiten, läßt sich mit nichts auf der Welt vergleichen. Man sieht also: die neu erschlossene Geschichte der Naturdinge nähert sich immer mehr einer naturwissenschaftlichen, gesetzfindenden Behandlung, je toter, unlebendiger, seelenloser die Naturdinge für unsere menschliche Auffassung sind; versagt sich der wissenschaftlichen Behandlung um so mehr, je psychologischer die Vorgänge für uns sind. Könnten wir Entstehung der Elemente, Astrogonie und Geologie in kleinen Laboratoriumsversuchen wiederholen, dann würde diesen Historien der Naturdinge doch wieder etwas von ihrem Geschichtscharakter genommen, weil die Zeitfolge, die in der Menschengeschichte das einzige Band ist, gleichgültig wird für wiederholte Versuche. Seitdem Sauerstoff in der Retorte hergestellt worden ist, kann Sauerstoff immer hergestellt werden. Der psychologische Wille eines Schlachtenlenkers ist weder bei ihm selbst wiederholbar, noch bei andern Schlachtenlenkern.

VI.

Unter allen Teilaufgaben der Geschichte geht uns hier am meisten diejenige an, die sich selbst Geschichte der Philosophie nennt. Sie steht in großem Ansehen und sie existiert sogar. Aber die Unmöglichkeit zu historischem Wissen zu gelangen steigert sich in dieser Disziplin zu einer Groteske, nur daß die Forscher, die gerade jetzt wieder gepriesen werden und Preise verteilen, das Organ für Auffassung der Groteske in ihren eigenen Bemühungen verloren haben. Die Entwicklung des menschlichen Geistes in seinen höchsten Äußerungen will man darstellen, die Entwicklung von Worten will man in Worten abbilden. Wenn man aber mit dem Werkzeug der Sprache schon nicht an die Erkenntnis der Wirklichkeit herankann, so kann man mit diesem elenden Werkzeug noch viel weniger heran an die Entwicklung des Werkzeuges selbst. Und das allein wäre doch eine Geschichte der Philosophie.

Zwei Umstände verhindern philosophisch ernsthafte Arbeit auf diesem Gebiet. Wie denn auch die stärksten philosophischen Köpfe für die *Geschichte* des Geistes oder des Denkens niemals viel übrig gehabt haben; Platon, Spinoza, Kant als Historiker der Philosophie tief unter Kuno Fischer zu stehen kämen. Wie auch Cäsar und Napoleon Weltgeschichte gemacht, aber nicht geschrieben haben, höchstens die Geschichte ihres eigenen Lebenswerks gefälscht haben, um durch solche Fälschung weiter Geschichte zu machen.

Die beiden Umstände, die eine ernsthafte Philosophiegeschichte nicht zulassen, beziehen sich auf den festen Standpunkt des Darstellers und auf die Undarstellbarkeit des Darzustellenden. Wie wenn ein Photograph die Luftbewegung auf die Platte bringen wollte, besäße aber kein Stativ für seinen Apparat und keine für die Luft empfindliche Platte.

Der Standpunkt des Beobachters verschiebt das Bild der historischen Gedankenwelten nicht nur für den

Beobachter. So ein alter Philosoph ist nicht an sich unveränderlich wie etwa ein tierischer Organismus, der im ganzen und großen immer der gleiche bleibt und an dem die Forscher mehr und mehr sehen und beschreiben; so ein alter Philosoph verändert sich in der Geschichte, meinetwegen in der Geschichte der Philosophie. Weil die Weltanschauung des Mannes in den Worten seiner Individualsprache niedergelegt war und weil alle diese Worte bis zu diesem Philosophen die Wortgeschichte der Gemeinsprache mitgemacht haben, nach seiner Geistestat jedoch, durch seine Geistestat eine neue postume Wortgeschichte beginnen, weil jeder Bahnbrecher die Bahn einer neuen Geschichte gebrochen hat, weil jeder Geschichtsschreiber diese Bahn vorwärts gar nicht und rückwärts nur von dem Punkte übersehen kann, auf den ihn der banale Zufall seiner Geburt gestellt hat: darum sieht und hört jeder Geschichtsschreiber den alten Philosophen so, wie die Zeitgenossen des Geschichtsschreibers just sehen und hören gelernt haben. Das Stativ ist auf keinen ewigen Horizont gestellt, es gibt keine Wasserwage für eine normale horizontale Ebene und darum hängt es vom Zeitgeiste ab, ob so ein Gipfel hoch oder niedrig erscheint. Die Geschichtsschreiber, die heute andere Gipfel auszeichnen als die des 16. Jahrhunderts, sind ebenso gute Leute wie die des 16. Jahrhunderts waren. Sie können die Geschichte der Philosophie nicht bezwingen, weil sie von der innern postumen Geschichte der einzelnen Gedankenwelten bezwungen werden. Gezwungen z. B. in Spinoza und Kant höchste Gipfel zu sehen, auf Demokritos, der noch vor 50 Jahren ein Gipfel war, hinabzusehen.

Dabei habe ich noch gar nicht in Betracht gezogen, daß der Geschichtsschreiber, wenn er nicht ein ganz kleiner Alexandriner ist, seinen Beobachterstandpunkt doch anfangs nur vorläufig wählt und während seiner kleinen Lebensarbeit notwendigerweise ändert; daß ein besonders tüchtiger Geschichtsschreiber der Philosophie doch wieder durch richtige oder falsche Aufnahmen Neuwertungen einführt, die zu Gemeinplätzen machen, was er für sich in jahrelangen Kämpfen erstritten hat. Und es macht für die historische Betrachtung wieder sehr viel aus, ob das Urteil über irgend eine alte Gedankenwelt für kühn oder für selbstverständlich gilt. Die Geltungsgeschichte der platonischen Ideen würde genügen, um diese Unfreiheit in der Philosophiegeschichte vielfach zu belegen. Aber in unserer raschlebigen Zeit brauchen wir nicht den Zeitraum von 2000 Jahren. Zwanzig Jahre nach dem Ende seines Schaffens ist Nietzsche in der postumen Geschichte seiner Gedanken schon so weit gekommen, daß die Professoren anfangen, „das Bourgeoise" seiner Paradoxen nachzuweisen. Nicht einmal seine Schriftstellerqualitäten konnten ihn davor schützen, daß der Zeitgeist oder die Mode ihn für die Geschichte zurechtmacht. Denn auch die Dichter haben in der sogenannten Literaturgeschichte ihr postumes Eigenleben. Fast zwei Jahrtausende war Virgil ein

Gipfel und einige Jahrhunderte lang ein Zauberer dazu; jetzt treibt er als Vergilius ein kümmerliches Dasein auf dem Ausgedinge der Lateinschule.

Eine Vorstellung oder Ahnung von dieser Beweglichkeit des Standpunktes der Philosophiegeschichte hat der große Konstrukteur des philosophischen Historismus schon gehabt, Hegel; weil ihm aber die Philosophie der objektive Geist ist, „dessen denkende Natur es ist, das, was er ist, zu seinem Bewußtsein zu bringen", so sieht er in der Geschichte der Philosophie ein Ganzes auf verschiedenen Ausbildungsstufen und kommt zu einem für ihn selbst sehr schmeichelhaften Schlusse (Encyklopädie d. philosoph. Wissensch. II. Ausg. § 13): „die der Zeit nach letzte Philosophie ist das Resultat aller vorhergehenden Philosophien und muß daher die Prinzipien aller enthalten; sie ist darum, wenn sie anders Philosophie ist, die entfaltetste, reichste und konkreteste." Mit andern Worten: Hegel war für Hegel der Gipfel und die Entwicklung hätte von Rechts wegen mit ihm ein Ende haben sollen.

Drolliger ist es, wenn ein Schulmeister wie Kuno Fischer (in der Einleitung zu der Geschichte der neueren Philosophie) den Kothurn eines Hegel anschnallt und auf dialektischem Wege den Beweis führt, daß nun Kuno Fischers Siegesallee der neueren Philosophie (in 9 Bänden) der wahre Gipfel ist. Philosophie ist Selbsterkenntnis des Menschengeistes, des objektiven. Immer sind es Wendepunkte, wenn Selbsterkenntnis zur neuen Grundlage gemacht wird. Solche Wendepunkte sind selten. „Sie erscheinen (die Wendepunkte?) immer nur, wenn die Zeiten erfüllt sind." Eigentlich dürfte es gar keine Geschichte der Philosophie geben; denn Wahrheit ist nur *eine* und hat darum keine Geschichte; aber der kritische Geschichtsschreiber der Philosophie empfängt seinen Standpunkt eben von der Geschichte, der Menschengeist, der Gegenstand der Philosophiegeschichte (auch dieses Wort stammt von Hegel) ist lebendig, historisch, also fällt Geschichte der Philosophie und Bewußtwerden der Geschichte des Menschengeistes zusammen. „Wenn das Objekt der unendliche Geist ist, so ist die Wahrheit selbst eine lebensvolle Geschichte." So kommt auch Fischer zu dem wiederum für ihn schmeichelhaften Schlusse, daß Philosophie nichts anderes sein kann als Geschichte der Philosophie, daß also Kuno Fischer der Gipfel. Nicht nur etwa Erkenntnistheorie, sondern auch Lebensweisheit fällt unter diesen Begriff. „Wir befreien uns von unsern Leidenschaften, sobald wir sie denken; sie hören auf unser Zustand zu sein, sobald sie unser Gegenstand werden ... die Akte der Selbsterkenntnis sind in unserm Leben, was die Monologe in einem Drama, die Handlung zieht sich aus dem bewegten Schauplatz der Außenwelt in das innerste Gemüt zurück." Man könnte einwenden, daß nur der Wendepunkt-Philosoph der Dichter solcher Monologe ist, der Philosophiehistoriker aber, der den fremden Text hersagt, nur etwa ein Schauspieler.

Das große und das kleine Beispiel

von Hegel und von Kuno Fischer zeigen, wie die Beweglichkeit des Standpunktes schließlich dazu führen kann und im Grunde immer geführt hat, den eigenen Standpunkt für den äußersten Gipfel zu halten. Wie wir's zuletzt so herrlich weit gebracht. Hegel und Kuno Fischer standen ja nicht allein auf diesem Wahn; Hegel hat die deutsche Welt, Kuno Fischer Hunderte von Studenten und Professoren zu Gläubigen gemacht.

Der zweite Umstand, der eine Geschichte der Philosophie verhindert, Wissenschaft zu werden, ist wie gesagt, die Unmöglichkeit, den Gegenstand dieser Geschichte in dauernden Worten festzuhalten. Wir verstehen kaum die Sprache unserer Zeit, selten einer die Sprache des andern, niemals die Sprache eines Toten. Wir verzeichnen die Schlachten der Weltgeschichte und die Bücher der Helden der Philosophiegeschichte. Die Psychologie der Eroberer kennen wir nicht, die Psychologie der Geisteshelden noch weniger, gerade darum noch weniger, weil nur Worte von ihnen übrig geblieben sind. Ceciderunt in profundum. Wir haben uns auf der Gondel eines Fesselballons hoch in die Lüfte gehoben; ein starkes Seil verbindet uns allein mit der Erde, mit der Vergangenheit. Wollen wir wirklich das Seil Faser für Faser aufdröseln, um unsere Verbindung mit der Erde, um unsere Vergangenheit besser zu verstehen? Eine Arbeit für Seiler. Vor dem Aufdröseln der letzten Faser wäre unser Ballon losgerissen.

VII.

Mitten inne zwischen den Historien der Naturdinge, die wir tot oder unorganisch nennen, und der psychologischen Menschengeschichte stünde die Entwicklung der Organismen auf der Erdkruste, die auch zeitlich ein Zwischenglied zwischen Geologie und Menschengeschichte wäre. Wäre diese Entwicklungslehre mehr als eine anregende Kampfhypothese gegen den Bibelglauben, wäre sie verifiziert, so stünde sie der Geschichte der toten Naturdinge wissenschaftlich etwas näher als die Menschengeschichte, weil sie frei ist von Psychologie. Ganz frei sein sollte.

Auch mit der Hypothese des Panpsychismus, der die Elemente und die Gestirne, die Gesteine und die Organismen mit menschenähnlichen Seelen begaben möchte (wird auf Menschenähnlichkeit Verzicht geleistet, so verliert die Metapher jeden Sinn), ist für die große Geschichte der Naturdinge nichts anzufangen. Möchte man dann die treibende Kraft der Entwicklung Pantheismus oder Panpsychismus nennen, einerlei, es wäre doch nur eine philosophische Terminologie für unsere Unwissenheit und die Geschichte der Naturdinge würde um so mehr zufällig, je mehr wir uns bemühten, sie der Menschengeschichte ähnlich, sie innerlich zu fassen.

Daß aber Weltgeschichte ein Werk des Zufalls sei, daß keine gewollten Zwecke irgend einer weltbaumeisterlichen Intelligenz in ihr zu entdecken seien, das gerade bestritten und bestreiten die ganz edlen Menschen, die das Schöne und das Gute auch dann noch in der Vergangenheit suchen, wenn sie es in ihrer Gegenwart nicht gefunden haben. Sie wollen nicht glauben, daß die Geschichtsschreibung längst erstrebt hat, was die literarische Bewegung vor etwa 20 Jahren als neues Dogma verkündete: von jeher war Geschichte eine künstlerische Erzählung von äußerstem Naturalismus. Und die besten Romane des Naturalismus (Zolas Débâcle, Stendhals Chartreuse de Parme) sind Geschichte. Die ganz edeln Menschen, die immer auf einige Worte des Glaubens schwören, sind übrigens modern und lassen der Ästhetik ihr Recht. Die Ästhetik mag auf ihrem Gebiete den Begriff des Sollens abschaffen. Aber beileibe die Ethik nicht anstecken. Die edeln Menschen wollen nicht begreifen, daß beide Begriffsgruppen aus ähnlichen Werturteilen bestehen, daß Ethik so etwas wie innere Ästhetik ist, daß in den Wirkungen der Musik z. B. ethische und ästhetische Erregungen schwerlich rein zu trennen sein dürften. Die Weltgeschichte soll ethisch sein oder sie soll den Namen einer Wissenschaft nicht verdienen. Der Mensch als Objekt der Poesie braucht nicht zu sollen; aber der handelnde Mensch, der doch immer gewissenlos ist, muß sollen, die Menschheit als Ganzes muß erst recht sollen. Die Geschichte soll.

Diese hübsche Vorstellung, dieser Katechismus aller guten Menschen ist kaum jemals so geradlinig aufgestellt worden, zum Umwerfen geradlinig, wie in einer Rektoratsrede von Lazarus vom Jahre 1863. Sie ist im dritten Bande der Zeitschrift für Völkerpsychologie, von 1865, abgedruckt. Der liberale Professor polemisiert noch gegen Bismarck und weiß noch nichts von Darwin; er macht noch rituelle Verbeugungen vor Rom und Hellas, eine besonders tiefe vor dem Gotte Israels.

Klug, beredt und geistreich spricht Lazarus „über die Ideen in der Geschichte“. In der Zeit des historischen Höhepunktes ist er, der Schüler Wilh. v. Humboldts, besonnen und scharfsichtig genug, alles zu wissen und zu sagen, was sich gegen die wissenschaftliche Qualität der Geschichte einwenden läßt. Erforschung und Darstellung der Geschichte sei alt; der Versuch, sie als Wissenschaft zu behandeln, sei neu (389). Geschichtsschreibung könne die unendliche Fülle der Chroniken kürzen, könne aber nichts verallgemeinern. Die Wahrheit der Ereignisse werde nach ihrer Vereinbarkeit mit den uns bekannten Naturgesetzen beurteilt (393). Aber diese Negation genügt ihm nicht. Die Auffassung der Geschichte und ihre Darstellung als die Folge der mechanisch wirkenden Kausalität sei nur eine niedrige Form der Erkenntnis, beides dem Werte und der Wahrheit nach; sie könne unser höchstes Interesse nicht reizen, noch weniger befriedigen (399). Und Lazarus tut, was die armen Menschen immer tun, wenn sie ihr höchstes Interesse reizen oder gar befriedigen wollen: er legt Ideen hinein. Ideen werden nun nicht bloß Zwecke, sondern Prinzipien der Geschichtsschreibung, weil sie auch die Prinzipien, die

Quellen des Geschichtslebens sind. Lazarus verwahrt sich umsonst dagegen, ein Hegelianer zu sein. Die Ideen haben es ihm angetan. Er sieht, daß das Wirkliche nicht vernünftig ist, daß keine Harmonie besteht zwischen den vernünftigen Ideen und der wirklichen Geschichte; und er quält sich ab, den Gegensatz dialektisch zu überwinden. Die Ideen müssen wirklich sein, absolut, weil sie dem Unedeln gegenüberstehen. „Nicht die Wirkung der Ideen ist absolut, sondern nur ihr Wert, nicht ihre Leistungen sind unbedingt, sondern nur ihre Forderungen" (422). Dieser Gregers Werle hält seine idealen Forderungen nicht den einzelnen armen Menschen vor, aber um so dringender der ganzen Menschheit. Er glaubt an das Abstractum Menschheit, die gar keine juristische Person ist und die Forderung nicht einzulösen braucht. „Daß die Ideen wirklich die Geschichte beherrschen, kann man so wenig bestreiten, daß man vielmehr sagen möchte, sie seien fast gar die Geschichte selbst, alles andere nur Mittel und Erfolg" (433). Ideen müßten freilich erst verwirklicht werden, daneben seien sie aber auch wirklich; „unser Denken ist eben so eine unvollkommene Auffassung (Nachbildung) der Ideen, wie die wirkliche Welt eine unvollkommene Gestaltung derselben ist" (440). Die Ideen bringen es fertig, zugleich subjektiv und objektiv zu sein; sie haben objektive Wahrheit „auch vor und außer dem menschlichen Geiste an und für sich gedacht." Auf die entscheidende Frage, wie und wo diese reinen objektiven Ideen etwa existieren, antwortet er so wie alle Fachgelehrten, seitdem es Fachwissenschaften gibt, die letzten Fragen nach den obersten Begriffen ihres eigenen Fachs beantworten, beantworten müssen; man wird, wie auf einem schlechten Polizeibureau von Zimmer zu Zimmer, von Hörsaal zu Hörsaal geschickt: „der Ort, wo diese Frage einen Sinn gewinnen und Antwort heischen kann, ist die Metaphysik . . . wir dürfen selbstverständlich diesen Weg hier nicht betreten" (477). Lazarus, dem Mitbegründer der neuen Disziplin der Völkerpsychologie, genügt es, die Ideen den einzelnen Menschen abgenommen und sie der Gesamtheit aufgebürdet zu haben; „nur als Glieder und Träger des Gesamtgeistes sind sie Träger und Förderer der Ideen" (482).

Lazarus ist der Sprecher, der Prediger des Gesamtgeistes. Die sittlichen Ideen in ihrer historischen Entfaltung sind ihm eine empirische Tatsache. „Sodann aber ist, so sicher und unleugbar wie jedes andere empirische Faktum, dies eine empirische Tatsache, daß das mit den Ideen verbundene Sollen, die kategorische Verpflichtung auf den Inhalt, die innere Notwendigkeit der Anerkennung, die unabbeugliche und unausweichliche Kraft der Überzeugung im Bereiche des Sittlichen ebenso stark, so unbedingt, so zuversichtlich ist, wie in jeder sinnlichen Wahrnehmung, in jeder mathematischen Anschauung" (478). So lehrte Lazarus just die ewige Wahrheit des kategorischen Imperativs, als der Historismus in seiner Selbstzersetzung schon die ewigen Wahrheiten der Arten und der Zwecke gebrochen hatte, als der Historismus sich anschickte, die ewigen Wahrheiten der ethischen Begriffe zu brechen. Und ich habe soviel von Lazarus angeführt, weil er faßlicher und besser als mancher Neuere das metaphysische Bedürfnis der ganz edeln Menschen ausgesprochen hat, weil mit gleichem dialektischen Wortaberglauben seit der angeblichen großen Revolution der Ethik und der Geschichtsauffassung, die Lazarus noch entsetzt miterlebte, just das alte Dogma gesprochen und gepredigt wird. Auch mit den neuesten Ideen wird ein Sollen verbunden. Schön wird häßlich, häßlich schön, aber wir sollen immer mit. Gut wird zu böse, böse wird zu gut; wir sollen mit. Der Brecher des Sollbegriffs ist noch nicht erschienen, kann nicht erscheinen, solange die Sprache nicht über ihren eigenen Schatten gesprungen ist.

VIII.

So glaube ich logisch und sogar historisch erwiesen zu haben, daß die Daten der Menschengeschichte sich zu keiner Wissenschaft ordnen lassen, weil ihr Erscheinen immer nur einmalig ist und ihre Motive immer psychologisch sind. Nur der Hinweis darauf bleibt mir noch übrig, daß die Daten selbst viel weniger gesichert sind als der gutgläubige Leser eines Geschichtsschreibers sich suggerieren läßt. Wollte man den Begriff der Wahrscheinlichkeit, der doch in der Blütezeit der mathematischen Wahrscheinlichkeitslehre auf den Abstimmungswert der Majorität und auf den Wahrheitswert gerichtlicher Urteile angewandt worden ist, gar auf die Gewißheit geschichtlicher Tatsachen anwenden, das Ergebnis würde erschrecken. Selbst die trockenen Tatsachen, die zusammen nach Sprachgebrauch noch nicht Geschichte geben, sondern nur Chronik, sind um so weniger gesichert, je weiter wir in die Vergangenheit zurück und je weiter wir ins Detail gehen. Die meisten Schlachten sind so ausgefallen, wie in der Chronik steht, aber wir wissen von Waterloo doch viel genauere Details als von Pavia oder von Arbela. Wir kennen die letzten Stunden Kaiser Wilhelms und Napoleons, als ob wir unter der Dienerschaft dabei gewesen wären, wir wissen von der Ermordung Cäsars, deren Wahrscheinlichkeit doch wohl gleich 1 ist, erstaunlich viel, wir wissen trotz aller Berichte wenig über die Todeskrankheit Alexanders des Großen. Wir wissen fast zuviel Lebensdaten von Goethe, wir wissen fast nichts von Shakespeare, von Homeros nicht einmal, ob er gelebt hat.

Nicht einmal brutale Tatsachen, die unsere Großeltern aufs heftigste erregten, lassen sich verifizieren. Ist das Söhnchen von Ludwig XVI., das offiziös als Ludwig XVII. gezählt wird, im Temple gestorben oder nicht? War der Uhrmacher Naundorff, der 1845 in Holland unter dem Titel des Dauphin begraben wurde, der Erbe Ludwigs XVI. oder nicht? Wenn aber der Tod im Temple erfolgte: war das Kind, das am 8. Juni 1795 starb und obduziert wurde, der richtige Dauphin? oder ist der richtige Dauphin schon am 19. Januar 1794 ermordet und durch ein totgeweihtes, skrofulöses Proletarierkind ersetzt worden? Hundertjährige Kleinarbeit der Historiker hat die Fragen nicht entschieden.

Wenn die Revolution von 1789 in ihren Ereignissen (und nun gar in ihrer Psychologie) nicht wahrhaftiglich erzählt werden kann, was sollen wir von der Wahrheit über die Revolution halten, die Reformation heißt? „Die Ursachen der Reformation". Jedes kleinste Schülerbuch zählt die Ursachen auf. Unter ihnen die Aussaugung Deutschlands durch die Geldgier des päpstlichen Hofes. Aber nicht einmal über die Vorfrage ist man einig: ob deutsches Geld um 1500 in stärkeren Strömen nach Rom geflossen sei als früher; katholische und protestantische Historiker kommen zu entgegengesetzten Ergebnissen, mit gleicher Wahrscheinlichkeit. Fragt man gar nach dem Entscheidenden: was in der Seele des einfachen Mannes vorging, der sich der lutherischen Bewegung anschloß, — fragt man, ob der einfache Mann in dem neuen Kirchenbegriff, in der Abkehr von den *guten Werken* ein Novum sah oder ein Festhalten an alter Wahrheit, so gibt es keine Antwort.

Und weiter zurück. Ist Jesus am Kreuze gestorben? oder haben seine Getreuen ihn noch lebendig bergen können? Beide Behauptungen werden mit gleicher Wahrscheinlichkeit bewiesen. Über das Seelenleben aber der ersten, welche in Jesus den Christus sahen, wissen wir nichts. Und toll gewordene Modeschreiber werfen dazu die Frage auf, ob Jesus ein Arier gewesen sei oder nicht. Als ob diese Frage überhaupt einen wissenschaftlichen Sinn hätte. Als ob sie einen andern Sinn haben könnte als den: nachdem wir das Seelenleben Jesu Christi so genau kennen, als ob wir mit ihm einen Scheffel Salz gegessen hätten, beschließen wir aus innern Gründen, ihn einen Arier zu nennen.

Der neueste Methodiker der Geschichtswissenschaft, Bernheim, hat in seinem großen Lehrbuch und dann in der kleinen „Einleitung in die Geschichtswissenschaft" Wesen und Arbeitsmittel dieser Disziplin im Geiste unserer Zeit gut und anregend behandelt. Er hat natürlich gründliche Kritik der Quellen gefordert und gibt schlagende Beispiele zu den Fehlern einer unkritischen Zeit. Aus jener Zeit solle das geflügelte Wort stammen: l'histoire n'est qu'une fable convenue, das doch wohl auf Voltaire zurückgehen wird. Aber die aufräumende und einschneidende Kritik habe keinen Zweifel an der Erreichbarkeit sicherer historischer Kenntnisse überhaupt mit sich gebracht. Bernheim fährt fort (Einleitung S. 76): „Die alte grundsätzliche Skepsis gegen die Gewißheit aller menschlichen Erkenntnis im allgemeinen ist unserer Wissenschaft kaum nahegetreten, weil der Gegenstand der Geschichte (die Betätigungen der Menschen) zu überzeugend dem entspricht, was wir täglich in unserm eigenen Geistesleben als wirklich erfahren, um dem Zweifel Raum zu lassen, ob es nicht

Wirklichkeit, sondern nur Sinnenschein sei, was die Geschichte unserer Erkenntnis darbiete." Du ahnungsloser Engel du! Dabei kennt Bernheim sehr gut William Sterns radikale Untersuchungen zur „Psychologie der Aussage", kennt die Gebrechlichkeit der menschlichen Erinnerung und zitiert selbst die Anekdote von Sir Walther Raleigh, „der das Manuskript zum 2. Bande seiner Weltgeschichte ins Feuer geworfen haben soll, weil ihm ein Straßenauflauf, den er vom Fenster aus mit angesehen hatte, gleich darauf von einem andern Augenzeugen wesentlich anders berichtet wurde, als er selbst beobachtet hatte".

Von den gar vielen ernsten Männern, deren Skepsis allerdings auch der Geschichtswissenschaft nahezutreten wagte, will ich nur noch einen nennen.

Lessing, der doch alten Autoren mehr als dem Evangelium zu glauben geneigt war, kam durch seine Beschäftigung mit der Kirchengeschichte dazu, „die Schranken der Menschheit und das Gewerbe des Geschichtschreibers" näher anzusehen". Aus Vopiscus zitiert er („Duplik"): Neminem scriptorum, quantum ad historiam pertinet, non aliquid esse mentitum. „Welcher Geschichtschreiber wäre jemals über die erste Seite seines Werkes gekommen, wenn er die Beläge aller ... kleinen Bestimmungen jedesmal hätte bei der Hand haben müssen.... So straff den Zügel in der Hand, kann man wohl eine Chronik zusammenklauben, aber wahrlich keine Geschichte schreiben."

Vielleicht darf ich einen krassen Fall von gebrechlicher Erinnerung und gefälschter Aussage aus eigenem Erleben beifügen. In einem Mordprozeß als Zeuge vorgeladen, passierte es mir, daß ich den des Mordes verdächtigen Mann, und zwar wenige Minuten nach der Vorführung, mit einem zweiten Strolche verwechselte, der dem ersten weder im Gesicht, noch in Gestalt, noch in Sprache, noch in Kleidung irgendwie ähnlich war, einfach unter der Suggestion der beiden gleich konfiszierten Gesichter.

Die Gläubigkeit Bernheims wird verständlicher, wenn man seine Definition (S. 33) aufmerksam liest: „Die Geschichtswissenschaft ist die Wissenschaft, welche die Tatsache der Entwicklung der Menschen in ihren Betätigungen als soziale Wesen in psycho-physischem Kausalzusammenhang erforscht und darstellt." Es stecken mancherlei Dogmen in dieser Definition: das Dogma von der Entwicklung, das vom sozialen Wesen und das vom psycho-physischen Kausalzusammenhang. Diese Dogmen werden, wie es die Arbeitsteilung verlangt, aus andern Disziplinen geholt und hinterher als bekannt vorausgesetzt. Und nicht leicht wird man es mir zugeben, daß zwei dieser Dogmen einander sogar gröblich widersprechen, daß der psychische Zusammenhang allein (auf das Modewort *psycho-physisch* wird Bernheim nach einigen Jahren kein Gewicht mehr legen) zur Erklärung der Ereignisse gar nicht genügt, wenn es in der Geschichte der Menschheit eine Entwicklung gibt, d. h. einen transzendenten oder immanenten Plan, eine Zielstrebigkeit, oder wie immer man die eindeutige Richtung, die Tendenz der Entwicklung ausdrücken mag.

Abgesehen davon, ist der psychophysische oder psychologische Kausalzusammenhang just das Ideal, dem sich weder die christlich-theokratische, noch die pragmatische, noch die positivistische, noch die materialistische Geschichte jemals auch nur annähern konnte. So wie wir uns nämlich von den *res gestae*, der Chronik, der Psychologie der Geschichte zuwenden, die allein unsere Wißbegier reizen und befriedigen kann, wird die Wahrscheinlichkeit auch der neueren Ereignisse so gering wie die der ältesten Daten. Über Gesundheits- und Geisteszustand Napoleons während der Schlacht von Waterloo wird gestritten; über den Gemütszustand des Königs Wilhelm vor den beiden letzten Kriegserklärungen sollte gestritten werden. Menschenkenntnis und Wahrscheinlichkeitsrechnung sind armselig, wenn sie nicht beide die Kompliziertheit der Motive in Betracht ziehen. Vielfache Motive aber, die zugleich *(sowohl als auch)* die Entschlüsse herbeiführen, lassen den Wahrscheinlichkeitswert der Wahrheit kleiner und kleiner werden für die psychologische Ursache, die der Geschichtsschreiber aus künstlerischen Gründen hervorgehoben hat. Und für die Gebiete der Völkerpsychologie, besonders für deren älteste Geschichte, wo doch unendlich viele und sehr schlecht bezeugte Faktoren zusammenwirkten, wird der Wahrscheinlichkeitswert der Wahrheit unendlich klein. Ich empfehle einem müßigen Mathematiker die Berechnung der unendlich kleinen Wahrscheinlichkeitsgröße für die Wahrheit der Behauptungen, die von den scharfsinnigsten Forschern über die Urgeschichte der Menschheit, über die Ursprache oder gar (ohne den psychologischen Faktor) über die Entstehung des Kosmos aufgestellt worden sind. Die Wahrscheinlichkeit der psychologischen Literaturgeschichte und überhaupt der intimen Philologie, der wichtigsten Hilfswissenschaft der Geschichte, ist nicht unendlich klein, aber doch klein genug. Man mache die Rechnung auch für die äußere Philologie. Wenn jede Konjektur so gut wäre, daß Wahrscheinlichkeit und Unwahrscheinlichkeit sich die Wage hielten, so wäre dennoch bei der großen Zahl der Konjekturen, die zusammen erst zu einer geistreichen neuen Behauptung führen, die Wahrscheinlichkeit dieser neuen Behauptung sehr klein. *Ars conjectandi* nannte sich die Wahrscheinlichkeitslehre zuerst und hoffte, die Wahrheit auf den Vermutungskalkül zu stellen. Aber bei den Belustigungen des Verstandes und Witzes der Philologen scheint jede Konjektur lobenswert, probabel, wenn sie sich nur im fernsten Bereiche der Möglichkeit bewegt. Aus allen diesen Gründen scheinen mir die Daten der Geschichte nicht wahrscheinlich genug, nicht probabel genug, um aus ihnen eine glaubhafte pragmatische Darstellung gestalten zu können; auch spätere und gründlichere Zeiten, auf welche Schiller und Kant hofften (gründlicher als der Historismus kann keine Zeit sein), werden daran nichts ändern.

Mit alledem soll ja nicht gesagt werden, daß Geschichte nicht ebenso schön, wertvoll, erhebend, was man will, sein könne wie die eigentlichen Wissenschaften. Noch einmal: „das Beste, was wir von der Geschichte haben, ist der Enthusiasmus, den sie erregt“. Nur sollte man nicht vergessen, daß die enthusiastischen Wirkungen der Geschichte selbst wieder ihre Geschichte haben, daß immer wieder weggeworfen worden ist, was durch Jahrhunderte ein Kleinod war. Auch Religionen können schön, wertvoll, erhebend und dennoch falsch gewesen sein, Lebenslügen oder Lebensträume der Völker.

Eins aber ist gewiß: da wir uns mit unserm Menschenverstande die Menschengeschichte wie alles nur kausal, nur als stetige Verkettung vorstellen können, so ist alle Gegenwart, in die wir hineingestellt sind mitsamt unserm Ich, eine Folge der Geschichte, eine zeitliche und eine ursächliche Folge. Die Hoffnung der besten Begründer des Historismus war: die genaue *Kenntnis* der Geschichte wieder zu einer neuen Triebkraft des gegenwärtigen Lebens zu machen. Zweimal sollte wirken, was einmal irgendwo gewesen war. Zweimal mit seiner ganzen Energie: einmal die wirkliche Vergangenheit, einmal unser armes Wissen von der Vergangenheit. Fast könnte man versucht sein, die Geschichte darum zur Metaphysik zu rechnen, weil auch die die Menschheit zum Doppeltsehen anleiten möchte. Der alte Dualismus zwischen Leib und Seele. Es ist etwas außer der neuen materialistischen Schulweisheit. Es ist etwas außer den Daten der Chronik. Aber wir wissen von der Geschichte so viel wie von der Seele. Und der Kulturmensch ließe sich wohl einmal als ein Tier definieren, das seine Geschichte wissen möchte.

IX.

Einen Grund, der uns die erfundenen, konzentrierten Schlagworte der Geschichte lieb gewinnen und besser merken läßt als alle Tatsachen, hat Hertslet in seinem „Treppenwitz der Weltgeschichte“ sehr gut aufgespürt; es ist unsere Freude an der Tendenz und unsere Lust an theatralischen Darstellungen. Er zitiert Bacon, der schon vor den *instantiae ostensivae* gewarnt hatte, weil sie dem Verständnisse zu sehr entgegenkämen. Ich will aus Hertslet's Buche einige Beispiele für Fälschungen und auffallende Unsicherheiten der Geschichtsschreiber zusammenstellen.[1])

[1]) Das Buch von Hertslet ist zwar mehr amüsant als gründlich, enthält aber dennoch eine Fülle von Historienkorrekturen. Der Verfasser hat durch sein sehr brauchbares Schopenhauer-Register bewiesen, wie ein Kaufmann auch der wissenschaftlichen Arbeit dienen kann. Seine Kritik der Geschichte ist im Standpunkt besser als in der Ausführung. Der Titel paßt nicht auf den zehnten Teil. *Treppenwitz* — eine Lehnübersetzung von *esprit d'escalier* — würde richtig angewandt doch nur auf historische Aussprüche, welche den berühmten Männern erst post festum eingefallen sind, deren sie sich aber nach-

Nicht nur die römischen Könige, auch die alte Semiramis haben vielleicht niemals existiert; auch Homeros vielleicht nie gelebt. Über Pythagoras, Buddha und Jesus wird gestritten; der erste hat dem berühmten Lehrsatze seinen Namen gegeben, ihn aber schwerlich selbst entdeckt. Alexander ist nie in Jerusalem gewesen und hat Alexandria nicht gegründet. Cäsars letzte Worte „Et tu Brute" sind schlecht bezeugt. Die Mär vom blinden, bettelnden Belisar ist spät und schlecht erfunden. Die Geschichte von den 11000 Jungfrauen beruht auf einer falschen Lesung: XI M. V. hieß XI Martyres Virgines, und nicht XI Milia Virginum. Die Päpstin Johanna ist eine Erfindung. Niemand weiß, wer das Pulver erfunden hat. Der Schädel Schillers, trotzdem er unter der Oberleitung von Goethe gesucht und gefunden wurde, ist wahrscheinlich nicht echt. Die Briefe von Abälard und Heloise sind Fälschungen. Salomon de Caus ist niemals in einem Irrenhause gewesen usw. usw.

Die Neigung der materialistischen Geschichtschreibung, die Geschichte und Statistik verquicken möchte, geht dahin, „die Menschheit anonym zu machen", wie Frau von Staël gesagt hat. Die hergebrachte Geschichtschreibung macht es wie das Volk: sie klammert sich an Namen und an Worte; verwandelt auch wohl Worte in Namen. Wie einst „Kyrie eleison" von vielen für einen neuen Heiligen gehalten wurde (auch ein S. Expeditus ist neuerdings als das Geschöpf eines bloßen Wortes entlarvt worden), so soll noch 1792 Mr. Veto für einen schlechten Kerl gehalten worden sein. „Namenlosigkeit ist dem Volke verhaßt." Die Großeltern von Jesus, die heiligen 3 Könige, die beiden Schächer neben seinem Kreuze, alle erhielten Namen. Und die Umbildung von Namen durch Volksetymologie ist zu häufig, um erst bewiesen werden zu müssen. Es gab ein Wort *χριστοφορος*, aus dem Worte wurde die Legende vom h. Christoph. Wie aus Namen, so wurden aus Wappen Geschichten erfunden; wahrscheinlich ist die Anekdote vom braven Schweppermann und den zwei Eiern eine Wappen- oder Denkmalsage; wie die Erzählungen vom Grafen von Gleichen

---

träglich gerühmt haben; übertragen könnte das Schlagwort etwa noch auf bekannte Sätze bezogen werden, die von andern, von spätern erfunden worden sind. Weitere „Irrtümer, Entstellungen und Erfindungen" (so lautet der Untertitel) haben mit Treppenwitz nichts mehr zu schaffen. Schlimmer ist es, wenn der eifrige Hertslet nicht mehr die Geschichtsschreibung, sondern die Ereignisse selbst kritisiert: die Schlacht bei Marengo einen völlig unverdienten Erfolg Bonapartes nennt (7. Aufl. 382); wenn er Karls XII. Schlacht bei Narwa mit der Bemerkung abtut: „Auch blieb den Schweden in ihrer Stellung keine Wahl, als zu siegen oder unterzugehn"; wenn er die letzte Toilette Maria Stuarts bei Schiller korrigiert; wenn er gar die Charaktere der Scribeschen Stücke verzeichnet findet. Was hat das alles mit dem Werte der Geschichte zu tun? Aber der Bewunderer Schopenhauers, der gleich ihm zuerst Kaufmann gewesen war, hat dessen Verachtung der Geschichtsschreibung tief in sich aufgenommen, und diese Tendenz versöhnt mit einem oft sinnlosen Sammeleifer.

und der Gräfin Orlamünde. Das Volk begnügt sich aber nicht mit Namen; es will die Requisiten der Anekdoten handgreiflich besitzen, in der heiligen wie in der Profangeschichte; es verehrt nicht nur die Dornenkrone und die Lanze der Passion, es staunt nicht nur die Stiefel Wallensteins an, es freut sich sogar an dem Baume, von dessen Krone der Apfel auf Newtons Schädel fiel, um ihm den Gedanken der Gravitation zu geben.

Hertslet hat auch die Aussprüche großer Historiker über ihre eigene Kunst gesammelt. Thukydides sagt selbst über die Echtheit der von ihm aufgezeichneten Reden (I. 22): „Es wird in meinem Buche so geredet, wie mir die Einzelnen den Umständen gemäß am passendsten zu sprechen schienen, indem ich mich dabei so eng wie möglich an den Hauptgedanken der wirklich gehaltenen Reden anschloß.“ Und Livius (VIII. 40) weiß: „Verfälscht wurde die Geschichte meiner Meinung nach durch die Lobreden auf Verstorbene und durch die unrichtigen Unterschriften der Ahnenbilder, insofern sich jede Familie den Ruhm hoher Taten und Ämter durch Unwahrheiten zueignete, denen niemand nachspüren kann.“

Das ist alles seit Livius ganz anders geworden! Wir haben photographische Aufnahmen aller Haupt- und Staatsaktionen, auf denen Kaiser und Minister wie hypnotisiert in die Kamera hineinstarren; nur daß die illustrierten Zeitungen für den Türkenkrieg Zeichnungen von 1870 benützen, daß für authentische Darstellungen von Christenmetzeleien alte Photographien benutzt wurden, die die Abstrafung einer Räuberbande abgenommen hatten. Wir haben Stenogramme der Reden von Ministern und Abgeordneten; nur daß die Stenogramme vor dem Abdruck „korrigiert“, retuschiert werden dürfen. Und über öffentlich gehaltene Reden Wilhelms II. ist Tags darauf gestritten worden — als ob es historische Fragen wären, aus alter Zeit.

Ein kleines Beispiel für die Fälschung der Geschichte durch den allerunwirklichsten unter den Begriffen, durch die Zahl, mag eine alte und eine neue chronologische Einteilung der Weltgeschichte geben. In allen alten Welthistorien finden wir das Schema der 4 Weltmonarchien, das auf Kommentare zu den Traumdeutungen des Buches Daniel zurückgeht, insbesondere auf den Kommentar des hl. Hieronymus. Da man also die letzte dieser Weltmonarchien, die römische, als noch vorhanden ansah, da bis zum jüngsten Tage, den man mehr oder weniger bald erwartete, eine neue Weltmonarchie nicht in Aussicht stand, so war für die Zeitgenossen Karls d. Gr. noch und viel weiter das fränkische Reich eine Fortsetzung des römischen; die Krönung durch den römischen Papst und 700 Jahre später die Rezeption des römischen Rechts war mit eine Folge dieses wüsten chronologischen Prinzips.

Und dieses Prinzip blieb trotz des schlechten Gewissens der Historiker in Kraft, bis die Renaissance das Dogma von der Klassizität der Antike aufstellte, an die Antike in

Literatur und Kunst anknüpfte und noch mehr anzuknüpfen glaubte, und nun die unklassische, barbarische Zeit vom Siege des Christentums und seiner Erhebung zur Staatsreligion bis eben zum *rinascimento* des Heidentums verächtlich *media aetas* oder *medium aevum* nannte, wofür seit dem Ende des 17. Jahrh. etwa die deutsche Lehnübersetzung *Mittelalter* aufkam, die Zwischenzeit. Das Wort hat für uns den verächtlichen Sinn verloren; aber die chronologische Einheit genügte, um diese reichen 1000 Jahre in Bausch und Bogen bald zu beschimpfen, bald zu verherrlichen. Als ob das Wort die Einheit geschaffen hätte.

X.

Die Geschichte hat keine Gesetze der Geschichte zum Ergebnis; doch auch um die einfachen Tatsachen, deren Erzählung ihre Aufgabe ist, ist es schlecht bestellt. Die Geschichte der Ereignisse ist die Geschichte von menschlichen Handlungen, die entweder durch die Macht des einzelnen handelnden Menschen oder durch die Masse der gemeinsam handelnden Menschen wichtig erscheinen. Verzichten wir nun darauf, in der Darstellung solcher Veränderungen sog. Gesetze zu entdecken, ähnlich wie z. B. bei chemischen Veränderungen, so bleibt als reine Beschreibung der Tatsachen ungefähr das übrig, was in den Geschichtstabellen von Schülern auswendig gelernt wird. Schlacht von Waterloo 1815, Gefangennahme Napoleons III. und seiner Armee am 2. September 1870. Die menschlichen Handlungen werden aber von unzähligen Ursachen bestimmt, den letzten Entschluß in der einzelnen handelnden Person nennt man gar den Willen. Eine pragmatische Geschichte müßte den wirklichen Ursachen der historischen Tatsachen nachspüren, eine vollständige Geschichte müßte auch jedesmal den Willen der handelnden Personen, müßte wenigstens den Willen der Führer kennen. Wir haben gelernt, daß dieses letzte Ideal niemals zu erreichen ist, weil es einen Willen in der Wirklichkeitswelt nicht gibt, weil der einzelne Willensakt selbst nur ein sprachlicher Ausdruck ist für die Resultierende bewußt oder unbewußt wirkender Ursachen. Aber auch ohne diese natürliche Logik können wir einsehen, daß — wie Scipio Sighele das von einem beschränktern Standpunkte ausgedrückt hat — man der Geschichte nicht glauben darf.

Sogar die äußern Tatsachen sind nicht immer glaubhaft verbürgt. Sighele führt aus der neuesten Zeit zwei frappante Beispiele an. Die Aussagen aller Mitbeteiligten werden nicht Sicherheit darüber verschaffen, ob z. B. Crispi an einem Gefecht unter Garibaldi teilgenommen habe oder nicht, ob der berühmte Reiterangriff bei Sedan von diesem oder jenem General kommandiert worden sei. Während im Gerichtssaale oder gar in der Logik eine große Zahl von Zeugen den Wahrheitsbeweis ermöglichen soll, gibt die Geschichte Beispiele in Menge, wo Hunderte oder Tausende von Zeugen falsch gesehen oder berichtet haben. Es bleibt dabei, daß die Geschichte eine fable convenue ist.

Wären aber auch die Tatsachen sichergestellt, so würde man von der Geschichtsschreibung doch wenigstens noch eine Beschreibung, eine pragmatische Geschichte fordern dürfen, eine Mitteilung der materiellen Ursachen, wie ich die Ursachen der Massenbewegungen ungenau im Gegensatze zu den Willensakten der Führer nennen möchte. Ungenau, weil doch auch die Massenbewegungen zuletzt auf Willensakte einzelner Personen zurückgehen. Diese materiellen Ursachen sind in der Kriegsgeschichte wie in der Kulturgeschichte so unendlich komplizierter Natur, daß die Geschichtsschreibung, trotzdem sie die Statistik zu Hilfe genommen hat, an ihnen zuschanden wird. Kein Offizier und kein Geschichtsschreiber kann sagen, warum in einem gegebenen Augenblicke einer Schlacht das eine Bataillon tapfer vorrückte und das andere davonlief. Und doch setzt sich aus solchen unerklärten Tatsachen die Weltgeschichte zusammen. Niemand kann erklären, aus wie vielen Ursachen heraus gerade Jesus, Buddha und Mahomed die Welt umgestalteten, während es andern Religionsstiftern mißlang.

Bis zu dem Willen von Jesus, Mahomed und Buddha gar vorzudringen, bis zu ihren bewußten Absichten, ist der Geschichte versagt. Doch der bewußte Wille ist selbst bei den geschichtlichen Persönlichkeiten der Gegenwart kaum jemals zu ergründen. Es ist eine der interessantesten Fragen, die uns noch heute alle beschäftigt, ob es Kaiser Wilhelm war oder Bismarck, der die Einigung Deutschlands *wollte*. Wir wissen, daß Bismarck die weitaus genialere Persönlichkeit war, und neigen darum dazu, ihm das Hauptverdienst zuzuschreiben um eine Sache, die wir lieben. Wir müssen aber bedenken, daß der Kaiser während der Vorbereitungen und noch lange nachher gute Gründe hatte, die Verantwortung seinem Minister zuzuschieben. Es wäre also möglich, auch wenn entgegengesetzte Äußerungen des Kaisers Wilhelm vorlägen, daß der Wille zu einer Vergrößerung von Preußen ursprünglich bei ihm war.

Die Wichtigkeit der geschichtlichen Ereignisse, ihre ungeheure Sichtbarkeit, ihr unvergleichliches Größenverhältnis zu den mikroskopischen Erscheinungen der Natur darf uns also nicht darüber täuschen, daß wir — vom Standpunkt der Erkenntnistheorie — die Erscheinungen der Geschichte noch weniger kennen als etwa die Erscheinung eines einzelnen Blattes an einem Baume. Von den materiellen Ursachen, welche dieses einzelne Blatt gerade so und nicht anders werden und welken ließen, wissen wir nicht mehr und nicht weniger als von den materiellen Ursachen des Erblühens und des Niedergangs eines Volkes. Die letzten Ursachen aber in der Geschichte eines Blattes können wir wenigstens auf sog. Gesetze zurückführen, die letzten Ursachen eines Blattes Geschichte sind uns mit dreifachem Siegel verschlossen: oft sind uns die Tatsachen unbekannt, meistenteils die materiellen Gründe, immer der Wille der handelnden Menschen.

Ranke, der unerreichte Lehrer unserer Historikerschule, hatte eine feste Gewohnheit, beinahe eine fixe Idee, durch welche seine eindringende Darstellung der Vorgänge, die Anspruch machen historisch zu heißen, den Schein einer Wissenschaft erhielt. Er fragt bei Epochen, bei Ereignissen, bei Regierungen von Königen und bei der Herrschaft von Ministern jedesmal stereotyp nach dem, was an dieser Epoche, diesem Ereignis usw. das Wichtigste war. Das Wichtigste wofür? Für die Mitwelt? Für die Nachwelt? Für den herrschenden Mann? Oder für das Volk? Für das Bewußtsein des herrschenden Mannes? Oder für Leopold v. Ranke? Man könnte auch die Geschichte einer Wolkenbildung, die man von einem festen Punkte aus betrachtet, während obere und untere Winde mit Wolke und Nebelfetzen spielen und die Bilder sich noch dazu perspektivisch verschieben, so darstellen, daß man die wichtigste Wolkenform heraushebt: der Löwe ist wichtiger als der Frosch. Und wenn einzelne Wolkenformen beliebt werden, um das Wetter des künftigen Tages vorauszusagen, so könnte ein Skeptiker immer noch fragen: ob diese Wolkenform, ihre Eignung zur Voraussage angenommen, für die Wolken irgendwie wichtiger sei als eine andere. Aber auch Meteorologie nennt sich eine Wissenschaft.

Geschlecht. — Nur auf einen kleinen wunderlichen Umstand möchte ich aufmerksam machen. Der Unterschied der Geschlechter ist die Grundbedingung und die mächtigste Erscheinung der lebendigen Natur, also der Natur, der wir Menschen selbst angehören. Wir wären ohne Vorhandensein des Geschlechtsunterschiedes ja nicht auf der Welt, und es ist gar nicht abzusehen, wie stark die menschlichen Handlungen, direkt oder indirekt, vom Geschlechtsleben beeinflußt werden, auch die Handlungen des Helden, des Dichters und des Denkers. Und diese übermächtige Erscheinung ist bei der Aufstellung aller alten und neuen Kategorientafeln übersehen worden. Man versuche einmal, das *Geschlecht* unter eine der Kategorien zu bringen, die doch die obersten Begriffe für alles Seiende darbieten sollen. Man lege die Kategorientafel von Aristoteles zugrunde, oder die von Kant; man wähle anstatt der bekannten zehn oder zwölf Kategorien nur deren drei, vier oder fünf. Niemals paßt auch nur eine der Kategorien als der nächste oder der höchste Oberbegriff zu dem, was den Geschlechtscharakter der lebenden Wesen ausmacht. Ich will der Einfachheit wegen nur die fünf Kategorien bemühen, mit denen Leibniz ausgekommen ist. Die Begriffe Mannheit und Weibheit fallen offenbar nicht unter die Kategorien der Substanz und der Quantität; ebensowenig, wenn man nicht aus Sensationslust alle letzten Fragen aus dem einen Punkte des Geschlechtslebens beantworten will, unter die Kategorie des Tuns und Leidens; auch Qualitäten sind Mannheit und Weibheit nicht, mag man selbst *männlich* und *weiblich* dafür sagen, weil genau genommen (besonders deutlich wird das an den männlichen und weiblichen Blüten der Pflanzen) gar kein *Was* da ist, das übrig bliebe, wollte man von dem *Wie* absehen; und wiederum Relationen sind Mannheit und Weibheit nicht, so lebhafte Relationen auch zwischen den Subjektträgern dieser Begriffe bestehen mögen.

Ich habe auf diesen scheinbar nur logischen Umstand, der meines Wissens noch nicht beachtet worden ist, hinweisen zu müssen geglaubt, weil er die Erklärung dafür abgibt, daß wir irgend eine brauchbare, meinetwegen tautologische Definition des Geschlechtsbegriffs nicht besitzen. Das Geschlecht ist eine Kategorie für sich. Die meisten uns näher bekannten Lebewesen haben eines von zwei Geschlechtern, insofern sie mit Haut und Haar, mit primären und sekundären Geschlechtseigenschaften, entweder männlich oder weiblich sind. Nichts auf der Welt hat mit dieser Kategorie irgend eine Ähnlichkeit. Und da ist der Sprachgebrauch um so seltsamer, der lat. *genus* (griech. *γενος*) in allen seinen Bedeutungen mit *Geschlecht* übersetzte und uns z. B. zu sagen gestattet: „Die geschlechtslosen Lebewesen pflanzen ihr Geschlecht ohne Zeugung fort.“

Die Sprache, die also keine Definition von Geschlecht besitzt, hat nun aber den Geschlechtsunterschied nicht nur auf die Formen ihrer Wörter übertragen, sondern auch gegen alle Natur ein drittes Geschlecht konstruiert, das Neutrum, und hat, namentlich in den meisten indogermanischen Sprachen, diese drei Geschlechter ganz sinnlos allen ihren Dingworten aufgeklebt. Es ist eine hübsche aber unbewiesene Vermutung von Wundt (Die Sprache² II, S. 19f.), daß das grammatische Geschlecht in Urzeiten eine Wertunterscheidung bezeichnet habe; wie bei den Irokesen höhere Wesen (Gott, Ich, Männer) und niedere Wesen (Frauen und Kinder, Tiere und Sachen) grammatisch unterschieden werden, bei afrikanischen Stämmen alle menschlichen Wesen von andern Gegenständen, wie bei vielen Indianerstämmen irgendwie belebte und unbelebte Wesen sprachlich auseinander gehalten werden, so sollen in den semitischen Sprachen und (abgesehen von der Hinzufügung des Neutrums) auch in unserm Sprachstamm männliche und weibliche Lebewesen grammatisch verschieden behandelt worden sein. Der groteske, heute beinahe schon als burlesk empfundene Satz, daß Frauen keine Menschen seien, läge also dem grammatischen Geschlechte zugrunde. Ich gebe nach Friedrich Müller ein auch von Wundt benütztes Beispiel aus der Sprache der Hottentotten; da bedeutet (sie können jedem Worte drei Geschlechter beilegen) *das* Wasser den Stoffnamen, die Idee des Wassers; *der* Wasser ein großes Wasser, z. B. einen Fluß; *die* Wasser ein kleines Quantum Wasser zum Waschen oder zum Trinken. Dabei scheint es mir aber zweifellos zu sein, worauf einmal aufmerksam gemacht werden muß: daß das Geschlechtsleben trotz der Undefinierbarkeit des Geschlechtsbegriffs wie alles Tun und Lassen der Menschen, so auch die Bildung der Sprache beeinflußt hat, nicht zuletzt die Formung des grammatischen Geschlechts. Zwar die Vermehrung der beiden natürlichen Geschlechter um ein drittes, das Neutrum (*genus neutrum* ist genaue Lehnübersetzung von griech. *το οὐδετερον* sc. *γενος*), fällt offenbar mit der indianischen Unterscheidung zwischen belebten und unbelebten Wesen zusammen; es ist aber schon in diesem Falle beachtenswert, daß die Griechen ihre Liebste mit einem sächlichen Diminutivum anzureden pflegten, daß auch unsere Sprache mundartlich *das* Martha usw. zu sagen gestattet, daß *das* Weib, bei uns möglich wurde und Jahrhunderte hindurch (noch nicht im Mittelhochdeutschen) wirklich mit einem verächtlichen Nebensinn, wie ein Gebrauchsgegenstand, im Sinne des hottentottenschen Femininum. Kurz: Männer haben die Sprache geschaffen, Männer haben den grammatischen Geschlechtsunterschied geformt. Das zeigt sich deutlich an den weiblichen Formen des griechischen Adjektivs, und ähnlich für schärfere Beobachtung am weiblichen Adjektiv im Althochdeutschen und noch im Neuhochdeutschen; das sogenannte Neutrum ist im Grunde nur ein unvollständiges Maskulinum; der Unterschied von Sache und Person wird nicht mehr hervorgehoben, und so mag sich das Neutrum an die bedeutendere Geschlechtsform angeschlossen haben; dafür wurde es eine Mode (die jetzt wieder langsam verschwindet, im Englischen und im Neupersischen beinahe völlig verschwunden ist), den natürlichen Geschlechtsunterschied in der Wortform auszudrücken; und so entstand das grammatische Geschlecht, das bald außer den Formen des Nomens auch die des Pronomens und selbst des Verbums beherrschte, und wie in einem Spiele der Analogie das Neutrum hinzu erfand. Man achte darauf, daß dieses Neutrum eigentlich auch im Französischen nicht fehlt, wenn es auch von der offiziellen Grammatik nicht anerkannt wird; *le* beau, *l'*absolu gehen auf alte griechische Neutra zurück, der Artikel *le* entspricht völlig dem griechischen *το*; auch ursprüngliche Feminina wie *quelque chose, rien* gewinnen so neutralen Charakter.

Sehen wir aber auch ganz vom Neutrum ab, das nur durch falsche Analogiebildung in den Verdacht kommen konnte, eine dritte Geschlechtsart zu sein, so bleibt doch die Trennung der Substantive nach den beiden natürlichen Geschlechtern eine unerträgliche Last für die Sprache. Eine Last auch für den, der den Gebrauch seiner Muttersprache ohne bewußte Anstrengung gelernt hat. Wo die Unterscheidung bei lebenden Wesen (beim Menschen selbst und bei den Haustieren) früh genug vom menschlichen Interesse vorgenommen worden ist, da wird Männchen und Weibchen sehr oft durch zwei ganz entlegene oder doch recht unähnliche Worte bezeichnet (Mann und Weib, Knabe und Mädchen, Hengst und Stute, Eber und Sau, Hahn und Henne usw. usw.); unwichtigere Beobachtungen des natürlichen Geschlechtsunterschieds werden dann analogisch so ausgedrückt, daß das schon vorher vorhandene maskulinische Wort für die Bezeichnung des Femininums irgend eine Veränderung erfährt. Die Ausdehnung des Geschlechtsunterschieds auf die unbelebten Dinge läßt sich oft so erklären, daß bei einer Übersetzung das Geschlecht mitübersetzt worden sei; aber ein Sinn ist in die Geschlechtszuteilung an die Wörter nicht hineinzubringen. Man kann nicht andere und nicht bessere als historische Gründe dafür anführen, daß wir z. B. *der* Stamm, *der* Stempel, *die* Wurzel, *die* Rinde, *das* Blatt, *das* Holz sagen müssen.

Es scheint mir ein aussichtsloses Unternehmen zu sein, wenn wir die Definition des Geschlechtsbegriffs in einer Sprache suchen wollen, die diesen Begriff so sinnlos auf ihre eigenen Gestalten angewendet hat.

Glück. — Das Wort erweckt zwei gänzlich verschiedene Vorstellungen, je nachdem es von dem Zustande eines Menschen gebraucht wird oder von den Umständen, welche diesen Zustand herbeigeführt haben (vielleicht herbeiführen können). In der zweiten Bedeutung ist *Glück* von Zufall nicht sehr verschieden; das wird besonders deutlich im Französischen, wo *hasard* zwar der allgemeinere Ausdruck ist und auf jedes Geschehen angewandt werden kann, *fortune* und *sort* ausschließlich vom Zufall ausgesagt wird, der menschliche Wesen betrifft, wo aber *bonne* und *mauvaise* fortune ursprünglich im Sinne eines günstigen und eines ungünstigen Zufalls gebraucht wurde. Ähnlich kann im Englischen *fortune* und *luck* von beiden Möglichkeiten des Zufalls ausgesagt werden. Schon im Lateinischen gibt es eine *secunda* und eine *adversa* fortuna; im Griechischen eine *τυχη ἀγαϑη*, nur daß da die Vorstellung von einem günstigen Ausgang noch mehr überwiegt; wie denn auch im Deutschen Redensarten wie *schlechtes, wechselndes* Glück erst wieder Übersetzungen romanischer Redensarten sind. Denn daran kann doch wohl kein Zweifel sein, daß *Glück* etymologisch mit *gelingen* zusammenhängt und auch im objektiven Sinne von Hause aus den günstigen Zufall bedeutete (ließe sich *Glück* schon in einer althochdeutschen oder gar gotischen Form nachweisen, so würde ich an eine Lehnübersetzung von *τυχη* denken). Bei allen diesen Worten (*τυχη*, fortuna, sors, Zufall) spielen sicherlich uralte mythologische Vorstellungen mit; beim neueren Sprachgebrauche sehr häufig Anlehnungen an Wortfolgen, die sich auf die Göttin *Fortuna* bezogen; das *Glücksrad* kommt daher, erinnert aber jetzt mehr an den bei der Lotterieziehung gebrauchten Zylinder; das Glück stand früher *auf* dem Rade, jetzt steckt es *im* Rade.

Das subjektive Glück, der Zustand des Glücksgefühls oder der vielgenannten Glückseligkeit bezieht sich jedenfalls (um es ganz allgemein auszudrücken) auf eine Befriedigung des menschlichen Willens. Die Sehnsucht, seine Wünsche zu befriedigen, ist dem Menschen so natürlich, daß die naive Philosophie es lange Zeit für ihre Aufgabe hielt, den Weg zur Glückseligkeit zu suchen und zu lehren. Diese Richtung der Philosophie hatte den hübschen Namen *Eudämonismus*. Je nach der Neigung des Philosophen wurde der Weg zum höchsten Glücke entweder in einer Herabsetzung der Bedürfnisse (Sokrates, die Kyniker) oder in einer Steigerung der Befriedigung (Kyrenaiker, Epikuräer) gefunden; die Rechnung stimmte beidemal, und sie mußte stimmen, einerlei, ob die Bedürfnisse mehr geistiger oder mehr sinnlicher Art waren.

Die alten Gemeinplätze, welche dann besonders in christlicher Zeit (die Idee geht aber auf Aristoteles zurück) ein glückliches Leben dem tugendhaften Leben gleichsetzten, möchte ich in ihrer Ruhe nicht stören, trotzdem selbst Spinoza, nach seiner eigenen Gemütsart mit vollem Rechte, dieses geistige Glücksgefühl im letzten Satze seiner Ethik also formuliert hat: beatitudo non est virtutis praemium, sed ipsa virtus. Weil nämlich das Glück immer die Befriedigung irgend eines Willens ist, darum kann Tugend nur in solchen Ausnahmsmenschen Glück sein, deren Wille auf Tugend gerichtet ist; für alle andern Menschen hat ein solcher Satz gar keinen Sinn. Der *Rigorismus* Kants scheint mir nur darin fehlerhaft zu sein, daß er das starke Gefühl eines Sokrates, eines Spinoza, eines Kant zu einer allgemeinen Regel für die gebrechliche Menschheit machen wollte; ein Handeln, dessen Motiv das eigne Glück ist, sollte die Bezeichnung *sittlich* gar nicht verdienen; er hätte nur ausdrücklich hinzufügen müssen, daß solche Handlungen auch die Bezeichnung *unsittlich* nicht verdienen; es wäre nicht so übel gewesen, wenn so der Rigorismus in sein Gegenteil verkehrt worden wäre, wenn man die Handlungen der gebrechlichen Menschen gar nicht mehr sittlich bepredigt hätte.

Halten wir an dem einfachen Sprachgebrauche fest, daß das Glück im subjektiven Sinne irgendwie sich immer auf Befriedigung menschlichen Willens beziehe, so verstehen wir nicht mehr, wie sich die Philosophen vieler Jahrhunderte mit Superlativen herumschlagen konnten, an welchen das arme bißchen Menschenglück gemessen wurde. Da wurde aus dem Wörtchen *gut*, das adjektivisch wieder nur bedeutete, was ein individuelles Bedürfnis befriedigte, unter dem Namen *höchstes Gut* ein unverständlicher Superlativ gebildet; das höchste Gut war dann der sittliche Endzweck, von Gott gesetzt, oder auch Gott selbst, war die Tugend, war das Glück. Und man dachte sich wahrscheinlich etwas dabei. Im Gegensatze dazu bewies Schopenhauer bekanntlich, indem er den sinnlosen Superlativ Pessimismus brauchte, daß alle Befriedigung, oder was man gemeinhin Glück nennt, eigentlich und wesentlich immer nur negativ und durchaus nie positiv wäre. „Denn Wunsch, d. h. Mangel, ist die vorhergehende Bedingung jedes Genusses. Mit der Befriedigung hört aber der Wunsch und folglich der Genuß auf“ (W. a. W. I. 376). Mit gleicher Logik hätte er schließen können: es gibt keinen Rausch, weil auf den Rausch der Kater folgt.

Daß das Glück ein relativer Begriff sei, daß man sich bei seiner Definition vor Superlativen hüten müsse, das hat schon der recht kluge Platner gewußt, der in seinen Aphorismen (II. § 28) lehrt: „Glückseligkeit im psychologischen Sinn des Worts, ist der Zustand angenehmer Empfindungen. Im praktischen Sinn ist es die Mehrheit angenehmer Zustände in der Totalität des Lebens.“

Diese Relativität des subjektiven Glücks oder des Glücksgefühls hat schon vor Platner Voltaire klargemacht, in seiner Weise, oberflächlich und dennoch vielleicht besser als mancher Philosoph. In dem Artikel: Souverain bien. „Le bonheur est une idée abstraite, composée de quelques sensations de plaisir. Platon, qui écrivait mieux qu'il ne raisonnait, imagina son *Monde archétype*, c'est-à-dire, son monde original, ses idées générales du beau, du bien, de l'ordre, du juste, comme s'il y avait des êtres éternels appelés *ordre*, *bien*, *beau*, *juste*, dont dérivassent les faibles copies de ce qui nous paraît ici-bas juste, beau et bon. C'est donc d'après lui que les philosophes ont recherché le souverain bien, comme les chimistes cherchent la pierre philosophale: mais le souverain bien n'existe pas plus que le souverain carré ou le souverain cramoisi; il y a des couleurs cramoisies, il y a des carrés: mais il n'y a point d'être général qui s'appelle ainsi. Cette chimérique manière de raisonner a gâté longstemps la philosophie. . . . Si on donne le nom de *bonheur* à quelques plaisirs répandus dans cette vie, il y a du bonheur en effet. . . . Il n'y a que le seul cas du plaisir actuel et de la douleur actuelle où l'on puisse comparer le sort de deux hommes, en faisant abstraction de tout le reste . . . mais on ne peut aller au-delà avec sûreté; on ne peut évaluer l'être d'un homme avec celui de l'autre; on a point de balance pour peser les désirs et les sensations.“

Über die Relativität des Glücks und über seine Unbeständigkeit haben sich unzählige Schriftsteller ausgesprochen und auch an sogenannten Sprichwörtern über das Glück (Wander zählt deren 1025 auf) fehlt es nicht. Die meisten dieser von Volk zu Volk gewanderten Weisheiten und Sprichwörter lassen sich von der Sprache verführen, die Göttin Fortuna, d. h. das objektive Glück oder den Zufall mit dem subjektiven Glücksgefühle zu verwechseln. Demgegenüber fühle ich mich zu einer Überlegung darüber verpflichtet, ob diese beiden Bedeutungen des Wortes *Glück* so wenig miteinander zu tun haben wie *Bauer* (Landmann) und *Bauer* (Käfig), oder ob sich beide Bedeutungen unter irgend einen Oberbegriff fassen lassen. Für die erste Annahme spräche die Erwägung, daß das Glücksgefühl gar sehr der Wirklichkeitswelt angehört (trotz Schopenhauer), die Göttin Fortuna aber, der Zufall, durchaus nicht. Man achte nur darauf, daß *Glückseligkeit*, *Glück*, *Lust*, *Freude*, *Heiterkeit* nur verschiedene Grade des gleichen Gefühls bezeichnen, oft auch nur verschiedene Modewörter für das gleiche

Gefühl waren, und daß auch noch der geringste Grad dieses Gefühls die wirkliche Gesundheit des Leibes beeinflussen kann. Für die zweite Annahme wäre ein seltsamer Umstand beachtenswert: daß nämlich das objektive wie das subjektive Glück erst nach dem Interesse des Individuums so benannt wird. Das subjektive Glück oder das Glücksgefühl muß irgend einem Interesse, irgend einem unbewußten Willen entsprechen; und ich korrigiere damit ein wenig die Erklärung, daß das subjektive Glück immer mit einer Willensbefriedigung zusammenhänge; Interesse aber ist immer eine Vorbedingung, da selbst die sublimiertesten Glücksgefühle, wie die Freude an der Natur und die Lust an einer guten Handlung gar nicht aufkommen könnten, wenn nicht ein Interesse an der Natur, an Edelmut vorhanden wäre. Nun ist aber selbst die mathematische Berechnung, mit deren Hilfe man die Chancen des Zufalls beim Glücksspiel bestimmt, vom Interesse abhängig; denn die Bezeichnungen *günstige* und *ungünstige* Fälle, die man für die Wahrscheinlichkeitsrechnung eingeführt hat, bringen ja ganz ungehörige Vorstellungen in die Wissenschaft hinein und hätten längst durch die Bezeichnungen *interessierende* und *gleichgültige* Fälle ersetzt werden müssen. (Vergl. Art. Zufall.)

Ganz befriedigend ist aber dieser Versuch leider nicht, das objektive und das subjektive Glück unter den Oberbegriff des Interesses zu fassen. Immer bleibt es eine Willkür der Sprache, das unter allen Umständen angenehme Glücksgefühl mit dem gleichen Worte zu benennen wie die Umstände, die das individuelle Interesse fördern oder hemmen können. Wir bezeichnen ja auch Gewinn und Verlust nicht mit dem gleichen Worte. Doch die Sprache ist nun einmal irrational und hat sich sogar den Scherz gemacht, ein bloßes Mittel des objektiven und des subjektiven Glücks, den Geldbesitz, vielfach mit dem gleichen Worte zu beehren, wie das Glück selbst: *fortune* kann im Französischen wie im Englischen ein Kapitalvermögen bedeuten; unsere pedantische Übersetzung *Glücksgüter* ist schon tugendlicher, weil sie auf die Unterscheidung zwischen den Gütern der unsteten Göttin Fortuna und den bleibenden Gütern hinweist.

Eine letzte Betrachtung wird das subjektive Glück begrifflich noch weiter vom objektiven Glücke entfernen. Die Franzosen nennen ein großes Vermögen *une fortune;* daß der glückliche Zufall oder das objektive Glück die Ursache des subjektiven Glücksgefühls sei, das wird dabei wie ein Axiom vorausgesetzt. Alle Weisen aller Zeiten haben aber gewußt, daß dieses Axiom unwahr ist. Nicht von äußern Umständen, nicht von äußern Zufällen hängt das Glück, die Freude, die Heiterkeit eines Menschen ab, sondern von seinem Charakter, genauer von dem, was man heute noch mit einem sehr langlebigen Worte sein *Temperament* nennt; und es wäre fast nur ein Wortspiel, wenn man dagegen anführen wollte, daß doch der individuelle Charakter, insbesondere das Temperament vom Zufall der Geburt, vom Zufall der Zeugung entschieden worden ist.

Wenn nur nicht selbst diese vorsichtige Erklärung des Glücksbegriffs noch über die Möglichkeit der Erkenntnis hinausginge. Der grimmige Swift hat eine noch resigniertere Definition vom Glücke gegeben, im 9. Abschnitt seines Märchens von der Tonne. Er verhöhnt da alle Systemmacher, die er für wahnsinnig erklärt. Nur Tollheit könne auf Grund eines Systems Veränderungen in der Regierung, der Philosophie und der Religion herbeiführen wollen; dabei komme die Phantasie der Vernunft zwischen die Beine. „Wenn wir eine genaue Untersuchung anstellen, was insgemein durch die Glückseligkeit in Absicht auf den Verstand und die Sinnen verstanden werde, so werden wir finden, daß alle ihre Eigenschaften und Zufälligkeiten in dieser kurzen Beschreibung eingeschlossen sind: die Glückseligkeit ist derjenige Zustand, da man ununterbrochen wohl und geschickt betrogen wird.“ Ich gebe die Stelle absichtlich in einer beinahe zeitgenössischen Übersetzung. (Satyrische und ernsthafte Schriften von Dr. Jonathan Swift, III. S. 188.)

Goethes Weisheit. — Über Goethes Philosophie, über Goethes Weltanschauung sind so viele Bücher und Büchlein geschrieben worden, daß man eine stattliche Bibliothek mit ihnen füllen könnte; trotzdem gehen die Handbücher der Geschichte der Philosophie bei Goethe mit einer höflichen, aber kurzen Verbeugung vorüber. Und ich habe dies oft als ein Unrecht empfunden und keine Gelegenheit versäumt, Goethes Weisheit neben den Aussprüchen berühmter Philosophen als eine Autorität zu zitieren. Richte ich aber meine Aufmerksamkeit genauer auf diesen Punkt, so erscheint das Unrecht der Geschichtsschreiber der Philosophie geringer; Weisheit ist denn doch nicht Philosophie: der Weiseste aus dem Volke, das ein Engländer, Bulwer, das Volk der Dichter und Denker genannt hat (wörtlich: the great German people, a race of thinkers and of critics) war kein Philosoph. Zu unserm Heil; wir haben viele Philosophen gehabt, aber nur einen Goethe.

Will man sich nicht mit Schlagworten abfinden lassen, so ist es nicht einmal auszumachen, welcher der führenden Philosophen die Weltanschauung Goethes entscheidend beeinflußt habe. Man nennt gewöhnlich an erster Stelle Spinoza und macht Goethe zu einem Schüler Spinozas; man nennt sodann Kant und auch Schelling, man nennt endlich jeden andern Philosophen, den Goethe gelegentlich, bedeutend und dankbar, erwähnt hat. Die Einstellung der philologischen Aufmerksamkeit auf den einzelnen Moment in Goethes Entwicklung täuscht aber jedesmal über die Bedeutung des fremden Einflusses; Goethe war freilich ein ebenso unermüdlicher Aneigner, wie er ein Eigener war, aber der Feind aller Wortschälle war am wenigsten der Mann, in verba magistri zu schwören. Goethe hat sich selbst über sein Verhältnis zu den einzelnen Philosophen in seinen Schriften, seinen Briefen und seinen Gesprächen so deutlich geäußert, daß man schon offiziös und überflüssig den Wert des Dichters oder des Denkers übertreiben muß, um Undeutlichkeit in diese geistigen Beziehungen hineinzutragen. Ich will mich bemühen, diesen Fehler zu vermeiden.

Daß Goethe ein Spinozist gewesen sei, ist wahr oder unwahr, je nachdem man das Wort versteht. Goethe wäre bei einem Examen über Spinozas Lehre durchgefallen; er hat seinen Lieblingsphilosophen niemals *studiert* und wird darum in Kenntnis des Spinoza von jedem Oberlehrer übertroffen, der etwa eine Doktorarbeit über Spinoza geliefert hat. Goethe spricht ganz unbefangen über diesen Sachverhalt (im 16. Buche von „Dichtung und Wahrheit"). „Ich kann nicht sagen, daß ich je die Schriften dieses trefflichen Mannes in einer Folge gelesen habe, daß mir jemals das ganze Gebäude seiner Gedanken völlig überschaulich vor der Seele gestanden hätte." ..... „Denke man aber nicht, daß ich seine Schriften hätte unterschreiben und mich dazu buchstäblich bekennen mögen. Denn daß niemand den andern versteht, daß keiner bei denselben Worten dasselbe was der andere denkt, daß ein Gespräch, eine Lektüre bei verschiedenen Personen verschiedene Gedankenfolgen aufregt, hatte ich schon allzu deutlich eingesehen." Wie immer holte sich Goethe aus Spinoza nur, was ihm zusagte, was er brauchen konnte; der „dezidierte Nichtchrist", dem der graue Materialismus der Encyklopädisten ein Greuel war, straffte sich am Pantheismus Spinozas zu einer gottlosen Religiosität empor, bei der er in Poesie und Leben Beruhigung fand. Die scholastische Form von Spinozas Philosophie interessierte ihn nicht, das ganze Gebäude kannte er nicht; er freute sich, bei einem zünftigen Philosophen, dessen Andenken eben erst durch Lessing und durch den Streit um Jacobis Spinozabüchlein gerettet worden war, seine freien Überzeugungen von Leben und Religion wiederzufinden, und gewöhnte sich, ein Dichter wie Tasso, „aus allen Sphären, was er liebt, auf einen Namen" niederzutragen. Und A. Köster hat in einem lesenswerten Aufsatze (Zeitgeist 31. 1. 1910) sehr gut darauf hingewiesen, daß das Bild, das von Spinoza unter uns lebt und wirkt, eben unter dem Einflusse Goethes entstanden ist; ich möchte sagen: sehr viel von dem, was wir an Goethes Weltanschauung spinozistisch nennen, haben wir nach Goethe aus Spinoza herauslesen gelernt.

Seinen Zeitgenossen Kant hat Goethe ebensowenig im Zusammenhange gelesen; der Vernunftkritiker stand ihm weit ferner als der Pantheist, konnte seiner Anschauung vom Leben und von Religion nichts bieten. Hat ihm wenigstens nichts geboten. Es war fast nur Herzenshöflichkeit gegen Schiller und den Jenenser Gelehrtenkreis, wenn Goethe überhaupt einverstanden war, sich ein wenig und in seiner Weise mit Kant zu beschäftigen. Auch darüber hat sich

Goethe unbefangen genug ausgesprochen, in dem kleinen Aufsatze „Einwirkung der neuern Philosophie“. Er sagt: „Für Philosophie im eigentlichen Sinne hatte ich kein Organ.“ ..... Aus der Kritik der reinen Vernunft „schien zum erstenmal eine Theorie mich anzulächeln. Der Eingang war es, der mir gefiel; ins Labyrinth selbst konnt' ich mich nicht wagen: bald hinderte mich die Dichtungsgabe, bald der Menschenverstand, und ich fühlte mich nirgend gebessert. ..... Einzelne Kapitel glaubt' ich vor andern zu verstehen und gewann gar manches zu meinem Hausgebrauch.“ Stärker wirkte die Kritik der Urteilskraft; dieser war Goethe eine „höchst frohe Lebensepoche schuldig“. Schiller und die andern Jenenser Herren mögen sich gewundert haben darüber, wie Goethe ihren Kant las und was er sich aus ihm aneignete; und doch traf Goethe den Kernpunkt dieses kritischen Werks. „Das innere Leben der Kunst sowie der Natur, ihr beiderseitiges Wirken von innen heraus war im Buche deutlich ausgesprochen. Die Erzeugnisse dieser zwei unendlichen Welten sollten um ihrer selbst willen da sein, und was *neben* einander stand, wohl *für* einander, aber nicht absichtlich *wegen* einander.“ Man sollte weder die späten Achtungsbezeigungen gegen Kant, noch gelegentliche Respektlosigkeiten (wie wenn Goethe, um den Kantgegner Herder nicht zu ärgern, einmal sagte: „Wir sehen diese Philosophie als ein Phänomen an, dem man auch seine Zeit lassen muß, weil alles seine Zeit hat“) allzu feierlich nehmen; Goethe konnte sogar posieren, so wenn er zu dem Franzosen Cousin mit überlegener Sachkenntnis über Kant und die deutsche Philosophie sprach (am 20. Oktober 1817). „J'ai tout vu en Allemagne, depuis la raison jusqu'au mysticisme. J'ai assisté à toutes les révolutions. Il y a quelques mois, je me suis mis à relire Kant; rien n'est si clair depuis que l'on a tiré toutes les conséquences de tous ses principes. Le système de Kant n'est pas détruit“). Im ganzen bleibt es dabei, was Goethe 1823 zu Kanzler Müller sagte: „Mit seiner Kritik der Vernunft habe ich mich nie tief eingelassen.“

In Goethes Äußerungen über Fichte, Schelling und Hegel ist, wenn man von einer gewissen halbamtlichen Höflichkeit absieht, der Ton überlegener Ironie nicht zu verkennen; mit Fichte hatte er sich im zweiten Faust sehr unfreundlich auseinandergesetzt; Hegel war ihm doch nur ein geistreicher Sophist, der der Natur fremd gegenüberstand; Schelling schätzte er noch weniger als Hegel und lehnte seine „zweizüngelnde Ausdrücke über religiöse Gegenstände“ entschieden ab, duldete aber gern, daß Schellings Naturphilosophie (die seltsamerweise von Spinoza herkam und noch seltsamererweise, vielleicht auf Umwegen, Spencers Entwicklungslehre beeinflußt hat) als eine philosophische Bestätigung seiner Metamorphosenlehre aufgefaßt wurde. Es ist bekannt, daß Goethe, der doch so viel las, das Hauptwerk seines jungen Freundes und Schülers Schopenhauer, trotzdem es ihm ehrfurchtsvoll überreicht worden war, nicht gelesen hat.

Noch törichter als der Versuch, Goethe einer bestimmten philosophischen Schule anzugliedern, wäre der Ausweg, ihn einen Eklektiker zu nennen; trotzdem der junge Goethe, wenn er nach der geheimnisvollen Gretchenkatastrophe außer dem kleinen Brucker auch den großen Brucker fleißig zu lesen liebte, vielleicht dort (Kurze Fragen aus der philosophischen Historie, VII. Band, S. 2) die Empfehlung hätte finden können: „was aus aller Welt systematibus anständig, durch eine vernünftige Auswahl herauszusuchen und mit den eigenen Gedanken zu verbinden, und damit die bei allen vernünftigen Leuten gebilligte philosophiam eclecticam in die Höhe zu bringen". Bei Brucker, dem Geschichtsschreiber der Philosophie, war der Mangel eines eigenen Standpunktes natürlich; überdies die eklektische Philosophie damals (1736) immer noch als Zuflucht aus der nachwirkenden Scholastik nicht zu verachten. Goethe war kein Historiker der Philosophie und brauchte keiner Schule zu entfliehen; als der eben genannte französische Eklektiker Cousin ihn genug gelangweilt hatte, sagte Goethe zu Kanzler Müller und schrieb den grimmigen Satz auch nieder (Sprüche in Prosa, Nr. 447): „Eine eklektische Philosophie kann es nicht geben, wohl aber eklektische Philosophen." Und fügte die Notiz hinzu: „Ein Eklektiker aber ist ein jeder, der aus dem, was ihn umgibt, aus dem, was sich um ihn ereignet, sich dasjenige aneignet, was seiner Natur gemäß ist."

Mag wer will sich auf diese Worte berufen und Goethe zu der eklektischen Schule der Brucker und Cousin rechnen; Goethe verschlang als ein geistiger Omnivore alles und verbrauchte alles im Arbeitsegoismus seiner dichterischen Lebensarbeit. Man lasse sich doch nicht irre und dumm machen durch die rednerischen Aufsätze über Goethes wissenschaftliche und philosophische Bedeutung. Goethe war Dichter, nichts als Dichter; Schriftsteller, wenn man so lieber will, writer, nach der Bezeichnung Emersons. Es hat unter den Dichtern, unter den Forschern, unter den Philosophen gleich außerordentliche Köpfe gegeben; aber die Psychologie des einen Kopfes ist nicht die des andern. Die Reimereien von Leibniz und Kant, auch die glatten Verse von Schopenhauer beweisen gar nichts; ebensowenig die vielfachen Ansätze Goethes, sich in der Philosophie zurechtzufinden und in den Naturwissenschaften mit den Fachleuten zu wetteifern. Der Dichter Goethe war auch als Naturbeobachter groß; aus seiner Metamorphosenlehre spricht eine Ahnung der Natureinheit, die nicht unterschätzt werden soll, und selbst seine wilde Polemik gegen Newtons Farbenlehre ahnt ganz richtig die Grenzen der mathematischen Methode; aber ein Forscher ersten Ranges war er dennoch nicht, weil er zwar die kleine Pedanterie des Sammlers besaß, nicht aber die große Pedanterie des wissenschaftlichen Arbeiters. Und ein Philosoph wurde er nicht, weil Weisheit doch eben etwas anderes ist als Philosophie.

Wir wollen ja nicht um Worte streiten, auch nicht um den Sprachgebrauch. Es ist aber doch gewiß, daß wir unter *Klugheit* etwas anderes verstehen als unter *Weisheit*, unter Weisheit wieder etwas anderes als unter *Philosophie*. Klugheit, Schlauheit, Pfiffigkeit geht doch mehr auf den Charakter, bezeichnet doch immer die Anlage, seine mittleren oder höheren Verstandesgaben (selbst Dummheit kann mit Schlauheit gepaart sein) seinen kleineren oder größeren Absichten dienstbar zu machen. Von dieser Klugheit unterscheidet sich die Weisheit doch nicht bloß dem Grade nach; Schopenhauers Definition (Parerga II. S. 637) scheint mir ungenügend: „Die vollendete, richtige Erkenntnis der Dinge im ganzen und allgemeinen, die den Menschen so völlig durchdrungen hat, daß sie nun auch in seinem Handeln hervortritt, indem sie sein Tun überall leitet.“ Also theoretische und praktische Vollkommenheit, ein bloßes Gemisch von Klugheit und Philosophie („Richtige Erkenntnis der Dinge im ganzen und allgemeinen“). Ich glaube, man unterscheidet anders zwischen den drei Begriffen. Klugheit geht aufs Praktische, Wissen und Philosophie gehen aufs Theoretische, doch so, daß die Wissenschaft auf die Erkenntnis besonderer Gegenstände sich richtet, Philosophie auf die Erkenntnis der allgemeinsten Gedankendinge. *Weisheit* aber scheint mir sagen zu wollen, daß der Besitzer dieser Eigenschaft, dieses Gutes oder dieser Denkart nicht nur mit seltenster Klugheit jedesmal seinen theoretischen oder praktischen Zwecken gemäß zu handeln oder zu denken versteht, sondern daß er auch und überdies den Wert der jeweiligen theoretischen oder praktischen Zwecke beurteilt. Vielleicht auch nach seinem Urteile handelt. Schopenhauer war gewiß ein Philosoph, aber schwerlich ein Weiser. Montaigne war ein Weiser, aber nicht eigentlich ein Philosoph. Von Sokrates machen wir uns die Vorstellung, daß er zugleich ein Weiser und ein Philosoph gewesen sei.

Beweise von Goethes Weisheit füllen die vielen Bände, in denen seine Schriften, seine Briefe und seine Gespräche gesammelt worden sind. Über Goethes Geringschätzung der Sprache, seine tiefste Weisheit, habe ich das Wichtigste (Kr. d. Spr. I². S. 115 ff.) schon vorgebracht. Von dem Verhältnisse, in welches ihn seine Weisheit zur Philosophie setzte, hier nur einige Proben aus seinen Gesprächen.

2. August 1807: „Der Mensch spricht das Objekt nicht ganz aus. Aber was er davon ausspricht, das ist ein Reales, wäre es auch nur seine Idiosynkrasie. ... Wir sollten nicht von Dingen-an-sich reden, sondern von dem Einen-an-sich. ... Es ist alles nur Eins; aber von diesem Einen-an-sich zu reden, wer vermag es?“

14. November 1823: „Ich kann nicht umhin zu glauben, daß Schillers philosophische Richtung seiner Poesie geschadet hat; denn durch sie kam er dahin, die Idee höher zu halten als alle Natur, ja die Natur dadurch zu vernichten.“

1. Mai 1826: „Ich kann doch nicht wie er denken, weil ich Ich und nicht

Er bin. Wie können sich nur die Leute einbilden, daß mich ihr Denken interessieren könnte, z. B. Cousin?"

16. Juli 1827: „Von der Hegelschen Philosophie mag ich gar nichts wissen, wiewohl Hegel selbst mir ziemlich zusagt. Soviel Philosophie als ich bis zu meinem seligen Ende brauche, habe ich noch allenfalls, eigentlich brauche ich gar keine." (Folgt die oben zitierte Bemerkung über eklektische Philosophie.)

4. Februar 1829: „Von der Philosophie habe ich mich selbst immer frei erhalten; der Standpunkt des gesunden Menschenverstandes war auch der meinige."

Endlich (einmal nach 1825): „Es waltet in dem deutschen Volke ein Geist sensueller Exaltation, der mich fremdartig anweht; Kunst und Philosophie stehen abgerissen vom Leben in abstraktem Charakter, fern von den Naturquellen, welche sie ernähren sollen. Ich liebe das echt volkseigne Ideenleben der Deutschen und ergehe mich gern in seinen Irrgängen, aber in steter Begleitung des Lebendignatürlichen. Ich achte das Leben höher als die Kunst, die es nur verschönert."

Es tut wirklich nichts zur Sache, daß man zu allen Urteilen Goethes andere Stellen anführen könnte, die zu widersprechen scheinen. Goethe war auch darum eher ein Weiser als ein Philosoph, weil er seine Weltanschauung schaffend lebte, sie aber nie in ein System brachte, weil er unabhängig war selbst von dem Worte, das er etwa gestern gesprochen hatte. War doch seine Sprachkritik so überaus radikal, daß er die Sprache nicht nur als Werkzeug des Denkens gering schätzte, sondern sogar als Werkzeug seiner eigenen Lebensarbeit, als Werkzeug der Poesie.

Er hatte ja deutlich eingesehen, daß niemand den andern versteht, daß also kein Leser einen Philosophen ganz versteht; da ist es kein Wunder, daß Goethe seine große Persönlichkeit niemals an irgendeinen Philosophen dahingab, sie vielmehr nur steigerte und wachsen ließ durch das, was er aus der fremden Welt in sich einsaugte. Wie ein Baum wächst. So finden wir, was Goethe stolz und fest über sein Verhältnis zur Philosophie sagt, merkwürdig genau bestätigt durch einen Bericht Schillers an Körner (31. Oktober 1790); Schiller meint es trotz einiger rühmender Schlußworte tadelnd und fast bitter, wir aber vernehmen heute auch aus Schillers Tadel Goethes überlegene Weisheit. Die beiden Dichter hatten über Kant gesprochen. „Interessant ist's, wie er alles in seine eigene Art und Manier kleidet und überraschend zurückgibt, was er las; aber ich möchte doch nicht gern über Dinge, die mich sehr nahe interessieren, mit ihm streiten. Es fehlt ihm ganz an der herzlichen Art, sich zu irgendetwas zu bekennen. Ihm ist die ganze Philosophie subjektivisch, und da hört denn Überzeugung und Streit zugleich auf. Seine Philosophie mag ich auch nicht ganz: sie holt zu viel aus der Sinnenwelt, wo ich aus der Seele hole. Überhaupt ist seine Vorstellungsart zu sinnlich und betastet mir zu viel."

In dem gleichen Sinne urteilt Schopenhauer über Goethes Verhältnis zur Philosophie. Er spricht (Parerga II. 193) von der Farbenlehre, wo er doch Goethes Aperçu zur Wissenschaft erhoben zu haben glaubte. „Goethes Trieb war, alles rein objektiv aufzufassen und wiederzugeben: damit aber war er dann sich bewußt, das Seinige getan zu haben, und vermochte gar nicht, darüber hinauszugehen. . . . Damit (mit dem *Urphänomen*) hielt er alles für getan: ein richtiges *so ist's* war ihm überall das letzte Ziel, ohne daß ihn nach einem *so muß es sein* verlangt hätte. Konnte er doch sogar spotten:

Der Philosoph, der tritt herein:
Und beweist euch, es müßt' so sein.

Dafür nun freilich war er ein Poet und kein Philosoph, d. h. von dem Streben nach den letzten Gründen und dem innersten Zusammenhange der Dinge nicht beseelt, — oder besessen; wie man will."

Noch allgemeiner sagt Schopenhauer von den wesentlichen Unvollkommenheiten des Intellekts (Welt a. W. II. 156, ähnlich Parerga II. 89): „Keiner kann Platon und Aristoteles, oder Shakespeare und Newton, oder Kant und Goethe *zugleich* sein."

Gott.

I.

„Wenn Gott nicht existierte, man müßte ihn erfinden." So wird oft gesagt. Man müßte? Soll heißen: man sollte. Aus höchsten moralischen Gründen. Aus Gründen der Moral, die auf Befehle des existierenden oder erfundenen Gottes zurückgeht. Wirklich mußte man ihn erfinden. Aber nicht, weil man sollte, sondern nach der Natur der Menschen und ihrer Sprache. Man mußte Gott erfinden heißt also: man hat ihn erfunden, notwendig. Der Sinn des berühmten Satzes ist also: weil Gott nicht existiert, darum haben ihn die Menschen nach ihrer Natur erfunden.

Gott, der Gott unsres Wörtervorrats, der einige oder einzige Gott des christlichen Abendlandes, ist nicht als ein Allgemeinbegriff der vorgestellten Wesen zu fassen, die bei den Heiden Götter hießen. Die Götter waren nach dem Bilde des Menschen gedacht. (Nicht erst Feuerbach hat diesen parodistischen Gedanken ausgesprochen; ich finde ihn schon in der „Götterlehre" von K. Ph. Moritz [3. Ausg. S. 22]: „Den Göttern selber konnte die Phantasie keine höhere Bildung als die Menschenbildung beilegen.") So waren sie wenigstens Bilder, Bilder einer reichen, jungen, schönen Phantasie. Der einige Gott ist ein Wort bloß, ein mühsam konstruiertes Wort, ohne Bild, seinen Inhalt darzustellen. Alle Versuche, diesen Gottvater bildhaft zu sehen, sind heidnisch. Der Protestantismus mit seiner Bilderstürmerei ist nur konsequent gewesen.

Will man diesen abstrusen Gottesbegriff zur Vergleichung mit andern Begriffen zusammenstellen, so ergibt sich die Schwierigkeit: Worte von ähnlicher Nonsensität und doch ähnlicher historischer Macht aufzufinden.

Der Stein der Weisen war nie, und dennoch wurden ihm Wunderkräfte beigelegt. Aber der Stein der Weisen war nicht nur Menschenglaube, sondern auch sonst, real, so wie er von einem Betrüger hergestellt und verkauft wurde, Menschenwerk.

Ich vergleiche den Gott lieber mit dem Phlogiston der Chemie. Gegen hundert Jahre, vom Ende des 17. bis zum Ende des 18. Jahrhunderts, haben die Theologen der Chemie und mit ihnen die Welt an dieses Wort geglaubt, das die Verbrennung der Körper, also die Wärme, also die Herkunft der wichtigsten irdischen Kraft erklären sollte. Heute wissen wir: Bleioxyd ist Blei und noch etwas, Pb + O. Damals lehrte man, gegen den Augenschein — da man das höhere Gewicht des Bleioxyds schon beobachtet hatte —: Blei ist Bleikalk und noch etwas, Blei ist Bleikalk (Bleioxyd) + Phlogiston. Etwas, was gar nicht auf der Welt war, sollte die Ursache dessen sein, was da war. Wie Phlogiston in alle Metalle hineingedacht wurde, so der Gott in alle Geschehnisse: der Zufall wird zur Geschichte durch Gottes Vorsehung, Rache am Verbrecher wird zur Strafe durch Gottes Gerechtigkeit, die Aussage wird zum Eide durch Gottes Anrufung.

Der berüchtigte ontologische Beweis für das Dasein Gottes ist nur ein Fall unter vielen; die Gewohnheit der Menschen, Scheinbegriffe zu gebrauchen, läßt deren Existenz mitvorstellen. Das hat schon Oldenburg in einem Briefe an Spinoza (III, vom 27. Sept. 1661) hübsch ausgesprochen: „Glauben Sie, klar und zweifellos aus Ihrer eigenen Definition von Gott beweisen zu können, daß ein solches Ens existiere? Ich freilich denke, daß Definitionen einzig und allein Begriffe unseres Kopfes enthalten; daß aber unser Kopf vieles begreift, was nicht existiert, und äußerst fruchtbar ist in der Vermehrung und Steigerung der einmal begriffenen Dinge: also kann ich nicht einsehen, wie ich von meinem Gottesbegriff zur Existenz Gottes kommen soll.“

Die ehrenwerte Bemühung des Deismus, auf seine Weise dem Ruhebedürfnisse der Menschheit zu dienen und den regressus in infinitum zu vermeiden, hat zur Anerkennung eines Gottes geführt, mit dem das freie Denken auskommen zu können glaubte. Gott ist die Antwort auf die schönste und kindlichste Frage, auf das ewige Warum und das Warum des Warum. Gott ist also die letzte Ursache. Nur daß Subjekt und Prädikat dieses Urteils gleicherweise Anthropomorphismen sind. Der Gottesbegriff ist freilich auch in der fetischbildenden Volksvorstellung eine Antwort auf die alte kindliche Frage, aber dieser alte Gott ist nach dem Bilde des Menschen geschaffen. Und Hume hat die kühnste Lehre zu erweisen versucht, daß nämlich auch der Ursachbegriff eine Art Personifikation der Zeitfolge ist. Ich weiß nicht, was bei solchen Vorstellungen noch von dem deistischen Urteile übrig bleibt: Gott sei die letzte Ursache.

II.

„Man hat denjenigen für einen Erzprahler zu halten, der da sagt, er wisse, wo alle unsere Wörter herkommen.“ Dieser besonnene Satz des alten Frisch sollte vor jeder etymologischen Untersuchung beachtet werden. Auch unsere Zeit, die in der Etymologie wieder einmal zu einem Gipfel gelangt ist, prahlt, wenn sie ihre etymologischen Hypothesen mit Sicherheit aufstellt. Ich will ganz bescheiden eine kleine Vermutung über die Herkunft der Wörter *Götze* und *Gott* mitteilen.

Unsere Fachgelehrten haben sich nicht geeinigt. Es lag immer nahe, das Wort *Götze* als ein verächtliches Diminutiv von *Gott* aufzufassen und es mit *Deunculus* aus dem mittleren Latein zu vergleichen, das aber bei Du Cange nicht zu finden ist. Schon Frisch und nach ihm Adelung leiteten *Götze* von *gießen*, ahd. *giozan* ab; das Wort sollte ein gegossenes und später jedes künstlich hergestellte Bild bezeichnet haben. Die gegenwärtige Sprachwissenschaft brachte das Wort weiter mit dem griechischen Stamme *χυ* (*χεω* usw.), ferner mit der Sanskritwurzel *hu (opfern)* in Zusammenhang. Kluge macht zu der Herleitung *Gußbild* ein kleines Fragezeichen und neigt dazu, *Götze* für eine Kurzform von *Götterbild* zu halten, so wie *Götz* und *Spatz* als Koseformen von *Gottfried* und *Sperling* (mhd. *Spar*) zu verstehen sind. H. Paul lehnt in der II. Aufl. seines Wörterbuches beide Herleitungen entschieden ab; jedenfalls sei die Ableitung aus *gießen* zurückzuweisen. Aber Paul weist doch darauf hin, daß *Götze* früher überhaupt für ein Bildwerk gebraucht wurde, noch bei Luther prägnant für ein Götzenbild („die Götzen ihrer Götter"). Da das Wort eigentlich ein christenkirchlicher Begriff ist und ursprünglich genau das bedeutet, was wir heute mit äußerster Verachtung einen Fetisch nennen, so ist es mit einiger Wahrscheinlichkeit nur aus der Wortgeschichte der Bibel zu erklären. Und da scheint mir ein Zwischenglied übersehen worden zu sein, das griechische Wort *χωνευειν*, gießen, aus geschmolzenem Metall bilden, mit seiner reichen Familie; *χωνευτον*, *χωνευμα* hieß das *Gegossene*, das *Gußbild*.

Die Griechen besaßen aus alter Zeit für die Nachbildung oder das Bildchen eines Gegenstandes das Wort *ειδωλον* von *ειδος*, Bild; unser Idol; bei Homeros steht dieses *ειδωλον* schon für künstlerische Gebilde, aber besonders häufig für die Schattenbilder der Toten. Im Sinne eines Gespenstes, der aus dem Seelenkult hervorging, ging das Lehnwort *idolum* und die freie Lehnübersetzung *spectrum* in die lateinische Gelehrtensprache über; beide Worte wurden seit den Stoikern auch zu einem Terminus für die *Bildchen* in der Seele, die Vorstellungen. Mit *ειδωλον*, aber auch mit *χωνευτον* übersetzten die Verfasser der Septuaginta und die Kirchenschriftsteller die hebräischen Ausdrücke, in denen den Juden die Herstellung von Götterbildern verboten worden war. Die Vulgata und Augustinus haben dafür *sculptile et conflatile; conflatile* von *conflare, zusammenblasen, anfachen, schmelzen, gießen*. Mir scheint nun, daß der Weg über *χωνευτον* und *conflatile* zu *Götze* etymologisch gangbar ist. Nun vergleiche man

Luthers Übersetzung mit der Vulgata: non facies tibi sculptile neque omnem similitudinem (II, 20, 4.), du solt dir kein Bildnis noch irgendein Gleichnis machen; non facietis vobis idolum et sculptile, nec titulos erigetis, nec insignem lapidem ponetis in terra vestra, ut adoretis eum (III, 26, 1), ihr sollt euch keinen Götzen machen, noch Bilde, und sollt auch keine Säule aufrichten, noch keinen Malstein setzen in euerem Lande, daß ihr darvor anbetet; non vidistis aliquam similitudinem in die qua locutus est vobis Dominus in Horeb, de medio ignis, ne forte decepti faciatis vobis sculptam similitudinem aut imaginem masculi vel feminae (V, 4, 15), denn ihr habet kein Gleichnis gesehen des Tages, da der Herr mit euch redete ... auf daß ihr euch nicht verderbet und machet euch irgendein Bild, das gleich sei einem Manne oder Weibe; maledictus homo, qui facit sculptile et conflatile, abominationem Domini, opus manuum artificum, ponetque illud in abscondito (V, 27, 15), verflucht sei, wer einen Götzen oder gegossen Bild machet, einen Greuel des Herrn, ein Werk der werkmeister Hände, und setzet es verborgen.

Das hebräische Wort, das überall steht, פסל, wird von Fürst erklärt: „*Bild*, das entweder aus Holz geschnitzt oder aus Stein gemeißelt ist, seltener von einem *Gußbilde*.“ Daß die Bedeutung sich mit dem Fortschreiten der Technik wandelte, daß das Wort zuerst Schnitzerei, dann Erzguß bezeichnete, kann natürlich nicht auffallen; *Feder* bedeutet jetzt ganz vulgär die Metallfeder; und am Ende hat *Skulptur*, das jetzt jedes plastische Werk bedeutet, die gleiche Entwicklung durchgemacht. Ich wollte auch hier auf die merkwürdig stetige Reihe von Lehnübersetzungen hinweisen: פסל, *χωνευτον, conflatile, Goetze;* wenigstens scheint mir sicher, daß Luther, im letzten der zitierten Beispiele, da er sculptile et conflatile mit *Goetze oder gegossen Bild* übersetzte, ausdrücklich auf die Gleichheit der beiden Ausdrücke hinweisen wollte. Und mir ist gewiß, daß wir es da nicht bloß mit einer gelehrten Volksetymologie zu tun haben, daß *Goetze* doch nur eine dritte Lehnübersetzung des Bibelwortes für *Bildnis* ist. Nicht behaupten, aber fragen möchte ich: warum sollte *Gott* nicht das gleiche Wort sein? Man achte besonders darauf, daß die alte nordische und gotische Form des Wortes *(guđ* und *guþ)* trotz der maskulinischen Verwendung neutral war, etwa *das Gegossene*. „Das Wort *guþ*, welches der Form nach Neutrum ist, wird für den Christengott als Masculinum gebraucht. Dagegen für die heidnischen Götter ist der neutrale Plural *guda* noch im Gebrauch.“ (Braune, Gotische Gramm. S. 35.) Wir hätten dann nicht *Götze* in Bedeutung und Form aus *Gott* abzuleiten, sondern umgekehrt *Gott* aus *Goetze*. *Götze* wäre als *das Gegossene* der gemeinsame Ausdruck gewesen. Und *nur* der Form nach wäre *Gott* aus *Goetze* abzuleiten. Wenn man einen Bedeutungswandel dabei anerkennt (wie bei der Herleitung des abschätzigen *Goetze* aus dem heiligen *Gott*), so scheint mir das schon christelnden Hochmut zu verraten. Denn einen ernsthaften Unterschied der Bedeutung kann ich nicht wahrnehmen. *Gott* wäre die sächsische Form zu Goetze (*Witze* und *wit*, *Schütze* und *shoot*, *nütze* und ags. *nyttu*). Wäre es nicht möglich, daß heidnische Sachsen den Crucifixus, welchen die südwestlichen Germanen schon verehrten, in ihrer Verstocktheit *das Gott*, das Gegossene genannt hätten? Daß der Name nach der Bekehrung blieb, während die ältere, südwestgermanische Form *Götze* als Übersetzung des biblischen *sculptile et conflatile* auf die nichtchristlichen Götter eingeschränkt wurde? Wäre es gar so unerhört, daß das Wort einmal *Gottesdienst*, den Kultus des *richtigen* Gottes, das andre Mal *Götzendienst*, den Kultus des *falschen* Gottes bedeutete? *Schlicht* und *schlecht* ist nur eines von vielen Beispielen, die sich beibringen ließen.[1])

Unserer dogmatischen Sprachwissenschaft liegt es näher, *Gott* mit einer Sanskritwurzel in Zusammenhang zu bringen, als mit dem deutschen Worte *Goetze*. Man knüpft an sansk. *hu* an, die *Wurzel* für opfern, anrufen; und gibt zwei verschiedene Etymologien, als ob nicht offenbar *opfern* und *anrufen* nur zwei verschiedene Übersetzungen oder Kulturstufen der gleichen Handlung wären. Gott (sansk. huta, got. guþa) soll danach heißen: der viel angerufen wird, dem viel geopfert wird. Nach meiner Vermutung wäre die letzte Erklärung nur grammatisch zu ändern; nicht dem viel gegossen wird, sondern *der Gegossene*.

(Ich wage noch — ohne zu einer Vermutung zu gelangen — an *gueuse* zu erinnern, ein französisches Wort, das bei Littré und Diez von *gueux* etymologisch separiert wird, und das einen gegossenen Metallklotz bedeutet; es wäre fast zu hübsch, wenn dieses *gueuse* am Ende doch mit *gueux*, unbekannter Herkunft, zusammenhinge, das jetzt Lump geworden ist.)

Bei allen diesen Zusammenhängen könnte man höchstens darüber staunen, daß die Menschen nicht früher schon den kindlichen Unverstand einsahen, der sie die eigenen Götzen oder Bilder knechtisch verehren, die fremden Götzen oder Bilder mit äußerstem Hochmut verachten ließ. Warum sollten die heidnischen Sachsen den bildlich sichtbaren Gott der Franken und Alemannen nicht einen Goetzen geheißen haben, da doch christliche Kirchenväter es wagten, die menschlich schönen Kultbilder der Griechen Goetzen zu nennen?

[1]) Für *Götzendienst* haben wir noch ein zweites Wort zur Verfügung: *Abgötterei*. *Abgott* ist selbstverständlich der falsche Gott, der Mißgott (wie *Abort* der häßliche Ort, *Abgunst* die Mißgunst); doch ist diese Bedeutung nicht sehr alt, vielleicht aus einem Mißverstand hervorgegangen; der *Abgötter* hieß noch bei Luther ein Götzendiener; von einem alten Worte *abgott*, das im Gotischen nicht *Götze*, sondern *gottlos* bedeutete. Ulfilas sagte für *Götzen galiugaguda; afguþs* war ihm der *impius*. Es ist für mich kein Zweifel, daß dieses überraschend gebildete Wort eine genaue Lehnübersetzung von *ἄϑεος* ist, dem es buchstäblich in seiner Bedeutung und in seiner fast unlogischen Form entspricht.

Hier wie dort auf der einen Seite Glaube, auf der andern Seite Unglaube. Für den Gläubigen ist der Fetisch Bild und Sitz des wunderwirkenden Gottes; für den Ungläubigen ist das Gottesbild eine abominatio, ein *Fetisch*. Wenn die allgemein angenommene Etymologie richtig ist, so wendeten die Portugiesen ja ihr Wort *feitiço* (von *facticius künstlich*, vielleicht auch schon: von Zauberkunst stammend) auf die (für sie) lächerlichen wundertätigen Puppen, Tiere und Gerätschaften an, die sie bei den Negern der Westküste als Gegenstände der Verehrung vorfanden. Das Wort (*Fetisch, fetiscio, fétiche, fetish*) ist dem gemeinsamen Hochmut der christlichen Völker gemein.

Wir müssen von dem verschiedenen Stimmungswert, mit dem zweitausendjährige Christengewohnheit uns die Worte Gottesdienst und Götzendienst trennen läßt, absehen, wir müssen völlig durchdrungen sein davon, daß das gleiche Ding dem Einen Gott und dem Andern Götze sein kann, wenn wir uns von der Tyrannei dieser Wortwerte befreien wollen. Wollen wir Ernst machen mit einer vergleichenden Religionswissenschaft, so haben wir zu einer Unterscheidung zwischen Gott und Götze kein Recht mehr; wir wollten denn das grobsinnliche Bild, von dem der Gläubige wunderbare Hilfe erwartet, einen Götzen, den abstrakten, geläuterten Gottesbegriff, dessen Wunder und Hilfe der Gläubige mit Worten anruft, Gott nennen. Und weil die Bezeichnung Götze durch christlichen Hochmut im Mittelalter den immerhin humanen und ganz und gar nicht widerwärtigen antiken Göttern angeworfen worden war, brauchte die Neuzeit für die gröbstsinnlichen Götzen der Naturvölker ein neues Wort und sagte Fetisch. Zwischen dem Fetisch der Neger und den Götzenbildern der Griechen ist natürlich ein ästhetischer Unterschied. Kein so großer Unterschied besteht zwischen dem Fetisch des Negers und (in der Vorstellung des gemeinen Mannes) den alten Kultrequisiten der Christen. Dem abendländischen Forschungsreisenden mag der Fetisch ein Gelächter oder eine Scham sein. Dem katholischen Missionar sollte der hausgemachte Gott, der mobile Gott vertrauter sein. Die Neger haben ihre Leichenteile in Fetischhütten wie in Reliquienschreinen. Ihre Priester benützen die Fetischhütten als Opferstock. Die Neger haben für Krieg und Krankheit, für Trank und Geburt Spezialfetische, wie es im Katholizismus Spezialheilige gibt, deren Wunderkraft für das Volk, das aber von den Priestern selten eines Bessern belehrt wird, am Bilde haftet.

Erwähnung verdient, daß auch bei den Negern Königtum und Gott, Thron und Altar, fest aneinandergeknüpft scheinen. Bei einigen Negerstämmen ist der König „ein lebendiges Kultgerät“ (Lippert, Gesch. d. Priestertums I. 87). Der König wird wie ein Fetisch abgesetzt, wenn der Fisch oder der Regen ausbleibt.

Von protestantischen Freigeistern ist oft und hart darauf hingewiesen worden, daß das Allerheiligste des

Katholizismus völlig der Definition des Fetisch entspricht. Kein Zweifel, daß diese Protestanten recht haben. Nur vergessen sie selbstgerecht, daß das Wunder nicht an der Substanz der Hostie haftet, sondern erst durch das sakrale Wort, das der geweihte Priester spricht, geschaffen wird. (Die sakralen Worte, welche die Wandlung bewirken, dürfen nicht einmal in populären Erklärungen zum Meßtexte übersetzt werden, so eng haftet der Zauber an den lateinischen Worten hoc est enim corpus meum usw.; die katholische Kirche und Papst Alexander VII., der durch Dekret vom 12. Jan. 1661 die Übersetzung verboten, haben wohl nicht bedacht, daß das Neue Testament die Zauberworte in griechischer Sprache anführt, daß sie also ihre Kraft schon durch die lateinische Übersetzung der Vulgata verloren haben müßten.) Der Protestant, der also in der Substranz einen Fetisch sieht, wo er in der Wandlung einen Wortfetisch sehen sollte, will nicht bemerken, daß er den Worten der Bibel, beileibe nicht den lateinischen Worten, sondern dem hl. Texte Luthers, ebensolche Zauberkraft zuschreibt: Wahrsagekraft bei den immer noch üblichen Nadelproben, wunderbare Hilfe beim Gesundbeten und (wenn der Protestant ganz modern und aufgeklärt ist) wenigstens Trost in Widerwärtigkeiten. Leistet ihm der Wortfetisch nicht einmal diesen Dienst mehr, dann dürfte der Protestant wohl kein Recht haben, sich noch einen gläubigen Christen zu nennen. Die Protestanten waren es, die für ihren Priester, den *gonga* der Fetischneger, sicherlich ohne den Humor zu empfinden, die Bezeichnung „Diener am Wort" gefunden haben.

III.

Da ich so, von außerhalb, über Wortheiligtümer spreche, die vielen guten Abendländern wert sind, habe ich vielleicht die Pflicht, mit einigen Worten meine Stellung zur religiösen Frage zu präzisieren. Ich schicke voraus, daß ich Gretchens Frage: „Nun sag, wie hast du's mit der Religion?" nicht für so wichtig halte, wie sie traditionell, nach jahrhundertlanger Katechisation, genommen zu werden pflegt. Es gibt wichtigere Fragen. Ob es eine Entwicklung oder einen Fortschritt gibt? Ob Erkenntnis durch Sprache möglich ist? Ob überhaupt etwas wie Ordnung in der Natur vorhanden ist? Das *ob* ist die Frage. Wir suchen Entwicklung, Erkenntnis, Ordnung. Wenn wir eins davon gefunden hätten, dann wäre noch lange nicht nach dem Urheber der Entwicklung, der Erkenntnismöglichkeit, der Ordnung zu fragen. Die Menschen haben von jeher die Neigung gehabt, die letzten Fragen zuerst zu beantworten, die letzte Ursache zuerst entdecken zu wollen. Und so haben sie lange vor jeder Naturforschung schon das Wort Gott oder so ähnlich als letzte Antwort gebrauchen gelernt. Wie das Wort Seele. Wie das Wort Phlogiston. Wenn die Menschen gewartet hätten, so besäßen sie heute das Wort Gott nicht und ich hätte nicht nötig, mein Verhältnis zu einem Worte zu präzisieren, das ich nicht verstehe.

Ich will aber durch Berufung auf meinen sprachkritischen Standpunkt nicht auszuweichen scheinen. Ich nehme ja doch instinktiv eine bestimmte Stellung zu diesem unverstandenen Worte ein. Ich verstehe es nicht nur nicht; ich glaube auch, daß es keinen Sinn hat. Ich glaube, daß der alte Judengott nebst seiner Übersetzung ins Christentum ein totes Symbol geworden ist, ein totes Wort. Die Physik hat dem Judengott seine Substanz genommen, die Naturgeschichte seinen Ursachcharakter, die Astronomie den Ort, auf welchem stehend er die Erde bewegen könnte. Der Atheismus, rein als Negation des Gottesbegriffs genommen, ist wirklich auf einer gewissen Stufe des Wissens die einzige anständige Weltanschauung. Nur einbilden soll man sich nichts auf diese Weltanschauung. Andere Fragen sind wichtiger, wie gesagt. Nicht einmal tapfer ist es mehr, sich zu dieser kleinen Negation zu bekennen. Nur anständig wäre es für jeden geistigen Arbeiter. Und infam scheint es mir, daß unsere vom Staate angestellten Gelehrten, seltene Ausnahmen abgerechnet, das Bekenntnis zu dieser kleinen Negation vor der Öffentlichkeit scheuen. Irgendein Wortkompromiß mit dem alten Judengott suchen. Infam scheint es mir und dumm dazu. Wenn alle deutschen Professoren, die es angeht, sich zu ihrem Atheismus bekennen würden, so könnte und wollte der Staat ihnen kein Haar krümmen; und wir hätten es nicht erlebt, daß ein so unbedeutender Kopf wie Haeckel, bloß um dieser einen Ehrlichkeit willen, zu einem Führer des jungen Deutschland gemacht worden ist, das schon seit Schopenhauer einfach atheistisch ist.

Der alte Judengott ist tot. Aber auch der Materialismus, der ihn umbringen geholfen hat, liegt in den letzten Zügen. Und das metaphysische Bedürfnis der Menschen, die ahnungslos in ihrem Materialismus ebenso metaphysisch waren wie in ihrem Gottglauben, ringt überall nach einem neuen Ausdruck für die alte Sehnsucht. Die armen Menschen suchen den Sinn der Welt, in die sie hineingestellt sind. Wer ein tiefes Gefühl für diese Sehnsucht hat und das Wort nicht findet, der flüchtet aus der Welt in die Mystik. Der Okkultismus, der gegenwärtig unter vielen Namen sich gebärdet, als ob er eine neue Religion und einen neuen Gott gebären wollte, ist doch nur die Mystik des dummen Kerls. Die großen Mystiker aus der Nachfolge Buddhas und Jesus hatten den Sinn der Welt gefunden, in ihrem Gefühl, jeder für sich, nicht mitteilbar.

Wollte einer für dieses nicht mitteilbare Gefühl vom Sinne der Welt das tote Wort Gott wieder gebrauchen, so hätte die Sprache ja nichts dagegen. Ich liebe nur die Worte nicht, die keine mitteilbare Vorstellung ausdrücken können. Auch den großen Mystikern war Gott nur in ihrem Gefühl, unsagbar; wie sie ihn nannten, wurde er zum Götzen.

Der bescheidenen Ehrlichkeit, sich

zu der einfachen Negation des Gottesbegriffs zu bekennen, zum Atheismus, zu dem Eingeständnis, daß man den Sinn des Wortes Gott nicht verstehe — dieser kleinen Tapferkeit steht der christliche Sprachgebrauch gegenüber, der das Epitheton *gottlos* nicht als schlichte Bezeichnung einer theoretischen Überzeugung gelten läßt, sondern eine praktische Disqualifikation mit dem Worte verbindet, einen ähnlichen Makel wie mit dem Worte *ruchlos*.[1]) Apologeten des Christentums berufen sich auf diesen Sprachgebrauch, der zwar nicht unter den Atheisten (das ging nicht mehr gut seit Spinoza und Bayle), wohl aber unter den Gottlosen einen schlechten Menschen verstand.

Auf die Scheu vor der öffentlichen Meinung des Sprachgebrauchs mag manche Feigheit der Philosophen zurückzuführen sein. Manche feige Umgehung der Wahrheit. Auch der Atheismus hat seine Jesuiten gehabt: Sophisten für und gegen den Gottesbegriff. In jedem einzelnen Falle ist für die Zeit vom 15. Jahrh. bis zur Gegenwart sehr schwer zu entscheiden, ob der jeweilige Anwalt des Gottesbegriffs gläubig war oder ein feiger Heuchler. Auch dürfte man nicht vergessen, daß ein Wort, solange an der bezeichneten Sache nicht gezweifelt worden ist, wie die Sache selbst verteidigt zu werden pflegt; wird die Existenz der Sache geleugnet, so entbrennt ein erbitterter Kampf um das Wort allein. Ich habe vorhin unter den Worten, die so gegenstandslos geworden sind wie *Gott*, auch das alte Prinzip *Phlogiston* angeführt. Als dieses *Phlogiston* gegen Ende des 18. Jahrhunderts von Priestley und Lavoisier unter die Erdichtungen geworfen wurde, fand das Unding Phlogiston dennoch seine altgläubigen Anwälte. Und die, weil sie langsam oder dumm oder treu waren, pflegt man in der Geschichte der Naturwissenschaften doch auch nicht Heuchler zu nennen. Freilich, die Anwälte des Gottesbegriffs werden von Staat und Kirche gelohnt; und dennoch ist es in jedem einzelnen Falle sehr gewagt, von Unehrlichkeit zu sprechen, wo vielleicht nur Unklarheit vorlag.

Unklarheit bis zur völligen Konfusion möchte ich annehmen, wenn ich den kleinen Artikel *Atheist (Gottesleugner)* in Maimons „Philosophischem Wörterbuch“ (S. 25) lese. Er scheint zu einem Keulenschlag gegen den Atheismus auszuholen, um nachher schärfste Kritik an dem landläufigen Gottesbegriff zu üben. „Sollte dieser (der Atheist) auch einen Platz in einem philosophischen Wörterbuche verdienen? Allerdings, aber nur, um auf ewig daraus verbannt zu werden.“ Das Wort bezeichne „etwas Unmögliches“, wie das Wort Hypo-

[1]) *ruchlos* wird allgemein von dem mhd. *ruochen* abgeleitet: sich um etwas kümmern, auf etwas Rücksicht nehmen. *Ruchlos:* der auf nichts Rücksicht nimmt. Mir leuchtet diese Ableitung nicht ein. Wir haben aber in *ruchbar* dieselbe Silbe *ruch* = *rucht* = mhd. *ruoft*, das unserem *Ruf* entspricht. Ich meine, wollte man eine Lehnübersetzung von *infamis* bilden, so standen *ruchlos* und *verrucht* zur Verfügung, die wir beide im Sinne von *infam* gebrauchen.

griph (so!). Denn nur der Leugner eines anthropomorphischen Gottes, eines falschen Gottes, sei möglich. Der *Begriff* des wahren Gottes, „eines unendlich vollkommenen Wesens", enthalte keinen Widerspruch, könne also nicht geleugnet, d. h. als unmöglich verworfen werden. Eine Realität dieses Begriffs sei freilich nirgends anzutreffen, weil das Objekt dieses Begriffs, seinem Wesen nach, nicht Gegenstand der Wahrnehmung sein könne. Der Gottesbegriff sei also problematisch, wie eine mathematische Formel, solange man sie nicht konstruieren könne. Wer nun „keines Weges die Möglichkeit und das Dasein Gottes leugnet, sondern diese Annehmung nur für uns unerweislich hält", der sei darum noch kein Atheist. Wenn einer lehrt, die Engel seien bärtig, der Zweite, die Engel seien unbärtig; und nun ein Dritter käme und sagte, die Engel seien so wenig bärtig als unbärtig, indem sie überhaupt keinen Körper hätten, so leugne er weder die Existenz noch die Nichtexistenz des Engelbartes. So Maimon, nachdem er den Atheismus für ewig aus der Philosophie zu verbannen versprochen hat. So ungefähr sagen das die schlimmsten Atheisten auch. Und dennoch glaube ich in diesem krassen Falle sogar nicht an eine Unehrlichkeit.

Bacon von Verulam ist nicht unklar; aber der Vater der modernen Naturwissenschaft ist tiefsinnig bis zur theosophischen Grenze, und darum zögere ich auch bei ihm, die kleine Abhandlung „über den Atheismus" für Heuchelei zu erklären. Da findet sich der oft zitierte Satz: Verum est tamen, parum philosophiae naturalis homines inclinare in atheismum, at altiorem scientiam eos ad religionem circumagere. Sehr fein ist weiter der Gedanke: es gebe Atheisten, die eher Tod und Marter auf sich nähmen, als daß sie ihre Überzeugung verleugneten; das wäre doch wunderbar (monstri simile), wenn sie nicht an etwas wie einen Gott glaubten. (Das Sophisma besteht darin, daß Gott zum Urheber alles Guten, also auch der Glaubenstreue, gemacht wird.) Einen abscheulichen Vorwurf gegen die Gottlosen, die schlechten Menschen, enthält der Satz: Nemo Deos (sic!) non esse credit, nisi cui Deos non esse expedit. (Niemand leugnet das Dasein der Götter außer denen, denen die Nichtexistenz der Götter nützlich wäre.) Nun denn, ich möchte diesen Schimpf in einen höhern Sinn kehren und den Gedanken so aufnehmen: jawohl, wir modernen Menschen leugnen das Dasein Gottes, weil unsre Weltanschauung diese Leugnung nötig hat.

Wollte aber jemand diese Stelle der Sermones fideles, wie manch andre, für Heuchelworte des schlauen und wahrlich nicht heiligen Kanzlers ansprechen, so könnte ich nicht heftig protestieren. Bacon hat das prächtige Bild von den menschlichen Vorurteilen oder Gespenstern oder Idolen geschaffen, die seit jeher den Fortschritt der Erkenntnis gehindert haben; er spricht (vgl. Art. *Bacons Gespensterlehre*) von den Gespenstern oder Idolen des Stammes, der Höhle, des Marktes und des Theaters. Sollte es ihm entgangen sein, daß der Gottesbegriff zugleich ein Gespenst des Stammes, der Höhle, des Marktes und des Theaters ist? Das freilich konnte Bacon kaum für möglich halten, was uns jetzt am Ende klar geworden ist: daß *Gott* nur eine Übersetzung von *Idol* ist, daß wir für Idol oder Gespenst ebenso gut Götze oder Gott sagen könnten, daß Bacon recht gut strafend von den Göttern oder Götzen des Stammes, der Höhle, des Marktes und des Theaters hätte sprechen können. Gott ist das oberste, das allgemeinste, das unwahrste Idol. Ein Bild, zu dem kein Modell gesessen hat. Ein Idealbild meinetwegen.

Ein Wort jedenfalls. Götter sind Worte. Aus der Existenz des Wortes hat man wieder einmal auf die Existenz der Sache geschlossen, als ob der ontologische Beweis zu den Instinkten der redenden Menschen gehörte. Und mir fällt eine Wortfolge Luthers ein, die nicht etwa gedankenlos entstanden ist; sie steht vielmehr gleich im ersten Artikel der wohlüberlegten und fast diplomatisch stilisierten Augsburgischen Konfession. „Erstlich wird einträchtiglich gelehret und gehalten . . ., daß ein einig göttlich Wesen sei, welches genennet wird, und wahrhaftiglich ist, Gott.“

Gotteswort.

I.

Es ist schwer ernst zu bleiben, wenn man den Begriff *Gottes Wort* untersuchen will. Wirklich: im Anfang war das Wort und Gott war ein Wort. Götter sind Worte. Und diesem verstiegensten aller Worte, dem Gotte, hat insbesondere die Gruppe von Religionen, die wir die monotheistischen nennen, Worte in den anthropomorphen Mund gelegt, Menschenworte, Worte der Weisheit und der Unwissenheit, die da und dort lange Zeit nur das Ansehen besaßen, wie etwa die Bücher alter Schriftsteller, die aber jedesmal zu authentischen Worten Gottes gestempelt wurden, sobald Ketzerei an der Echtheit zu zweifeln begann. Der Mensch mag auf das Tier hinuntersehen, soviel er will; ein Tier, das Gottes Wort zu besitzen behauptete, gibt es denn doch nicht in der sprachlosen Natur.

Seit etwa 2000 Jahren bemühen sich Juden und Christen, einen authentischen Text von Gottes Wort herzustellen; der Islam steht zu seinem Glücke etwas abseits, weil er unsere Philologie und ihre Anwendung auf die hl. Schrift nicht kennt. Fragen wir nun, was die Kirche unter authentisch versteht, so müssen wir natürlich von den Märchen absehen, mit denen die Gehirne unserer armen Kinder entartet werden: von dem Finger Gottes, der nach dem Judenmärchen z. B. die 10 Gebote in die Tafeln eingedrückt hat, und von dem hl. Geist des Christenmärchens, der immer dabei war, wenn von Moses bis auf die Evangelisten ein Mann eines der Kanonbücher schrieb, der dabei war, wenn ein andrer Mann eines der Bücher übersetzte, der wieder in der Nähe war, wenn die Übersetzung übersetzt wurde, d. h. ins

Lateinische, die offizielle Sprache der kath. Kirche. Auf die neueren Sprachen ließ der hl. Geist sich nicht mehr ein. Was will es nun heißen, wenn das Konzil von Trient die Vulgata für authentisch erklärte? Wobei die groteske Tatsache nicht vergessen werden sollte, daß — wie wir alsbald erfahren werden — dieser authentische Text ja erst einige Jahrzehnte nach dieser Erklärung hergestellt wurde, daß also der hl. Geist die Männer des Konzils Textworte authentisieren ließ, die erst eine spätere Generation aus philologischen Gründen für die richtigen ansehen lernte. Auf dem Konzil war der vernünftige Antrag gestellt worden, zuerst die hebräischen und griechischen Originaltexte authentisch zu machen und dann auch authentische Übersetzungen in die neuen Nationalsprachen zu schaffen. Die Anträge gingen nicht durch. Man gestand sich ein, authentische, d. h. verbürgte Originaltexte nicht zu besitzen und erklärte dennoch die gebräuchliche lateinische Übersetzung dieser ungeprüften Originale für *authentisch*. Was war das nun?

Seltsam genug bedeutet das Stammwort des Begriffs, *αὐϑεντης*, auf dessen schwierige Etymologie ich nicht eingehen will, den Urheber nicht einer Schrift, sondern eines Mordes, gewissermaßen den eigenhändigen Mörder, dann wohl auch den Gewalthaber überhaupt, den gewalttätigen oder den unumschränkten Herrn. Wir werden kaum mehr erfahren, wie aus dieser Bedeutung heraus (*αὐϑεντια* = *Selbstherrschaft*) das Adjektiv *αὐϑεντικος* im Griechischen, *authenticus* im Lateinischen zu dem Sinne: *zuverlässig, verbürgt, eigenhändig, urschriftlich* gelangte. Aber in diesem juristischen, gerichtsprozessualischen Sinne allein kann die Vulgata authentisch genannt worden sein. Wie der römische Richter eine behördlich für zuverlässig erklärte Kopie des Testamentes als *authentisch* behandelte, falls das Original nicht beizutreiben war, so nannte die Kirche die alte lateinische Übersetzung der Bibel *authentisch*, weil sie sich ein Urteil über die hebräischen und griechischen Originale nicht zutraute. Übrigens stammt auch die übliche Bezeichnung der Bibel aus der Juristensprache; die alten Juden faßten das ihnen hinterlassene Wort Gottes als ihren Bund mit Gott auf, ihren Vertrag mit ihm, schwarz auf weiß; die Septuaginta übersetzte das hebräische Wort mit *διαϑηκη*, was dann lateinisch in wortwörtlicher Lehnübersetzung *testamentum* hieß; trotz des ganz andern Verhältnisses (Jesus Christus schloß keinen Vertrag, am wenigsten mit einem auserwählten Volke) wurde dieses Wort auf die Büchersammlung der Apostel und der Evangelisten angewendet, und so bekamen wir zu dem alten ein neues Testament.

Die kirchliche Authentisierung der Vulgata entsprach aber gerade ihrem juristischen Vorbilde sehr schlecht. Tausend Jahre lang hatte sich die Kirche wohl oder übel mit der Ungleichheit und Unzuverlässigkeit ihrer Bibelhandschriften abgefunden. Sie nahm aus lokalen Streitigkeiten niemals Veranlassung, entweder einen der alten Bibeltexte, den hebräischen, chaldäischen, syrischen, griechischen oder eine der neuen Übersetzungen, die deutsche, die französische, die vlämische, für authentisch zu erklären. Erst als die Reformation daran ging, Gottes Wort ohne Mitwirkung des hl. Geistes zu deuten, wissenschaftlich, soweit Theologie Wissenschaft sein kann, philologisch, als die Reformation die Verwegenheit hatte, die relativ authentischen Texte, den hebräischen und den griechischen, philologisch zu Rate zu ziehen, da fuhr die Kirche mit ihrer Erklärung dazwischen: die sogenannte Vulgata, haec vetus et vulgata editio pro authentica habeatur.

Mit gewohnter Klugheit hat die römische Kirche, wie wir sehen werden, den Streit über diese Deklaration sich austoben lassen, ohne den Begriff *authentisch* authentisch zu interpretieren. Von der einen Seite wurde behauptet, authentisch heiße soviel wie vom hl. Geiste inspiriert; von der andern Seite wurde gelehrt, die Erklärung hätte nur den Wert einer Approbation, die Feststellung des echten Vulgatatextes sei nach wie vor wissenschaftliches Menschenwerk, dem Wunder des hl. Geistes und der Infallibilität des Papstes entrückt. So konnte es kommen, daß heute, scheinbar ohne Widerspruch, den Schulkindern die Worte der Vulgata als verbürgte Worte Gottes eingebleut werden, daß aber katholische Gelehrte behaupten dürfen, die römische Kirche lasse der Bibelforschung und der Textkritik freie Hand. In Wahrheit ist die Vulgata auch für gute Katholiken nicht das authentische Wort Gottes, sondern nur das offizielle, an das man sich zu halten hat. Als ob ein Richter wüßte, daß er nicht das echte Testament vor sich habe, aus unjuristischen Gründen aber die Fälschung für authentisch erklärte.

Unglaublich wäre es, wenn nicht eine bekannte Tatsache, daß die römische Kirche es versucht hat, das Wort Gottes, das doch zur Erlösung der Menschheit da sein sollte, der lesenden Menschheit zu verbieten. Die Einschränkung des Bibelverbots auf solche Bibelübersetzungen, die nicht approbiert waren, stammt erst aus der ängstlichen Zeit der Kirche (1757); die alten Bibelverbote galten den Übersetzungen in die Volkssprachen überhaupt: im 11. Jahrhundert wurden den Böhmen, im 13. den Waldensern, im 14. den Wiglifianern ihre Übersetzungen verboten. Selbst der Besitz einer Bibelübersetzung war strafbar. Während des 30jährigen Krieges endlich wurde das Lesen der Bibel in einer Volkssprache generell verboten. Wer mir einwerfen wollte, daß ein solches kirchenpolitisches Verbot nichts zu tun habe mit dem Gange meiner Untersuchung, der mag bedenken, daß die Christen der ersten Jahrhunderte nichts hatten zum Troste in der elenden Welt als Gottes Wort, keine Kirche, keinen Klerus, keine Dogmen (Kirche, Klerus, Dogmen im Sinne von heute), daß noch zur Zeit des hl. Hieronymus Erbauung einzig und allein aus dem Worte Gottes geschöpft werden konnte, daß es nachher die äußerste Frechheit der Worthändler war, der Christenheit die Worte nur noch in einer fremden Sprache zu reichen, wie uralte, unverständlich gewordene Zaubersprüche, die einzige Möglichkeit aber des Gebrauchs, die Übersetzung der alten Worte, zu verweigern.

Es ist nicht meines Amtes, hier wenigstens nicht, die Person der Dreieinigkeit zu kritisieren, die der hl. Geist heißt, wohl aber darf und muß ich auf die Frage eingehen, wie weit der hl. Geist nach der Kirchenlehre für den offiziellen Wortlaut des Gottesworts verantwortlich gemacht wird. Die Entscheidung über diese Frage hat das Urteil der Theologen über die Güte der lateinischen Übersetzung beeinflußt. Auf der mittleren Linie bewegen sich die Gelehrten, die die Sprache der Vulgata tadeln (Ludwig de Dieu: suos habet naevos, habet et suos barbarismos), die aber auch von der Übersetzung zugeben, daß sie nichts gegen den Glauben, nichts wider die guten Sitten enthalte. Päpstlicher als der Papst sind die Gelehrten, die (wie Morinus) den hl. Geist nicht nur für den Inhalt, sondern auch für die Form der lat. Übersetzung bemühen: vulgatam versionem θεοπνευστον non sine gravibus argumentis existimamus.

Mit Rücksicht auf die größere oder geringere Wichtigkeit der Bibelstellen unterscheiden theologische Schriftsteller bei der Mitwirkung des hl. Geistes 3 Grade: die *revelatio* (Offenbarung), die *inspiratio* (Eingebung) und die *assistentia* (Beistand). Da die Inspiration, um die es sich besonders handelt, den Verfassern des alten Testaments eher bewußt war als denen des neuen, da die Inspiration überaus selten behauptet wird, so ist es doch wohl dem Irrtum unterworfene menschliche Ansicht, die über den Grad der Mitwirkung des hl. Geistes zu entscheiden hat. Die kompromittierende Lehre, daß man im Hinblick auf die vielen naturwissenschaftlichen und historischen Schnitzer der Bibel bei „natürlichen Dingen“ nur von einer *inspiratio concomitans* reden solle, ist von der Kirche bereits zurückgewiesen worden. Da nun das Gotteswort, das Wort des allwissenden und wahrhaftigen Gottes, auch in natürlichen Dingen nicht irren kann, da die Inspiration des hl. Geistes bei der ersten Niederschrift nicht ein bloßer Beistand, sondern eine zwingende Macht war, eine Determination, da unwesentliche Irrtümer und Widersprüche von den gläubigsten Männern zugestanden werden müssen, so bleibt nichts anderes übrig als die Form der lat. Vulgata preiszugeben. Gottes Allmacht *wollte* die Abfassung ihrer Worte in den drei hl. Sprachen; aber sie wollte in die Natürlichkeiten des Sprachgeistes sich nicht hineinmischen. Sie sorgte nur dafür, daß der hl. Geist bei den entscheidenden Worten in Aktion trat.

Die Sorge für die Tradition der hl. Schriften (man achte auf die bewunderswerte Konsequenz der römischen Kirche) hat Gott vor Christi Geburt der Synagoge und später der Kirche überlassen. Die Kirche hat also ein Recht, die ihr aus irgend welchen, auch praktischen, politischen

Gründen genehme Form des Gottesworts für authentisch zu erklären; für ihre Zwecke; fremde Zwecke, z. B. die der modernen Wissenschaft, gehen die Kirche nichts an.

II.

Die Geschichte des Vulgata-Textes lehrt uns, daß die katholische Kirche niemals die Existenz eines authentischen Textes behauptet hat. Die Vulgata ist immer ein Kompromiß gewesen. Die Vorstellung, die den Kindern beigebracht wird, daß nämlich jedes Wort und jeder Buchstabe der hl. Schrift den Verfassern und den Übersetzern vom unfehlbaren hl. Geiste diktiert worden sei, ist nach den eigenen Lehren der Kirche eine widerspruchsvolle Vorstellung. Nur um den Inhalt, nicht um die Sprachform soll der hl. Geist sich gekümmert haben; alle Schriftstellen jedoch, die für den Inhalt der Lehre von Bedeutung sind, werden bis aufs Jota, bis aufs Komma der Übersetzung für sakrosankt erklärt. Die Kirche definiert die Richtigkeit des Vulgata-Textes ebenso geschickt wie die Verbindlichkeit der Dogmen: quod semper, quod ubique, quod ab omnibus creditum est, hoc est catholicum. Nur daß es kaum einen Satz der lateinischen Bibelübersetzung gibt, von dem man mit Recht behaupten könnte, daß er immer, überall und bei allen Gläubigen in Gebrauch gewesen wäre. Zählt man doch über 150000 Varianten.

Nicht einmal die Bezeichnung vetus et vulgata latina editio, die seit der 4. Sitzung des Trienter Konzils offiziell ist für den jetzt noch üblichen Text, ist eindeutig. Der hl. Hieronymus, der verantwortliche Redaktor unseres Textes, nennt öfter die griechische Septuaginta editio in toto orbe vulgata oder ähnlich; ebenso der hl. Augustinus. Dann wurde im 4. Jahrhundert auch die Itala, deren Text trotz aller Barbarismen von Hieronymus sehr pietätsvoll in seine neue Übersetzung herübergenommen wurde, die usitata, die communis oder auch die vulgata genannt.[1])

Die Redaktion des hl. Hieronymus, trotzdem sie die Autorität dieses Heiligen und eines Papstes für sich hatte, machte der Unsicherheit im Gebrauche lateinischer Bibeln noch lange kein Ende. Bis zum Ausgange des 6. Jahrhunderts herrschte große Freiheit in der Wahl des Textes. Päpste und Heilige zitierten nach persönlicher Überzeugung oder nach zufälligen Umständen bald die Itala, bald die Übersetzung des Hieronymus. Noch Gregor der Große, der starke Realpolitiker, bringt Stellen bald aus der alten, bald aus der neuen Übersetzung, quia sedes apostolica utraque utitur. In einigen Teilen der beim Gottesdienste gesungenen Liturgie ist der Text der Itala heute

[1]) *Vulgata* war noch lange kein Terminus für einen offiziellen Text. *Vulgata* war immer der jeweilig übliche, der jeweilig *moderne* Text. Und auch eine *Itala*, worunter man jetzt gern eine bestimmte alte Textfassung verstehen möchte, hat es in diesem Sinne eigentlich gar nicht gegeben. Was Augustinus *Itala* nennt, das ist einfach die in Italien, dem Lande des römischen Bischofs, verbreitete lateinische Bibel.

noch beibehalten. Etwa vom 8. Jahrhundert an war allerdings die Übersetzung des Hieronymus für Predigt u. dgl. allein üblich; sie hieß aber im Verhältnis zur Itala *emendata* oder *recens;* Gregor nannte sie, wie wir eben gesehen haben, die nova gegenüber der vetus; aber auch *hebraica translatio* wurde das Übersetzungswerk des Hieronymus mit leiser Mißbilligung genannt. Ohne daß es zu einer offiziellen Erklärung kam, wurde aber die alte Itala in der Praxis von dem Texte des Hieronymus verdrängt, so daß schon im 12. Jahrhundert der Glaube aufkommen konnte, dieser Text sei von der Kirche offiziell befohlen worden. Damals war die Kenntnis des Hebräischen bei den christlichen Theologen noch so selten, daß immer noch die Septuaginta gelegentlich als Vulgata zitiert wurde, die auf das Hebräische zurückgehende Übersetzung des Hieronymus als die letzte Quelle angesehen, als *hebraica veritas.*

Die wachsende Verbreitung des Textes von Hieronymus konnte bei der damaligen Technik der Vervielfältigung eine Einheitlichkeit nicht herstellen. Mit noch mehr Recht als Hieronymus einst von der Itala hätte man jetzt sagen können: quot codices, tot exemplaria (Praefatio zum B. Josua). Die Abschreiber änderten, bald nach ihrer Unwissenheit, bald nach ihrer Gelehrsamkeit; die einzelnen Länder hatten ihre besonderen Texte, so das Frankenreich die *Biblia Caroli Magni*, auch *Biblia Alcuini* genannt. Trotzdem wird schon im 13. Jahrhundert der Text, der im ganzen und großen gemeinsam war, vulgaris genannt, und um 1266 gebraucht Roger Baco den Ausdruck exemplar *vulgatum* zum erstenma in unserm Sinne von einer Edition, die die Fakultät von Paris und der Primas von Frankreich approbiert hatten; was die Dominikaner und wieder die Franziskaner nicht hinderte, abweichende Texte für ihr Machtgebiet aufzustellen. Da nun jeder gelehrte Abschreiber um diese Zeit es für Ehrensache hielt, zur Ermittlung des authentischen Hieronymus-Textes ältere Handschriften zu vergleichen, Varianten in seinen Text aufzunehmen oder an den Rand zu notieren, da diese Gelehrtenhandschriften wieder kopiert wurden, aber nicht genau, sondern mit voller Freiheit, unter den Varianten zu wählen, da diese sogenannten *Correctorien*, jede für sich, den authentischen Text des Hieronymus zu finden hofften, so gab es bald keinen zuverlässigen Text mehr. Roger Baco, der sich selbst dem Papste für Herstellung einer offiziellen Edition empfohlen zu haben scheint, urteilt sehr hart über die Bibelhandschriften seiner Zeit: quot sunt lectores per mundum, tot sunt correctores seu magis corruptores, quia quilibet praesumit mutare quod ignorat, quod non licet facere in libris poetarum. Die letzten Worte erinnern daran, daß wir uns bei dem Überblicke der Zeit der Renaissance langsam nähern. Auch diese Bewegung hinterließ Spuren in dem Texte; so ähnlich die deutschen und die italienischen Codices waren, feinere Sprachkenner entdeckten doch Germanismen in den deutschen Texten, einen gewissen *color latinus* in den italienischen. Als nun jetzt der übliche lateinische Bibeltext endlich durch die neue Buchdruckerkunst vervielfältigt wurde, in *gotischen* Lettern natürlich, da lautete der Titel: Biblia oder Textus bibliae oder Biblia sacra latina juxta *vulgatam* editionem; eine Nürnberger Ausgabe von 1471 hat zum ersten Male den Titel: *Biblia Vulgata.*

Gerade um diese Zeit, als der Titel Biblia vulgata aufkam und man das vorzubereiten begann, was heute noch in der katholischen Welt offiziell die *Vulgata* heißt, gab es einen allgemein anerkannten lateinischen Bibeltext weder für die Theorie noch für die theologische Wissenschaft. Für die kirchliche Praxis genügte die ungefähre Gleichförmigkeit der Bibeln. Es ist nun schwer zu sagen, ob die Reformation oder der schon damals beginnende humanistische Alexandrinismus das Hauptmotiv war, den biblischen Text Buchstab für Buchstab zu untersuchen: ob die Bibelphilologie den reformatorischen Gedanken geweckt hat oder dieser Gedanke die Bibelphilologie. Jedenfalls vereinigten sich auf dem Konzil von Trient seltsamerweise humanistische Neigungen und das energische Streben nach Gegenreformation zur endlichen Forderung eines authentischen Bibeltextes. Der Antrag wurde am 8. April 1546 zum Beschluß erhoben. Dabei wird, wie in all diesen Kämpfen, die Fiktion aufrecht erhalten, als ob es bereits einen einzigen, in der ganzen Kirche gebräuchlichen Text gäbe, den man nur zu approbieren, für authentisch zu erklären brauchte. Unter dieser Fiktion ging es an, die neue Ausgabe mit Strafandrohungen zu schützen: gegen willkürliche Änderungen der Gelehrten, wie gegen leichtsinnige Fehler der Drucker.

Sehr wichtig ist für die Herausgabe eines authentischen Gottesworts, daß die Kirche den Charakter der Übersetzung, den die Vulgata trägt, zwar nicht leugnet, aber doch im Grunde verschweigt; in den Dekreten ist immer nur von einer *editio* die Rede, nicht von einer *versio;* die gelehrtere Vorrede zum clementinischen Text (1592) erwähnt die alten hebräischen und griechischen Handschriften, nennt sie aber *Quellen (fontes)*, nicht Originale; wohl gab es auf dem Konzil — wie gesagt — schon philologische Gemüter, die authentische Ausgaben der hebräischen und der griechischen Texte verlangten, aber dazu ist es bis zum heutigen Tage nicht gekommen. Die römische Kirche brauchte für ihre immer praktischen Zwecke nur *einen* offiziellen Text, den lateinischen.

Bekanntlich dauerte es noch lange, bevor die Beschlüsse des Konzils ausgeführt wurden. Der Papst war zeitgemäßer, fast möchte man sagen liberaler als das Konzil, neigte zu einer gründlicheren Revision des Textes, vielleicht auch zu der Kühnheit, wirklich einen authentischen Text der hebräischen und griechischen Originale herstellen zu lassen. Am Ende siegte aber der konservative Zug der römischen Kirche. Mochten Humanisten und Reformierte spotten, mochten selbst gutkatholische Kardinäle wünschen, daß bei dieser einzigen Gelegenheit ganze Arbeit gemacht würde, die Entscheidung fiel dennoch so aus, wie mehr als tausend Jahre früher: möglichst wenig ändern.

So lange dauerten die Vorbereitungen, daß die Kirche inzwischen, von der berühmten Plantinischen Druckerei, eine provisorische authentische Ausgabe herstellen ließ.

Unter Pius V., der die Gegenreformation mit der gleichen Energie betrieb wie den Kampf gegen die Türken, war die Kommission sehr fleißig dabei, den offiziellen Vulgatatext festzustellen. Wir erfahren aus den Protokollen, daß Stimmenmehrheit über die Annahme einer Lesart entschied. Dann bildete der uralte Kodex Amiatinus, auf den ein Zufall aufmerksam machte, die Grundlage der Revision. Wieder wurde die Arbeit ein Kompromiß: das Ideal schien womöglich den Originaltext des hl. Hieronymus wieder herzustellen; dabei sollte die Tradition möglichst geschont, sollte auf Wörtlichkeit der Übersetzung und auf gutes Latein kein besonderer Wert gelegt werden.

Anfangs 1589 wurde die Arbeit dem Papste, es war Sixtus V., übergeben. Sixtus mühte sich persönlich, mehrere Stunden täglich, mit der Revision. Er entschied strittige Fälle, änderte aber auch willkürlich viele Beschlüsse der Kommission. Wieder mit der Tendenz, die letzte offiziöse Ausgabe gegen den Beschluß der Kommission zu konservieren. Die durch Sixtus revidierte Handschrift ist noch vorhanden; sie wurde unter der Leitung eines Augustiners und eines Jesuiten von dem berühmten Manutius gedruckt. Aber auch noch jeden einzelnen Druckbogen hat der Papst persönlich durchgesehen, ohne unbegreiflicherweise Druckfehler ganz vermeiden zu können. Die Ansicht der katholischen Gelehrten, der Papst habe da als gelehrter Mensch eingegriffen und nicht kraft seines Lehramts, wäre wohl nicht ausgesprochen worden, wenn die sixtinische Ausgabe zufällig die offizielle geblieben wäre. Jedenfalls war es nicht die Ansicht des Papstes Sixtus. Denn in der Bulle, die seiner Ausgabe vorgedruckt ist, sagt Sixtus V. feierlich genug: nos enim rei magnitudinem perpendentes ac provide considerantes, ex praecipuo ac singulari Dei privilegio et ex vera ac legitima successione apostolorum principis beati Petri, pro quo Dominus et Redemptor noster, ab eterno patre pro sua reverentia procul dubio exauditus non semel tantum, sed semper rogavit, ut eius fides non humana carne et sanguine, sed eodem patre inspirante ei revelata, umquam deficeret ... Da Sixtus so die schon damals und besonders von ihm selbst angenommene Unfehlbarkeit für seine philologische Arbeit in Anspruch nahm, war es ganz konsequent, daß er seine Edition nicht nur für den Gebrauch der Kirche (in Liturgie und Predigt) allein erlaubte, sondern auch für die private d. h. wissenschaftliche Beschäftigung mit der Bibel. Aber es kam anders. Kurz nachdem die ersten Exemplare der sixtinischen Bibel in prächtigen Einbänden an die katholischen Fürsten verschickt waren, starb Sixtus, und die Kommission unter der Leitung Caraffas, nach dessen Tode unter der Leitung Bellarmins, ging sofort daran, den Verkauf der sixtinischen Ausgabe zu sistieren. Da es aber unschicklich gewesen wäre und gegen römische Tradition, wenn der fast unmittelbare Nachfolger (zwischen Sixtus V. und Clemens VIII. gab es in $1^1/_2$ Jahren 3 Päpste) seinen Vorgänger desavouiert hätte, so wurde die neue Fiktion aufgestellt, daß die Kirche die Arbeit des Papstes Sixtus nur ein wenig verbessert habe. Diese Fälschung findet sich schon in der Selbstbiographie Bellarmins, auf dessen Rat die neue Ausgabe unternommen wurde; coram Pontifice demonstravit Biblia illa (die sixtinische) non esse prohibenda, sed esse ita corrigenda ut salvo honore Sixti V. Pontificis Biblia illa emendata prodirent. Die Seele der neuen Edition war der Jesuit Toletus, der doch schon den Druck der sixtinischen Ausgabe überwacht hatte. Einem andern Gelehrten, der wiederum eine Vergleichung mit dem Hebräischen empfahl und in einer Denkschrift mehr als 200 Stellen aus der Arbeit des Toletus, aus der jetzigen Vulgata also, als fehlerhaft angriff, wurde einfach Schweigen auferlegt. Eine Fälschung ist auch der Titel dieser offiziellen Ausgabe von 1592; er lautet: Biblia sacra Vulgatae editionis Sixti V. Pontificis Max. jussu recognita et edita (neuere Ausgaben haben nur: Biblia sacra Vulgatae editionis). Die offizielle Ausgabe der Vulgata, welche seit 1592 bei Kirchenstrafe die einzige authentische ist, wurde nicht nur durch diese kleine Fälschung für ein Werk des Sixtus ausgegeben. Die Vorrede Bellarmins, die man heute noch, außer den tridentinischen Dekreten, den Prologen und den Vorreden des hl. Hieronymus, vor jeder approbierten Vulgata-Ausgabe finden kann, enthält über diesen Punkt eine feste Lüge: Sixtus habe nach Vollendung des Drucks und vor der Ausgabe wegen der vielen Druckfehler beschlossen und verordnet (censuit atque decrevit), das ganze Werk neu herauszugeben. So ist das authentische Gotteswort zustande gekommen.

III.

Ein Deutscher kann von der Geschichte der Bibelübersetzungen nicht sprechen, ohne Luthers zu gedenken. Seine deutsche Bibel hat unsere neue deutsche Sprache geprägt. Nicht nur das protestantische, auch das katholische Deutschland bildete sich an Luthers Sprache. Das ist nicht erst ein Ergebnis jüngerer Forschung; das wußte Luther selbst und sprach es in seinem tumultuarischen Selbstbewußtsein gern aus. In seinem Sendbriefe vom Dolmetschen (8. Sept. 1530) sagt er: „Das merkt man aber wohl, daß sie (die Papisten) aus meinem Dolmetschen und Deutsch lernen deutsch reden und schreiben, und stehlen mir also meine Sprache, davon sie zuvor wenig gewußt, danken mir aber nicht dafür, sondern brauchen sie viel lieber wider mich; aber ich gönne es ihnen wohl, denn es tut mir doch sanft, daß ich auch meine undankbaren Jünger, darzu meine Feinde, reden gelehrt hab.“

In diesem selben Sendbriefe, der in jeder Geschichte der deutschen Sprache abgedruckt werden sollte, verteidigt er sich besonders gegen den Vorwurf, den entscheidenden Satz, daß der Glaube allein selig mache, falsch übersetzt zu haben, weil das Wort *allein* bei Paulus nicht stehe. „Wahr ist's, diese 4 Buchstaben *sola* stehen nicht drinnen, welche Buchstaben die Eselsköpf ansehen wie die Kühe ein neu Tor. Sehen aber nicht, daß gleichwohl die Meinung des Texts in sich hat; und wo man's will klar und gewaltiglich verdeutschen, so gehört's hinein; denn ich habe deutsch, nicht lateinisch oder griechisch reden wollen, da ich deutsch zu reden im dolmetschen fürgenommen hatte.“ Darauf die berühmten Worte: „Denn man muß nicht die Buchstaben in der lateinischen Sprache fragen, wie man soll deutsch reden, wie die Esel tun, sondern man muß die Mutter im Hause, die Kinder auf der Gassen, den gemeinen Mann auf dem Markt darum fragen, und denselbigen auf das Maul sehen wie sie reden, und darnach dolmetschen; so verstehen sie es denn und merken, daß man deutsch mit ihnen redet.“ Er folgt nicht „den Esel und Buchstabilisten“, nicht „der Eselkunst“; weiß auch, daß er das gute Deutsch „leider nicht allewege erreicht noch getroffen habe, denn die lateinischen Buchstaben hindern aus der Maaßen sehr gut zu reden.“ Manchmal ist er aber so recht mit sich zufrieden, wie da er den englischen Gruß anstatt „Maria voll Gnaden“ zum tollen Ärger der Papisten „du holdselige“ übersetzt hat. „Und hätte ich das beste Deutsch hie sollen nehmen und den Gruß also verdeutschen: Gott grüße dich, du liebe Maria! denn soviel will der Engel sagen und so würde er geredet haben, wenn er hätte wollen sie deutsch grüßen. Ich halte, sie (die Papisten) sollten sich wohl selbst erhenkt haben für große Andacht zu der lieben Maria, daß ich den Gruß so zunicht gemacht hätte. Aber was frage ich darnach, sie toben oder rasen? . . . Wer deutsch kann, der weiß wohl welch ein herzlich fein Wort das ist: die liebe Maria, der liebe Gott, der liebe Kaiser, der liebe Fürst, der liebe Mann, das liebe Kind. Und ich weiß nicht, ob man das Wort *liebe* auch so herzlich und gnugsam in lateinischer oder andern Sprachen reden möge, das also dringe und klinge in das Herz durch alle Sinne wie es tut in unser Sprache.“

Es fällt fast schwer, bei Luther zu scheiden zwischen seiner unvergleichlichen, unerhörten Sprachkraft und seiner Unfreiheit im Glauben an das Gotteswort. Nur offiziöse protestantische Geschichtsschreibung kann übersehen, daß er als Theologe ein Bauerndickschädel war, daß er seine Erfolge mit seiner Schwäche und seiner Unfreiheit verdankte. Auf die entscheidende Lehre, daß der Glaube allein selig mache, ist ihm die nötige Antwort vor bald 200 Jahren gegeben worden, aus protestantischen Kreisen, in dem Meisterwerke aller Ironie, in Liscows nicht genug zu preisender und auch in Deutschland fast völlig unbekannter Schrift über die „Unnötigkeit der guten Werke zur Seligkeit“. Wäre dieser Liscow ein Franzose gewesen, jeder französische Schulknabe wüßte ihn auswendig und deutsche Bibliotheken wären voll von Liscow-Dissertationen. Und wer mir dafür eins auf die Nase geben wollte, der brauchte mir nur vorzuhalten, mit Recht, daß ich es zustande bringe, Luther *und* Liscow zu lieben.

Luthers Stellung zum Gotteswort, sein fanatisches Vertrauen auf die *Schrift* läßt sich kaum logischer ausdrücken als in einem alten handschriftlichen Vermerk, den ich im 5. Bande der Jenaischen Ausgabe von 1575 (Universitäts-Bibl. v. Freiburg i. B.: K. 9024) gefunden habe: „Quid est sacra scriptura nisi quaedam epistola Omnipotentis Dei ad creaturam suam ... omne effectum praestantiam atque autoritatem habet a sua causa ... omnis Ecclesiae autoritas est a scriptura sacra. Ergo scripturae sacrae autoritas non est ab Ecclesia.“ In diesen für die Lutherzeit unwiderleglichen Sätzen ist die Bedeutung des Gottesworts für Rom und Wittenberg festgelegt. Die Autorität der Schrift stammt nicht von der Kirche, also ist die katholische Lehre falsch. Die Autorität der Kirche stammt aus der Schrift, also haben die Protestanten recht. Nur daß aus der Reformation heraus sich langsam die Kritik entwickelte, die Frage: ob die Schrift wirklich ein Brief Gottes an die Menschen sei, ob wir irgend ein Gotteswort besitzen. Mit abgründiger Gelehrsamkeit ist Schritt für Schritt zur verneinenden Antwort emporgestiegen worden. Niemand aber hat bisher sich genugsam gewundert über das Denken oder die Sprache der Menschen, die ernsthaft die Frage aufstellten, ob ein Wort dieser Sprache, der Gott, uns authentische Sprachworte hinterlassen habe.

Graphologie. — Wenn die Graphologie mehr wäre als eine Belustigung des Verstandes und des Witzes bei den einen und ein schwindelhafter Erwerbszweig bei den andern, wenn die Graphologie wirklich eine Wissenschaft wäre, auch nur eine unvollkommene Wissenschaft, so besäßen wir an ihr für die Praxis wie für die Theorie die wertvollste Disziplin. Für die Praxis wäre es von unvergleichlichem Nutzen, den Charakter oder die Persönlichkeit eines Menschen aus seiner Handschrift mit Sicherheit bestimmen zu können; denn die Handlungen eines Menschen folgen notwendig aus der Wirkung der äußeren Umstände auf seinen Charakter, und wer sich verheiratet, wer sich verdingt oder wer einen Diener aufnimmt, wer immer im Leben auf die Mitwirkung eines andern Menschen angewiesen ist, könnte sich mit Hilfe der Graphologie vor jeder unangenehmen Überraschung sichern. Womöglich noch größer wäre die theoretische Bedeutung für die Psychologie; da besäßen wir endlich die lang gesuchten Gesetze des influxus physicus; die alten Seelenvermögen, die vielverspotteten, kämen wieder zu Ehren und wären in ihren unmittelbaren Wirkungen an den Strichen der Handschrift nachzuweisen.

Als ein witziger Zeitvertreib müßiger Menschen wäre die Graphologie nicht würdig, in einem Wörterbuche der Philosophie auch nur erwähnt zu werden; als eine schwindelhafte Methode, den Leuten ein bißchen Geld aus der Tasche zu ziehen, verdiente sie diese Ehre um so weniger, als die Aufzeigung des Unsinns einen überzeugten Graphologen ebensowenig belehren wird, wie ähnliche Anstrengungen einen Spiritisten heilen können. Ich will auch nur erstens eine Grenzlinie ziehen zwischen der Graphologie als einer vermeintlichen Wissenschaft, die aus Schriftzügen den Charakter erkennen lehrt, und der Graphologie als Kunde der Handschriftenvergleichung; ich will zweitens auf die Ähnlichkeit hinweisen zwischen dem graphologischen Kram, der gegenwärtig zu einer Mode geworden ist, und der Physiognomik, wie sie zur Zeit des jungen Goethe als gefährliche Epidemie Europa beherrschte.

Graphologie im Sinne von Handschriftenvergleichung treibt jeder von uns unbewußt und dilettantisch sein Leben lang; wir erkennen, je nach der Ausdehnung unseres schriftlichen Verkehrs, Hunderte von Handschriften mit derselben unbedingten Sicherheit wieder, mit der wir Gesichter wiedererkennen, mit der wir die Stimme eines guten Bekannten wiedererkennen. Und die physiologische Psychologie hätte noch viel zu leisten, wenn sie genau erklären wollte, wie eines Menschen unveränderlicher Charakter, insofern es einen solchen gibt, den Gesichtszügen, der Stimme und am Ende auch der Schrift bestimmte Züge aufzuprägen pflegt; wobei nicht zu übersehen ist, daß die Eigenschaften eines Individuums die bei der Geburt mitbekommenen Züge nur sehr wenig verändern können, daß auch die Stimme vor allem durch die Ruhelage der Sprachwerkzeuge ihre Klangfarbe erhält, an der durch Lebensgewohnheiten nichts Wesentliches mehr geändert wird; daß aber die vom ersten Schreiblehrer übernommene Schreibart sofort individuell wird, wenn der Schüler sich ein geläufiges Schreiben angewöhnt hat; daher mag es gekommen sein, daß man, und nicht ganz mit Unrecht, die Gesichtszüge und das Sprechorgan eines Menschen mehr als Gaben der Natur ansieht, seine Handschrift mehr als seine Tätigkeit. Eine intime Psychologie weiß nun, daß schon die Einübung der Nervenbahnen äußerst kompliziert ist, die das eigentümliche Sprechen jedes Individuums hervorbringt, daß die Komplikationen beim Schreiben nur noch zahlreicher werden, und ein besonderer Zweig der Psychologie beschäftigt sich damit, wie die Sprechfehler und Versprechungen so auch die Verschreibungen zu ordnen und psychische Defekte aus solchen Versprechungen und Verschreibungen wahrzusagen. Nicht ganz so wissenschaftlich, aber immerhin auch nicht verächtlich sind die Systeme, mit deren Hilfe die sogenannten Schriftsachverständigen viel sorgsamer als wir es dilettantisch zu tun pflegen, die Frage zu beantworten suchen, ob zwei Handschriften von der gleichen Hand herrühren oder nicht. Es handelt sich da um keine Wissenschaft, sondern nur um eine durch Übung gesteigerte Aufmerksamkeit auf die einzelnen Striche, während wir Dilettanten unser Urteil nach dem Gesamtbilde fällen; wie der Sachverständige für Bilder durch Untersuchung der Pinselstriche etwa zu dem gleichen Urteile gelangt, das wir andern durch Betrachtung des Gemäldes gebildet haben.

Bei einem fachmännischen Urteile darüber, ob zwei Handschriften von der gleichen Hand herrühren oder nicht, handelt es sich also nicht um ernsthafte Wissenschaft, doch aber vielleicht um eine methodische Schriftvergleichung. Wenn ein Mensch durch einen Revolverschuß getötet worden ist, so wird der geübte Sachverständige sicherer als der Laie erkennen, ob die in der Leiche vorgefundene Kugel dem Kaliber eines bestimmten Revolvers entspreche oder nicht; wenn ein Mensch durch einen anonymen Brief verleumdet worden ist, so wird der Schriftsachverständige besser als ein Laie — so sollte man meinen — angeben können, ob der Angeklagte den Brief geschrieben haben könne oder nicht. Daß die Schriftsachverständigen trotzdem von der öffentlichen Meinung nicht ernst genommen werden, hat besondere Gründe: das ganze Gewerbe hat einen Knax weg dadurch, daß einzelnen Sachverständigen in Sensationsprozessen Käuflichkeit nachgesagt worden ist; dazu kommt, daß der Formalismus des Prozesses jedesmal zu einer lächerlichen Farce wird, wenn man den Richter zwingt, dem Gutachten eines bezahlten Sachverständigen Bedeutung beizulegen; dazu kommt endlich, daß die Schriftsachverständigen (besonders in Frankreich) verschiedene Systeme haben, die leicht zu entgegengesetzten Urteilen führen können.

Unter *Graphologie* versteht man aber gewöhnlich nicht diese methodische Prüfung von Schriftzügen, auch nicht die schon viel wissenschaftlichere Untersuchung, ob die Form einer Schrift (abgesehen von ihrem Inhalte) auf eine beginnende Geisteskrankheit hinweise; unter Graphologie versteht man gewöhnlich die angebliche Wissenschaft, die mit ihrem vollen Namen etwas unbequem *Chirogrammatomantie* heißt; die Chirogrammatomantie unserer Salons unterscheidet sich von der *Chiromantie*, die öffentlich nur noch von Zigeunern ausgeübt wird, dadurch, daß das eine Mal aus den Linien der Handfläche, das andere Mal aus den von der Hand gezogenen Linien wahrgesagt wird.

Diese Chirogrammatomantie nun ist die eigentliche Graphologie, eine angebliche Wissenschaft, nach deren Systemen (besonders verbreitet ist das des Abbé Michon) der Schwindel der Wahrsagekunst so eifrig getrieben wird, wie einst mehr als tausend Jahre lang der Schwindel der Astrologie. Man lasse sich nur nicht irreführen von so allgemeinen Sätzen wie der ist, daß alles auf der Welt seine Ursache habe, die Gewohnheiten eines Menschen also (Gang, Stimme, Handschrift) ihre Ursachen haben müssen in seinen Charaktereigenschaften. Mit den gleichen Allgemeinheiten, bei denen die Charaktereigenschaften gröblich verdinglicht wurden, hatte man vor hundert Jahren die Torheit der Phrenologie verteidigt. Für die Torheit der Graphologie nur ein Beispiel, auf das ich übrigens schon vor Jahren hingewiesen habe. Mit einschmeichelnder Dummheit wird gelehrt: wer einen offenen Charakter hat, der läßt das Oval des *o* oben offen; ein versteckter Charakter schließt es. Danach wären ganze Völker heimtückischer als andere, die Römer und die Romanen heimtückischer als die Deutschen, weil sie die runde Schrift der eckigen vorziehen; das *o* des Sanskrit, das keine Spur einer Rundung aufweist und dem Beschauer gleich sechs Öffnungen darbietet, bewiese eine seltene Offenheit der alten Inder. Und die Schreiber des Runenalphabets, das um des Schreibmaterials willen alle Rundungen vermeiden mußte, wären wieder im Vergleiche mit den Römern die besseren Menschen gewesen. Ich sehe nicht ein, warum man nicht lieber aus der Offenheit des *o* auf die gute Verdauung und den offenen Leib des Schreibers schließen solle.

Die Geschichte der Graphologie oder der Chirogrammatomantie kreuzt sich im letzten Viertel des 18. Jahrhunderts mit der Geschichte der Physiognomik. Lavaters Name braucht bloß genannt zu werden; und der junge Goethe nahm an der Torheit lebhaft teil wie, seinem Genius sei Dank, an mancher andern Torheit. Damals erstand dem gesunden Menschenverstande gegen Lavaters „transszendente Ventriloquenz" der Rächer in dem geistreichsten Deutschen, in dem häßlichen und verwachsenen Lichtenberg, der allen Grund hatte es sich zu verbitten, daß man einen Menschen nach seinem Äußern beurteilte, wie die Viehhändler die Ochsen beurteilen. Lichtenberg schrieb damals seine Abhandlung „Über Physiognomik"; wenn wir Deutsche einen Nationalstolz auf unsere besten Geisteswerke besäßen, so wäre diese Abhandlung bei uns so bekannt wie etwa in Frankreich die Meisterstücke eines Voltaire oder Montaigne, und ich hätte nicht nötig, auf das Meisterstück Lichtenbergs besonders hinzuweisen. Jedermann dächte dann wie ich: was Lichtenberg gegen Physiognomik vorbringt, das gilt heute noch gegen die Graphologie.

„So erzählen die Schnitte auf dem Boden eines zinnernen Tellers die Geschichte aller Mahlzeiten, denen er beigewohnt hat, und ebenso enthält die Form jedes Landstrichs, die Gestalt seiner Sandhügel und Felsen mit natürlicher Schrift die Geschichte der Erde, ja jeder abgerundete Kiesel, den das Weltmeer auswirft, würde sie einer Seele erzählen, die so an ihn angekettet würde wie die unsere an unser Gehirn. Auch lag vermutlich das Schicksal Roms in dem Eingeweide des geschlachteten Tieres; aber der Betrüger, der es darin zu lesen vorgab, sah es nicht darin." Wem fällt da nicht das schöne Wort Goethes über Lichtenberg ein: „Wo er einen Spaß macht, liegt ein Problem verborgen."

Noch ähnlicher werden die Torheiten der Physiognomik und der Graphologie, wenn man diese Wissenschaften auf die Praxis angewandt denkt. „Wenn die Physiognomik das wird, was Lavater von ihr erwartet, so wird man die Kinder aufhängen, ehe sie die Taten getan haben, die den Galgen verdienen. Es wird also eine neue Art von Firmelung jedes Jahr vorgenommen werden müssen — ein physiognomisches Autodafé."

Auch kennt Lichtenberg ganz genau schon den Grund, der solche Gewerbetreibende zu der Selbsttäuschung führt, aus den Linien der Hand oder des Gesichtes erraten zu wollen, was sie vorher erfahren haben: „Sobald man weiß, daß jemand blind ist, so glaubt man, man könnte es ihm von hinten ansehen."

Ich habe einst den Wunsch ausgesprochen, es möchte Lichtenbergs köstlichste Parodie, die aus Sau-, Hunde- und Perrückenschwänzen auf den Charakter ihrer Träger schließen lehrt, in eine Parodie der Graphologie übersetzt werden; aber der erstaunliche Lichtenberg hat schon selbst das Unwesen der Graphologen vorausgesehen und es wie das Unwesen Lavaters eingeschätzt: „Die Hand, die einer schreibt, aus der Form der physischen Hand beurteilen wollen, ist Physiognomik." (Schriften I 205).

Die Verbindung zwischen Physiognomik und Graphologie ist schon einmal hergestellt worden, ohne jede Bosheit, in feierlichem Ernste, von einem deutschen Professor, allerdings just von Professor Preyer, der überhaupt die Beschäftigung mit unkontrollierbaren Wissenschaften liebte. Und als ob Preyer den zuletzt zitierten Satz Lichtenbergs gekannt hätte, behauptet er immer wieder, daß die *Hand* für die Handschrift von sehr geringer Bedeutung sei, von entscheidender Bedeutung sei das Gehirn. Was ganz richtig ist, wie denn Preyer sehr gute Bemerkungen über die physiologische Psychologie des Schreibens gemacht hat. Ich halte mich im folgenden an seinen Aufsatz „Handschrift und Charakter". (Deutsche Rundschau 1894.)

Preyer bemerkt nicht, daß die Regeln des Abbé Michon, wie in dem Falle der *Offenheit* des *o*, regelmäßig die bildlichen Ausdrücke der Sprache wörtlich nehmen und darum allein schon sinnlos werden. *Aufwärts* gehende Zeilen sollen Optimismus anzeigen, *abwärts* gerichtete Pessimismus. Und so fort. Preyer bemerkt nicht, daß seine Berufung auf die graphischen Methoden der neueren Biologie (Kardiograph, Plethysmograph usw.) töricht sind; diese Methoden geben auf einem Blatte Papier richtige symbolische Zeichen oder Bilder, z. B. von den Blutbewegungen im Raume, wie die Kurve des automatischen Thermometers Zeichen von räumlichen Bewegungen gibt; die seelischen Vorgänge aber gehen nicht im Raume vor sich, die Schriftzüge geben darum keine deutbaren Zeichen von ihnen. Nur wo eine Charaktereigenschaft unmittelbar mit dem Material des Schreibens in Beziehung gesetzt werden kann, wie der Geiz oder der Schönheitssinn, da mag man aus der Handschrift auf den Charakter schließen; und wird sich auch da noch sehr häufig irren. Vollends auf die Art, wie auch Preyer die Eigenschaften des Charakters verdinglichen muß, um überhaupt zu festen Regeln zu gelangen, möchte ich doch nicht eingehen; der Spott wäre mir zu wohlfeil.

Ein wenig lächeln mag man darüber, daß die glatte Bezeichnung *Graphologie* vom Abbé Michon erfunden worden ist, das abschreckend gründliche Wort *Chirogrammatomantie* von dem deutschen Graphologen Henze.

Grenzbegriff. — Das deutsche Wort *Grenze* bietet ein Kuriosum dar, insofern es aus dem Slawischen seit dem 13. Jahrhundert langsam in die deutsche Gemeinsprache eingedrungen ist; *granica* (tschech. *hranice*) kam wohl als Lehnübersetzung von *Mark* zuerst im deutschen Ordenslande (nach Kluge) auf; in Österreich heißen noch zwei Provinzen nach diesem Worte: die Militär*grenze* (jetzt politisch an Ungarn angegliedert) und *Krain*. Alle Versuche, die Herkunft des slawischen Wortes zu deuten, sind ebenso gewagt wie Eberhards Einfall, *Geritze* für die wahre Wurzel des Wortes Grenze auszugeben.

Uns interessiert mehr als diese deutsche Wortgeschichte die reiche Sippe, zu welcher lat. *limes* (von lat. *limus, limen*) im Französischen und im Englischen sich entfaltet hat; zu dieser Sippe gehört auch der philosophische und der mathematische Grenzbegriff; der philosophische und der mathematische Begriff *Grenze* ist sicherlich eine Übersetzung, ich wüßte aber nicht zu sagen, ob unmittelbar von lat. *limes* oder von franz. *limite* oder von engl. *limit*. Kant gebraucht das Wort einmal an einer schwierigen Stelle (Krit. d. rein. Vern., S. 310), die man im Zusammenhange nachlesen mag. Der Begriff eines Noumenon sei bloß ein Grenzbegriff, um die Anmaßung der Sinnlichkeit einzuschränken (Fichtes *Schranke*?) und also nur von negativem Gebrauche. „Unser Verstand bekommt nun auf diese Weise eine negative Erweiterung, d. i. er wird nicht durch die Sinnlichkeit eingeschränkt, sondern schränkt vielmehr dieselbe ein, dadurch, daß er Dinge an sich selbst (nicht als Erscheinungen betrachtet) Noumena nennt. Aber er setzt sich auch sofort selbst Grenzen, sie durch seine Kategorien zu erkennen, mithin sie nur unter dem Namen eines unbekannten Etwas zu denken.“ In zwei Punkten, die einander seltsam zu widersprechen scheinen, ist dieser Begriff dem Grenzbegriffe der Mathematiker sehr ähnlich: er ist ein Idealbegriff und er ist negativ. Man könnte es so ausdrücken: ein Grenzbegriff ist, was man sich nicht vorstellen kann und dennoch denken muß; oder: was man nicht denken kann und dennoch nur denken kann. Mit mathematischen Grenzbegriffen operieren eigentlich schon unsere Schüler ahnungslos wie mit dem kleinen Einmaleins, wenn sie von der Unendlichkeit des Raumes und der Zeit schwatzen müssen, wenn sie mit Irrationalzahlen rechnen lernen; selbst das gewöhnliche Zählen führt zu dem Grenzbegriffe, weil es das Fortschreiten von n zu $n + 1$ ins Unendliche fortsetzen lehrt. Ganz geläufig ist den Mathematikern, daß die Summe einer Klasse der Reihenzahlen (z. B. $^1/_2 + {}^1/_4 + {}^1/_8$ usw.), ins Unendliche fortgesetzt, sich dem Werte 1 nähert, doch so, daß der Unterschied immer kleiner wird, endlich kleiner als irgendeine angebbare Zahl; dann heißt 1 die Grenze dieser Reihe. Die Gleichsetzung, von der die höhere Mathematik praktisch alltäglich Gebrauch macht, ist in der Theorie Negation und Ideal zugleich, ein unerreichbares Ideal. Den Widerspruch zu heben, haben sich die besten Mathematiker seit hundert Jahren umsonst bemüht.

Nur die Schwierigkeit der Frage deutlich zu machen, nicht mich ihrer Lösung zu nähern, darf ich hoffen durch ein Gleichnis oder ein Beispiel. Alle räumlichen Grenzflächen und Grenzlinien sind schon negative Idealbegriffe oder Gedankendinge oder Noumena; es gibt außer und neben einem Würfel nicht noch besondere Grenzebenen und Grenzkanten dieses Würfels. Stellen wir uns aber die Wirklichkeitswelt als ein Kontinuum vor, so gelangen wir zu dem Paradoxon, daß die *Grenze* von dem Standpunkte des Betrachters abhängt und so ganz verschieden vorgestellt wird. Für den Fisch ist die Grenze der Wasserspiegel, d. h. eine unendlich dünne Wasserfläche, für den Vogel ist dieselbe Grenze eine unendlich dünne Luftebene. Und so überall. Wir nennen den Raum unendlich, wir nennen die Zeit unendlich, weil wir im Raume und in der Zeit wie ein Fisch im Wasser leben und uns die Grenze des Raumes noch als Raum, die Grenze der Zeit noch als Zeit vorstellen müssen. Ein sinnliches Wesen, das über Raum und Zeit schwebte wie der Vogel *über* dem Wasser, würde vielleicht das, was wir das unbekannte Etwas nennen, als unendlich vorstellen, unsern Raum und unsere Zeit jedoch begrenzt nennen, ein unbekanntes Etwas nennen. Weiter, wenn's möglich ist. Für uns sinnliche Menschen ist das Ding-an-sich ein Grenzbegriff, eigentlich negativ und ideal; für ein Wesen aus der Welt der Dinge-an-sich wären unsere sinnlichen Menschendinge ebensolche Grenzbegriffe, negativ und ideal.

Griechisches Philosophieren. — (Aristoteles.)[1]

I.

Aristotelis logica ipsius dei logica est. (Die Logik des Aristoteles ist

---

[1]) Ich gebe hier, anstatt Gesagtes umzuformen, einige Abschnitte aus meinem Büchlein *Aristoteles*, das als II. Bändchen der Sammlung *Die Literatur* im Verlage von Bard, Marquard & Co. (Berlin) erschienen ist. Ich nannte die Abhandlung einen *unhistorischen Essay*, weil ich bewußt einseitig war, weil die Darstellung bewußt auf die Pietät wie auf die Heuchelei des Historismus verzichtete. Ein Pamphlet, welches der Professor Rudolf Burckhardt (nur Rudolf, nicht Jakob) gegen mein Büchlein geschrieben hat, mag ich nicht zum zweiten Male abtun. Eben hat Theodor Gomperz seinen Band über Aristoteles abgeschlossen; ich habe aus der schön geschriebenen Monographie und aus den gelehrten Anmerkungen viel gelernt, im ein-

die Logik Gottes.) Diese Worte stehen handschriftlich in meiner alten griechisch-lateinischen Ausgabe des Organon. Sie sind einem Werke von Gutke entnommen, einem einst berühmten, unglaublich bornierten und ebenso unglaublich gläubigen Aristoteliker aus Kölln an der Spree. Auch sonst ist Aristoteles nicht selten mit Gott verglichen worden. In seiner Physik spreche er als Mensch, in seiner Moral als Gott. Ein spanischer Theologe meint, Aristoteles sei über Menschenkraft in die Geheimnisse der Natur eingedrungen; also müsse ihm ein guter oder ein böser Engel beigestanden haben. Agrippa nennt ihn einen Vorläufer von Jesus Christus. In solchem Ansehen stand Aristoteles etwa fünfhundert Jahre lang, vom 12. bis zum 17. Jahrhundert. In dem ungeheuren Schulbetriebe dieser ganzen Zeit war er nicht ein Philosoph neben andern, sondern „der" Philosoph. Einzelne Gegner, ganze Schulen (Campanella, die Ramisten), die sich schon damals zum Worte meldeten, glaubten, ihn nicht wie einen andern mangelhaften Schriftsteller bekämpfen zu dürfen; auch ihnen war er groß als der Antichrist. Die Gegner des Aristoteles wagten aber nicht weniger als die Gegner der Bibel. Fünfhundert Jahre lang lasteten des Aristoteles Lehren von Gott und Welt wie ein kirchliches Dogma auf den Geistern.

Der Ruhm des Aristoteles ist noch weit älter. Schopenhauer irrt, wenn

zelnen; mein Gesamturteil ist durch dieses vermittelnde Buch aus dem, trotz oder wegen der gründlichen Behandlung, überall die Aristoteles-Müdigkeit unserer Zeit spricht, nicht geändert worden. Hier stehe Aristoteles, welcher der einflußreichste philosophische Schriftsteller aller Zeiten war, nur als Repräsentant der Mängel griechischer Wissenschaft; und helfe so mit, das Dogma vom klassischen Altertum brechen. Gegenüber dem Fanatismus dieses Dogmas waren die Einseitigkeiten meines Schriftchens vielleicht wieder einmal notwendig. Und mein Schriftchen doch nicht so *überflüssig*, wie ein Wortführer der Berliner Akademie der Wissenschaften es genannt hat; er wollte wohl sagen, ich hätte le secret de Polichinelle ausgesprochen. Neuerdings ist meinem Essay in der 10. Auflage von Überwegs bekanntem Grundriß (Band I S. 81 des Anhangs) die Note erteilt worden: „nicht ernst zu nehmen". Wäre ich ein Privatdozent, so wäre mir die venia legendi entzogen worden. Der Zorn der offiziösen Gelehrten scheint gegen die Überflüssigkeit meiner offenen Worte zu sprechen. Seit mehr als 500 Jahren wird jeder Freie, der sich gegen das Dogma von der Unfehlbarkeit des Aristoteles auflehnt, entweder verfolgt oder für einen boshaften Spaßmacher erklärt. Die Geschichte des Kampfes gegen Aristoteles gäbe ein gutes Buch. Man lese z. B. in des trefflichen Brucker „Philosophischer Historie" (Band 7, S. 509 f.), wie es dem Reformator Christian Thomasius erging, da er „die Aristotelico-Scholastische Affter-Philosophie nach dem Leben abschilderte, daß es notwendig denen zur Aristotelischen Philosophie Geschwornen Philosophis tief ins Herz dringen mußte". Trotzdem er bei Hofe gut gelitten war, wurde ihm (1689) „seine satyrische Schreibart und übriges gedachte mißfällige Bezeugen und genommene Freiheit bei Strafe 100 Dukaten verboten"; bald darauf wurde Thomasius übrigens als ein profaner Pasquillant und Diffamant, als einer der ärgsten Kalumnianten und Bösewichter und Atheisten denunziert. Heute ist die Universität Halle, die er — von Leipzig vertrieben — begründet hat, stolz auf den Pasquillanten.

er einer eiteln Tendenz zuliebe behauptet, Aristoteles sei erst zweihundert Jahre nach dem Tode berühmt geworden. Der Schüler Platons, der Lehrer Alexanders des Großen setzte sich durch Vielschreiberei sofort durch. In der Spätzeit der Griechen hatte er allerdings noch Nebenbuhler. Dann aber, in der lateinisch-christlichen Kultur, wuchs seine Macht ruckweise mit dem Bekanntwerden seiner Schriften. Die Araber waren es schließlich, die seinen Sieg im Abendlande vollendeten. Durch die Araber wurde der Heide Aristoteles zum einzigen Philosophen der christlichen Welt. Die tiefsten Kämpfe des ausgehenden Mittelalters wurden um Aristoteles geführt, mit den Kunstworten des Aristoteles. Volle zweitausend Jahre lang, von Alexanders Weltherrschaft bis ins 17. Jahrhundert hinein, haben die Schlagworte des Mannes das Denken beeinflußt, unheilvoll genug. Es gibt kein anderes Beispiel einer so langen Dauer für die Macht eines philosophischen Wortsystems.

Die Renaissance wollte zu Platon zurückkehren, dem alten Gegner des Aristoteles, dem persönlichen Gegner, wenn dem Klatsch der Philosophiegeschichte zu trauen ist. Doch die unfehlbare Stellung des Aristoteles in dem ungeheuren Schulbetriebe blieb unerschüttert. Erst die wissenschaftlichen Taten von Kopernikus, Kepler und Newton vermochten das Gebäude zu stürzen, das selbst einem Gassendi trotzte. Noch Molière spottet über die Schule des Aristoteles wie über einen lebendigen Feind. Sganarelle ruft (in Le mariage forcé): On me l'avait bien dit que son Maître Aristote n'était rien qu'un bavard.

Zwei Jahrtausende brauchte Aristoteles, um sich auszuleben. Dann schien er gestorben zu sein wie die griechischen Götter. Die Naturwissenschaft suchte ihre eigenen Wege und die Philosophie begann sich von des Aristoteles Kategorien zu befreien. Kaum daß die Werturteile des Philosophen (Moral und Ästhetik) erhalten blieben, in den Worten wenigstens; neuer Wein wurde allenthalben in die alten Schläuche gegossen. Aufmerksame Beobachter hätten freilich sehen können, daß auch auf diesen Gebieten die alte Flagge eine neue Ladung deckte. Weder in der Kunstübung von Corneille und Racine, noch in der Dramaturgie Lessings war der wirkliche Aristoteles lebendig. Nur die Tradition lebte, sich auf ihn zu berufen.

Noch aufmerksamere Beobachter hätten schon damals entdecken können, daß das immer so gewesen war, daß jedes Jahrhundert seinen eigenen Geist im Namen des Aristoteles gelehrt hatte, daß weder in der Metaphysik noch in der Physik des Philosophen die wissenschaftliche Arbeit zweier Jahrtausende vorweggenommen war: daß man zu allen Zeiten die gesamte Kulturentwicklung in ihn hineingelegt und ihn so zum Riesen gemacht hatte.

Dieser Einsicht widersetzte sich nach dem Ausgang und Hingang der Aristoteles-Schule ein neues Schlagwort, das jetzt erst aufkommende

Dogma vom klassischen Altertum. Aristoteles war nicht mehr „der" Philosoph; aber er wurde neben den andern Erscheinungen der Antike, neben den toten Symbolen der griechischen Mythologie und neben den Stilübungen römischer Dichter mit abergläubischer Verehrung genannt. Die Tradition wirkte weiter. Wortabergläubisch, wie kein wirklich großer Denker, hatte Aristoteles die Kompilation eines Weltbildes zusammengeschrieben. Der Wortaberglaube von zwei Jahrtausenden war von dieser Kompilation nicht losgekommen. Jetzt noch, bis in die Gegenwart hinein, klammert sich der Wortaberglaube an den tönenden Namen.

Schopenhauer, der Wiedererwecker von Platons Ideenlehre, übt an Aristoteles unzünftige Kritik. Er scheint ihm den Titel eines Philosophen abzusprechen, wenn er ihn zu den „Ungenialen" rechnet, wenn er ihm Mangel an Tiefsinn vorwirft, wenn er seine Metaphysik größtenteils ein Hin- und Herreden über die Philosophien seiner Vorgänger nennt (sein Vorgehen dabei sei wie eines, der von außen die Fenster einschlägt), wenn er die Lebhaftigkeit der Oberflächlichkeit die schwache Seite seines Geistes nennt. „Daher denkt sein Leser so oft: jetzt wird's kommen; aber es kommt nichts." Trotz alledem staunt derselbe Schopenhauer über des Aristoteles tiefe Einsicht, über die Teleologie, bewundert ihn sogar als Zoologen, so oft es ihm in den Kram seines Systems paßt. Dann beruft er sich auf den Ruhm des Philosophen, dann zitiert er ihn als eine Autorität.

Lewes hat ein glänzendes Buch über Aristoteles geschrieben und darin den Beobachter wie den Denker in seiner ganzen Blöße gezeigt. Vor dem Positivisten besteht kein Zug von des Griechen nüchterner Naturphilosophie. Dennoch beugt sich auch Lewes im Schlußkapitel vor dem Namen Aristoteles; das letzte Urteil werde unsere Vorstellung von seiner Größe zwar beträchtlich modifizieren, aber kaum verkleinern.

F. A. Lange, der unabhängige Geschichtsschreiber des Materialismus, erkennt in Aristoteles das Urbild des Verkehrten; aber auch Lange scheut das Dogma vom klassischen Altertum und spricht von des Aristoteles System als von dem vollendetsten Beispiel wirklicher Herstellung einer einheitlichen und geschlossenen Weltanschauung, welches uns die Geschichte bisher gegeben habe. Ebenso verfahren Kirchmann und Eucken. Sie sehen alle Flecken, halten sie jedoch für Sonnenflecken, weil man zweitausend Jahre lang geglaubt hatte, Aristoteles wäre das Licht der Welt. So sehr ist Aristoteles auch nach dem Hingang seiner Schule ein Herrscher geblieben, daß die Kritik sich nur byzantinisch, nur offiziös an ihn heranwagt. Hat doch erst vor kurzem ein Philosophieprofessor ein harmloses Gelegenheitswort gegen Aristoteles, daß er nämlich der „Anwalt" des finsteren Mittelalters gewesen sei, ein Sakrileg genannt.

So haftet der alte Namensaberglaube immer noch an der Lautgruppe: Aristoteles. Das halbe Jahrtausend, in dem er die alleinige Quelle, der unfehlbare Lehrer aller Wissenschaften hieß, ist freilich überwunden. Doch mit herkömmlicher Scheu wird er überall der Vater aller Wissenschaften genannt. In Wahrheit war er einer der Väter der christlichen Theologie. Nicht der christlichen Weltanschauung. Das Christentum hat seine tiefsten Ideen der weltflüchtigen Sehnsucht der Neuplatoniker entnommen. Die Kirchenväter waren noch keine Aristoteliker. Nur der Vater der christlichen Theologie, der begriffsspalterischen abergläubischen, scholastischen, fast möchte ich sagen: talmudischen Gottesgelahrtheit des Mittelalters war Aristoteles. Dieser Ruhm soll ihm ungeschmälert bleiben. Wer ihn jedoch den Vater aller unserer Natur- und Geisteswissenschaften nennt, der schreibt das in seinem Buche anderen Büchern nach und aus, der hat die Schriften des Aristoteles nicht selbst oder doch nicht selbständig gelesen.

Aber das Eine soll wohl ausgemacht sein und bleiben, daß Aristoteles der Vater der Logik war, ihr Begründer und ihr Vollender zugleich. Kein Geringerer als der Meister philosophischer Abstraktionen hat seine Autorität dafür eingesetzt, Kant, der in der zweiten Vorrede zur Kritik der reinen Vernunft sagt (was sehr oft und niemals richtig zitiert wird), daß die Logik seit Aristoteles keinen Schritt rückwärts hat tun dürfen, daß sie auch bis jetzt keinen Schritt vorwärts hat tun können. Der große Jongleur mit abstrakten Begriffen, Hegel, hat sich in dieselbe Kerbe verhauen. Ich möchte nicht mit J. H. von Kirchmann glauben, daß Kant und Hegel nicht einmal die „Analytiken“ sorgfältig gelesen haben können, da sie sonst den Fehler einer solchen Überschätzung nicht begangen hätten. Gewiß ist, daß die formale Logik von den Nachfolgern besser und logischer dargestellt wurde, als von ihrem Begründer, daß das letzte Jahrhundert (von Mill bis Sigwart und Schuppe) beträchtlich über die bloß formale Logik hinausgegangen ist.

II.

Noch zu schreiben, für einen Mann zu schreiben, der unmögliches Wissen mit übermenschlicher, entarteter Einsicht vereinigte, wäre eine wirkliche Geschichte der Logik, eine Geschichte des menschlichen Denkens, die Entwicklung also des menschlichen Gehirns, wobei sich dann zeigen würde, welch ein Mißverstand in der Theorie und welch ein Schwindel in der Praxis die Hegelsche Selbstbewegung der Begriffe war. Die Geschichte des Denkens wäre etwa der langsamen Bewegung einer Schafherde zu vergleichen, deren viele Schafe, ungleich und dennoch analogisch, von jedem Grashälmchen verlockt ihres Weges ziehen; die Geschichte der wissenschaftlichen Logik aber wäre zu vergleichen den Sprüngen des einen Schäferhundes, der auf und nieder läuft, die Herde umkreist, auch wohl bellt und beißt, aber im ganzen der

Bewegung der Herde folgen muß. Nur daß die Richtung einer Schafherde am Ende doch vom Hirten gelenkt wird; die Richtung des Denkens jedoch nur von den armen Grashälmchen und deren zufälligem Wachstum. Wenn man nämlich nicht einsehen will, daß auch die Absicht des Schäfers immer gelenkt wird von dem Wachstum unzähliger Grashälmchen, welche zusammen gute Weide heißen.

Es ist aber klar, daß eine solche wahre Geschichte des Denkens nur eine Geschichte der menschlichen Sprache wäre.

Man hat ja die Geschichte der Logik oft geschrieben, nämlich die Geschichte seit vorgestern, seit Aristoteles. Und wenn man vorher noch die sieben Weisen Griechenlands nannte, so glaubte man das Wißbare zu wissen.

Man dachte sich die Sache so, daß es irgendwo seit Urzeiten eine Logik gäbe, wie es geometrische Figuren gibt, und daß die Geschichte der Logik darin bestände, zu erzählen, wie die „Gesetze" dieser ewigen Logik allmählich entdeckt wurden gleich mathematischen Gesetzen. Nun gibt es im Reiche der Wirklichkeit weder eine Mathematik noch eine Logik. Es gibt aber unveränderliche Maßverhältnisse zwischen den Dingen; unveränderliche Erkenntnisverhältnisse zwischen Gehirnen und Dingen gibt es *nicht*.

Die wenigen wirklich ewigen Gesetze der Logik sind Armseligkeiten, Tautologien wie A = A. Alle wirksamen Denkgewohnheiten mußten sich entwickeln. Und da es eine Zeit gab, wo noch kein Gehirn auf Erden dachte, so mußten die Denkgewohnheiten auch einen Anfang genommen haben. Und wie die menschliche Sprache nur etwas ist *zwischen* den Menschen, so auch das Denken nur etwas *zwischen* den Menschen.

Gedacht hat der Mensch, seitdem er ist; auch das Tier hat ja denkenden Verstand. Über das Denken des Tieres hinaus hob sich das Denken des Menschen, als er anfing, die Beobachtung von Ähnlichkeiten in seinem Gedächtnis durch Lautzeichen aufzuspeichern. In den Worten „Rind" und „Tier" war schon eine Menge Material beisammen, an welchem die spätere Logik sich üben konnte. Vorsprachliches Denken — im menschlichen Sinn — hat es nicht gegeben; aber wohl vorlogisches Denken, das nicht schlechter war als das nachlogische. Unsere wichtigsten Kenntnisse von der Natur stammen aus der Zeit des vorlogischen Denkens.

Gewiß ist, daß die Logik, so wie sie im Abendlande in Geltung stand oder steht, von Aristoteles begründet wurde. Dieser geringe Ruhm gebührt dem Griechen unbestreitbar, auch wenn sich herausstellen sollte — worauf ich noch zurückkommen werde —, daß des Aristoteles Begriffsanalyse mißverstandene grammatische Analyse war, der gleichzeitigen und schon entwickelten Grammatik Indiens vielleicht entlehnt. Die Prioritätsfrage ist für so entlegene Zeiten gar nicht zu lösen; ist sie doch oft im vollen Lichte der Gegenwart unlösbar. Wie aber die erste Regung griechischer Naturphilosophie auffallend mit einer verwandten religiösen Bewegung im Orient zusammenstimmt, so wäre es auch gar nicht wunderbar, wenn die Keime zu des Aristoteles logischen Übungen aus dem Orient gekommen wären. Schon Goethe sieht einmal eine Ähnlichkeit zwischen der talmudistischen Bibelerklärung und dem Geiste des Aristoteles. Selbstverständlich will ich mich dabei nicht stützen auf die unhaltbaren und albernen rabbinischen Legenden, nach denen Aristoteles zum Judentume bekehrt worden oder gar von Geburt Jude gewesen sei, nach denen er seine abgründige Weisheit den seitdem verlorenen Schriften Salomonis verdanke.

Die Geschichte der griechischen Logik vor Aristoteles ist eine Geschichte der Rhetorik. Die Sophisten waren in der Praxis wie in der Theorie Rhetoriker. Es machte einem der berühmtesten unter ihnen, dem geistreichen Gorgias, gar nichts aus, ein Werk zu betiteln „Über das Nichtseiende oder die Natur"; so wurde die Sprache mit Bewußtsein auf den Kopf gestellt.

Sokrates, der zu den Sophisten gehört wie Jesus zu den Juden, hatte niemals die Absicht oder die Ahnung, eine Logik oder Denklehre aufzustellen. Er wirkte dennoch außerordentlich dadurch, daß er — unschuldig und rücksichtslos wie ein Kind — die Worte gar nicht zu verstehen vorgab und jedesmal fragte: „Was ist das?" Seine Ironie bestand darin, daß er wohl wußte, in seinem ehrlichen Nichtwissen der Wohlweisheit der anderen sehr überlegen zu sein. Damit, daß er sich von der launenhaften, subjektiven Geistreichelei der übrigen Sophisten abwandte, und bei jedem Worte erforschen wollte, was die Leute dabei sich vorstellten, daß er also — ohne Denklehre, immer noch vorlogisch — von den Worten der Sprache auf die Vorstellungen und folglich auf die Sinneseindrücke zurückging, damit wird Sokrates zum ersten Vorgänger einer Kritik der Sprache. Doch ist über das Denken des Sokrates schwer etwas Sicheres zu behaupten, wie über die Lehre Jesu Christi; in beiden Fällen besitzen wir nur die Aufzeichnungen begeisterter, aber relativ subalterner Jünger. Des Sokrates Enkelschüler Aristoteles hat seines Geistes kaum einen Hauch mehr verspürt.

Prantl sagt über Aristoteles: „Gerade die feinsten und tiefsten Momente, durch welche die aristotelische Logik mit Recht beanspruchen darf, den eminentesten Erscheinungen der menschlichen Kulturgeschichte beigefügt zu werden, fanden bald nicht mehr das richtige Verständnis, sondern nachdem von dieser tief philosophisch gedachten Logik das äußerlich handgreifliche und mehr technische Material teils herausgerissen und exzerpiert, teils mit leicht erkaufter technischer Fertigkeit erweitert und dann wieder exzerpiert worden war, diente die nun sogenannte Logik fast ausschließlich nur einer Schuldressur, und die hohlsten Köpfe, welche diese Dressur sich selbst angeeignet hatten, pflanzten dieselbe auf die Jünger fort; so kam es, daß in dieser Erbfolge der trivialen Logiker fast jeder nur seinen Vormann vor Augen hatte, dabei aber mit unbeschreiblicher Naivetät doch Aristoteles als der ursprüngliche Urheber dieser Logik galt; es ging mit Aristoteles ähnlich wie mit dem Neuen Testamente."

Prantl also, der gelehrte und von allen Nachfolgern — eben auch von mir — häufig geplünderte Geschichtsschreiber der abendländischen Logik, unterscheidet zwischen zwei Logiken: der heute noch gelehrten Schullogik, die er als von Aristoteles abgefallen preisgibt, und der echten Lehre, die er tiefphilosophisch gedacht nennt. Nun führt aber unsere Schullogik historisch unbedingt auf Aristoteles zurück; es ist der Haupttitel seines Ruhms, daß er die Denkgesetze für Jahrtausende unverrückbar festgestellt haben soll, wie Euklides die Prinzipien der Geometrie. Wenn nun unsere Schullogik nichts taugt, so ist dieser Ruhm des Aristoteles nicht länger aufrecht zu halten, da der ungeheure Erfolg nicht ihm, sondern seinen mechanischen Fortsetzern gebührte. Der Fall läge dann so, daß Aristoteles gefeiert würde für eine Tat, die nicht die seine war; daß aber sein echtes Werk unverstanden geblieben wäre und noch auf eine Auferstehung harrte. Ich glaube aufweisen zu können, daß seine Logik sich von der furchtbar trockenen Schullogik seiner Fortsetzer nur durch gewisse Unklarkeiten unterscheidet, durch ganz unreife allgemeine Vorstellungen, in deren abstrakte Bezeichnungen jeder Aristoteliker seit zwei Jahrtausenden bequem hineindenken konnte, was die Zeit jedesmal verlangte. Ich brauche für verständige Leser nicht hinzuzufügen, daß gewisse Partien dieser Logik trotzdem jeden rein *historischen* Betrachter zu Achtung verleiten können und sollen. Auch das Planetensystem des Ptolemäos ist für den Historiker merkwürdig. Nur gelten darf es nicht mehr wollen. Die Welterklärung des Aristoteles soll aber weiter gelten, wenn wir auf unsere alexandrinische Gelehrtenwelt hören. Trotzdem schon Voltaire gesagt hat: On ne la comprend guère; mais il est plus que probable qu'Aristote s'entendait, et qu'on l'entendait de son temps.

Und doch steht schon an der Schwelle des Systems, das Aristoteles ausgearbeitet hat, die Warnung vor einem Philosophen, der die Sprache in ihrem Wesen nicht begriffen hat, — eine Warnung, auf die weder Aristoteles selbst, noch später jemand gehört hat.

Es handelt sich mir da um den Gegensatz zwischen apodiktischem und dialektischem Wissen. Schon vor Aristoteles hatte man drei Arten des Denkens unterschieden: erstens das apodiktische oder beweisende, auf absolut gewissen Prinzipien logisch gebaute Denken, welches lauter ewige Wahrheiten zutage fördert; zweitens das dialektische Denken, welches zwar logisch fortschreitet, aber doch nur von der Meinung eines Einzelnen ausgehend den Teilnehmer an der

Unterredung zu überzeugen sucht und darum nur Wahrscheinliches ermittelt; und drittens das sophistische Denken, welches mit Bewußtsein Unwahres zu beweisen sucht. Die Sophistik scheidet als Mißbrauch der Logik aus. Für die Apodiktik jedoch und für die Dialektik erkennt Aristoteles die Sprache als das gemeinsame Werkzeug an.

Nun hätte sich ein Aristoteles sagen müssen, daß es doch mit dem Teufel zugehen müßte, wenn das gleiche Werkzeug, die Sprache, einmal zum Auffinden der Wahrheit, dann wieder nur zu einer Annäherung, einer Wahrscheinlichkeit tauglich sein sollte, wenn wir an den Worten einmal das letzte Wesen der Dinge besäßen, ein andermal nur mangelhafte Vorstellungen. Es tritt auch hier wieder die kindliche antinominalistische Vorstellung zutage, nach der Aristoteles in den Artbegriffen das Geheimnis der Arten, die Lösung des Welträtsels zu besitzen glaubte. Übrigens herrscht im Gebrauche des Wortes λογος bekanntlich eine heillose Verwirrung. Selbst bei dem Verständnis des Wortes *dialektisch* verwirrt uns der oft wechselnde, namentlich der moderne Sprachgebrauch; die Griechen dachten dabei oft ganz unschuldig an das *Gespräch*, die Plauderei, den Bierbankstreit.

Niemand hat wie Aristoteles den Streit um Worte, das Wortgeschäft feierlich genommen. Trotz Prantl. Aristoteles ist der berufene Vorgänger der Scholastiker. Auch er würde in dem Satze: „Aus nichts hat Gott die Welt erschaffen“ das „Nichts“ für den realen Stoff der Welt erklären.

Wohl aber hat Prantl sicherlich recht, wenn er seinen Aristoteles in Schutz nimmt gegen den Verdacht, er hätte selbst schon seine Logik als eine Anweisung zur Mechanisierung des Denkgeschäftes aufgefaßt, als eine philosophische Propädeutik, für welche die Logik bald nach ihrem Erfinder galt und wie sie heut noch unsern Knaben und neuerdings auch unsern Mädchen gelehrt wird. Aristoteles selbst macht von seiner eigenen Logik noch nicht den mechanischen Gebrauch, der später üblich wurde, und den noch Goethe als Collegium logicum wie etwas Bestehendes parodieren durfte. Aristoteles wollte offenbar in seiner Logik zunächst nicht eine Anweisung zum richtigen Denken geben, nicht die Frage beantworten: Wie *sollen* wir denken? Er wollte vielmehr erklären: wie wir denken. Das Denken war ihm ein reales Objekt seiner Untersuchung, die nach unserem Sprachgebrauch eine psychologische war. Und gerade an der psychologischen Untersuchung mußte Aristoteles bei dem Stande seiner Beobachtungen scheitern; er nahm sogar die Worte, welche seine naiven Vorstellungen vom Geistesleben bezeichneten, für reale Kräfte.

III.

Wer die wissenschaftlichen Schriften der Alten zu einem andern Zweck lesen wollte als zu rein ästhetischem Genusse oder zu seiner historischen Belehrung, der würde schon nach wenigen Seiten zu der Ahnung kommen, daß diese Bemühungen vollkommen unfruchtbar seien. Wir wissen, daß ein Fortschritt in der menschlichen Erkenntnis nach der Natur unseres Geistes nicht anders möglich ist, als durch neue Beobachtungen. Es war aber die schwache Seite der Griechen, daß sie sich von der Wichtigkeit der Beobachtung keine Vorstellung machten. Es fehlten ihnen nicht nur unsere Teleskope und Mikroskope, unsere Thermometer und Barometer, es fehlten ihnen nicht nur unsere Präzisionsinstrumente, ja selbst der Gedanke an unsere kleinen Maßeinheiten (nach denen unsere Astronomie Tausendstel von Sekunden, unsere Chemie Bruchteile von Grammen abmißt): das wäre nicht das Schlimmste gewesen. Es fehlte ihnen auch der beobachtende Sinn überhaupt, es fehlte ihnen — so seltsam es klingen mag — die Einsicht in den Wert eines sorgfältigen Gebrauches unserer Sinne. Heutzutage belehrt der erste der beste Präsident eines Gerichtshofs jeden Zeugen darüber, daß er unterscheiden müsse zwischen seinen eigenen Wahrnehmungen und dem, was er vom Hörensagen wisse. Die Griechen der klassischen Zeit machten diesen Unterschied nicht. Wenigstens Aristoteles, der darum vielleicht nicht zu ihren besten Köpfen zu rechnen ist, berichtet bunt durcheinander, was er selbst, oft oberflächlich, gesehen hat, was er aus Büchern weiß und was ihm unwissende Fischer, Jäger und Wahrsager erzählt haben. Und wenn er selbst beobachtet, beobachtet er bisweilen ungenauer als Fischer, Jäger und Wahrsager.

Wir haben gelernt, daß unfaßbar solche Worte sind, wie: subjektiv, Erfahrung, Entwicklung, Organismus, Charakter, Naturgesetz usw.; wir werden nun weiter sehen, daß für den Leser des Aristoteles selbst so konkrete Begriffe wie: Herz, Knochen, Nerven, Gehirn usw. ebenso unfaßbar sind. Was unsere Schüler beim Studium der griechischen Philosophen so unsagbar quält, das ist eben das unabweisbare Gefühl, daß sie sich oft nichts bei ihnen denken können. Insbesondere das Studium der naturwissenschaftlichen Schriften des Aristoteles ist für jeden Nicht-Historiker qualvoll. Was nicht klar wie Wasser auf der Oberfläche der Dinge liegt, das hat er ungenau gesehen; er verbindet darum mit seinen Worten andere Vorstellungen als wir, und wir können ihm nicht folgen. Nicht weil wir zu dumm sind für ihn, sondern weil er zu unwissend war für uns. Legen wir aber irrtümlich unsere Vorstellungen in seine Worte hinein, dann kann es allerdings passieren, daß wir ihm die neuen Gedanken eines Newton und eines Darwin zutrauen und damit eine ungeheure historische Fälschung begehen. Man hat verächtlich von der gegenwärtigen Forschung gesprochen und sie im Vergleich mit Aristoteles einen Zwerg auf der Schulter eines Riesen genannt, soweit sie in der Erkenntnis höher stehe als er. Es übertrifft aber an Welterkenntnis nicht die Forschung den Aristoteles, sondern jeder Schulknabe. Diesen mag man meinetwegen den Zwerg auf der Schulter eines Riesen nennen, dann ist aber der Riese nicht Aristoteles, sondern die lange Vergangenheit.

Lewes bemerkt richtig, daß Aristoteles leichtgläubig war wie alle Griechen. Er glaubte nicht alles zu wissen, aber er glaubte, die menschliche Vernunft könne alles wissen. In der gleichzeitigen orientalischen Philosophie kommt es bereits zu dem höchsten Gefühl des Menschengeistes, dem der Resignation. Der Prediger lehrt, daß alles Wissen eitel sei. Aristoteles hatte von diesem Gefühl keine Ahnung. Er war eben ein Grieche, und die Griechen kannten eigentlich den Zweifel in unserem Sinne niemals, trotz der Skeptiker. Selbst kühnen Gelehrten fiel es damals nie ein, die Tatsachen nachzuprüfen, auf welche sie ihre logischen Schlüsse stützten. Als ein genialer Astronom (Eratosthenes) zum ersten Male die Länge eines Meridianbogens messen wollte, nahm er leichtgläubig an, die beiden Endpunkte seiner Messung, die Städte Alexandria und Syene, lägen auf demselben Meridian; aber er kam nicht auf den naheliegenden Einfall, diese vermeintliche Tatsache zuerst zu prüfen und so einen groben Rechnungsfehler zu vermeiden. Wir sehen schon hier die Grundquelle aller Irrtümer bei den Alten, die freilich nicht aufgehört hat, auch bei uns die Grundquelle aller Irrtümer zu sein. Wenn man den Erinnerungen anderer blindlings vertraut und sich nicht auf seine eigenen Sinne verläßt, was ist es denn anders, als daß man die Worte für das Wesen der Dinge hält? Aristoteles aber war schlimmer als die andern, weil er als Vater der Logik aus Worten Schlüsse zog und diese Schlüsse erst recht nicht an den Tatsachen prüfte.

IV.

Die Mängel des „Organon“ sind auf jeder Seite zu finden. Es ist schwer, sie in Gruppen zusammenzufassen. Wichtige Grundfehler springen freilich in die Augen. Aristoteles hat nicht erkannt, daß die Definitionen eigentlich immer Worterklärungen sind und über einen bewußten Sprachgebrauch nicht hinausgehen; er ließ sich durch seinen Begriff der Definition noch mehr in seiner Überschätzung der Sprache bestärken. Aristoteles stellte die Modalität des Schlusses ungeschickt und falsch dar, den Grad der subjektiven Wahrheit; das hing vielleicht damit zusammen, daß er die Mathematik zwar theoretisch bewunderte, daß er aber mit seiner ganzen Zeit unfähig war, die Natur anders als qualitativ zu betrachten; die quantitative, mathematische Betrachtung der Natur ist jüngerer Herkunft, und gar die algebraische Logik, die die Modalität der Schlüsse vorzüglich darstellt, wäre über seinen Horizont gegangen.

Der Grundmangel des ganzen Organon ist und bleibt jedoch, was man auch sagen möge, der Mangel erkenntnistheoretischer Gesichtspunkte. Erkenntnistheorie, die seit dem Aufkommen des Kritizismus vielleicht die Philosophie selber ist, dämmert dem Vater der Logik gar nicht auf. Als ob Sokrates nicht gelebt hätte. Untrüglich sind für Aristoteles zuunterst die Mitteilungen der Sinne, zuoberst die Aussprüche der Vernunft. Weil er an eine erkenntnistheoretische Prüfung der beiden Ausgangspunkte nicht denkt, darum ist seine Lehre von der Deduktion so formal, seine Lehre von der Induktion so oberflächlich geworden. Und darum führte ihn die Anwendung seiner Deduktion wie namentlich seiner Induktion zu so verblüffenden Schnitzern.

Die Autorität des Aristoteles erlosch nur schrittweise mit dem Ausbau der Wissenschaften. Astronomie und Mechanik reiften schneller, und so wurde Aristoteles auf diesen Gebieten schneller fallen gelassen. Aber bis in unsere Tage hinein sucht man seine Bedeutung für die Kenntnis der Organismen zu retten. Namentlich hat man es noch nicht aufgegeben — wie schon erwähnt —, die Ahnung oder die Kenntnis neuerer Entdeckungen in ihn hineinzulesen. Es wäre freilich nicht besonders verdienstvoll, wenn ein solcher Vielschreiber, der eine rechte Unzahl von Notizen ganz unsystematisch zusammenstellte, zufällig auch einmal eine Beobachtung notiert hätte, die später vergessen wurde und noch später neu aufgestellt werden mußte. Lewes hat aber überzeugend nachgewiesen, daß an diesen gerühmten Vorausentdeckungen des Aristoteles nichts sei. Insbesondere zu der Bemerkung, daß es plazentale Fische gebe, macht Lewes eine sehr lesenswerte Ausführung. Aristoteles hatte nur eine sehr unklare Vorstellung von Embryologie; den physiologischen Dienst der Nachgeburt kannte er gar nicht. Wenn er nun mitteilt, daß es Fische gibt, die wie Säugetiere gebären, so hat diese Beobachtung oder Notiz gar nicht denselben Sinn, wie wenn ein neuerer Forscher sie ausspricht. Aristoteles kennt die „Gesetze" der Natur nicht; wenn er also einen Fall erwähnt, der für uns eine Ausnahme von den „Gesetzen" bildet, so fehlt ihm das Beste, die Verwunderung über die Ausnahme. Ich möchte sagen: der Begriff *Fisch* war für Aristoteles so unklar und unbestimmt, daß das Vorkommen plazentaler Fische an seinem Begriff Fisch gar nichts ändern konnte.

Die Frage, ob Aristoteles menschliche Leichname seziert habe oder nicht, geht uns nichts an. Seine Irrtümer würden nur um so krasser, wenn bewiesen wäre, daß er mit Bewußtsein an die Zergliederung herangegangen war. Man müßte dann annehmen, er habe aus Gründen der Logik oder Metaphysik vor den offenbarsten Tatsachen die Augen geschlossen. Man könnte dann noch begreifen, daß er zwischen Arterien und Venen nicht unterschied; aber unbegreiflich wäre, was er über das Gehirn zum besten gibt. Der Augenschein lehrt, daß das Gehirn den Schädel ausfüllt und daß es ein außerordentlich blutreiches Organ ist. Aristoteles erzählt, der hintere Teil des Schädels sei völlig leer und das Gehirn sei gänzlich ohne Blut. Als ob er höchstens ein ausgewaschenes Kalbshirn oder ein gebackenes Gänsehirn vor sich gehabt hätte. Von der Existenz der

Nerven scheint er keine Vorstellung gehabt zu haben, da das Wort, welches wohl bei ihm vorkommt, alles mögliche bedeutet, wie Sehnen und Muskeln, nur nicht unsere Nerven. (Die alte Bedeutung war noch in unserem *nervig*, ist noch im franz. nerveux erhalten.) Und von dem Dienst der Nerven, dem Zusammenhang mit dem Gehirn und dem Rückenmark (er hielt diese Nervenmasse für dasselbe wie das Mark der Knochen, und auch wir gebrauchen noch immer das falsche Wort) hatte er nicht die blasseste Ahnung. Er weiß, daß von dem Auge eine Röhre nach hinten geht, er hat also den Sehnerv gesehen, was man so gesehen nennt. Aber auch hier beobachtet er nicht genau genug, um den Gang des Sehnervs richtig zu beschreiben; und auch hier denkt er so unlogisch, daß er dem Sehnerv die Ernährung des Auges zuschreibt.

Ein so schlechter Anatom kann kein guter Physiologe sein.

Was er über die Ursache und den Zweck des Atmens vorbringt, ist komisch. Die Funktionen des Gehirns versteht er so wenig, daß seine Lehre in dieser Beziehung sogar ein Rückschritt gewesen zu sein scheint. Er leugnet ausdrücklich (es muß also vor ihm behauptet worden sein), daß das Gehirn Empfindung besitze. Es sei der kälteste Teil des Körpers und diene dazu, die Wärme des Menschen zu mäßigen. Man stelle sich nur einmal recht lebhaft vor, wie kindlich der Vater der Logik und der Naturwissenschaft geschlossen und beobachtet haben muß, da er das Lazarethpferd von Syllogismus aufzustellen wagte: Pflanzen *können nicht* zweigeschlechtlich sein (was vor Aristoteles behauptet worden war), *weil* sie dann *vollkommener* wären als die Tiere.

Ein so elender Physiologe konnte nun auch unmöglich ein guter Psychologe sein. Aber hier muß zu seinen Gunsten wieder daran erinnert werden, daß es nicht seine Schuld ist, wenn wir seinen Begriff Psyche pedantisch und regelmäßig mit Seele übersetzen. Schon auf lateinisch mußte man dafür bald anima, bald animus setzen, also bald Seele, bald Lebensprinzip. Doch brauche ich kaum noch daran zu erinnern, daß diese Abstraktionen, und Geist und Lebenskraft dazu, heute um nichts klarer sind, als dem alten Aristoteles seine Psyche war. Wir mögen über die Mythologie der Bibel lächeln, nach welcher der Gott dem Menschen den Odem, das ist den animus oder die Psyche, durch die Nase eingeblasen habe; klüger sind wir durch dieses suffisante Lächeln nicht geworden.

Das verteidigende Wort kann mich jedoch nicht abhalten, dem Aristoteles die Schuld dafür beizumessen, daß die Psychologie des Mittelalters so ganz besonders verkehrte Wege einschlug. Schon bei ihm finden sich die spitzfindigen Wortspaltereien über die Vollkommenheit und Unteilbarkeit der Seele; schon bei ihm finden sich Worte für die verschiedenen Seelenvermögen, wie Verstand und Vernunft, und es führt eine luftige Kettenbrücke ineinandergeschlungener Worte von der Erkenntnislehre des Aristoteles bis zu den schwächsten Begriffen der reinen Vernunft Kants.

Ist das Elend seiner Geisteslehre nicht ganz so auffallend, weil unsere Psychologie die Begriffe des Aristoteles eben erst aufzugeben beginnt, so ist die Jämmerlichkeit seiner Lehre von den Sinnen um so sichtbarlicher, weil da die Unzulänglichkeit seiner Physiologie zum Himmel schreit. Dazu kommt, daß Aristoteles hier wieder mit seinen vier Elementen spielt und sich selbst von der Fünfzahl der Sinne nicht abhalten läßt, jeden Sinn womöglich an eins dieser mystischen Elemente zu knüpfen. Man glaubt einen der verzückten Theosophen des Mittelalters zu lesen, aber ohne ihre Poesie, ohne ihren gemütlichen Tiefsinn. Man hört ein ganzes Chor von hunderttausend Narren sprechen: „Nun wird es offenbar, daß wir auf diese Weise jedem der Sinnesorgane eins der Elemente zuteilen und anpassen müssen. Das Auge ist als aus Wasser bestehend anzunehmen, der für Schalleindrücke empfängliche Teil aus Luft, der Geruch aber aus Feuer .... das dem Gefühl dienende ist aus Erde, der Geschmack ist eine Art von Gefühl .... das Auge hängt mit dem Gehirn zusammen; denn dieses ist der feuchteste und kälteste der Körperteile .... Wenn etwas Feuriges im Durchsichtigen ist, so ist es Licht. Ist es nicht vorhanden, ist es Dunkelheit. Was wir aber das Durchsichtige nennen, ist nicht der Luft eigen oder dem Wasser oder einem andern Element, sondern es ist eine gemeinsame Natur und Kraft, welche getrennt nicht existiert, sondern in diesem und andern Körpern vorhanden ist, in diesem mehr, in andern weniger.“

V.

Gehen wir tiefer auf die psychologische Seite unseres Denkens ein, so sehen wir weiter, daß Aristoteles selbst bei besserer Befähigung nicht imstande gewesen wäre, sich mit uns Menschen einer modernen Erkenntnistheorie zu verständigen. Von unserer Grundanschauung, daß nämlich die Wirklichkeitswelt oder das Ding-an-sich eigentlich unerkennbar sei, hatte er selbstverständlich keinen „Begriff“. Er war kein Mehrer des Menschheitsgedächtnisses, er war kein Erfinder, weil er kein Künstler war. Er verknöcherte die Sprache der Wissenschaft, aber er schuf der lebendigen Sprache kein neues Wort; weil jedes neue Wort eine Erfindung, eine Kunstschöpfung ist. Zur Stellungnahme gegenüber der Wirklichkeitswelt fehlte ihm die unterste Grundlage, das Bewußtsein von der Funktion der Sinne in der Erkenntnistheorie.

Aristoteles war so wenig Künstler, daß er vielleicht die Hauptschuld daran trug, wenn die einfache Entdeckung, daß alle Sprache metaphorisch sei, erst auf einem neuen Wege gemacht werden konnte. Er beobachtete ganz richtig den häufigen metaphorischen Gebrauch der Worte. Er war aber so wenig Künstler, daß er die durchgehende Notwendigkeit der Metapher nicht ahnte und ihren Gebrauch darum der ihm fremden

Dichtkunst überließ und dadurch den Gedanken, daß jeder Bedeutungswandel metaphorisch sei, daß die Sprache notwendig durch Metaphern entstanden sei, für Jahrtausende aus dem Wege der Erkenntnis warf. Er war so wenig Künstler, daß er sich die notwendigen neuen Worte möglichst unsinnlich, unbildlich schuf, wobei denn schließlich nichts besseres als seine Logik herauskommen konnte.

Kurz und wahr: Aristoteles war kein Naturbeobachter, weil er nur Augen hatte für Bücher, keine Augen für das, was man klein genug im Bücherwurmdeutsch das Buch der Natur zu nennen pflegt. Er war der erste Bibliophile, dessen die Überlieferung der Gelehrtengeschichte erwähnt. Platon hat ihn den „Leser" genannt; um sein Buchwissen zu verspotten, wie wir dem dichterischen Geiste Platons wohl zutrauen dürfen. Mit den Bücheraugen eines Lesers bekrittelt Aristoteles die Einsicht seiner Vorgänger. Richtige Vorstellungen über das Verhältnis der Erde zu andern Himmelskörpern lehnt er ab, zumeist darum, weil ihn der Begriff „oben" verwirrt; der Begriff „unten" scheint ihm der verächtlichere zu sein. Die Vereinigung beider Geschlechter in einer Blüte lehnt er ab, wie gesagt, weil die Pflanze nicht vollkommener sein dürfe als das Tier. Bücherweisheit aus der Tiefe des Gemüts. Wir werden gleich sehen, wie das Predigerhafte an dieser Bücherweisheit mit seinem Glauben an die Vernünftigkeit der Schöpfung zusammenhing und darum vorzüglich zu der christlichen Weltanschauung paßte.

Man könnte Platons Wort verallgemeinern. Die Philosophen aus der Schule des Aristoteles waren Leser, Menschen mit Bücheraugen. Sie glaubten zu sehen, was im Aristoteles stand; was da nicht stand, das sahen sie nicht, wollten sie nicht sehen. Es wird erzählt: Cremonini, ein Zeitgenosse und Kollege von Galilei, habe sich geweigert, ferner noch durch das neuerfundene Teleskop zu blicken, weil die eben entdeckten Jupitertrabanten nicht zu der Astronomie des Aristoteles stimmten. So sehr waren die Aristoteliker Diener am Worte des Aristoteles.

Der Gott des Aristoteles und der Theologie ist nicht nur der Schöpfer der Welt; nein, er bringt das metaphysische Wunder zustande, zugleich ihre erste Ursache und ihr letzter Zweck zu sein, ihre Substanz zugleich und ihre Form, ihre Möglichkeit zugleich und ihre Wirklichkeit. Aristoteles zuerst hat gelehrt, mit dem Begriffe der Möglichkeit Fangball zu spielen. Wenn das Mögliche wirklich oder wirkend ist, dann gibt es freilich keine Sinnlosigkeit mehr in der gesamten Scholastik. Dann hat auch alle Teleologie ihren klaren Sinn.

Molière läßt seinen Aristoteliker fragen: „Si la fin nous peut emouvoir par son être réel, ou par son être intentionnel?" Die französischen Ausleger halten diesen Satz für einen unverständlichen tollen Spaß. Das ist er durchaus nicht. Molière hat die entscheidende Verlegenheit der Aristoteliker mit einem kurzen Schlage des Hammers festgenagelt. „Sind die Endursachen etwas Wirkliches oder wirken sie wie menschliche Absichten."

Der christlichen Weltanschauung war nicht nur des Aristoteles Begriffsglaube bequem; noch bequemer war ihr die Art, wie er Naturerscheinungen unter Wertbegriffe brachte. Des Aristoteles Zweckbegriff ist ein Wertbegriff und geht sehr weit über den natürlichen Zweckbegriff hinaus, den die menschliche Sprache ohnehin nach ihrem anthropomorphischen Charakter in die Natur hineinlegt. Aristoteles hat die Teleologie in ihrer plumpsten Form geschaffen und bildet sich noch etwas darauf ein, überall nach Zwecken gesucht zu haben. Dabei hat er den Zweckbegriff niemals allgemein begründet, ihn vielmehr unbesehen aus dem Sprachgebrauch übernommen. Unzählige Notizen und hübsche Beobachtungen verdanken wir ja der teleologischen Naturbetrachtung; nur daß der Zweckbegriff immer bloß eine anregende Frage war, niemals eine befriedigende Antwort. Aristoteles aber sah in dem Fragesatze mit kindlicher Sicherheit schon eine Antwort. Er beruhigte sich immer zu früh.

Seine oft wiederholte Behauptung, die Natur tue nichts umsonst, scheint mir den Kern seiner falschen Naturphilosophie zu enthalten. Aristoteles glaubt da etwas zu wissen, wo kein anderer Mensch etwas weiß. Die Behauptung klingt nur eindringlicher, ist aber ebenso unbewiesen und unbeweisbar wie der vollkommen gleichwertige Satz: die Natur verfolge immer einen Zweck. Alles ist aus dem Zweckbegriff der Gemeinsprache herausgeholt. Alle Monstrositäten der späteren Teleologie finden sich darum schon bei Aristoteles. Schon die Regel, die Natur bringe von dem Möglichen immer das Beste hervor, also der Optimismus, den Voltaire lächerlich und den Schopenhauer ruchlos genannt hat. Schon die nichtswürdige Lehre, die Pflanzen seien um der Tiere willen, die Tiere um des Menschen willen auf der Erde. Dieser ganzen Naturbetrachtung liegt das anmaßende Werturteil zugrunde, die Natur nach ihrem Nutzen für die Menschen einzuschätzen. Das wäre nur banal. Wir bleiben immer anthropomorphisch im Denken oder Sprechen. Aristoteles nur bringt es zustande, seinen Maßstab noch enger, noch kleiner zu nehmen. Die Tiere schätzt er ein nach ihrer Ähnlichkeit mit dem Menschen. Dann aber gibt das männliche Geschlecht allein den Maßstab, und das Weib erscheint als eine Verstümmelung des Mannes. Und wieder gibt der freie Grieche den Maßstab und der Sklave erscheint als geborener Sklave, von der Natur minderwertig geschaffen. Da kann es nicht wundernehmen, wenn es auch minderwertige Zahlen, minderwertige Adern, minderwertige Dimensionen gibt; „vorn" ist wertvoller als „hinten", „oben" ist wertvoller als „unten".

Das Werturteil ist der schwache Punkt der Teleologie. Im übrigen sind wir heute noch so weise wie vor zweitausend Jahren und nennen so hilflos wie Aristoteles „zufällig" die Erscheinungen, die wir gerade bei dieser Gelegenheit weder durch Ursachen noch durch Zwecke zu erklären vermögen. Ich habe (Kritik der Sprache III. 584 u. f.) zu zeigen versucht, warum der Zweckbegriff auch von der neueren Naturwissenschaft nicht aus der Sprache hinausgedacht worden ist. „Gesetzmäßigkeit ist die jüngste Mythologie, die der Mensch in die Natur hineingelegt hat; es ist der Grundirrtum der modernen Naturwissenschaft, daß sie Notwendigkeit und Gesetzmäßigkeit miteinander verwechselt."

VI.

Ein glücklicher Instinkt (oder die Besonnenheit seiner indischen Vorgänger) hielt den Aristoteles davon zurück, den Begriff der Negation unter seine zehn Kategorien aufzunehmen. Eigentlich war es eine Inkonsequenz; er hatte für die Negation so viel getan, daß ihm zu tun fast nichts mehr übrig blieb. Den letzten Schritt überließ er unserm Kant, in dessen höchst bedenklicher Kategorientafel die Negation ganz ernsthaft die fünfte Stelle einnimmt. Die Kategorien des Aristoteles sind es nun, woran die Sprachknechtschaft der Griechen am offenbarsten wird. Und wer einigen Sinn hat für den feinsten Humor des menschlichen Geistes, für den unfreiwilligen Humor der philosophischen Begriffe, der mag bei der Begriffsgeschichte der Kategorien das freieste, das große Gelächter anschlagen.

Den Kern der Frage hat wohl Trendelenburg erkannt, da er nachwies, daß Aristoteles mit seinen Kategorien die Redeteile im Sinne hatte (oder vielmehr beides verwechselte). Es ist sehr fein, wenn Überweg hinzufügt, er habe dabei mehr die Satzteile (Subjekt, Prädikat usw.) unterschieden, als die Redeteile; und wieder würde ich statt „unterschieden" weniger achtungsvoll „verwechselt" sagen. Man mache sich einmal die Sachlage klar. Aristoteles findet in seinen unbekannten, vielleicht doch indischen Quellen, die menschliche Rede in Redeteile zerlegt. Er begeht zunächst den Irrtum, diese Redeteile (also Analogiebildungen der Grammatik) mit Analogiebildungen der Syntax durcheinander zu werfen, weil er den grammatikalischen Begriff *Redeteil* vielleicht nicht fassen kann. Denn die Verwechslung wird nicht durchgeführt; er hat eine unklare Vorstellung davon, daß seine erste Kategorie, die des *was*, die später sogenannte Quiddität, allen andern Kategorien als das geborene Subjekt gegenübersteht. Nun aber begeht er den zweiten Irrtum, diese so oder so sprachlichen Begriffe in die Wirklichkeitswelt zu projizieren und nach ihnen seine und aller Nachgebornen Vorstellungen von der Welt ordnen zu wollen.

Die psychologische Entstehung der Aristotelischen Kategorientafel ist aber bis heute nicht ganz richtig gedeutet worden, trotzdem die zugrunde liegenden Tatsachen der gelehrten Welt längst bekannt sind. Ich denke dabei an die grammatische Unschuld des Aristoteles. Er kannte unsere grammatikalischen Redeteile noch nicht. Er konnte also nicht etwa —

wie Trendelenburg das eigentlich darstellt — bewußt die Redeteile in metaphysische Kategorien verwandeln; er machte diesen Schritt vielmehr — man verzeihe das Wort — ganz dumm. Er hielt für oberste Begriffe der Welt, was Analogien der Sprache waren. Darum ist eben „Kategorie" unübersetzbar geblieben, weil er sich etwas völlig Unklares dabei vorstellte. Die erste Kategorie, die des *was*, schwankt unklar zwischen unseren Begriffen: Nomen, Subjekt und Wirklichkeit. Die dritte Kategorie, die der Qualität, schwankt ebenso unklar zwischen: Adjektiv, Artunterschied und Sinneseindruck. Die vier letzten Kategorien tasten noch unklarer um die Formen des Verbums herum. Er scheint ungefähr für intransitive und für transitive Verben, für das Aktivum und für das Passivum besondere Kategorien aufstellen zu wollen; besondere Kategorien für die einzelnen Kasus des Nomens, für die Zeiten und Personen des Verbums gibt er nicht, aber doch, wie es scheint, mehr aus Unwissenheit als aus besseren Gründen.

Seine Kategorienlehre ist die Grundlage seiner Logik und seiner Metaphysik; aber diese Kategorienlehre ist von einem vorlogischem, einem vorgrammatischen Denken hergestellt, fällt immer wieder unter den Bann des gemeinen Sprachgebrauchs, so sehr sie sich bemüht, die Begriffe klarer als die Gemeinsprache zu fassen. Vorlogisch ist die Kategorienlehre, weil sie unaufhörlich den Schülerschnitzer begeht, zu früh zu generalisieren, weil sie sich in unzähligen Fällen mit richtigen oder falschen Beispielen begnügt, wo Beweise zu verlangen wären. Und gerade dieses Buch, das die technischen Ausdrücke für eine so ungeheure Literatur hergab, das auch noch Kant verführte, es zu überbieten, war doch nur ein unglücklicher Versuch, die vulgären Abstraktionen der Sprache in eine vermeintliche Erkenntnis der Wirklichkeit umzusetzen. So schwach ist dieser Versuch, daß auch Kirchmann bei aller Verehrung den Gedankengang bald dürftig, bald flüchtig nennen muß, und daß die philologischen Erklärer des Aristoteles oft in die Verlegenheit geraten sind, das Ganze entweder für eine Jugendarbeit oder für eine populäre Schrift oder aber einzelne Kapitel für Fälschungen zu erklären.

Der vorgrammatische Geisteszustand des Aristoteles scheint mir das Elend seiner Kategorien genügend zu erklären. Wir müssen uns an ihn selbst halten und nicht an die spätere Logik der Aristoteliker. Schon bei den Römern, welche unsere Grammatik so ziemlich zu Ende erfunden hatten, wurde „Kategorie" mit praedicamentum oder prädicabile — der spitzfindige Unterschied zwischen diesen beiden Worten geht uns so wenig an wie der zwischen Kategorie und Kategorem — übersetzt und dabei wohl etwas ähnliches wie unser Prädikat vorgestellt. Bei Aristoteles aber ist die *κατηγορια* offenbar anfangs noch kein technischer Ausdruck, sondern vielmehr „das, was sich von den Dingen sagen läßt". Was sich sagen *läßt*, wohlgemerkt. Ich wiederhole: die ganze Logik dieser Zeit war eine Anweisung zur Rhetorik; es war den Lehrern darum zu tun, über irgend einen Gegenstand möglichst viel ordentlich schwatzen zu lassen. Es gehört im Grunde diese ganze Kategorienlehre des Aristoteles in seine durchaus lächerliche „Topik" hinein, in jene Disziplin, welche die Philosophen denn doch verschämt zu lehren aufgehört haben. Diese einst der Logik gleich gerühmte Topik war auf der Höhe der Bücher, welche versprechen, in 24 Stunden das Dichten zu lehren; eine Schwatzlehre, ein Unterricht in der Kunst, über jede beliebige Frage schablonenhaft etwas zu „sagen". Die Kategorien, das Sagenswerte, bilden das oberste Schema dieser Schwatzschule. Nichts leichter, als die Zunge im Gange zu erhalten, wenn man auswendig gelernt hat: ich werde von meinem Pferde oder von meiner Reise zuerst die Tatsache feststellen, dann nacheinander Bestimmungen der Quantität und Qualität, des Raums und der Zeit usw. hinzufügen.

Notwendig war der Hinweis auf die Topik des Aristoteles darum, weil die Kategorien seiner Logik und die „Örter" seiner Topik — wie man sich auch drehen und wenden mag — ein und denselben unklaren Begriff bedeuten.

Ich will das mit wenigen Worten zeigen, und es ist nicht meine Schuld, wenn die Achtung des Lesers vor dem Tiefsinn des Aristoteles dabei sich nicht erhöhen wird.

Es ist die Absicht seiner Topik, eine Anweisung zu geben zur Auffindung dessen, was sich über irgend einen beliebigen Gegenstand aussagen läßt. Von der sprachlichen Bezeichnung „auffinden" mag er — wenn der Ausdruck nicht schon vor ihm ein technischer war — das Bild hergenommen haben, die verschiedenen Gesichtspunkte die „Örter" zu nennen, *τοποι*. Ich mache darauf aufmerksam, daß auch in unserer Sprache „Gesichtspunkt" zuerst einen Ort bedeutet, daß also das griechische Wort gar nicht so seltsam ist, wie es scheint. Drücken wir nun die Aufgabe der Topik etwas gelehrter aus, so will sie eine Anweisung geben zum Auffinden der Gesichtspunkte, von denen aus sich etwas über einen Gegenstand aussagen oder prädizieren läßt. Da Kategorie nun auch wieder nichts anderes heißt als eine allgemeine Aussage, ein allgemeiner Gesichtspunkt, so geht aus der Definition der Topik der Unsinn hervor, sie lehre die Auffindung allgemeiner Gesichtspunkte für allgemeine Gesichtsspunkte. Wir alle nennen einen abgedroschenen Satz, der die Aufmerksamkeit gar nicht mehr zu erregen vermag, einen Gemeinplatz. Ich habe in Prantls Geschichte der Logik die Geschichte dieses Wortes nicht gefunden. Offenbar sind aber die Gemeinplätze, die loci communes, nichts als eine Übersetzung der „allgemeinen Örter" des Aristoteles, die wieder unklar mit seinen Kategorien zusammenfielen. So sind schon in alter Zeit die Kategorien des Aristoteles zu Gemeinplätzen geworden.

Der Vater der Logik verfügt ebensowenig über scharf definierte Worte wie über klar unterschiedene grammatische Begriffe. Er schwört wortabergläubisch auf die Gemeinsprache.

Eine dunkle Ahnung dieser Tatsache hatte Aristoteles selbst, er empfand sie aber schwerlich als einen Mangel. In seiner Sprache nennt er „analytisch", was wir heute „logisch" nennen; was er selbst „logisch" nannte, bedeutete ihm ungefähr rhetorisch oder sprachlich.

VII.

Aristoteles ist für uns tot; selbst für die unter uns, die noch im Historismus stecken geblieben sind, sollte er nicht mehr lebendig heißen. Er glaubte wirklich, seine Zeit hätte das Ende der menschheitlichen Entwicklung gebracht. Das Ende oder die Vollendung in Staat und Gesellschaft, in Wissenschaft und Kunst. Er bewundert staunend, wie wir's so herrlich weit gebracht haben. Der Philosoph, der überall das Sein aus dem Werden zu erklären vorgab, hatte keine Vorstellung von dem Werden des Menschengeistes. Es war für ihn ausgemacht, daß der Mensch alle möglichen Sinne besitze; ihm dämmerte der Gedanke nicht, daß auch die menschlichen Sinne nur Zufallssinne sind.

Tot ist Aristoteles für uns, weil er keinen Sinn besaß für die Persönlichkeit, für das höchste Glück Goethereifer Erdenkinder. Nicht nur, daß der Grieche von den modernen Menschenrechten nichts wußte, daß er die Sklaverei verteidigte; nein, in Kunst und Leben ist sein Ideal der Normalmensch, der sich banalen Verstandesgesetzen unterwirft. Die mittelalterlichen Nominalisten, die das Individuum allein wirklich nannten und so unbewußt schon die Persönlichkeit auf den Schild hoben, beriefen sich allerdings auf Aristoteles; aber nur, wie damals alle Welt sich auf Aristoteles berufen mußte. Er war der poetischen Ideenlehre Platons gegenüber nüchtern und prosaisch genug, um kein Idealist zu sein. Für einen konsequenten Nominalismus fehlte ihm nichts weniger als alles. Er hatte keinen Sinn für den Adel der Persönlichkeit. Und er war bei seinem ausgebreiteten wissenschaftlichen Betriebe selbst keine philosophische Persönlichkeit. Der Mann der mittleren Linie, der Denker ohne schöpferische Kraft, der Schriftsteller ohne überzeugende Macht war kein Philosoph.

Aristoteles ist tot, weil er wortabergläubischer war, als sonst leicht ein namhafter Autor aus der Philosophiegeschichte. „Die Stimme des Publikums, wenn es auch aus lauter gewöhnlichen Köpfen besteht, ist ihm doch im Verein richtig und respektabel." Das ist ernsthaft zugunsten dieses Philosophen gesagt worden: vox populi, vox Dei. Darum geht er sogar auch bei der Untersuchung schwierigster Fragen am liebsten von der Volksmeinung aus, vom Sprachgebrauch. Die allgemeine Übereinstimmung verspricht ihm Annäherung an die Wahrheit. Selbst in der Logik, selbst in der Kategorienlehre, wo doch alles darauf ankam, tiefer zu dringen als die Gemeinsprache, ist er durchaus abhängig von den Zufälligkeiten der

Sprache, von den Zufälligkeiten seiner Muttersprache. Und vielleicht hat es Aristoteles gerade dieser seiner Sprachknechtschaft zu verdanken, daß die wissenschaftliche Sprache durch so lange Zeit unter die Knechtschaft seiner Kunstsprache geriet. Jawohl, er hat die technische Sprache der Philosophie beeinflußt, wie niemand vor ihm oder nach ihm; er schien zu herrschen, weil er sich unterwarf. Sein Wortaberglaube war niemals unzeitgemäß.

Hegels heimlich fortwirkende Auffassung von Geschichte und Philosophie, Hegels Wortaberglaube an eine Vernunft in der Geschichte läßt den dreimal toten Aristoteles nicht zur Ruhe kommen. Darum war es vielleicht nicht nutzlos, über Aristoteles zu sprechen ohne Pietät vor der Geschichte seiner Geltung. Die Geschichte der Geltung berühmter Namen ist ein Teil der Kulturgeschichte, nicht ihr kleinster Teil. Die Geschichte der großen Namen ist noch zu schreiben; die Geschichte der Namenswerte Homer und Virgil, die jüngere Geschichte von Shakespeare oder Spinoza. Auch die Geschichte der Namenswerte ist eine Wirkung zufälliger Umstände. Auch die zweitausendjährige Geschichte des Namens Aristoteles ist Zufallsgeschichte.

Ein besonderer Zufall war es, daß von den griechischen Schriften, die ein breites Weltbild der damaligen Zeit gaben, gerade die des Aristoteles erhalten blieben. Ein anderer Zufall — Zufall immer im Gegensatze zu einer Vernunft in der Geschichte — sorgte dafür, daß die Dekadenz des Hellenismus, daß der Alexandrinismus und seine Kommentatoren unmittelbar auf den Lehrer des großen Alexander folgten. Wieder ein anderer historischer Zufall ließ die abendländische Kulturherrschaft auf die Römer übergehen, die fast überall die Griechen abschrieben und so auch den alexandrinisierten Aristoteles übernahmen und als das Universallexikon des Wissens ihren Erben übergaben, den neuen Kulturvölkern Europas. Wieder ein anderer Zufall brachte da die Wortdistinktionen des Aristoteles und das Christentum zusammen, das inzwischen aus gemütlichen Anfängen eine geistige und politische Macht geworden war. Wieder ein anderer Zufall hatte einige Schriften des Mannes zu den Arabern hinübergerettet, ließ sie von semitischen Naturforschern bearbeiten und brachte sie auf seltsamen Umwegen der christlichen Scholastik zu Hilfe. So wurde Aristoteles ein großer Philosoph für das Altertum, so wurde er summus philosophus für das Mittelalter.

Die Antike und die christliche Scholastik sind in mancherlei Dingen unterschieden. Die Antike war noch keinem katholischen, das heißt allgemeinen Kirchendogma unterworfen. Darum konnte die kirchenfeindliche Renaissance die Antike gegen das Christentum ausspielen, nach den damaligen Namenswertungen Platon gegen Aristoteles. Jetzt geht die Renaissance ihrem Ende entgegen. Wir sind so kirchenfremd geworden, daß wir fast nicht mehr kirchenfeindlich sind. Gegenüber unserem Erkenntnisdrang, der durch erkenntnistheoretische Untersuchungen zur Kritik der Sprache geführt hat, fließt antike Philosophie und christliche Scholastik zu einer uniformen Masse des Wortaberglaubens zusammen. Aus dieser Masse heben geniale Vorläufer der neuen Weltanschauung ihre Häupter empor. Aristoteles gehört nicht zu diesen Vorläufern.

Unter den Männern des XVI. Jahrhunderts, welche die Welt von der Tyrannei des Aristoteles befreien wollten, steht Luther etwas abseits, weil er im Humanismus wie in der Glaubensreform nicht bis zu Ende ging. Aber auch Luther haßt diesen Aristoteles: diesen Fürsten der Finsternis, dessen Bücher am besten ganz würden abgetan. „Es tut mir wehe in meinem Herzen, daß der verdammte, hochmütige, schalkhaftige Heide mit seinen falschen Worten soviel der besten Christen verführet und genarret hat. Gott hat uns also mit ihm geplagt, um unserer Sünden willen.“ Und Luther antwortet auch im voraus dem Zetern der Zunftgelehrten (An den christlichen Adel deutscher Nation): „Darf mir Niemand auflegen, ich rede zuviel, oder verwerfe das ich nicht wisse. Lieber Freund, ich weiß wohl was ich rede. Aristoteles ist mir so wohl bekannt als Dir und Deinesgleichen; ich habe ihn auch gelesen und gehöret, mit mehrerm Verstand, denn St. Thomas oder Scotus, des ich mich ohne Hoffart rühmen, und wo es Not ist, wohl beweisen kann. Ich achte nicht, daß soviel hundert Jahre lang soviel hoher Verstand darinnen sich verarbeitet habe.“

Griechische Terminologie.

I.

Mag man an das Dogma vom klassischen Altertum glauben und so dogmatisch die griechische Philosophie für den unübersteiglichen Höhepunkt menschlichen Denkens halten; oder mag man die griechische Philosophie sehr gering einschätzen um ihrer Kritiklosigkeit willen, um ihrer Unfähigkeit willen, Kritik an der Sprache zu üben, um der Kindlichkeit willen, mit der sie immer wieder poetische Bilder und klare Begriffe miteinander verwechselte; eins wird von jedem der beiden Gesichtspunkte aus, und von unzähligen zwischenliegenden Gesichtspunkten aus, nicht geleugnet werden können: das Fortleben der griechischen Vorstellungen in unserer heutigen internationalen und nationalen philosophischen Terminologie. Diese Tatsache ist zu bekannt und wird durch zu viele Stücke dieses Wörterbuchs an der Wortgeschichte belegt, als daß hier eine nähere Ausführung nötig wäre. Überdies habe ich die Macht der Entlehnung und die kulturgeschichtliche Bedeutung der Lehnübersetzungen in der *Einleitung* ausführlich genug behandelt.

Ich erinnere also hier nur daran, daß ein Teil der griechischen Ausdrücke als Fremdwörter zu uns gekommen ist; ein zweiter Teil, die Hauptmasse, ist in genauen oder freien lateinischen Übersetzungen in unsere abendländischen Sprachen eingedrungen, und zwar stammen diese Übersetzungen schichtenweise aus mehr als anderthalb Jahrtausenden, da man doch Übersetzungen aus der alten Römerzeit, aus der Zeit der lateinischen Kirchenväter, aus der scholastischen Zeit und aus der Humanistenzeit genau unterscheiden kann, schichtenweise, wie gesagt. Auf die Umgestaltung der griechischen Ausdrücke durch die besondere Geistesrichtung der Araber gehe ich ebensowenig ein wie auf die Verschiedenheiten der einzelnen modernen Kultursprachen. Nur das sei noch erwähnt, daß die romanischen Sprachen im ganzen und großen bei den lateinischen Übersetzungen der griechischen Terminologie stehen blieben, während die germanischen Sprachen, ganz besonders die deutsche, in wachsendem Maße die lateinischen Übersetzungen, selten nur die griechischen Modellwörter, wieder in ihre Muttersprache übersetzten; auch da kann man puristische Schichten unterscheiden, wie die oft silbengetreuen und dennoch sprachgewaltigen Übersetzungen der Mystiker, die freien und dennoch pedantischen Übersetzungen der Wolfischen Schule, endlich die philologisch begründeten und dennoch so schwächlichen Übersetzungsversuche der Gegenwart. Ähnlich liegen die Verhältnisse in den slawischen Sprachen, wo denn im Polnischen, im Tschechischen und im Russischen ganz verschiedene puristische Schichten zu unterscheiden wären.

Das Dogma von der unerreichten Höhe der griechischen Philosophie kann nur aufrecht erhalten werden, wenn man die äußere Wortgeschichte der technischen Ausdrücke allein betrachtet und offiziös den alten Wörtern bei Platon und Aristoteles schon die reichen Begriffssphären beilegt, die sich in mehr als zweitausend Jahren um sie herum assoziiert haben; wenn man also die inneren Wortgeschichten ganz aus den Augen verliert. Dazu kommt aber noch ein anderer Umstand, den ich in historischem Zusammenhange darzustellen nicht Philologe genug bin, dessen Wichtigkeit aber begreifen zu lehren die überall in diesem Wörterbuche zahlreich gegebenen Beispiele genügen werden. Ich meine den Umstand, daß der Bedeutungswandel der inneren Wortgeschichte nicht erst nach der Griechenzeit einsetzt, sondern sich schon in den fünf Jahrhunderten der überlieferten Geschichte eigentlich griechischer Philosophie oft nachweisen läßt. Ich habe in dieser Beziehung an vielen Stellen darauf aufmerksam zu machen, daß der griechische Ausdruck ursprünglich der Gemeinsprache angehörte und erst durch den Sprachgebrauch eines Philosophen, in sehr zahlreichen Fällen bei Aristoteles, zu einem technischen Ausdrucke wurde. Da wäre denn zunächst eine Vorfrage zu beantworten: wie konnten die Griechen Wörter ihrer Gemeinsprache für ihre philosophischen Begriffe verwenden, wenn sie diese Begriffe, wie ich mit Röth (Geschichte unserer abendländischen Philosophie II, S. 71 ff.) annehme, für die wichtigsten Gebiete der Ontologie und der Logik orientalischen Quellen verdankten? Diese Frage können wir nicht beantworten, und wir werden niemals zu einiger Sicherheit über diese Dinge gelangen, wenn nicht irgendein ganz glücklicher Fund, gegen alle Wahrscheinlichkeit, uns die Art kennen lehrt, in welcher die Griechen ihre Entlehnungen aus dem Ägyptischen oder dem Persischen etwa ausführten. Wir können höchstens vermuten, daß die Griechen, weil sie im Stande der historischen und sprachwissenschaftlichen Unschuld lebten, ihren Quellen gegenüber viel freier waren, als wir in unserm Historismus es etwa wären; vielleicht importierten sie mehr als daß sie nachahmten; man könnte das viel gröblicher ausdrücken: sie stahlen lieber als daß sie borgten. Nur daß der Begriff des geistigen Eigentums sicherlich noch nicht existierte, von Diebstahl also nicht die Rede sein konnte.

Da wäre die zweite Vorfrage zu beantworten: wie verhält sich der sogenannte Geist der griechischen Sprache zu den Forderungen einer guten philosophischen Terminologie? Ist die griechische Sprache, deren oft und fanatisch geschilderte Schönheit ich sicherlich nicht verkennen will, gerade die gottgewollte Sprache *der* Philosophie überhaupt? Oder ist nur eben die national-griechische Philosophie in dieser Sprache gedacht worden? Sind wir in unserer eigenen Sprache, abhängig durch die Übersetzungen aus dem Griechischen, unfähig geworden, eine andere als eine gräzisierende Philosophie zu verstehen? Und ist am Ende die besondere Eignung des Griechischen für eine philosophische Terminologie gar nicht ursprünglich griechisch, sondern irgendeine Entlehnung aus einer Sprache des Orients? Eine Übersetzung, eine bloße Aneignung? Ich kann alle diese Fragen kaum formulieren, geschweige denn beantworten. Nur ein Beispiel will ich dafür geben, in welcher Art die vergleichende Sprachwissenschaft hätte vorarbeiten müssen, damit solche Fragen einer Beantwortung näher gebracht werden könnten. Ich denke an die Bedeutung des griechischen *Artikels* für die philosophische Terminologie.

Eine philosophische Grammatik weiß mit dem Artikel der modernen Sprachen gar nichts anzufangen, weil der Artikel dem Lateinischen, der Muttersprache unserer Grammatik, und den slawischen Sprachen (nur das Bulgarische hat den nachgestellten Artikel aus dem Rumänischen entlehnt) gänzlich fehlt. Die Definitionen dieses Redeteils sind darum auch kläglich ausgefallen; daß der Artikel dazu diene, um von einem Substantiv auszusagen, ob es in einem bestimmten oder unbestimmten Sinne gebraucht werde, das stellt die Wahrheit geradezu auf den Kopf, wie ich schon (Kr. d. Spr. III, S. 92) nachgewiesen habe; daß aber der Redeteil dazu diene, das Geschlecht der Substantive erkennen zu lassen (daher der von Schottel eingeführte deutsche Ausdruck *Geschlechtswort*), das ist wieder nicht wahr, weil in sehr vielen Fällen das Geschlecht ganz willkürlich durch den Gebrauch des Artikels bestimmt wird. Im Griechischen nun scheint mir dieser Redeteil einen ganz andern Dienst zu leisten; der Name *ἄρθρον* (ebenso das lateinische Lehnwort *articulus*) war früher ein Ausdruck der Rhetorik und erst später einer der Grammatik; *ἀρθρον* bezeichnete zunächst am lebendigen Körper die Stellen, wo die Teile am deutlichsten aneinander*gefügt* sind, die Gelenke, dann überhaupt die Gliedmaßen; *ἀρθρον* begriff in der Rhetorik das *κωλον* und das *κομμα* unter sich, das längere und das kürzere Glied einer Periode, einer *περιοδος*; wie dann das Kolon und das Komma in der Grammatik zur Bezeichnung von Interpunktionen herabsanken, so der Artikel zur Bezeichnung tonloser Vorschlagsilben. Der sogenannte sächliche Artikel jedoch wurde im Griechischen sehr oft benützt, um alle Assoziationen eines Hauptworts, aber auch Assoziationen irgendeines andern Redeteils wie durch ein Scharnier zusammenzuschließen: *τα των θεων*, was von den Göttern kommt, *το νυν*, das Jetzt, *το πριν*, das Vormals; sehr gern wurde ein Verbum im Infinitiv durch ein vorgesetztes *το* verdinglicht; endlich konnte jeder Satz und jedes Wort durch ein vorgesetztes *το* zu einem selbständigen Gedankendinge umgewandelt werden. Genau so wie in der Mathematik dadurch jeder Ausdruck, kurz oder lang, zu einer selbständigen Einheit gemacht werden kann, daß man ihn zwischen zwei Klammern wie zwischen zwei Scharniere setzt. Ich brauche wohl nicht erst daran zu erinnern, daß die deutsche Schulphilosophie diesen griechischen Sprachgebrauch aufgenommen hat; auch wir können sagen: das Jetzt, das Seiende, das An-und-für-sich-sein. Solche Sprachgewohnheiten scheinen mir dem Geiste aller unserer Sprachen, auch der griechischen, fremd zu sein, trotzdem die Herkunft des griechischen Artikels aus dem deiktischen Pronomen in diesem *το*, das wie eine ausgestreckte Hand einen Begriff oder einen Komplex von Begriffen zu fassen scheint, nachwirken mag. Viel stärker scheint in diesem Sprachgebrauch orientalische Personifikation, orientalische Verdinglichung, orientalisches Pathos anzuklingen. Vielleicht tritt ein besserer Kenner der sogenannten vergleichenden Sprachwissenschaft an diese Aufgabe heran.

II.

Nun möchte ich an einem einfachen Beispiele übersichtlicher als sonst den Weg zeigen, den ein Wort der Gemeinsprache zurückzulegen hatte, um zuerst ein Lieblingsausdruck der griechischen Philosophie, sodann in Lehnübersetzung ein Hauptbegriff der Scholastik und endlich wieder in griechischer Form einer der umstrittensten Begriffe der gegenwärtigen Erkenntnistheorie zu werden. Ich wähle zum Beispiele denjenigen Terminus, der (nach Curtius) mit *terminus* etymologisch zusammenhängt, und um den sich, im Griechischen wie in den Übersetzungssprachen, große Sippen gebildet haben: den Begriff *τελος*.

Ich glaube nun, daß uns die ursprüngliche, die sinnliche Bedeutung von *τελος* verloren gegangen ist; merkwürdige Beziehungen zu den Mysterien lassen darauf schließen, daß das Wort schon in sehr alter

Zeit ein geistiges *Ziel* bedeutete; da aber auch die disparaten Bedeutungen *Weihe* und *Zoll* sehr alt sind, so mag *τελός* einmal ein wertvolles Beutestück, ein Weihegeschenk bezeichnet haben. Jedesfalls gehörte das Wort der Gemeinsprache an, bevor es ein technisches Wort der Philosophen wurde; suchen wir ein entsprechendes deutsches Wort, so stellt sich zunächst *Ende* ein; aber *Ende* ist erst nach langen Umwegen, als Übersetzung von lat. *finalis* (*End*absicht, *End*ursache), zur Bezeichnung für ein Ziel des Wollens geworden, wird heute noch zunächst im räumlichen Sinne verstanden und deckt sich darum nicht gut mit dem griechischen Worte. Besser werden *τελος, τελευτη, τελευταν* mit *vollenden* übersetzt, wo durch die Vorsilbe wirklich die Erreichung eines Ziels, eines Zwecks ausgedrückt wird. Wir haben uns nun so sehr gewöhnt, *τελος*, so oft es bei Aristoteles, dem Erfinder der Teleologie, vorkommt, mit *Zweck* zu übersetzen, daß uns die Verwegenheit im Bedeutungswandel gar nicht mehr zum Bewußtsein kommt; und doch war es eine ganz verwegene Neuerung von Aristoteles, die Nützlichkeit der Naturformen, die *Absicht*, um deren willen sie so gemacht worden seien, das Warum dieser Formen (*το οὗ ἑνεκα*) prägnant das *Ende* zu nennen. Wir müssen schon pleonastisch *Endziel* dafür sagen, weil wir weder mit *Ende* noch mit *Ziel* die Vorstellung eines gewollten Gegenstandes oder einer gewollten Veränderung verbinden. Nun kommt es mir aber darauf an zu zeigen, daß auch Aristoteles selbst nicht ganz so sklavisch und klar, wie nachher die christliche Scholastik, unter *τελος* einen nach Menschenart gewollten Zweck verstand, daß er vielmehr mit der Gemeinsprache noch in Fühlung blieb und bei dem Worte etwa an das dachte, was wir in mancherlei Sinne unter Vollendung verstehen.

Nicht oft genug kann daran erinnert werden, daß die Griechen die Institution einer Kirche im mittelalterlichen Sinne nicht besaßen, kein Dogma und keinen Dogmenzwang, daß es also für Aristoteles gar keinen Sinn gehabt hätte, die Vorstellung von einem allweisen und (gegen die Menschen) allgütigen Schöpfer in seinen *τελος*-Begriff hineinzulegen; das wurde ein Zweck des Zweckbegriffs erst dann, als Aristoteles zum Philosophen Jesu Christi gemacht worden war. Aristoteles selbst brauchte auf den lieben Gott so wenig Rücksicht zu nehmen, daß er Gott noch neben die Natur wie gleichberechtigt stellen und sagen konnte: der Gott und die Natur tun nichts umsonst (*ὁ θεος και ἡ φυσις οὐδεν ματην ποιουσιν*); wo es denn offenbar wird, daß eine gewollte Menschenabsicht dem Gotte nicht anders und nicht minder bildlich unterlegt wird als der Natur. Noch deutlicher wird der Gegensatz zwischen Aristoteles und der christlich-scholastischen Weltanschauung, wenn der Gott einmal (Met. VII 7) der Endzweck von allem genannt wird; für die christlichen Scholastiker war Gott hingegen der Anfang, die Endzwecke in der Natur waren Gottes Wille.

Die Scholastiker hatten für den Begriff der Zweckmäßigkeit nur noch eine lateinische Übersetzung; der Zufall der Wortgeschichte hätte es recht gut fügen können, daß *terminus* zu diesem terminus technicus des christlichen Glaubens geworden wäre; *terminare*, das den Wissenschaften eine ausgebreitete Wortsippe geschenkt hat, bedeutet in der Form *determinieren* soviel wie *definieren, abgrenzen.* Die alten Lateiner aber hatten unter den Synonymen *τελος* (*τελευτη*), *περας, ὁρος* besonders *ὁρος* durch ihr *finis* übersetzt, und als *finis* einmal der römischen Gemeinsprache angehörte, im Sinne von: Grenze, Ziel, Ende, Tod, Definition, Gipfel, mußte es auch — in der Gemeinsprache wie in der Philosophie — den Dienst von *τελος* mitübernehmen, und so fanden die Scholastiker ein Substantiv vor, aus dem sie das Adjektiv *finalis* (im Lateinischen nur im räumlichen Sinne gebraucht; *circulus finalis* ist genaue Lehnübersetzung von *κυκλος ὁριζων*) bildeten: was irgend sich auf göttliche Zwecke in der Natur bezieht. Es ist bekannt, welchen Mißbrauch die Scholastiker mit diesem Begriffe trieben. (Vgl. Art. *Endursachen.*)

Als die modernen Sprachen den griechischen Begriff der immanenten Zweckmäßigkeit und den christlichen Begriff der transzendenten Zweckmäßigkeit eindringlich wiedergeben wollten, stießen sie sich wohl an der Ungereimtheit, daß die räumliche Grenze zugleich die gewollte Absicht bedeuten sollte, und suchten in ihren Mundarten nach einem frischen bildlichen Ausdrucke. Ein deutscher Mystiker, Jakob Böhme, fand das köstliche Wörtchen *Zweck*, das vorher den Holzpflock in der Zielscheibe (heute noch: *Schuhzweck*) bezeichnete; der sprachgewaltige Meister Eckhart hatte des Aristoteles *τελος* und *το οὗ ἑνεκα* mit Ende, Ziel und *Warumbe* übersetzt. Hier nur noch kurz die Bemerkung, daß auch franz. *but* ursprünglich ein solches Pflöckchen bezeichnet hat. (Vgl. Art. *Zweck.*)

Für die Philosophie ist der Kampf gegen die scholastische *Finalität* seit Bacon und Spinoza zuungunsten der göttlichen Zwecke entschieden; der eifrige Versuch von Leibniz, den Prozeß des lieben Gottes durch seine Theodicee zu führen, den Prozeß womöglich zu gewinnen, ist kein Ruhmestitel des Mannes. Aber die Erkenntnistheorie ist neuerdings an die Frage herangetreten, wie sich die Zweckmäßigkeit in der Natur zur Notwendigkeit verhalte, die scheinbare Vorsehung zu der blinden Gesetzmäßigkeit, die scheinbaren Endursachen zu den Ursachen; und die Erkenntnistheorie vermeidet das Wort *Zweck*, sie scheut das Wort Finalität, sagt lieber *Teleologie*, ist so zu dem Terminus des Aristoteles zurückgekehrt und legt in *τελος* Gedanken hinein, von denen sich weder die Sinnlichkeit der griechischen Gemeinsprache etwas träumen ließ, noch das griechische Denken des Aristoteles.

III.

Die Beispiele ließen sich häufen, weil die Geschichte der philosophischen Terminologie in den allermeisten Fällen auf die griechische Terminologie wie auf eine Sackgasse zurückführt; und weil die Geschichte der Wörter sich mit etwas mehr wissenschaftlicher Wahrscheinlichkeit rekonstruieren läßt als die Geschichte der philosophischen Systeme. Bei diesen ergibt die Psychologie der philosophischen Männer, das Geniale, das Dämonische an ihnen, oder wie man es nennen will, einen irrationalen Rest, der der Geschichte wie der Darstellung die gleichen Schwierigkeiten bietet. Aus der griechischen Sackgasse heraus, zu den Lehrern der Griechen, werden wir wohl den Weg oder die Wege — wie gesagt — niemals finden. Die Wege des Bedeutungswandels griechischer Ausdrücke, die Wege und Umwege in den lateinischen Übersetzungen aller Jahrhunderte und aller Stile, die Wege des Bedeutungswandels in den modernen Übersetzungen, die Spirallinien bei der häufigen Rückkehr zu den griechischen Originalworten, alle diese Änderungen im Wachsen und Verkümmern der Begriffe historisch zu verfolgen, bietet einen Hauptreiz bei der Untersuchung der Begriffe. In den meisten Artikeln dieses Wörterbuchs wird ja auf die historische Wichtigkeit der griechischen Modellwörter hingewiesen; ich mache noch besonders auf folgende Wörter aufmerksam: *ἀπειρον, γενος, διαλεκτικος, δυναμις, εἰδος, εἰναι, (το ὀν, οὐσια), ἐνεργεια, λογος, νους, ποιον, προς τι, προτερον, φυσις, ὑποκειμενον.* Wenn es aber der alleinige Zweck solcher Untersuchungen ist, die philosophische Terminologie zu reinigen, nicht sprachlich, sondern begrifflich zu reinigen, so müssen wir uns schließlich fragen: wo finden wir einen so hohen Standpunkt, daß wir von ihm aus überblicken können, ob ein Wort ein *guter* Terminus sei oder nicht? Niemand hat eine Distanz zu sich selber; am wenigsten hat die Sprache, die Gemeinsprache einer bestimmten Zeit, eine Distanz zu sich selber. Und mag die philosophische Sprache eine Distanz haben und halten können zu der Gemeinsprache ihrer Zeit, so hat sie erst recht keine Distanz zu den gegenwärtigen Bedeutungen ihrer alten Wörter.

Unsere Philosophie ist eine Enkeltochter der griechischen Philosophie; wenn wir uns der Bildlichkeit des Ausdrucks nur ganz bewußt bleiben, so dürfen wir auch sagen: die Wörter unserer Philosophie sind Enkelkinder griechischer Wörter. Wenn wir philosophisch reden, so reden wir griechisch oder in Übersetzungen aus dem Griechischen. Das ist wahr, einerlei ob uns diese Tatsache gefällt oder nicht. Dem einen mag diese Sprache göttlich vorkommen, dem andern spanisch oder böhmisch. Wir finden den Standpunkt nicht, um in jedem Falle sagen zu können, ob ein Ausdruck gut oder schlecht sei; wir können unsere philosophische Terminologie im ganzen und großen nicht bewerten, weil wir keine andere zur Vergleichung haben. Wir müssen ja erst die indische Philosophie, die chinesische Philosophie, die sogenannte Philosophie der primitiven Völker in die gräzisierende Philosophie übersetzen, für die allein wir eine Sprache haben. Wir wissen darum niemals, ob wir die Inder, die Chinesen, die Primitiven richtig verstanden haben. Unsere Philosophie hat keine Distanz zu ihrer Sprache; aber wir können die Sachlage durch Parallelerscheinungen begreiflicher machen.

Auch unsere Plastik, unsere Architektur redet sehr häufig griechisch mit uns. Sodann ist das große Gebiet der abendländischen Religion eine Übersetzung aus dem Hebräischen, fast das ganze Gebiet des abendländischen Rechts eine Übersetzung aus dem Lateinischen. Wir können die Motive der griechischen Plastik mit der Natur vergleichen, die Motive der griechischen Architektur mit den Forderungen und mit den Möglichkeiten der modernen Technik. Schon die lateinischen Rechtsbegriffe und die hebräischen Religionsbegriffe können wir nicht vergleichen, solange wir im juristischen, im religiösen Dogma befangen sind. Es gibt neuerdings eine vergleichendeRechtswissenschaft, eine vergleichende Religionswissenschaft; aber nur darum, weil die Grundbegriffe des Rechts und der Religion uns, auf dem Boden unserer Philosophie, feste Punkte scheinen, von denen aus wir messen zu können glauben. Dieser Boden schwankt, diese festen Punkte fehlen, sobald wir vergleichende Philosophie treiben wollen. Und das ist die verzweifelte Lage des Sprachkritikers, der klar die Aufgabe erkannt hat, den Wortaberglauben auch auf dem Gebiete unserer gräzisierenden Philosophie zu bekämpfen, der aber für die Untersuchung der verdächtigen Begriffe kein besseres Werkzeug besitzt, als eben wieder diese verdächtigen Begriffe selbst. Nichts wäre törichter, als den Hebel anzusetzen bei der modernsten Bedeutung eines alten Begriffs; *modernus* hieß bereits im 6. Jahrhundert, was es heute heißt: was *heute*, was *jetzt (modo)* für recht, für gut, für schön, für wahr gehalten wird; darum habe ich auch bis zur Ermüdung Goethes Hohnwort zitieren müssen, das er dem trockenen Schleicher, dem Fachmann Wagner in den Mund legt: „Wie wir's zuletzt so herrlich weit gebracht.“ O ja, bis an die Sterne weit! Es ist wie überall. Wir wissen nicht, woher wir kommen; wir wissen nicht, wo wir stehen; wir wissen nicht, wohin wir gehen. Aus der griechischen Sackgasse scheinen uns die Wörter zu kommen, weil wir die Vorgeschichte nicht kennen; in die Sackgasse der Gegenwart mündet der Bedeutungswandel aus, weil wir die Zukunft nicht kennen. Und so ist auch die Sprachkritik den Wörtern der Philosophie gegenüber nur eine unerfüllbare Sehnsucht, ein Ideal; der Sprachkritiker darf bei der historischen Kritik der philosophischen Begriffe resigniert das berühmte Wort des Archimedes auf sich anwenden: *δος μοι που στω και κινω την φιλοσοφιαν.*

H.

Hemmung — ist aus der Physik von Ed. Weber auf den physiologischen Vorgang bei Reflexbewegungen übertragen worden, wohl in Abhängigkeit von Herbart, der schon früher von psychologischen Hemmungen gesprochen hatte; die Herbartianer und andere Psychologen haben sehr viel geschrieben über die Hemmungen, d. h. die Aufhebung oder Verminderung des Vorstellens oder des Assoziierens. Es ist aber ein Irrtum zu glauben, daß durch dieses Wort die Tatsache, daß eine Vorstellung die andere störe, irgendwie erklärt werde. Mit Sinn gebraucht kann *Hemmung* nur den Vorgang, der erklärt werden sollte, bezeichnen; die substantivische Form hat dazu verführt, die Hemmung wie die Hemmungsvorrichtung der Uhr und gewisse Hemmungsvorrichtungen des Nervensystems (z. B. des nervus vagus) für eine Sache, für die Ursache des Vorgangs zu halten. Nicht einmal über die Herkunft des Wortes weiß man etwas Ausgemachtes zu sagen; *hemmen* wird wohl mit *heben* (oberdeutsch so viel wie *haften*) und dann wieder mit *haben* zusammenhängen, wenn auch nicht ganz so eng wie franz. und engl. *inhibition* mit lat. *habere*.

Ich habe das Wort *Hemmung* als Beispiel für die Erscheinung gewählt, daß es um die technischen Wörter der neuen wissenschaftlichen Psychologie oft nicht besser steht als um die älteren Wörter, die aus einer vorwissenschaftlichen Psychologie bereits in die Gemeinsprache übergegangen sind. Auch die gelehrten Termini erklären nicht, was sie zu erklären versprechen.

Hemsterhuis' „Organe moral". — Ich habe (Kr. d. Spr. I² 359) die Vorstellung, „daß mehr als fünf Sinne für den Menschen sein können", daß unsere fünf oder sechs *Zufallssinne* für die Erkenntnis der unendlichen Welt nicht ausreichen, auf ein bis dahin kaum beachtetes Fragment Lessings zurückgeführt und auf den Einfluß von Hemsterhuis hingewiesen; nebenbei gezeigt, daß das Fragment Lessings in sein letztes Lebensjahr zu datieren ist, also einige Jahre später, als es die Philologen angesetzt haben. Ich habe auch schon hervorgehoben, daß der Gedanke bei Hemsterhuis nur eine moralische (*moral* im Französischen oft = *innerlich*) Tendenz hatte, bei Lessing schon eine erkenntnistheoretische. Damit sollte die Bedeutung von Hemsterhuis nicht verkleinert werden.

Ich möchte nun den Zusammenhang etwas deutlicher machen; und folge zunächst der Darstellung, welche Erwin Kircher von der Stellung Hemsterhuis' zur „Philosophie der Romantik" gibt; das schöne Buch ist aus dem Nachlasse des allzu früh verstorbenen Autors von Margarete Susman und Heinrich Simon herausgegeben worden.

Das Erwachen einer neuen Psychologie und das Erwachen einer neuen Seele bereitet im letzten Drittel des 18. Jahrhunderts die Befreiung vom rationalistischen Materialismus vor, die dann in der deutschen Romantik zur Begeisterung für eine persönliche Kultur, für ein Leben des Gefühls, für eine Umwertung des Weltgefühls wird. Vor Kant und Fichte war Franz Hemsterhuis, der Holländer, der Lehrer dieses Weltgefühls. Der Verfasser eleganter Dialoge, dem die Form über alles ging, wußte vielleicht gar nicht, daß er (wie man heute sagt) ein Neutöner war; er hielt sich selbst für einen Aufklärer, fühlte seine Abhängigkeit von Shaftesbury, war ein Weltverbesserer, und stand so der Kunst sogar mit moralisch-empfindsamen Forderungen gegenüber. Bei seinen religiösen und philosophischen Schriften ist nicht genug beachtet worden, für welchen Kreis von Lesern er sie bestimmt hatte; was er für den persönlichen Gebrauch der Fürstin Galizyn schrieb, widersprach mitunter seiner Freigeisterei, weil er da die Fürstin, eine deutsche Katholikin, die mehr Bildungsdrang und Leidenschaft als Bildung und Energie besaß, die zwischen Aberglauben und Aufklärerei schwankte, erziehen wollte, zu einer harmonischen Weltanschauung erziehen.

Schon für Hemsterhuis gehörte, wie dann für Jacobi und die Romantiker, ein starkes Gefühl der Welteinheit zu einer harmonischen Welterkenntnis. Das seelische Genußleben sollte so ausgestaltet werden, wie sonst nur das Genußleben der Sinne. Zu den Sinnen gehört auch das moralische Organ, der moralische Sinn, der ebenso entwicklungsfähig ist wie die andern Sinne. „Der moralische Sinn soll so kräftig werden, daß er seine Welt auch als eine wirkliche erkennt." Ich glaube Hemsterhuis nicht ganz mißzuverstehen, wenn ich ihm den Gedanken unterlege: wie ein magnetischer Sinn uns in den Stand setzen würde, eine magnetische Wirklichkeitswelt um uns her zu erblicken, so müßte ein entwickelter moralischer Sinn eine moralische Wirklichkeitswelt, entsprechend der Materie unserer brutalen äußern Sinne, wahrnehmen. Was Hemsterhuis lehrt, ist ein Spinozismus des Gefühls; von Spinoza stammt auch, was uns an Kant oder an die alten Neuplatoniker gemahnen will. „Das Licht leuchtet nicht und die Luft tönt nicht, wenn sie der genießende Geist nicht in sich aufnimmt. Aus dem Wunder des Füreinanderseins und Zusammentreffens von Formen der Natur und von Bedingungen der Seele kommt uns die Beglückung der Schönheit." Die Ordnung, die ein relativer Begriff ist, wird von unsern Sinnen in die ihnen zugänglichen Erscheinungen hineingetragen. Wir sehen die Welt materialistisch an, weil unsere äußern fünf oder sechs Sinne das übrige nicht ordnen können. „Was wir Materie nennen, ist nur das an den Dingen, was unsere gegenwärtigen Organe auffassen können." Haben wir in uns erst das innere Organ (noch einmal: *organe moral* ist durch *moralisches* Organ nicht ganz gut wiedergegeben; auch wir gebrauchen übrigens *moralisch* oft im Gegensatze zu *physisch*, z. B. eine *moralische*, d. h. juristische Person; jemand *moralisch* ohrfeigen) zur Vollkommenheit entwickelt, dann wird, was wir jetzt immateriell nennen, auch für uns Wirklichkeit sein. Darum suchte Hemsterhuis durch eine Fülle von Beobachtungen die Existenz eines Moralorgans zu beweisen, darum den Glauben an unendlich viele und unbekannte Seiten des Universums zu wecken. Unser Weltgefühl soll durch eine solche Überzeugung von Grunde aus anders werden. Das goldene Zeitalter der Seele, das schon einmal da war, soll wiederkommen. „Tod, Übel, Laster sind unserer Natur zuwider, wir sind immer größerer Glückseligkeit fähig."

Man sieht, wie lebhaft die Vorstellung von den Zufallssinnen der Menschen geahnt wird, man sieht aber auch, wie nahe die Gefahr war, über moralische Ideen hinweg den Weg zur Kirche zurück zu finden, den die romantischen Schüler später betreten haben. Hemsterhuis spielt mit der Mystik, die so gern zum Katholizismus verführt. Hemsterhuis galt in seinem Kreise für einen Propheten. Noch Novalis notiert einmal (III S. 182): „Hemsterhuis' Erwartungen vom moralischen Organ sind echt prophetisch."

Kircher hat Hemsterhuis' Einfluß auf die Philosophie der Romantik nicht zu hoch eingeschätzt; Jacobi ist ganz von ihm abhängig, Goethe eignet sich mancherlei von ihm an; daß aber auch Hamann zu den Schülern von Hemsterhuis gehört habe, ist nicht richtig. Hamann, der Freund Jacobis und zuletzt auch der Fürstin, wittert in Hemsterhuis den Freigeist und wehrt sich gegen ihn mit Händen und Füßen. Er schreibt an Herder (20. April 1782): „Ich mag Hemsterhuis lesen, wie ich will, so komme ich nicht mit ihm fort. Ich bin gar nicht imstande, mir den geringsten Begriff von dem Maximo der Ideen und dem Minimo eines Zeitraumes zu machen, und was diese beiden unbekannten Größen zur Erklärung der qualitates occultae des Verlangens beitragen können." (Goethe war von dieser Idee, die von ferne an Machs Ökonomieprinzip erinnert, sehr eingenommen.) Bald darauf: „Hemsterhuis' Schriften scheinen mir Ihres Fleißes nicht würdig zu sein . . . sind nichts." Erst ganz zuletzt finden sich etwas freundlichere Äußerungen.

Der Gedanke, daß mehr als fünf Sinne für den Menschen sein können, findet sich also oft und scharf bei Hemsterhuis. Die Frage, ob die Priorität für diese Vorstellung, die den Begriff der Zufallssinne vorwegnimmt, Lessing oder Hemsterhuis gebühre, soll hier gar nicht zur Hauptfrage gemacht werden. Erwähnt sei nur, daß Lessing bis zu seiner entscheidenden Unterhaltung mit Jacobi von Hemsterhuis nur die Lettre sur la Sculpture kannte. Erst im Juli 1780 lernte Lessing durch Jacobi die Schriften von Hemsterhuis kennen, in denen von der möglichen Vielheit menschlicher Organe die Rede ist. Es würde sich also darum handeln, etwas über den Zeitpunkt auszumachen, in welchem Lessing sein Fragment niedergeschrieben hat. Hätte er den Einfall dem Holländer entlehnt, so müßte die Niederschrift — wie gesagt — in die letzten Lebensmonate Lessings gesetzt werden. Das für die Philologen.

Nach meiner Überzeugung schuldet Lessing allerdings dem Holländer die Anregung und den Einfall. Für mich ist die Einleitung des kleinen Fragments, die Gedankenverbindung zwischen Organ und Materie, besonders aber der Satz entscheidend: „Solcher Sinne hat sie (die Seele) gegenwärtig fünfe." Hemsterhuis spricht ebenso von nos organes actuels. Aber mit seinem überlegenen Scharfsinn, mit seiner unheimlichen Fähigkeit, jedesmal ganz auszudenken, was etwa ein Vorgänger halb vordachte, erblickt Lessing einen Beitrag zur Entwicklungsgeschichte der Menschheit da, wo der elegante Stilist Hemsterhuis nur mit Einfällen spielt, die auf dem Wege zu moralischen Abhandlungen liegen. Darum ist das Fragment Lessings mir so viel wichtiger als die vielen Stellen bei Hemsterhuis. Lessings Weg führt zur Erkenntnistheorie, der von Hemsterhuis zur Moral, meinetwegen zu einer innerlichen Gewissensfreudigkeit, also am Ende doch zu ethischen, wertenden Zielen.

Es kommt Hemsterhuis, wenn man genau zusieht, eigentlich nur darauf an, neben den fünf Organen des Menschen auch noch sein organe moral zu suchen und zu finden. Die Tiere haben, so sagt er in der Lettre sur l'homme et ses rapports (I. 116, ich zitiere nach der dreibändigen Ausgabe der Werke, welche Meyboom herausgegeben hat), wahrscheinlich ein Organ mehr als wir, aber das namenlose Organ fehlt ihnen völlig. Das namenlose Organ, das man bisher mit den Worten Herz, Gefühl, Gewissen bezeichnet hat; das Organ, welches der reichsten und schönsten Ansichtsseite der Welt zugewendet ist; das Organ, welches uns unsere Existenz fühlen läßt, weil es uns fühlen läßt unsere Beziehungen zur Welt, während die andern Organe uns nur fühlen lassen die Beziehungen der Welt zu uns. (I. 114.) Ganz beiläufig gebraucht er dann den Ausdruck *organe moral*. Schon der Herausgeber Meyboom macht darauf aufmerksam, daß das Wort *Organ* nicht glücklich gewählt sei. Der Brief über den Menschen stammt aus dem Jahre 1773.

In dem schönen Dialoge „Sophyle" (aus dem Jahre 1778) kommt der Gedanke, daß mehr als fünf Sinne für den Menschen sein können, schon heller heraus. Wie man griechisch verstehen müsse, um eine griechische Inschrift zu begreifen, arabisch für eine arabische, so stehe es auch um das Wahrnehmen des Wirklichen. Ein Wirkliches könne hunderttausend Seiten haben, die gleichermaßen in seiner Natur begründet sind, und unter denen nur drei oder vier unsern gegenwärtigen Organen entsprechen (à nos *organes actuels*) (I. 180). Doch Hemsterhuis will damit zunächst nur das Ansehen der Materie, des Wirklichen, der essence herabsetzen, von deren hunderttausend Seiten (I. 182 spricht er von unzähligen Attributen, und verrät damit, daß die ganze Vorstellung von Spinoza stamme) wir nur wenige kennen. Wie klein, meint er, wird dadurch unsere Idee von der Materie. Voilà la matière bien déchue! (I. 183). Sophyle muß zugeben, daß das Wort Materie die Wesenheiten oder essences nur insofern bezeichne, als sie Analogien zu unsern gegenwärtigen Organen haben. Und weil Seele und Wirklichkeit wechselseitig aufeinander wirken, so müssen ihnen beiden unbekannte Kräfte gemeinsam sein. Man sieht, Hemsterhuis braucht das moralische Organ in seinem Kampfe gegen den Sensualismus seiner Zeit.

Ich fand noch drei Schriften von Hemsterhuis, in denen die Vorstellung von mehr als fünf Sinnen wiederkehrt. Sie gehören alle drei dem Jahre 1787 an, haben also mit der Prioritätsfrage, soweit sie Lessing angeht, nichts mehr zu tun. Sie fallen aber in die Zeit, wo Jacobis Spinoza-Büchlein weite Kreise, vor allem aber die Freunde Jacobis, also auch Hemsterhuis, sich mit Lessings Spinozismus beschäftigen ließ. So mag Hemsterhuis zu der Quelle seiner Ideen zurückgeführt worden sein; er sieht jetzt nicht immer durch die moralische Brille, aber völlig verzichtet er auf seine Absicht nicht, die mögliche Vielheit der Sinnesorgane gegen den Materialismus auszuspielen. In seinem Dialoge Les Facultés de l'âme sagt er (II. 125) ganz richtig, daß Materie das heiße, was uns irgendwelche Begriffe durch die bekannten Sinnesorgane gebe; dereinst würden also die Eindrücke der noch nicht vorhandenen Organe ebenfalls zur Materie zu rechnen sein. Und es bleibt unklar, ob er (II. 91) das moralische Organ (diesmal ce sentiment moral, que je ne vous saurais dépeindre) unter den gegenwärtigen oder unter den zukünftigen Organen begreift.

In dem hübschen Dialoge Alexis ou de l'âge d'or knüpft Hemsterhuis an eine altgriechische kosmogonische Phantasie an; nicht nur in Zukunft könne es mehr als fünf Sinne geben; auch im vergangenen goldenen Zeitalter, bevor das Auftreten des Mondes alles Leben auf der Erde verändert habe, mögen mehr als fünf Sinne für den Menschen gewesen sein. Eine große Wahrscheinlichkeit spreche dafür, daß wir Sinne eingebüßt haben oder vielmehr Bewegungsvehikel, die den Sinnen analog waren, mit deren Hilfe Begriffe und Verbindungsgefühle einst aus unserem beschränkten Wissen ein Ganzes machten. (II. 175 f.)

Nirgends aber kommt die Ansicht von Hemsterhuis runder heraus als in den vorzüglich geschriebenen wenigen Seiten Sur l'athéisme, die er auf Ersuchen der Fürstin Galizyn für Jacobi verfaßt hat. Man findet diesen „Brief an Diotima" in der zweiten Auflage des Spinoza-Büchleins. Es geht diesmal gegen den Todfeind, gegen den Atheismus. Der Atheismus sei jünger als der Glaube an Gott. (Das ist entweder sehr richtig oder sehr komisch, je nachdem man es ansieht.) Jetzt habe man gar aus der Materie einen Gott gemacht, da man ehedem bloß die Welt aus ihr gebildet hätte. Es habe nacheinander drei Arten von Atheismus gegeben. Der erste naive Atheismus, der der Urzeit, sei leicht überwunden worden. Der zweite Atheismus sei eine Art von Zweifel, den Hemsterhuis nicht ganz verdammt. „Der dritte aber, diese riesenhafte Geburt unseres törichten Stolzes, wird nicht eher gestürzt werden, als bis der Mensch mit folgenden unleugbaren Wahrheiten sich vertrauter gemacht hat: nämlich, daß die Materie nur ein Wort ist, wodurch man die wirklichen Wesenheiten bezeichnet, insofern zwischen diesen Wesenheiten und unseren jetzigen Organen Beziehung ist; daß wir von der Materie nicht mehr Eigenschaften wahrnehmen können, als wir Organe haben; und daß, wenn in der Folge unseres Daseins wir entweder mehr oder andere Organe erlangen sollten, alsdann auch die Materie (wenn man dieses Wort als Zeichen für die in jedem Zustande uns bekannten Wesenheiten beibehalten will) verhältnismäßig uns entweder mehrere, oder andre Eigenschaften entdecken wird.“ Ich lasse nach Jacobis Übersetzung den französischen Text folgen: (II. 209.) „Mais pour le dernier, ce gigantesque fils de notre fol orgueil, il ne se guérira qu'après que l'homme se sera familiarisé avec cette vérité incontestable, que matière n'est qu'un mot qui désigne toutes les essences réelles en tant qu'elles ont du rapport avec nos organes actuels; que la matière ne sauroit avoir plus d'attributs que nous n'avons d'organes; et que s'il est donné à la nature de l'homme d'acquérir plus d'organes dans la suite de son existence, ou que d'autres organes s'y développent, la matière (si on veut conserver ce mot comme signe des essences en tant que connues) augmentera ses attributs à proportion.“

Hemsterhuis merkt niemals, wie sehr er selbst im Banne des Sensualismus steht bei seinem Bestreben, den Glauben an eine moralische Weltordnung neu zu begründen. Der kühne Gedanke Spinozas, daß die eine Substanz unendlich viele, uns unbekannte Attribute haben könne, ist für ihn, trotzdem er ihn schön und psychologisch auszulegen versteht, doch nur ein Übergang zu seiner Lieblingsvorstellung vom moralischen Organ. Und so beschreibt er logisch den circulus vitiosus: um der moralischen Welt einen Platz hoch über der materiellen anzuweisen, will er durch das moralische Organ die moralische Welt wahrnehmbar, handgreiflich, also materiell machen. In seinen (meines Wissens noch ungedruckten) Privatbriefen an die Fürstin scheint er oft auf die Einwürfe der Sensualisten, die ein moralisches *Organ* nicht anerkennen wollten, geantwortet zu haben; daß er aber das Wort Organ nur metaphorisch gebrauchen durfte, das ist ihm niemals klar geworden. Die mehr als fünf Sinne Lessings aber dehnten den Begriff *Sinn* ohne Metapher aus.

Für die Entstehungsgeschichte des Gedankens könnte ich einen platonischen Privatbrief von Hemsterhuis an seine Diotima (vom 23. September 1779) zitieren, wo er erzählt, er habe an diesem Nachmittage, in seinem Garten, ganz in sich selber versenkt, eine Art Eingebung gehabt; „ich schwöre Ihnen, ich habe mein Lebtage keine so klare, so geometrische, auch keine so erhabene Idee oder so ein Gefühl vom *moralischen Organ* gehabt, wie seit diesem Augenblicke.“ Allzu großen Wert möchte ich auf die genaue Zeitangabe dieses schwärmerischen Briefs nicht legen.

Worauf es mir ankommt, das ist die Bemerkung: mag auch Lessing seinen Einfall, daß mehr als fünf Sinne für den Menschen sein können, dem feinfühligen Landsmanne Spinozas zu danken haben, so hat er doch diesen Einfall von seiner dienenden Stellung, von seiner Abhängigkeit, von der Verbindung mit der Gewissensfrage emanzipiert. Wenn man Kleines mit Großem vergleichen darf, so verhält sich in diesem Punkte die erkenntnistheoretische Anschauung Lessings zur moralischen Anschauung Hemsterhuis' etwa so wie der kritische Idealismus Kants zu Berkeleys verstiegenem Idealismus, des nur im Dienste der Gottseligkeit scheinbar radikalen. (Vgl. Art. *kategorisch.*)

Heuchelei. — Nicht das Ergebnis einer Untersuchung, nur eine Aufgabe: die Herkunft der ungeheuren Ausbreitung der Heuchelei in unseren Sitten und in unseren Sprachen zu erklären. Das deutsche Wort *heucheln* ist in der Schriftsprache neu, offenbar ursprünglich von ducken und kriechen (*hauchen*) des Tieres hergenommen, das wie kein anderes vom Menschen erzogen worden ist: vom Hunde. Bis zum 16. Jahrhundert war es der Schriftsprache fremd; dann von Luther häufig im Sinne von *Fuchsschwänzen* gebraucht. Wurde seit Stieler, auch von Kant, auf *hauchen* zurückgeführt, aber irrtümlich auf *hauchen*, *anhelare*, nicht auf das mundartliche *hauchen*, *huchen*, *hocken*, *sich ducken*. Das Altertum kannte natürlich die Lüge; sie wurde nicht einmal tragisch genommen. Für Heuchelei aber hatten die Griechen kein besonderes Wort; *ὑποκρισις* war ursprünglich *Antwort*, dann die Kunst des Schauspielers, Deklamation, Komödienspielen überhaupt, und so die Kunst in einer fremden Rolle aufzutreten; erst spätere Schriftsteller verstanden unter *ὑποκρισις*, was man jetzt Heuchelei nennt. In gutem Latein bezog sich *hypocrisis* und *hypocrita* nur auf Schauspielkunst, erst die Vulgata nennt einen Heuchler *hypocrita*.

Worauf es mir aber ankommt, ist die Tatsache, daß das Altertum und das Mittelalter nicht die Gewohnheit kannte, die bei uns eigentlich zu den Tugenden gerechnet wird, auf dem ganzen Gebiete der letzten Fragen dauernd und fast ohne Absicht der Lüge, eine fremde Rolle zu spielen. Wer die hergebrachte Weltanschauung, das Verhältnis zu Gott und zu den Staatsautoritäten durch ein unherdenmäßiges ehrliches Wort verletzt, der scheint tadelnswert, verstößt gegen die *respectability*, gegen die Höflichkeit des Herzens oder wie immer man Heuchelei umschreiben mag. Es ist wirklich so weit gekommen, daß die Bezeichnung *ein guter Mensch* nicht verdient, wer nicht regelmäßig heuchelt, so wie er regelmäßig saubere Kleider trägt.

Und ohne böse Absicht der Gelehrten ist diese weltbeherrschende Heuchelei langsam auch in die Wissenschaft hinübergeglitten, wenigstens in alle Zweige der Geschichtswissenschaft. Man kann keine Biographie mehr lesen, in der der Held nicht wie ein Gott oder wie ein König umschmeichelt und umheuchelt wird. Wer menschlich schwache Züge an Luther, an Lessing, an Bismarck — ich nenne Männer meiner leidenschaftlichsten Liebe — nicht zu beschönigen und zu bewedeln vermag, der besitzt in unserer Zeit keinen Herzenstakt. *Offiziös* ist die Sprache unserer Könige und unserer Minister, unserer Pfaffen, besonders der protestantischen, und unserer Journalisten; offiziös ist unsere Geschichtsschreibung, von den klassischen Werken herunter bis zum Nekrolog. Nil nisi bene, natürlich nicht nur de mortuis. Der Bedeutungswandel des Wortes *officiosus* vollzog sich freilich schon im Lateinischen; *officium* war *Pflicht*, pflichtmäßige Handlung, Amtsgeschäft; aber officium konnte schon bei klassischen Schriftstellern *Beischlaf* heißen, und *officiosus* wurde bald dienstbeflissen, zuvorkommend, gefällig, bis es bei uns unmerklich in den Sinn von liebedienerisch, also doch wohl *pflichtwidrig* hineinrutschte. Von Staat und Kirche reden wir fast nicht anders als offiziös, heuchlerisch; ebenso von den schwierigsten Aufgaben des Rechts und der Moral. Die neue Bedeutung hat sich im Französischen ausgebildet, wo *office* über die Bedeutungen des lat. officium hinaus auch für Dienst im Sinne von Gefälligkeit (besonders *bons-offices*) viel gebraucht wurde, so daß *officieux* fast gleichbedeutend wurde mit *obligeant*. Die Unterscheidung zwischen *presse officielle* und *presse officieuse*, die ebenfalls zuerst in Frankreich aufkam, scheint mir ursprünglich ein Scherz gewesen zu sein. Callières erklärt: le mot d'office en ce sens (de service) a fait celui d'officieux qui est fort bon; c'est un homme officieux pour dire un homme qui aime à faire plaisir. *Mensonge officieux*, eine Lüge, mit der man dem andern nur ein Vergnügen machen will; worüber Rousseau: ce qu'on appelle mensonges officieux sont de vrais mensonges.

Ich kann es nicht belegen, und es wäre auch nur durch Bände von Auszügen zu belegen, daß die Sitte der Heuchelei oder Offiziosität zeitlich ungefähr zugleich mit der großen Lüge aufkam, die die Renaissance heißt. Die abendländische Welt hatte ihren eigenen Stil verloren und borgte sich einen Stil und seine Sprache aus dem Altertum. Die alte Kirche und der um die gleiche Zeit neubegriffene Staat gewöhnten sich daran, in einer unpassenden, in einer toten Sprache zu reden. Fürsten und Päpste der neuen Zeit gebrauchten anstatt des lebendigen Mönchslateins die abgegriffenen Phrasen des schönen toten Lateins und fühlten es lange nicht, daß kein Wort mehr ehrlich war, weil kein Wort mehr paßte. Und als die Nationalsprachen aufkamen, wurde die ganze Heuchelei der Gelehrtensprache in die Nationalsprachen übersetzt, getreuer in die romanischen Sprachen, plump und schwerfällig in die germanischen und slawischen. Im Deutschen wurde damals das Bild des Heuchlers vom Hunde hergenommen, der die Sache, das Hauchen und Kriechen und Sichducken, vom Menschen erst gelernt hat.

Hobbes. — Hobbes gehört in die Reihe derjenigen Denker, deren Verwegenheit am Schreibtische bald heldenhaft, bald beschämend gegen ihre bürgerliche Feigheit absticht. Hobbes mag sich selbst recht gut gekannt haben; in der Selbstbiographie, die er im höchsten Greisenalter dichtete, sagt er, seine Mutter habe (1588) unter den schrecklichen Gerüchten über das Herannahen der großen Armada ihn vorzeitig zur Welt gebracht, und zwar habe sie Zwillinge geboren: meque Metumque simul, ihn zugleich mit der Furcht. Beim Ausbruch der Revolution war er der erste unter den Emigranten des Jahres 1640. Hobbes wurde häufig als der royalistischste Verfechter der Legitimität hingestellt. Es ist rätselhaft, wie das einer dem andern nachschreiben konnte; Allgewalt des Staates lehrt Hobbes allerdings, besonders der Kirche gegenüber, aber der Staat ist ihm nicht das Königreich, der Staat kann ebenso gut eine Republik sein. Nachdem 1649 das Haupt des Königs gefallen war, bereitete Hobbes auch kurz entschlossen seine Heimkehr nach dem königsmörderischen England vor, indem er seinen Leviathan schrieb, aus welchem auch der revolutionäre Staatsmann seine Rechtfertigung herauslesen konnte, wenn er nur ein Staatsmann war.

So entsprang das Buch Leviathan einer persönlichen kleinen Feigheit, ohne daß Hobbes darin die eigentlichen Grundgedanken seines tapfern Denkens verleugnet hätte. Was kam es diesem radikalen Zuendedenker darauf an, ob in dem bißchen England ein König herrschte oder ein Parlament? Fortschritt der Menschheit durch Befreiung vom Aberglauben hing nicht von der Frage ab, ob Monarchie oder Republik. Wirklich haben im 18. Jahrhundert, das man das Jahrhundert des Hobbismus nennen könnte, aufgeklärte Despoten nicht viel weniger für die Befreiung getan als nachher die französische Revolution, in welcher die Staatsomnipotenz des Hobbes ihre blutigen Orgien feierte.

Im Zeitalter des Hobbes wirkte die Nationalität noch nicht so suggestiv wie heute. Dem Staatsbegriff konnte man kälter gegenüberstehen als heute dem Volksbegriff. Was an Hobbes englisch war, das war ihm gewiß nicht bewußt: ich meine seinen Zusammenhang mit der Entwicklung des Nominalismus. Ich stehe nicht an zu sagen, daß die Bedeutung der englischen Philosophie, ihre siegreiche Gemeinverständlichkeit, ihre leichte Anwendung auf die Naturwissenschaften daher kommt, daß der Nominalismus in England von Occam bis auf Spencer sich ohne Unterbrechung ausbilden konnte, während auf dem Kontinent äußere und innere Gegner theologische oder wortrealistische Moden dazwischen warfen. Man braucht da nur Hobbes einerseits mit Bacon, anderseits mit Descartes zu vergleichen, denen beiden er persönlich nahe stand. Bacon war oft rückständig, wo es sich um Anerkennung neuer naturwissenschaftlicher Entdeckungen handelte; Descartes ging mit Hobbes von Galilei, Kepler und Harvey aus. Und dennoch blieb Descartes in einer anthropomorphischen Psychologie stecken, während Bacon unklarer als Hobbes, aber doch schon in dessen Sinne die Lehre Lockes vorbereitete, daß wenigstens alle sekundären Eigenschaften der Körper dem menschlichen Verstande angehören, also übrigens bloße Namen sind.

Nur muß man nicht glauben, daß Hobbes grundsätzlich Nominalist war und bis zur Sprachkritik vordrang. Ihm war erkenntnistheoretische Forschung nur ein Mittel zum Zweck, ebenso wie naturwissenschaftliche Forschung; alleiniger Gegenstand seines Interesses war der Mensch, der Mensch als Atom des Staates. Die Physiologie und Psychologie des Individualmenschen studierte Hobbes nur zu Staatszwecken. Er war für einen Philosophen unerhört praktisch und konkret. Allerdings wollte er (unter dem Einflusse der mechanischen Entdeckungen Galileis) die Mathematik auf die Philosophie anwenden, aber doch nur darum, weil die Mathematik für praktische Zwecke so ungeheure Ergebnisse geliefert hatte. In dieser Wissenschaft stehen Wahrheit und menschliches Interesse einander nicht gegenüber. So oft die Vernunft gegen einen Menschen ist, so oft ist dieser Mensch gegen die Vernunft. So hat Hobbes' angeblich mathematische Darstellungsweise durchaus nicht den strengen wissenschaftlichen Charakter. Er glaubt nicht an Axiome. Es kommt ihm gar nicht darauf an, ob die Definitionen an der Schwelle eines neuen Gedankenganges richtig sind oder nicht; sie sind ihm Namenserklärungen, die durch das ganze Buch festgehalten werden müssen, dessen Wert dann doch nur davon abhängt, ob die Grundbegriffe auf Erfahrung beruhen oder nicht. Es dämmert ihm auf, daß mathematisch demonstrierbare Wissenschaften nur von solchen Gegenständen möglich seien, deren Entstehung wir kennen, nicht also von Naturgegenständen, sondern nur von Kunstgegenständen (vor allem dem Staate) und von geometrischen Figuren. Hier steckt wieder ein Gegensatz gegen Descartes verborgen: Descartes möchte die Lehren der neuen Mechanik gern auf die Physiologie des Einzelmenschen anwenden, Hobbes auf die Physiologie des Staates, d. h. auf Ethik. Descartes brauchte die Physiologie des Einzelmenschen, um zur Psychologie zu gelangen; Hobbes braucht keine Psychologie, weil er nirgends eine Seele sieht, weil er das Seelengespenst wie alle anderen Gespenster als Aberglauben verwirft. Wenn aus den Bewegungen der Außenwelt schließlich im Menschengehirn Empfindungen entstehen, so lehrt das nur — so meint Hobbes schon damals im Gegensatze zum Ignorabimus — daß unsere Empfindungen eine Art von Bewegungen sind. Die Psychologie des Hobbes ist von einem wunderbaren Radikalismus, weil er sich gar nicht die Zeit nimmt, alle Schwierigkeiten des Weges zu prüfen. Alle Wahrnehmung ist ihm schon Veränderung des wahrnehmenden Körpers; würde nichts Veränderndes auf uns wirken, so würden wir nichts empfinden; immer dasselbe empfinden und Nichtempfinden kommt auf eins heraus. Die Psychologie des Hobbes besteht aus genialen Einfällen, mit denen er so schnell wie möglich seiner eigentlichen Aufgabe, seiner Staatsethik, zueilt.

So kommt es, daß auch sein Nominalismus die erkenntnistheoretischen Fragen überspringt und gerade dort erst stehen bleibt, wo diejenigen stehen, die den ethischen Nominalismus nach den Lehren Nietzsches als neue Mode tragen. Als Politiker steht Hobbes jenseits von Gut und Böse. Es gibt kein schlechthin objektives Recht, keine gültige Moral, insofern es verschiedene Staaten gibt, die miteinander im Naturzustande leben, im Kriege aller gegen alle. Innerhalb des Staates ist Moral vom Strafrecht abhängig, noch dazu mit der Beschränkung, daß eine Revolution Strafrecht und Moral aufhebt. Der Begriff des Guten ist nicht objektiv; der Mensch nennt gut, was ihm ein Mittel zu seinen Zwecken ist. Weil nicht alle Menschen dieselben Zwecke und dieselbe Vernunft haben, darum nehmen sie über sich etwas wie einen gemeinsamen Zweck an, wie eine gemeinsame Vernunft. Niemals ist diese gegemeinsame Vernunft gewaltiger verhöhnt worden als in Hobbes' Worten (gegen Bischof Bramhall): „Wie man im Kartenspiel Trumpf macht und es moralisch geboten ist, Farbe zu bedienen, so ist im bürgerlichen Verkehr alle Moralität darin enthalten, daß man den Spielregeln der Gesetze seinen Gehorsam nicht versagt."

Hobbes steht also, mehr als zweihundert Jahre vor Nietzsche, jenseits von Gut und Böse, er steht aber so da weder als Übermensch noch als Antichrist. Er hat für sein England den Begriff der Philosophie aus dem einer spitzfindigen, transzendenten Wissenschaft zu dem einer praktischen umgewandelt; es ist kein Zufall, daß seine Nachfolger in der Naturerklärung und in der Politik England zu dem merkwürdigen orthodox-materialistischen, in geistigen Dingen so indifferenten, in volkswirtschaftlichen Dingen so blühenden Staatswesen gemacht haben. Die disparaten Begriffe *praktisch* und *nominalistisch* werden bei Hobbes zu verwandten Begriffen. Denn die äußerste Begriffskritik richtet er eben auf die ethische Vorstellung von Gut und Böse, der erkenntnistheoretische Nominalismus ist ihm nur der Weg zu diesem Ziele. Innerhalb der praktischen Betätigung der Menschengemeinschaft im Staate erreicht er die klare Höhe Spinozas; sagt er doch einmal (in seiner Polemik gegen den Bischof Bramhall, welche die Fragen der Freiheit und Notwendigkeit betraf): einen Menschen um seiner guten Natur willen loben, heiße einer Sache ein natürliches, nicht aber einer Handlung ein moralisches Lob spenden. Das ist dasselbe, könnten wir nach Spinoza hinzufügen, wie wenn wir Menschen von unserm Standpunkte den Tiger ein böses Tier nennen. Die Willensfreiheit, die mit dem Handeln oder der Ethik der Menschen in so engem Zusammenhange steht, erklärt er ganz gut für einen Wortstreit.

Der letzte Nominalismus ist ihm, wie die gesamte nominalistische Psychologie, mehr eine Überzeugung als ein Gegenstand des Studiums. Doch mit genialem Blick hat Hobbes erkannt, daß der Grundirrtum der scholastischen Philosophie auf die Verwechslung von Sache und Wort zurückgeht, deren sich Aristoteles schuldig gemacht hat. Aristoteles fand in seiner Sprache die Copula *ist* vor, die sprachlich ganz überflüssig ist, in der Logik eine so große Rolle spielt und in der Metaphysik dazu geführt hat, den Infinitiv dieser Copula, das Wort *sein* für das höchste unter den Dingen zu erklären; alles Denken sei am Ende nichts als die Verbindung von Namen durch das Wörtchen *ist*, so daß wir überhaupt nichts über das Wesen der Dinge, sondern immer nur etwas über ihre Benennungen erschließen. Lange (I, S. 241) bemerkt dazu vortrefflich: „Man kann sich denken, wie Hobbes über Hegel geurteilt haben würde.“ In der Widmung zu seiner Schrift „De corpore“ spricht er es aus, es seien gute Beobachtungen und Lehren der Alten von den späteren Philosophen „in den Schlingen der Worte erdrosselt worden“. Ihm sind die Worte keine Götzen. „Worte sind weiser Menschen Rechenpfennige, aber den Narren sind sie Geld, das nach der Autorität alter Doktoren Geltung hat.“

Eine Sammlung von Worten oder ein Buch ist ihm nicht wertvoller als ein Haufen von Rechenpfennigen; wenn er so viel gelesen hätte wie andere Leute, sagt er einmal, dann wäre er so unwissend geblieben wie sie. Und im Leviathan: „Wer auf Bücher sich verläßt, gleicht denen, die aus vielen kleinen Berechnungen eine große Summe ziehen, ohne jene auf ihre Richtigkeit zu prüfen; zuletzt verwirrt er sich und flattert über den Büchern, wie Vögel, die durch den Kamin in ein Zimmer gekommen sind und sich darin eingeschlossen finden, nach dem trügerischen Lichte eines Glasfensters flattern, weil sie sich nicht besinnen können, auf welchem Wege sie hereinkamen.“

Humor — ist ein so neuer Begriff, daß seine Definition bis zur Stunde nicht gelungen ist. Weder die englischen ersten Erfinder der Sache, noch ihre deutschen verbessernden Nachahmer haben das Wesen des Humors ergründet. Den Franzosen gar, von denen die Engländer die Form des Wortes entlehnt hatten, ist die Sache heute noch ein ausländisches Erzeugnis; sie haben angefangen, das englische Wort *humour* dafür zu gebrauchen und verwenden das Wort fast ausschließlich für den englischen Humor und für den deutschen, so viel sie ihn verstanden haben; die Italiener, deren *umore* genau dem französischen *humeur* entspricht, haben für den Terminus

Humor das Wort *umorismo* eingeführt.

Der Terminus Humor ist neu und ist national germanisch. Man hat sich vergebens bemüht, bei den Griechen und Römern etwas zu entdecken, was unserem Humor entspräche. Und diese Bemühungen tragen vielleicht die Schuld daran, daß die Definitionen der philosophischen Ästhetik (gerade bei unseren besten Humoristen und besten Theoretikern des Humors, bei Jean Paul und Vischer) mißglückt sind.

Ich möchte dafür hier nur und flüchtig auf einen Punkt hinweisen. Man hat den Humor als einen Unterbegriff des Komischen erklären wollen, weil der Humor Lächeln oder Lachen bewirken kann, und weil das Lachen bei den Alten einzig und allein durch die Mittel der *Komik* erregt wurde. Die komische Literatur ist bei den Griechen und Römern sehr reich, das komische Genie von Aristophanes ist in seiner Art nie überboten worden; aber von dem, was wir Humor nennen, findet sich bei den alten Komikern auch nicht ein Schimmer. Eher würden sich in einigen realistischen Charakteren der Tragiker humoristische Züge ausspüren lassen. Wir haben da wieder einen der vielen Fälle, in denen die Antike, angeblich das Muster unserer geistigen Welt, zu einfältig, zu wenig kompliziert, zu geradlinig war, um unsere modernsten Stimmungen und Begriffe auch nur ahnen zu können.

Die pedantische Anknüpfung an den Begriff des Komischen ist darum so falsch, weil der Humor dem Pathos, dem Gegensatze der Komik, gerade so nahe steht wie der Komik selbst. Man denke an die lachende Träne, die der Humor im Wappen führt. Und es ist kein Zufall, daß zu derselben Zeit, da die Engländer den Begriff ihres Humors sich zum Bewußtsein brachten, in Frankreich eine unglückliche Nachahmung zur larmoyanten Komödie führte. *Larmoyant*, wehmütig, sentimental, humoristisch, alle diese Begriffe waren den Griechen und Römern noch fremd.

Die Wortgeschichte führt von Griechenland über Rom, Frankreich, England nach Deutschland; sie führt aber auch durch verschiedene wissenschaftliche Disziplinen. Die medizinische Psychologie des Altertums brachte die Vorstellung von den vier Säften auf, von den vier *humores*, deren richtige Mischung oder Dosierung *(temperamentum)* für die Gesundheit notwendig ist. Auch für die seelische Gesundheit, die gute Stimmung; und so wurde bald *temperamentum*, bald *humores* in der Psychologie der Ausdruck für das, was wir am Ende einer anderen Wortgeschichte Charakter zu nennen pflegen; in dieser Bedeutung findet sich besonders oft das französische *humeur*. In dem realistischeren und individualistischeren England wurde das Wort in der Form *humour* ein Modewort für die individuellen Neigungen von Sonderlingen, für Wunderlichkeiten des Betragens, für das, was die Engländer sonst *fancy, whim* nennen; bei Komödiendichtern, wie Ben Johnson und auch Shakespeare wird das Wort oft gebraucht, weil sie sich darüber lustig machen wollten. Als nun Shakespeare durch die Übersetzung Schlegels fast ein deutscher Klassiker wurde, kam das Wort Humor, dessen ironische Anwendung man nicht bemerkte, als Bezeichnung für die komische Wunderlichkeit eines individuellen Charakters zu uns; und weil die Romantiker da Beziehungen zu ihrer Transszendental-Poesie oder ihrer romantischen Ironie mit Recht herausfanden, bemächtigte sich die philosophische Ästhetik der Zeit des Humorbegriffs; man glaubte den Humor Shakespeares zu analysieren, gelangte aber zu einem neuen deutschen Humorideal, für das es in der Geschichte des Begriffs kein Beispiel gab. Ich möchte aber gleich bemerken, daß uns die *humores* der medizinischen Psychologie heute kindisch vorkommen, weil die Humoralpathologie, die anderthalb Jahrtausende in Geltung war, gegenwärtig oder augenblicklich durch eine andere Theorie verdrängt ist, durch die Zellularpathologie; daß der humeur der früheren Psychologie heute schon der wenig geachteten Popularpsychologie angehört, weil das Modewort Temperament (das ja zur Gruppe der *humeurs* gehört) durch das an Ansehen immer noch wachsende Modewort Charakter verdrängt worden ist; daß aber der Humor im Sinne der philosophischen Ästhetik ein Wort höchsten Ansehens ist, weil diese philosophische Ästhetik up to date ist.

Für die entscheidende Wortgeschichte in England und in Deutschland ist eine Stelle aus Drydens „Essay of dramatic poesy“ (1668) wichtig und die Übersetzung, die der junge Lessing in der 13. Abhandlung seiner theatralischen Bibliothek von dieser Stelle gegeben hat. Diese 13. Abhandlung ist ganz gewiß von Lessing selbst, wenn auch, was vorhergeht, von Nicolai herrühren sollte. Der junge Lessing also schickt voraus: „Ich erinnere zugleich, daß ich *Humor*, wo ich das Wort übersetzen will, durch *Laune* gebe, weil ich nicht glaube, daß man ein bequemeres in der ganzen deutschen Sprache finden wird.“ Nach dieser Erklärung läßt er Dryden sagen: „Humor ist die lächerliche Ausschweifung im Umgange, wodurch sich ein Mensch von allen übrigen unterscheidet. — Die Alten hatten in ihren Lustspielen sehr wenig davon; denn das *γελοιον* der alten griechischen Komödie, deren Haupt Aristophanes war, hatte nicht sowohl den Zweck, einen gewissen Menschen nachzuahmen, als vielmehr das Volk durch einen seltsamen Einfall, der meistenteils etwas Unnatürliches oder Unflätiges bei sich hatte, lachen zu machen.[1]) . . . In ihrer darauffolgenden neuen Komödie suchten nun zwar die Dichter das *ἠϑος* so wie in ihren Tragödien das *παϑος* des Menschen auszudrücken. Allein dieses *ἠϑος* enthielt bloß die allgemeinen Charaktere der Menschen und ihre Sitten, als da sind: alte Leute, Liebhaber, Bediente, Buhlerinnen,

[1]) Das Beispiel von Sokrates, wie ihn Aristophanes auf die Bühne brachte, scheint mir nicht glücklich gewählt; der und Kleon entsprachen nach der Vorstellung der Athener ja gerade dem humour, wie ihn Dryden verstand und wie ihn Lessing damals noch auffaßte.

Schmarutzer und andere solche Personen, wie wir sie in ihren Lustspielen finden . . . was aber die Franzosen anbelangt, ob sie gleich das Wort humeur in ihrer Sprache haben, so machen sie doch nur einen sehr geringen Gebrauch in ibren Komödien und Possenspielen davon, die weiter nichts als schlechte Nachahmungen des *γελοιον* oder des Lächerlichen der alten Komödien sind. Bei den Engländern aber ist es ganz anders, die unter Humor irgendeine ausschweifende Gewohnheit, Leidenschaft oder Neigung verstehen, die, wie ich schon gesagt habe, einer Person eigentümlich ist, und durch deren Seltsamkeit sie sich sogleich von allen übrigen Menschen unterscheidet. Wenn dieser Humor lebhaft und natürlich vorgestellt wird, so erzeugt er meistenteils das boshafte Vergnügen, welches sich durch das Lachen verrät, wie denn alle Abweichungen von dem Gewöhnlichen am geschicktesten sind, es zu erregen. Das Lachen aber ist dabei nur zufällig, wenn nämlich die vorgestellten Personen phantastisch und närrisch sind; das Vergnügen hingegen ist ihm wesentlich, so wie einer jeden Nachahmung der Natur. In der Beschreibung dieser Humors oder Launen nun, die er an gewissen einzelnen Personen bemerkt hatte, bestand das eigentliche Genie und die größte Geschicklichkeit unseres Ben Johnsons.“

Man achte darauf, wie wenig diese Darlegung unserem Humorbegriff entspricht; das Lachen soll nur zufällig sein, nur aus den eigentümlichen närrischen Charakteren folgen, also aus dem Stoffe, während wir bei Humor zunächst an die subjektive Form der dichterischen Leistung denken; viel eher und sogar ziemlich genau deckt sich Drydens Ausführung mit dem, was wir Realismus oder Naturalismus des Dramas nennen; und der Engländer hatte ganz recht, wenn er die Forderung, eigentümliche Charaktere natürlich vorzustellen, als neu und national der französischen Komödie entgegenstellte.

Der reife Lessing der Hamburgischen Dramaturgie ist auf die Wortgeschichte (1768) noch einmal zurückgekommen, im 93. Stück, in einer Anmerkung, die ebenso wie Dryden an Ben Johnson anknüpft. „Das Wort Humor war zu seiner Zeit aufgekommen und wurde auf die lächerlichste Weise gemißbraucht.“ Er gibt eine Stelle aus Ben Johnson wieder:

„As when some one peculiar quality
Doth so possess a Man, that it doth draw
All his affects, his spirits, and his powers
In their construction, all to run one way,
This may be truly said to be a humour.“

(„Wenn irgendeine besondere Gemütsart von einem Manne dermaßen Besitz ergriffen hat, daß sie alle seine Leidenschaften, seine Geister und seine Kräfte in ihr Gefüge hereinzieht, daß sie alle einen Weg gehen, so kann dies wahrhaftig als Humor bezeichnet werden.“) . . . „Der Humor, den wir den Engländern jetzt so vorzüglich zuschreiben, war damals bei ihnen großenteils Affektation; und vornehmlich diese Affektation lächerlich zu machen, schilderte Johnson Humor . . . Ich habe Exempel davon (Lessing meint die Kunst der Alten, zu individualisieren) fleißig gesammelt, die ich auch bloß darum in Ordnung bringen zu können wünschte, um gelegentlich einen Fehler wieder gut zu machen, der ziemlich allgemein geworden ist. Wir übersetzen nämlich jetzt fast durchgängig Humor durch Laune, und ich glaube mir bewußt zu sein, daß ich der erste bin, der so übersetzt hat. Ich habe sehr unrecht daran getan, und ich wünschte, daß man mir nicht gefolgt wäre. Denn ich glaube es unwidersprechlich beweisen zu können, daß Humor und Laune ganz verschiedene, ja in gewissem Verstande gerade entgegengesetzte Dinge sind. Laune kann zu Humor werden; aber Humor ist, außer diesem einzigen Falle, nie Laune. Ich hätte die Abstammung unseres deutschen Worts und den gewöhnlichen Gebrauch desselben besser untersuchen und genauer erwägen sollen. Ich schloß zu eilig, weil Laune das französische humeur ausdrückt, daß es auch das englische humour ausdrücken könnte; aber die Franzosen selbst können humour nicht durch humeur übersetzen."

Ich glaube zu wissen, wie Lessing zu dieser Korrektur gekommen ist. Zwischen 1758 und 1768 fällt die Veröffentlichung eines Briefes von Voltaire an den Abbé d'Olivet, den Kanzler der französischen Akademie. Voltaire beklagt, daß die französische Sprache verarmt sei durch die Masse müßiger Bücher, daß sie gute Ausdrücke verloren habe, die sich im Englischen erhalten hätten, wie *désapointé* und *partie*. Er schreibt (20. Aug. 1761) über unseren Begriff: „Je trouve, par exemple, plusieurs mots qui ont vieilli parmi nous, qui sont même entièrement oubliés, et dont nos voisins les Anglais se servent heureusement. Ils ont un terme pour signifier cette plaisanterie, ce vrai comique, cette gaieté, cette urbanité, ces saillies qui échappent à un homme sans qu'il s'en doute; et ils rendent cette idée par le mot *humeur*, *humour*, qu'ils prononcent yumour; et ils croient qu'ils ont seul cette humeur, que les autres nations n'ont point de terme pour exprimer ce charactère d'ésprit. Cependant, c'est un ancien mot de notre langue, employé en ce sens dans plusieurs comédies de Corneille. Au reste, quand je dis que cette humeur est une éspèce d'urbanité, je parle à un homme instruit, qui sait que nous avons appliqué mal à propos le mot d'urbanité à la politesse, et qu'*urbanitas* signifiait à Rome precisément ce qu'humour signifie chez les Anglais."

Ich habe die Geburtswehen des deutschen Wortes, des deutschen Sprachgebrauchs ausführlich dargestellt, weil der Begriff eigentlich erst in der deutschen Ästhetik, die immer eine Metaphysik des Schönen sein wollte, zu so hohem Ansehen gelangt ist. Selbst die beiden vorzüglichen Humoristen, die das Lesenswerteste über den Humor geschrieben haben, Jean Paul und Vischer, hielten sich für verpflichtet, mit allem philosophischen Rüstzeug an den Begriff heranzutreten. Jean Paul spricht von einer Totalität des Humors, von einem auf das Unendliche angewandten Endlichen, und hat mit all seinem Witz theoretisch den Humor nicht so verständlich gemacht wie durch manche humoristische Gestalt seiner Romane. Vischer, der seiner Theorie spät genug das Beispiel seines prächtigen humoristischen Romans folgen ließ,[1]) hat sich vergebens bemüht, Hegels Schablone auf den Humorbegriff anzuwenden; er soll als alter Herr selbst in ein befreiendes humoristisches Lachen ausgebrochen sein, da er die Paragraphen 205—222 seiner „Ästhetik" wieder einmal aufschlug. Mir will es immer scheinen, als habe Vischer mit seinen blutleeren Abstraktionen eher eine Definition der *Philosophie* als des Humors konstruiert. Ich habe mir Mühe gegeben, redlich, die Metaphysik Vischers in die Sprache eines Menschen zu übersetzen, der nicht ganz ungeschickt zum Genusse humoristischer Dichtungen ist; ich habe mir auch die drei Stufen des Humors in künstlerische Erinnerungen zu übersetzen gesucht: die erste Stufe oder der naive Humor ist noch gar kein Humor; die zweite Stufe oder der gebrochene Humor entspricht ungefähr dem, was wir bei Shakespeare und Swift, in geringerem Maße bei Sterne, bei Jean Paul und bei Vischer selbst als Humor genießen. Was aber ist der Humor auf seiner dritten Stufe, der eigentliche, der große, der freie Humor? Ich fürchte wirklich, der freie Humor ist gar nichts anderes als die ganz freie Weltanschauung des wahrhaft philosophischen Kopfes, das heilige Lachen des Philosophen, die Überlegenheit über alles Treiben und Denken der Menschen, die Resignation eines großen Herzens; und all diese Größe können wir erst dann als Humor empfinden und genießen, wenn der Philosoph zufällig auch ein humoristischer Schriftsteller war und den Humor der ersten und der zweiten Stufe (Witz, Laune, Ironie, Übermut, Wehmut) dazu benutzt hat, seine Weltanschauung an einem humoristischen Menschen darzustellen. Humor läßt sich nicht definieren, weil es Humor in der substantivischen Welt nicht gibt, weder als ein reales Ding, noch als ein Gedankending; es gibt Humor nur in der adjektivischen Welt; es gibt humorische Denker (auch unter ganz schlichten Menschen; zu Humoristen werden sie erst, wenn sie Bücher schreiben), es gibt humoristische Gestalten, humoristisch für den Betrachter oder für den Leser. Ich finde ein unfreiwillig humoristisches Eingeständnis dieser Tatsache, daß nämlich der definierte Humor gar nicht existiert, bei Vischer selbst (a. a. O. 472): „Der Begriff dieses Humors (des freien Humors, des Humors auf der höchsten Stufe)

[1]) „Auch Einer," ist wie ein Musterbeispiel zu einer neuen Theorie (I, S. 448) aus Vischers Ästhetik: „Die humoristische Persönlichkeit braucht . . . kein grundliderlicher Falstaff zu sein. Katarrh und Hühneraugen reichen hin, eine Natur, wie sie der Humor fordert, unendlich unglücklich zu machen, denn sie hat die geistige Organisation, zu fühlen, was das heißen will, in der Ausführung der reinsten Zwecke gehindert, in den schönsten Augenblicken gestört zu sein durch Husten, Schneuzen, Spucken, Niesen, Hinken. Sie ist darin so empfindlich wie nacktes Fleisch in einer Wunde, sie ist ein schalloses Ei."

ist notwendig, seine Verwirklichung bleibt Aufgabe.“ Man könnte das mit den gleichen Worten von vielen schönen Begriffen sagen. Gott, Freiheit, Glück sind notwendig; ihre Verwirklichung bleibt Aufgabe; was nicht ausschließt, daß es (relativ) gottselige, glückliche, freie Menschen gibt. Auch der Humor der höchsten Stufe ist nur ein Postulat der Theorie.

Ich habe noch andere Ketzereien auf dem Herzen.

Es ist nicht wahr, daß die Griechen etwas wie Humor schon gekannt haben. Immer wieder wird da der in seiner Art gewiß unübertreffliche Aristophanes ins Treffen geführt. Aber alle seine Gaben, Witz, Satire und Ironie, ändern nichts daran, daß er niemals eine humoristische Figur geschaffen hat; die tiefere Bedeutung macht den Witz wertvoller, verwandelt ihn aber nicht in Humor. Es gab vielleicht einmal einen Griechen, der Humor besaß: Sokrates; aber die Griechen verstanden den Humor nicht und töteten ihren einzigen Humoristen.

Es ist nicht wahr, daß der große Humor eine Erfindung des germanischen Geistes sei. Shakespeare war gewiß ein humorischer Denker; aber nur gelegentlich hat er seinen Gestalten humoristische Züge geliehen; humoristisch im höchsten Sinne wurde Hamlet, da doch sein Dichter offenbar eine tragische Gestalt schaffen wollte; und auch Hamlet wird nur da humoristisch, wo er, der Verzweifelte, seiner Rolle getreu witzig ist. Swift ist in seinem Gulliver immer witzig; humoristisch nur, wo er als Erzähler aus der Rolle fällt. Es gibt eine einzige humoristische Gestalt, die der Definition des großen Humors völlig entspricht, und diese Gestalt ist nicht germanisch: Don Quijote; Cervantes hatte eine lustige Parodie schreiben wollen, aber Don Quijote, sein komischer Held, war gut, edel, tapfer, weise, war ein herrlicher Mensch, der Dichter gewann seinen komischen Helden lieb, und so erst wurde Don Quijote (besonders im zweiten Teile, in bewußtem Zorn gegen die Komik des gemeinen Fortsetzers Avellaneda) zu dem Meisterstücke einer humoristischen Gestalt.

Der Humor ist nicht einmal ein Gedankending. Ich glaube mir nicht zu widersprechen, wenn ich nun trotzdem ein anderes Wort für den Humor suche, das zu benennen suche, was die deutschen Menschen etwa meinen, wenn sie seit der Zeit ihrer Romantiker von Humor reden. Sie meinen die schönste Art des Lachens, das heilige Lachen, das Lachen des Weltüberwinders, der lachend auch sich selbst überwunden hat. Man hört oft, daß der Mensch sich durch das Lachen vom Tiere unterscheide, daß der Mensch das lachende Tier sei; und Schopenhauer hat darauf seine Theorie vom Lächerlichen aufgebaut: es sei sein Ursprung die unerwartete Subsumtion eines Gegenstandes unter einem heterogenen Begriff. Ich möchte wissen, wo diese Subsumtion verborgen ist, wenn ein ganzer Zirkus über das dumme Gesicht des geohrfeigten Hanswursts lacht. Es gibt ein so gemeines Lachen, daß man fast Lust hätte, es ein tierisches Lachen zu nennen. Das Lachen kann sich verfeinern zu einem Lachen über bessere und immer bessere Scherze, über den geistreichsten Witz, über künstlerische Einfälle. Das Lachen über eine musikalische Überraschung Haydns kommt dem Lachen, das ich meine, schon sehr nahe; aber es ist noch Glück. Das Gefühl, das so unappetitlich Weltschmerz genannt wurde, als es eine Manier und eine Grimasse geworden war, — das Gefühl der Weltüberwindung braucht für sein heiliges Lachen nicht einmal eine Pause, wie Haydn; das Gefühl der Weltüberwindung lacht am heiligsten über die Alltäglichkeit, zu der der Lacher selbst gehört, wie er recht gut weiß. Wer nicht glaubt, daß er dazu gehöre, wer sich für einen Übermenschen hält, der kennt das heilige Lachen noch nicht, ist noch kein Philosoph, ist vielleicht eine tragisch-humoristische Figur der obersten Stufe, der neue Don Quijote.

Das Wort Humor, mit dem man dieses heilige Lachen bezeichnet hat, ist sehr heruntergekommen. Nicht erst in unserer Zeit, wo die Verfasser von glattem Mist sich *Humoristen* nennen dürfen, ihre Fabrikware, eben den glatten Mist, — *Humoresken.* Schon Jean Paul spricht einmal von sogenannten Humoristen, welche nichts wären als Ausplauderer lustiger Selbstbehaglichkeit. Und dabei dachte Jean Paul noch lange nicht an das Geschreibsel niederster Komik, das uns heutzutage unter dem Titel von Humoresken aufgetischt wird; er dachte an komische Schriften mittlerer Güte, die zu seiner Zeit hochgeschätzt wurden und jetzt noch in der Literaturgeschichte mit Ehren genannt werden.

Jean Paul, der als Kritiker einen außerordentlich feinen Geschmack besaß, nicht immer als Schriftsteller, hatte sich gegen eine Auffassung des Humors zu wehren, die unter den Romantikern die herrschende geworden war: gegen die Verwechslung von Humor und *Ironie.* Jean Paul, der subjektivste aller Erzähler, hatte eine besondere Kraftanstrengung nötig, um sich von dem dogmatischen Subjektivismus Fichtes zu befreien; eine ebensolche Kraftanstrengung, um die dogmatische Romantik zu überwinden. Jean Paul war wirklich, wessen sich die romantischen Führer nur mit geschliffenen Worten rühmten, ein Erzieher zum Leben; die romantische Erziehung zur Kunst genügte ihm nicht. Ob man den höchsten Standpunkt der Weltbetrachtung Humor oder Ironie nannte, einerlei, die *Sache* war sein Ziel: Ernst, nicht Spiel. „Kunstrichter und Hunde wittern nicht Rosen und Stinkblumen, sondern Freunde und Feinde.“ (Vorschule der Ästhetik² S. 307.) Er sah den Abstand zwischen der ironischen Schablone der Romantiker und dem ironischen Genie. „Swift's Gulliver — im Stil weniger, im Geiste mehr humoristisch als sein Märchen — steht hoch auf dem Tarpejischen Felsen, von welchem dieser Geist das Menschengeschlecht hinunterwirft“ (a. a. O. 240). Wer einen Swift so groß würdigte, konnte nicht befriedigt sein von den romantischen Spielereien der Ironie.

Ironie (*εἰρωνεια = Verstellung*) ist

bekanntlich der Name einer der rhetorischen Figuren; diese Figur besteht darin, daß der Redende ein Urteil dem Hörer durch Behauptung des Gegenteils besonders eindringlich macht; der Hörer muß selbst finden, was etwa gemeint ist, und wird so aufmerksamer gemacht als durch das direkte Aussprechen der Wahrheit. Es ist klar, auch ohne meine pedantische Erklärung, daß die Figur der Ironie nur die Form eines Gedankens bezeichnet, nicht den Gedanken selbst. Der Weiseste der Griechen, Sokrates, hatte die Ironie ausgebildet, um seine jungen Freunde zum Denken zu erziehen; aber jeder Dummkopf ist ironisch, wenn er bei einem Hundewetter von einem schönen Wetter spricht, wenn er ein abschreckend häßliches Frauenzimmer ein schönes Mädchen nennt. Die Romantiker nun verwechselten offenbar die Form mit der Sache, das Spiel der Ironie mit dem Ernste der Überlegenheit, wenn sie ihre schablonenhafte Ironie dem Humor gleichsetzten, wenn sie (Friedrich Schlegel) die Ironie definierten als die Stimmung, „welche alles übersieht, sich über alles Bedingte unendlich erhebt, auch über eigene Kunst, Tugend oder Genialität.“ Bei den Frühromantikern findet sich auch kaum ein Schimmer dessen, was wir Humor nennen; bei den jetzigen Neuromantikern erst recht nicht. Darum konnte ein so eindringender Geist wie Novalis in einem und demselben Atem die romantische Ironie dem Humor gleichsetzen und den Humor verächtlich behandeln. Ich brauche zum Beweise bloß zwei Sätze eines von ihm selbst veröffentlichten Fragments aus dem „Blütenstaub“ (Schriften, herausg. v. Minor II. 117) umzustellen. „Was Fr. Schlegel so scharf als Ironie charakterisiert, ist meinem Bedünken nach nichts anderes als die Folge, der Charakter der Besonnenheit, der wahrhaften Gegenwart des Geistes. Schlegels Ironie scheint mir echter Humor zu sein. . . . Humor ist eine willkürlich angenommene Manier. Das Willkürliche ist das Pikante daran.“ Man könnte lachen: die Überwindung der Welt, die Überwindung des eigenen Denkens und des eigenen Gefühls, die Überphilosophie, ist zu einer Schulmanier geworden.

Ich habe die Selbsttäuschung der Romantiker, ihre Verwechslung von Humor und Ironie darlegen zu müssen geglaubt, um jetzt Goethes seltsam ablehnende Aussprüche über den Humor verstehen zu lehren. Goethe hatte das Wort einst in dem alten englischen Sinne überliefert erhalten, im Sinne von Wunderlichkeit; so gebraucht er das Wort noch in „Dichtung und Wahrheit“, wenn er von dem *verwegenen Humor* seiner Jugendstreiche redet. Dann lernte der reife Mann den Begriff in der Verzerrung der Romantiker kennen. Und gegen diese Verzerrung gehen Sätze wie (Sprüche in Prosa 108): „Es gibt nichts Gemeines, was, fratzenhaft ausgedrückt, nicht humoristisch aussähe“; ferner: „Der Humor ist eins der Elemente des Genies, aber sobald er vorwaltet, nur ein Surrogat desselben; er begleitet die abnehmende Kunst, zerstört, vernichtet sie zuletzt“ (701).

Man vergleiche auch, was er (456) gegen die psychologischen Quälereien der „Hypochondristen, Humoristen und Heautontimorumenen“ vorbringt.

Und Goethe, der sich einst von hypochondrischer Selbstquälerei durch die Schöpfung des Werther befreit hatte, hat doch auch den Mephistopheles geschaffen, der nahe genug an das Ideal einer humoristischen Gestalt herantritt. Was etwa noch fehlt, kann nicht geistige Überlegenheit sein, denn Goethe war weise. Kann nicht Güte sein, die dem humoristischen Dichter nicht fehlen darf; denn Goethe war gut. Aber die Eigenschaft des Humors, das Lachen des Humors kann nur ein Mensch besitzen; und Mephistopheles ist kein Mensch, ist nur die personifizierte Ironie. Ist der Höhepunkt der Ironie, den die Romantiker ein Menschenalter später als etwas Neues forderten. Auch war wohl Goethe zu gegenständlich, um sich im Subjektivismus des Humors auszugeben; endlich zu egoistisch, um eine seiner Gestalten bis zum Humor zu lieben.

Hypothese. — Das Wort, griech. *ὑποθεσις*, ist unverändert in die modernen Sprachen, in die Sprachen aller Wissenschaften übergegangen; kaum daß lat. *conditio*, in seiner engeren Bedeutung *Bedingung*, an eine der Vorstellungen anklingt, die das griechische Wort in der Gemeinsprache erweckte, neben einigen andern Vorstellungen, die alle darauf hinausgingen, daß die *ὑποθεσις* irgend einer andern Sache, Rede, Behauptung zur *Unterlage* diente; ein Versuch Campes, das Wort (mit einem richtigen Gedanken, aber mit schlechtem Geschmack) durch *Wagesatz* zu verdeutschen, ist fast ohne Folge geblieben. Die Zugehörigkeit des Wortes zur griechischen Gemeinsprache ist auch bei Platon, der es schon gebraucht, nicht überwunden; immer wieder verstand man unter Hypothesen, ohne eine klare Definition zu geben, Voraussetzungen, und meinte eigentlich, daß nur ein Grad-Unterschied bestehe zwischen verifizierten und noch nicht verifizierten Voraussetzungen. Man stellte praktische Regeln für die Erfindung von Hypothesen auf, die im Grunde auf die billige Weisheit hinausliefen: principia praeter necessitatem non sunt multiplicanda. Newton scheint die Scheu vor Hypothesen zuerst stark gefühlt zu haben; er stellte die große, noch heute aufrechte Hypothese der Gravitation auf, und wagte dennoch den berühmten stolzen Satz: hypotheses non fingo. Man erkannte allmählich die Hypothesen, ohne die man nicht auskommen konnte, als *vorläufige Voraussetzungen* an, und erst Comte und seine Schüler bildeten die Utopie aus, den Traum von einer voraussetzungslosen Wissenschaft. Dieser Traum ist nicht realisierbar. Selbst die Geometrie muß von vorläufigen Voraussetzungen ausgehen. So gewöhnte man sich denn daran, vorläufig angenommene Ursachen oder auch vorläufig angenommene Gesetze Hypothesen zu nennen. War dann ein Zusammenhang durch die wissenschaftliche Erfahrung oder auch nur durch die theoretische Rechnung bestätigt, so sprach man selbstzufrieden von endgültigen Gesetzen, von sicher erkannten Ursachen. Nur erkenntnistheoretisch geschulte Forscher erkannten, daß auch die Verifizierung nur ein relativer Begriff ist; alle unsere Wissenschaften sind voll von Hypothesen, gerade die obersten Sätze unserer Physik und unserer Biologie sind Hypothesen. Nur in der Natur selbst gibt es keine Hypothesen, weil die Natur kein Wissen von sich hat und weil die Hypothesen in den Worten, Beweisen und Sätzen der menschlichen Sprache stecken.

Das habe ich (Kr. d. Spr. III 489 ff.) ausführlich darzustellen gesucht. „Worin besteht das Wesen der Hypothese? Doch nur darin, daß wir eine Prämisse vorläufig als richtig annehmen und sie so lange nicht verwerfen, als formale Schlüsse aus ihr unsern Wahrnehmungen der Wirklichkeitswelt nicht widersprechen. Nun aber wissen wir, daß auch die angeblich sicheren Prämissen nur auseinandergelegte Begriffe sind. Bei unserm Zweifel an der Festigkeit unserer Worte oder Begriffe werden wir nun gleich vermuten, daß sich kein einziger Begriff zu einer zuverlässigen Prämisse auseinanderlegen lasse, daß in allen begrifflichen Wissenschaften, also in der ganzen weiten Welt unseres Denkens, alle Prämissen nur vorläufigen Wert haben, daß demnach alle aus ihnen gezogenen Schlüsse doch nur Hypothesen sein werden. Jedes Wort unserer Sprache enthält in seinen Merkmalen die Schlüsse, die aus ihm gezogen werden können; jedes Wort enthält Beweise, Gesetze, jedes Wort enthält Hypothesen.“

Zu einer solchen Vorstellung hätte selbst die Logik längst gelangen müssen, wenn nicht just die Logik mit ganz besonderer Andacht zu der menschlichen Sprache als zu einem höheren Wesen aufgeblickt hätte; hatte aufblicken müssen, weil ohne den Glauben an die Festigkeit der Begriffe oder Worte das ganze Gebäude zusammenstürzte. Aber nahe genug kam die modernere Methodenlehre der Logik doch solchen Gedanken. So hat Sigwart (Logik[2] II 297 f.) schon sehr gut darauf hingewiesen, daß die Hypothesenbildung ein heuristisches Prinzip sei und häufig auf Umkehrung gegebener Sätze hinauslaufe. Die Geometrie lehrt z. B., daß alle gleichschenkligen Dreiecke gleiche Basiswinkel haben; nach der formalen Logik hätten wir nur das Recht zu einer partikularen Umkehrung, dürften in der logischen Schulsprache nur schließen: *einige* Dreiecke mit gleichem Basiswinkel sind gleichschenklige Dreiecke; wir verallgemeinern aber die Umkehrung und sind geneigt, die vorläufige Hypothese aufzustellen, daß *alle* Dreiecke mit gleichen Basiswinkeln gleichschenklige Dreiecke seien. Diese Hypothese wird dann durch einen elementaren Beweis verifiziert. Nur daß (was auch Sigwart übersieht) dieser elementare Beweis auf einer schwierigen und nicht verifizierbaren Hilfshypothese beruht, auf dem Parallelenaxiom. Immerhin hat Sigwart da ein gutes Beispiel gegeben für die Art, wie wir uns durch Generalisierung einer Umkehrung neue Aufgaben stellen. Nun haben wir uns seit Bacon und noch mehr seit Mill davon überzeugen lassen, daß unsere sichern Sätze nicht auf Deduktion, sondern auf Induktion beruhen, also eigentlich immer auf Generalisierungen; die Umkehrungen solcher Sätze stellen demnach Hypothesen auf, die andere Hypothesen zur Grundlage haben. Weil aber unsere Begriffe oder Worte ihr Prädikat mitbezeichnen, so stecken alle Hypothesen schon in den Worten.

Ich habe (a. a. O. S. 498) versucht, mich durch eine Phantasie auf einen etwas höheren Standpunkt zu erheben. „Unsere Worte oder Artbegriffe, welche Platon für die Ideen der Erscheinungen erklärt hat, scheinen uns so zuverlässig zu sein, daß mancher den Kopf schütteln mag, wenn er auch so handgreifliche Begriffe wie Erde, Wasser, Eiche, Mensch für Hypothesen halten soll. Wie aber, wenn wir uns einen Geist vorstellen, für den Millionen Jahre der Entwicklung wären wie ein Tag? Wie, wenn vor den Augen dieses Geistes die Urstoffe der Welt sich in wenigen Stunden dieses Geistes gemächlich zu der Erdkugel ballen, glühen, erstarren, lebendig werden, erfrieren, zurückstürzen in die Sonne und sich in ihrer Glut neuerdings auflösen in die Urstoffe der Welt? Ist dann der Begriff Erde, der Name der Form eines flüchtigen Viertelstündchens, auch noch mehr als ein luftiges Wort? Ist dann der Name Erde noch mehr als die Hypothese eines Übergangszustandes der Urstoffe? Ist dann der Name Erde noch mehr als die Hypothese *sieden*, die wir von einer Übergangsform des Wassers gebrauchen? Und ist der Begriff Wasser, das einst auf Erden nicht war und dereinst wieder nicht mehr sein wird, nicht ebenso eine Hypothese zur Beruhigung des beschaulichen Geistes, der die Erde entstehen und vergehen sieht, wie das Kind die Farben auf seiner Seifenblase, die schönen Farben, die doch gewiß Hypothesen sind? Und ist das Wort Eiche, die während des kurzen Viertelstündchens des Erdendaseins einmal aus andern Formen hervorging, wie eine Eisblume auf der Fensterscheibe einen neuen Kristall ansetzt, ist die Eiche mehr als eine Hypothese? Und der Mensch? Was sich auf dieser Erdkruste kribbelnd und krabbelnd formte und wandelte, bis es einmal flüchtig so wurde, wie der beschauliche Geist seit einigen Minuten Milliarden von Menschen sieht, ist er mehr als eine Hypothese?“

Bei dieser Phantasie liegt mir natürlich nichts ferner als die Meinung, alle Worte der Menschensprache seien gleichwertig, seien gleich unkontrollierbare Hypothesen. Da ist es aber merkwürdig, daß gerade die allerallgemeinsten Begriffe, deren Realität sich jeder Kontrolle entzieht, unter den Gedankendingen die ältesten und festesten Hypothesen der Menschheit sind: Gott, Ding, Raum, Zeit, Bewegung, Wärme, Einheit, *Gesetz*, *Ursache*. So stoßen wir plötzlich auf eine neue Schwierigkeit. Die strengere Methode der gegenwärtigen Wissenschaft betrachtet — wie gesagt — vorsichtig die notwendigen Hypothesen als *vorläufig* angenommene Gesetze oder Ursachen; und baut auf diesen Hypothesen ihre Theorien auf mit dem Vorbehalte, die Hypothese fallen zu lassen, wenn die Theorie sich nicht in thesi bewährt hat. Nun aber haben wir erfahren, daß auch die definitiv angenommenen Gesetze und Ursachen Hypothesen enthalten, ja daß der Begriff *Gesetz*, der Begriff *Ursache* schon eine Hypothese sei. So bedingt ist die Welterkenntnis des Menschen von den Worten seiner Sprache, daß er nur die Wahl hat zwischen wahrscheinlichen und unwahrscheinlichen Hypothesen, sich zu unbedingten Urteilen niemals erheben kann. Goethe hat diese Anschauung oft und oft ausgesprochen und für den Ausdruck die Worte *begrenzen*, *beschränken*, *bedingen* gern gehabt; und auch über den Begriff der Hypothese hat er einmal (Spr. i. Prosa 920) ein weises Wort gesprochen: „Hypothesen sind Wiegenlieder, womit der Lehrer seine Schüler einlullt; der denkende, treue Beobachter lernt immer mehr seine Beschränkung kennen, er sieht, je weiter sich das Wissen ausbreitet, desto mehr Probleme kommen zum Vorschein." Und für Leute, denen Goethes Weisheit nicht fachwissenschaftlich genug ist, kann ich mich auf Poincaré berufen, der in seinem sehr lesenswerten Buche „La Science et l'Hypothèse" (S. 178 f.) fein zwischen den natürlichen, den gleichgültigen und den eigentlich generalisierenden Hypothesen unterscheidet, unmittelbar vorher aber die Warnung ausspricht: „Le ferme propos de se soumettre à l'expérience ne suffit pas; il y a encore des hypothèses dangereuses; ce sont d'abord, ce sont surtout celles qui sont tacites et inconscientes. Puisque nous les faisons sans le savoir, nous sommes impuissants à les abandonner." Ich fürchte nur eben, daß alle unsere Begriffe oder Worte, die reichsten oder allgemeinsten zumeist, solche natürliche, stille, unbewußte Hypothesen mitbedeuten.

I.

Idealismus.

I.

In dieser Form ist es ein verhältnismäßig junges Wort; aber es war von Anfang an verworren, und selten verstehen zwei Menschen, die es gebrauchen, unter Idealismus dasselbe. So bunt wie der Begriff Idee schillert, so auch die Ableitung Idealismus. Man schlage ein besseres französisches Wörterbuch auf und man wird sehen, was alles im Laufe von 2000 Jahren aus den alten platonischen Ideen geworden ist. Die französische *idée* muß man je nach Umständen übersetzen mit Begriff, Vorstellung, Bild, oder mit Gedanke, Einfall, oder mit Meinung, Plan, oder gar mit Entwurf, Skizze. Wenn wir eine fremde Sprache lesen und gewissenhaft genug sind, so unterlassen wir es nicht, in solcher Weise zu fragen, welcher der uns gewohnten Begriffe sich wohl mit dem ausländischen Worte decken möge. In deutschen Schriftstellern der letzten hundert Jahre finden wir das deutsche Wort Idee nacheinander und durcheinander in allen seinen französischen Bedeutungen und dazu noch in einigen anderen. Selbst die Bedeutung *ein Tröpfchen, eine Spur, ein Wenig*, haben wir zuletzt aus dem Französischen entlehnt; es ist ein langer und interessanter Weg von den platonischen Ideen zu der Antwort: „Eine Idee!" auf die Frage: „Soll ich Ihnen Kognak in Ihren Kaffee gießen?" und doch ist es ganz falsch, zwischen Begriff und Wort deshalb unterscheiden zu wollen, weil dasselbe Wort so vielerlei bedeuten kann; mit dem Worte ist auch der Begriff gleichgeblieben, nur daß je nach den Umständen unsere Aufmerksamkeit sich auf dieses oder jenes seiner Merkmale gerichtet hat. Die platonischen Ideen sind die unsichtbaren Mütter der wirklichen Dinge; halten wir die Unsichtbarkeit im Auge, so wird die platonische Idee zum Bilde für eine kleine Menge Kognak, für so viel, daß es kaum zu sehen ist. Freilich werden solche Begriffe oder Worte durch den langen Gebrauch unbrauchbar für Erkenntniszwecke, so wie abgegriffene Scheidemünzen unbrauchbar werden für den Verkehr; das aber wissen wir längst.

Idealismus wird also ungefähr diejenige Weltanschauung bedeuten, die auf Ideen beruht. Bei der Vieldeutigkeit des Wortes Idee werden wir von vornherein vermuten, daß auch die idealistische Weltanschauung vieldeutig sein müsse. Am beliebtesten war das Wort vor bald hundert Jahren, als der Rhetoriker Fichte die Erbschaft Kants anzutreten schien und der Rhetoriker Schiller begann, der populärste Dichter Deutschlands zu sein. Damals atmeten die Männer und Jungfrauen tiefer und blickten stolzer aus ihren Augen, wenn sie sich Idealisten nannten. Dieser Idealismus vermischte schon ganz unzusammengehörige Dinge miteinander. Dieser Idealismus glaubte Metaphysik zu lehren, daß nämlich der Geist, die Idee gegenüber der körperlichen Welt das Höhere sei, das Frühere; und bis in die Hegelei hinein hat sich diese Bedeutung des Idealismus einseitig fortentwickelt. Derselbe Idealismus wiederholte aber auch — ohne den tiefgehenden Gegensatz zu fühlen — die erkenntnistheoretische Lehre der Engländer und Kants, daß nämlich unser Wissen von der Wirklichkeit nur auf unseren *Ideen* (in diesem Sinne: *Vorstellungen*) beruhe und daß wir von den wirklichen Dingen nichts weiter wissen, also überhaupt gar keine Metaphysik besitzen. In diesen beiden Bedeutungen war der Idealismus freilich selbst für Schiller nur eine Sonntagsandacht und schwebte dem Publikum Schillers nur schattenhaft als eine neue Religion vor. Niemand ahnte, daß eine Welt die metaphysischen Ideen (die Mütter) und die erkenntnistheoretischen Ideen voneinander trennte; daß da der alte Streit zwischen Realismus (Wortrealismus) und Nominalismus zu erneuern gewesen wäre. Eigentlich war der Begriff Idealismus mehr so etwas, was man den Menschen in ihr Gewissen hineinschob, eine unklare Moralfrage, eine Charakterfrage. Idealistisch war ein Held der Geschichte oder der Bühne, wenn er mit der tatsächlichen Welt, mit den wirklichen Menschen recht unzufrieden war, wenn er die Menschen anders haben wollte als sie waren. Dieser Idealismus verrät seine Abstammung von moralischen Begriffen sofort dadurch, daß er die Menschen zwingen möchte, etwas zu *sollen*. Die Lieblingsgestalten Schillerschen Idealismus passen nicht in diese Welt, sie gehen zugrunde, und das ist das Los des Schönen auf der Erde. Max und Thekla. Erst in unseren Tagen hat die Dichtung versucht, diese „idealen Forderungen" mit Bewußtsein abzustreifen. Und um die Sprachkonfusion voll zu machen, ist der moralische Idealismus Schillers zugleich schon ein künstlerisches Glaubensbekenntnis, wobei sich dieser Idealismus, der gemeinsam für die kalten Formen antiker Plastik und für die kalte Tugend antiker Republiken schwärmt, wieder einen politischen Idealismus zurechtmacht, der seinerseits im Blutvergießen der französischen Revolution kaum wiederzuerkennen ist. Man bemerkt also, daß das Wort Idealismus schon in der Schillerzeit durcheinander an Begriffe erinnerte, die der Metaphysik, der Psychologie, der Ethik, der Ästhetik und der Politik angehören. Nun ist es für uns gar nicht fraglich, daß die Vorstellungskreise dieser Disziplinen begrifflich gar nichts miteinander zu tun haben. Man darf nicht etwa glauben, daß das Wort *Idealismus* damals einen höheren Sinn gehabt habe, der alle diese Wissenschaften überragte. Man muß den Mut haben, zuzugestehen, daß Schiller selbst nicht wußte, woran er deutlich dachte, wenn er sich und seine Leser für den Idealismus begeisterte. Wenn Goethe demgegenüber von einem *Realismus* sprach, der ihm angeboren sei, so wollte er eben nur in seiner Weise feststellen, daß er den Mode-Idealismus nicht anerkannte, daß er ihn negierte; anders als durch diese Negation hätte er seinen Realismus wieder kaum definieren können.

Ich habe nichts dagegen, daß man diesen Schillerschen Idealismus, der mit all seiner Verwirrung bis auf uns gekommen ist, eine Weltanschauung nennt. Wir wissen ja, wie wenig eine Weltanschauung ist. Eine Stimmung, eine Neigung, bestimmte Gruppen unseres Sprachschatzes vor den anderen im Gedächtnis zu haben, sie sich schneller einfallen zu lassen. Aber diese schöne Weltanschauung bekam noch zu Schillers Lebzeiten einen unheilbaren Knax weg. Schon trat Napoleon auf, in künstlerischer und politischer Beziehung ganz und gar der stärkste Vertreter der französischen Revolution und darum als Nachahmer und Bewunderer der Antike (er ließ sich römisch malen und bewunderte die Hofdichter Ludwigs XIV.) eigentlich ein Idealist reinsten Wassers in Politik und Ästhetik. Er kam nach Deutschland, ließ sich klug über alles belehren, er fand ein gebildetes

Deutschland, das sich stolz ein Volk von Idealisten nannte, und gebrauchte das verächtliche Wort *Ideologen*. Ideologe ist begrifflich mit Idealist identisch. Es ist einer von den Zufällen der Sprachgeschichte, daß das verächtliche Wort Napoleons nicht geradezu Idealist geheißen hat. Der gute französische Ausdruck lautet: *idéologiste*. Und nun ist es nicht zu leugnen, daß die Bezeichnung Idealist heutzutage, in Bismarcks Deutschland, etwas von der verächtlichen Nebenbedeutung in sich faßt. Wenn wir von einem Menschen sagen, er sei ein *Idealist*, so meinen wir genau wie die Zeitgenossen Schillers, er passe nicht in diese Welt; was aber bei Schiller das höchste Lob war, ist zum spöttischen Tadel geworden. Natürlich, denn die jenseitige Welt — die des Glaubens sowohl wie die der Phantasie — ist aus unserer Weltanschauung ausgeschieden, und ein Mensch, der in diese Welt nicht paßt, ist überhaupt ein unbrauchbarer, ein dummer Mensch. Genau so ist häufig die Bezeichnung ein *guter* Mensch eine verächtliche Bezeichnung, in welcher vielleicht bereits der Begriff *gut* sich anschickt, seine Bedeutung zu ändern. Vielleicht wird *gut* nach einigen hundert Jahren soviel wie *dumm* heißen, wie die alte Bezeichnung für *recht*, *gerade* (ahd. *sleht*) uns heute so viel wie böse bedeutet. Und man glaube nicht, daß die Geringschätzung des Idealismus im praktischen, moralischen Sinne unabhängig sei von der philosophischen Bedeutung des Worts, von Psychologie und Metaphysik. Genau so wie Politiker und andere Geschäftsleute heute über den praktischen Idealismus lächeln, so lächeln Professoren und Studenten über den theoretischen Idealismus, über die idealistischen Systeme von Fichte und Hegel.

Blicken wir in diese unheilbare Verwirrung des Sprachgebrauchs hinein, so werden wir natürlich geneigt sein, still zu lächeln, so oft wir das schöne Wort Idealismus hören oder lesen. Ich habe schon öfter darauf hingewiesen, daß der Realismus der mittelalterlichen Scholastiker so ziemlich mit unserm modernen metaphysischen Idealismus zusammenfällt. Was kann die Sprache noch tolleres leisten, als daß sie dasselbe Wesen zuerst Realismus nennt und dann Idealismus. Fair is foul, and foul is fair, wie Macbeths Hexen singen. Der mittelalterliche Realismus ist der Glaube an die Wirklichkeit der platonischen Ideen; er glaubt, daß der Begriff Tier eine Realität bedeute, an welcher das einzelne lebendige Tier Anteil habe. Etwas anderes steckt auch nicht hinter unserm modernen Idealismus. Er ist der Glaube an die Priorität, an die wirkliche Herrschaft der Ideen. In der Metaphysik ist er der Glaube, daß die Idee oder der Geist die Welt hervorgebracht habe; in der Ethik ist er der Glaube, daß die Idee oder das Gesetz etwas außerhalb und über dem Menschen sei. In der Politik ist der Idealismus der Glaube, daß die Idee oder das Recht etwas außerhalb und über den menschlichen Gesellschaften sei; in der Ästhetik ist er der Glaube, daß die Idee oder die Form das Höhere sei, dem sich die Wirklichkeit zu beugen habe.

Ich habe bei diesem Überblick die Psychologie fortgelassen; mit guter Absicht. Denn in der Psychologie beißt sich die Schlange in den Schwanz, und der alte Gegensatz zwischen Nominalismus und Realismus, der in unserer Sprache zum Gegensatz von Realismus und Idealismus geworden ist, hätte auf der Stelle verschwinden müssen, wenn — ja wenn Kant mit seiner Erkenntnislehre Ernst gemacht hätte, wenn er nicht immer wieder scheu nach Metaphysik und Ethik hinübergeschielt hätte. Es war nämlich trotz alledem im Laufe des Mittelalters die platonische Idee so auf den Hund gekommen, daß sie (ich erinnere wieder an das französische *idée*, lateinisch *idea*) kaum mehr etwas anderes bedeutete als unsere Begriffszeichen für Vorstellungen oder unsere Vorstellungen selbst. So lange man nun an eine Wirklichkeitswelt (neben unseren Vorstellungen von ihr) glaubte, so lange schien der Gegensatz zwischen den Dingen und unseren Vorstellungen von ihnen, zwischen dem Realen und dem Idealen, einen leidlichen Sinn zu haben. Nun aber wurde durch die Engländer und durch Kant das Ding-an-sich aus unserem Denken hinausgeworfen, die Wirklichkeitswelt wurde erkannt als unsere Vorstellung, als unsere bloße und unüberschreitbare Vorstellung. So war — da Idee auch nichts weiter bedeutete als unsere Vorstellung — Wirklichkeit und Idee zusammengefallen und man hätte die beiden Begriffe Realismus und Idealismus standesgemäß begraben und die Kritik der reinen Vernunft in einem steinernen Symbol auf den Hügel legen müssen. Man hat es nicht getan und beide Begriffe treiben sich unbestattet als Gespenster weiter in unserem Sprachschatz umher.

II.

Vom sprachkritischen Standpunkte aus wird es richtig sein, noch mit einem Worte auf die ästhetische Bedeutung von Idealismus und Realismus zurückzukommen; denn in diesen Vorstellungskreis gehört auch die Poesie, die Kunst durch Sprache; während wir eben die Forderung gestellt haben, die Begriffe Idealismus und idealistisch aus der Sprache hinauszuwerfen, haben wir nun plötzlich den Gegensatz von realistischer und idealistischer Sprache wieder vor uns. Man kann wohl sagen, daß der Idealismus in der Poesie diejenige Geistesrichtung bedeute, die an solche unbestattete Gespenster glaubt und sie darum für ihre Gestalten wie für ihre Sprache verwendet. Und weil es von der Gesamtentwicklung des Menschengeistes abhängt, welche Worte noch für lebendig und welche für tot gelten, darum sind auch in der Poesie Idealismus und Realismus relative Begriffe. Bei Dante sind Himmel und Hölle noch reale Begriffe, bei Klopstock und im zweiten Teil des Faust sind sie ideal. Bei Homeros — um noch deutlicher zu sein — sind selbst die Schatten der Unterwelt real und können darum mit realistischer Sprache dargestellt werden; bei Klopstock ist der Messias selber nicht mehr so recht real und darum zerfließt seine Darstellung in gespensterhaft idealistischen Worten. Sobald aber die Relativität dieser Begriffe halbwegs zum Bewußtsein kommt, sucht die Sprache sich ihrer wenigstens auf diesem Gebiete zu entledigen. Vor 60 Jahren noch stellte sich der dichterische Realismus, als er die wirklichen Menschen bei ihrer wirklichen Arbeit aufzusuchen versprach, ganz zuversichtlich dem Idealismus gegenüber, der die Menschen am liebsten in Engel und Teufel eingeteilt hätte. Als aber in Malerei und Poesie die wirkliche Arbeit wirklicher Menschen immer schärfer beobachtet worden war, als — wieder von der Politik her — die grausame Not der ärmsten Menschen, die man besonders die Arbeiter nennt, unvermeidlich vor den Augen stand, da genügte plötzlich der bescheidene Realismus der 50er Jahre nicht mehr und man begann dieselbe Darstellung wirklicher Arbeit mit einem neuen Worte *Naturalismus* zu nennen. Das Wort war nicht ganz neu; vor 200 Jahren hatte es in der Metaphysik oder Theologie diejenige Anschauung bezeichnet, welche Gott und Natur einander gleichstellte und dabei selbst das Wort Gott zu vermeiden anfing. Unsere Pfaffen gebrauchen das Wort Naturalismus immer noch in dem alten Sinne und freuen sich, wenn sie den Naturalisten der Poesie diesen alten Naturalismus oder Atheismus nachweisen können. Wieder gerät die Sprache in Verwirrung. Es kann kein Zweifel für uns sein, daß ein moderner Dichter oder Maler das Arbeiterelend idealistisch darstellen könnte und eben so das Leben des Heilands naturalistisch, wie das ja auch schon geschehen ist.

Es bleibt mir noch übrig, wenigstens kurz (eine Sammlung aller Tatsachen der Wortgeschichte würde ein stattliches Buch füllen) auf den Weg hinzuweisen, den die *Idee* von Platon aus nehmen mußte, um zum praktischen Idealismus mit seinem Sollbegriff zu führen. Die Lateiner hatten das griechische Wort einfach herübergenommen; *idea* war ihnen ganz platonisch ein Urbild, ein Schöpfungsgedanke, nach welchem sich das Individuum richtet, ein *exemplar*, im lateinischen Sinne, ein *ausgewähltes* Beispiel oder Muster, also in populärer Vorstellung doch schon etwas Vollkommenes, Fehlerfreies, nach dessen Bilde sich das einzelne Exemplar (in unserem Sinne) richtete. Das Adjektiv *idealis* kommt bei guten römischen Schriftstellern nicht vor. Erst die Scholastiker bilden dieses Wort und meinen: „was sich auf die ideae, die Urbilder bezieht“. Sobald aber das Wort *idea* anfängt, von der erwachenden Psychologie auf die Vorstellungen oder Gedanken des Menschen angewandt zu werden, erhält das Adjektiv *idealis* eine Beziehung auf das menschliche Vorstellen. Und dieser Sprung in der Wortgeschichte scheint zuerst von Occam gewagt worden zu sein, ganz konsequent, denn der große Begründer des Nominalismus verlegte ja Platons Ideen in die allgemeinen Begriffe oder Worte der menschlichen Sprache. Aus dieser Weltanschauung, die also in einem Gegensatze stand zum Platonismus, entwickelte sich der metaphysische oder noch später der erkenntnistheoretische Idealismus, der sich besser (wir haben im Deutschen wie im Französischen die Unterscheidung zwischen *ideal* und *ideell*) *Ideellismus* genannt hätte: die gedankenhafte, vom Ich abhängige Weltanschauung. Denn aus dem Adjektiv *idealis* hatte sich seit dem 17. Jahrhundert ein Substantiv herausgebildet, *ideale*, unser *Ideal*, das unmittelbar auf Platons Weltanschauung zurückging, das Vollkommenste in jeder Art bezeichnete, und bei der Richtung des 18. Jahrhunderts auf Ethik und Ästhetik bald den Sollbegriff in sich einschloß. Versteckt ist dieser Sollbegriff schon in Kants Erklärung: „Diese Ideale, ob man ihnen gleich nicht objektive Realität zugestehen möchte, sind doch um deswillen nicht für Hirngespinste anzusehen, sondern geben ein unentbehrliches Richtmaß der Vernunft ab, die des Begriffs von dem, was in seiner Art ganz vollständig ist, bedarf, um danach den Grad und die Mängel des Unvollständigen zu schätzen und abzumessen.“ Ein Begriff der praktischen Vernunft also eigentlich, ein höchstes Wertmaß, ein Urbild, das nie ganz verwirklicht werden kann, nach dessen Verwirklichung aber man streben *soll*. Und Liebmann hat denn auch ganz unbefangen das Ideal definiert als „den Gedanken dessen, was sein soll, was nach bekannten oder unbekannten Normalgesetzen als wertvoll erkannt und daher vom Gewissen postuliert wird.“ Das Ideal ist zu einer Sehnsucht geworden, die zu empfinden der Mensch verpflichtet ist.

Ich füge ein Kuriosum hinzu. Nach einer Notiz Lessings (Ausg. Hempel XIX, S. 392) „scheint Lana das Wort (Substantiv) *Ideal* zuerst gebraucht zu haben“. Und dieser Franciscus Lana, ein Jesuit, war derselbe Mann, der im 17. Jahrhundert zuerst eines der technischen Ideale unserer Zeit aufstellte, das lenkbare Luftschiff, die Kunst per aërem volandi et navigandi ope globorum metallicorum; die Metallkugeln, aus leichten Metallstreifen, sollten das Schiff, und Menschen darin, in die Luft heben. Man kann die Beschreibung in Morhofs Polyhistor (II, 2, 4, 4) finden.

Der vorsichtige Ausdruck Lessings wird dadurch erklärt, daß das Wort *ideale* bei Lana ebenso gut als Adjektiv wie als Substantiv aufgefaßt werden könnte; jedenfalls wird da schon der Gegensatz zwischen idealer und naturalistischer Malerei scharf ausgesprochen. Es heißt bei Lana: „Io vorrei, che li pittori pigliassero le sue parti dal naturale, nè sò intendere, perchè debba esser più bella una figura dipinta a capriccio, che chiamano di maniera, *ed io la direi ideale*, di quella che è presa dal naturale.“ Lessing bemerkt dazu (a. a. O. S. 406): „Doch will Lana auch nur, daß sie die einzelnen Teile von der Natur, nicht aber alle Teile von einem und demselben Menschen nehmen, sondern an verschiednen die schönsten Teile aussuchen sollen. Und weiter versteht man auch itzt nichts unter dem Ideale.“

Idealmenschen. — Jede Zeit macht plötzlich die Entdeckung, daß sie eine Übergangszeit sei und bildet sich noch etwas darauf ein. Jede Zeit hat noch junge Leute gehabt, die sich stürmisch oder melancholisch als Übergangsmenschen fühlten zwischen dem Jetzt und der Zukunft. Was jetzt ist, das heißt *modern*, neuerdings *die Moderne*, ganz schlecht nach *die Antike* gebildet. Was noch nicht ist, worauf die Sehnsucht geht, heißt seit etwa 150 Jahren das *Ideal*. Er, der Herrlichste von allen, ist ihr Ideal. Sie, die Herrlichste von allen, wäre sein Ideal. Bei Kant und Lessing spielt das Geschlechtliche wenig mit, um so stärker schon das Individuelle. Kant sagt, dem Individualismus günstig: „Aber noch weiter als die Idee scheint dasjenige von der objektiven Realität entfernt zu sein, was ich das *Ideal* nenne, und worunter ich die Idee nicht bloß in concreto, sondern in individuo, d. i. als ein einzelnes durch die Idee allein bestimmbares oder gar bestimmtes Ding verstehe“ (Kr. d. r. V. 596). Und Lessing dem Individualismus ungünstig: „(das Porträt) ist das Ideal eines gewissen Menschen, nicht das Ideal eines Menschen überhaupt.“

Die Sehnsucht und der Hinweis auf eine Zukunft, der streng individualistische Zug und der Zusammenhang mit der Geschlechtsliebe vertragen sich im Begriffe Ideal als der Vorstellung von einem Wesen, das einer Idee adäquat ist, ganz gut; man braucht nur Schopenhauers scharfe, auch ohne sein System mögliche Metaphysik der Geschlechtsliebe daneben zu halten. Schopenhauers nur scheinbar zynische, eigentlich fast verstiegene Definition der Liebe erklärt den tiefen Ernst, mit dem der Endzweck aller Liebeshändel verfolgt wird, daraus, daß die sämtlichen Liebeshändel der gegenwärtigen Generation zusammengenommen die Zusammensetzung der nächsten Generation entscheiden. Alle Verliebtheit, wie ästhetisch sie sich auch gebärden mag, ist individualisierter Geschlechtstrieb; und weil Schopenhauer in besonders feierlichen Momenten sich lateinisch auszudrücken liebt, 100 Jahre nach Thomasius, sagt er: die Liebe ist meditatio, compositionis generationis futurae, e qua iterum pendent innumerae generationes. Es trifft sich ganz gut, daß im Liebesgewoisel der oder die Liebende das andere zu seiner Göttin oder zu seinem Gotte zu machen liebt. Schon Feuerbach, der unter den Christen zuerst klar und grob den Menschen zum Schöpfer und Gott zum Geschöpf gemacht hat, meinte (Wesen des Christentums): „in Gott mache ich eben mein Futurum zu meinem Präsens“. Gott ist der alte Name für das Ideal. „Wie einer ist, so ist sein Gott.“ Aber: wie das Ideal einer Generation ist, so will diese Generation nicht nur sich und die anderen Menschen, die sie lieb hat, sondern so möchte sie sie auch zeugen. Je nach der Mode des Ideals hat zu einer bestimmten Zeit der Ästhet oder der Athlet, der Tatenmensch oder der Künstler, der Blutmensch oder der Heilige, der Einsiedler oder der petitmaître besonders „Glück bei Frauen“, legitim oder illegitim. Und so wäre es wahrhaftig möglich, daß die compositio generationis futurae von der Mode des Männerideals der Frauen und ähnlich von der Mode des Frauenideals der Männer stark beeinflußt würde, hätte die Natur, die doch wohl keine Mode und kein Ideal kennt, nicht einen Riegel vorgeschoben. Pater semper incertus; so viel wir aber davon wissen, sind die legitimen und illegitimen Kinder von einseitig großen Menschen nicht immer große Menschen gewesen. Les dés de la nature sont pipés, hat Abbé Galiani gesagt; die Natur foppt die Menschen auch beim Liebesgefühl, was aber die Brauchbarkeit von Schopenhauers Definition nicht ganz ausschließt.

Das Ideal hat natürlich im Laufe der Geschichte gewechselt, wenn auch nicht ganz so schnell wie die Mode in den Tagen, die wir gerade jetzt die Moderne nennen. Bei den Griechen schwebte scheinbar die Vergangenheit der Zukunft oder der Sehnsucht als Ideal vor: der *Heros*. Der Heros war noch bei Homeros der tapfere, freie Mann; aber schon damals wurden die Kämpfer der Vorzeit, das Geschlecht halbgöttlicher Menschen gern Heroen genannt, anfangs ohne mythologischen Gedanken, bis dann zuerst Herakles offiziell eine Zwischenstufe zwischen Gott und Mensch einnahm und *ἥρως* zum terminus technicus für einen Halbgott wurde. Da diese Heroen aus der Geschlechtsvermischung von Göttern und Menschen hervorgingen, ist in der Vorstellung vom Heros die Beziehung zur Geschlechtsliebe gewahrt.

Die Wortgeschichte im Griechischen geht dann ins Mythologische; bei den Römern heißt aber *heros* schon ein außerordentlicher Mensch, ein großer Mann; Cicero spricht von Brutus und Cassius als von heroibus nostris. Im Sinne eines großen Mannes hat sich *hero* im Englischen erhalten, auch in zahlreichen Zusammensetzungen, in der Gemeinsprache; Nelson heißt Hero of the Nile; unsere Redensart, daß niemand vor seinem Kammerdiener ein großer Mann sei (aus dem 3. Jahrhundert v. Chr., denn schon König Antigonos von Makedonien sagte, als man ihn einen Gott nannte, davon wüßte sein Kammerdiener nichts, wörtlicher sein Nachttopfträger, *λασανοφορος*), heißt auf Englisch: No one is a hero to his valet; ähnlich im Französischen. Zu beachten ist, daß kurz bevor Carlyle *hero-worship* von der Welt verlangte und durch seine Schriften förderte, der genialische Byron, zornig über die Thronentsagung Napoleons, sein Gedicht einleitete mit dem Sehnsuchtsrufe: I want a hero, ich möchte einen Helden.

Die Griechen hatten also an ihren Heroen übermenschliche Ideale. Alexander berauschte sich an den Halbgöttern der Ilias, und griechische Weiber mögen davon geträumt haben, wie Semele von einem Gotte vergewaltigt oder verführt, mit einem Halbgotte geschwängert zu werden. Dem steht die Anschauung gegenüber, daß das Menschenideal der klassischen Zeit von Athen in der *Kalokagathie* bestand; die *καλοκἀγαϑοι* waren in Athen nach der Etymologie die Schönen und Guten, nach dem Sprachgebrauch zunächst die ordentlichen Menschen, auf die der Staat und der Freund sich verlassen konnte, dann die Optimaten, die Leute von anständiger Bildung, die galantuomini, die gentlemen, alles im Gegensatze zum Pöbel. Liest man Wielands Übersetzungen oder seine Griechenromane, so ist das griechische Ideal philisterhafte Kalokagathie; liest man die Dichter der Geniezeit oder die neuesten Bearbeitungen griechischer Dramen, so ist das Griechenideal heroische *Hybris*. In Wirklichkeit wird es darauf hinauslaufen, was ich nicht oft genug wiederholen kann, daß wir nicht einmal von diesen bekannten Dingen etwas Rechtes wissen, daß auch die historischen Ideale ihre eigene postume Geschichte haben, daß verschiedene Zeiten und verschiedene Individuen das historische Ideal der Griechen so gefaßt und nachgeahmt haben, wie sie es nach ihren Kenntnissen und nach ihren Wünschen verstehen konnten und mußten.

Für unser historisches Interesse wurde das heroische Ideal der Antike vom christlichen Ideal abgelöst und hat ungefähr tausend Jahre lang die Völker des Abendlandes beherrscht. Das kann man so sagen und hat es unzähligemal wiederholt. Gemeinsam wäre da dem griechischen und dem christlichen Geiste, daß unter den Tugenden des Ideals Weisheit oder Erkenntnis nicht aufgezählt wird. Der Hauptunterschied wäre, daß die Griechen Ästhetik und Ethik verlangten (καλοκἀγαθος), daß die Christen die Ästhetik fortließen, die Schönheit, die Kunst, die Freude, oder wie man die Beziehung auf die Sinnlichkeit oder das Diesseits nennen will, daß die Christen sich auf die Moral beschränkten, und zwar auf eine übersinnliche. Denn die Moral der Griechen in der guten Zeit war eine tapfere oder doch schlagkräftige Herrenmoral, die Moral der Christen wäre im Gegensatz dazu eine demütige Sklavenmoral gewesen, eine Schlägedulderin, die den anderen Backen hinhält nach den Worten der Schrift. Zu welcher Lebensführung von diesen beiden die intimere Tapferkeit gehört, zum Heros oder zum Märtyrer, das bleibe unerörtert, weil die Wirklichkeit des Mittelalters wieder nicht so schablonenhaft war, wie historische Darstellung wohl sein muß. Wieder war der Gott das Ideal, sogar der Gott des Dogmas, der aber in der Phantasie seiner besten Nacheiferer Gottmensch war, also wieder Halbgott. Wohl war am Ausgang dieses Mittelalters das weitaus verbreitetste Literatenideal die Imitatio Jesu Christi, so wie das literarische Ideal der Antike, auf das sich selbst Philosophen beriefen, das Heroenbuch, die Ilias, gewesen war. So wie aber schon das Altertum die ganz ungriechische, ganz christliche Verzweiflung an der Kalokagathie der Menschennatur kannte, so wie Diogenes bei Tage eine Laterne anzündete, einen Menschen zu suchen und natürlich nicht zu finden, so herrscht umgekehrt die christliche, die antigriechische Sklavenmoral, die Demut und Ergebenheit, mehr in der offiziellen Lehre und bei den kleinen Leuten der Christenheit, während die erfolgreichsten Imitatoren Jesu

Christi und der Heiligen ganz herrisch und frei in Jesus und seinen Heiligen doch wieder heroische Ideale erblickten, nach dem Bilde ihres eigensüchtigen Herzens; es waren Individualisten höchster Art, denen das Gefühl nicht fremd war, Gott zu sein. Weil sie glaubten, glaubten sie Wunder zu tun oder zu erfahren. Als Nietzsche in gottloser Zeit die gleiche Stufe erreicht hatte, schrieb er dann das gottlose Wort, das aber im allerletzten Grunde dem gleichen Bewußtsein entspringt: „Wenn es Götter gäbe, wie hielte ich's aus, kein Gott zu sein.“ Ein wirklicher Heiliger selbst, wie Franz von Assisi, konnte so eine Organisation veranlassen, die bis heute nicht ganz aufgehört hat, die Herrenmoral der herrschsüchtigen Kirche zu unterstützen. Und durch die tausend Jahre der eigentlich christlichen Zeit, von der Erfindung der christlichen Staatsreligion bis zur Renaissance, erbt sich leise bei den besten Christen eine Gesinnung weiter von Geist zu Geist: die Mystik. Die christlich ist nur in ihrer Weltflucht, unchristlich und herrisch aber noch über das Griechentum hinaus in der neuen, wilden, inbrünstigen Kraft der Welterkenntnis, die sie unerhört verlangt und übt. Die Mystiker wissen nichts von geistiger Demut; ohne Größenwahn sind sie Halbgötter, sind sie eins mit Gott. Des Franciscus fast blasphemische Identität mit Jesus und sein kosmisches Verhältnis zum Bruder sol und zur Schwester luna, wie Nietzsches schon kranke Sehnsucht, Gott zu sein, findet sich am hübschesten ausgesprochen in den gar nicht größenwahnsinnigen, fast behaglich selbstverständlichen Versen von Angelus Silesius:

„Mein höchster Adel ist, daß ich noch auf der Erden
Ein König, Kaiser, Gott, und was ich will, kann werden.“

Und:

„Ich selbst muß Sonne sein, ich muß mit meinen Strahlen
Das farbenlose Meer der ganzen Gottheit malen.“

Außer in der Menschennatur, die man dafür gebrechlich oder gesund nennen mag, liegt der Grund für diese Inkonsequenz der christlichen Zeit in der Geschichte der Christenheit selbst. Über die Armen und Elenden der antiken Welt, über die Sklaven und die verzweifelnden Römer war die Sklavenmoral und die Hingabe an den Gekreuzigten wirklich als eine seelische Wiedergeburt gekommen, nach den Worten des Evangeliums. Nicht so zu den Barbaren, die etwas weiter ab vom Mittelmeer wohnten. Zu den Germanen und Slawen kam das Christentum gleich als die höhere Kultur, mindestens in Verbindung mit der höheren Kultur, in der Sprache der höheren Kultur. Tausend Jahre brauchte die Scholastik, das eigentlich christliche Ideal begrifflich, verstandesgemäß, man könnte fast sagen aufklärerisch für die Barbarensprachen zu erschließen. Und als die Scholastik mit dieser fürchterlichen Arbeit eben fertig zu werden schien, waren die Aristokraten unter den neuen Völkern auch mit dem Christentum fertig geworden und mit seinem asketischen Ideal. Die *Renaissance*, der *Humanismus*, die Aufklärung oder wie man das neue Ideal der letzten fünf Jahrhunderte nennen will, setzte ein. Die beiden ersten Bezeichnungen sind charakteristisch. Die Humanisten verzichteten auf das Jenseits, auf den Gott und hielten sich an das Diesseits, den *homo*. Sie machten plötzlich die Entdeckung, daß nicht die christelnde Antike, sondern die heidnische sich besser zur Lehrerin eigne. Was die heidnischen Dichter und Philosophen vor dem Verderb durch das Christentum gelehrt hatten, wurde jetzt der Untergrund des Bildungsideals: les humanités, bei uns *humaniora*. Man kann sich den schwer zurückgehaltenen Haß der Humanisten gegen das Christentum und seine Symbole kaum stark genug vorstellen. In Religion, Staat und Sitte kam die imitatio der Heiden auf, ein bewußter Protest gegen das verhaßte Kreuz. Nur etwa in Goethe äußert sich viel später noch einmal dieser humanistische Zorn. In Italien, der natürlichen Heimat der neuen Bewegung, entdeckte man, daß man nicht von den Juden abstammte, sondern von den Römern. Der hl. Ambrosius, selbst ein Römer, hatte einst, um die Tapferkeit der Vorfahren zu rühmen, Josua und David maiores nostri genannt; jetzt besann man sich dort auf seine Herkunft, und Cola Rienzi, der Freund des ersten Humanisten, der Freund Petrarcas, sollte nur so, von einem Tage auf den andern, die römische Republik wiederherstellen. Selbst die deutschen Humanisten imitierten römische Abkunft und übersetzten ihre Barbarennamen ins Lateinische, womöglich ins Griechische. Luthers Reformation war in dieser Bewegung schon ein Rückschritt. Sein Los von Rom war theologischer Kleinkram, allerdings eine nationale Tat gegenüber dem Schrei des internationalen Humanismus: Los von Christus. Ich kann es nicht belegen, aber ich glaube bestimmt, daß das Schlagwort der Zeit eine parodistische, höhnische Lehnübersetzung des evangelischen Begriffs der Wiedergeburt war: *renaissance, rinascimento.*

Sollten die alten Christen nach ihrer sündigen Geburt im Fleische wiedergeboren werden im Geiste, so stellte man jetzt die entgegengesetzte Forderung: die Menschheit, die man jetzt allgemein *humanitas* nannte, sollte nicht mehr übersinnlich verkrüppeln, sondern im Fleische wiedergeboren werden, sollte in die Schule gehen der alten heidnischen Meister der Lebensfreude. Auch das Menschenideal der Renaissance hat in seiner postumen Geschichte ein Auf- und Abschwanken kennen gelernt. Seit einigen Jahrzehnten sind wir gewohnt, unter Renaissancemenschen das zu verstehen, was die geistige Mode unserer Jugend als neuestes Ideal aufgestellt hat: Kraftmenschen, etwa auch Blutmenschen, die sich moralfrei ausleben und austoben, starke Individualisten. Vor hundert Jahren dachte man bei Renaissance mehr an die philologische Ausbeutung der Antike, an den Aufschwung von Wissenschaft, Kunst und Poesie. Und zur Renaissancezeit selbst dachte man begreiflicherweise gar nicht historisch: man kehrte zu der vorchristlichen Zeit zurück und lebte weiter. Die neueste Auffassung der Renaissancemenschen braucht nicht falsch zu sein, weil sie die unsere ist. Zügellose Kraft äußert sich leicht, wenn die Zügel der alten Lebensanschauung fallen gelassen werden. Die Fürsten und die Gelehrten der Renaissance waren eine wilde und liederliche Gesellschaft, auch in Deutschland, wo man nicht nur die biederen Namen ins Lateinische übersetzte. Der Wille zur Macht ist keine neue Erfindung. Unter den Fürsten der Renaissance, weil sie Macht hatten, waren viele, die man heute Mörder nennt; unter den Gelehrten, deren Macht das Wort war und die schöne Sprache, waren viele, die man heute Revolverjournalisten nennen könnte (vgl. Paulsen, Geschichte des gelehrten Unterrichts. 31). Noch war *die Emanzipation des Fleisches* nicht Modewort geworden; aber schon lebten die führenden Stände danach, die Geld hatten oder die Geld pumpten. Die Bewegung nach dem neuen Ideal ist nicht geradlinig, kommt nur stoßweise vom Fleck, weil — wie bald nachher die Kirche und die katholischen Könige die äußerste Kraft für die Gegenreformation einsetzten — überall eine Gegenrenaissance durch die von Gott eingesetzte Obrigkeit beliebt wurde, ganz besonders in protestantischen Ländern. Die Reformation war schon Gegenrenaissance. Der langsam verbitternde Zwist zwischen Luther und Erasmus hatte tiefere Gründe als die Meinungsverschiedenheit über die Freiheit des Willens; es ist gewiß wahr: der päpstlichen Macht gegenüber war Luther tapfer, Erasmus ängstlich; aber innerlich war Erasmus der freiere Mann, „es war ihm nicht viel daran gelegen, es glaube gleich jedermann was er will“ (Luther, Antwort an Erasmus 27); der ganze Streit um die ewige Seligkeit war dem Skeptiker gleichgiltig, worauf Luther (29): „der hl. Geist ist kein Skeptikus.“ Erasmus von Rotterdam war kein Held, aber sein feiner Kopf kannte andre Ideale als die einer reineren Schriftauslegung. Und die Kulturgeschichte der letzten vier Jahrhunderte ist voll von einem oft grotesken, oft mesquinen Kampfe zwischen dem Ideal des Christentums und dem Ideal der Renaissance. Oft mischen sich beide Ideale wunderlich ineinander. In Deutschland ist die *Geniezeit* deutsche Renaissance, ohne Übersetzungsversuche; die Geniezeit setzt sich in der Romantik fort, verquickt sich aber da mit christelnden Tendenzen. Unsere Neuromantik christelt in Richard Wagner, anti-christelt in Nietzsche und ist doch nur der letzte Ausklang der 500jährigen Renaissancezeit.

Der letzte Ausklang. Die Götter der alten Welt sind eben in unseren Tagen zum zweiten Male gestorben; wir wissen es nur noch nicht. Zum zweiten Male der Götterbrand der alten Götter. Zum letzten Male? Wer weiß es? Taten und Worte deckten sich so ungefähr in der Kinderzeit des Altertums. Das christliche Mittelalter besaß wieder etwas wie eine Harmonie zwischen Taten und

Worten, weil es in seiner Jenseitigkeit Taten und Worte verachtete. Taten, weil sie zur Welt gehörten, Worte, wenn sie nicht Gotteswort waren. Das Mittelalter predigte das Schweigen, im Prinzip wenigstens. In den strengsten Orden war das Schweigen eine Pflicht, in allen Orden eine Tugend. Während der Mahlzeiten sogar wurde Gottes Wort vorgelesen, damit nicht weltliche Worte gemacht würden. Die Tugend der Renaissance bestand im Reden. Wir werden noch sehen, wie der geniale Mensch dieser ganzen Zeit, der Übermensch, ein Menschenideal der Literaten war, und wie der Tatenmensch bald die Literatur beeinflußte, bald von ihr beeinflußt wurde. Taten und Worte der 500jährigen Renaissancezeit konnten sich nicht decken, weil die Worte tote Symbole der Antike waren, die Taten aber immer lebendig sein müssen.

Schönheit und Güte, die alten Tugenden, schienen den Erneuerern der Antike selbstverständlich leicht aus den Worten der griechischen Dichter und Philosophen herauszuholen; aber auch Wissen oder Erkenntnis suchten die Humanisten in veralteten Schriften. Ein einziger Mann, Bacon von Verulam, der wirkliche Erneuerer der Wissenschaften, ballte seine Riesenfaust gegen den Aberglauben an die Renaissance. Was sonst nur gelegentlich oder lustig und unwirksam gegen Aristoteles und die griechischen Schulen überhaupt vorgebracht worden war, das verdichtete sich in Bacon zum neuen Organon, zu der neuen wissenschaftlichen Methode; wie aber die 500 Jahre Renaissance ausgefüllt waren mit einem Kleinkrieg zwischen alter und neuer Ästhetik, zwischen alter und neuer Moral, so gibt es von Bacon bis auf uns auch kein geradliniges Fortschreiten des wissenschaftlichen Geistes. Die Gespenster der Höhle, des Marktes und des Theaters, vor allem die Gespenster der Menschenhorde oder der Sprache, die alle von Bacon entzaubert und gebannt schienen, spukten weiter: im Dualismus wie im Materialismus, im Rationalismus wie im Empirismus. Und sie werden wohl noch weiterspuken, auch nachdem mehr und mehr zugegeben werden wird, daß das Ende der Renaissance hereingebrochen ist.

Daß aber die Renaissance ihren Kreislauf vollendet hat (ich sage Kreislauf, trotzdem ich das falsche Bild durchschaue), das behaupte ich besonders aus drei Gründen. Erstens gilt es nicht mehr für Ketzerei, wenn einer sagt: aus den toten Symbolen, den toten Dichtungen, Philosophien und Naturlehren des Altertums ist für uns so gut wie kein Wissen mehr zu schöpfen. Es wäre denn die Spezialdisziplin eines Wissens vom Altertum. Unser humanistisches Gymnasium ist ein Anachronismus geworden. Nur noch scherzhafte Tischredner fangen ihre Einleitungen zu einem Damentoast mit einer parodistischen Berufung auf die Griechen an (oder auf die Bibel). Zweitens ist aus dem Christentum, unchristlich und gottlos, oder auch urchristlich, der neue Glaube des Sozialismus hervorgegangen, der eins nicht mehr duldet, das 500 Jahre lang die Nahrung oder der Dünger des Renaissance-Ideals gewesen war, des Individualismus, des Geniekultus: den Ekel vor dem Pöbel. Der Ekel vor dem Pöbel erklärt und entschuldigt alle Greuel der bewunderten Blutmenschen der Renaissance, erklärt und entschuldigt die Fürstenlehre des Macchiavelli. Die Renaissance hat an Stelle der christlichen Weltflucht die antike Pöbelflucht gesetzt. Odi profanum vulgus et arceo. Je mehr Menschenklassen dem profanum vulgus zugerechnet wurden, desto verfeinerter und vergeistigter wurde das Menschenideal der Renaissance, desto literarischer. Am Ende war nur noch der Philosoph ein genialer Mensch über dem Pöbel, über der „Fabrikware der Natur", wie Schopenhauer zu sagen liebte, den „Vielzuvielen", wie Nietzsche das Wort hübsch übersetzte. Die Führer des Sozialismus, die alles für den Pöbel und alles durch den Pöbel wollen, wollen müssen, müssen wollen, — ach, sie dürfen keinen genialen Menschen, keinen Übermenschen dulden oder anerkennen, wobei ein jeder seine eigene werte Person ausnehmen mag.

Drittens scheue ich mich nicht, die Bedeutung der Sprachkritik auch für die Sprache des Menschenideals in Anspruch zu nehmen. Ist Sprache das Gedächtnis des Menschengeschlechts, so weisen alte und neue Worte immer nur in die Vergangenheit, niemals auch nur mit einiger Wahrscheinlichkeit in die Zukunft. Wir können das Präteritum immer zum Präsens machen, nicht das Futurum. Ideen oder Begriffe sind das Vergangene in der Vorstellung, Ideale sind das Künftige in der Vorstellung. Der Sprachkritiker hat die Sehnsüchte nicht verloren, wohl aber die Ideale. Er versteht nicht mehr das Wort: Zweck des Lebens. Wortreich, gewiß, wortreich wie ein Prediger des Mittelalters predigt er Resignation, Entsagung, Verzicht auf die Worte des Glaubens und des Ideals. Das Altertum nannte den Gentleman, der seine Pflichten gegen sein Haus und gegen den Staat erfüllte, einen Schönen und Guten; das christliche Mittelalter führte schon Pflichten auf Nachahmung des Gottmenschen zurück; die Renaissance entband den genialen Menschen, das höhere Individuum womöglich von allen Pflichten; wir sind zur Arbeit zurückgekehrt, die wir je nach Temperament freudig oder unfreudig leisten, Fron oder Freude nennen, nicht mehr Pflicht, höchstens etwa ungriechisch, unchristlich und ungenialisch: unsere verfluchte Pflicht und Schuldigkeit.

Nachdem ich so versucht habe, den Begriff des Menschenideals, das eigentlich immer mit dem Ideal des Menschenbegriffs zusammenfällt, historisch und sprunghaft durch zwei Jahrtausende zu verfolgen, bleibt mir noch übrig, die Wortgeschichte der beiden Schlagworte nachzutragen, in denen das Menschenideal noch heute ausgedrückt wird: vor 150 Jahren kam das Schlagwort *Genie* auf und ist jetzt, seit etwa 100 Jahren, abgeblaßt in die Gemeinsprache übergegangen; im Jahre 1883 hat Zarathustra-Nietzsche das Schlagwort *Übermensch* neugeprägt, vor 15 Jahren etwa wurde es Modewort und die Raschlebigkeit unserer Tage hat es in dieser kurzen Frist zum Evangelium erhoben, entwertet durch Alltäglichkeit und „überwunden"; Björnson hat es eigentlich schon in der evangelischen Zeit des Wortes, 1896 zu begraben versucht im zweiten Teile von „Über die Kraft". Die beiden Wortgeschichten wären leicht zu schreiben oder doch abzuschreiben. Hildebrand hat in seinem berühmten Artikel *Genie* (D.W.IV.I.2. Sp. 3396—3449) mit bewundernswerter Gründlichkeit und Feinheit das Material fast vollständig gesammelt und geordnet; Richard M. Meyer hat in seiner Schrift „400 Schlagworte" das interessante *Übermensch* philologisch und fast philosophisch untersucht, nur ohne Distanz zu gewinnen zu dem Ruhme Nietzsches; endlich hat ein Gerngroß unter den jungen Übermenschen, Leo Berg, eitel, launisch und geistreich ein Kapitel zur Geistesgeschichte des 19. Jahrhunderts geschrieben und dieses Sammelsur von guten und schlechten Bemerkungen „Der Übermensch in der modernen Literatur" genannt. Ich möchte die einzige Absicht meines Buches fördern, indem ich aus diesen Schriften herausnehme, das Ergebnis fremder Arbeit hie und da ergänzend, was die Internationalität der beiden Schlagworte beweist und was dann endlich zeigt, wie selbst ein so höchster Begriff, der des Menschenideals nämlich, just weil er ein höchster Begriff ist, ein leerer Wortschall ist, Stein und nicht Brot.

Wie das Wort *Genie* in die modernen Sprachen eingedrungen ist, darüber habe ich schon (vgl. Art. *Genie*) berichtet. Hier möchte ich genauer auf den Zusammenhang mit der Vorstellung vom *Idealmenschen* hinweisen; zunächst auch auf den Einfluß, den der verchristlichte Glaube an ein *δαιμονιον* auf das Bild von den Schutzgeistern oder *Genien* nahm. Die guten und bösen genii oder Geister waren Begleiter des Menschen; die guten genii werden unklar bald heidnisch, bald aber auch als Engel halb christlich vorgestellt.[1]) Während im 18. Jahrhun-

[1]) Wir wissen es kaum mehr, daß wir gedankenlos die uralte Sprache der Astrologie reden, wenn wir das Wort „Genius" aussprechen. Die ursprüngliche Vorstellung hing mit der Horoskopie, der Nativitätsstellerei, eng zusammen. Ὡροσκοπος konnte sein: 1. ein nomen agentis des Horoskopstellers, der das Instrument Horoskop, das ὡροσκοπειον kunstgerecht einstellte; 2. der locus am Himmel, von dem alle astrologischen Berechnungen ausgingen, der Punkt der Ekliptik, der in der Geburtsstunde eines Menschen Aufgangspunkt seines Planeten war (wenn ich die Alten richtig verstehe); 3. der ὡροσκοπος ϑεος. Dieser Gott war der Genius, unter dessen Leitung der Mensch von Geburt an blieb. Den Namen hat der Gott, weil er in der Geburtsstunde wirksam wird, a genendo, also genius. (Censorinus: de die natali III.) Ob das richtige oder ob es gelehrte Volksetymologie ist: so wurde der genius in den langen Zeiten der Astrologie verstanden. Und derselben Astrologie verdanken wir ja unsere schier unabänderliche Zeiteinteilung (Woche von sieben Tagen und deren Namen, *sieben* war von Volk zu Volk als eine hochheilige Zahl herübergewandert), sowie den fast ebenso unzerstörbaren Aberglauben an die klimakterischen Jahre, immer ein Mehrfaches der Siebenzahl.

dert, wohl unmittelbar aus dem griechischen, die Dämonen Aufnahme fanden, mehr und mehr für die bösen Geister, drang das französische *génie* in die europäischen Sprachen ein, zuerst in den bildenden Künsten als geflügelte Knaben vorgestellt, die Allegorien von Tugenden, Künsten usw. waren. Wir sagen heute: Putten. Aber der Ausdruck Genius ist noch nicht ausgestorben; man kann noch in manchem alten Park (so in Weimar) einen genius huius loci finden. Es war eine unbewußt atheistische Zeit, die ohne den Heidenzorn der Humanisten die alten Götter vermenschlichen wollte, wie nach Goethes Wort Moritz die antike Mythologie. Die offiziöse Sprache unserer politischen Redner und unser Witzblattwitz kennt immer noch etwa den Genius der Freiheit, den Genius des Friedens. Dächten wir heidnisch genug, so sprächen wir da von einem Gotte der Freiheit, des Friedens. Je mehr wir uns der eigentlichen Geniezeit (rund von 1770—1780) nähern, desto mehr beschränkt sich genius, das selbst von Jesus ohne Blasphemie gesagt werden konnte, auf den Geist oder Schutzgeist als eine überindividuelle Macht, in der pathetische Rede, während *Genie* mehr den einzelnen, begabten Menschen bezeichnete. Eine genaue Unterscheidung wurde nicht gemacht. Beide Worte boten im Deutschen bei der Bildung der Mehrzahl grammatische Schwierigkeiten. Man sagte schließlich doch noch lieber französisch Genies als lateinisch genii; die deutsche Mehrzahl Genien zog sich auf die bildende Kunst zurück.

Zur Gellertzeit kämpften Franzosennachahmer und Puristen um den Begriff; während das französische Wort oft allgemein für den kunstfreundlichen Sinn, noch nicht für eine hochgradige Begabung gebraucht wurde, versuchte man in diesem Sinne Lehnübersetzungen: Witz, Geist, eigentümlicher Geist (Kant), Mustergeist (Lessing); Campe, das enfant terrible der Puristerei, schlug Urkopf vor, worauf ihm sofort entgegengehalten wurde, es könnte da die Nebenvorstellung eines Ochsen entstehen; Campe, der an die Romantiker dachte, meinte, das wäre nicht so unrecht angebracht. Selbst das italienische virtù wurde (von Möser) dem französischen Worte vorgezogen; im Italienischen heißt virtù auch Kraft, und mit virtuoso hätte man recht gut Kraftgenie übersetzen können. Der Purismus vermochte das Wort nicht zu verdrängen. Jede Begabung wurde Genie genannt; Philippi, das unglückliche Opfer Liscows, „handelte" von großen, mittelmäßigen und kleinen Genies. Auf die große Begabung allein, auf das neue Ideal vom dichtenden Menschengeiste hat, wie gesagt, Gellert das Wort eingeschränkt, das Schlagwort geschaffen, zum Schmerze seines Kollegen Gottsched (der den spannagelneuen Fremdling bekämpfte), zur Freude seines Schülers Goethe.

Gellert, dessen außerordentlicher und fast unwidersprochener Ruhm bei den Zeitgenossen auf einer Entlehnung der Lafontaineschen Fabelform beruhte, hat auch den Begriff Genie aus dem Auslande herübergeholt, aus der bis auf Lessing maßgebenden Ästhetik von Batteux; in der Übersetzung von 1751, an der Gellert vielleicht beteiligt war, ist das französische Wort beibehalten und ausdrücklich entschuldigt: „warum sollten wir Bedenken tragen, Kunstwörter aus einer Sprache, die uns in den schönen Künsten vorgearbeitet hat, in die unsrige herüberzunehmen?“ Wenn aber der neue Begriff in seiner deutschen Fortbildung gegenüber der Regelmäßigkeit der Franzosen auf Freiheit von der Regel, ja auf Regellosigkeit hinwies, auf ein *Gefühl* des Schönen, so ist da Einfluß des englischen genius, vielleicht Fortwirkung von Shakespeare, unverkennbar; seit dem Anfang des 18. Jahrhunderts schon klagen in England konservative Geister über den Dichter, der „all genius“ sein will ohne Fleiß, Mühe und Studium. Anklänge an den so viel späteren geniezeitlichen Begriff sind bei Gellert schon reichlich vorhanden. Der gute, fromme Mann schreibt in seine Tagebücher schon weich, sentimental und selbstquälerisch wie ein Vorläufer Werthers; das Genie ist ihm schon ein Schöpfer und auch diese Nuance kommt aus dem Ausland, wo creator spiritus früh als esprit créateur für den Poeten (*ποιητης*, im Englischen seit alter Zeit a maker) in Anspruch genommen wurde.

Zurechtgeknetet wurde der Geniebegriff für die nahende Geniezeit von den Popularphilosophen; kleine Köpfe wie Sulzer, Mendelssohn mußten doch wohl schon fühlen, was in der Luft lag: daß das abstrakte Denken zurücktreten müsse vor dem intuitiven, daß Empfindung und Leidenschaft das Recht habe, nach einem neuen Ausdruck zu suchen. Die Spürarbeit dieser mittlern Literaten wird man besser würdigen, wenn man ihre Sehnsucht nach einem neuen Ausdrucksmittel der Poesie mit dem vergleicht, was etwa der führende Philosoph der Zeit und seine Leute über diese Dinge zu sagen hatten. J. G. Walch, der vortreffliche Verfasser des philosophischen Lexikons, ein guter Wolfianer, behandelt in seinem Artikel *Genius* (1740) ganz pedantisch die Frage, ob ein jeder Mensch einen einfachen oder einen gedoppelten Genium, einen guten und bösen habe. Das war einheimische Gelehrtenarbeit; die Popularphilosophen holten den neuen Geniebegriff aus dem freiern Auslande.

Auch der *Übermensch*, der dem Unmenschen so nahe steht, spielt sehr früh in diese Wortgeschichte hinein; Bodmer und der junge Lessing finden in englischen Schriften für den dichterischen Genius den Ausdruck more than human und übersetzen ihn; Lessing mit den Worten: ein mehr als Mensch, was man nur „ein Mehralsmensch“ zu schreiben brauchte, um Lessing zum Erfinder des Begriffs Übermensch zu machen. Bodmer redet einmal von dem großen Gemüte etlicher weniger (in Taten der Tugend oder des Lasters), die so übermenschlich oder so unmenschlich erscheinen; Goethe hat dann bekanntlich das Wort Übermensch geprägt. Wir werden gleich sehen, wie radikal sich die Goethesche Prägung von der unterscheidet, die hundert Jahre später durch Nietzsche aufkam. Goethes Übermensch konnte sich nicht einbürgern. Das Lieblingswort der Geniezeit für die gleiche Vorstellung des moralfreien Kraftmenschen war weniger pathetisch, es hieß „Kerl". Wenn wir diesem Worte auf jeder Seite der Geniedichter begegnen, so haben wir wirklich den Eindruck, als ob damals die Bezeichnung „Mensch" durch den Mißbrauch entwertet worden wäre, den die kosmopolitischen Menschheitsbeglücker mit dem alternden Humanismus trieben.

Hildebrand (Sp. 3429) legt nun für die eigentliche Geniezeit Wert darauf, daß damals erst das Genie zum Bewußtsein seiner Ausnahmsstellung gekommen sei: „Daß das Genie, das ja zu keiner Zeit gefehlt hatte, nun zu Selbstbewußtsein und Selbstgefühl erwachte allen bisher geltenden Verhältnissen gegenüber, das ist am ehesten das Bezeichnende und Wesentliche dieser Zeit." Das ist nun gewiß richtig; nur muß man den Nachdruck auf das Selbst*gefühl* legen und vom Selbst*bewußtsein* nicht mehr verlangen, als dieser immer ganz unklare und unbestimmte Begriff leisten kann. Die Unfaßbarkeit, die Tautologie in der Genie-Definition kommt besonders deutlich heraus in den berauschten Zeilen Lavaters (Phys. Fragm. IV. 80 vom J. 1778): „Genie ist Genius. Wer bemerkt, wahrnimmt, schaut, empfindet, denkt, spricht, handelt, bildet, dichtet, singt (usw.), *als wenn's* ihm ein Genius, ein unsichtbares Wesen höherer Art diktiert oder angegeben hätte, der *hat* Genie, als ob er selbst ein Wesen höherer Art wäre, *ist* Genie." Die Armut muß wieder einmal die Pauvreté erklären. Einig sind die Genies wieder einmal nur in der Negation, im Sturmlaufen gegen das Hergebrachte, gegen die Regeln. Die Jugend erkennt die alten Regeln, die Regeln der Alten, nicht mehr an. Und schon wagt Herder das Wort Zügellosigkeit: „Vielleicht ist dies die Ursache, warum Regeln kein Genie wecken, noch weit weniger schaffen können, ja warum sogar die größesten Genies zügel- und regellos sind." Die Jugend schafft sich sogar eine regellose Sprache, eine neue, geniale Grammatik, Metrik, Interpunktion. Man glaubt die deutsche Jugend von 1890—1900 beschrieben zu lesen, wenn man bei Jean Paul die schon in anderem Zusammenhange kurz erwähnten Worte über die Geniezeit findet: „Tausende vergaßen im Tumulte alles, besonders tote Sprachen und lebendige, und führten ein Warenlager von Welten bei sich, die gelehrte ausgenommen, und schrieben bloß in abgerissenen Gedanken und in abgerissenen Hosen. . . . Andere fragten den Henker nach Komma und Kolon, sondern schrieben geradeaus, nämlich in Gedankenstrichen" (Palingenesien, I. 174).

Das Selbstgefühl der genialen Jugend zerschlug Form und Inhalt. Denn das ist wieder bezeichnend für den Mangel an Selbsterkenntnis der Zeit, daß damals (wie heute wieder) die Formrevolutionäre, die das gröbste Wort für das beste hielten, die Virtuosen, die an der Sprache feilten, die Gedankenrevolutionäre, die Gott abschafften, die Lebensrevolutionäre, die allen Lebensäußerungen von Zeugung bis Tod den Stempel des Genies oder des Übermenschen aufdrücken wollten: daß alle diese Richtungen für die Zeitgenossen (ja eigentlich noch für unsere Augen, wenn wir nicht allzu logisch distinguieren wollen) zu einem Brei zusammengerührt wurden, der sich selber als Geniezeit erschien. Das Genie war nicht ein literarisches, nicht ein philosophisches, es war ein menschliches Ideal.

Einen Höhepunkt hat diese Zeit, einen Punkt von unvergänglich (bis heute) leuchtendem Glanze: Goethes „Prometheus" (1774); besser: das menschliche Ideal der Zeit war Goethe, der 25 jährige, in der Stunde, da die zügellosen Verse aus ihm herausbrausten:

„Hier sitz' ich, forme Menschen
Nach meinem Bilde,
Ein Geschlecht, das mir gleich sei,
Zu leiden, zu weinen,
Zu genießen und zu freuen sich
Und Dein nicht zu achten
Wie ich."

Das ist kein Programm mehr, keine besoffene Metten mehr wie Lavaters Ausbrüche. Das ist die künstlerische Gestaltung des neuen Menschen-Ideals. Der neue Gott ist gefunden.

Höher als zur Vergottung des Menschen im „Prometheus" konnte das Genie sich nicht erheben. In Goethe vollendet sich alles. Der Gipfel des Genietums wird erreicht, in Form und Inhalt; auch der Schatten, die Hypochondrie des Genies, die man nachher Weltschmerz nannte, wird noch rein und groß empfunden: „das gemeine Menschenschicksal muß denjenigen am schwersten aufliegen, deren Geisteskräfte sich früher und breiter entwickeln"; schon Hamann hatte das Genie eine Dornenkrone genannt. Aber auch die Kritik des Genietums ist rein und abgeklärt nur bei Goethe zu finden. Hatte schon Schubart (1776) am Geniekatzenjammer gelitten und auf Gott hingewiesen, der das größte Genie wäre und doch alles nach Maß, Zahl und Gewicht so weislich geordnet hätte; hatte schon Pfeffel (1778) über die deutschen Genies geschimpft, die eine Handvoll von Shakespeares Exkrementen gefressen hätten und nun ehrliche Leute verachteten, „die nicht nach Shakespeares Exkrementen stinken und doch ehrliche Leute sind", so erhob sich Goethe in seinen Lebenserinnerungen zu einer Selbstkritik, der man heute nichts hinzusetzen kann. Und der alte Goethe wußte sogar schon, daß „der Kampf in diesen 50 Jahren noch nicht ausgekämpft, er setzt sich noch immer fort."

Jetzt sind wir weit genug, um zu verstehen, warum das von Goethe geprägte Wort Übermensch sich nicht einbürgern konnte. An zwei markanten Stellen gebraucht er das Wort kritisch, das eine Mal mit äußerstem Hohne, das andere Mal wenigstens mit offenbarer Ironie. In der Szene zwischen Faust und dem Erdgeist, da Faust gerufen hat „weh, ich ertrag' dich nicht", antwortet der Geist: „welch' erbärmlich Grauen faßt Übermenschen dich!" Jedes Wort der Erklärung scheint mir überflüssig. Faust, der sich selbst für einen Übermenschen hält, ist für den Erdgeist nur ein weggekrümmter Wurm. Und in dem köstlichen Gedichte, das jetzt als „Zueignung" Goethes Werke einleitet, sagt die Göttin, milde genug, aber doch im gleichen Sinne wie der Erdgeist: „Kaum bist du sicher vor dem gröbsten Trug . . . so glaubst du dich schon Übermensch genug . . . wieviel bist du von andern unterschieden? Erkenne dich, leb' mit der Welt in Frieden!" Das Gedicht war ursprünglich für die gewaltig angelegten „Geheimnisse" bestimmt, deren Held Humanus ein Menschenideal wie etwa Lessings Nathan darstellen sollte. Man höre nur lauschend auf den Ton, mit dem Goethe spöttisch das Wort Übermensch ausspricht, das er geprägt hat[1]), und dann auf das Pathos, mit dem hundert Jahre später Nietzsche ausruft: „Ich lehre euch den Übermenschen." Für den naiven Goethe, den man einen Vorläufer Darwins nennt, ist nicht einmal die Stellung zweifellos, die der Mensch etwa nach Linnés System an der Spitze aller Geschöpfe einnimmt; Goethe könnte mit Haller den Menschen apostrophieren: „Zweideutig Mittelding von Engeln und von Vieh!" Nietzsche steht ohne Skepsis mit seinem Übermenschen auf dem Standpunkte des populären und verstiegenen deutschen Darwinismus, der Darwins Vorsicht in der Beurteilung der Vergangenheit, der Aszendenz, verlassen hatte und der mit Nietzsche die Hypothese auf die Zukunft anwandte, auf die Deszendenz. Alle Sätze Nietzsches sind darwinistisch, wenn man sich von dem prophetischen Zauber der prachtvollen Sprache nicht täuschen läßt:

„Ich lehre euch den Übermenschen.

---

[1]) Zur Geschichte der Wortbildung „Übermensch" möchte ich einen kleinen Beitrag hinzufügen. Schon Liscow hat (Schriften III. 102, Ausg. von 1806) ein ähnliches Wort spöttisch gebraucht: „Überforscher" für „Metaphysiker". Er zitiert dafür den Orbis pictus von Comenius. Der einst weltberühmte mährische Pädagoge beginnt das 101. Kapitel seines berühmten Orbis sensualium pictus quadrilinguus mit den Worten: „Der Naturforscher betrachtet alle Geschopffe Gottes in der Welt. Der *Überforscher* durchgründet der Dinge Ursachen und Wirkungen. (Physicus speculatur omnia Dei opera in mundo. *Metaphysicus* perscrutatur rerum causas et effecta.)" Er will also eine genaue Lehnübersetzung von „metaphysicus" geben (das bekanntlich weder griechisch noch lateinisch, sondern ein Buchbinderwitz ist) und gibt *μετα* anstatt mit „hinter" mit „über" wieder. Ich konnte das Wort bei Comenius lange nicht entdecken, weil mir nur eine Ausgabe von 1772 zur Verfügung stand, deren Vorrede ganz naiv eingesteht: man habe eine große Menge ungebräuchlicher, ungereimter und unnötiger Wörter, die in der alten Edition befindlich waren, in dieser neuen auslassen müssen. In des Comenius Janua linguarum (1638 § 996) finde ich: „Sie (die Frommen am jüngsten Tage) werden springend sich zusammen freuen, nicht *daß* sie mit *über*süßem Brot und Wein (im lateinischen Texte: Ambrosia et nectare) sollten gesättiget, sondern mit seiner seligmachenden Süßigkeit in ewigen Zeiten beseliget werden." Comenius liebte also die Zusammensetzung mit „über". Landauer macht mich darauf aufmerksam, daß die deutschen Mystiker (auch Comenius war einer) die Vorliebe für die *Über*-Verbindungen aus der Sprache des (falschen) Dionysios Areopagita entlehnt hatten, der von einer *überwesentlichen übererhabenen Übergottheit* reden konnte; diese *ὑπερ*-Bildungen gehen auf Proklos zurück.

Alle Wesen *bisher* schufen etwas über sich hinaus . . . Was ist der Affe für den Menschen? Ein Gelächter oder eine schmerzliche Scham. Und eben das soll der Mensch für den Übermenschen sein, ein Gelächter oder eine schmerzliche Scham."

„Der Mensch ist etwas, das überwunden werden *soll*."

„Nicht nur fort sollst du dich pflanzen, sondern *hinauf!* Dazu helfe dir der Garten der Ehe!"

„Euer Kinder-Land sollt ihr lieben . . . An euren Kindern sollt ihr gut machen, daß ihr eurer Väter Kinder seid. . . . Was Vaterland! Dorthin will unser Steuer, wo unser Kinder-Land ist."

Nietzsches Sehnsucht nach einem neuen Menschen-Ideal klettert an dem Schlagworte Entwicklung empor. Wie der „bisherige" Mensch sich aus dem Urschleim über den Affen hinaus entwickelt hat, so *soll* (Gott Nietzsche befiehlt dieses „Soll", stellt diese neue Tafel auf) der Mensch, das zweideutige Mittelding von Engeln und von Vieh, sich *hinauf* entwickeln, züchten. Der neue Mensch soll seine Sinnesorgane und sein Denken, seine Instinkte und sein Wollen, seinen Schönheitssinn und seine Körperschönheit über alle „bisherigen" Begriffe hinaus steigern. Vor Nietzsche hat das ein junger Dichter der fünfziger Jahre schon gelehrt, Wilhelm Jordan, in seinem „Demiurgos", wo von der Züchtung neuer Adelsmenschen geredet wird; Jordan hat dann als Greis in fast grotesker Weise eine Priorität vor Darwin und Nietzsche öffentlich beansprucht.

Wie sehr sich Nietzsche mit der Lehre vom Übermenschen zu seiner eigenen letzten Lehre von der Wiederkunft des Gleichen in Widerspruch setzte, das hat er trotz gelegentlicher Selbstverhöhnungen nie gefühlt. Er bemerkte die Widersprüche seines Denkens nicht; und es hat keinen Zweck, solche Widersprüche in den Gedanken eines edlen Dichters deshalb aufzuzeigen, weil er sich selbst für einen Propheten hielt. Auch Selbstkritik war Nietzsches Sache nicht. Er wurde nicht alt genug, um abgeklärt werden zu können. Und so oft er sich in dem schweren Traume seines Daseins auf die andre Seite warf, seine Götter wechselte, ebenso oft tat er es nicht heiter, nicht lächelnd, sondern mit dem grimmigen Hohngelächter, das keiner wie er schön zu artikulieren verstand. Unfreiwillige Selbstkritik ist es, wenn Nietzsche einmal deutlich zu verstehen gibt, daß sein Übermensch nur in der Phantasie unserer Zeit möglich sei, nicht in ihrer Wirklichkeit. „Gewiß ist, daß wir uns nicht in Renaissancezustände hineinstellen dürften, nicht einmal hineindenken: unsre Nerven hielten jene Wirklichkeit nicht aus, nicht zu reden von unsern Muskeln. . . . Zweifeln wir nicht daran, daß wir Modernen mit unsrer dick wattierten Humanität, die durchaus an keinen Stein sich stoßen will, den Zeitgenossen Caesar Borgias eine Komödie zum Totlachen abgeben würden." Der zarte, zärtliche, verzärtelte Nietzsche hatte Nerven und Muskeln der Modernen; und die Rauhbeinigkeit der Übermenschen, die sich nach ihm nennen oder nannten, wenn sie nicht anders als mit der Peitsche zum Weibe gehen, war ihm erst recht ein Gelächter oder eine schmerzliche Scham.

Es hat auch wenig Zweck, eine Untersuchung darüber anzustellen, ob Nietzsche bei der Neuprägung des Begriffes „Übermensch" außer von Goethe auch noch von englischen und französischen Worten beeinflußt worden ist. Innere Beziehungen bestehen gewiß zu the over-soul Emersons; dessen Überseele (1841) ist groß und unklar das, womit die Heroen, die Halbgötter, die Repräsentanten der Menschheit teilhaben an der Weltseele. Innere und wohl auch äußere Beziehungen bestehen zum homme supérieur, den Sénancour's „Obermann" (schon 1804, dann 1833 durch George Sand neu herausgegeben) auf die Bahn gebracht hat; schon R. M. Meyer wies auf die Bildung des Heldennamens „Obermann" hin. Er ist bei Sénancour noch ein guter Kraftmeier; aber schon bei Balzac wird er zum genialen Verbrecher Vautrin. „Il n'y a pas de principes, il n'y a que de circonstances; l'homme supérieur épouse les évènements et les circonstances pour les conduire." Der geniale Verbrecher Vautrin wird zum Lehrer, zum Mentor seines Lieblings Rastignac; und Rastignac ist das Vorbild einer Unzahl neuer Romanhelden (bei Daudet, Zola), die sich strugforlifeurs nennen (nach engl. *struggle-for-lifers*), sich Übermenschen nennen könnten.

Nun ist aber da eine andere Parallele sehr beachtenswert. Der homme supérieur ist in Frankreich nach dem Bilde Napoleons geschaffen. In Liebe. Der Übermensch Nietzsches ist nach den großen Erfolgen Bismarcks entstanden, in Haß, oder doch in eifersüchtiger Liebe. Ich glaube damit Nietzsche nicht unrecht zu tun. Der einsame, verkannte Lehrer in Basel konnte die brutale Realität des Bismarckruhmes nicht ertragen. Er war in all seinen Pamphleten gegen Deutschland ein so guter, leidenschaftlicher Deutscher wie Heinrich Heine; er war nur mit seinen berechtigten Zornausbrüchen — unzeitgemäß.

Ich habe schon auf Björnstjerne Björnson hingewiesen, der in seinem starken Drama „Über die Kraft" die Utopie vom Übermenschen ad absurdum führen wollte. Der erste Teil ist seltsamerweise in dem gleichen Jahre erschienen wie der erste Teil von Nietzsches „Zarathustra", 1883; es wäre ganz interessant zu erfahren, ob dies Zusammentreffen Zufall war, wie man das nennt, oder nicht. Jedenfalls war die Polizei sehr kurzsichtig, da sie noch 1896 die öffentliche Aufführung verbot. Der Pfarrer Sang, der durch religiösen Willen, d. h. durch Gebet, die Genesung seines Weibes erzwingen will; der Demokrat Bratt, der den Sozialismus durch Volkswillen erzwingen will; der Edelanarchist Elias, der durch die Arbeiter, der Fabrikant Holger, der durch die Herren, über Mord und Totschlag hinweg beide, die neue Zeit herbeiführen wollen, alle scheitern sie, weil der große Wille über Menschenkraft geht. Und das starke, tief ergreifende Stück wäre ein Meisterstück für unser Theatervergnügen geworden, wenn der große Schauspieler und Politiker Björnson uns zuletzt nicht allen Ernstes zumutete, Genien, Putten als Ersatz für die versagenden Genies oder Übermenschen zu nehmen. Daß er diese beiden Genien übrigens Credo und Spera nennt (Sollte er am Ende das o in Credo für ein Zeichen des Maskulinums, das a in Spera für ein Zeichen des Femininums gehalten haben? Höchst schaudervoll!), ist eine Entgleisung; aber auch sonst ist der Schluß leider „dick wattierte Humanität". Ob nun der erste Teil des Dramas 1883, wo die besten Köpfe und Herzen Norwegens noch die Erschütterung durch Kierkegaard spürten, schon den Übermenschen Nietzsches darstellen wollte oder nicht, einerlei: im zweiten Teile soll die Lehre als eine Utopie hingestellt werden.

Bevor Björnson sein „Über die Kraft" vollendete, hatte sein bewußterer Rivale Ibsen ein Übermenschendrama geschrieben. Das letzte Wort gesagt. Wenn es nicht so töricht wäre, jedesmal das Zufallswort des Tages, das modernste Wort, das letzte Wort zu nennen. Noch weniger als bei Nietzsche möchte ich bei Ibsen literarhistorisch werden: wie weit Ibsen 1892, da er den Baumeister Solneß vollendete, an Nietzsche denken konnte; wie weit er am Ende gar ahnungsvoll Züge des weltverbessernden Schauspielers und Politikers Björnson wieder einmal (wie 1869 in der Komödie „Bund der Jugend") in seinen unseligen Übermenschen Solneß hineingeheimnist hat. Fast nur auf die gedanklichen, auf die luftigen Zusammenhänge möchte ich hinweisen.

In gärenden Zeiten ist es natürlich immer die Jugend, die die Fahne des neuen Menschenideals hochhält und vorausträgt, die Fahne des Übermenschen. In starken Zeiten ist diese Jugend auch da; man sieht und hört sie nur weniger. Baumeister Solneß, ein Übermensch absonderlicher Art, geht innerlich daran zugrunde, daß er die Jugend fürchtet, die plötzlich an seine Tür klopfen wird, die Jugend, nach der sein besseres Selbst sich sehnt, *weil* sie über ihn hinausweist, vor der sein schlechteres Selbst zittert. Solneß hat mit allem gebrochen, was altes Menschenideal war. Kirchen baut er längst nicht mehr; auch Heimstätten für Menschen, etwa mit Kirchtürmen darauf, wird er nicht mehr bauen; nur noch Luftschlösser für seine Hilde Wangel, Luftschlösser mit dicken Grundmauern darunter. Wie politisierende Schauspieler Wortgebäude bauen. Aber es ist über die Kraft. Wie jeder Übermensch wird er von einer neuen Jugend überholt und überfahren. Er hat ja kein robustes Gewissen. Ihm schwindelt. Er kann nicht einmal so hoch steigen, wie er gebaut hat. Wie der Pfarrer Sang glaubt er durch äußerste Anspannung des Willens das Wunderbare verwirklichen zu können. „Glauben Sie nicht auch, Hilde, daß es einzelne auserkorene, auserwählte Menschen gibt, denen die Gnade verliehen wurde und die Macht und die Fähigkeit, etwas zu *wünschen*, etwas zu *begehren*, etwas zu *wollen*, — so beharrlich und so — so unerschütterlich — daß sie es zuletzt erreichen *müssen*." Der beschränkte Pfarrer Sang versteht die Welt nicht mehr, da die mystische Kraft des Willens so ganz anderswohin führt als die Absicht war; der überlegene Ibsen versteht die Welt nur zu gut. Wie Mephistopheles sie verstanden hat. Wie Nietzsche in seiner unfreiwilligen, dann wieder (gegenüber der auch ihm unerträglichen Wiederkunftsidee) ingrimmig und schrill höhnenden Selbstkritik die Welt des Übermenschen verstanden hat. Eine Komödie zum Totlachen für die Zeitgenossen Cesare Borgias. Wahnsinnig sind die Kämpfer alle miteinander. Wahnsinnig ist ja Aline, die arme Frau des Luftschloß-Baumeisters, die alles tut, was mit der Etikette „Pflicht" versehen ist, die pflichtgemäß nach dem alten Ideal alle Lebensfreude zerstört. Hilde Wangel sagt es: „Ich kann das häßliche, eklige Wort nicht ausstehen! Weil es sich so kalt und spitz und stechend anhört. Pflicht — Pflicht — Pflicht. Finden *Sie* nicht auch, daß es einen sozusagen sticht?" Aber wahnsinnig, im medizinischen Sinne wahnsinnig, ist erst recht der neurasthenische Übermensch Solneß, mit seinem übermenschlich starken und kranken Willen, mit seinem zartfühlenden Niedertrampeln der Nebenmenschen, mit seiner Unfähigkeit, auch nur auf der kleinen Höhe zu stehen, die er bauend erreicht hat. Und ein klein bißchen verrückt ist doch auch der typische Mensch dieser wieder einmal modernen Gegenwart, natürlich ein Weib, Hilde Wangel, so etwa du und ich, das Publikum, der Mensch, der fast willenlos zuschauende, herzlos und nicht böse, wenn man ihn als Natur erkannt hat, der Mensch, der den Übermenschen immer übersieht, mit lächelnder Überlegenheit und dennoch „mit einem unbestimmbaren Ausdruck in den Augen", den Übermenschen noch überbieten und überwinden möchte, den Herodes überherodesen.

Illusion. — Die Psychologen reihen die Illusionen, d. h. die Sinnesempfindungen, denen ein äußerer Reiz wirklich zugrunde liegt, die den Reiz aber falsch projizieren, nach verschiedenen Gesichtspunkten ein, und unterscheiden namentlich zwischen Illusionen, die innerhalb der physiologischen Breite liegen, und den pathologischen Illusionen oder Halluzinationen. Neuerdings ist die Grundbedeutung des Wortes, *Spiel (lusus)*, wieder zu Ehren gekommen; man erklärt den ästhetischen Genuß aus einem halbbewußten Spiele der Selbsttäuschung und entschuldigt auch das phantastische Lügen der Kinder mit einer ähnlichen Freude an spielerischen Illusionen. Die Gemeinsprache gar nennt diejenigen Irrtümer, die das Handeln der Menschen wesentlich beeinflussen, die Irrtümer der Menschenkenntnis und der Bewertung, gern *Illusionen*.

Die wichtigste Gruppe der Illusionen wird aber nicht so genannt, trotzdem diese Gruppe sehr gut unter den Oberbegriff der *Assimilation* gebracht werden könnte, auf welche

Wundt mit Recht die Illusionen zurückgeführt hat. Ich meine die Sinnestäuschungen, die so normal sind, daß wir davor zurückschrecken, sie Täuschungen zu nennen; ich meine die Art, wie unsere spezifischen Sinne Bewegungen der Körper und der Imponderabilien (nach der gegenwärtig herrschenden Weltanschauung) zu den spezifischen Empfindungen (Tasteindrücken, Wärmegefühlen, Tönen, Farben) umformen oder umdeuten. Ich habe diesen Gegenstand (Kr. d. Sp. I^2, 338 f.) kurz behandelt. „Was wir für objektiv gehalten haben an unserer Welterkenntnis, das ist erst recht subjektiv. . . . Ist eine Sinnestäuschung ungewöhnlich und durch eine nichtnormale Beschaffenheit des Nervensystems bedingt, so nennen wir sie krankhaft, und den armen Betrogenen nennen wir geisteskrank. Ist eine solche Sinnestäuschung von der Art, daß alle Menschen ihr gleichmäßig unterworfen sind und daß wir das objektive Verhältnis durch wissenschaftliche List aufdecken können, so sprechen wir von eigentlichen Sinnestäuschungen. *Gehört die Täuschung aber zum Wesen des Sinnes*, empfinden wir Schwingungen als Töne, Wärmeempfindungen, Farben, so sprechen wir diesen Täuschungen, weil sie unentrinnbar sind, objektive Wirklichkeit zu, und dem gemeinen Verstande kann leicht wieder derjenige für verrückt erscheinen, der sich von den Sinnen nicht betrügen läßt, der die Subjektivität aller dieser Empfindungen behauptet oder es gar ausspricht, daß diese Täuschungstätigkeit der Sinne am letzten Ende nur historisch geworden ist, nicht zum Wesen der Erkenntnis gehört: daß es auch anders hätte werden können.“ Und doch ist diese Lehre, der Illusionismus, uralt; die griechischen Skeptiker predigten mit ihren kleinlichen Tropen, der Buddhismus mit der ganzen Gewalt seiner Weltanschauung den gleichen Illusionismus, beide ohne die Unterstützung durch die moderne Physiologie der Sinnesorgane.

Ich möchte hier an eine bekannte Sinnestäuschung erinnern, die mir besser als alle Illusionen der Optik die Bedeutung, meinetwegen auch den biologischen Nutzen, der Illusionen darzustellen scheint; weil in diesem Falle der Tastsinn getäuscht wird, auf den sich doch sonst der naive Realismus als auf den untrüglichsten Vermittler zwischen Subjekt und Objekt beruft. Wenn man zwei Finger einer Hand übereinander kreuzt und nun in dieser ungewohnten Lage eine harte Erbse zwischen beiden Fingern hin- und herrollt, so hat man unweigerlich die Tastempfindung, zwei verschiedene Kügelchen zu berühren. Die physiologische Erklärung ist bekannt; Schopenhauer fügt (Satz v. zureich. Grunde S. 62) nur eine psychologische Deutung hinzu, da er auf die Einübung hinweist. Eine erkenntnistheoretische Deutung scheint mir wichtiger zu sein.

Es ist nämlich gar kein wesentlicher Unterschied dabei, ob das Auge, durch Spiegelung getäuscht, einen Körper anderswo zu sehen glaubt, als wo er sich z. B. für die tastende

Hand befindet, oder ob das Tastorgan der Finger dadurch getäuscht wird, daß die Molekularbewegung (oder was sonst die Empfindung der Körperlichkeit bewirkt) bei dem Erbsen-Experiment von einer ungewohnten, *falschen* Richtung her auf die Nerven der Hautpapillen auftrifft. In beiden Fällen sind also die Täuschungen solche, die den Raum betreffen; ebenso bei der akustischen Täuschung des Echos. Was ist das nun, der Raum, der wirkliche, über den die Sinnesorgane getäuscht werden können?

Weiter. Ein Anfänger des Lebens, ein Kind, kann sich nur durch die tastende Hand davon überzeugen, daß das Spiegelbild eines Körpers nur eine Illusion sei, sich vom Körper eben durch seine Untastbarkeit unterscheide. Beim Erbsen-Experiment aber gibt es kein solches Kriterium der Wahrheit, weil die Erbse zweimal gefühlt wird: von der linken Seite des Zeigefingers und von der rechten Seite des Mittelfingers (wenn man die rechte Hand zu dem Versuche benutzt) wird je eine Erbse gefühlt. Welche von beiden ist die reale Erbse, welche die der Illusion? Offenbar ist diese Frage nicht zu entscheiden, offenbar sind *beide* Erbsen Sinnestäuschungen. Welches Recht haben wir nun nach einem solchen Erlebnis, dem Tastsinne mehr zu vertrauen als dem Gesichte oder dem Gehör? Welches Recht, die Illusion der Körperlichkeit weiter zu leugnen, wie die Illusion der sekundären Eigenschaften so lange geleugnet worden ist? Wir unterscheiden zwischen Illusionen und Realitäten; aber wir haben kein Kriterium, nach welchem wir sagen dürften, welche von beiden Erbsen real sei.

Individualismus. — Das Ichgefühl ist eine Täuschung, ist aber keine Lüge. Ich habe diesen Gedanken oft genug (vgl. S. 201, 244, 338) ausgesprochen, die Begriffe Dauer, Einheit, Form und Gedächtnis mit dem Ichgefühle in Beziehung gebracht und so das von Avenarius, Mach und Ziehen preisgegebene Ich aus der Metaphysik, wo es wirklich unrettbar ist, wieder in die Psychologie zurückzuführen gesucht. Wo es neben anderen Täuschungen unvertilgbar ist wie in der Sprache.

Dem psychologischen, subjektiven Ich steht etwas Objektives gegenüber in den Einheiten, die man *Individuen* nennt. Ich habe schon gesagt (vgl. Art. *Atom*, S. 53), daß der Zufall der Wortgeschichte die Lehnübersetzung von *ἀτομον*, *individuum*, in einen Gegensatz zu seinem Modellworte gebracht hat; ein Atom ist das extensiv Unteilbare, ein Individuum ist das intensiv Unteilbare. Die Teile eines Atoms sind nicht einmal vorstellbar; die Teile eines Individuums sind gar wohl sichtbar, aber die Rücksicht auf die Einheit des Ganzen verbietet ihre Trennung. „Das Individuum ist diejenige Einheit, die man nicht weiter teilen *darf*" (Virchow). Nicht darf, weil das Ganze sich selbst gern hat, die Teilung nicht will, bei der Teilung Schmerz empfindet. Wenn also die unorganischen Einheiten ihre Teilung ebenfalls nicht wollten, ein Analogon zum Schmerze empfänden, dann wären auch sie Individuen, und man dürfte kein Atom von ihnen losreißen. So ungefähr stellt sich der Panpsychismus die Welt vor.

Etwas von der Weichlichkeit, zu welcher die ethischen Konsequenzen des Panpsychismus führen müßten, scheint mir auch im Individualismus verborgen zu sein, wie er besonders von J. S. Mill und Spencer gelehrt wird. Jeder Zwang, den die Gesellschaft gegen ein Individuum ausübt, wird als ein Attentat gegen die Willensfreiheit aufgefaßt; und die persönliche Freiheit besteht doch wohl in der psychischen Integrität des Individuums. Wieder einmal haben die Vorkämpfer einer neuen Lehre etwas Gutes geschaffen in der Negation; und sind in Verlegenheit, wenn sie den positiven Begriff auch nur definieren wollen. Gegenüber der Omnipotenz, die aus dem Staate, nicht nur aus der absoluten Monarchie, ein Gefängnis gemacht hat, ist der rebellische Individualismus im Rechte gewesen und hat noch viel Arbeit zu tun, unter welcher Fahne immer er sie leisten will. Ein konsequenter Individualismus aber ist unvorstellbar, weil alle die Begriffe, die das Individuum charakterisieren, nur relative Begriffe sind: Einheit, ganz, Persönlichkeit, Charakter, Freiheit. Ein konsequenter Individualismus wäre ein sozialer Atomismus; und da ist es eine hübsche Antinomie, daß die Männer mit dem stärksten sozialen Empfinden die Verkündiger des Individualismus sind, der, auf die Spitze getrieben, den Sozialismus negieren müßte. Wie denn auch einer der unabhängigsten Geister von England, Carlyle, leidenschaftlich den historischen Individualismus gepredigt hat, die Lehre der Abhängigkeit der Völker von führenden Individuen, die Lehre des hero-worship.

Instinkt.

I.

Ein besonders krasser Fall unter vielen, wo es sich bei der Begriffsuntersuchung nicht um Verifikation einer Beobachtung, nicht um eine Definition, nicht um genauere Feststellung des Sinnes handelt, sondern allein um die Frage, ob der alte Begriff überhaupt eine Bedeutung habe oder nicht. Zwei Weltanschauungen stehen einander gegenüber und streiten über die Frage: ob das Tier Intelligenz besitze oder nur Instinkt? Ob die Motive des tierischen Handelns von denen des menschlichen nur dem Grade nach oder der Art nach verschieden seien? Man könnte die Frage noch anders und wieder anders formulieren, ohne weiter zu kommen. Auf der einen Seite stehen die Forscher, die in einem Mischmasch von Materialismus, Entwicklungslehre und Aufklärung wieder einmal den letzten Gipfel des Kulturfortschritts erblicken und die Scheidemauer zwischen Tier und Mensch, weil sie zu hoch hinaufgeführt worden war, ganz und gar niederreißen wollen. Neben ihnen und hinter ihnen stehen alle liberalen Zeitungen des Abendlandes, in denen man täglich hübsche, falsch beobachtete oder falsch erklärte Tiergeschichten lesen kann. Auf der anderen Seite stehen die frommen Leute, die in diesem Niederreißen mit Recht die bewußte oder unbewußte Absicht sehen, dem Menschen durch seine Gleichstellung mit dem Tiere die Göttlichkeit seiner unsterblichen Seele zu nehmen; ihnen kann die Scheidewand nicht hoch genug sein, damit die seelenlosen Tiere ordentlich auf der Linken, die Geister oder Seelen ihres Gottes, der Engel und der Menschen auf der Rechten bleiben.

Ich habe dazu eigentlich nur eins zu sagen: Darwin, seine Lehrer und seine Schüler haben allerdings die Tierpsychologie allzusehr vermenschlicht; da aber alle Geisteswissenschaften seit uralten Zeiten die Menschenpsychologie versprachlicht haben, versprachlichen mußten, um etwas darüber denken oder sagen zu können, so wird wohl der Streit der beiden Parteien wieder auf einen Wortstreit hinauskommen. Damit könnte ich schließen; soll der Leser aber mit diesen Worten ungefähr meine Vorstellung verbinden lernen, so muß ich doch wohl einiges vorbringen, was mich auch in dieser Frage beschäftigt hat, was ich beim Lesen gelernt und überwunden habe. Ist der Leser durch den muffigen Raum meiner Werkstatt hindurchgegangen, so wollen wir zusammen froh in die freie Luft hinaustreten.

Mancheiner wird es wörtlich nehmen und tadeln, wenn ich nun sage, daß ich aus Bequemlichkeit den Stand der Frage, nach einer vorläufigen Orientierung, an zwei typischen Gegnern darstellen will, an Romanes und an Erich Wasmann S. J. Der Standpunkt von Romanes versteht sich von selbst: er lehrt unter Darwins Beifall, was alle Welt seit Darwin richtig findet, weil diese moderne Lehre die Sprache aller lebenden Welt spricht und weil die gegenwärtige Sprache immer das letzte Wort hat. Pater Wasmann ist nicht in so glücklicher Lage; er hat unter allen möglichen philosophischen Standpunkten sich just den des Thomas von Aquino gewählt und redet darum, nicht immer in ganz guter Übersetzung, die Sprache, die in der Psychologie so etwa vor Rudolf von Habsburg richtig war, das letzte Wort war. „Er ist ein Jesuit", sagen die liberalen Zeitungen und dünken sich schon recht anständig, wenn sie ihm in der Polemik nicht Erbschleicherei und Beichtstuhlunzucht vorwerfen. Und doch hat dieser kluge und fleißige Jesuitenpater in der Negation vollkommen recht, hat den ersten Teil meiner These klar und deutlich ausgesprochen: daß nämlich die Darwinisten die Tierpsychologie allzusehr vermenschlicht haben. Meinen zweiten Satz, daß die Menschenpsychologie versprachlicht werden *mußte* (gemäß dem Wesen des Menschen und der Psychologie) würde P. Wasmann gleichfalls zugeben, wenn er nur überlegen wollte, daß Resignation und wissenschaftliche Verzweiflung gar oft leicht in die Kirche zurück getrieben hat. Das ist ja die schwache Seite unserer Wissenschaft, daß sie immer im Unrechte ist gegenüber prinzipieller Negation, daß die Gläubigen immer im Rechte sind mit einer starken Kritik der erkenntnistheoretischen Grundlagen. Wie die Sozialdemokraten der Gesellschaftsordnung gegenüber recht haben mit ihrer Kritik und ihrer Negation, die frommen Sozialdemokraten, die an Karl Marx glauben, wie die anderen an den älteren Juden im Himmel.

Noch ein Wort voraus über die Geschichte der beiden Begriffe *Intelligenz* und *Instinkt*. *Intelligere* heißt ungefähr: etwas merken, wahrnehmen, verstehen; das lateinische Verbum hat also einen Sinn, insoweit wir in naiv geistigem Realismus den Sprachgebrauch hinnehmen; das Adjektiv *intelligens* bedeutet schon einen Menschen oder ein Tier (ich will ja nicht vorgreifen), dem das Wahrnehmen und Aufmerken zur Gewohnheit, zur Eigenschaft seines Wesens geworden ist; *intelligentia* aber, die Bezeichnung für die Fähigkeit zu intelligieren, ist ein sehr drollig gebildetes Wort (ebenso drollig *rationalitas* neben ratio), das man mit Einsichtig*keit* übersetzen sollte, wie man es mit *Verständigkeit* übersetzt hat. *Intellekt* wäre also immerhin noch ein quid, das man freilich nicht kennt; intelligen*tia* aber ist gar nur eine Quiddität. Wir wissen ja nur selten, wie tief wir noch in scholastischer Sprache stecken.

Instinctus wie *instigare* (aufhetzen, anspornen, aufregen), von dem gleichbedeutenden *instinguere*, hieß die Anreizung, der Antrieb durch einen Gott, einen Dämon oder einen Befehlshaber. Als man nun im Mittelalter den Tieren *instinctus naturales* zuschrieb, sagte man damit nichts weiter, als daß sie natürlichen Antrieben folgen. Da nun eine Menge theologischer Streitfragen, wie Unsterblichkeit der Seele, Schuld, Gerechtigkeit der Vorsehung (was man jetzt etwa Optimismus nennt), Willensfreiheit, ja sogar Gnadenwahl nur auf Grund von Untersuchungen über Menschen- und Tierseele beredet werden konnten, so wurde diese Frage von Zeit zu Zeit Mittelpunkt der christlichen Psychologie. Unversehens wurde der *instinctus*, der *Antrieb*, zu einem terminus technicus; anstatt einer Antwort hatte man nur ein neues Wort. Der deutsche terminus technicus lautet in etwas erweiterter Verwendung *Trieb*. Man braucht nur die volle Lehnübersetzung von instinctus dafür zu setzen, *Antrieb*, und man wird gleich fühlen, daß auch dieses Wort nur eine Frage nach der Ursache ist, nicht die Antwort, nicht die Ursache selbst. Eine Frage mit dem Tone der Sehnsucht nach einer Antwort; wie so viele Worte.

II.

Es führt ein langer Wüstenweg durch das Mittelalter von den Tieranekdoten des Aristoteles und seiner Abschreiber zu der modernen Tierpsychologie, die sich erst das Problem stellen konnte, die Triebe der Tiere zu erklären. Selbstverständlich konnte die Scholastik den anthropozentrischen Standpunkt nicht verlassen, der ja bis auf unsere Tage nur von wenigen überwunden ist. Aber die Scholastik stand psychologisch eigentlich noch tiefer, weil sie im Grunde uranozentrisch war. Für diese noch so scharfsinnigen Theologen gab es keine Psychologie, höchstens Pneumatologie. Aber aus dem Nominalismus, dem Meisterstück scholastischen Denkens, entwickelte sich der Konzeptualismus, dem Selbstbeobachtung, also Psychologie, nicht mehr unmöglich war. Zur größeren Ehre Gottes und der Engel wurde die Menschenseele analysiert, zur größeren Ehre des Menschen gelegentlich auch die Tierseele.

Noch später versuchte die Tierpsychologie sich selbständig zu machen. Immer wieder wirkte die Scholastik, nach der alle Disziplinen Mägde der Theologie waren. Auch die berüchtigte Lehre des Descartes, daß die Tiere Maschinen seien, schielte nach der Theologie. Ich glaube bestimmt, daß Descartes auch da wieder vorsichtig einen Kompromiß schloß zwischen seinen Überzeugungen und den Forderungen der Kirche. Ihm waren materialistische Anschauungen nicht fremd; weil er aber, ebenso wie im Falle Kopernikus, die Folgen scheute, machte er einen tiefen Schnitt zwischen dem Menschen und den anderen Tieren, ließ dem Menschen seine unsterbliche Seele und machte die Tiere zu Maschinen. Das war sein Dualismus. „C'est aussi une chose fort remarquable que, bien qu'il y ait plusieurs animaux qui temoignent plus d'industrie que nous en quelques unes de leurs actions, on voit toutefois que les mêmes n'en temoignent point du tout en beaucoup d'autres: de façon que ce qu'ils font mieux que nous ne prouve pas qu'ils ont de l'esprit, car à ce compte ils en auraient plus qu'aucun de nous, et feraient mieux en toute autre chose; mais plustôt qu'ils n'en ont point et que c'est la nature qui agit en eux selon la disposition de leurs organes: ainsi qu'on voit qu'une horloge, qui n'est composée que de roues et de ressorts, peut compter les heures et mesurer le temps plus justement que nous avec toute notre prudence" (Discours de la méthode 5). Hier haben wir schon das Uhrengleichnis, das dann (Kritik der Sprache I, 2. Aufl., 288 f.) besonders durch Geulincx und Leibniz weiter ausgeführt worden ist. (Vgl. Art. *Uhrengleichnis.*) Ich gehe weiter, auch über die Frage, ob Descartes die fast hundert Jahre ältere Schrift des Spaniers Pereira (man vergleiche den Artikel Pereira bei Bayle) gekannt habe oder nicht; ein Berichterstatter wundert sich nicht wenig darüber, daß in Spanien, wo die Freiheit des Denkens noch weniger geduldet wird, als die körperliche Freiheit in der Türkei, die Behauptung aufgestellt werden konnte: „que les bêtes sont des machines".

Eine im Grunde recht törichte Schrift des päpstlichen Exlegaten Rorarius, die 1547 verfaßt, aber erst 1645 herausgegeben wurde (ich besitze sie in der Helmstätter Ausgabe von 1729, die eine historisch-philosophische Dissertation „de anima brutorum" hinzufügt), und an der der schreiende Titel noch das Beste ist: „Quod animalia bruta saepe ratione utantur melius homine" — hat das zufällige Verdienst, die moderne Tierpsychologie mächtig angeregt zu haben. Rorarius hätte sein Pamphlet schreiben können, beinahe ohne je ein Tier gesehen zu haben. Nur einige Hundegeschichten (der eine Hund konnte nach vorgehaltenen Noten singen) sollen auf Beobachtung zurückgehen; sonst bringt er alle Ladenhüter aus dem antiken Anekdotenschatz vor. Plinius ist seine reichste Quelle. Nichts fehlt, nicht der Löwe des Androklus, nicht der Delphin des Arion; auch die spanische Geschichte, die Schiller in die Reime seines Handschuh gebracht hat, steht beim Rorarius, mit der Tendenz, daß die Löwen im Zwinger anständiger waren als die anspruchsvolle Hofdame. Im übrigen verteidigt Rorarius eigentlich weniger die Intelligenz der Tiere als ihre Ethik. Bosheit, perverse Lüste, ja Bestialität sei mehr bei Menschen als bei Tieren zu finden; der Menschenhaß des Rorarius hat eine persönlichere Note als seine Tierliebe. — Das törichte Buch gewann Bedeutung durch den Artikel „Rorarius“ in Bayles großem und einflußreichem historisch-kritischen Wörterbuch. Der skeptische und scharfsinnige Bayle führt einen Kampf mit zwei Fronten; er wendet sich gegen die Tierpsychologie des Descartes, aber auch gegen die neu aufgekommene prästabilierte Harmonie von Leibniz. Ironisch sagt Bayle: „C'est dommage que le sentiment de Mr. Descartes soit si difficile à soutenir, et si éloigné de la vraisemblance; car il est d'ailleurs très-avantageux à la vraie foi, et c'est l'unique raison qui empêche quelques personnes de s'en départir. Il n'est point sujet aux conséquences très-dangereuses de l'opinion ordinaire.“ Bayle läßt in seinen wie immer köstlichen Anmerkungen keinen Zweifel darüber, daß er, unbekümmert um den wahren Glauben, den Tieren (mit älteren und neueren Philosophen) eine Seele zuschreibt. Er sammelt Aussprüche von Eideshelfern für die Intelligenz der Tiere. Er zitiert einen Kartesianer, nach welchem eine Seele nicht nur zum Gehen, Trinken und Essen, zum Weinen, sondern auch zum stundenlangen Predigen und zu einer Advokatenrede unnötig sei; er zitiert gegen Gottes Allgüte (inbezug auf die Leiden der Tiere) den Maimonides; er beruft sich auf Isaak Vossius, nach welchem (de poëmatum cantu et viribus rythmi p. 65) die Tiere sprachbegabter sind als wir, weil sie einander ihre Gedanken schneller und vielleicht glücklicher mitteilen. Er greift endlich recht achtungsvoll Leibniz an und parodiert die prästabilierte Harmonie, indem er sie auf Julius Cäsar anwendet und so ad absurdum führen will: Il faut dire selon ce système que le corps de Jules César exerça de telle sorte sa vertu motrice, que depuis sa naissance jusqu'à sa mort il suivit un progrès continuel de changements, qui répondait dans la dernière exactitude aux changements perpétuels d'une certaine âme qu'il ne connaissait pas, et qui ne faisait aucune impression sur lui. Auch das Uhrengleichnis, das in dieser Polemik die berühmt gewordene Form erhält (Standpunkt des Parallelismus, des Okkasionalismus und der prästabilierten Harmonie), wird kritisiert. Leibniz antwortete scharf und elegant; und Bayle brachte seine Duplik in der nächsten Auflage vor. Dann faßte Leibniz seine Meinung in einer kleinen Abhandlung zusammen, die lesenswert ist und die ich in der Übersetzung von Gottsched (Bayles Wörterbuch IV, 709) vor mir habe: „Antwort des Herrn von Leibniz, auf die Betrachtungen, Welche in dem Wörterbuche des Hrn. Bayle, in den neuern Ausgaben, in dem Artikel Rorarius, über das Lehrgebäude von der vorher bestimmten Harmonie gemachet worden.“ Leibniz verwirft die „böse Lehre“ der Materialisten Epikuros und Hobbes, „als wenn der Mensch ein bloßer Leib und nur ein Kunstwerk (Automat) wäre. Sie haben auch dasjenige, was die Kartesianer in Absehen auf andere Tiere gegeben, bis auf den Menschen selbst getrieben“. Leibniz sieht keinen Widerspruch zwischen der Notwendigkeit der Weltereignisse und der Allmacht Gottes; er erhebt sich zu der wissenschaftlichen Phantasie, die — weil ihr Urheber nicht entdeckt war — bis heute unter dem Namen der Laplaceschen Weltformel bekannt ist. „Es ist ja gar kein Zweifel, daß ein Mensch eine Maschine machen könne, welche einige Zeit durch die Stadt spazieren gehen und sich auf gewissen Ecken der Straßen allemal richtig umkehren könnte. Nun könnte ein unendlich vollkommener, obgleich eingeschränkter Verstand auch eine ungleich größere Anzahl von Hindernissen vorhersehen und vermeiden. Dieses ist so wahr, daß, wenn diese Welt nach der Meinung einiger Leute nur aus einer endlichen Zahl von Stäubchen zusammengesetzt wäre, die sich nach mechanischen Gesetzen bewegten, es gewiß einen endlichen Verstand geben könnte, der erhaben genug sein könnte, alles demonstrativisch vorauszusehen und zu begreifen, was in einer gesetzten Zeit darinnen vorgehen würde. Ein solcher Verstand würde nicht nur ein Schiff machen können, welches ganz allein nach einem gesetzten Hafen liefe, wenn er ihm gleich anfangs den Schwung, die Richtung und die gehörigen Triebfedern gäbe; sondern er würde auch einen Körper machen können, der einem Menschen gleich käme.“ Der Allmacht Gottes wäre also die Herstellung von menschlichen oder tierischen Maschinen möglich, in denen prästabilierte Harmonie herrschte; in dieser Lehre wäre das Gute von Platon und das Gute von Epikuros vereinigt, die Weisheiten des größten Idealisten und des größten Materialisten. Damit hatte Leibniz (Religion beiseite) den Unterschied zwischen Tier und Mensch aufgehoben, wie er denn in seiner Monadenlehre schon den Panpsychismus Fechners und auch die unbewußten Vorstellungen Hartmanns vorweggenommen hatte. „Es ist sogar unmöglich, daß es nicht allenthalben Entelechien geben sollte.“ Auf Julius Cäsar wie auf jedes niederste Tier sollen die beiden Hälften seiner Meinung Anwendung finden: daß alles in der Seele so vorgehe, *als ob* kein Körper vorhanden wäre; und daß alles im Körper so geschehe, *als ob* keine

Seele da wäre. Seine Abhängigkeit von der Kirche verrät sich freilich an manchen Stellen: der Urheber der Welt habe die Automaten, z. B. das automatisch gesteuerte Schiff, *zum gut gehen* bestimmt; und auf Spinoza, dem Leibniz, der stärkste und fruchtbarste Geist unter allen Aneignern fremder Gedanken, 20 Jahre vorher nachgeschlichen war, wird weidlich geschimpft. Aber mit genialen Blicken eilt Leibniz, wie so oft, auch hier, seiner Zeit voraus. „Aus den gegenwärtigen Gedanken der Seele entstehen die folgenden; und man kann sagen, daß in ihr, wie sonst allenthalben, das Gegenwärtige mit dem Zukünftigen schwanger sei."

Systematischer als der leidenschaftliche Systembegründer Leibniz hat sein Nachfolger Christian Wolf die Weltanschauung zusammengestellt und dadurch beherrscht, die in der ersten Hälfte des 18. Jahrhunderts Wissenschaft war und noch lange nachher populär blieb. Am Ende seiner Psychologia rationalis gibt er gut und nüchtern seine Tierpsychologie. Das Tier besitzt eine Seele; auch Perzeption. Die Tierseelen sind einfache Substanzen, sind nicht körperlicher Art; auch Wolf scheint schon den Verdacht gegen den versteckten Materialismus des Descartes gehabt zu haben, denn er nennt die Kartesianer, welche die Tiere für bloße Maschinen erklären, audaciores magistro suo, qui subdubitanter ea de re loquitur. Die Tierseelen erfreuen sich der Einbildungskraft und des Gedächtnisses, wobei Wolf besonders auf die Unsicherheit der Terminologie hinweist. Eine Sprache haben die Tiere nicht, trotzdem manche von ihnen Sprachwerkzeuge besitzen wie die Papageien (er erinnert sich, daß vor Jahren ein Hund gewesen sei, der viele deutsche und französische Worte aussprechen konnte; Psychologia rationalis 1740, § 759). Darum haben die Tiere auch keine Allgemeinbegriffe, kein Urteil und keine Vernunft; der Beweis wird aus der prästabilierten Harmonie geführt; und wenn die Tiere ohne Sprache oder gleichwertige Zeichen die Wahrheit erkennen könnten, so müßten ihre Seelen vollkommener sein als die menschlichen. Die Tiere haben keinen Intellekt, ihre Seelen sind irrational; sind keine Geister, weil sie keinen Intellekt und keinen freien Willen besitzen. Nur ein Analogon der Vernunft haben die Tiere, sie haben Gedächtnis, aber kein Selbstbewußtsein. „Memoriam igitur sui minime habent" (§ 766) und sind keine Personen. „Quoniam illud demum est persona, quod memoriam sui conservat, bruta personae non sunt" (§ 767). Tierseelen können nur durch Schöpfung entstehen und nur durch Vernichturg zugrunde gehen; sie sind unzerstörbar, aber nicht unsterblich; nicht unsterblich, weil sie sich nach dem Tode an ihre Lebenszeit nicht erinnern können. Es sei sehr wichtig, die echte Vorstellung von der Unsterblichkeit zu besitzen.

III.

So etwa dachten die besten Köpfe der Zeit über Tierpsychologie, so seltsam verquickten sich schon damals die Weltanschauungen der alten Kirche und der neuen Aufklärung, als ein Schüler Wolfs, der tapfere Reimarus, die Triebe der Tiere zum Gegenstande einer besonderen Untersuchung machte, durch welche das Wort *Instinkt* erst in den deutschen Sprachgebrauch kam. (Im Französischen findet sich *instinct* schon bei Montaigne: „S'il est quelque loy vraiement naturelle, c'est à dire quelque instinct qui se veoye universellement et perpétuellement empreint aux bestes et en nous“ [II, 69], also eher im Sinne von Trieb; bei Shakespeare findet sich instinct aber ganz in der neuen Bedeutung; Falstaff hat sich [Henry IV., I. Teil, 2. Akt] vom Prinzen verhauen lassen, weil er den Prinzen in ihm ahnte. „I am as valliant as Hercules, but beware instinct . . . instinct is a great matter; I was a coward on instinct.“)

Reimarus ist der Erste, der Tierpsychologie auf Naturbeobachtung zu gründen sucht. Er bemüht sich um eine Definition des Wortes *Trieb* oder *Instinct;* das „war bisher so unbestimmt und schwebend, daß es kaum eine gewisse Bedeutung hatte“ (Allgemeine Betrachtungen über die Triebe der Tiere, hauptsächlich über ihre Kunsttriebe, zum Erkenntnis des Zusammenhanges der Welt, des Schöpfers und unser selbst, vorgestellet von Hermann Samuel Reimarus. Ich zitiere nach der 3. Ausgabe von 1773.) Er traut dem Aristoteles nicht, „der vieles aus Hörensagen gemeiner Leute hat“, viel weniger dem Aelianus, Plinius, Cicero und Plutarchus. Er unterscheidet mechanische Triebe, Vorstellungstriebe, willkürliche Triebe; diese letzteren nenne man im engeren Verstande schlechthin Triebe, impetus, *ὁρμας;* und er beruft sich auf ein Wort Zeno's, bei Cicero, daß nämlich die Natur viel künstlichere Werke schaffe als die menschliche Hand, um für diese Triebe oder Instinkte das neue Wort *Kunsttriebe* zu erfinden (S. 13).

Bis auf einen Punkt ist Reimarus kaum von einem neueren Tierbeobachter übertroffen worden; es ist erstaunlich, wie viel und wie vorurteilslos er gesehen hat. Nicht nur eine Seele gönnt er den Tieren, auch ein Analogon vom Witze will er manchen Tieren einräumen (S. 43); überhaupt entdeckt er im Menschen die Wirkung von Trieben und Instinkten. Er vergleicht die triebhaften Handlungen der Tiere mit physiologischen Veränderungen im Menschenkörper, ja auch schon mit Krankheiten, die er mit Hippokrates „auf die Genesung zielende Bewegungen der Natur“ nennt (S. 5). „Wir mögen es Instinkte, Triebe, Künste, Kunstähnliches oder Kunsttriebe nennen, oder alle diese Wörter weglassen: so zeiget die Erfahrung offenbar, daß Tiere einer Art gewisse ähnliche Handlungen zu verrichten bemühet sind, welche die dienlichsten Mittel zu ihrer und ihres Geschlechts Erhaltung und Wohlfahrt enthalten; und daß sie in diesen Handlungen gleich das erstemal, wenn sie verrichtet werden, das ist zum Teil gleich nach der Geburt, eine regelmäßige Fertigkeit beweisen“ (S. 96). Er weiß sogar schon, was 100 Jahre später

Darwin neu entdecken mußte, daß die Instinkte variieren: „die Kunsttriebe der Tiere sind von der Natur nicht so gänzlich und in allen Stücken determiniert, daß ihnen nicht eins- und anderes durch ihr eigenes Erkenntnisvermögen nach den Umständen verschiedentlich zu bestimmen übrig bleibe“ (S. 172). „Die Tiere können in ihren Trieben auch zuweilen irren; wiewohl das in ihrer vollen Freiheit überaus selten geschieht“ (S. 180).

Die Lösung der Frage findet Reimarus in einem Schlagworte, das er für eine Erklärung hält: *Determiniertheit.* Determiniert ist Mensch und Tier in Leib und Seele.

Das Uhrengleichnis wird herangezogen, aber gleicherweise für Mensch und Tier (S. 352). Der Begriff der Determiniertheit führt ihn in einem Anhang der 3. Auflage zu einer Polemik, die man mit Heiterkeit nachlesen mag. In den vielgelesenen „Briefen, die die neueste Literatur betreffen“, hatte ein Kritiker die Gedanken des Reimarus töricht angegriffen. Es war der immer subalterne Moses Mendelssohn, wie man jetzt weiß und wie wohl auch Reimarus wußte; denn er unterscheidet zwischen der scharfsinnigen Schreibart und dem feinen Geschmack der Literaturkritik, die doch einst Lessing übernommen hatte, und den übrigen (S. 401). Reimarus geht über Leibniz und Wolf hinaus und unterscheidet Stufen der Determination; solche Stufen durch Abstraktion zu verwischen, sei nicht die beste Methode (S. 413). Er ist nicht gar weit von der Vorstellung, daß selbst der freie Wille des Menschen, „die unbestimmteste Kraft, welche wir in der Welt kennen“, ferner die Vernunft und so manche Bewegungskräfte unserer Gliedmaßen determiniert seien (S. 419). Stufen der Determiniertheit führen von den leblosen Körpern bis zum Menschen; alles ist specifice determiniert (S. 423). Der Mensch wählt sein Handwerk nach Erwägung der Umstände; so unbestimmt kann die Willkür oder die Neigung der Tiere unmöglich sein (S. 425). Reimarus wirft dem guten Mendelssohn (S. 447), den er sonst mit fast anmutiger Höflichkeit behandelt, Verdrehung der ausgesprochenen Meinung vor; es wäre billig gewesen, dem Manne, der in allen Naturwissenschaften hilflos, in der Philosophie von Wolf völlig abhängig erscheint, Unverstand vorzuwerfen als einen mildernden Umstand.

Der eine Punkt, auf dem Reimarus starr ist und so verhindert, über die Sprache seiner Zeit hinauszukommen, ist sein Deismus, sein Glaube an den physiko-theologischen Beweis. Der Mann, dessen Verhältnis zu Wolf mit Recht gleichgestellt worden ist dem Verhältnis von Strauß zu Hegel, der Wolfenbütteler Fragmentist, der mit ruhigem Radikalismus die schärfste Kritik des Christentums zu schreiben, wenn auch nicht zu veröffentlichen wagte, der die Apostel mit Voltaireschem unhistorischem Scharfsinn zu Betrügern machte, der als Bibelkritiker nicht kleiner als Spinoza und größer als Strauß war, spricht wie ein Prediger von der Weisheit und Güte des Schöpfers;

er beruft sich auf Schriften, deren Titel uns heute parodistisch anmuten: Ichthyotheologie, Testaciotheologie, Insectotheologie. Vernunft und Wille sind determiniert, aber von Gott. „Wer kann von den ursprünglichen Determinationen der ersten körperlichen Naturkräfte weiteren Grund aus einer anderen, ich weiß nicht welcher Natur begehren?" (S. 456.) Reimarus ist nicht weit davon, einen weisen Zusammenhang der Welt mit der gütigsten Absicht des Schöpfers, also die beste aller Welten verwirklicht zu sehen und darauf die vornehmsten Wahrheiten der natürlichen Religion zu gründen. Gott ist ein Liebhaber des Lebens. „Wir sehen in diesem Teile der Natur ihres großen Stifters unendliche Vollkommenheiten auf eine ausnehmend überführende und reizende Weise: einen Liebhaber des Lebens, der als die erste Quelle des Lebens alle übrigen möglichen Arten der Lebendigen aus ihrem Nichts hervorziehen wollen, welche noch ihres Daseins froh werden und irgendeine Stufe der Lust und Glückseligkeit genießen konnten" (S. 372). Die Tiere sind *ϑεοδιδακτοι*, nicht *αὐτοδιδακτοι;* ein jedes hat soviel Vermögen und Geschicklichkeit, als ihm bei den Bedürfnissen seiner Lebensart zu seiner Wohlfahrt nötig ist; diese Regel können wir aus der allgemeinen Haushaltung des Schöpfers im Tierreiche voraussetzen (S. 382).

Bis auf diesen Punkt ist Reimarus ein freier Kopf; er vernichtet definitiv die kartesianische Lehre, die so grob zwischen Tier und Mensch unterscheidet, und verlacht nicht übel (S. 281) die nachgeborenen Thomisten, die Schlüsse ziehen aus unseren Kenntnissen von den Seelen der Engel. Er faßt vor Hemsterhuis[1]) den kühnen Gedanken: „es kann sein, daß gewisse Tiere eine Art der Empfindung haben, davon wir Menschen gar nichts wissen und keinen Begriff haben . . . es kömmt nur auf Werkzeuge [Organe] an, welche den Eindruck zu empfangen fähig sind" (S. 304); „vielleicht ist der Wanderinstinkt der Zugvögel (er hat dafür einmal, S. 451, das wunderschöne Wort *Zugweh* nach dem damals neuen Heimweh) ein besonderer, uns ganz unbekannter Sinn".

Ganz verwegen erscheint Reimarus, wenn er einmal (S. 339) die Instinkte der Tiere mit den menschlichen Bewegungsgründen der Moral, mit der Wahl von gut und böse, zu vergleichen scheint; vorsichtig oder gläubig fügt er aber hinzu, daß der Mensch sich selbst verschiedentlich determinieren könne. Und gegen Mendelssohn schwingt sich Reimarus (S. 491) einmal gar zu der sprachkritischen Skepsis der alten Nominalisten auf. „Das Subjectum eines Satzes darf doch darum nicht eben eine Substanz sein, weil die Aussage oder das Prädikatum eine Bestimmung desselben enthält. Oder sind Subjectum und Substantia eins?"

So nahe stand vor 150 Jahren der

[1]) Ich lasse es dahingestellt, ob Lessings Einfall, daß mehr als fünf Sinne für den Menschen sein können, schon vor der nähern Bekanntschaft mit Hemsterhuis durch Reimarus geweckt werden konnte.

tapfere Deist an der Schwelle des Gedankens, daß die Psychologie durch Versprachlichung wertlos werden müsse; schlimm genug, daß die Fachmänner der Philosophiegeschichte den Mann kaum beachtet haben, der freier als alle Wolfianer schon vor der Überschätzung des Subjekts und vor der Verwechslung zwischen Begriff und Ursache gewarnt hatte. Vermenschlichung der Tierpsychologie freilich, der andere Fehler, lag gar sehr in der Tendenz der Schrift, die nach dem Geschmacke der Zeit eine Rettung war, die Rettung der Tierseele.

Es wäre ganz interessant, das halbvergessene Buch mit einer vielgenannten Tierpsychologie unserer Tage zu vergleichen, die überall von Haeckel ausgeht, aber doch glücklicherweise frei ist von der ärgsten Wort- und Systemmacherei Haeckels. Ich meine G. H. Schneiders Darstellung „Der tierische Wille". Selbstverständlich wird der Begriff Entwicklung auch da zum Lösungsworte für alle Welträtsel gemacht. Wie es eine Stufenreihe von Gliederformen gibt oder geben soll, so gibt es auch Stufenreihen der Intelligenz und des Willens. Dem Materialisten und Atheisten kommt nicht einen Augenblick lang ein Zweifel, kommt nicht der Gedanke, nicht laut und nicht leise, daß die Axiome seiner Tierpsychologie Worte sind, also Versprachlichungen der Menschenpsychologie. Daß der Wille, den wir auf seiner höchsten Stufe so genau als den freien Willen des Menschen zu kennen glauben, im Grunde nur ein Schein ist, der Schein eines freien Willens, eine Begleiterscheinung menschlicher Handlungen im menschlichen Bewußtsein, das selbst wieder ein Schein ist, eine Selbsttäuschung des Gedächtnisses; daß wir eben daran die psychisch begleiteten Bewegungen von den bloß physiologischen unterscheiden; daß alle bloß physiologischen Bewegungen eindeutig bestimmt sind, die von psychischen Erscheinungen begleiteten mehrdeutig eine Wahl zuzulassen scheinen; und daß wir die von psychischen Erscheinungen begleiteten Bewegungen irgendwie mit dem Willensbegriff logisch auseinandersetzen müssen, weil das Wort Wille zur Terminologie der Menschenpsychologie gehört.

Und ganz nahe an dieses versprachlichte Scheinwissen vom Willen grenzt der andere Begriff der Schneiderschen und überhaupt der neuen Instinktlehre: der Zweck. Der Zweck ist das Ziel des Willens nnd der Wille ist im menschlichen Bewußtsein. Was mag da ein Ziel sein, das nicht im Bewußtsein ist? Samiel hilft: das Unbewußte. Allgemein sei jetzt die Definition angenommen: Instinkt ist zweckmäßiges Handeln ohne Bewußtsein des Zwecks. Ein Handeln, das sein Ziel erreicht, ohne das Ziel zu kennen. Ich weiß wirklich nicht, wie man bei der sprachlichen Vorstellung eines Zweckes ohne eine Intelligenz und ohne einen Willen weiter denken kann, ohne eine übermenschliche Intelligenz, ohne einen menschlichen Willen, ohne einen Gott also. Es wäre denn, daß man sich entschlösse, den Zweckbegriff über Bord zu werfen, wozu freilich sprachloses Versenken in die Natur eher fähig wäre, als Denken, als Sprechen. Soll ich auszudrücken versuchen, was Ausdrückung nicht verträgt? Der Instinkt aller Instinkte ist Selbsterhaltung, Selbsterhaltung durch Selbsterhaltung und durch Arterhaltung, durch Nahrungstrieb und durch Geschlechtstrieb. Muß man diese tiefsten Triebe nun durchaus Zwecke nennen? Zwecke der Natur oder eines Schöpfers? Da: ein Wasseratom, eine Lichtvibration. Es ist da und bleibt solange als möglich. Ich sehe den Zweck nicht, so lange ich nicht Menschensprache rede. Nur die tote Natur ist noch nicht ganz versprachlicht worden, weil die Menschensprache sie tot nennt.

Entwicklungsgläubig hält sich die Richtung Schneiders frei von solchen Ketzereien. Und auch der Vermenschlichung der Tierseele verfällt er wenig, weil allen Darwinisten mehr daran gelegen ist, die Menschenseele zu vertieren, zu animalisieren, wenn's besser gefällt. Das ist aber wirklich und buchstäblich nur eine Frage des Standpunktes: ob man die Reihe von oben oder von unten überblickt, was man so oben und unten nennt. Für die Menschensprache ist der Mensch oben. Und der alte Buffon behält recht: qu'on admire toujours d'autant plus qu'on observe davantage et qu'on raisonne moins. Die mehr räsonnierenden Tierpsychologen haben alle auf das Tier hinuntergesehen; Tierbeobachter, die keine Systeme spannen, haben oft staunend zu den Leistungen der Tierinstinkte hinaufgesehen. Vermenschlichung lag beidemal zugrunde, lag eigentlich schon in dem Wunsche, zu vergleichen. Die Vergleichung ist das *πρωτον ψευδος* menschlicher Systemsucht.

Wir sind ein wenig weit in die Geschichte der Tierpsychologie hineingeraten, um den alten Gegensatz der Weltanschauungen mit Beispielen zu belegen, von denen die eine allezeit inneres Leben von außen erklären, die andere den Plan eines Schöpfers immer erblicken wollte bei der für notwendig gehaltenen Unterscheidung des moralischen Menschen und des amoralischen Tieres. Wir werden auf diesen Gegensatz zurückkommen müssen. Aber in die neueste Geschichte des ewigen Streites spielt außer dem Gegensatz der beiden gleich wortabergläubischen Weltanschauungen noch eine andere Stimmung hinein, die von der neueren Tierpsychologie gefördert worden ist, und die nun (man denke nicht an Wechselwirkung) auf die Tierpsychologie zurückwirkt: die Anerkennung der Tiere als gleichberechtigte Mitkreaturen. Man achte auf den Bedeutungswandel des Wortes *Kreatur*. Alle Verteidiger der gequälten Tierwelt berufen sich, wieder wortabergläubisch, auf die angebliche Gleichheit von Tier- und Menschenseele, also auf Psychologie und daneben — dem lieblosen Alten Testamente gegenüber — auf Buddha und wohl auch auf buddhistischen Aberglauben; in Wahrheit mag die Begründung erst hinterher gekommen sein, in Wahrheit entwickelte sich die immer wachsende Stimmung der Tierliebe aus zwei Gedankenreihen, die sonst wenig miteinander zu tun hätten; einer logischen und einer gemütlichen Gedankenreihe: das Prinzip der Gleichheit, das vor hundert und einigen Jahren zuerst Anerkennung von Menschenrechten für den dritten Stand, später für die ärmsten Volksgenossen verlangte, und dann, konsequent in der Theorie, auch einen viehischen Australneger als Bruder umarmte, glaubte immer noch konsequent zu sein, wenn es die Kreaturrechte zunächst der Haustiere und dann aller Tiere predigte; ganz anders als dieses unnatürliche Gleichheitsprinzip wirkte, mächtiger und mächtiger, die ganz neue Überzeugung, daß der Mensch mit zur Natur gehöre, daß für die Natur der redende Mensch nicht wertvoller sei als irgendein anderes Naturgeschöpf, daß der homo sapiens eher homo insipiens heißen müsse, wenn er sich aus der Natur ausnehmen wollte.

IV.

Das logische Gleichheitsprinzip wird vielleicht grell illustriert, wenn ich daran erinnere, daß der unergründliche Shakespeare, als er seinem Shylock die Worte in den Mund legte: „Hat nicht ein Jude Hände, Gliedmaßen usw.“, seinen infamen Wucherer vielleicht nur verhöhnen wollte wie an anderen Stellen, und daß diese Worte heute von philosemitischen Schauspielern zur äußersten liberalen Wirkung gebracht werden, und daß nun 300 Jahre später ein Apologist der Tiere unter dem Beifall der Zeitgenossen die Stelle paraphrasieren könnte: „Hat ein Hund nicht Gliedmaßen, Werkzeuge, Sinne, Neigungen, Leidenschaften? . . . gewärmt und gekältet von eben dem Winter und Sommer wie ein Mensch? . . . wenn ihr uns vergiftet, sterben wir nicht?“

Die andere, logisch unbegründete, instinktive, grundlos im Naturweben untergehende Liebe zur Tierwelt dürfte in ihrem Wesen mit dem zusammentreffen, was ich sprachkritisch über das Dilemma Instinkt oder Intelligenz zu sagen habe. Denn die schwärmerischen Tierfreunde vermenschlichen allerdings noch mehr als die Darwinisten die sog. Tierseele; aber ihre mystische Versenkung in das Leben von Tier und Pflanze wird sie bereiter machen, auch den anderen, korrigierenden Satz zu verstehen: daß auch die Menschenpsychologie außerhalb der Natur steht, daß sie mit Menschensprache aus der Natur heraustreten, den Menschen aus der Natur ausnehmen wollte.

Pater Wasmann hat sich nun die theologische Aufgabe gestellt, gegen die Darwinisten den Nachweis zu führen, daß die Tiere keine Intelligenz besitzen. Es war für seine Partei ein Glück — Instinkt oder Überlegung? —, daß er von sehr gründlichen und sehr gerühmten Studien über das Seelenleben der Ameisen herkam. Wir wissen herzlich wenig über das *Seelen*leben der uns befreundeten, klügsten Tiere; wir wissen nicht, ob die Anhänglichkeit unseres intimen Hundes (menschlich ausgedrückt) Sklavensinn, Egoismus, Liebe oder Religion ist, von dem Seelenleben der Ameisen wissen wir um so viel weniger, als sogar ihr Sinnenleben himmelweit von dem unseren entfernt sein dürfte. Wir haben keine Ahnung davon, ob die Ameisen auch nur vergleichsweise so sehen,[1]) so hören, so tasten wie wir. Der uralte Satz, daß nichts im Verstande sein kann, was nicht vorher in den Sinnen war, drückt es eigentlich schon aus: daß keine Vergleichsmöglichkeit besteht zwischen dem Seelenleben des Menschen und dem der Ameisen, die ganz gewiß nicht unsere Sinne haben, die aber dafür vielleicht Sinneseindrücke besitzen (z. B. vom ultravioletten Licht), die uns mangeln. Ich will diese Unvergleichbarkeit der Ameisenseele und der Menschenseele an einer Hypothese aufzeigen, die unter den Ameisengelehrten sehr verbreitet ist. Man sagt: die Ameisen haben eine Sprache ausgebildet; sie sprechen miteinander, indem die eine Ameise die andere mit den Fühlern betrommelt. Ganz gut möglich. Ich möchte nicht einmal einwenden, daß die innere Verbindung von Gehörzentrum und Sprachbildungszentrum, wie sie beim Menschen mit gutem Grunde angenommen wird, bei der Ameisensprache wegfiele; denn auch das Sprachbild des Menschen ist zuletzt eine Bewegungsvorstellung, wie das Gehörbild eine Bewegungsübersetzung ist; und das Bauchhirn der Ameise kann ebenso leicht eine innere Verbindung zwischen aktiver und passiver Trommelei herstellen, wie das Rückenhirn des Menschen die zwischen unseren aktiven und passiven Bewegungsbildern. Da wir aber nicht einmal wissen, ob die Ameisen irgendwelche Sinnesorgane besitzen, die mit den menschlichen vergleichbar sind, da die einzige vorhandene Sprache (in unserer Sprache) die Menschensprache ist, da wir in unserer Menschensprache nur die Zeichen für unsere Sinnes-

---

[1]) Neuere Versuche haben mit voller Sicherheit gezeigt, daß Hühner und andere Tagvögel blind sind für den kurzwelligen Teil des Prismas. Ganz junge und auch alte Hühner (die beim Aufpicken doch allein durch den Gesichtssinn geleitet werden) picken, auch ausgehungert, in einem verdunkelten Raume beim Scheine eines Spektrums nur die Körner auf, auf die rotes bis gelbes Licht fällt; blaues Licht schon sehen sie so wenig, wie wir das ultraviolette; auf der langwelligen Seite scheint ihre Sehgrenze mit der des Menschen zusammenzutreffen. Solche Vögel mögen die Außenwelt sehen wie wir durch ein orangefarbiges Glas. Und die Augen der Hühner sind doch ähnlich gebaut wie die unseren. Insekten haben Fazettenaugen. Ameisen gar vielfach nur elementare Ocellen, und man will Arbeiterameisen ohne nachweisbare Augen beobachtet haben. Wir wissen nicht, ob das Sehen der Insekten dem menschlichen Sehen gleich, ähnlich oder unähnlich ist. Wir wissen nichts, ein unbeschreiblich Nichts von Sinnen der Tiere, die etwa über oder unter unseren fünf Sinnen vorhanden sein mögen. Da gibt es z. B. Insekten, Tiefseefische, aber auch Schlangensterne, die bei gewissen Erregungen aktiv Lichterscheinungen hervorbringen, also höchstwahrscheinlich die leuchtenden Sekrete ihrer Artgenossen auch wahrnehmen. Hilflos tastend ordnen wir diese Tatsachen in das Sexualleben der Tiere ein. Möglicherweise mit Recht. Den psychischen Vorgang des Wahrnehmens solcher Lichterscheinungen mögen wir mit menschlichem Sehen vergleichen: mit dem Wohlgefallen an der Schönheit des Geschlechtsanderen, mit den Hochzeitskleidern. Aber für den psychischen Vorgang, der den Trieb der Lichterzeugung doch wohl begleitet, haben wir in uns nicht die entfernteste Vergleichsmöglichkeit.

eindrücke niedergelegt haben, wäre es auch dann noch eine kühne Metapher, aus der nichts zu erschließen wäre, das Trommeln der Ameisen eine Sprache zu nennen, auch dann noch, wenn wir Beweise dafür hätten, daß dieses Trommeln Mitteilung zum Zwecke habe. Man vergesse nicht, daß das Tastreden der dreisinnigen, wie die Zeichensprache der Taubstummen, Übersetzung einer sonstwie gelernten Menschensprache ist. H. Lorm, der das Unglück hatte, ganz taub und fast ganz blind zu werden, unterhielt sich recht geläufig über alle Angelegenheiten des Tages, der Ewigkeit und seines Ruhms, indem er selbst sprach und die Antwort durch ein Fingertrommeln in seine hohlen Hände empfing. Da war aber nur unsere deutsche Landessprache, wie sonst in Schrift- oder sichtbare Fingerzeichen, in fühlbare Zeichen übersetzt worden.

Noch einmal: es war ein Glück für seine Partei, daß P. Wasmann die Frage an den Äußerungen der Ameisen studierte und so recht bequem zu dem folgenden logischen Schlusse kommen konnte: Das Seelenleben der Ameisen ist nicht menschliche Intelligenz; alle Tiere haben ein gleiches Seelenleben; also besitzt kein Tier menschliche Intelligenz. Und weil das Eskamotieren des Beiworts *menschlich* fast gar nicht auffällt, so kann der Schlußsatz auch lauten: kein Tier besitzt Intelligenz. P. Wasmann ist zu geschickt, um sich auf einem so groben Fehlschlusse ertappen zu lassen; aber sein Streben, den Zusammenhang zwischen Mensch und Tier zu zerreißen, verführt ihn, gegen den wissenschaftlichen Sprachgebrauch, ja sogar gegen seinen Meister, den heiligen Thomas von Aquino, die Intelligenz falsch zu definieren, zu eng.

Thomas unterscheidet ganz gut zwischen der diskursiven Vernunft und dem intuitiven Intellekt (Verstand im Sinne Schopenhauers): intellectus cognoscit simplici intuitu, ratio vero discurrendo de uno in aliud. Wasmann definiert die Intelligenz ausschließlich als die „Fähigkeit, die *Beziehungen* der Begriffe zueinander zu erkennen, und daraus *Schlüsse* zu ziehen.“ Und bald darauf schränkt er den Satz noch enger ein, da er im Handumdrehen von „formellen Schlüssen“ redet. Wenn Intelligenz ohne formelle Schlüsse nicht vorhanden ist, dann dürfte auf tausend Menschen noch nicht einer intelligent heißen, weil doch zum Ziehen formeller Schlüsse Kenntnis und Anerkenntnis der Logik gehört, dann war die Menschheit vor Aristoteles nicht intelligent, wie alle vor Jesus Christus gestorbenen Menschen nach dem Sprachgebrauche strenger Thomisten nicht selig heißen können, dann sind auch ein paar immerhin scharfsinnige Köpfe nicht intelligent gewesen (Kant z. B.), die aus ihrer Verachtung der formellen Schlüsse kein Hehl gemacht haben. Aber in der ersten Definition, da Wasmann die *Beziehungen* der Begriffe und *Schlüsse* unterstrichen hat, hat sich ganz unbemerkt auch noch das Wort eingeschlichen, das allein genügte, um nachher alles behaupten zu können, was Wasmann behaupten will, das Wort *Begriffe*. Gehört das Operieren mit Begriffen zum Wesen der Intelligenz, so gibt es darnach kein intelligentes Tier, mag man nun irgend an Worte oder an logische Begriffe denken; denn die Tiere haben weder Menschenlogik noch Menschensprache. Wasmann weiß recht gut, wie wichtig dieser Punkt für sein Beweisgebäude ist. Er wirft Forel vor, die Worte gebraucht zu haben: les insectes raisonnent, und übersetzt *raisonner* mit *Vernunftschlüsse ziehen*. Und weil es doch offenbar ist und er's auch gar nicht leugnet, daß diese Insekten klug sind, zweckmäßige Handlungen ausführen (ich vermeide das Wort des Streites), weil diese Insekten doch irgendwie etwas in sich vorgehen fühlen, was Forels *raisonner* entspricht, so gebraucht Wasmann dafür den verzweifelten Ausdruck *materielle Schlüsse*. Auf dieses hölzerne Eisen läuft Wasmanns psychologische Terminologie eigentlich immer hinaus, im Recht gegen die gläubigen Darwinisten, aber siegreich nur mit sophistischen Gründen. Wenn der Hund *jeden* Hasen aufjagt, also nach Menschenbegriffen eine allgemeine Vorstellung vom Hasen besitzen muß, so sagt Wasmann, das sei in einem uneigentlichen Sinne zu verstehen, „insofern nämlich die individuellen Züge unklar und unbestimmt hervortreten“ (S. 64), das sei ein judicium materiale, aber beileibe keine Abstraktion, nämlich keine menschliche, keine sprachliche. Daß die Tiere keine Sprache haben (Wasmann macht nicht die Einschränkung: keine *menschliche* Sprache), das könnte zu dem formellen Schlusse führen: Tiere sind nicht Menschen. Was doch wohl nicht erst zu beweisen war. Wasmann widerspricht sich ein wenig (das hat wirklich nichts zu sagen), wenn er den Tieren doch wieder (S. 69) ein geringes Abstraktionsvermögen *nicht abspricht;* sie mögen z. B. die Abstraktionen erster Ordnung, grün oder rot, bilden können, nicht aber die Abstraktion zweiter Ordnung: Farbe. Wenn nur — beiläufig bemerkt — diese Abstraktion zweiter Ordnung anderswo in der Wirklichkeitswelt vorhanden wäre, als in der menschlichen Sprache. Ich wette darauf, daß die Sonne und die Seifenblase — ich will nicht scherzen — also meinetwegen die Ätherwelle, die doch das Gedächtnis und die Ordnung der einzelnen Farbenlänge besitzt, besitzen muß, die Abstraktion zweiter Ordnung *Farbe* nicht hat. Alles hat die Ätherwelle, Gedächtnis und Ordnung, nur den Begriff nicht. Weil nun Wasmann eigentlich nur um des Sprachmangels willen den Tieren jede Spur von Intelligenz nehmen will, darum gelangt er zu dem orakelhaften Spruche (S. 71): „nicht die Sprache ist die Ursache der hohen menschlichen Intelligenz, sondern die hohe menschliche Intelligenz ist die Ursache der Sprache.“ Wäre es denn nicht möglich, daß Sprache und Intelligenz mit mikroskopischen Schritten einander wechselweise gefördert haben? Daß wir eben nur sprachlich bald Sprache, bald Intelligenz nennen, was eines ist? Daß, was von beiden das Frühere war, so wenig zu entscheiden ist, wie beim Ei und der Henne? P. Regnaud hat trotzdem ganz recht, wenn er sagt: nihil in dictu, quod non antea fuerit in intellectu. Aber auch dieser Satz läßt sich umkehren. Und wieder wird vergessen in dictu humano und in intellectu humano zu sagen. Lubbocks Pudel, der eine mit food beschriebene Tafel brachte, wenn er fressen, eine mit out beschriebene, wenn er ausgehen wollte, besaß trotzdem nicht menschliche Sprache; wohl aber eine Hundesprache; nicht daß englische Menschenworte auf den Tafeln standen, war das Merkwürdige an dem Pudel, sondern daß er mit dem Heranschleppen verschiedener Tafeln Verschiedenes ausdrücken wollte. Wasmann dreht sich eifrig im Kreise, um den Tieren jede Anlage, jede Möglichkeit einer intelligenten Entwicklung abzusprechen; gegen den allgemeinen Sprachgebrauch. Da nun gar gerade die Ameisen durch Staatenbildung und Sprache dem Menschen, menschlich gesprochen, ähnlicher sind als alle Tiere, die man die höheren nennt, so bleibt dem Ameisenforscher Wasmann nichts übrig als sprachphilosophische Rückständigkeit, sobald er der Ameisensprache Intelligenz nicht zugestehen will. Die Ameisensprache bestehe nicht aus Zeichen, die durch individuelle Beobachtungen hervorgebracht seien; „die Tiersprache beruht nie und nimmer auf intelligenter Überlegung" (S. 81); nur daß man seit etwa 150 Jahren allgemein lehrt, auch die Menschensprache beruhe nicht auf Überlegung, weder auf individueller noch auf intelligenter. Wasmann vergißt sich so weit, dem Hunde vorzuwerfen, daß er zwar die Ähnlichkeit zweier Empfindungen *grün* bemerke, nicht aber über diese Ähnlichkeit reflektiere. Ob wohl allen Menschen, welche über sinnfällige Begriffe nicht reflektieren, die göttliche Gabe der Intelligenz abgesprochen werden soll? Wasmann kennt die Pläne des Schöpfers so gut, daß er noch tiefer in die Verschiedenheit der Zwecke von tierischem Instinkt und menschlicher Intelligenz eingedrungen ist. Der liebe Gott habe den Tieren durch subjektiv angenehme Sinneseindrücke empfohlen, was dem Individuum oder der Art objektiv nützlich sei; umgekehrt stehe es mit den subjektiv unangenehmen Sinneseindrücken; dem Menschen dagegen solle die Sinneswahrnehmung als Schlüssel für die geistige Erkenntnis dienen (S. 98). Solle. „Der Mensch vermag sich durch seine Intelligenz und seinen freien Willen von dem subjektiven Eindrucke zu emanzipieren, er vermag sich über denselben durch sein geistiges Wesen hinwegzusetzen." Ein Heiliger vielleicht. Der sündige Durchschnittsmensch kann sich nicht entbrechen, rot rot, süß süß, warm warm, schön schön zu nennen.

Ich glaube nicht ungerecht gewesen zu sein gegen den Pater Wasmann. Ich sympathisiere gern mit seinem Kampfe gegen die Materialisten und gegen die sentimentalen Tierfreunde, die mit tönenden Theorien und mit kindlichen Anekdoten *jeden* Unterschied zwischen Tierseele und Menschenseele wegwischen wollen.

Aber es geht nicht an, in diesem Kampfe zu ignorieren, was bessere Philosophen als Häckel und Forel kritisch der Psychologie geschenkt haben. Wasmann wagt die Worte (S. 28): „die scholastische Philosophie hat, indem sie das ganze Seelenleben des Tieres auf das sinnliche Instinktleben zurückführte, ohne Zweifel das Richtige getroffen.“ Er glaubt (abgesehen von kleinen Richtigstellungen), daß die neuere Tierpsychologie auf Reimarus zurückgehe. Er scheint nichts zu wissen (und auch Wundt weiß nichts) von dem alten Rorarius und hat Reimarus, den Deisten, fast absichtlich mißverstanden. Wasmann kennt die neuen Beobachtungen und hat sie vermehrt; aber für ihre Deutung hat er nur die Terminologie des hl. Thomas. „Die Äußerungen des tierischen Seelenlebens gehen nicht über den Bereich des *sensitiven* Lebens hinaus . . . so verlangt es die kritische Psychologie“ (S. 58); mit Verlaub, so verlangt es die Psychologie des hl. Thomas. Wasmann kennt nicht oder verkehrt ins Gegenteil Lockes klassische Unterscheidung zwischen primären und sekundären Eigenschaften (S. 65). Wasmann hat schließlich den Mut, im Jahre 1899 seinen gottlosen Gegnern zuzurufen: „durch die geistige Seele wird der Mensch zum Ebenbilde des Höchsten, des unerschaffenen Geistes, zum Ebenbilde Gottes, seines Schöpfers“ (S. 120).

Das geht wirlich nicht an, wenn die Sprecher beider Weltanschauungen nicht aneinander vorüberreden wollen, wie wenn ein deutscher Matrose mit einem chinesischen Kuli zankt. Ich fühle es stärker als Mancher, daß der landläufige Darwinismus nicht das letzte Wort gesprochen hat, daß natürliche Zuchtwahl, Vererbung und Anpassung die neuesten Selbsttäuschungen der menschheitlichen Wissenssehnsucht sind; aber diese Worte gehören doch mit ihrem unklaren Inhalt in unsern Sprachvorrat, die Worte des hl. Thomas gehören in unsern Sprachvorrat nicht mehr. Für unsere Wissenssehnsucht ist der Regress auf den lieben Gott so geschmacklos, wie die Figur des allwissenden Sherlock Holmes, der auch immer nur herausfindet, was sein entsetzlicher Autor, der gräßliche Liebling unserer Theaterpächter und unseres Pöbels, ihm vorher in die allwissende Seele gelegt hat. Ich kann die Organisation der katholischen Kirche bewundern, in der das Lebenswerk eines Pater Wasmann ein kleines Glied ist; die Organisation wäre noch bewundernswerter, wenn sie den Mut besäße, ihre gelehrten Glieder frei zu machen von der Summa des hl. Thomas. Und die katholische Kirche besäße den Mut, wenn der Glaube heute noch so lebendig wäre wie im 13. Jahrhundert, da sie nichts dagegen hatte, daß Albertus Magnus und Thomas von Aquino die ziemlich tausend Jahre alten Dogmen mit dem neuerwachten Aristoteles zu einem neuen Systeme vereinigten. Nur einiger Wunderglaube brauchte preisgegeben zu werden — esoterisch, nicht einmal für den Pöbel — und die neueste Scholastik (Atomismus, Materialismus, ja sogar die sprachkritisch so anfechtbaren Dogmen von der Erhaltung der Energie) ließe sich von einem neuen Thomas ganz vortrefflich mit der Organisation der katholischen Kirche verschweißen. Dann ließe sich von gelehrten Jesuiten mancherlei lernen, für die Erkenntnistheorie, was der anders blinde *Monismus* nicht ahnt.

Aber es geht nicht an, sich in allen diesen Fragen auf den heiligen Thomas zu berufen, der *nur* Theologe war, der (darin viel schwächer als sein Lehrer Albertus) kein Organ für Naturwissenschaft und Mathematik besaß. Ihm ist der Glaube an die sogenannte Offenbarung wissenschaftlich irgend einer Erfahrungstatsache gleichwertig; der Inhalt des Glaubens müsse aus der Theologie ebenso entlehnt werden, wie etwa die Grundsätze der Musik aus der Mathematik. Nun ist jedoch Thomas auch als Theologe für unsern Geschmack rückständig, wenn man ihn mit Albertus vergleicht; der, von den bald nach ihm auftretenden Mystikern nicht zu reden, hat viel von der innigen Poesie Platons nachgefühlt; Thomas, an Verstandesschärfe einem Aristoteles mindestens ebenbürtig, ist nüchtern, antimystisch, ist rationalistisch bis auf die Knochen. Sein System ist eher ein Katechismus als ein lebendiger Glaube.

Es widersteht mir, mit den Liberalen an einem Strange zu ziehen und den alten Doctor angelicus dem Gespötte mit preiszugeben. Da aber eine päpstliche Enzyklika vom Jahre 1880 den Befehl erlassen hat: „Sanctus Thomas Aquinas doctor princeps eiusque philosophia perfecte instauranda", — so soll doch mit einigen Worten daran erinnert werden, wessen dieser Engelgelehrte fähig war. Er kennt die Substanz der Engel, ihre Hierarchie, weiß, daß ihre Zahl groß ist, daß sie körperliche Gestalt annehmen können, daß sie ihren Ort verändern können (wobei stetige und unstetige Bewegung unterschieden wird), daß die Engel intelligent sind, aber ohne Sinneswahrnehmung, daß die höhern Engel auch höhere Vorstellungen haben, daß sie von sich selbst und voneinander, auch von Gott, Kenntnis erlangen, daß in Angelis sit cognitio matutina et vespertina, quia in verbo res est matutina, in seipsis vespertina, daß sie einen Willen haben, aber einen von ihrer Intelligenz unterschiedenen, daß sie Gott mehr lieben als sich selbst, daß sie im Besitze einer innern und doch mitteilbaren Sprache sind, daß ein niedrer Engel zu einem höhern sprechen kann, quia omnis illuminatio Angeli est locutio, daß sie sich mit Gott unterhalten können, aber nur um zu preisen oder zu lernen, nicht um etwas zu offenbaren; an unsere drahtlose Telegraphie mag man erinnert werden bei den Sätzen: räumliche Entfernung mache für die Gespräche der Engel nichts aus, aber ein Zwiegespräch von Engeln werde von den andern nicht vernommen, weil eine besondere Disposition (im Willen des Redenden allerdings) dazu gehöre.

Und auf diesen Doctor angelicus beruft sich ein Tierpsychologe unserer Zeit.

Mag Anstoß nehmen wer will daran,

daß ich die alten Gläubigen nicht verstehen kann, noch weniger aber unsere selbstsichern neuen Ungläubigen. Noch steht es so wie zur Zeit des Fragmentenstreites (den Reimarus, der erste moderne Tierpsychologe, entfesselt hatte), da Lessing am 2. Februar 1774 an seinen Bruder Karl die herrlichen Worte schrieb, die ich mir so gern (mutatis mutandis) in Lessings Geiste zu eigen machen möchte: „Laß mir aber doch nur meine eigene Art . . . Nicht das unreine Wasser, welches längst nicht mehr zu brauchen, will ich beibehalten wissen: ich will es nur nicht eher weggegossen wissen, als bis ich weiß, woher reineres zu nehmen; ich will nur nicht, daß man es ohne Bedenken weggieße, und sollte man dann auch das Kind hernach in Mistjauche baden. Und was ist sie anders, unsere neumodische Theologie [wir würden dafür *monistische Philosophie* setzen müssen], gegen die Orthodoxen, als Mistjauche gegen unreines Wasser?

„Mit der Orthodoxie war man, Gott sei dank, ziemlich zu Rande; man hatte zwischen ihr und der Philosophie eine Scheidewand gezogen [doch erst seit Wolf], hinter welcher eine jede ihren Weg fortgehen konnte, ohne die andre zu hindern. Aber was tut man nun? Man reißt diese Scheidewand nieder und macht uns unter dem Vorwande, uns zu vernünftigen Christen zu machen, zu höchst unvernünftigen Philosophen.... Darin sind wir einig, daß unser altes Religionssystem falsch ist; aber das möchte ich nicht mit Dir sagen, daß es ein Flickwerk von Stümpern und Halbphilosophen sei. Ich weiß kein Ding in der Welt, an welchem sich der menschliche Scharfsinn mehr gezeigt und geübt hätte als an ihm. Flickwerk von Stümpern und Halbphilosophen ist das Religionssystem, welches man jetzt an die Stelle des alten setzen will, und mit weit mehr Einfluß auf Vernunft und Philosophie, als sich das alte anmaßt. Und doch verdenkst Du es mir, daß ich das alte verteidige? Meines Nachbars Haus drohet ihm der Einsturz. Wenn es mein Nachbar abtragen will, so will ich ihm redlich helfen. Aber er will es nicht abtragen, sondern er will es mit gänzlichem Ruin meines Hauses stützen und unterbauen. Das soll er bleiben lassen, oder ich werde mich seines einstürzenden Hauses so annehmen als meines eigenen.“ Und doch haben sich alle auf Lessing berufen: die Strauß nicht nur, auch die Büchner und die Haeckel.

V.

Von solcher Gesinnung mag es kommen, daß ich einiges übrig habe für Wasmann, der nur konsequent ist in seiner Unterwerfung unter den Gottesglauben; alle mystischen Ausdeutungen der Instinkte, von Cartesius bis E. v. Hartmann, auch manche Definitionen von Kant und Schopenhauer nehmen Rücksicht auf christlichen Glauben oder doch auf christliche Sprache. Wenn Sprachgebrauch noch Rücksicht genannt werden kann. Ganz rücksichtslos, freilich in seiner vorsichtig tastenden Weise, ist erst Darwin. Voraussetzungsloses Wissen kann er natürlich auch nicht bieten, doch aber möglichst voraussetzungsloses Suchen. Es ist immer eine Freude, von den systematischen, deutschen Darwinisten zu ihm selbst zurückzukehren. Die wissen so entsetzlich viel von dem Anfang aller Dinge. Darwin (Entst. d. Arten, Reclam S. 328) beginnt: „Ich will hier vorausschicken, daß ich nichts mit dem Ursprung der Geisteskräfte, noch mit dem Leben selbst zu schaffen habe", auch will er nicht versuchen, den Instinkt zu definieren; die Merkmale der bekannten Definitionen sind niemals allgemein. „Doch jedermann weiß, was gemeint ist." Darwin ist ein Monomane, wie alle Befreier der Menschheit Monomanen waren; seinen einen Gedanken, daß der Wunderbau der Organismen ohne göttliche Zwecke durch Vererbung und Anpassung zu erklären wäre, wendet er auch auf die Instinkte an. „Mehret euch, verändert euch, die Starken seien dem Leben geweiht, die Schwachen dem Tode." So beschließt er, fast wörtlich gleich, die Darstellung in seinem Hauptwerk und in dem Stück Manuskript, das Romanes aus seinem Nachlaß veröffentlicht hat. So hat Darwin mit unendlichem Fleiße Beweise dafür zusammengetragen, daß Instinkte variieren wie Arten. Die kleinsten Variationen sind da nicht zu unterschätzen gegenüber dem alten Gerede von der Unfehlbarkeit der Instinkte; ein Magnet verwechselt nie Eisenblech mit metallisch glänzendem Papier. Allerdings könnte man fragen: was variiert da in Wirklichkeit, wenn man vom Menschenbegriffe Instinkt aussagen muß, daß der Begriff der absoluten Unveränderlichkeit nicht auf ihn passe. Auch für diese Frage hat Darwin vorgesorgt, da er schon die morphologische Variation mit der funktionellen vergleicht. Wenn der Schmetterling einen andern Nahrungsinstinkt hat als die Raupe, wenn das Menschenkind, nach der Geburt, sein Blut anders erneuert als im Mutterleibe, so liegt der Grund doch offenbar in einer Änderung des Organismus oder der Umgebung.

Aber die antwortsüchtigen Menschen haben nur zu lange sich bei Darwins Antwort beruhigt. Was mein Instinkt dem einen Gedanken Darwins immer entgegenhalten mußte, das steht wie der Entwicklung der Arten so auch der Entwicklung der Instinkte durch Vererbung und Anpassung im Wege. In unzähligen Fällen war der Art erst die letzte, die gegenwärtige Form nützlich, wären ihr die ersten Übergangsformen fatal gewesen. Der Vogel, der nicht mehr kriechen, aber noch nicht ordentlich fliegen konnte usw. usw., mußte zugrunde gehen. Die Raupenart, die der Puppe noch kein ordentliches Gespinnst bereiten konnte, mußte zugrunde gehen. Just nach Darwins Lehre. Aber es gibt noch andere Schwierigkeiten zu lösen. Ich beneide die Darwinisten, die die wunderbarsten Instinkte, die nämlich nur einmal im Leben, vor jeder Erfahrung, geübt werden, mit runder Handbewegung aus Vererbung erklären. Nie ist das Wort Vererbung sinnloser angewandt worden. Die Herren helfen sich mit der morphologischen Analogie. Der einmalige Instinkt sei ebenso leicht zu erklären wie z. B. der provisorische Kiefer bei der Puppe von Phryganea, der zum Öffnen des seidenen Gehäuses benutzt und dann abgeworfen wird. Ebenso, gewiß. Ebenso schwer nämlich. Und was Vererbung und Anpassung betrifft, so hat Wundt (Vorles. über die Menschen- und Tierseele, 4. Aufl. S. 465) schon klar das Nötige gesagt: „es ist, wie ich denke, einleuchtend, daß es sich hierbei nicht um eigentliche Erklärungsgründe, sondern nur um allgemeine Begriffe handeln kann, deren jeder eine Menge noch zu lösender Probleme in sich schließt."

Trotz seiner ketzerischen Ansichten über die Vererbung erworbener Eigenschaften, steht auch Weismann zu Darwin, gegen Lamarck. Mindestens eine große Zahl von Instinkten seien auf Selektionsprozesse zurückzuführen. (Vorl. üb. Deszendth., 2. Aufl. I. 118f.) „Nur dadurch, daß die Raubwespe alle diese verwickelten Handlungen so präzis ausführt, als ob sie wüßte, warum sie es tut, vermag die Art sich unter den Lebenden zu erhalten" (S. 117). Ich lese einen wohlbekannten Gedanken in dieses *als ob* hinein. Nicht nur die Tiere, auch die Menschen handeln, *als ob* sie intelligent wären. Die Arten sind unveränderlich, *als ob* sie konstant wären. Aber sie variieren im kleinen, *als ob* Vererbung und Anpassung stattfänden. Und auch die Instinkte erleiden leise Änderungen, *als ob* . . .

Die Schüler und Ministranten Darwins sind einander darin gleich, daß sie keinen neuen Gedanken beizubringen haben, vielmehr Darwins Lehre nur in die Breite treiben, die Deutschen durch Systematik, die Engländer mehr durch Sammlerei. Typisch für den englischen Darwinismus ist Romanes in seinem geistig armen, wenn auch an Anekdoten reichen Buche „Die geistige Entwicklung im Tierreich". Der ist kein Monomane. Es macht ihm gar nichts, den Nachweis zu führen, „daß sinn- und nutzlose Gewohnheiten vererbt und für Rassen geradezu charakteristisch und zu zwecklosen Instinkten werden" (205). Es macht ihm gar nichts, die Vererbung automatischer Handlungen und bewußter Gewohnheiten mit der Vererbung von Instinkten zusammenzuwerfen und sogar die Vererbung der Handschrift (leider mit Berufung auf Darwin) für einen Instinkt zu erklären. Dann sind auch der besondere Gang, die besondere Zeichensprache, ja auch die besondere Haarfarbe eines Volksstammes lauter Instinkte. Was aber besondere Beachtung verdient, was noch viel deutlicher als es Pater Wasmann erkannt hat, Vermenschlichung der Tierpsychologie ist, das ist die bei Romanes besonders verletzende Mencheneitelkeit, die einzelnen Tierklassen nach der Stufenleiter zu bewerten, in die sie menschliche Systeme geordnet haben. Es scheint Romanes unmöglich, „daß ein zoologisch so tief stehendes Tier jemals bewußterweise das und das erwogen haben könnte" (207). Die Vorstellung, Tiere müßten in bewußter Weise erwägen, fällt mit Wasmanns idealer Forderung formeller Schlüsse zusammen; aber der Ausdruck „zoologisch so tief stehend", und ähnliches, ist nicht diskutierbar, ist ein Zirkelschluß, findet sich bei Wasmann denn doch nicht. Auch da ist Wundt völlig im Rechte, wenn er (S. 383), da doch das Zweckmäßige schließlich nur aus einer zwecksetzenden Intelligenz hervorgehen kann, und die Tiere *diese* Intelligenz nicht besitzen, den alten physiko-theologischen Beweis für das Dasein — nicht im Ernste — Gottes für den einzigen Ausweg hält.

Wundts Vorzüge beruhen hier wie auch sonst auf einer gewissen begrifflichen Sauberkeit. Seine Vorlesungen „Über die Menschen- und Tierseele", die mir in 4. Auflage vorliegen, sind im Laufe von mehr als 40 Jahren in wichtigen Grundsätzen geradezu auf den Kopf gestellt, worauf auch schon Wasmann hingewiesen hat. Und merkwürdigerweise ist die begriffliche Sauberkeit beim Wechsel der Begriffe unverändert geblieben. Vorzüglich ist (S. 469 ff.) die Übersicht der verschiedenen Hypothesen über den tierischen Instinkt. Sehr erfreulich (S. 387) ist die spät hervortretende Behauptung, daß das Bewußtsein „nur ein Ausdruck für das Beisammensein der seelischen Erlebnisse selbst ist, nichts was außerhalb der letzteren und unabhängig von ihnen besteht . . . wir haben nur insofern ein Recht, das Bewußtsein von den seelischen Vorgängen zu scheiden, als wir damit eben jenes Beisammensein durch die zwischen den einzelnen Vorgängen stattfindenden Verbindungen ausdrücken wollen. Zu diesen Verbindungen gehören nun vor allem die Erinnerungsvorgänge. Daß ein Tier Gedächtnis, aber kein Bewußtsein besitze, ist also gewissermaßen eine contradictio in adjecto."

Aber Wundt ist und bleibt mit seinen gründlichen Büchern, denen durchaus philosophische Leidenschaft fehlt, ein Kompilator, und wenn man ihn für seine Sammlungen von Menschen- und Tiergeschichten, von guten Beispielen zur formalen Logik, von marktfähigen Systemen der Ethik und Metaphysik mit dem fast legendarisch großen Kompilator Aristoteles verglichen hat, habeat sibi. Den gröbsten Fehler aller Tierpsychologie, ihre Vermenschlichung, hat er geradezu zum Grundsatz erhoben. „Die erste dieser Regeln (über die psychischen Lebensäußerungen der Tiere) lautet, daß wir überall von bekannten Tatsachen des *menschlichen* Bewußtseins auszugehen haben" (S. 472). Diese Regel ist wirklich gut, wenn man nämlich Wert darauf legt, mit Fachausdrücken der Menschenpsychologie über Tiere zu reden. Weil wir nämlich keine anderen Fachausdrücke haben. Weil — trotz jahrelanger Mühen der Psychophysik — alle Psychologie auf Selbstbeobachtung beruht, also Menschenpsychologie ist. Die falsche Grundregel wird für Wundt verhängisvoll. Die Frage nach dem Seelenleben der Tiere erklärt er ganz gut (S. 373) als eine Frage „nach dem Wesen und der Bedeutung derjenigen Handlungen der Tiere, die wir . . . wegen ihrer Ähnlichkeit mit unseren eigenen psychischen Lebensäußerungen auf seelische Vorgänge zurückführen." Dann aber (S. 468) führt er für Handlungen das Wort

Bewegungen ein und wirft (S. 473) wieder Bewegungen und Handlungen durcheinander. So konnte es kommen, daß Wundt ganze Kapitel über die Instinkte bei Menschen und Tieren geschrieben hat, ohne sich über den Instinktbegriff klar zu werden. Gewiß kann eine saubere Logik Handlung und Bewegung so definieren, daß Handlungen in den Umfang des Begriffs Bewegung fallen. Gewiß kann der Instinktbegriff so definiert werden, daß Gehen und Stehen, Essen und Trinken, Atmen und Verdauen, daß alle Leistungen der einst sog. animalischen und vegetativen Seelen unter den Begriff Instinkt mühsam gefaßt werden können. Aber so kommt man nicht weiter. Wenn die Tiere nur die Instinkte der Fortbewegung, der Nahrungsaufnahme usw. besäßen, dann hätte die menschliche Sprache den Begriff Instinkt niemals gebildet. Es mag töricht sein, sich über so alltägliche Wunder nicht zu wundern; aber so töricht ist einmal der Mensch. Die Frage, die in dem Worte *Instinkt* steckt, drückt ein Staunen aus über solche tierische Bewegungen, die psychische Motive haben, die *beim Menschen* auf eine hohe Intelligenz hindeuten würden, auf eine Intelligenz, zu welcher die sonstigen Äußerungen dieser Tiere — nach menschlichem Maß gemessen — in keinem Verhältnisse stehen. Er mußte erst die Unbegreiflichkeiten und Unverhältnismäßigkeiten des Nestbaus, der Insektenmetamorphose, des Bienen- und Ameisenstaates, des Vogelzuges betrachtet haben, bevor sein Staunen sich zu dem vorläufigen Begriff Instinkt verdichtete. Eine Antwort war damit nicht gefunden. Und es war nur eine neue Ausflucht, wenn dieses Verlegenheitswort auf die Unbegreiflichkeiten in den willkürlichen und unwillkürlichen Bewegungen des Menschenleibes angewandt wurde. Da mag man erfahren, wie sich die Vertauschung der Begriffe Handlung und Bewegung rächen kann. Die Bewegung des Vogels, sein Flug, mag morphologisch und physikalisch noch so große Schwierigkeiten bieten, sie ist nicht Instinkt, sie ist keine psychische Frage; die Wanderung der Zugvögel erscheint uns psychisch, heißt ein Instinkt, weil wir eine zweckverwandte Handlung in ihr sehen.

So ist Wundt über Darwin nicht hinausgekommen, wenn er auch gelegentlich (486 f.) säuberlich die Intelligenzfrage zu eliminieren sucht und die Instinkte unter das Dach des Voluntarismus bringt.

Sehr gut hat Wundt darauf hingewiesen, daß nicht nur in den komplizierten Äußerungen des wählenden Willens und der schließenden Intelligenz etwas Psychisches vorhanden ist, sondern auch schon in viel einfacheren Formen von Willen und Intelligenz; nur daß auch ihm der Gedanke nicht kommt, daß es einzig und allein Sache des Sprachgebrauchs ist, meinetwegen des wissenschaftlichen, d. h. des jeweilig definierten Sprachgebrauchs, wie weit man die Begriffe Seele, Wille, Intelligenz ausdehnen will. Auch die allgemeinen Begriffe der Psychologie haben ihre Ausdehnungskoeffizienten, die aber nicht in der Natur begründet sind, sondern mit der Schulmeinung wechseln. Den Ausdehnungskoeffizienten für *Instinkt* hat Wundt von Herbert Spencer hergenommen, der ja schon vor Darwin und — ich möchte sagen — kontinentaler als Darwin die Lehre von der Entwicklung aufgestellt und mit fast deutscher Systematik auch auf das innere Leben der Organismen angewandt hat. So klar, daß die Fehler um so klarer in die Augen springen, hat Spencer den Instinkt in die Reihe psychischer Erscheinungen hineingestellt: Reflexe, Instinkte, Wahrnehmungen, Vorstellungen, Gedächtnis, Vernunft, Wille. So daß der tierische Instinkt in der Mitte steht zwischen unbewußten Reflexbewegungen und zweckdienlichen *Reflexionen* des Bewußtseins.[1]) Wenn man's so liest, möcht's leidlich scheinen. Und mit weit abstrakterer Phantasie als Darwin hat Spencer die Stufenreihe dieser psychischen Erscheinungen wirklich wie eine Leiter emporgezimmert. Nur daß gerade die Lehre vom

---

[1]) Ich hatte mich einst verführen lassen, durch den Gleichklang, eine innere Verbindung herstellen zu wollen zwischen *Reflex* und *Reflexion*. So kann man sich vom Zufall der Wortgeschichte verlocken lassen. In Wahrheit ist es ein Zufall der Wortgeschichte und dann ein Zufall der neueren Psychologiegeschichte, was die beiden Begriffe so nahe aneinandergerückt hat. Im Lateinischen sind die Bedeutungen von *reflexus* und *reflexio* kaum voneinander zu scheiden. *Beugung, Umkehrung* kann man übersetzen: Umkehrung der Sonne auf ihrer Bahn, Zurückbeugung des Nackens. Dazu in der Rhetorik das Wort *reflexio* für Umkehrung des gegnerischen Satzes; und das war eine genaue Lehnübersetzung von ἀνακλασις; das Verbum ἀνακλαειν, zurückbeugen, wird schon im Altertum sowohl für die rhetorische Figur, als für die Brechung des Lichtes gebraucht. (Wir gebrauchen die deutsche Lehnübersetzung *Beugung* jetzt für eine andere Lichterscheinung.) Nun scheint mir sicher, daß *Reflex* von der optischen, *Reflexion* von der psychologischen Bedeutung herkommt. Wir können das am besten am Französischen verfolgen, und ein Satz von Condillac scheint zu zeigen, daß *réflexion* zu seiner Zeit noch neu war: „L'attention ainsi conduite est comme une lumière qui *réfléchit* d'un corps sur un autre pour les éclairer tous deux, et je l'appelle réflexion.“ (Traité des sensat. Extr. rais., p. 38.) Das Verbum *réfléchir* heißt auch zunächst renvoyer en arrière z. B. vom Echo, vom Licht, sodann intransitiv rejaillir z. B. von der Wärme; spät erst gewinnt es die figürliche Bedeutung von penser; es geht jedenfalls auf das lateinische figürliche *reflectere* animum zurück, das in der Scholastik zu *reflecti* wurde, erhalten in *se réfléchir*. So gewann auch das Substantiv *réflexion* neben dem alten Sinne der Brechung den eines acte de l'esprit qui réfléchit; *réflexions* aus dem Geiste des Mittelalters heraus: Betrachtungen, insbesondere fromme Betrachtungen. Und so fremd war das Wort noch zur Zeit Molière's, daß er sich in seinen Précieuses darüber lustig machen konnte: attachez un peu sur ces gants la réflexion de votre odorat. Das Wort Reflex aber geht direkt auf Lichtbrechung zurück. *Réflet* ist im Sinne von reflektiertem Licht und reflektierter Farbe in der Ateliersprache geläufig, als *Reflex* zu uns aus Frankreich gekommen, dort aber im Dictionnaire de l'académie erst 1718 gebucht und zwar in der Schreibung *reflex* oder *reflès*, also wohl aus dem italienischen *reflesso*. Die metaphorische Anwendung des scharf umkehrenden Lichts auf die so gut wie mechanischen Reflexbewegungen geschah erst in England, dann in Deutschland; die Franzosen sagen dafür *actions réflexes*.

Instinkte sich der reihenweisen Anordnung nicht fügen will. Ich möchte nur auf einen Punkt hinweisen. Spencer lehrt selbst, daß die psychischen Erscheinungen nur ein Teil der allgemeinen Lebenserscheinungen seien, daß die Entwicklung der Psyche nichts anderes heiße als die Entwicklung der Anpassungen; die Anpassungen müssen nun in der Stufenreihe der Organismen bis zum Menschen hinauf immer ungleichartiger und verwickelter werden und sich über immer weitere Gebiete in Raum und Zeit erstrecken. Da meine ich nun, daß der tierische Instinkt Raum und Zeit nicht sicherer, aber wunderbarer überwunden hat als der menschliche Verstand. Die Raupe, die für die Puppe und den Schmetterling sorgt, ohne eine persönliche Erfahrung aus der Vergangenheit, der Zugvogel, der ungeheuere Räume überfliegt, ohne persönliche Erfahrung aus der Vergangenheit, übertrifft in diesen Punkten die menschliche Intelligenz, die immer nur auf den Krücken der Analogieschlüsse aus vergangenen Erfahrungen sich nach Orten von einiger Entfernung, sich nach dem nächsten Jahre hinzutasten vermag. Wären z. B. alle technischen Tabellen vernichtet, in denen die technischen Erfahrungen aufbewahrt werden, so würde es den Ingenieuren recht schwer fallen, Eisenbahnen, Brücken und Tunnels zu bauen. Spencer bemerkt in seiner Ordnungsliebe nicht, daß der Instinkt eine psychische Erscheinung sui generis ist, ein Gipfel seiner Art und kein Übergang; wie denn die Prediger der Entwicklungslehre alle nicht bemerken wollen, daß z. B. die einzelnen Sinnesorgane der *niederen* Tiere Gipfel ihrer Art sind und nicht Übergänge zu den Sinnesorganen des Menschen.

Aber Spencers Ordnungsliebe hat ihn doch wieder Brücken schlagen lassen, wo andere keine Verbindung gesehen haben. Er sucht einen Weg vom Instinkt zum Gedächtnis. Instinkt sei ein Produkt nicht der individuellen, sondern der Gattungs-Erfahrung. Ein komplizierter Instinkt knüpft an Erscheinungen an, die so wenig häufig und so kompliziert sind, daß die gemachten Erfahrungen nicht mehr zu fest aneinander gereihten Handlungen führen. Wird nun die Aufeinanderfolge der begleitenden psychischen Zustände unvollkommen automatisch, so muß das Gedächtnis helfen, wo der Instinkt versagt.

Spencer sieht an dieser Stelle nicht, daß ja auch die Gattungserfahrung, die dem Instinkte vorausgehen muß, ohne ein Gedächtnis nicht denkbar ist, sieht nicht, daß also irgendein Gedächtnis am Anfang wie am Ende der Entwicklung steht; aber wir wollen es ihm nicht vergessen, daß er denn doch lehrt (Prinzipien der Psychologie, deutsch von Vetter, I 465), daß, während der Instinkt auf der einen Seite als eine Art von organisiertem Gedächtnis betrachtet werden kann, das Gedächtnis anderseits sich als eine Art von beginnendem Instinkt auffassen läßt. Geholfen ist uns aber mit solchen Begriffsvertauschungen nicht. Wir haben keine andere Psychologie als die Menschenpsychologie; und in dieser sind wir uns — scheinbar vielleicht — des Gedächtnisses als einer Voraussetzung bewußt, um uns Zwecke setzen zu können; und Instinkt nennen wir an den Tieren Handlungen, deren Zwecke sie sich, nach Menschenbegriffen, nicht gesetzt haben können.

VI.

Wir haben bei diesem Überblick über die meist nachgeschriebenen Tierpsychologen vielleicht doch eins gelernt: daß in der Vermenschlichung der Tierseele und in dem Kampfe gegen diese Vermenschlichung eine arge Konfusion herrscht wegen des wirren Gebrauchs, der da und dort mit dem Begriffe Instinkt getrieben wird. Die Gemeinsprache denkt bei Instinkten eigentlich nur an die unerklärlichen, unverhältnismäßig zweckdienlichen Handlungen der Tiere, die man seit Reimarus einige Zeit recht gut *Kunsttriebe* nannte, bis das Wort (unter englischem Einfluß?) durch *Instinkt* verdrängt wurde. In der Gemeinsprache wird dann der Begriff Instinkt seit etwa 100 Jahren allerdings auch gern für schlecht definierte menschliche Neigungen und Abneigungen gesetzt; in der Wissenschaft aber ist es wohl immer religiöses oder psychologisches Vorurteil, wenn der Instinktbegriff so ausgedehnt wird, daß entweder alle tierischen Handlungen durch Instinkte erklärt oder menschliche Gewohnheitshandlungen für Instinkte ausgegeben werden. Da kann ich es mir nicht versagen, zwei köstliche Aphorismen Lichtenbergs anzuführen. „Die Vorurteile sind sozusagen die Kunsttriebe der Menschen. Sie tun dadurch vieles, das ihnen zu schwer werden würde bis zum Entschluß durchzudenken, ohne alle Mühe" (Vermischte Schriften 1853, I. 186). Und noch tiefer dringend (78): „Für den Geist des Menschen ist nicht minder gesorgt, als für den Leib der Tiere; was hier Trieb und Kunsttrieb heißt, ist dort gesunder Menschenverstand ... Das Tier ist für sich immer *Subjekt*, der Mensch ist sich auch *Objekt*."

Man beachte es wohl, daß die alten Streitigkeiten um die Intelligenz der Tiere ausgefochten wurden, ohne den Instinktbegriff zu bemühen. Ich finde das Wort Instinkt nicht in Descartes Versuch, die Tiere zu Maschinen zu machen, ich finde es auch nicht in Wolfs kurzer Darstellung der Tierpsychologie, die sehr verständig zwischen Tier- und Menschenverstand unterscheidet.

Das Wort Gradunterschied möchte ich nicht gebraucht wissen; es gibt keine Skala oder Reihe von der Amöbe bis zu Newton oder Kant. Phantasie, Gedächtnis, vor allem aber Feinheit der Sinne bilden von den Protisten bis zum Menschen keine stetig aufsteigende Reihe. Unsere Hunde sind so intelligent, daß sie spielen, lügen, also auch stehlen können. Daß die Tiere die menschliche Begriffssprache nicht haben, ist wahr; wie weit aber die tierische *Semantik* geht, der Zeichengebrauch für die eigene Erinnerung und für gegenseitige Mitteilung, darüber wissen wir wieder so gut wie nichts.

Was man im menschlichen Handeln Instinkt zu nennen angefangen hat, das hat mit den Kunsttrieben der Tiere nichts zu schaffen. Man müßte schon die Versprachlichung der Menschenpsychologie durchschaut haben, um mit Lichtenberg über den menschlichen Stolz auf Menschenintelligenz lachen zu können. Was z. B. Wundt als menschliche Instinkte anführt, das ist entweder Einübung (wie der Klavierspieler ein eingelerntes Stück herunterspielen kann, während er an etwas anderes denkt), oder es gehört unter den weiteren Begriff der Triebe, wie Nahrungstrieb und Geschlechtstrieb. Da es außer diesen beiden noch ein drittes Motiv menschlicher Handlungen gibt, die Eitelkeit nämlich, so stehe ich nicht an, die Eitelkeit den sozialen Trieben einzureihen.

Solche Instinkte wie die, welche allein zur Aufstellung des Begriffs geführt haben, besitzt der Mensch nicht. Und solche Fähigkeiten, wie man sie als Instinkte der Menschen ausgeben möchte (Verdauen, Atmen, Zeugen, Fruchtaustragen), haben die Tiere *neben* dem, was man nun eben ihre *Instinkte* nennt. Sehen wir ab von der Gewißheit, daß manche vielbewunderte Kunstform tierischer Leistungen einfach notwendig ist wie die sechseckige Form der Bienenzellen, die Form des Vogeleis und des Cocons (wie wohl auch die Handschrift, die von Romanes wegen ihrer Erblichkeit zu den sekundären Instinkten gerechnet wird), sehen wir ab von der Möglichkeit, daß das Webermeisterstück der Spinnen z. B. doch durch eine Intelligenz sui generis zu begreifen wäre, so bleibt doch bei echten Instinkten ein für Menschenpsychologie unauflöslicher Rest: diese Kunsttriebe dienen einem künftigen Zwecke, der unmöglich im individuellen Bewußtsein oder im individuellen Gedächtnis des Tieres vorhanden sein kann. Im unbewußten Zweck allein liegt das Rätsel. Was sonst beim Staunen über die Instinkte mitspricht, das ist menschlich, sprachlich, beschränkt: die Kleinheit der Tiere und die Kleinheit ihres Gehirns, die mikroskopische Feinheit der Teile u. dgl. mehr. Will der Mensch sich ganz durchdringen mit dem Staunen über das Wunder der echten Instinkte, so stelle er sich einmal vor, die Auferstehung der Toten wäre beglaubigt und für die Auferstehung wäre es zweckdienlich, daß Knochen und Verwesungsprodukte nebst einigen Kleiderresten in einem Sarge beisammen blieben; dann wäre allerdings die Bestattungsart der heutigen Abendländer ein fast ebenso wunderbarer Instinkt wie der der Raupen, die sorgfältig die Wohnung für den eigenen Puppenzustand vorbereiten, damit nachher die *Imago* auffliegen könne.

Die echten Instinkte, für die allein der Begriff gebraucht zu werden pflegt, sind eines Tieres Handlungen, die mit der relativen Sicherheit von Reflexbewegungen auf einen Wahrnehmungsreiz hin in fester Reihenfolge ausgeführt werden und einem biologischen Zweck dienen, von dem das Tierindividuum keine Vorstellung haben kann. Das wäre eine ziemlich einwandfreie Definition.

Und wenn ich nun resigniert sagen muß, daß dem Staunen, dem liebevollen Staunen über diese Äußerungen der Tiere eine Erklärung versagt ist, so darf ich auch meine eigene, ganz von selbst gekommene Definition Begriff für Begriff aufdröseln, um erkennen zu lassen, warum wir mit unserer armen Menschenpsychologie an das organische Leben nicht herankönnen. Die Instinkte sind *Handlungen* — aber ich habe gelehrt, daß es Handlungen, daß es Verben in der Wirklichkeitswelt nicht gibt, daß selbst so einfache Handlungen wie graben und gehen unzählige Differentialbewegungen unter einer Zweckvorstellung verbinden. Diese sog. Handlungen werden ausgeführt *in einer Reihenfolge* — aber wir wissen nicht, ob die Zeit für alle Tiere dasselbe ist, wie für die Menschen; *auf einen Wahrnehmungsreiz hin* — aber wir wissen nicht, ob für alle Tiere der Reiz einer Wahrnehmung sich vom Reiz einer Empfindung unterscheidet, ja nicht einmal, ob das Seelenleben aller Tiere über den Reiz hinausgeht; mit der *Sicherheit* — die Sicherheit ist auch bei Reflexbewegungen relativ; mit der Sicherheit von *Reflexbewegungen* — aber für die Reflexe fehlt dem Menschen jede psychologische Beobachtung, weshalb sie just psychologisch heißen; die Handlungen dienen einem *biologischen* (ich will nicht wieder unterbrechen) *Zwecke* — wir kennen auf der weiten Welt keine anderen Zwecke als die bewußten Ziele eines durch Erfahrungen auf die Zukunft gerichteten menschlichen Willens; von dem das *Tierindividuum* — wir wissen nicht, ob das Tierindividuum von seiner Art ebenso stark oder so schwach gegeschieden ist wie das Menschenindividuum von seiner Art; keine *Vorstellung* haben kann — und wie diese aus Erinnerung entsteht, das ist das letzte Rätsel, in das sich des Menschen intellektuelle Fähigkeiten auflösen. In der Sprache der Psychologie, nicht aber in unserem wirklichen Wissen von uns, haben wir Bewußtsein und Unbewußtes, Wollen und Wissen, sensorische und motorische Bahnen. Und da wollen wir aufhören, über den Seidenwurm zu staunen? (Vgl. Art. *psychologisch.*)

Wir sollen nicht aufhören. Das Wort Instinkt ist eingeführt worden, um dieser Art von Naturstaunen ein Ziel zu setzen. Ein vergebliches Mühen. Wir unterscheiden die Instinkte, die für die Zukunft der Insektenart vorsorgen, von den Instinkten des Fressens und der Begattung, die uns an der Gegenwart zu haften scheinen. Vergebens. Immer ist die Gegenwart schwanger mit der Zukunft, und gibt es unter den wirkenden Ursachen auch Endursachen, so sind sie wirksam auch beim Fressen und bei der Begattung. Wir unterscheiden Art- und Gradunterschiede. Vergebens. Der Darwinismus hat den Arten kein Ende gemacht und der alte Dogmatismus konnte die leisen Übergänge nicht übersehen. Wir unterscheiden zwischen der Zweckmäßigkeit der tierischen Handlungen und der Zweckmäßigkeit der tierischen Gestalt. Vergebens. Die Entstehung des Nahrungskanals im Embryo ist ebenso wunderbar wie die Ablage des Eis auf das Ei des künftigen Wirtinsektes. Und wenn man seit 50 Jahren geglaubt hat, die Wunder der Morphologie durch die Schlagworte Vererbung und Anpassung erklären zu können, so lebte man in einer epidemischen Selbsttäuschung. Reimarus (S. 96 f.) hat es uns schon für die Instinkte gelehrt, was auch für die neuen Schlagworte gilt (trotzdem er sich der Worte annimmt): „es geht dem Worte Trieb oder Instinkt fast nicht anders, als es dem Worte Natur gegangen ist, welches vormals viele gleichfalls zu einem leeren Tone machen wollten ... aber alle Wörter, und deren Erklärungen, fassen nicht zugleich eine Ursache, oder das Entstehen und die Art der Möglichkeit in sich. Darum sind es aber nicht gleich leere Töne, die an sich selbst gar nichts bedeuteten; sondern sie werden es nur zufällig, durch den Mißbrauch, *wenn einer damit eine Ursache anzudeuten vermeinet.*" Anpassung und Vererbung mögen mehr oder weniger gut beobachtet sein; es ist ein Mißbrauch, wenn einer damit eine Ursache anzudeuten vermeinet. Man hat die Instinkte den Trieben untergeordnet; wir gebrauchen das Wort *Trieb* in dreifachem Sinne: es kann die von Menschen klassifizierte Bemühung eines unklaren Willens, einer Zielstrebigkeit besagen; es kann die hypostasierte Ursache dieser Äußerungen, also irgendeine Macht oberhalb des Willens und der Intelligenz ausdrücken; es kann sogar drittens das Erzeugnis benennen, wie den Jahrestrieb der Pflanzen; wer aber damit eine Ursache anzudeuten vermeinte, der hätte die Sprache mißbraucht. So handelt aber immer Psychologie. Aus *ratio* wird *rationalitas*, aus *intellectus* wird *intelligentia.* Immer ein Stockwerk höher im Gebäude aus haltloser Luft. Wer die Sprache der Scholastiker kennt, die jeweilig ebenso tief und scharf war wie die beste Sprache heutiger Wissenschaftlichkeit, der wird verstehen, wenn ich nun sage: wir wollten die Instinkte erklären und fanden als Ursache des instinctus *instinctus*, einen hypostasierten instinctus *instinguens*, wie einst eine natura *naturans* die natura *naturata* erklären sollte. Wer die ganze Ohnmacht der menschlichen Sprache erkannt hat, der sieht keinen Unterschied mehr zwischen den beiden einander bestreitenden Weltanschauungen. Ob glücklichere Menschen dem Staunen, das ihr bester Besitz hätte sein können, dadurch entgehen, daß sie zum Schöpfer Himmels und der Erden flüchten, ob unglücklichere Menschen vor dem Staunen, dessen Freude sie nicht ertragen können, zum Reiche Darwins fliehen, es ist da und dort das gleiche Sich-verstecken im asylum ignorantiae, im menschlichen Wort.

Der Magus Hamann, der doch Stirner und Ibsen nicht gekannt hat, sagte doch schon, bald nach der Zeit des Reimarus (in seinen Fragmenten einer apokryph. Sibylle), daß der Instinkt etwas Gespenstähnliches sei. Und wenn ich hinzufüge, daß der gegenwärtige

Instinkt, schwanger mit der Zukunft, die Leiche der Vergangenheit auf dem Rücken trägt, die Gespensterleiche seiner Artvergangenheit, treibe ich nicht selbst Mißbrauch mit der Sprache, weil ich einen Augenblick die Leiche abgeworfen zu haben glaube, die mich grinsend weiter würgt?

Noch einmal und zum letztenmal: wir können mit der Sprache an das Innenleben, an das psychologische, noch weniger heran als an die äußere Natur, weil wir die Tierpsychologie vermenschlicht haben, vermenschlichen mußten, weil wir die Menschenpsychologie versprachlicht haben, versprachlichen mußten. Kleinkram ist da das bißchen mehr oder weniger Intelligenz, das wir in die Tierinstinkte hineinlegen; Kleinkram alle die sorgsamen Untersuchungen über das Verhältnis von Intelligenz und Gehirnstruktur. In keinem Augenblicke des alltäglichsten wie des genialsten Denkens kann der Mensch über die Selbstbeobachtung hinauskommen, die das armselige Um und Auf unserer Psychologie ist. Wir klassifizieren das und jenes unter den Begriff Reflexe, auch die Instinkte haben wir so untergebracht; aber in uns finden wir nichts als eitel Reflexionen. Wir haben vom Bewußtsein das Unbewußte benannt und abgetrennt; aber in unserem Bewußtsein haben wir nichts als eitel Bewußtsein, und wenn ich die Formel angenommen und durchgeführt habe, daß Bewußtsein eine Selbsttäuschung ist, im Grunde nur das Flußbett Gedächtnis ist, so finde ich auch das Gedächtnis nicht in meinem Einzigen, in meinem Bewußtsein. Der Kristall, der den einzig möglichen Winkel seiner Form bildet und die Biene, die immer den regelmäßieen Winkel ihrer Zellenform findet, beide müssen Gedächtnis haben. Haben sie beide Bewußtsein, menschliches Bewußtsein? Ein Analogon, sagen wir mit wohlweisem Kopfnicken. Und niemand lacht.

Und weil wir für die Selbstbeobachtung, auch für die intimste, nur das Mittel der Sprache haben, der Menschensprache, darum ist alle Psychologie vermenschensprachlicht. Unser letztes Staunen vor den tierischen Instinkten hat den gleichen Grund wie das alte Staunen vor der Zweckmäßigkeit der Morphologie, das wir uns so frech abgewöhnt haben. Überall, wo Zweckmäßigkeit ist, ist Fürsorge für die Zukunft, Voraussicht, ein Analogon der Vorsehung. In der Vorstellung der Voraussicht steckt menschliches Wollen, menschliches Wissen, menschliche Verknüpfung von Vergangenheit und Zukunft; es kann andere Verknüpfungen, sogar andere Nervenbahnen geben als die menschlichen. Und wenn wir die Nervenbahnen der Pflanzen und der Amöben einmal unter dem Mikroskop erblicken würden, wir wüßten sie nicht zu beschreiben. Wir wissen sie nicht, weil wir sie nicht gesehen haben. Wir sehen nur, was wir wissen. Halten wir wenigstens am Staunen fest.

Es gibt soviel zwischen Himmel und Erde, dessen Ursächlichkeit wir gottlos annehmen, ohne die Ursachen fassen zu können, oder gar in eine Formel fassen zu können. Meteorologie und Physiognomie, Vererbung der Handschrift, Vererbung von Warzen. Unserer Zeit ist die Ursächlichkeit das Rezeptwort gegen das Staunen, das unsere Zeit für eine Krankheit hält, da es doch die Gesundheit ist.

Ich möchte meine Ausführungen über den Scheinbegriff Instinkt nicht schließen, ohne — fast feierlich — ein Wort Goethes anzuführen, das man in dem letzten Briefe finden kann, den Goethe geschrieben hat, am 17. März 1832, und das seltsam genug an die Vollendung von Goethes *Hauptgeschäft*, an die Beendigung des Faust, mit letzter Greisenweisheit anknüpft. Wilhelm v. Humboldt hatte erfreulich teilnehmend auf Herausgabe des zweiten Teils gedrungen, den Goethe versiegelt zurücklassen wollte; und hatte wie ein Professor der Ästhetik um Antwort auf die Frage gebeten, ob Goethe immer so *bewußt* produziert habe, wie jetzt bei dem Abschluß des Faust. (Pniower: Goethes Faust S. 272f.). Goethe lehnt es ab, seinen Freunden „diese sehr ernsten Scherze" auch bei Lebzeiten mitzuteilen. Und beantwortet die Frage nach seiner Produktion: „Hier treten nun die mannigfaltigen Bezüge ein zwischen dem Bewußten und Unbewußten; denke man sich ein musikalisches Talent, das eine bedeutende Partitur aufstellen soll: Bewußtsein und Bewußtlosigkeit werden sich verhalten wie Zettel und Einschlag, ein Gleichnis, das ich so gerne brauche." Und schon vorher: „Die Tiere werden durch ihre Organe belehrt, sagten die Alten; ich setze hinzu: die Menschen gleichfalls, sie haben jedoch den Vorzug, ihre Organe dagegen wieder zu belehren."

Und die letzten bewußt geformten Worte Goethes, am Schlusse dieses letzten Briefes, lauten: „Ohngeachtet meiner Abgeschlossenheit findet sich selten eine Stunde, wo man sich diese Geheimnisse des Lebens vergegenwärtigen mag." Ich möchte nichts unterstreichen, nichts deuten.

Intention — deckt sich in den romanischen Sprachen mit dem, was wir seit dem 18. Jahrhundert erst *Absicht* nennen (vgl. Art. *Absicht*). Das lateinische Originalwort ist eine Übersetzung verschiedener griechischer Worte, die alle Ableitungen von *τειναιν*, spannen, sind; insbesondere ist aber der der Scholastik eigene Terminus intentio ein alter Versuch, den *τονος* der Stoiker wiederzugeben, den Tonus- oder Spannungsgrad, wofür wir heute wieder lieber das andere griechische Wort Energie gebrauchen, weil *τονος* in der Medizin und in der Musik allzu sehr verbraucht worden ist. Die Herkunft von intentio war freilich schon zu Anfang des Mittelalters so verdunkelt, daß Augustinus eine geistreich falsche Etymologie versuchen konnte: quod in ea re, quamdiu videtur, sensum *detinet* oculorum, id est animi intentio.

Dieses Wort des Augustinus und die Definitionen des Thomas klingen uns unsinnig, wenn wir nicht wissen, daß der Begriff intentio im ganzen

Mittelalter als Terminus noch nicht auf das Wollen ging, sondern nur auf das Erkennen, auf die Energie oder Anspannung beim Erkennen; bei den Scholastikern war ihr schlechtes Latein noch lebendig, sie hörten aus intentio noch die ursprüngliche Bedeutung heraus, die Metapher vom Bogenspannen und vom Richten des Pfeils, darum war ihnen intentio das Gerichtetsein der Aufmerksamkeit oder des Bewußtseins auf ein wahrgenommenes oder wahrzunehmendes Objekt. Eine Konfusion zwischen Bewußtsein und Willen lag freilich nahe; wir konfundieren die beiden noch alle Tage. Weil sich nun intentio damals auf Erkenntnispsychologie bezog, so war es den Scholastikern nicht zu verübeln, daß sie die Armut ihrer Erfahrungen hinter den Begriffen intentio prima und intentio secunda verbargen, worunter sie unklar genug vielleicht das vorstellten, was wir so klar durch Perzeption und Apperzeption zu unterscheiden glauben. Die Distinktionen zwischen intentio prima und intentio secunda sind besonders um deswillen so schwer zu lesen, weil auf Schritt und Tritt der Gegensatz von objective und subjective dazwischenfährt und diese beiden Worte einerseits genau das Gegenteil ihres heutigen Sinnes meinen, andrerseits doch wieder unserem Sprachgebrauche entsprechen, wenn man die damalige Erkenntnistheorie in Betracht zieht. Es ist also nicht ganz gerecht von Diderot, wenn er (Encycl.: Art.: *intention*) die scholastischen Anstrengungen einfach mit dem Worte abtut: il est inutile de s'étendre sur ce ramage vide de sens.

Intention hatte auch im Französischen nicht immer die Bedeutung Absicht. Der ältere Sinn steckt noch in dem Terminus der Chirurgen, wenn eine Wunde per primam intentionem heilen soll, par première intention; wir könnten dafür mit einem nah verwandten Worte *Tendenz* sagen. Ein Synonym von intention war früher direction; und da wäre in dem berühmten siebenten von Pascals „Lettres à un Provincial" das Thema, „la méthode de diriger l'intention" nicht leicht zu übersetzen. Mit Ironie bekämpft Pascal die Lehre jesuitischer, besonders spanischer Kasuisten, daß das Duell und jeder Mord gestattet sei, wenn nur der Täter seine Intention von der Sünde ablenke, seine Intention auf die Wahrung seiner Ehre dirigiere. Hier ist intention eigentlich nicht Absicht; vielmehr: die Gedanken, die Aufmerksamkeit, der bewußte Wille; das Substantiv *Absehen* hätte zu Anfang des 18. Jahrhunderts ebenso heuchlerisch verwandt werden können wie in der Lehre, die Pascal in diesem Briefe von 1656 gebrandmarkt hat. Wilde's „*Intentions*" wiederum sind etwa: *Leitsätze.*

Zwei von intentio abgeleitete Worte geben mir ein gutes Beispiel für den Unterschied zwischen Ethik und Ästhetik, zwischen theologischen und menschlichen Werturteilen. *Intentionalismus* nennt sich die Lehre, daß die Intention, die Absicht, allein von Gott geprüft werde, daß es allein auf die gute Absicht ankomme; nicht erst die Jesuiten haben daraus den von allen handelnden Menschen seit jeher gebilligten Satz gezogen, daß der Zweck die Mittel heilige. Auf dem Kunstgebiete jedoch haben die kunsterfahrenen Franzosen das Wort *intentionisme* erfunden und verstehen darunter die Art, mit großen Absichten oder Intentionen, aber mit geringem Können an eine Arbeit heranzugehen. Vor Gott mögen diese Intentionisten bestehen, vor Künstleraugen nicht.

Intuition. — In dem Aufsatze: „*Über Philosophie und ihre Methode*" (Par. u. Paral. II. 7) hat Schopenhauer, der doch als Kantianer alle Anschauung für intellektuell erklärte, wieder einmal die volle Schale seines Zornes über Fichte und Schelling ausgegossen, weil sie den Ausgang nehmen wollten (verkehrt, anstatt von der empirischen Anschauung) „vom Standpunkte einer angeblichen intellektualen Anschauung hyperphysischer Verhältnisse, oder gar Vorgänge, oder auch einer das Übersinnliche vernehmenden Vernunft, oder einer absoluten, sich selbst denkenden Vernunft." Den Illuminismus freilich, die innere Erleuchtung, als das Geheimnis der Philosophenbrust, der seinen eigenen letzten Ahnungen ebenso zugrunde lag wie denen des Platon und des Spinoza, hat Schopenhauer in Schutz genommen. „Hingegen (S. 11) das laute Berufen auf intellektuelle Anschauung und die dreiste Erzählung ihres Inhalts, mit dem Anspruch auf objektive Gültigkeit desselben, wie bei Fichte und Schelling, ist unverschämt und verwerflich."

Diese *intellektuelle Anschauung* heißt in der Sprache der philosophischen Romantik gern auch *Intuition.* Wenn Schopenhauer beachtet hätte, wo dieses Wort herstammt, sein Abscheu wäre nur vermehrt worden. Ich finde diese Art der übermenschlichen Intuition beim heiligen Thomas. Da gibt es dreierlei Erkenntnis: Gott, als die oberste essentia hat unmittelbar das Wissen von allen Essentien; die Engel und die vom Körper befreiten Seelen haben die unmittelbare *intuitio* der gegenwärtigen Dinge oder doch das Wissen der entfernten durch species expressae; die Seelen im Zustande der Sünde wissen nur, was ihnen durch species impressae zuteil geworden ist. Die Ausdrücke *species impressa* und *expressa* kommen aus einer uns nicht mehr faßbaren Psychologie her, welche die species als Bildchen auffaßt, die sich zuerst den Sinnen eindrücken und nachher in den Vorstellungen der Seele ausdrücken. Man sieht, die Bezeichnungen dieser Scholastik lassen sich übersetzen, auch wenn sie keinen Sinn mehr geben; mitunter läßt sich, wo die Scholastik in Mystik übergeht, der Sinn besser fühlen als definieren. Wir glauben alle zu wissen, was wir bei des Spinoza Worten *sub specie aeternitatis* fühlen; aber wir können das vielmißbrauchte Schlagwort weder übersetzen, noch definieren, noch diskursiv verstehen.

Diogenes Taschenbuch 215/2

WÖRTERBUCH

DER

PHILOSOPHIE

NEUE BEITRÄGE ZU EINER KRITIK
DER SPRACHE

VON

FRITZ MAUTHNER

ZWEITER BAND

KATEGORISCH – ZWECK

DIOGENES

Der vorliegende Nachdruck
folgt der Erstausgabe von 1910/11

100/80/28/I
ISBN 3 257 20829 5

K.

kategorisch. — Ein altes griechisches Wort, vom öffentlichen Treiben des Athenischen Marktes hergenommen, lebt unter uns in zwei Bedeutungen fort, die miteinander gar nichts mehr zu tun haben und wahrlich an die *ἀγορα* von Athen nicht mehr erinnern. Von *Kategorien* und von dem *kategorischen Imperative* hat jeder Deutsche einmal reden gehört, der nur Zeitungen liest und Bezirksversammlungen besucht. Unter Kategorien verstand Aristoteles und versteht so ungefähr heute noch die Schulphilosophie die obersten Begriffe, die sich von einem Subjekte aussagen lassen; ich habe nicht die Absicht, diesen Scheinbegriff zu kritisieren; seine Geschichte, leider nicht auch die ganze Wortgeschichte, ist von Trendelenburg meisterlich dargestellt worden. In die deutsche Gemeinsprache ist der Ausdruck durch einen ganz gewöhnlichen Bedeutungswandel gekommen; die Kategorien bedeuteten in der Metaphysik die obersten Klassen, unter die sich Dinge und Gedankendinge etwa ordnen lassen; da nun die Metaphysiker, nicht nur die deutschen, Orden und Titel zu den wichtigen Dingen oder Gedankendingen zu rechnen geneigt sind, so unterschied und unterscheidet man solche Ehrungen nach Kategorien, und in Frankreich ist der alte Terminus fast noch geläufiger geworden: *de même catégorie* heißt soviel wie bei uns eines Gelichters. In diesem Sinne deckt sich der neuere Gebrauch immer noch so ziemlich mit der alten Bedeutung: *Aussage*, *Prädikat*. Nennt man doch im Deutschen auch einen verliehenen Titel gern ein Prädikat.

Der grammatische Begriff der Aussage oder des Prädikats bildet die Brücke von den Kategorien zu der seltsamen Bezeichnung: *kategorischer* Imperativ. Die formale Logik unterscheidet bekanntlich viermal drei, also zwölf Urteilsformen; unter ihnen hießen die Formen, die sich auf das Verhältnis zwischen Subjekt und Prädikat bezogen: das *kategorische*, das hypothetische und das disjunktive Urteil. Da nun das hypothetische Schließen bei den alten Logikern sehr schlecht in Regeln gebracht war, da das disjunktive Schließen sich noch schlechter den Regeln der elementaren Logik fügte, mußten die kategorischen Urteile und Schlüsse die Hauptmasse aller logischen Denkübungen bilden. Das deckte sich auch recht gut mit dem griechischen

Sprachgebrauche, in welchem *κατηγορειν* von der Bedeutung *anklagen* auf einem Wege, den wir nicht mehr genau kennen, zu der Bedeutung *die Wahrheit sagen, aussagen, prädizieren* gekommen war; die Stoiker besonders unterschieden zwischen einem *kategorischen* Urteil (sie kannten eine Abart: das *kategoreutische* Urteil) und dem unbestimmten, dem aoristischen Urteil. Eigentlich fügt die Bezeichnung kategorisch zu dem so benannten Urteile nichts Neues hinzu; wie der Schwur, so bekräftigt auch der Ausdruck *kategorisch* nur die Giltigkeit eines Satzes; die Evangelien lehnen den Schwur ab und machen auch vom Terminus *kategorisch* keinen Gebrauch.

Der neuere Sprachgebrauch, der die Bezeichnung *kategorisch* nicht mehr so häufig auf Aussagen bezieht wie auf Befehle, geht offenbar auf die Popularität zurück, deren sich Kants Schlagwort vom *kategorischen Imperativ* so lange erfreute. Man sagt jetzt, der Herr habe etwas *kategorisch* verlangt, als ob das Wort jemals die Bedeutung *streng* gehabt hätte; das Substantiv *Imperativ* hat diesen Bedeutungswandel an seinem epitheton ornans *kategorisch* bewirkt. Kant selbst aber hat das Wort so aufgenommen, wie er es in der Logik vorfand; hat dem Worte aber sofort einen Gefühlston gegeben, den es vorher nicht besaß. Ich will das genau aufzeigen, mit Kants eigenen Worten und vorläufig auf jede Kritik des Begriffs verzichten.

Die entscheidenden Stellen finden sich in der „Grundlegung zur Metaphysik der Sitten", im zweiten Abschnitt. Es ist bezeichnend für die unvergleichliche Überlegenheit des Kantschen Denkens und für die langsame Versteinerung seiner Sprache, daß Kant fünfzehn Jahre vor der Veröffentlichung der Schrift (in einem Briefe an Lambert vom 2. Dezember 1770) davon spricht, er werde demnächst „*gleichsam* die Metaphysik der Sitten ausfertigen"; 1785 schrieb er dann eine richtige Metaphysik, nicht mehr gleichsam. Er hatte inzwischen die Kritik der reinen Vernunft vollendet und fühlte sich stark genug, das Prinzip der Moral a priori zu finden.

In dem zweiten Abschnitt geht er von dem Begriffe des Imperativs aus. Was wir uns als eine Nötigung für den Willen vorstellen, heißt ein Gebot, und die Formel des Gebots heißt *Imperativ*. Für den göttlichen und überhaupt für einen heiligen Willen gibt es kein Soll, „weil das Wollen schon von selbst mit dem Gesetz notwendig einstimmig ist". Die Imperativen gelten also nur für die armen sündigen Menschen. „Alle Imperativen nun gebieten entweder *hypothetisch*, oder *kategorisch* ... wenn die Handlung bloß *wozu anders* als Mittel gut sein würde, so ist der Imperativ *hypothetisch*; wird sie als *an sich* gut vorgestellt, mithin als notwendig in einem an sich der Vernunft gemäßen Willen, als Prinzip desselben, so ist er *kategorisch*." Man sieht, Kant überträgt einfach die logischen Bezeichnungen für die beiden wichtigsten Urteilsformen der Relation auf die Befehlsformen der Moral; nicht mit

Unrecht, weil er doch den sittlichen Befehl nur als Formel aufzufassen gelehrt hat. Er geht noch weiter in der Benützung logischer Ausdrücke: der hypothetische Imperativ kann (nach den Urteilsformen der Modalität) entweder problematisch oder assertorisch sein; der kategorische Imperativ ist seiner Modalität nach apodiktisch. Problematisch sind die Imperativen der Geschicklichkeit, der Technik; es sind *Regeln*. Nur auf das Mittel kommt es an, nicht auf den Zweck. „Die Vorschriften für den Arzt, um seinen Mann auf gründliche Art gesund zu machen, und für einen Giftmischer, um ihn sicher zu töten, sind insofern von gleichem Wert, als eine jede dazu dient, ihre Absicht vollkommen zu bewirken." Das assertorische Prinzip bezieht sich auf die Wahl der Mittel zur eigenen Glückseligkeit, gibt Regeln der Klugheit. Die Regeln der Technik und eigentlich auch die Ratschläge der Klugheit sind analytischer Art, weil das Mittel aus dem Zweck erschlossen werden kann. Das Gesetz der Sittlichkeit ist nicht analytisch, ist auch nicht empirisch; es ist ein synthetischer Satz a priori; man sieht, wie an der Architektur der Vernunftkritik weiter gebaut wird. Dieses sittliche Gesetz ist keine technische Regel, ist kein Rat der Klugheit, ist ein unbedingter Imperativ. „Dieser Imperativ ist also *kategorisch*. Er betrifft nicht die Materie der Handlung und das, was aus ihr erfolgen soll, sondern die Form und das Prinzip, woraus sie selbst folgt, und das Wesentlich-Gute derselben besteht in der Gesinnung, der Erfolg mag sein welcher er wolle. Dieser Imperativ mag der der Sittlichkeit heißen."

Die Bezeichnung für ein *unbedingtes Moralgesetz* ist bei Kant also in der Weise entstanden, daß er aus guten Gründen das Wort *Gesetz* vermied und den grammatischen Ausdruck *Imperativ* gebrauchte, um in der einfachsten Weise an den Begriff des *Sollens* zu erinnern; daß er sodann aus der logischen Terminologie die Einteilung in kategorische und hypothetische Imperative hernahm. Aber auch den Inhalt dieses obersten Moralgesetzes hat er nur auf logischem Wege gefunden; hat logisch erschlossen, was er natürlich vorher in seiner eigenen Seelensituation vorgefunden hatte. Denn eigentlich ist in dem zweiten Abschnitte der „Grundlegung" der Inhalt des kategorischen Imperativs doch hypothetisch, ist an eine Bedingung geknüpft, an die Bedingung: daß die Begriffe Sittlichkeit und Pflicht keine Hirngespinste seien. Für die Kritik der praktischen Vernunft wird die Erfüllung dieser Bedingung aufgespart: der Beweis für die Realität der Sittlichkeit. Kant weiß auch ganz gut, daß er zu dem vermeintlich synthetischen Satze seines kategorischen Imperativs nur auf analytischem, auf logischem Wege gelangt ist (S. 96).

Die Formel selbst hat Kant nicht unverändert gelassen; in immer neuen Wendungen sucht er den logisch geforderten einzigen Grundsatz, je nach dem Fortgange der Gedanken, so eindringlich wie möglich auszusprechen.

„Handle nur nach derjenigen Maxime, durch die du zugleich wollen kannst, daß sie ein allgemeines Gesetz werde."

„Handle so, als ob die Maxime deiner Handlung durch deinen Willen zum *allgemeinen Naturgesetze* werden sollte."

„Handle so, daß du die Menschheit sowohl in deiner Person, als in der Person eines jeden andern jederzeit zugleich als Zweck, niemals bloß als Mittel brauchst."

„Handle nach Maximen, die sich selbst zugleich als allgemeine Naturgesetze zum Gegenstand haben können."

Man hat Kants obersten Grundsatz der Moral rigoristisch gefunden und hat diesen Rigorismus zuerst bespöttelt, dann (nach der historischen Probe von 1813) in den Himmel gehoben; man hat endlich den kategorischen Imperativ als einen untrüglichen Beweis für Kants vorbildliche Moralität hingestellt. Ich glaube, Kants Rigorismus stammt gar nicht aus seiner liebenswürdigen Natur, sondern aus dem Formalismus seines Denkens. Genau genommen hat Kants oberster Grundsatz mit Güte, mit Mitleid, mit Wohlwollen gar nichts zu schaffen; sagt er doch selbst (S. 77), daß nur Wohlwollen aus Grundsätzen einen innern Wert habe, nicht aber Wohlwollen aus Instinkt.[1]) Logisch ist Kant zu seinem kategorischen Imperativ gekommen; und er ist wirklich nur eine Formel geworden, ein leeres Blatt, auf welches die moralischen Gesetze noch zu schreiben sind. Ich habe auf diesen Formalismus in Kants praktischer Philosophie schon einmal (Kr. d. Spr. III, 616) kurz hingewiesen. Auf die Abhängigkeit vom Worte. Schon in den gelegentlichen Beweisen für die Unmoralität etwa der Lüge oder der Unterschlagung spielt das Wort eine ähnliche Rolle wie in dem ontologischen Beweise für das Dasein Gottes. Du sollst nicht lügen, weil die Wahrheit zum Wesen der Aussage gehört; du sollst nicht unterschlagen, weil die Aufbewahrung zum Wesen des Depositums gehört. Viel tiefer ist eine ebenso leere Tautologie in Kants oberstem Grundsatze der Moral versteckt. „Unverrückbar stand es in seinem Kopfe: das gesuchte oberste Moralprinzip müßte so beschaffen sein, daß es allgemein gültig wäre; dann machte er eines Tages den Saltomortale und verwechselte die Aufgabe mit der Lösung und glaubte sein Gesetz ge-

[1]) Kant wendet sich auch sehr scharf (S. 91) gegen die Berufung auf das moralische Gefühl, „diesen vermeintlichen besondern Sinn", weil das Fühlen keinen so guten Maßstab abgeben könne wie das Denken; aber immerhin sei der moralische Sinn der Sittlichkeit und ihrer Würde näher als der Utilitarismus. Kant nennt Hutcheson, auf den das Prinzip des Altruismus gewöhnlich zurückgeführt wird; man müsse das Prinzip der Teilnehmung an anderer Glückseligkeit mit Hutcheson zu dem von ihm angenommenen moralischen Sinne rechnen. Ich habe bei früherer Gelegenheit (Vergl. Art. *Hemsterhuis'* „*Organe moral*") Hutcheson nicht erwähnt, weil es mir dort zunächst um die Beziehungen zwischen Lessing und Hemsterhuis zu tun war; wortgeschichtlich geht aber das organe moral doch wohl auf Hutcheson zurück.

funden zu haben, als er als obersten Grundsatz aussprach: dein Moralprinzip muß allgemein gültig sein können." Das ist der Fluch der wissenschaftlichen Sprache, daß sie uns jenseits aller Erfahrung immer die Aufgabe mit der Lösung verwechseln läßt, sich bei einem Worte beruhigt. So beruhigte sich in unsern Tagen Spencer beim Worte Evolution, das doch nichts weiter ist, als die Frage nach dem gesuchten Gesetze. Man erinnere sich auch daran, wie der alternde Ibsen in der „Frau vom Meere" die Lösung sucht, welche Ellida ohne Zwang, freiwillig zurückkehren ließe; Ibsen findet kein reales Motiv und die Hörer müssen sich bei dem Worte Freiwilligkeit beruhigen. Die meisten großen Worte unserer Sprache, auch wenn sie nicht als Worte des Wahns erkannt worden sind, gelten für eine Antwort, wenn die Frage nur mit dem richtigen Brustton gestellt worden ist; gelten für eine Lösung, wenn die Aufgabe den Forscher ermüdet hat.

Die allzu logische Herstellung des kategorischen Imperativs, der offenbare Intellektualismus von Kants Moral hat also zu einer leeren Tautologie geführt. Es wäre dennoch falsch, die Bedeutung des kategorischen Imperativs für seine Zeit zu unterschätzen. Damals stand das populäre Geschwätz eines Garve in hohem Ansehen; Friedrich II. hatte Garves Übersetzung und Erläuterung von Ciceros Pflichten-Traktätlein persönlich in Schutz genommen; wir wissen jetzt, daß Kant mit seiner „Grundlegung zur Metaphysik der Sitten" ursprünglich eine Polemik gegen Garve verbinden wollte, und der geistreiche Ausfall „wider Nachlässigkeit oder gar niedrige Denkungsart in Aufsuchung des Prinzips" scheint mir wirklich besonders gegen Garve zu gehen (S. 61). Wir müssen dabei die Notiz Hamanns, daß Kant sich von einem sehr begreiflichen und sehr menschlichen Zorn gegen Garve anregen ließ, völlig unbeachtet lassen; denn die Schrift ist, wenn sie wirklich zuerst als Antikritik gedacht war, jedenfalls hoch über diese kleinliche Absicht hinausgewachsen. Wie in der Kritik der reinen Vernunft, so will Kant auch in der Kritik der praktischen Vernunft und in ihrer Grundlegung erkenntnistheoretische Arbeit leisten; und hat hier wie dort den zweifachen Kampf gegen den leichtgläubigen Dogmatismus und gegen den platten Empirismus aufzunehmen gewagt. Er hat die Begriffswelt, die über den Worten *Pflicht, Wille, Sittlichkeit, Freiheit* stagnierte, von Grunde aus aufgewühlt. Und er hat, wie schon erwähnt, die leere Tautologie des kategorischen Imperativs aus seiner eigenen sittlichen Sehnsucht heraus so neu getönt, daß eine ganze Generation sich an diesem Scheinbegriff erheben konnte.

Die Leerheit des Begriffs hat es nun verschuldet, daß entgegengesetzte Richtungen bewußten Handelns sich auf Kant beriefen oder doch hätten berufen können: der Individualismus und der Sozialismus. Auf der spitzigen Höhe des Individualismus hätte der Übermensch sagen können: ich nehme den kategorischen Imperativ auch für mich in Anspruch; denn ich handle nur nach derjenigen Maxime, durch die ich zugleich wollen kann, daß sie ein allgemeines Gesetz werde; handelt mein Nebenmensch nach der gleichen Maxime, so schlage ich ihn nieder, ohne ihn darum gering zu schätzen. Auf den kategorischen Imperativ darf sich jede Überzeugung berufen. Der Sozialismus scheint aber mit der Forderung, daß das allgemeine Interesse das individuelle Handeln lenken müsse, dem kategorischen Imperativ ganz vorzüglich zu entsprechen. Simmel (Kant, S. 95) hat geradezu gesagt, der Sozialismus sei „die engere zeitgeschichtliche Form für jenen allgemeinen Imperativ der Sittlichkeit, den Kant zeitlos, weil bloß als logisch-konsequente Deutung des Pflichtbegriffs überhaupt aufstellt." Kant hätte wohl den altruistischen Sozialismus als einen der vielen Verkünder des ewigen Friedens freundlicher bewertet als den egoistischen Individualismus, aber beide Prinzipien des Handelns hätte er der Welt der Empirie zuweisen müssen, mit der seine Metaphysik der Sitten nichts zu tun haben will. Die politische und die wirtschaftliche Freiheit des Sozialismus, diese ehrlich negativen Begriffe, reichen an den metaphysischen und darum positiven Begriff nicht heran, zu dem die Freiheit, die innere Autonomie des Willens, bei Kant geworden ist. Trotzdem führt ein Weg, ein Weg von Worten, aus der sittlichen Sehnsucht Kants, die er in seinem kategorischen Imperativ zu dem höchsten moralischen Weltgesetze zu formen gedachte, zu der Soziologie unserer Tage. Unter Friedrich dem Großen, dem skeptischen Pflichtmenschen, war Kants „Grundlegung" noch entstanden; so logisch, so scholastisch eigentlich, daß man die Herzenssehnsucht nach einem Leben unter guten Menschen hinter dem starren Rigorismus nicht gleich entdeckte. Schiller und Fichte, einem Kant an erkenntnistheoretischer Geisteskraft nicht gewachsen, an Charakterkraft ihm ebenbürtig, verbreiteten dann den Glauben an den kategorischen Imperativ unter der halbgebildeten Menge; und es ist keine Unwahrheit, daß die so schmählich betrogenen Kämpfer um die deutsche Freiheit 1813 (zufällig zuerst in Kants Heimat) vom Glauben an den kategorischen Imperativ mit beeinflußt wurden. Wieder wurde in die leere Tautologie die Sehnsucht starker Menschen eingefühlt. Der Scheinbegriff konnte wirksam werden, weil eine reale Sehnsucht aus ihm zu sprechen schien. Und als aus dem kategorischen Imperativ der Altruismus des Sozialismus wurde, da war wieder eine reale Sehnsucht starker Menschen (wie bei Kant selbst) vorausgegangen und erschloß logisch aus tautologischen Sätzen, was sie hineingelegt hatte.

Schiller, auf dessen radikale Jugenddramen sich der moderne Sozialismus gern beruft, der aber später der Popularisator des formalen kategorischen Imperativs wurde, Schiller, der dann seine Lieblingshelden zu Verkündigern des kategorischen Imperativs machte, wendete Kants oberste Maxime übermenschlich, über die Kraft, gegen seine eigene Persönlichkeit, und unterlag, wie wir aus einem Zeugnisse Goethes erfahren. Goethes unsystematische Weisheit kann uns wieder einmal über Schiller, auch über Kant hinausweisen. Die Stelle will nicht recht zu den offiziösen Darstellungen passen, die man von der Beziehung Goethes zu Kant und zu Schiller gegeben hat; sie ist aber auch nicht so spöttisch gemeint, wie man glauben sollte. Der Greis Goethe unterhält sich mit Eckermann oder vielmehr zu Eckermann (18. Januar 1827) über Schiller. Von dem Begriffe der Freiheit war das Gespräch ausgegangen. „In seinem reifern Leben, wo er der physischen Freiheit genug hatte, ging er zur ideellen über, und ich möchte fast sagen, daß diese Idee ihn getötet hat; denn er machte dadurch Anforderungen an seine physische Natur, die für seine Kräfte zu gewaltsam waren.“ Das vom Herzog ausgesetzte Gehalt sei für die Existenz der Familie nicht ausreichend gewesen, Schiller habe die Pflicht gefühlt, das Fehlende durch Arbeit zu ersetzen; sein Talent sollte ihm zu jeder Stunde gehorchen und zu Gebote stehen, auch in solchen Tagen und Wochen, in denen er nicht wohl war. „Schiller hat nie viel getrunken, er war sehr mäßig; aber in solchen Augenblicken körperlicher Schwäche suchte er seine Kräfte durch etwas Likör und ähnliches Spirituoses zu steigern. Dies aber zehrte an seiner Gesundheit und war auch den Produktionen selbst schädlich.“

„Denn was gescheite Köpfe an seinen Sachen aussetzen, leite ich aus dieser Quelle her. Alle solche Stellen, von denen sie sagen, daß sie nicht just sind, möchte ich pathologische nennen, indem er sie nämlich an solchen Tagen geschrieben hat, wo es ihm an Kräften fehlte, um die rechten und wahren Motive zu finden. Ich habe vor dem *kategorischen Imperativ* allen Respekt, ich weiß, wieviel Gutes aus ihm hervorgehen kann, allein man muß es damit nicht zu weit treiben, denn sonst führt diese Idee der ideellen Freiheit sicher zu nichts Gutem.“

Denkt man diesen wie behaglich hingeplauderten Worten Goethes ernsthaft nach, so erkennt man vielleicht, daß Kant mit seiner Sehnsucht nach einem einfachen und obersten Moralprinzip, mit seinem Salto mortale über den Menschen hinaus, doch wohl auch ein Kind der Geniezeit war und in seiner Weise mit seinem kategorischen Imperativ den Übermenschen lehrte; und der weise Goethe scheint über Kant und Schiller hinauszuwachsen, wie der Erdgeist über den Übermenschen Faust. Die Moral braucht ja so große, so kategorische Worte. Zwischen den handelnden Menschen aber ist der Mensch in der Hand oft mehr wert als der Übermensch auf dem Dache.

Kinderpsychologie.

I.

In einem Verein für Kinderpsychologie hat Stumpf am Eröffnungstage einen Vortrag gehalten („Philosophische Reden und Vorträge,“ S. 125 f.), der nicht nur den dilettierenden Vätern, Müttern und Tanten nützliche Winke gab über die Methode, die Sinneswahrnehmungen, das Sprechen, das Fühlen und das Wollen der Kinder objektiv zu beobachten; auch die Psychologen und Physiologen von Fach, welche sich seit einigen Jahrzehnten dem Studium der Entwicklung von Kindesseelen widmen, könnten mancherlei von Stumpf lernen. Stumpf macht besonders darauf aufmerksam, daß wir bei der Deutung der Bewegungen und des Gesichtsausdruckes noch sprachloser Kinder die Begriffe hineinlegen, die unsere Sprache für die Selbstbeobachtung der Erwachsenen geschaffen hat; wir deuten Bewegungen der Säuglinge als Ärger, als Schrecken, als Wollen, haben eigentlich aber kein Recht dazu, den Kindern schon solche Gefühle in die Seele zu schieben. Unsere Schlüsse aus den Bewegungen zu ihrer Deutung drehen sich in einem Zirkel. „Kurz, wir interpretieren die Bewegungen und — wir stützen dabei unsere Interpretation auf eben das, was wir interpretieren wollen" (S. 141). Wir hoffen, unsere eigene Psychologie auf die primitivere Kinderpsychologie gründen zu können, aber die Psychologie der Erwachsenen ist wieder die Voraussetzung dessen, was wir über die Beobachtungen an der Kindesseele in fertigen Begriffen aussagen.

Diese Warnung vor Zirkelschlüssen ließe sich auf den ganzen Gebrauch der psychologischen Sprache ausdehnen, ja auf den Gebrauch der wissenschaftlichen Sprache überhaupt; immer muß der Forscher nach der neuen Beobachtung zunächst die Begriffe gebrauchen, die er vor der Beobachtung brauchen gelernt hat. Er kann den Inhalt einzelner Begriffe wohl erweitern oder einengen; bevor er aber einen größern Teil der erlernten Sprache umzulernen imstande war, muß der arme Teufel sterben. Beim Studium der Kinderpsychologie ist das Verhältnis nur darum leichter klar zu machen, weil da schon die bildliche Anwendung der Grundbegriffe in die Augen springt. Das was wir mit dem alten Worte etwa die Seele nennen, ist doch offenbar beim neugebornen Kinde, beim Säugling und noch lange nachher nicht das gleiche wie unsere sogenannte Seele. Der Keim in einer Eichel ist noch kein Eichbaum; das schlafende Auge eines Rosenstocks ist noch keine Rose. Wie der Mensch vor der Pubertät weder äußerlich noch innerlich ein erwachsener Mensch ist. Wir haben gelernt, daß wir den Seelenbegriff metaphorisch erweitern, wenn wir von einer Tierseele, von einer Pflanzenseele reden, wenn wir gar mit dem Panpsychismus die unorganische Natur beseelen. In ganz ähnlicher Weise dehnen wir den Seelenbegriff aus, sobald wir dem Kinde eine Menschenseele zuschreiben, wenn wir Äußerungen des Kindes mit Worten aus unserm Sprachschatz benennen. Beinahe so wenig, wie wir das Seelenleben einer Pflanze, eines Schmetterlings, ja unseres Hundes kennen, so wenig wissen wir, was im Bewußtsein eines Säuglings vorgeht. Hält der Hund seinen Herrn für einen Sklavenhalter, für einen Gott, oder für einen Koch? Der Hund könnte es wahrscheinlich selbst nicht sagen, auch wenn er unsere Sprache besäße.

Der Hauptunterschied zwischen Tier und Kind besteht nun darin, daß das Tier bestenfalls nur einige wenige Bruchstücke der Menschensprache verstehen lernt, niemals die Sprache gebrauchen, daß dagegen das Menschenkind langsam die Worte der Muttersprache so vollständig wie die Eltern verstehen lernt, die Wörter zuerst aus dem Vorrate seines ganz andern Seelenlebens füllt, sie dann wieder langsam in dem gleichen Sinne wie die Erwachsenen brauchen lernt, und endlich wie die Erwachsenen glaubt, an den schwebenden, verschwimmenden Wörtern eindeutige Zeichen der Wirklichkeitswelt zu haben.

Wird also der Versuch, aus Beobachtungen der Kinderseele zu Fortschritten in der Psychologie zu gelangen, nur sehr geringe Erfolge bringen, so kann dagegen der Grundfehler dieser Beobachtungen, eben das Metaphorische an der Menschensprache, ganz gut eingesehen werden, wenn man das Metaphorische, meinetwegen das Dichterische an der Kindersprache beobachtet.

II.

„Der Mond ist ausgelöscht," rief ein Kind, als der Vollmond hinter einer Wolke verschwunden war. „Der Mond ist kaput," hörte ich selbst ein Mädchen von fünf Jahren sagen, da das erste Mondviertel am Himmel stand. Die erste Äußerung hat beinahe altfränkisch poetischen Klang, die zweite mutet eher naturalistisch an. In beiden Fällen war die Dichterphantasie des Kindes unbewußt tätig.

Die Ähnlichkeit der Kindersprache mit der Dichtersprache, der Kindergenialität mit der Dichtergenialität ist sicherlich bemerkt worden, seitdem es denkende Mütter und Väter unter den redenden Menschen gab. Über den Ursprung dieser Ähnlichkeit aber und über die Bedeutung der Kindersprache für die Sprachgeschichte hat man in älterer Zeit nicht nachgedacht. Es wäre unter der Würde der Wissenschaft gewesen, sich um das Treiben der Kinder zu bekümmern. Nicht viel über hundert Jahre reicht die ernsthafte Beobachtung der Kindersprache zurück. In Deutschland war auch auf diesem Felde Lessing vielleicht (neben Hamann) der erste Anreger. In einer versteckten Anmerkung, in den Zusätzen zu Jerusalems „Philosophischen Aufsätzen" sagte er: Der erste Mensch könne ebenso zur Sprache gelangt sein, wie noch jetzt alle Kinder dazu gelangen müssen.

Gegenwärtig gibt es eine reiche Literatur, die Notizen aus der Kinderstube der Sprachwissenschaft dienstbar machen möchte. Spencer und Darwin, besonders aber die deutschen Systematiker (Fritz Müller) haben den bestechenden Gedanken populär gemacht, daß die Entwicklung des Einzelwesens einen kurzen Abriß darbiete von der endlosen Entwicklung der organischen Welt. Man möchte die Entwicklung des Menschen aus der ersten lebenden Zelle mit Hilfe der embryonischen Entwicklung erklären, die Phylogenie aus der Ontogenie, wie man gelehrt sich ausdrückt. Und was für die Biologie angenommen wird, das soll auch für das Leben der Sprache gelten. Psychologen und Physiologen, Lehrer und Ärzte führen sorgsame Tagebücher über die Sprachentwicklung ihrer Kinder und bilden sich oft ein, durch dieses neueste alexandrinische Bemühen dem Geheimnisse der menschlichen Ursprache näher zu kommen. In England, Frankreich und Deutschland werden solche Beobachtungen am fleißigsten gesammelt. Es braucht außer an Darwin selbst nur an Romanes, an Taine, Egger und Perez, an Preyer und Stumpf erinnert zu werden. Je ,,voraussetzungsloser" der Sammler den Äußerungen des Kindes gegenübertritt, desto mächtiger schwillt die Notizensammlung an, desto kleiner wird aber leider der Nutzen für die Sprachwissenschaft. Einzelne glücklich erlauschte Kindesworte können lehrreicher sein als die pedantischen stenographischen Berichte, welche doch vergebens versuchen, die Sprachentwicklung auch nur eines einzelnen Kindes vom ersten Lallen bis zur syntaktischen Beherrschung der Sprache der Nachwelt zu überliefern.

Aus diesem Alexandrinismus können nur solche Sprachphilosophen herausführen, welche die Besonderheiten der Kindessprache unter einem bestimmten Gesichtspunkte betrachten. Zu ihnen gehört Alfred Biese, der in seiner ,,Philosophie des Metaphorischen" zuerst energisch auf das Metaphorische oder Dichterische in der kindlichen Phantasie hingewiesen hat. Wenn wirklich die Metapher oder das dichterische Bild der Ursprung und das Wesen aller Sprache ist (wie ich glaube und behaupte), wenn alle Sprachentwicklung von den Urzeiten bis zur Gegenwart sich in Metaphern oder Bildern vollzieht, dann ist es ja nicht wunderbar, daß beim Kinde im Beginne der sprachschöpferischen Tätigkeit die dichterische Phantasie ganz besonders vorherrscht.

Professor Meumann hat in seiner Abhandlung ,,Die Sprache des Kindes" mit viel Belesenheit und Systematik den Versuch gemacht, eine wohldurchdachte strenge Methode in die Kinderstube zu bringen. Die Bedeutung des Metaphorischen für die Kindersprache und für die Sprache überhaupt hat er dabei gründlich mißverstanden. Er meint (S. 63), ein Kind von drei Jahren könne keine Bilder schaffen, weil noch der Schulknabe von sechs Jahren die Schulmetaphern seiner Lehrer nicht leicht verstehe. Er sieht den Unterschied nicht zwischen der unbewußten Bildersprache des Kindes und dem künstlichen, methodischen Metaphernbau der Schulrhetorik. Ebenso gut könnte er einem dreijährigen Kinde die offenkundige dichterische Phantasie absprechen, weil es ja Vischers ,,Ästhetik" noch nicht lesen und verstehen könne. Wir müssen uns hüten, die Begriffe der Erwachsenen ohne leise Abtönungen auf das Seelenleben des Kindes anzuwenden.

Der dichterischen Phantasie ist z. B. die Lüge, ist das Spiel verwandt. Wir werden aber dem Kinde nicht das

Unrecht tun, jedesmal ein bewußtes Lügen, ein bewußtes Spielen anzunehmen. Ein Kind, wenn es aufgewickelt sein wollte, nur um der größern Freiheit willen, gab die bestimmten Grunzlaute von sich, durch die es sonst mit vollem Rechte das Aufwickeln und Trockenlegen verlangen durfte. Viele Kinder wiederum kennen gegen das Ende des zweiten Lebensjahres schon das Spiel, eine leere Tasse zum Munde zu führen oder aus einer leeren Kanne scheinbar eine leere Tasse zu füllen. Nur pedantischer Wortaberglaube wird das dem bewußten Lügen oder dem bewußten Spielen der Erwachsenen gleichsetzen. Wohl aber könnte man das Spielen mit der leeren Tasse entfernt mit der Tätigkeit eines Dramatikers vergleichen; die Kinder führen sich damit selbst ein Theaterstück auf, und wahrscheinlich fehlen dabei nicht einmal die Gefühle der Illusion und der Spannung.

Jede Mutter, jeder Vater, jeder Kinderfreund kennt lustige und hübsche Äußerungen von Kindern wie: „Der Mond ist ausgelöscht". Es sind Kinder von drei bis fünf Jahren, die so sprechen. Solche Sätze sind mitunter schon fertige Dichtungen. Viel tiefer in die Psychologie der Kindesseele müßte es führen, könnte man das Erwachen der kindlichen Seele von Anfang an verfolgen und dann das Metaphorische oder das Dichterische schon im ersten gesprochenen Worte nachweisen. Ganz vorsichtig und mit jedem Vorbehalt möchte ich ein Beispiel geben.

Das Verfolgen „von Anfang an" ist natürlich nicht wörtlich zu nehmen. Das Kind entsteht nicht mit der Geburt; es erwacht in dieser Stunde nur, es erwacht aus einem bald traumlosen, bald von unvorstellbaren Träumen belebten Schlafe. Das Kind im Mutterleib ist nach neueren Untersuchungen nicht ganz ohne Sinneseindrücke. Gehör und Gesicht können freilich noch nicht ganz geweckt sein; auch stehen dem Gebrauche dieser beiden Organe, selbst wenn sie in ihren Nervenbahnen schon völlig bereit wären, allerlei Hemmungen entgegen. Dagegen hat das Kind im Mutterleibe vielleicht schon ein Analogon zu den späteren Geschmacksempfindungen, höchstwahrscheinlich schon Tast- und Wärmeempfindungen. Die Seele, um das weite Wort zu gebrauchen, ist bei der Geburt ein völlig unbeschriebenes Blatt nicht mehr.

Nicht nur für die Mutter, sicherlich auch für das Kind ist die Geburt mit Schmerzen verbunden. Die zarte Haut hat gelitten, die kalte Umgebung berührt unangenehm, das neu zu lernende Atmen beängstigt und strengt an. Und einige Stunden später meldet sich auch der Hunger zum erstenmal. Die Sprachwerkzeuge des Kindes lassen sich vernehmen, sofort, früher noch als der Hunger sich meldet. Das Neugeborene schreit oder wimmert. Der Schrei oder das Wimmern ist ein Reflexlaut der Sprachwerkzeuge, ist noch nicht Sprache.

Zwei Monate später weiß das Kind aus Erfahrung, daß es durch sein Schreien oder Wimmern die Brust oder die Flasche herbeirufen oder herbeizaubern kann. Die hervorgebrachten Laute haben einen Zweck, einerlei, ob den der Mitteilung oder den der Zauberei. Das Schreien ist so zur Sprache geworden. Es ist Sprachlaut, wenn auch nicht Sprachwort. Bis dahin hat es noch gute Weile.

Das Kind ist etwa anderthalb Jahre alt, bevor es für Milch „Mimi“ sagen gelernt hat. Mimi ist durch unbewußten Lautwandel aus Milch entstanden; weniger fachmännisch ausgedrückt: das Kind hat das gehörte Wort falsch nachgesprochen. Aber auch die Bedeutung von „Mimi“ entspricht nicht dem, was die Erwachsenen bei Milch denken. Das Kind stellt sich bei Mimi gewiß oft die süße Flüssigkeit vor oder auch die süße, warme, weiße Flüssigkeit. Dann stellt es sich wieder die Mutter oder die Amme vor, die ihm einst im weichsten Nest die Nahrung hat ins Mäulchen fließen lassen und die ihm jetzt noch die Milch an den Mund setzt. Oder es stellt sich seinen eigenen Mund oder sein Mäulchen vor; hat doch der Mund bei „Mimi“ die beste Arbeit zu leisten.

Eine kleine Welt liegt also in dem ersten Sprachworte Mimi: ein sinnlicher Gegenstand, seine Eigenschaften, eine Tätigkeit; dazu noch nacheinander Kummer, Sehnsucht und Freude. Das Kind unterscheidet nicht deutlich zwischen den Vorstellungen Mama, Amme, Mund, meinetwegen auch mollig und mummeln. Alle diese Vorstellungen gehen ineinander über wie alle diese Laute, die vielleicht „verwandt“ sind, einander ähneln. Das erste Sprachwort „Mimi“ drückt also gar keinen fest definierbaren Begriff aus, sondern eine Stimmung, die Stimmung der Lust am Milchtrinken. Und da träfe es sich sehr gut, wenn von mir schon nachgewiesen worden wäre: daß die menschliche Sprache zwar ein elendes Werkzeug für die Erkenntnis, aber ein vorzügliches Werkzeug für die Poesie sei, daß die Worte der menschlichen Sprache gerade durch das Verschweben und Verschwimmen ihrer Bedeutungen besser als jedes andere Kunstmittel zur Darstellung von Stimmungen taugen. Und es ist beinahe gleichgültig, ob das erste Sprachwort des Kindes „Mimi“ war und ein Idyll auslösen half, ob es „Mama“ war und schon mehr mit der bildenden Kunst, mit der Porträtvorstellung zu tun hatte, ob es „mumm“ war und mehr eine Handlung in den Mittelpunkt stellte.

Wer nicht gern glauben möchte, daß dergestalt metaphorische, dichterische Anschauung schon mit dem ersten Worte des Kindes untrennbar verbunden sei, der denke doch daran, wie das Kind nach Stillung seines Hungers sein Wort wiederholt, um die ganze schöne Geschichte zusammenzufassen, zu berichten, spielerisch, behaglich. Was eben ein höchst wichtiger Vorgang war, wird zum spielerischen Drama oder Epos, je nachdem; was eben erlebt worden ist, wird dichterisch nacherlebt, mit dem gleichen Worte. Ich habe anderswo gezeigt, wie lange vor dem ersten Sprachworte auch das Hungerweinen des Kindes sich zur Sprache umwandeln kann, zu einer Erzählung, zum ersten Zwiegespräch zwischen Mutter und Kind.

So kann das scharfe Aufhorchen

auf die geringste Sprachäußerung des Kindes Beiträge liefern für die Grundwahrheit: daß der Ursprung und das Wesen der Sprache metaphorisch oder bildlich ist. Es schadet also nicht, wenn darüber hinaus Fachleute an ihren eigenen Kindern Versuche anstellen, wenn ganze Bibliotheken entstehen, die die Entwicklung von individuellen Kindersprachen massenhaft aufzeichnen; es schadet nicht einmal, wenn die Sache ein bißchen sportmäßig getrieben wird. Wir gewinnen doch unzählige Beispiele, die das Dichterische in der einfältigen Kindersprache immer von neuen Seiten aufzeigen.

Nur bilde man sich nicht ein, daß der Nutzen für die Sprachgeschichte (und Sprachwissenschaft wird seit Hermann Paul nicht viel mehr sein wollen als Sprachgeschichte) eine irgend ähnliche Bedeutung haben könne. Die Kinder sind „Schaffende", insofern sie kleine Dichter sind; Sprachschöpfer sind sie nicht. Was sie etwa an neuen Worten dadurch erfinden, daß sie die Worte der Muttersprache falsch deuten und falsch nachsprechen, das geben sie selbst bald wieder auf, trotzdem es die Eltern liebevoll zu erhalten suchen. Die Mutter möchte noch jahrelang in der Kinderstube „Mimi" sagen. Aber bereits das vierjährige Kind schämt sich seiner Kindersprache und freut sich, wenn es „Milch" sagen gelernt hat, wie sich der Knabe der ersten Hosen freut. Wo Ansätze zu neuer Sprachschöpfung vorhanden sind, da läßt sich freilich eine Anwendung auf die Ursprache der Menschheit machen, aber nicht in dem Sinne, daß aus den Zufallslauten der Kinder etwas über die legendare Ursprache auszumachen wäre. Diesen Versuch hat schon der ägyptische König umsonst angestellt, der (nach Herodotos) zwei Kinder so aufziehen ließ, daß kein menschlicher Laut von ihnen vernommen werden konnte. Das erste Wort, das sie nach zwei Jahren sprachen, sollte darüber entscheiden, wo die älteste Sprache, wo das älteste Volk der Erde wäre. Nur ein Beispiel für die Entstehung der Sprache boten die armen ägyptischen Kinder. Nur Beispiele für die Anfänge der Sprachgeschichte können auch die vermeintlichen oder wirklichen Neuschöpfungen geben, die seit dreißig Jahren in unsern Kinderstuben gesammelt werden. Was Pharao Psammetich nicht wußte, als er jenen Kinderversuch vornahm, das wissen auch heute noch wenige Menschen: daß Sprachgeschichte eine Zufallsgeschichte ist, ein Ausschnitt aus der allgemeinen Zufallsgeschichte der Menschheit.

Nun ist aber die Sprache des Kindes die Grundlage der Sprache, welche der erwachsene Mensch redet. Aus der Sprache des Erwachsenen ist gewöhnlich die Phantasie verschwunden, wenn dieser nicht etwa ein Dichter ist, und wenn wir ferner von den unzähligen Fällen absehen, wo uralte Phantasie zu einer bloßen Redensart versteinert und verstaubt ist. Was ist da geschehen? Dasselbe, was in der organischen Welt geschieht, wenn die Formen sich in der Hauptsache wiederholen, in Nebensachen sich verändern. Die Ursachen der Wiederholung und der Änderung nennt man jetzt Vererbung und Anpassung. Weil Sprache aber nur aus flüchtigen Bewegungen besteht, die leichter auszuführen sind als organische Formen, vollziehen sich die Wiederholungen und die Änderungen der Sprache viel schneller als die sog. Entwicklung der Organismen. Und ein zweiter Unterschied kommt hinzu: nicht nur die Wiederholungen, sondern auch die Änderungen, die Anpassungen an den neuen Lernstoff sind, lassen sich auf Nachahmung zurückführen. Unabhängig von der Nachahmung sind nach Form und Inhalt nur die Wörter der Kindersprache, die von der Phantasie des Kindes gebildet oder umgedeutet worden sind; und gerade diese eigenen Schöpfungen haben die Neigung, sich der Gemeinsprache und dem Gemeindenken anzupassen, d. h. zu verschwinden. Das Kind hört auf mit der Sprache zu spielen. Auch hier gibt es eine merkwürdige Analogie mit der ältern Sprache der Naturwissenschaft. Man nannte früher die unerklärlichen Schöpfungen der Naturphantasie, die Änderungen oder Varietäten von Tieren und Pflanzen, *Spiele* der Natur oder Spielarten; auch diese Spielprodukte waren unfruchtbar, hatten die Neigung, wieder zu verschwinden.

Die Unfruchtbarkeit der sogenannten schlechten Arten ist bis heute nicht erklärt; aber die Unfruchtbarkeit oder die Unhaltbarkeit der eigenen, phantastischen, spielerischen Kinderwörter ist im Wesen der Sprache selbst begründet. Eine Sprache, die nicht zwischen den Menschen ist, ist für den Zweck der Sprache unbrauchbar. Das Kind muß auf sein Eigentum in der Sprache verzichten, wenn es die Muttersprache gebrauchen will. Das alltäglichste Beispiel ist vielleicht das beste. Das Kind von anderthalb Jahren sagt *tul* und meint: ich will auf den Stuhl hinaufgehoben werden. Mancher Satz der griechischen Weisen und der neuern Philosophen ist so ein phantastisches Kinderwort, gefüllt mit einer Sehnsucht, verstanden allein vom Erfinder; nachher kommt die Geschichte der Philosophie und übersetzt das phantastische Wort in die Gemeinsprache der Philosophie, so daß die eigene Schönheit des alten Satzes zum Teufel geht, mit dem Spiritus, und nur das Phlegma bleibt.

III.

Wir wissen nicht, was die Begriffe oder Worte der Menschenmoral eigentlich bedeuten; wir wissen ganz bestimmt, daß diese Begriffe der Menschenmoral nur ganz sinnlos auf Tiere angewandt werden. An sich ist ein Tiger, weil er gern Menschen frißt, nicht böser als ein Lamm. Die Menschen halten aber ihre Sprache für sehr wertvoll, halten die unverständlichen Moralwörter für noch wertvoller als die andern Wörter und begehen darum den doppelten Fehler: ganz kleine Kinder die unverständlichen Moralwörter nachplappern zu lassen und dieselben Wörter auf diese Kinder anzuwenden. Das Nachplappern der Wörter hat die gleichen üblen Folgen wie das allzu frühe Eintrichtern anderer Dogmen, der eigentlich religiösen. Man pflegt doch auch solche Sätze, die sich später besser verifizieren lassen, wie z. B. den pytagoräischen Lehrsatz, das Kind nicht nachsprechen zu lassen, bevor es sie verstehen kann.

Eines der ersten Gebote, dessen Erfüllung sogar man vom kleinen Kinde verlangt und mit brutalen Strafen durchzusetzen sucht, lautet: du sollst nicht lügen. Alle Kindertränen, die um dieses Dogmas willen geflossen sind, seitdem es dumme Eltern auf Erden gibt, sollten zusammen vielleicht nicht weniger Mitleid erregen als die Opfer der Ketzerverbrennungen. Die Ketzerverbrennungen aber haben aufgehört; nur die Kinder werden nach wie vor geprügelt, weil sie lügen.

Ich glaube, es ist den Eltern, die sich das Richteramt anmaßen, nur sehr bequem, von ihren armen Kindern wahre Aussagen zu erzwingen. Wie die amtlich angestellten Richter die wahre Aussage unter den Eid gestellt haben, um die unwahre Aussage mit furchtbar hohen Strafen belegen zu können. Um des Prozesses willen, der doch um der Menschen willen da sein sollte; nicht die Menschen um des Prozesses willen. (Vgl. Art. *Eid.*) So sollten die Kinder doch höchstens geprügelt werden, wenn es den Kindern Vorteil bringt, nicht um der Bequemlichkeit der Eltern willen. Die Eltern glauben aber an das Dogma von der Entsetzlichkeit der Lüge. Kein Mensch spricht immer die Wahrheit; nur die armen Kinder sollen immer die Wahrheit sprechen.

Seit den dankenswerten Untersuchungen über die Zuverlässigkeit der Erinnerung, die von Binet und William Stern angestellt worden sind, könnten Eltern und andere Richter wissen, wie es um die Psychologie der Aussage steht. Die Wahrnehmungen auch des erwachsenen und besonnenen Menschen sind, wenn sie nicht von der Aufmerksamkeit besonders kontrolliert werden, so vielen Täuschungen unterworfen, daß ein Gewissenhafter jede Zeugenaussage verweigern sollte, die für einen andern schmerzliche Folgen haben könnte. Die Aussagen der Kinder sind noch um soviel unrichtiger, als die Rolle der Phantasie im Kindesalter größer ist. Die Kinder sind darum der Suggestion weit mehr unterworfen. Selbst bei den Experimenten, die von wohlmeinenden Pädagogen für die Kinderpsychologie an Tausenden vonSchulkindern angestellt worden sind, muß der Experimentator damit rechnen, daß die Kinder die Unwahrheit sagen. Bei Suggestivfragen antwortet oft die Mehrzahl der Kinder mit einer Unwahrheit. Auch für solche objektive Unwahrheiten, die doch ganz gewiß noch nicht Lügen sind, werden die Kinder von pedantischen Vätern oft gestraft.

Zur Lüge wird die Unwahrheit, wenn sie im Bewußtsein das Mittel zu einem Zwecke ist. Gewiß haben die Kinder eine Neigung, um eines kleinen Vorteils willen zu lügen, besonders leicht, um ihre Eitelkeit zu befriedigen. Und weil sie weniger erfahren sind als die Erwachsenen, so lügen sie beinahe noch häufiger und sind noch leichter zu ertappen als die Erwachsenen.

Wenn man ein Kind um einer

Lüge willen, meinetwegen nur um einer bewußten Lüge willen (was wissen wir vom Bewußtsein des Kindes?) brutal abstraft wie für ein Verbrechen, so begeht man da außer andern Ungerechtigkeiten auch noch einen schweren Fehler gegen die Erkenntnistheorie. Weil das schlecht definierte Wort Lüge in besonders qualifizierten Fällen mit dem Gefühlstone der Verachtung belegt worden ist, darum soll *jede* Lüge eine unverzeihliche Sünde sein. Weil das Wort *Lüge* existiert, darum werden Kinder gemartert, trotzdem eine endlose Reihe höchst ungleichwertiger Handlungen mit dem gleichen Worte bezeichnet werden. Es gibt eine Lüge, die in Wahrheit unverzeihlich ist, eine Niederträchtigkeit, die eigentliche Sünde gegen den hl. Geist: die Verleugnung der entscheidenden eigenen Überzeugung; aber diese Sünde können Kinder gar nicht begehen. Es gibt auf der untersten Stufe der Lügenleiter die Lügen der Phantasie, die im Grunde nur Übungen der Phantasie sind; es ist läppisch und wortabergläubisch, auf diese Lügen, und wenn sie Münchhausiaden wären, das moralische Wertmaß überhaupt anzuwenden; den Erwachsenen können sie lächerlich machen, das Kind übt sich an ihnen vielleicht zum Künstler hinan. Zwischen der liebenswürdigen Lüge der Phantasie und der niederträchtigen Verleugnung einer Überzeugung gibt es eine Menge Fälle, in denen die Lüge den Motiven des Hungers, der Liebe oder der Eitelkeit gehorcht, eine Waffe ist im Kampfe ums Dasein, die wohlfeilste und schwächste Waffe. Einzig und allein von den Umständen hängt es ab, ob man diese Art der Lüge (man könnte sie immer Notlüge nennen), beim Erwachsenen billigt oder entschuldigt, ob man sie bedenklich oder häßlich findet; nur das arme Kind soll in seinem kleinen Kampfe ums Dasein nie und unter keinen Umständen lügen dürfen; so verlangt es die Bequemlichkeit der Eltern und der Lehrer, und auch diese Bequemlichkeit nennt sich Moral.

IV.

Wenn nur einige wichtige Ergebnisse der neuern Kinderpsychologie Gemeinbesitz des Volkes geworden wären, so hätte es um der armen Kinderseelen willen ernsthaftere Kämpfe geben müssen, blutigere Revolutionen als um die beste Regierungsform, um Standesvorrechte, um Gleichheit bei den politischen Wahlen und um die Biersteuer. Trotz aller Agitationen unserer besten Pädagogen ist aber die Massenschule des modernen Staates, dazu die angebliche Selekta, die als Mittel- und Hochschule die Söhne der regierenden Klassen zum Versehen von Regierungsstellen abrichtet, wesentlich dort stehen geblieben, wo die scholastische Schule des weltfeindlichen Mittelalters stand. Ich werde zu zeigen haben (vergl. Art. *Schule*), daß heute noch wie in den alten Rhetorenschulen Worte ohne Sachen gelehrt werden. Daß das Sprechenlernen, welches wirklich die Hauptaufgabe einer zehn- bis zwanzigjährigen Schulzeit ist, wenn man nur eine gewisse

Identität von Denken und Sprechen erkannt hat, durch das Wesen der Schule ausgeartet ist zu einem Schwatzenlernen; im Fortschritte der Kultur zu einem Schwatzenlernen nach der Schriftsprache.

Man wird mir einwenden wollen, daß seit Jahrhunderten, besonders seit Comenius, von allen ernsthaften Schulmännern und Kinderfreunden die Forderung gestellt wird: *Sachen, nicht Worte.* Die Forderung wird von den Reformatoren gestellt, von den Organisatoren der Massenschule wird sie reglementiert, von der Praxis wird sie verhöhnt. Die Menge des toten Lernstoffs ist zu groß, als daß außer den Worten auch noch die Sachen im Gedächtnisse haften könnten. Unbrauchbare Sachen sind auch nur Worte. Damit bin ich bei der Bedeutung des Gedächtnisses angelangt und bei der Behandlung oder Mißhandlung, welche das Gedächtnis durch die Schablone der Schule erfährt.

Oft genug und ausführlich genug habe ich darauf hingewiesen, daß alle Rätsel des Seelenlebens zurückgeschoben werden können auf das Rätsel des Gedächtnisses. (Vergl. besonders Kr. d. Sp. I² S. 448ff.) Es hätte der neuern Experimentaluntersuchungen gar nicht bedurft, um aus wenigen guten Beobachtungen die Schlüsse zu ziehen, auf die es der Kinderpsychologie ankommt: die eigentliche Lernfähigkeit des Gedächtnisses, die Memorierkraft, wächst langsam bis zu der Zeit der Pubertät, um dann nach einigen Jahren des Stillstandes nachzulassen; die Kapazität des Gedächtnisses, oder wie man die Kraft des Festhaltens nennen will, wächst dann weiter, bis gegen das dreißigste Jahr etwa; die Kraft, das Gelernte und Festgehaltene zu verarbeiten, bleibt bei gut veranlagten Menschen bis in ein hohes Alter stabil. Da es sich nun für jede Tätigkeit nur um die Verarbeitung des gesammelten Lernstoffs handelt, da das Festhalten natürlich in einem umgekehrten Verhältnisse zu der Menge des memorierten Lernstoffs steht, da die eigentlichen Memorierjahre in die Schulzeit fallen, so wäre es die erste Pflicht der Schulorganisatoren: aus dem unendlich großen möglichen Lernstoff den für das Leben brauchbaren auszuwählen. Und hier wird das schwerste Verbrechen an der Seele des Kindes begangen. Nicht nur beim Religionsunterricht, wo tote Bibelsprüche und tote jüdische Könige auswendig gelernt werden müssen; auch sonst, bis in die Hochschule hinein, wird nicht für das Leben memoriert, sondern für die Schule, für die Prüfung, für das Vergessen. Zahlen und Wörter, welche nur dann mit irgend einem Nutzen behalten werden können, wenn sie durch die Einübung beim Verarbeiten von selbst behalten werden, sollen memoriert werden: in der Volksschule, im Gymnasium, auf der Hochschule. Es ist wie ein Racheakt: womit die Lehrer gemartert worden sind, damit martern sie den Schüler.

Man verliere nur nicht aus den Augen, worauf es ankommt. Für die Verarbeitung des Forschers wie des Landmanns brauchbaren Lernstoff einzuprägen: das Kind im Denken zu üben. Ein alter pädagogischer Satz hat längst die richtige Regel gefunden: multum, non multa. Das viele Memorieren beeinträchtigt das Festhalten, das doch die erste Bedingung alles eigenen Bearbeitens ist.

Ja, wenn wirklich die mechanische Übung des Gedächtnisses eine Stärkung des Gedächtnisses wäre, wie die Übung der Muskeln bis zu einem gewissen Grade eine Stärkung der Muskeln ist! Dann könnte man hoffen, daß das gestärkte Gedächtnis den unbrauchbaren Memorierstoff der Schule nachträglich durch brauchbaren Lernstoff ersetzen würde. Aber die Lernkraft des Gedächtnisses ist während der Schulzeit auf ihrer Höhe, wie wir wissen, und läßt dann nach; der Mißbrauch, der mit der Lernkraft getrieben wird, läßt sich nie wieder ersetzen.

Bei den Versuchen, die Lernkraft der Schüler festzustellen, ist besonders eine Methode seelenloser Psychologen bemerkenswert. Man macht psychologische Experimente nach dem Muster der Versuche in physikalischen Laboratorien; worauf es dem Forscher nicht ankommt, das soll ausgeschaltet werden. So müssen die Versuchskinder, als ob sie chemische Elemente wären, völlig sinnlose Silben auswendig lernen, damit jede mögliche Assoziation, also das Denken, ausgeschaltet werde. Es werden psychologische Versuche gemacht durch Erzwingung einer Tätigkeit, die in der psychologischen Wirklichkeit niemals vorkommt. Bessere Beobachter haben längst bemerkt, daß solche Versuche irreführen müssen; was keinen Sinn hat, das wird schwerer gemerkt, als was einen Sinn ergibt. Niemand aber schützt die armen Kinder davor, daß die Schule auch im Ernste so mit ihnen experimentiert; die Kinder müssen außer einigem Brauchbaren sehr viel mehr Sachen memorieren, die für sie nur Worte sind, Worte, die sie nicht assoziieren können, sinnlose Silben wie die der psychologischen Versuche.

Ich möchte den Zustand, unter welchem die armen Schulkinder seufzen, durch ein Bild illustrieren. Ein Vater möchte seinem Sohne das Mittel zum Reichwerden hinterlassen. Der Vater selbst hat nicht gelernt, daß eigenes Denken und eigene Tatkraft das beste Mittel sei. Er meint, das Gedächtnis sei wie ein Geldkasten: der Schatz werde um so größer, je mehr man hineintut. Was er ererbt hat, was er hinzuerworben hat, das will der gute Mann seinem Sohne hinterlassen. Er hat ja nichts verbraucht, nichts verbrauchen können. Der Schatz ist eine Münzensammlung. Freilich, wenn der Schatz aus gemünztem Golde bestünde, dann wäre der Wert nicht klein; die Münzen hätten ihren Goldwert beim Schatzamt, beim Kenner noch einen Liebhaberwert dazu. Aber die Münzensammlung des Vaters besteht zum größten Teile aus Scheidemünzen, aus Banknoten und Assignaten, die längst außer Kurs gesetzt worden sind, und die überdies wegen ihres massenhaften Vorkommens auch vom Kenner nicht geschätzt werden. Der Sohn ist um sein Erbe betrogen worden. Beinahe so wie das Kind, welches die Kultur des vorausgegangenen Geschlechts in bloßen Worten mitgeteilt erhält.

Die Kinder sind Nachahmer par excellence. Als die Erwachsenen, die auch damals „Christen waren, wie sie Deutsche und Franzosen waren" (Montaigne), Kreuzzüge veranstalteten, um einiger Wörter willen, da ahmten das die Kinder mit einem Kinderkreuzzuge nach; heute spielen die Erwachsenen mit Revolutionen, auch von Schülerrevolten hört man mitunter; vielleicht vereinigen sich die Kinder zu einer großen Kinderrevolution gegen die Wörter der Schule.

Konditionismus. — Seit Hume ist in der Philosophie, seit R. Mayer ist besonders in der Naturphilosophie eine Tendenz zu beobachten: man will den Begriff der Ursache (*causa*) mehr und mehr durch den Begriff Bedingung (*conditio*) ersetzen. Noch Ostwald (Naturphilosophie² S. 299) glaubte sich darauf beschränken zu dürfen, nur eine bestimmte Gruppe von Ursachen lieber *Bedingungen* eines Geschehnisses zu nennen. Neuerdings hat Verworn („Die Frage nach den Grenzen der Erkenntnis", S. 15f. u. 44) fast ganz im Sinne Humes den Ursachbegriff zu eliminieren und für den alten Kausalismus das neue Wort Konditionismus einzuführen gesucht. „Der Konditionalsatz ist das allgemeine Darstellungsschema für alle Gesetzmäßigkeit. Er allein ist imstande, eine Erkenntnis in streng erfahrungsgemäßer Weise ohne irgend welche Zutat eines Deutungsversuches zum Ausdruck zu bringen.... Diese Einkleidung aller Gesetzmäßigkeit in die konditionale Form ist eigentlich völlig selbstverständlich ... *Kausale* Gesetzmäßigkeit ist spekulative Mystik, *konditionale* Gesetzmäßigkeit ist Erfahrung. ... Eine genaue Beobachtung zeigt, daß in *keinem* Falle ein Vorgang zustande kommt durch *Einen* einzigen Faktor. ... Läßt man den Gedanken, daß ein Vorgang durch eine einzige *Ursache* bewirkt werde, fallen und gesteht man zu, daß es zwei oder mehrere Ursachen sind, die den Vorgang herbeiführen, dann verliert der Begriff der Ursache seinen Sinn, und wird identisch mit dem Begriff der Bedingung. ... Die Dinge bedingen sich untereinander und alle Wissenschaft kann, wenn sie exakt sein will, nur in der Feststellung ihrer gesetzmäßigen Abhängigkeitsverhältnisse voneinander bestehen. Also wenn man durchaus einen Ismus haben will: nicht *Kausalismus* sondern Konditionismus."

Ich glaube, und fürchte es nicht einmal, daß dieses neue Wort Glück haben wird. An die Stelle eines ausgelaugten Begriffs mag ein jüngerer, ein kräftigerer treten, dem man mit der Zeit auch einen neuen Inhalt geben kann. Nur vergesse man nicht, daß das neue Wort auch nur ein Wort ist; Verworn selbst hat das nicht ganz vergessen, da er den melancholischen Zusatz machte: „Wenn man durchaus einen Ismus haben will."

Ich habe (vgl. Art. *Bedingung*) die vielen Verschlingungen der Begriffe

Bedingung und *Ursache* ein wenig zu entwirren mich bemüht; ich kann diese Darlegung jetzt so zusammenfassen: den Begriff der Ursache möchte man von vornherein in die reale Welt hineinlegen, wie andere Sachen oder Substantive; der Begriff der Bedingung gehört seinem Wesen nach der logischen Welt an. Verworn hat ganz recht mit der Behauptung, daß der Konditionalsatz allein eine Erkenntnis ohne irgendwelche Zutat eines Deutungsversuches zum Ausdruck bringe; nur daß auch die Erfahrungswissenschaften nach dem Wesen des menschlichen Verstandes auf Deutungsversuche niemals verzichten können oder wollen, nur daß wir wider Willen gezwungen sind, irgend einen alten Ursachbegriff bei dem neuen Bedingungsbegriffe mit zu verstehen. Und da erinnern wir uns, vielleicht mit einiger Heiterkeit, daß *Bedingung* nicht eine Übersetzung von lat. *conditio* ist, sondern von *Ding* abgeleitet, welches selbst eine genaue Übersetzung von lat. *causa* ist, ursprünglich den Sinn von Gerichtsverhandlung hatte und erst später den Sinn von (juristischer) Angelegenheit, *Sache* bekam, wie denn auch im Französischen *cause* und *chose* aus lat. *causa* entstanden. Ich brauche nicht hinzuzufügen, daß trotz dieser Wortgeschichte der Begriff Bedingung vom Begriffe Ursache sich so weit entfernen konnte, als der menschliche Verstand eben sehen kann.

Kraft. — Seit Galilei sind die mechanischen Kräfte genauer und immer genauer qualitativ unterschieden und quantitativ gemessen worden; es ist kein Ausnahmefall, daß über der wissenschaftlichen Durchforschung der Details der Begriff selbst immer unklarer wurde und endlich eigentlich verloren ging. Diejenigen Physiker von heute, die sich auch auf ihrem Gebiete erkenntnistheoretischen Studien nicht verschließen, gebrauchen den Kraftbegriff nicht mehr mit gutem Gewissen. Sie wissen, daß die Kräfte nur Personifikationen sind für die immer unbekannten Ursachen, für die nach einem schlechten Menschenausdruck letzten Ursachen wahrnehmbarer Bewegungen. Wenn wir wüßten, was eine Ursache ist, so wüßten wir immer noch nicht, was eine Kraft ist. Die Einsicht in die Schwierigkeit des einst so vertrauten Kraftbegriffs ist seit dem Ende des 18. Jahrhunderts (D'Alembert) bis auf unsere Zeit immer bestimmter geworden.

Allgemein wird jetzt zugegeben, daß der Kraftbegriff seinen Ursprung genommen hat von dem Menschengefühl der eigenen Muskelkraft. Wenn ich mit einer Anstrengung, die vorher als Wille und nachher als Ermüdung oder sonstwie ins Bewußtsein fällt, einen schweren Stein nach einem Ziele werfe, so ist meine Muskelkraft ganz gewiß die Ursache der Steinbewegung. Außer dem Willen, überhaupt zu werfen, außer der bestimmten Absicht, das Ziel zu treffen, außer der Feinarbeit aller Organe, die zum Zielen nötig ist (und deren wir uns selten bewußt werden), außer der nachfolgenden Befriedigung oder Enttäuschung, Ermüdung oder gesteigerten Spiellust, habe ich in meinem Bewußtsein das ganz sichere Gefühl: meine Kraft hat den Wurf verursacht. Dieses Gefühl ist nicht zu eliminieren; nicht einmal durch die wissenschaftliche Überzeugung, daß keine Kraft als Rest übrig bliebe, wenn unsere Biologie erst imstande wäre, das Fortfliegen des Steins auf chemische Veränderungen in den Nerven und Muskeln als auf seine letzten Ursachen zurückzuführen.

Das Gefühl der eigenen Muskelkraft ist also eine normale Illusion, wie das Ichgefühl, wie der freie Wille normale Illusionen sind. (Vergl. Art. *Illusion.*) Dennoch scheint mir, daß ein Analogon der eigenen Muskelkraft, also eine Personifikation, in die Ursachen aller physischen Bewegungen mit besserem Rechte hineingelegt wird, als wenn man mit dem Panpsychismus allen Tieren, Pflanzen und unorganischen Körpern ein Ich und einen Willen zuschreibt. Es liegt nämlich ein Unterschied vor (um nur diesen Vergleich zu ziehen) zwischen den beiden Personifikationen: der der Kraft und der des Willens. Wir werden noch sehen, daß der Begriff der *psychischen Kräfte*, zu denen auch das Ichgefühl und der Wille gehören können, eine neue anthropomorphe Metapher ist, von dem Begriffe der physischen Kräfte hergenommen.

Ich will mir die Vergleichung zwischen dem Willensgefühl und dem Kraftgefühl nicht leicht machen und werde darum von dem Sprachgebrauche absehen, der *Wille* und *Kraft* geradezu in einen Gegensatz bringt, der auch dann von einem *Willen* redet, wo das Phantasiebild einer künftigen Handlung, wo der Wunsch gar nicht zur *Ursache* einer Veränderung werden kann. Wo der Soldat an der Grenze der Möglichkeit, wo der ermüdete oder unbegabte Schüler sagen oder doch denken darf: „Ich möchte gern! Ich will, aber meine Kraft genügt nicht!" — da wird das Wort *wollen* schon in uneigentlichem Sinne gebraucht, da findet sich im Selbstbewußtsein kein richtiges Willensgefühl vor. Der Wille ist die psychische Begleiterscheinung wirklichen Handelns, ist die innere Seite einer Kraftäußerung und erscheint uns nur darum als Ursache dieser Kraftäußerung, weil der Willensakt das Bild der künftigen Handlung ist, der Handlung also vorausgeht, und weil das notwendig zeitliche Prius eben die Ursache einer Änderung genannt zu werden pflegt. Der überaus schwierige Begriff der *Möglichkeit* spielt wunderlich genug in diesen Sprachgebrauch hinein, weil die normale Illusion des Willensgefühls in uns die viel gröbere Täuschung eines *freien Willens* erzeugt hat. Die Worte wenigstens zu verbinden gestattete. Die Täuschung der Willensfreiheit gestattet uns Sätze wie: Ich *möchte*, was nicht *möglich* ist. Die Möglichkeit ist aber ein rein logischer Begriff, der in der Wirklichkeitswelt keinen Platz hat.

Der Willensakt ist also die innere Seite eines Kraftaktes, seiner Kraftäußerung; ist also z. B. meine Muskelkraft die zureichende Ursache eines

Steinwurfs, so ist der Wille zu diesem Steinwurf nur die psychische Begleiterscheinung meiner Kraftäußerung, nur die innere Seite eines einzigen Vorgangs; und der Steinwurf ist durch meine Muskelkraft so restlos verursacht, daß für meinen Willen als einer Ursache nichts zu bewirken übrig bleibt. Will ich meinen Willen durch eine Richtungsänderung meiner Aufmerksamkeit zur Ursache des Steinwurfs machen, so muß ich die andere Seite des einzigen Vorgangs ausschalten, so muß ich die physische Ursache des Vorgangs annullieren.

Der *Wille* ist also eine psychische Erscheinung, die psychische Begleiterscheinung einer Handlung, also eine subjektive Erscheinung, einzig und allein im sogenannten Selbstbewußtsein des Menschen zu beobachten, einzig und allein in der Sprache der Menschenpsychologie zu benennen. Die *Kraft* dagegen ist eine objektive Erscheinung, ist in der Natur objektiv zu beobachten, in der Sprache zu benennen, die uns in der objektiven Welt orientiert. In dem Sinne der Wirklichkeit oder Wirksamkeit sind die physischen Kräfte auch dann noch objektiv, wenn weder die Kräfte noch ihre Träger wahrnehmbar sind. *Wasserkraft* ist ein ungenauer Ausdruck für die Energie einer Wassermasse, die aus natürlichen Ursachen von einem höheren Niveau auf ein niedrigeres fällt; auf das Wasser kommt es gar nicht an, weil ein Sturz von Quecksilber oder von Sand, wenn er in der Natur dauernd vorkäme, noch wertvoller wäre als ein Wasserfall. Aber irgend eine Substanz ist der wahrnehmbare Träger der Lagenenergie, die wir eine Kraft nennen; die Kraft selbst, die Ursache so vieler Bewegungen, ist ein bildlicher Ausdruck, hängt von der fast undefinierbaren Relation *oben* und *unten* ab, ist aber dennoch objektiv, ist nicht psychisch. Die Wasserkraft ist das lehrreiche Urbild aller Kräfte; es gibt nur Lagenenergien. Bei der *Wärme*kraft ist die eigentliche Kraft, die Mollekularbewegung, jeder Beobachtung unzugänglich; wir können aber die sogenannte *Wärme*, die durch den Fall von einem höheren Niveau auf ein niedrigeres Arbeit leistet, recht gut den Träger dieser Kraft nennen, und diese Wärme ist wahrnehmbar; wir haben in diesem Falle nicht zwei verschiedene Wörter für den Träger und für die Kraft; Wärme und Wärmekraft aber sind objektiv, sind nicht psychisch. Bei den Erscheinungen der Elektrizität usw. ist weder die Kraft noch irgend ein Träger direkt wahrnehmbar, man wollte denn ganz brutal das Metall, den sogenannten Leiter, zum Träger machen, dergestalt, daß man analog das Flußbett zum Träger der Wasserkraft machen müßte; dennoch ist auch in diesem Falle die Kraft objektiv, nicht psychisch. Man hüte sich nur davor, Gedankendinge und psychische Begriffe um deswillen miteinander zu verwechseln, weil Gedankendinge immer Vorstellungen sind und weil Vorstellungen von der Psyche bearbeitet werden. Der Willensakt ist im sogenannten Selbstbewußtsein vor jeder psychischen

Bearbeitung zu finden; die Kräfte sind Gedankendinge, sind Abstraktionen, sind Bilder, wie man will, sie werden nur vorgestellt, aber sie können nicht anders vorgestellt werden als objektiv.

Und jetzt glaube ich es deutlich sagen zu können, weshalb die Übertragung des menschlichen Kraftgefühls auf die übrige Natur so viel richtiger oder bequemer ist als die Übertragung des menschlichen Willensgefühls auf die übrige Natur. Der Wille ist eine ausschließlich menschliche Erfahrung, ist ausschließlich anthropologisch; die Kräfte sind anthropomorph. Der Willensbegriff war nur vom Menschen herzunehmen und kann (wie der Seelenbegriff) nur mit einer verwegenen Metapher auf die andere organische Natur oder gar auf die unorganische angewandt werden. Der Kraftbegriff hätte recht gut von irgend einer äußern Naturkraft, z. B. von der Schwerkraft seinen Ausgang nehmen können, da doch die Menschen ganz gewiß ziemlich früh den Fall der Körper beobachtet hatten, die populäre Erscheinung der Schwere (zunächst mit falschen Messungen oder Gesetzen) als Ursache der Fallbewegung erkannt hatten. Wäre es so gekommen, so wäre der Kraftbegriff vielleicht freier von allerlei mystischen, willensähnlichen Vorstellungen und die Naturwissenschaft hätte heute nicht nötig, den an allerlei Aberglauben erinnernden Kraftbegriff durch den etwas gesäuberten Energiebegriff zu ersetzen. Aber die kindliche Menschheit liebte das Personifizieren beinahe noch mehr als die heutige, die sich für erwachsen hält. Wie ein menschenähnliches Wesen Blitz und Donner schickte, so mußte auch eine menschenähnliche Muskelkraft dem Steine den Impuls zu seinem Falle geben. Die kindliche Vorstellung sah keinen Unterschied zwischen dem geworfenen Steine und dem fallenden Steine. So wurde die Muskelkraft zum Urbilde aller Kräfte; und nach Jahrtausenden haben wir gelernt, daß zwischen dem geworfenen Steine und dem fallenden Steine wirklich nur ein meßbarer, ein ziffernmäßig meßbarer Unterschied besteht. Dem geworfenen Steine wird von der Muskelkraft ein einmaliger Impuls mitgeteilt; dem fallenden Steine wird von der fortdauernden Schwerkraft eine Beschleunigung mitgeteilt.

Wer sich nun jemals mit den Anstrengungen beschäftigt hat, die die neueren Physiker machten, um ihre eigenen Begriffe zu definieren, der wird mit mir erfahren haben: daß gerade für die erkenntnistheoretisch geschulten Physiker der ursprüngliche Kraftbegriff verschwunden, der neue Kraftbegriff noch nicht gefunden ist. So wird in den verschiedenen Definitionen des Kraftbegriffs von einem Verhältnisse der Kraft und der Masse zu der Beschleunigung ausgegangen; es wird also, da doch eine Beschleunigung erst die Folge einer dauernden Kraft ist, bei diesen Definitionen von der Muskelkraft, die nicht so leicht eine Beschleunigung erzeugen kann, ganz abgesehen. Bei den Definitionen selbst scheint es nun gar ganz der Willkür überlassen zu sein, ob man die *Masse* als den zugänglicheren Begriff auffaßt und nachher die bis dahin unbekannte *Kraft* das Produkt aus Masse und Beschleunigung nennt; oder ob man die Kraft als bekannt voraussetzt und nun die Masse den Quotienten aus Kraft und Beschleunigung nennt. Weiter ergeben sich Schwierigkeiten, wenn man zwischen der Masse und dem Gewichte eines Körpers begrifflich unterscheiden will; die Maßeinheiten sind ohnehin die gleichen. Endlich definiert die Physik die Kraft als das Produkt aus Masse und Beschleunigung, also als ein Produkt aus einem Körpermaß und einem Bewegungsmaß, aus einem Raummaß und einem Zeitmaß; zu gleicher Zeit ist die neuere Physik geneigt, auch die Raumerscheinungen der Körper (man denke vor allem an die Ausdehnung durch Wärme) auf Bewegungen zurückzuführen, also von der Zeit abhängig zu machen. Die kinetische Körpertheorie, zu der man die kinetische Wärmelehre ausgestalten will, würde demnach von den beiden Begriffen, auf welche sich die Definition der Kraft stützt (Masse und Beschleunigung), den einen zugunsten des andern eliminieren, Masse und Beschleunigung auf Bewegung zurückführen, also die Kraft zu einer Funktion der Bewegung machen. Wie denn auch die alte Lehre von der Erhaltung des Stoffs der neuern Lehre von der Erhaltung der Kraft hat weichen müssen, wofür man heute lieber Erhaltung der Energie sagt und morgen Erhaltung der Bewegung sagen wird.

Gegenüber solchen Begriffsschwierigkeiten kommt es auf die Herkunft und den Bedeutungswandel der Wörter *Kraft*, *force* sehr wenig an; wie denn überhaupt die Begriffe der Naturwissenschaften den Begriffen der Geisteswissenschaften gegenüber eine viel geringere Stabilität haben, im guten und im bösen Sinne: sie werden nicht gedankenlos beibehalten, und sie bleiben selten lange in Geltung. Ich darf darum die Herleitungen des Wortes *Kraft* aus *greifen*, dann aus dem angeblich entsprechenden Sanskritworte übergehen; ebenso die Kuriosität, daß *craft* im Englischen das Handwerk, die Geschicklichkeit, dann aber die List und die Freimaurerei bedeuten kann. Noch viel kurioser ist eine Notiz Hildebrands (D.W.V. Sp. 1932), nach der *Kraft* ursprünglich eine Fleischgabel bedeutete, eine *Krapfe*, einen Haken: so recht die Substantivierung adjektivisch allein wahrnehmbarer Wirkungen.

Die spätere Wortgeschichte ist bekannt: wie *Kraft* zur Übersetzung von *virtus* dient, wie die sog. Seelenvermögen *Kräfte* genannt werden; sodann von den *Kräften*, heilenden besonders, der Kräuter, Steine und Sterne gesprochen wurde. So wurde *Kraft* eine Zeitlang zur Bezeichnung für das *Wesen* einer Sache (*fünfte Kraft* = quinta essentia), und war in Gefahr wie einst *ἴς* (*vis*) bei Homeros, zu einem leeren Füllworte herabzusinken (z. B. *κρατερη ἴς Οδυσηος* für Odysseus selbst). Und man muß schon genauer hinhören, um zu bemerken, daß es in der präzisen Sprache der Naturwissenschaft am Ende doch ebenso weit gekommen ist. Wie mir *ἴς Οδυσηος* nicht mehr bedeutet als der Name eines Helden, dessen Kraft seine wesentliche Eigenschaft ist, — so bedeutet mir *Kraft der Bewegung* schließlich nicht mehr als der einfache Begriff *Bewegung*, der ja zunächst die Wirkung einer fremden Ursache oder Kraft bezeichnet; dann aber auch selbst eine neue Ursache oder Kraft, weil jede Bewegung in irgend einer neuen Form erhalten bleibt.

krank. — Krankheit, oft nur der Gegensatz von Kraft, ist wie der Begriff *Kraft* aus einer menschlichen Empfindung hergenommen. Beide Begriffe gehören eigentlich nur der adjektivischen Welt an und sind in der substantivischen Welt unserer Sprache unvorstellbar. Trotzdem es eine fast unübersehbare Wissenschaft gibt, die die Kräfte berechnet, und trotzdem es einen kleinen Ausschnitt aus der Zoologie gibt, nach der Einrichtung unserer Universitäten freilich eine ganze Fakultät, die sich mit den sogenannten Krankheiten der Menschen beschäftigt. Es gibt keine Krankheiten in der Wirklichkeitswelt; es gibt nur Menschen, die sich krank fühlen; oder die nach dem Urteile von Sachverständigen krank genannt zu werden verdienen.

Auch Tiere und Pflanzen werden in der Menschensprache krank genannt. Wendet man den Begriff (früher geschah das noch häufiger) auf unorganische Dinge oder Verhältnisse an, auf die Mauern eines Hauses, auf den Ackerboden, auf die Vermögenslage (die dann *saniert* werden muß), so ist man sich nach dem gegenwärtigen Sprachgebrauche der Bildlichkeit des Ausdrucks wohl bewußt. Spricht man aber von *kranken* Tieren, spricht man gar von *kranken* Pflanzen, so beachtet man nur selten, daß der Ausdruck anthropomorph ist, daß man besonders Pflanzen mitunter nur deshalb *krank* nennt, weil sie den menschlichen Zwecken mangelhaft dienen; so nennt man gezüchtete Blumen leicht *degeneriert*, sobald sie in ihre gesunde Naturform zurückgekehrt sind. *Krank* ist ein Menschenbegriff, kein ganz klar umschriebener, aber doch ein verständlicher Menschenbegriff. *Krankheit* ist auch ein Menschenbegriff, aber ein unverständlicher und ein gefährlicher dazu, gefährlich für den Gedankengang des Wald- und Wiesenarztes, der nach dem Wunsche des Kranken und nach seinem eigenen Glauben von Krankheiten befreien soll. So ein Arzt hat auf der Schule gelernt, die komplexen Erscheinungen, die an einem kranken Menschen wahrzunehmen sind, unter dem Namen einer bestimmten Krankheit (*Krankheitsbild* ist schon ein besseres Wort) zusammen zu fassen, d. h. die Diagnose zu stellen, und das für diese bestimmte Krankheit jeweilig gebotene Heilmittel vorzuschreiben. Ein Ölbild ist durch Übermalung entwertet worden; der Fachmann wird gerufen, um die nach ästhetischen Menschenbegriffen schädlichen Farben zu entfernen; er wendet nach Vorschrift seine verdünnten Säuren an, die schädlichen Farben verschwinden, aber mit ihnen oft genug die hochgeschätzten Farben des alten Bildes. So bekämpft der gewöhnliche Arzt auch das Bild einer Krankheit.

Der Protest gegen den Gebrauch des Wortes *Krankheit* ist natürlich nicht so gemeint, daß auch das Abstraktum zu vermeiden wäre; immer hat es in der Wirklichkeit kranke Menschen gegeben, und diese hatten in ihrer Sprache immer das Recht, ihren elenden Zustand, ihre Schmerzen oder ihre Schwäche, einen Zustand des Krankseins, der *Krankheit, νοσος, aegrotatio* zu nennen; dieser Begriff hat keine eigentliche Mehrzahl, die personifizierten *Krankheiten*, die man seit Jahrtausenden für die Ursachen ihrer Symptome angesehen hat, sind in einer Mehrzahl da. Kranke Menschen hat es wohl immer gegeben; und kranke Menschen haben sich wohl immer nach Ärzten gesehnt, um sich heilen, oder wenigstens trösten zu lassen; die Ärzte aber erst waren es, die in ihrer ganz andern Sehnsucht, die ärztliche Kunst für eine Wissenschaft auszugeben, die Symptome geordnet, in Abteilungen und Unterabteilungen gebracht, nach der Anatomie, nach der Ätiologie oder nach sonst etwas klassifiziert und so die verschiedenen Krankheiten benannt haben. Um nicht zu sagen: erfunden. Die Krankheitsbilder des menschlichen Organismus sind nicht einmal ungefähr nach Arten zu klassifizieren wie die Organismen; kranke Menschen haben nach alter Sitte einen Namen wie gesunde Menschen auch; man hielt es wohl für bequem, auch den Krankheitszuständen dieser Menschen besondere Namen zu geben, oft genug Vor- und Zunamen. Auch glaubt die Polizei nicht auskommen zu können, wenn nicht Menschen und Krankheiten Namen haben.

Der elende Zustand eines kranken Menschen, seine Schmerzen, seine Schwäche usw. verhalten sich zu seinem kranken Körper, wie sich die Seelenvorgänge zum Gehirn verhalten; die personifizierten Krankheiten haben aus dem Sprachgebrauche auszuscheiden wie die einstigen Seelenvermögen verschwunden sind. Auch um die *Geisteskrankheiten* steht es nicht anders; *krank* ist nur der Körper, ist nur das Organ; seine Funktionen, wie Gedächtnis, Sprache, Vorstellungen usw. sind unbrauchbar, schwach, gelähmt usw., können nur bildlich *krank* genannt werden. Und noch schwerer als sonst lassen sich die Grenzen zwischen der *geistigen* Gesundheit und Krankheit ziehen, weil die Symptome sich noch schwerer klassifizieren lassen. Dem Juristen gar, der sich so häufig an den Irrenarzt wenden muß, um zu erfragen, an welcher Geisteskrankheit ein Individuum leide oder ob es im strengen Wortsinne *geisteskrank* sei, ist mit der Antwort in unzähligen Fällen nicht gedient, weil der Jurist immer willkürlich oder doch künstlich definierte Begriffe zu bearbeiten hat, der Arzt aber solche strenge Begriffe oft nur bieten kann, wenn er der Natur Gewalt angetan hat.

Weil es nun kranke Menschenkörper gibt und elende Zustände kranker Menschen, nicht aber in der Wirklichkeitswelt Krankheitswesen als Ursachen dieses Krankseins der Menschen, dieser Zustände, darum sind alle Definitionen der *Krankheit* seit jeher so schlecht ausgefallen. Ich will mich mit der Kritik der einzelnen Definitionen nicht aufhalten. Nur auf den berühmten Sydenham möchte ich hinweisen, der schon im 17. Jahrhundert den Gedanken aussprach, Krankheiten seien Gesundungsprozesse, durch die der Organismus Schädlichkeiten auszustoßen sich bestrebe; die Konsequenz war, daß der Arzt nur die Schädlichkeiten zu bekämpfen hätte, die Prozesse oder die Krankheiten eigentlich zu fördern. Die moderne Homöopathie ging von den gleichen Anschauungen aus und viele Naturheilmethoden ebenfalls.

In einer der Spirallinien des Fortschritts ist das, was an der Medizin Naturwissenschaft ist, weiter und weiter gediehen; Anatomie, Physiologie und Biochemie sammeln Kenntnisse, von denen die alten Ärzte keine Ahnung hatten; aber zu einer brauchbaren Definition des Krankheitsbegriffs ist die Naturwissenschaft dennoch nicht gelangt, weil es Krankheitswesen als Ursachen von Krankheitserscheinungen nicht gibt.

Die schärfste Kritik an dem Krankheitsbegriffe hat vor etwa 50 Jahren Virchow geübt, der Begründer der Zellularpathologie, da er das Kranksein in die Atome des Organismus verlegte, in die Zellen. Bessere Sachkenner mögen darüber entscheiden, ob er nicht das Kind mit dem Bade ausschüttete, als er auch das Adjektiv *krank* lieber auf die Zellen angewendet wissen wollte als auf die Menschen, als er sagte: „Die Krankheit zerstört alle Illusionen über die substantielle Einheit des Organismus.“ Jedenfalls hat Virchow den Weg geebnet für die neue Lehre: es gibt keine Krankheiten, es gibt nur kranke Menschen. Für die Erkenntnistheorie wie für den Arzt.

Neuerdings hat ein genialischer Arzt, der nichts als Arzt sein will, diese These auch in der Theorie verfochten: Schweninger in seinem Büchlein „Der Arzt“ (S. 54 ff.). Wohl schon unter dem Einflusse sprachkritischer Ideen schrieb er (1906): „Wenn der Arzt überhaupt nichts heilen kann, Krankheiten kann er nicht einmal behandeln . . . *Krankheit* ist eine Abstraktion, eine Sprachvorstellung, die nur in der Welt der Gedanken eine Berechtigung auf Vorhandensein hat . . . die Namengebung für solche Abstraktionen nehmen wir mittels eines Sprachkunststückes vor, das ein Eigenschaftswort zu einem Hauptwort macht. Wir schaffen dem neuen, ideellen Gegenstand, dem Begriff, seinen Namen durch grammatikalische Kennzeichnung; durch besondere Wortbildung. Wir sprechen nicht mehr von roten Gegenständen, sondern von der Röte, nicht mehr von kranken Menschen, sondern von Krankheit . . . . Was stets so Krankheit genannt wird, ist nichts weiter als . . . ein Hauptwort gewordenes Adjektiv, das die Betrachtung an kranken Menschen zu einem Namen für eine Gegenständlichkeit erhoben hat; für eine Gegenständlichkeit, an deren tatsächliches und leibhaftiges Vorhandensein man einst glaubte, da man von einem Ens morbi, einem Krankheitswesen fabelte . . . Es ist nicht gleichgültig, ob die Ärzte wähnen, Krankheiten behandeln zu müssen, oder ob sie bewußt ihre Tat einsetzen, um der Behandlung kranker Menschen willen."

Ich habe schon (Kr. d. Spr. II S. 425) darauf hingewiesen, daß die Wissenschaft den Krankheitsbegriff einfach und unverändert aus der Gemeinsprache herübergenommen habe, daß auch die Definition unmöglich sei: Krankheit ist der anormale Zustand oder das anormale Verhalten der Organe. „Kein Mensch versteht unter Krankheit ein anormales Verhalten, solange es nicht schmerzhaft oder gefährlich ist." Was den kranken Menschen an seinem Zustande interessiert, das ist immer nur der Schmerz oder das Übelbefinden, das Nachlassen seiner Kräfte oder die Störung in seiner Arbeit, endlich die Lebensgefahr; der Name seiner Krankheit interessiert den kranken Menschen gar nicht, wenn er nicht zufällig Arzt oder ein halbgebildeter Laie ist.

Ich habe schon gesagt, daß die Krankheiten der Menschen noch viel weniger genau nach Arten zu klassifizieren und zu benennen sind als die Pflanzen und Tiere; ein Linné der Nosologie wäre gar nicht möglich. Dazu kommt, daß die Namen der Krankheiten wie andere Wörter auch ihre Zufallsgeschichte haben, bald von irgendeinem Symptom hergenommen sind, bald den elenden Zustand überhaupt, also *jede* Krankheit bezeichnen. Beispiele für die erste Gruppe wären: *Krebs* (Lehnübersetzung von griech. *καρκινος*), womit Galenos auf eine entfernte Ähnlichkeit der Adernzeichnung mit den Füßen eines Flußkrebses hinweisen wollte; *Hysterie* von *ὑστερα*; *Tuberkulose*, nach dem Vorkommen von kleinen Knötchen oder Tuberkeln; man erinnere sich gar, daß nach einer sehr wahrscheinlichen Vermutung (Pflug: „Syphilis oder Morbus Gallicus?") der Name *Syphilis* nach dem Namen des Schäfers Syphilus gebildet worden ist, des poetischen Helden des Lehrgedichts „De Syphilide, sive Morbo Gallico", das Fracastoro zu Verona im Jahre 1530 herausgab und in dem er die chauvinistischen Namen der Krankheit (wie *morbus gallicus*, mal de Naples) durch einen mythologischen ersetzen wollte.*) Beispiele für die zweite

*) Unter den mehr als 400 Namen und Umschreibungen der Syphilis war *morbus gallicus* (Lehnübersetzung: *Franzosenkrankheit)* die unter den Gelehrten allgemein übliche; daran nun kann kein Zweifel sein, daß Fracastoro, auch als Astronom und Dichter bekannt, berühmt als Spezialist für venerische Krankheiten, Leibarzt des Papstes Paul III., wiederholt an das Tridentiner Konzil berufen, — daß dieser Fracastoro die Bezeichnung *Syphilis* eingeführt hat. Die Streitfrage, ob Fracastoro die Krankheit nach dem an ihr leidenden Schäfer Syphilus benannt habe, oder etwa den Schäfer nach der schon vorher unter dem Namen Syphilis bekannten Krankheit, scheint mir dadurch entschieden, daß Fracastoro in einem wissenschaftlichen Werke behaupten durfte, *er* habe in seinem Gedichte der Krankheit den Namen gegeben. Wie aber kam er dazu, den Schäfer *Syphilus* zu nennen, doch schon im Hinblick auf die Krankheit? Man hat den Namen aus dem Griechischen herleiten wollen: von *συμφιλειν*, von *συς* und *φιλειν* (also von der Liebe und von Sauliebe), von *σιφλος* (verkrüppelt, verletzt); ich lasse mich auf diese gelehrten Volksetymologien nicht ein. Aber ich finde (in dem Büchlein

Gruppe wären: *Kachexie* (καχεξια), das wörtlich *schlechtes Befinden* heißt und das wirklich auch im Munde des gelehrten Arztes nicht viel mehr bedeutet; *Phthisis*, was wir genau mit *Schwindsucht* übersetzen, paßt ebenso auf jede den Organismus mehr und mehr schwächende Krankheit.

Damit bin ich bei den Wortgeschichten von *Krankheit* und *krank* angelangt. Das griechische *νοσος* wird mit seiner interessanten Sippe auf eine sogenannte Wurzel zurückgeführt, die intransitiv wieder *verschwinden* bedeutet, transitiv *verderben*. Das lat. *morbus* mit seiner ungeheuren Sippe, an der Max Müller einmal seinen etymologisierenden Scharfsinn bis zur Grenze der Karikatur geübt hat, erinnert an *mors; morbus* könnte ganz gut eine Übersetzung von griechisch *φϑισις* sein, bedeutet aber die Krankheit überhaupt. Unser *krank* kommt erst im Mittelhochdeutschen vor und bedeutet da, ebenso wie ursprünglich im Neuhochdeutschen, kraftlos, besonders *gelähmt* infolge von Wunden, wie heute noch in der Weidmannsprache; die altgermanische Bezeichnung für unsern Begriff *krank* war *siech*, das wahrscheinlich wieder auch etymologisch mit *schwach* zusammen-

---

von Pflug) schon bei einem Zeitgenossen Fracastoros die Notiz, dieser habe die Bezeichnung Syphilis einem Barbarenworte (a barbara voce) entlehnt. Nun hat Pflug sehr gut nachgewiesen, daß dieses Barbarenwort das arabische *sufl* oder *sifl* gewesen ist, *unten, niedrig* (so auch im Hebräischen, wovon das judendeutsche *schofel*). Fracastoro war Astronom, nach der Mode der Zeit Astrolog; die Araber nannten die eine Hälfte der Welt, den mundus *inferior* al alam as *sufli* (oder sifli); es stimmte zu der Absicht des Mannes, die Krankheit für eine *katholische* (so hieß sie gelegentlich, aber *katholisch* nur im Sinne von *allgemein*, international) zu erklären, im Gegensatze zu der Herleitung von einer bestimmten Nation, daß er für ihre Entstehung die Planeten verantwortlich machte. Im einzelnen ist die genaue Bestimmung der Wortbedeutung doch recht gewagt. Vielleicht nicht gewagter meine Vermutung, die ich hersetzen will. Eine Dualform von *sifl* bezeichnet in der arabischen Astronomie die beiden *untern* Planeten *Venus* und *Merkur*. Wäre es nicht möglich, daß die Beziehung zur Venus, die doch auch dem Arzte des 16. Jahrhunderts nicht ganz entgehen konnte, durch einen gelehrten Hinweis auf die untern Planeten ausgedrückt werden sollte? Daß wir *Syphilis* als eine astrologische Lehnübersetzung von *venerisch* anzusehen hätten? Es lag übrigens völlig im Geiste des 16. Jahrhunderts, die Ursachen irdischer Erscheinungen in den Sternen zu suchen; die Denker flüchteten von Aristoteles zu Platon, begingen aber den Irrtum, gegen die Scholastik nicht Platonismus, sondern Neuplatonismus einzutauschen. Selbst Melanchthon führte die Syphilis Huttens auf eine unglückliche Konstellation der Sterne zurück.

Ich weiß nicht, ob ich mich so weit vorwagen darf, bei meiner Vermutung noch eine zweite Beziehung des Wortes Syphilis, die zum Planeten Merkur, anzunehmen. Merkur hieß bekanntlich damals auch das Quecksilber; und Quecksilber, besonders der rote Präzipitat, war schon von Paracelsus als Heilmittel gegen die Syphilis angegeben worden. Wenn nun Fracastoro das Kapitel des Paracelsus „Von den Imposturen, welche in den Frantzosen gebraucht werden“ gekannt haben konnte oder den Präzipitat selbst anwandte, dann wäre es nicht unmöglich, daß er mit dem Dual von *sifl*, der die beiden untern Planeten Venus und Merkur bedeutete, zugleich an die Erregung und an die Heilung der Krankheit erinnern wollte.

hängt. Ein chirurgisches Buch aus dem 16. Jahrhundert sagt ganz prägnant: der Arzt müsse unterscheiden, ob der Sieche krank oder stark sei; wir müßten das heute ausdrücken: ob der Kranke schwach oder kräftig sei. Man kann vermuten: in einer alten harten Zeit interessierten die Menschen sich weniger für die Schmerzen einer Wunde oder für die Lebensgefahr, als für den Zustand, in dem sie zu Kampf oder Flucht unkräftig geworden waren, wie ein weidwundes, krankes Tier. Noch merkwürdiger scheint mir die entsprechende Wortgeschichte der romanischen Sprachen, wie sie Diez kurz angedeutet hat; italienisch *malato*, französisch *malade* heißt provençalisch *malapte*, und diese Form scheint auf *male aptus* hinzuweisen, *untauglich*, und entspricht ziemlich genau unserem *unpäßlich* (*aptus* = *passend*).

In großen Zügen gesehen vollzog sich also die Wortgeschichte dergestalt, daß der Aberglaube der Gemeinsprache den Krankheitsbegriff erfand als eine personifizierte Ursache des Kräfteverfalls, des Siechtums, des Krankseins, daß die Gemeinsprache für das Gefühl dieses Zustandes, insbesondere für das Gefühl der Schwäche, das Adjektiv *krank* bildete, daß die Ärzte mit der Entwicklung ihrer Kunst dieses Adjektiv auch auf andere Symptome als das der Schwäche anwandten, und daß die Gemeinsprachen am Ende jeden Zustand als krank bezeichneten, den Ärzte zu behandeln bereit waren; schließlich klassifizierten die Ärzte die zahlreichen Symptome in recht ungenaue Gruppen und nannten die personifizierten Ursachen der Symptomgruppen mit den Namen bestimmter Krankheiten, um endlich gegenwärtig die Ungenauigkeit der Symptomgruppen und die Bildhaftigkeit oder Wesenlosigkeit des Krankheitsbegriffs begreifen zu lernen.

Kritik. — Die berühmte Stelle, an welcher Lessing sich die Dichtergabe abspricht, sich nur die Befähigung zum Kritiker zuerkennt, ist so voll von Bitterkeit, daß sie schon darum nicht ganz gerecht sein kann. Sie steht im letzten Stücke der Hamburgischen Dramaturgie, ist Lessings dramaturgischer Epilog, ist von ebenso erschütternder Tragik wie Ibsens dramatischer Epilog. „Ich bin weder Schauspieler noch Dichter. Man erweist mir zwar manchmal die Ehre, mich für den letztern zu erkennen. Aber nur, weil man mich verkennt . . Was in den neuern (Versuchen) Erträgliches ist, davon bin ich mir sehr bewußt, daß ich es einzig und allein der Kritik zu verdanken habe. Ich fühle die lebendige Quelle nicht in mir, die durch eigene Kraft sich emporarbeitet, durch eigene Kraft in so reichen, so frischen, so reinen Strahlen aufschießt; ich muß alles durch Druckwerk und Röhren aus mir heraufpressen . . . Ich bin daher immer beschämt und verdrießlich geworden, wenn ich zum Nachteil der Kritik etwas las oder hörte. Sie soll das Genie ersticken; und ich schmeichelte mir etwas von ihr zu erhalten, was dem Genie sehr nahe kömmt . . . Seines Fleißes darf sich jedermann rühmen; ich glaube die dramatische Dichtkunst studiert zu haben, sie mehr studiert zu haben als zwanzig, die sie ausüben (die Poetik des Aristoteles halte er für ein ebenso unfehlbares Werk, als die Elemente des Euklides nur immer sind). Nach dieser Überzeugung nahm ich mir vor, einige der berühmtesten Muster der französischen Bühne ausführlich zu beurteilen . . . (Die Franzosen hätten die Regeln des Aristoteles mißverstanden.) Aber mit *diesen* Regeln fing man an, *alle* Regeln zu vermengen, und es überhaupt für Pedanterei zu erklären, dem Genie vorzuschreiben, was es tun und was es nicht tun müsse. Kurz, wir waren auf dem Punkte, uns alle Erfahrungen der vergangenen Zeit mutwillig zu verscherzen und von den Dichtern lieber zu verlangen, daß jeder die Kunst aufs neue für sich erfinden solle."

Man halte daneben, wie hart Lessing im 96. Stücke schon über das Gebaren der eben emporkommenden Geniezeit spricht. „Wir haben, dem Himmel sei Dank, jetzt ein Geschlecht selbst von Kritikern, deren beste Kritik darin besteht, — alle Kritik verdächtig zu machen. Genie! Genie! schreien sie. Das Genie setzt sich über alle Regeln hinweg! Was das Genie macht, ist Regel! — So schmeicheln sie dem Genie; ich glaube, damit wir sie auch für Genies halten sollen . . . Nicht jeder Kunstrichter ist Genie; aber jedes Genie ist ein geborener Kunstrichter."

Wir gebrauchen das Wort *Kritik* heute fast ebenso, wie es Lessing vor bald 150 Jahren gebrauchte; wir sehen in dem Worte *Genie* nicht mehr einen Gegensatz zur Kritik; wir nennen heute Lessing ein kritisches Genie, denken bei *Genie* an Produktion, und meinen, wenn wir Lessing so nennen, er habe produktive Kritik geübt. Ich habe auf diese sprachlichen Dinge schon hingewiesen (vgl. Art. *Genie)* und werde auf die Entlehnung aus dem Französischen, Entlehnung bis auf den Tonfall, noch einmal hinweisen. Vor allem möchte ich aber über den Bedeutungswandel hinaus die Spezialität geistiger Arbeit betrachten, die unter dem Namen Kritik einen so breiten Raum in unseren Zeitungen, also in dem geistigen Leben der *Jetztzeit*, beansprucht. Möchte ruhig und sachlich untersuchen, ob die Kritik den bösen Schimpf verdient, der vielleicht schon manchem ehrlichen Kritiker die Schamröte ins Gesicht getrieben hat. Ich meine natürlich Goethes Peitschenhieb: „Schlagt ihn tot, den Hund! Er ist ein Rezensent."

Bei *Kritiker* denkt man mehr an die Äußerung einer besondern Geistesrichtung oder Begabung; bei *Rezensent* mehr an die Tätigkeit in einem literarischen Gewerbe. Und die Gefahr scheint mir darin zu liegen, daß in der Seele des kritischen Spezialisten eine scharfe Grenzlinie nicht besteht zwischen der Betätigung der kritischen Neigung und dem gewerbsmäßigen Rezensieren. Wie sehr auch die kritische Betrachtung eines Kunstwerks noch Kunst sei, das erhellt am klarsten daraus, daß wir die fabriksmäßige Verwertung der kritischen Begabung genau so als Prostitution empfinden wie Kitschmalerei oder Bratenbardenpoesie. Doch wer, der das kritische Handwerk noch so gewissenhaft übte, darf sich rühmen, sich niemals prostituiert zu haben? Und hätte er auch nur, vom Setzerjungen gedrängt, sein Urteil über ein Theaterstück vorschnell, ohne Sammlung, in einer Nachtkritik abgegeben, worüber denn auch Maximilian Harden, der als sein eigener Verleger sich von der Ungeduld der Leser nicht hetzen ließ, berechtigten Hohn nicht gespart hat.

Künstlerische Produktionskraft und ästhetische Kritik, Selbstkritik, ist bei jedem bedeutenden Maler oder Dichter von jeher wie durch Personalunion vereinigt gewesen. Gelegentlich oder vorübergehend sind unsere großen Dichter alle unter die Rezensenten gegangen, auch Goethe. An seiner eigenen Schöpfung übt der Dichter nicht nur nachträglich Kritik, sondern insbesondere während der Arbeit; unaufhörlich spricht ja die entscheidende Wahl bewußt oder unbewußt mit: bei der Komposition, beim Wählen eines Motivs, eines Ausdrucks; nur wo der erste Einfall übermächtig die Seele des Dichters ergriffen hat, ist vielleicht von der Mitarbeit der Kritik keine Rede. Unausweichlich urteilt der Dichter auch über die Werke seiner Vorgänger, seiner Genossen, seiner Rivalen; es hängt von Zufälligkeiten ab, ob er diese Urteile niederzuschreiben Zeit genug, sie zu veröffentlichen Anlaß genug hat. Außer dieser Kritik, welche, seitdem es eine Zeitschriftenliteratur gibt, fast von jedem gebildeten Dichter gelegentlich geübt wurde, gibt es — namentlich in Kampfzeiten — Kritiker von Neigung, oft Halbdichter oder DreivierteIsdichter, die im Streite der Parteien das Wort ergreifen müssen, weil ihnen die Stellungnahme eine Herzenssache ist. Deren Tätigkeit also erst dann Tadel zu verdienen anfängt, wenn das angeborene Talent zum Gewerbe eines Spezialisten mißbraucht wird. Die Grenze ist schwer zu ziehen und das Moralische muß einem jeden ins Gewissen geschoben werden.

Ganz anders liegt die Frage nach dem *Werte* der ästhetischen Kritik. Diese hat sich wie von selbst aus der rein philologischen Kritik entwickelt. Noch vor 200 Jahren verstand man in der deutschen Gelehrtenwelt unter Kritik fast ausschließlich die Tätigkeit, die den überlieferten Text eines Schriftstellers zu verbessern suchte. Häufig genug sind Satiren gegen die Bedeutung dieser Tätigkeit geschrieben worden. Diese Art von Satire ist sehr wohlfeil geworden, seitdem das Aufkommen der Neuphilologie die Methode der alten philologischen Kritik auf die Textrevision von Dichtern anwendet, deren Werke von ihnen selbst in Druck gegeben worden sind, deren Originalmanuskripte vorliegen, bei denen es sich also zumeist um die Ausmerzung von Schreib- und Druckfehlern handelt. Wir sind alle so alexandrinisch geworden, daß wir die sorgfältig durchgesehenen, die *kritischen* Ausgaben unserer Dichter bei der Arbeit nicht missen mögen. Fragt man aber präzis, ob der Schatz der Menschheit durch solche philologische Kritik gemehrt worden sei oder nicht, so lautet die

Antwort ganz entschieden: nein. Die Werke Goethes, die Werke Lessings gehören dem Schatze der Menschheit an; durch die kritischen Ausgaben ist der Schatz der Menschheit so wenig gemehrt worden wie der Wert einer fürstlichen Schatzkammer durch die Tätigkeit des Abstäubers und der Putzfrauen. Das Verdienst der Begründer der Neuphilologie liegt auf ganz andern Gebieten; sie haben das Dogma vom alleinseligmachenden klassischen Altertum gebrochen, haben uns aus dem Schutte der Nationalliteraturen neue Schätze gehoben und haben uns durch mühsame Erforschung der ältern Sprache die gegenwärtige deutsche, französische, englische Sprache besser verstehen gelehrt. Die schon vorhandenen Werte sind nicht gesteigert worden. Der Schatz, den das deutsche Volk (nicht nur die Protestanten) an der Lutherbibel besaß, ist durch die Revision nicht um das kleinste Goldkörnchen gemehrt worden.

Die ästhetische Kritik ist nur eine Abart der philologischen. Man könnte sie unter dem mitbegreifen, was auch die Philologen *höhere* Kritik nennen. Sie geht gegenüber historischen Schriftstellern auf die Untersuchung ihrer historischen Zuverlässigkeit, gegenüber Berichten und Dichtungen auf die Untersuchung der Originalität, gegenüber allen Büchern darauf, die Persönlichkeit des Autors kennen zu lehren.

Die philosophische Kritik oder der Kritizismus unterscheidet sich ganz wesentlich von der philologischen und der ästhetischen Kritik. Es ist recht eigentlich ein Zufall zu nennen, daß Kant seine Lebensaufgabe mit dem gleichen Worte bezeichnete, das vorher für die Untersuchung von Wörtern und für die Untersuchung von Kunsteindrücken im Gebrauche gewesen war. Als Kant, nach seinem eigenen schönen Worte erlebt hatte, daß sein *dogmatischer* Schlummer durch Hume unterbrochen worden war, und dennoch nach seiner ganzen Geistesrichtung nicht imstande war, die *skeptischen* Wege zu gehen, fand er einen Gesichtspunkt, oder glaubte ihn zu finden, der die Gefahren des Dogmatismus und des Skeptizismus deutlich zeigen und vermeiden lehrte. Man lese Kants selbstbewußte Worte (Prolegomena, Einleitung S. 17): Hume habe sein Schiff, um es in Sicherheit zu bringen, auf den Strand des Skeptizismus gesetzt, da es denn liegen und verfaulen mag; bei Kant dagegen komme es darauf an, ihm einen Piloten zu geben, der, nach sichern Prinzipien der Steuermannskunst, die aus der Kenntnis des Globus gezogen sind, mit einer vollständigen Seekarte und einem Kompaß versehen, das Schiff sicher führen könne, wohin es ihm gut dünkt. Der Dogmatiker unterwirft sein Urteil einer fremden Entscheidung; der Skeptiker erkennt überhaupt keine Entscheidung an, fällt also überhaupt kein Urteil; der Kritiker im Sinne Kants, der Kritizist, behält sich selbst die Entscheidung vor über jedes Urteil, über die Prinzipien der Urteile, ja sogar über die Möglichkeit dieser Prinzipien. Die ursprüngliche Bedeutung des Wortes *Kritik* soll wieder zu Ehren kommen:

der Philosoph wird zum Richter ernannt und zum Gesetzgeber; er hat die Gesetze zu geben und anzuwenden, aber er hat vor allem das Recht auf Gesetzgebung, er hat die Grenzen der Gesetzgebung, den Sinn der Gesetzgebung zu prüfen.

Kant hat seine drei großen Untersuchungen über die Möglichkeit einer Erkenntnis, einer moralischen Empfindung und eines Werturteils überhaupt Kritiken genannt, und nach diesen drei Büchertiteln hat man der Kantschen Philosophie allgemein den Namen *Kritizismus* gegeben. Das alte Wort *Kritik* hat dadurch einen neuen Inhalt bekommen, eigentlich die gesamte Assoziationssphäre des Eigennamens Kant. Kritizismus heißt also nicht soviel wie Erkenntnistheorie, weil Kant im gleichzeitigen Kampfe gegen Dogmatismus und Skeptizismus es für ausgemacht hielt, daß es synthetische Urteile a priori gäbe, daß die zukünftige Metaphysik nur auf einer festern Grundlage zu errichten wäre als die alte dogmatische. Kants Kritizismus, dessen negative Verdienste gar nicht hoch genug eingeschätzt werden können, bot also dennoch keine voraussetzungslose Erkenntniskritik. Und die Neukantianer versteifen sich heute noch darauf, die über Kant hinausgehenden Versuche, voraussetzungslose Erkenntniskritik, Erfahrungskritik zu treiben, mit dem Scheltnamen Psychologismus abzulehnen. Wer aber die Überzeugung gewonnen hat, daß Kants Untersuchungen uns weiter geführt haben als er selbst wollte und meinte, daß Kant nicht nur die Unmöglichkeit der alten dogmatischen Metaphysik bewiesen hat, sondern die Unmöglichkeit jeder Metaphysik überhaupt, daß Kant — da er den Anteil des menschlichen Verstandes an den Elementen aller Erfahrung aufdeckte — den Anthropomorphismus jedes möglichen Weltbildes unumstößlich festgestellt hat: der wird sich bescheiden, die drei Richtungen des Kantschen Kritizismus auf Erkenntniskritik zurückzuführen, der wird sich bescheiden, in aller Philosophie nur Erkenntniskritik zu sehen, Philosophie mit der Kritik psychologischer Elemente gleichzusetzen. So ist, wie ich eben sagte, die Kritik in ihrer ausgeprägtesten Form, so ist die Erkenntniskritik zu der *κριτικη τεχνη* in der ursprünglichen Bedeutung zurückgekehrt.

Denn *κρινειν* hieß bei den Griechen zunächst nicht *richten*, vielmehr *scheiden, sichten;* erst später: sich ein Urteil bilden, ein Urteil fällen; der *δικαστης* war der Richter als Amtsperson, war an die Gesetze wie an Dogmen gebunden; der *κριτης* war der Kenner, der voraussetzungslos den Sachverhalt zu prüfen hatte; der *δικαστης* hatte nur die Logik der Gesetze anzuwenden, der *κριτης* hätte immer das Recht gehabt, die Logik der Gesetze selbst zu prüfen, de lege ferenda zu urteilen, das ungeschriebene Gesetz über das geschriebene zu stellen. Es liegt in der Natur des Menschen, daß die Bedeutungen von *δικαζειν* und *κρινειν* ineinander übergingen; aber die Ableitungen *δικαστηριον (Gerichtshof)* und *κριτηριον (Merkmal)* zeigen, wie stark der Unterschied trotzdem empfunden wurde.

Solange die *Kritik* auf die Prüfung von Textworten und von Kunstempfindungen beschränkt blieb, konnte die Bedeutung des Wortes vergessen werden. Der Bücherwurm, der ein paar alte Handschriften verglich, konnte sich zum Richter aufwerfen über Authentizität des Textes; und soweit Dichtertexte in Frage kamen, konnte so ein Bücherwurm sich zum Richter aufwerfen über die Schönheit des Dichterwortes; wurde doch bei uns im 18. Jahrhundert *Kritiker* durch die aufdringliche Bezeichnung *Kunstrichter* verdrängt, nach dem ältern Spruche: können wir nicht alle tichten, so wöllen wir doch alle richten. Als aber durch Kant die Kritik auf die Erkenntnis selbst gerichtet worden war, mußten alle Regeln und Dogmen versagen, mußte man sich bei einem Sichten bescheiden. Die Erkenntniskritik wurde, wie eigentlich schon Fries erkannt hat, auch zur Elementarlehre der Psychologie; sie darf die Bezeichnung Psychologismus als einen Ehrennamen tragen.

Kultur — ist ein Correlatbegriff zu Natur; darum mag einiges zur Wortgeschichte und zum Bedeutungswandel besser bei Untersuchung des Naturbegriffs zu Worte kommen. Hier möchte ich nur zeigen, eine wie konfundierte und darum konfuse Vorstellung in dem bei Geschichts- und Zeitungsschreibern so beliebten Begriffe steckt.

Man spricht nämlich immer von Kultur und meint gar nicht dasselbe, wenn man dabei einmal an Individuen, ein andermal an Völker denkt; bei Völkern unterscheidet man wieder die Kultur nach Jahrhunderten oder sonstigen Epochen; auch von einer Kultur der gesamten Menschheit wird wohl die Rede sein, wenn Geschichtskonstruktionen ein Bild von der Steinzeit, der Bronzezeit oder gar der Eiszeit entwerfen. Verräterisch für die Unklarheit des Begriffs ist es, daß Kultur in der Volkspsychologie immer ein Inbegriff, eine Summe von Lebensäußerungen ist, dagegen eine Einheit, sobald Kultur in einem Individuum gefunden oder von ihm verlangt wird. Mehr noch: Kultur eines Volkes ist immer ein Faktum, ein historisches oder ein gegenwärtiges; Kultur des Individuums ist mehr eine Sehnsucht, ein Ideal.

Man hat sich bemüht, Kultur und Zivilisation in einen Gegensatz zu bringen: Zivilisation soll so ungefähr die äußere Kultur, Kultur die innere Zivilisation bedeuten. Der Sprachgebrauch stimmt nur nicht mit dieser Unterscheidung überein, aus dem einfachen Grunde nicht, weil die Kulturgeschichte von den Daten abhängig ist, die der Zufall ihr bietet. Die Kulturgeschichte der sogenannten Steinzeit muß froh sein, wenn sie einige Hypothesen über das äußerliche Leben aufstellen kann, z. B. über die Nahrung. Die Kulturgeschichte der Griechen hat sich durch Jahrhunderte auf Kunst und Literatur beschränkt, bis ein paar glückliche Ausgrabungen und strengere Philologie neue Daten über Kunsthandwerk und Privatleben zutage förderten; die Kultur der Gegenwart aber möchte am liebsten intellektuelle, ästhetische, rechtliche und sittliche Erscheinungen neben den Mitteln und Gewohnheiten in Nahrung, Kleidung und Verkehr unter den Begriff Kultur bringen. Die Spanier heißen kein Kulturvolk mehr, weil sie wenige Eisenbahnen und schlechte Gasthöfe haben. Kultursprachen wiederum heißen diejenigen Sprachen, in denen hervorragende Dichter oder Denker der Menschheit, d. h. der kleinen Gruppe abendländischer Völker einen gemeinsamen Besitz geschenkt haben. Zivilisierte Völker sind Völker mit einer leidlichen Straßenpolizei. Aber in Frankreich und in Italien heißt, was in Deutschland und in England Kultur, culture genannt wird, civilisation, civiltà.

Gegen Ende des 18. Jahrhunderts, als das Dogma vom klassischen Altertum in wuchernder Blüte stand, erreichte der Kulturbegriff unter dem Namen Humanität die äußerste Höhe der Konfusion; daß die gegenwärtige Menschlichkeit nichts taugte, hatte Rousseau bewiesen, wie jeder Pessimist noch die Nichtswürdigkeit seiner Zeitgenossen beweisen konnte; die Rückkehr zur Natur, die er unsinnig und einfach konsequent gepredigt hatte, paßte den hochgebildeten Neuhumanisten nicht, und sie predigten in Deutschland wieder einmal Rückschreiten um 2000 Jahre, Rückkehr zu den Griechen. Da das im größten und im kleinsten nicht möglich war, so versteckte sich die alte Sehnsucht nach neuem Lebensgehalte hinter der Wortfolge: Erziehung des Menschengeschlechts. Lessing, der diese Wortfolge prägte, war sich doch wohl nicht klar darüber, daß in dem Begriffe Menschengeschlecht (man dachte Menschenwürde mit und Brüderlichkeit und Gleichheit und Negerbefreiung und „Seid umschlungen, Millionen") eine gottlose, revolutionäre Aufhebung der historisch gewordenen Rassenunterschiede steckte, wobei die altchristliche Vorstellung von den Kindern eines Vaters kaum oder doch höchstens unbewußt noch mitwirkte, daß dagegen Erziehung einen Erzieher voraussetzte, daß der Erzieher der ganzen Menschheit oder der Geist der Geschichte gar kein anderer sein konnte, als der durch den Rationalismus langsam vom Throne gestoßene persönliche liebe Gott.[1])

[1]) Es ist bekannt, daß Lessing einen Grundgedanken seiner „Erziehung des Menschengeschlechts", die Folge der drei Reiche, frommen christlichen Schriftstellern entlehnt hatte, vielleicht einem Kirchenvater, vielleicht einem der ketzerischen, mystischen Theologen des Mittelalters. Ich weiß nicht, ob schon auf den alten Pantheisten Amalrich von Bennes hingewiesen worden ist, der als reuiger Ketzer bald nach dem Jahre 1200 zu Paris starb. Amalrich lehrte bereits die Identität von Schöpfung und Schöpfer, und erklärte in seiner innigen Erkenntnis Gottes Gewissensbisse für überflüssig. Er deutete nicht nur das Altarsakrament, sondern auch die Trinität symbolisch. Gott habe ebenso gut durch Ovidius zu uns gesprochen wie durch Augustinus. Der Vater sei in Abraham Mensch geworden und habe sich im alten Testamente durch das Gesetz offenbart; der Sohn sei in Christus Mensch geworden und habe sich im neuen Testamente offenbart; jetzt aber sei die Zeit des hl. Geistes angebrochen, das Gesetz und das Sakrament habe zu verschwinden. Bald darauf kam das Schlagwort vom *Evangelium aeternum* auf, das sich bei Lessing (§ 86) als „die

Die Verwirrung des Sprachgebrauchs steigert sich, je mehr der Begriff *Kultur* zu einer Modesache wird; ja man kann sagen: je mehr die Wissenschaft sich des Begriffes annimmt. Wir besitzen jetzt eine große wissenschaftliche Disziplin, die sich Kulturgeschichte nennt, und die immer in Verlegenheit gerät, wenn sie *Kultur* definieren soll. Das Wort Kultur sollte ursprünglich einen Gegensatz zur Natur darstellen; die Kulturgeschichte setzte sich aber der Staatengeschichte entgegen und nahm es unter ihre ersten Aufgaben auf, die Entwicklung der Menschheit oder eine Philosophie der Geschichte der Menschheit, also wieder eine Erziehung des Menschengeschlechts durch einen Erzieher, aus den natürlichen Bedingungen des Völkerlebens herzuleiten. Mit den Versuchen einer Sittengeschichte fing es an, bei Montesquieu, bei Voltaire und bei Herder; aber immer deutlicher wandte sich die Aufmerksamkeit den natürlichen Bodenschätzen und dem Klima der Länder zu; Buckle gab das glänzende Beispiel einer solchen natürlichen Kulturgeschichte, und Ratzel schuf die Disziplin der Anthropogeographie, die zwischen Kultur und Natur keinen Unterschied mehr machte. Ebenso verwischte sich der anfängliche Gegensatz zwischen Kultur und Zivilisation.

Zeit eines neuen, ewigen Evangeliums" wiederfindet. Ich habe schon einmal darauf aufmerksam gemacht, daß „das dritte Reich", welches Ibsens Kaiser Julian im Kampfe gegen das Christentum herbeisehnt, auf diese uralten Ketzereien zurückgeht.

Was man jetzt unter der Kultur eines Volkes versteht, das dürfte ungefähr auf eine bildliche Anwendung des Wortes *Leben* hinauslaufen; im eigentlichen Sinne ist *Leben* ein physiologischer Begriff und bezieht sich nur auf das Individuum; wie ein Volk lebt, abgesehen von den physiologischen Bedingungen des Einzellebens, das etwa faßt man unter dem Begriffe Kultur zusammen. Wie und was wir essen und trinken, wie und was wir lernen, wie und was wir glauben, wie und wohin wir reisen, wie wir uns kleiden, wie wir wohnen, wie wir unsere Nächte erhellen, womit wir spielen und uns künstlerisch erheben, wie wir Kriege führen, das alles und hundert andere Äußerungen unseres Lebens benennen wir mit dem Summenworte Kultur. Noch kurz vorher nannte man alle diese Lebensäußerungen die *Sitten* der Völker. Und weil man die eigene Sitte gern mit einem besondern Worte von fremden Sitten unterscheidet, so wie man den eigenen Aberglauben gern den richtigen Glauben nennt, so stellte sich für die eigene Sitte allmählich das Wort Kultur ein. Die rechte Höhe war immer die, zu welcher wir uns just entwickelt hatten; zu der sich zu erheben die Pflicht der Menschheit gewesen war. So schlich sich in den Kulturbegriff heimlich der Sollbegriff ein, und mit allen Leichen des Sollbegriffs wurde die Kultur belastet, die doch nur das Leben bedeutet hatte. Freilich: das *höhere* Leben, welches schon nach dem Sollbegriff schielte. Man darf sich nicht wundern, daß jeder Schriftsteller seinen persönlichen Sollbegriff bei seinem Kulturbegriffe mitverstand: da wird vom *Zwecke* des Lebens, vom *Sinne* des Daseins, vom Weltgeiste, vom höchsten Gute, von den Gütern, welche allen Gliedern einer Gesellschaft am Herzen liegen sollten, geredet; und Nietzsche darf gar, der Künstler, „die Einheit des künstlerischen Stiles in allen Lebensäußerungen eines Volkes" die Kultur dieses Volkes nennen. Dann hat man sich wieder des Gegensatzes von Natur und Kultur erinnert, und neuerdings anstatt von Natur- und Geisteswissenschaften nur noch von Natur- und Kulturwissenschaften gesprochen. Die unklare Gruppe der alten Geisteswissenschaften ist freilich durch die neue Bezeichnung nicht besser bestimmt worden.

Eine kleine sprachliche Bemerkung mag den Grund bezeichnen, der eine Verständigung über den Kulturbegriff verhindert. *Kultur*, in der Einzahl und ohne Artikel, bedeutet in noch höherem Maße als das geschätzte Wort *Bildung* einen Höhepunkt, eine Sehnsucht, ein Ziel, eigentlich einen Grenzbegriff für das Leben der Völker; eine Aufgabe, eine Pflicht, ein Sollen; ein Volk, ein Mensch *soll* Kultur haben. Nur daß niemand genau zu sagen weiß, was Kultur im Grunde sei. Abgesehen davon, objektiv, hat jedes Volk irgendeine Kultur, irgend eine Summe von Sitten, und mit diesen Sitten oder Kulturen beschäftigt sich die vergleichende Kulturwissenschaft. Wir haben hier also wieder den gar nicht so seltenen Fall, daß die Mehrzahl gar nicht die Mehrheit der Einzahl ausdrückt. *Kultur* ist der Sollzustand, zu welchem sich ein Mensch oder ein Volk hinaufentwickeln mag; *die Kulturen* der verschiedenen Völker bezeichnen einen Istzustand. Menschenfresserei kann einer bestimmten Kultur angehören, beileibe aber nicht einem Volke, welches Kultur hat.

Völlig identifiziert ist *Kultur* und *Bildung* in dem Titel eines neuen und (um vieler wertvoller Monographien willen) mit Recht gerühmten Buchhändlerunternehmens, das sich „Die Kultur der Gegenwart" nennt. Ob der Erfinder des Titels wohl daran gedacht hat, zwischen der Einzahl *Kultur* und der Mehrzahl *Kulturen* so scharf zu unterscheiden, wie es nötig war? Ob alle die optimistischen Historiker, die sich da zur Herstellung eines systematisch geordneten Konversationslexikons zusammenfanden, gleichmäßig darüber staunten, wie wir's zuletzt so herrlich weit gebracht? Übrigens: Titel sind Modesache. „Die Bildung der Gegenwart" hätte gar zu populär geklungen. „Der Zeitgeist der Jetztzeit" wäre ehrlich gewesen und wäre verlacht worden. Für diejenigen meiner Leser, welche über den Gebrauch tönender Wortschälle ein wenig lachen gelernt haben, setze ich ohne jeden störenden Kommentar die beiden ersten Sätzchen dieses vortrefflichen Buchhändlerunternehmens her; der ganze Aufsatz, von Lexis, beschäftigt sich mit dem „Wesen der Kultur". Die Eingangsworte aber, die so anmutig plätschern und so ahnungslos an den Schwierigkeiten der Begriffe *Natur*, *geistig*, *sittlich*, *Gesellschaft*, *Wechselwirkung*, *Form* vorübereilen, lauten also: „Kultur ist die Erhebung des Menschen über den Naturzustand durch die Ausbildung und Betätigung seiner geistigen und sittlichen Kräfte. Sie entsteht durch das Zusammenwirken vieler innerhalb einer menschlichen Gesellschaft, die sich auch selbst wieder in Wechselwirkung mit der Kultur zu festeren und höheren Formen entwickelt.“

Kunst. — Die Überspannung des Kunstbegriffs, die sich heute so sehr gesteigert hat, daß kunstbeflissene junge Leute für sich eine besondere Moral, eine besondere Nationalökonomie und besondere Lebensgewohnheiten in Anspruch nehmen, geht in Deutschland nicht weiter zurück als etwa in die zweite Hälfte des 18. Jahrhunderts; in Italien und in Frankreich ist die gesteigerte Kunstpflege älter, aber der Kunstbegriff wurde noch lange nicht von dem des Handwerks prinzipiell losgelöst. Ich gehe wohl nicht fehl, wenn ich bei Lessing, dann bei Goethe und Schiller als seinen Schülern, die Überspannung des Kunstbegriffs auf einen neuerwachten Künstlerstolz zurückführe. Was die Maler in Italien, die Dichter in Frankreich schon längst besaßen, weil Freude an der Kunst mit zu der ältern romanischen Kultur gehörte, das mußten sich die deutschen Dichter erst mühsam und jeder persönlich von der armen Barbarei der Fürsten erkämpfen. Mit dem wachsenden Wohlstande kam auch die Kunstfreude oder deren Heuchelei zu uns, die Künstler kamen in Mode, und heutzutage wird über wenige Gedankendinge mit so hochtrabenden Worten gelogen wie über die Kunst. Die Tragik im Leben unserer alten Künstler bestand im aufreibenden Kampfe gegen die Verachtung der Großen und gegen die eigene Not; die Tragik derjenigen unter uns, die wirkliche Künstler sind, besteht im Kampfe gegen die Mode, gegen die Verführung und die Schmeichelei der Reichen. Der Überspannung des Kunstbegriffs unterwirft sich alle Welt: die Künstler und die Kunstfabrikanten aus Klugheit, die Kunstgenießer aus Dankbarkeit, die Kunstfremdlinge aus Feigheit. Mit der Bedeutung des Kunstschaffens und der Kunstfreude hat auch das Wort *Kunst* seit dem 18. Jahrhundert seine Bedeutung geändert. Allgemein wird angenommen, wahrscheinlich mit Recht, daß *Kunst* von *können* abzuleiten sei. Durch Jahrhunderte verstand man unter *Kunst* das Wissen und das angewandte Wissen; als *Kunst* im ersten Sinne durch *Wissenschaft* verdrängt wurde, im 17. Jahrhundert, da wurde *Kunst* für eine vielfältige Anwendung im zweiten Sinne frei und bezeichnete bald jedes angewandte Wissen: die Fertigkeit, die Geschicklichkeit (Reitkunst, Fechtkunst usw.), das Handwerk; Lehnübersetzungen waren: die *schwarze Kunst*, *Kunstgriff*. Auf Lehnübersetzung geht es auch zurück, wenn sich das abstrakte Wort *Kunst* langsam aus dem Plural *Künste* entwickelte, ebenso wie die Abstraktionen *Wissenschaft*, *Geschichte* aus ihren Pluralen; die freien, die guten, die schönen Künste (*artes liberales, bonae, belles lettres*); der Singular Kunst war anfangs ein Summenwort für die Regeln, eine künstlerische Aufgabe gut auszuführen. In einzelnen Redensarten (z. B. „es ist keine Kunst“) wirken noch alte Bedeutungen nach; im ganzen aber hat der überspannte Kunstbegriff gesiegt; Künstler, Kunstfabrikanten, Kunstgenießer und Modeaffen sprechen das Wort Kunst beinahe mit der gleichen Andacht aus, und jedermann scheut vor der undankbaren Arbeit zurück, etwas Klarheit in die ungleichen Begriffe zu bringen, die unter dem Worte verstanden werden. Ich kann nur auf einige Gesichtspunkte aufmerksam machen, nur das Wort sprachkritisch analysieren, und möchte besonders zum Streite über den *sozialen* Wert der Kunst Stellung nehmen.

Wenn der wahrhaft große Künstler sagen darf, er widme sein Leben der Kunst, und wenn der kunstsinnige Laie sagen darf, er verschönere sich sein Leben durch die Kunst, so gebrauchen beide das gleiche Wort und wissen nicht, daß sie es in ganz verschiedenem Sinne gebrauchen. *Kunst* schaffen und Kunst *genießen* sind nach den Regeln der Grammatik ganz analogisch gebildete Wortfolgen; aber in dem ersten Falle kommt es allein auf das Kunstwerk an, im zweiten auf die Tätigkeit des Genießens; man beachte nur, daß es uns bei einem Kunstwerke gleichgiltig ist, ob seine Hervorbringung dem Künstler schwer oder leicht gefallen ist; man beachte ferner, daß dem Genießen eines Kunstwerks die Freude an einem schönen Menschenleibe oder an der schönen Natur sehr nahe steht, trotzdem sonst Natur und Kunst, als bekannte Gegensätze, einander zu fliehen scheinen. Der Unterschied zwischen dem Schaffen und dem Genießen eines Kunstwerks, der in unserm ästhetischen Gerede so leicht verwischt wird, ist kaum geringer als der Unterschied zwischen dem Reifen und dem Genießen einer Frucht; und da wird man doch gern zugeben, daß der Verzehrer eines Apfels sich nicht auf eine Wesensgleichheit mit dem Apfelbaum zu berufen pflegt.

In meiner Sprache möchte ich das so ausdrücken: die Kunst des schaffenden Künstlers gehört der *substantivischen* Welt an, der unwirklichen; und zwar gehören die Kunstwerke, die ja gleichfalls unter dem Summenworte Kunst zusammengefaßt werden, mehr der konkreten substantivischen Welt an, der sogenannten Körperwelt; die erhabene Kunst, die Göttin, der sich der Künstler gewidmet hat, mehr der substantivischen Gedankenwelt, der mythologischen Welt. Ganz deutlich ist diese Trennung beim Künstler nicht, weil er beim Schaffen immer nur die gegenwärtige Arbeit an einem bestimmten Kunstwerke im Sinne hat, die erhabene Göttin aber nur dann, wenn er über die Kunst schwätzt, klug oder unklug, wie andere redende Menschen auch.

Die Kunst, durch welche ein kunstsinniger Laie sein Leben verschönt, gehört der *verbalen* Welt an, der Welt der menschlichen Zwecke. Das Wesentliche am Genießen ist beileibe nicht ein Körper, nicht das Kunstwerk, sondern ein Gefühl, das Gefühl der Freude, einer ganz besondern und feinen Freude. Ob der Künstler, der ein Kunstwerk schafft, dabei Freude oder Schmerz empfindet, ist uns gleichgültig, wie gesagt; beim Genießen, einem Zweckbegriff, ist Freude der einzige Zweck; die Tätigkeit des Künstlers schafft, objektiv sogar, d. h. gegen seine eigentliche Absicht, für andere, die Tätigkeit des Genießers schafft überhaupt nicht, ist nur Freude.

Darum ist es eine sinnlose Phrase, wenn man unterschiedslos an die Kunst in beiden weit auseinander gehenden Bedeutungen die sozialen Forderungen gestellt hat. Die Frage ist überaus komplizierter Art. Der Künstler kann seiner Natur nach gar nicht anders sein als egoistisch, antisozial, aristokratisch, ein Adelsmensch; daß es ihm lieb ist, wenn seine Werke nachher vielen Menschen Freude machen, das hat wohl mit dem Sozialismus nichts zu tun; wenn er einmal, unbewußt oder bewußt, der Zeit gehorchend, sozialistische Tendenzen in seinem Werke ausdrückt, so ist er ebenso unfrei wie ein Hofmaler oder ein Hofdichter Ludwig des XIV.

Sozial, im Sinne unserer wissenschaftlichen und praktischen Staatsreformatoren, kann allein die Forderung sein, den Kunstgenuß oder die Freude an Kunstwerken allen denen zugänglich zu machen, die von Natur einen Sinn für Kunstwerke haben. Auch in dieser Beziehung wird sehr viel gelogen und geheuchelt. Der Hunger nach Kunst ist bei armen Arbeitern oft ebenso stark wie der Hunger nach Brot; aber der Sinn für Nahrung ist denn doch allgemeiner verbreitet als der Sinn für Kunstwerke. Schon aus diesem Grunde ließe sich die soziale Kunstfrage leichter lösen als die soziale Magenfrage. Es gibt viel weniger Künstler auf der Welt als es Millionäre gibt; und es gibt viel weniger kunstsinnige Menschen, als es hungernde Menschen gibt. Dazu kommt, daß der Kunstsinn nicht durch materiellen Besitz des Kunstwerks befriedigt wird, sondern durch seine geistige Besitzergreifung; das Kunstwerk wird dadurch, daß es den Kunstsinn vieler Tausende befriedigt hat, nicht geringer an Wert. Noch leichter könnte den kunstsinnigen Armen ein Anteil am Kunstgenusse gewährt werden, als allen Armen ein Anteil an Licht und Luft. Nur daß diese soziale Pflicht von der gegenwärtigen Gesellschaft beinahe schon erfüllt worden ist, freilich mehr zufällig als absichtlich. Die Erfindung der Buchdruckerkunst, die Leistungsfähigkeit der modernen Pressen und die Wohlfeilheit des Papiers machen es heute jedem Arbeiter möglich, sich die Meisterwerke der Poesie anzuschaffen; der Staat hätte nur gesetzlich dafür zu sorgen, daß allzu kleine Lettern nicht das Gesichtsorgan schädigten; ich glaube beinahe, daß auf diese Pflicht des Polizeistaates noch gar niemals hingewiesen worden ist. Öffentliche Sammlungen, welche freilich ursprünglich der Eitelkeit des Fürsten oder des Staates dienten, stehen mit ihren Statuen und Gemälden auch dem armen Arbeiter zur Verfügung. Sollte es dem Sozialismus gelingen, dem Arbeiter täglich einige Stunden wirklich freier Zeit zu verschaffen, so könnte er Poesie und bildende Kunst ebenso genießen wie eine müßige Dame sie in ihren freien Stunden genießt; und die Not hätte für ihn die bessere Auswahl getroffen, weil die Kunstwerke, die für ihn am leichtesten zugänglich sind, oft die besten sind. Musik muß erst von Berufsmusikern ausgeführt werden, Dramen müssen erst aufgeführt werden; darum kosten diese Kunstwerke noch immer recht viel Geld; aber auch da haben die freien Volksbühnen und Unternehmungen wie die Berliner Schillertheater sehr erfreulich gewirkt.

Der Staat hat die Sache am verkehrten Ende angefaßt, da er für den Kunstgenuß des Volkes so gut wie nichts tat, die sozialen Bestrebungen sogar hinderte, dagegen die Aufzucht der Künstler in die Hand nahm, als ob sich Künstler züchten ließen wie Fettschweine. Mit seinen Akademien und Preisen glaubte der Staat etwas für die *Kunst* getan zu haben; ich glaube bestimmt, daß die Verwirrung der Begriffe *Kunst*schöpfung und Kunst*genießen* für diesen Unsinn verantwortlich zu machen ist. Der egoistische Künstler geht, was schon Platon wußte, den Staat nichts an, den modernen Staat schon gar nichts; die Freude an der Kunst geht das Volk an, das den Staat bildet.

Ich habe mich bisher darauf beschränkt, den begrifflichen Unterschied zwischen der substantivischen Welt des Kunstwerks und der verbalen Welt des Kunstgenießens hervorzukehren. Man kann mir einwenden, daß der Unterschied doch überbrückt werde durch etwas, was diesen beiden Welten gemeinsam sei. Daß der Künstler doch die gleiche Schönheit in das Werk hineinlege, die der Genießer mit seinen Sinnen heraushole. Ganz gewiß; und diese gemeinsame Eigenschaft an dem dinglichen Objekte des Künstlers und an dem Gefühlsobjekte des Genießers gehört noch dazu der einzigen Wirklichkeitswelt an, der *adjektivischen* Welt; wir können diese Eigenschaft nach dem nomen agentis Künstler *künstlerisch* nennen (das heute durch alle Gassen geschleifte Wort ist nicht viel über hundert Jahre alt, darum von Adelung noch nicht gebucht; noch im 18. Jahrhundert wird das vieldeutige *künstlich* auch in diesem Sinne gebraucht), mit Anlehnung an die Gemeinsprache *schön* (vgl. Art. *schön*). Was also der substantivischen und der verbalen Welt der Kunst und der Kunstfreude gemeinsam ist, das ist die *Sehnsucht* aus der gemeinen Welt hinaus, die Sehnsucht nach aufwärts, die als Motiv wohl der Liebe verwandt sein mag. In der Kraft, diese Sehnsucht zu erfüllen, mag zwischen dem Kunstschöpfer und dem Kunstgenießer wirklich nur ein gradueller Unterschied bestehen.

Noch eins: die Wissenschaft, welche sich besonders mit solchen Fragen abgibt, die *Ästhetik* erhielt ihren sonderbaren Namen bekanntlich von Baumgarten (1750), der in seiner *Ästhetica* als einer *scientia cognitionis sensitivae* die allgemeine Wahrnehmungs-Wissenschaft schaffen wollte; diese Konstruktion hat dann auf Kant und so noch auf die Ästhetiker unserer Tage nachgewirkt; wenn wir aber erkannt haben, daß das Gemeinsame an der Sehnsucht des Künstlers und des Genießers ein Begriff der adjektivischen Welt ist, dann gewinnt für uns die Ästhetik als die Wahrnehmungs-Wissenschaft vom Überwirklichen vielleicht eine neue Bedeutung.

L.

Lachen. — Der Muskel, welcher im menschlichen Antlitz durch Emporheben der Oberlippe besonders den mimischen Ausdruck des Lachens hervorbringt, ist der zygomaticus major und nicht der *risorius;* trotzdem hat dieser letzte Muskel seinen freundlichen Namen behalten und mag ihn weiter tragen, denn es ist gut, wenn alte Namen zum Gedächtnis alter Vorstellungen erhalten bleiben. Ich erinnere an die Kleinigkeit auch nur, weil das falsche Wort mir ein Analogon zu sein scheint zu den endlosen Bemühungen, aus der Ähnlichkeit der Ausdrucksbewegungen, die wir *Lachen* und *Lächeln* nennen, Schlüsse zu ziehen, den Humor mit dem Lächerlichen (*γελοιον*) in unlösbare Verbindung zu bringen. Gewöhnlich wird das Lächeln als ein abgeschwächtes Lachen erklärt, auch von solchen Forschern, die (wie Hecker) das Lachen sehr gut als die Wirkung eines innern Kitzels, gewissermaßen eines Kitzels in schnellem Wechsel verglichener Vorstellungen, dargestellt haben. Das Lächeln kann freilich auch ein abgeschwächtes Lachen sein; beim Kranken, der zu schwach ist, die Muskeln lebhaft genug spielen zu lassen; beim Traurigen, wenn z. B. die junge Mutter, im ersten Schmerze über den Tod des Gatten, zum Scherze des Kindes nur zu lächeln vermag, wo sie sonst laut gelacht hätte.

Aber es gibt auch ein Lächeln, das nicht wie das Lachen bei jedem Menschen vom geeigneten Objekt ausgelöst werden kann, sondern nur bei einem besondern Subjekt, dann aber beinahe von jeder Beobachtung, nicht erst von einem Witze; ich meine das überlegene Lächeln des philosophischen Humors. Vielleicht wird man einsehen lernen, daß die mimischen Ausdrucksbewegungen auch diese Ähnlichkeit mit den Worten der menschlichen Sprache haben: sich nicht immer eindeutig übersetzen zu lassen. Man weiß, daß die Kombinationen nicht so einfach sind, wie die alte Mimik glaubte. Scharfes Blicken, Weinen, selbst der Ausdruck der Verachtung und der Bitterkeit können die Muskeln, welche das Lächeln hervorrufen, mitspielen lassen. Bitterkeit, Verachtung müssen überwunden sein, wenn man von der Weltanschauung des freiesten Humors soll reden dürfen; aber Lachen, Bitterkeit, Verachtung können irgend wie um die Mundwinkel mitspielen, wenn das Antlitz einen humoristischen Ausdruck zeigt. Mit dem Lächerlichen, dem *γελοιον*, hat weder die Geschichte des Wortes Humor viel zu schaffen noch der hochgespannte Begriff, den man jetzt (eigentlich nur in Deutschland) mit dem Worte verbindet; nicht mehr als der musculus risorius mit dem risus. (Vgl. Art. *Humor*.)

Laplacescher Geist. — Die Vorstellung von einer außerordentlichen, aber doch eigentlich nicht übermenschlichen Intelligenz, die imstande wäre, auf Grund der mechanistischen Weltanschauung Vergangenheit und Zukunft alles Weltgeschehens in eine einzige mathematische Formel zu fassen, diese hübsche Vorstellung ist von Du Bois-Reymond in seinem berühmt gewordenen Vortrage „Über die Grenzen des Naturerkennens" populär gemacht worden. Ich möchte kurz zu zeigen versuchen, daß Du Bois-Reymond die spielerische Idee von Laplace arg vergröbert hat.

Gauß, von welchem Laplace selbst gesagt haben soll, er sei nicht der erste Mathematiker Deutschlands, denn er sei ja der erste Mathematiker der Welt, — Gauß drückte sich einmal brieflich mit gewohnter Überlegenheit über solche Phantasien aus: „Ich leugne nicht, daß ich selbst mich zuweilen auf ähnliche Art (wie Laplace) amüsiere, nur würde ich dergleichen nie publizieren." Gegen die Ernsthaftigkeit des Laplaceschen Einfalls möchte ich nicht einwenden, daß Laplace in seinem politischen Handeln und in seinem Privatleben unzuverlässig und kleinlich war[1]); denn davon hängt der Wert wissenschaftlicher Leistungen nicht ab. Und gehört, genau genommen, nur zum Klatsch der Gelehrtengeschichte. Aber Laplace war trotz seines ausgesprochenen Atheismus ein Skeptiker; derselbe Mann, der fromme Mathematiker durch das Dictum erschreckt hatte: „Dieu est une hypothèse dont je n'ai pas eu besoin", sprach auf seinem Totenbette, als man ihm zur Freude die Reihe seiner wissenschaftlichen Entdeckungen aufzählen wollte, die resignierten Worte: „Ce que nous connaissons est peu de chose, ce que nous ignorons est immense."

Dieser Laplace nun hat in seinem vorzüglichen Buche Essay philosophique sur les Probabilités, und gleich zu Beginn desselben, die Phantasie gefaßt von einer Weltformel, die uns alle Bewegungen der Lebewesen ebenso vorhersagen ließe, wie uns die astronomischen Formeln gestatten, die Bewegungen der Gestirne vorher zu

---

[1]) Alexander von Humboldt schreibt an seinen Bruder, man fühle den Verlust von Laplace in Paris weniger, weil man ihn als einen politischen Überläufer hasse. Napoleon, der die Treulosigkeit seines Laplace erlebt hatte, urteilte auf Sanct Helena sehr hart über den Minister Laplace: „Il cherchait des subtilités partout, n' avait que des idées problématiques et portait enfin l'esprit des infiniment petits dans l'administration." Sehr drollig wirkt ein Bericht von Arago über den Hausvater Laplace; Arago war als junger Mensch glücklich, einmal bei dem überaus bewunderten Manne speisen zu dürfen; man stelle sich sein Entsetzen vor, als Madame Laplace einmal zu ihrem Gatten sagte: „Voulez-vous me confier la clef du sucre?"

sagen. Ich will die geistreiche Phantasie fast vollständig übersetzen. „Alle Ereignisse, selbst solche, die wegen ihrer Kleinheit nichts mit den großen Gesetzen der Natur zu tun zu haben scheinen, sind doch Folgen von ihnen und ebenso notwendig wie die Umdrehungen der Sonne. Solange man nicht wußte, welche Verbindungen sie mit dem ganzen Weltsysteme vereinigen, hat man sie von Endursachen oder vom Zufall abhängen lassen, je nachdem sie eintraten und sich folgten mit Regelmäßigkeit oder ohne anscheinende Ordnung; aber diese imaginären Ursachen wurden allmählich zurückgerückt, sowie unsere Kenntnisse sich erweiterten, und sie verschwinden völlig vor der gesunden Philosophie, die in ihnen nur den Ausdruck der Unwissenheit sieht, in der wir über die wahren Ursachen leben.

„Die gegenwärtigen Ereignisse haben mit den vorausgehenden eine Verbindung, die auf das evidente Prinzip gegründet ist: eine Sache kann nicht anfangen zu sein ohne eine Ursache, die sie bewirkt. Dieses Axiom ist bekannt unter dem Namen des Prinzips vom zureichenden Grunde; es erstreckt sich auch auf solche Wirkungen, die man als gleichgiltig betrachtet. Der freieste Wille kann sie nicht entstehen lassen ohne ein bestimmendes Motiv; denn wenn unter völlig gleichen Umständen der Wille sich in einer von zwei Richtungen entscheiden wollte, dann wäre seine Wahl eine Wirkung ohne Ursache ... Die entgegengesetzte Meinung ist eine Illusion der Vernunft, welche die flüchtigen Gründe der Willenswahl bei den gleichgiltigen Dingen übersieht und sich einbildet, der Wille habe sich selbst und ohne Motive bestimmt.

„Wir können also den gegenwärtigen Stand der Welt betrachten als die Wirkung des unmittelbar vorausgehenden Standes und als die Ursache des unmittelbar folgenden. Eine Intelligenz, welche für einen gegebenen Augenblick alle Kräfte der belebten Natur kennen würde und die Relationen der Lebewesen dazu, könnte — wäre sie sonst nur groß genug, um alle diese Data der Analyse zu unterwerfen — in derselben Formel die Bewegungen der größten Weltkörper und die der kleinsten Atome begreifen; nichts wäre für sie ungewiß und Zukunft wie Vergangenheit wäre ihren Augen gegenwärtig. Der menschliche Geist bietet ein schwaches Modell dieser Intelligenz in der Vollendung, die er der Astronomie zu geben gewußt hat ... Indem er die gleiche Methode auf einige andere Gegenstände des Wissens anwandte, ist er dazu gelangt, die beobachteten Erscheinungen auf allgemeine Gesetze zurückzuführen, und die Erscheinungen vorauszusehen, welche die gegebenen Umstände hervorrufen müssen. Alle seine Anstrengungen in der Erforschung der Wahrheit haben die Tendenz, ihn unaufhörlich der Intelligenz anzunähern, welche wir eben verstehen gelernt haben, von der er aber immer unendlich weit entfernt bleiben wird. Diese Tendenz ist der Menschenart eigentümlich und macht sie den Tieren überlegen; Fortschritte auf diesem Gebiete unterscheiden die Völker und die Jahrhunderte und machen ihren wahren Ruhm aus."

Man muß den Grundgedanken des Laplaceschen Buches ganz und gar mißverstanden haben, um nicht zu sehen, daß Laplace mit dieser Phantasie nur spielerisch und künstlerisch das Idealbild der mechanistischen Weltanschauung als unerreichbar hinstellen wollte; er sagt ja, daß wir von einer solchen ungeheuren Intelligenz immer *unendlich* weit entfernt bleiben werden. Du Bois-Reymond hat das Spiel von Laplace plump und ernst genommen und hat sich einer solchen Intelligenz, die er den Laplaceschen Geist nennt, wohl ziemlich nahe geglaubt. Mit dem gelehrten Schwulst, der vor vierzig Jahren unter den halbgebildeten Berlinern für Pracht des Stils gehalten wurde, führt er die Phantasie von Laplace (S. 12) weiter aus: „In der Tat, wie der Astronom nur der Zeit in den Mondgleichungen einen gewissen negativen Wert zu erteilen braucht, um zu ermitteln, ob, als Perikles nach Epidaurus sich einschiffte, die Sonne für den Piräeus verfinstert ward, so könnte der von Laplace gedachte Geist durch geeignete Diskussion seiner Weltformel uns sagen, wer die Eiserne Maske war ... Wie der Astronom den Tag vorhersagt, an dem nach Jahren ein Komet aus den Tiefen des Weltraumes am Himmelsgewölbe wieder auftaucht, so läse jener Geist in seinen Gleichungen den Tag, da das Griechische Kreuz von der Sophien-Moschee blitzen oder da England seine letzte Steinkohle verbrennen wird. Setzte er in der Weltformel $t = -\infty$, so enthüllte sich ihm der rätselhafte Urzustand der Dinge ... Solchem Geiste wären die Haare auf unserm Haupte gezählt, und ohne sein Wissen fiele kein Sperling zur Erde."

Auf das Vorhersagen der Zukunft will ich gleich kommen; zunächst aber möchte ich auf den Widersinn aufmerksam machen, der sich hinter dem Prophezeien nach rückwärts verbirgt. Von der praktischen Unmöglichkeit sehe ich natürlich ab. Historische Rätsel, wie die Eiserne Maske, lassen sich doch immer nur nach vorwärts lösen, d. h. wenn man die vorausgehenden Ursachen und Motive kennt, niemals nach rückwärts. Der Unbekannte, der sogenannte Mann mit der eisernen Maske, der 1703 in der Bastille starb und nur Moder hinterlassen hat, kann durch keinen negativen Wert einer Gleichung nach rückwärts bei seinem bürgerlichen Namen gerufen werden. Wenn es möglich wäre, Worte aus der Vergangenheit zurück zu konstruieren, so hätte übrigens der Laplacesche Geist an der Rekonstruktion von einigen Ursprachen würdigere Aufgaben. Im Ernste: wer die Unausdenkbarkeit der Anwendung solcher Gleichungen auf die vergangene Geschichte nicht begreift, der sehe sich einmal das zweite Beispiel des Berliner Akademikers an. Der Laplacesche Geist soll den Urzustand der Dinge enthüllen können, wenn er $t = -\infty$ setzt. Welcher Urzustand ist gemeint? Der vor Lostrennung der Erde von der Sonne? Oder der vor der Lostrennung der Sonne von ihrem Zentralnebel? Hat denn niemand bemerkt, daß alle diese Epochen menschliche Ausgeburten sind, Begriffe aus vorläufigen Hypothesen, daß die Vorstellung *unendlich* ein undefinierbares Menschenwort ist, daß wir also dem vollkommenen Laplaceschen Geiste Zufallsbegriffe und Zufallszeichen aus unserer unvollkommenen Menschensprache in seine Weltformel hineinschieben? Nicht nur Gauss, sondern auch Laplace hätten dem Nachfolger von Maupertuis zurufen können, daß man solche Einfälle nicht publizierte, wenn man nicht zufällig Phantasie und Humor hätte.

Was nun das Vorhersagen der Zukunft betrifft, so war Du Bois-Reymond dergestalt vom Laplaceschen Geiste verlassen, daß er nicht einmal ahnte, wie kaum vierzig Jahre nach seinem Vortrage die mechanistische Weltanschauung mitsamt dem Atomismus wieder einmal in Mißkredit kommen würde. Für den Atomismus war es noch vorstellbar, daß der Laplacesche Geist die Eroberung Konstantinopels durch die Russen (warum nicht durch die Engländer oder die Österreicher oder die Neugriechen? Du Bois hat da dem Laplaceschen Geiste vorgegriffen) vorhersagen könnte wie ein Astronom eine Sonnenfinsternis; die Kombinationen der unendlich vielen Atome steigern sich zu einer Zahl, die in Menschenzeichen nur durch Unendlich in unendlicher Potenz ausgedrückt werden könnte; es wäre freilich Sache des Laplaceschen Geistes, eine solche Zahl zu begreifen und eindeutig auszudrücken. Wie wir aber das Weltgeschehen seit Du Bois-Reymond uns vorstellen gelernt haben, ist der Atomismus nur eines der vielen antichambres de la verité. Nicht nur unser gegenwärtiges Wissen vom Leben, Empfinden und Denken versagt sich der Anwendung einer streng mathematischen Formel; wir vermuten sogar, daß die Lebenserscheinungen mit ihren Reizwirkungen und Willensakten sich einer mathematischen Formulierung immer versagen werden. Der Mann, der lange vor Laplace die Vorstellung von dem Riesengeiste gefaßt hatte, Leibniz, wäre uns in dieser Beziehung ein besserer Führer. Er sagte einmal: „Tout se fait mécaniquement et métaphysiquement dans le même temps.“ Man braucht bloß auf den Ausdruck *metaphysisch* zu verzichten oder das Wort fast genau durch *unphysisch* zu übersetzen, um ungefähr das Glaubensbekenntnis unserer Tage vor sich zu haben.

Leben.

I.

Um die Grundbegriffe der Naturwissenschaften steht es, was die Wortgeschichte betrifft, ganz anders als um die Grundbegriffe der Philosophie; diese, von den Griechen aus metaphysischen Phantasien gebildet oder aus den Vorstellungen noch älterer Völker übernommen, treten uns mit dem scheinbar reichsten Inhalte häufig schon zu Beginn der historischen Zeit einer abendländischen Philosophieentwicklung entgegen, können und müssen beim Übergange zu jüngern Völkern übersetzt werden, wandeln von Jahrhundert zu Jahrhundert ihren geistigen Inhalt, haben aber im ganzen und großen die Tendenz, unter dem Einflusse der Wissenschaft und neuerdings der Erkenntnistheorie in ihrem Vorstellungsgehalte präziser und dadurch ärmer zu werden; die Grundbegriffe der empirischen Wissenschaften dagegen mußten sich jedem Volke aufdrängen, gehörten sehr früh der vorwissenschaftlichen Gemeinsprache an (man denke an Begriffe wie: Körper, schwer, Kraft, Licht, Bewegung, Leben) und wurden in ihrem Vorstellungsgehalte um so reicher, je mehr die Wissenschaft ihre Beobachtungen häufte. Dazu macht Curtius einmal (Grundz. d. griech. Etymologie[5] S. 97) die ansprechende Bemerkung, daß der älteste Wortbestand wahrscheinlich unsere Allgemeinbegriffe gar nicht gekannt habe. „Jahrtausende lang wußte der Mensch die einzelnen Tiere zu bezeichnen, ehe er einen Ausdruck fand, welcher alle Tiere insgesamt umfaßte. Zu einem Wort für *Tier* im Unterschied vom Menschen hat es die griechische Sprache erst zu Platons Zeit gebracht, und das Wort *ζῳον*, das, wie *animal*, alle *lebenden* Wesen umfaßt, ist nachhomerisch.“ Es wäre den Griechen kaum eingefallen, Begriffe wie *Leben* in einem Wörterbuch der Philosophie zu definieren; sie ahnten ja noch gar nicht, daß just die schwierigsten Probleme sich hinter den Allgemeinbegriffen der Gemeinsprache verbergen. Wo sie dennoch hinter alltäglichen Worten (sein, Bewegung) tiefe Probleme suchten, da hatten sie die Wörter vorher metaphysisch umgedeutet.

Es hätte darum keinen Wert, wenn ich die Geschichte der griechischen, der lateinischen und der neuen Ausdrücke für den Lebensbegriff hersetzen wollte. Nur auf einen Punkt will ich hinweisen, um wiederum ein Beispiel für die Kindlichkeit des griechischen Denkens zu geben. Die Griechen hatten für das, was die deutsche Gemeinsprache ungefähr *Leben* nennt, zwei verschiedene Bezeichnungen; *βιος* und *ζωη*; es gehört nicht zu meiner Absicht, die Annahme der gegenwärtigen Sprachwissenschaft zu prüfen, daß nämlich die so ganz verschiedenen Wörter *βιος* und *ζωη*, dazu noch das Synonym *διαιτα*, auf eine und dieselbe sogenannte Wurzel *γϝιϝ* zurückgehen, von welcher übrigens auch lat. *vivus* mit seiner ausgebreiteten Sippe abzuleiten wäre. Die Griechen hatten wie andere Völker die Neigung, synonyme Ausdrücke zu differenzieren; so gaben sie sich redliche Mühe, zwischen *βιος* und *ζωη*, weil beide Worte einmal da waren, begrifflich zu unterscheiden. Und da gerieten sie auf den bedenklichen Einfall, das eine Wort auf den Menschen, das andere auf die übrigen Tiere anwenden zu wollen. Wir hätten in unserer Gemeinsprache gar nicht mehr die Möglichkeit, das physiologische Leben des Menschen von dem der übrigen Tiere ausdrücklich zu trennen. Aber Ammonios, ein alexandrinischer Wörterbüchler des vierten Jahrhunderts n. Chr. G., sagt ganz deutlich; *βιουν και ζην διαφερει. βιουν μεν γαρ ἐπι ἀνθρωπων μονων λεγεται. ζην δε ἐπι ἀνθρωπων και ἀλογων ζῳων, ἠδη δε ποτε και ἐπι φυτων*; und er zitiert als Beleg eine Stelle aus einer sonst unbekannten Schrift des Aristoteles: *βιος ἐστι λογικη ζωη*. Diese Unterscheidung entspricht nicht ganz dem Sprachgebrauche; die besten griechischen Schriftsteller verwenden die beiden Wörter oft als wirkliche Synonyme. Aber es wird wohl ziemlich richtig sein, was H. Schmidt (Synonymik d. griech. Sprache IV S. 43) über das Verhältnis der beiden Ausdrücke nach einer sehr gründlichen Untersuchung vorträgt: „Beide bezeichnen das Leben ganz allgemein und nach seinen verschiedenen Erscheinungen; *ζωη* aber besonders das rein physische Leben, besser: das Leben nach seinen rein physischen Erscheinungen; während *βιος* mehr das Leben als eine Reihenfolge von Handlungen verschiedener Art auffaßt."

Schmidt's vorsichtige Wahl der Worte scheint mir aber die Naivität zu verschleiern, mit der die Griechen oder wenigstens ihre Wortgrübler Psychologie und Physiologie miteinander verwirrten. Sie staunten noch nicht über die Erscheinungen des Lebens, sie staunten erst über die neue Erscheinung der Vernunft. Man versuche einmal die obige Stelle aus dem Aristoteles ins Deutsche zu übersetzen und man wird beim besten Willen, den Sinn zu treffen, auf Ungereimtheiten stoßen: Leben ist vernünftiges Vegetieren, das Psychologische ist geistige Physiologie. Wir können uns wirklich bei solchen Wortschällen nichts mehr denken, weil wir gelernt haben, über das Leben als ein Problem für sich zu staunen, weil wir uns auch das physiologische Leben des Tieres und der Pflanze nicht erklären können. Nicht besser erklären können als die Denkakte der Tiere und die Vernunft des Menschen.

II.

Wie fern dem Wissen des Altertums und des Mittelalters das Problem des Lebens lag, erkennen wir vielleicht am besten daraus, daß man damals bei den Definitionen immer zunächst an die Tiere dachte, trotzdem die Pflanzen — wie wir aus Ammonios erfahren haben — schon gelegentlich als Lebewesen (das deutsche Wort findet sich schon bei Fischart) anerkannt wurden. Auch Aristoteles spricht den Pflanzen nicht alles Leben ab; aber bei seiner bekannten Definition des Lebens (de Anima II, 1: *ζωην δε λεγομεν δι' αὑτου τροφην τε και αὐξησιν και φθισιν*) mag er, wenn man die Kenntnisse seiner Zeit erwägt, nur an die Tiere gedacht haben, so gut die Worte auch heute auf alle Lebewesen zu passen scheinen. Aus *eigener* Kraft sich zu ernähren, zu wachsen (das *Vergehen* stimmt nicht recht), das war immer das Geheimnis des Lebens; und Thomas glaubte gewiß ganz im Sinne seines Aristoteles zu definieren, da er die *Bewegung* aus eigener Kraft zum Kennzeichen des Lebens machte: nomen *vitae* ex hoc sumptum videtur, quod aliquid *a seipso* potest moveri. Ein gemeinsames Kennzeichen des Tierlebens und des Pflanzenlebens ausdrücklich zu suchen, war dem Mittelalter noch keine Aufgabe. Die Frage nach der Beseeltheit oder Unbeseeltheit der Tiere schien bereits wichtig, aus theologischen Gründen; an die Ausdehnung des Seelenbegriffs auf die Pflanzen dachte man noch nicht. Und die Klasse der Lebewesen, die noch nicht Pflanzen und noch nicht Tiere sind, war noch nicht entdeckt; das Mikroskop war ja noch nicht erfunden. Die Gruppe der Protisten hatte also vorher noch nicht beobachtet werden können. Man sollte aber glauben, daß man rein begrifflich zu der Frage gelangen mußte, was das gemeinsame Kennzeichen einer lebendigen Pflanze und eines lebendigen Tieres wäre, auch bevor man Lebewesen kennen lernte, von denen niemand sagen konnte, ob sie Pflanzen oder Tiere wären.

Nun ist es sehr beachtenswert, daß die Entdeckung der Protisten uns in der Frage nach dem Wesen des Lebens durchaus nicht gefördert hat; und wir müssen bescheidentlich eingestehen, daß wir dem Lebensbegriff gegenüber fast ebensolche Kinder geblieben sind, wie die Griechen waren. Wir haben nämlich, wie hypnotisiert von dem Entwicklungsgedanken, die neue Frage nach dem *Entstehen* des Lebens zu beantworten gesucht und die alte Frage nach dem Wesen des Lebens einstweilen zurückgestellt. Wie verkehrt ein solches Beginnen war, werden wir einsehen, wenn wir uns des falschen Lärms erinnern, den Du Bois-Reymond vor bald vierzig Jahren durch sein schwülstiges Ignorabimus in der deutschen Gelehrtenwelt erregte. Der 1872 gehaltene Vortrag „Über die Grenzen des Naturerkennens", der der Naturwissenschaft für alle Zeiten die Möglichkeit absprach, das Wesen von Materie und Kraft und das Wesen der Empfindung zu erkennen, wird insofern in der menschlichen Geistesgeschichte stets zitiert werden müssen, als er in seiner Absicht eine ehrliche Bankerotterklärung der mechanischen oder materialistischen Weltanschauung war; in seiner unglücklichen Fassung jedoch, die sich zur Genüge aus des Verfassers Neigung zu feierlichen Phrasen erklärt, war der Vortrag zu gleicher Zeit ein Versuch, im Namen der Erkenntnistheorie eine betrügerische Crida anzumelden. Auf den Widersinn des Schlagwortes *Ignorabimus* habe ich bereits (Kr. d. Spr. I² S. 293f.) hingewiesen; an dieser Stelle möchte ich nun schärfer als bisher die Borniertheit aufzeigen, mit welcher Du Bois-Reymond da ein Ende des menschlichen Denkens erblickte, wo sein eigenes, an den Materialisten geschultes Denken zu Ende gekommen war. Möchte eigentlich nur einen Einwurf wiederholen und genauer fassen, den bald nach dem Bekanntwerden des Vortrages der theologische Fachmann und naturwissenschaftliche Autodidakt Strauß gegen die Beweisführung des Berliner Physiologen erhoben hat. Du Bois-Reymond, der Akademiker, spricht ein wenig von oben herunter von Straußens „Auseinandersetzungen zweiter Hand"; Strauß war aber in philosophischen Fragen, und um solche handelte es sich, neben Du Bois-Reymond weitaus der stärkere Geist und der gründlichere Kenner.

Strauß bemerkte, daß eigentlich drei Rätsel in dem einen Welträtsel verborgen wären: das Entstehen des Lebendigen aus dem Leblosen, des Empfindenden aus dem Empfindungslosen, des Vernünftigen aus dem Vernunftlosen. Du Bois-Reymond habe nun das erste und das dritte dieser Rätsel für lösbar erklärt, die Entstehung des Lebens und die Entstehung der Vernunft, habe aber ohne Angabe der Gründe das zweite Rätsel allein, die Entstehung der Empfindung, für unlösbar erklärt. „Ich gestehe, mir könnte noch eher einleuchten, wenn mir einer sagte: unerklärlich ist und bleibt A, nämlich das Leben; ist aber einmal das gegeben, so folgt von selber, d. h. mittelst natürlicher Entwicklung, B und C, nämlich Empfinden und Denken. Oder meinetwegen auch umgekehrt: A und B lassen sich noch begreifen, aber an C, am Selbstbewußtsein, reißt unser Verständnis ab. Beides, wie gesagt, erschiene mir noch annehmlicher, als daß gerade die mittlere Station allein die unpassierbare sein soll." In dem bittern „Nachwort als Vorwort" zu seinem (in der kritischen ersten Hälfte) nicht nach Gebühr geschätzten „Alten und neuen Glauben" hat Strauß diesen Gedanken ausgesprochen, gegen welchen sich dann Du Bois-Reymond umsonst mit tönendem Periodenbau wehrte.

Der ganze Streit scheint zu einem scholastischen Wortgezänke hinunterzusinken, wenn wir wirklich nur danach fragen, welches von den drei Rätseln das schwierigere sei: das des Lebens, das der Empfindung oder das des Denkens. Wir kommen aber doch einen kleinen Schritt weiter, sobald wir durch eine solche Fragestellung zu der Erkenntnis gelangen, daß die drei Fragen zwei völlig verschiedenen Forschungsgebieten angehören. Darüber waren Strauß und Du Bois-Reymond im Grunde einig, daß die Bewußtseinserscheinung des Denkens sich an die Bewußtseinserscheinung der Empfindung anknüpfen lasse; nur war ihnen beiden eben das nicht klar, daß Empfindung und Denken, beide der Bewußtseinswelt angehören, der psychologischen Welt, der innern Welt; daß dagegen die Erscheinung des Lebens immer noch, bis auf einen geringen Rest, der äußern Welt angehöre. Leben läßt sich überall auch objektiv beobachten, Empfindung und Denken nur subjektiv. Es war also zwischen Du Bois-Reymond und Strauß wirklich nur ein Wortstreit vorhanden, als sie (wie ich es jetzt ausdrücken möchte) nicht darüber einig werden konnten, ob die psychologische Erklärung des Physiologischen schwieriger sei, oder die physiologische Erklärung des Psychologischen. *Erklären* hieß damals noch allgemein und heißt heute noch bei fast allen Forschern: auf Ursachen als auf zureichende Gründe zurückführen. Also sagte Du Bois-Reymond mit scheinbarem Recht: Die Ursachen, aus welchen bestimmte Atomgruppen nicht nur äußerlich wachsen, sondern durch Aufnahme assimilierbarer Stoffe, diese Ursachen werden wir noch einmal erforschen, denn es handelt sich dabei objektiv doch nur wieder um chemische Veränderungen eines Stoffes in einen andern; niemals aber werden wir erforschen können, wie eine Empfindung entsteht, denn es handelt sich dabei um die Verwandlung eines objektiven Stoffs in eine subjektive Bewußtseinstatsache. Mit scheinbar noch besserem Rechte antwortete Strauß: Die Lebenserscheinungen an sich sind schon unerklärlich genug; der lebendige Stoff, der bei der Nahrungsaufnahme einen Wahlakt ausführt, überschreitet dabei schon die Grenzen der Physik; in jedem Lebendigen ist etwas Psychologisches verborgen.

Man sieht: Du Bois-Reymond ging von der Naturwissenschaft aus und hielt darum die Schwelle des offenbar Psychologischen für unpassierbar; Strauß ging von den Geisteswissenschaften aus, war weniger wortabergläubisch und erblickte das Psychologische schon unter der Schwelle des Lebens.

Lassen wir uns endlich von der kindlichen Frage nach der größeren oder geringern Schwierigkeit der Rätsel nicht mehr irre machen. Wir haben angefangen, das ewige Forschen nach den Ursachen als den zureichenden Gründen für eine Verirrung des Menschengeistes zu halten; an die Stelle des uralten Kausalismus sucht sich der Konditionismus zu setzen, welcher nur noch nach den Bedingungen einer beobachteten Erscheinung fragt. Das Beste an der neuen Formulierung der unveränderlichen Aufgaben ist es wohl, daß es nun keine Grade der Unerklärlichkeit mehr geben wird. Wir kennen die Ursachen, aus denen ein Körper fällt, einem Körper Bewegung mitgeteilt wird, aus Bewegung Wärme und Licht entsteht, wir kennen die Ursachen der chemischen Affinitäten ebenso wenig, wie wir die Ursachen der Lebenserscheinungen kennen, wie wir die Ursachen der Bewußtseinserscheinungen kennen. Wir wären schon froh, wenn wir etwas ausmachen könnten über die Bedingungen, unter denen die uns objektiv so wohl bekannten Erscheinungen des Lebens auftreten. Wir wären sogar schon froh, wenn wir die Veränderungen, die das gemeinsame Kennzeichen des Pflanzenlebens und des Tierlebens sind, mit einem klar definierten Worte von den Veränderungen der toten Natur, von den sogenannten mechanischen Veränderungen, unterscheiden könnten. Ein Wort haben wir. Wir nennen die Ursachen (um die alte Bezeichnung beizubehalten) derjenigen Bewegungen, die die Lebenserscheinungen ausmachen, zum Unterschiede von den Ursachen der mechanischen Bewegungen: *Reize*. Es fragt sich nur, ob wir uns bei diesem Worte etwas Klares vorstellen können.

III.

Da hätten wir also endlich ein Kennzeichen des tierischen Lebens, und wenn wir nur geschickt genug sind, gefundene Begriffe auf andere Verhältnisse zu übertragen, so können wir in den Reizen auch die Bedingungen oder Ursachen des pflanzlichen Lebens erblicken; denn darauf kommt es wirklich nicht an, daß wir von den Leitungen in den Pflanzen so viel weniger wissen als von den Nervenbahnen in den Tieren; hat man doch von der Reizbarkeit oder der Irritabilität der Tiere als von ihrer auszeichnenden Eigenschaft schon zu einer Zeit gesprochen, als man die Nerven der Tiere nur sehr ungenau kannte. Wir können also ohne Zwang sagen, daß die Reizbarkeit oder die Reaktion auf Reize die spezifische Eigenschaft der Organismen sei. Und man hat es oft gesagt. Da stünde demnach einer Definition des Lebens nichts mehr im Wege.

Nicht ganz einwandfrei ist freilich der Gebrauch des Wortes *Reiz;* das Substantiv ist ein junges Wort, welches sich in der jungen Wissenschaft der Psychologie erst im 18. Jahrhunderte langsam einbürgerte. Hören wir aber genauer hin, als die Verfasser von Wörterbüchern sonst vermögen, so vernehmen wir bald, daß unter *Reiz* eigentlich alle drei Erscheinungen des Prozesses verstanden werden können, welcher das organische Leben kennzeichnet; 1. die äußere Veränderung, welche die organische Reaktion hervorruft; 2. der Vorgang der Reizung oder der geheimnisvolle Übergang von der äußern Veränderung zu der innern Empfindung; aber auch 3. die Empfindung selbst, was dazu geführt hat, daß man für die Reize, die das erste Stadium bezeichnen sollen, den Ausdruck *Reizmittel* pleonastisch erfinden mußte. Indessen haben sich die Psychologen stillschweigend geeinigt, gerade diese Reizmittel eindeutig *Reize* zu benennen, und das Leben als eine Reaktion auf Reize von der toten Natur zu unterscheiden, die nur Wirkungen von Ursachen kennt.

Ich behaupte nun, daß diese Erklärung des Lebens ein Schulbeispiel für die Zirkelerklärung genannt zu werden verdiente; eine Zirkeldefinition, wenn die Erklärung eine Definition sein wollte. Es scheint mir wichtig, den versteckten Zirkel aufzuzeigen.

Wenn wir nämlich keine Rücksicht nehmen auf die sogenannten physiologischen Reize (auf die peripheren wie die zentralen), von deren Bedingungen wir wenig wissen, die aber doch wahrscheinlich auch wieder auf chemische Änderungen in den Organen zurückgehen, so sind uns alle Reize anders woher als mechanische, chemische, elektrische Bewegungen bekannt, kurz als Bewegungen eines Stoffs oder als Ätherbewegungen. Alle diese Reize gehören also der toten Natur an und haben an sich mit dem Leben nichts zu schaffen. Wenn Schallwellen von einer Felswand reflektieren, Lichtwellen von einem Spiegel, wenn Natrium das Wasser zersetzt, wenn ein elektrischer Strom dasselbe tut, so sprechen wir nicht von Reizwirkungen; wir sprechen von Reizwirkungen erst dann, wenn unsere Organe auf Schallwellen durch Gehörempfindungen, auf Lichtwellen durch Lichtempfindungen reagieren, wenn die größere oder geringere Menge des entbundenen Sauerstoffs unsere Atmungsorgane beeinflußt. Kurz: was wir Reize nennen, sind Vorgänge der sogenannten toten Natur, die erst dadurch zu Reizen werden, daß die Reizbarkeit eines Organismus spezifisch antwortet. Ich will gar nicht so weit gehn, daran zu erinnern, daß vom Standpunkte des erkenntnistheoretischen Idealismus nur die Antworten der menschlichen Organe gewiß sind, daß die äußern Reize erst aus menschlichen Empfindungen erschlossen werden; ich will nicht darauf eingehen, weil dieser erkenntnistheoretische Idealismus, wenn konsequent durchgeführt, mit einem konsequenten Sensualismus beinahe übereinstimmt. Ich will auch den Grenzfall nicht wieder bemühen, das Wachsen der Kristalle; obgleich es sehr nahe läge, das Wachsen des Kristalls in seiner Mutterlauge, wobei er doch eine Nahrungswahl vollzieht und auch Ausbesserung seiner Wunden vornimmt, den Reizwirkungen von Organismen gleichzusetzen. Mir kommt es hier nur darauf an, den Zirkel aufzuzeigen: man erklärt das Wesen des Lebens durch Reizwirkungen, und kann das Wesen der Reize einzig und allein durch eine Eigenschaft der Lebewesen erklären, durch ihre sogenannte Reizbarkeit.

Auf eine solche Tautologie aber laufen alle Definitionen des Lebens hinaus, welche im Kampfe um den *Vitalismus* seit Jahrhunderten von Ärzten und von Philosophen versucht worden sind. Das Leben ist ein Problem für sich und kann, so verlokkend es wäre, auf andere Probleme nicht zurückgeführt werden. Ich vermute, daß ich mich gerade durch diese Skepsis prinzipiell zu der Lehre des Vitalismus bekenne; nur darf man unter Vitalismus nicht den ältern Animismus verstehen; nur darf man, weil das Leben als ein Problem für sich erkannt worden ist, nicht jede Lebenserscheinung durch besondere Lebensgeister oder Seelen, durch einen Archeus (Paracelsus) oder Blas (van Helmont) erklären wollen. Dieser ältere Vitalismus, wie er eigentlich auch von dem einst so einflußreichen Stahl (1660—1734) gelehrt worden ist, war so dumm nicht, wie seine veraltete Sprache scheinen läßt; auch die zur Erklärung der Lebenserscheinungen erfundene *Lebenskraft* war so dumm nicht, wie die heutigen Physiologen glauben. Wir müssen nur an einem einzigen Punkte eine Korrektur üben, an einem Punkte aber, den die heutigen Forscher gar nicht zu bemerken pflegen. Wir müssen auch in diesem Zusammenhange den Begriff der Ursache revidieren. Der alte Vitalismus war eine Art von Animismus, wie gesagt. Genau so nun wie die Psychologie bis auf die letzten Jahre den Fehler beging, in dem Scheinbegriffe der Seele eine Ursache der psychischen Erscheinungen zu suchen, anstatt etwa nur die Summe aller psychischen Erscheinungen unter dem Worte *Seele* zu begreifen, genau so erfand man die Lebenskraft als eine vermeintliche Ursache der Lebenserscheinungen, anstatt zu sagen: das Leben in allen seinen Erscheinungen ist ein Problem für sich, das Leben ist eine besondere Kraft neben andern Kräften, die wir nicht mehr Ursachen, sondern Summenworte nennen wollen.

Einer der letzten bedeutenden und bewußten Vitalisten war noch um die Jahrhundertwende von 1800 der geniale Physiologe und Anatom Bichat, der mit der Schule von Montpellier und gegen die überall siegreichen Materialisten einen fundamentalen Gegensatz zwischen vitalen Eigenschaften und par excellence physischen Eigenschaften behauptete. Er sah im Leben nur den Kampf der vitalen Eigenschaften gegen die physischen; wenn die letzten triumphieren, so sage man, daß der Tod eingetreten sei. Und so definiert er das Leben: La vie est l'ensemble des fonctions qui resistent à la mort; ich brauche wohl nicht besonders darauf hinzuweisen, daß auch hier eine schlimme Zirkelerklärung vorliegt; der Tod, die Negation des Lebens, wird zu einem bewirkenden Faktor gemacht; von den beiden Korrelatbegriffen Tod und Leben wird jeweilig der eine zur Erklärung des andern benützt,

In neuerer Zeit hat ein anderer französischer Physiologe, der kühne Claude Bernard, der auf seinem Gebiete sogar sprachkritische Regungen hatte, an Bichat angeknüpft, ist aber zu einem entgegengesetzten Standpunkte und zu einer entgegengesetzten Definition gelangt. „La vie, c'est la mort, la déstruction des tissus, ou bien nous dirions avec Buffon: la vie est un minotaure, elle dévore l'organisme.“ Bernard weiß aber ganz genau, daß er keine Definition geboten hat; es gebe Begriffe, die man ohne Definition verstehe, die uns eher Vorstellungen als Einsichten vermitteln. So kommt Bernard in seinem Kampfe gegen die Lebenskraft zu einer Ausdrucksweise, aus welcher die deutschen Streiter für und gegen den Vitalismus leider nichts gelernt haben. Er sagt (La Science Expérimentale S. 209): Die chemischen Verbindungen bei der Organisation und der Nahrungsaufnahme äußern sich so, *als ob* die chemischen Kräfte durch eine höhere treibende Kraft beherrscht würden. Wieder begegnen wir dem bescheidenen Worte der Resignation, dem Worte *als ob*.

Auch in Deutschland war der bedeutendste Physiologe des neunzehnten Jahrhunderts, Johannes Müller, bis zu seinem Ende ein überzeugter Vitalist gewesen. Auf seinen Schultern standen die Männer, welche zuerst das Schema der Zelle und dann die wirkliche Zelle entdeckten, welche in dem Rauschzustande, der jeder Entdeckung zu folgen pflegt, nun ganz gewiß alle Rätsel des Lebens gelöst zu haben glaubten, und eifrig den Vitalismus mitsamt der Lebenskraft aus ihrer Vorstellungswelt oder doch aus ihrem Wörterbuche hinauswarfen, als mystische oder metaphysische Begriffe. Schwann und Virchow glaubten dem Vitalismus und der Lebenskraft das Zügenglöcklein geläutet zu haben; Du Bois-Reymond folgt mit der Grandezza eines, der vorausgeht. Aber wenige Jahre nach Bernard's Tode erhob in Deutschland ein moderner Vitalismus wieder sein Haupt, leider unter dem verschämten Namen Neo-Vitalismus. Außer Rindfleisch, dem Lehrer der pathologischen Anatomie, trat besonders Bunge, der Meister der physiologischen Chemie, für die alte bescheidene Lehre ein, daß das Lebensproblem durch die mechanistische Weltanschauung nicht erklärt werde. Bunge berief sich schon auf die erkenntnistheoretische Tatsache, daß wir Sinnesorgane nur für die Außenwelt haben und nicht für die Innenwelt, daß wir darum in der Innenwelt nichts wahrnehmen können, als was wir in der Außenwelt erfahren haben; er hätte auch sagen können: Unsere wissenschaftliche Sprache ist nur nach der Außenwelt orientiert und kann uns darum in der Innenwelt nicht orientieren. Du Bois-Reymond bekämpfte diesen Neo-Vitalismus in seiner Weise; er gestand zu, daß er mit so tiefen

Sätzen wie die von Bunge einen Sinn nicht verbinden könnte, und berief sich darauf, daß Bunge nicht den Lehrauftrag für Physiologie besäße, also über das Lebensproblem nicht mitzusprechen hätte; sonst begnügte sich Du Bois-Reymond mit schön geformten Plattheiten, welche mich an die schlichtere Plattheit erinnern, die ich gar in einem Vortrage Virchows aus dem Jahre 1858 („Über die mechanische Auffassung des Lebens") gefunden habe: „Will man sich nicht in unklare und willkürliche Träumereien vertiefen, so muß man den Begriff des Lebens allein an die lebendigen Wesen knüpfen."

Es wäre natürlich ungerecht, wollte man den großen Ärzten und dem Monumental-Journalisten Du Bois nicht mildernde Umstände zuerkennen; sie fühlten sich als Nachkömmlinge der Befreier vom kirchlichen Dogmatismus, der namentlich auch eine vorurteilslose Physiologie nicht aufkommen lassen wollte. Die mechanistische Weltanschauung war ihnen Glaubenssache; im Neo-Vitalismus witterten sie Metaphysik, Mystik, Reaktion, Reaktion in politischem Sinne. Die Aussichtslosigkeit des Kampfes gegen den Vitalismus, also gegen die Lehre, daß das Leben ein Problem für sich sei, möchte ich noch durch eine verwegene Phantasie anschaulich machen.

Daß die mechanischen und chemischen Kräfte allein nicht Ursachen der Lebenserscheinungen sein können, das dürfte, nachdem der Materialismus nicht mehr dogmatische Glaubenssache ist, jetzt allgemein zugegeben werden; die Frage war sprachlich und logisch falsch gestellt worden. Eine Möglichkeit aber scheint der Zukunft noch aufgespart. Vielleicht besteht der tierische Körper nicht bloß aus 14 oder sonst einer Zahl der bekannten Elemente; vielleicht setzt er sich außer aus diesen wohlbekannten Elementen auch noch aus bisher unbekannten vitalen, d. h. lebenartig auf Reize wirkenden Elementen zusammen. Die letzten Jahre haben so viele Überraschungen gebracht, haben so viele den Sinnen fast unwahrnehmbare Elemente entdecken lassen, daß ein solcher Gedanke wohl denkbar wäre. Dann würden die Materialisten sicherlich triumphieren und das Leben aus dem Vorkommen von „lebenerzeugenden" Stoffen erklären. Ich brauche wohl nicht erst zu sagen, daß das Problem dann nicht gelöst, sondern nur zurückgeschoben wäre. Die Wissenschaft stünde vor der alten Aufgabe, auszusprechen, wodurch sich die neuen Lebenselemente von den lieben alten Elementen unterscheiden.

IV.

Du Bois-Reymond hatte nicht unrecht mit der Beobachtung, daß seine Kollegen von der Physiologie, die sich fast ausschließlich mit der Untersuchung des Stoffwechsels befaßten, der mechanistischen Weltanschauung zuneigten, und daß die Wiederaufnahme des Vitalismus zunächst von den Vertretern der Morphologie ausging; wenn man nämlich den Begriff der Morphologie recht weit fassen will. Den Antivitalisten kam zustatten, daß der Begriff der Kraft im Laufe der letzten Jahrzehnte an Geltung verloren hatte, daß man die alten Kräfte, welche personifizierte Ursachen von Wirkungen gewesen waren, als Gedankendinge erkannt hatte, als Hilfskonstruktionen des Verstandes, der sein Kausalitätsbedürfnis befriedigen wollte; noch vor den mechanischen Kräften wollte man darum die Lebenskraft aus dem wissenschaftlichen Sprachgebrauche verschwinden lassen, weil bei ihr die Erforschung der Gesetze ihres Wirkens gar sehr im Argen lag. Es gilt heute fast nicht mehr für anständig, von einer besondern Lebenskraft zu reden.[1]) Ich fürchte aber: wenn man das Leben als ein Problem für sich betrachten muß, das sich auf materielle Probleme nicht zurückführen läßt, so wird man irgendwie eine Lebenskraft annehmen müssen, solange von Schwerkraft, elektrischer Kraft usw. die Rede ist, d. h. solange der Kraftbegriff nicht endgültig durch irgend einen neuen sprachlichen Ausdruck des alten Ursachbegriffs ersetzt worden ist. Sollte der Kraftbegriff für einige Jahrzehnte durch den Energiebegriff ersetzt werden, dann könnte man ja von Lebensenergie sprechen, ohne daß an der Vorstellung irgend etwas geändert würde. Höchstens daß dann sprachlich etwas deutlicher herauskäme: die Lebenskraft ist nicht die Ursache der Lebenserscheinungen, vielmehr ist das Leben eine besondere Art von Energie. Und ich stehe nicht an, einer Anregung von Ostwald zu folgen und das Leben eine Art von *Formenergie* zu nennen. Ostwald wählt zum Beispiele einen unelastischen Bleidraht und einen elastischen Stahldraht; der Bleidraht, wenn er gebogen wird, verwandelt und zerstreut die Arbeit des Biegens in Wärme; der Stahldraht konzentriert die Arbeit in Formenergie, die er bei Annahme seiner frühern Gestalt wieder ausgeben kann. (Vorlesungen über Naturphilosophie S. 349.) Es ist kein Zweifel, daß die Form im Leben aller Organismen eine entscheidende Rolle spielt und daß man, was so lange Lebenskraft hieß, mit der Formenergie der Elastizität vergleichen könnte.

Da möchte ich nur auf eine sprachliche Absonderlichkeit hinweisen. Die Lebenskraft war ihren alten Bekennern nicht nur vis vitalis, sondern auch eine vis formativa; in Blumenbach's *nisus formativus* fand diese Anschauung ihren deutlichsten Ausdruck: in den Organismen äußerte sich beständig eine formbildende Anstrengung, eine Aktivität (man hat das Leben sehr oft als Aktivität definiert), die einer bestimmten Form zustrebte. Wollte man nun die alte Lebenskraft neu bezeichnen, als eine Formenergie, so hätte sich weder an der Vorstellung noch am Ausdrucke etwas Wesentliches geändert.

V.

Wir haben bisher nach dem Sinne des Wortes gefragt, d. h. nach der

[1]) In einem Aufsatze gegen Verworn (Naturwissenschaftl. Wochenschr. XXII, S. 422) hat Dahl das Wort nicht vermieden, weil in dem Ausdrucke *Lebenskraft* an und für sich nichts Mystisches liege; und er glaubt, die in den äußerst unbeständigen Eiweißkörpern versteckten Eigenschaften deren Lebenskraft nennen zu dürfen.

Bedeutung eines Grundbegriffs der wissenschaftlichen Biologie; eine der Philosophie würdigere Aufgabe wird es scheinen, in ganz anderer Weise nach dem *Sinn des Lebens* zu fragen. Die Mode, solche Fragen an das Schicksal zu stellen, kehrt ja immer wieder; vor hundert Jahren lautete der Titel solcher Bücher „Bestimmung des Menschen", heute lauten sie „Sinn und Wert des Lebens".

Ich schicke einige Worte voraus über Wortgeschichte und Sinn der gebrauchten Ausdrücke. *Sinn*, doch wohl gewiß aus lat. *sensus* entlehnt, trotzdem das D. W. und Hermann Paul die Entlehnung leugnen, besaß schon im mhd. Sprachgebrauche die Nüance *Bedeutung;* man suchte den *Sinn* eines Wortes, eines Satzes, eines Gesetzes festzustellen, verstand also unter *Sinn* den geistigen Inhalt einer sprachlichen Form; wie schon die Lateiner den *sensus* dem *sonus nominis* gegenübergestellt hatten. So entspricht es uraltem Sprachgebrauche, nach dem Sinne des Wortes Leben zu fragen. Ein Wort hat keinen Wert, wenn man nicht einen bestimmten Sinn mit ihm verbindet. Wenn nun beneidenswerte Moralisten über den *Sinn des Lebens* philosophieren, so legen sie dem Worte *Sinn* ahnungslos eine andere Bedeutung unter, die freilich nicht ganz neu ist, aber dennoch in solchem Zusammenhange nicht genau zu erklären: etwa Absicht, Tendenz, Zweck. Man braucht die Titel solcher Bücher nur in vollständige Fragen aufzulösen, um die kindliche Unbescheidenheit der Fragen zu bemerken: Welche Absicht hatte Gott dabei, als er die Lebewesen erschuf? Welchen Zweck oder welchen Wert hat das Leben für das Individuum oder für die Menschheit?

Man achte darauf, daß in solchen Büchertiteln auch das Wort *Leben* in einem andern Sinne genommen wird, als wir es bisher untersucht haben. Die alte Unklarheit der beiden griechischen Synonyme meldet sich wieder. Wir haben bisher von der *ζωη* gesprochen; wer nach dem Sinne des Lebens fragt, kümmert sich nicht mehr um das Zoologische im Menschen, sondern gewissermaßen um das Biographische. Welchen Wert hat die Reihenfolge meiner Erlebnisse für mich oder für die Welt, mein *βιος*, meine erlebte Biographie? Man hat vielleicht noch gar nicht bemerkt, auf welch einem anthropozentrischen Standpunkte solche Fragen stehen. Die Tiere, die Pflanzen können nach dem Zwecke ihres Daseins, nach dem Sinn ihres Lebens nicht fragen, weil sie keine fragende Sprache besitzen. Aber auch der Mensch, das fragende Tier, fragt ja nicht nach dem Sinne des Tierlebens, nicht nach dem Sinne des Pflanzenlebens. Nur nach dem Sinne des Menschenlebens fragt er, wie er von jeher nach den Zwecken gefragt hat, die Tiere und Pflanzen für ihn haben könnten. Erst seitdem der anthropozentrische Standpunkt im Prinzipe wenigstens fallen gelassen worden ist, handelt es sich in der Biologie, die seitdem erst möglich wurde, nicht mehr um Zwecke für den Menschen, sondern um Zwecke der Organe für die Lebewesen selbst. Auf diesem Wege ist dann Darwin zu seiner gewaltigen Hypothese gelangt, die auch die aussermenschliche Zweckmäßigkeit der Organe aus der Evolution erklärte, aus Anpassung und Vererbung als aus vermeintlich zureichenden Gründen: aus natürlichen Ursachen. Der Begriff *Zweckmäßigkeit* erhielt durch diese Lehre eine neue Bedeutung. Nur die Organe waren zweckmäßig, aber nicht im Sinne eines Nutzens für den Menschen, auch nicht in dem Sinne, daß ein menschenähnlicher Schöpfer die Zwecke gesetzt hätte, sondern so, daß die Organe durch Evolution zweckmäßig, d. h. nützlich oder wertvoll oder unentbehrlich geworden waren für die Besitzer der Organe, die Individuen, oder vielmehr für die Arten dieser Individuen. Es wäre verkehrt gewesen, in diesem Sinne nach dem Zwecke der Tier- und Pflanzenindividuen selbst zu fragen.

Über den Sinn des Lebens zu streiten, über den Wert des menschlichen Daseins, überlasse ich gern den Optimisten und den Pessimisten (vergl. Art. *Optimismus)*, die ja entweder die Absichten Gottes besser kennen als ich, oder die in der Lage sind, zwischen den Werten des Seins und des Nichtseins nationalökonomische Vergleiche anzustellen. Die lebendigen Menschen lassen sich gern etwas über den Sinn des Lebens erzählen; die Kinder, sie hören es gerne.

Wollte ich mich aber für eine Weile auf den Standpunkt des Darwinismus stellen, so könnte ich doch einige Richtlinien geben, um etwas Ernsthaftes über den Zweck des Lebens, d. h. über den Zweck der Lebensentwicklung für — ja, wofür? — zu sagen. Ich meine der Sinn oder der Zweck des Lebens scheint der zu sein, daß das *Gedächtnis*, welches in der unorganischen Welt so leicht gestört werden kann, sich in den Organismen zu einer viel stabileren Formenergie konzentrieren könne. Drei Stufen des konzentrierten Gedächtnisses wären da zu beobachten. Die lebendigen Formen selbst sind Produkte eines Keimgedächtnisses, welches sich dann in den Tieren und im Menschen besondere Nervenorgane für ein noch höher potenziertes Gedächtnis bildet. Diese Lebensformen haben das treueste Gedächtnis für die Vergangenheit.

Die Sinnesorgane der Tiere und Menschen haben ein Gedächtnis für die Gegenwart, das die unorganische Welt nicht kennt; sie merken und ordnen durch unverständlich komplizierte Apparate die Schwingungen der Außenwelt zu Ton- und Lichtempfindungen, und stellen so — *durch die Lebensformen* — eine Beziehung zur Umwelt her, die wir das *Bewußtsein* nennen.

Auf die Zukunft gar weist das Gedächtnis für Empfindungen und Erfahrungen hin, wofür wir die Bezeichnung *Denken* haben.

So hätte ich mit einer kleinen Konstruktion den Sinn oder den Zweck der organischen Welt gedeutet und hätte zugleich die drei Rätsel, über deren Schwierigkeit Du Bois-Reymond und Strauß stritten, auf das eine tiefe Rätsel des Gedächtnisses zurückgeführt. Leben, Empfinden und Denken erscheinen so, als die drei Entwicklungsstufen, die Reihenfolge, in der die Natur durch Organe des Gedächtnisses Geschöpfe hervorbringt, die in den Formen stabiler sind als das Unorganische, die für die Aufgabe der Selbsterhaltung besser und immer besser eingerichtet sind. Das *Leben* setzt sich selbst durch Vererbung gleicher Eigenschaften und Formen in einer Art von Unsterblichkeit fort und überwindet die *Vergangenheit* durch das Formgedächtnis des Keims. Die Organe der *Empfindung* machen das Individuum, dessen Leben sich bis zu diesen Organen entwickelt hat, zum Herrn der *Gegenwart*, da es jetzt erst (was der lebenden Pflanze und den sogenannten niedern Tieren noch nicht möglich war) die Umwelt deuten, in die subjektive Bildersprache der Empfindung übersetzen, Nahrung erjagen, Schädlichkeiten fliehen kann; wobei das so weit entwickelte Tierindividuum durch Vererbung der geschärften Sinnesqualitäten noch mehr als durch Vererbung der Formen von der Vergangenheit lebt. Das Organ des *Denkens* endlich häuft zu dem Schatze der ererbten Formen und Sinne (oder Erfahrungsmöglichkeiten) auch noch die Erfahrungen selbst, aller subjektiv interessanten, schließlich auch der objektiv (wissenschaftlich) interessanten Erfahrungen und vermag so, der Vergangenheit bewußt, der Gegenwart noch besser angepaßt, sogar einiges für die *Zukunft* vorzukehren. Wie das Leben aus dem Keime, so erwachsen aus dem Leben die Empfindung und das Denken.

Ich habe diese Entwicklungsgeschichte des Denkens eben eine Konstruktion genannt, eine kleine, und mit diesem Worte gesagt, was sich gegen so eine Begriffsarchitektur sagen läßt. Ich habe mich absichtlich so überaus kurz gefaßt; mein Versuch hat nur geringen Wert, wenn nicht ein Physiologe der Zukunft, ein Newton der Lebenserscheinungen, Kants ersehnter Newton des Grashalms, durch Versuche verifizieren kann, was ich für die ungefähre Wahrheit halte. Und ich habe das Lebensproblem nicht gelöst, es nur durch Zurückführung von Leben, Empfinden und Denken auf das Gedächtnis zurückgeschoben, bis zu der Zeit, da jemand das Rätsel des Gedächtnisses zu lösen vermag. (Vgl. übrigens Art. *Gedächtnis)*.

Trotz solcher Resignation möchte ich behaupten, daß beide Begriffe, *Leben* und *Gedächtnis*, durch diese Konfrontation an Klarheit etwas gewonnen haben. Das Leben ist, wie gesagt, durch das Prinzip der Aktivität von der unorganischen Welt unterschieden worden; wir aber haben längst gelernt, daß das Gedächtnis aktiv sei, immer eine Tätigkeit, nichts außer und neben dieser Tätigkeit. Wir haben gelernt (I. 364), daß auch das *Vergessen* keine Negation sei, vielmehr eine andere und sehr wichtige Tätigkeit, daß das Verwechseln von Gleichheit und Ähnlichkeit, also das Vergessen der genauen Züge einer Vorstellung, eine wesentliche Eigenschaft des Gedächtnisses sei; es besteht darum eine nahe Analogie zwischen der Arbeit des unbewußten Formgedächtnisses der Zellen, das nicht gleiche, sondern ähnliche Gestalten einer Art macht, und der Arbeit des Gehirngedächtnisses, das nicht aus gleichen, sondern aus ähnlichen Vorstellungen Begriffe bildet. So könnte man verführt werden, den Analogieschluß zu ziehen, daß auch das rätselvolle Gedächtnis eine Art der Formenergie sei oder genannt werden könne, wie das Leben.

Aber — ich kehre zu meiner Resignation zurück. Ich habe mich für eine Weile, wie ausgemacht wurde, auf den Standpunkt des Darwinismus gestellt, und alle Bedenken vergessen, um diese Begriffsarchitektur aufbauen zu können. Ich fürchte aber, daß die verschiedenen Tätigkeiten des Lebens und des Gedächtnisses in der uns unbekannten Wirklichkeit der sprachlich ausgedrückten Analogie nicht völlig entsprechen; wahrscheinlich arbeitet das Gehirngedächtnis etwas anders als das unbewußte Gedächtnis der Organismen; wahrscheinlich arbeitet das Gedächtnis der Organismen wieder etwas anders als das Gedächtnis der sogenannten toten Natur, das wir dann so falsch wie möglich das Gesetz der *Trägheit* nennen. Und ich wüßte nicht zu sagen, ob eine Ausdehnung des Trägheitsbegriffs auf das Gehirngedächtnis richtiger wäre, oder die hier versuchte Ausdehnung des Gedächtnisbegriffs auf die Empfindung, das Leben und auf das Gesetz der Trägheit. Amica critice linguae, sed magis amica veritas, — lieb ist mir die Kritik der Sprache, noch lieber die Wahrheit, die wir freilich so wenig kennen wie irgend eine andere Freundin.

Liebe. — Die Gemeinsprache unterscheidet gut zwischen der Befriedigung oder Ausübung des Geschlechtstriebes und dem seit etwa 700 Jahren zu unvergleichlichem Ansehen gelangten Begriffe Liebe, der ein Gefühl ausdrücken will, das trotz aller Beziehungen zum Geschlechtsgenuß geistiger Art ist; die ganz ordinäre Umgangssprache unterscheidet da viel besser, als die Philosophen, die sich herbeigelassen haben, die *Liebe* zu definieren. Und auch die Alten, bei denen von *Liebe* noch nicht soviel die Rede war wie bei uns, nicht in Romanen und Dramen, auch nicht so heuchlerisch bei Eheschließungen, unterschieden dennoch recht gut wenigstens zwischen dem Wollustgefühl und den geistigen oder ästhetischen Begleitgefühlen. Man lese doch Plutarchs Essay über die Liebe; der personifizierende Grieche unterscheidet (die lateinischen Namen sind uns vertrauter) scharf zwischen Venus und Amor.

Unter den Philosophen waren es besonders zwei, Spinoza und Schopenhauer, die eine wissenschaftliche Definition der Liebe ihrem Systeme einzufügen suchten. Bei Schopenhauer ist die Liebe einer der Brennpunkte des metaphysischen Willens; alle Liebesgefühle sind nur Illusionen der Natur, um das menschliche Individuum zu den größten Opfern für die Herstellung des künftigen Kindes zu verlocken. „Die sämtlichen Liebeshändel der gegenwärtigen Generation zusammengenommen sind demnach des ganzen Menschengeschlechts ernstliche meditatio compositionis generationis futurae, e qua iterum pendent innumerae generationes.“ (W. a. W. II S. 611)

Schopenhauer wirft also den Geschlechtsgenuß und das geistige Gefühl in einen Topf zusammen; man darf sich nicht wundern, wenn er darum so inkonsequent ist, von der stärksten Äußerung seines fast göttlich verehrten Willens mit dem äussersten Zynismus zu reden. Eigentlich hätte er nur vom letzten Standpunkte der Weltverneinung aus den Geschlechtstrieb bedauern dürfen, nicht ihn verhöhnen.

Über Spinozas Liebesdefinition macht sich Schopenhauer bei dieser Gelegenheit lustig; er wolle sie wegen ihrer überschwenglichen Naivetät nur zur Aufheiterung anführen (a. a. O. 610). Der unheilige Schopenhauer verspottet den heiligen Spinoza. Und doch ist Spinozas Definition in ihrer zweiten Fassung noch zynischer als Schopenhauers metaphysische Grobheiten. Spinoza hat zunächst den *amor* im weitesten Sinne gedeutet als eine Fröhlichkeit oder eine Lust, verbunden mit der Idee einer äußern Ursache (Eth. III. 13); sodann aber hat er im folgenden Buche, das die menschliche Knechtschaft behandelt, die eigentliche Wollust genauer definiert als einen Kitzel *(titillatio)*, verbunden mit der Idee einer äußern Ursache (IV, 44). Ich will nicht untersuchen, ob Spinoza durch das Wort titillatio allerlei Perversitäten unter der Liebe mitbegreifen wollte, die er doch an dieser zweiten Stelle mit dem Geize, der Ehrsucht und andern Leidenschaften vergleicht, die er Krankheiten zu nennen geneigt ist. Offenbar denkt aber Spinoza bei dem Worte titillatio an eine Befriedigung des Geschlechtstriebs und sieht in dem geistigen Begleitgefühle nur eine Tönung des Lustgefühls, nicht ein Gefühl für sich.

Neuerdings hat nach so vielen Männern auch eine Frau die Philosophie der Liebe zu erkennen versucht, Lou Andreas Salomé, die von der Firma Nietzsche um ihres vorzüglichen Nietzsche-Buches willen gründlich gehaßte Freundin Nietzsches. Frau Lou ist in ihren Ausführungen sehr fein; sie wagt es, die Treue grundsätzlich nicht als Eigenschaft der Liebe anzuerkennen, und sie schlägt die Brücke zwischen der Phantasie des Künstlers und der Phantasie der Liebenden (Die Erotik S. 25f.). Aber auch Frau Lou vergeistigt den Akt so sehr, daß eine begriffliche Scheidung zwischen dem Wollustgefühle und der geistigen Begleiterscheinung nicht zustande kommt.

Da es sich nur um eine begriffliche Unterscheidung zu handeln scheint, die beiden Gefühle aber sich in der psychologischen Wirklichkeit häufig vermengen, so wäre der Fehler der Philosophen nicht gar so empfindlich, wenn er nicht einen andern Fehler zur Folge gehabt hätte. Der Geschlechtstrieb ist nämlich so allgemein verbreitet, daß Menschen, die ihn nicht kennen, fast für abnorm gelten dürfen, vielleicht für pathologisch; von dem geistigen Gefühle der sogenannten Liebe aber gibt es unzählige Grade, angefangen von der leisen Verliebtheit, die die Eigenschaften des Geschlechtspartners ein wenig idealisiert, bis zu der verrückten Liebe, der Liebe der Dramen, die sich eine

Gottheit schafft und für die Vereinigung mit dieser Gottheit willig Marter und Tod leidet; dieser höchste Grad der sogenannten Liebe nun ist ebenso selten, wie der Geschlechtstrieb allgemein verbreitet ist. Dieser höchste Grad ist so abnorm, daß er mit dem gleichen Rechte für pathologisch ausgegeben werden kann, wie das Ausbleiben des allgemein verbreiteten Geschlechtstriebs. Ich habe schon erwähnt, daß Spinoza die Liebesleidenschaft eine Krankheit genannt hat; auch Kant nannte diese Leidenschaft pathologisch. So groß ist der Unterschied zwischen dem Wollustgefühle und dem geistigen Begleitgefühle, daß das Fehlen des ersten und das Erscheinen des zweiten für gleich abnorm, für gleich krankhaft ausgegeben werden konnte. Die Gemeinsprache hatte also ganz recht, wenn sie für die Bezeichnung der beiden Gefühle verschiedene Worte wählte; die Philosophen hatten unrecht, wenn sie für beide Gefühle eine gemeinsame Definition finden wollten. Ich glaube die einseitigen Denkgenies haben wohl für das pathologische Liebesgefühl, für den höchsten Grad der Liebe, selten oder nie Verständnis gehabt, haben keine eigenen Erfahrungen gesammelt und sich nur bemüht, die Beschreibungen der Dichter begrifflich zu ordnen. Ich glaube, der höchste Grad des Liebesgefühls ist nur von Künstlern (etwa seit Petrarca) erfahren und beschrieben worden, ging durch die Macht der Nachahmung oder der Mode in die Vorstellungen der Gemeinsprache über, beherrschte in der Poesie sechs Jahrhunderte lang die Phantasie der Leser und ist gerade jetzt im Begriffe, von einer andern Mode abgelöst zu werden. Der höchste Grad des Liebesgefühls ist eine ebensolche Rarität wie eine große Kunstschöpfung und wie die religiöse Vereinigung mit Gott, die Franciscus erlebt haben mag; dennoch schwätzt alle Welt von Religion, von Kunst und von Liebe. Was man so nennt, ist nur ein Surrogat für ein Gefühl, das von einer Million von Schwätzern kaum Einer erlebt hat.

Der höchste Grad der Liebe, dessen Existenz ich also nicht leugne, hat wirklich etwas von einem Wunder an sich; man hat ja auch die Wunder als pathologische Erscheinungen erklären wollen. Ereignet sich der allerseltenste Fall, daß beide Geschlechtspartner den stärksten Grad der Liebe fühlen, so vollzieht sich gegen alle Naturgesetze das Wunder, daß Eines das Andere hebt, daß beide über der Erde schweben. Das *δος μοι που στω* des Archimedes ist oder scheint aufgehoben. Ob Glück oder Tod, die Sehnsucht der Mystik ist erfüllt.

Ich habe bei dieser kleinen Untersuchung die vielen andern Bedeutungen des Wortes *Liebe* absichtlich übersehen. Jetzt muß ich aber doch darauf hinweisen, daß auch die Mystik ihre Vereinigung mit Gott wie den brünstigsten und geistigsten Liebesgenuß empfindet, und daß namentlich Spinoza seine erste Liebesdefinition (im 3. Buche der Ethik und dann im 5. Buche) dazu benützt, den amor Dei, den amor erga Deum als die höchste Seligkeit des Menschen zu verkünden. Das Wesen der Mystik, die Sehnsucht, das Unaussprechliche auszusprechen, hat zu einem solchen Mißbrauch des Liebesbegriffes geführt; aber nicht nur in Spinoza's pantheistischer Verstiegenheit, auch in Schopenhauers metaphysischen Zynismen steckt etwas von dieser bildhaften Mystik, die auch Cousin meinte mit seinen Worten: „Wir lieben das Unendliche, und bilden uns ein, die endlichen Dinge zu lieben."

Durch alle Grade der sogenannten Liebe geht das wohlbekannte Gefühl, in welchem wir den Geschlechtspartner mit einem adjektivischen Worte *lieb* nennen; unsere Empfindung dabei, die ebenso subjektiv ist, haben wir überall mit dem falsch gebildeten verbalen Worte *lieben* bezeichnet; der Versuch, für die Empfindung ein objektives, substantivisches Wort zu bilden, das Wort *Liebe*, hat in der Sprache solches Glück gehabt, daß die Menschen sich eingeredet haben, die Empfindung wäre ebenso häufig zu finden wie das Wort.

loci communes. — Der Ausdruck *locus communis* ist durch Lehnübersetzung in alle Kultursprachen des Abendlandes übergegangen. *Lieu commun*, Gemeinplatz, gemeenplats, *common place* (davon *commonplace-book*, Notizbuch, u. *commonplaceism*), *luoghi communi;* lauter Lehnübersetzungen des lateinischen *loci communes*, wobei aber zu beachten, daß das verächtliche *communes* schon der Anfang gewesen sein kann, zur Verwerfung einer ganzen Disciplin, der *Topik*, die heute auf den Schulen nicht mehr existiert, die aber die ganze Arbeitsweise des Mittelalters erklärt. *Loci* ist eine wörtliche Übersetzung des griechischen *τοποι,* und man kann den ursprünglichen Sinn nicht verstehen, wenn man sich nicht mit dem geistigen Elend der Topik beschäftigt hat.

Lehnübersetzungen verschiedener Bedeutungen von *τοπος* ins Lateinische und über das Lateinische hinaus sind häufig; die Genitalien bei Mensch und Tier heißen *τοποι, loci; τοπῳ τινος,* an Stelle eines andern, *anstatt*, findet sich in der lateinischen Armeesprache als *locum tenere*, woraus *lieutenant (locumtenens)* geworden ist, der an Stelle des Hauptmanns, anstatt des Hauptmanns befiehlt, wörtlich *Statthalter*, welchen Sinn es in dem alten franz. Titel *lieutenant du roi*, bei uns bekannt durch Goethes *Königsleutnant*, noch hatte. Alltäglich war im Lateinischen der Gebrauch von *locus* für *τοπος* in den sehr nah verwandten beiden Bedeutungen von *Stelle, Satz* (eines Buches, einer Wissenschaft) und *Beweismittel*, *Beweisquelle* (aus einer Autorität). Denn die griechischen Lehrer der Römer haben es niemals dazu gebracht, scharf zwischen Rhetorik und Logik zu unterscheiden. Solange man nun die Topik des Aristoteles für ein wertvolles Buch hielt, waren *loci topici* und *loci dialectici* fast gleichbedeutende Ausdrücke, und gute Köpfe, wie Petrus Ramus noch, haben sich mit der scholastischen Einteilung dieser loci abgequält. *Topik* wird also auf unsern Universitäten nicht mehr gelehrt;

aber das alte Gespenst spukt immer noch wie in den höchsten so in den niedrigsten Äußerungen geistiger Tätigkeit. Zu den höchsten darf man doch wohl die Kategorientafeln rechnen und die bessere Literatur, die von Aristoteles bis Kant an der Ordnung der Kategorien oder Kategoreme d. h. dessen, was sich über irgend etwas allgemein (griechisch hießen die Kategorien auch *λογοι καϑολικοι*) prädizieren, aussagen, schwatzen ließe, scholastisch sich abgemüht hat; ich möchte bei besserer Gelegenheit den strengen Nachweis erbringen, daß Kants eigene Kategorientafel wieder von der alten logisch-rhetorischen Topik des Aristoteles abhängig war und daß Kants Aufstellung einer höheren transcendentalen Topik für sein System ebenso verhängnisvoll wurde, wie seine Kategorientafel.

Zu den niedrigsten Äußerungen pseudo-geistiger Tätigkeit gehört wohl noch gewisser der deutsche Schulaufsatz, beziehungsweise der Schulaufsatz bei andern Völkern; und dieser Schulaufsatz hatte wenigstens noch zu meiner Schulzeit die Form, die ihm die griechische Topik vor mehr als zweitausend Jahren gegeben hatte. Die *Chrie* nach dem Muster von Hermogenes und Aphthonios (von *χϱεια*). Auf meinem Piaristen-Gymnasium war die Chrie die höchste Aufgabe, die wir zu lösen hatten. Über dem Aufsatz stand der zu behandelnde Gemeinplatz, fast immer ein schönes Zitat; über diesen Gemeinplatz (im Sinne einer abgedroschenen Redensart, *phrasis trita)* hatten wir nun ordentlich und blödsinnig nach der Reihenfolge eines eingetrichterten Fragverschens zu sagen, was irgend mit Hilfe der Gemeinplätze (im alten Sinne der *loci communes*) zu sagen war; die Gleichförmigkeit solcher Stilübungen durch mehr als 2000 Jahre ist eigentlich grauenhaft. Das Fragverschen, das sich bis in die Lehrbücher des 18. und 19. Jahrhunderts fortgeerbt hat wie eine Krankheit, lautet: „Quis? quid? ubi? quibus auxiliis? cur? quomodo? quando?" Die Zeit, in welcher die Herstellung solcher Gedächtnisverschen, die meinetwegen die Form richtiger Hexameter haben, beliebt war, liegt etwa in der Mitte zwischen Aristoteles und uns; man achte darauf, wie die Reihenfolge der Fragen von dem Zwang des lateinischen Hexameters abhängig war, im Griechischen z. B. ganz anders ausfallen mußte, im Deutschen wieder anders, und wie unsere armen Gymnasiastengehirne sich der Reihenfolge fügen mußten, die der Zufall der lateinischen Prosodie verlangte. Wer nun frei genug ist, die Abhängigkeit aller Geistesanstrengung von den Assoziationen der Sprache mit mir zu begreifen, der mag ohne besondern Hinweis aufs Einzelne die Ähnlichkeit bedenken, die die Aufstellung und Ordnung von Kategorien (nach den Assoziationen der Grammatik) selbst bei einem Kant noch mit einer elenden Schularbeit hat, die nach der zufälligen Reihenfolge der Fragen des Hexameters geordnet ist.

Einer besondern Untersuchung wäre die Frage wert, ob die Örter der Topik nicht historisch mit den Örtern der Astrologie zusammenhängen. Hier und dort haben wir Kategorientafeln, deren Anordnung und Zahl scheinbar willkürlich nach einer fremden Schablone hergestellt ist. Ich glaube allerdings, daß die Assoziationen der Kategorien unter dem Einflusse führender Philosophen noch mehr Menschenschicksale bestimmt haben, als die Örter der Astrologie.

Die *loci communes* der alten Logik und Rhetorik waren als *lieux communs* oder *lieux oratoires* oder kurz *lieux* in die französische Schulsprache übergegangen; ziemlich früh entstand aber im Französischen der Bedeutungswandel, der diese *lieux communs* nicht mehr als Beweisquellen, als Herkunftsorte der Gedanken, sondern als abgegriffene, verbrauchte Autorstellen auffaßte. Wertvolle Belege finde ich bei Littré: Madame de Genlis sagt einmal von der Maintenon: elle ne disait jamais rien de neuf ou de saillant; mais elle avait perfectionné tous les lieux communs de la conversation. Voltaire von Corneille: on trouve souvent dans C. de ces maximes vagues et de ces lieux communs, où le poëte se met à la place du personnage; und derselbe Voltaire ganz modern schon in einem Briefe vom 19. Aug. 1776: à présent tout est lieu commun; la plupart des auteurs modernes ne sont que les fripiers des siècles passés, wobei Voltaire das Bild von den Althändlern wohl durch die Vorstellung der verbrauchten, abgetragenen Redensarten der *phrases trites* suggeriert wurde; Georges Sand sagt einmal: ces vérités éternelles que vous appellez lieux communs.

In dem gleichen Sinne hat sich das deutsche Wort *Gemeinplatz* entwickelt, das das philosophische Lexikon von Walch (1740) noch nicht kennt. *Commonplace* (schon bei Bacon und Swift im Sinne des neuen *truism* zu finden), jetzt auch englisch als Verbum gebraucht, bildet offenbar den Übergang zu dem deutschen Worte.

Unser *Gemeinplatz* scheint von Wieland geprägt worden zu sein; er sagt wenigstens (D. W.) einmal: „wenn uns erlaubt ist, das was man *locos communes* nennt, durch dieses Wort *(gelehrte Gemeinplätze)* im Deutschen zu bezeichnen.“ Kant und Lessing hatten etwas besser die Lehnübersetzung *Gemeinart* gebraucht. Schon Adelung tadelte beide Übersetzungen. Aber damals gab es noch eine Anknüpfung an die *loci communes* der Topik, die ja auf den Schulen noch gelehrt wurde, und *Platz* für *locus* klang den Dichtern abscheulich; Gemeinplatz in der neuen Bedeutung weckt keine Erinnerung an die Topik mehr und stört uns darum nicht mehr.

Logik der Tatsachen. — Das Schlagwort macht den Eindruck, als ob es von einem der großen Wortverächter, die Geschichte machten, einem Friedrich dem Großen oder einem Napoleon erfunden worden wäre, um die Schullogik, die diskursive Logik, die Logologie zu verhöhnen;[1]) es wäre also

[1]) Bei Ladendorf finde ich das Schlagwort auf einen Brief des Unterstaatssekretärs Gruner *an* Bismarck (aus dem Jahre 1861) zurückgeführt; es sieht aber so aus, als ob der Mitarbeiter nur ein Bismarcksches Wort wiederholt hätte.

durchaus ironisch gemeint, und in diesem Sinne allein wird es verständigerweise angewendet. Der Pedant beweist logisch, wie es nach Barbara usw. hätte kommen müssen; sein Gegner weist darauf hin, wie es wirklich gekommen ist. Realistisch wird da die Folge einer Wirkung aus Ursachen über die logische Folgerung gestellt, und nur ironisch wird die Wirklichkeit eine Art Logik genannt. Der deutschen Philosophie war es vorbehalten, diese Ironie nicht zu verstehen, das Wirkliche für vernünftig zu erklären und dem Geschehen eine immanente Logik, eben die Logik der Tatsachen unterzuschieben. Nicht nur Hegel, auch Liebmann, der doch mit kritischer Freiheit zu Kant zurückkehren wollte, hat sich der Sünde schuldig gemacht, Logik außerhalb der Sprache zu suchen.

Von den Bestandteilen dieses Schlagwortes ist das Wort *Tatsache* allein schon eine Missbildung; darauf hat bereits Lessing hingewiesen, in dem kleinen Fragment „Über das Wörtlein Tatsache" (Leben und Nachlaß von K. G. Lessing III S. 177; Adelung hatte die Wortform schon getadelt.): „Mit Recht sage ich *Wörtlein;* denn es ist noch so jung. Ich weiß mich der Zeit ganz wohl zu erinnern, da es noch in Niemands Munde war. Aber aus wessen Munde oder Feder es zuerst gekommen, das weiß ich nicht." (Nach dem D. W. hätte Spalding, der protestantische Prediger und Aufklärer, das Wort 1756 als Lehnübersetzung eines ebenso papiernen *res facti* zuerst geprägt.) „Noch weniger weiß ich, wie es gekommen sein mag, daß dieses neue Wörtlein ganz wider das gewöhnliche Schicksal neuer Wörter in kurzer Zeit ein so gewaltiges Glück gemacht hat; noch, wodurch es eine so allgemeine Aufnahme verdient hat, daß man in gewissen Schriften kein Blatt umschlagen kann, ohne auf eine *Tatsache* zu stoßen.

„Man fand in lateinischen und französischen Büchern bei wackern Männern, die an der Grundfeste des Christentums flicken, daß es ganz unwandelbar gegründet sei, weil es auf *facta, sur des faits* beruhe, die kein Mensch in Zweifel ziehen könne.

„Nur heißen facta und des faits weiter nichts als *geschehene Dinge*, *Begebenheiten*, *Taten*, *Ereignisse*, *Vorfälle*, deren historische Gewißheit so groß ist, als historische Gewißheit nur sein kann. Diese deutschen Ausdrücke bedeuten alle etwas Besonderes mit, und man müßte nach Schicklichkeit bald diesen bald jenen brauchen." Der Herausgeber des Lessingschen Nachlasses, Fülleborn, bemerkt zu der Entstehung des Wörtleins ganz klug: „Vielleicht ist es nur gemacht, um des rundern Klanges willen, oder damit es aussehe, als wolle man etwas mehr sagen, als man wirklich sagt." Lessing selbst aber wollte wahrscheinlich darauf hinauskommen, daß die historischen Ereignisse, die mit der Lehnübersetzung *Tatsachen* pleonastisch oder widersinnig bezeichnet werden sollten, nur ganz törichter Weise zur Unterstützung des christlichen Glaubens herangezogen würden, weil ein Glaube nicht bewiesen werden dürfte, und weil eine Gewißheit für historische Ereignisse nicht zu verlangen wäre. Denken wir bei *Tatsachen* nur an historische Ereignisse (im weitesten Sinne, also an alle menschlichen Handlungen und an alle Veränderungen in der Natur), so drückt unser Schlagwort, das jetzt *Logik der Geschichte* heißen könnte, ironisch die Meinung aus, daß es keine Logik der Geschichte gebe.

Nicht ohne Interesse dürfte es sein, daß die Worte *facta, faits* zu dem Sinne *Wirklichkeiten* über den juristischen Sprachgebrauch kamen, wo *fait* den Gegensatz gegen *droit* bedeuten konnte; rechtlicher Besitz z. B. gegen den faktischen Besitz. Die *res facti* des Rechts sind freilich gar sehr logischer Art.

Ich muß noch einmal mit zwei Worten auf die Ausführungen zurückkommen, durch welche Liebmann die ironische Redensart *Logik der Tatsachen* zu einem Schulbegriffe der Neukantianer gemacht hat. Sie stehen in seiner „Analysis der Wirklichkeit" unter der Kapitelüberschrift: „Die Logik der Tatsachen oder Kausalität und Zeitfolge." Die feine Unterscheidung zwischen einer objektiven Zeitordnung und dem subjektiven Zeitverlaufe ist nur die für uns überflüssige Einleitung zu der Hypothese: eine zeitlose Intelligenz (etwa der Laplace'sche Geist, den Liebmann nur nach Du Bois-Reymond zitiert) könne die Idee der allgemeinen Weltlogik nicht nur ahnen sondern gut begreifen; der Realgrund eines Ereignisses sei von derselben Art, wie der Erkenntnisgrund der Logik. „Legt man eine absolute Weltintelligenz hypothetisch zugrunde, für welche erstens der fluxus temporis nicht, wie für uns, als Erkenntnisgrenze existiert, und welcher zweitens das System aller Naturgesetze, in dessen logischen Zusammenhang schon die menschliche Theorie hie und da fragmentarischen Einblick gewonnen hat, als logisch gegliederte Totalität offen zutage liegt, — dann wird dieser Intelligenz wirklich der ganze, für uns im unendlichen Raum verzettelte und in der unendlichen Zeit distrahierte Weltprozess bis in seine kleinsten Einheiten hinein als *zeitlose Weltlogik sub specie aeternitatis* gegeben sein. Dies wäre denn die *vollendete Logik der Tatsachen in der objektiven Weltvernunft;* und Spinoza hätte recht in einem Sinne, der ihm freilich nicht vollkommen klar sein konnte, weil er ein Jahrzehnt vor der Veröffentlichung von Newton's Principia und ein Jahrhundert vor der Herausgabe von Laplace's Mécanique céleste gestorben ist."

Es ist mir fast genierlich, einem unserer besten und freiesten Denker einen kleinen logischen Schnitzer ankreiden zu sollen. Liebmann wählt als Beispiel für die begriffliche Logik den alten *Beweis* für den Satz, daß die Winkelsumme eines Dreiecks gleich 2 R. sei; als Beispiel für die Logik der Tatsachen wählt er die einfache *Anwendung* der Fallgesetze. Er scheint zu übersehen, daß sein zweites Beispiel unter allen Umständen ein Beispiel der alten Schullogik sein könnte. Der Umfang des Begriffs Fallgesetz umfaßt ja jeden Fall eines Körpers unter sich; frage ich aber nach dem Raume, den ein fallender Ziegelstein nach zwei Sekunden durchmessen haben wird, so ist das Fallgesetz wirklich nur der Obersatz eines Schlusses, der Schluß nur der Erkenntnisgrund meiner Rechnung. Wollte Liebmann das Fallgesetz zum Beispiele wählen, so mußte er zu zeigen versuchen, daß die Schwerkraft oder sonst eine entferntere Ursache des Falles sich zum Fallgesetze ähnlich verhalte, wie der Erkenntnisgrund des Euklides zu der Tatsache, daß die Winkelsumme gleich 2 R ist. Der Erkenntnisgrund; denn daß der mathematische Seinsgrund mit dem mechanischen Seinsgrund sehr große Ähnlichkeit habe, daran ist wohl nicht zu zweifeln.

Weniger genierlich ist es mir, Liebmann einen erkenntnistheoretischen oder meinetwegen einen sprachlichen Einwand zu machen. Es ist für den Verstand sehr reizvoll, den verschiedenen Arten der Gründe und Ursachen einen einzigen Begriff zugrunde zu legen; man hat dafür schon seit mehr als zweihundert Jahren den Begriff des *zureichenden Grundes*. Es fragt sich nur, ob man diesen Begriff, wenn man ihn schon neu benennen will, aus der Logik oder aus der Naturwissenschaft hernehmen solle. Wir glauben alle an eine notwendige Verkettung alles Geschehens, wie man mehr als tausend Jahre lang an die Unfehlbarkeit der Logik glaubte. Es fragt sich also, ob man das neue Dogma nach dem alten benennen solle, oder das alte Dogma nach dem neuen. Um deutlicher zu werden: ob man rationalistisch die Notwendigkeit alles Geschehens nach der logischen Notwendigkeit benennen solle, oder die Denknotwendigkeit nach der Naturnotwendigkeit. Ich meine nun, daß wir notwendig dazu neigen, die Vorgänge beim Denken eben auch als ein notwendiges Geschehen aufzufassen, daß wir also besser daran täten, von einer *ursachlichen Verkettung auch des Denkens* zu reden, als von einer Logik der Tatsachen.

Logokratie. — Die Griechen, unsere Älterlehrer in der Wortkunst und so vielen Mißbräuchen des Worts, haben mit ihrem *λογος* viele Zusammensetzungen gebildet wie z. B. *λογογϱαφια* (Schriftstellerei für Lohn), *λογοδαιδαλια* (Redekünstelei), *λογοδιαϱϱοια* (Redediarrhöe), *λογοϊατϱεια* (Kurieren durch Worte, *Besprechen*), *λογοκλοπεια* (Plagiat), *λογοποιικη* (die Kunst, Reden für andre herzustellen; Privatsekretariat), *λογοπωλης* (Wort-, Vortragshändler), *λογοσκοπος* (Wort-späher, Angeber), *λογοτεχνης* (Wortkünstler), *λογοφιλος* (geschwätzig) u. a. m. In die deutsche Pedantensprache ist Logogriph (Worträtsel), Logolatrie (Wortaberglaube), Logologie (die Lehre vom göttlichen Logos), Logomachie (Wortstreit), auch Logothet (Kalkulator, dann auch noch Geschäftsführer des Staates) übergegangen. Nur das Wort *Logokratie*, nach dem Muster etwa von Demokratie, hat man nicht gebildet; und es wäre doch für uns Bildungsmenschen so bequem, die Macht der Worte kurz ausdrücken zu können.

Ich verstehe also unter *Logokratie*

die nicht genugsam bekannte Tatsache, daß die Macht, der die Menschen mehr gehorchen als irgend einer andern Macht, die Macht der Worte ist. Man achte darauf, daß auch dort, wo die Menschen unter einer Aristokratie oder unter einer Demokratie zu leben vermeinen, diese sogenannten Regierungsformen nur suggestive Worte sind, daß es eine Herrschaft der Besten so wenig je gegeben hat wie eine Herrschaft des Volkes. Logokratie kann unter dem Namen jeder Regierungsform herrschen, ihrem Wesen nach ist sie Pöbelherrschaft oder Ochlokratie. Wer sich darüber wundern wollte, daß ich die landläufigen Worte so niedrig einschätze und ihnen dennoch eine so gewaltige Macht zuschreibe, der erinnere sich des alten Wortes, das schon bei Oxenstjerna ein Zitat war: „An nescis, mi fili, quantilla prudentia mundus regatur?“

Bei dem politischen Mißbrauch der Worte denkt man gewöhnlich zunächst an die Worthändler in unsern Zeitungen und Parlamenten. Man übersieht dabei, daß die kleinen Journalisten und Parteiredner gar keine Machtfaktoren sind, weil sie eben nur die Worte zusammenstellen, die von ihren Lesern oder von ihrer Partei gewünscht werden: daß aber die starken Publizisten und Parlamentarier, die wirklich an der Geschichte mitarbeiten, die Worte schon als politisches Werkzeug gebrauchen.

Die Schlagworte dieser Führer oder Staatsmänner sind nun darum so gefährliche Waffen, weil die Zeitgenossen nur selten unterscheiden können, ob lebendige Gedanken oder ob tote Scheinbegriffe ihre Macht ausüben. Wir glauben heute zu wissen, daß die mächtigsten Schlagworte des Mittelalters (Statthalterschaft Christi, Hexen) Scheinbegriffe waren, aber nur Wenige unter uns sind frei genug, um zu verstehen, daß auch unsere Schlagworte (Absolutismus, Liberalismus, Freiheit, Gleichheit, Zukunftsstaat) Scheinbegriffe sind. Die *Realpolitik* (das Wort ist etwa zehn Jahre älter als die Inauguration dieser Politik durch Bismarck) will sich eigentlich nur der Herrschaft der toten Ideen, der veralteten Worte entgegenstellen, und gegenüber der Berufung auf die überwundene Vergangenheit und auf die unbekannte Zukunft das Recht der Gegenwart behaupten. Müßte man diesen Gegenwartsstandpunkt genau nehmen, so stünde es schlimm um die Realpolitik; man könnte ihr mit einigem Scheine des Rechts vorwerfen, daß sie sich auf den Gegenwartsstandpunkt des Tieres stelle und auf den Vorzug des Menschen verzichte, Ideen von Gegenwart und Zukunft zu bilden. Glücklicherweise ist auch der Begriff Realpolitik nur ein ungenaues Wort; auch sie knüpft an die letzte Vergangenheit an und denkt an die nächste Zukunft. Wohl aber wird der Mensch just durch die Begriffssprache die ihn vom Tiere unterscheidet, rettungslos der Logokratie unterworfen. Seine Sprache, die ihn von der Macht der zeitlichen und räumlichen Gegenwart vielfach befreit, macht ihn wieder zum Sklaven der Vergangenheit. Er müßte denn mit einem unverhältnismäßigen Kraftaufwande Sprachkritik treiben und jedesmal das Wort, das ihn beherrschen will, nach seiner Herkunft und nach seinem Rechte zur Macht fragen; Sprachkritik ist in dieser Beziehung Rebellion gegen Logokratie.

M.

Mathematische Naturerklärung. — So oft von hoher Warte die Unvergleichlichkeit unserer gegenwärtigen Wissenschaft gepriesen wird, welche das Gebäude aller Erkenntnis auf einer mathematischen Grundlage errichtet habe, ebenso oft wird ein Wort Kants zitiert, das die mathematische Methode als die einzig richtige zu empfehlen und wenigstens für die Naturwissenschaften die jetzige Behandlungsart zu verherrlichen scheint. Kant sagt (in der Vorrede zu der 1786 veröffentlichten Schrift „Metaphysische Anfangsgründe der Naturwissenschaft"): „Ich behaupte, daß in jeder besonderen Naturlehre nur soviel *eigentliche* Wissenschaft angetroffen werden könne, als darin *Mathematik* anzutreffen ist." Übersehen wird bei diesem Wanderzitat, daß Kant ein andermal deutlich genug erklärt hat, ein Newton des Grashalms, also ein Mathematiker der Lebenserscheinungen sei noch nicht gefunden; übersehen wird auch, daß die zitierte Stelle von Kant ganz anders gemeint ist, als die Vertreter der mechanistischen Weltanschauung sie verstehen müssen. Er nennt die Vernunfterkenntnis durch Konstruktion der Begriffe mathematisch; diese Erkenntnis setzt er der a priori philosophischen Erkenntnis entgegen. Er scheint mir also mit seinem Satze, der den Mathematikern so anmutig klingt, nur sagen zu wollen, daß die reine Vernunft allein über Naturdinge nichts aussagen könne; es wird noch dazu erfordert, „daß die dem Begriffe korrespondierende *Anschauung* a priori gegeben werde, d. i. daß der Begriff konstruiert werde." Weit entfernt also, die Biologie oder gar die Psychologie auf mathematische Formeln bringen zu wollen, hat Kant da ahnungsvoll vor jener ganz anders konstruierenden Naturphilosophie gewarnt, die noch bei seinen Lebzeiten die deutsche Wissenschaft kompromittieren sollte. Mich will aber bedünken, daß Kants Warnung unglücklich genug an den Begriff *Konstruktion* anknüpfte; was Kant darunter verstand, das ging über die Empirie hinaus, das forderte von der mathematischen Darstellung ungefähr ein Schema; die Naturphilosophie konnte sich darauf berufen, daß auch sie ihre Begriffe nach einem Schema konstruierte, das von einigen Erfahrungen abgezogen war.

Mit besserem Rechte als die Vertreter der mechanistischen Weltanschauung sich auf Kant berufen, könnten sich ihre wenigen ernst zu nehmenden

Gegner auf Goethe berufen, der von seiner Jugend an bis zum Greisenalter nicht müde wurde, das Eindringen der Mathematik in die Naturbeobachtung zu bekämpfen. In Vers und Prosa, mit Zorn und mit Hohn wehrt sich Goethe gegen das Vordringen der Mathematiker. Man sieht: Kant war als Naturforscher ein Fortsetzer von Newton, Goethe ein Antipode. Ich zitiere als Beispiel aus unzähligen Stellen nur die folgende, die (wenn man sie mit dem vorausgehenden Spruche, von dem sie die Herausgeber losgerissen haben, als ein Ganzes betrachtet) darauf hinweist, daß Goethe seine Farbenlehre ebenso für eine Copernikanische Tat hielt, wie Kant seine Kritik der reinen Vernunft. „Newton, als Mathematiker, steht in so hohem Ruf, daß der ungeschickteste Irrtum, nämlich, das klare, reine, ewig ungetrübte Licht sei aus dunkeln Lichtern zusammengesetzt, bis auf den heutigen Tag sich erhalten hat; und sind es nicht Mathematiker, die dieses Absurde noch immer verteidigen und gleich dem gemeinsten Hörer in Worten wiederholen, bei denen man nichts denken kann?“ (Sprüche i. Pr. 994).

Und da ich schon Autoritäten für und gegen die Hegemonie der Mathematik angeführt habe, will ich gleich einen weit verbreiteten Irrtum berichtigen, als ob nämlich Spinoza und vor ihm schon Descartes Vertreter der mathematischen Methode gewesen wären, weil sie ihre Philosophien und deren Beweise *more geometrico* vorzutragen versprachen; bei der neuern Anwendung der Mathematik auf die Wissenschaften handelt es sich nicht mehr um die bloße Beweisform und um die Anordnung des Gedankengangs, sondern um die Frage, ob der Kalkül auf die Beobachtungen angewandt werden könne oder nicht.

Dennoch besteht ein historischer Zusammenhang zwischen diesen Bestrebungen namentlich Descartes' und der modernen Tendenz, alle Wissenschaften auf Mathematik zu gründen. Zur Zeit des Descartes hatte eben Galilei die Mechanik zuerst auf genaue rechnerische Grundlage gestellt und eigenlich dem höheren Kalkül die neuen Aufgaben gesetzt; Descartes selbst hatte mit außerordentlichem Scharfsinn die Geometrie von der anschaulichen Konstruktion befreit und dem Kalkül unterworfen. Und das führt mich auf den Punkt, auf welchen ich allein die Aufmerksamkeit lenken möchte.

Das Wort *Mathematik* ist nur durch einen zufälligen Bedeutungswandel dazu gekommen, die Größenlehre zu bezeichnen; zuerst bedeutete es das Wissen überhaupt, dann durch Jahrhunderte die Astrologie; jetzt begreift man unter Mathematik allgemein Größenlehre und Meßkunst, also den niederen oder höheren Kalkül und die Geometrie, obgleich feinere Köpfe längst erkannt haben, daß Geometrie bereits angewandte Mathematik sei. Reine Mathematik hat es nur mit Quantitäten zu tun, Geometrie behandelt Qualitäten des Raumes, und auch die rein mathematischen Sätze der analytischen Geometrie sind nicht vorstellbar, wenn man Raumanschauungen nicht zu

Hilfe nimmt. Meßkunst ist angewandte Mathematik; aber die ganze Größenlehre ist ja doch nur im Dienste der Meßkunst erfunden worden. Und unsere Frage dreht sich etwa seit Descartes nur darum, welche Qualitäten in Quantitäten ausgedrückt werden können, welche Qualitäten gemessen, also in mathematischer Form dargestellt werden können. Die Qualitäten des Raumes und die der Bewegung ließen sich nach Erfindung des höheren Kalküls so restlos in mathematischen Formen ausdrücken, also in Quantitäten, daß die Mathematiker wie von einem Siegesrausche ergriffen wurden und, wie Mach das einmal ausgedrückt hat (Analyse der Empfindungen[3] S. 67), daß „Philosophen, Psychologen, Biologen und Chemiker physikalische Begriffe in so freier Weise auf die weitesten Gebiete anwenden, wie dies der Physiker auf seinem eigenen Gebiete kaum wagen würde." Noch sannen die größten Mathematiker mit nie zuvor erlebter Kühnheit über die Prinzipien der Größenlehre und der Raumlehre nach, noch war es kaum in das Bewußtsein der Gelehrten eingedrungen, daß die seit Jahrtausenden angenommene Geometrie nur eine unter mehreren möglichen Geometrien war, daß die geltende Geometrie nur die für die Menschen vorteilhafteste und bequemste Geometrie war, — und schon hofften mechanistische Physiker mit dieser Größenlehre und Raumlehre bis zum Ding-an-sich vorzudringen, vor allem den Kalkül auf die Psychologie und auf die Geschichtswissenschaft anwenden zu können.

Die glänzenden Leistungen, mit denen die Anwendung der mathematischen Methode auf die Physik zu Beginn des 17. Jahrhunderts in die Welt getreten war, ließ bald so kühne Hoffnungen fassen. Der Kalkül lernte die gleichmäßigen und die ungleichmäßigen Bewegungen beherrschen, und als die Aufgaben der Mechanik dem Kalkül selbst neue rein mathematische Aufgaben stellten, wurden auch diese von Descartes, Fermat, Newton und Leibniz in staunenswürdiger Weise gelöst. So schien es immer weiter gehen zu wollen: die Naturwissenschaften übergaben ihre Probleme der Mathematik zur Bearbeitung und die Mathematik hatte sich den neuen Problemen anzupassen. Die Erfolge auf dem Gebiete der Mechanik, insbesondere der Mechanik der Gestirne, waren gewaltig. Aber auch darüber hinaus entwickelte sich die alte empirische Physik, die Lehre vom Schall, von der Wärme, vom Lichte, von der Elektrizität zu einer neuen theoretischen oder mathematischen Physik, deren praktische Ergebnisse besonders in den letzten Jahrzehnten zu wahrhaft märchenhaften Erfindungen geführt haben. Beinahe noch mehr wurde die Chemie durch Anwendung der mathematischen Methode revolutioniert; und als es da gelang, die Eigenschaften noch niemals wahrgenommener Stoffe, deren Herstellung man von der chemischen Synthese erwartete, auf Grund mathematischer Proportionen vorauszusagen (so wie es der Astronomie gelungen war, Ort und Größe eines noch nicht wahrgenommenen Planeten zu berechnen), da kannte der Jubel keine Grenzen und der Sieg der mathematischen Methode in allen Naturwissenschaften schien entschieden; denn wie in der anorganischen Chemie, so mußte es auch in der organischen Chemie gelingen und auf die organische Chemie begründete die mechanistische Weltanschauung vorschnell die Erscheinungen des Lebens, des Empfindens und des Denkens.

Man übersah bei dieser Siegeszuversicht den Umstand, daß die absolute Gewißheit der mathematischen Sätze für die angewandte Mathematik nicht mehr gilt; sind nicht alle Vorfragen gelöst, sind die Größen nicht durch unabhängig bestimmte Maßeinheiten genau gezählt, so kann von einer Gewißheit der rechnerischen Ergebnisse keine Rede sein. Wir haben es dann mit einer vorläufigen Anwendung der Mathematik zu tun, die freilich, wie die Anwendung von Hypothesen einen an sich wunderbaren heuristischen Wert haben kann. Man sieht es am deutlichsten an der theoretischen Chemie, wo die Hypothese des Atomismus die Anwendung des Kalküls erst möglich machte, und wo die oft ganz unvorstellbare Hypothese, daß die Stoffe nur nach Zahl und nach räumlicher Anordnung der Atome verschieden seien, dennoch zu neuen Entdeckungen geführt hat. Wir können also sagen: die Anwendbarkeit der Mathematik auf die Physik ist eine vorläufige Hypothese, die sich vorzüglich bewährt hat; aber das Operieren mit solchen vorläufigen Hypothesen widerspricht eigentlich dem Geiste der Mathematik. Für die Vertreter der reinen Mathematik muß es zu gleicher Zeit etwas Beschämendes und etwas Aufreizendes haben, daß z. B. auf dem Gebiete der Optik, der Elektrizitätslehre und der Chemie die Rechnungsergebnisse oft bestehen blieben, nachdem die Prinzipien dieser Wissenschaften gewechselt hatten; man könnte fast auf den verwegenen Gedanken kommen: es gibt in der anorganischen Natur eine Ordnung für sich, unabhängig von dem menschlichen Ordnungsbedürfnisse, unabhängig von den menschlichen Maßeinheiten. Ich fürchte, der eine oder der andere Leser wird den Gedanken gar nicht verwegen finden. (Vgl. Art. *messen.*)

Nun wollte aber die mechanistische Weltanschauung nicht auf halbem Wege stehen bleiben und war so vermessen [1]), die mathematische Methode auch auf die Physiologie der Sinnesorgane, auf die Psychologie und so-

[1]) Zu dem Worte *vermessen* macht Kant einmal (Kr. d. Urteilskraft S. 309) eine sehr feine Bemerkung: „Das deutsche Wort *vermessen* ist ein gutes, bedeutungsvolles Wort. Ein Urteil, bei welchem man das Längenmaß seiner Kräfte (des Verstandes) zu überschlagen vergißt, kann bisweilen sehr demütig klingen und macht doch große Ansprüche und ist doch sehr vermessen. Von der Art sind die meisten, wodurch man die göttliche Weisheit zu erheben vorgibt, indem man ihr in den Werken der Schöpfung und der Erhaltung Absichten unterlegt, die eigentlich der eigenen Weisheit des Vernünftlers Ehre machen sollen.“ Das Zitat ist im D. W. drolligerweise an falscher Stelle untergebracht, unter dem Verbum vermessen, anstatt drei Spalten später unter dem Adjektiv. Das Wort hat seinen Sinn wohl im Gegensatze zu *gemessen* entwickelt.

gar auf die verwickeltsten psychologischen Erscheinungen, auf die geschichtlichen Ereignisse anwenden zu wollen. Wieder stellten die Beobachtungen der Mathematik neue Probleme, aber die Mathematik versagte. Mußte versagen, weil Maßeinheiten für psychische Erscheinungen nicht vorhanden sind. Psychische Qualitäten lassen sich nicht in physische Quantitäten übersetzen. Ich will das für jedes der drei Gebiete ganz kurz zu exemplifizieren suchen.

Für die Sinnesempfindungen hat man ein Gesetz aufgestellt, mit welchem eine ganze neue Disziplin, die Psychophysik, ihren Anfang zu nehmen schien: die Ordnungszahl der Empfindungen wächst proportional dem Logarithmus der Reizintensität. Zum Reize wird aber eine äußere Veränderung erst dadurch, daß ein lebendiges Organ ihr antwortet (vergl Art. *Leben)*; wir können also weder den Teil einer gemessenen Intensität messen, der von dem Organ verarbeitet worden ist, noch können wir die Antwort auf den Reiz, die Empfindung, durch eine unabhängige Maßeinheit messen; von einer zahlenmäßigen Genauigkeit ist nicht die Rede; und man wird einmal über das Weber-Fechnersche Gesetz so überlegen lächeln, wie Fechner über die Sinnesphysiologie der Engel gespottet hat.

Die Psychophysik ist — wie gesagt — eine ganze Disziplin geworden und hat namentlich das Spiel der Assoziationen der Rechnung zu unterwerfen gesucht. Sieht man aber genauer zu, so wird dabei im Sinne der Mathematik höchstens eine Nebenerscheinung gemessen und verglichen, die bei psychischen Erscheinungen verbrauchte Zeit nämlich. Kein Chemiker glaubt aber das Wesen chemischer Verwandlungen dadurch erkannt zu haben, daß er neuerdings genauer als früher die bei den chemischen Prozessen verbrauchte Zeit in Betracht zieht. Streicht man aus der Psychophysik aber die mit den verschiedensten Kniffen annähernd und im Durchschnitt erlangten Zeitangaben, so bleibt von der Psychophysik nicht viel Mathematisches übrig.

Nicht viel besser steht es um die Anwendung der Statistik oder der Wahrscheinlichkeitsrechnung auf die Geschichte. Es liegt im Wesen der Statistik, daß ihre sogenannten Gesetze nur für große Zahlen gelten; für den Einzelfall, für den Willensentschluß eines Königs oder eines Rebellen, der die historischen Ereignisse geleitet hat, ist die zahlenmäßige Unterlage der Geschichte ohne Bedeutung. Und die Wahrscheinlichkeitsrechnung hat uns gelehrt (vergl. Art. *Geschichte*), daß die Berichte über reale Veränderungen immer in hohem Grade glaubhafter sind, als Berichte psychologischer Vorgänge in den Seelen der Männer oder Frauen, welche die Geschichte gemacht haben.

Um das bisher Gesagte noch kürzer zusammenzufassen: eine mathematische Begründung oder Versinnbildlichung ist nur in denjenigen Wissenschaften möglich, auf welche sich noch mit einiger Vorstellbarkeit die Hypothese oder das Bild des Atomismus anwenden läßt. Und das ist fast ein selbstverständlicher Satz. Die Zahlen, auf deren Erfindung doch die ganze Mathematik beruht, und die Atome sind — bis auf einen Punkt, auf den ich gleich zurückkomme — Gedankendinge von ganz ähnlichen Eigenschaften; unser Zahlensystem gestattet es durch die Erfindung der Dezimalbrüche, die Maßeinheit selber wieder unbeschränkt zu verfeinern, die Reihe der diskreten Zahlen bis an die Grenze einer stetigen Linie zu bringen; ebenso hat die Entwicklung des Atombegriffs die Teilung der Stoffe unbeschränkt fortgeführt, bis der Streit um die Frage, ob ein Körper und ob der Raum aus diskreten Teilen bestehe oder ein Kontinuum sei, zu einem Wortstreit geworden ist; und das unendlich Kleine ist für den Atomismus der gleiche Grenzbegriff wie für die Zahlentheorie. In der Chemie, in der Wärmelehre ist die Abhängigkeit der mathematischen Methode vom Atomismus offenbar; aber auch in der neueren Auffassung der Elektrizitätslehre muß vor Anwendung des Kalküls im Gedanken eine Atomisierung des Äthers vorausgegangen sein. Ich muß darum an dieser Stelle versuchen, eine Fragestellung Boltzmanns zu verbessern. In seinen „Populären Schriften" (S. 141 f.) spricht Boltzmann über die Unentbehrlichkeit der Atomistik in der Naturwissenschaft; er unterscheidet zwischen der Darstellung der theoretischen Physik durch Differenzialgleichungen und der Darstellung durch Atomistik; er sieht sehr gut, daß auch die Differenzialgleichung nicht das Bild von einem Kontinuum schaffe; er sieht überhaupt, als ein Schüler von Mach, daß die Wissenschaft nur Bilder von der Wirklichkeit gebe; aber er ist doch der Meinung, daß das Bild der Atomistik besser und haltbarer sei, als das Bild des höheren Kalküls. Er hat nicht gesehen, daß die Vorstellung von Atomen der Anwendung von Differenzialgleichungen nicht widerspricht, ihr vielmehr zugrunde liegt. Wir nennen die Eigenschaften der Stoffe ihre Gesetze; dann legen wir diese Eigenschaften oder Gesetze in die Gedankendinge hinein, die wir Atome nennen, und werden so in die Lage gesetzt, diese Eigenschaften oder Gesetze in mathematischen Formeln auszudrücken. Der Atomismus will ein schematisches Modell der Welt anfertigen; die mathematische Physik will dieses dreidimensionale Modell in einem übersichtlichen zweidimensionalen Bilde darstellen. Die Atomistik ist (ich falle aus dem Bilde) der Stramin, auf welchen die mathematische Methode ein Projektionsbild der Welt abzählend zeichnet. Ein Projektionsbild der innern, der psychischen Welt ist nicht ausführbar, weil die innere Welt keine drei und keine zwei Dimensionen kennt, weil sich von ihr kein Modell herstellen läßt, weil sie sich nicht in Atome teilen läßt, die durch den niedern oder den höhern Kalkül gezählt werden könnten.

Ich will das an dem einfachsten aller Beispiele erläutern. Eine Anwendung der Mathematik auf die Wärmelehre liegt nicht erst bei der kinetischen Theorie vor; auch das wohlbekannte Thermometer *zählt* die Wärmegrade, jetzt in den meisten Kulturländern nach dem Dezimalsystem.

Die Zählung wird so vorgenommen, daß die durch eine bestimmte Wärmedifferenz bewirkte Ausdehnung eines Stoffes, also ein Längenmaß, in hundert gleiche Teile geteilt wird, jeder Teil wieder in Zehntel; welche Unterteilung theoretisch weiter fortgesetzt werden könnte. Ob die Wärmeeinheiten ebenso gleichwertig sind, wie die gemessenen Längeneinheiten, darüber wissen wir sehr wenig; die Physik arbeitet zuversichtlich mit dieser Skala und berechnet nach ihr die Temperatur der Sonne, die uns eine Ziffer bietet, aber keinen Sinn. Mit dem Thermometer wird nun auch die Temperatur des menschlichen Blutes gemessen, d. h. die Temperatur des toten Körpers Blut, des Dinges Blut, wie dieses warme Blut die Ausdehnung des Quecksilberfadens bewirkt. Aber die Empfindungen der Wärme äußerer Körper, die Wirkung der Blutwärme auf den Organismus ist mit den Strichen der Thermometerskala nicht zu messen. Eine Differenz von 5° der umgebenden Luft wird oft kaum beachtet, eine Differenz von 5° der Blutwärme zerstört den Organismus.

Ich möchte dem Leser anheimgeben, dieses Beispiel mutatis mutandis auf das Problem zu übertragen, das darin zu liegen scheint, daß die psycho-physischen Untersuchungen eigentlich immer nur für das *Zeitmaß* psychischer Veränderungen ein Ergebnis haben; nur ein Wort zur Orientierung: auch die Zeit kann objektiv nur an äußern Bewegungen gemessen werden, auch für den Wert der subjektiven Zeit haben wir kein Maß.

Ich brauche Mach glücklicherweise nicht zu widersprechen, der in seinen wahrhaft philosophischen „Prinzipien der Wärmelehre" einmal (S. 67) gesagt hat: „Die Zahlen sind ebenfalls Namen." Ich habe (Kr. d. Spr. III S. 132 ff.) ausführlich dargelegt, warum die Zeichen des niedern und des höhern Kalküls keine Begriffe sind. Ich hoffe, daß Mach dieser Anschauung beistimmen würde, wenn er, einer der stärksten Sprachkritiker auf seinem Gebiete, sich dieser Frage zuwenden wollte; er behauptet ja auch nur, daß die Zahlen ökonomische Namen oder Zeichen seien. Daß aber die Zahlen (und das Differenzial als die Zahlengrenze) keine Begriffe sind, das scheint mir der letzte Grund für das seltsame Verhältnis zwischen der Mathematik und den organischen Naturwissenschaften, ja auch zwischen der Mathematik und den Disziplinen der Physik. Einerseits ist die Begriffssprache immer materialistisch, kann sich darum der äußern Welt annähern, kann aber an die innere Welt gar nicht herankommen; anderseits gehören die Zahlen zwar der Sprache im weitern Sinne an, sind aber keine Begriffe, sind vielmehr etwas ganz anderes, sind eine Wiederholung der Wirklichkeitswelt, sind ihr schematisches Modell. Darum lassen sich die physikalischen Erscheinungen durch mathematische Formeln übersichtlich ordnen, wenn auch niemals erklären; darum können wir die innern Erlebnisse immer noch eher durch Worte oder Begriffe ausdrücken als durch mathematische Formeln. Ins Innre der Natur dringt kein erschaffner Geist; wir würden heute sagen können: ins innere Erleben kann die mathematische Wiederholung der Außenwelt nicht eindringen; und auch nicht ins Innere der Außenwelt.

Man denke doch zur Vergleichung an die Musik. Auch die Musik ist (nach Schopenhauers schönem Worte) die Welt noch einmal, auch die Musik läßt sich in ihren Elementen durch Zahlen restlos wiedergeben; aber auch nicht einen Schimmer von der gewaltigen, mystischen Wirkung der Musik kann die Einsicht in die Zahlenverhältnisse ihrer Intervalle und Harmonien gewähren. Die Mathematik ist ein unendlich subtileres Werkzeug als die Sprache, aber das Werkzeug ist für ein Verständnis des Innern gar nicht eingerichtet. Darum ist es nicht so verwunderlich, daß große Mathematiker (ich nenne nur Keppler, Newton und Cauchy) fromme und eigentlich mystische Männer waren.

Der mechanistischen Überschätzung der Mathematik ist auch mancher philosophische Mathematiker entgegengetreten, so z. B. im ersten Drittel des 19. Jahrhunderts die tief denkende Mathematikerin Sophie Germain. Die Positivistin (vor Comte) warnt hie und da vor dem Mißbrauche der mathematischen Sprache (Œuvres S. 196): „Aus dem ungeschickten Gebrauche der Ausdrücke, welche sonst die vollste Gewißheit bezeichnen, entspringt eine Art geistiger Enttäuschung, die unsere Vernunft und unsern Geschmack in gleicher Weise verletzt.“ Ich wiederhole: die mathematische Zeichensprache ist besser organisiert als die Begriffssprache; aber diese Zeichensprache darf nur auf meßbare Größen angewandt werden; Natur ist maßlos. Auch die Handwerker gebrauchen Meterstab, Winkelmaß und Lot nicht, um für sich die Natur zu erkennen, sondern um für mich ein Häuschen zu bauen; die Mathematiker messen immer nur die tote Natur, und wenn sie das Leben selbst messen, so haben sie vorher das Leben weggedacht. Ich möchte fast glauben, daß auch der Fürst der Mathematik, Gauß, der seine Wissenschaft doch so gern die Königin aller Wissenschaften nannte, dem Gedanken beigestimmt hätte, daß es falsch ist, Zahlen und Formeln wie die Begriffe der Sprache zu gebrauchen. Er schrieb einmal (an Schumacher 1829): „Lagrange, wie fast alle Analysten der neuern Zeit, trifft zuweilen der Vorwurf, beim Spiel der Zeichen nicht *immer* die Sache lebendig gegenwärtig zu haben.“ Der Zusammenhang mit der Behauptung, daß Zahlen keine Begriffsworte seien, wird vielleicht dadurch heller, daß Gauß zu sagen pflegte, die Mathematik sei weit mehr eine Wissenschaft für das Auge als eine für das Ohr. Und Sophie, die mit Gauß schöne Briefe wechselte, scheint sich diesen Spruch angeeignet zu haben, da sie einmal schrieb: L'analyse parle aux yeux.“

messen. — Ein Sophist war es, also nach der landläufigen Wertung dieses Wortes ein verächtlicher Literat, ein käuflicher Philosophielehrer, der kurz vor dem Wirken des Sokrates eine neue Weltanschauung auf den Gedanken gründete: „Der Mensch ist das Maß aller Dinge“ (*παντων χρηματων μετρον ἀνθρωπος*). Über die Bedeutung fast jedes Wortes aus diesem Satze des Protagoras könnte man streiten, weil keine Schrift dieses Philosophen auf uns gekommen ist, nur herausgerissene Stellen, die vielleicht nicht einmal genau zitiert wurden. Ob Protagoras unter dem *Menschen* die Menschenart im allgemeinen verstand oder vielmehr den individuellen, am Ende gar den augenblicklichen Menschen, ob er unter dem *Maße* den physischen Maßstab oder vielmehr ein Wertmaß, ob er unter *Ding* jeden Körper oder vielmehr ein Gut verstand, das wird bei der Dürftigkeit der Quellen und bei der Parteinahme der alten Autoren kaum mehr auszumachen sein. Dennoch hat man wohl daran getan, wie denn der Begriff des Sophisten durch und seit Hegel umgewertet worden ist, besonders den kühnen Protagoras viel höher einzuschätzen, als er von Platon eingeschätzt worden ist; man hat ihn zum Begründer des Positivismus und des Relativismus gemacht und mit fast noch größerem Rechte hat Raoul Richter (D. Skeptizismus i. d. Philosophie I S. 10) ihn den bahnbrechendsten Vorläufer der Skepsis genannt; die Frage, ob die Sophisten der ersten oder der zweiten Periode der griechischen Philosophie angehören, scheint mir den historischen Tatsachen gegenüber eine Buchbinderfrage zu sein, trotzdem selbst Zeller es nicht verschmähte, zu ihr Stellung zu nehmen.

Wenn wir nun unter den strittigen Begriffen des Satzes jetzt besonders den des Maßes (*μετρον*) beachten, so werden wir bald sehen, trotz aller erkenntnistheoretischen Schwierigkeiten, daß der Satz des Protagoras buchstäblich zutrifft, einerlei ob wir unter *Maß* eine Maßeinheit oder einen Maßstab, ob wir ein räumliches Maß oder ein Maß in bildlichem Sinne, ob wir endlich die Tätigkeit des Messens darunter verstehen. Das aber schicke ich voraus, daß nur die Tätigkeit des *Messens* in der psychologischen Wirklichkeit vorhanden ist; weder in der adjektivischen noch in der substantivischen Welt gibt es ein Maß; das Maß ist weder ein Ding noch eine Eigenschaft; selbst an den körperlichen Maßstäben ist das Maß nur ein Erzeugnis oder ein Phantasieprodukt menschlicher Tätigkeit. Ein *Messen* gibt es nur in der verbalen Welt der Zwecke. Es gibt in der psychologischen Wirklichkeit nur ein Vergleichen von Größen, ein Aneinanderhalten quantitativ bestimmbarer Dinge; dieses Vergleichen oder Aneinanderhalten, mag es nun unmittelbar oder mittelbar geschehen, nennen wir *messen*, sobald wir über eine Maßeinheit übereingekommen sind. Alle exakten Wissenschaften beruhen darauf, daß wir Methoden erfunden haben, nicht nur die drei Dimensionen des Raums genauer und genauer zu messen, sondern auch die Erstreckung der Zeit und die Intensität der Kräfte, insbesondere der Schwerkraft. Die Physik heißt insofern eine exakte Wissenschaft, als in ihr alle Veränderungen nach dem c. g. s.-System gemessen werden können; wir haben schon gelernt, daß sich dieses System auf die Biologie und auf die Psychologie nicht übertragen läßt (vergl. Art. *mathematische Naturerklärung*), wir werden jetzt hoffentlich noch besser einsehen lernen, was dieser Übertragung im Wege steht.

Wir messen die Zeit, die Schwerkraft, die Wärme, die Elektrizität usw. einzig und allein dadurch, daß wir die Wirkungen der Kräfte (es mag mir gestattet sein, vorläufig auch die Zeit als eine Kraft zu betrachten) im Raume sichtbar machen; wirklich gemessen können nur räumliche Größen werden. Das hätte sich aus dem Begriffe des Messens direkt entwickeln lassen, wobei freilich die Schwierigkeit, Räume, Flächen oder Strecken zur sogenannten Deckung zu bringen, den Beweis zu überraschenden Umwegen geführt hätte; aber die Erfahrung bestätigt den wichtigen Satz. Wir messen die Zeit an der räumlichen Bewegung des Uhrzeigers, wir messen die natürlichste Zeiteinheit, den Tag, nach der scheinbaren Bewegung der Sonne oder der Fixsterne um die Erde; wir messen die Schwerkraft nach der Geschwindigkeit, also nach einem Verhältnisse zwischen Raum und Zeit; wir messen die Wärme nach der räumlichen Ausdehnung paßlicher Körper; wir haben alle Energien nach der Höhe messen gelernt, zu der sie ein bestimmtes Gewicht emporheben, und können das Gewicht auch wieder nur durch eine Beziehung zu einer Raumgröße ausdrücken. Messen heißt: im Raume messen.

Nun sind unsere Zeitgenossen nicht wenig stolz darauf, daß in den meisten Kulturstaaten ein vermeintlich natürliches Raummaß eingeführt worden ist, das Metersystem; mir fällt es nicht ein zu leugnen, daß sowohl die Einheitlichkeit des Systems, als die Verbindung mit dem Dezimalsystem, der Zusammenhang der Gewichtsmaße mit den Raummaßen, die Bequemlichkeit der Vergrößerung und Verkleinerung der Maße, — es fällt mir nicht ein, die Nützlichkeit all dieser praktischen Konvenienzen zu leugnen. Aber ein kurzer Blick auf die Geschichte der Einführung des Metersystems wird uns zeigen, daß sogar da der Mensch das Maß aller Dinge war und geblieben ist; und der Zufall, daß das Wort *μετρον* in dem griechischen Satze just zum Namen für das Meter wurde, mag wie über einen feinen Scherz der Kulturgeschichte lächeln machen.

Bis vor etwa hundert Jahren waren die Längenmaße sehr ungenau und da und dort sehr ungleich von Dimensionen am Menschen hergenommen: Fuß, Elle, Klafter. Gegen Ende des 18. Jahrhunderts wurde allgemein der Wunsch rege, ein internationales und natürliches Maß aufzufinden. Die Idee, die Länge des Sekundenpendels zum Maßstab zu wählen, mußte wieder aufgegeben werden, als sich herausstellte, daß diese Länge durchaus nicht gleich war für alle Örter der Erde; auch hätte man vorher die Länge einer Sekunde nach den alten Maßstäben des Raums bestimmen müssen. So wurde auf Anregung der französischen Nationalversammlung, die ja so viel für alle Ewigkeit neu zu ordnen glaubte, nach zehnjähriger Arbeit, gemäß den Gesetzen und Regeln der Astronomie und der Geodäsie das Normalmeter im Jahre 1800 berechnet und hergestellt, das heute noch für alle wissenschaftlichen Messungen irgend welcher Art die letzte Instanz ist. Die Länge dieses Meters war als der zehnmillionte Teil eines Meridianquadranten berechnet worden. Als später in Deutschland der Meridianquadrant neu berechnet wurde und sich etwa um einen Kilometer länger herausstellte, als die französische Rechnung ergeben hatte, wurde praktischer Weise an dem Pariser Normalmeter festgehalten, die ohnehin willkürliche Beziehung preisgegeben, und die einfache Definition des „natürlichen" Maßstabes mußte lauten: „Das Meter wird dargestellt durch den bei der Temperatur des schmelzenden Eises gemessenen Abstand der Endstriche auf demjenigen Maßstabe, welcher von der internationalen Generalkonferenz für Maß und Gewicht als internationales Prototyp des Meters anerkannt worden und bei dem Internationalen Maß- und Gewichtbureau (im Pavillon Breteuil in Sèvres bei Paris) niedergelegt ist" (F. Auerbach im Handbuch der Physik[2] S. 5). Man wird zugeben müssen, daß die Einführung des Meters, und nicht wegen der Ungenauigkeiten, kaum weniger willkürlich war, als die Bestimmung des englischen Königs, der nach der Legende um das Jahr 1100 den Yard nach der genauen Länge seines eigenen Arms messen ließ.

Aber die Bestimmung des Meters hat noch einen andern Haken. Der Meridianquadrant mußte doch zunächst einmal nach dem alten Maßstabe gemessen werden; dieser war die *Toise* (aus Lat. *tensa*), die *Klafter* (alle diese Worte wohl Lehnübersetzungen von griechisch *ὀϱγυια*, von *ὀϱεγειν, ausstrecken*), also die Entfernung zwischen den Fingerspitzen der weit auseinander gestreckten Arme eines erwachsenen Menschen. Für diese *Klafter* gab es weder eine bestimmte natürliche Länge noch einen Normalmaßstab; und dennoch wurde der Meridianquadrant, dessen zehnmillionter Teil das Meter wurde, nach solchen ungenauen Toisen berechnet. Es war also doch der Mensch das Maß, das *μετϱον*, des Meters geworden.

Man hat neuerdings vorgeschlagen, die Länge bestimmter Lichtwellen anstatt des wissenschaftlich verunglückten Meters zu natürlichen und absolut zuverlässigen Längeneinheiten zu ernennen; auch dieser winzige Maßstab (seine Länge betrüge noch nicht den millionten Teil eines Meters) hätte für die theoretische Physik manche Vorzüge; aber auch dieses System hätte denselben kleinen Haken wie das Metersystem, weil die Länge der Lichtwelle ebenso nach dem alten Metermaße berechnet worden ist, wie die Meterlänge nach den noch ältern Toisen.

Es würde mir aber kleinlich scheinen, den Satz des Protagoras nur darum auf die Maßeinheiten anzuwenden, weil alle wissenschaftlich konstruierten Maßeinheiten zuletzt auf die Längen menschlicher Gliedmaßen oder Dimensionen zurückgehen; man könnte dem entgegenhalten, daß die Tiere ihre Bewegungen und ihre Schöpfungen wiederum nach ihrem eigenen Maße einrichten: der Vogel baut sein Nest, die Raupe spinnt ihren Cocon nach ihrem eigenen Maße, das Pferd trabt und galoppiert nach der Maßeinheit seiner Beine. Gibt es darum in der Natur verschiedene Maßeinheiten?

Ich antworte: es gibt in der Natur, außerhalb des menschlichen Denkens, weder ein Zählen noch ein Messen. Messen heißt: auf Grund einer frei gewählten Maßeinheit vergleichen, und jede Einheit, auch die Maßeinheit, ist ein menschlicher Begriff. Die Verhältnisse, nach denen die Seiten eines Dreiecks zu einander stehen, nach denen die Raupe spinnen muß, das Pferd traben muß, sind natürlich; die Maßeinheiten sind menschlich. Wir werden erfahren, daß es sich mit den Zahlen ebenso verhält.

Aus einem erkenntnistheoretischen Aufsatze von Helmholtz „Zählen und Messen" (in dem Sammelwerke „Philosophische Aufsätze, Eduard Zeller gewidmet") kann man lernen, welche Mühe dieser Mann sich gab, die fundamentalen Maßeinheiten der Länge, der Zeit und der Masse auf Erfahrung zu begründen, wie er früher die Axiome der Geometrie ebenfalls für Erfahrungssätze erklärt hatte; in der Erfahrung finden sich aber immer nur die *Verhältnisse* des Raumes, der Zeit und der Mechanik, die Maßeinheiten werden aus diesen Verhältnissen vom menschlichen Verstande abstrahiert oder, wenn man will, durch ein Verhältnis zu dem Menschen ausgedrückt. Von dieser Einsicht aus will es mir scheinen, als ob die reine Mathematik, ich denke an die Algebra und den höheren Kalkül, wirklich dazu gelangt wäre, ein natürliches Schema von der Welt aufzustellen, weil sie auf das Zählen und auf das Messen verzichtet und nur Verhältnisse darstellt; die angewandte Mathematik, auch die elementare Geometrie, arbeitet schon mit Zahlen, also mit menschlichen Erfindungen, zum Zwecke menschlicher Erfindungen. Es ist wunderbar genug, daß diese Erfindungen funktionieren, trotzdem die Messungen immer nur à peu près richtig sind, niemals ganz genau den Verhältnissen entsprechen, wie doch jeder Arbeiter weiß, der sich des Mikrometers bedient.

Jawohl, der Mensch ist das Maß aller Dinge, das Maß der äußern Natur und seines innern Erlebens. Nach seiner Sprache versteht er die Welt. Für das Psychische in sich selbst und in der übrigen Natur hat er die Begriffe gebildet, die er an seine Erlebnisse aber nicht messend anlegen kann; in höherem, aber doch nur in bildlichem Sinne ist der Mensch das Maß seiner innern Welt. Nur für die Darstellung der äußern Welt, zunächst des Raumes, hat er sich nach seinen Maßen Maßeinheiten geschaffen, die dann als numerische Einheiten zur Grundlage des Messens und des Zählens gemacht werden konnten. Die Einheiten der Biologie und der Psychologie sind Einheiten ganz anderer Art (vergl. Art. *Einheit* S. 242 f), sind als numerische Einheiten nicht zu brauchen, weil die Erscheinungen des Lebens nur selten, die Erscheinungen der sogenannten Seele niemals in Raumverhältnissen darzustellen sind. Auch wenn es einmal gelingen sollte, wohin ich die Möglichkeit eines Weges nicht sehe, die Zeit selbst direkter und unbildlicher als durch Raumstrecken zu messen, so wäre immer noch kein Weg gefunden, die mechanistische Naturerklärung auf psychische Vorgänge anzuwenden. Wir sind dazu verurteilt, an den innern Vorgängen unseres Lebens mit Begriffen herumzutasten, während wir die physischen Vorgänge mit Maßeinheiten und Zahlen ausmessen, räumlich direkt, sonst durch schlaue Übertragungen der räumlichen Verhältnisse.

Wie aber, wenn wir auch mit den Maßstäben, sobald wir nur an eine Maßeinheit absolute Ansprüche stellen, selbst an den räumlichen Dingen nur herumtasten und herumtappen? Das Normalmeter zu Paris verändert seine Länge, wenn man nur das Prüfungsmaß klein genug annimmt, in jedem Augenblicke durch den Einfluß der Wärme. Wer weiß, ob die zur Maßeinheit empfohlene winzige Lichtwelle sich für ein noch kleineres Prüfungsmaß nicht ändert mit veränderten Verhältnissen des Äthers, durch welchen unser Sonnensystem hindurchgeht. Näher und näher kommen wir durch immer beständigere Maßeinheiten an die räumlichen Dinge heran, aber der Weg ist eine Asymptote, zur innigen Berührung kommt es nie. So wären auch die Maßeinheiten nur Begriffe; und als unverrückbar bliebe auch in der physischen Welt von unserem stolzen Messen nur das Verhältnis übrig zwischen der *Anzahl* und ihren Gesetzen; denn selbst die Bezeichnung der Anzahl durch irgend ein bestimmtes Zahlensystem ist Menschenwerk, ist bei unserem Zahlensystem wahrscheinlich aus der Anzahl der menschlichen Finger hergenommen. Nur gut, daß das unvollkommene menschliche Messen für die menschlichen Zwecke hinreicht.

Die Alten wußten wenig davon, daß ein absolut genaues Messen räumlicher Körper wegen des Wärmeeinflusses nicht möglich sei; trotzdem lehrte Herakleitos schon ahnungsvoll, daß alles fließe. „In denselben Fluß steigen wir wieder hinab und auch nicht in denselben.“ Und Protagoras, der den Menschen das Maß aller Dinge nannte, scheint nach den Zeugnissen von Platon und Sextus ein Anhänger dieses Herakleitos gewesen zu sein. Den Relativismus, der ein exaktes Messen für unmöglich erklärt, finde ich nirgends so fast behaglich ausgesprochen wie von dem bescheidensten und feinsten unter den neuen Skeptikern, von Michel de Montaigne. Ich gebe die Stelle in der vor kurzem neu erschienenen alten Übersetzung Bodes (Montaigne's Gesammelte Schriften V S. 28). „Die Welt ist nichts als eine ewige Schaukel. Alle Dinge schaukeln ohne Unterlaß, die Erde, die Felsen des Kaukasus, die Ägyptischen Pyramiden, durch den allgemeinen sowie durch ihren eigentümlichen Wackelgang. Die Beständigkeit selbst ist nichts anderes als eine schwächer geschwungene Schaukel (la constance mesme n'est aultre chose qu'un bransle plus languissant)."

Mikrokosmus. — Es ist wohl überflüssig, besonders daran zu erinnern, daß der *parvus mundus* des Mittelalters und die *kleine Welt*, wie Goethe gelegentlich für das ihm ganz geläufige Mikrokosmus sagt, genaue Lehnübersetzungen des griechischen *μικροκοσμος* sind, das Boëthius mit homo est minor mundus übersetzt. Der Sinn war einst: alle wesentlichen Kräfte und Eigenschaften des Kosmos lassen sich auch im Menschen wiederfinden. Der Korrelatbegriff *Makrokosmus* ist ganz falsch gebildet; die Größe des Kosmos brauchte nicht erst besonders ausgedrückt zu werden; wollte man das Weltall mit dem menschlichen Organismus vergleichen, so mußte man es einen *Menschen im Großen* nennen, und Platon hat denn auch das Wort *μακρανθρωπος* geprägt oder doch gebraucht. Wobei es in sprachlicher Beziehung beachtenswert ist, daß dem Begriffspaare *μικρος* und *μεγας*, *klein* und *groß*, das andere Begriffspaar *βραχυς* und *μακρος*, *kurz* und *lang*, nicht ganz gleich ist, und daß den uns geläufigen Korrelatbegriffen Mikro- und Makrokosmus bei den Stoikern die ebenso ungenau ausgedrückten Korrelatbegriffe *βραχυς κοσμος* und *μεγας ἀνθρωπος* entsprachen; bei Mikro- und Makrokosmus mag ein Spiel mit Gleichklängen mitgewirkt haben; unerfindlich ist aber, warum die Stoiker das Gegensatzpaar durch *kurz* und *groß* so schlecht ausdrückten.

In der guten Monographie von Adolf Meyer „Wesen und Geschichte der Theorie vom Mikro- und Makrokosmos" (Berner Studien Band 25) mag man nachlesen, wie diese Vorstellung durch ziemlich alle dritthalb Jahrtausende der Philosophiegeschichte fast ohne Unterbrechung hindurchgeht; man wird leicht bemerken, daß in der ältesten Zeit und dann wieder an der Schwelle der Neuzeit Philosophen, die oft halbe Dichter waren, die Vorstellung, der Mensch wäre die Welt im Kleinen und die Welt wäre ein Mensch im Großen, ganz naiv als eine Wahrheit vortrugen, aus der man Schlüsse ziehen könnte, während die Mikrokosmiker der letzten Jahrzehnte immer wieder zu dem Bekenntnisse gezwungen sind: die Lehre von einem Mikro- und Makrokosmus sei ein bloßes Spiel mit Analogien, sei ein bloßes Bild, gewähre keine wissenschaftliche Einsicht. Nur daß weder die Mikrokosmiker des Menschen, die Fechner und Lotze, noch die Mikrokosmiker der Gesellschaft, die Spencer und Schäffle deutlich genug und konsequent genug die logische Regel beachten: aus Bildern, aus Metaphern lassen sich keine Schlüsse ziehen.

Wenn wir *heute* die beiden Worte Mikrokosmus und Makrokosmus als Korrelatbegriffe gebrauchen, so sündigen wir ein wenig gegen unser eigenes Bedürfnis der Klarheit. Sprechen wir von einem *Mikrokosmus*, so wollen wir sagen, daß der Mensch eine Welt im Kleinen sei; und da wir von dem Weltall mit wissenschaftlicher Genauigkeit nur einige mechanische Gesetze kennen, die wir von unserm Sonnensystem kühn genug auf das übrige Weltall ausgedehnt haben, so will die Vorstellung, der Mensch wäre eine Welt im Kleinen, eigentlich eine mechanistische Vorstellung sein; das Wort soll nur ein Wort der Sehnsucht sein, die Ordnung begreifen zu lernen, in welcher die Atome des Menschenleibes sich zu eben diesem Leibe fügen. Wenn wir jedoch von Makrokosmus sprechen (ich will von jetzt ab den strengeren Ausdruck *Makranthropos* usw. gebrauchen), so wollen wir eigentlich sagen, daß das Weltall ein Mensch im Großen sei; und weil wir beim Menschen, sobald wir ihn der übrigen Welt entgegenstellen, zunächst an sein psychisches Leben denken, so ist der Makranthropismus ein Wort der Sehnsucht, der Wunsch die Welt zu beseelen, die Bewegungen aller Gestirne, die chemischen, elektrischen und mechanischen Erscheinungen durch Panpsychismus zu erklären. Ist nun eine solche Unterscheidung selbst einem Fechner oder einem Spencer nicht klar vor Augen, so war daran vor dritthalb Jahrtausenden wahrlich noch weniger zu denken, als Anaximenes zuerst (was wir so in unserer Unkenntnis der Vorgeschichte *zuerst* nennen) den Gedanken aussprach, ein Windhauch — natürlich ist die *anima* gemeint, die ψυχη, wenn auch ἀηρ gesagt wird — halte das Weltall zusammen, wie er uns zusammenhält; als Pythagoras oder seine Schule aus Ägypten die poetische Träumerei herüberholte, die Zahlenharmonie des Weltalls wäre in der menschlichen Seele wiederzufinden. Als die Bilder vom Mikrokosmos und vom Makranthropos noch so recht lebendig waren, da wußte man von der Welt und vom Menschen naturwissenschaftlich viel zu wenig, um zu erkennen, daß der Mikrokosmus eine mechanistische Erklärung des Menschen, der Makranthropos eine psychologische Erklärung des Kosmos war. Das Ruhebedürfnis der denkenden Menschen verglich die große und die kleine Welt als die äußere und die innere Welt, und konnte sich dabei so etwas wie eine erkenntnistheoretische Schwierigkeit wohl gar nicht vorstellen. Die Philosophie war noch mehr als heute Poesie, die Gedanken waren von Metaphern noch weniger zu unterscheiden.

In diesem Sinne scheint es mir müßig, untersuchen zu wollen, welcher von den beiden Korrelatbegriffen der ursprüngliche und welcher der abgeleitete sei; die Bezeichnungen selbst finden sich viel seltener als die Vorstellungen, besonders die Bezeichnung Makrokosmus überaus selten; dazu kommt wie immer, daß der Zufall über Erhaltung oder Vernichtung der alten Schriften entschieden hat. Von unserm heutigen Standpunkt aus können wir freilich sagen, daß die Neigung, den Kosmos durch Vergleichung mit dem Menschen zu erklären, also der Makranthropismus älter sein müsse, als die Neigung, den Menschen durch den Kosmos zu erklären, also als der

Mikrokosmus; aber in alter Zeit wußten die Menschen — den einzigen Sokrates ausgenommen — noch weniger als heute, daß sie nichts wußten, und so mögen die beiden Vorstellungen wirr genug durcheinandergeflitzt sein. Stellen wir uns aber einmal entschieden auf den Boden unserer eigenen Welterkenntnis und unserer aufkeimenden Erkenntnistheorie, so müssen wir bestimmt sagen: der Makranthropismus ist nichts als eine poetische Phantasie, ist kein brauchbarer philosophischer Begriff, ist nichts weiter als wieder der alte menschliche Irrtum, der sich seine Vorstellung von der Natur nach dem Bilde des Menschen gestaltet; und der Mikrokosmus ist eine mechanische Umkehrung dieses Irrtums. Anthropomorphisch ist im Grunde alles Denken des Menschen, weil seine Sprache anthropomorphisch ist; und im Makranthropismus wird gar nicht irgend ein neuer Gedanke ausgesprochen, sondern nur der Grundfehler alles menschlichen Denkens in einem klingenden Worte zusammengefaßt, als ob der Fehler ein Vorzug wäre; es wird aus der Not eine Tugend gemacht. Die Dichter und Satiriker mögen das mystisch klingende Wort weiter verwenden, oder auch die viel verwendbare Vorstellung, wie Swift in seinem Gulliver, wie Voltaire in seinem Micromegas, wie Goethe gelegentlich in seinem Faust; die Philosophen sollten sich vor dem Worte hüten. Die Philosophen haben die Erkenntnis durch den Anthropomorphismus immer nur dann gefördert, wenn sie das Anthropomorphische der Erkenntnis durchschauten, wie die Sophisten Protagoras und Gorgias, welche doch auch eine Art von Makranthropismus lehrten, aber nur kritisch, ironisch, skeptisch.

Die Sophisten, die durch ihren Satz, „der Mensch sei das Maß aller Dinge,“ den durchgehenden Anthropomorphismus alles Menschenwissens aufgedeckt hatten, waren dem Wortaberglauben des Altertums ebenso verächtlich wie dem christlichen Glauben des Mittelalters; und als im 15. und 16. Jahrhundert die Wissenschaften wieder auflebten, hielten sich die abendländischen Gelehrten, des Aristoteles müde, am liebsten an Platon, und holten sich aus ihm abermals das alte Märchen vom Mikrokosmus. Nicolaus von Cusa und Bruno erneuerten die Dichtung, indem sie sie pantheistisch färbten: Alles ist in Jedem, Jedes in Allem; Bruno besonders schuf die poetische Vorstellung von den Monaden, die ja die Kleinheit nach den Atomen, eine Seele nach dem Menschen und einen Ordnungssinn nach dem Kosmos als ihre Eigenschaften zugeteilt erhielten. Man hatte damals von den Bewegungen der Weltkörper schon eine viel bessere Anschauung als früher; aber wissenschaftlich war mit dem Mikrokosmus und dem Makranthropismus um so weniger anzufangen; man lese nur bei Paracelsus, wie sich dieser geniale Charlatan abmüht, die elementische Natur des Menschen aus dem Mikrokosmus zu erklären, aus der elementischen Natur durch wüste Analogien Heilmittel der Krankheiten zu entdecken. Die Analogiesucht ist so recht ein Zeichen dafür, wie die Vorstellung vom Makranthropismus nur ein poetisches Bild war; das Bild wird zu Tode geritten, wenn Paracelsus den Ausfall der Haare mit dem Sternschnuppenfall vergleicht, die drei bekannten Erdteile Europa, Asien und Afrika mit Leib, Seele und Geist des Menschen.[1]) Noch zuchtloser womöglich ist hundert Jahre nach Paracelsus der ebenso interessante, aber in seinen Leistungen ebenso überschätzte Phantast Jakob Böhme. Alle diese Mikrokosmiker, deren Zahl sich durch fleißiges Spüren in der Philosophiegeschichte endlos vermehren ließe (Adolf Meyer hat das reichlich getan, um nur keine Lücken offen zu lassen), haben die poetische Vergleichung zwischen Welt und Mensch vorgenommen, haben unbewußt ein poetisches Bild mit einer brauchbaren Hypothese, Poesie mit Wissenschaft verwechselt, und wußten wieder einmal nicht wie anthropomorphisch sie waren. Ich habe schon angedeutet, daß die Sophisten allein den Trug der Sprache durchschauten und daß Sokrates auch darin die beste Weisheit der Sophisten lehrte; ich hätte auch auf Xenophanes hinweisen können, der den Spott gewagt hatte: wenn Ochsen malen könnten, würden sie die Welt nach dem Bilde des Ochsen malen. Es dauerte an die zweitausend Jahre, bevor den Denkern allgemein das Spielerische, das Poetische in der Metapher des Makranthropismus zum Bewußtsein kam. Und man darf wohl sagen, daß gerade im 19. Jahrhundert, als Leibnizens beseelte Atome, die Monaden, von Fechner und Lotze zur Grundlage eines neuen Makranthropismus gemacht wurden (die *Einfachheit* der Seele, wie der nüchterne Herbart sie lehrte, gehört nicht her), die Naivität der Vergleichung verloren gegangen war und ein bewußtes Spiel mit Ähnlichkeiten begonnen hatte. Der geistreiche Fechner, der es zustande brachte, zugleich als Begründer der Psychophysik mechanistische Mikrokosmik und zugleich mit seinen schönsten Phantasien panpsychistischen Makranthropismus zu lehren, erklärte diese ganze Ansicht für eine Glaubenssache; Lotze, der doch sein bekanntestes Buch „Mikrokosmus" genannt hat, wendet sich an entscheidenden Stellen gegen die allzu wörtliche Auffassung eines Parallelismus zwischen Makrokosmus und Mikrokosmus (6. Buch 1. Kap.) und erkennt (5. Buch 3. Kap.) auch schon die unausweichliche Metaphorik der menschlichen Sprache. „Dem endlichen Geist bleibt nichts übrig, als die Natur der Dinge nach den Analogien seiner eigenen zu begreifen."

Nicht ganz so unbrauchbar, nicht ganz so dem Gebiete poetischer Vergleichungen angehörig scheint eine

---

[1]) Es wäre interessant zu erfahren, ob das *sel microcosmique,* dessen Namen noch in chemischen Schriften kurz vor Lavoisier vorkommt, nicht auf die Ausdrucksweise von Paracelsus zurückgeht; ich finde dieses *Salz* in der Encyclopédie wenigstens auch unter dem Namen sel urineux de *Vanhelmont* verzeichnet, was ja die Brücke zu Paracelsus schlagen könnte; aber ich darf nicht verschweigen, daß die Setzer meiner Ausgabe der Encyclopédie abwechselnd *microcosmique* und *microscomique* gesetzt haben.

Form des Makranthropismus, die sich ebenfalls im 19. Jahrhundert zu einem System ausgebildet hat: die Vorstellung vom *Staate* als von einem Makranthropos. Auch diese Vorstellung geht in hohes Altertum zurück. Ich erinnere nur an die Wander-Parabel von den Gliedern und dem Magen, die uns aus der ersten Schulzeit in der Gestalt am bekanntesten ist, wie sie gerade dem Menenius Agrippa in den Mund gelegt wird. Die Staatslehre des Platon liest sich an mancher Stelle wie eine ähnliche Parabel. Auch Augustinus hat seine Freude an solchen Bildern. Ich will aber nicht auch in den Fehler verfallen, um der Lückenlosigkeit willen die Lehre vom sozialen Makrokosmus bei allen Staatslehrern und bei allen Erfindern von Staatsromanen nachzuweisen; ich will nur kurz auf Hobbes hinweisen, der die Organisation des Staates genau mit der Organisation des Menschenindividuums verglich, der den Einzelmenschen so gründlich verachtete, und es dennoch fertig brachte, den Gesamtmenschen oder den Staat ganz in dem Sinne unserer neuen Staatsanbeter zu glorifizieren. Ich will als des Hobbes modernen Fortsetzer in erster Reihe Spencer nennen, der die Vergleichung zwischen dem Einzelorganismus und dem Staatsorganismus denn doch mit bessern naturwissenschaftlichen und historischen Kenntnissen durchführen konnte, als es einem Hobbes oder gar einem Platon möglich gewesen war; ich will endlich nur noch erwähnen, daß Spencer mit seinem sozialen Mikrokosmus Schule gemacht hat.

Wenn man's so hört, möcht's leidlich scheinen. Spencer hat mit noch stärkerer Gedankenenergie als Darwin die Lehre von der allherrschenden Entwicklung vorgetragen; wenn zwischen zwei Lebewesen Ähnlichkeiten beobachtet worden sind, so seien solche Ähnlichkeiten oder Analogien durch Entwicklung oder Evolution zu erklären. Nichts verführerischer als der Einfall, auch andere Ähnlichkeiten oder Analogien auf Entwicklung zurückzuführen. So hat man die Sprache, das Verständigungsmittel bestimmter Menschengruppen, so hat man den Staat, die Lebensgemeinschaft von Menschengruppen, darwinistisch zu erklären gesucht. In der Sprachwissenschaft beherrschte die Metapher von einer Sprachverwandtschaft, als ob eine Metapher ein wissenschaftliches Faktum sein könnte, das ganze 19. Jahrhundert; in der Staatswissenschaft war man nicht ganz so wortabergläubisch, aber immerhin glaubte man aus der Analogie so manches erklären, aus der Metapher so manchen Schluß ziehen zu können. Niemand schien zu bemerken, niemand lachte also darüber, daß die biologischen Vergleichungen sich im einzelnen nicht immer deckten, daß z. B. die Börse von Spencer mit dem sympathischen Nerven, von Worms mit dem Blutkreislauf verglichen wurde. Ich habe, trotzdem ich just das Bild von der Sprachverwandtschaft nicht überschätze, dennoch einmal die Sprache ein *sensorium commune* innerhalb der gleichen Volksgemeinschaft genannt („Die Sprache" S. 27);

in dem gleichen Sinne könnte man bildlich den Menschen eines Staatswesens ein sensorium commune zuschreiben. Aber nur bildlich. Wer den Einzelorganismus mit dem Staatsorganismus vergleicht und das Bildmäßige, das Spielerische dieser Tätigkeit über der Freude an den hübschen Analogien vergißt, der trägt eine Parabel vor wie Menenius Agrippa und macht sich verdächtig, das Volk an der Nase führen zu wollen, wie ein Menenius Agrippa. Auch der soziale Mikrokosmus, auch der soziale Makranthropismus bietet trotz des unaussprechlichen Namens keine Wissenschaft, ist nur ein poetisches Spiel.

Nicht ohne das Gefühl eines leisen Humors mag man sich übrigens erinnern, daß in dem Grundworte unseres Begriffes, in *κοσμος (mundus)*, schon die Schwierigkeit versteckt liegt, die alte und neue Denker nachher in den Mikrokosmus und in den Makranthropismus hineingeheimnißt haben. Denn das ist ja eben die Frage, ob die Welt *κοσμος* sei oder nicht; *κοσμος* bedeutete in alter Zeit *Schmuck*, Frauenputz, Pferdeschmuck, auch schon übertragen: Schmuk der Rede; ein unaufgeklärter Bedeutungswandel gab dem Worte den Sinn *Ordnung*; und als die Philosophen in den Bewegungen unserer nächsten Gestirne eine Harmonie, eine Ordnung entdeckten, eine Regelmäßigkeit, die sie schön fanden, da nannten sie diese Welt unseres Sonnensystems (nicht das Weltall) einen *Kosmos;* und als sie aus sehr mangelhaften Beobachtungen den Schluß zogen, es ginge auch im Organismus ordentlich zu, da übertrugen sie das Bild von der Harmonie der Planeten auf den Menschenleib und nannten den Menschen (so war's gemeint) eine Weltordnung oder vielmehr ein Planetensystem im Kleinen. Wir aber wissen dritthalb Jahrtausende später noch nicht oder schon wieder nicht, ob der Begriff *Ordnung* aus der Natur abstrahiert oder anthropomorphisch in die Natur hineingetragen worden ist. (Vergl. Art. *Ordnung.*)

minderwertig. — Die Minderwertigkeit ist ein etwas anständigerer Begriff als *moral insanity*; während moral insanity gewöhnlich nur begüterten Angeklagten von gut bezahlten Advokaten angelogen wird, pflegt die Minderwertigkeit auch ganz armen Teufeln zugesprochen zu werden. Aber auch die Minderwertigkeit ist ein schlecht definierter Begriff und ein dummer dazu. Ich will mich nicht darauf berufen, daß kein Reformator des Strafrechts kommen mußte, um uns darüber zu belehren, daß Gewohnheitsverbrecher für die menschliche Gesellschaft minder gute, minder nützliche, minder wertige Menschen sind; das hat man eigentlich seit jeher angenommen. Man könnte mir einwenden: auf die Wortbildung kommt es nicht an; der moderne Strafrechtler versteht unter *minderwertig* einen bestimmten Geisteszustand, der die Verantwortlichkeit und den verbrecherischen Willen teilweise ausschließt, teilweise also durch Herabminderung des Strafmaßes berücksichtigt werden soll. Die volle Konsequenz dieser Anschauungsweise wäre: je kleiner der Wert eines Menschen, desto kleiner soll die Strafe für seine verbrecherische Handlung sein. Das meinen die Reformatoren natürlich nicht; sie meinen, genau wie bei moral insanity, daß der Minderwert sich auf die geistigen Qualitäten des Angeklagten beziehe; aber Geisteskrankheit im eigentlichen Sinne ist wieder nicht gemeint, weil der Geisteskranke in unserer humanen Zeit nicht von den Richtern, sondern von den Ärzten seiner grausamen Strafe zugeführt wird. Minderwertigkeit ist also eine Geisteskrankheit, die keine Geisteskrankheit ist. Was bei moral insanity als krank vorausgesetzt wird, das ist ein moralisches Organ, welches kein Arzt kennt; bei der Minderwertigkeit wird das geistige Organ, welches man unter dem Namen des Gehirns kennt, als krank vorausgesetzt, nur daß die Minderwertigkeit unter kein einziges der beschriebenen Krankheitsbilder, unter keine bestimmte Art der medizinisch erforschten Erkrankungen genau aufzunehmen ist. Der Fall liegt so, daß ein Richter um strafrechtlicher oder zivilrechtlicher Folgen willen einen lebendigen Menschen dem sachverständigen Psychiater überantwortet und zum Zwecke eines logischen Urteils dem Arzte bei Ja und Nein ein Vor-Urteil darüber abverlangt, ob dieser Mensch geisteskrank sei oder nicht; daß der Arzt nun aber sehr häufig gar nicht in der Lage ist, vor dem lebendigen Menschen die Grenze zwischen Krankheit und Gesundheit zu ziehn, daß der Arzt also, um sein Gewissen nicht zu belasten, die ausweichende Antwort gibt: dieser Mensch ist minderwertig. Mit welcher Antwort der Richter, wenn er ebenso gewissenhaft ist, gar nichts anfangen kann. Der Mann, der den Advokaten das Wort Minderwertigkeit zur Verfügung gestellt hat, war denn auch ein gottgläubiger Irrenarzt.

modern. — Der Bedeutungswandel dieses Wortes, so unscheinbar er für die flüchtige Betrachtung ist, hat doch einen trefflich grotesken Zug. Der Ausdruck ist im Sinne von *jetzig* erst im 18. Jahrhundert zu uns gekommen, als französisches Fremdwort, anfangs in französischer Schreibung, immer noch mit französischer Betonung; dieses uns so modern anklingende französische Wort ist aber das lat. *modernus*, das von *modo* (im Sinne: *soeben*) gebildet worden war wie *hodiernus* von *hodie*, aber erst von den späten Lateinern, im Gebrauche zumeist bei den christlichen Lateinern, welche vielleicht gern der Ewigkeit einen noch verächtlicheren Zeitraum als das *Heute* entgegensetzten. Wenn nun heutzutage ein Schneider oder eine *Modistin* einem Herrn oder einer Dame ein Kleidungsstück als *modern* anpreist, so ist mit diesem Lobe genau der gleiche Sinn verbunden, den das lateinische Wort hatte: was *soeben* gefällt, was eben erst Mode wird. Der Modemensch will nicht tragen, was heute allgemein getragen wird; vielmehr: was *eben erst* anfängt getragen zu werden. So mag man sich daran gewöhnt haben, bei *modern*, das ursprünglich nur ein zeitliches Verhältnis bezeichnete, an ein Wertverhältnis zu denken. Moderne Kunstwerke wurden freilich lange genug durch das Dogma vom klassischen Altertum geringer bewertet als alte, antike Kunstwerke. Aber moderne Wissenschaften galten mit Recht für besser als die alten Wissenschaften; dabei ist die Zeitspanne, welche unter *modern* verstanden wird, von recht verschiedener Länge. Die Geologie versteht unter *modernen* Schichten solche Teile der Erdkruste, die nicht älter sind als menschliche Spuren, die also nicht älter sind als einige hunderttausend oder vielleicht einige Millionen Jahre; man weiß das nicht so genau. Unter *moderner* Astronomie, Physik, unter *moderner* Geschichte versteht man etwa die Entwicklung seit dem 16. Jahrhundert; unter *moderner* Chemie versteht man die neuere Chemie seit Lavoisier, oder gar erst seit Dalton. Wer sich einen *modernen* Menschen nennt, mit seiner *modernen* Weltanschauung protzt, der rechnet die neue Aera, je nach seinem Bildungsgrad und nach seinem individuellen Alter, von Schopenhauer oder von Nietzsche an, von Haeckel oder von dem Modeschriftsteller, der in diesem Jahre gedruckt wurde.

Es ist nicht von heute, daß man sich über dieses Werturteil, das in dem Worte *modern* mit ausgesprochen wird, lustig macht. La Bruyère, der einen griechischen Schriftsteller nach beinahe zweitausend Jahren modernisieren konnte, hat über diesen Aberglauben an das Heute schon gelacht. „Nous qui sommes modernes, serons anciens dans quelques siècles.“ Ferner: „Un auteur moderne prouve ordinairement que les anciens nous sont inférieurs, en deux manières, par raison et par exemple: il tire la raison de son goût particulier, et l'exemple de ses ouvrages.“

Mode ist also je nach den Ansprüchen des Modemenschen, in der Kleidung wie in der Weltanschauung, je nach dem: was man jetzt allgemein trägt, oder was man eben jetzt zu tragen anfängt. In dem, was einer trägt oder spricht, drückt sich je nach seinen Ansprüchen entweder die Eitelkeit, die auch mit dem Triebe der Nachahmung verbunden ist, bescheiden aus oder die unbescheidenere Eitelkeit, die Mode anführen zu wollen. Sozialismus und Individualismus streiten auch schon um die Mode, worauf Simmel hingewiesen hat. Etwas beschämt finden wir den Ausdruck *moderni* schon im Mittelalter als Bezeichnung für die damals neueren Logiker verwandt; immer sind die jeweilig Modernen stolz darauf, zuletzt gekommen zu sein.

Weil nun *modern* nur eine unbestimmbare Strecke im Flusse der Gegenwart bezeichnet, buchstäblich nur die Stecknadelspitze der Gegenwart, darum tat Bahr nicht gut daran, das Schlagwort *die Moderne* nach Analogie von *die Antike* prägen zu wollen; unter der Antike versteht man einen verhältnismäßig gut begrenzten Zeitraum mit seinen Worten, seinen Sitten und seinen Schöpfungen; was man dagegen die Moderne nennen wollte, das läßt sich begrifflich nicht umschreiben, bevor es nicht veraltet ist. Schon Voltaire wußte: „Chez toutes les nations il faut que l'antique l'emporte sur *le* moderne, jusqu'à ce que le moderne soit devenu antique à son tour.“ Wie grotesk es ist, trotzdem die geistige Entwicklung eine Spirallinie beschreibt, das Heutige jederzeit für besser zu halten als das Gestrige, das erkennt man mit Lachen, wenn die jeweilig modernen Menschen beten, nicht den Worten, aber dem Sinne nach: Unsere tägliche Mode, unser tägliches Wort gib uns heute.

Monade. — Ich führe den Begriff nur an, um kurz zu sagen, weshalb wir ihn als einen historisch gewordenen und längst veralteten, als einen scholastischen Begriff zu betrachten haben, nicht um die Monadologie von Leibniz zu kritisieren. Leibniz, der ewige Vermittler, sah sich vor die Absicht gestellt, die er für eine Aufgabe hielt, zwischen dem Kirchenglauben und dessen neuen Feinden zu vermitteln; mit seinem seltenen Scharfsinn erkannte er, daß der Kirchenglaube von den beiden extremen Weltanschauungen, die sich damals regten, gleichmäßig bedroht war: von dem wieder lebendig gewordenen Atomismus, der sich der mechanistischen Ontologie von Descartes sehr gut anpassen konnte, und von dem Pantheismus, der neuerdings als Panpsychismus sich sogar dem Atomismus genähert hat. Unsere heutigen Monisten wenigstens, die doch — eine kleine Gruppe von Halben abgerechnet, die sich noch für evangelische Christen halten, — wahrlich erklärte Kirchenfeinde sind, glauben die Weltentstehung durch beseelte Atome erklären zu können. Diese gottlose Anwendung seiner Lehre freilich hat Leibniz nicht vorausgesehen; er hat dem Kirchenglauben gefällig zu sein geglaubt durch die Aufstellung des Begriffs der Monade, die zwischen dem Atomismus und dem Pantheismus so vermittelte, daß die Anhänger des heiligen Thomas hätten zufrieden sein können. Es gab nach dieser Lehre vier Klassen von Monaden: die bewußtlose Körpermonade, die so ziemlich dem passiven Atome des Descartes entsprach; die bewußte Tiermonade, die sich freilich mit der ruchlosen Tierpsychologie des Descartes nicht vertrug; die vernünftige aber endliche Menschenmonade; zuletzt die vollkommene Monade, die *monas monadum,* die schon 1300 Jahre vorher dem späten Sophisten Synesios, dem Freunde der Hypatia, ein hübscher Ausdruck für den lieben Gott gewesen war. Die Erfindung von Leibniz leistete dem Kirchenglauben für einige Jahrzehnte gute Dienste, wurde dann zum alten Gerümpel der Philosophiegeschichte geworfen, die die unendliche Literatur über das Thema buchen mag. Wir brauchen nicht mehr zu fragen, wie sich Leibniz die Entwicklung oder das Verhältnis seiner vier Monadenklassen gedacht hat; wir brauchen nicht einmal auf den Widerspruch hinzuweisen, in den sich Leibniz bei einem Hauptpunkte verwickelt hat. Ich denke dabei an seinen bildlichen Ausdruck, daß die Monaden keine Fenster haben, d. h. doch wohl keine Einwirkungen von außen erfahren; und an den anderen bildlichen Ausdruck, daß alle Monaden lebendige Spiegel sind, d. h. doch wohl, daß sie Einwirkungen von außen erfahren und wiederum nach außen wirken.

Ich werde den Eindruck nicht los, daß uns und auch dem Erfinder Leibniz der volle und geheimnisvolle Klang des Wortes *Monas* imponiert hat, daß uns das Fremdwort suggeriert, es müßte etwas Besonderes dahinter stecken. Den Griechen war, ich habe an diese Banalität schon oft erinnern müssen, weil sie wie eine Überraschung wirkt, ihr Griechisch ihre Muttersprache, sie verstanden lange genug unter *μονας* nichts weiter als die Einheit, und Platon braucht das geläufige Wort, um seine Vorstellung *Idee* zu erläutern. Leibniz hätte kaum gewagt, der *Monas* so viele Kräfte und Eigenschaften aufzubürden, wenn er anstatt des Fremdwortes einfach das deutsche Wort *Einheit* gewählt hätte.

Es ist ja bekannt, daß Leibniz das Fremdwort übernommen hat aus Schriften von Männern, die philosophische Gegenstände noch kaum anders als in lateinischer Sprache behandeln zu dürfen glaubten. Nicolaus von Cusa hatte etwas wie die Monaden sogar schon mit verschieden gekrümmten Spiegeln verglichen, und besonders Bruno hatte schon von beseelten Monaden gesprochen. Die historische Leistung von Leibniz ist darin zu sehen, daß er die anthropomorphe Ausdehnung des Seelenbegriffs auf die übrige Natur in ein sauberes Wortsystem gebracht hat, welches die Sehnsucht der Menschen für einige Jahrzehnte befriedigte. Daß er die uralte Vorstellung eines Makranthropos durch die Annahme unzähliger Mikrokosmen dem Verständnisse scheinbar näher brachte. Hätte er das Anthropomorphe dieser Phantasie zu durchschauen vermocht, so hätte er vielleicht auch erkannt, daß selbst der Begriff, der den Monaden zugrunde lag, daß der Begriff der *Einheit* selbst nur ein unvorstellbarer Menschenbegriff ist (vergl. Art. *Einheit*), eine Illusion wie das menschliche Ichgefühl, daß man die Rätsel der übrigen Natur noch nicht auflösen gelernt hat, wenn man zur Lösung das Rätselwort Einheit benützt. Bei dem Fremdworte *Monas* vergaßen die Ausarbeiter des Systems noch schneller als sein Erfinder, daß der Einheitsbegriff nur den Sinn eines Maßes für das Zählen hat, daß seine Umdeutung auf die Organismen und dann auf die angenommenen Bestandteile der Organismen und der andern Körper eine sehr kühne Metapher ist, aus welcher nur poetische Schlüsse gezogen werden können.

Monismus.

I.

Unter einer dichten Baumkrone hatte man einigen Schutz vor Regen und Kälte. Oder in einer Höhle. Dann lernte man den Baumstamm oder den Stein zerspellen und spalten, die Steine fügen und die Bretter zu einem Dache gegeneinanderlehnen. Das Haus wurde komfortabler, als es die Zuflucht unter der

Baumkrone oder in der Höhle gewesen war. So ist alles Wirklichkeitswissen, das die Natur dualistisch zerspellt, komfortabler als jedes ältere Wissen. Was wir lernen, lernen wir immer so: dualistisch, dichotomisch, zerspellend (auf Etymologie kommt es hier nicht an), spelling, épelant. Niemals kann dieses einzelne Wirklichkeitswissen zu der *Einigkeit* führen, die eben darum ein Gefühl genannt werden mußte.

Meine Einigkeit mit der Natur, in der Natur kann ich nur fühlen, nicht in Worten wissen. Nichts ist zweimal da, ich nicht und die Natur nicht. Nicht ist die Natur einmal in meinem Erleben und ein andermal in meinem Denken. Nicht bin ich einmal in meinem Erleben und ein andermal in meinem Bewußtsein. Nicht wirkt die Erde einmal auf den Mond und der Mond ein andermal auf die Erde. Nicht ist dort die Sonne und da das Licht, nicht da das Auge und dort das Licht, nicht da meine Augen und dort deine Augen, nicht da du und dort ich. Und Einigkeit war auf der Welt, auch als schon Menschen da waren, solange der Mensch die Welt nicht mit seiner Sprache zerspellte.

II.

Monismus ist seit mehr als hundert Jahren Mode und wird wohl noch einige Zeit philosophische Mode bleiben bei den kleinen Leuten, die die Mode von gestern nicht ohne Stolz weitertragen. So gut ging es dem Monismus nicht immer. Noch Christian Wolf konnte in seiner Psychologia rationalis (§ 39) mit Recht behaupten, der *Dualismus* dominiere, der *Monismus* sei verhaßt. Das änderte sich seit der Wiederentdeckung Spinozas. Auf ihn, auf Goethe, auf Schelling, aber auch auf Bruno und auf wen nicht berufen sich die Bezirksredner, wie Büchner einer war und wie Haeckel einer ist, berufen sich ihre Schüler, die Mitläufer von Mitläufern, rennen mit starken Schädelknochen gegen die Mauern von Kirchenruinen und bilden sich etwas darauf ein, wenn sie ein Parterre von heimlich zechenden Primanern durch den schlecht geformten Witz zum Lachen gebracht haben: Gott sei ein gasförmiges Wirbeltier. Und das Wort *Monismus* klänge mir übel, auch wenn es nicht so mißbraucht worden wäre. Es ist ein nachgemachtes und dazu verschlissenes Wort, wie aus einer Maskenleihanstalt; Schweiß der Geschichte der Philosophie klebt daran. Will ich mir aber Mühe geben für den einen kleinen Gedanken, den ich meinerseits immer wieder wenden und umwenden muß, um meinen *Monoideismus* zu lehren, und suche ich ein eigenes Wort für das, was ehrlich hinter der Maske *Monismus* stecken mag, so finde ich kein Wort, das nicht schon mißbraucht wäre. *Identität* ist durch Schelling, der *Einzige* durch Stirner grotesk geworden. Leser des Meister Eckhart aber werden ein Ohr dafür haben, wenn ich für diesen Begriff *Einigschaft* oder Einigtum oder Einigung setze, wie Luther noch *Einigung* für *solitudo*, secessio in locum secretum, sagen konnte. Ich habe die Qual der Wahl, weil mir der Aberglaube an das eigene Wort fehlt, und bleibe zuletzt bei dem alten *Einigheit* stehen, wie es Kaysersberg im Sinne von Alleinsein gebrauchte.

Ist der Mensch erst ganz durchdrungen von dem Gefühle der *Einigheit* seiner selbst und der Natur, der Einigheit seines Erlebens, seines Seins und Denkens, dann werden für ihn die Scheinkämpfe zwischen Dualismus und Monismus zu einem Maskenspiel an dem er keinen Anteil mehr nehmen kann. Die Masken sind dumm geworden.

Es ist ja nicht wahr, daß auf den Gebieten, bis zu denen die modischen Monisten überhaupt vordringen, von einer Verdrängung des alten Dualismus die Rede sein kann. Um sich auf der Oberfläche des Weltverstehens zurechtzufinden, muß man sich immer wieder dualistischer Wortpaare bedienen, muß immer den Körper durch den Geist und den Geist durch den Körper beschreiben und erklären. Immer ist die Sprache materialistisch und immer ist der Sprecher idealistisch, trotzdem er denkt oder spricht. Dualistisch, aus Gegensätzen zusammengedreht, ein Zwirn, ist immer das, was das Wissen aneinander gereiht zusammenhalten soll: Hylozoismus, Panpsychismus.

Goethe, der Todfeind aller Wortschälle und aller -isten, der sich nun die Glorifizierung durch die Monisten gefallen lassen muß, hat sein Lebelang auf dem Gebiete des Wirklichkeitswissens das Geheimnis der Zweiheit, der Anderheit, der Polarität zu erforschen gesucht. Und wie Goethe alle Weisen seit jeher.

III.

Wenn es gute Sitte wäre, wortgeschichtliche Untersuchungen wie lustige Märchen zu erzählen, so wären die Geschichten der Worte auf *-ismus* vielleicht die allerlustigsten. Es gibt freilich unter ihnen eine etwas langweiligere Gruppe: die durch Eigennamen +*ismus* gebildet werden: Platonismus, Buddhismus, Mohamedanismus. Sie bieten Gelegenheit, von großen Gedankenzusammenhängen, ob man sie kennt oder nicht kennt mit einem gebildeten Worte zu sprechen. Leise klingt dabei mit, daß man den Träger des Eigennamens nur für einen historisch-interessanten Charakter halte, nicht aber für den Löser des letzten Rätsels, für den Erlöser. Im Deutschen wenigstens heißt der Ideenhaufe, der sich um Mohamed geschichtet hat, Mohamedanismus, der um Christus heißt Christentum. Die Lehre Platons heißt in der Geschichte Platonismus; die Gläubigen Platons nennen sich Platoniker.

Die rechte Höhe wird aber nur erreicht, wenn das gebildete Wort durch Anfügung von ismus an ein anderes allgemeines und dadurch schon höheres Wort abgeleitet worden ist. Aus humanus wird Humanismus und hätte eigentlich noch voller Humanitatismus heißen können und sollen. Diese Worte pflanzen sich leicht durch eine Art von Zellteilung oder Sprossung fort. Aus ego wird Egoismus, und Altruismus teilt sich ab. Aus *μονος* wird *Monismus* abgeleitet, und *Dualismus* teilt sich ab.

Solche Worte haben neben ihrer

äußern Geschichte noch ihre innere, ihre psychologische Geschichte; nur daß die psychologische Geschichte noch schwerer mit Sicherheit geliefert werden kann, als die äußere.

Die psychologische Geschichte von *Monismus* müßte auf einen Instinkt des menschlichen Denkens zurückgeführt werden. Das Denken und das Leben folgen nämlich genau entgegengesetzten Instinkten. Der Mensch, weil er lebt, hat den nominalistischen Instinkt, ich will damit sagen, er kennt einzig und allein Individuen, weiß nichts von Begriffen und nimmt die Welt, in welcher und von welcher er lebt, als real im modernen Sinn. Wie der Vogel, den Samen, den er aufpickt, als Realität aufpickt, als ein Individuum, so bestimmen nur Individuen den Menschen durch die drei Motive des Hungers, der Liebe und der Eitelkeit.

Der Mensch, weil er denkt, hat den Instinkt des Wortrealismus, im scholastischen Sinne; er hält die Begriffe, die er sich gebildet hat, für wirklich und sein Denken hat die Neigung, ja die Leidenschaft, immer höhere und abstraktere Begriffe zu bilden und am Ende die allerhöchsten und abstraktesten, also die inhaltleersten und umfangreichsten, für die realsten im modernen Sinne zu halten, obwohl sie nur im scholastischen Sinne real sind.

Das Ruhebedürfnis des menschlichen Denkens verlangt für diese Leidenschaft des Denkens immer dasselbe: die Überwindung der Vielheit, in der das Leben steht und aus der es besteht, durch die Einheit. Diese Einheit der Denksehnsucht ist etwas ganz anderes als die Einheit des Individuums. Auf das Individuum ist der Einheitsbegriff erst nachträglich angewandt worden, nachdem er von dem Ruhebedürfnis der Denksehnsucht oder von der uranfänglichen Philosophie geschaffen worden war. Zwei Beispiele.

Zu den Instinkten des Menschen gehört der Begriff der Ursache. Jeder Vorgang hat eine Ursache, eigentlich unzählige Ursachen oder Bedingungen, von denen nur eine durch Aufmerksamkeit oder Interesse besonders als *die* Ursache ausgezeichnet wird. Das Weltgeschehen, alle Vorgänge nebeneinander, haben erst recht unzählige Ursachen. Und jeder Vorgang des Weltgeschehens hat wieder unzählige Ursachen hintereinander. Will das Denken zur Ruhe kommen, so muß es unter den Ursachen hintereinander eine die letzte nennen, zu welcher Willkür die Sprache sich gefällig hergibt. Die letzte Ursache ist dann die *eine* Ursache oder *die* Ursache. Man hat sie auch Gott genannt. Eigentlich liegt gar keine Veranlassung vor, auch das Nebeneinander der unzähligen Ursachen des Weltgeschehens ebenso auf eine einzige zurückzuführen. Ich gestehe, daß ich mir diesen Denkprozeß gar nicht vorstellen kann. Nachdem aber die Sprache einmal die eine letzte Ursache des Hintereinander hergegeben hatte, verlangte die Sprache beinahe, daß diese einzige Ursache auch alles Nebeneinander erklärte. Aus dem Ursachbegriff heraus. Und der theologische Monismus war fertig.

Man beachte dazu, daß auf dem engern Gebiete der Abstammungsfrage ganz ähnlich ein Ruhedürfnis zu der Vorstellung von einem ersten Menschenpaare geführt hat, zu einer letzten Ursache des Hintereinander, daß die Phantasie des Darwinismus diese letzte Ursache weiter zurückverfolgt hat bis zu dem ersten Plasmaklümpchen, aus dem sich alle organische Welt mitsamt dem Menschen entwickelt haben soll, daß aber auch da wieder diese letzte Ursache alles Organischen allzu kühn zu der gemeinsamen Ursache des Nebeneinander gemacht worden ist. Man müßte denn an die Richtigkeit der Stammtafel glauben, die alles jetzige Nebeneinander als ein Nacheinander begreifen möchte.

Mein zweites Beispiel steht mit dem Ursach-Instinkte in nahem Zusammenhange. Ein noch viel älterer Instinkt legte nämlich den Ursachen menschlicher Sinneseindrücke den Seinsbegriff bei. Dieser Seinsbegriff oder die Realität hatte einen Sinn nur der Körperwelt gegenüber, der Außenwelt. Der Mensch empfand aber auch eine Innenwelt, nicht gerade als eine Summe von Sinneseindrücken, aber doch irgendwie in seinem sogenannten Bewußtsein. Was durch Sinneseindrücke in sein Bewußtsein gekommen war, dem wurde instinktiv *Existenz* zugeschrieben. Also, da es ein anderes Wort nicht gab, *existierte* auch die Innenwelt. Der Seinsbegriff wurde vom Körper auf das übertragen, was nun der Geist hieß oder ähnlich, von der Außenwelt auf die Innenwelt. Nur gröbere Gesellen kamen dadurch zur Vorstellung von materiellen Geistern. Die Feinern begnügten sich damit, das Sein von Körper und Geist zu behaupten. Das war der *Dualismus*. Aber das Ruhedürfnis der Denksehnsucht wäre von dieser Zweiheit gern zu einer Einheit gekommen. Das Prädikat *sein* genügte für diese bescheidene Sehnsucht. Und sagte man statt des Verbums *sein* das Substantiv *Substanz*, so hatte man ja den einheitlichen Oberbegriff in einem Worte. Denken und Ausdehnung werden zu Attributen des einzig Vorhandenen, das darum Substanz heißt. Und der metaphysische *Monismus* Spinozas war fertig, auf den das Schlagwort unserer Tage immer wieder zurückgeht. Wir werden noch sehen, wie der gegenwärtige Monismus, weil er die Substanz als Oberbegriff für Körper und Geist anzuwenden sich scheut, zum *Parallelismus* geworden ist, der das Problem zu lösen gar nicht erst vorgibt, also den Namen Monismus gar nicht mehr verdient. Wie die moderne Ehe, wenn sie den Egoismus zu zweien lehrt, die alte Regel aufgehoben hat: Mann und Weib sind ein Leib.

IV.

Die äußere Wortgeschichte von Monismus deckt sich nicht ganz mit der innern Geschichte. Die Ruhesehnsucht des Denkens, die als metaphysisches Bedürfnis religiös und logisch zu einer einzigen Ursache oder Gott und zu einem einzigen Seinsbegriff geführt hat, ist nicht identisch mit der Ordnungsliebe des Denkens, die

die Wortergebnisse der Sprache solange definiert, bis sich ein Wortsystem aus ihnen aufbauen läßt. An unserem Begriffe ist diese Klassifikationsarbeit zuerst von Wolf ausgeführt worden. Er nennt *Monisten* diejenigen Philosophen, die nur eine einzige Art von Substanz anerkennen. Wolf hat ganz ordentlich dargelegt, daß sowohl Materialisten als Spiritualisten den Namen Monisten verdienen, der ihm — wie gesagt — ein Ekelname war, weil nach seiner Überzeugung zwei Prinzipe, Körper und Geist, zur Erklärung der Welt nötig waren. Der Monismus sei eine verhaßte Weltanschauung. Communem esse hanc sententiam, quae inter nos obtinet, nemo ignorat, ut Dualismus sit dominans et Monismus ideo exosus habeatur. A qua parte stet veritas, ex sequentibus patebit. (Psych. rat. § 39.)

Wolf ahnte wohl gar nicht, daß dem verhaßten Monismus nicht nur der hochgelobte Dualismus, sondern auch ein ebenso möglicher *Pluralismus* gegenübergestellt werden könnte. Die Atomistik ist materialistischer Pluralismus, wenn man nicht so weit geht, die hypothetischen Atome auch noch einander vollkommen gleich vorzustellen; obgleich auch dann noch die Pluralität bestehen bliebe. Ja, die Monadenlehre von Leibniz, dem Meister Wolfs, ist wieder spiritualistischer Pluralismus, weil doch die Monaden verschieden sind.

Die philosophische Mode hat, wie man sieht, seit Wolf vollkommen gewechselt. Die Einheitssehnsucht des Denkens ist wieder einmal so stark geworden, daß Dualismus von den führenden Geistern unserer Zeit fast wie ein Schimpf oder doch wie ein Vorwurf gebraucht wird. Es soll der Bankerott der Philosophie sein, wenn sie über die Zweiheit der Prinzipien nicht hinauskommt, wenn sie mangels einer gemeinsamen Ursache, einer gemeinsamen Substanz oder eines gemeinsamen Prinzips, nicht wenigstens ein über der Dualität schwebendes einheitliches Wort zur Verfügung stellen kann. Die Einheitssehnsucht des Denkens hat wieder einmal für einige Generationen den Sieg über die klassifikatorische Sauberkeit des Denkens davongetragen. Nicht nur die Materialisten und die Spiritualisten nennen sich jetzt Monisten, sondern auch die Wortmacher, die in den beiden Prinzipien (Körper und Geist) nur zweierlei Erscheinungen einer und derselben Grundtatsache sehen wollen. Als ob man dasselbe Ding in zweierlei Sprachen bezeichnen wollte, so hat Höffding die Sache ausgedrückt. Und nicht bedacht, daß in seinem Bilde ein einheitlicher Mensch vorhanden sein müßte, der beide Sprachen verstünde, daß sonst Körper und Geist einander so fremd blieben, wie eben zwei Menschen, die einander nicht verstehen.

Fast zu tief für eine begriffsgeschichtliche Untersuchung ist das Schlagwort Monismus bei denen um Haeckel herabgesunken. Ich kann mich aber der Pflicht nicht entziehen, das Wort auch in diesen Niederungen aufzujagen. Bücher, die in 100000 Exemplaren verbreitet sind, trotzdem sie sich philosophisch nennen, dürfen nicht ignoriert werden. Ihre Schlagworte gehören fast der Gemeinsprache an.

Dabei wäre es ungerecht, den Punkt zu übersehen, der Haekels Erfolg bei den mittlern Hunderttausend mit beeinflußt hat und der dem Agitator des Darwinismus keine Schande macht. Das naiv-metaphysische Bedürfnis, das sich in der Ruhesehnsucht des Denkens äußert, hatte in Darwin wieder einmal einen prachtvollen Vertreter gefunden. Die große Leistung seines Arbeitslebens war der Versuch, den Dualismus von Natur und Zweck aus der Welt zu schaffen. Ich glaube, daß der Versuch, die Zweckmäßigkeit in der Natur durch den Kampf ums Dasein und das Überleben der Tüchtigsten zu erklären, nicht gelungen ist. Aber etwas Größeres ist übrig geblieben, nach unzähligen Beweisversuchen: die neue Möglichkeit des Denkens, von dem Zweckbegriff in der Natur abzusehen. Darwin hat uns mit dieser Denkmöglichkeit von dem Zwang eines Begriffes erlöst, der mehr als jeder andere die Natur vermenschlichte, versprachlichte, verfälschte. Mit der Zweckmäßigkeit der Organismen fiel von selbst der alte Judengott und Demiurg. Es mag seltsam klingen, daß ich Darwins Beweis nicht gelten lasse und seine These dennoch so hoch stelle; bei solchen zutiefst verlogenen Begriffen ist es aber schon eine Tat, uns an die Möglichkeit zu gewöhnen, sie wegzudenken. Weil nun Darwin mit englischer respectability die Konsequenzen nicht zog und mit vornehmer Höflichkeit die Sprachgewohnheiten der Tradition zu schonen liebte, darum fiel der Erfolg im respektloseren Mittelstande des geistigen Deutschland dem groben und eigentlich plebejischen Haeckel zu. Hätte sich Haeckel damit begnügt, der naiven Metaphysik, die in unsern Tagen Atheismus ist, entgegenzukommen, sie mit seinem zweifellos reichen Fachwissen zu illustrieren, wobei es auf die berüchtigten kleinen Unterschiebungen wirklich nicht angekommen wäre, so brauchte ich mich hier mit Haeckel nicht weiter zu befassen. Aber der Deutsche, der Landsmann von Kant, der Professor, mochte das Bedürfnis fühlen, auch begrifflich seinen Monismus zu klären, sich in die Reihe der Systemphilosophen zu stellen, und da gehört Haeckel, so hart es klingen mag, zu den Halbgebildeten, die nirgends schrecklicher sind, als auf philosophischem Gebiete. Er, der die Philosophie die Fürstin unter den Wissenschaften nennt, gebraucht das Handwerkszeug der Philosophie, die philosophische Sprache, als ein Pfuscher. Er identifiziert den ihm verhaßten Dualismus ohne jeden Sinn mit der teleologischen Weltanschauung (Welträtsel 268); er nennt das Substanzproblem die *eine* Grenze des Naturerkennens, er meint die einzige, und behauptet dann, „daß innerhalb derselben eine vernünftige Weltanschauung bereits sicher gewonnen ist,“ (Vortr. II 357; es geht wirklich nicht; das Wort *Grenze* wird da metaphorisch etwa für *Ende* gebraucht z. B.: für „man sei zu Ende“; nun hat „innerhalb der Grenze" in bezug auf ein räumliches Gebiet einen guten Sinn, — der hier völlig verloren gegangen ist); er hat ein geschüttelt Maß von Haß und Verachtung gegen den Papismus, nennt aber das Christentum des Protestantenvereins oder was er sonst meinen mag, eine „geläuterte Sittenlehre" (332); er führt unter seinen großen Vorgängern auch Shakespeare und Newton auf als unverbesserliche Atheisten (336) und weiß nicht, daß wir von Shakespeares religiösem Standpunkte nichts wissen, daß Newton gläubig war. Haeckel ist kein Forscher, sobald er philosophieren will, er ist ein Agitator. Er agitiert für den Bezirksverein „Deutsche Gesellschaft für ethische Kultur", wie er später für seinen Monistenbund agitiert. Was sich von seinen Vereinen auch nur dem Namen nach unterscheidet, wird mit der Heftigkeit eines Parteiredners angegriffen: er hätte sonst Anlaß gehabt, die Energetik Ostwalds und den Agnostizismus Dubois' freundlicher zu behandeln.

Er ist ein Agitator des dogmatischen Materialismus, und es wird niemals ganz klar, ob Vorsicht oder begriffliche Unklarheit ihn das muffig gewordene Schlagwort Materialismus ablehnen läßt. „Alle Erscheinungen des organischen Lebens lassen sich schließlich auf mechanische Prozesse zurückführen" (354). In dem Versuche, seinen Monismus begrifflich von andern -ismen zu scheiden, wird Haeckel grotesk (352f): In weitestem Sinne sei Monismus gleichbedeutend mit Mechanismus; aber auch mit Panpsychismus; Materialismus ist im weitesten Sinne gleichbedeutend mit Monismus; im weitesten Sinne kann aber auch Spiritualismus identisch mit Psychismus — also auch mit Monismus sein; aber die konsequente Form der Weltanschauung, deren Grundsätze Haeckel seit 30 Jahren vertreten hat (1892), könne auch als *Cosmonismus* bezeichnet werden, womit Haeckel nicht einen *Monismus* von *Kos* meint, sondern in kühner Wortbildung wahrscheinlich *Kosmomonismus.* (Er hat auch mit gleicher Kühnheit das schlichte Wort *Assozionen* vorgeschlagen). Dieser Monismus Haeckels, der sich „im weitesten Sinne" so ziemlich mit jedem andern Ismus verträgt, ist denn auch zu Schnittlauch auf allen Suppen geworden. Wer Sauberkeit des philosophischen Handwerkzeugs schätzt, der wird sich mit mir baß entsetzen vor der monistischen Geogenie und der monistischen Biogenie, vor dem monistischen Bewußtsein und der monistischen Kosmologie, vor der monistischen Kunst, (dem Gegenstück der christlichen Kunst, aber auch der christlichen Mathematik), vor den monistischen Kirchen, wo ehrliche Theologen den monistischen Kultus ausbauen werden („Zwischen den hohen Säulen der gotischen Dome, welche von Lianen umschlungen sind, werden schlanke Palmen und Baumfarne, zierliche Bananen und Bambusen an die Schöpfungskraft der Tropen erinnern; in großen Aquarien unterhalb der Kirchenfenster werden reizende Medusen . . . die Kunstformen des Meereslebens erläutern"), vor der monistischen Sittenlehre.

Haeckel beruft sich bis zur Ermüdung auf Goethe und auf Spinoza. Er glaubt es gewiß ehrlich. Ganz spinozistisch ist es aber nicht, wenn Haeckel mit ungeheurem Wortschwall die Materie die unendlich ausgedehnte Substanz nennt und dann wieder dieselbe Materie, neben dem Geiste, eine Grundeigenschaft ihrer selbst, der universalen Substanz. Ganz goethisch ist es nicht, wenn Haeckel in der Kraft so etwas wie eine Eigenschaft des Stoffes sieht. Der Mißbrauch des Wortes *monistisch* aber paßt so wenig zu der gewaltigen Einfachheit Spinozas, wie zu der schönen Einfachheit Goethes. Muß ich wirklich noch besonders auf jede einzelne Verkehrtheit im Mißbrauche des Terminus *monistisch* hinweisen? Die monistische Biogenie beruht auf der Hypothese der Deszendenzlehre, die in dem halben Jahrhundert ihres Bestandes mehr und mehr an Überzeugungskraft verloren hat. Die monistische Geogenie und Kosmologie hätte erst einen Sinn, wenn der Chemie die ersehnte Zurückführung aller Elemente auf einen Grundstoff gelungen wäre. Oder wenn *monistisch* schon verschlissen genug wäre, um in gleicher Bedeutung gebraucht werden zu können wie etwa *modern* oder gar wie das *tadellos* der jüngsten Generation. Soweit ist es mit dem Terminus vielleicht doch nur bei der Forderung einer monistischen Kunst gekommen. Aber in den Wortfolgen, *monistischer Kultus, monistische Kirche, Sittenlehre* wird die Vorstellung eines theoretischen Materialismus (nur den praktischen lehnt Haeckel ab) immer da in den Hintergrund gestellt, wo irgend mit hergebrachten Reden an das Hergebrachte angeknüpft wird; dann heißt monistisch auch auf diesen Gebieten soviel wie modern. In Frankreich ist seit Comte der Terminus *positif* und *positivisme* in ganz ähnlicher Weise zu einem Worte für alles heruntergekommen. Man darf einen solchen wüsten Sprachgebrauch nicht etwa vergleichen damit, daß ein Kant den von ihm viel benützten Terminus *transzendental* gelegentlich unsicher gebraucht, wenn auch *transzendental*, wie es bei den Romantikern als Modewort auftritt, an unser *monistisch* erinnern mag. Haeckel ist in philosophischer Beziehung, wie gesagt, ein Halbgebildeter, kann technische Ausdrücke für schwierige Fragen gar nicht prägen und ist in den letzten Jahren ein ganz unerträglicher „Philosoph" geworden. Man greift sich an den Kopf, wenn man liest (Lebenswunder, S. 515): „Goethe hat in seinem Leben die Ideale praktisch verwirklicht, die Kant theoretisch entdeckt ... hatte." Und man klappt das Buch zu, zu spät, wenn man (S. 518) auf Kants Philosophie die Redensart angewandt findet, „die größte Beliebtheit in weitesten Kreisen."

V.

Von stillern deutschen Gelehrten ist der Monismus, aber auch nur weil das Wort neuerdings Glück gemacht hatte, auf etwas angewandt worden, was sonst *Neu-Spinozismus* heißt und auf dem engern Gebiete der Psychologie *Parallelismus*. Ich habe diese unkantische Vorstellungsreihe in der Kritik der Sprache (I² S. 278 ff) ausführlich zu kritisieren versucht. Habe auf den unglücklichen Umstand hingewiesen, daß unsere Sprache auf der einen Seite der Ereignisse allein lebt und von der andern Seite der Ereignisse nichts weiß.

Man könnte, in Ermangelung eines besseren Wortes, mit dem Begriff Monismus nun aber doch eine Vorstellung verbinden, die etwas anderes wäre als der Monismus, zu dem das Ruhebedürfnis des Denkens geführt hat, etwas anderes als die letzte und einzige Ursache, etwas anderes als der oberste und einzige Seinsbegriff: in der Qual des Lebens und Erlebens, in der Überzeugung, daß unser Denken erst geschaffen hat, was uns gut oder böse dünkt, wäre die Vorstellung von erlösender Kraft, daß die Welt, in der wir leben und leiden, nur *einmal* da ist, nicht zweimal, nicht außen *und* innen, daß wir uns entschließen dürften, uns mit der einmaligen Welt zu begnügen. Seit Fechner ist die Phantasie uns geläufig, daß jedes Atom und unser Erdenplanet und das Weltall die Qual des Innenlebens habe. Epikuräer haben das Beispiel gegeben, die Innenwelt zu ersticken. Christliche Heilige haben die Außenwelt von sich abgestreift. Es wäre eine erlösende Vorstellung, etwas wie epikuräische Heiligkeit, wenn wir imstande wären, heiter und fest, ohne Weltflucht und ohne Gemeinheit, die Einzigkeit der Welt zu begreifen, die uns mit ihrer Zwiespältigkeit martert. Ich kann mich bei diesem unfaßbaren, weil sprachwidrigen Bilde auch auf Goethe berufen. Und auf Kant.

In einem wenig bekannten Gedichte „Die Falschheit menschlicher Tugenden" hat Haller, 1730, ernst und pedantisch wie immer, ohne eigentliche poetische Kraft die Erbärmlichkeit menschlicher Größe, aber auch menschlichen Wissens aufzudecken gesucht. Mit wildsatirischer Absicht: „Ich will ein Menschenfeind, ein Swift, ein Hobbes werden." Die Heiligen sind nicht echt: „Wo sind die Heiligen von unbeflecktem Leben, die Gott den Sterblichen zum Muster dargegeben?" Die Weisen leben nicht nach ihrer Weisheit: „Dies weiß der Pöbel nicht, er wird es nimmer lernen, die Schale hält ihn auf, er kömmt nicht zu den Kernen." Die berühmten Helden der Weltgeschichte sind nicht mutiger gewesen als ein gehetztes Wildschwein, das „die dicken Borsten sträubt, die starken Waffen wetzet, und wütend übern Schwarm entbauchter Hunde setzet." Auch die Forscher wissen nichts, und an dieser Stelle des Gedichts stehen die beiden Alexandriner, die in der wohllautenden Form, die Goethe ihnen gegeben hat, unzählige Male zitiert worden sind. Haller hatte geschrieben:

„Ins Innre der Natur dringt kein erschaffner Geist.
Zu glücklich, wem sie noch die äußre Schale weist."

Diese Stelle ist aus dem langstieligen Gedicht, das nach Art „eines

Gewettes“ entstanden war und die Tauglichkeit der deutschen Sprache für Lehrgedichte nach englischem Geschmack beweisen sollte, allein auf die Nachwelt gekommen. Das hinkende, aber einprägsame Bild vom Kern und seiner Schale, ließe sich von Haller bis zu seinem Landsmann Keller im Gebrauche der Schriftsteller und Dichter reichlich nachweisen. Man hätte an dem Bilde tadeln können, (in den vielzitierten Versen findet sich der Gegensatz von Kern und Schale ja nicht, wohl aber vorher in dem Verse „die Schale hält ihn auf, er kömmt nicht zu den Kernen“, in älterer Fassung „bis zum Kernen“), daß Haller sofort den Kern, das Innere, höher einschätzte als die Schale, das Äußere; man hätte beachten können, daß bei unsern meisten Obstarten der Kern, der Same für die Art und ihre Fortpflanzung zwar die Hauptsache ist, die Schale aber die eigentliche Frucht für uns; daß also der Kern wirklich mit dem Ding an sich, die Schale mit der Erscheinung, mit dem einzigen Gegenstande menschlichen Interesses verglichen werden konnte. Und dieser Gedanke scheint mir in den beiden lebhaften Protesten ausgedrückt, die Kant und Goethe gegen die Alexandriner Hallers vorgebracht haben.

Auch der Protest Kants richtet sich offenbar gegen Haller, wenn der gelehrte Dichter auch nicht genannt wird. Er steht an einer bedeutenden Stelle der Vernunftkritik, wo Kant schärfer als sonst die Unerkennbarkeit der Dinge an sich („was die Dinge an sich sein mögen, weiß ich nicht und brauche es auch nicht zu wissen“) ausgesprochen hat. (S. 333) Das schlechthin, dem reinen Verstande nach, Innerliche der Materie sei eine bloße Grille; deren transzendentales Objekt (Kant meint offenbar das transzendente Ding an sich) sei ein bloßes Etwas, wovon wir nicht einmal verstehen würden, was es sei, wenn es uns auch jemand sagen könnte. „Wenn die Klagen: *Wir sehen das Innere der Dinge gar nicht ein*, soviel bedeuten sollen als: wir begreifen nicht durch den reinen Verstand, was die Dinge, die uns erscheinen, an sich sein mögen: so sind sie ganz unbillig und unvernünftig; denn sie wollen, daß man ohne Sinne doch Dinge erkennen, mithin anschauen könne, folglich daß wir ein von dem menschlichen, nicht bloß dem Grade, sondern sogar der Anschauung und Art nach gänzlich unterschiedenes Erkenntnisvermögen haben, also nicht Menschen, sondern Wesen sein sollen, von denen wir selbst nicht angeben können, ob sie einmal möglich, viel weniger wie sie beschaffen seien. *Ins Innere der Natur dringt* Beobachtung und Zergliederung der Erscheinungen, und man kann nicht wissen, wie weit dieses mit der Zeit gehen werde.“ Kant, der die Überspannung des inneren Sinnes, der die Selbstbeobachtung auch bei den Originalgenies vom Sturm und Drang gern verspottete, der vor den psychischen Gefahren einer zu weit getriebenen Selbstbeobachtung warnte, hat hier den wahren Grund seiner Abneigung zu erkennen gegeben: wir haben keinen Sinn für das Innere;

das Innere fängt da an, wo die Sinnlichkeit des Menschen aufhört; wenn es eine zweite Welt neben unserer Sinnenwelt gibt, wenn es Dinge an sich als Grund der Erscheinungswelt gibt, so weiß ich nichts von ihnen und brauche auch nicht zu wissen, was sie sein mögen, „weil mir doch niemals ein Ding anders als in der Erscheinung vorkommen kann." Das ist der Monismus Kants, ein resignierter Materialismus, der sich mit seinem transzendentalen Idealismus vorzüglich verträgt.

Ob Goethe bei seiner Polemik gegen Haller den Protest Kants gekannt habe oder nicht, wüßte ich nicht zu sagen, wenn auch die ethische Schlußwendung an Kant denken ließe. Im Jahre 1820 veröffentlicht Goethe seine zornigen Verse unter der leidenschaftlichen Überschrift „Allerdings". Ich will das ganze kleine Gedicht hersetzen:

„Ins Innre der Natur" —
O du Philister! —
„Dringt kein erschaffner Geist."
Mich und Geschwister
Mögt Ihr an solches Wort
Nur nicht erinnern!
Wir denken: Ort für Ort
Sind wir im Innern.
„Glückselig, wem sie nur
„Die äußre Schale weist!"
Das hör ich sechzig Jahre widerholen,
Ich fluche drauf, aber verstohlen,
Sage mir tausend, tausend Male:
Alles gibt sie reichlich und gern;
Natur hat weder Kern
Noch Schale,
Alles ist sie mit einem Male;
Dich prüfe du nur allermeist,
Ob du Kern oder Schale seist!

Und so wertvoll dünkt dem Greise Goethe die Berichtigung des Hallerschen Satzes, den doch Faust in seiner Verzweiflung am Wissen leicht hätte unterschreiben können, (Faust sagt, und wird dafür von Goethe nicht Philister gescholten:

Geheimnisvoll am lichten Tag
Läßt sich Natur des Schleiers nicht berauben,
Und was sie deinem Geist nicht offenbaren mag,
Das zwingst du ihr nicht ab mit Hebeln und mit Schrauben.

Im Erkenntnisdrang, der ihn zum Selbstmord hart heranführt, sagt er's,) daß Goethe, der reichste Geist, sein „Allerdings" 7 Jahre später plagiiert und die Verse unter der jetzt fast kriegerischen Überschrift „Ultimatum" noch einmal abdruckt:

Und so sag ich zum letzten Male:
Natur hat weder Kern
Noch Schale;
Du prüfe dich nur allermeist,
Ob du Kern oder Schale seist.

Und er schließt mit noch stärkerer Betonung des ethischen Seitensprunges:

Denkt nicht, wir scherzen!
Ist nicht der Kern der Natur
Menschen im Herzen.

Ich füge einige Verse aus den zahmen Xenien hinzu:

Wie sollen wir denn da gesunden?
Haben weder Außen noch Innen gefunden,
Was haben wir denn da gefunden?
Wir wissen weder oben noch unten.

Und unter dem verstaubten Titel „Epirrhema" die Regel:

Müsset im Naturbetrachten
Immer Eins wie Alles achten.
Nichts ist drinnen, nichts ist draußen,
Denn was innen, das ist außen.

Ich will mich nicht auf die philologische Untersuchung einlassen, ob Hallers Verse, wie Lange meint, im Sinne von Leibniz zu verstehen sind (doch wohl nur so weit, als die Zeit unter dem Einflusse von Leibniz stand), ob der „Unfreundliche Ausruf“, wie „Allerdings“ ursprünglich noch zorniger überschrieben war, gegen Nicolai gerichtet war (was schon und selbst Düntzer abgewiesen hat). Die beiden klassischen Zeugen Kant und Goethe sollen mir nur helfen, die Vorstellung von einem Monismus, der kein ontologischer Monismus ist, glaubhafter zu machen.

Ich habe im Eingang dieser Ausführungen gezeigt, wie die naive Metaphysik der Menschenkinder zu der Weltanschauung des Dualismus führen mußte, sobald das eigene Ich und die fremde Welt in Worten auseinandergehalten wurden, sobald die Selbstbeobachtung in fast gleicher Weise das eigene Ich in die äußere und in die innere Persönlichkeit zerspaltete, in den jedem Mitmenschen wahrnehmbaren Körper und in die nur mir wahrnehmbare Innenwelt, sobald in ganz ähnlicher Weise die auf uns wirkenden Dinge zerspalten wurden in eine Substanz und in eine Kraft. Ich habe gezeigt, wie dieser vielseitige Dualismus von der Ruhesehnsucht des Denkens geleugnet wurde, wie aber die letzte und einzige Ursache ebenso widerspruchsvoll war wie der oberste und einzige Seinsbegriff, wie also der sehnsüchtige Monismus den naiven Dualismus niemals überwinden konnte. Es ist deshalb gar nicht auszumachen, ob selbst Kant und Goethe Monisten oder Dualisten genannt werden müssen, wenn man die Ausdrücke im Sinne der Schule gebraucht. Beide waren zu überlegene Geister, um den Betrug der Sprache nicht zu durchschauen, der durch einen einheitlichen Oberbegriff zu einem Scheinmonismus führte, wie etwa Spinozas Substanz.

Selten und unsicher ist bei Kant, oft und stark ist bei Goethe der Sprache die Schuld an solchem Scheindenken zugesprochen worden. Ich möchte noch einen Schritt weitergehen und die Sprache dafür verantwortlich machen, daß wir nicht alle Monisten in Wirklichkeit sind, daß wir uns gewöhnt haben, in Wissenschaft und Leben die einzige Welt und alle unsere einzigen Erlebnisse zweimal zu setzen. Die Sprache und die in Sprache allein mögliche Wissenschaft hat nach dem Muster der Zweiteilung des eigenen Ich auch den Dualismus unserer Erkenntnisse geschaffen; als ob wir nicht Teile der Natur wären, als ob nicht jede Erkenntnis in uns innen wäre, reden wir von Naturwissen und von Selbstbewußtsein, von Naturwissenschaften und Geisteswissenschaften. Und auf dem sogenannten moralischen Gebiete gar, das am Ende vielleicht weder im Naturwissen noch im Selbstbewußtsein zu finden oder unterzubringen ist, zerspalten wir unsere Absichten und unsere Handlungen in erlebte Tatsachen und in richtende Urteile, als ob wir zwei Leben lebten, als ob wir Verbrecher und Richter in einer Person wären, als ob ein Gesetzbuch außer uns und ein anderer Wille in uns wären. Vielleicht war es darum nicht unberechtigt, einer Stimmung nachzugeben und bei der Einführung des unschulmäßigen Monismusbegriffs von ihm die Erlösung von der Lebensqual zu erhoffen. Die Sprache, die unser Wissen zerspellt hat, will auch unser Leben zerspellen; besäßen wir keine Sprache, so wäre uns das Glück zuteil geworden, ohne die beiden andern größten Menschenfeinde zu leben, ohne Sorge und ohne Reue, ohne Vordenken und ohne Nachdenken.

Glücklich wie die Tiere, wird man mir einwerfen, wie die Hunde, ein zynischer Monismus! Ich würde den Einwurf nicht schwer nehmen, da ich ja (Kr. d. Sprache I² 388) im Weltbilde der Amöbe die Dinge an sich unmittelbarer wirksam fand, als diese Dinge durch unsere Sinnesorgane auf uns wirken können, durch Organe, die nicht für die Dinge, die nur für uns geworden sind. Und wenn das *moralische* Weltbild der Amöbe tief unter dem des gesitteten Staatsbürgers stehen mag, so dürfte es doch um so genauer mit dem moralischen Weltbilde des modernen Übermenschen zusammenfallen.

Doch Scherz beiseite. Auch ich neige zu der Meinung, daß das Weltbild hervorragender Menschen (von der Moral abgesehen) durch die Sprache oder trotz der Sprache reicher und auf einigen Aussichtspunkten klarer ist, als das Weltbild der „höhern" und selbst der niedern Tiere. Und ich sehe im Ernste eine Möglichkeit, mit dem Gefühl und sogar mit „ungefähren Worten" den glücklichen Monismus der sprachlosen Tiere und Pflanzen mit unserem Naturwissen und unserem Selbstbewußtsein zu versöhnen, fast zu vereinigen. Der Seinsbegriff oder der Substanzbegriff, der zu den unerträglichen Widersprüchen des naiven und des metaphysischen Dualismus führt, gehört der sogenannten Ontologie an, auf deren Gebiete eben die Tiere und Pflanzen unerreichbare Monisten sind; um so konsequentere Monisten, als sie tiefer stehen in der menschlichen Klassifikationsreihe. Sie brauchen nicht Dualisten zu sein, sie brauchen sich selbst und die Welt nicht zweimal zu setzen, weil sie den ontologischen Seinsbegriff nicht gebildet haben, weil sie nicht, wie die armen Philosophen, zwischen dem Scheinmonismus des Seinsbegriffs und den Widersprüchen des Dualismus hin und her pendeln. Wir Menschen können das einheitliche Leben des Tiers und der Pflanze mit unserem Denken in Einklang bringen, wenn wir nach zweitausendjährigem Kopfzerbrechen auf alle Ontologie und ihren Seinsbegriff verzichten, das Sein nicht zu verstehen beschließen und uns mit dem Begriffe des Werdens begnügen. Wobei keineswegs nur an die Hypothese der Entwicklung zu denken ist. Der Monismus des Werdens ist vorstellbar ohne eine Hypothese darüber: welche einzige Ursache das Werden hervorbringe. Der Monismus des Werdens ist das schlichte Gefühl meiner Zugehörigkeit zur Einen Natur, ist kein metaphysischer Monismus.

Zum Beispiel: das Begriffspaar Kern und Schale ist nur in der menschlichen Sprache der Ausdruck eines Gegensatzes; in der Frucht ist der Kern wie die Schale; wenn wir's auch nicht immer wissen, für das Wachstum des Individuums und für die Fortpflanzung der Art notwendig. Nur die menschliche Sprache unterscheidet ungenau genug Keim und Nahrungsstoff in der Frucht. Und ungenau genug unterscheidet die Sprache zwischen dem Werden und Wachsen des Individuums und der Fortpflanzung der Art. Nicht einmal der letzte Unterschied dürfte in der sprachlosen Natur einen Sinn haben.

VI.

Der Streit um den Monismus verliert viel von seinem Reize und von seiner Heftigkeit, wenn wir statt des griechischen Wortes, das auch auf den Forscher leicht wie ein Begriff besonderer und höherer Art wirkt, das Wort der Muttersprache anwenden. Und sagen wir gar *Einheit*, so könnte die große Frage nach dem Wesen der Welt zu der kleinen Frage nach unserm Wissen von der Welt zusammenschrumpfen. Ich habe gelehrt (Kr. d. Spr. III S. 181f), und ich halte diese Auffassung für nicht unerheblich, daß nicht die 1, sondern die 2 die erste Zahl sei, daß die Einheit gar keine Zahl sei und eben darum ein Begriff, der Begriff des Maßes, das jedem Zählen zugrunde liegt. Vielleicht dachte schon Pythagoras etwas Ähnliches, da er seinem arithmetischen Weltsysteme die Monas und Dyas zugrunde legte, wenn er wirklich unter der Monas die unbestimmte, nicht ziffermäßige Einheit, unter der Dyas die unbestimmte Vielheit verstand; aber wir wissen ja so wenig von dem, was die tiefsten griechischen Philosophen bei ihren Schlagworten dachten, wir wissen darum nicht einmal, welchen von ihnen wir einen tiefen Philosophen nennen sollen.

Die unsägliche Mühe, die sich die Philosophen der Arithmetik gaben, noch neuerdings Poincaré, von der 1 zu der 2 zu gelangen, scheint mir überflüssige Arbeit, wenn wir die Einheit als den bloßen Begriff der Maßeinheit auffassen und das Zählen erst bei der 2 beginnen. Die Schwierigkeit des Additionsrätsels wird dadurch auf die einfachere Frage zurückgeführt, wie der Mensch dazu komme, die Dinge nach Einheiten zu messen und zu zählen (Vergl. Art. *messen*).

Die Vorstellung, daß die Einheit von anderer Art sei als die Zahlen (als die übrigen Zahlen, sagt man), steckte aber von jeher in den Menschenköpfen und äußerte sich in einem gefühlsartigen Urteile, das uns jetzt helfen soll, den Begriff *Monismus* auch noch mit einigem Humor anzublicken. Wie Aristoteles den Kreis nicht nur für eine besondere, sondern für die vornehmste Linie ansah, auf die Kreislinie also ein Werturteil anwandte, sie gewissermaßen ethisch bewertete, so haben wir alle die Neigung, die Einheit, trotzdem wir sie für eine Zahl gehalten haben, als die vornehmste unter allen Zahlen zu betrachten. Vom Standpunkte der Menschensprache nicht ganz mit Unrecht, weil die

Einheit eben ein Begriff ist, und dieser Begriff mancherlei Inhalt hat. Wir denken bei Einheit, außer an die Maßeinheit des Zählens auch an die organische Einheit, und beruhigen uns gern dabei, wenn wir das Bild der organischen Einheit auf das Ganze unseres Wissens, unseres Denkens, unseres Lebens angewandt haben; wir sprechen dann von der Einheit in der Naturerklärung, in der Weltanschauung, und halten es für sehr vornehm, wenn es uns gelungen ist, die Reihe der Ursachen auf eine einzige, anstatt etwa auf zwei zurückzuführen, wenn wir uns gegenüber dem Dualismus eines Monismus rühmen dürfen. Man wird einmal über den höheren Wert des Monismus ebenso lachen, wie wir heute über die Vornehmheit des Kreises; ich bin nur so frei, dieses Lachen vorwegzunehmen.

moral insanity. — Man wird diesen Begriff als den Namen einer bestimmten Geisteskrankheit, d. h. einer ungefähren Symptomgruppe in zuverlässigen psychiatrischen Werken heute kaum mehr finden; desto häufiger liest man die Buchstabengruppe *moral insanity* in Zeitungen und hört die Lautgruppe von bezahlten Sachverständigen, so oft ein wohlhabender Mensch etwa wegen eines Diebstahls, ein gutgekleideter Mensch wegen eines Sexualverbrechens angeklagt ist. Wieder einmal lebt ein Wort in der Gemeinsprache der Halbgebildeten weiter, nachdem es von der Wissenschaft preisgegeben worden ist.

Der Begriff ist durch Lehnübersetzung, der durch moralische Ansteckung eine gemeinsame Seelensituation vorausgegangen war, in alle Kultursprachen übergegangen; der Franzose spricht von *folie morale*, der Italiener von *pazzia morale*, der Deutsche von *moralischem Irresein* oder in einer freieren und besseren Übersetzung von *Verbrecherwahnsinn*. Es ist aber kein Zufall, daß die Sache und ihr Ausdruck zuerst in England erfunden worden sind; in England gestattete Strafrecht und Strafprozeß nicht so leicht wie auf dem Kontinent, die verminderte Verantwortlichkeit bei der Strafbemessung in Rechnung zu setzen; man nennt es rückständig, daß die Engländer sich niemals beeilt haben, die Tendenz der Sentimentalität und die kleinen Moden der Verbrecherpsychologie nachzumachen. Prichard war es, der 1835 moral insanity als eine besondere Art von Geisteskrankheit den englischen Juristen zur Verfügung stellte.

Der Nichtengländer sollte nicht vergessen, daß *insanity* nicht Krankheit überhaupt bedeutet, sondern (wie schon das lateinische Adjektiv *insanus*) Geisteskrankheit, Irresein. Wir haben nun gelernt (vgl. Art. *krank*), daß es in der Wirklichkeitswelt wohl kranke Menschen gibt, aber keine Krankheiten; wir haben gelernt, daß es insbesondere Geisteskrankheiten nicht gibt, sondern nur kranke Körper und kranke Körperorgane, und daß wir dann bildlich von Geisteskrankheiten reden, wenn die Funktionen bestimmter Organe zu schädlichen Vorstellungen, Schlüssen, Gewohnheiten oder Handlungen führen. Trotzdem nun der Oberbegriff *Geisteskrankheit* undefinierbar ist, ja sogar als falsch erkannt worden ist, hat man dennoch die einzelnen Formen der Geisteskrankheit wohl oder übel nach ungefähren Symptomgruppen abgeteilt und redet mit einigem Rechte z. B. von Paralyse, von Melancholie, von Manie, von Paranoia, von epileptischen Zuständen als von einzelnen Geisteskrankheiten. In dieser Einteilung, die wahrlich nicht für die Ewigkeit besteht, hat nun die Erscheinung keinen Platz, daß es Menschen gibt, die mit Vorliebe stehlen, Häuser anzünden oder Sexualverbrechen begehen; man hat als die Ursache solcher Erscheinungen früher die fixen Ideen oder die Wahnideen angegeben und mit diesem Begriffe mancherlei Unfug getrieben. Man sagt jetzt, daß die fixe Idee nur ein Symptom sei, und zwar das Symptom ganz verschiedener Krankheiten; man hat ferner den Begriff der Hemmung eingeführt und sagt, daß nur die Hemmung fehle, wenn sonst richtig, d. h. normal denkende Menschen verbrecherische Handlungen begehen. Nur daß niemand erklären kann, was das Substantiv Hemmung eigentlich bedeute. (Vgl. Art. *Hemmung*.)

Gibt es nun nur kranke Menschen und keine Krankheiten, dürfen wir ferner mit bildlichem Rechte höchstens von Krankheiten des Zentralnervensystems reden, nicht aber von Krankheiten der Seele oder des Geistes, so erweist sich der Begriff einer moralischen Geisteskrankheit (moral insanity) als eine völlig mißglückte Wortkuppelung. Nach der Definition von Prichard soll ja gerade bei moral insanity eine erhebliche Störung der Geistesfähigkeiten ausgeschlossen sein und nur eine krankhafte Verkehrung natürlicher Gefühle, Gewohnheiten usw. vorhanden sein; auch nach dem Sprachgebrauche unserer gemieteten Psychiater und vieler gedankenträger Journalisten beruft man sich auf moral insanity dann, wenn Straflosigkeit wegen nachweisbarer Geisteskrankheit nicht zu erwirken ist. Moral insanity ist also eine Geisteskrankheit, die keine ist. Was ist denn in solchen Fällen erkrankt? Doch wohl nicht der Körper; der Strafrichter hat sich um den menschlichen Körper nur selten zu bekümmern; er hat es ja nur mit dem menschlichen Willen zu tun. Auch der Geist wird in solchen Fällen nicht als krank vorausgesetzt. Als krank vorausgesetzt wird das moralische Organ, das es nur leider in der Anatomie nicht gibt; und das bildlich so genannte moralische Organ, das Verhältnis des Individuums zu den Sitten und Anschauungen seiner Umgebung, kann doch wohl nicht erkranken. Eine Metapher kann doch im Sinne der Medizin nicht krank werden.

Man hat sich so zu helfen gesucht, daß man moral insanity für eine Form des Schwachsinns ausgab, bei welcher dem Kranken die moralischen Gefühle und Begriffe seiner Zeit oder seines Landes fehlen. Sehr bequem für Lombroso's mehr verbrecherische als geniale Lehre, daß auch der geniale Mensch so etwas wie ein geborener Verbrecher sei; denn auch das Genie, wenn es ein Genie des Handelns ist, hat nicht die Seelensituation, hat nicht die Gefühle und die Begriffe seiner Zeit oder seines Landes. Sodann: der Besitz der Begriffe oder Wörter hat ganz und gar nichts mit moral insanity zu tun; da man von moral insanity fast ausschließlich in Bezug auf wohlhabende und gutgekleidete Angeklagte spricht, die nicht geisteskrank sind, so kann ich wohl behaupten, daß gerade diese die sogenannten moralischen Begriffe recht gut am Schnürchen haben. Diese Sünder wissen ganz genau, was Diebstahl, was Brandstiftung, was Kindesschändung ist; sie leugnen ja womöglich, das Verbrechen begangen zu haben; und sie begehen das neue Unrecht der Verleugnung ihrer Anschauungen, der schlechten Lüge (die freilich sonst wieder als Äußerung einer andern Moralkrankheit, der *pseudologia phantastica*, entschuldigt wird), trotzdem sie den Begriff der Lüge recht gut kennen. Es bliebe also nur die unfreundliche Annahme übrig, daß den armen Opfern der Modekrankheit, der moral insanity, zwar nicht die moralischen Begriffe mangeln, wohl aber die moralischen Gefühle; es wäre ja recht gut möglich, daß in unsrer besten Gesellschaft gutgekleidete Menschen ohne moralische Gefühle verkehren, wie man in unsern Konzertsälen gutgekleidete Menschen finden mag, die musiktaub sind, in unsern Ausstellungen gutgekleidete Menschen, die farbenblind sind. Diese armen Moralblinden! Man soll sie wohl gar eher bedauern und nicht bestrafen!

Nur daß die Sache sich umgekehrt verhält. Gewohnheitsverbrecher, die von Kindheit an unter Verbrechern gelebt haben und für sauber ausgeführte Diebstähle belobt und belohnt worden sind, abgestumpfte Prostituierte, die völlig gedankenlos nach verbotenem Sinnenkitzel trachten, die haben wirklich nicht die moralischen Gefühle, welche durch unsere Strafrechte geschützt werden; aber just diese armen Teufel finden gewiß keinen Sachverständigen, der sie mit moral insanity herauszureden sucht; für die sind die härtesten Strafen des Rückfalls gerade recht. In den Fällen aber, wo beredte Verteidiger mit beinahe echten Tränen in den Augen besonders wirksam von moral insanity reden dürfen, da hat der Verbrecher oft gar sehr das moralische Gefühl seiner Zeit und seines Landes, da schwankt er lange genug zwischen Selbstmord und Fortsetzung seiner lasterhaften Gewohnheiten, da kann weder von Geisteskrankheit die Rede sein, noch vom Fehlen moralischer Begriffe, noch vom Mangel moralischer Gefühle. Nur die Tat war im Widerspruche mit dem Strafgesetze, nicht die Gefühle oder die Begriffe des Täters. Und wenn der Vorwurf, daß unsre Gerichte von Jahr zu Jahr häufiger den zahlungsfähigen Angeklagten den Einwand der moral insanity gestatten, nicht lauter und lauter erhoben werden soll, der Vorwurf, daß Klassenjustiz geübt werde, dann muß endlich der bezahlte Sachverständige vor dem unparteiischen Fachmanne verstummen, der erklärt: wir kennen die Krankheit nicht, die man *moral insanity* nennt. Übrigens habe ich nichts dagegen, daß man die Menschen, gegen deren Schädigungen wir uns schützen wollen (das wollen wir ja doch!), nicht Verbrecher nenne, sondern Kranke, daß man sie in Irrenhäusern unschädlich mache anstatt in Zuchthäusern, oder daß man über die Tore der Gefängnisse und Zuchthäuser mit wohlfeiler Sentimentalität die Aufschrift setze „Irrenhaus". Um Namen streite ich wirklich nicht. (Vgl. Art. *Strafe.*)

Wer aus der Art geschlagen ist, wer also die moralischen Begriffe, Gefühle und Gewohnheiten seiner Artgenossen nicht mit ihnen teilen kann, der kann wiederum bei diesen Artgenossen in den Verdacht geraten, daß er an moral insanity leide. Ich will eine Anekdote bieten anstatt einer abstrakten Erörterung. Eine deutsche Dame reist mit einer französischen Familie in Algerien über die Grenzen der aufgezwungenen Kultur hinaus. Empfehlungen der Behörde haben zur Folge, daß ein reicher Araberscheik die Gesellschaft in sein Zelt einlädt. Er hat sich Mühe gegeben, um den Franken das Festmahl nach europäischer Mode vorsetzen zu können; hat in der nächsten Ortschaft fränkisches Geschirr einkaufen lassen. Und so wird denn beim Festmahl der Kuskus in einem unzweifelhaften Nachttopf feierlich hereingetragen. Die deutsche Dame erzählt den Vorfall gern und mit sicherem Erfolge. Wer sollte über eine so falsche Verwendung eines Gefäßes nicht lachen?

Ich aber frage, ob derjenige wirklich an moral insanity leidet, der *nicht* darüber lachen kann, daß die Artgenossen des Araberscheiks andere Gefäßformen im Gebrauche haben als wir; daß sie andre Sitten, andre Gefühle, andre Worte im Gebrauche haben.

Mystik.

I.

Das äußere Wortbild hat eine kurze und bekannte Geschichte. Auf die äußerst unsichere Etymologie von *μυειν* (dazu *μυοψ* kurzsichtig, *myope*, *μυϊνδα Blindekuh*, *μυαν Blinzeln*) lasse ich mich nicht ein; genug, daß man *μυστης* davon herleiten kann, den Eingeweihten in die Geheimlehren der *Mysterien*, daß *μυστικος* bezeichnet, was sich auf diese Mysterien bezieht[1]). *Mystik*, *Mystizismus* mag vorläufig einen Seelenzustand bedeu-

[1]) Die Encyclopédie (Diderot) will *mystère* ein hebräisches Wort sein lassen; *ssotar* heißt verbergen, verhüllen, *misstar* bedeutet den Schlupfwinkel, wo einer sich versteckt. Ich finde einen Hinweis auf diese gar wohl mögliche Etymologie, die doch nichts mit den alten albernen Herleitungen aller Worte aus dem Hebräischen zu tun hat, weder bei Diez noch bei Körting. Bei dieser Gelegenheit möchte ich zu bedenken geben, daß der Name der mittelalterlichen Schauspiele, der *Mysterien*, doch wohl von *ministerium* kommen kann, da höchstens „orthographische Gründe" (wenn es wirklich solche gibt) dagegen sprechen.

ten, in welchem man sich zur geheimnisvollen Vereinigung mit dem All hingezogen fühlt und das Unwißbare zu wissen glaubt über solche Vereinigung.

Eine Geschichte der Mystik müßte noch geschrieben werden. Sie würde vielleicht lehren, daß auf jede Periode gesteigerten Wissenshochmuts eine Periode des Wissenschaftsbankerotts und der Verzweiflung folgte, die sich gerade in optimistischen Naturen zur Mystik rettete. Diese mystischen Perioden haben trotz langer Unterbrechungen unter sich eine Kontinuation, einen Zusammenhang, etwa wie die Traumzustände in beiden Persönlichkeiten des angeblichen Doppel-Ichs unter sich Zusammenhang haben. Heutzutage, wo neben dem äußersten Wissenshochmut der Spezialisten ein Bankerottgefühl der Frommen und der Philosophen steht, werden die Schriften des Meister Ekhart neu herausgegeben. Und Ekhart ebenso wie Gerson hatten uralte Mystik wiederbelebt, als neben dem äußersten Wissenshochmut der Scholastik die Verzweiflung an der Scholastik sich regte. So werde ich wohl mit meiner fast widerwilligen Liebe zu einigen großen Mystikern (es sind auch ganz ekelhafte Schwätzer und Heuchler unter ihnen) mehr unter dem Einflusse des verzweifelten Zeitgeistes stehen, als mir lieb ist. Alle Epochen einer siegessichern Aufklärung waren der Mystik feindlich gesinnt. Eine Geschichte der Mystik hätte auch die Gegenströmungen zu zeichnen, von Aristoteles bis Cousin. Hier nur Ein Beispiel des Hasses, mit dem Aufklärung den Mystizismus beehrte. Wir lieben heute kaum einen andern alten Dichter so sehr wie den pantheistischen Mystiker Angelus Silesius. Der gute und sonst anständige Wilhelm Traugott Krug behandelt ihn recht schlecht im ersten Bande seines philosophischen Lexikons und gibt z. B. so prächtige Verse wie:

Nichts ist als Ich und Gott; und wenn wir zwei nicht seyn,
So ist Gott nicht mehr Gott und fällt der Himmel ein —

schon der öffentlichen Verachtung preis. Aber im 2. Bande kommt er unter dem ad hoc konstruierten Schlagwort „mystischer Unsinn" noch einmal auf den cherubinischen Wandersmann zurück und denunziert noch einige „geistreiche Sinn und Schlußreime.":

„O süße Gasterei! Gott selber wird der Wein,
Die Speise, Tisch, Musik und der Bediener sein."

Ferner:

„Als Gott verborgen lag in eines Mägdleins Schoß,
Da war es, da der Punkt den Kreis in sich beschloß."

Und der gute Krug fügt hinzu: „In diesen Versen vermählt sich das Komische mit dem Sublimen auf solche Weise, daß man sie wohl *hypermystisch* nennen könnte. Indessen findet sich mystischer Unsinn von ähnlichem Schlage auch in manchen Gesangbüchern und Traktätleins." (1833.)

„Mystischer Unsinn" ist die rationalistische Antwort darauf, daß die Mystiker aller Zeiten die Vernunft nur gering achteten, daß die Mystiker aller Zeiten der schwatzenden Vernunft gegenüber immer das Schweigen priesen, mitunter erstaunlich beredt priesen. Seltsamer ist es, daß auch die antirationalistische Partei, die christliche Kirche, die Mystiker herabgesetzt und verfolgt hat, wo sie nur konnte; denn — und das müßte eine Geschichte der Mystik zur Evidenz zu bringen suchen — der christliche Glaube, die katholische Lehre insbesondre, ist ein mystisches System, und die großen christlichen Mystiker sind die besten Christen gewesen, die einzigen tiefangelegten Menschen, die das Christentum ernst nahmen. Dafür wurden sie von der Kirche, welche gar nicht anders sein kann als weltlich, also frivol, mit Recht zu Ketzern gestempelt.

Mystisch ist schon das Urchristentum. Der Messiasgedanke selbst, wenn er nicht rein national und politisch gedeutet wurde, wenn er auf der „sündigen Menschheit Erlösung" ging, sagte schon Unsagbares aus, und *Christus* ist ja nur eine Übersetzung von *Messias*. Viel weiter ging der Mystizismus des Evangelisten Johannes; selbst Paulus war ein richtiger Mystiker, da er (Gal. 2. 20) sagte: „Ich lebe, aber doch nun nicht Ich, sondern Christus lebet in mir" (*Χριστῳ συνεσταυρωμαι· ζω δε οὐκετι ἐγω, ζῃ δε ἐν ἐμοι Χριστος*"). Sobald es aber erst eine katholische Kirche gab, einen geordneten katholischen Kultus, war auch die Mystik in ihn aufgenommen, der Höhepunkt des Kultus, das Meßopfer, ist von der Vernunft nicht zu fassen, ist ein Mysterium. Zwei Mysterien in einem: die Verwandlung von Materie in Gott und die Vereinigung des Gläubigen mit Gott. Es gibt so gut wie in der orientalischen Kirche auch in der abendländischen eine mystagogische Literatur; es macht nichts aus, daß die Kirche dafür lieber *Symbolik* sagt. *Μυσταγωγειν* hat freilich seinen feierlichen Sinn (im Griechischen und dann im lat. *mystagogus*, der in die Mysterien Einführende, der den *Mysten*, den Einzuweihenden, *Geleitende*) eingebüßt; bereits Cicero konnte mit dem sakralen Worte seinen Spott treiben, da er die Fremdenführer an heiligen Stätten *Mystagogen* nannte; und das Mysterium hat sich gerächt, indem es uns verführte, heute einen ebensolchen Fremdenführer einen Cicerone zu nennen. Hat aber wirklich niemand noch bemerkt, daß unser *mystifizieren*, franz. *mystifier*, gar nichts anders ist als eine schlechte Lehnübersetzung von *μυσταγωγειν*? Littré lehnt zwar die Ableitung aus lat. *mæstificare* (betrüben) ab, erinnert aber überflüssigerweise an ein vergessenes *mistigouri*. Dem Manne, der das Wort erfand, dem französischen Grimm, und der Zeit der Erfindung (1764) ist es wohl zuzutrauen, daß *mystifizieren* mit *mystagogieren* gleichgesetzt wurde; übersetzt, um allgemeinen Anstoß zu vermeiden. Die erste Anwendung des Wortes paßt vortrefflich zu dieser Vermutung. Ein Pariser Schöngeist, Poinsinet, war von seinen Bekannten damit in den April geschickt worden: Friedrich der Große hätte ihn zum Erzieher eines preußischen Prinzen auserwählt; Poinsinet durfte also hoffen, in das Allerheiligste des Königs einzudringen. Grimm berichtet: Cette comédie dura plusieurs mois et eut plusieurs actes, sans que P. doutât un instant de la réalité de tous ces faits; ses amis appelaient cela *mystifier un homme*, et lui donnèrent le surnom de *mystifié*, terme qui n'est pas français (er wurde erst 1835 in das Wörterbuch der Akademie aufgenommen), qui n'a point de sens, et qui, inventé et employé par certaines gens, ne mériterait pas d'être remarqué si etc. Ich halte es für sehr wahrscheinlich, daß certaines gens den guten P. *mystifié* nannten, weil er sich selbst gebläht hatte, durch die Berufung an den Hof von Potsdam *mystagogué* zu werden. Wie dem auch sei: die Wege der Worte sind mitunter noch wunderbarer als die Wege Gottes.

II.

Eine gründliche Geschichte der christlichen Mystik hätte sich natürlich bei solchen Kleinigkeiten nicht aufzuhalten, hätte vielmehr die Einwirkungen nachzuweisen, welche die christliche Gottesvorstellung durch den Neuplatonismus erfahren hat, zuerst durch Philo und durch Origenes, der freilich in all seiner Ketzerei nicht bloß in der orientalischen Kirche, sondern auch in der abendländischen, die ihn exkommuniziert hatte, starke Spuren hinterließ. Hätte endlich unermüdlich die breiten Spuren des unechten Dionysios Areopagita zu verfolgen, dessen Wirkungen, wenn nicht auf die christlichen Dogmen selbst, so doch auf den Gefühlston des Glaubens unermeßlich waren.

Und die Einwirkungen des Neuplatonismus auf den christlichen Gottesbegriff, über die man das Nähere in Harnack's Dogmengeschichte nachlesen mag, sind eine Einwirkung des Orients auf die Weltanschauung des Abendlandes.

Um da die einfachen Zusammenhänge richtig zu sehen, müssen wir uns wieder von einem Wortaberglauben befreien, von der Stimmung, mit der durch Jahrhunderte der Begriff *Orient* zur abendländischen Kultur in Gegensatz gebracht worden ist. Das war ja nicht immer so und hat in der Wissenschaft wenigstens wieder aufgehört, seitdem *Orient* uns an die letzte Weisheit der Inder erinnert. Seit dem Aufkommen des Islam erst, aber besonders seit der Eroberung Konstantinopels durch die Türken, gewann für die abendländische Christenheit das Wort *Orient* die Bedeutung der märchenhaften Barbarei. Vorher war der Teil des Orients, den der Kaufmann heute noch die Levante nennt, der Sitz und Ausgangspunkt aller abendländischen Kultur. Griechisches Denken flüchtete vor den römischen Soldaten nach Byzanz, von Byzanz vor den türkischen Soldaten nach Rom. In Kleinasien, in Alexandrien und in Byzanz entwickelte sich das Christentum und die christliche Kirche. So gewiß das Christentum Mystizismus ist, so gewiß ist es eine orientalische Weltanschauung. *Orientalisch* im vortürkischen Sinne.

Sieht man die Dinge vom Standpunkte der Mystik, so wird man von der Ähnlichkeit zwischen dem gottseligen Christentum und dem gottlosen Buddhismus überrascht. Die innere Verwandtschaft gehört jetzt, seit Schopenhauer, zum festen Bestande der Religionsvergleichung; die historischen Zusammenhänge sind aber immer noch unaufgeklärt. Ich will mich also damit begnügen, auf einige frappante Züge der buddhistischen Mystik hinzuweisen.

Was ist das Individuum? *Nāmarupa*, d. i. *Name-Form.* Aus dem *Buddhi*, dem Denkwesen, entsteht das Individuum, das *Ahamkāra*, das *Ichmachen*. Das Ich geht also nur aus dem Denken hervor. „Wie die Flüsse, wenn sie im Ozean aufgehn, Namen und Form verlieren, so geht der Weise, wenn er Namen und Form verloren hat, im höchsten himmlischen Geiste auf.“

Das Haften an der Existenz, das Dürsten nach ihr, ist *Samsāra*, das wieder nichts ist als *Bhava*, das Werden. Das Ich ist so wenig etwas Bleibendes, etwas Wirkliches neben seinen dürstenden Erscheinungen, als etwa der Wagen etwas Wirkliches ist neben seinen Teilen. Ein Wort ist das *Ich* wie der *Wagen*. Ich glaube, ich habe die tiefsinnige Frage irgendwo schon einmal zitiert: „Ist die Flamme der ersten Nachtwache dieselbe wie die der zweiten?“ Von diesem Bilde stammt das berühmte Gegensatzwort zum Samsāra: *Nirvana* oder (im Pali) *Nibbāna*. *Nis (nir)*=aus, *va*=*wehen; Nirvaha:* das *Auslöschen*. „Die Vernichtung der Leidenschaft, die Vernichtung der Sünde, die Vernichtung der Verblendung, das, o Bruder, ist Nirvāna.“ Es gibt bei Lebzeiten schon ein Auslöschen des Durstes; nach dem Tode des Individuums aber erst *Parinirvāna*, das völlige Auslöschen.

Menschlich schön wie das Christentum — unbekümmert um alle Logik — hat Buddha, der das Individuum nicht kennt, die Liebe gepredigt, die doch nur Individuen gelten kann: „Alle andern religiösen Verdienste haben nicht den Wert eines Sechzehntels der Liebe, der Erlösung des Herzens ... Und wie aller Sternenschein nicht den Wert eines Sechzehntels des Mondscheins hat, sondern der Mondschein ihn in sich aufnimmt und leuchtet und glänzt und strahlt, so auch haben alle Mittel in diesem Leben, um sich religiöses Verdienst zu erwerben, nicht den Wert eines Sechzehntels der Liebe, der Erlösung des Herzens.“ Wer dächte nicht an das Wort: „und hätte der Liebe nicht.“ Und noch realistischer: „Wer am Morgen, Mittag und Abend ein Geschenk von je hundert Töpfen Speise macht, und wer am Morgen, Mittag und Abend auch nur einen Augenblick in seinem Herzen Liebe erzeugt, der zweite hat davon größeren Nutzen.“

Nicht *Mitleid (Karunā)*, wie Schopenhauer will, ist Buddhas Forderung, sondern Liebe *(Maitrī)*.

Der Buddhismus ist nicht mitteilbar, wie ja auch der echte christliche Mystizismus ein Schweigen ist. Eins werden mit Buddha ist das Höchste; aber Buddha selbst ist durch *Parinirvāna* eins geworden mit dem, was nicht die Flamme irgend einer Nachtwache ist. Buddha ist ja kein Gott. Er ist nicht mehr, seitdem er vom Werden befreit ist. Man kann freilich wieder und aber ein Buddha werden, *Pratyekabuddha (ein Buddha für sich)*, doch nie es Andern sein oder sagen. „So wie ein Stummer wohl einen wichtigen Traum haben, aber ihn nicht andern erklären kann.“ Der Pratyekabuddha ist Einsiedler und wird gern mit dem einsam wandelnden Nashorn verglichen. (Nietzsche hatte seine Freude an dieser Metapher.) Buddha, der jenseitige, ist Heiland, Messias; aber er spricht nicht zu uns, man spricht, man betet nicht zu ihm. Die Wortfolge *Om mane padme hum* (Kleinod im Lotos Amen) ist kaum ein Gebet zu nennen. Geheimnisvoll ist dieses allerheiligste Symbol: die Lautgruppe *Om*. Das *Ens realissimum*, bei dem man zugleich *Ja* und *Nein* vorstellen kann, bei dem man an alles oder an nichts denken kann, wirklich etwa so viel wie unser „Gott.“ Aber kein Gebet, das etwas wollte.

Auch der abgründigste Satz der buddhistischen Mystik ist kaum noch Sprache, ist kaum noch grammatisch faßbar. *Tat tvam asi. Das du bist.* Man könnte auch sagen: *Ich ist Du.* Das heilige Wort, das *Brahma*, (der *Brahmane* ist nur der Kenner des Brahma) war schon vor Buddha unerforschlich: der *Âtman*, der *spiritus*, das *Ich (atta)*. Als einer einen Brahmanen nach dem Wesen des Brahma fragte, antwortete er nicht; der zweiten Frage entgegnete er: „Ich lehre es dich ja, aber du verstehst es nicht. Dieser Âtman ist Stille.“

So ist der buddhistische Mystizismus, der nicht weit entfernt ist von der christlichen Mystik des Meisters Eckhart. In den buddhistischen Schriften gehört eng dazu die Vorstellung von der Seelenwanderung. Die Neu-Buddhisten in England möchten auch diese Lehre mit in ihren künstlichen Glauben herübernehmen. Und in Deutschland kommt Nietzsche's „Wiederkehr des Gleichen“ solchen Phantasien entgegen. Ich möchte diesen materialistischen Aberglauben scharf von der Mystik getrennt halten. Seelenwanderung, Wiederkehr, das ist nicht mehr mystisch, sondern unsinnig. Es hypostasiert eine fortdauernde Seele ohne Gedächtnis, also eine Einheit ohne Einheit. Ein hölzernes Eisen.

Ich will ebenso bei der Würdigung der christlichen Mystik absehen von den Phantasien, welche eine Hölle lehren. Die Blasphemie, die in der Annahme einer Hölle und ewiger Höllenstrafen liegt, kränkt mich nicht; das haben die Gläubigen mit ihrem allgütigen Gotte abzumachen. Nur wieder über die Verewigung des Individuums in der Hölle kann ich nicht hinweg. Das ist gemein materialistisch, genau wie die Seelenwanderung. Kein christlicher Mystiker hätte die Hölle glauben dürfen. Kein ernsthafter Christ. Denn Christentum ist tiefe, antimaterialistische Mystik.

Es ist nicht anders: das Christentum in den Seelen der feurigsten, echtesten Christen, in den Seelen des Franziskus, des jungen Luther, ist Mystik, das christliche System der Kirche ist Mystizismus, selbst noch das verstandesmäßige System des Thomas. Darum tat die römische Kirche, darum taten die protestantischen Päpstlein klug daran, immer nur die *falsche* Mystik zu verdammen; die *richtige* Mystik aber hochzustellen. Nur daß es schwer sein dürfte, eine Grenzlinie zu ziehen zwischen der richtigen und der falschen Mystik. Ich sage es wieder und wieder.

Die Ehrenrettung der großen Mystiker, die nun seit hundert Jahren etwa, durch die katholischen Tendenzen der Romantik angeregt, im Schwange war, ist dem Ansehen der Religion selbst zugute gekommen. Die Achtung, die man den mystischen Ketzern zollte, konnte man nicht leicht dem Mystizismus der dogmatischen Religion versagen.

Von dieser Stimmung der Zeit möchte aber auch eine Bewegung ihren Vorteil ziehen, die der Mystik so ähnlich ist wie der Affe dem Menschen: der *Spiritismus*, diese cloaca maxima von Dummheit, Narrheit und Betrügerei. Plump materialistischer Aberglaube, uralte Gespensterfurcht (in die freilich auch der Mystizismus idealistischer Religionen ausgeartet ist), ist das Ganze, ist der Grundzug des Spiritismus. Er ist die Mystik des dummen Kerls, der die tiefe Sehnsucht eines Mystikers nie gefühlt hat, besten Falls nur den brutalen Wunsch, mit einem lieben Verstorbenen weiter zu verkehren. Durch die blödsinnigen Klopfereien, bei denen noch niemals eine fragwürdige Frage, geschweige denn eine hörenswerte Antwort herausgekommen ist. Man könnte katholisch werden bei der Vorstellung, daß aus diesem Wust von Albernheit sich eine neue abendländische Religion entwickeln sollte, wie die verwegensten Spiritisten es hoffen. Es wäre die gemeinste aller möglichen Religionen, trotzdem Philosophen sich bemüht haben, sich mit den vermeintlichen Tatsachen abzufinden. Namentlich Schopenhauer hatte sich, blind wie ein brünstiger Auerhahn, auf das Geistersehen gestürzt, seinem System zuliebe. Ganz komisch ist der Standpunkt E. v. Hartmanns, der klug genug war, sämtliche Tatsachen des Spiritismus anzuzweifeln, für den Fall aber, daß so etwas einmal verifiziert werden sollte, dennoch eine Erklärung bereit hatte. Er weiß nicht, ob der Mars bewohnt ist; weiß aber, wie die Bewohner aussähen, *wenn* er bewohnt wäre.

Die Gebildeten unter den führenden Spiritisten waren schlau genug, ihre Schnurrpfeifereien mit den rätselhaften Erscheinungen aus einem ganz anderen Gebiete zu verkoppeln, mit denen des Hypnotismus. Es hatte unvorsichtige Rationalisten gegeben, welche sich lange dagegen sträubten, auch gut verifizierte hypnotische Erscheinungen anzuerkennen; warf man nun Spiritismus und Hypnotismus in den großen neuen Topf des *Okkultismus* — das ist eine überflüssige Lehnübersetzung von *Mystizismus* — so konnte die wissenschaftliche Anerkennung des Hypnotismus auch dem Spiritismus zugute kommen. Die Rechnung auf die Unklarheit der Menschen war nicht ganz falsch; die Okkultisten machten mit dem Hypnotismus gute Geschäfte und verkauften dabei gleich einige spiritistische Taschenspielereien. (Vgl. Art. *Okkultismus.*)

Die immer noch schlecht beobachteten und noch schlechter erklärten *hypnotischen* Erscheinungen mögen zur Mystik und ihrer Ekstase manche Beziehung haben. Es wäre wünschenswert, daß man sich gewöhnte, die Ekstasen des Mystizismus ausschließlich der Psychologie zu überlassen; die hypnotischen Erscheinungen aber in der Physiologie zu behandeln. Vielleicht käme man auf diesem Wege wenigstens dazu, die Träger der Erscheinungen nach dem Geschlechte zu ordnen, weibliche und männliche Ekstase, weibliche und männliche Mystiker gesondert zu beschreiben. Es wäre überhaupt gut, wieder mehr Psychologie zu treiben, die Wissenschaft vom Menschen. In die Psychologie gehören alle Vorstellungen der Menschen, auch die Irrtümer, auch die Scheinbegriffe. In der Psychologie hätte hinter der Seelenwanderung, hinter den ewigen Höllenstrafen auch der Verkehr mit den Seelen der lieben Abgeschiedenen seinen Platz. Auch die pathologische Psychologie gehört zur Wissenschaft vom Menschen; und pathologische Völkerpsychologie ist ein gar großes Kapitel.

III.

Hilft kein glücklicher Zufall, so werden wir niemals den wahren Namen des Mannes erfahren, der — wie schon gesagt — die orientalische Mystik, leider nicht die tiefere der Inder, sondern nur die Emanationslehre des Neuplatonismus, dem christlichen Abendlande zuführte. Er nannte sich selbst Dionysios Areopagita, nach einem Zeitgenossen der Apostel; er war ein „Betrüger", wie man das jetzt nennt; er heißt jetzt der „falsche" Dionysios Areopagita.[1]) Wenn wir nun wüßten, er habe Cajus geheißen, so wäre gar nichts geändert. Man war übrigens vor anderthalb Jahrtausenden bei Herausgabe von Schriften nicht so polizeilich ängstlich wie heute. Auch die Bibel enthält solche Fälschungen, und hat dennoch das Christentum in die Welt gesetzt. Der falsche Dionysios hatte mit seiner Fälschung die Absicht, das wahre Christentum wieder in die Welt zu setzen. Die Schöpfung einer Gemeinde, die durch anderthalb Jahrtausende bis in unsre Tage herüberreicht, ist ihm gelungen: er ist der Schöpfer der christlichen Mystik.

[1]) Die historische Forschung hat einen sehr hohen Grad der Wahrscheinlichkeit dafür erbracht, daß der Verfasser der Schriften, die etwa seit dem Jahre 500 als die des Dionysios Areopagita zitiert werden, selbst erst im 5. Jahrhundert gelebt hat, also nicht der Dionysios Areopagita der Apostelgeschichte (17, 34) gewesen sein kann. Die Echtheit dieser Schriften wurde bereits im 6. Jahrhundert von einem Metropoliten bestritten, dann beinahe tausend Jahre später mit bessern Gründen von dem tapfern und gelehrten Humanisten Laurentius Valla. Ob der Verfasser jener Schriften den Namen des biblischen Dionysios zum Zwecke einer Fälschung angenommen hatte oder nicht, darüber wird wohl niemals etwas Sicheres auszumachen sein; und es ist wohl auch gleichgültig für den Verlauf der Geschichte.

Raoul Richter hätte ihn unter die Rubrik des partiellen Skeptizismus einreihen müssen. Er kommt von der griechischen Spätphilosophie her und zweifelt darum an der handgreiflichen Wahrheit der christlichen Dogmen. Die Wahrheit ist nur in einer Geheim-Religion möglich; in Rätseln für die Unkundigen. Denn es gibt kein Wissen von Gott. Im Nichtwissen müssen wir untertauchen, wenn wir uns dem Geheimnis nahen wollen, dem Schweigen Gottes. Etwas bombastisch wird dieses Schweigen ausgedrückt. Gott ist das Übervollkommene, das Überunaussprechliche, das Überunerkennbare. Mit dem Denken, mit der Sprache kann man nicht an ihn heran; am ehesten noch durch Beraubungen, d. h. durch Verneinungen. „Er führt es als eine Vorschrift der geheimen Überlieferung an“ (ihm von einem Engel anvertraut), „daß die Verneinungen von Gott wahr, die Bejahungen unpassend sind, und schließt daraus, daß es besser sei, Gott durch unähnliche Bilder darzustellen, als durch ähnliche, welche nur zu Täuschungen Veranlassung gäben.“ (Ritter VI. 515f.; man kann dem alten Ritter, wo Philologie nicht mitzusprechen hat, immer noch folgen.) Zur Gemeinsamkeit mit Gott führt darum besser der Weg der Liebe als der Weg des Erkennens. Ekstatisch ist die Gottesliebe, *μαϑων και παϑων*. Alle diese Vorstellungen gehen auf die Emanationslehre der Neu-Platoniker zurück; wegen seiner Überfülle muß Gott überfließen. Just aber diese Emanationslehre, die es unmöglich machen soll, sich unmittelbar, ohne Vermittlung der himmlischen Hierarchie, mit Gott zu verbinden, haben die späteren großen Schüler des Pseudo-Dionysios preisgegeben; just seine Inbrunst, die die *ἐκστασις* fast wie eine fleischliche Vermischung erscheinen lassen kann, ist geblieben.[1]) Seine Schüler werden Ketzer; der Verfasser des Pseudo-Dionysios war beinahe ein Heide, ein Skeptiker, der vom Christentum äußerlich nur ein paar Formeln und Gebräuche bestehen ließ, innerlich aber dem Christentume wiedergab, was im Niedergang der Patristik abhanden zu kommen schien: die Mystik.

Neubelebt wurde dieses mystische Christentum um die Mitte des 9. Jahrhunderts durch Johannes Scotus Erigena, der sich jetzt Eriugena schreiben soll. Er verstand griechisch, fast schon selbst eine Ketzerei in jener Zeit; er übersetzte den falschen Dionysios ins Lateinische. Er paßte den Wortlaut der Bibel ganz frei seiner mystischen Vorstellung an; in gutem Glauben: denn damals war das Chri-

[1]) Das Meßopfer ist in diesem Sinne urälteste Mystik; es ist lockend und nicht unrichtig, diese Art der „Einswerdung mit Gott“ unter den weiten Begriff des *Schamanismus* zu bringen, der in Sibirien, in Afrika und bei den Indianern Amerikas unter Verzückungen und Zuckungen etwas Ähnliches wie die Transsubstantiation und das „Opfer“ ausführen läßt. Mir ist es hier aber nicht um die Mystik in den Religionen zu tun; nur um die philosophische Mystik, die das Unaussprechliche aussprechen will, und freilich leicht verführt zu Symbolen zu greifen, die der Kultus ihr bietet.

stentum noch so lebendig, so flüssig, daß die Lehre gar nicht sehr auffiel, die heiligen Schriftsteller hätten sich der Denkweise und der Sprache des Volkes angepaßt, sehr viel sei nur figürlich zu verstehen. Als Spinoza 800 Jahre später dasselbe behauptete, war es anders gemeint, war es der Beginn der Bibelkritik. Erigena läßt sich beinahe herab, da er die alten Wortbilder der Bibel, sowie die Formen der Kirche beibehält. Sehr merkwürdig, und historisch nicht erklärt, ist bei ihm eine Übereinstimmung mit der Ontologie der Inder: eine vierte Natur, die unerschaffen nicht schafft. Schwer verständlich bei den Indern, unklar, widerspruchsvoll, eigentlich unverständlich ist diese logische Konstruktion bei Erigena. Er war all in seinem Ringen nach Freiheit doch Theologe, gelehrt, und seine Mystik oft bis zur Nüchternheit verwässert.

Wieder regte sich christliche Mystik bei den sog. Victorinern, den Herren aus dem Kloster St. Victor. Im 12. Jahrhundert. Hugo von St. Victor geht aufs Neue von Dionysios Areopagita aus. Gott, den auch die heidnische Vernunft als einen Schöpfer erkannt hatte, wenn auch noch nicht als den Erlöser, Gott ist an seine eigenen Symbole nicht gebunden. Illo namque spiritu, quo docet hominem *sine verbo*, justificare etiam valet, si voluerit, sine sacramento. Dieser allerfreieste Gott kann im Grunde vom Menschen gar nicht in Worten vorgestellt werden; denn alle unsre Begriffe beziehen sich auf einen Gegenstand, Gott aber ist ohne mögliche Beziehung. Für die Anschauung Gottes haben wir ein andres Organ als die Vernunft: das dritte Auge. (Das Bild von den drei Augen habe ich schon irgendwo bei Augustinus gefunden.) Das erste Auge ist das des Fleisches; es sieht die sinnlichen Dinge. Das zweite Auge ist das der Vernunft; es erkennt die Seele und die Inhalte der Seele. Das dritte Auge allein vermag Gott anzuschauen. (Alium rursum oculum acceperat, quo intra se Deum videret et quae in Deo erant, et hic est oculus contemplationis.) Ich wäre fast versucht, meine drei Welten, die adjektivische, die verbale und die substantivische an diese drei Augen und so an Augustinus anzuknüpfen. Und an die drei Stufen der Erkenntnis, von denen Spinoza redet. (Vgl. Art. *Spinozas Deus.*)

Auch die Mystik Hugos (und seines Nachfolgers Richard von St. Victor) ist arg verwässert. Doch hie und da vernehmen wir starke ketzerische Töne. Gott hat die Welt um des Menschen willen geschaffen, den Menschen aber um Gottes willen. Nicht Gott wird mit uns versöhnt; wir werden mit Gott versöhnt. Hugo findet Mystik in seiner Seele, eine Gottesliebe, die wirklich wie ketzerisch von der dogmatisch gebotenen Gottesfurcht absticht (Jesus*liebe*, wie etwa beim hl. Bernhard, findet sich in den Zeiten der großen dogmatischen Kämpfe noch nicht); dieses Gefühl psychologisch zu untersuchen bemüht er sich mit völlig untauglichen Mitteln; über die drei Augen, drei Seelenstufen kommt er nicht heraus: cogitatio, meditatio und contemplatio heißen sie oft, unklar und sehr theologisch. Aber Gott zu kontemplieren ist uns schon auf Erden gegeben, wir müssen nicht erst auf den Himmel warten; wir können Gott berühren, schmecken, genießen. Liebe ist besser, ist mehr als Erkenntnis.

An dieser Stelle habe ich noch, um alle Quellen zu nennen, aus denen Meister Eckhart schöpfen konnte, den arabischen *Sufismus* zu erwähnen. Wenigstens einen Vertreter dieses arabischen Mystizismus: El Gazali (Algazel). Er begann seine Lehrtätigkeit zu Bagdad, in der zweiten Hälfte des 11. Jahrhunderts. Die Ähnlichkeiten mit christlicher Mystik springen in die Augen. Die Vereinigung mit Gott hat ihr Vorbild in der irdischen Liebe, die doch auch zum Selbstvergessen führt. (Man beachte, daß die antike Welt einen solchen Eros nicht kannte, daß eben jetzt erst der Liebesüberschwang und die Marienverehrung aufkam.) Das ist der status supremus: perfectio tunc conspicitur, cum adeo absorbetur, ut sui ipsius eum lateat absorptio. Die höchste Entzückung der Gottesanschauung ist unaussprechlich, ist völlige Verschlukkung der Seele in Gott. Auch El Gazali ist, vom Standpunkte des Islam betrachtet, ein Ketzer; sein Mystizismus ist skeptisch, skeptisch gegen die arabischen Aristoteliker, aber auch gegen die Motakallimun, die Lehrer, die dogmatisch waren in Religion und in Philosophie. Eine Reformation des Islam, wie sie El Gazali wohl plante, ist aus seinem Streben nicht hervorgegangen.

Ebensowenig als aus der geistigen Kraft unsres edelsten Mystikers, des Meisters Eckhart, eine neue deutsche Kirche hervorgegangen ist. Ich möchte gern den Traum träumen, daß nicht nur gemütvolle Prediger wie Tauler und Suso, daß auch ein Staatsmann wie Luther, ein gelehrter Organisator wie Melanchthon unter den Schülern Eckharts gewesen und ihm treu geblieben wären, daß sie seine reinen und hohen Gedanken auf Erden verwirklicht hätten. Eitle Träume!

Wer Meister Eckharts Mystik glücklich erleben will, wie man einen Sonnenaufgang erlebt, der lese seine Schriften entweder in der guten Pfeifferschen Ausgabe (sie ist nicht mehr musterhaft für Philologen, aber sie ist die beste, weil die einzige) oder in der freien und feinen „in unsre Sprache übertragenen“ Auswahl von Gustav Landauer. Ich wage es nicht, einen objektiven Auszug von Eckharts Mystik zu versuchen; ich würde der Gefahr unterliegen, zuviel Modernes in ihn hineinzulesen; ich liebe ihn zu sehr. Ich würde Kant in ihm finden („Ein jeglich empfänglich Ding wird empfangen und gefasset in seinem Empfangenden nach der Weise des Empfangenden; auch ein jeglich merklich Ding wird gemerket [wahrgenommen] und verstanden [begriffen] nach dem Vermögen des, der es versteht, und nicht nach dem, als es merklich ist an sich selber“, Pf. 484) und die Lehre von den spezifischen Sinnesenergien

(„Ich kann kein Ding ersehen, es wäre mir denn gleich; ich vermag auch kein Ding zu erkennen, es wäre mir denn gleich. Gott hat alle Dinge verborgenlich in ihm selber, aber nicht dies noch das nach Unterscheid, sondern Eins nach der Einigkeit. Das Auge hat auch Farbe in sich, das Auge empfängt die Farbe und das Ohr nicht. Das Ohr empfängt das Gedoehne, die Zunge den Geschmack. Dies hat es alles, mit dem es Eins ist.“ Pf. 333); ich würde Schopenhauer in ihm finden. („Wäre ein Ding über tausend Meilen, und ich will es haben, so habe ich's eigentlicher, denn das ich in meinem Schoß habe, und dessen ich nichts haben will . . . Wollen tun, sobald ich mag, und haben getan, das ist vor Gott gleich . . . Stätte der Liebe ist allein in dem Willen. Wer mehr Willen hat, der hat auch der Liebe mehr,“ 552 f., ferner das „Aufgeben alles Willens“ 555) und besonders überall, auf jeder Seite Predigt des Schweigens, Sprachkritik. Seine sogenannten apophatischen Äußerungen über das Wesen der Erkenntnis und Gottes sind nicht zu zählen. Gott ist Unbekanntheit, Verborgenheit, Stillheit, eine Wüste; wer etwas wirklich erkennen will, muß sich ledig machen von allen Gedanken, Worten und Werken; das Mittel ist Schweigen; „darum ist der Seele kein Ding so unbekannt wie sie sich selbst.“

Die außerordentliche, unmittelbare (nicht bloß historische und gelehrte) Wirkung des Meister Eckhart ist im Grunde rätselhaft. Es ist ja nicht wahr, was man früher geglaubt hat, daß er als Gegner der Scholastik uns so erfreulich ist. Eckhart hatte die ganze gelehrte Bildung seiner Zeit in sich aufgenommen, berief sich in Glaubensdingen auf Thomas und wäre im Grunde also auch dann nebenbei ein Scholastiker, wenn er nicht scholastische Schriften in lateinischer Schulsprache geschrieben hätte. Als Lehrer an der Pariser Hochschule konnte er gar nicht anders als scholastisch vortragen. Und auch seine Mystik, die starke andre Seite seines Denkens, hat ihre Tradition; wir haben diese Tradition eben kennen gelernt; Eckhart holte sich seine mystischen Vorstellungen und Bilder aus Augustinus; dann aus den Arabern, aus Dionysios, auch aus Erigena, aus der ganzen fortlebenden theologia mystica.

Ein Eigener ist er also weder in Philosophie, noch in Theologie; ein Eigener ist er, und ist er uns, nur durch seine Sprache.

Gelehrte Forschung hat neuerdings die Hypothese aufzustellen versucht: Eckhart, der Lateinschreiber, habe vielleicht die deutschen Predigten und Traktate, die wir lieben, gar nicht selbst geschrieben; uns liege nur die deutsche Übersetzung eines Anonymus vor. Welche Torheit! Dann wäre ja der Unbekannte *unser* Eckhart.

Es handelt sich nämlich bei dem Zauber von Eckharts Schriften gerade nur um die unerhörte Kraft der Übersetzungssprache. Die Gedanken, wie gesagt, entnimmt er ältern „Meistern“ und großen und kleinen „Pfaffen“ (auch Platon heißt einmal „der große Pfaffe"); die unsäglich schweren, ja buchstäblich unsäglichen Gedanken oder Ahnungen der Mystik. Die klingen im griechischen Urtext und in der lateinischen Übersetzung oft verwunderlich, muten uns wie Geheimnisse an; es sind aber Geheimnisse der Schulsprache. Jedes zweite Wort ist ein terminus technicus. Eckhart geht nun daran, diese schwierigsten Geheimnisse in der lieben Muttersprache vorzutragen, vor einfachen Menschen, vor den Nonnen, denen der Dominikanermönch zu predigen hatte. Warum auch nicht? Hatte man doch auch das Vaterunser, das Credo und die Kategorien des Aristoteles in die liebe Muttersprache übersetzt! Ob wohl Eckhart sich des Unterschiedes je bewußt geworden ist? Bei der Übersetzung der Glaubenslehre, der Logik und des Gebets hatte es sich um Vermittelung eines Inhalts gehandelt, der wohl oder übel verstanden wurde, wenn Silbe für Silbe des lateinischen Textes mit deutschen Wortteilen wiedergegeben war. Das genügte aber nicht, wenn mystische Sätze wiedergegeben werden sollten. Die waren ja schon fast tot in der fremden toten Sprache. Die Übersetzung, die sonst so leicht tötet, mußte hier beleben, auferstehen machen. Ein Wunder mußte geschehen, ein sprachliches Wunder.

Und das Wunder geschah. Meister Eckhart verstand die mystischen Sätze, da er wie durch Eingebung das deutsche *Kleidhaus* für sie fand, besser als er sie vorher verstanden hatte. Alle die abgegriffenen und abgeschliffenen termini technici kamen wie aus einem Jungbrunnen heraus, als sie — ganz schlicht und wörtlich oft, oft freilich bewunderungswürdig schlagkräftig — deutsch eingekleidet worden waren. Das waren nicht mehr die alten Termini; kein Staub, kein Rost; unmittelbar, bildhaft, gegenständlich war ihr Sinn zu fassen. Wahrhaftig, einzig Eckhart hätte verdient, der philosophus Teutonicus zu heißen, nicht der interessante Schuster und unerträgliche Schwätzer Jacob Böhme.

Es möchte einer noch skeptischer sein wollen als ich und einwerfen: das alles legst du in deinen Meister Eckhart nur hinein und liebst ihn, weil zufällig wieder die Sehnsuchtszeit da ist, weil die Sprache Eckhart's zufällig an der Grenze steht, wo die Altertümlichkeit noch ästhetisch berührt, ohne das Verständnis zu erschweren; Notker ist dir zu alt, Böhme ist dir zu neu; Meister Eckhart ist ein Übersetzer wie andere auch und hat sich gar nicht so viel Modernes, so viel Bleibendes dabei gedacht. Aber nein und abernein! Die Zufälligkeiten gebe ich ja alle zu, der Skeptiker hat diese Waffe von mir. Doch darüber hinaus ist Eckhart *das* Genie der Mystik; zugleich Verächter des Worts und Künstler des Worts; niemals Diener am Wort. Er hat auch das Selbstbewußtsein des Genies; er rechnet sich einmal selbst (S. 286, ein bißchen Ironie der Stelle stört mich nicht) zu den „großen Pfaffen".

Eckhart hat „bewußt und groß" die Möglichkeit erst geschaffen, philosophische Gedanken in deutscher

Sprache auszudrücken. Er ist der Magister Germaniae. Was Eucken (Gesch. d. philos. Terminologie) und Kramm (Zeitschr. f. deutsch. Philol. XVI.) von ihm rühmen, ist noch nicht Rühmens genug. Seine Übersetzungen sind Wiedergeburten. Ich will einige wenige Beispiele hersetzen.

Aristoteles redet von ὀρεξις, dem Streben; die Scholastik übersetzt genau: *appetitus*, unterscheidet zwischen dem app. *sensitivus*, und *rationalis;* Eckhart übersetzt ganz anders: *gērunge* und der tote Terminus lebt wieder auf. Ebenso ist *betrachtunge* lebendiger als *consideratio.*

Ratio wird durch *redelichkeit* wiedergegeben; leider haben wir dieses köstliche Wort nicht mehr im Sinne von „fähigkeit zu reden, zu urteilen, zu schließen, zu denken." Die ganze Sprachkritik steckt in dieser Wortprägung; *nach reden* heißt: nach menschlichem Begreifen, *begrifflich.* Der Prediger des Schweigens beklagt, daß die Jünger, als sie den heiligen Geist empfingen, nicht in ihrer *redelichkeit* verblieben. *Reden* kommt den drei Personen der Gottheit zu, der pantheistischen (Eckhart hat dieses Wort nicht nötig) Gottheit selber das *unreden.* Sprachlos ist die Gottheit. „Gott ist unnamelich und über alle Worte in Lauterkeit seines Wesens, da Gott weder Rede noch Wort haben kann, da er unsprechlich ist allen Kreaturen." (S. 162.)

Aus *κρινειν, κριτης* wurde das lat. *judicium;* die Ramisten erst brachten das lateinische Wort in logischer Bedeutung auf; wir übersetzten es sklavisch durch *Urteil*; Eckhart sagt dafür *bescheidenheit* (von *scheiden*) und es ist kein Zufall, daß gerade dieses Wort für hochmütige Klugheit so demütig geworden ist.

Transzendenz wird zu *obenheit*, oder auch zu *überslac.* Selbst *indruk* oder *influz* für *impressio, influxus*, so buchstäblich die Übersetzungen sind, bringen einen Gewinn.

Ein Wort von welthistorischer Bedeutung ist *Idee, ειδος*; Eckhart sagt *bilde, vorgēndiu bilde*, formt *entbilden, überbilden, widerbilden* und macht damit die Formlehre der Scholastik fast sinnfällig.

Wir wissen noch heute nicht, was *Substanz* ist; Eckhart wußte es auch nicht, mühte sich aber tapfer mit Übersetzungsversuchen: *fürwurf (objectum), gegenwurf, widerwurf, understoz, grundveste.* Freilich, die unentwirrbare Verwechselung von Subjekt und Objekt, die bekanntlich seitdem ihren Sinn geradezu vertauscht haben, kann auch Eckhart nicht entwirren; aber *understoz*, zugleich für *Substanz* und für *Subjekt* (damals allgemein verwirrt), scheint mir prachtvoll gebildet.

Wesen lebt noch in Urkraft bei Eckhart; *entwesen* heißt *aufhören* („eine Eh ist ohne Entwesen zwischen Frauen und Mann" S. 100); er findet für bekannte Vorstellungen des Dionysios das neue Wort *überwesenlich.* Das berühmte *το τι ἠν εἰναι* wagt er durch *istikeit* wiederzugeben.

Causa gibt Eckhart wörtlich, viel wörtlicher als er selbst wissen konnte, durch *sache* wieder; *berliche sache* = *causa efficiens;* auch *ursache* kommt schon vor; aber unser *Grund* heißt noch nicht Erkenntnisgrund, *grunt* ist ihm noch der tiefe Urgrund einer Sache. Hört niemand aus unsrer noch üblichen Redensart *Grund und Ursache* Eckharts Unterscheidung heraus?

Und auch für den psychologischen Zustand der Mystik selbst hat Eckhart (für ἐκστασις) das malende deutsche Wort geprägt. Das griechische Wort hatte natürlich einen schlichten, bürgerlichen Sinn gehabt: die Entfernung, *amotio* oder *emotio* (wo wir unser internationales *Emotion* herhaben, ist ganz genau gar noch nicht aufgeklärt); auch die *amotio mentis* konnte es bedeuten, die *Verrückung* des Geistes oder Verrücktheit; oder auch die Ausartung. Schon im Neuen Testament ist aber ἐκστασις zu finden, nicht ganz als terminus technicus, aber doch als häufige Bezeichnung des Zustandes der *Entzückung*. Die Vorstellung der uralten Welt, daß die *Seele* da vorübergehend dem Körper *entrückt* werde, spielte gewiß mit. (Man vergleiche besonders II. Kor. 12, 2 und 3; Paulus rühmt sich, in den dritten Himmel und ins Paradies entrückt worden zu sein, er sagt zweimal ἁρπαζειν und will nicht genau wissen, ob das Wunder ἐκτος του σωματος geschehen sei.) Augustinus kennt den Zustand dieser *alienatio*, er, der auch in der mystischen Gnadenlehre der Schüler von Paulus gewesen ist. Das Christentum, das ja Mystik ist in seinem Besten und es hätte bleiben sollen zu seinem Besten, ist voll von ekstatischen Männern und Frauen, von seinem Stifter (den man mit Unrecht von dem Vorwurfe reinigen wollte, ein Ekstatiker gewesen zu sein) bis auf den heutigen Tag. Schlimm genug für den Protestantismus, daß Luther und Melanchthon, die Politiker, keinen Sinn hatten für den *Enthusiasmus (in-Gott-sein)*, die Exzesse *(excessus = ἐκστασις)* der Schwarmgeister *(schwärmerisch* seither = *ekstatisch)*. Ekstase ist so christlich, daß ein rechter Christ ohne Ekstase nicht ganz Christ ist. Und dieser Begriff ist erst von dem falschen Dionysios zum Terminus gemacht worden; von Gott selbst wagt Dionysios zu sagen, daß er in seiner Alliebe ἔξω ἑαυτου γινεται. Auch diesen Terminus der mönchischen und nönnischen Kontemplation hat Eckhart durch einfache Übersetzung neu belebt; wir haben seitdem die beliebten Worte *Entzücken* und *Verzückung*.

Eckhart sagt (S. 553) und ich lasse die Worte ganz unverändert: Als ich mê (sonst, oft) gesprochen hân, wêre der mensche alsô in einem *inzucke* als sanctus Paulus was und weste einen siechen menschen, der eins suppelins von ime bedörfte, ich ahte verre bezzer, daz du liezest von minne von dem *zucke* unde diendest dem dürftigen in mêrre minne. Niht ensol der mensche wênen, daz er gnâden in disem sülle beroubet werden."

Noch einmal: wir können Luthers Abkehr von der Mystik bedauern, diese Abkehr zu leugnen wäre aber eine ebenso grob historische Fälschung wie der Versuch protestantischer Gelehrter (auch Ritschl's), jeden Einfluß der Mystik auf Luthers Tat zu leugnen. Luther war durch seinen Lehrer Staupitz in den Gedankengang der deutschen Mystiker eingeführt worden und hatte dann noch vor 1517 die *Deutsche Theologie* herausgegeben und mit einer Vorrede versehen; in dieser Vorrede stellt er sich völlig auf den Boden der deutschen Mystik, nennt die deutschen Theologen die besten Theologen und sagt wörtlich: „Und daß ich noch meinen alten Narren rühme, ist mir nächst der Biblien und St. Augustin nicht vorkommen ein Buch, daraus ich mehr erlernet hab und (noch lernen) will, was Gott, Christus, Mensch und alle Dinge sein, und befinde nun allererst, daß wahr sei, daß etliche Hochgelehrten von uns Wittenbergischen Theologen schimpflich reden, als wollten wir neue Dinge vornehmen, gleich als wären nicht vorhin und anderswo auch Leute gewesen. Ja freilich sein sie gewesen, aber Gottes Zorn, durch unsere Sünde verwirkt, hat uns nicht lassen würdig sein, dieselben zu sehen oder hören.“ Als Luther wenige Jahre später, im vollen Gefühle seiner Macht und seiner Verantwortung, die Wartburg verließ, war er ein Staatsmann geworden, ein Realpolitiker, der sich den Aufbau einer neuen Kirche zur Aufgabe gesetzt hatte, zur Aufgabe setzen mußte, wenn er den Kampf durchführen wollte. Wer kann sagen, ob er mit gutem oder mit schlechtem Gewissen die rebellischen Bauern nicht nur, sondern auch die mit Mystik verwandten Lehren des begeisterten Karlstadt bekämpfte? Seine Schrift „Wider die himmlischen Propheten“ ist lustiger zu lesen als das Gesprächbüchlein Karlstadts, gegen das sie zunächst gerichtet ist; aber Luther mußte da seine eigene Jugend verleugnen, um gegen den Radikalismus Karlstadts wie gegen dessen brünstige Gottesliebe Recht zu behalten. Karlstadt mache aus dem Meßopfer eine menschliche, fleischliche Andacht und ein brünstig hitzig Werk im Herzen; Luther antwortet: „Wenn ich das Gedächtnis Christi mit solcher Brunst und Ernst übete, daß ich Blut schwitzte, und darüber verbrennete, wäre es alles nichts und ganz verloren.“ Das Wort, das Wort, das Wort tue es; mit Geist, Geist, Geist sperre der Teufel dem Karlstadt das Mauf auf (§§ 12, 173, 184, 185).

IV.

Wie lösen wir diesen Widerspruch? Daß Atheisten des 20. Jahrhunderts den frömmsten Christen aus dem 14. Jahrhundert zu ihrem Lehrer wählen? Ich denke nicht an die Mitläufer, die eine Mode mitmachen; ich denke an ernste, klare Menschen, die den Widerspruch fühlen und ihn dennoch nicht lösen können.

Widerspruch ist immer nur in der Sprache, und ich werde nur Worte für seine Lösung haben; möchten es nur möglichst ehrliche Worte sein.

Der Geist der Zeit wirkt mit, dem sich niemand entziehen kann: der Historismus. Wir wissen zu viel und haben zu sehr gelernt, uns in jede ferne und starke Zeit hineinversetzen zu können; wir glauben ohne Widerspruch zu verstehen, d. h. die

Seelensituation mitzuerleben: von Buddha und Sokrates zugleich, von Kopernikus und Robespierre, von Luther und Napoleon. Warum nicht auch die Seelensituation von Franziskus und Eckhart? Aber dieser Historismus könnte es nicht erklären, daß unter allen gerade der allerchristlichste Meister Eckhart zum Liebling eines unchristlichen Geschlechts geworden ist.

Die Freude an der Kunstform wirkt mit. Gewiß. Die Bilderpracht der Psalmen, die Gewalt des Dies irae, die Grazie der platonischen Dialoge, alles verblaßt vor der innigen Größe von Meister Eckharts Sprache. Aber unser Entzücken ist nicht bloße Kunstfreude. Wenn wir bei Dante den Hymnus des San Bernardo an die Vergine Madre genießen, wenn wir mit Hochgefühlen den Anblick des Straßburger Münsters, der Assunta von Tizian, die Töne von Bachs Pfingstkantate erleben, so trennen wir doch — nachher wenigstens — die Form vom Stoffe und sagen uns vielleicht, daß wir gerade dem bösen Historismus doch das Glück verdanken, solche Kunst zu genießen, durch die Form, deren Stoff wir ungeformt ablehnen würden. Bei Meister Eckhart aber lehnen wir nichts ab, nichts, nicht den Gott, nicht die Einswerdung mit Gott, nicht die *Überfahrt* zu Gott, nicht Gottes Deutung ins *Nichtesnicht.* Wir haben den Gottesbegriff aus unserm Wörterbuch gestrichen und lesen, ja beten fast andächtig Worte der inbrünstigsten Gottesliebe.

Ein wenig aus dem Widerspruch heraus führt wieder die Trennung der adjektivischen Welt von der verbalen und von der substantivischen. Lassen wir die Toten ihre Toten begraben, die Substantive ihre Substantive. Was liegt an der Grammatik! Es gibt in der Welt der Wirklichkeiten keine *Dreieckigkeit*, aber darum bleibt der pythagoräische Lehrsatz dennoch wahr. Es gibt keine *Bosheit* und keine *Güte*; aber es gibt in unsrem Erleben *böse* und *gute* Menschen, es gibt in unsrem Erleben sogar Handlungen, die wir als gut oder als böse bewerten. Es gibt kein *Recht*, es gibt aber ein Gefühl dessen, was *recht* ist. Es gibt keinen Gott; aber es gibt gute, gottvolle, göttliche Mystiker.

So komme auch ich nicht aus ohne die alten Worte: Gott und Religion?

Ich will es versuchen, wieder einmal das Unsagbare zu sagen, mit armen Worten auszusprechen, was ich etwa frommen Ungläubigen zu geben habe an nominalistischer Mystik, an skeptischer Mystik. Eindringen in die Psychologie der theologischen Mystik muß — so meine ich — zu solcher *Kontemplation* führen, über *cogitatio* und *meditatio* hinweg. Wir drücken es anders aus, wir meinen es ebenso, wie man's vor 600 Jahren meinte.

Die Welt ist nicht zweimal auf der Welt. Es gibt nicht den Gott neben der Welt, es gibt nicht die Welt neben dem Gott. Pantheismus hat man diese Überzeugung genannt, pedantisch auch wohl (um den persönlichen Gott scheinbar zu retten):

Panentheismus. Warum nicht? Es sind ja nur Worte. In der höchsten mystischen Ekstase empfindet das Ich, daß es Gott geworden ist. Angelus Silesius und Eckharts Beichtkind Kathrei haben das empfunden. Warum nicht? Soll ich um Worte streiten?

Seit zehn Jahren lehre ich: das Ichgefühl ist eine Täuschung, die Einheit des Individuums ist eine Täuschung. Wenn ich nicht Ich bin, trotzdem aber bin, dann darf ich wohl auch von allen andern Wesen glauben: sie sind nur scheinbar Individuen, sie unterscheiden sich nicht von mir, ich bin Eins mit ihnen, sie und ich *binnen* Eins. Sind das bloß philosophische Wortfolgen? Spiele der Sprache? Nein. Was ich erleben kann, ist nicht mehr bloß Sprache. Was ich erleben kann, das ist wirklich. Und ich kann es erleben, für kurze Stunden, daß ich nichts mehr weiß vom principium individuationis, daß der *Unterscheid* aufhört zwischen der Welt und mir. „Daß ich Gott geworden bin." Warum nicht?

Freilich, die oberste Tugend aller bessern Religionen und Morallehren hält nicht stand in solchen Stunden der Ekstase. Was ist denn noch Güte für einen Menschen, der nichts mehr weiß vom principium individuationis? Güte ist Aufgeben der eigenen Individualität, ist aber Anerkennung der fremden. „Liebe deinen Nächsten wie dich selbst." Nicht mehr. Habe ich mein eigenes Selbst nicht mehr, dann hat es auch mein Nächster nicht. Wer noch gut ist, ist noch nicht frei. In den heiligen Stunden der Ekstase ist man nicht gut. Güte ist nicht möglich ohne *Unterscheid*.

Mitleid? Ja. Wenn wir unter *leiden* das verstehen, was es ursprünglich hieß; passiv erleben, ohne Schmerz miterleben. Alle Kreatur erlebt die Eine Welt. Jeder einzelne erlebt sie mit, *miterleidet* sie. Nimmt sie wahr, soviel seine Wimper hält: der Mensch, das Tier, die Pflanze, der Regentropfen. Wir wollen mitleidig sein, wie die Blumen und der Regentropfen mitleiden. Das Mitleiden ist die Freude der Blume und des Regentropfens.

Hast du solche Stunden der Ekstase niemals gehabt? Ärmster! Dann hast du die Freude nicht gekannt.

Du liegst an einem stillen Sommertag im hohen Grase. Tief unten fließt der Ganges oder der Rhein. Neben dir nur noch dein Hund, dem du den Kopf kraust, der dir die Hand leckt. Spielst du mit ihm? Spielt er mit dir? Der Unterscheid ist aufgehoben. Und alle andern Unterscheide.

Der Unterscheid des Geschlechts. Weil du alt geworden bist? Einerlei. Vielleicht ist darum Mystik, das Aufhören alles Unterscheids, die Weisheit der Greise. Das Motiv der Liebe hat seine Kraft verloren. Und legt sich still ins Grab neben das Motiv der Güte.

Der Unterscheid von Mein und Dein. Du willst ja nichts, gar nichts. Du bist ja froh. Und das Motiv des Hungers hat seine abscheuliche Kraft verloren, für die kurze Stunde der

Ekstase. Du denkst gar nicht daran, den Hasen drüben zu schießen, dem Baume da seine Frucht zu nehmen. Du lachst. Tausendfältig um dich kriechen und schwirren Würmer und Insekten, im Banne der Liebe und des Hungers. Spinnen und Fliegen. Sie wissen's nicht besser. Da! Wieder ein Käfer. Verliebt und hungrig. Armesle! Und du weißt nicht, du ekstatischer Mensch, selbst Armesle, daß du unaufhörlich, regelmäßig den Sauerstoff der Luft einsaugst, der doch auch leben wollte, der sich doch auch für Einen hielt. Armer Sauerstoff! Weil er so dumm ist, sich für Einen zu halten.

Der Unterscheid der Menschen hört auf, der schwerste Unterscheid, und mit ihm verliert das Motiv der Eitelkeit seine Kraft. Du hast es nie für möglich gehalten, jetzt aber, in dieser heiligen kurzen Stunde, hast du es erfahren: die Menschen können dir nicht mehr wehe tun, weil du sie auf einmal so ansiehst, als wären sie Tiere, oder Pflanzen, oder Regentropfen. Oder die Wellen des Stromes da unten, des Ganges oder des Rheins. Der Hund kann dich beißen, der Baum kann dich im Sturze erschlagen, die Wellen können dich hinunterziehen. Aber weh tun kann dir niemand und nichts, seitdem die Motive der Liebe, des Hungers, der Eitelkeit schweigen. Was kümmert es den Mond, wenn ihn der Hund anbellt? Was kümmert es dich, wenn die Tiermenschen, die Pflanzenmenschen, die Wellenmenschen vor dir etwas bellen oder rauschen? Die Armen! Jedes von ihnen glaubt noch, es wäre Eins. Jawohl. Solange, bis auch über die andern deine Stunde kommt und aller, aller Unterscheid aufhört. Wie er jetzt aufgehört hat zwischen dir und der Sonne. Gelt? Schwester Sonne, Messer lo frate Sol, wir gehören zusammen? Wer Liebe, Hunger und Eitelkeit nicht mehr kennt, der ist Sonne, Gott, Grashalm.

Habe ich dir nicht einmal noch von andern Motiven menschlichen Lebens gesprochen als von diesen drei argen? Nicht vom Wissensdurst und von dem Ruhebedürfnis, der Todessehnsucht? Schweigen jetzt auch die, in der seligen kurzen Stunde der Ekstase?

Sie schweigen beide. Sie werden geschweigt. Du willst ja nichts, gar nichts, nicht einmal wissen willst du mehr. Weil du erfahren hast, daß auch der Unterscheid zwischen dem Wissenden und dem Wißbaren vergangen ist mit dem Unterscheide zwischen dir und der Welt. Du hast erfahren, daß du nicht zum Wissen eingerichtet bist, die Welt nicht zum Gewußtwerden. Ist ja alles nur so ein bißchen Herumfahren, wie eine Raupe um ihr Blatt herumfährt. Du hast keinen Durst mehr nach dem bißchen Wissen, das andre Leute getrunken und wieder ausgespieen haben; du weißt, daß es ein Wissen der letzten, tiefsten Gründe nicht gibt. Dich dürstet nicht nach Pfütze.

Und gar das Ruhebedürfnis schweigt, weil du ruhig geworden bist, ganz ruhig, wohl gar tot. Du willst ja nichts. Und wie die doctissima ignorantia dein abgründiges Wissen ist, besser als das ausgespieene Wissen aller Weisen der Vorzeit, so ist deine Ruhe jetzt lebendiger als alle deine alte Vitalität, dein Tod jetzt lebendiger als all dein früheres Handeln.

Alle Motive des Lebens schweigen dir. Da. Noch nicht still? Mörder! Räuber! Jetzt erst bemerkst du es, daß du mit jedem Atemzuge Luft schluckest, um dich mit dem Sauerstoffe der Luft zu nähren, der doch so gerne selber leben und Einer sein möchte. Mörder! So willst du noch etwas. So hast du noch nicht getan nach deiner Erkenntnis. So bist du noch nicht ruhig. So bist du gar nicht einmal gut, du Mörder des Sauerstoffs.

Du tust nach deiner Erkenntnis. Du atmest nicht einmal mehr. Und du bist endlich eins geworden mit der Welt, welche einst Gott genannt worden ist, eins geworden mit dem Bruder Sol, der einst ein Gott genannt worden ist. Schön ist's. Tausend Farben, tausend Töne. Harmonie. Himmlische Heerscharen. Auch die Heiligen, die du für ein Märchen hieltest, fehlen nicht. Sie sammeln sich um dich und flüstern dir stumme Worte zu. An ihren geschwiegenen und schweigenden Worten errätst du, wie sie einst hießen im Scheine des Lebens. Çakhia Muni, der Buddha, flüstert mit dir, und Franziskus und Goethe und der Novalis und Meister Eckhart und ein Bauer lacht dazu und schreit: „Es kann dir nix g'schehn! Selbst die größt' Marter zählt nimmer, wann vorbei is! Ob d' jetzt gleich sechs Schuh tief da unterm Rasen liegst, oder ob d' das vor dir noch viel tausendmal siehst — es kann dir nix g'schehn! Du g'hörst zu dem all'n, und dös all g'hört zu dir! Es kann dir nix g'schehn!"

Hätte er doch nicht so laut geschrien. Seine Menschenstimme legt sich wie ein Alp auf deine Brust. Luft! Du willst nicht, aber du mußt. Nur einen Atemzug. Mörder!

Unsinn. Das ist ja das Leben. Nehmen, was man braucht. Leben wollen. Vorüber ist die kurze Stunde heiliger Mystik. Du bist zurückgekehrt zum Scheine des Lebens, zu seinen Motiven, zu seinem Wissen.

Armesle.

N.

Natur.

I.

Eines der erfolgreichsten Worte aus dem lateinischen Sprachschatz. Alle abendländischen Sprachen haben es rezipiert und gebrauchen *Natur* fast gleichlautend und in so ähnlichen Bedeutungen, daß bei der Übersetzung von einer Sprache in die andere Germanismen, Gallizismen und Anglizismen fast nicht bemerkt werden. Nur die slawischen Sprachen haben es zu Lehnübersetzungen gebracht[1]). Aber auch da ist das Lehnwort *natura* selbst vielfach im Gebrauch, bald in der Umgangssprache wie im Böhmischen, bald in der Naturwissenschaft wie im Russischen, wo übrigens auch der Atelierausdruck *Natur* aus dem Französischen entnommen ist (Naturklasse). Das Wort ist überall so abgenützt, daß es als Adverb beinahe zur sinnlosen Interjektion geworden ist, wie auf ganz entgegengesetztem Gebiet das Wort *gut*. Das Werturteil *gut* stammt aus der Sphäre des sogenannten freien Willens, das Wort *Natur* aus der Sphäre der Notwendigkeit, der sogenannten Gesetzmäßigkeit oder Kausalität; und doch sind die Ausrufe *eh bien*! und *natürlich*! in vielen Fällen gleichbedeutend, so viel wie *ja* mit dem Nebenton des Selbstverständlichen.

Die Wortgeschichte hätte zwei Aufgaben zu lösen: von welcher Grundbedeutung stammt die latein. Lehnübersetzung *natura*, und welche Grundbedeutung verbindet den ausgedehnten Sprachgebrauch des jetzigen Abendlandes. Beide Aufgaben werden nur unvollständig zu lösen sein.

Für mich besteht kein Zweifel, daß *natura* eine Lehnübersetzung von dem Griechischen *φυσις* ist. Wo aber nahmen die Griechen das Wort, das offenbar selbst Lehnübersetzung ist, weil die ursprüngliche Bedeutung schon vor griechischer Philosophie eine philosophische ist, — wo nahmen die Griechen den Sinn des Wortes her? Es wäre eine schwere und würdige Aufgabe, die Lehnübersetzung so allgemeiner griechischer Worte so weit zu verfolgen, daß auf die Herkunft der griechischen Geisteskultur mit besserm Rechte geschlossen werden könnte, als die fixe Idee der geltenden Sprachvergleichung uns gibt.

Φυσις bedeutet ursprünglich, schon bei Homeros, die Anlage, das Wesen einer Person oder einer Sache; erst in der klassischen Zeit der griech. Philosophie die Naturordnung, die Natureinrichtung und wird in vielen technischen Ausdrücken (*φυσει, κατα φυσιν* usw.) wie unser Adjektiv *natürlich* gebraucht. Im Sinne unseres *Natur*, des Naturganzen, der Mutter Natur, kennen es erst die Alexandrinischen Schriftsteller. Der Charakter der Lehnübersetzung des latein. *natura* wird durch die Gleichung *φυειν* = *nasci* offenbar. *Natura* hat sich in allerlei Beziehungen zur Geburt und zu den Zeugungsgliedern erhalten. Allgemein wird es dann wie *φυσις* von der Anlage, dem Wesen einer Person oder einer Sache gebraucht; aber von Cicero bis Seneca entwickelt sich der Sinn, der zuerst bei Lucretius aus seiner Weltanschauung hervorging, von ihm also individuell entlehnt war: die Einrichtung der Welt, die natürliche nämlich, der natürliche Lauf der Dinge, die natürliche Gesetzmäßigkeit[1]). Es steckt

[1]) Ich weiß nicht, ob *priroda* (ebenso wie *natura* und *gabaurths* Übersetzung von *φυσις*, slaw. *priroda* mit Hilfe des Stammes *roditi*, geboren werden) alte oder puristische Lehnübersetzung ist.

[1]) Bei Classen, (Zur Geschichte des Wortes Natur) findet sich (S. 13—15) eine Zusammenstellung der wichtigsten Verse des Lucretius und eine Klassifizierung der

etwas Adjektivisches darin. In diesem Sinne sprach man immer häufiger *de natura rerum*; und als *rerum* natürlich fortgelassen wurde, wurde *natura* zum Ding, zur Substanz, zur einzigen Substanz. Eigentlich vollzog sich dieser Übergang völlig erst in den sogenannten Tochtersprachen des Latein, zu christlicher Zeit. Natürlich, weil das glückliche Altertum wohl sehr genau den Gegensatz kannte zwischen *φυσει* und *θεσει*, dem natürlichen Entstehen und der willkürlichen Satzung, nicht aber kannte die Gewissensqual des christlichen Mittelalters, den Gegensatz zwischen der notwendigen und darum unverantwortlichen Natur und dem freien, also verantwortlichen Willen. Die Freiheit des Willens ist eine unnatürliche Hilfskonstruktion christlicher Theologie, schleppt sich seit der Renaissance der Naturwissenschaften nur noch auf Schulkathedern und auf Kanzeln mühselig fort. Frei war zu ihrer Strafe (um sie verantwortlich machen zu können) tausend Jahre lang die menschliche Seele, der menschliche Geist; was unfrei und unverantwortlich von der Welt übrig blieb, das wurde in der langen christlichen Zeit unter dem Worte *Natur* zusammengefaßt. Und ich hoffe zu zeigen, daß diese Grundbedeutung à peu près dem ausgedehnten modernen Gebrauche des Worts wirklich zugrunde liegt. Ich hoffe es aus dem Gebrauch der entgegengesetzten Worte zu erweisen.

Vorher nur einen Überblick über die Entwicklung der Wortgeschichte im Deutschen, selbstverständlich nach dem D. W. Wulfilas Bibelübersetzung bemüht sich noch die Vorlage *φυσις* bald streng, bald frei durch Lehnübersetzung wieder zu geben; bald durch *gabaurths*, bald durch *vists*, also Geburt und Wesen. Im Ahd. wird ganz ähnlich *natura* zu übersetzen versucht mit Hilfe des Stammes *kun*[1]). Erst seit Notker ist das

---

etwa zweihundert Fälle des Wortgebrauchs. Der logische Scharfsinn dieser Gruppierung ist beträchtlich. *Natura* bedeutet 1.) die zeugende Kraft im Weltall, 2.) die zeugende Kraft im Individuum; da natura aber auch auf das Erzeugte angewandt wird, so ergeben sich vier Unterabteilungen: a) die erzeugende Kraft des Weltalls, *natura rerum*, b) das Weltall selbst, die Natur, c) die Lebenskraft oder sonst die Kraft im einzelnen Organismus oder Ding, d) das Wesen des einzelnen Organismus oder Dinges. Es wäre nicht schwer, diese vier Unterabteilungen auch im Gebrauche von *φυσις* nachzuweisen. Classen hat sicherlich gewissenhaft nachgezählt, daß natura bei Lucretius in den weitaus meisten Fällen die Begriffe a und c bedeutet, d. h. entweder die schöpferische Naturkraft im ganzen, die *natura rerum*, oder das Wesentliche, die Anlage im Einzelding. Nur daß Lucretius die Unterabteilungen wahrlich nicht so sauber auseinandergehalten hat. Mir will es scheinen, als ob der Begriff der wesentlichen Anlage für Lucretius der ursprüngliche Begriff gewesen wäre, der sich übrigens ohne sprunghaften Bedeutungswandel auf die *natura rerum* ausdehnen ließ. Dieser ursprüngliche Begriff ist aber die alte *φυσις*, die eigentliche *Eigen-schaft* der Dinge.

[1]) Meine Skepsis gegen die angeblichen Ergebnisse der vergleichenden Sprachwissenschaft macht mich mißtrauisch gegen die Versuche, die Worte *gignere* usw. und *erkennen* auf einen gemeinsamen Stamm zurückzuführen. Gewiß sind die Gleichungen und Ähnlichkeiten: *gignere* (aus *gigenere*)

Fremdwort *natura* (aber sogleich Lehnwort mit deutscher Deklination) häufig, nachdem Otfried es vorher schon gebraucht hatte. Das Wort dringt immer wieder neu ein, offenbar gelegentlich in niederländischer oder französischer Umlautung und widersteht sowohl dem Versuche puristischer Lehnübersetzungen, als auch dem ganz verrückten Versuch (von Stieler) es volksetymologisch aus einem deutschen Stamme abzuleiten. Die Bedeutung *Anlage*, *Wesen*, wird zuerst aus dem Griechischen, dann aus dem Lateinischen mit übernommen, die Bedeutung *Naturganzes*, *Mutter Natur* usw. holten wir ganz unfrei aus den andern und ältern modernen Kultursprachen.

II.

Und nun darf ich die vier Zweige, in denen der Wortgebrauch bei den Dichtern und Denkern des Abendlandes seit etwa tausend Jahren sich auseinanderbreitet, auf den einen Stamm zurückführen, den christelnden Gegensatz zwischen Freiheit und Unfreiheit des Willens. Man wird erst aus den spätern Beispielen erkennen, wie der logische und der geschichtliche Gang sich nicht deckt, und wie die logischen Kreise des Begriffsumfangs einander vielfach kreuzen. Sollte es mitunter scheinen, als hätte ich bei diesem Stammbaum allzu bewußt den Grundgegensatz von Freiheit und Unfreiheit hineingelegt, so wird hoffentlich näheres Zusehen immer erkennen lassen, daß dieser Gegensatz unbewußt doch den Sprachgebrauch erzeugte.

1) Im Sinne von Anlage oder Wesen haben schon die Lateiner und vor ihnen die Griechen das Wort gebraucht. Auch vom Menschen, wenn auch häufiger von den Dingen. Ich finde in der Anwendung auf den Menschen keinen Widerspruch gegen meine Aufstellung. Anlage oder Wesen ist das in einem Dinge oder einem Menschen, woraus die Tätigkeit des Dinges oder des Menschen zu begreifen ist. Es ist die Natur des Steins, ohne Unterstützung zu fallen, die Natur der Pflanze, zu blühen usw. Die Natur des Löwen, seine Beute zu fressen, die Natur des bösen Menschen, zu schaden, die Natur des guten Menschen, zu nützen, wie man das tautologisch auseinandersetzt. Die Natur des Einzelmenschen ist also sein angeborener und unveränderlicher Charakter. Wie er in jedem Augenblicke handelt, das hängt nun ab von dieser Natur und dann von etwas, was nicht in diesem Sinne Natur ist: von seiner Umwelt,

---

und *γιγνομαι* (aus *γιγενομαι*), *gignere* und *gnasci*, *gnoscere*, *γιγνωσκειν* und *erkennen*, *genus* und gotisch *kuni*, überhaupt Sanskrit *gan*, griechisch und lateinisch *gen*, germanisch *kan* und *ken* — sehr merkwürdig. Aber die Zurückführung auf eine gemeinsame Wurzel *ga* (*gehen*), wo dann das Zeugen das Hervorkommen, das Erkennen das Herankommmen bedeuten könnte (doch wohl nicht das geistige Sprossen, wie C. Pauli meint), schmeckt mir doch trotz Curtius zu sehr nach Hegels Philosophie. Der ähnliche Klang von deutsch *Kind* und englisch *kind* ist ja durch Bedeutungswandel im Englischen zu erklären. Grimm sagt nur „*zeugen* und *erkennen* sind vielfach ineinandergreifende Vorstellungen.“

die als Motiv auf die Natur, den individuellen Charakter, wirkt, welche Motivation dann in der christlichen Zeit um der theologischen Moral willen in den freien Willen geschoben wurde. So steht Natur im Sinne von Anlage wirklich der Willensfreiheit gegenüber; im Altertum ist diese Natur noch moralfrei, im Mittelalter wird sie unmoralisch, weil amoralisch.

2) Das eigentlich treibende Prinzip, das wirkende Wesen der Dinge wurde schon im Altertum allgemein zusammengefaßt zu dem Begriff, der wie gesagt, natura rerum hieß und nach Fortfall des überflüssigen rerum zu unserem Begriff des Naturganzen wurde, fast mythologisch zur Mutter Natur. Durch Jahrhunderte (von Averroës bis auf Lessings plastische Natur, „wenn es eine solche gibt", und bis zur Gegenwart) rächt sich die Mythologie für diesen Sprachgebrauch dadurch, daß die Natur immer wieder in die *natura naturata* und die *natura naturans* zerspalten wird; nirgends sprachlich inniger als bei Meister Eckhart. Es ist aber im Grunde ein unsagbarer Gegensatz, nur daß die heimlichen und unbewußten Pantheisten in der natura naturans ihren unbekannten Gott verehrten. Die Natur, von der wir etwas zu wissen glauben, ist *natura naturata*, die Natur, von der wir gar nichts wissen, ist *natura naturans*. *Natura naturans* ist die mythologische Natur, *natura naturata* ist dieselbe Allmutter ohne Mythologie. *Natura naturans* und *natura naturata* ist immer nur das Naturganze, einmal makroskopisch, das anderemal mikroskopisch angeschaut; oder auch umgekehrt. Diesem Naturganzen steht aber doch ein anderer Begriff als klärender Gegensatz gegenüber, wenn das auch erst seit kurzer Zeit im menschlichen Bewußtsein aufdämmert. Dem Ganzen der Natur steht das ganze menschliche Handeln gegenüber, der Natur die Geschichte, welche nicht die Geburten von Individuen, sondern die gesta der Völker aufzeichnet. Streng genommen mußte die christliche Zeit den Gegensatz kleiner sehen, weil doch der allmächtige Gott Natur und Geschichte schuf. Gesta Dei per Francos. Aber das Mittelalter hatte ein schlechtes Gewissen, weil es ein Gewissen hatte. Völker und Völkerhirten waren durch Willensfreiheit für die Geschichte verantwortlich; Steine, Pflanzen und Tiere waren die unverantwortliche Natur. Die Menschenhistorie wurde von der Moral geschrieben, die historia naturalis war amoralisch. Man empfand die Bezeichnung historia (Naturgeschichte) noch nicht als sinnlos, weil historia nur Kunde war. Was man kannte. Im Sinne von Welthistorie hatte Natur damals noch keine Geschichte, ihren Schöpfungstag etwa ausgenommen. So blieb es, bis vor etwa fünfzig Jahren das Schlagwort Entwicklung, d. h. Geschichte, d. h. menschliche Zweckbegriffe auf die Natur angewandt wurden, und der Darwinismus so siegreich schien, wie fünfzig Jahre vorher Hegels Lehre von der Begriffsbewegung. Jetzt wurde plötzlich ein Gegensatz zwischen naturgeschichtlichen und historischen

Begriffen erkannt, weil die Mode ihn zu verwischen drohte. Und weil zugleich die moralistische Behandlung der Welthistorie in Mißkredit kam, weil sich Historie oft in Statistik auflöste, darum fingen deutsche Gelehrte an, über den Gegensatz von Natur und Geschichte nachzudenken. Aber eigentlich dachten sie fast immer nur nach über die Abgrenzung der Disziplinen ihrer ordentlichen Professuren.

Hätten wir es wirklich so herrlich weit gebracht, wie die Ausdehnung der darwinistischen Gedanken (über die Entwicklung der organischen Welt hinaus) auf die Entstehung der Organismen, sodann auf die Entwicklung von Organismen in übertragenem Sinn, auf Staat und Sitte, auf Sprache und Kultur, auf Handel und Wandel uns wieder einmal glauben ließ und unsere wortabergläubischen Monisten besonders hartnäckig glauben läßt, hätten wir wieder einmal alle Welträtsel mit einem Schlagwort gelöst: dann könnten wir ja eine Geschichte oder Historie des Weltganzen schreiben oder lesen, in der das natürliche Werden des Urnebels aus den Energiepunkten, der Elemente aus dem Urnebel, der Stoffe aus den Elementen, der Organismen aus den Stoffen, des Menschengeistes aus den Organismen, der Völkergeschichte aus der Praehistorie, der Erfindung des lenkbaren Luftschiffs im Jahre 1907 aus der Völkergeschichte fein säuberlich und gesetzmäßig aufgezeichnet stünde. Dann hätten wir den Gegensatz von Natur und Geschichte, von Natur und Mensch, von Notwendigkeit und Willensfreiheit endgültig überwunden und könnten den Begriff Natur aus der Sprache hinauswerfen, so daß die Sprache denaturiert wäre. Nur daß wir es so herrlich weit nicht gebracht haben.

3) Was der Mensch mit scheinbar freiem Willen und zweckmäßig, seiner Natur entsprechend und entgegen der Natur, an großen Einrichtungen geschaffen hat, wie Staat und Kirche, Handel und Verkehr, Sprache und Sitte, das wird seit dem Ausklingen des Rationalismus und der Aufklärung immer besser verstanden als ein Walten unbewußten Willens und unbewußter Zwecksetzung. Will man aus den Institutionen menschlichen Fortschritts eine Gruppe herausheben, die ganz erheblich mit dem Bewußtsein eines zweckmäßigen Wollens verbunden ist, so gebraucht man dafür seit einigen Jahrzehnten das Wort Kultur. Dieser Sprachgebrauch ist noch so neu, daß nicht einmal die Fachgelehrten der Kulturwissenschaft das Wort Kultur definieren können. Neu ist auch sein Gegensatz zur Natur. Im Lateinischen wird es fast nur auf die Natur angewandt; *cultura*, die Pflege, gilt nur dem Boden, den Pflanzen, den Tieren, welche darum Haustiere heißen. Anwendung auf die Menschenseele wird noch als Metapher empfunden. Die alte Wortbedeutung hat sich noch in Ausdrücken des Forstwesens, in Begriffsbildungen wie Kulturpflanzen usw. erhalten. (vgl. Art. *Kultur*.)

Nun war es eine Folge der Demokratisierung der abendländischen Weltanschauung, daß die alte äußere

Staatengeschichte mehr und mehr durch die moderne innere Kulturgeschichte verdrängt wurde. Montesquieu, Voltaire, Herder lehrten noch nicht den Sturz des Heroenkultus, aber sie bereiteten die Verehrung der Kultur vor. Die Volksmasse wurde der neue Heros, und die aktuelle Weltgeschichte wurde danach. Stand tausend Jahre lang die willenlose Natur der rationalistisch gewollten Menschengeschichte gegenüber, so entwickelte sich jetzt der schärfere Gegensatz zwischen der ursprünglichen, groben, unzivilisierten und unpolizierten Natur und der feinen polizierten Kultur mit allem Komfort der Neuzeit. Naturzustand und Kulturzustand; Naturvölker und Kulturvölker. Wir haben Kultur; *wir* haben immer Kultur, wie die Lebenden immer modern sind.

Es ist nicht meine Schuld, wenn diese Begriffsentwicklung einen seltsamen Gegensatz birgt. Kultur ist das bewußteste Wollen des Fortschritts, und doch eliminiert gerade die neue Kulturgeschichte oder Massengeschichte den bewußten Einfluß der Führer oder Heroen. Die Sprache oder die Wissenschaft hilft sich ungefähr so, daß sie den Kulturfortschritt vergangener Zeiten der Masse aufs Konto schreibt, für die Gegenwart jedoch hunderterlei Fortschritt bewußt und individuell von dem Katheder herab verlangt durch den Mund einzelner Führer, die sich für Heroen halten. Für die vergangene Zeit ist alles Schöne und Gute von der Masse und ihrem Zeitgeist geschaffen worden; in der Gegenwart sorgt Patentschutz und überhaupt Schutz des geistigen Eigentums dafür, daß das Individuum seinen Anteil am Fortschritte der Menschheit bar bezahlt bekomme. So tritt, trotzdem Kulturgeschichte materialistische Naturgeschichte werden möchte, Kultur in den schärfsten Gegensatz zu Natur. Mag man Kultur schönrednerisch erklären als Bändigung des ungezügelten Naturtriebes durch den Willen oder als Beherrschung der Natur durch den menschlichen Geist, immer steht Kultur der Natur herrisch, feindlich gegenüber. Unsere Philosophen haben den Kulturbegriff gern an die Begriffe des Zwecks und der Willensfreiheit angeknüpft. Nach Kant ist Kultur „die Hervorbringung der Tauglichkeit eines vernünftigen Wesens zu beliebiger Zweckmäßigkeit überhaupt, folglich in seiner Freiheit.“ Nach Fichte: „Übung aller Kräfte auf den Zweck der völligen Freiheit.“

Darum, weil nämlich Zwecke und Willensfreiheit nur beim Menschen sind oder doch kontinuierlich wirken, weil nur der Mensch Kultur hat (weil nämlich *wir* die Sprache und das Wort Kultur geschaffen haben), darum kann es wohl eine äußere Geschichte des Pferdes oder der Biene geben, keine innere, keine Kulturgeschichte des Pferdes oder der Biene. Biene und Pferd gehören zu der Natur, die der siegreiche Menschengeist sich ja unterworfen hat.

4) Der Menschengeist ist der letzte Gegensatz, der den Begriff Natur zugleich negiert und erläutert. Natur hieß, was keine Kultur hatte, was

keine Geschichte hatte. Und als Hegel sich vermaß, das letzte Ende aller Begriffsbewegung gefunden zu haben und in seinem Kopfe oder in seinem Systeme darzustellen, als Hegel die philosophische Sprache mit dem Begriffe *Geist* infiziert hatte, da trat die Natur in Gegensatz zum Geiste. Gewiß war diese Gegenüberstellung schon älter und die Scheidung blieb vor, in und nach Hegel nicht reinlich. Geist und Körper, Geist und Materie, Geist und Stoff (auch Geist und Zeug, weil *Zeug* die gute alte Lehnübersetzung von Materie war); und jenachdem der offene und versteckte Panpsychismus Materie, Stoff und Körper vergeistigte, jenachdem in ewiger Gegenbewegung der Materialismus Geschichte und Einzelseelen verstofflichte, ließ sich auch der Gegensatz von Geist und Natur nicht festhalten. Nicht nur die Mystiker wie Eckhart warfen Geist und Natur wieder zusammen, in ihren Gott hinein. Goethe teilte Hamanns tiefste Anschauungen, „wo sich Natur und Geist im Verborgenen begegnen"; Goethe und Novalis sprachen von der Ehe, von der Liebe zwischen Geist und Natur. Auch sprach man lange vor den Naturphilosophen vom Geiste der Natur, koppelte also den Gegensatz. Und weil hinter dem Geiste immer der heilige Geist, also eine Person der Gottheit versteckt war, hinter der christlichen Natur immer wieder die sündige, die abgefallene Natur hervorguckte, darum wurde auch Geist und Welt statt Geist und Natur gesagt und bald eine Harmonie, bald ein Gegensatz darunter verstanden; den Gegensatz empfand man so stark wie: Geist und Fleisch. Gefällig wie die Sprache überhaupt, konnte noch Rückert in der Weisheit des Brahmanen reimen: „Aus Geist entstand die Welt und gehet auf in Geist; Geist ist der Grund, aus dem, in den zurück sie kreist." Es ist nicht jedermanns Sache, jedes dieser Worte verstehen zu wollen, also historisch zu begreifen und dann mit einem stillen Lachen über die leere Weisheit zu antworten.

An dieses Verhältnis der Natur zum Geist möchte ich noch zwei Gegensätzlichkeiten knüpfen, deren eine, *Natur und Kunst*, von großer Bedeutung für die Begriffsgeschichte geworden ist, deren andere, *Natur und Gnade*, den abschüssigen Weg aller Theologie zu gehen scheint. War die Natur von Hause aus sündhaft, auch im Menschen, so konnte er nur durch übernatürliche Hilfe, durch Gnade, gerettet, erlöst werden. War aber die Natur von Natur gut, weil alle Natur aus Gott kam, oder weil die Menschengeschichte einen Rückschritt darstellte, dann war alle Kultur schlecht, alle Kultur künstlich, alle Kunst schlecht. Man könnte mit einiger Übertreibung sagen, daß dieser Gegensatz die zweite Hälfte des 18. und die erste Hälfte des 19. Jahrhunderts trenne. Die erste Periode stand unter dem Einfluß Rousseaus: die Welt ist Rückschritt; die zweite Periode stand unter dem Einfluß Hegels: die Welt ist Fortschritt, in der Idee wenigstens. Es ist erfreulich, daß die beiden freiesten Denker dieser Kampfzeit den Gegensatz nicht anerkannten. Aus kleinem Anlaß sagt Goethe die bekannten Worte: „Natur und Kunst, sie scheinen sich zu fliehen und haben sich, eh man es denkt, gefunden." Und aus größerm Anlaß sagt Kant: „Vollkommene Kunst wird wieder zur Natur."

III.

So hat der Begriff Natur nach Überwindung der Individualanlage und der Individualerscheinung sich immer mehr zur Anwendung auf das Naturganze erweitert oder eingeschränkt; und als von seinen beiden Unterbegriffen (in dieser Beziehung auf das Ganze) die *natura naturans* zum Geistigen verflüchtigte, blieb für einen ungeheuern Sprachgebrauch die *natura naturata* allein übrig: Natur war die konkrete *rerum natura*, der Kosmos. Was wir vom Kosmos wissen an Einzelbeobachtungen und an sogenannten Gesetzen, an Naturgesetzen, das häuft sich unübersehbar und jedenfalls seit Humboldt unübersehen zu der Vorstellung von den Naturwissenschaften zusammen, die man seit etwa dreihundert Jahren ganz gottlos auf Erfahrung auf- und auszubauen sucht, und die man seitdem oft Erfahrungswissenschaften genannt hat. Nun mag uns der Weg, der uns die Natur als das Reich des Unverantwortlichen kennen gelehrt hat, zu einem guten Aussichtspunkte führen. Was ist das, was wir zu wissen glauben und das doch nicht Natur ist? Wir haben viele Antworten: weil es nicht Natur ist, das Reich des Unverantwortlichen, darum ist es wohl das Reich der Freiheit; weil es nicht zu den Naturwissenschaften gehört, die allein auf Erfahrung beruhen, darum ist es etwas, wovon wir keine Erfahrung besitzen; und weil die Sprache gefällig ist, so faßt man ungefähr seit Hegel das Reich der Freiheit, wovon wir gar keine Erfahrung haben, unter dem Begriffe der Geisteswissenschaften zusammen. In Deutschland wenigstens. In England spricht man seit Hume von moral philosophy. Psychologie, Geschichte, überhaupt Philologie, Ästhetik, Ethik, gewißlich doch Theologie, die so etwas wie Pneumatologie ist, und leider auch Philosophie gehören zum festen Bestande der Geisteswissenschaften. Windelband hat eine hübsche Abhandlung über das Verhältnis der beiden Gruppen geschrieben; andere haben ihr Wasser dazu gegossen.

Windelbands Schrift, die Straßburger Rektoratsrede von 1894 „Geschichte und Naturwissenschaft", hebt zwar aus allen Geisteswissenschaften nur die Geschichte hervor, geht aber von der allgemeinern Dichotomie in der Klassifikation der Wissenschaften aus. Windelband scheint bemerkt zu haben, daß die Klassifizierung nach einer einheitlichen Methode — ob es nun die mechanistische, die geometrische, die psychologische, die dialektische, in neuester Zeit die entwicklungsgeschichtliche war — dem System ein wenig Gewalt antat. Er weiß schon, daß die Psychologie sich dem Schema nicht fügen will, weil sie ihrem Gegenstande nach die Geisteswissenschaft κατ' ἐξοχην ist, in ihrer gegenwärtigen Methode aber eine Naturwissenschaft. Psychologie ist die geistige Naturwissenschaft. Windelbands wertvolle Bemerkung sagt: die Naturwissenschaften, einschließlich der Psychologie, suchen Gesetze des Geschehens auf, die historischen Disziplinen (die an dieser Stelle ein wenig mit den Geisteswissenschaften verwirrt werden) wollen ein einzelnes Geschehen von einmaliger Wirklichkeit darstellen. „Jene lehren, was immer ist, diese, was einmal war.“ Nachdem Windelband diesen Gedanken schön dargelegt hat, müht er sich aber vergebens ab, Schopenhauers Haß gegen die Geschichte, die keine Wissenschaft sei, zu bekämpfen, nennt den Zufall in der Geschichte das Unaussagbare und arbeitet überhaupt an einem Oberbegriff, der Geschichte und Naturwissenschaft umfassen soll. Das Ewige und das Einmalige sei relativ, und wiederum lasse sich jede Naturwissenschaft auch als Geschichte betrachten. Es sei ein Fehler der alten Logik gewesen, nur an die Naturwissenschaften zu denken und die Kritik der Geschichte zu vernachlässigen. Philosophische und historische Begabung finde sich aber selten vereinigt. Längst anerkannt ist es, daß die Naturwissenschaft Gesetze sucht, die Geschichte Gestalten, daß die erste abstrahiert, die andere als Kunst anschaulich darstellt. Auf die Frage nach dem Werte der einen und der andern Disziplinen, möchte ich hier nicht eingehen. Nicht objektive Werte, sondern subjektive Werturteile, ja ursprünglich der naive Realismus des Interesses entscheidet darüber, was aus der unendlichen Fülle zeitlichen Geschehens zur historischen Tatsache wird und was nicht.

Neuerdings, von verschiedenen Seiten beeinflußt, hat Windelband diesen Gedankengang wieder aufgenommen in einem Vortrage: „Über die gegenwärtige Lage und Aufgabe der Philosophie“. Die große Lücke in der Weltanschauung Kants müsse ausgefüllt, die Historie müsse erkenntnistheoretisch begründet werden. Es wird sich dabei wohl um die unlösbare Aufgabe handeln, eine Erkenntnistheorie der erkenntnisfremden Wertbegriffe zu schaffen. Leise klingeln Kirchenglocken darein, wie an hohen Festtagen oder an Kaisers Geburtstag. „Es ist völlig aussichtslos, aus der Betrachtung des Menschen als Naturwesen und aus seiner darin enthaltenen Triebbestimmtheit *die* Vernunftwerte des geistigen Lebens ableiten, begreifen und begründen zu wollen.“ Windelband weiß selbst, daß man das eine unberechtigte Vermenschlichung des Weltbildes nennen kann. Wie wär's, wenn er nur den bestimmten Artikel fallen ließe und ohne Glockenklang, philosophischer sagte: „Es ist völlig aussichtslos, aus der Betrachtung des Menschen als Naturwesen Vernunftwerte ableiten zu wollen.“ (Vgl. Art. *Geschichte.*)

Wir wissen jetzt, warum der Gegensatz zu den Naturwissenschaften so schwer zu fassen ist: weil der Gegensatz zum Naturbegriff in der Sprache nie fest geworden ist. Die Geisteswissenschaften decken sich vielfach, aber nicht genau, mit den Kulturwissenschaften, mit den Geschichtswissenschaften. Wenn wir nur sagen könnten, was die menschliche Seele ist, so wäre die Psychologie in erweiterter Bedeutung ein gutes Wort für die Gesamtheit aller sogenannten Kenntnisse, die nicht Naturwissenschaften sind; und daß wir von der menschlichen Psyche zwar unzählige Erlebnisse haben, aber keine Erfahrung, würde ja recht gut passen. Nur daß in noch erweiterter Bedeutung auch die Naturwissenschaften unter den Begriff Psychologie fallen könnten.

Gibt es aber alle die Gegensätze zur Natur, gibt es Kultur, Kunst, Geschichte, Moral, Geist und Freiheit überhaupt nur beim Menschen, ist Natur und Mensch der große Gegensatz (in der Sprache natürlich nur), dann könnte man all die prächtigen Wissenschaften, die nicht Naturwissenschaften sind, recht hübsch unter dem Namen zusammenfassen: Wissenschaft vom Menschen. Und nicht jeder würde beim Gebrauche des Worts das leise Lachen der alten Sprache vernehmen, die wie zum Scherze konsequent sein, die Natur den Unmenschen und die Naturwissenschaften das Wissen vom Unmenschen nennen könnte. Uralte traurige Weisheit wäre da neu zu lernen: daß der Mensch immerhin einiges weiß vom großen Unmenschen, von der Natur, daß der Mensch aber ganz und gar nichts weiß von sich selbst, vom Menschen.

Und die lachende alte Sprache könnte bei der Betrachtung verweilen, welche Werkzeuge den armen Menschen bei ihren Bemühungen um die Natur und um die Geisteswissenschaften (denn man wird meine lachende Einteilung doch nicht annehmen) zur Verfügung stehen. Es werden wohl die altbekannten Werkzeuge sein: Verstand und Vernunft, beide im Sinne Schopenhauers gefaßt. Oft genug wie im Märchen: der Verstand eine silberne Axt ohne Stiel, die Vernunft ein goldener Stiel ohne Axt. Und die Naturwissenschaften haben es wirklich in den letzten drei unchristlichen Jahrhunderten weit gebracht, bis an die Sterne weit. Der Verstand hat die Kausalität durchschaut; die Vernunft hat solange abstrahiert und die Abstraktionen methodisch geordnet, bis Tabellen und Lehrbücher und Methoden für all die Kulturerrungenschaften billig hergestellt worden sind, die unsern Stolz ausmachen. Das alles hat der Verstand ermöglicht, der treue Diener der Naturwissenschaften.

Und wirft man den Geisteswissenschaften vor, daß sie nur auf Vernunft, d. h. auf Worten beruhen, daß sie gar nicht vom Verstande, d. h. von der kausalen Erkenntnis der Wirklichkeit beeinflußt sind, dann nehmen das die Geisteswissenschaften übel und werfen dem Verstande der Naturwissenschaften vor: der Mensch allein besitze Vernunft oder Sprache; die Wissenschaft vom

Menschen, z. B. Psychologie, sei die höchste Wissenschaft; eine gewisse Wissenschaft von der Natur besitze auch das Tier, trotzdem es nur Verstand und gar keine Vernunft habe.

Mir fällt es natürlich nicht ein, Partei ergreifen zu wollen. Denn die Unfruchtbarkeit aller Wissenschaft vom Menschen ist Mitleid erregend. Und die Fortschritte der Naturwissenschaften sind verblüffend. Jeder Tag bringt neue Wunder. Noch vor wenigen Jahren war es der höchste Triumph, als der Draht die Gespräche zwischen Freunden über weite Strekken vermittelte, mit jedem Zufall der Aussprache, ganz mechanisch. Und jetzt ist auch das übertroffen. Ohne Draht, ohne sichtbare Leitung sendet der elektrische Funke Zeichen hinaus, läßt Zeichen aufnehmen und wird am Ende gar noch Lichtbilder wiederholen. Ganz mechanisch. Und welch ein Gedanke, wenn es einmal gelänge, eine freitätige Maschine zu erfinden, die aus sich selbst heraus von Europa melden könnte, was Europa lieb und leid ist, und was drüben etwa lieb und leid wäre. Das wäre was. Wäre fast so groß wie die uralte Einrichtung, nach der ein Mensch dem andern, ein Tier dem andern ohne sichtbare Leitung, durch die Luft, durch den Äther, zurufen und zeigen gelernt hat, was ihm lieb oder leid ist, was dem andern leid oder lieb ist. Nicht ganz mechanisch, was man mechanisch nennt. Aber ganz gewiß ohne den Besitz von Naturwissenschaften.

Wie sehr im Begriffe Natur Abkehr von Menschenzweck und Menschenwillen durchklingt, das mag jetzt eine kleine sprachliche Bemerkung lehren. Zu allen andern kontrastierenden Begriffen ist der Gegensatz so fließend, daß jeder Doppelbegriff möglich wurde, der Gegensätze zusammenkoppelte: Naturabsicht, Naturanschauung, Naturfreiheit (Goethe), Naturgabe, Naturgeschichte, (bei Herder, Goethe, Kant, Naturgeschichte der Erde, Asiens, des Himmels, nicht nur im Sinne von Naturbeschreibung), Naturgewalt, Naturidee (Herder), Naturmensch, Naturtrieb, Naturverstand, Naturwissenschaft, sogar Naturzweck und Naturzweckmäßigkeit (beide bei Schiller); nur die Worte Natur und Kultur sind noch niemals gekoppelt worden.

IV.

Wenn ich nun noch etwas Schwereres versuchen will, die Tendenz nämlich zu erkennen, in welcher sich die Entwicklung des Naturbegriffs gegenwärtig etwa bewegt, so muß ich wieder ausholen und zwar von einer Begriffskoppelung, die uns bisher nicht beschäftigt hat: *Naturschönheit*. Ästhetische Freude an der Natur hat es eigentlich immer gegeben. Es ist nicht ganz wahr, was Friedländer in seiner bekannten Schrift bewiesen zu haben schien und was schon Schiller beklagt hatte: „Daß man so wenig Spuren von dem sentimentalischen Interesse, mit welchem wir Neuern an Naturszenen und Naturcharakteren hangen können, bei den Griechen antrifft . . . Die Natur scheint mehr seinen Verstand als sein moralisches Gefühl zu interessieren; er hängt nicht mit Innigkeit und süßer Wehmut an derselben, wie die Neuern." Alexander von Humboldt hat im II. Bande seines Kosmos mit souveräner Bildung Literaturstellen gesammelt, die Sinn für Naturschönheit, für älteste und alte Zeiten beweisen. Humboldt weist besonders auf das Naturgefühl einiger Kirchenväter hin. Es ist freilich nur eine Stilübung und eine schlechte dazu, wenn er den Satz wagt: „Und wie das Christentum . . . in der großen Angelegenheit der bürgerlichen *Freiheit* des Menschengeschlechts für die niederen Volksklassen wohltätig wirkte, so erweiterte es auch den Blick in die *freie* Natur." Die Unterstreichungen des abscheulichen Wortspiels stammen von Humboldt selbst.

Die intensive, bewußte, erhöht-künstlerische Freude an der Natur ist wirklich neu. Nur gelegentlich und knapp wird die Natur im Altertum, fast scheu im Mittelalter von Künstlern benützt. Als Beispiel vergleiche man, wie wenige Worte das Nibelungenlied für Landschaft und Naturtreiben bei der Jagd vor Siegfrieds Tode aufwendet und mit welcher fast mikroskopischen Virtuosität Richard Wagner musikalisch das Waldweben usw. ausstattet, Wilhelm Jordan dichterisch noch genauer den gleichen Vorgang.

Im Mittelalter steht auch ästhetisch die Natur dem Menschen gegenüber, wie eine Feindin. Die Natur predigt schreckhaft die Allmacht oder lieblich die Güte des Schöpfers, je nach dem Naturgefühl des Künstlers. Die Natur ist für lange Zeit hinaus das Stilleben. Interessant, laut, belebt wird die schönste Natur erst durch Menschen oder Götter, durch Staffage; es können Götter oder Schäfer, geputzte Herrschaften oder Zigeuner, Soldaten oder Räuber sein, je nach der Mode. Dann von Zeit zu Zeit bricht in der Kunst schon seit Jahrhunderten eine Neigung durch, die man nicht ernstlich für die neueste Mode halten kann: der Naturalismus, d. h. die Absicht, den Menschen in der Darstellung nicht von der Natur zu trennen, den Menschen ungewaschen und unstilisiert wiederzugeben, als ob er ein Felsstück im Walde oder ein Tupfen Moos auf diesem Felsstück wäre. Die Periode, durch die wir vor kurzem hindurchgehen mußten, war um nichts naturalistischer, war nur bewußter, als der Naturalismus von Shakespeare und seinen Genossen, als der Naturalismus der deutschen Stürmer und Dränger. Und bewußter war der allgemein europäische Naturalismus der 80er und 90er Jahre nur darum, weil er besonders in Frankreich sich seine geistige Nahrung holte aus der mächtig angeschwollenen Popularphilosophie des Materialismus, des Darwinismus, die von kirchlichen Schriftstellern als philosophischer Naturalismus denunziert wurden. Es wäre schlimm, wenn mit den schmutzigen und darum fruchtbaren Wellen des Naturalismus auch das Neue mit verschwinden sollte, was dem Streben der Besten zugrunde lag und was auf den großen Führer der Stürmer und

Dränger zurückgeht: es ist kein Gegensatz zwischen Mensch und Natur. Das ist das Schönste, was wir Goethes Weltanschauung verdanken: wir sollen uns nicht einbilden, supranaturalistisch zu sein; die große Natur umfaßt auch den Menschen. Wir sind auch nur Natur. Der Mensch gehört mit zur Natur. Natur umfaßt auch den Menschen, umfaßt ihn begrifflich als die höhere Einheit, umfaßt ihn mit ihren Mutterarmen wirklich im Leben und im Tode. Spinoza und Goethe haben es gelehrt, neuerdings niemand so schön wie der Steinklopferhanns des genialischen Grüblers Anzengruber; der hat seine extraige Offenbarung gehabt.

Wie leicht sich das jetzt sagt und niederschreibt. Eine Umwälzung in der jahrtausendalten Geschichte des Naturbegriffs, eine Umwälzung nicht nur in einzelnen Ausnahmsköpfen, eine Umwälzung im Sprachgebrauche zwischen den Menschen war nötig, bevor der Steinklopferhanns sein Denkmal in Wien erhalten konnte, und der Satz gar nicht mehr auffällt: Mensch und Natur sind nicht im Gegensatz. Und es wäre falsch, nun historisch die einzelnen Gedanken aufdröseln zu wollen, die nacheinander die Revolution bewirkten. Eins wirkte aufs andere, ohne Widerspruch, weil der Mensch und seine Geschichte zur Natur gehören. Die Kunst lernte von der Naturlehre und von den Geisteswissenschaften, die beide bei der Kunst in die Schule gingen. Die Naturlehre mühte sich von Empedokles bis Darwin, drei von den Unterabteilungen des Lucretius zu überwinden: die Natur der konkreten Einzeldinge, die heimlich wirkende Natur in den Einzeldingen und die göttlich wirkende Natur des Ganzen. Nur das konkrete Naturganze blieb übrig, und als erst der Gedanke aufkeimte, Zielstrebigkeit oder Zwecke werden und wachsen zu lassen ohne zwecksetzende Intelligenz, da gehörte der Mensch mitten hinein in die Entwicklung des Naturganzen. Einerlei, ob die von Darwin begründete Lehre unter dem Namen Darwinismus bestehen bleiben wird oder nicht.

Kultur, Geschichte, Ethik lernten um oder sind im Begriffe umzulernen. Das Glück der Natur, unverantwortlich zu sein, kann dem Menschen wiedergewonnen werden, wenn er ganz zur Natur gehört, wenn er unverantwortlich ist. Raub und Mord, Unzucht und Lieblosigkeit brauchen darum nicht zu zügelloser Herrschaft zu gelangen, weil der Mensch zur Natur gehört. Ist kein Gegensatz zur Natur mehr im Menschen, dann braucht auch der Geist sich nicht mehr so mühsam „selbst zu bewegen", um den Menschen von der Natur zu befreien. Der Geist, von dem niemals jemand wußte, was er ist, der ein abgeblaßter Schatten des heiligen Geistes war, des dekorativen Gliedes der Trinität, der Geist, mit dem Hegel den letzten, vorläufig letzten, großen Versuch gemacht hatte, die Natur wieder aus dem Menschen und den Menschen wieder aus der Natur zu treiben.

In Goethes resigniert weiser Weltanschauung ist diese neue Deutung des alten Naturbegriffs wunderbar und unübertroffen gestaltet. Zwischen Natur und Mensch kein Gegensatz mehr.

Goethes Naturanschauung verdiente ein besonderes Buch. Kaum irgendwo tritt sie so köstlich heraus wie in den Aphorismen, die er 1782 in der Bierzeitung seiner Freunde, im Journal von Tiefurt erscheinen ließ[1]) und über die er fast fünfzig Jahre später mit dem Lächeln unveränderter Vaterliebe zu Kanzler von Müller redet: von der Neigung zu einer Art von Pantheismus, von dem humoristischen Wesen, das dieser Natur zugrunde gedacht war, von dem Spiel, das gar wohl gelten mag, weil es bitterer Ernst ist.

Ich darf den trunkenen Naturhymnus nicht ganz hersetzen. „Natur! Wir sind von ihr umgeben und umschlungen — unvermögend aus ihr herauszutreten, und unvermögend, tiefer in sie hineinzukommen . . .

Sie scheint alles auf Individualität angelegt zu haben und macht sich nichts aus den Individuen . . .

Sie lebt in lauter Kindern, und die Mutter, wo ist sie? . . .

Gedacht hat sie, und sinnt beständig; aber nicht als ein Mensch, sondern als Natur . . .

Auch das Unnatürlichste ist Natur; *auch die plumpste Philisterei hat etwas von ihrem Genie* . . .

Sie hat keine Sprache noch Rede; aber sie schafft Zungen und Herzen, durch die sie fühlt und spricht . . .

Sie hat mich hereingestellt, sie wird mich auch herausführen. Ich vertraue mich ihr. Sie mag mit mir schalten. Sie wird ihr Werk nicht hassen. Ich sprach nicht von ihr. Nein, was wahr ist und was falsch ist, alles hat sie gesprochen. Alles ist ihre Schuld, alles ist ihr Verdienst!“

Und wenn trotzalledem noch ein leiser Widerspruch zwischen dem Menschen und der Natur vom unverbesserlichen Menschenhochmute gefühlt wird, so doch wie jeder Widerspruch nur in der Menschensprache. Über Geschichte, Kultur und Ethik hinaus wird unsere neue Erkenntnistheorie auch den Widerspruch von Mensch und Natur endlich lösen, weise und resigniert wie Goethe. Glücklich und rein ist die Natur, weil sie sprachlos ist. Unsauber, unglücklich ist die Sprache, mit der der Mensch sich und die Natur begreifen will, allein begreifen will, allein begreifen kann, gröblich betasten. Nicht verzichten kann er auf seine Sprache, aber deren unsaubern Widerspruch kann er erkennen, deren

[1]) Ich weiß natürlich, daß Goethes Autorschaft bestritten worden ist. Frau v. Stein sagte, Tobler (wenig bekannt; von andern charakterisiert: bald Christ, bald Grieche; voll Gesundheit und Manneskraft, *wie ein junger Baum*) wäre der Verfasser; dieser Tobler hatte kurz vor dem Erscheinen des Fragments bei Knebel gewohnt, und Knebel hält Goethe für den Verfasser. Die Handschrift rührt von Goethes Schreiber her. Ich ziehe aus Steiners Untersuchung (Schriften d. Goethe-Ges. VII, S. 393) den Schluß: Tobler hat einen trunkenen Naturhymnus Goethes aus dem Gedächtnisse niedergeschrieben, Goethe hat das Stück dem „Journal von Tiefurt“ eingeliefert und hat (1828) auf der höchsten Stufe seiner Naturphilosophie die mittlere Stufe des Fragments als seine Idee anerkannt.

Schlangenbetrug durchschauen, und resigniert, rein und glücklich werden als ein ganz wunderlich hübsches Stück Natur.

Noch einmal: „Wir sind von ihr umgeben und umschlungen — unvermögend aus ihr herauszutreten.“

Naturrecht — ist unter den Schlagworten *recht* und *res publica* berührt.

Nichts. — Die Bejahung wird von guten Menschen höher geschätzt als die Verneinung; die Bejahung ist ja positiv, ist lebenfördernd; ist moralisch, ich weiß nicht, was sie sonst noch alles ist. In Wahrheit ist die Bejahung, sofern sie nicht die eingelernte Antwort auf eine Lehrerfrage oder eine Schülerfrage ist, nur das überflüssige Kopfnicken, mit dem ein lebhafter Mensch etwa sein Urteil begleitet; er könnte die Bejahung auch durch die laute Stimme oder durch einen Faustschlag auf den Tisch ausdrücken. Bei den allermeisten Urteilen, die überhaupt gefällt werden, versteht sich die Bejahung von selbst und wird in keiner Weise ausgedrückt oder mitgedacht; erst die Schullogik ist auf den Einfall gekommen, alle diese Urteile als bejahende Urteile von den verneinenden zu unterscheiden. Solange die Aufmerksamkeit nicht besonders auf den Urteilswillen oder auf einen Widerspruch hingelenkt wird, solange fügt die sogenannte Bejahung nichts zu dem Urteile hinzu; aber auch in den Ausnahmefällen fügt die Bejahung zum Urteile nicht mehr hinzu als ein Eid oder ein Schwur zu einer Aussage. Wir werden noch lernen, daß die Wahrheit sich vom Glauben gar nicht so sehr unterscheide; die ausdrückliche Bejahung oder der Eid behauptet nur: ich halte das für wahr oder ich glaube das, so wahr ich meinen Glauben für wahr halte. (Vgl. Art. *Eid*).

Um es schulgerechter auszudrükken: eine Aussage wird erst dann eine Bejahung genannt, wenn sie bewußt einer ausgesprochenen Verneinung oder dem Willen zu einer Verneinung entgegentritt. Die Lehre der alten Logik, daß jedes Urteil entweder ein bejahendes oder ein verneinendes sein müsse, ist ein erster, unsicher tappender Einteilungsversuch (neben dem nach der Quantität des Subjekts), wenn man die psychologische Wirklichkeit mit ihr vergleicht. Erst wenn die Aufmerksamkeit auf die Möglichkeit oder die Tatsache einer Verneinung gelenkt wird, entsteht die gesteigerte Seelensituation, die durch Steigerung der Gebärde, des Tons oder des Wortes zum einfachen Urteile die Bejahung hinzufügt. Die Bejahung ist erst die Verneinung einer Verneinung. An sich ist die Verneinung oder die Negation etwas, was zu dem Versuche eines Urteils hinzutritt; im Verhältnisse aber zur Bejahung ist die Negation das Primäre. Darauf haben schon Beneke und Sigwart sehr gut hingewiesen. Mit der Gleichwertigkeit von Bejahung und Verneinung fällt sehr viel fort, was die Logik seit Aristoteles über das Wesen dieser Urteilsform gelehrt hat. Die Verneinung ist insofern ein viel bestimmterer Begriff, als sie unmittelbar die Möglichkeit, die Brauchbarkeit eines Satzes ablehnt; aber sie ist wiederum der viel unbestimmtere Begriff, weil sie sich gegen jede Art des Urteils richten kann, also die Form jeder Urteilsart annehmen kann. Das negative Urteil kann zum positiven Urteile ebenso gut im konträren wie im kontradiktorischen Gegensatze stehn, ohne daß die Form der Negation den Unterschied ausdrückt; wie denn in allen Existenzial-Urteilen auch Vorstellungen behauptet oder negiert werden können, und dann niemand sagen könnte, was eigentlich negiert wird; wenigstens ein Prädikat wird da nicht negiert. Die Unbestimmtheit des Negationsbegriffes wäre am besten zu studieren an den Zusammensetzungen mit *un* (lat. *in*, griech. *ἀν*), weil da nicht nur der konträre und der kontradiktorische Gegensatz, sondern sehr häufig auch nur der geringere Grad einer Eigenschaft (*un*bestimmt, *un*geschickt) durch die Vorsilbe bezeichnet wird; ja in vielen Substantiven drückt die Vorsilbe *un* eigentlich nur aus, daß das Ding dem Menschen unnütz, unangenehm oder schädlich sei (*Un*kraut, *Un*tat, *Un*wetter); schießlich ist die Vorsilbe *un* hie und da über die Vorstellung des *Un*geheuren hinweg zu einer bloßen Verstärkung geworden wie, in steigender Verblassung des Begriffs, in: *Un*zahl, *Un*menge, *Un*kosten. (Man vergleiche den Artikel *un* in Pauls Deutschem Wörterbuch.) Der Sprachgebrauch hat in sehr vielen Fällen den Gegensatz durch ein positives Wort ausgedrückt *(böse, blind)*, hat wieder in sehr vielen Fällen die Negation nur einer ganz bestimmten Bedeutung des positiven Wortes entgegengestellt; so verstehen wir unter *unmoralisch* den Gegensatz zu einer löblichen Charaktereigenschaft, müssen aber den Gegensatz zu der abstrakteren Bedeutung („Der Mensch ist ein moralisches Wesen“ d. h. ein Wesen, auf welches der Begriff der Moral angewendet wird) mit Hilfe der griechischen Negationspartikel bilden *(amoralisch)*.

Der Umstand, daß die Negation sich bereits auf ein Etwas beziehen muß, auf ein Urteil, eine Vorstellung oder auch nur eine Wahrnehmung, daß die Negation (die ich jetzt im weiteren Sinne nehme als das negative Urteil) in gesteigerter Rede gegen eine Bejahung streitet, wird uns nun vielleicht die merkwürdige Erscheinung erklären helfen, daß die Partikel der Negation, deren einfacher Sinn so viel leichter zu fühlen als zu definieren ist, in so vielen Sprachen zuerst einen schwerfälligen Ausdruck fand, der nur durch Abschleifung zu einem kurzen und geläufigen Redeteil geworden ist. Es klingt wie ein Ton zänkischer Rechthaberei aus den Worten, die z. B. im lat. *nihil* (*ne hilum* d. h. *filum*, nicht einen Faden, nicht ein Haar) im ital. *niente* (von ens)[1]), im franz.

[1]) Man hat ital. *niente* vielfach anders erklären wollen: aus *ne ette*, mundartlich: nicht ein Pünktchen, nichts von Wert; aus *ne fiente*, keinen Dreck; sehr verführerisch aus *ne gent* im Sinne von nicht ein Wesen, gar nichts; mir leuchtet die oben erwähnte Etymologie von Diez immer noch besser ein, und ich lasse den

ne pas (von *passus*, nicht einen Schritt) und *rien* (von *res*) die deutschen Worte *nicht* und *nichts* bezeichnen. Nur in der lebhaften Negation von streitsüchtigen Bejahungen konnten so inhaltreiche Worte zu Partikeln entwerten.

An den deutschen Worten sind zwei sprachliche Erscheinungen von besonderem Interesse gut zu studieren; zunächst die Tatsache, daß die modernen Sprachen sich um die Logik und um die pedantische Regel des Latein, nach welcher zwei Verneinungen eine Bejahung ausmachen, nicht immer gekümmert haben, vielmehr die Verneinung durch eine Verdoppelung des Ausdrucks zu verstärken lieben; sodann die übereinstimmende Neigung der Sprache, diese Verstärkung durch die allgemeinste Verneinung, durch die Verneinung von Etwas, also substantivisch auszudrücken. Es ist wohl ein Gipfel der Personifikationssucht, daß sogar das Nichts, das einfache Nichtwollen, Nichtsehen, Nichtsein, sobald man es sprachlich auszudrücken versuchte, in die Sprachform des Substantivs gebracht werden mußte.

Schon die jetzige Partikel *nicht* war ursprünglich ein Substantiv, genau wie franz. *ne ... pas*; gebildet zweimal: aus *ne wicht* und aus *nie* (*ni êo*) *wicht*, d. h. nicht was, nicht irgend eine Kleinigkeit; ich brauche nur kurz zu erwähnen, daß engl. *not* und *naught* in ähnlicher Weise entstanden ist. *Wicht* (in *Wichtelmännchen* noch erhalten) bezeichnete ursprünglich ein kleines Ding, eine Kleinigkeit, so daß die Übereinstimmung der substantivischen Negierungen *nicht* und *ne ... pas* mit dem lat. Substantiv *nihil* in die Augen fällt; sollte auch da eine Lehnübersetzung zugrunde liegen, was ich kaum glauben kann, so müßte sie in eine uralte Zeit zurückreichen, in der die Etymologie von *nihil* noch im Volksbewußtsein vorhanden war. Man achte aber darauf, daß, als die starke Bedeutung von *nicht* aus dem Sprachgefühle verschwunden war, bald wieder die Neigung aufkam, das nicht mehr verstandene *nicht* (nicht eine Kleinigkeit) durch ein ähnliches Wort zu ersetzen: nicht ein Blatt, ein Stroh, eine Bohne, eine halbe Bohne, ein Ei, ein Haar, nicht einen Pfifferling, einen Deut, ein Jota, ein Bißchen. Noch Luther konnte dieses *nicht* im Sinne unseres *Nichts* verwenden; von den vielen Zusammensetzungen dieses alten Substantivs mit Präpositionen haben sich einige (*mit nichten, zu nichte*, welch letzterer Ausdruck übrigens genaue Lehnübersetzung des biblischen *εἰς οὐδεν*, ad nihilum, Matth. 5, 13 zu sein scheint) bis in unsere Zeit herübergerettet.

Man vergleiche mhd. *ich enweiz niht* mit franz. *je ne sais pas*; die Ähnlichkeit ist offenbar; in beiden Sprachen wird die Negation dadurch verstärkt, daß gesagt wird, man wisse nicht einmal eine Kleinigkeit; auch im Franz. erhielt *pas* mit der Zeit allein die Bedeutung der Negation (*pas du tout* usw.), aber nicht in

---

Gedanken dahingestellt, ob *niente* nicht doch aus *ne* ette (wie franz. *néant*) Entlehnung aus dem deutschen *nicht* (ahd. *neowiht*) sein könnte.

solchem Maße wie das deutsche *nicht*, welches ja auch das Zeichen der Negation (*ne*) noch einmal vernehmen ließ. So verlor *nicht*, als seit dem 12. Jahrhunderte die erste Negationspartikel (*en*) zu verschwinden begann, seinen substantivischen Wert, den man nur mit sehr feinem Gehör noch aus altertümlichen Wendungen herausfühlen mag.

Lange Zeit wurde *nicht* so zugleich für *non* und für *nihil* gebraucht, bis das pedantische Bedürfnis nach einem klar unterschiedenen Substantiv dazu führte, den Genetiv *nichtes* zum Range eines neuen Substantivs zu erheben; Grimm hat gelehrt, daß dieses *Nichts* entstanden sei aus der alten Doppelverstärkung *Nichtesnicht* (ganz und gar nichts); das zweite *nicht* wurde seit dem 14. Jahrhunderte fortgelassen und *nichtes* zu *nichts* verkürzt; ich möchte dazu bemerken, daß der kleinste positive Gegensatz von *nichts*, das Wörtchen *es*, ebenfalls in sehr vielen Fällen (sie haben's kein Gewinn, er hat es kein Hehl usw.) ein Genetiv war, der heute nur noch von einem feinen Sprachgefühl als solcher empfunden wird. Seit dem 16. Jahrhundert kommt die Pedanterei auf, das Wort durch Vorsetzung des bestimmten oder unbestimmten Artikels den konkreten Substantiven noch ähnlicher zu machen: das Nichts, ein Nichts. Von nun ab konnten nicht nur denkende Dichter wie Haller und Schiller von einem Nichts wie von einer sinnfälligen Erscheinung reden, sondern auch die Philosophen konnten besser als bisher mit dem Begriffe hantieren; und bereits Klinger spottet: es ist ein ganz artiges Bestreben unserer Philosophen, das denkbare Nichts zu einem erkennbaren Etwas zu machen. (Betracht. II. 379.)

So ist die Negation, die in irgend einer Urzeit wahrscheinlich ein ganz physiologischer Laut des Ekels und der Ablehnung war, ein nasales Herausstoßen der Luft, das vielleicht symbolisch ein Ausspeien widerwärtiger Speise bedeutete (vgl. Kr. d. Spr. II S. 152 ff.) dazu gekommen, durch ein substantivisches Wort ausgedrückt zu werden, das dann, im Deutschen beinahe unverändert, noch einen besondern substantivischen Sinn erhielt, wenigstens in substantivischer Form den kontradiktorischen Gegensatz des verblaßtesten Abstraktums benannte, den Gegensatz von *Etwas*, von *Sein*. Und nun halte man unmittelbar daneben, was alles Hegel aus diesem *Nichts* zu machen gewagt hat. In diesem Falle jonglierte Hegel mit dem Begriffe in unerhörter Weise: er warf ihn hoch empor, bis der Begriff über die Erdatmosphäre und über alles mögliche Denken hinausgeriet, fing ihn dann wieder auf und durfte den Satz aufstellen, „daß Sein und Nichts dasselbe ist“. Hegel fühlt ganz gut, wie leicht man über diesen Satz lachen könne; es erfordere das keinen großen Aufwand von Witz. „Der Satz, Sein und Nichts ist dasselbe, erscheint für die *Vorstellung* als ein so paradoxer Satz, daß sie ihn vielleicht nicht für ernstlich gemeint hält. In der Tat ist er auch von dem härtesten, was das Denken sich zumutet, denn Sein und

Nichts sind der Gegensatz in seiner ganzen Unmittelbarkeit, d. h. ohne daß in dem einen schon eine Bestimmung *gesetzt* wäre, welche dessen Beziehung auf das Andere enthielte." (Enzyklopädie[2] S. 101.) Es braucht wohl nicht daran erinnert zu werden, daß Hegel im *Werden* die Wahrheit des Seins und die Wahrheit des Nichts als Einheit erblickte. Er wunderte sich nicht einmal über die Unbegreiflichkeit dieser Begriffsbewegung; er spricht darüber (a. a. O. 103) mit souveräner Verachtung: „Insofern das Nicht-begreifen-können die Ungewohnheit ausdrückt, abstrakte Gedanken ohne alle sinnliche Beimischung festzuhalten, spekulative Sätze zu fassen, so ist weiter nichts zu sagen, als daß die Art des philosophischen Wissens allerdings verschieden ist von der Art des Wissens, an das man im gemeinen Leben gewöhnt ist, so wie auch von der, die in andern Wissenschaften herrscht."

Es ließe sich ein Buch von beträchtlichem Umfange schreiben, wenn man darstellen wollte, wie Hegel psychologisch und wie er historisch zu der Gleichsetzung der kontradiktorischen Gegensätze Sein (also Etwas) und Nichts gekommen sein möchte; ich will nur mit zwei Worten auf zwei Punkte hinweisen. Individuell, also psychologisch hatte Hegel den Wunsch oder die Aufgabe, den ontologischen Beweis für das Dasein Gottes, den Kant endlich vernichtet hatte, wieder in der alten Glorie herzustellen; dafür mit erfand er seine fünf bis sechs Grade des Seins (Sein, Dasein, Existenz usw.), dafür wurde der höchste Begriff, der des Seins für die Wirklichkeit zum letzten Begriffe gemacht, dafür wurde Denken und Sein ebenso gleichgesetzt wie Sein und Nichts, so daß beinahe eine Gleichsetzung von Denken und Nichts herausgekommen wäre. Historisch aber geht der ontologische Beweis, dessen sich Hegel so liebevoll annimmt, auf den mittelalterlichen Wortrealismus zurück.

Man halte wieder einmal fest, daß in dem Jahrhunderte langen Kampfe zwischen Nominalisten und Realisten schon die Keime zu den meisten modernen Spekulationen verborgen liegen; man achte besonders darauf, daß der mystische Pantheismus aus dem einstens orthodoxen Wortrealismus hervorging, der moderne Atheismus jedoch aus dem schon damals ketzerischen Nominalismus. Dann wird es verständlich, wie schon von der offiziellen Kirche (Augustinus) das *Nichts* dem *Etwas* gleichgesetzt werden konnte, wie dann später die mystische Theologie die Gottheit zu einer Art Negation machen konnte. Der Wortrealismus, oder der Wortaberglaube äußert sich über das Nichts kaum irgendwo krasser als in einer Schrift „De nihilo et tenebris" deren Verfasser der Abt Fredegisus war, ein Schüler von Alcuin. Gott habe allen Dingen Namen geben lassen, also gebe es kein Ding ohne sein zugehöriges Wort und kein Wort ohne sein zugehöriges Ding; darum müsse das durch *Nichts* Bezeichnete ebenfalls *Etwas* sein. Ein Spiel mit dieser wortabergläubischen Gleichsetzung von Nichts und Etwas war nun schon bei Dionysios Areopagita die verneinende Theologie gewesen, die in Gott das Unsagbare sah. Meister Eckhart ringt dann immer wieder mit der Negation in der Gottesvorstellung; er unterscheidet zwischen Gott und Gottheit. Außer Gott ist die Kreatur ein lauteres Nichts. Gott wirkt, die Gottheit wirket nicht. Aber auch Gott ist zugleich Nichts und Eins. „Was icht ist, das ist auch nicht."

Hegel, der das abendländische Philosophieren für Jahrzehnte zu nichte machte, dessen unerhörte Kraft im Durcharbeiten alter Begriffe aber doch nicht geleugnet werden kann, wird in seiner Deutung des Nichtbegriffs wie in seiner ganzen Sprachtyrannei wohl am ehesten zu retten sein, wenn wir den Mut haben, ihn gegen die Gewohnheit der Philosophiegeschichte den Mystikern zuzurechnen. Ist Mystik als Summenwort für weit auseinanderliegende Seelenstimmungen die ewige Sehnsucht der redenden Menschen, das Unaussprechliche auszusprechen (vgl. Art. *Mystik*), so ist Hegel ein Mystiker, so gut wie einige Wortrealisten vor Meister Eckhart, und hat es nur darin versehen, daß er das Unaussprechliche nicht mit dunklen Gefühlsworten, im Bilde, ahnen lassen, sondern es mit subtil definierten Verstandesworten begrifflich erfassen wollte. Natürlich hätte eine Darstellung der mystischen Herkunft Hegels auch Herakleitos den Dunkeln zu nennen.

Der alte sophistische Satz *nihil est*, der eigentlich in dieser Synthese eines absolut negierenden Subjekts und eines absolut positiven Prädikats Hegels Gleichsetzung von Nichts und Sein vorweggenommen hat, ist schon früh durch den tadelnden Ausdruck *Nihilismus* als eine sehr schlechte Art des Philosophierens an den Pranger gestellt worden; man hat in neuerer Zeit die buddhistische Lehre Nihilismus genannt. Immer mit einem tadelnden Gefühlston wurde auch gelegentlich der konsequente Idealismus Berkeleys und der konsequente Zweifel an jeder Möglichkeit einer Erkenntnis als Nihilismus gebrandmarkt. Mit allen diesen Bedeutungen des Wortes hat das politische Schlagwort *Nihilismus* nur das Eine gemein, daß auch da Gegner den Namen aufgebracht und ihn wie ein Schimpfwort benützt haben. Es ist richtig, daß das Wort *Nihilist* zuerst (1861) durch Turgenjews Roman „Väter und Söhne" in Europa eingeführt und dann dadurch populär wurde, daß die russischen Rebellen sich den Schimpfnamen als Parteinamen beilegten und ihn so verstanden: es dürfe von den bestehenden Staatseinrichtungen *Nichts* übrig bleiben, der Staat müsse ganz neu geschaffen werden. Aber ich fand in Krug's Supplement zu seinem philosophischen Lexikon (1838) den Beweis, daß das Wort in Frankreich schon früher in einem ähnlichen Sinne üblich war. Der gute Krug schreibt: „Im Französischen heißt auch der ein *Nihiliste*, der in der Gesellschaft und besonders in der bürgerlichen nichts von Bedeutung ist (nur zählt, nicht wiegt oder gilt) desgl. in Religionssachen nichts glaubt. Solcher sozialen oder politischen und religiösen Nihilisten gibt es freilich weit mehr als jener philosophischen oder metaphysischen, die alles Seiende wissenschaftlich vernichten wollen.“ Diese Notiz ist um so merkwürdiger, als die politische Bedeutung des Wortes von Littré (1878) noch nicht gebucht worden ist, wohl aber in Littrés Supplement (1879), und da schon als eine russische Form des Sozialismus. Darmsteter erwähnt, daß das Wort schon zu Anfang des 19. Jahrhunderts von Mercier gebildet worden sei. Aber dieser sehr temperamentvolle Mercier denkt offenbar wieder mehr an den philosophischen Nihilismus; er sagt (Néologie II, S. 143): „*Nihiliste* ou *Rienniste*. Qui ne croit à rien, qui ne s'intéresse à rien. Beau résultat de la mauvaise philosophie, qui se pavane dans le gros Dictionnaire encyclopédique! Que veut-elle faire de nous? Des Nihilistes.“[1]) Übrigens mag Turgenjew (in seinen Lebenserinnerungen) mit gutem Glauben — er wußte wohl selbst nicht mehr, welchen französischen Autor er nachgeahmt hatte — versichert haben, daß er das Wort Nihilist erfunden habe und zwar nicht im Sinne eines Vorwurfs; denn Wundt hat wohl nicht unrecht, wenn er es für wahrscheinlich hält, daß das politische Schlagwort ohne Erinnerung an das frühere philosophische Schlagwort neu gebildet worden sei (Die Sprache[2] II 579). Wenigstens in Deutschland knüpfte der Sprachgebrauch nicht an den alten philosophischen Nihilismus an, der seit dem 12. Jahrh. gelegentlich als Bezeichnung für die Lehre *nihil est* vorkommt.

Man sollte bei der Geschichte solcher Wortbildungen aber nicht vergessen, daß sie Spiele des Witzes sind und den sogenannten Gesetzen des Bedeutungswandels schon gar nicht unterliegen. Die Endung *ismus* war, um eine Denkrichtung zu bezeichnen, schon so vielen Eigennamen und abstrakten Begriffen hinzugefügt worden, daß der Spaß nahe lag, die allerradikalste Partei dadurch zu verhöhnen, daß man *ismus* mit *nihil* verkoppelte; auch die Bildung des Wortes Pessimismus war zuerst nur eine witzige Verhöhnung des bedenklichen Begriffes *Optimismus*; in ähnlich witziger Weise hat man die Endsilbe *kratie* dazu benützt, um zum Schimpfe für ganz sinnlose Regierungsformen Ausdrücke wie *Plutokratie*, *Bürokratie* zu erfinden, von denen der letzte trotz seiner sprachlichen Ungeheuerlichkeit in die Gemeinsprache übergegangen ist.

[1]) Das neologische Wörterbuch von L. S. Mercier (im Jahre 9 der Republik, also 1801 erschienen) wird weit seltener zitiert als desselben Verfassers Tableaux de Paris; doch dieses Wörterbuch wäre eine Fundgrube der Wortgeschichte, nicht nur für die Franzosen. In der Vorrede stellt sich Mercier, oft recht anregend, als ein Totfeind Newtons und anderer bedeutender Männer vor; aber seine Angriffe gegen die Académie française und ihr Wörterbuch, gegen den französischen Alexandriner und überhaupt gegen die Sklaverei der französischen Sprache sind Dokumente von historischer Wichtigkeit; er bekämpft die französischen Klassiker des 17. Jahrhunderts und verteidigt mit Nachdruck die großen Sprachkünstler des 16. Jahrhunderts.

Nominalismus.

I.

Eine gute historische Darstellung vom Streite der Nominalisten und der Realisten, eine Bearbeitung, die der Bedeutung des Stoffes entspräche, gibt es bis zur Stunde nicht; wohl darum nicht, weil man geneigt ist, den ganzen gewaltigen Streit für ein scholastisches Gezänke zu halten, welches uns, tausend Jahre nach seinem Ausbruch, nichts mehr angehe. Ich will mit unzureichenden Mitteln nur zu zeigen versuchen, daß der Streit zwischen Nominalisten und Realisten bis zu diesem Tage nicht aufgehört hat, daß er nur immer neue Formen annahm, sich immer über neue Wissensgebiete ausdehnte. Ich will kurz zeigen, daß der Streit zwischen Nominalisten und Realisten ursprünglich die alte Logik betraf; daß er dann mit der äußersten Heftigkeit in der Theologie tobte, als die Scholastik die Logik in den Dienst der Kirche zwingen wollte; daß der Nominalismus endlich dazu führte, zum ersten Male psychologische Fragen zu stellen, und so den Kampf auf das neue Gebiet der Psychologie hinüberführte; ich will ferner darauf hinweisen, daß noch jüngst, als man für und gegen den Darwinismus stritt, der alte Streit sich der Biologie bemächtigt hatte; und daß die Erkenntnistheorie, wenn sie Sprachkritik sein will, zu dem alten Streite zwischen Nominalisten und Realisten Stellung nehmen muß.

Im voraus möchte ich bemerken, daß ich die alte Bezeichnung *Nominalismus* beibehalte, weil dieses Wort noch leicht verständlich ist; wir sprechen ja auch von Nominal*definitionen*, vom Nominal*werte* (einer Aktie), von einem Nominal*adel*, wenn wir sagen wollen, daß die Definition, der Wert, der Adel nur in einem Namen, nur in einem Worte bestehe und mit der Sache, mit den wirklichen Vorrechten des Adels, mit dem Börsenwerte oder der Kaufkraft der Aktie nichts zu tun habe[1]). Weil aber das Wort Realismus in den letzten Jahrhunderten zu einem Gegensatz von Idealismus geworden ist und so fast genau das Gegenteil von dem

[1]) In der ersten Zeit des Kampfes drückte man sich so aus: die Dialektik oder Logik werde von den Modernen *(moderni) in voce* (nominalistisch) gelehrt, von den alten Meistern *in re* (realistisch). Als der Wortrealismus des hl. Thomas gesiegt hatte, klangen alle Bezeichnungen der Nominalisten wie Schimpfnamen; und man nannte sie doch ganz sinngemäß: Moderni, Verbales, Terministae, Connotatistae; harmlos war es, wenn die Wortrealisten sich selbst Veteranen, die Nominalisten Rekruten oder Neulinge (tirones) nannten; auf lokale Studentenpaukereien führt es wohl zurück, wenn die Scotisten zu Oxford sich die Nordischen, die Anhänger Occams sich die Südländer nannten. Bei den vermittelnden Scholastikern, welche die Berechtigung des Nominalismus einsahen, es aber mit der Kirche nicht verderben wollten, suchte man die Universalien oder die Gattungswörter dadurch zu retten, daß man ihnen neue und ungewohnte Namen gab; aus dieser Zeit stammt die eigentlich schon damals unverständliche Neubildung *maneries* (vielleicht in spielerischem Gegensatz zu *materies* erfunden), welches Wort dann über franz. *manière* zu einer so reichen Sippe gekommen ist; die Ableitung des franz. *manière* von dem lat. *manuarius* ist mir nach Laut und Bedeutung bedenklich.

bedeutet, was die Scholastiker unter Realismus verstanden, darum werde ich diesen mittelalterlichen Realismus, der sich dem Nominalismus entgegenstellte, regelmäßig *Wortrealismus* nennen. Und für die *Universalien* oder Allgemeinheiten, unter denen man damals die *genera* und *species* verstand, werde ich einfach *Gattungsnamen* sagen, gelegentlich auch *Gattungswörter*, weil die Grammatik die genera und species längst so übersetzt hat.

Bevor ich aber die Entwicklung des nominalistischen Gedankens von einer kleinen logischen Grübelei bis zu der sprachkritischen Weltanschauung darzustellen suche, möchte ich im voraus einen Irrtum berichtigen, der bei einer flüchtigen Beschäftigung mit der Geschichte des Nominalismus leicht entstehen kann, der übrigens gerade durch meine Auffassung der Entwicklung begünstigt werden könnte; ich meine den Irrtum, nach welchem der Wortrealismus stets mit Geistesknechtschaft und Rückschritt, der Nominalismus mit Freiheit und Fortschritt im Bunde gewesen sei. So einfach und schlank ist der Verlauf der Geschichte fast niemals; auch die einfachen Linien meiner Darstellung würde ich nicht innehalten können, wenn ich die Beziehungen der beiden Sekten zu den kirchlichen und politischen Zeitbewegungen immer im Auge behalten wollte. Zur Warnung für den Leser will ich hier nur daran erinnern, daß die dem modernen Pantheismus so wesensverwandte deutsche Mystik nicht vom ketzerischen Nominalismus, sondern vom orthodoxen Wortrealismus ausgegangen ist, daß der Vorläufer Luthers, Johannes Hus, ein Wortrealist war und daß der vorübergehende Aufschwung des Nominalismus im ersten Drittel des 14. Jahrhunderts aufs engste an den Kampf zwischen Kaiser und Papst und an die Katzbalgerei zwischen Franziskanern und Dominikanern geknüpft war. Über die beiden letzten Punkte mag man sich aus der Welt- und Kirchengeschichte die Belege holen; der Zusammenhang aber zwischen der deutschen Mystik und dem orthodoxen Wortrealismus ist auch für unser wortgeschichtliches Interesse wichtig. Eckhart, der die deutsche Mystik in seinen deutschen Predigten am schönsten vertritt, glaubte ehrlich auf dem Boden der Wortrealisten Albertus Magnus und Thomas zu stehn; er hat diesen Boden nur in sprachlicher Beziehung verlassen, um sich durch ältere und innigere Worte in die Symbolik des Glaubens leidenschaftlicher hineinfühlen zu können; trotz aller Ketzerei und allem Zweifel an dem Ausreichen der Worte, trotz seiner Sehnsucht nach einer Sprache des Schweigens ist Eckhart niemals in das nominalistische Lager übergegangen. Ist Mystik nur die Sehnsucht, das Unaussprechliche auszusprechen, so ist sie von dem Glauben an die Macht der Worte nicht zu trennen. Ist aber Mystik die fast körperlich empfundene Sehnsucht, das eigene kleine Ich mit dem Andern zu vereinigen, mit dem All oder mit der Gottheit, dann kann die Mystik erst recht nicht die ältesten wortrealistischen Vorstellungen entbehren, nach denen das Individuum nur dadurch existiert, daß es an der Realität des höhern Begriffs, an der Realität endlich der Gottheit partizipiert. Wir werden eingedenk sein müssen, solche Beziehungen des Wortrealismus im folgenden nicht völlig aus den Augen zu verlieren.

II.

Der Ausdruck für den Gegensatz von Wortrealismus und Nominalismus ändert sich, jenachdem man an den Streit von einem alten oder von einem neuen Philosophen herankommt; zu Beginn des Streites hatte man schon das richtige Gefühl, daß auf der Seite des Wortrealismus die Anhänger Platons standen, auf der Seite des vermittelnden Nominalismus die Anhänger des Aristoteles. Wir würden heute sagen, daß Platon die Transzendenz, d. h. die unerfahrbare Wirklichkeit der *Ideen* lehrte, Aristoteles die Immanenz dieser Ideen, d. h. ihre an den Dingen klebende irdische Wirklichkeit. Nur daß die Zeit, da der Streit im 9. Jahrhundert zuerst lebhaft wurde, von Aristoteles fast ebensowenig wußte wie von Platon, bei Platon fast nur auf Zitate angewiesen war, bei Aristoteles auf die lateinische Übersetzung einiger weniger Bücher und auf einige glossierende Schulbücher, die der geschichtliche Zufall in Ansehen gebracht und erhalten hatte. Eines dieser Schulbücher hatte die Frage nach dem Wesen der Universalien aufgeworfen; ich darf an dieser Stelle nicht *Gattungsnamen* sagen, weil das moderne Wort die alten Grübeleien nicht verträgt. Der alte Schulfuchs also, Porphyrios, hatte in einer Einleitung zu den logischen Schriften des Aristoteles die Fragen aufgeworfen (aber gar nicht zu beantworten versucht): ob die Gattungsworte nur in unsern Köpfen seien oder Substanzen außerhalb der Köpfe; ob sie körperliche oder unkörperliche Substanzen seien; ob sie von den wahrnehmbaren Dingen losgetrennt seien oder nicht. Diese Stelle des Porphyrios (wie schon der alte Brucker wußte, wie also Cousin und Loewe nicht erst zu beweisen brauchten), eine hingeworfene Frage also, wurde vierhundert Jahre lang in dem Streite der Wortrealisten und der Nominalisten hin- und hergezerrt; die Formeln, auf welche der Streit die drei am deutlichsten zu definierenden Antworten brachte, lauteten bekanntlich: universalia *ante* rem, *in* re, *post* rem. Der extreme Wortrealismus sagt: die Gattungsnamen waren *vor* den Einzeldingen da; der extreme Nominalismus sagt: die Gattungsnamen sind *hinterher* aus den Dingen abstrahiert worden; der vermittelnde Standpunkt sagt: den Gattungsnamen entspricht etwas Wirkliches *in* den Dingen. Besser vielleicht als durch die hergebrachte Dreiteilung ante rem, in re und post rem wird die Verschiedenheit der Betrachtung ausgedrückt durch die (vielleicht arabische) dreifache Formel: *ante multa, in multis, post multa.*

In den bekannten ältern Formeln

(*ante rem* etc.) verrät es sich, daß der Wortrealismus den ganzen Streit zu einer metaphysischen Frage machen wollte; wir werden gleich erfahren, aus welchen theologischen Gründen er so weit ausholen mußte. Der Fehler des Nominalismus war es von Anfang an, daß er sich zum Betreten des metaphysischen oder ontologischen Bodens überhaupt verführen ließ, daß er — da ihm nun einmal die letzten erkenntnistheoretischen Konsequenzen zu ziehen versagt war — nicht in den Schranken der Logik ausharrte. Hier, innerhalb der Logik, war seine Stellung unangreifbar. Schon die Berufung auf das vermeintliche Axiom, die Wesenheiten (*entia*) seien ohne Not nicht zu vermehren, mußte nach den Gewohnheiten des damaligen Schulbetriebs die Gegner in Verlegenheit bringen. Den Ausschlag gab aber der andere lateinische Schulsatz: *res de re non praedicatur*; nur ein Wort, ein Begriff, nicht aber ein reales Ding lasse sich von Etwas aussagen. Denkt man bei den Universalien an unsere Gattungswörter oder Gattungsnamen, so leuchtet die Wahrheit dieses Axioms für alle Schulbeispiele der alten Logik sofort ein; das Prädikat wird durch genera und species ausgedrückt, die also für diesen logischen Gebrauch nur Worte, Begriffe, und keine Dinge sind; es ist leicht, diese Auffassung vom Prädikate auf die Fälle auszudehnen, wo das Prädikat durch ein Verbum oder durch ein Adjektiv ausgedrückt wird.

Hält man das fest, daß die Wortrealisten eben die Worte, mit denen sich die Nominalisten nur als Grammatiker und Logiker beschäftigen wollten, als die Zeichen, und zwar als die adäquaten Zeichen der höhern und der höchsten Wesenheiten auffaßten, so wird man die Hitze des ganzen Streites besser begreifen. Es ist nicht erwiesen, daß Roscelinus wörtlich gelehrt habe, die durch Gattungsnamen ausgedrückten Wesenheiten seien nichts als Lufterschütterungen durch eine Menschenstimme; aber irgend etwas dergleichen hat Roscelinus gewiß behauptet, und er durfte sich dabei auf die Meinung der alten Schulbücher, besonders auf die Meinung von Martianus Capella berufen. Noch war die Zeit nicht reif für die psychologische Frage: wenn der Gattungsname nur ein zusammenfassendes Wort für die Ähnlichkeiten in den Dingen ist, wie entsteht dieses Wort im Menschengeiste? Und schon gar nicht reif war die Zeit für die Frage der Biologie: wenn die Gattungsnamen und die Artnamen nur Sammelworte für ähnliche Individuen sind, wie entsteht diese Ähnlichkeit der Individuen, wenn man nicht vorherige Muster im Verstande des Schöpfers annimmt?

Die Klärung durch solche Fragen war der Zeit vom 9. bis zum 14. Jahrhundert nicht möglich. Die Kämpfer redeten aneinander vorüber, weil sich in eine Sache der Grammatik und Logik die allerwichtigsten Wertbegriffe mischten. Anselm von Canterbury mußte sein Gebäude des ontologischen Gottesbeweises zusammenstürzen fühlen, wenn an der

Realität der Gattungsnamen oder der Gattungswörter gezweifelt wurde. Man achte genau auf die Worte dieses Anselm, eben an jener Stelle, da er den Nominalisten die Ketzerei vorwirft, die durch Gattungsnamen ausgedrückten Wesenheiten seien nichts als Lufterschütterungen durch die menschliche Stimme. Er sagt: „Illi nostri temporis dialectici, immo dialectices haeretici, qui non nisi *flatum vocis* putant esse universales substantias; qui colorem nihil aliud queunt intelligere quam corpus, nec sapientiam hominis aliud quam animas.“ Die von Anselm gewählten Beispiele wenden sich gegen den vermittelnden Standpunkt (*in re*), während der Hauptvorwurf den extremen Nominalismus (*ante rem*) treffen will. Wenn Farbe nur an den Körpern haftet, wenn Weisheit nur an den Seelen, dann könnte man ja die Existenz der Farbe, die Existenz der Weisheit nicht beweisen und nicht glauben; und weil an der Realität solcher Abstraktionen der Beweis für die Existenz Gottes hängt, darum müssen die Nominalisten bis aufs Blut bekämpft werden. So mag Anselm gedacht haben. Für die streitende Kirche war aber ein anderer Begriff, ein dogmatischer Begriff, noch wichtiger als der Gottesbegriff: die Trinität. Und um dieses Begriffs willen wurde der Kampf gegen die Nominalisten von der ganzen orthodoxen Theologie aufgenommen.

III.

Es kümmert uns hier nicht, wie die Lehre von der Trinität entstanden ist. Die scholastische Theologie fand die Lehre als den wichtigsten Artikel des Glaubens vor und war übrigens zu unhistorisch, um an die Herkunft aus dem Platonismus und dem Neuplatonismus zu denken. Wir können jetzt im allgemeinen sagen, daß die Dogmen als Ausdeutungen der in zwei Jahrhunderten gewordenen Religion langsam so entstanden sind: die ältern und die neuern Kirchenväter glaubten Philosophie zu treiben, da sie die großen Mysterien der Menschwerdung Gottes, der Transsubstantiation und der Dreieinigkeit in griechischen Worten auszudrücken suchten. Die Dogmen entstanden in der Weise, daß man das Unaussprechliche des Glaubens auszusprechen wagte. Zur Zeit der Scholastik war dieser Denkprozeß längst zu Ende geführt worden, und die Entwicklung der Folgezeit hat etwa drei Stadien durchlaufen: die zum festen Bestand der stabilierten Kirche gewordenen Dogmen sollten zuerst aus der Vernunft bewiesen werden; dann fing man an, zwischen den beweisbaren und den unbeweisbaren Dogmen zu unterscheiden; und endlich kam die Überzeugung zum Durchbruch, daß die Religion und ihre Mysterien mit der Vernunft überhaupt nichts zu schaffen hätten. Diese neuere Entwicklung setzte mit dem Nominalismus ein und daher kam es, daß nicht nur die extremen Nominalisten, sondern auch die Schwächlinge, die nur an dem Widersinn, an dem extremen Wortrealismus zweifelten, sofort als Ketzer in Verruf getan und von Fall zu Fall zu einem

Widerrufe gezwungen wurden. Es gibt keinen noch so gemäßigten Nominalisten, gegen den nicht sofort von der Kirchenbehörde mit äußerster Strenge eingeschritten worden wäre. Schon in der ersten Hälfte des 11. Jahrhunderts stellte sich die Schwierigkeit heraus, das Wunder der Transsubstantiation zu begreifen, wenn das Individuum Substanz war, wenn also z. B. dieses von den Sinnen wahrnehmbare Stück Brot eine Substanz war. Ebenso hing die Auffassung von der Erbsünde eng mit dem Wortrealismus zusammen; in dem Gattungsnamen Mensch schien den Orthodoxen die ganze Menschheit enthalten, nicht nur sprachlich, sondern auch substanziell; der erste Mensch begriff die ganze Menschheit in sich, nicht begrifflich, sondern wirklich; aus dieser wortrealistischen Auffassung des Artbegriffs bewiesen die Scholastiker sogar die Unmöglichkeit einer Erlösung der gefallenen Engel: die Engel bilden keine *Art*. Die Erbsünde haftet an der Substanz des ersten Menschen; an dieser Substanz partizipieren dann alle spätern menschlichen Individuen.

Diese abstruse Sprache des scholastischen Wortrealismus wird uns vielleicht weniger befremdlich erscheinen, wenn wir uns der oben zitierten Stelle aus der Polemik Anselms noch einmal erinnern, und uns an die Vorstellung gewöhnen, daß die wortrealistischen Sprachgewohnheiten auch die Phantasie der damaligen Menschen beeinflußt haben. Anselm konnte es gar nicht verstehen, daß die Weisheit nur eine Eigenschaft der Seele, nicht eine Person für sich sein sollte. Weisheit, Gerechtigkeit, Güte waren der Zeit keine Eigenschaften, keine blassen Allegorien, sondern wirkliche Personen. Vielleicht hilft uns das übrigens, die für unsern Geschmack ungenießbaren Dramen des spätern Mittelalters, die sogenannten Mysterien, besser zu würdigen, in denen Tugenden und Laster als handelnde Personen auftreten; der Wortrealismus der Zeit machte in seiner Phantasie vielleicht keinen so großen Unterschied wie wir zwischen dem Individuum Cäsar und dem Gedankending Herrschsucht, der substantia rationalis.

Noch Abaelard, der wohl heimlich immer Nominalist geblieben war, glaubte sich mit der Kirche dadurch abfinden zu können, daß er die drei Personen der Trinität als die drei Attribute einer einzigen Gottheit auffaßte, als Macht, Weisheit und Güte; das wäre trotz der Berufung auf Augustinus Ketzerei gewesen, wenn die Zeit unter diesen drei Attributen nicht wortrealistisch drei Personen verstanden hätte. Als der eigentliche Feind der Trinitätslehre wurde denn auch nur der konsequentere Roscelinus angesehen, der einstige Lehrer und spätere Widersacher Abaelards, eben der Roscelinus, der (1092) seine Dreigötterei widerrufen mußte, und mit dessen Unterdrückung der Nominalismus vernichtet schien. Roscelinus hat offenbar gelehrt: daß nur Individuen wirklich existieren, daß die drei Personen der Gottheit Individuen sind, daß es also drei

Götter gibt, nur daß der Sprachgebrauch der Kirche diese Ausdrucksweise verbietet. Diese nominalistische Kritik der Trinitätslehre, gegen die sich Anselm empörte und die dann durch Thomas definitiv ausgetilgt schien, ist einfach genug; ich gestehe, daß der Streit um die Worte Person, Substanz usw. viel komplizierter ist, aber dieser Streit wurde damals ohne jede Kenntnis der Wortgeschichte geführt, und es könnte uns darum nicht fördern, näher auf ihn einzugehen. Nur das sei noch erwähnt, daß in diesem Wortstreit es auch einem Wortrealisten nicht erspart blieb, der gleichen Ketzerei, nämlich der Dreigötterei, verdächtig zu werden. Es war Gilbert de la Porrée, der um die Mitte des 12. Jahrhunderts die verzwickte Lehre aufstellte, der Eine Gott wäre die Gottheit, die forma, qua tres personae informentur. Man erinnert sich, daß nachher auch Eckhart zwischen Gottheit und Gott stark unterschied: „Gott wirket, die Gottheit wirket nichts." (Vgl. Art. *Persönlichkeit.*)

Der Nominalismus auf dem Gebiete der Theologie schien vernichtet und war es eigentlich auch; denn als Wilhelm von Occam ihn in der ersten Hälfte des 14. Jahrhunderts erneuerte, kümmerte er sich viel weniger um die Theologie. Er will alle Glaubenssachen der Tradition und der Autorität der Bibel überlassen; vielleicht ist diese Berufung auf die Bibel schon eine neue Ketzerei, vielleicht ist sein Lob des Willens, der das Unbeweisbare glauben wolle, ironisch gemeint.

IV.

Ich habe gesagt, daß der Nominalismus zum ersten Male eigentlich psychologische Fragen stellte und so den Streit auf das neue Gebiet der Psychologie hinüberführte. Begriffe oder Worte, mit denen die heutige Psychologie sich immer noch beschäftigt, waren natürlich auch dem Altertum nicht fremd; Bezeichnungen für die Wahrnehmungsarten der Sinnesorgane, für die Wollungen und für die Leidenschaften der Menschen, auch für die auffallendsten Erscheinungen der Gedankenarbeit gab es schon in der naiv-realistischen Sprache primitiver Völker. Aber eine Psychologie in unserem Sinne besaß Aristoteles noch nicht, und die psychologistischen Versuche der Stoiker wurden im frühen Mittelalter wieder vernichtet. Besonders durch die Schuld des Wortrealismus, der ja die Gattungswörter zu Wesenheiten machte, also Gedankendinge oder psychische Produkte zu ontologischen Dingen verwandelte. Wenn Gattungsnamen und Eigenschaften wirkliche Dinge waren, dann konnte die Logik blühen und die Psychologie mußte verkümmern; in Wahrheit erschiene uns der Schulbetrieb der mittelalterlichen Logik gar nicht mehr so tot und unfruchtbar, wie er uns erscheint, wenn wir uns nur in die wortrealistischen Vorstellungen zurückversetzen könnten. Nach der Phantasie jener Zeit — ich glaube nicht zu übertreiben — wirkten die Begriffe eines Satzes aufeinander nicht weniger körperlich, als für uns chemische Stoffe aufeinander wirken; und aus der Synthese kam das Prädikat des Schlußsatzes heraus, fast wie der neue Stoff im chemischen Laboratorium. Es war nun ein gemäßigter Nominalismus, der sogenannte *Konzeptualismus*, der den Streit dadurch zu schlichten hoffte, daß er sagte: die Gattungsworte sind weder als Wirklichkeiten *früher* als die Individuen, noch sind sie *später* als die Individuen Wirklichkeiten; sie sind aber auch nicht leere Lufterschütterungen, sie sind vielmehr Begriffe eines Verstandes (conceptus mentis). Es würde zu weit führen, wenn ich untersuchen wollte, wie weit Abaelard, dem seine französischen Landsleute die Erfindung oder Entdeckung dieses Konzeptualismus zuschreiben, die Tragweite seiner Formel erkannte. Genug daran, daß mit dieser Formel der Psychologismus in die Welt gesetzt war, der nachher unter dem Einflusse der Engländer unsere Weltanschauung umgestalten half. Das Wesentliche war, daß der Wortrealismus immer nach der Wirklichkeit der Gattungswörter gefragt hatte und auf ihre Wirklichkeit den Beweis ihrer Wahrheit gründete; jetzt aber kam es langsam in das Bewußtsein der Nominalisten, daß Wahrheit von Worten oder Begriffen gar nicht ausgesagt werden könnte, sondern nur von Urteilen, also — wie wir das heute ausdrücken würden — von einer psychischen Tätigkeit. Noch war eine psychologische Antwort nicht gefunden, aber einer psychologischen Fragestellung konnte man bald nicht mehr ausweichen. Die Nominalisten erklärten die Gattungsnamen für bloße Wörter oder Begriffe, für Begriffe eines Verstandes; waren diese Begriffe nicht *vorher* in dem menschenähnlichen Verstande Gottes, entstanden sie vielmehr *nachher* im menschlichen Verstande, also in einem Vermögen der Psyche, so lag die Frage nahe: *wie* entstehen diese Begriffe. Die psychologische, die erkenntnistheoretische Frage mußte gestellt werden.

Siebeck hat in seinem Aufsatze „Zur Psychologie der Scholastik" (Archiv f. G. d. Phil. I, 375 und 518) auf den Einfluß hingewiesen, den die naturwissenschaftlich besser geschulten Araber auf diese Entwicklung nahmen; Avicenna und nach ihm Averroës führten den Konzeptualismus durch, den Abaelard deutlich auszubauen zu vorsichtig gewesen war, oder den wir vielleicht nur in seine tastenden Worte hineinlegen. Dabei darf nicht verschwiegen werden, daß die Araber keine konsequenten Nominalisten waren, daß sie die Gattungswörter zunächst im göttlichen Verstande entstehen ließen, um sie nachher zum zweiten Male in der psychologischen Wirklichkeit des menschlichen Verstandes entstehen zu lassen.

Klar ausgebildet wurde dieser nominalistische Psychologismus erst von Wilhelm von Occam, der allerdings seine Darstellung durch einen obligaten Kampf gegen die logischen und theologischen Wortrealisten für uns fast unlesbar macht. Die Gattungswörter sind nur im menschlichen Verstande zu finden, und auch da nur subjektiv als Vorstellungen (objective), nicht objektiv oder als Substanzen (subjective). Occam bereitet auf Locke vor, da er fast sensualistisch nur denjenigen conceptus vertraut, die auf intuitive Wahrnehmung zurückgehen; oder auf intuitive Erkenntnis (*intuitiv* immer in der natürlichen Bedeutung eines unmittelbaren Eindrucks) unseres Innenlebens, die uns Begriffe von unsern seelischen Zuständen fassen läßt. Fast wie Locke leugnet Occam schon die Möglichkeit, etwas über das Wesen der Seele, über das Wesen Gottes auszusagen. Mit dieser für seine Zeit vermessenen Lehre ist der Psychologie zum ersten Male ihre Aufgabe gestellt.

V.

Wie die Gattungswörter im menschlichen Verstande entstehen, wie also die Begriffe post rem aus den Ähnlichkeiten in den Dingen abstrahiert werden, das war die neue Aufgabe der Psychologie, die sich selbst nur für eine moderne, nominalistische Logik hielt. Es dauerte lange genug, bis diese Tätigkeit des Verstandes auf das Spiel der Assoziationen zurückgeführt wurde, und bis man die Ähnlichkeit in den Dingen als eine Hauptursache der Assoziationstätigkeit erkannte. Noch dachte niemand daran, die Ähnlichkeit, insbesondere die Ähnlichkeit im Aufbau der Organismen naturphilosophisch erklären zu wollen. Es war schon ein gewaltiger Fortschritt, als Avicenna die drei Formeln des Streites um den Nominalismus zusammenfaßte und durch diese Verbindung von Gegensätzen die Anschauung begründete, die eigentlich — wenn man über den Wechsel des sprachlichen Ausdrucks hinwegsehen will — bis zum Durchdringen des Darwinismus herrschend geblieben ist. Das Beispiel von der *Pferdheit*, das Avicenna gebraucht, zeigt deutlich, daß er bei seiner Verbindung der drei Formeln wirklich an die Gattungen und Arten der organischen Welt gedacht hat. Seiner Vorstellung nach waren die Universalien oder Einheiten zugleich ante rem, in re und post rem. Sie waren ante multa in der Weisheit Gottes, wie das Kunstwerk vor seiner Herstellung in der Seele des Künstlers; sie waren ferner in multis, als die relative Ähnlichkeit der Dinge; sie waren endlich post multa als Wahrnehmung dieser Ähnlichkeiten im menschlichen Denken. Die Ähnlichkeiten im Gottesplane waren intellektuell, im menschlichen Verstande waren sie logisch, in den Organismen selbst waren sie natürlich.

Solange nun der Glaube an einen Schöpfungsplan der Biologie ihre Richtung gab, so lange konnte man den alten Wortrealismus und seine Ideenlehre in den Vorstellungen der Wissenschaft wiederfinden; da niemand sich ein Bild davon machen konnte, auf welche Weise der Schöpfer die Organismen seinen Ideen gemäß entstehen ließ, so lief die Sache doch wohl darauf hinaus, daß die einzelnen Geschöpfe an den Gattungsbegriffen oder Ideen partizipierten, die ante multa irgendwie wirklich waren, wenn auch nicht just als Substanzen, so doch als Absichten oder Zwecke Gottes. Der gemäßigte Nominalismus war dieser Anschauung nicht gut entgegenzusetzen, weil die Ähnlichkeiten der Gattungen und Arten doch offenbar nicht erst im Denken der menschlichen Klassifikatoren entstanden waren, post rem, sondern schon in den natürlichen Dingen steckten, in re. Man kann darum von diesem Gesichtspunkte aus Darwins Hypothese, die so wortabergläubisch geglaubt wird, so ausdrücken: sie lehrte den gemäßigten Nominalismus; sie verwarf und vernichtete den Wortrealismus, der die Gattungen und Arten zu zweckmäßigen Ideen eines menschenähnlichen Verstandes gemacht hatte.

Die Kritik des Darwinismus hat die Begriffe Anpassung und Vererbung genauer untersucht, von Darwin selbst zu einer solchen Untersuchung stark gemacht; sie hat aber auch den Zweckbegriff aufmerksamer betrachtet und ist jetzt zu der Überzeugung gelangt, daß die mechanistische Weltanschauung, der doch auch der konsequente Darwinismus huldigte, die irgendwie vorhandene Zweckmäßigkeit der Organismen nicht zu erklären vermag, daß wir erst den Zweckbegriff verstehen müssen, besser als bisher, bevor wir etwas darüber ausmachen können, wie die Ähnlichkeiten in die Organismen hineingekommen sind. Wir müssen den Inhalt der Grundbegriffe (Gesetz, Zweck, Leben, Anpassung, Vererbung, Form) prüfen, bevor wir den alten Wortrealismus wieder einmal, d. h. bis zu seinem Wiederaufleben für abgetan erklären dürfen; und diese Prüfung der Begriffe kann nur ein kritischer Nominalismus leisten, der sich nicht darauf beschränkt, die Entstehung der Gattungswörter im Denken und die Entstehung der Ähnlichkeiten in den Organismen erklären zu wollen, der vielmehr fragt: wie können wir durch die Gattungswörter über die Erkenntnis von Individuen hinaus gelangen? Welchen Sinn, welchen Inhalt haben die Gattungswörter noch für uns? Gelingt es uns, diese Frage, deren Beantwortung in Worten kaum möglich sein wird, wenigstens zu präzisieren, so hat sich der alte Nominalismus zu einer Kritik der Sprache entwickelt.

VI.

Ich habe oft daran erinnern müssen (vgl. besonders Art. *Griechisches Denken*), daß die Logik des Aristoteles und auch seine Kategorienlehre eine mißverstandene Grammatik war, daß darum die Sprachphilosophie der Alten kaum über ihre unfertige Grammatik hinausgelangen konnte. Der Wortrealismus des Mittelalters mußte noch tiefer in Wortaberglauben versinken, weil die Logik und die Kategorienlehre da in den Dienst einer Theologie gezwungen wurde, welche gemütlich entstandene Glaubenssätze durchaus mit dem Verstande beweisen sollte. Gegen diese Afterlogik empörte sich der radikale Nominalismus Roscellins zunächst in einer Art von Sprachverzweiflung; aber auch der gemäßigte Nominalismus (universalia in re) von Abaelard und Occam arbeitete an einer Sprachphilosophie, die das griechische Denken bedeutsam übertraf. Schon Abaelard und seine Schüler, ja eigentlich schon Boëthius, hatten darauf hingewiesen, daß die

Worte gerade darum, weil ihnen keine Körper, sondern nur Gedankendinge entsprächen, erst zu Aussagen gebraucht werden können; man gelangte schon damals zu der Ketzerei, daß die Existenz solcher Gedankendinge im Kopfe oder in der Sprache kein Beweis wäre für die Existenz von dem, was die Gedankendinge subjektiv bezeichnen wollen. Occam führte diese Sprachphilosophie noch weiter aus, weil er, der Franziskaner, noch viel weniger als Abaelard das Bedürfnis fühlte, die gemütlichen Sätze des Glaubens sich oder dem Volke verstandesmäßig zu beweisen. Er benützte die ersten Regungen des Psychologismus, diesen auf die Logik und auf die Sprachphilosophie anzuwenden. Ihm sind die unmittelbaren Wahrnehmungen (die er noch nicht als intellektuell erkannt hatte) die erste Erkenntnis; die Auffassung oder die bewußte Apperzeption eines Einzeldings ist ihm schon die erste Abstraktion; diese Apperzeption werde niemals ohne einen Akt der Repräsentation vorgenommen, ohne ein äußeres Zeichen, wie der Seufzer ein Zeichen des Schmerzes sei. Die Gattungswörter, mit denen wir eine Anzahl ähnlicher Einzeldinge bezeichnen, sind also Zeichen von Zeichen; er hätte strenger sagen müssen: Zeichen von Zeichen von Zeichen.

Ich bin auf ganz anderem Wege zu der Lehre gekommen, daß die Sprache auf metaphorischem Wege entstanden ist, daß sie bildhaft ist, die meisten Wörter Bilder von Bildern sind (vgl. Kr. d. Spr. II, 465ff.). Ich möchte nun hinzufügen, daß mit der Entstehung der Sprache aus Metaphern zwar zunächst die äußere Sprachform gemeint war, daß aber natürlich die innere Sprachform oder der Sprachgebrauch mitverstanden werden mußte. Die Worte sind ja nichts ohne ihren Bedeutungsgehalt. Das scheint mir nun der Fortschritt einer Sprachkritik über den Nominalismus hinaus, daß der alte Nominalismus noch keinen historischen Sinn hatte, keinen Sinn für die Entstehung einer Sprache und ihrer Wortgehalte, daß der Nominalismus also die wesenhafte Unzulänglichkeit der Sprache für die Welterkenntnis nicht einsehen konnte; er sah nur die praktische Unzulänglichkeit der Sprache für die Aufgaben der Theologie. Und doch haben wir es dem englischen Nominalismus zu danken, daß durch ihn zunächst die psychologischen und dann — ein halbes Jahrtausend später — die biologischen Fragen gestellt wurden, die uns noch heute beschäftigen. Auf den sprachkritischen Satz Occams, daß nicht die Dinge, sondern nur die Sätze wißbar sind, möchte ich mich nicht berufen, weil ich nicht zu sagen weiß, ob so viel Wissensresignation darin steckt, wie ich hineinlege.

Die Weiterentwicklung des englischen Nominalismus hat uns nun so weit geführt, daß wir sehr viele Begriffe der Schulphilosophie als Scheinbegriffe erkannt haben; nicht nur Begriffe, die der offenen oder heimlichen Theologie angehören, wie Gott, Freiheit, Unsterblichkeit, sondern auch die vermeintlichen Grundlagen alles wissenschaftlichen Denkens, wie Ursache, Gesetz. Fast jedes Stück dieses Wörterbuchs strebt die Befreiung von solchen Scheinbegriffen an, die auf dem Wege des Bedeutungswandels durch Metaphern und besonders durch Analogien entstanden sind.

Ich habe nun an dieser Stelle zu fragen, ob auch die Gattungswörter der Biologie solche Scheinbegriffe sind oder nicht. Ich halte mich da am besten an den vielumstrittenen Artbegriff.

Vom Standpunkte des Streites um den Nominalismus könnte man es so ausdrücken, daß die Kirche und die Gemeinsprache die Arten als Wirklichkeiten ansehen, als etwas ante rem; daß die konsequenten Darwinisten den Artbegriff für vernichtet betrachten, ja ihm sogar die Existenzberechtigung im Denken, post rem, absprechen; die Kirche und die Gemeinsprache sind wortrealistisch, die um Häckel gehen noch über den alten Nominalismus hinaus. Darwin war nicht so unvorsichtig wie seine Parteigänger; er wollte die Entstehung der Arten erklären, die Ähnlichkeiten in re. Ich habe schon (vgl. Art. *Art*) gezeigt, daß der Artbegriff aus der Logik in die Biologie gekommen ist und dort nicht mehr die strenge Geltung hat wie in der Logik. Könnten wir uns von Zeit und Raum loslösen, aber nur dann, so wäre auch ein Auslöschen des Artbegriffs vorstellbar. Ich präzisiere nun die Frage nach dem Sinne der Gattungswörter so: was ist an dem Artbegriffe für uns noch wirklich, seitdem uns die Blutsverwandtschaft der Arten denkbar geworden ist?

Wir nennen das Einzelding eine Einheit und glauben natürlich Gründe dafür zu haben; in der Wirklichkeitswelt gibt es nur diese Einzeldinge oder Individuen. Post rem nennen wir aber auch die ähnlichen Organismen Einheiten und sehen in ihnen Gedankenindividuen, von denen wir wissen, daß sie in der Wirklichkeitswelt nicht leben. Wie aber, wenn auch die Individuen nur post rem, nur in unserem Denken Einheiten wären? (vgl. Art. *Einheit*) Dann wären am Ende vielleicht die Arten und Gattungen nicht weniger wirklich als die Individuen, und wir müßten nach einem Streite von tausend Jahren eingestehen, daß der Nominalismus nur in der Negation siegreich war gegen den kirchlichen Wortrealismus des Mittelalters, daß der Nominalismus aber positiv nichts zur Welterkenntnis beigetragen hat. Eine Erschütterung der Luft, die nur als Reaktion gegen den frechabergläubischen Wortrealismus einen Sinn hatte. Fast möchte ich mit Goethe sagen: „Auf groben Klotz den groben Keil, auf einen Schelmen anderthalbe.“

normal. — Von den lateinischen Wörtern *norma*, (Winkelmaß) und *regula* (Richtholz, Lineal), die beide bildlich die Bedeutung einer Vorschrift, eines Grundsatzes angenommen hatten, waren schon im alten Latein die Adjektive *normalis* und *regularis* gebildet worden. Während aber *regulär*, *regelmäßig* und ähnliche

Worte ihre Bedeutung in bescheidenen Grenzen hielten, machte *normal* und gar *normativ* den Anspruch darauf, dem menschlichen Handeln Gesetze vorzuschreiben. Man könnte sagen: die Gesetzeswissenschaften beschäftigen sich mit dem Geschehen, an welchem die Menschen Regelmäßigkeiten beobachtet haben; die Normenwissenschaften oder die normativen Wissenschaften beschäftigen sich mit dem Geschehen, welches erst unter Regeln gebracht werden soll. Die ersten lehren, was ist; die zweiten, predigen, was sein soll. Wenn man nur zu sagen wüßte, worin der Unterschied zwischen Regeln und Normen besteht.

Irgend ein besonderer Ausdruck für die Regeln des menschlichen Handelns wäre ja ganz berechtigt, wenn man die Mittel zu einem Zwecke darunter verstünde; und glaubte man an einen absoluten Zweck, so könnte man am Ende auch den Mitteln zu diesem Zwecke, also den Regeln oder meinetwegen den Normen einen (sit venia verbo) verhältnismäßig absoluten Wert beilegen. Immer aber wäre die Vorfrage zu erledigen, ob dieses normative Geschehen nach absoluten Zwecken in der Wirklichkeitswelt vorkomme; denn Wissenschaft hätte, worauf schon Simmel hingewiesen hat, überall nur die Aufgabe, Gesetze zu finden, nicht Gesetze zu geben. Das gilt für die Ästhetik wie für die Moral.

Aber auch das bescheidenere Wort *normal* hat den Anspruch erhoben, etwas Mustergiltiges zu bezeichnen. (Normalschule.) In Wahrheit sagt *normal* nicht mehr als *durchschnittlich*; und *Durchschnitt* in diesem figürlichen Sinne wurde auch früher allgemein durch *Mittel* ausgedrückt. Es weist auf einen bedenklichen Gegensatz hin, daß die Gesetzeswissenschaften oder die Ist-Wissenschaften die Regel oder die Norm beim Durchschnittlichen, beim Mittelmäßigen finden, daß die Soll-Wissenschaften die Norm beim Abnormen, beim Übermenschlichen suchen.

Solche Gedanken scheinen mir nicht gefährlich für das, was ist. Nicht einmal für die Moral, die ist. Es gibt graue Mäuse und es gibt weiße Mäuse, es gibt gute Menschen und es gibt böse Menschen; der Sollbegriff ändert nichts daran. (Vgl. Art. *Sollbegriff*.)

Not. — Nur im Deutschen haben wir aus dem gleichen Stamme zwei verschiedene Worte, *Not* und *Notwendigkeit*, für die Begriffe *Mangel* und *Zwang*; französisch nécessité und englisch necessity kann beides bedeuten. Das Wort *notwendig* findet sich bei Luther noch nicht. *Notwendigkeit* im philosophischen Sinne wird erst im 18. Jahrhundert üblich; anstatt *Notwendigkeit* im Sinne des Erforderlichen sagte man früher *Notdurft*, anstatt *notwendig* im Sinne von *zwingend* sagte man früher *nötig*. Auch für die philosophische Wortgeschichte ist es nicht uninteressant, daß in Redensarten wie *eines ist Not* ursprünglich *eines* ein Genetiv war, später selbst vom Sprachgefühl eines Goethe für einen Nominativ genommen wurde, so daß *not* adjektivischen Charakter erhielt und die Redensart sich in der Form festsetzte: *es ist not.*

Wir werden (vgl. Art. *Notwendigkeit*) sogleich erfahren, daß der negative Begriff Notwendigkeit die unzerreißbare Kette des Kausalgeschehens ausdrückte. Was muß, geschieht. Dem gegenüber haben die Menschen sich immer von einem unvorstellbaren Gesetzgeber abhängig gefühlt und diese Abhängigkeit in einem Sollbegriffe verdichtet: was soll, das muß geschehen. In den Gebieten der Ästhetik und der Moral will der Sollbegriff herrschen.

Gegen den Sollbegriff in der Kunst hat seit jeher praktisch jeder freie Künstler, hat seit einigen Jahrzehnten theoretisch auch die Kunstschreiberei rebelliert. In Stoff und Form der künstlerischen Darstellung wird mehr und mehr begriffen, daß die wahre Freiheit in der Anerkenntnis der Tatsache besteht: der Künstler *darf* schaffen, was er schaffen *muß*; er *soll* nur schaffen, was er schaffen muß. Die Not, im Sinne des Mangels am Notdürftigen, zwingt freilich oft zu dem, was künstlerisch nicht notwendig wäre. Aber diese Not ist auch, wie in der Kulturgeschichte, die Antreiberin zu jedem Fortschritt gewesen.

In der Moral, für den gewissenlos handelnden Menschen, will man den Sollbegriff nicht preisgeben, den Stützer von Thron und Altar. Nur gerade auf demjenigen Gebiete des Handelns, das täglich einer begrifflichen Kritik unterworfen wird, auf dem Gebiete des Rechts, hat man die Härte des Sollbegriffs, des unmenschlich kategorischen Imperativs, altjüngferlich genug gemildert durch die Begriffe des Notrechts, des Notfalls, der Notwehr. Die Menschen sind so frei, von dem Notrechte einen viel ausgiebigeren Gebrauch zu machen, als die Juristen gestatten.

Notwendigkeit. — Ich habe öfter davor gewarnt, die beiden Begriffe *Notwendigkeit* und *Gesetzmäßigkeit* miteinander zu verwechseln; Gesetzmäßigkeit oder Gesetzlichkeit ist die wohlfeile Anerkennung der Tatsache, daß wir da und dort in der Wirklichkeit Gesetze gefunden haben, d. h. ökonomische Zusammenfassungen von Erfahrungen; der Glaube an die Notwendigkeit ist eine die Erfahrung gern leitende Überzeugung, ein Dogma, das freilich durch kühnen Analogieschluß wieder aus der Erfahrung abgeleitet ist. Ich will nun zu zeigen versuchen, daß die Notwendigkeit am letzten Ende ein negativer Begriff ist, genau so wie der Gegenbegriff Zufall, und daß die Gesetzmäßigkeit nur auf dem Gebiete des positiven Wissens zu suchen und zu finden ist. Husserl hat neuerdings objektive Notwendigkeit und objektive Gesetzlichkeit für identisch erklärt; wenn ich nur wüßte, wie Notwendigkeit, eine menschliche Betrachtungsweise der Wirklichkeit, jemals objektiv werden kann.

Ich habe (Kr. d. Spr. III S. 579 ff.) darzustellen mich bemüht, daß der unklare Zufallsbegriff historisch zuerst einer anthropomorphischen Absicht, dann einer metaphysischen

Wesentlichkeit, endlich einer wieder anthropomorphischen Notwendigkeit entgegengesetzt wurde; und daß in dem Begriffe Notwendigkeit, der leicht mit dem Fatum vertauscht wurde, doch wieder die Absicht eines menschenähnlichen Wesens versteckt war (vgl. auch Art. *Zufall*). Hier aber möchte ich den Ton besonders darauf legen, daß der Notwendigkeitsbegriff wieder historisch durch Negierung eines ältern Glaubens entstanden ist, des Glaubens an den Eintritt von Wirkungen ohne ihre Ursache. Dieser alte Glaube heißt Fetischismus, wenn die Wirkung ohne zureichenden Grund von armen Teufeln erwartet wird, deren Seelensituation uns völlig fremd ist; derselbe Glaube heißt unter uns ein Aberglaube, wenn bildungsstolze Menschen zusehen müssen, daß vom Gesundbeten Wirkungen erwartet werden. Ich brauche wohl nicht erst zu sagen, daß nur *wir* im Fetisch und im Beten keinen zureichenden Grund sehen, daß aber der Fetischneger und unsere gläubigen Landsleute die unausweichliche Verknüpfung von Ursache und Wirkung deutlich zu sehen glauben. Der Glaube oder das Dogma unserer Zeit leugnet Wirkungen ohne zureichende Ursachen und hat für diese negative Überzeugung eine ganze Reihe von positiven Ausdrücken, die alle zu den ewigen Wahrheiten unseres besten Wissens zu gehören scheinen. Man nennt diese Wahrheiten auch Gesetze. Ich behaupte nun, daß diese allgemeinsten und weltumfassenden Gesetze, die Fundamentalsätze unserer Naturwissenschaften, so verschieden ihr Ausdruck und ihr Gesichtspunkt ist, alle den gleichen Sinn haben und zwar einen negativen Sinn. Ob man seit Menschengedenken von der Notwendigkeit spricht, von dem Kausalitätsgesetz, ob man seit 400 Jahren vom Gesetze der Trägheit spricht, seit 100 Jahren von der Erhaltung des Stoffs, seit 50 Jahren von der Erhaltung der Kraft, immer ist nur gemeint: der alte Glaube an Wirkungen ohne natürliche Ursachen ist nicht mehr wahr. Würde man statt Kausalitätsgesetz, genauer und richtiger Kausalitäts*bedürfnis* sagen, so käme deutlicher heraus, daß es sich nur um eine neue Sehnsucht handelt, um eine neue Überzeugung. Alle diese Formulierungen des Glaubens an eine unzerreißbar Kette der Notwendigkeit drücken eigentlich, immer nur von einem neuen Gesichtspunkte, das neue negative Dogma aus: es gibt keinen persönlichen Gott, es gibt keine Wunder, keine außernatürlichen Ursachen. Die eherne Kette der Notwendigkeit ist unzerreißbar geworden für unsere Vorstellung. Wo immer moderne Menschen sich mit dem alten Gottesbegriff abzufinden gesucht haben, da hat ihr Gott den Charakter der Persönlichkeit abgestreift, ist ein pantheistischer Gott geworden, der trotz seiner Allmacht nie und nirgends die Notwendigkeit durchbrechen kann. Was muß, geschieht. Für wessen Denken der Gottesbegriff noch notwendig ist, weil er ihn glaubt, für den ist dennoch eine freie Einwirkung Gottes auf den Weltlauf unvorstellbar geworden. Darum besonders ist Spinoza seit Goethe Lieblingsphilosoph unserer Dichter, weil Spinoza das alte hübsche Wort beibehalten und dennoch stärker als irgend jemand vor ihm die eherne Kette der Notwendigkeit erkannt hat. „In rerum natura nullum datur contingens; sed omnia ex necessitate divinae naturae determinata sunt ad certo modo existendum et operandum.“ (Eth. I. prop. 29.) Die natura naturata und die natura naturans sind die gleiche Notwendigkeit. Die natura naturans kann kein Wunder wirken, die natura naturata duldet kein Wunder. Ich will an zweien der bekanntesten Wunder deutlich machen, wie das negative Dogma von der Notwendigkeit alles Naturgeschehens uns ein Wunder nicht mehr glauben läßt, ohne daß jedesmal die Unmöglichkeit des Wunders streng zu beweisen wäre; ich denke an den Stillstand der Sonne auf Befehl eines Gottes und an die Auferweckung von Toten.

Von einem Festhalten der Sonne auf ihrer Bahn erzählt nicht nur die jüdische, sondern auch die griechische Mythologie; Jehova ließ die Sonne stillstehen, um dem jüdischen Heere Zeit zu lassen, und Zeus ließ die Sonne stillstehen, um sein Beilager mit Alkmene zu verlängern. Daß die Astronomie jetzt die Erde sich drehen läßt, würde nicht viel an der Vorstellung stören; der Gott könnte die Erde festhalten und so wäre der scheinbare Stillstand der Sonne wieder vorstellbar. Aber alle unsere Kenntnisse von den gesetzmäßigen Bewegungen unseres Sonnensystems widersetzen sich dieser Vorstellung; die Gravitation, die Trägheit, die Erhaltung der Energie überreden uns, daß das Weltall zusammenbrechen müßte, wenn der Lauf eines Planeten gehemmt würde. Das Gesetz von der Erhaltung der Energie macht uns die Vorstellung von einem Stillstand der Erde oder der Sonne vollends ganz unvorstellbar, weil wir uns zu fragen gewöhnt haben, wo denn diese ungeheure Kraft herkommen und wohin sie gehen sollte. Bei dem Stillstand der Sonne ist das Wunder also unvorstellbar geworden, weil es dem Begriffe der Notwendigkeit widerspricht; und diese Notwendigkeit ist jetzt durch Naturgesetze begründet, besser begründet als vor Newton.

Nicht ganz so steht es um die Auferweckung vom Tode, die ebenfalls in vielen Mythologien und Märchen zu finden ist. Wir sind in der Biologie noch nicht zu so strengen Gesetzen gelangt wie in der Mechanik des Himmels. Der strenge Beweis, daß tote Materie nicht lebendig gemacht werden könne, ist noch nicht geführt. Auch das Gesetz der Entropie ist noch nicht so sicher gefaßt, daß man aus ihm die Unmöglichkeit ableiten könnte, den Verlauf des Lebensprozesses umzukehren. Auch ist der *Tod* kein so leicht definierbarer Begriff; der Eintritt des Todes läßt sich nicht mit mathematischer Genauigkeit auf eine bestimmte Sekunde nachrechnen. Und dennoch ist uns auch dieses Wunder nicht mehr vorstellbar, weil es der Notwendigkeit des Naturgeschehens zu widersprechen scheint.

Den Gedanken, daß Notwendigkeit eigentlich ein negativer Begriff sei, hat schon Dühring ausgesprochen, (ich zitiere nach Eisler: Wirklichkeitsphilosophie S. 372): „Unmöglichkeit ist der Kern aller Notwendigkeit, die daher sogar wesentlich einen verneinenden Charakter hat. In aller Notwendigkeit liegt es, daß etwas nicht anders sein kann. Es ist also etwas Einschränkendes vorhanden, in Bezug worauf der gedankliche Zwang statthat.“ Der gedankliche Zwang oder die innere Nötigung ist schon viel früher von den beiden großen Antipoden Hume und Kant als charakteristisch für die Notwendigkeit dargestellt worden; Hume sagt: die Notwendigkeit sei etwas, das im menschlichen Geiste besteht, nicht in den Gegenständen; Kant sagt: nichts geschehe durch ein blindes Ohngefähr und dieser Satz sei ein Naturgesetz a priori. Daß Kant den technischen Ausdruck *a priori* bemüht, der Skeptiker Hume durch *Gewohnheit* zu der Vorstellung von einer Notwendigkeit oder Kausalität gelangen läßt, ändert wenig an dem, worin beide Männer einig waren: beide negieren etwas Positives durch den Begriff der Notwendigkeit.

Die Auffassung der Notwendigkeit als eines bloß negativen Gedankendings scheint mir nicht unwichtig zu sein für unsere Stellung zur Natur. Solange die Menschen die Notwendigkeit sich als eine Kraft vorstellten, sie als Gottheit, als Schicksal, als Fatum personifizierten, solange wurde das kleine Individuum von dieser ungeheuren Kraft erdrückt; die Notwendigkeit war furchtbar. Jetzt ist uns die Notwendigkeit nur noch eine Negation jeder besondern Kraft, jetzt ist sie nichts außer der Natur, zu welcher auch wir gehören. Freundlich, heiter steht uns das Gedankending der Notwendigkeit gegenüber; und mit seiner heitern Resignation konnte Goethe (der in diesen prachtvollen Versen allerdings wieder Notwendigkeit und Gesetzmäßigkeit miteinander vertauscht) rufen: „Nach ewigen, ehernen großen Gesetzen müssen wir alle unseres Daseins Kreise vollenden.“ Und vorher: „Denn unfühlend ist die Natur.“

Nutzen. — Aus der Unklarheit des Sprachgebrauchs ist fast zu vermuten, der Begriff *Nutzen* werde nicht so unphilosophisch sein, wie er aussieht. Am Ende wird die neue Disziplin der Axiologie gut daran tun, die Begriffe *Wert* und *Nutzen* gegeneinander abzugrenzen, oder zuzugeben, daß die Begriffe zusammenfallen, sobald man den Sinn von Nutzen über den gemeinen Nutzen hinaus erweitert und bei *Wert* zwischen dem Werturteil und der Ursache der Bewertung unterscheidet. In der Ästhetik trennt man schon lange die schönen, reinen Künste von den nützlichen oder angewandten Künsten und dem Kunsthandwerk; auch die reinen Wissenschaften werden, sobald sie nützlich werden, zu angewandten Wissenschaften. In der Biologie spricht man neuerdings gern von dem Nutzen der Organe, der Instinkte; ja sogar von der biologischen Nützlichkeit des Irrtums spricht man. Und vollends in der Moral gibt es eine Schule, die sich selbst die des *Utilitarismus* nennt: die Paten des Wortes, Bentham und Mill, erheben den Utilitarismus über den der allgemeinen Verachtung preisgegebenen Egoismus, indem sie den möglichst großen Nutzen für die Allgemeinheit als Forderung aufstellen; wobei denn der konkrete Staat und die abstrakte Moral recht gut bestehen mögen. Man hat auch den Ausdruck *Universalistic Hedonism* erfunden, um diese Lehre von dem gleichfalls verächtlichen alten Hedonismus zu sondern. Der Erfinder des Wortes *Utilitarismus* (engl. noch schwerfälliger: *Utilitarianism*) war aber weder Bentham noch Mill, sondern John Galt, ein schottischer Novellist, Verfasser der Novelle „Annals of the Parish". Der Glaube aber, daß das Nützliche taugt, Tugend ist, dürfte bei unphilosophischen Menschen so alt gewesen sein wie die Welt; ist bei Denkern älter als das englische Wort. Helvetius (De l'esprit II. 6) führt den Gedanken durch: „Un homme est juste, lorsque toutes ses actions tendent au bien public ... En fait de probité, c'est uniquement l'intérêt public qu'il faut consulter et croire ... L'utilité publique est le principe de toutes les vertus humaines, et le fondement de toutes les législations ... Un homme sort du lit d'une femme, il en rencontre le mari: D'où venez-vous? lui dit celui-ci. Que lui répondre? lui doit-on alors la vérité? Non, dit Mr. de Fontenelle, parce qu'alors la vérité n'est utile à personne. Or, la vérité elle-même est soumise au principe de l'utilité publique." Vorher und noch schärfer Spinoza, darin wie auch sonst ein Schüler von Hobbes (Eth. IV, 20 prop.): Quo magis unusquisque suum utile quaerere, hoc est suum esse conservare, conatur et *potest*, eo magis virtute praeditus est." Und schon vor zweitausend Jahren stellte der Stoiker Panaitios die Behauptung auf: Nihil utile, quod non honestum, nihil honestum, quod non utile. Nullam pestem majorem in vitam hominum invasisse, quam eorum opinionem, qui ista distraxerint. (Nach Cicero, de off. III, 7.)

Was ist das nun, dem nachzugeben und nachzujagen das gemeine Los der Menschheit ist, und das von ungemeinen Menschen neben die höchsten Begriffe der Sprache gesetzt wird? Wie kann man den Nutzen definieren? Ich finde nur eine befriedigende Definition und sie wird wohl nur wegen ihrer eingestandenen Tautologie befriedigen. Sie stammt von Geulincx: Utile est medium boni; Nutzen ist das Mittel eines guten Zwecks. Da nun aber die Menschen, seitdem sie sprechen können, immer *gut* genannt haben, was ihnen (im weitesten Umfang) nützlich schien, so besagt die Definition wirklich nicht viel mehr als die kleine Weisheit: „Nützlich ist das Mittel zu etwas Nützlichem." Was sich auch auf den allgemeinen logischen Satz zurückführen ließe: Nota notae est etiam nota rei." Ich fürchte, daß diese Tautologie aus der Definition nicht so leicht wird entfernt werden können, daß also der philosophische

Sprachgebrauch sich niemals völlig wird von der Unklarheit der Gemeinsprache entfernen können.

Das Schwanken des Begriffs zwischen hoher und niederer Bewertung mag einige groteske Sprünge des Bedeutungswandels erklären, den das Grundwort von *utilis* erlitten hat (eigentlich *utibilis*, was *brauchbar* ist). *Usus*, der *Gebrauch*, wird so hoch geschätzt, daß Sitte und Recht auf ihn zurückgehen, und daß die seltenen Fälle eines schädlichen Brauches (eine contradictio in adjecto) durch Lehnübersetzungen von *abusus* (*mésus*, *Mißbrauch*) an den Pranger gestellt wurden; aber *usé*, abgenutzt, läßt sich doch von *verbrauchten* Dingen auch auf Sitten, Gesetze, ja auch auf Bräuche übertragen, so daß man das Oxymoron *des usages usés* bilden könnte. (Vgl. Art. *Utilitarier*.)

O.

objektiv (subjektiv).

I.

Das Begriffspaar *Objekt* und *Subjekt* bildet seit dem Ende des 18. Jahrhunderts den Mittelpunkt der Erkenntnistheorie, und ist trotzdem und trotz der übermenschlichen Anstrengungen der deutschen Philosophie nicht so klar herausgearbeitet worden wie das adjektivische Begriffspaar *objektiv* und *subjektiv*. Wobei nicht übersehen werden darf, daß das adjektivische Begriffspaar in keiner der modernen Kultursprachen so festen Boden gewonnen hat wie in der deutschen; bei uns gehört das adjektivische Begriffspaar völlig zur Gemeinsprache der Gebildeten, während es z. B. im Französischen eben erst anfängt, aus der Gelehrtensprache in den Sprachgebrauch der populären Wissenschaft überzugehen; in der sehr interessanten fünften Ausgabe des Dictionnaire de l'Académie française (von 1814; die neuen Worte seit dem Beginn der großen Revolution werden verschämt in einem Anhange mitgeteilt) ist *subjectif* noch gar nicht gebucht, *objectif* nur im Sinne des Objektivglases der Optik und außerdem in einer ganz veralteten theologischen Bedeutung. Dafür erinnert die französische Sprache viel deutlicher als die deutsche an die längst bekannte Tatsache, daß das substantivische Begriffspaar *Objekt* und *Subjekt* seinen Sinn, und zwar vollkommen im Lichte der historischen Zeit, ganz und gar umgetauscht hat, so daß wir *Objekt* nennen, was das Mittelalter und noch eine lange spätere Zeit *Subjekt* nannte, und umgekehrt. Eine Geschichte dieser auffallenden Begriffsvertauschung wäre nur in einer ausführlichen Monographie zu geben, die nach meiner Meinung das überraschende Ergebnis haben würde, daß diese Vertauschung nicht etwa mit dem Bewußtsein einer Umkehrung vorgenommen wurde, daß vielmehr das Wort *objectum* bis gegen Mitte des 18. Jahrhunderts langsam in die Bedeutung des Außendings, das Wort *subjectum* ebenso langsam in die Bedeutung einer die Dinge wahrnehmenden Person hinüberglitt. Eine ungemein reiche Zusammenstellung der Daten zur Wortgeschichte findet man unter den Überschriften *Objekt* und *Subjekt* in dem „Wörterbuch der philosophischen Begriffe" von Eisler.

Ich möchte mich hier zunächst darauf beschränken, auf die Wichtigkeit hinzuweisen, welche die Grammatik für diese Unterscheidung der Grundbegriffe aller Erkenntnistheorie hatte; ich möchte die Aufmerksamkeit dahin lenken, zu untersuchen, ob nicht die junge Disziplin der Psychologie, da sie sich auch den alten Kategorien der Grammatik zuwandte, zu der Überzeugung kam und kommen mußte: was wir bisher (in der Sprache der Scholastik) als das allein Wahrnehmbare mit dem Worte subjectum bezeichnet haben, das ist im Grunde nur in unserm eigenen Ich vorhanden; wir wollen darum fortan dieses unser eigenes Ich, welches das allein unmittelbar Wahrnehmbare ist, auch fortan das alleinige *subjectum* nennen.

Die Bedeutung der Grammatik für die Vertauschung der beiden Begriffsinhalte erhellt vielleicht deutlich, wenn ich wieder den französischen Sprachgebrauch zu Hilfe nehme. Im Französischen kann heute noch das, was wir *Gegenstand* eines Gedankenganges nennen, sowohl mit *sujet* als mit *objet* ausgedrückt werden, und Littré hat Mühe gehabt, doch noch einen feinen Unterschied im Sprachgebrauche nachzuweisen: man nennt den Gegenstand eines Vortrags oder die Fabel eines Dramas gleicherweise *sujet*, würde aber die moralische These des Dramas doch eher als *objet* bezeichnen. Historisch läßt sich diese Differenz kaum begründen. Aber jeder französische Schüler wird in einem französischen Satze sehr leicht und sicher das Subjekt des Verbums vom Objekte des Verbums unterscheiden können. Es würde zu weit führen, wollte ich nachweisen, daß überall in unserem grammatischen *Subjekt* der Sinn des mittelalterlichen *subjectum*, also der des Gegenstandes steckt, von welchem eine Eigenschaft oder eine Wirkung ausgesagt werden kann.

Das Ich war also zum Subjekte geworden, für den Solipsismus das einzige Subjekt; mit der höchsten Wahrscheinlichkeit nimmt aber mein eigenes Ich an, daß die andern Menschen, welche unmittelbar nur Objekte meiner Wahrnehmung sind, an und für sich eben solche Subjekte sind wie ich; es gab also ebenso viele Subjekte auf der Welt als Menschen. Was mein Ich wahrnimmt, ist individuell subjektiv von dem Standpunkte des Innenlebens, ist objektiv insofern, als ich es als real voraussetze; was alle Menschen wahrnehmen, das ist allgemein subjektiv, vom innerlichen Standpunkte aus, und ist objektiv, insofern es die Menschen als real voraussetzen. Ich werde noch darauf zurückkommen und zeigen, daß unter der Herrschaft dieser erkenntnistheoretischen Anschauung die Sprache gut daran täte, die Bedeutungsinhalte des Begriffspaares abermals zu vertauschen, d. h. zu dem Sprachgebrauche der Scholastik zurückzukehren.

Ich möchte aber doch auch bemerken, daß die Grammatik nicht das letzte Wort gesprochen hat, daß von einer höheren Warte aus die Begriffe Subjekt und Objekt ineinander übergehen, so wie für den Luftschiffer Berg und Tal zu einer Fläche werden. Für den Schüler der Grammatik haben die beiden Sätze „ich sehe den Baum" und „ich fälle den Baum" eine ganz gleiche Struktur; in beiden Sätzen tritt zu dem aktiven Verbum als Ergänzung ein Ding, an welchem die Tätigkeit ausgeübt wird. Bei dem Wahrnehmungssatze „ich sehe den Baum" ist aber das Verhältnis zwischen Verbum und Objekt ein besonderes. Auch hierin hat die französische Sprache einen Rest des scholastischen Sprachgebrauchs bewahrt; *sujet* kann auch die Ursache einer psychischen Handlung bedeuten. Man nannte nun einst das Subjekt, man nennt heute allgemein das Objekt einer Wahrnehmung dasjenige vorausgesetzte Außending oder Außen-Etwas, das unsere Sinnesorgane oder unser Denken derartig beeinflußt, daß wir ein Etwas außer uns zu setzen uns für berechtigt halten. Nun haben wir aber durch Kant und seit Kant gelernt, daß das Objekt außer uns nicht fertig ist als ein Objekt, daß unsere spezifischen Sinnesenergien erst die Qualitäten hinzufügen oder formen oder doch ordnen, die wir an dem wahrgenommenen Objekte nachher objektiv wahrzunehmen glauben. Es ist also das, was wir objektiv nennen, erst recht subjektiv, allgemein subjektiv. Und der Satz „ich fälle einen Baum" ist ebenso gebaut wie der Satz „ich sehe einen Baum", in einem ganz andern Sinne als ein Schüler der Grammatik sich träumen läßt.

Das Weltproblem, welches eigentlich seit Menschengedenken und neuerdings wieder seit dem Streite zwischen Idealismus und Realismus die Geister beschäftigt hat, das Problem nämlich, wie wir zu der Annahme von Objekten außer uns gelangen, — dieses immer ungelöste Problem scheint mir dadurch, daß wir die Objekte scharf als bloß die einen Bedingungen unserer Wahrnehmungen auffassen — während die andern Bedingungen *in* uns liegen — eine etwas veränderte Fragestellung zu gestatten. Subjekt und Objekt (nach dem heutigen Sprachgebrauch) gehören beide der unwirklichen, der substantivischen Welt an; und gerade das Adjektivische an den Objekten, das Wirkliche, ist für uns subjektiver Natur geworden. Ist aber das Objekt die Bedingung oder die Ursache für die Betätigung von Kräften, so scheint jetzt die neue Fragestellung möglich: auf welcher Stufe der Reihe von Objekten (die wir dabei naiv als wirklich voraussetzen) sind diese Objekte Ursachen einer Betätigung von Kräften? Ich meine das so: für das Tier sind gewiß Objekte da, noch viel realer vielleicht als für den philosophierenden Menschen; es ist aber fraglich, ob für die Pflanzen, für die Stoffe oder gar für die mechanischen Kräfte die Bedingungen oder Ursachen, die sie zu einer Tätigkeit reizen, als Objekte vorhanden sind. Ich weiß, daß ich da von Wort zu Wort mit dem realistischen und idealistischen Standpunkte gewechselt habe; aber ich vermag im Banne der Sprache die Frage nicht anders zu stellen. Und kann sie natürlich nicht beantworten.

Ich kann nur auf einen wunderlichen Umstand hinweisen. Wir nehmen Objekte wahr; wir sind darum nicht gewöhnt, den Außendingen, welche selbst nicht menschlich wahrnehmen können, die Bedingungen ihres Wirkens wieder als Objekte zuzuweisen. Aber das Wahrnehmen gehört ja gar nicht zu unserer substantivischen Welt; es gehört der verbalen Welt an, die wir auch die Welt der Veränderungen nennen können; und diese verbale Welt verbindet — wir wissen nicht wie — die substantivische Welt der Subjekte, von welcher wir eigentlich nur unser Ich kennen, mit der Welt der Objekte, die unsere adjektivische Welt ist, unsere, weil wir sie schaffen helfen, und dennoch die Welt der Wirklichkeit.

II.

In unserem Sprachgebrauch ist das Wort *subjektiv* so häufig und wird namentlich von Männern der gelehrten Stände so zuversichtlich gebraucht, daß man glauben sollte, es ließe sich etwas Bestimmtes dabei denken. Der Arzt sagt z. B., der Kranke befinde sich subjektiv besser, objektiv aber habe die Krankheit sich verschlimmert. Der Jurist spricht von dem subjektiven Ermessen des Richters, das durch objektive Regeln eingeschränkt werden müsse. Ließe man den Gegensatz der beiden Fremdwörter fort, so würde sich vielleicht bald herausstellen, daß ein Gegensatz gar nicht vorhanden sei. Bei dem Kranken liegt die Sachlage so, daß *zugleich* die Schmerzen nachgelassen haben und die Zerstörung des Organismus fortgeschritten ist; beides ist Wirklichkeit und insofern nach unserm Sprachgebrauch *objektiv*. Ebenso ist das subjektive Ermessen des Richters ein relativer Begriff; nur im Verhältnis zu der Handgreiflichkeit der geschriebenen Rechtsregel nennt es der Sprachgebrauch *subjektiv*, wenn der Richter sich von der ungeschriebenen Sittenregel allein leiten läßt.

Wem solche Beispiele aus dem alltäglichen Leben klar gemacht haben, daß das Wort *subjektiv* sehr oft unklar und fast nur wie eine Arabeske gebraucht wird, der wird nicht so sehr darüber erstaunen, daß dasselbe Wort auch in seiner Anwendung bei philosophischen Schriftstellern oft wenig oder nichts bedeutet.

Nun ist ein Wort, welches in seiner Bedeutung so herumspringen kann von einem Pol zu dem entgegengesetzten, sicherlich verdächtig. Wenn es möglich wäre, daß eines Tages links bedeuten könnte, was bisher rechts geheißen hat, daß plötzlich oben bedeuten könnte, was bisher unten geheißen hat, so würden wir alle Orientierung in der Welt verlieren. Aber wir erinnern uns, daß in der Geschichte der Sprache verwandte Erscheinungen vorkommen. In verschiedenen Dialekten sind sogenannte Sprachwurzeln zu entgegengesetzten Bedeutungen auseinandergetreten. Dieselben Laute, die in den germanischen Sprachen das Kältegefühl bezeichnen *(kalt)*, sind in romanischen Sprachen das Zeichen für ein Wärmegefühl *(caldo)*. Wir können vielleicht doch annehmen, daß es eine Zeit gegeben hat, in welcher diese Silbe noch in unbestimmter Weise bloß die Tatsache einer Änderung der Temperatur aussagte. Wie wäre es, wenn wir daraus den Schluß zögen, daß unser schönes Wort *subjektiv* sich noch wie Adam vor dem Sündenfall in dem Stande der Unschuld befinde, wo es ganz unklar irgendeine Beziehung zwischen dem Einzelmenschen und dem Weltganzen bezeichnet?

Der Übergang von der alten in die neue Bedeutung ebenso wie der Doppelsinn im Französischen mag damit zusammenhängen, daß das mittelalterliche Wort subjektiv das Substrat unseres Denkens, zugleich aber schon damals in der Grammatik die denkende Person selbst bedeutete, das Subjekt des Satzes. Der Übergang wäre aber ganz gewiß nicht erfolgt, wenn nicht vor etwa 200 Jahren sich langsam die Überzeugung Bahn gebrochen hätte, daß unsere Kenntnis von der Wirklichkeitswelt gar nicht unmittelbar bis an die Dinge selbst herantritt, sondern sich auf unsere Sinnesempfindungen beschränkt. Was wir heute das Objekt unseres Denkens nennen, das Substrat unseres Denkens, wurde also erkannt als etwas, was sich innerhalb unserer Haut, in unserm Gehirn, in jeder Einzelperson abspielt, und so konnte es kommen, daß das Wort subjektiv, das sich früher auf die Wirklichkeitswelt bezog, auf die Außenwelt also, später auf die Innenwelt allein bezogen wurde.

Lassen wir aber die Geschichte des Wortes beiseite und sehen zu, ob die neue Bedeutung wenigstens einen klaren und festen Sinn habe.

Was ist denn eigentlich das, was wir subjektiv nennen? Es gibt seit Berkeley Metaphysiker, welche das Weltganze einen Traum des Menschengeistes, eine Phantasie nennen, also etwas Subjektives. Dann aber, wenn überhaupt nichts auf der Welt vorhanden ist als unser Gehirn, oder vielmehr — da wir auch von unserm Gehirn nur unsere Vorstellung haben — nichts als unsere Vorstellungen, so fällt für diesen traumartigen Idealismus das Subjekt wieder mit dem Objekt zusammen und wir können den mittelalterlichen Sprachgebrauch wieder aufleben lassen. Glauben wir aber an eine objektive Wirklichkeitswelt, an ein unerkennbares Ding-an-sich, so sind für uns unsere Vorstellungen subjektiv, und in diesem Sinne dürfte das Wort gegenwärtig von den meisten Schriftstellern gebraucht werden, wobei gewöhnlich übersehen wird, daß unser gesamtes Denken auf unsere Vorstellungen zurückgeht, also unser gesamtes Denken zu etwas Subjektivem wird, daß unser Denken aber mit der Sprache zusammenfällt, daß also eigentlich von der modernen Weltanschauung die Sprache als subjektive Erkenntnis dem unerkennbaren Objekt, dem Ding-an-sich entgegengestellt wird. In diesem Sinne nennen wir heutzutage die Farben des Regenbogens und die hörbaren Töne der Musik subjektiv, sind aber geneigt, die nachweisbaren Schallwellen und die ausgerechneten Lichtwellen, die zugrunde liegen, objektiv zu nennen. Da aber diese Schallwellen und Lichtwellen doch nur wieder am letzten Ende durch unsere Sinne zu unserm Bewußtsein kommen, also im Verhältnis zum unerkennbaren Ding-an-sich wieder subjektiv sind, stellt sich sofort auch diese Subjektivität als ein relativer Begriff heraus.

Ich hoffe, es führt uns dieser Gedanke zu den Beispielen zurück, mit denen ich diesen Abschnitt begonnen habe. Dort stellte es sich heraus, daß der praktische Jurist, der praktische Arzt eine Wahrnehmung, ein Urteil je nach seinem Standpunkte, also doch eigentlich nach dem jeweiligen Interesse, subjektiv oder objektiv nennt. Und jetzt sehen wir, daß auch der abstrakteste Gebrauch des Wortes von einem relativen Maßstabe abhängt. Aus dieser unklaren Empfindung heraus mag es gekommen sein, daß das Wort *subjektiv* nun wieder einen neuen Sinn bekam, in welchem wir es alle gebrauchen, abermals im Gegensatz zu *objektiv*; und diese neue Bedeutung fließt störend und verwirrend mit der eigentlich philosophischen Bedeutung zusammen. In dieser philosophischen Bedeutung bezeichnet *subjektiv* das auf Sinnesempfindungen beruhende Wesen unseres Denkens, bezeichnet es also unsere gesamte Erkenntnis im Gegensatz zum Unerkennbaren; in der neuen Bedeutung bezeichnet subjektiv das persönliche Empfinden und Denken eines Einzelmenschen im Gegensatz zu dem Empfinden und Denken, in welchem alle Menschen, soviel wir wissen, übereinstimmen. Einmal bedeutet *subjektiv* unsere Empfindung von den Farben im Gegensatz zu den Lichtwellen der Wissenschaft; das andere Mal bezeichnet dasselbe Wort *subjektiv* die Empfindung z. B. eines Pariser Malers und seiner Nachahmer, die den Schatten violett sehen, im Gegensatz zu der allgemeinen Empfindung, die denselben Schatten grau sieht.

Der Ursprung und Ausgangspunkt dieser Sprachverwirrung liegt offenbar darin, daß die Sicherheit und Festigkeit unseres Denkens in dem Augenblicke zu schwanken begann, da die Wirklichkeitswelt als etwas außer uns verloren zu gehen schien und als eine reine Vorstellungswelt erkannt wurde, als etwas in uns. Konnte ich die Existenz des Baumes da draußen nicht mehr nachweisen, besaß ich von diesem Baume da draußen nichts weiter als die Sinneseindrücke in mir, als die Daten oder Angaben, welche das Gesicht und der Tastsinn auf meiner Nervenbahn in mein Gehirn schickt, so hörte die objektive Gewißheit auf; so wie die Welt zu einem Produkt des Menschengehirns wurde, wurde sie auch eigentlich das Produkt des Einzelgehirns. So mußte es dahin kommen, daß das Wort *subjektiv* sowohl die gewissermaßen objektive Vorstellung von der Welt als die ganz und gar unzuverlässige subjektive Vorstellung des Einzelnen bedeutete. Das Wort hat also folgenden Entwicklungsgang genommen. Subjektiv bedeutete im Mittelalter die Außenwelt im Gegensatz zur Innenwelt. In den modernen Sprachen bedeutet subjektiv — in Nachahmung der deutschen Terminologie — die allein erkennbare Innenwelt. Nun aber soll es gar die Innenwelt bedeuten, insofern sie ein Bild der Außenwelt ist, und gleichzeitig doch wieder die Innenwelt, insofern sie kein Bild der Außenwelt ist. Und fast immer, wenn das Wort *subjektiv* ernsthaft von unsern Denkern gebraucht wird, könnten wir noch eine dritte, vielleicht die künftige Bedeutung des Wortes feststellen: es bezeichnet unsere Innenwelt, insofern wir ihre Übereinstimmung mit der Außenwelt nicht beweisen können, insofern wir nicht sagen können, ob sie *subjektiv* oder *objektiv* sei. (Vgl. Art. *Relation.*)

Aus diesem Wirrsal kommen wir nicht heraus, wenn wir die Worte subjektiv und objektiv noch weiter gebrauchen wollen. Freilich werden wir uns sagen, daß gerade die feinsten Begriffe unseres Denkens in ähnlicher Weise gefährlich sind, daß also das sogenannte philosophische Denken auf sein Handwerkszeug verzichten, also verstummen müßte, wollte es sich unbedingte Klarheit zum Gesetz machen. Ist alles Denken nur auf Vorstellungen gegründet, so kann es die Wirklichkeitswelt nie erfassen. Das wissen wir und haben uns resigniert damit abgefunden; wir sind schon zufrieden, wenn unser Denken eine gewisse Ordnung bringt in unsere Vorstellungen von der unerkennbaren Außenwelt. Wenn aber unser Denken auch noch in dem Sinne subjektiv ist, daß es die Eindrücke unseres Einzelgehirns unkontrollierbar durcheinanderwebt, dann ist es nicht mehr wert als der Traum eines Kindes oder als das Gerede eines Wahnsinnigen.

Hier aber kommt uns plötzlich das Wesen der Sprache zu Hilfe, die wir bisher als ein so verächtliches Handwerkszeug der Welterkenntnis kennen gelernt haben. Wir wissen, daß die Sprache im Einzelmenschen gar nicht entstehen konnte, daß sie etwas zwischen den Menschen ist. Das Kind kann seinen Traum mitteilen, der Traum aber war individuell, ihm allein gehörig, er war nicht etwas zwischen ihm und den andern; das Gerede des Wahnsinnigen kleidet sich in menschliche Sprache, aber es ist nicht wirkliche Sprache, es ist nicht etwas zwischen ihm und den andern, es gibt (soweit Wahnvorstellungen in Betracht kommen) nichts Gemeinsames zwischen Wahnsinnigen. Die menschliche Sprache aber ist etwas zwischen den Menschen, ist zugleich die Empfindung davon und der Beweis dafür, daß sie ähnliche Sinnesempfindungen haben, daß ihre Vorstellungen ungefähr gemeinsam sind, daß also ihrer höchst subjektiven Innenwelt, d. h. den Sinneseindrücken jedes Einzelnen, eine gemeinsame subjektive Innenwelt zugrunde liegt, und dieser gemeinsamen Innenwelt wahrscheinlich eine einheitliche Außenwelt.

So brauchen wir nicht zu fürchten, daß die Begriffe *außen* und *innen* sinnlos geworden seien, weil das Wort *subjektiv* bald das eine, bald das andere bedeutet hat und noch bedeutet. Dieses Wort selbst aber sollten wir jedesmal, wenn wir es lesen oder selbst gebrauchen, nach seiner Herkunft fragen; es ist ein verdächtiges Wort.

Ich habe schon kurz angedeutet, daß es der gegenwärtigen Erkenntnistheorie recht gut entsprechen würde, wenn wir uns entschließen könnten, das Begriffspaar *objektiv* und *subjektiv* wieder in dem scholastischen Sinne zu gebrauchen, ungefähr wenigstens. *Subjektiv* würde dann bezeichnen, was irgendein wirklicher Gegenstand (objectum) unserer Vorstellungen ist; *objektiv* würde das Gedankending heißen, das wir ohne Beweis, nur in unserer Phantasie als die Ursache des allein Wirklichen voraussetzen. Es ist nicht anders: der Bedeutungswandel der beiden Worte hat seit der Scholastik zu ihrer vollständigen Umwechslung geführt, so daß wir die scholastischen Sätze, welche die Worte enthielten, ohne Beachtung der Wortgeschichte gar nicht verstehen zu können glaubten; und dennoch hat die psychologische Entwicklung der Erkenntnistheorie seit etwa 200 Jahren uns dahin gebracht, daß wir den Rücktausch der Begriffe vornehmen könnten. Wir sollten aus diesem immerhin ungewöhnlichen Falle wenigstens das Eine lernen: daß die beiden Begriffe *subjektiv* und *objektiv* Worte der Psychologie sind, sich beide auf unsere Innenwelt beziehen und nur fälschlich nach einer Beziehung auf *außen* und auf *innen* unterschieden worden sind.

Okkasionalismus. — Das Wort *occasio* hatte schon im Lateinischen hauptsächlich die Bedeutung einer günstigen Gelegenheit; lat. *accidens* hieß schon häufig ein ungünstiger Zufall, ein Unfall. So ist es rein historisch zu erklären, daß noch heute im Französischen *accident* besonders den unglücklichen, *occasion* den glücklichen Zufall bedeutet. Franz. *occasion* umfaßt aber überdies einen weiten Kreis von Bedeutungen, von denen sich nur ein Teil auf den Grundbegriff Zufall oder gar auf die oft allegorisch dargestellte Göttin Gelegenheit (einen Schopf auf dem Scheitel, den Hinterkopf kahl; Wandersprichwort: „Man muß die Gelegenheit beim Schopfe fassen") zurückführen läßt; sehr oft werden die näheren Umstände, die *Lage* der Dinge gemeint, was wieder durch das deutsche Wort *Gelegenheit*, ursprünglich die Gelegenheit eines Ortes, leichter zu erklären ist. Im Sinne einer wohlfeil gekauften Sache ist etwa *Gelegenheitskauf* wieder eine Lehnübersetzung von franz. *d'occasion.*[1]) Es wäre pedantisch, wollte

[1]) Unabhängig vom Französischen scheint sich im Deutschen die Redensart

ich die verschiedenen Bedeutungsgebiete von *Gelegenheit* und franz. *occasion* unter einen einzigen Begriff fassen; mit Rücksicht auf die Zusammenhänge mit *Zufall* und franz. *occurrence* wäre vielleicht das sehr allgemeine Wort *Vorfall* für einen solchen inhaltsarmen Oberbegriff noch am besten zu brauchen.

Es wäre nun ohne jede Gefahr ein hoher Preis für denjenigen auszusetzen, der mit deutlichen Worten sagen wollte, was der oder die Erfinder des Okkasionalismus sich dabei dachten, als sie bei Vorfällen in der Seele von Gott den Körper bewegen oder sonst beeinflussen, bei Vorfällen im Körper den Geist von Gott beeinflussen ließen; der Preis würde nicht gewonnen werden. Der ganze Okkasionalismus ist eine aus Verlegenheit entstandene theologische Wortmacherei, die nur traditionell in jeder Geschichte der Philosophie behandelt wird. Das Wichtigste an der Sache wäre noch, in einer ausführlichen Monographie genau aufzuzeigen, wie Spinoza sich aus den Schlingen dieser theologischen Vorstellungen durch seinen naturalistischen Pantheismus befreite und wie Leibniz wieder in den theologischen Panentheismus, also eigentlich nur in den feineren Okkasionalismus des Malebranche, zurückfiel. Ich muß mich auf eine flüchtige Andeutung und auf eine verbesserte Kritik des Uhrengleichnisses beschränken, das die Torheit des Okkasionalismus so anschaulich darstellt.

Einen allgemeinen Gesichtspunkt für die relative Torheit dieser theologischen Fragestellungen der christelnden Zeit und dann wieder der antiken Fragestellungen — für die Torheit beider im Verhältnisse zu der Art unserer eigenen Fragestellung — erreichen wir vielleicht, wenn wir uns erinnern, wie die Griechen ganz kindlich *Warum* fragten, ohne jemals die zu erklärende Tatsache erst zu verifizieren, wie die Scholastiker und ihre Nachfolger ebenso *Wie* fragten, ohne daß sie sich ernsthaft, in unserm Sinne wissenschaftlich ernsthaft, um die zu erklärenden Tatsachen gekümmert hätten. Für die kindliche Art der Griechen kann man außer in den naturwissenschaftlichen Schriften des Aristoteles (vgl. Art. *Griechisches Denken*) sehr hübsche Beispiele in den „Tischgesprächen" des Plutarchos finden. „Warum wird das an einem Feigenbaume aufgehängte Fleisch schnell mürbe", — „warum werden Schlafende nicht vom Blitze getroffen", — „warum schmeckt das Fleisch der von Wölfen getöteten Schafe süßer." Aristoteles fragte Warum bei falschen Beobachtungen von größerer Wichtigkeit. Ich kann keinen wesentlichen Unterschied erblicken zwischen einem so kindischen Warum und dem ebenso kindischen Wie der christelnden Scholastiker, die z. B. über den Verkehr der Engel

---

eine Gelegenheit benützen für *fahrende* Gelegenheit, d. h. für einen wohlfeilen Wagen, entwickelt zu haben. Sodann kann *Gelegenheit* jeden Wagen bedeuten: mit eigener Gelegenheit = mit eigenem Fuhrwerk. Mein Großvater (Nordostböhmen) nannte *Gelegenheit* den Reisewagen, die landesübliche Britschka.

untereinander etwas zu wissen glaubten und daraufhin kecklich danach fragten, *wie* diese Engel sich miteinander unterhielten. Auch nach der Überwindung der sogenannten Scholastik hörten diese sinnlosen Fragen nach dem Wie nicht auf; solange nämlich die Religion Vorgänge zu glauben befahl, deren Ursachen nicht erforschbar waren, über deren Art und Weise man sich aber dennoch den Kopf zerbrach.

Nun hatte Descartes die Lehre von den zwei Substanzen aufgestellt; seine unfreien und seine freien Anhänger lehrten, daß die Substanz des Geistes und die Substanz des Körpers keine Berührungspunkte hätten. Dagegen konnte niemand leugnen, daß die Gedankenwelt und die Körperwelt einander sehr genau entsprechen; sonst wäre ja auch irgendein Wissen nicht möglich gewesen. Es lag darum in der Luft, darüber nachzugrübeln, *wie* die Entsprechung von Gedankenwelt und Körperwelt zustande komme. Da die Körper nach der Lehre des Dualismus schon ganz und gar nicht auf den Geist wirken konnten, der Geist aber auch nicht recht auf den Körper, und da der liebe Gott zu allen Wundern immer bereit war, so lag jetzt auch die unwürdigste Vorstellung von Gott sehr nahe: Gott griff persönlich ein; bei Gelegenheit der Körperbewegungen schuf er die entsprechenden Gedanken, und bei Gelegenheit der Gedanken schuf er die entsprechenden Bewegungen der Körper. Ein Mensch wollte dort und dort hingehen, und Gott hob ihm die Beine. Ein einziger Mensch, der sämtliche Telephonnetze der Erde allein zu bedienen hätte, vor Einführung der automatischen Telephonverbindungen, müßte sich Müßiggang vorwerfen lassen im Verhältnisse zu der Arbeit, die dieser Gott des Okkasionalismus oder der Gelegenheitsursachen zu leisten hätte. Wie gesagt, der Okkasionalismus lag in der Luft, so lange man den Dualismus des Descartes mit der Doppelnatur des Menschen aussöhnen wollte. Clauberg (wie gegen die Ausführungen von Hermann Müller aufrecht gehalten werden muß) und de la Forge hatten dieses Auskunftsmittel schon in Bereitschaft; Geulincx und Malebranche machten aus dem Okkasionalismus ein System; trotz bedeutender Verschiedenheiten waren beide einig darin, christliche Philosophen zu sein, die „Bibel zu ihrem Mikroskope" zu machen und nicht ohne eine gewisse Ketzerei eine rationalistische Theologie zu begründen. Die ernsthaftere Ketzerei des Nominalisten Occam, der Vernunft und Glauben voneinander hatte getrennt halten wollen, hatte auf diese kontinentalen Köpfe niemals gewirkt.

Abgesehen von der Unwürdigkeit der Vorstellung, daß der liebe Gott milliarden Male in jedem Augenblicke von jeder Gelegenheitsursache zur Hervorbringung eines Wunders veranlaßt werden sollte, hat dieser Okkasionalismus noch den andern Fehler, daß noch niemals jemand hat erraten können, was diese Gelegenheitsursachen eigentlich sind: ob am Ende Ursachen wie andere auch, die den Gott zu seinem Einschreiten zwingen, so daß am Ende Gott nur das Werkzeug würde, durch welches der Geist auf den Körper, der Körper auf den Geist wirkte.

Das System Spinozas steht bekanntlich auf den Prinzipien des Descartes und hat (in seiner Darstellung und in seinen technischen Ausdrücken) leider sehr viel von dem, was in der Luft des 17. Jahrhunderts lag. Bekannt ist auch eine starke Ähnlichkeit zwischen Malebranche und Spinoza, einerlei, ob der Christ den jüdischen Atheisten, den er als solchen angriff, bewußt geplündert habe oder nicht. Aber Spinoza hatte vor seinen Zeitgenossen als Jude den einzigen Vorteil voraus, abendländische Bildung und Kultur zu besitzen und dennoch die christliche Theologie nur von außen zu kennen. So konnte Spinoza die Verlegenheiten des Dualismus leicht überwinden, indem er Geist und Körper nicht zu zwei Substanzen, sondern zu zwei Attributen einer einzigen Substanz machte. Mit dieser Konstruktion bewahrte sich Spinoza auch vor der Lächerlichkeit, mit welcher Geulincx und Malebranche eigentlich den Geist zu der wertvolleren Substanz, zu einem Gotte, aber doch wieder nur zu einem höheren Körper gemacht hatten.

Eine Konstruktion ist dieser kühne Monismus Spinozas, der von den heutigen Monisten zu unrecht in Anspruch genommen wird (vgl. Art. *Monismus*), nur in der schwerfälligen Einleitung seiner Ethik; im zweiten Buche (prop. VII) zieht er seinen Schluß, der ihm wichtiger war und uns wertvoller ist als die Prämissen: Ordo et connexio idearum idem est, ac ordo et connexio rerum. „Die Ordnung und Verknüpfung der Ideen ist dasselbe wie die Ordnung und Verknüpfung der Dinge.“ Spinoza schrieb kein klassisches Latein, und so wäre die Untersuchung darüber unfruchtbar, ob er *īdem* oder *ĭdem* gemeint habe; dem Sinne nach gibt *dasselbe* seinen Gedanken besser wieder als *dieselbe*.

Spinoza erkannte also schon die völlige Identität der psychologischen und der physiologischen Erscheinungen, die wir im Banne unserer Sprache als zwei getrennte Welten vorzustellen pflegen, die wir jetzt allgemein unter dem schlechten Bilde des Parallelismus wieder verbinden wollen. Im 17. Jahrhundert, als man noch auf das unaufhörliche Wunder, auf die ununterbrochene Assistenz Gottes nicht verzichten konnte, wurde die ganze Sache unter dem rasch berühmt gewordenen Uhrengleichnisse dargestellt, d. h. der Zusammenhang zwischen den physiologischen und den psychologischen Erscheinungen wurde mit dem gleichmäßigen Gange zweier Uhren verglichen. Leibniz hat dieses Gleichnis am hübschesten ausgeführt und hat seine theologische Lehre von der prästabilierten Harmonie durch das Uhrenbild populär dargestellt. Für die Übereinstimmung der beiden Uhren gebe es drei mögliche Erklärungen: 1. eine gegenseitige Beeinflussung, diese aber sei nach den Grundsätzen des Dualismus abzulehnen; 2. ein geschickter Arbeiter könnte die eine Uhr jeden

Augenblick nach der andern stellen, und dies sei die Lehre von der göttlichen Assistenz oder die Meinung des Okkasionalismus; 3. die beiden Uhren könnten vom Werkmeister so gut gearbeitet sein, daß sie immer die gleiche Zeit anzeigten, und das sei die Lehre von der prästabilierten Harmonie.

Die kleine historische Frage, ob Leibniz dieses Uhrengleichnis selbständig erfunden oder ob er es von Geulincx entlehnt habe, soll uns hier nicht kümmern; Pfleiderer hat mehrere Abhandlungen über diesen Punkt geschrieben und hat sich über den eigentlichen Gegenstand, über Leibnizens Charakter nämlich, immer etwas gewunden ausgesprochen; die Frage, ob Leibniz mit Recht oder mit Unrecht der Aneignung fremden geistigen Eigentums beschuldigt wurde, wäre von einer vorurteilslosen und nicht offiziösen Geschichtsschreibung bei wichtigeren Anlässen zu untersuchen. Ich möchte hier nur bemerken, daß geistreiche Leute es immer geliebt haben, ihre Bilder und Vergleiche von den allerneuesten Beobachtungen und Erfindungen herzunehmen. Als Karl V. im Kloster (wenn die Anekdote wahr ist) den Scherz machte, seine Uhren seien leichter zu gleichzeitigem Schlagen zu bringen, als die Menschen zu Übereinstimmung in Religionssachen, da dachte er an die damals neuen Sackuhren, die bereits mit einem Schlagwerk versehen waren. Kurz nach der Mitte des 17. Jahrhunderts war das Pendel erfunden worden, das den Gang des Räderwerks denn doch viel genauer regelte als vorher die Unruh; da lag der Vergleich mit zwei Pendeluhren nahe genug, und wirklich findet sich der Vergleich bei vielen Autoren; bei Leibniz allerdings erst viel später als bei Geulincx, dessen Schriften aber wieder vielleicht nicht alle in der ursprünglichen Gestalt auf uns gekommen sind.

Über die Bedeutung des heutigen Parallelismus und des alten Uhrengleichnisses habe ich meine Ansicht schon einmal (Kr. d. Spr. I², 288f.) ausführlich ausgesprochen. Wir kennen nur das Konkavbild der Welt und werden das Konvexbild niemals begreifen. Das Uhrengleichnis ist unsinnig, weil Leib und Seele sich nicht durch *zwei* Uhren bildlich darstellen lassen, sondern höchstens durch das Werk und das Zifferblatt Einer Uhr; aber das Zifferblatt mit dem Zeiger ist nur eine bequeme, übersichtlichere Darstellung des Uhrenganges; jeder Mathematiker könnte, falls ihm alle Daten gegeben wären, ohne Zifferblatt und Zeiger aus dem Stande der Räder die Zeit bestimmen.

Ich möchte dieser Deutung des Uhrengleichnisses noch eine Bemerkung hinzufügen. Psychisch ist nichts an der Uhr, weder das Räderwerk, noch Zeiger und Zifferblatt; psychisch ist nicht einmal die Zeit, sondern nur das menschliche Ablesen der Zeit. Das mag uns besonders deutlich zum Bewußtsein kommen, wenn wir anstatt der schlau ersonnenen Pendeluhr die uralte Sonnenuhr zum Vergleiche heranziehen, an welcher die Menschen ja doch die Stunden des Tages messen gelernt haben. Der natürliche Mechanismus in der Bewegung unseres Planetensystems ist noch viel komplizierter als eine moderne Uhr, und wir nennen diesen Mechanismus nur darum nicht schlau ersonnen, weil wir den Gedanken an einen Werkmeister und an eine planvolle Schöpfung aufgegeben haben; die Zeit aber, welche durch den Schatten auf der Sonnenuhr angezeigt wird, ist insofern nicht etwas Psychisches, als diese Zeit zum Naturganzen gehört wie wir Menschen auch. Wir sind abhängig von den Zeitstunden oder von den Stellungen der Sonne zur Erde, die die Sonnenuhr anzeigt; weil wir von der Tageszeit abhängen, darum interessiert sie uns, darum haben die Menschen seit jeher die Zeit von den unzähligen natürlichen Sonnenuhren abgelesen; und dieses Ablesen allein ist psychisch und war psychisch lange vor der Erfindung der Sonnenuhr, als man sich noch viel ungenauer nach dem Stande der Sonne richtete.

In diesem Falle ist es also ganz klar, daß zu der Zeitbestimmung, die mechanisch ist, durch das Zeitablesen des Menschen durchaus nichts Neues hinzutritt, es wäre denn etwa das menschliche Interesse an der Zeit. Und das ist das Ernsthafteste, was ich gegen den Okkasionalismus und gegen den Parallelismus, der ihm ähnlicher ist als man glaubt, abermals vorzubringen habe. Könnten wir die Bewegungen in unserm Gehirn auf ebenso zuverlässige mathematische Formeln bringen wie die Bewegungen unserer Planeten, so wäre durch solche Gehirnkunde das Seelenleben nicht etwa erklärt, sondern die Frage nach dem Seelenleben wäre eben eliminiert. Oder umgekehrt. Die Welt ist nicht zweimal da; es gibt nicht physiologische Erscheinungen neben den psychologischen; es gibt nur ein besonderes Interesse für die sogenannten psychischen Erscheinungen, das unsere Sprache zwingt, ihnen besondere Namen zu geben. Ob wir die Zeit ablesen am Stande der Sonne, oder am Schatten des Gnomon, oder am Zifferblatte unserer Taschenuhr, ob wir die Zeit abhören vom Schlage der Turmuhr, immer gehört die Zeit zur Natur, die wir ja nicht psychisch nennen. Und wenn ich bisher das Ablesen der Zeit eine psychische Erscheinung genannt habe, so muß ich mich jetzt korrigieren und eingestehen, daß auch dieses Ablesen der Zeit doch wohl nur relativ psychisch ist, nur eine präzisere Bestimmung der Zeitempfindung, welche ohne jede Bestimmtheit zur menschlichen Natur gehört.

Durchdringen wir uns völlig mit der Vorstellung, daß der Mensch ganz und gar zur Natur gehört, zur Physis, die wir ja nicht psychisch nennen, so lächeln wir vielleicht über den Widersinn der theologischen Verlegenheitslehre des Okkasionalismus. Aber wir erschrecken am Ende doch vor dem Dilemma, zu welchem uns die Konsequenz dieser Vorstellung führen muß. Wir wissen unmittelbar nichts von den Körpern; all unser Wissen ist psychisch; alle unsere Wissenschaften ließen sich als Teile einer angewandten Psychologie auffassen. Aber diese Psychologie ist nur die Innenseite der Welt, ist nur die eine und einzige Welt von innen gesehen, und wäre zum Verschwinden verurteilt, wenn wir die Außenseite dieser einen und einzigen Welt wirklich verstünden. Oder auch: die Außenseite wäre ein wertloses Plagiat, wenn wir die Innenseite richtig deuten könnten. Und diesen großen Monismus, der nicht darwinistisch und nicht materialistisch, aber auch nicht theologisch und nicht idealistisch ist, scheint mir Spinoza schon gelehrt zu haben mit seinem Satze: „Die Ordnung und Verknüpfung der Ideen ist dasselbe wie die Ordnung und Verknüpfung der Dinge."

Okkultismus. — Nicht ohne das Schamgefühl, mit welchem ein wissenschaftlich gebildeter Apotheker der Forderung seines Publikums nachgeben und Schweinefett unter dem Namen Schlangenfett verkaufen mag, behandelt die Geschichte der Philosophie und ein Wörterbuch der Philosophie Begriffe wie Okkultismus, Spiritismus, Xenologie usw. Ich will wenigstens kurz sein.

Man erweist dem Okkultismus zu viel Ehre, wenn man ihn mit der durch Jahrtausende geglaubten Astrologie und mit der Alchymie des Mittelalters zusammenstellt; in der Astrologie waren ja die Konstellationen der Gestirne wenigstens richtig beobachtet, und nur deren Einfluß auf die Schicksale der Menschen war Träumerei; die Alchymie gar war die gute junge Wissenschaft der Chemie, die trotz falscher Prinzipien manches brauchbare Ergebnis lieferte. Der Okkultismus aber kann sich auch nicht auf eine einzige glaubhafte Tatsache berufen und hat noch niemals etwas ergeben. Unter den Bekennern des Okkultismus hat es ehrliche und geistreiche Leute gegeben; dennoch kann kein Wort stark genug sein, die Dummheit dieser neuesten Form der alten Wundersucht zu charakterisieren. Man hat für den Spiritismus, weil er durch die regelmäßige Entlarvung betrügerischer Medien zu arg kompromittiert war, die neue Bezeichnung Okkultismus erfunden oder vielmehr das alte Wort von den okkulten Wissenschaften wieder auf die Bahn gebracht; da aber die Herren ja behaupten, die Manifestationen der spirits gefühlt, gesehen, gehört, gerochen und geschmeckt zu haben, so sollten sie doch nicht ein Wissen vom Verborgenen nennen, was nach ihrer eigenen Lehre eine Erfahrungswissenschaft ist. Man hat den Spiritismus mit dem Spiritualismus identifiziert und nicht bedacht, daß der anständige Spiritualismus die Tatsachen der Seelenkunde (oder der psychologischen Sprache) nur etwa falsch gedeutet hat, nicht aber Geistererscheinungen und klopfende, schreibende, hüpfende, beutelschneiderische Seelen vorgeschwindelt hat. Man hat den Okkultismus mit der wieder zu Ehren gekommenen Mystik verknüpfen wollen; gewiß, auch die Mystiker waren und sind wundersüchtige Leute: sie fühlen eine grenzenlose Sehnsucht nach der körperlichen Vereinigung mit ihrem Gotte und möchten um Lebens und Sterbens willen das Unaussprechliche aussprechen; aber die Mystiker waren und sind ehrliche Leute, die just im Gegensatze zur herrschenden Kirche niemals darauf ausgehen, ihre subjektiven wunderbaren Erlebnisse in ein wissenschaftliches System zu bringen. Franciscus war kein Spiritist. Man hat dichterische Äußerungen von Goethe und religiöse Äußerungen von Kant, man hat sogar den Entwicklungsgedanken Darwins dem Spiritismus dienstbar machen wollen, und hat dabei verschwiegen, wie Kant und Goethe über die Geisterseherei ihrer Zeiten gespottet haben, wie grell der Entwicklungsgedanke der Vorstellung von einer unsterblichen Seele widerspricht.

Man hat endlich den Spiritismus als eine Religion der Zukunft gründen wollen; und wirklich ist der Spiritismus die würdige Religion der Narren, die sich für frei halten, weil sie die ältere Mode nicht mehr tragen und sich nur der neuesten Mode unterwerfen. Hätte die Kirche ihrerseits den Mut, modern zu sein, so wäre sie auf ihrer Hut vor den dummen Massen, welche vom Spiritismus mit neuen Wundergeschichten gegen sie aufgewiegelt werden. Die Aufklärung hat dem Gotte der Kirche nur die ohnmächtige Göttin der Vernunft entgegenstellen können; der Spiritismus jedoch stellt die Göttin des Blödsinns auf den Altar und könnte unter diesem Zeichen vielleicht einmal plötzlich siegreich werden.

Ontologie; (die alte Disziplin ist unter *Realismus* behandelt.

Optimismus (Pessimismus).

I.

Die Endung *-ismus* und die entsprechende Endung *-ist* drückt so etwas wie eine philosophische Lehrmeinung aus und die Anhängerschaft zu einer Lehrmeinung. Angehängt werden die Zeichen oft an Namen (Marxismus, Marxist), aber auch gelegentlich in neuerer Zeit an alle möglichen Wortarten. Selbst aus *nihil* ist Nihilismus und Nihilist geworden. Kein Wunder, wenn die *Ismen* ganz besonders zu den leeren Wortschällen gehören, die Leibniz einmal *notiones deceptrices* (*betrügliche Begriffe* übersetzt Kant) genannt hat. *Optimismus* und als ein danach gebildetes Witzwort *Pessimismus* sind von den superlativischen Adjektiven *optimus* und *pessimus* abgeleitet. Damit mag sich ein Kinderbuch begnügen. Wir sind es so sehr gewöhnt, von jedem Adjektiv unserer abendländischen Kultursprachen Komparative und Superlative bilden zu können (wir sagen sogar: das blondeste Mädchen, die schwärzeste Nacht), daß wir uns fast ungern die Frage vorlegen lassen, ob denn die Steigerung eine notwendige Ausdrucksform der Adjektive und der Adjektive allein sei. Ich will dazu hier nur bemerken, daß viele Sprachen eine Steigerung in den Formen des Verbums zulassen, das *Intensivum*, daß ferner eigentlich die Steigerung, die wir im Adjektiv ausdrücken, für unsere Sinne und für unsern Verstand an das Substantivum geknüpft ist. Genau so, wie in manchen polynesischen Sprachen die Mehrzahl nicht am Substantiv, sondern am nachgesetzten Adjektiv ausgedrückt wird: *ika pai*, ein guter Fisch, *ika papai*, gute Fische. Die Steigerung des Adjektivs allein ist also eine zufällige Analogiebildung unserer arischen Sprachen, die sie allein besitzen. Die semitischen Sprachen haben keinen richtigen Komparativ und keinen Superlativ. Genau besehen haben auch die romanischen Sprachen (und das Englische, soweit es nicht neben der romanischen eine deutsche Komparation besitzt) keinen Superlativ; im Italienischen drückt der Superlativ oft nur eine Steigerung ohne Vergleichung aus, beinahe so wie die Reduplikation wilder Völker und unserer Kindersprache: *ein hoher, hoher Berg*, ja sogar kann für altissimo *alto, alto* stehen, für bellissima *bella, bella*. Im Hebräischen ist der Superlativ gar nicht auszudrücken. Im Hebräischen hätte die Frage gar nicht aufgeworfen werden können, ob die Welt, die Jehova geschaffen hatte, die beste aller möglichen Welten sei oder nicht. Und von dieser Frage allein stammen die Modeworte Optimismus und Pessimismus her, von der christlichen Frage nach dem Übel in der Welt und nach der logischen Vereinigung dieses Übels mit der Allweisheit, Allgüte und Allmacht Gottes. Es mag für den gläubigen Christen schwer gewesen sein, sich mit der unleugbaren Scheusäligkeit vieler Dinge abzufinden. Die Übel der Welt dem Gegengott, dem Demiurgen, dem Satan zuzuschreiben, das mußte gehen, ging aber nicht immer. Die Inder, die Perser, die Griechen, die Römer kannten kaum einen allweisen, allgütigen und allmächtigen Weltschöpfer, kannten darum auch das Schwanken zwischen Optimismus und Pessimismus nicht. Ein uralter Römergott und Anti-Jupiter, *Vejovis*, eine Art Unterweltgott, spielte so gar keine Rolle, daß wir nur durch wenige Notizen Kenntnis von ihm haben: qui non *juvandi* (Jovis von juvare) potestatem sed vim nocendi haberet *Vejovem* appellaverunt (Gell. V, 12).

Man muß genau unterscheiden zwischen der verzweifelten Theologenfrage, ob diese unsere Erdenwelt mitsamt ihrer ganzen Infamie wirklich immerhin noch die beste aller möglichen Welten sei, und zwischen der Temperaments- oder Stimmungsfrage, ob man sich auf dieser immerhin noch besten aller Welten leidlich wohl fühle oder nicht. Diesen Gegensatz der Stimmungen hat es natürlich immer und überall gegeben. Für den Nachweis bemüht man gern den Koheleth und den Sophokles, die ungefähr das Gleiche gesagt haben: es wäre besser, nicht geboren zu werden. Sogar der prinzipielle Selbstmord wurde schon von einem Griechen gelehrt, noch dazu von einem Epikuräer, von Hegesias. Es hängt mit dem Niedergang christlicher Theologie und christlichen Glaubens wohl zusammen, daß um die Zeit des großen Zusammenbruchs, den man die französische Revolution nennt, im Abendlande die Überzeugung von der Niedertracht der Welt besonders stark wurde und bald nachher durch Dichter wie Lord Byron, Leopardi und Lenau als *Weltschmerz* in die

Mode kam. In die Mode der Sprache besonders. Denn das Gefühl war lange vor der Revolution (Rousseau und Werthers Leiden) vielleicht noch stärker gewesen. Dieser *Weltschmerz* hat als Stimmung manche Verwandtschaft mit dem landläufigen Pessimismus, und die Ausdrücke gehen in liederlicher Sprache wohl auch durcheinander. Hält man aber daran fest, daß Pessimismus nichts ist als ein witziger Trumpf gegen den Optimismus, Optimismus wieder nichts als eine theologische Ehrenrettung Gottes, wirklich eine Theodicee, dann wird man zwischen Weltschmerz und Pessimismus unterscheiden lernen wie zwischen Wehleidigkeit und Krankheit, wie zwischen subjektiv und objektiv. Nur daß der objektive Pessimismus nicht mehr Sinn haben kann als sein Gegensatz, der objektive Optimismus, der, wie wir gesehen haben und noch besser sehen werden, ein theologisches Wort ist, von einem unmöglichen Superlativ abgeleitet und durch superlativische Eigenschaften Gottes begründet.

Daß die Superlative der *Beste*, der *Schönste* usw. unmögliche Sprachbildungen sind, würde man leichter begreifen, wenn die Sprache ihren Ausdruck an das Substantivum geknüpft hätte. Substantive oder Dinge sind menschliche Hypostasen, in die wir die Ursachen von Eigenschaften hineinlegen. Unsere Sinne fassen die Welt unmittelbar nur adjektivisch. Wer diese Lehre meiner Sprachkritik gefaßt hat, der wird nun nicht zweifeln, daß die Vergleichung dinglicher Eigenschaften erst recht menschliche Zutat ist, nicht wirklich, in der Natur nicht vorhanden. Es gibt in der Natur keinen Apfelbaum, der sich vergleichend reicher blüht, reicher trägt als der andere. Wir nennen das nur so. Und wenn wir eine andere als eine metaphorische Sprache hätten, so müßten wir auch einsehen, daß auch die menschliche Vergleichung oder Komparation sich nur auf Erscheinungen anwenden lasse, die der Zahl zugänglich sind.

Sehr merkwürdig ist es von diesem Standpunkte aus, daß gerade die alltäglichsten Superlative in unsern Sprachen keine regelrechte oder analogische Steigerung haben: *gut, besser; viel, mehr; bonus, melior, optimus; malus, peior, pessimus; parvus, minor, minimus;* und gar *ἀγαθος — ἀμεινων, ἀϱειων* (*ἀϱιστος*); *βελτιων, λῳων, κϱειττων*; der Gedanke liegt nahe, daß diese Suppletivbildungen, wie Osthoff sie nannte, ursprünglich nicht Gradunterschiede desselben Begriffs, sondern Qualitätsunterschiede bedeuteten (Wundt, Spr.[2] I, 13). Es ist seltsam und vielleicht der Stoff für eine Doktorarbeit, daß die Dreistufigkeit der Steigerung sich nur in den Sprachen der Völker findet, die später die Dreieinigkeitslehre begreifen lernten.

II.

Ich will nun zu zeigen versuchen, daß der Optimismus als System (er hat als System noch nicht ganz 50 Jahre gedauert: die Theodicee erschien 1710, die Preisschrift der Berliner Akademie 1755, im Jahre des Erdbebens von Lissabon, und 1758 machte Voltaires Candide dem

Optimismus für das gebildete Europa den Garaus) ein einziges großes Mißverständnis war. Leibniz hatte mit seiner Ehrenrettung Gottes die christliche Religion zu stützen geglaubt; die Feinde des Optimismus in Berlin und in Paris glaubten mit Leibniz die christliche Kirche zu vernichten, écraser l'infâme. In Wahrheit ist das Christentum nicht optimistisch. Der antike Todesprediger Hegesias und Schopenhauer, der Begründer des pessimistischen Systems, konnten die Miserabilität der Erdenwelt nicht mit stärkeren Farben ausmalen als Origenes mit seiner Lehre vom Abfall und andere christliche Väter; Weltverachtung ist das Wesen des Christentums. Und nur die Hoffnung auf die Freuden des Jenseits bildet für lebensfreudige Geister eine Inkonsequenz. Die katholische Kirche und auch Luther waren nicht urchristlich, da sie der Weltfreude der Menschen ihr Recht gaben. Die Puritaner und Calvinisten waren christliche Pessimisten. In einer konsequent pessimistischen Religion wäre für einen Leibniz kein Platz gewesen; der Buddhismus war konsequent pessimistisch, kannte keinen allmächtigen Weltschöpfer und hatte darum eine Ehrenrettung Gottes nicht nötig.

Leibniz, der universalste Kopf der Zeit, und der ohne eigentliche Größe scharfsinnigste, den Deutschland je hervorgebracht hat, stand mit seiner Rettung Gottes gar nicht auf dem Boden des positiven Christentums. Seine Theodicee, übrigens von Shaftesbury stark beeinflußt — Leibniz war niemals ganz original —, richtete sich gegen einen der feinsten und stärksten Gegner, deren das Christentum sich je hat rühmen können: gegen Pierre Bayle. Auch Bayle war vorsichtig genug, die positive Religion zu schonen, oft ironisch zu verteidigen; seine Skepsis, die eine gute Welt und einen weisen, gütigen und allmächtigen Schöpfer leugnete, mußte konsequent zum Atheismus führen und hat in dieser Richtung das ganze 18. Jahrhundert vielleicht stärker beeinflußt, als selbst Voltaire es vermochte. Gegen Pierre Bayle hat Leibniz seine Theodicee gerichtet, zugunsten eines deistischen Gottes. Der Optimismus dieses Buches, das heute unter allen epochemachenden Werken der Philosophie wohl eins der unlesbarsten und langweiligsten ist, ist nicht christlich, ist deistisch; Leibniz hatte die Warnung Spinozas nicht beachtet, die Warnung vor dem Widersinn, die Welt anders als kausal, die Welt subjektiv nach den individuellen Erfahrungen von Lust und Unlust zu beurteilen. Ich finde die Deklamationen der aussterbenden Materialisten von heute, die in Worten vom Fortschritt, von der Entwicklung, die menschliche Sehnsucht nach einem Jenseits schamlos befriedigen, ebenso unlesbar, ebenso langweilig und ebenso nützlich wie die Theodicee von Leibniz.

Man braucht nicht sprachkritisch veranlagt zu sein, um das Wortgebäude der Theodicee abgeschmackt zu finden. Wir verstehen die Sprache dieses Buches nicht mehr. Gott ist allweise: also weiß er auch, wie die beste Welt beschaffen zu sein habe.

Gott ist allgütig: also ist es seine Absicht, unter allen möglichen Welten just die beste zu schaffen. Gott ist allmächtig: also hat er seine Absicht auch ausgeführt. Darüber mögen Lehrer und Schüler im Konfirmationsunterricht sich unterhalten.

Leibniz verliert nicht nur als Philosoph, sondern auch als ehrlicher Mensch, wenn er (§ 19 und 133) sich allen Ernstes mit den ewigen Höllenstrafen auseinandersetzt, um die Menge des Übels auf ein geringeres Maß zurückzuführen. Augustinus sei bei dem gleichen Versuche in die Enge geraten, weil seine Vorstellung von der Welt noch geozentrisch war, „aus Mangel der neueren Entdeckungen“; bei der ungeheuren Menge der Fixsterne und Planeten „könne es gar wohl sein, daß die Menge von Übeln auf Erden in Vergleichung mit dem Guten im ganzen Weltgebäude fast wie ein Nichts zu achten sei“. Was die Zahl der Verdammten betrifft, wenn sie auch unter den *Menschen* unaussprechlich größer wäre als die Zahl der Seligen, so würde dennoch daraus nicht folgen: „daß die seligen Kreaturen in der ganzen Welt nicht die Unseligen und Verdammten an Zahl weit übertreffen sollten“. Mit so gelehrt-protestantischen Predigten glaubte Leibniz die furchtbare Anklage Bayles abwehren zu können: man würde einen Fürsten, der so viele bestrafte und so wenige begnadigte, der so langwierige Strafen erwählte, grausam und einen abscheulichen Tyrannen nennen.

Leibniz, der auch die Versöhnung von Katholizismus und Protestantismus unter seine diplomatischen Lebensaufgaben rechnete, ging in einer kleinen, von Lessing zuerst veröffentlichten Vorrede eines vergessenen Werkes über die Ungerechtigkeit der ewigen Strafen (Lessing, Hempel 18, S. 68f.) so weit, die katholische Lehre zu verteidigen: die Strafen müßten unendlich oder ewig sein, wenn die Sünden unendlich oder ewig wären. Von Rechts wegen. Es ist schlimm, daß Leibniz da wieder das leere Stroh der Theologie gedroschen hat; es wäre noch schlimmer, daß Lessing in seiner Abhandlung „Leibniz von den ewigen Strafen“ das ganz unbrauchbare Stroh noch einmal drosch, wenn Lessing nicht immer Lessing bliebe. Er will Leibnizen nicht „in *noch größeren Verdacht* bringen, daß er den Orthodoxen nur geheuchelt habe“. Er gibt zu, „daß Leibniz die Lehre von der ewigen Verdammung sehr exoterisch behandelt hat und daß er sich esoterisch ganz anders darüber ausgedrückt haben würde“. Wäre das mehr als Verschiedenheit der Lehrart gewesen, so ließe sich das „schlechterdings mit keiner didaktischen Politik, mit keiner *Begierde, Allen Alles zu werden*, entschuldigen“ (S. 85). Lessing hatte für die Art von Leibniz, lieber „mit den Orthodoxen der Sache ein wenig zu viel zu tun“, gewiß viel übrig; hat er sich doch oft genug, zum Entsetzen seiner subalternen Freunde, *γυμναστικως*, und nicht immer nur scheinbar, gegen die Rationalisten und Halben auf Seite der Orthodoxen und Ganzen gestellt. Aber sein Wort von Leibnizens Begierde, Allen

Alles zu werden, wollen wir uns einprägen.

Ich will hier gleich bemerken, daß Leibniz durch seine Theodicee wohl das Gebäude des Optimismus aufgerichtet, ihm aber noch nicht den uns geläufigen Namen gegeben hat. Er nennt sein Buch im Untertitel einen Essay von der Güte Gottes und vom Ursprung des Bösen. Das Schlagwort *optimisme* findet sich erst etwa 30 Jahre später, zuerst in den Mémoires de Trévoux vom Februar 1737 und dann im Dictionnaire von Trévoux von 1751 (nach Murray; in der Ausgabe von 1734 ist das Wort noch nicht), wurde also von den Jesuiten geprägt. Die Jesuiten stellten sich streng auf den Boden des thomistischen Systems, das keine (auch keine logisch geforderte) Einschränkung der Allmacht zugibt. Sie sagen da: „L'Optimisme n'est qu'un matérialisme déguisé, un spinosisme spirituel. L'Optimisme règle Dieu comme un automate.“ Noch deutlicher wenden sie sich *gegen* Leibniz in dem kleinen Artikel *Optimiste*. Der Terminus *Optimismus* scheint also in ironischer Absicht *gegen* Leibnitz geprägt worden zu sein.

Leibniz hatte aber den Begriff eines *Optimum* schon gebildet, nach dem Muster des mathematischen *Maximum* und *Minimum*, das dem methodischen Begründer der Differentialrechnung nahe liegen mochte (I. 8): „comme dans les Mathématiques, quand il n'y a point de *maximum* ni de *minimum*, rien enfin de distingué, tout se fait également; ou quand cela ne se peut, il ne se fait rien du tout: on peut dire de même en matière de parfaite sagesse, qui n'est pas moins reglé que les Mathématiques, que s'il n'y avait pas le meilleur *(optimum)* parmi tous les Mondes possibles, Dieu n'en aurait produit aucun“.

Schade, daß der listenreiche Leibniz, für den es en matière de parfaite sagesse un accomodement avec le ciel gab, der nicht weit von dieser Stelle den Beistand des heiligen Geistes anzurufen scheint (I, 6: „nous trouvant animés d'un zèle qui ne peut manquer de lui plaire, nous avons sujet d'espérer qu'il nous éclairera, et qu'il nous assistera lui-même dans l'exécution d'un dessein entrepris pour sa gloire“), schade, daß Leibniz die Kurve des Guten und ihr Optimum nicht berechnet hat. Andere hätten dann leichter das Minimum oder *Pessimum* berechnen können.

Was ich oben angeführt habe und was eigentlich meine ganze Kritik der Begriffe Optimismus und Pessimismus schon enthält, daß nämlich Superlative außerhalb der Mathematik unvorstellbar sind, das hätte doch dem Manne beifallen müssen, der auch sonst (in der von ihm zuerst gefaßten Lehre vom Unbewußten oder den unendlich kleinen Seelenvorgängen, auch in der Monadologie) gern mathematische Einsichten zur Erklärung der Welträtsel heranzog.

Leibniz war selbst in seiner Theodicee von einem phantastisch-wissenschaftlichen Geiste nicht ganz verlassen. Was aber die elenden Dichter der Zeit aus seiner Lehre machten, das ist fast durchaus unfreiwillige

Parodie. Der freundliche Uz hat uns ein endloses Gedicht hinterlassen, „Versuch über die Kunst, stets fröhlich zu sein“. Wer die feine Kunst versteht, sich die äußerste Langeweile historisch merkwürdiger Bücher durch Zusatz eigenen Lachens genießbar zu machen, der mag bei diesen Alexandrinern auf seine Kosten kommen. Ahnungslos sind die bekannten Worte Senecas, die so viel passender auf dem Giebel des Leipziger Gewandhauses stehen, als Motto vorangestellt: res severa verum gaudium. Uz hat auch ein längliches Gedicht geschrieben, das sich „Theodicee“ nennt.

„Ich will die Spötter niederschlagen,
Die vor dem Unverstand, o Schöpfer, dich verklagen:
Die Welt verkündige der höhern Weisheit Ruhm!
Es öffnet Leibniz mir des Schicksals Heiligtum;
Und Licht bezeichnet seine Pfade,
Wie Titans Weg vom östlichen Gestade.“

Öfter genannt wird sonst „Irdisches Vergnügen in Gott“ des Hamburger Ratsherrn Brockes. Schon Huber hat auf die reizende Stelle hingewiesen, an der die Tugenden der Gemsen besungen werden:

„Sonst ist überall bekannt, wie sie uns so nützlich seien,
Für die Schwindsucht ist ihr Unschlitt, fürs Gesicht die Galle gut,
Gemsenfleisch ist gut zu essen und den Schwindel heilt ihr Blut;
Auch die Haut dient uns nicht minder. Strahlet nicht aus diesem Tier
Nebst der Weisheit und der Allmacht auch des Schöpfers Lieb herfür?“

Ganz so tief in Form und Inhalt sanken die französischen und englischen Brockes nicht. Aber der empörend anthropozentrische Standpunkt geht fast durch alle Schriften, die damals viel gelesen wurden. „Auch die Haut dient uns nicht minder“ hört man aus Pope, auch aus den Arbeiten des jungen Voltaire, des jungen Kant mitunter heraus. Und selbst diese beiden befreiten sich von dem anthropozentrischen Standpunkte nie so vollständig wie der einzige Hume, der den Kern der Frage anfaßte: „Will Gott das Übel hindern und vermag er es nicht, so ist er ohnmächtig; vermag er es aber und will er es nicht, so ist er übelwollend.“ Auf das Jenseits oder das himmlische Vergnügen in Gott, auf das asylum ignorantiae ließ Hume sich nicht ein. Die Güte Gottes müsse erst aus dem Zustande der Welt erschlossen werden, und der spreche nicht für eine Güte Gottes; die Ursache aller Dinge scheine aber für das Gute oder das Böse ebenso wenig eine Vorliebe gehabt zu haben wie für Hitze oder Kälte.

III.

Die Opposition gegen Leibniz setzte, da sie sich an eine Kritik der Voraussetzungen nicht heranwagte und für die Frage, ob die Eigenschaften Gottes da nicht zu kleinlich, zu irdisch, zu menschlich verstanden würden, noch nicht reif war, an einem Punkte ein, den schon Thomas von Aquino dem älteren Optimismus gegenüber hervorgehoben hatte. Eine bessere Welt als die unsere wäre der Allmacht des Schöpfers immer möglich gewesen. Die immer noch thomistische katholische Kirche läßt sich aus diesem Grunde auf den Streit über den Optimismus, über die *beste* Welt, gar nicht erst ein. Und mir will scheinen, daß halb unbewußt hinter dieser Weigerung, den Superlativ *die beste Welt* zu gebrauchen, ein Gefühl dessen verborgen ist, was ich oben vom Superlativ der Adjektive überhaupt gesagt habe und was ich jetzt so ausdrücken möchte: es gibt Steigerungsvergleiche nur bei zahlenmäßigen Begriffen, es gibt keine Steigerung in der Natur, es kann keine Steigerung geben in einer natürlichen Sprache. Der damals halb vergessene Einwurf des hl. Thomas kam wieder zum Vorschein in der Antwort auf die Preisaufgabe, die die preußische Akademie der Wissenschaften, die Leibniz geschaffen hatte, gegen das System von Leibniz zu stellen beliebte. Die preisgekrönte Antwort (natürlich in französischer Sprache) war eine Arbeit des Juristen A. F. Reinhard. Sie interessiert uns hier aus zwei Gründen: sie lehrt uns die Stellung des Fridericianischen Geistes zur Frage kennen und sie hat eine kleine Schrift von Kant indirekt veranlaßt.

Die preußische Akademie unter dem Vater Friedrichs, ein lächerliches Kollegium zu Narren gehaltener Narren, war unter Friedrich rasch zu einer der wichtigsten gelehrten Gesellschaften Europas geworden. Merkwürdig genug; denn auch Friedrich herrschte über die Akademie absolut, hatte für die besten Leistungen ihrer besten Klasse, der mathematisch-naturwissenschaftlichen, gar kein Verständnis; und die Vorschrift, alle Arbeiten in französischer Sprache zu verfassen, die nach der Besiegung der Franzosen im siebenjährigen Kriege eher noch verschärft wurde, hätte leicht dazu führen können, die Berliner Akademie auf den Rang einer der französischen Provinzakademien hinunterzudrücken. Aber die königliche Genialität Friedrichs, die die Person (seine eigene ausgenommen) immer unter die Sache stellte, machte ihn auch auf diesen Gebieten zu einem einzigen Erzieher der Preußen und der Deutschen.

Auf meinem Wege stört ein ferneres kurzes Stehenbleiben ja wohl nicht. Ich möchte die obigen Sätze ein wenig belegen, weil Harnack in seiner Darstellung zwar mit schöner Wahrheitsliebe alle Tatsachen geliefert, die fast nicht zu überschätzende Bedeutung Friedrichs nicht übertrieben, aber doch die Schmach der Akademie unter Friedrichs Vater ein wenig offiziös mit dem Mantel preußischer Liebe bedeckt hat.

Es ging sehr menschlich zu bei der Gründung, bei der Schmach und dann auch bei dem Aufblühen der preußischen Akademie. Leibniz verfolgte große Ziele, das ist gewiß. Aber er hatte auch persönliche Absichten dabei, da er mit den altbewährten Künsten des Hofmanns die Gründung der preußischen Akademie bei der Kurfürstin durchsetzte. Daß er Friedrich I. mit Salomon verglich und natürlich die Kurfürstin mit der Königin von Saba (Voltaire hatte 40 Jahre später mehr Glück, als er für Friedrich II. den Namen

Salomon du Nord prägte, weniger Glück, als er gleich zwei russische Kaiserinnen nacheinander Semiramis des Nordens nannte), das war am Ende Sprache der Zeit, wie es boshafte Schikane wäre, zu erwähnen, daß das Promemoria für Begründung der Akademie im Namen „einiger getreuer kurfürstlicher Bedienter" dem Monarchen überreicht wurde. (Noch du Bois-Reymond nannte die Akademie die Leibgarde der preußischen Könige.) Wenn nur die Sprache einer Zeit nicht das Denken der Zeit wäre. Wenn nur das astronomische Observatorium (die Kurfürstin wünschte so etwas und Leibniz streichelte und leckte das Observatorium zu einer Akademie zurecht, deren Präsident er wurde) nicht just, um die Zustimmung des Kurfürsten zu erhalten, als Obergeschoß auf den neuen Stall gekommen wäre, für den Geld genug da war. Wenn nur Leibniz, den schon sein früherer Herr einen „aller Orten betriebsamen Gelehrten" genannt hatte, nicht auch unter den ersten moralischen Faustschlägen Friedrich Wilhelms I. diplomatisch vorgeschlagen hätte, sich in die Zeitverhältnisse zu schicken, kriegswissenschaftliche und technische Abhandlungen aufzunehmen.

Bei dieser Gelegenheit sei übrigens erwähnt, was aus Harnacks Darstellung sonnenklar hervorgeht, daß das Verdienst, eine Zentralstelle für deutsche Sprache durch die Statuten der Akademie geschaffen zu haben, durchaus nicht Leibniz gebührt; der Kurfürst selbst, von einem Andern beeinflußt, hat hinzugefügt, „daß man auch auf die Kultur der teutschen Sprache bei dieser Fundation gedenken möchte, gleichwie in Frankreich eine eigene Akademie hierzu gestiftet". Leibniz schreibt darauf fast verlegen: „es wird nur zu denken sein, wie die teutsche Sprachkunst mit den übrigen Wissenschaften zu verbinden sein wird."

Es wäre aber ungerecht, bei dieser Richtigstellung nicht dessen eingedenk zu bleiben, daß Leibniz früher und später ein Förderer der deutschen Sprache war, daß seine Liebe, ja Leidenschaft für die deutsche Sprache, „den Ursprung und Sprungquell des europäischen Wesens", zu seinen schönsten und reinsten Zügen gehört.

Die nichtswürdige Behandlung, die die Akademie sich von dem Soldatenkönig gefallen ließ, ist oft historisch und ebenso oft satirisch dargestellt worden. Aber vor Harnack nicht ganz richtig und von Harnack selbst doch wieder schonend. Den König Friedrich Wilhelm I. trifft kein schlimmer Vorwurf. Ein barbarisch tüchtiger Monarch. Er gab den Gelehrten, die er verachten mußte, ehrliche Fußtritte — „nicht nur moralische", sagt Harnack —; er setzte seinen infamen Narren Gundling zum Präsidenten der Akademie ein. Warum nicht? Die Schmach bestand darin, daß die Herren nicht widersprachen, wie sie nachher der geistigeren und geistreichen Tyrannei Friedrich des Großen nicht widersprachen und wie sie immer jeden Befehl eines königlichen Narren ausführen würden.

Übrigens lag die Sache mit dem Präsidenten Gundling doch noch schlimmer, als die Legende sie darstellt. Wenn Gundling einfach ein Narr gewesen wäre, so wäre seine Ernennung eben nur ein roher Spaß des Königs gewesen. Aber dieser Gundling war ein Gelehrter, war Professor. Sparsamkeit des Königs machte Gundling brotlos, und als er dann aus Not zum Spaßmacher in Wirtshäusern geworden war, der König ihn als lustigen Rat schätzen lernte und ihn zugleich als Zeitungsreferenten und als Prügelknaben im Tabakskollegium benützte, da scheint es wieder die Sparsamkeit des Königs gewesen zu sein, die das Gehalt eines Präsidenten der Akademie gerade gut genug für seinen Gundling fand. Nicht mehr bloße Sparsamkeit, ein grotesker Übermut des Königs war es, als er nach dem Tode Gundlings, 1731, die Verfügung in Gnaden erließ, jährlich 200 Thaler „sub Titulo *Vor die sämmtliche königl. Narren* zur Rechnungs-Ausgabe bringen zu lassen". Auch diese äußerste Beschimpfung hat die Akademie hingenommen und neun Jahre getragen. Erst Friedrich d. Gr. machte dem Unfug ein Ende. Wenige Tage nach seiner Thronbesteigung. „Ich habe resolvieret, daß in dem Etat von nun an die odiöse Ausgabe ‚Vor die sämmtlichen königlichen Narren' cessieren soll."

Auch Friedrich also war der Akademie ein tyrannischer Herr. Ohne Präsidenten — d'Alembert zog es vor, unverantwortlicher Ratgeber zu sein — beherrschte Friedrich später die Akademie, wie er sie vorher über den Präsidenten Maupertuis hinweg beherrscht hatte. Nach seinem Belieben ernannte er ihre Mitglieder. Und hatte sie unter dem Vater den lustigen Rat als Präsidenten geduldet, so nahm sie unter dem Sohne die Ernennung des Lieblings oder Mignons Keyserlingk geduldig hin. Selbst der barbarische Hohn des Vaters klingt einmal an. Da Voltaires erster Besuch sehr viel Geld kostet, schreibt Friedrich an einen Vertrauten, das sei ein wenig zu teuer für einen Hofnarren.[1])

Friedrich war eben absoluter Herr auch in seiner Akademie. Und darum handelt es sich mir, daß auch unter der Präsidentschaft von Maupertuis nichts geschah, was der König nicht diktiert hätte. Noch war damals Friedrich kein Menschenfeind und Volksverächter, noch hatte er die Resignation nicht erlebt, mit der er später sich begnügte das alte Gebäude zu unterminieren, sich bei seinen Reformen mit einem à peu près zu begnügen; um so herrischer hoffte er noch seine persönliche Weltanschauung zu der Überzeugung Europas zu machen. Und diese fridericianische Weltanschauung war, mit welchen Worten immer man sie zudecken mag, die eines atheistischen Pessimisten. In seinem tiefsten Ge-

[1]) Berthold Auerbach sagte mir noch vor etwa 30 Jahren, in einer bei ihm ungewöhnlichen pessimistischen Stimmung: „Ich werde von . . . darum beneidet, daß ich bei Hofe verkehre; aber glauben Sie mir, man ist da oben immer nur ein Hofnarr."

wissen wußte er von sich, daß Eitelkeit oder Ruhmsucht ihn zum Kriegshelden und zum Volksbeglücker angespornt hatten; und er verachtete die eigene Ruhmsucht. Ein Pessimist, der am Fortschritt mitarbeitet, weil ihm sa Majesté le Hasard das métier eines Königs zugeworfen hat. Wie mag später der alte Fritz (1777) ingrimmig gelacht haben, als er seine Akademie, nach einem Vorschlage d'Alemberts, mit der Preisfrage in Verlegenheit setzte: S'il peut être utile de tromper le peuple. Die Akademie schwankte lange bei der Formulierung und bei der Beantwortung der furchtbaren Frage. Der König hatte nie geschwankt, der gekrönte Macchiavell. Selbst seinen Atheismus und Materialismus gab er preis, wenn seine Königspflicht das Opfer zu fordern schien. So opferte er seinen La Mettrie (als die Materialisten eher Verfolger als Verfolgte geworden waren) gegen seine Überzeugung. Er schreibt darüber (1761) an d'Argens: j'ai été obligé d'abandonner La Mettrie; c'est un enfant perdu, qu'il m'a fallu sacrifier dans le combat; mais, s'il est devenu une victime nécessaire, j'ai bien arrosé son tombeau du sang des théologiens, et j'espère qu'à l'avenir on ne dira plus qu'on peut juger de la façon de penser du Philosophe de Sans-Souci par les ouvrages du médecin La Mettrie.

Die stärksten Beweise dafür, daß Friedrich nach Temperament und Weltanschauung ein Gegner des damals landläufigen Optimismus war, hole ich mir aus seinem Briefwechsel mit Voltaire.

Dieser Briefwechsel ist nicht immer erfreulich. Der gefürchtetste und stärkste Schriftsteller und der stärkste König der Zeit überbieten einander mit kriecherischen Schmeicheleien, sie betrügen einander, vor und nach den Skandalen des Bruchs. Der König ist nicht groß vor seinem Kammerdiener, der Kammerherr nicht groß vor seinem König. Auch die Blasphemien sind nicht immer amüsant. Aber darüber hinaus ist es doch eine Lust, Zeuge zu werden, wie diese zwei Männer, einig und groß im Streben nach einer Wahrheit, die überlieferte Weltanschauung zertrümmern helfen. Zwei Titanen mit häßlichen Menschenzügen.

Voltaire bleibt immer derselbe; er ist selbstverständlich der überlegene Schriftsteller, witzig und elegant. Aber er wächst nicht mehr; er glaubt an seine Schlagworte: vertu, humanité, tolérance, liberté. Friedrich wächst. Fast schüchtern naht der Kronprinz dem weltberühmten Voltaire: un rimeur du fond de la Germanie, un écolier, un avorton de philosophe. Nur zur Skeptik, zu einem pyrrhonisme affreux bekennt er sich zunächst dem wortabergläubischen Deisten gegenüber. Besonders glänzend ist Friedrichs Verteidigung des *Determinismus* gegenüber Voltaires *liberté.* Fast eine siegreiche Streitschrift. Der Mensch habe keinen freien Willen. Friedrich glaube überhaupt nicht an Worte. „Je vous abandonne volontiers le divin Aristote, le divin Platon, et tous les héros de la philosophie scholastique. C'étaient des hommes qui avaient recours à des mots pour cacher leur ignorance.“ Sein Menschenhaß ist noch nicht hart, fast noch traurig: „le plus parfait tient toujours à l’humanité par un petit coin d’imperfection“. Erst da er König geworden, richtet sich Friedrich mit einem Ruck vor Voltaire auf, und seine Weltverachtung enthüllt sich am Tage seiner Thronbesteigung; er meldet sie mit folgenden Worten: „Mon cher ami, mon sort est changé, et j’ai assisté aux derniers moments d’un roi, à son agonie, à sa mort. En parvenant à la royauté, je n’avais pas besoin assurément de cette leçon pour être degoûté de la vanité des grandeurs humaines.“ Zwei Jahre später: „Je m’imagine que Dieu a créé les ânes, les colonnes doriques et nous autres rois, pour porter les fardeaux de ce monde.“ 1759: „Plus on vieillit et plus on se pérsuade que sa sacré majesté le Hasard fait les trois quarts de la besogne de ce misérable univers.“ Ferner: „Croyez-vous qu’il y ait du plaisir à mener cette chienne de vie? ... l’homme restera, malgré les écoles de philosophie la plus mechante bête de l’univers.“ 1760: „Tout homme à une bête féroce en soi; peu savent l’enchaîner, la plupart lui lâchent le frein lorsque la terreur des lois ne les retient pas.“ 1770 hat Voltaire ihm gegen den Atheismus gepredigt; Friedrich läßt in seiner Antwort durchblicken, daß er das atheistische Système de la nature billige; seine Maxime sei aber d’attendre que le siècle soit assez éclairé pour qu’on puisse impunément penser tout haut. 1777: „Il y a un lévin de férocité dans le cœur de l’homme, qui réparaît souvent quand on croit l’avoir détruit. Ceux que les sciences et les arts ont décrassés sont comme ces ours, que les conducteurs ont appris à danser sur les pattes de derrières; les ignorants sont comme les ours qui ne dansent point.“ Und im vorletzten Briefe: „Si l’on ne vole point, si l’on n’assassine point, c’est qu’on est sûr d’être incontinent découvert et saisi.“

Die Timon-Stimmung Friedrichs war den Zeitgenossen wohl bekannt. Kant wünscht allerdings lieber Belachen als Verachtung, will eher Torheit als Bosheit in dem Charakterzuge unserer Gattung hervorstechen finden, da er am Schlusse seiner Anthropologie eine bitterböse Äußerung Friedrichs zum besten gibt. Als Sulzer in einem Gespräche über Erziehungsfragen das Rousseausche Schlagwort vorbrachte, daß der Mensch von Natur gut sei, sagte der König: „Ah, mon cher Sulzer, vous ne connaissez pas assez cette maudite race, à laquelle nous appartenons.“ Mit philologischer Akribie stelle ich fest, daß die Worte in Nicolais Anekdotensammlung etwas anders lauten: „Vous ne connaissez pas comme moi“ usw.

Man müßte zu den finstersten Feinden des Menschengeschlechts greifen, zu Hobbes oder zu Swift, um vor Schopenhauer so viel Pessimismus beieinander zu finden wie in den Briefen Friedrichs; dazu wird man das Gefühl nicht los, daß Friedrich noch unterdrückt und seine Timon-Stimmung selbst Voltaire gegenüber nur selten und nicht laut ausbrechen läßt. Dieser Pessimist nun ist nicht Literat von Profession, will als König, auch wenn er es könnte, keine Umsturzwerke schreiben. Er will *minieren*. Er ist Herr einer Akademie, die der Begründer des Optimismus ins Leben gerufen hat. Auf den Universitäten seines Reiches wird immer noch die Philosophie dieses Leibniz als die einzige Philosophie gelehrt. Da ist es an der Zeit, eine Preisfrage zu stellen, die die Welt zwingen wird, die Berechtigung des Optimismus zum ersten Male gründlich zu prüfen. Friedrich hätte gewiß dem Worte Schopenhauers zugestimmt, der Optimismus sei eine ruchlose Weltanschauung. Die Gelehrten, die sich um den Preis bewarben, verstanden die Bedeutung der Frage wohl nicht ganz.

IV.

Zur Zeit der Preisfrage war als Vertrauter oder als Vertrauensmann des Königs Maupertuis Präsident der Akademie. Dessen Todfeindschaft gegen Voltaire (Voltaire wäre gern selbst Präsident der Akademie geworden und schrieb mit darum ein infam witziges Pamphlet gegen Maupertuis, das Friedrich heimlich belachte und öffentlich verbrennen ließ) verhinderte ihn aber nicht, im großen ganzen in den Fragen nach den letzten Dingen mit Voltaire übereinzustimmen. Vielleicht doch nicht ganz mit dem König. Friedrich war Skeptiker, wenn es je einen gegeben hat. Ein Schüler Pierre Bayles. Staatsraison brachte ihn dazu, seinen Atheismus mehr und mehr für sich zu behalten und am Ende seines Lebens eine geläuterte Religion, womöglich ohne Pfaffen, den Deismus der Engländer und Voltaires zu unterstützen. Der Deismus sollte das Nationalgericht des deutschen Volkes werden. Der Skeptiker Friedrich bekannte sich zu keinem bestimmten philosophischen System; Literatur, Königspflichten, Kriege und Musik hatten seine Zeit doch zu sehr in Anspruch genommen, als Philosoph hielt er zu viel von den Alten, von Cicero und Marc Aurel, als daß er das Neue hätte studieren können; der große Fritz kannte die großen fritzischen Geister so gut wie gar nicht, Kant ebenso wenig wie Lessing und Goethe. Und der Gegensatz zwischen den neueren Engländern auf der einen Seite, dem alten Wolf und dem toten Leibniz auf der anderen Seite interessierte den Skeptiker wohl gar nicht. Für Maupertuis und seine Leute war aber dieser Gegensatz von der größten Wichtigkeit. Heute können wir rückblickend sagen, daß beide Personengruppen, die Nachfolger von Leibniz und die Nachfolger von Locke, nacheinander an dem mitgearbeitet haben, was man lange genug rühmend die *Aufklärung* und dann verächtlich Aufklärerei oder gar Aufkläricht genannt hat. Um 1750 sah man das Gemeinsame noch nicht, konnte nur die Unterschiede sehen. Im Vernichtungskampfe gegen die Kirche schienen die Engländer bessere Bundesgenossen als die beiden deutschen Philosophen. Dazu kamen noch menschliche Reibungen, Absichten und kleine Niedrigkeiten. Der altgewordene Wolf und der altgewordene Gottsched kämpften um ihre Rühmlein, Gottsched beinahe männlicher als Wolf. Zu alt zum Umlernen, mußten sie ihren Leibniz verteidigen, wenn sie nicht mit ihm zu den Toten geworfen werden wollten. Unter den Positionen von Leibniz war aber keine so schwach als sein Lehrgebäude des Optimismus. Klugheit und Temperament (Maupertuis[1]) und Friedrich waren Pessimisten und wiederholten gern: la somme des maux surpasse celle des biens, ließen Maupertuis vor allem diese Position angreifen; und der Kampf entbrannte von dieser Stelle aus. Die Gruppen, die sich schon in dem Duell Voltaire-Maupertuis gebildet hatten, hielten auch im Streite um den Optimismus zusammen. Es ist sogar wahrscheinlich, daß des Mathematikers König Eintreten für die Monadenlehre, für Leibniz und Wolf, der erste Anlaß zu dem Akakiaskandal, zum Zorne Maupertuis' und zu dem Zwist zwischen Friedrich und Voltaire gewesen war.

Harnack, dessen Darstellung (I, 304—465) ich natürlich folge, spricht es nicht klar aus, daß auch die Preisfragen der Akademie vom Könige diktiert waren. Die Schärfe der Tendenz scheint denn doch über die Kraft von Maupertuis hinauszugehen, wenn auch die Tendenz nicht über seine Meinung. Aber ein gewisses Versteckenspielen sowohl der Monadenlehre wie dem Optimismus gegenüber mag freilich darauf zurückzuführen sein, daß der „Papst der Akademie" (so nannte Friedrich einmal seinen Präsidenten) auf beide Parteien Rücksicht nehmen mußte.

Die Frage von 1753 (für 1755) lautete: „On demande l'examen du système de Pope, contenu dans la proposition: Tout est bien. Il s'agit: 1. de déterminer le vrai sens de cette proposition, conformément à l'hypothèse de son auteur. 2. De la comparer avec le système de l'optimisme, ou du choix du meilleur, pour en marquer exactement les rapports et les différences. 3. Enfin d'alléguer les raisons qu'on croira les plus propres à établir ou à détruire ce système."

Man weiß jetzt, wie menschlich es bei der Abstimmung zugegangen ist: daß die Entscheidung gegen den Optimismus nur durch Umfall eines Leibnizianers ermöglicht wurde. Einerlei: die französische Akademie des preußischen Königs unter dem französischen Präsidenten Maupertuis hatte der Verurteilung zugestimmt, die nach der Anschauung nicht nur der alten Herren eine Verurteilung des Idealismus und der Religion war. Wir finden erlauchte Namen unter den Männern, welche nachher die Partei von Leibniz gegen

[1]) Maupertuis wagte sich in seiner sonst zahmen Dissertation: „Sur l'existence de Dieu" bezüglich des Optimismus weit genug vor: „Si l'on examine cette proposition (que tout ce qui est, est bien) sans supposer auparavant l'existence d'un être tout-puissant et tout-sage, elle n'est pas soutenable. Si on la tire de la supposition d'un être tout-sage et tout-puissant, elle n'est plus qu'un acte de foi."

die Akademie nahmen: Lessing und Kant.

Bevor wir uns aber den Schriften dieser beiden zuwenden, noch ein Wort über die preisgekrönte Arbeit selbst und über einige namenlose Nebenarbeiten, die in der Ausgabe mit abgedruckt sind.

Den Preis erhielt — wie gesagt — A. F. Reinhard, Sécrétaire de Justice de S. A. M. le Duc de Mecklenburg-Strelitz. Die Abhandlung ist in französischer Sprache geschrieben oder doch veröffentlicht; in einem fragwürdigen Französisch, das Wörter bringt wie *praelection* (Vorlesung) und *finitude*. Reinhard stellt sich auf den Boden des halbvergessenen Crousaz, der scharf gegen Leibniz geschrieben hatte, aber auch gegen die Skeptiker, obgleich er wohl im Herzen selbst ein Skeptiker war. Auch Reinhard ist kein ganz starker Geist; er versucht das Spiel zu verlachen, das Leibniz mit den Begriffen Freiheit und Notwendigkeit treibt (S. 38: „jusqu'à quand nous laisserons-nous éblouir par des mots vides de sens?"), arbeitet aber mit den Begriffen perfection und bonté de Dieu und schließt sogar (S. 48) mit einem frommen Blick ins Jenseits. Ist dabei so wenig scholastisch, daß er den Begriff der Freiheit mit la plupart des philosophes modernes zu verwerfen scheint, daß er ganz fein mit Epikur für möglich hält, die Figur eines Vierecks könnte ebenso parfaite sein wie die des Kreises. Mit der Metaphysik Reinhards, daß nämlich unter der Vollkommenheit der Welt ihre Realität verstanden werden könnte, haben die Preisrichter wohl ebenso wenig anzufangen gewußt wie ich. Wir werden noch sehen, wie Kant in diesen Gedanken einhakte. Aber am Ende seiner Ausführungen gibt Reinhard seine eigene Meinung gegen Leibniz, trotz der antinomischen Form, deutlich und kräftig zu verstehen: „Le Monde le plus parfait absolument de tous les possibles, est une Chimère" (S. 44) „l'homme doit être content de son état puisque Dieu ne lui doit rien" (S. 46), „ces motifs de consolation et de tranquillité tirés du système de l'optimisme sont aussi vague qu'incapable de nous soulager des maux que nous souffrons. Quelle consolation que de savoir que nous sommes malheureux par ce que le bien des autres êtres et la constitution de l'Univers le demandent! . . . c'est se moquer de moi que de me donner de telles consolations" (S. 47). Formey, noch weit mehr vergessen als Crousaz, spielte eine Rolle bei der Zuerkennung des Preises, und Formey war ein Anhänger von Crousaz. Kleine Menschen entschieden über große Prinzipien.

Hinter der Preisschrift sind einige von den andern Arbeiten mit abgedruckt, die alle auf die Worte von Leibniz schwören und mit ihrem Nachmittagspredigerton die Wage nicht leicht ins Schwanken bringen konnten. Ein französischer discours (Nr. 6) beginnt mit dem Satze: Mit dieser Frage der Akademie hätten sich von Moses bis Pope alle großen Genies beschäftigt. Eine deutsche Abhandlung (Nr. 3) zitiert für die

Konkurrenz der Académie royale des sciences et belles lettres de Prusse den Pope nur in einer französischen Übersetzung, stellt sich mit beiden Füßen auf den Standpunkt der Theodicee, unterstützt ihre Gründe aber mit einem nicht übeln und unakademischen Vergleiche (S. 19): „Man setze, ein Herr, der Seltenheiten liebet, nimmt zur Verfertigung eines sonderbaren Kunststücks einen Meister an, der würklich der allergeschickteste dazu ist, und es vollkommner, als irgend ein Anderer, machen kann, auch in der Tat so machet ... Nun setze man ferner, daß dieser Künstler, bey seiner Arbeit, des Vormittags etwa immerfort pfeift oder singt; des Nachmittags hergegen sehr starck Taback raucht, und mithin zum Öftern einige Minuten auf die Füllung und Anzündung seiner Pfeiffe verwendet.“ Da finde sich, wie in der Welt, an dem bestmöglichen Mittel etwas, das zu dem Zwecke nichts beiträgt oder gar hinderlich sei.

Lessings Beantwortung der Preisfrage ist kein Meisterstück geworden, schon darum nicht, weil die Abhandlung „Pope ein Metaphysiker!“ in Gemeinschaft mit dem subalternen Mendelssohn verfaßt wurde und weil gerade die Verteidigung des Optimismus gegen die Akademie offenbar von Mendelssohn herrührt. Aber die Tatze Lessings ist dennoch dort zu spüren, wo die ganze Fragestellung der Akademie an den Pranger gestellt wird. „Wenn ich der Akademie andere Absichten zuschreiben könnte, als man einer Gesellschaft, die zum Aufnehmen der Wissenschaften bestimmt ist, zuschreiben kann, so würde ich fragen, ob man durch diese befohlene Vergleichung mehr die Popeschen Sätze für philosophisch oder mehr die Leibnizischen Sätze für poetisch habe erklären wollen“ (18, S. 48). Lessing, dem es dabei nur um eine Rettung von Leibniz zu tun war, griff zunächst nur das schlaue Spiel an, das Leibniz treffen wollte und Pope vorschob. Lessing war so gut fritzisch wie der junge Goethe; aber die Niedrigkeiten der akademischen Menschen sah er näher und besser, als wir sie aus den Urkunden erkennen können, sah sie mit der Bitterkeit des zurückgestoßenen Magisters (später erst wurde er, und ohne Vorwissen des Königs, zum Mitglied ernannt), sah die Einseitigkeit von Friedrichs Genialität und kam so zu seinem harten Urteile über die berlinische Freiheit zu denken und zu schreiben: „sie reduziert sich einzig und allein auf die Freiheit, gegen die Religion so viele Sottisen zu Markte zu bringen, als man nur will.“ So ist die Antwort Lessings eine Verurteilung der Akademie, nicht eine Verurteilung des Optimismus. Lessing war damals noch ein Anhänger von Leibniz, wenn er es nicht eigentlich sein Leben lang geblieben ist. Er war imstande, auch da der Erste in Deutschland, Spinozas Größe zu erkennen, aber Spinozas Resignation, Spinozas Ablehnung aller Wertmaßstäbe, also auch des Optimismus, war ihm doch nicht in Fleisch und Blut übergegangen.

Auch Kant hat kein Meisterwerk

geschrieben, da er 1759 den „Versuch einiger Betrachtungen über den Optimismus“ als Ankündigung seiner Vorlesungen für das nächste Semester herausgab. Da in dieser kleinen Schrift in einem wichtigen Punkte gegen Reinhards Preisschrift polemisiert wird, so ist es nicht genau richtig, wenn Harnack (I, 410) sagt, Kants Name trete 1763 zum erstenmal in Verbindung mit der Akademie auf, damals nämlich, als Kant und Mendelssohn sich um den Preis für die Frage bewarben: „Sind die metaphysischen Wissenschaften derselben Evidenz fähig wie die mathematischen?“ — als die Akademie dem glatten Mist von Mendelssohn den Preis zuerkannte, der gewaltig ausholenden Abhandlung von Kant, die dem Dogmatismus der Wolfschen Philosophie einen tödlichen Streich versetzt hat, nur das Accessit.

Kants logische Verteidigung des Optimismus richtete sich also nicht bloß gegen die orthodoxe Theologie, wie eine Briefstelle von ihm angibt, sondern auch gegen die Tendenz der Berliner Akademie. Kant war damals noch nicht der Kant der Vernunftkritik. Er las in jenem Semester: Logik, wie gewohnt „über Meyern“, Metaphysik und Ethik „über Baumgarten“, reine Mathematik und die mechanischen Wissenschaften nach Wolf und dazu „die physische Geographie über die eigene Handschrift“. Der deutsche Professor alten Stils, während in Frankreich und England Staatsmänner Philosophie treiben und Philosophen schon zur Leitung des Staates berufen werden. Eine kleine Welt, aus der heraus Kant später seine zermalmenden Gedanken spann, aus der heraus er schon damals mit einer frühen Spur Kantischen Scharfsinns den Begriff der *Vollkommenheit* untersuchte. Das Verhältnis der Begriffe *Vollkommenheit* und *Realität*, das Reinhard gestreift hatte, reizt Kant zu einer vorläufig nur formalen Untersuchung. „Diese Betrachtung ist abstrakt und würde wohl einiger Erläuterungen bedürfen, welche ich aber anderer Gelegenheit vorbehalte“ (W. II. 31). Kantforscher mögen untersuchen, ob Kant nicht in der Hypothese, Vollkommenheit sei Realität, schon damals die Mausefalle des ontologischen Gottesbeweises erkannte, ob er seinen Gegenbeweis nicht schon in den angeführten Worten angekündigt hat. Die logischen Schnitzer der theologischen und der materialistischen Gegner des Optimismus, dazu sein gläubiges Herze, bringen ihn dazu, sich auf die Seite des alten Optimismus zu schlagen und sich „bei den Feinden“ nicht länger aufzuhalten. Aus gläubiger Seele schreit er auf: „Ich rufe allem Geschöpfe zu, welches sich nicht selbst unwürdig macht, so zu heißen: heil uns, wir sind! und der Schöpfer hat an uns Wohlgefallen. Unermeßliche Räume und Ewigkeiten werden wohl nur vor dem Auge des Allwissenden die Reichtümer der Schöpfung in ihrem ganzen Umfange erschöpfen, ich aber aus dem Gesichtspunkte, worin ich mich befinde, bewaffnet durch die Einsicht, die meinem schwachen Verstande verliehen ist, werde um mich schauen, so weit ich kann, und immer mehr einsehen lernen: *daß das Ganze das Beste sei und alles um des Ganzen willen gut sei.*“

V.

Man achte nun darauf, wie weit Friedrich mit seiner Abkehr vom Optimismus und mit der Preisfrage seiner Akademie der deutschen Welt vorausgewesen sein muß, wenn niemand aus der revolutionären, neuen Generation, wenn weder der Erneuerer der deutschen Poesie, noch der Erneuerer der Philosophie ihm zu folgen vermochten. Nun will ich nicht in den Fehler verfallen, der an aller Geschichtsschreibung der verführerischste ist: die Bedeutung eines einzelnen Datums zu übertreiben und zu überschätzen. Zum Umsturz der christlichen Weltordnung haben natürlich andere Faktoren mehr und sichtbarer beigetragen als die Preisschrift der Berliner Akademie von 1755. Die englische Philosophie mit ihrem Psychologismus war es, die erst eine erkenntnistheoretische, eine sprachkritische Behandlung der sogenannten letzten Fragen möglich machte, die erst Erkenntnistheorie an die Stelle setzte, die vorher durch tausend Jahre der christliche Glaube eingenommen hatte. Es war aber doch nichts Kleines, daß der Atheist auf dem Throne, der schon damals die Welt auch durch seine Siege verblüfft hatte, auf geistigem Gebiete Wort hielt und nicht nur ein Beschützer sondern ein Führer der Freidenker wurde.

Leugnen will ich nun doch nicht, daß ein Zufall mich verlockt hat, die Folgen jener Preisschrift von 1755 genauer zu betrachten. Das Jahr 1755 ist entscheidend für die Geschichte der abendländischen Weltanschauung durch Ereignisse, die mit der Preisschrift der Akademie freilich keinen ursächlichen Zusammenhang haben. Im Jahre 1755 erschien Kants „Allgemeine Naturgeschichte und Theorie des Himmels oder Versuch von der Verfassung und dem mechanischen Ursprunge des ganzen Weltgebäudes, nach Newtonischen Grundsätzen abgehandelt“. Anonym, trotzdem dem Könige gewidmet. Entsetzlich byzantinisch gewidmet. Daß Friedrich Wetteifer mit andern Nationen wünsche, wird betont. Friedrich hat das Buch wahrscheinlich nicht zu Gesicht bekommen. Die Zeitgenossen haben das Buch, dessen Verleger bald nach dem Erscheinen Bankerott machte, nicht gelesen. Noch Laplace wiederholte 40 Jahre später die Kantsche Theorie, ohne Kant zu nennen, vermutlich ohne ihn zu kennen. Erst im zweiten Drittel des 19. Jahrhunderts gewann die Theorie, die man jetzt die Kant-Laplacesche nannte, ihre Weltbedeutung. Und sie wird ihr bleiben, wenn auch die Angriffe, die eben wieder gegen sie erfolgen, aus mechanischen Gründen richtig sein sollten. Die Rechnung wird anders ausfallen, in Kleinigkeiten wie der Frage nach der Zusammensetzung des Stoffes, die Ableitung von einem mechanischen Ursprunge wird nicht gestürzt werden, insoweit es sich nur um die Bewegungsfrage handelt.

Unmittelbarer wirkte das andere

Ereignis von 1755, das reale Erdbeben, das just am Tage Allerheiligen (der Umstand blieb nicht unbemerkt) die Stadt Lissabon zerstörte und viele zehntausend Menschen fast in einem Augenblicke tötete, zerriß oder in die Flammen warf. Es lag kein vernünftiger Grund vor, gerade dieses furchtbare Unglück zu einer Gegeninstanz gegen Gott und den Optimismus zu machen. Das Mittelalter war durch Pest und Krieg nur noch frommer geworden. Aber das Erdbeben von Lissabon traf die Zeitgenossen von Voltaire und Friedrich, und die Wirkung war ungeheuer. „Wir haben keinen guten Vater im Himmel" antwortete die Menschheit vom Mittelmeer bis nach Skandinavien. Wer sich in der Literatur dieses Ereignisses umgesehen hat, der wird mein Urteil nicht für unüberlegt halten, daß seit der Kreuzigung Jesu Christi keine Tatsache für die abendländische Menschheit so folgenreich wurde wie dieses Erdbeben von Lissabon. Ich zitiere zunächst nur Goethe, der doch zur kritischen Zeit erst sechs Jahre alt war (Dichtung und Wahrheit, I. Buch): „Durch ein außerordentliches Weltereignis wurde die Gemütsruhe des Knaben zum erstenmal im Tiefsten erschüttert ... hierauf ließen es die Gottesfürchtigen nicht an Betrachtungen, die Philosophen nicht an Trostgründen, an Strafpredigten die Geistlichkeit nicht fehlen ... Ja, vielleicht hat der Dämon des Schreckens zu keiner Zeit so schnell und so mächtig seine Schauer über die Erde verbreitet. Der Knabe, der alles dieses wiederholt wahrnehmen mußte, war nicht wenig betroffen. Gott, der Schöpfer und Erhalter Himmels und der Erden, den ihm die Erklärung des ersten Glaubensartikels so weise und gnädig vorstellte, hatte sich, indem er die Gerechten mit den Ungerechten gleichem Verderben preisgab, keineswegs väterlich bewiesen." So schrieb noch der abgeklärte Goethe mehr als 50 Jahre nach dem Ereignis, das doch dem Kinde nur wie das ferne Sausen in einer Muschel, die man ans Ohr hält, zum Erlebnis geworden sein konnte. Leidenschaftlicher klangen die Rufe erwachsener Zeitgenossen. Eine Zusammenstellung aller Schriften und Briefstellen aus den Monaten nach dem Erdbeben wäre eine Anklageliteratur von ganz anderer und prinzipiellerer Art als die, die vor nun 30 Jahren ihre Waffen von Schopenhauer borgte.

Eine Ausnahmestellung nimmt Kant ein. Auch er ist aufs äußerste erregt, aber der jugendliche Magister, der eben für sich allein die neue Kosmogonie geschaffen hat, schaut auf das Entsetzen mit der Ruhe eines Weltbaumeisters. In einer großen Abhandlung und in zwei gründlichsten Zeitungsaufsätzen (vom Januar bis zum April 1756) will er die Ursachen des Erdbebens untersuchen und womöglich die bösen Folgen künftiger Erdbeben abschwächen. Keine Anklage gegen die Vorsehung. „Große Begebenheiten, die das Schicksal aller Menschen betreffen, erregen mit Recht diejenige rühmliche Neubegierde, die bei allem, was außerordentlich ist, aufwacht und nach den Ursachen derselben zu fragen pflegt". Nur keine blinde Unterwerfung unter die Härte des Schicksals. „Wenn man frägt, ob auch unser Vaterland Ursache habe, diese Unglücksfälle zu befürchten, so würde ich, wenn ich den Beruf hätte die Besserung der Sitten zu predigen, die Furcht davor um der allgemeinen Möglichkeit willen, die man freilich hierbei nicht in Abrede sein kann, in ihrem Werte lassen." Wenn er also ein Pfaffe wäre, so würde er den Schrecken vor einem Erdbeben zur Einprägung der Frömmigkeit benützen; er will aber nur dem Erdbeben seine Geheimnisse ablauschen, um den Menschen zu nützen. Nicht eine furchtbare Schilderung geben. „Eine solche Erzählung würde rührend sein, sie würde, weil sie eine Wirkung auf das Herz hat, vielleicht auch eine auf die Besserung desselben haben können. Allein ich überlasse diese Geschichte geschickteren Händen. Ich beschreibe hier nur die Arbeit der Natur." Selbst von dem Nutzen der Erdbeben wagt er zu sprechen. „Man wird erschrecken, eine so fürchterliche Strafruthe der Menschen von der Seite der Nutzbarkeit angepriesen zu sehen . . . so sind wir Menschen geartet. Nachdem wir einen widerrechtlichen Anspruch auf alle Annehmlichkeiten des Lebens gemacht haben, so wollen wir keine Vorteile mit Unkosten erkaufen . . . Als Menschen, die geboren waren, um zu sterben, können wir es nicht vertragen, daß einige im Erdbeben gestorben sind . . . Wir wissen, daß der ganze Inbegriff der Natur ein würdiger Gegenstand der göttlichen Weisheit und seiner Anstalten sei, wir sind ein Teil derselben und wollen das Ganze sein." Ich kann Kant für diesmal nicht verlassen, ohne noch einen Satz feinster Weisheit abzuschreiben: „Die Natur entdeckt sich nur nach und nach. Man soll nicht durch Ungeduld das, was sie vor uns verbirgt, ihr durch Erdichtung abzuraten suchen, sondern abwarten, bis sie ihre Geheimnisse in deutlichen Wirkungen ungezweifelt offenbart." Der Forscher Kant hat fast seine Freude am Erdbeben; wie ein Entomologe an einem neuen Insekt.

Die geschickteren Hände, denen Kant die rührende Geschichte überlassen wollte, waren bereit. Voltaire, der Advokat aller unschuldig Verfolgten, erhob seine Stimme für die Opfer des Erdbebens von Lissabon. Zuerst unmittelbar nach dem Ereignis in einem schwerfälligen Lehrgedicht mit Vorwort und Anmerkungen, dann in dem unvergleichlichen und unsterblichen Candide. Das Gedicht ist betitelt „Poème sur le désastre de Lisbonne ou examen de cet axiome: tout est bien." Der Angriffspunkt ist also wieder wie für die Preisaufgabe der Berliner Akademie Popes: all is right. Zur Probe nur einige Alexandriner, die damals rasch berühmt wurden:

„Philosophes trompés, qui criez tout est bien."
. . . „Lisbonne qui n'est plus eut-elle plus de vice
Que Londres, que Paris plongés dans les délices?

Lisbonne est abymée, et l'on danse à Paris."
...„Tout est bien, dites-vous, et tout est nécessaire,
Quoi? L'univers entier sans ce gouffre infernal,
Sans engloutir Lisbonne, eût il été plus mal?"
..,„Je respecte mon Dieu, mais j'aime l'univers."
...„Il le faut avouer, le mal est sur la terre."
..„N ul ne voudrait mourir, nul ne voudrait rénaître."
...„Je suis comme un docteur; hélas! je ne sais rien...
La balance à la main, Bayle enseigne à douter.
Assez sage, assez grand pour être sans système,
Il les a tous détruits et se combat lui-même."

Viel prosaischer ist auch das Vorwort nicht. Der Grundsatz tout est bien hätte auch den Frommen nicht gefallen. Wäre alles gut, so wäre es falsch, von einem Abfall der menschlichen Natur zu sprechen. Wäre die menschliche Natur nicht verderbt, so hätte sie keinen Erlöser nötig gehabt. Auch als Fatalismus wurde der Optimismus angegriffen. Voltaire erklärt sich nach dem Erdbeben gegen den Optimismus: „Le mot tout est bien ... n'est qu'une insulte au douleur de notre vie" („ruchlose Weltanschauung").

Glücklicherweise hat es Voltaire bei diesem Lehrgedicht nicht genug sein lassen. Er veröffentlicht drei Jahre später das Meisterwerk, in dem er sich zu einer Größe aufrichtet, die kaum ihresgleichen hat. Wucherer, Schmeichler, Lügner, meinetwegen; es ist schwer, Voltaire ganz zu lieben. Aber er hat den Candide geschrieben, gegen den selbst die großen Possen von Aristophanes Späße eines Kleinstädters sind. Die älteste Frage der Menschen, die nach dem Glück, mit einem Gelächter beantwortet, wie es nie vorher und nie nachher gelacht worden ist. Montaigne, Swift selbst hat dieses menschenkindliche Lachen nicht gehabt; übermenschlich traurig der eine, unmenschlich bitter der andere. Weil D. F. Strauß in seinem sonst vorzüglichen Voltaire-Buch den Candide fast aus Erbarmen lobt, ihn für schwächer hält als sein Ruhm ist, möchte ich mich zu dem kleinen Buche bekennen, das an Wirkung die große Revolution hätte aufwägen können, wenn es nach Gebühr von der abendländischen Menschheit verstanden und immer wieder gelesen worden wäre. „Candide ou l'Optimisme, traduit de l'Allemand de Monsieur le docteur Ralph." Das Erdbeben von Lissabon, das im 5. Kapitel kurz behandelt wird, ist nicht mehr als andere Scheußlichkeiten des Menschenerlebens. Der Optimismus selbst wird vor Gericht gestellt, mit grimmiger Schonungslosigkeit, nicht mehr mit der theologischen Vorsicht des Poème's und des Vorworts. Die Theodicee, die Philosophie von Leibniz, das noch herrschende System wird mit ungeheurem Hohn überschüttet. Keine Figur des Romans ist so unheimlich grotesk wie die des optimistischen Philosophen Pangloss. Man hat immer gefühlt und gewußt, daß Leibniz persönlich gemeint sei. Aber niemand scheint bis jetzt gemerkt zu haben, daß der Name Pangloss auf Leibnizens lebenslange Versuche sich beziehe, eine Universalsprache zu erfinden, eine Pasilingua. Auch die Stelle im 30. Kapitel: „Pangloss fit un beau mémoire par lequel il prouvait que le baron n'avait nul droit sur sa sœur, et qu'elle pouvait selon toutes les lois de l'empire épouser Candide de la main gauche —" geht direkt gegen Leibniz, den Rechtskonsulenten der deutschen Fürsten. Direkt gegen Leibniz geht auch im 4. Kapitel die Aufsuchung der raison suffisante, durch die Pangloss die Syphilis erlangt hätte. Nicht die Krankheit, die ist infame Erfindung, aber die Benützung des zureichenden Grundes für die historische Darstellung. „Paquette (das Kammerkätzchen) tenait ce présent d'un cordelier très-savant qui avait remonté à la source, car il l'avait eu d'une vieille comtesse, qui l'avait reçu d'un capitaine de cavalerie, qui le devait à une marquise, qui le tenait d'un page, qui l'avait reçu d'un Jésuit, qui étant novice l'avait eu en droite ligne d'un des compagnons de Christophe Colomb. Pour moi, je ne le donnerai à personne, car je me meurs."

Ich gebe keine Proben der Bosheiten gegen den Optimismus. Candide ist nicht veraltet. Jedermann kann ihn lesen. Das Lachen Voltaires, ein unheiliges Lachen, hatte den Optimismus getötet. Und weil die Menschen immer ein Schlagwort haben müssen, um das Leben, das sie leben, nebenbei zu beschwatzen, wurde die Leere, die das Erdbeben von Lissabon und Voltaire geschaffen hatten, durch das Wort *Pessimismus* ausgefüllt. Durch das System des pedantischen Pessimismus. Bevor ich mich diesem Teil der Wortgeschichte zuwende, muß ich aber noch dreier Männer gedenken, von denen der Franzose und der Irländer ansteckend wirkten durch ihren Stimmungspessimismus, der Deutsche widerrechtlich für den pedantischen Pessimismus in Anspruch genommen worden ist; ich meine natürlich Rousseau, Swift und Kant.

VI.

Fast in gleicher Weise wie Voltaire das Denken seiner Zeit, hat Rousseau das Fühlen seiner Zeit beeinflußt; mit seinem Hasse der Kultur und der Konvention, mit seiner Sehnsucht nach einem paradiesischen Naturzustande der Menschheit. Man könnte aus Rousseaus Anklage gegen die kultivierte Menschheit einen ganzen Katechismus des Pessimismus zusammenstellen. Aber eine solche Arbeit wäre eine Fälschung. Rousseau war ein Weltverbesserer und mußte als solcher ein unverbesserlicher Optimist sein und bleiben. Nur die Menschen seiner Zeit waren schlecht, wurden von einem wachsenden Verfolgungswahn gesehen und geschildert; die Menschen einer Urzeit waren gut gewesen, und die Menschen der Zukunft, einer nahen Zukunft, würden wieder gut sein. Man hört die Glocken der großen Revolution läuten. Auch Robespierre, der fanatische Schüler Rousseaus, war ein Weltverbesserer. Die Menschen müssen gut und glücklich werden, und wenn man ihnen allen die Köpfe herunterschlagen müßte. Die Glocken der großen Revolution klingen fromm optimistisch.

In einem langen offenen Briefe über das Erdbebengedicht (vom 18. August 1756) hat sich Rousseau, verbissen und geschmeidig, mit Voltaire auseinandergesetzt. Immer innerlicher und leidenschaftlicher als Voltaire, weiß Rousseau, wie eng die Frage nach dem Übel in der Welt mit dem Glauben an eine Vorsehung und an eine unsterbliche Seele (que j'ai le bonheur de croire) verknüpft ist. Rousseau schwatzt ein wenig. Aber wie so oft erhebt er sich in glücklichen Augenblicken über seinen Glockenturm, über die Kreuzblume, fast über das Denken der damaligen Menschen. Der Naturanbeter findet es absurd, daß man von dem bißchen Erdbeben von Lissabon so viel Aufhebens mache. Die Natur kümmere sich um so was nicht. Nur Menschen regen sich über eine zerstörte Stadt auf. Erdbeben kommen in Wüsten ebenso zu stande wie in großen Städten. Mais nous n'en parlons point parce qu'il ne font aucun mal aux Messieurs de Ville, les seuls hommes dont nous tenions compte ... serait-ce donc à dire, que l'ordre du monde doit changer selon nos caprices, que la nature doit être soumise à nos lois, et que pour lui interdire un tremblement de terre en quelque lieu, nous n'avons qu'à y bâtir une ville? Und zu der unmenschlichen Hoheit eines Spinoza erhebt er sich, da er weiter sagt: „Vous dites que nul être connu n'est d'une figure précisément mathématique; je vous demande, monsieur, s'il y a quelque figure possible qui ne le soit pas, et si la courbe la plus bizarre n'est pas aussi regulière aux yeux de la nature, qu'un cercle parfait aux nôtres.

Swift, der wildeste Menschenhasser, der je den Menschen Bücher hinterlassen hat, ist kein Weltverbesserer. Er glaubt nicht an die Vergangenheit und nicht an die Zukunft. Ein schamloser Egoist, käuflich, wohl auch böse. Er schickt sich an, ein Reisemärchen zu schreiben, und er findet Worte des Hohns für die armen Menschen, gegen die das bloße Schimpfen von Timon naive Expektoration ist. Ich erinnere nur an zwei Stellen: in dem Reiche der edeln Pferde sind die Menschentiere, die Yahoos, die einzigen, welche krank werden; in der Sprache der Pferde wird die Krankheit (wie alles Schlechte und Ekelhafte) das Yahoo-Übel genannt, „und die Arznei dagegen ist eine Mixtur von des Tieres eigenem Kot und Urin, welche man ihm mit Gewalt einschüttet. Ich habe öfters gesehen, daß diese Arznei die gewünschte Wirkung getan, und empfehle sie daher zum allgemeinen Besten meinen lieben Landsleuten." Und da er nach langem Aufenthalte bei den edlen Pferden Frau und Kinder wiedersieht, erregt ihr Anblick Haß, Ekel und Verachtung bei ihm. Ein Kuß seiner Frau läßt ihn in Ohnmacht fallen. „Das erste Jahr konnte ich die Gegenwart meiner Frau und Kinder nicht ausstehen; der bloße Geruch von ihnen war mir unerträglich.“ Swift hat nur einzelne Menschen beeinflußt, die so glücklich waren, die Stimmung eines solchen Ekels vor den Menschen gelegentlich in Verse bringen zu können, sich aber sonst das Zusammensein bei Tag und Nacht nicht trüben zu lassen. Swift hat keine Schule gegründet. Die Reisen des Kapitäns Lemuel Gulliver haben ihre weiteste Verbreitung als ein kastriertes Kinderbuch gefunden.

Kant, auf den sich zu berufen jetzt zum guten Tone aller Schulen gehört, Kant, den Erfinder und Begründer des siegreichen kategorischen Imperativs der freudigen Pflicht, zum „Vater des modernen Pessimismus“ zu machen, war dem Nähr- und Adoptivvater dieses Pessimismus vorbehalten, dem Abstraktionsvirtuosen Eduard von Hartmann. Mit seinen Terminis ließe sich rechter Hand, linker Hand alles vertauschen. Swift wäre dann der Vater des moralischen Entrüstungspessimismus, und das wäre nicht ganz wahr. Rousseau wäre der Vater des evolutionistischen Pessimismus und des eudämonologischen Optimismus, und das wäre wieder nicht ganz wahr. Es ist aber gänzlich falsch, Kant für den Pessimismus in Anspruch zu nehmen. Dem systematischen Pessimismus widerspricht Kants Wesen und Ziel immer und überall. Richtig ist nur, daß Kant, je älter er wird und je mehr seine unerhörte architektonische Geisteskraft nachläßt — post hoc, nicht propter hoc —, Äußerungen von sich gibt, die sich auf die Bosheit der Menschen beziehen. Und es ist immerhin ein Verdienst von Hartmann, gegenüber dem populären Geschwätz, das Kant wie einen christelnden Sonntagsprediger hinstellt, bittere und grimmige Aussprüche des in der Jugend und dann wieder im Alter einsamen Mannes gesammelt zu haben. Er hat es getan in der Abhandlung „Kant als Vater des modernen Pessimismus“ (Zur Geschichte und Begründung des Pessimismus IV.) Die meisten Schriften Kants, die Hartmann anführt, sind aus seiner Spätzeit; Kant war müde, nicht ganz ohne Bitterkeit und hatte Rousseau stark auf sich wirken lassen; auch Swift zitiert er gern. Man erhält durch viele der angeführten Stellen ein realistischeres Bild von dem Menschenkenner Kant als aus seinen Jugendarbeiten. Dennoch ist es geradezu eine Fälschung zu nennen, natürlich die unbewußte Fälschung eines Monomanen, wenn Hartmann ihm immer wieder Begründung des Pessimismus unterschiebt, trotzdem Hartmann ganz gut weiß und es auch zugibt (S. 86), man würde das Wort Pessimismus bei Kant vergeblich suchen. Ich will eine gröbere Fälschung Kantscher Gedanken an einigen Stellen nachweisen.

Hartmann sagt im Sinne Kants (S. 66): „eine solche Glückseligkeitslehre ist eine unlösbare Aufgabe“; Kant aber sagt (Metaphysik d. Sitten 44.R.): „Die Imperativen der Klugheit seien nur Anratungen, die Aufgabe sicher und allgemein zu bestimmen, welche Handlung die Glückseligkeit befördern werde, sei völlig unauflöslich, mithin kein Imperativ in Ansehung derselben möglich." Kant äußert sich also hier gar nicht über das Ziel der Glückseligkeit, sondern unterscheidet nur zwischen dem Imperativ der Klugheit und dem Imperativ der Pflicht.

Hartmann (S. 68): „Das Prinzip der eigenen Glückseligkeit ist das gerade Widerspiel von dem der Sittlichkeit"; Kant (Prakt. Vernunft 147, R.): „Das gerade Widerspiel des Prinzips der Sittlichkeit ist, wenn das der *eigenen* Glückseligkeit zum Bestimmungsgrunde des Willens gemacht wird ... das Prinzip der Glückseligkeit kann zwar Maximen, aber niemals solche abgeben, die zu Gesetzen des Willens tauglich wären, selbst wenn man sich die *allgemeine* Glückseligkeit zum Objekte machte." Selbst das „gemeinste Auge" müßte also sehen: Kant leugnet hier nicht die Möglichkeit der Glückseligkeit oder der Lust, sondern will Menschenglück nur aus dem höheren Gebiete des Willens ausschließen. Daß Kant übrigens seine Moral nicht auf das Gefühl der Lust begründen wollte, das war schon vor Hartmann einigermaßen bekannt. Für Kant sind Sittlichkeit und Glückseligkeit disparate Begriffe. Glück und Sittlichkeit des Menschen stehen in keinem logischen und in keinem ursächlichen Zusammenhange. Hartmann zieht daraus den Schluß: wenn Glück nicht eine Folge von Sittlichkeit sei, so dürfe Glück aus moralischen Gründen überhaupt nicht sein; also sei der Pessimismus nach Kant eine unerläßliche Voraussetzung des moralischen Bewußtseins. Hartmann ist aber auch hier ehrlich genug, zuzugestehen, daß Kant diese greuliche Schlußfolgerung „in dieser präzisen Gestalt" nicht ausgesprochen habe.

Hartmann zitiert Kants „Versuch den Begriff der negativen Größen in die Weltweisheit einzuführen" (aus Kants vorkritischer Zeit von 1763), wo die Bilanz von Lust und Unlust, die Maupertuis gezogen hatte und die ungünstig ausgefallen war, wiedergegeben wird. Hartmann sagt: „Diesem Ergebnis vermag Kant damals noch nicht beizustimmen, aber doch nicht mehr aus optimistischer Voreingenommenheit, sondern weil er die Aufgabe aus technischen Gründen für unlösbar erachtet." Das bemerkt Kant allerdings nebenbei auch; aber er schließt mit den Worten, die Hartmann nicht anführt: „Der Kalkül gab diesem gelehrten Manne ein negatives Fazit, worin ich ihm gleichwohl nicht beistimme", d. h. deutlich: nicht aus technischen Gründen, sondern aus Überzeugung nicht beistimme (Ausgabe d. Akademie II, 182).

Auch das Verhältnis von Kant zu Rousseau wird schief dargestellt. Kant deutet Rousseau nur freundlicher, gesünder. „Rousseau wollte im Grunde nicht, daß der Mensch wiederum in den Naturzustand zurück*gehen*, sondern von der Stufe, auf der er jetzt steht, zurück*sehen* sollte" (Anthropologie Ak. VII, 326).

„Die Religion innerhalb der Grenzen der bloßen Vernunft" (1793) bietet in dem Abschnitt „Der Mensch ist von Natur böse“ für Hartmann reiche Ausbeute; Hartmann will übersehen, daß die stärksten Stellen Zitate aus pessimistischen Schriftstellern sind, eines sogar aus La Rochefoucauld, daß Kant diese Zitate selbst ein wenig spöttisch „eine lange melancholische Litanei von Anklagen der Menschheit“ nennt, daß bei Kant ein langer Abschnitt „von dem Sieg des guten Prinzips über das böse“ folgt. Und es ist nicht wahr, daß der Rat, das Auge vom Betragen der Menschen abzuwenden, um sein Wohlwollen nicht zu verlieren, Kants letzte Meinung sei. „Menschen zu fliehen, aus Misanthropie, weil man sie anfeindet, oder aus Anthropophobie, weil man sie als seine Feinde fürchtet, ist teils häßlich, teils verächtlich“ (Krit. d. Urteilskraft 136, R.). Und auf die Litanei selbst folgt die echt kantische, optimistische Lehre, daß auch der ärgste Mensch, der sich durch Selbstsucht zu unmoralischen Handlungen bewegen lasse, „auf das moralische Gesetz nicht gleichsam rebellischerweise, mit Aufkündigung des Gehorsams, Verzicht tue . . . kraft seiner moralischen Anlage“ (Religion i. d. G. d. bl. V. 39, R.). Die Bösartigkeit der menschlichen Natur ist also nicht sowohl Bosheit als Verkehrtheit des Herzens, „welches nun, der Folge wegen, auch ein böses Herz heißt. Dieses kann mit einem, im allgemeinen, guten Willen zusammen bestehen; und entspringt aus der *Gebrechlichkeit der menschlichen Natur*“ (41). Die letzte Wortfolge hat sich Kleist zu eigen gemacht.

Aus Kants „Tugendlehre“ und „Pädagogik“ führt Hartmann zwei Stellen als Lebensweisheiten des Pessimismus an und vergißt beide Male mit anzuführen, was Kants Hauptabsicht war. „Man muß dem Jünglinge zeigen, daß der Genuß nicht liefert, was der Prospekt versprach“, so sagt Kant wirklich (Ausg. R. IX, 438), aber vorher: Die kindische Furcht vor dem Tode wird wegfallen, wenn er einen geringen Wert setzt in den Genuß der Ergötzlichkeiten des Lebens. „Auf Fröhlichkeit und gute Laune muß man den Jüngling hinweisen.“ Und wieder unterschreibt Kant den Grundsatz der Stoiker sustine et abstine; aber er leitet diese Lebensweisheit des Pessimismus mit den Worten ein: „Die Regeln der Übung in der Tugend gehen auf die zwei Gemütsstimmungen hinaus, *wackern* und *fröhlichen* Gemüts in Befolgung ihrer Pflichten zu sein“ (353). Die Fröhlichkeit, die Kant auch als Greis zu predigen nicht aufhört, ist doch nicht ganz pessimistisch. Auch das Lachen, das Kant neben Voltaires Hoffnung und Schlaf zu den Himmelsgaben rechnet (Krit. d. Urteilskraft, R. 209) ist ein fröhliches Lachen; kopfbrechendes, halsbrechendes oder herzbrechendes Lachen der Grübler, der Genies und der empfindsamen Romanschreiber (auch wohl dergleichen Moralisten) wird ausdrücklich abgelehnt.

Je klüger und raffinierter man sich Annehmlichkeiten des Lebens zuführe, desto weiter komme man von der Zufriedenheit ab; Kant sagt (Metaph. d. Sitten, 14 R.): „von der wahren Zufriedenheit“.

Hartmann hätte sich bei seinem verkehrten Versuch, Kant zum Vater des modernen Pessimismus zu machen, auf Herder berufen können, der in seinem wachsenden Hasse Kants Lehre vom radikalen Bösen eine Satansdogmatik und eine philosophische Diaboliade nennt. Aber Herder kann als Kants Metakritiker nicht ernst genommen werden. Möglich wurden und werden solche Mißverständnisse durch drei Umstände, die eng miteinander verflochten sind und auf die hinzuweisen vielleicht auch in diesem Zusammenhange nützlich ist. Kant, einer der stärksten Geister aller Zeiten, war in seinem deutschen Winkel formell, sozial und religiös nicht so frei, wie kleinere Geister damals in Frankreich und England waren.

Formell hatte er die für Deutschland neue sprachliche Entwicklung nicht mitgemacht, die, während er über der Vernunft-Kritik brütete, endlich zu der Höhe von Lessing und Goethe geführt hatte. Die ungeheuren Gedanken sprengen die gefällige Wolfsche Form, die die Sprache seiner Jugend war. Kant ist anmutig, wo der Gegenstand nicht ganz groß ist; er wird aber trotz hinreißender Stellen ungefüge und zyklopisch, wo immer der Inhalt seines Denkens eine neue Form sucht. Er hatte immer Besseres zu tun, als seine Schriftstellerei auszubilden. Daher die Dunkelheit, die nur von Blindheit geleugnet werden kann.

Sozial war und blieb seine Stellung trotz allen Ruhms eine traurige, wenn man sie mit der seiner englischen Vorgänger vergleicht. Diese Engländer waren oft Männer von Welt, Staatskerls, die gelegentlich Staatsmänner wurden, politische Führer ihres Volkes, tätige Grandseigneurs, die dann einmal ihre Meinungen über Welt und Menschen niederschrieben; Kant war — wenn man von seinem Genie absieht — der typische deutsche Magister, ein Mann ohne Welt, der über Welt und Menschen englische Bücher las, sobald er über Welt und Menschen ein Kolleg zu lesen hatte. Unvergleichlich sein Fleiß, unvergleichlich die Sagazität in der Analyse der Begriffe. Aber seine Menschenkenntnis ist nicht unmittelbar, ist gelehrt, ist seinem System unterworfen.

Religiös ist Kant doppelt abhängig: von seiner pietistischen Jugendzeit und, was immer man zu seiner Verteidigung sagen mag, von den wechselnden Anschauungen der drei preußischen Könige, unter denen er gewirkt hat. Auch Hume scheute vor Konflikten zurück; aber seine Scheu gab seinen Angriffen gegen die Religion die feinste und boshafteste Form. Kant hat denn doch Kompromisse geschlossen. Das empfanden die besten Zeitgenossen, und daraus ist der starke Zornausbruch Goethes gegen „Die Religion innerhalb der Grenzen der bloßen Vernunft“ zu erklären. Nicht Pessimismus fand Goethe in der Schrift, sondern religiöse Heuchelei, da er (7. Juni 1793) an das Ehepaar Herder schrieb: „Wo sich dieses Gezücht (Lavater) hinwendet, kann man immer voraus wissen. Auf Gewalt,

Rang, Geld, Einfluß, Talent p. p. ist ihre Nase wie eine Wünschelrute gerichtet. Er hofiert der herrschenden Philosophie schon lange. Dagegen hat aber auch Kant seinen philosophischen Mantel, nachdem er ein langes Menschenleben gebraucht hat, ihn von mancherlei sudelhaften Vorurteilen zu reinigen, freventlich mit dem Schandfleck des radikalen Bösen beschlabbert, damit doch auch Christen herbeigelockt werden, den Saum zu küssen.“ Natürlich soll dieses menschliche Dokument von Goethes Grobheit nicht etwa gegen Kants Charakter ausgemünzt werden. Goethe hat gelegentlich, wie Kant prinzipiell, von Erbsünde und radikalem Bösen gesprochen. Nur eins wollte gesagt sein: daß Kants schwere Ausdrucksweise und soziale wie moralische Ängstlichkeit den freiesten Mitlebenden verführen konnte, ihm christelnde Tendenzen unterzuschieben, wo Hartmann wie überall Pessimismus wittert. Wenn Kant ein Pessimist war, dann war auch der Kantianer Schiller, der gerade gegen Kants Beweise (vom radikalen Bösen) nichts einwenden konnte, „so gern man auch wollte“, dann war auch der Dichter des Don Carlos ein Pessimist. Nein, Kant war nur ein harter Optimist, was die weichen Pessimisten nicht verstehen können.[1])

[1]) Duboc hat (Ztschr. f. Völkerpsychologie 1883 S. 261) sehr hübsch gesagt, Kant stehe mit seinem Bemühen, jede sinnliche Regung auf dem Gebiet des moralischen Verhaltens auszumerzen, so daß nur die unbefleckte Idee als das allein Bewegende übrig bleibe, „vor einer ähnlichen Schwierigkeit wie der Jude im Kaufmann von Venedig, wenn derselbe ein Pfund Fleich aus dem lebenden Menschenleib loslösen soll, ohne dabei einen Tropfen Bluts zu vergießen,“ Steinthals heftige Antwort auf Dubocs Aufsatz (S. 280) steht ganz unter dem Banne eines kategorischen Imperativs.

VII.

Merkwürdig ist es nun, daß in die Zeit von Kants stärkster Wirkung die Erfindung des Begriffs *Pessimismus* fällt, trotzdem Kant, wie gesagt, das Wort nicht kennt und das Gegenteil der Lehre lehrt. Da das Wort Pessimismus nur in Opposition gegen das Schlagwort *Optimismus* aufkommen konnte und dieses erst durch Voltaires Candide ou l'optimisme zugleich populär und lächerlich wurde, also für das Gegenwort vorbereitet, dürfen wir das Wort Pessimismus vor 1759 nicht suchen. Gegen Ende des Jahrhunderts finden wir es aber schon da und dort. Den Präger des Worts zu entdecken ist mir nicht gelungen. Wenn mein Gedächtnis mich aber nicht täuscht, so wurde es in den Debatten der großen Revolution geschaffen, allerdings nicht im modernen Sinn; vielmehr: um einen Zustand der politischen Verhältnisse zu bezeichnen, der so schlecht ist, daß er nicht mehr schlechter, also nur besser werden kann. In dem gleichen Sinne, the worst condition possible, steht das Wort dort, wo ich es (von Murray) zum ersten Male nachgewiesen finde. Coleridge schreibt 1794 (Letter 115) „that would be at least a thousand fathoms deep in the dead sea of pessimisme“, und 1801 beginnt

F. M. Klinger seine „Betrachtungen und Gedanken“, die sich durch einen gesunden Menschenverstand, Wohlwollen gegen die Menschen und Verachtung gegen die Hofwelt auszeichnen: „der Optimism und Pessimism sind Zwillingsbrüder. Ob der Letzte ehebrecherisch durch Superfötation hinzugepfuscht sei, ist jetzt, da man die Mutter vor kein geistliches Gericht ziehen kann und der Vater immer schweigen wird, schwer auszumachen. . . . Keinen Augenblick kann man einen ohne den andern besitzen, und scheint auch einmal einer allein zu Gaste zu kommen, so tritt doch gleich der andere hinterdrein, als könnte er ohne seinen geliebten Gesellen nicht atmen und sein“.

Klinger, der sich so ausdrückt, als ob er das Wort erfunden hätte, gebraucht es offenbar nur im Sinne einer düstern Lebensansicht; dafür trat 10 Jahre später bei Jean Paul zuerst das Wort *Weltschmerz* ein, das aber erst durch Heine nach 1830 Modewort wurde, um bald schon wieder von Gaudy und Eichendorff verspottet zu werden. Noch fehlt der systematische Pessimismus. Und 1836 denkt Immermann noch an den politischen, da er schreibt (VII, 132): „in der Geschichte der Revolutionen, namentlich in denen der französischen, wird zuweilen das Wort Pessimismus gebraucht. Es bedeutet das Streben der Fraktionen, durch künstliche Hervorbringung eines *allerschlechtesten* Zustandes die Menschen in eine Wut zu stürzen, welche sie blindlings den Planen der Bösen zutreibt“.

Der philosophische, systematische, pedantische Pessimismus ist eine Schöpfung Schopenhauers. Da darf aber nicht übersehen werden, daß die rhetorischen Prachtstücke seiner Schilderungen des Weltelends erst der späten zweiten Auflage seines Hauptwerks und den Parerga angehören, daß die erste Auflage von 1819 zwar das Elend der Welt bereits farbig ausmalt, aber mehr als Pendant für die transzendente Lehre des Quietismus, daß Schopenhauer sich da noch nicht als den Prediger des Pessimismus einführt. So war es möglich, daß W. F. Krug, der Schopenhauer doch gelesen hatte, noch um 1830 (Artikel: Pessimismus im philosoph. Lexikon) wie von ganz neuen Worten sprechen konnte: Pessimismus sei die Meinung, daß die Welt grundschlecht sei. „Wie man daher Menschen, die alles im rosenfarbenen Lichte sehen, scherzhaft Optimisten nennt, so könnte man die, welche alles schwarz sehen und stets auf die böse Welt schimpfen, Pessimisten nennen.“ Es wäre nicht unmöglich, daß Schopenhauer, der seinerseits Krug kannte und ein wenig schätzte, der jede Zeile über sich selbst gierig verschlang, erst durch diese Notiz Krugs, die er auf sich beziehen konnte, dazu geführt worden wäre, sich dann in der zweiten Ausgabe von 1844 feierlich zum Pessimisten zu erklären. Feierlich und ernstlich. Denn Schopenhauer brachte es über sich, den Scherz, der den Pessimismus dem Optimismus gegenüberstellte, ernsthaft zu nehmen: „sogar aber läßt sich den handgreiflich-sophistischen Beweisen Leibnizens, daß diese Welt die beste unter den möglichen sei, ernstlich und ehrlich der Beweis entgegenstellen, daß sie die *schlechteste* unter den möglichen sei. Denn möglich heißt nicht, was einer etwa sich vorphantasieren mag, sondern was wirklich existieren und bestehen kann. Nun ist diese Welt so eingerichtet, wie sie sein mußte, um mit genauer Not bestehen zu können; wäre sie aber noch ein wenig schlechter, so könnte sie schon nicht mehr bestehen. Folglich ist eine schlechtere, da sie nicht bestehen könnte, gar nicht möglich, sie selbst also unter den möglichen die schlechteste. . . . . Die Welt ist folglich so schlecht, wie sie möglicherweise sein kann, wenn sie überhaupt noch sein soll. W. z. b. w." (W. a. W. u. V. II 669 f.).

Die Verschuldung Schopenhauers suche und finde ich nun nicht auf dem moralischen Gebiete; wenn Wahrheit einen Wert hat, wenn Streben nach Erkenntnis, nach einem endgültigen Urteil, selbst unter die Werturteile fällt, dann gibt es auch im Erkenntnisdrang Schuld und Verdienst. Daß Schopenhauer, der große Pessimist, die illusionären oder wirklichen Freuden von Hunger, Liebe und Eitelkeit recht menschlich zu bewerten wußte, das lehrt nichts weiter, als daß auch dieser geniale Kopf zu einem Menschen gehörte. Daß Schopenhauer aber den Widersinn, einen Superlativ der Weltschlechtigkeit, logisch beweisen wollte und den vermeintlichen Beweis triumphierend mit einem quod erat demonstrandum schloß, das ist schwerer zu verzeihen, weil es eine Sünde ist gegen den heiligen Geist seiner Lebensaufgabe. Schopenhauer war doch zu gut, um der Welt nur ein neues Modewort zu schenken. Seine Darstellungen des Weltelends sind stilistische Meisterstücke. Er war doch eben kein Kant; er schien da nichts Besseres zu tun zu haben, als der bessere und virtuosere Schriftsteller zu werden, stilistische Meisterstücke zu schreiben. Der Fluch der Tat folgte. Hartmann, der viel energischer und bewußter mit dem Schlagworte Pessimismus einsetzte und erst später seine Philosophie des Unbewußten von ihrem pessimistischen Grundzuge zu lösen suchte, hat die virtuosen Darstellungen des Weltelends, freilich ohne Schopenhauers Temperament, stilistisch beinahe noch übertroffen. Beide wurden Modephilosophen und haben die Verantwortung dafür zu tragen, daß ich diese Beiträge zur Geschichte des Modeworts Pessimismus zusammenstellen mußte.

VIII.

Womit ich jetzt zu Ende bin, sobald ich noch das kleine Ergebnis begründet und gebucht habe, daß auch dieses Schlagwort ein Schall ohne rechten Inhalt ist. Ich habe in dieser Studie gewiß oft genug meinen grammatikalisch-logischen Ausgangspunkt wiederholt, daß der Superlativ einer Eigenschaft nur auf mathematische Vorstellungen angewendet werden könne, daß die Anwendung auf andere Begriffe immer metaphorisch sei, daß also schon das ältere Schlagwort Optimismus eigentlich nur ein scherzhaftes Bild sei.[1]) Ein gelehrt-scherzhafter Ausdruck für das Gefühl „Ich lebe ganz gern". Die Umwendung ins Gegenteil, der *Pessimismus*, ist nun wieder Metapher von einer Metapher, ein witzig-gelehrter Ausdruck für das andere Gefühl: „Das Leben ist nicht mehr schön". In diesem Sinne bezeichnen *Optimismus und Pessimismus* nur Stimmungen, individuelle Stimmungen, die durch geistreiche Individuen ganzen Zeiten und Völkern suggeriert werden können. Und wenn ich vorhin vorläufig den Stimmungspessimismus von dem systematischen und pedantischen Pessimismus der Philosophen ordentlich geschieden habe, so muß ich jetzt sagen: dieser Unterschied bezieht sich nur auf die sprachliche, logische, stilistische Darstellung. Denn wenn der Superlativ überhaupt auf andere als auf mathematische Begriffe nicht anwendbar ist, so ist der Superlativ von Begriffen wie schön und gut ein Mißbrauch der Sprache. Hamlet und Spinoza wußten beide: An sich ist nichts weder gut noch böse, das Denken macht es erst dazu. Unsere Sprache. Auch Klinger läßt den Teufel sagen, in „Fausts Leben" (1791): „Sieh da zwei Worte, *bös* und *gut*, die ihr zu Begriffen stempeln möchtet, denn wenn ihr die Worte einmal habt, so glaubt ihr auch schon den leeren Schall zum Gedanken geprägt zu haben." Und da will man uns damit kommen, die Summe von Lust und Unlust im Weltganzen, die Glückseligkeit der entferntsten Sterne und ihrer möglichen Bewohner, mit einer menschlichen Preistabelle wie mit einem Börsenkurszettel abzuschätzen und am Ende diese Welt für die beste oder für die schlechteste zu erklären. Daß doch der Sirius lachen könnte! Ein Werturteil ohne Objekt und ohne Maßstab. Wert ist schon in der sog. Nationalökonomie ein doppelt relativer Begriff: der Maßstab unsicher und unsicher die Hand; und diesen Maßstab des Wertes wollen wir arme Menschen auf das Weltganze anwenden, brauchen dazu die alten theologischen Begriffe des Zwecks und des Mittels und reden so weiter. Kürzlich hat Theodor Lessing („Studien zur Wertaxiomatik") sehr gut den abstrusen Einfall Kants kritisiert (Grundlegung zur Metaphysik der Sitten, Reclam S. 65): Ein Selbstmörder müßte sich vorher fragen, „ob seine Handlung mit der Idee der Menschheit als

---

[1]) Die Engländer haben für ihre immer etwas relativistische Weltanschauung ein Wort, das in logischer Beziehung besser gebildet ist als der kontinentale Begriff Optimismus: *meliorism.* Das Wort scheint zuerst von George Elliot in ihren anregenden Privatgesprächen geprägt worden zu sein; Sully machte es zum Schlagworte eines Systems des Meliorismus, d. h. der Lehre, daß die Welt d. h. die allgemeine Wohlfahrt der Menschen verbesserungsfähig sei. Der neue Pragmatismus hat diese Lehre seinem Systeme einverleibt, als die *mittlere Linie* (James, Pragm. S. 183). Diese Lehre tritt gegenüber den superlativischen Redensarten vom Optimismus und Pessimismus bescheiden komparativisch auf. Die ganze Frage ist nur leider historischer Art und entzieht sich darum wohl einer wissenschaftlichen Beantwortung; wir wissen ja doch nicht, ob die Weltgeschichte irgend eine Tendenz habe, also auch nicht, ob es eine Tendenz zum Bessern gebe. (Vgl. Art. *Fortschritt*).

Zwecks an sich selbst zusammen bestehen könne". Der Mensch sei keine Sache, mithin nicht etwas, das bloß als Mittel gebraucht werden könne. Der Selbstmörder, meint etwa Th. Lessing, setzt sich selbst als Zweck, wenn er seinen Leib als ein Mittel aus der Welt schafft. Steht es nicht ähnlich mit dem Gerede über das Elend des Weltganzen?

Der Pessimismus führt nur darum nicht zu allgemeinem Selbstmorde, weil er nur das Schlagwort für ein oft unabweisbares Gefühl, aber keine Erkenntnis ist. Hieronymus Lorm hat über ein breites Buch einen knappen und guten Titel gesetzt: „*Der grundlose Optimismus*". Die Menschen sind, weil sie leben, grundlos optimistisch. Oder: sie leben unbekümmert um die Schlagworte Optimismus und Pessimismus. Ein alter Hausspruch[1]) lautet:

Ich komme, ich weiß nicht, von wo?
Ich bin, ich weiß nicht was?
Ich fahre, ich weiß nicht wohin?
Mich wundert, daß ich so fröhlich bin.

Der Mensch mag sich wundern und ist doch so fröhlich. Banal? Ich erlaube mir noch tiefer in die Volksweisheit hinabzusteigen. In Schlesien gibt es ein brutales Scherzwort, oder es ist erst vom Simplizissimus nach schlesischer Vorlage umgeformt worden: „Das Leben ist wie ein Kinderhemd; kurz und beschissen." Man lacht und findet die Weisheit gut. Der Sinn aber? Das Leben ist beschissen, aber — dennoch zu kurz. Grundloser Optimismus. Selbst Leopardi, dessen Leben und Dichten, Fühlen und Denken pessimistisch war bis auf den Grund, läßt einmal in seinen „Pensieri" ein Wort des grundlosen Optimismus vernehmen. Gespielte Melancholie könne für kurze Zeit gefallen, besonders den Weibern; die echte Melancholie werde gemieden und auf die Länge sei nur die Heiterkeit zu empfehlen: perchè finalmente, contro à quello che si pensanno i giovani, il mondo, e *non ha il torto*, ama non di piangere ma di ridere. Ist dieser letzte Schluß der Weisheit wirklich zu banal? So kann ich sie auch anders ausdrücken. Der Mensch, weil er denkt, begnügt sich nicht mit dem einen Leben, das er lebt, wie es ist, besser oder schlechter. Sein Denken oder Sprechen verschafft ihm den Luxus, sein Leben noch einmal zu leben, es zu beurteilen oder zu beschwatzen. Wie ihm eine Parade, die er mit angesehen hat, noch einmal so gut gefällt, wenn er sie im Tageblatt beschrieben findet, gelobt oder getadelt. So beurteilt er auch, beschwatzt er sein Leben, das Leben, das Weltganze und hat eine große zweite Freude beim Lobe, hat eine zweite kleine Freude beim Tadel. Indem der Mensch sein Leben in Erleben und Beschwatzen spaltet, erhöht er immerhin den Wert des Daseins. Zu der Sensation des Erlebens tritt die Sensation des Schwatzvergnügens. Auch beim Worte Pessimismus.

Ohne die menschliche Sprache gäbe

---

[1]) Ich gebe die oft zitierten Verse in der Fassung, die sie in einem Briefe Kleists an Ulrike (Januar 1802) haben. Kleist fügt hinzu, er sei jetzt, ernsthaft gesprochen, recht vergnügt; der Vers gefalle ihm ungemein.

es alle die Sensationen des Schwatzvergnügens nicht, gäbe es keinen Gott, kein Weltganzes, keinen Willen und keine Werturteile, die doch Äußerungen des Willens sind. Ohne die menschliche Sprache gäbe es ganz gewiß keinen Optimismus und keinen Pessimismus. Gäbe es aber irgendwo außerhalb der Sprache einen allwissenden Gott, so könnte der dennoch eins nicht wissen, was das sei: Pessimismus? Und die Tiere wissen es auch nicht, diese sehr grundlosen Optimisten. Und auch die Selbstmörder, die die einzige konsequent-philosophische Sekte des Pessimismus bilden, des Individual-Pessimismus, wissen es nicht, haben es nur so im Gefühl.

Ordnung (ordinär). — Der Ordnungsbegriff ist wie geschaffen, von der menschlichen Sprache geschaffen, daraufhin untersucht zu werden, ob er der adjektivischen Welt oder der verbalen oder der substantivischen angehöre. Wörter freilich besitzen die Sprachen, die allen drei grammatischen Kategorien entsprechen: *ordentlich*, *ordnen*, *Ordnung*. Doch es scheint mir auf der Hand zu liegen, daß die Vorstellung, die wir mit dem Ordnungsbegriffe verbinden, einzig und allein der verbalen Welt angehört, der Welt der Apperzeptionen oder des Denkens; und es ist kein Zufall, daß wir nur dann apperzipieren können, nur dann unsere Kenntnis vermehren oder verbessern können, wenn wir im Besitze einer Sprache sind, die die Welt vorläufig zu klassifizieren oder zu *ordnen* versucht hat. Es stört mich nicht, daß sprachgeschichtlich *ordinalis* und *ordinarius*, ja sogar *ordinare* jüngere Bildungen sind als *ordo*, daß das Verbum vom Substantivum abgeleitet ist; das menschliche Denken hat von jeher die metaphysische Neigung gehabt, die mittelbaren Gegenstände früher als die unmittelbaren verstehen zu wollen, die Dinge früher als ihre Eigenschaften, die Substanzen früher als ihre Wirkungen, die Metaphysik oder Mystik früher als die Physik.

Die menschliche Tätigkeit des *Ordnens* wird auf lateinisch genauer durch *dispositio* ausgedrückt, welches Wort eine Lehnübersetzung von *διαϑεσις* ist; bei Architekten und Rhetoren ist *dispositio* ein Terminus für Einteilung, kunstgerechte Anordnung des Materials (*διαϑηκη*, letztwillige Anordnung, *Testament*, auch biblisch, ist nicht ins Lateinische übergegangen; das Juristenvolk hatte das formelle *testamentum*); *ordo*, ursprünglich *Reihe*, bekam als militärischer Terminus die Bedeutung *Reih und Glied*, Glied *(centuria)*, Kompagnie, und über *Reih und Glied* wohl erst den Sinn: gehörige Folge, innere Ordnung.

Die wichtigste Frage der Erkenntnistheorie, immer die gleiche, erhält nun die Form: entspricht der *dispositio* ein *ordo?* Gibt es in der Natur die Ordnung, den *ordo*, den eine instinktive Neigung des Verstandes in die Natur hineindisponiert, hineinverlegt?

An der Existenz einer Ordnung in der verbalen Welt ist nicht zu zweifeln. Wir können gar nicht anders als ordnend erkennen, wenn wir überhaupt erkennen wollen. Und es trifft sich gut für diese Betrachtungsweise, daß der Zweck, den wir (Kr. d. Spr. III S. 59) als die Ursache der ältesten Verbalbildung begriffen haben, dem Ordnungsbegriffe ganz besonders zugrunde liegt; die Sprache hat die Wirklichkeitswelt geordnet oder klassifiziert, um von den Dingen sprechen zu können; wir haben gelernt, daß sogar die Möglichkeit der Wahrnehmung von Tönen, Farben, Wärmegraden usw. darauf beruht, daß der menschliche Organismus, und vorher der tierische, die Weltvibrationen durch die spezifischen Sinnesenergien zweckvoll ordnen lernte; die natürliche Ordnung der Dinge, vornehmlich der Organismen, mit der die künstliche Ordnung so gern zusammenfallen möchte, ist ohne ein teleologisches Ordnungsprinzip nicht zu fassen, so energisch auch der Darwinismus die Teleologie zu bekämpfen sucht. Ein tieferes Eindringen in den alten Zweckbegriff allein könnte die verbale Welt aufklären und ohne Rückschritt über den Darwinismus hinausgelangen.

Daß es in der adjektivischen Welt, in unsern unmittelbaren Wahrnehmungen, keine Ordnung gebe, das wird jedermann zugeben; was die Sprache in adjektivischer Form unter einem *ordentlichen* Essen, Menschen, Professor u. s. f. versteht, das hat nur noch entfernten, sehr metaphorischen Zusammenhang mit der geistigen Tätigkeit des Ordnens.

Aber in der substantivischen Welt, in der Welt der Metaphysik oder Mystik, da wollen auch denkende Menschen den Ordnungsbegriff nicht preisgeben. Es gibt ja eine Ordnung der Dinge in Raum und Zeit, nach welcher Ordnung ein Ding nicht anders (zur selben Zeit) und nicht anderswo (im Raum) sein kann, als es ist. Die denkenden Menschen wollen nicht zugeben, daß das System von Sätzen (in der logischen Deduktion) und das System von Begriffen (in der naturwissenschaftlichen Klassifikation) nur zweckmäßig sei, heuristisch zweckmäßig meinetwegen, daß aber beim Entstehen der Dinge weder irgendeine Ordnung, noch irgendein System mitgewirkt haben könne: weil nur der Zweck ordnet, der Menschenzweck, Zweck aber der Natur fremd ist, welche nur Ursachen *kennt*, d. h. nicht kennt, aber — die Sprache versagt — durch Wirkungen ahnen läßt. Neuerdings hat Stumpf es glänzend dargelegt: Gesetze allein können in der Natur nichts hervorbringen. Und ich möchte hinzufügen: wir wissen wenig selbst von Physik, wenn wir nicht auch die sog. *Konstanten* kennen, die *wir* erst nachträglich ordnen, die selbst extra ordinem sind.

Ich habe schon einmal („Spinoza" S. 48) auf die bewundernswerten Worte hingewiesen, mit denen Spinoza die Begriffspaare gut und schlecht, warm und kalt, schön und häßlich, Ordnung und Unordnung für menschliche Begriffsbildungen erklärt. „Nachdem die Menschen sich eingeredet hatten, die Welt und der Weltlauf sei ihretwegen da, mußten sie an jedem Dinge dasjenige für das Wichtigste und Wertvollste halten, was ihnen am nützlichsten oder angenehmsten war.“ Das Fragen nach Zweckursachen müsse schließlich immer zurückflüchten zu einem Willen Gottes, diesem Asyl der Unwissenheit. Damit hat Spinoza meines Erachtens den Ordnungsbegriff für immer aus der Erfahrungs-Welt hinausgeworfen, in die substantivische Welt hinein; die reale und die substantivische Welt sind nämlich Gegensätze, was man sich merken sollte.

Der kühnen Stelle scheint ein anderes, viel zitiertes Wort von Spinoza zu widersprechen (Ethik II, prop. 7): Ordo et connexio idearum idem est ac ordo et connexio rerum. Ich habe es schon an anderer Stelle (vgl. Art. *Okkasionalismus*) bemüht. Es läuft auf eine Gleichsetzung von Ursache und Wirkung heraus, oder vielmehr auf eine Gleichsetzung von Ding-an-sich und Erscheinung, auf einen erhabenen Monismus, auf eine Vereinigung von Erkenntnisgrund und Seinsgrund mit dem Realgrund oder der Ursache. (So möchte ich den vieldeutigen Satz jetzt deuten.) Wir haben trotzdem nicht das Recht, anzunehmen, daß Spinoza im 2. Teile seines Lebenswerks das prachtvolle Wort aus dem 1. Teile vergessen habe. Vielleicht ist die Deutung, gegen die sich Kuno Fischer schon gewandt hat, doch nicht abzuweisen, daß Spinoza mit diesem ohne Zusammenhang hingeworfenen Satze Kants oder vielmehr Berkeleys Vorstellung vorausgenommen habe, daß er sagen wollte: wenn Dinge und Vorstellungen, wenn also Ausdehnung und Denken, die beiden uns allein zugänglichen Attribute des Einen Deus sive Natura, ein und dasselbe sind, dann sind auch die Dinge nur Erscheinungen, dann ist für den Menschen kein anderer Weg zur Welterkenntnis als der des Psychologismus; denn die beiden Attribute sind ja una eademque res, sed duobus modis expressa, nur durch verschiedene Worte ausgedrückt. Vielleicht hat am Ende Hegel, der so viel Scholastik von Spinoza übernommen hat, auch nur die Apriorität der *Ausdehnung* aussprechen wollen mit seinem vielverspotteten Satze: „Was vernünftig ist, das ist wirklich; und was wirklich ist, das ist vernünftig.“ Hegel hat's aber wirklich nicht so rein philosophisch gemeint.

Aus diesen Regionen scheue ich mich fast hinunterzusteigen zu dem bunten Bedeutungswandel, den *ordo* in den Gemeinsprachen der modernen Welt erfahren hat. Von einer Orientierung der menschlichen Aufmerksamkeit zum Zwecke der Welterkenntnis kann kaum mehr die Rede sein und an spaßhaften Berührungspunkten von Gegensätzen fehlt es nicht. *Orden* bedeutet einen geregelten Verein von Mönchen und (über weltliche Ritterorden hinweg) den Lohn im Knopfloch eines *ordentlichen* Staatsbürgers, parodistisch auch den Kotillonorden. Auf *ordinarius* (in Deutschland gibt es auch einen Extra-Ordinarius) komme ich gleich zurück. *Ordinieren* kann heißen: einem Priester die *Ordines* geben, die ganze Reihe der Weihen, aber auch *verordnen*, durch Schreiben von Rezepten seinen Lebensunterhalt verdienen; weitab liegt in der Geometrie die Bedeutung von *Ordinate* (der Senkrechten auf eine der Axen); noch weiter ab beim Militär die *Ordonnanz*, der einem höhern Offizier zukommandierte Meldereiter. Als Kuriosum füge ich noch „*jordonner*“ hinzu, von *j'ordonne*; „Monsieur Jordonne“ etwa unser alemannisches *Befehlerles*.

Ein vortreffliches Beispiel für die Tendenz der Wörter, herunterzukommen, gemein oder ordinär zu werden, sind eben die Wörter *gemein* und *ordinär*. *Gemein* wäre ein fast ebenso gutes Beispiel; nur daß die Etymologie von *gemein* mir trotz der angeblichen Urverwandtschaft mit *communis* ganz unsicher erscheint, und daß die alte Bedeutung, wofür wir jetzt *gemeinsam* und *allgemein* haben, noch in vielen Redensarten gebräuchlich oder verständlich ist: Gemeinwesen, Gemeinsinn, gemeinnützig, gemeine Sache, gemeinverständlich; auch: das gemeine Recht. Es ist noch nicht genau genug untersucht, wie aus solchen Redensarten wie: der gemeine Mann, das gemeine Volk, der gemeine Soldat das jetzt übliche positive Wort für den Gegensatz des Guten und Edlen geworden ist.

Ordinär ist ein ehrliches Fremdwort oder Lehnwort je nach dem Wissen dessen, der es gebraucht. *Ordinarius* hieß (von *ordo*) schon im guten alten Latein, was in gehöriger Reihe und Ordnung steht, was der Gewohnheit gemäß, ordentlich, gehörig, was vorzüglich ist. Ich habe nicht erfahren können, ob dieses lateinische *ordinarius* in irgendeinem Lehnverhältnisse steht zu dem griechischen *στοιχηδον*, in Reihe und Glied. Das griechische *στοιχος* ging über *στοιχειον* in den Begriff der Buchstabenreihe über, der Elementarreihe, und ging als *elementum* zum zweitenmal ins Lateinische über, zum zweitenmal, falls ich mit meiner Vermutung recht habe, daß *ordo* eine Lehnübersetzung von *στοιχος* ist. (*Ordo* von *orior*, *ordior* wie *στοιχος* von *στοιχειν*, dem Aufgehen der Sonne.) Ein anderer Zufall der lateinischen Sprachgeschichte hätte einen Begriff für Buchstabe und Element ebenso gut von *ordo* ableiten können.

So aber führte *ordinarius* sein selbständiges Leben. Es bezeichnete im Lateinischen die gehörige, die durchschnittlich gute Qualität, konnte sogar (*oleum, oratio*) die vorzügliche Qualität bezeichnen, wie gesagt. Das deutsche Wort *ordinär*, in dem allgemein üblichen heutigen Gebrauch, hat diese Bedeutung niemals. Eine Sache, ein Mensch wird ordinär genannt, wenn sie oder er schlechter ist, viel schlechter als der Durchschnitt. Das ist nun merkwürdig, weil ordinarius mindestens dreimal aus romanischem Sprachgebiet auf das deutsche herüberkam (*das ordinari, ordentlich* und *ordinär*), in romanischen Sprachen aber von dem übeln Sinne kaum leise Spuren vorhanden sind. Um so merkwürdiger, als das ältere Lehnwort *ordentlich*, das doch seinen Bedeutungswandel freier vollziehen konnte, durchaus den guten Sinn von ordinarius beibehalten hat (in süddeutschen Mundarten wird es geradezu für gut, recht gut gebraucht: er hat ordentlich gegessen, es geht mir wieder ordentlich); während das jüngere

Fremdwort ordinär seinen bösen Sinn im Gegensatz zum französischen *ordinaire* durchgesetzt hat. *Ordinaire* heißt im Französischen niemals etwas unter dem Durchschnitt. Die Bedeutung des Grundworts *ordre* ist nicht vergessen. *Ordinaire* ist, was regelmäßig und regelrecht kommt. Die regelmäßige Post, die übliche Hausmannskost oder auch das übliche Table-d'hôte-Essen (Lafontaine: D'où vient donc un si bon ordinaire). Die Portion. Auch die Portion Wein für die Dienerschaft, die Portion Hafer für das Pferd. In den meisten dieser Bedeutungen war das Wort vorübergehend in deutschen Gebrauch übergegangen; Goethe spricht von der ordinären Post, Gotthelf nennt das Mittagessen an der Table-d'hôte das *Ordinäri*. Diese Bedeutungen verschwanden jedoch vor dem bösen Sinne, den der Franzose aus *ordinaire* niemals heraushört. Beachtenswert ist noch eins: das französische *ordinaire* heißt und hieß noch häufiger soviel wie gewohnt, gewöhnlich, was uns Deutschen in der dichterischen Sprache einen seltsamen Eindruck macht. Und auch dieser Begriff, *gewöhnlich* nämlich, hat im Deutschen oft den Sinn von *ordinär*. Im Englischen hat *ordinary* fast alle guten Bedeutungen des französischen ordinaire, doch auch den bösen Sinn gibt es, wenigstens für Personen: an ordinary fellow, ein ordinärer Kerl. Auch *common* kann den üblen Sinn annehmen; freilich auch das französische *commun*.

Auf eine Erklärung lasse ich mich nicht ein. Der Franzose verbindet nicht einmal mit *vin ordinaire*, der nicht extra bezahlt wird und häufig recht schlecht ist, einen tadelnden Begriff. Ich zitiere nur noch (nach dem Deutschen Wörterbuch) Ludwigs teutsch-englisches Lexikon (1716): „die Ware ist eben nicht die beste, sie ist nur ordinar, Mittelsorte."

organisch. — Der Begriff *organisch* gehört mit seinem Gegensatz, dem Begriff *mechanisch*, seit Ende des 18. Jahrhunderts dem philosophischen Sprachgebrauch an. Ich habe freilich den Eindruck, daß die Zeit vorüber ist, in der diese beiden Worte so sehr Mode waren, daß sie zwei verschiedene Weltanschauungen nicht nur zu bezeichnen, sondern sogar zu erklären glaubten. *Organ* und *organisch* waren die Lieblingsworte von Hemsterhuis und Jacobi. Später, als man Schellings Philosophie für die Auflösung aller Welträtsel hielt, machte man auch die große Entdeckung, daß die Schöpfungen der Menschengemeinschaft Organismen seien. Der Staat war ein Organismus, die Kirche war ein Organismus und die menschliche Sprache erst recht. Wie so häufig glaubten auch damals poetisch angelegte Denker, sie hätten eine Sache erklärt, wenn sie ein neues sprachliches Bild für sie gefunden hatten. Die bildliche Erklärung lag nun darin, daß man z. B. den Staat oder die Sprache mit etwas Lebendigem verglich, mit einem Organismus, und daß man lehrte: wie sich ein Organismus von einer toten Maschine unterscheide, der menschliche Leib z. B. von einem

Automaten, so unterscheide sich auch der Staat oder die Sprache von Kunstprodukten dadurch, daß die einzelnen Teile lebendig ineinandergreifen. Es ist kein Zufall, daß bald darauf in allen Wissenschaften die Blütezeit der historischen Schule eintrat. Die Staatslehre und die Sprachphilosophie des 18. Jahrhunderts hatten nur Kunstprodukte des menschlichen Verstandes gekannt; die gesamte Naturphilosophie und mit ihr die historische Schule suchten den gewordenen, gewachsenen Staat, die gewordene, gewachsene Sprache zu verstehen. In dieser Weltanschauung stehen wir noch drin, ob wir wollen oder nicht. Man könnte den Darwinismus oder die Evolutionslehre den Gipfelpunkt oder die Umkehr der historischen Schule nennen, je nachdem man sich bei diesen Theorien beruhigt oder nicht.

Jedenfalls hat das Wort *organisch* seine bildliche Kraft so weit eingebüßt, daß man es für einen klaren Begriff hält und es überall da anwendet, wo man sonst ungefähr *lebendig* gesagt hat. Die Vorstellung, daß bei einem Organismus alle Teile lebendig ineinandergreifen müssen, bildet den Hintergrund dieses Sprachgebrauchs. Mitunter kommt die Sprache freilich in Verlegenheit, besonders mit dem entgegengesetzten Begriff *mechanisch.* So z. B. sucht die Chemie gewiß, was man eine mechanische Erklärung der Dinge nennt; weil sie sich aber teils mit den Stoffen organischer Körper beschäftigt, teils mit den Stoffen toter Körper, hat man sie aus Bequemlichkeit in organische und unorganische Chemie eingeteilt, so daß in diesem Falle *mechanisch* leicht zu dem Gattungsbegriff werden kann, der in *organisch* und *unorganisch* zerfällt.

An diesem Beispiel einer unglücklichen Namensgebung tritt aber nur besonders deutlich hervor, wie verwirrend der Gebrauch dieser Worte überhaupt geworden ist. Für die Naturwissenschaft bilden die Begriffe mechanisch und organisch keinen rechten Gegensatz mehr. Das Ziel ist, ob eingestanden oder verschwiegen, die Annäherung an eine mechanische Welterklärung; aber diese kennt neben der Mechanik auch die Organismen des Tier- und Pflanzenreichs und möchte also auch die Organismen mechanisch erklären. Wieder sehen wir, wie das Halbwissen sich an Fremdworte klammert, um offenbar Widersprechendes dennoch zusammen aussprechen zu können. Das Halbwissen würde auf Deutsch etwa so sagen müssen: wir glauben nicht an einen Unterschied zwischen Lebendigem und Totem; wir suchen darum zu erfahren, wie das Lebendige aus dem Toten entsteht. Und wenn wir das Halbwissen in die Enge treiben, so wird es das Leben abermals damit erklären, daß es organisch sei, das Wesen des Organismus aber durch das Leben definieren.

Die Verwirrung der Begriffe Leben und Organismus ist, wie gesagt, neueren Ursprungs. Die Zufallsgeschichte des Wortes Organismus führt weit zurück. *Organon* heißt auf griechisch das Werkzeug, wohlgemerkt das tote Werkzeug. Aristoteles nennt einmal ausdrücklich das Werkzeug einen seelenlosen Knecht, den Knecht ein beseeltes Werkzeug. Die Sterne heißen die Organe, die Werkzeuge der Zeit. Auf Seitenwegen der Zufallsgeschichte des Bedeutungswandels bezeichnete viel später die lateinische Form *organum* das Werkzeug der Musik, die Orgel, schon im frühen Mittelalter; erst im späten Mittelalter erhielt die Logik des Aristoteles als das Werkzeug des Denkens den Namen Organon, wonach dann Bacon sein berühmtes Werk wieder Novum Organum, das neue Werkzeug nannte. Doch schon im Griechischen hießen auch die Teile des menschlichen Körpers seine Werkzeuge oder Organe. Seltsamerweise findet sich die Ehrenbezeichnung *Organ der Organe* einst für die menschliche Hand, später für die Schullogik.

Nannte man nun die Teile des menschlichen Körpers seine Organe, so unterschied man dabei offenbar noch nicht zwischen Lebewesen und Maschinen, zwischen Organismen und Mechanismen. Wir könnten heute dieses alte *organisch* mit einem jetzt sehr beliebten Worte übersetzen, mit *differenziert.* Noch im sechzehnten Jahrhundert definiert Suarez einen organischen Körper damit, daß er aus unähnlichen Teilen bestehe. Im achtzehnten Jahrhundert erst gewöhnte man sich daran, insbesondere die Werkzeuge des sogenannten Seelenlebens als die wichtigsten Organe, als Sinnesorgane aufzufassen und so zu bezeichnen. Von da aus nahm der Bedeutungswandel des Wortes Organ wieder einen kleinen Nebenweg, bezeichnete die menschliche Sprache und Stimme als Organ des Denkens, und so verstehen wir jetzt unter einem schönen Organ auch den Klang der menschlichen Stimme.

Doch der Übergang zum Begriffe *Organimus* führt nur von der Bedeutung: Teil eines lebendigen Körpers. Was ein Teil eines lebendigen Ganzen ist, das ist ein Organ; das lebendige Ganze selbst ist ein Organismus. Die Hilflosigkeit des wechselweisen Erklärungsversuchs springt in die Augen. Wohl hatte Leibniz, der ja die Erfindung der Differenzialrechnung sehr verbessert hatte, außerordentlich fein auf den entscheidenden Punkt hingewiesen: Organismen seien natürliche Maschinen, die noch in ihren kleinsten Teilen Maschinen sind. Diese Vorstellung ging bei den Philosophen wieder verloren. Und Kant sogar spricht davon, daß ein Organismus nur möglich sei „durch die Beziehung alles dessen, was in ihm enthalten ist, aufeinander als Zweck und Mittel.“ Da haben wir wieder das alte Elend der Begriffe: den Zweck um des Organismus willen, den Organismus um des Zweckes willen.

Nun konnten bei Aristoteles die Begriffe mechanisch und organisch einander nahe berühren, weil den Griechen noch kein religiöses Dogma verbot, die Welt von innen heraus zu erklären. Im Mittelalter wäre lebendig verbrannt worden, wer die Frage nach der Herkunft des Lebens nur klar gestellt hätte. Gerade um die Zeit, da Bacon ein neues *Werkzeug* des Denkens zu erfinden suchte, kamen aber von der Astronomie her die neuen Aufschlüsse über die Bewegungen unseres Sonnensystems, und ein freierer Denker wie Descartes konnte auf den Einfall kommen, die Natur — ohne an den Gottesbegriff zu tasten — zum ersten Male in modernem Sinn mechanisch zu erklären. Ich glaube bestimmt, daß das Wort mechanisch erst damals den Gegensinn zu organisch erhielt. Es war vorher ganz dasselbe gewesen, ob Gott den Menschen mit seinen fünf Sinnen aus Staub geschaffen, oder ob er die Planeten an den Himmel geklebt und ihnen alle Bewegungen vorgeschrieben hatte. Das Wunder des Lebens und das der Planetenwelt war gleich groß. Jetzt auf einmal sah man die Möglichkeit, die dann durch Newton zur Wahrscheinlichkeit wurde, den Kosmos durch die Gesetze der irdischen Mechanik zu erklären. In diesem Augenblicke wurde der Begriff *mechanisch*, welcher bis dahin bescheidentlich auf Maschinen (bekanntlich dasselbe Wort) angewandt worden war, zum Schlagwort einer Weltanschauung, einer welterklärenden Hypothese. Er bildete sich zum Gegensatz des Organischen aus; da aber gleichzeitig die wachsende mechanische Weltanschauung immer fester auch die organische Welt umfassen wollte, mußte es schließlich zu dem Widersinn des materialistischen Sprachgebrauchs kommen, der organisch und mechanisch als Gegensätze behandelt und dennoch das Organische aus dem Mechanischen erklären will.

Was wir unter dem Organischen im Gegensatz zum Mechanischen verstehen, das ließe sich ja recht hübsch unter eine saubre Formel bringen: wir nennen mechanisch, was wir aus seinen Ursachen begreifen können, wir nennen organisch, was wir aus seinen Endursachen oder Zwecken (causes finales) begreifen können. Ich lasse dabei nicht unerwähnt, daß das Begreifen des Mechanischen aus seinen Ursachen doch niemals ernst zu nehmen ist, daß das Begreifen immer nur ein Zusammenfassen unter allgemeinere Beobachtungen ist. Das Begreifen des Organischen aus Endursachen aber ist doch offenbar, da Endursache ein sinnloses Wort ist, nur ein alt gewordener sprachlicher Ausdruck für: Nichtbegreifen.

Aber auch mit dem Nicht-Begriffenen oder Unerkennbaren ist das Organische nicht identisch. Denn unerkennbar sind ja eben auch in der Mechanik die letzten Ursachen, die sogenannten Kräfte. Deshalb bleibt es auch keiner Naturphilosophie erspart, in den Kräften etwas Lebendiges zu sehen, wovon Schopenhauers *Wille* das stärkste Beispiel ist. Und wirklich wüßte ich nicht, wie man begrifflich unterscheiden sollte zwischen der unbekannten Lebenskraft (mag man sie nennen wie man will), die meinen Körper zu bewegen vermag, und zwischen der unbekannten Schwerkraft, die ein Haar auf meinem Kopfe oder den Ziegelstein auf meinem Dache nach dem Mittelpunkt der Erde zu bewegen wird, sobald Haar oder Ziegelstein nicht mehr festgehalten werden. Freilich wissen wir von den Folgen der Schwerkraft weit genauere Umstände als von den Folgen der sogenannten Lebenskraft; die Mechanik bezieht sich eben nur auf das, was wir à peu près wissen. Das Leben der Schwerkraft kennen wir nicht. Doch auch mein Leib heißt kein Organismus mehr, sobald sein Leben erloschen ist. Er unterliegt dann rein mechanischen Gesetzen, nur daß wir sie unter dem Namen der organischen Chemie zusammenfassen. Organische Chemie ist die Summe desjenigen, was wir von dem wissen, von dessen Leben wir noch weniger wissen.

Noch ein Beispiel. Ein Stein gehört dem Reiche der Mechanik an. Wie aber steht es um den Kristall? Warum nennt man ihn nicht während der verhältnismäßig kurzen Zeit seines Entstehens, seines Wachsens, also seines Lebens einen Organismus? Auch der Kristall wie mein Leib verfällt der Mechanik erst nach dem Tode. Nur daß er nach dem Tode durch Jahrtausende unverändert beharren kann.

Es ist für mich gar kein Zweifel, daß der Kristall in der kurzen oder langen Zeit seiner Entstehung oder seines Wachstums allen irgend möglichen Definitionen des Lebens entspricht, daß der werdende Kristall lebt, daß erst der fertige Kristall tot, unorganisch ist. Ja vielleicht lebt so ein Kristall noch Jahrtausende nach seinem Werden in einer Art von Winterschlaf. Wachstum, Nahrungsaufnahme ist dem werdenden Kristall eigen. Er habe keine Empfindung? Was wissen wir von der Empfindung einer Pflanze, von der Empfindung eines Protisten? Mit welchem Rechte behaupten wir, daß der werdende Kristall kein Innenleben habe? Zum mindesten besitzt der Kristall das, was ich nicht anders als Gedächtnis für seine Form nennen kann. Man wird mir weiter einwenden, die Angliederung des bereits vorhandenen gleichmäßigen Stoffes aus der Nährflüssigkeit unterscheide sich wesentlich von der Nahrungsaufnahme des Tieres, welches sehr zusammengesetzte Stoffe verarbeitet. Wie aber steht es mit der Nahrungsaufnahme der lebenden Pflanze? Und wer sagt uns, daß der werdende oder wachsende Kristall den ihm verwandten Rohstoff nicht irgendwie mechanisch oder physikalisch verändert? Alles läßt darauf schließen, daß das geschieht. Der Kristall hat die Nahrung außer sich und braucht darum keinen Verdauungskanal; er läßt das Unbrauchbare außer sich. Und wie steht es denn mit der Nahrungsaufnahme des Tieres? Wann hört der Sauerstoff der Luft auf, anorganisch zu sein, und wann ist er unser? Wann wird er organisch? In den Lungenbläschen, aber wann? Wann hören die Nahrungsstoffe auf, als ein Fremdes den Schlauch zwischen Mund und After hinabzugleiten?

Es ist bekannt, daß der Kristall, wenn er auch nicht Assimilierung der Nahrungsmittel vollbringt wie die sogenannten Organismen, doch seine Auswahl trifft in der Nährflüssigkeit. Der Kristall holt sich aus einer gemischten Nährflüssigkeit die ihm gleichartigen Bestandteile heraus. Gelingt es ihm nicht aufs erstemal, so gelingt es ihm beim Umkristallisieren. Davon macht ja die Industrie vielfach Gebrauch.

Wilhelm Ostwald gibt in seinem Bestreben, das mechanistische Weltbild durch das freiere Schlagwort eines energetischen zu verdrängen, ein Beispiel vom Kristall, das als Analogie zur Keimbildung der Bakterien angesehen werden kann. Er nennt das Pulver, das durch Verwitterung von Glaubersalz entstanden ist, eine *Dauerform* des Salzes. Streut man das Pulver in eine übersättigte Lösung von Glaubersalz, so entstehen neue wasserhaltige Kristalle. Dieser Vorgang sei nicht nur im Laboratorium nachzuweisen. In Südrußland gebe es Seen von Glaubersalzlösung. Im Sommer trocknen diese Seen aus, die angesetzten Kristalle verwittern, um sich im Herbste, wenn wieder Wasser hinzugetreten ist, neu zu bilden. „Und so kann durch den Wechsel der Jahreszeiten auch ein regelmäßiger Generationswechsel der Kristalle zustande kommen.“ Das Gedächtnis, das bei der Formbildung wie bei der Nahrungswahl wirksam gedacht werden mußte, ist bei solchen *Dauerformen* noch weniger von dem Gedächtnisse niedrigster Organismen zu unterscheiden.

Aber noch weiter verwischt die neueste Chemie die Grenzen zwischen Organischem und Unorganischem. Man will wissen, daß ein Molekül der sogenannten Elemente häufig zwei Atome seines Elementes enthalte, daß es damit im Zusammenhang stehe, wenn das Element im Augenblicke seiner Entstehung, wenn das entstehende Element in der Retorte Wirkungen ausübe, Verbindungen eingehe, die es nachher weigert. Auch hier also wie beim werdenden Kristall Leben während des Entstehens, Tod oder Totenstarre nach der Entstehung. Können wir uns diesen Unterschied anders vorstellen als so: im Augenblicke des Entstehens leben noch die beiden Atome des einen Moleküls, stürzen vielleicht aufeinander und üben noch Wirkungen. Jedes einzelne von den beiden Atomen ist anders als ihre Verbindung zu zweien. Jedes einzelne Atom kann lebendig heißen. Und können wir da nicht der Phantasie nachdenken, daß das einzelne Atom dem Element, zu welchem es sich nachher in der Umarmung mit dem anderen vereinigt, noch gar nicht ähnlich sei, daß es sich selbst und sein Gespiel erst zu diesem Element assimiliere, mag man diese Tätigkeit nun ganz nichtssagend ein chemisches Gesetz nennen oder in der Sprache der alten Naturwissenschaft Lebenskraft, ja meinetwegen nisus formativus.

Darf ich, da alle diese naturwissenschaftlichen Bemerkungen eigentlich nur Sprachkritik sind, eine seltsame Betrachtung hinzufügen? Ein einzelnes drittes Atom spielt ebenso bei der Entstehung des Ozon seine Rolle; und die Chemie nennt diese Modifikation des Sauerstoffs *aktiven*, d. h. doch wohl *lebendigen* Sauerstoff. Es gibt Stoffe, in welchen ein Molekül nur ein Atom ist, in welchen die Atome also nach der eben vorgetragenen Phantasie nicht starr geworden, sondern noch lebendig sind. Ein solcher Stoff, der sich durch seine Lebendigkeit so auffallend unterscheidet, ist das Quecksilber. *Keck* hieß im Mittelhochdeutschen *lebendig*, noch im 18. Jahrhunderte soviel wie lebhaft; wie Kecksilber ist Quecksilber entstanden, Quickborn heißt Keckbrunnen. Auf Französisch heißt Quecksilber vif-argent *(vivum argentum)*.

Mit all dem habe ich klarzumachen gesucht, daß der Begriff *organisch* teils widerspruchsvoll, teils unklar geworden ist und in seiner ganz bildlichen Anwendung sich überlebt hat; doch auch bei dem Begriffe *mechanisch* wird allzu häufig vergessen, daß er nur eine veränderliche, relative Bezeichnung für die Summe dessen ist, was wir von den Ursachen der Wirklichkeit zu wissen glauben. Jedenfalls liegt im Worte *Organismus* der Zweckbegriff verborgen; und mit dem Zweckbegriff muß es aus einer streng wissenschaftlichen Sprache verschwinden. Für die Gemeinsprache behalten wir ja die Worthülsen *Leben* und *lebendig* übrig.

Der Zweckbegriff hat den Dualismus in die Natur hineingetragen, den Gegensatz von Geist und Stoff, von Seele und Leib, oder wie immer man den Gegensatz von *organisch* und *mechanisch* nach dem zeitweiligen Standpunkt der Naturphilosophie ausdrücken will. Und der Zweckbegriff ist auch vom Darwinismus nicht aus der Welt geschafft worden.

Darwin redet einmal recht schablonenhaft von der Sprache als der Ursache des größten Fortschritts. Er nennt sie, wie es jeder Volksschullehrer tun würde, ein wundervolles Werkzeug und sagt doch in demselben Satze etwas, was deutlich zeigt, wie hilflos die Sprache der Sprache gegenübersteht: „Die fortgesetzte Anwendung der Sprache wird auf das Gehirn zurückgewirkt und erbliche Wirkung hervorgebracht haben; und diese wieder wird auf die Verbesserung der Sprache zurückgewirkt haben.“ Das ungelöste Rätsel der zweckmäßigen Entwicklung aller Organismen steckt trotz Darwin greifbar in dieser scheinbar so einfachen Vorstellung, daß Gehirn und Sprache einander gegenseitig fördern. Denn so vorsichtig sich Darwin auch ausdrückt, so allgemein, ich möchte fast sagen: nichtssagend er die Worte wählt, wir sind bei schärferem Zusehen dennoch genötigt, den Begriff mitzudenken, den Darwin angeblich vernichtet hat; es ist auch ihm nicht erspart worden, was vor ihm Kant passiert ist, daß er nämlich dem Priester unter großem Zulauf das Hauptportal der Kirche verschloß, um ihn durch die Sakristeitür verkleidet einschleichen zu lassen. Auch Darwin wird den Zweckbegriff nicht los. Die gegenseitige Förderung ist eine phantastische Vorstellung, wenn man nicht mit vorstellt, daß eins das Werkzeug des anderen ist, oder gar christlich, daß beide nur Werkzeuge in den unsichtbaren Händen einer höheren Macht sind. Nun ist aber eben Werkzeug ohne Handwerker, eine Absicht ohne ein Gehirn, nicht denkbar, nicht ausdenkbar. Und die menschliche Sprache hat wenigstens den einen sicheren Vorzug, daß sie durch ihre Geschwätzigkeit die geheime Hilflosigkeit der klügsten Leute verrät. So steckt hier der verleugnete Zweckbegriff bereits im Worte Werkzeug und noch offener in den Worten „Verbesserung der Sprache". Weiß der liebe Gott, was besser ist. So führt schließlich auch der Darwinismus nicht aus den urältesten Fragen heraus.

Dabei darf freilich nicht vergessen werden, daß der Zweckbegriff in unserer Volks- oder Muttersprache noch Jahrhunderte oder Jahrtausende tätig erhalten bliebe, hätte ihn auch ein einsamer Geist rein herausgedacht. Uns erscheint unser individuelles Leben natürlich äußerst wichtig, unser Leben ist uns Zweck aller Zwecke, Tätigkeit des Gehirns ein Werkzeug. Als man die Funktion des Gehirns noch nicht kannte, war z. B. für Aristoteles die Logik oder die Sprache das große Organon, das große Werkzeug, der Körper etwa nur der Stoff dazu. Jetzt hat man den Körper, das Gehirn genau untersucht und konnte die Sache gelegentlich einmal umkehren. Das Gehirn ist das große Werkzeug, und die Sprache gibt dazu nur gewissermaßen die Einübung, die Trainierung. So bei Darwin. Wir kommen nicht weiter, weil wir mit unserem Denken dastehen wie ein Schlosser, dem an seinem einzigen Hammer das Eisen vom Stiel losgegangen ist und der sich nun den Kopf darüber zerbricht, ob er mit dem Hammerkopf oder mit dem Stiele einen Nagel einschlagen soll.

Das Wort *Zweck* gehört der Gemeinsprache an, das Wort *Organismus* wird aus der Sprache der Halbbildung lange nicht verschwinden. Eine neue Naturphilosophie, die Ernst machen wollte mit ihren eigenen Grundsätzen, dürfte beide Worte nicht mehr gebrauchen (vgl. die Art. *Leben* und *Zweck)*.

P.

paradox — war schon den Griechen ein geläufiges Wort und bezeichnete ihnen, was *παϱα δοξαν* war, gegen die allgemeine Meinung, also gegen die Erwartung, was unglaublich, was wunderbar war; die Lateiner übernahmen das Wort in griechischer Form und machten es beinahe zu einem technischen Ausdruck des Sports *(paradoxos* konnte beim Wettkampfe denjenigen bezeichnen, der wider Erwarten siegte, beinahe wie englisch *outsider* im Gegensatze zu *favourite* das vorher unbeachtete Pferd bedeuten kann, das nachher den Sieg davonträgt), der Rhetorik (die Redefigur der Spannung) und endlich der Schriftstellerei, da eine Sammlung rhetorisch überraschender Sätze gern mit dem Titel *paradoxa* benannt wurde, was Cicero umständlich so übersetzt: quae sunt mirabilia contraque opinionem omnium. Von den Römern ist der Ausdruck zu den modernen Kulturvölkern übergegangen, doch so, daß sowohl überraschende Behauptungen paradox genannt wurden, als Menschen, die solche Behauptungen aus Eitelkeit vorzutragen lieben. Man nennt also gegenwärtig *paradox* die neuen Wahrheiten, so lange sie noch der allgemeinen Meinung widersprechen und noch sehr weit davon entfernt sind, Gemeinplätze geworden zu sein; man nennt *paradox* aber auch geistreich oder auch nur witzig geformte Unwahrheiten, mit denen eitle Leute in der Gesellschaft oder auf dem Büchermarkt eine Rolle zu spielen versuchen. Ein paradoxer Satz braucht also noch nicht wahr zu sein, was erst in unserer Zeit der aufdringlichen Paradoxien ausdrücklich gesagt zu werden brauchte; Schopenhauer war auf die Paradoxie seines Systems doch ein wenig zu stolz.

Die großen neuen Wahrheiten widersprachen freilich immer der öffentlichen Meinung der Zeit; sie mußten aber nachher von der gleichen öffentlichen Meinung als Wahrheiten anerkannt werden, trotzdem sie immer noch dem Scheine, dem Zeugnisse der menschlichen Sinne widersprachen. In diesem Sinne war es paradox, als Kopernikus den Stillstand der Sonne und die Bewegung der Erde behauptete. Freilich, der Trug der Sinne erzeugt die allgemeinste Meinung, den naiven Realismus; und was diesem widerspricht, widerspricht ganz besonders paradox der Gemeinsprache. So ist es kein Wunder, wenn paradoxe Wahrheiten der Erkenntniskritik den redenden Menschen als Paralogien oder Paralogismen, also als Symptome von Geistesstörung erscheinen.

Patriotismus. — Das Wort ist in seiner Bedeutung *Vaterlandsliebe* so international geworden, daß man kaum schon daran gedacht hat, es historisch zu erklären. Die Herkunft aus lat. *patria* lag ja auf der Hand. Aber lat. *patriota* bezeichnete nicht den Patrioten, den Vaterlandsfreund, sondern nur den Landsmann; griech. *πατριωτης* wurde gar ursprünglich nur von Sklaven und Tieren gebraucht, dann etwa poetisch von einem Berge der Heimat. Auch im Französischen bedeutete *patriote* lange Zeit den Landsmann (selbst franz. *patrie* scheint erst aus Italien eingeführt worden zu sein, wohl um *pays* zu ersetzen, kaum vor dem 16. Jahrhundert; *pays* hatte von altersher die Bedeutung Heimat, Vaterland, auch wohl volkstümlich die von Landsmann, *payse* die von Landsmännin; A. de Musset irrte, da er *pays* im Sinne von Vaterland für einen Neologismus hielt), den Freund des Vaterlandes erst, nachdem dieser Bedeutungswandel sich in England vollzogen hatte. Oder in den Niederlanden, wo der politische Verfall der Republik früh schon zur Bildung politischer Parteien geführt hatte, von denen im 18. Jahrhundert die stärkste, weil sich Aristokraten und Demokraten zu ihr zusammenschlossen, die Partei der *Patrioten* hieß.

Die Wortbildung *Patriotismus*, deren erstes Vorkommen ich nicht erforscht habe, läßt darauf schließen, daß die Bezeichnung als ein Protest gegen den erst im 18. Jahrhundert zu Einfluß gelangten Kosmopolitismus geprägt worden war. Patriotismus war also zunächst ein Schlagwort für die Stimmung oder für die politische Lehre, daß der Staatsmann und der Bürger das im Auge behalten sollte, was den Vorteil des eigenen Volkes förderte. Auf kleine Verhältnisse bezogen wurde diese Stimmung dann als *Kirchturmpatriotismus, patriotisme de clocher*, verhöhnt. Die Rücksicht auf die Landsleute wurde also unter dem Worte verstanden im Gegensatze zum *Weltbürgertum*, das (nach den Untersuchungen Feldmanns) als Begriff schon im 17. Jahrhundert aufkam, aber erst im 18. Jahrhundert die Schwärmerei propagierte: der Erdboden wäre das gemeinsame Vaterland, alle Menschen wären Brüder, die Menschenrechte wären zu proklamieren. In dem zerrissenen Deutschland war ein verstiegenes Weltbürgertum das Losungswort aller Dichter, bis der Ruhm Friedrichs etwas wie einen deutschen Patriotismus weckte.

Aus dieser Sachlage und aus ganz persönlichen Verhältnissen muß man Lessings berühmte Ketzerei erklären, Patriotismus sei höchstens eine heroische Schwachheit. Der Sachse Lessing lebte in dem Berlin des bewunderten Königs, zur Zeit des siebenjährigen Krieges. Lessing wurde der Herausgeber der Kriegslieder von Gleim; über diese Kriegslieder führten Lessing und Gleim eine tändelnde und von beiden Seiten nicht ganz aufrichtige Korrespondenz; Vater Gleim, den Erich Schmidt (Lessing I, 322) sehr gut charakterisiert hat, hatte keine Ahnung von Lessings Ernst und Größe; und Lessing spielte wohl nur mit dem eiteln Allerweltsdichter, wenn er ihn ernsthaft lobte. Nun hatte Gleim, in der Maske des Grenadiers, ein neues Kriegslied eingesandt, in welchem die gegnerischen Feldherren Mordbrenner und Henker genannt wurden. Das wollte Lessing nicht durchgehen lassen. Freund Ramler meinte zwar, der Sachse Lessing hätte an den Grobheiten des Gedichtes Anstoß genommen. Mag sein; aber Lessings Gedanken gingen weiter. Wirklich, wie Bismarck schon während des Krieges von 1866 die spätere Versöhnung Österreichs nicht aus den Augen verlor, so will Lessing nicht Beschimpfungen veröffentlicht wissen, die nach dem Friedensschluß peinlich wirken müßten. „Vielleicht zwar ist auch der Patriot" (der Landsmann Sachse also) „bei mir nicht ganz erstickt, obgleich das Lob eines eifrigen Patrioten nach meiner Denkungsart das allerletzte ist, wonach ich geizen würde; des Patrioten nämlich, der mich vergessen lehrt, daß ich ein Weltbürger sein sollte." Gleim antwortet jämmerlich; der Dichter der Kriegslieder verwahrt sich dagegen, kein Weltbürger zu sein. Und nun schreibt Lessing (am 14. Februar 1759) in wachsender Erregung den Brief, in welchem er seinem Herzen Luft macht. „Der Grenadier" (Gleim also; das Versteckspiel wird in den Briefen bis zu Ende getrieben) „soll und muß auf die Nachwelt denken; oder wenn er es nicht tun will, so werden es seine Freunde für ihn tun . . . Was ich aber von dem übertriebenen Patriotismus einfließen lassen, war weiter nichts als eine allgemeine Betrachtung, die nicht sowohl der Grenadier als tausend ausschweifende Reden, die ich hier alle Tage hören muß, bei mir rege gemacht hatten. Ich habe überhaupt von der Liebe des Vaterlandes (es tut mir leid, daß ich Ihnen vielleicht meine Schande gestehen muß) keinen Begriff, und sie scheinet mir aufs höchste eine heroische Schwachheit, die ich recht gern entbehre.“

So Lessing, der doch — in dieser Beziehung dem großen Könige recht ähnlich — zum Aufkommen der heroischen Schwachheit eines deutschen Patriotismus viel beigetragen hat. Erst einige Jahre später (1764) schrieb Voltaire unter dem Schlagworte „Patrie“ seine höhnischen Worte über die Vaterlandsliebe nieder. Der Bürger des zerrissenen Deutschland hatte zunächst an den von ihm verlangten sächsischen Patriotismus gedacht; Voltaire, der französische Verbesserer einer schlechten Welt, verlangte gute Einrichtungen und gute Regenten für die verschiedenen Vaterländer: nur dann wäre Vaterlandsliebe möglich. „Man hat ein Vaterland unter einem guten König; man hat keins unter einem schlechten. In einem größeren Staate gibt es oft mehrere Millionen Menschen, die kein Vaterland haben. Die Mörder, welche ihre Dienste vermieten und ihr Blut dem ersten, dem besten zahlungsfähigen Könige verkaufen, haben noch weniger ein Vaterland als ein Raubvogel, der allabendlich zu dem Felsenloch zurückkehrt, wo die Mutter das Nest gebaut hat. Im Vertrauen, liebt wohl ein Bankier sein Vaterland von Herzen? Hat der Offizier, hat der Soldat, die ihr Winterquartier ruinieren würden, wenn man sie gewähren ließe, eine recht zärtliche Liebe für die paysans (das Wort bezeichnet jetzt nur die *Land*leute, früher aber auch die *Lands*leute), die sie zugrunde richten? Die Leute, die vor Ehrgeiz brennen, eine politische Rolle zu spielen, schreien ihre Vaterlandsliebe aus und lieben nur sich selbst.“

Voltaire gelangt von seinem Hohne aus zu einem ganz freien Standpunkt. Die Frage, ob Monarchie oder Republik, findet schon er unerheblich. Auch mit dem Weltbürgertum sei es nichts; oft müsse man der Feind aller übrigen Menschen sein, wenn man ein guter Patriot heißen wolle. Er erinnert an Cato's patriotischen Refrain: Ceterum censeo, Carthaginem esse delendam. „Telle est donc la condition humaine, que souhaiter la grandeur de son pays, c'est souhaiter du mal à ses voisins. Celui qui voudrait que sa patrie ne fût jamais ni plus grande, ni plus petite, ni plus riche, ni plus pauvre serait le citoyen de l'univers.“

Der Faden Voltaires wurde schon in der Encyclopédie gesponnen; der Patriotismus sei ausschließlich eine Tugend der antiken Republiken gewesen; von Cäsar ab sei das Wort *patria* von Ehrgeizigen mißbraucht worden. Il n'est point de patrie sous le joug du despotisme. Darin aber hatten die Enzyklopädisten nicht den freien Standpunkt Voltaires, daß sie am liebsten bei den rebellischen Parteien die wahren Patrioten suchten. Während der großen Revolution nannten sich die Anhänger des Konvents gern patriotisch, im Gegensatze zu den vaterlandsfeindlichen Royalisten, welche ja gleich das Ausland zu Hilfe riefen;[1]) schlechte Teller mit Bildern Mirabeaus, des Bastillensturmes usw. hießen fayences *patriotiques*.

Man achte nun darauf, welche Ähnlichkeit den Äußerungen der so ungleichen Männer zugrunde liegt, und was ihre Skepsis von der heutigen Anschauung trennt. Lessing, der Deutsche, wurde von der deutschen Kleinstaaterei daran gehindert, seinen Enthusiasmus für Friedrich als deutschen Patriotismus zu empfinden; und Voltaire haßte die Einrichtungen seines Staates und aller andern Staaten zu tief, um von jedem Staatsbürger Patriotismus als eine sittliche Pflicht verlangen zu können. Die Staaten, die sie kannten, waren weder für Lessing noch für Voltaire liebenswert; und die Nationalitätsidee war noch nicht mächtig, selbst das Wort *Heimweh* trat eben erst schüchtern auf und wurde für eine schweizerische Nationalkrankheit gehalten. Erst von dem großen Napoleon und dann noch viel heuchlerischer von dem kleinen Napoleon III. wurde das Prinzip aufgestellt, daß ein Staat nur eine Nation und die ganze Nation umfassen sollte. Nirgends wurde dieses Prinzip Wirklichkeit; weder Frankreich noch das neue Deutschland noch auch das geeinigte Italien sind im strengen Sinne Nationalstaaten. Man denke gar an das englische Imperium oder an Österreich, um zu sehen wie wenig sich die Geschichte um den Unterschied zwischen Staat und Volk (Sprache) gekümmert habe. Aber das Wort Nationalitätsidee hatte Glück gemacht, und heute verlangt die politische Phrase, daß jedermann seinen Staat lieben solle, seinen Staat mit allem, was drum und dran hängt. Der uralte, schon von Aristophanes geformte, allzumenschliche Protest gegen die Forderung „dulce et decorum est pro patria mori" gilt heute für äußerst unschicklich; das Lied mit dem Kehrreim „ubi bene, ibi patria" darf kaum mehr gesungen werden; „für seinen König muß das Volk sich opfern, das ist das Schicksal und Gesetz der Welt. Nichtswürdig ist die Nation, die nicht ihr Alles freudig setzt an ihre Ehre", so hat Schiller das vermeintliche Gesetz in Worte gefaßt und rhetorisch den Staat, dessen Repräsentant der König ist, und die Nation einander gleich gesetzt.

In dem Buche, das A. Menger mit berechtigtem Selbstbewußtsein „Neue Staatslehre" betitelt hat, wendet er sich sehr scharf gegen die Forderung des

[1]) Mercier erfindet noch 1801 das Wort *patriophobie* (nach *hydrophobie*). „Ne pourrait-on pas appeler Patriophobie l'horreur qu'ont pour la patrie ceux que le mot seul de patriotisme fait tomber en convulsion?"

Staatspatriotismus; er sieht allerdings kaum den jedem Patriotismus zugrunde liegenden Instinkt der Heimatliebe, kritisiert aber sehr gut die Volkserziehung, welche überall darauf hinausgeht: der Staatsbürger habe mit Gut und Blut die Stellung der Machthaber aufrecht zu erhalten (S. 24). Der Patriotismus sei am stärksten entwickelt beim Adel, der Geistlichkeit, dem Heere und dem Beamtentum; denn hier sei eine Interessengemeinschaft mit den Herrschenden vorhanden. Der Patriotismus des gebildeteren Mittelstandes gelte weniger den Herrschenden, bestehe mehr in der Liebe zu Land und Volk. Bei den ärmeren Volksklassen „fehle im großen und ganzen der persönliche Zusammenhang mit den Herrschenden als auch die Kulturgemeinschaft mit Land und Volk. Der Staat selbst habe seit Jahrtausenden von ihnen nur gefordert, (bis vor kurzem) nichts gegeben.“ (S. 46f.) So konnte die Organisation der Arbeiterpartei bewußt und demonstrativ international werden, und den von allen Machthabern schon den Kindern eingeprügelten Patriotismus höhnisch bekämpfen; die Internationale hat über der Berechtigung ihrer Staatskritik freilich oft übersehen, daß die Zertrümmerung oder Ohnmacht eines Staates doch auch für seine Arbeiter schlimme ökonomische Folgen haben müßte, wenigstens für das gerade lebende Geschlecht, hat ferner übersehen wollen, daß auch bei der ärmsten Bevölkerung eine Liebe zu der eigenen Mundart, zu der eigenen Heimat vorhanden ist, wenn auch nicht ebenso natürlich und ebenso stark eine Schwärmerei für die Person des Herrschenden und seine Familie.

Das aber ist die Schwäche in der gegenwärtigen Bedeutung des Begriffs Patriotismus. Staat und Volk sind nicht dasselbe. Beide sind historisch geworden, und ich kann nicht leugnen, daß Zufallskräfte auch bei der Entstehung der Völker mitgewirkt haben. Trotzdem ist ein Volk eine viel organischere Bildung als ein Staat; vor allem aber ist die Liebe des Individuums zu seinem Volke allgemein und natürlich, die Liebe des Bürgers zu seinem Staate durchaus nicht allgemein verbreitet und in sehr vielen Fällen nur eine Folge von oder eine Verwechslung mit der Liebe zum eigenen Volk. Woher dann das Tragische in dem Herzen der Männer, die ihre Heimat lieben und ihre politische Nation bekämpfen müssen. Der landläufige Patriotismus, der unmittelbar nach den Siegen von 1870 aufkam, ohne Kritik, jetzt aber nicht viel länger als etwa seit 10 Jahren Hurrapatriotismus heißt und mit diesem ironischen Worte schon abgelehnt wird (der französische *Chauvinismus* ist seit 1830 die spöttische Bezeichnung für einen *miles gloriosus*, wie dieses Wort von einer Theaterfigur genommen), will und darf nichts davon wissen, daß edle und reine Menschen ihre Heimat und ihr Volk über alles lieben, aber ihren eigenen Staat, ja den Racker von Staat überhaupt, die Staatsmaschine hassen können. Das Bild vom Staate als einer Maschine geht auf Hobbes zurück, auf eine Zeit also, in welcher die wieder neugewordene mechanistische Weltanschauung die Organismen, wenigstens die Tiere als Maschinen auffaßte, als Uhrwerke, und dieses Bild nun um so lieber auf die große Bestie Staat, den Leviathan, anwandte. Es ist nicht zu übersehen, daß die Entdecker oder Erfinder der Volksseele, bei uns also Herder, zu den Verächtern der Staatsmaschine gehörten.

Der Gegensatz von Volk und Staat büßt aber seine vermeintliche Einfachheit ein, wenn wir das Gefühl des Patriotismus psychologisch zu analysieren versuchen. Denn, wie wir uns auch zu dieser Frage stellen wollen, wir stoßen da auf die Schwierigkeit, daß es in der Wirklichkeit immer nur eine Individual-Psychologie gibt, daß das Gefühl des Patriotismus der sozialen oder der Völker-Psychologie angehört, daß wir also das Organ des Patriotismus eigentlich nicht kennen. Wobei nicht zu vergessen ist, daß — vom geheuchelten Patriotismus, dem patriotisme de l'antichambre, den großen Worten der großen und der kleinen Volksschmeichler ganz abgesehen — in der ganz ehrlichen Heimatliebe sehr häufig egoistische Motive verborgen sein können: die allbekannten Motive des Hungers, der Geschlechtsliebe oder des Familiensinns, der Eitelkeit. Aber es gibt im Patriotismus einen reinlichen Rest, der wirklich nicht Egoismus ist. Ich habe schon einmal („Die Sprache“ S. 78 f.) behauptet: Patriotismus ist die Liebe zur eigenen Muttersprache; aller Besitz unseres Innenlebens, was wir als Egoisten und was wir als soziale Wesen unsern Besitz nennen, ist in unserer Muttersprache gesammelt; ich habe durch den Hinweis auf die Macht der Entlehnung und der Nachahmung den Glauben an die Eigenheit, an die Persönlichkeit der Muttersprache zu zerstören gesucht, habe aber dennoch die Liebe zur Muttersprache als eines unserer stärksten und schönsten Gefühle gepriesen. Hier möchte ich auf diese Antinomie nicht noch einmal eingehn. Hier möchte ich nur den Begriff *Instinkt* zu Hilfe nehmen, um zu erklären, wie der egoistische Mensch zu Opfern aus Liebe zu seiner Sprache, zu seiner Heimat, zu seinem Volke gebracht werden kann. Der Instinkt dieser Liebe ist so natürlich wie die Liebe des Vogels zu seiner Brut, wie der Patriotismus einer Ameise.

Wie wir uns nun aber gewöhnt haben, den Stamm oder das Volk eines Ameisenhaufens einen Staat zu nennen, so haben wir uns auch daran gewöhnt, Patriotismus vom Staatsbürger zu verlangen, anstatt vom Volksgenossen. Ich habe schon erwähnt, daß der Staat ein noch künstlicheres Gebilde ist als das Volk; die Liebe zum Staate ist kein natürliches Gefühl, ist ein künstlich gezüchteter Instinkt, der freilich in unsern Zeiten der Nationalitätsidee von den republikanischen und monarchischen Regierungen mit gleichem Erfolge gezüchtet worden ist. Als ob eine Fahne, als ob eine Farbe eine natürliche Bildung wäre gleich der Sprache, so wird vom Staatsbürger opfermutige Liebe für eine Fahne und deren Farbe verlangt. Es betrübt mich mehr, als ich es sagen möchte, daß aber am letzten Ende auch Fahnen und Farben zu den Sprachen der Völker gehören, daß die Macht der Nachahmung auch beim Heiligwerden von Fahnen und Farben wirksam war, daß also der Staats-Patriotismus zuletzt auf dem gleichen Grunde steht wie der natürliche Patriotismus oder die Liebe zur eigenen Muttersprache.

Persönlichkeit.

I.

Persönlichkeit gehört zu einer Gruppe künstlicher Worte, die eigentlich den Prinzipien aller Sprachgeschichte zu widersprechen scheinen. Analogiebildungen ohne Sinn und ohne Inhalt, von Wortphilosophen einem Wortsysteme zuliebe geformt, schleppen sie ihr leeres Dasein innerhalb des Systems eine Weile fort, bis eine popular-philosophische Mode das Wort der Gemeinsprache der Halbgebildeten zuführt und es dort, weil es als Wort einmal existiert, mit einem eigenen Inhalt füllt. So mag ein Wanderer eine leere Tasche, die er zufällig gefunden hat, mit Geld füllen; er muß nur Geld besitzen. Aus *qualis*, *quantum*, *quid* usw. wurden solche Scheinsubstantive gebildet. Aus *idem* wurde die Eigenschaft auszudrücken versucht, *idem* und nicht *alter* zu sein, die *Identität;* und heute stellen Gendarmen nach dem neuen Erkennungsverfahren die Identität eines Strolches fest. *Persönlichkeit* ist uns seit Goethe etwas wie ein höchstes Gut geworden, das letzte Ziel von Menschen, die sich nicht mehr als Atome einer Masse, eines Staates fühlen, sondern den Kern ihres eigensten Wesens zur Geltung bringen wollen: ihre *Individualität.* (*Atom*, *Staat*, *Geltung*, *Individualität*, besonders *Wesen*, lauter solche nachgefüllte Worte.) „Höchstes Glück der Erdenkinder ist nur die Persönlichkeit.“ Und auch dieses Wort war einst eine leere scholastische Analogiebildung, die Eigenschaft auszudrücken, daß ein Mensch eine *Person* ist. Jurisprudenz, Theologie und Psychologie glaubten den Begriff der *personalitas* nötig zu haben. Die Frage war etwa, ob ein unvernünftiges Tier schon, ob der allweise Schöpfer der Welt noch eine Person sei. Die Jurisprudenz wollte den Tieren die personalitas absprechen, sie sollten keine Rechtssubjekte sein; die Theologie zermarterte sich, um den Personen der Trinität die personalitas zugleich zu- und abzusprechen. Diese personalitas wurde als eine Eigenschaft besessen; die Person *hatte* Persönlichkeit, wenn sie eine Person *war*. Bis das Wort eigenes Leben gewann und erst ausgezeichnete, hervorragende Menschen Persönlichkeiten waren und endlich, in unseren Tagen, jeder Bummler, qui se respecte, für jede Unterscheidung von dem verachteten Alltagsmenschen, für jedes Talentchen und jedes Laster, für jede Warze und jedes Verbrechen die Formel bereit hat: ich bin eine Persönlichkeit. Wir stehen in der Entwicklung dieser Wortgeschichte noch mitten drin und können nicht wissen, ob der Individualismus schon wieder im Rückgang begriffen ist oder im Fortschreiten. Beachtenswert ist, daß vorzüglich ganz junge Leute Persönlichkeiten sind, daß mit der Reife der Weltanschauung das Trotzen auf die Persönlichkeit nachzulassen pflegt.

Wir werden noch sehen, wie Kant auf diesen neuesten Bedeutungswandel eingewirkt hat. Vorläufig möchte ich nur bemerken, daß just Kant, weil er ethische Vorstellungen an den Begriff heranbrachte, wohl die Veranlassung wurde, daß die Persönlichkeit im Sinne Goethes sich theoretisch von der Ethik, von der allgemeinen Anschauung emanzipierte. Noch Christian Wolf sah das Wesen der Person in der memoria sui: „da man eine Person nennet ein Ding, das sich bewußt ist, es sei eben dasjenige, was vorher in diesem und jenem Verstande (?) gewesen, so sind die Tiere auch keine Personen; hingegen weil die Menschen sich bewußt sind, daß sie eben diejenigen sind, die vorher in diesem und jenem Zustande gewesen, so sind sie Personen". (Vernünftige Gedanken § 924.) Kant nun, der mit unerhörter Kraft das Denken von religiösen und metaphysischen Abhängigkeiten befreit hatte, um leider mit fast gleicher Kraft die hergebrachte Ethik apriorisch zu begründen, erklärte den Begriff der Persönlichkeit daraus, daß der Mensch ein Zweck sei, ein Zweck an sich selbst, also doch wohl von einem lieben Gott als Zweck gesetzt. „Der Mensch ist zwar unheilig genug, aber die *Menschheit* in seiner Person muß ihm heilig sein. In der ganzen Schöpfung kann alles, was man will, und worüber man etwas vermag, auch *bloß als Mittel* gebraucht werden; nur der Mensch, und mit ihm jedes vernünftige Geschöpf, ist *Zweck an sich selbst.* Er ist nämlich das Subjekt des moralischen Gesetzes, welches heilig ist, vermöge der Autonomie seiner Freiheit. . . . die Persönlichkeit stellt uns die Erhabenheit unserer Natur (ihrer Bestimmung nach) vor Augen." (Kr. d. pr. Vernunft. 155.) Aus dieser neuen Vorstellung kamen dann neue Hoheitsrechte des Menschen. Der Mensch hatte eine *Bestimmung,* wenn er ein Zweck war; es ist eigentlich eine Tautologie. Und weil der Mensch kein Mittel mehr war, so besaß er, was es sonst auf der Welt nicht gab: *Würde.* Über die Bestimmung des Menschen machte sich Schiller lustig; die Würde, die doch auf der Bestimmung ruhte, predigte er.

Machte man aber Ernst mit dem unmöglichen Begriff Zweck an sich selbst, löste man die Persönlichkeit von dem Schöpfer los, der allen Menschen den gleichen Zweck gesetzt hatte, so konnte das neue Wort Selbstzweck kaum mehr etwas anderes heißen als: der eigenste *Wille* der Persönlichkeit, des Individuums, weil doch irgend ein Wille hinter dem Zweck stecken muß. Und so führte die Persönlichkeit, nachdem Kant sie anstatt in der Erkenntnislehre in der praktischen Philosophie behandelt hatte, geradezu in den Individualismus, der sich nachher Anarchismus nannte. Für seine Person hatte Goethe anarchische Neigungen.

II.

„Für seine Person." Ebenso heißt es schon in der Bibel und noch heute „die Person des Königs". Wenn gesagt worden wäre: der König, so wäre nicht weniger gesagt worden. *Person* ersetzt nur einen gewissen Nachdruck. Zu einem so leeren Schatten ist das Wort geworden, auf einem langen Wege, dessen Anfang wir nicht kennen und auf dessen Bahn Jahrhunderte lang ein Schattenkampf der Theologen und dann wieder der Juristen stattgefunden hat, den wir für eine Wortgeschichte nehmen müssen.

Dessen Anfang wir nicht kennen, wenn auch alle Handbücher die alte Fabel des Gellius wiederholen: *persona a personando.* Kopf und Gesicht des Schauspielers wären von einer Maske bedeckt gewesen und die Stimme des Schauspielers, weil sie nur durch das kleine Sprachrohr heraustreten konnte, wäre heller und volltönender geworden. Quoniam igitur indumentum illud oris clarescere et resonare vocem facit, ob eam causam persona dicta est, o littera propter vocabuli formam productiore. Die Etymologie ist nicht ganz so kindisch, aber ebenso unhaltbar wie andere antike Etymologien. Über die widersprechende Quantität (*persŏno* und *persôna*) wäre hinwegzukommen; aber wo in aller Welt kann die Maske ihre Bezeichnung von der Schallverstärkung gehabt haben, die ganz gewiß zum Zwecke dieser Etymologie hinzuerfunden war. Neuere Vorschläge für eine bessere Etymologie sind sehr zahlreich, waren aber nicht glücklicher. An die klassische knüpft die an, welche *persona* erklärt mit quod per se *sonat.* Sprachwissenschaftlich noch schlimmer, aber geistreich und nachwirkend ist die des Placidus: persona eo quod *per se una* est; Schloßmann nimmt an, daß die Definition bei Boëthius die Individualität der Person, *per se unam* esse, auf jene Etymologie zurückgeht. Auch aus dem Griechischen hat man persona ableiten wollen; so Scaliger ganz unmöglich von *περι σωμα* oder *περι ζωμα.* Von altersher war bekannt, daß persona in der Bedeutung Maske mit *προσωπον* zusammentraf; die Versuche, persona von *προσωπον* etymologisch abzuleiten (ob nun *προσωπον*, *προσωπειον* sich in der Volkssprache zu persona wandelte, wie umgekehrt *Περσεφονη* zu Proserpina, oder ob *προσωπον* über eine aramäische oder syrische Form parsopa zu persona wurde) hätten etwas sehr Bestechendes, wenn nur nicht die gleiche Wahrscheinlichkeit verschiedener Wege alle gleich unwahrscheinlich machte. Die additiven Gesetze der Wahrscheinlichkeitsrechnung gelten nicht für die Geschichte, weil sie Zufall ist, immer nur den einen Fall darbietet, und den andern möglichen Fall nicht kennt.

Der Zusammenhang aber zwischen *προσωπον* und persona besteht. Für meine Zwecke genügt die Annahme, daß persona wirklich irgendwie von *προσωπον* herstammt, aber für das Sprachgefühl der Römer eine Übersetzung von *προσωπον* war.

In die modernen Kultursprachen ist nun dieses Wort mit Haut und Haar übergegangen; der Italiener der Rumäne, der Provençale, der Franzose, der Spanier, der Deutsche, der Engländer, der Holländer usw. sagt *persona* oder ganz ähnlich. Nur im Deutschen erfahren wir von einem interessanten Versuch, eine Lehnübersetzung aus deutschem Sprachgut herzustellen. Daß das deutsche Wort *Person* einst aus dem lateinischen *persona*, dann aus dem französischen *personne* (Elisabeth Charlotte schreibt die Mehrzahl *Personnen*, aber auch in der österreichischen Mundart kommt *Perschannen* vor), neuerdings wieder direkt aus dem Lateinischen hergeholt worden ist, das ist freilich nur ein winziger Beitrag zur gegenseitigen Beeinflussung von Nachbarsprachen. Aber schon Adelung wußte, daß im Althochd. ein hübscher Versuch gemacht worden war, Person zu übersetzen. Mit *Heit*, das heute zu einer fast leeren Endsilbe geworden ist. Ich gebe einige Beispiele nach Adelung und dem D. W. Der Isidorus-Übersetzer sagt für die zwei Personen Jesu dero zwio *Heito*, für die dritte Person diu Dritten*heit*. In einem Marienleben von Bruder Philipps heißt es vom Barte Jesu: der was brun unde reit, ze mazen lanc in schöner *Heit*. Im ältern Nhd. heißt es vom verlorenen Sohn:

> Sollt ich zum Vater in solcher *Heit*,
> Nein, würd ihm machen großes Leid.

Mehr als aus diesen Beispielen erhellt und aus den zahlreichen Zusammensetzungen, die Grimm (Gram. II 497) gesammelt hat, wird sich über die ursprüngliche Bedeutung von Heit kaum ausmachen lassen. Es heißt: Person, hervorragende Persönlichkeit, Gattung, Würde, Gestalt, Form usw. Die Ableitung vom Sanskritworte *ketus* möchte ich nicht gern bemühen. Sollte aber *Heit* mit *heiter* zusammenhängen (wieder möchte ich den Zusammenhang mit *καθαρος* nicht bemühen), so wage ich eine Urbedeutung: Auge, Antlitz vorauszusetzen, wo dann Heit fast eine Lehnübersetzung von *προσωπον* sein könnte.

Weniger gewagt, weil im sprachwissenschaftlichen Betriebe anzuerkennen, aber noch nicht bemerkt, ist nun eine andere Beziehung. *Person* wurde also vor 1000 Jahren mit *Heit* übersetzt, einem Worte, das in allen germanischen Sprachen seine Selbständigkeit verloren hat. Im Deutschen ist es zu den Endsilben *heit* und *keit* geworden, im Englischen zu den Endsilben *hood* und *hat*, in den skandinavischen Sprachen (wahrscheinlich unter niederdeutschem Einfluß) zu *het*; als nun die hd. Sprache den Begriff *Persönlichkeit* brauchte, als Meister Eckhart die *Mugenheit* der drei göttlichen Personen tiefgründig untersuchte nach ihrer *Personlicheit* oder nach ihrer *Wesenheit*, da trat bereits die alte Übersetzung von Person als schattenhafte Ableitungssilbe an das schattenhafte Adjektiv vom leergewordenen Personenbegriff heran und wir haben in dem Worte *Persönlichkeit* denselben leeren Begriff zweimal: als hohlen Stamm und als hohle Endsilbe. Was wir bei Persönlichkeit denken, ist 500 Jahre später hinzugekommen. Goethe hat seinen neuen Wein in die alten Schläuche von Eckhart gegossen.

Für Germanisten brauche ich nicht

hinzuzufügen, daß die Endsilbe *keit* wirklich mit *Heit* identisch ist, durch Mißverständnis aus Fällen wie *Ewigkeit* entsprungen, wie Hildebrand (Artikel *keit* im D. W.) nachgewiesen hat. Ewigkeit hieß im mhd. ewik*heit*, ewic*heit*; dieses wurde so ausgesprochen, als hieße die Endung *cheit*, was gemildert zu keit wurde, so daß die neue Form hieß: *ewikeit*, *ewekeit*; man glaubte nun gewiß philologisch zu verfahren, wenn man schon im 14. und 15. Jahrhundert Ewig*keit*, Einig*keit*, Barmherzig*keit* usw. schrieb.

Analysieren wir so historisch das Wort *Persönlichkeit*, so gelangen wir allerdings zu einem abstrusen Begriffsinhalt: das Wesen einer Eigenschaft, wonach ein Wesen zu einem Wesen wird. Wer wortgeschichtliche Studien, mit vorurteilslosem Blick in ihre internationale Zufallsgeschichte, getrieben hat, wer sich nicht auf die angeblichen Gesetzlichkeiten des gegenwärtig vorgeschriebenen sprachwissenschaftlichen Weges beschränken will, der wird dem Bedeutungswandel von Person und Persönlichkeit sofort nachfühlen, daß kirchenchristlicher Einfluß da mitgespielt haben muß. Überzeugend ist das nachgewiesen in einer Abhandlung von Schloßmann „persona und *προσωπον* im Recht und im christlichen Dogma". Eine nachgelassene Untersuchung von Trendelenburg „zur Geschichte des Wortes Person" (eben erst [1908] von Eucken in den Kant-Studien Bd. 13, Hft. 1, herausgegeben) ist für die erkenntnistheoretische Seite der Frage nicht veraltet. Ich will beiden Untersuchungen einiges zur Wortgeschichte entlehnen. Eine Beziehung von persona zu *προσωπον* ist nicht abzuweisen; *προσωπον* ist ursprünglich das Antlitz, nimmt aber früh die Bedeutung Maske an; *προσωπον*, später *προσωπειον*, wird so zu einem Ausdruck der Theatertechnik: *προσωπον* heißt Rolle, dramatis persona. Zur Kaiserzeit gewinnt es, vielleicht schon selbständig (ohne die Rückwirkung des römischen Rechts, von der noch die Rede sein wird) auch in der Gemeinsprache die allgemeine Bedeutung von Person; mit einiger Kühnheit der Metapher kann man da immer die Herkunft aus der Theatersprache heraushören. Man achte darauf, daß auch *Charakter* (vgl. Art. *Charakter*) seinen Bedeutungswandel vielfach geradezu über die Theatersprache genommen hat. Übrigens ist es für den Bedeutungswandel nicht unwesentlich, daß *προσωπον* seltener vorkommt als *persona*; der Sinn konnte von selbst nicht so schattenhaft dünn werden, wie der des lateinischen Wortes.

Vom 5. und besonders vom 6. Jahrhundert an kommt es nun dazu, daß *προσωπον* zur Lehnübersetzung von *persona* wird, während in der großen, römischen Zeit unzählige griechische Begriffe in lateinischen Lehnübersetzungen aufgenommen worden waren. Als die Kodifikation des römischen Rechts vollendet war, hatte sich auch *προσωπον* im Sinne von persona in der byzantinischen Literatur eingebürgert. Als ein Latinismus. Erst in den letzten Jahrzehnten hat man, namentlich in Ägypten, viele Belege aus Privaturkunden gesammelt, die den Einfluß der lateinischen Juristensprache auf die griechische Gerichtssprache der Provinz zeigen. Das Juristengriechisch der Kaiserzeit wimmelt von Latinismen, wie das Kirchengriechisch von Hebraismen.

Im Juristenlatein aber spielt persona nicht ganz die Rolle, die ihm nach der Schultradition zugewiesen wird. *Persona* soll im römischen Recht das Subjekt der Rechtsfähigkeit bedeuten; Sklaven sind also keine Personen, wohl aber gelten Korporationen u. dergl. für Personen, sog. juristische Personen. Schloßmann scheint mir ein wenig zu weit zu gehen, wenn er einen solchen technischen Gebrauch von persona in den alten Quellen überall leugnet. Die römischen Juristen waren, mag man auch seit Jahrhunderten das Gegenteil behaupten, keine Systematiker, so wenig als die Verfasser des Talmud Systematiker waren. Ihre Sätze über den Personenstand der Sklaven mögen unklar und populär genug etwa den Sinn gehabt haben: „Sklaven sind keine Menschen." Wie heute schneidige Kolonialpolitiker wohl sagen: „Die Schwarzen sind keine Menschen", was doch auch in ihrem Sinne kein Mustersatz der Logik sein soll. Wohl aber hat Schloßmann recht mit dem Nachweis, daß die römischen Juristen das Wort sehr ungenau gebrauchten, wiederholt auch ganz unbefangen für die Sklaven. *Persona* war der unbestimmteste Ausdruck für einen Menschen. In den neueren Sprachen wandelte sich französisch *personnage*, deutsch *Persönlichkeit* zum Ausdruck für einen hervorragenden Menschen; *Person* im Deutschen zu einer verächtlichen Bezeichnung, *personne* im Französischen gelegentlich zur Negation, wie *rien (res)*, *pas (passus)*, so daß es in einer elliptischen Antwort *Niemand* heißen kann; so reich war das römische *persona* nicht. Auf dem Wege von Maske zu Rolle, Typus, wurde persona schließlich zu einer bloßen Redensart, zu einem überflüssigen Vorschlag. *Persona* regis = rex, wie man etwa *Gott des Krieges* oder *Mars* für *Krieg* sagen kann. Als das Wort erst so leer geworden war, war es wie geschaffen für die moderne Verwendung in der Jurisprudenz.

Auf einem parallelen Wege wandelte sich *προσωπον* in der Dogmengeschichte zu einem leeren Schall von historischer Bedeutung. Der ursprüngliche Sinn Maske hatte den gleichen Wandel durchgemacht wie im Lateinischen und gewiß schon vorher. Wir müssen uns recht lebhaft die Aufführungen griechischer Tragödien und Komödien vorstellen, um begreifen zu können, wie die Maske zur Metapher für Rolle, Typus, Menschenart, Mensch werden konnte. Der Schauspieler spielte seine Rolle unter einer Maske, die vielleicht ganz individuell, aber dafür für das ganze Stück regelmäßig dieselbe und starr war. Der Darsteller in der Komödie sah vielleicht dem dargestellten Original zum Verwechseln ähnlich, weit mehr als das unsern Schauspielern zu erreichen möglich ist; ein individuelles Mienenspiel aber fehlte durchaus, wenigstens bei den Griechen. Und wenn von unsern Schauspielern Persönlichkeit verlangt wird, so hat man vergessen, daß dieses Wort von der unpersönlichen

Maske, *προσωπον*, *persona*, herkommt. Um den Unterschied von damals und heute zu verstehen, stelle man sich die Duse unter einer Maske vor, die leibhaftige, tragische Muse, der man das Leben genommen hätte.

III.

Wenn aber *προσωπον* ganz ebenso heruntergekommen ist wie persona, so trägt die Verantwortung dafür nicht die Jurisprudenz, sondern die Theologie; und erst spät mischen sich wieder der theologische und juristische Sprachgebrauch; *προσωπον* und persona bringen einander gegenseitig herunter. Der schlechte Einfluß auf *προσωπον* kam in weitem Abstande von zwei Seiten: vom jüdischen Sprachgebrauche und von der dogmatischen Verlegenheit der Christen. Ganz orientalisch ist der Gebrauch von *προσωπον* als eines überflüssigen Vorschlags vor dem eigentlich gemeinten Worte. Wo im alten Testamente panim das *Antlitz* Gottes, des Engels, des Bruders, der Männer, der Könige gesagt war, da hieß es in der LXX immer *προσωπον*. Die Verbindung von Antlitz mit dem Plural war der erste Schritt zur Sinnlosigkeit. In den späteren Büchern des Alten Testaments wird nun das Wort mit abstrakten Begriffen verbunden: das Anlitz der Furcht, des Krieges, der Bosheit usw., endlich konnte man, ungeheuerlich für unser Sprachgefühl, vom Antlitz der Hand (Jesaias), vom Antlitz der Füße (Juda) reden (wie ja auch „Knie des Herzens" dem Alten Testament angehört). So sehr war jede Vorstellung verloren gegangen. Im Neuen Testament steigert sich der orientalische Gebrauch noch weiter, indem das Wort, auf das es ankommt, zu dem fast bedeutungslosen und wohl auch tonlosen *προσωπον* im Genitiv hinzugefügt wurde; ganz ähnlich wie heute die Araber einen Lügner Vater der Lüge nennen, einen reichen Mann Vater des Glücks. *Panim* (im Judendeutsch ein Schimpfwort wie das deutsche Person), *προσωπον* war zu so etwas wie einer Kategorie geworden.

Und weil Kategorie an Vornehmheit nichts zu wünschen übrig läßt, war so *προσωπον* reif geworden, das Schlagwort im wichtigsten Dogmenstreite abzugeben. Bekanntlich war die Trinitätslehre die erste Lehre des Christentums, die zum Dogma erhoben wurde. Ich würde mich nicht scheuen, auf die Wortstreitigkeiten näher einzugehen, aber sie sind unentwirrbar, wenn man nicht den Wechsel des Sprachgebrauchs von Jahrzehnt zu Jahrzehnt, oft noch häufiger, von Ketzerei zu Ketzerei zu verfolgen Wissen und Geduld genug hat. War ein terminus technicus für die Frage, wie die drei Götter drei Personen und doch eine Einheit wären, durch einen Ketzer, der den terminus wörtlich nahm, in Verruf gekommen, so brachte sein Gegner einen neuen terminus auf. Die abendländische Kirche übersetzte den terminus ins Lateinische, das lateinische Wort weckte neue Assoziationen, die sich wieder mit der morgenländischen Anschauung nicht vertrugen. So wirrten vom 2. bis zum 5. Jahrhundert die termini *ουσια*, *φυσις*, *ὑποστασις*, *ἰδιοτης*, *προσωπον*, *essentia*, *natura*, *substantia*, *subsistentia*, *proprietas*, *persona* durcheinander. Ich kann mich nicht rühmen, den historischen Faden durch dieses Labyrinth aufzeigen zu können. Nur ein Beispiel: als die Sabellianer *προσωπον* für die drei Götter der Trinität wörtlich genommen hatten und drei verschiedene Personen lehrten, wurde *προσωπον* für einige Zeit verdächtig und der ältere Terminus *ὑποστασις*, was mit *substantia* übersetzt worden ist, trat dafür ein. Jeder der drei Götter war eine *ὑποστασις*, aber keine Substanz, bei Leibe nicht. Der dreifachen *ὑποστασις* lag als Einheit die *ουσια* zugrunde, die leere, hohle *essentia*, die *Wesenheit*. Unterschied man aber gar die *ουσια* von der dreifachen *ὑποστασις*, so hatte man plötzlich statt der drei Götter ihrer vier, und der Tetratheismus war erfunden.

Noch der sprachkundige Augustinus quälte sich in seinem großen Versuche, die Trinität begreiflich zu machen, damit, die griechischen und lateinischen Ausdrücke zu vereinigen: quamquam et graeci si vellent, sicut dicunt tres *substantias*, tres *hypostases*, possent dicere tres *personas*, tria *prosopa*. Illud autem maluerunt, quod forte secundum linguae suae consuetudinem aptius diceretur (VIII, 6). Aber vorher bricht einmal des Augustinus Freiheit prachtvoll durch: tamen nunc quaeritur: quid tres? magna prorsus inopia humanum laborat eloquium. Dictum est tamen *tres personae*, non ut illud diceretur, sed ne taceretur (V, 9). Man kann sagen, daß in der abendländischen wie in der morgenländischen Kirche jeweilig der abgegriffenste Begriff wie eine abgegriffene Scheidemünze zur Bezeichnung der höchsten Geheimnisse verwendet wurde. Und weil hinter dem lateinischen *persona* doch die Vorstellung von einer menschlichen Persönlichkeit steckte, weil die Römer niemals ihre Götter, sondern höchstens die nachgebildeten Allegorien unter den Begriff der *Personifikation* (Lehnübersetzung von *προσωποποιια*) gebracht hatten, so darf man diesen Monotheismus anthropomorphistischer nennen, als es das Heidentum gewesen war. Die morgenländische wie die abendländische Kirche gaben darum mit schlechtem Gewissen die Versuche nicht auf, *persona* wieder metaphysisch umzudeuten. Besser ist der Begriff weder durch *Individuum* (*ἀτομον*), noch durch *ineffabile* (*ἀρρητον*) geworden.

Die Verlegenheiten der theologischen Terminologie, die wechselseitige Beeinflussung der griechischen und der lateinischen Termini, später die wechselseitige Beeinflussung von Juristenlatein und Kirchenlatein, haben aber erst das Latein der Scholastiker schaffen helfen, dessen begriffliche Haarspaltereien schließlich zu einer ersten Kritik der Sprache, zu der Ketzerei des Nominalismus geführt haben. Wieder nur ein Beispiel: in der Jurisprudenz wurden *substantia* und *persona* zu Gegensätzen, weil *persona* das einzige Rechtssubjekt bezeichnete, *substantia* aber das wichtigste Rechtsobjekt, das Vermögen; weil aber sowohl *substantia* als *per-*

sona Übersetzungen von *ὑποστασις* waren, darum wurden die Gegensätze des christlichen Rechts zu Synonymen der christlichen Theologie. Und als man daran ging, auch im kanonischen Recht die *persona* (z. B. des neugeborenen Kindes) durch *substantia* zu begründen, da wird die Konfusion wohl ihren Gipfel erreicht haben. Und es war hohe Zeit, daß der Nominalismus einsetzte.

Ich breche die Wortgeschichte ab, weil der heilige Geist der Arbeit, die wichtigste aller Personen, sich mit Wortgeschichte nicht begnügen will. Für das, was noch zu sagen ist, haben wir aber vielleicht etwas Entscheidendes gelernt. *Person* mußte erst zu einer leeren Worthülse werden, bevor das Wort die Überflüssigkeit ausdrücken konnte, die im System des römischen Rechts als Rechtssubjekt auftritt. Nicht das geltende Recht, sondern nur das System hätte eine Lücke, wenn überall, bis zum Eigentumsrechte herunter, das Wort *Person* nicht vorkäme. Und das Wort *Person* oder *προσωπον* mußte erst zu einer leeren Worthülse werden, bevor es auf den Konzilien des 4. Jahrhunderts zum Ausdruck der Überflüssigkeit werden konnte, die Antwort auf neugierige Fragen über das Verhältnis von 1 zu 3 zu geben hatte. Nicht mit dem lebendigen Volksglauben, der solche Fragen gar nicht stellte, hatte der Begriff etwas zu schaffen, sondern einzig und allein mit dem System, das namentlich der gebildeten Ketzer wegen auf Ausfüllung der logischen Lücken halten mußte. Die Kirchenväter glaubten, wie gesagt, Philosophie zu treiben, als sie die Kirchendogmen herausarbeiteten. *Persona* im Sinne von Maske, Rolle, Mensch war aus der lebendigen Vulgärsprache hergenommen worden; die juristischen und die theologischen Personen gehörten zur toten Sprache eines Fachs.

IV.

Und nun die Nutzanwendung. Kant und Goethe haben das alte Wort neu belebt. Kant hat die menschliche Persönlichkeit zu einem Selbstzweck gemacht, hat dadurch den Menschen, das auserwählte Geschöpf Gottes, außer die Natur, wenn nicht gar über die Natur gestellt, weil doch die übrige Natur niemals Zweck, immer nur Mittel sei — für den Menschen. Goethe war weit entfernt von solchem Menschenhochmut; er war der erste Abendländer, der nicht mehr schmerzlich, der freudig, der fast jenseits der Sprache und fast jenseits logischer Begründung den Menschen in der Natur, als Teil der Natur erblickte, Einheit mit der Natur lehrte. Trotz der Verschiedenheit ihrer Ausgangspunkte wirkten beide dennoch wieder auf die Gegenwart, besser gesagt, schenkten beide der Gegenwart die Begriffe, deren sie bedurfte. Und auf Kant wie auf Goethe berufen sich heute mit gleichem Rechte die besten Köpfe eben dieser Gegenwart, die Modernen, wenn sie nicht nur alle abgestandene Religion, sondern auch die Vernunftmoral der letzten Jahrhunderte und die politische Moral der letzten Jahrzehnte zu ersetzen suchen durch die neue individualistische Lehre, durch die Forderung, die ihre fertige Form noch nicht gefunden hat, weil sie von heute ist. Nachfolge Wolfgangi Goethe, der nichts wollte als sich ausleben. Freilich der Nachahmer ist nicht mehr individuell! Werde wie du bist. Aber wer weiß, vor dem Ende, bevor er geworden ist, wie er ist? Wolle wie du bist? Dann kommt es aber schon mehr auf das Bewußtsein an als auf das Sein.

Alle diese Einwendungen stammen als Nutzanwendung von den Lehren der Wortgeschichte. War es ein hohler Wortschall, was der Persönlichkeit zu so hohem Rang in den Jahrhunderten der römischen Jurisprudenz und der Dogmenstreitigkeiten verhalf, an denen sich doch die Besten jener Zeiten beteiligten, wird nicht auch das Aufkommen der neuen Begriffe der individualistischen Persönlichkeit auf den alten hohlen Wortschall zurückgehen? Könnte ein neuer Augustinus nicht gegen Kant und Goethe grimmig sagen: dictum est tamen personalitas, non ut illud diceretur, sed ne taceretur?

Der Sprachgebrauch bei Kant und bei Goethe ist nicht ganz der gleiche, wie gesagt; Goethe kannte keinen kategorischen Imperativ und hätte in seinem Kosmopolitismus nicht politisch nachwirken können, wie Kant es durch Fichte in den Freiheitskriegen getan hat; aber beider Sprachgebrauch steht auf dem gleichen schwachen Unterbau. „Wolle wie du mußt" lehren beide, und beide bemerken nicht die Tautologie in dem klingenden Satze. Ist der Charakter des Menschen unveränderlich, wie Kant und Goethe angenommen haben, wenn auch nicht ganz so schroff wie nach ihnen Schopenhauer, so ist der Wille zwischen dem Motiv und der Handlung eine subjektive Nebenerscheinung, eine Täuschung, meinetwegen eine schöne Täuschung, wie der Regenbogen eine ist für das Auge zwischen Sonne und Regenwolke. „Handle wie du mußt." Aber ich kann ja nicht anders. „Wolle wie du mußt", d. h. handle wie du mußt. Oder höchstens: wolle wollen, d. h. wolle, wie du wollen mußt. Die Tautologie scheint von der Sprache gewollt.

Und da ich einmal für *Persönlichkeit* das andere Wort *Charakter* eingeführt habe, möchte ich zu Schopenhauers allzu wortabergläubischer Lehre von der Unwandelbarkeit des Charakters etwas hinzufügen. Was ist denn das, was am Charakter unwandelbar, unveränderlich ist? Schopenhauer war im Grunde ein Materialist auf einem idealistischen Isolierschemel. Er dachte sich beim Charakter etwas Reales. In Wahrheit ist der angeborene und unveränderliche menschliche Charakter nicht wirklich, nur vom Beobachter konstruiert, etwa wie der Schwerpunkt eines Körpers in den Körper hineingedacht ist und dennoch bei jeder Berechnung benützt werden kann. Löst sich ein Stück vom Felsen los, so hat es einen andern Schwerpunkt, als der Felsen hatte. Mein Arm hat einen andern Schwerpunkt als mein ganzer Körper. Der Mensch in jeder Stunde seines Lebens einen andern Charakterschwerpunkt als in einer frühern oder spätern Stunde. Ganz unveränderlich ist der Charakter eines Menschen erst nach seinem Tode bestimmt. Er wird vom Beobachter bestimmt.

Kant sagt einmal: „Die Idee des moralischen Gesetzes allein, mit der davon unzertrennlichen Achtung, kann man nicht füglich eine Anlage für die Persönlichkeit nennen; sie ist die Persönlichkeit selbst (die Idee der Menschheit ganz intellektuell betrachtet). Aber daß wir diese Achtung zur Triebfeder in unsere Maxime aufnehmen, der subjektive Grund hierzu scheint ein Zusatz zur Persönlichkeit zu sein und daher den Namen einer Anlage zum Behufe derselben zu verdienen" (Rel. i. d. Grenzen d. bl. Vernunft). Ein andermal sagt Kant: „Was den Menschen über sich selbst als einen Teil der Sinnenwelt erhebt . . . ist nichts anderes als die Persönlichkeit, das ist die Freiheit und Unabhängigkeit von dem Mechanismus der ganzen Natur." Und in den Reflexionen: „In der Einheit des Charakters besteht die Vollkommenheit des Menschen." Kant wußte von sich selbst, daß „die menschliche Vernunft ihrer Natur nach architektonisch ist", kannte aus sich selbst den „unüberschreibaren" Anspruch der Vernunft auf Einheit; daher seine Größe, aber auch sein System. Goethe war ein Dichter und Weiser, kein Architekt. „Charakter im großen und kleinen ist, daß der Mensch demjenigen eine stäte Folge gibt, dessen er sich fähig fühlt" (Sprüche in Pr. 587). Und ich glaube bestimmt, daß Goethe an Napoleons Lob: „Voilà un homme" gedacht hat, als er im Diwan die schon erwähnten ehernen Worte schrieb:

„Volk und Knecht und Überwinder,
Sie gesteh'n zu jeder Zeit:
Höchstes Glück der Erdenkinder
Sei nur die Persönlichkeit.
Jedes Leben sei zu führen,
Wenn man sich nicht selbst vermißt;
Alles könne man verlieren,
Wenn man bliebe, was man ist."

Wie reimt sich dazu die andere Weisheit Goethes, die in unzähligen Variationen *Beschränkung* lehrt, nicht nur die Beschränkung, „einen Gegenstand, wenige Gegenstände recht zu bedürfen"; wie reimt sich damit sein wachsender Haß gegen „*unbedingte* Tätigkeit", die, „von welcher Art sie sei, zuletzt Bankrott macht"? Es reimt sich wie bei Kant, schlecht. Kant und Goethe übersehen beide, daß sie von jeder Persönlichkeit, von jeder Person, von jedem Menschen also aussagen, was sie selbstbewußt an ihrer eigenen großen Persönlichkeit erlebt und wonach sie das Maß an die Menschheit gelegt haben, was nur auf große Persönlichkeiten paßt: das ineffable Gefühl, sich selbst allein Zweck und Gesetz zu sein, sprechen sie aus mit dem Wortschalle *Persönlichkeit*, und der edle Goethe denkt wohl ergänzend an eine starke, der starke Kant an eine edle Persönlichkeit. Und Doktordissertationen sprechen es nach.

Und nicht nur Doktordissertationen. Keiner von uns mag gern auf das Wort verzichten, nachdem Kant und Goethe uns das unaussprechliche Gefühl geschenkt haben. Keiner kann sich von der Sprache befreien, die mit ihm, in die er geboren war, die er von andern hat, die nicht sein ist. Die Persönlichkeit, mein Ich ist ja bedingt, hat keine eigene Sprache, hat eine Sprache nur mit dem ganzen Volke, das doch nur aus Personen besteht, nicht aus Persönlichkeiten. Die eigene Persönlichkeit hat also doch auch ihre Moral und am Ende ihre Wissenschaft nur von der Sprache, keine eigene Moral, keine eigene Wissenschaft. Die Persönlichkeit ist gar nichts anderes als die Selbsttäuschung des Ichgefühls oder des Bewußtseins, ist gar nichts anderes als das bißchen Gedächtnis. Wieder einmal hat der feste Augustinus, trotz fast verruchter Rhetorik, klarer gesehen als der erste Denker und der erste Dichter (Conf. X, 8—27): „Intus haec ago in aula ingenti memoriae meae, ibi enim mihi coelum et terra et mare praesto sunt, cum omnibus, quae in eis sentire potui, praeter illa quae oblitus sum .... magna ista vis est memoriae, magna nimis, Deus meus, penetrale amplum et infinitum. Quis ad fundum eius pervenit? et vis est haec animi mei, atque ad meam naturam pertinet, nec ego ipse capio totum quod sum. (8) ... ipsam memoriam vocantes (nos) animum ... Nimirum ergo memoria quasi venter est animi ... Ridiculum est haec illis similia putare, nec tamen sunt omni modo dissimilia (14).

Magna vis est memoriae, nescio quid horrendum, Deus meus, profunda et infinita multiplicitas; et hoc animus est, et *hoc ego ipse sum* ... Transibo et hanc vim meam, quae memoria vocatur, transibo eam, ut pertendam ad te, dulce lumen ... Transibo et memoriam. Et ubi te inveniam, vere bona et secura suavitas? (17).

Quid cum ipsa memoria perdit aliquid, sicut fit cum obliviscimur, et quaerimus, ut recordemur? Ubi tandem quaerimus, nisi in ipsa memoria? (19). Tu dedisti hanc dignationem memoriae meae, ut maneas in ea; sed in qua eius parte maneas, hoc considero (25). Et nusquam locus; et recedimus et accedimus et nusquam locus (26). Et ecce intus eras et ego foris, et ibi te quaerebam; ... mecum eras et tecum non eram (27).

V.

An einem begrifflich nah verwandten Worte will ich kurz zeigen, wie zufällig der Bedeutungswandel und wie unfaßbar die Bedeutung eines Wortes werden kann. (Ich verdanke die Anregung wie manche andere einer gut empfundenen kleinen Schrift von Hans Dreyer: „Personalismus und Realismus".) *Individuum,* ein weniger höfliches Synonym zu Persönlichkeit, war ursprünglich eine Lehnübersetzung von *ἄτομον. Atom* und *Individuum* wurden aber zu Gegensätzen. Individuum ist, was nicht geteilt werden darf, wenn wir noch von einem Individuum sprechen wollen; Atom ist, was nicht weiter geteilt werden kann, solange wir an Atome glauben. Das Atom stellen wir uns analytisch vor, als etwas

Relatives, Konkretes; das Individuum stellen wir uns synthetisch vor, als etwas Absolutes, Abstraktes. Aber in der Bedingtheit des sozialen Lebens, im Staate, in der Statistik wird eben das Individuum zum Atom. Will das Individuum eine Persönlichkeit sein, unbedingt sein, ein Originalgenie sein, sich der Statistik und den Moralgesetzen nicht fügen, so wird es ein schlechter Staatsbürger. Und Kant, der Lehrer von Fichte und von W. v. Humboldt, dürfte den Selbstzweck dieser Persönlichkeit nicht mehr anerkennen, Goethe müßte mit dem Bankerott der unbedingten Tätigkeit drohen.

Was bleibt von dem stolzen Begriffe Persönlichkeit noch übrig? Vielleicht nicht mehr als ein seltsamer Hilfsbegriff der Astronomie, der exaktesten aller angewandten Wissenschaften. Die Astronomen haben bemerkt, daß nicht nur die Instrumente systematische oder zufällige Fehler verzeichnen lassen, sondern daß auch die einzelnen Forscher bei der Zeit- oder Helligkeitsbestimmung wie bei der Winkelmessung Fehler mit einer ganz bestimmten Tendenz machen. Der eine hat die Neigung, Hundertstel von Sekunden nach dem Dezimalsystem abzurunden, der andere die Hundertstel zu erhöhen oder zu verkleinern. Diese Fehlerquelle hat man die *persönliche Gleichung* genannt; die Fehler können durch Kontrollbeobachtungen verkleinert, niemals völlig aus der Welt geschafft werden. Das scheint mir übrig zu bleiben: die Persönlichkeit ist die Fehlerquelle der nach ihren persönlichen Möglichkeiten handelnden Menschen. Und sollte jemand das wieder skeptisch finden, so möchte ich mich auf Kant berufen: „So ist der Scepticism ein Ruheplatz für die menschliche Vernunft, da sie sich über ihre dogmatische Wanderung besinnen und den Entwurf von der Gegend machen kann, wo sie sich befindet, um ihren Weg fernerhin mit mehrerer Sicherheit wählen zu können, aber nicht ein Wohnplatz zum beständigen Aufenthalte.“ Kant sagt das, wo er (K. d. r. V., 2. Aufl., 789) mit besonderem Stolze seinem eigenen Werke die Stelle anweist. Skepsis ist kein Wohnplatz, nur ein Ruheplatz. Wer sich völliger Gewißheit, die Kant unmittelbar darauf für einen Wohnplatz verlangt, nicht rühmen kann, der wird in seiner Obdachlosigkeit den Ruheplatz nicht schelten. Und sich auf Buddha berufen dürfen, den ältesten Lehrer der docta ignorantia, trotzdem der kein Skeptiker war. In den Sprüchen buddhistischer Nonnen ist zu lesen (für die deutschen Worte ist der Übersetzer verantwortlich): „Nur ein Haufe wandelbarer Gestaltungen ist dies; nicht findet sich hier eine Person.“

Poesie.

I.

Ohne jeden Zweifel ist unser stimmungsvolles Wort *dichten* von lat. *dictare* herzuleiten, das schon bei den Römern außer der Bedeutung *diktieren* auch noch (besonders bei den Juristen) die von *verfassen* hatte. Das deutsche Lehnwort *dichten* wurde mehr und mehr auf die Abfassung poetischer

Werke eingeschränkt. Während noch Otfried mit *tihton* sein Schreiben bezeichnete, im Gegensatze zu den alten gesungenen Liedern, wurde *Gedicht* schon im Mittelalter üblich für eine poetische Schöpfung und im 16. Jahrhundert erscheint *Dichter* bald als Übersetzung von *poeta*, bald im Sinne von Schriftsteller, Autor.

Das Fremdwort *Poet* wurde erst in der zweiten Hälfte des 16. Jahrhunderts auch für die deutsch schreibenden Dichter üblich; vorher hatte man darunter nur einen griechischen oder lateinischen Poeten verstanden. Der Humanismus machte das Wort beinahe zu einem Titel; man wurde zu einem poeta ernannt, gekrönt; *gekrönter Poet* ist eine Lehnübersetzung von poeta laureatus. Aber der freidenkende Aventin legte dem Worte schon 1524 etwas von der höheren Weihe bei, die heute die *Schaffenden* mit ihrer Arbeit verbinden möchten: „Poet ist ein kriechisch Wort, ist in unser Sprach Schöpfer oder Macher, heißt einen, der etwas beschafft und aus nichtig (nichts) etwas macht, wie Gotts des Allmächtigen Art ist, in Beschaffung der Welt."

Der spätere Kampf um den Ausdruck ist fast nur ein Kampf des Purismus. Da ist es nun interessant, wie der zu unrecht viel verspottete Zesen das Fremdwort zwar abschaffen will, aber mit *Dichter*, weil es jeden Schriftsteller bezeichnete, nicht zufrieden ist: „So folget auf den Reimenschmied (Pritschmeister) ein Reimer, auf den Reimer ein Reimdichter, auf den Reimdichter ein Dichter und auf den Dichter endlich der vollkommene *Dichtmeister*, der den ewigen Preis allein davonträgt."

Dichter ist jetzt bei uns zum Siege gelangt; es bezeichnet allgemein eine Art Gegensatz zu *Schriftsteller*, zu dem allgemeinen Berufstitel, dessen häßliche Bildung kaum mehr empfunden wird. Nicht jedermann wird auch bei Dichtkunst das Gefühl haben, ein häßliches Wort zu hören. Opitz sagte *Poeterei* (von *poetria*) und dachte dabei mehr an Poetik als an Poesie; Zesen übersetzt darum ganz gut mit: *Dicht-* und *Reimkunst*. Erst seit Gottsched („Versuch einer kritischen Dichtkunst", 1730) wird Dichtkunst üblich, zuerst für Poetik, dann leider auch für Poesie.

Das griechische Wort *ποιησις* ist international geworden und klingt mir, trotzdem es eigentlich die *Mache* bezeichnet, erfreulicher als der immer an Schweiß erinnernde deutsche Ausdruck Dichtkunst. Für die Zufallsgeschichte alles Bedeutungswandels scheint es mir ein gutes Beispiel zu sein, daß wir heute Sätze bilden können wie „die Poesie des ärztlichen Berufs kommt im Kampfe um eine gute ärztliche Praxis selten zum Bewußtsein", daß aber Poesie und Praxis ursprünglich nur Nuancen des gleichen Begriffs waren, daß die Wortgeschichte dem Worte *praktisch* recht gut zur Bedeutung von *poetisch* hätte verhelfen können und umgekehrt man denke auch daran, daß die Römer von dem Grundworte, aus dem unser *dichten* gebildet worden ist, den international gewordenen Titel *dictator* geformt haben.

Überall bedeutet Poet oder Dichter einen Schriftsteller, der sich für seine Arbeiten einer gebundenen Form bedient; ganz neuerdings erst konnte man wieder darüber zu streiten anfangen, ob ein führender Geist wie Ibsen ein Dichter gewesen sei (man hört den neuen Gefühlston im Dichtertitel) oder nur ein großer Schriftsteller wie Voltaire, wie Swift.

II.

Es liegt auf der Hand, daß der Bedeutungswandel und die Geschichte der Bezeichnungen für *Dichtkunst* und *Dichter* uns über das Wesen der Poesie nicht belehren können; sie stammen aus jüngerer historischer Zeit und verraten uns nichts über die Anfänge der Poesie. Über den Ursprung der Poesie und über die Zusammenhänge dieser Kunstgattung mit Musik und Tanz hat zum ersten Male Licht verbreitet Büchers prachtvolle Untersuchung über „Arbeit und Rhythmus"; ich kann zur Einführung meines Gedankens, daß nämlich die Poesie bei den Alten etwas ganz anderes war als bei uns und daß gerade jetzt der Begriff der Poesie sich wieder vollständig wandelt, nichts Besseres tun, als die wichtigsten Ergebnisse aus Büchers Arbeit auszuschreiben.[1]) Poesie und Musik werden ursprünglich niemals getrennt vorgefunden; keine Sprache baut ihre Wörter und Sätze von selbst rhythmisch; in die sog. *gebundene* Sprache ist der Rhythmus von außen hinzugekommen, die Poesie war an Körperbewegungen und deren einfache Rhythmik gebunden. Der Rhythmus der verschiedenen Arbeitsbewegungen stand fest; von Improvisatoren wurden dem Rhythmus Worte unterlegt, Worte, die sich gern auf Tagesbegebenheiten bezogen; und diese Worte konnten je nach Gelegenheit mehr einen dramatischen, einen epischen oder einen lyrischen Charakter annehmen. Den Wert so unterlegter Texte haben selbst praktische Männer der Religion von jeher eingesehen und benützt: mit Arbeitsliedern soll der Buddhismus in China eingeführt worden sein; Arius soll seine Lehre durch Schiffer-, Müller- und Fuhrmannslieder verbreitet haben; christliche Missionare sollen Sündenfall und Erlösung durch ein Refrainlied den indischen Kuli beigebracht haben; ich erinnere noch daran, daß auch in unsern Tagen die Heilsarmee ihre religiösen Empfindungen nach bekannten Melodien vorträgt. Bücher weist sehr gut darauf hin, daß übrigens die Arbeit der Naturvölker nicht Arbeit im Sinne unserer Fabriken war, sondern die unumgänglich notwendige Körperbewegung für die nächsten Zwecke der Lebensnotdurft, und daß diese Bewegungen gern spiele-

[1]) Die Hypothese Scherers, daß die Poesie aus Nachahmungen des Liebesspiels entstanden sei, widerspricht doch nicht völlig den Lehren Büchers; die brutalen Hochzeitsgebräuche der Naturvölker rhythmisieren auch den Akt der Begattung und fügen gern epische oder dramatische Momente hinzu. Ich unterlasse die Ausführung, weil eine solche Urgeschichte der Poetik ohne gewagte Konstruktionen nicht möglich ist.

risch ausgeführt wurden; er sagt darum mit vorsichtiger Wahl der Worte: „es ist die energische rhythmische Körperbewegung, die zur Entstehung der Poesie geführt hat, insbesondere diejenige Bewegung, welche wir Arbeit nennen.“ Bücher glaubt selbst nicht, daß auf diesem Wege sich jedes Rätsel der antiken Metrik lösen lasse, aber er hat uns die einfachsten Versfüße aus dem Arbeitsrhythmus alter Handwerke, die ursprünglichsten Musikinstrumente aus alten Arbeitswerkzeugen verstehen lassen.

Der Rhythmus ist nun aber kein Produkt der Kunst, sondern seine psychologische Wirkung ist tief begründet in der Natur des Menschen; Musik fährt in die Beine der Tänzer, und wenn Soldaten mit Musik vorbeiziehen, so marschieren alle natürlichen, also müßigen Menschen mit. „Der Rhythmus hat etwas Zauberisches; sogar macht er uns glauben, das Erhabene gehöre uns an“, sagt Goethe. Und Nietzsche, der das Bild vom Tanze herzunehmen so liebte, meint einmal, man versuche durch den Rhythmus die Götter zu zwingen und eine Gewalt über sie auszuüben (Fröhliche Wissenschaft S. 105). Ich werde auf die Zusammenhänge von Mystik, Religion, Liebe und Poesie (Kunst) noch zurückkommen.

Nun wissen wir trotz unendlicher Bemühungen der Philologen äußerst wenig über die Art, wie die Griechen etwa der Perikleischen Zeit, wie gar die Griechen der Homerischen Zeit die verschiedenen Gattungen der Poesie genießend aufnahmen; wir glauben nur zu wissen, daß damals Musik mit dem Vortrage der Poesie eng verbunden war, und wir wissen ganz bestimmt, daß der Rhythmus der Verse (einerlei wie entstanden) ein musikalischer Rhythmus war, nach zeitlichen Längen und Kürzen gemessen, daß die Sprache der Dichter sich dem Rhythmus zu fügen hatte. Ich möchte nun mit einigen Zügen es wahrscheinlich zu machen suchen, daß es ungefähr 2000 Jahre gedauert hat, bis die Poesie sich langsam und ruckweise vollständig von ihrer Verbindung mit der Musik loszulösen vermochte, bis die Poesie erst in der Gegenwart und eigentlich nur bei den germanischen Völkern die letzten Reste ihrer Abhängigkeit von der Musik verlor; ich möchte dann vorsichtig darauf hindeuten, wie diese Emanzipation der Poesie gerade heute dazu geführt hat, daß wir Poesie nennen, was unsere Eltern noch nicht Poesie genannt haben. Es versteht sich für diesen Standpunkt von selbst, daß Wagners Streben nach einem Gesamtkunstwerk ein gigantisches Mißverständnis war; daß er die Musik übrigens, die sich längst zu einer völlig selbständigen und unvergleichlichen Kunst entwickelt hatte, besonders durch seine Leitmotive wieder vom Worte abhängig machte; daß er endlich, da er in seinem eigensten Werke den alten Stabreim anstelle des modernen Reimverses setzen wollte, die Entwicklung nur zurückschraubte.

Die Entwicklung des Stoffs oder des Inhalts der Poesie hat gegenwärtig wie die Entwicklung der Form zu einer Revolution geführt; wir werden uns davor zu hüten haben, die Entwicklung der Form und die Entwicklung des Inhalts deshalb als parallel zu betrachten. Die Geschichte der Dichtkunst ist ebenso wenig eine logische Begriffsentwicklung wie die Weltgeschichte. Hier haben wir es vorläufig mit der Form der Poesie zu tun; und ich will zu zeigen versuchen, wie in dieser Beziehung der Kampf der modernen Nationalliteraturen bis in unsere Tage hinein nichts anderes war als der Kampf der reinen Sprachform gegen die musikalische Sprachform der alten Poesie. Schon die jüngern Griechen und die Lateiner wußten mit der alten griechischen Prosodik, die die Verse nach einem der Sprache fremden Rhythmus singen lehrte, nicht viel anzufangen. Die romanischen Völker, die Italiener und die Franzosen, blieben noch im Banne der alten Musikpoesie, da sie die Silben zwar nicht mehr messen, aber immer noch zählen. Die uralte Tradition ließ die Romanen glauben, sie besäßen immer noch die antike Poetik. Aber in den germanischen Ländern hatte sich längst, und schon in der lateinischen Kirchenpoesie des Mittelalters, eine ganz andere Schönheit oder Gedächtnishilfe des Sprachrhythmus durchgesetzt: der *Reim*, welches Wort doch vielleicht nicht mit Unrecht aus *rhythmus* abgeleitet wird.

Wir empfinden heute die Versuche der germanischen Humanisten, das neue Reimprinzip und den Reimvers auf antike Verse zurückzuführen, als unsäglich geschmacklos, und auch die praktische Poetik von Opitz und den Seinen ist unsern Ohren heute ein Greuel. Die Gelehrten erfanden für das moderne Reimprinzip den Schimpfnamen *Knüttelvers*, und ich übertreibe nicht, wenn ich den Kampf um die neue Form, der durch Jahrhunderte zwischen den Gelehrten und den Dichtern geführt wurde, einen Kampf um den Knüttelvers nenne.

III.

Unter den Erklärungsversuchen des Wortes ist der hübscheste und einfachste am gründlichsten fehlgegangen. Um das Jahr 1700 herum lebte als Abt des Cistercienserklosters Schöntal a/Jagst (der Begräbnisstätte Götzens von Berlichingen) ein Benedictus Knüttel oder Knittel, der alle Ecken und Wände mit lateinischen und deutschen Versen seiner Faktur bemalen ließ. Nichts lag näher als die Bezeichnung auf den Namen dieses Knütteldichters zurückzuführen. Nur daß um die gleiche Zeit das Wort ‚Knüttelvers‘ schon genau in der heutigen Bedeutung in der Poetik geläufig war und daß es sich in einer ältern Bedeutung volle zweihundert Jahre weiter zurückverfolgen läßt.

Wilhelm Feldmann hat (Z. f. d. W. IV, S. 277 ff.) ausführlich über die Wortgeschichte gehandelt; leider gibt er nur Beiträge zur Wortgeschichte, sehr gut, reichlich und übersichtlich, versucht aber keine Erklärung der Etymologie.

Das Wort findet sich zuerst im Anfang des 16. Jahrhunderts als Bezeichnung spruchartiger Verse überhaupt; fünfzig Jahre später nennt man Knüttelverse die leoninischen lateinischen Verse und gelegentlich auch die lateinisch-deutschen Scherze der *maccaronischen* Poesie. Um die Mitte des siebzehnten Jahrhunderts, zur Zeit der prächtigen deutschen Puristen, bedeutet *Knüttelvers* tadelnd oder spottend schon den regelwidrigen Vers, d. h. den deutschen Vers, der sich der gelehrten lateinischen Prosodie nicht fügt. Diese Bedeutung bleibt nun erhalten, aber das Werturteil ändert sich. Schon die erste Auflage von Gottscheds „Kritischer Dichtung" (1730) spricht über diese Form mit überraschender Freundlichkeit. (Aber auch Canitz, sogar Christian Wernicke, waren in bewußtem Gebrauch burlesker Knüttelverse vorangegangen.) „Man pflegt zum Schertze auch Knittelverse zu machen, das ist, solche altfränckische, achtsylbige, gestümpelte Reime, als man vor Opitzens Zeiten gemacht. Die Schönheit dieser Verse besteht darin, daß sie wohl nachgeahmet seyn. Wer also dergleichen machen will, muß den Theuerdanck, Hans Sachs, Froschmäuseler und Reincke Fuchs fleißig lesen und sich bemühen, die altfränckischen Wörter, Reime und Redensarten, imgleichen eine gewisse ungekünstelte natürliche Einfalt der Gedanken, nebst der vormahligen Rechtschreibung der Alten recht nachzuahmen" (S. 492). In der Ausgabe von 1751 fügt er hinzu: „Dieses nun nach rechter Art zu tun, ist gewiß eine Kunst." Besonders zu bemerken ist, daß dem ledernen Gottsched von den beiden Proben, die er mitteilt, die zweite „Auf Hrn. M. Stübners Magister-Promotion" gar nicht so übel gelungen ist. Es ist wohl kein Zweifel, daß der junge Goethe unter diesen Einflüssen stand, als er sich in den Knüttelvers des Hans Sachs verliebte und nicht nur das tolle Lachen seiner überschäumenden Kraft ein wenig archaisierend (nicht so absichtlich und pedantisch wie Gottsched) in diese volkstümliche Form bannte, sondern gar das Herrlichste und Ungeheuerste, seinen ersten Faust, mit durch diese Form volkstümlich machte. Der Knüttelvers, im siebzehnten Jahrhundert anfangs verachtet, von Gottsched halb mit Erbarmen gelobt, wurde so durch den jungen Goethe der deutsche Vers der literarischen Revolution.[1])

---

[1]) Otto Flohr hat in seiner „Geschichte des Knittelverses vom 1700. Jahrhundert bis zur Jugend Goethes" (Berliner Beiträge zur Germ. u. Roman. Philologie) viel Material gesammelt. Die Bezeichnung wurde zur Zeit von Schottel auf den deutschen Alexandriner mit Innenreim angewandt; „solche Verse werden bei den Lateinern *leonini*, bei den Deutschen aber Knittelverse genennet" (Tscherning). Die Nachahmer und Schüler von Opitz verachten diesen Vers: Canitz, Wernike, Breitinger ahnen zuerst den Unterschied zwischen deutsch-volkstümlicher und antik-klassischer Poesie. Der Umschwung setzt damit ein, daß die „alte deutsche" Versform für poetische Briefe, für Satiren, für Gelegenheitsgedichte, für Parodien benützt wird; Humor, Naturalismus, auch Obszönität machen sich in Knüttelversen breit. Wir stehen noch heute, trotz Goethes Faust, unter dem Zwange dieser Vorstellung. Etwa seit 1740 wird der Knüttelvers zur

Es fügt sich recht drollig, daß das Wort in Goethes Entwicklung selbst sich von seinem Anfange abzukehren schien. Er war mit den Jahren Klassizist geworden, besonders in der Form, und dazu kam, daß er der „Deutschtümelei“ auch politisch widerstrebte. In einer Gruppe von Xenien, die die äußerste Unzufriedenheit gegen die deutschen Fürsten und die deutschnationalen Führer zur Zeit des Wiener Kongresses atmen, stehen die folgenden Verse:

„Ein ewiges Kochen statt fröhlichem Schmaus!
Was soll denn das Zählen, das Wägen, das Grollen?
Bei allem dem kommt nichts heraus,
Als daß wir keine Hexameter machen sollen,
Und sollen uns patriotisch fügen,
An Knüttelversen uns begnügen.“

Die Abkehr des alternden Goethe hat dem deutschen Verse nicht geschadet. Der junge Goethe hat über den alten gesiegt, der erste Teil des Faust über den zweiten.

Die Geschichte dieses Bedeutungswandels von ziemlich genau dreihundert Jahren läßt sich auf eine vereinfachte Formel bringen, die mir nicht wertlos scheint. Mit Knüttelvers bezeichnete man eigentlich immer das Gleiche: den nationalen, gereimten Vers der jungen Völker gegenüber dem prosodischen Vers der Alten. Der Bedeutungswandel ist nur ein Bewertungswandel und schließt sich eng an die Geschichte der Bewertung des Volkstümlichen überhaupt. Bevor ich aber diese Verwandlungsformel für meinen Versuch einer etymologischen Erklärung benütze, möchte ich die interessante, fast volksetymologische Erklärung des Wortes *Knüttelvers* abtun.

Knüttel erinnert uns an einen Knotenstock. Den Vers, der mit einer *Keule* verglichen wurde, hatte die alte Poetik schon bei Homer gefunden, *versus rhopalicus* genannt und oft in lateinischen Kunststücken nachgeahmt, z. B.: Spes deus aeterna, stationis conciliator. Der Witz: jedes folgende Wort des Hexameters ist um eine Silbe länger; die *Keule* wird immer dicker. Als nun die deutsche Poetik das Wort Knüttelvers bereits besaß und es von *Knüttel* (Knotenstock) ableitete, wurde versus *rhopalicus*, von Leuten offenbar, die den alten Witz nicht verstanden, mit *Knüttelvers* übersetzt. Schon 1597. Dann sehen wir 1630 die versus *rhopalici* mit den *leoninischen* Versen durcheinander geworfen. Und Zesen identifiziert 1643 den *leoninus* und den *rhopalicus*, nennt beide deutsch *Knittel Versch*. Ich lasse dahingestellt, ob der deutsche Sprachgebrauch sich da an den niederländischen hielt oder umgekehrt. Jedenfalls entspricht das nl. *Klüppel Versgen* in Geschichte und innerer Sprachform völlig dem deutschen Knüttelvers; sie wurden schon zu Anfang des 16. Jahrhunderts mit *baculi feri* ins Lateinische zurückübersetzt. Wenn ich nun bedenke, daß diese Art sprichwörtlicher Reime

---

Lieblingsform für eingestreute poetische Einfälle, wie wir das noch in den Jugendbriefen Goethes bemerken können, die — bei allem Abstande — gar sehr an die Mode erinnern, die Gottsched eingeführt hatte.

auch *Stockregel* genannt wurden, so kann ich mich der Vorstellung nicht verschließen, daß diese Verse vielleicht damals, in Deutschland oder in den Niederlanden, zu einem Kinderspiel gedient haben mögen, bei dem zum *Schlag*reim mit dem Knüttel scherzhaft, wie mit der Pritsche, zugeschlagen wurde.

Noch eine Möglichkeit als Vermutung. Im 17. Jahrhundert findet sich für Knüttelvers öfter der Ausdruck *Knüttelhard* oder *Knüttelhardus*, mitunter aber auch das noch unerklärlichere *Herr Leonhard*. Schottelius kennt auch das Adjektiv *Knuttelhardisch*. Ganz von ferne möchte ich darauf hinweisen, daß der Spaß vielleicht von einer grotesken Figur Leonardus aus dem berühmtesten maccaronischen Gedichte von Merlin Coccaï (1517) herstammen kann. Darum möchte ich neben „Knüttel aus dem Sack" (nach meiner Deutung: den *Schlag*reim) die sonst unerklärliche Redensart stellen, die Wander in seinem deutschen Sprichwörterlexikon gebucht hat: „mit Knittelhardis herumwerfen". Diesem ganzen Gebrauch liegt wie gesagt die volksetymologische Anlehnung von Knüttel an Knotenstock zugrunde. Wie aber entstand das Wort *Knüttelvers* in Wirklichkeit?

Ich schicke das Ergebnis meiner Untersuchung jetzt voraus. *Knüttelvers* ist der *Nudelvers* oder der *Knödelvers*, und damit wurde der sehr populäre *maccaronische* Vers wortwörtlich übersetzt. Ich muß aber Schritt für Schritt nun die Zusammenhänge nachweisen.

Daß der alte Keulenvers *(rhopalicus)* von Zesen mit dem *leoninischen* Verse verwechselt wurde, der beide *Knittelversch* nannte, das habe ich schon gesagt. Der leoninische Vers war, kurz gesagt, der alte klassische Hexameter dann, wenn das neue Poesiegesetz, der Reim, in ihm Eingang gefunden hatte. Zu einer Zeit, als die Reime von Cäsur und Versende als eine Barbarei gegen den klassischen Geist noch empfunden wurden, vernahm der neue Volksgeist den Reim bereits als eine Annehmlichkeit, zunächst für das Gedächtnis. Frischlin schreibt 1596: Adiuvandae memoriae causa *Knuttelianos* versus componere. Das Einprägsame, Spruchartige, Refrainartige der Reimpaare ist das Wesentliche; so bei Luther, bei Fischart und auch im Niederländischen. Auch bei Schottelius. Und bald nach Schottelius läßt Tscherning (1658) die Einschränkung auf den Hexameter fallen und tadelt schon den Reim von Cäsur und Versende beim Alexandriner, der ja lange Zeit als moderner Hexameter betrachtet wurde. „Solche Verse werden bei den Lateinern *leonini*, bei den Deutschen *Knittelverse* genennet." Daß die Schule das tadelte, daß inzwischen der spruchartige Reim, der in der deutschen Volkspoesie niemals ausgestorben war, weiterlebte und kaum 50 Jahre nach Tscherning die Bezeichnung *Knüttelvers* in lobendem Sinne als den Namen einer Kunstform eroberte, das lasse ich jetzt beiseite. Hier war es mir vorläufig darum zu tun, daß unter den Neubegründern einer deutschen Poetik mit Küttelvers häufig der leoninische Vers bezeichnet wurde, d. h. der lateinische Vers, der vom neuen Sprachgeiste den Schmuck des Reims übernommen hatte. Und ich kann nicht umhin zu bemerken, daß von der ganzen lateinischen Poesie des Mittelalters einzig und allein einige gereimte, also gewissermaßen leoninische Gedichte (Dies irae, Stabat mater) wirksam auf uns gekommen sind.

Es wird also vielleicht nicht mehr überraschen, wenn ich es für möglich halte, daß mit Knüttelvers auch ein anderer (schlechter) lateinischer Vers übersetzt wurde: der *maccaronische* Vers. Mir scheint für diese Gleichsetzung eben schon das Wort *Nuttelvers* bei Fischart (ich komme gleich darauf zurück) beweisend. Glücklicherweise aber finde ich einen älteren Beleg für die Gleichsetzung. Rädlein, Europ. Sprachschatz (1711) setzt gleich: Pritschenmeisterverse, *Knüttelverse, maccaronische* Verse.

Denkt man bei maccaronischen Versen an die Nachahmungen in deutscher Sprache, so ist allerdings keine Ähnlichkeit mehr zwischen der volkstümlichen Poesie des Knüttelverses und der burlesken Parodie der deutschen Schulpedanten.

Spracharum Wörtra duarum
in binos studuit Zeilorum einschließere reimos:
Nos binas sprachas in Wortum einbringimus unum.

Solcher Spaß steht weit ab von unserem Knüttelvers.

Aber etwas anderes ist der *maccaronische* Vers in Italien und in Frankreich. Hundert Jahre vor dieser Probe aus dem Jahre 1593 war in Italien der maccaronische Vers schon populär. Und der nahverwandte Sprachklang zwischen dem Italienischen und dem Lateinischen hatte die Wirkung, daß italienische maccaronische Verse in der Tat oft wie eine Aufpfropfung von Volkspoesie auf den alten Stamm erscheinen. Etwas Ähnliches zeigt ja auch die maccaronische Poesie der Franzosen. Der köstliche Übermut des Nachspiels vom Malade imaginaire ist im Deutschen nicht wiederzugeben. Noch spruchartiger wirken viele maccaronische Verse bei Rabelais. Und im Italienischen mischen sich der alte und der neue Sprachgeist noch viel inniger. Auf einem ganz andern Wege bemerkt Schneegans (Geschichte der grotesken Satire, S. 121), daß die maccaronische Poesie das quantitative Prinzip des Lateinischen mit dem rhythmischen der neueren Sprachen zusammenwirft. Ohne zu unterstreichen bemerke ich dazu, daß auch die deutsche Alliteration in den maccaronischen Versen der Italiener oft hörbar wird; und daß bei Hans Sachs mitten unter Knüttelversen gelegentlich maccaronische Scherze vorkommen. Und noch eins: Maccaronische Verse, wenn gereimt, sind immer auch leoninisch; leoninische gehen oft in maccaronische über.

Ich habe also bisher gezeigt, daß man im 16. und 17. Jahrhundert zwar die beiden ersten Silben des Wortes *Knüttelvers* auf den *Knüttel* oder Knotenstock bezog, daß man aber trotzdem schulgemäß die beiden Modernisierungen der lateinischen Poesie, das lateinische Reimgedicht und das halblateinische Scherzgedicht, *Knüttelvers* nannte.

Was bedeutet nun der ursprüngliche Name: *Maccaronische* Poesie? Man ist einig darüber, daß er von der Lieblingsspeise der Italiener genommen ist, den *maccheroni*. Oft genug ist darauf hingewiesen worden, daß viele Völker ihren Hanswurst nach ihrer Lieblingsspeise nennen. Die maccaronischen Verse Italiens sind die nationalen Hanswurstverse. Das Adjektiv *maccheronico* bezeichnet auch allgemein einen plumpen, rüpelhaften Menschen, eine gemeine Sprache, in weiterem Sinne ogni discorso goffo sproposito.

Identifizierten nun die Neuschöpfer der deutschen Poetik, die zugleich begeisterte Sprachreiniger waren, den spruchartigen, kurzen deutschen Vers, den Vers des Hans Sachs, der damals schon altertümlich, aber noch lebendig war, mit der neulateinischen Spruchpoesie der Italiener, wollten sie — wie ich eben annehme — den richtig oder falsch gesehenen Begriff des maccheronischen Verses ins Deutsche übertragen, so konnten sie das Wort frei oder genau übersetzen. Beides ist geschehen. Die freie Übersetzung lautete: *Pritschenmeistervers*, d. h. Narrenvers. Die Pritschenmeister waren die Spaßmacher und Stegreifdichter, „hielten die gereimten Festreden und straften mit der Narrenpritsche" (Freytag: „Bilder"). Freilich fällt jedem da wohl ein, daß die strafende Narrenpritsche wieder an den scherzenden Knüttelschlag im Kinderspiel erinnert.

Zu viel Gewicht möchte ich diesem Motiv nicht beilegen. Ein neueres Wort, das der Bedeutung von Knüttelreim sehr nahe kommt, *Gassenhauer*, scheint in seinem zweiten Teile wieder an Schlagen zu erinnern. Das ist aber gewiß nur Zufall. *Gassenhauer*, das auch in seiner Wertgeschichte dem von Knüttelvers nicht unähnlich ist (der Kreis von Bürger konnte dessen „Lenore" bona fide einen *Gassenhauer* nennen) bezeichnete wohl zuerst einen Tanz oder ein Tanzlied, bei dem die Steine gehauen, gestampft wurden. Wie in den österreichischen Alpen ein *Gestrampfter* Tanz und Lied bedeutet. Halte ich nun das Hauen in Gassenhauer für einen zufälligen Anklang, so muß wohl dennoch die übereinstimmende Vorstellung des Schlagens beim *Keulenvers* (rhopalicus), *Knüttelvers* und *Pritschmeister* auf das zurückgehen, was ich einmal gelehrte Volksetymologie genannt habe.

Auch für die genaue, wortwörtliche Übersetzung findet sich ein Beispiel, eben der Satz in Fischarts Geschichtsklitterung (Ausg. v. Scheible, S. 36): „Schreibet doch Merlin Cocai in seinen *Nuttelversen*: Plus Roma parit quam Francia Gallos." Daß Fischart hier die Speise maccheroni mit *Nuttel* (Nudel), den maccheronischen Vers mit *Nuttelvers* einfach übersetzt habe, das ist nicht etwa eine neue Vermutung von mir. Das D. W. (Lexer) führt Fischarts Wort geradezu unter Nudelvers auf und Schneegans (S. 446) findet „maccaronische Verse“ durch Nuttelverse (Nudelverse) zutreffend übersetzt. Daran ist kein Zweifel, daß Fischart mit seinem Nuttelvers den maccaronischen Vers deutsch wiedergegeben habe. Zweifeln mag man nur an der Richtigkeit meiner Vermutung, daß wir in diesem *Nuttel-* oder *Nudelvers* die Erklärung von *Knüttelvers* (bei Schottelius noch *Knuttelvers*) besitzen. Fischart selbst hat freilich für die Sache häufig den nl. Ausdruck *Klippel Verslein*, für lateinische und später auch für deutsche Knüttelreime. Darin liegt keine Gegeninstanz. Fischart kann recht gut an jener Stelle zuerst oder beiläufig die deutsche Übersetzung des maccaronischen Verses versucht haben. Und noch etwas möchte ich der Erwägung anheimgeben: wenn Fischart das Wort *Nuttelvers* an jener Stelle nicht momentan erfunden und neu geschaffen hätte, so hätte er bei seiner fast pathologischen Assoziationsjagd wohl schwerlich darauf verzichtet, das ihm geläufigere Wort *Klippelverslein* unmittelbar folgen zu lassen.

Daß Fischart, wie wohl Lexer im D. W. angenommen haben muß (wenn ihm bei *Nuttel*vers überhaupt die Erinnerung an *Knuttel*vers kam) — daß Fischart nicht etwa genau unterschied, mit Nuttelvers den maccheronischen, mit Klüppelvers den deutschen und den lateinischen Reimspruch bezeichnete, das wird durch eine andere Stelle seiner Geschichtsklitterung (Ausg. Scheible, S. 299) völlig klar. Hier übertreibt er wieder einmal, was im Original (1. Buch Kap. 21) fast nur ein bescheidenes Loblied auf die Faulheit und das Saufen ist, ins Groteske. Und mitten in diesen Platzregen von unanständigen Reimen und noch unanständigeren maccheronischen Versen hinein ruft er plötzlich: „Hey, wie sauber Klüppelverß für die Jugend“ und gleich darauf: „mit Eselen Fartzis streite, sic non eges arzis“. Fischart hat also offenbar Nuttelvers und Klüppelvers gelegentlich in gleichem Sinne gebraucht.

Wort- und lautgeschichtlich ist wohl gegen die Gleichstellung von *Nuttel*vers und *Knuttel*vers nichts einzuwenden. Auf die Beziehung von *Knote* zu *nodus*, *Nudel* zu *nodulus* mag ich nicht eingehen, weil die gegenwärtige Sprachwissenschaft ihre Gründe hat, *Knote* nicht als ein Lehnwort von *nodus* anzusehen. Aber daß *Nudel* (auch *Knudel*, *Knuddel*, *Knödel*) zu *Knote* (*Knode*) gehöre, das scheint ja wohl ausgemacht. Auch daß *Knüttel* und *Knödel* (*Knötel*) Diminutiva von *Knote* (*Knoten*) seien. Auch die Bedeutung der Worte geht vielfach ineinander über. *Knoten* heißt (D. W. V. Sp. 1502) auch soviel wie *Kloß*, Mehlkloß, besonders *Bauernknoten* soviel wie der grobe Bauernknödel. Aber auch figürlich (man erinnere sich an maccheronico, auch *gnocco*, Mehlkloß, Tölpel, österr. fade *Nocken*), findet sich bald (1707) *Knoten* im Sinne von plumper Kerl. „Ihr groben Bauersknoten.“ Seit mehr als 100 Jahren ist dieser Gebrauch in die Studentensprache übergegangen. Aber selbst für *Knüttel* wird im D. W. V. Sp. 1533 die Bedeutung *Grobian* gebucht.

Zum Ausklang möchte ich noch zwei schöne Bemerkungen aus dem deutschen Wörterbuch hersetzen.

Campe hat von den Knüttelversen ganz richtig bemerkt, sie seien „Verse, die nur der Reim zu Versen machte".

Und Hildebrand selbst nennt den Knüttelvers „den letzten Rest einer Kunstform aus längst vergangener Zeit, die man unter eintretender Mißkennung ihrer Gesetze mit Spott hat verwildern lassen, die aber im Sprachgefühl, sozusagen im Instinkt, noch nachlebt ... Sie war ... die Fortbildung der kurzen Reimpaare, die in der mhd. Zeit die herrschende Form der erzählenden und Spruchdichtung waren, und insofern diese wieder an den ältesten nationalen Vers der deutschen Völker, den alliterierenden, in ihrer Entwickelung sich anschlossen, sind die Knüttelverse ein bloß entartetes Erbe aus der ältesten Väterzeit."

IV.

Im jungen Goethe war die neue Form der Poesie zur Vollendung gediehen. Die Melodie der Sprache hatte über die Musik gesiegt, die man der Sprache hatte aufzwingen wollen. Wieder wurden Goethes Lieder gesungen, ihm zu Dank nach Kompositionen tüchtiger Handwerker, überall sonst nach Kompositionen der Meister Mozart und Beethoven, Schubert und Schumann. Aber es war nicht mehr die Unterwerfung der Sprache unter einen von außen gekommenen Rhythmus; es war die freie Verbindung zweier frei und selbständig gewordener Künste. Kein Grieche hätte eine Ähnlichkeit finden können zwischen seinen nach festen Gesetzen vorgetragenen alten Liedern, und den Liedern Goethes, welche etwa von Schubert komponiert und mit einer stimmungsvollen Begleitung versehen waren. Ich weiß wohl, daß der reifere Goethe selbst sehr viele Verse gemacht hat, die sich der antiken Form nähern; aber der Rückfall Goethes in eine veraltete Form der Poesie beweist nichts gegen die Tatsache, daß die neue Form, die Schönheit aus der Sprache heraus, durch Goethe oder meinetwegen durch die Zeitgenossen Goethes, zur Vollendung gediehen war. Und auch übertrieben, wie man mir zugeben wird, wenn man der mancherlei Spielereien gedenkt, zu denen der alternde Goethe sich im Westöstlichen Divan, im zweiten Teil des Faust, und sonst durch seine Herrschaft über die Sprache verführen ließ. Und in diesem Zuge, der spielerischen Freude an Verskünsten, erblicke ich doch ein Zeichen, daß die Entwicklung der neuen Poesieform ihren Höhepunkt überschritten habe. Heinrich Heine beherrscht den Reimvers beinahe mit noch größerer Virtuosität als Goethe; aber die Kunstform ist ihm ein Spiel geworden, ein Spiel sogar die unübertreffliche Nachahmung der sog. Volkspoesie. Ein Spiel mit Formen ist in England, Frankreich und dann auch in Deutschland das Streben einer neuen Schule, malerische und musikalische Wirkungen dem Klange der Sprache abzupressen. Es ist nur eine Karrikatur dieser Artistenlyrik, wenn unsere Verskünstler eitel darauf sind, die groteske Mode der Schüttelreime mitzumachen. Wie einst zur Zeit des sinkenden Hellenentums die Heiligkeit und die Notwendigkeit der uralten Rhythmen nicht mehr gefühlt wurde und wie gerade darum die verzwickten und für uns fast unauffaßbaren Rhythmen der Chorlieder und auch schon der Pindarischen Gesänge erfunden wurden, so hat unsere Zeit die Empfindung für die Heiligkeit und die Notwendigkeit der Reimbindung eines Verses eingebüßt, und erfindet eben darum über die verhältnismäßig einfachen Strophen der alten italienischen, uns noch als Muster dienenden Lyrik hinaus neue und unerhörte komplizierte Formen.

Wer den Versuch wagen wollte, die Entwicklung der Poesie aus der Unterwerfung unter eine ihr fremde Rhythmik zu der Sprachmelodie der germanischen Melodie, und dann den Niedergang dieser neuen Poesie durch das Virtuosentum ausführlich darzustellen, der sollte an den äußern Beziehungen zwischen Schrift (Buchdruck) und Poesie nicht achtlos vorübergehen. Für die Urzeiten, in denen alles Merkenswerte dem Rhythmus einer Arbeit angepaßt werden mußte, um fest im Gedächtnisse zu haften, mußte die Erfindung der Schrift eine Revolution bedeuten; das Merkenswerte konnte nun in Stein geritzt werden, ohne Rhythmus. Die Prosa, welche immer gesprochen worden war, konnte nun auch geschrieben werden; vor Erfindung der Schrift hat es gewiß keine Dichtungen in Prosa gegeben, und heute, wie übrigens auch im 17. Jahrhundert, gibt es wunderliche Gesellen, welche den Buchdruck zu einer räumlichen Veranschaulichung der poetischen Formen mißbrauchen möchten.

Ich fürchte, ich habe meine Gedanken über die Entwicklung der poetischen Form, über die Ersetzung des musikalischen Rhythmus durch die Sprachmelodie, allzu sprunghaft vorgetragen. Ein gründliches Buch über diesen Gegenstand wäre eine kleine Lebensarbeit; ich mußte mich auf Anregungen und Notizen beschränken. Ebenso in den folgenden, allzu flüchtigen Ausführungen über den Stoff der Poesie. „Nachdem ich das Schäflein meines ästhetischen Gleichgewichts ins Trockene gebracht habe“ (wie Raabe einmal von sich selber in einem Briefe sagte), hoffe ich über Stoff und Form der Poesie mehr sagen zu dürfen, sobald Raum und Gelegenheit zu Gebote stehn.

V.

Typische Beispiele für die Umwandlung des neuen Poesiebegriffs sind Keller und Ibsen. Beide haben in jüngeren Jahren Verse genug geschrieben; die Bedeutung beider liegt in ihren Prosaschriften der späteren Jahre. Besonders beachtenswert ist die Spielerei in Ibsens letztem Versdrama, der „Komödie der Liebe“. Aber noch wichtiger sind für unsere Betrachtungen diese beiden Dichter, wenn wir nun von der Form der Poesie absehen und auf ihren Inhalt allein blicken. Der Inhalt der ältesten Poesie war alles Merkenswerte. Für die älteste historische Zeit können wir darum inhaltlich zwischen Religion, Philosophie und Poesie kaum genau unterscheiden. Für uns ist es seit mehr als hundert Jahren ausgemacht, daß didaktische Poesie keine richtige Poesie sei; das gilt nicht für die Griechen, kaum für Lucretius. Für uns ist es seit einigen Jahrzehnten ausgemacht, daß Unterhaltungsliteratur keine richtige Poesie sei; dieser Satz gilt aber keineswegs für das Mittelalter, gilt auch nicht für die Neuzeit, wenn wir eben die allerjüngste Entwicklung der Poesie ausnehmen. Sehnsuchten aus der prosaischen Wirklichkeit hinaus waren von jeher Religionen, Philosophien und Poesien gewesen, Sehnsuchten alle Künste. Die Sehnsucht der Religion wurde im Bilde des Mythus ausgedrückt, die Sehnsucht der Philosophie durch eine scheinbar bildlose Sprache, durch die wissenschaftliche Sprache; die Sehnsucht der Künste wurde durch Farben und Formen, durch Töne und Rhythmen ausgedrückt, die Sehnsucht der Poesie zuerst durch Worte und Musikrhythmen, dann durch Worte und Sprachrhythmen. Sehnsucht ist wohl fast immer auch bei der Unterhaltungspoesie dabei gewesen, sehr viel bei den großen und den kleinen Gedichten der Troubadours und ihrer deutschen Nachahmer, ein wenig bei den alten italienischen Novellen und bei den neuen Novellen und Romanen aller Länder. Man darf nur von der eigentlichen Schundliteratur absehen, die in frühern Jahrhunderten nicht so wucherte, wie heutzutage, um ein wenig Sehnsucht auch aus den mittlern Erzeugnissen der Poesie herauszuhören.

Der Gegensatz, in welchem die Sehnsucht der Poesie zu der Prosa des Lebens von jeher stand, läßt sich vielleicht so ausdrücken: beide haben es einzig mit der Natur und dem Menschen zu tun; während aber die Prosa des Lebens die Natur und den Menschen nehmen muß, wie sie sind, möchte die Sehnsucht der Poesie die Natur und den Menschen heroischer, abenteuerlicher, schöner haben. Daher sind die Gegenstände aller Poesie Abenteuer, Helden, übermenschliche Gefühle gewesen (ähnlich war der Übergang von der heroischen Landschaft zu unserer intimen Landschaft), bis die Entwicklung dazu führte in der stillen Natur, in dem Alltagsmenschen das wahre Abenteuer, das wahre Wunder anzustaunen. Und noch eins vollzog sich: man sah den Menschen nach so vielen Jahrhunderten des menschlichen Größenwahns nicht mehr außer oder gar über der Natur, sondern bescheiden als einen Teil der Natur. Der Mensch wurde naturalisiert und damit wurde der Poesie ihr alter Gegenstand genommen: der Held. Auch in dieser Beziehung war Goethe ein Vollender. (Vgl. Art. *Natur*).

Und wir haben es erlebt, daß die Grenzen zwischen Poesie und Philosophie (diesmal war es Psychologie) sich abermals verwischten wie vor Jahrtausenden, daß Dichter wie Keller und Ibsen die neue Psychologie des Menschen, die sie für die Psychologie des neuen Menschen hielten, in Symbolen auszudrücken strebten, bevor noch die Wissenschaft die abstrakten Begriffe gefunden hatte. Ibsen erfand die poetische Formel:

„*Leben* heißt — dunkler Gewalten
Spuk bekämpfen in sich.
Dichten — Gerichstag halten
Über sein eigenes Ich.“

VI.

Die Systemmacherei ist in der substantivischen Welt zu Hause, der Welt der Mystik. Wie hat man die Reihenfolge der Begriffe Kunst, Philosophie und Religion (ich setze sie alphabetisch her) permutiert, um entweder ihre historische oder gar ihre axiologische Reihenfolge herauszubekommen. Jede mögliche Anordnung hat ihre Vertreter gefunden. Hegel sagte: Kunst, Religion, Philosophie; Vischer: Religion, Kunst, Philosophie. Und alle die führenden Geister haben nicht bemerkt, daß gerade in *ihrem* Innersten, in ihrer Weltanschauung, nur künstlich eine begriffliche Trennung der drei Gebiete herzustellen war, daß in ihrem Verhältnisse zu den letzten Fragen Antworten aller drei Sprachen sich mischten, daß eben nicht drei Wissenschaften des Geistes, sondern nur drei verschiedene Zeichensprachen in drei Gruppen geordnet waren. Ich möchte wissen, wie man es anstellen sollte, bei Platon den religiösen Griechen, den Denker und den Dichter auseinanderzureißen.

Poesie gehört in jedem System unter den Begriff der Kunst, obwohl auch der Kunstbegriff vor dem Auftauchen der ästhetischen Wissenschaft, also vor 1750, nicht recht definiert worden war. Doch unbewußt hatten immer Religion und Philosophie auf die Kunst eingewirkt (besonders auch auf die Poesie, wegen der Ähnlichkeit des sprachlichen Ausdrucksmittels); unbewußt Religion und künstlerische Phantasie auf die Philosophie, unbewußt Philosophie und Kunst auf die Religion (vgl. Art. *verbale Welt*).

Und jetzt sind wir wieder einmal in einem Übergang mitten inne, der den Begriff der Kunst, besonders der Poesie, auf den Kopf stellen möchte. Das Ende des alten Christentums und die Popularität einer pessimistischen Philosophie hat auch solche Dichter ergriffen, die sich um Religion und Philosophie wenig zu kümmern scheinen. Und so radikal ist die Änderung der Seelensituation bei den Dichtern, daß die (nach unserem Geschmack) wertvollsten Dichtungen der letzten Jahre wirklich nicht mehr unter das zu fallen scheinen, was man tausend Jahre lang Poesie nannte. Wie freilich auch das Beste der tausendjährigen Christenzeit nicht unter den Begriff fallen würde, den die Griechen mit der Poesie verbanden. Man vergleiche Homeros mit Dante, mit Zola. Noch stärker ist, was durch die gleiche traditionelle Technik nicht ganz verschleiert werden kann, der Kontrast zwischen dem alten und dem neuen Drama. Dort Schiller oder Racine, meinetwegen Shakespeare, hier Ibsen. Die gradlinigen, durchsichtigen Charaktere der alten Helden, Liebhaber, Intriganten, Verbrecher gehörten mit zum Bestande einer optimistischen Psychologie. Sie konnten von jedem mittelmäßigen Komödianten gemimt werden, weil alle diese Menschen (auch die Hypokriten wie Richard III.) so erbärmlich schlechte Lebensschauspieler waren. Von der Galerie herunter konnte und sollte man die Charaktere auseinanderhalten können. Das hörte langsam schon vor Ibsen auf. Und Julianus, Noras Gatte, Hjalmar Ekdal, Baumeister Solness, alle sind sie im Leben so vollendete Schauspieler, und der Dichter bleibt so objektiv im Hintergrunde, daß die Leute auf der Galerie wirklich nicht sagen können, ob der Mann auf der Bühne z. B. ein guter oder ein böser Mensch sei.

Es ist ganz gleichgültig, ob wir wissen, was die Poesie eigentlich ist, oder ob wir es nicht wissen. Wir brauchen keine Definition der Poesie, um Dante, Shakespeare, Goethe zu genießen. Sollen wir aber die Frage beantworten, ob irgendein überragender Schriftsteller, dessen höchst anregende Persönlichkeit nur ein krasser Pedant herunterziehen könnte, ob ein Ibsen oder ein Nietzsche nun im Grunde ein großer Poet sei oder nicht, sollen wir den Begriff Poet von einem solchen Schriftsteller aussagen, ja dann muß zwischen Frage und Antwort Einigkeit hergestellt werden über die Vorfrage: was ist uns Poesie? Die Größe von Nietzsche, die Größe von Ibsen bestand darin, daß sie der feigen Welt wieder einmal herrisch die Wahrheit sagten. So tapfer, wie geniale Menschen nur sind, bevor sie was Guts in Ruhe schmausen mögen. Tapfer bis auf die Rücksicht auf den eigenen Ruhm. Dieses Wahrsagen allein kann sie nicht zu Dichtern stempeln. Denn nicht nur Kinder und Wilde werden finden, daß Poesie und Lüge nahe beieinander wohnen.

Besonders der Fall Ibsen ist kritisch. Sollen wir den Begriff Poesie umbilden und umgießen, nur um dem großen Anreger Ibsen den Ehrennamen eines Poeten ohne Abzug geben zu dürfen? Oder sollen wir Ibsen nur einen großen Schriftsteller nennen, etwa einen vom Range Voltaires, damit Begriff und Titel Poet unverändert auf die Nachkommen übergehe? Was man so *unverändert* nennt. Denn der Wert des Titels Poet müßte ja plötzlich etwas sinken, wenn der stärkste Dramatiker unserer Tage nicht Poet heißen dürfte. Nicht wahr? Ich meine nicht, Ibsen sei ein geringerer Mann als ein Dutzend berühmter Schriftsteller, die voll und ganz den Titel eines Poeten verdienen? Ich meine nur, daß die angewandte Psychologie und Theatralik Ibsens nicht das ist, was vor ihm in Mitteleuropa Poesie hieß. Ich meine überhaupt nur, daß auch der Begriff Poesie eine Entwicklung, eine Geschichte gehabt habe. Ich beneide nicht die Herren, die mit schwieligem Sitzfleisch und mit schwieligen Fingern eine Geschichte der Weltliteratur oder eine der gesamten deutschen Literatur (unter Literatur verstehen solche Bücher fast nur Poesie) geschrieben oder abgeschrieben haben, ohne je zu bemerken, daß jedes Jahrhundert unter Poesie etwas anderes verstand. (Und ich verteidige, nicht die Schönheit, aber die Richtigkeit des Bildes „mit dem Sitzfleisch abschreiben" gegen jedermann.)

Es wäre bequem und leicht, wie ein philosophisches Kolleg für Chemiker, eine Definition des Begriffs Poesie zu geben, die so ungefähr auf die alten und auf die neuen Vorstellungen paßte. Es wäre die schwerste Aufgabe der höheren Analyse, für die geschichtliche Entwicklung des Poesiebegriffs eine wirklich brauchbare und wissenschaftlich anständige Formel zu finden.

Wie alles auf der Welt, so läßt sich auch Poesie in *Stoff* und in *Form* zerlegen; dem Stoffe nach ist Poesie teils Gestaltung, vor allem Menschengestaltung, also angewandte oder vorweggenommene Psychologie, teils Fabulierkunst; der Form nach ist Poesie Wortkunst, nichts als Wortkunst.

Bleiben wir bei der alten Vorstellung von Poesie, so hat es niemals einen bedeutenden Poeten gegeben, der nicht ein Meister seiner Muttersprache gewesen wäre. Ein Sprachgewaltiger und zugleich ein Virtuose des Worts. Der Abstand zwischen Luther und der durchschnittlichen Sprache seiner Zeitgenossen, zwischen dem jungen Goethe und der durchschnittlichen Sprache seiner Zeitgenossen ist ungeheuer. Wie zwischen dem Reiten eines gemeinen Dragoners und dem Reiten eines meisterlichen Herrenreiters. Dieser ungeheure Abstand zwischen einem Beherrscher der Wortkunst und einem geschickten Worthändler scheint für die Gegenwart aufgehoben. In Deutschland und Frankreich, in England und in Italien wimmelt es jetzt von Sprachkünstlern. Leute, die nie in ihrem Leben eine Gestalt gesehen haben, denen nie in ihrem Leben auch nur die kleinste Fabel eingefallen ist, setzen ihre Worte mit geduldigem Enthusiasmus wie Teppichmuster nach Tonvaleurs zusammen. Es scheint eine Freude, zu leben. Wie die verrenkte Linie der Sezession, nachdem sie erst von einem talentvollen Schalk erfunden war, sich mit dem andern Komfort der Neuzeit in siegreichem Wandel durch unsere Kulturländer auch die letzte Provinzstadt sicher erobert hat, wie dort am Ende des stillen Ganges das mystische OO auf der allerletzten Türe freundlich in der verrenkten Linie der Sezession dem eiligen wie dem beschaulichen Besucher sinnig entgegenleuchtet, so gibt es auch in der Poesiesprache unserer Kulturländer eine sezessionistische Linie, auf die niemand verzichten darf, der nicht etwa trotzig dabei bleiben wollte, die eigene Nase im Gesichte zu behalten. Wohllaut, Süße, Weiche, Rhythmus und wieder Süße.

Die Gefahr besteht darin: wie der Schauspieler nur ein Diener am Worte des Dichters sein kann, so kann in aller Poesie (bei jedem Wandel dieses Begriffs) das Wort, die Form sich zum Stoffe nur dienend verhalten, dienend in Freiheit; die Wortkünstler aber, die nichts zu sagen haben und dennoch gedankenlos neu sein möchten, sind zu Virtuosen der Sprachform geworden, genau so wie just zur Zeit der Umwandlung des Poesiebegriffs die besten Darsteller des eben veraltenden Dramas zu Virtuosen der Schauspielkunst herabsanken.

post hoc, ergo propter hoc. — Alle Welt weiß, daß es ein Fehlschluß oder gar ein Sophisma ist, aus der Folge in der Zeit auf einen ursachlichen Zusammenhang zu schließen. Unsere Bauernregeln über das Wetter, der unausrottbare Aberglaube an den Einfluß der Planeten und des Mondes sind voll von solchen Fehlschlüssen; auch die Medizin verwechselt nur zu häufig das post hoc und das propter hoc. Gewöhnlich hilft man sich so, daß man den induktiven Schluß auf eine ursächliche Verknüpfung für berechtigt hält, sobald ein Ereignis in der Regel *nach* einem andern Ereignis eintritt.

Aber wir hätten von Hume lernen sollen, daß die alte und wohlfeile Redensart einen tiefern Sinn berge, als man ihr gewöhnlich beimißt. Wir wissen von dem *propter hoc* eigentlich nur, daß es ein *post hoc* sei. Die kühne Zurückführung des Ursachverhältnisses auf ein Zeitverhältnis kann in dieser überaus subtilen Frage allerdings nicht das letzte Wort bleiben; wir gewinnen auch nicht viel, wenn wir die Beziehung zwischen dem vorausgehenden Ereignisse und dem regelmäßig nachfolgenden Ereignisse nicht mehr Ursache, sondern *Bedingung* nennen. (Vgl. Art. *Konditionalismus* und *Ursache.*) Wir sind in der seltsamen Lage, den Grundbegriff alles Weltverstehens nicht definieren zu können, bevor wir nicht über die Bedeutung der Beziehungswörter *post* und *propter* klar geworden sind; und eine Definierung solcher Präpositionen der Gemeinsprache ist nicht möglich, weil Grundbegriffe alles Denkens (Raum, Zeit, Kausalität) schon in diesen armseligen Flickwörtern mitgedacht werden.

Auf die Zusammenhänge zwischen Zeit und Ursache habe ich schon bei mancher Gelegenheit hingewiesen; hier will ich nur auf die Hilflosigkeit der Sprachen hinweisen, die alle das Kausalverhältnis durch ein Zeitverhältnis ausdrücken wollen und das Zeitverhältnis durch ein Raumverhältnis ausdrücken müssen. Das gilt ebensowohl für die Konjunktionen des zusammengesetzten Satzes wie für die Präpositionen des einfachen Satzes. Es gibt in der Grammatik keine Form, welche das Kausalverhältnis eindeutig ausdrücken könnte. Alle die Flickwörter, um die es sich handelt, beziehen sich ursprünglich auf den Raum, wurden dann auf die Richtung übertragen, bildlich auch auf die Relation der Zeit, und konnten so als Bilder von Bildern zu Bezeichnungen des Kausalverhältnisses werden. Und mit einem weitern, ganz anthropomorphen Bilde zur Bezeichnung des Zweckverhältnisses. Die Hilflosigkeit der Sprache ersehe man aus einem Beispiele; man kann im Deutschen sagen: er ist *an* dem Gifte, *vor* Schreck gestorben; aber auch *nach* dem Gifte, *vor* Hunger; und wieder: er ist *durch* Gift, *mit* einem Dolche umgebracht worden (vgl. Becker „Organism der Sprache“ S. 435). Im zusammengesetzten Satze heißt es hd.

weil (eigentlich *während*, mhd. *die vîle*), während der Österreicher *nachdem* sagt. Jedesmal wird die Ursache durch eine Zeitpartikel ausgedrückt, die Zeit durch eine Richtungspartikel. In unserm Schlagworte drückt *post* (von *pone, hinter*) sogar ein bestimmteres räumliches Verhältnis aus als *propter* (eigentlich *propiter* von *prope, nahe*).

Pragmatismus. — Auf dem letzten Kongresse der Philosophen kam es zu einem Streite zwischen der Philosophie der alten Welt und der Philosophie, die unter dem Namen des Pragmatismus in Amerika populär geworden ist; bei dem Kampfe konnte nicht viel herauskommen, ebenso wenig wie bei dem Kampfe zwischen einem Walfisch und einem Elefanten, zwischen einem Schmetterling und einem Regenwurm; ich könnte noch andere zoologische Vergleiche ziehen, aber zoologische Vergleiche klingen in der Menschensprache leicht unfreundlich.

Die Pragmatisten berufen sich als auf ihre Vorgänger gern auf die meisten klugen Männer von Sokrates bis zu Spencer; der eigentliche Begründer der neuen Methode ist aber Peirce, der, von Kant und den neueren Mathematikern ausgehend, 1878 die Menschlichkeit, d. h. nur für den Menschen brauchbare Gültigkeit der Wahrheit lehrte; uns Europäern ist diese Lehre von der Unerkennbarkeit des Dings-an-sich, von der Phänomenalität der Welt, seit Berkeley und Kant und seit den Ergebnissen der an Kant geschulten Sinnesphysiologie nicht mehr ganz unbekannt; es war aber gar nicht so übel, diese Weltanschauung, wie der Engländer Schiller tat, indem er an dem alten Worte einen energischen Bedeutungswandel vornahm, *Humanismus* zu nennen. Die Wahrheiten sind nicht an sich wahr, sondern nur für den Menschen, in der Menschensprache. Ein anderes Schlagwort stellte sich ein, als in Amerika die Gedanken Machs verbreitet wurden: wenn die Ideen nur die Ökonomie des Denkens fördern, wenn die Wahrheiten nur als die Instrumente des allezeit praktischen menschlichen Denkens anzusehen sind, so kann man diese relativistische Auffassung von der Wahrheit auch *Instrumentalismus* nennen. Eine Verbindung mit Kant scheint da wieder herstellbar, wenn man sich erinnert, daß Kant seinen kategorischen Imperativ der Pflicht als das ethische Ideal den pragmatischen Imperativen gegenüberstellte, den Regeln der Klugheit, den Regeln, welche der menschlichen Wohlfahrt dienen. Jedenfalls hatte den Amerikanern die *praktische* Philosophie Europas eingeleuchtet; was sich nicht für das menschliche Handeln ausmünzen ließ, was für das menschliche Handeln keinen Barwert hatte (man denke nicht an den gröbsten Sinn des Wortes), das war Metaphysik der alten Welt. Und so wurde der Humanismus, der noch eine erkenntnistheoretische Bedeutung hatte, zu einem praktischen *Pragmatismus* umgedeutet.

Populär gemacht wurde dieser

Pragmatismus als „ein neuer Name für alte Denkmethoden“ von William James, so populär, daß der Gegensatz gegen die deutsche Schulphilosophie in die Augen springen mußte; aber auch der Gegensatz gegen die subtile Arbeitsleistung, gegen alle neuere Erkenntniskritik. Wohl hat James an der Muttersprache des Verstandes, an den Grundbegriffen des common sense eine oberflächliche Kritik geübt („Der Pragmatismus“, 5. Vorlesung), aber über den Standpunkt des „gesunden Menschenverstandes“ ist er nicht hinausgekommen und hat vielleicht gerad e dadurch den feinen Logiker Jerusalem, der auf ganz anderem Wege zu einer Verteidigung des gesunden Menschenverstandes gekommen war, für sich eingenommen. Die gelegentliche Verwendung scholastischer Begriffe (Möglichkeit, ante rem) kann nicht darüber täuschen, daß wenigstens James, der vorzügliche Psychologe, kein fester Logiker ist. Auf jeder Seite seines Buches nähert er sich sprachkritischen Problemen, dringt aber niemals in ihre Tiefe: er hält es noch für bemerkenswert, daß die Amerikaner das bekannte Sternbild bald den Wagen, bald den großen Bären, bald die Küchenpfanne *(dipper)* nennen; er wendet gegen die Rationalisten ein, daß der Intellekt einzig und allein das Wort und seine orientierende Funktion kenne (S. 116), aber wir werden gleich sehen, daß er selbst eine ausgesprochene Vorliebe für ausgediente, abgelebte, wertlose Wörter hat. Bei aller Achtung für die großen Züge des amerikanischen Geistes sei es gesagt: auch mit dem Pragmatismus hat Amerika aus Europa altes Kunsthandwerk hinübergeholt, das in Europa weniger geschätzt wurde. Es ist kein gutes Zeichen für James, daß seine Polemik sich gern gegen kleine Leute richtet, die man in Europa nicht für voll nimmt.

Er teilt die Denker aller Zeiten sehr schlicht in die zartfühlenden und in die grobkörnigen ein; ich weiß nicht, welche dieser Bezeichnungen auf die Art paßt, wie James den Gottesbegriff gerettet und dafür den Wahrheitsbegriff vernichtet hat.

Die Höflichkeit gegen Gott ist wohl ein Familienerbstück, das die Amerikaner aus England hinübergebracht haben. James findet es an dem Pragmatismus besonders empfehlenswert, daß er den Empirismus mit der Religion angeblich versöhne, daß er im Gegensatze zu Spencer einen Sinn habe für positive religiöse Konstruktionen. Ich gestehe, daß ich mir den Gott der Pragmatisten in keiner Weise vorstellen kann. Die Pragmatisten behaupten gegenüber dem Monismus (der Spiritualisten und der Materialisten) einen Pluralismus der Welt, wogegen ebenso wenig und ebenso viel einzuwenden wäre wie gegen ein anderes Wort; aber unverständlich bleibt es, wie ein denkender Mensch zu gleicher Zeit die Einheit in den Erscheinungen leugnen und an einen Gott glauben kann, der doch für alle möglichen Gottesdefinitionen nichts anderes sein kann als die Einheit des Weltschöpfers oder die immanente Einheit der Welt. Es wäre denn, daß der Pluralist James einen Plural von Göttern lehren und den alten Polytheismus wieder einführen wollte.

Ich glaube nicht, daß ich den Begriff Wahrheit, der mir mit dem des Glaubens identisch ist, allzu feierlich nehme (vgl. Art. *Wahrheit*); aber zu dem Doppelsinne der Wahrheit, zu welchem James sich bekennt, habe ich dennoch kein Zutrauen. Der Pragmatismus läuft auf einen versteckten Optimismus hinaus, der sich bescheiden Meliorismus nennt; Philosophie, Wahrheit, Wissenschaft haben gar nicht richtig zu sein, sie sollen nur nützlich sein. Das ist nicht etwa eine böswillige Darstellung der Gegner, das ist die Meinung der Pragmatisten selbst. „Die Wahrheit einer Vorstellung ist nicht eine unbewegliche Eigenschaft, die ihr inhäriert. Wahrheit ist für eine Vorstellung ein Vorkommnis." Das ist in logischem Sinne ganz richtig. Aber die Pragmatisten sagen der Wahrheit nicht nur nach: sie ist nützlich, weil sie wahr ist; sondern auch: sie ist wahr, weil sie nützlich ist. Eine Wahrheit, die uns nicht dorthin führt, wohin wir gelangen wollen, ist nicht nützlich, ist keine Wahrheit. Locke, Hume, Berkeley, Kant, Hegel waren nach James keine Wahrheitsucher, weil ihre Untersuchungen nicht nützlich waren (S. 118). Das Leben ist für die Pragmatisten wichtiger als das Denken; das ist so klar, so populär, daß „jedermann aus dem Volke" zustimmen wird; nur daß die Denker, die bisher für solche gegolten haben, anderer Ansicht waren und vielleicht sogar ihr Denken mit ihrem Leben erkauft haben. Die unpraktischen, unpragmatischen Dummköpfe.

„Wahr ist das, was wirkt", lehrt der englische Pragmatist Schiller; dann waren alle Vorurteile und alle Irrtümer, die in der tollen Geschichte der Menschheit je eine Rolle gespielt haben, dann war der Glaube an den Teufel wahr.

James hat einmal seinen Pragmatismus einen „philosophischen Protestantismus" genannt (S. 78); das amerikanische Geistesleben stammt ja von den Puritanern ab. James führt den Vergleich weiter aus: „Man wird sagen, der Pragmatismus sei, philosophisch betrachtet, nur ein leeres Geschwätz. Aber trotz alledem schwingt auch in protestantischen Ländern das Leben weiter und erreicht seine Ziele. Ich wage zu hoffen, daß auch dem philosophischen Protestantismus ein ähnliches Gedeihen bestimmt ist." Man halte daneben, was James (S. 51) von den Zielen des Pragmatismus sagt: „Der Pragmatismus ist zu allem bereit, er folgt der Logik oder den Sinnen und läßt auch die bescheidenste und persönlichste Erfahrung gelten. Er würde auch mystische Erfahrungen gelten lassen, *wenn sie praktische Folgen hätten.*" Wahrhaftig, der Pragmatismus ist zu allem bereit, ist zu allem fähig.

primitive Philosophie. — Den schönen Satz, Vollständigkeit sei der Tod der Wissenschaft, hat sein Präger,

Wilamowitz-Möllendorf, wohl nur gegen die Professoren gemünzt, die sich nicht genug tun können an Literaturangaben über jede Lappalie; in den historischen Wissenschaften aber erbt sich die Sucht weiter und weiter fort, die Geschichte bis in Zeiten zurückzuverfolgen, von denen wir nichts wissen können. Diese Sucht ist noch gesteigert worden durch den Darwinismus oder die Entwicklungslehre; man schickte sich ernstlich an, allen Ausdrucksformen der menschlichen Kultur bis zu ihren Uranfängen zurück nachzuspüren. Auch die Philosophie des Urmenschen, die primitive Philosophie, sollte erschlossen werden; das Protoplasma der Philosophie sollte entdeckt oder konstruiert werden.

Wir lächeln heute, wenn wir in Bruckers „Kurzen Fragen aus der Philosophischen Historie von Anfang der Welt bis auf die Geburt Christi“ (1731, Bd. I, S. 39) als eine Kapitelüberschrift die Frage lesen: „Sind vor der Sündfluth auch schon philosophi gewesen?“ Und im folgenden Abschnitt eine fast lustige Widerlegung der Behauptung, daß Adam ein vollkommener Dialektiker, Physiker, Ethiker, Mathematiker, Politiker und endlich der allervollkommenste Polyhistor gewesen sei. Wir lächeln über Brucker, trotzdem er die Frage nicht ohne eine kleine Ironie behandelt. Wir sollten auch die neuesten Versuche, eine Geschichte der primitiven Philosophie in weniger bibelfester Sprache zu schreiben, nicht allzu ernst nehmen.

Ich denke da zunächst an Wundts Aufsatz „Die Anfänge der Philosophie und die Philosophie der primitiven Völker“ (Kultur der Gegenwart I, Abt. V). Wundt verbreitet sich über die primitive Logik, die primitive Psychologie, die primitive Naturphilosophie und die primitive Ethik. Er macht sich den gefährlichen Grundsatz der Geschichtswissenschaft zu eigen, die Anfänge eines Kulturgebietes und die betreffenden Zustände bei den sogenannten Naturvölkern der Gegenwart gleichzusetzen; darum fallen ihm die Begriffe „Anfänge der Philosophie“ und „Philosophie der primitiven Völker“ zusammen. Er sieht ganz gut, daß die primitive Philosophie unsere Logik noch nicht kannte, daß die Seelenlehre der Urzeiten noch auf unsere Psychologie herüberwirkt, daß die primitive Naturphilosophie zwar den Ursachbegriff schon besaß, aber den Zauber für eine zureichende Ursache hielt, den wunderwirkenden Gott, daß die primitive Ethik der Naturvölker es oft genug mit der sog. geläuterten Ethik unseres christlichen und philosophischen Abendlandes aufnimmt. Für die vergleichende Anthropologie mag durch solche Untersuchungen mancher gottlose Satz sich ergeben, den ausdrücklich zu formulieren sich Wundt vorsichtig hütet.

Wollten wir Ernst machen mit der Frage nach einer primitiven Philosophie, so müßten wir vorher beide Worte für diesen Zusammenhang genauer definieren.

Primitiv ist ein arg relativer Begriff. Wenn in der Kunstgeschichte von Primitiven gesprochen wird, so denkt man an italienische Maler des 15. und dann wieder an englische Maler des 19. Jahrhunderts; also an Maler einer sehr historischen Zeit, die nur etwas kindlicher und ungeschickter waren (oder sich stellten) als die klassischen Meister. In der Geologie denkt man bei primitiven Gebirgen an eine Urzeit, die nach der gegenwärtigen Lehre der Existenz der Menschen um Hunderttausende von Jahren vorausging. Sonst heißt *primitiv* so viel oder so wenig wie ursprünglich, prähistorisch, oder: was heute in den Kulturzuständen lebt, die wir als die ältesten Zustände der heutigen Kulturvölker voraussetzen. Über die sich also ohne jenen verwegenen Analogieschluß nichts ausmachen läßt.

Philosophie wiederum bedeutet heute ungefähr so viel wie Erkenntniskritik; das Wort bedeutete in früheren Jahrhunderten nacheinander manche andere Sehnsucht nach Erkenntnis: nach Erkenntnis der reinen Vernunft, des Zusammenhangs zwischen Geist und Körper, des göttlichen Wesens, des Verhältnisses zwischen Idee und Individuum usw. zurück. Wenn nun der gute alte Brucker halb im Scherze die Frage aufwarf, wer der erste philosophus gewesen sei, so hatte das nach dem Stande der damaligen Geschichtswissenschaft den guten Sinn: ob eine von den philosophischen Schulen, die traditionell immer genannt wurden, schon in den überlieferten Äußerungen Adams nachzuweisen wäre oder nicht. Wird heute die Frage aufgeworfen, ob die sogenannten Naturvölker, also ob die prähistorischen Völker eine Weltanschauung gehabt haben, auf welche sich der fließende Begriff Philosophie noch anwenden lasse, so hat das einen so klaren Sinn nicht. Wir müssen die Urzeit, da wir an Adam nicht mehr glauben, immer weiter und weiter zurückrücken, und wir müssen mit dem Begriffe Philosophie einen fast nicht mehr erlaubten Bedeutungswandel vornehmen.

Da wir uns gewöhnt haben, die Entwicklung des Menschen beim Tiere anfangen zu lassen, so müßten wir konsequenterweise auch im Seelenleben der Tiere die primitive Philosophie aufsuchen. Und da würde sich bald herausstellen, daß wir unter der historischen und gar unter der neuesten Philosophie das bewußteste Nachdenken der Menschen über die Grundlagen ihres Handelns und Wissens verstehen, daß wir dagegen eine primitive Philosophie auch in solche Äußerungen der „Wilden" hineinlegen, deren Tragweite ihnen niemals zum Bewußtsein gekommen ist. Auch die Handlungen und Weltorientierungen der Tiere ließen sich leicht nach Begriffen ordnen, die der menschlichen Logik, Psychologie, Naturphilosophie und Ethik angehören; und ich habe auch gar nichts dagegen, daß man eine „Philosophie der Tiere" schreibe, — wenn nur die Besonnenheit darüber nicht verloren geht, daß es sich um eine kühne Ausdehnung von Menschenbegriffen handelt.

Und das wird bei solchen Untersuchungen leider gern übersehen.

Nicht die primitive Philosophie, auch nicht einmal die Philosophie der primitiven Völker können wir erschließen, sondern nur die Fragen zu beantworten suchen: was verstand man in alten Zeiten unter den Worten, die geradezu oder in Übersetzungen die technischen Ausdrücke unsrer Philosophie geworden sind? und: in welchem Sinne lassen sich einige dieser Ausdrücke auf das Denken der Naturvölker anwenden? Ich glaube nicht, daß wir in der Erschließung einer ursprünglichen Philosophie weiter gelangen werden als zu einer lückenhaften Wortgeschichte der gemeinsprachlichen Begriffe der Philosophie und zu einem Versuche mit einem rückwärts gekehrten Bedeutungswandel die Worte auf die etwaigen Vorstellungen alter Völker und lebender Menschenfresser auszudehnen.

Es mag ja sein, daß unter den Vorstellungen uralter Völker und wilder Völkerschaften von heute solche sind, die das Wörterbuch unserer Philosophie ganz und gar nicht kennt; dann aber wären wir gar nicht in der Lage, solche Vorstellungen kennen zu lernen, sie in die Sprache unserer Philosophie zu übersetzen. Ich gestehe aber, daß ich an die Existenz verborgener primitiver Weisheit nicht glaube. Viel näher liegt mir der traurige Gedanke, daß die letzten Fragen der Philosophie von der Gebrechlichkeit der menschlichen Sinne und des menschlichen Verstandes immer gleichartig gestellt worden sind, daß der Fortschritt der Sprache nur darin bestand, die Fragen bestimmter zu fassen, und daß wir ihnen eine Antwort zu finden heute weniger hoffen als in Urzeiten. Im Gefühle dieser Resignation könnte man gar leicht unsere heutige Erkenntniskritik die erste, die primitive Philosophie nennen.

psychisch. — Bei Gelegenheit der Untersuchungen, die den Instinktbegriff betrafen, habe ich mich gegen die Logik wenden müssen, welche die tierischen Kunsttriebe aus den auch menschlichen Tätigkeiten erklären will, die der Erhaltung des Individuums und der Erhaltung der Art dienen. Atmen und Essen, Verdauen, Zeugen und Fruchtaustragen sind solche Tätigkeiten. Ich habe davor gewarnt, die Ausdrücke der Menschenpsychologie — und wir haben keine andere Sprache der Psychologie — auf die uns unzugänglichen Vorgänge in der Tierseele anzuwenden; ich habe aber wiederum darauf bestanden, die Kunsttriebe der Tiere psychische Erscheinungen zu nennen, das Atmen, Verdauen usw. physiologische Erscheinungen. Einen gewissen Widerspruch zwischen meiner Warnung und dem Festhalten an dem Worte *psychisch* kann und will ich nicht leugnen.

Es ist ja einigermaßen lockend, uns vorzustellen, daß die Tiere bei der Ausübung ihrer Kunsttriebe in ähnlicher Weise Lust empfinden, wie die Menschen beim Essen und beim Zeugen, diese beiden Tätigkeiten also Instinkte zu nennen; mit gleichem Rechte könnten wir uns aber vorstellen, daß die Tiere ihre schwere

Instinkt-Arbeit wie eine Krankheitserscheinung empfinden, könnten mit gleichem Rechte die Schmerzen des menschlichen Kranken einen Instinkt nennen, der ja auch für die Erhaltung des Individuums biologisch wertvoll ist. Da wir uns aber in die Seele des Tieres weder so noch so einfühlen oder hineindenken können, kommen wir auf diesem Wege nicht weiter. Auch sind nur die Bewegungen des Essens und des Zeugens mit psychischen Motiven verbunden, nicht aber — bei einem ganz normalen Verlaufe — die weiteren Bewegungen des Verdauens und des Fruchtaustragens. Ich bleibe darum dabei, die Kunsttriebe der Tiere psychische Akte zu nennen; im Interesse eines sauberen Sprachgebrauchs jedoch möchte ich nun untersuchen, wodurch sich das, was wir *psychisch* nennen, von den Erscheinungen unterscheidet, die wir *physisch*, und von denen, die wir *physiologisch* nennen. Wobei gleich eine Inkonsequenz der Terminologie auffallen muß: *physisch* und *physiologisch* entsprechen sich nach ihrer Bildung genau wie *psychisch* und *psychologisch*; während aber das erste Paar so etwas wie einen Gegensatz ausdrückt, sind die beiden Worte des zweiten Paares eigentlich synonym; auch bessere Schriftsteller übersehen oft, daß *psychisch* auf die Vorgänge geht, die unserem Innenleben angehören, *psychologisch* auf unser Wissen von diesen Vorgängen.

Die physischen, physiologischen und psychischen Kräfte könnte man etwa mit den Eisenschienen einer Bahn, mit der Arbeit der Dampfmaschine und mit dem Eingreifen des Weichenstellers vergleichen; aber auch dieser Vergleich hat den Schönheitsfehler des Hinkens und belehrt uns nicht; höchstens daß er uns darauf aufmerksam macht, wie die Dampfmaschine als ein zweckmäßiges Gebilde zwischen dem scheinbar toten Material der Eisenschienen und der immerhin bewußt zu nennenden Tätigkeit des Beamten mitteninne steht. Auch der Begriff *physiologisch* bildet ein schwer zu definierendes Zwischenglied zwischen den beiden Begriffen *physisch* und *psychisch*.

Könnten wir uns vorstellen, daß es Lebenserscheinungen gar nicht gibt, oder daß die Erscheinungen des Lebens und des Geistes unter einen gemeinsamen Begriff zu bringen sind, dann wären *physisch* und *psychisch* leicht als Korrelatbegriffe aufzufassen. Vom Standpunkte unseres Menschenwissens, unserer Menschensprache. *Physisch* nennen wir die Veränderungen, die im Raume vor sich gehen, weshalb wir ganz richtig die physische Welt mit einem räumlichen Bilde die *Außen*welt nennen; *psychisch*, seelisch, geistig nennen wir die Veränderungen, die mit dem Raume nichts zu tun haben; nur diese Ausschließung des Raumes meinen wir, eine Negation also, wenn wir diese Veränderungen unsere *Innen*welt nennen. Die Tatsache, daß diese Innenwelt in der Zeit vor sich geht, soll hier unerörtert bleiben. *Physisch* sind die Gegenstände unserer äußeren Erfahrung, *psychisch* sind die Gegenstände unserer innern Erfahrung. Dabei ist zu beachten, daß alle Innenwelt Gegenstand unserer Erfahrung sein *kann*, nicht sein *muß*. Damit ist schon auf eine Schwierigkeit der Definition hingewiesen: nicht nur die Bewußtseinsvorgänge sind psychisch. Es gibt in unserm Seelenleben, es gibt in unserm Gedächtnis auch unbewußte Vorgänge. Und weil unser Ichgefühl eine Illusion des bewußten Gedächtnisses ist, darum geht es auch nicht an, die Beziehung auf das Ich zu einem Kriterium der psychischen Vorgänge zu machen. Aus dem gleichen Grunde und weil unsere Kenntnis vom Gehirn zu mangelhaft ist, wäre es verfehlt, die psychischen Vorgänge als Gehirnvorgänge zu definieren, wir würden dadurch nur ein unbekanntes Organ für seine unbekannten Funktionen setzen und gar nichts gewinnen. Wir gelangen also in unserer Sprache über den alten Dualismus nicht hinaus, über die Lehre von dem Gegensatze zwischen Körper und Geist. Der Materialismus, der die psychischen Vorgänge aus den physischen erklären möchte, ist immer noch populär, ist aber dadurch nicht klüger geworden.

Nun gibt es zwischen diesen beiden Extremen noch die *physiologischen* Erscheinungen, die Lebensvorgänge; diese scheinen ganz der physischen Welt anzugehören, insofern sie sich nicht anders als im Raume vorstellen lassen; insofern aber bei ihnen immer Reizempfindungen zu Motiven von Bewegungen werden, spielt die Innenwelt bei ihnen mit und sie haben wieder eine Ähnlichkeit mit der psychischen Welt. Unsere Sprache ist da wieder inkonsequent, indem sie die bloßen Lebenserscheinungen von den Seelenvorgängen unterscheidet, dann jedoch gerade diejenigen innern Erfahrungen, die den stärksten Gefühlston haben, unsere *Erlebnisse* nennt.

Man lasse sich nun nicht einreden, daß der Materialismus oder die mechanistische Weltanschauung, nachdem sie an der mechanistischen Erklärung der geistigen Erscheinungen gescheitert war, etwa glücklicher gewesen wäre in der Erklärung der physiologischen Erscheinungen. Es ist nicht wahr. Und wenn es der Chemie gelingen sollte, synthetisch Eiweißkörper herzustellen, wenn Biochemie die Vorgänge bei der Ernährung noch besser als bisher studiert hätte, so würde doch immer ein unbekannter Rest bleiben; hart vor dem, was wir nach wie vor das Leben nennen, würde Beschreibung und Erklärung stehen bleiben. Wir wissen nicht, was die seelischen Vorgänge ausmacht, wir wissen nicht, was die Lebensvorgänge ausmacht; wir können uns höchstens damit trösten, daß wir auch nicht wissen, was das ist, das wir die Ursachen der physischen Veränderungen nennen. Die neueste Mode will, wir sollen von physischen Energien, von Lebensenergie und von Geistesenergie reden; eine Antwort enthält das neue Wort nicht. (Vergl. Art. *Energie*.) Nur dafür wollen wir der neuen Mode dankbar sein, daß sie mit den Anmaßungen des Materialismus gebrochen hat, daß sie uns gelehrt hat, die Körperwelt und ihre Eigenschaften, das Leben und seine Erscheinungen, den Geist und seine Äußerungen als gesonderte Gebiete zu betrachten; wir sehen Verbindungslinien zwischen diesen Gebieten, aber wir können diese Linien nicht deuten. Und wir tun gut daran, unsere Unwissenheit nicht durch eine Unsauberkeit der Sprache zu verbergen und zu steigern. Ich kann es verstehen, wenn man die Wörter *Leben* und *Seele, physiologisch* und *psychisch* nicht mehr gebrauchen mag, weil man erkannt hat, daß man sie nicht klar definieren kann; solange man sie aber gebraucht, halte man sich an den Sinn, den sie in der Gemeinsprache oder in der wissenschaftlichen Sprache haben.

Ich kehre zu meinem Ausgangspunkte zurück. Die nivellierende Tendenz unserer Zeit neigt dazu, entweder den Tieren Verstand, also Menschenverstand, zuzusprechen, oder die menschliche Intelligenz aus einer Entwicklung tierischer Instinkte zu erklären. Vom Standpunkte der Sprachkritik scheint mir der erste Fehler geringer und verzeihlicher zu sein als der zweite. Es scheint mir richtiger, die halbwegs vorstellbaren Begriffe der Menschenpsychologie auf die Tierseele auszudehnen, als die so entstandenen und darum noch um eine Stufe schlechtern Begriffe der Tierpsychologie auf den Menschen anzuwenden. Demnach schien es mir ein verzeihlicher Fehler zu sein, wenn ich die Kunsttriebe der Tiere den psychischen Erscheinungen zugewiesen wissen wollte. Ich habe einmal als Knabe in meinem Doppelfenster eine Seidenraupe beobachtet, die sich in der Ecke zwischen dem Innenfenster und dem Rahmen einspinnen wollte; ich mußte das Fenster zur Zeit der Fütterung jedesmal öffnen und diese Raupe stören, die dann zwei- oder dreimal ihr Gespinst von neuem begann. Als sie wieder gestört wurde, wurde sie verrückt und webte längs der Fensterwand ein Seidenband anstatt einen Kokon zu spinnen. Sie folgte ihrem irre gewordenen Instinkt, bis sie tot hinunterfiel. War das mit Recht eine Psychose zu nennen, so ist auch der Ausdruck *psychisch* für die normale Ausübung des Instinktes nicht falsch. Man wende mir nicht ein, daß auch Störungen der Verdauung beim Menschen, daß besonders Störungen des weiblichen Genitalsystems mit Stimmungsänderungen, ja geradezu mit Psychosen verbunden sein können. Es fällt mir nicht ein zu leugnen, daß im Essen und Verdauen, im Zeugen und Fruchtaustragen die Differenzen zwischen Mensch und Tier nur gering sind. Nicht aber um die psychischen Begleiterscheinungen physiologischer Vorgänge handelt es sich mir, sondern um den Unterschied zwischen den tierischen Instinkten und der menschlichen Intelligenz.

Noch einmal: die halbwegs zugänglichen Begriffe der Menschenpsychologie auf die Tierseele anzuwenden, das ist notwendig, wenn wir überhaupt eine Tierpsychologie zu besitzen wünschen; die ganz unzugänglichen Begriffe der Tierpsychologie auf den Menschen anzuwenden, das muß zu leeren Zirkelschlüssen führen. Ein solcher Zirkelschluß ist es auch, wenn man, um die Begriffe *Seele, psychisch* usw. zu vermeiden, den Modebegriff der Entwicklung auf die menschliche Intelligenz überträgt und sagt: diese habe sich aus den tierischen Instinkten entwickelt.

Ich habe meine Zweifel an der Wahrheit des Darwinismus oft genug vorgetragen. Selbst für die Morphologie der Organismen sind seine Lehren unbewiesene Dogmen. Wenn aber nicht einmal die Stufenreihe der Organe zweifellos durch Entwicklung zu erklären ist, dann ist eine Entwicklung der Organfunktionen noch viel unvorstellbarer. Es ist nun durchaus nicht im Sinne des Materialismus, wenn ich die Formel annehme: die Intelligenz des Menschen sei eine Funktion des menschlichen Gehirns. Man mag auch sagen: die Instinkte der Insekten seien Funktionen der Insektengehirne. Wie aber das menschliche Auge ganz gewiß nicht ein entwickeltes Insektenauge ist (das Auge der Libelle ist vielleicht vom Standpunkte des Optikers viel feiner gebaut als das Menschenauge), so ist die menschliche Intelligenz nicht ein entwickelter tierischer Instinkt zu nennen. Das Auge der Ameise ist ein Gipfel für sich, der Instinkt der Ameise ist ein Gipfel für sich; das Auge des Menschen, die Vernunft des Menschen sind andere Gipfel, zu denen andere Wege geführt haben. Über den Ausgangspunkt der verschiedenen Wege wissen wir so gut wie nichts, trotz der lichtempfindenden Pigmentflecken. Schon der Ausdruck *Wege,* den ich eben gebraucht habe, ist ein anthropomorphisches Bild, aus welchem Schlüsse zu ziehen gefährlich ist. Die Natur kennt keine Wege.

Q.

Qualität. — Es ist bisweilen nützlich sich zu erinnern, wie scholastisch die meisten Wörter gebildet worden sind, die aus dem technischen Gebrauche der Philosophen in die gebildete Gemeinsprache übergingen. Zwar ist unser Wort *qualitas* bedeutend älter als die mittelalterlichen Formationen *quidditas* und *haecceïtas,* über welche jeder Lehrling der Philosophiegeschichte sich gern lustig macht; aber diese beiden Begriffe hatten trotz ihrer sprachlichen Abscheulichkeit einen guten Sinn, einen bessern vielleicht als das vom klassischen Cicero geprägte Wort *qualitas: quidditas* sollte das *Was (quid)* der Dinge bezeichnen, mit einer just für die Scholastiker überraschenden Unklarheit zugleich die Materie und die Form; *haecceïtas* sollte deiktisch auf dieselben Dinge als Individuen hinweisen; doch so, daß beide Begriffe wortrealistisch die Kräfte benennen sollten, die hier das *quid*, dort das *haec* [1]) der Dinge hervorriefen.

Dem Begriffe *qualitas* fehlt von Hause aus eine solche Beziehung zur Ontologie; er drückt ursprünglich eine Schülerfrage der Grammatik aus und ist, als Aristoteles die Hauptredeteile der Grammatik für logische Kategorien ausgab, einfach in die Logik hinübergenommen worden. Ich setze dabei als bekannt voraus, daß — wie gesagt — Cicero die lateinische Lehnübersetzung von griech. *ποιότης* (schon bei Platon, von *ποιος*, *qualis*) der dankbaren Welt geschenkt hat; er sagt (Acad. I. 7, 25): qualitates igitur appellavi, quas *ποιοτητας* Graeci vocant, quod ipsum apud Graecos non est vulgi verbum, sed philosophorum.

Wir können das lateinische Wort am häufigsten durch *Eigenschaft* oder *Beschaffenheit* übersetzen, gelegentlich auch durch *Art* oder durch das gelehrtere *Modus*. Die Entstehung des griechischen Modellworts erklären wir uns am besten, wenn wir an die Methode denken, die unsern Kindern die Kenntnis der Redeteile beibringt; man fragt nach den Kasus des Substantivs mit den hergebrachten Fragen *wer oder was, wessen* usw., so fragt man auch nach dem Eigenschaftswort durch das hergebrachte *wie beschaffen (qualis)*; und da die Antwort ganz allgemein *talis* heißen muß, so hätte die Kategorie (da doch die Logik Antworten ordnen will und nicht Fragen) auf Lateinisch pedantischer Weise *talitas* heißen müssen. Wir wollen uns aber gern mit der überlieferten Wortform *qualitas* begnügen.

Auch Kant hat den Begriff der Qualität in seine neue Kategorientafel aufgenommen, hat allerdings viel scharfsinniger als Aristoteles unter den Kategorien nicht Redeteile, sondern Urteilsformen verstanden, hat die Kategorie der Qualität nach ihren drei Arten getrennt (Realität, Negation und Limitation), hat es aber dennoch durch die Aufnahme des Begriffs gebilligt, daß da aus der Frage nach der Eigenschaft ein substantivisches Abstraktum gebildet worden war. Dazu aber war meines Erachtens nur die naive Kategorienlehre der Griechen berechtigt; nicht mehr die Erkenntnistheorie, welche seit der Wirksamkeit der Nominalisten unser Denken beherrschen will. Es will mir auch scheinen, als widersetze sich die Menschensprache allen Versuchen, Eigenschaften (wenigstens die natürlichen, die sinnlichen Eigenschaften) als Substantive, als Objekte aufzufassen. Wir haben gelernt, daß unsere Welt der Wirklichkeit eine adjektivische Welt ist, daß der Sensualismus nur adjektivische Sinneseindrücke kennt; wir glauben die Wirklichkeit oder Realität dessen, was diese adjektivischen Sinneseindrücke hervorruft, am besten dadurch auszudrücken, daß wir diese Erzeuger von Qualitäten als Kräfte, als Objekte, als Dinge, als Substantive in die Welt hinaus vorstellen. So substantivieren wir zum ersten Male die

[1]) Der Ausdruck *haecceïtas* wirkt selbst noch unter den sprachl chen Ungeheuern der Scholastik als barbarisches Wort; sein Präger ist Duns Scotus.

Qualitäten; der naive Realismus der Gemeinsprache kennt gar keine andere Wirklichkeit. Die Scholastiker mühten sich ab, in diesen substantivierten Qualitäten das Singuläre als Haecceïtät, das Wesentliche als Quiddität zu unterscheiden. Die klügern Scholastiker hätten sich sagen müssen, daß die Quiddität, weil sie Materie und Form der Objekte zugleich bezeichnete, für die Qualität keine Wirkungsmöglichkeit übrig ließ; denn als wirkende Kräfte, welche entweder durch die Materie oder durch die Form unsere Sinne zu einer Reaktion veranlassen, wurden doch die Qualitäten aufgefaßt. Und so hätte der Begriff *Qualität* aus der philosophischen Sprache verschwinden müssen, hätte in die Gemeinsprache gar nicht eindringen können, wenn nicht — ja, wenn nicht des Aristoteles Verwechslung von Kategorie und Redeteil nachgewirkt hätte.

So betrachtet scheint mir der bald zweihundertjährige Streit um das Wesen der Eigenschaft geeignet, in eine einfache Formel gebracht zu werden. Galilei, Boyle und Gassendi, besonders aber Locke, haben mit immer stärkerer Entschiedenheit gelehrt, daß die secundären Qualitäten, d. h. die so wohl bekannten sinnlichen Eigenschaften der Dinge nicht objektiver Art sind, sondern subjektiver Art; Berkeley und nach ihm Kant haben sodann den subjektiven Charakter auch der primären Qualitäten, man denke an Größe und Bewegung, durchschaut. Mit dieser Phänomenalität oder (Verzeihung für das Wort) Erscheinungshaftigkeit der Welt war den vorhin erwähnten Sprachgewohnheiten, Eigenschaften zu substantivieren, ihr Recht abgesprochen. Es gibt nur eine adjektivische Wirklichkeitswelt, die Objekte sind nur Hypostasen, substantivierte Eigenschaften, und die *qualitas* ist nur die Frage nach der Art dieser Eigenschaften. Und die Anwendung des Qualitätsbegriffs auf die Urteilsformen kann ohne Verrenkung des ursprünglichen Begriffs nicht aufrecht erhalten werden.

Inzwischen war das Wort bis in die Tiefen der Gemeinsprache hinabgesunken. *Qualität*, franz. qualité fing an, die *gute* Qualifikation eines Gebrauchsgegenstandes zu bedeuten. Heute empfiehlt der Zigarrenhändler seine Qualitätszigarren; und verspricht übrigens, das Gewünschte in jeder *Quantität* zu liefern.

Quantität. — Parallel mit lat. *qualitas* hat man lat. *quantitas* (als Lehnübersetzung von *ποσοτης*) gebildet; die Qualität war erst die dritte, die Quantität war gleich die zweite von den Kategorien des Aristoteles. Die Frage richtete sich diesmal (*ποσος*) nur auf eine einzige unter allen möglichen Qualitäten: auf die Zahl oder auf die durch eine Zahl zu messende Größe; ich brauche nicht erst zu erklären, warum ich die Quantität unter die Qualitäten rechne; ich weiß freilich, daß eine Kategorie eigentlich nicht Oberbegriff einer andern Kategorie werden darf.

Im weitern Sinne des Wortes Kategorie bildet freilich die Quantität oder die Zahl eine Klasse für sich und fällt dazu, wie ich öfter dargelegt habe, aus der Sprache heraus, weil Zahlen keine Begriffe sind. Man beachte hierbei, daß in Kants Kategorientafel die drei Formen der Quantität (Einheit, Vielheit und Allheit) seltsame Gruppen bilden; die Gruppe der Vielheit umfaßt die unendliche Reihe von Zahlen, die Einheit und die Allheit beziehen sich nur auf einen einzigen Begriff, man könnte sagen: auf einen Grenzbegriff, und überdies läßt sich die Allheit wieder als eine Einheit auffassen, als ein *Universum.*

Für die Physik ist die Schullogik, die durch mehr als zwei Jahrtausende in Quantität und Qualität zwei getrennte Kategorien sah, die Qualität nicht als den Oberbegriff der Quantität erkannte, — für die Physik ist Aristoteles auch in dieser Beziehung verhängnisvoll geworden. Die Peripatetiker sträubten sich auch nach Galilei noch dagegen, daß man die Qualitäten der Körper auf Quantitäten zurückführte; diese Zurückführung ist aber in den letzten Jahrhunderten der Wissenschaft gelungen, die jetzt die Qualitäten der Töne und Farben, ja sogar die Intensitäten der Wärme und der Elektrizität durch Quantitäten von Schwingungen ausdrückt. Ich brauche nicht zu wiederholen (vgl. Art. *Mathematische Naturerklärung*), daß die Quantifikation der Erscheinungen des Lebens und des Geistes nicht gelungen ist und nicht gelingen kann; sogar die Qualitäten der Töne und Farben, die als Wirkungen genau berechneter Schwingungszahlen erkannt worden sind, haben psychisch gar kein Verhältnis zu diesen Zahlen; ferner: wenn eine Hautstelle stärker und stärker gekratzt wird, so kann die Empfindung von Behagen bis zu unerträglichem Schmerze sich wandeln, aber wieder haben die Qualitäten Lust und Schmerz keine Beziehung zu der Größe der Intensität. Wo nicht gemessen oder gezählt werden kann, da hat die Anwendung der Mathematik ein Ende; daran ist nichts geändert worden durch die Großtaten des mathematischen Geistes, der den Quantitätsbegriff der Griechen durch Erfindung des Dezimalsystems, der Analyse und der Infinitesimalrechnung unendlich verfeinert hat. Bildlich ist die Anwendung der Quantität auf psychische Intensitäten, noch viel bildlicher das Übertragen der Quantität auf moralische Begriffe. Ganz anders steht es um die Quantität in der Logik.

Die Quantität war seit Aristoteles einer der beiden Haupteinteilungsgründe für die Arten der Urteile und Schlüsse; „Caius ist ein Mensch“, „Einige Menschen sind reich“, „Alle Menschen sind sterblich“ — nach diesem Schema wurde der Syllogismus eingeteilt; und kaum beachtet, daß auch der andere Einteilungsgrund (bejahende und verneinende Urteile) sich mit einiger Rechthaberei unter den Begriff der Quantität hätte bringen lassen. Jedenfalls dachte man seit Aristoteles bei allen diesen Schulfuchsereien nur an die Einheit, Vielheit oder Allheit des *Subjekts*; niemand beachtete es, daß in dem Urteile „Caius ist ein Mensch“ auch das Prädikat nur als Einheit zu verstehen war. Ich will nur von fern daran erinnern, daß der Scharfsinn der Scholastiker diese Lücke der Schullogik sogar sehr fein interpretierte; sie faßten das Subjekt des Satzes (*subjectum* noch im mittelalterlichen Sinne, d. h. das *Objekt* der Aussage) allein als Ding, das Prädikat allein als Begriff; und so kam Abaelard zu der geistreichen Regel: res de re praedicari non potest, die wirklich auf die eigentlichen Subsumtionsurteile gut zu passen scheint.

Die Lücke der Schullogik auszufüllen, die Quantität des Prädikats bei der Einteilung der Urteile zu beachten, daran mahnte schon im 15. Jahrhundert der tapfere Laurentius Valla; andere Vorläufer der neuen Lehre bis zum 18. Jahrhundert tragen nicht so bekannte Namen. In scharfem Protest gegen die alte Logik wurde aber die *Quantifikation des Prädikats* erst im 19. Jahrhundert gefordert und zu einer neuen Grundlage der Logik gemacht durch Bentham (einen Neffen des berühmten Bentham) und durch Hamilton. Es scheint ausgemacht (ich folge einer Dissertation von Ljubomir Nedich), daß Bentham auf die Priorität Anspruch machen kann (1827), daß dagegen Hamilton (1846) in seiner neuen Analytik die Bedeutung der Forderung zuerst erkannt hat.

Ich übergehe gerade das Beste, das Hamiltons neue Analytik veranlaßt hat: ihre Kritik durch J. St. Mill; diese Kritik ist heute noch lesenswert. Ich erwähne nur den Umstand, der für die Entwicklung der Logik eine Weile von großer Bedeutung zu sein schien. Hamilton hatte zu einer Zeit, da der Glaube an die formale Logik ins Wanken geraten war, gerade durch die Quantifikation des Prädikats und durch die aus einer solchen Technik entsprungene Neuordnung der Urteile und der Syllogismen die formale Logik auf festerem Grunde als bisher neu errichten wollen; das Urteil sollte nach dieser Lehre nur das Quantitätsverhältnis zweier Begriffe darstellen; die Symbolisierung des Urteils konnte nun die mathematische Form einer Gleichung annehmen und die sehr komplizierte Lehre von der Konversion der Urteile konnte auf eine einzige Formel zurückgeführt werden. Von diesen formellen Vorteilen der neuen Logik leuchtete einigen mathematisch geschulten Philosophen die mathematische Symbolisierung der logischen Operationen und die Quantifikation aller Begriffe besonders gut ein; und Boole und seine Nachfolger bauten auf der Quantifikation des Prädikats (die Einwendungen gegen diesen historischen Zusammenhang sind unberechtigt) ihre Algebra der Logik auf. Ich habe schon gesagt (vgl. Art. *Algebra der Logik*), warum ich diese neue Logik für ebenso unfruchtbar halte wie die alte. Weder die alte noch die neue Logik ist eine Kunst, die das Denken lehren oder bequemer machen könnte; formale Logik ist immer nur eine nachträgliche, schablonenhafte Mechanik, die das wirkliche Denken rubriziert und klassifiziert. Eine Einsicht in die lebendige Wirklichkeit des Denkens könnte nur die Psychologie gewähren, die Denklehre oder meinetwegen Logik als ein Teil der Psychologie. Aber weil

Psychologie nicht Physik ist, weil die Vorgänge bei den Denkoperationen sich nicht zählen und nicht messen lassen, weil die Quantifikation des Subjekts und des Prädikats nur in seltenen Fällen ein wirkliches Zählen ist, darum wird auch die Psychologie niemals zu einer mathematischen Physik, niemals zu einer Algebra des Denkens gelangen.

Quietiv. — Schopenhauer hat die Verneinung des Willens gelehrt; nach ihm soll zunächst die Kunst, sodann in weit höherem Maße die Erkenntnis zu einem Quietiv, zu einem Beruhigungsmittel des Willens werden. Aber Kunstgenuß und Erkenntnisdrang sind nur andere, allgemein höher bewertete Äußerungen des Lebens oder des Willens. Durch Kunstgenuß und Erkenntnisdrang werden die gemeinen Richtungen des Willens aus der Vorstellung gedrängt, wird der gemeine Lebensdurst mit seiner Lust und mit seinem Jammer nur für einige Zeit beruhigt, um wieder hervorzubrechen, wenn die Seele die Arbeit des Kunstgenusses oder der Erkenntnis nicht mehr erträgt. Es gibt eine Ruhe *(quies)* oder ein Ausruhen des Willens oder des Lebensdrangs, ein Quietiv gibt es nicht; am wenigsten suche man das Quietiv in einer Lehre, die von außen zu lernen wäre.

Einen verhältnismäßig bessern Sinn gibt das Wort *Quietismus*, weil es nur die Sehnsucht nach Ruhe ausspricht, etwa noch den Fanatismus für diese *quies*, nicht aber ein Mittel, eigentlich eine Medizin, für die Erfüllung dieser Sehnsucht verheißt. Übrigens ist *Quietiv* gar noch nur ein witzig, aber schlecht gebildeter Ausdruck, nach dem Modellworte *Motiv*; dieses bezeichnet die psychologische Ursache einer Bewegung, eines *motus* (lat. *motivus* = *κινητικος* = *beweglich*); eine solche psychologische Ursache der Ruhe, der *quies*, gibt es nicht, man wollte sie denn in dem allgemeinen Gesetze der Trägheit suchen; und für die *Beruhigung* hatten die Spätlateiner das besser gebildete Wort *quietatio*.

R.

Rationalismus. — In meiner Darstellung des Nominalismus (II. S. 160) suchte ich zu zeigen, daß die Dogmen der christlichen Kirche im Mittelalter aus der Vernunft bewiesen werden sollten, daß dann zwischen beweisbaren und unbeweisbaren Dogmen unterschieden wurde und daß endlich die Religion dem Forum der Vernunft entzogen wurde. Nun gab es etwa Anfang des 17. Jahrhunderts denkende Menschen, besonders in England, die doch wieder Vernunft und Religion zu kuppeln wagten und so die Chimäre einer Vernunftreligion konstruierten, den Deismus. Diese Leute erhielten von den richtigen Theologen mit nicht unberechtigtem Spotte den Beinamen *Rationalisten.* In theologischen Streitigkeiten hat das Wort *Rationalismus* heute noch einen ähnlichen Sinn, wenn man auch heute dabei mehr an eine nüchterne Auslegung der biblischen Wundergeschichten, an eine Art von Euhemerismus denkt.

In der Philosophie steht der *Rationalismus* nicht den unvorstellbaren Dogmen und den unglaublichen und darum eben glaubensgemäßen Wundern gegenüber, sondern dem Empirismus und Sensualismus. Es gibt nach dieser Lehre Vernunfterkenntnisse, die je nach der Sprache des letzten Führers *angeboren* oder *apriorisch* heißen und die zuverlässiger sein sollen als die sinnlichen Erkenntnisse. Weil aber diese rationalistischen Philosophen in ihrer Vergottung der Vernunft zugleich den Kirchendogmen kritisch gegenüberstehen, sind sie auch Rationalisten im ursprünglichen Sinne, sind Deisten, Aufklärer. Dieser Rationalismus ist so alt wie die Philosophie und tritt nur in immer neuen Verkleidungen auf. Einen seiner Höhepunkte hat er in Hegel erreicht, der ja die Welt unabhängig von aller Erfahrung aus der Selbstbewegung der Begriffe erkennen wollte.

Die Stimmung unserer Gegenwart ist nicht mehr rationalistisch, eigentlich auch nicht mehr aufklärerisch; Dichter und Forscher, welche einen Hamann, einen Jacobi höchstens dem Namen nach kennen, haben gelernt, daß die letzte Welterkenntnis auch aus der Vernunft nicht zu holen sei; Dichter und Forscher fangen zu fühlen an, daß es in den Werturteilen des Handelns und in den Gesetzen der Naturwissenschaft Konstanten gibt, denen gegenüber die Vernunft oder das Denken ebenso versagt, wie im Fortgange der nominalistischen Bewegung die Vernunft gegenüber den religiösen Dogmen ihre Mitarbeit weigerte.

Ich glaube nicht zu irren, wenn ich diese antirationalistische Stimmung der Gegenwart in Verbindung bringe mit den sprachkritischen Ideen, welche schon im ganzen letzten Viertel des 19. Jahrhunderts in der Luft lagen. Wenn irgendwo meine Gleichsetzung von Denken und Sprechen berechtigt war, so war sie es da, wo der Rationalismus das *begriffliche* Denken als ein souveränes Werkzeug sowohl dem Kirchenglauben als der sinnlichen Erfahrung gegenüberstellt. Die Kritik der Sprache, wie ich sie verstanden wissen möchte, ist darum eine Kritik des Rationalismus, eine Kritik des Aberglaubens an den absoluten Wert des diskursiven Denkens, der *ratiocinatio*; darum ist die Kritik der Sprache auch eine Kritik des Glaubens an angeborene oder apriorische Ideen, darum knüpft sie gern an die Philosophen an, welche die angeborenen Ideen geleugnet haben; darum aber auch, und weil die Kritik der Sprache, und sie zuerst, sogar die Begrifflichkeit des Sensualismus oder der adjektivischen Welt erkannt hat, darum steht sie noch freier und stärker als der Rationalismus gegen den Sensualismus und gegen dessen Dogmatiker: die Materialisten.

Raum.

I.

Der Satz, die Zeit sei die vierte Dimension der Wirklichkeit (außer den drei Dimensionen des Raums), leidet an einer sprachlichen Liederlichkeit. Man hat eine Lehnübersetzung von Dimension nicht beliebt, weil sie schwierig gewesen wäre. *Richtung* wäre falsch, weil der Raum unendlich viele Richtungen hat und nicht bloß drei. *Ausmessungen* oder *Maße* wäre nicht ganz richtig, weil es sich nicht um Ausmessungen usw. des Raumes handelt, sondern um Ausmessungen am Raume. Es wäre vielleicht gut, trotzdem das Wort schon ein Terminus ist, für Dimension Determinante oder Bestimmung zu sagen und dann meinen Satz so auszudrücken: Die Zeit ist die vierte *Determinante* der Wirklichkeit.

Die alte Frage, ob Zeit und Raum selbst Wirklichkeiten seien wie in der Sprache der Poesie oder, ob sie (nach Kant) apriorische d. h. angeborene Formen der Anschauung seien, kann durch den Satz, die Zeit sei die vierte Determinante der Wirklichkeit, durchaus nicht entschieden werden; denn Zahlen und Kräfte, Menschen und Ideen können Determinanten sein. So könnten Zeit und Raum als Determinanten alles dieses sein. Auch ein strenger Beweis dafür, ob Zeit und Raum Substanzen seien oder nicht, würde nicht helfen; denn wir wissen von den Substanzen mit Sicherheit nur das Eine, daß sie substantivisch, in unsern Sprachen also Substantive sind. Ich weiß nicht, ob über diese Berührung von Metaphysik und Grammatik schon gebührlich laut gelacht worden ist.

Wir haben gelernt, d. h. die Sprachkritik behauptet, daß Grammatik und Logik jede Erkenntnismöglichkeit auf den Kopf gestellt haben, als sie die Dinge, die hypothetischen, zu Hauptsachen machten, zu Hypostasen, zu Substantiven, und die einzigen psychologischen Wirklichkeiten, die Eigenschaften oder Empfindungen zu Nebensachen machten, zu Beigaben, Epitheten oder Adjektiven. Das einzige Positive in unserer Welterkenntnis ist die Eigenschaft, die Empfindung; die Grammatik aber nannte schon vor nahezu zweitausend Jahren das Substantiv ein Positivum.

Dieses Aufdenkopfstellen der Gelehrtensprache wäre aber nicht der Rede wert, wenn nicht der urälteste Instinkt des gemeinen Mannes und der Gemeinsprache genau ebenso hypothetisch und doch unausweichlich die angenommenen Ursachen aller Eigenschaften zur einzigen Wirklichkeit machte, zum Ding; der naive Realismus des gemeinen Mannes, vielleicht der verstiegenste Idealismus, hält die handgreiflichen oder augensichtbaren oder ohrhörbaren Empfindungen für unwirkliche Vorstellungen und ihre instinktiv erschlossenen gemeinsamen Ursachen hält er für palpable Wirklichkeiten. Die ganze Geschichte der Philosophie ist ein Kampf zwischen diesem Mencheninstinkt und einer unmenschlichen Erkenntnistheorie, die auf Lebensgefahr instinktlos sein möchte.

Solche Gedanken leiten dazu, Raum

und Zeit ein wenig besser als bisher dort unterzubringen, wo sie einmal sprachlich zu Hause sind: unter den substantivischen Begriffen. Raum und Zeit gehören nicht zu den konkreten Begriffen, den hahnebüchenen, weil Raum für sich und Zeit für sich nicht gemeinsame Ursache verschiedener Empfindungen sein kann, die dann auf ein Ding hinweisen (Raum und Zeit zusammen könnten als so eine Ursache aufgefaßt werden, deren Wirkung die Welt wäre); Raum und Zeit gehören aber gewiß auch nicht zu den Scheinbegriffen, wie z. B. Hexe, Gespenst, weil Raum und Zeit mindestens *Bedingungen* von Wirklichkeiten, von allen Wirklichkeiten sind; Raum und Zeit gehören aber auch nicht zu den unverschämten abstrakten Substantiven auf heit, keit, schaft usw., die ihrem Wesen nach eigentlich nachgemachte Eigenschaften sind, innere Empfindungen besten Falls, keine richtigen Empfindungen, und die darum mit erstaunlich sprachkritischer Selbsterkenntnis, weil sie keine rechten Adjektive sind, sich zu falschen Substantiven verkleidet haben.

So gehören Raum und Zeit wohl sprachlich zu den Substantiven, stehen aber abseits von den Gruppen der Gemeinsprache. Niemand ist auf den Einfall gekommen, etwa die *Wärme*, die doch auch eine Ursache ist, eine bloße Form der Anschauung zu nennen; denn die Wärme ist dem gemeinen Mann handgreiflich und erschien darum der alten Physik als ein Stoff, als ein Fluidum. Niemand nannte die Elektrizität eine bloße Form der Anschauung. Aber auch Stoffe nennt man Wärme und Elektrizität jetzt nicht mehr. Sollte die Wissenschaft oder die Sprache einmal dahin gelangen, das Fluidum, den Fluxus oder den Strom der Zeit als Ursache zu begreifen, dann wäre die Einreihung der Zeit unter die Kräfte möglich, und recht fein müßte schon der sein, der dann lachend fragen würde, ob denn die Kräfte zu den Ursachen oder zu den Wirkungen, zu den Dingen oder zu den Eigenschaften gehören.

Der Raum schließt sich der Zeit gern wie ein unentrinnbarer Schatten an; er würde auch die Verdinglichung der Zeit gern mitmachen. Es wird aber schwer halten, wenn wir uns nicht entschließen, das Verhältnis zwischen *Ursache* und *Bedingung* endlich zu verstehen. (Vgl. Art. *Ursache.*)

Der Widerspruch, zu welchem die Vorstellungen des naiven Realismus und die des transzendentalen Idealismus in ihrer Lehre vom Raume sich verwirren, läßt sich kaum stärker formulieren als durch die Gegenüberstellung der beiden Bilder: daß der Raum das Wesentlichste an dem Stoffe sei (die Körper sind Ausdehnung) oder gar der *Stoff* selbst; und: daß der Raum nur eine *Form* der Anschauung sei. Wir werden noch erfahren und haben es oft genug angenommen, daß der Ursachbegriff der mythologischen Welt angehöre, daß also weder Zeit noch Raum *Ursachen* einer unserer drei Welten genannt werden können. Wohl aber treten wir der idealistischen Lehre soweit entgegen, als wir in Raum und Zeit die allgegenwärtigen Grundbedingungen der adjektivischen Welt erblicken, der einzig wirklichen Welt des Sensualismus; so wie wir aber von einer dieser beiden eigentlich untrennbaren Bedingungen abstrahieren, wird der Raum zur Bedingung der substantivischen Welt oder der Welt des Seins, wird die Zeit zur Bedingung der verbalen Welt oder der Welt des Werdens. Wir können uns das Sein ohne den Raum nicht vorstellen; aber wir müssen dann die Zeit hinwegdenken. So verwandelt sich uns die alte metaphysische Frage nach der Realität des Raums zu einer erkenntnistheoretischen, ja zu einer sprachkritischen Frage. Wir können mit Anspannung unserer Phantasie in der Durchflechtung von Schuß und Kette, in einem Gewebe also, ein Bild der Verbindung von Raum und Zeit sehen; aber in der Wirklichkeit können wir Schuß und Kette auch getrennt wahrnehmen, Raum und Zeit können wir *nicht* aus dem Gewebe der Natur bloßlegen; immer können wir nur entweder vom Raume oder von der Zeit gewaltsam abstrahieren und so von der Zeit allein oder vom Raume allein reden.

II.

Die Frage, ob der Raum, der uns nach unserer Vorstellung als etwas Wohlbekanntes umgibt, wirklich drei Dimensionen habe, läßt sich mit Worten gar nicht beantworten. Denn *wirklich* heißt hier nur der Gegensatz zu unserem Vorstellen, zum Denken, also zur Sprache. So viel aber ist gewiß, daß die Dreiheit der Dimensionen entsprechend der Dreiheit der Ordinaten nicht der natürlichen Orientierung entspricht. Die fliegende Mücke findet Raum in jeder Dimension und der zum Kristall zusammenschießende Körper scheint mir je nach seiner Form eine Mehrzahl von Dimensionen zu nutzen. Die drei Dimensionen oder Ordinaten dürften also doch dem Raume selbst nicht zugehören, sondern nur der Sprache, dem Diskurs, dem diskursiven Denken, das gelernt hat mit diesem Minimum von Richtungen zur Ortsbestimmung im Raume auszukommen.

Dieses Ordinatensystem des Raums, das sich für jedermann in seinem eigenen Kopfe kreuzt (und *nicht* in einem mathematischen Punkt), ist ebenso subjektiv, wie es beweglich ist. Die senkrechte Ordinate tragen wir, wenn wir den Standort wechseln, überall mit uns herum. Die beiden andern Ordinaten drehen sich bis zu ihren unendlich weiten Enden, wenn wir den Kopf wenden oder neigen.

So ist jeder menschliche Kopf an das Koordinatenkreuz des Raums geschlagen. Und wie der Schein eines Ichbewußtseins nur erhalten wird durch die Kontinuität des Gedächtnisses, so bleibt dem Menschen eine persönliche Raumvorstellung nur durch die Kontinuität seiner Ortsbewegungen.

Also ist das Individuum nicht nur Träger, sondern unaufhörlich auch Neuschöpfer seines Raums. Und dadurch unterscheidet sich vom Raum die vierte Richtung oder Dimension: die Zeit. Der Raum des individuellen Ich hält nur still, wenn der Kopf dieses Individuums stille hält, und mit ihm die sich kreuzenden Koordinaten. Für die Zeit aber muß das Ich immer still halten. Ewig kommt die Zukunft an das Ich heran (der Moment der Begegnung heißt die Gegenwart), um durch den dunklen Moment hindurchzugehen und sich sofort in Vergangenheit zu verwandeln. Dann kommt eine Zeit, und es gibt kein Ich mehr (unser Ich nicht mehr) und die Zeit stößt sich nicht mehr an das Ich, sie fließt nicht mehr aus der Zukunft in die Vergangenheit, sie steht still oder sie nimmt — wenn sie fließt — die Leiche des Ich in ihrer Strömung mit.

Ich will hier endlich die Bemerkung machen, daß auch solche Schriftsteller, welche die logische Ordnung höher schätzen als ich, immer wieder auf die *Zeit* hinweisen müssen, wenn sie vom *Raume* allein reden wollten. Die beiden Begriffe oder Wörter lassen sich freilich trennen; als Bedingungen der Erfahrungswelt sind sie aber untrennbar. Es gibt nichts, was nicht zugleich *im* Raume und *in* der Zeit zu unserer Kenntnis käme. Wollten wir übrigens diese Partikel *in* genau analysieren, so würde sich eine neue Hilflosigkeit der Sprache herausstellen, vielleicht gar ein Wink dafür finden, daß das metaphysische Problem des Raums (in unserer Sprache: die sprachkritische Frage nach der Realität des Raums) gar nicht zu lösen sei; denn wenn es auf den ersten scharfen Blick so scheint, als ob *im Raume* eine sinnliche Vorstellung gebe, *in der Zeit* aber nur ein kühnes Bild nach dieser Vorstellung, so belehrt uns ein noch schärferes Hinsehen darüber, daß *in* auch in Beziehung auf den Raum kein sinnliches Bild liefert; man kann den Standpunkt wechseln und ebensogut sagen: ein Körper sei im Raume, wie: der Raum sei im Körper.

Da ich so das Recht in Anspruch genommen habe, hier gleich von der Zeit zu reden, will ich jetzt einen Gedanken vorwegnehmen, der erst bei der Analyse des Zeitbegriffs ganz deutlich werden kann. Wir können die *Zeit* bildlich viel besser eine Kraft nennen als den *Raum*, weil der Raum niemals verbraucht wird, wohl aber die Zeit. Der Raum, sowohl der unendliche als der endliche Raum, bleibt nach seiner Benützung ganz wie vorher; nur in einem gegebenen Zeitmoment ist ein bestimmter Raum nicht zweimal zu besetzen, was man die Undurchdringlichkeit der Körper nennt; die Zeit aber wird verbraucht. Daß sie auch ohne Benützung vergeht, das hat sie mit manchen Kräften gemein; auch die Wärme zerstreut sich, wenn sie nicht in Arbeit verwandelt wird. Fast wie das Weberschiffchen auf dem Webstuhl hin und her durch die Kette fährt, auch dann, wenn kein Garn mehr in dem Schiffchen ist.

III.

Raum ist ein Begriff wie ein anderer, und so wird er wohl wie ein anderes Wort auf Nervenangaben zurückzuführen sein. Es wird auch seit längerer Zeit von der Wissenschaft gelehrt, daß unsere Sinneswahrnehmungen wie mit Gefühlszeichen, so auch mit Lokalzeichen versehen sind.

Wenn wir irgendwo Kühle empfinden, so haben wir dabei erstens die Nebenempfindung des Angenehmen oder Unangenehmen, zweitens die Nebenempfindung, an welcher Körperstelle es kühl geworden ist.

Die Gefühlszeichen gehen den Willen an und verknüpfen sich als Wertgefühle im endlosen Gange der Entwicklung zu den Begriffen von Ethik und Ästhetik.

Unsere Sinneswahrnehmungen sind aber auch mit Lokalzeichen verbunden; wir empfinden jedesmal mit größerer oder geringerer Genauigkeit, an welcher Stelle unseres Körpers die Nachricht von der Außenwelt in uns gedrungen ist.

Wir empfinden es also als eine Eigenschaft aller unserer Wahrnehmungen, daß wir sie an eine bestimmte Stelle unseres Körpers (mitunter in den ganzen Körper oder auch auf die ganze Oberfläche des Körpers) verlegen und daß wir auch den Erreger der Wahrnehmung in einer bestimmten Richtung der Außenwelt suchen. Auch hier fehlen die so beliebten Krankenbeobachtungen nicht. Der Mensch mit einem Stelzfuß kann bekanntlich einen Schmerz in die Fußspitze seines vor Jahren abgeschnittenen Beines verlegen. Für gewöhnlich aber beschreibt ein Kranker den Ort seines Schmerzes richtig, auch wenn er von der Lage seiner inneren Organe keine Ahnung hat. Der Arzt erfährt auch von ungebildeten Kranken, wo es ihnen wehe tue — und besonders Rückenmarksleidende sollen gewissermaßen a priori anatomische Kenntnisse besitzen. Man hat daraus schließen wollen, daß diese Lokalzeichen nicht durch Übung erworben, daß sie angeboren seien. Dagegen erinnere ich an den Stelzfuß, an die Unsicherheit vieler solcher Schmerzbeschreibungen und nehme an, daß die eingeübte Lokalkenntnis unseres Leibes groß genug sei, um es aus ihr zu erklären, wenn von Kranken bisher unbekannte Nachbarstellen annähernd richtig angedeutet werden. Jedenfalls verlegen wir bewußt unsere Empfindungen an bestimmte Orte und glauben sie von bestimmten Richtungen her zu empfangen.

Nehme ich an, ich wisse von jeder Empfindung zugleich ihren Ort, so *muß* ich auch annehmen, daß der Ort oder Raum ebenso wirklich sei wie die Empfindung.

Nebenbei *muß* ich auch glauben, daß unsere Nerven bei solchem Denken unbewußt mit tätig sind; und da Denken für mich Sprache oder Bewußtsein ist, so gerate ich für einen Augenblick in das sprachlich Unfaßbare. Ich komme gleich darauf zurück.

Die Örter unserer Empfindung, der Raum also und zunächst unser eigener Körper im Raum, ist demnach nicht mehr, aber auch nicht weniger wirklich, als das übrige Empfinden, der Raum ist nicht weniger wirklich als eine Farbe oder ein Klang. Und ich möchte behaupten, daß wir für die relative Realität des Raumes fast bessere Beweise haben, als für die von Farben und Klängen. Über diese stimmen die Menschen nicht nachweisbar überein, falsche Raumvorstellungen aber sind als Sinnestäuschungen mit Sicherheit nachzuweisen; und wenn die Menschen ohne Täuschung etwas sehen, so führen — z. B. beim Anblick eines Punktes — alle ihre Sehrichtungen ganz geometrisch zu ihm hin und kreuzen sich da, so daß dieser Punkt als einziger Erreger der verschiedenen Lokalzeichen gewiß angenommen werden kann.

Was ist nun dieser Raum? Ein Zeichen für Empfindungen, für Nebenempfindungen, haben wir gesagt. Was ist die Sprache? Zeichen für Empfindungen. Der Raum ist also Sprache, stumme Sprache, wobei besonders bemerkt werden muß, daß auch das andere Denken oder Sprechen auf Erinnerung von Sprechmuskel*bewegungen*, also wieder auf Raum, zurückgeht.

Diese Raumsprache ist ursprünglich, individuell; jedes Tier hat sie ausreichend; diese Raumsprache ist *nicht etwas zwischen den Individuen.* Wollen sie sich über den Raum verständigen, müssen sie ihn messen, bezeichnen, Worte für ihn bilden. Die Sprache der Geometrie ist also eine Sprache in zweiter Potenz und darum für viele zu schwer.

Und ich möchte fragen, ob ein Unterschied zwischen Tieren und Menschen nicht gerade darin zu suchen sein könnte, daß die Menschen die Wortsprache übermäßig ausgebildet haben, daß die Tiere dafür eine unendlich feinere Raumsprache (erster Potenz, ohne Wort) besitzen, daß aber den Tieren die vierte Dimension, die Zeit, nur dämmernd aufgegangen ist. Mein Hund weiß sicher Vergangenes und Künftiges (Prügel und Fraß), aber er differenziert die Erinnerung nicht frei; man sagt: er habe ein dämmerndes Bewußtsein.

Denken oder Sprechen ist *Vorstellen ohne Lokalzeichen.* Der Traum wieder wird gerade dadurch zur Wirklichkeitstäuschung, weil wir im Traume nicht auf das Vorhandensein von Lokalzeichen achten.

Unser Ergebnis ist also: daß Raum ebenso relativ wirklich sei wie Farbe oder Klang, daß er beim Tiere und beim ungeometrischen Menschen eine Sprache für sich besitze, die der Lokalzeichen, daß das Fabeln vom Angeborensein dieser Kategorien endlich aufhören müsse. Cheselden berichtet über einen operierten Blindgeborenen (Helmholtz: Phys. Opt. 587), der urteilte, alles, was er sehe, berühre seine Augen. Er hatte den Raum außerhalb seines Körpers noch nicht gelernt, noch nicht eingeübt.

In dieser Darlegung ist natürlich *Realität* als ein relativer Begriff zu verstehen. Die Menschen allein haben sich für den Raum, in dem sie sich bewegen oder der in ihnen ruht, eine besondere Sprache der Geometrie erfunden, und diese Sprache scheint ihnen die untrüglichste und die realste unter allen Sprachen zu sein. Aber diese Sprache der Geometrie ist nur untrüglich, solange sie sich auf räumliche Zeichen der Raumverhältnisse beschränkt; will sie etwas über den Raum selbst aussagen, so wird sie zu Gemeinsprache und weiß nicht, was der Raum sei; wir haben eine Psychologie und können die Psyche nicht definieren, wir haben eine Geometrie oder Raumlehre und wissen vom Raume nichts zu sagen, als daß er eine relative Realität sei. Eine Möglichkeit des Nebeneinanderseins hat Lotze (Mikrok. III 494) den Raum genannt, aber sofort die Tautologie erkannt: es ist ja ein Zugleichsein (in der Zeit) mitverstanden und der Raum wird im Nebeneinander vorausgesetzt.

Auch die Frage nach der Gültigkeit der Axiome des Raums läßt an der Untrüglichkeit der geometrischen Sprache zweifeln; die nichteuklidische Geometrie lehrt nicht mehr, daß eine Gerade der nächste Weg zwischen zwei Raumpunkten sei.

IV.

Gibt es einen Raumsinn oder ein *Raumorgan*, wie es im Auge ein Lichtorgan, im Ohre ein Tonorgan gibt, dann wird die Analogie nicht abzuweisen sein, daß es erstens ein auf Raumerscheinungen besonders eingestelltes oder einstellbares Zentrum gibt, eben das Organ, und daß es zweitens Wirkungen des Raums oder der Raumerscheinungen oder der Raumverhältnisse auf dieses Organ gibt. Einwirkungen können aber von etwas bloß Gedachtem nicht ausgehen, wenigstens nicht unmittelbar. Der Raum müßte also etwas Wirkliches sein, wenn wir ein Raumorgan besäßen, ja damit sich ein Raumorgan bilden konnte. Versteht man unter *Sinn* nicht ein besonderes *Organ*, versteht man unter Raumsinn z. B. eine Nebenfunktion des Gesichtssinnes, dann könnte ein Raumsinn recht gut ohne wirklichen Raum angenommen werden. Wie das Sehorgan in einer Nebenfunktion den Farbensinn entwickelt hat. Nur daß freilich auch die Farben, die sekundären Eigenschaften, immer noch einer weit höhern Wirklichkeitsordnung angehören könnten als der Raum.

Ähnliches wäre von einem *Zeitorgane* zu sagen. Ein bloßer Zeitsinn als Nebenfunktion z. B. des Gehörs oder aller Sinnesorgane mag eine wirkliche Zeit nicht zur Voraussetzung haben. Gäbe es aber irgendwo ein Zeitorgan, so wäre die Vorstellung nicht abzuweisen, daß nur eine reale Zeit in diesem Organ Veränderungen weiter geben könnte.

Um der Vorstellbarkeit willen denke man nur wieder an die Wärme. Durch Jahrtausende hielt man die Wärme für ein materielles Ding, für ein Fluidum, wunderte sich gar nicht darüber, daß wir Wärme empfinden, und kannte kein besonderes Wärmeorgan. Gegenwärtig hat die Wärme ihre brutale Realität verloren, besitzt nur noch, wie die Farbe, eine relative Realität, Erscheinungsrealität, gegenüber ihrem Ding an sich, das eine Bewegung ist. Aber zugleich wird unablässig nach dem genauern Organ dieser Erscheinung geforscht. Niemand zweifelt daran, daß die Bewegungserscheinung Wärme auf ein für sie besonders eingestelltes Organ müsse wirken können.

Für die Frage, ob der Raum der Wirklichkeitswelt angehöre oder nur unserem Denken, wird es vielleicht entscheidend sein, die einfachere Frage zu beantworten, ob wir den Richtungsunterschied von rechts und links erst in die Natur hineintragen oder ob er in ihr vor uns, vor unserem Denken und Sprechen, schon vorhanden ist. Nun ist es ganz selbstverständlich, daß die Worte rechts und links von Menschen herrühren, ja sogar, daß ein gewisser Wertunterschied in diesen Ausdrücken bildlich von der Natur oder der Übung der menschlichen Hände hergenommen ist. Es ist unbedingt menschlich, gedanklich und in diesem Sinne unwirklich, wenn wir an den symmetrisch gebauten Organismen eine rechte und eine linke Seite unterscheiden, wenn wir die Schlingpflanzen in rechtsdrehende und linksdrehende trennen. Was aber denn doch vor unserem Denken und vor unserem Sprechen in der Wirklichkeitswelt vorhanden zu sein scheint und was keine Psychologie ihr nehmen kann, das ist die *Polarität* selbst der beiden Richtungen. Die plastische Natur weiß nichts von rechts und links, aber sie ordnet die Glieder in zwei wirklichen Richtungen des Raums, wie sie sie in der lebendigen Kristallbildung im Raume (wir sagen: nach drei Dimensionen, also in sechs Richtungen) wirklich gruppiert.

Es scheint mir darum, daß die Frage nach der Realität oder Idealität des Raums falsch gestellt worden ist. Auch der Raum wie so vieles andere, ist nur ein mythologischer Begriff, in welchem wir die Erscheinung zusammenfassen, daß wirkliche Bewegungen nach Richtungen erfolgen. Wir sollten fragen, ob es in der Wirklichkeit Richtungen gibt oder nicht.

Wenn aber *Richtung* ein viel schwierigerer Begriff ist als man bis vor kurzem glaubte, wenn wir mit Goldscheid in der Richtung von Veränderungen einen gemeinsamen Oberbegriff für Kausalität und Zweck erblicken dürfen (vergl. Art. *Richtung*), dann ist vielleicht der Gedanke nicht abzuweisen: die Richtungen im Raume werden erst von uns Menschen in den Raum hineingetragen und haben mit der relativen Realität des Raums nichts zu schaffen. Hängen aber die Bewegungen im Raume immer mit Richtungen zusammen, so werden mit dem Richtungsbegriff auch der Bewegungsbegriff und der Realitätsbegriff (des Raums) zu psychologischen Problemen, zu viel ernstern psychologischen Problemen als die Frage nach der Entstehung der Raumvorstellung eine war.

Mit der Bewegung fällt dann jedes dieser Probleme der verbalen Welt zu, der Welt der Zeit, und für die substantivische Welt, die wir noch besser als bisher in der Welt des Seins oder des Raums wiedererkennen werden, bleibt vom Raume nicht viel mehr übrig als der Raumbegriff selbst, d. h. die Welt, insofern wir von der allgegenwärtigen Zeit abstrahieren.

V.

Daß unsere Vorstellungen vom Raum (und von der Zeit als seiner vierten Dimension) nur eine besondere Art Sprache seien, wird ganz seltsam beleuchtet durch eine geistreiche Bemerkung Strickers.

Dieser ruhige Forscher macht (Stud. üb. d. Bewußtsein S. 49) einen Unterschied zwischen *Ort* und *Raum*. Örter sind ihm die ausdehnungslosen Stellen, an die wir den Eintritt der Außenwelt in unser Bewußtsein verlegen. Nun deutet er darauf hin, daß wir uns gerade jene *Örter* ohne Ausdehnung vorstellen, deren Kenntnis wir durch Organe erlangen, die mit der Umgebung unverschiebbar verbunden sind. Es ist wirklich so, daß wir unsere *Seele* raumlos vorstellen und zugleich die Hirnrinde (wohin man jetzt den sogenannten Sitz der Seele verlegt) unbeweglich oder wenigstens ohne Muskelbewegung unter der Schädeldecke ruht; und daß wir den Tönen keinen Raum zuschreiben (obwohl eine Richtung), wie denn auch das eigentliche Gehörorgan tief im Felsenbein unbeweglich, d. h. wahrscheinlich ohne eigene Muskelbewegung liegt.

Dagegen halte man, daß unsere Vorstellung vom Raum teils auf unserm Tastgefühl, d. h. die Mitteilung unsrer vielbeweglichen Finger zurückgeht, teils auf unsern Gesichtssinn und zwar — wie jetzt wohl alle Fachgelehrten anerkennen — auf die Muskelbewegungen, durch die wir unsere Augen, ja selbst die Linse im Auge je nach den Eigenschaften des Raumes einstellen. Es ist begreiflich, daß wir aus solchen (immer räumlichen) Muskelbewegungen entweder auf den Raum schließen oder nach ihnen einen Raum vorstellen. Und auch die *Sprache*, als *Bewegungserinnerung*, ist im Grunde ein Gedächtnis an Vorgänge räumlicher Art.

Für die Bestimmung eines Ereignisses im Weltlauf ist Raum *und* Zeit zu beachten; beide „Formen der Anschauung" sind für die Bestimmung jedes Ereignisses notwendig. Man könnte das analytisch so ausdrücken, daß der Ort durch die drei Koordinaten sich bestimmen lasse, der Zeitpunkt durch eine vierte Koordinate oder auch durch ein zweites Koordinatensystem von einer einzigen Dimension, von einer einzigen Richtung. Wenn ein Ereignis häufig nur durch den Ort oder nur durch die Zeit bestimmt wird, so kommt das daher, daß man in allen solchen Fällen die Zeit, beziehungsweise den Raum, als bekannt voraussetzt oder für gleichgültig hält. Die Verhältnisse von Raum und von Zeit ergänzen einander; und wirklich kann von einem von beiden allein nur schwer gesprochen werden. (Vgl. Art. *Zeit.*)

Um so merkwürdiger ist es, daß in manchen Sprachen (franz. *espace*, ital. *spazio*), besonders aber im Deutschen das Wort *Raum* geradezu den Begriff der Zeit aussprechen kann, wie wir denn auch die unschöne Koppelung *Zeitraum* gebildet haben. Diese sprachliche Kühnheit entwickelte sich wahrscheinlich über einen biblischen Sprachgebrauch, der *Raum machen*, *Raum geben*, Raum haben, lassen, im Sinne von *Statt*, *Gelegenheit* geben usw. zuließ; aber auch über die Bedeutung *Zwischenraum, intervallum*, hinweg mag die bildliche Anwendung dieses Begriffs auf die Zeit häufig geworden sein. Sehr auffallend ist dieser kecke Sprachgebrauch bei Goethe, der doch die Kantsche Lehre von Raum und Zeit gut genug kannte, um einmal („Vier Jahreszeiten" Nr. 23) übermütig mit ihr spielen zu können („Raum und Zeit, ich empfind' es, sind bloße Formen des Anschauns;

da das Eckchen mit Dir, Liebchen, unendlich mir scheint"), und dennoch, von andern Stellen ganz abzusehen, in der wunderbar schönen und fast steif feierlichen Dichtung „Legende" („Paria" II.; ist schon 1821 gedichtet) den Ausruf „noch ist Raum" ganz und gar im Sinne von „noch ist Zeit" wagte.

Die Möglichkeit, das Begriffspaar Raum und Zeit zu dem Worte *Zeitraum* koppeln, die entgegengesetzten Begriffe Zeit und Raum mit dichterischer Kühnheit sogar vertauschen zu können, erscheint weniger merkwürdig, wenn wir uns darauf besinnen, daß wir nicht wissen, was wir als den Oberbegriff von Raum und Zeit aufstellen sollen. Beide Begriffe gehören offenbar zusammen, sowohl für die Gemeinsprache des naiven Realismus wie für die letzte Verstiegenheit des Idealismus. Aber wir können beide nicht definieren, weil wir den Oberbegriff nicht kennen; es wäre denn, daß wir uns an den Begriff *Ordnung* halten und sagen wollten: wir ordnen die Welt der Erfahrung zunächst nach Raum und Zeit. Doch auch dann bliebe ein Widerspruch vorhanden, weil wir eben nur sprachlich, menschlich, bald von der einen Ordnung, bald von der andern abstrahieren können, die adjektivische Welt der Erfahrung aber nichts darbietet, was nicht zugleich in der Zeit und im Raume erschiene.

Daß wir bei der Lehre, Zeit und Raum seien Formen der Anschauung, nicht stehen bleiben können, das ist schon gesagt worden; der Raum ist so wenig bloße Form, daß er in alter und neuer Zeit oft mit dem Stoffe gleichgesetzt worden ist; und die Zeit kann keine bloße Form sein, weil sie in mancher Beziehung wie eine Kraft verbraucht wird.

Ich gelange also nicht über den bescheidenen Versuch einer Definition hinaus, über den vorsichtigen Gedanken: wie die Zeit eine Bedingung der verbalen Welt ist, der Welt des Werdens und des Wirkens, so ist der Raum die Bedingung der substantivischen Welt, der Welt des Seins. Und die Schwierigkeit, über diese Begriffe in der immer materialistischen Sprache zu reden, kommt daher, daß wir von der Raumbedingung vollständig absehen müssen (und es nicht können), wenn wir von der Zeit reden wollen, daß wir von der Zeitbedingung absehen müssen (und es nicht können), wenn wir vom Raume reden wollen. Wir haben aus der Erfahrungswelt den Raumbegriff und den Zeitbegriff sprachlich erschlossen; aber es ist uns nicht gelungen, die Realitäten Raum und Zeit getrennt zu verstehen. Für den naiven Sensualismus ist nur eine adjektivische Welt da; die Welt des Raums und die Welt der Zeit können wir nur ahnen.

Sobald wir aber erfahren werden, daß die substantivische Welt oder die Welt des Seins auch die der Mystik ist, werden wir uns der Schwierigkeiten des Raumbegriffs wieder erinnern dürfen. Wir können von einer Welt des Seins oder des Raums nur so lange reden, auch bildlich nur so lange, als wir die Zeit hinwegdenken; und auch die Welt der Mystik, die der substantivischen Welt angehört, versucht es immer, die Zeit hinwegzudenken, zeitlos zu sein.

Realismus. — Die Alten und die Scholastiker, wenn man von den griechischen Skeptikern und von den mittelalterlichen Nominalisten absieht, behandelten die Frage nach der *Realität* der Dinge — man achte auf die Tautologie — in einer Disziplin, welche nacheinander die Namen: *erste Philosophie*, *Metaphysik*, *Ontologie* bekam. Man flüchtete vor dem sich unmittelbar aufdrängenden naiven Realismus in die ideale Welt, in einen Ideal-Realismus hinein und war noch nicht imstande, zwischen Objektivität und Subjektivität, zwischen Wirklichkeit und Scheinbarkeit der Gedankendinge zu unterscheiden. Die Bezeichnung *Ontologie* für diese ganze Disziplin hat aber erst, wie schon einmal erwähnt, Clauberg erfunden, der nach Klarheit ringende Cartesianer, welcher endlich einmal deutlich Theologie und Welterkenntnis auseinander halten wollte und darum eine Wissenschaft vom Wesen, von der Dingheit, von der Wirklichkeit also, forderte. Wie es eine Wissenschaft der Theosophie oder Theologie gebe, so könne man die Wissenschaft vom Wesen im allgemeinen (circa ens in genere) nicht unpassend (non incommode) *ontosophia* oder *ontologia* nennen.

Das Wort steht durch Platons Ideenlehre (es geht ja auf den Terminus *ὄντως ὄντα* zurück) mit dem scholastischen *Realismus*, den ich zur Warnung immer *Wortrealismus* nenne, in Zusammenhang. Wolf hat dann diese Ontologie in ein sauberes System gebracht; Zeller hat („Geschichte der deutschen Philosophie" S. 183f.) dieses System kurz und gut dargestellt und auch auf den Grundfehler dieses Dogmatismus, den Ursprung der Vorstellungen nicht näher zu untersuchen, scharf hingewiesen. Für Freunde sauberer Terminologie ist es auch richtig, wenn Zeller diese Arbeit Wolfs „keine unfruchtbare Leistung" nennt. Erst Kant, der ebenso systematisch, aber denn doch soviel tiefsinniger war als Wolf, hat einen festen Strich zwischen Ontologie und Metaphysik gezogen, die Ontologie zum Vorhofe einer (künftigen) Metaphysik gemacht, die Ontologie in Transzendentalphilosophie, d. h. in Erkenntnistheorie umzuwandeln gesucht. Schopenhauer („Parerga" I. S. 88) hat das so ausgedrückt: „Die Kritik der reinen Vernunft hat die Ontologie in *Dianoiologie* verwandelt."

An einer andern Stelle („Parerga" II. S. 19) spricht Schopenhauer von dieser Wissenschaft als von dem, „was man früher Ontologie nannte". In Wahrheit ist die Ontologie ein veralteter Begriff, der alle sterilen Streitigkeiten um die Wirklichkeit der Ideen, um das Wesen oder die *ουσια*, um das Sein, kurz um das Unsagbare umfaßt. Nur daß die Ontologie niemals Mystik ist, immer Logik sein will. Höchstens Hegel brachte wie von ferne einen mystischen Zug in seine Ontologie hinein, trotzdem sie bei ihm (Encyclopædie [2] § 33) wieder ganz wortrealistisch ist.

Man täuscht sich aber, wenn man glaubt, diese Sterilität des Kampfes habe aufgehört. Ja, wir brauchen das Wort *Ontologie* beinahe wieder, wenn wir für den *Realismus* und für einen seiner vielen Gegensätze irgend einen Oberbegriff suchen. *Was* ist das, was ist? Was ist das Sein? So fragen wir immer noch wie vor dritthalb Jahrtausenden. Auch Kant hätte noch eine Ontologie im scholastischen Sinne nötig gehabt, da er zugleich das Sein und die Unerkennbarkeit der Dinge-an-sich behauptete; gerade vom Standpunkte der Phänomenalität aus müßte doch gefragt werden: dürfen wir noch ein Sein nennen, was für den Menschen in keiner Weise erkennbar ist?

Die neueste Fragestellung der Philosophie scheint zu dem Standpunkte des naiven Realismus zurückkehren zu wollen; aber es scheint nur so. Es ist ein bedeutender Unterschied zwischen diesem, welchem die Realität der Außenwelt ein Dogma ist, und den Lehren der philosophischen Physiker (Mach und Helmholtz, auf welche sich die Pragmatisten etwas kühn berufen), denen diese Realität nur eine Hypothese ist, eine brauchbare, fruchtbare, präzise, die einfachste Hypothese. „Die mit dem Charakter der Wahrnehmung auftretenden Bewußtseinsakte verlaufen so, *als ob* die von der realistischen Hypothese angenommene Welt der stofflichen Dinge wirklich bestände" (Helmholtz: „Vorträge und Reden" II. S. 243). Das bescheidene und sich bescheidende *als ob* hat Helmholtz wieder von Kant entlehnt.

Auch der Streit um den Realismus endet also mit einem Gleichnis; und würde noch besser mit der ersten und letzten Frage endigen: *was* ist *das?*

Recht.

I.

Die Macht des Wortes über die Begriffe des „heiligen", des „ewigen" Rechts will ich zunächst nur an zwei Beispielen erweisen; das eine ist dem Sachenrecht oder vielmehr dem Kampfe um das Eigentum entnommen, das andere dem Strafrecht; und die Rechtsphilosophen mögen weiter darüber streiten, ob das Sachenrecht oder ob das Strafrecht ewigere Wahrheiten verteidige.

Das Sachenrecht oder das dingliche Recht hat das Allerheiligste zu schützen: das *Eigentum*; ganz nebenbei mag die Frage gestellt werden, ob das Eigentum die Gesetze geschaffen habe oder ob es erst durch die Gesetze (oder Gewohnheitsrecht) eingeführt worden sei. Eigentum aber besteht nach dem gesunden Menschenverstand, nach dem naiven Realismus nur an Dingen, an Sachen. Was ein Ding sei, eine Sache, das weiß jedes Kind oder glaubt es zu wissen. Was man mit Händen greifen oder doch betasten kann, das ist eine Sache. Ein Landgut, ein Haus, ein Rind, ein Geldstück sind Sachen, darum war es, als die Zeit erfüllet war, eine Kleinigkeit, den römischen Rechtsbegriff des Eigentums auch auf den Apfel auszudehnen, den ein matter Wanderer im Herbste vom Baume pflückt, und auf die Erdbeere, die ein armes Bauernkind einsammelt. Wo doch der Preis des Körbchens Erdbeeren kaum die Arbeit des Sammelns bezahlt; und Preis soll doch ein Äquivalent für Arbeit sein.

Die Römer hatten schon eine Ahnung davon, daß Eigentum auch an Objekten erworben werden könnte, die nicht Dinge waren, die nicht betastet werden konnten. Die actio de luminibus non officiendis schützte das Eigentum, das Recht am Sonnenlicht. Ist Licht ein Ding? Noch Newton glaubte so.

Jetzt, wo man das Licht als eine Ätherbewegung erklärt, müßte man die Antwort ändern. Aber damit ist's nicht genug. Seitdem das Gaslicht eingeführt worden war, gab es Prozesse gegen Leute, die entweder Gas gestohlen oder die durch Manipulationen am Gasometer die verkaufende Gesellschaft um Gas betrogen hatten. Der Fall lag für den Juristen einfach, weil Gas ein Ding ist, wenn auch nur ein luftförmiges Ding. Nun aber haben wir auch ein Licht, das von Elektrizität erzeugt wird. Offenbar kann auch elektrisches Licht per nefas angeeignet werden. *Angeeignet?* Kann Elektrizität, elektrische Kraft *Eigentum* werden? Elektrizität ist ja eine Kraft, kein Ding, keine Sache? Und wenn Einer ein Recht hat, aus einem Flußlaufe Wasser zu entnehmen, das Ding Wasser, hat er auch das Recht, die Energie des aufgestapelten, höher gehobenen Wassers, zu benützen? Die Rechtswissenschaft ist darüber in Unordnung geraten, weil der Eigentumsbegriff naiv vom Dingbegriff ausging und nicht von den neuen Werten des Energiebegriffs.

Für meinen Gesichtspunkt liegt die Sache im eigentlichen Strafrecht ganz ähnlich, dort wo man nicht Eigentumsrechte, sondern ethische Grundsätze zu schützen ganz gutgläubig vorgibt. Die alten Strafrechte waren ja eigentlich auch Sachenrechte. War ein Mensch totgeschlagen worden oder war ihm ein Glied abgehauen worden, so wurde der Körper oder der Körperteil abgeschätzt und die Täter hatten Buße zu leisten, d. h. ein Äquivalent zu bezahlen. Oder das Äquivalent wurde auch im Tauschhandel gebüßt: Leiche um Leiche, Auge um Auge, Zahn um Zahn. Seitdem nun das Strafrecht als ein Ding für sich aufgestellt worden ist, kam die Strafe anstatt der Buße auf; aber nach wie vor kennt das Gesetz nur die beiden Delikte des Mordes und der Körperverletzung. Erst seit kurzem ist der Begriff der Erpressung in das Strafgesetz hineingekommen. Immer noch aber weigert sich die Rechtswissenschaft der Einsicht, daß die mit der Erpressung verbundene Drohung schwere Krankheit und Tod des Bedrohten herbeiführen kann, daß also die Bedrohung eine Waffe ist, ein geeignetes Werkzeug für Mord und Körperverletzung, in der Wirkung nicht schwerer nachzuweisen als manche Pflanzengifte. (Vgl. die Art. *Erpressung* und *Strafe*.)

II.

Die Rechtswissenschaft hat ein Interesse daran, zwischen dem *objektiven* Recht und dem *subjektiven* Recht auf ihre Art zu unterscheiden; das Recht hätte sonst keinen Zweck. Der Zweck des objektiven Rechts, d. h. der Gesetzbücher, ist angeblich der, das subjektive Recht zu schützen, d. h. dem Einzelnen zur Durchsetzung seines begründeten Anspruchs zu verhelfen. Seines durch die Gesetzbücher begründeten Anspruchs. Dieses subjektive und objektive Recht sind nicht einmal richtige Korrelatbegriffe. Es ist ein und dieselbe Vorstellung aus der substantivischen Welt, das einemal vom Standpunkte der sog. Allgemeinheit gesehen, das anderemal vom Standpunkte des Individuums. Beide Relationen der einen Vorstellung hat man, besonders zur Zeit des Naturrechts, unter einen andern substantivischen Begriff zu bringen gesucht, unter den des Willens. Das objektive Recht wurde zur volonté générale gestempelt; subjektives Recht war, was der Einzelne wollen durfte. Strenge Juristen wie Ihering lehnten diese Konstruktion ab, aber nur, weil sich dagegen einwenden ließ, daß neugeborene Kinder und Wahnsinnige Rechte haben, aber keinen Willen. (Was wieder falsch ist; denn Kinder haben einen Willen, der sich nur nicht auf Rechtsobjekte richten kann; und der sehr starke Wille von Wahnsinnigen wird nur rechtlich nicht anerkannt.) Im Grunde hat der Willensbegriff mit dem Rechtsbegriff gar nichts zu schaffen. Das objektive Recht wird von den Beamten, leider, fast immer ohne persönliche Anteilnahme angewendet, wirklich als ob die bürgerlichen Gesetze oder Normen so etwas wie Gesetze wären, wie Naturgesetze, die freilich wieder ihren Namen recht schlecht von den menschlichen Gesetzen übernommen haben; das subjektive Recht wird dagegen von dem Einzelnen nur dann verfolgt, wenn er will, wenn er ein Interesse zur Sache hat, aber auch sonst würde Recht Recht bleiben.

Diese schiefe Unterscheidung von Gesetz und gesetzlichem Anspruch ist von der Wissenschaft nun einmal angenommen, und ich werde kein Glück damit haben, wenn ich ganz anders zwischen subjektivem und objektivem Recht unterscheiden möchte. Die Jurisprudenz ist die Wissenschaft vom objektiven Rechte. Dieses objektive Recht gehört samt und sonders der substantivischen oder metaphysischen Welt an, wenn man darunter die allegorische *Justitia* verstehen will, die phantastische Göttin des Rechts, deren Ebenbild niemals auf Erden zu finden war, oder wenn man darunter auch nur einen obersten Begriff verstehen will, unter dem sämtliche rechtliche Einrichtungen eines Staates sich zu einem Systeme ordnen sollen. Das objektive Recht könnte auch der verbalen Welt der Wirkungen oder Wirklichkeiten zugerechnet werden, wenn man sich darauf beschränken wollte, alle die menschlichen Tätigkeiten objektives Recht zu nennen, wie: denken, gesetzgeben, klagen, streiten, richten, strafen, die den gemeinsamen *Zweck* haben, den Krieg aller gegen alle zu vermeiden und zwischen den menschlichen Egoismen einen erträglichen Ausgleich zu schaffen. Auch dieser Zweck wäre nach menschlicher Gewohnheit nicht ganz ohne ein *Ideal*. Der Einzelne, der einen Anspruch erhebt, und die mächtige Gesamtheit, die Gesetze macht, beide berufen sich gern auf die Gerechtigkeit ihrer Sache. Beide lügen sehr oft, wenn sie ihre Sache gerecht nennen, wenn sie sagen, daß sie im Rechte sind. Diese Lüge aber sogar setzt etwas voraus, was in der Welt vorhanden ist, in der adjektivischen Welt der menschlichen Empfindungen. Es gibt ein Gefühl, welches das erlebte Schicksal als *gerecht* oder *ungerecht* bewertet. Und dieses Gefühl allein möchte ich das *subjektive* Recht nennen.

Diese Zweiseitigkeit des Rechtsbegriffs findet sich schon in der Originalsprache unserer Jurisprudenz, im Lateinischen; nicht zwar in dem Worte *jus*, das nur die Bedeutungen des objektiven und des subjektiven Rechts der Satzung (*jussum*) und der Gerechtsame, im herkömmlichen Sinne hat; wohl aber in dem Worte *justitia*, das im Lateinischen noch nicht die allegorische Gottheit unserer Steinmetzen war, sondern ursprünglich das Gerechtigkeits- oder Billigkeitsgefühl bedeutete (selbst *justitia in hostem* schon bei Cicero), dann aber auch das objektive Recht als Inbegriff der Gesetze. *Justus* gar hatte alle Bedeutungen von der subjektivsten bis zur objektivsten, die wir durch vielerlei Worte auseinanderhalten: gerecht, billig, rechtschaffen, richtig, ordentlich, gehörig, hinlänglich, recht, förmlich, gesetzmäßig. Unsere deutschen Worte *recht, richtig* und *gerecht* werden uns noch beschäftigen.

Der Gegensatz zwischen dem subjektiven und dem objektiven Recht in meinem Sinne, zwischen dem Gerechtigkeits*gefühl* des Individuums und dem richterlichen Herrschaftsanspruch des Staates, also zwischen dem Rechtsbegriff der adjektivischen Welt und dem Rechtsbegriff der substantivischen Welt, ist nicht bloß ein logischer Gegensatz. Es handelt sich um einen unversöhnlichen Zwiespalt, der in einem untilgbaren Hasse der Nichtjuristen gegen die Juristen immer wieder zutage tritt. Und in einem gesteigerten Hasse so vieler Naturen gegen den ihnen durch die Verhältnisse aufgezwungenen Juristenberuf. Ich sehe das Wesentliche dieses Gegensatzes besonders deutlich an einem Punkte, der allein genügen würde, die Bezeichnung beider Welten durch das eine gemeinsame Wort zu einer Sinnlosigkeit zu machen. Ich denke da an den Aberglauben der Juristen, sie müßten jeden vorliegenden Fall *entscheiden*, sie müßten die juristische Frage unbedingt mit einem *ja* oder *nein* beantworten. Dieser Aberglaube herrscht freilich auch beim Recht suchenden Publikum. Das *Recht* hätte ja wieder keinen Zweck, wenn der Rechtsstreit zwischen Hinz und Kunz nicht durch den Rechtsprecher, den *judex* (von *jus dicere*) aus der Welt geschafft würde. Nun liegt die Tatfrage im Strafrecht oft so, daß ein ja oder nein anwendbar ist; auch im Zivilrecht dürfte der Fall in einfachen Verhältnissen häufig vorkommen. Aber je umfangreicher und spitzfindiger unsere Gesetzbücher werden, je feiner die Distinktionen der Juristen, um so zahlreicher werden die Fälle, in denen gerade die besten Juristen schwanken müssen, unter welchen Paragraphen ein Rechtshandel falle. Handelt es sich am Ende um die zeitliche Ausmessung einer Freiheitsstrafe, bei der das Gesetz einen weiten Spielraum läßt, so ist es doch eitel Flunkerei vom Richter, wenn er mit der zudiktierten Strafe von so und so viel Jahren und Monaten genau das getroffen haben will, was das Gerechtigkeitsgefühl verlangt. (Vergl. Art. *Strafe.*) Das subjektive Gerechtigkeitsgefühl ist psychologisch fein; die objektive Gerechtigkeit des Richters ist grob, auch wenn sie juristisch fein sein sollte. Das Gerechtigkeits*gefühl* des Individuums ist so frei, daß es auch in der Seele des Frommen und beim Frömmsten gelegentlich an der Gerechtigkeit Gottes zweifeln kann, gegen Gottes Ratschlüsse murren; der Rechtsspruch des letzten Amtsrichters verlangt unfreie Unterwerfung. Man muß es im Laiengericht mitgemacht haben, wie die Geschworenen, wenn sie überhaupt denken, das Für und Wider gegeneinander halten und nicht leicht zu einem entschiedenen ja oder nein kämen, hätte ihnen nicht der gelehrte Richter in seinem Resumé den Fall juristisch so präpariert, daß die juristische Suggestion zu einer raschen Entscheidung führt. Wahrhaftig, der gewissenhafte Käsehändler wägt das verlangte Viertelpfund genauer ab, als am Ende der Richter das von der Gerechtigkeit verlangte Strafmaß abwägen kann. Die Jurisprudenz und die Sehnsucht nach dem behaglichen Mittagessen drängen zu einer Entscheidung. „À la mort, et allons dîner" läßt Voltaire die Richter des Sokrates sagen.

Dieser Gegensatz zwischen dem wirklichen, adjektivischen Gefühl für Gerechtigkeit und der substantivischen Konstruktion des *Rechts* wiederholt sich immer, wo wir uns von dem Schein der substantivischen Welt befreien und die alleinige Wirklichkeit der adjektivischen Welt erkennen. Der Kranke fühlt sich krank, ganz genau so krank wie er sich fühlt; der gelehrte Arzt soll eine Arznei verschreiben und müßte in der Dosierung des Mittels schwanken; er hat aber Eile wie der Richter und der Geschworene, schwankt nicht und verschreibt sein Mittel gegen die *Krankheit* auf ein Gran genau von jeder Arznei. Du findest ein Bild, ein Buch, eine Symphonie schön, genau so schön wie du es empfindest; du kannst den Grad deiner Empfindung nur ebenso wenig in Worte fassen wie der Kranke sein Gefühl; aber der gelehrte Ästhetiker versteht sich auf die *Schönheit*, mißt die verschiedenen Schönheiten gegeneinander ab, und wenn er überdies ein Händler ist, wie es ja vorkommen mag, so bestimmt er genau den *Wert* dessen, was dir *wert* ist.

Diese Sucht der Ärzte, der Richter und der Kunstrichter, unter allen Umständen zu *entscheiden*, ein Ja oder Nein auszusprechen, unbekümmert um die feinen Wertunterschiede der adjektivischen Gefühlswelt, mag jetzt zusammengehalten werden mit dem, was ich (Kr. d. Spr. III. 375) über den Satz vom ausgeschlossenen Dritten und seine Torheit vorgetragen habe. Wir haben jetzt vielleicht und an einer Stelle, wo wir es kaum erwarten konnten, den letzten Grund für diesen Gipfel aller Tautologien gefunden.

Auch die berühmten logischen Denkgesetze gehören der substantivischen, der unwirklichen Welt an. Ich habe gezeigt, daß die Albernheiten „das Mittelalter ist nicht gelb" oder „die Elektrizität ist nicht vierfüßig" erst dann geantwortet werden, wenn jemand vorher so albern war zu fragen: ist das Mittelalter gelb oder nicht? Ist die Elektrizität vierfüßig oder nicht? Nicht viel anders scheint es mir um die Entscheidungssucht der verschiedenen Richter und Ärzte zu stehen. Es scheint ihnen standesgemäß, immer mit einem entschiedenen Ja oder Nein zu antworten, weil die Parteien so töricht fragen.

III.

Wir sind es gewöhnt, das Werturteil unseres Gerechtigkeitsgefühls und das richterliche Urteil mit dem gleichen Worte auszudrücken, oder doch mit einem ganz ähnlichen; *gerecht, recht, richtig* und *Recht.* Unter allen abendländischen Sprachen ist im Deutschen die Verwechslung des Gerechtigkeitsgefühls und der Gesetzesanwendung am weitesten gediehen; die slawischen Sprachen haben die deutschen Worte übersetzt: *pravi = richtig, gerecht,* auch die *Rechte.* Ich glaube nachweisen zu können, daß dieser Sprachgebrauch von der lateinischen Bibelübersetzung beeinflußt, auf das lat. *rectus,* in immer neuen Lehnübersetzungen, zurückgeht.

Der *zadik* des alten Testaments war ein sehr unklarer Begriff, der sich auf religiöse wie auf forensische Verhältnisse beziehen konnte. Der *zadik* konnte der *rechtliche* Mann sein oder auch der *fromme* Mann. Gott war *der Gerechte* par excellence. Selbst Beziehungen auf den Messias finden sich schon im *zadik.* Mit der Rechtsprechung hatte der Begriff nichts zu tun. Der Richter in Israel, eine Art Diktator, hieß *Schofet,* was die Septuaginta ganz wörtlich und gut mit κριτης zu übersetzen pflegt, selten mit δικαστης. Das neue Testament gab den Gerechten mit δικαιος wieder, sprach so von Gott wie von den Menschen, meinte damit einen sozialen oder religiösen Wert und kümmerte sich wenig um den profanen Sprachgebrauch der Griechen. Der unterschied sich wesentlich von dem unsrigen; eine ganze Menge Wortstämme sind nötig, um das auszudrücken, was wir unter *recht, richtig* und *gerecht* zusammenfassen. Was gesetzmäßig ist, heißt νομιμον; was rechtlich ist, δικαιος; was handgerecht, passend: ἁρμοζων; das subjektive Recht, der Rechtsanspruch: ἐξουσια; der entscheidende Prozeßrichter heißt δικαστης; wer sonst zu entscheiden hat: κριτης; die rechte Hand (im Gegensatz zur linken): δεξιος; aufrecht, wofür wir ja auch *recht* sagen, heißt ὀρθος; der rechte Winkel heißt ὀρθογωνια; gerade, in horizontaler Richtung, hieß ευθυς.

Dieses ὀρθος nun, das schon im

Griechischen metaphorisch verwendet wurde, machte Glück in der lateinischen Lehnübersetzung *rectus* (von *regere*, wie *ὀρθός* von *ὄρνυμι*; die Grundbedeutung: antreiben, lenken); alle unsere Verwendungen von *recht* finden sich schon bei *rectus*: gerade, senkrecht, aufrecht, recht, richtig, geradsinnig, geradeaus, rechtlich.

Weil der Übergang von *rectus* zu *ritto, diritto, droit* klar vorliegt, darum zweifelt kein Romanist daran, daß *droit* direkt von *directus* herkomme; die Germanisten aber, trotzdem die Gleichheit von *recht* und *rectus* in die Augen springt, sprechen von einer „Urverwandtschaft". Ein altpersisches *râsta* (gerade, recht) wird ins Treffen geführt. Während aber die germanischen Worte (got. *raihts*, altnord. *rêttr*, engl. *right* usw.) auf kein andres Wort zurückgeführt werden können, erscheint *rectus* eben als ein ganz regelrecht gebildetes Partizipium von *regere*.

Die romanischen Sprachen haben freilich nicht *rectus* selbst übernommen, sondern *jus* und *justus* (übrigens in *giudice, juge, giudizio* usw. erhalten) ist bei ihnen durch die Weiterbildung von *directus* verdrängt worden, das schon im Lateinischen gerade, schlicht, aber auch *schlicht* und *ehrlich* in metaphorischer Bedeutung ausdrückte. (Es muß auch ein Wort *directarium* gegeben haben, Winkelmaß, woraus rum. *dreptar* wurde.) Im Italienischen ist es als *diritto, diretto, dritto, ritto* erhalten. Spanisch: *derecho*. Provençalisch: *dreit* und *drech*, woraus franz. *droit* wurde.

Für die Herkunft unsres *recht* von *rectus* scheint es mir nun zu sprechen, daß *droit* (von *directus*) fast in seiner ganzen Bedeutungsentwicklung mit *recht* zusammenfällt: gerade, senkrecht, rechtlich, Recht, alles wird durch *droit* ausgedrückt.[1]) Und auf die verfehlten Versuche, *droit* (für die rechte Hand) von *dexter* abzuleiten, das doch als *destre* bis ins 16. Jahrhundert üblich war, scheint mir die Übereinstimmung mit dem deutschen *recht* wieder ein Licht zu werfen; um so mehr, als auch im Deutschen ein älteres Wort, *zese* (got. *taihswa*, das doch wohl das Lehnwort *dexter* ist) von *recht* erst verdrängt werden mußte. Nur kann ich der Kühnheit (die nicht ganz eine Kühnheit Grimmscher Art ist) des D. W. (Heyne) nicht beipflichten, die die Bedeutung *rechts* von der Urbedeutung *gerade* ableitet, weil „man sich die Richtung von der das Schwert führenden Hand des Mannes aus als die zielgeradere dachte" (?). Ich sehe die Schwierigkeit nicht, *rechts* von *recht* abzuleiten; und begreife nicht, warum Littré für *droit* (= *rechts*) einen besondern Ar-

---

[1]) Doch hat franz. *droit*, besonders in der Mehrzahl, häufig eine viel konkretere Bedeutung als unser *Recht*; Gebühren, Zölle, Auflagen, aber auch sehr konkrete Einnahmen von bevorrechteten Privatpersonen werden *droits* genannt; wir müssen dann je nachdem mit *Bezüge, Vorrechte, Gerechtsame* übersetzen; ganz konkret auch *droit des chiens (de l'oiseau)*, die Eingeweide des Beutetiers, was bei uns weidmännisch *Jägerrecht* heißt. Übrigens glaube ich, daß unser *Kretscham* (Dorfschänke) nicht, wie behauptet wird, ein aus dem Slawischen entlehntes Fremdwort ist, sondern eine slawische Umbildung von *Gerechtsame*.

tikel verwendet. Überall fließen ja die Bedeutungen *recht* und *richtig* ineinander; die *rechte* Hand ist die *richtige* Hand, die geschicktere, im Gegensatze zu der ungeschickten, *linkischen* Hand. *Dexteritas* ist Gewandtheit; schon *δεξιος* hieß auch *geschickt.* Der Komparativ (*δεξιτερος*, *dexterior*, auch im Deutschen früher häufig) ist aus einer Vergleichung beider Hände zu erklären. Und bei der Vergleichung wurde *die rechte Hand* immer gelobt, die linke getadelt. Die Griechen waren keine Erkenntnistheoretiker; *δικαιος*, *δεξιος*, *καλος*, *ἀγαθος* floß ihnen durcheinander. Die *geschicktere,* stärkere Hand war ihnen (und wohl allen alten Völkern) die tüchtige, die tugendhafte, die schöne, die gute, die *richtige* Hand. Auch unsere Kinder lernen frühzeitig ihre rechte Hand von der andern unterscheiden und nennen sie in der Ammensprache das *gute* Händchen. Die Rufe *bravo* (tapfer), *gut, recte, καλως* entsprechen einander.

IV.

Ein objektives Recht (Gesetz *und* gesetzlicher Anspruch) gibt es nur im Staate, der darum und dazu ein Staat ist. Außerhalb des Staates, in der Anarchie, gibt es keine Justizgewalt, also kein Recht; das adjektivische *Gefühl*, recht zu handeln oder recht zu empfinden, hat mit dem Staate nichts zu tun. Was schon die Römer, noch dazu in ihren Institutionen, *Naturrecht* genannt haben, *jus naturale* (damals noch mit dem *jus gentium* zusammengeworfen, dem allgemein menschlichen, überall anzutreffenden Rechtsgefühl, — weil von einem *Völkerrecht* im modernen Sinne nicht einmal in der Theorie die Rede sein konnte) quod natura omnia animalia docuit, das mag durch Jahrhunderte das objektive Recht beeinflußt haben, als eine Sehnsucht, eine Philosophie, eine öffentliche Meinung; die Bezeichnung *Recht* hat es dennoch niemals verdient. Das Naturrecht ist nie etwas andres gewesen als das adjektivische Rechts*gefühl*, wenn es auch gelegentlich zu einer Revolution gegen das geltende, staatliche, substantivische Recht führte. Die Naturrechtler, welche aus ihrem Rechtsgefühl heraus das objektive Recht bessern wollten, haben sich um das verdient gemacht, was wir etwa die menschliche Kultur nennen; aber gerade die konsequenten Naturrechtler, die alles positive Recht natürlich fanden, waren eigentlich nur die Vorläufer der historischen Schule, der im Grunde alles vernünftig ist, was wirklich ist. Just von der Juristerei ist der Historismus vor hundert Jahren ausgegangen.

Ein Naturrechtslehrer der Lutherzeit, Oldendorp, lehrt: „Lex est notitia naturalis a Deo nobis insita, ad discernendum æquum ab iniquo. Stärker konnte die Verwechslung von *recht* und *Recht* nicht mehr ausgesprochen werden. Von Gott kam die Natur des Menschen, auch seine gesellschaftliche Natur; aus dieser gesellschaftlichen Natur entwickelte sich das *Recht*, natürlich, also war auch *das* Recht von Gott. Alle Naturrechtler waren und mußten sein: Optimisten, also schlechte Christen; sie glaubten an die Güte der Menschennatur und fanden entweder, ganz verblendet, das natürliche Rechtsgefühl im geltenden Rechte schon verwirklicht oder hofften doch, später einmal werde das Richtige Recht werden. Ein so nüchterner Kopf wie Wolf konnte denken und sagen: Lex naturæ nos obligat ad committendas actiones, quæ ad *perfectionem* hominis atque status ejusdem tendunt, et ad eas omittendas, quæ ad imperfectionem (!) ipsius atque status ejusdem tendunt. Das große leere Wort *Vollkommenheit* verdarb, was zu verderben war; und die *Vernunft*, die vermeintlich allwissende, scheiterte an dem Begriffe der Vollkommenheit.

Man hat mit Recht behauptet, es bestehe gar kein Unterschied zwischen dem Naturrecht und dem Vernunftrecht, dem jus *naturale* und dem jus *rationale*. Beiden Systemen des adjektivischen Rechts steht das positive *Recht*, das substantivische, das *Gesetz*, gegenüber. Und die ganze Verwirrung, welche in dem Worte *Natur* sich ausgeprägt hat, kehrt in *Naturrecht* wieder. Nehmen wir *Natur* als Wirklichkeit, so gibt es in der ganzen Natur kein Naturrecht; denken wir aber an die Natur des Menschen, so hat diese Natur, zwiespältig, eben überall nur positive *Rechte* oder Rechtsordnungen geschaffen und ihnen in derselbigen Seele ihrer Menschen ein *rechtes* Gefühl gegenüber gestellt, das sie Naturrecht nennen, obgleich es kein *Recht* ist und in rerum natura nicht anzutreffen. Es gibt kein Recht, das nicht erzwungen werden kann; und zwingen kann den Einzelnen nur der Racker von Staat, der Staat als einziger Übermensch (im üblen Sinne).

Die Unterwerfung des Einzelnen unter die Justizgewalt des Staates wurde von den Naturrechtlern, lange vor Rousseau, für etwas wie die Wirkung eines Vertrages erklärt. Es blieb unklar: sollte der *contrat social* das Idealbild sein für den Gesetzesstaat der Zukunft, oder sollte durch das pomphafte Wort die Erscheinung des gegenwärtigen Staates erklärt werden. Die Entstehung dieser Fiktion scheint mir, abgesehen von dieser Unklarheit, leicht gedeutet werden zu können. Freie Denker sahen die Divergenz zwischen *recht* und *Recht*. Dabei wurde von jedem Bürger, auch vom Verbrecher, freiwillige, willige Erduldung des Rechts verlangt; wenn auch Hegels bodenlos frivoles, ja infam witziges Wort „die Strafe ist das Recht des Verbrechers" noch nicht geprägt war. Die freiwillige Unterwerfung wurde auch der Sitte, der Religion gegenüber verlangt. Aber: die Religion war undiskutierbar, weil der liebe Gott doch da ganz besonders allweise und allmächtig war (und trotzdem mit seinem auserwählten Volke einen Vertrag, einen Bund, zweimal nacheinander sogar, geschlossen hatte); die Unterwerfung unter die Sitte erforderte keinen Vertrag, weil diese Unterwerfung (so sagten die törichten Juristen) nicht gesetzlich erzwungen werden könnte. Nur unter das Gesetz des Staates wurde jeder Einzelne gezwungen, mit eiserner Faust; und sollte doch sein Haupt und sein Gemüt unter dieses feindliche Gesetz beugen, als wäre es Gottes Wille, sollte immer und allezeit *recht* und *Recht* identisch finden. Der Mörder sollte es als *gerecht* empfinden, wenn er hingerichtet wurde; der arme Schuldner sollte es als *gerecht* empfinden, wenn er zugunsten des reichen Gläubigers gepfändet wurde. Das war entweder nicht wahr, oder die Gesetze mußten durch Übereinkunft, durch einen Vertrag zustande gekommen sein. Von dem nur kein Lebender wußte, wann und wo er geschlossen worden war. Diese wie andere Konstruktionen des *Naturrechts* waren verdienstvoll, nicht zuletzt darum, weil sie im Sinne der Aufklärung vom Rechte Philosophie oder Vernunft verlangten und weil sie gegen die Alleinherrschaft der römischen und der späteren italienischen Rechtsbegriffe protestierten. Aber alle Naturrechtler haben übersehen, daß der Mensch und die menschliche Vernunft mit zur Natur gehören, daß sie ein Stück Natur sind.

Die Überzeugung freilich, daß *recht* und *Recht* nichts miteinander zu schaffen haben, daß der Staat ein Notbehelf, ein pis aller, eigentlich eine notwendige Scheusäligkeit sei, diese Überzeugung war durch den Optimismus der Naturrechtler nicht aus der Welt zu schaffen. Pessimisten hatten die nötige Schärfe der Augen, den Staat in seiner wahren Gestalt zu sehen. Niemand ist dem Staate gegenüber je scharfsichtiger gewesen als Hobbes.

Hobbes ist mit seinen beiden Forderungen, einer souveränen Zentralgewalt und einem Rechte auf Freiheit, weit mehr, als es gewöhnlich anerkannt wird, der Staatslehrer der neuen Zeit, der Vorgänger der großen französischen Revolution gewesen. Um so mehr sollten die Franzosen ihn auf den Schild heben, höher als ihren Rousseau, weil die Engländer ihren Landsmann gern verleugnen; sie lieben nicht seine pathetische Sprache, sie lieben nicht seine radikale Gesinnung; Hobbes hatte auf seinen Reisen die englische respectability eingebüßt.

Hobbes ist kein Menschenverehrer. Von ihm stammen die beiden harten Sätze: „homo homini lupus" und „bellum omnium contra omnes". Wie kann daraus, aus dem wahren Natur-Recht, der Idealzustand entstehen, in welchem homo homini Deus wird? Hobbes geht auf eine einfachere Frage zurück: quærendum prius esse, unde esset quod quis rem aliquam *suam* potius quam alienam esse diceret. (De Cive, Epist. dedic., Parisiis 1. XI. 1646.) Wie ist es gekommen, daß jemand etwas sein *Eigen* genannt hat? Durch Vertrag, durch verba de futuro allein konnte der natürliche Krieg aller gegen alle vermieden werden. Der Wille zum Frieden (aus Egoismus) ist subjektives Recht; der Vertrag, der immer eine Entäußerung ist (aus Egoismus), schafft objektives Recht. Im Staate, dem Leviathan. Man nennt diese gegenseitige Lebensversicherung Gerechtigkeit. Gerecht ist, wer sein Wort hält. Solange ein Staat besteht, wird die Fiktion aufrecht erhalten, daß in der Zentralgewalt der Wille, der allgemeine, vorhanden sei, daß seine Gesetze *gerecht* seien. Wer die Gerechtigkeit der Gesetze oder

der Handlungen des Souveräns erst zu prüfen sich vorbehält, wer die Autorität seiner eigenen Vernunft der Staatsautorität gegenüberstellt, der kehrt damit schon in den Naturzustand zurück. Es wird nicht getadelt, nur konstatiert. Der Zweck heiligt die Mittel[1]; Lüge der eigenen Partei wird Klugheit genannt. Rebellion ist kein Verbrechen, weil der Rebell in den Naturzustand zurückgekehrt ist; Rebellen kann man feindselig behandeln, nicht *strafen*. Der Staat ist der modus vivendi der argen Menschen. Die Menschen sind nicht *gut*.

Je mehr *Rechte* Hobbes seinem Staat-Leviathan gibt, desto weniger ist von dem adjektivischen Rechtsgefühl die Rede. Der kongeniale Landsmann des Nominalisten Occam würde gar nicht sagen können, was unter den Begriffen *recht*, *gut* zu verstehen sei. *Frei*, ja, frei wollen und sollen sogar die Menschen sein; sein Haß gegen die Hierarchie der Kirche, sein schlecht verhehlter Atheismus läßt ihn inkonsequent genug — die Inkonsequenz geht sowohl den nominalistischen Philosophen an wie den monarchistischen, ja absolutistischen Politiker — Freiheit des Bürgers, Gewissensfreiheit für Alle fordern. Hier ist auch Lockes zu gedenken, der ruhiger und stärker als die Monarchomachen das Recht auf Revolution lehrte; gegen jede Tyrannis, auch gegen die der Freistaaten.

Wie abhängig Spinoza (in seinem Theologisch-politischen Traktat) und Rousseau (in seinem ganzen politischen Wirken) von Hobbes waren, das soll hier nicht näher ausgeführt werden. Der eigentlich resignierte, bei aller Tapferkeit im Grunde nur beschauliche Jude hat des Hobbes Lehre zur Forderung der Toleranz gewendet; der wilde Franzose hat mit äußerster Konsequenz und mit einer Sprachgewalt, die dem abwechselnd englisch und lateinisch schreibenden Engländer und dem fast nur lateinisch schreibenden holländischen Juden versagt blieb, die beiden Rechtsgedanken des Hobbes zum Dogma von der Volkssouveränität vereinigt. (Vgl. Art. *res publica.*)

Sieht man genauer zu, so bestand der Gegensatz zwischen Naturrecht und positivem Recht nicht nur während der paar Jahrhunderte, in denen das Wort Naturrecht einen guten Klang hatte. Seit jeher hat der Gegensatz bestanden. Immer hat es die große Menge von Verteidigern des historischen Rechts (sie wußten es nur nicht) gegeben und einzelne Weltverbesserer. Platon z. B. hat als Weltverbesserer seinen Idealstaat beschrieben, in dem etwa das Naturrecht der

[1]) Heuchelei des Liberalismus ist es, den Jesuiten diesen selbstverständlichen Satz „cui licitus est finis, etiam licent media" als eine Abscheulichkeit vorzuwerfen. Pascal scheint diese Heuchelei eingeführt zu haben, da er, der Jansenist der Lettres Provinciales, einen Jesuiten sagen läßt: „nous corrigeons le vice du moyen par la pureté de la fin." Hobbes hat unwidersprechlich gelehrt (De Cive, I. 8): Quoniam jus ad finem frustra habet, cui jus ad media necessaria denegatur, consequens est: cum unusquisque se conservandi jus habeat, ut unusquisque jus etiam habeat utendi omnibus mediis et agendi omnem actionem, sine qua conservare se non potest."

Weibergemeinschaft gepredigt wurde; als alter Herr, in den „Gesetzen", stellt er sich mehr auf den Boden des historischen Rechts und gesteht selbst den Bürgern erster Klasse eigene Weiber und sonstiges Eigentum zu.

Auf die Griechen muß ich zurückgehen, wenn ich die Grundlüge erkennen will, die seit Menschengedenken dazu verführt, *recht* und *Recht*, die doch wenig miteinander zu tun haben, miteinander zu versöhnen. Sokrates scheint diesen Grundirrtum in die Welt gesetzt und mit seiner Autorität gestützt zu haben: Tugend sei lehrbar, Tugend sei Wissen. Bei der Unklarheit der griechischen Erkenntnistheorie flossen überdies die Begriffe des Schönen, des Guten, des Rechten im Tugendbegriffe zusammen. Wer das Rechte erkannt hatte, konnte gar nicht anders als gerecht sein. Wir spotten heute über eine solche Logik. Aber die gesamte Rechtsphilosophie des Historismus, von der unsere Zeit beherrscht wird, begeht einen fast noch ärgeren logischen Schnitzer. Auf Grund eines ungleich reicheren Wissens natürlich. Wir haben zu untersuchen, wie das gegenwärtige Recht *geworden* ist; Entlehnungen von Volk zu Volk, Einflüsse nationalökonomischer Massenbewegungen und Einflüsse tyrannischer Gesetzgeber, nicht zuletzt auch Einflüsse des national häufig sehr verschiedenen „ewigen" Naturrechts haben das Recht so werden lassen, wie es ist; und weil es so geworden ist, soll es uns so recht *sein*. Das aber wußten schon, und besser als die Nachwelt, die vorplatonischen Griechen, daß wir mancherlei wissen können von dem Werden der Welterscheinungen, nichts jedoch von ihrem Sein. Und wir können das so ausdrücken: was wir irgend wissen können, das geht auf die adjektivische Welt unserer äußern und innern Erfahrungen, bestenfalls auf die verbale Welt des Werdens. All dieses Wissen geht auf die Vergangenheit, da ja auch die gegenwärtigen Erfahrungen vergangen sein müssen, um Wissen zu werden. Nicht eigentlich vom *Werden* wissen wir etwas, sondern nur etwa vom *Gewordensein*. Auch die Weltverbesserer können nur das gewordene *Recht* kritisieren nach ihrem gegenwärtigen Rechts*gefühl*; physikalisches Wissen kann ein Vorhersagen der Zukunft versuchen, nicht historisches Wissen; darum hat keine Zeit einen Beruf zur Gesetzgebung, zu einer Gesetzgebung nämlich, welche *recht* und *Recht* versöhnen wollte. Das positive Recht oder das Gesetz ist immer veraltet, ist immer unrecht. Das Rechts*gefühl*, das adjektivische Recht, ist niemals zu befriedigen. „Weh' dir, daß du ein Enkel bist."

Es wäre denn, daß es irgendwo in rerum natura ein substantivisches Recht gäbe, das dem Rechts*gefühl* entspräche. *Das* Recht. Das wird aber immer nur auf der ersten Seite juristischer Kompendien definiert und behauptet; nachher ist nur noch von *Gesetzen* die Rede, vom *jus*, niemals wieder vom *richtigen* Recht.

V.

Das *richtige Recht* Stammlers ist das neueste Schlagwort von Juristen, die mit Theorie und Praxis ihrer Wissenschaft unzufrieden sind und dennoch Juristen bleiben wollen. Die Heißsporne unter ihnen möchten das Recht reformieren, wie Luther das Christentum reformiert hat. Mit Beibehaltung des Teufels oder des Unrechts. Die Bewegung ist nicht ohne gute Folgen geblieben. Da und dort, in Frankreich und in Deutschland, gibt es auf kleinen Provinzposten einen *bon juge*, der das ungeschriebene, adjektivische Recht höher stellt als das geschriebene *Gesetz* und zum Entsetzen der Juristen, unter dem Beifall der kleinen Leute, einmal einen armen Teufel laufen läßt, der sich mit dem Eigentum eines andern den leeren Magen vollgeschlagen hat. Der bon juge hat sogar wissenschaftliche Verteidiger gefunden. Einige besonders brutale Paragraphen sollen gemildert werden. Diebstahl bleibt Diebstahl, aber der Diebstahl eines Apfels soll nicht verfolgt werden. Die ganze Bewegung wird ob ihrer Kühnheit angestaunt. Welch ein Programm: nur was *recht* ist, soll *Recht* sein.

Man wird aus meinen Ausführungen wohl ersehen haben, daß der bon juge mir sympathischer ist als der harte Staatsanwalt. Trotzdem kann ich die Forderung des richtigen Rechts als eine Großtat nicht empfinden. Man lasse sich nicht von einem Sprachinstinkt verführen, der geneigt ist, die Werturteile *richtig* oder *recht* ganz abergläubisch auf ein substantivisches Recht, auf *das* Recht zu begründen. Ist ja nicht wahr. Trotz unserer Erkenntnistheorie und unserer Systematik halten wir es genau so wie die Griechen vor mehr als 2000 Jahren und mengen unsere Werturteile durcheinander. Man versuche doch einmal sprachlich genau zu unterscheiden, wann wir eine menschliche Handlung recht, gut oder schön nennen sollen. Wir verwechseln die Begriffe nicht nur in liederlichem Sprachgebrauch. Nein, auch ganz prägnant nennen wir oft *recht*, was schön oder gut ist. Der bon juge spricht frei, durcheinander aus ästhetischen, aus moralischen und aus naturrechtlichen Gründen. Wir sind gar nicht so scharfsinnig wie wir glauben. In unserm Wirklichkeitserleben gibt es etwas, das wir bejahen; wir nennen es gut, schön oder recht und meinen immer dasselbe: daß es uns gefällt. Ein Psychologe würde sagen: daß es Lustgefühle in uns anregt.

Und wenn ich recht strenge gegen mich sein wollte, müßte ich jetzt fragen, ob es richtig war, dem positiven *Rechte*, d. h. den Gesetzen und den gesetzlichen Ansprüchen, das subjektive Rechts*gefühl* auch nur als gleichberechtigt gegenüberzustellen. Was wissen wir denn davon? Was recht ist, was uns an den Handlungen der Menschen und an unserem eigenen Wert-Erleben gefällt und nicht gefällt, das hängt ja nicht von irgend einem geheimnisvollen Abstraktum ab, *dem* Rechte, das entsteht ja in uns als ein Werturteil notwendig unter dem Banne unseres Wesens und unserer erworbenen und ererbten Gewohnheiten. Schon die alten Skeptiker wußten, daß die Werturteile nicht die gleichen sind bei verschiedenen Völkern und bei verschiedenen Menschen, nicht die gleichen bei demselben Menschen zu verschiedenen Zeiten. Niemand kann definieren, was das ist, das *rechte*. Und ich hätte wieder einmal kürzer sein und sagen können: wir finden in uns ein undefinierbares Rechts*gefühl* und wir finden draußen gut definierte *Gesetze*. Über Beziehungen zwischen diesen beiden Erscheinungen ist nichts zu sagen.

Die Rechtswissenschaft denkt anders. Aber die Zeit wird kommen, wo die Völker einsehen werden, daß die Rechtswissenschaft nur eine Formwissenschaft ist und daß es nicht gut ist, wenn der Richter sich bei seinen Entscheidungen einseitig an die Form halten müsse. Gelingt es nicht in absehbarer Zeit, eine Reform der Rechtswissenschaft herbeizuführen, an Haupt und Gliedern, so könnte es geschehen, daß der Wunsch rege würde, die formale Gesetzeswissenschaft der Juristen ebenso aus dem Zusammenhange der Hochschulen zu lösen, wie dieser Wunsch längst bezüglich der dogmatischen Theologie besteht. Jüngst haben sich freie Juristen und weitblickende Naturwissenschaftler zu einer Agitation für eine solche Reform vereinigt.

Goethe, der dezidierte Nichtphilosoph, der abtrünnige Kandidat der Rechte, habe wieder einmal das letzte Wort: „Die Natur bekümmert sich nicht um irgend einen Irrtum; sie selbst kann nicht anders als ewig recht handeln, unbekümmert, was daraus erfolgen möge.“

Relation (relativ).—Wir in Deutschland stehen immer noch zu sehr unter dem Banne der nachkantischen Terminologie, lassen uns immer noch so sehr von dem Wortschalle *absolut* verblüffen, daß der *Relativismus* als eine Weltanschauung gegen ein Vorurteil anzukämpfen hat; als ob nur die Sophisten, diese verruchten Menschen, die Lehre aufgebracht hätten: der Mensch sei das Maß aller Dinge, alle Erkenntnis sei nur relativ wahr. So ungefähr wird die Sache von der Popularphilosophie dargestellt. Wenn aber *absolut*, wie ich (I 6f.) zu zeigen versucht habe, nur ein Scheinbegriff ist, dann wird wohl weiter nichts übrig bleiben, als sich mit der Relativität aller menschlichen Erkenntnis zu begnügen. Dieser Relativismus ist denn auch, noch bevor man an eine Ehrenrettung der Sophisten dachte, von allen scharfsinnigen Denkern als berechtigt zugegeben worden: von den französischen wie von den englischen Skeptikern, wie von den Sensualisten. Und für die neuere Erkenntnistheorie ist der Satz, daß jede Erkenntnis nur für den menschlichen Standpunkt gelte, so selbstverständlich, daß er gewöhnlich als bekannt vorausgesetzt wird. Sehr schön hat Herbart das Wesen unserer Erkenntnis so ausgedrückt: „Wir leben einmal in Relationen und bedürfen nichts weiter.“

Nur die guten Leute und schlechten Musikanten unter den Philosophen, welche die absoluten und ewigen Wahrheiten der Moral zu verteidigen oder neu zu entdecken sich vorgenommen haben, wollen von einer Relativität *aller* Erkenntnis nichts wissen; sie haben ihren Lohn dahin.

Von Aristoteles und von Kant ist der Begriff der Relation unter die Kategorien aufgenommen worden. Bei Aristoteles steht die Relation (das *πρoς τι*, die Beziehung auf etwas) dem *an sich* gegenüber, ohne daß wir viel von der Bedeutung der Relation erführen; bei Kant wird in der von ihm durchgeführten Dreiteilung zu der *Substantialität* und der *Kausalität* als dritte Art der Relation die *Gemeinschaft* beigesellt, eigentlich der Begriff der Korrelation. Da aber in der weiten Welt der Wirklichkeiten eine Relation ohne entsprechende Korrelation nicht gefunden, sondern höchstens konstruiert werden könnte, so werden wir uns auf eine Zweiteilung des Begriffes zu beschränken haben; aber mit der Zweiteilung des Aristoteles, die in unserer Schulphilosophie fortlebt, wissen wir wirklich nichts mehr anzufangen, weil wir das, was der *Relation* als ein *an sich* gegenüberstehen soll, nun einmal nicht mehr verstehen. Aber die Zweiteilung, die uns als der Gegensatz von *Ich* und *Welt* so wohlbekannt ist, muß doch, wenn der Relativismus recht haben soll, auf zwei verschiedene Arten der Relation hinauslaufen. Wir kennen nichts Wirkliches, es wirke denn; es wirke denn unmittelbar auf den Menschen oder auf ein anderes Wirkliches. Alle Wirkung ist nur eine Relation. Und wir können nun ohne jede Konstruktion all unser Erleben einteilen in das, was eine Relation zu uns hat, und in das, was wir von den äußern Relationen untereinander wissen. Unsere Sinnenwelt ist die Summe aller Relationen, die von unbekannten Kräften zu uns gehen; unser Wissen ist die Summe der Relationen dieser Kräfte untereinander. Hätte ich also die Neigung, meinerseits eine neue Kategorientafel zu entwerfen, so würde der Begriff der *Relation* sich spalten in das, was wir von der Welt unmittelbar durch unsre Sinne erfahren, unsere *Subjektivität* also, und in das, was wir aus den gegenseitigen Relationen der Welt für uns erschließen, also die *Objektivität* unseres Wissens. Man sieht, ich unterscheide sehr genau zwischen *Subjektivismus* und *Relativismus*; an der Verwechslung der Begriffe *subjektiv* und *relativ* haben wieder einmal die Moralphilosophen die Hauptschuld.

Nun ist aber der Relativismus überaus schwer in Worten irgend einer Sprache anzuwenden; die Gemeinsprache versagt völlig und auch die wissenschaftliche Sprache müßte unerträglich schwerfällig werden, wollte sie die Vorstellung von der Relativität aller menschlichen Erkenntnis immer festhalten. Wir haben schon Mühe, die Tatsache festzustellen, daß z. B. die Töne, wenn wir von den Veränderungen in unserm Gehörorgan absehen, bestimmte körperliche Schwingungen sind; wollten wir in einer Definition der Töne auch noch aussprechen, daß wir von den schwingenden Körpern wieder nur durch andere Relationen Kenntnis haben, daß wir Dinge an sich, d. h. Dinge ohne ihre Relationen nicht kennen, daß endlich zwischen den Schwingungen und unserm Gehörorgan Korrelationen bestehen, dann wäre eine so einfache Definition gar nicht zu Ende zu denken. Und so steht es um die ganze unmittelbar gegebene Sinnenwelt. Und um die objektive Welt unseres Wissens steht es nicht anders. Die Korrelationen der sog. Gravitation sind so unendlich kompliziert, daß wir die Gewohnheit angenommen haben, uns jedesmal auf einen bestimmten Standpunkt zu stellen, um z. B. sagen zu dürfen: die Erde dreht sich um die Sonne. Die Erkenntnistheorie weiß, daß alle wahren Urteile nur von einem solchen Standpunkte aus wahr sind; aber die Sprache ist nicht imstande, in einem bestimmten Urteile auch nur zwei verschiedene Standpunkte zugleich einzunehmen, und so über die relativen Wahrheiten hinaus zu gelangen. Auch darum gäbe es keine absolute Wahrheit, auch wenn es überhaupt etwas Absolutes gäbe.

Ich habe da immer wieder von der Relativität unserer Kenntnisse oder unseres Wissens gesprochen, weil der Ausdruck „Relativität der Dinge" gerade für den Relativismus keinen Sinn mehr hat. Wissen wir von den Dingen nur ihre Relationen zu uns und zueinander, so wissen wir nichts mehr von den Dingen selbst. Setzen wir statt der Dinge ihre Eigenschaften, so verwandeln sich die Eigenschaften in deren Relationen zu uns; wollen wir jeden Grund einer Eigenschaft eine Kraft nennen, so wird die Kraft abermals zu einer Relation, nur daß wir von der notwendigen Korrelation abstrahiert haben.

Die uralte Menschensprache hat aber dafür gesorgt, daß wir uns um die Relativität unserer Erkenntnis nicht zu bekümmern brauchen, wenn wir nicht denken wollen. Sie weiß nichts davon, daß wir von den Dingen nichts wissen; sie weiß nichts davon, daß die Eigenschaften der Dinge, d. h. die adjektivische Welt des Sensualismus, nur in Relationen (zu uns) bestehen; aber sie glaubt die Kräfte so genau zu kennen wie das Gefühl der menschlichen Muskelkraft, das Urbild aller Kräfte, und nennt diese Kräfte die Ursachen aller Erscheinungen der Wirklichkeitswelt. In dem Begriffspaare *Ursache und Wirkung*, noch besser in dem umfassenderen Begriffspaare *Grund und Folge* (das ja alle Formen des zureichenden Grundes umfaßt, nicht nur die Erscheinungen der Wirklichkeitswelt) steckt Relation und Korrelation, nur daß *Grund und Folge* eine Vorstellung ist, die dem ältesten menschlichen Instinkte entspricht und darum in der Sprache einen Ausdruck gefunden hat, daß aber der Begriff *Relation* einen resignierten Verzicht auf die Glaubwürdigkeit dieses menschlichen Instinktes auszudrücken scheint und darum — darauf wollte ich hinaus — um seiner Bescheidung willen den Eindruck eines negativen Begriffes macht. Wir gestehen ja unsere äußerste Unwissenheit ein, wenn wir zugeben, daß wir nur *Beziehungen, Verhältnisse* in der Welt kennen, nicht aber wissen, was mit dem Verhältnisse der Ursache gemeint sei.

Auf die Wortgeschichte habe ich mich diesmal nicht eingelassen, weil wir überall nur Verlegenheitswörter vorfinden, die untereinander keinen rechten Zusammenhang haben, weil wir also nichts daraus lernen konnten. Die Lateiner übersetzten die griechischen Ausdrücke nicht und sagten anstatt *relatio* auch wohl *respectus*, *ordo*, *habitudo*, *comparatio*; und unsere deutschen Worte *Beziehung*, *Verhältnis* sind wieder keine Übersetzungen der lateinischen.

Religion. — Klarheit ist hart wie Mondschein in einer hellen Winternacht. Wir wollen uns nur hüten, aus Härte ungerecht zu werden, und diejenigen insgesamt der Heuchelei zu zeihen, die den Glauben an einen lieben Gott längst verloren haben, aber Religion oder Religiosität dennoch zu besitzen vorgeben.

Es handelt sich da um einen in der Sprache nicht ganz vereinzelten Fall: wir besitzen einen Begriff für eine Mehrzahl ähnlicher Erscheinungen, haben aber keine Vorstellung von diesem Begriffe in der Einzahl. *Religion* umfaßt jenachdem den Polytheismus und den Monotheismus oder Christentum, Islam und Judentum oder gleich eine Unzahl von Konfessionen, die alle wieder nur Summenwörter für ein Gemisch von Kulthandlungen, Glaubenssätzen und moralischen Konventionen sind; dieser Oberbegriff *Religion* läßt sich wohl oder übel definieren. Gute Menschen glauben nun diesen inhaltsarmen Oberbegriff auch auf das Gefühl anwenden zu können, das ihnen irgendwie dem Weltganzen gegenüber geblieben ist, nachdem sie den Glauben an Gott und die Verbindung mit einer bestimmten Konfession abgestreift haben. Es gilt für unanständig, gar kein bißchen Religion mehr zu haben; man sagt rühmend von Spinoza, von Goethe, sie seien tief religiöse Naturen gewesen; und selbst unsere Monisten legen Wert darauf, das, wovon selbst sie nichts wissen, als eine monistische Religion zu bezeichnen.

Die Unvorstellbarkeit der Einzahl *Religion* (wenn man nicht eben den Oberbegriff aller Religionen darunter versteht) wird deutlicher werden, wenn ich an einen weit entlegenen Begriff erinnere. *Dreieck* ist ein guter Oberbegriff für die verschiedenen Arten von Dreiecken; ein Dreieck aber, das weder eben noch sphärisch, weder spitzwinklig noch rechtwinklig noch stumpfwinklig ist, kann ich mir nicht vorstellen.

Trotzdem haben die besten Schriftsteller aller modernen Kulturnationen, auch nachdem der Sieg des Deismus das Bekenntnis zu einer bestimmten Religion nicht mehr duldete, das Wort *Religion* mit gutem Gewissen nach wie vor gebraucht für das Verhältnis des Menschen zu dem namenlosen oder gar zu dem immanenten Gotte ihrer Weltanschauung. Ich will nur die beiden bekannten Epigramme von Schiller und von Goethe hersetzen; Schiller sagt:

„Welche Religion ich bekenne? Keine von allen,
Die du mir nennst. — Und warum keine? — Aus Religion."

Der alternde Goethe sagt:

„Wer Wissenschaft und Kunst besitzt,
Hat auch Religion;
Wer jene beiden nicht besitzt,
Der habe Religion!"

In beiden Fällen wird *die* Religion irgend einer der organisierten Vereinsreligionen entgegengestellt; und so ungefähr gebrauchen alle unsere freien Schriftsteller das Wort Religion in der Einzahl; man bildet sich noch etwas darauf ein, dieses ganz persönliche Gefühl den allgemein bindenden Satzungen der Kirchen gegenüber zu behaupten.

Nun ist aber höchst wahrscheinlich die *Bindung* der ursprüngliche Sinn von lat. *religio*; Ciceros Ableitung von lat. *re-legere* ist wohl unhaltbar; die Ableitung des Lactantius von lat. *religare* kann sich auf Aulus Gellius (IV. 9) stützen und könnte recht gut die Lehnübersetzung eines griechischen Begriffes sein.[1]) Bei einem Worte aber von so unermeßlicher geschichtlicher Wirkung kommt es doch wohl nicht auf die Etymologie an und wir haben ohne solche Hilfe nur zwei einfache Fragen zu beantworten: hat das Wort Religion noch einen Sinn, wenn es nicht mehr die Beziehung des Menschen zu einem persönlichen Gotte bedeutet? und: was glauben moderne Atheisten darunter zu verstehen, wenn sie sich zugleich ihres Atheismus und ihres religiösen Gefühls rühmen?

Die erste Frage ist mit Berufung auf die führenden Geister nur sehr schwer zu beantworten, weil man fast niemals wissen kann, ob das Bekenntnis zum Atheismus nicht einst durch die Angst vor dem Scheiterhaufen zurückgehalten wurde, in den letzten Jahrhunderten nicht durch die menschlich ebenso entschuldbare Angst vor der gesellschaftlichen Ächtung. Man halte daneben, daß zwei meisterliche Schriften zu diesem Thema, die von Hume und die von Schopenhauer, in Dialogform geschrieben wurden, um die letzte Absicht des Verfassers doch einem der Unterredner unterschieben zu können. Hume und Schopenhauer geben darum auch keine bestimmte Antwort auf ihre Fragen, sondern gelangen zu einem bequemen: ja *und* nein. Schopenhauer denkt zunächst daran, ob dem *Volke* die Religion erhalten werden solle; aber auch die Religion (in der Einzahl) scheint ihm ein Versuch, das metaphysische Bedürfnis des Menschen zu befriedigen. Hundert Jahre vorher hatte Hume mit seinen „Dialogues concerning natural religion" einen schwereren Stand, und gab wohl darum die köstliche Schrift bei Lebzeiten nicht heraus; Schopenhauer nannte sich klar und bewußt einen Atheisten, Hume nannte sich nur einen Skeptiker. Vom historischen Standpunkte ist das Buch des Engländers ungleich freier und bedeutender als das beinahe politische Buch des Deutschen; aber für unsere Fragestellung ist der Gedankengang des Atheisten wichtiger, der wenigstens unter der einen Maske für die Religion eintritt, während er die Religion unter der andern Maske (die

[1]) So verstand man lat. *religio* offenbar auch ursprünglich in Deutschland; dachte auch wohl an einen Zusammenhang mit lat. *lex*; denn das lateinische Modellwort wurde ahd. mit *ēhafti*, mhd. mit *ē* übersetzt. Das uns so geläufige Fremdwort *Religion* kam erst ungefähr zur Lutherzeit auf.

dem streitlustigen Verfasser ähnlicher ist) von der Erde vertilgen möchte; die von ihm vergötterten Griechen hätten, was wir unter Religion verstehen, überhaupt nicht gekannt; selbst als Bändigungsmittel für das Volk sei die Religion nur ein notwendiges Übel, der Herrgott nur ein Knecht Ruprecht, mit dem man die großen Kinder zu Bette jagt. Er zitiert gegen die politische Aufrechthaltung der Religion einen Satz von Condorcet: „toute religion, qu'on se permet de défendre comme une croyance qu'il est utile de laisser au peuple, ne peut plus espérer qu'une agonie plus ou moins prolongée." Aber beide Unterredner sind doch der Meinung, daß die Religion hoch zu achten sei als ein Symbol der Wahrheit; als ob irgend ein Philosoph jemals im Besitze der verbürgten und verbrieften Wahrheit gewesen wäre.[1])

Von ganz anderer Seite, von der Geschichte der Theologie her, kam der vortreffliche Strauß an die Frage heran. Er schrieb sein Bekenntnis „Der alte und der neue Glaube" in einer jubelnden Zuversicht nach der Wiedergeburt Deutschlands, im Namen der *Wir*, die sich innerlich vom alten Glauben losgelöst hatten. Schleiermacher hatte, ein dogmenfeindlicher Christ, die Religion ein Gefühl genannt (man wurde an Jacobi erinnert), das Gefühl der schlechthinnigen Abhängigkeit; Feuerbach hatte die Götter als Schöpfungen der menschlichen Phantasie erkannt und gut gesehen, daß der Mensch keine Götter hätte, wenn er keine Wünsche hätte. Was der Mensch sein möchte, aber nicht sei, dazu mache er seinen Gott; was er haben möchte, aber sich nicht selbst zu schaffen wisse, das solle sein Gott ihm schaffen. Strauß, der abtrünnig gewordene Theologe, neigte allzu sehr den Dogmen des Materialismus zu, wie denn sein Glaube an den materialistischen Darwinismus der damaligen deutschen Wissenschaft der einzige ernsthafte Fehler seines Bekenntnisbuches ist. So stellte er sich auch in unserer Frage entschieden auf die Seite Feuerbachs: weil wir an einen persönlichen Gott nicht mehr glauben können, haben wir auch keine Religion mehr. Die Religion ist kein Vorzug der menschlichen Natur, sondern eine Schwachheit, die der Kindheit des Menschengeschlechts anhaftet; das religiöse Gebiet in der menschlichen Seele gleiche dem Gebiete der Rothäute in Amerika, das von den kultivierten Bleichgesichtern von Jahr zu Jahr mehr eingeengt werde. Aber Strauß bleibt bei dieser Ablehnung nicht stehen. Eigentlich gibt es keine Religion ohne Gottglauben; aber das

[1]) Auch Natorp hat erst jüngst für gut befunden, seinem Aufsatze „Religion?" (in dem Sammelbuche „Weltanschauung", das in bunter Reihe wertvolle und wertlose Artikel bringt) die Form eines Zwiegesprächs zu geben; ein süßes Wackelgelée, das von zwei höheren Töchtern mit viel Bildung abwechselnd gelöffelt wird. Nur wegen ihrer ebenfalls populären Form erwähne ich hier auch Naumanns „Briefe über Religion"; diese Briefe sind ein gemütlicher und herzlicher Versuch, nicht die Religion, sondern das Christentum mit dem Entwicklungsgedanken und mit dem modernen Staatsgedanken in Einklang zu bringen.

Wort *Religion* ist nun einmal da und so soll es immer noch etwas bedeuten. Fühlen wir uns nicht mehr von Gott abhängig, so bleiben wir es vom Universum. Strauß polemisiert gegen Schopenhauer und behauptet, daß die Religion in uns nicht erloschen sei. Sie lebe noch, weil sie noch auf Verletzungen reagiere. „Unser Gefühl für das All reagiert, wenn es verletzt wird, geradezu religiös." So beantwortet er schließlich die Frage, ob wir noch Religion haben, mit einem behaglichen: je nach dem.

Ich könnte noch andere Schriftsteller über dieses Thema vergleichen, so Voltaire (Art. „Religion" im Dictionnaire Philosophique), und immer wäre das Ergebnis, daß diese freien Männer die positiven Religionen haßten, insbesondere das herrschende Christentum, daß sie aber ohne den Religionsbegriff nicht auszukommen glaubten, nicht ohne eine natürliche Religion, der sie eine Gestalt gern nach dem letzten philosophischen Systeme gaben. Was wir unsere Weltanschauung nennen, in die wir freilich unbestimmt genug manche Ehrfurcht und manche Sehnsucht mit hineinlegen, und unser mystisches Bedürfnis dazu, das nannten alle diese Männer: Religion. Ich würde das Wort nicht scheuen, trotzdem sich in ihm häufig genug ein feiger Kompromiß mit dem Kirchenglauben verbirgt. Auf das Wortbild kommt es nicht an; und *Religion* geht uns geläufiger über die Zunge als: Gefühl der Sehnsucht, Gefühl der Ehrfurcht. *Ehrfurcht* hat überdies den Fehler, daß das Wort an die *Furcht* erinnert, die nach einem oft wiederholten Worte zuerst die Götter geschaffen hat. Nicht jedermann wird meine Meinung nachempfinden, wenn ich nun z. B. sage: ich habe keine Furcht vor dem Tode, ich habe Ehrfurcht vor dem Leben.

Nur daß die freien Retter des Religionsbegriffs, wenn ihnen dieser Satz gefiele, wahrscheinlich Lust hätten, ihm eine normative Form zu geben: wir *sollen* Ehrfurcht haben vor dem Leben, vor dem Universum. Ihr Gefühl für das Universum, wenn es verletzt wird, reagiert ja religiös. Und hier ist der Punkt, wo auch der abgeblaßteste Religionsbegriff eine Gefahr in sich enthält, den Sollbegriff. Alle unsere Antichristen, von Nietzsche bis Häckel, wollen Religionsstifter sein; und ihre Apostel würden schon, wenn es nur möglich wäre, für eine Kirche sorgen. Als ob wir nicht abhängig genug wären von all unserer Umgebung (von der Natur, zu der wir ja als ein Teilchen gehören), kommt in unserer unbefriedigten Zeit wieder stärker die Sehnsucht nach einer persönlichen Abhängigkeit zum Ausdruck: nach einer persönlichen Abhängigkeit von einem übernatürlichen Wesen. Und diese Sehnsucht ist so inbrünstig, daß sie (fast wie bei Kant) ein religiöses Gefühl von allen Menschen *verlangt.* Wegen dieser Unduldsamkeit derjenigen Weltanschauung, die sich selbst religiös nennt, möchte ich den Begriff *Religion* vermieden wissen. Nicht das religiöse Gefühl möchte ich von der Erde vertilgen, nur das Wort *Religion* aus der klaren und harten Sprache verbannen. Es gibt eben religiöse und irreligiöse Menschen; da ist nichts zu sollen. Mit dem Werte der Menschen hat dieses Verhältnis zum Religionsbegriffe nichts zu schaffen. Es gibt gläubige Hundsfötter und ungläubige Mystiker.

Wir sind alle durch eine oder durch mehrere der Religionsformen hindurchgegangen; von dieser Wanderung her haftet uns der Wortschall *Religion* feierlich im Gehör wie Orgelton und Glockenklang. Man denke an den Refrain in Brentanos wunderlieblichem Märchen Fanferlieschen:

„Hübsch mit Kreuz und Glocke,
Chorgesang und Posaunenspiel,
Gibt uns Ruh und kost' nicht viel!"

Weil aber das Wort *Religion* in seinem langen Bedeutungswandel seine Beziehungen zu dem persönlichen Gotte nicht ganz aufgegeben hat, den man durch Gaben und Gebete den augenblicklichen Wünschen günstig stimmen kann, weil man ebenso wenig der Kirche wie dem Teufel den kleinen Finger reichen darf, ohne Gefahr mit Haut und Haar gefressen zu werden, — darum täten wir gut daran, unsere Ehrfurcht vor dem Leben, unsere sehnsüchtige, sich bescheidende Unwissenheit, die für eine Weltanschauung gelten muß, nicht weiter Religion zu nennen.

res publica.

I.

In allen europäischen Kultursprachen ist das Wort, soweit die Gemeinsprache in Frage kommt, zu einer Bezeichnung geworden, die eigentlich genau nur den Gegensatz zur *Monarchie* ausdrückt. Horcht man genauer auf den Sinn, so hat aber das universal-sprachliche Wort *Republik* doch wieder einen völlig verschiedenen Inhalt, je nachdem ein Franzose vorübergehend von seiner bestehenden, von seiner vergangenen oder etwa einmal wieder von seiner künftigen Republik spricht, oder je nachdem ein Deutscher von den Zielen der alten Achtundvierziger oder von den Zielen der gegenwärtigen Sozialdemokratie redet. Oder wenn ein Konservativer das gleiche Wort gebraucht. Zu besondern Parteibezeichnungen wurden die entsprechenden Worte *(Republikaner)* in England und Amerika. Viel feiner ist der Unterschied, den Bismarck macht, wenn er im Eingangssatze seiner „Gedanken und Erinnerungen" erzählt, er habe die Schule verlassen ... „wenn nicht als *Republikaner*, doch mit der Überzeugung, daß die *Republik* die vernünftigste Staatsform sei." Mit seinem wunderbaren Sprachgefühl entdeckt Bismarck da, daß noch kein Republikaner sein muß (praktisch, aktiv, agitatorisch), wer die Republik (theoretisch) für die vernünftigste Staatsform hält. Der Grund für diesen Unterschied liegt meines Erachtens darin, daß *Republikaner* viel jüngeren Ursprungs ist, von *Republik* erst zu einer Zeit abgeleitet, als *Republik* bereits den Sinn eines nicht monarchisch regierten Staates erhalten hatte. Die ältere Bedeutung von Republik findet sich gelegentlich noch in historischen Werken, höchst selten in der Umgangssprache, wie zum Beispiel in der französischen Redensart: c'est une petite *république* que votre château.

In der Bedeutung *Staat* gehört *res publica* der gebildeten lateinischen Sprache an. Wörtlich übersetzt heißt es: die *öffentlichen Angelegenheiten*. Cicero stellt sie geradezu den *rebus domesticis ac familiaribus* gegenüber. Er gebraucht das Wort bald in der Einzahl, bald in der Mehrzahl. In der Mehrzahl ist es noch ein gemeinsprachlicher Ausdruck wie unser *öffentliche Angelegenheiten*; in der Einzahl wird es zum prägnanten Terminus für das *gemeine Wesen*, das *Gemeinwesen* oder den *Staat*. Merkwürdig ist es, daß Cicero den spätern Bedeutungswandel des Wortes schon vorwegnimmt, da er (d. re publ. I. 32) sagt, nur wo das Volk Anteil an der Regierung nehme, sei die *res publica* eine wirkliche *res populi*; wobei zu beachten, daß *publicus* von *populus* abzuleiten ist.

Die lateinische Sprache des Mittelalters hat sich auf diese Etymologie nicht besonnen. *Res publica* ist das Gemeinwesen oder der Staat. Die Stadtgebiete Italiens sind Republiken, ohne Rücksicht auf ihre Regierungsform. Eine Nuance kommt später hinzu; monarchisch regierte Staaten, wie Venedig, Genua, auch Polen, werden *Republiken* genannt; man denkt dabei unklar an einen Gegensatz zu Erbmonarchien. *Res publica* bezeichnet so sehr den Staat als solchen, daß du Cange es sogar in seinem Wörterbuche des mittelalterlichen Latein mit *Fiskus* übersetzen kann. Wieder ist zu beachten, daß *fiscus* noch bei Cicero soviel wie Staatskasse heißt, bei Tacitus bereits soviel wie kaiserlicher Schatz oder auch Zivilliste. Im Worte *fiscus* also die Gegenbewegung.

Erst im 16. Jahrhundert besannen sich einige Staatslehrer, die nicht von dem legitimistischen Luther, sondern von Calvin ausgingen, des etymologischen Winkes, daß *publicus* von *populus* abzuleiten sei. Sie sind unter dem Namen der *Monarchomachen* die Begründer der neuen Demokratie geworden. Der Bedeutungswandel des europäischen Wortes Republik knüpfte aber nicht eigentlich an ihre Forderungen an und auch nicht an die Staatslehre von Hobbes, sondern an Wirklichkeiten, an die Begründung und Existenz von monarchomachischen Staaten, von *Republiken* im neueren Sinne des Wortes. An der Wende zum 17. Jahrhundert setzten die niederländischen Provinzen ihre Unabhängigkeit von der spanischen Monarchie durch. Fünfzig Jahre später wurde in England der König geköpft und Cromwell stellte sich an die Spitze des Staates. In beiden Fällen keine Republik nach der modernen staatsrechtlichen Schablone. In den Niederlanden wie in England religiöse, also theokratische Nebenströmungen. Dazu in den Niederlanden der Einfluß erblicher Statthalterschaften, in England die fast monarchische Stellung Cromwells. Es müßte noch genauer untersucht werden, wie groß der Gebrauch war, den die feierlichen Staatsakte vom Worte *Republik* machten. Jedenfalls hatte es auf die europäischen Völker einen mächtigen Einfluß, daß die Niederlande und England gerade in ihrer monarchenlosen Zeit trotz aller Staatsumwälzungen aufblühten. Und der Bedeutungswandel des Wortes *Republik* vollzieht sich. Schon im großen Wörterbuche Bayles ist gelegentlich von der Republik, das heißt vom *Freistaate*, als von der vorteilhafteren Regierungsform die Rede. Der Souverän in einer Republik sei niemals zu jung und niemals zu alt (Art. *Henri IV.*, Anm. *P.*); das Königtum verursache ungleich größere Kosten als die Republik. (*Porcius*, Anm. *P.*) In den entsprechenden Artikeln der Encyclopédie ist endlich die alte Bedeutung so gut wie vergessen und die kurze Definition lautet: *République*, forme de gouvernement, dans lequel le peuple en corps, ou seulement une partie du peuple, a la souveraine puissance. *Republikaner* heißt der Bürger einer *Republik*; man nennt so aber auch Menschen, die für diese Regierungsform begeistert sind. *Republikaner* im Sinne von Bürger einer Republik (Rousseau nennt sich *citoyen* de Génève) ist mehr ein konkreter Begriff; *Republikaner* im Sinne von Anhänger einer Idee kommt von der Abstraktion her, gehört der Umgangssprache aber erst durch den konkreten Begriff an.

Für Deutschland mußte noch der ungeheure Eindruck der großen französischen Revolution hinzukommen, um den Bedeutungswandel von *Republik* ganz zu entscheiden. Es wäre ein Umweg, sollte auch der Einfluß von dem Freiheitskriege Amerikas untersucht werden.

In Frankreich, wo die Revolution — der Scherz stammt von Hegel — alles auf die Vernunft, also auf den Kopf stellte, wurde schlankweg die Theorie, wie sie sich von den Monarchomachen über Montesquieu zu Rousseau entwickelt hatte, für einige Jahre Wirklichkeit. Die Sprache versuchte rasch zu folgen. Dabei darf nicht übersehen werden, daß das Dogma vom klassischen Altertum auf der Höhe seiner Geltung stand. Römische Trachten, Möbel und Sitten wurden wohl oder übel nachgeahmt; römische Worte konnten fast unverändert eingeführt werden. Den Bedeutungswandel bemerkte man nicht immer.

Am 22. September 1792 wurde das Königtum abgeschafft und die *République française* eingeführt. Einfach, römisch: *République française.* Der französische Staat, d. h. *Freistaat.* Vom gleichen Tage sollte die kurzlebige republikanische Ära datieren, der republikanische Kalender. Das Adjektiv hat einen radikaleren Klang als das Substantiv. Die fünfte Auflage des Dictionnaire der französischen Akademie (von 1814) kann schon *republikanischen* Geist, ein *republikanisches* System, *republikanische* Maximen verzeichnen. In den parlamentarischen Reden wird das Wort *république* unzählige Mal gebraucht. In vielerlei Bedeutung, wenn man genau hinhorcht: *Staat*, *Idealstaat*, französische *Wirklichkeit*, Ideal der französischen *Republik.* Aber der Bedeutungswandel von Staat zu Freistaat vollzieht sich doch, an der wirklichen Geschichte, so vollständig, daß man endlich für *Staat* ein neues Wort braucht; man bildet es durch Lehnübersetzung: *res publica* wird, weil *république* etwas Neues bedeutet, fast archaïstisch durch *chose publique* wiedergegeben. Danton, Robespierre und die Girondisten sprechen von der *chose publique*.

Eindeutig und international im Sinne von Staat ohne Monarchen ist *Republik* erst durch die Realität der französischen Republik geworden. In Deutschland war der Sprachgebrauch noch kurz vorher unsicher. Adelung (1777) gibt den Begriff „bürgerliche Gesellschaft, in welcher die höchste Gewalt mehrern anvertraut ist" (*Republikaner*, nur *Einwohner* einer solchen Republik, noch nicht auch *Anhänger*); das sei die engere und gewöhnlichere Bedeutung. Im weitesten Sinne, lehrt Adelung schwerfällig, bedeute *die Republik* den bürgerlichen Stand, kurz und systemlos: den *Staat*. Wie recht Adelung hatte, den Sprachgebrauch nicht festzulegen, eine Unsicherheit zu behaupten, das sieht man deutlich aus der Anwendung des Wortes *Republik* in Schillers *republikanischem* Trauerspiel „Fiesko" (1783). Wenn man unsre Schauspieler die Phrasen schreien hört, so könnte man vergessen, daß die französische Republik erst neun Jahre später geschaffen wurde. Ebenso, wenn Karl Moor (1781) ruft: „Stelle mich vor ein Heer Kerls wie ich, und aus Deutschland soll eine Republik werden, gegen die Rom und Sparta Nonnenklöster sein sollen." (Also ist mit den antiken Staaten der Begriff der ausschweifenden Lebenslust, der Genußfreiheit verbunden; sonst wäre Nonnenkloster kein Gegensatz.) Bei Schiller ist aber damals der Begriff *Republik* noch nicht eindeutig. Bald denkt er an den Freistaat, besonders im Gebrauch der abgeleiteten Worte *republikanisch* und *Republikaner*; doch nicht völlig bewußt. *Republikanisches Trauerspiel* heißt halb ein Trauerspiel, das in einer Republik spielt, halb eines, das republikanische Gesinnungen erweckt. Im Personenverzeichnis heißen die Mitglieder der Verschwörung *Mißvergnügte*, nicht *Republikaner*. Wenn Gianettino (I, 5) von *Lumpenrepublikanern* und einem republikanischen Hunde spricht, so meint er nur unklar den Anhänger einer Partei, eigentlich noch den niedrigen Bürger. Schiller will die italienischen Stadtrepubliken zeichnen, schielt aber immer wieder nach Rom und Sparta. Sparta war ein kleines Königreich. Da der „Fiesko" in Mannheim nicht recht gefiel, schrieb Schiller (5. Mai 1784): „Republikanische Freiheit ist hier zu Land ein Schall ohne Bedeutung, ein leerer Name — in den Adern der Pfälzer fließt kein römisches Blut." Wenige Jahre später hätte er Frankreich zitiert und bei dem Worte *Republik* selbst an etwas Greifbareres gedacht. *Republik* war auch für Schiller ein klingender, aber ein halbleerer Name. Oft im „Fiesko" steht es offenbar noch im alten Sinne für *Staat*. So wenn sich der Mohr (I. 9) einen Sklaven der Republik nennt. So wenn dem Gianettino vorgeworfen wird (II. 8), daß er das Wappen der Republik an der Kutsche führe. So wenn Gianettinos Agent ruft (II. 12): „Die ganze Republik ist in Wallung."

Sehr hübsch wird das sichtbar, da Fiesko sagt (III. 4): „Republiken wollen sie stürzen, können einer Metze nicht schweigen"; und (III. 10): „Haare und *Republiken* verwirren die Männer so gern." Die Republik im neuen Sinne *gründet* man; die Republik im alten Sinne stürzt, verwirrt man. Einmal stellt freilich Fiesko in einem Monologe (II. 19) den *Republikaner* Fiesko dem *Herzog* Fiesko gegenüber; da ist es aber wieder das abgeleitete Wort oder nur: der Staatsbürger.

Es gehört vielleicht mit zur Geschichte des Wortes *Republik*, daß es gegenwärtig, unter der Herrschaft sozialistischer Wortwerte, etwas von dem Zauberklang seines letzten Bedeutungswandels verloren hat. Der Bürger der république française nennt sich stolz, nach seiner Gesinnung, *Republikaner*, oder nach seinen Rechten *citoyen*. Das erwähnte Wörterbuch der französischen Akademie von 1814 gibt in seinem beachtenswerten „Supplément contenant les mots nouveaux en usage depuis la révolution" für *citoyen* die Erklärung, es bezeichne alle Franzosen und in andern Freistaaten die Leute, die sich der Rechte eines *citoyen* erfreuen. (Muster einer schlechten Definition.) Für Weiber sei es ein bloßer Titel. Unter der Julimonarchie kam man von dem revolutionären Worte ab; *bourgeois* kam auf, das noch kurz vorher besonders nur den Arbeitgeber gegenüber dem Arbeiter bezeichnet hatte, den wohlhabenden Mittelstand, daneben den Bürgerlichen gegenüber dem Adeligen. Im Adjektiv *bourgeois* hatte es schon etwas den Beigeschmack von *spießbürgerlich*. Und heute ruft Bebel verächtlich dem *Genossen* (vor hundert Jahren hätte er *citoyen* gesagt) Jaurès zu, die französische Republik sei nur eine Bourgeois-Republik, also keine, gegen die Rom und Sparta Nonnenklöster gewesen wären.

Man achte auf die Bewegung der Begriffe. Sie entspricht recht gut dem Schema Hegels, nur daß die Bewegung nicht in der Vernunft erfolgt, sondern in den Worten der Sprache. Unter der liberalen Monarchie, welche dem Mittelstande, dem Spießbürger, viele politische Rechte verleiht, veraltet das Wort *citoyen*, das jedem Staatsbürger alle Rechte verheißen hat. Der *bourgeois* macht aus Frankreich wieder eine Republik, nach Besiegung des Proletariats eine Republik des Mittelstandes. Nun fängt der deutsche Sozialismus an, das Wort *Republik* zu verachten und nennt die französische Staatsform eine Bourgeois-Republik. Der Niedergang des Dogmas vom klassischen Altertum kann das nicht bewirkt haben; denn die Verbindung mit *res publica* ist im Sprachgeist abgerissen, Republik bedeutet in der Gemeinsprache nur noch den unmonarchischen Staat. Aber *Republik* hat seinen suggestiven Wert verloren, und der Idealstaat der Zukunft wird, wenn er einst wirklich werden sollte, nicht sicher den Namen Republik annehmen.

II.

Bis mir der Gegenbeweis erbracht ist, glaube ich daran, daß unser *gemein* gar nichts anderes ist, als das lat. *communis* oder doch Verdrängung eines deutschen Wortes durch das lateinische. Die Ähnlichkeiten im edlen und im heruntergekommenen Gebrauche des Worts (franz. *commun*, engl. *common*) haben schon oft auf die Vermutung eines gleichen Ursprungs geführt. Pott und Wackernagel scheinen an etwas wie eine falsche Lehnübersetzung gedacht zu haben, als sie die Gleichung *comunis* = *gameins* aufstellten. Ich folge natürlich Hildebrands Artikel im D.-W.; nur daß ich mir meinen Glauben an die Entlehnung vorbehalte.

Communes sind ursprünglich Leute, die sich innerhalb gemeinsamer Schutzwehren, *moenia*, ansiedelten; der Begriffskern ist das Verhältnis des einzelnen Gemeindebürgers zum Ganzen; ob *munia* und *munera* damit zusammenhängt, scheint mir unsicher; daß *gemein* mit *communis* zusammenhängt, ist gewiß, unentwirrbar der Zusammenhang mit *mein* in *Mein*eid. Der allgemeinste Sinn in historischer Zeit ist: *allgemein*; wer ein deutsches Ohr hat und *all* noch als verstärkende Vorsilbe empfinden kann, wie es denn früher auch getrennt geschrieben wurde, kann die alte Sprache noch heraushören. „*Gemeiner* Mangel ist ein allgemeines Band“ (Uz). Unerfreulich der höchst unkönigliche Witz in Schillers Maria Stuart: „Es kostet nichts, die *allgemeine* Schönheit zu sein, als die *gemeine* sein für alle.“ (Ich mache gleich hier darauf aufmerksam, daß der gegenwärtig durchgedrungene verächtliche Sinn bei jeder Unterstreichung von jeher mitspielt; man denke an Hamlets Wort gegen die Mutter: Es ist *gemein* — It is *common* I, 2). Im Sinne der Allgemeinheit wird das Wort gebraucht vom Tode, der alle trifft, der *gemeine* Tod, die *gemeine* Sucht. Von der Universität als der *gemeinen* Schule, vom katholischen Glauben schon im Ahd. als dem *gemeinen* Glauben, auch wohl fast wie ein Eigenname ohne Artikel, von *gemeiner* Christenheit, *gemeiner* Kirche, aber auch vom *gemeinen* Bann und *gemeinem* Konzil, *gemeinem* Gebet. Veraltet: *gemeiner* Brauch (*common* fashion) und *gemeiner* Friede (Landfriede); als terminus technicus der Juristen: *gemeines* Recht, heute wieder üblich oder doch vor kurzem als Gegensatz zu den Partikularrechten; ebenso ist *gemeine* Sprache („daß mich beide, Ober- und Niederländer verstehen mügen“ Luther) neuerdings terminus technicus der Sprachwissenschaft geworden, Gemeinsprache, im Gegensatz zu den Mundarten, während einst gemeine Sprache, lingua *vulgaris*, wie anfangs auch in Italien, die Volkssprache im Gegensatz zum vornehmen Latein war. In der Anwendung auf Weiber überwiegt wohl der Begriff der Gemeinsamkeit gegen den der Gemeinheit, trotz unserm andern Sprachgefühl. „Eine beschlafene Dirne ... ist große Fahr dabei, daß sie gar *gemein* werde“ sagt Luther einmal, und für unser Sprachgefühl noch seltsamer: „Ist das nicht ein jämmerlich Ding, daß wir Christen unter uns sollen halten *feine gemeine* Frauenhäuser?“ Der Abstieg des Wortes wird sich in regelmäßigen Stufen nicht verfolgen lassen. *Gemeine Leute* waren ursprünglich Unparteiische, d. h.

auf die sich die streitenden Parteien gemeinsam vertrugen; sodann wirklich pluralisch als die Schiedsrichter oder Richter, die das Recht finden, was sich aber mit der richtenden Gemeinde verquickt; irgend ein Zusammenhang mit Gemeinsinn und dergl. steckt dann in der weiteren Ausbildung dieses *gemein* als unparteiisch oder nicht „verwandt". Nun wurde dieses Adjektiv von Menschen auch auf Einrichtungen übertragen; Rechte, Gesetze, auch Spielregeln müssen *gemein*, d. h. parteilos sein, wie auch einmal im Altfrz. *commun* et igual (égal). Wer nun als hoher Herr so *gemein* ist wie Gesetze und Rechte sein sollen, commun et igual, der ist in ganz Deutschland ein *gemeiner* Herr im Sinne von Herablassung, Leutseligkeit. Ein Sprachgebrauch, der übrigens im Schwedischen und mundartlich im Dänischen wiederkehrt und sogar schon für das lat. *communis* (cunctis, vom Kaiser Theodosius) und das griechische *κοινος* belegt ist. In diesem Sinne, noch bis zu Kant („es ist unter der Regierung Würde, sich mit dem Volke *gemein* zu machen") entstand die Redensart *sich gemein machen*, d. h. zu leutselig, zu familiär sein.

Heruntergekommen ist das Wort wohl schon früh, ich möchte glauben infolge und als Begleiterscheinung der großen politischen Umgestaltungen. Die *gemeinen Leute* waren einst die souveräne Gemeinde; als der Landesherr souveräner, absoluter Fürst geworden war, drückte er die *gemeinen Leute*, womit doch auch die Ratsversammlung, also etwas wie das Haus der *Gemeinen* bezeichnet worden war, im Gegensatz zu Fürsten und Herren oder im Gegensatz zu Beamten, zur quantité négligeable der schlechten (auch *schlecht* war erst so heruntergekommen) Bauern herunter. Sehr früh wurden schon im Schachspiel die Bauern die *gemeinen Leute* genannt. Der *gemeine Mann*, ursprünglich der Mann mit Gemeinderechten, noch im Bauernkriege die gesamte Bauernschaft, wurde mit dem Aufkommen des absoluten Fürstentums der Untertan, soweit er ohne Macht, also ohne Recht war: der arme Mann ohne Adel, ohne Geld, ohne Weihe, ohne Bildung, besonders auch ohne Offiziersrang oder Unteroffiziersrang, a *common* soldier, einst noch *gemeiner* Kriegsknecht im Sinne von „Heer, die Offiziere eingeschlossen", jetzt aber gar ohne Substantiv, ein *Gemeiner*. So sinkt *gemeines Volk* vom Ausdruck des staatsbildenden Ganzen zum Ausdruck für den staatsgefährlichen Pöbel hinunter, und erst in revolutionären Zeiten wird wieder auf den gemeinen Mann gehört.

Als nun das Wort so heruntergekommen war, wurde die alltägliche, durchschnittliche Art des Denkens, ja sogar der gesunde Menschenverstand, *common sense*, verächtlich gefunden gegenüber der hohen Art philosophischen Denkens; und es ist eine schöne Vermutung Hildebrands, daß wir das Wort in seinem jetzigen tief verächtlichen Sinne mit durch Schillers hohen Schwung haben, der *gemein* im Sinne von *niedrig* aus Kant übernommen und ganz persönlich in seinem ästhetischen und dichterischen

Sprachgebrauch ausgebildet hatte. „*Gemein* ist alles, was nicht zu dem Geiste spricht; ein *gemeiner* Kopf wird den edelsten Stoff durch eine *gemeine* Behandlung verunehren; denn aus *Gemeinem* ist der Mensch gemacht; die *gemeine* Deutlichkeit der Dinge." Da ist es nun wirklich sehr merkwürdig, daß, wie eben Hildebrand bemerkt, Goethe jedesmal, wenn er von Schiller spricht, ihn erhaben über das *Gemeine* nennt, nicht nur in den berühmten Worten des Epilogs: „Und hinter ihm in wesenlosem Scheine lag, was uns alle bändigt, das Gemeine." Wer sein Sprachohr fein genug abgestimmt hat, kann nun unser verächtliches *gemein*, das noch für Adelung kaum etwas Schlimmeres als das *Gewöhnliche* bedeutete, in Schillerischem Bedeutungswandel = niedrig vernehmen, trotzdem Schiller das Wort eigentlich noch im Adelungschen Sinne zu gebrauchen vermeinte, aber unbewußt durch den Aufschwung seiner Seele das Gewöhnliche zum ganz Niedrigen umprägte.

Die alte Bedeutung von *gemein* wurde, nachdem der Bedeutungswandel ins Niedrigste sich vollzogen hatte, durch Neubildungen, wie *gemeinsam*, *gemeinschaftlich*, ersetzt. Die Nachbarsprachen machten die beiden Bewegungen nicht vollständig mit. Im Französischen ist die alte Bedeutung von *commun* (droit, intérêt) nicht so archaïstisch wie bei uns; *commun* heißt zwar auch das Gewöhnliche, Durchschnittliche (année, Durchschnittsjahr), Mittelmäßige (drap *commun* = ordinäre Ware, aber auch *ordinär* ist ja erst so heruntergekommen), nur ganz selten ein Gegensatz zu vornehm, wie figure *commune*, was aber noch ganz gut dem Durchschnittlichen entspricht. Im Englischen ist *common* etwa zwischen dem französischen *commun* und dem deutschen *gemein* in der Mitte geblieben; Eigentümlichkeiten des Englischen, wie *commons* = Unterhaus und *common sense* = gesunder Menschenverstand im guten Sinne, sind schon erwähnt.

Aus der Zeit vor dem Niedergang des Worts die Doppelbildung *Gemeine*, *Gemeinde*, *communio*, *Kommune*. Noch heute Zusammensetzungen wie *Kommunal*verwaltung usw. = *Gemeinde*verwaltung usw. Das deutsche Wort ist jetzt im Aufstieg. Das D. W. vermutet richtig deutschen Einfluß im Geschlecht: *la commune*. Die Verwendung war einst überaus reich. Luther: „Gemeinschaft (im Abendmahl) heißt das gemeine Gut, deß viel teilhaftig sind und genießen . . . denn gemein Ding heißet, deß viel im gemein genießen, als gemeine Born, gemeine Gassen, gemeine Acker, Wiesen, Holz, Feuer." Gegensatz dazu *privatus*, *eigen*, individuell; also *gemein* = *publicus*, schon bei Notker; *Gemein*schreiber notarius publicus (Luther). *Gemeingeist* wohl Lehnübersetzung nach englisch *public spirit*. Davon endlich Lehnübersetzung von res publica: *gemeinnütze*, *gemein* Gut (15. und 16. Jahrh.), das *gemeine* Wesen (nur getrennt noch bei Adelung), endlich *Gemein*wesen (erst seit Wieland?). Aus *gemein* Gut bildet sich *Gemein*wohl = *res publica* im Sinne von salut public, dies wohl wieder erst von *common weal*, *public interest*. Der Sprachgebrauch folgt immer den Revolutionen nach. Deutsche Pedanterei bildet: das *gemeine Beste*.

Noch genauer an res publica lehnt sich an: die gemeine Sache (Schiller im Tell mehrfach), auch ohne Artikel *Gemeine Sach*, wie denn auch *ein gemeines Wesen*, d. h. eigentlich *das eine* (Chr. Weise: *gemeine W.*). Die Bedeutung: *was alle angeht*, quod omnes interest, tritt oft sehr deutlich hervor; *gemeiner Rat* schon im Nibelungenlied; *gemeine Versammlung* (Luther) wie unser Generalversammlung.

Sehr merkwürdig, daß im Russischen, wo die alte *Gemeinde* mit ihren gemeinsamen Landinteressen vielfach noch besteht, das Wort für *Gemeinde* (russ. *mír*) auch die Welt, das Weltall, das Menschengeschlecht bedeutet, den Kosmos.

Im westlichen Europa jedoch hat die Wortgeschichte dazu geführt, daß *res publica* sich einseitig auf die Staatsform einschränkte, daß dagegen für die Neugestaltung des idealen Zukunftsstaates, der vermeintlich wahren res publica, aus *commun* die neuen Worte *communiste* (zuerst im Programm Cabet's von 1840; Heine bemächtigt sich bald darauf der Neubildung und führt sie bei uns ein) und *Kommunismus* gebildet wurden. *Communard* heißt bald nach 1870 ein Anhänger der Pariser *commune; communiste* seit 1840 ein Anhänger der Gütergemeinschaft, der *communauté*, welche Ausdrücke freilich schon längst im Sachenrecht (z. B. dem zwischen Eheleuten) üblich waren.[1])

Dem Worte *Kommunismus* ist der Stempel aufgedrückt: einseitig, übertrieben wie alle Ismen; das allgemeine Wohl so konsequent durchgesetzt, daß das Individuum sich nicht mehr wohl fühlt.

III.

Wie immer wird zum Hauptworte einer Wissenschaft genommen, was vorher seinen Inhalt verloren hat. Das leerste Wort, das brauchbarste. Wie ein Kürbis zur Flasche wird, nachdem der natürliche Inhalt herausgenommen ist.

Griechenland kannte den Territorial-Staat nicht, *πολις* war *Stadt* und *Staat*, die Bürgergemeinde, *το κοινον*. Ebenso in Rom *civitas*. *To κοινον* wurde übersetzt mit *res publica*. Es ist aber nicht wahr, daß res publica auf diejenigen Staaten eingeschränkt wurde, welche vom Volk gewählte Magistrate besaßen.

Den Staatsbegriff hätten Griechen und Römer gehabt, wenn jemand darnach gefragt hätte; aber es fragte niemand, weder nach andern Staaten, noch nach dem Staate im allgemeinen. *Status* findet sich im spätern La-

[1]) Unser deutsches *Gemeinheit* entspricht ursprünglich in mancher Bedeutung dem franz. *communauté*; es bezeichnete den einer *Gemeinde* gehörigen Grund und Boden; zu der heutigen Bedeutung ist es erst ganz in den letzten hundert Jahren heruntergekommen; noch Fichte, Grillparzer und Schlosser gebrauchen es an Stellen, wo wir Mittelmäßigkeit oder Plattheit sagen würden.

tein, *status rei publicae* bei Ulpianus, sogar *status Romanus* bei Aurelius Victor und in einem Briefe Julians bei Ammianus, fast mit *römischer Staat* zu übersetzen, aber doch mit der Nüance *Zustand*, *Stand*.

Wie unter dem römischen Weltreich das Verhältnis der unterworfenen Staaten oder Provinzen niemals staatsrechtlich festgelegt wurde, wie es den Herren der Welt genügte, daß die besiegten Menschen, nicht die Territorien dem römischen Imperium gehorchten, so wurde die Fiktion eines Imperiums im Mittelalter festgehalten durch das römische Reich deutscher Nation. Beachtenswert, wie dann nach einer Unterbrechung von einem halben Jahrtausend Einer, der sich wieder zum Herrn der Welt machte, auch das Wort *imperium* hervorholte, sein Reich *empire*, sich selbst *empereur* nannte und Staatsrecht Staatsrecht sein ließ. Der Staatsbegriff kam aber auf, als etwa im 14. Jahrhundert die Fiktion des römischen Reichs deutscher Nation für die Stadtherrschaften Italiens nicht mehr aufrecht zu erhalten war. In Italien hatte sich das Wort *stato* für den politischen Zustand ausgebildet. Dante (Inf. 27. 54.): tra tirannia si vive e *stato* franco. Man bezeichnete mit *stato* bald die Organisation der Herrschaft, bald die herrschenden Stände, den herrschenden *Stand*. Zum Terminus gestempelt wurde das Wort durch den ersten Satz des „Principe“ von Macchiavelli: Tutti gli stati sono .... o republiche o principati. Aber noch etwa 100 Jahre lang werden die Ausdrücke *stato* und *republica* durcheinander gebraucht, ebenso *état* und *république*. Shakespeare ist *state* schon geläufig. In Deutschland führt sich *Staat* am spätesten ein, weil hier Lateinisch am längsten die Sprache der Wissenschaft war und die Sache klassisch nur *res publica* hieß. Erst im 18. Jahrhundert spricht man hier von einem *Staatsrecht*, früher *jus publicum*, erst Ende des 18. Jahrhunderts macht das allgemeine Landrecht den Staatsbegriff offiziell.

Doch auch nachher noch erbt sich der alte Sprachgebrauch fort. In Preußen hießen die Provinzen oder Landschaften mit besonderer Verfassung, wie in den Niederlanden, *Staaten*. „Gesetzsammlung für die königlich preußischen Staaten“ ist heute noch offizieller Titel. Und das Patent, mit welchem Franz II. 1804 den österreichischen Staat begründete, spricht von unsern Königreichen und andern *Staaten*.

So jung also das Wort, so trägt es doch schon den Todeskeim in sich. Innerhalb eines Staates ist der Staatsbegriff selbstverständlich überflüssig. Man spricht nur in Übergangszeiten von staatsrechtlichen Fragen; sonst von innerer Politik. Und wo das Staatsrecht allein von Bedeutung wäre, in den Beziehungen zwischen verschiedenen Staaten, in internationalen Beziehungen, da spricht man von *Völkerrecht*, von einem *jus gentium*, anstatt einem *jus publicum*. Nicht zu übersehen wäre dabei, daß im Worte Völkerrecht sich doch, zuerst sprachlich und unabsichtlich, die Sehnsucht nach einem Recht der Völker ausspricht, einem noch ungeschriebenen

Recht, de lege ferenda. Äußerste Heuchelei steckt hinter manchen Anträgen der *Staaten* zugunsten eines *Völker*rechts: jede Macht möchte die besseren Waffen des Gegners verbieten. Die *Monarchomachen* zogen ebenso aus dem ursprünglichen Sinn von *res publica* ihre Schlüsse in tyrannos. Eine höchste Ausbildung erlangte dieser Begriff, der so streng wieder aus den Silben *res publica* abstrahiert wurde, während der großen Revolution im *salut public:* salus rei publicae suprema lex. Spielt aber schon bald nach Macchiavelli (Botero 1583) als *ragione di stato, raison d'état*, *Staatsraison* eine bewußt anarchische und unchristliche Rolle. (Heuchlerisch war auch der Anti-Machiavel Friedrichs d. Gr.)

Aber auch in den Kreisen, die allein Geschichte machen können, wird vom Staate eigentlich nur noch verlegen gesprochen, wie von einem pudendum. Minister, die zu dienen haben, heißen *Staats*minister; aber der Titel sécrétaire *d'État* hatte sich im 17. Jahrhundert für sécrétaire du roi eingeführt, als in ehrlich absolutistischen Zeiten die Bedeutung des Staates betont werden sollte. In Deutschland gar heißt *Etat* fast nur noch das Budget; *Etat*redner sind Redner über Geldfragen. Unsere ungern konstitutionellen Fürsten und ihre wirklichen Vertreter, die Gesandten, sprechen vom Staate ebenso selten wie vom Parlamente; dafür von: *potentia, puissance*, *power*, *Macht.* Man könnte diesen Sprachgebrauch fast ehrlich nennen.

Wie groß die Heuchelei ist, die zwischen den Staaten und in den Einzelstaaten mit dem Worte *Recht* getrieben wird, wo von *Macht*fragen allein die Rede sein sollte, das erhellt schon daraus, daß ein Bismarck sich einmal dagegen verwahren zu müssen glaubte, die Regel oder das geflügelte Wort „Macht geht vor Recht" gesprochen zu haben; aber bereits Luther hatte den Satz, daß Gewalt über Recht gehe, als ein *gemein Sprichwort* angeführt, und Spinoza als Staatsrechtslehrer (im politischen Traktat II. 8) begründet das Naturrecht ganz unbefangen damit, daß jeder nur soviel Recht hat, als er Macht besitzt (quia unusquisque tantum juris habet, quantum potentia valet).

IV.

Man lese in A. Mengers „Neuer Staatslehre" die vorzügliche Darstellung des Verhältnisses zwischen den einzelnen Gruppen der Staatsbürger, wie es sich entwickelt hat, und man wird beinahe wie einen Haß eines modernen Staatsrechtlers gegen den *Staat* heraushören. Allerdings redet Menger noch von Zwecken der Menschheit, denkt also doch wohl an eine Bestimmung der Menschheit; aber von dieser Vorstellung aus kommt er zu dem Urteil: „Die Staaten als solche haben gar keinen Zweck, sondern nur ihre Machthaber" (S. 201). Das Streben der obersten Staatsleiter richte sich regelmäßig auf Macht und Glanz; Mengers Ausfall gegen den offiziellen Patriotismus hängt damit zusammen, daß er das Interesse der einzelnen Gruppen an des Staates Macht und Glanz richtig einschätzt. Er erkennt deutlich, daß die alte theokratische Staatslehre, die ja als eine Phrase von den konservativen Parteien immer noch gepredigt wird, zugrunde liegt, wenn heute noch angesehene Staatslehrer dem Staate etwas wie eine selbständige Persönlichkeit zuschreiben. Bis zu einer sprachkritischen Analyse des Staatsbegriffs ist Menger trotzdem nicht vorgedrungen; er ist aber Skeptiker genug, um die Verschiedenheit der einzelnen Staatsformen nicht gerade feierlich zu nehmen; er prophezeit, der volkstümliche Arbeitsstaat der Zukunft werde bei den Romanen eine republikanische, bei den Germanen eine monarchische Form annehmen.

Will man ein deutliches Bild erhalten von der Wortheuchelei, die überall von Rechtsfragen redet, wo es sich einzig und allein um Machtfragen handelt, so betrachte man einmal die Stellung der Parlamente zu den vollziehenden Machthabern einerseits, zu dem wählenden Volke anderseits. Es soll ja nicht geleugnet werden, daß dem Ringen der Parlamente um die Macht bei den besten Parlamentariern ein Rechts*gefühl* zugrunde liegt, eine Sehnsucht nach einem Idealstaate, in welchem immer die res publica, das Gemeinwohl zu entscheiden hätte; aber nur äußerst selten wird im Parlamente selbst zugestanden, daß der politische Kampf ein Kampf um die Macht sei. Der begabte oder gar geniale Politiker, der nur reden darf, nicht aber an der Errichtung eines neuen Staatsgebäudes mitschaffen, ist die tragische Gestalt unserer konstitutionellen Staaten, nicht nur Preußen-Deutschlands; ich verweise darauf, wie Maximilian Harden („Köpfe" 218 f) das Tragische in der Gestalt Eugen Richters dargestellt hat. Es braucht nicht erst gesagt zu werden, daß kleinere Parteihäupter, die niemals zu der Macht gelangen, für die von ihnen verteidigten Rechte durch die Tat einzutreten, tragi-komische oder gar komische Persönlichkeiten sind.

Nicht ganz so schlimm steht es um die wissenschaftlichen Staatsrechtslehrer, weil diese ihre Kraft nicht in elenden Verhandlungen mit den Machthabern und mit dem Volke aufreiben müssen, weil sie, wenn eine geistige Kraft da ist, diese Kraft zur Kritik der Verhältnisse und zur Aufrüttelung einer neuen Sehnsucht verwenden können. Hat ein solcher Staatsrechtslehrer erst eine Schule gegründet — ich denke eher an Rousseau oder Marx als an eine Schule im Hörsaal — so ist er selbst ein Machtfaktor geworden, ein Staat im Staate, mit dessen Vertretern die herrschenden Machthaber paktieren müssen wie mit den Vertretern anderer Mächte.

Die Gelehrten jedoch, die das Staatsrecht nur systematisch oder historisch darstellen wie andere Fächer auch, dürfen nicht glauben, daß sie irgend eine lebendige Macht bedeuten. Ebensowenig als jemals ein Klassifikator das Reich der Organismen durch seine geistige Arbeit vermehrt hat. Ganz besonders aber ist es falsch, wenn theoretische Staatsrechtslehrer sich auf die Theorien berufen, die ein großer Staatsmann, ein genialer Staatsgeschäftsmann gelegentlich im Kampfe um die Macht ausgesprochen hat. Man studiere einmal die „Grundzüge einer Allgemeinen Staatslehre nach den politischen Reden und Schriftstücken des Fürsten Bismarck", die Rosin gründlich und mit musterhaftem juristischen Scharfsinn zusammengestellt hat. Eine allgemeine Staatslehre ist aus der Geschäftsführung eines Staatsmannes ebensowenig zu abstrahieren, als eine brauchbare Mechanik aus der Partie eines Billardspielers; jeder Stoß des Spielers beruht auf der Kenntnis mechanischer Gesetze, jeder Zug des Staatsmanns auf der Kenntnis psychologischer Tatsachen: aber keiner von beiden will eine neue Theorie aufstellen oder sich zu einer alten bekennen.

Man vergegenwärtige sich die Lebensarbeit Bismarks. Er hat sich mit wachsender Bewußtheit und wachsender Kraft die Aufgabe gestellt: den Wunsch seines Königs nach einem mächtigeren Preußen mit seiner eigenen Sehnsucht nach einem einigen Deutschland zu verbinden. Mit wachsender Bewußtheit und mit wachsender Größe gelingt es ihm, die für eine solche Aufgabe nötige Macht in seiner Person zu sammeln. Um diese Macht zu haben, muß er mit allen Mitteln der Psychologie die entgegenstehenden Widerstände niederkämpfen: die Widerstände bei der militärfeindlichen Volkspartei, aber auch die Widerstände beim König und bei dessen Umgebung, die Widerstände bei den adeligen Großgrundbesitzern und bei der katholischen Kirche. Auch wenn Bismarck nicht so oft seine Verachtung gegen wissenschaftliche Theorien in der Politik ausgesprochen hätte, müßte es sich aus der geschilderten Sachlage ergeben, daß Bismarck unaufhörlich um seine Macht zu kämpfen hatte und in jedem Augenblicke des Kampfes die vorhandenen Staatstheorien als Mittel gebrauchte, wie andere psychologische Mittel auch, für seinen einzigen Zweck; und dieser einzige Zweck war nur darum groß und heiligte nur darum alle Mittel, weil die Einigung Deutschlands eine Bedingung der deutschen res publica war, eine Bedingung der allgemeinen Wohlfahrt der deutschen Landsleute. Bismarck wurde in seinen Reden und in seinen Erinnerungsschriften oft genug zum ersten politischen Magister Germaniae; aber man tut ihm gewiß nicht unrecht, wenn man behauptet: die meisten Äußerungen aus der Zeit der Kämpfe um seine Macht sind Kompromisse, sind Forderungen des Tages. Die wichtigsten theoretischen Fragen (das Verhältnis zur Kirche, die Staatsform) behandelt er gelegentlich, als ob sie Stellungen der Bälle auf dem Billard wären. „Politik ist keine exakte Wissenschaft."

So gilt das grimmige Wort, das Hobbes über den Naturzustand der Menschen, über den Zustand vor Entstehung der Staatensysteme gesprochen hatte, erst recht für das Verhältnis der Parteien zu den Systemen eines Staatsrechts: bellum omnium contra omnes. Der Staatsmann haßt und verachtet die Staatsrechtslehrer, diese bekämpfen den Staatsmann, solange er am Werke ist, und setzen sich erst historisch mit ihm auseinander, wie sie sich mit Napoleon erst historisch auseinandergesetzt haben; und die Hauptmasse des Volkes haßt den Staatsmann, die gelehrten Staatsrechtslehrer und — trotzdem die Liebe zur Heimat vorhanden ist — den Staat.

Das gemeine Volk fragt weder den Staatsmann, noch den Gelehrten, noch den Staat nach Theorien, nach Gründen. Es wäre entsetzlich für die Heimat, die wir alle lieben, wenn erst das gemeine Volk den eigenen Machthabern gegenüber so empfinden würde, wie Kleist dem fremden Bedrücker gegenüber, wenn es sich in einer Revolution, die doch einfach und eigentlich die Anpassung an neue Verhältnisse sein sollte, den wilden Kriegsruf zu eigen machte:

„Schlagt ihn tot! das Weltgericht
Fragt euch nach den Gründen nicht!“

V.

Woher dieser Haß, der von niemand geleugnet werden kann, welcher sehen will, was ist? Der Hauptgrund dürfte darin zu suchen sein, daß der Staat seinem Wesen nach nur ein notwendiges Übel ist, ein Mittel der allgemeinen Wohlfahrt, daß aber dieser Staat ebenso personifiziert worden ist wie die weitern Mittel des Staates, wie Heer und Polizei, und daß man alle diese „Persönlichkeiten“ und einige andere dazu, weil man sie zu Personen gemacht hatte, für Selbstzwecke hielt. Der Staat sollte nur da mit seinen Machtmitteln eintreten, wo er unentbehrlich ist; aber er sieht in seinen Machtmitteln einen Zweck an sich und möchte darum überall herrschen.

Man achte auf die Geschichte des Wortes Polizei, das vom griech. *πολιτεια (res publica)* herkommt; bis zum 17. Jahrhundert verstand man unter *Polizei* entweder den Staat selbst oder die innere Einrichtung eines Staates; dann gewann das Wort immer mehr die Bedeutung einer Aufsicht über das Leben der Staatsbürger und ist heute, trotzdem die Macht der Polizei gesetzlich geregelt ist, beim niedern Volke die meist gehaßte Vertretung des Staates. Der Mann aus dem Volke lernt den Staat aktiv durch seine Dienstpflicht, passiv durch die Polizei kennen. Der Mann aus dem Volke weiß nicht, daß die Rechte und Gesetze, denen er in Familien-, Eigentums-, Straf- und Kirchen-Angelegenheiten gehorcht, eine sehr langsame Geschichte von Jahrtausenden gehabt haben, er weiß nicht, daß die Gesetze und die Rechte des oben allmächtigen Staates und der unten allmächtigen Polizei erst seit verhältnismäßig kurzer Zeit um die Anerkennung ihrer Macht ringen; aber der Mann aus dem Volke ahnt, daß der Staat der Polizei eine Macht gegeben hat, die auf keinem alten Herkommen beruht und sieht im Staate den Polizeistaat.

Dieser Polizeistaat kann nun, selbst wenn er wollte, bei der ungeheuern Ausdehnung der Staatsterritorien nicht mehr individualisieren, kann nicht patriarchalisch sein; er muß normalisieren, schablonisieren. Das religiöse, das politische Genie würde heute beim ersten Auftreten ins Loch gesteckt werden. Die Polizei würde heute keinen Jesus dulden, nicht einmal einen hl. Franciskus. Zum Schutze der Mittelmäßigkeit muß die Polizei das Außerordentliche vernichten. Man denke nur an die Schule, die dieses Polizeistaates würdig ist. Die Mittelmäßigkeit wird abgerichtet, dem Genie werden Klötze zwischen die Füße geworfen. Wo ist der Staat, der (über das Recht auf Arbeit hinaus, das eine schwierige Frage ist) sich die Aufgabe stellen würde: jedem Arbeiterkinde und jedem Häuslerkinde durch einen Schulunterricht, der nicht dem väterlichen Vermögen sondern den persönlichen Anlagen des Kindes gemäß sein müßte, eine den Anlagen entsprechende Arbeitsmöglichkeit zu gewähren? (Vgl. Art. *Schule.*)

Nicht darin ist der Hauptgrund der Abkehr vom Staate zu suchen, daß unsere Monarchien nicht die Staatsform von Republiken erhalten haben, sondern darin, daß Monarchien und Republiken nicht mehr zu wissen scheinen, trotz alledem, was in der Not für den vierten Stand geschehen ist: der Staat ist ein Summenwort für die Mittel, die der *res publica* nützlich sind.

Richtung. — Das Wort *richten* (von *recht* abgeleitet, natürlich wie dieses ein Lehnwort und nicht etwa mit lat. *rectus* „urverwandt“) hatte ursprünglich, was man so ursprünglich nennt, die Bedeutungen: gerade machen, senkrecht stellen, schlichten (besonders einen Streit); die Bedeutung *gerade machen* steckt noch in dem militärischen Kommando *richt' euch*; sie steckt auch noch in dem Substantiv *Richtung* (ohne *Richtung* zu Pferde sitzen), das ganz besonders die *Tätigkeit* des Richtens bezeichnete und als Übersetzung von lat. *directio* am häufigsten die Einhaltung einer der unendlich vielen Richtungen des Raums. Bildlich wurde das Wort häufig auf die Tendenz des Willens nach einem bestimmten Ziele hin angewandt, wie denn *richten* (der Geschütze) mit *zielen* fast gleichbedeutend ist.

Seltsamerweise wurde der Begriff der Richtung durch Jahrhunderte selbst in der Bewegungslehre vernachlässigt; wahrscheinlich darum, weil die quantitative Berechnung der Bewegung die Physiker und Mathematiker zu sehr in Anspruch nahm, und weil sie ahnten, daß die Richtung sehr leicht eine Beziehung zum Qualitativen annehmen könne. Erst nachdem Wundt den Richtungsbegriff für den Raumsinn und für den Zeitsinn zu untersuchen angefangen hatte, nachdem für die Biologie die Frage nach der Richtung oder der Tendenz der Entwicklung brennend geworden war, nachdem man in äußerster Verlegenheit versucht hatte, den gefährdeten Zweckbegriff durch das neue Wort *Zielstrebigkeit* (K. E. v. Baer hat es erfunden) zu ersetzen, konnte man an die ganz neue Frage herantreten: wie verhält sich die *Richtung* der mechanischen Bewegung zu der *Richtung* der biologischen und dann der soziologischen Entwicklung? Haben wir es da und dort mit dem gleichen Begriffe zu tun oder nicht?

Über diese Frage hat Goldscheid vor wenigen Jahren als der Erste eine sehr anregende und wertvolle Untersuchung veröffentlicht: „Der Richtungsbegriff und seine Bedeutung für die Philosophie" (Annalen der Naturphilosophie VI). Interessant ist es schon, daß Goldscheid nicht von der Mechanik herkam, sondern von der Soziologie, wie er denn auch die Frage bereits in seiner „Kritik der Willenskraft" gestreift und gegen die Theorien von Marx die Persistenz der Willensrichtungen (S. 181) hervorgehoben hat. So kommt es Goldscheid besonders darauf an, die Ergebnisse seiner Richtungstheorie auf die Soziologie anzuwenden; gerade auf dieses Gebiet kann ich ihm nicht folgen, vielleicht aus Unkenntnis, vielleicht nur deshalb, weil ich die gerichteten Kräfte in der geschichtlichen Entwicklung nicht wahrnehmen kann; um so mehr verdanke ich ihm dort, wo die gerichteten Kräfte der Mechanik und der Biologie verglichen werden.

Man sagt, es gebe im Raum unendlich viele Richtungen; auch lasse sich jede Richtung im Raume durch ein Koordinatensystem bestimmen. Das ist insofern nicht ganz richtig, als für die Geometrie die Richtung A B ebenso aussieht wie die Richtung B A und just für die Entscheidung zwischen A B und B A etwas zu Hilfe genommen werden muß, was eben erst die Richtung ausmacht. Die Richtung ist der entscheidende Faktor einer Bewegung; während aber die andern Faktoren einer Bewegung quantitativ gemessen werden können, hat die Richtung keine Quantität, keine Intensität, ist von der Kraft untrennbar, ist fast wie eine Qualität. Nur daß die Qualitäten sonst als Wirkungen der Kräfte aufgefasst werden können, jede Kraft aber ihre Richtung schon mit sich führt; auch latente Kräfte sind gerichtete Kräfte.

Halten wir fest im Auge, daß eine solche *gerichtete Kraft* sich in einem Hauptpunkte, der Richtung nämlich, der ziffernmäßigen Berechnung entzieht, ja sogar der Anwendung des Kausalitätsbegriffs, und denken wir jetzt daran, daß auch in der Biologie die sog. Zielstrebigkeit der Organismen nicht restlos durch chemische Gesetze zu erklären ist, daß der Begriff eines Zwecks oder eines Ziels immer wieder zu Hilfe genommen werden muß, dann halten wir uns für berechtigt, in dem Richtungsbegriffe den lange gesuchten Oberbegriff zu erkennen, der die Kausalität und die irgendwie sich immer aufdrängende Teleologie verbindet; das zweckmäßige Wachstum eines Organismus wird der mechanistischen Welterklärung dadurch unverständlich, daß Ursachen immer nur aus der Vergangenheit herwirken, daß aber die Entwicklung des Organismus einem künftigen Ziele zustrebt, dem fertigen Lebewesen; wenn nun aber auch der fallende Körper oder der rotierende Planet in seiner Richtung ein Ziel hat, meinetwegen nur ein räumliches Ziel, dessen letzte Ursache aufzuklären selbst einem Newton nicht gelungen ist, dann ist auch die mechanische Bewegung nicht restlos durch Kausalität zu erklären und die Zielhaftigkeit (Teleologie) jeder Bewegung muß zugegeben werden. Will man die Gravitation als eine Ursache gelten lassen, so ist sie nur die Ursache von Quantitäten, von Intensitäten, nicht von einer *Richtung;* auch das Kant-Laplacesche Weltbild erklärt die Richtung der Bewegungen nicht. Der Richtungsbegriff in der organischen Welt ist nicht geheimnisvoller als in der mechanischen Welt. Die Ursache einer Bewegungsrichtung (durch Gravitation, durch Elektrizität) ist uns ebenso unbekannt wie die Ursache jedes Zwecks, der nicht von einer menschlichen Absicht gesetzt worden ist. Man beachte dabei, daß der Begriff *Teleologie* von griech. *τελος* abgeleitet ist, daß dieses Wort ursprünglich das räumliche *Ende*, das *Ziel* bedeutete, daß unser *Zweck* dieses griech. *τελος* nur sehr drastisch übersetzte, nur bildlich alle diese Ausdrücke auf das Ziel menschlicher Absichten übertragen wurden (vergl. Art. *Zweck*) — und man wird begreifen, daß auch wortgeschichtlich das räumliche Ziel mit dem Zwecke menschlichen Wollens zusammenhängt. Goldscheid, der sich sprachkritischen Anregungen nicht verschlossen hat, ist leider diesen Spuren nicht nachgegangen. Er hat auch die Frage nicht untersucht, deren mathematischer Untersuchung ich mich nicht gewachsen fühle: ob die Richtung einer Kraft (ich denke zunächst an die Mechanik) geradlinig sein müsse. Ich meine, wir sollten uns von dem Schema der Schwerkraft nicht irreführen lassen; wir sollten an die Kurven eines elektrischen Feldes denken, die wenigstens die Anordnung der Richtungen im Raume nicht geradlinig darstellen. Die Richtungen der Biologie scheinen nicht geradlinig zu sein. Ich habe diesen Punkt nur erwähnt, damit nicht wieder ein Gegensatz zwischen den gerichteten Kräften der Mechanik und den gerichteten Kräften der Biologie von da aus aufgerichtet werde.

Mir will scheinen, als könnte die Lehre des Panpsychismus, welche ebenso wie der Pantheismus eine Sehnsucht der Gegenwart mit Hilfe veralteter Worte ausdrückt, durch die neue Richtungstheorie wenigstens sprachlich verbessert werden. Was der Panpsychismus als ein Analogon zu der sog. Seele des Menschen in die unorganischen Dinge hineinverlegt und was mit noch weit größerer Ähnlichkeit als Pflanzenseele uns nahegebracht worden ist, was also die Einheit der Natur, die Einheit zwischen dem wollenden Menschen und dem fallenden Steine für die Phantasie herstellen würde, das ist der Begriff der gerichteten Kraft. Ja, wir empfinden eigentlich das, was man in der Gemeinsprache die Seele oder den Willen nennt, geradezu als eine gerichtete Kraft, als eine gespannte und nach einem Ziele gerichtete Kraft. Der Unterschied zwischen dem wollenden Menschen und dem fallenden Steine bestünde demnach nur in einem Sekundären, in der Empfindung. Für die Biologie, sogar für die Psychologie ist diese Ausdehnung des Richtungsbegriffs gut vorstellbar.

Ich wiederhole, daß mir diese Ausdehnung des Richtungsbegriffs auf Geschichte und Soziologie nicht vorstellbar ist. Man wollte denn auf ein sensorium commune der Völker verzichten, auf eine Psyche der Völkerpsychologie, so daß die Geschichte allerdings noch materialistischer würde, als Marx sich das gedacht hat: materialistisch wie der fallende Stein. Die Richtung der Organismen, also ihr Zweck, ist so offensichtlich, daß wir über Darwin hinaus zu dieser Vorstellung zurückgekehrt sind; eine Richtung, ein Zweck also, in der Geschichte ist für viele unter uns unsichtbar, unvorstellbar.

S.

schön. — Homeros und Sophokles, Pheidias und Raphael, Dante und Shakespeare, Lionardo da Vinci und Sebastian Bach haben Werke geschaffen, die wir heute noch *schön* finden; sie haben geschaffen ohne Ästhetik, ohne auch nur zu ahnen, daß es einmal eine Wissenschaft vom Schönen geben werde; Griechen und Romanen, Engländer und Deutsche hatten aber lange vor der Erfindung der *Ästhetik* Worte in ihrer Sprache, die die Empfindung ausdrückten: das gefällt mir. *Καλος* sagte Homeros von Männern und gern von Frauen, von Rindern und Hunden, von Kleidern und Waffen, aber auch im Sinne von *gut* oder *schicklich*, vom Winde, von Reden; er kannte auch schon das Substantiv *καλλος*, nur daß die Erklärer darüber streiten, ob dieses *καλλος* personifizierte *Schönheit* war, die den Menschen übergeworfen wurde wie ein Kleid, oder ob es gar ein kosmetisches Mittel war. Die Lateiner sagten *pulcher* von Knaben und Mädchen, von Häusern und Städten, gebrauchten das Wort aber auch da, wo wir von geistigen Dingen *schön*, herrlich, edel usw. sagen; *pulcher* wird von *fulgere* (schimmern) abgeleitet. Nun war aber bei den Lateinern ein anderes Wort sehr volkstümlich: *bellus* (aus *benulus* von *bonus*), das unserem *hübsch*, *niedlich* oder dem veralteten *artig* entspricht. Aus *bellus* und dem vulgären *bellitas* entstanden die romanischen Worte *bello*, *beau*, *beauté*, *belâtre* mit ihrer ganzen Sippe, und die Engländer bildeten daraus ihr *beautiful* (aus *beauty*), wie wir etwa heute *stilvoll* von schönen Möbeln sagen. Die germanischen Sprachen besaßen ein Wort, das im Englischen von *beautiful* verdrängt worden ist (auch *sheen* ist veraltet, d. h. nur noch in poetischer Sprache üblich), das aber im Niederländischen und im Hochdeutschen nur zu häufig gebraucht wird: *schön*. Die Etymologie ist unsicher; das got. *skauns* übersetzt in Zusammensetzungen das griech. *μορφη*, wobei nicht zu übersehen ist, daß wir nicht wissen, ob die beiden Hauptstellen (Philip. 2, 6. 3, 21) die *Schönheit* des verklärten Christus oder gar schon die spätere theologische *Gestalt* meinen. Die Ableitung von *schauen* ist nicht überzeugend; sollte eine Ableitung von *scheinen* (trotzdem Skeat II. 58 jeden Zusammenhang mit *to shine* ablehnt) wieder angenommen werden, so wäre an eine Lehnübersetzung nach *pulcher* (von *fulgere*) doch nicht zu denken; aber merkwürdig bleibt es, daß (nach Bréal) auch *καλος* die Grundbedeutung *hell* gehabt haben soll. Und merkwürdig ist es auch, daß unser *schon*, das alte Adverbium zu *schön*, früher und heute noch häufig wie das lat. *belle* und *bene* im Sinne von *recte*, *gut*, *wohl* gebraucht wurde und wird.

Das Adjektiv *schön* (und natürlich seine Entsprechungen) drückt in allen Sprachen eine wohlbekannte Empfindung aus; auch wenn es nicht, wie vielfach angenommen worden ist (von Erasmus Darwin, von Charles Darwin, von W. Scherer) zunächst auf das geschlechtliche Wohlgefallen gegangen wäre, wie denn in Griechenland Sitte war, den geliebten Namen in einen Baum zu ritzen und *ὁ καλος* oder *ἡ καλη* darunter zu setzen, — konnte es beim einfachsten Menschen einen gefälligen Eindruck bezeichnen. Das Prädikat *schön* gehörte von jeher zu den natürlichen Werturteilen; es gab in der Welt menschlicher Erfahrungen, in der adjektivischen Welt, schöne Erscheinungen: schöne Menschen, schöne Tiere, schöne Geräte, und am Ende machte man die Entdeckung, spät genug, daß auch die Landschaft schön genannt werden könnte. Aber die Menschen lernten mit der Zeit, schöne Erscheinungen in die verbale Welt zu versetzen, in die Welt des Wirkens, indem sie etwas *Schönes* künstlich hervorbrachten. Sie erfanden die *Künste*. Neuerdings lieben es die Künstler, sich par excellence die *Schaffenden* zu nennen. Und die Künste bestanden seit Jahrtausenden, ohne daß ein Bedürfnis vorhanden war, die *Schönheit* auch in der substantivischen Welt oder in der metaphysischen zu suchen. Deutschland darf sich rühmen, zuerst das Wesen der Schönheit untersucht und definiert zu haben. Wissenschaftlich. Nicht als ob die Worte *καλλος*, *pulchritudo*, *bellezza*, *beauté*, *beauty*, *Schönheit* nicht schon früher im Gebrauche gewesen wären. Man sprach das Abstraktum Schönheit Frauen und auch Männern zu, Tieren und Pflanzen, man schrieb Abhandlungen über die Schönheit und fing sogar an, über den Begriff nachzudenken. Der alte Walch (Philosophisches Lexikon) macht schon auf die „unterschiedliche" Art aufmerksam, das Wort zu gebrauchen; man kann es auf die Empfindungen anwenden, worinnen „der Begriff und der Geschmack der Menschen so sehr voneinander unterschieden sind"; . . . „vors Andere hat man die Schönheit anzusehen, wie sie sich wirklich an einer Sachen befindet"; die Schönheit sei keine Chimäre, kein Ding, das nur in der Einbildung bestehe, sondern etwas Wahrhaftiges, eine aus vielfältigen Stücken zusammenhängende Ordnung und Harmonie. Diese Notiz geht der Zeit nach einer Dissertation voraus, in welcher der berühmte Baumgarten die Forderung einer besonderen Wissenschaft, einer Wissenschaft vom *Schönen*, aufstellte (1735) und dem „epochemachenden“ Erscheinen vom 1. Teile des Werkes selbst, von Baumgartens „*Aesthetica*“ (1750), die unheilvoll nachzuwirken immer noch nicht aufgehört hat.

Die ehrbare „Aesthetica“ Baumgartens geht in ihrem Inhalt nicht wesentlich über die Anschauungen ihrer Zeit hinaus; Gottsched und Bülfinger hatten das Schöne schon rationalistisch genug behandelt und Breitinger die Lehre vom guten Geschmack als „Logik der Einbildungskraft“ aufzustellen versucht; neu ist bei Baumgarten eigentlich nur der Name, den er der *Geschmackslehre* gibt: *αἰσϑανομαι* = *wahrnehmen, apperzipieren, αἰσϑητος* = *wahrnehmbar, sinnlich, τα αἰσϑητικα* = das *Wahrnehmbare*, die sinnliche Welt. Also konnte mit *αἰσϑητικη* die Lehre von der sinnlichen Wahrnehmung bezeichnet werden. Schönheit ist aber perfectio cognitionis sensitivae qua talis; Geschmack ist das judicium sensuum; also könnte *αἰσϑητικη* auch und par excellence die Lehre vom *Schönen* heißen. Für uns ist der Vater oder vielmehr Taufpate der modernen Ästhetik einfach unverdaulich durch sein Bestreben, das *Schöne* mit dem *Wahren* in Parallele zu bringen und die ästhetischen Wahrheiten, weil sie weder völlig wahr, noch völlig falsch sind, unter den Begriff der Wahrscheinlichkeit zu bringen: est ergo veritas aesthetica, a potiori dicta verisimilitudo, ille veritatis gradus, qui, etiamsi non evectus sit ad completam certitudinem tamen nihil contineat falsitatis observabilis (Aesth. § 483). Baumgarten wurde die Angst nicht los, man könnte ihm, einem Professor der theoretischen und moralischen Philosophie, vorwerfen, er habe mit dem Lob des Schönen die Lüge empfohlen.

Aber die geschlossene Form der neuen Disziplin hatte es dem systematischen deutschen Geiste angetan und Kant, der in seiner vorkritischen Zeit überhaupt oft die Bücher Baumgartens zu Grundlagen seiner Vorlesungen machte, übernahm nach einigem Schwanken den Begriff *Ästhetik* und führte ihn mit seinem ganzen Ansehen in die philosophischen Wissenschaften ein. Es verdient hervorgehoben zu werden, daß Kant den Namen Ästhetik zuerst energisch ablehnte. Den grundlegenden ersten Teil seines Hauptwerks nennt er bekanntlich „Transcendentale Ästhetik“, d. h. „eine Wissenschaft von allen Prinzipien der Sinnlichkeit a priori“. Und fügt, weil das Wort eben durch Baumgarten eine falsche Einschränkung auf die schöne Sinnlichkeit erhalten hatte, in einer scharfen Anmerkung (erste Vernunftkritik S. 21) hinzu: „die Deutschen sind die einzige, welche sich jetzt des Worts Ästhetik bedienen, um dadurch das zu bezeichnen, was andere Kritik des Geschmacks heißen. Es liegt hier eine verfehlte Hoffnung zum Grunde, die der vortreffliche Analyst Baumgarten faßte, die kritische Beurteilung des Schönen unter Vernunftprinzipien zu bringen und die Regeln derselben zur Wissenschaft zu erheben. Allein diese Bemühung ist vergeblich. Denn gedachte Regeln oder Kriterien sind ihren Quellen nach bloß empirisch und können also niemals zu Gesetzen a priori dienen, wornach sich unser Geschmacksurteil richten müßte; vielmehr macht das letztere den eigentlichen Probierstein der Richtigkeit der erstern aus. Um deswillen ist es ratsam, diese Benennung wiederum eingehen zu lassen und sie derjenigen Lehre aufzubehalten, die wahre Wissenschaft ist, wodurch man auch der Sprache und dem Sinne der Alten nähertreten würde, bei denen die Einteilung der Erkenntnis in *αἰσϑητα και νοητα* sehr berühmt war." Und so behandelt Kant in dem Kapitel Ästhetik, die man jetzt eher Phänomenologie nennen würde, seine gewaltige Lehre von Raum und Zeit. In der 2. Ausgabe der Vernunftkritik wird der Protest gegen den Terminus Ästhetik schon sehr abgeschwächt; nur die „vornehmsten" Quellen heißen noch empirisch, die Regeln können niemals zu „bestimmten" Gesetzen a priori dienen, die Benennung solle man *entweder* eingehen lassen, *oder* sie teils in transzendentalem Sinne, teils in psychologischer Bedeutung nehmen. Diese Korrektur aus dem Jahre 1787 ist doppelt interessant (vgl. die Ausg. der Acad., Bd. V, Einl. von Windelband S. 515 f.): Kant hatte sich mit dem Terminus Ästhetik ausgesöhnt, war im Begriffe (der Leser vergleiche den Brief an Reinhold vom 28. Dez. 1787, der sehr menschlich ist, der die Abhängigkeit Kants von der Architektonik seines eigenen Systems schlagend beweist, da ihm doch Aufschlüsse kommen, „deren er nicht gewärtig war", und der sein Manuskript über Ästhetik, unter dem Titel Kritik des Geschmacks, schon für nächste Ostern in Aussicht stellt), die Lehre vom Schönen seinem transzendentalen Systeme einzufügen, hatte aber noch nicht die verhängnisvolle Idee gefaßt, daß es auch ästhetische Urteile a priori gäbe, daß Ästhetik über Psychologie hinausgehe. Als er 1790 seine „Kritik der Urteilskraft" herausgab (das Titelwort ist offenbar gewählt, um ohne scheinbare Gewaltsamkeit das subjektive Gefühl des Schönen und die Lehre von einer objektiven Zweckmäßigkeit der Natur unter einen Begriff zu bringen; uns geht hier eigentlich nur der erste Teil etwas an, die „Kritik der ästhetischen Urteilskraft"), gebrauchte er den Ausdruck *ästhetisch* beinahe schon wie in unserm Sprachgebrauch, redet von ästhetischen Urteilen, von dem ästhetischen Werte der schönen Künste und von ästhetischen Ideen. Beinahe. Kant definiert alle diese Begriffe streng und gut. So verwaschen, wie es gegenwärtig gebraucht wird (*ästhetisch* ist fast zu einem Synonym von *schön* geworden und die junge Bezeichnung *Ästhet* will, über England international geworden, das Wort gar auf die gesamte Lebensführung ausdehnen), war der Begriff bei Kant noch nicht; er mußte erst zu einem Modeworte werden, dazu wurde der Begriff erst durch den Kantschüler Schiller. Für Deutschland wenigstens hat Schiller den Mißbrauch der Worte *Ästhetik* und *Schönheit* auf dem Gewissen.

Ihm selbst gediehen seine kunstphilosophischen Bestrebungen nicht zum Heil. Sie fallen in die große unproduktive Pause, zwischen die genialen, unreifen Jugenddramen und die bewußt klassizierenden Werke, die durch zwei ganze Generationen den deutschen Geschmack beherrscht haben. Schiller hat seine Ästhetik dreimal vorgetragen: in den Vorlesungen, in den Briefen „Über die ästhetische Erziehung des Menschen" und endlich in den Bruchstücken, die zu der groß-geplanten Ästhetik „Kallias oder über die Schönheit" in Briefen an Körner niedergeschrieben wurden. Schiller war überall von Kant noch abhängiger, als er selbst glaubte und zugab. Er macht sich gelegentlich (Hempels Schillerausgabe Bd. XV, S. 690) lustig über „die armen Stümper, die in die Kantische Philosophie hineinpfuschten"; er selbst aber ist ein unselbständiger Kantianer und handhabt die Kantischen Begriffe philosophisch unsicher, wenn auch mit so erstaunlicher Geschicklichkeit, daß das literarische Publikum der Zeit Kant durch Schiller verbessert glaubte. „Schönheit ist nichts anderes als Freiheit in der Erscheinung. — Eine freie Handlung ist eine schöne Handlung, wenn die Autonomie des Gemüts und Autonomie in der Erscheinung koinzidieren. — Schönheit ist Natur in der Kunstmäßigkeit." Der größte Schritt, den Kant über Baumgarten hinaus getan hatte, war die Befreiung des Ästhetischen vom Logischen, die Befreiung des Schönheitsbegriffs vom Begriffe der *Vollkommenheit.* Kant unterschied die freie Schönheit (*pulchritudo vaga*) von der bloß anhängenden Schönheit (*p. adhaerens*); nur die freie Schönheit sei ganz rein und — wie Schiller den Gedanken ärgerlich formuliert — eine Arabeske und was ihr ähnlich ist, als Schönheit betrachtet, reiner als die höchste Schönheit des Menschen. Diese fruchtbare Bemerkung Kants weist Schiller zurück: „Eigentlich scheint sie mir doch den Begriff der Schönheit völlig zu verfehlen" (S. 683). Daß Kant, im Grunde ein Kunstfremdling, für seine Behauptung unter andern ein ungeheuerliches Beispiel gewählt hat, daß er „die ganze Musik ohne Text" zu diesen Arabesken rechnet, das freilich hat Schiller nicht getadelt. Das gewaltige Ringen Kants, die Lehre vom Schönen seinem transzendentalen Systeme einzuverleiben, ist für Schiller etwas Fremdes geblieben. Schiller sieht Kant auch noch 1792 dort stehen, wo Kant 1787 den Terminus Ästhetik zwischen die Metaphysik und die Psychologie verteilen wollte. Und viel kleiner als Kant, nicht erkenntnistheoretisch, sondern nur verstiegen, will Schiller über die Psychologie hinausgelangen, will hinter dem adjektivischen Gefühl des Schönen die substantivische *Schönheit* entdecken. Er schreibt an Körner (Bd. XV, S. 646): „Den objektiven Begriff des Schönen, der sich eo ipso auch zu einem objektiven Grundsatz des Geschmacks qualifiziert, und an welchem Kant verzweifelt, glaube ich gefunden zu haben." Jawohl: „Schönheit ist Freiheit in der Erscheinung."

Der Wesensunterschied zwischen Schiller und Goethe äußert sich auch darin so deutlich, daß Goethe, der doch wahrhaftig über die Kunst nachgedacht hat wie Einer, niemals ein philosophischer Kunstschreiber geworden ist; seine unzähligen gelegentlichen Äußerungen treten niemals aus der adjektivischen Welt des Schönen hinüber in die substantivische, metaphysische Welt der abstrakten Schönheit. Goethe hatte darum auch keine Achtung vor künstlerischer Betätigung an sich, er sah die „Nullität" in den Arbeiten der kleinen Talente. „Denn den Geschmack kann man nicht am Mittelgut bilden, sondern nur am Allervorzüglichsten" (Gespräche V, S. 35). Dabei hatte Goethe vor Kant und Schiller voraus, daß er, von der Poesie nicht erst zu reden, die bildenden Künste und die Architektur gründlich studiert hatte und auch von der ihm fremden Musik eifrig einige „Begriffe" gewonnen hatte.

Kant hatte sich viel mit der älteren Poesie beschäftigt, wohl aber kaum Gelegenheit gehabt, große Musik oder gar Werke der bildenden Kunst auf sich wirken zu lassen. So schuf er seine Ästhetik aus der Tiefe des Gemüts und aus Büchern und war sich des Mangels an Empirie gar nicht bewußt. Hat er doch auch, ohne aus Königsberg herauszukommen, oft Vorlesungen über Anthropologie gehalten und in diesem Falle ganz naiv seiner Heimatstadt nachgesagt, daß ihre Größe und vorzügliche Lage alle andern Quellen anthropologischen Wissens ersetzen könnte: „Eine große Stadt, der Mittelpunkt eines Reichs, in welchem sich die Landeskollegia der Regierung desselben befinden, die eine Universität (zur Kultur der Wissenschaften) und dabei noch die Lage zum Seehandel hat, welche durch Flüsse aus dem Innern des Landes sowohl, als auch mit angrenzenden entlegenen Ländern von verschiedenen Sprachen und Sitten, einen Verkehr begünstigt, — eine solche Stadt, wie etwa Königsberg am Pregelflusse, kann schon für einen schicklichen Platz zur Erweiterung sowohl der Menschenkenntnis als auch der Weltkenntnis genommen werden; wo diese, auch ohne zu reisen, erworben werden kann" („Anthropologie" Vorrede S. VIII). Ebenso mußte ihm wohl Königsberg auch die ästhetische Empirie ersetzen.

Nicht viel anders stand es um Schiller, als er seine große Ästhetik zu schreiben unternahm. Burke, Sulzer, Webb, Mengs, Winckelmann, Home, Batteux, Wood, Mendelssohn nebst 5 oder 6 schlechten Kompendien besitzt er schon; aber er wünscht von Körner (Brief v. 11. Jan. 1793) noch mehr Bücher, immer nur Bücher. Und die italienischen Maler möchte er aus Kupfern kennen lernen. Auch über Architektur möchte er gar zu gern ein gutes Buch. „An musikalischen Einsichten verzweifle ich, denn mein Ohr ist schon zu alt; doch bin ich gar nicht bange, daß meine Theorie der Schönheit an der Tonkunst scheitern werde."

Man halte mir nicht entgegen, daß niemand vom Ende des 18. Jahrh. die intime Sachkenntnis verlangen kann, die heute mit Recht von jedem Professor der Kunstgeschichte und von jedem bessern Kunstkritiker verlangt wird. Nicht um Kunstgeschichte handelt es sich ja, sondern um Ästhetik, um die Lehre vom Schönen. Die ästhetischen Gefühle sollten untersucht werden, und diesem Geschäfte unterzogen sich Männer, die die großen Instrumentalwerke von Bach und Mozart mit Arabesken verglichen, die nie ein Originalbild von Raphael oder Rembrandt gesehen hatten, und die sogar der Poesie mit alten Regeln gegenübertraten. Es ist kein Wunder, daß aus dieser begrifflichen Beschäftigung mit der Kunst das neue Dogma hervorging: das Wesentliche der Kunstgegenstände sei, kein Interesse zu erregen.

Diese Lehre war meines Wissens zuerst von Burke aufgestellt worden, dem wunderlichen Engländer, der offenbar aus den Bildern der zeitgenössischen Maler sein niedliches Schönheitsideal abstrahiert hatte. Man vergesse nicht, daß kurz vorher (1745) Hogarth die Welt mit der Erfindung der Schönheitslinie verblüfft hatte. Burke hatte auch seine weiche Schönheitslinie; nach ihm sind die natürlichen Eigenschaften eines schönen Gegenstandes: 1. Verhältnismäßige Kleinheit; 2. Glätte; 3. verschiedene Richtung der Teile; . . . . 5. der feine Bau; 6. lebhafte Farben, die aber nicht allzu grell sein dürfen; 7. wenn aber dennoch eine grelle Farbe dabei sein muß, so muß sie durch andere gemildert sein. Dieser Burke sagt nun — Schiller gibt den Satz so wieder —: „Schönheit errege Zuneigung, ohne Begierde nach dem Besitz.“

Dieser Gedanke ist nun aber schon von Kant, später viel glänzender von Schopenhauer in die Form gebracht worden: das Wohlgefallen am Guten und am Angenehmen sei mit Interesse verbunden, das Wohlgefallen aber, welches das Geschmacksurteil bestimmt, sei ohne alles Interesse; das ästhetische Urteil könne ganz uninteressiert, aber der Gegenstand eines solchen Urteils doch sehr interessant sein. Diese Redensarten, die heute noch die Ästhetik unserer Schulen beherrschen, enthalten schon die Übertreibung, die Unwahrheit, zu der die neue Disziplin führen mußte, weil sie das Objekt aller ihrer Untersuchungen, die *Schönheit*, substantiviert hatte. War die Schönheit erst eine Eigenschaft an den Erscheinungen, eine gewissermaßen objektive Eigenschaft, eine Kraft schöner Werke, die in uns das Gefühl des ästhetischen Wohlgefallens erst auslöst, so konnte man allerdings von diesem Unding sagen, daß es zu unserem Interesse oder zu unserem Willen keine Relation habe. Bevor es aber eine ästhetische Wissenschaft gab, in Wahrheit auch seither, gab es nur ein *Gefühl*, das manche Erscheinungen in uns wecken und das gar sehr mit unserem Interesse zusammenhängt. Auch wenn *schön* nicht ursprünglich und zuerst die wohlgefällige Erscheinung beim andern Geschlechte bezeichnet haben sollte (wo doch der Wunsch des brutalen Besitzes beim Nicht-Ästheten nicht ganz ausgeschlossen war), so ist doch das Adjektiv *schön* sicherlich erst allmählich von körperlichsten Erscheinungen auf Kunstwerke ausgedehnt worden, und diese Kunstwerke *wollen* wir hören oder sehen, ganz abgesehen davon, daß es nicht immer Barbaren sind, die Kunstwerke auch besitzen möchten. Der Irrtum bei der berühmten Interesselosigkeit des menschlichen Wohlgefallens scheint mir darin zu liegen, daß man beim Interesse an ein Interesse der fünf Sinne dachte, an die Nützlichkeit für den Einzelmenschen oder für die Menschheit, daß man nicht bedachte, wie tief alle Werturteile, zu denen doch auch die ästhetischen Urteile gehören, an dem menschlichen Willen hängen.

Die Unwahrheit des Geredes von der Interesselosigkeit des künstlerischen Interesses wird ganz klar, wenn man an die Philosophen denkt, die noch einen Schritt weiter gegangen sind und ganz konsequent den ästhetischen Genuß *affektlos* genannt haben. Nur ein Kunstschreiber, der die Empfindung des Schönen nie erfahren hatte, konnte sich so weit versteigen. Es dürfte Leute geben, die eine stärkere und leidenschaftlichere Erregung gar nicht kennen als die, welche mit dem Anhören einer Symphonie von Beethoven, der achten z. B., mit dem ersten Anblick der Sixtinischen Madonna, mit dem ersten Lesen des Faust verbunden ist. Alles wird aufgewühlt, Untergründe des Willens, bis zu denen das Bewußtsein gar nicht hinabreicht. Haß und Liebe werden erregt, Taten werden gefordert; und das nennen Kunstschreiber Interesselosigkeit, Affektlosigkeit.

Unter meinen Beispielen von der erregenden Kraft der Künste mag das aus der Musik abgelehnt werden, weil die Musik bekanntlich unmittelbar auf das Gefühl wirkt. Dann müßte aber die Musik aus dem Gebiete der „interesselosen" Kunst ausgeschlossen werden, woran doch ernstlich nicht gedacht werden kann. Selbst der berühmte Musikästhetiker Hanslick, dessen Verdienste um seines Wagnerhasses willen jetzt gern geleugnet werden, wird mißverstanden, wenn man seine Lehre „vom musikalisch Schönen" für reine Formästhetik hält. Auch er gibt der Musik Inhalt, nur daß der Inhalt musikalisch zu sein habe. „Der Arabeske gegenüber ist demnach die Musik in der Tat ein Bild, allein ein solches, dessen Gegenstand wir nicht in Worte fassen und unsern Begriffen unterordnen können. In der Musik ist Sinn und Folge, aber musikalische; sie ist eine Sprache, die wir sprechen und verstehen, jedoch zu übersetzen nicht imstande sind" (S. 79). Es gibt in der Musik keinen Gegensatz zwischen Form und Inhalt. „Was will man den Inhalt nennen? Die Töne selbst? Gewiß; aber sie sind eben schon geformt. Was die Form? Wieder die Töne selbst, — aber sie sind schon erfüllte Form" (S. 213).[1])

[1]) Mit nicht geringer Überraschung und Freude habe ich bei meinem Landsmann Hanslick auch die Unterscheidung zwischen der substantivischen und der adjektivischen Welt schon gefunden, freilich ohne den erkenntniskritischen Mitgedanken.

Dem hundertjährigen Betriebe einer wissenschaftlichen Ästhetik, die, nicht zufrieden, die adjektivischen Gefühle des Schönen psychologisch zu untersuchen, die objektive, die substantivische Schönheit in den Kunstwerken und gar in der Natur entdecken wollte, diesem offiziösen und darum oft heuchlerischen Betriebe ist es gelungen, *das Schöne* zu degradieren. Die Kunst oder die objektive Schönheit wurde zu einer Gottheit emporgepriesen; alle „schaffenden" Künstler (fast hätte ich Berlinisch *Künstlehr* gesagt) wurden zu Priestern der Kunst gemacht. Was Wunder, daß diese Leute aus der verbalen Welt (Maler, Bildhauer, Dichter, Komponist sind nomina agentis) sich bald zu einer Priesterkaste zusammentaten, zu einer Berufsklasse, die im Dienste ihrer interesselosen Kunst die Interessen der Kaste wahrnimmt! Was Wunder, daß nach dem verstiegenen Gerede über die Bedeutung der Kunst jeder Künstlehr sich für einen Übermenschen hält oder erklärt und Zehnten verlangt, von Männlein und Weiblein! Und das adjektivische *Schöne*, das einzig Wirkliche aus dieser Welt, wurde demgemäß zu einer Ware, zu der Handelsware der Kunstpriester. Auch hier verdaute der Priester, was Andächtige dem Gotte zu fressen brachten. (Vgl. Art. *Kunst.*)

Was ich hier bekämpfe, das ist wahrhaftig nicht die Zusammenstellung von Kunst und Religion. So hoch stelle ich Religion nicht. So tief nicht die Kunst. Im Gegenteil: wenn wir nicht durch das Christentum die leidige Gewohnheit angenommen hätten, unter Religion eine geoffenbarte Religion, eine dogmatische, bestimmte, historische Religion zu verstehen, wenn es für uns noch außer diesen Religionen *die Religion* (in der Einzahl, vgl. Art. *Religion*) gäbe, wenn wir von religiösem Genuß zu reden den Mut fänden, wie wir von ästhetischem Genusse reden (so genoß etwa der heilige Franciskus seine Religion), dann würde man es nicht für paradox halten, wenn ich jetzt sage: die einzigen ästhetischen Empfindungen, welche den toten Definitionen der gelehrten Ästhetik ganz entsprechen, sind religiöser Art, müßten in einem freien Systeme der Wissenschaften unter der Rubrik *Religion* abgehandelt werden, wenn wir das Wort beibehalten wollen. Nicht nur das Anhören der Bachschen Matthäus-Passion oder der Anblick eines gotischen Doms, die ja durchaus zu den Erscheinungen einer bestimmten Religion gehören. Nein. Auch der Anblick des stürmenden Meeres oder des gestirnten Himmels, das Erleben eines großen Gewitters oder eines gewaltigen Wasserfalls, die Wiederkehr des Frühlings, das Lesen eines tief bewegenden Gedichts: all das dient einer religiösen Stimmung, einer Stimmung der Furcht oder Ehrfurcht, wie all das vielleicht historisch die Religionen erzeugen geholfen hat. Ich wüßte nicht, was stärker das Gefühl der Ehrfurcht oder der „schlechthinnigen Abhängigkeit" aufrühren kann, als ästhetische Genüsse solcher Art, die ich darum vom „religiösen" Genusse durchaus nicht unterscheiden kann. Der Bilderstürmer Leo Tolstoj würde die Kunst vielleicht weniger hassen, wenn ihm das religiöse Gefühl beim ästhetischen Genießen nicht unbekannt geworden wäre. Er scheint von der Sehnsucht unserer Arbeiter nach der Ehrfurcht des Kunstgenusses nichts zu ahnen. Nicht zu wissen, daß der Bildersturm der Reformationszeit den Protestantismus, in dessen kalten Kirchen man friert, um alle Wärme gebracht hat.

Ich bin kein Systematiker. Ich bestehe nicht darauf, daß Ästhetik (die Lehre von den großen, von den einzig wahrhaften Kunstgenüssen) zu einem Kapitel einer gar sehr problematischen Religionswissenschaft gemacht werde, oder meinetwegen der Theologie. So sehr auch diese Religionswissenschaft zusammenschrumpfen müßte und sollte, nähme man ihr alles adjektivisch Schöne. Faßt man die Kunst als Tätigkeit, als Sichausleben genialischer Persönlichkeiten, dann mag man das Kapitel Ästhetik lieber unter der Rubrik „soziale Ethik" abhandeln. (Malmännchen und Malweibchen, Verquister von Papier und Notenpapier sind keine Künstler, sind nur Mitglieder der Kunstpriesterkaste.) Es ließe sich freilich auch so unter dem leer gewordenen Begriffe *Religion* unterbringen, wenn man glauben will, daß der geniale Künstler sich opfert, sich hingibt, um sein Volk zu erlösen; aber es ist nicht wahr: nie hat ein großer Künstler sich selbst völlig vergessen, nie ist er segnend den Kreuzestod gestorben. Aber die höchste soziale Tat haben die Großen ausgeübt, lange bevor es einen Sozialismus auf der Welt gab: ihre Persönlichkeit, also den höchsten ethischen Wert, zum Gemeingute gemacht aller, die teilnehmen wollten. Darum hat Th. Lipps so unrecht nicht, das *Schöne* auf das *Sympathische* (im prägnanten Sinne) zurückzuführen: „Wir fühlen uns in den andern und fühlen die andern in uns. Wir fühlen uns in andern oder durch den andern beglückt, befreit, ausgeweitet, gehoben, oder das Gegenteil" (Komik u. Humor, S. 223).

Dieser Auffassung, die die einzigen wirklich künstlerischen Werke, die großen, unter die Erscheinungen der Religion und der sozialen Ethik stellen möchte, steht eine Vorstellung gegenüber, die man wohl die geltende nennen kann. *Kunst*, die substantivierte Welt des adjektivisch Schönen, ist — Spiel. Man vergesse dabei nicht, daß *Kunst* lange Zeit jede Technik bedeutete, erst seit Aufkommen der Ästhetik schroff den technischen Fertigkeiten gegenübergestellt wurde.

Ich neige zu dem Glauben, daß *ars* irgendwie eine Lehnübersetzung von τεχνη war; Curtius (Etym. 219) gibt für das zugrunde liegende Verbum die drei immerhin zu verbindenden Bedeutungen *erzeugen, treffen, bereiten*; das Stammwort von *ars* scheint *treffen, fügen* bedeutet zu haben. Ars wie τεχνη hatte besonders den Sinn einer handwerksmäßigen Kunstübung. Das deutsche *Kunst* hängt sicher mit *können* zusammen; dieser Zusammenhang blieb im Sprachgefühl bis ins 16. Jahrhundert hinein bewahrt, ging aber nachher so gründlich verloren, daß man R. Wagners berühmt gewordene Ansprache von 1876 als einen gelehrten Witz nicht gleich verstand („Sie sehen was wir können, und wenn Sie wollen, so haben Sie eine Kunst"). Diese Beziehung auf das *Können* oder *Wissen* blieb durch Jahrhunderte erhalten und machte Kunst und Wissenschaft fast gleichbedeutend. Reuchlin sagt einmal, man habe von seiner hebräischen *Kunst* nichts gewußt d. h. davon, daß er hebräisch *konnte*. Das Handwerksmäßige in der Kunst lag noch lange zugrunde. Noch Schottel versteht unter Bau-, Bildschnitzer-, Maler-, Singe-, Dichtkunst die handwerksmäßige Übung. Merkwürdig ist aus dem 17. Jahrhundert auch die Zusammenstellung „lobwürdige Wissenschaft guter Künste". Noch Adelung versucht *Kunde*, *Kunst* und *Wissenschaft* in diesem Sinne festzulegen und gibt das Beispiel: *Arzneikunde*, *Arzneikunst* und *Arzneiwissenschaft*. In der Gemeinsprache sind noch viele Reste des alten Gebrauchs: Wasser*kunst*, *Kunst*feuerwerk, *Kuns*t in der Bedeutung einer *künstlichen* Ofenmaschine (wie sie im Schwarzwald üblich ist). Auch zitiert Kant ein volkstümliches Wort über das Ei des Kolumbus: „das ist keine Kunst, es ist nur eine Wissenschaft". (Ganz nebenbei sei als gelehrte Lehnübersetzung der Schulwitz erwähnt, der das deutsche *Ars*, jetzt *Arsch*, mit *Kunst* übersetzte; Luther nannte einmal den Podex deutlich „die lateinische Kunst".)

Die Einschränkung des Begriffs auf die berufsmäßige Beschäftigung mit dem *Schönen* fällt mit dem Aufkommen der deutschen Ästhetik zusammen; der franz. Gegensatz von *art* und *nature* wirkt ein. Winckelmann, Herder und Lessing haben diesen Begriff poliert, Goethe und besonders Schiller ihn populär gemacht.

Als die *Kunst* ein so überschwänglicher Begriff geworden war und der Geist der Zeit dennoch bemüht war, ihn realiter, d. h. mit Hilfe der empirischen Psychologie zu bestimmen, da fand sich bald das Wort oder der Begriff, unter den man die Kunsttätigkeit subsumieren konnte, eben: *Spiel*. Schiller war es, nicht ganz selbständig, der dieses Urteil prägte. „Das Tier arbeitet, wenn ein Mangel die Triebfeder seiner Tätigkeit ist, und es spielt, wenn der Reichtum an Kraft die Triebfeder ist, das *überflüssige* Leben sich selbst zur Tätigkeit stachelt" (Ästhet. Erz. 27. Brief). Das recht glückliche Wort ist dann oft übernommen und nachgeahmt worden. Das Spielen sei verarbeiteter Überschuß (Jean Paul), das Kind verwende auf seine Spiele die überschüssige Kraft (Beneke), Kunst sei „*surplus* energy" (Spencer), das Spiel „*overflow* of energy"; das ästhetische Spiel sei „*le superflu*" (Ribot).

Von dieser Zusammenstellung mit dem erhöhten Kunstbegriff gewann der einst so verachtete Spielbegriff manchen Vorteil. Mit ihm hatten sich noch zu den Zeiten Wolfs die Philosophen nur insoweit beschäftigt, als sie über die Frage schwatzten, ob die Glücksspiele moralisch ganz verwerflich seien oder nur teilweise.

Jetzt begann man das Spielen der Tiere und der Kinder ernsthaft zu untersuchen. Biologen und Psychologen kamen zu ähnlichen Ergebnissen: dem Körper wie dem Geiste sei die Betätigung der überschüssigen Kraft nützlich, durch Erholung von der *ernsten* Arbeit, durch *spielende* Einübung künftiger Arbeiten, durch Ergänzung der einseitigen Arbeit. Man betrachtete aufmerksam die Reize jeder Art von Spiel, man lernte sogar die Schönheit sehen, die in den Spielen der Tiere und der Kinder vorlag und von Künstlern längst nachgebildet worden war. Was gewann aber das Schöne durch die Zurückführung auf den Spielbegriff? Nichts. Es war überdies ein gefährliches Spiel mit Worten, wenn man das *Spiel* zur *ernsten* Arbeit in Gegensatz brachte und nun die Kunst, eine Art des Spiels, ebenfalls von der ernsten Arbeit ausschloß. Das war falsch, auch wenn man etwa *heiter* als Gegensatz von *ernst* genommen hätte. Res severa verum gaudium. Nicht nur das Schaffen großer Kunstwerke ist die ernsteste und aufreibendste Arbeit; auch das Genießen großer Kunst ist mit ernster Arbeit verbunden. Man muß schon ein Erzphilister sein, um nicht zu sehen, daß die künstlerische Arbeit sich von anderer Arbeit nur durch das Motiv unterscheidet, durch die selbstgestellte Aufgabe, durch das Fehlen eines Auftrags. Die Leute aus der Künstlerkaste freilich, die Theaterstückschreiber, die Verfasser von Unterhaltungsromanen, die Masse der Porträtmaler, die Komponisten für Militärmusikbanden, die leisten ernste Arbeit auf Bestellung, die spielen nicht, weder mit dem Leben, noch mit der Kunst.

Nimmt man aber den Spielbegriff metaphorisch, wie es unbewußt diese ganze Spielästhetik tut, versteht man unter Spiel jede zwecklose Tätigkeit, so gelangt man auch dann noch nicht zum Kunstbegriff; denn das Schaffen und das Genießen von Kunstwerken hat einen Zweck: die Freude am Schönen. Der Philister kennt dieses Motiv nur nicht. Er kennt nur die drei Motive des Hungers, der Liebe und der Eitelkeit und ist geneigt, auch dem Kunstschöpfer und Kunstgenießer diese drei Motive unterzuschieben. Sie verschwinden ja nicht immer aus der Psychologie des Künstlers (Wetteifer in Spiel und Kunst), auch aus der des größten nicht; sie verschwinden nicht einmal ganz und nicht immer aus der Psychologie des Kunstgenießers. Aber das treibende Motiv der künstlerischen Tätigkeit ist doch anders, ist in der adjektivischen Welt vorhanden, ist das Gefühl der Freude am adjektivisch Schönen. Ich will nicht den Versuch machen, dieses Lustgefühl unter das Motiv der Liebe zu subsumieren; der Versuch hätte die Reize des Wortspiels, ließe sich aber ohne Gewaltsamkeit nicht zu Ende führen. Lieber will ich, wie schon einmal bei der Erklärung der Philosophie oder der Ruhesehnsucht (Kr. d. Spr. I², 708 f.) das Prinzip der Alleinherrschaft der drei Motive preisgeben.

Es gibt eine adjektivische Welt des Schönen und eine verbale Welt des

Kunstschaffens und Kunstgenießens. Das Gefühl der Freude am Schönen ist das Motiv für die Tätigkeit des Schaffens und Genießens. Die substantivische Welt der *Schönheit* hat kein Motiv, weil sie keine Tätigkeit einschließt. Und ist nicht wirklich, weil sie keine Ursache ist und keine Ursache hat.

Schopenhauer (Wille).

I.

Vierzig Jahre brauchte Schopenhauer beinahe, bevor sein Hauptwerk, durch den schriftstellerischen Erfolg seiner Parerga empfohlen, den Ruhm erlangte, der dem Philosophen, als die Zeit gekommen war, denn doch besser schmeckte als der von ihm so hoch gepriesene Nachruhm. Wieder brauchte Schopenhauer weitere vierzig Jahre, bevor ihm die Ehre zuteil wurde, Titel und Gegenstand eines ganzen Bandes in Kuno Fischers gleichfalls gerühmter Geschichte der neueren Philosophie zu werden.

Kuno Fischer hat seine kleine Lebensaufgabe, eine Siegesallee der großen Philosophen, die er doch wohl für seine Vorgänger ansah, eigenhändig hinzustellen, ganz nach dem Herzen von jungen Leuten gelöst, die nach deutschem Sprachgebrauch den Doktor der Philosophie machen wollen. Er hat Auszüge gemacht. Die Leidenschaft des metaphysischen Bedürfnisses fehlt ihm durchaus. Je gewaltiger das geistige Ringen eines von ihm behandelten Mannes ist, je tragischer die Erkenntnisnot, desto sicherer versagt der Geschichtsschreiber der Philosophie. Je kleiner der Mann, desto zuverlässiger der Auszug Fischers. Bei der Behandlung Schopenhauers kommt aber zweierlei dazu, um Fischers Darstellung unerfreulich zu machen: die relativ bescheidenen Fähigkeiten Fischers, Fleiß und rhetorischer Schwung, sind bei dieser Arbeit schon greisenhaft verknöchert, und ein Haß gegen den prachtvollen Feind der Philosophie-Professoren trübt das Urteil. So hält sich Fischer immer wieder schulmeisterlich tadelnd bei den titanischen Schimpfausbrüchen Schopenhauers auf, um seinerseits auf Schopenhauer zu schimpfen, wirklich aber ohne titanische Kraft. Und Schopenhauer hätte sein grimmigstes Lachen gelacht, wenn er (Seite 61, 62) hätte lesen können, wie Fischer die Tatsache erklärt, daß Schopenhauer nicht lange Dozent blieb, „warum er mit seiner Lehrtätigkeit ein so augenfälliges und selbstverschuldetes Fiasko gemacht hat.“ Wir würden den Grund mehr äußerlich in dem Gegensatz zu Hegel sehen, der damals an der Berliner Universität allmächtig war, oder mehr innerlich im Temperamente Schopenhauers, das sich für die Polytechnik der Universitäten nicht ganz geeignet erwies. Auch mag der kleingewachsene, lebhafte Schopenhauer die Reize seines persönlichen Vortrages, seinen persönlichen Eindruck auf die Studenten vorher arg überschätzt haben. Fischer weiß es besser. Schopenhauer war so beschränkt, seine eigenen Ideen vortragen zu wollen, anstatt ein Kolleg zu lesen wie andere Kollegien. Fischer sagt wörtlich: „Nun aber war die Welt als Wille und Vorstellung lange nicht so groß als ein Semester, wenn nämlich ein ganzes Semester hindurch fünf oder sechs Stunden wöchentlich darüber gelesen werden soll. Ich möchte glauben, daß Schopenhauer mit seinem Lehrstoff früher fertig war als das Semester, und dann für immer genug hatte.“ Fischer läßt durchblicken, daß er, Fischer, eher als Schopenhauer imstande gewesen wäre, über das Thema ein ganzes Semester zu reden. Fischer wäre nicht früher fertig geworden. Er sagt, wieder wörtlich: „Wer erfahren hat, wie viel Material ein gehaltvoller, wohlgeordneter, didaktisch vorwärtsschreitender Vortrag von 45 bis 50 Minuten Dauer erfordert, wird leicht ermessen, daß eine sechsstündige Vorlesung, die sich durch ein ganzes Semester erstreckt, länger ist als das Werk Schopenhauers, noch dazu in seiner ersten Gestalt.“ Fischer hat das „erfahren“, Schopenhauer nicht. Kuno Fischer vereinigte in seiner Person zwei ordentliche Professuren eben der Universität Heidelberg, welche bei der Bewerbung Schopenhauers um einen Lehrstuhl am Ende hinter Göttingen und Berlin zurücktrat, und welche 200 Jahre früher von einem noch größeren die Antwort erhalten hatte: „Ich will nicht Professor sein, nicht einmal in Heidelberg.“ Fischer thronte, wo ein Spinoza nicht sitzen wollte, wo ein Schopenhauer nicht sitzen sollte.[1])

[1]) Schopenhauer schwankte zwischen diesen drei Universitäten; seine Bewerbungsbriefe sind nicht ganz frei von frommen Phrasen.

Kuno Fischer ist jahrzehntelang für einen Philosophen gehalten und ausgegeben worden, weil er Bildung und Ausdauer genug besaß, die Werke wirklicher Philosophen zu lesen und zu exzerpieren. Ein Geschichtsschreiber der Philosophie. Kein schlechter. Aber gerade Schopenhauer war es gewesen, der die Geschichte überhaupt an ihre rechte Stelle gerückt hatte — keine Wissenschaft, nur ein Wissen — und der insbesondere den Geschichtsschreibern der Philosophie die Türe gewiesen hatte. Kein Wunder also, daß Fischer nicht müde wird, Schopenhauer Mangel an historischem Wissen und an historischem Sinne vorzuwerfen. Das erste ist nicht wahr, das zweite ist töricht. Gegenüber den Bahnbrechern der Philosophie, welche unhistorisch waren wie alle revolutionären Geister, gegenüber dem griechischen Bildhauer Sokrates, dem jüdischen Eigenbrödler Spinoza und dem Alleszermalmer Kant ist Schopenhauer vielleicht auch darum der kleinere, weil er so vielseitig interessiert und überaus belesen war. Ein Philologe freilich war Schopenhauer nicht. Töricht aber ist der Vorwurf des mangelhaften historischen Sinnes darum, weil ein Revolutionär, der den Sinn der Welt neu begreifen will, niemals durch Bücherlesen den Sinn der Welt begreifen lernen kann. Fischer war ein Schüler Hegels und lebte in unserm Zeitalter des Historismus. Er kann es sich gar nicht vorstellen, so historisch ist er, daß es einmal ein anderes Jahrhundert gegeben hat als das neunzehnte, das historisierende, und daß es einmal ein anderes Jahrhundert geben könnte.

Das Symbol des Historismus, den Kuno Fischer weder entdeckt, noch vertieft, den er aber verhängnisvoll auf oberste Geistesschöpfungen angewandt hat, das Symbol unseres Historismus ist — ich sage nicht: sit venia verbo — die kalte Hundeschnauze. Noch schlimmer. Dem Historismus, der nirgends systematischer und verheerender regiert hat als in Deutschland, fehlt, was doch zur kalten Hundeschnauze gehört: die feine Nase. Der deutsche Historismus hat eine harte Nase. Vierzig Jahre braucht er, bevor er auf die Witterung gestoßen wird.

Ohne diese kalte Nase würden die Herren sich hüten, die Roheit ihrer Seelensituation so zu verraten wie es Fischer widerfuhr, da er sich (S. 524 bis 525) gegen Nietzsche wendet: „einen ehemaligen Gymnasial- und Universitätslehrer in Basel". Ich habe mich oft und hart gegen die Einschätzung des großen Dichters und Ethikers Nietzsche als eines Erkenntnishelden gewandt. Wenn aber eins Ehrfurcht verlangt, so ist es die moderne Blutzeugenschaft des Genius, der unfreiwillige Selbstmord, den man Wahnsinn nennt. Fischer aber hat es zustande gebracht, zehn Jahre nach dem Ausbruch von Nietzsches Wahnsinn einen Witz zu reißen darüber, daß Nietzsche ins Irrenhaus kommen würde, und den Witz zu reißen mit dem geistigen Rüstzeug Schopenhauers (S. 525).

Fischer war nicht so gottverlassen, daß er von den ersten Schopenhauer-Aposteln nicht gelernt hätte, den Widerspruch zwischen Schopenhauers Lehre der Weltverneinung und einer egoistischen, oft brutalen, ja am Ende grotesk-eitlen Lebensführung zu begreifen. Ein hinreißendes Buch ist auch dann ein Kunstwerk, wenn es sich mit der Heilsordnung der Welt beschäftigt. Schopenhauer war kein Heiliger. Lessing war kein Schauspieler. Das sind billige Weisheiten. Und das Kapitel, in dem Fischer die Diskrepanz zwischen der Theorie und der Praxis Schopenhauers darstellt, ist gut und berechtigt. Nur durfte just Kuno Fischer, über dessen Schauspielermätzchen viele Generationen von Studenten gelacht haben, nur durfte der Unverstand, der die Seelenqualen eines Schopenhauer nicht sah und nicht hörte, diesen Kämpfer nicht einen Schauspieler nennen. „Nun, er ist auch als Philosoph ein großer Schauspieler gewesen, ein solcher, der die tragischen und komischen Wirkungen in seiner Gewalt hatte." (S. 146.) Nun, Kuno Fischer hätte gewiß viel darum gegeben, wenn er die tragischen und komischen Wirkungen der Sprache so in seiner Gewalt gehabt hätte wie Schopenhauer.

Die Roheit von Fischers Seelensituation, sein Mangel an Ehrfurcht, sein Mangel an verecundia, das Fehlen jeglicher Distanz zwischen sich und seinem Helden, ist aber an einer anderen Stelle seines Buches noch handgreiflicher. Er spricht (S. 133) von der pessimistischen Rolle Schopenhauers, der Rolle des Schauspielers also: „Die Tragödie des Weltelends spielte im Theater, er saß im Zuschauerraum auf einem höchst bequemen Fauteuil mit seinem Opernglase, das ihm die Dienste eines Sonnenmikroskops verrichtete; viele der Zuschauer vergaßen das Weltelend am Büfett, keiner von allen folgte der Tragödie mit so gespannter Aufmerksamkeit, so tiefem Ernst, so durchdringendem Blick; dann ging er tieferschüttert und seelenvergnügt nach Hause und stellte dar, was er gesehen hatte." Tief erschüttert und seelenvergnügt. So sah das Seine Exzellenz Professor Kuno Fischer. Und so kommt er (S. 132) zu dem Verdikt, „daß Schopenhauer einer der glücklichsten Menschen war, die je gelebt haben." Ohne Professor, ohne Exzellenz geworden zu sein. Wer die Ruchlosigkeit dieses Verdikts nicht fühlt, dem will ich sie nicht beweisen. Weil Schopenhauer als Greis sich seines späten echten Ruhmes fast so eitel freute wie Kuno Fischer immer seiner Wohlredenheit, weil ihm Essen und Trinken bis zu Ende schmeckte, darum wird der Kämpfer, der mittendurch zwischen Wahnsinn und Selbstmord in die Einsamkeit ging, vorbei an Mutter und Schwester und Goethe, der Todesschweigen und Totschweigen in den besten Mannesjahren grimmig lachend ertrug, darum wird der Anreger einer neuen Weltanschauung beschimpfend der glücklichste Mensch genannt. Beschimpfend. Denn er spielt ja nur eine Rolle. Wer ihm nur die Rolle geschrieben haben mag? Auch der Dichter des Hamlet und des Coriolan und des Timon war nur ein Schauspieler. Der sich die Rollen selbst geschrieben hatte.

Ich kann nicht die Absicht haben, wie ein Sonntagsprediger oder wie ein Bezirksredner, Schopenhauers Charakter an der Philister-Moral zu messen, die immer die Moral der absterbenden Generation ist. Beschäftige ich mich mit dem Charakter eines Philosophen, dessen Bedeutung ich ganz eng und beschränkt vom Standpunkte einer Geschichte der Sprachkritik betrachten will, so interessiert mich allein die Moral seines Erkenntnisdrangs. Desto besser, wenn ich einem lachenden Heiligen begegne, wie wohl Sokrates einer war, oder einem still entsagenden Heiligen wie Spinoza. Es ist gut, dann „auf die Knie seines Herzens" gezwungen zu werden, um Kleists prachtvollen, aus der alten Bibel stammenden Stilschnitzer zu wiederholen. Es schadet nicht, an Kant, der lange wie ein Halbgott erscheint, kleine menschliche Züge der Eitelkeit, der schlauen Vorsicht und des Eigensinns zu entdecken. Und es ist abseits von der Geistesmoral, wenn Bacon v. Verulam außerhalb seines gedanklichen Schaffens als Geschäftsmann ein Lump war. Sein Lumpentum hat der Staasbeamte Bacon gebüßt; die Sünde gegen den heiligen Geist hat er nicht begangen. Und auch Schopenhauer, so tief sein Menschliches auch unter dem Menschlichen Kants stehen mag, hat die Sünde gegen den heiligen Geist nicht auf seinem Gewissen. Eines seiner letzten Worte war: es gehe wie es wolle, er habe zum wenigsten ein reines intellektuelles Gewissen.[1]) Was die Klatschsucht der Historie zusammengetragen hat, ist ohne jede Ausnahme gleichgültig für Schopenhauers Geistesmoral. Und darum mußte Schopenhauer gegen die Klatschsucht und die unbewußte Heuchelei des Historiographen in Schutz genommen werden. Der übrigens mit manchem Vorwurf nicht einmal historisch im Rechte ist. Fischer wirft Schopenhauer z. B. die feige Gesinnung vor, Hegel erst nach dessen Tode beschimpft zu haben. Der Historiograph hätte wissen müssen: erstens, daß Schopenhauer vorher nichts veröffentlicht hatte, was nicht im strengsten akademischen Stil geschrieben war, daß Schopenhauer rein schriftstellerisch erst später seinen persönlichen farbigen Stil ausbildete; zweitens, daß zu der Zeit, als Schopenhauer seine ersten Invektiven gegen Hegel veröffentlichte, fast sämtliche philosophische Lehrstühle an den deutschen Universitäten von Hegelianern besetzt waren, und daß die Schüler im Rächen des Meisters gemeiner und gefährlicher sind, als der Meister selbst gewesen wäre; drittens, daß der Berliner Privatdozent Schopenhauer für seine Vorlesung demonstrativ die Stunde wählte, in der Hegel sein Hauptkollegium las, und daß es gleich bei der Disputation pro venia legendi zwischen Hegel und Schopenhauer zu einem persönlich ausgefochtenen Scharmützel kam. Das hätte Kuno Fischer wissen müssen, da ich es sogar weiß.

Von allem, was Fischer gegen Schopenhauers menschliche Moral zusammengetragen hat, macht eigentlich nur eine Kleinigkeit Eindruck. Wie ein Schönheitsfehler. Schopenhauer will in einer Mußezeit, die er für unfreiwillig hält, Kants Kritik ins Englische übersetzen. Er bietet sich an und er preist sich an. Sein Selbstlob hat immer einen großen Zug. Nur alle hundert Jahre einmal komme ein Mensch, der zugleich Kant so gut verstehe und so gut englisch spreche wie Schopenhauer. Aber in dieses Selbstlob mischt sich Reklame, eine kleine Unwahrheit. Er habe zehn Jahre lang als Lehrer der Logik und Metaphysik der Berliner Universität angehört. Schopenhauer hatte wirklich nur ein Semester gelesen und war dann nur nach dem Gesetze der Trägheit noch als Privatdozent weiter registriert worden. Dem Wortlaut nach[1]) keine falsche Aussage und doch ein widerwärtiger Schönheitsfehler. Wo aber auch da auch nur die kleinste Sünde gegen den heiligen

[1]) W. v. Gwinner „Schopenhauers Leben" S. 393. Das Buch Gwinners, das jetzt in dritter Auflage vorliegt, ist ein prächtiges Beispiel für die Möglichkeit: den Helden einer Biographie liebevoll und doch nicht offiziös (heuchlerisch) zu behandeln.

[1]) „A century may pass ere than shall again meet in the same head so much Kantian philosophy with so much English as happen to dwell together in this grey one of mine"; und kurz vorher „I am a German and since 10 years a teacher of Logic and Metaphysics in the university of this capital, as you may satisfy yourself by our Catalogus lectionum" (Brief vom 21. XII. 1829, Briefe, Grisebach S. 62 u. 58).

Geist? Ein idealer Zweck: die Übersetzung zu liefern. Und der Zweck heiligt wirklich die Mittel. Dazu kommt, daß Schopenhauer gerade die Lüge sehr gelinde beurteilt hat, sie mitunter als eine berechtigte Waffe gegen Neugier entschuldigt, mitunter als Recht in Anspruch genommen hat. „Kants bei jeder Gelegenheit zur Schau getragener, unbedingter und grenzenloser Abscheu gegen die Lüge beruht entweder auf Affektation, oder auf Vorurteil . . . Deklamieren ist leichter als Beweisen, und Moralisieren leichter als aufrichtig sein.“ (Grundprobl. d. Eth. S. 225) Trotzalledem macht mir diese kleine Lüge Schopenhauers einen häßlicheren Eindruck als alle Brutalitäten seines Privatlebens. Er war ein harter Egoist. Gut. Geht's uns was an?

Er war auch eitel. Außerdem, was er sonst war. An Eitelkeit steht er ungefähr in der Mitte zwischen Kant und Nietzsche. Kant ließ sich gelegentlich einmal zu der fürstlichen Bauernschlauheit hinab oder herab, irgend einen kleinen Verehrer und Apostel für den besten Kenner seiner Ideen brieflich auszugeben. Schopenhauer machte aus dieser Bauernschlauheit am Ende ein System.

Man wird sich eines Lachens kaum erwehren, wenn man hier die wichtigsten Stellen nebeneinander gesetzt findet; aber es sollte ein bescheidenes Lachen sein. Dem nicht ganz sauberen Frauenstaedt gegenüber blieb Schopenhauer etwas zurückhaltender; er nennt ihn zwar apostulus activus, militans, strenuus et acerrimus (5. I. 1848), tituliert ihn „Alter Treufreund“ (10. VI. 1852) und „hochwürdiger Erzevangelist“, behandelt ihn aber im ganzen doch wie einen Bedienten, den man am Ende eben mit einem Legat abfindet. Aber sonst. An Becker (5. V. 1852): „Sie sind doch unter allen meinen Aposteln derjenige, der mich stets am richtigsten versteht. Ohne alle Schmeichelei gesagt. Aber leider haben Sie eine hartnäckige Buchdruckerschwärze-Scheu! Daher kommt es, daß ich unter 4 Aposteln nur zwei Evangelisten habe, und die sind, wie Gott sie gegeben hat.“ An Lindner, doch einen der beiden Evangelisten, die so sind, wie Gott sie gegeben hat, den doctor indefatigabilis (11. II. 1856): „Auf das neue opus, welches Sie mir ankündigen, freue ich mich sehr. (Ein philosophischer Roman von Lindners Frau.) Was darin von Ihnen kommt, wird gewiß sehr gut sein: denn, wohlerwogen, ist von allem, was schon über mich geschrieben worden, das Beste Ihre wenigen Aufsätze in Ihrer Zeitung; — ganz ehrlich gesagt.“ Und hoffentlich auch ohne Schmeichelei. Und bald darauf (am 12. XI. 1856) an Asher: „Vor allen Dingen will ich Ihnen noch nachträglich die Versicherung geben, daß, so Viele auch schon über meine Philosophie geschrieben haben, noch keiner das eigentliche Grundverdienst derselben so deutlich und bestimmt hervorgehoben hat, wie Sie in Ihrem Aufsatz über meine Musik . . . dies ist keine Schmeichelei“ (also gewiß ganz ehrlich gesagt), „sondern trockne Wahrheit, die mir bei nochmaliger Durchlesung eingeleuchtet hat. Nur besorge ich, daß jene Zeitschrift nur eine sehr beschränkte Zirkulation hat."

So geradezu hat es der demütig-große Kant nun freilich nicht getrieben. (Ich zitiere nach der dreibändigen Ausgabe der Briefe, die Reicke im Auftrage der Berliner Akademie gesammelt hat.) Kant verbittet sich artig und bestimmt den Übereifer seines Frauenstaedt, des guten Borowski (II 365); er kennt wissenschaftlichem Wahnsinn gegenüber die Angemessenheit eines verachtenden Stillschweigens (II 140); er kennt schon 1783 die List gelehrter Zeitschriftenredakteure, durch gegenseitige Lobassekuranz Komplimente zu erpressen (I 320). Aber auch er ist nicht ganz frei von Neugier nach gelehrtem Klatsch (an Reinhold 28. XII. 1787: „Ich kann und mag zwar das Spiel nicht mitmachen, allein es unterhält doch und gibt bisweilen eine nützliche Richtung, davon etwas zu wissen." I 489); er kennt „das geheime Mißtrauen und die Zurückhaltung, welche machen, daß man selbst in seinem innigsten Umgange mit seinem Vertrauten doch einem Teile seiner Gedanken nach immer noch allein und in sich verschlossen bleiben muß" (II 318, Entwurf); er kann, brieflich, mächtig schimpfen, besonders wenn ein früherer Anhänger von ihm abgefallen ist: über die „lächerliche Neuerungssucht" (Fichtes) zur Originalität aus Sand einen Strick drehen zu wollen, um sich her Staub erregen, der sich doch in kurzem legen muß (III 256); über Herders Metakritik, deren „Geschwätz" er kaum einer Widerlegung würdig hielte, wenn der „alte radotierende Wieland" nicht so gewaltig in die Posaune gestoßen hätte, und der Ton „des sonst so gleißnerischen pfäffischen Herders" nicht beleidigt hätte (III 291). Ich will die Beispiele nicht häufen, die Schopenhauers Züge viel vornehmer und würdiger schon bei Kant zeigen. Nur das Verhältnis Kants zu zwei seiner Evangelisten kann ich nicht unterdrücken. Sein Kollege Johann Schultz, ein kleiner Hofprediger und Professor der Mathematik, hat eine Rezension der Kritik geschrieben; Kant redet ihm zu, die Arbeit zu einem selbständigen Buche zu vergrößern, unter großen Lobsprüchen: „Wie tief und richtig Sie in den Geist der Sache gedrungen sind" (I 329). Aber schon zwei Jahre vorher schickt er ihm ein Exemplar der Kritik mit den folgenden anregenden Worten: „Ew. Hochehrwürden bewiesen einmal in einer Rezension, womit Sie meine Inauguraldissertation beehrten, daß Ihre Scharfsinnigkeit unter allen, die über diese Schrift geurteilt haben, die Trockenheit dieser Materie am besten durchdrungen und meinen Sinn am genauesten zu treffen gewußt hatte" (I 257). Hier liegt freilich eine Treue vor, die Schopenhauer nicht kannte; denn noch 1797 antwortet Kant auf eine zudringliche Frage: „Welcher unter den Streitern wohl meine Schriften, wenigstens die Hauptpunkte derselben, wirklich versteht, wie ich solche verstanden wissen will" — unbedenklich: „es ist der würdige Hofprediger und ordentliche Professor der Mathematik allhier,

Herr Schultz" (III 393). Das hindert Kant jedoch nicht, Reinhold à la Schopenhauer wie einen Evangelisten zu behandeln, trotzdem Reinhold immer ein unsicherer Kantonist war und die ersten Keime zu Fichtes Wissenschaftslehre bei ihm schon ganz deutlich sichtbar sein konnten. Kant nun hat gewünscht, „die genaue Übereinkunft von Reinholds Ideen mit den seinigen" bekannt zu machen. „Fahren Sie in Ihrer neuen Bahn mutig fort, teurer Mann; Ihnen kann nicht Überlegenheit an Talent und Einsicht, sondern nur Mißgunst entgegen sein, über die man allemal siegt" (28. XII. 1787, I 487). Am 7. März 1788 schreibt er an Reinhold gar über die Vernunftkritik: er, Kant, habe zu deren Bearbeitung vielleicht den ersten Anlaß gegeben, die Vollendung aber, Aufhellung und Verbreitung müsse er von jüngern so geistvollen Männern erwarten (I 504). Noch lebhafter an Schopenhauers Art erinnert es, wenn Kant am 19. X. 1798 schreibt: „So höre ich eben jetzt durch eine (doch noch nicht hinreichend verbürgte) Nachricht, daß Reinhold, der Fichten seine Grundsätze abtrat, neuerdings wiederum anderes Sinnes geworden uud reconvertiert habe" (III 256). Aber mit einer Überlegenheit, die groß von Schopenhauer absticht, fügte er hinzu: „Ich werde diesem Spiel ruhig zusehen und überlasse es der jüngeren und kraftvollen Welt, die sich dergleichen ephemerische Erzeugnisse nicht irren läßt, ihren Wert zu bestimmen."

Hierher gehört auch ein diplomatischer Widerspruch in der Beurteilung des Salomon Maimon, über dessen Manuskript Kant sich eigentlich geärgert hatte; er schreibt an seinen Freund und Schüler Markus Herz, den Protektor Maimons, „daß nicht allein niemand von meinen Gegnern mich und die Hauptfrage so wohl verstanden, sondern nur wenige zu dergleichen tiefen Untersuchungen so viel Scharfsinn besitzen möchten, als Herr Maimon." Diese Worte sollten S. Maimon kommuniziert, aber selbstverständlich nicht veröffentlicht werden (II, 49). Er weiß auch schon, daß Maimon Schüler und Gegner zugleich ist. Aber fünf Jahre später wirft er demselben Maimon Nachbesserung der kritischen Philosophie vor „dergleichen die Juden gerne versuchen, um sich auf fremde Kosten ein Ansehen von Wichtigkeit zu geben"; was Maimon damit eigentlich wolle, habe er nie recht fassen können und müsse dessen Zurechtweisung andern überlassen.

Schopenhauer liebte es, mit dem Gedanken zu spielen, er wäre der neue Heiland und seine ersten Anhänger wären seine Apostel und Evangelisten, jenachdem. „Wo zwei in meinem Namen versammelt sind, bin ich mitten unter ihnen." Schopenhauer spielt mit der Rolle eines Religionsstifters, aber er sieht klar den Unterschied. Nietzsche, menschlicher als Kant, eitler als Schopenhauer, wirbt um bewundernde Leser wie ein kokettes Weib wirbt; stolzer als Kant und Schopenhauer stößt er aber jeden gefundenen Apostel wieder zurück, höhnisch, ganz einsam;

er spielt nicht mit dem Gedanken, er zerbricht an der Sehnsucht, Religionsstifter zu werden. Er will es nicht nur heißen.

Und ein wenig mag die sogenannte Mode mitgewirkt haben, wenn Schopenhauer fünfzig Jahre nach Kant über Menschenmoral so aufrichtig war, daß wieder fünfzig Jahre später Kuno Fischer ihn mißbilligen mußte.

Nur nebenbei wollte ich Schopenhauer gegen das Unverständnis des augenblicklich angesehenen Kuno Fischer verteidigen. Eigentlich aber eigene Stellung gewinnen und, wie ein gewissenhafter Historiker eine Quellenschrift vor der Benutzung prüft, Schopenhauer auf die Moral seines Geistes hin Rede stehen lassen.

Was diejenige Autorität betrifft die wir uns gewöhnt haben, dem Charakter jedes einzelnen Philosophen zuzuschreiben, gehört Schopenhauer also für uns zu den Männern ersten Ranges, trotzdem gerade betreffs seiner oft und nachdrücklich auf die Diskrepanz zwischen seiner Heiligungslehre und seinem oft unheiligen Privatleben hingewiesen worden ist. Wir dürfen da nicht vergessen, daß wir nur die Geschichte der Erkenntnistheorie, zu welcher uns die Geschichte der Sprachphilosophie geworden ist, verfolgen, daß uns aber die Weltanschauungen der großen Denker, soweit sie Moral lehren wollen, nicht viel wichtiger erscheinen als eine Geschichte der Seifenblasen. Die entscheidende Bedeutung Schopenhauers ergab sich seinen Anhängern zunächst jedoch aus seinen Heilspredigten, die aufs engste mit seiner fast dichterischen Darstellung des Unheils zusammenhingen, mit seinem Pessimismus.

Auch für die Autorität eines Religionsstifters sollte sein Privatleben nicht maßgebend sein. Als Religionsstifter ist Mohammed eine große Erscheinung trotz der Bestialitäten und Albernheiten seiner Menschlichkeit. Man kann als Religionsstifter das Bild der Welt verändern helfen und dennoch neben diesem Zuge der Größe entweder als beschränkter oder als gemeiner Mensch sich äußern. Hätte Schopenhauer weniger gepredigt und zwar Wasser gepredigt, sein privates Weintrinken wäre ihm nicht so sehr verübelt worden und hätte seinen blinden Verehrern nicht so viel Sorgen gemacht.

Seinem eigenen ästhetischen Ideal entsprach er sicherlich nicht. Seinem eigenen Ideal entsprach unter den Philosophen, deren Leben uns bekannt ist, einzig und allein der willenlose Intellekt Spinozas. Der jüdische Mann ist seltsamerweise der einzige unter allen Denkern der christlichen Zeit, der den Forderungen entspricht, die die Moral Jesu Christi aufstellt und die uns in indischem Gewande auch als die Heilslehre Schopenhauers entgegentritt. Und wieder ist es dieser einzig christlich lebende Jude, der in seinem Denken die christliche Moral dadurch überwunden hat, daß für ihn etwas anderes als Notwendigkeit nicht mehr in der Welt existierte.

Gerade darum aber, weil wir selbst Ernst machen wollen mit der resignierten Unterwerfung unter eine gottlose Notwendigkeit, darum brauchen wir Schopenhauers Moralideal auf ihn selbst nicht anzuwenden. Mag er ein Knecht der Liebe, des Hungers und der Eitelkeit gewesen sein, er war es nicht in den freiesten Stunden seines hohen Denkens. Wir mögen lachen, wenn der Schüler indischer Säulenheiliger bei der pedantischen Überlegung, welche Stadt er zu seinem dauernden Aufenthaltsorte wählen solle, neben anderem Komfort auch die Güte der Küche feierlich in Erwägung zieht und bis an sein Lebensende der beste Esser einer reichlichen Table d'hôte wird. Wir mögen lachen, wenn der zynische Metaphysiker der Geschlechtsliebe hinter den Weibern her ist. Wir mögen lächeln, wenn der selbstbewußteste Philosoph sich auf dem Gipfel seines Ruhms geschmeichelt fühlt, weil ein preußischer Oberpräsident artig seinen Namen genannt hat. Und wir mögen traurig den Kopf schütteln über die Schwachheit der Menschennatur, wenn der Entdecker des Mitleids als der einzigen Tugend eine arme alte Näherin im Zorn brutal mißhandelte. Alle diese Menschlichkeiten dürfen uns nicht irre machen im Glauben an die starke Wahrhaftigkeit seiner Natur. Besäßen wir seine Selbstbiographie, die leider zum größten Teile vernichtet worden ist, so würden wir wahrscheinlich noch häßlichere Züge aus dem Triebleben Schopenhauers kennen; schwerlich aber würden sie seinen höchsten sittlichen Wert, seine Wahrhaftigkeit nämlich, mehr herabdrücken, als die menschlichen Selbstbekenntnisse Rousseaus das Ansehen ihres Verfassers. Wir können ruhig unterschreiben, was Schopenhauer selbst in der erwähnten Selbstbiographie ausgesprochen hat:

„Bei Anwandlungen von Unzufriedenheit bedenke ich stets, was es heiße, daß ein Mensch, wie ich, sein ganzes Leben der Ausbildung seiner Anlagen und seinem angeborenen Berufe leben könne und wie viele Tausende gegen Eins waren, daß das nicht anging und ich sehr unglücklich geworden wäre. Wenn ich zu Zeiten mich unglücklich gefühlt, so ist dies mehr nur vermöge einer méprise, eines Irrtums in der Person geschehen; ich habe mich dann für einen anderen gehalten, als ich bin, und nun dessen Jammer beklagt: z. B. für einen Privatdozenten, der nicht Professor wird und keine Zuhörer hat, oder für einen, von dem dieser Philister schlecht redet und jene Kaffeeschwester klatscht, oder für den Beklagten in jenem Injurienprozesse, oder für den Liebbaber, den jenes Mädchen, auf das er kapriziert ist, nicht erhören will, oder für den Patienten, den seine Krankheit zu Hause hält, oder für andere ähnliche Personen, die an ähnlichen Miseren laborieren: das alles bin ich nicht gewesen, das alles war fremder Stoff, aus dem höchstens der Rock gemacht gewesen, den ich eine Weile getragen und dann gegen einen anderen abgelegt habe. Wer aber bin ich denn? Der, welcher die Welt als Wille und Vorstellung geschrieben und vom großen Problem des Daseins eine Lösung gegeben, welche vielleicht die bisherigen antiquieren, jedenfalls aber die Denker der kommenden Jahrhunderte beschäftigen wird. Der bin ich, und was könnte den anfechten in den Jahren, die ich noch zu atmen habe?“

Der Schriftsteller Schopenhauer war wahrhaftig. Sein sonstiges Lieben und Hassen kann uns so gleichgültig sein, wie die Haarfarbe des Winzers, dessen Wein wir trinken. Nur wenn der Besitzer des Weinbergs schlecht genug ist, den Wein zu taufen, nur wenn der Schriftsteller feige genug ist, seine Zugehörigkeit zur Landesreligion z. B. in seiner Lehre zu berücksichtigen, nur dann haben wir keine Pflicht, seinen Büchern die Autorität eines ehrlichen Mannes zuzugestehen.

Und noch einmal: die Moral von Schopenhauers Erkenntnisdrang ist die einzige Moral, die den Historiographen Schopenhauers etwas angeht. Er mag seinen Kuno Fischer vorausgeahnt haben, als er am 15. VII. 1857 an Asher schrieb: „Meine Biographie will ich nicht schreiben, noch geschrieben wissen; die kleine Skizze . . . . . genügt. Mein Privatleben will ich nicht der kalten und übelwollenden Neugier des Publikums zum besten geben.“ Er kannte seine Menschlichkeit nur allzu gut. Am 12. IX. 1852 schreibt er an Frauenstaedt: „Ich habe wohl ergründet und gelehrt, was ein Heiliger sei, aber ich habe nie gesagt, daß ich einer wäre.“ Und am 17. II. 1853 drückt er gegen den gleichen Frauenstaedt, nachdem er ihn wie einen ungetreuen Schuhputzer heruntergemacht und beschimpft hat, seine eigene Geistesmoral also aus: „Voltaires schöne edle Maxime: point de politique en littérature! il faut dire la vérité, et s'immoler, — ist bloß für die *Heroen*, welche sprechen: das Wahre sage ich, das Rechte tue ich, u. l. m. i. A.“ Das Rechte nach der Moral des Geistes; ein Heiliger war Schopenhauer nicht.

Seinen Kuno Fischer hat Schopenhauer nicht nur vorausgeahnt, sondern auch schlecht behandelt. In einem Briefe an Frauenstaedt 6. VIII. 1852 wird Fischer so erwähnt, daß nicht einmal Anfangsbuchstaben in den vorhandenen Ausgaben stehen durften. „Elender . . . .!“ Ich habe nun so lange und so viel Menschliches menschlich beurteilt, daß ich so auch Fischers Zorn gegen Schopenhauer verstehen sollte. Voltaires schöne Maxime „il faut s'immoler“ ist wirklich bloß für die Heroen.

II.

Schopenhauer hat nicht nur manches Licht auf das Wesen der Sprache gelenkt; er hat auch die Kritik der Sprache dadurch gefördert, daß er sie als Werkzeug des Erkennens ehrlicher, schöner und dichterischer handhabte als irgend ein deutscher Philosoph vor ihm. Dazu kommt für mich noch ein anderer Grund, mich eingehend mit Schopenhauers Begriffswelt zu beschäftigen. Wie so viele meiner Altersgenossen, stand ich als Student blind unter dem Einfluß seines Geistes. Ich glaubte, durch seine Werke zur Lösung der Welträtsel gelangt zu sein, und beantwortete mir jede Frage mit seinen Worten. Ich hatte vorher nichts kennen gelernt, was sich mit erkenntnistheoretischen Problemen berührte, und erst über Schopenhauer hinweg gelangte ich langsam zur Kenntnis der philosophischen Anschauungen, die vor ihm aufgestellt worden waren. Seine Formulierung der erkenntnistheoretischen Fragen war mein Ausgangspunkt. So habe ich eine lange Arbeit darauf verwandt, mich von Schopenhauers Begriffen oder Worten zu befreien; und da diese Begriffe oder Worte fast allgemein in den Köpfen des heutigen Geschlechtes spuken — zu den Jüngeren sind sie auf dem Umweg über Nietzsche gekommen —, so dürfte diese Selbstbefreiung auch anderen nützlich werden.

Seine erkenntnistheoretischen Gedanken stehen nirgends so dicht beisammen wie in der zweiten Auflage seiner Abhandlung „Über die vierfache Wurzel des Satzes vom zureichenden Grunde“. Er war fünfundzwanzig Jahre alt, als er diese Schrift mit der Selbstsicherheit der Abstraktion zuerst verfaßte; er war beinahe sechzig Jahre alt, als er sie mit der erhöhten Selbstsicherheit der Rechthaberei zur Grundlage seines fertigen Systems umschuf.

An die Spitze der Untersuchung stellt er das Gesetz der Homogenität, das uns heiße, durch Aufmerken auf die Ähnlichkeiten und Übereinstimmungen der Dinge Arten zu erfassen, diese ebenso zu Gattungen und diese zu Geschlechtern zu vereinen, bis wir zuletzt zum obersten, alles umfassenden Begriff gelangen. „Da dieses Gesetz ein transzendentales, unserer Vernunft wesentliches ist, setzt es Übereinstimmung der Natur mit sich voraus.“ Hier, an der Schwelle seiner Gedankenwelt, sehen wir sofort, daß unsere Resignation, unsere Einsicht in die Unzulänglichkeit der menschlichen Sprache für Schopenhauer doch immer unerreichbar bleiben mußte. Denn was er ein Gesetz der Vernunft nennt, ist für uns eben nur das Wesen der Sprache, und zwar nicht ihr Gesetz, sondern ihre armselige Entstehung. So gelangt er zu dem unvorstellbaren Begriff, daß die Natur mit sich übereinstimme, während wir uns nur mit der ewigen Frage abquälen, ob die Sprache mit der Natur übereinstimme, ja, ob wir über diese Übereinstimmung jemals zu einem Urteil gelangen können. Unter den Formeln des Satzes vom zureichenden Grunde wählt Schopenhauer die Wolfische als die allgemeinste: „Nichts ist ohne Grund, warum es sei.“ Er sieht nicht die Banalität, die dieser Satz für jeden Nichtphilosophen enthält; er sieht nicht, daß ihm eine Definition des Begriffes *Grund* oder *Ursache* fehle, daß der Satz außerdem, wie jede Fassung des berühmten Trägheitsgesetzes, nur eine Negation sei, daß er also in seiner allgemeinsten Behauptung etwas vollkommen Unklares von der Nichtwelt aussage.

In einer historischen Übersicht gibt er sich Mühe zu beweisen, daß man vor ihm die verschiedenen Arten des Grundes oder der Ursache nicht deutlich unterschieden habe; er zeigt die Unsicherheit des Aristoteles und führt ein Sophisma des Sextus Empiricus an; ohne herauszufühlen, daß wir noch heute über solche Wortspiele nicht hinausgekommen sind. Er selbst macht von den vier Arten der Ursache, wie sie die Scholastiker aufstellten — den materiellen, den formalen, den wirkenden Ursachen und den Endursachen — reichlichen Gebrauch. Besonders den Unterschied zwischen Erkenntnisgrund und Realgrund beschreibt er gut und schenkt es dem Spinoza nicht, daß er gegen diese Elementarweisheit gefehlt habe.[1]) Über die Lehre Humes, der Satz selbst sei unbewiesen, der Begriff der Kausalität sei also kein philosophischer, geht er leicht hinweg. Jeder Beweis, also auch der der Kausalität, enthalte schon den Begriff des Grundes oder der Ursache; also wäre jeder solche Beweis ein Zirkelschluß. Und Schopenhauer merkt nicht, daß er nur das Wortspiel des Sextus Empiricus dabei wiederholt. Der hatte witziger gesagt: „Wenn einer behauptet, es gebe keine Ursache, so hat er zu dieser Behauptung entweder keine Ursache oder er hat eine. Hat er keine Ursache, so ist seine Behauptung wertlos; hat er eine, so gibt es eben Ursachen.“ All solches Sophistisieren, so philosophisch es sich auch einkleiden mag, ist immer nur ein Zeichen dafür, daß uns eine Definition des Begriffes *Ursache* fehlt. Ich bin weit entfernt davon, diese Definition auffinden zu wollen. Ursache ist ein mythologischer Begriff; wie denn ganz folgerichtig Gott die letzte Ursache genannt wird. Mythologische Figuren lassen sich besser glauben als definieren. Nur sprachlich beschreiben läßt sich das Wort Ursache; wobei ich die Bemerkung einfüge, daß die Vorsilbe *ur* etymologisch unserm *aus* vorausgeht und im Althochdeutschen auch als Präposition *aus* vorhanden ist, so daß *Ursache* ganz handgreiflich metaphorisch die *Sache* ist, *aus* der eine andere hervorgeht oder erschlossen wird. Diese Etymologie lebt aber nicht mehr in unserem Sprachgefühl. Uns ist Ursache immer das, was auf die Frage *Warum?* als Antwort erwartet wird. Man hat diese Frage sehr feierlich behandelt und man hätte den Menschen wohl auch das fragende Tier nennen können; dann muß man auch die Erwartung einer Antwort feierlich nehmen. Wir aber sehen in der Neugier des Menschen, in seinem ewigen Warum nur die einzige Erkenntnis, deren der Mensch fähig ist: die Erkenntnis seines Nichtwissens. Wir fragen unaufhörlich: Warum fällt dieser Regentropfen, warum trägt dieser Strauch Rosen, warum sagst du das und das? Jede beliebige Antwort, bei der der Frager sich für einen Augenblick beruhigt, nennen wir eine Ursache. Eine Antwort, bei der wir uns dauernd beruhigen könnten, gibt es nicht. In der Wirklichkeit gibt es keine *Ur-Sache*. Für die Betrachtung der Sprache ist es aber traurig belustigend,

[1]) Man vergleiche dazu aber (im Art. *Optimismus* S. 222) die Deutung, die ich dem Satze Spinozas „ordo et connexio dearum etc.“ gegeben habe.

daß wir in dem Begriff *Ursache* nur darum etwas Wertvolles zu besitzen glauben, weil es Fragen auf der Welt gibt. So erklären wir auch den Nominativ damit, daß er der Frage „wer oder was?“ entspreche; und wir Narren hören nicht, daß wir mit „wer oder was?“ nur darum fragen, weil das eben der allgemeinste Nominativ ist.

Schopenhauers Bild von den *Wurzeln* des zureichenden Grundes will ich einstweilen übergehen und an seinen vier Klassen zeigen, daß er regelmäßig nicht sieht, wie seine Ursache oder sein Grund jedesmal eine andere sprachliche Bedeutung hat, aber auch nur eine sprachliche.

In seiner ersten Klasse ist die *Ursache* das, was wir uns alltäglich bei diesem Worte denken. Wir pflegen zu sagen, daß jedes Ereignis eine *Ursache* habe und haben müsse. Genauer: jede Veränderung in der ganzen weiten wirklichen Welt ist eine *Folge* des vorausgegangenen Zustandes, der wieder eine Folge des ihm selbst unmittelbar vorausgegangenen Zustandes ist. Wir wissen von dem, was wir Ursache nennen, absolut nichts anderes, als daß es in der Zeit der Folge vorausgehe. Und als ob sich die Sprache über uns lustig machen wollte, heißt *Folge,* also der der Ursache als ihr Korrelat vollkommen entsprechende Begriff, nichts weiter als das, was der Zeit nach das Spätere ist. Noch eine andere sprachliche Eigentümlichkeit des Begriffes *Ursache* hätte Schopenhauer bemerken müssen; er hat nur einen Teil davon bemerkt und diesen unrichtig. Wenn ich, zum Beispiel, ein Brennglas in der schicklichen Entfernung von meiner Hand halte und nun durch Wegziehen einer Wolke, die bis dahin die Sonne verdeckt hat, eine Schmerzempfindung in meinem Gehirn notiert wird, so sind alle Bedingungen, die zusammenwirken müssen, die Ursachen meiner Schmerzempfindung: die chemische Zusammensetzung meiner Haut, die physiologische Einrichtung meiner Nerven, die physikalischen Eigenschaften des Brennglases und schließlich der Wind, der die Wolke fortbewegt hat. Formelhaft ausgedrückt: der allgemeine Zustand, der in dem Augenblick vorhanden war, ist die Gesamtheit der Ursachen, welche die Veränderung (meine Schmerzempfindung) zur Folge haben. In Wirklichkeit haben all diese Abstraktionen mit meiner Schmerzempfindung nichts zu tun. Zum Beispiel ist nicht, was man die Wärme der Sonne nennt, abstrakt eine der Ursachen, sondern — um mich der Sprache der augenblicklichen Wissenschaft zu bedienen — die ganz bestimmte Molekularbewegung, die von der in der ganz bestimmten Entfernung in einem ganz bestimmten Augenblick an ihrem Ort befindlichen Sonne ausgeht. Eben so ist nicht das Abstraktum Nervensystem eine Ursache meines Schmerzes, sondern wieder eine ganz bestimmte und wirkliche, an Zeit und Raum gebundene Molekularbewegung. Ich mache für das Folgende darauf aufmerksam, daß diese Art Ursache, die Kausalität oder (nach Schopenhauer) der zureichende Grund des

Werdens, zwar aus der Zeit allein erklärt wird, in Wirklichkeit aber jedesmal in Raum und Zeit tätig sein muß.

Es ist nun gewiß, daß jede Veränderung eine Folge des unmittelbar vorausgegangenen Gesamtzustandes ist; es ist ferner gewiß, daß es ein unwissenschaftlicher Sprachgebrauch ist, wenn die zuletzt eingetretene Veränderung des vorausgegangenen Gesamtzustandes gewöhnlich die Ursache genannt wird. Wenn, in dem gewählten Beispiel, meine Schmerzempfindung eintritt, so wird in der Umgangssprache das Wegrücken der Wolke leicht die Ursache genannt werden. Ein bißchen Aufmerksamkeit genügt um einzusehen, daß die Form des Brennglases usw., daß alle anderen Bedingungen des Ereignisses ebensolche Ursachen sind. Für ein empfindliches Sprachgefühl liegt die Sache noch klarer. Das Wegrücken der Wolke ist eigentlich die Ursache, die Hauptursache, die Gelegenheitsursache nur für die mitverstandene stille Frage: „Warum brennt es *jetzt*?"

Was ist also das, was wir die Ursache eines Ereignisses nennen? Offenbar doch nur unter allen Bedingungen dieses Ereignisses die, auf die unser Interesse im gegebenen Augenblick gerade die Aufmerksamkeit richtet. Halten wir daneben, daß eigentlich die gesamte Weltlage in jedem Augenblick den nächsten Augenblick bestimmt, daß also unsere Aufmerksamkeit unter Umständen auf die entlegensten unter den unmittelbar vorausgegangenen Veränderungen gerichtet werden kann, so wird der Begriff der Ursache noch unzuverlässiger. In unserem Beispiel ist meine Schmerzempfindung das neue Ereignis. Diese Schmerzempfindung ist in ihrer Stärke beeinflußt durch den Zustand meines Nervensystems, der wieder mit meinem gesamten Körperbefinden zusammenhängt, das wieder abhängig ist von Seelenerregungen, von Blutverhältnissen infolge aufgenommener Nahrung usw. Das Ereignis ist nun nicht eine abstrakte Schmerzempfindung, sondern meine nach Zeit und Raum und Stärke ganz fest umschriebene Empfindung. Ich kann also ganz gut meine Aufmerksamkeit so einstellen, daß ich dieses oder jenes Nahrungsmittel, diese oder jene seelische Erregung, diese oder jene Geistesanstrengung (also wieder eine Richtung der Aufmerksamkeit) die Ursache meiner wirklichen Schmerzempfindung nenne. Es ist für Metaphysiker gewiß bedauerlich, daß man das große Gesetz der Kausalität nicht anders beschreiben kann als: die Summe sprachlicher Bezeichnungen für die einer Folge vorausgegangenen Zustände, auf die unsere Aufmerksamkeit gerichtet ist. Schopenhauer, der diese Abstraktion *Ursache* für ein apriorisches Gesetz erklärt und doch heimlich empfinden mag, daß nur die einzelnen Veränderungen wirklich sind, erfindet sich eine besondere Mythologie für die Naturkräfte, die ungefähr wie absolute Statthalter eines noch absoluteren Monarchen, allgegenwärtig und unerschöpflich, die einzelnen Provinzen beherrschen. Er hat recht, wenn er sagt, Naturkräfte seien keine Ursachen; denn Abstraktionen können niemals Ursachen sein. Die menschliche Sprache aber kennt nichts als Abstraktionen, nennt die engeren ebenso wie die weiteren Abstraktionen Ursachen; und so scheint es mir unwesentlich, ob die Anziehungskraft der Erde oder ob die Gravitation die Ursache genannt wird, warum der Stein fällt. (Vgl. Art. *Konditionalismus.*)

Der Standpunkt Schopenhauers, den er nach Kant und den Engländern einnimmt, als ob er ihn erobert hätte, führt ihn bald dazu, auch wieder den Elementarschnitzer zu begehen, den er an Spinoza gerügt hat. Er stellt sich vor, daß im menschlichen Gehirn ein besonderes Organ für die Erkenntnis der Kausalität vorhanden sei, der *Verstand* nämlich. Und es soll nicht geleugnet werden, daß seine deutliche Unterscheidung zwischen Verstand und Vernunft sehr nützlich gewesen ist, wenn auch nur zur sauberen Beseitigung beider Begriffe. Das Verstandesorgan aber soll das Monopol besitzen für die richtige Auffassung von Ursache und Folge; daß Schopenhauer die Tätigkeit dieses Verstandes bald vor aller Erfahrung vorhanden sein läßt, bald „nach erlangter Übung“ wirksam, das nur nebenbei. Aber er schiebt dem Verstande noch eine Funktion zu, nämlich die Erkenntnis der Welt selbst. Nach dieser Anschauung ist die farbige, lebendige Welt um uns herum einzig und allein im menschlichen Verstand und durch den menschlichen Verstand. Da kann ich den Verdacht nicht loswerden, daß die Veränderungen in unserem Nervensystem, die reale Folgen irgend welcher unfaßbaren realen Ursachen zu sein scheinen und die erst im menschlichen Verstand zu Realursachen unserer Wahrnehmungen werden, zu gleicher Zeit auch für den selben Verstand Erkenntnisgründe für die Annahme seiner Außenwelt sind.

Die Zweiteilung in Verstand und Vernunft zieht sich durch Schopenhauers ganze Erkenntnistheorie. Es ist merkwürdig: beide zusammen machen den menschlichen Intellekt aus, der in Schopenhauers Schädel imstande sein soll, die Welt zu begreifen; keinem der Teile aber des Intellektes würde man so eine Leistung zumuten, weil jedes Tier doch Verstand und jeder Tropf Vernunft hat. Der tröpfischen Vernunft soll es gegeben sein, denken, die Welträtsel in ihren höchsten Abstraktionen begreifen zu können; der tierische Verstand soll genügen, um die Kausalität der Welt zu fassen, die unendliche Kette von Ursache und Wirkung. Man könnte es auch so ausdrücken, daß nach Schopenhauer die Welt Materie sei und daß für eine Einsicht in den Materialismus der tierische Verstand genüge, daß die Welt aber auch immateriell sei und daß die tröpfische Vernunft den Idealismus errate. Mit den wirkenden Ursachen beschäftigt sich der Verstand, mit den Ursachen unserer Erkenntnis beschäftigt sich die Vernunft. An das Vorhandensein von

Ursachen glaubt Schopenhauer wie ein Katholik an seine Heiligen. Und so ist es eine unbewußte Schlauheit von ihm, wenn er den Begriff der *Ursache* nicht auf die Materie selbst oder auf das Weltganze angewendet wissen will. Wie dem theologisch gebildeten Katholiken Gott doch noch über den Heiligen steht, so steht dem Metaphysiker Schopenhauer die Materie über den Veränderungen, die aus Ursachen an ihr vorgehen. Er steckt so tief in seiner eigenen Mythologie, daß er nicht hört, nicht schon aus dem Wortklang heraushört, wie Materie, Weltganzes usw. nicht wirken können, weil sie nicht wirklich sind. Er hat eben nicht erkannt, daß die abstrakte Sprache unbrauchbar ist für Erkenntnis der Wirklichkeit. Dies wird über allen Zweifel klar, wenn Schopenhauer von der Klasse der wirkenden Ursachen zu den Ursachen des Erkennens übergeht, zu den Erkenntnisgründen, von der Naturwissenschaft zur Logik, vom Verstand zur Vernunft.

III.

Hundertmal auf seinem Wege kommt Schopenhauer an eine Stelle, wo ihm deutlich werden müßte, daß die *Vernunft*, durch die sich auch nach ihm, dem Tierfreund, der Mensch vom Tier unterscheiden soll, identisch ist mit der menschlichen *Sprache*. Sogar die Tatsache, daß die Worte der Sprache niemals an die Wirklichkeit heranreichen können, dämmert ihm auf, wenn er sagt: „Dem Verstand gehören gewisse Gedanken an, die lange im Kopf herumziehen, gehen und kommen, sich bald in diese, bald in jene Anschauung kleiden, bis sie endlich, zur Deutlichkeit gelangend, sich in Begriffe fixieren und Worte finden. Ja, es gibt deren, welche sie nie finden; und leider sind sie die besten: quae voce meliora sunt, wie Apulejus sagt.“ Aber auch er steckt zu tief in der Scholastik oder im Wortaberglauben, um aus dem Labyrinth herauszufinden. Er glaubt an die Existenz von Ursachen und sucht darum nach Ursachen für die Wahrheit von Urteilen. Es sind ihm, wie allen, die *Erkenntnisgründe*. Wir jedoch lernen, daß alle Urteile nur tautologische Auseinanderlegungen von Begriffen oder Worten, daß die Worte oder Begriffe nur Erinnerungen an unsere Sinneseindrücke sind. Tautologien brauchen keinen logischen Beweis. Und Erinnerungen sind, wenn unsere mangelhafte Physiologie sie auch noch nicht beschreiben kann, eben auch nur Wirkungen innerhalb der Wirklichkeitswelt, die also keine Erkenntnisgründe brauchen, sondern nur das, was man auch sonst wirkende Ursachen nennt.

Zu der Beobachtung, daß all seine tiefsinnigen Spekulationen nur Belustigungen der Sprache seien, konnte Schopenhauer durch seine eigene Bemerkung kommen, daß in den romanischen Sprachen für Erkenntnisgrund und Vernunft nur ein einziges Wort vorhanden ist, wie im Französischen *raison*; daß ferner der griechische Ausdruck, der umfassend für Vernunft und alle mögliche geistige Tätigkeit ausreichen muß, *λογος*, vor allem *Wort* bedeutet. Im Deutschen klingt es noch nach etwas, wenn man sagt, die Vernunft herrsche über die Erkenntnisgründe; im Französischen wäre es eine greifbare Albernheit. Ein König, der mit seinem einzigen Untertan identisch ist, würde doch auf der Welt wenig Achtung einflößen.

Schopenhauer glaubt an Ursachen des Werdens, die auch in der Umgangssprache Ursachen genannt zu werden pflegen; er glaubt ferner an ein Erkennen und an dessen Ursachen, die er mit dem technischen Ausdruck Erkenntnisgründe bezeichnet; er glaubt endlich, außer an die Wirklichkeitswelt und ihre Erkenntnis, an ein besonderes, von beiden verschiedenes Sein der Dinge und denkt dabei zunächst an die Lage der Dinge im Raum, an ihre geometrischen Verhältnisse. Die geometrischen Verhältnisse oder Gesetze müssen aber nach der Gewohnheit unseres Denkens auch auf irgend etwas zurückzuführen sein, das ihre Grundlage bildet, den *Grund* ihrer *Lage*, und diesen nennt Schopenhauer die Ursache des *Seins*, was sich als ratio essendi viel vornehmer ausnimmt. Die Zusammenwerfung der wirkenden Ursachen und der Erkenntnisgründe unter dem gemeinsamen Begriff der Ursache ist so alt und für das Bedürfnis der Menschheit, ihre Unwissenheit wenigstens symmetrisch aufzubauen, so verlokkend, daß auch die besten Köpfe nicht leicht begreifen, wie wenig die Begriffe Ursachen und Gründe miteinander zu tun haben. Daß aber die Anreihung der Grundlage des *Seins* an diese beiden Begriffe ein unbewußter Wortwitz sei, sollte doch schneller klar werden können. Das den Ursachen und Gründen Gemeinsame ist doch wenigstens ihr zeitliches Verhältnis zu ihren Folgen und Folgerungen. Die Ursache geht der Wirkung zeitlich voraus, sie kann auf die Wirkung nicht folgen; es gibt keine sogenannte Wechselwirkung zwischen Ursache und Wirkung. Ferner geht der Erkenntnisgrund der Schlußfolgerung zwar nicht in Wirklichkeit voraus, aber doch jedesmal im bewußten Denken; eine Wechselwirkung zwischen Erkenntnisgrund und Folgerung ist also wenigstens in der bewußten Logik ein Unsinn. In den Raumverhältnissen der Geometrie aber, für die Schopenhauer besondere Seinsgründe aufstellen möchte, ist die Wechselwirkung die selbstverständliche Regel. In den Verhältnissen zwischen den Seiten eines Dreieckes und seinen Winkeln kann man unzweifelhaft die Winkel die Grundlage für die Seiten nennen und umgekehrt; die Ellipse wird durch ihre Brennpunkte und Leitstrahlen bestimmt und umgekehrt; jeder Schüler der Geometrie kennt diese Wechselwirkung. Daraus allein ist ersichtlich, daß die Grundlagen des geometrischen Seins mit den unbedingt vorausgegangenen Ursachen von Wirkungen begrifflich nicht das mindeste zu tun haben können, daß ein Zufall der Sprachgeschichte nur ähnliche Worte verwendet hat und daß man mit gleichem Recht Bauer (Landmann) und Bauer (Käfig) geistreich unter einen Gesamtbegriff knebeln könnte. Ganz leise deute ich hier auch darauf hin, daß Schopenhauer bei dieser besonderen Behandlung der Raumbegriffe eine Konfusion anrichtet. Es ist doch für ihn klar, daß Raum und Zeit zusammengehören, wenn er auch den Gedanken, daß die Zeit die vierte Dimension der Wirklichkeit sei, nicht anschaulich aufzufassen vermag. Nun vollzieht sich der ewige Wechsel in der Welt, der Wirklichkeit oder Kausalität heißen kann, einzig und allein in der Zeit; also gehört der Begriff der Zeit unweigerlich zu dem Verhältnis von Ursache und Wirkung. Ihm wird deshalb nicht wohl dabei, wenn er die Grundlage des Seins auch für die Zeit aufsucht, für die Arithmetik, deren Zahlen man sich als in der Zeit ablaufend vorstellen kann. Immer wieder kehrt er zur Geometrie zurück, die er gern (eben als eine neue Klasse von Begriffen) auf die Anschauung begründen möchte, statt auf Erkenntnisgründe, wie es die Lehrbücher seit zweitausend Jahren tun. Aber das Verhältnis zwischen Ursache und Wirkung erfordert nicht nur die Zeit, sondern auch den Raum; jede Veränderung geht in der Zeit vor sich, aber auch im Raum. Was also am Raum wirklich ist, das kann schon bei der ersten Klasse der Ursachen nicht übersehen werden.

Ein Beispiel, das Schopenhauer selbst falsch verwertet, wird uns zeigen, wie die Sprache sich zu günstiger Stunde dagegen sträubt, den Begriff der Ursache oder des Grundes so sinnlos zu zerspalten, wie es Schopenhauer den Scholastikern nachtut. Es ist offenbar das Verhältnis von Ursache und Wirkung, wenn draußen die Junisonne scheint und darauf die Quecksilbersäule im Thermometer bis zum fünfundzwanzigsten Strich steigt. Es ist offenbar ein sogenannter logischer Gedankengang, wenn ich aus meinem kühlen Zimmer durch die Fensterscheibe die Quecksilbersäule bis zum fünfundzwanzigsten Strich steigen sehe und danach vermute, draußen sei es bedeutend wärmer als in meiner Stube. Es ist endlich ein geometrisches Verhältnis, wonach der fünfundzwanzigste Strich auf dem vierten Teil der hundertteiligen Skala gefunden worden ist. Allgemein kann man es so ausdrücken, daß jedesmal ein *Grund* vorhanden war; aber doch nur, weil unser deutsches Wort *Grund* eben so vieldeutig, so undefinierbar ist wie etymologisch unerklärbar. Unsere Konjunktion des Grundes *weil* weist auf Grund und Ursache hin, denn sie ist ja ursprünglich eine Zeitpartikel. Trotzdem ist die Sprache wieder fein genug, die verschiedenen Klassen der Ursachen nicht vermischen zu lassen. „Das Thermometer steigt, weil es warm ist". Das ist ein klassischer Fall für das Verhältnis von Ursache und Wirkung. Weil wir die Beobachtung auf den allgemeineren Satz der Ausdehnung durch die Wärme zurückführen können und weil das Thermometer nach der Entdeckung solcher Weisheit erfunden wurde, sind wir geneigt, in unserem Satz eine Erklärung zu sehen. Wir nennen es ja immer eine Erklärung, wenn wir neben eine Wirkung ihre sogenannte Ursache stellen, wie wir *Gestern* sagen, bevor wir *Heute* aussprechen. Leisten wir auf solchen Selbstbetrug Verzicht, so wird unser Satz nur bedeuten und lauten können: „Das Quecksilber steigt, sobald es warm ist.“ Mit der Feststellung dieser *sprachlichen Gewohnheit* ist natürlich nichts ausgesagt über Humes Gleichsetzung von Zeit und Ursache.

Nun zum Erkenntnisgrund. Kein Mensch mit einigem Sprachgefühl wird mit gutem Gewissen sagen können: „Es ist draußen warm, weil das Quecksilber gestiegen ist“. Das *weil* gibt nach jetzigem Sprachgebrauch die Ursache an; wenn der Erkenntnisgrund eine Ursache wäre, könnte die Konjunktion nicht so prüde sein, sich zu weigern. Wir aber können höchstens sagen: „Weil das Quecksilber steigt, darum sage ich, meine ich (usw.), es werde draußen warm sein“. Man achte auf den Unterschied. Erst wenn ich statt der Tatsache mein Urteil setze, kann ich das Steigen des Thermometers einen Grund oder eine Ursache nennen; und es ist dann eine wirkliche, eine wirkende Ursache. Früher mußte die Sonne mir erst direkt auf die Haut brennen, bevor meine Empfindung zu dem Urteil führte, es sei warm; jetzt vollzieht das Gehirn schon aus der Entfernung das Urteil, durch das Auge. Der Tod des Hirsches ist eine Wirkung, einerlei, ob eine starke Hand ihn mit einem Steinbeil erschlagen hatte oder ob mein nervöser Finger nur den Hahn eines Schießgewehrs berührte.

Auf die Einteilung des Thermometers in hundert Grade und auf die räumliche Grundlage dieser Striche gar die Konjunktion *weil* anzuwenden, verweigert die Sprache durchaus.

Schopenhauers angestrengte Bemühungen, die vier Klassen des Grundes oder der Ursache ... ich weiß nicht, ob zur wirkenden Ursache, zum Erkenntnisgrunde, zur mathematischen Unterlage oder zum Motiv seines Systems zu machen, erinnern mich an eine Bemerkung von W. K. Clifford in einem Vortrage „Über die Ziele und Werkzeuge des wissenschaftlichen Denkens“. Die Schrift ist ein Mischmasch von Straßenweisheit und feinster Kritik. Clifford sagt: „Das Wort Ursache hat 64 Bedeutungen bei Platon und 48 bei Aristoteles. Das waren Männer, die so genau wie nur möglich wissen wollten, was sie meinen; wie viele Bedeutungen aber nun das Wort in den Schriften von Leuten gehabt hat, die sich nicht bemüht haben, zu wissen, was sie meinten, wird hoffentlich niemals zusammengerechnet werden.“ Würde man bei Schopenhauer oder bei irgend einem anderen Philosophen solche Worte jedesmal genau so definieren, wie sie an jeder Stelle allein gemeint sein können: wir würden ebenso viele Bedeutungen wie Stellen erhalten. Jedenfalls hat bei Schopenhauer das Wort in seiner grundlegenden Abhandlung keine einheitliche Bedeutung; und wo die verschiedenen Bedeutungen dennoch zusammenfallen, da ist ihm dieser merkwürdige Vorgang nicht bewußt.

Das ist besonders deutlich bei der vierten Klasse seiner Ursachen: den Ursachen des menschlichen Handelns, den *Motiven*.

Es ist eins der stärksten Verdienste Schopenhauers, daß er die Unfreiheit der menschlichen Willensakte immer rücksichtslos behauptet und in seiner Preisschrift meisterhaft bewiesen hat. Nach seiner Lehre ist die Bewegung des Steines um nichts notwendiger als die Tat eines bestimmten menschlichen Charakters auf ein wirkendes Motiv hin. Es mußte ihm also klar werden und ist ihm auch klar, daß die Motive des menschlichen Handelns zu den wirkenden Ursachen gehören, also in seiner Sprache zu der ersten Klasse der zureichenden Gründe. Freilich ist uns der materielle, der physiologische Zusammenhang zwischen einem ausgesprochenen Wort und unserer darauf notwendig folgenden Handlung nicht bekannt, wir haben nur abstrakte Worte für die Zwischenglieder des Prozesses; aber wir wissen schon, daß wir auch für die Veränderungen in der physikalischen Welt nur Worte haben, daß uns auch da der eigentliche Vorgang ein Mysterium ist. Es lag also für Schopenhauer ursprünglich und vom Standpunkt seiner Erkenntnistheorie kein Grund vor, die Motive zu einer besonderen Klasse der Ursachen zu machen. Aber immer wieder verwechselt Schopenhauer die wirklichen menschlichen Handlungen mit dem abstrakten menschlichen *Willen*, den er noch mythologisch ins Ungeheure vergrößert, bis er aus ihm die letzte Ursache, den Urgrund der beiden Welten, der Wirklichkeitswelt und der metaphysischen Welt, gestalten kann. Dieser menschliche Wille wäre aber (nach Schopenhauers mystischem Glauben) ein gar zu armseliges Ding, wenn er zu der ersten Klasse der „Objekte für das Subjekt", wenn er zu der ersten Klasse der Ursachen gehören würde. Dann wäre der menschliche Wille eben nichts weiter als das Wesen, der Charakter des einzelnen Menschen, wie die Eigenschaften lebloser Dinge für ihn das Wesen und der Charakter dieser Dinge sind. Da Schopenhauer den menschlichen Willen, dieses Abstraktum des gefälschten Selbstbewußtseins, für etwas höchst Reales hält, eigentlich für das einzige Reale im Weltgebäude, so wird ihm dieses Abstraktum, das wir alle in unserem Selbstbewußtsein als ein vieldeutiges Wort vorfinden, zu einer unvergleichlichen Entdeckung; und die Beobachtung, daß Menschen nach Motiven handeln, trennt sie auf einmal von der übrigen Welt. *Motivation* muß darum etwas total anderes sein als *Ursächlichkeit*. „Die Motivation ist die Kausalität von innen gesehen." Mit diesem Satz ist Schopenhauer ungefähr bei der „intellektuellen Anschauung" Schellings angelangt, für die er sonst nicht Spott genug hat. Das alles dem Willen zuliebe, seinem grundlosen Gott; von diesem Wortaberglauben uns zu befreien, ist fast noch wichtiger als die Einsicht, aus wie unzuverlässigen Worten das System der „Vierfachen Wurzel des zureichenden Grundes" aufgebaut ist.

IV.

Für uns, die wir nicht einen Augenblick vergessen können, daß die Sprache mit dem Denken zusammenfällt, daß die Begriffe der Sprache sich auf ihre Herkunft hin legitimieren müssen, daß die Sprache oder das Denken mit illegitimen Begriffen nichts anzufangen weiß, für uns wäre Schopenhauers legendarischer *Wille* bald beiseite geschafft. Wollte ich fremde Begriffe jedoch nur von meinem Grundgedanken aus kritisieren, so würde ich denselben Fehler begehen, den Schopenhauer in dem Satz begeht: „Die Motivation ist die Kausalität, von innen gesehen.“ Will ich Schopenhauers Willen, der zu einem Scheinbegriff der gebildeten Menschheit Europas geworden ist, bekämpfen, dann darf ich meinem eigenen Grundgedanken als vielleicht bloßen Worten nicht vertrauen, dann muß ich vielmehr die Unhaltbarkeit des Begriffs aus ihm selbst heraus nachweisen. Hier wie auch sonst bei der Kritik fremder Ansichten, fremder Worte gilt: gehe ich von meinem Grundgedanken aus, so schwäche ich ihn, indem ich ein System aus ihm herausspinne. Vernichte ich fremde Ansichten und Worte voraussetzungslos, so stärke ich meinen Grundgedanken, indem ihm immer wieder neuer Stoff von selbst zugeführt wird, von selbst freilich nur so weit, wie mein Gedankengang nicht von dem unbewußten Trotzen auf mein Recht, also von meinem Interesse gelenkt wird.

Es wird aber nicht schwer sein, nachzuweisen, daß der Wille zur Vorstellungs- oder Erscheinungswelt gehört, so gut wie die Motive zu den Ursachen gehören. Vorher aber müssen wir uns klar machen, womöglich mit den einfachsten Worten und ohne Rücksicht auf irgend eine Psychologie, was wir eigentlich unter dem Wort *Wille* verstehen. Das Wort in Schopenhauers Sinn geht uns bis dahin nichts an. Aber auch der Wille als eine geheime Kraft der menschlichen Seele, als Etwas, über dessen Freiheit oder Unfreiheit man streiten kann, ist offenbar ein mythologisches Abstraktum. Man müßte ein mittelalterlicher Wortrealist sein, um im Willen, weil das Wort einmal vorhanden ist, auch das Subjekt irgend einer Tätigkeit zu sehen.

Es ist ausgemacht, daß unsere Kenntnis von der Welt aus den Sinneseindrücken besteht, die wir empfangen. Alle unsere Sinneseindrücke oder Wahrnehmungen, die sich dann zu Vorstellungen und Begriffen addieren, haben aber neben ihrem spezifischen Wert, als zum Beispiel dem, was wir sehen, hören usw., noch eine stärkere oder schwächere Beziehung zu unserem *Interesse.* Ich will die technischen Ausdrücke der neuern Psychologie hier nicht anwenden, sondern nur sagen, daß all unsere Sinneseindrücke uns entweder angenehm oder unangenehm sind; dieses Verhältnis zu unserem Gefühl ist in den meisten Fällen so schwach, daß wir es gewöhnlich gar nicht beachten. Aber das Gefühl ist da und muß wohl immer in irgend einem — wenn auch noch so schwachen — Grade vorhanden sein, damit wir unsere Aufmerksamkeit überhaupt auf den Sinneseindruck lenken. Unsere Wahrnehmungen sind also Wirkungen äußerer Ursachen, die unser Interesse, wenn auch noch so leise, berühren. Für den Gefühlswert dieser Berührung haben wir nur deshalb keine allgemeinen Worte, weil wir mit Gefühl eben das zu bezeichnen pflegen, wofür wir keine Worte haben. Wir sind also bei unseren Wahrnehmungen der leidende Teil; unser Leib, insbesondere seine spezifischen Sinnesorgane, erleiden die Wirkungen äußerer Ursachen.

Handeln wir nun, so liegt derselbe Vorgang vor, nur in umgekehrter Richtung. Dann ist die Außenwelt leidend und wir sind tätig. Äußere Ursachen bewirken unter dem Namen der *Motive* unsere Bewegung als eine Wirkung; und diese Wirkung wieder wird zur Ursache einer äußeren Veränderung. Genau ebenso ist die Entzündung des Pulvers im Gewehrlauf die Wirkung vom Aufschlagen des Hahnes, aber auch die Ursache von der Ausdehnung der Gase und vom Heraustreiben der Kugel. In der ewigen Kette der Kausalität (ich kann die Begriffe *Kausalität* und *Ursache* nicht vermeiden) ist immer und überall jede Veränderung die Wirkung einer vorausgegangenen und die Ursache einer zukünftigen Veränderung. Jedes Geschehen auf der Welt, jede minimalste Veränderung ist ein Zwischenglied zwischen einer entfernteren Ursache und einer entfernteren Wirkung. Bei den menschlichen Handlungen ist das der einzige Unterschied, daß unser eigener Leib das Zwischenglied ist. Und während bei den äußeren Sinneseindrücken dieses Leibes der Gefühlswert oder die Beziehung zu unserem Interesse ein geringerer ist und darum gewöhnlich keinen besonderen Namen hat, ist der Gefühlswert unserer Handlungen ein sehr starker und hat darum einen besonderen Namen erhalten: das *Wollen*. Die Sprache setzt mich hier in Verlegenheit. Ich habe vorhin das Abstraktum *Wille* abgelehnt und nur die einzelnen Willensakte gelten lassen. Nun aber entdecken wir, daß diese einzelnen Erscheinungen des Wollens gar keine Akte oder Handlungen sein können, sondern nur sie begleiten oder vielmehr ihnen vorausgehen, um Augenblicke vorausgehen. Unsere Bewegungsgefühle sind uns bekannt; sie sind so deutlich, daß sie uns ein Bild der unmittelbar folgenden Handlung vorausgeben, und die Folgen dieser Handlung sind uns aus unserer Erfahrung nicht mehr und nicht weniger bekannt als andere Erscheinungen der äußeren Welt. Viel lebhafter also als bei den Sinneseindrücken, die in Milliarden auf uns einstürmen, haben wir darum bei oder vor unseren Handlungen das Gefühl, ob sie oder ihre Folgen uns angenehm oder unangenehm sein werden. Dieses Gefühl nun drücken wir, weil es uns nah angeht, mit einem Begriff aus; wir sagen das eine Mal: *Ich will*, das andere Mal: *Ich will nicht*. Die Frage, ob dieses Gefühl sich zwischen das Bewegungsgefühl und die wirkliche Handlung drängen kann, ob die Ausführung der Handlung von diesem Gefühl abhängig ist, wäre in anderem Zusammenhang zu beantworten. Hier handelt es sich nur darum, festzustellen, daß der sogenannte *Wille* als Kraft ein mythologisches Abstraktum ist, in seinen einzelnen Erscheinungen jedoch nur ein Gefühl, also ein Gefühlseindruck, der sich von den spezifischen Sinneseindrücken eben nur durch seine Unbestimmtheit unterscheidet. Er ist eine besondere Art des sogenannten Gemeingefühles, sofern er sich nicht auf den unmittelbaren Zustand unseres Leibes bezieht, sondern auf unsere Erwartung vom künftigen Zustand. Unser Gemeingefühl läßt uns, wenn wir nichts dazu und nichts davon tun können, sagen: „Ich fühle mich wohl"; oder: „Ich fühle mich nicht wohl"; die Erwartung: „Ich werde mich danach wohl fühlen" oder: „Ich werde mich danach nicht wohl fühlen" drücken wir aus durch: *Ich will* oder *Ich will nicht.* Ich glaube nicht, daß ich noch etwas hinzufügen muß, um mir zugestehen zu lassen, daß diese Gefühle, die wir Erscheinungen unseres Willens zu nennen gewohnt sind, einzig und allein unserer Vorstellungswelt angehören. Schopenhauer also, der die Betrachtung der Welt als einer Vorstellung von den Engländern und Kant übernommen, die Betrachtung der Welt als Wille jedoch neu (freilich von Fichte beeinflußt)[1] hinzugefügt hat, hätte als Inhalt seines Hauptwerkes richtiger angegeben, es handle von der Welt als unserer Vorstellung und von der Wichtigkeit der sogenannten Willenserscheinungen in dieser Vorstellungswelt. Das Wollen ist schon darum völlig ungeeignet zur Welterklärung oder Weltbeschreibung, weil es der unklaren und dunklen Gefühlswelt angehört und es doch sinnlos ist, die Begriffswelt durch die Gefühlswelt erhellen zu wollen, das Halbdunkel durch das Ganzdunkel.

In meiner Sprache hätte ich diese Analyse des Willensbegriffs kürzer so ausdrücken können: das *Wollen* gehört der verbalen Welt an, der Welt des Werdens, genauer der Welt des menschlichen Handelns; die Befriedigung und die Nichtbefriedigung eines Wollens gehört eigentlich der adjektivischen Welt an, der Welt der Erfahrung; der *Wille* gehört der substantivischen oder der mythologischen Welt an, kann nur dann, wenn man diese mythologische Welt (aber ohne es klar ausdrücken zu können) mit einer mystischen Welt gleichsetzt, der Welt des *Seins* zugerechnet werden. Und es geht nicht an, das Willens*gefühl* der adjektivischen und das *Wollen* der verbalen Sprache erklären zu wollen durch den *Willen*, der allein der substantivischen Sprache angehört. Ich glaube nur nicht, daß Schopenhauer an so etwas dachte, als er den *Willen* zum einzig Realen

[1]) Gwinner hat durch Vergleichung der von Schopenhauer gelesenen und angestrichenen Exemplare von Fichtes späteren Schriften die Beeinflussung nachgewiesen; schon Herbart hatte sie vermutet. Aber es bleibt doch der Unterschied bestehen zwischen hingeworfenen Ideen und ihrer folgenreichen Durcharbeitung.

machte. (Vgl. die Art. *adjektivische*, *substantivische* und *verbale Welt.*)

V.

Ich werde nun an einzelnen Punkten zu zeigen suchen, welche Konfusion Schopenhauer dadurch angerichtet hat, daß er unser erkennendes Organ in Verstand und Vernunft gespalten, und dadurch, daß er die zu erkennende Welt in Vorstellung und Wille auseinandergelegt hat.

In seiner Abhandlung über die vierfache Wurzel des zureichenden Grundes hat Schopenhauer eine umfassende Erkenntnistheorie zu geben gesucht. Die Erkenntnis der Welt besteht nach allgemeinem Sprachgebrauch darin, daß wir für alles, was ist, den Grund suchen, warum es sei. Mit dieser Frage steht der Mensch der Welt gegenüber, das Subjekt dem Objekt. Schopenhauer lehrt — und ist da in Übereinstimmung mit schlechten Sprachgewohnheiten — vier Klassen des Begriffes *Grund*: die Ursache des Geschehens, den Grund einer Einsicht, die Grundlage geometrischer Verhältnisse und das Motiv des Handelns. Wir haben den mathematischen Begriff des Seinsgrundes eben erst ausgeschieden und haben die Motive als gewöhnliche Ursachen erkannt. Danach bleiben nur zwei Klassen übrig: die Ursachen des Geschehens oder Werdens und die Gründe des Erkennens; der uralte Unterschied zwischen wirkenden Ursachen und Erkenntnisgründen. Nach Schopenhauer ist *der* Verstand der Statthalter der ersten Provinz, *die* Vernunft die Statthalterin der zweiten. Und über die Verschiedenheit der beiden Geschlechter ließen sich ebenso billig wie geistreich anmutige Bemerkungen machen, die sogar Schopenhauer nicht ganz verschmäht hat. Er hat vor der Sprache eine so hohe Achtung, daß er selbst aus ihren Schnörkeln noch zu lernen sucht.

Halten wir einstweilen Schopenhauers Unterscheidung zwischen Verstand und Vernunft fest. Ihm ist *Verstand* die Geistesfähigkeit, die Wirkungen auf ihre Ursachen bezieht, die also sowohl die ewige Kette zwischen Ursachen und Wirkungen in der Außenwelt begreift als auch diese selbe Außenwelt überhaupt erst aus ihren Wirkungen auf unsere Sinnesorgane errät; ihm ist, mit einem Wort, der Verstand das Organ für die wirkliche Welt. Es ist klar, daß nach dieser Definition jedes Tier, auch das niedrigste, einen in seiner Art vollkommenen Verstand besitzen muß. Die Qualle hat Verstand genug, um die Außenwelt nach ihrem Interesse zu begreifen und sich so als Subjekt dem Objekt gegenüber zu erkennen, wenn auch schwerlich mit dem Bewußtsein und der Gewohnheit, so schöne philosophische Ausdrücke zu gebrauchen. Die Qualle ist aber egoistisch genug, ihren Verstand über dieses Verhältnis nicht hinausschweifen zu lassen. Das Verhältnis der Objekte zueinander interessiert sie nicht; sie hat die Verdunstung des Wassers in der Sonnenwärme nicht studiert und darum auch die Dampfmaschine nicht erfunden. Sie fällt weder kausale

Urteile noch begreift sie das Gesetz der Kausalität.

Schopenhauer selbst besteht wiederholt darauf, daß auch dies Begreifen von Ursache und Wirkung *zwischen* den Objekten der Außenwelt zu den Arbeiten des Verstandes gehöre. Es entspricht ganz dieser Auffassung, wenn er so große Entdeckungen wie die der Gravitation durch Hooke (Sch. haßt Newton und verteidigt darum heftig Hookes Priorität) und die des Sauerstoffes durch Lavoisier diesem Verstand zuschreibt, der sich vom tierischen Verstand nur dem Grade nach unterscheide. Schopenhauer kommt der Wahrheit nah genug, wenn er an dieser Stelle solche Entdeckungen unmittelbare Einfälle nennt, während die Schlußfolgerungen, die zu den Formulierungen solcher Entdeckungen führen, der Vernunft nur gestatten sollen, die Entdeckung anderen Leuten deutlich zu machen. Wenn in meiner Sprachkritik gelehrt wird, daß jeder Fortschritt in der Welterkenntnis nur von Beobachtungen herkomme, daß alle Sprache aber nur den Zweck der Erinnerung und Mitteilung habe, so dürfte damit Ähnliches gesagt sein. Nur verzichte ich dabei auf die beiden Gottheiten Verstand und Vernunft und erfahre vielleicht nebenbei, was die allverehrte menschliche *Vernunft* eigentlich sei, nämlich nicht mehr und nicht weniger als die arme menschliche *Sprache*. Nach Schopenhauer entsteht statt der Wirklichkeit der bloße Schein, wenn der Verstand sich irrt, statt der Wahrheit der Irrtum, wenn die Vernunft sich irrt. Wir erfahren aus unserer Kritik der Logik, was es mit der Wahrheit auf sich habe: wahr ist, was dem Sprachgebrauch nicht widerspricht; die Wahrheit besitzt, wer seine Muttersprache mit gutem Gedächtnis richtig anwendet. Schopenhauer brauchte nur mit einem festen Schritt aus seinem metaphysischen Nebel herauszutreten, um die Identität seiner Vernunft und unserer Sprache zu erkennen. Er sagt, die Vernunft bringe ihre wichtigsten Leistungen durch Hilfe der Sprache allein zustande: Kultur und Staat, Wissenschaft und Religionen, Denken und Dichten. Was mag da die Vernunft selbst, also das Denkorgan, für ein merkwürdiges Werkzeug sein, wenn sie ihre einzige Leistung, das *Denken* eben, durch die Sprache allein zustande bringen kann? Ist die Sprache etwa nur ein Hilfswerkzeug des Werkzeuges Vernunft? Oder sollte die Vernunft hinter der Sprache am Ende nur der Gott sein, der hinter dem Donner steckt? (Vgl. Art. *Wahrheit.*)

Wenn in der „Jungfrau von Orleans" der Donner sich gegen Johanna ausspricht und der Pöbel mit dem Hof und dem Erzbischof aus dem Donner die Sprache eines Gottes vernimmt, so nennen wir das Aberglauben; der Dichter behandelt den Aberglauben als poetisches Motiv. Wollte aber ein Philosoph unter den Zuhörern nun gar auseinandersetzen, der Donner sei ein mangelhaftes Werkzeug Gottes, Gott habe seine Gedanken deshalb nicht klar genug aussprechen können, so werden wir wohl endlich ungeduldig werden. So aber scheint mir Schopenhauer zu spekulieren, wenn er, nicht gar weit von der richtigen Beobachtung, zugibt, die Sprache, als das unentbehrlichste Mittel des Denkens, sei doch zugleich ein beschwerendes und hinderndes Mittel, „weil sie den unendlich nuanzierten, beweglichen und modifikabeln Gedanken in gewisse feste, stehende Formen zwinge und, indem sie ihn fixiere, ihn zugleich fessele". Hätte Schopenhauer diese Spur mit seinem überlegenen Scharfsinn und seiner weit höheren Fähigkeit abstrakten Denkens weiter verfolgt: ich hätte mein Buch ungeschrieben lassen können. Aber Schopenhauer glaubt nun einmal an die Vernunft als einen Gott und an die Sprache als ihren Propheten. Das Hindernis, das er in der Mangelhaftigkeit der menschlichen Sprache deutlich sieht, werde durch die Erlernung mehrerer Sprachen zum Teil beseitigt, sagt er. Ganz richtig, denn die Inhalte der entsprechenden Worte verschiedener Sprachen decken sich niemals vollständig und so besitzt, wer mehrere Sprachen genau kennt, vielleicht mehr Gedanken oder Begriffe als einer, der nur eine spricht. So aber faßt Schopenhauer die Sache nicht auf. Der gespenstische Gedanke seiner mythologischen Vernunft soll beim Sprachenlernen aus einer Form in die andere gegossen werden, in jeder seine Gestalt etwas verändern (welche Gestalt?) und sich mehr und mehr von jeglicher Form und Hülle ablösen, wodurch sein selbsteigenes Wesen deutlicher ins Bewußtsein trete und er auch seine ursprüngliche Modifikabilität wiedererhalte. Schopenhauer verrät nicht, in welcher unbekannten Sprache ihm dieses Gedankengespenst seine abenteuerliche Biographie mitgeteilt habe. Eine Marotte ist es dabei, zu glauben, daß seine geliebten alten Sprachen für die Mitteilung solcher Gedanken geeigneter gewesen seien als unsere modernen Patois, wie er hübsch grob sagt. Schade daß die Meister der alten Sprachen ihr Werkzeug so schlecht benutzt haben, daß Aristoteles ein Ignorant war im Verhältnis zu unseren Schullehrern und Cicero ein Schwätzer in jedem Vergleich. Hätte Schopenhauer nicht den Gott hinter dem Donner gesucht, nicht die Vernunft hinter der Sprache, er hätte auch nicht von Nachteilen der Vernunft reden können, wo es sich nur um die Mängel der menschlichen Sprache handelt. So führt er drolligerweise als einen Nachteil der Vernunft die Möglichkeit des Wahnsinnes auf; mit demselben Recht könnte man es einen Nachteil des Reichtumes nennen, daß man ihn verlieren könne.

VI.

Und nun wollen wir endlich sehen, durch welchen Gedankengang Schopenhauer dahin gelangt, das Geheimnis der Welt mit dem Wort *Wille* zu erklären. Wir haben gesehen, daß der *Wille,* ein uns sprachlich so überaus vertrauter, sachlich dagegen so überaus unbekannter Begriff, nichts anderes ist als eine dunkle Gefühlsvorstellung, vor allem also nur eine Vorstellung, und zwar eine solche, bei der wir niemals bis zu einer deutlichen Anschauung, zu einem spezifischen Sinneseindruck vordringen oder zurückgehen können. Wir haben gesehen, daß für unsere Weltanschauung der Wille nur Erscheinung ist, nur ein Scheinwesen, das selbst der Erklärung bedarf und darum noch schlechter als andere Begriffe geeignet sein dürfte, irgend etwas in der Welt zu erklären, geschweige denn das Weltganze selbst. Wir werden nun erfahren, wie Schopenhauer, wenn er beim Wort genommen wird, bekennen muß, daß auch für ihn der Wille nur ein Begriff war neben anderen Begriffen, eine leere Worthülse, die er noch dazu für elastischer hielt, als die Elastizität der Sprache gestattet. Sein ganzer Gedankengang ähnelt einem Taschenspielerkunststück; doch soll ihm das nicht zum Vorwurf gereichen, denn wer das Wesen der Sprache durchschaut hat, wird in jedem philosophischen Gedankengang, ja, vielleicht in jedem Versuch des Menschen, seine eigene Anschauung einem anderen einzureden, das versteckte und fast immer unbewußte Taschenspielerkunststück erblicken: es werden zwei Gegenstände, die nur ähnlich sind, miteinander vertauscht, es wird ein Wort in ähnlichen Bedeutungen wiederholt, als ob die Bedeutungen identisch wären. Eine kritische Geschichte der Philosophie von diesem Gesichtspunkt aus wäre das furchtbarste und verzweifeltste Werk, dessen das menschliche Gehirn fähig wäre.

Schopenhauer weiß besser als irgend ein anderer vor ihm, daß der menschliche Leib für den menschlichen Geist ein Objekt der Außenwelt ist, von dem der Geist auf demselben Wege Kenntnis erhält wie von anderen Objekten, durch die Sinnesorgane nämlich. Er weiß aber auch die banale Wahrheit, daß uns, jedem Individuum für sich, der eigene Leib außerdem doch noch in anderer Weise bekannt ist. Es ist einerlei, ob wir diese andere Weise das Selbstbewußtsein nennen, ob wir es — wie ich versucht habe — auf das unbewußte Gedächtnis des eigenen Organismus zurückführen oder ob wir diese intimere Kenntnis des eigenen Leibes an die Gefühlswerte knüpfen, die wir bei jeder von außen kommenden Wahrnehmung und bei jeder nach außen gehenden Handlung unseres Leibes schwächer oder stärker mitempfinden. Die Gefühlswerte bei Wahrnehmungen oder Sinneseindrücken kennt Schopenhauer nicht oder will sie nicht kennen, um die anderen Gefühlswerte, die Begleiterscheinungen der Handlungen, zum Schwungbrett für seinen Sprung in die Metaphysik zu benützen. Dabei täuscht er sich zum erstenmal, da er nicht nur ähnliche Bedeutungen gleicher Worte vertauscht, sondern ganz keck weit entlegene Begriffe oder Worte verwechselt.

Was unser Selbstbewußtsein von der Kenntnis der Außenwelt nämlich so von Grund aus trennt, ist der entscheidende Umstand, daß wir uns bei der Wahrnehmung der Außenwelt als passiv fühlen, als das passive Endglied der Verkettung von Ursache und Wirkung, daß wir uns dagegen, sobald wir handeln, als aktives Zwischenglied in dieser selben Kette fühlen. Es war nun ein genialer Gedanke Schopenhauers (auf Fichte als auf den Anreger ist schon hingewiesen worden, noch nicht in gebührender Weise auf Reinhold) auf dieses Gefühl der Aktivität, auf dieses Selbstbewußtsein, auf dieses Wertgefühl hinzuweisen als auf eine Tatsache, auf welche die philosophische Welterkenntnis niemals genügend Rücksicht genommen hatte. Vor ihm hatte Kant die Anstrengungen der letzten Jahrhunderte in das resignierte Ergebnis zusammengefaßt, daß alle wahrgenommene Welt nur eine Erscheinung für uns sei, *für uns* wohlgemerkt, daß die wirkliche Welt aber, die der Dinge *für sich* (nicht für uns), das sogenannte Ding-an-sich, dem menschlichen Geist ewig unnahbar bleiben werde. Hätte ein revolutionärer Geist wie Schopenhauer seinen genialen Einfall bescheidentlich ausdrücken wollen und können, er hätte ihn ungefähr so formulieren müssen: Locke hatte eine Kritik der Sinnesorgane geschrieben (daß es zugleich der Anfang einer Kritik der Sprache war, konnte Schopenhauer noch nicht sehen); Kant versuchte über diese Leistung dadurch hinauszugelangen, daß er eine Kritik der Gehirntätigkeit unternahm, die er denn auch die Kritik der Vernunft nannte; aber Kant begnügte sich damit, die Wahrnehmungen der Sinnesorgane und die in der Vernunft bereitstehenden Vorstellungen zu unterscheiden, er traf die Kritik der Vorstellung tiefer und feiner, aber er sah im wesentlichen nichts anderes als Vorstellungen; wenn man Kants Leistung, wie es wohl geschehen darf, nur als eine Vertiefung der Psychologie auffaßt, so kann man sagen, daß Kant das bewußte Denken allein untersuchte; Schopenhauer dagegen (und das ist sein neuer Einfall) bemerkte die außerordentliche Wichtigkeit der Vorstellungen, die nicht aus unseren Sinneswahrnehmungen hervorgehen, und wurde so der Begründer einer Philosophie des Unbewußten. Sein genialer Einfall ist weit fruchtbarer als der des Descartes; Descartes rief eines Tages in heller Verzweiflung aus, er wisse nicht gewiß, was er denke; er wisse gewiß nur, daß er denke; darauf setzten die Engländer und Kant die noch traurigere Resignation, daß all unser Denken uns nur einen Schein der vorausgesetzten Wirklichkeit biete; und nun setzte Schopenhauer seinen Trumpf darauf. Hatte Descartes gerufen: „Ich denke, also bin ich“, so antwortete Schopenhauer jetzt: „Ich denke nicht nur, ich bin auch“; was ich denke, ist bloße Vorstellung; was ich bin, ist Wirklichkeit.

Und jetzt bitte ich um ein wenig Aufmerksamkeit. Schopenhauer hatte recht. Mein Selbstbewußtsein, der Gefühlswert meiner Wahrnehmungen und Handlungen, mein Lebensgefühl geben mir allerdings einen Zipfel der Wirklichkeitswelt in die Hand, der meinem bloßen Denken unzugänglich war. Die gesamte gedachte Welt ist unkontrollierbare Erscheinung, deren reale Grundlage, deren Ding-an-sich wir nicht annähernd zu fassen oder zu ahnen vermögen. Ein einziges Objekt ist uns von zwei Seiten bekannt: unser Ich. Wir kennen es wie alle anderen Dinge der Welt als eine Erscheinung zwischen anderen Erscheinungen, als ein Objekt zwischen anderen Objekten; daneben aber kennen wir es auch von seiner anderen Seite, von inwendig, als Ding-an-sich. Wir sind es ja selbst. Dürfen wir aber im Ernst sagen, daß wir es von inwendig kennen? Was man so kennen nennt. Wir kennen eben nichts als das, was wir durch unsere Sinne kennen. Die sogenannte Kenntnis unseres Ich, die inwendige Kenntnis, ist aber nicht durch die Sinne vermittelt, ist nur ein dumpfes Gefühl der Lebensförderung oder Lebensstörung, ist also nicht das, was wir sonst immer mit dem Worte *Kenntnis* zu bezeichnen pflegen, ist keine Vermehrung unseres Wissens, ist eben nur ein Gefühl. Der Einfall Schopenhauers hat also keinen größeren Wert als den, ein vortreffliches Beispiel zu sein — das einzig mögliche Beispiel übrigens — für den Wert, den die Objekte (die Erscheinungen für uns) sich selbst beilegen. Schopenhauers Betonung dieses Gefühles ist das einzig mögliche Beispiel dafür, was die Erscheinungen auf die Frage antworten würden: Wofür haltet ihr euch selbst? Es ist für uns, die wir tiefer hineinblicken, ein bedenklicher Nebenumstand, daß es nur für die Welt der Erscheinungen eine Sprache gibt, daß also das Ding-an-sich gar nicht anders antworten kann, als indem es unaufhörlich stammelt: Ich, ich, ich.

So wäre denn der Einfall dankenswert, auf unser Lebensgefühl als auf etwas hinzuweisen, das in unserem Gehirne noch außer den Sinneseindrücken und den aus ihnen addierten Kenntnissen zu finden sei; und es lag nahe, ihn, wie üblich, metaphorisch zu benützen. Hinter unserem eigenen Leib, den wir mit unseren Augen, Händen usw. als ein Objekt unter Objekten wahrnehmen, steckt das Lebensgefühl des Individuums: so mag hinter allen Objekten auch etwas stecken. Nur läßt es sich nicht ausdrücken. Ich gehöre zu der Welt der Erscheinungen; außerdem bin ich aber — und zwar weiß ich das von mir einzig und allein — auch ein Ding-an-sich, ein Ding für mich. Also heraus mit der Sprache! Was bin ich als Ding-an-sich, als Ding für mich? Ich, ich, ich! Ich bin ich! Über diese blödsinnige Tautologie, über dieses Lallen gelangt die Sprache nicht hinaus.

Schopenhauer aber versuchte die Sprache zu zwingen, indem er zunächst das Gefühl unserer Aktivität mit dem Willen gleichsetzte, unsere Handlungen mit den einzelnen Willensakten, um das vorhin abgelehnte Wort mit Schopenhauer wieder zu gebrauchen. Ohne einige Konfusion in den Begriffen konnte das natürlich nicht abgehen; und in diese Konfusionen will ich an einem entscheidenden Punkt Ordnung zu bringen suchen.

Wenn irgend eine Wahrnehmung für mich das Motiv zu einer Handlung wird, wenn, um das alltäglichste Beispiel zu gebrauchen, der Anblick von Eßwaren oder die gehörte Bezeichnung eines Nahrungsmittels für mich ein Motiv zum Essen wird, so liegt zwischen der Wahrnehmung und meiner Handlung der *Wille*, diese Handlung auszuführen. Selbst wenn ich mir des Zeitunterschiedes nicht bewußt bin, selbst wenn der Wille nur als Begleiterscheinung meiner Handlung empfunden wird, selbst dann werde ich voraussetzen, daß der Wille der Handlung vorausgegangen sei. Feuere ich ein Gewehr ab, so verläßt die Kugel mit lautem Knall den Lauf in demselben Augenblick, wo der Hahn aufschlägt; und doch bin ich wissenschaftlich davon überzeugt, daß der Stoß auf die Zündmasse deren Entzündung vorangegangen sein müsse, diese wieder dem Verbrennen des Pulvers usw. Was zeitlich voneinander verschieden ist, kann aber schon darum nicht identisch sein. Schopenhauers Gleichstellung von Handlung und Willensakt ist darum von vornherein abzulehnen. Er sagt: „Der Willensakt und die Aktion des Leibes sind nicht zwei objektiv unbekannte verschiedene Zustände, die das Band der Kausalität verknüpft, stehen nicht im Verhältnis der Ursache und Wirkung; sondern sie sind eines und dasselbe, nur auf zwei gänzlich verschiedene Weisen gegeben: einmal ganz unmittelbar und einmal in der Anschauung für den Verstand.“ Das ist wenigstens deutlich. Der Wille soll nicht, wie die naive Empfindung — das heißt doch so viel wie der allgemeine Sprachgebrauch — besagt, eine Ursache unserer Handlung sein, sondern die Handlung selbst, *von innen gesehen.* Das hat freilich nur dann einen Sinn, wenn es in unserer Welterkenntnis noch etwas anderes gibt als Vorstellungen; dann ist eben der Wille dieses Andere und Schopenhauers Welt als Wille und Vorstellung ist legitimiert. Er legt also — wie eben wohl philosophische Systeme entstehen müssen — sein System vorher in die Worte hinein, um es nachher mit logischen Schlüssen herauszulocken. Ist aber der Wille eine Vorstellung, wie wir es erklärt haben, so kann er in der Wirklichkeitswelt nur entweder ein Glied in der Kette der Kausalität sein oder er ist eine Scheinvorstellung. Entweder wir bezeichnen mit dem Worte Wille die uns sonst unzugängliche und nur durch das Gefühl wahrgenommene, physiologisch durchaus noch nicht zu erklärende Gehirnveränderung, die ein Zwischenglied ist in der Kette zwischen Ursache und Wirkung, insbesondere zwischen Motiv und Handlung, oder aber wir bezeichnen mit dem Wort Wille gar nichts. Der Zeitunterschied zwischen Wille und Handlung zeugt dafür, daß dem Willen irgend etwas in der Wirklichkeitswelt entsprechen müsse; und der Sprachgebrauch meint auch etwas Wirkliches bei dem Begriff *Freiheit des Willens*, ob man nun die Freiheit des Willens lehrt, wo dann der Wille eine höchst mächtige Gottheit wäre, oder die Unfreiheit des Willens, wo dann der Wille als ein Glied in die Kette der Notwendigkeit eingefügt ist. Schopenhauer jedoch muß jeden Unterschied zwischen Handlung und Wille austilgen, muß den Willen und die Willensakte aus der Kette von Ursache und Wirkung hinausweisen, also aus der Wirklichkeitswelt, um dann in einer neuen Mythologie denselben Willen zum Allerwirklichsten machen zu können, zu seinem obersten Gott. Es geschieht, was in der Geschichte der Philosophie jedesmal geschehen muß, wenn ein positives System aufgestellt wird. Es wird ein Wort der Bedeutung entkleidet, die es im Sprachgebrauch hat; anstatt darauf das Wort als eine leere Hülse fallen zu lassen, wird irgend einer der obdachlos gewordenen höchsten Begriffe hineingestopft und schließlich das alte Wort in seiner neuen Bedeutung wieder in Gebrauch genommen, als ob die Sprache sich um den Sinn ihrer Worte nicht zu kümmern hätte. Der alte Sprachgebrauch besagte, daß das Wort Wille die Vorstellung von einem Gefühl bedeute, das unseren Handlungen häufig vorauszugehen pflegt. Schopenhauer lehnt diese Bedeutung ab; der Wille sei keine Vorstellung, der Wille sei die Handlung, von innen gesehen; statt aber das Wort Wille deshalb aus seinem Wörterbuch zu streichen, schließt er ungefähr so: Wir suchen seit Kant etwas, das nicht Vorstellung ist; der Wille ist keine Vorstellung; und weil die ganze übrige Welt nur unsere Vorstellung ist und als solche ein Rätsel, darum ist der Wille des Rätsels Lösung. Und an dieser Stelle, da er den Willen als den Schlüssel des Weltgeheimnisses entdeckt zu haben glaubt, verrät er uns, die wir dem Wert der Worte mißtrauen, ein schlechtes Sprachgewissen, wenn er erklärt: das Individuum würde das Wesen seiner Handlungen ebenso wie das Wesen unorganischer Objekte eine Qualität, eine Kraft, einen Charakter oder ähnlich nennen, wäre dem Individuum nicht dadurch, daß es zugleich Objekt und Subjekt ist, das Wort des Rätsels gegeben; „und dieses Wort heißt Wille". Man halte dieses Zitat für keine Schikane. Schopenhauer hat zur Erklärung der Wirklichkeitswelt in der Tat nur ein Wort zur Verfügung; oder vielmehr weniger als ein Wort: denn nachdem er dem Wort *Wille* seinen sprachgebräuchlichen Inhalt genommen hat, bleibt doch nichts als der leere Wortschall übrig, ein Geräusch, ein tönender Lufthauch.

Schopenhauer ist aber ein ehrlicher Mann. Weil er selbst an seinen Gott, den Willen, glaubt, vergißt er die Begriffsfälschung, die er vorgenommen hat, und spricht wenige Seiten später ganz vertrauensvoll davon, daß dieser Wille uns alle wünschenswerten Aufschlüsse über das Ding-an-sich gebe. Wie der robuste Himmels- und Auferstehungsglaube der Urchristen auf die religiöse Verzweiflung des Altertums folgte, ganz ebenso selbstsicher und triumphierend folgt Schopenhauers Willensglaube auf Kants Resignation. Man muß nicht glauben, daß sich philosophische Überzeugungen gar so sehr von Mythologien unterscheiden; nur daß die Schwierigkeit des Jargons die philosophischen Sekten sich nicht so weit ausbreiten läßt.

VII.

Der Kampf gegen das Wortgespenst des Schopenhauerschen Willens wäre überflüssig, wenn das Paradoxon, die Welt sei Wille, ohne Folgen geblieben wäre. Das Paradoxon aber, das vor Schopenhauer gelegentlich und flüchtig schon von Augustinus, von Scotus Erigena und von Duns Scotus ausgesprochen war, das durch Schopenhauer wie ein schlechtes Wortspiel zu Tode gehetzt worden ist, wurde nach Schopenhauers Tode von den deutschen Philosophieprofessoren in ein sauberes System gebracht, von Paulsen nach dem Vorgang von Tönnies hübsch und lateinisch *Voluntarismus* getauft, und von Wundt gründlich und unfein mit einigem gesunden Menschenverstand und mit der sogenannten empirischen Psychologie versöhnt. Der persönliche Reiz von Schopenhauers Darstellung ging dabei verloren, aller Zusammenhang mit einer großzügigen Weltanschauung und die Originalität, welche die Gewaltsamkeit des Wortgebrauchs erträglich machte; dafür erhalten wir bei Wundt einen schmutzfarbigen Mischmasch von Abstraktionen, eine Logik, die schließlich *voluntas* und *intelligentia* gleichsetzt, und für Leser, die es so verstehen wollen, den lieben Gott für den höchstwollenden und höchstintelligenten Weltwillen erklärt. Es wäre ungerecht, Schopenhauer für einen solchen cant verantwortlich zu machen; doch historisch geht der heutige *Voluntarismus* auf das Paradoxon Schopenhauers zurück, und darum ist es noch in dieser Stunde nicht zu spät, lebhafte Kritik zu üben an Schopenhauers Lehre vom *Primat des Willens.* Vom Primat des Willens spricht nämlich gegenwärtig fast jeder Handbüchler der Psychologie so geläufig, als ob Schopenhauer in seiner berühmten Diatribe (W. a. W. u. V. II. Kap. 19) diesen Primat für alle Zeiten bewiesen hätte. Ich aber will zeigen, mit immer bescheidener Beschränkung auf eine Kritik der Worte, daß Schopenhauer bei beiden Substantiven des Titels „Vom Primat des Willens" sich etwas klar Mitteilbares nicht vorgestellt hat.

Der gebildete Leser wundert sich. Der gebildete Leser weiß ganz genau, was der Primat ist: das lateinische Wort *primatus* mit dem richtigen deutschen Artikel, wodurch sich das Wort von *das* Primat der Halbgebildeten unterscheidet. Und soll man den Primat durch Lehnübersetzung übertragen, so setzt man dafür: die erste Stelle (primus locus), den ersten Rang, den Vorrang. Im lateinischen Wörterbuch finde ich nur zwei recht interessante alte Anwendungen des Worts: für das Erstgeburtsrecht und für den Sieg eines Rennpferdes. Das darf uns nicht stören; Worte haben ihre Geschichte. Der Primat, wenn vom Willen die Rede ist, soll bedeuten, daß der Wille seine Stelle vor dem Intellekt einzunehmen habe. Die erste Stelle der Zeit nach oder dem Werte nach? Und wenn dem Werte nach: ist der Wille das erste in der logischen Rangordnung oder in der Rangordnung der Vornehmheit? Und wenn nach der Rangordnung der Vornehmheit: ist der Wille das erste nach menschlichem Werturteil oder nach einer übermenschlichen metaphysischen Bewertung? Schopenhauer entscheidet sich überall da, wo er den Primat des Willens zum Grundcharakter seiner Philosophie macht, für die letzte Annahme. Aber alle andern Bedeutungen des Wortes Primat spielen verwirrend und unklar in seine Darstellung hinein. Den zeitlichen Primat, den der moderne darwinistische Voluntarismus lehrt, scheint Schopenhauer abzulehnen; da er gegen den Lamarckismus (Darwins grundlegendes Buch erschien erst kurz vor seinem Tode) Front macht und die Unveränderlichkeit der Arten, als platonischer Ideen, behauptet und weil er in seiner Metaphysik seinem Willen, also dem metaphysischen Willen, die Verstandesanschauungen von Raum und Zeit abspricht, so könnte er darauf bestehen, daß er einen zeitlichen Primat nicht gemeint habe. Aber Schopenhauers Wille objektiviert sich doch nacheinander im Unorganischen, in der Pflanze und im Tier; nacheinander, wenn nicht alle unsere Vorstellungen von einem Werden unseres Planeten in Trümmer gehen sollen. Im Kap. 24 des 2. Bandes der W. a. W. u. V. (S. 355) läßt er den Willen sich in Amerika, der alten Welt und in Australien verschieden objektivieren. „Auf der der jetzigen Erdoberfläche zunächst vorhergegangenen war es stellenweise bereits zu Affen, jedoch nicht bis zum Menschen gekommen.“ Es ist also nichts mit der Zeitlosigkeit des Willens, der Primat ist gelegentlich auch zeitlich.

Dann wird der Primat logisch genommen, wenn der Wille um seiner Einfachheit willen gepriesen wird. Der Wille wird ferner an unzähligen Stellen als das Vornehmere im Menschen gepriesen und endlich und bekanntlich ergibt sich der Primat des Willens daraus, daß der metaphysische Wille das *ἑν και παν* ist, das Ding-an-sich, die Welt selbst. Der Thronfolger Kants hat so nicht verschmäht, das unerkennbare Ding-an-sich ganz genau zu kennen, zu beschreiben und zu schildern. Wenn das Ding-an-sich der Wille ist, dann gebührt diesem Willen allerdings jeder Primat, jeder Vortritt: der zeitliche, der logische, der menschliche und der übermenschliche. Wenn Schopenhauer mit diesem Willen als Welt nur eine klare und mitteilbare Vorstellung verbindet, dann mag es sogar nicht sonderlich darauf ankommen, ob die Zuteilung des Primats sprachlich unsauber ist oder nicht. Ich muß aber sagen, daß Schopenhauer mit dem Worte *Wille*, also mit dem wichtigsten Worte seines Gedankensystems, gespielt hat wie ein Virtuose. In Kap. 28 des 2. Bandes von W. a. W. u.V. (S. 398) spricht er vom Willen zum Leben und sagt da: „Eine solche Charakteristik ist darum möglich, weil wir als das innere Wesen der Welt etwas durchaus Wirkliches und empirisch Gegebenes erkannt haben. Hingegen schon die Benennung *Weltseele*, wodurch manche jenes innere Wesen bezeichnet haben, gibt statt desselben ein bloßes ens rationis: denn *Seele* besagt eine individuelle Einheit des Bewußtseins, die offenbar jenem Wesen nicht zukommt, und überhaupt ist der Begriff *Seele*, weil er Erkennen und Wollen in unzertrennlicher Verbindung und dabei doch unabhängig vom animalischen Organismus hypostasiert, nicht zu rechtfertigen, also nicht zu gebrauchen. Das Wort sollte nie anders als in tropischer Bedeutung angewendet werden: denn es ist keineswegs so unverfänglich, wie *ψυχή* oder *anima*, als welche *Atem* bedeuten." Silbe für Silbe ließe sich diese berechtigte Polemik Schopenhauers gegen die Benennung Weltwille oder *Wille* kehren. Auch Wille ist ein ens rationis, ist die Vorstellung von einer Erscheinung. Auch Schopenhauers Wille hypostasiert ein Erkennen und ein Fühlen in unzertrennlicher Verbindung, unabhängig vom animalischen Organismus: „das Wort sollte nie anders als in tropischer Bedeutung angewendet werden."

Also will ich die behauptete Vieldeutigkeit auch des zweiten Substantivs, die Vieldeutigkeit des Willensbegriffs, bei Schopenhauer selbst nachweisen und dazu etwas weiter ausholen, damit der Gegensatz zwischen meiner Lehre und der Schopenhauers dem Leser deutlich und mir wieder bewußt werde. Sonst könnte ich der Kritik selbst eines Schopenhauer überdrüssig werden.

Schopenhauer fand den Willen genau an der Stelle, wo alle sehnsüchtigen oder modernen Philosophen das Wesen, den innersten Kern des Menschen gesucht und gefunden hatten: im Ichgefühl. Ich habe vorhin schon gezeigt, daß Schopenhauer dem Descarteschen „Ich denke, also bin ich" entgegengehalten hatte: „Ich denke nicht nur, ich bin auch." Das war in meinem Ausdruck schon fast ein Kompromiß mit dem Wundtschen Voluntarismus. Im Geiste Schopenhauers hätte ich besser gesagt: „Ich denke, aber ich muß vorher gewollt haben." Nicht nur individuell und aktuell denken gewollt, sondern auch überhaupt leben gewollt. Also noch strenger im Sinne Schopenhauers: volo ergo sum.

Lange nach Descartes hatte Kant, hart wie der Hammer einer Hammermühle, der nicht mehr von einer menschlichen Faust regiert wird, die Lehre von der Phänomenalität der Sinnenwelt hingestellt, die ehrlich gefundenen Bausteine der Engländer zu einem Monument aere perennius getürmt. Alle Physik nur ein Blendwerk des Gehirns, für Metaphysik kein Raum. Der Kant dieser zehn Jahre war wohl der härteste Mensch, der je gelebt hat. Dann kam die Sehnsucht über ihn, für sich oder seine Mitmenschen die Moral zu retten, und er suchte in seiner Metaphysik der Sitten nach dem *eigentlichen Selbst* des Menschen; auch er fand, was er suchte: das eigentliche Selbst war der Wille, d. h. der gute Wille, der von der Kausalität einer guten Intelligenz gelenkte Wille. Alle Voraussetzungen von Schopenhauers Willensmetaphysik sind schon in dieser Sehnsucht Kants (Grundlegung zur Metaphysik der Sitten, III. Abschn.) vorgebildet.

Die ersten Apostel Kants, die

durch ihren Ehrgeiz zu seinen ersten Kritikern wurden, übernahmen seine Sehnsucht sicherer als seine harte Kraft. Reinhold und Salomon Maimon suchten das eigentliche Selbst schon im Ich; mit ungleich stärkerem Persönlichkeitsgefühl schlug Fichte diesem seinem eigentlichen Selbst auf die Brust und gründete auf das Ich seine Metaphysik. Schopenhauer mit seinem überlegenen Abstraktionsvermögen, mit seiner unerhörten abstrakten Gestaltungskraft hörte da aber immer nur die blödsinnig lallende Tautologie Ich, Ich, Ich heraus und wollte mit aller Gewalt etwas, was menschliche Erkenntnis nicht vermag: aus der Tautologie heraus. Und so machte er die gelegentliche Wortfolge Kants, das eigentliche Selbst sei der Wille, zum Angelpunkte eines Gedankensystems und wurde zum Sklaven seines Systems. Das Ding-an-sich ist der Wille; aber nicht mehr der *gute* Wille unter der Kausalität des guten Intellekts, sondern ein *blinder* Wille, der in andern Gedankensystemen gar nicht mehr Wille heißt, sondern Trieb, Streben, Strebungen, tendences, appetits. Gleich im Anfang seines Kapitels vom Primat des Willens (S. 225) häuft Schopenhauer die Synonyme: streben, wünschen, fliehen, hoffen, fürchten, lieben, hassen, lauter Modifikationen des *Wollens:* „was, wenn es nach außen wirkt, sich als eigentlicher Willensakt darstellt.“ Alle glänzende Rhetorik und auch Sprachkraft Schopenhauers kann nicht darüber hinwegtäuschen, daß er vom individuellen und aktuellen Willensgefühl des Menschen ausgeht, daß es schon eine Metapher, ja die banalste Metapher der Gemeinsprache ist, wenn nun Schopenhauer den nicht aktuellen Willen des Menschen, den individuellen Charakter ebenfalls den *Willen* nennt. Diese Begriffsvertauschung ist für Schopenhauer überaus wichtig. Denn Charakter ist das Wesentliche im menschlichen Individuum, und es ist für einen systematischen Philosophen wirklich nur ein Kinderspiel, für „das Wesentliche“ oder vom Standpunkte des Betrachters Wichtige *das Wesen* zu setzen, d. h. das Logisch oder substantiell zugrunde Liegende. So wird der Wille, zuerst nur das begleitende Willensgefühl jeder aktuellen Äußerung, zum bleibenden primären Wesen, bald darauf zum zeitlos-zeitigenden Schöpfer Leibes und der Seele. Das wäre aber nur der menschliche, meinetwegen allgemein tierische Wille. Soll der Willensbegriff metaphysisch werden, Schöpfer der Welt, soll der Wille ganz und gar an Stelle des alten Judengottes treten, so muß eine neue und kühnere Begriffsmetapher helfen. Die Handlungen des Menschen, deren Begleitgefühl uns als Wille bekannt ist, sind Kraftäußerungen. Nennen wir also jede Kraftäußerung fortan den Willen, den Willen in der Natur. Wille ist jetzt auch die Lebenskraft im unbewußt animalischen Dasein, Wille die Lebenskraft in der Pflanze, Wille die Schwerkraft im Stein. Warum nicht? Die Metapher ist hübsch und anregend. Vergäße man nur nicht, daß es eine Metapher ist. Schopenhauer vergißt es und glaubt triumphierend das Ding-an-sich entdeckt zu haben, weil er die vor aller Intelligenz wirkende Kraft im Steine Wille genannt hat. Es ist wirklich so, daß er diesen Begriff *metaphysisch* nennt, weil er ihn *metaphorisch* angewandt hat. Er hat in seinem eigentlichen Selbst, in seinem Ich etwas gefunden, was die Sprache mitunter den *Willen* nennt, und deshalb formt er sich eine neue Sprache, in der das Ding-an-sich der Wille heißt. Ich kenne mich von innen als den *Willen*, also ist die Welt *Wille*, abgesehen davon, daß sie *Vorstellung* ist.

Der Widerspruch in Schopenhauers Willensbegriff ist natürlich nicht unbemerkt geblieben; schon Herbart hatte darauf aufmerksam gemacht, daß Wille als Ding-an-sich kein Objekt sein könne und doch als die allervertrauteste Erscheinung eingeführt werde. Auch die Aufhebung des Universalwillens durch Verneinung des Privatwillens blieb ein ungelöstes Rätsel; noch wenige Wochen vor Schopenhauers Tode quälten ihn junge Verehrer, österreichische Kadetten, mit solchen Fragen.

Schopenhauer mußte, in die Enge getrieben, selbst zugeben, daß er den Willensbegriff metaphorisch ausgedehnt habe. In seinem Hauptwerk (Bd. II S. 204[3], S. 225) stehe allerdings „der Wille ist die Substanz des Menschen"; aber dabei stehe auch, daß dies „bildlich und gleichnisweise" zu verstehen sei.

Nichts törichter als einem Wortsysteme Widersprüche vorzuwerfen. Widerspruch gehört zum Sprechen. Nur in der Natur gibt es keinen Widerspruch; aber kein System des Denkens kann Natur sein, nicht einmal eine Klassifikation kann Natur sein. Man kann nicht sprechen ohne Widerspruch. Wenn aber ein Gedankensystem sich just durch die architektonische Schönheit seiner Fassade auszeichnet, und dann die Architektur, ja sogar der Sinn der Innenräume dem Sinne der Fassade widerspricht, dann ist es nicht mehr schülerhaft, dem Philosophen seine Widersprüche vorzuwerfen.

Schopenhauer hat in einem der Anfälle seiner begreiflichen Ruhmredigkeit seine Zersetzung des Ich in Wille und Intellekt mit der Zersetzung des Wassers durch Lavoisier verglichen. Ich neige zu einem Agnostizismus, der zugibt, nicht einmal das zu wissen, was Sauerstoff und was Wasserstoff eigentlich sei. Aber die Chemiker arbeiten doch mit beiden sogenannten Elementen ohne Widerspruch. Ganz anders steht es um die Elemente *Wille* und *Intellekt*. Der *Wille* wird frei genannt von den Formen der Erscheinung, von Raum und Zeit, von Vielheit, von den principiis individuationis. Doch diese schöne Beschreibung trifft nur auf die letzte Inkarnation des Willens zu, auf die metaphysische. Das einzelne Menschenindividuum ist mitsamt allen seinen Willensakten, die Schopenhauer darum streng vom Willen unterscheiden muß, nicht frei von Zeit und Raum. Ja, der Wille, der angeblich frei ist von den Formen der Erscheinung, ist nach Schopenhauer selbst so sehr nur Erscheinung, daß die Frage gar nicht zu beantworten ist, was er etwa sonst sein könnte. Das behauptet Schopenhauer von demselben Willen, den er sonst als bekannt voraussetzt, ja, in jedem dünnen Selbstbewußtsein noch vorgefunden haben will. Sodann lehrt Schopenhauer, der Satz vom Grunde oder die Kausalität sei auf den Willen nicht anwendbar, während doch seine ganze bewunderungswerte Lehre von der Unfreiheit des menschlichen Willens auf die Motivation also auf eine Form der Kausalität aufgebaut ist. Natürlich hilft auch hier wieder die Unterscheidung des gemeinen Willens vom metaphysischen Willen. Der metaphysische Wille nimmt das Allerheiligste in die Hand wie irgend ein gemeiner Priester, und alle Welt hat auf die Kniee zu fallen. Die Wandlung vollzieht sich a tempo. Der gemeine Wille im Menschen, im Tier ist Wille zum Leben. Unzählige Male wird uns versichert: dem Willen sei das Leben absolut gewiß, weil der Wille gar nichts anderes sei als Wille zum Leben. Der Wille aber im fallenden Steine oder gar der Wille, der nach Verlust seines labilen Gleichgewichts sein stabiles sucht und findet, der ist doch auch Wille; wir wollen hoffen, daß er der metaphysische Wille ist.

In den höheren Stockwerken wird der Widerspruch zwischen den Innenräumen und der imponierenden Fassade noch größer. Wir wissen, daß der Wille wie ein absoluter Herrscher über den armen Sklaven *Intellekt* gebietet. Da ist es doch merkwürdig, daß nach Schopenhauers Ästhetik (deren ästhetische Pracht ich anerkenne) dieser arme *Intellekt* erst dann Schöpfer von Kunstwerken werden kann, wenn er frei geworden ist von dem vornehmen Herrn, dem Willen. Wie verträgt es sich mit dem Primat des Willens, daß der sekundäre Intellekt erst willensfrei die höchste Staffel der Menschheit (abgesehen von der Staffel der Heiligkeit) erklimmen kann? Und wie steht es um den ästhetischen Genuß beim sogenannten Publikum, das sich doch gerade nach Schopenhauer durchaus nicht aus lauter willensfreien Intellekten zusammensetzt? Die Durchschnittsmenschen, die aber doch nicht willensfrei sind und ihrer Nachbarin oder des folgenden Nachtessens begehren, genießen trotzdem einigermaßen die neunte Symphonie. Mit welchem Organ? Einen willensfreien Intellekt besitzen sie ja nicht. Und sollte nicht auch beim Genie Schopenhauer die Freude oder der Genuß, die Bejahung also beim Anhören eines schönen Stückes dem großen Gebiete der Willensgefühle angehören? Freilich nicht des metaphysischen Willens, denn der hat keine Gefühle mehr und begnügt sich mit der Auffindung des stabilen Gleichgewichts, sobald er das labile verloren hat.

Es tut Schopenhauer ja nicht mehr weh. Also weiter im Scherz. Aus der herrlichen Ästhetik Schopenhauers hinaus in seine geborgte Ethik. Der metaphysische Wille ist tanti, sich von sich selbst zu befreien, durch die sogenannte Verneinung des Willens. Es ist ganz hoch oben wie ganz tief unten. Hat der metaphysische Wille das labile Gleichgewicht in all seinen Inkarnationen oder Objektivationen verloren, schwindelt ihm vor all seinen Erscheinungsformen als Stein, Pflanze, Tier, Mensch und Genie, so fällt er um und sucht seinen Schwerpunkt in seiner *Selbstverneinung*. Ich habe niemals verstehen können, auf welche Weise die Selbstverneinung eines einzigen Individuums, die doch nicht Selbstmord ist, den rasenden Willen zur Ruhe bringen kann. Wenn's aber möglich wäre, wer ist es denn, der das Wunder vollbringt? In der Ethik, wie in der Ästhetik nicht der hochmögende, allmächtige, alleinzige, gottgleiche *Wille*, sondern der arme Teufel von *Intellekt*. Und weil Schopenhauer an dieser Stelle selbst deutlich erkannt hat, wie der Sklavenaufstand des Intellekts gegen den Willen seiner Lehre vom Primat zugleich und von der Unfreiheit des Willens widerspricht, darum hat er für seine Apostel den mystischen Satz aufgestellt: Die Verneinung des Willens ist der einzige Fall von Willensfreiheit.

Und noch eins. Der metaphysische Wille ist in krassem Gegensatz zu dem, was man vor Schopenhauer mit dem Worte *Wille* benannt hat, unmotiviert, erkenntnislos, grundlos, ganz blind; eigentlich blödsinnig, was ja mit dem Wesen der Welt, wie Schopenhauers Pessimismus es erkannt hat, ganz gut zusammentrifft. Dieser blinde und blödsinnige Wille aber hat nun dem Leben einen Zweck gesetzt, dem Weltlauf ein Ziel. Selbsterkenntnis des Willens und folglich Verneinung des Willens ist das Ziel, das der metaphysische Wille, der erkenntnislose, sich gesetzt hat. Selbsterkenntnis durch den armen menschlichen Intellekt. Der blinde starke Wille auf dem Rücken des lahmen sehenden Intellekts. Wer hat diesen Gesellschaftsvertrag ersonnen: der Blinde oder der Lahme? Und wenn der sehende Intellekt den blinden Willen endlich abgeworfen hat, am Ziele, wer bleibt als Sieger übrig? Der allmächtige Wille liegt im Dreck, und der endlich völlig willensfreie Intellekt ist ja gar nicht mehr da, weil es doch außer dem Willen überhaupt nichts gibt. Es war wirklich logisch, daß aus dem System Schopenhauers die Philosophie des Unbewußten hervorging.

Dem widerspricht es nicht, daß Schopenhauer die vernunftlose Welt aus dem vernunftbegabten Menschen erklären will. An einer bedeutsamen Stelle seines Hauptwerks, in der „Epiphilosophie". Seit den ältesten Zeiten habe man den Menschen als Mikrokosmus angesprochen; Schopenhauer habe den Satz umgekehrt und die Welt als Makranthropos nachgewiesen. „Offenbar aber ist es richtiger, die Welt aus dem Menschen verstehen zu lehren, als den Menschen aus der Welt" (W. a. W. u. V. II 739). Richtiger? Doch wohl nur naiver, menschlicher, sprachlicher. Wortgläubiger konnte Schopenhauer die Herkunft seiner Ideen aus der menschlichen Sprache nicht aussprechen, als durch die Erklärung der Welt als eines *Makranthropos*. Denn wenn er den Irrtum des Rationalismus vermeidet, wenn er die Welt nicht aus dem Denken oder Sprechen herausspinnt, so verfällt er dem schlimmeren Irrtum: er spinnt die Welt heraus aus einem Worte, aus dem blinden *Willen.* (Vgl. Art. *Mikrokosmus.*)

Ich wiederhole noch einmal, was meine Vorstellung von der Schopenhauers scheidet. Beide Male ist das Ichgefühl eine Täuschung. Das Individuum Schopenhauers ist eine Täuschung der Maja, eine Täuschung ist der individuelle menschliche Intellekt, der trotzdem zu Taten des Genies und der Heiligkeit wachsen kann, weil es dem metaphysischen Willen grundlos so beliebt. Für mich ist das Ichgefühl eine Täuschung, weil der menschliche Intellekt nichts ist als *Gedächtnis* und dieses rätselhafte Gedächtnis uns das Ichgefühl vorgaukelt. Der metaphysische Wille Schopenhauers ist mir eine Metapher in dritter Potenz; ich kenne in Wahrheit keinen anderen Willen als den, der eine der Erscheinungen des menschlichen Bewußtseins ist. Für Schopenhauer ist das Ich, das ihm sonst eine Täuschung ist, doch wieder ein Wunder: die wunderbare Identität eines zugleich wollenden und erkennenden Subjekts. Ich kann überall zwischen mir und der Welt nur die beiden Bewegungsarten erblicken: die der Welt auf meine sensiblen Nerven, die meiner motorischen Nerven auf die Welt. Die Begleitgefühle bei der Arbeit der sensiblen Nerven heißen so ungefähr Interesse; die Begleitgefühle bei der Arbeit der motorischen Nerven heißen so ungefähr Wille. Vom Ding-an-sich weiß ich nichts. Ich für mich bin, ich-für-mich heißt: das Gedächtnis. Ich mißtraue der Sprache und ihren Begriffen oder Worten auch da noch, wo ich meiner Sache am sichersten bin; Schopenhauer nur scheinbar, nur durch seine Sprachkraft, ein nüchterner Erkenntniskritiker oder Philosoph, ist in Wahrheit auch darin ein Muster Nietzsches, daß er das Wort meistert wie ein Wortkünstler, wie ein Dichter. Und sich an seinen eigenen höchsten Worten berauscht, an den Essenzen nnd Quintessenzen seiner Lehre. Entfährt ihm doch einmal (W. a. W. u. V. I. 133) der Ruf, das Wort Wille solle uns wie ein Zauberwort das innerste Wesen jedes Dinges aufschließen. Und der ehrliche Geistesriese Schopenhauer, der doch die unfreie Natur desselbigen Willens so unumkehrbar festgelegt, der die Selbsttäuschung des Selbstbewußtseins „Ich kann tun, was ich will" (Grundprobl. d. Ethik S. 41f.) mit so heiligem Lachen überzeugend nachgewiesen hat, eben dieser Schopenhauer kommt zu seinem Zauberwort Wille nicht leichter als durch ein Saltomortale und durch ein Taschenspielerkunststück dazu. Auch ich stand viele Jahre unter dem Banne des Mannes, der es fertig brachte, während eines Saltomortale ein Taschenspielerkunststück zu machen. Die Sache verhält sich aber so.

Schopenhauer stellt sich auf die innere Entdeckung Kants, daß der eigene Leib dem eigenen Bewußtsein nicht nur als Erscheinung wie andere Erscheinungen bekannt ist, sondern noch in einer ganz anderen, toto genere verschiedenen Art im Bewußtsein vorkommt. Als Erscheinung also, hätte Kant hinzugefügt, auch wenn man diese ganz andere Art *Wille* nennen will. Schopenhauer dekretiert nun (W. a. W. u. V. I. 123), daß diese Erscheinung nicht Vorstellung sei, sondern ... was? Anderswo (Grundprobl. d. Eth. S. 39) weiß er ganz genau, was das Wort *Wille* in der Sprache bedeutet: den uns intim bekannten Vorgang, welcher als Wirkung auf ein Motiv statt hat; „wir bezeichnen ihn durch einen terminus ad hoc: *Willen*." Ewig wiederholt Schopenhauer das Aperçu, daß uns unser Selbst von innen intimer und besser bekannt sei als von außen. Er übersieht, daß diese Intimität der Selbstbekanntschaft erkauft ist mit einem absoluten Mangel an Erkenntnis. Daß die Intimität der Selbstbekanntschaft nur ein Gefühl ist, sprachlos, diskursiv nicht zu fassen, daß daher die Überlegenheit des Gefühls über unser Denken aus der Vorstellungswelt stammt. Wir sind uns von innen wirklich intim bekannt(man hört doch die Tautologie!), aber nicht besser als von außen. Ahnung, Sehnsucht, Glück, Religion meinetwegen läßt sich darauf begründen, nur eines nicht: nur Erkenntnis nicht. Schopenhauer aber macht den Kopfsprung in sein Inneres und weiß ganz gut, daß der Denker den Kopf oben behalten sollte. Fast verlegen sagt er (W. I, 131), „das Ding-an-sich ... mußte ... Namen und Begriff von einem Objekt borgen, von etwas irgendwie objektiv Gegebenem, folglich von einer seiner Erscheinungen." Und unmittelbar vorher, im schweren ersten Satze des § 21 entschlüpft ihm gar das Eingeständnis, daß der Wille sich auf eine Weise kundgebe, „in der man Subjekt und Objekt nicht ganz deutlich unterscheidet, jedoch auch nicht im ganzen, sondern nur in seinen einzelnen Akten, dem individuo selbst kenntlich wird."

Schopenhauer macht also mit vollem Bewußtsein den Kopfsprung in sein intimes Innere, um sich das Zauberwort seiner Welterklärung in dem Willen zu holen, den er ganz scharf und deutlich erkannt hat als der objektiven Erscheinungswelt angehörig, als menschlichen Willen, als eine Vorstellung aus dem Reiche der Kausalität. Und nun führt er das Taschenspielerkunststück aus, das er einmal (W. a. W. u. V. I. 132) mit der Offenheit der ganz großen Taschenspieler, Diplomaten und Philosophen vor den Ohren der Zuhörer auseinandersetzt. „Man hat jedoch wohl zu bemerken, daß wir hier allerdings nur eine denominatio a potiori gebrauchen, durch welche ebendeshalb der Begriff Wille eine größere Ausdehnung erhält, als er bisher hatte. .... Daher würde in einem immerwährenden Mißverständnis befangen bleiben, wer nicht fähig wäre, die hier geforderte Erweiterung des Begriffs zu vollziehen, sondern bei dem Worte Wille immer nur noch die bisher allein damit bezeichnete eine Spezies, den vom Erkennen geleiteten und ausschließlich nach Motiven, ja wohl gar nur nach abstrakten Motiven, also unter Leitung der Vernunft sich äußernden Willen verstehen wollte, welcher, wie gesagt, nur die deutlichste Erscheinung des Willens ist." Hier scheint mir alles zugestanden zu sein, was ich irgend über die Metaphorik in Schopenhauers Willensbegriff eingewandt habe. Wer die geforderte Erweiterung des Begriffs zu vollziehen unfähig wäre, der käme aus den Mißverständnissen nicht heraus. Ganz richtig. Wer aber die vollzogene Erweiterung des Begriffs vergäße, wer die Metaphorik seiner eigenen Sprache vergäße, wer mit variablen Worten genau so rechnete wie mit konstanten Worten, der verführte wohl zu noch ärgeren Mißverständnissen. Und das ist das unentrinnbare Schicksal des wortabergläubigen Philosophen. Eine denominatio a potiori nennt es Schopenhauer, wenn er alle bewegenden Kräfte des Weltalls unter dem Begriff des menschlichen Willens zusammenfaßt, der übrigens nur nach einer veralteten Psychologie die bewegende Kraft des menschlichen Handelns ist. Es fällt mir schwer, hier, an der Keimstelle des Schopenhauerischen Gedankens die Kritik nicht bis in den letzten Schlupfwinkel zu tragen. Es fällt mir schwer, nicht zu fragen: wo Schopenhauer erst das Recht zu einer Umbenennung hernimmt? Ob ihm denn nicht eingefallen ist, daß *denominatio* im rhetorischen Sprachgebrauche der terminus technicus für uneigentliche Benennung ist, also für eine Metapher, soviel wie Quintilians *annominatio*, doch wohl ganz gewiß eine lateinische Lehnübersetzung von *παρονομασια*, mit Anlehnung an das nahe *μετωνυμια*? Doch diese Fragen würden an den Anfang der Logik zurückführen, also an deren Ende. Ich will also nur das Eine fragen: mit welchem Rechte spricht Schopenhauer von einer *Namengebung*, von einem Wortspiel *a potiori*, wo er alle bewegenden Kräfte des Weltalls nach dem menschlichen Willen umtauft? Hat er wirklich den unüberbietbaren circulus vitiosus nicht wahrgenommen? Er setzt den Begriff Wille keck als das höhere genus über die niederen species, die Kräfte; vor Schopenhauer hat man (mehr schlecht als recht) in dem Begriff *Kraft* das höhere genus gefunden, die denominatio ebenso a potiori gemacht und unter dem Begriff Kraft auch den Willen subsumiert. Das war schlecht, wie gesagt; denn die neuesten Logiker (Schuppe, Erkenntnistheoret. Logik 581) lehren sehr gut, „daß eigentliche Art- und Gattungsbegriffe von Dingen gar nicht denkbar sind ohne, wenn nicht eine Erkenntnis, so doch eine Annahme über die Entstehung der Dinge." Zu diesen Dingen scheinen mir Kraft und Wille in ihrem Verhältnisse von Art und Gattung ebenfalls zu gehören. Und hat Schopenhauer wirklich nicht wahrgenommen, daß der höhere Rang des Willensbegriffs in unzähligen Fällen darum sprachlich herauskommt, weil er ihn in den Begriff hineingelegt hat? Daß der höhere Rang des Kraftbegriffs ebenso oft herauskäme, wenn er vorher hineingesteckt worden wäre?

Endlich aber: ist denn eine solche Hammelherdenregel wie a potiori fit denominatio wirklich an ihrer Stelle, wo es sich um die Grundlegung einer neuen Weltanschauung handelt? Ich vermag die Hammelherdenregel („das ist eine Herde Schafe, auch wenn ein paar Ziegen darunter sein sollten") nur bis zum heiligen Thomas von Aquino zurückzuverfolgen. Sie mag in der theologischen Logik ihre Meriten haben. Doch schon der kluge Krug hat bemerkt: „Es gilt jener Grundsatz nur für das gemeine Leben, und auch hier nur in solchen Fällen, wo es eben nicht auf große Genauigkeit ankommt."

Es widert mich fast, auf die Beweise einzugehen, die Schopenhauer für den behaupteten Primat des Willens aus der Sprachwissenschaft holt (W. i. d. N. S. 95ff.). Jeder metaphorische Gebrauch des Verbums wie des Hilfsverbums *wollen*, die Anwendung des Wortes Begierde in der Chemie, jede Zufallswendung der Sprache soll die Wahrheit seiner Philosophie diesem Monomanen erhärten helfen. „Die Sprache also, dieser unmittelbarste Abdruck unserer Gedanken, gibt Anzeige, daß wir genötigt sind, jeden innern Trieb als ein Wollen zu denken; aber keineswegs legt sie den Dingen auch Erkenntnis bei. Die vielleicht ausnahmslose Übereinstimmung der Sprachen in diesem Punkt bezeugt, daß es kein bloßer Tropus sei, sondern daß ein tiefwurzelndes Gefühl vom Wesen der Dinge hier den Ausdruck bestimmt." Zunächst: es ist natürlich, in der Sprache, aus der ein Wort genommen ist, die Bestätigung für einige Anwendungen des Wortes zu finden. Sodann: die Prämisse ist falsch, daß die Sprache nicht in ebenso metaphorischer Weise den leblosen Dingen Erkenntnis beilege; in der Fabel, im Märchen sprechen und denken die Dinge. Endlich: im handschriftlichen Nachlaß Schopenhauers (Frauenstaedt 338) findet sich dazu eine fast drollige Notiz. Der primäre Wille sei *ϑελημα*, der sekundäre menschliche Wille *βουλησις*. „Die Verwechslung dieser beiden, für welche nur Ein deutsches Wort vorhanden, ist Quelle des Mißverstehens meiner Lehre." Schopenhauer hätte mit der Benützung dieses Scherzes bei Philologen kein Glück gehabt; *βουλησις*, das er für den verachteten bewußten Willen in Anspruch nimmt, ist schon im Griechischen ein abstraktes Wort, das die bewußte Absicht bedeutet; und *ϑελημα* gar ist erst dem neuen Testament entnommen. Während Schopenhauer aber in dieser Notiz seines Nachlasses den Willen nach erfolgter Wahlbestimmung, das consilium (Lehnübersetzung), die *βουλη* weit abweist von seinem primären und metaphysischen Willen, beruft er sich in dem eben erwähnten Abschnitt „Linguistik" (W. i. d. N. 96) auf jeden zufälligen Gebrauch des Verbums *βουλομαι*. Da fraß der Teufel Fliegen.

VIII.

Ich habe zu zeigen versucht, daß Schopenhauer mit der Gläubigkeit eines scholastischen Wortrealisten die Wirklichkeit seiner abstrakten Begriffe lehrte, daß er also bei der Ausarbeitung seiner Philosophie, praktisch, von einer Kritik der Sprache wieder weit entfernt war. Mit außerordentlichem Scharfsinn hat er das Verhältnis nah verwandter Begriffe aufgedeckt; er unterscheidet etwa zwischen Verstand und Vernunft, zwischen Freiheit des Tuns und Freiheit des Willens, zwischen dem Willen und den Willensakten, aber es fällt ihm nicht ein, daß alle seine Unterscheidungen nur Phantasiegebilde betreffen, nur verabredete Wortzeichen, nicht aber Tatsachen der Natur. So oft Schopenhauer jedoch theoretisch an die Untersuchung der Sprache herantritt, nähert er sich zuerst einer kritischen Auffassung der Sprache. In seinen Werken wären viele Belegstellen für meine Grundauffassung zu finden; doch wären diese Zitate niemals ganz in seinem Sinne, weil bei ihm kritische und abergläubige Gedanken über die Sprache wirr durcheinandergehen. So spricht er in seinem schlau-unschlauen curriculum vitae (das er in Berlin zum Zwecke seiner Habilitation einreichte) davon, daß er in den Jünglingsjahren auf Reisen war, anstatt die Schulbank zu drücken, und sagt: „Besonders erfreue ich mich dessen, daß mich dieser Bildungsgang frühzeitig daran gewöhnt hat, mich nicht mit den bloßen *Namen* von Dingen zufrieden zu geben, sondern die Betrachtung und Untersuchung der Dinge *selbst* und ihre aus der Anschauung erwachsende Erkenntnis dem *Wortschalle* entschieden vorzuziehen, weshalb ich später nie Gefahr lief, *Worte* für *Dinge* zu nehmen.“ Mit schönen und starken Worten hat er auch in seinen Werken oft die Wertlosigkeit des logischen Fortschreitens im Denken behauptet und auf die unmittelbare Anschauung als die einzige Quelle der Erkenntnis hingewiesen; da er aber noch nicht weiß, daß alle Logik in den Gewohnheiten der Sprache steckt und daß selbst der sprachliche Ausdruck für eine Anschauung von den hergebrachten Worten, also von der Anschauung vergangener Generationen, abhängig ist, darum bindet er seine kühne und mindestens höchst individuelle Weltanschauung an unkontrollierbare Worte und nichts hält ihn ab, diese Worte ganz logisch und ohne Rücksicht auf die Wirklichkeit zu einem System zu knüpfen; darum scheut dieser revolutionäre Denker auch nicht davor zurück, unaufhörlich und häufiger als andere Selbstdenker sich auf Autoritäten zu berufen, Sätze von alten Philosophen heranzuziehen, vieldeutige Sätze, deren einzelne Worte ganz gewiß nicht den Begriff enthalten konnten, den Schopenhauer ihnen zweitausend oder ein paar hundert Jahre später beilegt.

Damit hängt sein Glaube zusammen, daß durch Hinzulernen fremder, besonders alter Sprachen „sich immer mehr der Begriff vom Worte ablöse.“ Er bemerkt nicht, daß es — wie gesagt — um das Denken eine kümmerliche Sache sein muß, wenn man in jeder Sprache anders denken muß, daß uns also unser Denken von der Sprache diktiert wird, in der wir denken, daß Denken und Sprechen dasselbe sein muß. Und so sehr ist Schopenhauer in seinem scholastischen Realismus befangen, daß er nicht den natürlichen Schluß zieht: wenn man in jeder Sprache anders denkt, so sind die Gewohnheiten jeder Sprache die Herren über unsere Begriffe; daß er vielmehr den ganz unnatürlichen Schluß zieht: wenn man in jeder Sprache anders denkt, so löst sich durch die Erlernung vieler Sprachen der Begriff immer mehr vom Worte los. Was kann das für ein Begriff sein, der losgelöst von verschiedenen und Ähnliches bedeutenden Worten verschiedener Sprachen, also losgelöst von jedem Wortzeichen, immer noch irgend eine Stelle in unserem Denken einnehmen soll? Was kann das für ein Begriff sein, wenn es nicht irgend eine Begriffsrealität in Wolkenkuckucksheim ist? So wird Schopenhauer, so meisterhaft er die deutsche Sprache beherrscht, jedesmal, von seinen Theorien verführt, zu einem abergläubigen Knecht der Sprache. Er will, um desto freier denken zu können, die Begriffe von den Worten der einzelnen Sprachen lösen. Ebenso gut könnte er das Problem des Fliegens dadurch lösen, daß er sagte: Je mehr Fortbewegungsarten wir erlernen, je mehr wir uns im Gehen, Fahren, Reiten, Segeln, Eisenbahnfahren usw. einüben, desto mehr lösen wir den Begriff der Fortbewegung von der Erde los, bis wir, losgelöst von der Erde, von der Spitze des Turmes aus durch die Luft fliegen können. Auch er wäre zu Boden gestürzt, wie alle Systemerfinder vor ihm, wenn sein Fliegen im reinen Reich der wortlosen Begriffe mehr gewesen wäre als ein Traum.

Schule.

I.

Mit einem seiner vielen berückenden und verrückenden Wortspiele hat Nietzsche im Zarathustra (Von alten und neuen Tafeln 12) unbewußt das Geheimnis verraten, weshalb die prächtige Pädagogik der Jahrhunderte seit Comenius und insbesondere die preisenswerte Pädagogik der letzten Jahrzehnte wesentlich unfruchtbar geblieben ist. „Eurer *Kinder Land* sollt ihr lieben: diese Liebe sei euer neuer Adel, — das unentdeckte, im fernsten Meere! Nach ihm heiße ich euere Segel suchen und suchen! An euern Kindern sollt ihr *gutmachen*, daß ihr euerer Väter Kinder seid: alles Vergangene sollt ihr *so* erlösen!“ Euerer Kinder Land, das heißt doch wohl: die künftige Gestaltung der Gesellschaft sollt ihr lieben. Nirgends steht geschrieben, auch nicht in den zehn Geboten, nirgends als im Evangelium: liebet eure Kinder. Alle Reformatoren der Pädagogik glaubten die Kinder lieb zu haben; aber alle waren sie ruchlose Weltverbesserer, ruchlose Optimisten, welche die Kinder irgend einer Zucht unterwarfen, die Schule zum Zuchthaus machten um der Zukunft willen, um einer Utopie willen, um der Kinder Land nach ihrer eigenen Phantasie zu gestalten. Ob vaterlandslos oder kosmopolitisch wie Pestalozzi, ob vaterländisch wie Fichte, ob kirchlich wie die Jesuiten und die Pietisten, ob antikirchlich wie die Prediger der freien Gemeinden, alle diese Kinderfreunde wurden zu Kindermördern, so edle Menschen sie waren, weil sie Weltverbesserer waren, weil ihnen der Kinder zukünftiges Land wertvoller dünkte als des Kindes gegenwärtiges Glück. Auch der Staat hatte keine böse Absicht dabei, da er die Schule, auf die er so stolz ist, so einrichtete, daß sie dem alten Moloch ähnlicher geworden ist als einem Kindergarten. Ob die Kinder für einen unbekannten Gott verbrannt werden, oder ob sie für eine unbekannte Zukunft sieben bis siebzehn Jahre gemartert werden, es ist die gleiche Verirrung.

Eine solche Erbitterung gegen unsere Schule, wie sie ist, mag in den letzten Jahrzehnten oft genug zum Ausdrucke gekommen sein; der Eintritt der Frauen in die historisch gewordenen Bildungsanstalten, das instinktiv stärkere Mitleid der Frau mit den Leiden eines Kindes, der unhistorische Gang der Frauenbildung mag solche Ausbrüche besonders veranlaßt und gefördert haben. Ich meine aber, daß das ganze Elend, der ganze Jammer unseres Schülermartyriums nicht begriffen ist, solange man noch über so kleine Fragen streitet wie: kirchliche oder staatliche Aufsicht, Gymnasium oder Realschule. Der Staat peinigt die Kinder in der Volksschule nicht minder als die Kirche, französische und englische Grammatik kann ebenso blödsinnig vorgetragen werden wie lateinische und griechische Grammatik. Auch mit der besseren Besoldung der Lehrer ist es nicht getan. Die Lehrer an den Volks-, Mittel- und Hochschulen sind Menschen und keine Engel; es gibt unter ihnen alle Zwischenstufen vom Adelsmenschen bis zum Schuft. Aber im Durchschnitt sind sie tüchtige, opferfreudige Leute. Nur die obersten Behörden tragen die Schuld an dem Elend der Schule, nicht die Lehrer. Die stehen unter der Fuchtel, die von ihnen verlangt, daß sie aus jedem Schüler die Durchschnittsleistung herauspressen. So können Durchschnittslehrer zu Kinderschindern werden, wie unter einer ähnlichen Fuchtel mittelgute Unteroffiziere zu Soldatenschindern. Der Staat will wirklich Kinder und Soldaten nicht zum Selbstmorde treiben; er tut es nur.

Das Prinzip, das unsern Schulen zugrunde liegt, das Prinzip der Berechtigung durch Prüfungen, soll sich in China gut bewährt haben; man könnte es, wenn es nur durchführbar wäre, einen geistigen Wettbewerb nennen, ein aristokratisches Prinzip. Das Martyrium der Kinder bestünde im Prinzip nur darin, daß sie schon in jungen Jahren, in den guten Jahren der Unschuld, den Wettbewerb der Erwachsenen auf sich nehmen sollen. Die Besten sollen herrschen! Aristokraten! Sagen wir statt des mißbrauchten Wortes bescheidener *ἀριστοβουλοι*: die Besten sollen raten. Die sich im Wettbewerb der Schule als die Besten erwiesen haben, sollen dem Volke in allen Nöten des Leibes und der Seele, im Kampfe ums Recht und im Kampfe ums Wissen beistehen, die Besten der Schule.

Es ist ein öffentliches Geheimnis, daß der Drill unserer Schule auf Charakter und Neigung des Schülers, auf seine besonderen Begabungen keine Rücksicht nimmt und keine Rücksicht nehmen kann, daß der Primus in der Klasse später nur selten über seine Mitmenschen hervorragt. Es ist ein öffentliches Geheimnis, daß Eltern und Schüler (diese oft sehr früh) den Bildungsstoff der Schule als veraltet oder gar als Lüge erkennen, daß gute Schulzeugnisse darum von den wirklich besten Schülern entweder verschmäht oder auf Kosten des Charakters erkauft werden. Es ist aber noch kein öffentliches Geheimnis, daß es bei diesem Wettbewerb, bei dieser Auslese der Besten nicht einmal ehrlich zugeht. Daß die Korruption zum Himmel schreit, mit der das Taglöhnerkind in der Volksschule um den vorgeschriebenen Wissensstoff betrogen wird, mit der in den Mittelschulen und in den Spezialpressen die Söhne der Plutokratie und der Bureaukratie durchs Examen gedrückt werden, wenn irgend menschenmöglich, auch wenn sie dumm und faul sind, die schlimmste Korruption, mit deren Hilfe die Söhne aus den regierenden Klassen sich darauf verlassen dürfen, bei der Auswahl, bei Besetzung der höchsten Stellen fast immer den Proletarierkindern vorgezogen zu werden. Kein Mißstand unserer öffentlichen Einrichtungen, keiner verlangt so dringend nach einer Rebellion wie diese Korruption der Schule. Wenn die Arbeitermassen ihre Kinder so liebten wie ihrer Kinder Land, die Rebellion um *diese* Gleichheit, um die ehrliche Anerkennung der geistigen Ungleichheit also, hätte längst zu einer Rebellion führen müssen, die berechtigter wäre als eine Revolution um das fragwürdige gleiche Wahlrecht oder um die republikanische Staatsform. Wenn es ehrlich zuginge bei dem gleichen Wettbewerb ungleicher Talente um die höchsten Stellen im Staate, dann hätte die soziale Frage mit einem Schlage ihre Erbitterung verloren. Wenn die Söhne der Plutokratie und der Bureaukratie, sobald sie als dumm, faul oder schlecht erkannt sind, zurück müßten in den Dreck, meinetwegen ohne Verzicht auf Geld und Titel, wenn eine Nation von 63 Millionen Menschen aus jeder Gesellschaftsschicht, also auch aus den Proletariern die Talente herausheben und für die leitenden Stellen erziehen wollte, dann besäßen wir ohne jede Umwälzung eine demokratische Aristokratie, ein Reich der *ἀριστοβουλοι*, und jedes Dorfkind dürfte von sich sagen, daß es Doktorhut, Ministerportefeuille und andere schöne Dinge in seinem Schultornister trage. Man hat unserer reglementierten Schule vorgeworfen, daß sie unsozial sei, daß sie bestenfalls den Verstand ausbilde, aber keine Bürger erziehe; in viel höherem Maße ist unsere Schule unsozial, antisozial, weil sie gegen das Gewissen der besseren Lehrer die Erblichkeit des Talents oder doch die Erblichkeit der leitenden Stellen in der Praxis durchführt. Eine Lüge, eine das nationale Vermögen (an Talent) vergeudende, für die proletarische Jugend seelenmörderische Lüge ist das Berechtigungswesen unserer Schule und die angebliche Auslese durch Prüfungen.

Nur eins ist noch schlimmer: die schablonenhafte Behandlung der Ausnahmsmenschen, die überall in der Volksschule und trotz aller Korruption auch auf den höheren Schulen vorkommen. Deutschland ist stolz auf seine Schulorganisation wie auf seine Militärorganisation. Aber die Schulorganisation mit ihren ungeheuren Ziffern ist nur auf den Durchschnitt berechnet, nur der Durchschnitt läßt sich reglementieren. Das Reglement wird zum Martyrium für alle Kinder unter und über dem Durchschnitt. Vom genialen, vom hochbegabten Kinde wird dies Martyrium doppelt schwer empfunden. Man redet immer von Überbürdung, für das geniale Kind ist der vorgeschriebene Wissensstoff noch viel zu gering; es verlangt, wie der kleine Lessing, nach dem Worte eines seiner Lehrer, nach doppeltem Futter. Sechs bis acht Jahre muß es auf der Volksschule wiederkäuen, was es in einem Jahre verdauen könnte; acht bis neun Jahre auf dem Gymnasium repetieren, was es in drei Jahren gut lernen könnte.[1]) Nur damit das arme Kind den dummen oder faulen Söhnen der herrschenden Klassen nicht vorauseile. Wer dieses Martyrium durchgemacht hat, der möchte das vierte Gebot umkehren und befehlen: „Du sollst deine Söhne und deine Töchter ehren, wenn du sie schon in die Welt gesetzt hast. Dann werden Vater und Mutter auch nicht zu kurz kommen.“

[1]) Schopenhauer hat die Gymnasialbildung, und nicht schlecht, in dritthalb Jahren erworben.

Ich habe eben an die berühmte deutsche Militärorganisation erinnert, nach deren Muster die Volksschule mehr und mehr reglementiert worden ist. Dabei hat man, trotzdem der Psychologe Herbart der Philosoph dieser Schuleinrichtungen gewesen ist, an den psychologischen Unterschied zwischen den Forderungen des Militärs und der Schule vergessen. Bei der Heeresorganisation handelt es sich für den Ernstfall darum, daß Hunderte, Tausende, Millionen von Soldaten einem einzigen Willen wie automatisch gehorchen lernen, der als ein überlegener Wille vorausgesetzt wird; Disziplin soll erreicht werden, nicht so sehr blinder als automatischer Gehorsam; ob diese Disziplin im Spiele der Friedenszeiten mitunter zu sinnlosem Drill ausartet, ist dafür unerheblich. Fachleute mögen entscheiden, durch welche bessere Form des Drills der alte Parademarsch ersetzt werden könne. Fachleute mögen darüber entscheiden, wie weit die moderne Kriegführung neben dem unumgänglich notwendigen automatischen Gehorsam noch eine Erziehung des Soldaten zu persönlicher Initiative gestatte. Die reglementierte Schule hat aber für eine Erziehung des Kindes freilich keine Zeit; wäre der Lehrer ein Erzieher, so wäre sein Ziel geradezu das Gegenteil des militärischen Ziels. Das bißchen Disziplin, das auch in der Schule nötig ist, hat nur auf die Ordnung in der Klasse zu gehen; übrigens müßte die Schule von der ersten bis zur letzten Stunde der Schuljahre jede automatische Tätigkeit bekämpfen und den Schüler zu bewußtem, eigenem, prüfendem Denken gewöhnen. Einübung des Nichtautomatischen ist die Aufgabe der Schule. Auch deshalb könnte die Einheitsschule, um deren Zustandekommen die ersten Pädagogen kämpfen, sich mit einem viel geringeren Wissensstoffe begnügen, als die Polyhistorie der elenden allgemeinen Bildung heute verlangt, könnte an dem geringern Wissensstoffe das eigene Denken des Schülers vorzüglich üben und könnte den Schüler sehr früh entlassen, zum Kampfe ums Dasein oder zu eigener Weiterbildung. Es ist für den Ernstfall des Krieges sehr gut, wenn der deutsche Soldat von Königsberg bis Metz auf das gleiche Kommandowort den gleichen Gewehrgriff ausführt; es ist aber ein Jammer, daß jedes deutsche Kind auf die vorgeschriebene Frage die vorgeschriebene gleiche Antwort geben muß. Und damit komme ich auf den Punkt, der mir bei meinem Mitleid mit dem Schüler besonders am Herzen liegt.

Alle großen Pädagogen (Comenius, Rousseau, Pestalozzi, Fichte) haben irgendwie verlangt, man solle *Sachen* und *Worte* nicht trennen, man solle den Kindern nicht bloß Worte beibringen. Die ganze Bewegung, die Realschulen an Stelle der Gymnasien setzen will (Ludwig Gurlitt ist in den letzten Jahren mit schöner Leidenschaftlichkeit besonders hervorgetreten), die Realien anstatt toter Sprachen verlangt, hängt damit zusammen. Aber ich verlasse mit dieser Richtung der Gedanken den Streit um die gegenwärtige Schule und um die zeitweiligen Schulmoden, um nun an der Forderung aller guten Pädagogen das Wesen der Schule, das Wesen des Unterrichts ein wenig zu prüfen.

Der Mensch ist das Tier, dessen Seelenkräfte durch Unterricht, durch Unterweisung d. h. durch sprachliche Berichte anderer entwickelt werden können. Die klügsten andern Tiere können nur abgerichtet werden. Die Menschenkinder allein sind der Unterweisung durch Worte zugänglich, können ihre Vernunft über die der Eltern hinaus entwickeln, in sehr ungleicher Weise übrigens, je nach Rasse und individueller Anlage. Ohne Sprache kein Unterricht: nicht die uralte Unterweisung der Kinder durch ihre Eltern, nicht der Schulunterricht. Alle Größe und alle Not der Sprache, alle Vorzüge und alles Elend der Schule kommen aus dieser einen Quelle: daß der Unterricht in Worten der Sprache erteilt werden muß, und daß die Sprache selbst bei jedem Kinde der erste Gegenstand des Unterrichts ist. Man denke daran, daß die Kunsttriebe oder Instinkte der Tiere, wie immer man ihr Verhältnis zu der menschlichen Intelligenz betrachten mag, ohne Unterricht, ohne sprachliches Mittelglied ausgeübt werden; der Vogel hat das Brüten nicht gelernt; er fühlt nur beim Anblick der Eier: „Es muß ein Vergnügen sein, darauf zu sitzen.“ Oder meinetwegen: „Ich muß jetzt die schwere und langweilige Arbeit des Sitzens auf mich nehmen; ich weiß nicht, warum.“ Das Tier kennt nur

Sachen und kann darum schon nicht unterrichtet werden. Wir sind geneigt, das unmittelbare Verhältnis der Tiere zu den Sachen, in noch höherem Maße das Verhältnis der Pflanzen zu den Sachen, als einen Gegensatz zum menschlichen Geiste aufzufassen, und diesen Gegensatz zum Geiste *Natur* zu nennen.

Es ist keine arge Übertreibung, wenn ich nun behaupte, daß die Schule — nicht zufällig, sondern von ihrem Wesen gedrängt — die Tendenz hat, die Menschenkinder nur Worte zu lehren und gar keine Sachen. Daher eben wurde es Pflicht jeder ernsthaften Schulreform, den Weg der Unnatur zu verlassen, Sachen und Worte wieder zu vereinigen und so ein bißchen zur Natur zurückzukehren.

Diese Auffassung der Schule oder des Unterrichts der Menschenkinder wird vielleicht etwas deutlicher werden, wenn wir nun versuchen, so vorurteilslos wie möglich das Sprechenlernen zu verfolgen von den ersten Anfängen bis zu den Jahren, in denen der erwachsene Mensch die Schule verläßt, um etwa als Doktor der Philosophie oder als Seminarlehrer wieder jüngere Leute zu unterrichten; wenn wir dabei nicht aus dem Auge verlieren, daß Sprechen und Denken — Nuancen vorbehalten — dasselbe ist, daß Verbesserung des Verstandes die lebenslängliche Arbeit des Sprechenlernens ist. Im Alter von ein bis drei Jahren lernt das Menschenkind zuerst sprechen, von den Erwachsenen seiner Umgebung; erst wenn es so weit sprechen gelernt hat, kann es dem Kindergarten, kann es der Schule übergeben werden. Nun beachte man, was die Kinderpsychologie gezeigt hat, daß das Kind die meisten Wörter zuerst nachsprechen und nachher erst verstehen lernt. Erst schwatzen, dann denken. Die Mutter oder die Amme macht es also in den Anfängen ebenso wie die Entwicklung der Menschheit es mit den Jünglingen gemacht hat: zwei Jahrtausende brauchte es, bevor sich die Rhetorenschule der Griechen und Römer zu der Realschule der Gegenwart hinaufbildete. Erst schwatzen, dann denken. Wenn aber das Kind, etwa nach Vollendung des dritten Jahres, geläufig sprechen gelernt hat, seine Muttersprache versteht, wie man das nennt, so besitzt es nur einen Vorrat von einigen hundert Wörtern, und deren Bedeutung hat es teils gläubig im Sinne der Erwachsenen gebrauchen gelernt, teils hat es sie in seiner kindlichen Phantasie umgeformt. So kommt es in die Volksschule, übt das Lesen, das Schreiben und das Rechnen ein, lernt dazu doppelt wortabergläubisch eine unverhältnismäßig große Menge Religion, und hat während dieser ersten Schulzeit seine Kindersprache umzulernen. Der Form nach hat es sich der Schriftsprache anzupassen, dem Stoffe nach erfährt es, was ein Begriff sei; daß z. B. Hund, Vater, Haus nicht Individualnamen sind, sondern daß auch andere Kinder etwas wie einen Hund, einen Vater, ein Haus haben. Das Kind lernt von einem bessern Lehrer noch sehr viele andere Wörter, mit deren Hilfe es sich in seiner kleinen Umwelt orientiert.

Mit solchen Kenntnissen ausgerüstet gelangt manches Kind auf die Mittelschule und wieder hat es umzulernen. Neu sprechen zu lernen. Die Umwelt erweitert sich, räumlich und zeitlich. An Stelle der Heimatskunde tritt Geographie und ein wenig Himmelskunde; neben die biblischen Geschichten tritt die ganze Weltgeschichte. Vor dem eigenen Volke hat es nicht nur Juden gegeben, sondern auch Griechen und Römer; neben dem eigenen Volke gibt es Franzosen und Engländer. Primitive Sprachvergleichung beginnt; die Wörter der Muttersprache sind nicht der einzig mögliche Ausdruck der Gedanken. Und die lächerliche Hauptaufgabe der Mittelschulen verlangt, daß das Kind alle die neuerworbenen Kenntnisse verwerten lerne, nicht für das Leben, nicht für eine Übung im Denken, sondern für eine Stilübung, für den deutschen Aufsatz, der natürlich in andern Ländern anders heißt. Wie man vom einjährigen Kinde erwartet hat, daß es zunächst schwatzen lerne, so soll auch der Jüngling heute wie einst schriftlich schwatzen lernen, in der Schriftsprache, mit Bildung; das Muster für diese Wortstickereien liefert der Lehrer. Wer einen solchen Aufsatz sauber und schnell abzuliefern imstande ist, wer außerdem seinen jungen Kopf mit überflüssigem Gedächtniskram bis zum Rande gefüllt hat, der heißt ein guter Schüler. Der Abschluß dieser Lehrzeit ist das Abiturientenexamen, bei welchem das Zeugnis der Reife erlangt wird durch Gedächtniskram, durch den Aufsatz und überhaupt durch gebildetes Schwatzen.

Das Denken — so hofft der begabtere Schüler — kommt erst auf der Hochschule. Wieder hat der junge Mann umzulernen. Jetzt erst erfährt er etwas von den Ursachen der Naturerscheinungen und der gewordenen Gegenwart. Die Wörter, die das Kind als Individualnamen gebraucht hat, die es auf der Volksschule als Begriffe zu fassen anfing, die auf der Mittelschule von den gröbsten logischen Fehlern gesäubert worden sind, müssen auf der Hochschule ganz klar und präzis definiert werden. Die Kindersprache hat sich auf der Volksschule dem Hochdeutsch-Schwatzen angenähert; auf der Mittelschule hat sich daraus die gebildete Sprache, auf der Hochschule die wissenschaftliche Sprache entwickelt. Das Sprechenlernen des Menschen ist abgeschlossen. Es wäre denn, daß man über der philosophischen Fakultät der Universitäten mit ihren unzusammenhängenden und oft widersprechenden Disziplinen noch eine oberste Schule errichten wollte, eine Schule der Erkenntnistheorie oder der Sprachkritik, wo die Grundbegriffe aller wissenschaftlichen Sprache wieder einer Revision unterzogen würden, wo die Einsicht errungen würde: daß keine Schule der Welt eine Sprache lehren kann, die der Sehnsucht des Menschen gemäß völlig in der Umwelt orientiert. Die jeweilige, die vorläufige Sprache ist immer das Werkzeug des Unterrichts oder der Schule; eine Idealsprache ist das Ziel des Unterrichts; oder vielmehr seine Sehnsucht, weil es eine vollkommene Sprache nicht gibt. Wie es ein reines, von der armen Sprache freies Denken nicht gibt.

Die logische Folgerung einer solchen Betrachtungsweise wäre sehr einfach. Wenn die Sprache das Gedächtnis der Menschheit ist, wenn der Mensch in den vielen Schuljahren immer nur besser und besser sprechen lernt, oder die im Gedächtnisse aufgehäuften Sachen besser und besser ordnen, wenn auf jeder Schulstufe die Ordnung oder die Sprache der vorigen Stufe umgelernt werden muß, so wäre es die wichtigste Aufgabe einer Schulreform, dieses zeitraubende und verwirrende Umlernen dadurch zu vermeiden, daß man dem jungen Menschen gleich die geläuterten Begriffe beibrächte. Die logische Folgerung ist aber undurchführbar, solange der Nürnberger Trichter für das Verständnis geläuterter Begriffe nicht erfunden ist. Man kann dem zweijährigen Kinde nicht klar machen, daß das Wort *Hund* oder *Wauwau*, womit es bisher den eigenen Hund benannt hat, eine ganze Art von Tieren bezeichne, daß aber der Artbegriff selbst, historisch oder morphologisch, ein fließender Begriff sei; man kann dem Realschüler, der die physikalischen Kräfte schon berechnen lernt, noch lange nicht klar machen, daß der *Kraft*begriff eine Metapher aus dem menschlichen Selbstbewußtsein sei und der adjektivischen Wirklichkeitswelt gar nicht angehöre. Das Sprechenlernen kann wirklich nur an langsam gesammelten und gelernten Erfahrungen geübt werden.

Eins aber könnte eine Schulreform großen Stils aus unserer Betrachtungsweise in die Praxis übertragen, einen negativen Vorteil nur. Die aufreibende Arbeit des häufigen Umlernens könnte sehr vermindert werden, wenn man den jungen Leuten auf den ersten Stufen die vorläufigen und falschen Abstraktionen ganz und gar schenken wollte, wenn man sich so lange wie möglich mit Realien begnügen wollte. Der Gebrauch der Muttersprache, die ja ohne Schule gelernt wird, würde immer dafür sorgen, daß der junge Mensch allezeit bereit hätte, wessen das Herz des unreifen Menschen bedarf: Abstraktionen und Schlagworte, Ideale und Schimpfworte, was immer nur die Religion und der Zeitgeist verlangen. Die meisten Menschen kommen ja zeitlebens mit solchen Surrogaten geläuterter Begriffe aus und können den Ernst in meiner scheinbaren Verhöhnung der Wortwerte nicht verstehen, die ihre Weltanschauung ausmachen.

II.

Was vor bald 400 Jahren Bacon von Verulam von der Wissenschaft überhaupt verlangte und was seitdem von Naturforschern und Philosophen langsam genug begriffen worden ist, das muß endlich durch den Verzicht auf unbegriffene Abstraktionen auch in der Schule erreicht werden: Abkehr von der Scholastik. Ich weiß, daß nur ein Zufall der Wortgeschichte die Worte *Schule* und *Scholastik* so nahe zusammengebracht hat. Das griechische Stammwort *σχολη* hieß ja nicht mehr als *otium*, *Muße*, dann die den Wissenschaften gewidmete Muße, und endlich der Ort, wo Wissenschaften gepflegt wurden; erst im Mittelalter gewann *schola* die Bedeutung, die wir jetzt damit verbinden. Jedoch auch strenger als bei den Römern die Bedeutung eines Kreises von Anhängern, einer Philosophenschule. Schon bei den Griechen und Römern aber war *σχολαστικος*, *scholasticus* je nach der Situation ein Ehrenname oder ein Schimpfname: für den Gelehrten und für den Pedanten. Im Mittelalter nun, wo die Schule des Aristoteles über alle andern Schulen siegte, wo es bald keinen andern höhern Schulbetrieb gab als den auf Aristoteles begründeten, hieß diese Gelehrsamkeit ganz einfach die Scholastik, deren Scharfsinn heute fast unbekannt ist, deren unfruchtbare Begriffsspalterei, deren Wortaberglaube aber mit Recht der Verachtung anheimgefallen ist. Es ist also ein bloßer Zufall, daß es ein Wortspiel zu sein scheint, wenn ich unserer Schule ihre Scholastik zum Vorwurf mache. Der wäre erst der Befreier von der unwürdigen Tyrannei der Sprache, der — ein zweiter und größerer Bacon von Verulam — die Wortgespenster, die Wortleichen aus unserer Schule verbannte, der uns lehren könnte: die durch und durch scholastische Gemeinsprache mit ihren Abstraktionen und ihrer ganzen hypostasierten Welt der Substantive umzulernen, in der Schule die Sprache zu lernen, die uns in der Welt orientieren kann. Aber ein solcher neuer Bacon wird nicht kommen, weil die menschliche Sprache wohl ein wenig gesäubert werden kann, eine absolut reine Menschensprache aber nicht möglich ist. So wenig wie eine Idealschule, die zugleich als Massenschule für die Durchschnittskinder organisiert werden könnte, und zugleich den Bedürfnissen der begabten Kinder gerecht würde.

Der empörte Aufschrei für das Kind, der immerhin verdienstvoller ist als der vielgenannte Schrei nach dem Kinde, wird historisch gewöhnlich nur bis auf Rousseau zurückgeführt; der hatte freilich viel gelitten, auch als geniales Kind, und zuerst den Eltern und Lehrern zugerufen: „Ihr kennt die Kinder nicht!“ Viel früher als Rousseau hat der weise Montaigne, der dank einem wunderlichen, aber dem Sohne — wenn man so sagen dürfte — ebenbürtigen Vater, einen sehr freien Schulunterricht genossen hatte, die Erlösung des Kindes (er denkt freilich nur an die Kinder der höheren Stände) aus der Zwangsanstalt der scholastischen Schule verlangt. Und wenn man heute die Ausführungen Montaignes (im 24. und 25. Kapitel des ersten Buches seiner Essais) liest, so empfindet man es sehr stark, wie wenig sich, abgesehen von der Ausdehnung des Fabrikbetriebs, in der scholastischen Methode der Schule seit diesen mehr als zehn Generationen geändert hat. Ich empfehle diese beiden Kapitel einem nachdenklichen Leser wohl am besten dadurch, daß ich einige Sätze in der alten Bodeschen Übersetzung (neu herausgegeben von Flake und Weigand) ausschreibe.

„Den Menschen zu pflanzen bedarf's keines so großen Fleißes, ist er aber geboren, so übernimmt man eine ganz andere Aufsicht (als der Gärtner), voller Sorge und Furcht, ihn zu nähren und zu erziehen."

„Ich wollte, daß man sorgfältig wäre, einen Führer zu wählen, dessen Kopf viel mehr hell und klar wäre, als voll geschüttelt und gerüttelt."

„Es ist ein Zeichen der Unverdaulichkeit, wenn man die Speisen wieder aus dem Magen gibt, wie man sie verschlungen hat."

„Auswendigwissen ist kein Wissen; das heißt nur behalten, was man seinem Gedächtnis zum Aufbewahren gegeben hat."

„(Die meisten Erziehungsanstalten) sind wahre Kerker der gefangenen Jugend ... Viel anständiger wäre es, wenn die Klassen mit Blumen und Blättern bestreut wären als mit Fasern von blutigen Birken."

„(Mit den Spartanern, welche die Jugend) an Taten und nicht an Worte gewöhnen wollten, vergleiche man nach 15 oder 16 Jahren einen von diesen Latinisten aus den Schulklassen, der ebenso viel Zeit daran gewendet hat, bloß sprechen zu lernen. Die Welt treibt nichts als Schwatzen (le monde n'est que babil) und ich habe noch keinen Menschen gesehen, der nicht eher mehr als weniger gesprochen hätte als nötig war."

„Möchte mir doch nie ein ander Wort oder andere Redensarten entfahren, als die man in der Residenz auf dem Fischmarkte versteht .... Zenon sagte, er habe zwei Gattungen von Schülern: die einen, die er *φιλολογους*, gierig Sachen zu lernen, nannte, wären seine Lieblinge; die andern, *λογοφιλους* (sie) dächten auf nichts, als auf die Sprache ... Es ist allerdings ein fein und lieblich Ding um das Griechische und das Latein, nur kauft man es zu teuer .... (Man sagte meinem Vater selig), daß die Länge der Zeit, welche wir darauf verwenden, die Sprachen der Griechen und Römer zu lernen, die ihnen nichts kostete, die einzige Ursache sei, warum wir uns nicht bis zur Größe der Seele und der Höhe der Wissenschaften erheben könnten, die man bei diesen alten Völkern wahrnehme."

„Man muß hauptsächlich darauf arbeiten, Lust und Liebe zum Studieren zu erregen; sonst erzielt man weiter nichts als mit Büchern bepackte Esel (aultrement on ne faict que des asnes chargez de livres.)"

III.

Ich möchte nicht gern bewußt zu dem leidenschaftlichen Tone des Eingangs zurückkehren; es macht traurig, alles in sich selbst aufzuwühlen und eine Rebellion zu predigen, wenn man sich unfähig fühlt, auf die Worte Taten folgen zu lassen. Der Kreuzzug für die Kinder wird nicht zustande kommen; der Staat, welcher die Schule unter seine brutale Faust gebracht hat, würde mit jeder Schülerrebellion leichter fertig werden als mit einer sogenannten politischen Revolution; und die Eltern denken nicht daran, das Schicksal ihrer Kinder durch eine Revolution entscheiden zu wollen. Eltern, Lehrer und Schüler begnügen sich damit, innerhalb der bestehenden Schulordnung für sich kleine Vorteile zu erschleichen, zu erlisten oder zu erarbeiten.

Aber es fehlt nicht an Stimmen, welche einen bevorstehenden Kreuzzug für die Kinder zu verkünden scheinen. Man könnte an die literarische Bewegung in Frankreich denken, die der großen französischen Revolution vorausging. Man könnte an Voltaire und Rousseau denken, wenn unsere Dichter des Schuldramas und des Schulromans nur an Rousseau oder an Voltaire erinnerten. Zahlreich genug sind die Dramen und die Romane, in denen entweder eine Reform der Schule gefordert oder das bestehende Schulelend beklagt wird. Nirgends vielleicht reiner und melancholischer als in den Schriften, die meines Wissens im 19. Jahrhundert die ersten dieser Art waren: in den tragischen Kinderromanen von Dickens, die seitdem — von Jahrzehnt zu Jahrzehnt häufiger — nachgeahmt und wohl auch künstlerisch übertroffen worden sind. Aber die Tragödie des Schulkindes ist nur selten geschildert worden, am seltensten in den berühmt gewordenen Dramen und Romanen.

Die englischen und deutschen Verfasser haben es vielmehr für richtig gehalten, die Tragödie zu einer Komödie umzugestalten. Böse und komische Lehrer, früh erotische und drollige Schüler werden uns behaglich vorgeführt; und wo einmal ein Zornausbruch zu Worte kommt, da gilt er regelmäßig einem bösen Lehrer, dem dann ganz gewiß ein guter Lehrer gegenübersteht. Fast niemand scheint zu fühlen, daß die Sünde, die allstündlich an unsern Kindern begangen wird, zum *Wesen* der Schule gehört. Zum Wesen des Staates, dem die Schule nichts weiter ist als ein Mittel mehr für seine fragwürdigen Zwecke.

Gegen andere Sünden sind in alter und neuer Zeit Propheten aufgetreten. Die Sünde am Kinde scheint unangreifbar zu sein; sie wird verteidigt von der dümmsten, gemeinsten und darum stärksten Macht, die es unter den Menschen gibt: vom Schlendrian oder von dem Gesetze der Trägheit. Diese Macht wird es weiter dulden, daß die Schule an den Kindern Körper und Charakter verkrüppelt und den Kopf in die Schablone der Geistlosigkeit zwingt. Aber es wird sich noch einmal an den Staaten rächen, daß sie ihre Schulen zu Anstalten gemacht haben, in denen die Seele des Kindes systematisch gemordet wird.

Sehnsucht. — Alle Sprache ist von Hause aus Rückblick, Geschichte, weil sie *Gedächtnis* ist. Also Vergangenheit. Soll die Sprache Zukunft werden, so muß sie eine Sehnsucht ausdrücken lernen. Eigentlich kann die Sprache gar nicht sagen, was noch nicht war. (Eine Wiederholung in der Zukunft, die Wiederkehr einer Erfahrung also, etwa ausgenommen.) Daher die Unklarheit, die der Sehnsucht von Anfang anhaftet. Kommt die Sehnsucht aber *zu Worte*, zur Klarheit, dann hat die Zukunft auch schon zu *werden* angefangen. Wie ein Haus, dessen Plan auf dem Papiere steht, schon angefangen hat, zu *werden*. Was in der armen Sprache des Menschen nicht Gedächtnis, nicht Erinnerung an die Vergangenheit ist, was die Zukunft ausdrücken möchte, ohne die Macht der Worte (die immer Gedächtnis sind): das ist die Sehnsucht, die auch Mystik werden kann.

Sein. — Es gibt ein Wort, das man mit dem Wirklichkeitsbegriff selbst vertauschen könnte und das dennoch, seitdem Platon virtuosenhaft mit ihm gespielt hat (*ὂν, οὐσια*), eben dadurch zum allerunwirklichsten Begriff geworden ist: *Sein, esse, essentia, existentia, Dasein, Wesen*. Jedesmal, wenn das Wort in der eigenen Gemeinsprache gar nichts mehr besagte, wurde es durch ein Fremdwort oder durch eine Lehnübersetzung zu neuem *Dasein* erweckt, zu einem scheinbar neuen *Wesen* gemacht. Bei den Alten, im Mittelalter und bis auf die Gegenwart ist über diesen luftigen Wanderbegriff mehr geschrieben worden, als über irgend etwas, das *existiert*. Seinen Zusammenhang mit der Wirklichkeitswelt hat das *Sein* niemals völlig aufgeben wollen, aber man mußte der Welt erst die Wirklichkeit nehmen, wollte man ihr den *Seins*begriff geben. Das Weltall ist unergründlich und erfüllt, das Sein ist unergründlich und leer.

In sprachlicher Beziehung ist das Wort für den unendlichen Hohlraum des Seins eine merkwürdige Bildung. *Sein* „ist" die allgemeinste, oberste, abstrakteste und eben darum leerste Bezeichnung für alles, was im weitesten Sinne *Substanz* sein kann, für das Objekt an sich unserer Sinneswahrnehmung, für jede durch die Sinne vermittelte Vorstellung, also für den substantivischen Teil unseres Wissens von der Welt. Auf innere Vorstellungen, ja auch auf adjektivische Vorstellungen oder Qualitäten ist der Seinsbegriff erst künstlich übertragen worden. Alle Existentialurteile behaupten von ihrem Subjekt, daß es ein Substantiv *sei* oder eine Substanz. *Gott ist* will sagen: Gott *ist Substanz* (nicht eine, sondern *die* Substanz) und wird darum sprachlich durch ein Substantiv ausgedrückt. Wollte man Gott durch *das Ewige* oder *das Werden* ausdrücken, also adjektivisch oder verbal, so stünde es bald bedenklich um dieses Existentialurteil. Dieses Substantiv der Substantive nun wird durch *esse* usw. so ausgedrückt, daß ein Verbum dafür eintritt. Die Eigenschaft, eine *Substanz* zu sein, wird durch ein *Verbum* ausgedrückt. Die Wirklichkeit eines Dings durch eine Wortform, die nichts Wirkliches bezeichnet, vielmehr, wie wir wissen, Änderungen oder Gleichförmigkeiten der Wirklichkeit unter dem Gesichtspunkt eines Zweckes (bei den transitiven Verben wenigstens) ordentlich zusammenfaßt. *Schreiben* „ist" nicht; wir fassen unzählige mikroskopische Bewegungen und ihre Wirkungen zu *schreiben* zusammen. *Stehen* „ist" nicht; wir fassen nur gleichförmige

Relationen so zusammen. Wir nennen die eine Gruppe transitive Verben, die andere intransitive. Auch die intransitiven Verben *sind* nur, weil der Mensch in seiner Sprache oder seinem Denken ein Interesse an diesen Relationen hat.

Zu den intransitiven Verben gehört auch *sein*. Ein menschliches Interesse, ein menschlicher Zweck wird ja auch in dieser Verbalbildung stecken. Es ist aber doch wohl einzig und allein der Denkzweck, der die Dinge sein läßt, um sie projizieren, aus sich heraussetzen zu können, um wieder einmal die Welt unserer Sinne zweimal anzunehmen: als *Schein* oder Erscheinung und als *Sein*.

Die Scholastiker haben sich endlos abgequält, die Worte *essentia* und *existentia*, weil zwei Worte da waren, auch zu unterscheiden. Beide Worte mit den anderen barbarischen Worten in logische Verbindung zu bringen, mit: *entitas, realitas, quidditas*. Besonders der Wortstreit, ob Gott zunächst *essentia* oder *existentia* sei, machte Schwierigkeiten, weil die Herren vielleicht nicht wußten, wie stark die Dogmengeschichte bei der Bildung dieser Begriffe mitgewirkt hatte. Auch die griechischen Termini, die uns als Gegensatz von *Wirklichkeit* und *Möglichkeit* geläufiger sind, spielten hinein. Zur Möglichkeit mußte noch etwas hinzukommen, damit eine Existenz da war. Zur Wirkung aus einer Ursache mußte noch die Existenz hinzukommen. Daher die spitzfindige Definition: existentia est, per quam aliquid est extra suas causas; oder: id per quod aliquid desinit esse intra suas causas. Wir sind damit noch nicht beim Äußersten scholastischer Haarspalterei angelangt. Einmal wird die existentia genannt: *actus entitativus*. Ich mag mich mit der wortgeschichtlichen Aufdröselung dieses Ungeheuers nicht bemühen. Der alte Weigel hat eine hübsche Geschichte erfunden oder benützt, um den Unterschied zwischen *essentia* und *existentia* klarzumachen. Zu einem Goldschmied kommt ein Bauer mit der Frage, wieviel ein Goldstück wert sei, so groß wie ein Ei. Der Bauer hatte nur die *Essenz* oder das *Wesen* oder die *Idee* des Goldstücks. Der Goldschmied glaubte aber an dessen *Existenz* und setzt dem Bauer Wein vor, um es von dem Berauschten wohlfeiler zu kaufen. Der schlaue Bauer bekam also eine *existentia* für eine *essentia*. „Wenn er einmal eines fände, möchte er wissen, was es wert sei."

Man täuscht sich, wenn man glaubt, wir seien heraus aus solchen scholastischen Spiegelfechtereien. Der scharfsinnige Leibniz hat (Nouv. Ess. I, 1 § 23) keine geringere Ungeheuerlichkeit gedacht, als er sagte: „Je voudrais bien savoir, comment nous pourrions avor l'idée de *l'être*, si nous n'étions des *êtres* nous-mêmes et ne trouvions ainsi *l'être* en nous." Der scharfsinnige Leibniz ist in diesem Satze nicht weniger dumm als der ontologische Beweis, der ja auch aus der Existenz des Wortes die Existenz der Sache herleitet, weil er die Existenz sinnlos für eine Eigenschaft hält. Noch toller ist vielleicht nur noch die Wortseifenblase, die Platon geschaffen hat und die dem Begriffe *Ontologie* zugrunde liegt: *το ὀντως ὀν*. Das *seinlich-Seiende* oder so etwas, beinahe schon der *actus entitativus*. Man glaube nicht, daß sich mystische Ahnungen hinter solchen pleonastischen Unbegriffen bergen. Stülpt man den Pelion auf den Ossa, so kann doch eine schöne Hyperbel herauskommen; wirft man ein Nichts in den Abgrund, so kommt gar nichts heraus.

Auf ganz anderem Felde stehen die Sublimitäten, mit denen besonders deutsche Philosophen den Seinsbegriff bedacht haben. Wahrheit wird nicht gefunden; aber eine Menge Unwahrheiten werden oft fein beseitigt. Daß *Sein* keine Eigenschaft der Dinge sei, hat Kant (der Schüler Humes) schon trefflich gelehrt; „hundert wirkliche Taler enthalten nicht das mindeste mehr, als hundert mögliche", sagte er; als aber Fichte aus äußerster Drangsal, in einem erschütternden Briefe, die Möglichkeit erwog, hundert wirkliche Taler von ihm zu bekommen, bekam er sie nicht. Aber auch Fichte hätte sich gewundert, wenn ihm vom Meister entgegnet worden wäre, was Fichte wenige Jahre später in seiner Wissenschaftslehre sagte: „Alles, was ist, ist nur insofern, als es im Ich gesetzt ist, und außer dem Ich ist nichts." Es ließe sich gewiß ernsthafter über das Philosophenspiel mit dem Seinsbegriff reden; aber es widersteht mir, die Resonanz dieses Hohlraums aber- und abermals zu erproben. Zu zeigen, wie Hegel den Seinsbegriff, den reinen, zuerst zum reinen Nichts gemacht und dann das positive *Dasein* aus ihm herausgenommen hat. Und wie der unergründlich leere Begriff des *Seins* sich an allen Ecken und Enden mit dem Gottesbegriff berührt. Lehrt doch Hegel sogar: „Wenn wir den besondern Dingen ein Sein zuschreiben, so ist das nur ein geliehenes Sein, nur der Schein eines Seins, nicht das absolut selbständige Sein, das Gott ist" (Werke XI, 50). So ungefähr sagt das Spinoza auch, nur mit ein bißchen andern Worten.

Die Verquickung mit dem Gottesbegriff, überhaupt die entscheidende Bedeutung für alle Weltanschauungsfragen wäre dem völlig ausgeblasenen Seinsbegriff, der unverfälscht und unverbildet doch nur in der sprachlich und logisch überflüssigen Kopula steckt, nicht so ehrenvoll zuteil geworden, wenn sich nicht die Frage aller Fragen unabweisbar an den Seinsbegriff geknüpft hätte, die Frage: ob der Idealismus oder der Realismus recht habe? *Ist* die Welt noch etwas, außerdem daß sie Erscheinung ist? Außerdem daß sie Wirkung auf uns ist? Der Existenzbegriff ist ja erst eine bewußte Antwort auf eine Frage dieser Art. Und hätten wir den Ursachbegriff nicht, wir würden es nicht für notwendig halten, daß irgend etwas *sein* müsse, um uns erscheinen zu können. Im Grunde *ist* ein Ding immer dann, wenn wir glauben, es sei unabhängig von unsern Sinnen auch dann und dort, wenn und wo wir es nicht wahrnehmen. *Sein* ist Wahrgenommenwerdenkönnen. Was die alte Scholastik zur Verzweiflung gebracht hätte, und ihren Aristoteles dazu; denn dann steckt die Wirklichkeit allein in der Möglichkeit. Auf den deutschen Universitäten wird der Psychologismus gegenwärtig schlecht behandelt; gerade was nicht Philosophie ist, Philosophiegeschichte und eine psychologisierende Physiologie wird fast ausschließlich gelehrt. Und nicht eingesehen, daß Psychologie allein zwischen Idealismus und Realismus orientieren kann, daß nicht nur unsere Vorstellungen psychologisch sind, sondern auch der naive oder metaphysische Glaube, der den Vorstellungen überdies ein Sein zuschreibt.

Dieser Psychologismus, der die Wahrheit wäre, wenn unsere Psyche nicht reden müßte, um sich verständlich zu machen, ist von den Engländern des 18. Jahrhunderts schon vollständig ausgebildet worden. Mit der Größe seiner Einseitigkeit von Berkeley, der allein unter allen Philosophen seit Platon mit dem Idealismus Ernst machte, da er gar nicht begreifen konnte, daß man hinter dem *percipi* durch die Geister noch ein zweites, besonderes *esse* suchte, daß man von seinem lieben Gott also die Welt zweimal verlangte. Berkeley sagte ja nicht: *percipi* = *esse*. Es gibt nur ein *percipi* der nicht denkenden Dinge durch Geister; das *esse* ist in unserer Einbildung. Eigentlich war Berkeley's Idealismus nur der letzte Versuch eines Locke-Schülers, den Okkasionalismus durch Leugnung der physischen Welt zu ersetzen: ungleichartige Substanzen können nicht aufeinander wirken, also gibt es nur Ideen.

Hume, durch seinen Skeptizismus vor Einseitigkeit bewahrt, hat die Leerheit des Seinsbegriffs so klar ausgesprochen, daß die Akten darüber hätten geschlossen werden können, wenn nur die Philosophie irgend einem ihrer Männer das letzte Wort gestattete. Im 6. Abschnitt des II. Kapitels und im 7. Abschnitt des III. Kapitels des Treatise finden sich diese Gedanken, stärker als in der spätern Fassung des Hauptwerks. Wir haben die Welt nicht zweimal; die Idee der Existenz ist durchaus nicht verschieden von der Idee eines Objekts. „The idea of existence is the very same with the idea of that we conceive to be existent. To reflect in anything simple and to reflect in it as existent, are nothing different from each other. Whatever we conceive, we conceive to be existent.“ Durch die Idee der *Existenz* wird einer Vorstellung also nichts hinzugefügt; was eben durch Kants Satz, Existenz oder Sein sei keine Eigenschaft der Dinge, nur deutscher ausgedrückt wird.

Erst Schopenhauer ist um einen Schritt weiter gegangen als Hume, weil er, dem die gegenwärtige Sprache der Philosophie weit mehr verdankt als das landläufige Lob seiner schriftstellerischen Vorzüge ahnen läßt, weil Schopenhauer bei allem Dogmatismus doch oft genug den Schlangenbetrug der Sprache durchschaute. Er hat den Seinsbegriff sogar mit seiner Ästhetik und Ethik in systematische Beziehung zu bringen gewußt: Jeder kann nur Eines *sein*, hingegen alles andere *erkennen*, „welche Beschränkung eben eigentlich das Bedürfnis der Philosophie erzeugt“; es ist etwas ganz anderes, die Dinge zu *sein* und die Dinge zu *sehen*; und nur zu sehen sind die Dinge schön. Während er aber da seinen ästhetischen Optimismus und ethischen Pessimismus in das *Sein* = *Existenz* hineinlegt, hat er sonst gegen den Mißbrauch des Begriffs *Sein* zornig genug gewettert. Er hatte erkannt, daß die kleine Bedeutung der sogenannten Kopula nichts weiter sei als die, im Subjekte das Prädikat mitdenken zu lassen, ich möchte sagen: das blanke Verhältnis einer Assoziation auszudrücken. Man erwäge jetzt, worauf der Inhalt des Infinitivs der Kopula hinausläuft, eben der Begriff Sein. „Dieser nun aber ist ein Hauptthema der Professorenphilosophie gegenwärtiger Zeit. Indessen muß man es mit ihnen nicht so genau nehmen: die meisten nämlich wollen damit nichts anderes, als die materiellen Dinge, die Körperwelt, bezeichnen, welcher sie, als vollkommen unschuldige Realisten, im Grunde ihres Herzens, die höchste Realität beilegen. Nun aber so geradezu von den Körpern zu reden, scheint ihnen zu vulgär: daher sagen sie das *Seyn* (Schopenhauer wußte wohl nicht, daß die Schreibart *Seyn* von Pedanten eingeführt worden war, um das Verbum *seyn* vom Pronomen *sein* zu unterscheiden und hielt darum an dem undeutschen Buchstaben y fest), als welches vornehmer klingt — und denken sich dabei die vor ihnen stehenden Tische und Stühle.“ (W. a. W. u. V. II. 115.) Daß der Begriff nichts weiter sei als ein Infinitiv der Kopula hat er fast sprachkritisch vorher an einer bedeutenderen Stelle ausgesprochen (II. 68): „Weil Inhalt und Umfang der Begriffe in entgegengesetztem Verhältnisse stehen, also je mehr *unter* einem Begriff, desto weniger *in* ihm gedacht wird; so bilden die Begriffe eine Stufenfolge, eine Hierarchie, vom speziellsten bis zum allgemeinsten, an deren unterem Ende der scholastische Realismus, am obern der Nominalismus beinahe Recht behält. Denn der speziellste Begriff ist schon beinahe das Individuum, also beinahe real: und der allgemeinste Begriff z. B. das *Seyn* (d. i. der Infinitiv der Kopula), beinahe nichts als ein Wort. Daher auch sind philosophische Systeme, die sich innerhalb solcher sehr allgemeinen Begriffe halten, ohne auf das Reale herabzukommen, beinahe bloßer Wortkram.“ Beinahe zu oft hat Schopenhauer da das höflich-falsche Wort *beinahe* gebraucht; sein Freund Goethe hat einmal aus Gesprächen mit Fichte Anlaß genommen, „Redensarten, welche der Schriftsteller vermeidet“ zu sammeln und zu veröffentlichen, sowohl für scherzhafte als für ernsthafte Betrachtungen; und unter diesen „demüthigen Phrasen“ steht *beinahe* gleich an vierter Stelle. *Seyn* ist durchaus ein bloßes Wort, nicht nur beinahe, ein Wort ohne Inhalt.

Aber der Hinweis Schopenhauers, daß *sein* nichts weiter sei als die Infinitivform der Kopula, bleibt trotzdem ein wertvolles Aperçu. Es führt zu der Untersuchung, ob *sein* mehr ein logischer oder ein grammatikalischer Hilfsbegriff sei und wie es trotz seiner Armut zu so hohen Wortehren kommen konnte.

Die erste Frage wird fast überflüssig, wenn wir bedenken, wie Grammatik und Logik einander von je, bewußt und unbewußt, beeinflußt haben, in der Kategorienlehre wie im Satzbau. Das durch die Kopula ausgesprochene *Sein* kümmert sich ganz und gar nicht um die Existenz des Subjekts. In allen Nominaldefinitionen selbstverständlich nicht; und bei den Realdefinitionen liegt die Existenz in re, nicht in der Kopula. Aber selbst die Zugehörigkeit des Prädikats zum Subjekt wird durch die Kopula nur ganz vage, nur ganz inhaltsleer ausgesprochen. Eigentlich wird die Relation erst durch den Inhalt des Prädikats bestimmt; im *Sein* der Kopula steckt nicht mehr als eben die *Kategorie* der Relation, der sprachliche Anlauf zur Anerkennung einer Relation. In der Kopula steckt nichts als die Assoziationsmöglichkeit der beiden Begriffe, des Subjekts- und des Prädikatsbegriffs. *Ist* bedeutet ganz andere Assoziationen in: „Alexander *war* tapfer" (Qualitätsurteil), „das Pferd *ist* ein Tier" (Subsumtionsurteil), „das Christentum *war*" (Existenzialurteil, verbunden mit der Negation für die Gegenwart), „N. *ist* gut" (Werturteil), „Atom *ist* ein Phantasiebegriff" (Nominaldefinition) usw.

Der Terminus *Kopula* war der antiken Welt gar nicht bekannt. Begriff und Ausdruck *copula* findet sich zuerst bei Abaelard, dem ja die Scholastik nicht ganz den Sinn fürs Leben genommen hatte, der aber bei seiner Erklärung „verbum interpositum praedicatum subjecto copulat" und dem ein andermal gebrauchten *copula* schwerlich an unser *kopulieren* gedacht hat. Der puristische Versuch, *Satzband* für Kopula zu setzen, gab den ursprünglichen Sinn richtig wieder. Bei *Kopula* an unser *kopulieren* zu denken, blieb der glücklichen Witzjagd von Jean Paul vorbehalten (Vorschule der Ästhetik § 44): „Der ästhetische Witz, oder der Witz im engsten Sinne, der verkleidete Priester, der jedes Paar kopuliert, tut es mit verschiedenen Trauformeln." Die häufigste Trauformel dürfte zwischen Begriffpaaren aber doch die alte Kopula sein. (Den Scherz „Kopula eines Macht- oder Flickworts" hat schon Hamann in seiner „Metakritik über den Purismum der reinen Vernunft" gemacht.) Lateinisch hieß *copula* jeder Strick, der physisch oder moralisch ein Band werden konnte, auch in der Ehe, auch in der Wortbildung (Gellius X. 5. avarus sei nach Nigidius aus avidus æris entstanden, und aus dieser Verbindung oder copula sei der Buchstabe e ausgefallen; ein abschreckendes Beispiel übrigens für die Etymologie der Römer, wenn es noch eines Beispiels bedürfte); auch *copulare* wurde so, von Cicero und Quintilianus, von der Wortkoppelung gebraucht. Abælard schuf den grammatisch-logischen Begriff der *Kopula,* da er ihn auf das Zwischenglied zwischen Prädikat und Subjekt einschränkend anwandte.

Der scholastische Streit darüber, ob die *Kopula* zum Subjekte oder zum Prädikate gehöre, ist auf logischem Gebiete gegenstandslos, weil die Kopula eben *zwischen* beiden die Verbindung schafft; in grammatikalischer Beziehung müßig, weil der Sprachgebrauch entschieden hat; der Streit lebt aber fort in der bekannten Vexierfrage unsrer Schulbuben: „Heißt es: siebenmal neun *ist* vierundfünfzig? oder: *sind* vierundfünfzig?" Dem Schulbetriebe der Logik gehört die Kopula besonders dadurch an, daß ihr die Last der Bejahung und Verneinung aufgebürdet wird; wenn nicht anders Bejahung oder Verneinung, als die entscheidende *Kategorie* jedes Satzes, dem Ganzen zugehört, sobald sie sich aufs Ganze bezieht, sonst aber ganz wohl auf jeden einzelnen Redeteil bezogen werden kann. Man vergleiche: Geld ist nicht da (fehlt überhaupt), Paul ist nicht da (aber andre Knaben, nur Paul nicht), der Hut ist nicht da (also anderswo).

Etwas wichtiger als die Frage, ob der Seinsbegriff in der Kopula eine logische oder eine grammatische Funktion habe, wäre die Untersuchung, wie der allgemeinste und darum stärkste Erkenntnisbegriff, eben der Begriff der *Existenz*, zu der anerkanntermaßen leeren Funktion einer nichtssagenden Kopula hinuntersinken konnte. Ich werde zu zeigen versuchen, daß diese Frage falsch gestellt worden ist, daß der Seinsbegriff von Hause aus oder doch in historischer Zeit ursprünglich die leere Kopula ausdrückte und erst durch subtile Denkerkünste der Philosophen und eigentlich nur in der Sprache der Philosophie die prägnante Bedeutung der Existenz gewann.

Aus welchem konkreten Begriff freilich in unsern Sprachen der Wortstamm oder die Wortstämme für den Seinsbegriff *(ist, bin* und *war, as* und *bhu, sum* und *fui, jsem* und *budu)* sich entwickelt haben, wird mit Sicherheit niemals ausgemacht werden können. Zwei Umstände machen uns aber bedenklich, so daß wir die überraschende Gleichförmigkeit im Gebrauch der Kopula, wie ihn die Kultursprachen aufweisen, nicht eine Denknotwendigkeit oder ein Sprachgesetz nennen, sondern weit eher Nachahmung oder Beeinflussung vermuten. Der eine Umstand ist die bekannte Tatsache, daß es auch ohne Kopula geht, daß es in den meisten Sprachen alte sprüchwörtliche Redensarten gibt, die die Assoziation von Subjekt und Prädikat eindeutig ohne das Hilfsverbum ausdrücken. Der bekannte Satz *ὁ μεν βιος βραχυς, ἡ δε τεχνη μακρη* hat gleich vier überflüssige Flickwörter und doch keine Kopula. Daß solche deutsche Sprüchwörter ohne Kopula mitunter Lehnübersetzungen aus dem Lateinischen sind (je gelehrter desto verkehrter, ländlich-sittlich), beweist nichts gegen die Möglichkeit, ohne Kopula auszukommen. Sodann ist es nur eine Selbsttäuschung der Sprache, wenn sie ihre eigene Gewohnheit in andern Sprachen genau wiederzufinden glaubt.

Es ist einfach nicht wahr, daß die Bezeichnungen für den Seinsbegriff sich in allen Kultursprachen entsprechen. Romanische Sprachen, die für unser *stehen* keinen einfachen Ausdruck haben, benützen den Begriff *stehen* für das Perfektum des Seinsbegriffs: sono *stato* usw. (Unser deutsches *wie steht's?* mag eine Lehnübersetzung von *come sta?* sein.) Wir haben aber eine ganze Menge kopulativer Verben, welche den Seinsbegriff bald unverändert, bald mit einer Nuance ausdrücken, anders wieder in andern Sprachen. Die Zukunft des Seinsbegriffs wird im Deutschen durch *werden*, im Englischen durch *sollen*, im Französischen durch *gehen* oder *haben* bezeichnet. Die Zuverlässigkeit des Seinsbegriffs wird häufig ohne jede zusätzliche Vorstellung durch *bleiben* ausgedrückt; „dieser Baum ist und bleibt eine Tanne" heißt wirklich nicht mehr als „ist eine Tanne". *Scheinen* ist häufig so sehr nur eine bescheidene subjektive Fassung eines apodiktischen Urteils, drückt so einfach die Relativität unseres Wissens aus, daß es fast besser als *sein* die Funktion der Kopula hätte übernehmen können. Nur ein Verbum gibt es, das für diese Funktion vielleicht noch geeigneter war, das Verbum *heißen*; alle die kniffIichen Existenzialurteile, an denen John Stuart Mill die Zweideutigkeit der Kopula *ist* getadelt hat, wären tadellos, wenn man sich gewöhnt hätte, in ihnen Subjekt und Prädikat durch *heißen* zu kopulieren. Aber auch die Urteile, in denen *ist* eine richtige Kopula ist, wären so besser auszudrücken: Gott *ist (heißt)* ewig, Zeus *war (hieß)* der oberste Gott der Griechen, das Ding an sich *ist (heißt)* transzendent, das Atom *ist (heißt)* der letzte Bestandteil der Körper.

Von den beiden oder gar drei Stämmen, die in den sog. arischen Sprachen zum vollständigen Paradigma eines Verbums (dem ungefähren Seinsbegriff) gekoppelt worden sind, mag der Stamm *bhu (fu)* wirklich noch in historischer Zeit etwas Vorstellbares bedeutet haben, z. B. *wohnen*. Aber der andere Stamm, wenn wir ihn auch als das *as* des Sanskrit festzulegen lieben, ist in seiner historischen Gestalt fast so körperlos wie er begrifflos ist. K. F. Becker (Organism der Sprache, II. Aufl. 222 f.) hat nun sehr fein darauf hingewiesen, wie ähnlich die Formen des Seinsbegriffs, und nicht nur die Formen, dem Pronomen sind. Auf die Identität der Pronomina und der Personalendungen des Verbs war für die sog. arischen Sprachen längst hingewiesen worden. Die Verwendung von *m*, *s*, *t* springt in die Augen. Aber auch afrikanische und amerikanische Sprachen zeigen ähnliche Kongruenz von Personalendung und Pronomen. Im Griechischen, Lateinischen, Slowenischen kann das Pronomen (veni, vidi, vici) weggelassen werden, wie die Kopula in herkömmlichen Redensarten. Wir ersehen aus allem diesem, daß die eigentliche Funktion des Aussagewortes *(sein)* und des Pronomens dieselbe ist, und daß sie auch nach ihrer Grundbedeutung identisch sind. Pronomen und Aussagewort haben sich als besondere

dere Formwörter vom Verbe losgerissen und haben sich nach entgegengesetzten Richtungen entwickelt, das Pronomen in einer substantivischen Form, das Aussagewort hingegen in der Form eines Verbs. Das Pronomen wird gewissermaßen zu einem Substantiv ohne Begriff, und bezeichnet überhaupt statt eines Substantivs Begriffe des *Seins*; und das Aussagewort wird zu einem Verb ohne Begriff, und bezeichnet auch wohl, statt eines Verbs Tätigkeitsbegriffe, z. B. die Existenz; „er *ist* in der Stadt“ heißt etwa „er *lebt* in der Stadt“.

Ganz so, wie Becker das darstellt, kann die historische Entwicklung kaum gewesen sein. *Ich* und *du* müssen ein sehr reiches und konkretes Leben gehabt haben. Um so auffallender ist die Ähnlichkeit oder Identität zwischen dem *Seins*begriff und dem unpersönlichen Fürworte *es*. Zu erwägen gebe ich auch, daß unsere Kinder, wenn sie schon recht geläufig sprechen können und über einen großen Vorrat von Substantiven, Adjektiven und Verben verfügen, noch lange nichts anzufangen wissen mit den Fürwörtern und mit dem Seinsbegriff.

Ich habe in diesem Zusammenhang der Kopula mehr als einmal nachsagen müssen, daß sie eine Funktion ausübe. Und wenn ich nun frage, wessen Funktion sie ausübe, so komme ich nun zu einer wunderlichen Antwort. Die Kopula ist ein Wort, aber kein Begriff; sie hat nur die Funktion eines Begriffs. Und ebenso steht es eigentlich um die beiden Gruppen, die Becker vergleichen gelehrt hat. Die persönlichen Fürwörter sind auch darin dem *sein* ähnlich, daß in beiden Fällen nur von der Funktion eines Begriffs die Rede sein kann. Ja, ich erbiete mich in einer allgemeinen Zeichensprache, für die persönlichen Fürwörter (und deren Ableitungen) mit algebraischen Ausdrücken, für den Seinsbegriff mit den mathematischen Zeichen der Gleichheit, der Subsumtion usw. auszukommen.

Sein ist kein rechter Begriff, weil ein rechter Begriff zuletzt irgendwie auf ein Vorstellbares, auf ein Beispiel muß zurückgeführt werden können, das Sein jedoch unvorstellbar ist und immer unvorstellbarer wird, jemehr Mühe wir uns geben. Das gilt für den leeren Seinsbegriff der Kopula nicht nur; der scheinbar so prägnante Existentialbegriff ist erst recht unvorstellbar. *Ich bin* sagt auf der Welt nicht mehr aus als *Ich* oder *sum*. Ich habe oft das Ichgefühl eine Täuschung genannt. Ich möchte den Gedanken jetzt besser ausdrücken: das Ichgefühl ist ein Instinkt wie ein anderer und nur der Begriff ist eine Täuschung. Wir kommen um den Glauben an unser Ich ebensowenig herum wie um den Glauben an die Existenz der Welt. Und beide Instinkte gehören zusammen: der instinktive Glaube an die eigene Persönlichkeit und der instinktive Glaube an die Existenz der Außendinge. Ich würde mit der Welt verschwinden. Und die Welt würde mit mir verschwinden. Subjekt und Objekt gehören zusammen, sind Korrelatbegriffe wie rechts und links. Die beide doch auch nicht *sind*. Substanz ist nur ein anderer Ausdruck für den Seinsbegriff; und Substanz ist, wenn wir uns besinnen, ebenso unvorstellbar wie Sein. Wir sagen, daß etwas *sei*, wenn wir es wahrnehmen oder (oder und) den Glauben haben, es irgendwo und irgendwann wahrnehmen zu können. Wenn etwas so und so aussieht, so und so klingt, so und so riecht, sich so und so anfühlt, dann gehört es zu unserer Sinnenwelt, dann existiert es. Nur daß wir für die Summe unserer Sinneseindrücke keinen Sinn haben. Darum existiert das Ding an sich auch nicht, nicht für uns. Es hat keine Relation zu uns. Wollte man das Sein streng definieren, so müßte man zu einem sinnlosen Widerspruch greifen: es ist die *absolute Relation*. Und so sauber steht die philosophische Terminologie zur Verfügung, daß ein anderer (Herbart hat es getan) mit dieser Definition jonglieren könnte.

Ich habe nun so Blatt für Blatt von einem Scheinbegriff entfernt und bin endlich anstatt zum Kern oder zum Keim zu einem Hohlraum gelangt; das hübsche Wort hat sich also als eine künstliche Blüte erwiesen. Wieder einmal. Auch der Seinsbegriff im sog. Existenzialurteil ist ein Nichts. Ist ein alter Sprachgebrauch, den uns die Scholastik hinterlassen hat. Sie hat den leeren Seinsbegriff der Kopula zu diesem Zwecke verhärtet, mußte den Existenzialbegriff wohl bilden, um die Frage nach der Existenz Gottes beantworten zu können. Wenn wir diesen Existenzialurteilen furchtlos auf den Grund gehen, so entdecken wir, was uns nicht überraschen darf. Was da irgend existiert, das ist ein Wort: Gott, der Centaur, der Pegasus, die Atlantis, das Einhorn. Ein Wort, meinetwegen ein Begriff. Und die Behauptung der Existenz ist nur dann feierlich und sachlich, wenn wir heimlich an den Berichten über solche Abenteuer gezweifelt haben. Genau genommen ist die Frage nach der Existenz immer nur die sprachliche Frage: verbinden wir mit dem Worte einen Sinn oder nicht. In ein Reallexikon gehören die Existenzialurteile und nicht in die Philosophie. Sigwart (Logik II. Aufl. I. 127) sagt: „In dem Verbum *sein* liegt ursprünglich die reale Existenz.“ Nein. Die reale Existenz ist dem leeren Seinsbegriff, dem Instinkt der Realität, aufgelastet worden durch den labor improbus der Scholastiker, problematischen Worten Realität beizulegen. Was fraglos ist, dessen Existenz wird nicht erst behauptet. Das Sein, das in Frage steht, wird rechthaberisch betont, wird trotzig unterstrichen. „Gott *ist*“. Die bloße Kopula ist unbetont. Man kann allgemein sagen: in unzweifelhaften, also nach unserm Sprachgebrauch wahren Urteilen hat das Sein so gut wie keinen Ton (N. ist tot), in angezweifelten und unwahrscheinlichen Urteilen wird das Sein stark betont und dadurch zur Würde der Existenz erhoben (Gott *ist*, die Person Tell *existierte*).

Der unbestechliche Jacob Grimm hat einmal (D. G. I.[2] 22) bemerkt, die

Betonung (der deutschen Vorsilben) schwanke „nach noch unerforschten Gesetzen und Gewohnheiten.“ Dazu möchte ich eine Analogie beibringen, die wohl einer weitern Untersuchung wert wäre. Wir haben (und nicht nur im Deutschen) einige Adjektive, welche den höchsten Kategorien angehören und dennoch in einer gewissen Anwendung, die dem Seinsbegriff im Existenzialurteile nahe entpricht, ihren sonst starken Ton verlieren. „Das ist mein *ganzes* Vermögen“ will sagen: mein gesamtes Vermögen. Ein bescheidener, armer Teufel, der 100 Mark geschenkt bekommt, mag aber wohl ausrufen: „das ist ein ganzes *Vermögen*“, d. h. es ist *kein* Vermögen, aber ich soll und will es aus Höflichkeit so *nennen*. „Er ist ein wahrer *Riese*“ will sagen: er ist *kein* Riese, es gibt überhaupt keine Riesen, ich will aber den im Sprachgebrauch vorhandenen Riesenbegriff auf ihn anwenden, weil er recht stark oder recht lang ist. Ähnlich wird im Deutschen das Wort *förmlich* unbetont gelassen, wenn das Substantiv *nicht* wörtlich gemeint ist; man sagt von einer Prügelei, „das ist eine förmliche *Schlacht*“. Von diesen Worten ist *wahr* das seltsamste; wenn das Urteil, das durch das Attribut ausgedrückt werden könnte, offenbar falsch ist, nur ein Bild ist, dann wird die Bildlichkeit durch Tonlosigkeit ausgedrückt. Wenn der Sprachgebrauch so logisch wäre wie er nicht ist, so hätte auch das Sein des Existenzialbegriffs (Gott ist) tonlos werden müssen. (Vgl. Art. *Wahrheit.*)

Selbstbeherrschung. — Die Tugend der Tugenden. „Sie ist die Grundbedingung aller moralischen Tüchtigkeit, im besonderen die allgemeine Grundform der individualistischen Tugenden“ (Paulsen, Ethik [2] S. 397). Dann aber ist für Paulsen dieselbe Selbstbeherrschung auch wieder eine Pflicht (und Pflicht ist doch noch nicht Tugend) und endlich eine Kunst: „Die große Lebenskunst, dem Morgen das Heute zu opfern.“

Über das, was hinter all diesen Moralpredigten steckt, dürfte es einen Streit kaum geben. Mäßigkeit ist rätlich. Unvernunft ist unvernünftig.

Darauf läuft es nämlich hinaus, daß der Mensch sich durch seine Vernunft vom Tiere unterscheide und darum nach Gottes Willen oder um Gotteswillen die Vernunft über die tierischen Triebe herrschen lassen müsse. Nur daß die unvernünftigen Tiere nicht unmäßig sind.

Darauf läuft es hinaus, herauszubekommen, welche von den Seelen des Menschen der Mensch selbst sei: die vernünftige Seele, die begehrende Seele oder gar die vegetative Seele. Nach der Bildung des Wortes Selbstbeherrschung (*sein selbes Beherrschung*, *selbst* ist ein erstarrter Genitiv mit einem unorganisch hinzugefügten *t*) scheint es aber fast, als ob der Wortschöpfer das Wesen des Menschen, sein eigentliches Ich oder Selbst in den tierischen Trieben gesehen hätte, welche von der Vernunft, wieder dem eigentlichen Selbst, zu beherrschen wären. Wonach also der Mensch mindestens zwei *Selbste* hätte.

Diese unselige Zerspaltung der einen Welt in zwei Welten, der wir immer begegnen, ist an den psychologischen Begriffen, deren Bezeichnung mit *selbst* anfängt, besonders auffallend. Auch die realen Handlungsbegriffe, wie Selbstmord, zeigen etwas von Zwiespältigkeit; ich töte mich selbst; die Handlung wäre gar nicht möglich, wenn nicht zwischen dem Mittel (Sprung ins Wasser, Trinken des Gifts, Abdrücken der Pistole) und dem Zweck eine Zeitdifferenz wäre; aber bei der Handlung des Selbstmordes fehlt dem zweiten Selbst die Vorstellung, daß es das eigentliche, das wesentliche Selbst sei; nur im kirchlichen Sinne könnte man etwa sagen: der Selbstmörder vernichtet sein Selbst.

Reden wir aber von Selbsterkenntnis, Selbstbeherrschung u. dergl., so zerspalten wir die eine und unteilbare Seele in zwei Seelen, in ein Subjekt und ein Objekt, und es hängt völlig von unserer Betrachtungsweise ab, welche von den beiden Seelen subjektiv und welche objektiv ausfallen soll.

Selbstmord. — Die Frage, ob der Selbstmord erlaubt sei oder nicht, ist in einem so hohen Grade dumm, daß jeder Versuch einer Beantwortung dumm werden muß. Man könnte mit gleichem Rechte fragen, ob eine Eiche erlaubt sei. Und hält man den Selbstmord für etwas Seltenes, einen Fall gegen die Regel, so mag man mit gleichem Rechte fragen: ob ein Kalb mit sechs Füßen erlaubt sei. Und stellt man mir entgegen, daß der Selbstmord kein Naturprodukt sei, sondern eine menschliche Handlung, so frage ich zunächst, ob menschliche Handlungen nicht unter die Äußerungen der lebenden Natur fallen, und frage sodann, ob Fortpflanzung, ob Keuschheit, ob Weingenuß, ob Abstinenz erlaubt sei. Von wem erlaubt? Von Gott? Vom Gesetz?

Eine andere Frage wäre ernsthaft zu stellen: *wie* ist Selbstmord möglich? Welches Motiv kann stärker sein als der Instinkt der Selbsterhaltung, der bei der Masse der Menschen mit dem Leben, dem Ichgefühl oder Bewußtsein zusammenfällt.

Der Mensch ist zum Selbstmorde fähig, weil bei ihm bewußtere Motive stärker werden können als der Instinkt der Selbsterhaltung. Aber es ist nicht ganz richtig, wenn man den Tieren die Fähigkeit zum Selbstmorde abspricht. Nehmen wir zuerst einen extremen und erfundenen Fall.

Eine Katze, die im Wasser unweigerlich ersaufen würde, klammert sich an die Steine einer senkrechten Ufermauer. Von allen Seiten nähern sich ihr Menschen oder Gespenster mit glühenden Eisenstangen. Die glühenden Stangen sind so dicht aneinander, daß die Katze weder darüber noch daneben, noch zwischen ihnen durch entschlüpfen kann. Nun bringen die Menschen oder Gespenster die Glut näher und näher an die Katze heran. Die Katze wird nicht gestoßen, nicht gebrannt. Sie wird nur näher und näher an den

Rand der Mauer gedrängt. Und wer kann sagen, ob sie im letzten Augenblicke mit freiem und bewußtem Willen losgelassen hat oder nicht.

Man wird mir eine Nutzanwendung auf den menschlichen Selbstmord erlassen. Aber auch der mittelbare Selbstmord der Tiere ließe sich unter das Schema dieser Katze bringen: der Vogel, der im Jammer um seine Jungen den Feind vom Neste ablockt und so zum Opfer fällt; das gefangene Tier, das in Todesangst sich ein Glied ausreißt und als Krüppel zugrunde geht; das Tier, das in der Hungersqual Nahrung zu sich nimmt, die den Tod herbeiführt. Wie bei der Katze des Schemas, ist der stärkere Instinkt der, einem höchst positiven Schmerze zu entgehen, auf jede Gefahr.

Da ist es nun merkwürdig, daß die Natur des Menschen, ohne Willensakt und ohne Bewußtsein, ein Schutzmittel gegen übergroßen Schmerz gebildet hat. Stürmt auf den Menschen ein unerträglicher Schmerz ein, ein Schmerz, den die Lebenskraft nicht ertragen kann, so schützt sich die Natur durch plötzlichen *Tod* oder durch den Scheintod, der in diesem Falle *Ohnmacht* heißt.

Ist der Tod als Folge der Krankheiten — durch Erstickung, wie oft bei Diphtherie, durch eine Art Vergiftung, wie bei Cholera usw. — nicht auch so eine Flucht vor einer unerträglichen Schädigung? Ist der natürliche Tod, der allein diesen Namen verdient, der Alterstod, nicht ebenfalls eine Resignation der letzten Lebenskraft, die eher verhungert als sich mit elenden Surrogaten des Stoffwechsels zu begnügen? Gibt es also nicht Übergänge zwischen dem Selbstmorde und dem Tode?

Und weil der sogenannte Selbstmord doch auch kein unnatürlicher Tod ist, weil es immer natürlich zugeht — dieweil der Mensch eben im Leben wie im Sterben immer mit zu der Natur gehört —, darum bin ich geneigt, den neuen, nicht ganz einwandfrei gebildeten Ausdruck *Freitod* — im D.W. noch nicht gebucht — dem ältern und an die Sprache des Strafrechts erinnernden Worte *Selbstmord* vorzuziehen. *Selbstmord* ist bei uns erst seit dem 17. Jahrhundert, seit Harsdörffer, gebräuchlich; franz. *suicide* (noch neuer das schlecht gebildete, pleonastische, zweimal reflektierte *se sui*cider) gar erst seit dem 18. Jahrhundert; noch Jean Paul konnte die Umformung *Selbermord* wagen; immer knüpft die Vorstellung an die des Verbrechens an, wie es denn im Französischen bis nach der Mitte des 18. Jahrhunderts *homicide de soi-même* hieß. *Freitod* erinnert mich, wie *Freitreppe*, *Freistatt*, an etwas, das ins Freie führt, das Freiheit gewährt.

sogenannt. — Ein Pedant könnte an mich die Forderung stellen, kein einziges Wort meiner Sprache in meiner Darstellung zu gebrauchen, ohne daß es zwischen Anführungszeichen gesetzt würde oder durch Voranstellung des Warnungszeichens *sogenannt* (Lehnübersetzung von *sic dictus*) verdächtig gemacht. Wie ein pedantischer Apotheker auf jede Arznei das Zeichen des Giftes kleben müßte, weil doch jede Arznei bei falscher Anwendung schaden könnte. Es hat auch nicht an Leuten gefehlt, die durch das Studium oder das Anblättern meiner „Kritik der Sprache" so pedantisch geworden waren, daß sie mir einen Vorwurf daraus machten, Sprachkritik mit den Mitteln der Sprache zu treiben. Ich muß beide Vorwürfe im Prinzip als berechtigt anerkennen. Ich hätte schweigen können oder ich hätte vor fast jedes Wort *sogenannt* setzen können; vor fast jedes Wort, denn eigentlich sind nur die Eigennamen und die Zahlwörter keine Begriffe und die Begriffe sind fast niemals eindeutig und fest umschrieben. Ich muß gestehen, daß ich viele Wörter, deren Inhalt ich als einen Scheinbegriff nachzuweisen gesucht habe (Ich, Seele, Bewußtsein usw.), in anderem Zusammenhange wieder bequem gebrauchte. Aber nicht nur die Gemeinsprache, auch die wissenschaftliche Sprache ist etwas *zwischen den Menschen;* nur zwischen den *Menschen*, denn wir gebrauchen z. B. die Wörter *Pflicht* und *Recht* nicht, sobald wir von unsern Hunden oder Pferden etwas verlangen. Aber ich meine doch, die Darstellung wäre etwas schwerfällig geworden, wenn ich jedem Substantiv, Adjektiv und Verbum, jedem Artikel und jeder Partikel ein vorsichtiges *sogenannt* vorausgestellt hätte. Ich hätte ebenso gut schweigen können. Aber mein sogenanntes Ich wollte sozusagen meine sogenannten Ideen den sogenannten Menschen sozusagen mitteilen.

sollen.

I.

Sollen ist mit seiner ganzen etymologischen Sippe *(Schuld, I shall)* und mit seiner begrifflichen *(Pflicht, Gebot, Moralgesetz, kategorischer Imperativ, devoir, dovere, duty* usw.) eins der wunderlichsten Worte, im Deutschen sowohl wie in den andern modernen Kultursprachen. Christlich ist der Begriff und wohl gewiß aus der modernen Übersetzung des Dekalogs hergekommen, der im hebräischen Original und in der Vulgata in der Form ausgedrückt war, die man, wenn man kein Schulbub ist, Imperativ, Optativ oder Futurum nennen kann. Der französische Dekalog gebraucht einfach das Futurum: tu ne tueras usw. Aber so verchristlicht ist unsere Zeit auch noch unter der Führerschaft atheistischer Denker geblieben, daß die Moral oder die Wertlehre vom menschlichen Handeln ohne den Begriff des Sollens nicht glaubt auskommen zu können. *Ich soll* gilt heute noch als das Urphänomen, das darum auf nichts anderes zurückgeführt werden kann. So wie seit Descartes das cogito für das Urphänomen des Denkens galt. Wobei nicht übersehen werden sollte, daß cogito ebensowenig wie *ich soll*, *du sollst* ursprünglich ein Urteil enthält (erst der Logiker schiebt ein Urteil hinein), daß also die Logik mit solchen sprachlichen Menschenbeziehungen eigentlich nichts anfangen kann. Davon später mehr.

Ich will nun zeigen, daß die wortgeschichtliche Untersuchung des Sollbegriffs unweigerlich zu der nihilistischen Überzeugung führt, es stecke hinter diesem Begriffe überhaupt nur eine unklare Metapher und gar keine greifbare Vorstellung; ich will weiter ohne jedes Vorurteil untersuchen, ob unabhängig von der Wortgeschichte das *Sollen* etwa psychologisch einen Sinn habe, wie wir doch ohne Zweifel etwas wie *Wollen* in unserem sog. Selbstbewußtsein vorfinden. Bei dieser Bemühung wird es besonders schwer sein, die Begriffe zu definieren, weil sie zu den alleralltäglichsten Worten gehören und im Sprachgebrauche (aller modernen Kultursprachen) bald als Korrelatbegriffe auftreten, bald wieder als Gegensätze und endlich sogar als Synonyme.

Das Durcheinander des Sprachgebrauchs rührt hier, wie so oft, davon her, daß Worte aus ganz getrennten und widersprechenden Gedankengängen, aus entlegenen Wissenschaften oder Scheinwissenschaften im Laufe der Jahrhunderte in die Gemeinsprache aufgenommen wurden und sich da, nach Verlust ihrer prägnanten Bedeutung miteinander vertragen lernten. Ein Beispiel. *Sollen* gehört von Hause aus der Theologie an, bedeutet eine Verpflichtung oder *Verschuldung* des Menschen gegen Gott; „du schuldest, nicht zu töten", hätte das soundsovielte Gebot im Geiste der althochdeutschen Sprache heißen können; und wieder bei anderer Entwicklung der Sprache hätte Schiller vielleicht seinen Satz so geformt, „der Übel größtes aber ist *das Sollen*." Dagegen aber gehört das *Wollen* völlig in das Gebiet der psychologischen Selbstbeobachtung; und weil Selbstbeobachtung oder Psychologie wohl in der Natur des Menschen liegt, christliche Theologie jedoch eine zufällige Erscheinung der Menschengeschichte ist, so brauchte der leidige Gegensatz von *wollen* und *sollen* durchaus nicht in das Sprechen oder Denken des Menschen hineinzugehören. Das *Sollen* ist aber wiederum ein etwas schwächeres *Müssen;* der Begriff *müssen* gehört aber als Notwendigkeit in das Gebiet der Logik, die mit der Theologie gar nichts und mit der Psychologie alles oder nichts zu schaffen hat. Aus den unklaren Worten der Gemeinsprache baut dann aber die Moral ihre Sätze und gelangt schließlich zu Ungeheuerlichkeiten, wie „ich soll wollen" oder gar „ich muß wollen sollen". Es wäre nicht schwer, Kants Lehre vom kategorischen Imperativ oder dem unbedingten Sollen in solche Formeln zu fassen.

Die Konfusion geht noch weiter. Ich habe schon erwähnt, daß die zehn Gebote der Form nach als Optativ, als Imperativ oder als Futurum aufgefaßt werden können. Es heißt: Mos. II, 5, 17—19: non occides, neque moechaberis, furtumque non facies. Das Futurum spricht von Vorgängen, die man erwartet. Hat man ein Recht dazu, sie zu erwarten, so befiehlt man sie. So sind die Handlungen, die diese Vorgänge herbeiführen, eine Pflicht dessen, der zu gehorchen hat. *Pflicht* ist von *pflegen* abgeleitet; und *pflegen* gebrauchen wir am häufigsten, wenn wir von einer Gewohnheit oder einer Regelmäßigkeit reden, die uns das Eintreffen eines Vorgangs wieder erwarten läßt. Nicht mit Notwendigkeit. Das starre Wort *Pflicht* hängt also sprachlich mit einem ungewissen Futurum zusammen. Und ganz ähnlich ist der starre *Soll*begriff, das Urphänomen der sogenannten Moral, in der Gemeinsprache herabgesunken zu der Redensart für etwas, was man nicht bestimmt weiß: „N. N. *soll* krank sein.“ So können durch das eine Wort *sollen* Vorstellungen ausgedrückt werden, die auf dem Gebiete der Logik zwischen der sichersten Wahrheit und der äußersten Unsicherheit schwanken, auf dem Gebiete der Moral gar zwischen den Gegensätzen Freiheit und Notwendigkeit.

II.

Pflicht ist ein christlicher Begriff, den das Altertum in solcher Erhabenheit gar nicht kannte. Erst der Stoa waren Handlungen bekannt, die man tat, weil sie schicklich waren (*καϑηκον*) oder gar das einzig Richtige (*κατορϑωμα*). Das Christentum unterschied zwar Pflichten gegen sich selbst, gegen den Nebenmenschen und gegen Gott, aber im Grunde waren alle diese Pflichten von einer höhern Gewalt auferlegt, vom allmächtigen Gott, der seine Gebote und Verbote durch furchtbare Strafen und lockende Belohnungen durchsetzen konnte. Als der Glaube an diese äußere Verpflichtung zu schwinden begann, schien durch Humanismus und Materialismus die Moral oder die Pflichtenlehre sich lockern zu wollen. Da trat der Mann auf, der untheologisch das Pflichtgefühl in der Tiefe seines Gemüts vorfand („was Pflicht ist, bietet sich jedem von selbst dar“), der seine deutschen Zeitgenossen mit seinem Pflichtbegriff berauschte, wie nur je ein Religionsstifter mit der Anschauung Gottes berauscht hat, und der für seinen Pflichtbegriff poetische Töne fand, die seiner Sprache sonst wahrhaftig fremd waren: Kant. Die Stelle, mit der der „Beschluß“ der praktischen Vernunft beginnt, ist oft zitiert worden: „Zwei Dinge erfüllen das Gemüt mit immer neuer und zunehmender Bewunderung und Ehrfurcht, je öfter und anhaltender sich das Nachdenken damit beschäftigt: der *bestirnte Himmel über mir* und *das moralische Gesetz in mir*.“ Und fast noch dichterischer (154f.): „Pflicht! du erhabener, großer Name, der du nichts Beliebtes, was Einschmeichelung bei sich führt, in dir fassest, sondern Unterwerfung verlangst, doch auch nichts drohest, was natürliche Abneigung im Gemüte erregte und schreckte, um den Willen zu bewegen, sondern bloß ein Gesetz aufstellst, welches von selbst im Gemüte Eingang findet, und doch sich selbst wider Willen, Verehrung (wenngleich nicht immer Befolgung) erwirbt, vor dem alle Neigungen verstummen, wenn sie gleich im Geheim ihm entgegenwirken, welches ist der deiner würdige Ursprung, und wo findet man die Wurzel deiner edlen Abkunft, welche alle Verwandtschaft mit Neigungen stolz ausschlägt, und von welcher Wurzel abzustammen, die unnachlaßliche Bedingung desjenigen Werts ist, den sich Menschen allein selbst geben können?“

„Es kann nichts Minderes sein, als was den Menschen über sich selbst ... erhebt, was ihn an eine Ordnung der Dinge knüpft, die nur der Verstand denken kann ... Es ist nichts anders als die *Persönlichkeit*, d. i. die Freiheit und Unabhängigkeit von dem Mechanism der ganzen Natur ...; da es denn nicht zu verwundern ist, wenn der Mensch, als zu beiden Welten gehörig, sein eigenes Wesen, in Beziehung auf seine zweite und höchste Bestimmung, nicht anders, als mit Verehrung und die Gesetze derselben mit der höchsten Achtung betrachten muß ... Das moralische Gesetz ist heilig" (Prakt. Vern.[2] 154 f.).

An einer anderen Stelle (Ü. d. Deutlichkeit d. Grundsätze § 2) drückt sich Kant über die zweifache Bedeutung des Sollbegriffs philosophischer aus. „Ich *soll* entweder etwas tun (als ein *Mittel*), wenn ich etwas anderes (als einen *Zweck*) will; oder ich *soll unmittelbar* etwas anderes [„anderes" ist wohl ein Lapsus des Drucks und sollte getilgt werden] (als einen Zweck) *tun* und wirklich machen." Und der ganze Tiefsinn Kants, der ihn befähigte über seiner eigenen moralischen Verstiegenheit zu stehen, ist vielleicht verborgen in einem Satze der Grundlegung z. Metaph. d. Sitten: „Das moralische Sollen ist also eigenes notwendiges Wollen als Gliedes einer intelligibeln Welt und wird nur sofern von ihm als Sollen gedacht, als es sich zugleich wie ein Glied der Sinnenwelt betrachtet."

In der Gefolgschaft Kants finden wir die großen sittlichen Charaktere der Dichter (bei Schiller und auch bei Kleist), finden wir den kategorischen Imperativ der Pflicht, wie er in Fichte und in einigen Führern der Freiheitskriege lebendig wird. Max Piccolomini wird das Ideal eines Helden. In der Prosa der Moralprediger und in der Moralphilosophie der folgenden Zeit sinkt dieser fast religiöse Aufschwung Kants zur hohlen Phrase hinunter. Ein Engländer, der von Locke und Hume abgefallen ist, Bentham, schreibt eine *Deontologie*. Das christliche Verhältnis zu Gott ist nicht mehr vorhanden, der Altruismus ist noch nicht entdeckt, es steht dem *Verpflichteten* kein *Berechtigter* gegenüber, und so wird die Pflichtenlehre zu einem leeren Gerede. Selbst Fichte, wo er nicht ins Leben eingreift, stellt unmögliche Forderungen auf. Die Außenwelt sei nur das versinnbildlichte Material unserer Pflicht; die Pflicht sei der Zweck des Lebens. Und Schleiermacher, der gute und milde, findet das Pfaffenwort: „Handle in jedem Augenblick mit der ganzen sittlichen Kraft und die ganze sittliche Aufgabe anstrebend." In jedem Augenblick! Der edelste Mensch müßte zum Schuft werden vor einer solchen Pflichtenlehre.

Schopenhauer war der erste, der den schreienden Widerspruch in dem unbedingten Sollen, dem kategorischen Imperativ, bei Kant tadelte. Ein unbedingtes Soll sei ein Szepter aus hölzernem Eisen. „Denn im Begriff Sollen liegt durchaus und wesentlich die Rücksicht auf angedrohte Strafe oder versprochene Belohnung, als notwendige Bedingung, und ist nicht von ihm zu trennen, ohne ihn selbst aufzugeben und ihm alle Bedeutung zu nehmen: daher ist ein unbedingtes Soll eine contradictio in adjecto" (W. a. W. u. V. I, 620). Mit seinem feinen Sprachgefühl hat aber Schopenhauer zwischen den Begriffen *Sollen* und *Pflicht* unterschieden und hat damit dem gemeinen Sprachgebrauche, dem ja auch die moralischen Vorstellungen Kants entnommen waren, sein Recht gegeben. Er sagt (Grundprobl. d. Eth. 124): „Wie alles *Sollen* schlechterdings an eine Bedingung gebunden ist, so auch alle *Pflicht*. Denn beide Begriffe sind sich sehr nahe verwandt und beinahe identisch. Der einzige Unterschied zwischen ihnen möchte sein, daß *Sollen überhaupt* auch auf bloßem Zwange beruhen kann, *Pflicht* hingegen Verpflichtung, d. h. Übernahme der Pflicht, voraussetzt . . . Eben weil Keiner eine Pflicht unentgeltlich übernimmt, gibt jede Pflicht auch ein Recht."

Dieser fast juristische Begriff der Pflicht machte sich im Laufe der letzten 100 Jahre immer mehr geltend. Das Sollen wurde (und die Etymologie hatte nichts dagegen) zu einem Schuldverhältnis; wo kein Gläubiger war, da war auch kein Schuldner, kein *Soller*. Die Pflicht wurde ein Zwang, ein lästiger Zwang, nachdem sie bei Kant so etwas wie das höchste Gut gewesen war, das Glück. Noch Simmel lehrt (Einl. i. d. Moralwissensch. 173): „Das Gefühl verpflichtet zu sein, entsteht zweifellos zu allererst aus dem Zwange, den ein Einzelner oder eine Gesamtheit auf das Individuum ausübt." Kaum stärker kann sich der Gegensatz zwischen Kant und unserer Zeit äußern als darin, daß Kant die Persönlichkeit in der Freiheit von dem Mechanismus der ganzen Natur erblickte, in der Möglichkeit einer höheren Ordnung der Dinge anzugehören, daß die Gegenwart die Persönlichkeit verherrlicht als Natur, als Freiheit von der höheren Ordnung der Dinge. Nicht nur der Übermensch, sondern auch der Adelsmensch haßt den Zwang, muß die Pflicht hassen. Ibsen, dessen literarische Vertreter fast noch heftiger als er das *Sollen* aus der Ästhetik des Dramas und aus der Moral der Handlung und der Charaktere hinausgeworfen haben, ist sogar auf den Wortlaut Pflicht (noch spitziger *pligt* im Dänischen) böse. Aline, die Frau des Baumeisters Solneß, redet jedesmal von ihrer Pflicht, wo sie eine Herzenshöflichkeit ausübt oder etwas Selbstverständliches. Und die ganz moderne Hilde Wangel sagt darauf zum Baumeister: „Ich kann das häßliche, eklige Wort nicht ausstehen! . . . Weil es sich so kalt und spitz und stechend anhört. Pflicht — Pflicht — Pflicht. Finden *Sie* nicht auch? daß es einen sozusagen sticht?" (Im Original: . . . „for det høres så koldt og spidst og stikkende. Pligt — pligt — pligt. Findes ikke *Se* også det? At det ligesom stikker en?") Man hätte die Stelle so gut nicht ins Englische, Französische oder Italienische übersetzen können. *Duty*, *devoir*, *dovere* sticht nicht.

Der Haß gegen den Zwang hat

aber, wie mir scheinen will, das Gefühl des Sollens nicht aus der Welt geschafft. Und in der Zeit, die die Umwertung der Persönlichkeit von Kant bis Ibsen vollzog, hat sich auch der neue Gläubiger für den alten Schuldner eingestellt, der Neuberechtigte gegenüber dem Verpflichteten. Das alte Werturteil, das immer im Sollen steckte, strebte nach einer neuen Währung. Auf ein *Sollen*, auf eine *Pflicht* hatte im Altertum nur das Herkommen oder die Sitte ein Recht gegeben; die christliche Zeit leitete dieses Recht von Gott ab und die Aufklärung war noch so christlich, daß sie das Pflichtgefühl vergottete; jetzt, seitdem wir bewußt sozial empfinden, stellt sich dem egoistischen und „unbedingten“ Wollen des Individuums das Recht der Gesamtheit gegenüber, das Recht auf ein sozial empfundenes Sollen. Der soziale Staat möchte das Wollen des Individuums fast noch stärker zwingen, als der theokratische Staat es je gewagt hat. Aber die Bindung, die *Obligation* durch das Wort Gottes, konnte sich auf ein Dogma berufen. Die Bindung des egoistischen Wollens durch ein altruistisches oder soziales Sollen ist entweder selbst wieder dogmatisch oder hat die Wahl, sich für ihre Forderung auf die Geschichte oder auf das Wesen des Menschen zu berufen. Das alte Dogma durch ein neues Dogma ersetzen zu wollen, das wäre unanständig. So bleibt uns nichts übrig, als entweder den Sollbegriff nur wortgeschichtlich abzuleiten oder zu behaupten, daß der Mensch das Gefühl eines Sollens habe, so unabweisbar, wie er ein Gefühl seines Wollens hat. Die historische Behandlung könnte freilich auch die Sollgefühle *Gewissen* und *Reue* in ihrer Bedeutung abschwächen.

III.

Der Sinn der griechischen Ausdrücke, die noch nicht Termini waren, ist schon gestreift worden. In ihrer Muttersprache nannten die Griechen *Pflicht*, was wir ungefähr das Herkömmliche, das Schickliche nennen würden. Erst die Stoiker, in allen moralischen Dingen die Vorläufer unserer Banalität, gaben sich Mühe, das pflichtgemäße Handeln als ein vernunftgemäßes (κατα λογον) zu erklären; das ganz vollkommen Schickliche, das Cicero *perfectum officium* nennt, hieß das Richtige (κατορθωμα); und ich mache weiter darauf aufmerksam, wie seltsam da das *Richtige* zum Synonym der *Pflicht* wird, während sonst das *Recht* oder das Gerade zum Korrelat der Pflicht geworden ist.

Die Römer, die ihre wohlfeile Philosophie besonders reichlich von den Stoikern borgten, haben die Begriffe Pflicht und Recht bekanntlich für die Jurisprudenz gründlich ausgebildet. Die römische Moral übernahm die juristischen Begriffe. Und weil man für die römische Welt *juristisch* fast immer durch *kaufmännisch* übersetzen kann, so ist auch die römische Moral in Sprache und Vorstellung kaufmännisch genug. Ich brauche nicht erst zu sagen, daß diese kaufmännischen Begriffe und Vorstellungen in die christliche Moral mit hinübergenommen wurden. Wir sollten die betreffenden griechischen Worte gar nicht mit *Sollen* oder *Pflicht* übersetzen. Erst die römische juristisch-kaufmännische Moral erfand das *Schuld*verhältnis zwischen dem Verpflichteten und dem Berechtigten. Es trifft sich ganz hübsch, daß dieses Korrelatverhältnis zwischen Gläubiger und Schuldner in der alten Form und mit dem moralischen Sollbegriff heute noch in den Geschäftsbüchern der Kaufleute üblich ist. *Soll* und *Haben*. *Debet* und *Credit*. Der Zufall wird noch hübscher dadurch, daß *debere* aus einem alten *dehabere* zusammengezogen ist. *Soll* ist natürlich eine Lehnübersetzung von *debet*, so daß (was ich freilich nirgends vorgefunden habe) der alte Gegensatz *habet* und *debet* gelautet haben muß.

Debere, *debitum* ist mit leichtem Bedeutungswandel zu *dovere*, *devoir*, *duty*, *dette*, *debt* usw. geworden; das Schuldverhältnis war überall wie selbstverständlich mitverstanden. Die germanischen Sprachen schufen sich eigene Worte. *Pflicht* ist trotz aller Bemühungen nach seiner Herkunft nicht sicher erklärt.

Unsicher ist, ob *pflegen* ein Lehnwort sei, ob ein Lehnwort aus dem Romanischen, unsicher scheint mir sogar, ob *Pflicht* in seinen alten und neuen Bedeutungen von dem gleichen *pflegen* abzuleiten sei. Man hat *pflegen* an *plicare* angelehnt, ohne überzeugen zu können (spanisch: *llegar*). Wie sollte *plicare*, *falten* zu der Bedeutung *nähern* gekommen sein? Altfranz. *pleige*, engl. *pledge*, ja selbst engl. *play* (vom altengl. *plegian*) stammt, weil überall die Bedeutung *Pfand* zugrunde liegt, wohl gewiß vom mittellat. *plegium*, wovon es eine reiche Wortfamilie gibt, auch Verben wie *plegiare*, *plevire*, die immer etwa *garantieren* bedeuten. (Unsere dogmatische Sprachwissenschaft wird nicht zugeben, daß *plegium* irgendwie aus *obligatio* verhunzt worden sein könnte.) Von den beiden Bedeutungen, die jetzt von *pflegen* vorhanden sind, ließe sich zur Not *Fürsorge tragen*, schwerlich aber *die Gewohnheit haben* mit *Pfand* in Zusammenhang bringen, obgleich zu beachten wäre, daß gerade im Mittelalter *pflegen* (mit dem Genitiv unzähliger Abstrakta: Angst, Armut, Ehre, Jammer, Minne, Sorge, Streit, Weinen usw.) längst zu einem sogenannten Hilfsverbum geworden war und somit viel von dem sinnlichen Inhalt verloren hatte.

Mit einem *pflegen*, das diesem Hilfsverbum vorausgegangen war und ganz unbestimmt *mit etwas zu tun haben* bedeutete, hängt ein mittelhochdeutsches *Pflicht* zusammen, das äußere Teilnahme (nicht moralische), Gemeinschaft, Umgang (auch fleischlichen) ausdrückt: ze pflihte geben, copulare (Notker); des lasters nahm er pflihte, er kopulierte sich mit dem Schimpfe, war mit Schmähungen ganz vertraut (Parzival). Das D. W. leitet aus diesem Begriff des Umgangs noch die Bedeutungen der *Sorge* und der Art und Weise, der *Gewohnheit* ab; wie aber die rechtliche und moralische Gebundenheit, die *Verpflichtung* davon herstammen soll, ist mit so logischer Gradlinigkeit nicht zu erklären. Irgendwie muß der juristische *Pfand*begriff vom Auslande her oder aus älterer Zeit mit angeklungen haben, da im 16. Jahrhundert (nicht früher) *Pflicht*, *Verpflichtung* die *Obligation*, die *Gebundenheit* an ein Gebot (Gottes, der Vernunft, der Sitte) zu bezeichnen anfing und zugleich das Gefühl für diese Gebundenheit, die Abhängigkeit von einem Gewissen. Wir haben gesehen, zu welchem Ansehen dieser neue Pflichtbegriff durch und nach Kant gelangte, bei Philosophen, Traktätleinschreibern und preußischen Unteroffizieren. Es ist aber bezeichnend für das Wort, daß es über den Kreis der Gebildetheit kaum herausdrang; volkstümlich ist *Pflicht* nicht geworden; es wäre unsäglich geziert, anstatt „was soll ich tun?" oder „was bin ich schuldig?" zu fragen: „was ist meine Pflicht?" Gebraucht man das Wort und ist dabei nicht vom Kirchenjargon beeinflußt, so erklärt man es durch Tautologie: *Pflicht und Schuldigkeit.*

Auch die Herkunft von *sollen* ist nicht völlig sichergestellt. Aber eine fast künstlerisch schöne Vermutung Grimms sollte ohne zwingende Not nicht wieder aufgegeben werden. Grimm sieht in unserem *sollen*, dem got. *skulan*, ein Präteritopräsens von einem verloren gegangenen echten Präsens *skelan*, das *schlachten*, töten bedeutet haben muß. Wie nun in so vielen Sprachen *ich weiß* gleich ist *ich habe gesehen*, so mag das Präteritum *ich habe getötet* die Präsensbedeutung angenommen haben *ich bin zu Wehrgeld verpflichtet*, ich bin *schuldig*. Dazu stellt Grimm sogar *schelten* = seiner Schuld zeihen. Ferner: *mag* = ich habe gezeugt, ich vermag. Auch griech. „verschobene" Praeterita werden herangezogen. „Hier wird uns ein lichter Blick in das Geheimnis der Sprache gestattet und glückt es mir nicht alle Formen aufzulösen, so soll doch die Notwendigkeit des Verfahrens einleuchten" (Gesch. d. d. Sprache 892 f.).

Auf die sehr interessanten Lautverhältnisse des Stammes *soll* (der in einem schwedischen Dialekt sein sk, der im Alemannischen sein l verliert) gehe ich nicht ein. Für den Bedeutungswandel scheint es mir entscheidend, daß aus dem sehr sinnfälligen und selbständigen Präteritopräsens *ich schulde* (auch wenn Grimms prächtige Vermutung nicht richtig sein sollte, müßte doch irgend eine ähnliche alte Bedeutung vorliegen) das sog. Hilfsverbum *ich soll* werden konnte. Für die starke Vorstellung der Verpflichtung müssen wir jetzt, weil *sollen* so heruntergekommen ist, alte und neue Ersatzworte gebrauchen: *schulden*, *verdanken*, wo man althochdeutsch *sollen* sagte; *officium* hatte *gesolltes Werk* geheißen; auch *gelten* muß für manche Bedeutung von *sollen* eintreten.

Den Übergang zum sog. Hilfsverbum bildet die ungemein häufige Frage „was soll ich?" oder „was soll das und das." Es ist falsch, da überall die Ellipse von *sein*, *werden* usw. anzunehmen. Der ältere Sprachgebrauch verstand aus der Frage schon „was bin ich schuldig"; wie denn Luther noch ausdrücklich sagt (VII. 205 Weim. Ausg.): „der Mensch wird gelehret, was er Gott soll und schuldig ist zu tun und lassen.“ Das angenommene Verhältnis zu Gott machte das Sollen ursprünglich zu einem Müssen; dann wurde jede natürliche und logische Notwendigkeit, aber auch das Schicksal durch sollen ausgedrückt. Will ich aber und soll ich das Verhältnis von sollen und wollen auf die kürzeste Formel bringen, so spricht *wollen* das eigene Wollen aus (mit oder ohne Ahnung seiner Unfreiheit), *sollen* aber immer die Abhängigkeit von einem fremden Willen: dem Willen Gottes, des Schicksals, des Herrn, der öffentlichen Meinung. Sehr merkwürdig und so noch nie betrachtet scheinen mir die Fälle, in denen *sollen* sich durch *wollen* wiedergeben ließe. In Bedingungssätzen (soll ein Bau bestehen = willst du, daß er bestehe) wird gewissermaßen der eigene Wille, eben weil er Bedingung ist, zu einem fremden Willen gemacht. Ganz ähnlich scheint mir *sollen* als Ausdruck eines Wunsches („Gott soll mich bewahren“ drückt *meinen*, dem Herrgott fremden Willen aus) und einer Bitte sich zu verhalten. Sehr schön lehrt das eine Stelle aus den Nibelungen (62, 3); Siegfrid spricht „gütlich“ zu seiner Mutter: „Frouwe, ir *sult* nicht weinen durch den *Willen* min“, um meinetwillen nicht.

Die Redensart, daß sollen ein Hilfsverbum geworden sei, paßt am besten auf den vollkommen eingebürgerten Sprachgebrauch, durch *sollen* ein Gerücht zu bezeichnen. „Der Feind *soll* eine Schlacht verloren haben“ (holl. *moeten*). Man hat schon darauf aufmerksam gemacht, daß dieses *Sollen* ebenfalls ein fremdes Wollen ausdrückt. Man will = man behauptet, on dit. Ich gehe noch weiter und finde in der älteren Verwendung dieses *Sollen* durchaus ein wirkliches *Wollen* dessen, was man das Gerücht melden läßt. Der Wunsch ist der Vater der Aussage. „Der Feind *soll* eine Schlacht verloren haben,“ so hoffen und wünschen wir. „Wir *sollen* eine Schlacht verloren haben“, würde der Patriot von pedantischem Sprachgefühl nicht gern sagen; er darf ja das Wort, das die Ungewißheit ausdrückt, er darf *sollen* nicht betonen, ohne ihm den ursprünglichen Sinn wieder zurückzugeben. Es soll aber nicht geleugnet werden, daß dieses *Sollen* des Gerüchts allmählich verblaßt ist bis zur Mitteilung von Nachrichten, an denen der Sprecher überhaupt kein Willensinteresse mehr hat.

Schulmeisterei nennt *sollen* ein Hilfsverbum in allen Fällen, angefangen von „du *sollst* nicht töten“ bis zum *Sollen* des Gerüchts. In diesem letzten Falle, sobald gar kein Willensinteresse mehr vorhanden ist, könnte man die Bezeichnung gelten lassen; wie der Franzose bei seinem *on dit*, der Böhme bei seinem *prý* fast nur noch das Sprachgefühl von einer Partikel hat.

Hilfsverben in diesem Sinne sind *sein*, *haben*, *werden*, wo sie nicht mehr anders empfunden werden als andere Flexionssilben; wie denn der Franzose je donner-*ai* sagt und dabei das *ai* = *ich habe* ebensowenig als selbständiges Verb empfindet, wie der Deutsche das *werde* in *ich werde geben*. Ganz anders liegt es bei den sogenannten Hilfsverben sollen, wollen, können, dürfen, mögen, müssen, lassen, wenn sie neben einem sinnfälligen Infinitiv die Beziehung des Subjekts zur Handlung ausdrücken. Da sind sie durchaus keine fremden Bestandteile der Rede mehr, sondern drücken just den inneren Anteil an der Handlung aus, also das Wesentlichste. Der Unterschied zwischen dieser Gruppe und der großen Menge der sinnfälligen Verben ist ganz wo anders zu suchen. Ich habe (Kr. d. Sp. III. S. 59) zu zeigen versucht, daß nur die Adjektive der Wirklichkeit entsprechen, daß alle Substantive Hypostasen sind, daß den ältesten Verben die Vorstellung von einem Zwecke des Handelns zugrunde liegt. Wenn wir *graben* sagen oder *stricken*, so fassen wir eine Unzahl mikroskopischer Bewegungen unter einem menschlichen Zweckbegriff zusammen. In der psychologischen Wirklichkeit existieren nur die Zwecke, nicht diese Verben. Erst durch die Zwecke entstehen die Handlungen. Aktive Verben sind final. Die Worte sollen, wollen usw. bilden einen Versuch der Sprache, menschliche Handlungen auch kausal zu begreifen, die Beziehungen des Willens, des Interesses, der Kraft *(können)*, der begleitenden Gefühle *(mögen)* sprachlich auszudrücken. Und da scheint mir Grimms, ihn selbst überraschende Deutung, daß diese Worte verschobene Praeterita seien, sehr schön zu stimmen. „Ich habe gemordet", also bin ich Wehrgeld *schuldig*. Mein *Sollen* hat einen Grund. Die vermeintlichen Hilfsverba sind die einzigen kausalen Verba. Ich habe gedarbt, ich *bedarf*, also *darf* ich. Noch bis ins 19. Jahrhundert hinein wird *dürfen* im Sinne von *brauchen* verwandt; *ich brauch' nicht* immer noch im Sinne von: *ich muß nicht*, ich hab's nicht nötig.

Die Sinnlosigkeit des Begriffes Hilfsverben hat schon der alte Adelung eingesehen. Gerade in dem Artikel *sollen* sagt er (Ausg. 1780): „Es erhellet daraus nur soviel, daß der Begriff, welchen unsere Sprachlehrer von den Hilfswörtern haben, sehr schwankend ist, und durch den Unterschied in eigentliche und uneigentliche Hilfswörter, welcher im ganzen soviel wie nichts sagt, nicht bestimmter wird. Wir könnten die ganze Lehre von den Hilfswörtern völlig entbehren, wenn nicht unsere Sprachlehrer es sich noch immer zur Pflicht machten, die deutsche Sprachkunst mehr nach der lateinischen als nach dem eigentlichen Genie der deutschen Sprache zu bilden."

Eins aber wird uns das Verblassen des furchtbaren Sollbegriffs zum Hilfsverbum des Gerüchts gelehrt haben: daß wir aus der Wortgeschichte nichts erfahren können darüber, wie das Sollen zum Urphänomen der Moral hat werden können.

IV.

Versuchen wir es aber, unbekümmert um die Wortgeschichte den Sollbegriff, oder dann vielmehr das Sollgefühl, als eine psychologische

Tatsache zu untersuchen, so lehrt uns eine Weltanschauung, die seit Paul Rée nicht mehr abgewiesen werden kann: das Sollgefühl, das Pflichtgefühl, das Gewissen, oder wie immer man das nennen will, woran man das Gefühl als seinen Träger knüpft, ist entstanden, hat sich entwickelt, ist historisch *geworden*. Ich glaube, ich bin unschuldig daran, daß wir auch so nicht weiter kommen. Die Wortgeschichte versagt. Und die psychologische Analyse führt zur Geschichte einer Erscheinung, die vielleicht nur ein Wort ist.

Daran aber, daß das *Gewissen* und dergleichen historisch geworden ist, ist nicht zu zweifeln. Es könnte nämlich kommen, daß die Evolutionslehre im ursprünglichen Sinne, die Lehre von der Deszendenz der organischen Arten, wieder überwunden oder sonst abgeschafft würde, daß aber die Evolutionslehre auf Gebieten, auf die sie zuerst metaphorisch übertragen werden mußte, in Geltung bliebe. Kultur, Sitte, Religion, Recht, Scham, Gewissen und Sprache überhaupt können wir uns nur noch als Ergebnis einer Entwicklung vorstellen. Menschensitte, Menschensprache. Das Tier hat keine Sprache, keine Geschichte, hat kein Gewissen. Und vielleicht bedeuten diese drei Behauptungen nur ein und dasselbe.

Wenigstens kennt das Tier im Naturzustande nicht den Konflikt zwischen Pflicht und Neigung, zwischen sollen und wollen. Die Hündin Darwins, die ihre Pflicht versäumte, mit auf die Jagd zu gehen, weil sie der Neigung folgte, ihre Jungen zu säugen, diese moralische Hündin, die Gewissensqualen verriet, als der Herr von der Jagd zurückkam, ist kein Gegenbeweis gegen den Naturzustand der Tiere. Auch könnte ihre Mutterliebe Pflicht, ihre Gewissensangst Abrichtung genannt werden. Das Tier kennt kein *Soll*, das seiner Neigung zuwiderliefe. Im Instinkte der Tiere fällt doch sicherlich ein *ich soll* oder *ich muß* mit dem *ich will* zusammen.

Faßt man das Sollen oder das Pflichtgefühl des Menschen als einen Instinkt des Menschen auf, so fällt auch beim Menschen — bis auf einen Punkt — der Gegensatz von sollen und wollen weg. Die Herde will, das Volk will, was das Individuum soll. Die Sitte will, was der Einzelne soll.

Der Gegensatz von Pflicht und Neigung, wie er im bewußten, instinktverlassenen Menschen sich ausbildete, führte im christlichen Mittelalter dazu, jede weltliche Neigung böse, jede göttliche Pflicht gut zu nennen. Als Kant nun die Erhabenheit oder Verstiegenheit dieser christlichen Moral frei von Religion aufrechterhalten wollte, gelangte er zu der wunderlichen Lehre: der harte, lieblose Mensch, der seine Pflicht tue, sei edler als ein aus Neigung guter Mensch. Vielleicht liegt in diesem kantischen Ideal eine selbstgerechte Selbsterkenntnis. Schiller, der Kantianer, hat diese Lehre Kants in der Epigrammen-Sammlung „Die Philosophen" lustig parodiert.

Gewissensskrupel.

Gerne dien' ich den Freunden, doch tu' ich es leider mit Neigung,

Und so wurmt es mir oft, daß ich nicht tugendhaft bin.

Entscheidung.

Da ist kein anderer Rat, du mußt suchen sie zu verachten,
Und mit Abscheu alsdann tun, wie die Pflicht dir gebeut.

Ohne jeden Spott, mit dem Hute in der Hand, hat Schiller in seiner schulberühmten Schrift „Über Anmuth und Würde" den „Rigoristen" Kant bekämpft. Kant hat auf diese ehrerbietige Polemik geantwortet, in der 2. Ausgabe seiner „Religion in den Grenzen der bloßen Vernunft". Eigensinnig in der Sache; äußerst verbindlich in der Form. „Herr Prof. Schiller mißbilligt in seiner mit Meisterhand verfaßten Abhandlung ... diese Vorstellungsart der Verbindlichkeit, als ob sie eine karthäuserartige Gemütsstimmung bei sich führe; allein ich kann, da wir in den wichtigsten Prinzipien einig sind, auch in diesem keine Uneinigkeit statuieren; wenn wir uns nur untereinander verständlich machen können. Ich gestehe gern: daß ich dem Pflichtbegriffe, gerade um seiner Würde willen, keine Anmut beigesellen kann."[1])

Im Texte vor seiner Anmerkung bleibt Kant dabei, keine Adiaphora in sittlichen Dingen zu dulden und den Titel eines Rigoristen als Lob anzunehmen. Man darf Kants Empfehlung des objektiv guten, neigungslosen Handelns ja nicht etwa mit Nietzsches Empfehlung der mitleidlosen Herrenmoral zusammenstellen; Kant war in moralischen Dingen christlich, Nietzsche antichristlich. Bei Nietzsche fällt sollen und wollen wieder zusammen, aber nur, weil es ein Sollen für ihn nicht gibt. Auch keinen Instinkt des Sollens.

Ich habe gesagt, daß die Schwierigkeiten des Sollbegriffs, sobald man das Pflichtgefühl als Instinkt auffaßt, bis auf einen Punkt verschwinden. Dieser eine Punkt macht sich bemerkbar, wenn man von der Betrachtung der Herde zu der des Individuums übergeht. Im Instinkte der Herde fällt das Sollen mit dem Wollen zusammen. Aber wo ist ein Organ für dieses Sollen, für dieses Pflichtgefühl? Nirgends in der Welt der Wirklichkeiten. Das *organe moral*, das Hemsterhuis mit ganzer Seele suchte, existiert nicht. Es gibt eine Völkerpsychologie ohne Volksseele. Es gibt kein sensorium commune zwischen den Menschen, es wäre denn die Volkssprache. Das Individuum nun hat erst recht kein moralisches Organ, wenn man nicht den indi-

[1]) Schiller ist nicht wenig stolz darauf, von Kant so artig zitiert worden zu sein; er meldet die Sache aller Welt. Und ganz „kategorischer Imperativ" ist es nicht, wenn er in dem diplomatischen Redaktionsbriefe (vom 13. Juni 1794) seinen Widerspruch abzuschwächen sucht: „Bloß die Lebhaftigkeit meines Verlangens, die Resultate der von Ihnen gegründeten Sittenlehre einem Teile des Publikums *annehmlich* zu machen, das bis jetzt noch davor zu fliehen scheint, und der eifrige Wunsch, einen nicht unwürdigen Teil der Menschheit mit der Strenge Ihres Systems auszusöhnen, konnte mir auf einen Augenblick das Ansehen Ihres Gegners geben, wozu ich in der Tat sehr wenig Geschicklichkeit und noch weniger Neigung habe." Das paßt nicht recht zu dem Spotte der Epigramme.

viduellen Anteil an der Volkssprache das moralische Organ nennen will, mit dessen Hilfe der Einzelne seine Handlungsweise vorher ein *Sollen* oder *Nichtsollen*, nachher *gut* oder *böse* nennt.

Freilich hat der Einzelne auch kein Organ für sein Wollen und empfindet trotzdem seinen Willen als das Innerste seiner Persönlichkeit. Man braucht nicht auf Schopenhauer zu schwören, um zuzugeben, daß meine Persönlichkeit und mein Wille in jedem Wirklichkeitsmomente identisch sind. Und da scheint mir der wahre Gegensatz der beiden Begriffe zu liegen. Mein *ich will* ist mit meinem *Ich* identisch; dem steht die Welt, das Nicht-Ich, meine eigene Entwicklung, die Abhängigkeit von meinen Ahnen, d. h. die Sitte mit einem *du sollst nicht* (in seltenen Fällen *du sollst*) gegenüber. *Ich will* fühle ich, *ich soll* höre ich. Herdenmenschen hören es innerlich. Im Grunde ist der Individualismus, der jetzt im Schwange ist, eine Auflehnung gegen den Herdeninstinkt des *Sollens*. Heute wie zur Renaissance-Zeit. Und heute wie damals wird dem brutalen Egoismus der philosophische Mantel umgehängt. Heute wie damals gibt es in der Gemeinsprache die Wertbegriffe *gut* und *böse*; der egoistische Mensch will das Böse, der altruistische Mensch soll das Gute. Sie können sich nicht miteinander verständigen, weil das sensorium commune der Sprache ein elendes Werkzeug ist für Unwirklichkeiten. Sprachkritik ist in höherem Maße als jede andere Philosophie Befreiung des Individuums, weil sie Befreiung vom sensorium commune der Herde ist. Aber diese Kritik der Moralsprache ist eigentlich nicht mitteilbar. Das Altertum hielt die Tugend für lehrbar. Wir sollten endlich wissen, daß Immoral ebensowenig lehrbar ist wie Moral. Wer aber in der Sprache das sensorium commune der Sitte und die Sitte als die alleinige Autorität des Sollens erkannt hat, wer den Streit um den Sollbegriff als den schattenhaftesten Wortstreit erkannt hat, der hat in moralischen Fragen nicht mehr mitzureden, dessen Abstinenz ist aber auch nicht zu widerlegen. Gibt es doch sogar ein *Sollen* im Gebrauch der Worte. Der Wertbegriff des Sollens wird angewandt auf das alleinige Wertorgan. Als ob man mit einem Thermometer die von der äußeren Temperatur unabhängige Temperatur der Thermometerröhre messen wollte. Als ob man herausbringen wollte, wieviel das Gold an sich wert sei.

Wir haben kein Maß für Maße. Wir haben keinen Wert für Werte. Wir haben keine Überwerte. Wer kein Sollorgan hat, keinen Herdeninstinkt, wer die Autorität der Sitte nicht über sich fühlt, der ist häufig ein *Schädliches* unter den Menschen; man redet dann von *moral insanity* und *soll* ihn abtun, wie man einen tollen Hund erschießt. Aber auch Sokrates und Jesus hatten keinen Herdeninstinkt, fühlten die Autorität der Sitte nicht über sich, kannten nicht das Sollorgan ihrer Zeit. Wer lachen will, der halte sich an Lombroso und bringe Genie und moralisches Irresein unter einen Oberbegriff.

Zum Schlusse eines Romans, der vielleicht gelesen zu werden verdiente, sagt Einer: „Wenn die Wandervögel im Herbste südwärts ziehen, dann lehren sie ihre Instinkte oder ihre Sittengesetze oder ihre Fürsten, daß sie als geschlossener Keil, als Masse die Luft zu durchmessen haben. Die Einzelnen wären nicht stark genug. Wenn aber so ein einzelner Vogel zu schwach ist oder wenn er sittenlos und gesetzlos seine Stelle im geschlossenen Keil verläßt, so fällt er auch gewiß bald hinunter und verkommt. Nur eins kann den Gesetzlosen retten wie mich. Wenn er stark wäre, stärker als alle andern, wenn er sich selbst an die Spitze stellte, wenn er selbst den Keil führte nach einem neuen Sommerland, nach dem Süden seiner eigenen Wahl und seiner eigenen Gesetze. Wer das könnte? Der es täte."

Ein Schüler Kants, der unerträglich scharfsinnige Salomon Maimon, hat seinen Meister ganz richtig verstanden, wenn er gegen allen Sprachgebrauch das *Sollen* über das *Müssen* stellte. (Philosoph. Wörterbuch S. 109): „Wenn man befiehlt, so sagt man *du sollst*, wenn man aber rät, so sagt man, *du mußt* (um deinen Zweck zu erreichen) Dieses oder Jenes tun." Und Maimon zitiert den Satz des weisen Natan: „Kein Mensch muß müssen."

Gewiß nicht. Qui potest mori, non potest cogi. Was aber kein äußerer Zwang vermag, das *sollte* auch der *moralische* Zwang des in die Gemeinsprache aufgenommenen Sollbegriffs nicht vermögen. Kein Mensch sollte müssen. Kein Mensch müßte sollen. Der Sollbegriff verträgt sich nicht mit der Unfreiheit des menschlichen Willens, nicht mit der Abhängigkeit jedes Menschen. „Ich kann, was ich will", sagt der Größenwahn. „Ich will, was ich kann", sagt die resignierte Klugheit.[1]) (Vgl. Art. *Freiheit*, I. S. 350).

V.

Dem Satze *kein Mensch müßte sollen*, aber auch dem Lessingschen Satze *kein Mensch muß müssen* widerstrebt das natürliche Sprachgefühl. Sollen usw. verlangt als Subjekt eine wirkliche Person; das Sollen kann negiert werden, nicht aber das Subjekt. *Ich soll, du sollst* ist ebenso gut vorstellbar wie: *ich soll nicht, du sollst nicht*; aber: *kein Mensch soll* ist eigentlich unvorstellbar.

Der Grund liegt in einem fast unaussagbaren Verhältnisse zwischen

---

[1]) Diese Resignation ist mit lapidarer Kraft ausgesprochen in dem ersten Verse eines Sonetts, das früher allgemein dem Universalgenie des Lionardo da Vinci zugeschrieben wurde:

„Chi non può quel che vuol, quel che può voglia "

Die Übersetzung, die Goethe 1817 bei dem emsigen Gries bestellte, fiel ledern aus; ein kleiner Verbesserungsversuch von Goethe ist fast noch schlechter (Goethe-Jahrbuch XXV, 220 und XXVI, 268). Das Sonett geht aber von der Resignation ganz fromm zum Sollbegriff über; und diesen Übergang mit seinen subordinierten Infinitiven *saper voler potere* haben sämtliche Übersetzer (vgl. R. Köhler „Kl. Schr." III. 180) ganz falsch verstanden.

der menschlichen Sprache und dem menschlichen Sollbegriff, man könnte auch sagen: zwischen dem Denken und der Moral. Das Denken oder das Sprechen hat im allgemeinen den Zweck, Urteile mitzuteilen oder Urteile logisch zu verarbeiten. In beiden Fällen kann man immerhin von einem Fortschreiten reden. Wo aber die Sprache den Optativ oder Imperativ anwendet, da kommt ein Urteil gar nicht in Betracht, da kann nur die Denkvirtuosität eines Logikers eine Urteilsfunktion hinzudenken. „Der Imperativ: schweige! drückt natürlich aus: ich will, daß du schweigst; aber er beabsichtigt direkt nicht diese Tatsache mitzuteilen, sondern den Willen des Angeredeten zu bestimmen, er verlangt nicht Glauben an seine Wahrheit, sondern Gehorsam." (Sigwart, Logik[2] I S. 18.) Beim Denken urteile ich immer; ob ich das Urteil mitteile oder nicht, ist ein Nebenumstand; beim Befehlen ist das Urteil Nebenumstand oder gar nicht vorhanden. Befehlen ist ein Mitteilen in einer ganz andern Weise: wie eine Billardkugel der andern ihre Bewegung mitteilt. Der Befehl *du sollst* ist die Ursache einer Wirkung. Man könnte sagen: das Denken will die Ursache zu einer Wirkung, das Befehlen will die Wirkung seiner selbst. Das richtige Sollgefühl ist (ganz gewiß im tierischen Instinkt) gedankenloses Handeln unter dem kategorischen Imperativ einer Autorität. So klafft ein unüberbrückbarer Abgrund zwischen dem *Denken*, das aus Urteilen besteht, und dem *Sollen*, das gar nicht urteilen kann. Wonach es wunderbar genannt werden müßte, daß über das Sollgefühl gedacht oder gesprochen werden kann, daß Bücher oder Systeme von Urteilen über die Moral geschrieben werden konnten.

Da hilft, zum Glück für die Verfasser von Moralbüchern, eine Zweideutigkeit des Sollbegriffs. *Ich soll* besagt zunächst den Zwang, im Banne der Sitte etwas zu tun, die Triebhandlung, die gar keinen Zusammenhang mit einem Urteil hat; in diesem Sinne gibt es keinen Unterschied zwischen *ich soll* und *ich muß*. Das althergebrachte *du sollst nicht* der deutschen Zehngebote spricht ein unbedingtes Verbot aus. Wir nehmen jetzt an, daß diese Triebhandlungen mitsamt der Sitte, die sie fordert, sich evolutionistisch entwickelt haben. Mit diesen urteilslosen Handlungen hat sich aber auch, mühsam von ihnen zu trennen, ein begleitendes Gefühl entwickelt, eine Zustimmung, ein Jasagen, das uns die Unterwerfung unter die Autorität der Sitte *gut*, die Empörung *böse* nennen läßt. Für dieses begleitende Gefühl haben wir wieder nur denselben Ausdruck *ich soll*, und dieses zweite *ich soll* enthält allerdings ein Urteil, ein Werturteil. Und so hat das begleitende Gefühl des von der Sitte geforderten Handelns, weil die Sprache es zu einem Werturteil gemacht hat, den Sollbegriff in das Gebiet der Moral hinübergelenkt und Axiologien, Deontologien und Moralphilosophien möglich gemacht. Nur daß das begleitende Gefühl der Zustimmung einzig und allein von einer realen

Person empfunden werden kann. Der Sollbegriff in der Bedeutung eines Werturteils kann nur Prädikat sein einer Person oder eines persönlichen Fürworts. *Ich soll, du sollst, er soll* hat wenigstens einen psychologischen Sinn: das innere Begleitgefühl einer gedankenlosen äußeren Unterwerfung unter den ererbten Zwang der Sitte; was aber die Sprache unter einem unpersönlichen *Sollen*, unter einem abstrakten *Sollen* versteht, das habe ich nicht herausbringen können. Der Infinitiv *sollen* hätte in der Sprache keinen Platz finden sollen. Wie es zum Infinitiv *regnen* kein *ich regne* usw. gibt, so gibt es zu *ich soll* keinen Infinitiv *sollen*.

Sparsamkeit, Gesetz der. — Eine der törichtesten unter den Personifikationen der neuern Wissenschaft ist das sogenannte Gesetz der Sparsamkeit der Natur. Das Gegenteil ist wahr. Nur daß Verschwendung ein viel zu mildes Wort wäre für den wirklichen Vorgang. Ein Verschwender kann höchstens sein Vermögen ausgeben; sämtliche Kräfte in der Natur aber ohne Ausnahme geben sich selbst aus, wie von den alten Germanen erzählt wird, daß sie sich selbst verspielten, wenn sie nichts anderes mehr einzusetzen hatten. Die Art und Weise, wie jeder Organismus Millionen von Samenkeimen aussendet, um die Art in ein paar Exemplaren weiter zu erhalten, ist bekannt und läßt sich doch nicht anders auffassen als ein Tod, als eine Selbstvernichtung für den unpersönlichen Zweck der Arterhaltung. Die mechanischen Kräfte aber geben sich womöglich noch sinnloser aus. Die Schwere behält nichts übrig, sie reißt mit aller Kraft ihren Körper herunter, um vielleicht mit ihm zu zerschellen. Das Licht strömt von seinem Mittelpunkt selbstmörderisch nach allen Richtungen. Die Sonne leuchtet nicht nur nach dem kleinen Fleckchen hin, welches die Erde heißt, sie leuchtet rings um sich her in die tiefen Abgründe des Weltalls.

Ich mache auf die Falschheit des Begriffs zunächst aufmerksam, um Mißtrauen zu wecken gegen die Anwendung des Begriffs auf das Sprachgebiet. Man ist nämlich beim Wortemachen dazu gelangt, das Gesetz der Sparsamkeit auch in der Sprache wieder zu finden. „Die Sprache sei allem Luxus abhold", wie sich selbst Herm. Paul (Pr. d. Sprachg. S. 208) ebenso zierlich wie luxuriös ausdrückt. Wir glauben ihm aber nicht, daß nichts in der Sprache unnütz sei; denn wir sind unnützen Zieraten und Zierereien auf Schritt und Tritt begegnet.

Da gibt es vor allem — wie Hermann Paul zugestehen muß — in der Schriftsprache eine ganze Reihe von Synonymen, welche echte Synonyme sind, d. h. verschiedene Worte, die sich durch keine Nuance voneinander unterscheiden. Gebraucht werden sie seltsamerweise nirgends so häufig wie in der Poesie, die doch eigentlich die Verpflichtung hätte, ganz besonders auf die feinsten Nuancen in den durch die Worte erweckten Vorstellungen zu achten. Der Grund liegt freilich in einer äußerst abgeschmackten Regel, um die sich der Meister nicht kümmert, während der Pfuscher sie unverbrüchlich aufrecht hält, die Regel nämlich, daß das gleiche Wort nicht so bald wiederkehren dürfe. Jeder beliebige Schriftsteller bietet Beispiele dafür, wie da die Sprache gequält und gemartert wird, um für die einfachsten Dinge wie Pferd oder Tal oder Mensch immer neue Worte zu liefern, deren Gebrauch doch wieder falsch wäre, wenn die Bedeutung sich verschoben hätte. Hier treibt die Sprache also Luxus gerade auf einer scheinbaren Höhe; ich will aber einräumen (ich darf das Wort *zugestehen* im gleichen Absatze nicht wiederholen), daß es sich da nicht immer um wirkliche Dichter handelt, daß wirkliche Dichter gar wohl die Nuancen empfinden und mitteilen.

Es ist also richtig, daß der Luxus der Sprache, wie er sich in völlig gleichbedeutenden Synonymen äußert, in ausgedehntem Maße nur in der Sprache unserer Bücher Platz hat. In der lebendigen Umgangssprache gibt es weit weniger Überflüssiges, aus zwei Gründen. Erstens nämlich nehmen zwei gleichbedeutende Worte sehr bald verschieden nuancierte Bedeutungen an, und zwar sehr einfach darum, weil die Wirklichkeit immer unendlich reicher ist als die Sprache, und wir froh sein müssen, wenn wir den Schatz unserer Begriffe einmal ohne eine neue Wortbildung bereichern können. Zweitens aber ist das Vorhandensein völlig gleichbedeutender Worte eigentlich nur in der Abstraktion häufig; die einzig vorhandenen Sprachen, die wirklichen Individualsprachen, kennen diesen Überfluß fast niemals; selbst wo die Gemeinsprache zwei solche Worte wirklich aufweist, da verfügt der einzelne Mensch, wenn er kein Literat ist, nur über das eine; denn immer ist ihm eines der Worte geläufiger, und der Nichtliterat gebraucht von Natur nur das ihm geläufigste Wort. In dieser Beziehung könnte man das Gesetz der Sparsamkeit auch so ausdrücken, daß auch in der Psychologie der gerade Weg der kürzeste sei. Wirkt auf einen fallenden Körper keine seitliche Kraft ein, so macht er seinen senkrechten Weg. Wirkt auf den Menschen nur das Bedürfnis und nicht die Eitelkeit, so gebraucht er regelmäßig das ihm geläufigste Wort, und das ist immer nur eines für einen Begriff.

Nun hat man es just sparsam von der Sprache gefunden — wobei *Sprache* plötzlich als eine bewußte und tugendhafte Gottheit angesehen wird — daß, wohlgemerkt fast nur in der Ausdrucksweise der Literaten, Synonyme zu bloß sinnverwandten Begriffen auseinander gingen und so der Luxus vermieden wurde. Gegenüber dieser verhältnismäßig seltenen Sprachbereicherung erscheint es dann als der sparsamste Zug der Sprache, daß ein und dasselbe Wort sich in verschiedenen Bedeutungen differenzierte und dabei einen langsamen Lautwandel erlitt, so daß die verschiedenen Bedeutungen endlich auch verschiedene Worte zu ihrer Verfügung hatten. Es scheint mir aber offenbar, daß man da einzig und allein von einer Armut der Sprache reden dürfe. Das Ergebnis der ganzen Entwicklung ist doch ohne Zweifel das, daß sich ein paar Hundert Begriffe, die man unter Umständen auch Wurzeln nennt, zu ebensoviel Tausend Worten differenziert haben. Wäre der Sprachgeist — um hier diese Personifikation anzuwenden — ein sparsamer reicher Mann gewesen, so hätte er albern gehandelt, auf seinen Reichtum zu verzichten und sich so der Möglichkeit zu berauben, die ungeheure Wirklichkeitswelt mit der Sprache zu umfassen; er war aber nicht reich, nur die bitterste Armut zwang ihn dazu, die Welt mit so wenigen Begriffen festzuhalten. Das Bild, das die Bimetallisten gern gebrauchen, von der Golddecke, die zu kurz sei für das Geldbedürfnis des Verkehrs, dieses Bild ist richtig für die Sprache. Die Sprache ist eine zu kurze Decke für die Wirklichkeit. Sparsam kann man sie nicht nennen, man müßte denn einen Bettler sparsam nennen, der jedesmal eine Zeche von zwei Pfennigen macht, weil er immer nur zwei Pfennige besitzt.

Worüber man staunen könnte, das ist allein die außerordentliche Arbeit, die bei diesem Zustand unsrer Sprache dem Gedächtnis zugemutet wird. Alle Präzisionsmechanik unserer optischen Instrumente ist Stümperwerk im Vergleich zu der Leistung unseres Gedächtnisses, das mit ein paar Hundert Begriffen sich in der vieltausendfältigen Wirklichkeit orientiert. Ich muß dabei das Wort tadeln, das ich selbst so oft in bezug auf die Sprache gebrauche, daß sie sich nämlich durch Metaphern und Analogien *bereichere*; das Bild vom Bereichern ist eigentlich recht falsch, im Grunde besitzen wir an der Sprache nur ein kleines Stückchen Gold, das so lange dünn und immer dünner geschlagen wird, bis es ausreicht, eine ganze Welterkenntnis zu überziehen, das ganze Standbild, den Reiter mitsamt dem Pferde, den Menschen mitsamt seiner Welt. Der Handwerker, der das Blattgold schlägt, bereichert sich freilich; der Fabrikant, der ein Pfund Eisen in unzählige Nähnadeln, der ein Pfund Baumwolle in eine endlose Strecke Garn verwandelt, bereichert sich freilich. Aber der Besitz der Welt an Gold, Eisen oder Baumwolle wird durch diese Industrie nicht vermehrt. So bereichert die Sprachindustrie auch nicht die Welterkenntnis.

Was ich hinzufügen möchte, klingt mehr als banal, ist aber gegenüber den Torheiten der Sprachgesetzmacher nicht zu umgehen. Man kann nur von frei handelnden, bewußten Menschen sagen, sie seien sparsam. Nenne ich einen völlig mittellosen, verhungernden Menschen sparsam, so ist das entweder Hohn oder Albernheit; nenne ich ein gehirnloses Ding, wie z. B. eine Quelle, sparsam, so ist das eine Metapher, und zwar für mein Sprachgefühl eine recht abgeschmackte Metapher. Der Sprachgeist aber, wenn es einen gibt, ist nicht frei und nicht bewußt, er könnte also auch dann nicht sparsam sein, wenn er es dazu übrig hätte. Wenn er wirklich existierte, wäre er immer eine gehirnlose Gottheit.

Die Spaltung der Worte aber in verschiedene Begriffe vollzieht sich in den meisten Fällen unbewußt, mag nun ein Lautwandel damit verbunden sein oder nicht. Unter Leitung des Bewußtseins ereignen sich doch wohl nur diejenigen Fälle, in denen ein Erfinder oder Entdecker einer neu beobachteten Sache einen alten Namen gibt und ihn wirklich einführt.

Um die unbewußte Tätigkeit des sogenannten Sprachgeistes deutlich zu machen, will ich eine besonders ausgezeichnete Gruppe von Beispielen heranziehen.

Es handelt sich um diejenigen Fälle, wo ein Wort aus einer fremden Sprache zweimal zu verschiedenen Epochen in die Muttersprache eingeführt wurde, wo also ein und dasselbe Wort gleich bei der Aufnahme zwei durchaus verschiedene Bedeutungen hatte. Das Wort *causa* bedeutet im Lateinischen ursprünglich den Grund, die *Ursache* (man achte auf die deutsche Übersetzung) es wurde in alter Zeit — wie schon bei anderer Gelegenheit erwähnt — ins Französische eingeführt, als es im Lateinischen bereits in der juristischen Bedeutung *Rechtssache* oder Rechtsfall geläufig geworden war. So bekam es nach seiner ersten Einführung und zwar in der Form *chose* die Bedeutung *Sache*. Chose kann im Deutschen mit einem Dutzend verschiedener Worte wiedergegeben werden. Es kann übrigens auch eine Rechtsangelegenheit heißen, z. B. *chose jugée*. Auch da tritt im Deutschen noch das Wort *Sache* ein. Es kann auch als allgemeinstes Wort für einen vergessenen Begriff eintreten, wo wir dann merkwürdigerweise *Ding* sagen müssen. „Er ist in *chose* geboren, in *Dingsda*.“ Viele Jahrhunderte später wurde dann das Wort *causa* noch einmal ins Französische eingeführt. Und da inzwischen die große Revolution des Lautwandels abgelaufen war, erhielt es jetzt die Form *cause* und hieß nun ganz wissenschaftlich nur Grund, Rechts*grund*, Rechtshandel und dergleichen. Es ist aber die Philologie allein, die die Identität von *chose* und *cause* kennt. Der nichtgelehrte Franzose weiß natürlich nichts davon; es war ihm bei der zweiten Einführung von *causa* unbewußt, daß vor Zeiten eine erste Einführung stattgefunden hatte. Will man nun wirklich behaupten, daß der Vorgang ein ganz anderer sei, wenn die Differenzierung weniger dramatisch in kürzern Zeiträumen vor sich gegangen ist? Ich weise auf das deutsche Wort *Sache* hin, welches die Bedeutung von *chose* und *cause* zusammenfaßt und doch wieder selbst lautlich differenziert ist. Wir haben ein *Sachen*recht, wir haben einen *Sach*walter.

Auch die dramatischen Fälle der zweimaligen Einführung lateinischer Worte sind im Deutschen nicht selten, wenn auch natürlicherweise nicht so häufig wie in einer romanischen Sprache. Als *palatium* zum erstenmal eingeführt wurde, da verwandelte es sich in *Pfalz*, das zweite

Mal wurde *Palast* und *Palais* daraus. Aus dem lateinischen Adjektiv *hospitalis* wurde einmal *Hospital* (franz. *hôpital*), dann wieder *Hotel*. Es kann sogar vorkommen, daß wir ein Wort zweimal eingeführt haben, wo die Franzosen sich mit einem Mal begnügten, einfach darum, weil die betreffende Erfindung nach der großen Lautrevolution gemacht wurde. *Poudre* bedeutet im Französischen das, was wir bei der ersten Einführung des lateinischen Wortes *pulvis* *Pulver* genannt haben, bei der zweiten *Puder*. Es macht bei allen diesen Beispielen, wie mich dünkt, gar nichts aus, wenn die Einführung das eine Mal aus dem toten Latein, das andere Mal aus dem lebendigen Französisch erfolgte; das Bewußtsein des gleichen Worts war unbedingt verloren gegangen.

Mir kommt es nur darauf an, zu zeigen, daß der Mangel an Bewußtsein, der bei solchen durch lange Zeiträume getrennten Einführungen offenkundig ist, auch da auf der Hand liegt, wo die Änderung der Bedeutung (mit oder ohne Lautwandel) sich gewissermaßen vor unsern Augen vollzieht. Ich will auf solche Beispiele verzichten, die ich nur durch abgeschriebene Gelehrsamkeit beweisen könnte, wie die Verwandlung von *Knabe* in *Knappe*, von *Rabe* in *Rappe*; auch auf solche Beispiele will ich nicht eingehen, die jedem aufmerksamen Leser unserer Schriftsteller bekannt sein müssen, wie die Trennung von *Reiter* und *Ritter*, von *Jungfrau* und *Jungfer*, von *Orte* und *Örter*. Mir scheinen die Fälle am belehrendsten, wo wir selbst, wir lebendigen sprechenden Menschen, an einer solchen Trennung nah verwandter Worte Anteil haben. Wir haben in neuer Zeit nach dem Geschlechte (*der* — *das* Schild, *der* — *das* Verdienst), nach der Pluralform (*Lichte* — *Lichter*, *Worte* — *Wörter*) unterschieden. Man denke auch an *die Moderne*.[1])

Nun kann und will ich nicht leugnen, daß namentlich in unserer neuerungssüchtigen Zeit der neue Sprachgebrauch oft genug auf eine erste Anwendung durch einen einzelnen Schriftsteller zurückgeht. Manches läßt sich bis auf den Tag nachweisen, anderes doch vermuten. Es kommt ein Zustand, in welchem es unerträglich wird, das Wort *gemein* gleicherweise für Angelegenheiten zu gebrauchen, die allen Bürgern *gemeinsam* sind, und für solche Bürger, die sich auch mit dem Niedrigsten *gemein* machen, wo es unerträglich wird, den neu geadelten Begriff der *Kunst* aus dem handwerksmäßigen *künstlich* herauszuhören; da schweben dann die neuen Worte *allgemein* und *kunstvoll* so lange auf den Zungen und in

---

[1]) Recht abgeschmackt scheint mir die Bedeutungsentwicklung des Wörtchens *freundlich*; im Sinne: wer sich wie ein *Freund* benimmt — wurde es von *freundschaftlich* verdrängt und so für die Nuance *herablassend* (von oben herab) frei; neuerdings haben eitle und berühmte Männer den alten Anklang an *Freund* benützt, um im Briefstil *freundlich*, d. h. herablassend zu grüßen; seitdem ist jede Waschfrau so freundlich geworden, ihre Zettel an die sogenannte Herrschaft *mit freundlichen Grüßen* zu schließen.

der Luft, bis ein einzelner Schriftsteller sie zu gebrauchen wagt. Solche Neueinführungen dann Sparsamkeit der Sprache zu nennen, heißt wirklich die Sache auf den Kopf stellen. Es sind Akte der bittern Not; die Sprache ist in ihrer bettelhaften Armut so verzweifelt, daß sie sich die Glieder ausrenkt, um einen neuen Begriff in ihre Gewalt zu bekommen. Die Bildung eines neuen Worts ist so wenig Sparsamkeit, wie es Sparsamkeit ist, wenn ein armer Teufel ein Brot stiehlt.

Und dieser armen Sprache wollen die Sprachreiniger auch noch die Nuancen nehmen, die so oft den Gebrauch von Fremdwörtern entschuldigen. Ebenso könnte man den Munddiebstahl aus ästhetischen Gründen mit dem Hungertode bestrafen.

Ich kehre nach dieser Abschweifung zu dem Gesetze zurück, welches *Sparsamkeit der Natur* genannt wird. Es ist wirklich nicht mehr als ein Wortspiel, ähnlich so wie das logische Gesetz der Sparsamkeit, das von den Nominalisten in die bekannte Formel gebracht worden ist: Entia non sunt multiplicanda praeter necessitatem. Diese Formel drückt eigentlich auch schon den Gedanken aus, daß der Sprachgeist sparsam sei. Das Spielerische in solchen Sätzen wird aber in der Wissenschaft von der Natur, die nicht mit sich spielen läßt, viel deutlicher.

Die neuere Wissenschaft hat denn auch eingesehen, daß eine solche Personifikation, die der Natur eine menschliche Philistertugend zuschreibt, doch recht unschicklich für diese Natur sei. Man hat darum dem alten Gespenste einen neuen Namen gegeben und es das *Gesetz des kleinsten Kraftaufwandes* genannt *(lex minimi)*. Man will damit sagen: die Natur verbrauche für ihre Zwecke nicht mehr Kraft, als sie eben nötig habe. Für ihre Zwecke. Die Personifikation hat sich nur besser versteckt. Die Natur hat keine Zwecke, von denen wir Menschen etwas wüßten. Auch der Darwinismus, der von Zwecken nichts wissen will, hat keine Ursache dafür gefunden, daß sehr viele Tierspezies Eier in solcher Masse erzeugen, als ob alle andern Spezies von der Erde verdrängt werden sollten. Die Physik weiß noch weniger von Zwecken; die Kräfte der Natur stürzen in der ihnen gewiesenen Richtung ewig hinab, ohne sich darum zu bekümmern, ob sie für irgend einen Zweck (einen menschlichen oder einen natürlichen) verbraucht werden oder nicht. Ewig fällt die Wärme, ewig sucht die Elektrizität den Ausgleich, ewig gleitet der Strom hinab, stürzt der Wasserfall hinunter; keine Kraft kümmert sich darum, ob sie benützt werde oder nicht. Man glaube nur ja nicht, daß das Gesetz von der *Erhaltung der Energie* irgendwie ein anderer Ausdruck sei für das angebliche Gesetz des kleinsten Kraftaufwandes. Die Verwandlung der Kräfte ineinander ist ein wirkliches Gesetz, wenn wir nur einen klaren Sinn mit dem Begriffe *Gesetz* verbinden; das Gesetz des kleinsten Kraftaufwandes hat gar keinen Sinn, wenn der Kraftaufwand nicht in Relation gebracht wird mit den vermeintlichen Zwecken der Natur.

Und gar das „Gesetz" der *Entropie* belehrt uns darüber, daß alle Welt-Energie der Verwandlung in Wärme zustrebt und daß diese Wärme einem langsamen, zwecklosen Ausgleiche zuneigt. Es gibt kaum ein größeres Beispiel von Kraftaufwand in der Natur als die Zerstreuung der Sonnenwärme im Raume; und diese Zerstreuung erscheint uns, die wir ihren Zweck nicht kennen, als die äußerste Verschwendung.

Spinoza's „Deus".[1]) — Wie wir wünschen, Spinoza hätte uns seine Weltanschauung ohne seine Beweise gegeben, d. h. seine Gedanken ohne seine Sprache, so wünschen wir auch, er hätte das Doppelspiel, das Gott der Natur gleichsetzt (Deus sive Natura) und willkürlich bald *Gott* und bald *Natur* sagt, aufgegeben und das Wort *Deus* mit allen schwerfälligen und sophistischen Definitionen und Folgerungen dieses Wortes uns erlassen. Wir haben anfangs oft den Eindruck, Spinoza habe da nur vorsichtig gehandelt und sich selbst ein Hintertürchen offen gelassen, durch welches er die Schüler aus seinem Hause, der Natur, zu *Gott* hinauswerfen konnte; während doch sogar der Riese Kant weniger stolz war und das Hintertürchen der Moral öffnete, um Gott dadurch wieder als Herrn einzuführen.

Es wäre aber unhistorisch, Spinoza unsere Denkgewohnheiten unterzuschieben. Großstädter sind jetzt in den Jahren, wo man im Glauben konfirmiert zu werden pflegt, mit den Begriffen: Gott, Engel u. dgl. schon fertig. Wir brauchen nachher das Wort *Gott* nicht mehr, wie wir nachher nicht mehr vom Storch sprechen. Man bedenke doch, daß wir darin wieder um ein Wort ärmer oder um eine Freiheit reicher geworden sind als z. B. Lessing und Voltaire waren, die das Wort noch emsig hin und her wendeten, um seinen Inhalt zu finden. So wird bald auch die Zeit kommen, wo die völlige Hohlheit des Begriffs Substanz oder Materie erkannt sein wird. Für Spinoza war Substanz (übrigens identisch mit Gott) noch der höchste Begriff, und wir nehmen ihm diese Scholastik nicht übel. Warum wollen wir ihm den Gottesbegriff schlimmer deuten?

Wir sind diesem Begriff gegenüber wirklich noch zu nervös. Die Geschichte des christlichen Gottesbegriffs erzählt eine solche Fülle von Dummheit und Trug, von Gewalttat und Feigheit, daß wir uns über jeden freien Kopf ärgern, der diesem Begriff auch nur die geringsten Zugeständnisse macht. Und bei Spinoza werden wir — aber nur weil Spinoza uns gelebt hat — anfangs die Empfindung nicht los, ihm sei, wie einst dem Epikuros die Götter nur die Lückenbüßer der Kenntnis

[1]) Das Folgende ist, weil ich Gesagtes nicht aus äußeren Gründen umformen möchte, meinem Büchlein „*Spinoza*" entnommen, das in der Sammlung „Die Dichtung", herausgegeben von Paul Remer, (verlegt bei Schuster und Löffler) erschienen ist.

waren, sein Gott bestenfalls nur ein altes Wort für das neugefundene x, für die Unbekannte, die natura naturans (die wirkende Natur), auf welche die natura naturata (die Wirklichkeitswelt) als letzte Ursache hinzuweisen schien.

In jüngeren Jahren war ich ganz so geneigt, Spinoza einer feigen Vorsicht zu zeihen. Schopenhauer hatte mich irregeführt, der dem Juden Spinoza, gegen den er bei aller Bewunderung das Wort vom foetor judaïcus gebraucht, geradezu Unaufrichtigkeit vorwirft. „Eine Schwierigkeit besonderer Art hat Spinoza sich dadurch aufgebürdet, daß er seine alleinige Substanz Deus nannte; ... er tat es, damit seine Lehre weniger Anstoß fände."

Das ist unhistorisch geurteilt, wie gesagt. Das Wort Deus war für Spinoza noch ein Begriff aus der Welt des Denkens; es konnte ihm noch nicht einfallen, das Wort zu veräußern oder es wegzuwerfen wie einen alten Kaftan. Er hielt es für seine Pflicht, den Begriff zu verinnerlichen, ihn von abergläubischen Zutaten zu befreien, den Kaftan zu reinigen. Und wahrhaftig, seine Definition des Gottesbegriffs war nicht vorsichtig. Uns ist sie störend, weil wir des Wortes nicht bedürfen, weil es sich als ein störendes Synonym zwischen uns und Spinozas *Natur* schiebt; wir wissen, daß unsere Sprache über die natura naturata hinaus nicht bis zur natura naturans gelangen kann. Aber geheuchelt hat Spinoza darum nicht. Sein Deus hat nicht gehindert, daß er bei Lebzeiten und noch im Grabe der Fürst der Atheisten genannt worden ist.

Der Gott Spinozas hat nichts mit irgend einer religiösen Anschauung zu tun; sein Gott ist kein konfessioneller Begriff. Spinoza sagt einmal tief und groß: Gott zumuten, daß er das Gute allein schaffen (also nach guten Zwecken allein handeln) könne, nicht auch das sogenannte Böse, heiße ihn von etwas Fremdem, von der menschlichen Idee des Guten abhängig machen; es sei für Gott weniger schlimm, ihm Willkür zuzutrauen, was Spinoza doch wieder für töricht erklärt.

Dieses Leugnen aller Zweckursachen, aller Absichten (bei Gott oder bei der Natur), dieses Betonen der ausnahmslosen Notwendigkeit der Welt, das wie Beethovens Siegessymphonie vernichtend zugleich und jubelnd über uns hereinrauscht, dieser Grundgedanke Spinozas, den er auch seinem Gotte nicht erläßt, scheidet seine Lehre wie von allen Denkern vor und nach ihm, so auch von aller Religion. Darum besteht ja die Religion nicht vor der interesselosen Einsicht, weil sie immer Interesse ist. Auch der Judengott hatte bei seiner Weltschöpfung einen Zweck; er schuf die Welt *für* den Menschen. Natürlich! hatte doch der Mensch sich ihn zu diesem Zwecke erdacht. Einerlei, ob hier oder drüben: immer verspricht Religion etwas, sie will also immer etwas Künftiges, einen Zweck. Immer nennt sie einen wollenden Gott, dem sie den sollenden Menschen gegenüberstellt. Gott will, daß ich solle. Ich soll, damit Gott wolle, mir wohl wolle.

Weniger gemein lehren die Philosophen dasselbe. Immer ist ihnen der Mensch das Maß der Dinge, ohne daß sie es immer wissen oder sagen. Weil der lebende Mensch Erinnerung oder Sprache besitzt, weil er mit ihrer Hilfe die ewige Gegenwart in Vergangenheit und Zukunft auseinanderhalten kann, darum verlegen sie die Zukunft auch in die Wirklichkeitswelt und lassen sie durch Zwecke oder Absichten auf die Gegenwart wirken. Alle sind sie teleologisch, alle bis auf den einen Spinoza. Alle, wenn man von den großen Skeptikern absieht, den wahren Alleszermalmern. Platon und Aristoteles sehen in der Natur Zwecke verwirklicht, und alle Neuen kehren zu den Absichten des alten Judengottes zurück. Kant selbst stellt, nachdem er groß die Unerkennbarkeit der inneren Weltordnung dargetan hat, doch wieder eine erkennbare, höhere Weltordnung, die moralische auf, ein kategorisches Soll neben das Wollen des moralisch erschlossenen Gottes. Ja sogar die gottlose und gottesmörderische Welt Schopenhauers *soll* noch etwas, wenn auch nur die Weltflucht. Einzig und allein der Deus Spinozas will nichts. Er hat gar keinen Zweck, weshalb der Mensch auch nichts soll. Der Mensch hört auf, das Maß der Dinge zu sein. Weder dürfe man etwas gut nennen, weil Deus es angeblich gewollt habe, noch dürfe man glauben, Deus habe das und das gewollt, weil es gut sei. Die Aufhebung des persönlichen Gottes ist im Deus Spinozas fast noch besser erreicht, als im *Stoff* der Materialisten, der sich *aufwärts* entwickelt, also zweckvoll; besser als im *Willen* des Atheisten Schopenhauer, der schon nach seinem Namen einen Zweck *wollen* muß.

Nur scholastisch freilich kommt Spinoza dazu, seinem Deus die *Erkennbarkeit* abzusprechen. Jede Bestimmung sei eine Verneinung; denn jede Bestimmung einer Definition gehöre nicht zum Wesen der Sache, sondern sei im Gegenteil ihr Nichtsein. Es ist also jede Definition, ich würde sagen: jede Erkenntnis, nur eine Umgehung der Wirklichkeit. Darum kann auch das höchste Sein, auch Deus nicht erkannt werden, darum können wir uns von seiner Persönlichkeit, von seinem Wollen oder seinem Verstande keinen Begriff machen. Spinoza kennt wohl das Wort *Persönlichkeit*, aber er kann sich nicht viel dabei denken. Was seine Persönlichkeit sei, werde Deus wohl erst am jüngsten Tag seinen Gläubigen enthüllen, fügt Spinoza hinzu; und mag bei diesen Worten wohl besonders scharf den character reprobationis im lächelnden Antlitz getragen haben.

Der unendliche, undefinierbare, unpersönliche Deus hat also gar keine Individualität, und so gehört zu seiner Natur auch kein Verstand und kein Wille, wobei Spinoza die tiefe Einsicht besaß, daß der Wille nichts dem Verstande Entgegengesetztes, sondern gleich ihm Vorstellung sei. Spräche man dem Deus Verstand und Wille zu, so käme das auf eine willkürliche Benennung hinaus, da des Deus Verstand und Wille von unseren gleichbenannten Seelenkräften himmelweit verschieden sein müßten, himmelweit, wie etwa das Sternbild des Hundes am Himmel und der Hund, der unter meinem Fenster bellt. Nur die Worte seien gleich.

Es tut nichts, daß Spinoza auf scholastischem Weg zu einer einheitlich großen Weltanschauung kommt. Auch Jesus kam auf einem Esel; und Spinozas Weltanschauung war in ihm, bevor er sie sich bewiesen hatte; wie wir ja wissen, daß der Satz früher ist als das Wort, der Schluß früher als die Prämissen. So ist es auch gleichgiltig, daß Spinoza sich und die geometrische Methode quält, um in seinem Deus die gewaltige Vorstellung von der Weltkette der durchgängigen Notwendigkeit und das Menschenwort Freiheit zu vereinigen. Außer dem Deus gäbe es nichts, es sei also nichts vorhanden, von dem er bestimmt werden könne, also sei Deus frei, und da doch Notwendigkeit zu seinem Wesen gehöre, so sei es eine freie Notwendigkeit. So sinnlos konnte selbst Spinoza Worte aneinanderreihen. Es fiel ihm noch nicht ein, eben aus solchen Gründen, Gott zu leugnen, weil nämlich Freiheit zu seinem Begriff gehören müßte, wenn er existierte, und weil es doch auf dem Weltenrund nichts gäbe als die eherne Notwendigkeit. Einerlei. Wie die mathematische Methode die bis zum Extrem getriebene Verirrung Spinozas ist, der ärgste Mißbrauch des Worts, so ist das Mathematische seiner innern Weltanschauung bewunderungswürdig. Sub specie aeternitatis, zeitlos also, geht die Welt aus Deus hervor, nicht als Schöpfung, nicht als Folge, vielmehr — so möchte ich sagen — als Eigenschaft, wie die Gleichheit der Radien aus dem Kreisbegriff. So kann Spinoza schreiben — hart an der Wahrheit vorbei, aber gewiß ganz aufrichtig: „Auf die Frage, ob ich von Deus eine so klare *Idee* habe wie von einem Dreieck, antworte ich mit ja. Fragst du aber, ob ich von Deus ein so klares *Bild* habe wie von einem Dreieck, so sage ich nein." Nur daß *Idee* nicht mehr sei als *Wort*, wußte Spinoza nicht. Er war Platons Ideenlehre gegenüber doch nicht Nominalist genug.

Es kann nicht oft genug wiederholt werden, daß in dieser Überschätzung der Ideen zugleich Spinozas Darstellungsmangel und seine Abhängigkeit von der höchsten Idee beruht, von seiner höchsten Idee, von seinem Deus. Und immer wieder muß es beklagt werden, daß die stolze Gewißheit von seiner Weltanschauung ihn an ihrer sprachlichen Form nicht zweifeln ließ. „Wer eine wahre Idee hat, der weiß auch, daß er eine wahre Idee habe, und kann an der Wahrheit der Sache nicht zweifeln." Nach Spinoza offenbart das Licht sich selbst und die Finsternis, und die Wahrheit prüft sich selbst und das Falsche. Wahre Vorstellungen sind ihm über jeden Zweifel erhaben, denn sie seien nicht stumme Gemälde, sondern das Denken selbst. In diesem Vertrauen auf

Ideen oder Worte ist also Spinoza ganz aufrichtig, wenn ihm der Begriff seines Deus ein Herzensbedürfnis ist, wenn ihm von da aus alles überaus klar zu werden scheint, wenn ihm auf der Stufenreihe der menschlichen Erkenntnis sein Deus als das höchste und beste Wissen, als die intuitive Erkenntnis erscheint. Er hat vergessen, daß diese eine unmittelbare, anschauliche Erkenntnis sein muß und daß er von Gott wohl einen so klaren Begriff hat, wie von einem Dreieck, nicht aber eine solche Anschauung (imago).

In der von ihm gelehrten Stufenfolge der menschlichen Erkenntnis, die ihn zum Deus führt, sehen wir Spinoza gewaltig um die Wahrheit ringen. Er zwingt sie nur nicht, weil seine Waffen Worte sind, die Wahrheit aber ungreifbar, weil wortlos. Es ist der Kampf des Menschen mit der Wahrheit, ein Kampf des Bären mit dem Adler; das plumpe Tier kann die Erde nicht verlassen, das Wort. Ich glaube aber nicht, daß ich Spinozas Vorstellungen entstelle, wenn ich seine Stufenfolge der Erkenntnis mit Worten meiner Sprache auszudrücken suche; Spinoza wäre tot, dürfte man ihn nicht mehr übersetzen.

Die erste Stufe ist die Erkenntnis durch Worte. Diese führt notwendig zum Irrtum. Spinoza muß dabei geahnt haben, daß diese Abstraktionen, die er darum verworren nennt, immer nur tastend und versuchend um die Wirklichkeitswelt herumjagen, nie aber in sie selbst eindringen.

Man hat diese erste Stufe der Erkenntnis ganz richtig dem Standpunkt des naiven Realismus gleichgestellt, der all das und nur das für wahr hält, was seine Sinne ihm von der Welt erzählen. Nur kann ja der naive Realismus noch nicht wissen: daß diese Angaben der Zufallssinne wie die gesamte äußere Welt so auch das gesamte innere Denken allein ermöglichen, daß dieses naive Weltbild sich auch in dem Wortvorrat und in den Formen der Umgangssprache ausprägt. Die erste Stufe der Erkenntnis ist die der menschlichen Gemeinsprachen. Erst durch Bildung einer wissenschaftlichen Sprache (man sagt gewöhnlich durch das Entstehen von Wissenschaften) wird die nächsthöhere Stufe erreicht.

Die zweite Stufe der Erkenntnis ist die der wahren Vernunft, welche die Dinge wesentlich unter einem gewissen Gesichtspunkt der Zeitlosigkeit betrachtet. So möchte ich den berühmten Satz von der Spezies der Ewigkeit wiedergeben. Denn die Welt begreifen, heißt das eherne Band ihrer Notwendigkeit begreifen. Lückenlos ist diese ewige Kette der Notwendigkeit. Eins folgt aus dem andern, aber nicht logisch, auch nicht in der Zeit. Zeitlos wie die mathematischen Gesetze, zeitlos wie die Gleichheit der Radien aus dem Kreisbegriff, so zeitlos und darum ewig folgt das eherne Band der Welt aus dem Substanzbegriff des Deus. Und so scheint mir erklärt, was Spinoza unter dem Gemeinsamen verstanden habe, unter dem, was auf der zweiten Stufe der Erkenntnis den Dingen der Welt *gemeinschaftlich*, was darum ewig ist. Kirchmann und andere haben unter den Communia wieder nur Begriffe verstanden, Kuno Fischer hat gar keine Erklärung versucht. Spinoza aber gibt deutlich zu verstehen, daß er unter den Begriffen oder Universalien der ersten Erkenntnisstufe diejenigen Abstraktionen sich denke, die sich der einzelne Mensch je nach seinem Verhältnis zu den Gegenständen, nach seinem Interesse, nach zufälligen Eindrücken mache. Die bloßen Bilder. Der eine denke sich unter *Mensch* das Geschöpf mit dem aufrechten Gang, der andere das Tier, das lachen kann, oder das zweibeinige Tier ohne Federn, oder das vernünftige Tier. Ebenso gehe es mit den Begriffen oder Universalien *Hund* oder *Pferd*. Darum führt ja eben die erste Stufe mit ihren Begriffen zum Irrtum; darum können die Communia der zweiten Stufe, darum kann das Gemeinsame in den Dingen, das zur Wahrheit führt, nicht in Begriffen bestehen oder in Worten. Und wenn ich Communia mit *Gesetze* wiedergebe, wenn ich mir Spinoza so erkläre, daß die Einzeldinge und die von ihnen abgeleiteten Begriffe an der Zeit kleben und darum vom Irrtum nicht loskommen, daß allein in den zeitlosen, mathematischen Beziehungen der Dinge, also in ihren ewigen Gesetzen, die Wahrheit stecke, so glaube ich einen Augenblick über Spinoza, indem ich ihn richtig verstehe, hinausgekommen zu sein. Doch nur einen Augenblick. Das Wort *Gesetze* ist uns nur vertrauter, weil es ein mythologischer Begriff neuerer Prägung ist; Spinoza war weiser, da er nichts weiter behauptete als *etwas, was den Dingen gemeinsam* sei.

Der Inbegriff dessen, was auf dieser zweiten Stufe erkannt wird als das Wesentliche, Zeitlose, Gemeinsame der Welt, ist für Spinoza das Wirkliche, die wirkliche Natur, die natura naturata; darüber hinaus erkennt er auf der dritten und höchsten Stufe intuitiv im Deus die Einheit aller Gesetze, das Bewirkende, die wirkende Natur, die natura naturans. Ich glaube bestimmt, daß Lessings Maler diesen pantheistischen Gottesbegriff wiedergeben will, wenn er von der *plastischen Natur* spricht und — ganz Lessing — zweifelnd hinzufügt: „Wenn es eine gibt“.

Die dritte Stufe der Erkenntnis möchte ich freilich am liebsten noch freier so übersetzen, daß sie den Trug der Wissenschaften, den Trug der vermeintlich erkannten Gesetzmäßigkeit in der natura naturata durchschaue. So gefaßt, wäre Spinozas *Intuition* der Zweifel an dem Werte der wissenschaftlichen Sprache, der Weg zur resignierten Skepsis. Das hieße aber, über Spinozas heitere Weltanschauung einen dunklen Schleier werfen, seinen frohen Glauben in einen Unglauben, seine Sehnsucht in eine Negation umwandeln. Spinoza, der Fürst des Atheismus, der Verfasser des liber pestilentissimus, ist in seinem Empfinden kein Skeptiker.

Spinoza zweifelt nicht an der Erkennbarkeit der natura naturans, des Wirksamen, das freilich auch für uns nicht weniger begreiflich ist, als die natura naturata, als das Wirkliche. Ihm ist die Welt ein Buch. Auf der ersten Stufe buchstabiert das Kind gedankenlos; auf der zweiten faßt es die einzelnen Sätze, auf der dritten Stufe versteht es den Sinn des Ganzen.

So glaubt Spinoza ganz ehrlich und aufrichtig seinen Deus zu verstehen. Und weil es ein pantheistischer Deus ist, weil der nichts anderes ist, als die Welt selbst, und weil Spinoza Freude hat an der ehernen Weltkette, darum liebt er seinen Deus. Denn Spinoza hat die Liebe scheinbar so nüchtern und doch so tief erklärt als: Fröhlichkeit, verbunden mit der Vorstellung ihrer äußeren Ursache. Er fühlt den Deus in der ganzen Welt, auch in sich selbst, als Ursache der Welt, als Ursache seiner selbst (nämlich Gottes sowohl als Spinozas), und so liebt er ihn, seine mystische Weltseele, er liebt ihn mit übermenschlicher Liebe, mit lächelnder Resignation, ohne Hoffnung auf Gegenliebe, ohne Eifersucht, er liebt ihn, wie man die einzig Geliebte lieben würde, wenn sie zeitlos und körperlos wäre, ein Gedankenbild. Spinoza wäre nicht, der er war, der größte und heiterste Denker, wenn er nicht bei allem Scharfsinn doch die blaue Blume gepflegt hätte, die letzte Zuflucht des gequälten Denkens, die Mystik.

Diese Heiterkeit verliert, wer nicht in den mystischen Abgrund springt, wer jede Mystik für das Asyl der Verzweiflung hält und die Verzweiflung nicht fürchtet, wenn nur heiliger Zweifel zu ihr führt.

Noch einmal also: Spinoza hat in gutem Glauben an den Wert der menschlichen Sprache den Begriff *Gott* so ruhig untersucht, wie den Begriff *Substanz;* er hat in beiden etwas Wirkliches erblickt und sogar in beiden ein und dasselbe: das Wirksame. So ist sein Deus kein Grund, auf seine Aufrichtigkeit einen Verdacht zu werfen; wohl aber ist sein Deus das erste und stärkste Beispiel dafür, wie sich Spinoza wohl in seiner Weltanschauung über alle Zeiten erheben konnte, in seinem Sprachgebrauch aber niemals sicher war, zurückzusinken in die Scholastik.

Aber seine verschulte Sprache hat ihn nicht verhindert, in dieser Sprache sich und uns von einem Begriffe zu befreien, der dem menschlichen Denken noch ungleich fester anhaftet als der Gottesbegriff: vom Zweckbegriff. Wir dürfen nur nicht übersehen, daß Spinoza auch der Sprache gegenüber kein Skeptiker war, daß er an der mathematischen Kraft des sprachlichen Denkens nicht verzweifelte. Dieser Glaube verstrickte ihn in den schweren Irrtum seiner geometrischen Methode. Aber vielleicht läßt sich der Tiefsinn Spinozas, auch bei diesem Irrtum, dadurch retten, daß man diesem übermenschlichen Denker einen fast übermenschlichen Gedanken zutraut, wie denn bewußte Bescheidenheit lehrt, alles für des Lehrers Gedanken zu halten, was im Schüler durch des Lehrers Worte angeregt worden ist.

Spinoza hat zu dem ersten Teil seiner Ethik, zu der Lehre von Gott, einen Anhang geschrieben, eine Erklärung, die ebenso bewunderungswürdig ist, wie der Text selbst verschult und angreifbar. In dieser überzeugenden Anmerkung will er wie immer die um Menschenschicksal unbekümmerte eiserne Kette der Notwendigkeit darstellen und den Glauben an Zweckursachen und damit jede Form theologischen, ethischen, ja selbst ästhetischen Aberglaubens mit der Wurzel ausreißen. Niemand ist bis zu dieser Stunde über den Geist dieser Anmerkung hinausgelangt. Alle Revolution aller Wissenschaften im 19. Jahrhundert ließe sich herleiten von diesen Sätzen: „Nachdem die Menschen sich eingeredet hatten, die Welt und der Welt Lauf sei ihretwegen da, mußten sie an jedem Dinge dasjenige für das Wichtigste und Wertvollste halten, was ihnen am nützlichsten oder angenehmsten war. Daher *mußten* sie sich diejenigen Begriffe bilden, mit deren Hilfe die Welt zu erklären wäre, die Begriffe: *das Gute, das Schlechte, die Ordnung, die Unordnung*, das Warme, das Kalte, die Schönheit, die Häßlichkeit. Und weil sie sich für frei hielten, entstanden die Begriffe: Lob und Tadel, Sünde und Verdienst." Man horche wohl darauf, wie Spinoza hier mit einem großen Atemzuge nicht nur die Grundlage der Kirche, die Lehre von der Zurechnung umbläst, sondern zugleich die Ausgangsbegriffe der Ethik, der Empfindungslehre, insbesondere der Ästhetik, wobei es noch gar nicht ausgemacht ist, was alles noch mehr durch Abstreifen der Begriffe *Ordnung* und *Unordnung* in seinen Grundlagen erschüttert sein mag. In diesem selben Zusammenhang hat Spinoza das stolze, in seiner Ruhe alles niederbeugende Wort gesprochen: „Das Fragen nach Absichten in der Natur, d. h. nach Zweckursachen und den Ursachen der Ursachen, müsse schließlich immer zurückflüchten zu einem Willen Gottes, diesem Asyl der Unwissenheit (ad ignorantiae asylum)". Wobei zu beachten ist, daß Spinoza hier unter Ignoranz fast ohne Bosheit die Tatsache des Nichtwissens versteht.

In diesem selben Zusammenhange klagt nun Spinoza, der Glaube an Zweckursachen (und an das, was drum und dran hängt) hätte für sich allein hingereicht, der Menschheit die wahre Einsicht für immer zu verschließen; da habe glücklicherweise die Mathematik, welche sich nicht um Zweckursachen, sondern um das Wesen und die Eigenschaften der Raumgestalten kümmert, den Menschen eine andere Norm der Wahrheit gezeigt.

Hier nun scheint mir die fast übermenschliche Anschauung für einen Augenblick entschleiert zu werden, die den Spinoza unbewußt zu seinem mathematischen Denken führte. Tief im menschlichen Wesen begründet, in dem Schein seiner Willensfreiheit nämlich, ist seine Sehnsucht nach einer Absicht in der Natur, nach einem Gott. So grausam, ein solcher Moloch ist diese Täuschung in uns, daß — wie ich zeige — auch Darwin sie nicht völlig überwunden hat. Ja, ich scheue mich nicht, es auszusprechen: Dieser Glaube, diese

Sehnsucht an eine Absicht in der Natur ist in uns unzerstörbar, die Absicht in der Natur ist in den Menschen eine *angeborene Idee*, was ich deshalb ruhig sagen kann, weil ich dazu behaupte, daß Ideen oder Begriffe darum *nicht wahr sein müssen, weil sie angeboren sind*. Angeborene Ideen sind falsch, wie jemand eine Truhe mit falschem Geld erben kann, oder einst vollwertige Banknoten oder Assignaten erben, die inzwischen entwertet worden sind.

Niemand hat wie Spinoza diese angeborene Idee bekämpft, und wenn er in diesem Kampfe nach der mathematischen Methode griff, so hatte er dabei vielleicht den folgenden Gedankengang: In der Mathematik gibt es sicherlich keine Zweckursache. Die Gleichheit der Seiten folgt zwar aus der Gleichheit der Winkel; ebenso folgt aber die Gleichheit der Winkel aus der Gleichheit der Seiten. Hätte Spinoza seinen Scharfsinn an die Erkenntnistheorie gewandt, er hätte aus der Umkehrbarkeit aller solchen mathematischen Sätze die Ahnung schöpfen müssen, daß auch der Begriff Ursache, *logische Ursache*, für solche Wechselbeziehungen ein sinnleeres Wort sei. Ihm aber war es in genialer Einseitigkeit bloß um die Vernichtung der Zweckursachen zu tun. Da konnte er den Gedanken fassen, daß Zweckursachen — wenn sie schon in umkehrbaren mathematischen Sätzen ausgeschlossen sind — noch sinnloser sein müssen in der Ursächlichkeit des Wirklichen, weil diese Ursächlichkeit sich in der Zeit vollzieht und sich daher *nicht umkehren läßt*. Auch wo wir die Zeitfolge nicht wahrnehmen, in der Wirklichkeitswelt, nehmen wir sie doch unbedingt an. Wenn wir den Hahn am Gewehr berühren und im selben Augenblick der Schuß kracht, so *wissen* wir dennoch, daß nacheinander, in der Zeitfolge also, die schnappende Eisenspitze das Zündhütchen getroffen, der Funke das Pulver entflammt und das Pulvergas die Kugel herausgetrieben hat. Ist nun in der umkehrbaren Beziehungsfolge der Raumverhältnisse schon der Zweckbegriff nicht unterzubringen, um wieviel weniger in der Zeitfolge der Wirklichkeitswelt, wo doch unentwurzelbar die Ursache der Vergangenheit angehört, der Zweck aber etwas Zukünftiges sein müßte. Dieses konnte nach Spinoza die mathematische Methode lehren. Aber vielleicht noch mehr.

Die mathematischen Gesetze sind ewige Gesetze, weil sie zeitlos sind. Spinoza liebt den Gedanken, daß auch die Gesetze der Wirklichkeitswelt ewig seien, daß man jede Einzelerscheinung unter dem Gesichtspunkte der Ewigkeit betrachten müsse. Wie nun, wenn auch die Wirklichkeitswelt, das Wirken aller Körper aufeinander, in tiefstem Grunde zeitlos wäre? Umkehrbar wie die Geometrie und darum zeitlos? Wie wenn die Geometrie durch diesen Gedanken die arme Menschheit von dem Wahnsinn der Zweckursachen befreien könnte?

So mag Spinoza Unsagbares geahnt haben. Aber er vergaß dabei — wie ich es eben vergessen mußte —

daß die Worte der menschlichen Sprache Zeitloses nicht ausdrücken können, daß unsere Worte Zeichen sind, Erinnerungszeichen unserer Empfindungen, immer nur Erinnerungszeichen für das, was uns erscheint, daß also keine menschliche Sprache sich losreißen kann von dem Widerhaken der Zeitfolge und der Ursache, mit dem die Wirklichkeitswelt unser Gehirn hinter sich herreißt. Und der Begriff der Ursache ist zuletzt nicht wirklicher als der Begriff der Zweckursache; nur daß wir es nicht sagen können, weil wir die Umkehrbarkeit der sogenannten Zeitfolge nicht fassen können.

Kaum die dunkle Ahnung kann ich hinzufügen: daß die Absichten in unserm sogenannten Selbstbewußtsein — die wir so gerne auf die Natur übertragen, und die in uns den Schein der Willensfreiheit erzeugen — sich vielleicht doch als zeitlos erkennen lassen, wenn wir sie als *gedachte* Zwecke erkennen, also als dasselbe, was auch die anderen Vorstellungen sind. Wenn wir begreifen, daß der Ablauf unseres ganzen Lebens nur ein Auf und Ab auf den ausgefahrenen Gleisen unserer Nerven ist, daß unsere Vorstellungen wie unsere Willensbewegungen nur einander aufhebende Nervenzuckungen in umgekehrter und vielleicht umkehrbarer Richtung sind, daß — wie schon Spinoza gelehrt hat — Wille und Vorstellung eins ist, dann werden wir wohl den Gedanken, mit lächelnder Trauer ihn umarmend, festhalten können: *Wie unsere eigenen Absichten doch nur Erinnerungen sind, unsere künftigen Zwecke also etwas Vergangenes, so ist unser Leben zeitlos, zeitlos die Wirklichkeitswelt.*

Und so steht hinter dem großen Irrtum Spinozas, seine Sprache einer mathematischen Anwendung fähig zu halten, eine noch größere Ahnung dessen, was wir in unserer bettlerfrechen Sprache Wahrheit nennen.

Sprachkritik. — Die Aufgabe, die ich mir gestellt habe, Beiträge zu einer *Kritik der Sprache* zu geben, halte ich nach wie vor für die wichtigste Aufgabe der Erkenntnistheorie. Ich weiß, daß dieses Pensum über die Kraft eines Menschen geht, eigentlich über die Kraft des Menschen. Ich muß zufrieden sein, entscheidende Anregungen für diese neue Disziplin geboten zu haben. Ich kann in diesem Wörterbuch nicht noch einmal abdrucken, was ich in meiner „Kritik der Sprache" auf mehr als 2000 Seiten vorgetragen habe: über die Psychologie der Sprache, über die Sprachwissenschaft, über das Verhältnis der Sprache zur Grammatik und Logik; ich kann nicht noch einmal drucken lassen, was ich in dem kleinen Buche „Die Sprache" über das Verhältnis der Sprache zur sog. Völkerpsychologie ausgeführt habe. Auch was ich in den letzten zehn Jahren (seit dem Erscheinen meiner Sprachkritik) hinzugelernt habe, das darzustellen, würde noch weit über die Ausdehnung eines der Stücke dieses Buches hinausgehen. Einzelne mir wichtig erscheinende Ergänzungen findet man überall, besonders in den Artikeln: *adjektivische*, *sub-*

stantivische und *verbale Welt*. Das Verhältnis zwischen *Denken* und *Sprechen* ist gründlicher dargestellt in der zweiten Auflage des I. Bandes meiner „Kritik der Sprache“ (S. 230ff.).

Recht viel hätte ich allerdings zu sagen, und zur Sache, wenn ich darüber berichten wollte, wie sich die Gelehrten-Republik — die wie andere große Republiken die Interessen der Führer für Interessen des Ganzen erklärt und zu schützen sucht — zu meinen sprachkritischen Gedanken (einzelne Forscher abgerechnet) gestellt hat. Ich wäre aber nicht ehrlich, wenn ich über diese Erfahrung im Tone grimmiger Bitterkeit reden wollte. Ich freute mich ja des Erfolges: daß mir liebe Schriftsteller und Dichter einige Ideen meiner Sprachkritik zu den ihren gemacht haben; daß einige Sprachforscher und Philosophen, also die Leute, die es angeht, nachweisbar manche Anschauungen nach meiner Sprachkritik korrigiert haben. Daß diese gelehrten Herren meinen Namen gern verschweigen, mag unerfreulich sein für sie selbst, ist mir aber nur nützlich. Was meine kleine Eitelkeit dabei verliert, das gewinnt zwiefach mein großer Stolz.

Es kommt auch vor, daß ein besonders korrekter Gelehrter zwar *die* Sprachkritik als eine neue Disziplin anerkennt, *meine* Sprachkritik aber der öffentlichen Verachtung preisgibt. Zum Ergötzen meiner Leser will ich einen solchen Fall höher hängen. Herr O. Dittrich sagt in seinen „Grundzügen der Sprachpsychologie“ (I, S. 63), die eigentliche Domäne der *Sprachphilosophie* bleibe immer die Sprachlogik, -ethik(?) und -ästhetik, sowie die *Sprachkritik*“, fügt aber in einer Anmerkung hinzu: „Mit der rein negativen Kritik, wie sie F. Mauthner in seinen dreibändigen ‚Beiträgen zu einer Kritik der Sprache‘ auf Grund ebenso unvollkommener sprachwissenschaftlicher wie psychologischer und philosophischer Kenntnis geliefert hat, dürfen *die oben gemeinten Bestrebungen* natürlich nicht verwechselt werden.“ Natürlich nicht! Man muß doch zwischen meiner falschen Sprachkritik und der richtigen unterscheiden!

Nun hat es aber vor meinen „Beiträgen“ irgend ein Buch, das auch nur entfernt so etwas wie eine Disziplin der Sprachkritik gelehrt hätte, nicht gegeben; ja sogar die Wortfolge „Kritik der Sprache“ war nur sehr selten gebraucht worden, die Stellen waren völlig unbeachtet geblieben, bis ich in den historischen Exkursen meines Buches auf sie hingewiesen hatte. Ich kann den Herren (in ihrem Interesse) nur den Rat geben, für die neue Disziplin einen andern Namen als „Kritik der Sprache“ zu erfinden, wenn sie meine Arbeit gar nicht mehr genannt wissen wollen. Es war ja auch ein deutscher Buchhändler, der auf den hübschen Einfall kam, das neu entdeckte *Amerika* nach dem fleißigen Schreiber *Amerigo* Vespucci zu nennen, anstatt nach dem unzünftigen Kolumbus. Herr O. Dittrich, dessen Lebensaufgabe es bisher war, seinen Meister Wundt recht oft „epochemachend“ zu nennen, wäre der rechte Mann für eine solche Namensfindung. Man entschuldige den Scherz: ungerechtes Urteil macht hochmütig.

Stoff.

I.

Beim Stoffbegriff wird uns die Einsicht in das Wesen der Lehnübersetzungen nicht weit führen, trotzdem auch hier wieder ganz klar ist, daß *materia (materies)* als philosophischer Terminus den griechischen Terminus *ὑλη* übersetzte, und daß *Stoff* nach langem Schwanken, das immer noch nicht ganz zur Ruhe gekommen ist, an Stelle von *materia* trat. Aber der Stoffbegriff selbst ist so naiv, so plump, vom Standpunkte unserer Erkenntnistheorie so ordinär, daß ich wirklich keinen Unterschied finden kann zwischen der Vorstellung, die irgend ein Wilder sich vom Stoffe machen mag, und dem Stoffbegriff, wie er seit zweieinhalb Jahrtausenden sich in der Philosophie herausdestilliert hat. Ich will die Wortgeschichte darum ganz kurz abtun.

Griech. *ὑλη* hieß bekanntlich ursprünglich (was man so ursprünglich nennt) ein Gehölz, dann das gefällte Holz, das *Nutzholz*, insbesondere das Holz, woraus gebaut wird; in weiter und weiter schweifender Metapher anderer *Baustoff*, wie Stein und Metall, endlich im Gegensatze zur *Form* jeder Inhalt, auch der geistige Inhalt, z. B. *ὑλη τραγικη*.

In allen diesen Bedeutungen gebrauchten die Lateiner ihr Wort *materies* oder *materia*: Nutzholz, Bauholz, weiter: Nahrungsstoff, Grundstoff, *Baumaterial*, Mauerkalk, sogar Eiter*materie (materia peccans*, in meiner Jugend noch von Ärzten gesagt), Brennstoff, Zündstoff, d. h. Anregung, Ursache, schließlich auch die geistige Anlage, das Naturell und der *Stoff* einer geistigen oder künstlerischen Tätigkeit.

Das deutsche *Stoff* ist etymologisch nicht ganz sicher erklärt. Nach Diez das lateinische *stuppa (Werg)*, das, womit ausgestopft wird; *stuppa* wäre in germanischen Sprachen zu *Stoff* geworden und dann erst zu den Romanen als *étoffe* zurückgekehrt.[1]) *Materie* wurde aber erst im 17. Jahrhundert, ganz erfolgreich erst im 18., mit *Stoff* übersetzt. Ganz genaue Lehnübersetzung durch *Holz* hatte Eckhart versucht; ebenso vorher schon Notker, der *Materie* mit *Zimber* wiedergibt; das heutige *Zimmer* entsprach im Ahd. ganz genau dem griechischen *ὑλη*, es war, wie heute noch das englische *timber*: Nutzholz, Zimmerholz, dann überhaupt Material, *Stoff*, auch figürlich. Auf ein anderes Blatt gehört es, daß *timber* ebenso wie *materia* und *materials* weitaus verdrängt wurde durch die eigentümlich englische Bildung *matter*.

Was ist nun das, was die Philosophen der Griechen, der Römer und

---

[1]) Die Sippe ist in den romanischen Sprachen recht ausgebreitet (z. B. franz. *éteuf*, ausgestopfter Ball, *étouffer*, ersticken, ital. *tuffo*, Dampf, *stoffa*, Zeug, span. *estofar*, Kleider füttern usw.); doch machen neuere Forscher zu diesen Beziehungen ihre Fragezeichen. Jedenfalls geht das Wort viel weiter zurück, da schon griech. *στυππη* Werg heißt, von *στυφειν*, dicht machen, vielleicht ein Schifferausdruck, wer weiß von welchem Volke entlehnt.

des neuen Abendlandes wie die schlichteren Denker des Feuerlandes das *Material*, den Stoff eines Kunst- oder Naturprodukts nennen? Ich will nämlich wirklich darauf ausgehen, nicht mehr und nicht weniger als die Sprachlichkeit, Menschlichkeit, Unfaßbarkeit dieses Begriffes nachzuweisen und damit wieder einmal die Unfaßbarkeit der Begriffspaare oder Begriffsgegensätze: *Stoff* und *Form*, Stoff und Kraft, Materie und Geist. Und als kleines Beispiel dafür, wie solche Untersuchungen nicht ganz wertlos zu sein brauchen, weil sie sogar auf das Gebiet der Jurisprudenz oder des Geldwerts hinüberstreifen, erinnere ich daran, daß nach römischem Recht Eigentum erwarb, wer einem *Material* eine neue, etwa künstlerische *Form* gab, und daß das neueste Recht ratlos und wortabergläubisch vor der Frage steht, ob Diebstahl an elektrischer Kraft möglich sei oder nicht.

Die Sprache ist immer materialistisch und kann nicht einmal ordentlich sensualistisch sein. Die Sprache zählt immer noch die fünf Sinne auf, trotzdem die Vitalempfindungen ohne genaue Kenntnis des entsprechenden Nervenorgans hinzugekommen sind, weiter die Bewegungsempfindungen, trotzdem der ehemalige Tastsinn sich hat gefallen lassen müssen, in Temperatursinn und Berührungssinn, dieser wieder in Tast- und Drucksinn auseinandergelegt zu werden, und trotzdem Geschmack und Geruchssinn wiederum sehr nahe zusammengerückt sind.

Hätten wir nun eine philosophische Sprache zu schaffen und in dieser die Ursachen unserer Sinnesempfindungen mit einem gemeinsamen Worte auszudrücken, so wüßten wir, woran wir sind: *Stoff*, *Materie*, Wirklichkeit wäre, was der normale Mensch mit seinen Sinnen wahrnimmt. Das Weltbild des normalen Menschen braucht ja nicht das reichste oder das beste Weltbild zu sein; die Magnetnadel und jeder Kupferdraht haben Sinne, die den normalen Menschen fehlen.

Nun haben die historischen Sprachen aber diesen Weg nicht eingeschlagen. Sie haben die Ursachen der Sinnesempfindungen nach dem sehr brutalen Einteilungsgrunde der räumlichen Entfernung geschieden in *Stoff* und in etwas anderes. Stoff, Materie war zunächst ganz gewiß, was unmittelbar den Tastsinn anging. Was mit den Fingern betastet, betippt werden kann, das ist *Stoff* und darum ein Körper. Und darum heißt eine wesentliche Eigenschaft der Körper die Undurchdringlichkeit, die doch nur eine Eigenschaft des Raumes ist.

Zur Berührung mit Stoffen oder doch mit kleinen Stoffteilchen kommt es auch beim Geschmacksinn und beim Geruchsinn. Der Geruchsinn kann noch auf einige hundert Meter vom Stoffe affiziert werden; unter Umständen auf weitere Entfernung als das Gehör vom Schalle affiziert wird. In den meisten Fällen jedoch dringt der Schall weiter als ein Duft oder Gestank und darum heißt die Ursache des Schalls seit altersher nicht *Stoff*. So naiv bildete die Sprache seit jeher ihre Vorstellung vom Stoffe. Diesen Unterschied machte man ja schon zu einer Zeit, als ätherische Öle noch unbekannt, als der Nachweis des Gewichtsverlustes durch Präzisionswagen noch nicht gesichert war. Das Bibbern der Glocke erregte durch die Luft hindurch die Schallempfindung in unserm Gehör. Was war die Ursache dieser Empfindung, wenn es kein Stoff war? Beim Schall fand man ein Wort dafür bald genug. Man nahm den Weg der Fortpflanzung, also einen Raumbegriff ganz unlogisch für die Ursache, die doch zuletzt etwas Materielles sein mußte. Und für den Weg setzte man noch dazu das Bild von der Wegform, den Bildvergleich mit der Wellenbewegung, die im Teiche entsteht, wenn ein Stein hineingefallen ist. Das wissenschaftliche Gewissen fragte weiter nach dem Oberbegriff: was ist Wellenbewegung, wenn sie nicht Stoff ist? Eine *Kraft*. Das ging ein paar hundert Jahre, bis der Kraftbegriff analysiert und zerfasert war und nicht mehr recht passen wollte. Seitdem ist der Oberbegriff wieder anders benannt worden: Arbeit oder auch *Energie*. Was nicht Stoff ist, und dennoch direkt oder indirekt auf unsere Sinnesorgane wirkt, das ist Energie.

Aus unendlich weiterer Entfernung als der Schall affiziert das Licht sein spezifisches Organ, auf ungezählte Millionen von Meilen weit. Was ist die Ursache dieser Lichtempfindungen? Ein Stoff oder eine Energie? Vor zweihundert Jahren wurde darüber gestritten wie über die Personen der Dreieinigkeit. Newton sah im Lichte bekanntlich einen Stoff. Aber sogleich wurde gegen diese „Kanonade von Lichtteilchen" durch Huygens die Lehre von den Wellenschwingungen des Lichts aufgestellt. Nicht sobald einigten sich die Forscher. Noch Euler verteidigte Huygens mit einem Gedankengange, der dem hier eingeschlagenen ein wenig ähnelt. Wir riechen die Teilchen, die sich von einem flüchtigen Körper lösen. Beim Hören löse sich nichts vom klingenden Körper ab und beim Fühlen müsse man den Körper selbst berühren. Die Entfernung sei beim Tasten null, beim Riechen klein, beim Hören bedeutender, beim Sehen am allergrößten. Es sei deshalb wahrscheinlicher, daß dieselbe Art der Fortpflanzung für Schall und Licht bestehe, als daß Geruch und Licht in derselben Weise fortgepflanzt werden sollten (Die Wärme, von John Tyndall, 4. Aufl., 331). Ich scherze nicht bloß, wenn ich sage, Euler hätte seinen Wahrscheinlichkeitsbeweis damit unterstützen können, daß die Sprache Gehör und Gesicht, als die höheren Sinne gegenüber den niederen, zusammenfaßt. Denn wir werden gleich sehen, daß physikalische Theorien, sowie man über die Beschreibung hinauskommen will (was doch erst Theorien gibt), ja sogar schon in statu nascendi der Beschreibung, von der Sprache, von der Gemeinsprache abhängig sind.

Die Ursache unserer Licht- wie unserer Schallempfindungen ist also eine *Energie*. Es ist etwas in unserm Sprachgefühl, was diese Worte nicht recht mag. Jawohl, die Ursache der einzelnen Erscheinungen von Schall und Licht, besonders von Schall mögen Energien sein. Aber das Licht, das Sonnenlicht, die Sonne, ja, das ist doch mehr. Sagen wir: eine *Energiequelle*. Eine Quelle, ein Vorrat, wobei noch das Herunterströmen der Quelle von oben sehr gut mit dem höhern Niveau anderer Energien sich verträgt. Die dann wieder besondere Energiequellen haben? Wenn aber Licht und z. B. Elektrizität eine und dieselbe Bewegung ist, wie dann? Brot und Mehl aus der gleichen Vorratskammer?

Und seit einigen Jahren wird die elektrische Energie, die doch ganz gewiß eine und dieselbe ist mit der Lichtenergie, wieder als *Stoff* aufgefaßt. Wir halten wieder bei der Kanonade von elektrisch geladenen oder elektrischen Atomen oder Molekülen, bei der Kanonade von Elektronen und Ionen. Die Geschwindigkeit von 300000 km in der Sekunde, d. h. von 300000×1000×1000 mm in der Sekunde, schreckt die Physiker nicht mehr. Die Unterscheidung, welche von der Gemeinsprache zwischen nähern und entferntern Ursachen gemacht wurde, wird augenblicklich von den besten Fachleuten nicht mehr beachtet; die entfernteste Ursache unserer Sinnesempfindungen ist wieder zu *Stoff* geworden. Und zwischen der stofflichen Ursache der niedern Sinne einerseits und des Gesichts anderseits steht einsam und traurig der Gehörsinn, dem kein Stoff sich mitteilt. Weil nämlich das Medium des Gehörs die Luft ist, das Medium des Gesichts aber der Äther. Wir haben also die stoffliche Ursache des Schalls nach ihrer Wegform benannt. Wir haben die stoffliche Ursache des Lichts, welches aus unbekannten Weltgegenden auf unsere Erde gelangt, auf den gleichen Weg und eine ähnliche Wegform gewiesen. Wir kennen die Weltgegend nicht, auch den Weg nicht. Aber er ist mit Äther gepflastert.

Nun aber hat die Physik, die die entferntesten Sinnesdaten materialisiert hat, die allernächsten entmaterialisiert, fast vergeistigt. Die beiden Empfindungen des ehemaligen Tastsinns brauchen ihre Ursachen oder ihre Ursache nicht mehr als Stoffe anzusprechen. Wärmesinn und (sagen wir) Körpersinn läßt nur noch auf Energien schließen, nicht auf Stoffe. Die innere Molekularbewegung (Wessen? Der Körper? Aber die sind doch nicht zweimal auf der Welt? Einmal als Körper und einmal als Molekularbewegung von Energiezentren?) wird hier von unserm Hautsinn, dort vom Quecksilber im Thermometer als die und die Temperatur registriert, geordnet, empfunden, wie ein bestimmtes anderes Getrommle vom Ohre als *Cis* geordnet wird, wie wieder ein anderes Getrommle vom Auge als *Grün*. Wärme ist Energie. Aber auch, was der Tastsinn betippt, der harte Körper zwischen unsern Fingern, auch das ist eine Wirkung von Energien. Die alte Undurchdringlichkeit wird zu einem Phänomenon für den Tastsinn. Also: die Elektrizität, für die der normale

Mensch kein Organ hat, ist ein Stoff: man erklärt sie, nach dem Muster der „überwundenen" Newtonschen Lichtstrahlentheorie, aus Ionen und Elektronen (und streitet über die Bedeutung beider Begriffe); der Stoff aber, der alte, wohlbekannte Stoff, der Körper, der ist nicht stofflicher Art. So schwankt die Bedeutung der obersten Begriffe in extremen Gegensätzen hinauf und hinab in der Geschichte der Philosophie, in der Geschichte der Wissenschaften, solange wir sie im Zusammenhange zu überblicken vermögen, seit dritthalb Jahrtausenden. Und es ist immer nur eine Geistesmode, wenn die jeweilig Modernen im Stoffe bald das *Sein*, bald das *Nichtsein* erblicken, im Sein bald den *Stoff*, bald den *Nichtstoff*. Wenn das Stundenglas der Sanduhr abgelaufen ist, dann wird sie umgedreht. Die freiesten Köpfe höchstens besinnen sich alle paar Hundert Jahre einmal darauf, daß *Stoff*, *Materie*, *ὑλη* ursprünglich wie bei Platon ein bildlicher Ausdruck war, vom Zimmerholz der Zimmerleute hergenommen. Die faule Vernunft, *pigra ratio*, *ἀργος λογος*, haftet an dem bildlichen Worte. Augustinus nennt *hylen* quandam informem *materiam*; Paracelsus erfindet sich eine Urmaterie aus *ὑλη* und *astrum* und nennt sie *yliaster* oder *hyaster*. Die deutschen summi philosophi Schelling und Hegel haben durchaus studiert, was die Cartesianer über Materie und Raum, was die Engländer über Materie als Gedankending gelehrt haben und kommen hilflos zu Definitionen wie: „etwas, was den Raum erfüllt" und: *dauerndes Etwas*. Erst in unsern Tagen setzt langsam die Sprachkritik ein und erkennt, daß Stoff und seine Gegensätze nur verschiedene Auffassungsweisen der gleichen Wirklichkeit sein können. Wundt erkennt, daß Materie nur ein Begriff sei; Mach, daß „das Ding, der Körper, die Materie nichts sei außer dem Zusammenhang der Farben, Töne usw., außer den sogenannten Merkmalen." Ich habe die gleiche Vorstellung so zu fassen gesucht, daß es in der Wirklichkeitswelt, in unserm psychischen Erleben also, nur Adjektive gibt; aber keine Substantive oder Stoffe und auch keine Verben oder Kräfte.

Und jetzt wende ich mich hart gegen diesen eigenen Orientierungsversuch und sage: auch diese, wie ich glaube, klarste und vorläufig letzte Einsicht in das Wesen des Stoffbegriffs ist nur menschlich, ist nur sprachlich, geht nur auf die Sprache, geht die Natur nichts an.

Wie der Mond sich nicht darum kümmert, wenn der Hund ihn anbellt, so die Natur nicht, ob die armen Menschen sie mit materialistischen Worten beschreiben oder mit idealistischen. Auch der Hund bellt den Mond nur an, weil er ihn mißversteht, weil er ihn für eine große Laterne hält mit einem Menschen dahinter, anthropomorphisch, kynomorphisch. Auch Kritik der Sprache kann nicht an die Natur heran; sie weiß es nur besser und bellt und spricht sie nicht mehr an.

In diesem Gedankengange, den man wieder einmal mit den Worten

„nihilistisch“ oder „verzweifelt“ zu brandmarken glauben mag, weil er resigniert, in diesem Zusammenhange möchte ich einmal wieder den Einwurf der Bahndirektoren, der Ingenieure, der Pastoren und derWeichensteller zurückweisen: unsere wissenschaftliche Sprache könne denn doch nicht ganz machtlos sein, weil wir mit ihrer Hilfe zu elektrischen Eisenbahnen usw. gekommen wären. Wieder einmal: nicht durch die Sprache kommen wir an die Natur heran, sondern immer sprachlos; zwei Bilder von der Natur besitzen wir: das naive des Feuerländers, der aus *ὕλη* sein Haus, seine Kleidung und seine Nahrung bereitet, und das mathematische des Physikers, der die Verhältnisse (ohne zu wissen, ob sie Verhältnisse von Stoffen oder Kräften sind) in Zahlen gemessen hat. Zahlen, bis zum Symbol des Differentials hinauf sind aber keine Begriffe, kein Worte. Zahlen schweigen.

II.

Ich habe versprochen, nicht nur die Unfaßbarkeit des Stoffbegriffs aufzuzeigen, sondern auch die menschliche Gebrechlichkeit, die Leere der Gegensatzpaare *Stoff—Form*, *Stoff—Kraft*, *Materie—Geist*.

Es gab eine Zeit, in der man sich bei dem Gegensatze von Stoff und Form etwas zu denken glaubte; es waren die tausend Jahre der Herrschaft des Aristoteles. Die Form war ein aktives Prinzip, der Stoff ein passives; die Form war das Männchen, der Stoff war das Weibchen; zusammen zeugten sie die Einzeldinge. Man wußte wohl unklar, daß es einen Stoff ohne Form, einen ungeformten Stoff ebensowenig gab wie eine Form ohne Stoff. Einerlei, die Schule unterschied an jedem Einzelding das Was und das Wie, den Stoff und die Form. Man hätte sich aber schon damals herbeilassen können, die Relativität beider Begriffe zuzugestehen. Doch der neue Sprachgebrauch, den wir erkenntnistheoretisch nennen, kann sich damit nicht begnügen. Stoff ist ja die Ursache unserer Empfindungen. Holbach drückt es klar aus, wie denn der Materialismus sich niemals dem Festnageln entzieht: „La *matière* en général est tout ce qui affecte nos sens d'une façon quelconque.“ Aber wir haben vorhin gesehen, daß auch das nicht einmal wahr ist, in keiner Sprache wahr ist. Nur was den Tastsinn, den Geschmack und den Geruch affiziert, heißt Stoff oder hieß so vor dem Auftreten der Energetik. Was das Gehör und den Wärmesinn affiziert, ist etwas anderes, ist Bewegung im Raume, ist also Wegform. Was das Gesicht affiziert, war hundert Jahre lang Stoff, ist jetzt als Farbe Wegform, ist als Gestalt reine Form. Man vergesse nicht, daß der strenge Dualist Descartes und nach ihm Spinoza, aber auch noch Wolf die Materie mit der Ausdehnung gleich oder fast gleich gesetzt haben; sie mußten immer der Materie irgend eine Eigenschaft (die *Kraft* des Widerstandes) beifügen, um die Materie vom *Raume* unterscheiden zu können, der *Form* gewesen wäre. Es ist so: damit der Stoff nicht mit seinem Gegensatze

Form zusammenfiele, mußte ihm sein anderer Gegensatz zu Hilfe kommen, die Kraft. Die Sanduhr wurde umgedreht.

Man könnte die Kraft spielerisch die innere Form nennen. W. v. Humboldt hat ja das Wort *innere Sprachform* für *Sprachgebrauch* geprägt, und das Wort hat Glück gehabt. Man könnte ebenso von einer inneren Tierform, einer inneren Pflanzenform, einer inneren Kristallform usw. reden. Wenn sich nur etwas dabei denken ließe.

Das Gegensatzpaar *Stoff* und *Form* gehört dem Altertum an, wurde von Aristoteles aufgebracht und beherrscht die ganze Scholastik, nachdem *forma* in die Ideenlehre Platons ein- und untergegangen war. In der Metaphysik des Mittelalters gibt es so viele *formae*, wie es Kräfte gab in der metaphysischen Physik der jüngsten Zeit. Aus der hat sich dann das Gegensatzpaar *Stoff* und *Kraft* entwickelt, das zur Zeit von Moleschott und Büchner dem ungläubigen Halbgebildeten ebenso einfach die Welträtsel löste wie heute Häckels Monismus dieses Geschäft besorgt. Aus dem notwendigen Haß gegen die Kirche ist jede solche Bewegung hervorgegangen. Der gleiche Haß darf uns nicht hindern zu erkennen, daß der Kraft- und Stoffmaterialismus die Metaphysik des liberalen dummen Kerls war.

Wie es einen ungeformten Stoff nicht geben konnte, wie Stoff ohne Form, Form ohne Stoff unvorstellbar blieb, so gibt es auch keinen Stoff ohne Kraft, keine Kraft ohne Stoff. Aber die Begriffe Form und Kraft kommen von entgegengesetzten Ausgangspunkten her. *Forma* war zuerst die äußere Gestalt, und die Bedeutung mußte viele Verrenkungen durchmachen, bevor *forma* zur *quidditas* rei werden, bevor die *forma substantialis* (*ειδος ουσιωδης*) gedacht werden konnte. Dahingegen nahm der Kraftbegriff seinen Ausgang von dem menschlichen Gefühl der eigenen Muskelkraft. Das wußten schon Galilei und Locke. Aristoteles besaß den Begriff noch nicht. Langsam bildeten sich in der Scholastik die *formae* aus, die endlich *qualitates occultae* hießen. Erst nachdem in der Mechanik die Verhältnisse der Bewegungen gemessen worden waren, suchte man ein Wort für diese geheime Eigenschaft, für die Ursache der Bewegung. Man suchte lange. *Vis*, *impetus*, *conatus*, *effort*, *force*, *Kraft*. Die Metaphysik von Leibniz sieht in der *force* noch ein Mittelglied zwischen dem *Vermögen* zu wirken und dem Wirken selbst. Wolf, auf dessen Bedeutung für die deutsche Terminologie R. v. Raumer zuerst gegen J. Grimm hingewiesen hat, definiert endlich *Kraft* als die Quelle der Veränderungen, als den Grund der Bewegung. Da könnten wir eine hübsche Unterscheidung aufstellen: *Stoff* ist die Ursache unserer Sinnesempfindungen, genauer die Ursache jeder Änderung unserer Empfindungen; *Kraft* ist die Ursache, die letzte Ursache der Änderungen zwischen den Außendingen, in einem Spezialfall also auch die letzte Ursache der veränderten Beziehungen zwischen dem Außendinge und unserm Sinnesorgane. Kräfte bewirken also die Bewegung der Billardkugeln, Kräfte bewirken es aber auch, wenn die Dinge uns schwer, hart, warm, süß, duftig, laut, hell erscheinen. Wir werden bald sehen, und wir haben schon gesehen, daß die Kräfte da soviel für uns getan haben, daß für den Stoff zu tun nichts übrig bleibt.

Aber die Metaphysik der Kräfte spricht längst nicht mehr die neue Sprache. Schon D'Alembert wollte den metaphysischen Kraftbegriff eliminieren. Kirchhoff mit seiner berühmten Forderung, zu beschreiben und nicht zu erklären, will dasselbe. Czolbe leugnet die Existenz von Kräften, deren Begriff nur aus Bequemlichkeitsrücksichten gebraucht werden möge. Und Mach erklärt die Anwendung des Kraftbegriffs für Fetischismus.

Die Herkunft des menschlichen Kraftbegriffs vom Gefühl der eigenen Muskelkraft verrät sich in einem merkwürdigen Zusammenhange metaphysischer und grammatischer Bedeutungswandlungen des Wortes *subjectum*. Aristoteles hatte die *ὑλη το πρωτον ὑποκειμενον* genannt. Meine Leser wissen, daß *ὑποκειμενον* von der Scholastik mit *subjectum* übersetzt wurde, und daß dieses Wort ziemlich genau den Sinn hatte, den wir jetzt mit *Objekt* verbinden. Der Satz des Aristoteles wurde auch von Thomas v. Aquino (wie früher von andern) sorgfältig übersetzt: materia est *primum subjectum* ex quo aliquid fit per se. Es liegt nicht an mir und auch nicht an der Mangelhaftigkeit historischer Vorarbeiten, wenn sich nicht ganz eindeutig aussprechen läßt, worauf ich hinweisen möchte. Die ontologischen, logischen und grammatischen Beziehungen waren durch die Jahrtausende durcheinander gewirrt, und sind heute noch nicht entwirrt. Es ist nicht anders: Aristoteles selbst hat nicht klar unterschieden, ob seine Kategorien ontologischer, logischer oder grammatischer Art seien. Und daran hat sich bis heute nichts geändert, trotzdem jedes Schulkind heute die Begriffe Subjekt und Prädikat hin- und herwirft. Platon, der keine Grammatik gelernt hatte, hat dennoch das Wesen des Satzes richtiger durchschaut; ihm war das Substantivum, das substantielle nomen, *ὀνομα*; das Prädikat, das verbum war ihm das nicht Substantielle, das Fließende, *ῥημα*. Als nun nach Aristoteles die Grammatik als besondere Disziplin aufkam, erhielt der grundlegende Redeteil und der grundlegende Satzteil die Bezeichnung *ὑποκειμενον, subjectum*. Und wenn heute in den Sätzen oder Urteilen: „Ich sehe den Baum, die Sonne erwärmt die Erde" die Vorstellungen ich, die Sonne *Subjekte* heißen, die Vorstellungen Baum, Erde *Objekte*, so versteckt sich hinter diesem wohlbekannten Sprachgebrauch der Schule eben die Wirrnis, die *Subjekt* und *Objekt* ihre Bedeutungen vertauschen ließ. Thomas mußte noch den Stoff das *erste Subjekt* nennen; und heute führt die feinste Untersuchung über die Urteilsfunktion dazu, dem *Subjekte* (im Satze, also im Urteil) Kraft zuzusprechen. Jerusalem sagt (Urteilsfunktion S. 156): „Was einmal die Subjektsfunktion übernimmt, ist Kraftzentrum, und zwar objektiv vorhandenes Kraftzentrum, und als dessen potentielle oder aktuelle Wirkungen werden die Vorgänge, die Tatsachen, die Gesetze des Geschehens gefaßt.“ Ontologisch ist das Subjekt zum Objekt geworden, logisch und grammatisch der Stoff zur Kraft.

Ich mache noch einmal (vgl. Art. *objektiv*) die Bemerkung, daß wir vielleicht gut daran täten, einen Rücktausch der Begriffe Subjekt und Objekt vorzunehmen und so zu dem Sprachgebrauche der Scholastiker ohne Scheu zurückzukehren.

Die gesamte neuere Philosophie, aber auch alle besonnene Naturwissenschaft hat so den alten Stoff als ein Gedankending betrachten gelernt. Die termini wurden aus dem Altertum hergenommen, besonders aus dem Neuplatonismus, der die Materie schon als Emanation des geistigen Urwesens aufgefaßt hatte. Scotus Erigena geht im Jonglieren mit den Begriffen bis zum Äußersten; die Materie, eigentlich doch eine Abstraktion von den Körpern, ist ihm unkörperlich, eine *privatio*, die Materie, außer der wir keine Substanz kennen, ist ihm keine Substanz. Doch die Einsicht kam erst mit der Neuzeit: auch der Stoff ist nur ein abstractum, ist corpus generaliter sumptum (Hobbes, De corp. VIII). Ebenso ist für Locke die Materie nur eine Abstraktion, für Hume eine bloße Fiktion, existiert für Berkeley natürlich bloß im Bewußtsein. Die neueste Anschauung, die die Elemente des Stoffs zu Kraftmittelpunkten macht und die jetzt als Energetik namentlich die Disziplinen der jüngsten Physik beherrscht, findet sich schon bei Lotze klar ausgesprochen. Materie sei eine Hypothese, die bloße Erscheinung diskreter Atome, die wieder unausgedehnte Mittelpunkte von Kräften sind. So ist das Ende vom Lied: Kraft ist die Ursache einer Erscheinung, Stoff ist die Ursache einer Empfindung; weil aber jede Empfindung auch eine Erscheinung ist, so ist Kraft der Oberbegriff von Stoff; wenn wir nur wüßten, was eine Ursache ist.

Das dritte Gegensatzpaar, das wir zu betrachten haben, ist so ernst nicht zu nehmen. Der tyrannische Sprachgebrauch hat zu zwei Formen des Ausdrucks geführt: *Körper* und *Seele*, *Materie* und *Geist*. Solange der Materialismus in seiner Armut ehrlich und darum schamlos war, kindlich frei von jeder Erkenntnistheorie, solange schien dieser Gegensatz einiges Licht auf den Stoffbegriff zu werfen. Seelen, Geister existierten nicht, waren Gespenster; die Körper allein existierten und existieren als ihr Stoff noch einmal. Philosophen und Jesuiten — das muß den Jesuiten gelassen werden — rückten nun diesem alten Materialismus so lange seine Armut vor, bis seine Vertreter zu verschämten Armen wurden und die Welt- und Lebensrätsel durch ein neues Wort zu lösen suchten, den *Monismus*. Es gibt einen Monistenbund, wie es politische

Bezirksvereine gibt. Man schämt sich seiner Nacktheit und zitiert Kant, den man nicht kennt. Man zuckt die Achseln über Büchner und sagt: Erkenntnistheorie. Man nennt die Sache auch: Panpsychismus. Man weiß nicht, daß der Panpsychismus so alt ist wie die Tatsache: bedeutende Denker können auch ein bißchen Dichter sein. Paracelsus, der in allen Dingen *spiritus* sah, Kepler, der die Gestirne beseelte, Fechner, dessen Tagesansicht träumend eine Allbeseelung lehrte, das waren Dichter, und ihr Panpsychismus war eine schöne und reiche Weltanschauung; der nüchterne Panpsychismus unserer Tage ist verschämt und armselig.

Das Ineinanderfließen des Stoffbegriffs und des Formbegriffs ist veraltet; das Ineinanderschwebeln des Stoffbegriffs und des Geistbegriffs ist totgeboren; das Verhältnis von Stoff und Kraft jedoch gehört noch zu den Problemen unserer Zeit. Hätte man den Stoff als Ursache von Sinnesempfindungen und die Kraft als Ursache aller Erscheinungen nicht durch Jahrhunderte einander entgegengesetzt, dann hätte längst die Erhaltung der Kraft logisch aus der Erhaltung des Stoffs hervorgehen müssen. Die *Erhaltung des Stoffs* war schon von Lucretius und wieder von Francis Bacon klipp und klar gelehrt worden; dennoch konnte noch in der Mitte des 19. Jahrhunderts um die Entdeckung der Krafterhaltung ein häßlicher Prioritätskampf entstehen, bei dem wieder einmal nationale und individuelle Eitelkeiten ausbrachen, wie Mach schön und menschlich auseinandergesetzt hat. Ich weiß wohl und habe es (denke ich) allgemein genug begründet, daß der Fortschritt des Wissens nicht auf dem Wege der Logik vor sich gehen kann. Die geniale Monomanie von Robert Mayer, die technische Nüchternheit von Joule und die mathematische Klarheit von Helmholtz mußten zusammenwirken, um den allgemeinsten Satz vom Stoffe überzeugend auf die Kraft zu übertragen; aber hier, wo ich immer nur Sprachkritik treibe, darf doch wieder einmal darauf hingewiesen werden, wie die Begriffe der Sprache den Fortschritt aufgehalten haben. In ähnlicher Weise scheint mir der Kraftbegriff und das Wort *vis inertiae* hundert Jahre lang die Einsicht in das Wesen der *Trägheit* aufgehalten zu haben. (Vgl. Planck „Prinzip“.)

Und heute liegt es so, daß der Streit um den Stoffbegriff, der einst zwischen Idealisten und Materialisten, zwischen Philosophen und Naturforschern geführt wurde, — daß der Streit um den Stoffbegriff innerhalb der physikalischen Forschung geführt werden müßte und nur darum nicht geführt wird, weil die besten Forscher zu solchem Streite keine Zeit haben. Fast jede einzelne Disziplin der Physik setzt einen andern Stoff voraus. Die Mechanik hat es allein mit Massen zu tun, die mehr und mehr mit ihren Gewichten zusammenfallen; die Chemie hält an der Atomenhypothese fest, läßt den Stoff aus wägbaren Atomen bestehen und feiert mit dieser Hypothese ihre Triumphe; die Disziplinen der Wärme, der Elektrizität, des Magnetismus und des Lichts nahmen noch vor kurzem unwägbare Materien an (die Elektrizitätslehre scheint sogar zu wägbaren Atomen, den Ionen, zurückkehren zu wollen) und haben seit ihrer ideellen Vereinigung alle diese unwägbaren Materien durch etwas zu ersetzen gesucht, was Eigenschaften des alten Stoffs und der alten Kraft vereinigt. Und dazu die Hypothese vom *Äther* nicht aufgegeben, von dem wirklich niemand sagen kann, ob er ein Stoff sei oder nicht.

Ich hoffe noch einmal ausführen zu können, was ich bildlich oder besser über die Pflicht der Physik zu sagen hätte, den Hauptbegriff ihrer Beobachtungen zu definieren. Hier wage ich einige Leitworte und gebrauche aus Stilgründen für Kraft doch das Modewort *Energie*.

Was man früher die unwägbare Materie nannte, was sich jetzt als Bewegungsenergie ansprechen läßt, was den Stoff der nähern Sinne zu verdrängen strebt, das ist der Äther, *in* dem oder *an* dem alle diese Bewegungen gedacht werden. „In dem oder an dem"; die Präpositionen sind wohl schwerlich *in* oder *an* der Wirklichkeit. Und ich kann nicht finden, worin der Äther sich so sehr von dem Raume unterscheidet, den er ausfüllt. Raum und Stoff sind so untrennbar, daß unräumlicher Stoff undenkbar ist. Und ebenso untrennbar sind Kraft (die Ursache einer Wirkung) und Zeit. Zeit und Raum verhalten sich wie Kraft und Stoff. Raum ist immer, Zeit ist überall. In den sichersten und wichtigsten Formeln der mathematischen Physik verschwinden Kraft und Stoff, treten die Maße von Zeit und Raum ein. Raum kann nicht verbraucht werden, ist also unzerstörbar wie der Stoff. Zeit aber wird verbraucht. Wir leben an den Ufern des Zeitstroms, des unendlichen, wie wir an den Ufern des Stroms von unendlicher Sonnenenergie sitzen; und einen Bruchteil der beiden Stromenergien benützen wir und glauben an ein perpetuum mobile des Weltganzen und reden von einer Erhaltung der Energie und werden vielleicht einmal erfahren, daß die Zeit die Entropie der Welt ist (vgl. Art. *Zeit*).

Strafe.

I.

Mit einem Gefühle, das aus Ärger und Heiterkeit gemischt ist, erinnere ich mich einer Stunde, in welcher ich vor bald vierzig Jahren zum ersten Male einen unglücklichen Versuch machte, meine Gedanken über das Wesen der Strafe vorzutragen. Der vortreffliche A. Merkel hatte ein kriminalistisches Seminar eingerichtet, und im ersten Seminarkolleg sollte ich, nach dem Wunsche des Lehrers, über das Wesen des Eides sprechen. Ich trug, ungeschickt genug, die Ansichten vor, die in diesem Wörterbuche zu lesen sind, und kann nicht sagen, daß ich Beifall gefunden hätte. Merkel rang die Hände. Knüpfte aber doch nachsichtig an den „vernommenen Radikalismus" an und wollte wissen, wie von einem solchen Standpunkte aus der Meineid verhütet werden könnte. Ich war noch nicht gewarnt genug und trug auch noch, wieder sehr ungeschickt, meine Ansichten von dem Wesen der *Strafe* vor. Meine nächsten Freunde rückten von mir ab; nicht etwa wegen der Kühnheit der Ideen, sondern weil sie meinten, ich schädigte durch so unjuristische Schwärmerei das schöne kriminalistische Seminar. Einen ähnlichen Vorwurf machte mir Merkel auf dem Heimwege; bald aber kehrte seine gewohnte gute Laune und Herzlichkeit wieder. In seiner Wohnung hielt er mir eine Pauke, tadelte nicht nur meine Unkenntnis in den Grundsätzen der historischen Schule, sondern auch meine philosophischen Ausgangspunkte. Er lieh mir aus seiner Bibliothek Hegels „Philosophie der Geschichte" und „Phänomenologie"; er empfahl mir beide Werke, warnte aber zugleich davor, mich durch Hegels Begriffskonstruktionen allzusehr von der Beobachtung der Wirklichkeit abziehen zu lassen. Indem ich dankbar der verdienten Pauke gedenke, erinnere ich an diese Worte Merkels besonders darum, weil noch v. Liszt es für wünschenswert erklärt, bei Merkel, „der wie kein anderer auch heute noch die Gedankenkreise der Jüngern beherrscht", den Einfluß Hegels nachzuweisen. Mein verehrter Lehrer war ideell ein Schüler Hegels, real aber ein Schüler Jherings; er hatte sich die Aufgabe gestellt, zwischen der klassischen und der modernen Schule des Strafrechts zu vermitteln.

Klarheit über das Wesen der *Strafe* fand ich weder bei Merkel noch bei Hegel. Hegel spielt doch wohl nur virtuos mit den Begriffen, wenn er im Verbrechen eine Negation des Rechts, in der Strafe eine Negation dieser Negation, also wieder das Recht sieht. Die Strafe sei ein Recht des Verbrechers als eines Mitgliedes der Gemeinschaft. Ich habe auf die Frivolität dieser witzigen Definition schon aufmerksam gemacht (vgl. Art. *recht*); man könnte ebenso sophistisch antworten: nach dem uralten (nicht erst von Ulpianus, sondern schon von Aristoteles herstammenden) Grundsatze *volenti non fit injuria* brauchte man ja dem Verbrecher das Recht auf seine Strafe nicht zu gewähren, könnte an ihm das Unrecht der Straflosigkeit begehen.

Der Begriff der *Strafe* ist nun von den Vertretern der rasch verflossenen Kriminal-Anthropologie und der aufstrebenden Kriminal-Soziologie so scharf kritisiert worden, daß von dem Begriffe beinahe nur der Wortschall übrig geblieben ist; die Vergeltungstheorie des klassischen Strafrechts, d. h. der unter dem Einflusse der Aufklärungszeit entstandenen Strafgesetzbücher und ihrer ältern Kommentatoren, kann als vernichtet betrachtet werden. Was ist aber die *Strafe* in der Ethik (die man ja nicht preisgeben will), wenn sie nicht Vergeltung eines Unrechts ist? Die Strafgesetzbücher werden, vom Standpunkte der modernen Strafrechtler gesehen, zu praktischen Regelbüchern für die Kriminalpolizei und für die Gerichte, die beide (von einem idealen Standpunkt) Kriminalpolitik zu treiben, das Verbrechertum zu bekämpfen haben. Das geschriebene Strafrecht ist ein Teil des öffentlichen Rechts geworden, ein Machtmittel: dieses Strafrecht hat seinem Wesen nach nichts zu schaffen mit dem andern Rechte, das zwischen zwei streitenden Parteien das richtige Recht zu finden hat.

Dieses Strafrecht, mit welchem sich Gesetzgeber, Gelehrte und Richter unaufhörlich beschäftigen, setzt den Begriff der Strafe immer als bekannt voraus; nirgends finde ich auch nur den Versuch, die Frage zu beantworten, was *Strafe* eigentlich sei. Man hätte vorher wohl auch ein ganz anderes *Straf-Recht* begründen oder beweisen müssen: das Recht zu *strafen.* In der Erfahrungswelt trifft man freilich alltäglich die Erscheinung, daß Eltern ein Kind *strafen*, um ihm z. B. Unsauberkeit abzugewöhnen; in der Mythologie trifft man die Vorstellung, daß Gott die Menschen und die Völker für ihre Sünden bestrafe. Die von Gott gesetzte Obrigkeit nahm von dem Erziehungsrechte der Eltern das Vorbild zu einem Straf-Rechte. Zu dem Rechte, jedem der allgemeinen Wohlfahrt schädlichen Menschen ein Übel zuzufügen, eben die Strafe. Früher, da man an die Mythologie dachte, faßte man die Strafe mehr als Vergeltung auf, jetzt mehr als ein Erziehungsmittel. Praktische Gesetzgeber, wie Napoleon einer war, haben gewöhnlich eingesehen, daß sie als Vertreter der göttlichen Gerechtigkeit eine komische Rolle auf Erden spielen und daß es um die Erziehung erwachsener Menschen durch Strafen eine mißliche Sache sei. In der Praxis hat man das psychologische Mittel gegen das Verbrechertum immer wieder in der Straf*androhung* der Gesetzbücher gesehen; die Straf*vollstreckung* war nur die logische Folge der Androhung, die doch sonst ganz unwirksam geblieben wäre. Wirklich mögen manche Martern der alten Strafrechte später nur noch fingiert worden sein; so wurden noch 1813 zu Berlin zwei Brandstifter, die nach dem Gesetze lebendig verbrannt werden sollten, vorher heimlich erdrosselt.

Die Aufklärungszeit (Beccaria) hat das unleugbare Verdienst, viele nichtswürdige Grausamkeiten aus dem Strafvollzuge verbannt zu haben; aber auch die Aufklärungszeit konnte ebensowenig wie die viel tiefere Kriminalsoziologie oder Kriminalpolitik die Frage beantworten: was die Strafe eigentlich sei. Seit Jhering hat man sich daran gewöhnt, in jedem Rechte einen Zweck zu suchen, also auch im Strafrechte. Man sagt jetzt, der Zweck der Strafe sei: den Verbrecher zu bessern oder unschädlich zu machen. Woher aber die Gesellschaft das Recht hernehme, unschädlich zu machen oder zu bessern, das Straf-Recht also, das erfahren wir auch aus dem Zweckbegriffe nicht; denn *das* Recht soll ja sonst über menschliche Interessen erhaben sein, soll außerhalb von Raum und Zeit wohnen.

II.

Bevor ich den Versuch mache, das Straf-Recht über einen andern

Mittelbegriff mit *dem* Rechte in Zusammenhang zu bringen, will ich doch mit einigen Worten eine Vermutung andeuten, wie der Begriff der *Strafe* doch auch mit dem Begriffe eines Zweckes zu verbinden wäre. Der Zweckbegriff liegt, wie wir gelernt haben, allen aktiven Verben zugrunde. Nun wird es meine Leser nicht überraschen, daß ich das Wort *Strafe*, weil es der substantivischen oder der mythologischen Welt angehört, gar nicht zu den Wirklichkeiten rechnen kann; aus dem gleichen Grunde scheint es mir ein vergebliches Bemühen, den substantivischen Begriff *Strafe* einfach definieren zu wollen. Der Begriff, um den es sich handelt, gehört der verbalen Welt an; und wir wissen ohne Definition ganz genau, was wir unter *strafen* zu verstehen haben: das Zufügen eines Übels, das ein Mensch nach unserer Meinung verdient hat.

Ich wage es, die Wortgeschichte von *strafen* für diese Anschauung zu bemühen. Die *poena* der Römer konnte noch recht gut eine substantivische Form haben; das griechische Wort *ποινη*, das da entlehnt worden war, bezeichnete allerdings ursprünglich selbst eine Handlung, die Handlung der *Rache*, der Blutrache, aber schon sehr bald das substantivische Blutgeld, mit welchem für einen Mord Genugtuung, Ersatz geboten wurde. Bildlich konnte lat. *poena* dann jede Strafe sowie eine Geldstrafe bedeuten und als etwas Wirkliches, als ein Substantiv aufgefaßt werden; später konnte schon *poena* das bedeuten, was wir ein Leiden, einen Schmerz, eine *Pein* (Lehnwort nach *poena*) nennen. Der Vollzug der Rache, der Blutrache, war natürlich ebenfalls eine Handlung, aber noch keine bewußt zweckmäßige; man gehorchte bei dieser Handlung mehr dem Zwange einer Reaktion, eines Instinktes, wenn man will, einer gebieterischen Sitte. Den Charakter einer scheinbar oder wirklich zweckmäßigen Handlung nahm das *Strafen* eigentlich erst an, als sich viele hundert Jahre nach der Kodifikation des römischen Rechts auch ein System für die Reaktion gegen Handlungen herausgebildet hatte, die man nach der Zeitanschauung für Verbrechen hielt.

Ohne in diesem Falle an eine Lehnübersetzung zu denken, möchte ich doch die Verbindung zwischen dem deutschen Verbum *strafen* und dem lateinischen Substantiv *poena* durch eine Vermutung herzustellen suchen. Aus dem Lehnworte *Pein*, welches zuerst die *Marter* der göttlichen wie der irdischen Gerechtigkeit bezeichnete und später immer mehr verblaßte, hat sich eine einst größere Sippe entwickelt, zu der auch das Verbum *peinen* gehörte; man braucht nur an das mittelalterliche Strafrecht gemahnt zu werden, um zu wissen, daß *peinen* (wofür wir jetzt lieber *peinigen* sagen) ursprünglich *martern*, quälen bedeutete. Unser *strafen* (früher *straffen*) ist ein verhältnismäßig neues Wort, das im Althochdeutschen noch nicht vorkommt; die Herkunft wird als dunkel bezeichnet. Vielleicht finde ich, wenn das D. W. bis zu diesem Worte fortgeschritten ist, dort eine Unterstützung meiner Vermutung, daß *strafen* von *straff* herzuleiten sei und daß Straffen, das Straffanziehen, also eine Art der Folter bedeutete und dann nach bekannten „Gesetzen" des Bedeutungswandels für *alle* Arten der Folter gebraucht wurde. Für das Mittelalter bestand ja das Strafverfahren aus Folter und aus Marter. Man beachte auch, daß bis in die neue Zeit hinein *peinliches Gericht* und *peinliche Frage* das Strafverfahren unter Anwendung der Folter bezeichneten.[1])

Hatte sich das Verbum *strafen* erst über *peinen* hinweg für lat. *punire* eingebürgert, so konnte das abgeleitete Substantiv *Strafe* leicht für alle Bedeutungen von *poena* eintreten. Und als die christelnde (nicht jüdische und nicht christliche: „Mein ist die Rache") Vergeltungstheorie und das neuzeitliche Strafrecht erst das Wort *Strafe* vorfanden, glaubten sie auch, es müsse etwas Rechtes bedeuten; zugrunde lag aber immer nur der Begriff *strafen* aus der verbalen Welt der vernünftig oder unvernünftig gewollten Zwecke.

[1]) Peinlich ist in seinem Sinne so heruntergekommen, daß der wehleidige Deutsche jetzt (die Entwicklung geht bis auf Luther zurück) darunter einen Vorgang oder einen Anblick versteht, der ihm innerlich unbehaglich ist. Auch für diesen Bedeutungswandel gibt es sehr merkwürdige Analogien. Unser *genierlich* kommt von franz. *gêner*, das zuerst körperlich martern (von hebr. *gehenna*, Hölle) bedeutete, dann moralisch quälen und endlich beengen. Noch wertvoller für unsern Fall ist ital. *strapazzare*, das in vielen Verbindungen gar nicht mehr an schwere Mißhandlung erinnert (uova strapazzate = Rührei, vestito da strapazzo = Hauskleid, *Strapazzier*-Anzug), sogar leicht und schlecht arbeiten (un lavoro) heißen kann, und dennoch von ital. *strappare*, ausreißen, ausrenken herzuleiten ist; und *strappare* ist wohl gewiß unser *straffen*.

III.

Auch ich will nun den Versuch machen, das *Straf-Recht* zu begründen, das Recht der Gesellschaft, ihre Verbrecher zu bestrafen, mit dem übrigen Rechte in begrifflichen Zusammenhang zu bringen; ich fürchte nur, es wird auf einen Widerspruch hinauslaufen.

Die Gesellschaft, der Staat nimmt das Recht in Anspruch, bestimmten Menschen *straffrei* ein Übel zuzufügen, sie an Leben, Freiheit, Vermögen oder Ehre straffrei zu verletzen. Ob die Strafe den Verbrecher unschädlich machen, abschrecken oder bessern will, immer widerspricht die Theorie der Moral Kants, welche ja den einzelnen Menschen immer nur als Selbstzweck, niemals als Mittel betrachtet. Auch dem Naturrecht widerspricht die kaltblütige Hinzufügung solcher Übel, wenn man nicht uralte Begriffe des Rechts zu Hilfe nimmt: das Notrecht, den Notstand, besonders die Notwehr. Beim *Notstande* ist es von den Juristen anerkannt, daß er kein eigentliches Recht begründe, sondern nur einen faktischen Zustand, der bei der Gebrechlichkeit der Menschennatur Straflosigkeit zur Folge habe. Die Gesellschaft oder der Staat verlangen Gleichgültigkeit gegen den Notstand, d. h. Heroismus, nicht von jedem Bürger, sondern nur vom Soldaten und vom Matrosen. Wenn ich mich bei einem Schiffbruche auf ein Brett zu retten suche und dabei einen Menschen, der das Brett umklammert hält, ins Wasser stoße, also töte, so habe ich ohne Recht und dennoch straffrei gehandelt. Die Sachlage liegt bei der Notwehr sehr oft nicht anders; wenn ich einen Einbrecher totschieße, der mir meine Uhr vom Nachttische stehlen wollte, so handle ich ebenfalls straffrei, aber das *Recht* der Notwehr wird in das Verhältnis hinein konstruiert. Der seit Beccaria allgemein geltende Satz, daß Verbrechen und Strafe in einem richtigen Verhältnisse zu stehen haben, wird übersehen, weil man zwischen Notwehr und Strafe unterscheidet. Weil man — im Banne juristischer Begriffe — gegenüber bedrohlichen Akten des Notstandes ein Recht der Notwehr anerkennt, nicht aber ein Recht der Notwehr gegen Akte der Notwehr. Das ist ganz richtig, solange man den Fechtboden der Jurisprudenz nicht verläßt. Wenn der Ertrinkende sich an einen Balken angeklammert hat und ich im Notstande ihn ins Meer zurückstoßen will, um mich selber zu retten, so darf er gegen meinen Akt des Notstandes Notwehr üben und mich straffrei niederstechen. Hat aber ein Einbrecher *rechtswidrig* nach meiner Uhr gegriffen und ich halte ihm meinen Revolver entgegen, so darf er mich nicht straffrei umbringen. Die einen Menschen schädigende Handlung des Notstandes ist nur eine Tatsache, dieselbe Handlung der Notwehr heißt ein Recht.

Verlassen wir aber den Boden der formalen Jurisprudenz, sehen wir den Kampf ums Dasein der Gesellschaft, den Kampf gegen das Verbrechertum als eine Summe von Tatsachen an, dann verwischen sich Notwehr und Notstand, das Recht wird fraglich und das *Notrecht* der Gesellschaft oder des Staates tritt an seine Stelle, das Notrecht, welches Enteignung, Belagerungszustand und alle Ausnahmegesetze entschuldigen hilft. Salus publica suprema lex. Die Aufrechterhaltung des Zustandes, den man das allgemeine Wohl nennt, geht der Allgemeinheit über Recht und Gesetz. Die Kriminal-Soziologie hat uns gelehrt, den Begriff des Notstandes weiter auszudehnen. Hunger begründet sicherlich einen Notstand. Wenn nun durch wucherische Gesetze das Brot verteuert worden ist und zehn hungernde Menschen einen Bäckerladen plündern, so hat der Bäcker gegenüber diesem Akte des Notstandes das Recht der Notwehr und wird in diesem Rechte von Polizei und Militär geschützt. Brechen aber hunderttausend hungernde Menschen im Notstande los, um durch Akte der Gewalt die wucherischen Gesetze abzuschaffen, so heißt dieser Vorgang eine Revolution und schafft neues Recht, wenn die Revolution siegreich gewesen ist.

Ich kehre zu den Rechtsbegriffen zurück, die ein Recht der Notwehr behaupten; jetzt werde ich deutlicher zeigen können, warum das *Straf-Recht* dem Rechte der Notwehr so ähnlich ist. Das deutsche Strafgesetzbuch definiert (§ 53): „Notwehr ist diejenige Verteidigung, welche erforderlich ist, um einen *gegenwärtigen*, rechtswidrigen Angriff von sich oder einem andern abzuwenden.“ Schon diese Definition dehnt das Recht der Abwehr unlogisch genug auf Angriffe gegen andere aus. Das Straf-Recht und das Strafrecht sehen von der Bedingung eines *gegenwärtigen* Angriffs ab und versuchen durch das Strafverfahren sowohl vergangene als künftige Angriffe abzuwenden; die ersten durch das Prinzip der Vergeltung, die letzten durch die Prinzipien der Unschädlichmachung, der Abschreckung und der Besserung.

Es hat eine lange Zeit gebraucht, bevor die Gesellschaft und der Staat dazu gelangten, aus der allgemeinen Notwehr ein System zu machen. Das älteste Strafrecht, die Rache, folgte dem gegenwärtigen Angriff, als Reaktion oder instinktiv, so schnell wie möglich; das Prinzip der Vergeltung wurde unklar mitverstanden und ist heute nicht klarer geworden. Vieltausendjährige Arbeit der menschlichen Vernunft hat langsam dazu geführt, lang vergangene Übertretungen jedes kleinsten Gesetzchens nachträglich zu verfolgen; und neuestens denkt diese Vernunft in der Kriminalpolitik darüber nach, wie künftige Verbrechen wirksamer als durch Abschreckung verhütet werden könnten. Wir haben einsehen gelernt, daß das Strafen unsinnig ist, wenn es nicht eine zweckmäßige Handlung ist.

IV.

Diese wesentlich sprachkritischen Ausführungen leiten vielfach zu den gleichen Ergebnissen wie die Arbeiten der modernen Strafrechtslehre und lehnen die *Vergeltungs*lehre der klassischen entschieden ab. Damit soll nicht gesagt sein, daß ich auch der Wehleidigkeit unserer Zeit, der sogenannten Humanisierung aller Strafen das Wort reden will. Schopenhauer, der Prediger des Mitleids, verteidigte im Strafrecht eine ungemeine Härte. Ist das Strafen ein zweckmäßiges Handeln, so hat es gar keinen Sinn, sobald es voraussichtlich seinen Zweck nicht erreichen kann. Die halben Maßregeln unserer Strafrechte haben dazu geführt, daß der gewöhnliche Richter gegenüber einem geschickten, rücksichts- und skrupellosen Verteidiger wenig Macht mehr hat und daß unsere Gefängnisse für die schlimmsten Verbrecher ihren Schrecken fast verloren haben. Die meisten Tagesfragen, über welche wie über Dogmen gestritten wird, sind Fragen der Zweckmäßigkeit.

Über die Frage der *Todesstrafe* sollte man einmal die Mörder abstimmen lassen; vielleicht würde die Mehrheit den Tod (man könnte ihnen ja Euthanasie gewähren) lebenslänglicher Arbeit im Zuchthause vorziehen. In meinem Gedankengange, der das sogenannte Strafrecht zu einer Machtfrage des Staates zurückverwandelt, wiegen die Bedenken gegen die immerhin seltene Marter der Todesstrafe nicht schwerer als die Bedenken gegen die Martern der blödsinnig zahllosen Freiheitsstrafen. Es handelt sich um eine Frage der Kriminalpolitik. Auch Goethe hat sich — nur ein Loeper konnte das abstreiten — für Beibehaltung der Todesstrafe ausgesprochen. *Nicht* berufen möchte ich mich freilich auf die eiteln Tagesgrößen, welche sich jüngst herdenweise über die Todesstrafe geäußert haben, wie man sonst Rundfragen über Tabakrauchen und den Nachmittagsschlaf aus Eitelkeit zu beantworten pflegt. Über solche Dinge mag und soll man hart urteilen, aber nicht roh: ohne Sentimentalität, aber ohne Frivolität.

Gegen die *Prügelstrafe* sind wieder fast nur sentimentale Bedenken vorgebracht worden. Von niederträchtigen Verbrechen könnte sie wirksam abschrecken. Die Volksmeinung, auf die man sich so gern beruft, ist nur gegen Soldatenmißhandlungen empört, die doch mit der Frage gar nichts zu tun haben, und gegen die brutale Behandlung der armen Teufel, die unsere Gefängnisse füllen. Gegen niederträchtige Verbrecher wendet das Volk die Prügelstrafe als Lynchjustiz gern an, und die Gebildeten tadeln es gar nicht. Natürlich müßte die Prügelstrafe mit besonderen Kautelen umgeben werden, damit die Roheit einzelner Gefängnisbeamten sich nicht austoben könnte; der Vollzieher der Prügelstrafe würde freilich so *unehrlich* bleiben, wie es der Henker in der Anschauung des Volkes noch heute ist.

Was gegen die *Deportation* geredet wird, das kann ich nicht verstehen. Es kann doch nicht bezweifelt werden, daß aus einem Verbrecher nur dann ein brauchbares Mitglied einer Gesellschaft werden kann, wenn er in eine neue Umwelt, in eine neue Gesellschaft versetzt wird. Die neue Bevölkerung von Amerika stammt von Kolonisten, unter denen sich sehr viele Abenteurer und (nach dem Sprachgebrauche der alten Welt) Verbrecher befanden; und diese Amerikaner können sich doch sehen lassen.

Die *Freiheitsstrafe* ist wohl unentbehrlich, trotzdem Liszt über sie das berechtigte Urteil gefällt hat (Kultur der Gegenwart: Systematische Rechtswissenschaft S. 203): „Am Schluß des 19. Jahrhunderts konnte festgestellt werden, daß wir weder wissen, was wir mit der Freiheitsstrafe eigentlich wollen, noch wie sie zu vollstrecken sei.“ Da wir an eine Vergeltung der Tat durch die Strafe nicht mehr glauben, sondern den *Täter* zweckdienlich *strafen* wollen, so müßte die Vollstreckung der Freiheitsstrafe viel besser als bisher nach den Motiven des Täters abgestuft werden. Eine Einteilung der verbrecherischen Motive ist sehr gut von dem Verfasser des schweizerischen Entwurfs (Stooß) versucht worden, dann psychologisch noch feiner von Liszt. Aber die schweizerische Einteilung in edle, achtungswürdige[1]), gemeine und niederträchtige Motive könnte einstweilen der Schablonisierung der Gerichtshöfe ein Ende machen. Es versteht sich übrigens jetzt für alle Fachleute von selbst, daß die massenhaften kleinen Freiheitsstrafen für jede Lappalie und die Umwandlung von Geldstrafen in

[1]) Die moralisch gleichgiltigen Motive (des Leichtsinns, des Übermuts) fehlen.

kleine Freiheitsstrafen dumm, zweckwidrig und schmachvoll für unsere Zeit sind, weil die Gefängnisse sich zu Verbrecherschulen ausgebildet haben.

Bei allen diesen Fragen handelt es sich wesentlich um Abschreckung oder um Unschädlichmachung des Verbrechers; der höhere Zweck der Kriminalpolitik fordert aber Verhütung künftiger Verbrechen durch ökonomische Besserung der sozialen Lage und durch moralische Besserung des verbrecherischen Individuums. Um die erste Forderung hat die Kriminal-Soziologie sich verdient gemacht. Die moralische Besserung als Zweck der Strafe wird jetzt von humanen Gefängnisleitern und etwas vorsichtiger auch von modernen Strafrechtlern in den Vordergrund gestellt.

V.

Die Verhütung künftiger Verbrechen durch Besserung der sozialen Verhältnisse hat eigentlich schon Beccaria gefordert, da er am Schlusse seines Buches „Über Verbrechen und Strafen" den Satz aufstellt: „Das sicherste aber schwerste Mittel, Verbrechen zu verhüten, ist die Vervollkommnung der Erziehung"; er denkt dabei an die Pädagogik Rousseaus. Die Verantwortung wird der Gesellschaft und ihren Einrichtungen seitdem von allen Sozialreformern immer leidenschaftlicher zugeschoben; diese Einseitigkeit ist schon von Merkel parodiert worden mit den Worten: „Nicht die Gesellschaft ist berufen, Anklage gegen den Verbrecher zu erheben, sondern dieser gegen die Gesellschaft" (Vergeltungsidee und Zweckgedanke im Strafrecht). Ich gestehe, daß ich an ein Erlöschen des Verbrechertums im sozialen Zukunftsstaate nicht glaube; es wird auch dann Verbrechen geben aus allen bisherigen Motiven des Verbrechens (ich folge der sehr beachtenswerten Einteilung von Liszt): Verbrechen aus Leichtsinn, aus beschränktem Altruismus (Mitleid usw.), aus Not, aus Liebesleidenschaft, aus andern Leidenschaften, aus Ruhmsucht, aus Fanatismus, aus Arbeitsscheu, aus Abenteuersucht, aus Gewinnsucht, aus Roheit. (Selbstverständlich mischen sich die Motive oft.) Die Frage nach der Verhütung künftiger Verbrechen, nach der zweckmäßigen Bestrafung, nach der Besserungsfähigkeit der Verbrecher wird also auch im Zukunftsstaate immer noch gestellt werden müssen.

Die alte Vergeltungstheorie, die nirgends logischer durchgeführt ist als — wie gesagt — bei Hegel, sieht in dem Substantiv Verbrechen eine Negation des Rechts, in dem Substantiv Strafe die Wiederherstellung des Rechts; noch Schopenhauer lehrt im Grunde ähnlich, daß nicht der Täter, daß vielmehr die Tat zu bestrafen sei, ein Begriff aus der substantivischen Welt. Man denkt heute nicht mehr so; was immer man als Wirkung des Strafens erhofft, immer meint man den verbrecherischen Menschen: der *Täter* wird unschädlich gemacht, wird abgeschreckt, kann unter Umständen gebessert werden. Ich will eine Vergleichung zwischen Tat und Täter einerseits, der Krankheit und dem kranken Menschen anderseits nicht durchführen; aber es ist besonders in die Augen springend, daß der gute Arzt zufrieden sein muß, wenn unter seiner Behandlung der vorher kranke Mensch sich besser fühlt, besser geworden ist (vgl. Art. *krank*). Übrigens haben ja Ärzte und Juristen Krankheiten und Verbrechen in weit engern Zusammenhang gebracht, als dieser mein Vergleich. Die Kriminalpolitik geht ja, wie v. Liszt bemerkt hat, langsam die gleichen Wege wie die Irrenpflege in ihrem Kampfe gegen die Vorurteile. Ich habe schon (vgl. Art. *moral insanity* II S. 115) es für gleichgiltig erklärt, ob man unverbesserliche Verbrecher im Zuchthause unschädlich machen wolle oder im Irrenhause. Wieder berufe ich mich jetzt auf Liszt: „Die Unterscheidung zwischen der Sicherheitsstrafe gegen unverbesserliche Verbrecher und der Verwahrung gemeingefährlicher Geisteskranker ist nicht nur praktisch im wesentlichen undurchführbar, sie ist grundsätzlich zu verwerfen“ (Zeitschrift für Strafrechtswissenschaft VIII, S. 82).

Vielleicht wird einmal in harter Zeit ein hartes Volk den Ärzten erlauben, unheilbar Kranken den Todeskampf abzukürzen, wird der Kriminalpolizei (im weitesten Sinne des Wortes, also: die Richter eingeschlossen) gebieten, unverbesserliche Verbrecher schnell und schmerzlos aus der Welt zu schaffen. Wir sind nicht so hart; wir glauben noch an den Satz des Seneca: nemo prudens punit, quia peccatum est, sed ne peccetur; und wir wollen so oft wie möglich an die bessernde Wirkung der Bestrafung glauben. Um diesen Glauben gegenüber den furchtbaren Tatsachen der Kriminal-Statistik aufrecht halten zu können, haben die modernen Kriminalisten die Unterscheidung zwischen Augenblicksverbrechen und Zustandsverbrechen durchzuführen gesucht, haben sie alle Augenblicksverbrecher für besserungsfähig erklärt und unter den Zustandsverbrechern diejenigen, bei denen der Hang zum Verbrechen noch nicht unausrottbar geworden ist. Es ist offenbar, daß extreme Fälle von Augenblicksverbrechen vom Standpunkte des Zweckgedankens straflos bleiben müßten; wenn jemand einen Mann umbringt, der an der Braut des Mörders Notzucht verübt hat, so ist kaum anzunehmen, daß der Mörder ein zweites Mal in seinem Leben in die gleiche Lage kommen werde, und er braucht um der Verhütung eines künftigen Verbrechens willen weder gebessert, noch abgeschreckt, noch unschädlich gemacht zu werden. Aber auch die Einteilung der Zustandsverbrecher oder der Gewohnheitsverbrecher in besserungsfähige und unverbesserliche ist theoretisch leichter als praktisch durchzuführen. Wer soll denn darüber entscheiden, ob so ein Gewohnheitsverbrecher einen unausrottbaren Hang habe oder nicht? Doch nicht etwa ein sog. Sachverständiger?

Eine weitere Schwierigkeit dieser Unterscheidung steckt in einer Konsequenz. Die unverbesserlichen Verbrecher müßten unschädlich gemacht werden. Bestrafung hätte nur noch den besserungsfähigen Verbrechern gegenüber den Sinn, den moderne Strafrechtler der Strafe beilegen. Verlangt man gar von der Strafe, daß sie den Verbrecher zur Einkehr in sich selbst, zur Reue bewege, zu einer echten Reue, so stellt man sich einen Idealverbrecher vor, gegen welchen jede Strafe eigentlich überflüssig wäre.

Man sieht, unser geltendes Strafrecht, das im wesentlichen auf dem Code pénal Napoleons beruht, müßte radikal geändert werden, wenn es den Anschauungen unserer Psychologie und Kriminalpolitik entsprechen sollte; und darum, weil so gut wie alles geändert werden müßte, wird in den neuen Entwürfen so wenig geändert.

Ich habe in allen diesen Notizen den Boden der Jurisprudenz nur selten verlassen; hätte ich die erkenntnistheoretischen Grundlagen der Frage bemühen wollen, dann wäre von dem Straf-Rechte der Gesellschaft noch weniger übrig geblieben. Dann hätte ich sagen müssen: daß der Begriff der Zurechnung oder Verantwortung mehr rätselhaft als deutlich ist, daß selbst die Dramatiker auf das Begriffspaar *Schuld und Sühne* verzichtet haben, der harte Ibsen wie der weiche Hauptmann; daß die Begriffe der Persönlichkeit, des Charakters sich in Nebel auflösen, wenn das Ichgefühl eine Täuschung ist; daß endlich die Werturteile *gut*, *besser* von Menschen ebenso bildlich gebraucht werden, wie wenn man sagt, der Tiger sei *böse*. Vielleicht aber enthebt mich die Zurückführung des Strafrechts auf die gemeinsame Notwehr der Verpflichtung, so abstruse Fragen aufzuwerfen.

substantivische Welt. — Wir haben (vgl. Art. *adjektivische Welt*) die einzige Welt unserer Erfahrung, die Wirklichkeitswelt, die Welt des Sensualismus kennen gelernt als diejenige Welt, für deren Beschreibung die Sprache ihre Adjektive zur Verfügung hat; wir haben vermutet, daß das *Adjektiv* zwar der jüngste Redeteil der Grammatik ist, aber der älteste Redeteil in der Geschichte des Verstandes. Wir haben schon dort angedeutet, daß die Sprache für ihren eigenen Gebrauch die substantivische Welt hinzugeschaffen habe, die Welt der Götter und der Geister, die Welt der Dinge und der Kräfte. Diese substantivische Welt ist die mythologische Welt.

Diese Vorstellung wäre eine Banalität, wenn nur gemeint wäre: die abstrakten Substantive, bei denen eine ehrliche Vernunft sich nichts denken kann, gehören einer mythologischen Welt an. Nein. Nicht nur Götter und Geister sind mythologisch, auch die scheinbar wohlbekannten Kräfte der Physik und der Biologie sind mythologische Ursachen; auch die Dinge selbst, die Einzeldinge unserer adjektivischen Erfahrung, sind nur Symbole, unter denen wir die mythologischen Ursachen ihrer adjektivischen Wirkungen zusammenfassen. An den abstrakten Substantiven ist die Sachlage nur leichter begreiflich zu machen.

Die germanischen Sprachen haben mehr als andere die Neigung, die

Dinge, von denen wir noch weniger wissen als von den körperlichen Dingen, die Abstracta, durch Doppelwörter zu bezeichnen, die für mein Sprachgefühl etwas Pleonastisches an sich haben. *Freundschaft* sagt in meiner Beziehung zu N. nicht mehr, als daß wir *Freunde* seien, besser, daß wir einander *freund* seien, denn das einzig Wirkliche daran ist ein adjektivisches Gefühl; das jetzige Suffix *schaft* war ursprünglich soviel wie Beschaffenheit, wurde später zur Bezeichnung eines Sammelbegriffs. *Bürgerschaft, Judenschaft* sagt nicht mehr als *Bürger, Juden; Wissenschaft,* der Schulsack voll Wissen, nicht mehr als *Wissen* allein. Das Suffix *heit* war auch ein selbständiges Wort und bezeichnete einen Zustand; *Freiheit, Gleichheit* sagt nicht mehr als *frei, gleich; heit* hat aber wie *schaft* die Bedeutung eines Kollektivums angenommen und *Christenheit* sagt nicht mehr als *Christen,* freilich würde nur etwa ein deutsch redender Türke *Christenschaft* sagen; endlich setzt man *heit* völlig pleonastisch in *Gottheit, Schönheit.* Ein selbständiges Wort war auch *tum*; wenn wir *Eigentum* sagen, so meinen wir nicht mehr als mit dem Adjektiv *eigen,* das eigentlich das Partizip eines alten vergessenen Verbums *eigan* ist, *besessen* bedeutet, im Gegensatz zu einer herrenlosen Sache; nur der Zufall des Sprachgebrauchs unterscheidet zwischen *Eigentum, Eigenheit* und *Eigenschaft; mein Eigen* sagte man früher, wo wir jetzt mein *Eigentum* sagen.

Es ist auch nur ein Zufall der Sprachgeschichte, daß die konkreten Dinge nicht ebenso gezwungene Wortformen haben. Daß wir nicht *Pferdeding, Apfelding* für Pferd, für Apfel sagen oder etwa *Pferdetum, Apfelheit;* franz. *maison* ist aus so einem abstrakten lat. *mansio,* Bleiberaum, entstanden. In einem gewissen Sinne sind die konkretesten Substantive eben solche Scheinbegriffe wie die abstraktesten Begriffsungeheuer der Scholastik.

Wenn wir uns nicht gewöhnt hätten, durch eine verwegene Analogiebildung fast allen Substantiven die gleichen Kategorien des Kasus, der Zahl und sogar des Geschlechts beizulegen, so würden wir an diesen Kategorien die Bildhaftigkeit, die Unwirklichkeit der Substantivbildungen sofort erkennen. Würden sofort herausfühlen, daß die abstrakten Substantive kein Kasusverhältnis zueinander haben können, kein Zahlenverhältnis zu uns und erst recht keine Ähnlichkeit mit dem Geschlechtsunterschiede der Tiere. Die Bildhaftigkeit des Geschlechtsunterschiedes ist auch bei den allermeisten konkreten Substantiven offensichtlich; das Kasusverhältnis der konkreten Substantive aber ist auch nur, wie die Sprachwissenschaft längst nachgewiesen hat, metaphorisch nach dem Bilde einiger räumlichen Verhältnisse entstanden und täuscht uns nur eine Kenntnis von Beziehungen vor, über die wir immer nur bildlich etwas aussagen können; auch die Zahl der konkreten Substantive ist nicht in der Erfahrungswelt, ist nicht in einem einzigen wirklichen Dinge, ist nicht einmal eine Wirkung der Dinge auf uns, sondern nur in der *verbalen Welt*, in dem Ordnungsbedürfnisse des Menschen. Denn die Zahlen sind keine Wahrnehmungen, sind nicht adjektivischer Art.

Der menschliche Verstand, der nach einem uralten, gewiß schon vom Tiere ererbten Instinkte die gemeinsamen Ursachen der adjektivischen Eindrücke als Substantive auffaßt, täuscht sich also eine substantivische Welt genau mit den gleichen Mitteln vor, wie der optische Scherz des Physikers uns durch geschickt gestellte Spiegel und richtig gewählte Linsen die Anwesenheit eines Körpers vortäuscht. Ich habe schon irgendwo gesagt, daß wir mit Recht einen Apfel wahrzunehmen glaubten, wenn uns ein höherer Taschenspieler zugleich Form, Farbe, Konsistenz, Geschmack und Geruch eines Apfels vortäuschen könnte. Nur daß wir uns mit dem sogenannten wirklichen Apfel sättigen, daß wir ihn verdauen können; aber auch das liegt doch nur wieder an adjektivischen Wirkungen des wirklichen Apfels, die uns ein noch höherer Taschenspieler vortäuschen könnte.

Es ist kein Zufall, daß die Beziehungen der substantivischen Welt durchaus (sprachlich) auf Beziehungen des Raums zurückgehen. Die substantivische Welt ist die unwirkliche Welt des Raums, ist die Welt des Seins. Wir müssen völlig von der wichtigsten Bedingung aller Wahrnehmung abstrahieren, von der Zeit, wenn wir eine Welt des Seins festhalten wollen. In der Zeit gibt es nichts Bleibendes, gibt es kein Sein, gibt es nur ein Werden. (Vgl. Art. *verbale Welt.*)

Auch diese Weisheit ist sehr alt, wenn auch nicht so alt wie der Instinkt, eine substantivische Welt festzuhalten. Wir wissen zwar nicht genau, was Herakleitos mit den Sätzen gemeint habe, die uns überliefert sind; ich glaube auch nicht, daß alles griechisch gewesen sein kann, was Hegel in den dunkeln Philosophen hineingelegt hat. Soviel aber ist sicher, daß Herakleitos die Unwirklichkeit des *Seins* erkannt hat und nur im Werden einen Begriff sah, der über die Erfahrungswelt hinausführen konnte. „Alles fließt“; es gibt also kein bleibendes Sein. „Man kann in den gleichen Fluß nicht zweimal hinabsteigen.“ Man achte darauf, daß Herakleitos seine Beispiele vom Feuer und vom Wasser nahm, und daß uns heute noch die Erscheinungen der Flamme und des herabstürzenden Wasserfalls die besten Beispiele sind, an denen wir die Unwirklichkeit der substantivischen Welt begreiflich machen können.

Auf ein ganz anderes Gebiet gehört es, wenn wir im Banne der Sprache, weil wir immer das Unsagbare sagen möchten, die Sehnsucht nach Dingen-an-sich hinter der adjektivischen Welt tief empfinden und die Symbole der substantivischen Welt für solche Dinge-an-sich nehmen; in diesem Sinne könnte man die substantivische Welt auch die Welt der Mystik nennen.

Für freundliche Leute, die in der Anerkennung meiner sprachkritischen Ideen schon so weit vorgeschritten sind, daß sie diese Ideen alt und bekannt nennen, will ich noch eine jüngere Autorität nennen als den schwer zugänglichen Herakleitos; ich fürchte nur, daß auch bei diesem neuern Forscher eine gründliche Kritik der Sprache nicht zu finden sein wird.

Dem sprachkritischen Gedanken, daß die der Erkenntnis zugängliche Welt allein die adjektivische Welt ist, daß die substantivische Welt nur mit Hilfe von Hypothesen oder von Hypostasen vorgestellt werden kann, scheint sich schon vor 300 Jahren ein Mann genähert zu haben, dessen Verdienste um die Logik durch seine bahnbrechenden Leistungen auf dem Gebiete der Physik in den Schatten gestellt worden sind: Galilei. Ich verdanke diesen Hinweis einer Abhandlung Prantls: „Über Galilei und Kepler als Logiker." (Sitzungsberichte der Münchner Akademie II, S. 394f.) Gegenüber dem wahren und innern Wesen der Dinge bekennt Galilei sich zu einem klaren Agnostizismus. Die *Eigenschaften* und *Wirkungen* der Dinge aber (Prantl selbst übersetzt so) könnten wissenschaftlich erkannt werden, da brauche man an dem Siege der Wissenschaft nicht zu verzweifeln. Ich setze die Stelle in den Originalworten (aus einem Briefe Galileis) her: „O noi vogliamo speculando tentar di penetrar l'essenza vera ed intrinseca delle sustanze naturali, o noi vogliamo contentarci di venire in notizia di alcune loro *affezioni*. Il tentar l' *essenza*, l' ho per impresa non meno impossibile e per fatica non meno vana nelle prossime sustanze elementari che nelle remotissime e celesti .... Ma se vorremo fermarci nell' apprensione di alcuni *affezioni*, non mi pare che sia da disperar di poter conseguirle anco nei corpi lontanissimi da noi, non meno che nei prossimi."

Übrigens bemüht sich Prantl, aus einer gelegentlichen und notgedrungenen Versicherung des vorsichtigen Galilei den Beweis zu ziehen, daß dieser in Wirklichkeit kein Gegner der aristotelischen Logik gewesen sei; Prantl vergißt, daß zu Anfang des 17. Jahrhunderts von Aristoteles abzufallen fast ebenso gefährlich war, wie von der Kirche abzufallen. In Italien wenigstens. Die logische Freiheit des Galilei, die ihn bis zu sprachkritischen Ideen führen konnte, äußert sich sehr stark und fein in einem Wortspiele, welches davon ausgeht, daß im Italienischen *organo* zugleich das Werkzeug (also auch das *Organon* des Aristoteles) und die *Orgel* bedeuten kann. Galilei leugnet noch nicht, daß Aristoteles uns eine gute Logik hinterlassen habe; aber er leugnet bereits, daß Aristoteles ein guter Logiker gewesen sei; man könne ein vortrefflicher Orgelbauer sein, ohne die Orgel spielen zu können. Auch diese schöne Stelle will ich in der Originalsprache hersetzen. „Concedetemi in tanto, che io esponga le mie difficultà .... dicendovi, che la *logiça*, come benissimo sapete, è l' *organo* col quale si filosofa; ma siccome può esser, che un artefice sia eccellente in fabbricare *organi*, ma indotto nel saperli sonare, cosi può esser un gran *logico*, ma poco esperto nel sapersi servir della *logica*; siccome ci son molti che sanno per lo senno a mente tutta la poetica, e son poi infelici nel compor quattro versi solamente: altri posseggono tutti i precetti del Vinci, e non saprebber poi dipingere uno sgabello. Il *sonar* l' *organo* non s' impara da quelli che sanno *far organi*, ma da chi gli sa sonare; la poesia s' impara dalla continua lettura dei poeti: il dipignere s' apprende col continuo disegnare e dipignere; il dimostrare dalla lettura dei libri pieni di dimostrazioni, che sono i matematici soli, e non i logici." (Dialoghi sui massimi sistemi, Ausg. Sonzogno, S. 46.)

T.

Tao. — In der Sehnsucht nach einer von christlichen Zutaten freien Mystik haben uns feine Menschen seit einigen Jahrzehnten den *Taoismus* angepriesen. Ellissen gibt viel früher (1840) das chinesische Wort mit *Dao* wieder: „Wunder wohl müssen vor Dao verschwinden." Nirgends ist diese durchaus skeptische Mystik hübscher dargestellt, als in den „Reden und Gleichnissen des Tschuang-Tse", die wir jetzt in der deutschen Auswahl von Buber besitzen. Ich möchte aber hier nur darauf hinweisen, daß wir wirklich trotz aller Untersuchungen doch nicht wissen, was der Meister Lao-Tse und was Tschuang-Tse unter dem Worte *Tao* verstanden. Es kommt schon in einem der ältesten chinesischen Bücher vor, wo es ungefähr die Verbindung von Yang und Yin bedeutet, den Kreisprozeß zwischen dem männlichen und dem weiblichen Prinzip. Doch erst im Gegensatz zu dem Moralprediger Confuzius hat sich der Taoismus zum System entwickelt. Wir werden durch *Tao* an die christliche Logoslehre erinnert, dann wieder an die Verneinungshymnen des Dionysios Areopagita, endlich an die Identitätsphilosophie. Buber hat (S. 100) sehr richtig gesehen, daß die abendländischen Versuche, Tao als eine Welterklärung aufzufassen, stets mit der jeweiligen Zeitphilosophie zusammenfielen; man sah in Tao die Natur, die Vernunft, sogar die Energie. Ich könnte mich versucht fühlen, in Tao eine uralte Sprachkritik zu entdecken; denn Lao-Tse sagt: „Der Name, der *genannt* werden kann, ist nicht der ewige Name."

In Wahrheit wissen wir von *Tao* ebenso wenig wie von *λογος*, womit Tao gern wiedergegeben wird; wenn das Wort ursprünglich *Weg* bedeutet hat, so mag das ein Wandertitel für moralische Bücher gewesen sein, den wir im Orient wie im Abendlande oft finden. Was Lao-Tse und Tschuang-Tse dann in das Wort hineinlegten, war die uralte und immer noch lebendige Sehnsucht der Mystik, das Unaussprechliche mit einem Worte auszusprechen. Das Wort sagt nichts, durchaus nichts, was nicht die chinesischen Mystiker aus ihrer (genialischen oder überkommenen) Seelensituation hineingelegt, hineingeheimnist haben. Das Wort ist nicht nur für das Abendland unübersetzbar, es ist auch für China positiv nicht definierbar, höchstens negativ zu umschreiben: es ist nach Buber (S. 105) das Unerkennbare, im Werden die Ungeschiedenheit, die Ungeschiedenheit auch im Sein, in den Dingen. Wer sich im Abendlande zum Taoismus bekennt, der bekennt sich zu einem suggestiv neuen Namen für den ungenannten Gott der Stummen des Himmels.

Ich habe das Wort gebucht, weil es in seiner ganz exotischen Fremdheit noch besser als die griechischen Wörter und ihre Lehnübersetzungen lehrt: die tiefsten Ahnungen der Philosophen lassen sich nicht aussprechen, es geschähe denn in undefinierbaren Worten, deren Gefühlston für die Gläubigen jede Klarheit ersetzen muß, — wie in der Religion.

Tautologie. — Wie so häufig bezeichnen wir mit diesem Worte einen logischen Begriff und vergessen darüber, daß die Griechen das Wort (*ταὐτολογια*) auf die Rhetorik beschränkten; wer das Gesagte wiederholte, ungeschickt oder zum Schmucke seines Vortrages, der redete *ταὐτολογικως*. Noch Quintilianus (VIII. 3) behandelt den Begriff in dem Kapitel über den Schmuck der Rede und definiert ihn, natürlich tautologisch: eiusdem verbi aut sermonis iteratio. Die Übertragung dieses Ausdrucks, der einst sowohl eine gute Redefigur als einen Fehler bedeuten konnte, auf die Logik scheint recht alt zu sein, wenn ich eine spätere Definition (eadem pluribus verbis significatio) richtig verstehe.

Nun habe ich schon (Kr. d. Spr. III, S. 301 u. 324f.) nachdrücklich darauf hingewiesen, daß alle unsere Definitionen und unsere meisten Urteile, alle nämlich mit Ausnahme der Mitteilung neuer Beobachtungen, solche logische Tautologien sind. Der Begriff läßt uns, sobald wir nur die Aufmerksamkeit darauf richten, seine Definition sofort mitdenken; und der Begriff oder das Wort enthält auch bereits alle Urteile in sich, die wir je nach dem augenblicklichen Interesse aus ihm herausziehen. Die Verschiedenheit des augenblicklichen Interesses nur hat zur Folge, daß wir bald dieses, bald jenes Urteil aus dem gleichen Begriffe auswickeln können; wie das gleiche Modell im Aktsaal von fünfzig verschiedenen Malern fünfzig mal anders und doch immer richtig gesehen wird, je nach dem Gesichtspunkte des Schülers.

Die Tautologie in einer Definition ist nur bald besser, bald schlechter versteckt; für den Lehrer ist sie immer vorhanden, für den Kenner des Begriffs. Man hat unbewußt auf die Rhetorik zurückgegriffen und behauptet, nur die überflüssige Wiederholung eines Wortes sei fehlerhaft, sei eine Tautologie, ein Diallelon, eine Zirkeldefinition; aber das Kriterium der Überflüssigkeit geht ja eben auf das Interesse zurück, auf die Richtung der Aufmerksamkeit. Weil wir sprechen, sprechen wir fast immer in Zirkelerklärungen und in Zirkelbeweisen (I, S. 156f).

Man könnte mit freier Benützung von Kants Terminologie sagen, daß die allermeisten Urteile analytisch und darum tautologisch seien. Und Schleiermacher hat Kants Lehre vom analytischen Urteile bereits in diesem Sinne umgedeutet. Nur hat er nicht dabei bedacht, daß bei der psychologischen Entstehung des Urteils ein Unterschied besteht zwischen den Gesichtspunkten des Sachkenners und des Neulings, des Lehrers und des Schülers. Wo für den Lehrer das Urteil aus dem Begriffe analytisch oder tautologisch hervorgeht, da kann für den Schüler gar wohl der Schein eines synthetischen Urteils sich ergeben. Die Tautologien sind eben nicht immer überflüssig für die Mitteilung; sie helfen nur nicht zum Fortschreiten im Denken.

Je allgemeiner die analytischen Urteile werden, desto deutlicher verraten die Sätze, daß sie Tautologien sind. Die höchsten Denkgesetze, aus denen man die gesamte Schullogik herauszuspinnen versucht hat, sind eitel Tautologien. Und der Satz der Identität (A = A) ist ein schönes Symbol für alle ewigen Wahrheiten oder Tautologien (vgl. I, S. 2 u. 304).

Tod. — Den heikelsten Fragen des gegenwärtigen Denkens standen nicht nur die philosophisch plumpen Römer, sondern auch die dialektisch feinen Griechen, beide wie Naturvölker gegenüber. Die Frage: „Wie ist der Tod in die Welt gekommen“ konnte in griechischer Sprache noch nicht gestellt werden. Die einzig interessierende Tatsache war, daß die Menschen starben. *Der Tod* hatte und hat in allen mir bekannten Sprachen zwei Bedeutungen: das *Ende* und die personifizierte *Ursache* des Endes. Daß auch die entferntere Ursache des Lebensendes, die *Krankheit*, nur ein Anthropomorphismus sei, das ist selbst heute dem ärztlichen Handwerker nicht immer deutlich. Daß aber der Tod II als Ursache des Todes I eine bloße Personifikation sei, das dürfte natürlich den gebildeten Griechen klarer gewesen sein, als den ganz abergläubischen Polynesiern. „Wie die Alten den Tod gebildet,“ wie antike Dichter und antike Bildhauer ihn je nach den Mitteln ihrer Kunst verschieden darstellten, wie sich unter der Herrschaft des Jenseitsglaubens und des Erdbegräbnisses das scheußliche Gerippe zu einem äußerst fruchtbaren Motiv entwickelte, das gehört in die Kunstgeschichte. Wir haben es nur mit dem Begriffe *Tod* zu tun.

Das Interesse entscheidet. An seinem eigenen Leben hat der ordinäre Mensch das stärkste Interesse. Da aber niemand seinen eigenen Tod erlebt, so konnte auch in Urzeiten der Begriff des Todes nicht aus diesem einzigen Falle abstrahiert werden. Was man erleben kann, das ist Todes*angst*. Das Wort darf uns nicht irreführen. Todesangst setzt den Begriff des Todes nicht voraus. Todesangst zeigen, wenn sie vom Raubfeinde gefaßt werden, alle Tiere, welche überhaupt Ausdrucksmittel haben oder deren Ausdrucksmittel wir zu verstehen glauben. Selbst beim Rind oder Hirsch, wenn er Todesangst verrät, ist kaum anzunehmen, daß er dabei etwas wie den menschlichen Todes*begriff* habe. Je tiefer wir — wie der Mensch das nennt — in der Tierreihe hinabsteigen, desto unwahrscheinlicher ist die Existenz eines Todes*begriffs*, während unverkennbare Todes*angst* vorhanden ist. Auch der junge Vogel, der noch nie einen Artgenossen sterben sah, auch der eben ausgekrochene Schmetterling verraten beim Angriff Todesangst. Todesangst ist begrifflos, wortlos ererbte Erinnerung, was man ja wohl Instinkt nennt. Instinktiver, zweckmäßiger Schrecken vor irgend etwas, was Menschen bei Menschen *Tod* nennen.

Der Mensch also bildete seinen Todesbegriff aus der Beobachtung am natürlichen oder gewaltsamen Tode seiner Mitmenschen. Seiner Mitmenschen nur. Nur der Mensch stirbt, das Tier krepiert. Ich setze voraus, daß in einer Urzeit der Unterschied nicht nur im Worte lag, sondern auch in der Vorstellung. Auch heute noch. Und die Pflanze gar stirbt nur in der Poetensprache. Die Pflanze verwelkt ja. Das ist doch etwas ganz anderes. Und ich kann mir noch eine ältere Urzeit ausdenken, in der nur die Stammesgenossen, die Familienglieder *starben*, die Fremden, die Feinde *krepierten*. Und auch diese Unterscheidung ist ja wohl nicht ganz verschwunden.

Immerhin, die Menschen faßten in allen ihren Sprachen den Todesbegriff. Sie dehnten ihn mit wachsender Besinnung von ihren Stammesgenossen auf alle Menschen, von ihren Artgenossen auf alle makroskopisch sichtbaren Tiere aus, und etwa zur Griechenzeit gehörte der Todesbegriff zum festen Besitz der Wissenschaft. Die Eigenschaft *sterblich* gehörte in ungefühltem Widerspruch zur Definition des lebenden Wesens.

Die geistigen Kämpfe zweier Jahrtausende waren nötig, um die Naturwissenschaft dahin zu bringen, Leben und Tod bei Tier und Menschen biologisch und psychologisch gleichmäßig zu behandeln. Dann kam das Mikroskop und brachte die Kenntnis unzähliger Tierarten, die sich vom Menschen noch mehr unterschieden als die altbekannten. Dann kam die Entwicklungslehre, welche gerade mit Hilfe der kleinsten Wesen, der Einzelligen, einen Stammbaum aller Tiere prinzipiell oder gar im Detail auszudenken wagte. Denn allen Tieren der ungeheuren Reihe war der Lebensbegriff, schien der Todesbegriff gemeinsam. Niemand hatte Anlaß, die Frage zu stellen: „Wie ist der Tod in die Welt gekommen?" Naturwissenschaftlich, wohlgemerkt. Die sinnlos moralische Frage, die Lebensfrage nach dem Werte des Todes, war ja oft genug gestellt worden, vom Heidentum und vom Christentum. Epikuros lehrt schon (Diog. L. X): der Tod gehe uns gar nichts an; weil der Tod nicht da sei, solange wir seien, wir aber nicht mehr da seien, wenn der Tod sei. Moralisch fragten die Christen direkt nach dem Zwecke des Todes, nach der Absicht eines Schöpfers. Nach Tertullianus ist der Tod in die Welt gekommen als Strafe für den Sündenfall Adams; der Kirchenvater folgte da, ohne viel hinzuzufügen, der Bibel. Für christliche und christelnde Poeten ein schönes Motiv. Man lese nur Byrons „Cain". Aber eigentlich eine monströse Vorstellung. Das hat schon Lessing scharf ausgesprochen am Schlusse seiner Untersuchung „Wie die Alten usw.": „Es hat Weltweise gegeben, welche das Leben für eine Strafe hielten; aber den Tod für eine Strafe zu halten, das konnte ohne Offenbarung schlechterdings in keines Menschen Gedanken kommen, der nur seine Vernunft brauchte." Erst August Weismann stellte die Frage, wie der Tod in die Welt gekommen sei, deutlich zum erstenmale 1882. In dem Vortrage: „Über die Dauer des Lebens". Ein Jahr darauf folgte die meisterhafte Untersuchung „Über Leben und Tod".

Eine wie starke wissenschaftliche Härte zu einer solchen Fragestellung gehört, das ist dem unerbittlich logisch geschulten Gelehrten vielleicht gar nicht zum Bewußtsein gekommen. Die alte Wissenschaft kam nicht recht vom Flecke, solange sie so menschlich weich blieb, wie die Sprache überhaupt; die Lehre vom Menschen mußte unmenschlich werden wie die Kritik der Sprache, um sich von einigen alten Anthropomorphismen zu befreien. Man lese bei Weismann (Aufsätze über Vererbung, S. 188), wie zögernd dieser Forscher über die Möglichkeit eines Vorteils der Einrichtung spricht, nach der die Menschen noch einige Jahre nach ihrer Fortpflanzungszeit leben bleiben. „In dieser Richtung werden wir wohl hauptsächlich die Bedeutung der Altersperiode zu suchen haben, und beim Menschen *ließe sich ja auch manches anführen* vom Nutzen, den die längere Fürsorge der Eltern den Kindern bringt usw." Man vergleiche damit den weichen Idealismus in der noch nicht 25 Jahre älteren herrlichen Rede Jacob Grimms „Über das Alter".

Hart und logisch genug also stellt sich Weismann der Frage gegenüber, die er neu formulieren muß, um sie beantworten, eigentlich um sie stellen zu können. Denn die christliche Wissenschaft hatte ja den theologischen Standpunkt nicht verlassen dürfen. Sie hatte den Tod als eine vermeintlich allgemeine Erscheinung vorgefunden, also den Todesbegriff, und hatte unterwürfig nicht nach dem *Wie* gefragt, sondern nach dem *Wozu*. In welcher Absicht, in welcher Schöpferabsicht, wozu ist der Tod in die Welt gekommen? Zwei Vorstellungen dieser kleinen Frage sind für uns leer geworden: der Schöpfer für immer, der Zweckbegriff bis auf weiteres.

Weismann spricht mit dem Tode zum erstenmal die neue Sprache, wenn er diese beiden Begriffe ausschaltet. Bevor er die Frage beantwortet, *wie* der Tod in die Welt gekommen sei, fühlt er die Verpflichtung, den Beweis zu liefern, *daß* der Tod in die Welt gekommen ist, daß der Tod nicht immer, nicht von jeher eine notwendige Erscheinung des Lebens war. Man könnte seinen Gedankengang recht gut so darstellen, ein wenig sprachkritisch, daß er das Metaphorische im Bedeutungswandel des Wortes *Tod* deutlich erkannte. Der Todesbegriff hatte sich, wie oben gesagt, von der Beobachtung an nahestehenden Menschen auf die Beobachtung nahestehender Tiere übertragen. Während aber der Lebensbegriff in der Religion (der alten Philosophie) der Naturvölker und auch der Griechen auf alle vier Elemente übertragen wurde, auf Feuer, Wasser, Luft und Erde, die man sich als Feuer, Wasser, Wind und Gestirne (nur unter diesen gerade die Erde anfangs nicht) göttlich belebt vorstellte, während also am Worte *Leben* ein wilder Bedeutungswandel vor sich ging, haftete der Todesbegriff als sein Gegensatz an der bekanntesten Erscheinungsform des Lebens. Feuer, Wasser, Wind und Gestirne hießen lebendig, hießen Götter oder Halbgötter, starben als solche nicht; und sie starben nicht, weil von ihnen keine *Leichen* zu sehen und zu riechen waren. Als man den Todesbegriff auf Pflanzen anzuwenden sich gewöhnte, sprach man auch von Baumleichen, von Blumenleichen. Der Tod war es jetzt, was den lebendigen Organismus in eine Leiche verwandelte.

Ein Unterscheidungszeichen zwischen lebendigem Organismus und Leiche wurde der Tod darum nicht. Im Gegenteil. Weil die Natur nicht spricht, weil also die Natur die Menschenbegriffe *Leben*, *Tod* und *Leiche* nicht kennt, darum wurde sie so unbequem, der genaueren Beobachtung einen Zwischenzustand zwischen Leben und Leiche vorzulegen. Wären unsere Hausärzte gewissenhafter im Gebrauch ihrer Sprache, sie wüßten nicht, für welche genaue Zeit sie den eingetretenen Tod festzustellen hätten. Wenn sie habgierig wären, so könnten sie noch für einige Zeit länger ärztliches Honorar beanspruchen, als sie es tun. Sie sprechen vom eingetretenen Tode einstimmig, sobald das Herz oder die Lunge still steht. Und die Erscheinung des Scheintodes ist so selten, daß praktisch gegen den Totenschein des Hausarztes nichts einzuwenden sein wird, der im Grunde nur besagt: Die Lebenskraft ist so klein geworden, daß sie nach menschlicher Erfahrung nicht wieder größer werden wird. (Obgleich bei Ertrunkenen und anderen Erstickten der Tod wirklich oft erst eintreten mag als Folge der ärztlichen Erklärung: er ist tot, hier ist nichts mehr zu tun). Aber mit dem Stillstande des Herzens hat das Leben anderer Organe nicht aufgehört. Bekannt ist, daß Haare und Nägel weiterwachsen. Doch sogar Teile, die man leichter für lebendig erklären wird, ruhen auch dann noch nicht, wenn die Leiche schon begraben worden ist. Die Flimmerzellen der Luftwege bleiben noch einige Tage an der Leiche am Leben; noch länger als die Flimmerzellen erhalten die amöboiden Leukozyten ihre Lebensbewegungen. Die biologische Wissenschaft hat sich dabei beruhigt, für diesen Zwischenzustand (nach Virchows Vorgang) den ungewöhnlich unsinnigen Ausdruck *Nekrobiose* einzuführen. Doch in allen diesen Fällen wandelt sich schließlich der ganze lebendige Organismus in eine Leiche um; wir können Lebewesen und Leiche nicht scharf definieren, aber wir wissen doch ungefähr, was wir uns unter beiden vorstellen. Der Tod macht den Organismus zur Leiche.

Da war es nun ein geniales Aperçu Weismanns, auf die sogenannten *Einzelligen* hinzuweisen, deren Individualleben ohne Hinterlassung einer Leiche aufhört. Der einzellige Organismus wächst, bis seine Größe aus Gründen, die wir doch nicht genau kennen, über seine Verhältnisse geht. Dann vollzieht sich eine Revolution; es kreist etwas in ihm, er verteilt die wesentlichen und die angeblich unwesentlichen Bestandteile seiner Körperlichkeit in zwei Hälften. Und nach einem Zwischenstadium sind anstatt des einen Individuums, das also doch wohl ein Dividuum war, zwei „Individuen" vorhanden. Eine Leiche gibt es nicht. Auch Leichenteile sind meines Wissens nicht beobachtet worden.

Was aber ist eine *Leiche?* Doch wohl nicht, wie die Etymologie lehrt: die Körpergestalt, Körper nach Abzug der Seele?

Leiche oder Leichenteil ist nur, was vorher dem Organismus organisch angehört hat. Exkremente sind keine Leichenteile. Wie aber steht es mit den sogenannten Sekreten? Und wie mit dem Kohlenstoff, der dem Körper organisch zugehört hat, der in der Blutbahn mit dem Sauerstoffe oxydiert und als Kohlensäure ausgeatmet wird? Geben wir da nicht unaufhörlich gasförmige Leichenteile von uns? Man braucht bloß des Morgens die dichtbelegte Stube einer Kaserne oder eines Asyls für Obdachlose zu betreten, um die Leiche zu spüren.

Wenn wir nun mit der geltenden Entwicklungslehre die einzelligen Organismen als die Ahnen der irdischen Lebewesen betrachten, ja wenn wir mit aufrechter Skepsis die sogenannten Einzelligen nur an das eine Ende einer Organismenreihe setzen, ohne die Reihe durch Entwicklung erklären zu wollen, so müssen wir die entscheidende Bedeutung des Weismannschen Aperçus anerkennen. Er hat uns etwas gelehrt, was wir mit feierlicher Aufmerksamkeit auf jede Silbe etwa so ausdrücken dürfen: Findet Entwicklung von einzelligen zu mehrzelligen Organismen statt, so gab es in einer Urzeit ein Leben ohne einen natürlichen Tod, gab es keine natürlichen Leichen; aber auch ohne Entwicklungsglauben müssen wir sagen, daß wir in den Einzelligen Lebewesen kennen gelernt haben, auf deren Generationswechsel der zuerst von nahestehenden Menschen abstrahierte Todesbegriff ohne gezwungenen Bedeutungswandel keine Anwendung mehr findet.

Was einzig gegen das Weismannsche Aperçu sich einwenden ließe, das ist meines Wissens scharf noch nicht eingewandt worden: daß nämlich der Tod nebenbei auch ein psychologischer Begriff ist, und daß wir von der Psychologie beim Generationswechsel der Einzelligen nur recht mangelhafte Kenntnisse besitzen. Erklärt man den Tod für ein Aufhören der Individualität oder des Ich-Gefühls, so kann der klafterlange Mensch wirklich nichts darüber aussagen, geschweige denn erfahren: ob das einzellige Individuum etwas von seinem Ich-Gefühl in beide Tochterzellen oder gar nur in eine von ihnen hinüberrettet. Und wer mit mir das Ich-Gefühl für eine Täuschung hält, wer mit mir einzig und allein die Erinnerung für das Wesen der Individualität erkannt hat, der wird sein Nichtwissen auf die Frage einschränken: ob die Tochterindividuen (oder eine von ihnen) irgend eine Erinnerung besitzen, eine noch so dunkle, amöboide Erinnerung, an das Leben vor der Zweiteilung. In ganz ähnlicher Weise wäre freilich auch zu fragen gewesen, ob der Schmetterling irgend eine Erinnerung an sein Raupendasein habe? ob man vom Tode der Raupe sprechen dürfe, weil da doch von Leichenteilen die Rede sein könnte? Man sieht, der menschliche Todesbegriff, mit dem sich der menschliche Seelenbegriff vielfach gekreuzt hat, will nicht immer mit der begrifflosen Natur zusammenstimmen.

Trotz dieser leisen sprachkritischen Bedenken gegen die metaphorische Ausweitung des menschlichen Todesbegriffs bleibt die Bedeutung des Weismannschen Aperçus bestehen, dem ich jetzt die vorsichtigere Form geben möchte: Die Erscheinungen beim Generationswechsel der Einzelligen fallen nicht unter den von lebendigen Menschen an Menschenleichen erfaßten Todesbegriff. Aller Dank für Weismann, der mit Darwins Gewissenhaftigkeit deutsche Gedankentapferkeit verbindet, darf mich nicht verhindern, es auszusprechen, daß er nicht so glücklich war in der Erklärung der Tatsache, wie in ihrer Aufstellung. *Daß* der Tod den Lebewesen nicht wesentlich sei, daß er erst später in die Welt gekommen sei, das hat Weismann uns gelehrt. *Wie* der Tod in die Welt gekommen ist, das weiß er nicht, das erinnert in der streng darwinistischen Terminologie doch wieder an das christliche *Wozu*. Anpassung und Vererbung sollen jedes Geheimnis enthüllen. Beide Begriffe habe ich an ihrer Stelle zu kritisieren versucht. Hier nur einige Worte über die Begriffe oder Bilder — an hundert Stellen seiner Schriften läßt Weismann erkennen, daß er das Metaphorische auch der wissenschaftlichen Sprache durchschaut hat —, in denen er seine Anschauungen vorträgt. Weismann lehrt, daß die Keimsubstanz der Einzelligen bei den Metazoen sich in die unsterbliche Keimsubstanz und die sterbliche . . . ja was denn? . . . Körperlichkeit der vielzelligen Organismen auseinandergelegt habe. In eine Körperlichkeit mit Ausschluß des unsterblichen Kernplasmas. Und diese Körperlichkeit nennt Weismann gar das Soma. Es überrascht mich, daß er nicht sieht, wie er da den Körperbegriff einengt, wahrhaftig nicht anders als die alte dualistische Psychologie, welche im menschlichen Individuum den sterblichen Körper von der unsterblichen Seele unterschied, das Materielle vom Geistigen, eigentlich doch das Tote vom Lebendigen; *ψυχη και σωμα* heißt es bei Platon. Ich fürchte, Weismanns Kernplasma ist der *ψυχη* ein wenig verwandt.

Ich möchte nicht schikanös werden, aber auch die Art, wie da der Tod gewissermaßen geschaffen wird, scheint mir bedenklich. „Bei den einzelligen Organismen war der natürliche Tod nicht möglich, weil Fortpflanzungszelle und Individuum noch ein und dasselbe waren, bei den vielzelligen Tieren wurde er möglich, und wir sehen, daß er auch eingerichtet wurde" (Aufsätze über Vererbung, S. 128). „Auch." Das Wörtchen steht in diesem Falle (Paul, D. Wörterbuch S. 35), um auszudrükken, daß der zweite Satz die natürliche Folge des ersten darstelle. Der Tod wurde eingerichtet, *weil* er möglich war. Ich bin sicher, daß Weismann nicht die Absicht hatte, das zu sagen. Auch seine Worte nicht so verstanden wissen wollte, als hätte er es vergessen, daß der Tod unter allen Umständen ein negativer Begriff ist und eine Negation doch nicht gut vererbt werden kann. Weismann sieht sonst mit außerordentlicher Schärfe die Gefahren des sprachlichen Ausdrucks. Er unterscheidet zwischen Unsterblichkeit und Ewigkeit (a. a. O. S. 643), er kennt die Negation im Begriffe der Ewigkeit, weiß, daß in der Naturwissenschaft von den Atomen durchaus nur in abstracto die Rede sein kann; weiß noch besonders, daß auch in den Einzelligen „offenbar nicht eine Substanz unsterblich ist, sondern nur eine gewisse Form per Bewegung." (Also mag es doch auch bei den Einzelligen Leichenteile geben, wenn auch nur ein caput mortuum).

Aber der menschliche Todesbegriff läßt ihn nicht ganz los. Er will sich nicht damit begnügen — wie oben gezeigt —, bloß die metaphorische Ausdehnung des menschlichen Todesbegriffs auf die Teilung der Einzelligen abzulehnen, er will, nach der ewigen Selbsttäuschung des forschenden Menschengeistes, ein Gebäude aufführen aus Worten. Ohne Sprachkritik kann ja der Mensch nicht wissen, daß auch die Zellbildung der Begriffe ihre Schranke hat, daß auch Worte oder Begriffe nicht ewig leben, daß auch der Todesbegriff dem Tode verfallen ist. In sich selbst und in seiner Ausdehnbarkeit. Weismann selbst hat mit glänzender Dialektik an manchen Stellen (a. a. O. S. 198) Darwins kühne Vererbungslehre der Pangenesis dadurch zugleich methodisch zu verteidigen und sachlich zu verurteilen gesucht, daß er sie eine gewissermaßen provisorische, d. h. eine rein formale Lösung *nennt*, die ausgesprochenermaßen gar nicht den Anspruch macht, die *wirklichen* Vorgänge aufzudecken, vielmehr nur den, alle Erscheinungen der Vererbung von *einem* Gesichtspunkt zu übersehen. Weismann scheint mir der berufenste Fortsetzer Darwins zu sein. Nur glaube ich, ein berufener Fortsetzer Weismanns wird nicht nur die Lehre von der alleinigen Keimesvariation, die der Leugner der Vererbung erworbener Eigenschaften aufstellen mußte — der Fortsetzer

Weismanns wird auch die genaue Darstellung, *wie* der Tod in die Welt gekommen sei, eine *provisorische*, d. h. rein formale Lösung nennen, nicht ausreichend, die *wirklichen* Vorgänge aufzudecken. Die Sprache ist des lebendigen Menschen; darum kann sie niemals begreifen, was sie den *Tod* nennt.

Der Tod ist eine unbegreifliche Negation des unbegreiflichen Lebens; mehr wissen wir nicht von dieser substantivischen, mythologischen Negation.

Die Einsicht in die Negativität des Todesbegriffs war allen Mystikern eigen, den indischen, den griechischen, den deutschen.

Sehr schön finde ich den Gedanken bei Agrippa von Nettesheim im 35. Kap. der magischen Werke: „Wie der Mensch nach dem Bilde Gottes erschaffen ist“ (S. 199f. d. III. Buches der Ausg. v. Scheible). Der Mensch sei nicht einfach als Ebenbild Gottes geschaffen, sondern die Welt, der Mensch gleichsam als Bild des Bildes, weshalb er Mikrokosmus, d. i. die kleine Welt genannt wird. „Die Welt ist ein vernünftiges, unsterbliches Geschöpf; der Mensch ist gleichfalls ein vernünftiges, aber sterbliches d. h. auflösbares Geschöpf. Denn da — wie Hermes Trismegistos sagt — die Welt unsterblich ist, so kann unmöglich ein Teil derselben zugrunde gehen; das Wort Sterben ist daher gewissermaßen ein leerer Begriff: es gibt kein Sterben.“ Agrippa führt nach Plotinos die Dreieinigkeit im Menschen durch (Gedächtnis, Verstand, Wille), redet über die drei Seelen und legt dem *Worte* denselben Wert inbezug auf die Unsterblichkeit bei. „Denn die Rede oder das Wort ist es, ohne welches nichts geschehen ist, noch geschehen kann; es ist der Ausdruck des Ausdrückenden und Ausgedrückten; . . . die Schöpfung des Erschaffenden, und das, was er erschafft, ist das Wort; das Machen des Machenden, und das, was gemacht ist, ist das Wort; das Wissen des Wissenden, und das, was er weiß, ist das Wort; und alles, was gesagt werden kann, ist nichts als das Wort und wird Gleichheit genannt, denn es verhält sich gegen alles gleich, da es allen Dingen gleichmäßig zuteilt, daß sie das sind, was sie sind, nicht mehr und nicht weniger. Es macht sich und alles erkennbar, wie das Licht sich und alles sichtbar macht; daher wird das Wort von Hermes der leuchtende Sohn des Verstandes genannt.“ Aristoteles, Jesaias, Buddha werden bemüht. Natürlich läuft alles auf Magie des *Wortes* hinaus.

Wir wissen mit dieser Magie des vorskeptischen Agrippa nicht mehr viel anzufangen, wie wir auch etwas Fremdes heraushören bei den Todesphantasien der reinern Mystiker. Es ist uns aber nicht fremd, wir hören beinahe unsere Sprache, wenn Agrippa den Satz „es gibt kein Sterben“ weiter erklärt: „Wir sagen, der Mensch sterbe, wenn sich Seele und Leib trennen, nicht als ob hiebei Etwas zu Grunde ginge oder in Nichts verwandelt würde.“

Mit einer Art von ehrfürchtiger

Heiterkeit erfährt, wer den Todesbegriff selbst sprachkritisch analysiert hat, daß ein weiser Mann wie Goethe sich (wenigstens für seine Person) an die Vorstellung von einer Unsterblichkeit anklammerte, an eine Negation der Negation Tod (vgl. Art. *Unsterblichkeit*). Derselbe Goethe hat stärker als irgend ein anderer vor ihm gefühlt und erkannt, daß der Mensch nicht über der Natur stehe, daß der Mensch mit zur Natur gehöre. Und die Natur lacht nicht einmal über den Tod eines Menschen oder über das Welken eines Blattes; die Natur weiß nichts vom Tode. Der Mensch weiß, daß sein Individualleben aufhören wird. Weiß er es aber als ein Teil der Natur, so kann ihm dieser Gedanke nicht für seine eigene Person ein Kummer sein, sondern höchstens eine Sorge um sein unvollendetes Werk, eine Sorge für das Hinterbliebene. Der Sterbende hinterläßt sein Leben wie ein Organisator sein Werk. Für die Natur hinterläßt niemand eine Lücke. Wie ein Mensch, der einen strömenden Ozean durchschwimmen wollte, ist der, der sich an die Vorstellung der persönlichen Unsterblichkeit klammert. Bald, noch Angesichts des Ufers, versagen die Kräfte, der Schwimmer sinkt in die Tiefe, einige Haifische beerben ihn und die Natur schweigt. Die Natur kennt die Negation nicht. Darum ist so stark wie die Natur, wer den Tod nicht kennt, wer Ehrfurcht hat vor dem Leben und keine Furcht vor dem Tode. Qui potest mori, non potest cogi.

transzendental.

I.

Immanent und *transzendent* sind zwei Termini, die ein Begriffspaar ausmachen; ähnlich verhalten sich *Subjekt* und *Objekt*, *Ursache* und *Wirkung*, *Freiheit* und *Notwendigkeit* und noch sehr viele andere so eng kopulierte Begriffspaare, die bei philosophischen Schriftstellern vorkommen. Ja, es wäre nicht unmöglich, daß vermöge der Amphibolie und Antinomie der letzten Geheimnisse gar alle philosophischen Begriffe die Besonderheit hätten, paarweise aufzutreten. Sehr günstig wäre dieser Umstand nicht für die Aussicht, der Welt auf den Grund zu kommen.

Denn diese Begriffspaare haben die traurige Eigenschaft, daß jeder von beiden als Gegensatz zum andern scheinbar besser erklärt werden kann, als für sich allein; und da es dem zweiten Begriffe ebenso geht wie dem ersten, so könnte es wohl kommen, daß wir bei beiden Begriffen nur den Schein einer Vorstellung haben. *Rechts* ist das Gegenteil von *links*, *links* ist das Gegenteil von *rechts*; was aber rechts oder links an und für sich sei, das kann schon darum nicht gesagt, nicht definiert werden, weil es einen Oberbegriff für rechts und links nicht gibt. Seite, Richtung ist dieser Oberbegriff wahrlich nicht. Ebensowenig gibt es einen Oberbegriff für *Subjekt* und *Objekt*, für *Ursache* und *Wirkung*, für *Freiheit* und *Notwendigkeit*, man wollte denn den umfang- und inhaltlosen *Seins*begriff zum Oberbegriff machen, die Welt auf den Elefanten, den Elefanten auf die Schildkröte stellen und so in infinitum. Es gibt auch keinen Oberbegriff für *immanent* und *transzendent*. Trotzdem läßt sich einiges klar und heiter über die Geschichte dieses Begriffspaares erzählen.

Beide Worte sind griechischen Originalen nachgebildet, die aber erst in lateinischen Lehnübersetzungen, und erst bei den Scholastikern zu Ansehen kamen. Immanenz und Transzendenz sind den Griechen noch keine Termini; nur gelegentlich sagt Aristoteles, das Immanente sei ein Begriff (*ἐνυπαρχειν ἐν τῳ τι ἐστιν, ἐν τῳ λογῳ*), sagt der Neuplatoniker Herennius, das Metaphysische übersteige die Erkenntnis, sei transzendent (*μετα τα φυσικα λεγονται ἅπερ φυσεως ὑπερηρται και ὑπερ αἰτιαν και λογον εἰσιν*). Diese griechischen Worte sind gelegentliche und zufällige Anwendungen der Muttersprache und haben im Griechischen zu keiner Terminologie geführt; es ist ja doch nur Zufall, daß nicht *Diabetes* (irgendwie von *διαβαινειν*, *ausschreiten*) die Erkenntnis metaphysischer Kategorien und *Transzendenz* die Harnruhr bezeichnete, Zufall, daß es umgekehrt kam.

Zu einem Begriffspaar, zu einem Terminuspaar stiegen *immanens* und *transcendens* erst im christlichen Mittelalter empor, wobei zu bemerken, daß für das lebhafte *transcendere* (überklettern, nach Kant: *überfliegen*) mit scholastischer Pedanterie das nüchterne *transire* gern gesetzt wurde. Aus *transire* bildete man *transiens*, was dann deutsche Pedanterie durch *transeunt* wiedergegeben hat. Meister Eckhart hat die Worte schöner übersetzt: *Innebleibendes* und *ausfließendes* Werk.

Auch *Werk* ist ein guter Griff des Meisters. Denn die beiden Termini wurden von den Scholastikern noch nicht eigentlich auf die menschliche Erkenntnis bezogen, sondern vielmehr auf die Energien oder Ursachen. Eine Energie oder *actio* (der Gedankengang der Scholastiker ist in unserer Sprache schwer wiederzugeben) ist *immanens*, wenn sie bei sich selber bleibt, wenn sie auf nichts übergeht. Eine Ursache ohne Wirkung, z. B. die Vorgänge in den cogitativen und appetitativen Seelenkräften. Eine Ursache, die als Wirkung auf etwas anderes hinübergeht, also eine wirkliche oder wirkende Ursache wird eben dadurch *transcendens*.

In dieser spitzfindigen Bedeutung wäre das Begriffspaar heute ausgestorben, wenn Spinoza es nicht benützt hätte, seinen Gottesbegriff sprachlich so auszudrücken: eine Ursache, die keine wirkliche Ursache ist. Gott oder die Natur, die natura naturans ist ihm so eine unvorstellbare *actio immanens* oder eine actio (wie später Baumgarten es genannt hat), quae non est influxus. Und wirklich erklärt auch Spinoza einen von den beiden Teilen des Begriffspaares durch Negation des andern: Deus est omnium rerum causa *immanens*, non vero *transiens*. Spinozas großer Versuch, den Gottesbegriff, der in ihm lebendig war, durch die wirkungslose Ursache zu retten, ist für uns doch veraltet, weil wir das

Wort *Gott* um deswillen nicht mehr verstehen zu müssen glauben, weil das Wort in unserer Sprache ist; aber philosophische Schönredner glauben auch heute noch Eindruck zu machen, wenn sie dem alten Judengotte frei die Transzendenz absprechen, ihm aber die Immanenz freundlich zugestehen. Sie wissen wohl nicht, was Spinoza bei den Worten gedacht hat. Da es ihre Zuhörer aber auch nicht wissen, so glauben Redner und Hörer einander zu verstehen. Und es klingt nicht übel.

Die Schönrednerei wird nicht besser, wenn ein Professor der Philosophie, und wäre er ein ordentlicher (Paulsen, Einleitung [3] S. 264) Theismus und Pantheismus, Transzendenz und Immanenz versöhnen zu können glaubt. Immanenz und Transzendenz seien nicht ausschließende Gegensätze, „um die [eigne] Ansicht noch mit diesen Begriffen zu bezeichnen.“ Der Theismus müsse die Immanenz, der Pantheismus die Transzendenz gelten lassen, gewissermaßen und *noch*. (Vgl. Art. *Spinozas Deus*.)

Nur die abgründigen Mystiker tappten sich ahnungsvoll über den Sprachgebrauch der Scholastiker hinaus. Bei dem skeptischen Mystiker Nikolaus Cusanus schon findet sich mehr als einmal die Transzendenz im modernen Sinne: was über menschliche Begriffe hinausgeht. Diesem faustischen Lehrer der docta ignorantia will es schier das Herz verbrennen, daß wir so gar nichts wissen können. Was unsere Intelligenz *transzendiert*, die den Widerspruch verstandesgemäß nicht überwinden kann, das möchten wir dennoch wissen: ad hoc ductus sum, ut incomprehensibilia amplecterer in docta ignorantia per transcensum veritatum incorruptibilium humaniter scibilium (III, 12). Das Transzendente ist das Wissen von dem, wovon wir nichts wissen.

Zwischen dem Kusaner und Spinoza verschwindet das Begriffspaar allgemach aus dem Sprachgebrauche der philosophischen Schriftsteller. Leibniz nennt *transzendent* die mathematischen Operationen, die sich durch elementare Algorithmen, die sich ohne Infinitesimalrechnung nicht lösen lassen. Das gründliche philosophische Lexikon von Walch (1740) führt das Begriffspaar nicht besonders auf und erwähnt es nur, flüchtig und ungenau, als letzte unter den wichtigeren Einteilungen der causae.

Bevor ich den Bedeutungswandel darlege, den Kant an dem Begriffspaar vornahm, muß ich noch einmal auf die Synonyme *transiens* und *transcendens* zurückkommen, die bei den Scholastikern im Gebrauch waren, aber doch nicht ganz promiscue der Weiterbildung zu Gebote standen.

Transiens hatte zwar keine philosophische Vergangenheit, aber doch schon eine grammatikalische; und wir wissen, wie sehr sich seit jeher Grammatik und Logik durchkreuzten. Schon bei Priscianus, dem lateinischen Abschreiber einer berühmten Grammatik des Apollonios, findet sich das verbum *transitivum* und *intransitivum* als genaue Übersetzung griech. Kunstausdrücke (nach Lersch „Sprachphilosophie der Alten“ II, 129): „Cum igitur flectas nomen in obliquos casus, verbum ei adiungi non potest *intransitivum*, id est *ἀμεταβατον*, hoc est in sua manens persona. Nam *μεταβατικα* dicuntur, id est *transitiva*, quae ab alia ad aliam *transeunt* personam, in quibus solent obliqui casus adiungi verbis.“ Ich finde nun die Bedeutung des Praefixes *trans* schon verschieden in *transire* und in *transcendere*. Wir haben genau den gleichen Unterschied, wo wir das Praefix mit *über* übersetzen. Bald bedeutet es ein räumliches *hinüber*, bald irgend eine Art von Sieg, von *darüber* hinaus gelangen, wie in: *über*steigen, *über*winden, und gar in dem Schlagworte *Über*mensch. In dem nüchternen *transire* steckt mehr die Bedeutung des räumlichen *hinüber*, in dem fast leidenschaftlichen *transcendere* eher schon die geistige Bedeutung des *darüber hinaus*.

Zu diesem anfangs kaum fühlbaren Unterschied der Prädikatworte *transiens* und *transcendens* kam nun ein viel stärkerer Unterschied in der Anwendung auf das Subjekt. War das Subjekt von *transiens* oder *transcendens* eine sinnfällige oder vermeintliche Wirklichkeit, ein natürlicher Vorgang, der als Ursache aufgefaßt wurde, so war der scholastische Gegensatz zwischen *transeunten* und *immanenten* Ursachen gegeben, für den wir eigentlich nur noch bei dem späten Spinoza — wie gesagt — ein für uns vorstellbares Beispiel besitzen. War das Subjekt ein Begriff oder ein Prinzip, kurz: eine Vorstellung des psychologischen Denkens, dann konnte bei Transzendenz leicht ein *darüber hinaus* mitgedacht werden und wir haben die *Transzendenz*, die Kant wieder belebt hat. Ich will nun zeigen, um wieviel näher uns die nüchterne, sprachrichtige Vorstellung Spinozas liegt als die verstiegene, sprachwidrige Vorstellung Kants.

Spinoza holte sich das Wort von den Scholastikern, die Scholastiker hatten den grammatikalischen Terminus der Griechen in einen logischen Terminus ihres Barbarenlatein übersetzt. Und jetzt darf ich sagen, daß der grammatikalische Sinn von *transire* und der philosophisch-logische im Grunde ein und derselbe war. Man muß nur wieder zwei räumliche Nebenbedeutungen von *trans* oder *über*, *hinüber* unterscheiden. Das Praefix kann auch ausdrücken, was wir genauer mit *vorüber* bezeichnen; wir haben da neugebildete Worte wie *Transit* und *transitorisch*. Was so *vorüber* geht, das geht vorwärts *hinüber*. Freilich, was *transitorisch* ist, das *ver*geht auch, aber nur schlechte Menschen werden es im Wesen der Sprache begründet finden, daß ein Vorwärtsgehen, ein progressus, ein *Fortschritt* immer ein *Vergehen* ist. Bei diesen Begriffen der lebendigen Sprache ist eine genaue Analyse fast unmöglich. Bei den Wortleichen *causa transiens* und *verbum transitivum* ist sie aber möglich, und wir sehen in der philosophisch-logischen und in der grammatikalischen Darstellung den völlig gleichen Versuch, etwas Unsagbares sprachlich auszudrücken. Wir wissen ja nicht, wie es kommt, daß die Bewegung einer Billardkugel auf die getroffene Kugel *übergeht* (transit); wir nennen oder nannten aber die Beschreibung des Vorganges, die die Menschen immer für eine Erklärung halten, eine *Transienz.* Genau ebenso unerklärlich ist der Vorgang, den wir durch das transitive Verbum *stoßen* etwa ausdrücken. Wir haben gelernt, daß durch solche Verba überhaupt ein Zweck mitgedacht wird, von Hause aus natürlich ein menschlicher Zweck. Ein Mensch stößt, wenn er stoßen will. Eine Billardkugel, die stößt, ist schon anthropomorphisch gedacht. Der Gott, der nur von außen stieße, ist fast eine Übersetzung der causa non transiens von Spinoza. Schöner läßt sich die Vorstellung nicht formen, als mit den Worten des Spinozisten Goethe:

„Was wär' ein Gott, der nur von außen
stieße,
Im Kreis das All am Finger laufen ließe!
Ihm ziemt's, die Welt im Innern zu bewegen,
Natur in Sich, Sich in Natur zu hegen,
So daß, was in Ihm lebt und webt und ist,
Nie Seine Kraft, nie Seinen Geist vermißt."

Uns aber hilft nun die gleiche Vorstellung im Verbum *transitivum* und in der causa *transiens*, das Wort Spinozas goethisch unserer Weltanschauung anzupassen. Gott und Natur sind Eines nur; Gott ist überdies causa sui, der Natur gegenüber causa *immanens*, non vero *transiens*. Stünde da nicht überall das vermaledeite Wort causa, so könnten wir Gott mit dem intransitiven oder intranseunten Sein gleichsetzen und die Identität von Gott und Natur wäre einfach da. Ist aber Gott eine causa, auch der Natur, so muß ein anderes Verbum für ihn gesucht werden, das nicht transitiv oder transient oder transeunt ist und das doch den Begriff einer causa, einer immanenten, in sich faßt. Dieses geheimnisvolle Wort schwebt heute jedem sogleich auf der Zunge: das *Werden.* Das Werden ist immanent transitiv. Wenn wir das klingende Wort nur verstünden. Weil wir es aber zu verstehen glauben, besitzen wir im Spinozismus, wie wir ihn uns zurechtgelegt haben, die Transienz oder Transzendenz in dem guten scholastischen Sinne des *Hinüber.*

Im Sinne des *darüberhinaus* haben auch die Scholastiker das Adjektiv *transcendens* schon gebraucht: über die Erfahrung hinaus, metempirisch; sonst wäre die mystische Anwendung bei Cusanus kaum möglich gewesen, und es hängt wirklich nur von der Stimmung oder meinetwegen von der Weltanschauung des Philosophen ab, ob dieses Adjektiv *transzendent* einen verächtlichen oder einen verehrungsvollen Nebensinn mitenthält. Wie wir das fast gleichbedeutende Adjektiv *höher* bald respektvoll, bald ironich gebrauchen und beide Stimmungen sogar in unserem Worte *höherer Blödsinn* zu vereinigen wissen.

II.

Mir will es scheinen, als ob nach Überwindung der Scholastik das Aufkommen der exakten Erfahrungsphilosophie die *Transzendenz* diskreditiert hätte, und daß darum das Wort veraltete, bis es mitsamt dem abgeleiteten *transzendental* von Kant wieder eingeführt wurde. Auch *transcendentalis* gehörte schon zu dem Wortschatz der Scholastiker; es bedeutete ungefähr die logische Beschäftigung mit den höchsten *Transzendenzien*: der Einheit, der Wahrheit usw. Ich glaube bestimmt, daß die Scholastiker, die ja in der Begriffsspaltung Virtuosen waren, bei der Bildung dieses Wortes sehr fein dachten, und nur einen formalen Schnitzer begingen. Ein Adjektiv vom Adjektiv ließ sich nicht bilden, nur vom Substantiv. Es hätte richtiger *transzendenzialisch* heißen müssen, wie *pestilenzialisch* von Pestilenz. Die Silbe mehr hätte das Wort freilich nicht anmutiger gemacht[1])

Kant, dem wir uns so langsam nähern, entnahm die Bezeichnungen *transzendent* und *transzendental* aber nicht unmittelbar dem scholastischen Sprachgebrauche, sondern der Terminologie Baumgartens, dessen Metaphysik er so lange zur Grundlage seiner eigenen Vorlesungen gewählt hatte. Baumgarten gebraucht *transzendental* im Sinne der Anwendung höchster Kategorien, übersetzt aber einmal *unum transcendentaliter* mit *wesentlich eins*, ein andermal veritas *transcendentalis* mit *notwendige* metaphysische Wahrheit. Als nun Kant über Baumgarten hinausgewachsen war und für den Grundgedanken seines Lebenswerks, für den Versuch, aller künftigen Philosophie eine unzerstörbare erkenntnistheoretische Basis zu geben, ein prägnantes Wort wünschte, da glaubte er es zu finden in dem ihm geläufig gewordenen *transzendental*, das die *wesentliche* und *notwendige* Wahrheit bedeuten sollte, die Lehre vom *a priori*, mit der Kant die Erkenntnistheorie Lokes, die Ablehnung aller angeborenen Ideen, in einer Hinsicht ebenso vertiefte, wie er sie in anderer Hinsicht trübte.

Ich werde zu zeigen versuchen, daß wir in moderner Sprache überall da *Erkenntnistheorie* und *erkenntnistheoretisch* sagen dürfen (oder *Erkenntniskritik* und *-kritisch*), wo Kant *Transzendentalphilosophie* und *transzendental* sagt; nur daß Kant (natürlich) immer seine eigene Erkenntnistheorie vor Augen hatte, ein Dogmatiker seines eigenen Glaubens war und darum trotz unvergleichlicher Kraft und unerhörter Architekturarbeit nicht dazu kam, eine voraussetzungslose, objektive Erkenntnistheorie zu schaffen.

Daß *Erkenntnistheorie transzendental* heißen kann, insofern sie eigentlich über Menschenkraft hinausgeht, das ist nicht schwer einzusehen. Erkenntnistheorie wäre etwa: das Wissen vom gewissen Wissen. (Schon Schelling hat sie ähnlich definiert.) Das Wissen müßte über sich selbst steigen können, um zu einer Erkenntnistheorie (*epistemology*, wie die Eng-

[1]) Aus Orient konnte orientalisch gebildet werden, weil *oriens* vorher zum Substantiv geworden war. Ich kann die Bemerkung nicht unterdrücken, daß deutsche Pedanterie, die *transiens* mit *transeunt* wiedergab (weil die Gewohnheit, namentlich des 17. Jahrhunderts, die Form der obliquen casus verlangte), konsequent hätte Oreunt sagen müssen, was die Götter verhütet haben. Übrigens wäre das Grundwort für *transcendentialis* nicht ein Singular *transcendentia* (etwa: *Transzendenz*) gewesen, sondern ein Plural des Neutrums, eben die Begriffe (Einheit, Wahrheit usw.), die noch über die Kategorien hinausgingen.

länder sagen, ohne sich etwas Besseres zu denken) zu gelangen. Die naiven Griechen stellten die Forderung einer Erkenntniskritik gar nicht auf, weil ihnen noch mehr als in der Naturwissenschaft in der Metaphysik der kritische Sinn für Verifizierung abging. Das christliche Mittelalter, das jede Erkenntnis von Gott hatte, konnte eine andere Erkenntnistheorie als die Theologie gar nicht brauchen. Erst die neueren Engländer seit Locke zermarterten das Gehirn an der furchtbaren Aufgabe, gewissermaßen das tätige Gehirn zu vivisezieren, über die Reflexion zu reflektieren, die Psychologie des Denkens zu ergründen. Der uralte Satz, es sei nichts im Verstande, was nicht vorher in den Sinnen gewesen sei, muß an der Möglichkeit einer Erkenntniskritik verzweifeln lassen; denn das Entstehen unseres Denkens kann unmöglich vorher in den Sinnen gewesen sein. Doch schon Leibniz hatte auf den alten Satz den Trumpf gesetzt: nisi intellectus ipse; und nun spielte Kant diesen Trumpf gegen die Engländer aus: die primären Eigenschaften, die synthetischen Urteile a priori, die Bedingungen Zeit und Raum sind im Verstande *vor* aller Erfahrung; auf diese wesentliche und notwendige Wahrheit lasse sich die einzig wahre Erkenntnistheorie aufbauen, die *transzendental* ist, weil sie *vor* aller Erfahrung da ist, nicht *transzendent*, nicht gegen die Erfahrung. Alle starken neueren Philosophen waren ja darin einig, daß sie innerhalb der Welt der Erscheinungen konsequente Materialisten waren (Descartes, Kant, Schopenhauer), daß sie nur über die Erscheinungswelt hinaus Fragen stellen konnten, entscheidende Fragen, die der Materialismus oder die Erfahrungsphilosophie nicht beantworten, ja nicht einmal begreifen konnte.

Was man jetzt in Deutschland *Erkenntnistheorie* nennt, schlecht genug, das ist keine Lehre, sondern eben erst eine Aufgabe. Ich glaube durch die Formulierung *Kritik der Sprache* die Aufgabe einer Erkenntnistheorie bestimmter gestellt zu haben. Negativ wenigstens bestimmter gezeigt zu haben, wie das Denken, weil es Sprache ist, untersucht werden kann. Die nächsten Nachfolger Kants, gegen die Kant selbst wie hellseherisch sich oft gewandt hat, mißachteten die Aufgabe einer Erkenntnistheorie, trotzdem Fichtes Wissenschaftslehre ursprünglich gar nichts anderes sein wollte. Hegel, der Dialektiker, mußte vollends die Erkenntnistheorie für ein subalternes Geschäft halten; er sagt einmal (Enzyklp.[2] § 10) direkt gegen Kant: „Dieser Gedanke hat so plausibel geschienen, daß er die größte Bewunderung und Zustimmung erweckt und das Erkennen aus seinem Interesse für die Gegenstände . . . auf sich selbst zurückgeführt hat. Will man sich jedoch nicht mit Worten täuschen, so ist leicht zu sehen, daß wohl andere Instrumente sich auf sonstige Weise etwa untersuchen und beurteilen lassen, als durch das Vornehmen der eigentümlichen Arbeit, der sie bestimmt sind. Aber das Erkennen kann nicht anders als *erkennend* untersucht werden, bei diesem sogenannten Werkzeuge heißt, dasselbe untersuchen, nichts anderes als Erkennen. Erkennen wollen aber ehe man erkenne, ist ebenso ungereimt, als der weise Vorsatz jenes Scholastikus, schwimmen zu lernen, ehe er sich ins Wasser wage.“ Hegel, der den naiven Wortaberglauben der Griechen mit der Begriffsspalterei der Scholastiker zu verblüffender Meisterschaft vereinigte, hatte keinen Sinn für die Bescheidenheit des Nichtwissens eines Sokrates oder eines Kant, keinen Sinn für den tragischen Lebensernst, der die aufreibende Zergrübelung eines Kopfes, des stärksten unter allen, bis ans Ende verpflichtet, das Abc der Philosophie zu lernen und zu lehren, weil das Abc vorausgehen soll und muß. Es ist tragisch, daß der erstaunliche Kant mit der bewußten Kraft, alles Wißbare zwingen zu können, sein unersetzliches Leben der Vorfrage aufopferte: was und wie können wir wissen. Der glückliche Hegel, er wußte alles, ohne Frage, ohne Vorfrage.

Kants Bescheidung auf das Abc der Metaphysik war aber im Geiste und in der Kraft nicht mehr und nicht weniger als der erste bewußte Aufschwung zur Aufgabe einer Erkenntnistheorie, die er, bald unsicher bald selbstbewußt, schon selbst *Transzendentalphilosophie* nannte, wodurch dann für viele Jahre bei Weisen wie bei Narren Transzendentalphilosophie zum Modewort wurde.

Ich habe schon oben gestreift, daß mir auch das gegenwärtige Modewort *Erkenntnistheorie* nicht einleuchtet. Wir haben die Theorie ja noch nicht. Man hat einmal die Bezeichnung *Logologie* dafür versucht und wir werden dem Ausdruck bei Novalis begegnen. Aber Logologie ist als Lehre vom Logos in der christlichen Theologie schon genug heruntergekommen; auch ließe sich eine deutsche Übersetzung kaum herstellen, ohne den Spott herauszufordern.

III.

Es ist bekannt. daß Kant selbst im Gebrauche dieser beiden termini technici („Handwerksbezeichnungen“) *transzendent* und *transzendental* nicht konsequent war; „weitherzig“ nennen feste Kantianer offiziös diese kleine Konfusion. Für Kants Unsicherheit oder Gleichgültigkeit in diesem Sprachgebrauche finde ich kein besseres Beispiel als eine Stelle der Prolegomena (S. 129), die genau heißt: „wenn einmal solche reine Vernunftbegriffe (transsc. Ideen) gegeben sind“. Die Ausgabe der Berliner Akademie (IV, 330) setzt dafür in die Klammer „transscendentale Ideen“, ohne daß der kritische Apparat eine Erklärung gäbe.

Daß *transzendental* und *transzendent* nicht einerlei seien, hat Kant in der Kritik der reinen Vernunft wie in den Prolegomena energisch genug ausgesprochen. „Wir wollen die Grundsätze, deren Anwendung sich ganz und gar in den Schranken möglicher Erfahrung hält, *immanente*, diejenigen aber, welche diese Grenzen überfliegen sollen, *transzendente* Grundsätze nennen. Ich verstehe aber unter diesen nicht den *transzenden-*

talen Gebrauch oder Mißbrauch der Kategorien.“ Die Stellen, die sich diesem selbstgewählten Sprachgebrauche nicht fügen, sind öfter gesammelt worden. Ich aber will für meine Zwecke besonders darauf hinweisen, daß Kant selbst da, wo er seine Termini verdeutschen und verdeutlichen möchte, die beiden Begriffe (amicus Plato usw.) verwechselt. In der Kritik der reinen Vernunft übersetzt er *transzendent* mit *überfliegend* (*immanent* an derselben Stelle, S. 671, kühn und schön mit *einheimisch*); dem widerspricht es noch nicht, wenn er (S. 314) *transzendental* mit *außerordentlich* erklärt; denn in *überfliegend* liegt ein gewisser Tadel, in *außerordentlich* ein gewisses Lob und Kant gebraucht ja den Terminus *Transzendenz*, um für die Metaphysik abzulehnen, was er durch den Ausdruck *transzendental* in der Erkenntnistheorie gut heißt. Die Übersetzung *überschwenglich* für transzendent (Kr. d. pr. V. S. 60) kommt für die Persönlichkeit Kants der Bedeutung von *überfliegend* sehr nahe.

Aber gerade in seiner Kr. d. pr. V., wo der skeptische Saulus zum gläubigen Paulus wurde, weil Kant aus der Negation in die Position strebte, weil Kant da über sein *erkenntnistheoretisches* Lebenswerk hinaus wollte, gerade in seiner verhängnisvollen Kr. d. pr. V. wird *transzendental* ganz und gar zu *außerordentlich*. Das *Transzendente* hatte im Gegensatze gestanden zum *Immanenten*, das *Transzendentale* zum *Empirischen*. In logischem Gegensatz. Nun aber auf einmal verwandelt der kategorische Imperativ das ganze Bild. Der *transzendente* (überschwengliche) Gebrauch der reinen Vernunft wird das einzige Verwahrungsmittel gegen Verirrungen (schon Proleg. S. 127, wo er offenbar *transzendental* sagen will); die *transzendente* Erkenntnis, die in der reinen Vernunft trüglich, dialektisch ist, wird in der praktischen Vernunft plötzlich *immanent*, d. h. sie kann zum Grundsatz unseres Handelns werden. Man denke, um aus diesen Abstrusitäten ins Leben zurückzuflüchten, einmal daran, daß die transzendente Vorstellung, der Papst sei der Statthalter Gottes auf Erden, immanent werden und die Handlungen von Millionen Menschen beeinflussen kann. Hier hätte Kant nicht geschwankt, hätte die Vorstellung von einem Statthalter Gottes *tadelnd* transzendent genannt. Aber sein eigenes höchstes Sittengesetz, das er a priori in der Tiefe seines Gemütes vorfand, das war — wenn man ihn beim Worte nahm — zugleich transzendent und immanent und empirisch und transzendental: überschwenglich und einheimisch und erfahrungsgemäß und apriorisch.

Die gelegentlichen Verwechslungen der beiden Termini sind aber ein kleiner Schaden gegenüber dem Unheil: daß Kant ausgegangen ist, die neue kritische Methode zu schaffen, die Unterlage „zu einer jeden künftigen Metaphysik, die als Wissenschaft wird auftreten können“, daß er diese erkenntnistheoretische Aufgabe, die er die Transzendentalphilosophie nannte, mit unerhörtem Scharfblick vor sich sah, auf dem Wege jedoch in Dogmatismus abirrte, den bescheiden menschlichen Psychologismus der Engländer zu überbieten glaubte, das Dogma von den Erkenntnissen *a priori* aufstellte und nun dieses sein Dogma mit der *Transzendentalphilosophie* identifizierte. Er nannte also *transzendental* bald sein Unvergängliches, die Aufgabe einer objektiven Erkenntnistheorie, bald sein Vergängliches: das von ihm aufgestellte System der Erkenntnisse a priori, seine ganz vergängliche Kategorientafel. Diese Unsicherheit im Gebrauche eines von ihm, wenn nicht neu geschaffenen, doch neu definierten oder erklärten Begriffes, würde uns deutlicher werden, wenn wir den Terminus wieder neu in unsere Sprache übersetzen könnten.

IV.

Wollen wir Kants Terminus *transzendental* durch ein uns geläufigeres Wort ersetzen, so bietet sich uns, wie gesagt, *erkenntnistheoretisch* an, für *Transzendentalphilosophie Erkenntnistheorie.* Dies finde ich durchgehends dort, wo Kant die ungeheuere Arbeit hinter sich hatte und freier, auch sprachlich freier, in großen Zügen die Grundlinien zog, in den Prolegomenen. Ich will einige Stellen hersetzen und bitte den Leser, jedesmal für Transzendentalphilosophie *Erkenntnistheorie*, für transcendental *erkenntnistheoretisch* zu lesen. (Oder *Erkenntniskritik*, *erkenntniskritisch.*) Die Vertretungsmöglichkeit wird vielleicht überraschen.

„Man kann sagen, daß die ganze Transzendentalphilosophie, die vor aller Metaphysik notwendig vorhergeht, selbst nichts anders, als bloß die vollständige Auflösung der hier vorgelegten Frage (wie sind synthetische Erkenntnisse a priori möglich?) sei, nur in systematischer Ordnung und Ausführlichkeit, und man habe also bis jetzt keine Transzendentalphilosophie" (S. 46).

„Jede einzelne Erfahrung ist nur ein Teil von der ganzen Sphäre ihres Gebietes, das *absolute Ganze aller möglichen Erfahrung* ist aber selbst keine Erfahrung, und dennoch ein notwendiges Problem vor die Vernunft, zu dessen bloßer Vorstellung sie ganz anderer Begriffe nötig hat, als jener reinen Verstandesbegriffe, deren Gebrauch nur *immanent* [wir würden das weniger schön als durch *einheimisch*, durch *erfahrungswissenschaftlich* wiedergeben] ist, d. i. auf Erfahrung geht, soweit sie gegeben werden kann, indessen daß Vernunftbegriffe auf die Vollständigkeit, d. i. die kollektive Einheit der ganzen möglichen Erfahrung und dadurch über jede gegebene Erfahrung hinausgehen, und *transzendent* werden" (S. 126).

Ähnlich S. 128.

„Das sind nun die *transzendentalen* Ideen, welche, sie mögen nun nach dem wahren, aber verborgenen Zwecke der Naturbestimmung unserer Vernunft, nicht auf überschwengliche Begriffe, sondern bloß auf unbegrenzte Erweiterung des Erfahrungsgebrauchs angelegt sein, dennoch durch einen unvermeidlichen Schein dem Verstande einen *transzendenten* Gebrauch ablocken [für Kant ist

Transzendenz eine Art Instinkt], der, obzwar betrüglich, dennoch durch keinen Vorsatz innerhalb den Grenzen der Erfahrung zu bleiben, sondern nur durch wissenschaftliche Belehrung und mit Mühe in Schranken gebracht werden kann" (S. 134).

Aber auch schon in der fast zyklopischen Einleitung zur Kr. d. r. V. kommt deutlich der Gedanke der Erkenntnistheorie zu Worte. „Die Transzendentalphilosophie ist die Idee einer Wissenschaft, wozu die Kr. d. r. V. den ganzen Plan *architektonisch*, d. i. aus Prinzipien, entwerfen soll, mit völliger Gewährleistung der Vollständigkeit und Sicherheit aller Stücke, die dieses Gebäude ausmachen. Sie ist das System aller Prinzipien der reinen Vernunft. Daß diese Kritik nicht schon selbst Transzendentalphilosophie heißt, beruht lediglich darauf, daß sie, um ein vollständiges System zu sein, auch eine ausführliche Analysis der ganzen menschlichen Erkenntnis a priori enthalten müßte" (1787, S. 27). Und kurz vorher: „Ich nenne alle Erkenntnis *transzendental*, die sich nicht sowohl mit Gegenständen, sondern mit unserer Erkenntnisart von Gegenständen, sofern diese a priori möglich sein soll, überhaupt beschäftigt. Ein System solcher Begriffe würde *Transzendentalphilosophie* heißen" (S. 25).

In seinem leidenschaftlichen Herzenswunsche, den Skeptizismus Humes durch positive Einsicht zu überwinden, in seiner tiefsinnigen Ahnung, daß der englische Psychologismus nicht das letzte Wort behalten könne, hat Kant sich während der Arbeit die eigene Aufgabe verrückt und das Fundament seiner Architektur untergraben. Er stand noch mit seiner lateinischen Dissertation (1770) auf dem Boden des Psychologismus; diesen wollte er duch transzendentale, erkenntniskritische Methode überwinden, aber immer wieder *vor* der Metaphysik Halt machen; nur eine philosophische Propädeutik geben. Er kehrt aber oft zum Psychologismus zurück, versteigt sich ebenso oft zu Metaphysik, ohne zu bemerken, daß er diese Wege nicht mehr *transzendental* (in seinem Sinne) nennen dürfte. Man könnte sagen: was dem Empirischen entgegengesetzt war, das war für Kant im übeln Sinne *transzendent*, im guten Sinne *transzendental*. Dann wurde ihm aber das Transzendentale wieder zum *Metempirischen*, zum *Metaphysischen*. Statt voraussetzungsloser *Erkenntnistheorie* schob sich ihm immer wieder eine Voraussetzung, ein Dogma dazwischen: seine eigenste Lehre von den Erkenntnissen a priori. Es fiel ihm nicht ein, die Frage über dem Portal, *wie* synthetische Erkenntnisse a priori möglich seien, durch die Frage zu ersetzen, *ob* sie möglich seien, und diese umfassendere Frage mit nein zu beantworten. Erkenntnistheoretisch, transzendental ist nur die *Frage*. Man kann auch sagen: die Methode. Kant aber nennt auch seine dogmatische *Antwort* transzendental, die Frage selbst wird so *transzendent*; *transzendental* im dogmatischen Sinne heißen nun unentwirrbar: das Erkenntnisvermögen und dessen Funktionen, Anschauungen, Begriffe, Urteile, Beweise, die Wahrheit und der Schein, die Gegenstände und ihre Prädikate, die ganze Vernunftkritik und ihre einzelnen Abschnitte. *Transzendental* ist die reine Vernunft, als welche sich nur auf Begriffe a priori bezieht. *Transzendental* heißt endlich auch Kants Idealismus. Und weil in dieser ganzen aufwühlenden Denkarbeit die Aufgabe einer Erkenntnistheorie für jede künftige Metaphysik dennoch groß festgehalten wird, darum schwankt der Begriff *transzendental* hin und her und ist schwer zu treffen.

Auch die Autorität eines Kant darf uns nicht zwingen, an die Klarheit und Deutlichkeit eines Wortes deshalb zu glauben, weil es mit gleichen Lettern gedruckt sich überall findet. Man vergesse auch nicht, daß Kant, ein Riese der Denkarbeit, aber ungleich in seiner Sprachkraft, den Doppelkampf auf sich genommen hatte, abgründig neue Gedanken in einer Sprache darstellen zu wollen, die in seiner Jugendzeit (alle Schriftsteller bilden sich ihr Stilwerkzeug in der Jugend) eben erst für die dichterischen und philosophischen Philistrositäten eines Gottsched und Wolf bildsam gemacht worden war. Kant ist niemals darum dunkel, weil er dunkel sein will. Was einem Feldherrn zum Vorwurfe und zur Vernichtung werden müßte: seine Schlachten mit Waffen schlagen zu wollen, die noch nicht erfunden sind, — das kann einem Denkerhelden leicht passieren. Die deutsche Sprache, die Kant vor 1750 wissenschaftlich brauchen lernte, war schülerhaft und arm im Verhältnis zu dem Französisch Voltaires, zu dem Englisch Humes; sie war das Stammeln eines Kindes im Verhältnis zu den neuen Gedanken und Ausblicken Kants. Wie das möglich sei, wenn Sprechen und Denken identisch sind? Man schaffe sich ein Ohr an dafür, wie in der „Kritik d. reinen Vernunft" ein außerordentlicher, überschwänglicher Geist mit der Sprache nach Worten ringt, den gesuchten Gedanken, das gesuchte Bild bald verliert, bald siegreich findet; und man wird just da keinen Unterschied mehr finden zwischen Denken und Sprechen. Für die Vorstellung *transzendental* hat Kant das Bild, das Wort nicht gefunden. Und Herder schien im Rechte, da er sich in seiner boshaften „Metakritik" über das Transzendieren der Transzendenz (I. 67), über das Trans-transzendieren (II. 322), über die „transzendenten Wortnebel" lustig machte.

V.

Der wirre Gebrauch hat das Schlagwort *transzendental* nicht gehindert, ein Modewort zu werden. Im Gegenteil. Als Proben für die Art, wie die Zeitgenossen das Wort fast unverstanden mißbrauchten, will ich einige Stellen aus den Schriften zweier Männer anführen, die ich übrigens beide liebe und die miteinander durch eine Zeitströmung zusammenhängen, welche wieder mit einem wirren Schlagwort die deutsche Romantik genannt zu werden pflegt. Die beiden Männer, die ich im Sinne habe, sind: Hamann, der Ältervater der Romantik, und Novalis, ihr seelenvollster Dichtergeist.

Hamann, welcher mit Kant persönlich verkehren durfte und der Transzendentalphilosophie — ich scheue mich nicht es zu sagen — ohne genaues Verständnis und doch überlegen gegenüberstand, der für die Vernunftkritik wie ein Journalist Reklame machte und dann wieder die schlagendsten Einwürfe gegen sie zuerst aussprach, Hamann weidet sich ordentlich an den Klängen: *transzendent* und *transzendental*. In seiner „Metakritik über den Purismum d. r. V." sagt er: Die zweite Reinigung der Philosophie (die erste wäre die Befreiung von der Tradition gewesen), sei noch *transzendenter*, und laufe auf nichts weniger als eine Unabhängigkeit von der Erfahrung und ihrer alltäglichen Induktion hinaus. Und Hamann, der in diesem kleinen Schriftchen zum erstenmale Sprachkritik übt, an Kant, macht sich schon über den Namen Metaphysik, „dem dieser Erbschade und Aussatz der Zweideutigkeit anhängt" lustig, hört die Ähnlichkeit von *μετα* und *trans* schon heraus; „ihre Terminologie verhält sich zu jeder andern Kunst-, Waid-, Berg- und Schulsprache, wie das Quecksilber zu den übrigen Metallen." In dem schwer zugänglichen Aufsatze „Golgatha und Scheblimini" nennt er die Gedanken der ungläubigen Philosophen „transzendentale Grillen" (1784). Schon in den „Fragmenten einer apokryphischen Sibylle" (1779) sagt er freilich (VI, S. 8): „Der einzige Gott, Schöpfer und Vater des Ganzen war so unterscheidend in dem Jupiter Optimus Maximus ausgezeichnet, daß alles *transzendentale* Geschwätz der gesetzlichen Vernunft auf nichts mehr hinausläuft, als eine Zusammensetzung und Anwendung dieser höchsten, allgemeinsten Gattungsideen positiver Qualität und Quantität." (Man achte darauf, wie hier *transzendental* noch im Sinne von Wolf und Baumgarten gebraucht wird.) Aber in den „Zwei Scherflein zur neuesten deutschen Literatur" (1780, also ebenfalls vor Erscheinen der Vernunfkritik) sagt er schon ganz kantisch: „Dieses verscheuchte Taubenerkenntnis (der Theopneustie) ist wenigstens nicht wunderlicher, *transzendentaler* und unbegreiflicher als der dunkle Schulglaube" (S. 41). In seiner Anzeige der Vernunftkritik (1781) sagt er: Unter dem neuen Namen der *Transzendentalphilosophie* verwandle sich die verjährte Metaphysik aus einem zweitausendjährigen Kampfplatz endloser Streitigkeiten auf einmal in ein systematisch geordnetes Inventarium aller unserer Besitze durch reine Vernunft.[1])

Ob *transzendental* bei Hamann im Sinne Kants gemeint sei, oder ob es eine Anspielung auf Kant sei oder nur eine vage Assoziation, das läßt

1) Ich kann es mir nicht versagen zu notieren, daß Hamann in dieser Rezension, ohne das Ziel des Angriffs zu nennen, von einem dogmatischen Despotismus spricht, „der durch ὑστερα πρωτερα oder, wenn ich mir einen oberdeutschen Zynismus erlauben darf, *ärschlings* zu Werke geht." Goethe hatte das kecke Wort, fast 60 Jahre vor der Benützung am Ende des „Faust", schon im „Pater Brey" zu brauchen gewagt.

sich bei der eigenen Psychologie von Hamanns „Wurststil" kaum ausmachen, außer in den Fällen, wo Kant ausdrücklich zitiert wird. Ich will aber noch einige Stellen sammeln, die das Spielen fast mit dem bloßen Wortklang zu belegen scheinen.

1780 (VI, 5): „Vielen entsteht das außer- und übersinnliche oder *transzendentale* Licht der Vernunft ... und ihrer Fackelträgerin, der eigentlichen Wissenschaft." (Auch hier, wie der Zusammenhang ergibt, ist der Terminus im alten, scholastischen Sinne gemeint; man merkt, daß Hamann das Wort schon vor seiner Wiederbelebung durch Kant gern hatte; und wahrscheinlich hat er die frühere Bedeutung mit in die neue Zeit hinübergenommen.)

1784 (VII, 51): „Nein, die ganze Mythologie der hebräischen Haushaltung war nichts als ein Typus einer *transzendenteren* (ein Komparativ, bei dem sich Kant schwerlich etwas hätte denken können) Geschichte, der Horoskop eines himmlischen Helden."

(VII, 109): „Die Erfüllung neuer, künftiger, außerordentlicher und *transzendenter* Offenbarungen."

Wer sich von diesem Hamannschen Sprachgebrauch, der die Wolfsche und die Kantische Wortbedeutung ohne Unterscheidung durcheinanderwirrt, der einen Komparativ bildet (ebenso gut könnte man von *höher*, wie *transzendental*, zum Kummer Kants, doch auch übersetzt worden ist, einen Komparativ der *Höherere* bilden), nicht darüber belehren läßt, daß Hamann sich vom Wortklange berauschen ließ und das Wort nicht als terminus technicus empfand, der mag sich vielleicht von der Kleinigkeit überzeugen lassen, daß Hamann das Wort einmal (VII, 28) noch verschönerte und von dem „*transzendentellen* Verstand" des römisch- und metaphysisch-katholischen Despotismus redete.

Bevor ich noch einen ähnlichen Sprachgebrauch bei Novalis belege, müßte ich eigentlich die behauptete Verbindung zwischen Hamann und Novalis aufzeigen. Das hat aber die Literaturgeschichte längst getan. Der Haß gegen Vernunft und Aufklärung, der zumeist durch Hamann und seinen Privatschüler Herder (der damals auch der Schüler des annoch skeptischen Kant war) im Sturm und Drang der 70er Jahre lebendig, ja tumultuarisch geworden war, scheint zwar zwanzig Jahre später in der Frühromantik einem neuen Rationalismus, einer Vergottung der Vernunft, einer Göttin der Vernunft, Platz zu machen; aber nur die Schlagworte haben gewechselt, der Gegensatz gegen die klassische Objektivität, die Vergottung des Ich, die Vertiefung in die eigene Persönlichkeit ist im Sturm und Drang ebenso zu finden, wie in der Romantik. Nur daß der Sturm und Drang das Wort noch nicht hatte, mit dem die Frühromantik sich's wohl sein ließ: *transzendentaler Idealismus.* Kant hatte das Wort geprägt und da ganz besonders deutlich den *erkenntnistheoretischen* Idealismus verstanden gegenüber dem materialen oder dogmatischen Idealismus Berkeleys. Aber dieser schwer zu fassende erkenntnistheoretische Idealismus Kants, der jenseits noch ein Ding-an-sich glaubte, ohne es wahrzunehmen, sagte den Frühromantikern nicht so zu, wie der unklarere, egoistischere und poetischere transzendentale Idealismus ihres Fichte, wie die Lehre, die die Welt oder das Nicht-Ich aus dem Ich hervorgehen ließ, und die darum schon früh *Autotheismus* zubenannt worden ist. Das war was für Friedrich Schlegel. Daraus konnte die Weltanschauung der selbstherrlichen Persönlichkeit und überdies eine ganz neue Poesie herausgesponnen werden: die Poesie der Poesie, die *Transzendentalpoesie*. „Goethes rein poetische Poesie ist die vollständigste Poesie der Poesie" (Athenäum Nr. 247). Die Divina Comoedia Dantes ist das einzige System der *transzendentalen Poesie*. Fast ungern räume ich ein, daß Friedrich Schlegel sich bei dieser Verquickung inkohärenter Begriffe etwas Bestimmtes gedacht hat, etwas, was weitreichende Folgen hatte. Für ihn war *transzendental* noch ungefähr soviel wie *erkenntnistheoretisch*, etwa: bewußte Erkenntnis. Die von der Zukunft geforderte *Transzendentalpoesie* war also gar nichts anderes als bewußte Poesie; und da das Abstraktum Poesie nicht bewußt sein kann, so hätte die Forderung richtiger gelautet: der Dichter muß bewußter arbeiten, als solche Leute wie Homer es getan haben. Weil Goethe im Wilhelm Meister lächelnd und bewußt über seinen Helden und ihren Schicksalen steht, darum wird dieser Roman zu den drei großen Tendenzen des Jahrhunderts gerechnet, neben der französischen Revolution und Fichtes Wissenschaftslehre. Transzendentalphilosophie, bewußte Dichterarbeit, romantische Ironie sind nur andere Bezeichnungen für dieselbe Sache. Und es ist vielleicht eine romantische Ironie der Literaturgeschichte, daß die poetischen Unehrlichkeiten Heines, sein bewußtes Fallen aus der Rolle und aus der Stimmung, dieser Gipfel der romantischen Ironie, über Friedrich Schlegels Theorien hinweg am letzten Ende aller Enden zurückzuführen ist auf die tragische Lebensarbeit eines Kant, der Erkenntnistheorie suchte und den transzendentalen Idealismus fand.

Wenn ich nun bei Friedrich Schlegel noch einen guten Zusammenhang zwischen Transzendentalphilosophie und Transzendentalpoesie zugestehen mußte, so geht das beim Sprachgebrauche des Novalis wirklich nicht mehr an. Hie und da schimmert noch die Bedeutung *bewußt* hindurch; aber dann klingt nur noch, wie bei Hamann, die unverstandene Lautfolge *transzendental*.

„Poesie ist die große Kunst der Konstruktion der *transzendentalen* Gesundheit. Der Poet ist also der *transzendentale* Arzt" (Ausg. v. Minor, III. 177). Weil Novalis *also* sagt, darum soll der Satz logisch sein.

Unmittelbar vorher: „Der Künstler ist durchaus *transzendental*."

Darauf (178): „Die *transzendentale* Poesie ist aus Philosophie und Poesie gemischt. Im Grunde befaßt sie alle *transzendentalen* Funktionen und enthält in der Tat das *Transzendentale* überhaupt. Der *transzendentale* Dichter ist der *transzendentale* Mensch überhaupt."

„Von der Bearbeitung der *transzendentalen* Poesie läßt sich eine Tropik erwarten (Hamann und Herder hatten ähnlich von einer neuen Mythologie gesprochen) — die die Gesetze der symbolischen Konstruktion der *transzendentalen* Welt begreift."

Ferner (342): „*Transzendentale Poetik*, praktische Poetik ... die *transzendentale Poetik* handelt vom Geiste, ehe er Geist wird ... in der *transzendentalen* Poetik gibt es nur Ein gemeines, rohes Individuum. In der praktischen Poetik ist von gebildeten Individuen oder Einem unendlich gebildeten Individuum die Rede."

Ganz konfus wird hier der Sprachgebrauch, weil der magische Novalis in unmittelbarem Zusammenhang (für Physik und Poetik) erst die Verbindung von *transzendentaler* und *praktischer* Physik und Poetik die höhere Physik und Poetik nennt. Bei diesen Zitaten ist freilich nicht zu vergessen, daß wir es mit der verschütteten Gewürzbüchse eines ungeordneten Zettelkastens zu tun haben, den Novalis nicht für die Öffentlichkeit bestimmt hatte, niemals so herausgegeben hätte.

Nicht nur das überfliegende und springende Denken eines Hamann, nicht nur das poetisierende Jagen eines Novalis ist durch den wirren Gebrauch des Modewortes *transzendental* charakterisiert. Ich finde sogar einmal eine solche Verwirrung bei dem besten Stilisten unter den deutschen Philosophen, bei Schopenhauer. Er hat den Kantischen Sprachgebrauch klarer auseinandergesetzt, als irgendjemand vor ihm, er hat sogar schon darauf hingewiesen, daß es zu Widersprüchen führen könne, „*transzendente* Fragen in der für *immanente* Erkenntnis geschaffenen Sprache zu beantworten"; aber Schopenhauer, der wortabergläubische Splitter in den Augen seiner berühmteren Zeitgenossen besser sah, als kleine wortabergläubische Balken in seinen eigenen, hat seine Lehre einmal (Parerg. I, 141) einen *immanenten Dogmatismus* genannt: „man könnte mein System bezeichnen als immanenten Dogmatismus; denn seine Lehrsätze sind zwar dogmatisch, gehen jedoch nicht über die in der Erfahrung gegebene Welt hinaus." Der alte, von Kant umgestoßene Dogmatismus sei *transzendent*. Da Schopenhauer aber kantisch sein will und es in dieser Beziehung auch ist, da Kant seine Lehre transzendentalen Idealismus genannt hat, so mußte *immanenter Dogmatismus* ungefähr dasselbe sagen, wie *transzendentaler Idealismus*. Transzendental fällt mit immanent zusammen. Ich meine aber, auch Schopenhauer hat da „transzendente Fragen in der für immanente Erkenntnis geschaffenen Sprache beantworten" wollen; und wiederhole: Sprache ist von Hause aus materialistisch.

Auch die Stelle, an der die eben benützten sprachkritischen Worte stehen (Par. II, 295), ist für die Geschichte des Wortpaares *immanent* und *transzendent* nicht uninteressant. Es ist eine „kleine dialogische Schlußbelustigung" über das Thema: Unzerstörbarkeit unseres wahren Wesens durch den Tod. Ich müsste gestehen, kein einziges dieser Worte (Unzerstörbarkeit — wahr — Wesen — Tod) klar begreifen oder gar empirisch fassen zu können. Schopenhauer findet Antworten: „Nach meinem Tode bin ich . . . Alles und Nichts. — Unsterblichkeit kann eine Unzerstörbarkeit ohne Fortdauer genannt werden." Er gibt für das Begriffspaar die kantische Erklärung, mit einem kleinen Zusatz von Schopenhauer, und entschuldigt den Widerspruch, indem er den sprachkritischen Satz ein wenig verändert und arg verschlechtert: „Aber so geht es, wenn das *Transzendente* in die *immanente* Erkenntnis gebracht werden soll; dieser geschieht dabei eine Art Gewalt, indem sie mißbraucht wird zu dem, wozu sie nicht geboren ist." Es sollte nicht *Erkenntnis* heißen, sondern *Sprache*.

U.

Uhrengleichnis. — Ich habe an einer früheren Stelle auf einen besonderen Artikel *Uhrengleichnis* verwiesen, dann aber den Gegenstand schon unter dem Schlagworte *Okkasionalismus* behandelt. So will ich denn aus der kleinen Not eine kleine Tugend machen und, anstatt wiederum zurück zu verweisen, die Gelegenheit benützen und auf einen Vorwurf antworten. Ich hätte Dubois-Reymond überall hart behandelt und doch hätte Dubois in seinem vielgenannten Vortrage „Über die Grenzen des Naturerkennens" (S. 41) schon die Ansicht ausgesprochen, daß es für die Übereinstimmung der beiden Uhren außer den drei Leibnizschen Erklärungen noch eine vierte gäbe: Leib und Seele sind durch das Werk und das Zifferblatt Einer Uhr bildlich darzustellen. Diese hübsche Umkehrung des Uhrengleichnisses ist aber nicht von Dubois erfunden, sondern von dem viel geistreicheren und tiefsinnigeren Fechner, wie Dubois selbst in einer Anmerkung anerkennt.

Ich möchte jetzt zu bedenken geben, daß auch das Bild von Werk und Zifferblatt Einer Uhr für Seele und Leib nicht genau stimmt. Die Bewegung des Zeigers auf dem Zifferblatte entspricht dem Gange des Räderwerks mathematisch genau, weil diese Bewegung einfach nur eine Funktion der Maschine ist; Leib und Seele aber gehen niemals ganz gleich. Und daß man Leib und Seele in mancher Beziehung überhaupt nicht miteinander vergleichen kann, kommt daher, daß sie eigentlich wie zwei Uhren sind, denen zwei verschiedene Zeitsysteme zugrunde liegen.

Universalsprache. — Vor einigen Jahren drohte, wie ich zu wissen glaube, den Kindern eines deutschen

Bundesstaates eine ernste Gefahr; ein hochmögender Herr in diesem Staate hatte den Entschluß gefaßt oder fassen müssen, das sogenannte *Esperanto*, das sich mit kluger Bescheidenheit nur eine internationale Hilfssprache nennt, zu einem Gegenstande des obligatorischen Unterrichts zu machen. Von Frankreich, wo man fremde Sprachen nur ungern lernt, wo aber der Sinn für Utopien und für Zentralisation zuhause ist, war die Agitation ausgegangen; Gelehrte von gutem Namen waren in Frankreich und Deutschland für das embryonische Monstrum Esperanto eingetreten, dann wieder für ein neues und verbessertes Esperanto. Mit der ganzen Wucht ihres Wissens mußten Brugmann und Leskien gegen die Versuche auftreten, die Spottgeburt des Esperanto für ein lebensfähiges Wesen auszugeben; Brugmann hat die neue Weltsprache mehr vom Standpunkte der Sprachphilosophie kritisiert, Leskien mehr vom Standpunkte der Phonetik; die Ergebnisse beider Forscher waren vernichtend für das Esperanto und für die Esperantisten.

Auf einem andern Wege bin ich zu einer scharfen Ablehnung dieser Bestrebungen gelangt, als sie sich anschickten, ein neues Verbrechen an den armen Schulkindern zu begehen (vgl. mein Büchlein „Die Sprache" S. 31 ff). Ich ging davon aus, daß 1. eine Idealsprache, eine philosophische Sprache bei dem Stande unserer Naturwissenschaften heute ebenso unmöglich ist, wie sie es im siebzehnten Jahrhunderte war, weil ein logisch geordneter Weltkatalog, auf welchem die Idealsprache beruhen müßte, immer noch nicht hergestellt ist, und weil ein solcher Weltkatalog überhaupt nicht herzustellen ist, sintemal der Weltschöpfer kein Registrator gewesen ist; daß 2. jede künstliche Sprache dem Schicksal verfallen ist, überhaupt keine Sprache zu sein, sondern höchstens die Übersetzung wirklicher Sprachen in eine zum Spiele erfundene Scheinsprache, die weder dem Dichter noch dem Gelehrten genügen könnte. Ich wies ferner darauf hin, daß ein irgendwie zureichendes Wörterbuch des Esperanto nicht vorhanden, daß ein internationales Wörterbuch des Esperanto überhaupt nicht möglich ist. So wenig es eine Normalgrammatik für alle Sprachen gibt, so wenig gibt es ein Normalwörterbuch der Begriffe aller Sprachen; selbst die Grammatiken und die Wörterbücher der Kultursprachen, deren Völker noch recht ähnliche Seelensituationen haben, weisen tiefgehende innere Unterschiede auf.

Ich möchte hier die kindlichen Versuche, künstliche Sprachen aus dem Rockärmel zu schütteln, nicht noch ausführlicher kritisieren; das Esperanto wird dem verblichenen Volapük bald nachfolgen, aber neue Weltsprachen werden immer wieder erfunden werden, so lange man die Idee selbst nicht als eine unausführbare Utopie erkannt haben wird. Darum möchte ich an dieser Stelle Kritik üben an dem größten Plane, der für eine philosophische Weltsprache jemals gefaßt worden ist, an der *lingua characterica universalis* von Leibniz, einem Plane, an dem übrigens selbst der Scharfsinn und der Fleiß dieses seltenen Mannes gescheitert sind. Ich möchte dazu einige Proben aus der fast gleichzeitigen Weltsprache des niemals übertroffenen Bischofs Wilkins bieten. Ich halte mich dabei außer an die Schriften der beiden Männer noch an eine Abhandlung Trendelenburgs „Über Leibnizens Entwurf einer allgemeinen Charakteristik“ (Berliner Akademie der Wissenschaften 1856).

Schon gegen hundert Jahre vor Leibniz war der kühne Gedanke, der Leibnizens Absicht so hoch über die Schülerarbeiten der Volapükisten und der Esperantisten erhebt, dem mathematischen Genie von Descartes entsprungen. Die unendliche Menge aller möglichen Zahlen seien durch unser Zahlensystem so geordnet, daß jeder Mensch imstande sei, an einem einzigen Tage die Kunst zu erlernen, alle Zahlen in einer ihm bisher unbekannten Sprache zu benennen; geschrieben werden sie ohnehin in allen Sprachen auf die gleiche Weise; eine wahre Philosophie müßte ebenso alle Gedanken der Menschen ordnen können: so ließe sich eine allgemeine Sprache hoffen, welche leicht zu lernen, auszusprechen und zu schreiben wäre; welche überdies die logischen Fehler und Täuschungen der vorhandenen Sprachen vermiede. Descartes scheint aber mit diesem Gedanken nur gespielt zu haben; er hielt seine Ausführung in der Idee für möglich, nicht aber in der Wirklichkeit. Die Welt hätte denn vorher in ein Paradies verwandelt werden müssen.

Männer von geringerem Scharfsinn und größerer Kritiklosigkeit gingen seit dieser Zeit an die Arbeit, die Idee einer solchen Universalsprache praktisch durchzuführen. Man halte fest, daß zwei völlig verschiedene Aufgaben mit einem Schlage gelöst werden sollten: durch ein verbessertes Begriffssystem einen systematischen Weltkatalog zu schaffen, einen durch die Begriffe selbst geordneten vollständigen Katalog aller Dinge und Gedankendinge; und zugleich einen logischen Ersatz zu schaffen für die historisch, unlogisch, zufällig gewordenen Einzelsprachen. Der Traum war: mit Hilfe der neuen internationalen und systematisch zu bezeichnenden Wörter, mit Hilfe also einer lingua characterica universalis ein unendliches Denken so bequem zu machen, wie das Sprechen und Schreiben unendlich vieler Zahlen durch das Zahlensystem bequem geworden war. Zwischen Descartes und Locke fallen, auf wenige Jahre zusammengedrängt, die bestechendsten Versuche aus den bekannten Ziffern und den Buchstaben des Alphabets, oder auch aus künstlich gebildeten Silben und einfachen geometrischen Linien die neue Sprache und die neue Schrift herzustellen. Namentlich in des Bischofs Wilkins „An Essay towards a real Character and a philosophical Language“ (1668) sind schon unsere modernen Universalsprachen und viel von der modernen *Algebra der Logik* mitenthalten. In die gleiche Zeit zwischen Descartes und Locke, aber erst in das Jahrzehnt von 1676—1686, sind die meisten Niederschriften Leibnizens zu diesem Thema zu datieren.

Ich habe Descartes und Locke nennen müssen, weil das mathematische Genie des einen den Traum ausgelöst hatte, das sprachkritische Genie des andern wohl imstande gewesen wäre, dem Traum ein Ende zu machen. Wer damals als Weltverbesserer an einer allgemeinen Charakteristik oder an einer logischen Weltsprache arbeitete, der hoffte für alles menschliche Wissen zu erreichen, was Descartes für die analytische Geometrie vollendet hatte: Darstellung aller wißbaren Beziehungen durch Zeichen, welche Sprachzeichen schienen, weil sie — nach dem Verfahren älterer Mathematiker und besonders Vieta's — den Buchstaben der lateinischen Schrift entlehnt waren.[1]) Niemand bemerkte, daß die analytische Geometrie die Beziehungen, mit denen sie es zu tun hatte, durch ihre willkürlichen Zeichen nicht sprachlich ausdrückte, sondern genetisch; daß der unvergleichliche Vorzug der analytischen Geometrie sich auf die unendlich komplexen Beziehungen von Ursache und Wirkung nicht übertragen ließ, weil diese Zeichensprache einzig und allein auf den Seinsgrund, auf die immer gleichen Beziehungen des Raumes anwendbar war. Niemand war tiefer in das Wesen der Sprache eingedrungen, niemand hatte Sprachkritik getrieben, bis Locke (1690) seinen nicht genug zu schätzenden Essay über den menschlichen Verstand herausgab und da in dem herrlichen 3. Buche, beinahe gegen seine Absicht und nur so im Laufe der Untersuchung, die Mängel aller Sprache aufdeckte. Ich hoffe noch einmal dazu zu gelangen, das ich Lockes Sprachphilosophie im Zusammenhange darstelle. Hier nur kurz die Erinnerung, daß Locke (K. 5, § 8) schon weiß, eine Sprache sei niemals in eine andere zu übersetzen; nicht das wirkliche Wesen, welches man nicht kenne, sondern das Wortwesen (K. 6, §§ 7—9) sei der Einteilungs-

[1]) Ich glaube bewiesen zu haben, daß Zahlen keine Begriffe, daß Ziffern keine Worte sind (Kr. d. Spr. III, 153 ff.). Auch die Buchstaben der analytischen Geometrie gehören nicht eigentlich der Sprache an; das wäre sofort deutlicher geworden, wenn die ersten Erfinder der Analysis nicht Buchstaben, sondern andere willkürliche Zeichen gewählt hätten. Dasselbe gilt von den Buchstaben- und Ziffernformeln der gegenwärtigen Chemie; auch das wäre deutlicher geworden, wenn man als Zeichen der Elemente nicht die Anfangsbuchstaben der lateinischen Namen, sondern andere willkürliche Zeichen gewählt hätte, so wie einst die Metalle durch die alten Planetenzeichen ausgedrückt worden sind. Ich mache diese Bemerkung, um durch sie psychologisch das Kuriosum zu erklären, daß damals wie heute die Chemiker am leichtesten geneigt waren, zu Schwärmern für eine allgemeine Zeichensprache zu werden. Heute ist in Deutschland ein berühmter Chemiker, Ostwald, der leidenschaftlichste Anhänger des Esperanto; im 17. Jahrhundert war der geniale Chemiker Boyle mit des Bischofs Wilkins Real Character und der Philosophical Language so vertraut, daß er — nach einem gelegentlichen Scherze von Leibniz — außer Wilkins der einzige war, welcher diese Schrift gelernt hatte.

grund, welchem gemäß man die Dinge nach Arten ordne, daß er (K. 11) nach Mitteln gegen die Unvollkommenheit und den Mißbrauch der Sprache sucht; und daß ihm (K. 11, § 25) schon ein sprachkritisches Wörterbuch als Ideal vorschwebt. Nur daß Locke das Wesen der Sprache durchschaut hatte und darum nicht auf den verzweifelten Ausweg geriet: die Unvollkommenheiten der Sprache dadurch zu beseitigen, daß man sich zum Zwecke der Mitteilung eines Mittels bediente, das Sprache nicht war und Sprache nicht werden konnte.

Etwas ganz anderes wäre es gewesen: eine immanente *Ordnung* in den Dingen und Gedankendingen der Welt aufzufinden und diese Ordnung in einer ordentlichen Sprache darzustellen. Einerlei, ob man zu diesem Zwecke eine vorhandene Sprache verbesserte oder eine neue konstruierte. Daß freilich *Ordnung* nur ein armer Menschenbegriff ist, in der Wirklichkeitswelt nicht auffindbar, das ahnten die Männer nicht, die einen Weltkatalog zu verfassen suchten. Das ahnen auch heute noch nicht viele Menschen.

Wenn es möglich wäre, mit Hilfe einer systematischen Klassifikation aller Begriffe zu einem Weltkataloge zu gelangen, wenn dieser *Weltkatalog* so eingerichtet wäre, daß nicht jedes Sternlein, jedes einzelne Weizenkorn und jede einzelne gegenwärtig lebende und jemals auf der Welt gewesene Fliege einen besonderen Namen hätte, sondern so, daß mit Hilfe einer ungeheuren Systematik jedes Individuum sich durch Gruppierung von Begriffen bezeichnen ließe, so besäßen wir eine Universalsprache. Leibniz denkt bei dieser ungeheuerlichen Idee nur nebenher an den Nutzen, den eine einheitliche Menschensprache gewähren könnte; man darf seinen Plan wirklich nicht auf eine Stufe stellen mit den albernen Bestrebungen unserer kleinen Zeitgenossen, die ein *Volapük* oder *Esperanto* erfinden, wie Kinder sich eine Erbsensprache erfinden, und die damit wirklich so weit kommen, wie ein Missionar, der das Vaterunser ins Hottentottische übersetzt. Die Universalsprache von Leibniz ist eine glänzende Phantasie.

Trotzdem aber Leibniz gerade auf dem Gebiete der Sprachwissenschaft ein selbständiger Anreger war, ist es ihm auch auf diesem Gebiete nicht erspart geblieben, daß man ihm die Vorgänger nachwies, denen er seinen Grundgedanken entnahm. Es fällt dadurch auf seinen berühmten Prioritätsstreit um die Erfindung der Differentialrechnung ein Licht. Es ist mehr als wahrscheinlich, daß Leibniz das Werk des Bischofs Wilkins über eine Zeichenschrift und eine philosophische Sprache (London 1668) gekannt habe. Es mußte ihn um so mehr fesseln, als Leibniz von Jugend auf ähnliche Pläne zu einem scholastischen Weltkatalog in seinem Geiste herumtrug. Und da die Idee von Leibniz niemals zur Ausführung kam, da dagegen das Werk des Bischofs Wilkins — dessen Titel vorhin angegeben wurde — sehr gründlich und breit ausgeführt vorliegt, so wird es sich empfehlen, die Phantasie einer Universalsprache an dem immerhin merkwürdigen Versuche von Wilkins zu kritisieren.

Dem Bischof ist zunächst die Erfindung eines Verständigungsmittels für die Gelehrten aller Völker die Hauptsache. Es war die Zeit, wo das Latein als internationale Gelehrtensprache zu dienen aufhörte. Da mag es ein lockender Gedanke gewesen sein, wenn nicht eine gemeinsame Sprache, so doch eine gemeinsame *Schrift* zu erfinden, und zwar nicht etwa eine Buchstabenschrift, welche doch nur auf die einzelnen Sprachen angewandt werden konnte und darum von Volk zu Volk unverstanden bleiben mußte, sondern eine *Realschrift*, unmittelbare Zeichen für die Dinge. Erzählt man uns doch, daß es eine altchinesische Sprache gibt, deren literarische Denkmäler von den chinesischen Gelehrten aus den Schriftzeichen sachlich verstanden werden, trotzdem die Sprache selbst nicht mehr bekannt ist. Bischof Wilkins ging davon aus, daß wir ohnehin (in unseren mathematischen Zeichen wie + und —, wie in den astronomischen Zeichen für Sonne, Mond und die Planeten) schon ein Dutzend solcher Zeichen besäßen, welche den Gelehrten aller Länder verständlich sind und überall in einer andern Sprache ausgedrückt werden. Wenn nun jedem Dinge und Begriffe in solcher Weise ein besonderes Zeichen zugewiesen würde und durch kleinere verabredete Zeichen auch die grammatischen Formen ausgedrückt würden, so besäßen wir eine internationale sichtbare Sprache, die freilich ohne die Übersetzung in die einzelnen Volkssprachen kaum lebendig werden könnte. Diese universale Realschrift interessiert uns hier weniger. Wir haben es hier mit der Konsequenz zu tun, die Bischof Wilkins selber gezogen hat. Er fühlte, daß eine ungeheuerliche Menge von Zeichen nötig wäre, wenn man die Dinge und Begriffe (er meint eigentlich nur die Begriffe) ohne rechten innern Zusammenhang bezeichnen wollte. Gründete man aber die Zeichenschrift auf einen systematischen Weltkatalog, so konnte die Menge der Zeichen ganz bedeutend eingeschränkt werden, die Schrift wurde erlernbar, und erlernbar wurde auch eine künstliche Sprache, welche die Zeichen zugleich und ihre grammatischen Formveränderungen mit den einfachsten Lautgruppen verband und für das Gehör mitteilbar machte.

Von der Schrift nur so viel, daß sie sehr geistreich nach dem System der Notenschrift eingerichtet war. Der Erfinder versichert, daß man nur gegen zweitausend Chiffern für die Begriffe und etwa vierzig Zeichen für die grammatischen Änderungen nötig hätte. Das erreicht er damit, daß z. B. dasselbe Zeichen (in der Sprache dasselbe Wort) ein Adverb, ein Verbum, ein Adjektiv oder ein Substantiv bezeichnet, je nachdem es im Notensystem auf dem Raum für c, d, e oder f steht. Vierzig Silbenzeichen gar für das Gerippe der Grammatik sind der Gipfel der Einfachheit, wenn man an die Tausend Endungen denkt, welche in unsern Sprachen durch die verschiedenen Muster des Substantivs und Verbums und durch die vielen Ausnahmen entstehen.

Der Weltkatalog kommt aber erst zustande, wenn die Zeichen und die für sie ersonnenen Worte in eine solche logische Verwandtschaft gebracht werden, daß man den Zeichen gleich ansieht, den Worten gleich anhört, was sie bedeuten. Die Zeit des Bischofs Wilkins hatte noch keine Ahnung von moderner Sprachwissenschaft, noch weniger konnte sie wissen, wie zufällig der Bedeutungswandel der Worte vor sich gegangen ist; gerade darum schien es klar, daß eine solche künstliche Sprache jede andere Sprache an Logik ungeheuer übertreffen müßte. Keine Sprache kann logisch erlernt werden; immer ist es der Sprachgebrauch, der sinnlos erlernt werden muß. Die Universalsprache wäre also nebenbei auch die logische Idealsprache. (Vgl. M. Müller „Vorlesungen“ II. 41 f.).

So schreckte denn Wilkins, um dieses hohe Ziel zu erreichen, nicht davor zurück, zunächst einen *Weltkatalog* aufzustellen und ihn dann zur Grundlage des neuen Lexikons zu machen. Nichts wäre törichter, als entweder über seinen Weltkatalog oder über die naive Art seiner künstlichen Wortbildung zu lachen. Sein Katalog war innerhalb seiner Weltanschauung ganz vorzüglich ersonnen und seine Wortbildung ging eben auch von der alten Anschauung aus, daß die Sprache auf einer Verabredung beruhen könne, und in soweit waren seine Vorschläge von klassischer Einfachheit.

Der Weltkatalog — ein näheres Eingehen ist überflüssig — teilt die Welt zunächst in sechs Begriffsgruppen. Die zweite bis sechste Gruppe entspricht den alten Kategorien der Substanz, der Quantität, der Qualität, der Handlung und der Beziehung, wie sie sich seit des Aristoteles „im Irrgarten der Logik umhertaumelnden“ Grammatik durch das Mittelalter bis auf die Gegenwart fortgeschleppt haben. Ein heimlicher Spaß kann es für uns sein, daß die erste Gruppe des Bischofs dazu die transzendentalen Begriffe umfaßt, d. h. die alle Kategorien noch übersteigenden *transcendentia*, wie Einheit, Wahrheit usw. (vgl. Art. *transzendental*); daß er eigentlich also sich in einem Katalog der Wirklichkeitswelt gezwungen sieht, eine besondere Rubrik für diejenigen Begriffe zu schaffen, denen in der Wirklichkeit nichts entspricht. Die Gruppen teilt Wilkins in vierzig Klassen, die Klassen in Unterabteilungen usw.

Dieser Weltkatalog ist der Realschrift und der Universalsprache gemeinsam. Zu der *Universalsprache* nun gelangt der Bischof so, daß er für die vierzig Klassen vierzig einfachste Lautgruppen erfindet, welche die neuere Sprachwissenschaft künstliche Wurzeln nennen müßte. Sie bestehen regelmäßig aus einem hübschen Konsonanten (B, D, G, Z, P, T, C oder S) und einem der einfachen Vokale. Die vierzig Wurzeln nach der Reihe fangen mit Ba, Be, Bi an und endigen mit Sa, Se, Si.

Man braucht nur den immens schwierigen Weltkatalog im Kopfe zu haben, eine Art von logisch geordnetem Konversationslexikon, und wenn man dazu noch die vierzig künstlichen Wurzeln auswendig gelernt hat, so besitzt man in der Tat eine beneidenswerte Grundlage alles Wissens.

Die Unterabteilungen werden nun in ebenso einfacher Weise hergestellt. Für die ersten Unterabteilungen tritt an die Wurzel ein Konsonant B, D, G usw.; es entstehen die Worte Bab, Bad, Bag usw.; die zweite Unterabteilung wird wieder durch die Anfügung eines Vokals hergestellt, so daß aus dem Stammworte der ersten Unterabteilung Baba, Babe, Babi usw. entsteht. Man vergesse nicht, daß der Schüler dieser Sprache die Reihenfolge der Klassen, der Unterabteilungen und der Unterunterabteilungen genau im Kopfe behalten muß, wenn er sie erlernen will. Dann freilich wird er sich rasch berechnen können: wenn *De* die Klasse der Elemente bedeutet, muß *Det* die fünfte Unterabteilung sein, welche (nach der Weltanschauung jener Zeit) eine Himmelserscheinung bezeichnet und *Deta* wäre dann die zweite Unterunterabteilung und bedeutet mit auffallender Sicherheit den *Hof um ein Gestirn.*

Die grammatischen Formveränderungen werden nach dem Muster der flektierenden Sprachen vorgenommen. Die Umbildung eines Substantivs in ein Adjektiv oder auch die Sprachbildung eines Gegensatzes, endlich die Beugungen des Substantivs und des Verbums werden durch Veränderung oder Einfügung von Buchstaben hervorgebracht.

Ich verzichte darauf, das Kauderwelsch abzuschreiben, in welchem Bischof Wilkins eine Übersetzung des Vaterunsers als Universalsprache zum Besten gibt. Der Leser würde lachen und ohne Grund lachen. Denn nicht die Unverständlichkeit der krausen Laute ist das Bedenkliche an diesem Versuche; so komisch erscheint jede Sprache jedem, der sie nicht versteht.

Auch den Einwurf lasse ich nicht gelten, daß zur Erlernung dieser Sprache ein außerordentliches Wissen und eine seltene logische Schulung gehören. Es ist wahr, es geht nicht an, den Kindern vor den Worten Papa und Mama die Kategorientafel des Aristoteles beizubringen. Aber Wilkins könnte antworten, daß die Erlernung des Weltkatalogs der Erlernung der Sprache nicht vorauszugehen brauche. Im Gegenteil. Das Kind könnte die künstliche Sprache als seine Muttersprache erlernen wie eine andere und würde später gerade durch den künstlichen Bau der Sprache leichter als in einer der Natursprachen zum Verständnis der Weltkategorien gelangen. Ganz abgesehen davon, daß die Universalsprache auch als Gelehrtensprache neben den Volkssprachen ihre Bedeutung haben könnte. Gibt es doch ein Linnésches Pflanzensystem neben den Pflanzennamen des Volkes.

Worüber wir mit besserem Rechte lachen könnten, das ist etwas ganz anderes. Es ist auf den ersten Blick klar, daß Bischof Wilkins seine große

Tafel der vierzig Klassen nur auf Grund seiner Welterkenntnis aufstellen konnte. Jede Erweiterung, namentlich jede grundsätzliche Umformung der Welterkenntnis (und jedes neue Geschlecht erkennt die Welt anders) müßte das System und damit den Wert seiner künstlichen Sprache über den Haufen werfen. Die Universalsprache würde also (auch wenn sie nicht bei den verschiedenen Völkern in divergierende Dialekte und schließlich in divergierende Sprachen auseinandergehen sollte) über kurz oder lang das Schicksal jeder natürlichen Sprache teilen und mit der Welterkenntnis neuer Zeiten nicht mehr übereinstimmen. Man stelle sich einmal die Klasse der chemischen Begriffe vor, wenn sie heute nach einem System von 1668 gebraucht werden müßte. Um die Sprache der jeweiligen Welterkenntnis anzuschmiegen, müßte alljährlich an der wissenschaftlichen Terminologie herumgeflickt werden, und jeder Flicken wäre ein Fehler im System. Jedes Wort könnte schließlich nur noch praktisch durch den Sprachgebrauch, wissenschaftlich durch seine Geschichte verstanden werden, das aber — und hier steckt der intime Humor der Sache — können wir von unsern lebendigen Sprachen ebenfalls rühmen.

Unsterblichkeit der Seele — ist ein hübsches Märchen aus uralter Zeit, das nachzuerzählen und nachzuempfinden keinem Dichter und keinem Kranken verwehrt werden darf; in Büchern aber, welche philosophische Klarheit anstreben, von dem Abstraktum Seele eine Eigenschaft aussagen, die selbst wieder nur ein leerer Wortschall ist und die, wenn sie aus der Erfahrung geschöpft wäre, einzig und allein auf lebendige Individuen angewandt werden dürfte, scheint mir unanständig. Unanständig also das fortdauernde Gerede über die Unsterblichkeit der Seele, seitdem es eine Psychologie ohne Psyche gibt, seitdem der Seelenbegriff als ein Summenwort erkannt worden ist. Ich verzichte darum auf die leichte Aufgabe, die Lehre von der Unsterblichkeit der Seele zu kritisieren oder auch nur in ihrer Geschichte darzustellen. Bloß auf zwei immer noch allgemein verbreitete Irrtümer möchte ich aufmerksam machen und dazu auf ein kleines Versteckspiel, das mit dem Worte *unsterblich* getrieben wird.

Der eine Irrtum betrifft die Herkunft des Unsterblichkeitsglaubens. Den Schulbuben wird immer wieder erzählt, daß die großen Meister des Spiritualismus und Idealismus die Notwendigkeit des Unsterblichkeitsglaubens gelehrt und bewiesen haben, daß die Vertreter des bösen Materialismus den Glauben zu stören und zu zerstören versucht haben. Für den Glauben an die Seelensubstanz wäre diese Behauptung nicht ganz falsch, wenn man nur den modernen Idealismus aus dem Spiele ließe, der ja nicht Spiritualismus ist; und um die Kritik des Seelenbegriffs hat sich auch der grobe Materialismus immerhin verdient gemacht. Ganz anders steht es um den Glauben an die

Unsterblichkeit dieser Seele. Der ist von jeher, von dem ersten Aufkommen der Schattenfurcht bis zu dem Astralleibe der Spiritisten, brutalster Materialismus gewesen. Die Furcht vor den kleinen Feinden des Lebens hat die Götter geschaffen, die wunderwirkenden Helfer; die Furcht vor dem unentrinnbaren großen Feinde, dem Tode, die instinktive Furcht vor der Vernichtung hat den Glauben geschaffen an die Unsterblichkeit dessen, was der Mensch als sein eigenes Ich empfand: der Seele. Die Angst, die man nicht Feigheit zu schelten braucht, hat die Menschheit mit den Vorstellungen von den Göttern und von der Unsterblichkeit der Seele beschenkt.[1]) Die beiden Angstprodukte waren einander nahe verwandt. Die Götter unterschieden sich von den sterblichen Menschen einzig und allein dadurch, daß sie unsterblich waren; auch die Seele, dieweil sie nicht vernichtet werden konnte, wurde vergottet.

In den lebendigen Vorstellungen des Volkes wird nun das alte schöne Märchen überall realistisch verstanden und mit den derbsten Zügen ausgeschmückt; ob es sich um den Hades der Griechen, um den Scheol der Juden, um Hölle, Fegefeuer und Himmel der Christen, um das Paradies der Mohammedaner handelt, immer brauchen die Seelen nach dem Tode einen materiell räumlichen Wohnort, werden durch materielle Leiden bestraft und durch materielle Freuden belohnt; der christliche Himmel ist ein wenig entsinnlicht worden, in der Theorie; in der Praxis des Volksglaubens und der Predigten verzichtet die unsterbliche Seele nicht einmal auf die irdischen Lieblingsspeisen ihres Körpers.

Gröblich materialistisch ist das Märchen auch in der Form geblieben, die es im Orient annahm, in der es uns aus dem Volksglauben der Ägypter und Inder entgegentritt: als *Seelenwanderung.* Es scheint nur so, als ob der Buddhismus die allzu handgreifliche Vorstellung durch ethische Ausdeutung in eine höhere Sphäre gehoben hätte; die Ethik, die den sündigen Menschen in Gestalt von Tierleibern martern läßt, ist nur nicht ganz wertlos — der bessern Behandlung der Tiere wegen — aber sonst ebenso brutal wie die Ethik des Fegefeuers, oder wie die Ethik unserer Todesstrafe. Der allgütige Schöpfer wird in einer Person Gesetzgeber, Richter und Henker einer Rechtsordnung, die auf Abschreckung beruht.

Die dichterische Sehnsucht, welche der Vernichtungsangst eine schöne Märchenform im Unsterblichkeitsglauben gab, war in dem philosophischen Dichter Nietzsche schon erlahmt, als er seiner eigenen tragischen Vernichtung recht nahe, die Lehre von der Seelenwanderung aufnahm und sie mit der uralten Phantasie von der *ἀποκαταστασις* verkoppelte. Die Botschaft von der ***Wiederkehr des Gleichen,*** von der ewigen Wiederkunft aller Dinge, war keine fröh-

[1]) Während der Drucklegung finde ich in Gerhart Hauptmanns „Emanuel Quint" (S. 334) die Worte: „Es ist Todesangst, die den Menschen nach der Phantasmagorie des ewigen Lebens greifen läßt."

liche Wissenschaft; es wäre wohl möglich (und wäre nicht unedel gewesen), daß Rohde sich von seinem Freunde Nietzsche abwandte, als dieser das Lebenswerk Rohdes, die Arbeit an der Zerstörung des Seelenbegriffs, zu stören drohte; so wie Nietzsche, der Antichrist, Richard Wagner zu hassen begann, als dieser zu christeln anfing. Es schadet aber nichts, daß Rhode die menschlichen Dokumente seines Bruches mit Nietzsche vernichtet hat.

Der andere Irrtum spricht gern von Goethe, dem dezidierten Nichtchristen, als von einem überzeugten Anhänger des Unsterblichkeitsglaubens; wir sollen danach den alten Heiden für einen Sonntagsprediger halten. Man beruft sich dabei auf einige Gespräche, etwa noch auf einen Spruch aus den Zahmen Xenien:

„Du hast Unsterblichkeit im Sinn;
Kannst du uns deine Gründe nennen?“
Gar wohl! Der Hauptgrund liegt darin,
Daß wir sie nicht entbehren können.

Zwei Punkte sind bei der spielelerischen Beschäftigung Goethes mit dem Unsterblichkeitsgedanken nicht zu übersehen: daß es sich nicht um einen festen Glauben oder gar um eine wissenschaftliche Überzeugung handelte, sondern nur um eine kindliche, meinetwegen fromme Sehnsucht, und daß der arge Goethe die Unsterblichkeit nur für sich und andere ausgezeichnete Seelen in Anspruch nahm, Hinz und Kunz aber getrost der allgemeinen Vernichtung überließ.

Sieht man genau zu, so befindet sich Goethe, was die bloße Sehnsucht anbelangt, in Übereinstimmung mit den beiden Denkern, die heute noch, wenn man auf die Stimmen der offiziellen Welt hört, um die Herrschaft in den Geisteswissenschaften streiten: mit dem hl. Thomas von Aquino und mit Kant.

Thomas findet den Beweis für die Unsterblichkeit allein in unserer Sehnsucht danach: intellectus naturaliter desiderat esse semper; und nur sein Vertrauen auf Gott läßt ihn schließen: naturale desiderium non potest esse inane. Ich kann mir nicht helfen, ich finde den Gedankengang Kants auf ähnlicher Bahn. „Die Beharrlichkeit der Seele, als bloßen Gegenstandes des inneren Sinnes, bleibt unbewiesen und selbst unerweislich.“ So in der Kr. d. reinen Vernunft. Aber in der praktischen Vernunft ist „der unendliche Progressus (zur Heiligkeit oder Vollkommenheit) nur unter Voraussetzung einer ins unendliche fortdauernden Existenz und Persönlichkeit desselben vernünftigen Wesens, welche man die Unsterblichkeit der Seele nennt, möglich. Also ist das höchste Gut, praktisch, nur unter der Voraussetzung der Unsterblichkeit der Seele möglich; mithin diese, als unzertrennlich mit dem moralischen Gesetz (seiner eigenen Konstruktion) verbunden, ein Postulat der reinen praktischen Vernunft.“ Der Hinweis auf die jenseitige Welt fehlt nicht.

Von solchen scheinlogischen Erschleichungen, von Unterwerfung unter das Dogma war bei Goethe auch dann nicht die Rede, wenn sich eine weiche Stimmung in Plaudereien über das Märchen von der Unsterblichkeit auslöste.

Aber die Sehnsucht, an irgendeine Form der eigenen Fortdauer glauben zu können, meldete sich bei Goethe gern, so oft ein memento mori, unerwünscht genug, an ihn herantrat. Goethe wollte vom Tode nichts wissen. Im Januar 1813, am Tage da Wieland begraben wurde, ergießt er in feierlicher Stimmung und mit feucht glänzenden Augen seine Fortdauer-Idee gegen Falk. „Von Untergang solcher hohen Seelenkräfte kann in der Natur niemals und unter keinen Umständen die Rede sein; so verschwenderisch behandelt sie ihre Kapitalien nie.“ Er entwirft ein stark naturphilosophisches Bild vom menschlichen Individuum, erinnert an Leibniz und an Swedenborg, endlich an seine eigene Metamorphosenlehre und stellt den Organismus dar wie einen Staat, in welchem eine oberste Monas eine Menge niederer Monaden regiert. „Der Moment des Todes, der darum auch sehr gut eine Auflösung heißt, ist eben der, wo die regierende Hauptmonas alle ihre bisherigen Untergebenen ihres treuen Dienstes entläßt. Wie das Entstehen, so betrachte ich auch das Vergehen als einen selbständigen Akt dieser nach ihrem eigentlichen Wesen uns völlig unbekannten Hauptmonas.“ Es gibt eine Rangordnung unter den Seelen; es gibt außer dem niedrigen „Weltgesindel“, das ein wahres „Monadenpack“ ist, auch solche, die die Welt in sich eingezogen haben. „So im allgemeinen und historisch gefaßt, finde ich in der Fortdauer von Persönlichkeit einer Weltmonas durchaus nichts Undenkbares.“ Er möchte der Weltmonade Wieland nach Jahrtausenden wohl wieder begegnen.

Ganz anders im Ton spricht der Greis Goethe im Februar 1824 mit dem getreuen Eckermann über denselben Gegenstand. Der Anlaß ist nicht so ernst, ist nur der Erfolg eines neuen Buches. Man findet Tiedges „Urania“ auf allen Tischen. „Ich fand dumme Weiber, die stolz waren, weil sie mit Tiedge an *Unsterblichkeit* glaubten, und ich mußte es leiden, daß manche mich über diesen Punkt auf eine sehr dünkelhafte Weise examinierte. Ich ärgerte sie aber, indem ich sagte: es könne mir ganz recht sein, wenn nach Ablauf dieses Lebens uns ein abermaliges beglücke; allein ich wolle mir ausbitten, daß mir drüben niemand von denen begegne, die hier daran geglaubt hätten . . . damit würde auch drüben der Langeweile kein Ende sein.“ Die Beschäftigung mit *Unsterblichkeitsideen* sei für vornehme Stände und besonders für Frauenzimmer, die nichts zu tun haben; ein tüchtiger Mensch lasse die zukünftige Welt auf sich beruhen. Einige Wochen später meint der 75jährige, ihn lasse der Gedanke an den Tod in völliger Ruhe, denn er habe die feste Überzeugung, daß unser Geist ein Wesen sei ganz unzerstörbarer Natur; es sei ein Fortwirkendes von Ewigkeit zu Ewigkeit.

Im Februar 1829 zieht der 80jährige das Fazit: „Der Mensch soll an *Unsterblichkeit* glauben, er hat dazu ein Recht, es ist seiner Natur gemäß, und er darf auf religiöse Zusagen bauen; wenn aber der Philosoph den Beweis für die Unsterblichkeit unserer Seele aus einer Legende hernehmen will, so ist das sehr schwach und will nicht viel heißen. Die Überzeugung unserer Fortdauer entspringt mir aus dem Begriff der *Tätigkeit*; denn wenn ich bis an mein Ende rastlos wirke, so ist die Natur *verpflichtet*, mir eine andere Form des Daseins anzuweisen, wenn die jetzige meinen Geist nicht ferner auszuhalten vermag." Und auch da, nur vier Tage nach der Feier des 80. Geburtstags ein Zornausbruch über ,,das Monadenpack": ,,Was hat man nicht alles über *Unsterblichkeit* philosophiert! (es ist von Hegel die Rede) und wie weit ist man gekommen? Ich zweifle nicht an unserer Fortdauer, denn die Natur *kann* die Entelechie nicht entbehren; aber wir sind nicht auf gleiche Weise unsterblich, und um sich künftig als große Entelechie zu manifestieren, muß man auch eine sein."

An dem Ernste dieser Mystik darf man nicht zweifeln, so schlecht sie zu dem bekannten gegenständlichen Denken Goethes passen mag. Aber es kann kein Zufall sein, daß Goethe derartige Phantasien nur gesprächsweise von sich gab; der gewissenhafte Mann hütete sich, derlei Eingebungen der Stimmung zu veröffentlichen und ein klein wenig Mystifikation mag mitgelaufen sein. Ganz ohne Scherz konnte ein Goethe von einer *Verpflichtung* der Natur nicht sprechen; und vollends der immer wiederkehrende aristokratische Hochmut, der die Unsterblichkeit nur für sich und ein paar gute Freunde in Anspruch nimmt und das übrige Weltgesindel unbekümmert vernichten läßt, wird doch mißverstanden, wenn man ihn als ein ernsthaftes Dogma zitiert. Der uralte schöne Unsterblichkeitsglaube war für Goethe ein Riesenspiel, das von Todesgedanken ablenkte.

Die Anmaßung, die Unsterblichkeit nur sich und Seinesgleichen zu gönnen, ist schon bei einem anderen berühmten Schriftsteller zu finden, bei Tacitus; der pflichtet (Leichenrede auf Agricola 46) der Meinung der Weltweisen bei, welche sagen: Non cum corpore exstinguuntur magnae animae.

Ursache. — Es wäre der Gegenstand eines ganzen Buches, und keines kleinen, die Wortgeschichte und die Begriffsgeschichte des Ursachgedankens zu geben, anzufangen von der primitiven Vorstellung, welche schon beim Urmenschen und wahrscheinlich auch beim Tiere die Idee einer Verknüpfung von Ursache und Wirkung entstehen ließ, und die Entwicklung dieses Gedankens fortzuführen bis zu der Zeit, da Hume die Vorstellung einer Ursache skeptisch auf die *Gewohnheit* der Menschen zurückführte, eine regelmäßige Folge in der Zeit für eine ursächliche Folge zu halten. Hume glaubte den Begriff der *Ursache* für die Philosophie vernichtet zu haben; da aber der Begriff für eine Orientierung in der Wirklichkeitswelt bestehen blieb und bestehen bleiben mußte, da also die Gemeinsprache und die wissenschaftliche Sprache auch nach Hume nicht auf den Ursachbegriff verzichten konnte, so hätte dem wort- und begriffsgeschichtlichen Buche doch noch ein sprachkritischer Anhang über diesen wichtigsten aller wissenschaftlichen Begriffe zu folgen. Ein solches Buch wäre eine Lebensaufgabe, zu welcher meine Kräfte nicht hinreichen. Ich habe den Ursachbegriff an sehr vielen Stellen dieses Wörterbuchs gestreift und möchte mich nun hier darauf beschränken, zwei Punkte etwas deutlicher zu machen: die Notwendigkeit, über Kant hinaus auf Hume zurückzugehen; und die Beziehungen des Ursachbegriffs zu den drei Welten oder Sprachen — der adjektivischen, der substantivischen und der verbalen — zu deren Unterscheidung mich zuerst die sprachkritische Behandlung der Grammatik geführt hatte.

„Auf Hume zurückgehen" soll natürlich nicht heißen: auf die Worte Hume's schwören; soll natürlich heißen: an Humes Skepsis wieder anknüpfen; wie ja auch die besten Neukantianer ihr Losungswort „zurück zu Kant" nur so verstehen, daß wieder unmittelbar an Kants Kritizismus anzuknüpfen sei. Ich habe schon (I. S. 95) behauptet, daß der Gegensatz zwischen Hume und Kant nicht so wichtig sei, wie das, was ihnen beiden zum höchsten Verdienst angerechnet werden muß: daß sie den Ursachbegriff für die Ontologie vernichtet haben, um ihn für die Psychologie zu erobern. Der Ursachbegriff wird zu einer menschlichen Vorstellung, wird subjektiv, einerlei, ob er nach Hume aus einer Gewohnheit entspringt, oder nach Kant eine Bedingung der Sinnlichkeit ist.

Es ist bekannt, daß Kant — nach seinem eigenen berühmten Zeugnisse — durch Humes Problem zuerst aus seinem dogmatischen Schlummer geweckt wurde (Kant gebraucht dieses Bild häufig), und daß er Humes Einwände gegen den Ursachbegriff in der Vorrede der Prolegomena meisterlich dargestellt hat; weniger bekannt ist es, trotzdem es von Vaihinger in seinem Kommentar (I. S. 340ff.) unwiderleglich bewiesen ist: daß Kant die erste und bessere Fassung der Humeschen Erkenntnistheorie nur aus einem Zitate gekannt hat; daß Kant die verschiedenen Einwirkungen, die er von Hume erfahren hatte, nicht mit der philologischen Akribie eines modernen Biographen auseinanderhält; daß Kant endlich (und das ist das Wichtigste) die Anwendung des Ursachbegriffs in einzelnen kausalen Urteilen und die Aufstellung eines allgemeinen Kausalitätsgesetzes und seiner durch keine Erfahrung zu beweisenden Notwendigkeit viel mehr verwirrt hat, als das besonders in der ersten Fassung der Humeschen Untersuchung geschehen war. Nun aber gehört allein das Kausalitätsgesetz der über die Erfahrung hinausragenden Metaphysik an, der Transzendental-Philosophie; kausale *Urteile*, die den Ursachbegriff wie einen bekannten Alltagsbegriff gebrauchen, werden von uns auch *nach* Hume unaufhörlich gefällt. Sehen wir in der Kausalität nichts weiter als die Relation zwischen Ursache und Wirkung, so können wir allerdings an Kants Kausalitätsbegriff wieder anknüpfen und können den Begriff der *Veränderung*, wie wir ihn verstehen, in den Blickpunkt der Aufmerksamkeit rücken: wir wissen von aller Wirklichkeitswelt nichts, als was Veränderung ist, und nennen — um Wörter nicht verlegen — den Anfangszustand einer Veränderung *Ursache*, den Endzustand nennen wir *Wirkung* (vgl. Art. *Veränderung*). Aber wir wissen wirklich von einer jeden Veränderung kaum den Endzustand, ganz und gar nicht den Anfangszustand. Wir können das Kausalitäts*gesetz* zur Not auf den Relationsbegriff zurückführen, wir können den *Ursach*begriff ganz und gar nicht begreifen, da doch der Versuch, Zweck und Ursache unter den gemeinsamen Oberbegriff *Richtung* zu bringen, schließlich zu einer neuen Vernichtung des Ursachbegriffs führen müßte (vgl. Art. *Richtung*). Da ist es denn ratsamer, direkt auf den Erwecker Hume zurückzugehen. Um so ratsamer als — wie wir gleich sehen werden — die Begriffe *Ursache* und *Sein* miteinander viel enger zusammenhängen als die Gemeinsprache und die wissenschaftliche Sprache es vermuten lassen. Nun hat aber Hume, eben in dem *Treatise* (1739—40), der Originalform des lange Zeit allein gelesenen *Enquiry, concerning human understanding* (1748), den Seinsbegriff oder den Substanzbegriff mit ebenso unerbittlicher Skepsis untersucht, wie den Ursachbegriff. Man könnte aus Hume etwas sehr Merkwürdiges lernen, wenn er es auch nicht geradezu sagt: wie der Begriff der *Ursache*, den man als eine *Kraft* auffaßte, nach dem Bilde des menschlichen Ichs und seiner Einwirkung auf die Außenwelt geformt worden ist, so ist der Begriff der *Substanz* der Vorstellung der einheitlichen menschlichen Seele nachgebildet, eines Ich, das doch nur ein Vorstellungskomplex ist ohne nachweisbares einigendes Band. Im Treatise (I. 27) läßt Hume keinen Zweifel darüber, daß nach seiner Meinung *Substanzen* nicht zu den Sinneseindrücken gehören, daß sie zu den Affekten der Selbstwahrnehmung nicht gehören können, daß sie nur sprachliche Bezeichnungen komplexer Vorstellungen sind. Man könnte in seinem Sinne hinzufügen: alle Allgemeinbegriffe der Sprache entspringen aus einer *Gewohnheit*, wie der Ursachbegriff. Und ebenso weist Hume den Ursachbegriff als etwas ab, das über die Daten unserer Sinne und unserer Selbstwahrnehmung hinausgeht (I. 100—105). Wieder glaube ich im Sinne Humes den Gedanken kurz so formulieren zu können: *Ursache* ist eine Eigenschaft, die wir an einem andern Dinge zu beobachten glauben als an dem Dinge, an welchem sie (als Wirkung) erscheint.

Ich brauchte nur das Humesche Problem weiter durchzudenken, um zu dem zweiten Punkte zu gelangen, den ich noch klarstellen wollte.

Nicht die Identifizierung von Ursache und Zeitfolge ist das Große und Bleibende an Humes Leistung, sondern die unerhörte Vorurteilslosigkeit, mit welcher er, zum erstenmale, seitdem Menschen den Ursachbegriff gebrauchen, diesen Begriff endgültig (auch in der bildlichen Vorstellung) von dem Dingbegriff ablöste. Ich will mich aber bemühen, meinen Gedanken in meiner eigenen Sprache so einfach wie möglich auszudrücken.

Der *Ursach*begriff gehörte von jeher der *substantivischen* Welt an, der mythologischen; als reales Ding, in meinem Sinne also immer noch als ein Ding der mythologischen Welt, faßte den Ursachbegriff (die *causa*) die naive Weltanschauung, welche den Ursachbegriff als eine Hypothese in einer Urzeit erfunden hatte; als Gedankending suchte ihn die Philosophie eben bis Hume zu verstehen. In der substantivischen Welt ist die *Ur-Sache* zu Hause.

Die *adjektivische* Welt, die einzige Wirklichkeitswelt des Sensualismus, kennt von Hause aus den Ursachbegriff gar nicht; die naive Weltanschauung einer Urzeit begnügte sich damit, die Sinneseindrücke wahrzunehmen und diese Wahrnehmung mit den Dingen der Außenwelt zu identifizieren; wir können es in unserer Sprache nur nicht anders ausdrücken, als daß die Ur-Sachen unserer Wahrnehmungen ihre Ursachen seien; das primitive Denken setzte aber die Welt nicht zweimal, und wir dürfen, wenn wir dem primitiven Denken und selbst den Tieren die Vorstellung der Ursache zusprechen, nicht vergessen, daß wir eben nicht mehr primitiv sind — wir wollten denn, wie gesagt, unsre Erkenntniskritik oder Sprachkritik eine primitive Philosophie oder einen Anfang nennen —, daß wir darum den ererbten Ursachbegriff nur bildlich in die Tiervorstellung hineinlegen, wie wir nur bildlich, weil wir den Seelenbegriff nicht loswerden können, den Panpsychismus erfunden haben. Die Zwangsvorstellung, mit der wir so den Ursachbegriff aus der substantivischen Welt oder Sprache in die adjektivische Welt oder Sprache hineintragen, ist der Grundirrtum, welcher nach dem Abbröckeln der theologischen Weltanschauung (Gott = letzte Ursache) zu der ebenso dogmatischen und ebenso verkehrten Weltanschauung des Materialismus geführt hat. Die Ur-Sache hat in der adjektivischen Welt keinen Platz.

Ebenso wenig hat die Ur-Sache einen Platz in der *verbalen* Welt, der Welt des Werdens. Der Korrelatbegriff der Ursache ist die *Wirkung*; die ist aber ein Korrelatbegriff der substantivischen Ur-Sache nur in dem einen Sinne des Wortes *Wirkung*: in dem Sinne des *bewirkten*, neuen, bleibenden, *seienden* Zustandes. Diese Wirkung gehört allerdings der substantivischen Welt des Seins an. Das Wort *Wirkung* hat aber im Sprachgebrauche noch einen zweiten, verbalen Sinn: den des Vorgangs einer Änderung; und diese *Wirkung* ist kein Korrelatbegriff der Ursache, ist nur die Ursache selbst, von einer andern Seite gesehen. Ein Scholastiker könnte sagen: die Ursache ist die causa immanens, die verbale Wirkung ist die causa transiens. Ob in der verbalen Welt die Dinge aufeinander wirken oder ob wir handelnd auf die Dinge wirken, immer ist es uns unmöglich, zeitlich oder begrifflich zwischen den (minimalen) verbalen Wirkungen und ihren (minimalen) unmittelbaren Ursachen zu unterscheiden. Nur daß bei den menschlichen Handlungen das menschliche Individuum mit seinem Leibe und mit seiner Willensvorstellung ein Zwischenglied ist zwischen den verbalen Ursachen und den verbalen Wirkungen; nur daß also das menschliche Individuum geneigt ist, sich selbst als die Ursache seiner Handlungen zu begreifen. Wie denn auch in ähnlicher Weise der *Kraft*begriff (Ursachen sind Kräfte) aus dem täuschenden Selbstbewußtsein des Menschen hervorgegangen ist. Die Zwangsvorstellung, mit der wir den Ursachbegriff aus der substantivischen Sprache in die verbale Sprache oder Welt hineingetragen haben, ist der Grundirrtum, der durch Jahrtausende die Vorstellung von einer Willensfreiheit festhalten ließ. Die Beziehungen zwischen dem Ursachbegriff, dem Kraftbegriff und dem Willensbegriff sind für die menschliche Sprache unauflösbar.

Ich glaube mit der Hervorhebung der beiden Punkte die sprachkritische Analyse des Ursachbegriffs, welcher — wie gesagt — von Hume und Kant der Psychologie überwiesen worden war, doch ein wenig gefördert zu haben. Die urälteste Hypothese der Menschheit hatte die substantivische oder mythologische Welt erfunden und sprach ganz naiv kausale *Urteile* aus nach dem Schema: jedes Ding ist die Ursache seiner Eigenschaften. Die Philosophie (bis Hume) generalisierte diese kausalen Urteile durch Aufstellung eines *Gesetzes* der Kausalität. Wir haben gesehen, daß sogar der Riese Kant die Begriffe dieser Urteile und dieses Gesetzes durcheinander wirrte. Wir werden uns also nicht mehr darüber wundern, daß die Gemeinsprache und die Sprache der Wissenschaft kein Arg darin findet, heute wie immer das Wort *Ursache* gelegentlich in jeder der unzähligen Bedeutungen zu gebrauchen, die es in seiner langen Begriffsgeschichte einmal angenommen hatte.

Utilitarismus. — Ich habe (vgl. Art. *Nutzen*) gezeigt, daß dieser schwerfällige Ausdruck zwar erst im Anfang des 19. Jahrhunderts geprägt wurde, daß aber die Anpreisung der Nützlichkeit so alt ist wie die menschliche Lust an der Banalität, die Gleichsetzung von *nützlich* und *gut* so alt wie die menschliche Sprache. Darum läßt sich auch der Begriff des Nutzens nicht definieren, wenn man nicht den Mut hat, die *Tugend* für das zu erklären, was uns etwa *taugt* oder nützlich ist.

Einer der ältesten und berühmtesten Anpreiser des Utilitarismus war Confuzius, der von den Chinesen ihr ungekrönter König genannt wird und doch nur ein flacher Moralprediger war. Hier möchte ich nur die prachtvolle Parabel mitteilen, in der

Tschuang-Tse, der späte Schüler des Lao-Tse, der geistreiche Gegner des Confuzius, vor 2200 Jahren, das Nützlichkeitsprinzip mit heiligem Lachen verspottet hat. Man findet die Parabel vom „Heiligen Baum" in den „Reden und Gleichnissen des Tschuang-Tse" (Deutsche Auswahl von Martin Buber); nicht ein Lob des Müßiggangs ist gemeint, sondern, nach der schwer zugänglichen Lehre der chinesischen Mystik (vgl Art. *Tao*), ein Verzicht auf die Anwendung menschlicher Wertbegriffe. Die Parabel aber lautet (etwas gekürzt):

Ein Zimmermann reiste nach dem Staate Tschi. Er sah einen heiligen Baum, der so groß war, daß ein Stier sich dahinter verbergen konnte; er hatte einen Umfang von hundert Spannen, ragte hoch über den Gipfel des Hügels empor und trug Äste, von denen manche der Größe nach für Kähne getaugt hätten. Eine Menschenmenge stand davor und gaffte ihn an, aber der Zimmermann achtete seiner nicht und ging des Weges weiter, ohne sich umzusehen.

„Das Holz taugt zu nichts. Mach ein Boot daraus — es wird sinken. Einen Sarg — er wird faulen. Hausrat — er wird bald zerfallen. Eine Tür — sie wird schwitzen. Einen Pfeiler — er wird von den Würmern zerfressen werden. Es ist ein Holz ohne Rang und ohne Nutzen. Darum hat es sein gegenwärtiges Alter erreicht."

Als der Zimmermann nach Hause kam, träumte er, der Baum erscheine ihm und spreche zu ihm: „Was ist es, womit du mich vergleichst? Sind es die vornehmen Bäume? Der Kirschbaum, der Birnbaum, der Orangenbaum und andere Fruchtträger werden, sobald ihre Früchte gereift sind, geplündert und schimpflich behandelt. Große Zweige werden geknickt, kleine abgebrochen. So schädigen diese Bäume durch ihren Wert ihr eigenes Leben. Sie können ihre zugemessene Spanne nicht vollenden, sondern kommen vorzeitig in der Mitte der Bahn um, weil sie in die umgebende Welt verstrickt sind. So ist es mit allen Dingen. *Eine lange Zeit war es mein Ziel, nutzlos zu werden.* Mehrmals war ich in Gefahr, aber endlich ist es mir geglückt, und so kam es, daß ich heute *nutzreich* bin. Aber wäre ich damals von Nutzen gewesen, ich hätte jetzt nicht den großen Nutzsegen, den ich habe. Überdies gehören wir beide, du und ich, zu derselben Art von Dingen. Tue darum diese Tadelsucht von dir ab. Ist ein nichtsnutziger Mensch, dessen Zeit der Gefahren noch nicht vorüber ist, die richtige Person, von einem nichtsnutzigen Baum zu reden?"

V.

Veränderung.

I.

Ein Wort, so häufig in der Sprache des Alltags und leider so selten in erkenntnistheoretischen Untersuchungen, daß mancher es in einem philosophischen Wörterbuch nicht suchen würde. Und doch kann ich voraussagen, daß unsere Untersuchung die Schwierigkeiten nicht bewältigen wird, die dieser allgemein gebrauchte Begriff birgt.

Was immer auf der Welt geschieht, wird von uns nur wahrgenommen, weil und wenn eine *Veränderung* wahrgenommen wird. Werden und Vergehen, Leben und Tod, das Wachsen der Organismen, die Intensitätsunterschiede unserer Sinneseindrücke, die Bewegung der Körper im Raume, das sind so die wichtigsten Arten von Vorgängen, von denen unser Bewußtsein einzig und allein als von Veränderungen Notiz nehmen kann. Wir erfahren etwas von der Welt, nur weil wir Veränderungen wahrnehmen. Die Sonne, wie andere Himmelskörper, ist durch Änderung unzähliger Energiezentren oder Atome geworden und wird nach der Meinung vieler Astronomen durch neue Änderungen wieder vergehen; Änderungen optischer Art lassen uns die Sonne rot oder weiß und nach den Tageszeiten und Jahreszeiten heller oder weniger hell erscheinen; die Sonne bewirkt in den Pflanzen Änderungen, die wir als ein Wachsen ansprechen; und die Änderungen der relativen Lage des Beobachters und der Sonne orientieren uns in dem, was wir die Zeit nennen. Aller Inhalt unserer Erkenntnis besteht aus Veränderungen der Objekte der Erkenntnis. Das ist eine sehr geringe Wahrheit.

Die Schwierigkeiten beginnen aber sofort und erzwingen die intensivste Aufmerksamkeit, wenn wir die letzten Worte genauer betrachten. Die *Veränderungen* gehen nämlich, so sagt unsere Sprache, *an* den Objekten unserer Erkenntnis vor sich. Es sind Dinge da, die sich verändern. Nichts scheint einfacher. Ich hatte einmal ein Gewicht von 8 Pfd. und wiege jetzt 180 Pfd.; ich war einmal schwarz und bin jetzt grau. Der Apfelbaum drüben war im Dezember kahl, im Mai blühte er und jetzt trägt er Früchte. Der Teich, der im Winter zugefroren war, ist jetzt Wasser. Der Quecksilberfaden im Thermometer stand vor drei Stunden um ein Zentimeter niedriger als jetzt. Das letzte Beispiel eröffnet eine weite Aussicht: die Ausdehnung der Körper ändert sich mit dem Wärmegrad; und da die Wärme, mikroskopisch betrachtet, unaufhörlich schwankt, sich *ändert,* so ändert sich auch eine der auffallendsten Erscheinungen der Körperwelt, die Gestalt, unaufhörlich. Ebenso aber würden wir bei ultra-mikroskopischer Beobachtung alles andere an der Körperwelt in unaufhörlicher Veränderung begriffen finden, beim Werden und Vergehen, beim Wachsen, bei der Intensität unserer Sinneseindrücke und bei der Bewegung. Die erste Schwierigkeit liegt also in der Tatsache, die eigentlich schon in der ersten flachen Bemerkung versteckt lag: daß wir überhaupt nichts kennen als Veränderungen, daß wir von etwas Bleibendem, von etwas *Seiendem* nichts wissen. Was übrigens der alte Herakleitos schon gesagt hat.

Nun aber hat wieder der Begriff *Veränderung* gar keinen Sinn, wenn nicht etwas da ist, was sich ändert. Man könnte mit dem gleichen Rechte und fast in dem gleichen Sinne sagen: wenn nicht etwas da ist, was *bleibt*. *Bleiben* und *sich verändern* sind nicht so sehr Gegensätze als Korrelatbegriffe. Jeder von ihnen kann nur mit Hilfe des andern (*verändern* kommt aber von *ander*) definiert und verstanden werden. Gibt es in der Welt, eben nach Herakleitos, nur ein Werden und kein Sein, nur Veränderung und nichts Bleibendes, nur Bewegung und keine Ruhe, „kann man nicht zweimal in denselben Fluß steigen", — dann fehlt der eine der Korrelatbegriffe, und *Veränderung*, weil sie sich von nichts *Bleibendem* abhebt, verliert jeden Sinn.

Der Widerspruch, sprachlich wie jeder Widerspruch, wird vielleicht noch lebhafter empfunden werden, wenn ich an den vorhin gebrauchten Satz erinnere: „aller Inhalt unserer Erkenntnis besteht aus Veränderungen der Objekte der Erkenntnis." Die Objekte der Erkenntnis, die Dinge sind — je nachdem — auch Objekte der Wahrnehmung, die an diesen Objekten eben nur Veränderungen wahrnimmt, aber sie sind auch Subjekte der wahrnehmbaren Veränderungen. „Ein Ding ändert sich." In dem Reflexivum steckt schon die Vertauschung von Subjekt und Objekt.

Für viele Fälle von Veränderungen scheint die naive Weltanschauung der Gemeinsprache recht zu haben, wenn sie bei dem nächsten Objekt der Veränderung nur an einen Zustand, eine Qualität oder eine Quantität denkt und hinter der Veränderung sich etwas Bleibendes vorstellt, gewöhnlich eine Substanz, die unverändert bleibt. Das grüne Blatt wird im Herbste rot, aber das Ding bleibt Blatt; wie der Baum bleibt. Ich bekomme graue Haare, aber mein Ich bleibt. Der Strom schwillt im Frühjahr an, aber im großen und ganzen bleibt der Strom in seinem Strombett. Das letzte Beispiel könnte uns lehren, daß nur die gewiesene Form geblieben ist, aber auch nicht ein Tröpfchen Wasser vom alten Winterstrom. Doch auch in mir ist nur die gewiesene Form geblieben, kaum ein Atom aus der Zeit, da ich ein Säugling war. Und der Chemiker wird nachweisen können, daß auch im herbstlichen Blatt alles etwas anders geworden ist, bis auf die gewiesene, gerichtete Form. Und so frage ich: was ist das Subjekt oder meinetwegen das Objekt der Veränderungen, wenn es nach der Änderung nicht mehr da ist? Sollte das Subjekt oder meinetwegen das Objekt etwa die bloße Form sein? Da müßte doch vorher erst ausgemacht werden, was die Form ist, außerdem, daß sie menschliche Vorstellung ist. Ich will die Frage nachher besonders für zwei Begriffe stellen, bei denen das Verschwinden der Substanz, des Veränderungsträgers, zu bedenklichen Konsequenzen führt: für den *Ich*begriff und für den *Energie*begriff. Vorher möchte ich nach dem Plan dieses Buches einige Notizen zur Wortgeschichte zusammenstellen, trotzdem *Veränderung* und die entsprechenden Worte anderer Sprachen nicht zu den Begriffen gehören, die von altersher für den philosophischen Sprachgebrauch zurechtgeknetet worden sind.

II.

Aber eine Eigentümlichkeit, die ich nur bemerken und nicht erklären kann, hat der Begriff. Wir werden im Griechischen, Lateinischen und Deutschen Bezeichnungspaare finden, so zwar, daß die eine Bezeichnung etwas Sinnfälliges hat, die andere eine abstrakte Herkunft; das abstrakte Wort scheint mir durch Lehnübersetzung weiter gegangen zu sein; das sinnfällige Wort weist keine Lehnübersetzung auf, hat aber in alten und neuen Sprachen doch überraschende Entsprechungen.

Das sinnfällige Wort heißt im Griechischen *μεταβαλλειν*, *herumwerfen*, sich plötzlich *umdrehen*, kommt in diesem Sinne bei Homeros vor, wird später von jeder physischen (die Speise verändern = verdauen, den Ort verändern wie die Zugvögel) und moralischen (*ἀλλους τϱοπους* = andere Sitten annehmen) Veränderung gebraucht; das Partizipium *μεταβαλλων* drückt genau wie das Deutsche *umgekehrt* einen Gegensatz aus. Diesem *μεταβαλλειν* entspricht im Lateinischen *mutare*, wohl bestimmt zusammengezogen aus *movitare*, abgeleitet aus *movere*, das sich wieder zu meare (gehen, wandeln) verhält, wie *κινειν* zu *κιειν*. (Wir werden die *Energie* als das neueste Synonym kennen lernen und dann der *kinetischen Energie* als der lebendigen oder Bewegungs-Energie begegnen.) *Mutare* bedeutet ursprünglich nur die örtliche Veränderung, die Bewegung, wird aber im klassischen Latein von jeder Änderung, *Verwandlung*, Vertauschung, jedem Wechsel oder Tausch gebraucht. Interessant für das antike Sprachgefühl ist es, daß *mutare* prägnant zur Bezeichnung einer Änderung in guter oder schlechter Tendenz benützt werden kann; vinum *mutatum* heißt *verdorbener* Wein, *mutare* militiam heißt beinahe *Degradation*. Der sinnfällige deutsche Ausdruck ist *wechseln*; die gegenwärtige Sprachwissenschaft wird *wechseln* nicht als Lehnwort aus dem lateinischen Stamme *vic* gelten lassen wollen, redet von gemeinsamem Ursprung und sieht die Gleichung *vicissitudines* und *Wechselfälle* als indogermanische Gemeinsamkeit an. (Für die Entlehnung von Wechsel aus *vicis* möchte ich doch anführen, daß aus einem nicht mehr nachweisbaren *vica* sich ein spanisches *vega*, ein portugiesisches *veiga* gebildet hat, das ausdrücklich die ländliche *Wechselwirtschaft*, ein Feld bezeichnet, auf dem Wechselwirtschaft getrieben wird.)

Einerlei, das deutsche *wechseln* ist wie das lateinische *mutare*, der Ausdruck besonders für sinnfällige Veränderungen, für Ortswechsel (*Wechsel* der Jagdtiere), in neuer Zeit ganz allgemein geworden im Geschäftsverkehr als Übersetzung des italienischen *cambio*, früher noch genauer *Wechselbrief*; auch im Französischen heißt es *lettre de change*; *cambio* und franz. *change* haben in der Börsensprache eine noch reichere Wortfamilie angesetzt als das deutsche *Wechsel* und das englische *change*.

Die romanischen Worte *cambio*, *change* gehen ganz gewiß auf ein mittellateinisches *cambire* zurück, auch finden sich schon im Mittelalter die Worte *cambitor* für *nummularius* oder Bankier und *cambitoriae litterae* für *Wechselbrief*. Im alten Latein trifft man schon, wenn auch selten, das Wort *cambiare* für *wechseln*, *tauschen*. Dieses lateinische Wort nun wird allgemein abgeleitet vom griechischen *καμπτειν*, krümmen, beugen, und dennoch ist die Herleitung unsicher. Haben wir an *καμπτειν* als Sportausdruck zu denken, an das *Umlenken* in der Rennbahn, so wäre dieselbe Metapher wie bei *μεταβαλλειν* da, und man könnte nun doch in *mutare* eine Lehnübersetzung von *καμπτειν* erblicken.[1]) Doch darf ich nicht unerwähnt lassen, daß Bréal das romanische *cambiare*, *cangiare*, *changer* usw. sehr hübsch auf das griechische *καμψα* oder *καμψιον* (unser *Kapsel*) zurückgeführt hat, auf das Körbchen der Geldwechsler, deren übriges Gerät (Bank, Tisch) auch sonst in unsere Sprachen übergegangen ist.

Die abstrakte Bezeichnung für den Begriff *Veränderung* ist rascher zu übersehen. Von *ἀλλος*, *alius*, bildete sich *ἀλλοιος*: was verschieden ist (wieder prägnant: das *Übel*); davon *ἀλλοιοω* und *ἀλλοιωσις*, verändern und *Veränderung*; *ἀλλοιωσις* wurde ein Terminus verschiedener Disziplinen. Aus dem entsprechenden lateinischen *alius* (Einer unter Vielen) wurde das komparativische *alter* (Einer von Zweien). Es ist vielleicht nicht unwichtig, erkenntnistheoretisch darauf hinzuweisen, daß eine Veränderung immer der Übergang von einem Zustand zu einem zweiten ist, daß also zum abstrakten Ausdruck der Veränderung *alter* besser geeignet ist als *alius*; wir haben auch im Deutschen und im Slawischen für der *Andere* komparativische Lehnübersetzungen von *alter*. Aus alter bildete man ein *alterare*, offenbar Lehnübersetzung von *ἀλλοιοειν* (bei Boëthius in einer Übersetzung des Aristoteles), das dann in böser Tendenz gebraucht wurde und so im Französischen *altérer* (auch: le vin *s'altère*) und im medizinischen Sinn des englischen *alteration* geblieben ist. Aus

[1]) Ich gebe der Erwägung anheim, ob unser *Roßtäuscher* nicht damit zusammenhängen kann, daß der Zirkuskünstler, der beim Rennen von einem Pferde aufs andere sprang, *mutator equorum* hieß, griechisch *μεταβατης*; *mutator* aber sonst auch der *Eintauscher*, der Kaufmann; eine andere Bezeichnung für den Springer, *desultor*, hat in unserem *desultorisch*, abspringend, einen anderen Weg genommen. Der zweite Teil des Wortes *Roßkamm* ist ja schon auf *cambitor* zurückgeführt worden.

der lateinischen Weiterbildung *alternus, abwechselnd*, entstand das neue Wort *alternare*.

Ich kann nicht anders, als in unserem *ander*, ursprünglich und bis in unsere Zeit hinein = der *Zweite*, eine Lehnübersetzung von *alter* zu sehen, in unserm *verändern* eine angepaßte Lehnübersetzung von *alternare. Verändern* ist erst mhd. nachzuweisen, zuerst in der uns fast philosophisch anmutenden Form *verandern*; in transitiver Bedeutung heißt es noch bis zu Fischart und Grimmelshausen auch *metamorphosieren*, d. h. durch Zaubermittel verwandeln; die sinnfälligste, die Veränderung des Ortes, wird prägnant gemeint, wenn sich das Wort auf Verlegung eines Gerichts oder auf Entlassung aus einem Dienst bezieht. (Noch in heutigen Dienstbüchern findet man mitunter als Grund, weshalb ein Dienstbote fortgeht: „um sich zu *verändern*"; ich vermute, daß da ein Pleonasmus vorliegt: er wechselt den Dienst um den Dienst zu wechseln.) Auch auf Verheiratung wird *verändern* und *Veränderung* bezogen.

III.

Man sieht vielleicht, daß der Begriff in allen diesen Wortformen für eine exakte Auffassung des Weltgeschehens nicht recht geeignet war. Die ewige Crux des Veränderungsbegriffes, die Frage nach dem, was etwa bei einer Veränderung bleibt, wurde vielleicht von den vorklassischen Griechen gestellt, das Verhältnis von Sein und Werden wurde logisch untersucht, aber die Griechen der eigentlich klassischen Zeit waren zumeist zu kindliche Naturforscher und zu schülerhafte Psychologen, um die Erhaltung der Energie und die Einheit des Individuums als Probleme des Veränderungsbegriffs fassen zu können. Das Mittelalter vollends hatte an seinem Judengott das Bleibende, das unveränderliche Sein und brauchte, ja konnte andere Subjektträger von Veränderungen nicht verlangen. So kam es, daß der Begriff der Veränderung erst in moderner Zeit, eigentlich erst mit und nach Kant, den Philosophen in seiner ganzen Schwierigkeit aufzugehen begann.

Spinoza, der unfertige und unselbständige Spinoza, der die Cogitata Metaphysica schrieb, hat (II. Tl. IV. Kap.) sich noch bemüht, die Unveränderlichkeit Gottes zu beweisen und bei dieser Gelegenheit eine Definition des Begriffes Veränderung gegeben. Keine neue Definition. Per mutationem intelligimus hoc loco omnem illam variationem, quae in aliquo subjecto dari potest, integra permanente ipsa *essentia* subjecti. Auf die Theologie Spinozas, auf seinen Beweis, daß Gott weder von einem andern noch von sich selbst geändert werden könne, wollen wir nicht eingehen, trotzdem die Bemerkung, Gott zürne nicht und werde nicht traurig, man verwechsle da Ursache und Wirkung, schon den reiferen Spinoza des theologisch-politischen Traktats verrät. Man achte aber auf die der Scholastik entnommene Unterscheidung zwischen *variatio* und *mutatio*. Die *variatio*, die Verschiedenheit, setzt kein *Bleibendes* voraus, kein Subjekt, ja auch kein Objekt der Änderung, nichts Wesentliches, das zu bleiben hätte. Die atomistische Weltanschauung, die überall nur Umlagerung erblickt, hat genau genommen kein Recht, von einer Veränderung einer bestimmten Lage zu sprechen, weil keine einzige Lage vor einer anderen die Auszeichnung besitzt, *wesentlich* zu sein. Der Kartesianer Spinoza, der in dieser ganzen Schrift allein zu Worte kommt, — weil Spinoza mit der Architektur seines eigenen Gedankenbaues noch nicht zufrieden war oder weil er durch eine Darstellung der Kartesianischen Philosophie noch oder schon eine Stellung zu erringen glaubte oder gar weil damals, etwa 1662, das Bekenntnis zu Descartes just soviel Tapferkeit erforderte, als der noch ringende Spinoza aufbrachte, — begnügte sich damit, auf den Unterschied zwischen *variatio* und *mutatio* hinzuweisen. Die Schwierigkeit, daß man nur von etwas *Bleibendem* aussagen dürfe, daß es sich *verändere*, ist in der Gegenüberstellung der beiden Begriffe variatio und mutatio zutiefst mitverstanden, wird aber noch nicht klar ausgesprochen.

Ganz scharf sieht erst Kant die Schwierigkeit schon in seiner Dissertation; und in der Vernunftkritik (S. 230) scheint er sogar den Ausdruck *Veränderung* eliminieren zu wollen: „Veränderung ist eine Art zu existieren, welche auf eine andere Art zu existieren ebendesselben Gegenstandes erfolget. Daher ist alles, was sich verändert, *bleibend*, und nur sein *Zustand wechselt*. Da dieser Wechsel also nur die Bestimmungen trifft, die aufhören oder auch anheben können, so können wir, in einem etwas paradox scheinenden Ausdruck, sagen: nur das Beharrliche (die Substanz) wird verändert, das Wandelbare erleidet keine Veränderung, sondern einen *Wechsel*, da einige Bestimmungen aufhören und andere anheben." Kants „Berichtigung des Begriffs von Veränderung" zielt freilich zunächst nur darauf ab, durch den Begriff der Zeit, die man nur an etwas Beharrliches „anheften" könne, zu zeigen, daß Entstehen und Vergehen nicht zu den Veränderungen gehören. Aber er hat doch gelehrt, „etwas paradox", daß nur das Beharrliche *verändert* wird, daß das Wandelbare nur einen *Wechsel* erleidet. Er hat damit das Problem erkannt: was ist das Subjekt, der Träger der Veränderungen, die wir doch allein von aller Substanz kennen? Und er hätte schon nach dem sprachlichen Ausdruck des Problems fragen können.

Herbart scheint mir diese feine Untersuchung Kants nur noch einmal gedacht zu haben, als er im Begriffe der Veränderung einen Widerspruch fand und die Summe aller Veränderungen, alles wirkliche Geschehen „Übersetzung des Was der Wesen in eine andere und fremde Sprache" nannte.

Daß die Schwierigkeit des Begriffs sprachlicher Art sei, ist vorauszusehen gewesen. Ich kann die Untersuchung nicht weiter führen, ohne mich auf ein wichtiges Ergebnis meiner Sprachkritik zu berufen. Ich habe zu zeigen versucht, daß die Wirklichkeitswelt uns höchstens durch Eigenschaften und Zustände zur Erkenntnis kommt, also in der sprachlichen Form der *Adjektive*, daß die vermeintlichen eigentlichen Wirklichkeiten, die Dinge oder Substanzen, von denen wir in der sprachlichen Form der *Substantive* reden, gar keine Erkenntnisobjekte sind, einzig und allein im Sprechen und Denken vorhanden. Von dieser Lehre scheint mir nun einiges Licht zu fallen auf den Begriff der Veränderung. Die Schwierigkeiten werden nicht gehoben, enthüllen sich aber als die uns wohlbekannten Schwierigkeiten oder Unzulänglichkeiten der menschlichen Sprache. *Sein* und *sich verändern* sind Korrelatbegriffe. Nur das Bleibende oder Seiende kann sich ändern. Was wir aber von der Welt überhaupt wahrnehmen, ist immer nur die *Änderung*, nicht das *Sein*. Das ist ja dasselbe, als wenn ich gesagt hätte: die Wirklichkeitswelt gelangt zu uns nur durch Adjektive, nicht durch Substantive. (Vgl. die Art. *substantivische* und *verbale Welt*).

Jetzt darf ich den Versuch machen, den Begriff der Veränderung, wie ich versprochen habe, an den beiden dominierenden Hypothesen zu prüfen, an der dominierenden Hypothese der Geisteswissenschaften, dem Ichbegriff, und der dominierenden Hypothese der Naturwissenschaften, dem Energiebegriff.

IV.

Daß alle unsere Geisteswissenschaften, weil sie unser Innenleben zum Gegenstande haben, auf dem *Ichgefühl* beruhen, und daß die modernen Naturwissenschaften, weil sie ein einziges, einheitliches oder einigendes, Prinzip suchen, den *Energiebegriff* fordern, brauche ich hoffentlich nicht auszuführen; daß beide Begriffe nicht Wirklichkeitswerte, sondern Hypothesen sind, das ist jedem ernsthaften Erkenntnistheoretiker lange klar gewesen und wird durch Heranziehung des Begriffs *Veränderung* vielleicht noch etwas klarer werden.

Ich erwerbe einige Kenntnis meiner selbst, meines Ich, genau so, wie ich Kenntnisse des übrigen Weltgeschehens erwerbe: durch Wahrnehmungen von Veränderungen. Wenn sich nichts veränderte, weder in mir noch um mich, so wäre mein Dasein schwerlich ein Leben zu nennen. Es ist wohl nicht zuviel gesagt: nicht einmal das dumpfe Gemeingefühl besäßen wir ohne die Veränderungen, die wir Stoffwechsel nennen.

Das Granitteilchen in der Mitte eines Granitfelsens kennt sich nicht, lebt nicht, weil es nichts erlebt. Leben oder erleben heißt: Veränderungen erleben. Was immer wir nun an uns selbst wahrnehmen, äußerlich oder innerlich, das ist, sprachlich ausgedrückt, adjektivischer Art. Eine einzige Wahrnehmung substantivischer Art glauben wir außerdem zu besitzen: unser *Ich*. Das Ganze, die Einheit, der Träger aller unserer Wahrnehmungen und Gefühle scheint ja auch noch da zu sein, die Basis oder die Krönung, der Fuß oder der Kopf des Ganzen, man weiß nicht recht, das Bleibende vor oder hinter (man weiß nicht recht) allen Änderungen. Dieses Ichgefühl ist so stark, daß der Vater der modernen Philosophie das „cogito ergo sum“ zur Gegeninstanz des radikalen Zweifels gemacht hat; es ist so stark, daß Schopenhauer aus ihm seine Willensphilosophie herausgesponnen hat; ist so stark, daß der naive Realismus jedes Negers und jedes abendländischen Bauernjungen sein Ich für die sicherste und für die wichtigste Gewißheit hält. Ich aber glaube dagegen, daß das Ichgefühl eine Täuschung ist, der ich mich natürlich ebenfalls nicht entschlagen kann, daß jedes menschliche Individuum vielleicht von den Blutkörperchen aufgebaut wird, wie die Bienen ihren Stock bauen, daß die von mir durchaus nicht geleugnete Einheit des menschlichen Individuums genau so rätselhaft, nicht rätselhafter ist als der Zweckverband eines Bienenstocks; ich glaube, daß das Ichgefühl ein Werk des organischen Gedächtnisses ist, wie die geistige Einheit dieses *meines* Buches dadurch hergestellt wird, daß mein Gedächtnis den Faden heute anknüpft, wo er gestern abgerissen worden ist. Zusammengehalten werden die Vorstellungen von und die Erinnerungen an Veränderungen, beim Ich wie bei andern Substantiven, eigentlich immer nur durch ein Wort, durch einen Namen. Das Individuum, das Franz Beutter heißt, hängt mit Recht an seinem Namen; sein Ich hängt davon ab. Als Kind hat er sich selbst früher Franz genannt, lange bevor ihm durch das substantivische Ich der Schein, die Täuschung des Ichgefühls, aus der Sprache der Erwachsenen mitgeteilt wurde. Die Täuschung des Ichgefühls führt aber noch weiter. Der Widerspruch im Veränderungsbegriff scheint durch das Ichgefühl gelöst. Ich erlebe nur Veränderungen, aber ich bin, mein Ich ist, ist das Subjekt dieser Veränderungen, ist das *Bleibende*, das *sich ändert.* Und so mag die täuschende Vorstellung des Ich das Vorbild geworden sein, nach dem das menschliche Denken oder Sprechen die Substantive aller Sprache gebildet hat, die Subjektträger der Veränderungen, die Unwirklichkeiten, an die die Sprache die adjektivischen Wirklichkeiten hängt. Unser Denken kann an das Weltgeschehen nicht heran, weil das Weltgeschehen aus Veränderungen besteht und die menschliche Sprache Subjekte dieser Veränderungen verlangt: Worte, Götter.

Tief versteckt in der täuschenden Annahme eines Subjektträgers der Veränderungen, eines substantivischen Ich über dem adjektivischen Weltgeschehen, birgt sich das unauflösbare Rätsel des Begriffs der *Ursache.* Hume hat die Kühnheit gehabt, den Ursachbegriff aus dem Denken hinauszuwerfen und ihn durch den Zeitbegriff zu ersetzen. Es ist, weil alle Veränderungen an die Zeit geknüpft sind, die keckste Metapher, die je von einer Menschenphantasie gewagt worden ist. Aber doch nur eine Metapher. Und dennoch eine Großtat, weil sie zum ersten Male, seitdem Menschen philosophierten, den Ursachbegriff von dem Irrtum der Dinglichkeit erlöste. Der naive Realismus, im Wortaberglauben befangen, hatte vorher niemals Anstoß daran genommen, daß *Ursache* sich für die der Wirkung vorausgehende Sache ausgab, daß das lateinische *causa* wie das griechische *αἰτια* zugleich die *Ursache* einer Veränderung und das juristische Streit*objekt* bezeichnete, daß im Französischen sich nur zufällig die Doublette *cause* und *chose* für Ursache und Sache herausgebildet hatte, fast ebenso im Italienischen (*causa* und *cosa*). Die Sache liegt so: die menschliche Sprache oder das menschliche Denken weiß einzig und allein das vom Geschehen, was am Geschehen Veränderung ist; es hypostasiert nach dem Modell des Ichgefühls substantivische Subjektträger der Veränderungen, aus Denkökonomie, wie Mach sagen würde; aber das Denken ist durch jahrtausendelange Erfahrung auch zu der Vorstellung einer Notwendigkeit des Geschehens gelangt, einer Verkettung der Veränderungen, zu der sogenannten Kausalität, und selbst für dieses Gedankenverhältnis hat die Sprache ein Ding hypostasieren zu müssen geglaubt, nach dem gleichen Modell des Ich, die dem in der Zeit folgenden Ding, der Wirkung, ein vorausgehendes Ding zum Schöpfer machte, die *Vor-Sache*, die *Aus-Sache*, die *Ur-Sache*. Ich kann hier nur flüchtig darauf hinweisen, daß die optische Täuschung einer menschlichen Willensfreiheit auf diese Hypostasierung eines Ursachbegriffs zurückgeht: die Menschen und die sogenannten toten Dinge erfahren Veränderungen; bei den Dingen nimmt man, weil man von ihrem Innern gar nichts weiß, äußere Ursachen an und spricht von Kausalität; bei Menschen hat man bis auf Spinoza die äußere Kausalität geleugnet, weil die Täuschung des Ichgefühls dazu führte, die das Leben begleitenden Lust- und Unlustgefühle wieder nach dem Modell des Ichbegriffs einem substantivischen Willen zuzuschreiben, und weil dieser Scheinbegriff, der doch der Handlung vorauszugehen schien, genau wie die Ursache der Wirkung, ohne das liberum arbitrium indifferentiae keinen Sinn gehabt hätte. Niemand ahnte, daß Indifferenz die Erscheinung des Willens ausschließt, daß Buridans Esel recht gehabt hätte. (Vgl. Art. *Schopenhauer* V.)

Der Ichbegriff hat mich zum Ursachbegriff hinübergeleitet und mit dem Ursachbegriff stehe ich bei der dominierenden Hypothese der neuen Naturwissenschaften, beim Energiebegriff. Der Energiebegriff hat seit etwa 60 Jahren eine neue, vorher ungeahnte Bedeutung gewonnen. Zwei Bedeutungen eigentlich, die ich jetzt auf die eine Hypostase, auf das sprachliche Substantiv zurückführen will.

Die erste Bedeutung ist in dem unzählige mal wiederholten ersten Satze der mechanischen Wärmetheorie zu finden, in der Lehre von der Erhaltung der Energie; hier stellt sich die Energie ursprünglich als ein adjektivisches Wesen vor, als eine Qualität oder Eigenschaft, als „die Fähigkeit, Arbeit zu leisten“. Sieht man aber genauer zu, so ist *Arbeit* im Sinne dieser mechanischen Wärmetheorie nichts anderes als die Summe von Änderungen, die jeweilen mit einem Maße besonderer Art gemessen werden können. Das Gesetz von der Erhaltung der Energie lehrt die Proportionalität der Änderungen bei verschiedenartigen Maßstäben. Lange vorher hatte die Naturwissenschaft die Konstanz oder die Erhaltung der Materie gelehrt, gelehrt, daß bei allen Veränderungen der sekundären Eigenschaften die Substanz bleibe, der Stoff, der Träger der Veränderungen. Die neue Lehre von der Erhaltung der Energie überträgt den Seinscharakter nun von der Substanz auf die Energie, straft ihre eigene Definition Lügen und macht die Energie aus einer bloßen Qualität, aus der Fähigkeit zur Arbeitsleistung, doch wieder zu einer Substanz. Man mache sich das nur einmal an dem Sinne klar, den die beiden Lehren, (die von der Erhaltung der Materie und die von der Erhaltung der Energie) haben. Wenn sich nach der neuen Physik Wärme z. B. in Elektrizität und dann in mechanische Arbeit wandelt oder ändert, so beobachten wir Veränderungen in der Wirklichkeitswelt, ohne daß scheinbar die Eigenschaft eines Subjektträgers sich geändert hätte. Die Änderungen waren Vorgänge, aber nicht Vorgänge an einem Ding, an einem Subjekt, an einer Substanz. Nun aber zeigten die Experimente, welche in der älteren Physik die Erhaltung der Materie erwiesen, das gleiche Bild. Wie die Wärme verschwindet und als proportionale Elektrizität wiedergefunden wird, so verschwindet der Kohlenstoff, um als proportionale Menge von Kohlensäure wieder nachgewiesen zu werden. Konstanz der Materie wie Erhaltung der Energie kann einzig und allein an Veränderungen beobachtet werden, die im Laboratorium deutlicher als im Naturgeschehen den Charakter von Metamorphosen oder von Transformationen haben. In der ersten Bedeutung wurde so *Energie* aus einem Qualitätsbegriff zum Oberbegriff der verschiedenen Arbeitsleistungen oder Veränderungen oder Transformationen. Wärme, Elektrizität, Bewegung (mechanische Arbeit) wurden ein Plural von Energien.

Da war nur noch ein Schritt zu machen, und man bildete aus diesem Plural wieder einen Singular: *die* Energie, die — und es wurde die zweite Bedeutung des Wortes — an die Stelle der abgetanen Materie gesetzt wurde. Die Atome hießen Energiezentren. Und alles blieb so ziemlich beim alten.

Es will mich bedünken, daß es nicht allein die grundlegende Tendenz aller dieser Untersuchungen ist, was mich immer wieder aus der Erkenntnistheorie in die Sprachkritik führt; es will mich bedünken, daß jedesmal, wenn die Aufmerksamkeit auf einen bestimmten Begriff gerichtet worden ist, bald das Tautologische, bald das Widersprechende des menschlichen Denkens aus dem Wortklange des Begriffes schon klar wird. So hier aus den Wortklängen: Ursache, Wirklichkeit, Kraft, Energie (vgl. Art. *Energie*). Da ich aber in diesem Buche gar nichts anderes mit so vielen Beispielen belegt habe, wie die eine historische Erfahrung, daß die sogenannte Kultur von Jahrhundert zu Jahrhundert wandert, von Volk zu Volk, Sachen entlehnend und Worte entlehnend, da der Teil der Kultur, welcher Philosophie heißt, wieder nur Worte entlehnen kann, alte Worte, die auch in ihrer Jugendzeit niemals die Wirklichkeit erfassen konnten, — darum wird es uns nicht überraschen, wenn wir jetzt in allem Gerede über das eben angeführte Begriffsbündel eitel Tautologien und Widersprüche entdecken werden.

V.

Dem Energiebegriff ist der Widerspruch eigentlich schon in die Wiege gelegt worden. Bei Aristoteles, auf den Wortgeschichte leider immer zurückgehen muß, ist die Konfusion schon so, daß sie von der Scholastik kaum überboten werden konnte. Die Energie ist die Ursache jeder Kraftäußerung (*φανερον ὅτι προτερον ἐνεργεια δυναμεως ἐστιν*, Met. IX. 8), die Kraft ist die Ursache ihrer selbst. Und mehr als zweitausend Jahre später, als Robert Mayer genialisch das Gesetz von der Erhaltung der Energie aufgestellt hatte, kamen ihm Leute, die sich längst nicht mehr Aristoteliker nannten, mit den alten Einwürfen aus der Rüstkammer der griechischen Terminologie. Die Schwierigkeit, die diese ganze Untersuchung aufzuzeigen unternahm, wurde dem armen Entdecker entgegengehalten, aber von unklaren oder vielleicht auch unehrlichen Gegnern. Was sich verändert, kann doch nicht zugleich das Bleibende sein. Die Kraft, die verwandelt wird, kann doch nicht die Kraft sein, die erhalten wird. Mayer war nicht wortabergläubisch. Verzweifelt rief er aus: „Es handelt sich ja nicht um die Frage, was die Kraft für ein Ding sei, sondern darum, welches Ding wir Kraft nennen wollen.“ Ostwald (Naturphilosophie², S, 65) hat ganz recht, wenn er dazu an den Astronomen erinnert, der die nicht mehr zu überbietende Dummheit gesprochen haben soll: „Wer steht uns dafür, daß der Stern, den die Astronomen für Uranus halten, auch wirklich Uranus sei?“ (Gewöhnlich wird so zitiert: „Alles will ich den Astronomen glauben; woher wissen sie aber, wie die Sterne heißen?“) Der witzige Fechner war weiser wie alle anderen, da er zu dem alten Spaße bemerkt: „Ich kann in der Tat den Unterschied dieser Frage von den meisten Haupt- und Streitfragen, um welche die Philosophie sich dreht, worin die verschiedenen Systeme einander hart entgegentreten, kaum entdecken, falls man nur recht zum Grunde des Streites geht.“ Ostwald ist zum Grunde des Streites nicht gegangen, er hätte sonst nicht in einem Worte, im Energiebegriff, die vollständige Lösung des alten Problems finden können.

Ich aber behaupte, daß der neumodische Energiebegriff nur ein neuer Name für die uralten Vorstellungen des naiven Realismus ist. Wir wissen seit Schopenhauer, daß Substanz und Materie zwei verschiedene Worte für die gleiche Vorstellung sind, daß ferner die Kausalität eben auch nichts weiter ist, als wieder die Materie oder die Wirklichkeit, vorgestellt unter dem Bilde der aufeinander folgenden Veränderungen. Und Schopenhauer staunt (W. a. W. u. V. I. S. 10) das Wunder der deutschen Sprache an, die den Inbegriff alles Materiellen *Wirklichkeit* nennt: *was wirkt*. Ich kann mir nicht helfen: „die Italiener nennen es *cavallo*, wir sagen *Pferd*, und es ist auch ein *Pferd*." Meine Anschauung von der Wortgeschichte läßt mich die Weisheit der philosophischen Sprache nicht anstaunen.

Die Griechen hatten das Wort *ἐνεργεια*, das — wie eben erzählt — von Aristoteles zu einer Ursache seiner selbst, zu einer Ursache der Kraft mißbraucht worden ist. Die Scholastiker schufen schlechte Lehnübersetzungen von *ἐνεργεια* und *δυναμις*, *actus* und *potentia*; man weiß, welche Rolle die beiden halblateinischen Worte im scholastischen Denken und Reden spielten. Ich erinnere nur daran, daß der liebe Gott, insofern er in der natura naturata sichtbar wurde, der *actus purus* war. In *actu* und in *potentia* waren Gegensätze, bei denen die Scholastiker sehr viel zu denken glaubten. Das Weltgeschehen, die Reihe von Veränderungen, aus denen es besteht, war *actualitas*, welches Wort mit *Wirklichkeit* ganz gut übersetzt wurde (von Eckhart). (Im südwestlichen Deutschland wird *wirklich* heute noch ganz volkstümlich im Sinne von *gegenwärtig* oder *actuell* gebraucht und die Leute wissen schwerlich, daß sie da scholastisch reden.) Ich habe nun auch die Reihe von Lehnübersetzungen *ἀιτια* — *causa* — *Ursache* aufgestellt. Und komme nun zum Schluß: Kausalität oder die ewige Kette von Ursachen und Wirkungen ist nichts anderes als die Summe aller Veränderungen, die wir wahrnehmen und die unsere Welt ist; Wirklichkeit ist die gleiche Summe der wahrgenommenen Veränderungen, die unsere Welt ist. Von den Ursachen und von der Wirklichkeit wissen wir nichts als die Veränderungen, die wir wahrnehmen. Und wir nennen diese Wahrnehmungen bald naiv Wirklichkeiten, bald wissenschaftlich Ursachen, je nachdem wir sie besitzen oder erklären wollen; aber beide Worte sind Bilder, hergenommen von unserem einzigen Innenleben, von unserem täuschenden Ichgefühl, das uns die Vorstellung von einer wirkenden Ursache oder von einer bleibenden Wirklichkeit in der Sprache gegeben hat, und darum ist es ganz einerlei, ob wir das, was wir nicht wissen, was wir in die eine Welt, die wir haben, zweitens und überdies hineinlegen, so oder so benennen: Ursache, Wirklichkeit, Kraft oder Energie. Wie geistreich und wie streng wissenschaftlich wir immer diese Worte auch zu Sätzen verknüpfen, es können nur Tautologien herauskommen.

„Was wir in die eine Welt, die wir haben, zweitens und überdies hineinlegen." Ich möchte den Satz gern ändern, wenn ich könnte. Denn ich bekämpfe nicht die Weltanschauung, welche sich in einem der ordnenden Worte Ursache, Wirklichkeit, Kraft oder Energie ausspricht; ich bekämpfe nur die Sprache selbst, welche das, was für uns allein in Veränderungen da ist, durch Worte richtig, adäquat zu ordnen vermeint. Welche glaubt, die Ordnung sei in der Wirklichkeitswelt.

VI.

Was wir unser Leben nennen, das ist — wie gesagt — Wahrnehmung von Veränderungen. Wir wissen nichts außer den Veränderungen, wir wissen nichts von den Subjekten oder Objekten der Veränderung. Nun muß aber auch das gesagt werden: daß unser Leben oder gar unser Denken ohne die Hypothese von Veränderungs*trägern* keinen Sinn hätte. Versuchen wir es, uns das Spiel der Atome in einem Körper oder das Spiel der Veränderungen im Weltlauf vorzustellen, ohne Subjekte des Erlebens und ohne Einheiten des Geschehens, so ist dieser Versuch eine Selbsttäuschung. Wie eine Schneeflocke im Schneegestöber, ohne bewußte Ursache oder Wirkung hin und her getrieben, wäre der Mensch. Er hätte kein Weltbild, er hätte keine Welt. Er hätte auch keine Sprache für seine Welt. Wir haben aber eine untrügliche Sicherheit dafür, daß wir Einheit und Ordnung in die Veränderungen nicht nur hineinlegen, daß ein Zusammenhang unabhängig und vor der Menschensprache da ist, daß das sogenannte Ich und das sogenannte Naturgesetz nicht erst von der Sprache erfunden worden sind. Ich finde diese Sicherheit in einer einzigen Erfahrung: es gibt Veränderungen, die wir voraussagen können. Ein Voraussagen wäre nicht möglich, wenn in der inneren und äußeren Welt nicht etwas vorhanden wäre, was wir mit dem schlechten Menschenworte *Ordnung* bezeichnen. Seit Menschengedenken sind solche Regelmäßigkeiten beobachtet worden: Naturgesetze. Der Fortschritt des Wissens kann daran gemessen werden, wie das Voraussagen genauer geworden ist. Unter der Herrschaft des Ptolemäischen Systems konnte man schon die täglichen und jährlichen Veränderungen voraussagen, auch Sonnen- und Mondfinsternisse. Die Lebensarbeit Newtons hat dazu geführt, daß man Größe und Bahn eines unsichtbaren Planeten voraussagen konnte. Das war noch nicht das Äußerste. Die Elementenreihe, die Mendelejew aufstellte, ließ unbekannte Elemente mit ihren Eigenschaften vorraussagen. Noch nicht genug. Heute denkt man daran, eine Tabelle von Energieformen zu entwerfen und so vielleicht einmal unbekannte Energieformen vorauszusagen. All das wäre nicht möglich, wenn (um den Schluß auf den abstraktesten Ausdruck zu bringen) die Welt nicht noch etwas anderes wäre außer den Veränderungen, die wir allein wahrnehmen. Wenn nicht Etwas wäre, was sich verändert.

Ich habe schon einmal das *Gedächtnis* der Organismen das letzte Rätsel des Lebens genannt. Das Ichgefühl, unsere Täuschung, läßt sich wohl auf das Gedächtnis des individuellen Organismus, die Entwicklung läßt sich vielleicht auf das ererbte Gedächtnis verwandter Organismen zurückführen. Ich meine, daß man mit einiger Erweiterung des Gedächtnisbegriffs zunächst die Kristallbildung und sodann alle Naturgesetze auf ein Gedächtnis der sogenannten toten Materie zurückführen könnte. Dann hätten wir zwar noch keinen Subjektträger der Veränderungen, aber eine Vorstellungsmöglichkeit für ihren Zusammenhang. Ich weiß, daß so eine Begriffserweiterung vor ihrer Verifizierung durch Tatsachen nicht angeht. Und ich weiß weiter, daß die Ausdehnung des Gedächtnisbegriffs auf die Regelmäßigkeiten der Natur noch nicht hinreichen würde, daß ein höherer Gedächtnisbegriff erst wieder eine Einheit zwischen dem Ich und dem Weltgeschehen herstellen könnte. Ich werde sagen, daß man das *Gedächtnis* als *potentielle Zeitenergie* auffassen könnte. (Vgl. Art. *Zeit*, VIII.)

Jetzt bescheide ich mich, anstatt Welterklärung ein wenig Grammatik zu geben. Was wir allein wahrnehmen, das sind die *adjektivischen* Veränderungen. Das *Sein*, das sich ändert, die *Substantive*, sind und bleiben uns ewig unbekannt. Aber *verändern* ist ein Verbum und wir wüßten Alles, wenn wir dahinter kämen, was uns zwingt, eine Reihe von Veränderungen zu der Einheit eines Verbums zu verbinden. Die echtesten und gewiß ältesten Verben, die Verben des Handelns, werden (Kr. d. Sprache III, S. 662, ferner Art. *adjektivische Welt*) erst durch die Vorstellung eines menschlichen Zweckes gebildet; graben, stricken, weben, ackern usw. usw. sind zwecksetzende Zusammenfassungen mikroskopischer Änderungen; jeder Moment gibt im Kinematographen ein Zustandsbild, erst das Gehirn des handelnden Menschen oder des Zuschauers macht einen Vorgang daraus. Nach diesen *Verben* des Handelns sind die Verben gebildet, die Vorgänge in der Natur ausdrücken wie: regnen, wachsen, welken, fallen, fließen usw. usw. Auch bei ihnen besteht der Vorgang aus unzähligen Veränderungen, von denen keine einzelne den Vorgangscharakter zeigt, die zusammen erst, durch ein einigendes Band gebunden, zu Verben werden. Was ist das, was beim Verbum des Handelns deutlich ein menschlicher Zweck ist? Was wir bei den Vorgängen der organischen Natur noch mit Zwecken vergleichen und teleologisch nennen? Und was bei den Vorgängen in der unorganischen Natur unter dem Namen *Gesetz* (oder ähnlich) die gewiesene, gerichtete Form erhält, ohne die die Gesamtvorstellung eines Verbums nicht möglich ist? Wer das wüßte! Es ist aber nicht wißbar, weil Menschensprache nicht an die innere Natur herankann. Weil wir mit den Worten der Sprache an die Wirklichkeitswelt nicht heran können, am wenigsten heran können von allen drei Seiten zugleich.

Ich meine das so: die Veränderungen, die allein uns die Wirklichkeitswelt vermitteln, gehen in unsere Wahrnehmung durch das Tor der Sinne, immer an einen Ort gebunden, immer äußerlich lokalisiert wie innerlich; es sind die wahrnehmbaren Veränderungen der adjektivischen Welt, die unsre Sprache mit Adjektiven benennt: grün, hart, süß, laut usw. Wollen wir dieses Bild der Welt nacheinander verfolgen, die Veränderungen mit dem Faden der Zeit fortspinnen, so verlassen uns unsere Sinne, ihr Tor schließt sich und nur noch unser Gedächtnis hilft uns vor- und rückwärts, indem es die Einzelerinnerungen als Zwecke oder gar als Gesetze aneinanderreiht; das sind die unsichtbaren, aber gewollten oder gefürchteten Veränderungen der *verbalen Welt,* die wir mit Verben, d. i. ganz richtig mit Zeitwörtern benennen. Wollen wir endlich die schöne Welt des sinnlichen Scheins zugleich mit der gewollten oder gefürchteten Welt der verbalen Menschenzwecke und Naturgesetze zugleich auffassen, Raum und Zeit miteinander verweben und das Gewebe bewundern, so hilft uns die logisch erschlossene Hypothese der Dingwelt; so lassen wir Raum und Zeit sich zur Kausalität verflechten, die Dinge werden zu substantivischen Ursachen der Sinneseindrücke, werden zu Subjekten und Objekten der verbalen Vorgänge und wir haben eine substantivische Welt, die wir mit Substantiven benennen, welche wir gröblich die Hauptworte nennen.

Eine Sprache aber mit Worten, die zugleich adjektivisch, verbal und substantivisch wären, eine Sprache, die die Welt nicht erkennend zerspaltete, haben wir nicht. (Vergl. die Artikel *Richtung* und *verbale Welt.*)

verbale Welt.

I.

Neben der *adjektivischen* Welt, der allein wirklichen Welt der Erfahrung oder des Sensualismus, gibt es in unserem Denken oder in unserer Sprache auch noch eine *substantivische* Welt des Seins oder des Raums, die wir als die mythologische Welt und (auf einer höheren Stufe) als die Welt der Mystik kennen gelernt haben; es gibt aber weiter noch eine *verbale Welt*, die Welt des Werdens. Der Raum ist die Bedingung der substantivischen Welt, die Zeit ist die Bedingung der verbalen Welt. Raum und Zeit unterscheiden sich hauptsächlich dadurch, daß Raum immer nur in Beziehung auf eine bestimmte Zeit verbraucht wird, Zeit aber beinahe wie eine Kraft immer verbraucht wird, sobald etwas geschieht. In den Abgrund des Ursachbegriffs scheint es mir hinabzuleuchten, daß man von Raum und Zeit sagen kann, sie seien die Bedingungen der Erfahrung, Raum sei die Bedingung des Seins, Zeit sei die Bedingung des Werdens, daß man aber in keinem dieser Fälle Zeit und Raum Ursachen nennen darf.

Kant hat diese Schwierigkeit, die Hume wohl gar nicht bemerkte, dadurch umgangen, daß er Raum und Zeit als Formen der Anschauung dem Subjekt allein zusprach, den Dingen-an-sich, die er ja doch für Ur-Sachen hielt, absprach. Aber die Zeit wenigstens, als die Bedingung des Werdens, ist weder vom Subjekte noch vom Objekte loszulösen, wenn man nicht mystisch die Zeit überhaupt wegdenkt. Die verbale Welt sieht nichts als die Art der Wirksamkeit, welche wir die Relationen der Dinge zu uns und die Relationen der Dinge zueinander nennen. Das Werden und Vergehen, also die objektive Welt, befreit vom Aberglauben des naiven Realismus, ist Gegenstand der verbalen Welt: das Wirken; aber auch das Wirken auf uns, das unmittelbar als die adjektivische Welt erfaßt wird, gehört — sobald wir es erst als ein Wirken erkannt haben — ebenfalls der verbalen Welt an. Das Wissen von der adjektivischen Welt, das Begriffsbilden, das Denken oder Sprechen ist verbal.

Der allgemeinste Begriff für dieses Werden, für den Fluß der Dinge, wäre der Begriff der *Bewegung.* Und da scheint der Ausdruck *verbale Welt* nicht ganz zu stimmen, weil die Verben nicht immer Tätigkeiten oder Bewegungen oder allgemein Veränderungen bezeichnen, sondern (jetzt wenigstens) ebenso oft Zustände der Ruhe. Ich sagte „jetzt wenigstens", weil die Vermutung doch nicht ganz abzuweisen ist, daß unsere Zeit- oder Tätigkeitswörter ursprünglich in der Regel eine sinnfällige Tätigkeit bezeichneten, wenn ich auch die weitergehende Annahme alter Sanskritisten nicht zugeben kann, daß alle sogenannten Sprachwurzeln ursprünglich immer solche Tätigkeitsbegriffe gewesen seien.

Ich will auch gar nicht leugnen, daß in dem Ausdrucke *verbale* Welt (für die Welt des Werdens und unseres Wissens vom Werden) einige Schönheitsfehler enthalten sind. Die eigentlichen Tätigkeitswörter, an welche ich bei der Lehre vom *Zweck im Verbum* (Kr. d. Spr. III, S. 59) zunächst dachte, haben in der Psychologie der Sprache nicht genau den gleichen Charakter wie die Verben, welche eine Tätigkeit der physikalischen Natur bezeichnen: eine Bewegung z. B. des Wassers, des Schalls, des Lichts oder der Wärme; auch unterscheidet die Grammatik je nach ihrem Standpunkte transitive und intransitive, objektive und subjektive Verben. Zuletzt aber glaube ich doch, daß in allen unsern Sprachen die Verben, welche geistige Tätigkeiten oder gar Zustände der Ruhe ausdrücken, nur Analogiebildungen nach der Form und nach der innern Sprachform der Tätigkeitswörter waren; die Verbalendungen erinnerten daran, daß das Subjekt *etwas mache*, *etwas tue.* Und diese unklare Vorstellung verbinden wir immer noch mit allen Zeitwörtern.

Nur nicht mit dem allgemeinsten und darum leersten aller Zeitwörter, mit dem Begriffe *sein.* Ich kann wieder nicht leugnen, wie es mich in eine sprachliche Verlegenheit bringt, daß dieses allergemeinste Verbum in die verbale Welt nicht hineinpaßt, sondern just ein Synonym der substantivischen Welt ist. Ich kann mir nur so helfen, daß ich mich auf den Sprachgebrauch berufe: wir verlegen die Ursachen der adjektivischen Welt in Substantive hinein, von denen wir die Realität oder das *Sein* erst dann aussagen, wenn wir von den Relationen dieser dinglichen Hypostasen etwas zu wissen glauben.

II.

Die Einteilung der drei Welten nach den wichtigsten Redeteilen der Grammatik ist also selbstverständlich nur cum grano salis zu verstehen. Die Unbestimmtheit des grammatischen Sinnes (vgl. Kr. d. Spr. III, S. 1 f.) zeigt sich besonders deutlich darin, daß wir nicht genau sagen können, was ein Adjektiv, was ein Substantiv und was ein Verbum sei; die Logik, die Schullogik nämlich, ist freilich durch eine welthistorisch gewordene Unklarheit des Aristoteles aus der Grammatik hervorgegangen, aber die Grammatik ist dadurch nicht logisch geworden. Dem Ideal logischer Begriffe entsprechen eigentlich nur die Substantive, insofern sie Individuen und dann höhere und immer höhere Gattungsbegriffe bezeichnen. Die Adjektive sind von Hause aus sprachliche Bezeichnungen für Sinneseindrücke oder Empfindungen, sind aber in der Schullogik immer noch als Prädikate von Subsumtions-Urteilen und -Schlüssen gut zu verwenden. Verben jedoch sind im Sinne der Subsumtionslogik gar keine Begriffe, sie bezeichnen, wie wir gelernt haben (Kr. d. Spr. III, S. 59), nicht begrifflich die Summe gleicher oder ähnlicher Wahrnehmungen, sie fassen vielmehr eine Summe fortschreitender Veränderungen unter einem Zweckbegriff zusammen. Von den Verben ist in der Schlußlehre der Schullogik eigentlich nur der Begriff *sein* sauber zu verwenden, als Copula; und dieser Begriff paßt, wie wir eben gelernt haben, besser in die substantivische Welt als in die verbale.

Nun habe ich eben auch den Formfehler meiner Dreiteilung der sprachlichen Welten zugestanden: daß nämlich ein Zweck im Verbum unmittelbar nur bei den Wörtern für sinnliche Tätigkeiten wahrnehmbar sei, am allerdeutlichsten bei den objektiven Tätigkeitswörtern, deren substantivisches Objekt nur eine tautologische Wiederholung des Zwecks im Verbum ist, z. B.: eine Grube graben, ein Gebäude bauen usw.

Ich verschweige nicht, daß bei meiner Lehre vom Zweck im Verbum der Fehler einer Generalisierung vorlag. Diesen selben Fehler haben aber unsere Sprachen vor mir begangen, da sie nach der Analogie der sinnlichen Tätigkeitswörter eine Unmenge von Zeitwörtern bildeten, denen ein so handgreiflicher Zweck der Handlung nicht unmittelbar oder gar nicht anzuhören war. Ich will den Begriff *Zweck im Verbum* für einige große Gruppen zu verteidigen suchen.

Die sinnlichen Tätigkeiten eines Menschen werden durch Verben ausgedrückt, welche unzählige mikroskopische Teilveränderungen unter einem Zwecke zusammenfassen, oder das Ganze der Veränderungen von einer sogenannten Endursache ableiten; die Veränderungen in der außermenschlichen Natur, von denen wir als von Relationen der Dinge zueinander etwas wissen, gehen nach dem wissenschaftlichen Sprachgebrauche nicht auf Endursachen zurück, sondern auf sogenannte wirkende Ursachen. Wir glauben aber aus unserer Sprachkritik gelernt zu haben (vgl. die Art. *Richtung* und *Zweck*), daß alle Kräfte auch der unorganischen Natur *gerichtete* Kräfte sind, daß diese sich dem Kausalitätsbegriffe entziehen, daß *Richtung* in diesem Sinne brauchbar wäre, vorläufig brauchbar, als der lang gesuchte Oberbegriff für die alten Ursachen und die alten Endursachen. Die Sehnsucht unserer Zeit, die der mechanistischen Weltanschauung müde ist, flüchtet gern zu der Vorstellung des Panpsychismus, der ja — ohne den Richtungsbegriff ausgearbeitet zu haben — Teleologie und Kausalität nicht mehr als Gegensätze betrachten wollte. Für eine solche Anschauung scheint es mir nun gar nicht ungereimt, ja sogar notwendig, den Zweck im Verbum von den sinnlichen Tätigkeitswörtern auch auf die unzähligen Zeitwörter zu übertragen, welche irgend ein Wirken der Dinge aufeinander, welche die Relationen der Substantive zueinander bezeichnen. Ich hätte ja anstatt von einem *Zweck im Verbum* prägnanter, und dieser Erklärung entsprechender, von einer *Richtung im Verbum* reden können; aber es ist eine gute Probe für neue Gedanken, wenn sie sich durch schlichte Worte ausdrücken lassen; auch war ich vor zwölf Jahren mit dem Richtungsbegriffe wohl noch nicht ins Reine gekommen.

Eine andere große Gruppe der Zeitwörter läßt sich so auffassen, daß man den Begriff des *Iterativums* auf sie ausdehnt; sie sind in alten Sprachen, dann im Türkischen und in vielen afrikanischen Sprachen viel häufiger als bei uns. Es werden da viele oder unzählige Teilhandlungen unter einem Verbalbegriffe zusammengefaßt, der zwar nicht immer eine zweckmäßige Gesamthandlung ausdrückt, aber sehr oft eine biologisch, also teleologisch nützliche Tätigkeit des Organismus (*atmen*, *verdauen*). In sehr vielen Fällen haben die Zustandsverben, die keine Bewegung bezeichnen, einen Sinn, der mit dem der Iterativen verwandt ist. Bei vielen Zustandsverben freilich liegt einzig und allein der Zeitbegriff zugrunde; eine Verbindung mit den Iterativen wäre ohne Konstruktion kaum durchführbar. Aber ich kann mich in diesem Zusammenhange damit begnügen, daß die Verben alle bei uns mit Recht *Zeit*wörter heißen, und brauche mich nicht damit abzumühen, Ordnung zu bringen in die Verwirrung, welche Analogiebildung und Grammatik in die Klassifikation der Verben unserer bekanntesten Sprachen — die Verben der „Wilden" lassen sich sehr oft nicht „indogermanisch" klassifizieren — gebracht haben. Es wäre ein vergebliches Mühen.

III.

Wir haben jetzt in der Zufallsfolge des Alphabets die drei Welten kennen gelernt, welche die Gegenstände unseres Denkens oder unserer Sprache sind. Ich nenne sie (und bin mir der Unzulänglichkeit des dritten Namens bewußt): die adjektivische Welt der Erfahrung, die substantivische Welt des Seins, die verbale Welt des Werdens. Ich fürchte, ich muß noch eine Warnung hinzufügen, damit kein wortgläubiger Leser in Versuchung geführt werde, an eine Trinität von Welten zu denken, an eine Dreiheit, die nur durch ein Wunder zu einer Einheit zurückkehren kann. Ich meine natürlich nur drei Bilder von einer und derselben Welt; ich meine nur drei Sprachen, in denen wir je nach der Richtung unserer Aufmerksamkeit unsere Kenntnis von einer und derselben Welt ausdrücken. Daß die Welt nur einmal da ist und nicht noch ein zweites Mal oder gar noch ein drittes Mal, das habe ich oft und energisch genug zu lehren versucht, gegenüber dem Dualismus, aber auch gegenüber einem falschen, dogmatischen Materialismus, welcher sich Monismus nennt.

Hätte der Sensualismus recht, so wäre der Welt durch eine adjektivische Sprache allein beizukommen: hätte der Idealismus recht, so besäßen wir die Wahrheit, was ich recht genau zu überlegen bitte, in der substantivischen Sprache, in der mythologischen Welt des Seins; hätte die Lehre vom Flusse aller Dinge recht, die man heute Entwicklungslehre nennt, so könnten wir aus der verbalen Sprache, aus unserer verbalen Welt vielleicht zu unserer Überraschung lernen: wie es möglich war, daß der Zweckbegriff in eine zweckfremde Welt hineinkam, durch den Zweck nämlich, der jedem Verbum zugrunde liegt.

Die Wahrheit aber ist bei keiner dieser drei Sprachen allein; sie müssen einander ergänzen (was man so *ergänzen* nennt, wir kennen kein Ganzes), sie müssen einander helfen, uns ein bißchen in der einen Welt zu orientieren.

Die drei Sprachen oder die drei Welten dürfen einander aber nicht etwa so helfen wollen, daß die schwierige Frage der einen Sprache aus Verlegenheit in einer ganz andern Sprache beantwortet wird. Diese törichte Manier scheint beliebt gewesen zu sein in der Zeit, als die Griechen ihre berühmten und oft so kindischen Sophismen ausarbeiteten. Man denke z. B. an das Sophisma, das unter dem Namen *Achilleus* bekannt ist. Der schnellfüßige Achilleus kann den Vorsprung der Schildkröte wirklich niemals einholen, — wenn der Preisrichter von der Zeit abstrahiert, sich an eine zeitlose Welt des Raumes hält. Nur besinnen sollen sich die Forscher jeder der drei Welten darauf, daß es jenseits des Gebietes ihrer besondern Welt stets zwei andere Welten gibt, für welche die letzten Ergebnisse der besondern und beschränkten Forschung nicht ganz richtig sind. Diese Besinnung wird immer Bescheidung lehren oder die Sehnsucht nach einem höhern Aussichtspunkte.

Und jetzt bin ich so weit, das höhere Stockwerk jeder der drei neu benannten Welten mit einem altvertrauten Namen bezeichnen zu können.

Die *adjektivische* Welt ist als die Welt des Sensualismus ungefähr gleich der sinnlichen Erfahrungswelt; die unmittelbare und inbrünstige Erfassung dieser sinnlichen Welt kann sich in begnadeten Naturen steigern bis zu einer Welt der *Kunst*.

Die *substantivische* Welt ist ungefähr gleich der Welt des Seins, deren Bedingung der Raum ist. Der älteste Aberglaube der Menschen und wohl auch der Tiere ist der Glaube an die Realität der Dinge im Raume; und so abergläubisch wie dieser naive Realismus, so mythologisch ist der Glaube an die Realität oder an die Wirksamkeit der abstrakten Substantive. Unser Denken in substantivischen Begriffen ist Mythologie. Aber das inbrünstige Erfassen dieser Welt des Seins kann sich in begnadeten Naturen steigern zu einer Welt der *Mystik*, die der Erfahrungswelt gegenüber das höhere Stockwerk ist. In welchem man nicht dauernd wohnen, in welchem man aber ruhig träumen kann.

Die *verbale* Welt ist ungefähr die Welt des Werdens, deren Bedingung die Zeit ist; die verbale Welt glaubt nicht an die substantivische Welt und begnügt sich nicht mit der adjektivischen Welt; sie sieht in allen Veränderungen, um die allein sie sich kümmert, nur Relationen, Relationen der sogenannten Dinge zu uns und Relationen dieser Dinge zu einander; sie erhebt sich also in der *Wissenschaft* (von der Erfahrung und von den Dingen), also über die adjektivische und über die substantivische Welt. Das Sein wird zum Werden. Und in begnadeten Naturen steigert sich ein inbrünstiges Wissen zu etwas, das der Kunst verwandt sein muß durch unmittelbares Erfassen der Sinnlichkeit und durch den sprachlichen Ausdruck dieses Erfassens, das der Mystik verwandt sein muß durch die Stimmung des Einswerdens mit den beiden andern Welten. Die Welt, deren Bedingung die Zeit ist, glaubt nicht mehr an das Substantiv Zeit. Das Wissen wird zu einer *docta ignorantia*.

Kunst, Mystik und Wissenschaft sind drei Sprachen, die einander helfen müssen.

Vererbung. — Ganz gewiß haben die Menschen seit Urzeiten die Beobachtung gemacht, daß die jungen Tiere den Eltern gleich d. h. ähnlich sind, daß menschliche Kinder dem Vater oder der Mutter, oder auch einem von den Ahnen *gleichen* d. h. *ähneln*. Die Volksetymologie knüpft *ähneln*, auch in der Orthographie, an *Ahne*. Mir scheint die Vermutung, daß *ähnlich* (oft: *einlich*) sich zu *ein* verhalte wie *similis* zu *semel*, sehr wahrscheinlich; an eine uralte Lehnübersetzung möchte ich in diesem Falle doch nicht glauben.

Ohne Sprache besitzen auch die Tiere eine Vorstellung, ein Bewußtsein, oder wie man es nennen mag, von der zuverlässig zu erwartenden Ähnlichkeit zwischen Jungen und Alten ihrer eigenen Art. In meinem Hühnerhofe hatte ich die Glucke Plymouth-Rock-Eier ausbrüten lassen; als der Hahn die seiner Familie nicht ganz ähnlichen Küken erblickte, versuchte er — nach seinem Betragen zu schließen — die Glucke zu töten. Doch wohl als eine Ehebrecherin. Er zog also aus der Unähnlichkeit der Jungen den Schluß auf einen fremden Vater.

Was Urmenschen und Tiere da wahrnahmen, das war eine Tatsache, die Tatsache einer regelmäßigen Beziehung. Der menschlichen Sprache, die sich Wissenschaft nennt, war es vorbehalten, die regelmäßig beobachtete Beziehung, durch ein Wort zusammenzufassen und dieses Wort je nachdem für die Ursache oder für das Gesetz der Tatsache zu halten. Dieses neue Wort, das nur in seiner biologischen Bedeutung neu und im D. W. übersehen worden ist (wohl gewiß eine Lehnübersetzung oder ein entlehnter Bedeutungswandel aus dem engl. *heredity*), heißt: *Vererbung.* Manche Krankheiten werden allerdings schon viel früher *erblich* genannt, auch im Deutschen; heute noch heißen mundartlich alle ansteckenden Krankheiten *erblich.* Taubheit kommt nach dem französischen Chirurgen Paré (16. Jh.) de première conformation, et *héréditairement.* Bonnet (18. Jh.) kennt schon *hereditäre* Keimanlagen: on conçoit facilement que les sucs vicieux doivent altérer la constitution du germe. Auch im Englischen sind Krankheiten schon im 16. Jh. *hereditary.* Aber als biologischer Terminus erscheint *heredity* (nach Murray) erst 1863, bei Spencer; sodann 1894 in einer Übersetzung des Weismannschen Buches.

Wer immer nun das Wort zuerst in diesem biologischen Sinne gebrauchte, der wußte schwerlich, wie gut der bildliche Ausdruck gewählt war, — solange man seine Bildlichkeit nicht vergaß. *Vererbung* hatte es bis dahin nur im Rechtsleben gegeben. Vererbung war der Rechtsübergang, die Erbfolge vom Erblasser an den Erben. Und was die biologischen Benützer des Wortes eben gewiß nicht beachteten, das ist dieser Umstand: genau die gleichen Schwierigkeiten, welche die *Vererbung der Eigenschaften* heute den Naturphilosophen macht, genau die gleichen Schwierigkeiten machte der Sinn der *Erbfolge* seit Jahrhunderten den Rechtsphilosophen. Der äußerste Scharfsinn mußte aufgewandt werden, um bei der Erbfolge eine Kontinuität des Rechtswillens und des Rechtssubjekts zu konstruieren. Besonders die testamentarische Erbfolge war so widerborstig, daß der junge Leibniz (Methodus nova jurisprudentiae, P. II § 20) auf den verzweifelten Einfall kam, die natürliche Rechtskraft eines letzten Willens, die doch erst mit dem Tode des Testators eintritt, aus der Unsterblichkeit der Seele abzuleiten. Die Begriffe *Kontinuität* und *Unsterblichkeit* begegnen uns überall auf den Wegen der biologischen Vererbungslehre. Der gründlichste und geistvollste Bearbeiter dieses Feldes, August Weismann, nennt schon im Titel einer seiner wertvollsten Abhandlungen „die Kontinuität des Keimplasmas" die Grundlage seiner Theorie der Vererbung; später („Aufsätze über Vererbung", Seite 248) nennt er das Keimplasma geradezu „den unsterblichen Teil des Organismus".

Auf Weismanns langjährigen Streit um die Frage, ob erworbene Eigenschaften erblich sind, oder ob — eben nach Weismanns Meinung — nur Keimesvariationen vererbt werden, nur Keimesvariationen durch Selektion zur Veränderung der Arten führen — auf diese Frage gehe ich nicht ein, weil ich kein Fachmann bin auf den Gebieten der Zoologie und Botanik und weil ich trotzdem nicht umhin kann, den Streit für einen Wortstreit zu halten. Weismann scheint siegreich nachgewiesen zu haben, daß Vererbung äußerer Verletzungen nicht festzustellen ist; selbst die Jahrtausende lange Sitte der Beschneidung bei Juden und andern Völkern mit strenger Inzucht hat bis heute die Knaben nicht ohne praeputium zur Welt kommen lassen. Weismann ist wenigstens logisch siegreich gegen Lamarck mit der Behauptung, daß auch die durch Übung erworbenen Eigenschaften nicht vererbt werden; nur logisch, sage ich, weil da im Keimplasma Anlagen vererbt werden können, ohne daß eine stärkere Muskulatur der Klavierfinger oder gar Verfeinerung des Nervenapparats nachweisbar wäre. Hat doch Weismann für die weitaus wichtigste Gruppe von erworbenen Eigenschaften, die vererbt werden könnten, für „die Abänderungen, welche als direkte Folge von veränderten äußeren Bedingungen auftreten", sein Urteil in suspenso gelassen (Aufs. üb. Vererb. S. 112). Ich gehe auf den Streit auch darum nicht ein, weil es sich mir, hier wie immer, nur um eine Kritik der Begriffe handelt und alle diese Versuche, die Tatsache der Vererbung auch noch *erklären* zu wollen, mir über die Macht der menschlichen Sprache, also der menschlichen Wissenschaft hinauszugehen scheinen. Es ist nicht anders. Alle Erklärung ist nur getreue Beschreibung. Die ist selbst in der Physik nur bei von Menschen erfundenen Maschinen möglich, nicht bei physikalischen Kräften. Die Lokomotive, die Dynamomaschine kann ich erklären, d. h. gut beschreiben, demjenigen nämlich, der fragen würde: ob in der Lokomotive ein Pferd verborgen ist, in der Dynamomaschine eine kleine Lokomotive. Das kann der Ingenieur aufklären, weil sein Kopf in der Maschine steckt, weil seine Kopfarbeit sie erst gebaut hat. Schon die Frage nach dem Wesen der Dampfkraft oder der Elektrizität kann er nicht mehr beantworten, wenn er nicht beobachtete Leistungsziffern wortabergläubisch für Naturgesetze ausgeben will.[1]) Und vollends in der Biologie oder gar in der mit Psychologie verquickten Biologie des Menschen sind am Ende auch die besten Erklärungen nur Worthypothesen.

So in unserem Falle. Die beobachtete Tatsache der Vererbung besagt doch nur, daß das Kind dem Vater ähnlich sei: bis auf die graue Haarsträhne im schwarzen Haar an der bestimmten Schädelstelle, bis auf farbige Schuppenflecken an der genau umschriebenen Stelle des Schmetterlingsflügels. Das nennt man nun Vererbung von Eigenschaften, einerlei, ob erworbener oder selbst schon ererbter. Nie aber, seitdem die Erde Organismen trägt, kann doch ein

[1]) Werner Siemens erklärte mir einmal — vor 30 Jahren — das Wesen seiner Dynamo mit den Worten: „Ich peitsche die Kraft so lange, bis sie einen Wagen zieht." Auf meine Frage, *was* er da peitsche, antwortete er lachend: „Ist mir ganz egal, was das Ding ist! Wenn es nur unter der Peitsche sein Letztes hergibt."

Abstraktum vererbt worden sein, nie die Gräue der Haarsträhne, sondern immer nur die graue Haarsträhne, nie die Farbigkeit der Schuppen, sondern die farbigen Schuppen. Wer das für Haarspalterei hält, dem habe ich wirklich nichts zu sagen. Ich meine nur: die Kritik der Begriffe allein sagt uns, daß es sich bei der Vererbung um positive, mechanische, mikroskopisch umschreibbare Teile des Organismus handeln muß. Was allein als Tatsache der Vererbung vorliegt, das ist: kleine oder meinetwegen kleinste Teile, die man seit fünfzig Jahren Zellen nennt, unter Umständen auch Moleküle, besitzen die Fähigkeit, die wirklich nur die alte qualitas occulta ist, sich fortzuzeugen, ganz gleiche oder ähnliche kleinste Teile organisch zu erzeugen. Die gleiche Gruppierung der gleichen oder ähnlichen Teile stellt dann ein gleiches oder ähnliches Ganze her. Das Kind wird dem Vater ähnlich. Alle *Erklärung* dieser Tatsache oder Erscheinung läuft auf eine Selbsttäuschung der Sprache hinaus. Natürlich zweifle ich nicht an der Beobachtung der Forscher, daß weibliches Ei und männliches Sperma (bei der weitverbreiteten geschlechtlichen Fortpflanzung) eine Bedingung der Vererbung sei. Zweifle auch nicht an Weismanns Beobachtung, daß zuinnerst diese Bedingung in den mikroskopischen Teilchen stecke, die er Keimplasma nennt. Nur eine Erklärung finde ich nicht darin. *Plasma* ist nur ein allgemeiner Name für organische Substanz; und *Keim* wiederholt ja doch nur tautologisch die Frage, anstatt sie zu beantworten. Die Frage nach der Ursache der ähnlich fortzeugenden Abstammung oder des *Keimens* wird mikroskopisch räumlich zurückgeschoben bis in das kleinste Teilchen, das für die Erscheinung eine notwendige Bedingung ist. Man weist auf diese winzigen Körnchen im an sich schon mikroskopischen Ei und Sperma hin und nennt sie den Keim. Erklärt wird das Keimen dadurch nicht.

Ich will nur zugeben, daß auch meine Worterklärung (nach Hering), daß alle Fortpflanzung durch ähnliche Individuen auf dem Gedächtnis der organisierten Materie beruhe, den Sprachfluch der Tautologie in sich berge. Und einen Widerspruch dazu, wie ich jetzt zeigen will.

Man kann das, was vom Vater auf das Kind gleich oder ähnlich übergeht, unsterblich nennen. Das Wort ist oft gebraucht worden. Weismann nennt das Keimplasma unsterblich. Was ist da unsterblich? Kein metaphorischer Bedeutungswandel kann das Epitheton *unsterblich* einem andern Wesen zusprechen als einem Subjekt, einer Persönlichkeit. Aber gerade die Kontinuität der Persönlichkeit geht ja beim Generationswechsel verloren. Wir erinnern uns nicht unseres unsterblichen Keimplasmas aus der Väterzeit. Vielleicht wird meine skeptische Lehre, daß das Ich-Gefühl eine Täuschung sei, durch diesen Umstand erhärtet: sehr viel von diesem Abreißen der angeblich unsterblichen Persönlichkeit gibt es auch im Individualleben. „Das Kind ist des Mannes Vater"; und der Mann ist nicht mehr dasselbe, was das Kind war. Und noch ein Widerspruch: Ich mußte einst das Gedächtnis mit dem Bewußtsein identifizieren; und das Gedächtnis als Vererbung ist doch ganz gewiß *unbewußt*. Die Sprache ist es, die sich widerspricht.

Es bleibt aber dabei, daß die Anknüpfung der ganzen Erscheinung, die Ähnliches von Ähnlichem abstammend zeigt, daß die Anknüpfung der *Abstammung* — dieses Wort scheint mir am besten das ganze Tatsachenmaterial zusammenzufassen — an den juristischen Begriff der Vererbung, ein gutes, ein bildungsreiches Bild bot, solange man die Bildlichkeit des Wortes im Gedächtnisse behielt. Und ein ganz genaues Zusehen verrät auch, daß das juristische Denken, aus dem das Bild genommen war, ebenso wortabergläubisch ist wie das biologische. So oft man nahe genug hinsieht, öffnet sich dieser Abgrund. Güter, die die ererbte Sitte zu Gütern gemacht hat, und Rechte, die der ererbte Gebrauch zu Rechten gemacht hat, erben weiter nach einem menschlichen Gesetze, welches (bis auf Lassalle und seine kommunistischen Vorgänger und Nachfolger) von aller Welt ein natürliches Gesetz genannt wurde, weil es als ein Teil der Sitte und des Brauchs vererbt worden ist; und die Teilformen des ganzen väterlichen Organismus, welche wir Eigenschaften nennen, erben ähnlich auf den Sohn nach einem Brauch oder einer Ordnung der Natur, welchen Brauch oder welche Ordnung die Menschensprache ein Gesetz zu nennen in ihre Bräuche aufgenommen hat. Das Erbrecht ist *θεσει* und soll (nach den Reden der Gesetzgeber) *φυσει* sein; die Vererbung ist *φυσει* und soll (nach der Sprache der Naturforscher) *θεσει* sein.

Vollkommenheit. — Das Wort *Vollkommenheit* ist dunkel in seiner äußern Geschichte; daß es aber für uns nur noch ein Scheinbegriff ist, das braucht fast nicht mehr bewiesen zu werden.

Außerhalb des Deutschen hat man die lateinischen Worte *perfectus*, *perfecte*, *perfectio* herübergenommen, wohl auch als Übersetzung einiger Bedeutungen des griechischen *τελειος*. Im Althochdeutschen versuchte man sich an genauen Lehnübersetzungen von perfectus wie: *duruthan*, die nicht geblieben sind. Ein mittelhochdeutsches Verbum *volkumen* (das gleichfalls verloren gegangen ist) scheint ein Gegenstück zu dem noch vorhandenen *vollbringen* gewesen zu sein und mag dem *perficere* genauer entsprochen haben, als wir jetzt fühlen. Das Partizipium „vollkommen" mag in der Anwendung *vollkommenes Gewand* noch etwas von der alten sinnlichen Bedeutung mitenthalten: ausreichend für die Fülle.

Im alten Latein hatte *perfectus* noch keinen transzendenten Sinn; perfect *(parfait)* war der Mensch, menschliches Tun, aber auch die Zeit, wenn ein menschliches Ziel (*τελος*) erreicht war: etwa *tüchtig*. Das Beiwort konnte gesteigert werden; *Perfectissimus* war einer der byzantinischen Ehrentitel zur Kaiserzeit; der Anspruch auf diesen Titel hatte sogar einen besonderen Namen: *perfectissimatus.*

Der Scholastik war es vorbehalten, den Begriff wie viele andre durch subtile Untersuchung ad absurdum zu führen. *Perfectio, Vollkommenheit* konnte in der Menschensprache von Hause aus, wie eben im Lateinischen, nur eine relative Güte eines Wesens oder eines Dinges bedeuten; wie denn das Denken und seine Begriffe sich immer in Relationen bewegen. Der Gottbegriff aber bot sehr willkommene Gelegenheit, von einer absoluten Vollkommenheit zu reden. Tat man das, so hatte man wieder einmal einen einfachen und noch dazu alltäglichen Begriff zu theologischer Würde erhoben. Gott besaß die erstrebenswerten Eigenschaften der Weisheit, der Güte, der Macht in höchster Vollkommenheit; es war für Gott wesentlich, daß er *vollkommene* Weisheit, Güte und Macht besaß; er war die Vollkommenheit in Person, wie er überall das Unwirkliche war. Die Geschöpfe waren nicht vollkommen, aber sie konnten den Begriff der Vollkommenheit (eben am Beispiel des Gottbegriffs) fassen und sich die Vollkommenheit als letztes Ziel, als Ideal vorstellen. Ein Fortschritt in der Welt, ein Aufsteigen zu besseren Verhältnissen wird von vielen angenommen; in der Sprache der Scholastiker wird dieser Glaube heute noch mitunter *Perfektibilität* genannt; die Tendenz nach absoluter Vollkommenheit wird also mitverstanden. Es ist so, als ob der Arzt, der die Temperatur von 39,7° auf 39,2 gefallen findet, zum Kranken sagen würde: Das ist die Perfektibilität; Sie nähern sich der Vollkommenheit.

Es ist für die Scholastik charakteristisch, daß sie ihr theologisches Denken immer für streng logisch hielt und es auch mit Scharfsinn den logischen Forderungen anpaßte. Die Perfektion oder Vollkommenheit, die eine Eigenschaft des wohlbekannten Gottes war und die darum in der Menschensprache nicht fehlen durfte, mußte definiert werden. Nichts leichter als das für den Wortaberglauben der ganzen langen Zeit. „Perfectio est carentia defectus", lehrt noch Micraelius. „Vollkommenheit ist das Fehlen von Fehlern"; ich brauche nur so zu übersetzen, um die Armseligkeit des Definitionsversuchs klar zu machen. *Das Fehlen* ist ein rein negativer Begriff; *die Fehler* aber, deren Fehlen die Vollkommenheit ausmachen soll, sind als bloße Negation nicht zu verstehen. Es muß irgend etwas da sein, das anders ist (aber doch positiv ist) als es sein *soll*, als das *Wesen* des Dinges erwarten ließ, damit von *Fehlern* die Rede sein konnte. Darum war auch eine zweite feinere Definition viel folgenreicher: Perfectum est, cui ad essentiam nihil deest. Vollkommen oder vollendet ist, wem zu seinem Sein oder Wesen nichts fehlt. Man achte auf die Möglichkeit, essentia in unsrer Sprache durch *Sein* oder durch *Wesen* wiederzugeben.

Setze ich *Wesen* ein und behaupte: „vollkommen sei, wem nichts zu seinem Wesen fehle", so habe ich bei *Wesen* mitzuverstehen, was bei Erscheinungen der Natur und der Kunst ein notwendiges Merkmal ist. Und plötzlich schiebt sich da ein Begriff aus dem Moralgebiet in das der Ontologie, der Sollbegriff: das *Wesen* eines Dinges ist *erreicht*, wenn das Ding so ist, wie es sein *soll*. Das Einschieben des Sollbegriffs in diese Vorstellungen ist nicht etwa ein Werk meiner Bosheit; der alte Walch, der die Weltanschauung der vorkantischen Zeit sehr gut wiedergibt, beginnt den entsprechenden Artikel seines Lexikons mit folgender Definition: „Vollkommenheit ist diejenige Eigenschaft einer Sache, da sie alles dasjenige an sich hat, was sie ihrem Wesen und ihrer Absicht nach, warum sie ist, an sich haben soll". Niemand fragte, mit welchem Rechte der Sollbegriff, der zur Not in Beziehung auf menschliche Handlungen einen konventionellen Sinn haben konnte, auf Realitäten, auf Erscheinungen der Natur oder der Kunst, ausgedehnt wurde. Niemand merkte, daß der erschreckliche Satz Hegels „Was vernünftig ist, das ist wirklich, und was wirklich ist, das ist vernünftig" (gewöhnlich so zitiert: „Alles, was ist, ist vernünftig") in der scholastischen Lehre, omne ens esse perfectum sive bonum, schon längst vorweggenommen war. Und so war es immerhin ein Beweis von Besinnung, als Christian Wolf, nachdem er genugsam über die Vollkommenheit geschwatzt hatte (Vernünftige Gedanken von Gott usw. II. § 254), die Unmöglichkeit, die Vollkommenheit der Welt zu *begreifen*, als Lehre aufstellte. „Da ohne die allgemeine Harmonie der Dinge die Vollkommenheit der Welt nicht begriffen werden mag; die allgemeine Harmonie der Dinge aber nicht allein für eine Kreatur unbegreiflich ist, sondern wir auch *sogar überhaupt noch nicht sagen können, worinnen sie eigentlich bestehet*".

Setze ich in der scholastischen Definition „perfectum est cui ad essentiam nihil deest" für essentia *sein* ein, dann freilich verschwindet der Sollbegriff; Wirklichkeit und Vollkommenheit fallen wieder zusammen, aber so, daß *Vollkommenheit* überhaupt keinen andern Sinn mehr hat, als den der Existenz. Und diese äußerste Konsequenz aus der scholastischen Verlegenheitsdefinition ist schon vor 250 Jahren gezogen worden, von Spinoza. In einem seiner unschätzbaren Exkurse, wo er, wie in seinen Briefen, frei von der mathematischen Form und frei vom eigenen System ganz er selbst ist, hat er sich ausführlich über den Begriff der Vollkommenheit ausgesprochen, in der Vorrede zum 4. Teile der Ethik, in der Untersuchung über die menschliche Knechtschaft. *Knechtschaft, servitus*, nennt er die Impotenz des Menschen, die Ohnmacht, seine Affekte zu mäßigen oder zu bezwingen. Diese Knechtschaft verhindert, was man vulgär die menschliche *Vollkommenheit* nennt. Die erste Bedeutung der Worte (vocabulorum) *perficere* und *perfectum* muß eine relative gewesen sein. „Wer sich vorgenommen hat, eine Sache zu fertigen und sie dann verfertigt hat *(perfecit)*, hält seine Sache für vollendet und nicht er allein, sondern jeder, der den Vorsatz und das Ziel des Urhebers kennt oder zu kennen glaubt ... Wer aber ein Werk erblickt, das er mit nichts Ähnlichem vergleichen kann und dessen Absicht er nicht kennt, der könnte nicht sagen, ob das Werk fertig, *perfectum,* sei oder nicht." Die menschliche Sprache bot nun mit der Zeit Ideale (*ideas universales*) von Menschenwerken; was diesen Idealen in der Ausführung von Häusern, Türmen u. dgl. nicht entspricht, das wird *unvollkommen* genannt. „Aus dem gleichen Grunde aber werden auch Naturgegenstände, welche doch nicht von Menschenhand geschaffen sind, in der Gemeinsprache (*vulgo*) vollkommen und unvollkommen genannt; die Menschen pflegen nämlich auch von Naturgegenständen Ideale zu bilden und stellen sich vor, die Natur handle wie der Mensch nach Endursachen, betrachte diese Ideale als Vorbilder und arbeite darnach. Kommt nun in der Natur etwas vor, was dem eingebildeten Vorbild weniger entspricht, so reden sie, daß die Natur selbst gefehlt oder gesündigt habe, daß sie die Sache *unvollkommen* gelassen habe. Die Menschen sind also gewöhnt, Naturobjekte vollkommen oder unvollkommen zu nennen, nach einem Vorurteil, nicht nach wahrer Erkenntnis." — Man achte darauf, mit wie erhabenem Hohn da Spinoza die von Menschen vorgefaßten Ideen oder Ideale, die doch Nachbilder des Denkens sind, angebliche Vorbilder *(exemplaria)* der Natur nennt. Er sagt es nicht ausdrücklich, aber offenbar will er den Sollbegriff für die Natur ablehnen. Die Ideale der vorgefaßten Meinung wären ja, wenn sich die Natur nach ihnen richten wollte und könnte, ein ihr fremdes Wollen, also ein Sollen. Spinoza greift noch weiter aus, wenn er fortfährt, der Natur jeden Zweck abzusprechen. Ich mag die granitnen Sätze nicht übersetzen: „Ratio igitur, seu causa, cur Deus seu Natura agit, et cur existit, una eademque est ... Causa autem, quae finalis dicitur, nihil est praeter ipsum humanum appetitum, quatenus is alicuius rei veluti principium seu causa primaria consideratur."

Die Menschen sehen in ihren Absichten Ursachen ihrer Handlungen *(causas finales),* weil sie sich ihrer Absichten oder Zwecke bewußt sind, nicht aber bewußt sind der wirklich treibenden Ursachen, die sie zu ihren Absichten zwingen. Es sind also nicht einmal im Menschen Zweckursachen vorhanden, geschweige denn in der Natur. „Die Rederei, daß die Natur manchmal fehle oder sündige oder Unvollkommenes hervorbringe, rechne ich also zu den Erfindungen, von denen ich im Anhang zum ersten Teile gehandelt habe (wo von den Vorurteilen Gut und Böse, Verdienst und Sünde, Lob und Tadel, Ordnung und Verwirrung, Schönheit und Häßlichkeit die Rede ist). Vollkommenheit und Unvollkommenheit sind also wirklich nur modi cogitandi, d. h. Begriffe, die wir aus der Vergleichung von Individuen derselben Art zu bilden pflegen (fingere); und darum habe ich gelehrt, daß ich unter *Realität* und *Vollkommenheit* dasselbe verstehe." Schon zu Spinozas Zeit hatte man in dem Begriffe der Vollkommenheit etwas wie eine moralische Notwendigkeit gesehen. Spinoza weiß, durch Jahrhunderte als der Einzige, daß alles was geschieht notwendig ist und daß alles Notwendige da ist. Realität und Vollkommenheit ist darum dasselbe. Die Welt ist nicht zweimal da; es gibt neben der Welt, die ist, nicht eine zweite Welt, die sein soll. Spinoza lehrt weiter, daß auch gut und böse nur modi cogitandi sind. Musik ist für den Tauben weder gut noch schlecht. Trotzdem will er solche Worte beibehalten. Es scheint ja oft nützlich zu sein, sich vom Menschen und sogar von andern Naturgegenständen ein Ideal zu machen.

Ein Menschenideal natürlich. In Menschenworten. Ideale sind immer nur Worte oder Götter.

Zum menschensprachlichen Ideal eines Hundes gehört z. B. Treue und Kraft. Ein Windspiel ist darum kein vollkommener Hund. Ist es aber ein rechtes Windspiel, so ist es *in seiner Art* vollkommen. Jede Art und Unterart hat ihre eigene Vollkommenheit. Selbst ein Individuum hat seine eigene Vollkommenheit, die man beim Menschen Persönlichkeit nennt. Eine Mißgeburt kann in ihrer Art vollkommen sein, kann dem Ideal z. B. des Zweiköpfigen entsprechen. Realität und Vollkommenheit fällt zusammen. Ebenso gibt es bei Pflanzen Varietäten, die man unvollkommen oder so ähnlich nennt, solange man sie nicht menschensprachlich, d. h. nach menschlichem Interesse, als ein Ideal ihrer Art aufgefaßt hat. Dann heißen sie echte Arten und man findet Definitionen dazu. Es gibt auch — theoretisch — vollkommene Gase; doch da hat sich der Sollbegriff schon in die Physik eingeschlichen.

Es war und ist nicht möglich, über die schlichtgroße Weltanschauung Spinozas hinauszugehen. Erst Menschenworte legen in die Natur Vollkommenheiten und Unvollkommenheiten hinein. „Nichts ist von Natur gut oder böse, erst unser Denken macht es dazu.“ Wir haben *oberste* Worte wie: Sein, Gott, Vollkommenheit. Weil wir diese Worte haben, so identifizieren wir sie. „Gott ist die Vollkommenheit.“ Wir können uns wirklich nichts dabei und darunter denken oder vorstellen. Und weil Kant, bei allem Scharf- und Tiefsinn, dennoch die unchristliche oder antichristliche Freiheit Spinozas nicht besaß, weil Kant das christliche Wortideal *Vollkommenheit* nicht preisgeben wollte, darum schillert sein Sprachgebrauch unklar zwischen der scholastischen Form Spinozas und dessen heiterer Gleichsetzung von Realität und Vollkommenheit. Auf Kant kann man es zurückführen, wenn heutzutage für das verstiegene Adjektiv *vollkommen* häufig einfach *ganz* gesagt wird, für *Vollkommenheit* (seit Spencer) die *Integration*. (Die Scholastik kannte schon eine *perfectio integralis*, eine ergänzende Vollkommenheit, wie z. B. die Glieder den ganzen Leib ausmachen). Aber bei Kant macht „die höchste Vollkommenheit, in Substanz vorgestellt“, doch noch den Begriff der Gottheit aus. Und die christliche

Forderung, sich dieser göttlichen Vollkommenheit nach Kräften zu nähern, spukte damals auch in den besten Köpfen. Einer der scharfsinnigsten Schüler Kants, Maimon, rang lange mit Kant und mit sich selbst, um schließlich das Ideal der Vollkommenheit, wie das nun Menschenart ist, in seiner werten Person zu finden (Philosoph. Wörterb. S. 152): „Der Mensch ist absolut vollkommen, wenn er die seinem Wesen eigenen Realitäten so untereinander verknüpft, daß ihre Wirkung die größte Summe ist. Und dieser ist der *vollendete Weise*. Es kann ein anderer mehrere und größere Kräfte besitzen, und dennoch weniger vollkommen sein."

Schiller, der sonst so gelehrige Schüler Kants, war doch auch genug Schüler Goethes, um einen Hauch Spinozistischen Geistes verspüren zu können. Da im vierten Aufzuge (7. Auftritt) der „Braut von Messina" das Schicksal über die verblendeten Menschen zusammenbricht, da gibt der Chor weisen Rat: der Kultur zu entfliehen (mit Haller und Rousseau), an der Brust der Natur „fern von des Lebens verworrenen Kreisen" auszuruhen.

„Auf den Bergen ist Freiheit! Der Hauch der Grüfte
Steigt nicht hinauf in die reinen Lüfte;
Die Welt ist vollkommen überall,
Wo der Mensch nicht hinkommt mit seiner Qual."

Mit seinen Gedanken, mit seinen Worten, die seine Qual machen. Die Welt wäre vollkommen, wenn der Mensch nicht das sinnlose Wort *vollkommen* gebildet hätte. Und ein anderer Weltverbesserer, Ibsen, läst den Realisten Relling zum verzweifelnden Gregers Werle sagen: „O, das Leben könnte doch noch ganz schön sein, wenn wir nur Frieden hätten vor diesen famosen Gläubigern, die uns armen Leuten das Haus einlaufen mit der idealen Forderung".

Nüchterner und logischer als jeder andere hat aber Schopenhauer in seiner Kritik der Kantischen Philosophie (W. a. W. u. V. I. S. 502f.) den Begriff der Vollkommenheit bekämpft. Die ganze Ethik werde auf diesen Begriff gegründet, „welcher an und für sich ganz leer und inhaltslos ist." Vollkommen sein heiße weiter nichts als einem vorausgesetzten Begriff entsprechen, „ohne welchen die Vollkommenheit eine unbenannte Zahl ist." Man sage mit dem Moralprinzip eigentlich: „die Menschen sollen sein, wie sie sein sollen." „Daher ist der Begriff der Vollkommenheit, wenn schlechthin und in abstracto gebraucht, ein gedankenleeres Wort, und ebenso das Gerede vom allervollkommensten Wesen und dergl. mehr. Das alles ist bloßer Wortkram."

Vollkommenheit ist eine Wortleiche. Sie braucht nicht mehr totgeschlagen zu werden. Nur die Sinne wollte ich dafür schärfen, daß sie übel zu riechen anfängt.

W.

Wahrheit.

I.

Wer über den Begriff der *Wahrheit* oder des *Wahren* (ich werde nachher den Begriff *Wahrheit* zu eliminieren suchen) schulgerecht reden will, hat den Begriff vor allem in seine Arten und Unterarten abzuteilen, eine saubere Klassifikation von allerlei Wahrheiten aufzustellen. In früheren Jahrhunderten unterschied man so die metaphysische oder transzendente, die ethische und die logische Wahrheit; die metaphysische Wahrheit hat niemals jemand begriffen und niemand jemals; die ethische Wahrheit fiel mit der Wahrhaftigkeit zusammen; und von der logischen Wahrheit, der eigentlichen Wahrheit, gab es wieder eine engere Definition und Klassifikation. In unsern überaus aufgeklärten Tagen teilt man die Wahrheit ein in die *formale* und in die *materiale* Wahrheit, versteht unter der materialen Wahrheit die empirische Wahrheit (so daß die *ewigen Wahrheiten*, die metempirischen, die doch wieder nicht formal sind — man denke an die beiden Grundsätze der mechanischen Wärmelehre — nirgends eine Stätte finden), teilt die empirische Wahrheit in die physische und die historische und weiß wiederum nicht, wo man die große Gruppe der psychischen Wahrheiten einordnen soll. Aber so ist die Sprache nicht entstanden, daß sich die verschiedenen Bedeutungen eines Wortes im Sprachgebrauche, und nun gar die eines so banal verstiegenen Wortes, sauber nach einer Kategorientafel ordnen ließen. Auch unsere besten Wortgeschichtsschreiber verfallen immer wieder in den Fehler, Ordnung bringen zu wollen in den Zufall einer Wortgeschichte; Glückes genug, wenn sich aus den Quellen die Geschichte ohne Ordnung herleiten läßt. Ein besonders starkes Beispiel liefert die Bedeutung, in welcher *Wahrheit* nicht mehr und nicht weniger sagen will als *Glaube*.

Zunächst einige Belege aus dem Deutschen Wörterbuch. Im Evangelium Johannis wird die neue Lehre gegenüber dem alten Gesetz sehr oft die *Wahrheit* genannt (ἀληϑεια); und ebenso in den Übersetzungen: „das Gesetz ist durch Mosen gegeben, die Gnade und *Wahrheit* ist durch Jesum Christum worden; ich bin der Weg und die Wahrheit und das Leben.“ Selbstverständlich ging diese Redeweise in den cant der echten Christensprache über; „die Wahrheit haben“ hieß den sichern Glauben an Christus besitzen; fast parodierend ist es, wenn Goethe in dem schönen „sehr irdischen“ Bekenner-Briefe vom 28. Okt. 1779 an Lavater schreibt: „Ich denke auch aus der Wahrheit zu sein, aber aus der Wahrheit der fünf Sinne.“ Nicht ganz hierher gehört es, wenn Geistliche und Laien (sogar die Weltkinder Goethe und Zelter) für *sterben* sagen „an der

Wahrheit sein,“ denn da wird nicht der christliche Glaube, sondern Christus selbst oder Gott mit der Wahrheit identifiziert, was doch wieder eine ganz andere Metapher ist. Es war aber derselbe *cant*, der seit der Reformationszeit das Luthertum die *Wahrheit* nannte, beinahe wie mit einem terminus technicus.

Der Fall ist deshalb so merkwürdig, weil nach einem Sprachgebrauch, den man fast international oder philosophisch nennen könnte, *Glaube* und *Wahrheit* Gegensätze sind, insofern nämlich *wahr* genannt wird, was wir zu *wissen* glauben, im Gegensatz zu dem, wovon wir wissen, daß wir es nur *glauben*. Jeder Schulknabe kennt den Unterschied. *Wahr* nennt auch der Schulknabe, wovon er überzeugt ist, überzeugt durch seine Sinne oder durch eine Autorität; *glauben* tut er, wovon er nicht völlig überzeugt ist, was ihm in unzähligen Graden der Wahrscheinlichkeit möglich scheint, von der Grenze der Unmöglichkeit bis zur Grenze der Gewißheit. Wenn nun das Evangelium Johannis das Vertrauen in die Lehre Jesu Christi just *Wahrheit* nennt, so denkt der Verfasser nicht daran, etwa den subjektiven *Glauben*, einen gewissen Grad der Wahrscheinlichkeit mit Wahrheit zu umschreiben; ihm ist die Erlösung durch den Heiland wirklich die äußerste Gewißheit. Das Altertum besaß ja den Glaubensbegriff überhaupt nicht, abgesehen etwa von den Fällen (wie bei Jesus Sirach), wo geradezu „ich habe Glauben“ so viel heißt wie „ich habe Kredit“. Seitdem dieses Kredit- oder Vertrauensverhältnis als Religion oder Glaube auch auf die Heilswahrheiten angewandt worden war und scharf zwischen dem Vertrauen auf Sinne und Vernunft (*Wahrheit*) und dem Vertrauen auf die Wahrhaftigkeit Gottes und seiner Offenbarung (*Glaube*) unterschieden worden war, seitdem war es sprachwidrig, vom Christenglauben oder gar vom Luthertum (weil da die unmittelbare Offenbarung fehlte) als von der *Wahrheit* zu sprechen.

In der deutschen Sprache wenigstens, wo der Begriff *wahr*, wie wir sehen werden, lautlich aus dem Lateinischen und inhaltlich aus der römischen Jurisprudens entnommen war. Im Englischen wird *wahr* und *Wahrheit* ohne nachweisbare Entlehnung ausgedrückt durch *true* und *truth*. Wir haben das gleiche Wort in unserem *treu*, besonders deutlich in der alten Redensart *Treu und Glauben*, die eigentlich eine Korrelation ausdrückt. *Treu* und *Glauben* ergänzen einander: der Gläubiger hat *Glauben*, der Schuldner hat *Treu*. Der Gläubiger also, der an die Treue des andern glaubt, vertraut; der Schuldner, wenn er treu ist, wenn er Vertrauen verdient, hält sein Wort und darf in diesem Sinne *wahr*, d. h. *wahrhaft* genannt werden. So war es möglich, daß Glaube und Wahrheit, Gegensätze in sorgfältiger deutscher Sprache, zu einer Korrelation verbundene Entsprechungen in einer uralten Redensart, in der nächst verwandten englischen Sprache einander vertreten konnten. *True* und *truth* treten für alle Bedeutungen unseres *wahr* und *Wahrheit* ein; vom *Glauben* an die Offenbarung (*to do truth* = nach Gottes Willen tun) bis zu dem seltsamen *truism*, wo *true* nur noch einen wertlosen Gemeinplatz bedeutet.

An dieser Stelle war es mir nur darum zu tun, auf die Tatsache hinzuweisen, daß der cant, der Wahrheit mit Glauben vertauscht, uns im Evangelium Johannis und bei den Lutheranern völlig sprachwidrig scheint, daß aber in einer so reichen und modernen Sprache wie der englischen aus einem Korrelatbegriff des Glaubens geradezu das allgemeine und allein übliche Wort für *Wahrheit* sich bilden konnte.

Die Kirche selbst war nie so anspruchsvoll, den Glauben, den sie vorschrieb, mit der auf Anschauung oder Vernunft begründeten *Wahrheit* gleich zu setzen. Dem Sinne nach waren Tertullianus und Augustinus ganz einig darüber, daß geglaubt werden müsse, was für wissenschaftliche Erkenntnis der Wahrheit zu absurd war: *credo* quia absurdum est. Tertullianus drückte das so aus: credibile (der Tod von Gottes Sohn), quia ineptum est; Augustinus aber rühmt die katholische Kirche, weil sie einfach verlangte, man sollte *glauben*, was nicht zu beweisen war.[1])

Das Bewußtsein, daß der Glaube sich auch auf das Absurde beziehe, ist vielleicht am krassesten ausgesprochen in einer katholischen Schrift, die Paulus Sarpius zitiert: credendum est ecclesiae hierarchicae et si nigrum esse dixerit, quod oculis album videtur.

Dieser Gegensatz zwischen *Glauben* und Wahrheitserkenntnis oder *Wissen* wird aber nicht allein von der Wortgeschichte des englischen *truth* überbrückt. Ich will gleich hier bemerken, daß unser *glauben* (althochdeutsch *giloubon*) so gut wie identisch ist mit *geloben* und daß dieses *geloben* in seiner ältesten nachweisbaren Bedeutung ein durch *ge* verstärktes *loben*, gut heißen ist. Vielleicht Übersetzung von *probare*. Ja, was einzig und allein zugrunde liegt, wenn man ein Urteil für *wahr* erklärt, wenn man zu einem Satze *ja* sagt und nicht *nein*, das ist in diesem alten *geloben* oder *glauben* schon enthalten. *Loben*, *geloben* heißt in den Nibelungen so viel wie unser *verloben*, d. h. feierlich *ja sagen*. (D. W. Art. *geloben*, Sp. 3043).

II.

Das Wort des neuen Testaments heißt ἡ ἀληθεια, eigentlich die *Wahrhaftigkeit*, wie das Adjektiv ἀληθης den Menschen bedeutet, der nichts verbirgt, und dann erst die Sache,

---

[1]) Die Stelle bei Augustinus (Confess. 6, 5.) wird im Büchmann ganz richtig wiedergegeben; aber doch nicht die Tendenz dieses glaubensseligen Kapitels. Augustinus klagt die Manichäer, seine früheren Genossen, an, große philosophische Versprechungen zu machen und nachher dennoch tam multa fabulosissima et *absurdissima*, quia demonstrari non poterant, *credenda* zu verlangen; die katholische Kirche, modestius minimeque fallaciter, befehle *von vornherein*, ut *crederetur* quod non *demonstrabatur*. Augustinus stellt den Glauben über das beweisbare Wissen.

die Meinung, die nicht verborgen wird. Was Jesus dabei dachte, wenn er sich selbst die *Wahrheit* nannte, können wir um so weniger verstehen, als der Ausspruch ein geflügeltes Wort geworden ist. Verständlicher ist es, wenn er (Ev. Joh. 18, 37 u. 38) im Verhör, Pilatus gegenüber sagt, er sei in die Welt gekommen, für die *Wahrheit* zu zeugen. Was man so verständlich nennt; wir haben kein Recht, die Form zu verlangen: für seinen Glauben zu bluten. Nach diesen Worten des Heilands stellte Pilatus die berühmt gewordene ironische Frage: *τι ἐστιν ἀληθεια*; Was ist *Wahrheit?* Und da er das gesagt, ging er hinaus zu den Juden, aus seiner Kanzlei, wo Jesus verhört wurde. (Schon Bacon macht darauf aufmerksam, daß Pilatus die Antwort nicht abwartete.)

In seinem recht liederlichen Aufsatz „Vérité" (Dict. philos.) knüpft Voltaire, wie jeder, der den Wahrheitsbegriff untersuchen wollte, an den großstädtischen Spott des Landpflegers an. „Il est triste pour le genre humain que Pilate sortit sans attendre la réponse; nous saurions ce que c'est que la vérité. Pilate était bien peu curieux." Voltaire will sich natürlich nicht vermessen, für den Urheber aller Wahrheit zu antworten, meint aber nachher doch: „La *vérité* est un mot abstrait que la plupart des hommes emploient indifféremment dans leurs livres et dans leurs jugements pour erreur et mensonge."

Was ist Wahrheit? Un mot abstrait jedenfalls, und zwar ein abstraktes Substantivum. Nun haben wir gelernt, daß schon in der Wirklichkeitswelt nur Eigenschaften existieren, nicht die Dinge außer und über ihren Eigenschaften; daß die Dinge, die Substantive einzig und allein in ihren Eigenschaften existieren und nicht zum zweitenmale neben ihren Eigenschaften. Es ist trotzdem lobenswerte sprachliche Ökonomie, wenn die gemeinsame Ursache der Merkmale oder Eigenschaften durch ein substantivisches Wort zusammengefaßt wird, wenn wir die gemeinsame Ursache gewisser Empfindungen (rund, schwer, süß, duftend usw), *Apfel* nennen. Unökonomisch aber ist es in den meisten Fällen, wenn wir Empfindungen unseres Innenlebens, wie schön, groß, heilig, wahr usw. durch Anhängen eines Suffixes zu einem Substantiv machen, das in rhetorischen Stilübungen ganz gut klingt, sich aber von dem adjektivischen Merkmale in nichts unterscheidet.

Wahrheit tritt in den ältesten deutschen Quellen (vgl. D. W. XIII. S. 839) noch nicht auf; der Begriff heißt ursprünglich das *Wahr* oder die *Wâra*; erst bei Isidor und dann bei Ottfrid die *Wârnissa* und das *Wârnissi*. Schopenhauer, der von dem späten Auftreten des Substantivums *Wahrheit* gewiß nichts wußte und der an das Verhältnis zwischen Adjektiv und Substantiv, wie die Sprachkritik das lehrt, nicht dachte, macht sich doch aus Anlaß der drei Worte *gut*, *schön* und *wahr* recht weidlich lustig und erst recht über ihre Substantivierung. Er verspricht (W. a. W. I. § 65) die Begriffe *gut* und *böse* zu analysieren: „Dies kann ich tun, weil ich selbst so wenig gesonnen bin, in der Ethik hinter dem Worte *gut* einen Versteck zu suchen, als ich solchen früher hinter den Worten *schön* und *wahr* gesucht habe, um dann etwan durch ein angehängtes *heit*, das heutzutage eine besondere *σεμνοτης* haben und dadurch in mehreren Fällen aushelfen soll, und durch eine feierliche Miene glauben zu machen, ich hätte durch Aussprechung solcher drei Worte mehr getan, als drei sehr weite und abstrakte, folglich gar nicht inhaltreiche Begriffe bezeichnen, welche sehr verschiedenen Ursprung und Bedeutung haben. Wem in der Tat, der sich mit den Schriften unserer Tage bekannt gemacht hat, sind nicht jene drei Worte, auf so treffliche Dinge sie ursprünglich auch weisen, doch endlich zum Ekel geworden, nachdem er tausendmal sehen mußte, wie jeder zum Denken Unfähigste nur glaubt, mit weitem Munde und der Miene eines begeisterten Schafes, jene drei Worte vorbringen zu dürfen, um große Weisheit geredet zu haben?"

Wir wissen jetzt, daß die Substantivendung *heit* (ebenso wie die Adjektivendung *lich*) einst ein selbständiges Wort war, das gotische *haitus* (Art und Weise), wie schon (vgl. II. 241) dargelegt. Wir wissen, daß in unserer Sprache die Endung *heit* sich verbindet mit Substantiven (Christen*heit*, Gott*heit*, Narr*heit*), mit Adjektiven (Frei*heit*, Weis*heit*, Dumm*heit*). Wir wissen aber nicht, welche Bedeutung die aus Substantiven, Adjektiven (auch Partizipien) entstandenen Kompositionen nachher annehmen. Man sollte glauben, daß selbst derartige Endsilben durch Lehnübersetzung oder Lehnanalogie aus einer Kultursprache in die andere übergegangen seien; aber was dann übersetzt wurde, war doch wohl mehr ein rhetorischer Schmuck als ein Begriff. Abgesehen von den Fällen, wo die Zusammensetzungen mit *heit* zu Sammelnamen wurden (nicht ursprünglich) liegt in diesen breit klingenden Worten, wie Toll*heit*, Schön*heit*, Wahr*heit*, nichts, was die Sprache nicht durch die einfachen Adjektive hätte ausdrücken können. Ebenso steht es um die lateinischen Endungen *tudo* und *tas*. Und all die poetischen, religiösen und schulgemäßen Anwendungen dieses ganz überflüssigen Substantivs *Wahrheit* wären nicht möglich gewesen, wenn die Sprachen nicht ihre Phantasie hätten, wenn durch diese Anfügung von *heit*, als ob die alte Bedeutung nachwirken würde, das Adjektiv *wahr* (über dessen Sinn wir noch nichts ausgemacht haben) nicht zu der Würde einer Person erhoben worden wäre. *Die Wahrheit* gehört zu den Personifikationen.

Es ist fast gleichgültig, in welcher der abendländischen Sprachen wir Beispiele für die personifizierte Wahrheit sammeln wollen. Die gemeinsame christliche Seelensituation und auf ihrem Grunde ein wechselseitiger Austausch von Lehnübersetzungen hat da eine „Sprachenfamilie" geschaffen, die wirklicher ist als die Familie der indoeuropäischen oder arischen Sprachen. Die Sprachwissenschaft gibt das nur noch nicht zu.[1])

In der deutschen Sprache ist die Personifikation der *Wahrheit* mindestens so häufig wie in den benachbarten Kultursprachen. *Die* Wahrheit wird geliebt und gehaßt, verteidigt und geflohen; seit alter Zeit steht man bei der Wahrheit, steht ihr bei; man strebt, dürstet nach der Wahrheit (veritatem quaerere); man streitet für die Wahrheit; man gibt der Wahrheit die Ehre, man gibt ihr Raum (to give way to truth), man weicht der Wahrheit (se rendre à la force de la vérité); umgekehrt kann man der Wahrheit im Lichte stehen (to hinder the light of truth), der Wahrheit Gewalt tun, die Wahrheit unterdrücken, gegen die Wahrheit (je nachdem) taub oder blind sein. In allen diesen Fällen ist die Metapher der Personifikation mehr sprachlicher Art; man kann häufig *das Wahre* für die Wahrheit setzen. Natürlich auch in den folgenden Beispielen, wo aber die Personifikation lebhafter ist, wie sie mir lebhafter scheint in „*blind* sein gegen die Wahrheit“ als in „*taub* sein.“ Die Wahrheit wird zum Subjekt: sie kommt an den Tag (emergit), sie herrscht, sie triumphiert, sie erhebt ihre Stimme, sie wird selbst Göttin. So kann sich die Wahrheit sprachlich wieder mit andern Substantiven verbinden, unter denen nicht wenige wieder Scheinbegriffe, heimliche Adjektive oder Personifikationen sind. Freund oder Liebhaber der Wahrheit (cultor veritatis, lover of the truth), der Weg der Wahrheit, der Mund der Wahrheit, das Licht der Wahrheit (lux veritatis); Spiegel (eigentlich ganz allegorisch), Quelle, Macht, Sieg, Reich, Tempel (seltsamerweise immer der heidnische Tempel, nicht in diesem Sinne Kirche), zur Steuer (eigentlich Lehnübersetzung von firmamentum veritatis, aus der Zeit, da Steuer noch Stütze war), Schein (woraus die wichtige und ausgedehnte Wortgruppe des *Wahrscheinlichen*, der *similitudo veri*), Stempel, Probierstein, Kriterium der Wahrheit.

In den meisten Fällen dieses bildlichen Sprachgebrauchs ließe sich unschwer für das Substantiv das ursprüngliche Adjektiv einsetzen: man ist Freund oder Feind des *Wahren*, das *Wahre* siegt oder unterliegt. Aber die Personifikation selbst und die sprachliche Verbindung mit menschlichen, persönlichen Substantiven und Verben konnte bald Ursache, bald Folge werden (wer könnte das in einer Wortgeschichte immer auseinanderhalten!) einer Auffassung der Wahrheit oder des Wahren, die für den Wahrheitsbegriff sehr wichtig geworden ist, vielleicht verhängnisvoll. Der Wahrheitsbegriff, ursprünglich ganz nüchtern, wurde zu einer allegorischen oder symbolischen Gottheit erhoben, zu einem Ideal. Es kam in den Begriff etwas Religiöses hinein; die Wahrheit wurde etwas Unendliches, ein Grenzbegriff, ein letztes Ziel des Menschen und zwar, auf

[1]) Auch die jüngst erschienene „Einleitung in die Sprachwissenschaft“ von V. Porzezinski ist, trotz mancher Vorurteilslosigkeit, noch lange nicht skeptisch genug.

Kosten der Sprachlogik, zugleich subjektiv und objektiv. *Wahr, wahrhaft* zu sein und das *Wahre* zu denken, diese beiden grundverschiedenen Ziele oder Ideale konnten (in allen Kultursprachen) mit dem gleichen Worte bezeichnet werden. Auf der Seite des subjektiven Ideals ist die Verwechslung von *Wahrheit* und *Wahrhaftigkeit* so sinnlos und darum seltsam, daß sie wohl mit Recht als eine Lehnübersetzung erklärt wird; auch Verwechslungen können übersetzt werden. Im Hebräischen, das nach dem Geiste der semitischen Sprachen überaus zu Personifikationen neigt, wird dem Jehovah sehr häufig Redlichkeit, Zuverlässigkeit zugesprochen, mit einem Worte, das sagen will, daß er sein Wort *fest* werden läßt: *emet.* Dieses Wort wird in der Vulgata mit *veritas* übersetzt, und dieses alttestamentarische *veritas* ist wohl das Stammwort, aus dem die ganze Sippe hervorgegangen ist, welche *Wahrheit* zu einem ethischen oder religiösen Begriff, zu einer Gottheit und zu Gott selbst gemacht hat.

Im Neuhochdeutschen ist das Durcheinander von *Wahrheit* und *Wahrhaftigkeit* seltener geworden; um so tiefer steckt die Verwirrung im englischen *truth,* das schon durch seine Einsilbigkeit zu jedem Dienste bereit ist, von der nichtssagenden Schwurformel *by my truth,* über das Ideal der Wahrhaftigkeit bis zum Gebrauche in der Erkenntnistheorie. Der Rat des Polonius an seinen Sohn: this above all, to thine ownself be *true,* scheint mir den einzigen Fall zu nennen, wo das objektive und subjektive Ideal ohne Unverstand mit dem gleichen Worte genannt werden kann. Die deutsche Übersetzung *treu* darf uns nicht beirren; das eben ist merkwürdig, daß die englische Sprache für die Begriffe *wahr* und *treu* nur Ein Wort hat. „Sei *wahr* gegen dich selbst“, bekenne dich selbst zu dem, was du für *wahr* erkannt hast und lebe danach. Heute sagt man: werde wie du bist. Mit Ausnahme dieses Falles, wo das Ideal der Erkenntnis und das Ideal des Handelns durch die gleiche Persönlichkeit vereinigt wird, hat *Wahrheit* als ethische *Wahrhaftigkeit* und *Wahrheit* als Übereinstimmung des Urteils mit der Wirklichkeit miteinander nicht mehr zu tun, als (nach dem alten Philosophenscherz) *konkret* mit *konkav.* Helmholtz hat die Schnurre gern zum Besten gegeben. Zu Kants Nachfolger, der über Kants Philosophie einen populären Vortrag gehalten hatte, kamen die Vorstandsdamen und erhielten die Erlaubnis, sich über einiges belehren zu lassen, was nicht ganz klar geworden war. So wäre ihnen z. B. der Unterschied von *konkret* und *konkav* sehr dunkel geblieben.

Es wird sich schwerlich ausmachen lassen, ob die Ideal-Vorstellung des Begriffs erst auf dem Umwege über die Personifikation und Vergottung *Wahrheit* in das Adjektiv hineinkam, oder ob *wahr* für sich diesen Bedeutungswandel hätte durchmachen können. Jedenfalls haben wir in einem überaus merkwürdigen Sprachgebrauch das attributive *wahr* als Ersatz für den Superlativ „der einzig gute, der einzig richtige", was doch so viel heißt wie der Beste, der Richtigste. So spricht man von der *wahren* Religion, Philosophie, Kunst, Schönheit, Freiheit, dem *wahren* Geschmack, Glück, Gut usw. Wir werden noch sehen, wie dieser Sprachgebrauch im Sinne eines Ideals sich doch wieder mit dem nüchternsten Sprachgebrauch berührt, der mit *wahr* nur die Richtigkeit einer rechtlichen Tatsache aussagen will, einer Schrift oder eines Zeugnisses.

Hier aber möchte ich auf eine überraschende Feinheit der Sprache aufmerksam machen, auf einen wahren Übermut der Sprache. Ich bitte zu beachten, daß der superlativische oder idealisierende Gebrauch (*wahre* Poesie, *wahre* Philosophie) eine besonders starke Betonung und Unterstreichung des Attributs zur Folge hat. Nun gibt es einen ganz nah verwandten Sprachgebrauch (ich habe es eben einen wahren *Übermut* der Sprache genannt), der bewußt bildlich und übertreibend einen großen Maßstab anlegt und diesen Maßstab im selben Atem wieder ablehnt. In solchen Fällen verliert das Attribut *wahr* seine Betonung. Dieser Sprachgebrauch knüpft häufiger an konkrete Personen an oder an Sachen als an Abstracta. Mit der *wahren* Poesie meint man die einzig gute Poesie, z. B. Dante im Gegensatz zum Naturalismus oder umgekehrt; mit *wahrer* Philosophie meint z. B. der Katholik die einzig richtige Lehre des Thomas. Sagen wir aber von einem Offiziersburschen, von einem Hausknecht, er sei ein wahrer *Poet*, ein wahrer *Philosoph* (wobei wahr erstaunlich unbetont bleibt), so meinen wir ungefähr: wir vergleichen ihn mit einem Poeten, mit einem Philosophen, wissen aber ganz genau, daß er keiner ist. Ich habe diesen Wechsel der Betonung schon (II. 409) bei den Wörtern *ganz*, *förmlich* erwähnt.

Wir haben da also einen Sprachgebrauch, der den unklaren Wahrheitsbegriff durch Idealisierung auf die Spitze treibt, mit einer Art Ironie dem Begriffe die Spitze wieder abbricht und nun die ironische Umkehrung durch Tonlosigkeit andeutet. Herm. Paul wäre der rechte Mann, solche Betonungsfeinheiten, für welche die alte Sprachlehre keinen Sinn hatte, aus ihrer Verborgenheit aufzuspüren. Die ironische Verwendung von *wahr* ist durchaus nicht immer an die Tonlosigkeit gebunden. „Du bist mir der *Wahre*", will trotz der starken Betonung sagen: du bist *nicht* der Rechte. In der ironischen Redensart „das ist der *wahre* Jakob"[1]) war

[1]) Wenn nicht ein glücklicher Fund die Entscheidung bringt, dann wird die Herkunft der Redensart „der wahre Jakob" dunkel bleiben. Es gibt drei Deutungen: 1. d. w. J. ist der Heilige von Compostella in Spanien, der ältere Apostel Jakobus, gegen den andere Heilige des gleichen Namens nicht aufkommen, 2. d. w. J. ist Esau, dem der Segen gebührte, den der Erzvater Jakob erschlich. 3. d. w. J. soll Jakob Frank sein, der in der zweiten Hälfte des 18. Jahrhunderts von den Juden Rußlands und Österreichs, von den *Frankisten*, „der vollkommene Jakob", d. h. der wahre Messias (im Gegensatz zu Jesus) genannt wurde. Mir scheint die Beziehung auf den Erzvater die wahr-

wahr ursprünglich betont; als Titel eines Witzblattes hat „der wahre *Jakob*“ ein unbetontes *wahr*.

Wir haben nun den Wahrheitsbegriff in seiner Idealisierung, seiner Personifikation, sodann in der Umkehrung, bis zur ironischen Nullität, kennen gelernt; es ist Zeit, die ursprüngliche Bedeutung des Begriffes anzusehen, des Adjektivs *wahr*.

III.

Auszugehen ist von dem lateinischen *verus*, weil die Wortgeschichte auf kirchlichem Gebiete den Vulgatatext zur Grundlage hat und weil der Einfluß der Jurisprudenz erst recht in lateinischen Worten stattfand. Ganz abgesehen davon, daß das deutsche *wahr* höchst wahrscheinlich ein lateinisches Lehnwort, eben *verus* ist.

Der Streit um diese Frage, ob *wahr* nämlich Lehnwort aus dem Lateinischen sei oder nicht, ist zu bezeichnend für den chauvinistischen Betrieb der Etymologie, als daß ich ihn nicht kurz erwähnen sollte. Der alte Wachter, der zu Anfang des 18. Jahrh. eine erstaunliche Kenntnis der germanischen Sprachgeschichte und dazu viel Vorurteilslosigkeit besaß, lehrt in seinem Glossarium Germanicum (1727) bereits, daß diese vox, weil sie weder im Gotischen noch im Englischen zu finden sei, de latinitate suspecta sei. Adelung erklärt dagegen *wahr* für urgermanisch. Und das D. W. (in dem von K. v. Bahder bearbeiteten Bande) wagt kein ganz entschiedenes Wort. „In der Bedeutung gehören *verus* und *wahr* so nahe zusammen, daß ein näherer Zusammenhang unzweifelhaft besteht. Entlehnung des deutschen Wortes wäre bei seiner beschränkten Verbreitung nicht undenkbar und hätte eine Analogie an *sicher (securus)*, doch wird man das Wort „ungern“ aus dem Zusammenhang mit . . . Wörtern (wie *zurvari*, *suspiciosus* und *vaere*, Bündnis) herausreißen.“ Man achte auf die Ausdrucksweise dieser Wissenschaftler; für Wachter ist das Wort der Latinität *verdächtig*, wie es Ärzte gibt, die sich nicht scheuen, einen Kranken der Lues *verdächtig* zu nennen; und das D. W. will das Wort nur *ungern* den Lehnwörtern zurechnen. Als ob die Kraft, die Schönheit, der Sinn eines Wortes, wenn es nur eingedeutscht ist, durch seine Abstammung etwas verlöre! Als ob die Wissenschaft sich schlimmstenfalls um einen solchen Verlust kümmern dürfte! Aber es bleibt dabei: jedes Wort wird so lange für urdeutsch, für ehelich erklärt und verteidigt, als die Bastardschaft nicht unwiderleglich nachgewiesen ist.

Das D. W. kommt zu der Wahrheit letztem Schluß: „*wahr* wird doch ein echt germanisches Wort sein,

---

scheinlichste, weil sie die obligate Ironie erklären würde. Aber aus der Tiefe des Gemüts ist so etwas nicht sicherzustellen. Lenz, der Jugendfreund Goethes, hat einmal den Scherz gemacht:

„Ich bin Ihr wahrer Jakob nicht
und auch Ihr teutscher Michel nicht,
So rein und hold nicht wie der Lenz
ich: Jakob Michel Reinhold Lenz.“

Wüßte man nicht historisch, daß Lenz da die bekannte Redensart schon benützte, man könnte Lenz für ihren Präger halten.

das aber . . . frühzeitig unter den Einfluß von *verus* geriet und in der Bedeutungsentwicklung durch dies bestimmt worden ist.“ Da das frz. *vrai* seltsam genug nicht *ver* heißt (Diez leitet es von einem *veracus (verax)*, das aus *verus* entstanden sein muß, wie *ebriacus* aus *ebrius*), so könnten eifrige Germanisten *vrai* für ein Lehnwort aus einer germanischen Sprache erklären.

Schon das lateinische *verus* findet sich nun in den wichtigsten Bedeutungen unseres *wahr*; es bezeichnet auch schon den *wahrhaftigen*, aufrichtigen Menschen; zunächst aber echte Dinge und Vorstellungen im Gegensatze zu *fictus, falsus*, sodann fast substantivisch das Wirkliche, das *Wahre*, die *Wahrheit* im Gegensatze zu *falsum, mendacium* und endlich auch schon das Ideal der vernünftigen Richtigkeit wie in *vera* causa, die *gute* Sache.

Sollte noch ein Zweifel sein, ob *wahr* das umgeformte Lehnwort *verus* sei oder nicht, daran kann nicht gezweifelt werden, daß in sehr alter Zeit Theologie und Jurisprudenz, christliche Theologie in lateinischer Sprache und römische Jurisprudenz, die Bedeutung unseres *wahr* bestimmt haben. Für so alte Zeit liegt zwischen den beiden Einflüssen kein Widerspruch. Wir Unchristen unterscheiden, wie ich einleitend gesagt habe, zwischen *Wissen* und *Glauben*; die Lehrer und Bekenner des alten Christentums sahen in den schwierigsten Mysterien doch nur die richtige Weltansicht, die notorische Wahrheit; und das Notorische, das allein dem juristischen Betriebe zugrunde zu legen ist, das bedeutete das rechtliche *verus* oder *wahr*. Der Gebrauch ist im Mittelalter sehr vielseitig, nicht nur in Deutschland. *Verificare, vérifier, wahrmachen* heißt: eine Aussage, eine Forderung, eine Anklage vor Gericht dergestalt erweisen, daß der Richter weiter gehen kann. Noch Luther gebraucht beweisen und wahrmachen als gleichbedeutend. Die alten Wörterbücher übersetzen *wahrmachen* mit *verificare, adverare*, probare, *comprobare*. Auch in der Dichtersprache findet sich (Walther, Nibelungen) die Redensart „von *wahren* Schulden“ im Sinne von „mit rechtem Grunde“; eine Tat, die nicht erst verifiziert zu werden brauchte, weil der Täter in flagranti ertappt worden war, hieß bis ins 17. Jahrh. hinein eine *wahre* Tat; auch *wahrer* Schein, ein augenscheinliches, sicheres Anzeichen, früher blinkender Schein, scheint ursprünglich die Vorweisung des corpus delicti bedeutet zu haben. *Wahrheit* ging ursprünglich denselben Weg; es war das Abstraktum für den rechtlichen Nachweis, daß eine Aussage usw. formell wahr sei. Ein besonders schlagender Beleg für diesen formellen Rechtsgebrauch findet sich im Ulmischen Urkundenbuch aus dem Jahre 1316 (D. W., Artikel *wahr*, 691): „daß also *wahr* sei und unwandelbar bleibe, was da ist geschrieben, darum haben wir zu einer *Wahrheit* derselben Dinge usw.“ *Veritas*, *vérité* und *Wahrheit* entsprechen einander auch in diesem juristischen Sinne. Veritas und Wahrheit bedeutet die Anerkennung eines

Besitzrechtes, dann allgemein die rechtlich erwiesene oder zu erweisende Tatsache im Gegensatze zu einer bloßen Vermutung. Sehr hübsch in einem Tiroler Weistum von 1396: „man soll schreiben (bei Anklagen) ein *Wahrheit* für ein Wahrheit, ein *Sagmer* für ein Sagmer.“ (Wir sagen heute vornehm: *on dit*, ohne Lehnübersetzung.) Weiter heißt nun das Abstraktum *Wahrheit*, wie das erwähnte *wahr* die ordentliche, gerichtliche Feststellung: durch den Augenschein, durch das in flagranti, „mit der Wahrheit, an der Wahrheit“; ein Ehebrecher, den einer bei seinem Weibe begriff *mit der Wahrheit*, konnte straflos totgestochen werden; *corpus delicti* heißt die *Wahrheit der Tat*; auch die Überführung durch gerichtlichen Zweikampf war eine *Wahrheit*; die Wahrheit erteilen hieß: die Beweisführung zulassen; die Wahrheit leiden hieß: den Beweis unternehmen; die Wahrheit tagen = einen Tag für die Beweisführung festsetzen; und schließlich nimmt die Wahrheit die persönliche Bedeutung der Wahrheitszeugen an; die Wahrheit verschreiben heißt: die Zeugen schriftlich angeben, und einmal findet sich in den Straßburger Ratsakten die Notiz, daß die *Wahrheit* so und soviel Geld verzehrt habe. Auch *veritas* und *vérité* steht mitunter für Gerichtssitzung.

Die Definition des *Wahren* und der *Wahrheit* im höheren erkenntnistheoretischen Sinne plagt sich gern mit der Formel: Wahrheit ist Übereinstimmung mit der Wirklichkeit. Alle letzten Fragen und Geheimnisse steigen, wie wir sehen werden, mit dieser Formel vor uns auf. Ganz anders kann diese Formel der alten rechtlichen Bedeutung von wahr angepaßt werden. Ohne jede erkenntnistheoretische Schwierigkeit ist, was *wahr* ist, richtig, wirklich im Gegensatz zum Vorgeblichen, Falschen, Scheinbaren. Dieses attributive *wahr* scheint geradezu eine Übersetzung des attributiven *verus* zu sein. Das D. W. weist darauf hin, daß dieses attributive wahr (schon bei Gottfried, sehr häufig bei Wolfram) nicht direkt aus dem Lateinischen, sondern aus franz. Dichtungen herübergenommen ist. Sehr alt ist der kirchliche Gebrauch; „das *wahre* Licht,“ schon bei Tatian. Noch Simon Dach dichtet einmal: „Herr Jesu, *wahrer* Pelikan, komm, frisch mein durstig Herz doch an.“ *Wahre* Lehre, *wahres* Gotteswort, *wahre* Kirche usw. gehört der Predigersprache noch heute an; *wahre* Liebe, Freundschaft, Ergebenheit usw. scheinen nach diesem Muster gebildet. Bei Personen geht dieses *wahr* (wirklich das, wofür einer sich ausgibt) leicht in den Begriff ehrlich, *wahrhaftig* über und so auf dem Umwege über die rechtliche Bedeutung wieder zu der eines ethischen Ideals. Denn Geschichte ist im Kleinen wie im Großen als Wirklichkeit Zufall, als Darstellung fable convenue. Auch bei Wortgeschichten sollte man sich dessen von Zeit zu Zeit erinnern.

So will ich nicht allzu peinlich untersuchen, wie *wahr* in den rechtlichen Redensarten über den Begriff *richtig* zu dem Begriffe *wirklich* kam. Die *wahre* Tat, die das Gericht von der Richtigkeit der Anklage überzeugte, wurde als Prämisse des Urteils zur *wirklichen* Tat; sodann aber wurde die richtige Aussage (im Gegensatz zu einer erlogenen) als Darstellung der Wirklichkeit aufgefaßt. Etwas abseits von diesem Sprachgebrauch, aber doch nicht ganz ohne Zusammenhang, ist die Wortfolge *wahr machen* im Sinne von: verwirklichen, erfüllen; im Gerichtsdeutsch hieß *wahrmachen* die Wirklichkeit beweisen; in der Gemeinsprache schon im Mittelalter: eine Weissagung, ein Versprechen verwirklichen. Schiller: „er (Carlos) mache das Traumbild *wahr*.“ Goethe: „Märchen, noch so wunderbar, Dichterkünste machen's *wahr*.“ Selbstverständlich folgte *Wahrheit* diesem Sprachgebrauch; es ist schwer auszumachen, weil es bei den redenden Menschen unklar bleibt, ob die Versicherung des Zeugen oder Erzählers „das ist die Wahrheit“ (mittelhd. „das ist ein Wahrheit“) besagen sollte „das ist der wirkliche Sachverhalt“ oder „das ist ein wahrer Ausspruch.“ Dasselbe liegt vor bei unserem alltäglichen „die Wahrheit sagen.“ Eigentlich ist die Unterscheidung der Auffassungen pedantisch; es ist dasselbe gemeint, das eine Mal objektiv, das andere Mal subjektiv. Noch stärker wird die Übereinstimmung mit der Wirklichkeit gefühlt bei Ausdrücken wie: die *Wahrheit suchen* (chercher la vérité) treffen, erfahren, ihr nahe kommen. Ähnliche Gefühle werden erregt durch Verbindung zahlreicher Präpositionen mit *Wahrheit*. Der Sprachgebrauch hat da oft gewechselt; früher sagte man gern *aus*, *bei*, *in*, *mit*, *von*, *ohne* Wahrheit, *wider* die Wahrheit. „*Zur* Wahrheit werden“ heißt wie „wahr werden“ soviel wie „Wirklichkeit werden“. Unzähligemal wird, bei jedem Versuche einer Reformation der Kunst und Poesie, Wahrheit im Sinne von Natur oder Wirklichkeit genommen. So lange schon vor dem neuen Naturalismus. Aber selbst Meister Eckhart gebraucht tiefsinnig *Wahrheit* im Sinne von innerer Wahrheit, von der letzten Wirklichkeit der Naturdinge.

Wir nähern uns nun der erkenntnistheoretischen Frage: was ist das Kriterium der Wahrheit, wenn Wahrheit Übereinstimmung mit der Wirklichkeit ist? Ein Beispiel. Seitdem der Eid, die stärkste Bekräftigung der Wahrheit, nicht mehr als Selbstverfluchung überzeugende Kraft hatte, kam eine Vergleichung mit ganz sicheren Wahrheiten als rationeller Schwur auf. „So wahr Gott lebt,“ werde ich mein Wort halten. Ein Pferdehändler, der überzeugen wollte mit dem Schwur: „dieser Gaul hat keinen Fehler, so wahr der Pegasus existiert“ — würde beim landläufigen Käufer wenig Glück haben. Wie aber steht es mit unsern gottfremden Versicherungen? So wahr meine Seele lebt! So wahr ich lebe! Man braucht nur die Form fragender Existenzialsätze zu wählen, um auf die Unsicherheit all dieser Vorstellungen aufmerksam zu werden. Gibt es einen Pegasus? Gibt es einen Gott? Gibt es eine Seele? Gibt es ein Ich? Wer immer das Wort Pegasus gebraucht, der weiß ganz bestimmt, daß von einem

Fabelwesen die Rede ist, dem keine Wirklichkeit entspricht. Das Wort Gott wird von Millionen gebraucht, die an seine Wirklichkeit glauben und darum ihren Glauben nennen, was sie für wahr halten; das Wort wird in ganz ähnlicher Bedeutung, mit ganz verschiedenem Gefühlston wieder von Millionen gebraucht, oder doch von Hunderttausenden, die an die Wirklichkeit dieser Vorstellung nicht glauben und darum Zweifler heißen. Das Wort Seele wird von Gläubigen und Zweiflern fast gleichmäßig für etwas wie den innern Sinn gebraucht, und es ist unerheblich, daß die beiden Gruppen über die sog. Unsterblichkeit dieser Seele nicht einig sind; ob aber dem Seelenbegriff eine Wirklichkeit entspreche, darüber zu entscheiden wäre Aufgabe der Sprachkritik, die ja ganz besonders darüber wachen möchte, daß nicht die Sprache uns verführe, dasselbe Ereignis zweimal zu setzen, weil zweierlei Betrachtungsweisen zweierlei Ausdrucksmittel oder Beschreibungen geschaffen haben. Wir glauben nicht mehr an Beides: Wirkungen und Ursachen, nicht mehr an Beides: Erscheinungen und Dinge an sich, nicht mehr an Beides: Natur und Gott, nicht mehr an Beides: Leben und Seele. Und endlich: ob dem Ichgefühl ein Wirklichkeitsgefühl entspreche oder nicht, dem Ich eine Wirklichkeit oder nicht, das ist für die Skepsis eine gar schwere Frage; und von der Sprachkritik ist sie verneint worden.[1])

So hat uns das Beispiel von den alten und den neuen Versicherungsschwüren dazu geführt, etwas kennen zu lernen, was dem Begriffe der Wahrheit zu widersprechen scheint und was trotzdem in unserem Sprechen und Denken vorhanden ist: *Grade* der Wahrheit. Und der Unwahrheit. Und des Zweifels. In sehr zahlreichen Redensarten wird eine besonders wahre Wahrheit von der Wahrheit überhaupt unterschieden: die ganze, volle, gründliche, schlichte, runde, strenge, reine, pure, lautere, nackte (nuda veritas; auch die meisten andern dieser Epitheta haben Analoga in den andern Sprachen, sogar die *deutsche* Wahrheit), bloße, bare, ungeschminkte, dürre, scharfe, unumstößliche, ausgemachte, höchste (summa) Wahrheit. Es ist offenbar, daß all diesen ausgezeichneten Wahrheiten geringere Grade gegenüberstehen, wenn sie auch dem Sprachgebrauche nicht immer

---

[1]) Die Redensarten der Versicherung oder Beteuerung sind oft durch Lehnübersetzung international. *Nichtwahr?*, niederl. *nietwaar?* frz. *pas vrai?* oder mit Weglassung des vrai: *n'est-ce pas? So wahr mir Gott helfe, ainsi m' aide Dieu.* So *wahr* ich ein ehrlicher Mann bin, foi d'honnête homme. Das hebr. *amen*, eigentlich *wahrlich*, wird sowohl als Fremdwort gebraucht als in unzähligen Lehnübersetzungen, bis zu dem fast verständnislosen „es ist so *wahr* als das *Amen* in der Kirche." (Luther übersetzt nicht genau: „*Amen*, das ist, es werde *wahr*.") Auch die starke Versicherung der Unwahrheit ist ähnlich in verschiedenen Sprachen; es ist kein wahres Wort daran, il n'y a pas un mot de vrai. Sogar die formelhafte Wendung der Beteuerung, mit der so gern eine Lüge eingeleitet wird, ist international: die Wahrheit zu sagen oder zu gestehen, to speak the truth, à ne point mentir, si verum fateri volumus.

so geläufig sind wie: die halbe, die oberflächliche, die verschminkte, verblümte Wahrheit. Auch gibt es Arten der Wahrheit, die nur für ein bestimmtes Gebiet gelten oder für ein bestimmtes Fach: es gibt eine historische Wahrheit, die in unserer Zeit besonders hoch geschätzt wird und der Vernunftwahrheit entgegengesetzt ist; es gibt eine subjektive Wahrheit, die der einzig begreiflichen objektiven Wahrheit entgegensteht, eigentlich nur ein Glauben ist und sich mit der relativen Wahrheit und dann wieder mit der Wahrhaftigkeit berührt. Meister Eckhart gar warnt vor der formellen Wahrheit, der logischen, sprachlichen und setzt ihr eine *inwendige*, innere Wahrheit entgegen: „der kommt nicht zu der inwendigen Wahrheit, wer da bleibet mit Lust an der Bezeichnung . . . darum soll man nicht bleiben auf der Bezeichnung, sondern soll gehen in die innere Wahrheit".

Auch etwas über die Grade der Wahrheit und des Zweifels läßt sich aus dem Beispiele der Versicherungsschwüre lernen.

Als Descartes, dadurch wirklich ein Erneuerer der Philosophie, an allem Andern zu zweifeln lehrte, um mit dem Denken an das Einzige anzuknüpfen, das keinen Zweifel duldete, da hätte er leicht den Zweifel an Pegasus, Gott und der Seele lehren können; das Ich war ihm die einzige Gewißheit. Jetzt, dreihundert Jahre später, differenziert man genauer. Gewißheit, absolute Wahrheit ist nur die Nichtexistenz des Pegasus. Die gleiche Nichtexistenz Gottes, der Seele und des Ichs, die gleiche Gewißheit nehmen nur wenige Menschen an. Im übrigen geht in allen diesen Fragen der Wahrheitsgrad der Menschen von der Gewißheit der Existenz bis zur Gewißheit der Nichtexistenz durch alle Schattierungen hindurch.

Bevor wir aber ganzen Ernst machen und untersuchen, wie sich die Skepsis in ihrer Geschichte zu der absoluten Wahrheit und zu den Wahrheitsgraden verhalte, wollen wir uns bei einiger Spruchweisheit ausruhen, in der, der wissenschaftlichen Legende nach, das Volk sein Wissen und seinen Glauben niedergelegt hat.

„Lügen darf viel waschens und plauderns, Wahrheit ist balde gesagt." (Luther). Die Wahrheit kann man mit dreien Worten bestätigen; die Wahrheit nimmt kein Blatt fürs Maul; Wahrheit verkreucht sich in kein Mäusloch (die Wahrheit sucht nicht Winkel, veritas non quaerit angulos); die Wahrheit ist ein selten Kraut, noch seltner, wer sie wohl verdaut; Wahrheit macht die Zunge wund, Lügen ist der Leber gesund; Wahrheit stinkt wie ein Schwefellicht; wer die Wahrheit sagt, ist auf dem Wege zum Galgen; die Wahrheit ist zu Hof unwert, ist bei Hofe das größte Wildpret; wer die Wahrheit auf großer Herren Tisch bringen will, muß viel süße Brühen daran machen; wer sich mit Wahrheit wäscht, kriegt eine grobe Haut; wenn einer die Wahrheit geiget, schlägt man ihm die Geigen auf den Kopf (in sehr vielen Varianten, heute noch üblich: die Wahrheit geigen); Wahrheit ist krank, liegt tief begraben, ist verborgen (jacet in occulto); Wahrheit muß ins Hundeloch, Schmeichler sitzen am Ofenloch (ähnlich der Narr in Shakespeares Lear).

Alle diese Redensarten und hundert andere haben mit dem erkenntnistheoretischen Wahrheitsbegriffe nichts zu tun; sie sprechen nur derb oder bildlich die Erfahrung aus, daß der Weltlauf dem Lügner günstiger sei als dem wahrhaftigen Manne. Ein tiefer Pessimismus spricht aus allen diesen Sprichwörtern, die doch wohl nicht vom Volke, sondern von Schriftstellern geprägt worden sind. Der Optimismus kann freilich sehr viele Redensarten entgegenstellen. Die gehen aber regelmäßig nicht auf den Weltlauf, sondern auf den endlichen Sieg der Wahrheit, durch Gottes Willen, nachdem die Lüge gute Tage gehabt hat; man kann sagen, daß der Realismus pessimistisch ist, der pädagogische Idealismus optimistisch genug, sogar den raschen Sieg der Wahrheit vorherzusagen: Die Wahrheit leid wohl Not, aber nicht den Tod; die Wahrheit wird wohl druckt, aber nit verdruckt; die Wahrheit ist ein gut Fett, das schwimmt oben; die Wahrheit kommt hervor und läg sie unter ehernem Tor; die Wahrheit wird sich finden, wenn der Schnee zergeht; die Wahrheit ist eine Tochter der Zeit (tempo è galantuomo); Wahrheit muß Wahrheit bleiben (la vérité triomphe toujours); Wahrheit währt am längsten (der gleiche Optimismus läßt „ehrlich" am längsten währen); die Wahrheit bekleibet, die Lügen verstäubet (la vérité demeure, le mensonge s'évanouie); zum Begräbnis der Wahrheit gehören gar viel Schaufeln.

Eine Sammlung der sogenannten Sprichwörter ließe sich schier endlos vermehren, wollte man sammeln, was Denker, Dichter, Moralisten und Aphorismenschreiber gelegentlich über das Verhältnis von Wahrheit und Weltlauf geäußert haben. Sehr selten handelt es sich bei diesen hübschen Worten um erkenntnistheoretische oder auch nur um wissenschaftliche Wahrheit, fast immer um das Schicksal, um die Aussichten wahrhaftiger und lügnerischer Menschen; denn auch die *Wahrheiten* wie: „die Sonne bringt es an den Tag" drehen sich um die Entdeckung der Wahrheit bei Verbrechen und anderen Schlechtigkeiten.

Dieses moralische Interesse an der Wahrheit, wie es in der Spruchweisheit des „Volkes" zu erkennen ist, hat nun aber den Wahrheitsbegriff in der Gemeinsprache und in der wissenschaftlichen Sprache so stark beeinflußt, daß Wahrheit auch dort, wo man es nicht gleich erwarten sollte, zu einem Gegensatz von *Lüge* geworden ist. Wer sich darüber nicht wundert, der ist selbst schon unbewußt von der Volksweisheit angesteckt.

IV.

Der Zweifel an dem Siege der Wahrhaftigkeit über die Lüge, dieser ethische Pessimismus, ist uralt; der Zweifel an dem Siege der Wahrheit oder der Wissenschaft über die Unwissenheit, ein erkenntnistheoretischer Pessimismus, bricht zwar immer wieder bei den großen Skeptikern durch, hat aber erst in ganz neuer

Zeit dazu geführt, den *Wahrheits*begriff den *Wert*urteilen zuzugesellen. Mit sträflicher Oberflächlichkeit hat man, weil die *wahren* Urteile nicht mit Unrecht für *wert*voller gehalten werden als die falschen, den Begriff *wahr* neben die Begriffe *schön* und *gut* gestellt. Philosophieprofessoren, welchen Architektur oder Kartenhäuserbau in Worten leichter fällt als Kritik der Worte, haben saubere Systeme aufgestellt, in denen *Schönheit, Wahrheit* und *Güte* wie die drei Worte des Glaubens oder wie die drei Grazien oder wie die Dreieinigkeit sich zu einem einzigen Ideale vereinigen, so daß Wahrheit, Schönheit und Güte logisch unter den Oberbegriff *Wert* subsumiert werden können. Daß man sich mit solchem erkenntnistheoretischen Fußvolk herumschlagen muß! Sind doch all Werte von einem Zweck, von einem Willen bedingt; die Wahrheit sollte mit unserem Willen nichts zu tun haben. (Deshalb kann es absolute Werte nicht geben; und Kants übermenschliche Lehre, daß die Nützlichkeit oder Fruchtlosigkeit einer Absicht ihrem sittlichen Werte nichts zusetzen und nichts abnehmen könne, ist wirklich eine *Meta*physik der Sitten, eine Moral für Engel oder Übermenschen.) Alle Werte entsprechen menschlichen Gefühlen, Lustgefühlen; wer, wie Paulsen die Werte aus den Lustgefühlen heraus in die Sachen projiziert, begeht den Fehler des naiven Realismus an einer Stelle, wo das unverzeihlich ist. Er nennt nicht nur den Apfel selbst gut, wie er den Apfel selbst *rot* nennt. Für die Geschmacksnerven ist es auch wirklich nicht anders als für die Gesichtsnerven; aber er nennt den blühenden Apfelbaum auch *schön*, wie den Apfel *süß* und den Heiland *gut*. Es gibt keinen Wert, der nicht erstens für einen Menschenzweck tauglich wäre und zweitens nicht irgend gemessen würde. Die Wahrheit scheint mir keinen Zweck zu haben; und könnte, wenn sie wäre, nicht gemessen werden. Ökonomische Werte haben ihren Maßstab in Geld, auch ihren subjektiven Maßstab; ein Pferd kann ein Königreich wert sein, für Richard III. Andere Werte haben andere Maßstäbe. Die *Wahrheit* aber unter die *Werte* zu bringen, das war nur Einem möglich, dem Menschenwort.

Denn: was ist Wahrheit für das Tier? Den Gegensatz der Wahrheit, die Lüge hat das Tier nur mit dem Menschen und am Menschen kennen gelernt. Sonst, im Ganzen und Großen *ist* das Tier Wahrheit und *hat* Wahrheit. Es wird Tag, es wird Nacht, die Blume lockt, der Hunger treibt, das Weibchen ist schön, das Männchen ist stark, die Brut muß gefüttert werden (eine „moralische" Wahrheit), es donnert, das Raubtier brüllt („religiöse" Wahrheiten) usw. Wir werden bald erfahren, daß der menschliche Wahrheitsbegriff streng genommen nur auf Urteile geht und nicht auf Vorstellungen, auf Sätze und nicht auf Worte; daß also nach dieser Theorie die Hühnervorstellung *Habicht* oder die Schafsvorstellung *Donner* das Kriterium der Wahrheit nicht in sich fasse; daß nur der Mensch, wenn er das Urteil fällt *es donnert* (ich wähle absichtlich ein sprachlich so mangelhaftes Urteil) und sich dabei klar bewußt ist, daß kein Theaterdonner und kein rasselnder Wagen das Geräusch hervorgerufen habe, im Besitze einer Wahrheit sei. *Wahr* ist auch das Innenleben der Tiere, nur daß sie bekanntlich nicht sprechen, auch wohl die Frage nach der Wahrheit gar nicht stellen und aus diesen beiden Gründen gar nicht dazu kommen, den überflüssigsten Begriff der Menschensprache, welchen diese Sprache für ihren höchsten hält, besonders zu fassen, ihre Empfindung gewissermaßen zu beniesen und zu dem, was ist, extra und noch einmal *ja* zu sagen. *Es donnert.* Auch das Tier weiß es. Der Mensch aber, der homo insipiens, nickt noch dazu. Ja! Es hat gedonnert. Wahrlich. Amen.

Wer sich von den großen Worten kleiner Philosophiemagister täuschen läßt, wird jeden Helden der Logik im Besitze der Wahrheit glauben; wer sich von den kleinen Worten großer Denker nicht täuschen läßt, wird bemerken, wie oft schon in der Geschichte der Denkarbeit das wahre Wesen, der negative Charakter der Wahrheit erkannt worden ist. An einer Stelle, die gar nicht übersehen werden kann, im II. Teil der transzendentalen Elementarlehre der Vernunftkritik, hat Kant sich mit dem Wahrheitsbegriff auseinandergesetzt. Unübertrefflich in der Sache, zyklopisch in der Form. Die Namenerklärung der Wahrheit, daß sie nämlich die Übereinstimmung der Erkenntnis mit ihrem Gegenstande sei, wird „geschenkt und vorausgesetzt". Ein allgemeines Kriterium der Wahrheit sei ein Unding; es sei „ganz unmöglich und ungereimt", ohne Rücksicht auf den Inhalt einer Erkenntnis ein allgemeines Kennzeichen der Wahrheit anzugeben. Alle logischen Regeln sind ganz richtig, aber nur als negative Bedingungen der Wahrheit, geben also nur ihren „negativen Probierstein". (1787, S. 82f.)

Die materielle Wahrheit der Erkenntnisse muß „außer der Logik" gesucht werden. Die Dialektik gar, die „scheinbare Kunst", allen unsern Erkenntnissen die Form des Verstandes zu geben, wird — als wäre sie ein Organon — zum „Blendwerk" mißbraucht, ist eine Logik des Scheins. Diese Kritik des Wahrheitskriteriums richtet sich unmittelbar nur gegen die von Kant verachtete Logik. Da aber für Kant, der uns die Definition (die Wahrheit sei die Übereinstimmung der Erkenntnis mit ihrem Gegenstande) spöttisch „schenkt" und der diese Definition für sinnlos halten muß, weil der wahre Gegenstand oder das Ding an sich uns ewig unfaßbar bleibt, demnach Wahrheit und logische Wahrheit zusammenfallen, so gibt es für ihn ein anderes als ein negatives Kriterium der Wahrheit überhaupt nicht. Diesen negativen Charakter der Wahrheit hat besonders deutlich Jerusalem (Urteilsfunktion) ausgesprochen: „Erst durch die Zurückweisung der möglichen Negation, durch Negierung des Irrtums entsteht im Bewußtsein der Begriff der Wahrheit des Urteils."

Ich erinnere an den Eingang dieser Untersuchung, wo wir im christelnden

Sprachgebrauch *Wahrheit* im Sinne des religiösen Glaubens fanden und dazu die überraschende Etymologie, daß unser deutsches Wort *glauben* ein Gutheißen, ein ausdrückliches *Jasagen* bedeutet. Wir erfahren nun, vielleicht wieder zu unserer Überraschung, daß die feinste Erkenntniskritik im Wahrheitsbegriff eigentlich nur ein ausdrückliches, d. h. geschwätziges, d. h. überflüssiges, extra hinzukommendes, der Tiernatur unbekanntes *Jasagen* zu und nach der Wahrnehmung oder Beurteilung ist. Wenn ich, dem ein berühmter Gelehrter einmal den erschrecklichen Vorwurf gemacht hat: daß ich über Dinge lache, die ihm heilig sind, — wenn ich das äußerste an Pietätslosigkeit wagen und nun gar über den dreimal heiligen Satz des Widerspruchs, über das principium contradictionis, lachen dürfte, so würde ich jetzt die kniffliche Frage aufwerfen: ob der Wahrheitsbegriff irgend etwas anderes sei als eben der Satz des Widerspruchs. Beide Heiligtümer sind einander gleichwertig. Der Satz des Widerspruchs besagt nach dem Zeugnis aller weisen Meister von Platon bis Husserl: A ist nicht = non A. Oder um es gelehrt mit den Originalworten Platons auszusprechen: *μηδεποτε ἐναντιον ἐστι ἑαυτῳ το ἐναντιον*. Oder, wie Parmenides einfach sagt: *ἐστιν ἠ οὐκ ἐστιν*. Nichts kann sich selbst widersprechen. Alles, was behauptet wird (als Wahrnehmung oder als Urteil) ist entweder oder ist nicht. Alle diese Sätze, so leer und darum wahr, daß sie mit Recht dafür an die Spitze gestellt werden der wahrsten und leersten aller Wissenschaften, der Logik, alle diese Sätze sind mitverstanden, mitgedacht und mit abgeleiert jedesmal, wenn in unserem Bewußtsein einer Wahrnehmung oder einem Urteil das Prädikat *wahr* zuerkannt wird. Und ich stehe nicht an zu behaupten, daß nichts anderes als diese Identität zwischen dem principium contradictionis und dem Wahrheitsbegriff, daß die Identität dieser beiden vornehmsten *Truismen* auch hinter einem viel zitierten Satze Spinozas steckt, dem Satze (Eth. II. pr. 43 sch.): Sane sicut lux se ipsam et tenebras manifestat, sic veritas norma sui et falsi est.

Die Negativität des Wahrheitsbegriffs findet sich unzählige Male im bessern Sprachgebrauche ausgedrückt, wo *wahr* nicht eine phantastische Übereinstimmung mit der Wirklichkeit, sondern einen bewußten Gegensatz bezeichnet zu: *falsch*, scheinbar, eingebildet, erdichtet. *Wahrheit* folgte dem Sprachgebrauch und bildete sich in einen Gegensatz um zu: Fabel, Märchen, Gerücht, Dichtung. „Dichtung und Wahrheit". Gut logisch wird dann die Lüge, als das eigentlich positive, durch doppelte Negation, durch Negation der Negation Wahrheit ausgedrückt; etwas anderes ist es nicht, wenn man die Wahrheit: verhehlt, verschweigt, verbirgt, verdunkelt (veritatem obscurare, to conceal the truth, cacher la vérité); früher auch oft: die Wahrheit sparen, schonen, an der Wahrheit vorbeispazieren, über die Wahrheit schreiten, sie verfehlen, von ihr sich entfernen, unter oder hinter der Wahrheit bleiben usw.

Wer so nicht nur die Wahrheit je zu finden verzweifelt, sondern sie gar als positiven Begriff ablehnt, der wird leicht der Schule der Skeptiker zugewiesen werden. Ich will gern ein *Skeptiker* heißen. Mir scheint aber dennoch ein ernsthafter Unterschied zu bestehen zwischen der skeptischen Schule (welche den Wahrheitsbegriff im Grunde nicht analysiert, ihn herkömmlich als ein Ideal der Erkenntnis betrachtet, um dann eigentlich nur zu behaupten, der Mensch sei für dieses Ideal nicht reif) und der Sprachkritik, (welche mit dem Worte Wahrheit wie mit so vielen anderen Worten nichts anzufangen weiß). Die skeptische Schule ist in ihren antiken Vertretern überdies ganz unerträglich für unser Empfinden, unerträglich durch ihre fast talmudische Dialektik und einen kleinlichen Wortaberglauben in bezug auf ein paar skeptische Schlagwörter und Finten. Der skeptische Purzelbaum, der immer mit triumphierendem Clowngelächter dazu führt, das Nichtwissen unseres Nichtwissens zu beweisen, ist elende Spiegelfechterei. Auch der Ausgangspunkt aller antiken Skepsis, der Zweifel an der Wahrheit der Sinneswahrnehmungen oder Sinnesdaten, ist lange nicht so fruchtbar, wie die Verblüffung des Anfängers sich einreden läßt. Hume und Kant haben uns gelehrt, daß die Richtigkeit der Sinneseindrücke mit erkenntnistheoretischer Wahrheit nichts zu schaffen habe. „*Wahrheit* oder *Schein* sind nicht im Gegenstande, sofern er angeschaut wird, sondern im Urteile über denselben, sofern er gedacht wird. Man kann also zwar richtig sagen, daß die Sinne nicht irren, aber nicht darum, weil sie jederzeit richtig urteilen, sondern weil sie gar nicht urteilen. Daher sind Wahrheit sowohl als Irrtum . . . nur im Urteile.“ Im Grunde ist die Verachtung der Sinnesdaten, wie sie von der Skepsis schablonenhaft gepredigt wurde, seit Epicuros und bis auf Helmholtz unzählige Male widerlegt worden, wenn Verachtung sich widerlegen läßt; besonders scharf hat Augustinus das, den Skeptikern zum Trotz, gesehen: „Ungerecht ist es, mehr von den Sinnen zu verlangen, als sie leisten können; was aber die Augen sehen können, das sehen sie wahr.“ Wenn das Auge ein in Wasser getauchtes Ruder wie gebrochen erblicke, so habe das Auge recht. R. Richter (Skeptiz. i. d. Philosophie II. 24) macht schon darauf aufmerksam, wie kühn und weitschauend Augustinus hier ist; ich möchte noch weiter zu gehen wagen und behaupten, daß nur die Einseitigkeit etwa des physikalischen Interesses oder eines Spezialwissens uns die Gebrochenheit des Ruders im Wasser wie eine Unwahrheit, wie einen bloßen Schein erscheinen läßt, daß die Spezialwissenschaft der Optik wieder die Gesetzlichkeit der Täuschung erklärt, sie von der *Wahrheit* abweichen läßt; daß aber ein Naturwissen, in welchem es nicht eine abgesonderte Optik und eine abgesonderte Mechanik gäbe, sich über das gebrochene Ruder nicht mehr wundern würde, als über das ungebrochene. Über die Sonne, die sich mit einem Markstück verdecken läßt, nicht mehr wundern, als über ihre „wirkliche“ ungeheure Dimension. Wären die Menschen um so viel größer, als die Entfernung der Sonne von der Erde den Durchmesser eines Markstücks an Länge übertrifft, so hätten wir für die Sonne einen andern Maßstab.

Die Urfrage aller Skepsis ist die Frage nach der Wahrheit der Wirklichkeitswelt. Und weil uns die Wirklichkeitswelt als eine Ursache unseres Weltbildes erscheint, welches eine Wirkung der Wirklichkeit sein muß, darum ist die letzte Frage die nach der Kausalität, nach dem Verhältnisse von Ursache und Wirkung. Hume, der diese Frage zuerst gestellt hat, der uns von dem Aberglauben Kausalität zu erlösen suchte, war der größte Denker unter den Skeptikern und der schärfste Kritiker des Wahrheitsbegriffes.

Dem Schlagworte „Zurück zu Kant“ möchte ich den Ruf entgegensetzen „Zurück zu Hume“ und möchte beim Rufe nicht ermüden. Schon der erste Kritiker Kants, Schopenhauers Lehrer Änesidemus-Schulze, hat die Frage gestellt: „Ist Humes Skeptizismus durch die Vernunftkritik wirklich widerlegt worden?“ Und sie verneint; Kant rühme sich „ohne Fug und Recht und also prahlerischerweise eines Siegs über Humes Skeptizismus“. Kants stärkste Inkonsequenz, daß er nämlich die Kausalität a priori der Auffassung der Erscheinungswelt zuschrieb und sie dennoch zwischen dem Ding an sich und dieser Erscheinungswelt wirken ließ, dieses *πρωτον ψευδος* ist von Hume, wie im voraus, zurückgewiesen worden. Es hieße Eulen nach Athen und Systematik nach Deutschland tragen, wollte man die ungeheure Arbeit verkennen, mit der Kant, über Hume hinaus, die subtilsten Begriffe geklärt oder zu neuen Problemen gemacht hat; aber die Freiheit, selbst die Freiheit von einem gesteckten Ziele war bei Hume größer. Das Kraftverhältnis der beiden erstaunlichen Männer wird vielleicht deutlich, wenn man ihre Stellung zu den religiösen Fragen betrachtet: Kant wirft den Gottesbegriff und was drum und dran hängt, endgiltig aus der Metaphysik hinaus, stellt sich persönlich ein wenig abseits von der Kirche, gründet aber leidenschaftlich und obstinat eine neue Religion, die dem alten besseren Gottesreich zum Verwechseln ähnlich sieht, auf die praktische Vernunft, auf eine rigoristische Ethik, welche er doch wohl in der Tiefe seines Gemüts, also in der Gewohnheit der alten Religion gefunden hat; Hume unterwirft sich mit englischer respectability, wie vor ihm Montaigne mit französischer Grazie, allen Anstandsregeln der Landesreligion („man ist Katholik, man ist Protestant, wie man Franzose, Engländer ist“), aber in seinen köstlichen Dialogen über die Religion, in seiner Schrift über den Selbstmord, in seiner Behauptung, das Ich sei nichts als a bundle or collection of different perceptions, wirft Hume das theologische Gebäude doch ganz anders zusammen als Kant. Die deutsche Philosophenschule hat sich daran gewöhnt, den englischen common-sense, der die englische Philosophie gerade so fruchtbar gemacht hat, über die Achsel anzusehen; wo der common-sense sich aber, wie bei Hume, mit äußerster Denktapferkeit paart, da scheint mir die Beschränkung auf wirklich psychologisches Denken, der Verzicht auf deutsche Metaphysik, doch ein Vorzug des englischen Geistes. Ich will wahrhaftig nicht sagen, daß der verehrungswürdige Kant sich zu Hume verhalte, wie Haeckel zu Darwin; aber es ist da eine Sucht im deutschen Geiste, die uns fast verleiten könnte, den kleinen Haeckel neben dem großen Kant zu nennen: die Sucht des Wortsystems.

Der Ruf „Zurück zu Hume" könnte in diesen Jahren der Neuromantik auch noch einen Nebensinn gewinnen, für die sogenannte schöne Literatur. Walzel hat in seiner gehaltreichen kleinen Schrift „Deutsche Romantik" gezeigt, wie sich anfangs der 70er Jahre die Stürmer und Dränger an Hume (über den der vorkritische Kant, den Herder noch als Schüler verehrte, noch nicht hinausgekommen war) orientierten, an seiner Verachtung von Vernunft und Wissenschaft, wie sich dann Mitte der 90er Jahre die Frühromantik an Kant zu orientieren suchte. Es ist ein besonderer, ein literarhistorischer Wortaberglaube, wenn ganze Strömungen eines Zeitalters, in dem sich doch immer verschiedene Generationen und Individualitäten drängen und stoßen, auf ein Schlagwort hin betrachtet werden. Aber die Anbetung des Gefühls und die Empörung gegen die Vernunftwahrheit bei denen um Goethe, die vernünftige Analyse des Gefühls und die Vergottung der Vernunft bei denen um die Schlegel ist wirklich charakteristisch. Nur etwa Schleiermacher sah klar, als er gegen den unklaren Jacobi, der Philosophie und Mystik unvereinbar nannte, schrieb (Brief vom 19. 7. 1800): „. . . Die falsche Meinung, als ob es in der Tat einen Streit zwischen der Philosophie und der Mystik geben könne, da doch im Gegenteil jede Philosophie denjenigen, der so weit sehen kann, und so weit gehen will, auf eine Mystik führt . . . Wollte Jacobi nur dekretieren, daß Philosophie und Mystik gänzlich auseinander liegen, und daß der ganze Schein ihres Zusammenhanges nur daher kommt, weil sie sich in der Tangente berühren, so würde er aufhören, gegen die Philosophie unnütz zu polemisieren."

Wie Humes Skepsis über den Wahrheitsbegriff dachte, das ist vor lauter Negation fast nicht auszudrücken. Bis zur Stunde ist der kindlich große Gedanke Humes nicht zu Ende gedacht worden, daß die Wirklichkeitswelt nicht zweimal da ist, daß sie nicht noch eine Existenz hat, außerdem, daß sie unsere Wahrnehmung ist. „Die Idee der *Existenz* trägt, wenn sie mit der Idee eines beliebigen Gegenstandes verbunden ist, nichts zu ihr hinzu." Die Annahme einer besonderen Wirklichkeitswelt ist keine Wahrheit, die der menschliche Verstand einsieht, sondern nur Sache des menschlichen Instinkts. Ein Instinkt ist auch die menschliche Gewohnheit, Urteile zu fällen. „Die Natur nötigt uns mit unabwendbarer Notwendigkeit, Urteile zu fällen, wie sie uns nötigt, zu atmen und zu empfinden." Auch die Annahme einer Wirklichkeitswelt ist so ein Instinkt, den Nietzsche später einen biologisch wertvollen nennen wird. Da Wahrheit ein auszeichnender Charakter so instinktiven Urteilens ist, so mag man daraus schließen, was der Wahrheitsbegriff etwa für Hume war; ich glaube mich nicht zu täuschen: es gehört zu den menschlichen Instinkten, die Instinkte für gut zu halten, insbesondere die Äußerungen des Schwatzinstinktes wahr zu nennen. Darum lacht Hume auch so schön über den Streit, ob Skepsis wahre Philosophie sei oder nicht. Das sei ja eine Temperamentsfrage. „Der einzige Unterschied ist der, daß der Skeptiker aus Gewohnheit, Laune oder Neigung auf die Schwierigkeiten, der Dogmatiker aus den gleichen Ursachen auf die Notwendigkeit mehr Gewicht legt." Schon Montaigne hatte spöttisch gesagt, daß auch Skeptiker sich gern den geistigen Genuß verschaffen, einmal etwas bestimmt wissen zu wollen, wie man die Freude an der Jagd nicht gleich verliert, wenn man nichts erbeutet. Auch Spinoza, da er noch über die Verbesserung des Verstandes nachdachte, meint einmal, die Bekämpfung des Skeptizismus sei keine wissenschaftliche Aufgabe; Hartnäckigkeit, also doch wohl ein Temperament, müsse da geheilt werden.

Temperament und Laune sind keine objektiven Kriterien der Wahrheit; objektiv ist ja doch auch nur, was allen Subjekten gemeinsam, was allgemein subjektiv ist. Es gibt — subjektiv — nur Ein Kriterium der Wahrheit: die Evidenz, also ein Gefühl (feeling, sentiment). Wird ein Bewußtseinsinhalt von diesem Gefühl begleitet, so nennen wir es eine Wahrheit (knowledge). Es gibt Grade des Evidenzgefühls: von certainty und truth angefangen über probability bis zum belief (Glaube). Zwischen einem *Glauben* und einer *Wahrheit* ist nur ein Gradunterschied der Evidenz, je nach dem Sprachgebrauch gar kein Unterschied. An opinion or belief may be most accurately defined a lively idea related to or associated with a present impression. Ganz streng hat erst Helvetius, der dogmatisch materialistische Schüler des großen Skeptikers Hume, das Verhältnis von Wahrheit und Wahrscheinlichkeit ausgesprochen: „Was wir Wahrheit nennen, sind nur mehr oder minder gesteigerte Wahrscheinlichkeiten".

Genau das lehrte schon Hume, wenn er auch gelegentlich terminologische Bedenken hatte; er fragt aber z. B. bei den Wundern nicht nach der Wahrheit, sondern danach, ob das Ereignis gegen die Naturordnung „wahrscheinlicher" sei oder die Unglaubwürdigkeit der Zeugen. Leibniz, der mathematische Kopf, hatte längst gewußt und gelehrt, daß wahrscheinliche Erkenntnis ist, was wir Wahrheit zu nennen pflegen: „Diejenige Meinung, welche in Wahrscheinlichkeit begründet ist, verdient vielleicht auch den Namen der Erkenntnis, sonst würden fast die gesamte historische Erkenntnis *und alle übrigen* wegfallen". Und vollends Augustinus hatte schon, im Buche gegen die Skeptiker (Gegen die Akademiker) rabulistisch darauf hingewiesen, daß man nichts wahrscheinlich, *verisimilis*, nennen dürfe, wenn man die Wahrheit selbst nicht kenne. Das wäre so, als sagte jemand: ich habe deinen Vater nicht gekannt, aber du siehst ihm ähnlich. Augustinus schließt aus dem Wortspiele, daß es eine Wahrheit geben müsse. Wir wollen uns begnügen, aus diesem Verhältnis von *Wahrheit* und *Wahrscheinlichkeit* nur zu folgern, daß die armen Menschen in ihrem Instinkte, ihrer Wahrheitssehnsucht, *wahrähnlich*, wahrscheinlich nennen, was ihnen genug einleuchtet, um es gutzuheißen, *probare*, zu bejahen, zu glauben. Was dem Ideal der Wahrheit ähnlich ist, ist *probabel*.

Bis auf Augustinus müssen wir auch zurückgehen, mindestens, wollen wir auf eine geistige Verbindung stoßen, zwischen dem Menschenstreben nach der *Wahrheit* und dem andern Menschenstreben oder Instinkt, dem nach dem *höchsten Gut*. Die Resignation des echten Skeptikers sucht dieses Gut im Nichtstreben und im Nichtwissen; denn man strebt nicht nach Unerreichbarem. Dagegen lehrt der Dogmatiker, weil er an eine robuste Wahrheit glaubt: Streben und Wissen macht glücklich, gar, weil es tugendhaft macht. Es gibt aber noch einen feinern Gegensatz zwischen Skeptikern und Dogmatikern. Es gibt ein Streben um des reinen Strebens willen, ohne die Hoffnung, je zum Wissen zu gelangen; es ist das höchste Gut, das geistige Glück eines Lessing. Man kennt die Stelle.

Es gibt für die Frommen ein Wissen ohne Streben, ein Wissen durch Offenbarung, ein Schlaraffenwissen; und das wäre, wenn ein Unfrommer dessen teilhaftig werden könnte, allerdings ein seltenes Glück.

Alle Kombinationen scheinen in diesen Möglichkeiten erschöpft; es blieb nur die Behauptung übrig, nicht in der Wahrheit oder im Wissen bestehe das höchste Gut, vielmehr im Irrtum oder der Lüge.

V.

Skepsis ist Zweifel. Wer glaubt, glaubt an Wahrheit. Fast grotesk steht die personifizierte Wahrheit, die ewige Wahrheit, die *stabilis veritas*, weil sie Gott selber ist, für den gläubigen Augustinus da. Erit *veritas* etiamsi mundus intereat. Ob die Wahrheit an den Dingen hafte oder am menschlichen Denken, an unsern Vorstellungen oder an unsern Urteilen, darüber ist endlos philosophiert worden. Alle Logiker haben den Wahrheitsbegriff auf das Denken oder das Urteil eingeschränkt: Aristoteles, Thomas, Descartes, aber auch Hobbes.

Jetzt, wo wir uns dem Ende der Untersuchung nähern und das Wort Wahrheit kein Fetisch mehr für uns ist, können wir mit freier Heiterkeit an die alte Streitfrage herantreten. Wer die Wahrheit in die Dinge verlegt, der hat den Glauben an seine Sinne; indem er seine Sinneseindrücke zweimal glaubt, zweimal setzt, einmal subjektiv und einmal objektiv, stellt er Übereinstimmung zwischen Schein und Wirklichkeit her und nennt es *Wahrheit*, daß identische Dinge identisch sind. Wer die Wahrheit in sein Urteil verlegt, gibt dem Wahrheitsbegriff womöglich noch geringeren Inhalt: einmal urteilt er (selbstverständlich richtig, d. h. nach seinem besten logischen Gewissen), sodann glaubt er an die Richtigkeit seines richtigen Urteils und nennt diesen seinen Glauben die *Wahrheit*. Hobbes, den ich eben unter den Denkern angeführt habe, die die Wahrheit ins Urteil allein verlegten, zog schon die Konsequenz aus dieser Ansicht. Wir kennen keine anderen Urteile als sprachliche; also sind *wahr* und *falsch* Attribute der Rede, der Worte, eines Satzes. Und ein Satz ist wahr, wenn das Prädikat das Subjekt in sich mitenthält. Ich glaube nicht, daß ich die Ansicht des starken Hobbes mißverstehe, wenn ich sie nun so ausdrücke: *nur tautologische Sätze sind wahr.*

Immer waren es nur gläubige Menschen, ob sie nun an den allweisen und allgütigen Gott, der uns doch mit dem Glauben an seine Wahrheit nicht betrogen haben konnte, oder ob sie an ein starres System glaubten, immer waren es Dogmatiker, die von einer göttlichen, einer ewigen, einer absoluten Wahrheit redeten. Immer waren es die freien Geister, die Ketzer in Religion und Philosophie, die Zweifler, die die Vorstellung, alle menschliche Erkenntnis sei relativ, auch auf den höchsten Erkenntnisbegriff anwandten, auf die Wahrheit. Herbart („wir leben einmal in Relationen und bedürfen nichts weiter"), Spencer („we think in relations") haben eigentlich dem Ketzerworte *Relativität* seine Schrecken genommen; sie leugnen ja das Absolute gar nicht, das Reale, es ist für uns nur *unknowable*. Wir wissen ja nichts als Relationen, weil unser Wissen selbst nur eine Relation ist, eine Beziehung des Ich zu dem Andern. Nur ein Stocklogiker wie Husserl kann das leugnen wollen: „was wahr ist, ist absolut, ist an sich wahr". Im Grunde ganz richtig: man sollte nur das *absolut* Wahre *wahr* nennen, also das Wort *wahr* gar nicht gebrauchen.

Diesen Relativismus des Wahrheitsbegriffes hat Goethe all in seiner Weisheit einmal schön ausgesprochen: „Kenne ich mein Verhältnis zu mir selbst und zur Außenwelt, so heiße ich's Wahrheit. Und so kann jeder seine eigene Wahrheit haben und es ist doch immer dieselbige." Nebenbei, Goethe hat einmal auch das Haften des Wahrheitsbegriffes an den Worten klar ausgedrückt (Spr. i. Pr. 251): „Der Irrtum wiederholt sich immerfort in der *Tat*, deswegen muß man das Wahre unermüdlich in Worten wiederholen." Es wäre nützlich, wenn der weiseste Deutsche, öfter als es geschieht, im philosophischen Wortstreite zu Worte käme

Der Schrecken vor dem Relativismus kam eigentlich daher, daß die Dogmatiker ewige, absolute Wahrheiten nicht nur auf dem Gebiete der Erkenntnis annahmen, sondern auch innerhalb des Heiligtums der Moral. Wurden auch die moralischen Wahrheiten für relativ erklärt, dann mußte die Welt zugrunde gehen. Dann waren die Lüge und der Teufel nicht mehr schwarz. Dann war Lüge keine Sünde mehr, und der Menschheit war aller Wert geraubt. Das Werturteil am Wahrheitsbegriff, die internationale Vermischung von Wahrheit und Wahrhaftigkeit, wirkten zusammen, als man sich über Nietzsches antimoralische Verteidigung der Lüge entsetzte. Über Nietzches Lehre: daß der Irrtum das lebenerhaltende Prinzip sei.

Die Deklamationen gegen die Lüge als das eigentlich teuflische Laster sind den christlichen Theologen seit jeher geläufig gewesen (trotz Ev. Joh. 7, 8 f.); philosophisch hat erst Kant diesen Abscheu vor der Lüge zu begründen gesucht, „platt, kindisch und abgeschmackt" (nach Schopenhauers Worten) aus dem Sprachvermögen des Menschen; dieser unbedingte Abscheu beruhe aber „auf Affektation oder auf Vorurteil"; bekannt ist, daß Schopenhauer die Lüge mindestens überall da billigt, wo Notwehr gestattet wäre. Auch der feine Menschenkenner Bacon ist ein Verteidiger der Lüge; in seinem Essay „Von der Wahrheit" vergleicht er die Wahrheit mit einer Perle, die sich am schönsten bei Tage ausnimmt, nie aber den Preis eines Diamanten erreicht, der sich am besten bei schimmerndem Kerzenlicht, dem verlogenen Mummenschanz der Welt, betrachten läßt; die Mischung mit Lüge und Betrug gleiche dem unedlen Zusatz in Gold- und Silbermünzen, der das Metall erst zum Verarbeiten geschickt mache. Unendlich oft ist die Lüge von Dichtern entschuldigt oder gar gepriesen worden, die ja die nächsten dazu sind; niemals gütiger als von Grillparzer am Ende seines menschlichweisen Lustspiels: „Weh dem, der lügt":

„Das Unkraut (die Lüge) merk' ich, rottet man nicht aus,
Glück auf, wächst nur der Weizen etwa drüber".

Niemals grimmiger als von Ibsen in der „Wildente": der Arzt Relling rettet die Leute, die er lieb hat, dadurch, daß er die Lebenslüge in ihnen konserviert, das stimulierende Prinzip, die Fontanelle, die er ihnen in den Nacken setzt. So eine Lebenslüge ist der Quatsch, den er erfunden hat, um den Mann am Leben zu erhalten. „Nehmen Sie einem Durchschnittsmenschen die Lebenslüge und Sie nehmen ihm zur gleichen Zeit das Glück . . . gebrauchen Sie doch nicht das Fremdwort Ideale; wir haben ja unser gutes Wort Lügen."

Ibsens konservierte und konservierende Lebenslüge deckt sich überraschend gut mit Nietzsches Gedanken über die biologische Nützlichkeit des Irrtums. Es ist schwer, wie bei Nietzsche immer, diesen Gedanken rein und klar auszulösen. Nicht weil Nietzsche kein System hinterlassen hat, nicht weil er ein Aphorismenschreiber war. Von Nietzsche selbst stammt ja das prachtvolle Wort: „Der Wille zum System ist ein Mangel an Rechtschaffenheit.“ Aphorismen sind immer Halbwahrheiten; da wir aber niemals die ganze Wahrheit haben, so wird da das Halbe mehr sein, als das Ganze. Auch die oft bis zum Krankhaften gesteigerte Sucht, auf den Krücken der Sprache, über wortspielerische Antithesen zu sich übersteigernden Paradoxien zu kommen, kann die helle Lust an der skeptischen Persönlichkeit Nietzsches nur selten trüben. Aber Nietzsches leidenschaftliches Denkinteresse in allen seinen „Begriffsdichtungen“ galt dem Leben, galt der Umwertung der Lebenswerte; erkenntnistheoretische Untersuchungen trieb er nur nebenbei und war mit diesen Einfällen, Feuerwerk- oder Blitzfunken, so wenig zufrieden, daß er sie fast nie veröffentlichte, daß er uns das Gerüste seines Philosophierens nicht zeigte, undeutsch genug, da doch der größte deutsche Philosoph zumeist um des Gerüstes willen berühmt geworden ist, mit dem er sich und uns oft erdrückt. Deutsches Gelehrtenideal wäre es, das Gerüst um jeden Dom für ewige Zeiten stehen zu lassen. Was nun Nietzsche nur selten fertig gedacht hat, hat pietätvolle Leichenschändung auf den Markt geworfen und aus den wüsten Nachlaßbänden allein versucht man jetzt Nietzsches Erkenntnistheorie zu rekonstruieren.

Irrtum und *Lüge* werden für Nietzsche zu Wechselbegriffen, weil er, auch darin „undeutsch“ und wieder der deutscheste der Deutschen, nicht ein Geschäftsmann des spekulativen Denkgeschäftes war, sondern zutiefst an seinem Denken litt, das er erlebte. Wie kann man weiterleben, wenn man die Lebenslügen durchschaut hat? Wenn man die lebenerhaltenden Illusionen aufgedröselt hat? In der Antwort auf diese faustische Frage steckt der ganze kranke entzückende Nietzsche. Die Masse glaubt an die Illusionen, läßt sich also gar nicht stören. Der Denker, der hinter das Geheimnis des Lebensirrtums oder der Lebenslüge gekommen ist, geht zugrunde, wenn er ein Schwächling ist. Nur der Stärkste, der arme kranke Nietzsche, hält die Wahrheit aus, daß es keine Wahrheit gibt.

„Die Falschheit eines Urteils ist uns noch kein Einwand gegen ein Urteil . . . die Frage ist, wie weit es lebenfördernd, arterhaltend, vielleicht gar artzüchtend ist; und wir sind grundsätzlich geneigt, zu behaupten, daß die falschesten Urteile . . . uns die unentbehrlichsten sind, . . . daß Verzichtleisten auf falsche Urteile ein Verzichtleisten auf Leben, eine Verneinung des Lebens wäre“. Die Wahrheit hat einen moralischen Wert, die Unwahrheit einen biologischen. Wahrhaft sein heißt „herdenweise lügen“. Einverleibte Irrtümer nennen wir wahr. Nietzsche nennt *wahr*, was uns nützt, wie die Menschheit seit Urzeiten *gut* genannt hat, was ihr nützte. Die Pragmatisten verstehen unter derselben Wortfolge etwas anderes. Was immer Spinoza gegen den Begriff *gut* vorgebracht hat, hätte Nietzsche gegen den Wahrheitsbegriff wiederholen können. Und eine einzige Überlegung müßte ihm

Recht geben: die Menschheit hat seit ihrer Existenz die Wahrheit niemals besessen und hat dennoch weitergelebt. Nur daß es wieder ein Spiel mit Worten ist, das Positive, das allein lebenerhaltend sein kann, weil wir es nicht kennen, mit der beschimpfenden Negation Irrtum oder Lüge zu nennen.[1]) Was unknowable ist, ist unknowable, mag man es feierlich als das Absolute oder respektlos als Irrtum bezeichnen. Das englische Schlagwort *agnosticism* ist so übel nicht.

In sprachlicher Beziehung recht unglücklich hat Richter in seinem übrigens sehr lesenswerten und tapfern Buche den individuellen Agnostizismus Nietzsches als biologischen Skeptizismus klassifiziert; Nietzsche bewertet Wahrheit und Irrtum biologisch; „biologischer Skeptizismus" erinnert ein bißchen an die reitende Artilleriekaserne (an die mich auch der „linguistische Skeptizismus" erinnert, womit Richter, II. 453, meine eigenen Ideen beehrt). Nietzsche wollte, wie Hume, nicht ein Skeptiker heißen. Die konsequenten griechischen Skeptiker, die jedes Urteil für unmöglich erklärten, hätten ja nicht leben können, wenn sie ganz konsequent gewesen wären. Buridans Esel, der wegen der Unfreiheit des Willens, des menschlichen Willens (hätte ich fast gesagt), zwischen zwei völlig gleichen Heubündeln verhungern muß, scheint noch ein kluger Esel neben dem skeptischen Esel, der sein einziges Heubündel nicht fressen kann, weil er an der Wirklichkeit des Heus zweifelt, auch nicht weiß: ob er ein Esel sei, ob das Heufressen gut sei, ob er wirklich fressen könne. Wie dieser skeptische Esel hätte die Menschheit verhungern müssen, wenn sie nach der skeptischen Theorie, der einzigen Wahrheit, gelebt hätte. Der lebensbrünstige Nietzsche wollte kein solcher Skeptiker sein, gewiß auch kein biologischer Skeptiker. „Individuellen Relativismus" mag man seine Lehre nennen, wenn man schon klassifizieren

---

1) Ein vielzitiertes Wort Schillers gehört höchstens als Ornament hierher:

„Nur der Irrtum ist das Leben,
Und das Wissen ist der Tod".

Die Verse finden sich in dem Gedichte „Kassandra", sind dramatisch in die Seele der Wahrsagerin hineingedacht und meinen eigentlich das prophetische Wissen vom künftigen Schicksale; diese Stimmung wird von dem Kantschüler noch schärfer ausgesprochen in den Versen:

„Zukunft hast du (der Gott) mir gegeben,
Doch du nahmst den Augenblick".

Freilich verallgemeinert Schiller die Stimmung Kassandras: Alles Wissen macht unglücklich. „Frommt's den Schleier aufzuheben?" „Wer erfreute sich des Lebens, der in seine Tiefen blickt?"

Trotzdem ist noch ein weiter Abstand zwischen Nietzsches Paradoxon von dem biologischen Nutzen des Irrtums und Schillers klingender Antithese. Aus einem sehr einfachen Grunde. Schiller meint gar nicht den Irrtum, den Gegensatz zur Wahrheit. Er meint das Nichtwissen, den Gegensatz zum Wissen. Er hat wohl nur, — mit dem Hute in der Hand bemerke ich's — des leidigen Rhythmus wegen *Irrtum* für *Nichtwissen* gesetzt. Und zur Strafe dafür und weil der Gegensatz zu *Irrtum* es fast fordert, wird die Stelle oft falsch zitiert, von Fontane, von R. Richter:

„Nur der Irrtum ist das Leben,
Und die Wahrheit ist der Tod".

will: „Woran ich zugrunde gehe, das ist für mich nicht wahr — d. h. es ist eine falsche Relation meines Wesens zu andern Dingen. Denn es gibt nur individuelle Wahrheiten — eine absolute Relation ist Unsinn.“ Wir besitzen also keine Wahrheit, die absolut wäre, wir müssen uns mit Meinungen begnügen. Mit dem *Glauben*, der uns als Ersatz für die *Wahrheit* nun zum dritten Male begegnet.

Die Sprache zappelt sich an solchen Begriffen jämmerlich ab. *Wahr* sollte sein, was der Wirklichkeit entspricht. *Glauben* nennen wir unser Verhältnis zu Vorstellungen oder Urteilen, wenn wir sie für *wahr* halten, d. h. wenn wir nicht wissen, daß sie wahr sind, wenn wir sie also *nicht* für wahr halten. Es wäre wohl besser, die Resignation zu wählen, in Goethes Orden der *Ent-sagenden* einzutreten.

Die deutsche Sprache hat einmal einen tollen Witz gemacht und mit dem Wahrheitsbegriff Schindluder getrieben. Eine Beteuerung der Wahrheit war im Mittelhochdeutschen *alwaere* (althochdeutsch *alawâr = verissimus*). Als seine Herkunft nicht mehr gefühlt wurde, wurde daraus durch Lautwandel *alber*, seit Gottsched und Gellert *albern*. Wir wissen, was dieses alte *alwaere* jetzt bedeutet. Luther übersetzt (Spr. Sal. 14, 15): *ein Alber gläubet alles.*

Wahrscheinlichkeit. — Es ist nicht länger als 200 Jahre her, daß der Begriff *Wahrscheinlichkeit*, der eben damals eine ungenaue und nicht ganz gewisse Wahrheit zu bezeichnen angefangen hatte, scheinbar in die strenge Wissenschaft eingeführt wurde. Durch geniale Mathematiker, welche sich die Aufgabe stellten, die Chancen bei einer *Wette* genau zu berechnen. Man braucht bloß alle Glückspiele, besonders die Würfelspiele, als Wetten zu betrachten, um einzusehen, daß es ein bestimmtes Zahlenverhältnis gibt zwischen allen möglichen Fällen und dem einen, den der Spieler gern haben möchte. Ein Würfel zeigt sechs verschiedene Zahlen; der höchste Wurf ist nur einer von diesen sechs Fällen. Die Berechnung kann immer komplizierter werden, kann (in der Versicherungsmathematik) sogar mit Hilfe der Sterbetafeln auf eine unbestimmt große Zahl von Fällen ausgedehnt werden. Aber „die statistischen Wahrscheinlichkeiten erfüllen nie die für die mathematischen Wahrscheinlichkeiten zutreffenden Grundbedingungen.“ (A. Loewy im Versicherungs-Lexikon von Manes, S. 1541.)

Als die Wahrscheinlichkeitsrechnung, von Pascal und Fermat begründet, durch Jacob Bernoulli und seine Nachfolger in ein strenges System gebracht worden war, knüpfte man an diese „allgemeine Logik des Ungewissen“ bald ausschweifende Hoffnungen. Condorcet besonders erwartete von der Wahrscheinlichkeitsrechnung einen Sieg der Aufklärung; er sagt (Essai sur l'Application): „Si au lieu de juger par cette impression qui multiplie ou exagère une partie des objets, tandis qu' elle atténue ou empèche de voir les autres, on pouvait les compter ou les évaluer par le calcul, notre raison cesserait d'être l'esclave de nos impressions." Und Laplace ruft am Ende seines sehr lesenswerten „Essai Philosophique sur les Probabilités" stolz aus: „Il est remarquable qu' une science qui a commencé par la considération des jeux, se soit élevée aux plus importants objets des connaissances humaines."

Ich möchte gegenüber diesen unklaren Vorstellungen von einer Wahrscheinlichkeitswissenschaft nur an zwei Punkten einsetzen, um den Begriff der Wahrscheinlichkeit zu klären. Erstens möchte ich nachweisen, daß der mathematische, also wissenschaftliche Begriff der Wahrscheinlichkeit den populären Begriff nur in rechnerische Formeln des niedern oder höhern Kalkuls bringt, den Begriff selbst aber nicht im mindesten verbessert hat; zweitens möchte ich zeigen, daß die Wahrscheinlichkeitsrechnung, welche für die Vorausberechnung der Zukunft (Wetten) erfunden worden ist, bei ihrer Anwendung auf die Vergangenheit, auf die Wahrscheinlichkeit historischer Tatsachen, wieder über den populären Begriff nicht hinausgelangt. Ich muß etwas über die Wortgeschichte vorausschicken.

Die deutschen Worte *wahrscheinlich* und *Wahrscheinlichkeit* sind noch nicht alt, sind erst durch Zesen und Thomasius, wahrscheinlich aus dem Niederländischen, bei uns eingeführt worden, ungefähr zu der gleichen Zeit, da Jacob Bernoulli die neue Disziplin der Wahrscheinlichkeitsrechnung begründete. Heute noch drückt das Adjektiv ausschließlich die populäre Wahrscheinlichkeit aus, nur mit dem Substantiv kann man etwa den Grad der Wahrscheinlichkeit bezeichnen. *Wahrscheinlich* heißt in der Gemeinsprache, was auch Kant in eine mathematische Form gebracht hat: „dasjenige was mehr als die Hälfte der Gewißheit auf seiner Seite hat ... was einen Grund des *für wahr halten* für sich hat, der größer ist als die Hälfte des zureichenden Grundes." Die scheinbar so genaue Definition erklärt doch nur den landläufigen Begriff. Die mathematische Wahrscheinlichkeit ist der genaue Quotient der interessanten Fälle durch die möglichen.

Wahrscheinlich, vraisemblable sind Übersetzungen von *verisimilis*. Das deutsche Wort setzte sich nur langsam durch. Bis ins 17. Jahrhundert hinein versuchte man es genauer mit: der Wahrheit ähnlich, *wahrähnlich*. *Probabilitas*, la *probabilité* wurde zuerst ungenau übersetzt mit *Schein der Wahrheit*.

Das französische *probable* und *probabilité* ist für die Wahrscheinlichkeitsrechnung terminus technicus geworden. Das Wort ist — wie gesagt — glücklicher gewählt als das deutsche *wahrscheinlich*; aber es führt doch ein seltsamer Weg vom lateinischen *probabilis* (δοκιμαστικος: das Geprüfte, Taugliche, *Beifallswerte*) zu dem mathematischen Begriffe, der bei den Alten doch nur in seinem populären Nebensinne vorkommt. Offenbar gilt ein Satz dann für mathematisch *probabel*, wenn eine beifallswerte logische Schlußfolgerung auf ihn geführt hat. Enthielt diese Schlußfolgerung nur einen Bruchteil des zureichenden Grundes, so war der Schluß nur in gleichem Maße probabel und endlich hießen dann alle die Fälle, die diesem Verhältnisse entsprachen, gleichfalls *probabel.* Ich habe schon auf die Möglichkeit hingewiesen (vgl. Art. *Wahrheit*), daß *glauben* einst lat. *probare* übersetzt haben konnte. Es war eine schlimme Ungenauigkeit, dieses *probabel* mit *günstig* zu übersetzen. Die neue Disziplin der Algebra der Logik, welche zuerst die Wahrscheinlichkeit in die alten, starren Schlußfiguren eingeführt hat, täte gut daran, einen neuen Terminus zu schaffen. Wenn *probabel* dem populären *wahrscheinlich* oder gar dem freundlichen Worte *günstig* entspräche, dann wäre der *Probabilismus* der Jesuiten, der bei Pflichtenkollisionen der Wahrscheinlichkeit der menschlichen Leidenschaften *günstig* entgegenkam, nicht so schlimm gewesen, wie Pascal und Voltaire meinten. Und er war nicht so schlimm, wenn man von den Konsequenzen absieht, welche die Kirche gezogen hat. Haben doch strenge Moralisten dem *Probabilismus* einen verständigeren *Probabiliorismus* entgegenstellen zu müssen geglaubt.

Ich brauche nicht noch einmal darauf aufmerksam zu machen, daß die deutsche Wortbildung *wahrscheinlich* dem Sinne des Begriffes nicht entspricht; mit einem *Scheine*, also mit einer *falschen* Wahrscheinlichkeit, hat weder der populäre noch der mathematische Begriff der Wahrscheinlichkeit etwas zu tun.

Wahrscheinlich heißt in der Gemeinsprache ein Ereignis oder ein Satz, kurz etwas, das man ohne völlig zwingende Gründe dennoch für wahr oder für sicher hält. In der Gemeinsprache bezeichnet *wahrscheinlich* ein *Gefühl*, das wir der Vorstellung einer Tatsache, deren wir nicht unmittelbar gewiß sind, entgegenbringen: das Gefühl der *Erwartung*. Wir erwarten mit Sicherheit, ein vergangenes Ereignis bestätigt zu hören, das uns von vielen Zeugen berichtet worden ist. Wir erwarten mit der äußersten Sicherheit, daß auf den Sommer der Winter folgen, daß die Sonne morgen aufgehen werde. Wir erwarten mit abnehmender Sicherheit, daß der Würfel beim nächsten Wurfe *nicht* 6 zeigen werde, wenn er vorher dreimal hinter einander 6 gezeigt hat, daß ein Mann von 70 Jahren binnen der nächsten 10 Jahre sterben werde. Dieses Gefühl der Erwartung, das die Gemeinsprache durch den Begriff *Wahrscheinlichkeit* ausdrückt, gehört also einzig und allein der psychologischen Welt an. Der einfache Mann, aber auch der bewußt handelnde Gelehrte läßt sich bei diesem Gefühle nicht von logischen Erwägungen allein leiten. Der Spieler besonders, dessen neugierige Fragen die ganze Disziplin zuerst angeregt haben, folgt nur selten der Wahrscheinlichkeitsrechnung, auch wenn er sie kennen sollte. Die psychologischen Motive, die auf ihn wirken, sind ganz unlogischer und unmathematischer Art. Hoffnung oder Furcht bestimmen ihn je nach seinem bleibenden Temperament, je nach seiner augenblicklichen Stimmung; und zu manchem andern

Aberglauben tritt beim leidenschaftlichen Spieler auch noch die Vorstellung, daß er nach seinen bisherigen sog. Erfahrungen immer *Glück* habe, beziehungsweise Unglück. Sein Interesse und seine Phantasie spiegeln ihm lebhaft (ohne Angabe von Gründen) einen günstigen Ausgang seiner Wette vor; und die Lebhaftigkeit der Phantasie erzeugt in ihm das Gefühl der Wahrscheinlichkeit, der frohen Erwartung, des *Glaubens*.

Ich kann es mir nicht versagen, hier auf die Beziehungen dieses Gefühls zu dem *Wahrheits*begriffe hinzudeuten. Wir haben ja gesehen, daß Wahrheit und Glaube sehr nahe Begriffe sind, daß wir *wahr* nennen, was wir *für wahr halten*. Besonders: ein Urteil, das wir bejahen, das wir loben müssen. Hätten wir nicht das verunglückte Wort *wahrscheinlich* eingeführt, hätten wir eine gute Lehnübersetzung von *probabel* vorgezogen, — wie sie meines Erachtens in *glaublich* (Notker: *geloublîh*) schon vorlag — so klänge nicht so paradox, was ich jetzt zu sagen habe: das Wahrscheinliche ist wahr. Ce qui est probable est vrai.

Diesem populären, subjektiven Begriffe der Wahrscheinlichkeit glaubt die Mathematik einen wissenschaftlichen, einen objektiven Begriff der Wahrscheinlichkeit gegenüberstellen zu können. Dem psychologischen Begriffe der Erwartung einen gewissermaßen naturwissenschaftlichen Begriff, welcher (auf Gebieten wenigstens, die die Anwendung des Gesetzes größter Zahlen zulassen) Voraussicht der Zukunft gestattet. Es ist nun gegenüber dem einseitig mathematischen Standpunkt der Mathematiker und gegenüber dem Aberglauben der Leute, welche die sog. statistischen Gesetze mit sog. Naturgesetzen verwechseln, nützlich zu wiederholen, was ein ganz gesunder Menschenverstand von jeher begriffen hat: daß nämlich die Wahrscheinlichkeitsrechnung die Gründe für das Gefühl unserer psychologischen Erwartung nur systematisch ordnen kann, auf das Gefühl dieser Erwartung aber im einzelnen Falle wenig Einfluß nehmen soll. Die Sache ist am einfachsten Beispiel ganz deutlich zu machen. Die Wahrscheinlichkeit, daß ein Wurf mit zwei Würfeln eine Doppelsechs bringen werde, ist nach den Regeln genau gleich $^1/_{36}$; die Wahrscheinlichkeit, daß eine solche Doppelsechs zehnmal hintereinander herauskommen werde, ist sehr, sehr viel kleiner. Trotzdem: wenn ein außerordentlicher Zufall neunmal hintereinander eine Doppelsechs gebracht hat, so entspricht zwar das psychologische Gefühl der Erwartung ungefähr dem kleinen Bruche, den die Rechnung für eine zehnmalige Wiederholung der Doppelsechs ergeben hat (man ist von dem Zufalle äußerst überrascht), aber im Grunde ist und bleibt die mathematische Wahrscheinlichkeit, daß nach neun aufeinanderfolgenden Doppelsechsen wieder eine Doppelsechs komme, um nichts kleiner als das erstemal; die Wahrscheinlichkeit ist wieder $^1/_{36}$. Um viel kompliziertere Fälle steht es ebenso. Das statistische Verhältnis zwischen Knaben-

und Mädchengeburten, die Statistik der Sterbetafeln, der Eheschließungen, der Kriminalität usw. kann für große Zahlen merkwürdig feste Proportionen aufstellen; im einzelnen Falle aber bleibt die ursprüngliche Wahrscheinlichkeit bestehen; vor der Geburt eines Kindes ist die Wahrscheinlichkeit, es werde ein Knabe sein, beinahe gleich $^1/_2$, einerlei, ob vorher zufällig hintereinander tausend Knabengeburten oder tausend Mädchengeburten im gleichen Zählungsgebiete stattgefunden hatten. Das Verhältnis aller *möglichen* Fälle zu den sog. *günstigen* Fällen wirkt gleicherweise auf das psychologische Gefühl der Erwartung und auf die mathematische Formulierung des Verhältnisses ein; es ist aber gleichwohl ein Sprachfehler, daß wir das Gefühl der Erwartung und die mathematische Formel des Verhältnisses mit dem gleichen Worte *Wahrscheinlichkeit* benennen. Selbst J. St. Mill, der doch ganz richtig erkannt hatte, daß Wahrscheinlichkeit das Gefühl der Erwartung ausdrücke, versah es darin, daß er in der *Wahrscheinlichkeit* einen Namen sah für die Stärke des Grundes einer Erwartung; wenn mit *Stärke* die Quantität der mathematischen Wahrscheinlichkeit gemeint ist, dann ist diese Stärke nicht identisch mit der Stärke des Erwartungsgefühls. Wir nennen ja auch die Töne und Farben nicht mit den Ziffern der Schall- und Lichtschwingungen. Ich brauche nicht erst zu sagen, daß die Vergleichung hinkt. Die Besonderheit der sprachlichen Unklarheit, mit der wir die objektive Wahrscheinlichkeit und die subjektive Wahrscheinlichkeit mit dem gleichen Worte bezeichnen, ist höchst bemerkenswert: die Kenntnis der Akustik und der Optik hat fast gar keinen Einfluß auf unsere Ton- und Farbenempfindungen; die Kenntnis der objektiven Wahrscheinlichkeit dagegen beeinflußt die subjektive Wahrscheinlichkeit (unser Gefühl der Erwartung) sehr stark, trotzdem die Wahrscheinlichkeitsrechnung nur für große Zahlen richtig ist und auf den einzelnen Fall — wie gesagt — keine Anwendung findet.

Noch einmal: die Gesetze der Wahrscheinlichkeitsrechnung ordnen nur systematisch nach dem niedern oder höhern Kalkül (entsprechend der Schwierigkeit der Aufgaben) die Proportion zwischen allen möglichen Fällen und den Fällen, auf welche wir unsere Aufmerksamkeit zu richten eine psychologische Ursache haben; Naturgesetze liefert die Wahrscheinlichkeitsrechnung nicht, auch dort nicht, wo wir Naturerscheinungen nach Verhältnissen ordnen, die uns interessieren. Wo wir z. B. eine scheinbare Logik des Zufalls in den Ziffern der Wahrscheinlichkeitsrechnung ausdrücken, wie in den statistischen Unterlagen der Versicherungstechnik. Auch diese Betrachtung lehrt uns, einen wichtigen Begriff der Wahrscheinlichkeitslehre als irreführend zu verwerfen.

Wenn ein Planetendurchgang durch die Sonne auf den Bruchteil einer Sekunde genau eintrifft, so nennt der Mensch das gesetzlich. Wenn eine Kanone nach allen Gesetzen der

Mechanik, Chemie und Ballistik konstruiert, geladen und gerichtet worden war und die Kugel nachher genau oder weniger genau das Ziel (τελος, Zweck) trifft, so sprechen wir, wie gesagt, von einem günstigen oder ungünstigen Zufall. Man sollte dabei nicht vergessen, daß wir beim Venusdurchgang ein Interesse an der Fehlergrenze von einem Kilometer nicht haben. Im Worte *günstig* ist das Interesse ausgedrückt. Der Artillerist begnügt sich mit einer Statistik, die beim Schießen eine Mehrzahl günstiger Fälle verspricht.

Und da ist es beachtenswert, daß dieses Werturteil sich sogar in die streng mathematische Behandlung des Zufallsbegriffs eingeschlichen hat. Auch Laplace kann die Wahrscheinlichkeit nicht anders formulieren als: das Verhältnis aller möglichen Fälle zu den günstigen. Die Wahrscheinlichkeit wird ausgedrückt durch einen Bruch, dessen Zähler von den günstigen Fällen, dessen Nenner von allen möglichen Fällen gegeben wird. Es ist erstaunlich, daß die Mathematiker da zu einer so menschlichen Sprache heruntergestiegen sind. Denn offenbar ist der Ausdruck *günstig* ganz falsch. Wenn in einen Beutel eine schwarze Kugel getan wird und 99 weiße, dann hundertmal eine Kugel herausgezogen und wieder zurückgelegt wird, so ist es an sich möglich, daß der günstige Fall hundertmal eintritt. Ebenso bei allen Karten- und Würfelspielen. Ebenso (nur daß da die Lebensdauer des Menschen engere Grenzen zieht) bei statistischen Einzelfällen nach den Sterbetafeln. Man sollte den irreführenden Ausdruck *günstige Fälle* — der wohl aus kirchlicher Kasuistik stammt — doch ersetzen etwa durch *interessierende* oder *erwartete* Fälle. Denn nur dadurch unterscheiden sich die sog. günstigen Fälle von allen möglichen Fällen, daß die ersten von einem interessierten Menschen erwartet werden, daß er nach ihnen fragt; für die Wirklichkeit, für die Natur gibt es nur gleich *mögliche* Fälle, keine *günstigen*, weil die Natur oder die Wirklichkeitswelt kein Interesse und keine Erwartung kennt. Aber die Mathematiker hatten so unrecht nicht, wenn sie sich um die Vorstellungen der Gemeinsprache und auch um die Wahl des Terminus nicht sonderlich kümmerten. Sie hatten mit der Ausrechnung der neuen Disziplin genug zu tun. Sie wußten besser als Spieler und Wettende, daß die mathematische Disziplin der Wahrscheinlichkeitsrechnung für den einzelnen Fall nichts, aber auch gar nichts voraussagt, daß sie mit der mathematischen Bruchformel für den Spieler und den Wettenden wissenschaftlich nur die quantitative Wahrscheinlichkeit gibt, mit der er den Zufall bei jedem einzelnen Wurf usw. erwarten *kann*. Nicht erwarten darf oder *soll*. Und Erwartung ist doch ein recht menschliches Gefühl. Wenn Versicherungsgesellschaften und die Bank von Monaco auf Grund dieser wissenschaftlich errechneten Erwartung Geschäfte machen, und sogar recht gute Geschäfte, so liegt der Grund bekanntlich darin, daß das *Gesetz der großen Zahlen* die Erwartung bestätigt. Der einzelne Spieler oder Wettende könnte bei ehrlichem Spiel (nicht ganz so in Monaco) ebenso gute Geschäfte machen, wenn sein Privatvermögen und seine Lebensdauer ihn befähigte, das Gesetz der großen Zahlen abzuwarten. Für den einzelnen Fall des Würfels, der Spielkarten, der Lebensversicherung sagt die Wahrscheinlichkeitsrechnung *nichts*, herrscht der Zufall, den der Spieler darum besonders leicht zu personifizieren geneigt ist (vgl. Art. *Zufall*).

Ganz anders als um den Unterschied der *objektiven* Wahrscheinlichkeit oder der mathematischen Wahrscheinlichkeitsformel und der *subjektiven* Wahrscheinlichkeit oder dem Gefühle einer Erwartung steht es um den zweiten Punkt, den ich etwas aufklären wollte: den Unterschied zwischen einem *zukünftigen* und einem *vergangenen* Ereignisse in bezug auf ihre Wahrscheinlichkeit. Die Wahrscheinlichkeitslehre ging, wie gesagt, von der Berechnung der Chancen aus, die ein Spieler seinem Risiko zugrunde legen dürfte; erst später wurde die Wahrscheinlichkeitsrechnung viel wichtiger, als sie in der Versicherungstechnik auf die durchschnittliche Voraussage anderer künftiger Ereignisse übertragen wurde. Wir werden gleich aus einem Beispiele sehen, wie unlogisch selbst ein Pascal zu denken begann, als er die ersten Wahrscheinlichkeitsregeln auch auf die Wahrscheinlichkeit vergangener Ereignisse, historischer Daten ausdehnen wollte. Es handelt sich dabei um nicht mehr und um nicht weniger als um die Wahrscheinlichkeit der Geschichte und ihrer Quellenangaben. Um es kurz zu sagen: hier wird der Begriff der *Wahrscheinlichkeit* ganz und gar gedankenlos mit dem Begriffe der Wahrheit identifiziert. Die Wahrscheinlichkeit der Richtigkeit hat für gewöhnlich mit dem Gefühle der Erwartung nichts zu tun.

Will man jedoch den Begriff der Wahrscheinlichkeit dennoch auf die Geschichte anwenden, so muß man sagen, daß es sich da immer um eine multiplikative Wahrscheinlichkeit handelt und der Quotient, der die Wahrscheinlichkeit ausdrückt, immer kleiner wird, je mehr psychologische Motive bei dem Ereignisse mitgewirkt haben müssen und je weiter die Ereignisse und ihre Quellen zurückliegen. Die Gefangennahme Napoleons III. ist mit allen Nebenumständen recht sicher bestimmt; die Gefangennahme Napoleon des Großen ist in den Nebenumständen unsicher. Der Ausgang der historischen Schlachten ist dem Geschichtsschreiber meistenteils gut bekannt, der Gang der Schlachten aus alter Zeit ganz ungewiß. Der Wert der Wahrscheinlichkeit verringert sich auch mit der Zahl ihrer Faktoren. Völkergeschichten sind immer recht unwahrscheinlich. Noch unwahrscheinlicher die Angaben z. B. über Sprachgeschichten oder gar über die Verwandtschaftsgeschichte der einzelnen Sprachstämme oder endlich gar über die gemeinsame Abstammung aller Menschensprachen. Wendet man die Wahrscheinlichkeitsrechnung auf solche Angaben historischer Art an, so ergibt die Rechnung einen hohen Grad der Unwahrscheinlichkeit; wollte man gar die sogenannte Schöpfung der Welt auf ihre Wahrscheinlichkeit hin prüfen, so ergäbe der Quotient eine Unwahrscheinlichkeit, die hart an der Grenze der Unmöglichkeit stünde.

Bevor ich diese Rechnung in halbem Scherze ausführe, will ich zeigen, wie schwer es im Beginne der Disziplin der Wahrscheinlichkeitsrechnung war, die neuen Regeln auf vergangene Ereignisse auszudehnen. Selbst für einen Pascal.

Geistreich, scharfsinnig und fromm, kurz der ganze Pascal, ist sein Discours où l'on fait voir qu'il y a des Démonstrations d'une autre espèce, et aussi certaines que celles de la Géométrie. Pascal meint, die Gewißheit, daß die Nachricht von dem berühmten großen Brande Londons (2. 9. 1666) wahr gewesen sei, sei größer als irgend eine noch so große mathematische Wahrscheinlichkeit. Es wird die Wette vorgeschlagen: wenn du zwanzig mal nacheinander mit drei Würfeln drei Sechsen wirfst, wirst du umgebracht; kommen die drei Sechsen nicht zwanzig mal nacheinander, so wirst du Kaiser. Wer auch nur einen Augenblick zögerte, diese Wette anzunehmen, hieße ein Narr; so groß sei die Unwahrscheinlichkeit, zwanzig mal hintereinander 18 zu werfen. Und dennoch wäre es noch unendlich extravaganter oder verrückter, daran zu zweifeln, daß London gebrannt habe. Nous sentons fort bien que cela est d'une autre nature, et que nous n'en sommes pas moins persuadés que des premiers principes.

Pascal hat ganz recht, wenn er die *andre Natur* betont. Er verwechselt aber ganz einfach die *subjektive* Überzeugung mit dem *objektiven* Grunde der Überzeugung; für den objektiven Grund gibt es eine Ziffer des Maßes, die nüchterne Wahrscheinlichkeitsrechnung, für das Gefühl der Sicherheit gibt es ein solches Maß nicht. Dafür, daß die Sonne morgen wieder aufgehen werde, gibt es (abgesehen von den Schlüssen der Astronomie, die doch wieder nur Analogieschlüsse sind) ziffermäßig eine äußerst hohe Wahrscheinlichkeit, aber keine absolute; unsere *Sicherheit* aber ist absolut. Nicht weniger absolut übrigens, als unsere gewöhnliche Sicherheit, daß unser Schiff nicht scheitern, unser Eisenbahnwagen nicht entgleisen werde; nur daß die Sicherheit auf dem Schiff, im Waggon sofort schwindet, ja einer im Verhältnis zur Statistik übertriebenen Unsicherheit Platz macht, sobald wir an die Möglichkeit eines Unfalls denken; die Möglichkeit, daß die Sonne morgen nicht aufgehen werde, wird aber niemals Furcht, wird eigentlich nicht einmal zu einer faßbaren Vorstellung, bleibt nur ein Spiel der Phantasie.

So jung waren damals die Begriffe der Wahrscheinlichkeitsrechnung, daß Pascal sofort den zweiten Fehler begeht, die *Erwartung* einer Tatsache und die Tatsache *selbst* nicht genau auseinander zu halten. Er trägt das alte Beispiel vor: welche Wahrscheinlichkeit liegt vor dafür, daß ein Blinder, der zusammengeworfene Buchstaben nacheinander aufgreift, zufällig eine Rede Ciceros zusammenstellen werde? das sei etwas ganz andres als die Frage nach der Wahrscheinlichkeit des Londoner Brandes. Auf den Brand sei eine Wette unmöglich (warum unmöglich?), ebenso auf den blinden Setzer, wenn ihm das Kunststück gelungen wäre. Pascal sieht nicht, daß in beiden Fällen darauf gewettet werden kann, ob die Behauptung sich bewahrheiten werde; nicht auf die Tatsache, die der Vergangenheit angehört, geht auch beim Brande die Wette, sondern auf die zukünftige Bewahrheitung.

Nun sagt Pascal: daß ein Blinder die Rede zufällig treffe, sei immer noch eher möglich, als daß ein ungebildeter, geistloser Mensch (selten mag selbst in der Akademie einem ein feineres Kompliment gemacht worden sein) die letzte Ansprache des Herrn Präsidenten gehalten hätte; trotzdem die Buchstaben in *allen* Sprachen weit mehr Kombinationen ergäben, als die Worte der französischen Sprache in dieser allein.

Leute, die Rom nie selbst gesehen haben, sind absolut davon überzeugt, daß Rom wirklich existiere; es sei ja ungereimt anzunehmen, die unzähligen Menschen, die von Rom als von einer wirklich existierenden Stadt berichteten, hätten sich zu einer Lüge verbunden; und niemand hätte je die Wahrheit gesagt. Pascal verwechselt wieder psychologische und mathematische Wahrscheinlichkeit; es ist, mathematisch gedacht, wirklich nicht absolut unmöglich, daß Rom niemals existiert habe, daß ein Geisteskranker einmal Worte lalle, die genau mit einem akademischen Vortrage übereinstimmen. Nur daß wir mit einer solchen minimalen Möglichkeit nicht rechnen, daß wir Narren wären, wollten wir mit ihr rechnen.

Pascal hat aber all diese Schnitzer gemacht, um schließen zu können: „Il s'ensuit qu' il y a des choses non démontrées, plus certaines, *pour ainsi dire*, que des démonstrations. La Religion Chrétienne assurément est de ce genre.“ Pascal hat also im vollen 17. Jahrhundert noch leugnen dürfen, daß die Wahrheit des Christentums schon oft angezweifelt worden war, hat nicht geahnt, daß die Wahrheit des Christentums bald darauf von allen Intellektuellen unter seinen Landsleuten angezweifelt werden würde; Pascal hätte es für absolut unmöglich gehalten, daß man zweihundert Jahre später die historische Existenz Jesu Christi anzweifeln würde, so ernsthaft, wie niemals einem Menschen eingefallen ist, die Existenz von Rom, oder die historische Existenz von Julius Cäsar anzuzweifeln.

Nun aber zu dem Versuche, eine Wahrscheinlichkeitsrechnung darüber anzustellen, ob die Welt, was wir so *Welt* nennen, durch eine höchste menschenähnliche Intelligenz oder durch einen blinden Zufall entstanden sei. *Zufall* oder *Absicht*, dieser Gegensatz spielt natürlich auch in das uralte, eben schon zweimal angeführte Gleichnis hinein, das wahrscheinlich von Epikuros erfunden und von Lucretius umgedichtet, gewiß aber von Cicero abgeschrieben worden ist. Ich will es in einer heute verständlicheren Fassung vortragen.

Das Dasein Gottes soll daraus bewiesen werden, daß die Schönheit und Ordnung der Welt ohne absichtsvollen Schöpfer, durch reinen Zufall also ebenso höchst *unwahrscheinlich* sei, wie die Herstellung der Faustdichtung etwa dadurch, daß ein ungeheurer Setzerkasten umgeworfen würde und die Lettern und andere Satzzeichen sich zufällig in der Reihenfolge von Goethes Faust geordnet hätten. Die Unwahrscheinlichkeit für eine solche Herstellung des Faust ist wirklich ungeheuer groß. Größer, als die Phantasie sich vorstellen kann. Auch wenn man die übertolle Annahme, die Lettern könnten sich im Raume auch noch zu Zeilen ordnen, beiseite läßt und an die Wahrscheinlichkeit eines unendlich günstiger liegenden Extrazufalls denkt. So etwa: eine deutsche Schreibmaschine oder Setzmaschine gelangt in die Hände eines Chinesen, der von der deutschen Sprache und von deutschen Buchstaben keine Ahnung hat, der aber unverdrossen auf den Tasten herumtippt, wochenlang oder monatelang, und die Maschine auch sonst richtig bedient. Ich habe mir nun den Spaß gemacht, die Wahrscheinlichkeit für den Zufall näherungsweise zu berechnen, daß bei diesem blinden Herumtippen just Goethes Faust herauskomme. Auf einige Dezimalstellen in der Mantisse des Logarithmus kommt es nicht an. Auch habe ich großmütig die Wahrscheinlichkeit dadurch erhöht, daß ich einen Faust mit 100 Druckfehlern noch als Faust anerkannte, also überaus zahlreiche günstige Fälle anstatt eines einzigen theoretisch geforderten annahm. Zum Faust sind etwa 300000 Buchstaben nötig. Die Wahrscheinlichkeit nun, bei jedesmaligem Tippen gerade den richtigen Buchstaben zufällig zu treffen, ist nicht ganz klein, fast $^1/_{100}$, weil gegen 100 verschiedene Zeichen im ganzen vorhanden sind. Da aber nach elementaren Regeln die Wahrscheinlichkeit, so zufällig den ganzen Faust herzustellen, bei 300000 Buchstaben gleich ist dem Produkte von 300000 Partialwahrscheinlichkeiten, so berechnet sich die Wahrscheinlichkeit einer zufälligen Entstehung des Faust auf $1/100^{300\,000}$, das ist auf einen Bruch, dessen Zähler 1 ist, dessen Nenner eine ganze Zahl von 600000 Ziffern. Auch die Einbildungskraft der Inder, auch das mathematische Genie des Archimedes könnte diesen Nenner nicht fassen. Seine Zahl ist namenlos. Also waren die Griechen und Römer im Recht, wenn sie die zufällige Herstellung eines wohlgeordneten Ganzen für äußerst unwahrscheinlich erklärten. Die Grenze der Unmöglichkeit ist erreicht. Und die Griechen und Römer hätten auch den Schluß, daß also die sinnreiche Herstellung des Faust durch einen Schöpfer höchstwahrscheinlich oder so gut wie gewiß sei, mit dem gleichen Rechte auf die Existenz eines Weltschöpfers übertragen können, wenn nur diese Übertragung oder Metapher, wenn nur die ganze Fragestellung nicht so unsäglich albern wäre. Nichts liegt mir ja ferner als der Glaube an die zufällige Entstehung auch nur des Wunderbaues einer Mücke im Sinne des Materialismus. Durch materiellen Zufall ist die Entstehung einer Mücke ebenso unwahrscheinlich, wie die des Faust. Der Darwinismus hat an den Unbegreiflichkeiten wirklich nicht viel geändert. Aber die Kopfarbeit des lieben Gottes, der nicht dreimalhunderttausend Elemente oder Buchstaben (mit Wiederholungen), sondern die Elemente der Welt unendlich mal (mit Wiederholungen) zu ordnen gehabt hätte, ist für Menschenvorstellung — wir haben wirklich keine andere — doch womöglich noch unwahrscheinlicher als eine zufällige Entstehung des Faust. Ich mag meine Rechnerei nicht auf den Grad der Unwahrscheinlichkeit einer Weltregierung und einer Vorsehung ausdehnen. Als man den einfachen Satz der Zahlentheorie entdeckte, daß die Quersumme eines Mehrfachen von 9 wieder durch 9 teilbar ist, da stand man starr vor dieser reizvollen Tatsache und verglich sie mit den Geheimnissen der Weltordnung. Die Zahlentheorie ist kein Geheimnis, ist auch kein Zufall, ist eine einfache Folge des Zahlensystems, das von Intelligenzen geschaffen worden ist. Was wir menschlich aber die Ordnung in der Welt nennen, das ist gewiß kein Zufall, das ist aber ein Geheimnis und wird ein Geheimnis bleiben für die Menschensprache, weil die Welt ebenso unmöglicherweise eine Intelligenz wie einen Zufall zur Ursache haben kann. Und hätten wir in unserer Sprache nicht Worte wie Gott, Welt, Schöpfung, schaffen usw., wir könnten so dumme Fragen gar nicht stellen.

Unter allen angenommenen Ereignissen der fable convenue, die Weltgeschichte heißt, ist der Anfang, der doch auch dazu gehört, der unklarste Begriff; der Anfang durch eine Schöpfung, durch eine intelligente Absicht, die allerunwahrscheinlichste Hypothese. Die sich aber sinnvoll der sinnlosen Zufallshypothese gegenüber durch Jahrtausende gehalten hat, weil die Menschensprache ein taugliches Werkzeug der Poesie ist.

Weltanschauung. — Wenn wir im Deutschen einem konkreten oder abstrakten Begriffe die vier Buchstaben *Welt-* voransetzen, so denken wir uns dabei nicht immer dasselbe; nicht einmal immer etwas Großes. Ich möchte vier Bedeutungen der Vorsilbe *Welt* unterscheiden. *Welt* bezeichnet zunächst das *Weltall*, den *Weltbau*, und weil wir von diesem Weltall nur einige genaue Kenntnisse unseres Sonnensystems und viel ungenauere Kenntnisse der übrigen Tatsachen haben, so gehört *Welt* in diesem Sinne der astronomischen Welt an; so sprechen wir von einer *Weltachse*, von den *Weltkörpern*. Zweitens denken wir bei *Welt* ausschließlich an unsere Erde; den Übergang bildet der Begriff *Weltgegend* oder Himmelsgegend, bei welchem wir zumeist die Richtungen der irdischen Windrose vorstellen. Ganz scharf ist diese Gleichsetzung von *Welt* und Erde nicht zu nehmen; besonders oft sind nur die Menschen der Erde gemeint, so in den Koppelungen *Weltgeschichte*, *Welt-*

alter, *Weltgericht* und *Weltbürger*; fast nur an den Erdball denkt man bei *Weltmeer* (ursprünglich das eine Weltmeer ohne Plural, der Okeanos) und *Weltteil*; *weltberühmt* heißt ungefähr: auf der ganzen Erde oder bei allen Menschen berühmt.

Drittens wird der Begriff noch enger, wenn man unter *Welt* nur einen Teil der Menschen und ihres Treibens versteht; im Mittelalter bezeichnete *Frau Welt* etwa das törichte Treiben der irdisch gesinnten Menschen überhaupt, später *Welt* (le *monde*) das Treiben der Oberschicht, der obern Zehntausend. Zu diesen Gruppen gehören die Koppelungen *Weltlauf*, *Weltklugheit*, *Weltmann*, *Weltkind*, auch wohl einst *Weltpriester*.

Ganz unbestimmt und verstiegen scheinen mir nun noch über das Bild der ersten Begriffsgruppe diejenigen Koppelungen hinauszugehen, welche die *Gesamtheit* des Denkens ausdrücken wollen: *Weltgeist* und *Weltseele* für den objektiven Gesamtgeist, *Weltweiser*, *Weltweisheit* und *Weltanschauung* für den subjektiven Gesamtgeist.

Von allen diesen Worten ist gegenwärtig keines so im Schwange wie: Weltanschauung. Der müßte schon ein ganz armseliger Tropf sein, wer heutzutage nicht seine eigene Weltanschauung hätte. Ich glaube aber schon (Kr. d. Spr. I² S. 538 und III 235) gezeigt zu haben, daß nicht nur die Weltanschauung des schlichtesten Mannes aus dem Volke, sondern auch die Weltanschauung des Dichters und Denkers identisch sei mit seinem Sprachvorrat und seinem Sprachgebrauch, daß wir diese Sprachbereitschaft oder Weltanschauung nicht immer ganz beisammen haben, daß die Weltanschauung eines Menschen von seiner allgemeinen und von seiner augenblicklichen Seelensituation abhange. In diesem Sinne darf man freilich sagen, daß jeder Tropf seine eigene Weltanschauung habe, in seiner Individualsprache nämlich.

Wertgefühle. — Wie selbstverständlich klingt das wenige, das ich über den *Wert*begriff zu sagen habe; und doch widerspricht es den großen Worten, mit welchen namentlich von der Ethik und von der Ästhetik aus über die Absolutheit ihrer Werte geredet wird. In meiner Sprache könnte ich kurz sagen: *Wert* ist ein Begriff der substantivischen oder mythologischen Welt; wir haben aber in der psychologischen Wirklichkeitswelt sehr häufig, ja im Grunde unaufhörlich Gefühle, nach welchen uns Empfindungen und Handlungen, also Tatsachen der adjektivischen und der verbalen Welt *wert* erscheinen oder nicht. Ich werde jedoch einige Worte mehr brauchen, um den Glauben an absolute Werte zerstören zu helfen.

Ich habe schon gesagt (vgl. Art. *Schopenhauer* IV), daß ein Begleitgefühl des Interesses sicherlich an jede unserer Wahrnehmungen geknüpft ist, wenn auch unter der Schwelle des Bewußtseins, weil wir ohne dieses begleitende Interesse unsere Aufmerksamkeit gar nicht auf den Sinneseindruck richten könnten. Sind nun die Wahrnehmungen *Relationen* der Welt zu unsern Sinnen, so sind diese

Wertgefühle Relationen unserer Empfindungen zu unserem Willen, also Relationen von Relationen. Darum allein könnte man schon nur mit einem sehr schlechten Sprachgewissen von absoluten Werten reden. In der Nationalökonomie, wo der Wertbegriff bisher am gründlichsten behandelt worden ist, wird an seiner Relativität kaum mehr gezweifelt; man weiß aber auch da noch kaum, daß diese Relativität eine doppelte ist: unsicher ist der Maßstab, der angelegt werden muß, und unsicher ist die Hand, die ihn anlegt. In der Philosophie, zu welcher man ja die Ethik und Ästhetik rechnet, ist die Relativität des Wertbegriffs neuerdings deutlich ausgesprochen worden; am stärksten von Lotze und von Fechner. Es kann ja gar keine Werte an sich geben, es gibt immer nur Werte für uns. Aber Kant hat mit seiner Lehre, daß Personen Selbstzwecke seien und darum einen absoluten Wert besitzen, doch bis auf die Gegenwart nachgewirkt und noch Simmel spricht von einem sozialen Werte, der *übersubjektive* Gültigkeit habe.

Der Irrtum bei solcher Metaphysik des Wertbegriffes scheint mir darin zu liegen, daß man zwar einsieht, ein Wert müsse immer mit einem Maße gemessen werden, daß man aber dann glaubt, es gebe irgendwo und irgendwie in der Welt ein *absolutes Maß*, einen Grundwert. In der Nationalökonomie hat man z. B. seit Smith in der *Arbeit* das absolute Maß des Wertes zu erkennen geglaubt, und der moderne Sozialismus liebt es seit Marx, diesen Maßstab anzulegen. Aber es ist doch offenbar, daß die Messung der Werte nach der Arbeit ein Ideal in den Köpfen der Reformer ist, auf die Handels- und Tauschwerte der Wirklichkeit niemals genau und häufig gar nicht paßt. Richard III., der sein Königreich für ein Pferd anbietet, würde bei diesem Tausche ein recht gutes Geschäft machen; sein Königreich hat er bereits verloren, ein Pferd könnte ihm das Leben retten und am Ende vielleicht durch des Königs neue Blutarbeit das Königreich wieder gewinnen helfen. Der individuelle Mensch in einem bestimmten Zeitmoment ist das Maß des Wertes.

Aber nicht nur in der Ethik und Ästhetik, auch in der Erkenntnislehre haben philosophische Prediger absolute Werte entdecken wollen. *Wahrheit*, *Schönheit*, *Güte* hießen diese absoluten Werte und die *Wahrheit* erschien als der allerabsoluteste unter den dreien. Unsere Untersuchung des Wahrheitsbegriffs hat uns aber gelehrt, daß es ewige Wahrheiten nicht gebe, daß die *Wahrheit* vom *Glauben* nicht zu unterscheiden sei; und wir wissen (besonders klar seit der Studie Jerusalems), daß beim Aussprechen eines Urteils, welches wir für *wahr* halten, der bejahende Wille mitbeteiligt ist. Ich möchte dazu jetzt auf eine merkwürdige sprachliche Erscheinung hinweisen, die mir die beiden Relationsbegriffe *Wahrheit* und *Wert* seltsam zu verbinden scheint. Das Wort *glauben*, welches doch völlig den Sinn von *für wahr halten* hat, ist etymologisch gar nicht anders zu erklären: es ist mit *lieb* und *Lob* eines Stammes, ist ein verstärktes *loben*, d. h. gutheißen. Die ursprüngliche Bedeutung von *loben* fällt also mit dem Lehnwort *preisen* (von *Preis*, franz. *prix*, lat. *pretium*) zusammen; *Preis* aber (in der jetzigen Bedeutung) und *Wert* stehen einander in der Bedeutung so nahe, daß Idealisten versucht sein konnten, die Gleichsetzung von Preis und Wert einer Ware zu verlangen.

Kein anderer Denker hat die Relativität des Wertbegriffs so tief geschaut und so leidenschaftlich behauptet, wie Nietzsche. Das Wertproblem steigt früh in seiner ganzen Wucht vor seinem Geiste auf, es ist ihm eines der Worte, in welche bald dies, bald jenes, bald mehreres auf einmal gesteckt worden ist. (Der Philolog Nietzsche glaubt freilich noch, daß der *Mensch* seinen Namen davon habe, daß er allein der Wertende, der *Messende* sei.) Er zweifelt an allen Werten, er zweifelt sogar an dem Werte der Wahrheit. Aber er will wieder einmal über die Kraft, er will seine Skepsis überwinden, will sich mit der *Ent*wertung des Wertbegriffs nicht begnügen, will neue dogmatische Tafeln aufstellen und predigt, auch er, wenn er „*Um*wertung aller Werte" verspricht.

Wir haben mehr als einmal auf die Relativität der Begriffe gut und böse hinweisen müssen. Shakespeare und Spinoza haben schon gewußt: „An sich ist nichts weder gut noch böse, das Denken macht es erst dazu." Auch Nietzsches Schlagwort „Jenseits von Gut und Böse" meint den gleichen Gedanken.[1]) Da trifft es sich recht günstig, daß schon die Gemeinsprache geneigt ist, die verschiedenartigsten *Wert*urteile mit Hilfe des Alltagswörtchens *gut* auszudrücken. Für die Werturteile der Ethik braucht das nicht erst gesagt zu werden; für die Ethik ist nur der *gute* Mensch ein *wertvoller* Mensch. Die Lustgefühle, welche den Wertgefühlen zugrunde liegen und deren Berechtigung Lotze („Mikrokosmus" [5] II, S. 310 ff.) mit vornehmer Menschlichkeit verteidigt hat, spricht der einfache Mann und auch der einfache Kunstgenießer am liebsten mit dem schlichtern Worte aus; nicht nur vom Essen sagt er, es habe ihm *gut* geschmeckt (der Berliner freilich sagt *schön*); auch von einem Kunstwerke, es habe ihm gut gefallen. Die Werturteile der Nützlichkeit laufen alle darauf hinaus, daß ein Ding als Mittel für einen Zweck *gut* sei; es ist bekannt, daß sogar das Wort *Tugend* von *taugen* abzuleiten ist. Die sozialen Werte lassen sich alle darauf zurückführen, daß eine Handlung, ein Charakter, eine Einrichtung dann *gut* genannt werden, wenn sie der Allgemeinheit nützen; hat man doch sogar das metaphysische und rigoristische Moralprinzip Kants auf eine solche allgemeine Brauchbarkeit zurückführen dürfen. Und die Nationalökonomie spricht gar fast im gleichen Sinne von *Gütern* und von Werten.

---

[1]) Man vergleiche auch Goethes Worte an Lavater (Briefe W. A. III. 33): „Alle deine Ideale sollen mich nicht irre führen wahr zu sein, und gut *und* böse wie die Natur."

Die Nationalökonomie hat — wie gesagt — den Wertbegriff genauer untersucht, als die andern axiologischen Wissenschaften bisher imstande waren. Sie hat nach den fruchtlosen Versuchen, die aufgewendete Arbeit zu einem Maßstabe des Wertes der Arbeitserzeugnisse zu machen, zu ältern Erklärungen der Wertentstehung zurückgreifen müssen, zur objektiven Seltenheit eines Dings und zur subjektiven Affektion für dieses Ding (Affektionswert). Sie hat zugeben müssen, daß die Werte wandelbar sind nach Zeit und Individuum. Sie hat endlich zwischen Produktionswerten und Genußwerten unterschieden; da aber die Produktionswerte zuletzt und unmittelbar wieder nur nach ihren Genuß- oder Gebrauchswerten bewertet werden, so ist der Maßstab für den nationalökonomischen Wert am letzten Ende doch nur bei dem Interesse zu suchen, bei den Lust- und Unlustgefühlen, welche — wie wir wissen — unser Erleben immer begleiten. Ohne diese Lust- und Unlustgefühle, die nur von Rigoristen geschmäht werden, könnten wir unser Leben gar nicht ein Erleben nennen. Es wäre nützlich oder gut, wenn die andern axiologischen Wissenschaften den Wertbegriff ebenso vorurteilslos untersuchen wollten. Sie würden sich bald von der Relativität auch der ethischen und ästhetischen Werte überzeugen.

Nichts ist von Natur wertvoll oder wertlos; die Menschen machen es dazu.

Wunder. — Das Muster eines Scheinbegriffs. In der adjektivischen Welt freilich nennen wir mit gutem Sinne eine Erscheinung *wunderbar*, die entweder selten oder außerordentlich ist, oder die wir nach unserer bisherigen Naturkenntnis nicht erklären, nicht begreifen können. Auf diese Vorstellung des verbalen *mirari*, *sich wundern*, geht das lateinische *miraculum* zurück, welches Wort noch nicht das *Wunder* der christlichen Theologie bedeutete. Die sieben *miracula* der Alten waren nicht göttliche Wunder, sondern nur merkwürdige, staunenswürdige Bauwerke. Der Zufall des Bedeutungswandels hat sogar lateinisch *mirari* zu so weit entlegenen Worten wie französisch *miroir* (Spiegel), *mirage* (Luftspiegelung) und *merveilleux* (Stutzer) umgebildet. Auch bei den Juden war der christliche Wunderbegriff noch nicht rein herausgearbeitet; die orientalische Freude an Märchenzauber ließ gleicherweise an Wundertaten Jehovas und der Götzen glauben; Moses und die ägyptischen Zauberer überboten einander an Wundern; und die christlichen Theologen hatten Mühe genug, die einen Wunder dem Gotte, die andern dem Gegengotte oder dem Teufel zuzuschreiben. Erst die christliche Theologie unterschied das *Wunder* von den außerordentlichen Erscheinungen (Kalb mit zwei Köpfen) und den unbegreiflichen Wirkungen (Radium); erst die Scholastik machte das Wundertun zu einem Monopol des allmächtigen Gottes, der der Natur ihre Gesetze gegeben hatte, also diese Gesetze wieder aufheben konnte. Es gab in diesen Betrachtungen einen allerliebsten Zirkelschluß: weil der allmächtige Gott existierte, konnte er Wunder tun, und weil man an Wunder glaubte, mußte es einen allmächtigen Gott geben.

Um den Scheinbegriff des Wunders, welcher den Glauben an Gott stützte, konnte so durch 2000 Jahre ein erbitterter Kampf geführt werden, der eigentlich erst seit wenigen Jahrzehnten auf die Niederungen geistiger Streitigkeiten eingeschränkt worden ist. Es soll nicht vergessen werden, daß Spinoza als einer der ersten den Scheinbegriff des Wunders bekämpfte; der Haß gegen Spinoza stammte zumeist daher, daß man in seiner Leugnung der Wunder, und nicht ganz mit Unrecht, eine Leugnung des populären Gottesbegriffs erblickte.

Will man aber mit dem Scheinbegriffe *Wunder* ganz fertig werden, so darf man sich gegen den Wunderglauben nicht allein auf das Gesetz der Kausalität berufen. Solange ein wirkender Gott Wunder tun kann, solange ist ja das Gesetz der Kausalität nicht erschüttert, höchstens die mangelhaft bekannten Naturgesetze. Wenn Griechen und Römer an außerordentliche Eingriffe ihrer Götter glaubten, wenn der Neger an außerordentliche Wirkungen seines Fetisches glaubt, dann erscheinen so naivem Glauben diese wunderbaren Ereignisse eigentlich nicht als übernatürlich. Es wäre nur eine Aufgabe der Logik, der Logik eines Thomas, das Gesetz der Kausalität auf die Kräfte oder die Eigenschaften Gottes auszudehnen. Nicht eine Frage des Kausalitätsbegriffs, sondern eine Frage der Geschichtswissenschaft ist das Wunder. Wer an Märchen glaubt wie an die Bibel, für den sind unzählige Wunder bezeugt. Nur daß eine kritische Geschichtswissenschaft aus Vergangenheit und Gegenwart kein einziges Wunder zu berichten weiß.

Wunder bezieht sich ursprünglich und bis auf die Zeit unserer Klassiker auf das Gefühl des Staunens, wie das Verbum *sich wundern*; wie heute noch in der Redensart: *es* (d. h. eigentlich *dessen*) nimmt mich *Wunder*. Übrigens mag sich der Ochse über ein Kalb mit zwei Köpfen wundern; der Weise wundert sich über ein normales Kalb, wundert sich, staunt über jede Mücke.

Z.

Zeit.

I.

Ein entsprechendes Wort für diesen Begriff hat überall und immer der Gemeinsprache angehört. Seitdem es Menschen gibt. Es scheint, daß die Tiere von dem Zeitverlaufe und der Zeitdauer, die uns so wohlbekannte Vorstellungen sind, höchstens dunkle Ahnungen haben. Der Mensch kann, wenn er dazu ein Psychologe der neuen Schule ist, noch zwei Eindrücke als in der Zeit verschieden wahrnehmen, die nur durch $^1/_{500}$ einer Sekunde getrennt sind.

Trotz dieser Genauigkeit der subjektiven Empfindung und der objektiven Messung ist das Zeitproblem eines der schwersten Probleme der Menschheit geblieben; und eines der gefährlichsten dazu; der menschliche Verstand ist ungeeignet, alle sich aufdrängenden Fragen zu beantworten, und kann leicht in die Irre gehen, wenn er zu einer Beschränkung der Fragen nicht stark genug ist.

Das Problem ist so schwer und die Gemeinsprachen gehen an ihm mit so kindlicher Sicherheit vorüber, daß die Etymologien von *χρονος*, *tempus*, *Zeit* usw., auch wenn sie gesichert wären, und daß die entsprechenden Wortgeschichten uns diesmal nicht im mindesten fördern würden. Wer sich über die Begriffsgeschichte orientieren will, der findet eine gute Darstellung in einer Abhandlung von Posch „Ausgangspunkte zu einer Theorie der Zeitvorstellung" (Vierteljahrschrift für wissenschaftliche Philosophie, Bd. 23 und 24).

Ich habe einmal die Lösung des eigentlichen Zeitproblems zu erraten versucht und bin davon ausgegangen, daß die Zeit nicht eine *Form* der Anschauung sei, sondern eine *Bedingung* der adjektivischen Wirklichkeitswelt, also wieder der Anschauung, der äußern und der innern. Ich geriet immer tiefer in unlösbare Widersprüche und rettete meine Besinnung dadurch, daß ich mir der Widersprüche klar wurde, bewußt. Was ich also hier zu bieten wagen kann, das sind nur einige Gedanken über die Beziehungen des Zeitbegriffs zu den physikalischen Lehren von der *Bewegung*, über die Beziehungen des Zeitverlaufs zu der Lehre von der *Entropie* und über die Beziehungen des Zeitgefühls zu dem, was unserem Ichgefühl zugrunde liegt, dem *Gedächtnis*. Die Bemerkungen über Zeit und Bewegung werden sich genauer an die bisherige Philosophie der Zeit anlehnen und gerade darum die Widersprüche in der Metaphysik unserer Physik ausführlich darlegen; ich darf nicht hoffen, die allgemeine Verwirrung der Begriffe völlig entwirrt zu haben. Die Bemerkungen über Zeit und Entropie treten so neu auf, daß ich die Widersprüche vielleicht selbst nicht in der nötigen Distanz sehe; ich habe mich darum verpflichtet gefühlt, die neue Idee bloß als eine Vergleichungsmöglichkeit zwischen der Entropie der Wärme und der Entropie der Zeit vorzutragen. Vollends die Bemerkungen über Zeit und Gedächtnis beschränken sich auf einige wenige Worte, deren Gedanken auszuspinnen sich eine jüngere Kraft anregen lassen mag.

II.

Wenn diejenigen Begriffe die brauchbarsten sind, welche sich am sichersten dividieren, welche sich durch Zahlen messen lassen, so müßten die Ausdrücke für Raum und Zeit unsern Scharfsinn am wenigsten bemühen. Kann sich doch jedermann seinen Zollstock und seinen Chronometer kaufen und hat dann Raum und Zeit in der Tasche.

Was zuerst die Zeit betrifft, so sind unsere Einrichtungen für den praktischen Gebrauch allerdings genau genug. Mit der Uhr in der Hand kann die Köchin voraus wissen, wann die Eier im siedenden Wasser pflaumenweich werden, der Photograph, wann die Platte lang genug dem Sonnenlicht exponiert war, der Geschäftsreisende, wie schnell er zum Bahnhof zu gehen habe, um seinen Zug zu erreichen. Es sei kein Gewicht darauf gelegt, daß auch diese ewigen Wahrheiten Ausnahmen zulassen, daß z. B. der Geschäftsreisende wegen der inzwischen eingeführten mitteleuropäischen Zeit zu spät kommen kann, daß die Sonne trotz allen Glanzes, ihrer Stellung zur Atmosphäre wegen, wirkungsloser wird, daß die Eier roh bleiben, weil das Wasser auf einem hohen Berge siedet. Wir wollen von diesen Nebenumständen absehen, weil sie sich alle wissenschaftlich und zahlenmäßig bestimmen lassen; wir wollen nur fragen, ob die Zeit für uns, trotz aller mathematischen Genauigkeit, objektiv und subjektiv irgend etwas fest Bestimmtes sei.

Objektiv nun kann es keinem Zweifel unterliegen, daß wir die Zeit am letzten Ende nicht an einer Zeiteinheit messen, sondern an einer *Bewegung*. Hätte eine antike Hausfrau die Zeit bestimmen sollen, in der das Ei unter normalen Umständen in siedendem Wasser pflaumenweich wird, so hätte sie sich nach einer Sanduhr gerichtet und die *Bewegung* der Sandkörnchen zum Maß der Zeit genommen. Wir tun dasselbe, auch wenn wir die Sanduhr, die der Köchin wieder zur Hand ist, nicht mehr benützen. Den großen Kreislauf der Erde um die Sonne nehmen wir als große Zeiteinheit an und nennen sie ein Jahr. Die Umdrehung der Erde um sich selbst nennen wir einen Tag. Aber selbst die künstliche Einteilung der Tageseinheit in *Stunden*[1]), *Minuten*

[1]) Die heutige Bedeutung ist viel jünger, als man dem Worte anzuhören glaubt. Wir legen die heutige Bedeutung auch in solche Redensarten hinein, die schon gebraucht wurden, als *Stunde* noch nicht den vierundzwanzigsten Teil eines Tages bezeichnete. „*Zu guter Stunde*, seine *letzte Stunde*, sie erwartet *ihre Stunde*", weisen auf eine Zeit zurück, wo *Stunde* noch allgemein einen *Zeitpunkt* ausdrückte, mit der lokalen Färbung, die Zeitbezeichnungen von jeher gehabt haben. Erst im späten Mittelalter wird *Stunde* zur üblichen Bezeichnung für den bestimmten Teil des Tages. Früher sagte man für diesen Zeitraum *Uhr*, wie heute noch: „Es ist zehn *Uhr*", „Wieviel *Uhr* ist es?" In diesen alten Formen verrät es sich sofort durch den Wegfall der Deklination, daß *Uhr* eine Maßeinheit ist. (Zehn *Fuß* lang. Wieviel *Fuß?*) Seitdem *Uhr* allgemein zum Worte für den Zeit*messer* geworden ist, erscheinen diese Gebrauchsarten unorganisch und haben sich nur durch ihre Täglichkeit erhalten. Doch drängen sich schon pedantische Formen ein, wie „Was ist es *an der Uhr?*"

Natürlich ist *Uhr* ein Lehnwort, direkt oder indirekt das lateinische *hora*. Es war eine arge Verirrung, *Uhr* aus dem schwedischen *yre* (sich drehen, *irre* gehen) herzuleiten; das Wort *Uhr* ist älter als die Sache *Zifferblatt*. Das lateinische *hora* ist ganz unverändert ein Lehnwort. Doch weder *ὥρα* noch *hora* bezeichnete ursprünglich, was jetzt *Stunde* heißt; *ὥρα* bezeichnete (die reizenden Beziehungen zur Mythologie spotten jeder Aufklärung) die und *Sekunden* können wir selbstverständlich nicht durch Anlegen eines noch kleineren Zeitmaßes gewinnen, denn da Jahr und Tag Bewegungen sind, so können sie wieder nur durch Bewegungen gemessen werden. Und als die Astronomen gelernt hatten, die Umdrehungen der Erde unter die Klasse der gehemmten Fallbewegungen zu bringen, mußte ihre

---

Jahreszeiten, eigentlich die günstige Jahreszeit, dann überhaupt die passende Zeit, wie *καιρος*; insbesondere die Zeit der Reife. Als technischer Ausdruck wurde es erst im zweiten Jahrhundert von Hipparchos, oder nicht viel früher, auf die astronomisch berechnete Zeit angewandt. Trotzdem oder weil auch im Griechischen die alte Bedeutung neben der neuen bestehen blieb, schwankte der Gebrauch im Lateinischen; *hora* bedeutet Zeit, Jahreszeit, Stunde im alten und im neuen Sinn. Schon findet sich bei Horaz die Frage: *hora quota est?*

Übrigens wurde die griechische *ὥρα* in Rom erst eingeführt, mit der Sache, als 263 v. Chr. auf dem römischen Markte die erste Sonnenuhr aufgestellt wurde; freilich passierte es da den Römern, daß sie eine für Catana (4 Grade südlicher) berechnete Sonnenuhr aufstellten und sich 100 Jahre nach ihr richteten.

Als aus dem lateinischen *hora* das französische *heure* wurde, war mit *hora* wieder eine Veränderung vor sich gegangen. Im Dienste der Kirche. *Horae* waren zunächst die festgesetzten Zeiten für die abzuleistenden Gebete. Der Bauer und der Bürger brauchte damals die Stunde nicht genau einzuhalten; der Mönch nur brauchte einen Stundenmesser, ein *horologium*. Das bedeutete zugleich das Buch, in welchem die Zeiten für die einzelnen *Horen* eingetragen waren (in der slavischen Kirche *Czasoslov*), und das Instrument, mit dessen Hilfe die Mönche zu den *Horen* geweckt wurden. (*Horologium* bei du Cange). Aus *horologium* wurde in Frankreich *horloge*. Im Deutschen wandelte sich *hora* zu *Uhr*, zuerst, wie gesagt, im Sinne des Zeitteils, nachher im Sinne des Zeitmessers. Ich kann es nicht belegen, aber es ist leicht vorzustellen, daß die beiden Bedeutungen gemeinsam an der üblichen Sanduhr haften konnten, die ein Zeitmesser war und doch nur genau eine Stunde lang ging.

Als aber *Uhr* nicht nur den Zeitmesser bedeutete, sondern die Uhren auch in allgemeineren Gebrauch kamen, als gar eine Uhr länger ging wie eine Stunde, da brauchte die Sprache ein neues Wort für den vierundzwanzigsten Teil eines ganzen Tages. Das Lehnwort war für den Zeitmesser verbraucht, eine Lehnübersetzung mußte herhalten. Ich wenigstens nehme an, daß *Stunde* (von *stehen*) eine schöne und kühne Bildung ist, um das astronomische und astrologische Wort *Position* wiederzugeben. Zeit und günstige Zeit spielen schon beim griechischen *ὥρα* durcheinander. Im Französischen sind die Worte *heure* und *heur* (*augurium*) leicht miteinander zu verwechseln. Ich empfehle meine Vermutung der Aufmerksamkeit von Kennern der deutschen und der niederländischen Astrologie.

Schon Lessing notierte sich (Nachlaß, Beiträge zu einem deutschen Glossarium) aus dem Heldenbuch eine Stelle, wo *Stund* im Sinne von *mal* steht. „Wär er drei *stund* minder, er wär' mir noch groß genug". Da *mal* nun einstmals einen Ort, dann ein Ortszeichen, erst später ein Zeitzeichen und dann wieder ein Wort für Zählung von Zeitzeichen und für Zählung überhaupt wurde, so muß ich glauben, daß das von Lessing bemerkte *stund* ziemlich genau die Entwicklung von *mal* durchgemacht hat, bevor es zum Zeichen der Zeiteinheit wurde. Der Parallelismus mit *hora* wäre da, wenn wir deutlich in einen alten Lokalsinn von *ὥρα* (*ὅρος*, *ὁριζω*) hineinblicken könnten. Adelung gibt übrigens Beispiele für *stund* = *mal* im Einmaleins. Im Plattdeutschen hat sich der alte Sinn vielleicht bis zur Stunde erhalten in *upstunds* = *jetzt*.

Größe wieder durch gehemmte Fallbewegungen gemessen werden. So ist der Maßstab für Sekunden und Minuten die Bewegung des Pendels, oder was ihr in unseren Taschenuhren entspricht.

Bedenkt man nun, daß jede Bewegung die Wirkung unbekannter Ursachen ist, die Zeit aber ein unbekannter Faktor dieser unbekannten Ursachen, so wird man zugeben, daß die Zeit eben auch nur für den Sprachgebrauch des täglichen Lebens nutzbar gemacht, als Sprachbegriff aber objektiv unfaßbar ist.

In subjektiver Beziehung ist, wie eine Baersche Phantasie schon gelehrt hat, die Zeit ganz unkontrollierbar. Die Stunde kann verfliegen oder sich zur Unerträglichkeit dehnen. Für unser subjektives Empfinden ist die Zeit wie das Gefäß eines Taschenspielers, das bald durch einen Tropfen gefüllt werden, bald nach endlosem Eingießen leer bleiben kann.

Nun scheint dafür der Raum das meßbarste aller Dinge geworden zu sein. Der Einwand, daß auch die feinsten Meßinstrumente (ebenso wie bei der Zeit) immer nur annähernde Vergleiche zulassen, mag für eine Schikane gelten, obgleich das à-peu-près für alle Begriffe, also auch für Raum und Zeit gelten wird. Mag man ferner davon absehen, daß die Raumgröße aller Dinge sich durch Wärmeunterschiede unaufhörlich ändert, wie denn auch die Länge und Bewegung des Pendels nach der Temperatur wechselt, das sind wohl Kleinigkeiten, die die Zahlenformeln schließlich doch nur verwickelter machen.

Aber am letzten Ende ist jeder Raumbegriff — selbst die Entfernung meiner Fingerspitzen von meinem Auge — doch nur der Ausdruck für eine Bewegungsgröße. Und wie bei der Zeit die Bewegung des Pendels zum Maß der kleinsten Einheiten gemacht wird, so ist schließlich das Maß für unsere handlichen Raumeinheiten der lebendige Mensch, d. h. die Bewegung seines Armes. Man mache sich doch klar, daß ein von Geburt an gelähmter Mensch, der auch die Augen nicht bewegen könnte, gewiß *unsere* Vorstellung vom Raum nicht besäße. Eine Wanze, die Zeit ihres Lebens eine ebene Wand bewohnt, nimmt keinen dreidimensionalen Raum wahr, sondern nur einen flächenhaften, der höchstens durch die Dicke der Wanze materialisiert wird. Was ohne Bewegung vom Raum übrig bliebe, das wäre die bloße *Richtung*, die nicht meßbar ist.

Selbst die Richtung aber verwirrt sich ins Tolle, wenn wir Folgendes erwägen: Wir halten die Richtung zwischen unseren Augen und einer Kirchturmspitze fest; in der Wirklichkeit stürzt die Erde mit samt dieser Richtung im schnellsten Kreislauf um sich selber, die Sonne reißt gleichzeitig die sich samt unserer Richtung drehende Erde im reißenden Lauf um sich herum; irgend eine Zentralsonne schmettert die Sonne mit samt allen stürzenden Planeten und diese mit samt ihren doppelten unausdrückbaren Flügen, also auch die Erde mit samt unserer Richtung, herum .... und hinter der

Zentralsonne wirkt vielleicht wieder eine Urmuttersonne .... wo? Im Raume?

III.

Bewegung, *Raum*, *Zeit* und *Kraft* (Kausalität) sind im Sprechen oder Denken der Menschen so durcheinander gewirrt, daß es nicht wundern kann, wenn die schärfsten Köpfe seit Jahrtausenden nicht imstande waren, die einzelnen Begriffe auseinander zu wirren. Der Versuch muß je nach dem Stande der phoronomischen Vorstellungen immer wieder neu gemacht werden.

Selbst die wohlbekannten Ortsveränderungen, welche erst den gemeinen Begriff der *Bewegung* in die Sprache gebracht haben, sind nicht von einerlei Art. Bewegungen der Menschen, wie sie schon das Kind im Mutterleibe vollführt, und wie sie der Mensch unserer Zeit im Wagen, auf dem Schiffe, in der Eisenbahn, im Luftschiff immer schneller und komplizierter ausführt, sind immer von Erlebnissen begleitet. Der laufende Mensch nimmt den Raum, in dem er sich bewegt, mit den Augen und zugleich mit dem Tastgefühl wahr. Selbst Gehör, Geruch und Wärmesinn können sich an der Beobachtung beteiligen. Dazu empfindet der sich bewegende Mensch die ablaufende Zeit und ist sich seiner eigenen Kraft oder seines Willens oder eines Motivs seiner Bewegung bewußt. Er bewegt sich im Raume. Seine Sprache macht es ihm unmöglich, die metaphorische Tautologie der Präposition *in* zu fassen. Nur strenges Nachdenken wird ihn befähigen, wenigstens das Metaphorische der Präposition (*in der Zeit*) zu begreifen. „Im Raume" heißt so viel wie „im Raume des Raums". „In der Zeit" bildlich so viel wie „im Raume der Zeit".

Die Bewegung pflanzlicher Organismen hat noch viel Ähnlichkeit mit der der Tiere und Menschen. Auch Zeitgefühl soll ja nach Experimenten mit Bäumen, die in ein anderes Klima versetzt wurden (nordische Birken treiben, nach dem Süden versetzt, so spät wie zu hause), den Pflanzen nicht fremd sein. Und doch ein Unterschied. Die Pflanze verändert sich und bewegt sich *im* Raume, im Koordinatensystem, dessen Nullpunkt etwa die Grenze zwischen Stamm und Wurzel ist, sie bewegt sich relativ zu diesem Koordinatensystem, kennt aber nicht Veränderung des *Ortes*.

Die Gesetze der Bewegung wurden aber nicht — wie sprachlich und heute noch dynamisch die Gesetze der Kraft — von tierischen und menschlichen Bewegungen hergenommen, sondern von den aus eigener oder fremder Kraft bewegten anorganischen Körpern, geworfenen Steinen und kreisenden Planeten. Ballistik und Astronomie, Kriegskunst und Kalender forderten eine Phoronomie. Wie bei der Eigenbewegung konnte der Mensch die Bewegung des geworfenen Steins sehen, die des fallenden tasten. Konnte nach der ungeheuren Geistesarbeit Newtons die Bewegung des Steins der der Planeten gleichsetzen. Aber noch Newton nahm die Begriffe Bewegung, Raum, Zeit, Kraft fast unkritisch, wie die Gemeinsprache sie ihm bot. Bei der

Beobachtung der Steinbewegung wird die Bewegung *im* Raume, *in* der Zeit beinahe gleich metaphorisch. Wie der Mensch bei den Mitmenschen ohne Beweis ein dem eigenen gleiches Seelenleben voraussetzt, so setzt er beim fliegenden Stein einen objektiven Raum voraus, den der Stein nicht selber fühlt. Und eine objektive Zeit, die der Stein wieder nicht selber fühlt. Newtons *absoluter* Raum ist nichts weiter als der vom Menschen mit dem Stein hinausprojizierte, objektive, also gedachte Raum. Ebenso steht es da um die Zeit. Wenn aber die Natur Sprache hätte, so würde der Unterschied herauskommen. Die Natur hat nur relativen und subjektiven Raum. Die Frage ist, ob die Zeit der Natur nicht objektiv, nicht wirklich ist.

Nun kennt die Akustik seit sehr langer Zeit, die Optik seit hundert Jahren, die Elektrizitätslehre seit kurzem noch eine Art Bewegung, die Wellenbewegung, die man bildlich auch in der Akustik eine mikroskopische nennen könnte. Die Bezeichnung ist bildlich von der Wellenbewegung des Wassers hergenommen. Und schon da, trotzdem jedes Kind das Laufen der Welle vom Ursprung im Teiche nach dem Ufer zu deutlich wahrnehmen kann, ist es offenbar, daß die Bewegung anders verläuft als bei der makroskopischen Bewegung von laufenden Menschen und geworfenen Steinen. Die Planetenbewegung führe ich nicht an, weil sie vielleicht als in sich zurückkehrend, in einem Inertialsystem stabiliert, der Wellenbewegung oder der Molekularbewegung makromikroskopisch verwandt ist. Aber die Wellenbewegung des Wassers scheint sich mir z. B. zur Bewegung des fließenden Wassers zu verhalten wie die Bewegung der Pflanze zur Bewegung des Tiers. Was sich bei der Wellenbewegung wirklich bewegt, was Wellen macht, ist teils Erscheinung, teils Kraft. Das einzelne Wasserteilchen jedoch ist festgewurzelt wie die Pflanze am Nullpunkt seines Koordinatensystems, kennt keine Veränderung des *Ortes* und hat überdies im idealen Falle nur Bewegung in einer einzigen Dimension, positiv und negativ natürlich. Auf die Wellenbewegung des Wassers und der Luft kann der Zeitbegriff wie auf die Planetenbewegung angewandt werden.

Die Bewegung der Gasteilchen ist nach der Theorie, die darum die kinetische heißt, wieder mit relativer Ortsveränderung verbunden, geht aber dennoch innerhalb eines Inertialsystems vor sich. Wie freilich auch der geworfene Stein am Ende auf die Erde zurückfällt.

Die Bewegung der Elektrizität soll mit der des Lichtes zusammenfallen. Die Ortsveränderung der Elektrizität am leitenden Draht betrifft wieder nur Erscheinung oder Kraft. Von der wirklichen Bewegung der einzelnen Elektrizitätsteilchen wissen wir nichts, weil wir diese Teilchen nur hypostasieren und entweder die Wellenbewegung oder die theoretisch erschlossene Gasbewegung ihnen nur bildlich zuschreiben.

Womöglich noch weniger wissen wir von der angenommenen Molekularbewegung der festen Körper: von der Bewegung bei chemischen Erscheinungen und von der inneren Wärmebewegung.

Und auf alle diese Arten des Bewegungsbegriffs werden nun im ganzen und großen die Formeln angewandt, die in der Zeit zwischen Galilei und Newton aus dem Fall und Wurf der Körper abstrahiert wurden.

Kopernikus selbst hat, wie nachher Newton, den Bewegungsbegriff direkt nicht untersucht. Erst Kepler suchte die Vorstellungen zu verlassen, die seit Aristoteles gang und gäbe waren. Aristotetes hatte den Begriff der *Relativität* der Bewegung, der Relativität der Örter noch nicht. Was heute jedem Schüler geläufig ist oder sein sollte, das bereitete einst den größten Männern Denkschwierigkeiten: daß zwischen einem sinkenden Pendel und der Erde die Annäherung als gegenseitig aufgefaßt werden kann, oder die Bewegung teilweise der Erde oder dem Pendel in der Vorstellung zugeschrieben, daß aber endlich die Ursache der Bewegung, die sogenannte Anziehungskraft, wirklich im Verhältnis gegenseitig ist.

Der Gegensatz gegen Aristoteles wird bei Galilei noch klarer und schärfer als bei Kepler, allerdings auf die Gefahr einer Beseelung der Natur, einer anthropomorphen Naturanschauung, die bei Galilei nur weniger dichterisch und phantastisch ist als bei Kepler. Sehr schön wendet sich Galilei in den Dialogen gegen den Rationalismus der Aristoteliker, die aus unserer Naturerkenntnis auf das Naturwirken, aus menschlich erdachten Naturgesetzen gewissermaßen auf Motive der Natur schlossen. Galilei erkannte aber, daß die Natur schon in der Mechanik geheimnisvoller ist, als unsere Vernunft ahnen kann (natürlich ohne die Vorstellung, daß die menschliche Sprache, die das bißchen Menschenvernunft erst zur Entwicklung gebracht hat, an die sprachlose Natur nicht heran kann). So weist Galilei der Natur beinahe ein zweckmäßiges Motiv des Wirkens zu, die Simplizität; die Natur hat **ihren eigenen** Anschauungsraum, und nur, was in *diesem* Raume vor sich geht, ist *wahre* Bewegung; was im Anschauungsraume des Menschen vor sich geht, wenn er nicht mit dem der Natur zusammenfällt, das ist *scheinbare* Bewegung. Die Relativität der Bewegung, die Relativität der Örter, hat Galilei erkannt, wenn auch wieder nicht genau definiert.

Ganz klar hat die Relativität der Ortsbewegung erst Descartes ausgesprochen, wie er mit meisterhafter Abstraktion auch das *Trägheitsgesetz* zuert formuliert hat.

In fast bewußt einseitiger Größe hat sich der Mathematiker Newton da dem Mathematiker Descartes angeschlossen, wo es sich um Definitionen oberster Begriffe handelte (Bewegung, Trägheit), an Galilei, wo er dessen Phoronomie so ungeheuer weit führen sollte. In der merkwürdigen und ausführlichen Anmerkung, die die einleitenden Erklärungen seiner „Principia" abschließt, sagt Newton zunächst „Zeit, Raum, Ort und Bewegung erkläre ich nicht, weil sie allen bekannt sind." Mit fast erzwungener Nüchternheit lehnt er so nicht nur die kraß anthropomorphe Phantastik Keplers, sondern auch die leise Naturbeseelung Galileis ab; erst später rettete sich die Mystik Newtons, ohne welche ein solcher Riesengeist wirklich nicht wirkend gedacht werden kann, in den größten Anthropomorphismus, in seinen Gott, als dessen Sensorium der *Raum* gelten sollte. Diesen Gott hat er zu der *Zeit* in kein so organisches Verhältnis gebracht.

Aber schärfer als irgend jemand vor ihm hat Newton, wie seine große Aufgabe es verlangte, Zeit und Raum bei der Bestimmung der Bewegung und der Örter parallel gesetzt (L. Lange, „Der Bewegungsbegriff während der Reformation der Himmelskunde" in Wundts philosophischen Studien III 384). Ich möchte nun zeigen, daß dieser Parallelismus von Zeit und Raum von Newton nicht kritisch genug aufgestellt worden ist. Eine dreidimensionale und eine eindimensionale Größe können ja wohl nicht parallel sein, auch im metaphorischen Sinne nicht. Newton glaubte zu sehr an die Sprache, als er Zeit, Raum, Ort und Bewegung als allen bekannt nicht erklären wollte.

An allen diesen Begriffen unterscheidet er gleichmäßig oder fast gleichmäßig zwei Erscheinungsformen: es gebe neben der absoluten, wahren und mathematischen Zeit, die gleichförmig und beziehungslos dauert, eine relative, scheinbare und gewöhnliche Zeit. Und so gebe es auch einen beziehungslosen absoluten Raum neben dem meßbaren relativen Raum. Wir können, ohne den Sinn Newtons zu fälschen, die absoluten Erscheinungsformen von Zeit und Raum auch die objektiven nennen. Ich behaupte nun, daß der dreidimensionale Raum, augenscheinlich so faßbar in jedem Dinge, niemals absolut werden kann, immer relativ bleiben muß, daß dagegen die unfaßbare, nur bildlich durch Raumgebilde meßbare Zeit wenigstens objektiv sein kann, daß die Relativität der Zeit eine ganz andere ist als die des Raums.

Newtons oft wiederholtes Beispiel, das schon bei Descartes zu finden ist, erklärt die Relativität der Bewegung sehr anschaulich durch Erde, Schiff und Schiffer. „Bewegt sich der Teil der Erde, auf welchem das Schiff sich befindet, gegen Osten mit einer Geschwindigkeit von 10010 Einheiten; das durch Wind und Segel angetriebene Schiff gegen Westen mit einer Geschwindigkeit von 10 Einheiten; geht endlich der Schiffer im Schiffe gegen Osten mit einer Geschwindigkeit von 1 Einheit, so bewegt sich der letztere *wirklich* und *objektiv* im unbewegten (?) Raume gegen Osten mit einer Geschwindigkeit von 10001 Einheiten und *relativ* auf der Erde gegen Westen mit einer Geschwindigkeit von 9 Einheiten." Den Hinweis auf den unbewegten Raum verstehe ich in diesem Zusammenhange nicht; wenn Newton nicht selbst andeuten wollte, daß die „absolute" Bewegung des Schiffers gegen Osten nur dann absolut ist, wenn wir die übrigen Bewegungen der Erde nicht in Betracht ziehen. Ich will das Beispiel so abändern, daß die Erde anstelle des Schiffes tritt (sie schwimmt ja im Äther) und unser Sonnensystem anstelle der Erde.

Wenn ich diktierend in meiner dreidimensionalen Stube auf und nieder gehe, so ändert meine Bewegung die Örter meines Körpers relativ zu meiner Stube. Dabei bewegt sich meine Stube mit der Erde ungleich schneller drehend gegen Osten; aber es ist doch offenbar Willkür, die Resultierende aus meiner Bewegung und der Erddrehung eine *absolute* Bewegung zu nennen. (Die Bewegung der Erde um die Sonne lasse ich sogar beiseite, weil diese meine Bewegung im Raume nur kompliziert, sich aber auf das gleiche System bezieht, wie die Drehung. Auch die kleinere Kreiselbewegung der Erdachse will ich aus dem gleichen Grunde nicht in Rechnung setzen.) Nach gegenwärtiger Wissenschaft bewegt sich unser Sonnensystem mit noch viel ungeheurerer Geschwindigkeit in einer bestimmten Richtung des Fixsternhimmels, mitsamt der drehenden, kreisenden und kreiselnden Erde, mitsamt meiner Stube und mitsamt meinem wandelnden Körper. Da ist nun meine Bewegung im Raume des Sonnensystems nur noch relativ. Aber wieder wäre es Willkür, die Resultierende all dieser Bewegungen und den durchmessenen Raum im System der angenommenen Zentralsonne absolut zu nennen oder auch nur objektiv. Denn der Schematismus unseres Denkens hält bei der Zentralsonne nicht inne. Auch das System der Zentralsonne mag wieder in einem Raume weiterer Relativität von einer mächtigern Urzentralsonne angezogen werden. Und so ins Unendliche. Womit wir auf den Krücken der wissenschaftlichen Sprache endlich in den unendlichen Raum hinausgetreten sind, der ja gern mit dem absoluten oder objektiven Raum identisch sein mag.

Unendlich nennen wir in dieser Sprache auch die Zeit, die eindimensionale. Und relativ hat sie Newton genannt. Während ich in meiner Stube auf und nieder gehe, werfe ich ab und zu einen Blick auf das Zifferblatt meiner Pendeluhr und lese vom relativen Raume, dem Verhältnisse zwischen Zeiger und Kreis, das ab, was man die relative Zeit nennen könnte, nach der Einteilung des Tages in 24 Stunden usw. Ich konnte die Zeit auch ablesen nach der scheinbaren Bewegung der Sonne im „absoluten" Raume (Newton hätte stutzig werden müssen darüber, daß nach ihm die Sonne eine scheinbare Bewegung im absoluten Raume ausführt). Beide Mal hätte ich fehlerhafte Zeitangaben erhalten, nicht mathematisch genaue, von der Ungleichheit des Erdentages zu geschweigen. Nur relativ wie der Raum ist die eindimensionale Zeit nicht. Und wenn man mir einwenden will, daß doch auch die Jahreszählung da nach der Gründung Roms, dort nach Christi Geburt, da nach der Hedschra, dort nach einer Thronbesteigung gezählt werde, daß die Stundenzählung da mit der Mitternacht, dort mit dem Mittag und wieder anderswo mit

Sonnenuntergang beginne, so antworte ich darauf, daß diese Relativität der Zeit etwas ganz anderes sei als die Relativität des Raums. Zunächst ist die Zeit eindimensional und darum die Orientierung in den verschiedenen Relationen eine überaus einfache. Jedes Schulkind kann die Relation zwischen dem gegenwärtigen Moment, der Gründung Roms und Christi Geburt spielend überschauen. Sodann aber (was freilich mit dem eindimensionalen Charakter und der wahrscheinlich eindeutigen Richtung der Zeit zusammenhängen mag) beziehen sich alle diese Zeitmessungen ohne jede Ausnahme auf den Nullpunkt einer einzigen Ordinate, können wenigstens auf ihn bezogen werden, während die Relationen des Raumes von einem Koordinatensystem zum höheren und immer wieder zu einem nächst höheren sich steigern. Daher mag es kommen, daß uns bei dem Versuche, einen Zentralpunkt für den absoluten Raum zu finden, schließlich ein gefährlicher Schwindel ergreift, daß wir aber in die unendliche Zeit vor- und rückwärts ruhig hineinblicken können.

Man werfe mir nicht ein, daß wir auch in den unendlichen Raum mit gleicher ehrfürchtiger Ruhe hineinblicken. Seine Relativität schauen wir ja nicht an. Und wenn in solchen Dingen das Gefühl mitsprechen darf, so möchte ich dazu noch eines sagen. Sitze ich in meiner Stube still, so wird auch der unendliche Raum zu Ruhe gebracht und ist für mich nicht mehr. Die Zeit aber stürzt an mir vorüber, auch wenn ich das Pendel nicht ticken höre; ich fühle die Zeit stürzen, wirksam fließen.

Von seinem überaus konsequenten idealistischen Standpunkte aus hat Berkeley Newtons Lehre vom absoluten Raum usw. bis zur Sophistik scharfsinnig bekämpft. „Zeit, Raum und Bewegung sind, wenn sie im einzelnen oder konkret genommen werden, einem jeden bekannt; sind sie aber durch den Kopf eines Metaphysikers gegangen, so werden sie zu abstrakt und fein, um von Menschen mit gewöhnlicher Fassungskraft verstanden zu werden.“ (Principles 97. Stück.) Der Diener verstehe ganz gut, wenn er sich zu einer bestimmten Zeit an einem bestimmten Orte einfinden solle, und bewege sich auch ganz richtig hin. Die Zeit in abstracto mache vielleicht auch einem Philosophen Mühe. Ganz nominalistisch und sprachkritisch wird Berkeley bald darauf (116. Stück), da er den absoluten Raum leugnet. „Freilich sind wir geneigt zu glauben, daß jedes nomen substantivum eine bestimmte Idee vertrete, die von allen andern gesondert werden könne, was unzählige Irrtümer veranlaßt hat.“

Mit einem sehr geistreichen, aber schiefen Bilde lehnt Berkeley die Reziprozität der Bewegung ab. Kein Mensch werde behaupten, daß die Pflastersteine, über die er schreitet, bewegt genannt werden können, weil sie den Abstand von seinen Füßen ändern. „Wie ein Mensch über etwas denken kann, was selbst nicht denkt, so kann ein Körper zu einem andern Körper hin oder von demselben weg sich bewegen, ohne daß doch darum der letztere selbst in Bewegung ist.“ (113. Stück.) Berkeley will nicht zugeben, daß man jede Änderung einer räumlichen Beziehung reziprok und bildlich eine Bewegung nennen dürfe; und was das Denken über ein Ding anlangt, das selbst nicht denkt, so möchte ich das Paradoxon wagen, daß oft genug etwas Totes durch die Denkbewegung eines lebendigen Menschen bewegt worden ist. Die Helden der Geschichte werden durch leidenschaftliche Geschichtsschreiber in bewegende Kräfte neuer Taten umgesetzt.

Sehr merkwürdig, daß schon Berkeley (in der Abhandlung „De motu“ § 65) nicht nur daran zweifelt, ob die Bewegung gleichförmig sein müsse — wobei er sich mit Newtons Bedenken gegen die Gleichförmigkeit des Zeitablaufs begegnet —, sondern auch daran, ob die Bewegung gradlinig sei. An moveatur uniformiter in directum.

Diese ganze Abhandlung (De motu sive de motus principio et natura et de causa communicationis motuum) ist nominalistisch-idealistisch gegen Newtons Begriffe gerichtet, nicht gegen seine Lehre. (4) Was gravitas vulgo nuncupatur, sei causa caeca et incognita; darum könne gravitas nicht eine qualitas sensibilis genannt werden; auch sie sei eine qualitas occulta. (69) Physice res explicatur non assignando ejus causam vere agentem et incorpoream, sed demonstrando ejus connexionem cum principiis mechanicis. (18) Aliud demonstrationibus mathematicis inservire, aliud rerum naturam exhibere. (3) Sollicitatio et nisus sive conatus rebus solummodo animatis revera competunt. Cum aliis rebus tribuantur, sensu metaphorica accipiantur necesse est. A metaphoris autem abstinendum philosopho. (17) *Vis, gravitas, attractio,* und solche Worte seien nützlich zur Berechnung körperlicher Bewegung, nicht aber zum einfachen Verständnis von der Natur der Bewegung. Direkt gegen ein bekanntes Wort Newtons scheint es zu gehen, wenn Berkeley fortfährt: Attractionem certe quod attinet patet illam ab Newtono adhiberi non tanquam qualitatem veram et physicam, sed solummodo ut hypothesim mathematicam. (67) Ceterum entia mathematica in rerum natura stabilem essentiam non habent: pendent autem a notione definientis: unde eadem res diversimode explicari potest.

Berkeley leugnet also absoluten Raum und absolute Bewegung. (53) Ex spatio igitur absoluto auferamus modo vocabula, et nihil remanebit in sensu, imaginatione aut intellectu: nihil aliud ergo iis designatur, quam pura privatio aut negatio, hoc est merum nihil. (63) Absolute Bewegung sei unbegreiflich (66), man müsse unterscheiden zwischen mathematischen Hypothesen und der Natur der Dinge; zweitens cavere ab abstractionibus. (68) Vis incita . . . vis impressa . . . idem erit quoad rem, differentia existente in nominibus tantum. Aber er kennt schon die Lehre von der Erhaltung der Kraft (19): ex recentioribus multi sunt in ea opinione, ut putent motum neque destrui nec de novo gigni, sed eandem semper motus quantitatem permanere.

Die Abhandlung fängt mit einer Warnung vor den Worten an: Ad veritatem inveniendam praecipuum est cavisse ne voces male intellectae nobis officiant; quod omnes fere monent philosophi, pauci observant. Und (29): vocem autem proferre et nihil concipere, id demum indignum esset philosopho.

Man wird der Größe Berkeleys niemals gerecht, wenn man die restlose Vereinigung nicht nachfühlen kann, die in seinem Geiste Skepsis und Mystik oder doch radikale Kritik und Theosophie vollzogen haben. Theosophie und Mystik hindern Berkeley, seinen konsequenten Skeptizismus kalt und nüchtern zum Atheismus auszubilden. Er glaubt ganz naiv an den Gottschöpfer, nicht den Schöpfer Himmels und der Erden, aber den Schöpfer des Menschengeistes. Und mit den Dogmen der Theologie hat sein Schöpfer gar nichts gemein. Über diesen Gott etwas auszusagen, wäre die äußerste Torheit und Anmaßung (Pr. 81). Berkeley steht also trotz seiner Skepsis und trotz seiner Empfehlung, nach den Zweckursachen des weisen und guten höchsten Wesens zu forschen (Pr. 107), mit einem Fuße auf dem Boden des modernen englischen Agnostizismus. Ursachen sind Zeichen, ganz so wie später bei Hume. Gott ist das Zeichen der Dinge, die wir wahrnehmen, und die Dinge sind Zeichen Gottes, also Wirkungen gleich Ursachen, in eben der Weise, „wie unsere Perzeptionen der von Menschen hervorgebrachten Bewegungen uns als Zeichen dienen." (Pr. 148) So scheint mir Berkeley eine Brücke zu bilden zwischen der lachenden Ehrfurcht oder Gottesliebe Spinozas und der grimmigen Pietätslosigkeit Humes.

Und Schopenhauer, der den historischen Gang von Cartesius über Malebranche, Spinoza und Berkeley zu Kant und dann wieder den zweiten Weg von Locke über Berkeley, Hume zu Kant so vorzüglich dargestellt hat, hat an dieser Stelle dennoch (Par. I 14) ein Unrecht gegen Berkeley begangen und einen kleinen Schnitzer dazu. Schopenhauer sagt: „Überhaupt legte sein geistlicher, sogar bischöflicher Stand ihm zu schwere Fesseln an und beschränkte ihn auf einen beengenden Gedankenkreis, gegen den er nirgends anstoßen durfte"; nur daß Berkeley, als er seine entscheidenden Werke schrieb, nicht Bischof war und kaum Geistlicher. Es ist nur sinnloser Weise hergebracht, Bischof Berkeley zu sagen. Treffend ist aber, was bei Schopenhauer unmittelbar vorausgeht: „Er hat mit seinen Vorgängern auch dies gemein, daß er Gott für bekannter als die vorliegende Welt und daher eine Zurückführung auf ihn für eine Erklärung hält." Freilich, auch Schopenhauer hält den ihm so bekannten *Willen* für eine Erklärung. Und Berkeleys Gott ist noch unschädlicher als Spinozas *deus sive natura*. Berkeley hätte sagen können *deus sive spirit*, weil auch er in der ganzen Wirklichkeitswelt nichts sieht als *spirits* und so sein monistischer Spiritualismus oder konsequenter Idealismus mit dem Pantheismus manche Ähnlichkeit hat.

Ich mußte bei dem einzigen konsequenten Idealisten Berkeley länger verweilen, als es auf dem Wege zum gegenwärtigen Kritizismus oder gar in historischen Darstellungen physikalischer Grundlehren üblich ist. F. A. Lange hat schon (II 417) kurz und klar darauf hingewiesen, daß ebenso logisch wie historisch Empirismus, Materialismus und Sensualismus in dieser Reihenfolge nacheinander kommen und erst aus dem Sensualismus Lockes der Idealismus Berkeleys und dann wieder die Skepsis Humes und die Kritik Kants hervorgehen. Diesen Zusammenhang hat schon Hamann erkannt, nicht ohne Anachronismen; in seiner Metakritik (VII, 4) sagt er, daß Hume ohne Berkeley schwerlich der große Philosoph geworden wäre; und noch schärfer in einem Briefe an Herder (VI, 244): „So viel ist gewiß, daß ohne Berkeley kein Hume geworden wäre, wie ohne diesen kein Kant. Es läuft doch alles zuletzt auf *Überlieferung* hinaus, wie alle Abstraktion auf sinnliche Eindrücke." Sehr merkwürdig, diese letzte Vertiefung des Berkeleyschen Hasses gegen Abstraktionen; und wunderlich, daß Kant selbst, dessen „Prolegomena" an dieser Briefstelle von dem lauernden Hamann angekündigt werden, in diesem Werke fast wie ein Empiriker das geistige Tischtuch zwischen seinem Idealismus und dem von Berkeley zerschneidet.

Berkeleys Idealismus, die Lehre also, daß wir ganz gewiß unsere Vorstellungen von der Wirklichkeitswelt in uns finden, außerdem aber von den Dingen durchaus nichts wissen, dieser reine und konsequente Idealismus ist allen Gegnern von Holbach bis Lange mit Recht unwiderleglich erschienen, unwiderleglich wenigstens (Lange I, 423) mit bezug „auf die Leugnung einer von unsern Vorstellungen verschiedenen Körperwelt", ebenso unwiderleglich, wie später der bis zum Wahnsinn konsequente Solipsismus. Auch Lichtenberg stellte sich gern auf diesen Boden; und d'Alembert. Ein Mathematiker also und ein Physiker, die beide weit entfernt waren, Hirngespinste zu spinnen. Und wenn wir uns ohne Wortaberglauben fragen, wer in diesem letzten Streite recht behalten habe, so könnte die Antwort recht überraschend ausfallen.

III.

Locke hatte an den Dingen der Wirklichkeitswelt die primären und die sekundären Eigenschaften unterschieden; die räumlichen Eigenschaften gehörten ganz gewiß zu den primären, und wir können den Raum kaum von Zeit und Bewegung trennen; zu den sekundären Eigenschaften gehören alle Daten unserer Sinnesorgane. Nun hat die neuere physiologische Psychologie der Sinnesorgane, besser: deren Erkenntnistheorie unwiderleglich nachgewiesen, daß Locke Recht hatte, daß Farben, Töne usw. nicht den Dingen anhaften, sondern vielmehr in unsern Organen, durch unsere Organe entstehen. Man drückt das seit Helmholtz gewöhnlich so aus, daß der kritische Idealismus Kants durch die neuere Physiologie bestätigt worden sei. Ob Kant auch darin recht hatte, daß ebenso Raum und Zeit den Dingen fremd und nur Formen der menschlichen Vorstellungsweise sind, darüber herrscht noch Streit. Nun aber hat nicht Philosophie und Metaphysik, wohl aber materialistischer Erfinderscharfsinn dahin geführt, daß wir heute nicht etwa theoretisch, nein, ganz praktisch und benutzbar Bewegungen der Körper in Zeit und Raum herstellen können und herstellen durch dieselben Ätherbewegungen, die nach der Physiologie der Sinnesorgane die sekundären Eigenschaften des Lichts und der Farben an den Körpern herstellen. Mit sogenannten elektrischen Wellen ohne Draht könnte man einen zerstörenden Torpedo nach dem zu zerstörenden Schiffe lenken.

Ich frage also noch einmal, wer hat in dem Streite gesiegt? Die Praktiker, die von dem Bankrott des theoretischen Materialismus noch nichts gehört haben, rufen auf allen Straßenbahnwagen und die Spatzen pfeifen es von allen Telephondächern, daß wir es nur durch die materialistische Empirie so herrlich weit gebracht haben; und die führenden Geister, die Waffenschmiede dieser Praktiker, geben zu gleicher Zeit Kant die Ehre. Die streitenden Parteien wissen selten, daß sie gar nicht auf dem gleichen Boden stehen, daß die Physik mit Recht materialistischer geworden ist, als sie jemals gewesen war, und daß die Psychologie, die als Erkenntnistheorie die einzige Metaphysik ist, ganz idealistisch geworden ist. Habe ich recht mit meiner Grundanschauung, dann trägt die *Sprache* die Schuld daran, daß beide Parteien einander nicht verstehen. Naturkunde jeder Art muß ewig materialistisch sein, so bald sie sich mitteilen will: weil die Sprache ihrem Wesen nach materialistisch ist. Psychologie aber als einzige Metaphysik darf nichts anderes sein als Kritik der Sprache. Darüber, über einen sprachkritischen Sensualismus, wird das arme Denken des Menschen nie hinauskommen, wenn es sich nicht in den Abgrund der Mystik stürzen will, brünstig und gläubig oder inbrünstig resigniert.

Da ist es denn kein Wunder, daß Locke sowohl als Berkeley starke Anläufe zu einer Sprachkritik gemacht haben. Berkeley steht einer ungeheuren Gruppe von Worten oder Begriffen wie ein reiner Nominalist gegenüber. Mit bewunderungswerter Klarheit führt er besonders in der Einleitung seiner „Prinzipien" die Trübung der Forschung und unzählige Irrtümer auf den falschen Gebrauch der Sprache zurück, auf die falsche Meinung, der Geist besitze ein Vermögen, abstract *ideas* zu bilden. Wir nehmen Farben wahr, aber das Abstraktum Farbe existiert nicht. „Es ist mir unmöglich, durch ein angestrengtes Denken . . . die abstrakte Idee zu erfassen." Und mit äußerster Ironie: „Wir dürfen vernünftigerweise schließen, daß, wenn es abstrakte Ideen gibt, sie nur bei Gelehrten sich finden." Lockes Lehre, daß der Mensch sich durch die Fähigkeit der Abstraktion vom Tiere unterscheide, sei falsch. „Wenn hierin ihr Unterscheidungsmerkmal liegen soll, so fürchte ich, daß sehr viele von denen, die für Menschen gelten, mit den Tieren in eine Klasse zu setzen seien." (11) Es gebe allgemeine Ideen, aber nicht abstrakte Ideen. (Ich möchte dazu wieder einmal bemerken und behaupten, daß des Cartesius berühmte oder berüchtigte Lehre, die Tiere seien im Gegensatze zu den Menschen Maschinen, nur eine vorsichtige Schlauheit war, das Seelenleben im allgemeinen mechanistisch zu erklären, die göttliche Menschenseele jedoch auszunehmen.) Die für Mitteilungen trefflich geeignete Sprache trägt die Schuld an der verkehrten Annahme abstrakter Ideen; „die meisten Teile des Wissens sind erstaunlich verwirrt und verdunkelt worden durch den Mißbrauch der Worte und allgemeinen Redeweisen, worin sie überliefert worden sind." (21) Berkeley verspricht, sich von der Benennungsgewohnheit zu befreien, die Ideen gleichsam bloß und nackt anzuschauen; aber eine völlige Befreiung von der Täuschung durch Worte könne er kaum versprechen; „so schwer ist es, eine Verbindung aufzulösen, die so früh begonnen hat und durch eine so lange Gewöhnung fest geworden ist, wie die Verbindung zwischen Ideen und Worten." (23) „Wir müssen mit den Gelehrten denken und mit dem Volke sprechen." (51)

Fassen wir Berkeley als Sprachkritiker, der die ersten Anregungen Lockes durch mystischen Tiefsinn noch wertvoller gemacht hat, so verstehen wir erst völlig seine Opposition gegen Newton. In zahlreichen Wendungen kehrt der Gedanke immer wieder, daß die neue Art der Naturbetrachtung wohl Regeln herausfinden könne für beobachtete Ähnlichkeiten und Gleichförmigkeiten, höchst erfreuliche Regeln, die zu sehr wahrscheinlichen Vermutungen über räumlich und zeitlich entfernte Erscheinungen führen, daß aber die wirklichen Ursachen dem Naturforscher unbekannt bleiben. (105)

Ich habe vorhin gesagt oder gemeint, daß Berkeley noch strenger als Locke die Unwirklichkeit oder die Idealität oder die Phänomenalität der sekundären Eigenschaften nachgewiesen hat. Die Erkenntnistheorie der Sinnesorgane ist durch Berkeley im wesentlichen auf ihren heutigen Stand gestellt worden; was von Johannes Müller, Helmholtz und andern Wichtiges erforscht worden ist, hat nicht erst Kants, sondern Berkeleys Grundanschauung bestätigt. Halb vergessen ist es, daß Berkeley selbst schon 1709, 100 Jahre vor Schopenhauer, einen wichtigen Beitrag zur Erkenntnistheorie des Sehens veröffentlicht hat. Nun aber ging Berkeley über Locke hinaus und lehrte, namentlich in seiner Kritik Newtons, auch die Unwirklichkeit oder Idealität der primären Eigenschaften, darin recht eigentlich der Vorläufer von Hume und Kant. Konsequenter als beide, weil er den Schlangenbetrug der Sprache durchschaute und als Theosoph, als Mystiker weder ganz in Skepsis verging, noch ein x, ein Ding-an-sich, brauchte. Sein x war Gott, sein Gott war x. Ich zitiere eine wichtige Stelle noch einmal. „Zeit,

Raum und Bewegung sind, wenn sie im einzelnen oder konkret genommen werden, einem jeden bekannt; sind sie aber durch den Kopf eines Metaphysikers gegangen, so werden sie zu abstrakt und fein, um von Menschen mit gewöhnlicher Auffassungskraft verstanden zu werden. Sagt eurem Diener, er solle euch zu einer gewissen Zeit an einem gewissen Orte erwarten, so wird er sich nicht mit einer Überlegung aufhalten, was mit diesen Worten gemeint sei; er findet nicht die mindeste Schwierigkeit darin, sich die einzelne Zeit und den Ort vorzustellen oder die Bewegung, durch welche er sich dorthin zu begeben hat. Wird aber Zeit mit Ausschluß aller jener einzelnen Handlungen und Ideen, die Abwechslung in den Tag bringen, bloß als Fortsetzung der Existenz oder Dauer in abstracto genommen, dann wird es vielleicht auch einem Philosophen Mühe machen, den Sinn zu erfassen." (97.) Zeit, Raum und Bewegung können nicht wirklich sein, weil sonst abstrakte Ideen wirklich wären. Daher Berkeleys Zorn gegen die absolute Zeit, den absoluten Raum und die absolute Bewegung Newtons. „Es muß, wenn ich von freiem oder leerem Raume spreche, nicht vorausgesetzt werden, das Wort *Raum* stehe für eine Idee, die von Körper und Bewegung gesondert oder ohne diese denkbar wäre. Freilich sind wir geneigt zu glauben, daß jedes nomen substantivum eine bestimmte Idee vertrete, die von allen anderen gesondert werden könne, was unzählige Irrtümer veranlaßt hat. Wenn ich also annehme, die ganze Welt werde vernichtet außer meinem eigenen Körper, so sage ich, es bleibe noch der bloße Raum; hiermit ist nichts anderes gemeint, als daß ich es als möglich denke, daß die Glieder meines Leibes nach allen Seiten hin ohne den geringsten Widerstand sich bewegen; wäre aber auch noch mein Leib vernichtet, dann könnte keine Bewegung und folglich kein Raum sein." (116.)

Freilich: auch das Licht Berkeleys hat seinen Schatten. So überlegen der Denker Berkeley selbst dem Riesengeiste Newtons ist, in dem einen Punkte, wo er dessen neue Gesetze als bloße Regeln erkennt und ihnen die unbekannten Ursachen entgegenstellt, ebenso kindlich wird er, wo er sich auf das Arbeitsfeld Newtons begibt. Daß er die Ausdehnung des Gravitationsbegriffs auf die Fixsterne leugnet, mag für seine Zeit begreiflich sein; das Aufwärtswachsen der Pflanzen jedoch und die Ausdehnung der Luft, auch nach oben, gegen Newton zu benutzen, das wäre eines Aristoteles würdiger gewesen als Berkeleys.

Noch törichter, ja für einen Mann, der sich doch geistreich mit Mathematik beschäftigt hatte, ganz unbegreiflich sind Berkeleys Ausfälle gegen die Infinitesimalrechnung, die eben erst von Newton erfaßt und von Leibniz zu einem brauchbaren Algorithmus gemacht worden war. Berkeley spricht (118ff.) ganz verächtlich von der neuen Methode: alle diese Untersuchungen und hohen

Gedankenflüge seien nur schwierige Spielereien, bringen gar keinen Nutzen, die Vorstellung der unendlichen Teilbarkeit einer endlichen Größe sei sinnlos, unfaßbar. Berkeley hätte auf diesem Wege dazu kommen müssen, sogar die Wirkungen des Mikroskops zu leugnen.

Aber auch in dieser zornigen Opposition gegen das neue gewaltige Hilfswerkzeug des Materialismus, gegen die Infinitesimalrechnung, in der er halbwahr (121) etwas der Sprache Ähnliches erkannte, steckt zutiefst Berkeleys wertvolle Unterscheidung zwischen den wohlbekannten ordnenden Regeln und den unbekannten wirkenden Ursachen. Die Prinzipien der Mathematiker gehen nicht über die Betrachtung der Quantität hinaus, sie steigen nicht auf bis zu einer Betrachtung der transzendentalen Grundsätze; die Mathematiker sind vermutlich ebenso wie andere Menschen an den Irrtümern beteiligt, welche aus der Lehre herfließen, daß es abstrakte allgemeine Ideen gebe. (118)

Ich glaube nicht, daß bei dem Versuche einer Untersuchung über die Realität der Zeit diese Abschweifung zu tadeln sei, welche die Wege des Idealismus und Sensualismus bei den Engländern eine kleine Strecke weit verfolgt hat.

IV.

Wenn wir schon nicht wissen, was etwa in der Wirklichkeitswelt jedesmal unsere Sinneseindrücke verursacht hat, wenn wir schon die Dinge-an-sich der Dinge nicht kennen, so werden wir noch weniger erfahren, was etwa in der Wirklichkeitswelt den Begriffen oder Worten entspricht, welche allen Wahrnehmungen so notwendig zugrunde liegen, wie ein Kanevas der bunten Stickerei. Solche Begriffe sind für den Menschen: Zeit, Raum und Ursache; für alle Organismen ohne Ausnahme wenigstens der *Raum*; für viele Tiere höchst wahrscheinlich Raum und Zeit. Wir können vermuten, daß die *Ursache* aus dem Zeitbegriff hervorgegangen ist und zwar in zweifacher Weise, einerseits ist die Ursache möglicherweise überhaupt nichts anderes als die gewohnte Vorstellung der regelmäßigen Zeitfolge, anderseits hat das Gedächtnis durch Vergleichung vergangener und gegenwärtiger Eindrücke, also durch Überwindung der Zeit, erst Allgemeinbegriffe geschaffen und diese Allgemeinbegriffe sind uns von jeher etwas wie eine Ursache der Individuen gewesen. Alle solche Gedanken sind freilich Luftgebilde, weil wir in allen Erklärungen von Zeitumständen immer wieder das Wort Zeit mitgebrauchen müssen, weil wir die Zeit ohne Zeit nicht definieren können. Der Fehler der Tautologie ist in seiner gröbsten Form unvermeidlich und wird auch in Folgendem unvermeidlich sein.

Denn auch der Versuch, die Zeit als vierte Dimension des Raumes aufzufassen, ist nur so verlockend, weil er uns hilft, die ungeheure Kluft zwischen Raum und Ursache zu überbrücken. Es wäre eine geistige Tat, eine Geschichte des organischen Denkens zu schreiben, welche uns die Zeit als vierte Dimension aus dem Raume erklärte und die Ursache als die Gesetzmäßigkeit in der Zeit. Es wäre eine blendende Kühnheit, aber ich bin nicht wortabergläubisch und empfinde nur zu gut, daß ich damit nur für die Registratur der schwierigsten Begriffe, nicht aber für ihr Verständnis etwas gewonnen hätte. Denn ich habe den Begriff *Dimension* gegen allen Sprachgebrauch erweitern müssen, um ihn als vierte auf die Zeit anzuwenden. Stelle ich mir nämlich vor, daß die dreidimensionalen Körper sich nun ihrerseits und gemeinsam in der Zeit weiterbewegen, so kann ich meine Einbildungskraft zermartern wie ich will, es bleibt die Richtung der Zeit innerhalb der drei Dimensionen des Raumes. Mache ich mir aber die Vorstellung klarer und erblicke in dieser vierten Dimension eine Folge von Veränderungen, die mit dem Raume nichts zu schaffen haben, so behalte ich den unveränderten alten Zeitbegriff in der Hand. Ich habe einmal besser zu sagen versucht: Zeit sei die vierte Determinante; aber damit nicht viel gewonnen.

Und dennoch muß es eine unbekannte Beziehung zwischen Raum und Zeit geben, weil die Zeit objektiv nicht anders gemessen werden kann als durch den Raum. Wie schon ausführlich gezeigt worden ist. Alle unsere Zeitmessung ist nur irgend ein Ausdruck für die Bewegung der Sonne. Sollte aber, wie Hebbel es in „Herodes und Mariamne" hübsch dargestellt hat, ein lebendiger Mensch dadurch zur Uhr werden, daß er seine regelmäßigen Pulsschläge zählt, so ist jeder einzelne Pulsschlag wieder nur als Bewegung im Raume fühlbar und erst durch die Zahl kommt unentwirrbar und unbewußt der Zeitbegriff hinzu.

Daran ist Eines nur sehr merkwürdig: wir sind geneigt, alle unsere Sinne als Differenzierungen des Tastsinns aufzufassen; Wärmesinn und Geruch und Geschmack sind Tastsinn für molekulare Veränderungen, Gesicht und Gehör ein projizierter Tastsinn. Es ist auch schon darauf hingewiesen worden, daß der Verstand der Tiere, abgesehen von den übrigen Sinnen, der Ausbildung ihres Tastsinns proportional ist. Die klugen Papageien haben in ihrem Schnabel ein ausgebildetes Tastorgan, die Elefanten und die Affen haben in ihrem Rüssel oder in ihren vier Händen vorzügliche Tastorgane. Nun schien es aber, als ob die Menschen für die Wahrnehmung von Raum, Zeit und Kausalität keine Sinnesorgane hätten, und es war darum begreiflich, daß Kant diese drei hohen Kategorien als Gaben der reinen Vernunft, frei von aller Sinnlichkeit, darstellen konnte. Gegenwärtig versteht man, wie sich die Raumvorstellung aus dem Tastsinn und aus den mit ihm in Verbindung stehenden Bewegungsgefühlen entwickeln konnte. Verzichten wir jetzt auch auf die Phantasie einer Weiterentwicklung der Raumvorstellungen zu Zeitvorstellungen und zum Ursachbegriff, so sehen wir doch die Möglichkeit, die Zeit aus dem Tastsinn hervorgehen zu lassen, weil die Zeit objektiv nur an Raumbewegungen gemessen werden kann.

Schön. Aber daneben haben wir für die Dauer, die immer Zeitdauer ist, ein subjektives Gefühl, welches nichts mit Raumvorstellungen zu tun hat. Und seltsam: wir wissen nichts von der Zeit, wenn wir in ihr tätig sind, wir wissen von der Zeit nur, wenn wir sie nicht benützen, wenn wir gewissermaßen nicht in ihr, sondern außer ihr leben. Wer auf ein erfreuliches oder schreckhaftes Ereignis wartet, dem tritt plötzlich die leibhaftige Zeit zwischen Gegenwart und Zukunft und dehnt sich quälend zu riesenhafter Länge aus. Wer untätig und schlaflos in seinem Bette liegt, und auch innerlich untätig, nicht mit Entwürfen oder Plänen beschäftigt, dem setzt sich die Zeit an den Bettrand und strickt oder singt oder schlägt auch nur mit den ungeheuern Flügeln, und der geängstigte Mensch hört aus dem Rhythmus des Strickens, des Singens oder des Flügelschlagens, wie die Zeit vergeht, während sie ihn bedrängt. Ein Widerspruch in jedem Bilde, in jedem Worte. Das ist nicht so mit dem Raum; den sehen wir auch, wenn wir in ihm sind, und er widerspricht sich nicht. Und wir könnten wirklich die Zeit für eine Abstraktion vom Raume halten, wenn wir nicht das deutliche und unabweisbare Gefühl einer Dauer in unserm Innenleben hätten. Doch dieses Gefühl ist relativ, viel relativer und täuschender, als es die Raumempfindungen sind. Auch die räumlichen Empfindungen verschieben und verkürzen sich in der Perspektive, doch gewöhnlich so, daß wir die Schätzung der Distanzen nicht verlieren; bei der zeitlichen Perspektive hört das Distanzenschätzen auf. Haben wir uns gut unterhalten, so müssen wir nach der Uhr sehen, also die Zeit am Raume messen, um uns zu vergewissern, daß wir nicht eine halbe Stunde, sondern drei Stunden verplaudert haben; in der Rückerinnerung schieben sich große Zeiträume zusammen, und wir brauchen künstliche Hilfen, um die wahre Größe des Zeitraums wieder herzustellen. Gesundheit und Krankheit, Jugend und Alter verlängern und verkürzen die Zeit für unser Bewußtsein. Es ist nicht unmöglich, daß ein munterer Vogel einen Tag ungleich länger fühlt als ein Mensch, daß eine Mücke, wenn sie tatsächlich mehrere Tausend Flügelschläge in der Sekunde macht, die Sekunde ganz anders bewertet als wir.

Die Phantasie Baers (K. E. v. Baer, Reden I, 258f.) von einem Menschen, der nur 29 Tage oder gar nur 40 Minuten lebte, dabei aber tausend- bzw. millionenmal rascheren Pulsschlag, also in seinem ganzen Leben die menschliche Anzahl von Sinneseindrücken (einen auf $^1/_{10}$ Pulsschlag) hätte, diese Phantasie ist noch lange nicht genug gewürdigt worden. Ist eigentlich viel zu wenig bekannt. Baer stellt es als phantastische Hypothese auf, daß ein solcher Monats- bzw. Minutenmensch die Natur für unveränderlich halten, die Veränderungen an einer Pflanze oder einem Tier nicht bemerken würde, daß er ferner unsere 80-Jahre-Menschen-Töne gar nicht vernehmen, dafür aber vielleicht das

Licht hören würde. Ob gewisse kurzlebige Insekten dieser Phantasie nicht entsprechen? Manche Erscheinung wäre dadurch erklärt.

Nun hat Baer seine Phantasie in entgegengesetztem Sinne weiter geführt. Der Mensch lebt 80000 Jahre und empfindet mit tausendfach verlangsamtem Pulsschlag tausendfach langsamer. Er würde dann die Ereignisse eines Jahres in einer Zeit durchempfinden, die seinem Gefühle nach acht unserer Stunden entspräche, würde die Pflanzen wachsen und die Sonne über den Himmel jagen sehen. Noch einmal tausendfach verlangsamt, würde er den Unterschied von Tag und Nacht nicht mehr wahrnehmen, die umlaufende Sonne nur als glänzenden Ring sehen und den Wechsel der Jahreszeiten als Gebilde von der Dauer weniger unserer Sekunden empfinden.

Baer benutzt seine gewaltige Phantasie, um zuerst das Scheinhafte des Individuums und aller irdischen Veränderungen, dagegen das Dauernde und Feste der Naturgesetze anschaulich zu machen und um schließlich mit einem Aufschrei mehr als mit Beweisführung gegen den Materialismus der Naturwissenschaft aufzutreten.

Denkt man sich aber recht tief in seinen Traum hinein, so erfährt man, daß das Tempo des menschlichen Lebens, so wie es wirklich abläuft, eigentlich nur ein Spezialfall unter allen möglichen Fällen ist und daß die Sprache der Minutenmenschen, sowie die Sprache der Äonenmenschen, wenn sie beide unsere Sprache sprächen, doch nicht die gleiche sein könnte, daß die Sprache zuletzt von unserem Pulsschlag, von der Schnelligkeit unserer Sinneseindrücke abhängig ist. Und ich muß nicht erst meine Lehre bemühen, daß selbst die Entwicklung unserer Sinnesorgane eine Zufallsgeschichte ist, um jetzt mit Nachdruck zu wiederholen: alle unsere Erkenntnis der Wirklichkeit ist nur relativ.

Alles das beweist, was wir ohnehin wissen, daß auch die Zeit, welche wir objektiv nur am Raume schätzen können, unmittelbar und subjektiv von sehr *relativer* Dauer ist. Auch darin aber ähnelt die Zeitempfindung der Tastempfindung. Auch Tastempfindungen (wir nehmen als einfachstes Beispiel die Gewichte) sind objektiv nur durch künstliche Maschinen zu vergleichen. Subjektiv, wie die Psychophysik durch hundert nette Experimente nachgewiesen hat, ist das Gewichtsgefühl immer nur ein Verhältnis zwischen dem jeweiligen Zustande eines Organismus und einer Last. Bei ganz kleinen Gewichten, wie bei einem Gran, empfinden wir nicht einmal die Verdoppelung, bei ganz großen Gewichten, wie bei ganzen Schiffsladungen, würde eine Verdoppelung ebenso wenig ausmachen. Ein abgerichteter Floh würde ein Gran von zwei Gran unterscheiden, ein abgerichteter Walfisch eine Tonne von zwei Tonnen. Es ist also die uns wohlbekannte Tätigkeit des Vergleichens, welche auch sonst das Denken aus den Sinnesempfindungen hervorgehen läßt und welche auch die relative Empfindung der Dauer erzeugt. Den letzten Gegenstand der Vergleichung erkennen wir bei der Zeitempfindung schließlich nicht schlechter als bei Gewichtswahrnehmungen.

Fürchten wir uns nicht vor abstrakten Worten, so können wir dennoch auf einen Unterschied zwischen Zeitempfindungen und anderen Empfindungen hinweisen. Gesichtsempfindungen, Gehörempfindungen usw. entstehen aus dem Bewußtsein, daß sich im Gesichtsorgan, im Gehörorgan usw. etwas verändert habe; wir sehen, wir hören usw., indem wir den folgenden Zustand mit dem frühern Zustand vergleichen. Achten wir aber nicht mehr auf den Inhalt der Sinneseindrücke, achten wir z. B. nicht mehr darauf, daß soeben ein Lichtschein wahrgenommen wurde und daß jetzt ein Schatten zwischen die Lichtquelle und unsere Augen sich schiebt, richten wir vielmehr unsere Aufmerksamkeit nur darauf, daß soeben etwas war und jetzt etwas anderes ist, so bleibt uns die leere Hülse der Veränderung übrig, das Bewußtsein des Früher und des Später, d. h. das Bewußtsein einer Zeitdauer. Diese leere Hülse der Veränderungen, die Vergleichung der Veränderungen an sich ohne deren Inhalt ist, also die Zeit. Es ist aber nicht notwendig, daß der abstrakten Vergleichung der Veränderungen in der Wirklichkeit ebenso ein Ding-an-sich zu grunde liege, wie der Vergleichung derjenigen Veränderungen, von welchen unsere Sinne berichten; die Zeit kann eine eingebildete Größe sein, mit welcher unser Instinkt sich in der Wirklichkeitswelt orientiert, wie die höhere Mathematik mit Hilfe imaginärer Formeln räumliche Gebilde berechnet; solche Formeln brauchen nicht falsch zu sein, weil sie unwirklich sind. Verzichten wir auf unsern Zeitinstinkt, wollen wir die Zeit messen, so müssen wir, wie gesagt, immer den Raum zu Hilfe nehmen. Aber der Raum ist es ja nicht selbst, der uns Maßstab ist, sondern die Bewegung im Raum; und die Bewegung verlangt wieder den Zeitbegriff zu ihrer Bestimmung. Wir nehmen nichts wahr als Veränderungen, auch die Bewegung im Raume nicht anders. Als Menschen anfingen, die Zeit nach Tagen einzuteilen, d. h. nach der Sonnenbewegung, da konnten sie gar nicht wissen, ob ein Tag dem andern an Länge gleich sei; sie schätzten die Länge als gleich nach ihrem subjektiven Zeitbegriff, während sie jetzt die Länge nach ihrer Taschenuhr messen, die doch wieder nach der Sonnenbewegung geordnet ist. Die Schrift ist als sichtbares Zeichen an Stelle der hörbaren Sprache getreten und Büchermenschen schalten die hörbare Sprache aus, wenn sie lesen; unsere Schrift aber wäre nicht verständlich, bezöge sie sich nicht auf unsere hörbaren Zeichen. So stürzt die Sprache unrettbar aus einem Dilemma ins andere, wenn sie die Zeit durch den Raum erklären will.

V.

Nicht nur für die Subtilität Spencers, sondern auch für die Auffassung des schlichtesten Menschen ist unter Umständen die Dauer einer Erscheinung, also die Zeit, das einzige Kriterium der Existenz. Wer ein Phantom zu sehen glaubt, der schließt die Augen und öffnet sie wieder und glaubt an die Wirklichkeit, wenn das Phantom Dauer hatte. Lockes Einteilung der körperlichen Eigenschaften in primäre und sekundäre ist vielleicht entstanden aus einer ganz naiven Einteilung in Eigenschaften von längerer und von kürzerer Dauer. Die Menschen sind geneigt, Wirklichkeit nur einer Erscheinung zuzusprechen, die eine meßbare Zeitdauer aufweisen kann, Ehrwürdigkeit einer Erscheinung, deren Zeitdauer über das natürliche Maß hinausgeht, Phänomenalität einer Erscheinung, deren Zeit zu klein ist, um meßbar zu sein. Ein Blitz gehört nach dem Sprachgebrauch des Volkes nicht zu den wirklichen Dingen.

Diese Zeit nun, die das Wirklichste an der Wirklichkeit ist, erscheint uns von anderer Seite als imaginierte Größe. Unsere Sprache ist kaum im stande, diesen Widerspruch auch nur zu formulieren. Der Satz „Unser Denken ist in der Zeit, während die Zeit in unserem Denken ist" würde nur einen Teil des Widerspruchs andeuten, denn das Verhältnis zwischen Denken und Wirklichkeit wäre in diesem Satze gar nicht berührt. Daß die Zeit ein menschliches Denkprodukt sei, subjektiv, imaginiert, das ist seit Jahrhunderten immer wieder gesagt worden; daß sie zugleich der allerwirklichste Herrscher sei und das Denken *in* der Zeit, das scheint mir aus einer kleinen psychologischen Tatsache hervorzugehen, die jeder Schusterjunge kennt, die aber noch niemals analysiert worden ist. Wenn eine Reihe von musikalischen Tönen aufeinander folgt, so daß zwischen jedem und dem folgenden ein bestimmtes Intervall ist, so nennt man das eine Melodie. Der Schusterjunge, der eine Melodie pfeift, die er tags vorher spielen gehört hat, hat in seinem Gedächtnis die Zeitfolge aller Töne aufbewahrt, wohlgemerkt, die gerade Reihenfolge und nicht etwa die umgekehrte, wie sie bei anderen Assoziationen von Erinnerungen wohl als gleichwertig eintreten kann. Er hat sich die Melodie *b*, *a*, *c*, *h* gemerkt und nicht die Tonfolge *h*, *c*, *a*, *b*; wie übrigens auch die phantastischen Sprachversuche der Knaben zeigen, daß nur eine verzweifelte Einübung dem einen oder dem andern den Namen Hcab (oder meinetwegen den Namen Chab) so geläufig machen könnte wie den Namen Bach. Die Wichtigkeit der kleinen Tatsache wird klarer werden, wenn wir den Fall vereinfachen und uns anstatt einer Melodie irgend ein Signal von nur zwei Tönen vorstellen. Angenommen, es würde bei einer freiwilligen Ortsfeuerwehr das Signal *c*, *e* den Feuerwehrmann herbeirufen, das Signal *e*, *c* würde ihn entlassen, so wäre bei dem unmusikalischsten Mitglied ein Irrtum ausgeschlossen, so scharf ist der Unterschied zwischen der Aufwärts- und der Abwärtsbewegung des Tones. Nun kann man leicht sagen, die Melodie des Signals, d. h. die Bewegung nach aufwärts, beziehungsweise nach abwärts habe sich dem Gedächtnisse eingeprägt. Ich komme jedoch über die Frage nicht hinweg, wie denn das menschliche Gedächtnis zwischen *c*, *e* und *e*, *c* irgend welchen Unterschied wahrnehmen könnte, wenn die Aufeinanderfolge in der Zeit nicht wirklich wäre.

Und weil ich einmal am Zeitbegriffe alles Schwanken des Wortes aufzeigen will, so sei gleich darauf hingewiesen, wie sehr die Erscheinung der Zeit in der Melodie oder im Signal der sonst so verlockenden Idee widerspricht, es könnte die Zeit aus dem Raume, d. h. unser subjektives Zeitgefühl aus dem Raumgefühl hervorgegangen sein. Diese Entwicklungsgeschichte deckt sich mit der psychologischen Wirklichkeit nur so lange, als wir in der Zeit eine *Form* unserer Vorstellung erblicken. Sowie die Zeit, wie im Festhalten einer Melodie, wirksam oder *wirklich* geworden ist, entwindet sie sich dem Raume und ihre Auffassung als vierte Dimension wird noch gewagter. Wir können uns erinnern, die in einer Melodie verborgene Zeitfolge einmal da oder dort vernommen zu haben, aber die Melodie hat mit dem Raume nichts zu schaffen; Spencer fordert die Zweifler auf, einmal die rechte und die linke Seite eines Tons herauszufinden.

Aber die Frage, ob die Zeit in uns ist oder wir in ihr, ob sie imaginiert oder die wirklichste Eigenschaft der Wirklichkeit ist, diese Frage wird nicht entschieden werden können, bevor nicht ein närrisches Volk von philosophischen Kindern sich vorher darüber geeinigt hat: wir wollen erst sprechen lernen und unsere künftige Sprache gleich nach der Antwort auf die Frage einrichten, ob das erste in unserem Bewußtsein die Wirklichkeitswelt da draußen oder unsere Vorstellungswelt da drinnen sei, d. h. ob das Objekt oder das Subjekt das ursprünglich Wirkliche sei. Die Sprache dieses närrischen Volkes wird nie zustande kommen, der Anfang zur Lösung der Frage wird nie gemacht werden. Dasselbe Volk mag sich mit dem Dilemma beschäftigen: wo denn der notwendige Anfang der Wirklichkeitswelt zu suchen sein müsse, da doch die Wirklichkeitswelt und die Zeit keinen Anfang haben können. Ich lasse mich auf solchen Tiefsinn nicht ein. Nur als Beitrag für eine künftige systematischere Sprachkritik sei darauf aufmerksam gemacht, daß der Begriff *Zeit* doch wohl zwei sehr widersprechende Vorstellungen enthalten müsse; es könnte sonst die Negation der Zeit nicht bald die *Zeitlosigkeit*, bald die *Ewigkeit* bedeuten.

Freilich, Zeitlosigkeit und Ewigkeit sind einander darin ähnlich, daß beide weder einen Anfang noch ein Ende haben; und so stehen wir wieder vor der Frage: was meinen wir damit, wenn wir von einem *Anfang* der Zeit reden? Oder von ihrem Ende. Denn das können wir gleich sagen, daß es nur von der Richtung abhange, ob wir einen bestimmten Punkt (der Zeit oder einer Linie) Anfang oder Ende nennen wollen. Bei der Zeit hängt die Wahl des Punktes überdies von unserem Willen ab, weil wir doch mit sog. Freiheit den Anfang (oder das Ende) immer weiter hinausrücken können. Und da zeigt es sich, daß die Darstellung der Zeit durch den Raum nicht mehr möglich ist, sobald wir uns eine unendliche Zeit vorstellen; zwar können wir uns auch einen unendlichen Raum vorstellen, aber dieser ist erst recht kein brauchbares Bild für die unendliche Zeit. Die Schwierigkeiten steigern sich, wenn wir uns die Zeit ungefähr als so etwas wie eine Kraft denken möchten, als eine Energieform. Auch bei den Kräften ist es eitel menschliche Denkökonomie, daß wir einen zeitlichen Anfangspunkt annehmen. Nicht nur die angenommenen geistigen und biologischen Energieen, auch die scheinbar so viel besser bekannten physischen Kräfte haben in Wahrheit keinen zeitlichen Anfang. Es ist nur eine Bequemlichkeit menschlicher Rechnung, wenn wir der Schwerkraft beim Falle eines Körpers einen Anfang setzen. Den Elektrotechnikern ist es nicht fremd, daß das Gewinde in einer Dynamomaschine schon eine Spur von Elektrizität in sich hatte, bevor diese Spur durch Arbeit ungeheuer vergrößert wurde. Wir kennen keinen Anfang von irgend etwas Wirklichem.

So müssen wir uns resignieren, können einen der wichtigsten Begriffe der Zeit auf die Zeit selbst nicht anwenden.

Etwas anderes ist es, die Frage der Fragen lösen wollen und etwas anderes die Fragestellung kritisieren und auf das Schielen der einzelnen Worte hinweisen. Wir stehen an dieser Stelle vor einem Dilemma, welches ohne sprachkritische Resignation die herrlichsten Aufschlüsse zu versprechen scheint; wir stehen in Wirklichkeit auf einem dunklen Gange zwischen zwei Toren, und es ist nicht Schuld der Tore, wenn wir uns einbilden, wenigstens eines von ihnen müsse plötzlich vor unserer Frage aufspringen.

Das alte Kreuz der Erkenntnistheorie, die Frage nämlich, ob das Subjekt oder das Objekt wirklich sei, hat sich in dem Spezialfalle des Zeitbegriffs zu der Frage verdichtet: ob die Zeit imaginiert sei oder die wirklichste Eigenschaft des Wirklichen. Wir haben hundert Gründe, die Zeit mit unserer Subjektivität oder mit unserem Denken verknüpft zu sehen; kein Begriff, keine Vorstellung kann entstehen, ohne daß das Gedächtnis eine frühere oder spätere Empfindung vergleicht, also den Zeitbegriff bemüht. Wir haben aber auch zum mindesten einen Grund, den Zeitbegriff mit dem Objekt zu verknüpfen; die Melodie prägt sich dem Gedächtnisse unerbittlich in der ihr eigenen Reihenfolge ein und das Gedächtnis ist so wenig Herr über die Zeit, daß es unmöglich *e, c* sich als das vorstellen kann, was vorhin *c, e* gewesen ist. Zu meinem Kummer und zum Schaden für die Darstellung dieser Sätze liegt die Schwierigkeit also nicht so sauber da, daß für die streng objektive Weltbetrachtung die Zeit imaginiert wäre, daß für die streng subjektive oder psychologische Weltbetrachtung die Zeit zu einer wichtigen, vielleicht der wichtigsten Eigenschaft des Wirklichen würde. Die Sachlage ist vielmehr so, daß die Frage der Fragen sich bei Betrachtung des Zeitbegriffs neu gestaltet und sehr brutal zu rufen scheint: Das ist mir völlig gleichgültig, ob du im allgemeinen und überhaupt subjektiv oder objektiv veranlagt bist, ob du die runde Welt aus deinem Denken hervorgehen läßt oder dein rundes Denken aus der eckigen Welt. Siehst du denn nicht, welch ein Wortquatsch das ist? Da denkst du über den Begriff Zeit nach und wüßtest nicht einmal zu sagen, ob er zu der Welt da draußen oder der Welt da drinnen gehört. So laß die Frage liegen, ob du im allgemeinen und überhaupt den Kopf gegen die Wand oder die Wand gegen den Kopf zu rennen vorziehst. Versuche den wohlbekannten Begriff der Zeit zu fassen. Hast du ihn gefaßt, handgreiflich gefaßt, dann erst lege dir die knifflliche Frage vor, ob handgreifliches Fassen endlich doch ein Beweis für Wirklichkeit sei, ob der ehrliche Tastsinn wenigstens nicht lüge. Hast du aber die Zeit nicht handgreiflich fassen können oder gar nicht einmal begrifflich, dann wisse, daß dies für die Unwirklichkeit der Zeit nichts beweise.

Und aufgeschreckt durch diese Ansprache will ich versuchen, die Beziehungen zwischen der Zeit und der Wirklichkeit wenigstens wortkritisch zu untersuchen, da eine Untersuchung der Beziehungen selbst immer unter der Gefahr des unfreiwilligen Spielens steht. Ein sonst vergessener Dichter, J. L. Stoll (Worte von ihm liegen auch einem schönen Liede Beethovens zugrunde) hat die Verse geschrieben, zu denen Weber die Melodie gesetzt hat: „Es sitzt die Zeit im weißen Kleid und webt und singt und webt; sie sitzt über ein offenes Grab, es rollen ihr lächelnd die Tränen herab.“ Es ist beinahe Stimmungssache, ob man diese Zeit mit ihrem weißen Kleid albern oder schön findet; es ist beinahe Stimmungssache, ob jemand einmal in dichterischer Begeisterung die Beziehungen von Zeit und Wirklichkeit zu schauen glaubt.

Aber die Worte, in denen sich dieses Schauen ausdrückt, die können wir doch einigermaßen fassen? Ob die Zeit wirklich das erste Wirkliche sei, oder ob sie überhaupt nicht wirklich sei, das werden wir nie erfahren. Aber die Worte „die Zeit ist das erste Wirkliche“ verstehen wir doch so gut, daß wir am Ende das aus den Worten gebildete Urteil auf seine Richtigkeit hin prüfen können.

In dem Satze „die Zeit ist das erste Wirkliche“ muß es zunächst auffallen, daß das Adjektiv *erste* selbst wieder ein Zeitbegriff ist und metaphorisch dann einen superlativen Wertbegriff bedeutet. Ich will mir die Sache nicht leicht machen und will auf dem Wortlaut nicht bestehen, so sehr es reizen müßte, die Verwandtschaft zwischen Zeit- und Wertbegriff zu verfolgen. Nehmen wir also an, es solle heißen, die Zeit sei ein wichtiges Wirkliches, wo dann sowohl der superlativische Ausdruck als die Entlehnung des Wertbegriffs vom Zeitbegriff fortfiele. Doch umsonst. Ich habe ehrlich für *erste* die mir am banalsten erscheinende Bezeichnung gewählt, und *wichtig* ist doch wieder ein Werturteil, das metaphorisch vom allerletzten Zeugen der Wirklichkeit hergenommen ist, vom Tastsinn. *Wichtig* ist, noch in der

Sprache des 18. Jahrhunderts, was Gewicht hat. Wollen wir aber einem Begriffe einen besonderen Wert schenken, so wäre es doch gut, wenn wir den Wertbegriff ohne Metapher ausdrücken könnten. Denn wir wollen dadurch, daß wir z. B. den Zeitbegriff wertvoll nennen, ihn wenigstens im Punkte seiner Schätzung über die Unklarheit erheben, die ihm wesentlich ist; bleibt aber die Schätzung undefinierbar, so wächst die Unklarheit. Nun hat aber schon Noiré (Ursprung der Vernunft, S. 177 f.) darauf hingewiesen, daß es innerhalb der Menschenwelt noch eine andere Anschauungsform gibt, welche gleichfalls, wie die in Zeit und Raum bestimmte objektive Kausalität, alle Dinge durch reine Zahlenverhältnisse auszudrücken ermöglicht; das sei der Begriff des *Werts*. Und der erste, der die Analogie zwischen dem Wertbegriff und den letzten Wirklichkeitsbeziehungen erkannte, war Herakleitos. Er sagte: „Alles wird gegen Feuer umgetauscht und Feuer gegen alles, wie Gold gegen die Dinge und die Dinge gegen Gold." Ich glaube nicht zu weit zu gehen, wenn ich diesen dunklen Ausspruch etwa folgendermaßen in die Sprache unserer gegenwärtigen Wissenschaft übersetze: jede Kraft und die Äußerung jeder Kraft läßt sich in *Wärme* verwandeln, und Wärme in jede andere Kraftäußerung; wir können das Wärmeäquivalent jeder Erscheinung mit dem Marktwerte vergleichen, den die Dinge nach dem Verhältnisse von Angebot und Nachfrage zu besitzen scheinen, dürfen dabei jedoch nicht vergessen, daß dieser Marktwert, dieses Wärmeäquivalent doch den Erscheinungen selbst nicht wesentlich ist. Der Nationalökonomie war diese Vorstellung, daß der Marktwert ein Ausdruck zufälliger Verhältnisse sei, bald geläufig. Wenn ein geistig strebsamer Landwirt den Erlös von einer Fuhre Kuhdung dazu verwendet, sich ein Exemplar dieses Wörterbuchs anzuschaffen, so ist eine Gleichung hergestellt worden zwischen der mehr vegetativen Produktion einer Kuh und derjenigen Produktion meines Kopfes, die ich höher bewerte, weil mein Interesse befangen ist. Scherz beiseite: der Wertbegriff hat wirklich mit dem Zeitbegriff die furchtbare Ähnlichkeit, daß da und dort der letzte Maßstab fehlt. Und denke ich gar daran, daß unsere Sinne Zufallssinne sind, daß der Zeitbegriff, so wie er sich allmählich an diesen Zufallsinnen herausgebildet hat, nicht wäre oder anders wäre, wenn wir anstatt eines fein entwickelten Gehörsinns beispielsweise einen ebenso fein entwickelten Wärmesinn hätten, wenn ich weiter denke, daß der Wertbegriff auf einem andern Wege der Ableitung wieder von unserem Menschenleibe mit seinen Zufallssinnen hergekommen ist, so werde ich mich bescheiden, das Werturteil in dem obigen Satze zu tilgen und mich auf die Behauptung beschränken, die Zeit sei etwas Wirkliches.

Da muß ich beiseite lassen, daß unsere Anschauungen von Logik uns lehren, von keinem Subjekte etwas auszusagen, was nicht im Subjekte mitverstanden ist, z. B. unter keinen Umständen und nach keiner Deduktion von der Zeit zu behaupten, daß sie wirklich sei, wenn ich die Wirklichkeit nicht offenbar beim Zeitbegriffe mitdenke. Ich lasse dies beiseite, weil alle Wege von selbst zu meinen Beiträgen für eine Kritik der Sprache führen müssen, wenn die ganze Arbeit nicht systematisch, also unwahr werden soll. Ich will hier nur darauf hinweisen, daß ich bei dem Mangel an einer Zeitdefinition von der Zeit nichts aussagen darf, was sie von ihren Nachbarbegriffen trennt. Diese Nachbarbegriffe sind, ob durch Entwicklungsgeschichte oder bloß durch logische Quertreibereien verbunden, der *Raum* und die *Kausalität.* Raum, Zeit und Kausalität sind die notwendigen *Bedingungen* jedes Weltbildes, sei es falsch oder wahr, und keines von den dreien ist zu entbehren, wenn das Weltbild des Menschen stehen bleiben soll; so fällt ein Dreifuß, wenn man ihm einen der drei Füße nimmt. Ist die Zeit wirklich, so müssen Raum und Kausalität ebenfalls wirklich sein; die drei Füße haben aber zwar eine gleiche Länge, sie sind unermeßlich, sind aber sonst so unähnlich, daß für die Wirklichkeit des einen spricht, was für die Unwirklichkeit des andern. Zu trennen sind sie nicht; schon der kluge alte W. T. Krug macht zu dem Worte Newtons, der Raum müsse das Sensorium der Gottheit sein, die spöttische Bemerkung, ob dann die Zeit vielleicht ein zweites Sensorium Gottes sei. Wir bemerken also bei der Betrachtung des Subjekts die dreifache Schwierigkeit: daß wir instinktiv nur solche Prädikate aussagen möchten, die in der Definition des Subjekts mitverstanden sind, daß wir aber eine solche Definition der Zeit nicht haben; daß wir uns eine Hilfsdefinition und damit die Möglichkeit einer Prädikatbildung aus den Nachbarbegriffen der Zeit holen wollen und uns dabei mangels einer Definition und einer Geschichte der Vernunft auf Begriffe einlassen müssen, von denen wir nicht genau wissen, warum sie Nachbarbegriffe der Zeit genannt werden; daß wir endlich im Begriffe sind, von der Zeit etwas auszusagen, was auch auf ihre Nachbarbegriffe passen müßte, was aber auf diese offenbar nicht paßt.

Zuletzt aber: Was wird hier ausgesagt? Die *Wirklichkeit?* Wer will es wagen, auf dieser Höhe der Abstraktion noch von Wirklichkeit zu sprechen? Wirklichkeit ist doch ein ganz naiver Menschenbegriff, der bedeutet, daß dieses Blatt Papier da ein Objekt sei und nicht eine Phantasie meines Subjekts. Kommt es aber zum äußersten, wird die Frage der Fragen untersucht, ob die ganze weite Welt da draußen objektiv oder subjektiv sei, so heißt es doch mit der Sprache Schindluder treiben, wenn man mit Subjekt und Objekt Fangball spielt und zu untersuchen vorgibt, ob das Objekt subjektiv, oder das Subjekt objektiv sei. Hundert Philosophen haben sich an diesem Fangballspiele beteiligt und kein Student der Philosophie, der nicht noch heute glaubte, sein Subjekt hinüberwerfen zu können, um es als Objekt wieder in Empfang zu nehmen. Ich wage es kaum, gegenüber den hundert Philosophen und den abertausend Studenten auszusprechen, als was sich mir der Begriff der *Wirklichkeit* mit dem Federballspiele von Subjekt und Objekt enthüllt hat: als ein Übergangsbegriff, in welchem der arme Mensch mit dem scheinbaren Reichtum seiner Sprache den Standpunkt der Tierheit doch nicht überwunden hat. Daß die Welt da draußen wirklich sei, ist für den einfachen Menschen so absolut gewiß, weil diese Wirklichkeit der älteste, der gewohnteste, der eingeübteste Begriff der Menschheit ist, und die Wirklichkeit ist darum der eingeübteste und sicherste Begriff der Menschheit, weil er aus der Tierzeit herübergenommen ist, mitsamt dem Fangballspiel von Subjekt und Objekt. Denn was ist dieser Gegensatz von Subjekt und Objekt anderes, als das beschränkte Verständnis für die Wirksamkeit oder die Kausalität zwischen einem Individuum und der Außenwelt. Der Hund — soviel können wir wohl behaupten — empfindet sich selbst und empfindet die Außenwelt; er ist sich bewußt, daß er den Hasen erjagt hat und jetzt frißt; er ist sich bewußt, daß der Sturmwind ihn peitscht, daß der Herr ihn schlägt. Die Wirklichkeit fällt für den Hund also mit seinem Objekt zusammen. Dem Hunde fehlt der menschliche Begriff der Wirklichkeit, der von der Kausalität der Dinge untereinander ausgeht. Der Hund ist nicht naturwissenschaftlich gebildet und bemerkt darum nicht, daß auch die Peitsche in der Hand des Herrn vom Sturmwinde gebogen wird. Dem Hunde ist der Sturmwind der Gott, der ihm im Gesicht wehe tut; der Herr ist der Gott, der ihm am Rücken wehe tut. Beide Götter haben Beziehungen zum Hunde, sie haben keine Beziehungen untereinander. Diese Beziehungen der Dinge untereinander bilden die Wirklichkeit des Menschen, mit welcher er sich über das Tier erhoben hat; wäre der Mensch schon ganz Mensch, so müßte er sich selbst objektivieren, d. h. sich völlig zu den Beziehungen der Dinge untereinander rechnen. Es ist ein Atavismus des Menschen, ein Rückfall in die Weltanschauung des Tiers, wenn er die Welt als ein Wirkliches sich selbst entgegengesetzt sieht.

Unser Dilemma nimmt nach diesen melancholischen Gedanken eine seltsame Gestalt an. Für den atavistischen Sprachgebrauch, der noch mit der Weltanschauung des Tiers zusammenhängt und der das Objekt als allein wirklich dem Subjekt gegenüberstellt, mag die Zeit mehr etwas Unwirkliches bedeuten, weil sie ganz im Subjekte lebt und bestenfalls als eine Beziehung zwischen Subjekt und Objekt auftritt. Für einen stolzeren menschlichern Sprachgebrauch, der die Wirklichkeit in dem Wirken der Objekte aufeinander sieht und auch jedes Subjekt in der Kette dieser Wirkungen allein begreift, wird die Zeit zu etwas *Wirklichem*. Hier handelt es sich also um eine Geschichte des Sprachgebrauchs, die aufs engste mit der Urgeschichte der Vernunft verquickt ist. Der oberste und abstrakteste aller Begriffe, der des *Seins*, erweist sich einerseits als der leerste und hohlste Begriff, anderseits als der handgreiflichste, insofern er mit dem der Wirklichkeit zusammenfällt; als der handgreiflichste Begriff, als das dem Subjekt entgegenstehende Objekt, ist das Sein sicherlich schon im Besitze des tierischen Denkens; zum obersten und hohlsten Begriffe, zur ersten der Kategorien, hat ihn das ewige Streben des Menschen gemacht, die Logik des Tieres zu überwinden. Aus einem solchen Begriffe kann nichts erschlossen werden; der Satz „die Zeit ist etwas Wirkliches" ist uns nur ein Beitrag zur Geschichte des Denkens, er ist ein historischer Satz, wie „die Sonne bewegt sich in einer Kreislinie um die Erde." Ich erinnere aber daran, daß die Scholastiker ihr *subjektum* für unser *Objekt* gebrauchten und umgekehrt; und daß ich geraten habe, einen Rücktausch der Begriffe vorzunehmen, zu dem Sprachgebrauch der Scholastik zurückzukehren. (Vgl. Art. *objektiv* II, 181.)

Eine viel wohlfeilere Betrachtung hätte uns rasch zu dem gleichen Ergebnisse führen können. *Zeit* und *Wirklichkeit* gehören zu jenen allgemeinsten Begriffen, welche seit Aristoteles in einer Kategorientafel angeordnet werden. Es scheint mir dem Wesen der Kategorien zu widersprechen, daß eine von der andern ausgesagt wird. Man kann von einer bestimmten Substanz, von einer bestimmten Größe, von einer bestimmten Eigenschaft räumliche oder zeitliche Verhältnisse aussagen, nicht aber von dem Sein selbst, von der Größe selbst, von der Eigenschaft selbst. Die Behauptung, die Zeit sei wirklich, sagt jedoch eine Kategorie von der andern aus. Kant war feiner als Aristoteles, als er den Zeitbegriff nicht unter seine Kategorien aufnahm, und er war ganz Kant, als er ihn durch ein Hinterpförtchen wieder einführte. Dem menschlichen Sprachgebrauche entspricht die alte Kategorientafel besser, sehr natürlich, weil sie doch nur eine äußerste Verdünnung des Sprachgebrauches, eine abstrakte Grammatik in zehn oder zwölf Worten ist. Und da trifft es sich recht gut, daß bei Aristoteles die Kategorie der Zeit eine Frage ist (*ποτε*, quando) und eine Frage wird sie bleiben.

Auch dann bleiben, wenn wir jetzt Ernst machen mit der Vorstellung, daß alle Begriffe der substantivischen Welt — also auch Zeit, Raum und Kausalität — atavistische Begriffe sind, die die Menschen mit den Tieren gemein haben; daß wir jetzt die Zeit, insofern wir sie wirklich oder wirksam nennen, nicht mehr den wirkenden Ursachen, sondern den zur Wirklichkeitswelt gehörigen *Bedingungen* zurechnen. Die Zeit ist neben dem Raume eine *Bedingung* der adjektivischen Welt des Seins; aber die Zeit ist auch und wesentlich eine Bedingung der verbalen Welt des Werdens. Da drängt sich aber eine noch schwierigere Frage auf. Der Begriff der *Bedingung* ist allgemeiner als der der *Ursache;* Ursachen sind diejenigen Bedingungen, in die wir nach einer besondern Richtung der Aufmerksamkeit die *Kräfte* von bestimmten Wirkungen hineinverlegen. Ursachen sind Kräfte. Wir müssen also nun, wenn die Zeit eine Bedingung der

Wirklichkeitswelt ist, einen Oberbegriff suchen, der auf die *Kraft* und auf die *Zeit* paßt. Einen solchen Oberbegriff bietet uns die wissenschaftliche Sprache nicht, vielleicht aber eine theoretisch erschlossene Erscheinung, die gleicherweise hypothetisch an einer Kraft (Wärme) und an der Zeit vorgestellt werden kann: die Entropie.

VI.

Trendelenburgs Versuch, Kants Lehre von der Subjektivität, Apriorität der Anschauungsformen Raum und Zeit zu verbessern, ist dankenswert. Nur, daß Trendelenburg mehr als er selbst ahnte, unter Hegels Einfluß stand, den er übrigens so tapfer bekämpfte; sein Grundgedanke, Bewegung sei zugleich das Prinzip der Wirklichkeit und des Denkens, kommt von Hegel und mußte mit Hegel gehen. Aber viel Anregendes enthalten seine Ausführungen doch.

Trendelenburg hat schon bemerkt, daß in den Fallgesetzen Maße von Raum und Zeit sich zu Maßen der Bewegung vereinigen. Seitdem nun die neuere Physik Bewegung auch und erst recht der Schwere, den chemischen, thermischen und im weitesten Sinne elektrischen Erscheinungen zugrunde legt, wäre es Pflicht der Physik, die Realität von Zeit und Raum anzunehmen, wobei vorläufig Kant nicht in Frage käme. Denn die Bewegung als Ursache all dieser Erscheinungen braucht nur ein *relatives* Ding-an-sich zu sein, mag einen Regreß zu einem Ding-an-sich zweiter Potenz gestatten, so daß Raum und Zeit an der Bewegung immer noch als einer bloßen Erscheinung haften. Auf diesem vorsichtig gewählten Standpunkte jedoch wäre es endlich erwünscht, das Verhältnis der Zeit zum Raume und dann wieder das Verhältnis der Zeit zu den thermischen, elektrischen usw. Bewegungen genauer zu verstehen. Was man so verstehen nennt. Über bildliches Verstehen werden wir nicht hinausgelangen.

Das Bild von der Zeit, das mir nützlich scheint, ist: die Zeit *strömt*. Seit Carnot und Clausius ist die Vorstellung fruchtbar geworden, Wärme, Elektrizität seien in Arbeit umwandelbar, wenn sie und weil sie wie ein Wasserstrom vom höhern Niveau zu dem tieferen hinabfließen. Sonst keine Arbeit. Mir will es scheinen, daß dieses anschauliche Bild für die Zeit noch besser zutrifft, als für Wärme oder Elektrizität. Ich sehe das Bild noch deutlicher: aus einem ungeheuern Vorrat, den wir nicht sehen, den wir vorlaut und ungeduldig etwa die *Zukunft* nennen dürfen, kommt die Zeit heran wie der Wasserfall, dessen Oberlauf wir nicht kennen; unterhalb stürzt er in das Meer des Vergessens oder der Vergangenheit, wirkungslos, ohnmächtig, flach; wo er aber stürzt, wo der Mensch neben ihm lebt oder Fabriken baut, da leistet der Fall, der Strom Arbeit, da ist die Zeit Bedingung, Mitursache jeglicher Wirkung. Wirklich, der Strom der Zeit stürzt aus der Zukunft in die Vergangenheit, nicht umgekehrt. Man halte dem Bilde auch nicht entgegen, daß der Wasserfall oder der Strom streng begrenzt in seinem

Bette fließen muß, daß die Zeit dagegen überall ist (wie der Raum immer ist), daß die Zeit, Strom und Sintflut zugleich, überall mit gleicher Schnelle und gleicher Stärke alle großen und kleinen Maschen des Raums durchfließt, daß die Zeit auch da ihren Zeitstrom, ihr Zeitgefälle hat, wo kein Mensch nebenan lebt oder Mühlen baut. Ich könnte antworten: Gibt es nicht in einsamer Wildnis Wasserfälle, die ungenützt und ungesehen stürzen? Gibt es nicht wochenlang über ausgedehnten Ländern und Meeren unendliche Regengüsse, die Wasserfällen gleichen, aber auch der Zeit? Doch ich habe eine bessere Vergleichung. Auch was wir Wärme nennen, ist ein Strom, der von der Sonne aus nicht in einem gewiesenen Bette fließt, sondern unendlich und allseitig wie der Raum durch alle Räume dringt, unendlich und eindeutig wie die Zeit, arbeitslustig hinabsinkt, aber trotzdem von seiner unendlichen Fülle nur den einen Tropfen Arbeit verrichten lassen kann, der von einem benachbarten Planeten, Menschen, Blatt, Wurm oder Dampfbläschen gehascht wird. Der Strom der Zeit umgibt uns, reißt uns mit, zerschellt uns, hebt uns, versenkt uns, läßt uns Mühlen treiben, uns paar Menschen an dem Punkte, wo der Strom uns berührt, an Quadrillionen andern Punkten stürzt der Strom der Zeit wirkungslos und flach ins Meer, wie der Wasserfall in der einsamen Wildnis, bevor der Mensch mit seinen Dampfschiffen kam, ungesehen und überhaupt ungenützt.

Unendlicher Vorrat von Zeit ist da: oberhalb des Falls oder Gefälles, von irgendwoher. Wie der Vorrat des Wasserfalls von himmlischem Regen. Unendlichen Vorrat sprechen wir auch dem Raume zu. Aber der Raum strömt nicht, stürzt nicht; der Raum ist wie ein See, eben wie der Ozean, der nicht verbraucht werden kann, der keine Arbeit leistet. Ob das Bild vom Strome der Zeit nur ein Bild ist oder mehr, ob es ein schlechtes oder ein gutes Bild also ist: eine Vergleichung von Zeit und Raum wird einige Linien des Bildes deutlicher machen.

Wir haben eben ganz nebenher den Gedanken zu ertappen gesucht, daß die Unendlichkeit der Zeit eine andere sei, als die Unendlichkeit des Raums. Diesen Unterschied in prägnanten Worten auszudrücken, ist unmöglich, mir unmöglich. Alles Wirkliche hat teil an Raum und Zeit. Der Raum gibt dem Wirklichen seine Gestalt, ist seine Form. Was ist nun der Gegensatz zu diesem Formbegriff? Überall sonst ist Inhalt der Gegensatz von Form. Ich wage aber nicht oder noch nicht zu sagen, *Zeit* sei der *Inhalt des Wirklichen.* Denn der *Inhalts*begriff müßte gewandelt werden, damit Zeit Inhalt werden könnte.

Sodann ist das Verhältnis des Menschen zur Unendlichkeit des Raums ein ganz anderes als zur Unendlichkeit der Zeit. Der Mensch, der stille hält, kann den unendlichen Raum nur denken, ihn aber nie erreichen, ohne Gehirnarbeit aber auch nicht den kleinsten Bruchteil des Raums, der über ein Klaftermaß hinausgeht. Die unendliche Zeit aber rückt ruhelos an den Menschen heran, der stille hält, und er brauchte nur ewig zu leben, um die unendliche Zeit zu Ende zu erleben. Anders ausgedrückt: Was immer der Mensch sieht, das ist räumlich geformt, das sieht er gestaltet; was aber immer auf den Menschen wirkt aus der Wirklichkeitswelt, also auch was auf sein Sehorgan wirkt, das hat schon Zeit in sich, als Inhalt, als Faktor. Für den Raum haben wir ein Organ oder vielmehr ein Nebenamt eines Organs: des Gesichts; ein Organ für die Zeit haben wir durchaus nicht, nicht einmal im Nebenamt.

Damit hängt es aufs engste zusammen, daß wir die räumlichen Verhältnisse des Wirklichen seit jeher zu seinen *Eigenschaften* rechnen, daß die Sprache sich aber dagegen sträubt, auch die zeitlichen Verhältnisse eines Dings oder eines dinglichen Erlebnisses Eigenschaften zu nennen. *Gestrig, jetzig, morgig* (morgend) klingen mir wie häßliche, unorganische Neubildungen nicht nur neben den Sinnesqualitäten *blau, hart, laut, schwer*, sondern auch neben den abstrakten Qualitäten *gut*, *schlecht*; und *lang, kurz* usw. sind nur darum unauffällige Eigenschaftsworte, weil sie (notwendig, wie wir gleich sehen werden) Raumvorstellungen bildlich auf die Zeit übertragen. Raum ist eine Eigenschaft des Wirklichen, Zeit ist eine *Bedingung* der Wirklichkeit. (Dieser Satz ist nicht ganz umkehrbar. Man könnte auch den Raum eine Bedingung der Wirklichkeit nennen, niemals aber die Zeit eine Eigenschaft des Wirklichen.) Man denke an den starrenden Fels, über den der Wasserfall hinunterstürzt. Sein ungeheures Massiv als Würfel, Kegel, Pyramide oder wem er sonst ähnelt, weiter seine Zacken und Schroffen und Rinnen und endlich seine feinsten Linien bis zu mikroskopischen Feinheiten hinunter gehören zu seinen Eigenschaften; starr, unveränderlich in den großen Zügen, aber veränderlich im kleinen. Sonne, Wasser, Wärme, Kälte verändern die Wirklichkeit des Felsens, aber nie ohne Mitwirkung der *Zeit*, die eine Bedingung, eine Mitursache der Änderung ist, nicht ihre Eigenschaft.

Nun aber das Wichtigste, das daraus zu erklären ist, daß wir ein *Organ* für den Raum haben, nicht aber für die Zeit. Das Maß des Raums ist für den messenden Menschen die Raumeinheit; das Maß der Zeit ist hilflos oder unbeholfen wieder eine Raumeinheit. Die Zeit kann nur bildlich gemessen werden. Man mache sich die Sachlage einmal klar.

Wenn man von der Zahleinheit, die allem Messen zugrunde liegt, absieht (vgl. Krit. d. Spr. III, 142f.), so ist jede Maßeinheit eine Konvention. Nicht nur Fuß, Elle, Yard usw. Auch die Redensart, das jetzt so weit verbreitete Metersystem gehe auf eine natürliche Maßeinheit zurück, ist ja nur eine Legende; der Urmeter in Paris bleibt ja Urmeter, nachdem der zugehörige Bruchteil des Meridianquadranten in einigen Dezimalstellen anders berechnet worden ist als früher (vgl. Art. *messen*).

Aber die konventionelle Maßeinheit ist vertretbar, übertragbar. Innerhalb der Toleranz oder der Fehlerquellen lassen sich Längenmaße, Flächenmaße und Hohlmaße, dann auch Gewichte mit Zirkel und Rechnung genau ausdrücken. Wie in der Geometrie Flächen durch vorgestellte Deckung sich vergleichen lassen, wobei nur die sehr wahrscheinliche Hypothese nötig ist, daß Flächenmaße durch Verschiebung im Raume sich nicht ändern. Die Hypothese ist sehr wahrscheinlich, weil der Raum eine Eigenschaft ist und nicht Mitursache von Änderungen.

Dagegen gibt es eine Zeiteinheit nicht, die unmittelbar zum Messen einer Zeitgröße dienen könnte. Bekanntlich bedienen wir uns auch zum Messen der Zeit der Raumeinheiten. Unsere Uhren lassen Zeitgrößen nach Winkelmaßen ablesen. Früher war das an Sonnenuhren schon üblich. Noch früher maß man die Stunden nach Sand- und Wasseruhren, berechnete also den unbekannten Zeitfaktor aus dem bekannten Produkt von Zeit und Bewegung, indem man theoretisch das Produkt (die Menge Sand oder Wasser) durch die Bewegungsgröße dividierte. In ganz ähnlicher Weise (wieder theoretisch) wurde das Jahr nach der Bewegung der Sonne gemessen. Es hat mit unserm Thema nichts zu tun, daß im Laufe der Zeit die Bewegung der Sonne richtiger gedeutet und genauer gemessen wurde. Es hat mit unserm Thema aber vielleicht doch etwas zu tun, daß die alte Wasseruhr (die in Babylon wahrscheinlich die „natürliche" Einheit für Zeit, Raum und Gewicht abgab), wohl den 24. Teil eines Tages innerhalb der Fehlergrenzen genau angeben konnte, ganz gewiß aber nicht Bruchteile einer Stunde. Weil Druck und Bewegung Funktionen der Wasserhöhe sind und kaum angenommen werden kann, daß damals Vorkehrungen getroffen worden waren, die Wasserhöhe im obern Gefäße immer gleich zu halten.

Diesen Vorteil könnte ein moderner Mechaniker natürlich ganz leicht in seiner Maschine einrichten. Was aber hinter dem Messen der Zeit durch Raum oder Bewegung als eine Hypothese steckt, die Gleichmäßigkeit nämlich des Zeitflusses oder Zeitstromes, das ist zwar eine ebenso wahrscheinliche Hypothese, wie die Vertretbarkeit der Flächen in der Geometrie; aber in der Welt der Erfahrung gibt es kein Mittel, diese Hypothese zu verifizieren. Ja, diese Hypothesen auch nur zu verstehen, hat seine besonderen Schwierigkeiten. Denn die Zeit, die keine Eigenschaft ist, wird da zu etwas, das wenigstens eine Eigenschaft hat: die Gleichmäßigkeit.

Das Erste, was sich schon der Hypothese von der Gleichmäßigkeit entgegenstellt, ist wieder der Umstand, daß wir kein Sinnesorgan für die Zeit haben. Raumgrößen können an Raumgrößen gemessen werden, nach allen Richtungen, vorwärts und rückwärts. Die Zeit verfließt eindeutig, in einer einzigen Richtung, ihre *Umkehrbarkeit* ist nicht einmal vorzustellen. Und wenn wir den Begriff der Zeit, deren Strom wir erleben, fassen wollen, so stehen wir vor einer neuen überraschenden Verwirrung: der *Strom* der Zeit *um* uns ist ja nicht einmal dasselbe, wie das *Gefühl* der Zeit *in* uns. Den Strom der Zeit messen wir bildlich, nach der verflossenen Zeitmenge, nach der Bewegung, nach dem Raume; das Gefühl der Zeit in uns können wir gar nicht messen. Und ich werde gleich fragen, ob wir das, was ich eben Zeitgefühl genannt habe, eine Empfindung nennen, neben die anderen Empfindungen unserer Sinne stellen dürfen.

Sodann ist es auch um die Gleichmäßigkeit anderer Größen eine eigene Sache. Wenn man Raumgrößen, die zum Maße dienen, als beständig ansieht, so vergißt man absichtlich die Tatsache, daß das Volumen eines Körpers in genauem Sinne niemals beständig ist. Das Volumen eines Körpers verändert sich unaufhörlich nach seiner Temperatur. Und eine Unsicherheit in zweiter Potenz: der Siedepunkt des Thermometers, auf dem die Skala beruht, ändert sich unaufhörlich nach dem Luftdruck, der seinerseits wieder von der Wärme abhängig ist.

Diese kleinen Fehler haben die Menschen nicht gehindert, den Raum mit konventionellen Volumgrößen auszumessen, die Wärme mit konventionellen Temperaturgrößen (ich nehme hier *Volumen* in einem weiteren Sinne auch für Linien und Flächen). Vom Raume besäßen wir nur unklare Empfindungen, wenn wir nicht *annähernde* Volumgrößen zu Hilfe genommen hätten. Ebenso besäßen wir von der Wärme nur höchst ungenaue Empfindungen (das gleiche Badewasser kann der einen Hand kalt, der andern warm erscheinen), wenn wir nicht die *annähernde* Temperaturskala eingeführt hätten. Das Messen der Zeit durch unsere Uhren, so genau sie gehen mögen, ist aber ein ganz ander Werk als das Messen des Raumes durch das Metersystem, das Messen der Wärme durch eines unserer Thermoskope. Denn es gibt auf der Welt nichts, was sich zur Zeit verhielte, wie sich das Volumen zum Raume verhält, die Temperatur zur Wärme. Das Volumen ist nicht ideal beständig, die Intervalle zwischen benachbarten Graden der Thermometerskala sind ganz gewiß nicht absolut gleichmäßig; beide Maße sind konventionell und nur annähernd genau. Aber von Volumen und Temperatur haben wir außer den gemessenen Zahlen auch Empfindungen; von der Zeit haben wir, wie ich jetzt zeigen will, eine Empfindung nicht, und von dem, was an der Zeit unmittelbar gemessen werden könnte (wie das Volumen eines Raumes und wie die Temperatur der Wärme), können wir uns nicht einmal eine Vorstellung machen. Wir können uns ganz gut vorstellen, daß die gleiche Stärke der Molekularbewegung, die auf unsere Haut als Wärmeempfindung wirkt, die Verlängerung des Quecksilberfadens im Thermometer bewirkt; also können wir uns das Ausmessen unserer Wärmeempfindung vorstellen. Nicht als Wirkung, aber als Eigenschaft der Körper können wir in Gedanken unsere subjektive Raumempfindung und das meßbare Volumen zusammenbringen. Nichts davon ist von der Zeit auszusagen. Noch trügerischer als Wärme und Kälte des Badewassers ist das subjektive Empfinden von Länge und Kürze der Zeit. Und das vermeintliche objektive Messen der Zeit wird nie zu Zeitempfindung, ist immer nur ein Ablesen von Raumbewegungen (Sonne und Sterne, Sanduhr, Uhrzeiger), ist immer nur die uralte Gewohnheit des Menschen, sich mit der Bewegung, als einem Bilde von der Zeit, zu begnügen, die Hypothese von der Gleichmäßigkeit des Zeitstroms zu glauben und sich niemals darüber zu wundern, daß wir von der wichtigsten Bedingung unseres Daseins, von der Zeit, nichts wissen.

Der Grund kann nicht darin liegen, daß wir flächenhaft sehen, also zweidimensional, und daß die Zeit nur eindimensional ist. Allerdings mag etwas Selbsttäuschung mitspielen, wenn wir eindimensional zu sehen glauben: eine gerade Linie, eine Richtung; historisch haben die Menschen gewiß zuerst Körper wahrgenommen, dann Flächen, zuletzt erst gerade Linien, die es in der Natur — wenn wir den Begriff ganz streng nehmen — gar nicht gibt. Immerhin ist die gerade Linie etwas wie eine Eigenschaft, die wir uns mit geringer Phantasie vorstellen können. Die Zeit aber ist doch nur bildlich eine gerade Linie. Es gehört wenig geometrische Phantasie dazu, sich im Raume mit Hilfe von drei Koordinaten, sich in der Ebene an zwei Koordinaten, sich in der Geraden an einer einzigen Ordinate (oder Abszisse) zu orientieren. Es gehört aber sehr viel Phantasie dazu (und noch mehr Phantasie, die Schwierigkeit zu begreifen), die Zeit im Bilde einer Geraden wiederzuerkennen. Und dann ist es ein ander Ding, an dieser einen Richtungslinie einen Zeitpunkt zu bestimmen, ein ander Ding, eine Zeitdauer. Der Zeitpunkt, mag er klein oder groß gedacht sein (Sekunde, Minute, Stunde, Tag, Jahr, Jahrtausend, Lichtjahr) läßt sich mathematisch an der Geraden darstellen. Was aber dem Raumvolumen entspräche, das ist ganz was anderes als eine Grenzbestimmung, das ist die Zeitdauer. Und die Dauer können wir nicht wahrnehmen, können wir nur metaphorisch ausdrücken, weil eben nicht einmal das eigentlich richtig ist, daß die Zeit eindimensional sei. Die Zeit ist eine Bewegung oder ein Strom, und das ist die erste Metapher; daß dieser Strom oder diese Bewegung in einer Geraden erfolge, das ist schon Metapher der Metapher.

Also noch einmal: wir haben keine Zeitempfindung, weil wir kein Zeitorgan haben. Oder: wir haben kein Zeitorgan, weil wir keine Zeitempfindung haben. Es ist ganz gleich, ob wir in dieser Tautologie das Organ oder die Empfindung zum Erkenntnisgrunde machen. Oder zum Realgrunde. Es wäre nicht unmöglich (was wäre der Sprache unmöglich?) die sogenannten Zeitempfindungen dem sogenannten Gemeingefühl zuzuweisen und das unbekannte Organ des Gemeingefühls zur besondern Auszeichnung auch noch das Organ der Zeit zu nennen. Unsere Erlebnisse sind ja, wenn wir darauf achten, stets mit einem Zeitzeichen versehen. Und es gibt zeitliche Verhältnisse, die wir uns unwillkürlich merken, auch wenn wir die Erlebnisse gar nicht beachten, an die sie geknüpft sind. Dahin gehören alle Erscheinungen des *Rhythmus*. Jeder gemeine Soldat, jeder Wilde ist imstande, seinen Marsch nach dem Trommelwirbel zu richten. Man unterscheidet mit Sicherheit einen Daktylus von seiner Umkehrung, dem Anapäst. Beim Rhythmus scheint etwas wie eine Zeitempfindung vorzuliegen, scheint nur. Ich könnte meine Behauptung, daß es Zeitempfindungen überhaupt nicht gibt, mit einem Hinweise stützen, den ich schon vorbereitet habe; das zeitliche Verhältnis ist immer nur Merkzeichen, Merkzeichen im Bewußtsein eines andern Empfindungserlebnisses, die wirklichen Empfindungen sind selbst Erlebnisse, wie man denn eine bestimmte Regenbogenfarbe, wie man einen Wärmegrad ohne jede andere Körperempfindung wahrnehmen kann. Aber ich darf noch weiter gehen. Gerade beim Rhythmus, auf den sich die Verteidiger der Zeitempfindung berufen, scheint sich mir eine überraschende Übereinstimmung zu enthüllen mit der Art, wie wir allein die objektive Zeit, ohne jede Empfindung, messen können: am Raume. Haben wir denn bei der Auffassung eines Rhythmus in uns irgend etwas anderes als eine Bewegungsvorstellung? Tanzmusik geht in die Beine, sagt man. Dem Unmusikalischen fährt sie nicht in die Beine. Der Soldat übersetzt den Marsch der Trommel in seine eigene Bewegung und nimmt ihn so wahr. Auch die Rhythmen der Verse sind Bewegung. Ich habe seit früher Jugend ohne jede erkenntnistheoretische Absicht die Bemerkung und fast die Beobachtung zu machen geglaubt, daß ich in schlaflosen und stillen Nächten den leisen Tritt der Zeit vernehmen könnte, und daß dieser leise Tritt der Zeit, der durch die einsamen Straßen verhallte, am Ende nichts anderes wäre als der eigene Pulsschlag, oder vielmehr, wie ich mir das deutete, der Rhythmus der Blutfülle und der Blutarmut im Gehirn, der Rhythmus von geistigem Vermögen und Unvermögen. Ich habe mich vor einigen Jahren gefreut, die gleiche Phantasie bei Mach wiederzufinden (Anal. der Empf. 3. Aufl. 197): „Es wird die Vermutung nahegelegt, daß die Empfindung der Zeit mit periodisch oder rhythmisch sich wiederholenden Prozessen in nahem Zusammenhange steht. Es wird sich aber kaum nachweisen lassen, wie es gelegentlich versucht worden ist, daß sich das allgemeine Zeitmaß auf die Atmung oder den Puls gründet." Wäre etwas daran, so hätten wir wieder statt einer *Zeit*empfindung ein *Bewegungs*gefühl.

Mach lehrt die Existenz einer Zeitempfindung. „Manche Empfindungen treten mit, andere ohne deutliche Raumempfindung auf. Die Zeitempfindung begleitet aber *jede* andere Empfindung und kann von keiner gänzlich losgelöst werden" (a. a. O.

185). Dem möchte ich widersprechen. Mach hat in diesen Worten schon die landläufige Lehre, daß die Raumvorstellung nicht irgendwie, wenn auch undeutlich, mit allen Empfindungen verbunden sei, korrigiert. Mindestens eine Raum*richtung* knüpft sich an jede Sinnesempfindung. Noch spricht er da die Unablösbarkeit von der Zeitempfindung aus; aber wenige Seiten später (188) gibt er einen bessern Fingerzeig: Zeitempfindung sei immer vorhanden, „solange wir bei Bewußtsein sind." Und nun halte ich endlich in festen Begriffen, was ich als den wesentlichen Unterschied von Raum und Zeit darstellen wollte. Raum ist eine Eigenschaft der sinnlichen Welt; für Volumgrößen besitzen wir ein Sinnesorgan im Nebenamt. Zeit ist keine Eigenschaft, ist nur eine unwahrnehmbare Bedingung alles sinnlichen Erlebens, wir haben kein Zeitorgan. Für die Empfindungen aller Sinnesdaten und des Raums brauchen wir kein Bewußtsein, nicht den Schimmer eines klaren Bewußtseins; man muß schon abgelenkt, zerstreut, eigentlich von einer andern Vorstellung hypnotisiert sein, um eine Entfernung, eine Farbe, eine Form, einen Ton, einen Geruch, einen Wärmeunterschied nicht wahrzunehmen. Nimmt das sogenannte Bewußtsein sich einer dieser Empfindungen besonders an, so nennt man das Aufmerksamkeit. Aber ich habe gezeigt oder zu zeigen gesucht, daß das berühmte Bewußtsein, von dem die Philosophen seit seiner Entdeckung nur feierlich zu sprechen wagen, nicht mehr und nicht weniger sei, als die rätselhafte Eigenschaft der Organismen, die man sonst Gedächtnis nennt, und daß das noch viel berühmtere Selbstbewußtsein, wo es sich überhaupt vorzufinden scheint, eine Täuschung der höchsten Organismen ist, eine Selbsttäuschung des Gedächtnisses. Habe ich darin recht, so ergibt sich für den Unterschied von Raum und Zeit der einfachste Ausdruck. Die Empfindung von Raum und allen andern Sinnesdaten liegt in der Gegenwart, nur in der Gegenwart. Die Vorstellung vom Zeitmoment gehört dem Bewußtsein an, also dem Gedächtnis, also der Vergangenheit. Was wir Zeitempfindung nennen, das klare oder unklare Bewußtsein einer Dauer, bezieht sich ausnahmslos auf eine abgelaufene Zeit, und wenn wir bewußt einer gegenwärtigen Sinnesempfindung oder Raumempfindung ein Zeitmoment zusprechen, den Zeitmoment eines augenblicklichen Erlebnisses festhaken, so brauchen wir dazu die Mittätigkeit unserer Aufmerksamkeit, und da behaupte ich, daß wir die Aufmerksamkeit auf den gegenwärtigen Augenblick gar nicht lenken können, ohne ihn aus der Gegenwart hinaus in die Vergangenheit zu werfen. Ich will auf die Sekunde genau die Zeit eines besonders interessanten Blitzes feststellen; er ist vergangen, wenn ich die Zeit bemerke, nicht nur seiner Schnelligkeit wegen, sondern schon um deswillen, weil meine bloße Aufmerksamkeit ihn aus der Gegenwart des sinnlichen Erlebens herausreißt. Ganz allgemein ist das ja das Ergebnis der unzähligen psychophysischen Versuche unserer psychophysischen Laboratorien. Wieder ein Dilemma. Ist es die Zeit, die Aufmerksamkeit erfordert? Oder: ist es die Aufmerksamkeit, die Zeit erfordert? Hier fängt die Gefahr der Sophistik an, die sich schon des Satzes bemächtigt hat, daß die Zeit überall keine Gegenwart habe. Niemand hat seine Sophistik daran so hübsch geübt, wie Augustinus im 11. Buche seiner „Confessiones." Nam si extenditur, dividitur in praeteritum et futurum: praesens autem nullum habet spatium und so weiter. Aber der liebe Heilige ist doch mehr als ein Sophist. Er sagt kurz vorher mit köstlicher Ehrlichkeit (C. 14): Quid est ergo tempus? Si nemo ex me quaerat, scio; si quaerenti explicare velim nescio; fidenter tamen dico, scire me.

Eine Brücke führt vom brünstig gläubigen Augustinus zu dem fast pietistisch gläubigen Newton. Newton lehrte unkritisch die Existenz eines absoluten Raums und einer absoluten Zeit, nannte den Raum ein Sensorium Gottes (für die Zeit fand er so ein Wort nicht) und schmuggelte überhaupt gern Theologie in sein erstaunliches Werk. Beide fromme Männer mögen den gleichen Grund gehabt haben, sich in die Begriffe Raum und Zeit so hineinzuknieen. Wenn immer wir den Bericht über eine Begebenheit erhalten, so verlangen wir zunächst Antwort auf die beiden Fragen: wo und wann. Selbst das Märchen muß die Fragen wenigstens mit einer leeren Partikel beantworten: es war einmal, es war irgendwo. Dieser Forderung kann sich auch der Gottesbegriff nicht widersetzen; mit einem raum- und zeitlosen Gotte, der nicht einmal und irgendwo war, wissen wir nichts anzufangen.

Wir sind also in der Vergleichung von Zeit und Raum zu dem letzten Worte gekommen, daß der Raum immer gegenwärtig ist und vergangen eigentlich nicht gedacht werden kann, daß die Zeit immer vergangen ist und gegenwärtig eigentlich nicht einmal gedacht werden kann. Damit mag es zusammenhängen, daß wir uns den Vorrat an Raum als ein Gefäß vorstellen müssen, in dem alle besondern Räume stecken; daß wir uns den Vorrat an Zeit wie einen Strom vorstellen müssen, der an der Gegenwart vorüber in den unräumlichen Behälter unseres Gedächtnisses fließt.

Und nun habe ich die zweite Vergleichung vorzunehmen, habe zu zeigen, wie sich etwa die Zeit von einer andern Energieform unterscheidet, der *Wärme*, die wie die Zeit verbraucht wird und die doch offenbar wirklicher ist, palpabler als die Zeit.

Ich knüpfe zunächst an das letzte Wort an. Während alle sogenannten Körper den Raum zu einer Eigenschaft haben und darum allein eine Gegenwart besitzen, die im Widerspruch mit der Sprache eher eine räumliche als eine zeitliche Eigenschaft ist, steht es um die Wärme wie um die Zeit und um den Wasserfall. Eine körperliche Gegenwart hat die Wärme wie der Wasserfall nur oben, auf der Höhe, wo man im ruhenden Bergsee baden, wo man die ruhende Wärme empfinden kann. Solange Wärme und Wasser oben bleiben, im räumlichen Reservoir gegenwärtig, solange geschieht nichts, weder durch Wärme noch durch Wasser, als daß wir sie empfinden. Erst durch den *Strom* von Wärme oder von Wasser, durch das *Gefälle* zu einer tiefern Temperatur oder zu einem tiefern Niveau (die Sprache nennt beides *tiefer*) leisten Wärme und Wasser Arbeit. Wärme und Wasser hören im Gefälle auf der Gegenwart anzugehören. Sie wirken erst, wenn sie vergehen, wenn sie in die Vergangenheit stürzen. Wie die Zeit. Und noch eine wichtige Ähnlichkeit besteht zwischen Wärme (ich bemühe den Wasserfall nun vorläufig nicht weiter, vergesse ihn aber nicht) und Zeit: beide sind in ihrer Richtung eindeutig bestimmt. Ewig abwärts fließen Wärme und Zeit. Die Richtung ist für unser Naturwissen bei beiden nicht mehr umkehrbar. Bis auf die neuere Hydrostatik glaubte man, das Wasser könnte aufwärts fließen durch den horror vacui; bis auf Carnot glaubte man, die Wärme könnte — von selbst, ohne künstliche Mittel — aufwärts gehen von einem kältern Körper in einen wärmern; aber niemals glaubte man, die Zeit könnte rückwärts fließen. Selbst das Stillestehen der Zeit, also ihre Gegenwart, war ein unvorstellbarer Wunderglaube.

Aber der Unterschied ist ebenso stark wie die Ähnlichkeit. Wir betrachten die Wärme als eine rechte Ursache von Änderungen in der Wirklichkeitswelt, die Zeit nur als Bedingung solcher Änderungen. Und dann, worauf schon hingewiesen: das Gefälle leistet immer, auch wenn wir es nicht wahrnehmen, auch wenn die Erwärmung des Weltraumes unendlich klein ausfällt, irgend eine Arbeit, ist immer irgendwie wirksam, wirklich; das Gefälle der unendlichen Zeit aber entfließt ohne Wirkung, ohne Arbeit, ohne daß durch die Zeit oder in der Zeit etwas geschieht.

Mir ist nun eine Betrachtungsweise nicht fremd, die man verstiegen nennen mag, die aber die Vorstellung gestatten könnte, daß die Energieform der Wärme der Energieform der Zeit doch noch ähnlicher ist. Ich möchte das vorsichtig so vortragen:

Von der Wärme wissen wir nichts, als etwa, was wir Wärmeempfindung nennen. Messen können wir unsere Wärmeempfindungen so wenig, wie unsere Zeitempfindungen, nur ganz roh. Wollen wir Wärmeunterschiede genauer messen, so müssen wir, wie bei der Zeit, den Raum zu Hilfe nehmen; wir messen die als gleichmäßig vorausgesetzte Zeit an der gleichmäßig vorausgesetzten Bewegung (der Sterne, des Pendels), wir messen Wärmeunterschiede an der gleichmäßig gedachten Ausdehnung der Körper. Nur die Ausdehnung durch Wärme können wir messen, nur von dieser Erscheinung, deren konventionelle Grade wir Temperatur nennen, wissen wir etwas. Wir messen die Ursache Wärme an der

Wirkung Ausdehnung und bringen Ursache und Wirkung in eine Proportion. Daß die Wärme die *Ursache* der Ausdehnung sei, daran hat niemals jemand gezweifelt. Darum heißt auch die Wärme eine *Kraft*, eine Energieform, der Raum hat nie so geheißen. Wenn nach dem Gesetze von Gay-Lussac bei gleichem Drucke die Gase sich im Verhältnisse zur Wärme ausdehnen, so heißt wieder Wärme die Ursache, Ausdehnung die Wirkung. Wie aber, wenn ein Gas dadurch wärmer wird, daß man es zwingt, einen kleineren Raum einzunehmen? Dadurch kälter wird, daß es sich ausdehnt? Wird dann nicht die Ausdehnung zur Ursache, die Temperatur zur Wirkung? Daß Ursache und Wirkung da in umgekehrtem Verhältnisse steht, braucht uns nicht zu kümmern; denn die Natur kennt keinen kategorischen Imperativ, sich nach den menschlichen Begriffen *gerade* und *umgekehrt* zu richten. Die Natur erlaubt sich lasterhaft unlogische Eigenmächtigkeiten, wenn z. B. das Wasser beim Sinken der Temperatur bis ungefähr 4^0 sich zusammenzieht und sich dann wieder ausdehnt. Und nicht einmal genau bei 4^0!

Ich weiß ganz wohl, was die gegenwärtige Physik dieser verstiegenen Vorstellung, der Raum könne die Ursache der Wärme sein, entgegenhalten kann. Werde Wärme bei gleichem Drucke zugeführt, so sei die Wärme Ursache der Ausdehnung und Wärme und Ausdehnung in gerader Proportion. Verändere sich aber das Volumen, so sei die Temperaturänderung nicht eine Wirkung der Ausdehnung, sondern einer zugeführten Arbeit, die sich in Bewegung, in Molekularbewegung verwandle.

Ich wollte eigentlich nur die Begriffshypothese, die Zeit könnte eine Energieform genannt werden wie die Wärme, durch den Hinweis empfehlen, daß sogar der Raum als eine Ursache, also als eine Energieform in einer Phantasie vorzustellen wäre.

Es fällt mir natürlich nicht ein, mit einer solchen sprachkritischen Begriffsuntersuchung die Naturbeschreibung der neuern Physik antasten zu wollen. Ich habe nicht zu rühren an dem Satze von der Erhaltung der Energie, auch nicht an einem seiner Spezialfälle. Nur Begriffe oder Worte möchte ich strenger untersuchen, als es die Naturforscher getan haben, die die Erscheinungen nicht nur beschreiben, sondern auch erklären wollten. Und die Geschichte der Physik läßt mich hoffen, daß künftige Beobachtungen und künftige Einsichten den sprachlichen Ausdruck finden werden für das, was ich noch nicht fassen kann. Nicht in Worte fassen kann. Der große Newton hielt die Lichtstrahlen für Körperchen, und sein Ansehen hat die Korpuskular-Theorie bis auf Eulers Zeit gehalten. Die Wärme galt bis in die Mitte des 19. Jahrhunderts den Meisten für einen Stoff. Licht und Wärme, dazu Magnetismus und Elektrizität waren der Physik Stoffe, unwägbare Stoffe. Für Licht und Wärme hatten wir von jeher Sinnesorgane; Magnetismus und Elektrizität konnten der

Wahrnehmung nur indirekt und nur sehr allmählich zugänglich gemacht werden. Licht und Wärme waren unwägbare Stoffe, aber doch immerhin Stoffe. So lange konnten sie keine Beziehung zu Raum und Zeit haben, welche nicht wirklich waren, nur unsere Anschauungsformen der Wirklichkeit. Jetzt könnte die Sache anders werden. Kant konnte Licht und Wärme, Magnetismus und Elektrizität mit gleichem Rechte die menschlichen Wahrnehmungsformen der Wirklichkeit nennen. Oder gleich: Anschauungsformen. Mit mehr Recht. Denn eher kann ich mir vorstellen, daß das Ding an sich selbst mit Raum und Zeit behaftet sei, als daß es die Bewegung in sich habe, ohne die keine der Energien denkbar ist, die einst unwägbare Stoffe hießen. Und so gut wie man Wärme eine *Anschauungsform* nennen könnte, ebenso gut könnte man die Zeit eine *Energieform* nennen. *Nennen.* Niemand wird die Resignation tiefer fühlen als ich. Über Namen und Bilder kommen wir nicht hinaus. Ein Bild nur: der Strom der Zeit im Bette des Raums.

VII.

Ich möchte das Gesetz „Erhaltung der Energie" (es ist ein Begriff und kein Gesetz) am liebsten mit dem Gesetze vergleichen: „Die Summe der Winkel in einem Dreiecke ist gleich zwei Rechten". Was immer ich mit dem Dreiecke anfange, ob ich es zu einer Geraden strecke ($a = 2R$, $b = c = 0^0$), ob es stumpf-, recht-, oder spitzwinklig wird, immer muß irgendwo etwas weggenommen werden, wenn es anderswo zugegeben werden soll. Die Summe bleibt immer die gleiche. Ob der wirkliche Raum ein ebenes Krümmungsmaß habe oder nicht, ob also in Wirklichkeit die Summe unendlich wenig von 2 R abweiche oder nicht, das wissen wir nicht; so wenig wir wissen, ob die Energie jenseits unseres *Raumes*, im Universum, den Lokalgesetzen unserer Welt gehorche.

Man hat die Energie als *Fähigkeit* definiert, Arbeit zu leisten. Fähigkeit? Wenn also die Energie das einzig Wirkliche wäre, so wäre das einzig Wirkliche eine Fähigkeit? Das einzig Wirkliche nur eine Möglichkeit? Vielleicht nur ein Wortstreit. Über die Erhaltung dieser Energie gibt es nicht einmal Wortstreit: nie (in unserer Welt) verschwindet Energie spurlos, nie entsteht sie von selbst. Auch die biologischen und psychischen Erscheinungen würden sich diesem Energiebegriff einordnen, wenn wir für Physik, Leben und Seele gemeinsame Maße oder Werte hätten.

Wie aber steht es um den Begriff, ohne den das Entropiegesetz nicht verstanden und nicht gedacht werden kann? Um die *Richtung* der Energie. Wir sprechen von zwei Richtungen der Energie, einer natürlichen und einer unnatürlichen, wie wir von den drei Dimensionen oder Abmessungen des Raumes reden. Die drei Dimensionen sind nichts, wenn sie nicht menschliche Richtungen oder Orientierungen sind. (*Orient* selbst eine Dimension oder Richtung.) Ist *Richtung der Energie* auch nur so eine menschliche Orientierung? Und wenn: was ist dann die Entropie, wenn sie menschliches Maß ist?

Denn Entropie ist eine *Richtung* der Energie. Oder: man spricht von Entropie nur bei der einen Richtung. Arbeit, Bewegung verwandelt sich von selbst in Wärme; nur in Wärme, wenn man der Bewegung nicht künstlich ein anderes Ziel setzt. Aber Wärme verwandelt sich in makroskopische Bewegung überhaupt nicht, außer wenn wir sie künstlich dazu zwingen. Die Richtung der einen Verwandlung (von Bewegung in Wärme) ist natürlich, die Richtung der andern Verwandlung (von Wärme in Bewegung) ist künstlich. Da aber diese künstliche Richtung nie und unter keinen Umständen stattfinden kann ohne eine begleitende natürliche Verwandlung, so ergibt sich, daß die natürliche Richtung die herrschende, die sieghafte ist.

In der Fassung von Thomson-Kelvin (die pietätslose Art der Engländer, den Namen gerade dann zu ändern, wenn der Name bleiben sollte, zwingt zu der Doppelung): Alle anderen Energien haben die Richtung, sich in Wärme zu verwandeln, und die Wärme zerteilt sich durch Strahlung in den Weltraum. Alle Unterschiede der Intensität verringern sich. Chwolson zieht daraus den Schluß, daß die Welt ein Organismus sei, daß es eine Evolution in der Erscheinungswelt gebe.

Ich erlaube mir einen bescheidenen Zweifel. Es ist nur eine Metapher, ein Vergleich, wenn man das Weltganze (Äther, Luft und Sterne) darum einen Organismus nennen will, weil auch die Welt in einer Art von Stoff- oder Energiewechsel lebt, und bei Aufhören der Wechselmöglichkeit doch der Erstarrung, dem Tode anheim fällt. Daß das Ende (wegen der unendlichen Langsamkeit der Entropie bei abnehmenden und verschwindenden Intensitätsunterschieden) unendlich lange auf sich warten ließe, das wäre keine Gegeninstanz; auch der Organismus kann langsam sterben, und die Welt wäre bei geringen Intensitätsunterschieden so tot — wie heute (so sagt man) die ungeheure Wärmemasse der Luft oder des Meeres arbeitsunfähig ist wegen der Unmöglichkeit, diese Unsumme von Wärme auf einen kälteren Körper abfließen zu lassen.

Gerade dieses Beispiel läßt mich an dem Werte des zweiten Hauptsatzes der Wärmedynamik zweifeln. Oder auch nur an der Möglichkeit, seinen Gedanken ganz genau auszusprechen. Was heißt das: *die ungeheure Wärmemenge* der Luft oder des Meeres, die nicht ausgenutzt werden kann? Wo ist das Maß für diese Wärme? Wenn die ganze Welt (mitsamt dem Thermometer) gleich warm ist, überall und immer, dann zeigt das Thermometer keine Wärme mehr an. Dann kann kein Thermometer mehr hergestellt werden. Dann liegt (weil die Wirkung der Wärmeenergie ausbleibt, das menschliche Wärmegefühl) gar kein Grund vor, das da — die gleichförmige Kinesis in den Dingen, ihre unsichtbare und nun auch nicht mehr fühlbare Atombewegung, Molekularbewegung, kurz ihre Kleinbewegung noch überhaupt Wärme zu nennen. Ganz abgesehen davon, daß es dann keine nennenden Menschen mehr gäbe.

Dann aber könnte vielleicht ein Unmensch fragen, ob es Sinn und Verstand hatte, die Umänderung der Großbewegung in Kleinbewegung eine natürliche, die Umänderung der Kleinbewegung in Großbewegung eine unnatürliche Richtung zu nennen. Dann hätten „wir" gar nicht mehr verschiedene Arten von Energie zu nennen. Wenn „wir" dann noch wären. Dann wäre der Mensch auch das Maß für Messung und Nennung der Wärme gewesen.

Was wäre Wärme dann noch, wenn sie nicht mehr wirkte, nicht mehr Wirkung wäre? Die *ungeheure Wärmemenge* der Welt, wenn diese Wärme gleichmäßig wäre und sich vielleicht noch in unendlich langsamer Abkühlung an den Weltenraum zweiter Ordnung verlöre, wäre da, grenzenlos verfließend, in *einer* Richtung fließend, nie wiederkehrend, wahrhaftig: wie unser ungeheurer Vorrat *Zeit* in einer Richtung, nie wiederkehrend, grenzenlos verfließt.

Nur die Möglichkeit einer Vergleichung wollte ich wieder zeigen.

Und noch eins: unser menschliches Maß der Zeit, wonach wir diesen *Wert* abschätzen, ist zuletzt ja eine Bewegung, der Pulsus unseres warmen Blutes, dessen Bewegung, mikroskopisch und makroskopisch, wieder nur Wärme ist. Unser Pulsus wäre anders bei anderer Wärme; unser Maßstab der Zeit wird von der Wärme bestimmt oder vom Leben, wie das so schön in der angeführten Baerschen Phantasie ausgedrückt worden ist. Fassen wir aber das *Leben* als Maßstab der *Zeit*, um dann wieder — wobei die Begriffe nicht ganz unverändert bleiben — das sogenannte Gesetz der Entropie auf das Leben und auf die Zeit anzuwenden, so kommen wir zu einem neuen Widerspruche: soll der zweite Hauptsatz der Wärmelehre, daß nämlich die Entropie der Welt einem Maximum zustrebt, allgemeine Gültigkeit haben, so muß er auch auf das Leben oder die Organismen und (nach der Weltanschauung der Energetik) auch auf die psychische Welt oder auf den menschlichen Geist passen. Und dagegen sträubt sich unser Instinkt, unser Ichgefühl; wir empfinden unser Dasein nicht als eine Dissipation, sondern als eine Konzentration von Kräften. Höchstens unser Altern, das Herannahen des Todes, das seltsamerweise auch mit einer Zerstreuung der Lebenswärme verbunden ist, können wir als eine Erscheinung von Entropie empfinden. Vorher stehen unsere Lebenserscheinungen, besonders aber unsere Geistestätigkeiten im Gegensatze zu der Lehre von der Entropie.

Diesen Gegensatz hat Felix Auerbach in einem kühnen Schriftchen ausgesprochen, dessen Tendenz sich schon im Titel verrät: „*Ektropismus* oder die physikalische Theorie des Lebens."[1]) Auerbach setzt sehr fein

[1]) Das Wort *Ektropie* ist schon vorher von Georg Hirth geprägt worden in seinem, trotz mancher Geschmacklosigkeiten der Darstellung, vielfach anregendem Buche „Entropie der Keimsysteme" (S. 66); übri-

für die Entropie drei Ausdrücke gleich: Ausgleich, Zerstreuung, Entwertung. „Die Tendenz der Energie kann zwiespältig sein, sie kann — rein logisch genommen — eine Wandlung zu verstärkter äußerer Wirksamkeit sein und ist alsdann *ektropisch*, oder sie kehrt sich der äußeren Wirksamkeit ab und ist alsdann *entropisch*" (S. 21). Das Leben sei die Organisation, die sich die Welt geschaffen hat zum Kampfe gegen die Entwertung der Energie (S. 38); Entwicklung sei organisierte Fähigkeit, ektropisch zu werden (S. 40); im Menschengeschlechte sei die ektropische Fähigkeit auf den bisher höchsten Punkt gestiegen (S. 48); es sei die Signatur alles Individuellen, alles spezifisch Ektropischen, daß es Unwahrscheinliches leiste, daß es die Statistik über den Haufen renne (S. 68).

Die Zeit hat also noch eine weitere und recht betrübende Ähnlichkeit mit der Entropie: wir wissen von einem der ältesten und populärsten Begriffe ebenso wenig, wie von einem der neuesten und schwierigsten Begriffe, ob ihm in der Wirklichkeitswelt etwas entspreche.

VIII.

Für die Analyse der Beziehungen zwischen *Zeit* und *Gedächtnis* habe ich nur so spärliche Richtlinien zu geben, daß die Widersprüche nicht deutlich vor die Vorstellung treten werden; oder vielmehr: ich will gleich die Widersprüche in der Form eines Dilemmas darstellen.

Einige Zusammenhänge zwischen dem rätselhaften Gedächtnis und der ganz anders rätselhaften Zeit drängen sich der vorurteilslosen Selbstbeobachtung sofort auf. Das Gedächtnis steckt hinter der Illusion unseres Ichgefühls; das Ichgefühl aber stellt erst durch das Gedächtnis das Kontinuum Zeit her, den Strom der Zeit aus der Zukunft herunter, in die Vergangenheit hinab, durch die Gegenwart hindurch. Durch die scheinbare Gegenwart. Wie denn auch Aristoteles kindlich und naiv Zukunft und Vergangenheit als die Zeiten *um die Gegenwart herum* definierte. Die Gegenwart läßt sich in Wahrheit nicht definieren, weil sie niemals existiert, weil wir sie erst dann empfinden, wenn wir zu ihr ein Stückchen Zukunft und ein Stückchen Vergangenheit mit hinzu rechnen, als *fringe*, *Franse*, *Hof*. Und die Zeit gar läßt sich niemals ohne den Grundfehler der Tautologie definieren, weil jedesmal der Begriff des Nacheinander zu Hilfe genommen werden muß, in welchem der Begriff der Zeit schon verborgen ist. Auch das Gedächtnis hat sich uns als undefinierbar erwiesen. Wir haben also eine Vergleichung zweier undefinierbarer Begriffe zu wagen. Da es uns aber nur auf die Frage ankommt, ob die Zeit wirklich sei oder nicht, so können wir uns auf die

gens besaßen schon die Griechen, und ein bißchen auch ihre römischen Nachahmer, die Wörter τροπη, ἐκτροπη und ἐντροπη (lat. tropa und ectropa) in ziemlich konkreten Bedeutungen; und schon die griechische Medizin hatte für das krankhafte Umwenden des Augenlides (bei gewissen Entzündungen) den technischen Ausdruck Ektropium.

Beachtung der Konsequenzen der beiden Möglichkeiten beschränken. Das ist das Dilemma.

Ist die Zeit wirklich, so hat auch das Gedächtnis Realität. Was die Zeit sei, wenn sie real ist, das ist eine ganz andere Frage. Ich erinnere nur daran, daß wir den Begriff der *Ursache* durch den der *Bedingung* zu ersetzen versucht haben und daß wir in der *Richtung* einen brauchbaren Oberbegriff für die unbrauchbar gewordenen Begriffe *Ursache* und *Zweck* zu finden geglaubt haben. *Richtung* kann uns aber auch ein Oberbegriff werden für die *Kraft* (der *Ursache* sehr nahe) und die *Zeit*. Ich vermeide es, an dieser Stelle wieder an den Zusammenhang zwischen Zweck und Zeit zu erinnern.

Nun ist, wie wir gelernt haben, eine Kraft immer eine *gerichtete* Kraft; die Zeit aber ist sogar dadurch charakterisiert, daß sie „unbedingt" nicht umkehrbar ist, immer nur eindeutig nach einer einzigen Richtung strömt. Sofort stellt sich aber unter diesem Gesichtspunkte ein scheinbar unüberbrückbarer Unterschied heraus zwischen der Zeit (die etwas wie eine Energie sein muß, wenn sie wirklich ist) und den übrigen Energien. Die übrigen Energien, auch die hypothetischen des Lebens und des Geistes, können als potentielle und als kinetische Energien erscheinen; auf den Wechsel in den Bezeichnungen dieser beiden ganz klaren Begriffe kommt es nicht an. Man denke an eine gestaute und an eine fließende Wassermasse. Dem fließenden Wasser läßt sich die Zeit ja gut vergleichen; ob sie sich in Arbeit umsetzen läßt oder nicht, ob sich ihre Richtung nutzbringend ändern läßt oder nicht, sie strömt dahin in ihrem Bette, der der Raum ist, wie ein Fluß der Urzeit, der noch kein Mühlrad und noch keine Turbine drehte. Nur aufstauen ließ sich die Zeit nicht; ihre Energie (wenn sie eine Energie ist) ließ sich nicht in potentielle Energie verwandeln. Wirklich nicht? Ließe sich nicht das Gedächtnis auffassen als der einzige Fall einer gebundenen, einer potentiellen Zeitenergie? Ich kann mir — in der Phantasie — das Gedächtnis als aufgestaute Zeit vorstellen, zunächst das unbewußte Gedächtnis der organischen Vererbung, zuletzt das Gedächtnis des Menschenhirns. Wohlgemerkt, mit dem Vorbehalte, von der Substanz der Zeit und des Gedächtnisses nichts zu wissen. Aber was wissen wir denn am Ende aller Enden von der Substanz des stürzenden Stromes? Nicht mehr, als das Tier von ihr weiß, welches diese Substanz als Wasser säuft. Wir sagen H_2O und wissen nicht mehr. So wissen wir auch nicht, was sich als gestaute Zeit im Gedächtnisse sammelt. Dann hätten wir uns, unmerklich allerdings, dem Rätsel des Gedächtnisses genähert und könnten es begreifen, wie die Gedächtniskraft die Vergangenheit zur Gegenwart machen kann. Ich brauche für meinen guten Leser wohl nicht erst zu unterstreichen. Habe ich das *Gedächtnis* die *potentielle Zeitenergie* genannt (wie ich oben im Raume eine mögliche

Ursache sah), so treibe ich immer nur Begriffskritik, und habe nicht den Glauben, im Laboratorium das Gedächtnis als potentielle Zeitenergie handgreiflich nachweisen zu können. Man hat den Begriff der Energie auf die rätselhaften Kräfte des Lebens und des Geistes ausgedehnt; es wäre eines Versuches wert, den Energiebegriff auch auf die Zeit auszudehnen.

Die andere Möglichkeit ist noch rascher mit Worten zu erledigen. Ist nämlich die Zeit nicht wirklich, dann kann auch das Gedächtnis, dessen alleiniger Inhalt die Zeit ist, nicht wirklich sein. Dann ist das Gedächtnis wie sein Ichgefühl eine Illusion. Dann träumen wir und mögen noch im Traume lächeln über die Traumarbeit, die Traumgesichte zu verstehen.

Zufall.

I.

Wir nehmen unseren Ausgangspunkt wieder vom lateinischen Sprachgebrauch. Solange Latein die Gelehrtensprache war, hieß das Zufällige *contingens;* von contingere (*cum* und *tangere*), transitiv: berühren, ergreifen, ansteckend oder anstoßend berühren, ein Ziel erreichen, metaph. einen angehen, einem zustehen, mit einem verkehren, einen treffen; intrans.: *zutreffen, eintreffen,* eintreten (von Ereignissen), *passieren. Contingens* also: was unter günstigen oder ungünstigen Verhältnissen *eintrifft.* In diesem Sinne noch klassisches Latein, dann in der Scholastik: *zufällig; contingentia* die Möglichkeit, daß etwas eintreffe oder nicht. So auch im Französischen *contingence* und *contingent.* Ich lasse die unglaublich reiche Wortgeschichte anderer Bedeutungen beiseite (*tâche, Takt, Kontingent, integer*). Auch die englischen Formen und Wandlungen von *contingence.* Voltaire, dem inzwischen schon *hasard* geläufig war, hörte das Scholastische heraus, wenn er (Cand. 29) lachend sagt: „Ils raisonnaient sur les événements contingents ou non contingents de cet univers.“ Seltsam genug mutet uns das Wort *contingens* in den Schriften von Spinoza an.

Wir vermuten sofort, daß *Zufall* sich um diese scholastische Bildung nicht kümmerte, vielmehr Lehnübersetzung aus klassischem Latein ist. *Casus* (von cadere) heißt ursprünglich der Fall im Raume (in der Grammatik Lehnübersetzung von *πτωσις*), dann das Sinken, Stürzen, aber auch der Fall im Sinne von Ereignis, Vorfall, also *Zufall.* Casu gleich zufällig; casu fieri aut forte fortuna (Cicero). Das Präfix *zu,* das doch nicht zufällig sein kann, mag in mancher Verwendung an *occasio* anklingen (günstige Gelegenheit, *καιρος*), ist aber doch silbengemäße Lehnübersetzung von *accidens;* dieses hat nun schon den ganzen Begriffsinhalt, der uns bei unserem Zufallsbegriff beschäftigen wird: der Zufall im Gegensatz zur Kausalität, *per accidens, ex accidenti,* der Zufall als das logisch Nebensächliche, denn mit accidens wird bei spätern Autoren *συμπτωμα* übersetzt, im Sinne der Nebenerscheinung in einer Krankheit, wofür wir jetzt wieder Symptom sagen; aber auch ein Werturteil liegt schon in accidens, wenn es par excellence einen unglücklichen Zufall bezeichnet. (Heute in der französischen Zeitungssprache *accident* geradezu ein Unfall, wofür im Lateinischen schon *accidentia*, im Griechischen noch zweideutig *συμβασις*.)

Ich möchte noch nach rückwärts die griechischen Vorbilder der lateinischen Worte und nach vorwärts das französische *hasard* vergleichen. Vorher noch einen Blick auf *coïncidence*, das, ohne Zufall zu heißen, sich seltsam oft mit dem Zufallsbegriffe kreuzt, dann nämlich, wenn der philosophische Schriftsteller von *zwei* Tatsachen aussagen will, daß sie ohne Kausalität, also zufällig zusammentreffen. Coïncidenz geht nicht auf irgendein lateinisches coïncidentia zurück und heißt in der Geometrie soviel wie Kongruenz, oder auch nur Gleichheit.

Die Lateiner hatten zu ihrer Lehnübersetzung zwei griechische Kunstausdrücke zur Verfügung: *συμβεβηκος* und *τυχη*; *συμβαινειν* hieß zusammentreten, zusammenkommen, zutreffen, bei Aristoteles *συμβεβηκος* schon terminus technicus für das *Zufällige*, später *συμβεβηκοτως* als Adverb. Die Vorstellung des Fallens fehlt dabei; nicht aber fehlt sie ganz bei *τυχη*, von *τυγχανειν*, eigentlich (von Wurfgeschossen) treffen, dann ein Ziel treffen, sein Ziel erreichen, Glück haben, daher intrans. *gelingen*, aber auch allgemein: sich treffen, *passieren*, zufällig da sein; besonders mit dem Partizip des andern Verbums, z. B. *τυγχανω ὤν*: ich bin zufällig; *τυχη*, was den Menschen trifft, Schicksal, *Glück* oder *Unglück*, aber *ἀπο τυχης*, *κατα τυχην* = *zufällig*. Für unser Sprachempfinden ist nun eine solche Bedeutungsgleichheit zwischen *Zufall*, *accidens* und *συμπτωμα*, daß der Nachweis der Lehnübersetzung fast nicht mehr geführt zu werden braucht; obgleich der ganze Begriff der Lehnübersetzung so neu ist, daß noch Schopenhauer, da er den Begriff des Zufälligen aus dem bloßen Zusammentreffen (ohne Notwendigkeit) erklärt und die Bezeichnungen in den verschiedenen Sprachen zur Erklärung heranzieht (W. a. W. und V. I 550), die Wörter *Zufall*, *συμπτωμα*, *contingens* nebeneinander hinsetzt, als ob jedes von ihnen selbständigen Beweiswert hätte; und nicht einmal in historischer Reihenfolge. Achten wir aber genau auf griechischen und lateinischen Sprachgebrauch, so mag wohl die Kontingenz am engsten mit *τυχη* zusammenhängen, casus und occasio mit dem schon erwähnten *συμπτωμα*, das im Verbum *συμπιπτειν* eine viel reichere Geschichte hat: handgemein werden, zusammenstürzen, zusammenfallen, verfallen, *sich zutragen*. *Accidens* ist offenbar Lehnübersetzung von *συμπτωμα*, wird aber schon in alter Zeit (bei Seneca und direkt als Übersetzung aus Aristoteles bei Boëthius) für *συμβεβηκος* gebraucht. Das Wort kann nichts dafür, daß *accidens* in der Ontologie ganz anders benutzt wurde, im Gegensatz zu *substantia* oder *essentia*, so daß accidentëitas, d. h. die essentia accidentis mit dem Zufallsbegriff wenig mehr zu tun hatte; bei Descartes und Spinoza heißt nur das logisch Accidentelle *modus*, das Zufällige *contingens*. Im Deutschen haben wir die beiden sichtbaren Lehnübersetzungen: *Fall* für casus, πτωσις und *zufällig* für accidens.

Für die internationale Wortgeschichte ist es nun ganz lehrreich, daß höchstwahrscheinlich (nach einer Vermutung von Mahn) ein arabisches Wort *zehar*, mit dem Artikel azzahar, azzar, altitalienisch zaro zu dem französischen *hasard*, englisch *hazard*, (ins Italienische als azzardo zurückgewandert) den ganzen Bedeutungsvorrat des scholastischen *accidens* mit übernommen hat.

Die Franzosen besaßen freilich eine alte Lehnübersetzung von *accidens* oder *casus*, wie man will, wenn man mir nämlich das Recht gibt, einen Fall eine Lehnübersetzung zu nennen, den die Sprachwissenschaft eine Doublette nennen könnte. *Chance* (von *cadentia*, wie *cheoir* von *cadere*) bedeutete freilich ein Würfelspiel, und ich finde bei Littré einen Beleg aus dem 15. Jahrhundert, der zu beweisen scheint, wie man *hasard* und *chance* auseinanderhielt: Quand il cognaist qu'en hasart gist sa chance. Die Vorstellung vom Spiele war wohl die Ursache, daß die Worte la chance livrée fast nur noch den Sinn von alea jacta bekamen. Noch unbrauchbarer wurde chance für den reinen und unparteiischen Zufallsbegriff dadurch, daß es im Spielerjargon mehr und mehr die *günstige* Chance bedeutete (porter chance); man achte darauf, daß im Deutschen Zufall dazu neigt, wie accident *unglückliches* Ereignis zu bezeichnen. So war der Weg für das Lehnwort *hasard* frei.

Interessant ist es nun, daß chance als Spielerausdruck etwa zweihundert Jahre lang ein ganz geläufiges Lehnwort im Deutschen war: *Schanze*. Schanze im Sinne von Erdwall ist nicht erklärt, *Schanze* im Sinne des Würfelfalls, also das französische *chance*, füllt in zahlreichen Redensarten vier Spalten des D. W. Geblieben ist die einzige *in die Schanze schlagen*, besonders sein Leben; es mag sein, daß der neuere Gebrauch volksetymologisch an den Festungswall mit denkt. Aber die Entstehung scheint mir deutlich aus dem Spieleraberglauben zu kommen. *Rompre la chance* sagt der Gegner im Spiel, wenn der andere einige Zeit im Gewinn war und dessen Spielerglück, sein Würfelfall, seine *cadentia*, durch irgend eine Änderung (in der Person oder im Platz) gebrochen werden soll. Man sagte früher auch deutsch: in die Schanze fallen, greifen; Luther hat aber gar wörtlich *die Schanze brechen*: „denn Gott bricht dem Teufel oft die Schanz und läßt ihn nicht immer treffen.“ Noch Opitz sagt (Psalmen S. 44) nicht „in die Schanze“, sondern „sie dürfen um den Rock die Schanze schlagen.“ Auch sonst: seine Schanze setzen, die Schanze wird gewonnen, verloren. Hält man fest, daß bei Schanze an ein Spiel gedacht wurde, vielleicht an ein bestimmtes Würfelspiel, so ist der Übergang von werfen in schlagen leicht erklärt, sobald an Stelle der

Vorstellung vom Würfelspiel die vom Kartenspiel getreten war. Karten schlägt man auf den Tisch. Für diese Annahme spricht es, daß das Wort *Mummenschanz*, bevor es mißverständlich für Maskenscherz gebraucht wurde, ein Würfelspiel bedeutete. Bei Wickram findet sich die Zusammenstellung: mummen und karten, und der Mummenschanz wurde bald geworfen, bald geschlagen.

Aus was immer für Gründen, *hasard* hatte den Zufallsbegriff übernommen. Gewiß bedeutete das Wort zuerst ein Würfelspiel. Ein Bericht aus dem 13. Jahrhundert, nach welchem das Würfelspiel *hasart* zum erstenmal vor einem Schlosse Hasart (El Azar), bei dessen Belagerung, in Aufnahme kam und daher seinen Namen hatte, ist unkontrollierbar. Das barbarische Wort erbte alle Begriffsfeinheiten der Griechen, der Scholastiker und nachher der Cartesianer, alle positiven und negativen Begriffseigenschaften und hatte überdies den Vorteil, sich im Scherz und Ernst zu einer Personifikation besser zu schicken als Worte, die schon an einen Sinn geknüpft waren. Weder von accidens noch von contingens hätte Voltaire so hübsch schreiben können, was Friedrich II. gern wiederholte: „Sa sacrée Majesté le hasard décide de tout."

Historisch ernsthaft auf den Zusammenhang der ganzen Übersetzungskette mit dem Homerischen *ποτμος* oder gar mit dem Sanskritstamm *pat* zurückzugehen, bin ich außerstande. Genug der Etymologie. Ist es doch ein winziges Beispiel für das Walten des Zufalls in der Sprachgeschichte, daß der Verbalstamm für *fallen*, nachweisbar zuerst im Griechischen, das Amt übernahm, ein Wort zu schaffen für die Nichtkenntnis einer Ursache; daß die Weltherrschaft Roms, dann das Aufkommen der germanischen Völker und andere Weltgeschichten die zufällige Ursache wurden für eine Übersetzung der griechischen Kultur ins Lateinische, für eine Übersetzung der lateinischen Kultur ins Deutsche. Das ist die Geschichte des deutschen Wortes Zufall. Es hätte bloß vor zweitausend Jahren für den eigentlich negativen Begriff eine Negation gebildet zu werden brauchen, z. B. *ἀναιτια* (was aber Schuldlosigkeit bedeutete), so hätten wir bei sonst gleichen Weltgeschichten vielleicht ein lateinisches incausativa (plur.) und ein deutsches Ungrund. An solche Negationen hätte manche Personifikation des Zufalls sich nur schwer knüpfen lassen; aber dem ganzen Ausbau des Begriffs hätte der negative Charakter nicht geschadet; auf der Welt kann es nichts Negativeres geben als die Null, und doch hat die Null das abendländische Rechnen umgeschaffen und ist selbst zum Worte für jede positive Zahl geworden (Zero = cifra = chiffre).

II.

Doch wir verlassen die Möglichkeiten und halten uns an das wirkliche Wort. Ich will zunächst einmal von Windelbands Abhandlung „Die Lehre vom Zufall" ausgehen. Trotzdem Windelband an eine immanente Logik zu glauben scheint, wenn er gleich auf der zweiten Seite ausruft: „Diesen verschiedenen Beziehungen *muß* ein gemeinschaftlicher Begriff zugrunde liegen.“ Die Wortgeschichte weigert sich sehr oft, zu tun, was sie müßte. Aber Windelband hat die lange bekannten verschiedenen Beziehungen des Zufalls zum Ursachbegriff, zum Zweckbegriff, zum Gesetzesbegriff und endlich zur Logik überhaupt, sehr gut dargestellt, hat im Zufall nicht nur, wie alle ernsten Philosophen, die Negation der Notwendigkeit erblickt, sondern für dieses Verhältnis auch ein überraschend hübsches Wort geprägt: „der Zufall ist der Schatten der Notwendigkeit.“ Daß Windelband am Gottesglauben mit einer schamlosen Verbeugung vorübergeht, als ob Schopenhauer nie gelebt hätte, soll uns nicht kümmern.

Das erste wichtige Ergebnis ist: daß der Zufall ein relativer Begriff ist, daß es eine absolute Zufälligkeit nicht gibt. Man braucht keine philosophischen Studien gemacht zu haben, man mag den Erkenntnisproblemen gegenüber sogar auf dem Standpunkte des naiven Realismus stehen, und wird doch, wenn mit der Nase darauf gestoßen, zugeben müssen, daß absolute Zufälligkeit sich mit der Vorstellung nicht verträgt, alles auf der Welt habe seine Ursache. Und diese Vorstellung der Kausalität ist ja auch dem naiven Realismus nicht fremd. Nur daß so ein Philister zwar also nicht an den Begriff der absoluten Zufälligkeit glaubt, wohl aber an die Freiheit des menschlichen Willens, die doch in letzter Instanz ebenfalls absolute Zufälligkeit wäre.

Am deutlichsten machen wir uns den Gegensatz zwischen relativer und absoluter Zufälligkeit, wenn wir bei der ersten an zwei Ereignisse oder Tatsachen denken, bei der zweiten an ein einziges Ereignis. Das einzelne Ereignis gehört an irgendeiner Stelle immer in die durchaus notwendige Kausalkette; wir nennen es nur zufällig, wenn wir seine Ursache oder seine Motivierung nicht kennen oder nicht beachten. Zwei Tatsachen aber nennen wir in Beziehung aufeinander auch dann noch zufällig, coïnzident, wenn wir die Notwendigkeit jeder einzelnen kennen und beachten. Ein Felsstück fällt in dem Augenblicke auf die Schienen herunter, wo es einen heranrasenden Schnellzug zum Entgleisen bringt. Wir können die Notwendigkeit des Sturzes (nach Zeit und Raum gemessen) sehr gut verstehen, wir müssen sogar die Notwendigkeit nach dem allgemeinen Kausalitätsprinzip zugeben. Ebenso kennen wir genau nach Zeit und Raum den Fahrplan der Eisenbahn. Fiele der Stein eine Meile von den Schienen entfernt nieder, so wäre gar nichts Beachtenswertes geschehen. Fiele der Stein hinter dem Zuge nieder, so sprächen wir von einem glücklichen Zufall. Bringt der Stein den Zug durch ein unglückliches *Zusammentreffen* in Zeit und Raum zum Entgleisen, so bringen wir die beiden Bewegungen des Zugs und des Steins nicht auf eine gemeinsame Ursache oder auf ein gemeinsames Motiv, mögen wir die Kausalkette zurückverfolgen, so weit wir wollen. Denn der regressus in infinitum, der ja wohl auf Gott führen würde, ist nicht mehr in unserm Denken, nicht mehr in unserer Sprache.

Ich bemerke dazu, daß die Auffassung der Menschengeschichte, die sich gern Weltgeschichte nennt, als einer chronologischen Reihe von relativen Zufällen, daß also die Leugnung historischer Gesetze und die Ablehnung einer Philosophie der Geschichte wortgeschichtlich gar sehr begründet ist. Geschichte ist, was geschieht, *quod accidit*, ein Accidens also. (Vgl. Art. *Geschichte.*)

Dazu kommt noch, daß die Geschichte (ursprünglich: das geschicht) im Ahd. und im Mhd. noch casus, eventus bedeutet und in den Redensarten *von geschicht*, *durch geschicht* noch lange *zufällig* heißt. Erek (5 811) bringt den Gegensatz *mit muote* (absicht) und *von geschichte.*

Diese Auffassung des Zufallsbegriffs ist neu nur für den naiven Realismus. Alle klaren Denker haben seit Jahrtausenden ausgesprochen, daß es einen Zufall in der Wirklichkeit nicht gebe, daß der Zufall ein relativer, ein menschlicher Begriff sei, gebildet, unsere Unwissenheit zu verschleiern. Der Philosoph der Wahrscheinlichkeitsrechnung, Quételet, drückt es so aus: „Le mot hasard sert officieusement à voiler notre ignorance.“ Schon bei Spinoza kann man das lesen: „Res aliqua nulla alia de causa contingens dicitur nisi respectu defectus nostrae cognitionis.“ Aber der alte Hippokrates hat es, wenn der Satz wirklich auf ihn zurückgeht, schon besser und allgemeiner ausgesprochen: *ἡμιν μεν αὐτοματον, αἰτιᾳ δ'ουκ αὐτοματον.* Grundsätzlich gibt es keinen Zufall; einen Zufall gibt es nur *für uns.* Der Zufall ist ein menschlicher Begriff.

All das ist so oft gesagt worden und ist so einleuchtend, daß alle frei denkenden Menschen im Gebrauche des Zufallsbegriffs übereinstimmen müßten. Zufall bezeichnet zugleich eine Negation und eine Relation. Es ist nicht jedermanns Sache, diese beiden Einschränkungen schon in dem Satze zu begreifen: Zufall ist ein Wort der Menschensprache. Aber jedermann müßte einsehen, daß Zufall die (relative) Abwesenheit einer Ursache bedeutet, daß also Zufall nicht selbst Ursache sein kann. Und doch hat der mächtigste Trieb der menschlichen Sprache, der anthropomorphische Trieb der Personifikation, immer die Neigung gehabt, hinter dem Zufall etwas Wirkliches oder Wirkendes zu sehen, einen Faktor des Geschehens. Wenn wir nur rücksichtslos genug sind, so finden wir den Gott Zufall, sa sacrée Majesté le hasard, nicht nur in scherzhaften und spielerischen Gedichten, nicht nur im Kopfe von traumgläubigen Lottospielern, sondern bei sonst starken und verehrungswürdigen Philosophen. Eigentlich steht Spinoza ganz allein mit seiner unzerreißbar ehernen Kette der Notwendigkeit.

Wir werden nachher, wenn wir den Gegensatz Zufall und Absicht betrachten, erfahren, daß die scheinbar so disparaten Begriffe Zufall und göttliche Vorsehung in einer und derselben Personifikation zusammentreffen. Aber auch hier, wo wir noch den Gegensatz Zufall und Ursache allein im Sinne haben, stoßen wir an die Grenzen von Sprache und Denken, sobald wir das Bild als Bild zu erkennen vergessen, sobald wir über das Anthropomorphische hinaus zu gelangen versuchen. Windelband weicht dieser Gefahr nicht immer aus: ihm ist es eine „Aufgabe aller Metaphysik, jenseits alles Bedingten das Unbedingte zu suchen“, die auf den Begriff der transzendentalen Freiheit „hindrängt“ (S. 17). Wir aber glauben, daß in der Wirklichkeitswelt weder eine positive Ursache noch ein negativer Zufall mitarbeitet, daß beide Begriffe nur an die menschliche Auffassung der Wirklichkeitserscheinungen geknüpft sind und daß es darum vollkommen sprachliche Willkür ist, wenn man bei einem regressus in infinitum die Grenze menschlichen Wissens überschreitet und zu der leeren Worthülse einer letzten Ursache kommt. Es ist sprachliche Willkür, ob man diesen Endpunkt des Denkens, den logischen Standpunkt, den man zum ontologischen Anfangspunkte macht, einen Zufall oder eine Ursache nennen will. Bekanntlich ist auch Kant dieser Versuchung erlegen und hat, wie sein erster starker Kritiker schon rügte, das Kausalitätsgesetz, das nur für die Welt der Erscheinungen gelten sollte, auf das Verhältnis zwischen Erscheinung und Ding an sich denn doch angewandt. Windelband hat ganz fein darauf hingewiesen, daß selbst der vage Ausdruck Kants, der Erscheinung *müsse* etwas *entsprechen*, was an sich nicht Erscheinung ist, was also erscheint, — daß selbst dieser vage Ausdruck ein kausales Verhältnis zwischen Ding-an-sich und Erscheinung unabsichtlich verberge. Es überschreitet die menschlichen Grenzen, etwas über den ontologischen Anfangspunkt der Wirklichkeitswelt aussagen zu wollen. Und es ist Wortaberglaube, gar noch die Zufallslaute *Ur-sache* dahin auszudeuten, daß das Ur*sein* ursächlich, kausal gewesen sein müsse. Als ob es im Plane göttlicher Vorsehung gewesen wäre, Metaphysik in deutscher Sprache abfassen zu lassen. Als ob der Bibelspruch hieße: im Anfang war das deutsche Wort.

Der Gegensatz zwischen Zufall und Ursache schleicht ganz nahe an den Gegensatz zwischen Zufall und Gesetz heran. Mill, der Schöpfer unserer neueren Logik des Naturverstehens, wirft die beiden Gegensätze noch durcheinander: „Zufällig verbundene Tatsachen sind einzeln die Wirkungen von Ursachen und daher von Gesetzen; aber von verschiedenen Ursachen und von Ursachen, die durch kein Gesetz miteinander verbunden sind.“ Ich glaube nicht, daß das eine glückliche Fassung des Begriffs sei.

Durch Newtons große Arbeit ist die Bahn einer Kanonenkugel und die Bahn eines Planeten ganz ähnlichen Rechnungen unterworfen worden. Der Ort eines Planeten läßt sich aber mit absoluter Genauigkeit gesetzlich vorausbestimmen; die Kugel wird zufällig um einige entscheidende Meter an ihrem Ziele vorbeifliegen. Was nennen wir in diesen beiden Fällen Gesetz und was Zufall?

Wir sehen dabei von dem Unterschiede zwischen empirischen und deduktiv-mathematisch bewiesenen Gesetzen ab, obgleich bei den ersten der Gegensatz zwischen Zufall und Gesetz, bei den zweiten der Gegensatz zwischen Zufall und Ursache sich in so etwas wie ein System bringen ließe. Ich möchte auf etwas anderes die Aufmerksamkeit richten.

Die Gleichförmigkeiten der Planetenbewegungen waren vorhanden, bevor ein Mensch sie wahrnahm und sie Gesetze nannte. Die Gleichförmigkeiten der Planetenbewegungen waren vorhanden und dienten schon zu richtigen Vorausberechnungen, als diese Gesetze noch mit dem ptolomäischen Weltsystem falsch und unsäglich kompliziert dargestellt oder erklärt wurden. Die Gesetze der Bewegungen blieben, als Kopernikus das Koordinatensystem, Kepler die Kurve, Newton die Kraft ganz anders bestimmt hatten. Die Ursache nur hatte sich geändert, das Gesetz nicht. Und es ist hoffentlich nicht ein Plan der Vorsehung gewesen, sondern ein relativer Zufall, d. h. unberechenbare Notwendigkeit, wenn die gleichen Fallgesetze Galileis, die Newton zu Sternengesetzen machte, fast zu gleicher Zeit die Ballistik entwickeln halfen, so daß man der fliegenden Kanonenkugel mit Naturgesetzen beikommen konnte. Nun haben wir Bewegungen der Planeten, die keine menschliche Kraft beeinflussen kann und die doch von Natur keinen Zufall zulassen; und wir haben die Kanonenkugel, der die Menschen mit feinster Mechanik alle gesetzlichen Bedingungen ihrer Bewegung vorgeschrieben haben und die dennoch zufällig an ihrem Ziele vorüberfliegt, wo dann für die Wirkung ein Meter und ein Kilometer oft keinen Unterschied macht. Wir können aus diesem Beispiele sehen, wie sich der Zufallsbegriff (der relative, der der Ursache gegenübersteht) dem Gesetze gegenüber geändert hat. Relativ zufällig nannten wir, wessen Ursache wir nicht kannten oder nicht beachteten. Bei der Planetenbewegung aber, ob wir nun deren Gesetze bloß ungefähr oder mathematisch kennen, gibt es nur darum keinen Zufall, weil unsere Instrumente für Wahrnehmung der Zufälligkeiten nicht ausreichen, weil wir die „zufälligen" Nebenbewegungen der Planeten nicht kennen. Sobald wir, wir auf der Erde, solche kleinere Bewegungen erst bemerkt haben, ruhen wir nicht eher, als bis auch sie in Gesetzesformeln gebracht sind.

Bei der Kanonenkugel nun wäre es sicher möglich, auch die kleinsten Aberrationen mathematisch darzustellen und sie unter Gesetze zu bringen. Daran haben wir aber ein sehr geringes Interesse. Das Interesse will nicht die Erklärung des Fehlschusses, sondern des Treffers. Und der Artillerist ist schon zufrieden, wenn er den Zufall durch eine große Zahl von Treffern praktisch eliminiert hat.

Da haben wir denn bei einer so streng logischen Untersuchung an einer einzigen Stelle gleich nicht weniger als zwei Vorstellungen, in denen wir ein Naturgeschehen ganz beschränkt vom menschlichen, sprachlichen Standpunkte aus verstehen, also doch wohl mißverstehen.

Erstens sind es ja doch wohl Menschen allein, die Gesetze in der Natur finden und aufstellen. Ich fürchte, der Gedanke ist immer noch paradox; und doch weiß ich nicht, wie ich etwas so Einfaches besser als durch die einfache Wortfolge verdeutlichen soll: es gibt keine Ordnung in der Natur, Ordnung ist nur im menschlichen Verstande; Gesetze sind nur, sind erst im menschlichen Verstande. Hoffentlich versteht mich niemand so gröblich falsch, als ob ich nun das, was in der Natur ist und was uns zur ordentlichen Fassung des Ordnungsbegriffs, des Gesetzbegriffs geführt hat, für minderwertig hielte gegenüber den armen Menschenbegriffen. Wir haben ja nur den Regelmäßigkeiten der Natur (ich weiß, daß ich aus der Tautologie nicht herauskomme) bildlich menschliche Gesetze unterlegt. Das Gesetz ist eine menschliche Hilfsvorstellung.

Seit Hume ist der Gedanke ferner nicht ganz abzuweisen, daß auch der Ursachbegriff Menschenwerk ist, daß wir mit Sicherheit im Verhältnis von Ursache und Wirkung nur die Zeitfolge kennen. Wüßten wir, was die Zeit ist, so würde die Ursache vielleicht zu einer Funktion der Zeit.

Und nun zu diesem ersten Punkte eine Bemerkung, die uns fast unheimlich ein Maskenspiel der Sprache sehen läßt. Wir haben oben den Zufall einen menschlichen Begriff genannt. Nun sehen wir, daß die Gegenbegriffe des Zufalls (Ursache und Gesetz) erst recht menschliche Produkte sind, so daß wir geneigt sein könnten, alles auf einen blitzschnellen Wechsel des Menschenstandpunktes zurückzuführen: sehen wir im relativen Zufallsbegriff nur menschliche Unwissenheit, dann erscheint der Naturlauf als eine Kette, besser als ein Gewebe von Kausalität und Gesetz; sehen wir aber wieder in Kausalität und Gesetz arm menschliche Orientierungsversuche, dann wird der Naturlauf frei von solchen Begriffsketten, dann wird die Natur, wie schon früher Geschichte, zu einem Spiel des Zufalls.

Sodann spielt, wenn wir den Ort des Einschlagens bei einer Kanonenkugel einen relativen Zufall nennen und bald von einem günstigen Zufall (Treffer), bald von einem ungünstigen reden, doch ganz offenbar ein menschliches Werturteil mit, bei dem niemand zweifeln wird, wie doch bei Ursache und Gesetz, daß es mit der Sache selbst nichts zu tun habe: das Interesse. Der Zufall tritt in Gegensatz zu einem neuen Begriff, zu einem ganz grob menschlichen: zum Zwecke. Von einem höchsten Standpunkte der Erkenntnistheorie aus ist der Zweckbegriff nicht menschlicher, als der Gesetzesbegriff und der Kausalbegriff; gröber menschlich ist der Zweckbegriff etwa nur, weil ein gesetzter Zweck Absicht, Überlegung, Bewußtsein voraussetzt. Ich komme gleich darauf zurück.

III.

Das menschliche Interesse steckt tief im menschlichen Zweckbegriff.

Wir wissen, daß das deutsche Wort Zweck, der Pflock oder das Pflöckchen in der Scheibe, der Zielpunkt also (vgl. Art. *Zweck*), in der Gemeinsprache wie in der philosophischen Terminologie für τελος, finis eingetreten ist. Uns kommt es natürlich so vor, als ob der Gegensatz des Zufalls durch *Zweck*, *but* deutlicher ausgedrückt würde als durch das griechische τελος, daß *zweckmäßig* verständlicher sei als teleologisch. Wird wohl Selbsttäuschung sein. Gewiß ist nur, daß das Jahrtausend christlicher Weltanschauung im Abendlande viel dazu beigetragen hat, die Zweckmäßigkeit (namentlich der Organismen) volkstümlicher, gemeinsprachlicher zu machen und doch zugleich zu einer Stütze des Gottesglaubens. Die Teleologie der Griechen, ja selbst die Entelechie des Aristoteles hatte mit Religion so gut wie nichts zu tun. Die Griechen hatten keine religiösen Dogmen. Heute spaltet sich die Bevölkerung des Abendlandes in zwei Gruppen, von denen die eine die erstaunliche Tatsache (ich möchte gerne ein tautologisches Wort vermeiden und kann es nicht), die erstaunliche Tatsache, daß in den Organismen etwas stimmt, daß die Organismen leben können, daß sie Sinne für unsere Sinnenwelt, einen Magen für ihre Nahrung und Atmungsorgane für ihre Umwelt haben, auf Zufall und natürliche Gesetze (d. h. auf beides zugleich) begründet, — von denen die andere einen menschenähnlichen Gott annimmt, der Menschenzwecke bei der Schöpfung dieser Organismen mit menschlicher Weisheit ausführte. Und damit das heilige Lachen über die arme Menschenweisheit nicht ganz aufhöre, sind bei den besten Vertretern beider Gruppen Denkrichtungen vorhanden, die schnurstracks zu der Gegenpartei führen. Die neueste Philosophie des Zweckbegriffs redet von unbewußten Zwecken, die aus unbewußtem Willen und unbewußten Vorstellungen hervorgehen, und will oder kann nicht sehen, daß der Zweckbegriff menschlich ist, absichtsvoll, bewußt, nicht Zweck mehr, wenn unbewußt. Und die neuesten Vertreter eines geläuterten Darwinismus, der Zufall und Naturgesetz zusammenbraut, weisen dem relativen Zufall der Naturgesetze Zielstrebigkeit zu und wollen oder können nicht sehen, daß ein Ziel (τελος, finis, Zweck) von blindem Zufall, von blinden Naturgesetzen nicht gesehen und nicht erstrebt werden kann.

Und es hieße wahrhaftig zum Kinde werden, das aus seinem Wunderknäuel die Überraschungen abwickelt, die ein gütiger Fabrikant hineingewickelt hat, wollte man nach Spinoza, Hume, Kant und Schopenhauer immer noch den lieben Gott bemühen, Schopenhauers alten Juden, um diese Verwirrung von Zufall und Zweck zu entwirren. Es ist doch wohl kein Zufall, wenn in diese Darstellung das Wort Wunder sich hineinverirrt hat. Man achte wohl auf die Antinomie, zu der die christliche Theologie durch ihre Vorstellung von Gottes Wundern, die sich um jedes Haar auf jedes Menschen Kopfe zu kümmern hatten, hätte geführt werden müssen.[1]) Das Wunder hebt die Ursächlichkeit der Naturgesetze auf. In der Welt des Wirklichen gibt es keine Freiheit, keine Freiheit des Unorganischen, keine Freiheit des Organischen, auch nicht den sogenannten freien Willen des Menschen. Gäbe es nun einen Gott, der Wunder tut, indem er die Sonne stille stehen heißt oder ein gesundes Haar herunterfallen läßt, so wäre dieser allmächtige Wille der einzige freie Wille auf der Welt, wäre die Willkür, und weil diese Willkür der Ursächlichkeit und den Naturgesetzen schroff gegenübersteht, so wäre dieser Gott gar nichts anderes als der uns schon wohlbekannte personifizierte Zufall. Nun haben wir Ursache und Naturgesetz als menschliche Sprachprodukte erkannt; der alte Jude wäre also, womit ihm vielleicht doch zu nahe getreten würde, nicht einmal ein Wort wie andere, sondern nur die Negation eines menschlichen Sprachprodukts. Aber wir wissen auch schon, daß der Zweckbegriff eine noch gröbere Menschenvorstellung ist als Ursache und Gesetz; und der liebe Gott, der der Ursächlichkeit und dem Naturgesetz gegenüber der reine Zufall wäre in allen seinen Wundern, der casus purus putus, ist als Zweck der Zwecke, als das Bewußtsein aller Zwecke für den Gläubigen wirklich und wahrhaftig die Aufhebung und die Negation alles und jeden Zufalls. Man könnte Hegels Terminologie anwenden und auf diesen Zufall an sich und außer sich eine schöne neue Theologie begründen. Und nicht einmal eine ganz neue Theologie. Der Mißbrauch der Logik hat bereits früher zu einer Negation geführt, die Gott oder Zufall zu nennen eigentlich in das Belieben des Adepten stellen mußte. Und gestellt hat. Man denkt wahrscheinlich zunächst an Hegel, aber die Wirrsal des Zufallsbegriffs reicht viel weiter hinauf, nach Alter und auch nach Ansehen. Bis auf den unklaren Wortgebrauch des Aristoteles geht die Neigung zurück, nur das Allgemeine oder etwa die Mehrheit der Fälle unter den Ursachbegriff zu bringen, jede Einzelheit jedoch als zufällig anzusehen, oder doch wenigstens als behaftet mit singulären, also unwesentlichen, also zufälligen Umständen. Nur der Ideologe Hegel konnte so weit gehen, jedes Zufällige oder Wirkliche als eine Ohnmacht der Natur zu verachten, als einen Abfall der Natur von der Idee. Aber tief im Wesen der Sprache ist es begründet, alles Denken oder sogenannte Schließen auf das Allgemeine oder Wesentliche zu beschränken und unter diesem Banne der Sprache das

[1]) Diese gottselige Hyperbel, die so recht dem nüchternen abendländischen Satze minima non curat praetor entgegensteht, findet sich öfter im Neuen Testament: Apostelgeschichte 27, 34. Ev. Lucae 21, 18, am breitesten Ev. Matthäi 10, 29 bis 31: „Kaufet man nicht zween Sperlinge um einen Pfennig? Noch fället derselben keiner auf die Erde, ohn euren Vater. Nun aber sind auch eure Haare auf dem Haupte alle gezählet. Darum fürchtet euch nicht, ihr seid besser denn viele Sperlinge.“ (Bei Lucas: „ein Haar soll nicht umkommen,“ woraus wohl unser „kein Haar krümmen.“)

Allerallgemeinste und Wesentlichste, das Wesen oder das Sein göttlich zu verehren, dagegen aber das Unwesentliche zu verachten und ihm den Spitznamen Zufall zu geben. Aus diesem Sprachaberglauben ist dann ganz logisch der ontologische Beweis für das Dasein Gottes hervorgegangen. Man abstrahierte immer weiter, man verallgemeinerte immer weiter, bis man zum leeren oder absoluten Begriffe des Wesens oder des Seins gelangte; und dieser allerleerste Begriff sollte doch noch unter den Begriff der Ursache gebracht werden, die Existenz sollte Ursache oder Wirkung des Seins sein. Es ist wirklich nicht auszudenken. Das Unbedingte, das Absolute, was nicht mehr erschlossen werden kann, das ist dann am Ende je nach der Gemütsverfassung des sprechenden Menschen entweder ein blinder Zufall oder eine allsehende Gottheit.

Dieser Unterwerfung unter den Logismus der Sprache hat sich leider auch Kant schuldig gemacht; aber doch nur in dem einzigen Punkte, wo unausgesprochen und doch unabweislich der Kausalitätsbegriff von der Erscheinungswelt hinweg auch auf das Ding-an-sich ausgedehnt wird, das Ding-an-sich, das doch schließlich nur die letzte Abstraktion, das unbedingte Sein ist. Jedoch mit dem Vorwurfe, Kant habe aus dem überkommenen Begriff der unbedingten Notwendigkeit eine widerspruchsvolle Vorstellung vom Zufall geschöpft, hat Schopenhauer (W. a. W. u. V. I 552) unrecht. Schopenhauer hat da einmal leichtsinnig zitiert und seine Nachschreiber haben ihm allzusehr vertraut. Kant sagt *nicht* „Alles Zufällige hat eine Ursache" und fügt *nicht* hinzu „Zufällig ist, dessen Nichtsein möglich". Ich setze die Stelle vollständig her; man wird sehen, daß Kant die beiden Sätze ironisch abfertigt. „Der vermeinte Grundsatz: alles Zufällige hat eine Ursache, tritt zwar ziemlich gravitätisch auf, als habe er seine eigene Würde in sich selbst. Allein frage ich: was versteht ihr unter Zufällig? und ihr antwortet, dessen Nichtsein möglich ist, so möchte ich gern wissen, woran ihr diese Möglichkeit des Nichtseins erkennen wollt, wenn ihr euch nicht in der Reihe der Erscheinungen eine Succession und in dieser ein Dasein, welches auf das Nichtsein folgt (oder umgekehrt), mithin einen Wechsel vorstellt; denn daß das Nichtsein eines Dinges sich selbst nicht widerspreche, ist eine lahme Berufung auf eine logische Bedingung, die zwar zum Begriffe notwendig, aber zur realen Möglichkeit bei weitem nicht hinreichend ist; wie ich denn eine jede existierende Substanz in Gedanken aufheben kann, ohne mir selbst zu widersprechen, daraus aber auf die objektive Zufälligkeit derselben in ihrem Dasein, d. i. die Möglichkeit ihres Nichtseins an sich selbst, gar nicht schließen kann." (Kr. d. r. V., Ausg. d. Akad. III 206)

Darin aber hatte Schopenhauer recht gegen Kant, daß die *unbedingte Notwendigkeit* ein Unbegriff ist. Man muß eigentlich die Notwendigkeit schon personifizieren, wie Spieler und andere Gläubige den Zufall personifiziert haben zu einer sacrée Majesté, um die Notwendigkeit unbedingt, absolut oder so ähnlich nennen zu können. Und so erfahren wir jetzt, daß auch die Notwendigkeit ein relativer Begriff ist, erkennen also etwas spät, daß auch der Zufall, die Negation der Notwendigkeit, relativ sein mußte, daß es immer nur einen relativen Zufall geben konnte.

Wir gelangen also zu einer Antinomie, die natürlich als Widerspruch erscheint, sobald sie in Sprache ausgedrückt wird: nicht nur der Zufall ist nicht in der Natur, ist nur menschliches Denkprodukt, mag er nun Abwesenheit einer Ursache, eines Gesetzes oder eines Zweckes bedeuten wollen; auch Ursachen, Gesetze und Zwecke sind nur Produkte der menschlichen Sprache, sind nicht in der Natur, trotzdem die Kette oder vielmehr das Gewebe, das unzerreißbare Gewebe der Notwendigkeit sicherlich wie über den kreisenden Planeten, so über jedem fallenden Haar auf meinem Kopfe herrscht, ja bis hinunter über jedem Worte und jedem Komma dieses Satzes. Nur der mittelalterliche Wortrealismus, der mit einer Art von ontologischem Beweise Notwendigkeit und Zufall als Gottheiten verehrt, sieht einen Widerspruch, wo der konsequente Nominalismus mir recht gegeben hätte.

Wenn der Zufall wirklich nicht ein rein negativer Begriff wäre, nicht überdies ein Begriff der Menschensprache, wenn Menschenabsicht der alleinige Gegensatz zu diesem Zufallsbegriffe wäre, wenn man zu der Frage ein Recht hätte, ob die Welt aus einem Würfelbecher voll von Atomen, oder von einem menschenähnlichen Schöpfer mit List und Verschlagenheit hergestellt worden sei, dann hätte das altberühmte Gleichnis einen guten Sinn und die Antwort müßte lauten: das zufällige Herausfallen der Planeten und der Blumen und der Schmetterlinge aus dem großen Würfelbecher sei über alle Maßen unwahrscheinlich, die Herstellung durch einen menschenähnlichen Schöpfer sei höchst wahrscheinlich. Aber so kindlich darf man die Frage wirklich nicht stellen. (Vgl. im Art. *Wahrscheinlichkeit* die Berechnung der Chancen für den Zufall.) Selbst der Darwinismus hat den Zufallsbegriff da besser gefaßt, anstatt des absichtslosen Zufalls eine Zufallsgeschichte angenommen, anstatt eines Autors der Welt, eines Urhebers oder Dichters, die Entwicklung gesetzt, die ein Auctor oder Mehrer ist.

Wir aber wissen, daß der Zufallsbegriff Menschenwerk ist. Menschenwerk auch der Schönheitsbegriff und der Ordnungsbegriff. Menschenwerk der Gottesbegriff. Menschenwerk der Ursachbegriff. Da ist es für uns der Gipfel wortabergläubischer Menschlichkeit, die Frage auch nur zu stellen und sie nun gar durch ein kindisches Gleichnis beantworten zu wollen: ob der Zufall oder Gott die Ursache der Weltordnung und der Weltschönheit sei.[1])

---

[1]) Zu den Wörtern ohne Sinn, also zu den Scheinbegriffen, wird *Zufall* schon

Zweck. — Alle Welt hat einmal über die burleske Antwort gelacht, die ein Kind auf die Frage bekommen haben soll, wozu es Zwillinge gebe. Die Antwort lautete: „Damit die Menschenfresser Vielliebchen essen können.“ Alle Gründe der Teleologie sind aber von dem gleichen Werte wie dieser Scherz. Bei der alten Weltbetrachtung, die sogar zu einem Beweise für das Dasein Gottes ausgenützt wurde, lag das auf der Hand; als man noch lehrte und glaubte, es liefen die Hasen umher, damit der Mensch, die Krone der Schöpfung, gespickten Hasenrücken mit Sahnensauce essen könnte, hätte unser Grund für die Existenz von Zwillingen gar nicht als Spaß empfunden werden können. Denn ein Volk, welches Menschen fräße, wie wir Hasen, und die Sitte des Vielliebchens bei diesem Gericht aufrecht hielte, wie wir das Spicken des Hasenrückens, hätte in der Tat ein Recht auf Zwillinge.

Doch selbst die verfeinerte Teleologie, welche bekämpft zu haben das Hauptverdienst Darwins ist, und welche augenblicklich in neuen Zweckabstraktionen von Forschern wie Nägeli wieder eingeführt wird, ließe sich mit einigem Übermut auf die Formel bringen: „Damit die Menschenfresser Vielliebchen essen können.“ Denn der Unsinn liegt in der Verwendung des Wörtchens *damit* auf irgend einem naturhistorischen Felde. Wo die Naturwissenschaft nicht mit einem *weil* antworten kann, da hat sie unbedingt ihr Nichtwissen einzugestehen. Der Versuch Coßmanns, den Begriff der Teleologie gegen die materialistische Weltanschauung zu retten, richtet sich nicht gegen die sprachkritische Verwerfung des alten Zweckbegriffes; auch Coßmann treibt Erkenntnistheorie, wenn er mit subtilster Kritik dem alten Worte einen neuen Inhalt geben will.

Die letzte und vielleicht unlösbare Aufgabe der Sprachkritik wäre, die Entstehung des Zweckbegriffs im Menschen zu erklären. Das wäre wichtiger, als zu erfahren, wie die religiösen Dogmen und wie das Gewissen entstanden ist. Denn die drei großen Gegensätze, mit denen sich alle Metaphysik seit jeher befaßt hat, liegen im Zweckbegriff versteckt: *natura naturans* und *natura naturata*, oder wie immer man das Rätsel der Weltschöpfung nennen will (*Gott*), *Notwendigkeit* und *freier Wille* (Freiheit), Zeit und Unendlichkeit, d. h. subjektive Zeit und objektive Zeit (*Unsterblichkeit*). Alles dieses hat entweder den Zweckbegriff bilden helfen, wenn er nämlich ein Irrtum ist, oder

---

von einem Autor gezählt, dem man eine solche Freiheit kaum zutrauen sollte. In einem auch sonst lesenswerten Regelbuche der philologischen Kritik, in des Joannes Clericus „Ars Critica“ (1697) finde ich unter der Kapitelüberschrift „Voces esse, quibus nulla subjecta est potestas“ folgende Worte (I. 328): Hinc factum ut quaedam etiam, quae oculis aut aliis sensibus non usurpemus, nominibus afficiamus, licet nusquam sint, et propter nomina nota cognosci a nobis putemus. Cum quidpiam contingit, cuius causa prorsus ignota est, dicimus factum id esse *casu seu fortuna*, et rem acu tetigisse putamus, cum tamen in vocibus nullam subjecerimus notionem.

ist aus dem Zweckbegriff herausphantasiert worden, wenn es nämlich Zwecke in der Wirklichkeit gibt. Ob Irrtum oder Wirklichkeit, so oder so ist der Zweckbegriff in der Sprache wirklich. Der Gottschöpfer, die Willensfreiheit und die Unsterblichkeit einer Seele sind die populären oder pöbelhaften Begleiter des Zweckbegriffs. Vielleicht aber sprechen wir nur von Zwecken, weil wir, durch unseren vererbten Sinnenverstand gezwungen, neben der natura naturata eine natura naturans (Lessings: plastische Natur, wenn es eine gibt), neben der allgemeinen Bedingtheit und Notwendigkeit alles Geschehens eine unbedingte Willensfreiheit, neben einer subjektiven Spanne Zeit eine absolute Ewigkeit oder unendliche Zeit vorstellen, d. h. (da wir das alles nicht wirklich vorstellen, sondern nur formelhaft für den Augenblick festhalten) weil wir diese Dinge in den Formelkram unserer Sprache haben aufnehmen müssen.

Was dem Zweckbegriff sprachlich zugrunde liegt, das ist immer der Widersinn der finalen Ursache, die menschliche Vorstellung von einem Ende, nach welchem der Anfang sich richtet. Der deutschen Sprache war es vorbehalten, dazu auch noch das entsetzliche Doppelwort *Endzweck* zu bilden, in dem das eine lateinische *finis* einmal mit *Ende*, einmal mit *Zweck* übersetzt wird. Die Bedeutungsgeschichte der entsprechenden Worte im Deutschen und im Französischen lehrt deutlich, wie brutal die menschliche Zielabsicht da in die Naturvorgänge hineingelegt worden ist. Eigentlich hätte nur Schopenhauer, der der Natur einen Willen zugrunde legte, von Zwecken in der Natur reden dürfen, und auch Schopenhauer nur, wenn er vergessen hätte, daß sein metaphysischer Wille vor dem Verstande, daß er unbewußt war.

Das deutsche Wort *Zweck* ist ohne Frage identisch mit dem Worte *Zweck*, das einen hölzernen Schuhnagel bedeutet. Der dumme Scherz, den Satz „Es wächst der Mensch mit seinen höhern Zwecken" parodistisch auf die Höhe der Schuhnagelköpfe zu beziehen, ist also nicht ohne etymologische Berechtigung. Adelung nennt Zweck „einen kleinen Nagel mit einem runden Kopfe, besonders so wie die Schuster sie gebrauchen, die Schuhsohlen gemeiner Leute damit zu beschlagen." Dann bezeichnete das Wort den Nagel in der Scheibe, das Pflöckchen, nach dem der Schütze zielte, in weiterer Bedeutung das Ziel, wonach man läuft. Noch Opitz sagt: Einer sticht seinen Klepper an, „zu treffen auf den Zweck". Ein deutscher Mystiker, J. Böhme, scheint wieder einmal das anschauliche Wort zuerst für eine psychologische Vorstellung verwandt zu haben. Seitdem bedeutet *Zweck* sinnvoll immer nur das, um deswillen eine menschliche Handlung geschieht, sinnlos das unbekannte Warum (Notker und Eckhart übersetzten das lateinische finis mit *Warumbe*) eines lebendigen Naturvorgangs. Besonders in dem Worte *Pflöckchen* blieb das Bildliche des Zweckbegriffs lange erhalten. *Pflöcklein* ist das Hindernis, der störende Pflock. Noch bei Luther. *Pflöckchen* schon eindeutig bis ins 18. Jahrhundert hinein der Nagel im Zentrum der Scheibe, also bildlich der Zielpunkt, das Richtige. Ich finde bei Thomasius (Von Nachahmung der Franzosen) *Pflöckchen* und *Hauptzweck* fast synonym gebraucht. Die Stelle, im Deutschen Wörterbuch übersehen, lautet: „Es kann nicht fehlen, wir müssen mit unserer Nachahmung das rechte pflöckgen nicht getroffen haben, und ist dannenhero hoch nöthig, wenn wir ihnen hinter die Künste kommen wollen, wodurch sie alle Welt ihnen Ehrerbietung zu bezeigen anlocken, daß wir der Sachen ein wenig reiffer nachdenken, ob wir den wahren Hauptzweck erreichen können."

Wer darüber lächeln will, daß es just Böhme war, der tiefsinnige Schuster, der den Schusterausdruck *Zweck* aus seiner Werkstatt in die Philosophie einführte, der mag nur lächeln; ich stelle diesen Gottbeschauer nicht allzu hoch; aber der Spötter lese zu seiner Strafe andächtig, was Eucken, dem ich die Notiz verdanke, über die Bedeutung Böhmes und sein sprachliches Ringen mit dem Irrationalen und Erdhaften der Welt zu sagen weiß (Geschichte der philosophischen Terminologie S. 127). Die innere Unmöglichkeit, den Zweckbegriff, sobald er erst eine menschliche Absicht bedeutet, auf die Natur anzuwenden, hat dann neuerdings (bei K. E. von Baer und seinen Nachfolgern) dazu verleitet, *finis* wieder wie im 16. Jahrhundert mit *Ziel* zu übersetzen; man spricht also gern von *Zielstrebigkeit* und glaubt, weil die Übersetzung neu ist, alle Fehler des Begriffes *Zweckmäßigkeit* vermieden zu haben (vgl. Art. *Endursachen*), als ob der Holzschnitt von einem unähnlichen Bilde durch einen neuen Abzug dem Original ähnlicher werden könnte.

Im Französischen hat das Wort *but* den gleichen Bedeutungswandel durchgemacht. Es hängt wahrscheinlich mit dem deutschen *Butze* zusammen und bedeutet (italienisch bozza, französisch bosse) eine Beule, einen Buckel, insbesondere den Buckel der Scheibe, das Zentrum, nach dem der Schütze zielt. Die synonymen französischen Worte sind abstrakten Ursprunges, soweit man nicht auf die Etymologie der lateinischen Urworte zurückgehen will, haben aber um so stärkere Beziehungen zum menschlichen Willensbegriff. *Intention* geht mehr auf das Endziel allein und scheint die Zwischenglieder nicht zum Bewußtsein zu bringen; *dessein* zieht mehr die Mittel zum Zweck in Betracht, bedeutet einen ganzen Plan nach menschlicher Absicht. Im dessein des Billardspielers hat das Wort noch seine volle Kraft. Trotz alledem lassen sich Wortgebilde wie *Zweckmäßigkeit der Organismen*, *Zwecke in der Natur* nicht genau ins Französische übersetzen. Die Mythologien der beiden Sprachen sind nicht gleich, wenn auch der mythologische Zweckbegriff selbst sich überall findet, wo Menschen denken oder reden.

Darauf allein kommt es mir an. Nicht die Wortgeschichte von *Zweck* und *but* wollte ich geben; Sprachkritik wollte ich üben. Die Wortgeschichte lehrt, auf welchem Wege *Zweck* seine gegenwärtige Bedeutung gewonnen habe; Sprackritik wagt es, diese neue Bedeutung zu analysieren. Und da nützt nicht einmal die gelehrte Einsicht, daß *Zweck* oder *but* den Sinn des lateinischen *finis*, daß finis einst den Sinn des griechischen *τελος* angenommen habe. Wir müssen erkennen, daß finis, *τελος* ebenso wie das deutsche *Ende* (früher häufiger soviel wie Zweck) nur solange klare Begriffe waren, als sie die handgreifliche Grenze eines Dings bezeichneten. Als man dann mit Zweck (genau wie im Altertum mit finis oder *τελος*) das beabsichtigte Ziel einer Handlung ausdrückte, redete man schon bildlich, aber noch verständlich. Man verstand einander jedoch nicht mehr, als man das Bild vom menschlichen Handeln in die Natur hineintrug, als man von Zielen, Absichten, Zwecken der Natur sprach. (Nebenbei, Absicht kommt von absehen oder zielen und ist erst seit dem 18. Jahrhundert im Gebrauch.) Wir wissen nichts von einem *Warumbe* in der Natur. Alle diese Worte sind Fragen, sind keine Antworten, keine Begriffe.

Solange wir Menschen sind, d. h. ein menschliches Gehirn haben, so lange werden wir freilich über den Zweckbegriff nicht hinauskommen. Wir können aber einsehen, daß das Wort Zweck ein vernünftiges, d. h. unsachliches, d. h. unvernünftiges Wort ist. Die Sprache ist unfähig, diesen Gedanken geziemend auszudrücken; wir mußten darum scheinbar witzig werden, wie so oft aus Unwissenheit.

Wenn wir beobachten, wie sich im befruchteten und bebrüteten Hühnerei die Elemente unter naturwissenschaftlichen Gesetzen (aber doch außerdem noch unter einem andern Gesetz) zu einem lebendigen Hühnchen zusammenfügen, wie sich da Füße *zum* Laufen, ein Schnabel *zum* Fressen usw. bilden und das alles, bevor das Küchlein von den zweckdienlichen Apparaten Gebrauch macht, so werden wir die Vorstellung von einer Absicht, oder einem Zweck nicht los. Aber doch nur deshalb, weil wir zwischen die uns scheinbar näher bekannten Gesetze der Chemie usw. und die Entstehung des Küchleins unberechtigterweise unsere Vernunft einschieben, die dann Funken gibt, wie ein mangelhaftes Zwischenglied in einer elektrischen Leitung. Gewiß ist, daß unser bewußtes Gehirnleben mit der Entstehung des Küchleins nichts zu tun hat, denn nicht einmal bei der Entstehung des menschlichen Kindes ist das Gehirnbewußtsein der Mutter irgendwie beteiligt; wir haben also auch keinen Grund, anzunehmen, daß der Schnabel und die Füße des Küchleins gewollte Zwecke des Hennengehirns oder eines anderen Gehirns sind.

Das glaubt übrigens auch niemand, der von Zwecken der Natur spricht. Aber er spricht doch von ihnen, auch der Atheist, der nicht umhin könnte, zuzugeben: hat die Natur Zwecke, so muß die Natur auch ein menschenähnliches Gehirn haben; denn Zwecke oder Willenserscheinungen sind ebenso wie Wahrnehmungserscheinungen ohne Gehirn nicht denkbar.

Die Entstehung des Begriffes Zweck wird aber deutlich, wenn wir uns darauf besinnen, daß die ganze Weltanschauung des Menschen, wie sie sich eben in ihrem einzigen Organ, der Sprache, ausdrücken kann, von jeher eine mythologische war und ist, daß alle mythologischen Begriffe der Sprache, als da sind Gottheiten, Kräfte, Handlungen, Eigenschaften und andere Abstraktionen — und die vermeintlich so konkreten Dinge der substantivischen Welt erst recht —, daß sie alle anthropomorphisch sein müssen, daß also der Zweckbegriff nichts anderes ist, als der uns scheinbar bekannte eigene Gehirnwille, den wir in die uns unbekannte Kausalreihe der Natur an der Stelle einsetzen, wo die mechanischen und chemischen Gesetze zur Erklärung nicht mehr ausreichen und wo die Wissenschaft der Physiologie verblüfft vor ihrem eigentlichen Gegenstande steht, dem Leben, dem Tierleben, dem Pflanzenleben, dem *Organischen*.

Diese Anschauung läßt uns wie unbeteiligt zusehen, wenn eine Anzahl der hier gebrauchten Worte Versteck miteinander spielen.

Wären wir uns nämlich über unsere Unwissenheit in der Physik ebenso klar wie über unsere Unwissenheit in der Biologie, so würden wir — wie man einst jeden Chemiker für einen Zauberer, für einen Bundesgenossen von Geistern hielt — in die Entstehung der Stoffe durch ihre Elemente ebenfalls einen Gehirnwillen, einen Zweckbegriff einschieben. Aus Schwefel und Quecksilber entsteht Zinnober ebenso rätselhaft (und doch viel gesetzmäßiger) als ein Küchlein aus einem befruchteten Ei. Das gibt uns ein sprechendes Bild dafür, wie das Wort Zweck nur die inwendig mythologische Bezeichnung für den auswendig mythologischen Begriff Ursache ist. Da wir doch mit unserem Gehirn denken, ist es völlig gleichgiltig, ob wir eine Erscheinung durch Ursache oder durch Zweck zu erklären suchen, wie es gleichgiltig ist, ob wir irgend eine ältere mythologische Gestalt Apollo oder Phoibos nennen. Es sind alles Laute, die die Luft erschüttern und die Natur nicht mehr bewegen, als ein so leiser Hauch vermag.

Die Biologie hilft sich in ihrer Verzweiflung so, daß sie sagt: Es gibt Gesetze des Lebens (sie vermeidet gern das Wort Zweckmäßigkeit), welche wir nicht kennen, welche aber durchaus den mechanischen usw. Gesetzen untergeordnet sind. Das ist aber nicht wahr, wenn der Gegensatz von Unterordnung und Überordnung überhaupt einen Sinn haben soll. Um die Gesetze des Lebens steht es so, daß sie den mechanischen usw. Gesetzen nur niemals widersprechen dürfen, daß aber ihre Wirkungen nach unserem Sprachgebrauch weit über sie hinausgehen. Und da ist es ganz ergötzlich zu sehen, wie das Wort *Gesetz* das Geheimnis seiner unehrlichen Herkunft selbst verrät: daß es nämlich aus dem Gebiete der Ethik, d. h. der menschlichen Sitte als mythologischer Popanz in die Naturwissenschaft hineingeschmuggelt worden ist. Gesetz ist doch nur eine kluge oder unkluge Vorschrift, der Menschen regelmäßig zu gehorchen haben. Ganz plump bedeutet in der Naturwissenschaft dasselbe Wort die Ähnlichkeit von Erscheinungen, aus der die klugen Menschen das Vertrauen zu ihrer Regelmäßigkeit geschöpft haben. So verhält sich also das Leben zu den mechanischen Gesetzen, wie sich in unserer Sprache die Moral zum Recht verhält.

Das Recht als eine menschliche Einrichtung kennt Zwecke. Die menschlichen Rechtsvorschriften sind Mittel zu diesen Zwecken. Auch bei der Moral kann man von Zwecken reden, wenn man unter Moral ungeschriebene Forderungen zwischen den Menschen versteht. Denkt man die Menschen und ihren Willen fort, so denkt man auch die Moral und ihren Zweck fort. Von der Zweckmäßigkeit der Lebewesen zu reden, ist aber eine heillose Tautologie. Man erklärt das Leben durch die Zweckmäßigkeit und die Zweckmäßigkeit durch das Leben. Das wird ganz handgreiflich, wenn man für das gemeinsprachliche Wort Leben das scheinbar wissenschaftliche Wort *Organismus* einsetzt. Ein Lebewesen heißt ein Organismus, weil in ihm Organe zusammenwirken, einerlei ob man unter Organ nur die gröberen Gewebekomplexe, die einen gemeinsamen *Dienst* (?) leisten, oder nach neuestem Sprachgebrauch die mikroskopischen Zellen verstehen will. Immer läuft die Definition darauf hinaus, daß die Organe die Ursache des Lebens sind und daß sie zugleich ihre Zweckursache im lebendigen Ganzen haben. Von diesen durcheinander geworrenen drei Ausdrücken sind mindestens zwei wertlos, weil jeder von ihnen nur mit Hilfe der beiden anderen definiert werden kann. Das *Leben* wird weder durch *Zweck* noch durch *Organismus* verständlich; die *Zweckmäßigkeit* weder durch *lebendig* noch durch *organisch*. Und so weiter. Was wir unser Denken nennen, das ist eine Folge von Tautologien, von Logologien.

Register.

Die römischen Ziffern geben die Seiten der Einleitung; eine den arabischen Ziffern vorgesetzte „II." weist auf die Seiten des zweiten Bandes hin; die übrigen arabischen Ziffern beziehen sich auf den ersten Band. Die Schlagwörter, welche Titel besonderer Artikel sind, werden durch fetten Druck ausgezeichnet; Ausdrücke, welche wortgeschichtlich erklärt werden, sind *kursiv* gesetzt.

Theorie · Philosophie · Historie · Theologie Politik · Polemik in Diogenes Taschenbüchern

● **Alfred Andersch**
Öffentlicher Brief an einen sowjetischen Schriftsteller, das Überholte betreffend
Reportagen und Aufsätze. detebe 1/13

Einige Zeichnungen
Graphische Thesen am Beispiel einer Künstlerin. Mit Zeichnungen von Gisela Andersch. detebe 151

Die Blindheit des Kunstwerks
Literarische Essays und Aufsätze. detebe 1/11

Ein neuer Scheiterhaufen für alte Ketzer
Kritiken und Rezensionen. detebe 1/12

● **Angelus Silesius**
Der cherubinische Wandersmann
Ausgewählt und eingeleitet von Erich Brock. detebe 204

● **Anton Čechov**
Die Insel Sachalin
Ein politischer Reisebericht. Deutsch von Gerhard Dick. detebe 50/20

● **Raymond Chandler**
Die simple Kunst des Mordes
Briefe, Essays, Fragmente. Deutsch von Hans Wollschläger. detebe 70/5

● **Jörg Drews & Co.**
Das zynische Wörterbuch
Ein Alphabet harter Wahrheiten. detebe 186

● **Friedrich Dürrenmatt**
Albert Einstein
Rede zum 100. Geburtstag von Albert Einstein. detebe 213

● **Meister Eckehart**
Deutsche Predigten und Traktate
in der Edition von Josef Quint. detebe 202

● **Albert Einstein & Sigmund Freud**
Warum Krieg?
Ein Briefwechsel. Mit einem Essay von Isaac Asimov. detebe 28

● **Federico Fellini**
Aufsätze und Notizen
Herausgegeben von Christian Strich und Anna Keel. detebe 55/6

● **Ernst Fischer**
Überlegungen zur Situation der Kunst
Drei Essays. detebe 15

● **Franz von Assisi**
Sonnengesang · Testament · Ordensregeln · Briefe · Fioretti
in der Edition von Wolfram von den Steinen, deutsch von Wolfram von den Steinen und Max Kirschstein. detebe 201

● **Das Karl Kraus Lesebuch**
Herausgegeben und mit einem Nachwort von Hans Wollschläger. detebe 219

● **D. H. Lawrence**
Pornographie und Obszönität
und andere Essays über Liebe, Sex und Emanzipation. Deutsch von Elisabeth Schnack. detebe 11

● **Ludwig Marcuse**
Werk- und Studienausgabe
detebe 210/1–9

● **Fritz Mauthner**
Wörterbuch der Philosophie
in zwei Bänden. detebe 215/1–2

● **Liam O'Flaherty**
Ich ging nach Rußland
Ein politischer Reisebericht. Deutsch von Heinrich Hauser. detebe 16

● **George Orwell**
Im Innern des Wals
Ausgewählte Essays I. Deutsch von Felix Gasbarra und Peter Naujack. detebe 63/2

Rache ist sauer
Ausgewählte Essays II. Deutsch von Felix Gasbarra, Peter Naujack und Claudia Schmölders. detebe 63/3

Mein Katalonien
Bericht über den Spanischen Bürgerkrieg. Deutsch von Wolfgang Rieger. detebe 63/4

Erledigt in Paris und London
Sozialreportage aus dem Jahr 1933. Deutsch von Helga und Alexander Schmitz. detebe 63/5

Das George Orwell Lesebuch
Herausgegeben und mit einem Nachwort von Fritz Senn. detebe 228

● **Walter E. Richartz**
Vorwärts ins Paradies
Aufsätze zu Literatur und Wissenschaft. detebe 162

● **Arthur Schopenhauer**
Zürcher Ausgabe
Studienausgabe der Werke in zehn Bänden nach der historisch-kritischen Edition von Arthur Hübscher. detebe 140/1–10

Dazu ein Band
Über Arthur Schopenhauer
Essays und Zeugnisse von Jean Paul bis Hans Wollschläger. detebe 151

● **Teresa von Avila**
Die innere Burg
in der Neuedition und -übersetzung von Fritz Vogelgsang. detebe 203

● **Henry David Thoreau**
Walden oder Leben in den Wäldern
Deutsch von Emma Emmerich und Tatjana Fischer. Vorwort von W. E. Richartz. detebe 19/1

Über die Pflicht zum Ungehorsam gegen den Staat
Ausgewählte Essays. Herausgegeben, übersetzt und mit einem Nachwort von W. E. Richartz. detebe 19/2

● **H. G. Wells**
Die Geschichte unserer Welt
Ein historischer Grundriß. Deutsch von Otto Mandl u. a. detebe 67/4

● **James Abbott McNeill Whistler**
Die vornehme Kunst sich Feinde zu machen
Whistlers ›Kunstregeln‹ und der ›Zehn-Uhr-Vortrag‹ und die Einwände von Oscar Wilde und G. K. Chesterton. Herausgegeben und mit einem Vorwort von Gerd Haffmans. detebe 34

● **Urs Widmer**
Das Normale und die Sehnsucht
Essays und Geschichten. detebe 39/1

● **Oscar Wilde**
Der Sozialismus und die Seele des Menschen
Ein Essay. Deutsch von Gustav Landauer und Hedwig Lachmann. detebe 3

● **Hans Wollschläger**
Die bewaffneten Wallfahrten gen Jerusalem
Geschichte der Kreuzzüge. detebe 48

Die Gegenwart einer Illusion
Reden gegen ein Monstrum. detebe 113

● **Über Gott und die Welt**
Revolutionäre Texte aus dem Neuen Testament. Mit einem Vorwort von H. G. Wells. detebe 46

Klassiker und moderne Klassiker der deutschen Literatur im Diogenes Verlag

● **Alfred Andersch**
Studienausgabe in 15 Bänden
detebe 1/1–14, dazu ein Band
Über Alfred Andersch
Herausgegeben von Gerd Haffmans.
detebe 53

Das Alfred Andersch Lesebuch
Herausgegeben von Gerd Haffmans.
detebe 205

● **Gottfried Benn**
Ausgewählte Gedichte
Herausgegeben und mit einem Nachwort von Gerd Haffmans. detebe 56

● **Ulrich Bräker**
Gesammelte Werke in 2 Bänden
Herausgegeben von Samuel Voellmy und Heinz Weder. Vorwort von Hans Mayer.
detebe 195/1–2

● **Wilhelm Busch**
Schöne Studienausgabe in 7 Bänden
Herausgegeben von Friedrich Bohne.
detebe 60/1–7

● **Das Diogenes Lesebuch klassischer deutscher Erzähler**
Band I:
von Wieland bis Fouqué. detebe 208/1
Band II:
von Kleist bis Gotthelf. detebe 208/2
Band III:
von Heine bis Busch. detebe 208/3

● **Das Diogenes Lesebuch moderner deutscher Erzähler**
Band I:
Von Schnitzler bis Kästner. detebe 208/4
Band II:
von Andersch bis Widmer. detebe 208/5

● **Friedrich Dürrenmatt**
Das dramatische Werk in 17 Bänden
detebe 250/1–17
Prosa, Essays und Materialien in 14 Bänden
detebe: 250/18–30 und der Band
Über Friedrich Dürrenmatt
Herausgegeben von Daniel Keel. detebe 251

● **Joseph von Eichendorff**
Aus dem Leben eines Taugenichts
Novelle. Mit einem Vorwort von Thomas Mann. detebe 158

● **Jeremias Gotthelf**
Ausgewählte Werke in 12 Bänden
Herausgegeben von Walter Muschg.
detebe 170/1–12

Dazu ein Band
Keller über Gotthelf
detebe 169

● **Heinrich Heine**
Gedichte
Ausgewählt, eingeleitet und kommentiert von Ludwig Marcuse. detebe 139

● **Hermann Hesse**
Die Fremdenstadt im Süden
Ausgewählte Erzählungen. Zusammengestellt und mit einem Nachwort von Volker Michels. detebe 134

● **Das Erich Kästner Lesebuch**
Herausgegeben von Christian Strich.
detebe 157

● **Gottfried Keller**
Zürcher Ausgabe
Gesammelte Werke in 8 Bänden. Herausgegeben von Gustav Steiner. detebe 160/1–8
dazu ein Band
Über Gottfried Keller
Herausgegeben von Paul Rilla. detebe 167

● **Heinrich Mann**
Liebesspiele
Ausgewählte Erzählungen. Mit einem Vorwort von Hugo Loetscher und Zeichnungen von George Grosz. detebe 57

● **Thomas Mann**
Der Bajazzo
Ausgewählte Erzählungen. Herausgegeben und mit einem Nachwort von Gerd Haffmans. detebe 168

● **Fritz Mauthner**
Wörterbuch der Philosophie
in zwei Bänden. detebe 215/1–2

● **Arthur Schnitzler**
Spiel im Morgengrauen
Ausgewählte Erzählungen. Herausgegeben und mit einem Nachwort von Hans Weigel. detebe 96

● **Arthur Schopenhauer**
Zürcher Ausgabe
Volks- und Studienausgabe in 10 Bänden. Nach der historisch-kritischen Edition von Arthur Hübscher. Editorische Materialien von Angelika Hübscher. detebe 140/1–10

dazu ein Band
Über Arthur Schopenhauer
Herausgegeben von Gerd Haffmans. detebe 153

● **Robert Walser**
Der Spaziergang
Ausgewählte Gedichte und Aufsätze. Mit einem Nachwort von Urs Widmer und Zeichnungen von Karl Walser. detebe 43

Klassiker und moderne Klassiker der fremdsprachigen Literatur im Diogenes Verlag

● **Balzac**
Die Menschliche Komödie
in 40 Bänden. detebe 130/1–40

● **Baudelaire**
Die Tänzerin Fanfarlo
Sämtliche Prosadichtungen. detebe 144

● **Bierce**
Die Spottdrossel
Erzählungen. detebe 106

● **Čechov**
Das dramatische Werk
Das erzählende Werk
in Einzelbänden in der Neuedition von Peter Urban. detebe 50/1–20

Briefe
in 5 Bänden in der Übersetzung von Peter Urban.

● **Conrad**
Auswahlausgabe
in Einzelbänden. detebe 66/1–3

● **Faulkner**
Werkausgabe
in bisher 17 Einzelbänden. detebe 30/1–17

● **Fitzgerald**
Auswahl- und Studienausgabe in Einzelbänden
detebe 97/1–8

● **Flaubert**
Werke, Briefe und Materialien
in 8 Bänden, detebe 210/1–6, 211 und 143

● **Franz von Assisi**
Die Werke
detebe 201

● **Gogol**
Die toten Seelen
Roman in zeitgenössischer Übersetzung. detebe 141

Die Nase
Erzählungen. detebe 138

● **Gontscharow**
Ein Monat Mai in Petersburg
Erzählungen. detebe 173

● **Homer**
Ilias und Odyssee
In der Übersetzung von Heinrich Voss, nach der Edition von Peter Von der Mühll. detebe 217/1–2

● **Joyce**
Die Toten
Erzählungen und Erzählstücke aus den Romanen. Neuübersetzungen von Dieter E. Zimmer, Klaus Reichert und Hans Wollschläger. detebe 164

● **D. H. Lawrence**
Sämtliche Erzählungen und Kurzromane
in 8 Einzelbänden. Neuübersetzungen von Elisabeth Schnack. detebe 90/1–8

John Thomas & Lady Jane
Roman. detebe 147

● **McCullers**
Werkausgabe
in 8 Einzelbänden. detebe 20/1–8

● **Maugham**
Gesammelte Erzählungen
in 10 Einzelbänden. detebe 125/1–10

Romane
in bisher 10 Einzelbänden. detebe 35/5–14

● **Melville**
Moby-Dick
Roman. detebe 142

● **Molière**
Komödien und Materialien
7 Bände Komödien in der Nachdichtung von Hans Weigel und 1 Band ›Über Molière‹. detebe 95/1–7 und 37

● **O'Casey**
Das dramatische Werk
Das autobiographische Werk
in Einzelbänden. detebe 2/1–2 und 155/1–6

● O'Connor
Gesammelte Erzählungen
in 6 Einzelbänden. Deutsch von Elisabeth Schnack. detebe 85/1–6

● Orwell
Auswahl- und Studienausgabe
in Einzelbänden. detebe 63/1–5

● Paustowski
Ausgewählte Erzählungen
detebe 194/1–2

● E. A. Poe
Der Untergang des Hauses Usher
Ausgewählte Erzählungen.
detebe 105

● Shakespeare
Sonette
in der Nachdichtung von Karl Kraus.
detebe 137

Dramatische Werke
in 10 Einzelbänden. Schlegel-Tieck-Übersetzung. detebe 200/1–10

● Stevenson
Werke
in 12 Einzelbänden. Edition und Übersetzung von Curt und Marguerite Thesing. detebe 199/1–12

● Teresa von Avila
Die innere Burg
Herausgegeben und übersetzt von Fritz Vogelgsang. detebe 203